विभिन्न प्रतियोगिता परीक्षाओं के लिए उपयोगी

शिक्षा मनोविज्ञान

[EDUCATIONAL PSYCHOLOGY]

(बी०ए०, बी०एड०, एम०ए० तथा एम०एड० के नवीनतम पाठ्यक्रमों पर आधृत)

अरुण कुमार सिंह, पी-एच०डी०
अवकाशप्राप्त विश्वविद्यालय प्रोफेसर एवं विभागाध्यक्ष
मनोविज्ञान विभाग
पटना विश्वविद्यालय, पटना

भारती भवन
पब्लिशर्स एंड डिस्ट्रीब्यूटर्स

प्रकाशक—

भारती भवन (पब्लिशर्स एण्ड डिस्ट्रीब्यूटर्स)

www.bharatibhawan.in email: editorial@bbpd.in

पटना— ठाकुरबाड़ी रोड, पटना-800 003
नई दिल्ली— 4271/3 अंसारी रोड, दरियागंज, नई दिल्ली-110 002
नोएडा— ए-61 बी/2 सेक्टर 63, नोएडा-201 307
कोलकाता— 10 राजा सुबोध मल्लिक स्क्वेअर, कोलकाता-700 013
बेंगलुरु— नं॰ 98 सिरसी सर्किल, मैसूर रोड, बेंगलुरु-560 018

प्रथम संस्करण 1994
पंचम संस्करण 2022

शिक्षा मनोविज्ञान

भारत प्रिंटर्स, पटना-800 004 द्वारा मुद्रित

स्नेहमयी माता

एवं

पूज्य पिता के चरणों में

—अरुण

प्राक्कथन

मनोविज्ञान की एक अत्यंत ही महत्त्वपूर्ण शाखा है शिक्षा मनोविज्ञान। यही कारण है कि मनोविज्ञान के साथ-ही-साथ शिक्षा के क्षेत्र में भी इसपर अधिक बल डाला गया है। इसका महत्त्व शिक्षक-प्रशिक्षण (teacher's training) कार्यक्रम के प्रत्येक स्तर, निर्देशन (guidance), प्रशासन (administration) आदि क्षेत्रों में भी काफी अधिक है।

इस पुस्तक में उन सभी सिद्धांतों एवं तथ्यों को सम्मिलित किया गया है जो भारतीय विश्वविद्यालयों के बी०ए०, बी०एड०, एम०ए० तथा एम०एड० कक्षाओं में पढ़ाए जाते हैं।

प्रस्तुत पुस्तक में बालकों की शारीरिक समस्याओं, पेशीय समस्याओं, सांवेगिक समस्याओं, संज्ञानात्मक विकास, मानसिक विकास आदि पर समुचित प्रकाश डालते हुए उनके शैक्षिक महत्त्व (educational significance) पर भी बल डाला गया है। किशोरावस्था की समस्याओं को उजागर किया जाना इस पुस्तक की प्रमुख विशेषताओं में एक है। इसके अलावा इस पुस्तक में बालकों के सीखने की प्रक्रिया तथा स्मरण एवं विस्मरण की समस्याओं को भी उजागर किया गया है। बालकों की वैयक्तिक विभिन्नता के कारणों पर भी प्रकाश डाला गया है। विभिन्न तरह के बालक, जैसे—पिछड़े बालक, समस्या-बालक, अपराधी बालक तथा अलाभान्वित बालक की शिक्षा तथा समायोजन की भी विस्तृत व्याख्या की गई है, क्योंकि पाठ्यक्रम का यह अंश न केवल बिहार के विश्वविद्यालयों में, बल्कि भारत के अन्य राज्यों के विश्वविद्यालयों के पाठ्यक्रमों में भी शामिल किया गया है। बालकों के निर्देशन, समायोजन एवं परामर्श से संबंधित प्रमुख समस्याओं की भी विस्तृत व्याख्या की गई है। आधुनिक समय में शिक्षा मनोविज्ञान के क्षेत्र में समूह-गतिकी (group dynamics) की समस्या को एक महत्त्वपूर्ण समस्या माना गया है। अतः, इस विषय को भी प्रस्तुत पुस्तक में पर्याप्त स्थान दिया गया है। प्रस्तुत पुस्तक में 'शिक्षा में सांख्यिकी' नामक एक अध्याय भी है जिससे बी०एड० तथा एम०एड० के छात्र विशेष रूप से लाभान्वित होते रहे हैं। कई छात्रों एवं शिक्षकों के महत्त्वपूर्ण सुझावों को ध्यान में रखते हुए 'शिक्षा मनोविज्ञान के क्षेत्र की महत्त्वपूर्ण घटनाएँ' एवं वस्तुनिष्ठ प्रश्नों की एक सूची भी इस संस्करण में जोड़ी गई है। इतना ही नहीं, उन्हीं लोगों के सुझाव पर चौदह प्रमुख शैक्षिक विचारकों के शैक्षिक दर्शन एवं सिद्धांतों का वर्णन एक अलग अध्याय में किया गया है।

इस पुस्तक के लेखन में जिन पुस्तकों एवं जर्नलों की सहायता लेनी पड़ी है, मैं उनके लेखकों एवं संपादकों को हार्दिक धन्यवाद देता हूँ।

मुझे आशा ही नहीं, बल्कि पूर्ण विश्वास है कि प्रस्तुत पुस्तक मनोविज्ञान तथा शिक्षा के छात्रों एवं शिक्षकों की समस्याओं का सही हल ढूँढ़ सकने में समर्थ हो पाएगी।

—अरुण कुमार सिंह

विषय-सूची

शिक्षा मनोविज्ञान के क्षेत्र की महत्त्वपूर्ण घटनाएँ (Important Events in the Field of Educational Psychology) **(xxiii)–(xxvii)**

1. विषय-प्रवेश (Introduction) **1–20**

मनोविज्ञान का अर्थ (Meaning of Psychology) 1; शिक्षा का अर्थ (Meaning of Education) 3; शिक्षा तथा शिक्षा मनोविज्ञान (Education and Educational Psychology) 4; शिक्षा मनोविज्ञान का अर्थ एवं स्वरूप (Meaning and Nature of Educational Psychology) 5; शिक्षा मनोविज्ञान का इतिहास (History of Educational Psychology) 6; शिक्षा मनोविज्ञान के उद्देश्य (Aims or Objectives of Educational Psychology) 10; शिक्षा मनोविज्ञान का कार्यक्षेत्र (Scope of Educational Psychology) 14; शिक्षा मनोविज्ञान का महत्त्व (Significance of Educational Psychology) 16; शिक्षा मनोविज्ञान की सीमाएँ (Limitations of Educational Psychology) 18; अध्याय-सारांश (Chapter Summary) 19

2. शिक्षा मनोविज्ञान की विधियाँ (Methods of Educational Psychology) **21–53**

अंतर्निरीक्षण विधि (Introspection Method) 22; वस्तुनिष्ठ निरीक्षण या प्रेक्षण विधि (Objective Observation Method) 24; प्रयोगात्मक विधि (Experimental Method) 27; सह-संबंधात्मक या विभेदी विधि (Correlational or Differential Method) 32; मनोदैहिक विधि (Psychophysical Method) 33; नैदानिक विधि या केस-इतिहास विधि (Clinical Method or Case-history Method) 35; प्रश्नावली विधि (Questionnaire Method) 37; साक्षात्कार विधि (Interview Method) 39; रेटिंग विधि (Rating Method) 42; कोटि विधि (Ranking Method) 45; कोटि विधि तथा रेटिंग विधि का तुलनात्मक अध्ययन (A Comparative Study of Ranking Method and Rating Method) 47; कालानुक्रमिक विधि (Longitudinal Method) 48; अनुप्रस्थ-काट विधि (Cross-sectional Method) 50; आनुक्रमिक डिजाइन विधि (Sequential Design Method) 51; अध्याय-सारांश (Chapter Summary) 52

3. मनोविज्ञान के स्कूल का शिक्षा में योगदान
(Contributions of Schools of Psychology to Education) 54–73

मनोविज्ञान के स्कूल का संक्षिप्त इतिहास (Brief History of the Schools of Psychology) 54; संरचनावाद का शिक्षा में योगदान (Contribution of Structuralism in Education) 56; प्रकार्यवाद का शिक्षा में योगदान (Contribution of Functionalism in Education) 58; व्यवहारवाद का शिक्षा में योगदान (Contribution of Behaviourism in Education) 62; शिक्षा में गेस्टाल्ट मनोविज्ञान का योगदान (Contribution of Gestalt Psychology in Education) 66; शिक्षा में मनोविश्लेषण का योगदान (Contribution of Psychoanalysis in Education) 67; हॉरमिक मनोविज्ञान का शिक्षा में योगदान (Contribution of Hormic Psychology in Education) 71; अध्याय-सारांश (Chapter Summary) 72

4. आनुवंशिकता तथा वातावरण (Heredity and Environment) 74–86

आनुवंशिकता तथा वातावरण के अर्थ (Meaning of Heredity and Environment) 74; मूल आनुवंशिक सिद्धांत (Basic Genetic Principles) 75; बालकों के विकास एवं वर्द्धन में आनुवंशिकता तथा वातावरण का महत्त्व (Importance of Heredity and Environment in Development and Growth of Children) 77; आनुवंशिकता के नियम (Laws of Heredity) 82; आनुवंशिकता तथा वातावरण का बालकों की शिक्षा एवं शिक्षकों के लिए महत्त्व (Importance of Heredity and Environment for Education of Children as well as for Teachers) 84; अध्याय-सारांश (Chapter Summary) 86

5. शारीरिक विकास तथा क्रियात्मक विकास (Physical Development and Motor Development) 87–118

शारीरिक विकास का अर्थ (Meaning of Physical Development) 87; विकास एवं परिपक्वता या परिपक्वन (Development and Maturation) 88; विकास के नियम (Principles of Development) 89; विकास के नियम की शैक्षिक उपयोगिताएँ (Educational Utilities of the Principles of Development) 93; विकास की अवस्थाएँ (Stages of Development) 94; विकासात्मक पाठ एवं शिक्षा (Development Task and Education) 108; क्रियात्मक विकास के नियम (Principles of Motor Development) 110; क्रियात्मक विकास के क्रम (Sequence of Motor Development) 113; शारीरिक विकास तथा क्रियात्मक विकास का शैक्षिक आशय (Educational

Implications of Physical Development and Motor Development) 116; अध्याय-सारांश (Chapter Summary) 118

6. **संवेगात्मक विकास तथा सामाजिक विकास (Emotional Development and Social Development)** **119–166**

संवेग तथा संवेगात्मक विकास का अर्थ (Meaning of Emotion and Emotional Development) 120; संवेगात्मक विकास के पैटर्न (Pattern of Emotional Development) 121; प्रारंभिक बाल्यावस्था में सांवेगिक विकास तथा उसका शैक्षिक महत्त्व (Emotional Development in Early Childhood and its Educational Importance) 123; उत्तर बाल्यावस्था में सांवेगिक विकास तथा उसका शैक्षिक महत्त्व (Emotional Development in Later Childhood and its Educational Importance) 124; किशोरावस्था में संवेगात्मक विकास तथा उसका शैक्षिक महत्त्व (Emotional Development in Adolescence and its Educational Importance) 126; बालकों में संवेगात्मक तनाव के सामान्य कारण (Common Causes of Emotional Stress among children) 127; संवेगात्मकता का शिक्षार्थी पर प्रभाव (Effect of Emotionality upon Learners) 129; सांवेगिक विकास की समस्याओं को दूर करने की विधियाँ (Methods of Handling Problems of Emotional Development) 132; सामाजिक विकास का अर्थ (Meaning of Social Development) 134; प्रारंभिक सामाजिक अनुभूतियों का शैक्षिक महत्त्व (Educational Importance of Early Social Experiences) 135; प्रारंभिक बाल्यावस्था में सामाजिक विकास (Social Development in Early Childhood) 137; उत्तर बाल्यावस्था में सामाजिक विकास (Social Development in Later Childhood) 140; किशोरावस्था में सामाजिक विकास (Social Development in Adolescence) 143; समाजीकरण के साधन या माध्यम (Agencies of Socialization) 145; बढ़ती हुई जनसंख्या का सामाजिक विकास पर प्रभाव (Impact of Rising Population upon Social Development) 150; सामाजिक विकास को प्रभावित करनेवाले कारक (Factors Influencing Social Development) 151; बालकों के सामाजिक विकास को विकसित करने में शिक्षक की भूमिका (Role of a Teacher in Promoting Social Development of Children) 153; सामाजिक-सांवेगिक विकास के समसामयिक सिद्धांत (Contemporary Theories of Socio-emotional Development) 154; ब्रोनफेनब्रेन्नर का पारिस्थितिपरक सिद्धांत (Bronfenbrenner's Ecological Theory) 154; इरिक्सन का मनोसामाजिक सिद्धांत (Erikson's Theory of Psychosocial Development) 158; इरिक्सन के मनोसामाजिक सिद्धांत का शैक्षिक आशय (Educational Implication of Erikson's Psychosocial Theory) 163; अध्याय-सारांश (Chapter Summary) 164

7. भाषा विकास (Language Development) 167–183

भाषा विकास का अर्थ (Meaning of Language Development) 167; भाषा विकास के चरण (Steps of Language Development) 168; भाषा विकास का क्रम (Order or Sequence of Language Development) 171; भाषा विकास को प्रभावित करनेवाले कारक (Factors Influencing Language Development) 172; शब्दावली का विकास (Development of Vocabulary) 175; भाषा विकास में बाधाएँ (Hazards in Language Development) 177; भाषा सीखने के साधन (Means of Language Learning) 180; शिक्षा एवं भाषा विकास (Education and Language Development) 181; अध्याय-सारांश (Chapter Summary) 182

8. मानसिक विकास तथा संज्ञानात्मक विकास (Mental Development and Cognitive Development) 184–216

मानसिक विकास का अर्थ एवं विशेषताएँ (Meaning and Characteristics of Mental Development) 184; मानसिक विकास की अवस्थाएँ (Stages of Mental Development) 186; शैशवावस्था एवं बचपनावस्था में मानसिक विकास (Mental Development during Infancy and Babyhood) 187; प्रारंभिक बाल्यावस्था में मानसिक विकास (Mental Development during Early Childhood) 189; उत्तर बाल्यावस्था में मानसिक विकास (Mental Development in Later Childhood) 190; किशोरावस्था में मानसिक विकास (Mental Development during Adolescence) 192; मानसिक विकास में शिक्षकों एवं माता-पिता की भूमिका (Role of Teachers and Parents in Mental Development) 194; संज्ञानात्मक विकास का अर्थ (Meaning of Cognitive Development) 195; पियाजे के संज्ञानात्मक विकास का सिद्धांत के कुछ महत्त्वपूर्ण संप्रत्यय (Some Important Concepts of Piaget's Theory of Cognitive Development) 195; पियाजे के संज्ञानात्मक विकास का सिद्धांत (Piaget's Theory of Cognitive Development) 197; पियाजे के सिद्धांत की शैक्षिक उपयोगिताएँ (Educational Utilities of Piaget's Theory) 203; ब्रुनर के संज्ञानात्मक विकास का सिद्धांत (Bruner's Theory of Cognitive Development) 204; वाइगोटस्की के संज्ञानात्मक विकास का सिद्धांत (Vygotsky's Theory of Cognitive Development) 206; वाइगोटस्की के सिद्धांत का शैक्षिक आशय (Educational Implication of Vygotsky Theory) 209; संज्ञानात्मक विकास—बच्चों के मन का सिद्धांत एवं सूचना संसाधन उपागम (Cognitive Development: Children's Theory of Mind and Information Processing Approach) 211; अध्याय-सारांश (Chapter Summary) 215

9. संप्रत्ययात्मक विकास (Conceptual Development) **217–229**

संप्रत्ययात्मक विकास का अर्थ (Meaning of Conceptual Development) 217; बालकों के संप्रत्यय की विशेषताएँ (Characteristics of Children's Concept) 218; बालकों में संप्रत्यय का विकास कैसे होता है? (How do Concepts Develop among Children?) 220; बालकों के कुछ सामान्य संप्रत्यय (Some Common Concepts of Children) 221; संप्रत्यय विकास को प्रभावित करनेवाले कारक (Factors Influencing Concept Development) 226; संप्रत्यय विकास एवं शिक्षा (Concept Development and Education) 227; अध्याय-सारांश (Chapter Summary) 228

10. नैतिक विकास (Moral Development) **230–247**

नैतिक विकास का अर्थ (Meaning of Moral Development) 230; नैतिक विकास की विमाएँ (Dimensions of Moral Development) 231; नैतिक विकास का सिद्धांत (Theories of Moral Development) 233; मनोवैश्लेषिक सिद्धांत (Psychoanalytic Theory) 234; सामाजिक-अधिगम सिद्धांत (Social Learning Theory) 235; संज्ञानात्मक-विकासात्मक सिद्धांत (Cognitive–developmental Theory) 236; जीन पियाजे का नैतिक विकास का सिद्धांत (Jean Piaget's Theory of Moral Development) 236; लॉरेंस कोह्लबर्ग का नैतिक विकास का सिद्धांत (Lawrence Kohlberg's Theory of Moral Development) 240; नैतिक व्यवहार की सहसंबंधता (Correlates of Moral Behaviour) 246; अध्याय-सारांश (Chapter Summary) 247

11. किशोरावस्था का मनोविज्ञान (Psychology of Adolescence) **248–268**

किशोरावस्था की विशेषताएँ (Characteristics of Adolescence) 248; किशोरावस्था के बारे में कुछ सामान्य भ्रांतियाँ (Some Popular Fallacies about Adolescence) 251; किशोरावस्था के अध्ययन का महत्त्व (Importance of the Study of Adolescence) 251; किशोरावस्था के सिद्धांत (Theories of Adolescence) 252; जी॰ एस॰ हॉल का सिद्धांत (Theory of G S Hall) 253; मनोविश्लेषणात्मक सिद्धांत (Psychoanalytical Theory) 254; बैण्डुरा का सिद्धांत (Theory of Bandura) 254; इरिक्सन का सिद्धांत (Theory of Erikson) 255; मानवशास्त्रीय सिद्धांत (Anthropological Theory) 256; किशोरावस्था की आवश्यकताएँ (Needs of Adolescence) 256; किशोरावस्था के विकासात्मक कार्य (Developmental Task of Adolescence) 258; किशोरावस्था की समस्याएँ (Problems of Adolescence) 258; किशोरों की अभिरुचियों की विशेषताएँ (Characteristics of Adolescent Interests)

261; किशोरों की अभिरुचियों के प्रकार (Types of Adolescent Interests) 262; किशोरावस्था एवं यौन शिक्षा (Adolescence and Sex Education) 265; अध्याय-सारांश (Chapter Summary) 267

12. सीखने में अभिप्रेरण तथा प्रोत्साहन (Motivation and Incentive in Learning) **269–291**

अभिप्रेरण का अर्थ (Meaning of Motivation) 269; आवश्यकता, अंतर्नोद तथा प्रोत्साहन (Need, Drive and Incentive) 270; अभिप्रेरण का वर्गीकरण (Classification of Motives) 271; सीखने की प्रक्रिया में अभिप्रेरण का कार्य (Functions of Motives in Learning Process) 277; आंतरिक अभिप्रेरण तथा बाह्य अभिप्रेरण (Instrinsic Motivation and Extrinsic Motivation) 278; सीखने में महत्त्वपूर्ण अभिप्रेरण एवं प्रोत्साहन का महत्त्व (Role of Important Motives and Incentives in Learning) 279; वर्ग में बालकों को प्रेरित करने की यथोचित प्रविधियाँ (Reasonable Techniques for Motivating Children in Class) 289; अध्याय-सारांश (Chapter Summary) 291

13. सीखना (Learning) **292–347**

सीखना के अर्थ एवं स्वरूप (Meaning and Nature of Learning) 293; सीखना तथा परिपक्वन (Learning and Maturation) 295; सीखने के प्रकार (Kinds of Learning) 297; औपचारिक शिक्षण तथा अनौपचारिक शिक्षण (Formal Learning and Informal Learning) 300; प्रभावकारी सीखने की विधियाँ (Methods of Effective Learning) 302; सीखने के नियम तथा कक्षा में उनकी उपयोगिताएँ (Laws of Learning and their Applications in Classroom) 304; कक्षा में सीखने को प्रभावित करनेवाले कारक (Factors Influencing Classroom Learning) 308; शिक्षण वक्र (Learning Curve) 312; सीखने के सिद्धांत के स्वरूप एवं प्रकार (Nature and Kinds of Theories of Learning) 316; थॉर्नडाइक का प्रयत्न तथा भूल सिद्धांत (Thorndike's Trial and Error Theory) 318; थॉर्नडाइक के सीखने के सिद्धांत का शैक्षिक आशय एवं मूल्यांकन (Educational Implication and Evaluation of Thorndike's Theory of Learning) 321; पैवलव का क्लासिकी अनुबन्धन सिद्धांत (Classical Conditioning Theory of Pavlov) 323; क्लासिकी अनुबंधन सिद्धांत का शैक्षिक आशय एवं मूल्यांकन (Educational Implication and Evaluation of Classical Conditioning Theory) 326; स्कीन्नर के सीखने का सिद्धांत (Skinner's Theory of Learning) 328; स्कीन्नर के सीखने के सिद्धांत के शैक्षिक आशय एवं मूल्यांकन (Educational Implication and Evaluation of

Skinner's Theory of Learning) 331; सीखने के सूझ का सिद्धांत (Insight Theory of Learning) 332; कोहलर के सूझ के सिद्धांत का शैक्षिक आशय एवं मूल्यांकन (Educational Implication and Evaluation of Kohler's Insight Theory) 336; ब्रुनर के सीखने का सिद्धांत—शिक्षा के दृष्टिकोण से (Bruner's Theory of Learning: From the Point of View of Education) 337; ऊसूबेल के सीखने का सिद्धांत—शिक्षा के दृष्टिकोण से (Ausubel's Theory of Learning: From the Point of View of Education) 339; ब्रुनर तथा ऊसूबेल के सिद्धांतों की एक तुलनात्मक समीक्षा (A Comparative Review of Bruner's and Ausubel's Theories) 342; अनुकरण द्वारा सीखना (Learning by Imitation) 344; अध्याय-सारांश (Chapter Summary) 346

14. शैक्षिक प्रौद्योगिकी एवं कार्यक्रमबद्ध अधिगम (Educational Technology and Programmed Learning) **348–364**

शैक्षिक प्रौद्योगिकी के अर्थ एवं महत्त्व (Meaning and Importance of Educational Technology) 348; कार्यक्रमबद्ध अधिगम का अर्थ (Meaning of Programmed Learning) 349; कार्यक्रमबद्ध अधिगम के प्रति स्कीन्नर की विचारधारा (Skinner's Viewpoints towards Programmed Learning) 350; क्या कार्यक्रमबद्ध अधिगम प्रभावकारी है? (Is Programmed Learning Effective?) 353; कंप्यूटर-सहायताप्राप्त निर्देश (Computer-assisted Instruction or CAI) 354; निर्देश का वैयक्तिक क्रम (Personalized System of Instruction or PSI) 355; संज्ञानात्मक तथा अधिगम शैली (Cognitive and Learning Styles) 357; शैक्षिक उपलब्धि में सम्मिलित कारक (Factors in Academic or Educational Achievement) 359; अध्याय-सारांश (Chapter Summary) 364

15. प्रशिक्षण या सीखने का अंतरण (Transfer of Training or Learning) **365–384**

प्रशिक्षण या सीखने के अंतरण का अर्थ (Meaning of Transfer of Training or Learning) 365; अंतरण के सिद्धांत (Theories of Transfer) 370; मानसिक अनुशासन या औपचारिक अनुशासन का सिद्धांत (Theory of Mental Discipline or Formal Discipline) 370; समरूप तत्त्वों का सिद्धांत (Theory of Identical Elements) 372; सामान्यीकरण का सिद्धांत (Theory of Generalization) 373; पक्षांतर सिद्धांत (Transposition Theory) 375; प्रशिक्षण अंतरण पर कुछ महत्त्वपूर्ण प्रयोग (Some Important Experiments on Transfer of Training) 376; प्रशिक्षण अंतरण को प्रभावित करनेवाले कारक (Factors Influencing Transfer of

Training) 380; अंतरण को शिक्षकों द्वारा उन्नत बनाने के उपाय (Measures of Improving Transfer by Teachers) 382; अध्याय-सारांश (Chapter Summary) 384

16. स्मरण एवं विस्मरण (Remembering and Forgetting) 385–417

स्मृति के अर्थ एवं उसके तत्त्व (Meaning and Components of Memory) 385; स्मृति के प्रकार (Types of Memory) 386; स्मरण का स्वरूप (Nature of Remembering) 389; धारण को प्रभावित करनेवाले कारक (Factors Influencing Retention) 393; धारण की जाँच की विधियाँ (Methods of Testing Retention) 395; प्रत्याह्वान एवं प्रत्यभिज्ञान में अंतर (Distinction between Recall and Recognition) 396; विस्मरण का स्वरूप (Nature of Forgetting) 397; विस्मरण के कारण (Causes of Forgetting) 400; विस्मरण के सिद्धांत (Theories of Forgetting) 403; संस्कृति एवं लिंग का स्मृति पर प्रभाव (Impact of Culture and Gender upon Memory) 406; मेटासंज्ञान—एक शिक्षण रणनीति (Metacognition: A Teaching Strategy) 407; मेटासंज्ञानात्मक रणनीति तथा आत्म-नियमन को सीखने में शिक्षार्थी को मदद करने के तरीके (Ways of Helping the Learner to Learn Metacognitive Strategies and Self-regulation) 409; स्मृति को उन्नत बनाने की विधि या स्मृति-प्रशिक्षण (Measures of Improving Memory or Memory-Training) 411; अच्छी स्मृति के लक्षण (Symptoms of Good Memory) 415; अध्याय-सारांश (Chapter Summary) 416

17. परीक्षा एवं परीक्षण (Examination and Test) 418–456

परीक्षा का अर्थ (Meaning of Examination) 419; परीक्षा का शैक्षिक महत्त्व (Educational Importance of Examination) 419; उत्तम परीक्षा के गुण (Characteristics of a Good Examination) 420; परीक्षा के प्रकार (Types of Examinations) 422; मौखिक परीक्षा (Oral Examination) 422; लिखित परीक्षा (Written Examination) 423; निबंधात्मक परीक्षा (Essay Examination) 423; निबंधात्मक परीक्षा में सुधार के उपाय (Measures for Improving Essay Examinations) 427; वस्तुनिष्ठ परीक्षा (Objective Examination) 428; वस्तुनिष्ठ परीक्षा के प्रकार (Types of Objective Examination) 429; निबंधात्मक परीक्षा तथा वस्तुनिष्ठ परीक्षा का तुलनात्मक अध्ययन (A Comparative Study of Essay Examination and Objective Examination) 432; खुली-किताब परीक्षा बनाम बन्द-किताब परीक्षा (Open-book Examination vs Closed-book Examination) 434;

एक मूल्यांकन प्रविधि के रूप में उपलब्धि परीक्षण (Achievement Test as an Appraisal Tool) 434; मनोवैज्ञानिक परीक्षण का महत्त्व (Importance of Psychological Test) 436; मनोवैज्ञानिक एवं शैक्षिक परीक्षण के निर्माण के सोपान (Stages of Construction of a Psychological and Educational Test) 439; परीक्षण के प्रकार (Types of Test) 441; एक उत्तम परीक्षण की विशेषताएँ (Characteristics of a Good Test) 444; परीक्षण की विश्वसनीयता के अर्थ (Meaning of Reliability of the Test) 445; विश्वसनीयता मापन की विधियाँ (Methods of Measuring Reliability) 446; परीक्षण की विश्वसनीयता को प्रभावित करनेवाले कारक (Factors Influencing Reliability of the Test) 448; परीक्षण की विश्वसनीयता को उन्नत बनाने के उपाय (Measures of Improving Reliability of the Test) 449; परीक्षण की वैधता का अर्थ (Meaning of Validity of the Test) 450; वैधता के प्रकार (Types of Validity) 450; परीक्षण की वैधता को प्रभावित करनेवाले कारक (Factors Influencing Validity of the Test) 452; परीक्षण की विश्वसनीयता एवं वैधता में संबंध (Relation between Reliability and Validity of the Test) 452; परीक्षण के मानक (Norms of the Test) 453; अध्याय-सारांश (Chapter Summary) 455

18. उपलब्धि परीक्षण (Achievement Test) **457–465**

उपलब्धि परीक्षण के अर्थ एवं स्वरूप (Meaning and Nature of Achievement Test) 457; उपलब्धि परीक्षण के मुख्य उद्देश्य (Major Purposes of Achievement Test) 458; उपलब्धि परीक्षण के प्रकार (Kinds of Achievement Test) 459; उपलब्धि परीक्षण तथा बुद्धि परीक्षण में अंतर (Difference between Achievement Test and Intelligence Test) 460; उपलब्धि परीक्षण तथा अभिक्षमता परीक्षण में अंतर (Difference between Achievement Test and Aptitude Test) 461; उपलब्धि परीक्षण तथा निपुणता परीक्षण में अंतर (Distinction between Achievement Test and Proficiency Test) 461; शैक्षिक लब्धि एवं निष्पत्ति लब्धि (Educational Quotient and Achievement Quotient) 462; शिक्षा के दृष्टिकोण से उपलब्धि परीक्षण का महत्त्व (Importance of Achievement Test From the Point of View of Education) 464; अध्याय-सारांश (Chapter Summary) 465

19. व्यक्तित्व (Personality) **466–505**

व्यक्तित्व के अर्थ एवं स्वरूप (Meaning and Nature of Personality) 466; प्रकार सिद्धांत (Type Theory) 469; शीलगुण सिद्धांत (Trait

Theory) 476; व्यक्तित्व के निर्धारक (Determinants of Personality) 481; व्यक्तित्व की माप (Measurement of Personality) 491; अध्याय-सारांश (Chapter Summary) 504

20. अवधान, अभिरुचि एवं मनोवृत्ति (Attention, Interest and Attitude) **506–525**

अवधान का अर्थ (Meaning of Attention) 506; अवधान की प्रमुख विशेषताएँ (Important Characteristics of Attention) 507; अवधान के प्रकार (Kinds of Attention) 509; अवधान के निर्धारक (Determinants of Attention) 510; बाह्य निर्धारक (Objective Conditions or Determinants) 510; आंतरिक निर्धारक (Subjective Conditions or Determinants) 512; अवधान का शैक्षिक आशय (Educational Implication of Attention) 513; अभिरुचि का अर्थ (Meaning of Interest) 514; अभिरुचि के प्रकार (Types of Interest) 514; स्कूल में बालकों की अभिरुचि को प्रभावित करनेवाले कारक (Factors Influencing Childern's Interest in School) 515; अभिरुचि का मापन (Measurement of Interest) 517; अभिरुचि का शिक्षा में महत्त्व (Importance of Interest in Education) 520; मनोवृत्ति का अर्थ (Meaning of Attitude) 521; शिक्षण परिस्थिति में मनोवृत्ति में परिवर्तन कैसे लाया जाए? (How to Change Attitudes in Learning Situation?) 522; अवधान, अभिरुचि एवं मनोवृत्ति का तुलनात्मक अध्ययन (A Comparative Study of Attention, Interest and Attitude) 524; अध्याय-सारांश (Chapter Summary) 525

21. बुद्धि, अभिक्षमता एवं सर्जनात्मकता (Intelligence, Aptitude and Creativity) **526–589**

बुद्धि की परिभाषा एवं स्वरूप (Definition and Nature of Intelligence) 526; बुद्धि के प्रकार (Types of Intelligence) 529; बुद्धिलब्धि (Intelligence Quotient) 532; बुद्धि की माप (Measurement of Intelligence) 535; बुद्धि परीक्षण के प्रकार (Types of Intelligence Tests) 539; बुद्धि के सिद्धांत (Theories of Intelligence) 545; बुद्धि के सिद्धांतों के बारे में सामान्य निष्कर्ष (A General Conclusion regrading Theories of Intelligence) 567; बुद्धि में आनुवंशिकता-वातावरण विवाद (Heredity-Environment controvesry in Intelligence) 567; शिक्षा में बुद्धि परीक्षण की उपयोगिताएँ (Uses of Intelligence Test in Education) 571; बुद्धि परीक्षण की परिसीमाएँ (Limitations of Intelligence Tests) 573; अभिक्षमता के अर्थ (Meaning of Aptitude) 573; अभिक्षमता के मापन (Measurement of Aptitude) 574; शिक्षा में अभिक्षमता परीक्षण की

उपयोगिता (Utility of Aptitude Test in Education) 577; सर्जनात्मकता के अर्थ (Meaning of Creativity) 577; सर्जनात्मक प्रक्रिया के सोपान (Steps in Creative Process) 579; सर्जनात्मकता के पहलू (Aspects of Creativity) 581; सर्जनात्मकता के मापन (Measurement of Creativity) 581; सर्जनात्मकता का शिक्षण (Teaching of Creativity) 582; सर्जनात्मकता को उन्नत बनाने में शिक्षक एवं स्कूल की भूमिका (Role of Teacher and School in Promoting Creativity) 584; बुद्धि तथा सर्जनात्मकता में संबंध (Relation between Intelligence and Creativity) 584; सर्जनात्मक विचारकों के गुण (Characteristics of Creative Thinkers) 585; अध्याय-सारांश (Chapter Summary) 587

22. चिंतन, कल्पना एवं तर्कणा
(Thinking, Imagination and Reasoning) **590–610**

चिंतन के अर्थ एवं स्वरूप (Meaning and Nature of Thinking) 590; चिंतन के प्रकार (Types of Thinking) 592; चिंतन के साधन (Tools or Factors of Thinking) 594; चिंतन के विकास के उपाय (Measures of Development of Thinking) 595; समस्या-समाधान व्यवहार के शिक्षण में सम्मिलित सोपान (Steps Involved in Teaching Problem-solving Behaviour or Activity) 596; कक्षा में समस्या-समाधान व्यवहार को प्रभावित करनेवाले कारक (Factors Influencing Problem-solving Activity in Classroom) 597; कल्पना के अर्थ एवं स्वरूप (Meaning and Nature of Imagination) 598; चिंतन एवं कल्पना में अंतर (Difference between Thinking and Imagination) 599; कल्पना के प्रकार (Types of Imagination) 600; परिणामवादी कल्पना तथा सौंदर्यबोधी कल्पना में अंतर (Distinction between Pragmatic Imagination and Aesthetic Imagination) 603; शिक्षा के लिए कल्पना का महत्त्व (Importance of Imagination for Education) 603; कल्पना के विकास को प्रभावित करनेवाले कारक (Factors Influencing Development of Imagination) 604; तर्कणा के अर्थ एवं स्वरूप (Meaning and Nature of Reasoning) 605; तर्कणा के प्रकार (Kinds of Reasoning) 605; तर्कणा में महत्त्वपूर्ण कदम या सोपान (Important Steps in Reasoning) 607; तर्कणा की शिक्षा (Education of Reasoning) 608; अध्याय-सारांश (Chapter Summary) 609

23. वैयक्तिक विभिन्नता एवं शिक्षा
(Individual Difference and Education) **611–619**

वैयक्तिक विभिन्नता के अर्थ एवं स्वरूप (Meaning and Nature of Individual Difference) 611; वैयक्तिक विभिन्नता के प्रकार या क्षेत्र

(Kinds or Areas of Individual Difference) 613; वैयक्तिक विभिन्नता के कारण (Causes of Individual Difference) 615; वैयक्तिक विभिन्नता के अध्ययन की विधियाँ (Methods of Studying Individual Differences) 616; वैयक्तिक विभिन्नता के अध्ययन का शिक्षा में महत्त्व (Importance of the Study of Individual Difference in Education) 618; अध्याय-सारांश (Chapter Summary) 619

24. विशिष्ट या असाधारण बालकों की शिक्षा एवं समायोजन (Education and Adjustment of Exceptional Children) 620–644

विशिष्ट या असाधारण बालक का अर्थ एवं विशेषताएँ (Meaning and Characteristics of Exceptional Children) 621; विशिष्ट बालकों के प्रकार (Types of Special Children) 622; विशिष्ट बालकों के नामकरण के संभावित फायदे एवं घाटे (Possible Advantages and Disadvantages of Labeling Exceptional Children) 623; प्रतिभाशाली एवं प्रवीण बालक के अर्थ एवं विशेषताएँ (Meaning and Characteristics of Gifted and Talented Children) 624; प्रतिभाशाली एवं प्रवीण बालकों की शिक्षा तथा उनका समायोजन (Education and Adjustment of Gifted and Talented Children) 626; मानसिक रूप से मंदबुद्धि के बालक का अर्थ एवं विशेषताएँ (Meaning and Characteristics of Mentally Deficient Children) 630; मानसिक रूप से मंदबुद्धि के बालक के प्रकार (Types of Mentally Deficient Children) 631; मानसिक रूप से मंद बालकों की शिक्षा एवं समायोजन (Adjustment and Education of Mentally Retarded Children) 633; दृष्टिदोष से ग्रसित बालक (Children with Visual Defects) 635; पूर्ण अंधे बालकों की शिक्षा एवं समायोजन (Adjustment and Education of Totally Blind Children) 636; निम्न दृष्टि के बालकों की शिक्षा एवं समायोजन (Adjustment and Education of Low-vision Children) 637; भाषादोष से ग्रसित बालक का अर्थ (Meaning of Children with Speech Defects) 638; भाषा-संबंधी दोष से ग्रसित बालकों के मुख्य प्रकार (Major types of Children with Speech Impairment) 639; भाषा-संबंधी दोष से ग्रसित बालकों की शिक्षा एवं समायोजन (Adjustment and Education of Children with Speech Impairment) 640; श्रवण-संबंधी दोष से ग्रसित बालकों की शिक्षा एवं समायोजन (Adjustment and Education of Children with Hearing Impairment) 641; अध्याय-सारांश (Chapter Summary) 643

25. पिछड़े बालक, समस्या-बालक, अपराधी बालक एवं अलाभान्वित बालक की शिक्षा एवं समायोजन (Education and Adjustment of Backward Child, Problem Child, Juvenile Delinquents and Disadvantaged Child) 645–672

पिछड़े बालक का अर्थ एवं विशेषता (Meaning and Characteristics of a Backward Child) 646; बालकों के पिछड़ेपन के कारण (Causes of Backwardness among Children) 647; पिछड़े बालकों की समस्याएँ (Problems of Backward Children) 648; पिछड़े बालक की शिक्षा एवं समायोजन (Education and Adjustment of Backward Child) 649; समस्या-बालक के अर्थ एवं विशेषताएँ (Meaning and Characteristics of a Problem Child) 650; समस्या-बालक की पहचान (Identification of a Problem Child) 651; समस्या-व्यवहार के कारण (Causes of Problem Behaviour) 652; समस्या-बालक की शिक्षा एवं उपचार (Treatment and Education of a Problem Child) 655; अपराधी बालक के अर्थ एवं विशेषताएँ (Meaning and Characteristics of a Delinquent Child) 656; अपराधी व्यवहार के प्रकार (Types of Delinquent Behaviour) 658; बाल-अपराध के कारण (Causes of Delinquency) 659; अपराधी बालकों के उपचार एवं शिक्षा (Treatment and Education of Delinquent Children) 662; बाल अपराध और विद्यालय (Delinquency and School) 665; अलाभान्वित बालकों के अर्थ एवं विशेषताएँ (Meaning and Characteristics of Disadvantaged Children) 666; अलाभान्वन एवं वंचन के मनोवैज्ञानिक परिणाम (Psychological Consequences of Disadvantage and Deprivation) 668; अलाभान्वित बालकों की शिक्षा (Education of Disadvantaged Children) 669; अध्याय-सारांश (Chapter Summary) 671

26. निर्देशन, समायोजन एवं परामर्श (Guidance, Adjustment and Counselling) 673–696

निर्देशन का अर्थ तथा परामर्शन से इसकी भिन्नता (Meaning of Guidance and its Distinction from Counselling) 673; निर्देशन के प्रकार (Types of Guidance) 675; शैक्षिक निर्देशन के उद्देश्य (Aims of Educational Guidance) 676; स्कूल में शैक्षिक निर्देशन की आवश्यकता (Need for Educational Guidance in School) 678; शैक्षिक निर्देशन की प्रविधियाँ (Techniques of Educational Guidance) 679; निर्देशन कार्यक्रम में शिक्षक एवं परामर्शदाता की भूमिका (Role of Teacher and Counsellor in Guidance Programme) 681; व्यावसायिक निर्देशन के उद्देश्य (Aims of Vocational Guidance) 682; व्यावसायिक निर्देशन की आवश्यकता

(Need for Vocational Guidance) 683; व्यावसायिक निर्देशन की प्रविधियाँ (Techniques of Vocational Guidance) 684; स्कूल तथा पाठ्यक्रम का व्यावसायिक निर्देशन में महत्त्व (Role of School and Curriculum in Vocational Guidance) 685; व्यक्तिगत निर्देशन के विभिन्न स्तर (Different Levels of Personal Guidance) 685; निर्देशन एवं परामर्शन के संबंध में कोठारी आयोग की कुछ प्रमुख सिफारिशें (Some Important Recommendations of Kothari Commission regarding Guidance and Counselling) 688; परामर्शन का अर्थ (Meaning of Counselling) 688; परामर्शन-प्रक्रिया—अवस्थाएँ (Counselling Process: Stages) 690; अध्याय-सारांश (Chapter Summary) 695

27. कुसमायोजन का मनोविज्ञान एवं मानसिक स्वास्थ्य विज्ञान (The Psychology of Maladjustment and Mental Hygiene) 697–720

कुसमायोजन का अर्थ एवं प्रारंभिक लक्षण (Meaning of Maladjustment and Early Symptoms) 698; बालकों में कुसमायोजन के कारण (Causes of Maladjustment among Children) 699; मानसिक स्वास्थ्य विज्ञान का अर्थ (Meaning of Mental Hygiene) 700; मानसिक स्वास्थ्य विज्ञान के उद्देश्य (Aims of Mental Hygiene) 702; मानसिक स्वास्थ्य का अर्थ तथा मानसिक रोग से इसकी विभिन्नता (Meaning of Mental Health and its Difference from Mental Illness) 703; मानसिक रूप से स्वस्थ व्यक्तियों की विशेषताएँ (Characteristics of a Mentally Healthy Person) 704; मानसिक स्वास्थ्य को प्रभावित करनेवाले कारक (Factors Influencing Mental Health) 706; मानसिक रूप से स्वस्थ शिक्षक की विशेषताएँ (Characteristics of a Mentally Healthy Teacher) 707; मानसिक रूप से अस्वस्थ शिक्षक के लक्षण (Symptoms of Mentally Unhealthy Teachers) 710; शिक्षक मानसिक रूप से अस्वस्थ क्यों हो जाते हैं? (Why do Teachers become Mentally Unhealthy?) 711; शिक्षकों के मानसिक स्वास्थ्य को सुधारने के उपाय (Measures to Improve Mental Health of Teacher) 712; बालकों की मानसिक अस्वस्थता के कारण (Causes of Children's Mental Ill Health) 713; बालकों के मानसिक स्वास्थ्य को उन्नत बनाने में शिक्षक की भूमिका (Role of Teacher in Improving Mental Health of Children) 715; बालकों के मानसिक स्वास्थ्य को उन्नत बनाने में पाठ्यक्रम की भूमिका (Role of Curriculum in Improving Mental Health of Children) 717; छात्रों के मानसिक स्वास्थ्य को उन्नत बनाने में स्कूल के अनुशासन का योगदान

(Contribution of School Discipline in Improving the Mental Health of Students) 718; अध्याय-सारांश (Chapter Summary) 719

28. अनुशासन एवं शिक्षा (Discipline and Education) **721–737**

अनुशासन का अर्थ एवं स्वरूप (Meaning and Nature of Discipline) 721; अनुशासन के उद्देश्य एवं लक्ष्य (Objectives and Aims of Discipline) 723; अनुशासन को प्रभावित करनेवाले कारक (Factors Influencing Discipline) 724; अनुशासन शिक्षण की प्रविधियाँ (Techniques of Teaching Discipline) 727; छात्रों में अनुशासनहीनता के सामान्य कारण (General Causes of Indiscipline among Students) 730; अनुशासनहीनता को रोकने के उपाय (Measures of Preventing Indiscipline) 734; अध्याय-सारांश (Chapter Summary) 737

29. समूह-गतिकी एवं स्कूल की सामाजिक आबोहवा (Group Dynamics and Social Climate of School) **738–759**

समूह का अर्थ एवं विशेषताएँ (Meaning and Characteristics of a Group) 738; समूह-गतिकी का अर्थ (Meaning of Group Dynamics) 740; समूह-गतिकी का शैक्षिक महत्त्व (Educational Importance of Group Dynamics) 741; कक्षा में शिक्षक की भूमिका (Role of a Teacher in a Classroom) 742; कक्षा में समूह-संबंध को सुधारने की प्रविधियाँ (Techniques of Improving Group Relationship in a Classroom) 743; शिक्षा का समाज मनोविज्ञान (Social Psychology of Education) 744; सामाजिक तंत्र के रूप में स्कूल (School as a Social System) 745; समाजीकरण के एजेंसी के रूप में स्कूल (School as a Socialization Agency) 747; कक्षा की सामाजिक आबोहवा की विमाएँ (Dimensions of Social Climate of a Classroom) 754; शिक्षण पर कक्षा की सामाजिक आबोहवा का प्रभाव (Effects of Social Climate of Classroom upon Learning) 756; अध्याय-सारांश (Chapter Summary) 758

30. कुछ प्रमुख शैक्षिक विचारक (Some Major Educational Thinkers) **760–844**

शंकर आचार्य (Shankar Acharya) 760; स्वामी दयानंद (Swami Dayanand) 765; बी० आर० अंबेडकर (B R Ambedkar) 769; रवींद्रनाथ ठाकुर (टैगोर) (Rabindranath Thakur [Tagore]) 776; स्वामी विवेकानंद (Swami Vivekanand) 784; मोहनदास करमचंद गाँधी (Mohandas Karamchand Gandhi) 790; श्री अरबिंदो घोष (Sri Aurobindo Ghose) 798; गिज्जुभाई बाधेका (Gijjubhai Badheka) 805; मारिया मांटेसरी

(Maria Montessori) 809; सर्वपल्ली राधाकृष्णन (Sarvepalli Radhakrishnan) 817; जवाहरलाल नेहरू (Jawaharlal Nehru) 826; मौलाना अबुल कलाम आजाद (Maulana Abul Kalam Azad) 830; डॉ० जाकिर हुसैन (Dr Zakir Hussain) 833; सर सैय्यद अहमद खाँ (Sir Syed Ahmad Khan) 840

31. शिक्षा में सांख्यिकी (Statistics in Education) **845–903**

सांख्यिकी का अर्थ (Meaning of Statistics) 846; सांख्यिकी की उपयोगिताएँ एवं सीमाएँ (Uses and Limitations of Statistics) 846; वर्णनात्मक सांख्यिकी तथा आनुमानिक सांख्यिकी (Descriptive Statistics and Inferential Statistics) 848; सतत चर तथा असतत चर (Continuous Variable and Discrete Variable) 848; बारंबारता वितरण तालिका का निर्माण (Preparation of Frequency Distribution Table) 849; आवृत्ति बहुभुज (Frequency Polygon) 851; आयतचित्र (Histogram or Column Diagram) 854; आवृत्ति बहुभुज तथा आयतचित्र में अंतर (Difference between Frequency Polygon and Histogram) 856; संचयी आवृत्ति वक्र (Cumulative Frequency Curve) 856; तोरण (Ogive) 858; केंद्रीय प्रवृत्ति की माप (Measures of Central Tendency) 860; माध्य, माध्यिका तथा बहुलक में संबंध (Relation between Mean, Median and Mode) 868; परिवर्तनशीलता की माप (Measures of Variability) 868; प्रसार (Range) 869; चतुर्थक विचलन (Quartile Deviation) 869; मानक विचलन (Standard Deviation or *S*) 873; औसत विचलन (Average Deviation) 879; प्रसरण (Variance) 882; मानक प्राप्तांक (Standard Score) 883; प्रसामान्य वक्र (Normal Curve) 887; शततमक एवं शततमक कोटि (Percentile and Percentile Rank) 889; शततमक तथा शततमक कोटि में अंतर (Difference between Percentile and Percentile Rank) 895; सहसंबंध विधियाँ (Correlation Methods) 896; गुणन-आघूर्ण सहसंबंध (Product-Moment Correlation) 897; स्पीयरमैन कोटि-अंतर सहसंबंध (Spearman Rank-difference Correlation) 900; अध्याय-सारांश (Chapter Summary) 902

महत्त्वपूर्ण प्रश्न (Important Questions) **904–935**

वस्तुनिष्ठ प्रश्न (Objective Questions) **936–995**

ग्रंथ-सूची (Bibliography) **996**

शिक्षा मनोविज्ञान के क्षेत्र की महत्त्वपूर्ण घटनाएँ

[Important Events in the Field of Educational Psychology]

- अरस्तू (Aristotle, 384–322 BC) एवं उनके गुरु प्लेटो (Plato, 429–347 BC) के विचारों से शिक्षा मनोविज्ञान की शुरुआत मानी जाती है। इन दोनों दार्शनिकों ने शिक्षा (education) के क्षेत्र में वैयक्तिक विभिन्नता (individual difference) के अध्ययन को महत्त्वपूर्ण बतलाया था। इन लोगों ने कुछ महत्त्वपूर्ण विषय जैसे विभिन्न लोगों के लिए उपयुक्त शिक्षा, मनश्चालक कौशल (psychomotor skills) को उन्नत करने तथा नैतिक शिक्षा की सीमाओं (limitations) पर अधिक बल डाला था। अरस्तू ने ही सबसे पहले यह बतलाया था कि विचारों (ideas) के बीच साहचर्य (association) स्थापित होने से बोध (understanding) एवं प्रत्याह्वान (recall) में मदद मिलती है।

- 1600 के उत्तरार्द्ध में जॉन लॉक (John Locke, 1632–1704) ने यह प्राक्कल्पना (hypothesis) बनाई कि व्यक्ति मूलतः बाह्य बलों (external forces) के कारण सीखता है। उनका विचार था कि मन (mind) एक कोरी पट्टी (tabula rasa) के समान होता है जिसपर व्यक्ति अपने अनुभव (experience) के आधार पर कुछ लिखता है। इसलिए, इन्हें **अनुभववाद** (empiricism) का जनक भी कहा जाता है।

- जॉन कोमेनियस (John Comenius, 1592–1670) पहले व्यक्ति थे जिन्होंने यह बतलाया कि बच्चों के सीखने की क्षमता उम्र में अंतर होने से प्रभावित होती है तथा बच्चे उन चीजों को उत्तम ढंग से सीख पाते हैं जिनसे संबंधित अनुभवों को वे एकत्रित कर पाते हैं।

- 18वीं शताब्दी के मध्य में फ्रांस में जे॰ जे॰ रूसो (J J Rousseau, 1712–1778) ने शैक्षिक अध्यापन (educational pedagogy) के सिद्धांत का प्रतिपादन किया तथा इस बात पर बल डाला कि स्वाभाविक रुझान (natural inclinations) के अनुसार बच्चों को शिक्षा दी जानी चाहिए। इनकी प्रसिद्ध पुस्तक इमाईल (*Emile*) का प्रकाशन 1762 में हुआ जिसमें इस बात पर विशेष रूप से बल डाला गया कि व्यक्ति में ज्ञान का अर्जन उसकी अनुभूति के कारण होता है।

- जुआन विवास (Juan Vivas, 1493–1540) ने आगमन (induction) को अध्ययन की विधि बनाने पर जोर डाला तथा प्रत्यक्ष प्रेक्षण (direct observation) को महत्त्वपूर्ण बतलाया। उन्होंने मानवतावादी अधिगम (humanistic learning) पर काफी बल डाला। उन्होंने छात्रों के बीच वैयक्तिक विभिन्नता को समझने की आवश्यकता बतलाई तथा सीखने के लिए अभ्यास को महत्त्वपूर्ण बतलाया।

- जे॰ एच॰ पेस्टालॉजी (J H Pestalozzi, 1746–1827) ने 18वीं सदी के उत्तरार्द्ध में रूसो के सुझाव को कार्यरूप दिया और बच्चों को उनकी स्वाभाविक अभिरुचि एवं क्रियाओं के अनुसार पढ़ाना प्रारंभ किया। कुछ लोगों द्वारा इन्हें पहला **प्रयुक्त शिक्षा मनोवैज्ञानिक** (applied educational psychologist) माना जाता है।

- जोहान हरबार्ट (Johann Herbart, 1776–1841) को कुछ लोगों द्वारा वैज्ञानिक अध्यापन (scientific pedagogy) का जनक (father) कहा गया है। इनका विचार था कि शिक्षक को

पढ़ाते समय छात्रों के मौजूदा मानसिक सेट (mental set) पर अधिक बल डालना चाहिए। इन्होंने पढ़ाते समय पाँच कदमों (five steps) जिन्हें **औपचारिक कदम** (formal steps) कहा गया है, को महत्त्वपूर्ण बतलाया है। इन्होंने शिक्षा (education) के वैज्ञानिक अध्ययन के लिए भी रास्ता तैयार किया।

- हरबार्ट के मनोविज्ञान से प्रभावित होकर विलहेम वुंट (Wilhelm Wundt, 1832–1920) ने 1879 में मनोविज्ञान की प्रथम प्रयोगशाला खोली। वुंट ने हरबार्ट द्वारा प्रतिपादित संप्रत्यक्षण के सिद्धांत (theory of apperception) को चेतना के सिद्धांत (theory of consciousness) में विस्तारित किया जिसके द्वारा उन्होंने मानसिक प्रक्रियाओं के बीच साहचर्य (association) की भी व्याख्या करने की कोशिश की है।

- शिक्षा मनोविज्ञान के क्षेत्र में विलियम जेम्स (William James, 1842–1910), उनके शिष्य जी॰ एस॰ हॉल (G S Hall, 1844–1924) तथा हॉल के शिष्य जॉन डिवी (John Dewey, 1859–1952) का महत्त्वपूर्ण योगदान रहा है। इन तीनों का योगदान 19वीं सदी के उत्तरार्द्ध में शिक्षा मनोविज्ञान के लिए काफी महत्त्वपूर्ण रहा है। मशहूर महिला मनोवैज्ञानिक डी॰सी॰ बर्नलाइनर (D C Bernliner) ने इन्हें शिक्षा मनोविज्ञान का **पितामह** (grandfather) कहा है।

- विलियम जेम्स (William James) को अमेरिका में मनोविज्ञान का जनक (father) कहा जाता है। उन्होंने शिक्षा मनोविज्ञान के क्षेत्र में महत्त्वपूर्ण योगदान किया। उन्होंने 1890 में मशहूर पुस्तक **प्रिंसिपुल्स ऑफ साइकोलॉजी** (*Principles of Psychology*) का प्रकाशन किया जो मनोविज्ञान के विकास के लिए एक वरदान साबित हुआ। उनके द्वारा दिए गए संभाषणों (lectures) को संकलित करके एक किताब के रूप में, जिसका शीर्षक था **टॉक्स टू टीचर्स ऑन साइकोलॉजी** (*Talks to Teachers on Psychology*) 1899 में प्रकाशित किया गया। इस पुस्तक से शिक्षा मनोविज्ञान को एक वैज्ञानिक स्वरूप मिला तथा उसके विस्तार में भी महत्त्वपूर्ण सहयोग मिला। इस पुस्तक को शिक्षा मनोविज्ञान की पहली पाठ्यपुस्तक (textbook) माना जाता है। इन्होंने शिक्षा को उन्नत बनाने के लिए कक्षा में शिक्षण एवं अधिगम (learning) को ठीक ढंग से प्रेक्षण करने की आवश्यकता पर बल डाला है।

- जी॰ एस॰ हॉल (G S Hall) ने शिक्षा मनोविज्ञान के क्षेत्र में सराहनीय कार्य किए। 1892 में इन्होंने अमेरिकन मनोवैज्ञानिक संघ (American Psychological Association) की स्थापना की और इसके प्रथम अध्यक्ष बने। इन्होंने शिक्षा मनोविज्ञान के एक जर्नल (journal) का प्रकाशन भी प्रारंभ किया। जब वे जॉन हॉपकिंस विश्वविद्यालय (John Hopkins University) छोड़कर क्लार्क विश्वविद्यालय (Clark University) गए तो उन्होंने शिक्षा के वैज्ञानिक अध्ययन के लिए पहला पेडागोगिकल कार्यशाला (pedagogical workshop) की स्थापना की और इस कार्यशाला के शोधों को प्रकाशित करने के लिए एक जर्नल, जिसे **पेडोगोगिकल सेमीनरी** (*Pedagogical Seminary*) की संज्ञा दी गई, का प्रकाशन प्रारंभ किया। इस जर्नल का प्रकाशन आज भी उसका नाम बदलकर हो रहा है।

- जॉन डिवी (John Dewey) को शिक्षा मनोविज्ञान के क्षेत्र का महत्त्वपूर्ण व्यक्ति माना जाता है। इन्होंने 1894 में शिकागो विश्वविद्यालय (Chicago University) में अमेरिका के शिक्षा मनोविज्ञान की पहली प्रयोगशाला (laboratory) स्थापित की। शिक्षा मनोविज्ञान को विकसित करने के लिए इन्होंने कई सारे तथ्यों पर प्रकाश डाला है। **पहला,** इन्होंने बच्चा

को एक सक्रिय शिक्षार्थी (active learner) कहा है न कि एक निष्क्रिय शिक्षार्थी जो कक्षा में चुपचाप बैठकर शिक्षक की बातों को सुने। **दूसरा,** शिक्षा में बच्चों की संपूर्णता (wholeness) पर बल दिया जाना चाहिए तथा बच्चों द्वारा वातावरण में किए जानेवाले समायोजन पर पर्याप्त ध्यान देना चाहिए। **तीसरा,** एक उत्तम एवं समर्थ (competent) शिक्षा सभी तरह के बच्चों को दी जानी चाहिए न कि केवल उन्हीं बच्चों को जो धनी परिवार से आते हैं।

- अल्फ्रेड बिने (Alfred Binet, 1857–1911) ने 1898 में **'मेंटल फॅटीग'** (*Mental Fatigue*) प्रकाशित किया जिसमें उन्होंने शिक्षा मनोविज्ञान में प्रयोगात्मक विधि का उपयोग करने का प्रयास किया। उन्होंने बच्चों के उम्र समूह के बीच अंतर तथा एक ही उम्र के बच्चों में अंतर पर बल डालने की सिफारिश की। 1905 में बिने ने साइमन (Simon) के साथ मिलकर प्रथम आधुनिक बुद्धि परीक्षण का निर्माण किया। इस बुद्धि परीक्षण का कई संशोधन (revision) बाद में किया गया। इसका सबसे महत्त्वपूर्ण संशोधन 1916 में लेविस टरमैन (Lewis Terman) द्वारा स्टैनफोर्ड विश्वविद्यालय (Stanford University) में किया गया और इसे स्टैनफोर्ड-बिने परीक्षण (Stanford-Binet test) कहा गया।

- एडवार्ड ली थॉर्नडाइक (Edward Lee Thorndike, 1874–1949) ने सीखने की व्याख्या करने के लिए उद्दीपक-अनुक्रिया संबंध (stimulus-response connection) को महत्त्वपूर्ण बतलाया। उन्होंने सीखने के साधनात्मक अनुबंधन का सिद्धांत (theory of instrumental conditioning) या प्रभाव नियम सिद्धांत (law of effect theory) का प्रतिपादन किया जो शिक्षा मनोविज्ञान के लिए बहुत ही महत्त्वपूर्ण माना गया। 1914 में इन्होंने अपनी पुस्तक **शिक्षा मनोविज्ञान** (*Educational Psychology*) की तीन जिल्द शृंखला (volume series) का प्रतिपादन किया जो अगले 50 सालों तक शिक्षा मनोविज्ञान के महत्त्वपूर्ण ग्रंथ के रूप में शामिल रहा। मनोवैज्ञानिक परीक्षण के क्षेत्र में उनके द्वारा निर्मित सी॰ए॰वी॰डी॰ बुद्धि परीक्षण (CAVD intelligence test) काफी लोकप्रिय हुआ। बाद में उन्होंने कार्यक्रमित सीखना (programmed learning), सामर्थ्यता सीखना (mastery learning) तथा कंप्यूटर आधारित सीखना (computer-based learning) में महत्त्वपूर्ण योगदान किया। इन्होंने इस बात पर अधिक बल डाला कि शिक्षा मनोविज्ञान का एक वैज्ञानिक आधार होना चाहिए तथा इसके लिए मूल रूप से मापन (measurement) पर अधिक बल डालना चाहिए।

- लेटा हॉलिंगवर्थ (Leta Hollingworth) पहली महिला मनोवैज्ञानिक थीं जिन्होंने प्रतिभाशाली (gifted) शब्द का प्रयोग उन बच्चों के लिए किया था जिनका प्राप्तांक (score) बुद्धि परीक्षण पर अत्यधिक ऊँचा था।

- 20वीं सदी के प्रथम भाग में तो शिक्षा मनोविज्ञान मूलतः थॉर्नडाइक के विचारों से प्रभावित एवं आच्छादित रहा। परंतु, दूसरा भाग यानी 1950 के बाद से शिक्षा मनोविज्ञान पर बी॰एफ॰ स्कीन्नर (B F Skinner, 1904–1990) की विचारधाराओं का प्रभाव बढ़ गया। स्कीन्नर के व्यवहारपरक उपागम (behavioural approach) ने सीखने के लिए सबसे उत्तम अवस्था को निर्धारित करने पर काफी बल डाला। 1950 के दशक में स्कीन्नर ने कार्यक्रमित अधिगम (programmed learning) के संप्रत्यय को विस्तृत किया जिसमें छात्रों को प्रत्येक सफल कदम के बाद पुनर्बलन (reinforcement) तब तक दिया जाता है जब तक कि वह अंतिम लक्ष्य पर नहीं पहुँच जाता है। प्रारंभ में उन्होंने एक शिक्षण मशीन (teaching machine) के माध्यम से कार्यक्रमित अधिगम की प्रक्रिया को संपन्न किया।

- व्यवहारपरक उपागम (behavioural approach) द्वारा शिक्षकों के बहुत-से लक्ष्य (goals) एवं आवश्यकताओं (needs), जो मूलतः छात्रों के अधिगम (learning) से संबंधित थे, की पूर्ति ठीक से नहीं हो पा रही थी। फलतः, शिक्षा मनोविज्ञान में एक नया उपागम, जिसे संज्ञानात्मक उपागम (cognitive approach) कहा गया, का उदय हुआ जिसका असर 1960 के दशक से ही दिखने लगा। इसमें पियाजे (Piaget), ब्रुनर (Bruner) तथा ब्लूम (Bloom) का योगदान विशेष रूप से महत्त्वपूर्ण रहा।

- जीन पियाजे (Jean Piaget, 1896–1980) ने बुद्धि के संज्ञानात्मक विकास के सिद्धांत (theory of cognitive development) का प्रतिपादन किया। इस सिद्धांत के अनुसार, बुद्धि का विकास चार अवस्थाओं में होता है। पियाजे का शिक्षा मनोविज्ञान पर इसलिए अधिक प्रभाव पड़ा, क्योंकि वे पहले व्यक्ति थे जिन्होंने यह बतलाया कि शिक्षा के लिए संज्ञानात्मक विकास जरूरी है।

- जेरोम ब्रुनर (Jerome Bruner) ने पियाजे के संज्ञानात्मक उपागम को शिक्षा मनोविज्ञान में समन्वित किया। उन्होंने अपनी पुस्तक **दि प्रोसेस ऑफ इडुकेशन** (*The Process of Education*) में इस बात पर स्पष्ट रूप से बल डाला है कि व्यक्ति की संज्ञानात्मक क्षमता तथा सामग्रियों की संरचना (structure of materials) दोनों ही अधिगम (learning) के लिए आवश्यक हैं। उन्होंने अन्वेषण अधिगम (discovery learning) के संप्रत्यय का प्रतिपादन किया जो शिक्षा मनोविज्ञान के लिए काफी लाभदायक सिद्ध हुआ। अन्वेषण अधिगम में शिक्षक एक समस्या समाधान वातावरण उत्पन्न करते हैं जिसमें छात्र प्रश्न करते हैं, कुछ छान-बीन करते हैं तथा प्रयोग करते हैं और तब जाकर कुछ सीखते हैं। इन्होंने माकोस (MACOS or Man a Course of Study) जैसा शैक्षिक प्रोग्राम (educational programme) बनाया जिसमें विज्ञान (science) तथा मानवशास्त्र (anthropology) को एक साथ संयोजित करके सामाजिक व्यवहार तथा मानव क्रमविकास (human evolution) का अध्ययन किया गया।

- बेंजामिन ब्लूम (Benjamin Bloom, 1913–1999) ने करीब 50 वर्षों तक शिकागो विश्वविद्यालय के शिक्षा विभाग (department of education) में कार्यरत रहते हुए छात्रों के संज्ञानात्मक कौशल (cognitive skills) के विकास पर अधिक बल डाला। उनका विचार था कि सभी छात्र कुछ-न-कुछ अवश्य सीख सकते हैं। उन्होंने शैक्षिक उद्देश्य (educational objectives) की एक **वर्गिकी** (taxonomy) विकसित की जिसका शिक्षा मनोविज्ञान में काफी उपयोग किया गया। शैक्षिक उद्देश्य के तीन क्षेत्र (domain) बतलाए गए—**संज्ञानात्मक** (cognitive), **भावात्मक** (affective) तथा **मनश्चालक** (psychomotor)। ब्लूम के अनुसार, संज्ञानात्मक उद्देश्य का संबंध इस बात से होता है कि हमलोग किस तरह से सोचते हैं। इसे छह भागों में बाँटा गया है—ज्ञान (knowledge) या प्रत्याह्वान (recall), बोध (comprehension), उपयोग (application), विश्लेषण (analysis), संश्लेषण (synthesis) तथा मूल्यांकन (evaluation)। भावात्मक उद्देश्य का संबंध संवेग से होता है तथा इसके पाँच भाग बतलाए गए हैं—प्राप्त करना (receiving), अनुक्रिया करना (responding), महत्त्व देना (valuing), संगठित करना (organizing) तथा मूल्य संबंध चित्रण करना (value characterizing)। मनश्चालक उद्देश्य (psychomotor objectives) के छह भाग बतलाए गए हैं—प्रतिवर्ती गति (reflex movement), मौलिक तथ्य (basic fundaments), प्रत्यक्षज्ञानात्मक क्षमताएँ (perceptional abilities), दैहिक क्षमताएँ (physical abilities), कुशल गतियाँ (skilled movements) तथा अविवेचनीय व्यवहार (nondiscissive behaviours)। इस शैक्षिक

वर्गिकी (educational taxonomy) का अंतरराष्ट्रीय स्तर पर स्वागत किया गया तथा इसका उपयोग शिक्षा के प्रत्येक स्तर पर शिक्षकों के प्रशिक्षण से लेकर परीक्षण सामग्रियों (testing materials) के विकास तक व्यापक स्तर पर किया गया है। आज भी शिक्षा के लिए यह वर्गिकी एक वरदान के रूप में मौजूद है।

- एन॰ गेग (N Gage) भी शिक्षा मनोविज्ञान के क्षेत्र में एक मशहूर मनोवैज्ञानिक हैं जिन्होंने शिक्षण (teaching) में सम्मिलित प्रक्रियाओं (processes) को समझने में तथा शिक्षण को उन्नत बनाने में महत्त्वपूर्ण शोध किए हैं। उन्होंने **हैंडबुक ऑफ रिसर्च ऑन टीचिंग** (*Handbook of Research on Teaching*) का संपादन (edit) 1963 में किया और इस पुस्तक ने शिक्षा मनोविज्ञान तथा शिक्षण में किए जानेवाले शोधों को काफी प्रोत्साहित किया। इनके द्वारा स्थापित संस्था स्टैनफोर्ड सेंटर फॉर रिसर्च एंड डेवलपमेंट इन टीचिंग (Stanford Centre for Research and Development in Teaching) शिक्षा मनोविज्ञान तथा शिक्षण (teaching) को उन्नत बनाने के लिए नई-नई तकनीक की खोजकर सराहनीय कार्य कर रहा है।

- आज के शिक्षा मनोविज्ञान में व्यवहारपरक उपागम (behavioural approach) तथा संज्ञानात्मक उपागम (cognitive approach) दोनों के नियमों एवं सिद्धांतों का उपयोग किया जा रहा है। 20वीं सदी के अंतिम कुछ दशकों में शिक्षा मनोवैज्ञानिकों द्वारा छात्रों के समाज-संवेगात्मक पहलुओं (socio-emotional aspects) पर भी काफी बल डाला जाने लगा है।

❑

अध्याय 1

विषय-प्रवेश

[INTRODUCTION]

मुख्य बिंदु (Main Points)

1. मनोविज्ञान का अर्थ (Meaning of Psychology)
2. शिक्षा का अर्थ (Meaning of Education)
3. शिक्षा तथा शिक्षा मनोविज्ञान (Education and Educational Psychology)
4. शिक्षा मनोविज्ञान का अर्थ एवं स्वरूप (Meaning and Nature of Educational Psychology)
5. शिक्षा मनोविज्ञान का इतिहास (History of Educational Psychology)
6. शिक्षा मनोविज्ञान के उद्देश्य (Aims or Objectives of Educational Psychology)
7. शिक्षा मनोविज्ञान का कार्यक्षेत्र (Scope of Educational Psychology)
8. शिक्षा मनोविज्ञान का महत्त्व (Significance of Educational Psychology)
9. शिक्षा मनोविज्ञान की सीमाएँ (Limitations of Educational Psychology)

मनोविज्ञान का अर्थ
(Meaning of Psychology)

'मनोविज्ञान' शब्द का अँगरेजी रूपांतर 'Psychology' दो ग्रीक शब्दों के मिलने से बना है—'Psyche' तथा 'logos'। 'Psyche' का अर्थ है आत्मा (soul) तथा 'logos' का अर्थ है अध्ययन या विवेचन। इस शाब्दिक अर्थ के अनुसार मनोविज्ञान का अर्थ हुआ आत्मा के संबंध में अध्ययन करनेवाला एक विषय। प्राचीन दार्शनिकों ने, जिनमें अरस्तू (Aristotle) तथा प्लेटो (Plato) का नाम अधिक मशहूर है, इसी शाब्दिक अर्थ को ध्यान में रखते हुए मनोविज्ञान को आत्मा के बारे में अध्ययन करनेवाला विषय माना था। परंतु, प्राचीन दार्शनिकों द्वारा दी गई यह परिभाषा अब मात्र एक ऐतिहासिक परिभाषा बनकर रह गई है।

17वीं शताब्दी तथा 18वीं शताब्दी के दार्शनिकों (philosophers) ने, जिनमें लिबिनिज (Leibnitz), हॉब्स (Hobbes), लॉक (Locke), कांट (Kant), ह्यूम (Hume) आदि का नाम उल्लेखनीय हैं 'Psyche' शब्द का अर्थ मन (mind) बताया और कहा कि मनोविज्ञान की विषय-वस्तु मन है। फलतः, मनोविज्ञान मन के अध्ययन का विज्ञान माना गया। मनोविज्ञान की यह परिभाषा करीब-करीब 1870 तक सर्वमान्य रही और मनोविज्ञान, जो उस समय दर्शनशास्त्र (philosophy) की एक शाखा थी, की विषय-वस्तु मन (mind) बनी रही।

इन दार्शनिक परिभाषाओं में मुख्यतः दो तरह के दोष पाए गए। पहला, आत्मा (soul) या मन (mind) एक ऐसी अमूर्त (abstract) वस्तु है जिसे देखा या सुना नहीं जा सकता। फलतः, इसका अध्ययन वैज्ञानिक ढंग से संभव नहीं है और न इसपर कोई प्रयोग ही किया जा सकता है। दूसरा, मनोविज्ञान को मन या आत्मा का विज्ञान मान लेने से उसकी विषय-वस्तु अस्पष्ट ही बनी रहती है, क्योंकि इन शब्दों का प्रयोग अनेक अर्थों में किया जाता है और मनोविज्ञान में यह किस अर्थ में प्रयुक्त होता है, यह निश्चित रूप से नहीं कहा जा सकता।

जैसा कि ऊपर कहा जा चुका है, मनोविज्ञान पहले दर्शनशास्त्र (philosophy) की एक शाखा थी। 1879 में जब विलहेम वुंट (Wilhelm Wundt) ने जर्मनी के लिपजिग विश्वविद्यालय (अब इसका नाम कार्ल मार्क्स विश्वविद्यालय कर दिया गया है) में मनोविज्ञान की सबसे पहली प्रयोगशाला स्थापित की, उस समय से मनोविज्ञान का संबंध दर्शनशास्त्र से धीरे-धीरे कम होता गया और इसका स्वरूप प्रयोगात्मक अधिक होता गया। फलस्वरूप मनोविज्ञान की विषय-वस्तु मन या आत्मा से हटकर मानसिक क्रियाएँ (mental activities) या चेतन अनुभूति (conscious experience) हो गई। इस परिभाषा को माननेवाले मनोवैज्ञानिकों को संरचनावादी (structuralists) कहा गया जिसमें विलहेम वुंट तथा टिचेनर (Titchener) ही प्रमुख थे। इन मनोवैज्ञानिकों के अनुसार मनोविज्ञान चेतन अनुभूति या तात्कालिक अनुभूति (immedidate experience) के अध्ययन का विज्ञान है। चेतन अनुभूति या तात्कालिक अनुभूति का अर्थ यहाँ संवेदना (sensation), कल्पना (imagination), प्रतिमा (image), भाव (feeling) आदि मानसिक क्रियाओं से है। वुंट के अनुसार संवेदना (sensation) चेतन अनुभूति के वस्तुनिष्ठ तत्त्व (objective element) तथा भाव चेतन अनुभूति के आत्मनिष्ठ तत्त्व (subjective element) कहे जाते थे। लेकिन, संरचनावादियों की इस परिभाषा में अनेक दोष पाए गए। सबसे प्रमुख दोष यह बताया गया कि चूँकि चेतन अनुभूति का वस्तुनिष्ठ ढंग से अध्ययन नहीं किया जा सकता है, अतः इस परिभाषा से मनोविज्ञान के प्रयोगात्मक स्वरूप की व्याख्या नहीं हो पाती है। इस परिभाषा में मात्र चेतन अनुभूति के अध्ययन पर बल डाला गया है, परंतु व्यक्ति के सभी अनुभव चेतन नहीं होते, बल्कि अधिकांश अनुभव अचेतन होते हैं। इस परिभाषा से तब यह बिलकुल स्पष्ट नहीं होता है कि मनोविज्ञान मन की सभी अवस्थाओं का अध्ययन करता है या नहीं।

संरचनावादियों की परिभाषा में त्रुटि पाए जाने पर मनोविज्ञान की दूसरी परिभाषा दी गई जो व्यवहारवादियों (behaviourists) का था। व्यवहारवादियों में जे० बी० वाटसन (J B Watson) का नाम प्रमुख है। इन लोगों ने मनोविज्ञान को व्यवहार का एक वस्तुपरक विज्ञान (positive science of behaviour) माना है। इस परिभाषा से स्पष्ट है कि इसमें चेतन अनुभूति (conscious experience) को मनोविज्ञान की विषय-वस्तु से अलग कर दिया गया तथा उसकी जगह व्यवहार (behaviour) को रखा गया जिसका स्वरूप अधिक वस्तुनिष्ठ (objective) था, क्योंकि इसे देखा या सुना जा सकता है। दौड़ना, रोना, हँसना, सोचना आदि व्यवहार के कुछ प्रमुख उदाहरण हैं। इस परिभाषा में मनोविज्ञान को एक वस्तुपरक विज्ञान (positive science) माना गया, क्योंकि इसमें व्यवहार से संबद्ध तीन पक्षों—क्या (what), क्यों (why) तथा कैसे (how) का अध्ययन किया जाता है। इस परिभाषा का प्रमुख दोष यह बताया गया कि मात्र व्यवहार का अपने-आप में कोई अर्थ नहीं होता। सचाई यह है कि किसी भी व्यवहार की व्याख्या हम अपनी अनुभूतियों के आधार पर ही करते हैं और तब जाकर उसका सही अर्थ निकलता है।

आधुनिक मनोवैज्ञानिकों ने मनोविज्ञान का जो अर्थ बताया है उसमें सच पूछा जाए तो उपर्युक्त दोनों तरह की परिभाषाओं का संगम देखने को मिलता है। एटकिन्सन, एटकिन्सन, स्मिथ तथा हिलगार्ड[1] (Atkinson, Atkinson, Smith & Hilgard) ने मनोविज्ञान को परिभाषित करते हुए कहा है, "मनोविज्ञान व्यवहार तथा मानसिक प्रक्रियाओं का वैज्ञानिक अध्ययन है।" परिभाषा से यह स्पष्ट है कि मनोविज्ञान में सिर्फ व्यवहार का ही अध्ययन नहीं किया जाता है, बल्कि उन मानसिक प्रक्रियाओं (mental processes) का भी अध्ययन किया जाता है जिन्हें बाहर से देखा नहीं जा सकता है और जिनके बारे में व्यवहारों के आधार पर अनुमान मात्र लगाया जाता है। मॉर्गन, किंग, विस्ज तथा स्कौपलर (Morgan, King, Weisz & Schopler) ने भी स्पष्ट किया है कि मनोविज्ञान मानव-व्यवहार तथा पशु-व्यवहार के अध्ययन का विज्ञान है। साथ-ही-साथ इनलोगों ने आगे स्पष्ट करते हुए यह कहा है कि मनोविज्ञान को व्यवहार का विज्ञान कहते समय मन (mind) अर्थात आंतरिक मानसिक घटनाओं (internal mental events) के अध्ययन को अलग नहीं किया जा रहा है, बल्कि उसी में इसे भी सम्मिलित किया जा रहा है। मॉर्गन, किंग, विस्ज तथा स्कौपलर[2] (Morgan, King, Weisz & Schopler, 1986) के शब्दों में, "जब हमलोग मनोविज्ञान को व्यवहार के विज्ञान के रूप में परिभाषित करते हैं, तो हमलोग मन को अलग नहीं कर देते हैं, हमलोग इतना ही कहते हैं कि जो व्यक्ति करता है, अर्थात उसका व्यवहार ही वह मार्ग (avenue) है जिसके सहारे आंतरिक मानसिक घटनाओं का अध्ययन किया जाता है।"

निष्कर्षतः यह कहा जा सकता है कि आधुनिक समय में मनोविज्ञान का अर्थ एक ऐसे विज्ञान से लिया जाता है जिसमें व्यवहारों एवं मानसिक प्रक्रियाओं (mental processes) दोनों का अध्ययन किया जाता है।

शिक्षा का अर्थ
(Meaning of Education)

शिक्षा (education) एक ऐसा पद (term) है जिसका उपयोग प्राचीन काल से होता आ रहा है। प्राचीन काल में गुरु एवं शिष्य या दूसरे शब्दों में यह कहा जाए कि ज्ञानी एवं अज्ञानी के बीच ज्ञान के लेन-देन की सुव्यवस्थित प्रक्रिया को शिक्षा कहा जाता था। इस काल में गुरु को अपने शिष्यों को कुछ आवश्यक तथ्यों को कंठस्थ कराना पड़ता था और यही उनकी शिक्षा का मुख्य उद्देश्य मान लिया जाता था। इस तरह की शिक्षा देने में शिष्य की आयु, रुचि एवं योग्यता आदि पर कुछ भी ध्यान नहीं दिया जाता था। शिक्षक का कर्तव्य शिष्य को मात्र सूचना दे देना होता था। स्पष्टतः इस तरह की शिक्षा बाल-केंद्रित (child-centred) न होकर ज्ञान-केंद्रित (knowledge-centred) थी। शिष्य चाहे बालक हो या वयस्क उसे एक ही तरह की शिक्षा दी जाती थी। इसका परिणाम यह होता था कि बालक या शिष्य का सर्वांगीण विकास नहीं हो पाता था।

---

1. Psychology can be defined as, "the scientific study of behaviour and mental processes."—Atkinson, Atkinson, Smith & Hilgard, *Introduction to Psychology,* 1987, p. 13
2. "When we define psychology as the science of behaviour, we are not excluding mind; we are saying that what person does—his or her behaviour—is the avenue through which internal mental events can be studied."—Morgan, King, Weisz & Schopler, *Introduction to Psychology,* 1986, p. 7

परंतु, आधुनिक काल में शिक्षा का यह अर्थ पूर्णतः समाप्त हो गया है। आधुनिक काल में शिक्षा का अर्थ किसी तरह का उपदेश या सूचना देना नहीं होता है, बल्कि यह व्यक्तियों के सर्वांगीण विकास के लिए एक निरंतर (continuous) चलनेवाली ऐसी प्रक्रिया है जिसके द्वारा व्यक्ति में निहित क्षमताओं (abilities) का सही-सही उपयोग विभिन्न सामाजिक परिस्थितियों में किया जाता है। दूसरे शब्दों में, यह कहा जा सकता है कि आजकल शिक्षा से तात्पर्य व्यक्ति में निहित क्षमताओं का विकास से होता है जिसके परिणामस्वरूप व्यक्ति समाजोपयोगी बनता है। इस अर्थ में क्रो एवं क्रो[1] (Crow & Crow, 1954) ने शिक्षा को परिभाषित करते हुए कहा है, "शिक्षा व्यक्तिकरण एवं समाजीकरण की वह प्रक्रिया है जो व्यक्ति की व्यक्तिगत उन्नति तथा समाजोपयोगिता को बढ़ावा देती है।" इसी तरह के विचार अन्य विशेषज्ञों (experts); जैसे—स्कीन्नर (Skinner, 1962), रिली तथा लेविस (Reilly & Lewis, 1989) द्वारा भी अपनी परिभाषाओं में व्यक्त किया गया है।

स्पष्ट है कि इन वैज्ञानिकों ने शिक्षा को एक सामाजिक प्रक्रिया (social process) माना, जिसके द्वारा व्यक्ति का सर्वांगीण विकास (all-round development) होता है। सर्वांगीण विकास से तात्पर्य व्यक्ति के मानसिक, शारीरिक एवं आध्यात्मिक या नैतिक (moral) विकास से है। शिक्षा व्यक्ति के लिए एक ऐसा अनुकूल वातावरण तैयार कर देती है जहाँ व्यक्ति के शारीरिक, मानसिक तथा नैतिक क्षमताओं का निरंतर (continuous) विकास बिना किसी तरह की रुकावट के होते रहता है। शिक्षा व्यक्ति में शारीरिक (physical) विकास कर उसे शारीरिक रूप से इस लायक बना देती है कि वह अपने वातावरण के साथ समुचित समायोजन कर सके। उसी तरह से शिक्षा व्यक्ति में मानसिक (mental) विकास करके मानसिक रूप से स्वस्थ तथा नैतिक विकास करके नैतिक रूप से स्वस्थ बनाकर उसमें समाजीकरण की प्रक्रिया को शीर्ष पर पहुँचाती है।

स्पष्ट हुआ कि आधुनिक शिक्षा का अर्थ (meaning) एवं उद्देश्य (purpose) प्राचीन काल के शिक्षा के अर्थ एवं उद्देश्य से सर्वथा भिन्न है। आधुनिक समय में शिक्षा ज्ञान की लेन-देन की प्रक्रिया नहीं बल्कि बालकों या वयस्कों के चहुँमुखी विकास (all-round development) या सर्वांगीण विकास करने की तथा उनमें निहित विभिन्न क्षमताओं (abilities) को जगाने की एक प्रक्रिया है।

शिक्षा तथा शिक्षा मनोविज्ञान
(Education and Educational Psychology)

हम देख चुके हैं कि शिक्षा (education) तथा शिक्षा मनोविज्ञान दोनों ही एक-दूसरे से काफी निकट हैं। शिक्षा का उद्देश्य बालकों के व्यक्तित्व में एक ऐसा सर्वांगीण विकास करने से होता है जिससे वह जीवन के प्रत्येक क्षेत्र में ठीक ढंग से समायोजन (adjustment) करने में सफल हो सके। शिक्षा मनोविज्ञान शिक्षा में मनोवैज्ञानिक नियमों, तथ्यों एवं परिणामों का प्रयोग कर शिक्षा को अधिक उपयोगी बनाता है। अतः, यह कहा जा सकता है कि शिक्षा मनोविज्ञान परोक्ष रूप से शिक्षा को अपने मूल उद्देश्यों की प्राप्ति में मदद करता है। इस समानता के बावजूद शिक्षा तथा शिक्षा मनोविज्ञान में अंतर है।

---

1. "Education is an individualizing and socializing process that furthers personal advancement as well as social living."—Crow & Crow, *Educational Psychology,* 1954, p.10

शिक्षा मनोविज्ञान में मानवीय पक्षों को महत्त्वपूर्ण मानकर सीखने (learning) एवं सिखाने की प्रक्रिया सम्पन्न की जाती है। दूसरे शब्दों में, शिक्षा मनोविज्ञान शिक्षक-छात्र के संबंधों (relationships) पर अधिक बल डालते हुए शिक्षा के उद्देश्यों की पूर्ति की ओर क्रियाशील रहता है जबकि शिक्षा में इस ढंग के संबंध पर बल नहीं डाला जाता है और बालकों के सर्वांगीण विकास के लिए मात्र एक माहौल तैयार किया जाता है। दूसरा अंतर यह बताया गया है कि शिक्षा का संबंध मूल्यों (values), आदर्शों, मानकों आदि से होता है जबकि शिक्षा मनोविज्ञान उन मूल्यों, आदर्शों एवं मानकों की प्राप्ति में सहायता देता है। अतः, यह कहा जा सकता है कि शिक्षा एक साध्य (ends) है तथा शिक्षा मनोविज्ञान उसका एक साधन (means) है।

शिक्षा मनोविज्ञान का अर्थ एवं स्वरूप
(Meaning and Nature of Educational Psychology)

शिक्षा (education) तथा मनोविज्ञान (psychology) का अर्थ स्वतंत्र रूप से समझ लेने के बाद स्वाभाविक कदम यह होगा कि शिक्षा मनोविज्ञान क्या है, इसकी विवेचना की जाए। मनोवैज्ञानिकों का मत है कि शिक्षा मनोविज्ञान मनोविज्ञान की एक ऐसी शाखा (branch) है जिसका संबंध शिक्षा के सिद्धांतों एवं समस्याओं से है। दूसरे शब्दों में, शिक्षा मनोविज्ञान का संबंध शैक्षिक प्रक्रियाओं की समस्याओं एवं सिद्धांतों के अध्ययन से है। इस तरह यह कहा जा सकता है कि शिक्षा मनोविज्ञान (educational psychology) शिक्षा से संबद्ध समस्याओं का विवेचन, विश्लेषण एवं वैज्ञानिक समाधान प्रस्तुत करता है। इस मूल तथ्य को ध्यान में रखते हुए हम कुछ मनोवैज्ञानिकों द्वारा शिक्षा मनोविज्ञान की दी गई परिभाषाओं को इस प्रकार उद्धृत कर सकते हैं—

स्कीन्नर[1] (Skinner, 1962) ने शिक्षा मनोविज्ञान को परिभाषित करते हुए कहा है, "शिक्षा मनोविज्ञान मनोविज्ञान की वह शाखा है जो सीखने और सिखाने की प्रक्रिया का अध्ययन करती है।"

जेम्स ड्रीवर[2] (James Drever, 1964) के अनुसार, "शिक्षा मनोविज्ञान प्रयुक्त मनोविज्ञान (applied psychology) की एक ऐसी शाखा है जो शिक्षा में मनोवैज्ञानिक नियमों एवं परिणामों के उपयोग से तथा साथ-ही-साथ शिक्षा की समस्याओं के मनोवैज्ञानिक अध्ययन से संबद्ध होती है।"

सैन्ट्रोक[3] (Santrock, 2006) के अनुसार, "शिक्षा मनोविज्ञान मनोविज्ञान की ऐसी शाखा है जो शैक्षिक परिस्थितियों में शिक्षण एवं अधिगम के बोध में विभिन्नता दिखलाता है।"

---

1. "Educational Psychology is that branch of Psychology which deals with teaching and learning."—Skinner, *Essentials of Educational Psychology,* 1962, p. 3
2. "Educational Psychology is, that branch of applied phychology, which is concerned with the application of psychological principles and finding to education together with the psychological study of problems of education." —James Drever, *The Penguin Dictionary of Psychology,* 1964, p. 79
3. "Educational Psychology is the branch of Psychology that specializes in understanding, teaching and learning in the educational settings."—Santrock, *Educational Psychology,* 2006, p. 4

इन परिभाषाओं का विश्लेषण करने पर हमें शिक्षा मनोविज्ञान का अर्थ एवं स्वरूप (nature) के बारे में कुछ महत्त्वपूर्ण तथ्य प्राप्त होते हैं, जो इस प्रकार हैं—

(i) शिक्षा मनोविज्ञान मनोविज्ञान की एक प्रयुक्त शाखा (applied branch) है। इसका मतलब यह हुआ कि शिक्षा मनोविज्ञान मनोवैज्ञानिक नियमों, सिद्धांतों एवं तथ्यों का उपयोग शिक्षा के क्षेत्र में करके बालकों एवं वयस्कों के सर्वांगीण विकास में मदद करता है।

(ii) शिक्षा मनोविज्ञान बालकों के मानसिक (mental), शारीरिक एवं नैतिक क्षमताओं को निधारित करके तदनुसार उचित शिक्षा की व्यवस्था करने में सहायता पहुँचाता है। शिक्षा मनोविज्ञान बालकों के मानसिक, शारीरिक एवं नैतिक समस्याओं का समाधान करने में मनोवैज्ञानिक नियमों एवं सिद्धांतों का खुलकर प्रयोग करता है।

(iii) शिक्षा मनोविज्ञान बालकों की विभिन्न क्षमताओं (abilities) का सिर्फ मापन ही नहीं करता, बल्कि उनके समुचित विकास एवं अनुकूल शिक्षा के लिए एक तरह का परामर्श भी देता है। बालकों की क्षमता के अनुकूल किस प्रकार की शिक्षा उनके लिए उपयोगी होगी, इसका भी निर्धारण शिक्षा मनोविज्ञान ही करता है।

स्पष्ट है कि शिक्षा मनोविज्ञान सचमुच शिक्षा में मनोविज्ञान की उपयोगिता का विज्ञान है (Educational Psychology is the science of utilities of Psychology in education)। शिक्षा की समस्याओं का समाधान एवं बालकों के लिए उचित शिक्षा का माहौल तैयार करने की जवाबदेही शिक्षा मनोविज्ञान के कंधों पर होती है।

शिक्षा मनोविज्ञान का इतिहास
(History of Educational Psychology)

शिक्षा मनोविज्ञान का इतिहास उतना ही पुराना है जितना कि शिक्षा की प्रक्रिया। यदि हम शिक्षा मनोविज्ञान के इतिहास को गौरपूर्वक देखेंगे तो यह स्पष्टतः पाएँगे कि शिक्षा मनोविज्ञान के क्षेत्र में समय-समय पर बड़े-बड़े वैज्ञानिकों द्वारा योगदान किया गया है। ग्रीक दार्शनिकों द्वारा किए गए योगदानों से शिक्षा मनोविज्ञान का इतिहास प्रारंभ होता माना गया है। डेमोकरिटस (Democritus) पहले ऐसे दार्शनिक थे जिन्होंने बच्चों के व्यक्तित्व-विकास में घरेलू शिक्षा के महत्त्व पर बल डाला था। चौथी शताब्दी में प्लेटो (Plato, 427–347 BC) तथा अरस्तू (Aristotle, 384–322 BC) ने शिक्षा की एक विशेष पद्धति का विकास किया तथा उसमें मनोवैज्ञानिक नियमों एवं सिद्धांतों के महत्त्व की भूमिका पर बल डाला। अरस्तू ने उस समय शिक्षा के विभिन्न पहलुओं पर विशेष रूप से प्रकाश डाला। इन पहलुओं में विभिन्न लोगों के लिए अलग-अलग शिक्षा, चरित्र-शिक्षा, शिक्षण की विभिन्न विधियाँ आदि प्रधान थे। उन्होंने अपने लेखन में शिक्षा के इन विभिन्न पहलुओं में मनोवैज्ञानिक सिद्धांतों एवं नियमों की उपयोगिताओं पर विशेष रूप से बल दिया है। अरस्तू (Aristotle) मस्तिष्क (mind) के संकाय सिद्धांत (faculty theory) में विश्वास रखकर शिक्षा में मनोवैज्ञानिक नियमों एवं सिद्धांतों की उपयोगिता पर बल डाला था। यही कारण है कि उनके द्वारा शिक्षा के प्रतिपादित मनोवैज्ञानिक आधार का प्रभाव पूरे संसार पर काफी व्यापक रूप से पड़ा। बाद में अरस्तू के शिक्षा सिद्धांतों को परिमार्जित कर अधिक उन्नत बनाया गया। डेस्कार्ट (Descartes, 1596–1650) तथा रूसो (Rousseau) ने भी अरस्तू की विचारधारा का समर्थन किया है। रूसो ने

शिक्षा को मानव विकास (human development) के नियमों पर आधारित करने की सिफारिश की। उन्होंने अपनी लोकप्रिय पुस्तक 'ईमाइल' (*Emile)* में शिक्षा की विभिन्न पद्धतियों में मनोवैज्ञानिक सिद्धान्तों एवं नियमों की भूमिका का स्पष्टीकरण किया। जान लॉक (John Locke, 1632–1704), जो एक प्रमुख अनुभववादी (empiricist) थे, ने उस समय के महत्त्वपूर्ण संकाय सिद्धान्त की आलोचनात्मक समीक्षा की और बताया कि मस्तिष्क के विभिन्न संकाय (faculty) सचमुच में वास्तविक नहीं हैं। फलतः उनके द्वारा सम्पन्न होनेवाली विभिन्न तरह की मानसिक क्षमताओं पर अधिक भरोसा नहीं किया जा सकता। इस आलोचना के बावजूद संकाय मनोविज्ञान (faculty psychology) का प्रभाव शिक्षा पर काफी पड़ा। इस प्रभाव के परिणामस्वरूप शिक्षा के एक नए सिद्धान्त का जन्म हुआ जिसे **शिक्षा का औपचारिक अनुशासन सिद्धान्त** (Theory of formal discipline of education) की संज्ञा दी गई। इस सिद्धान्त के अनुसार कुछ खास-खास कठिन विषयों जैसे गणित, लैटिन (Latin) तथा ग्रीक (Greek) आदि के सीखने से व्यक्ति का मस्तिष्क काफी प्रशिक्षित हो जाता है और तब इस प्रशिक्षित मस्तिष्क का धनात्मक हस्तांतरण (positive transfer) शिक्षा के हर क्षेत्र में होता है। 19वीं शताब्दी के प्रारंभ में एक अन्य दार्शनिक-शिक्षक (philosopher-educator) जिन्होंने शिक्षा के क्षेत्र में महत्त्वपूर्ण योगदान दिया, पेस्टालोजी (Pestalozzi, 1746–1827) हैं। इन्होंने शिक्षा को मनोवैज्ञानिक नियमों एवं सिद्धांतों पर आधारित करने पर बल डाला है और शिक्षकों की प्रशिक्षण विधि में क्रांतिकारी परिवर्तन अपने इस विशेष सुझाव द्वारा लाया कि शिक्षा का उद्देश्य व्यक्तियों की क्षमताओं को जगाना (stimulate) तथा साथ-साथ उसकी बेहतरीन क्षमताओं को विकसित करना है। उन्होंने मानव विकास के नियम (laws of human development) तथा सीखने की विधि का भी प्रतिपादन कर शिक्षकों के प्रशिक्षण कार्यक्रम (training programme) में रचनात्मक योगदान दिया।

शिक्षा मनोविज्ञान के क्षेत्र में 18वीं शताब्दी के प्रारंभिक दशकों (decades) में दो अन्य जर्मन दार्शनिक-शिक्षकों (philosopher-educators) ने भी महत्त्वपूर्ण योगदान किया। उनके नाम हैं—जोहान हरबार्ट (Johann Herbart, 1776–1841) तथा फ्रोबेल (Froebel, 1782 –1852)। इन लोगों ने शिक्षा का एक ऐसा सिद्धांत विकसित किया जो मनोवैज्ञानिक सिद्धांतों पर आधारित है। इन लोगों द्वारा संकाय मनोविज्ञान (faculty psychology) के सिद्धांत को अस्वीकृत कर दिया गया। हरबार्ट (Herbart) द्वारा शिक्षा में अभिरुचि (interest) तथा आत्मबोध (apperception) जैसे तथ्यों के महत्त्व पर अधिक बल डालने की सिफारिश की गई। फ्रोबेल ने बच्चों को पढ़ाने की एक नई पद्धति का विकास किया जिसे किंडरगार्टेन विधि (Kindergarten method) कहा जाता है। इस विधि द्वारा बच्चों को शिक्षा देने में प्रारंभिक अनुभूतियों (early experiences) के महत्त्व पर अधिक प्रकाश डाला जाता है।

अब तक जो कुछ भी ऊपर में शिक्षा मनोविज्ञान की ऐतिहासिक पृष्ठभूमि के रूप में कहा गया है, वह मूलतः दार्शनिक-शिक्षकों (philosopher-educators) के योगदानों पर आधारित था। सही अर्थ में शिक्षा मनोविज्ञान का इतिहास 1880 में फ्रैन्सिस गाल्टन (Sir Francis Galton, 1822–1911) द्वारा किए गए अभूतपूर्व योगदानों से प्रारंभ होता है। गाल्टन ने वैयक्तिक विभिन्नता (individual differences) के अध्ययन पर अधिक बल डाला जिसका परिणाम यह हुआ कि व्यक्ति की मानसिक क्षमता (mental ability) के मापन की ओर लोगों का ध्यान गया। गाल्टन पहले ऐसे मनोवैज्ञानिक थे जिन्होंने व्यक्ति की मानसिक क्षमता को मापने के लिए एक मनोवैज्ञानिक परीक्षण (psychological test) का निर्माण किया था। गाल्टन का यह भी विचार था कि व्यक्तियों की बुद्धि

की माप उनकी संवेदी क्षमताओं (sensory capacities) के आधार पर किया जाना चाहिए। इसके बाद जी० स्टेनले हाल (G. Stanley Hall, 1844–1924) ने प्रश्नावली के सहारे बच्चों के शैक्षिक व्यवहारों का अध्ययन कर लोगों का ध्यान इस ओर आकृष्ट किया। इस दिशा में इबिंगहास (Ebbinghaus, 1850–1909) तथा विलियम जेम्स (1842–1910) द्वारा पहले कुछ इस प्रकार के अध्ययन किए जा चुके थे जिससे शिक्षा मनोविज्ञान को अनेक नए सिद्धांतों एवं तथ्यों की प्राप्ति हो चुकी थी।

विलियम जेम्स ने 1899 में कई व्याख्यानों (lectures) की एक शृंखला प्रकाशित की जिसका शीर्षक था—'टॉक्स टू टीचर्स' (*Talks To Teachers*), जिसमें उन्होंने मूलतः बच्चों को शिक्षित करने में मनोविज्ञान की उपयोगिताओं का वर्णन किया। उनका तर्क था कि प्रयोगशाला मनोविज्ञान के प्रयोग प्रायः यह बतलाने में असमर्थ रहते हैं कि बच्चों को प्रभावी ढंग से कैसे शिक्षित किया जा सकता है। वे शिक्षा को उन्नत बनाने के लिए कक्षा में शिक्षण (teaching) एवं अधिगम (learning) को ध्यानपूर्वक प्रेक्षण करने पर बल डालें। शिक्षा को उन्नत बनाने के खयाल से उनके द्वारा की गई कई सिफारिशों में से सबसे प्रमुख सिफारिश यह थी कि वर्ग में बच्चों के सामने सीखने के लिए रखे गए पाठ का स्तर उसके ज्ञान के स्तर से थोड़ा ऊँचा होना चाहिए ताकि बच्चे अपने मन या मस्तिष्क पर अधिक बल देकर उसका समाधान करना सीखें।

उसी समय के दूसरे अति महत्त्वपूर्ण व्यक्ति जिन्होंने शिक्षा मनोविज्ञान के क्षेत्र को विकसित करने में अभूतपूर्व योगदान किए, वे थे जॉन डिवी (John Dewey, 1859–1952) जो सचमुच में मनोविज्ञान के व्यावहारिक उपयोग पहलू के अग्रणी थे। उन्होंने 1894 में शिकागो विश्वविद्यालय में पहली वृहत शिक्षा मनोविज्ञान की प्रयोगशाला (laboratory) की स्थापना की। बाद में उन्होंने कोलम्बिया विश्वविद्यालय में जाकर वहाँ भी अपने इस नवीन एवं महत्त्वपूर्ण कार्य पर शोध किए और उसे आगे बढ़ाया। जॉन डिवी के निम्नलिखित तीन विचारों (ideas) का प्रभाव शिक्षा मनोविज्ञान के विकास के लिए काफी लाभदायक सिद्ध हुआ—

(i) उन्होंने बच्चों को एक निष्क्रिय (passive) शिक्षार्थी न मानकर सक्रिय शिक्षार्थी (active learner) माना। इसके पहले लोगों का मत था कि बच्चे वर्ग या कक्षा में शांत भाव से बैठते हैं तथा निष्क्रिय ढंग से किसी पाठ को रट-रटकर सीखते हैं। उन्होंने इस विचारधारा को अस्वीकृत किया और कहा कि बच्चे किसी कार्य को सक्रिय ढंग से करके ही उत्तम ढंग से सीखते हैं।

(ii) डिवी का मत था कि उत्तम शिक्षा वही है जो बच्चों पर सम्पूर्ण ढंग से बल डालता हो और वातावरण के साथ बच्चों के समायोजन के महत्त्व को भी समझता हो। उन्होंने यह स्पष्ट किया कि शिक्षकों को सिर्फ बच्चों को किसी शैक्षिक विषय का ज्ञान ही देना पर्याप्त नहीं है बल्कि उनमें यह भाव भी पैदा करना चाहिए कि उस विषय पर किस तरह से सोचना चाहिए और स्कूल के बाहर के वातावरण के साथ किस ढंग से समायोजन (adjustment) किया जाना चाहिए। उन्होंने इस बात पर सर्वाधिक बल डाला कि बच्चों को एक विचारशील समस्या साधक (reflective problem solver) बनने की भरपूर कोशिश करनी चाहिए।

(iii) डिवी का तीसरा महत्त्वपूर्ण विचार यह था कि सभी बच्चे एक सुयोग्य शिक्षा पाने लायक होते हैं। उनका मत था कि विभिन्न सामाजिक-आर्थिक समूह (socio-economic group) तथा प्रजातीय समूह (ethnic group) के सभी लड़के एवं लड़कियों को सुयोग्य शिक्षा

(competent education) दिया जाना चाहिए। इससे पहले सुयोग्य शिक्षा देने की प्रथा केवल उन्हीं बच्चों तक सीमित थी, जो धनी परिवार से आते थे।

20वीं शताब्दी के प्रारंभ में शिक्षा मनोविज्ञान के क्षेत्र में अल्फ्रेड बिने (Alfred Binet) द्वारा एक महत्त्वपूर्ण योगदान किया गया। इन्होंने बालकों की बुद्धि मापने के लिए सबसे पहला बुद्धि परीक्षण (intelligence tests) का निर्माण किया जो 1905 में 'बिने-साइमन मापनी' (Binet–Simon scale) के नाम से प्रकाशित हुआ। जेम्स मैककीन कैटेल (J M Cattell, 1860–1944) ने वैयक्तिक विभिन्नता (individual differences) तथा मानसिक परीक्षणों (mental tests) के क्षेत्र में महत्त्वपूर्ण प्रयोग करके शिक्षा मनोविज्ञान के स्वरूप को प्रयोगात्मक बनाया। बाद में कैटेल के शिष्य ई॰ एल॰ थॉर्नडाइक (E L Thorndike, 1874–1949) द्वारा उनके कार्यों को आगे बढ़ाया गया और शिक्षा के क्षेत्र में उन्होंने अपने गुरु से भी एक कदम आगे बढ़कर योगदान किया। थॉर्नडाइक ने सीखने का एक सिद्धांत विकसित किया तथा सीखने के नियमों (laws) का भी प्रतिपादन किया। इन नियमों में **प्रभाव-नियम** (law of effect) द्वारा शिक्षा की समस्याओं को सुलझाने में काफी मदद मिली। थॉर्नडाइक ने 1903 में अपनी प्रसिद्ध पुस्तक 'शिक्षा मनोविज्ञान' (*Educational Psychology)* का प्रतिपादन किया जिसमें उन्होंने हस्तांतरण (transfer) के एक नए सिद्धांत का प्रतिपादन किया जिसे **समरूप तत्त्वों का सिद्धांत** (Theory of identical elements) कहा गया जिसके अनुसार एक परिस्थिति से दूसरी परिस्थिति में हस्तांतरण (transfer) या मदद की मात्रा इस बात पर निर्भर करती है कि इन दोनों परिस्थितियों में समान या समरूप तत्त्व (identical elements) कितने हैं। ऐसे तत्त्वों की संख्या जितनी अधिक होगी, धनात्मक हस्तांतरण (positive transfer) की मात्रा उतनी अधिक होगी। इस सिद्धांत का प्रतिपादन उन्होंने **औपचारिक अनुशासन के सिद्धांत** (theory of formal discipline) को अस्वीकृत करने के बाद किया था। 1922 में थॉर्नडाइक ने अंकगणित की शिक्षा देने के लिए सात प्रमुख नियमों का भी प्रतिपादन किया जो शिक्षा मनोविज्ञान के लिए आज भी एक अभूतपूर्व योगदान माना गया है। उन्होंने इस बात से इनकार किया कि बुद्धि में कोई सामान्य मानसिक क्षमता (general mental ability) जैसी चीज होती है। शायद यही कारण है कि उन्होंने बिने (Binet) द्वारा प्रतिपादित बुद्धि परीक्षण का विरोध किया और उसकी जगह उन्होंने अपना एक नया बुद्धि परीक्षण बनाया जिसे CAVD परीक्षण (CAVD test) कहा गया। इस बुद्धि परीक्षण में चार उपपरीक्षण थे—पूर्ति (Completion), अंकगणितीय चिंतन (Arithmetic reasoning), शब्दावली (Vocabulary) तथा दिशा (Direction)। सच पूछा जाए तो थॉर्नडाइक के महत्त्वपूर्ण योगदानों से ही शिक्षा मनोविज्ञान का वैज्ञानिक काल प्रारंभ होता है।

बी॰ एफ॰ स्कीन्नर (B F Skinner, 1938) की विचारधारा जो काफी हद तक थॉर्नडाइक के विचार पर ही आधृत थी, शिक्षा मनोविज्ञान को काफी प्रभावित किया। स्कीन्नर का व्यवहारपरक उपागम (behavioural approach) में बच्चों के अधिगम (learning) के लिए उत्तम अवस्थाओं (best conditions) की पहचान की कोशिश की गई। स्कीन्नर का मत था कि विलियम जेम्स तथा जॉन डिवी द्वारा प्रस्तावित मानसिक प्रक्रियाओं का प्रेक्षण (observation) नहीं किया जा सकता है। फलतः, यह मनोविज्ञान का उचित अध्ययन विषय नहीं हो सकता है। 1950 के दशक में स्कीन्नर ने **कार्यक्रमित अधिगम** (programmed learning) के संप्रत्यय को विकसित किया जिससे छात्रों को प्रत्येक उपलक्ष्य (subgoal) पर पहुँचने पर पुनर्बलन (reinforcement) देते हुए उन्हें अंतिम लक्ष्य पर पहुँचने के लिए प्रेरित किया जाता है। स्कीन्नर ने अपने आरंभिक प्रयासों में एक **शिक्षण**

मशीन (teaching machine) का सृजन किया जो एक शिक्षक (tutor) के रूप में कार्य करता था तथा सही उत्तर देने पर छात्रों को पुनर्बलित (reinforce) भी करता था। परंतु, स्कीन्नर के इस व्यवहारपरक उपागम से वर्ग के शिक्षकों की बहुत-सी आवश्यकताओं एवं लक्ष्यों की पूर्ति नहीं हो पाती थी। परिणामस्वरूप, इसकी प्रतिक्रिया (reaction) के रूप में बेंनजामिन ब्लूम (Benjamin Bloom) ने 1950 वाले दशक के आरंभिक वर्षों में संज्ञानात्मक कौशलों (cognitive skills) का एक वर्गीकरण (taxonomy) तैयार किया जिसमें स्मरण (remembering), बोध (comprehending), संश्लेषण (synthesizing) तथा मूल्यांकन (evaluation) को सम्मिलित किया और उन्होंने इस बात पर बल डाला कि शिक्षकों को इन कौशलों को छात्रों में विकसित करना चाहिए और उनके उपयोग किए जाने पर बल डालना चाहिए। इसके परिणामस्वरूप शिक्षा मनोविज्ञान में संज्ञानात्मक परिदर्श (cognitive perspective) का प्रभाव बढ़ने लगा और यह संदर्भ स्पष्ट रूप से इस बात का उल्लेख किया कि अधिगम निर्देश (learning instruction) का व्यवहारपरक विश्लेषण (behavioural analysis) द्वारा वर्ग में अधिगम निर्देश की उपयुक्त व्याख्या नहीं हो पाती है। इसका ऐसा प्रभाव पड़ा कि 20वीं शताब्दी के उत्तरार्द्ध में बहुत सारे शिक्षा मनोवैज्ञानिकों द्वारा विलियम जेम्स तथा जॉन डिवी द्वारा प्रारंभ में अधिगम के संज्ञानात्मक पहलू पर दिए गए बल (emphasis) को फिर से पुनर्जीवित किया गया। आज संज्ञानात्मक तथा व्यवहारपरक (behavioural) उपागम दोनों ही शिक्षा मनोविज्ञान के महत्त्वपूर्ण पहलू माने जा रहे हैं। 20वीं शताब्दी के अंतिम दशाब्दी में शिक्षा मनोवैज्ञानिकों द्वारा छात्रों के सामाजिक-सांवेगिक पहलुओं (socio-emotional aspects) पर भी पर्याप्त बल डाला जाने लगा है। जैसे, आजकल स्कूल को एक सामाजिक संदर्भ (social context) के रूप में तथा शिक्षा में संस्कृति (culture) की भूमिका का भी विश्लेषण किया जाने लगा है।

1950 के बाद शिक्षा मनोविज्ञान में तीव्र विकास हुआ है। आजकल शिक्षा मनोवैज्ञानिक सिर्फ सीखने (learning) तथा सिखाने (teaching) के क्षेत्रों में ही नहीं कार्य कर रहे हैं, बल्कि वे अन्य संबंधित प्रमुख क्षेत्रों में जैसे मानसिक स्वास्थ्य (mental health), सामाजिक कुसमायोजन (social maladjustment), शैक्षिक एवं व्यावसायिक निर्देशन (educational and vocational guidance) तथा मापन एवं मूल्यांकन (measurement & evaluation) जैसे नए-नए क्षेत्रों में भी कार्यरत हैं। इन नए-नए क्षेत्रों में भारतीय मनोवैज्ञानिकों द्वारा भी महत्त्वपूर्ण योगदान किए जा रहे हैं जो आगे आनेवाले दशकों में इतिहास के पन्नों का महत्त्वपूर्ण भाग बनेंगे।

शिक्षा मनोविज्ञान के उद्देश्य
(Aims or Objectives of Educational Psychology)

शिक्षा मनोविज्ञान का उद्देश्य शिक्षार्थियों (learners) के व्यक्तित्व का सर्वांगीण विकास करना तथा साथ-ही-साथ मानव स्वभाव (human nature) को समझने में शिक्षकों की मदद करना है। सच पूछा जाए तो शिक्षा मनोविज्ञान से शिक्षकों को छात्रों के व्यवहारों को समझने तथा उनका उचित निर्देशन एवं पथप्रदर्शन करने में अधिक सहायता मिलती है। शिक्षा मनोविज्ञान के ज्ञान के अभाव में एक शिक्षक का स्थान कुछ वैसा ही होता है जैसा किसी ऐसे मोटरगाड़ी में बैठे चालक (driver) का जिसका पेट्रोल समाप्त हो गया हो। स्पष्ट है कि शिक्षा मनोविज्ञान का एक प्रमुख उद्देश्य शिक्षकों को शिक्षा-संबंधी आवश्यक मनोवैज्ञानिक तथ्यों से अवगत कराकर उनके कार्यों में सहायता प्रदान करना

है जिससे वे शिक्षार्थियों को विकास के पथ पर निर्देशित कर सकें। शिक्षा मनोविज्ञान के विशिष्ट उद्देश्यों (specific purposes) को इस प्रकार व्यक्त किया जा सकता है—

1. शिक्षकों की सहायता करना (To help the teachers)—शिक्षा मनोविज्ञान का सबसे प्रमुख उद्देश्य शिक्षकों को अपने कार्यों में मदद करना होता है। इस मनोविज्ञान का उद्देश्य शिक्षक को इस लायक बना देना है कि उसके कंधों पर औपचारिक शिक्षा (formal education) के रखे गए भार को वह आसानी से ढो सके। इस संदर्भ में शिक्षा मनोविज्ञान के उद्देश्यों को इस प्रकार समझाया जा सकता है—

(i) शिक्षा मनोविज्ञान शिक्षकों में शैक्षिक समस्याओं (educational problems) के प्रति उचित मनोवृत्ति उत्पन्न करने में मदद करता है। इससे फायदा यह होता है कि शिक्षक यह सही-सही समझ लेते हैं कि दी हुई परिस्थिति में किस विधि द्वारा शिक्षण करना अधिक लाभप्रद होगा तथा किस हद तक बालक संबंधित शिक्षण विधि का लाभ उठा पाएगा।

(ii) शिक्षा मनोविज्ञान शिक्षकों को शिक्षार्थियों के व्यवहारों में समुचित परिवर्तन के लिए एक वातावरण तैयार करने में मदद करता है।

(iii) शिक्षा मनोविज्ञान शिक्षार्थियों के व्यवहारों को सहानुभूतिपूर्वक समझने में मदद करता है। एक शिक्षक जो सहानुभूतिपूर्वक तथा निष्पक्ष भाव से शिक्षार्थियों के व्यवहारों का विश्लेषण करते हैं, एक सफल शिक्षक कहलाते हैं।

(iv) शिक्षार्थियों की कमजोरियों तथा असफलताओं को समझने तथा उनके उपचार (treatment) संबंधी सिफारिशें करने में शिक्षकों को शिक्षा मनोविज्ञान काफी मदद करता है।

(v) शिक्षा मनोविज्ञान द्वारा शिक्षक उन सामग्रियों को सही-सही ढंग से संगठित कर पाते हैं जिनको उन्हें शिक्षार्थियों को देना होता है। शिक्षा मनोविज्ञान के ज्ञान होने से शिक्षक बालकों की योग्यता के अनुरूप विषय-वस्तु का ठीक ढंग से चयन कर उसे संगठित कर पाते हैं।

(vi) शिक्षकों को अपनी सही भूमिका निभाने में शिक्षा मनोविज्ञान विशेष रूप से मदद करता है। इस मनोविज्ञान के ज्ञान से शिक्षकों को अपनी भूमिका-निर्वाह में उत्पन्न समस्याओं का समाधान करने में काफी मदद मिलती है।

(vii) बालकों के बीच वैयक्तिक विभिन्नता (individual differences) को ध्यान में रखकर निर्देशन कार्यक्रम (guidance programme) बनाने में शिक्षा मनोविज्ञान शिक्षकों की काफी मदद करता है।

(viii) शिक्षा मनोविज्ञान शिक्षकों को अपने-आपको भी समझने में काफी मदद करता है। इस मनोविज्ञान के ज्ञान होने से शिक्षक अपनी सीमाओं (limitations) को खुलकर समझ पाते हैं तथा उसके निदान-संबंधी कदम उठाने के लिए तत्पर हो जाते हैं।

2. उचित शैक्षिक निर्देशन देना (To impart proper educational guidance)—शिक्षा मनोविज्ञान शिक्षार्थियों को उचित शैक्षिक निर्देशन (educational guidance) भी देता है। प्रत्येक बालक की मानसिक क्षमता (ability), अभिरुचि (interest), अभिक्षमता (aptitude) अलग-अलग होती है। फलस्वरूप सभी बालक एक ही तरह के विषय (subject) की शिक्षा के लायक नहीं होते। शिक्षा मनोविज्ञान शिक्षार्थियों की इस वैयक्तिक विभिन्नता (individual differences) को समझकर सही

दिशा में यह निर्देशन देता है कि विभिन्न विषयों जैसे कला, विज्ञान, संगीत, वाणिज्य आदि में से किस विषय की शिक्षा लेनी चाहिए और क्यों लेनी चाहिए।

3. उचित पाठ्यक्रम बनाना (To make proper curriculum)—शिक्षा मनोविज्ञान शिक्षार्थियों के लिए उचित पाठ्यक्रम (curriculum) तैयार करने में मदद करता है। पाठ्यक्रम की रचना करते समय शिक्षा मनोविज्ञान शिक्षकों को विशेष रूप से दिशानिर्देश देता है कि शिक्षार्थियों की मानसिक क्षमता, अभिरुचि एवं अभिक्षमता (aptitude) को अवश्य ध्यान में रखा जाए।

4. उचित व्यावसायिक निर्देशन प्रदान करना (To impart proper vocational guidance)—शिक्षा मनोविज्ञान शिक्षार्थियों को उचित व्यावसायिक निर्देशन भी देता है। सभी तरह के व्यवसाय के लिए सभी शिक्षार्थी उचित नहीं होते हैं। कुछ व्यवसाय में कुछ विशेष अभिक्षमता (aptitude) रखनेवाले बालक अधिक सक्षम होते हैं तो दूसरे व्यवसाय में दूसरे तरह के अभिक्षमतावाले बालक अधिक सक्षम होते हैं। शिक्षा मनोविज्ञान इस उद्देश्य की प्राप्ति के लिए शिक्षार्थियों को उचित निर्देशन (guidance) देता है।

5. उचित अध्यापन विधि प्रस्तुत करना (To provide proper teaching method)—शिक्षा मनोविज्ञान को स्कीन्नर (Skinner, 1962) ने सीखने (learning) तथा सिखाने (teaching) का विज्ञान कहा है। अतः, शिक्षा मनोविज्ञान का एक उद्देश्य यह भी है कि सिखाने की उचित विधि अर्थात उचित अध्यापन-विधि या शिक्षण-विधि प्रतिपादित हो सके। शिक्षा मनोवैज्ञानिकों द्वारा सक्रिय प्रयास करके अध्ययन की तरह-तरह की विधियों का प्रतिपादन किया गया है जिनमें आगमन विधि (deductive method), निगमन विधि (inductive method), पूर्ण विधि (whole method), अंश विधि (part method), खेल विधि (playway method) आदि प्रमुख हैं। शिक्षा मनोविज्ञान इस बात में भी मदद करता है कि इन विधियों में कौन-सी विधि किस परिस्थिति में अधिक लाभप्रद होगी।

6. स्कूल के अधिकारियों एवं प्रशासकों की मदद करना (To help the school authorities and administrators)—शिक्षा मनोविज्ञान स्कूल से संबंधित अधिकारियों एवं प्रशासकों को स्कूल संचालन एवं शिक्षा के लिए एक अनुकूल वातावरण तैयार करने में मदद करता है। शिक्षा मनोविज्ञान स्कूल के अधिकारियों एवं प्रशासकों को शिक्षा-शिक्षार्थी संबंध (teacher-taught relationship) को समझने में मदद करता है। इस संबंध के गूढ़ तत्त्वों को समझकर फिर स्कूल अधिकारियों द्वारा शिक्षा का एक समुचित माहौल तैयार किया जाता है जिसमें शिक्षण कार्य लाभप्रद ढंग से निबटाया जाता है।

7. शिक्षार्थियों के व्यक्तित्व का सर्वांगीण विकास करना (To develop wholesome personality of learners)—शिक्षा मनोविज्ञान का एक प्रधान उद्देश्य शिक्षार्थियों के व्यक्तित्व के सर्वांगीण विकास (wholesome development) में मदद करना है। सर्वांगीण विकास से तात्पर्य शिक्षार्थी के चहुँमुखी विकास से होता है जिसमें मानसिक विकास, शारीरिक विकास तथा नैतिक विकास (moral development) प्रधान माना गया है। शिक्षा मनोविज्ञान इन तीनों तरह के विकास पर समुचित प्रकाश डालकर बालकों में एक ऐसा व्यक्तित्व विकसित करने पर बल डालता है जो उसे शैक्षिक वातावरण में अर्थपूर्ण समायोजन (meaningful adjustment) करने में मदद करता है।

8. अभिभावकों का मार्गदर्शन करना (To guide the guardians)—शिक्षा मनोविज्ञान न केवल शिक्षक एवं शिक्षार्थी का मार्गदर्शन (guidance) करता है बल्कि अभिभावकों को भी उचित

सलाह देकर उनका मार्गदर्शन करता है। कुछ अभिभावक ऐसे होते हैं जो अपने बच्चों की मानसिक योग्यता, अभिरुचि तथा अभिक्षमता (aptitude) का बिना खयाल किए ही किसी खास विषय या किसी खास प्रकार के कौशल (skill) को सीखने पर बल डालते हैं। इसका परिणाम होता है कि ऐसे बालक की शिक्षा असफल हो जाती है। शिक्षा मनोविज्ञान ऐसे अभिभावकों का उचित मार्गदर्शन करता है तथा साथ-ही-साथ उन्हें अपनी शारीरिक एवं मानसिक कमजोरियों से भी अवगत कराता है ताकि वे अपने-आपमें समुचित परिवर्तन लाकर अपने बच्चों की उचित शिक्षा में मदद करें।

9. मूल्यांकन की उचित विधियों को प्रस्तुत करना (To provide proper methods of evaluations)—शिक्षा मनोविज्ञान का एक उद्देश्य यह भी है कि वह शिक्षार्थियों की शैक्षिक उपलब्धियों (educational achievements) के मूल्यांकन (evaluation) के लिए उचित विधियों की खोज करे। इस प्रयास में शिक्षा मनोवैज्ञानिकों द्वारा विभिन्न प्रकार के मनोवैज्ञानिक परीक्षण (psychological tests) जिनमें मूल रूप से विभिन्न प्रकार के शैक्षिक उपलब्धि परीक्षण (educational achievement tests) के नाम अधिक मशहूर हैं, का निर्माण किया गया है। शैक्षिक उपलब्धियों का उचित मूल्यांकन करने के बाद ही यह पता चल पाता है कि बालक शिक्षा से लाभ उठा रहा है या नहीं। शिक्षा मनोविज्ञान इस दिशा में महत्त्वपूर्ण भूमिका निभाता है।

10. शारीरिक शिक्षा प्रदान करना (To provide physical education)—शिक्षा मनोविज्ञान का उद्देश्य शिक्षार्थियों को शारीरिक रूप से स्वस्थ बनाना भी होता है, क्योंकि शारीरिक स्वास्थ्य के अभाव में बच्चों का मानसिक विकास किसी तरह की शिक्षा देकर नहीं किया जा सकता है। शिक्षा मनोविज्ञान कुछ विशेष प्रकार की आदतों (habits) के सीखने पर बल डालता है। इन आदतों को सीख लेने से बालकों का शारीरिक स्वास्थ्य तो सुधरता ही है, साथ-ही-साथ उनकी अध्ययन-आदत (study habit) में भी सुधार हो जाता है और तब बालक शिक्षा से उचित फायदा उठाने लगता है।

11. समूह गतिकी को समझने में मदद करना (To help in understanding group dynamics)—अभी हाल के वर्षों में शिक्षा मनोविज्ञान का एक नया उद्देश्य समूह गतिकी को समझने में मदद करना हो गया है। वर्ग में सिखाने-सीखने (teaching-learning) की प्रक्रिया में सामाजिक व्यवहार (social behaviour) तथा समूह गतिकी (group dynamics) के महत्त्व को समझना इसलिए आवश्यक माना जाने लगा है कि इस ज्ञान के अभाव में कोई भी शिक्षक सफलतापूर्वक अध्यापन कार्य नहीं कर सकता है और साथ-ही-साथ शिक्षार्थी भी उनकी शिक्षा से उचित मार्ग पर नहीं चल सकता है। शिक्षा मनोविज्ञान शिक्षकों को उन अस्त्र-शस्त्रों से लैस करता है जिनके सहारे वे वर्ग में समूह गतिकी या शिक्षार्थी के समूहों में विभिन्न प्रकार के संसंजक बल (cohesive forces) तथा विनाशकारी बल (destructive forces) को समझकर उचित निर्णय कर सकें।

स्पष्ट हुआ कि शिक्षा मनोविज्ञान के कई उद्देश्य (purpose) हैं। इन उद्देश्यों में से जितना ही अधिक उद्देश्य की पूर्ति हो पाएगी, शिक्षा मनोविज्ञान उतना ही प्रभावकारी सिद्ध होगा। परंतु, दुर्भाग्य की बात यह है कि इनमें से अधिकतर उद्देश्य की पूर्ति न तो भारत में और न ही पश्चिमी देशों (Western countries) में ही हो पाई है। यही कारण है कि शिक्षा मनोविज्ञान एक प्रयुक्त मनोविज्ञान (applied psychology) होने के बावजूद सही अर्थ में प्रयुक्त या व्यावहारिक नहीं दीख पड़ता।

शिक्षा मनोविज्ञान का कार्यक्षेत्र
(Scope of Educational Psychology)

शिक्षा एक ऐसी प्रक्रिया है जो व्यक्ति के जन्म से मृत्यु तक निरंतर चलती रहती है। यही कारण है कि शिक्षा मनोविज्ञान का कार्यक्षेत्र (scope) भी बचपनावस्था या किशोरावस्था तक की शैक्षिक प्रक्रियाओं (educative processes) का ही अध्ययन नहीं करना है बल्कि इसके द्वारा व्यक्ति के पूरे जीवनकाल में चलनेवाली शैक्षिक प्रक्रियाओं का अध्ययन करना है। इस शैक्षिक प्रक्रिया में शिक्षा (education) एवं शिक्षार्थी (learner) से संबद्ध जितने तरह के पक्ष हो सकते हैं, उन्हें शिक्षा मनोविज्ञान के कार्यक्षेत्र (scope) में सम्मिलित किया जाता है। इस संदर्भ में शिक्षा मनोविज्ञान के प्रमुख कार्यक्षेत्रों का वर्णन लिण्डग्रेन (Lindgren, 1972) के अनुसार इस प्रकार किया जा सकता है—

1. शिक्षार्थी (The learner)—शैक्षिक प्रक्रिया में शिक्षार्थी की भूमिका काफी महत्त्वपूर्ण है। कोई भी सीखने-सिखाने की प्रक्रिया तब तक सम्पन्न नहीं हो सकती, जब तक कि वर्ग में शिक्षार्थीगण उपस्थित न हों। वर्ग में शिक्षण कार्य बहुत हद तक शिक्षार्थी में विभिन्न तरह के विकास (developments), उसके व्यक्तित्व के शीलगुणों, बुद्धि (intelligence), अभिक्षमता (aptitude), चिंतन (thinking) आदि पर निर्भर करता है। इन सभी का अध्ययन शिक्षा मनोविज्ञान के कार्यक्षेत्र (scope) के भीतर है और शिक्षा मनोवैज्ञानिक शिक्षार्थी के इन विभिन्न पहलुओं पर गंभीरतापूर्वक विचार कर एक निर्णय पर पहुँचते हैं और उसी ढंग के शिक्षार्थी का चयन कर उन्हें शिक्षा देते हैं। शिक्षार्थी के विकास का अध्ययन करते समय शिक्षा मनोविज्ञान में शिक्षार्थी के कुछ खास-खास विकास जैसे शारीरिक विकास (physical development), मानसिक विकास (mental development), संज्ञानात्मक विकास (cognitive development), सांवेगिक विकास (emotional development), सामाजिक विकास (social development) आदि पर अधिक बल डाला जाता है। शिक्षा मनोविज्ञान में इन सभी क्षेत्रों में शिक्षार्थी से संबंधित समस्याओं तथा उनके संभावित निदान का भी अध्ययन किया जाता है ताकि शिक्षा की प्रक्रिया को अधिक-से-अधिक लाभप्रद बनाया जा सके।

2. सीखने की प्रक्रिया का स्वरूप (Nature of the learning process)—लिण्डग्रेन के अनुसार, सीखने की प्रक्रिया एक ऐसी प्रक्रिया है जिसके द्वारा शिक्षार्थी अपने व्यवहारों में परिवर्तन लाकर नए-नए संप्रत्ययों (concepts) को सीखते हैं तथा अपनी चिंतन प्रक्रिया को पुनर्संगठित (reorganise) करते हैं। सच्चाई यह है कि शिक्षार्थी सीखते समय जो भी प्रक्रियाएँ करते हैं, उसे सीखने की प्रक्रिया कहा जाता है। सीखने की कुछ प्रक्रियाएँ ऐसी होती हैं जिनका अवलोकन किया जा सकता है। लिखना (writing), बातचीत करना (talking) आदि कुछ इसी तरह की प्रक्रियाओं के उदाहरण हैं। सीखने की कुछ प्रक्रियाएँ ऐसी होती हैं जिनका अवलोकन (observation) सीधे तो नहीं किया जा सकता है, परंतु वे काफी महत्त्वपूर्ण होती हैं; क्योंकि वे सीखने की प्रक्रिया पर अधिक-से-अधिक प्रभाव डालती हैं। इन प्रक्रियाओं में चिंतन (thinking), प्रत्यक्षण (perceiving), स्मरण तथा विस्मरण (remembering & forgetting) आदि प्रमुख हैं। शिक्षा मनोविज्ञान के कार्यक्षेत्र (scope) में इन दोनों तरह के सीखने की प्रक्रियाओं को सम्मिलित किया गया है। शिक्षा मनोवैज्ञानिक सीखने की इन सभी प्रक्रियाओं का अध्ययन कर शिक्षार्थी को अर्थपूर्ण शिक्षा लेने का एक उचित माहौल तैयार करता है।

3. सीखने की परिस्थिति (The learning situation)—लिण्डग्रेन (Lindgren, 1972) के अनुसार, शिक्षा मनोविज्ञान का तीसरा प्रमुख केंद्रीय क्षेत्र (focal area) सीखने की परिस्थिति है जिसमें सीखने की प्रक्रिया सम्पन्न होती है। इसमें शिक्षक की मनोवृत्ति (attitude), वर्ग या क्लास की परिस्थिति, स्कूल की सांवेगिक आबोहवा (emotional climate) आदि को महत्त्वपूर्ण माना गया है, क्योंकि इन सब कारकों से सीखने की परिस्थिति का निर्माण होता है। जब सीखने की परिस्थिति इस प्रकार की होती है जिसमें शिक्षक की मनोवृत्ति (attitude) अनुकूल (favourable) होती है, वर्ग में शिक्षार्थियों (learner) को बैठने की आरामदेह जगह होती है, कमरा साफ-सुथरा होता है तथा स्कूल की सांवेगिक आबोहवा अधिक सौहार्दपूर्ण होती है, तो इसमें दी गई शिक्षा अधिक लाभप्रद एवं अर्थपूर्ण होती है। दूसरी तरफ यदि सीखने की परिस्थिति ऐसी होती है जिसमें शिक्षक की मनोवृत्ति प्रतिकूल (unfavourable), वर्ग का कमरा साफ-सुथरा कम एवं बैठने की जगह बेतुकी तथा स्कूल की सांवेगिक आबोहवा गर्म होती है, तो इसमें दी गई शिक्षा अधिक अर्थपूर्ण एवं लाभप्रद नहीं हो पाती। शिक्षा मनोविज्ञान के कार्यक्षेत्र (scope) में इस तथ्य का भी पता लगाना शामिल होता है कि किन-किन परिस्थितियों में सीखने-सिखाने का कार्यक्रम किया जा सकता है और किन-किन परिस्थितियों में नहीं। इतना ही नहीं, शिक्षा मनोवैज्ञानिक सीखने-सिखाने के लिए एक उत्तम परिस्थिति उत्पन्न करना अपने कार्यक्षेत्र का एक प्रमुख पहलू मानते हैं।

4. मापन एवं मूल्यांकन (Measurement & evaluation)—शिक्षा मनोवैज्ञानिक शिक्षार्थियों की शैक्षिक उपलब्धियों के मापन (measurement) तथा मूल्यांकन (evaluation) पर भी जोर डालते हैं। शिक्षार्थी की समुचित शिक्षा के लिए यह आवश्यक है कि शिक्षार्थी की बुद्धि, अभिरुचि, मनोवृत्ति, अभिक्षमता (aptitude) की माप की जाए तथा उसकी उपलब्धियों का सही-सही मूल्यांकन किया जाए। शिक्षा मनोविज्ञान में इस तरह के मापन एवं मूल्यांकन के अध्ययन पर विशेष बल डाला जाता है, ताकि शिक्षा अर्थपूर्ण एवं लाभप्रद हो सके।

5. निर्देशन तथा मानसिक स्वास्थ्य (Guidance & mental health)—शिक्षा मनोविज्ञान के कार्यक्षेत्र (scope) में निर्देशन (guidance) तथा शिक्षार्थियों के मानसिक स्वास्थ्य की प्रधानता बताई गई है। निर्देशन तीन स्तर पर किए जाते हैं—वैयक्तिक निर्देशन (personal guidance), शैक्षिक निर्देशन (educational guidance) तथा व्यावसायिक निर्देशन (vocational guidance)। शिक्षा मनोविज्ञान इन तीनों प्रकार के निर्देशनों का उचित प्रबंध करके शिक्षार्थियों को अपने-अपने सामर्थ्य के अनुकूल समायोजन में मदद करता है। इतना ही नहीं, शिक्षा मनोविज्ञान शिक्षक एवं शिक्षार्थियों के मानसिक स्वास्थ्य (mental health) को बनाए रखने संबंधी तथ्यों को भी अपने अध्ययन क्षेत्र में शामिल कर शिक्षा को अधिक अर्थपूर्ण एवं लाभप्रद बनाता है।

स्पष्ट है कि शिक्षा मनोविज्ञान का कार्यक्षेत्र (scope) काफी विस्तृत है। इस दिशा में और चार चाँद इस बात से लग गए हैं कि सरकार समय-समय कुछ विशेष लाभप्रद शिक्षा नीति की घोषणा करती रहती है। इससे शिक्षा मनोवैज्ञानिकों का हौसला बुलंद हो गया है और वे अपने कार्यक्षेत्र की सीमारेखा को चारों तरफ से बढ़ाने के लिए प्रयत्नशील हो उठे हैं।

शिक्षा मनोविज्ञान का महत्त्व
(Significance of Educational Psychology)

शिक्षा मनोविज्ञान मनोविज्ञान की प्रमुख प्रयुक्त (applied) शाखा है जिसका महत्त्व शिक्षा, शिक्षकों एवं शिक्षार्थियों (learners) के लिए काफी बतलाया गया है। इस मनोविज्ञान से शिक्षण संस्थानों के शैक्षिक वातावरण में उल्लेखनीय परिवर्तन आया है तथा शिक्षा के स्तर को मनोवैज्ञानिक ढंग से उत्कृष्ट किया गया है। शिक्षा मनोविज्ञान के महत्त्व का हम मोटे तौर पर इस प्रकार से उल्लेख कर सकते हैं—

1. छात्रों के विकासात्मक विशेषताओं को समझने में (In understanding developmental characteristics of students)—स्कूल में बाल विकास की विभिन्न अवस्थाओं; जैसे—शैशवावस्था, बाल्यावस्था (childhood) तथा किशोरावस्था (adolescence) से होकर छात्र गुजरते हैं। प्रत्येक विकासात्मक अवस्था की कुछ अपनी विशेषताएँ होती हैं। शिक्षा मनोविज्ञान शिक्षकों को इन विशेषताओं से अवगत कराकर उनके पठन-पाठन के स्तर को दुरुस्त करने में काफी मदद करता है। शिक्षक इन विशेषताओं के आलोक में शिक्षा के उद्देश्यों में पर्याप्त परिवर्तन करके शिक्षण स्तर को उत्कृष्ट कर पाते हैं।

2. कक्षा के शिक्षण के स्वरूप को समझने में (In understanding the nature of classroom learning)—शिक्षा मनोविज्ञान का महत्त्व इसलिए भी है कि मनोविज्ञान सीखने की प्रक्रिया के बारे में सामान्य रूप से तथा कक्षा शिक्षण (classroom learning) के बारे में विशिष्ट रूप से ज्ञान प्रदान करता है। इस तरह के ज्ञान के आधार पर कक्षा शिक्षण (classroom learning) के बारे में एक विस्तृत सिद्धांत (comprehensive theory) तैयार करने में मदद मिलती है। इस तरह के सिद्धांत बनाकर शिक्षक शिक्षण करते समय न केवल अपने ज्ञान भंडार को बल्कि छात्रों की क्षमताओं (abilities) को तथा उनके व्यक्तित्वशील गुणों (personality traits) को भी ध्यान में रखते हैं। इससे शिक्षण स्तर की उत्कृष्टता में पर्याप्त वृद्धि आती है और शिक्षा मनोविज्ञान की महत्ता बढ़ती है।

3. शिक्षार्थियों की समस्याओं को समझने में (In understanding problems of learners)—शिक्षा मनोविज्ञान शिक्षार्थियों की समस्याओं को उजागर करने में तथा उसके कारणों का पता लगाने में काफी मदद करता है। विभिन्न उम्र-स्तर के छात्र अलग-अलग समस्याएँ दिखलाते हैं जिनकी पहचान करने में शिक्षकों को शिक्षा मनोविज्ञान काफी मदद करता है। इन समस्याओं की पहचान हो जाने से शिक्षा मनोवैज्ञानिक उन्हें उचित शैक्षिक निर्देशन (educational guidance) एवं परामर्शन (counselling) से समस्याओं को दूर करते हैं और शिक्षा के स्तर में पर्याप्त सुधार ला पाते हैं।

4. शिक्षार्थियों के वैयक्तिक विभिन्नता को समझने में (In understanding individual differences among learners)—शिक्षार्थियों में क्षमता (ability), अभिक्षमता ((aptitude), मनोवृत्ति (attitude), शीलगुण (traits) आदि के खयाल से काफी भिन्नताएँ होती हैं। इससे कक्षा में कुछ समस्याएँ उत्पन्न हो जाती हैं। शिक्षक को शिक्षण-कार्य में बाधाएँ आने लगती है, क्योंकि किसी छात्र के लिए उनका शिक्षण उत्तम होता है तो किसी के लिए उबाऊ। इस समस्या से निबटने में

शिक्षा मनोविज्ञान काफी मदद करता है। वैयक्तिक विभिन्नता के मूल तत्त्वों (principles) से अवगत कराकर शिक्षक को यह मनोविज्ञान इन समस्याओं से निबटने में काफी मदद करता है।

5. शिक्षार्थियों में धनात्मक मनोवृत्ति के विकास में (In developing positive attitude of learners)—शिक्षा मनोविज्ञान शिक्षार्थियों के मानसिक स्वास्थ्य (mental health) को उन्नत करने पर अधिक बल डालता है। ऐसा ही समान बल शिक्षकों के मानसिक स्वास्थ्य को उन्नत बनाने पर भी डाला जाता है। जब शिक्षार्थियों में उत्तम मानसिक स्वास्थ्य विकसित होता है, तो वे पाठ (lesson) के प्रति, शिक्षकों के प्रति, अपने साथियों के प्रति एक धनात्मक मनोवृत्ति विकसित कर लेते हैं। इससे उनका मानसिक एवं शारीरिक विकास काफी अनुकूल ढंग से होता है और शैक्षिक वातावरण में यथार्थता बढ़ती है।

6. प्रभावी शिक्षण विधियों की पहचान में (In isolating effective teaching methods)—शिक्षा मनोविज्ञान का महत्त्व इसलिए भी अधिक है, क्योंकि यह मनोविज्ञान उत्तम एवं प्रभावी शिक्षण विधियों की पहचान करने में मदद करता है। शिक्षा मनोविज्ञान शिक्षण के भिन्न-भिन्न विधियों की सापेक्ष उपयोगिताओं पर बल डालता है। शिक्षक इन विभिन्न विधियों में से उत्तम विधि की पहचान करके उसका उपयोग कक्षा में करते हैं। इससे छात्रों का शैक्षिक प्रतिफल (educational outcome) तो मजबूत होता ही है साथ-ही-साथ अध्ययन में उनकी अभिरुचि (interest), मनोवृत्ति (attitude) आदि पर्याप्त बनी होती है। इससे शैक्षिक वातावरण में समस्त रूप से उत्कृष्टता आती है।

7. पाठ्यक्रम के निर्माण में (In construction of curriculum)—शिक्षा मनोविज्ञान का महत्त्व इसलिए भी अधिक है, क्योंकि इसके मूल तत्त्वों (principles) को मद्देनजर रखकर पाठ्यक्रम (curriculum) का निर्माण करने में काफी सहूलियत होती है। शिक्षा मनोविज्ञान का मूल तत्त्व (principles) छात्रों की आवश्यकता (needs of students), उनकी विकासात्मक विशेषताएँ (developmental characteristics), सीखने के पैटर्न एवं समाज की आवश्यकताओं को ध्यान में रखने पर बल डालता है। शिक्षक तथा शिक्षा मनोविज्ञान इन मूल तत्त्वों को ध्यान में रखते हुए पाठ्यक्रम का निर्माण करते हैं जिससे पाठ की वैज्ञानिकता तो बनी रहती ही है साथ-ही-साथ उसकी व्यापकता भी मजबूत होती है।

8. समूह गतिकी को समझने में (In understanding group dynamics)—हाल के वर्षों में शिक्षा मनोवैज्ञानिकों द्वारा कक्षा (classroom) के शिक्षण एवं पठन-पाठन में सामाजिक व्यवहार तथा समूह गतिकी (group dynamics) के कारक को महत्त्वपूर्ण बताया गया है। इन कारकों को समझने से शिक्षक-छात्र अंतःक्रिया (teacher–taught interaction) उन्नत हो जाते हैं। शिक्षार्थी कक्षा में उत्तम अनुशासन बनाए रखते हैं तथा उनके इस प्रयास में शिक्षक भी सही मार्गदर्शन कर पाते हैं। इसका प्रभाव शिक्षार्थियों (learners) पर तथा सीखने की प्रक्रिया पर उत्तम होता है। कक्षा में शिक्षण (teaching) तथा सीखने (learning) का पर्याप्त माहौल बन पाता है और अंततोगत्वा शिक्षा के स्तर पर काफी अनुकूल प्रभाव पड़ता है।

9. अपवादात्मक बच्चों की शिक्षा के लिए मार्गदर्शन प्रदान करने में (In providing guidance to the education of exceptional children)—शिक्षा मनोविज्ञान अपवादात्मक बच्चों, जैसे कुशाग्रबुद्धि के बच्चों तथा मानसिक रूप से मंदित बच्चों, की शिक्षा-दीक्षा में विशेष मार्गदर्शन प्रदान करता है जिससे ऐसे बच्चों की व्यावहारिक कठिनाइयाँ काफी दूर हो जाती हैं और शैक्षिक

माहौल में विशिष्टता आ पाती है। शिक्षा मनोविज्ञान के मूल तत्त्वों पर बल देने का ही यह परिणाम है कि ऐसे बच्चों का पाठ्यक्रम (syllabus) सामान्य बुद्धि के छात्रों के पाठ्यक्रम से भिन्न रखा जाता है तथा उन शिक्षकों को, जिनके ऊपर ऐसे बच्चों को पढ़ाने की जवाबदेही होती है, विशेष रूप से प्रशिक्षित किया जाता है। शिक्षा मनोविज्ञान जैसी शाखा के नहीं होने पर ऐसे बच्चों के लिए इस तरह के कल्याणकारी उपायों के बारे में सोचा नहीं जा सकता था।

10. शोधकार्यों में (In conducting research)—शिक्षा मनोविज्ञान शिक्षा के क्षेत्र में नए-नए शोधों को भी प्रोत्साहित करता है, जिससे मनोविज्ञान का महत्त्व काफी बढ़ा है। इसी शोध का परिणाम है कि नए-नए शिक्षण विधियाँ, नए-नए शिक्षण उपकरण, श्रव्य-दृष्टि सहायता (audio-visual aids) आदि का प्रयोग कक्षा के पठन-पाठन में किया जा रहा है। इससे न केवल शिक्षकों को, परंतु छात्रों को, भी पर्याप्त लाभ हुआ है। शिक्षकों को अपने ज्ञान भंडार को वैज्ञानिक करने में तथा छात्रों को नवीनतम तकनीकी का ज्ञान प्राप्त करने में असमानांतर मदद मिली है।

निष्कर्षतः, यह कहा जा सकता है कि कई कारकों से शिक्षा मनोविज्ञान का महत्त्व कुछ ऐसा है कि इसके बिना शिक्षा की वैज्ञानिकता एवं व्यापकता हमेशा अधूरी ही रहेगी।

शिक्षा मनोविज्ञान की सीमाएँ
(Limitations of Educational Psychology)

शिक्षा मनोविज्ञान मनोविज्ञान की एक प्रयुक्त शाखा (applied branch) है। इसके उद्देश्य एवं इसकी उपयोगिताएँ शिक्षा के क्षेत्र में सिद्ध हो चुकी हैं। फिर भी, शिक्षा मनोविज्ञान की कुछ सीमाएँ (limitations) बताई गई हैं जिनमें निम्नांकित प्रधान हैं—

1. शिक्षा मनोविज्ञान की पहली सीमा यह बताई गई है कि इसके नियमों, तथ्यों एवं सिद्धांतों के मात्र ज्ञान हो जाने से ही सीखने-सिखाने का माहौल अपने-आप अच्छा नहीं बन जाता है। सचाई यह है कि जब इन नियमों, तथ्यों एवं सिद्धांतों पर शिक्षक तथा शिक्षार्थी एकजुट होकर अमल करते हैं, तभी कहीं जाकर सीखने-सिखाने का उचित माहौल बन पाता है और शिक्षा अर्थपूर्ण हो पाती है। अतः, शिक्षा मनोविज्ञान के सिद्धांत, नियम तथा तथ्य अपने-आपमें उचित सीखने-सिखाने का माहौल उत्पन्न करने में असमर्थ हैं।

2. शिक्षा मनोविज्ञान से शिक्षा-संबंधी उपयुक्त तथ्यों (facts) का तो ज्ञान हो जाता है, परंतु मनोविज्ञान यह नहीं बताता है कि इन तथ्यों का किस प्रकार उपयोग सीखने-सिखाने की प्रक्रिया में किया जाता है। इसका परिणाम यह होता है कि शिक्षा मनोविज्ञान के तथ्यों एवं सिद्धांतों का सही-सही उपयोग नहीं हो पाता है और यदि होता भी है तो उसमें आत्मनिष्ठता (subjectivity) का तत्त्व इतना अधिक होता है कि उसके परिणाम तथा निष्कर्ष (conclusion) अधिक विश्वसनीय नहीं रह जाते।

3. शिक्षा मनोविज्ञान की तीसरी सीमा (limitation) उसके वैज्ञानिक स्वरूप (scientific nature) के कारण है। शिक्षा मनोविज्ञान एक विज्ञान (science) है, फिर भी इसके तथ्यों, नियमों एवं

सिद्धांतों का उपयोग उतना स्पष्ट ढंग से तथा साथ-ही-साथ वस्तुनिष्ठ ढंग से (objectively) नहीं किया जा सकता है जितना कि रसायनशास्त्र (chemistry), भौतिकशास्त्र (physics) आदि के तथ्यों, नियमों एवं सिद्धांतों का किया जाता है। एक इंजीनियर (engineer) को यदि मकान बनवाना है तो वह वस्तुनिष्ठ रूप से यह निर्णय कर लेगा कि सीमेंट तथा बालू की मात्रा कितनी होगी, कहाँ पर कितनी लोहे की छड़ें (iron rods) दी जाएँगी आदि-आदि। परंतु, यदि कोई शिक्षक किसी शिक्षार्थी में खास तरह की आदत (habit) का निर्माण करना चाहते हैं, तो वैसी परिस्थिति में उन्हें इंजीनियर के समान किसी प्रकार का वस्तुनिष्ठ निर्णय (objective decision) लेना मुश्किल होगा। इसके लिए उन्हें शिक्षार्थी की गत अनुभूतियों (past experiences), पारिवारिक पृष्ठभूमि (family background), माता-पिता की आदत (parental habits) आदि का विस्तृत ब्योरा तैयार करना होगा तथा उनका विश्लेषण करने के बाद ही वह शिक्षार्थी में अमुक आदत के निर्माण के बारे में कोई अंतिम निर्णय ले पाएँगे। ऐसा करने में स्पष्टतः उन्हें उतनी सफलता तो नहीं मिल पाएगी जितनी कि एक इंजीनियर को मकान बनाने की प्रक्रिया में मिलती है।

इस तरह स्पष्ट है कि शिक्षा मनोविज्ञान की कुछ सीमाएँ (limitations) भी हैं जिनके कारण इस मनोविज्ञान की उपयोगिताएँ प्रभावित होकर संकुचित हो गई हैं।

अध्याय-सारांश
[Chapter Summary]

1. मनोविज्ञान व्यवहार (behaviour) एवं मानसिक प्रक्रियाओं (mental processes) के अध्ययन का विज्ञान है।

2. शिक्षा व्यक्तिकरण एवं समाजीकरण की वह प्रक्रिया है जिसमें शिक्षार्थी के सर्वांगीण विकास (wholesome development) पर बल डाला जाता है।

3. शिक्षा मनोविज्ञान मनोविज्ञान की एक प्रयुक्त शाखा (applied branch) है जो सिखाने-सीखने (teaching–learning) की प्रक्रिया का अध्ययन करती है। शिक्षा मनोविज्ञान शिक्षा में मनोवैज्ञानिक नियमों एवं परिणामों का उपयोग कर शिक्षा की समस्या का समाधान करने की कोशिश करता है।

4. शिक्षा मनोविज्ञान का मनोविज्ञान की अन्य शाखाओं के समान ही अपना एक इतिहास है जिससे होकर गुजरता हुआ शिक्षा मनोविज्ञान आज अपने नवीनतम रूप में हमलोगों के सामने खड़ा है। आधुनिक शिक्षा मनोविज्ञान के इतिहास में ई० एल० थॉर्नडाइक (E L Thorndike) तथा जे० एम० कैटेल (J M Cattell) के नाम विशेष रूप से उल्लेखनीय हैं।

5. शिक्षा मनोविज्ञान के कई उद्देश्य (purposes or aims) हैं। इस अध्याय में ऐसे ग्यारह उद्देश्यों का वर्णन किया गया है। इन उद्देश्यों में शिक्षा मनोविज्ञान को शिक्षकों के लिए विशेष रूप से उपयोगी बताया गया है।

6. शिक्षा मनोविज्ञान का कार्यक्षेत्र काफी विस्तृत है। इसमें शिक्षार्थी (learner), सीखने की प्रक्रिया का स्वरूप (nature), सीखने की परिस्थिति (learning situation), मापन एवं

मूल्यांकन (measurement & evaluation), निर्देशन तथा मानसिक स्वास्थ्य (guidance & mental health) आदि का विशेष रूप से अध्ययन कर शिक्षा को अर्थपूर्ण एवं लाभप्रद बनाने की कोशिश की जाती है।

7. यद्यपि शिक्षा मनोविज्ञान शिक्षार्थी (learner) एवं शिक्षक ((teacher) के लिए काफी लाभप्रद सिद्ध हुआ है, तथापि इसकी कुछ सीमाएँ हैं। ऐसी तीन सीमाओं पर इस अध्याय में प्रकाश डाला गया है।

❑

अध्याय 2

शिक्षा मनोविज्ञान की विधियाँ

[METHODS OF EDUCATIONAL PSYCHOLOGY]

मुख्य बिंदु (Main Points)

1. अंतर्निरीक्षण विधि (Introspection Method)
2. वस्तुनिष्ठ निरीक्षण या प्रेक्षण विधि (Objective Observation Method)
3. प्रयोगात्मक विधि (Experimental Method)
4. सह-संबंधात्मक या विभेदी विधि (Correlational or Differential Method)
5. मनोदैहिक विधि (Psychophysical Method)
6. नैदानिक विधि या केस-इतिहास विधि (Clinical Method or Case-history Method)
7. प्रश्नावली विधि (Questionnaire Method)
8. साक्षात्कार विधि (Interview Method)
9. रेटिंग विधि (Rating Method)
10. कोटि विधि (Ranking Method)
11. कोटि विधि तथा रेटिंग विधि का तुलनात्मक अध्ययन (A Comparative Study of Ranking Method and Rating Method)
12. कालानुक्रमिक विधि (Longitudinal Method)
13. अनुप्रस्थ-काट विधि (Cross-sectional Method)
14. आनुक्रमिक डिजाइन विधि (Sequential Design Method)

शिक्षा मनोविज्ञान मनोविज्ञान की एक प्रयुक्त शाखा (applied branch) है। शिक्षा मनोविज्ञान का सबसे मुख्य उद्देश्य शिक्षकों के आवश्यक कौशल (skills) तथा क्षमताओं (competencies) को इस लायक बनाना है कि वे विभिन्न शैक्षिक स्तरों (educational levels) पर शिक्षार्थियों (learners) के व्यवहारों को समझ सकें, नियंत्रित कर सकें तथा उसके बारे में पूर्वकथन (prediction) कर सकें। अपने इस उद्देश्य की पूर्ति के लिए शिक्षा मनोवैज्ञानिक अपनी विभिन्न विधियों (methods) द्वारा शिक्षार्थियों के व्यवहारों से संबंधित समस्याओं का अध्ययन करने के लिए आँकड़ों का संग्रह करता है। इन विधियों में निम्नांकित विधियाँ अधिक महत्त्वपूर्ण हैं—

1. अंतर्निरीक्षण विधि (Introspection method)
2. वस्तुनिष्ठ निरीक्षण या प्रेक्षण विधि (Objective observation method)
3. प्रयोगात्मक विधि (Experimental method)

4. सह-संबंधात्मक या विभेदी विधि (Correlational or Differential method)
5. मनोदैहिक विधि (Psychophysical method)
6. नैदानिक विधि (Clinical method)
7. प्रश्नावली विधि (Questionnaire method)
8. साक्षात्कार विधि (Interview method)
9. रेटिंग विधि (Rating method)
10. कोटि विधि (Ranking method)
11. कोटि विधि तथा रेटिंग विधि का तुलनात्मक अध्ययन (A Comparative Study of Ranking Method and Rating Method)
12. कालानुक्रमिक विधि (Longitudinal method)
13. अनुप्रस्थ-काट विधि (Cross-sectional method)
14. आनुक्रमिक डिजाइन विधि (Sequential design method)

इन सभी विधियों का वर्णन हम एक-एक करके नीचे कर रहे हैं।

अंतर्निरीक्षण विधि
(Introspection Method)

अंतर्निरीक्षण विधि संरचनावादियों (structuralists) की विधि थी। इस विधि का उपयोग वुंट (Wundt), टिचेनर (Titchener), स्टाउट (Stout), विलियम जेम्स (William James) आदि मनोवैज्ञानिकों द्वारा चेतन अनुभूति (conscious experience) के तत्त्वों का अध्ययन करने के लिए किया गया था। अंतर्निरीक्षण (introspection) का अर्थ होता है आत्म-निरीक्षण (self-observation)। दूसरे शब्दों में यह कहा जा सकता है कि अंतर्निरीक्षण विधि में व्यक्ति अपने भीतर झाँकता (looks within) है तथा अपनी मनोदशा का स्वयं निरीक्षण या अध्ययन करता है। इस तरह से यह कहा जा सकता है कि अंतर्निरीक्षण विधि शिक्षा मनोविज्ञान की एक ऐसी विधि है जिसमें शिक्षक या शिक्षार्थी (learner) अपनी मनोदशा का एक विधिवत अध्ययन या निरीक्षण स्वयं करता है। उदाहरणार्थ, यदि कोई शिक्षार्थी किसी कविता को पढ़ने के बाद यह कहता है कि कविता सरस एवं मधुर है, तो यह अंतर्निरीक्षण का एक उदाहरण होगा, क्योंकि यहाँ शिक्षार्थी कविता पढ़ने से उत्पन्न मनोदशा का निरीक्षण स्वयं करके यह बता रहा है कि उसे कविता सरस एवं मधुर लगी। स्पष्टतः, किसी भी अंतर्निरीक्षण में तीन अवस्थाएँ (stages) होती हैं जो निम्नांकित हैं—

(i) अंतर्निरीक्षण में व्यक्ति किसी बाह्य वस्तु (जैसे ऊपर के उदाहरण में कविता) पर ध्यान देता है तथा उसका सही-सही प्रत्यक्षण करता है।

(ii) बाह्य वस्तु पर ध्यान देने से व्यक्ति में एक विशेष प्रकार की मनोदशा (mental state) उत्पन्न होती है।

(iii) उत्पन्न मनोदशा का व्यक्ति स्वयं विधिवत अध्ययन या निरीक्षण करके बताता है। जैसे उपर्युक्त उदाहरण में व्यक्ति द्वारा यह कहा जाना कि कविता से उसमें सरसता एवं मधुरता का भाव उत्पन्न हो रहा है।

अंतर्निरीक्षण विधि के कुछ गुण (merits) तथा दोष (demerits) बताए गए हैं। इस विधि के प्रमुख गुण निम्नलिखित हैं—

(i) अंतर्निरीक्षण विधि द्वारा बालकों तथा वयस्कों की मनोदशा (mental state) के बारे में सीधे सूचना प्राप्त होती है। स्कूल में स्कूली वातावरण का प्रभाव तथा शिक्षक द्वारा की गई सख्ती या दिखाई गई नम्रता का प्रभाव शिक्षार्थियों (learners) पर किस ढंग का पड़ रहा है, इसका शिक्षार्थियों द्वारा किए गए अंतर्निरीक्षण से सीधे पता चल जाता है। अतः, शिक्षा मनोविज्ञान के क्षेत्र में अल्पतम समय में शिक्षार्थियों की मनोदशा का अध्ययन करने के लिए इससे कोई दूसरी अधिक उपयोगी विधि नहीं हो सकती है।

(ii) अंतर्निरीक्षण विधि एक सरल विधि है जिसका प्रयोग किसी भी समय शिक्षक तथा शिक्षार्थी अपनी मानसिक दशा (mental state) का अध्ययन करने के लिए कर सकते हैं।

(iii) अंतर्निरीक्षण विधि से प्राप्त सूचना अधिक विश्वसनीय (reliable) होती है, क्योंकि इसमें शिक्षक तथा शिक्षार्थी (learner) अपनी मनोदशा का अध्ययन स्वयं निष्पक्ष भाव से करके बताते हैं।

(iv) अंतर्निरीक्षण विधि का ऐतिहासिक महत्त्व (historical importance) भी है। अंतर्निरीक्षण विधि के प्रयोग से बहुत सारे ऐसे शोध (researches) किए गए हैं जिनसे और अधिक वस्तुनिष्ठ विधियों (objective methods) का जन्म शिक्षा मनोविज्ञान में हो पाया है। आज भी अंतर्निरीक्षण विधि सभी तरह के प्रयोगात्मक अध्ययनों (experimental studies) का आधार बनी हुई है।

उपर्युक्त गुणों के साथ-साथ अंतर्निरीक्षण विधि के कुछ अवगुण (demerits) भी हैं जो निम्नांकित हैं—

(i) अंतर्निरीक्षण विधि में शिक्षक या शिक्षार्थी (learner) अपनी मनोदशा (mental state) का अध्ययन स्वयं करते हैं। आलोचकों का मत है कि व्यक्ति की मनोदशा स्थिर (constant) नहीं होती है, बल्कि एक क्षण से दूसरे क्षण परिवर्तित होती रहती है। ऐसी हालत में कोई भी शिक्षक या शिक्षार्थी अपनी मनोदशा का कहाँ तक सही-सही निरीक्षण कर पाएगा, यह तो स्पष्ट ही है। उदाहरणस्वरूप, एक क्रोधित शिक्षार्थी अपने क्रोध की अवस्था का निरीक्षण करना यदि शुरू करता है तो उसका क्रोध ही समाप्त हो जाएगा और उसकी जगह कोई दूसरी मनोदशा उत्पन्न हो जाएगी।

(ii) अंतर्निरीक्षण विधि में व्यक्ति को अपनी मनोदशा (mental state) का निरीक्षण भी करना पड़ता है तथा साथ-ही-साथ उसका संचालन भी करना पड़ता है। इस तरह से व्यक्ति का ध्यान (attention) दो भागों में बँट जाता है—एक ओर उसे मनोदशा का प्रेक्षण या निरीक्षण करना होता है तो दूसरी ओर उसी समय व्यक्ति अपनी मनोदशा को बाह्य वस्तु की ओर संचालित भी रखता है। इसका परिणाम यह होता है कि व्यक्ति द्वारा किया गया निरीक्षण दोषपूर्ण (defective) हो जाता है, क्योंकि सही अर्थों में उसके लिए यह संभव नहीं है कि वह एक ही समय में अपना ध्यान मनोदशा के संचालन में भी लगाए तथा साथ-ही-साथ उसके निरीक्षण में भी लगाए।

(iii) अंतर्निरीक्षण विधि द्वारा संग्रह किए गए आँकड़ों में आत्मनिष्ठता (subjectivity) अधिक होती है। इन आँकड़ों की विश्वसनीयता की जाँच करने की कोई विधि नहीं है। उदाहरणार्थ, शिक्षक द्वारा शिक्षार्थी (learner) की उत्तरपुस्तिका का मूल्यांकन होने पर शिक्षार्थी में सचमुच खुशी हो रही है

या नाखुशी, इसका अंदाजा दूसरे को कैसे हो सकता है? शिक्षार्थी जो कहेगा उसे सत्य मानकर आगे की प्रक्रिया की जाएगी। संभव है कि वह नाखुश हो, परंतु यह कहे कि उसे खुशी हो रही है। स्पष्टतः अंतर्निरीक्षण विधि से संग्रह किए गए आँकड़ों में आत्मनिष्ठता का तत्त्व काफी अधिक होता है।

(iv) अंतर्निरीक्षण विधि का प्रयोग अत्यंत छोटे शिशुओं, मानसिक रूप से मंदित बच्चों (mentally retarded children) तथा असामान्य व्यक्तियों (abnormal people) के व्यवहारों के अध्ययन में करना संभव नहीं है, क्योंकि ऐसी श्रेणी के लोग अपनी मनोदशा का अध्ययन स्वयं करने में सर्वथा असमर्थ रहते हैं।

(v) गेस्टाल्ट मनोवैज्ञानिकों (Gestalt psychologists) ने अंतर्निरीक्षण विधि की आलोचना करते हुए कहा है कि चूँकि इस विधि में व्यक्ति अपनी मनोदशा (mental state) या चेतन अनुभूति का विश्लेषण कई खंडों में, जैसे संवेदन (sensation), भाव (feeling) तथा प्रतिमा (images) आदि में बाँटकर करता है, अतः इस विधि द्वारा व्यक्ति की मनोदशा का एकात्मक स्वरूप (unitary nature) की व्याख्या नहीं हो पाती है और प्रत्येक खंड के रूप में मनोदशा का किया गया वर्णन पूरी मनोदशा के किए गए वर्णन से सर्वथा भिन्न होता है। अतः, इससे भी इस विधि की विश्वसनीयता पर आँच आती है।

(vi) अंतर्निरीक्षण विधि में अंतरप्रेक्षक विश्वसनीयता (interobserver reliability) की काफी कमी होती है। अगर एक ही तरह की मनोदशा का निरीक्षण एक ही परिस्थिति में भिन्न-भिन्न अंतर्निरीक्षकों (introspectionists) द्वारा किया जाता है, तो निष्कर्ष एकसमान न होकर अलग-अलग हो जाता है। फलस्वरूप, इस विधि द्वारा प्राप्त परिणाम अधिक विश्वसनीय नहीं रह जाता है।

इस तरह, स्पष्ट है कि अंतर्निरीक्षण विधि में कई अवगुण भी सम्मिलित हैं। यही कारण है कि शिक्षा मनोविज्ञान में इस विधि का उपयोग एक स्वतंत्र विधि के रूप में नहीं, बल्कि एक सहायक विधि के रूप में किया जाता है।

वस्तुनिष्ठ निरीक्षण या प्रेक्षण विधि
(Objective Observation Method)

वस्तुनिष्ठ निरीक्षण या प्रेक्षण विधि का प्रतिपादन व्यवहारवादियों (behaviourists) द्वारा किया गया। इस विधि के प्रतिपादन से अंतर्निरीक्षण विधि पर जोरदार धक्का पहुँचा और एक तरह से यदि यह कहा जाए कि अंतर्निरीक्षण विधि बहुत हद तक वस्तुनिष्ठ प्रेक्षण विधि द्वारा प्रतिस्थापित हो गई तो कोई अतिशयोक्ति नहीं होगी।

वस्तुनिष्ठ प्रेक्षण विधि वह विधि है जिसमें व्यवहार (behaviour) या घटना को देखकर उसका क्रमबद्ध रूप से (systematically) अध्ययन किया जाता है। इस विधि का उपयोग शिक्षा मनोविज्ञान (educational psychology) में काफी किया जाता है। प्रायः शिक्षार्थियों (learners) के व्यवहारों का निरीक्षण या प्रेक्षण (observation) करके उनकी अभिरुचि (interest), अभिक्षमता (aptitude) तथा व्यक्तित्व के कुछ खास शीलगुणों का पता लगाया जाता है। शिक्षा मनोविज्ञान में वस्तुनिष्ठ प्रेक्षण की विधि का दो तरह से प्रयोग किया जाता है—

(i) शिक्षार्थियों (learners) को एक खास समय तक प्रेक्षक (observer) के सामने रखा जाता है तथा उसे उस खास अवधि में कुछ क्रियाएँ करने को कहा जाता है। इन क्रियाओं को प्रेक्षक क्रमबद्ध रूप से लिखता जाता है और बाद में उसका विश्लेषण करके शिक्षार्थी के बारे में एक निश्चित निष्कर्ष पर पहुँचता है।

(ii) वस्तुनिष्ठ प्रेक्षण विधि का उपयोग शिक्षार्थियों की अभिरुचि, अभिक्षमता (aptitude) तथा मानसिक क्षमताओं (mental abilities) का तुलनात्मक अध्ययन करने के लिए भी किया जाता है। प्रेक्षक शिक्षार्थियों के दो समूह की अभिक्षमता, जैसे यांत्रिक अभिक्षमता (mechanical aptitude) का प्रेक्षण कर इन दोनों समूह का एक तुलनात्मक अध्ययन करके इस निष्कर्ष पर पहुँच सकता है कि कौन-सा समूह अभिक्षमता में अधिक श्रेष्ठ (superior) है।

यूँ तो वस्तुनिष्ठ प्रेक्षण के कई प्रकार हैं, परंतु इनमें निम्नांकित दो तरह के प्रेक्षण का उपयोग शिक्षा मनोविज्ञान में काफी अधिक होता है—

(क) स्वाभाविक प्रेक्षण (Natural Observation)

इस तरह के प्रेक्षण में प्रेक्षक शिक्षार्थियों (learners) का प्रेक्षण एक स्वाभाविक परिस्थिति, जैसे खेल का मैदान, कक्षा की परिस्थिति आदि में करता है। सामान्यतः, इस तरह के प्रेक्षण में शिक्षार्थियों को यह पता नहीं होता है कि उनके व्यवहारों का निरीक्षण किसी प्रेक्षक द्वारा किया जा रहा है। फलतः, वे अपने व्यवहारों में स्वाभाविकता बनाए रखते हैं और प्रेक्षक उन व्यवहारों का प्रेक्षण चुपचाप करते जाता है। अतः, वह इन सभी व्यवहारों का विश्लेषण करके एक निश्चित निष्कर्ष पर पहुँचता है। जैसे प्रेक्षक दूर से ही बैठे-बैठे बच्चों के समूह द्वारा खेल के मैदान में किए गए व्यवहारों का प्रेक्षण कर इस निष्कर्ष पर पहुँच सकता है कि अमुक शिक्षार्थी अधिक आक्रामक (aggressive) स्वभाव का है तथा अमुक शिक्षार्थी दब्बू प्रकृति का है।

(ख) सहभागी प्रेक्षण (Participative Observation)

इस तरह के प्रेक्षण का भी प्रयोग शिक्षा मनोविज्ञान में काफी होता है। क्रौनबैक (Cronbach, 1990) ने सहभागी प्रेक्षण की विधि का प्रयोग शिक्षार्थियों की अभिक्षमता (aptitude) तथा अभिरुचि (interest) का पता लगाने में सफलतापूर्वक किया है। इस विधि में प्रेक्षक शिक्षार्थियों की क्रियाओं में स्वयं हाथ बँटाता है और उसके व्यवहारों का प्रेक्षण भी करता जाता है। सचाई यह है कि यहाँ प्रेक्षक का उद्देश्य व्यवहारों का ठीक ढंग से वस्तुनिष्ठ प्रेक्षण करना होता है और उसी उद्देश्य से वह शिक्षार्थी के समूह की क्रियाओं में हाथ बँटाता है। प्रायः प्रेक्षक शिक्षार्थियों के व्यवहार के हर पहलू के बारे में अपना विस्तृत रिकार्ड (record) तैयार करता है और बाद में उसका विश्लेषण कर एक निश्चित निष्कर्ष पर पहुँचता है।

प्रेक्षण का चाहे जो भी प्रकार (types) हो, यह आवश्यक है कि प्रेक्षक अपने कार्य में निपुण तथा प्रशिक्षित (trained) हो, अन्यथा प्रेक्षण अर्थपूर्ण नहीं हो सकेगा।

प्रेक्षण विधि के कुछ गुण (merits) तथा सीमाएँ (limitations) हैं। इसके प्रमुख गुण निम्नांकित हैं—

(i) वस्तुनिष्ठ प्रेक्षण विधि का सबसे प्रमुख गुण यह है कि यह वस्तुनिष्ठ तथा अवैयक्तिक होता है। इस विधि द्वारा वस्तुनिष्ठ रूप से शिक्षार्थियों (learners) की मनोवृत्ति, अभिक्षमता,

मानसिक योग्यता का प्रेक्षण कर एक वैध (valid) तथा विश्वसनीय (reliable) निष्कर्ष पर पहुँचा जा सकता है, जो अंतर्निरीक्षण विधि द्वारा संभव नहीं।

(ii) वस्तुनिष्ठ प्रेक्षण विधि में अंतर्प्रेक्षक विश्वसनीयता (interobserver reliability) अधिक होती है। अगर कई प्रेक्षक एकसाथ मिलकर शिक्षार्थी की किसी अभिक्षमता (aptitude) प्रदर्शित करनेवाले व्यवहारों का प्रेक्षण करते हैं, तो उनमें अकसर काफी सहमति पाई जाती है जिससे इस विधि के परिणाम की वैधता (validity) तथा विश्वसनीयता (reliability) अधिक बढ़ जाती है।

(iii) इस विधि से समय तथा श्रम दोनों की काफी बचत होती है, क्योंकि एकसाथ ही प्रेक्षक कई शिक्षार्थियों की क्षमताओं, अभिरुचियों तथा मानसिक क्षमताओं का अध्ययन कर लेते हैं।

(iv) इस विधि द्वारा सामान्य बच्चों की मानसिक क्षमता, व्यक्तित्व, अभिरुचि, चिंतन आदि का तो अध्ययन किया ही जाता है, साथ-ही-साथ असाधारण बालकों (exceptional children) जैसे प्रतिभाशाली बालक (gifted children), मंदबुद्धि बालक (mentally retarded children), शारीरिक रूप से विकलांग बालक (physically handicapped children) तथा अन्य दूसरे तरह के बालक जैसे पिछड़े बालक (backward children), समस्या बालक (problem children) तथा अपराधी बालक (delinquent children) का भी अध्ययन सरलतापूर्वक संभव हो पाता है।

(v) इस विधि का एक अन्य गुण यह बताया गया है कि इसके द्वारा एक ही उम्र के बालकों या बालिकाओं का तुलनात्मक अध्ययन (comparative study) आसानी से किया जा सकता है। प्रेक्षक बालकों या बालिकाओं की मानसिक क्षमता, शारीरिक क्षमता, सामाजिक कौशल (social skills) आदि का तुलनात्मक प्रेक्षण कर आसानी से एक निश्चित निष्कर्ष पर पहुँच सकते हैं।

इन गुणों के बावजूद इस विधि की कुछ सीमाएँ हैं जो निम्नांकित हैं—

(i) वस्तुनिष्ठ प्रेक्षण विधि (objective observation method) की सफलता के लिए अन्य बातों के अलावा एक प्रशिक्षित (trained) तथा कुशल प्रेक्षक का होना अनिवार्य है। प्रायः, देखा गया है कि प्रेक्षक इस उच्च सीमा तक प्रशिक्षित नहीं होते हैं और वे अपने प्रेक्षण में तरह-तरह की भूलें (errors) कर बैठते हैं। इससे प्रेक्षण विधि की विश्वसनीयता समाप्त हो जाती है।

(ii) वस्तुनिष्ठ प्रेक्षण विधि में प्रायः प्रेक्षण का कार्य एक अनियंत्रित परिस्थिति (uncontrolled situation) में किया जाता है। परिस्थिति अनियंत्रित होने के कारण प्रेक्षक द्वारा निरीक्षण किए जानेवाले व्यवहार कई कारकों या चरों (variables) द्वारा प्रभावित होते रहते हैं। ऐसी परिस्थिति में प्रेक्षक के लिए यह निश्चित करना संभव नहीं हो पाता कि बालकों या वयस्कों के व्यवहार में होनेवाला अमुक परिवर्तन का कारण कौन-सा है। फलतः, वे निश्चित होकर किसी निष्कर्ष पर पहुँचने में असमर्थ रहते हैं।

(iii) वस्तुनिष्ठ प्रेक्षण की विधि में प्रेक्षक के निजी पूर्वाग्रह (prejudice), पक्षपात (bias) आदि का प्रभाव प्रेक्षण पर पड़ता है, जिससे उसका प्रेक्षण दोषपूर्ण होता है। उदाहरणस्वरूप, जब कोई शिक्षक किसी शिक्षार्थी (learner) या छात्र से वर्ग में अधिक खुश रहते हैं तथा उसको कई कारणों से अधिक दुलार-प्यार देते हैं, तो उस छात्र के बुरे व्यवहार को भी उस शिक्षक द्वारा अच्छा कहा जाता है और किसी-न-किसी ढंग से उसकी प्रशंसा की जाती है। दूसरी तरफ, यदि शिक्षक अमुक शिक्षार्थी या छात्र से वर्ग में नाखुश रहते हैं, तो उस छात्र के अनुशासित रहने पर भी शिक्षक उसके व्यवहार में दोष निकाल ही लेते हैं और उसे सजा देने को तैयार हो जाते हैं। स्पष्ट है कि प्रेक्षण विधि में प्रेक्षक

की अपनी पूर्वधारणा या पक्षपात का प्रभाव प्रेक्षण पर काफी पड़ता है, जिससे प्रेक्षण दोषपूर्ण हो सकता है।

(iv) वस्तुनिष्ठ प्रेक्षण विधि का उपयोग केवल बाह्य व्यवहारों (overt behaviours) के अध्ययन में किया जाता है और इसी बाह्य व्यवहार के प्रेक्षण के आधार पर व्यक्ति की आंतरिक मानसिक प्रक्रियाओं के बारे में सही-सही अंदाज लगाया जाता है। परंतु, ऐसा करना हमेशा यथार्थ सिद्ध नहीं होता। जैसे शिक्षक किसी छात्र की अच्छी भाषा-शैली एवं लिखने का ढंग देखकर यदि यह अंदाज लगा लेते हैं कि यह तीव्र बुद्धि का छात्र है, तो उनका इस निष्कर्ष पर पहुँचना सही ही होगा, इसकी कोई गारंटी नहीं। कहने का तात्पर्य यह है कि वस्तुनिष्ठ प्रेक्षण विधि के आधार पर आंतरिक मानसिक प्रक्रियाओं का यथार्थ ढंग से अध्ययन करना संभव नहीं है।

इस तरह स्पष्ट है कि वस्तुनिष्ठ प्रेक्षण विधि की कुछ सीमाएँ भी हैं। इन सीमाओं के बावजूद यह विधि शिक्षा मनोविज्ञान (educational psychology) के लिए काफी महत्त्वपूर्ण बताई गई है। इस विधि का उपयोग प्रायः शिक्षा मनोवैज्ञानिकों द्वारा शिक्षार्थियों (learners) की समस्याओं का, विशेषकर कक्षा (classroom) तथा खेल के मैदानों में उत्पन्न होनेवाली समस्याओं का, अध्ययन करने में किया जाता है।

प्रयोगात्मक विधि
(Experimental Method)

शिक्षा मनोविज्ञान में प्रयोगात्मक विधि सबसे अधिक महत्त्वपूर्ण विधि मानी गई है। प्रयोगात्मक विधि में शिक्षक या प्रयोगकर्ता छात्रों के व्यवहारों का अध्ययन एक नियंत्रित परिस्थिति (controlled situation) में करते हैं। नियंत्रित परिस्थिति से तात्पर्य एक ऐसी परिस्थिति से होता है जिसमें स्वतंत्र चर[1] (independent variable) में खुलकर जोड़-तोड़ (manipulation) करना संभव हो तथा साथ-ही-साथ अन्य सभी दूसरे तरह के चर जिनका प्रभाव आश्रित चर[2] (dependent variable) पर पड़ सकता है, नियंत्रित हो। नियंत्रित अवस्था किसी प्रयोगशाला में भी उत्पन्न की जा सकती है या वास्तविक परिस्थिति (real situation) में भी। जब प्रयोग की नियंत्रित अवस्था किसी प्रयोगशाला में उत्पन्न की जाती है, तब इस तरह के प्रयोग को प्रयोगशाला प्रयोग (laboratory experiment) तथा जब प्रयोग की नियंत्रित अवस्था वास्तविक परिस्थिति या क्षेत्र (field) में उत्पन्न की जाती है, तब इस तरह के प्रयोग को क्षेत्र प्रयोग (field experiment) कहा जाता है। शिक्षा मनोविज्ञान के क्षेत्र में शिक्षक प्रयोगशाला प्रयोग तथा क्षेत्र प्रयोग, दोनों ही करते हैं।

मनोवैज्ञानिक प्रयोग (psychological experiment) का आधार प्रयोगात्मक डिजाइन (experimental design) होता है। प्रयोगात्मक डिजाइन से तात्पर्य प्रयोग के लिए बनी हुई एक ऐसी परियोजना (plan) तथा संरचना (structure) से होता है जिसके आधार पर प्रयोग की समस्या का

1. स्वतंत्र चर (independent variable) वैसे चर को कहा जाता है जिसमें प्रयोगकर्ता द्वारा जोड़-तोड़ किया जाता है तथा जिसके प्रभाव से आश्रित चर (dependent variable) प्रभावित होता है।
2. आश्रित चर वैसे चर को कहा जाता है जिसके बारे में प्रयोगकर्ता प्रयोग करके कुछ पूर्ववाचन (prediction) करना चाहता है।

उत्तर ढूँढ़ा जाता है। प्रयोगात्मक डिजाइन के प्रयोग में सम्मिलित किए गए स्वतंत्र चर (independent variables), आश्रित चर (dependent variables) तथा नियंत्रित चर (controlled variables) आदि का उल्लेख होता है तथा स्वतंत्र चर में जोड़-तोड़ (manipulation) करने का ढंग तथा नियंत्रित चर के प्रभाव को रोकने का ढंग आदि का उल्लेख करके प्रयोगकर्ता अपने प्रयोग को अधिक वैज्ञानिक बनाता है। शिक्षा मनोविज्ञान के प्रयोगों में कई तरह के प्रयोगात्मक डिजाइन का उपयोग किया जाता है जिनमें निम्नांकित प्रमुख हैं—

(क) एकसमूह डिजाइन (One Group Design)

इस तरह के डिजाइन में छात्रों के मात्र एक समूह का उपयोग किया जाता है। इस डिजाइन के भीतर निम्नांकित दो डिजाइन आते हैं—

(i) एकसमूह पोस्ट-टेस्ट डिजाइन (One group post-test design)—यह एक सरलतम (simplest) प्राक्-प्रयोगात्मक डिजाइन (pre-experimental design) है जिसमें एक समूह को विवेचन (treatment) देकर उसके प्रभाव का अध्ययन किया जाता है। इसमें कोई तुलना समूह (comparison group) नहीं होता है। जैसे यदि शिक्षक 10 छात्रों का एक ऐसा समूह लेते हैं जिन्हें धूम्रपान करने की आदत है और 1 महीने तक उसे धूम्रपान न करने या धूम्रपान करने से उत्पन्न समस्याओं से अवगत कराते हैं और इसके बाद यदि उसमें 6 छात्र उस 1 महीने के बाद धूमपान करना छोड़ देते हैं, तो प्रयोग का यह सरलतम डिजाइन यहाँ एकसमूह पोस्ट-टेस्ट डिजाइन का उदाहरण होगा।

(ii) एकसमूह प्रीटेस्ट-पोस्ट-टेस्ट डिजाइन (One group pretest-post-test design)—प्रयोग का यह डिजाइन एकसमूह पोस्ट-टेस्ट डिजाइन से थोड़ा श्रेष्ठ (superior) होता है। इस डिजाइन में भी एक ही समूह की भागीदारी (participation) होती है, परंतु उस समूह की जाँच दो बार की जाती है—प्रथम बार विशेष विवेचन (special treatment) के पहले और दूसरी बार उस विवेचन के बाद। इसके बाद प्रयोगकर्ता दूसरी जाँच (second test) तथा पहली जाँच (first test) का तुलनात्मक अध्ययन करके अपनी प्राक्कल्पना (hypothesis) की सत्यता की जाँच करता है। जैसे यदि छात्रों के एक समूह को बी० एड० कक्षा प्रारंभ होने के दिन शिक्षा मनोविज्ञान के ज्ञान की जाँच कर ली जाती है और फिर 9 महीने तक उसे शिक्षा मनोविज्ञान पढ़ाने के बाद शिक्षा मनोविज्ञान के ज्ञान की जाँच कर ली जाती है और इन दोनों जाँचों (tests) में यदि प्राप्तांक (scores) में अंतर आता है तो यह कहा जा सकता है कि अंतर का कारण विशेष विवेचन (special treatment) (अर्थात 9 महीने तक पढ़ाया जाना) है। इस तरह के डिजाइन को एकसमूह प्रीटेस्ट-पोस्ट-टेस्ट डिजाइन कहा जाता है।

(ख) द्विसमूह डिजाइन (Two Group Design)

जैसा कि नाम से ही स्पष्ट है, इस प्रयोगात्मक डिजाइन में प्रयोज्यों (subjects) का कम-से-कम दो समूह होता है—प्रयोगात्मक समूह (experimental group) तथा नियंत्रित समूह (control group)। प्रयोगात्मक समूह वैसे समूह को कहा जाता है जिसमें स्वतंत्र चर (independent variable) उपस्थित किया जाता है तथा नियंत्रित समूह वैसे समूह को कहा जाता है जिसमें स्वतंत्र चर को अनुपस्थित रखा जाता है। इस तरह के डिजाइन का प्रयोग शिक्षा मनोविज्ञान में सर्वाधिक किया

जाता है। इस डिजाइन के भी कई उपप्रकार (subtypes) हैं, परंतु शिक्षा मनोविज्ञान में निम्नांकित दो डिजाइनों का उपयोग सबसे अधिक किया जाता है—

(i) **प्रीटेस्ट-पोस्ट-टेस्ट डिजाइन** (Pretest-post-test design)—इस डिजाइन में दो समूह होते हैं—एक प्रयोगात्मक समूह (experimental group) तथा दूसरा नियंत्रित समूह (control group)। प्रयोगात्मक समूह तथा नियंत्रित समूह दोनों की जाँच (test), जिसे प्रीटेस्ट कहा जाता है, कर लिया जाता है। इसके बाद प्रयोगात्मक समूह को विशेष विवेचन (treatment) दिया जाता है जबकि नियंत्रित समूह को उस प्रकार के विवेचन से वंचित रखा जाता है। इसके बाद पुनः दोनों समूहों की जाँच जिसे पोस्ट-टेस्ट कहा जाता है, किया जाता है। यदि दोनों समूह के पोस्ट-टेस्ट प्राप्तांक (post-test scores) में अंतर होता है, तो इसका कारण प्रयोगात्मक समूह को दिया जानेवाला विशेष विवेचन माना जाता है।

उदाहरण—यदि शिक्षक छात्रों के दो समूह को अंकगणितीय परीक्षण (arithmetical test) पर जाँच करके एक समूह को अंकगणित (arithmetic) में 2 महीने का विशेष प्रशिक्षण देते हैं और दूसरे समूह को उस प्रशिक्षण से वंचित रखते हैं और प्रशिक्षण के बाद दोनों समूहों की अंकगणितीय क्षमता की जाँच अंकगणित परीक्षण द्वारा पुनः करके करते हैं, तो यह एक प्रीटेस्ट-पोस्ट-टेस्ट डिजाइन का उदाहरण होगा। यदि शिक्षक पहले समूह यानी प्रयोगात्मक समूह (experimental group) के प्राप्तांक (score) दूसरे समूह अर्थात नियंत्रित समूह के प्राप्तांक से अधिक पाते हैं, तो वे निश्चय होकर यह कह सकते हैं कि इसका कारण प्रयोगात्मक समूह को दिया जानेवाला दो महीने का विशेष प्रशिक्षण ही है।

(ii) **समामेलित द्विसमूह डिजाइन** (Matched two group design)—इस डिजाइन में प्रयोगकर्ता प्रयोज्यों को पहले उस चर (variable) पर समामेलित (matched) कर लेता है जिसके कारण आश्रित चर (dependent variable) में अंतर हो सकता है। इसके बाद फिर समामेलित युग्मों (matched pairs) में प्रत्येक व्यक्ति का आवंटन (assignment) यादृच्छिक ढंग से (randomly) दो समूह में कर दिया जाता है और फिर उनमें कोई एक प्रयोगात्मक समूह (experimental group) तथा दूसरा नियंत्रित समूह (control group) के रूप में कार्य करता है। प्रयोगात्मक समूह को विशेष विवेचन (special treatment) दिया जाता है तथा नियंत्रित समूह को इस प्रकार के विवेचन से मुक्त रखा जाता है। बाद में इन दोनों समूहों का प्राप्तांक (score) आश्रित चर पर प्राप्त किया जाता है। यदि प्रयोगात्मक समूह के प्राप्तांक के माध्य तथा नियंत्रित समूह के प्राप्तांक के माध्य में अंतर आता है, तो इसका कारण प्रयोगात्मक समूह को दिया जानेवाला विशेष विवेचन समझा जाता है। उदाहरणतः, यदि शिक्षक यह देखना चाहते हैं कि छात्रों द्वारा एक कविता सीखने की प्रक्रिया पर पुरस्कार का क्या प्रभाव पड़ता है। इस प्रयोग में सीखने की प्रक्रिया आश्रित चर (dependent variable) है तथा पुरस्कार स्वतंत्र चर (independent variable) है। शिक्षक यह समझते हैं कि छात्रों की बुद्धि में अंतर होने से सीखने की प्रक्रिया प्रभावित हो सकती है। अतः, वे इन छात्रों को (मान लिया जाए कि कुल 12 छात्र हैं) बुद्धिलब्धि पर समामेलित (matched) कर लेंगे। इसका मतलब यह हुआ कि प्रत्येक छात्र की बुद्धिलब्धि के बराबर कम-से-कम एक छात्र समूह में और होगा। इस तरह से मिलान (matching) कर लेने के बाद 12 छात्र के 6 युग्म (pair) बन जाएँगे और फिर प्रत्येक युग्म के प्रत्येक छात्र को यादृच्छिक ढंग से दो समूह में बाँट देंगे जिसमें से एक प्रयोगात्मक समूह होगा तथा दूसरा नियंत्रित समूह होगा। प्रयोगात्मक समूह में सीखने के लिए पुरस्कार दिया जाएगा तथा नियंत्रित समूह को सीखने के लिए पुरस्कार नहीं दिया जाएगा। अंत में

इस बात का विश्लेषण किया जाएगा कि प्रयोगात्मक समूह ने कविता सीखने में कितनी त्रुटियाँ की तथा कितना समय लिया और इसी तरह से नियंत्रित समूह द्वारा लिए गए समय तथा की गई त्रुटियों की गणना की जाएगी। यदि प्रयोगात्मक समूह द्वारा कम समय लिए जाते हैं तथा कम त्रुटि की जाती है, तो इसका कारण पुरस्कार का दिया जाना बताते हुए शिक्षक इस निष्कर्ष पर पहुँचते हैं कि पुरस्कार देने से सीखने की प्रक्रिया में तीव्रता आती है।

(ग) बहुसमूह डिजाइन (Multigroup Design)

शिक्षा मनोविज्ञान में बहुसमूह डिजाइन का भी उपयोग कर कई प्रयोग किए गए हैं। जैसा कि नाम से ही स्पष्ट है, इसमें दो से अधिक समूह प्रयोग में भाग लेते हैं। जब कई समूहों की तुलना मात्र एक स्वतंत्र चर (independent variable) के विभिन्न स्तरों पर की जाती है, तो इसमें विशेष सांख्यिकीय परीक्षण (statistical test) अर्थात साधारण ANOVA (Analysis of variance) ज्ञात कर एक निष्कर्ष पर पहुँचा जाता है। परंतु, जब कई समूहों की तुलना दो या दो से अधिक स्वतंत्र चरों के विभिन्न स्तरों पर की जाती है तो इसमें एक दूसरे तरह की सांख्यिकीय परीक्षण को जटिल ANOVA (Complex ANOVA या Two-way ANOVA) कहा जाता है तथा इस डिजाइन को कारकगुणित डिजाइन (factorial design) कहा जाता है। जैसे, यदि शिक्षक मात्र यह देखना चाहते हैं कि छात्रों को पढ़ाने (teaching) में पढ़ाने की विधि का क्या प्रभाव पड़ता है, तो वे आसानी से छात्रों का दो समामेलित समूह (matched group) या यादृच्छित समूह (randomised group) तैयार कर एक समूह को लेक्चर विधि से तथा दूसरे समूह को परिचर्या विधि (discussion method) से पढ़ाकर तथा परिणाम की व्याख्या साधारण ANOVA से करके एक निष्कर्ष पर पहुँच सकते हैं। परंतु, यदि वे यह भी जानना चाहते हैं कि पढ़ाने की विधि के साथ-ही-साथ पढ़ाने की भाषा (language of teaching) का क्या प्रभाव पड़ता है, तो यहाँ उसे परिणाम की व्याख्या जटिल ANOVA से करनी होगी और प्रयोग का यह डिजाइन कारकगुणित डिजाइन (factorial design) कहलाएगा।

प्रयोगात्मक विधि के कुछ गुण (merits) तथा सीमाएँ (limitations) हैं। इस विधि के प्रमुख गुण निम्नांकित हैं—

(i) प्रयोगात्मक विधि का सबसे प्रमुख गुण यह बताया गया है कि इसके द्वारा बालकों या शिक्षार्थियों (learners) के व्यवहारों का अध्ययन एक नियंत्रित परिस्थिति (controlled situation) में किया जाता है। इसका मतलब यह हुआ कि प्रयोगात्मक विधि द्वारा हम शिक्षार्थी के व्यवहार का अध्ययन एक ऐसी परिस्थिति में करते हैं जहाँ सिर्फ एक चर (variable), जिसके प्रभाव का अध्ययन करना होता है, को छोड़कर बाकी सभी चरों के प्रभाव को नियंत्रित कर दिया जाता है। इससे प्राप्त परिणाम अधिक विश्वसनीय हो जाते हैं और प्रयोग की आंतरिक वैधता (internal validity) काफी बढ़ जाती है।

(ii) प्रयोगात्मक विधि में पुनरावृत्ति (replication) का गुण होता है। यह विधि एक स्पष्ट डिजाइन पर आधारित होती है। फलस्वरूप जब भी चाहें, इस विधि के उस डिजाइन को अपनाकर प्रयोग को दुहराया जा सकता है तथा प्राप्त परिणाम की सत्यता की जाँच आसानी से की जा सकती है। यदि किसी शिक्षक द्वारा प्रयोग कर इस निष्कर्ष पर पहुँचा गया हो कि बच्चों को पढ़ाने में या कोई पाठ सिखाने में भाषण विधि (lecture method) से अधिक प्रभावकारी प्रदर्शन विधि

(demonstration method) होती है, तो इस प्रयोग की डिजाइन के अनुसार पुनः दो बार प्रयोग करके इस निष्कर्ष की सत्यता की जाँच आसानी से कर ली जा सकती है। इस ढंग की सुविधा शिक्षा मनोविज्ञान की अन्य विधियों में उपलब्ध नहीं है।

(iii) प्रयोग विधि का एक अन्य गुण यह बताया गया है कि प्रयोग में चूँकि अंतर्निरीक्षण विधि तथा वस्तुनिष्ठ प्रेक्षण विधि (objective observation method) दोनों का एक सम्मिश्रण पाया जाता है, अतः प्रयोग के परिणाम की वैधता (validity) अन्य विधियों से अधिक होती है। शिक्षा मनोवैज्ञानिक प्रयोग करके जो आँकड़े प्राप्त करते हैं उसका आधार प्रेक्षण (observation) होता है और साथ-ही-साथ उन वस्तुनिष्ठ आँकड़ों की जाँच प्रयोज्यों से एक अंतर्निरीक्षण (introspection) लेकर भी किया जाता है। उदाहरणार्थ, यदि शिक्षक प्रयोग के वस्तुनिष्ठ आँकड़ों के आधार पर इस निष्कर्ष पर पहुँचनेवाले हैं कि छोटे-छोटे बच्चों के वर्ग में लेक्चर विधि से पढ़ाना या सिखाना उतना श्रेष्ठकर नहीं होता है जितना कि प्रदर्शन विधि (demonstration method), तो वे अंतिम निष्कर्ष पर पहुँचने के पहले बच्चों का अंतर्निरीक्षण रिपोर्ट (introspective report) लेकर भी निष्कर्ष के समर्थन में कुछ तथ्य प्राप्त कर लेना चाहेंगे। इस तरह से प्रयोगात्मक विधि में निष्कर्षों के दोहरा सत्यापन का गुण भी मौजूद रहता है जो शिक्षा मनोविज्ञान की अन्य विधियों में नहीं है।

(iv) प्रयोगात्मक विधि में चूँकि स्वतंत्र चर (independent variable) में जोड़-तोड़ करके उसके आश्रित चर (dependent variable) पर उसके पड़नेवाले प्रभाव का अध्ययन किया जाता है, अतः इस विधि में कारण-परिणाम संबंध (cause–effect relationship) की अभिव्यक्ति अधिक स्पष्ट रूप से की जाती है। यदि शिक्षक छात्रों के एक समूह में पुरस्कार देने पर उसके सीखने की गति में तीव्रता पाते हैं तथा छात्रों के दूसरे समूह में पुरस्कार नहीं देने पर सीखने की गति में मंदता पाते हैं, तो वैसी अवस्था में वे स्पष्ट रूप से पुरस्कार (कारण) तथा सीखना (परिणाम) में एक संबंध स्थापित करते हुए इस निष्कर्ष पर पहुँचते हैं कि पुरस्कार से सीखने की प्रक्रिया प्रभावित होती है।

इन गुणों के बावजूद इस विधि की कुछ सीमाएँ (limitations) हैं जो इस प्रकार हैं—

(i) ऐसा कहा जाता है कि प्रयोगात्मक विधि की जो नियंत्रित परिस्थिति (control situation) होती है, वह अवास्तविक (unreal) या कृत्रिम (artificial) परिस्थिति होती है। इस तरह की परिस्थिति का संबंध जीवन की वास्तविकताओं (realities) से नहीं होता। फलस्वरूप ऐसी परिस्थिति में शिक्षा मनोवैज्ञानिकों द्वारा शिक्षार्थियों का अध्ययन किया गया व्यवहार भी कृत्रिम, अस्वाभाविक या अवास्तविक हो जाता है और परिणाम की बाह्य वैधता (external validity) अर्थात उससे प्राप्त तथ्यों को आम बालकों के लिए सही मानना संभव नहीं हो पाता है।

(ii) शिक्षा मनोविज्ञान की कुछ समस्याएँ ऐसी हैं जिनका प्रयोगात्मक विधि द्वारा ठीक ढंग से अध्ययन नहीं किया जा सकता है। जैसे, बच्चों के मानसिक स्वास्थ्य (mental health), पिछड़ापन, अपराधीकरण आदि से संबंधित समस्याओं का सही ढंग से प्रयोगात्मक विधि द्वारा यदि अध्ययन करने की कोशिश की जाए, तो समान्यतः ऐसा करना एक दुष्कर कार्य होगा।

(iii) प्रयोगात्मक विधि में कुछ विशेष प्रकार के दोष स्वाभाविक रूप से सम्मिलित होते हैं। प्रयोगकर्ता पूर्वाग्रह (experiment bias) तथा प्रतिदर्श पूर्वाग्रह (sampling bias) दो ऐसे ही दोष हैं। प्रयोगकर्ता पूर्वाग्रह में प्रयोगकर्ता की अपनी आकांक्षाएँ या प्रत्याशाएँ (expectations) प्रयोग के

परिणाम तथा प्रेक्षण प्रक्रिया को प्रभावित करती हैं तथा प्रतिदर्श पूर्वाग्रह से तात्पर्य प्रयोज्यों (subjects) का उपयुक्त प्रतिनिधि (representative) नहीं होने से होता है। अकसर ऐसा देखा गया है कि शिक्षा मनोवैज्ञानिक को जो छात्र या शिक्षार्थी सुविधानुसार मिल जाते हैं, उनको अपने प्रयोज्यों की सूची में शामिल कर लेते हैं। अकसर ऐसे प्रयोज्य उन बालकों या छात्रों का प्रतिनिधित्व नहीं करते हैं जिनके बारे में प्रयोग करके पूर्ववाचन (prediction) करना होता है। यह भी देखा गया है कि शिक्षक पहले से अपने शिक्षार्थियों के बारे में कुछ पूर्वाग्रह विकसित कर लेते हैं और उसे मन में रखकर प्रयोग करना प्रारंभ कर देते हैं। उसमें प्रयोग के परिणाम की विश्वसनीयता (reliability) तथा वैधता (validity) बुरी तरह प्रभावित हो जाती है।

इन सीमाओं के बावजूद प्रयोगात्मक विधि शिक्षा मनोविज्ञान की एक प्रमुख विधि है। अधिकतर शिक्षा मनोवैज्ञानिकों का मत है कि शिक्षा मनोविज्ञान में प्रयोगात्मक विधि की भूमिका उतनी ही महत्त्वपूर्ण है जितनी कि शिक्षा में शिक्षक की। स्किन्नर (Skinner, 1976) ने यह बताया है कि जिस तरह शिक्षक के बिना शिक्षा का अस्तित्व संभव नहीं है, उसी प्रकार प्रयोगात्मक विधि के अभाव में शिक्षा मनोविज्ञान का वैज्ञानिक विकास संभव नहीं है।

सह-संबंधात्मक या विभेदी विधि
(Correlational or Differential Method)

शिक्षा मनोविज्ञान में कुछ समस्याएँ ऐसी होती हैं जिनमें स्वतंत्र चर में प्रत्यक्ष रूप से जोड़-तोड़ किया जाना संभव नहीं हो पाता है। ऐसी परिस्थिति में शिक्षा मनोवैज्ञानिक ऐसी समस्याओं का अध्ययन प्रयोगात्मक विधि (experimental method) से नहीं कर पाते और वे इसकी जगह सह-संबंधात्मक विधि या विभेदी विधि (correlational method or differential method) का उपयोग करते हैं। इस विधि द्वारा शैक्षिक समस्याओं का अध्ययन करने से छात्रों का एक प्रतिदर्श (sample) का चयन किया जाता है। यह प्रतिदर्श ऐसा होता है जो पूरे जीवसंख्या (population) का प्रतिनिधित्व (represent) करता है। इसके बाद कुछ शैक्षिक चरों (educational variables) पर चयन किए गए छात्रों में समानताओं (similarities) या विषमताओं (differences) का अध्ययन किया जाता है। विशेष सांख्यिकीय परीक्षण (statistical tests) के आधार पर एक निश्चित निष्कर्ष पर शिक्षा मनोवैज्ञानिक पहुँचते हैं। इस विधि को विस्तृत अर्थ में सर्वे विधि (survey method) भी कहा जा सकता है। अकसर इस विधि में शिक्षा मनोवैज्ञानिक विभिन्न तरह के प्रश्नावली (questionnaire), साक्षात्कार (interview) तथा मनोवैज्ञानिक परीक्षणों (psychological tests) का उपयोग कर आँकड़ों (data) का संग्रहण करते हैं।

उदाहरण (Example)—मान लिया जाए कि कोई शिक्षा मनोवैज्ञानिक यह अध्ययन करना चाहता है कि बालकों के अपराधीकरण (delinquency) पर उनके घरेलू वातावरण का क्या प्रभाव पड़ता है। इस अध्ययन में घरेलू वातावरण (home environment) एक स्वतंत्र चर (independent variable) का उदाहरण है जिसमें जोड़-तोड़ (manipulation) करना शिक्षा मनोवैज्ञानिक के लिए संभव नहीं है। इस समस्या को सह-संबंधात्मक या विभेदी विधि द्वारा अध्ययन करने के लिए दो तरह के बालकों का चयन करेंगे—(i) अपराधी बालकों (delinquent children) का समूह तथा (ii) सामान्य बालकों (normal children) का समूह। बालकों के इन दोनों तरह के समूहों को तैयार करने में प्रश्नावली, मनोवैज्ञानिक परीक्षण, साक्षात्कार आदि का सहारा लिया जाएगा। इसके बाद यह निश्चित किया

जाएगा कि अपराधी बालकों में कितने बालक लाभान्वित परिवार (advantaged family) से आते हैं और कितने बालक अलाभान्वित परिवार (disadvantaged family) से आते हैं। ठीक उसी तरह यह निश्चय किया जाएगा कि सामान्य बालकों में कितने बालक लाभान्वित परिवार से आते हैं तथा कितने बालक अलाभान्वित परिवार से। इतना ब्योरा तैयार कर लेने के बाद उपयुक्त सांख्यिकीय विधि द्वारा आँकड़ों का विश्लेषण कर शिक्षा मनोवैज्ञानिक इस निष्कर्ष पर पहुँच सकता है कि अलाभान्वित परिवार के बालकों में लाभान्वित परिवार के बालकों की अपेक्षा अपराधीकरण की प्रवृत्ति अधिक होती है।

विभेदी विधि के कुछ गुण (merits) एवं सीमाएँ (limitations) भी हैं जो निम्नांकित हैं—

(i) विभेदी विधि द्वारा शिक्षा मनोवैज्ञानिक उन समस्याओं का आसानी से अध्ययन कर लेते हैं जिनके स्वतंत्र चरों (independent variables) में जोड़-तोड़ (manipulation) करके अध्ययन करना संभव नहीं है।

(ii) विभेदी विधि द्वारा शिक्षा मनोवैज्ञानिक कम समय में एक बड़े समूह का अध्ययन आसानी से कर लेते हैं, क्योंकि इस विधि में प्रश्नावली का प्रयोग होता है जिसके माध्यम से एकसाथ बालकों के एक बड़े समूह के विचारों को जाना जा सकता है।

विभेदी विधि की कुछ सीमाएँ (limitations) भी हैं जो निम्नांकित हैं—

(i) इस विभेदी विधि में चूँकि स्वतंत्र चर में जोड़-तोड़ (manipulation) नहीं किया जाता है, अतः इससे प्राप्त तथ्यों के आधार पर यह विश्वास के साथ नहीं कहा जा सकता कि आश्रित चर में होनेवाले परिवर्तन का कारण क्या है। दूसरे शब्दों में, इस विधि द्वारा प्राप्त आँकड़ों के आधार पर स्वतंत्र चर तथा आश्रित चर में कारण-परिणाम संबंध (cause–effect relationship) स्थापित करना संभव नहीं है।

(ii) विभेदी विधि के अध्ययन की परिस्थिति अनियंत्रित (uncontrolled) होती है। फलस्वरूप, इससे प्राप्त परिणामों की विश्वसनीयता (reliability) अधिक नहीं होती।

ऐसी कुछ सीमाओं के बावजूद विभेदी विधि (differential method) का प्रयोग शिक्षा मनोविज्ञान में बड़े पैमाने पर किया जाता है, क्योंकि इसके द्वारा उन चरों का अध्ययन आसानी से कर लिया जाता है जिनका अध्ययन प्रयोगात्मक विधि द्वारा करना दुष्कर है।

मनोदैहिक विधि
(Psychophysical Method)

मनोदैहिकी (Psychophysics) प्रयोगात्मक मनोविज्ञान की एक ऐसी शाखा है जिसमें उद्दीपन (stimulus) के स्तर (levels) तथा उससे व्यक्ति में उत्पन्न अनुभूतियों (experiences) के बीच के मात्रात्मक संबंधों (quantitative relationships) का अध्ययन किया जाता है। मात्रात्मक संबंधों का अध्ययन करने के लिए कई मनोदैहिक विधियों (psychophysical methods) का प्रतिपादन किया गया है, जिनमें अग्रांकित तीन अधिक लोकप्रिय हैं—

(क) औसत त्रुटि विधि (Method of average error)

(ख) सीमा विधि (Method of limits)

(ग) सतत उद्दीपन विधि (Method of constant stimuli)

शिक्षा मनोविज्ञान में भी इन विधियों का उपयोग बालकों के ध्यान (attention), प्रत्यक्षणात्मक समस्याओं (perceptual problems) आदि का अध्ययन करने के लिए किया जाता है। इन तीन विधियों का संक्षिप्त विवरण इस प्रकार है—

(क) औसत त्रुटि विधि (Method of Average Error)

इस विधि में व्यक्ति को दो उद्दीपन (stimuli) एकसाथ दिए जाते हैं। इनमें एक उद्दीपन को मानक उद्दीपन (standard stimulus) तथा दूसरे को परिवर्त्य उद्दीपन (variable stimulus) कहा जाता है। मानक उद्दीपन उस उद्दीपन को कहा जाता है जिसकी मात्रा पहले से निश्चित होती है और इसमें किसी प्रकार का जोड़-घटाव संभव नहीं होता है। परिवर्त्य उद्दीपन उस उद्दीपन को कहा जाता है जिसकी मात्रा में जोड़-घटाव आसानी से किया जा सकता है। इस विधि का प्रयोग बालकों की प्रत्यक्षणात्मक समस्याओं (perceptual problems), विशेषकर भ्रम (illusion) आदि की मात्रा की माप में अधिक किया जाता है। इस विधि को समायोजन विधि (method of adjustment) की भी संज्ञा दी जाती है।

(ख) सीमा विधि (Method of Limits)

इस विधि में उद्दीपन (stimulus) के मान (value) में अल्पतम परिवर्तन (minimal changes) करते हुए उसे क्रमबद्ध रूप से (systematically) घटाया या बढ़ाया जाता है। जब उद्दीपन के मान को घटाना रहता है, तब उस उद्दीपन को एक ऐसे मान से शुरू किया जाता है जिसका प्रत्यक्षण (perception) स्पष्ट रूप से बालक को हो सके। इसके बाद उद्दीपन के मान में अल्पतम परिवर्तन करके तब तक घटाया जाता है जब तक कि बालक अपना उत्तर न बदल दे। इसे अवरोही श्रृंखला (descending series) कहा जाता है। अवरोही श्रृंखला के बाद आरोही श्रृंखला (ascending series) प्रारंभ की जाती है जहाँ बालक को उद्दीपन के मान में अल्पतम परिवर्तन करते हुए तब तक बढ़ाया जाता है जब तक कि बालक अपना उत्तर न बदल दे अर्थात जब तक बालक को उसका स्पष्ट प्रत्यक्षण न हो जाता है।

सीमा विधि से किसी समस्या का अध्ययन करने में सामान्यतः दो तरह की त्रुटियाँ (errors) होती हैं—प्रत्याशा त्रुटि (error of expectation) तथा अभ्यसन त्रुटि (error of habituation)। जब आरोही श्रृंखला (ascending series) का माध्य (mean) ज्यादा होता है, तब समझा जाता है कि बालक द्वारा अभ्यसन त्रुटि हो रही है, परंतु जब अवरोही (descending series) का माध्य ज्यादा होता है तो समझा जाता है कि बालक में प्रत्याशा त्रुटि हो रही है।

(ग) सतत उद्दीपन विधि (Method of Constant Stimuli)

इस विधि में उद्दीपन (stimulus) की भिन्न-भिन्न मात्राओं (values) को आरोही श्रृंखला (ascending series) तथा अवरोही श्रृंखला (descending series) में प्रस्तुत न करके उसे अनियमित रूप से

(irregularly) प्रस्तुत किया जाता है। इनमें उद्दीपन की कुछ मात्रा तो ऐसी होती है जो सीमांत (threshold) से ऊपर होती है और उनका स्पष्ट प्रत्यक्षण बालक द्वारा किया जाता है तथा कुछ ऐसी होती हैं जो सीमांत से नीचे होती है और उनका सही प्रत्यक्षण कठिन होता है। इस विधि द्वारा बालकों के ध्यान (attention) संबंधी समस्याओं का अध्ययन सफलतापूर्वक किया गया है।

मनोदैहिक विधियों का प्रमुख लाभ यह बताया गया है कि इसके द्वारा बालकों की जिन समस्याओं का अध्ययन किया जाता है, वह अत्यधिक वस्तुनिष्ठ (objective) एवं वैज्ञानिक होती हैं। फिर भी, इन विधियों की कुछ परिसीमाएँ (limitations) हैं। इसकी एक प्रमुख परिसीमा यह है कि इस विधि का कार्यक्षेत्र (scope), जैसा कि लुण्डबर्ग (Lundberg, 1975) ने कहा है, काफी सीमित है। फलस्वरूप, इस विधि का प्रयोग बालकों की कुछ खास-खास समस्याओं के अध्ययन में ही किया जा सकता है। जैसे इन विधियों द्वारा बालकों के सीखना (learning), स्मरण (remembering), बौद्धिक क्षमता आदि से संबंधित समस्याओं का अध्ययन किया जाना संभव नहीं है।

नैदानिक विधि या केस-इतिहास विधि
(Clinical Method or Case-history Method)

नैदानिक विधि एक ऐसी विधि है जिसका प्रयोग शिक्षा मनोवैज्ञानिक (educational psychologists) कुसमायोजित बालकों (maladjusted children) तथा विचलित बच्चों (deviant children) की समस्याओं के अध्ययन में करते हैं। इस विधि द्वारा अपराधी बालकों की समस्याओं का भी विशिष्ट अध्ययन किया जाता है। कुछ शिक्षा मनोवैज्ञानिकों ने इस विधि का प्रयोग शिक्षार्थियों की संवेगात्मक समस्याओं (emotional problems) के अध्ययन में भी सफलतापूर्वक किया है। इस विधि में बालकों की समस्याओं का अध्ययन करने के लिए एक केस विवरण या इतिहास (case-history) तैयार किया जाता है। इसलिए इस विधि को केस विवरण विधि (case-history method) भी कहा जाता है। इसमें अपराधी बालक या विचलित (deviant) बालक द्वारा पिछले कई वर्षों में की गई अंतःक्रियाओं (interactions) का एक विशेष रिकार्ड तैयार किया जाता है। इन अंतःक्रियाओं का विश्लेषण करके शिक्षा मनोवैज्ञानिक ऐसे बालकों की समस्याओं के संभावित कारणों का पता लगाते हैं। ऐसे तो इन अंतःक्रियाओं में कौन-कौन अंतःक्रियाओं को सम्मिलित किया जाएगा, इसके बारे में कोई सामान्य नियम नहीं है, परंतु शिक्षा मनोवैज्ञानिकों के बीच इस बात की करीब-करीब सहमति है कि किसी समस्या बालक (problem child) या बालकों का केस विवरण (case-history) तैयार करते समय मूल रूप से निम्नांकित तथ्यों पर विशेष ध्यान देना चाहिए—

(i) प्रारंभिक सूचनाएँ (Preliminary informations)—इसके अंतर्गत समस्या बालक (problem child) का नाम, उम्र, यौन (sex), माता-पिता की उम्र, शिक्षा, पेशा, सामाजिक स्तर (social status), परिवार में सदस्यों की संख्या आदि जैसे तथ्यों को सम्मिलित किया जाता है।

(ii) गत इतिहास (Past history)—इसके अंतर्गत गर्भधारण से वर्तमान समय तक का इतिहास तैयार किया जाता है। जब बालक माँ के गर्भ में था, तो उस समय माँ की स्थिति कैसी थी, माँ में उस समय कोई भयंकर शारीरिक या मानसिक बीमारी हुई थी या नहीं, जन्म लेते समय की अवस्था कैसी थी। क्या जन्म सामान्य ढंग से हुआ था या किसी प्रकार की कोई दिक्कत (complication) आदि

उत्पन्न हुई थी, जन्म के बाद किसी प्रकार की शारीरिक आघात आदि की घटना, बालक का जन्मक्रम (birth order), बचपनावस्था में किसी भयंकर शारीरिक बीमारी का प्रकोप आदि से संबंधित तथ्यों को इकट्ठा किया जाता है।

(iii) वर्तमान अवस्था (Present condition)—बालक की वर्तमान अवस्था के बारे में भी एक लेखा-जोखा तैयार कर लिया जाता है। जैसे बालक का बुद्धि-स्तर (intelligence level), उसकी रुचि (interest), शौक (hobby), अभिक्षमता (aptitude), सांवेगिक स्तर (level of emotionality), स्कूल उपलब्धि (school achievement) से संबंधित तथ्यों को इकट्ठा कर लिया जाता है।

उपर्युक्त ढंग से शिक्षा मनोविज्ञान किसी अपराधी बालक या समस्या बालक (problem child) के बारे में तथ्य इकट्ठा कर लेते हैं और उसका विश्लेषण करके ऐसे बालकों की समस्या या कुसमायोजन (maladjustment) के कारणों का पता लगाने की कोशिश करते हैं। इस विवरण से यह स्पष्ट है कि नैदानिक विधि (clinical method) का आधार केस अध्ययन (case study) होता है जिसमें बालकों का एक केस विवरण (case-history) तैयार करके उसकी समस्या, जैसे कुसमायोजन (maladjustment), अपराध (delinquency) आदि के कारणों का पता लगाया जाता है।

नैदानिक विधि के कुछ गुण तथा दोष बताए गए हैं। इसके प्रमुख गुण (merits) निम्नांकित हैं—

(i) नैदानिक विधि में मनोवैज्ञानिक चूँकि प्रत्येक अध्ययन किए जानेवाले बालक का एक अलग विस्तृत इतिहास तैयार करके उसके कारणों का पता लगाना चाहते हैं, इसलिए इस विधि द्वारा बालकों का गहन अध्ययन (intensive study) संभव है।

(ii) नैदानिक विधि द्वारा बालकों के मानसिक तथा शारीरिक विकासक्रम को अच्छी तरह समझा जाता है। शिक्षकों को इस बात की भरपूर जानकारी हो जाती है कि बालक किन-किन वैयक्तिक अवस्थाओं से गुजरे हैं तथा उनका प्रभाव उनके शारीरिक एवं मानसिक विकास पर क्या पड़ा है।

(iii) नैदानिक विधि द्वारा बालकों की समस्याओं तथा उनके संभावित कारणों पर सीधा प्रकाश डालने का सुनहरा अवसर शिक्षा मनोवैज्ञानिक को प्राप्त हो जाता है, जो अन्य विधि में दुर्लभ है।

इन गुणों के बावजूद इस विधि के कुछ अवगुण या दोष (demerits) हैं जो निम्नांकित हैं—

(i) नैदानिक विधि में शिक्षा मनोवैज्ञानिक बालकों की समस्याओं का अध्ययन बालकों के अतीत का विश्लेषण करके करते हैं। यह विवरण मूलतः बच्चों के माता-पिता तथा अन्य सदस्यों द्वारा दी गई सूचनाओं पर आधारित होता है। अकसर देखा गया है कि माता-पिता या परिवार के अन्य सदस्य सच्ची घटनाओं एवं तथ्यों को, विशेषकर वैसी घटनाओं एवं तथ्यों को, जिनका संबंध नैतिकता (morality) से होता है, छिपा लेते हैं। फलस्वरूप, उनके द्वारा दी गई सूचनाएँ दोषपूर्ण (defective) हो जाती हैं और उनके आधार पर जो अध्ययन किया जाता है वह भी काफी निर्भरयोग्य (dependable) नहीं रह जाता है।

(ii) बालकों का पूर्ण विवरण तैयार करने में माता-पिता या परिवार के अन्य सदस्यों द्वारा दी गई सूचनाओं की सत्यता की जाँच करने का कोई तरीका नैदानिक विधि में प्राप्त नहीं है। फलस्वरूप

जो भी सूचना प्राप्त होती है, उसमें आत्मनिष्ठता (subjectivity) इतनी अधिक होती है कि उसकी जाँच संभव नहीं है। अतः, इस कारण भी इस विधि की वैधता (validity) पर आँच आती है।

(iii) नैदानिक विधि द्वारा बालकों की समस्या का अध्ययन करने के लिए यह आवश्यक है कि मनोवैज्ञानिक काफी प्रशिक्षित (trained) हों। अक्सर देखा गया है कि प्रशिक्षित होने के बावजूद मनोवैज्ञानिक बालकों की उन समस्याओं का अध्ययन जिनका स्वरूप अधिक जटिल एवं संवेगात्मक होता है, मात्र उनके गत इतिहास का विश्लेषण करके ठीक ढंग से नहीं कर पाते हैं। ऐसी अवस्था में उन्हें अन्य दूसरी विधि का सहारा लेना ही पड़ता है।

(iv) नैदानिक विधि की अध्ययन विधि बिलकुल ही अंतर्दर्शी (intuitive) तथा आत्मनिष्ठ (subjective) है। बालक के एक ही केस विवरण का विश्लेषण यदि कई विशेषज्ञों द्वारा किया जाता है, तो सभी विशेषज्ञ एकसमान निष्कर्ष पर न पहुँचकर अलग-अलग निष्कर्ष पर पहुँचते हैं। इससे पता चलता है कि इस विधि में आत्मनिष्ठता अधिक है और मनोवैज्ञानिक के अंतर्दर्शन (intuition) का अधिक प्रभाव पड़ता है। इस आत्मनिष्ठता का प्रभाव यह होता है कि नैदानिक विधि की विश्वसनीयता (realiability) तथा निर्भरता समाप्त हो जाती है।

इन परिसीमाओं के बावजूद नैदानिक विधि का उपयोग समस्या बालकों (problem children) के व्यवहारों के अध्ययन में काफी किया जाता है।

प्रश्नावली विधि
(Questionnaire Method)

प्रश्नावली विधि शिक्षा मनोविज्ञान की एक प्रमुख विधि है। इस विधि में प्रश्नों की एक लंबी सूची तैयार की जाती है, जिसे प्रश्नावली कहा जाता है। बालकों या शिक्षार्थियों (learners) को प्रश्नावली दे दिए जाते हैं जिनमें प्रश्न तथा उनके उत्तर (जो प्रायः 'हाँ-नहीं' या 'सही-गलत' में होते हैं) भी छपे होते हैं। बालक उन प्रश्नों को एक-एक करके पढ़ते जाते हैं और अपने लिए जिस उत्तरश्रेणी को सही समझते हैं, उसपर चिह्न लगाते जाते हैं। बाद में इन उत्तरों का विश्लेषण करके बालकों की आदतों, अभिरुचियों, मनोवृत्तियों आदि का पता लगाया जाता है।

रिली तथा लेविस (Reilly & Lewis, 1983) के अनुसार, शिक्षा मनोविज्ञान में जितने भी प्रश्नावली का प्रयोग किया गया है, उसे निम्नांकित दो भागों में बाँटा जा सकता है—(क) खुला- प्रारूप प्रश्नावली (open-form questionnaire) तथा (ख) बंद-प्रारूप प्रश्नावली (closed-form questionnaire)।

खुला-प्रारूप प्रश्नावली वैसी प्रश्नावली को कहा जाता है जिसके प्रश्नों के उत्तर कोई निश्चित दिए गए शब्दों जैसे 'हाँ-नहीं' में नहीं दिया जाता है बल्कि उसका उत्तर सामान्यतः एक-दो पंक्ति लिखकर बालकों को देना होता है। खुला-प्रारूप प्रश्नावली के प्रश्नों का एक-दो नमूना इस प्रकार है—

(i) अपने वर्ग में अनुशासन के स्तर को बनाए रखने के लिए आप क्या सुझाव देना चाहेंगे?

(ii) छात्र-अनुशासनहीनता के क्या-क्या कारण हैं?

बंद-प्रारूप प्रश्नावली वैसी प्रश्नावली को कहा जाता है जिसमें प्रश्नों के उत्तर दिए गए उत्तरों जैसे 'हाँ-नहीं' या 'सही-गलत' में से किसी एक में चुनकर बालक को देना होता है। बंद-प्रारूप प्रश्नावली (closed-form questionnaire) का एक-दो नमूना इस प्रकार है—

(i) क्या आपको वर्ग में खड़ा होकर बोलने में हिचकिचाहट होती है? हाँ/नहीं

(ii) क्या आपको गणित के शिक्षक से काफी डर लगता है? हाँ/नहीं

(iii) क्या आप प्रतिदिन गृह-कार्य (home task) करके वर्ग में आते हैं? हाँ/नहीं

प्रश्नावली का प्रकार चाहे खुला-प्रारूप (open-form) का हो या बंद-प्रारूप (closed-form) का हो, उसका उद्देश्य हमेशा बालकों के व्यक्तित्व के उन पहलुओं के बारे में सही एवं वैध सूचनाएँ प्राप्त करना होता है, जिसके लिए, उसे बनाया गया है। प्रायः, शिक्षक द्वारा प्रश्नावली विधि का प्रयोग शिक्षार्थियों की अभिरुचि, योग्यता, अभिक्षमता (aptitude), मनोवृत्ति (attitude), उनके व्यक्तित्व के कुछ खास-खास शीलगुण जैसे आत्म-विश्वास (self-confidence), प्रभुत्व (dominance), अंतर्मुखता (introversion), बहिर्मुखता (extroversion) आदि को मापने में सफलतापूर्वक किया गया है। प्रश्नावली विधि की सफलता इस बात पर निर्भर है कि उसमें पूछे गए प्रश्नों की भाषा में अस्पष्टता (vagueness) न हो तथा साथ-ही-साथ उसका स्वरूप ऐसा हो कि बालक उसका उत्तर बिना किसी हिचकिचाहट के दे सके।

प्रश्नावली विधि के कुछ गुण (merits) तथा परिसीमाएँ (limitations) हैं। इस विधि के प्रमुख गुण (merits) निम्नांकित हैं—

(i) प्रश्नावली विधि में सरलता (simplicity) का गुण पाया जाता है। इसका प्रयोग करने के लिए शिक्षक या शिक्षा मनोवैज्ञानिक को कोई विशेष प्रशिक्षण (training) की आवश्यकता नहीं होती है।

(ii) प्रश्नावली विधि द्वारा कम समय में ही कई बालकों या शिक्षार्थियों के शीलगुणों (traits), अभिक्षमता, मनोवृत्ति (attitude) तथा अभिरुचि का मापन कर लिया जाता है क्योंकि प्रश्नावली का प्रयोग एकसाथ एक समूह में आसानी से किया जा सकता है।

(iii) प्रश्नावली विधि उन शिक्षार्थियों एवं बालकों के लिए अधिक लाभप्रद साबित हुई है जो संकोचशील एवं अंतर्मुखी (introvert) होते हैं। रिली तथा लेविस (Reilly & Lewis, 1983) ने बताया है कि इस तरह के बच्चे जितने अच्छे ढंग से प्रश्नावली के प्रश्नों के उत्तर देकर अपने-आपकी अभिव्यक्ति (expression) कर पाते हैं, और एक स्वाभाविक तथा सहज उत्तर दे पाते हैं उतना किसी अन्य विधि से नहीं। अतः, प्रश्नावली विधि का एक विशेष गुण यह भी बताया गया है कि यह बालकों को, विशेषकर संकोचशील एवं अंतर्मुखी बालकों को एक सहज एवं स्वाभाविक उत्तर देने के लिए एक विशेष वातावरण तैयार करता है।

(iv) प्रश्नावली विधि का एक गुण यह भी बताया गया है कि इसके द्वारा कुछ खास तरह के विकलांग बालकों, जैसे पढ़े-लिखे गूँगे एवं बहरे बालकों के शीलगुणों का भी अध्ययन किया जा सकता है। ऐसे बालकों को अन्य विधि से जैसे साक्षात्कार विधि (interview method) द्वारा अध्ययन करना कठिन है।

इन गुणों के बावजूद प्रश्नावली विधि के कुछ अवगुण भी हैं जो निम्नांकित हैं—

(i) प्रश्नावली विधि का सबसे प्रमुख अवगुण (demerit) यह बताया गया है कि इसमें शिक्षार्थी या बालक आसानी से सही अनुक्रिया को छिपाकर उसकी जगह मनगढ़ंत उत्तर (faked answer) दे देने में समर्थ हो जाते हैं। ऐसा होने से प्रश्नावली विधि की वैधता (validity) काफी कम हो जाती है, क्योंकि इससे शिक्षार्थियों के बारे में सही सूचनाएँ नहीं मिल पाती हैं।

(ii) प्रश्नावली विधि में आत्मनिष्ठता (subjectivity) का गुण पाया जाता है। दूसरे शब्दों में, इस विधि से प्राप्त उत्तरों का मूल्यांकन एवं विश्लेषण करते समय, विशेषकर जब खुला-प्रारूप प्रश्नावली (open-form questionnaire) का उपयोग किया गया हो, विश्लेषकों (analysts) एवं अध्ययनकर्ताओं की अपनी व्यक्तिगत धारणा एवं पूर्वाग्रह (prejudice) का अधिक प्रभाव पड़ता है जिसका परिणाम यह होता है कि प्रश्नावली विधि की विश्वसनीयता (reliability) काफी कम हो जाती है।

(iii) कभी-कभी यह देखा गया है कि प्रश्नावली विधि में कुछ ऐसे प्रश्नों को सम्मिलित कर लिया जाता है जिनका अर्थ एक बालक से दूसरे बालक अपने-अपने दृष्टिकोणों से अलग-अलग ढंग से लगाते हैं। इसका परिणाम यह होता है कि प्रश्नावली की वैधता (validity) काफी कम हो जाती है और उससे प्राप्त सूचनाओं पर अधिक भरोसा नहीं किया जा सकता।

(iv) प्रश्नावली विधि का एक दोष यह भी बताया गया है कि इसके बालक चाहकर भी कभी-कभी प्रश्नों का सही-सही उत्तर नहीं दे पाते, क्योंकि वे प्रश्नों से संबंधित अपनी गत अनुभूतियों (past experiences) का सही-सही प्रत्याह्वान (recall) अपनी अपरिपक्व मानसिक अवस्थाओं (immatured mental conditions) के कारण नहीं कर पाते हैं। ऐसी अवस्था में प्रश्नावली विधि से जो सूचनाएँ प्राप्त होती हैं वे न तो अधिक विश्वसनीय (reliable) होती हैं और न ही अधिक वैध ही होती हैं।

इन अवगुणों के बावजूद प्रश्नावली विधि का प्रयोग शिक्षा मनोवैज्ञानिकों द्वारा बालकों की अभिरुचि, मनोवृत्ति, शीलगुणों (traits) आदि के अध्ययन में काफी किया जाता है।

साक्षात्कार विधि
(Interview Method)

साक्षात्कार विधि का भी प्रयोग शिक्षा मनोविज्ञान में किया जाता है। इस विधि द्वारा शिक्षा मनोवैज्ञानिक शिक्षार्थियों की अभिरुचियों (interests), योग्यताओं, मनोवृत्तियों (attitudes) से संबद्ध समस्याओं का अध्ययन करते हैं। साक्षात्कार विधि में प्रशिक्षित एवं कुशल शिक्षा मनोवैज्ञानिक शिक्षार्थियों या बालकों का एक-एक करके या एक छोटा समूह बनाकर एक आमने-सामने की परिस्थिति (face-to-face situation) में कुछ प्रश्न पूछते हैं और दिए गए उत्तरों के विश्लेषण के आधार पर शिक्षार्थी की अभिरुचियों, मनोवृत्तियों आदि के बारे में एक निश्चित निष्कर्ष पर पहुँचते हैं। ऐसे साक्षात्कार का प्रयोग शिक्षा मनोवैज्ञानिक बालकों के समायोजन (adjustment) संबंधी समस्याओं का अध्ययन करने में तथा साथ-ही-साथ उनका शैक्षिक एवं व्यावसायिक निर्देशन (educational & vocational guidance) करने में भी काफी करते हैं।

शिक्षा मनोविज्ञान में दो प्रकार के साक्षात्कार (interview) का उपयोग किया जाता है—संरचित साक्षात्कार (structured interview) तथा असंरचित साक्षात्कार (unstructured interview)। संरचित साक्षात्कार में शिक्षा मनोवैज्ञानिक पहले से यह निश्चित कर लेते हैं कि शिक्षार्थियों से वे किन-किन प्रश्नों को पूछेंगे और उसके पूछने का क्रम क्या होगा। सामान्यतः जो क्रम निश्चित किए जाते हैं इसी क्रम में सभी बालकों या शिक्षार्थियों से प्रश्नों को पूछा जाता है। इसका विशेष लाभ यह बताया गया है कि इस तरह के साक्षात्कार में वस्तुनिष्ठता (objectivity) अधिक होती है तथा साथ-ही-साथ उसमें क्रमबद्धता (systematisation) अधिक होता है। असंरचित साक्षात्कार वैसे साक्षात्कार को कहा जाता है जिसमें साक्षात्कारकर्ता प्रश्नों के स्वरूप (nature) अपने मन से निर्धारित करता है तथा वह कोई एक निश्चित क्रम में प्रश्नों को सभी बालकों से नहीं पूछता है। कुछ बालकों से एक तरह के प्रश्न पूछे जाते हैं तो कुछ अन्य बालकों से दूसरे तरह के। दिए गए उत्तरों का विश्लेषण कर साक्षात्कारकर्ता बालकों की अभिरुचि, मनोवृत्ति या अन्य शीलगुणों के बारे में एक निश्चित निष्कर्ष पर पहुँचता है।

शैक्षिक दृष्टिकोण (educational pointview) से साक्षात्कार के कई गुण एवं दोष हैं। शिक्षा मनोवैज्ञानिकों ने इसके प्रमुख गुणों का उल्लेख इस प्रकार किया है—

(i) साक्षात्कार विधि का सबसे प्रमुख गुण यह बताया गया है कि इस विधि द्वारा बालकों के व्यवहारों एवं शैक्षिक समस्याओं का अध्ययन प्रत्यक्ष रूप (directly) से किया जाता है। शिक्षा मनोवैज्ञानिक बालकों से सीधे प्रश्न पूछते हैं और बालक द्वारा दिए गए उत्तरों का विश्लेषण करके एक निश्चित निष्कर्ष पर पहुँचते हैं।

(ii) साक्षात्कार विधि एक ऐसी विधि है जिसमें बालकों की भाव-भंगिमा, आनन-अभिव्यक्ति (facial expression), बोलने की शैली आदि के भी निरीक्षण का मौका साक्षात्कारकर्ता को मिलता है। इसका परिणाम यह होता है कि शिक्षा मनोवैज्ञानिक द्वारा साक्षात्कार के आधार पर बालकों के व्यवहारों एवं शीलगुणों के बारे में जिस निष्कर्ष पर पहुँचा जाता है, वह अधिक ठोस (concrete) एवं वैज्ञानिक होता है और उसके द्वारा बालकों के मानसिक एवं शारीरिक दोनों पहलुओं की परख कर ली जाती है।

(iii) स्वार्ज (Schwartz, 1977) का विचार है कि साक्षात्कार द्वारा, विशेषकर संरचित साक्षात्कार (structured interview) द्वारा बालकों तथा शैक्षिक समस्याओं के बारे में जो सूचनाएँ प्राप्त होती हैं, उनमें जितनी अधिक विश्वसनीयता (reliability) होती है, उतनी विश्वसनीयता अन्य विधियों, जैसे प्रश्नावली विधि, से प्राप्त सूचनाओं में नहीं होती।

इन गुणों के बावजूद साक्षात्कार विधि की कुछ परिसीमाएँ भी हैं, जो निम्नांकित हैं—

(i) साक्षात्कार विधि में समय अधिक लगता है तथा साथ-ही-साथ यह एक खर्चीली प्रविधि भी बताई गई है। इसमें समय अधिक लगने का कारण यह है कि साक्षात्कार प्रायः एक-एक बालक या शिक्षार्थी को अलग-अलग बुलाकर किया जाता है। अगर साक्षात्कारकर्ता को किसी विद्यालय के 500 बालकों का भी साक्षात्कार लेना है, तो जाहिर है कि इसमें समय तथा श्रम दोनों ही अधिक लगेंगे। समय और श्रम बचाने के खयाल से कभी-कभी शिक्षक या शिक्षा मनोवैज्ञानिक या साक्षात्कारकर्ता एकसाथ कई छात्रों को बैठाकर साक्षात्कार लेना प्रारंभ कर देते हैं, परंतु इससे कोई सार्थक मतलब सिद्ध नहीं हो पाता है और कोई वैज्ञानिक निष्कर्ष पर नहीं पहुँचा जाता है। इसमें धन

भी अधिक खर्च होता है, क्योंकि साक्षात्कार के लिए साक्षात्कारकर्ता प्रति बालक एक निश्चित राशि या रकम लेता है।

(ii) अकसर देखा गया है कि साक्षात्कारकर्ता हेलो या परिवेश प्रभाव (Halo effect) द्वारा ग्रसित रहते हैं जिससे वे बालकों के शीलगुणों के बारे में एक निश्चित एवं वैज्ञानिक निष्कर्ष पर नहीं पहुँच पाते हैं। हेलो प्रभाव से तात्पर्य एक प्रकार की ऐसी पूर्वधारणा (prejudice) या पूर्वाग्रह (bias) से होता है जिसके आधार पर साक्षात्कारकर्ता द्वारा बालक के व्यवहारों एवं शीलगुणों के बारे में लिया गया निर्णय प्रभावित होता है। उदाहरणार्थ, जब शिक्षक किसी अमुक छात्र के बारे में एक नकारात्मक पूर्वधारणा (negative prejudice) बना लेते हैं, तो वे उस छात्र को अकसर सभी तरह के शीलगुणों एवं व्यवहारों पर नकारात्मक ढंग से (negatively) ही परख करते हैं, हालाँकि वास्तविकता (reality) इससे कुछ हटकर हो सकती है। साक्षात्कार विधि में इन त्रुटियों को रोकने का कोई प्रावधान नहीं है।

(iii) साक्षात्कार विधि द्वारा बालकों के शैक्षिक व्यवहारों का अध्ययन करते समय यह देखा जाता है कि साक्षात्कार के परिवेश में अपने को पाकर, बालक अकसर घबड़ा (nervous) जाते हैं। वे काफी डरे-डरे-से दीखते हैं। कभी-कभी तो बालक इतना अधिक घबड़ा जाते हैं कि वे सबकुछ जानते हुए भी प्रश्नों का सही-सही उत्तर नहीं दे पाते। ऐसी परिस्थिति में शिक्षक या साक्षात्कारकर्ता के लिए किसी निश्चित एवं वैज्ञानिक निष्कर्ष पर पहुँचना संभव नहीं हो पाता है।

(iv) साक्षात्कार विधि द्वारा बालकों के कुछ खास शीलगुणों या व्यवहारों का अध्ययन नहीं किया जा सकता। स्वार्ज (Schwartz, 1977) के अनुसार, साक्षात्कार विधि द्वारा बालकों के कुछ विशेष शीलगुण, जैसे ईमानदारी (honesty) तथा अन्य चरित्र-संबंधी शीलगुण को साक्षात्कार में मात्र कुछ मिनट बातचीत करके सही-सही नहीं आँका जा सकता।

(v) साक्षात्कार विधि का एक सामान्य दोष (common defect) यह बताया गया है कि मात्र चंद मिनटों तक बालकों से प्रश्न पूछकर तथा उसके द्वारा दिए गए उत्तरों एवं दिखलाई गई भाव-भंगिमा को देखकर एक ठोस निष्कर्ष पर पहुँचना, जल्दबाजी में लिया गया एक कदम कहा गया है। बालकों के व्यक्तित्व का समस्त मूल्यांकन (overall evaluation) साक्षात्कार के चंद मिनटों पर आधारित करना अधिक वैज्ञानिक कदम नहीं माना जा सकता है।

ऊपर के वर्णन से यह स्पष्ट हो जाता है कि साक्षात्कार विधि की कई खामियाँ हैं। इन खामियों के बावजूद साक्षात्कार विधि का प्रयोग शिक्षा मनोविज्ञान में अधिक किया जाता है।

एक सफल साक्षात्कार के लिए आवश्यक परिस्थितियाँ (Necessary Conditions for a Successful Interview)

उपर्युक्त वर्णन से यह स्पष्ट हो चुका है कि साक्षात्कार विधि में कुछ खामियाँ (limitations) हैं, फिर भी इसका प्रयोग शिक्षा मनोविज्ञान में काफी किया जा रहा है। कुछ मनोवैज्ञानिकों ने साक्षात्कार को और अधिक सफल बनाने के लिए वैसी परिस्थितियों (conditions) का वर्णन किया है जिनमें साक्षात्कार को अधिक सफलता मिल सकती है। लिण्डजे तथा एरोन्सन (Lindzey & Aronson, 1968) के अनुसार ऐसी आवश्यक परिस्थितियाँ (conditions) निम्नांकित तीन हैं—

(i) अभिगम्यता (Accessibility)—शैक्षिक साक्षात्कार (educational interview) की सफलता इस बात पर निर्भर करती है कि साक्षात्कार में पूछे गए प्रश्नों का स्वरूप ऐसा होना चाहिए जिसे

बालक आसानी से शिक्षक या साक्षात्कारकर्ता को बता सकें। बालकों से ऐसा प्रश्न नहीं पूछना चाहिए जिनका उत्तर देने में उन्हें अधिक संकोच एवं झिझक हो अन्यथा साक्षात्कार की सफलता मारी जाएगी।

(ii) संज्ञान (Cognition)—संज्ञान से तात्पर्य इस तथ्य से होता है कि बालक को यह पूर्णरूपेण ज्ञात होना चाहिए कि उससे क्या पूछा जा रहा है। दूसरे शब्दों में, शिक्षक या साक्षात्कारकर्ता को इस ढंग का प्रश्न पूछना चाहिए कि बालक अच्छी तरह से समझ जाए कि उनसे किस संदर्भ (context) में क्या पूछा जा रहा है। ऐसा होने पर ही सही-सही उत्तर बालक दे पाएँगे और साक्षात्कार के वास्तविक उद्देश्य की पूर्ति हो पाएगी।

(iii) अभिप्रेरणा (Motivation)—साक्षात्कार की सफलता के लिए तीसरी परिस्थिति अभिप्रेरणा की परिस्थिति बताई गई है। दूसरे शब्दों में, साक्षात्कार की सफलता इस बात पर निर्भर करती है कि बालक साक्षात्कार में पूछे गए प्रश्नों का जवाब देने के लिए ठीक ढंग से प्रेरित हो। यदि वह किसी कारण से जवाब नहीं देना चाहता है या जवाब देने के लिए प्रेरित नहीं है, तो इससे साक्षात्कार की सफलता की उम्मीद समाप्त हो जाएगी।

रेटिंग विधि
(Rating Method)

शिक्षा मनोविज्ञान में रेटिंग विधि (Rating method) का भी अधिक प्रयोग किया जाता है। यह विधि रेटिंग मापनी (rating scale) के नाम से अधिक लोकप्रिय (popular) है। इस विधि में शिक्षा मनोवैज्ञानिक बालक या बालकों के व्यवहार की व्याख्या एक दिए हुए वर्ग मापनी (category scale) पर किसी स्वाभाविक परिस्थिति (natural situation) में जैसे वर्ग (classroom) में या खेल के मैदान में करते हैं। जैसे यदि कोई शिक्षक वर्ग में किसी बालक में शिष्टाचार (discipline) संबंधी आदतों का प्रेक्षण करके 5-बिंदु (5-point) मापनी (scale) जैसे अत्यधिक सहमत (strongly agree), सहमत (agree), तटस्थ (neutral), असहमत (disagree) तथा अत्यधिक असहमत (strongly disagree) पर रेटिंग करता है अर्थात उसके शिष्टाचार-संबंधी आदतों का एक तरह से श्रेणीकरण करता है, और एक निश्चित निष्कर्ष पर पहुँचता है, तो यह रेटिंग विधि (rating method) द्वारा किया गया अध्ययन का एक नमूना होगा। स्पष्ट है कि रेटिंग विधि का आधार शिक्षक द्वारा किया गया प्रेक्षण (observation) ही होता है।

वैसे तो रेटिंग विधि के कई प्रकार (types) हैं, परंतु शिक्षा मनोविज्ञान में मूलतः निम्नांकित तीन तरह के रेटिंग का प्रयोग अधिक किया जाता है—

(1) आंकिक रेटिंग विधि (Numerical rating method)

(2) आकृतिक रेटिंग विधि (Graphic rating method)

(3) बाधित चयन विधि (Forced choice rating method)

इन तीनों तरह के मापनी तथा उनकी शैक्षिक उपयोगिताएँ (educational usefulness) निम्नांकित हैं—

(1) आंकिक रेटिंग विधि (Numerical rating method)—आंकिक रेटिंग विधि (numerical rating method) वैसी विधि को कहा जाता है जिसमें शिक्षकों को, जो प्रेक्षक (observer) या रेटर

(rater) का काम करते हैं, निश्चित अंकों का एक क्रम (sequence) दिया जाता है। ये सभी अंक अच्छी तरह परिभाषित होते हैं तथा शिक्षक बालकों या शिक्षार्थियों (learners) को अपने सामान्य अनुभव के आधार पर परिभाषाओं के अनुसार अंक प्रदान करते हैं और उन अंकों का योग ज्ञात करके उनका सांख्यिकीय विश्लेषण (statistical analysis) कर एक निश्चित निष्कर्ष पर पहुँचते हैं। आंकिक रेटिंग विधि का एक उदाहरण इस प्रकार है—

		सहमत	असहमत	तटस्थ
(i)	रमेश वर्ग में समय पर आता है।	3	2	1
(ii)	रमेश गृहकार्य बनाकर वर्ग में आता है।	3	2	1
(iii)	रमेश में अनुशासनपालिता का गुण अधिक है।	3	2	1

इस तरह से कई कथन होते हैं और शिक्षक या शिक्षा मनोवैज्ञानिक प्रत्येक कथन को पढ़कर अपनी प्रतिक्रिया दिए गए बिंदुओं (points) (यहाँ 3-बिंदु मापनी है) में से किसी एक अंक (number) को देकर व्यक्त करता है। बाद में प्रत्येक ऐसे अंकों को जोड़कर उसका सांख्यिकीय विश्लेषण कर शिक्षक बालक या शिक्षार्थी के शीलगुण के बारे में एक निश्चित निष्कर्ष पर पहुँचते हैं।

(2) आकृतिक रेटिंग विधि (Graphic rating method)—यह विधि आंकिक रेटिंग विधि (numerical rating method) के ही समान है। अंतर सिर्फ इतना ही है कि आकृतिक रेटिंग विधि में मापनी बिंदु का एक वर्णनात्मक संकेत (descriptive cues) दिया रहता है। यहाँ आंकिक रेटिंग विधि (numerical rating method) के समान मापनी बिंदुओं का कोई संख्यात्मक मान (numerical values) नहीं होता है। शिक्षक या शिक्षा मनोवैज्ञानिक जो प्रेक्षक (observer) के रूप में कार्य करते हैं, शिक्षार्थियों के प्रति अपने विचार दिए गए वर्णनात्मक संकेत (descriptive cues) के ऊपर एक टिक या सही (✓) का निशान या कोई अन्य इसी प्रकार का चिह्न लगाकर करते हैं। आकृतिक रेटिंग विधि का उदाहरण इस प्रकार है—

(i) शिक्षक द्वारा वर्ग में प्रश्न पूछे जाने पर मोहन उसका उत्तर देता है—

अत्यधिक तेजी से	थोड़ी तेजी से	धीमी गति से	सुस्ती से	अत्यधिक धीमी गति से

(ii) किसी विचार-गोष्ठी में मोहन

अत्यधिक बातचीत करता है।	आसानी से बातचीत कर लेता है।	जरूरत होने पर ही बातचीत करता है।	दूसरों से सुनना पसंद करता है।	बातचीत करने से कतराता है।

इसी तरह के कई एकांश (items) होते हैं जिनपर शिक्षक किसी शिक्षार्थी या बालक का रेटिंग करते हैं और उन सबका विश्लेषण कर एक निश्चित निष्कर्ष पर पहुँचते हैं।

(3) बाधित चयन रेटिंग विधि (Forced choice rating method)—इस विधि में प्रत्येक एकांश (item) में दो या दो से अधिक गुणों (attributes) का एक सेट होता है जिनमें से किसी एक को चुनकर शिक्षक किसी बालक का रेटिंग करते हैं। किसी एक एकांश के भीतर आनेवाले सभी गुण

समान रूप से अनुकूल (favourable) या समान रूप से प्रतिकूल (unfavourable) दीख पड़ते हैं जिसमें से शिक्षक को किसी एक को जो उनके विचार में प्रेक्षण किए जानेवाले छात्र या शिक्षार्थी के लिए सही होता है, चुनने के लिए बाध्य (forced) किया जाता है। बाधित चयन रेटिंग विधि के एकांश (item) का एक नमूना इस प्रकार है—

अर्चना कुमारी अपने वर्ग में

(i) सबसे पहले बेंच पर बैठती है।

(ii) किसी प्रश्न का उत्तर सबसे पहले देती है।

(iii) मानसिक स्वस्थता एवं शारीरिक स्वच्छता पर भरपूर ध्यान देती है।

(iv) सभी तरह के गृहकार्य तथा वर्गकार्य समय पर पूरा करती है।

इस उदाहरण में अर्चना कुमारी के बारे में चारों कथन अनुकूल (favourable) हैं और शिक्षक को इनमें से किसी एक को जिसे वे सबसे उत्तम एवं उपयुक्त समझते हैं, चुनने के लिए बाध्य किया जाता है। इसी तरह के कई एकांश होते हैं जिनपर शिक्षक अमुक छात्र या शिक्षार्थी का रेटिंग कर अपनी प्रतिक्रिया व्यक्त करते हैं जिनका बाद में विश्लेषण कर एक निश्चित निष्कर्ष पर पहुँचते हैं।

रेटिंग विधि (rating method) के भी कुछ गुण (merits) तथा दोष (demerits) हैं। इसके प्रमुख गुण (merits) निम्नांकित हैं—

(i) रेटिंग विधि द्वारा शिक्षार्थियों (learners) या बालकों के व्यवहारों तथा शैक्षिक समस्याओं का अध्ययन करने में अन्य विधियों की तुलना में कम खर्च तथा कम समय लगता है।

(ii) रेटिंग विधि में विश्वसनीयता (reliability) अधिक होती है, क्योंकि इस विधि में रेटर (rater) या प्रेक्षक (जो अकसर शिक्षक होते हैं) की अभिरुचि (interest) अधिक लंबे समय तक बनी रहती है।

(iii) रेटिंग विधि एक ऐसी विधि है जिसके प्रयोग के लिए किसी प्रकार के विशेष प्रशिक्षण (training) की आवश्यकता नहीं होती है। हाँ, इतना जरूर है कि प्रेक्षक या रेटर बालकों की आदतों (habits), मनोवृत्तियों (attitudes), अभिरुचियों से यदि परिचित हों, तो इससे उन्हें रेटिंग करने में अधिक आसानी होती है।

इन गुणों के बावजूद रेटिंग विधि (rating method) के कुछ अवगुण (demerits) हैं, जो निम्नांकित हैं—

(i) अनेक सावधानियों के बावजूद रेटिंग विधि में कई तरह की त्रुटियाँ (errors) होती पाई गई हैं जिससे इस विधि से प्राप्त परिणाम (results) अधिक विश्वसनीय (reliable) नहीं रह जाते हैं। इन त्रुटियों (errors) में परिवेश प्रभाव (Halo effect), कठोरता की त्रुटि (error of severity), उदारता की त्रुटि (error of leniency) तथा केंद्रीय प्रवृत्ति की त्रुटि (error of central tendency) प्रधान हैं। परिवेश प्रभाव (Halo effect) में शिक्षक या प्रेक्षक शिक्षार्थी या बालक के किसी एक अनुकूल (favourable) शीलगुण या प्रतिकूल शीलगुण (unfavourable trait) से इतना अधिक प्रभावित हो जाते हैं कि उनके द्वारा बालकों का अन्य शीलगुणों पर किया जानेवाला निर्णय भी काफी हद तक

उसी दिशा में प्रभावित हो जाता है। कठोरता त्रुटि (error of severity) में शिक्षक बालक के प्रति एक कड़ा रूख अपनाकर रेटिंग करते हैं जिसके परिणामस्वरूप बालकों के शीलगुणों के बारे में एक सही निष्कर्ष पर पहुँच पाना संभव नहीं हो पाता है। उदारता की त्रुटि में शिक्षक या प्रेक्षक छात्रों के प्रति एक अति उदार मनोवृत्ति रखते हैं और इस कारण उनका रेटिंग इतना अधिक प्रभावित हो जाता है कि वह वास्तविकता से परे हो जाता है। केंद्रीय प्रवृत्ति की त्रुटि (error of central tendency) में शिक्षक उदारता तथा कठोरता के बीच की राह पर चलते हैं और छात्रों या शिक्षार्थियों को रेटिंग की विभिन्न श्रेणियों के बीचोबीच रखकर छोड़ देते हैं। ऐसे शिक्षक परीक्षा की उत्तर-पुस्तिकाओं में बालकों को अकसर 45% से 55% के बीच में अंक देकर छोड़नेवाले होते हैं चाहे उनका उत्तर श्रेष्ठ या घटिया हो। स्पष्ट है कि रेटिंग विधि इन त्रुटियों से ग्रसित हो जाने पर शिक्षार्थियों के बारे में एक सही तस्वीर उपस्थित नहीं कर पाती है।

(ii) रेटिंग विधि द्वारा छात्रों के उन शीलगुणों (traits) का अध्ययन नहीं किया जा सकता जिनका स्वरूप आत्मनिष्ठ (subjective) होता है अर्थात जिनकी अभिव्यक्ति (expression) स्पष्ट रूप से व्यवहारों (behaviours) में नहीं होती। जैसे बालक की दुश्चिंता (anxiety), आत्मसंतोष (self-satisfaction), सांवेगिक नियंत्रण (emotional control), अहं-शक्ति (ego-strength) आदि कुछ ऐसे ही शीलगुण हैं जिनका रेटिंग विधि द्वारा सही-सही अध्ययन करना संभव नहीं है।

(iii) रेटिंग विधि का एक अवगुण यह बताया गया है कि इस विधि में जो विभिन्न श्रेणियाँ (categories) होती हैं उनका अर्थ भिन्न-भिन्न शिक्षक या प्रेक्षक अपने-अपने ढंग से लगाते हैं। इसका परिणाम यह होता है कि रेटिंग दोषपूर्ण हो जाता है, क्योंकि एक शिक्षक जिसे 'अत्यधिक असहमत' (strongly disagree) की श्रेणी में रखते हैं दूसरा शिक्षक उसे मात्र असहमत (disagree) की श्रेणी में रख सकते हैं। इस ढंग की संभावना रेटिंग विधि की प्रत्येक श्रेणी के साथ बनी रहती है।

इन अवगुणों के बावजूद रेटिंग विधि का प्रयोग शिक्षा मनोविज्ञान की समस्याओं के अध्ययन में अत्यधिक होता है, क्योंकि इसमें सरलता एवं सुगमता जैसे गुण मौजूद होते हैं।

कोटि विधि
(Ranking Method)

शिक्षा मनोविज्ञान में कोटि विधि का भी प्रयोग कुछ खास-खास परिस्थितियों में, जैसे बालकों के आत्मनिष्ठ शीलगुणों (subjective traits) के अध्ययन में किया गया है। रिली तथा लेविस (Reilly & Lewis, 1983) के अनुसार कोटि विधि का प्रयोग कुछ आत्मनिष्ठ शीलगुण जैसे ईमानदारी (honesty) तथा अन्य नैतिक एवं चारित्रिक शीलगुणों (moral and character traits) के अध्ययन में एक असमानांतर विधि (unparallel method) के रूप में की जाती है। इस विधि में शिक्षक बालकों को या शिक्षार्थियों को दिए गए शीलगुणों के आधार पर उच्च कोटि (high rank) से निम्न कोटि (lower rank) की दिशा में श्रेणीकरण करते हैं। जैसे शिक्षक बालकों की ईमानदारी के शीलगुण पर श्रेणीकरण करते हुए कोटि 1, 2, 3, ... आदि के रूप में श्रेणीकरण कर सकते हैं। कोटि-1 में अधिकतम ईमानदारी दिखानेवाले बालक को, कोटि-2 में उससे कम ईमानदारी दिखानेवाले बालक को, कोटि-3 में उससे कम ईमानदारी दिखानेवाले बालक को और इसी तरह से सबसे अंतिम कोटि में उस छात्र को रखा जा सकता है जिसमें ईमानदारी का गुण सबसे कम हो। इस विधि को कोटिक्रम

विधि (method of rank order) भी कहा जाता है। शिक्षक इस विधि द्वारा छात्रों के शीलगुणों का अध्ययन तभी करते हैं जब छात्रों की संख्या कम होती है। कैटेल (Cattell, 1975) तथा स्कीन्नर (Skinner, 1985) के अनुसार, यदि कोटि विधि का उपयोग उस परिस्थिति में किया जाता है जिसमें बालकों की संख्या अधिक होती है, तो इस विधि की विश्वसनीयता (reliability) पर कुप्रभाव पड़ता है। कोटि (ranking) कर लेने के बाद प्राप्त आँकड़ों का सांख्यिकीय विश्लेषण किया जाता है और एक निष्कर्ष पर पहुँचा जाता है। जैसे मान लिया जाए कि शिक्षक 10 बालकों को व्यक्तित्व के दो शीलगुणों अर्थात उत्तरदायित्व (responsibility) तथा समयनिष्ठता (punctuality) पर 1, 2, 3, से 10 कोटि तक श्रेणीकरण (ranking) करते हैं। इस तरह से शिक्षक को कोटियों का दो सेट प्राप्त हो जाता है। कोटि 1 से 10 तक उत्तरदायित्व के शीलगुण पर तथा कोटि 1 से 10 तक समयनिष्ठता (punctuality) के शीलगुण पर। इसके बाद कोटियों के इन दोनों सेटों के आधार पर विशेष सांख्यिकी (statistics) जैसे स्पीयरमैन कोटि अंतर विधि (Spearman Rank difference method) या केण्डाल कोटि अंतर विधि (Kendall Rank difference method) का प्रयोग कर शिक्षक दोनों में सह-संबंध (correlation) ज्ञात कर सकते हैं। फर्ज कर लिया जाए कि सह-संबंध (correlation) 0.88 आता है। ऐसी परिस्थिति में शिक्षक इन 10 छात्रों के बारे में इस निष्कर्ष पर पहुँचेंगे कि इनमें उत्तरदायित्व एवं समयनिष्ठता दोनों ही धनात्मक रूप से सह-संबंधित (positively correlated) हैं अर्थात छात्रों में उत्तरदायित्व का शीलगुण बढ़ने से उसके साथ-ही-साथ समयनिष्ठता (punctuality) का भी शीलगुण बढ़ता है।

कोटि विधि (Ranking method) के भी कुछ गुण (merits) तथा दोष (demerits) हैं। इस विधि के प्रमुख गुण (merits) निम्नांकित हैं—

(i) कोटि विधि (ranking method) में शिक्षक सभी संभावित कोटियों (ranks) का प्रयोग कर बालकों के व्यवहारों एवं शीलगुणों का अध्ययन करते हैं। जैसे यदि शिक्षक को 10 छात्रों का श्रेणीकरण (ranking) करना है यानी उसे 1 से 10 कोटि तक का प्रयोग करना है, तो वह इनमें से प्रत्येक कोटि का प्रयोग कर बालकों के शीलगुणों का अध्ययन करेगा न कि इसमें से मात्र पहले चार कोटियों (ranks) या अंतिम चार कोटियों का प्रयोग करेगा और बाकी को छोड़ देगा। इससे फायदा यह होता है कि कोटि विधि द्वारा प्राप्त आँकड़ों की विश्वसनीयता (reliability) तथा वैधता (validity) बढ़ जाती है।

(ii) कोटि विधि में केंद्रीय प्रवृत्ति की त्रुटि (error of central tendency), कठोरता की त्रुटि (error of severity) तथा उदारता की त्रुटि (error of leniency) जैसी भयानक त्रुटियाँ अपने-आप नियंत्रित रहती हैं, क्योंकि शिक्षक को कुछ छात्रों या बालकों को उच्च कोटि, कुछ को निम्न कोटि तथा कुछ को मध्य कोटि (middle rank) की श्रेणी में रखना ही पड़ता है।

(iii) कोटि विधि में एक फायदा यह बताया गया है कि इसमें शिक्षक या प्रेक्षक को प्रत्येक बालक को एक-दूसरे से विभेदित (discriminate) करते हुए श्रेणीकरण (ranking) करना होता है, अतः इस विधि द्वारा शिक्षक को बालकों के बारे में सापेक्ष अंतर (relative difference) का सही-सही ज्ञान हो पाता है और शिक्षक एक वैज्ञानिक एवं दुरुस्त (sound) निष्कर्ष पर पहुँचने में समर्थ हो पाते हैं।

इन गुणों के बावजूद कोटि विधि के कुछ अवगुण (demerits) हैं, जो अग्रांकित हैं—

(i) कुछ शिक्षा मनोवैज्ञानिकों का कहना है कि कोटि विधि (ranking method) द्वारा बालकों या शिक्षार्थियों के शीलगुणों की आपसी भिन्नता का अंतर पता नहीं चलता। उदाहरणस्वरूप, यदि चार बालक द्वारा किसी बुद्धि परीक्षण (intelligence test) पर आए प्राप्तांक (score) जैसे 70, 69, 50, 30 को कोटि (rank) में बदला जाए तो क्रमशः इसके कोटि (rank) 1, 2, 3 तथा 4 होंगे। लेकिन, यहाँ स्पष्ट है कि कोटि 1 और 2 तथा 3 और 4 में अंतर मात्र एक-एक का है, परंतु वास्तव में जिस बुद्धि प्राप्तांक को इन कोटियों द्वारा बताया जा रहा है, उनमें आपस में काफी अधिक अंतर है। 70 से 69 में मात्र एक प्राप्तांक का अंतर है जबकि 50 से 30 प्राप्तांक में 20 का अंतर है। कोटि विधि में स्पष्टतः इन अंतरों का कोई ध्यान नहीं रखा जाता।

(ii) कोटि विधि (ranking method) का प्रयोग वहीं अधिक होता है जब बालकों या छात्रों की संख्या कम हो। इनकी संख्या अधिक होने से कोटि विधि के प्रयोग में काफी अधिक कठिनाई बढ़ जाती है।

इन परिसीमाओं (limitations) के बावजूद कोटि विधि का प्रयोग शिक्षा मनोविज्ञान में कुछ खास परिस्थितियों में, विशेषकर शिक्षार्थियों या बालकों के अव्यक्त शीलगुणों (implicit traits) के अध्ययन में काफी किया जाता है।

कोटि विधि तथा रेटिंग विधि का तुलनात्मक अध्ययन
(A Comparative Study of Ranking Method and Rating Method)

शिक्षा मनोविज्ञान में कोटि विधि (ranking method) तथा रेटिंग विधि (rating method) दोनों का ही प्रयोग काफी किया जाता है। इन दोनों विधियों में अधिक समानता (similarity) है, क्योंकि इन दोनों विधियों में बालकों तथा शिक्षार्थियों (learners) की अभिरुचियों, आदतों (habits), मनोवृत्तियों (attitudes), शीलगुणों का अध्ययन प्रेक्षण (observation) के आधार पर किया जाता है। इस समानता के बावजूद इन दोनों विधियों में कुछ सापेक्ष अंतर (relative differences) हैं, जो निम्नांकित हैं—

(i) रेटिंग विधि (rating method) में शिक्षक या प्रेक्षक छात्र से संबंधित सभी एकांशों को दिए गए कुल श्रेणियों में से मात्र दो या तीन श्रेणियों (categories) में रखकर अध्ययन पूरा कर ले सकता है, परंतु कोटि विधि (ranking method) के साथ ऐसी बात नहीं। कोटि विधि शिक्षक या प्रेक्षक को सभी श्रेणियों या बिंदुओं (points) को प्रयोग करने के लिए बाध्य (force) करता है। जैसे यदि किसी शिक्षक को किसी छात्र की समयनिष्ठता (punctuality) के बारे में 20 कथन दिए गए हैं और प्रत्येक कथन की 5–5 उत्तर-श्रेणियाँ, जैसे 'अत्यधिक सहमत', 'सहमत', 'तटस्थ', 'असहमत' तथा 'अत्यधिक असहमत' हैं तो संभव है कि शिक्षक इन सभी कथनों को मात्र किन्हीं दो या तीन श्रेणियों में विभक्त कर अपना अध्ययन पूरा कर ले। परंतु, यदि शिक्षक को 20 छात्रों को समयनिष्ठता (punctuality) के शीलगुण पर कोटिबद्ध (ranking) करना है, तो वह कोटि 1 से 20 तक का प्रयोग करके ही अपना अध्ययन पूरा कर सकेगा। ऐसा नहीं हो सकता है कि कोटि 1 से 20 श्रेणियों में कुछ का प्रयोग करें और बाकी को छोड़ दें।

(ii) रेटिंग विधि में केंद्रीय प्रवृत्ति की त्रुटि (error of central tendency) एक बहुत ही सामान्य त्रुटि है। इस त्रुटि में शिक्षक या प्रेक्षक छात्रों को किसी शीलगुण पर न अधिक ऊँचा और न अधिक

नीचा बल्कि औसत (average) श्रेणी पर रखकर छोड़ देते हैं। कोटि विधि (ranking method) में यह त्रुटि अपने-आप नियंत्रित हो जाती है, क्योंकि यहाँ शिक्षक या प्रेक्षक को कुछ छात्रों को उच्च कोटि तथा कुछ छात्रों को निम्न कोटि देना ही है।

(iii) कोटि विधि में शिक्षक या प्रेक्षक सभी बालकों या एकांशों (items) का एक-दूसरे से विभेद (discrimination) करते हुए कोटिबद्ध (ranking) करते हैं, परंतु रेटिंग विधि (rating method) के साथ ऐसी बात नहीं। इसमें प्रत्येक छात्र या एकांश (item) का अलग-अलग उत्तर श्रेणियों में विभक्त करते समय सभी छात्रों या दिए गए एकांशों की आपस में कोई तुलना नहीं की जाती है।

(iv) रेटिंग विधि का प्रयोग बालकों की संख्या कम तथा अधिक दोनों ही परिस्थितियों में की जाती है, परंतु कोटि विधि (ranking method) का प्रयोग बालकों की संख्या कम रहने पर ही अकसर प्रशंसनीय माना जाता है।

स्पष्ट है कि कोटि विधि (ranking method) तथा रेटिंग विधि (rating method) में समानता होते हुए भी इनकी उपयोगिता अलग-अलग है।

कालानुक्रमिक विधि
(Longitudinal Method)

शिक्षा मनोविज्ञान में कालानुक्रमिक विधि (longitudinal method) का भी उपयोग काफी किया जाता है। इस विधि में मनोवैज्ञानिक छात्रों के एक ही समूह का अध्ययन भिन्न-भिन्न समयों पर उनके व्यवहार एवं अन्य गुणों में होनेवाले परिवर्तनों के आधार पर करते हैं। यह एक **समय अवधि शोध विधि** (time span research method) है जिसे सैन्ट्रोक[1] (Santrock, 2006) के शब्दों में इस प्रकार परिभाषित किया जा सकता है, "कालानुक्रमिक शोध में एक ही व्यक्ति का एक समयावधि तक प्रायः कई वर्षों या उससे भी अधिक समय तक अध्ययन किया जाता है।" कालानुक्रमिक शोध विधि की इस परिभाषा पर ध्यान दें, तो निम्नांकित दो बातें स्पष्ट होंगी—

(i) इसमें व्यक्तियों के एक ही समूह का अध्ययन किया जाता है।

(ii) अध्ययन बार-बार भिन्न-भिन्न समय अंतराल (time interval) पर दोहराया जाता है। अध्ययन कितनी बार दोहराया जाएगा यह अध्ययनकर्ता के उद्देश्य के ऊपर निर्भर करता है। इसके बारे में कोई निश्चित नियम नहीं है। इसी तरह से एक अध्ययन से दूसरे अध्ययन के बीच का समय कितना होगा, इसके बारे में भी कोई निश्चित नियम नहीं है। इसका निर्णय अध्ययनकर्ता अध्ययन की जानेवाली समस्या के स्वरूप तथा अध्ययन के उद्देश्य को ध्यान में रखते हुए करता है।

कालानुक्रमिक विधि का उपयोग वैसी परिस्थिति में किया जाता है जब शिक्षा मनोवैज्ञानिक छात्रों में होनेवाले परिवर्तनों के आधार पर तुलनात्मक अध्ययन करना चाहते हैं। शिक्षा मनोवैज्ञानिक इस विधि का उपयोग प्रायः छात्रों में भाषा विकास, पेशीय विकास तथा संज्ञानात्मक विकास (cognitive development), व्यक्तित्व विकास (personality development), चिंतन क्षमता (thinking ability) आदि का अध्ययन करने के लिए करते हैं।

---

1. "Longitudinal research involves studying the same individuals over a period of time, usually several years or more." Santrock, *Educational Psychology*, 2006, p. 21

जैसे, एक अध्ययन जिसे कासपी, एलडर तथा बेम (Caspi, Elder & Bem, 1987, 1988) ने जिक्र किया है, में शिक्षा मनोवैज्ञानिकों के एक समूह द्वारा यह जानने की कोशिश की गई कि बच्चे जो अन्त्य व्यक्तित्व शैली (extreme personality style) जैसे या तो अत्यधिक क्रोध या फिर अत्यधिक शर्मीलापन (shy) तथा गैरमिलनसार (withdrawn) व्यवहार दिखलाते हैं, वयस्क होने पर भी क्या वे ऐसे व्यवहारों को दिखलाना जारी रखते हैं? इसके अतिरिक्त अध्ययनकर्ताओं द्वारा यह भी जानने की कोशिश की गई कि किस तरह की अनुभूति (experience) से व्यक्तित्व में स्थायित्व (stability) या परिवर्तन आता है और अधिक आक्रामकता (aggressiveness) तथा गैरमिलनसार व्यवहार का परिणाम लंबी अवधि के समायोजन (adjustment) पर क्या पड़ता है। इस अध्ययन में 8 साल के बच्चों का चयन करके उनका अध्ययन भिन्न-भिन्न बच्चों में 30 साल की उम्र तक किया गया। परिणाम में पाया गया कि उपर्युक्त दोनों व्यक्तित्व शैली वयस्कावस्था में भी करीब-करीब स्थायी रूप से बना रहता है अर्थात ऐसे बच्चे वयस्क होने पर भी लगभग वैसा ही व्यवहार करते देखे गए। हाँ, कुछ ऐसे वयस्कों में बचपन के शैली में परिवर्तन भी होते देखा गया। इन अन्त्य व्यक्तित्व शैली का वयस्कावस्था में बने रहने से वयस्कावस्था का समायोजन (adjustment) भी प्रभावित होता पाया गया। जो बच्चे आक्रामक थे, वयस्क होने पर उनमें अपने कार्यस्थल पर सहकर्मियों से लड़ने-झगड़ने की प्रवृत्ति, एक नौकरी को छोड़कर दूसरी नौकरी में चले जाना, बेरोजगारी आदि अधिक पाई गई। ऐसे वयस्क जो बाल्यावस्था में गैरमिलनसार (withdrawn) रहे हैं, वे प्रायः देर से शादी करते पाए गए और वे अपनी जीवन-वृत्ति (career) को काफी देर से सँवार पाए।

कालानुक्रमिक विधि के मुख्य गुण (merits) निम्नांकित हैं—

(i) इस विधि द्वारा व्यवहारों एवं मानसिक प्रक्रियाओं (mental processes) में होनेवाले परिवर्तनों (gradual changes) का अध्ययन क्रमबद्ध रूप से किया जाना संभव होता है।

(ii) इस विधि में प्रतिदर्श (sample) को समान एवं तुल्य (equivalent) रखने से संबंधित समस्या अपने-आप ही समाप्त हो जाती है, क्योंकि व्यक्तियों का एक ही समूह होता है जिसे भिन्न-भिन्न समय अंतरालों पर अध्ययन किया जाता है।

(iii) इस विधि में कारण-परिणाम संबंध (cause-effect relationship) को यथार्थ रूप में व्याख्या करने में काफी सहायता मिलती है, क्योंकि अध्ययन भिन्न-भिन्न छात्रों की भिन्न-भिन्न विकासात्मक अवस्थाओं में किया जाता है।

इस विधि की प्रमुख परिसीमाएँ (limitations) निम्नांकित हैं—

(i) इस विधि में समय अधिक लगता है तथा धन भी काफी खर्च होता है, क्योंकि अध्ययन को बहुत लंबे समय तक जारी रखना पड़ता है।

(ii) प्रायः यह देखा गया है कि जब अध्ययन कई वर्षों तक चलता है, तो प्रयोज्य (subject) की संख्या धीरे-धीरे घटती चली जाती है। छात्र बीमारी के कारण, दूसरी जगह चले जाने के कारण या माता-पिता द्वारा फिर से उसी अध्ययन में भाग लेने की अनुमति नहीं देने के कारण इस तरह के अध्ययन में दोबारा, तिबारा या फिर से जब जरूरत होती है, तो शामिल नहीं हो पाते हैं। इसका परिणाम यह होता है कि प्रतिदर्श छोटा हो जाता है जो अप्रातिनिधिक (nonrepresentative) भी हो

जाता है जिससे प्राप्त परिणाम की वैधता (validity) तथा सामान्यीकरण (generalisation) दोनों ही शक के घेरे में आ जाता है।

(iii) कुछ अध्ययनकर्ताओं का मत है कि कालानुक्रमिक विधि में चूँकि प्रयोज्यों के एक ही समूह पर बार-बार अध्ययन किया जाता है, अतः कुछ प्रयोज्य अपने अनुभव का विशेष फायदा उठाकर अनावश्यक रूप से अपने निष्पादन को उन्नत बना लेते हैं। इस तरह के प्रभाव को **अभ्यास प्रभाव** (practice effect) कहा जाता है जिससे परिणाम में अवांछित अंतर आ जाता है।

(iv) कालानुक्रमिक अध्ययन में **दस्ता प्रभाव** (cohort effect) भी देखने को मिलता है। एक ही अवधि में जन्मे व्यक्तियों के समूह को दस्ता समूह (cohort group) कहा जाता है। इस तरह के अध्ययन में सिर्फ वैसे छात्रों का अध्ययन किया जाता है जो समान समयावधि (time period) में विकसित हुए हैं और जो एक विशेष सांस्कृतिक (cultural) एवं ऐतिहासिक अवस्था (historical conditions) से प्रभावित हुए हैं। फलतः, छात्रों के एक दस्ता (cohort) से प्राप्त परिणाम दूसरे छात्र जो किसी दूसरे दस्ता में पले-बढ़े एवं विकसित हुए थे, पर लागू नहीं होता है। कहने का तात्पर्य यह है कि कालानुक्रमिक विधि में **क्रास-पीढ़ी समस्या** (cross-generational problem) भी उत्पन्न होता है।

इन अलाभों के बावजूद कालानुक्रमिक विधि का उपयोग कर शिक्षा मनोविज्ञानी छात्रों की भिन्न-भिन्न अवस्थाओं में होनेवाले व्यवहारों का, विशेषकर शैक्षिक उपलब्धियों, अभिरुचियों (interests), सामाजिक एवं सांवेगिक व्यवहारों का अध्ययन करते हैं।

अनुप्रस्थ-काट विधि
(Cross-sectional Method)

यह विधि कालानुक्रमिक विधि का ठीक विपरीत है। इस विधि में अध्ययनकर्ता भिन्न-भिन्न उम्रों एवं सामाजिक-आर्थिक स्तरों से छात्रों का चयन कर कई समूह बनाते हैं जिनका अध्ययन एक समय में एकसाथ किया जाता है। उसके बाद इन सभी समूहों में अध्ययन किए जानेवाले व्यवहार का मापन कर आपस में तुलना करता है। इस तरह से इस अध्ययन विधि में कई दस्ता समूह (cohort groups) तैयार कर उनका एक ही समय में अध्ययन किया जाता है। जैसे, अध्ययनकर्ता चौथी कक्षा, आठवीं कक्षा तथा 12वीं कक्षा के छात्रों के आत्म-सम्मान (self-esteem) का अध्ययन इस विधि द्वारा करना चाह सकता है और तब वह इन तीनों कक्षाओं से छात्रों का एक-एक समूह लेकर उनके आत्म-सम्मान का अध्ययन एक ही बार में एक ही समय में कर सकता है। यह निश्चित रूप से अनुप्रस्थ-काट विधि का उदाहरण होगा।

इस विधि के प्रमुख गुण (merits) निम्नांकित हैं—

(i) इस विधि से अध्ययन करने में समय की काफी बचत होती है, क्योंकि प्रयोज्यों के भिन्न-भिन्न समूहों का चयन कर उनपर एक ही बार में आँकड़े संग्रह कर लिए जाते हैं। कालानुक्रमिक विधि में ऐसी बात नहीं होती है। इसमें समय की काफी बर्बादी होती है, क्योंकि एक ही समूह पर भिन्न-भिन्न समय अंतराल पर अध्ययन किया जाता है।

(ii) इस विधि में धन भी कम खर्च होता है, क्योंकि अध्ययन एक ही बार में पूरा हो जाता है।

(iii) इस विधि में अध्ययनकर्ता को काफी लंबे समय तक प्रयोज्यों से सहयोग की उम्मीद बनाकर रखने की जरूरत नहीं होती है।

(iv) इस विधि से प्राप्त आँकड़ों (data) को काफी लंबे समय तक संग्रह कर रखने की जरूरत नहीं पड़ती है।

इस विधि की प्रमुख सीमाएँ (limitations) निम्नांकित हैं—

(i) इस विधि से अध्ययन करने में समूह में होनेवाले परिवर्तन की दिशा (direction) का पता नहीं चलता है। ऐसा इसलिए होता है, क्योंकि अध्ययन भिन्न-भिन्न समय अंतरालों पर न करके एक ही समय में कर लिया जाता है।

(ii) कालानुक्रमिक विधि के समान इसमें भी दस्ता प्रभाव (cohort effect) देखने को मिलता है। यह बात उस समय उत्पन्न होती है जब अनुप्रस्थ-काट विधि में जो प्रयोज्यों के समूह होते हैं, उनका आपसी उम्र विभेद (age differences) अधिक होता है। जैसे, मान लिया जाए कि एक समूह 5 वर्ष के छात्रों का है तो दूसरा समूह 20 वर्ष के छात्रों का है। अब इन दोनों समूहों के बीच किसी भी व्यवहार की तुलना उतनी सार्थक नहीं होगी, क्योंकि दोनों उम्र-समूह की अनुभूतियाँ एवं सामाजिक तथा ऐतिहासिक पृष्ठभूमि भिन्न-भिन्न होगी।

(iii) इस विधि द्वारा किसी एक छात्र में होनेवाला विकास तथा व्यवहारों में होनेवाले परिवर्तनों को भी ठीक ढंग से अध्ययन नहीं किया जा सकता है।

इन परिस्थितियों के बावजूद शिक्षा मनोविज्ञानियों द्वारा अनुप्रस्थ-काट विधि का उपयोग छात्रों के विभिन्न समूहों के व्यवहारों का तुलनात्मक अध्ययन करने के लिए प्रायः किया जाता है।

आनुक्रमिक डिजाइन विधि
(Sequential Design Method)

इस अध्ययन विधि में मनोवैज्ञानिक सचमुच में कालानुक्रमिक विधि (longitudinal method) तथा अनुप्रस्थ-काट विधि (cross-sectional method) दोनों को ही एकसाथ मिलाकर अध्ययन करने की कोशिश करते हैं। इस डिजाइन पर आधृत अध्ययन विधि में शोधकर्ता या अनुसंधानकर्ता विभिन्न आयु या वर्ग के सहभागियों (participants) या प्रयोज्यों का चयन करके कई दस्ता समूह बनाकर उसका भिन्न-भिन्न समय अंतराल (time interval) पर अध्ययन करते हैं। जैसे, शिक्षा मनोवैज्ञानिक तीन वर्गों से अर्थात वर्ग 6, वर्ग 7 एवं वर्ग 8 से तीन दस्ता समूह (cohort group) का चयन करके उनके संज्ञानात्मक विकास का अध्ययन दो वर्षों तक (अर्थात एक अभी और दूसरा एक वर्ष बाद) कर सकते हैं। इसमें पहला दस्ता समूह को वर्ग 6 में और फिर वर्ग 7 में जाने पर, दूसरा दस्ता समूह को वर्ग 7 में और फिर वर्ग 8 में जाने पर तथा तीसरा दस्ता समूह को वर्ग 8 में और फिर वर्ग 9 में जाने पर किया जा सकता है। इस अध्ययन विधि में कालानुक्रमिक (longitudinal) तथा अनुप्रस्थ-काट (cross-sectional) दोनों विधियों की विशेषताएँ सम्मिलित होतीं हैं। अतः, यह एक ऐसी विधि का उदाहरण है जो आनुक्रमिक डिजाइन पर आधारित है।

आनुक्रमिक डिजाइन पर आधृत विधि के तीन लाभ (advantages) हैं जो इस प्रकार हैं—

(i) इस विधि में अध्ययनकर्ता इस बात की जाँच आसानी से कर सकता है कि एक ही आयु या वर्ग के विभिन्न छात्रों का आपस में तुलना करके यह पता लगा सकते हैं कि दस्ता प्रभाव उत्पन्न हो रहा है कि नहीं।

(ii) इस तरह की अध्ययन विधि में अध्ययनकर्ता कालानुक्रमिक (longitudinal) तथा अनुप्रस्थ-काट (cross-sectional) दोनों ही तरह की तुलना कर सकते हैं। अगर दोनों से परिणाम समान आते हैं तो अध्ययनकर्ता इस निष्कर्ष पर पहुँच सकता है कि हमारे परिणाम सही हैं।

(iii) यह डिजाइन निश्चित रूप से दक्ष (efficient) है। जरूरत पड़ने पर उक्त अध्ययन में अध्ययनकर्ता 4 साल की अवधि तक प्रत्येक दस्ता समूह का अध्ययन 2 साल के लिए भी कर सकता है।

इस अध्ययन विधि की कुछ परिसीमाएँ (limitations) हैं जो इस प्रकार हैं—

(i) अनुप्रस्थ-काट (cross-sectional method) की तुलना में यह विधि अधिक खर्चीली एवं समय लेनेवाली शोध विधि है।

(ii) इस विधि से प्राप्त परिणाम के बारे में एक महत्त्वपूर्ण प्रश्न यह उठता है कि क्या अध्ययन से प्राप्त विकासात्मक परिवर्तन (developmental change) दस्ता समूह से परे भी सामान्यीकृत (generalize) किया जा सकता है?

इन परिसीमाओं के बावजूद यह अध्ययन विधि शिक्षा मनोविज्ञान में काफी लोकप्रिय है, क्योंकि यह कालानुक्रमिक विधि तथा अनुप्रस्थ-काट विधि दोनों की जरूरतों को पूरा करती है।

अध्याय-सारांश
[Chapter Summary]

1. शिक्षा मनोविज्ञान की कई विधियों का वर्णन इस अध्याय में किया गया है। इस अध्याय में 10 ऐसी प्रमुख विधियों का वर्णन किया गया है।
2. अंतर्निरीक्षण विधि (Introspection method) एक ऐसी विधि है जिसमें शिक्षक या शिक्षार्थी अपनी मनोदशा का एक विधिवत अध्ययन या निरीक्षण स्वयं करते हैं। इस तरह से अंतर्निरीक्षण विधि में शिक्षक या शिक्षार्थी एक तरह का आत्म-निरीक्षण (self-observation) करते हैं।
3. वस्तुनिष्ठ प्रेक्षण विधि (Objective Observation method) वह विधि है जिसमें किसी शिक्षार्थी या बालक के व्यवहारों का निरीक्षण या प्रेक्षण (observations) करके उनकी अभिरुचि (interest), अभिक्षमता (aptitude) तथा व्यक्तित्व के कुछ खास शीलगुणों (traits) का अध्ययन किया जाता है। शिक्षा मनोविज्ञान में स्वाभाविक प्रेक्षण (natural observation) तथा सहभागी प्रेक्षण (participative observation) का विशेष प्रयोग होता है। अतः, इसका वर्णन अलग से किया गया है।
4. शिक्षा मनोविज्ञान में प्रयोगात्मक विधि (Experimental method) की उपयोगिता सर्वाधिक है। इस विधि में शिक्षक या शिक्षा मनोवैज्ञानिक कोई विशेष शोध डिजाइन (research design) बनाकर

आश्रित चर (dependent variable) एवं स्वतंत्र चर (independent variable) में कारण-परिणाम संबंध (cause-effect relationship) कायम करने की कोशिश करते हैं।

5. सह-संबंधात्मक या विभेदी विधि (Correlational or Differential method) में शिक्षार्थियों (learners) या बालकों का एक प्रतिदर्श (sample) चुनकर कुछ शैक्षिक चरों (educational variables) पर छात्रों में विषमताओं या समानताओं का अध्ययन किया जाता है। इस विधि में शिक्षा मनोवैज्ञानिक विभिन्न तरह के प्रश्नावली, साक्षात्कार तथा मनोवैज्ञानिक परीक्षणों (psychological tests) का उपयोग कर आँकड़ों (data) का संग्रहण करते हैं।
6. मनोदैहिक विधि (Psychophysical method) का भी प्रयोग शिक्षा मनोविज्ञान में किया जाता है। इस विधि में औसत त्रुटि विधि, सीमा विधि तथा सतत उद्दीपन विधि के सहारे बालकों की समस्याओं का अध्ययन किया जाता है।
7. नैदानिक विधि (Clinical method) या जिसे केस विवरण विधि (Case-history method) भी कहा जाता है, एक ऐसी विधि है जिसके द्वारा समस्या बालकों (problem children) की अनुभूतियों एवं घटनाओं का अध्ययन एक विवरण तैयार कर तथा उसका विश्लेषण करके किया जाता है।
8. शिक्षा मनोविज्ञान में प्रश्नावली विधि (Questionnaire method) का भी प्रयोग काफी किया जाता है। इस विधि में प्रश्नों की एक लंबी सूची होती है जिसका उत्तर बालक प्रायः 'हाँ-नहीं' में देते हैं और उसका विश्लेषण करके एक निश्चित निष्कर्ष पर पहुँचा जाता है।
9. साक्षात्कार विधि (Interview method) में शिक्षक या शिक्षा मनोवैज्ञानिक शिक्षार्थियों की अभिरुचियों, योग्यताओं तथा मनोवृत्तियों से संबंधित समस्याओं का अध्ययन एक आमने-सामने की परिस्थिति (face-to-face situation) में उनसे कुछ प्रश्नों का उत्तर प्राप्त करके करते हैं।
10. रेटिंग विधि (Rating method) में शिक्षा मनोवैज्ञानिक द्वारा बालक या बालकों के व्यवहार की व्याख्या एक दिए हुए वर्ग मापनी (category scale) पर किसी स्वाभाविक परिस्थिति (natural situation) में, जैसे वर्ग में या खेल के मैदान में की जाती है।
11. कोटि विधि (Ranking method) में शिक्षक या शिक्षा मनोवैज्ञानिक बालकों को या शिक्षार्थियों को दिए गए शीलगुणों के आधार पर उच्च कोटि (high rank) से निम्न कोटि (lower rank) की दिशा में श्रेणीकरण करते हैं। इस विधि द्वारा मूलतः बालकों के आत्मनिष्ठ शीलगुणों (subjective traits) का अध्ययन किया जाता है।
12. कालानुक्रमिक विधि (Longitudinal method) में एक ही व्यक्ति का एक समयावधि तक प्रायः कई वर्षों या उससे भी अधिक समय तक अध्ययन किया जाता है।
13. अनुप्रस्थ-काट विधि (Cross-sectional method) में शोधकर्ता भिन्न-भिन्न उम्रों एवं सामाजिक-आर्थिक स्तरों से छात्रों का चयन कर कई समूह बनाकर उनका अध्ययन करते हैं।
14. आनुक्रमिक डिजाइन विधि (Sequential design method) में शोधकर्ता विभिन्न आयु या वर्ग के सहभागियों या प्रयोज्यों का चयन करके एक दस्ता (cohort) समूह बनाकर उसका भिन्न-भिन्न समय अंतराल पर अध्ययन करते हैं।

❑

अध्याय 3

मनोविज्ञान के स्कूल का शिक्षा में योगदान

[CONTRIBUTIONS OF SCHOOLS OF PSYCHOLOGY TO EDUCATION]

मुख्य बिंदु (Main Points)

1. मनोविज्ञान के स्कूल का संक्षिप्त इतिहास (Brief History of the Schools of Psychology)
2. संरचनावाद का शिक्षा में योगदान (Contribution of Structuralism in Education)
3. प्रकार्यवाद का शिक्षा में योगदान (Contribution of Functionalism in Education)
4. व्यवहारवाद का शिक्षा में योगदान (Contribution of Behaviourism in Education)
5. शिक्षा में गेस्टाल्ट मनोविज्ञान का योगदान (Contribution of Gestalt Psychology in Education)
6. शिक्षा में मनोविश्लेषण का योगदान (Contribution of Psychoanalysis in Education)
7. हारमिक मनोविज्ञान का शिक्षा में योगदान (Contribution of Hormic Psychology in Education)

मनोविज्ञान के स्कूल का संक्षिप्त इतिहास (Brief History of the Schools of Psychology)

यद्यपि मनोविज्ञान की दार्शनिक परिभाषाओं का महत्त्व बहुत दिनों तक बना रहा, तथापि उन्नीसवीं शताब्दी के द्वितीय भाग अर्थात 1850 के बाद मनोविज्ञान के क्षेत्र में शरीरविज्ञानी (Physiologists) लोग भी अधिक अभिरुचि दिखाने लगे जिसके परिणामस्वरूप मनोविज्ञान का स्वरूप कुछ प्रयोगात्मक होता गया। इन शरीरविज्ञानियों में ई॰ एच॰ वेबर (E H Weber), जी॰ टी॰ फेकनर (G T Fechner), जोहान्स मूलर (Johannes Muller), चार्ल्स डार्विन (Charles Darwin) तथा सर फ्रेंसिस गाल्टन (Sir Francis Galton) का नाम अधिक मशहूर है। ऐसे सभी अध्ययनों से प्रभावित होकर विलहेम वुंट (Wilhelm Wundt) ने, जो एक मनोवैज्ञानिक थे, मनोविज्ञान के स्वरूप को प्रयोगात्मक बतलाया और प्रयोगात्मक अध्ययन करने के लिए जर्मनी के लिपजिंग विश्वविद्यालय (जिसका नाम बदलकर अब कार्ल मार्क्स विश्वविद्यालय कर दिया गया है) में मनोविज्ञान की प्रथम प्रयोगशाला की स्थापना 1879 में की जिसमें उन्होंने अपने सहयोगियों के साथ प्रत्यक्षण (perception), संवेदना (sensation), ध्यान (attention) एवं संवेग (emotion) जैसी प्रमुख मानसिक क्रियाओं का अध्ययन किया। वुंट के अनुसार मनोविज्ञान तात्कालिक अनुभवों (immediate experiences) या चेतना का विज्ञान (science of consciousness) है तथा मनोविज्ञान के अध्ययन की विधि अन्तर्निरीक्षण (introspection) है। विलहेम वुंट की मृत्यु 1920 में हुई और

उसके बाद उनकी विचारधारा को उनके ही शिष्य ई० बी० टिचेनर (E B Titchener) द्वारा आगे बढ़ाया गया। टिचेनर ने विल्हेम वुण्ट के प्रमुख संप्रत्ययों (concepts) को संशोधित किया तथा उनके स्वरूप को अधिक वैज्ञानिक बनाया। अपनी विचारधारा को अधिक सबल बनाने के खयाल से टिचेनर ने अमरीका में एक स्कूल या संप्रदाय की स्थापना की जिसे **संरचनावाद** (structuralism) की संज्ञा दी गई। इसे **अंतर्निरीक्षणवाद** (introspectionism) या **अस्तित्ववाद** (existentialism) भी कहा गया। सच पूछा जाए तो संरचनावाद मनोविज्ञान का प्रथम क्रमबद्ध स्कूल (systematic school) था और इसके बाद फिर कई स्कूलों की स्थापना मनोविज्ञान में हुई और प्रत्येक ने शिक्षा (education) तथा शिक्षा मनोविज्ञान के क्षेत्र में कुछ-न-कुछ अपना योगदान किया। इन सभी स्कूलों या संप्रदायों (systems) की संक्षिप्त भूमिका निम्नांकित है—

(1) संरचनावाद (Structuralism)—इस स्कूल की स्थापना ई० बी० टिचेनर (E B Titchener), जो विलहेम वुंट (Wilhelm Wundt) के शिष्य थे, द्वारा अमरीका के कॉरनेल्ल विश्वविद्यालय (Cornell University) में की गई। संरचनावाद के अनुसार मनोविज्ञान चेतन अनुभूतियों के अध्ययन का विज्ञान था तथा चेतन अनुभूति को अंतर्निरीक्षण विधि (introspection method) द्वारा तीन तत्त्वों (elements) में बाँटा जा सकता था—संवेदना (sensation), प्रतिमा (images) तथा अनुराग (affection)।

(2) प्रकार्यवाद (Functionalism)—संरचनावाद की प्रमुख विचारधारा से कुछ हटकर विलियम जेम्स (William James) ने बताया कि मनोविज्ञान का संबंध सिर्फ चेतना के विश्लेषण (analysis) से नहीं होना चाहिए, बल्कि इस बात से भी होना चाहिए कि व्यक्ति के लिए चेतना की उपयोगिता (utility) या कार्य (function) क्या है? दूसरे शब्दों में, मनोविज्ञान के अध्ययन की विषय-वस्तु (subject matter) चेतना का मात्र विश्लेषण (analysis) करना नहीं है, बल्कि यह भी देखना है कि चेतना व्यक्ति को समाज में समायोजन (adjustment) करने में किस ढंग से मदद करती है। विलियम जेम्स की इस विचारधारा से प्रभावित होकर एच०ए० कार (H A Carr), जॉन डिवी (John Dewey) एवं जेम्स एंजिल (James Angell) ने शिकागो विश्वविद्यालय में मनोविज्ञान के जिस स्कूल की स्थापना की, उसे **प्रकार्यवाद** (Functionalism) की संज्ञा दी गई। कार्यवाद के अनुसार मनोविज्ञान में अनुकूली व्यवहार (adaptive behaviour) का अध्ययन किया जाता है। दूसरे शब्दों में, कार्यवाद चेतना के विश्लेषण पर जोर न डालकर व्यक्ति द्वारा किए गए अनुकूली व्यवहारों, जिनसे व्यक्ति को समायोजन करने में मदद मिलती है, के अध्ययन पर बल डालता है।

(3) व्यवहारवाद (Behaviourism)—इस स्कूल की स्थापना जे० बी० वाटसन (J B Watson) द्वारा संरचनावाद (structuralism) के विरोध में 1913 में की गई। इस स्कूल के अनुसार मनोविज्ञान व्यवहार का विज्ञान है न कि चेतन अनुभूति का विज्ञान। मनोविज्ञान में व्यवहार का अध्ययन करने के लिए प्रेक्षण विधि (observation method), अनुबंधन (conditioning), परीक्षण (testing) तथा शाब्दिक रिपोर्ट (verbal report) था। इस स्कूल में पैवलव (Pavlov), स्कीन्नर (Skinner), गथरी (Guthrie), टालमैन (Tolman) जैसे मनोवैज्ञानिकों द्वारा भी प्रभावी योगदान किया गया।

(4) गेस्टाल्ट मनोविज्ञान (Gestalt Psychology)—इस स्कूल की स्थापना जर्मनी में मैक्स वरदाईमर (Max Wertheimer) द्वारा 1912 में की गई। गेस्टाल्ट स्कूल के अनुसार मनोविज्ञान व्यवहार तथा चेतना (consciousness), दोनों के अध्ययन का विज्ञान है। इस स्कूल द्वारा व्यवहार में 'सम्पूर्णता' (wholeness) के अध्ययन पर अधिक बल डाला गया। इस स्कूल के अनुसार सम्पूर्ण

(whole) अपने अंश (parts) से भिन्न होता है। मैक्स वरदाईमर के अलावा इस स्कूल में कर्ट कौफ्का (Kurt Koffka) तथा ओल्फगैंग कोहलर (Wolfgang Kohler) ने भी अपना सक्रिय योगदान किया। बाद में ये तीनों मनोवैज्ञानिक अमरीका आ गए और वहीं रहकर मनोविज्ञान में प्रभावी योगदान किया।

(5) मनोविश्लेषण (Psychoanalysis)—मनोविज्ञान में मनोविश्लेषण जैसे स्कूल की स्थापना अन्य स्कूलों की स्थापना के इतिहास से कुछ अलग हटकर है। जहाँ अन्य सभी स्कूलों की स्थापना एक शैक्षिक पृष्ठभूमि (academic background) के रूप में हुई, वहाँ मनोविश्लेषण की स्थापना एक नैदानिक पृष्ठभूमि (clinical background) में साइमण्ड फ्रायड (Sigmund Freud) द्वारा की गई। इस स्कूल को कुछ लोगों ने गतिक मनोविज्ञान (Dynamic Psychology) भी कहा है। फ्रायड ने इस स्कूल की स्थापना कर मनोविज्ञान को कुछ ऐसे संप्रत्यय (concepts) प्रदान किए हैं जिनका महत्त्व आज भी काफी है। इन संप्रत्ययों में उपाहं (id), अहं (ego) तथा पराहं (superego), चेतन (conscious), अर्द्धचेतन (subconscious) तथा अचेतन (unconscious) आदि प्रधान हैं। फ्रायड के अनुसार जब व्यक्ति की किसी खास इच्छा की पूर्ति कुछ सामाजिक प्रतिबंधन (social restrictions) के कारण नहीं हो पाती तो वैसी इच्छाएँ चेतन से अचेतन में भेज दी जाती हैं जहाँ वे सक्रिय रहती हैं तथा व्यक्ति के व्यवहारों को काफी प्रभावित करती रहती हैं।

(6) हारमिक मनोविज्ञान (Hormic Psychology)—हारमिक मनोविज्ञान की स्थापना सर विलियम मैकडुगल (Sir William McDougall) द्वारा की गई। इन्होंने मनोविज्ञान को जीवित जीव-जंतुओं के बरताव का धनात्मक विज्ञान कहा है (Psychology is the positive science of conduct of living creatures)। यहाँ 'conduct' से उनका मतलब जीव-जंतुओं के व्यवहार से था। मैकडुगल ने उद्देश्यपूर्ण व्यवहार (purposive behaviour) के अध्ययन पर बल डाला और उद्देश्यपूर्ण व्यवहार का शक्ति बल (energy force) मूल प्रवृत्ति (instinct) होता है। इन्होंने 'समूह मस्तिष्क' (group mind) जैसे संप्रत्यय का प्रतिपादन करके भी मनोविज्ञान में अपना महत्त्वपूर्ण स्थान बनाया।

आधुनिक काल में मनोविज्ञान का कोई स्कूल या संप्रदाय (system) नहीं रह गया है। आधुनिक मनोवैज्ञानिक किसी स्कूल की सीमा में बँधकर कार्य करना पसंद नहीं करते। उनका ध्यान एवं प्रयास अब विशेषीकरण की ओर अधिक जा रहा है। वे मनोविज्ञान के किसी एक खास क्षेत्र को चुनकर उसमें गहन अध्ययन कर रहे हैं। इसका एक स्पष्ट फायदा यह हो रहा है कि करीब-करीब मनोविज्ञान के सभी क्षेत्रों में विशेषज्ञों (specialists) की भरमार-सी होती जा रही है तथा उनके विशेष प्रयासों एवं गहन शोध (research) से मनोविज्ञान का प्रत्येक क्षेत्र दिनानुदिन काफी विकसित हो रहा है।

संरचनावाद का शिक्षा में योगदान

(Contribution of Structuralism in Education)

मनोविज्ञान में संरचनावाद (structuralism) को विश्वविद्यालयों में पनपनेवाला प्रथम क्रमबद्ध संप्रदाय (system) या स्कूल (school) माना गया है जिसकी स्थापना विलहेम वुंट (Wilhelm Wundt, 1832–1920) के शिष्य ई० बी० टिचेनर (E B Titchener, 1867–1927) द्वारा अमरीका

के कॉरनेल्ल विश्वविद्यालय (Cornell University) में की गई। इस तरह से संरचनावाद मूलतः वुंट तथा टिचेनर द्वारा किए गए योगदानों पर आधारित था। वुण्ट ने मनोविज्ञान के स्वरूप को प्रयोगात्मक (experimental) बनाया और लिपजिग विश्वविद्यालय (Leipzig University) में 1879 में मनोविज्ञान की पहली प्रयोगशाला (laboratory) स्थापित की। वुंट के अनुसार, मनोविज्ञान चेतन अनुभूति (conscious experience) का विज्ञान था जिसे मूलतः दो तत्त्वों (elements) में विश्लेषण किया जा सकता था। वे दो तत्त्व थे—संवेदन (sensation) तथा भाव. (feelings)। वुंट ने संवेदन को चेतना का वस्तुनिष्ठ तत्त्व (objective elements) माना तथा भाव को चेतना का आत्मनिष्ठ तत्त्व (subjective element)। उन्होंने आगे चलकर यह भी बताया कि भाव तत्त्व (feeling component) की उत्पत्ति किसी खास ज्ञानेंद्रिय (sense organ) से नहीं होती। वुंट का यह विचार था कि प्रत्येक भाव का अध्ययन तीन विमाओं में अवस्थित (locate) कर किया जा सकता है—उत्तेजना-शांत (excitement-calm), तनाव-शिथिलन (tension-relaxation) तथा सुखद-दुःखद (pleasure–displeasure)। इसे भाव का **त्रिविमीय सिद्धांत** (tridimensional theory of feeling) कहा गया। इसके अलावा वुंट ने लिपजिग प्रयोगशाला (Leipzig laboratory) में प्रत्यक्षण (perception), प्रतिक्रिया समय (reaction time), साहचर्य (association), ध्यान (attention), भाव (feeling) आदि क्षेत्रों में कई प्रयोग किए। टिचेनर ने वुंट की विचारधारा को उन्नत बनाते हुए कहा कि चेतना के दो नहीं बल्कि तीन तत्त्व होते हैं। ये तीन तत्त्व हैं—संवेदन (sensation), प्रतिमा (images) तथा अनुराग (affection)। टिचेनर ने भी वुंट के समान अंतर्निरीक्षण (introspection) को मनोविज्ञान की एक प्रमुख विधि माना। वुंट ने चेतना के तत्त्वों की मात्र दो विशेषताएँ (attributes) बताई थीं—गुण (quality) तथा तीव्रता (intensity) । परंतु, टिचेनर (Titchener) ने इसे बढ़ाकर चार कर दिया—गुण, तीव्रता, स्पष्टता (clarity) तथा अवधि (duration)। टिचेनर ने ध्यान (attention), प्रत्यक्षण (perception), साहचर्य (association), संवेग (emotion) आदि क्षेत्रों में भी सक्रिय योगदान किया। टिचेनर ने 1915 में **अर्थ के संदर्भ सिद्धांत** (Context Theory of Meaning) का प्रतिपादन किया जिसके अनुसार संवेदन तथा प्रतिमा का अर्थ उस संदर्भ के अनुसार निर्धारित होता है जिसमें वे चेतन में मौजूद होते हैं।

संरचनावाद का योगदान शिक्षा तथा शिक्षा मनोविज्ञान के लिए कुछ परोक्ष (indirect) है। संरचनावाद ने मनोविज्ञान को दर्शनशास्त्र (philosophy) से अलग करके इसके स्वरूप को प्रयोगात्मक (experimental) बनाया। इसका परिणाम यह हुआ कि मनोविज्ञान की हर शाखा, जिसमें शिक्षा मनोविज्ञान भी शामिल था, का स्वरूप प्रयोगात्मक हो गया। शिक्षा मनोविज्ञान का स्वरूप प्रयोगात्मक होने से शिक्षा की नई पद्धति के बारे में शिक्षकों को सोचने की चेतना आई। वे अंतर्निरीक्षण विधि का प्रयोग शिक्षार्थियों (learners) की मानसिक दशाओं का, जैसे ध्यान (attention), सीखना, चिंतन (thinking) आदि प्रक्रियाओं का, अध्ययन करने में प्रारंभ कर दिया। शिक्षा में उन पाठ्यक्रमों (syllabus) पर अधिक बल डाला जाने लगा जिससे शिक्षार्थियों के चिंतन, स्मरण, प्रत्यक्षण एवं ध्यान जैसी मानसिक क्रियाओं (mental activities) का समुचित विकास तथा उनका प्रयोगात्मक अध्ययन संभव था। इस सिलसिले में संरचनावाद द्वारा प्रतिपादित अर्थ के संदर्भ सिद्धांत (Context Theory of Meaning) को अधिक लोकप्रियता मिली, क्योंकि इसके आधार पर शिक्षार्थियों (learners) के प्रत्यक्षण, साहचर्य, प्रतिमाओं (images) एवं चिंतन का प्रयोगात्मक अध्ययन संभव हो पाया था।

प्रकार्यवाद का शिक्षा में योगदान

(Contribution of Functionalism in Education)

मनोविज्ञान में प्रकार्यवाद (functionalism) एक ऐसा स्कूल या संप्रदाय (system) है जिसकी उत्पत्ति संरचनावाद के वर्णनात्मक (descriptive) तथा विश्लेषणात्मक उपागम (analytical approach) के विरोध में हुआ। यद्यपि कार्यवाद की शुरुआत विलियम जेम्स (William James, 1842–1910) द्वारा अमरीका के हारवार्ड विश्वविद्यालय (Harvard University) मानी जाती है, परंतु सही अर्थ में इसका विकास शिकागो विश्वविद्यालय (Chicago University) में जॉन डिवी (John Dewey, 1859–1952), जेम्स आर॰ एंजिल (James R Angell, 1867–1949) तथा हार्वे ए॰ कार्र (Harvey A Carr, 1873–1954) के योगदानों द्वारा तथा कोलम्बिया विश्वविद्यालय (Columbia University) के ई॰ एल॰ थॉर्नडाइक (E L Thorndike) तथा आर॰ एस॰ वुडवर्थ (R S Woodworth) के योगदानों द्वारा हुआ।

प्रकार्यवाद को परिभाषित करते हुए कहा गया कि यह एक ऐसा स्कूल है जो मूलतः दो तरह के प्रश्नों का उत्तर ढूँढ़ने का प्रयास करता है—'व्यक्ति क्या करते हैं?' तथा "व्यक्ति क्यों कोई व्यवहार करते हैं?" वुडवर्थ (Woodworth, 1948) के अनुसार, इन दोनों प्रश्नों का उत्तर ढूँढ़नेवाले मनोविज्ञान को प्रकार्यवाद कहा जाता है। वुडवर्थ के इस प्रयास से यह स्पष्ट हो जाता है कि प्रकार्यवाद में चेतना को उसके विभिन्न तत्त्वों (elements) के रूप में विश्लेषण करने पर बल नहीं डाला जाता, बल्कि इसमें मानसिक क्रिया (mental activity) या अनुकूली व्यवहार (adaptive behaviour) के अध्ययन पर बल डाला जाता है। अनुकूली व्यवहार में मूलतः प्रत्यक्षण (perception), स्मृति (memory), भाव (feeling), निर्णय (judgement) तथा इच्छा (will) आदि का अध्ययन किया जाता है, क्योंकि इन प्रक्रियाओं द्वारा व्यक्ति को वातावरण में समायोजन (adjustment) में मदद मिलती है। तीनों शिकागो प्रकार्यवादियों (Chicago functionalists) अर्थात जॉन डिवी (John Dewey), जेम्स एंजिल (James Angell) तथा हार्वे कार्र (Harvey Carr) द्वारा किया गया योगदान सबसे अधिक महत्त्वपूर्ण बताया गया है। शिकागो प्रकार्यवादियों के प्रमुख आधारतत्त्व (postulates) निम्नांकित थे—

(i) सभी तरह की क्रियाओं (activities) की शुरुआत किसी-न-किसी संवेदी उद्दीपनों (sensory stimuli) से होती है।

(ii) सभी संवेदी उद्दीपनों द्वारा व्यक्ति की सिर्फ प्रेरणा (motivation) ही प्रभावित नहीं होती, बल्कि उसका व्यवहार भी प्रभावित होता है।

(iii) मानव व्यवहार मूल रूप से अनुकूली (adaptive) तथा उद्देश्यपूर्ण (purposive) होता है।

(iv) व्यवहार एक सतत (continuous) एवं संगठित प्रक्रिया है और इसके द्वारा उद्दीपन परिस्थितियों में परिमार्जन आता है।

शिकागो प्रकार्यवादियों ने साहचर्य के नियमों (principles of association) की चर्चा की है जिसका प्रभाव शिक्षा (education) तथा शिक्षा मनोविज्ञान पर सीधा पड़ा। इनलोगों ने साहचर्य (associations) के कुछ नियमों, जैसे समानता का नियम (law of similarity), समीपता का नियम (law of contiguity) तथा बारंबारता का नियम (law of frequency) को नई प्रक्रियाओं को सीखने

के लिए काफी महत्त्वपूर्ण बताया। इनलोगों के अनुसार शिक्षार्थियों (learners) द्वारा सीखने की प्रक्रिया में निम्नांकित कारकों की अहमियत काफी होती है—

(i) शिक्षार्थियों की क्षमता में वैयक्तिक विभिन्नता (individual differences) होती है।

(ii) सीखने की प्रक्रिया अभ्यास से सीधे प्रभावित होती है। अभ्यास (practice) की मात्रा में विभिन्नता होने से शिक्षण वक्र (learning curves) में भी विभिन्नता पाई जाती है।

(iii) सीखने के लिए प्रेरणा (motivation) का होना अनिवार्य है।

(iv) किसी शब्द का अर्थ एक ऐसी विमा (dimension) है जिसपर तथ्यों को अधिक अर्थपूर्ण से कम अर्थपूर्ण की मात्राओं (degrees) में सुव्यवस्थित किया जाता है।

कोलम्बिया प्रकार्यवादियों (Columbia functionalists) में शिक्षा और शिक्षा मनोविज्ञान के खयाल से ई० एल० थॉर्नडाइक (E L Thorndike) का योगदान सर्वाधिक महत्त्वपूर्ण रहा है। थार्नडाइक के अनुसार, मनोविज्ञान उद्दीपन-अनुक्रिया संबंधों (stimulus–response connections) के अध्ययन का विज्ञान है। थॉर्नडाइक ने 1903 में 'शिक्षा मनोविज्ञान' नामक एक पुस्तक भी लिखी। शिक्षा मनोविज्ञान तथा शिक्षा में थॉर्नडाइक द्वारा किए गए योगदानों को मोटे तौर पर दो भागों में बाँटकर प्रस्तुत किया जा सकता है—

(1) सीखना तथा अंतरण का सिद्धांत (Theory of Learning and Transfer) — थॉर्नडाइक ने पशुओं पर कई प्रयोग कर सीखना के एक विशेष सिद्धांत का प्रतिपादन किया जिसे **संबंधवाद का सिद्धांत** (theory of connectionism) की संज्ञा दी गई। इस सिद्धांत के अनुसार सीखने में प्रारंभ में त्रुटियाँ (errors) अधिक होती हैं। अभ्यास (practice) करने से इन त्रुटियों में धीरे-धीरे कमी आती है और प्राणी उद्दीपन (stimulus) तथा सही अनुक्रिया में साहचर्य स्थापित करना सीख लेता है। इस तरह से सीखने की प्रक्रिया में प्रयत्न एवं त्रुटि (trial and error) की महत्ता होती है और यह प्रक्रिया क्रमिक (gradual) होती है जिसमें सूझ (insight) की जरूरत नहीं होती है। अभ्यास के साथ-ही-साथ धीरे-धीरे त्रुटियाँ अपने-आप घटती जाती हैं और व्यक्ति में सही अनुक्रिया घर करती जाती है। इस सिद्धांत द्वारा बालकों के सीखने की प्रक्रिया काफी प्रभावित हुई तथा शिक्षकगण बालकों के सीखने में प्रयत्न-एवं-त्रुटि प्रक्रिया (trial-and-error process) पर अधिक बल डालने लगे।

थॉर्नडाइक ने सीखने के तीन नियमों (laws) की चर्चा की — तत्परता का नियम (law of readiness), अभ्यास नियम (law of exercise) तथा प्रभाव नियम (law of effect)। तत्परता नियम द्वारा इस बात पर बल डाला जाता है कि जब प्राणी शारीरिक रूप से (physiologically) किसी प्रक्रिया को करने के लिए तत्पर रहता है, तो उसे वह कार्य करने पर संतोष होता है अन्यथा असंतोष (dissatisfaction) होता है। परंतु, थॉर्नडाइक ने अपने-आपको इस शारीरिक व्याख्या में उलझाकर रखना अधिक पसंद नहीं किया और इसके आधार पर उन्होंने **पठन तत्परता के नियम** (law of reading readiness) का प्रतिपादन किया जिसे शिक्षा मनोविज्ञान के लिए एक महत्त्वपूर्ण देन माना गया। इस नियम के अनुसार बालक किसी पाठ को तभी सीखने के लिए पूर्णतः तत्पर रहता है जब उसमें परिपक्वता का एक उपयुक्त स्तर (appropriate level) आ जाता है। अभ्यास नियम के अनुसार जब कोई उद्दीपन-अनुक्रिया संबंध (stimulus–response connection) को बार-बार दुहराया जाता है, यानी उसका

अभ्यास किया जाता है, तो शिक्षार्थी उसे सीख लेते हैं, परंतु यदि उसका अभ्यास नहीं किया जाता है, तो शिक्षार्थी उसे भूल जाते हैं। इस नियम द्वारा बालकों के रटन-स्मृति (rote memorization) की व्याख्या की गई। प्रभाव नियम (law of effect) के अनुसार बालक या शिक्षार्थी उन अनुक्रियाओं को करना जल्दी सीख लेते हैं जिनके करने के बाद उनका परिणाम (effect) संतोषप्रद (satisfying) होता है तथा जिनका परिणाम खीझ उत्पन्न करनेवाला (annoying) होता है, उसे वे धीरे-धीरे भूल जाते हैं।

थॉर्नडाइक (Thorndike) ने अंतरण (transfer) के क्षेत्र में भी एक नया सिद्धांत दिया जो आज भी शिक्षा मनोविज्ञान के क्षेत्र में एक महत्त्वपूर्ण योगदान माना गया है। उन्होंने 1901 में वुडवर्थ (Woodworth) के साथ एक प्रयोग किया और इस प्रयोग के परिणाम के आधार पर उन्होंने अंतरण का नया सिद्धांत विकसित किया जो उसके पहले के मशहूर सिद्धांत यानी 'औपचारिक अनुशासन का सिद्धांत' (Doctrine of formal discipline) के विरोध में किया गया। औपचारिक अनुशासन के सिद्धांत के अनुसार कठिन विषयों जैसे गणित, लैटिन, ग्रीक आदि को सीखने से मस्तिष्क इतना तीव्र (sharper) एवं प्रशिक्षित हो जाता है कि व्यक्ति जब अन्य नई चीजों को सीखता है, तो उसे एक तरह से काफी मदद मिलती है। थॉर्नडाइक ने इस सिद्धांत को अस्वीकृत करते हुए **समरूप तथ्य के सिद्धांत** (theory of identical element) का प्रतिपादन किया और कहा कि पहले सीखे गए पाठ से वर्तमान पाठ को सीखने में तभी मदद मिल सकती है, यानी तभी धनात्मक अंतरण (positive transfer) हो सकता है जब दोनों में समरूप तथ्य (identical elements) होंगे। ऐसे तथ्यों की संख्या जितनी ही अधिक होगी, धनात्मक अंतरण (positive transfer) की मात्रा उतनी ही अधिक होगी।

(2) शिक्षा में योगदान (Contribution to Education)—थॉर्नडाइक अपने पूरे जीवनकाल में शिक्षा की समस्याओं पर विशेष रूप से ध्यान देते रहे और अपने द्वारा विकसित किए गए नियमों एवं सिद्धांतों को मानव सीखना तथा अध्यापन में उपयोग करते रहे। थॉर्नडाइक ने वर्ग में पौराणिक भाषण विधि (traditional lecture method) से अध्यापन किए जाने का विरोध किया और कहा कि इस विधि द्वारा छात्र सचमुच उन सभी चीजों एवं तथ्यों को नहीं सीख पाते जो सचमुच उन्हें सीखने चाहिए थे। थॉर्नडाइक ने इस बात पर विशेष रूप से बल दिया कि शिक्षक को अध्यापन कार्य प्रारंभ करने के पहले शैक्षिक उद्देश्यों (educational objectives) को परिभाषित कर लेना चाहिए। 1922 में उन्होंने वर्ग में शिक्षक द्वारा अंकगणित (arithmetic) को ठीक ढंग से पढ़ाने के लिए सात नियमों का प्रतिपादन किया जो उनके अनुसार अन्य विषयों को पढ़ाने में भी अपनाया जा सकता है। वे सात नियम निम्नांकित हैं—

(i) शिक्षक को पहले उन सारी परिस्थितियों का ब्योरा तैयार कर लेना चाहिए जिसमें छात्रों द्वारा अकसर कठिनाई अनुभव की जाती है।

(ii) शिक्षक को उस अनुक्रिया को अलग कर लेना चाहिए जिसे वे छात्र में स्थापित (stamped) करना चाहते हैं।

(iii) छात्रों में उस अनुक्रिया तथा उपयुक्त परिस्थिति (appropriate situation) या उपयुक्त उद्दीपन के साथ एक संबंध (bond) कायम करा लेने पर बल डालना चाहिए।

(iv) उस परिस्थिति या उद्दीपन के साथ कोई संबंध (bond) नहीं विकसित करना चाहिए, जो गलत है।

(v) एक ही उद्दीपन (stimulus) के साथ दो या दो से अधिक संबंध नहीं कायम होना चाहिए।

(vi) संबंध इस ढंग से कायम किया जाना चाहिए कि जब उसका उपयोग किया जाए तो उससे अर्थपूर्ण व्यवहार (meaningful behaviour) ज्ञात हो सके।

(vii) शिक्षक को उन परिस्थितियों पर अधिक बल डालना चाहिए, जो आम जिंदगी में अकसर देखी जाती हैं तथा उन अनुक्रियाओं (responses) पर बल डालना चाहिए जिनकी जिंदगी में खूब जरूरत पड़ती है।

अंत में, यह भी कह देना उचित होगा कि थॉर्नडाइक ने बुद्धि का एक नया सिद्धांत प्रतिपादित किया। उनके अनुसार बुद्धि में कोई सामान्य मानसिक क्षमता (general mental ability) जैसी चीज नहीं होती, बल्कि बुद्धि व्यक्ति के मस्तिष्क में अनेक तरह की क्षमताओं (abilities) में स्थापित संबंधों को कहा जाता है। उन्होंने बुद्धि के तीन प्रकार बताए हैं जिनका प्रयोग शिक्षा मनोविज्ञान में आज भी होता है। ये तीन प्रकार हैं—

(i) अमूर्त बुद्धि (Abstract intelligence)—शब्दों, संकेतों (symbols) तथा संप्रत्यय (concepts) के साथ संबंध स्थापित करने (deal) की क्षमता

(ii) सामाजिक बुद्धि (Social intelligence)—सामाजिक संबंधों (social relations) को परखने तथा उसके साथ ठीक ढंग से व्यवहार करने की क्षमता

(iii) यांत्रिक बुद्धि (Mechanical intelligence) या **मूर्त बुद्धि** (Concrete intelligence)—किसी वस्तु, औजार, मशीनरी आदि के साथ संबंध स्थापित करने की क्षमता

उस समय के मशहूर बुद्धि परीक्षण अर्थात बिने-साइमन-बुद्धि परीक्षण (Binet–Simon Intelligence Test) का उन्होंने विरोध किया और उसकी जगह उन्होंने एक नया बुद्धि परीक्षण (intelligence test) बनाया जिसे CAVD परीक्षण (Completion, Arithmetic Reasoning, Vocabulary तथा Directions) कहा गया। ये चारों क्षमताएँ मिलकर अमूर्त बुद्धि (abstract intelligence) का निर्माण करती हैं।

थॉर्नडाइक के अलावा आर० एस० वुडवर्थ (R S Woodworth) ने, जो एक दूसरे प्रमुख कोलम्बिया प्रकार्यवादी (Columbia functionalist) हैं, शिक्षा मनोविज्ञान में योगदान किया है। इन्होंने भी अपने सहकर्मियों के अनुकूल मनोविज्ञान को चेतना (consciousness) तथा व्यवहार (behaviour) के अध्ययन का विज्ञान माना। इन्होंने खासकर सीखने की प्रक्रिया में क्रियाविधि (mechanism) तथा अंतर्नोद (drive) को काफी महत्त्वपूर्ण बताया। क्रियाविधि को इसलिए महत्त्वपूर्ण बताया गया, क्योंकि इससे यह पता चलता है कि सीखने की प्रक्रिया किस ढंग से संपन्न हुई तथा अंतर्नोद से यह पता चलता है कि सीखने की प्रक्रिया क्यों की गई। शिक्षा मनोवैज्ञानिकों द्वारा आज भी इन दोनों तथ्यों को महत्त्वपूर्ण बताया गया है क्योंकि इनसे सीखने के गत्यात्मक स्वरूप (dynamic nature) की झलक मिलती है।

व्यवहारवाद का शिक्षा में योगदान
(Contribution of Behaviourism in Education)

व्यहारवाद (Behaviourism) की स्थापना जे० बी० वाटसन (J B Watson, 1878–1958) द्वारा 1913 में जॉन हापकिन्स विश्वविद्यालय में की गई, जहाँ वे मनोविज्ञान विभाग के अध्यक्ष थे। इस स्कूल की स्थापना संरचनावाद (Structuralism) तथा कार्यवाद (Functionalism) जैसे संप्रदायों (systems) के विरोध में वाटसन (Watson) द्वारा की गई। यह स्कूल अपने काल में, विशेषकर 1920 के बाद काफी अधिक प्रभुत्वशाली (dominant) रहा जिसके कारण इसे मनोविज्ञान में 'द्वितीय बल' (Second force) के रूप में मान्यता मिली। 'प्रथम बल' (First force) की मान्यता मनोविश्लेषण (Psychoanalysis) जैसे संप्रदाय को दी गई थी।

वाटसन के व्यवहारवाद के दो उपक्रम थे—प्राथमिक उपक्रम (primary subsystem) तथा गौण उपक्रम (secondary subsystem)। वाटसन के प्राथमिक उपक्रम के दो पहलू थे—धनात्मक पहलू (positive aspect) तथा ऋणात्मक पहलू (negative aspect)। धनात्मक पहलू के रूप में वाटसन ने वस्तुनिष्ठ मनोविज्ञान (Objective Psychology) पर अधिक बल डाला। उन्होंने मनोविज्ञान को मानव-व्यवहार तथा पशुव्यवहार के अध्ययन का विज्ञान बताया। उन्हें मनोविज्ञान को चेतन अनुभूतियों का विज्ञान कहना कतई पसंद नहीं था। उन्होंने व्यवहार के अध्ययन की विधि के रूप में प्रेक्षण (observation) तथा अनुबंधन (conditioning) को महत्त्वपूर्ण माना। उन्होंने सीखना (learning), संवेग (emotion) तथा स्मृति (memory) के क्षेत्र में कुछ प्रयोगात्मक अध्ययन किए जिसकी उपयोगिता एवं मान्यता आज भी शिक्षा मनोविज्ञान के क्षेत्र में अधिक है। व्यवहारवाद के इस धनात्मक पहलू को **आनुभविक व्यवहारवाद** (Empirical behaviourism) या **वर्गीकृत व्यवहारवाद** (Methodological behaviourism) कहा जाता है। वाटसन के व्यवहारवाद का ऋणात्मक पहलू (negative aspect) का उद्देश्य वुंट (Wundt) तथा टिचेनर के संरचनावाद को तथा एंजिल के प्रकार्यवाद (functionalism) को अस्वीकृत करना था। 1919 में वाटसन ने अपने व्यवहारवाद की तात्त्विक स्थिति (metaphysical position) को स्पष्ट किया जिसमें चेतना (consciousness) या मन (mind) के अस्तित्व को स्वीकार नहीं किया गया। इसे **तात्त्विक व्यवहारवाद** (Metaphysical behaviourism) या **आमूल व्यवहारवाद** (Radical behaviourism) कहा गया।

वाटसन ने सीखना (learning), भाषा विकास (language development), चिंतन (thinking), स्मृति (memory) तथा संवेग (emotion) के क्षेत्र में जो अध्ययन किया वह विशेष रूप से शिक्षा मनोविज्ञान के लिए काफी महत्त्वपूर्ण है। वाटसन ने यह स्पष्ट रूप से बताया कि सभी तरह की आदतें दो तरह के नियमों (principles) द्वारा सीखी जा सकती हैं—बारंबारता का नियम (principles of frequency) तथा अभिनवता का नियम (principle of recency)। बाद में उन्होंने सीखना के लिए अनुबंधन (conditioning) के नियम (principle) को भी महत्त्वपूर्ण बताया। उन्होंने रेनर (Raynor) के साथ 1920 में अलबर्ट (Albert) नाम के एक बच्चे पर प्रयोग कर यह दिखा दिया कि बच्चा अनुबंधन द्वारा डर जैसे संवेग को दिखाना सीख लेता है। वाटसन के अनुसार भाषा का विकास एक ऐसी सीखी गई प्रक्रिया होती है जो बच्चों के यादृच्छिक कंठ-साधना (random vocalization) तथा बा-बा करने की प्रक्रिया (babblings) से उत्पन्न होती

है। वाटसन के इन शोधों से शिक्षा मनोविज्ञान में क्रांतिकारी परिवर्तन हुआ और शिक्षा मनोविज्ञानी भाषा विकास (language development) तथा संप्रत्यय विकास (concept development) के क्षेत्र में नए ढंग से प्रयोग करने लगे। वाटसन ने चिंतन (thinking) के क्षेत्र में भी महत्त्वपूर्ण कार्य किया। वाटसन के अनुसार चिंतन की प्रक्रिया में बच्चे अपने-आपसे बातचीत करते पाए जाते हैं। चिंतन करते समय वागीन्द्रियाँ (vocal organs) में पेशीय संकुचन (muscular contractions) होते हैं। उन्होंने चिंतन में अन्य दूसरे अंगों, जैसे अँगुलियों की पेशियों में गति (movement) आदि होने का दावा किया जिसकी बाद में जैकोबसन (Jacobson, 1932) तथा मैक्स (Max, 1937) ने अपने-अपने प्रयोगों से पुष्टि भी की है। स्मृति (memory) की व्याख्या करते हुए वाटसन ने कहा कि इसमें तीन उपप्रक्रियाएँ सम्मिलित होती है—पहली, किसी आदत या कौशल को पहले व्यक्ति सीखता है। दूसरी, जब इन सीखे गए आदत या कौशल का अभ्यास (practice) नहीं होता, तो व्यक्ति उसे भूल जाता है। तीसरा, व्यक्ति दिए गए पाठ को पुनः प्रयास करके फिर से सीख सकता है। जब व्यक्ति पहले के सीखे गए पाठ का प्रत्याह्वान करने में असमर्थ रहता है, तब इसका मतलब यह हुआ कि मूल सीखना (original learning) के दौरान जो पेशीय तंत्र (major systems) विकसित हुए थे, वे टूट गए। वाटसन ने पर्यावरणी कारकों (environmental factors) को बच्चों के व्यक्तित्व विकास (personality development) में काफी महत्त्वपूर्ण बताया। इसका परिणाम यह हुआ कि शिक्षा मनोवैज्ञानिकों द्वारा पर्यावरणी कारकों पर अधिक ध्यान दिया जाने लगा, क्योंकि इससे बच्चों के व्यक्तित्व का उचित विकास संभव था। वाटसन द्वारा पर्यावरणी कारकों पर इतना अधिक जोर डाला गया कि उन्होंने स्पष्ट रूप से यह दावा किया कि यदि उन्हें एक दर्जन भी स्वस्थ बच्चे दिए जाते हैं, तो बच्चे की क्षमता, प्रजाति (race), योग्यता (talents) आदि पर बिना ध्यान दिए ही वे उन्हें चाहें तो डॉक्टर, इंजीनियर, कलाकार या भिखारी कुछ भी उचित वातावरण प्रदान कर बना सकते हैं। वाटसन के इस विचार को **पर्यावरणवाद** (environmentalism) की संज्ञा दी गई तथा उन्होंने इसके आधार पर एक विशेष कार्यक्रम (programme) चलाया जिसे **पर्यावरणी नीतिशास्त्र** (environmental ethics) कहा गया। इस कार्यक्रम का उद्देश्य वयस्क के व्यक्तित्व-संबंधी दोषों को उचित वातावरण प्रदान कर उसे पुनर्शिक्षा (re-education) देना तथा सुधार (rehabilitation) करना था।

वाटसन के अलावा कुछ अन्य व्यवहारवादी भी हैं जिनका योगदान शिक्षा और शिक्षा मनोविज्ञान के लिए विशेष रूप से उल्लेखनीय है। इनमें ई॰ आर॰ गथरी (E R Guthrie, 1886–1959), सी॰ एल॰ हल (C L Hull, 1884–1952) तथा बी॰ एफ॰ स्कीन्नर (B F Skinner, 1904–1990) का नाम अधिक लिया जाता है। इन व्यवहारवादियों (behaviourists) को 'परवर्ती व्यवहारवादी' (later behaviourist) कहा जाता है। गथरी (Guthrie) ने अन्य बातों के अलावा यह बताया कि सीखने के लिए प्रयास (practice) की जरूरत नहीं होती और व्यक्ति एक ही प्रयास में सीख लेता है। इसे उन्होंने **इकहरा-प्रयास सीखना** (single-trial learning) की संज्ञा दी। अन्य मनोवैज्ञानिकों को यह बात थोड़ी अटपटी-सी लगी। गथरी ने इसकी व्याख्या आगे करते हुए कहा कि व्यक्ति किसी सरल अनुक्रिया (simple response) जैसे पेंसिल पकड़ना, माचिस जलाना आदि एक ही प्रयास में सीख लेता है। इसके लिए उसे किसी अभ्यास की जरूरत नहीं होती है। परंतु, जब कोई जटिल कार्य (complex act) जैसे लिखना, साइकिल चलाना आदि सीखता है, तो इसमें अभ्यास की जरूरत पड़ती है। गथरी के इस विचार का प्रभाव शिक्षा मनोविज्ञान पर सीधा पड़ा और उसी ढंग

से शिक्षा मनोवैज्ञानिक बच्चों में साधारण तथा सरल पाठ को सीखने के लिए अभ्यास कराने पर उतना बल न डालने की सिफारिश की तथा जटिल पाठ (complex task) को सीखने पर अधिक-से-अधिक अभ्यास करने पर बल डाला। इससे शिक्षा के क्षेत्र में महत्त्वपूर्ण परिवर्तन हुए। गथरी ने एक और विशेष तथ्य पर प्रकाश डाला जो शिक्षा के लिए काफी लाभप्रद साबित हुआ और वह था बुरी आदतों से कैसे छुटकारा पाया जाए। इसके लिए गथरी ने निम्नांकित तीन विधियों (three methods) का प्रतिपादन किया—

(i) सीमा विधि (Threshold method)
(ii) थकान विधि (Method of fatigue)
(iii) परस्परविरोधी उद्दीपन की विधि (Method of incompatible stimuli)

इन तीनों विधियों की उपयोगिता शिक्षा मनोविज्ञान के लिए काफी अधिक बताई गई है, जो निम्नांकित हैं—

(i) सीमा या देहली विधि (Threshold method)—इस विधि में अवांछनीय अनुक्रिया (undesirable response) उत्पन्न करनेवाले उद्दीपन की तीव्रता (intensity) की देहली (threshold) से नीचे करके व्यक्ति के सामने उपस्थित किया जाता है। स्वाभाविक है कि इससे व्यक्ति प्रारंभ में कोई अनुक्रिया नहीं करेगा। जब उद्दीपन की तीव्रता देहली से ऊपर हो जाती है, तो भी व्यक्ति उसके प्रति कोई अनुक्रिया नहीं कर पाता है, क्योंकि तब तक उसमें उस उद्दीपन के प्रति अनुक्रिया न करने की नई आदत-सी बन जाती है। इस विधि का शिक्षा मनोविज्ञान में काफी स्वागत किया गया है। शिक्षा मनोवैज्ञानिकों ने इस विधि का प्रयोग कर बच्चों में डर (fear), क्रोध (anger) आदि जैसी संवेगात्मक अनुक्रिया (emotional response) को कम करने में अच्छी सफलता प्राप्त की।

(ii) थकान विधि (Method of fatigue)—इस विधि में बालकों को बुरी आदतों या अवांछनीय अनुक्रिया (undesirable response) को दूर करने के लिए बालक से उस अनुक्रिया को बार-बार तब तक कराया जाता है जब तक कि वह थक न जाए। स्वाभाविक है कि थक जाने पर उसमें उस अनुक्रिया को पुनः न करने की इच्छा उत्पन्न हो जाएगी और इस तरह से बालक की बुरी आदत समाप्त हो जाएगी। इस विधि का भी शिक्षा मनोवैज्ञानिकों द्वारा काफी स्वागत किया गया और बालक की अवांछनीय आदतों को दूर करने में सफलतापूर्वक प्रयोग किया गया।

(iii) परस्परविरोधी उद्दीपन की विधि (Method of incompatible stimuli)—इस विधि में अवांछित अनुक्रिया (unwanted response) उत्पन्न करनेवाले उद्दीपन (stimulus) को अन्य उद्दीपन (stimulus) जो अवांछित अनुक्रिया की विरोधी अनुक्रिया उत्पन्न कर सकता है, के साथ व्यक्ति के सामने बार-बार दिया जाता है। कुछ प्रयासों (trials) के बाद परिणाम यह होता है कि मूल उद्दीपन (जिससे अवांछित अनुक्रिया उत्पन्न होती थी) अब नई अनुक्रिया (यानी अवांछित अनुक्रिया की विरोधी अनुक्रिया अर्थात वांछित अनुक्रिया) के साथ संबंधित हो जाती है और इस तरह से व्यक्ति में अवांछित अनुक्रिया (undesired response) अपने-आप कम हो जाती है। गथरी (Guthrie) इस विधि का प्रयोग एक कॉलेज की छात्रा, जो ध्यानभंग करनेवाला आवाज (distracting noise) के

कारण पाठ्य-पुस्तकों (textbooks) का अध्ययन नहीं कर पाती थी, पर सफलतापूर्वक किया। छात्रा ने इस तरह की आवाज में पाठ्य-पुस्तक को छोड़कर मनोरंजक उपन्यास पढ़ना प्रारंभ कर दिया और इस प्रक्रिया को कई दिनों तक दुहराया गया। धीरे-धीरे उस छात्रा में आवाज के बीच बिना किसी तरह की ध्यानभंगता (distraction) का अनुभव किए ही पढ़ने की आदत बन गई। बाद में फिर वह अपनी पाठ्य-पुस्तक को उस तरह के आवाज के बीच भी बिना किसी तरह की ध्यानभंगता का अनुभव किए ही पढ़ने में सफल हो गई। शिक्षा मनोवैज्ञानिकों ने, विशेषकर स्वार्ज (Schwartz, 1977) तथा रिली एवं लेविस (Reilly & Lewis, 1983) ने इस विधि को शिक्षा मनोविज्ञान तथा शिक्षा के क्षेत्र में एक अनुपम देन माना है।

स्कीन्नर (Skinner) ने, जो एक प्रमुख परवर्ती व्यवहारवादी (later behaviourist) हैं, शिक्षा एवं शिक्षा मनोविज्ञान में असमानांतर (unparallel) योगदान किया है। इनके योगदानों ने शिक्षा के क्षेत्र में एक नया अध्याय प्रारंभ किया है। स्कीन्नर का प्रोग्राम सीखना (programmed learning) तथा भाषा विकास का सिद्धांत (theory of language development) ने शिक्षा मनोविज्ञान के क्षेत्र में हलचल मचा दिया। अतः, इन दोनों पर प्रकाश डालना आवश्यक है—

(1) प्रोग्राम या कार्यक्रमित सीखना (Programmed learning)—स्किन्नर (Skinner) वर्ग में शिक्षक द्वारा अध्यापन किए जाने की पौराणिक विधि (traditional method), जो मूलतः भाषण (lecture) के माध्यम से होता था, काफी असंतुष्ट थे, क्योंकि इस विधि में सभी शिक्षार्थी को सीखने का मौका समान नहीं मिल पाता था। तेज बुद्धि के शिक्षार्थी जल्द सीख लेते थे, परंतु औसत तथा मंद बुद्धि के शिक्षार्थी काफी पीछे रह जाते थे। इसे दूर करने के उद्देश्य से स्किन्नर ने प्रोग्राम सीखना विधि का प्रतिपादन किया। इस विधि में सीखे जानेवाले पाठ को कई छोटे-छोटे भागों या एकांशों (items) में बाँट दिया जाता है। ऐसे भाग को फ्रेम (frame) कहा जाता है। प्रत्येक फ्रेम को शिक्षार्थी के सामने एक-एक करके उपस्थित किया जाता है। शिक्षार्थी को उसका उत्तर लिखना होता है। इसके बाद अध्यापन मशीन (teaching machine) के माध्यम से उस फ्रेम का उत्तर दिखा दिया जाता है। यदि शिक्षार्थी द्वारा लिखा गया उत्तर सही हुआ तो यह एक पुनर्बलन (reinforcement) का कार्य करता है और उसे शिक्षार्थी सीख लेता है। यदि उत्तर गलत हो जाता है तो भी उसे सही उत्तर जानने का एक मौका मिलता है जिसका लाभ उठाकर वह भविष्य में पुनर्बलन पाने की कोशिश करता है। इस तरह से एक-एक करके वह प्रोग्राम के सभी फ्रेमों के सही उत्तर को सीख लेता है। इसका सबसे बड़ा लाभ यह होता है कि इसमें शिक्षार्थी दिए हुए पाठ को अपनी गति (pace) से छोटे-छोटे खंडों में सीखते हैं। इस तरह से स्पष्ट है कि स्किन्नर का प्रोग्राम सीखना में सतत पुनर्बलन (continuous reinforcement) की भूमिका महत्त्वपूर्ण है। आधुनिक शिक्षा मनोवैज्ञानिक इसे एक अत्यन्त ही महत्त्वपूर्ण अध्यापन विधि मानते हैं और अनेक तरह के पाठों को सिखाने में उन्हें सफलता भी मिल चुकी है।

(2) भाषा विकास का सिद्धांत (Theory of language development)—शिक्षा मनोविज्ञान के लिए स्किन्नर (Skinner) की एक अनुपम देन भाषा विकास के सिद्धांत का प्रतिपादन किया जाना है। उन्होंने यह बताया कि बच्चों में भाषा विकास अनुकरण (imitation) तथा पुनर्बलन (reinforcement) के कारण होता है। बच्चे वयस्क के समान बोलने का अनुकरण करते हैं और अपने प्रयास में सफल होने पर वयस्क उनकी तारीफ तथा प्रशंसा करते हैं जो एक तरह का पुनर्बलन का काम करता है। इसके परिणामस्वरूप बच्चे उस शब्द या वाक्य को बार-बार दुहराते हैं और वे धीरे-धीरे उसे सीख

लेते हैं। शिक्षा मनोवैज्ञानिकों को स्किन्नर द्वारा प्रतिपादित भाषा विकास के इस सिद्धांत द्वारा बालकों के भाषा विकास में हुई विभिन्नता की सहज ढंग से व्याख्या करने में काफी सफलता प्राप्त हुई है।

इस तरह स्पष्ट है कि व्यवहारवाद का योगदान शिक्षा एवं शिक्षा मनोविज्ञान में अत्यन्त ही महत्त्वपूर्ण रहा है।

शिक्षा में गेस्टाल्ट मनोविज्ञान का योगदान
(Contribution of Gestalt Psychology in Education)

गेस्टाल्ट मनोविज्ञान की स्थापना जर्मनी में मैक्स वरदाईमर (Max Wertheimer) द्वारा 1912 में की गई। इस स्कूल के विकास में दो अन्य मनोवैज्ञानिकों, कर्ट कौफ्का (Kurt Koffka) तथा ओल्फगैंग कोहलर (Wolfgang Kohler) ने भी काफी महत्त्वपूर्ण भूमिका निभाई। इस स्कूल द्वारा प्रत्यक्षण (perception) के क्षेत्र में अभूतपूर्व प्रयोगात्मक शोध (experimental research) किए गए जिससे प्रयोगात्मक मनोविज्ञान (experimental psychology) का नक्शा ही बदल गया। इस स्कूल का मुख्य बल व्यवहार में सम्पूर्णता (wholeness) के अध्ययन पर है। यद्यपि यह सही है कि सभी अंश (parts) मिलकर सम्पूर्णता (wholeness) का निर्माण करते हैं,परंतु सम्पूर्णता की विशेषताएँ अंश की विशेषताओं से भिन्न होती हैं। प्रत्यक्षण (perception) के अलावा गेस्टाल्ट मनोवैज्ञानिकों ने सीखना (learning), चिंतन (thinking) तथा स्मृति (memory) में जो योगदान किया उससे शिक्षा मनोविज्ञान काफी लाभान्वित हुआ और शिक्षा (education) के क्षेत्र में महत्त्वपूर्ण परिवर्तन आए। इन योगदानों की व्याख्या हम इस प्रकार कर सकते हैं—

(1) सीखना (Learning)—कोहलर (Kohler) तथा कौफ्का (Koffka) ने अपने-अपने प्रयोगात्मक अध्ययनों के आधार पर यह बताया कि सीखने की प्रक्रिया में प्रयत्न एवं भूल (trial and error) की नहीं, बल्कि सूझ (insight) की अहमियत अधिक होती है। सूझ (insight) व्यक्ति में किसी समस्या का समाधान करते समय या किसी पाठ को सीखते समय प्रायः अचानक विकसित होती है और व्यक्ति उद्दीपनों (stimuli) के बीच के संबंधों के अर्थपूर्ण संबंध (meaningful relationship) को समझ जाता है और इससे सीखने की प्रक्रिया में तेजी आ जाती है। गेस्टाल्टवादियों द्वारा प्रतिपादित इस सूझ के सिद्धांत को शिक्षा मनोवैज्ञानिकों द्वारा काफी स्वागत किया गया और शिक्षार्थियों (learners) के सीखने की प्रक्रिया में सूझ उत्पन्न करने पर अधिक बल डाला गया ताकि उनका शिक्षण काफी प्रबल एवं सापेक्षिक रूप से स्थायी (relatively permanent) रह सके।

(2) चिंतन (Thinking)—गेस्टाल्ट मनोवैज्ञानिकों ने चिंतन के क्षेत्र में अध्ययन कर शिक्षा मनोविज्ञान के लिए बहुत ही उपयोगी तथ्य प्रदान किया है। वरदाईमर (Wertheimer) ने छोटे-छोटे बालकों पर अध्ययन कर चिंतन प्रक्रिया का वैज्ञानिक अध्ययन किया। इनलोगों के अनुसार चिंतन के तीन प्रकार होते हैं—a, b तथा y. a-प्रकार (a-type) का चिंतन एक तरह का उत्पादी चिंतन (productive thinking) है, जिसमें बालक लक्ष्य (goal) तथा उसपर पहुँचने के साधनों (means) के बीच सीधा संबंध स्थापित कर पाता है। इस तरह के चिंतन में बालक समस्या के विभिन्न पहलुओं का पुनर्संगठन (reorganisation) करने में समर्थ हो पाते हैं। b-प्रकार (b-type) का चिंतन ऐसा चिंतन है जो अंशतः उत्पादी (productive) तथा अंशतः अनउत्पादी (unproductive) है एवं यांत्रिक (mechanistic) होता है। y-प्रकार (y-type) का चिंतन एक ऐसा चिंतन है जिसमें प्रयत्न एवं भूल (trial and error) की प्रधानता होती है तथा समस्या के विभिन्न

पहलुओं का आपसी संबंध बिना समझे-बूझे ही बालक उसका समाधान करना प्रारंभ कर देते हैं। y-प्रकार का चिंतन अधिक होने से a-प्रकार का चिंतन स्वभावतः कम हो जाता है। शिक्षा मनोवैज्ञानिकों को वरदाईमर द्वारा बताए गए चिंतन के इन प्रकारों से बालकों के चिंतन के स्वरूप को समझने में काफी मदद मिली है।

(3) **स्मृति** (Memory)—गेस्टाल्ट मनोवैज्ञानिकों ने यह स्पष्ट किया कि स्मृति एक गत्यात्मक प्रक्रिया (dynamic process) है जिसमें स्मृति चिह्न में समय बीतने के साथ-ही-साथ क्रमिक परिवर्तन (progressive changes) होते रहते हैं। ऐसे क्रमिक परिवर्तन प्रत्यक्षणात्मक संगठन (perceptual organization) के नियम (principles) के अनुकूल होते हैं। गिब्सन (Gibson, 1929), बार्टलेट (Bartlett, 1932) तथा आलपोर्ट एवं पोस्टमैन (Allport & Postman, 1947) ने कई प्रयोग करके गेस्टाल्टवादियों की उपर्युक्त विचारधारा का समर्थन किया है। इन मनोवैज्ञानिकों ने यह स्पष्ट कर दिया है कि मूल सामग्रियों (original materials) की धारणा (retention) में समय बीतने के साथ विकृति (distortion) होती है,परंतु इस विकृति का स्वरूप ऐसा होता है जिससे मूल सामग्रियों का स्वरूप पहले से कुछ उन्नत (improved) हो जाता है। शिक्षा मनोवैज्ञानिकों को गेस्टाल्टवादियों (Gestaltists) के इस योगदान से स्मृति का स्वरूप समझने में काफी मदद मिली है। शायद यही कारण है कि इनलोगों ने स्मरण (remembering) के स्वरूप को पुनरुत्पादक (reproductive) न कहकर रचनात्मक (constructive) कहा है।

स्पष्ट है कि गेस्टाल्ट मनोवैज्ञानिकों द्वारा भी शिक्षण के क्षेत्र में महत्त्वपूर्ण योगदान किए गए तथा इन योगदानों से शिक्षा मनोवैज्ञानिकों को शिक्षार्थियों की कुछ खास-खास प्रक्रियाओं, जैसे सीखना, चिंतन तथा स्मृति आदि को समझने में काफी मदद मिली है। इन मनोवैज्ञानिकों के अनुसार स्कूल में शिक्षक, छात्र तथा प्रिंसिपल एकसाथ मिलकर शिक्षण वातावरण को उन्नत बनाने की कोशिश करते हैं।

शिक्षा में मनोविश्लेषण का योगदान
(Contribution of Psychoanalysis in Education)

मनोविश्लेषण (Psychoanalysis) का प्रयोग मनोविज्ञान में तीन अर्थों में होता है। मनोविश्लेषण मनोविज्ञान का एक स्कूल (school) है, मनोविश्लेषण व्यक्तित्व (personality) का एक सिद्धांत है तथा मनोविश्लेषण मनोचिकित्सा (psychotherapy) की एक विधि (method) है। यहाँ हमलोग मनोविश्लेषण का एक स्कूल (school) के रूप में अध्ययन करेंगे।

मनोविज्ञान के एक स्कूल के रूप में मनोविश्लेषण (Psychoanalysis) की स्थापना साइमण्ड फ्रायड (Sigmund Freud) द्वारा नैदानिक परिस्थितियों (clinical situations) में की गई। मनोविज्ञान पर इस स्कूल का प्रभाव काफी अधिक पड़ा तथा इसे मनोवैज्ञानिकों ने 'प्रथम बल' (first force) के रूप में भी मान्यता दी है। शिक्षा तथा शिक्षा मनोविज्ञान के खयाल से मनोविश्लेषण (Psychoanalysis) के निम्नांकित पहलुओं (aspects) पर विचार करना आवश्यक है—

(1) **स्थलाकृतिक संरचना** (Topographical Structure)—फ्रायड ने मन के तीन स्तरों का वर्णन किया है—चेतन (conscious), अर्द्धचेतन (subconscious or preconscious) तथा अचेतन

(unconscious)। मन के चेतन में वैसी अनुभूतियाँ (experiences) होती हैं जिससे व्यक्ति वर्तमान समय में पूर्णतः अवगत (aware) रहता है। अर्द्धचेतन (subconscious) में वैसी अनुभूतियाँ संचित होती हैं जिनसे व्यक्ति वर्तमान समय में अवगत तो नहीं रहता है,परंतु थोड़ी कोशिश करने पर उससे अवगत हो सकता है। अचेतन (unconscious) में वैसी अनुभूतियाँ, इच्छाएँ आदि होती हैं जो कभी चेतन में थीं, परंतु अपनी कामुक (sexual) प्रवृत्ति एवं आक्रामक (aggressive) प्रवृत्ति के कारण पूरी नहीं हो पाईं। फलतः चेतन से अचेतन में उन्हें दमित (repress) कर दिया गया। फ्रायड ने चेतन, अर्द्धचेतन तथा अचेतन (unconscious) में अचेतन को अधिक महत्त्वपूर्ण बताया है और कहा है कि मन का एक काफी बड़ा हिस्सा अचेतन होता है और व्यक्ति का व्यवहार अचेतन की प्रेरणाओं (motivations) द्वारा निर्धारित होता है।

शिक्षा में अचेतन प्रेरणाओं का बड़ा ही महत्त्व बताया गया है। इससे शिक्षार्थियों (learners) के उन व्यवहारों को समझने में शिक्षा मनोवैज्ञानिक को काफी मदद मिलती है जो ऊपर से देखने में बिना कारण के लगते हैं। बालक द्वारा किया गया कोई भी कार्य जिसका स्पष्ट कारण बालक स्वयं नहीं बता पाता है, इसी अचेतन की प्रेरणाओं (unconscious motivations) में छिपा रहता है।

(2) संरचनात्मक या गत्यात्मक मॉडल (Structural or Dynamic Model)—फ्रायड ने मानव व्यक्तित्व का तीन भाग बताया—उपाहं (id), अहं (ego) तथा पराहं (super ego)। उपाहं (id) मूल प्रवृत्तियों (instincts) का भंडार होता है और यह 'आनंद के नियम' (pleasure principle) द्वारा संचालित होता है तथा यह पूर्णतः अचेतन होता है। उपाहं केवल आनंद प्राप्त करना चाहता है। अतः, उपाहं में जो इच्छाएँ उत्पन्न होती हैं उनका मुख्य लक्ष्य सुख की प्राप्ति करना होता है चाहे वह इच्छा सामाजिक दृष्टिकोण से उचित हो या अनुचित, अथवा नैतिक दृष्टिकोण से नैतिक हो या अनैतिक। छोटे-छोटे शिशुओं के व्यक्तित्व में उपाहं की प्रधानता होती है। अहं (ego) व्यक्तित्व का कार्यपालक (executive) होता है तथा यह वास्तविकता के नियम (principle of reality) द्वारा संचालित होता है। अहं को समय तथा वास्तविकता का ज्ञान होता है। अहं अंशतः चेतन, अंशतः अर्द्धचेतन तथा अंशतः अचेतन होता है। पराहं (super ego) व्यक्तित्व का नैतिक कमांडर (moral commander) होता है। यह नैतिकता के नियम द्वारा संचालित होता है। पराहं आदर्शों तथा नैतिकताओं का भंडार होता है तथा बच्चों के समाजीकरण (socialization) में यह प्रमुख भूमिका निभाता है। पराहं पूर्णतः चेतन होता है।

फ्रायड द्वारा प्रतिपादित उपाहं (id), अहं (ego) तथा पराहं (superego) के संप्रत्ययों (concepts) द्वारा बालकों के व्यक्तित्व को समझने में काफी मदद मिली है। जब किसी बालक में उपाहं, अहं तथा पराहं सामान्य ढंग से समन्वित होकर कार्य करते हैं तो उस बालक का व्यक्तित्व सामान्य समझा जाता है तथा वे सामान्य योग्यता के बालक समझे जाते हैं। परंतु, यदि इन तीनों पहलुओं में किसी प्रकार संघर्ष (conflict) होता है तो इससे बालक के व्यक्तित्व में विघटन (disorganization) उत्पन्न होने की संभावना अधिक हो जाती है तथा बालक का व्यवहार कुसमायोजित (maladjusted) हो जाता है।

(3) दुश्चिंता एवं मनोरचनाएँ (Anxiety and Mental Mechanisms)—फ्रायड के अनुसार, दुश्चिंता एक दुःखद अवस्था (unpleasant state) है जो व्यक्ति को आनेवाले खतरों (dangers) से आगाह करता है। इन्होंने दुश्चिंता के तीन प्रकार बताया—वास्तविक दुश्चिंता (realistic anxiety), तंत्रिकातापी दुश्चिंता (neurotic anxiety) तथा नैतिकता-संबंधी दुश्चिंता (moral anxiety)। बाह्य वातावरण (external environment) में मौजूद खतरों जैसे आग, साँप, भूकंप आदि से जब व्यक्ति में चिंता उत्पन्न होती है, तो उसे वास्तविक दुश्चिंता (realistic anxiety) या वस्तुनिष्ठ दुश्चिंता (objective anxiety) कहा जाता है। तंत्रिकातापी दुश्चिंता में व्यक्ति को उपाहं प्रवृत्तियों (id impulses) से खतरा उत्पन्न हो जाता है तथा नैतिकता-संबंधी दुश्चिंता (moral anxiety) में अहं को पराहं (superego) से दंडित किए जाने की धमकी मिलती है। ऐसी परिस्थिति में व्यक्ति में आत्मदोष (self-condemnation), लज्जा (shame) आदि जैसी मानसिक स्थिति उत्पन्न हो जाती है। इन चिंताओं से बचने के लिए व्यक्ति विभिन्न तरह की मनोरचनाओं (mental mechanisms) का सहारा लेता है। इन मनोरचनाओं में दमन (repression), युक्त्याभास (rationalisation), प्रतिगमन (regression), प्रतिक्रिया-निर्माण (reaction-formation), प्रक्षेपण (projection), आत्मीकरण (identification), विस्थापन (displacement) आदि मुख्य हैं।

फ्रायड के इस योगदान का भी प्रभाव शिक्षा में काफी पड़ा है। शिक्षा मनोवैज्ञानिकों को इससे समस्या बालकों (problem children) के कारणों तथा वैसे बच्चे, जिनमें स्कूलदुर्भीति (school phobia) पाया जाता है, के व्यवहारों को समझने में मदद मिलती है।

(4) मनोलैंगिक विकास (Psychosexual Development)—फ्रायड (Freud) के अनुसार, मानव के व्यक्तित्व विकास का एक बहुत बड़ा निर्धारक लैंगिक मूल प्रवृत्ति (sexual instinct) है जिसके शक्ति-बल को उन्होंने **लिबिडो** (libido) कहा। लिबिडो एक ऐसी मानसिक शक्ति (psychic strength) है जो पूर्णतः लैंगिक क्रियाओं (sexual activities) द्वारा अपनी संतुष्टि चाहता है। फ्रायड ने मनोलैंगिक विकास की पाँच अवस्थाएँ बताए हैं और इनकी विशेषता यह है कि प्रत्येक अवस्था में कुछ खास-खास अनुभूतियाँ उत्पन्न होती हैं जो व्यक्ति के व्यक्तित्व में विशेष शीलगुण (traits), मनोवृत्ति (attitudes) तथा मूल्य (values) उत्पन्न करती हैं। ये पाँच अवस्थाएँ निम्नांकित हैं—

(i) मुखावस्था (Oral Stage)—यह अवस्था जन्म के समय से करीब-करीब 1 साल की उम्र तक चलती रहती है। इस अवस्था में शिशु मुँह की क्रियाओं द्वारा लैंगिक सुख (sexual satisfaction) प्राप्त करता है। यही कारण है कि इस अवस्था में शिशु स्तनपान (breast sucking) द्वारा सर्वाधिक यौन आनंद प्राप्त करता है। 1 साल की उम्र होने पर शिशु को जब स्तनपान बंद कर दिया (wearming) जाता है, तब यह अवस्था समाप्त हो जाती है। इस अवस्था के प्रथम 6 महीनों में जब शिशुओं को अत्यधिक उत्तेजना (stimulation) या अपर्याप्त उत्तेजना (insufficient stimulation) मिलती है तो वयस्कता (adulthood) आने पर ऐसे बच्चों में निष्क्रियता (passivity), अपरिपक्वता (immaturity) तथा अत्यधिक निर्भरता (excessive dependence) जैसे शीलगुण विकसित होते हैं। इस अवस्था के अंतिम 6 महीनों में अत्यधिक उत्तेजना या अपर्याप्त उत्तेजना मिलने से वयस्कता आने पर बच्चों में आक्रामकता (aggressiveness), निराशावादी प्रवृत्तियाँ (pessimistic tendencies) की प्रधानता होती है।

(ii) गुदावस्था (Anal Stage)—यह अवस्था दूसरे तथा तीसरे साल तक चलती रहती है और इस अवस्था में लैंगिक क्षेत्र (sexual region) मुँह से हटकर गुदा (anal) हो जाता है। इस अवस्था को भी दो भागों में बाँटा गया है—गुदा-निष्कासन अवस्था (anus expulsion stage) तथा गुदा-धारणात्मक अवस्था (anal retentive stage)। पहली अवस्था में शिशुओं को मल-मूत्र का परित्याग करने में लैंगिक सुख की प्राप्ति होती है तथा दूसरी अवस्था में मल-मूत्र को रोककर रखने में उसे लैंगिक सुख

(sexual pleasure) मिलता है। जिन बच्चों में पहली अवस्था से उत्पन्न अनुभूतियों की प्रधानता होती है, उनमें आक्रामकता (aggressiveness), क्रूरता (cruelty), विनाशिता (destructiveness) आदि गुण वयस्क होने पर अधिक पाए जाते हैं, परंतु दूसरी अवस्था से उत्पन्न अनुभुतियों की प्रधानता होने पर उनमें समयनिष्ठता (punctuality), हठ (obstinancy), कंजूसी (stinginess) जैसे शीलगुण पाए जाते हैं।

(iii) लिंग-प्रधानावस्था (Phallic Stage)—यह अवस्था चौथे से पाँचवें साल में पाई जाती है। इस अवस्था में बालकों की यौन अभिरुचियाँ (sex interests) गुदा क्षेत्र (anal region) से हटकर यौन अंगों (sexual organs) में स्थापित हो जाती हैं। बच्चे यौन अंगों को छूने तथा उनसे कौतूहल करने में काफी आनंद लेते हैं। इस अवस्था से उत्पन्न अनुभूतियों की प्रधानता होने से बच्चों में वयस्क होने पर इश्कबाजी (flirtatiousness), सम्मोहकता (seductiveness) तथा स्वच्छंदसंभोगिता (prosmiscuity) आदि शीलगुण विकसित हो जाते हैं।

(iv) अव्यक्त अवस्था या निलीनावस्था (Latency Stage)—यह 6 या 7 साल की उम्र से प्रारंभ होकर लगभग 12 वर्ष की उम्र तक रहती है। इस अवस्था में बच्चों में कोई नया कामुकता क्षेत्र (erogeneous zone) नहीं विकसित होता है तथा साथ-ही-साथ लैंगिक इच्छाएँ (sexual wishes) सुषुप्त (dormant) रहती हैं। इस अवस्था में बच्चे अपनी लैंगिक इच्छाओं को अनैतिक समझकर उसका दमन कर देते हैं तथा अन्य बाहरी चीजों एवं घटनाओं में अधिक रुचि दिखाना प्रारंभ कर देते हैं। इस तरह उनमें बहिर्मुखी (extrovert) अभिरुचि अधिक बढ़ जाती है।

(v) जननेन्द्रियावस्था (Genital Stage)—मनोलैंगिक विकास की यह अंतिम अवस्था है जो 13 वर्ष की आयु से प्रारंभ होकर निरंतर चलती रहती है। इस अवस्था में किशोरावस्था (adolescence) तथा वयस्कावस्था (adulthood) दोनों शामिल होते हैं। इस अवस्था के आरंभ होते ही किशोरों एवं किशोरियों में अनेक तरह के शारीरिक परिवर्तन होते हैं तथा ग्रंथीय विकास (glandular development) परिपक्व हो जाते हैं। इस अवस्था के प्रारंभ में समलिंगकामुकता (homosexuality) पाई जाती है, परंतु 20–22 वर्ष की अवस्था आ जाने पर विषमलिंगकामुकता (heterosexuality) देखने को मिलती है।

फ्रायड ने इन पाँच अवस्थाओं में तीन अवस्थाओं को अर्थात जीवन के प्रथम पाँच साल को काफी महत्त्वपूर्ण बताया है, क्योंकि वयस्क व्यक्तित्व (adult personality) की नींव इसी में डाली जाती है। मनोविश्लेषण (psychoanalysis) के उपर्युक्त कथन (statement) से शिक्षा एवं शिक्षा मनोविज्ञान को बहुत फायदा हुआ है। शायद यही कारण है कि एक शिक्षा मनोवैज्ञानिक बालकों के प्रथम पाँच साल की अवधि में स्कूल में किए जानेवाले अंतःक्रियाओं (interactions) पर बारीकी से ध्यान देते हैं ताकि आगे चलकर ऐसे बालकों का वातावरण के साथ समायोजन ठीक बना रहे।

इस तरह हम देखते हैं कि मनोविश्लेषण का भी योगदान शिक्षा में काफी महत्त्वपूर्ण है। बालकों की समस्याओं (problems) तथा मानसिक संघर्षों को समझने में इस स्कूल ने शिक्षकों एवं शिक्षा मनोवैज्ञानिकों को काफी मदद की है।

हारमिक मनोविज्ञान का शिक्षा में योगदान
(Contribution of Hormic Psychology in Education)

हारमिक मनोविज्ञान की स्थापना विलियम मैकडुगल (William McDougall) ने की। उन्होंने ग्रीक शब्द 'Horme' से 'Hormic' बनाया, जिसका अर्थ होता है वृत्ति (urge)। स्पष्टतः ; वृत्ति (urge) उद्देश्यपूर्ण (purposive) होती है। उनका विचार था कि उद्देश्य (purpose) या लक्ष्य (end or goal) व्यक्ति को संबंधित अनुक्रिया करने के लिए बिना किसी तरह के आभास (awareness) पैदा किए हुए ही प्रेरित करता है, हालाँकि कभी-कभी एक अस्पष्ट आभास (vague awareness) व्यक्ति में उत्पन्न हो जाता है। उन्होंने उद्देश्यपूर्ण व्यवहार (purposive behaviour) की निम्नांकित चार विशेषताओं का वर्णन किया है—

(i) उद्देश्यपूर्ण व्यवहार अपने-आप होता है। दूसरे शब्दों में, कोई उद्देश्य या लक्ष्य को देखकर व्यक्ति स्वतः संबंधित अनुक्रिया कर देता है। जैसे, बिल्ली (लक्ष्य) को देखते ही कुत्ता उसपर आक्रमण (attack) कर देता है।

(ii) उद्देश्यपूर्ण व्यवहार का प्रभाव लक्ष्य (end or goal) पर पहुँचने के कुछ देर बाद भी प्राणी में बना रहता है।

(iii) उद्देश्यपूर्ण व्यवहार में एक-के-बाद-एक क्रियाएँ व्यक्ति तब तक करता जाता है जब तक कि वह लक्ष्य पर न पहुँच जाए।

(iv) उद्देश्यपूर्ण व्यवहार अभ्यास (practice) से उन्नत (improve) बनता है।

मैकडुगल (McDougall) के अनुसार, उद्देश्यपूर्ण व्यवहार (purposive behaviour) करने के पीछे छिपी शक्ति (energy) को **मूल प्रवृत्ति** (instinct) कहा गया है। मूल प्रवृत्ति (instinct) व्यक्ति में एक जन्मजात मनोदैहिक प्रवृत्ति (psycho-physical disposition) होती है जो व्यक्ति को कोई उद्देश्यपूर्ण क्रिया करने के लिए बाध्य करती है। मैकडुगल ने सात मूल प्रवृत्तियों (primary instinct) को प्रमुख मूल प्रवृत्ति (primary instinct) के रूप में स्वीकार किया तथा उन्होंने यह भी बताया कि प्रत्येक मूल प्रवृत्ति के साथ एक संवेग (emotion) होता है। वे सात मूल प्रवृत्तियाँ (instincts) तथा उनसे संबंधित संवेग (emotions) निम्नांकित हैं—

मूल प्रवृत्ति (Instinct)	**संवेग** (Emotion)
अस्वीकृति (rejection)	विरक्ति (disgust)
लड़ाई (fight)	क्रोध (anger)
आत्म-दृढ़ कथन (self-assertion)	उल्लास (elation)
उत्सुकता (curiosity)	अचरज (wonder)
मातृत्व-पितृत्व (maternal–paternal)	नरम संवेग (tender emotion)
आत्म-अपमान (self-abasement)	नकारात्मक आत्म-भाव
उन्मुक्ति (escape)	डर (fear)

शिक्षा तथा शिक्षा मनोविज्ञान में हारमिक मनोविज्ञान द्वारा प्रतिपादित मूल प्रवृत्ति के इस सिद्धांत (theory) द्वारा बालकों के मूलप्रवृत्तिक व्यवहारों (instinctive behaviours) को समझने में काफी सहायता मिली है। टॉरेन्स (Torrance, 1965) के अनुसार शिक्षक को शिक्षार्थियों (learners) द्वारा वर्ग में किए जानेवाले मूल प्रवृत्ति से संबंधित स्वाभाविक व्यवहार को तो समझने में मदद मिलती ही है, साथ-ही-साथ इन शिक्षार्थियों के विभिन्न तरह के संवेगात्मक व्यवहार (emotional behaviours) जैसे अपने साथियों के साथ क्रोध करना, साथियों के साथ मिल-जुलकर खुशी मनाना, अपने-आपको दोषी ठहराना आदि व्यवहारों के कारणों को भी समझने में काफी मदद मिलती है। आधुनिक शिक्षा मनोवैज्ञानिक हारमिक मनोविज्ञान (Hormic Psychology) द्वारा प्रतिपादित 'मूल प्रवृत्ति के सिद्धांत' को शिक्षा मनोविज्ञान के लिए एक महत्त्वपूर्ण देन मानते हैं।

हारमिक मनोविज्ञान में एक दूसरा महत्त्वपूर्ण संप्रत्यय (concept) 'समूह-मस्तिष्क' (group mind) का है जिससे आधुनिक शिक्षा के क्षेत्र में बालकों के समूह गतिकी (group dynamics) को समझने में काफी मदद मिली है। व्यवहारवादियों (Behaviourists) ने मैकडुगल की मूल प्रवृत्ति के सिद्धांत की आलोचना करते हुए कहा कि उसके द्वारा भीड़ (crowd), समूह (group) या अन्य समान परिस्थितियों में व्यक्ति के व्यवहारों की व्याख्या मूलप्रवृत्ति (instinct) द्वारा नहीं हो पाती है। मैकडुगल (McDougall) ने इस आलोचना के जवाब में 'समूह मस्तिष्क' (group mind) के संप्रत्यय का प्रतिपादन किया। मैकडुगल के अनुसार जब समूह के सभी व्यक्तियों में संवेग (emotion) का स्तर अत्यधिक तीव्र हो जाता है तो उनकी अपनी वैयक्तिकता (individuality) समाप्त हो जाती है और वे सभी एक ढंग से सोचने लगते हैं अर्थात एक समूह मस्तिष्क उत्पन्न हो जाता है। शायद यही कारण है कि यदि पाकेटमार के पकड़े जाने पर लगी भीड़ का यदि एक व्यक्ति उसे 'मारो' कहता है तो अन्य सभी व्यक्ति बिना सोचे-समझे मारने पर उतारू हो जाते हैं। हारमिक मनोविज्ञान के समूह मस्तिष्क के संप्रत्यय (concept) से शिक्षकों को छात्रों के समूह की गतिकी (dynamics) को समझने में मदद मिली है। समूह गतिकी का अर्थ समूह में पारस्परिक क्रियाओं के पीछे छिपी उन शक्तियों से होता है जिससे समूह व्यवहार में परिवर्तन होता है। बच्चों की सामाजिक एवं संवेगात्मक समस्याओं का समाधान करने तथा उनके मानसिक स्वास्थ्य को सुधारने में शिक्षक समूह गतिकी (group dynamics) के ज्ञान से काफी लाभ उठा पाते हैं और समूह गतिकी को समझने में 'समूह मस्तिष्क' का संप्रत्यय महत्त्वपूर्ण योगदान करता है।

स्पष्ट हुआ कि हारमिक मनोविज्ञान का योगदान शिक्षा में कम नहीं है। हारमिक मनोविज्ञान यद्यपि मनोविज्ञान का एक प्रबल संप्रदाय (dominant system) नहीं रहा, फिर भी इसका योगदान शिक्षा, शिक्षा मनोविज्ञान तथा समाज मनोविज्ञान (Social Psychology) में काफी रहा है।

अध्याय-सारांश
[Chapter Summary]

1. मनोविज्ञान में संरचनावाद (Structuralism) पहला ऐसा स्कूल है जो शैक्षिक वातावरण (academic environment) में स्थापित किया गया। यह स्कूल विलहेम वुंट (Wilhelm Wundt) तथा टिचेनर (Titchener) के प्रयासों से स्थापित किया गया। संरचनावाद ने मनोविज्ञान के स्वरूप को प्रयोगात्मक बनाया तथा शिक्षा मनोवैज्ञानिकों को अंतर्निरीक्षण

विधि (introspection method) का प्रयोग कर शिक्षार्थियों (learners) की मानसिक अवस्थाओं के अध्ययन के लिए सजग बनाया।

2. प्रकार्यवाद (Functionalism) मनोविज्ञान का एक ऐसा स्कूल है जिसकी स्थापना संरचनावाद (Structuralism) के विरोध में हुई थी तथा इस स्कूल द्वारा भी शिक्षा मनोविज्ञान तथा शिक्षा में महत्त्वपूर्ण योगदान किया गया। प्रकार्यवाद में, विशेषतः कोलम्बिया कार्यवादियों (Columbia Functionalists), जैसे थॉर्नडाइक (Thorndike) का योगदान असमानांतर (unparallel) रहा है।
3. व्यवहारवाद (Behaviourism) की स्थापना जे० बी० वाटसन (J B Watson) द्वारा की गई। व्यवहारवादियों (Behaviourists) द्वारा व्यक्तित्व के विकास में पर्यावरणी कारकों (environmental factors) पर अधिक बल डाला गया। स्कीन्नर (Skinner) द्वारा किए गए योगदानों से शिक्षा में महत्त्वपूर्ण एवं उल्लेखनीय परिवर्तन आए। स्कीन्नर द्वारा प्रतिपादित प्रोग्राम सीखना (programme learning) शिक्षा के क्षेत्र में एक अनोखा योगदान माना जाता है।
4. गेस्टाल्ट मनोवैज्ञानिकों (Gestalt Psychologists) ने सीखना, चिंतन तथा स्मृति के क्षेत्रों में महत्त्वपूर्ण प्रयोगात्मक योगदान किया। इससे शिक्षकों को बालकों के सीखना, चिंतन तथा स्मृति जैसी प्रक्रियाओं को समझने में काफी मदद मिली है। गेस्टाल्ट मनोवैज्ञानिकों के ही योगदानों का परिणाम है कि शिक्षा मनोवैज्ञानिक यह महसूस करते हैं कि स्कूल में शिक्षक, छात्र तथा प्रिंसिपल एकसाथ मिलकर शिक्षण वातावरण को एक साथ उन्नत करने की कोशिश कर सकते हैं।
5. मनोविश्लेषण (Psychoanalysis) एक ऐसा स्कूल है जिसकी स्थापना नैदानिक परिस्थितियों (clinical situations) में साइमण्ड फ्रायड (Sigmund Freud) द्वारा की गई। इस स्कूल द्वारा जीवन के प्रथम पाँच साल को निर्णायक अवधि (critical period) बताया गया और इसी अवधि में वयस्क व्यक्तित्व (adult personality) का बीज बोया जाता है। इससे शिक्षा मनोवैज्ञानिकों एवं शिक्षकों को बालकों के भविष्य को सुधारने तथा उनके व्यक्तित्व में वांछित परिवर्तन लाने में काफी मदद मिली।
6. हारमिक मनोविज्ञान (Hormic Psychology) की स्थापना मैकडुगल (McDougall) ने की और इस संप्रदाय द्वारा जो 'मूल प्रवृत्ति का सिद्धांत' (theory of instinct) तथा 'समूह मस्तिष्क' (group mind) का प्रतिपादन किया गया, उसका शिक्षा एवं शिक्षा मनोविज्ञान पर काफी प्रभाव पड़ा।

❑

अध्याय 4

आनुवंशिकता तथा वातावरण

[HEREDITY AND ENVIRONMENT]

मुख्य बिंदु (Main Points)

1. आनुवंशिकता तथा वातावरण के अर्थ (Meaning of Heredity and Environment)
2. मूल आनुवंशिक सिद्धांत (Basic Genetic Principles)
3. बालकों के विकास एवं वर्द्धन में आनुवंशिकता तथा वातावरण का महत्त्व (Importance of Heredity and Environment in Development and Growth of Children)
4. आनुवंशिकता के नियम (Laws of Heredity)
5. आनुवंशिकता तथा वातावरण का बालकों की शिक्षा एवं शिक्षकों के लिए महत्त्व (Importance of Heredity and Environment for Education of Children as well as for Teachers)

आनुवंशिकता तथा वातावरण के अर्थ (Meaning of Heredity and Environment)

मनोविज्ञान में आनुवंशिकता (heredity) तथा वातावरण (environment) के संप्रत्यय (concept) का अपना एक विशेष महत्त्व है। इन महत्त्वों पर प्रकाश डालने के पहले हम यह बता देना उचित समझते हैं कि आनुवंशिकता तथा वातावरण जैसे पदों (terms) का प्रयोग मनोविज्ञान में किस अर्थ में होता है।

आनुवंशिकी एक ऐसा विज्ञान है जिसमें आनुवंशिकता (heredity) के महत्त्व का विस्तारपूर्वक अध्ययन किया जाता है। 1900 के लगभग इस विज्ञान की प्रगति काफी जोर-शोर से प्रारंभ हुई थी। माता-पिता से उनके बच्चों में शारीरिक गुणों (physical characteristics) तथा संगठनों (structures) के जीन्स (genes) द्वारा होनेवाले संचरण (transmission) का अध्ययन करनेवाले विज्ञान को आनुवंशिकी (Genetics) की संज्ञा दी जाती है। इन्हीं जीन्स द्वारा व्यक्ति अपने माता-पिता से उनके गुणों एवं शारीरिक संगठनों (bodily structures) को प्राप्त करता है। इसे ही हम आनुवंशिकता कहते हैं।

जब पिता का शुक्राणु (sperm) माँ के अंडाणु (ovum) से मिलता है, तो इससे गर्भधारण (conception) होता है। गर्भधारण के समय शुक्राणु के 23 क्रोमोजोम्स (chromosomes) अंडाणु के 23 क्रोमोजोम्स से मिलते हैं और इस तरह से क्रोमोजोम्स की कुल संख्या 46 अर्थात 23 जोड़े हो जाते हैं। क्रोमोजोम का आकार धागे के समान लंबा होता है और प्रत्येक क्रोमोजोम में जीन्स (genes) पाए जाते हैं जिनमें आनुवंशिक गुण (hereditary traits) संचित होते हैं। माता-पिता जो अपने

माता-पिता से आनुवंशिक गुण प्राप्त करते हैं, अपने बच्चों को इन्हीं जीन्स के माध्यम से उन गुणों को तथा कुछ अपने व्यक्तित्व के गुणों को देते हैं। इस तरह स्पष्ट है आनुवंशिकता से तात्पर्य शारीरिक एवं मानसिक गुणों के संचरण (transmission) से होता है जो माता-पिता से बच्चों में जीन्स के माध्यम से प्रवेश करता है।

वातावरण (environment) से तात्पर्य उन सभी चीज़ों से (जीन्स छोड़कर) होता है जो व्यक्ति को उत्तेजित और प्रभावित करता है। दूसरे शब्दों में, यह कहा जा सकता है कि व्यक्ति का वातावरण से तात्पर्य उन सभी तरह की उत्तेजनाओं (stimulations) से होता है जो गर्भधारण से मृत्यु तक उसे प्रभावित करते हैं। भौगोलिक वातावरण (geographical environment) में अनेक चीजें या उद्दीपन (stimuli) हो सकते हैं, परंतु व्यक्ति के मनोवैज्ञानिक वातावरण (psychological environment) में वे सभी सम्मिलित हों ही, आवश्यक नहीं। कोई भी उद्दीपन या घटना व्यक्ति के मनोवैज्ञानिक वातावरण में तभी सम्मिलित मानी जाती है जब वह व्यक्ति को प्रभावित करती है। मनोविज्ञान में वातावरण से मतलब मनोवैज्ञानिक वातावरण से होता है।

व्यक्ति का व्यवहार आनुवंशिकता तथा वातावरण दोनों द्वारा ही निर्धारित होता है। आनुवंशिकता द्वारा व्यवहार के रचनातंत्र (mechanism) का निर्धारण होता है तथा वातावरण उस रचनातंत्र की चहारदीवारी (boundary wall) के अंतर्गत व्यवहार को एक निश्चित दिशा में विकसित करता है। अतः, व्यक्ति का प्रत्येक व्यवहार आनुवंशिकता तथा वातावरण दोनों की अंतःक्रिया (interaction) का परिणाम होता है।

मूल आनुवंशिक सिद्धांत
(Basic Genetic Principles)

मानव शरीर की प्रत्येक कोशिका (cell) के केंद्रक में छड़ी के आकार (rod-shaped) की संरचना (structure) होती है जिसे क्रोमोजोम्स (chromosomes) की संज्ञा दी जाती है। इसकी संख्या प्रत्येक कोशिका के केंद्रक में 46 यानी 23 जोड़ा होती है। परंतु, जनन कोशिका (germ cell) के केंद्रक में मात्र 23 क्रोमोजोम्स ही पाए जाते हैं। हाँ, जब पुरुष के टेस्टीज से निकलनेवाले शुक्राणु (sperm) की कोशिका स्त्री के ओभरी से निकलनेवाले अंडाणु (ovum) की कोशिका से मिलती है जिसके फलस्वरूप गर्भधारण होता है, तो शुक्राणु के 23 क्रोमोजोम्स तथा अंडाणु के 23 क्रोमोजोम्स दोनों मिलकर नए जीव (organism) में क्रामोजोम्स की उचित संख्या अर्थात 46 यानी 23 जोड़ा बना देता है। इनमें क्रोमोजोम्स के 22 जोड़ों का आकार स्त्री और पुरुष दोनों में ही समान होते हैं और इन्हें ओटोजोम्स (autosomes) कहा जाता है। क्रोमोजोम्स का 23वाँ जोड़ा सेक्स क्रोमोजोम्स (sex chromosomes) होता है जो स्त्री में तो समान (similar) होता है, परंतु पुरुष में भिन्न (dissimilar)। सेक्स क्रोमोजोम्स दो तरह के होते हैं—एक लंबा क्रोमोजोम्स तथा दूसरा नाटा एवं छोटा क्रोमोजोम्स। लंबा क्रोमोजोम्स को X क्रोमोजोम्स तथा छोटा एवं नाटा क्रोमोजोम्स को Y क्रोमोजोम्स कहा जाता है। पिता में X तथा Y क्रोमोजोम्स दोनों होते हैं जबकि माँ में सिर्फ X क्रोमोजोम्स होता है। जब पिता के वैसे शुक्राणु जिसमें X क्रोमोजोम्स होते हैं, माँ के अंडाणु (ovum) के X क्रोमोजोम्स से मिलते हैं, तो ऐसी अवस्था में लड़की (female) उत्पन्न होती है, परंतु जब पिता के वैसे शुक्राणु जिसमें Y क्रोमोजोम्स होते हैं, माँ के X क्रोमोजोम्स से मिलता है तो ऐसी अवस्था में लड़का (male) उत्पन्न होता है।

क्रोमोजोम्स में ही एक विशेष संरचना होती है जिसे जीन (gene) कहा जाता है। इन्हीं जीन्स के द्वारा माता-पिता के अपने तथा अपने पुरखों के गुण अपने पुत्र या पुत्रियों में आता है। एक ही क्रोमोजोम्स में सैकड़ों जीन्स हो सकते हैं और प्रत्येक जीन्स का संबंध एक खास गुण के निर्धारण से होता है। 1950 में विशेषज्ञों द्वारा यह पता लगाया गया है कि जीन में मुख्य रूप से दो जैविक अणु (organic molecule) होते हैं जिन्हें डी०एन०ए० (DNA या Deoxyribonucleic acid) तथा आर०एन०ए० (RNA or Ribonucleic acid) कहा जाता है। DNA में विशेष गुण जो मूलतः माता-पिता से मिले होते हैं, संचित रहता है तथा इससे इस बात का निर्धारण होता है कि जीव किस प्रकार का शीलगुण विकसित करेगा। RNA द्वारा DNA के संदेशों को ढोया जाता है। इस तरह स्पष्ट है कि जीन्स द्वारा ही मूलतः आनुवंशिक गुणों (hereditary traits) का संचरण (transmission) होता है।

क्रोमोजोम्स के जोड़े (pair) के दोनों सदस्यों में एक ही गुण वाले जीन्स (genes) होते हैं और इसलिए जीन्स के भी जोड़े होते हैं। ये दोनों जीन्स अपने-अपने क्रोमोजोम्स में एक खास जगह पर होते हैं। ऐसे क्रोमोजोम्स को **होमोलोगस क्रोमोजोम्स** (Homologous chromosomes) तथा ऐसे जीन्स को **होमोलोगस जीन्स** (homologous genes) कहा जाता है। ये दोनों होमोलोगस जीन्स समरूप (identical) या असमान हो सकते हैं। जब वे समान होते हैं, तो जीव निश्चित रूप से संबंधित गुण दिखाता है। जैसे मान लिया जाए कि ये दोनों जीन्स हकलाने (stuttering) का ही है, तो शिशु अवश्य हकलाएगा। ऐसा भी संभव है कि ये दोनों जीन्स समरूप न होकर असमान हों। ऐसे जीन्स को **ऐलेल्स** (alleles) कहा जाता है। जैसे संभव है कि जोड़े का एक जीन हकलाने का हो और दूसरा जीन सामान्य ढंग से बातचीत करने का हो। ऐसी अवस्था में जीव में कौन-सा गुण विकसित होगा, यह निर्भर इस बात पर करता है कि इन दोनों में कौन जीन प्रबल (dominant) है तथा कौन अप्रबल (recessive)। प्रबल जीन वैसे जीन को कहा जाता है जो अप्रबल जीन (recessive genes) के साथ होने पर अपना गुण संतान (offspring) में अधिक दिखाते हैं, परंतु अप्रबल जीन के गुण को पूर्णतः समाप्त नहीं कर देते। कभी जब अगली पीढ़ी में या उससे अगली पीढ़ी में इस तरह के अप्रबल जीन एकसाथ मिलते हैं तो अपना गुण संतान में दिखा देते हैं। जब होमोलोगस जीन्स के जोड़े का एक जीन हकलाने का है और दूसरा जीन सामान्य ढंग से बातचीत करने का है, तो बालक सामान्य ढंग से ही बातचीत करेगा; क्योंकि यह जीन हकलानेवाले जीन से अधिक प्रबल होता है। सामान्यतः अप्रबल जीन से संबद्ध गुण बालक में तभी देखे जाते हैं जब एक ही गुण के दोनों जीन समरूप (identical) हों। जब किसी गुण से संबंधित दोनों जीन्स बालक में समरूप होते हैं तो वैसे बालक को होमोजाइगोअस (homozygous) बालक कहा जाता है, परंतु जब वे भिन्न-भिन्न होते हैं तो उसे हेट्रोजाइगोअस (heterozygous) बालक कहा जाता है।

कुछ अज्ञात कारणों से कभी-कभी कुछ व्यक्तियों में सामान्य से अधिक X या Y क्रोमोजोम्स पाए जाते हैं। जन्म के पहले दिन यदि बच्चे के शरीर से खून लेकर एक विशेष प्रविधि (technique), जिसे कैरियोटाईपिंग (Karyotyping) कहा जाता है, द्वारा यदि जाँच की जाए, तो यह स्पष्ट रूप से पता चल जाएगा कि उस बच्चा या बच्ची में क्रोमोजोम्स का सामान्य जोड़ा अर्थात XY या XX है या इस सामान्य संख्या से X या Y ज्यादा या कम संख्या में हैं। क्रोमोजोम्स के जोड़े में ऐसे तो कई तरह की असामान्यताएँ (abnormalities) पाई जाती हैं, परंतु उसमें प्रमुख असामान्यताएँ हैं—XXY की असामान्यता, XYY की असामान्यता तथा XO की असामान्यता। XXY की असामान्यता में व्यक्ति देखने में पुरुष जैसा लगता है, परंतु सचमुच वह अप्रजायी

(sterile) होता है। इसे क्लाइनफेल्टर्स सलक्षण (Klinefelter's Syndrome) भी कहा जाता है। XO की असामान्यता में महिला होते हुए भी उसमें महिला का गुण नहीं पाया जाता है तथा वह बाँझ (sterile) होती है। इसे टर्नर्स सलक्षण (Turner's Syndrome) भी कहा जाता है। XYY की असामान्यता होने पर पुरुष अपराधी (criminal) हो जाता है।

बालकों के विकास एवं वर्द्धन में आनुवंशिकता तथा वातावरण का महत्त्व

(Importance of Heredity and Environment in Development and Growth of Children)

बालकों के व्यवहार का निर्धारण अंशतः आनुवंशिकता (heredity) द्वारा तथा अंशतः वातावरण (environment) द्वारा होता है। सच पूछा जाए तो यह कहा जा सकता है कि व्यक्ति के लिए आनुवंशिकता (heredity) एक तरह से जैविक चहारदीवारी (biological boundary) का निर्माण करता है तथा वातावरण के कारकों (factors) द्वारा उस चहारदीवारी के भीतर व्यक्ति में भिन्न-भिन्न शीलगुणों (traits) का निर्माण होता है जिसके फलस्वरूप वह अनेक प्रकार के व्यवहार करने में समर्थ होता है। अतः, यह कहा जा सकता है कि व्यक्ति का व्यवहार आनुवंशिकता तथा वातावरण की अंतःक्रिया (interaction) द्वारा निर्धारित होता है।

व्यक्ति के व्यवहार के निर्धारण में आनुवंशिकता (heredity) तथा वातावरण (environment) के तुलनात्मक महत्त्व (relative importance) को दिखाने के लिए मनोवैज्ञानिकों ने निम्नांकित दो तरह के अध्ययन (studies) किए हैं—

(1) जुड़वाँ बच्चों का अध्ययन (Studies of twin children),

(2) पोष्य बच्चों का अध्ययन (Studies of foster children)।

इन दोनों तरह के अध्ययनों का संक्षिप्त विवरण निम्नांकित है—

(1) जुड़वाँ बच्चों का अध्ययन (Studies of twin children)

जुड़वाँ बच्चे (twin children) दो तरह के होते हैं—एकांडी जुड़वाँ बच्चे (identical twin children) तथा भ्रात्रीय जुड़वाँ बच्चे (fraternal twin children)। एकांडी जुड़वाँ बच्चों की आनुवंशिकता (heredity) बिलकुल ही समरूप (identical) होती है, क्योंकि ऐसे बच्चों का जन्म माँ के एक ही अण्डाणु (ovum) के गर्भित होने के फलस्वरूप होता है। कोशिका विभाजन (cell division) के दौरान एक ही गर्भित अंडाणु किसी कारण से दो स्वतंत्र भागों में बँटकर दो बच्चे को जन्म देता है। ऐसे बच्चे या तो दोनों ही लड़का या दोनों लड़की होते हैं। भ्रात्रीय जुड़वाँ बच्चों का जन्म इसलिए हो पाता है कि माँ के दो अंडाणु (ovum) एक ही साथ पिता के दो अलग-अलग शुक्राणु (sperm) द्वारा गर्भित हो जाते हैं। स्वभावतः ऐसे जुड़वाँ बच्चों की आनुवंशिकता (heredity) समान या समरूप नहीं होती है, क्योंकि इसमें दो अलग-अलग गर्भित अंडाणु होते हैं। ऐसे बच्चों का यौन (sex) कुछ भी हो सकता है, अर्थात एक लड़का तथा एक लड़की या दोनों लड़का या दोनों लड़की।

मनोवैज्ञानिकों ने इन दो तरह के जुड़वाँ बच्चों में एकांडी जुड़वाँ बच्चों (identical twin children) को ही अपने विशेष अध्ययन के लिए इसलिए चुना कि इसमें उन्हें कुछ सुविधा होती है। ऐसे बच्चों की आनुवंशिकता (heredity) चूँकि बिलकुल ही नियंत्रित अर्थात समरूप (identical) होती है, अतः इन्हें दो अलग-अलग वातावरण में रखकर इस बात का आसानी से निर्धारण किया जा सकता है कि उनके व्यवहारों में होनेवाली विभिन्नता का कारण आनुवंशिकता नहीं, बल्कि वातावरण (environment) है। साथ-ही-साथ कुछ ऐसे भी एकांडी जुड़वाँ बच्चों का अध्ययन किया गया है जिनका पालन-पोषण करीब-करीब एक ही तरह के वातावरण में हुआ है और उनके व्यवहारों में होनेवाली विभिन्नता की तुलना नियंत्रित बच्चों अर्थात भ्रात्रीय जुड़वाँ बच्चों (fraternal twins)—जिन्हें भी वैसे ही वातावरण में रखा गया था—के साथ किया गया है। अतः, मनोवैज्ञानिकों ने आनुवंशिकता तथा वातावरण के तुलनात्मक महत्त्व (relative importance) को दिखाने के लिए जुड़वाँ बच्चों पर जो अध्ययन किया है, उसे निम्नांकित दो भागों में बाँटा जा सकता है—

(i) एकांडी जुड़वाँ बच्चे जिनका पालन-पोषण एकसमान वातावरण में हुआ है (Identical twins reared together in similar environment),

(ii) एकांडी जुड़वाँ बच्चे जिनका पालन-पोषण अलग-अलग वातावरण में हुआ है (Identical twins reared apart in different environment)।

इन दोनों तरह के अध्ययनों की संक्षिप्त समीक्षा निम्नांकित है—

(i) एकांडी जुड़वाँ बच्चे जिनका पालन-पोषण एकसमान वातावरण में हुआ है (Identical twin children reared together in similar environment)—गेसेल तथा थॉम्पसन (Gesell and Thompson, 1929) द्वारा दो एकांडी जुड़वाँ बहन (identical twin sisters) को करीब-करीब एक ही वातावरण में 14 साल तक रखकर उनके व्यवहारों का अध्ययन किया गया है। एक बहन का नाम प्रयोगकर्ताओं ने 'T' (twin T) तथा दूसरी बहन का नाम 'C' (twin C) रखा। जब 14 साल के बाद इन दोनों बहनों के व्यवहारों की तुलना की गई तो प्रयोगकर्ताओं को बहुत ही रोचक तथ्य प्राप्त हुए। शारीरिक विकास (physical growth), रूप-रंग (appearence) तथा बुद्धि (intelligence) में इन दोनों बहनों में काफी समानता (similarities) थी। परंतु, बहुत सूक्ष्म रूप से देखने पर इन दोनों बहनों में कुछ असमानताएँ भी देखी गईं। जैसे 'T' अधिक चालाक, ध्यानमग्न तथा किसी कार्य को अधिक तेजी से करती थी, जबकि 'C' थोड़ा सतर्क होकर तथा सोच-समझकर किसी काम को करती थी। किसी प्रकार के चित्र-लेखन (drawing) में 'T' अधिकतर सीधी लकीरों का प्रयोग करती थी जबकि 'C' इस तरह के कार्य में टेढ़ी-मेढ़ी लकीरों (curved lines) का प्रयोग अधिक करती थी। प्रयोगकर्ताओं के अनुसार व्यवहार में ये सारी विभिन्नताएँ इतनी महत्त्वपूर्ण नहीं थीं कि उनके आधार पर यह कहा जा सकता है कि इन दोनों का व्यक्तित्व एक-दूसरे से पूर्णतः भिन्न था। इस अध्ययन के आधार पर प्रयोगकर्ताओं ने तब यह बताया कि एकांडी जुड़वाँ बच्चों का पालन-पोषण एकसाथ होने पर उनके व्यक्तित्व में काफी समानता होती है, हालाँकि कुछ सूक्ष्म असमानताएँ (subtle dissimilarities) भी पाई जाती हैं। व्यक्तित्व में समानताओं का कारण समान आनुवंशिकता (similar heredity) तथा कुछ असमानताओं का कारण वातावरण के समान होते हुए भी उसमें होनेवाली कुछ विभिन्नताएँ हैं। अतः, निष्कर्षतः कहा जा सकता है कि व्यक्तित्व का निर्धारण आनुवंशिकता तथा वातावरण की अंतःक्रिया (interaction) से होता है।

कुछ मनोवैज्ञानिकों—जैसे न्यूमैन, फ्रीमैन तथा हालजिंगर (Newman, Freeman and Holzinger, 1937) ने गैसेल तथा थॉम्पसन (Gessell and Thompson) के अध्ययन की आलोचना की है। इनका कहना है कि इस अध्ययन में एकांडी जुड़वाँ बहनों (identical twin sisters) के व्यवहारों की तुलना के लिए कोई नियंत्रित समूह (controlled group) नहीं लिया गया था। अतः, निष्कर्ष संदेहपूर्ण है। दूसरी बात इनलोगों ने यह बताई कि इन दोनों बहनों का व्यक्तित्व काफी समान इसलिए था कि इन दोनों का पालन-पोषण भी समान वातावरण में किया गया था। आनुवंशिकता (heredity) तो पहले से ही समरूप थी। अतः, जब आनुवंशिकता तथा वातावरण दोनों ही समान हों, तो वैसी परिस्थिति में प्राप्त किसी भी निष्कर्ष की व्याख्या तथा वैधता (validity) स्वभावतः संदेहपूर्ण हो जाती है। अतः, इनलोगों ने एक ऐसा अध्ययन किया जो इस तरह की आलोचनाओं से दूर हो। इनके अध्ययन में एकांडी जुड़वाँ बच्चों के 50 जोड़े लिए गए तथा तुलना करने के खयाल से भ्रात्रीय जुड़वाँ बच्चों (fraternal twin children)—जो सभी एक ही यौन (sex) के थे—के 52 जोड़े लिए गए। इन सभी बच्चों को एक ही वातावरण में रखकर 14 साल तक पाला-पोसा गया। इसके बाद इन सभी बच्चों की तुलना शारीरिक कद की ऊँचाई (height) तथा बुद्धि के आधार पर की गई। ऐसा देखा गया कि एकांडी जुड़वाँ बच्चों के कद की ऊँचाई में काफी समानता थी, जबकि ऐसी समानता भ्रात्रीय जुड़वाँ बच्चों के कद की ऊँचाई में नहीं थी। एकांडी जुड़वाँ बच्चों के शारीरिक कद की ऊँचाई का सह-संबंध गुणांक (correlation coefficient) 0.93 था, जबकि भ्रात्रीय जुड़वाँ बच्चों के शारीरिक कद की ऊँचाई का सह-संबंध गुणांक 0.64 था। इसी प्रकार, एकांडी जुड़वाँ बच्चों में बुद्धि (intelligence) प्राप्तांकों (scores) का सह-संबंध (correlation) 0.88 था, जबकि भ्रात्रीय जुड़वाँ बच्चों में बुद्धि प्राप्ताकों का सह-संबंध मात्र 0.63 था। इस अध्ययन के आधार पर यह स्पष्ट रूप से पता चलता है कि व्यक्ति के शारीरिक कद की ऊँचाई के निर्धारण में वातावरण की अपेक्षा आनुवंशिकता का अधिक योगदान होता है, क्योंकि एकांडी जुड़वाँ बच्चों के शारीरिक कद की ऊँचाई का सह-संबंध 0.93 था, जबकि भ्रात्रीय बच्चों के शारीरिक कद की ऊँचाई का सह-संबंध मात्र 0.64 था। परंतु, बुद्धि प्राप्तांकों का सह-संबंध एकांडी जुड़वाँ बच्चों के लिए पहले से कम यानी मात्र 0.88 आता है जिससे पता चलता है कि शारीरिक कद की ऊँचाई की अपेक्षा बुद्धि के निर्धारण में आनुवंशिकता (heredity) का महत्त्व कम होता है तथा वातावरण (environment) का महत्त्व ज्यादा होता है। भ्रात्रीय जुड़वाँ बच्चों के बुद्धि प्राप्तांकों का सह-संबंध मात्र 0.63 था।

शारीरिक कद की ऊँचाई तथा बुद्धि के निर्धारण में एकांडी जुड़वाँ बच्चों में भ्रात्रीय जुड़वाँ बच्चों (fraternal twin children) की अपेक्षा अधिक समानता (यानी अधिक सह-संबंध गुणांक) का कारण इन बच्चों की आनुवंशिकता (heredity) में समरूपता तो थी ही, साथ-ही-साथ वातावरण में भी समानता थी। हालाँकि भ्रात्रीय जुड़वाँ बच्चों के लिए भी वातावरण समान था, लेकिन फिर भी जैसा कि प्रयोगकर्ताओं का विचार था एकांडी जुड़वाँ बच्चों के साथ भ्रात्रीय जुड़वाँ बच्चों की अपेक्षा शिक्षक, माता-पिता तथा घर के सदस्य अधिक समान ढंग से पेश आते हैं। अतः, भ्रात्रीय जुड़वाँ बच्चों के लिए समान वातावरण होते हुए भी उतनी समानता वास्तविक अर्थ में नहीं रह जाती जितना कि एकांडी जुड़वाँ बच्चों के लिए होती है। अतः, इस अध्ययन के आधार पर निष्कर्ष यह हुआ कि व्यक्तित्व का निर्धारण वातावरण की समानता तथा आनुवंशिकता की समानता दोनों के आधार पर होता है।

(ii) एकांडी जुड़वाँ बच्चे जिनका पालन-पोषण अलग-अलग वातावरण में हुआ है (Identical twins reared in separate enviroments)—कुछ मनोवैज्ञानिकों ने यह जानने की कोशिश की है कि जब एकांडी जुड़वाँ बच्चों को एक-दूसरे से अलग करके भिन्न वातावरण में पाला-पोसा जाता है तो क्या वे उन भ्रात्रीय जुड़वाँ बच्चों (fraternal twin children), जिनका पालन-पोषण समान वातावरण (similar environment) में होता है, से सचमुच में भिन्न होते हैं? न्यूमैन, फ्रीमैन तथा हालजिंगर (Newman, Freeman & Holzinger, 1937) ने ऐसा ही एक अध्ययन किया जिसमें एकांडी जुड़वाँ बच्चों, जिनका पालन-पोषण अलग-अलग वातावरण में रखकर किया गया, की तुलना उन भ्रात्रीय जुड़वाँ बच्चों के साथ की गई जिनका पालन-पोषण समान वातावरण में रखकर किया गया। परिणाम में इनलोगों ने यह पाया कि अलग-अलग वातावरण में पाले-पोसे जाने के बाद भी एकांडी जुड़वाँ बच्चों में भ्रात्रीय जुड़वाँ बच्चों की अपेक्षा शारीरिक गुणों (physical characteristics) में अधिक समानता देखी गई। इसका मतलब यह हुआ कि शारीरिक गुण जैसे शरीर की ऊँचाई तथा भार (weight) में वातावरण की अपेक्षा आनुवंशिकता (heredity) अधिक महत्त्वपूर्ण होती है। अलग-अलग वातावरण में पाले-पोसे गए एकांडी जुड़वाँ बच्चों की बुद्धि में भ्रात्रीय जुड़वाँ बच्चों, जिनका पालन-पोषण एक ही वातावरण में किया गया था, की अपेक्षा अधिक समानता थी। परंतु, जब उनकी तुलना वैसे एकांडी बच्चों से की गई जिन्हें एक ही वातावरण में रखकर पाला-पोसा गया था, तो उसमें समानता कुछ कम हो गई। इसका मतलब यह हुआ कि बुद्धि के निर्धारण में आनुवंशिकता (heredity) की अपेक्षा वातावरण (environment) अधिक महत्त्वपूर्ण होता है। एकांडी जुड़वाँ बच्चों को अलग-अलग वातावरण में रखकर पालन-पोषण करने का मुख्य उद्देश्य यह देखना था कि बुद्धि में ऐसे बच्चों में कितना अंतर आता है। न्यूमैन, फ्रीमैन तथा हालजिंगर ने अपने इस अध्ययन में पाया कि आनुवंशिकता समान रहने पर भी (जैसा कि एकांडी जुड़वाँ बच्चों में होता है) वातावरण में अंतर होने पर बुद्धि में अंतर हो जाता है। उनलोगों ने ऐसे बच्चों की बुद्धिलब्धि (intelligence quotient) में 24 बिंदु (points) तक का अंतर होता पाया है। इससे स्पष्ट रूप से यह साबित हो जाता है कि बुद्धि में आनुवंशिकता की अपेक्षा वातावरण का अधिक महत्त्व होता है।

न्यूमैन (Newman, 1940) ने एक ऐसे एकांडी जुड़वाँ बहनों (identical twin sisters) के केस (case) का स्वतंत्र रूप से भी अध्ययन किया है जिससे हमें यह पता चलता है कि व्यक्तित्व के कुछ गुणों के विकास में तो आनुवंशिकता का अधिक योगदान होता है तथा कुछ गुणों के विकास में वातावरण का अधिक योगदान होता है। यह विशेष केस (typical case) उन दो एकांडी जुड़वाँ बहनों का है जिनमें एक का नाम मेरी (Mary) तथा दूसरे का नाम माबेल (Mabel) है। इन दोनों बहनों को एक-दूसरे से तीन महीना की उम्र में दो अलग-अलग वातावरणों में 29 वर्ष तक रखा गया और उसके बाद उनके व्यक्तित्व के गुणों की तुलना की गई। माबेल को एक देहाती वातावरण में रखा गया था जहाँ उसे खेतों में भिन्न-भिन्न प्रकार का काम भी करना होता था। उसे गाँव के ही एक स्कूल में आठवीं कक्षा तक पढ़ाया गया। मेरी (Mary) का पालन-पोषण शहरी वातावरण में हुआ तथा उसे संगीत विद्या भी सिखाई गई। उसे तीन साल तक एक छोटे स्कूल में पढ़ाया गया। इसके बाद उसे एक अच्छे और बड़े स्कूल में पढ़ाया गया। स्नातक (graduation) तक शिक्षा प्राप्त करने के बाद वह संगीत शिक्षिका के पद पर काम भी करने लगी। 29 साल की उम्र में न्यूमैन ने इन दोनों बहनों की बुद्धि तथा अन्य शीलगुणों का मापन कर एक तुलनात्मक विवरण तैयार किया। इस विवरण में यह पाया गया कि मेरी की बुद्धि औसत (average) से काफी ऊपर थी, जबकि माबेल की बुद्धि औसत

बुद्धि के स्तर से नीचे की थी। बुद्धि का मापन स्टैनफोर्ड-बिने परीक्षण (Stanford-Binet Test) द्वारा किया गया था। व्यक्तित्व के कुछ शीलगुणों में भी अन्तर पाया गया। माबेल किसी कार्य को मंद गति से करती थी तथा बहुत दुःखी (depressed) रहती थी। उसमें आक्रमणशीलता (aggressiveness) भी अधिक थी। माबेल के व्यवहार में मर्दों का गुण (masculine traits) अधिक था। मेरी एक शांत एवं स्त्रैण गुणों (feminine traits) से परिपूर्ण महिला थी। शारीरिक गुणों में भी इन दोनों बहनों में काफी अंतर देखने को मिले। माबेल की मांसपेशियाँ कड़ी-कड़ी थीं तथा उसके शरीर का वजन (29 साल की अवस्था होने पर) 138 पौंड था, जबकि मेरी के शरीर की मांसपेशियाँ मुलायम थीं तथा शरीर का वजन मात्र 110 पौंड था। न्यूमैन के इस अध्ययन से स्पष्ट हो जाता है कि आनुवंशिकता (heredity) समान होने पर भी यदि व्यक्ति को दो अलग-अलग वातावरण में रखकर पाला-पोसा जाता है तो उनके व्यक्तित्व में काफी अंतर आ जाता है जिसके आधार पर ऐसा लगता है कि वे दोनों समरूप आनुवंशिकता (identical heredity) वाले व्यक्ति ही नहीं हैं। अतः, इस बात का सबूत हमें मिलता है कि व्यक्तित्व कुछ तो आनुवंशिकता द्वारा तथा कुछ वातावरण द्वारा निर्धारित होता है। इसका मतलब यह हुआ कि व्यक्तित्व आनुवंशिकता तथा वातावरण दोनों की अंतःक्रिया (interaction) द्वारा निर्धारित होता है।

(2) पोष्य बच्चों का अध्ययन (Studies of foster children)

मनोवैज्ञानिकों ने पोष्य बच्चों का अध्ययन करके वातावरण तथा आनुवंशिकता (heredity) के तुलनात्मक महत्त्व (relative importance) का अध्ययन किया है। ऐसे बच्चों का अध्ययन करके मनोवैज्ञानिकों ने दो तरह के प्रश्नों का उत्तर देने की कोशिश की है। पहला प्रश्न यह है कि क्या पोष्य बच्चों के व्यवहारों में अपने वास्तविक माता-पिता के व्यवहार से अधिक समानता होती है या अपने पोष्य माता-पिता (foster parents) के व्यवहार से अधिक समानता होती है? दूसरा प्रश्न यह है कि यदि अनुकूल वातावरण में ऐसे बच्चों को रखकर पाला-पोसा जाए तो क्या उनके कुछ खास-खास गुणों, जैसे बुद्धि (intelligence) आदि में परिवर्तन आता है?

जहाँ तक पहले प्रश्न का संबंध है, मनोवैज्ञानिक अपने अध्ययन के आधार पर मात्र आंशिक उत्तर देने में समर्थ हुए हैं। बर्क्स (Burks, 1928) ने एक अध्ययन किया जिसमें पोष्य बच्चों (foster children) की बुद्धि की तुलना उसके पोष्य माता-पिता (foster parents) की बुद्धि तथा उसके वास्तविक माता-पिता की बुद्धि से की और बताया कि ऐसे बच्चों की बुद्धि अपने वास्तविक माता-पिता की बुद्धि से अधिक समान थी, परंतु पोष्य माता-पिता की बुद्धि से समानता कम थी। इस अध्ययन से पता चलता है कि वातावरण की अपेक्षा आनुवंशिकता (heredity) अधिक महत्त्वपूर्ण होती है। परंतु, स्कील्स (Skeels, 1938), स्कोडक (Skodak, 1939) तथा स्कोडक तथा स्कील्स (Skodak and Skeels, 1945) ने अपने अध्ययनों में बर्क्स (Burks) के विपरीत परिणाम प्राप्त किए, क्योंकि इनलोगों ने अपने परिणाम में स्पष्ट रूप से पाया कि पोष्य बच्चों की बुद्धि उनके वास्तविक माता-पिता की बुद्धि से कम और पोष्य माता-पिता की बुद्धि से अधिक मिलती-जुलती थी। इन अध्ययनों से पता चलता है कि बुद्धि के निर्धारण में वातावरण का प्रभाव आनुवंशिकता से अधिक होता है। अंतिम निष्कर्ष के रूप में हम कह सकते हैं कि बुद्धि के निर्धारण में वातावरण तथा आनुवंशिकता दोनों का महत्त्व है, न कि किसी एक का।

जहाँ तक दूसरे प्रश्न का संबंध है, मनोवैज्ञानिकों ने कुछ अध्ययन करके यह दिखा दिया है कि पोष्य बच्चों (foster children) को कुछ अनुकूल वातावरण (favourable environment) मिलने पर

उनकी बुद्धि के स्तर में थोड़ी वृद्धि होती है। स्कोडक तथा स्कील्स (Skodak and Skeels, 1949) ने एक अध्ययन किया जिसमें उन्होंने दिखाया कि वैसे पोष्य बच्चों जिनकी माताएँ मानसिक रूप से मंदित (mentally retarded) थीं, को जब अनुकूल वातावरण में रखा गया, तो उनकी बुद्धि में 10 बिंदु (points) की वृद्धि हो गई। कुछ ऐसे भी अध्ययन किए गए हैं जिनमें ऐसी परिस्थिति में बुद्धि के स्तर में नाममात्र की वृद्धि हुई।

पोष्य बालकों (foster children) तथा जुड़वाँ बालकों (twin children) पर किए गए विभिन्न अध्ययनों के आधार पर हम अंतिम रूप से इस निष्कर्ष पर पहुँचते हैं कि बालक के व्यवहार के निर्धारण में वातावरण तथा आनुवंशिकता (heredity) दोनों का महत्त्व होता है तथा किसी शीलगुण (trait) के निर्धारण में इन दोनों में किसका महत्त्व अधिक है, यह कहना कठिन है, क्योंकि मनोवैज्ञानिकों द्वारा किए गए अध्ययनों से किसी एक का महत्त्व अधिक स्पष्ट नहीं हो पाया है। अंत में ब्लेयर, जोन्स तथा सिम्पसन[1] (Blair, Jones & Simpson, 1965) के शब्दों में हम इस निष्कर्ष पर पहुँचते हैं, "विकास की किसी भी अवस्था में कोई व्यक्ति जैविक वंशानुक्रम (biological inheritance) तथा पर्यावरणी कारकों, जो साथ-साथ काम करते हैं, का प्रतिफल (product) होता है। वह क्या है, वह क्या करता है, वह क्या होगा, संक्षेप में वह जीवन की सभी परिस्थितियों में किस प्रकार से व्यवहार करता है तथा प्रतिक्रिया करता है, की व्याख्या इन दोनों अंतःक्रिया करनेवाले बलों के रूप में की जाती है। व्यवहार के इन दोनों आधारों के स्वरूप एवं प्रक्रम (mechanism) को शिक्षक को समझना चाहिए, ताकि उन्हें बच्चों के वर्द्धन (growth) एवं विकास को निदेशित एवं निदान (diagnose) करने में मदद मिल सके।"

आनुवंशिकता के नियम
(Laws of Heredity)

आनुवंशिकता की क्रियाविधि (mechanisms) का वर्णन करने के लिए जोहान ग्रिगोर मेण्डल (Johann Gregor Mendel) ने महत्त्वपूर्ण कार्य किया। अपनी छोटी-सी वाटिका में उन्होंने विभिन्न तरह के मटरों (peas) का संकरित (crossing) कर आनुवंशिकता के आधारभूत नियमों (cardinal principles) का प्रतिपादन किया। उन्होंने अपने विस्तृत प्रयोगों के परिणाम को 1866 में प्रकाशित किया, लेकिन कई कारणों से उनके प्रयोगों की ओर 1900 तक लोगों का ध्यान बहुत नहीं गया। उसी साल तीन शोधकर्ता (researchers) नेदरलैण्ड, आस्ट्रिया तथा जर्मनी में स्वतंत्र रूप से प्रयोग कर उसी परिणाम पर पहुँचे जिसपर मेण्डल (Mendel) करीब 34 साल पहले ही पहुँचे थे। इन तीन शोधकर्ताओं ने मेण्डल के नियमों को वैध (valid) ठहराया और उन्हें 'आनुवंशिकता का आधारभूत नियम' (Cardinal principle or law of heredity) की संज्ञा दी।

---

1. "An individual at any stage of his development is the product of organic and environmental factors working hand in hand. What he is, what he does, what he becomes, in short, how he reacts and behaves in all life situations can be explained in terms of these two interacting forces. The teacher should understand the nature and mechanisms of these two bases of behaviour in order properly to diagnose and guide the growth and development of children." —Blair, Jones & Simpson, *Educational Psychology,* 1965, p. 15

मेण्डल (Mendel) ने अपने प्रयोग में मटर (pea) के पौधों के गुणों, जैसे बैंगनी और उजले फूल वाले पौधों, लंबा तथा नाटा डंठल (stem) वाले पौधों, हरी और पीली फली (pods) वाले पौधों, चिकना तथा शिकनदार (wrinkled) बीज उत्पन्न करनेवाले पौधों, बड़ी फली तथा छोटी फली वाले पौधों को संकरित (crossing) किया तथा उनके गुण में होनेवाले परिवर्तनों का कई पीढ़ियों (generations) तक अध्ययन किया। उन्होंने अपने सभी प्रयोगों में जिनमें दो अलग-अलग गुणों को संकरित किया गया था, एक ही तरह के परिणाम पाए। जैसे उन्होंने अपने एक प्रयोग में बैंगनी (violet) तथा उजले फूल देनेवाले मटर के पौधों को संकरित कर निषेचित (cross-fertilized) किया। परिणाम में देखा गया कि दूसरी पीढ़ी के इस संकरित पौधे में जब फूल लगा, तो वे सभी बैंगनी रंग के थे। कोई भी फूल उजला रंग का नहीं था। इसके बाद जब दूसरी पीढ़ी के पौधे से प्राप्त बीज को पुनः बोया गया तो अब इस तीसरी पीढ़ी के 75% फूल बैंगनी रंग के थे तथा 25% फूल उजले रंग के। दूसरे शब्दों में तीसरी पीढ़ी के पौधों में फूल बैंगनी रंग और उजला रंग 3 : 1 के अनुपात में देखे गए। कई पीढ़ियों तक प्रयोग करने के बाद मेण्डल ने देखा कि अंत में दोनों प्रकार के मटर के पौधे अपने मूल रूप में आ गए। मेण्डल के प्रयोग से स्पष्ट हुआ कि भिन्न-भिन्न लक्षणों या गुणों वाली एक ही जाति की दो वस्तुओं को संकरित कर निषेचित (cross-fertilized) किया जाए तो ठीक इसके बाद आनेवाली पीढ़ी (यानी दूसरी पीढ़ी) में उस संकरण (crossing) का स्पष्ट प्रभाव देखने को मिलता है। आगे कई पीढ़ियों के बाद ये दोनों वस्तुएँ अपने मूल रूप को पुनः प्राप्त कर लेती हैं।

मेण्डल ने अपने परिणाम की व्याख्या प्रबल जीन (dominant gene) तथा अप्रबल जीन (recessive gene) के रूप में की है। जीन के जोड़े (pair) का एक जीन जब प्रबल और दूसरा जीन जब अप्रबल होता है, तो ऐसे जीन्स को एलेल्स (alleles) कहा जाता है। मेण्डल ने प्रबल जीन को बड़ा अक्षर जैसे A द्वारा संकेतित किया तथा अप्रबल जीन (recessive gene) को छोटे अक्षर जैसे a द्वारा संकेतित किया। मटर के पौधा के बैंगनी रंग का जीन प्रबल जीन होता है। दूसरी पीढ़ी में मटर के पौधे के सभी फूल बैंगनी होने का कारण यह था कि बैंगनी रंग का जीन एक प्रबल जीन (dominant gene) होता है। परंतु, इसका मतलब यह नहीं कि बैंगनी रंग का जीन—जो एक प्रबल जीन है—अप्रबल जीन (recessive gene) को समाप्त कर देता है। बल्कि, सचाई यह है कि अप्रबल जीन का प्रभाव सिर्फ उस पीढ़ी में दब जाता है, परंतु बाद की पीढ़ियों में आने लगता है।

मेण्डल के इस आनुवंशिकता के सिद्धांत में दो नियम सम्मिलित हैं—

(क) पृथक्करण का सिद्धांत (Principle of segregation),

(ख) स्वतंत्र छटाई का सिद्धांत (Principle of independent assortment)।

पृथक्करण का सिद्धांत (Principle of segregation) यह बताता है कि जो गुण पहली संकर पीढ़ी (first hybrid generation) में दबा रहता है या छिपा रहता है (अप्रबल जीन्स) वे समाप्त नहीं हो जाते, बल्कि बाद की संकर पीढ़ी के कुछ सदस्यों में दिखाई दे देते हैं। इस तरह से उनका कहना था कि दबे हुए गुण अन्य गुणों के साथ मिलकर अपना अस्तित्व (existence) नहीं खो देते हैं, बल्कि एक पीढ़ी से दूसरी पीढ़ी और फिर इसी तरह दूसरी पीढ़ी से तीसरी पीढ़ी तक अपने मूल रूप में अलग अस्तित्व (segregated existence) बनाए रखते हैं।

स्वतंत्र छटाई का सिद्धांत यह बताता है कि किसी एक आनुवंशिक गुण (genetic trait) का वितरण (distribution) दूसरे आनुवंशिक गुण के वितरण से प्रभावित नहीं होता, अर्थात स्वतंत्र

होता है। जैसे मेण्डल ने अपने प्रयोग में पाया कि मटर के पौधे के फूल का रंग मटर के फली (pods) के आकार, डंठल की लंबाई आदि गुणों से स्वतंत्र (independent) होता है।

मानव शिशुओं में पृथक्करण के सिद्धांत का क्रियान्वयन स्पष्ट रूप से होता पाया गया है। खासकर, आनुवंशिक रोग (genetic disease) में इस सिद्धांत की क्रियान्वयनता देखने को मिलती है। ऐसे रोग से ग्रसित माँ या पिता द्वारा प्राप्त एक भी प्रबल जीन से उनके बच्चों में वैसे रोग की संभावना बढ़ जाती है। अप्रबल जीन (recessive gene) से भी बच्चों में यह रोग हो सकता है बशर्ते कि अप्रबल जीन माता और पिता दोनों से ही प्राप्त हो जाते हैं।

ऊपर के विवरण से स्पष्ट है कि प्रकृति आनुवंशिकता के मामले में पीढ़ी-दर-पीढ़ी के बाद स्वयं शुद्धता एवं संतुलन बनाने के लिए प्रयत्नशील रहती है। व्यक्तियों की आनुवंशिकता (heredity) के संबंध में निम्नलिखित बिंदुओं का महत्त्व सर्वाधिक बताया गया है—

(i) बालक की आनुवंशिकता में केवल उसके माता-पिता की ही देन नहीं होती, बल्कि बालक की आनुवंशिकता का आधा भाग माता-पिता से, एक-चौथाई भाग दादा-दादी, नाना-नानी से, शेष भाग परदादा-परदादी, परनाना-परनानी आदि से मिलता है। इसलिए एक शिशु पूर्णतः अपने माता-पिता पर ही निर्भर नहीं करता और अपने पूर्वजों के गुणों को अपने में कुछ हद तक सम्मिलित किए रहता है।

(ii) क्रोमोजोम्स सदा जोड़े में रहते हैं। क्रोमोजोम्स में जीन भी जोड़े में होते हैं। इन्हीं जीन्स के आधार पर शिशुओं के गुणों का निर्धारण होता है। शिशु अपने माता या पिता के लक्षण सहित पैदा हो सकता है। जैसे मान लिया जाए कि पिता का कद नाटा और रंग गोरा है और माता का कद लंबा तथा रंग साँवला है तो शिशु लंबा और गोरा या नाटा एवं साँवला हो सकता है।

(iii) किसी भी नवजात शिशु को 23 क्रोमोजोम्स माता से तथा 23 क्रोमोजोम्स पिता से मिलते हैं। इस तरह से कुल 46 क्रोमोजोम्स या 23 जोड़े क्रोमोजोम्स नवजात शिशु में होते हैं। इनमें 22 जोड़े यानी 44 क्रोमोजोम्स बालक या बालिका में आकार (shape) एवं विस्तार (size) में समान होते हैं। इन्हें ओटोजोम्स (autosomes) कहा जाता है। 23वाँ जोड़ा यौन क्रोमोजोम्स (sex chromosomes) होता है जो बालिका में समान अर्थात XX होता है, परंतु बालक में भिन्न अर्थात XY होता है। Y क्रोमोजोम्स X क्रोमोजोम्स की अपेक्षा छोटा होता है तथा इसमें X क्रोमोजोम्स की तुलना में कम जीन्स होते हैं। मानव में शिशु के यौन (sex) का निर्धारण पिता द्वारा होता है (क्योंकि पिता में XY होते हैं) न कि माता द्वारा (जिसमें हमेशा XX क्रोमोजोम्स ही होते हैं)।

आनुवंशिकता तथा वातावरण का बालकों की शिक्षा एवं शिक्षकों के लिए महत्त्व

(Importance of Heredity and Environment for Education of Children as well as for Teachers)

बालकों की शिक्षा में आनुवंशिकता (heredity) तथा वातावरण (environment) दोनों की महत्त्वपूर्ण भूमिका होती है। बच्चों की शिक्षा का मुख्य उद्देश्य उनके व्यक्तित्व का संतुलित विकास करना है। दूसरे शब्दों में शिक्षा का उद्देश्य बच्चों में शारीरिक, मानसिक, सांवेगिक, नैतिक तथा चारित्रिक विकास करना है। इन उद्देश्यों की पूर्ति में न केवल आनुवंशिकता का हाथ है और न केवल वातावरण

का। इन सभी पहलुओं का विकास तभी होगा जब इन दोनों कारकों का उचित योगदान हो। अगर बालक की आनुवंशिकता काफी अच्छी है, परंतु उसे अच्छा वातावरण नहीं मिल पाया है तो उसका शैक्षिक विकास (educational development) ठीक ढंग से नहीं हो पाएगा। इसके विपरीत भी सही है। यदि बालक आनुवंशिकता के दृष्टिकोण से निम्न तथा पिछड़ा हुआ है, परंतु उसे यदि एक अच्छे वातावरण, जैसे अच्छे स्कूल में शिक्षा-दीक्षा दी जाए तो तुलनात्मक दृष्टिकोण से उसका विकास भी उतना श्रेष्ठ नहीं होगा। हाँ, इतना अवश्य है कि कुछ नैसर्गिक प्रवृत्तियाँ ऐसी हैं जिनका वातावरण के माध्यम द्वारा काफी हद तक विकास नहीं किया जा सकता। जैसे कितना भी हम शैक्षिक वातावरण को उन्नत क्यों न कर दें, सभी बालक को वैज्ञानिक, इंजीनियर, डॉक्टर, चित्रकार, प्रशासक नहीं बनाया जा सकता।

शिक्षकों के लिए भी आनुवंशिकता तथा वातावरण (environment) का महत्त्व काफी है। जागरूक एवं अच्छे शिक्षकों के लिए यह आवश्यक हो जाता है कि वे बालकों की आनुवंशिकता एवं अन्य जैविक गुणों (biological traits) से परिचित हो जाएँ तथा उनके घर, परिवार एवं सामाजिक वातावरण, जिसमें वे रहते हैं, उससे भलीभाँति अवगत हो जाएँ। उससे बालकों के बौद्धिक विकास, समायोजन तथा अनुशासन-संबंधी समस्याओं को शिक्षक स्वयं हल कर सकने में समर्थ हो जाएँगे। उदाहरणस्वरूप, एक बालक स्कूल में इसलिए दुर्व्यवहार (misbehave) कर सकता है, क्योंकि उसमें एक असामान्य ग्रंथीय अवस्था (abnormal glandular condition) हो सकता है या वह इसलिए भी दुर्व्यवहार कर सकता है, क्योंकि वह एक ऐसे परिवार से आता है जहाँ अच्छा तौर-तरीका कभी सिखाया ही नहीं गया हो। वर्ग में एक बालक कुछ इसलिए नहीं सीख पा सकता है, क्योंकि उसमें उपयुक्त विटामिन की मात्रा पर्याप्त नहीं है या वह पर्याप्त ढंग से सीखने के लिए प्रेरित नहीं भी हो सकता है। यदि शिक्षक को बालक की आनुवंशिकता एवं जैविक पृष्ठभूमि का ज्ञान हो तथा साथ-ही-साथ यदि वह पारिवारिक एवं सामाजिक वातावरण से भलीभाँति परिचित हो, तो इससे वह स्वयं ही शिक्षार्थियों की कई समस्याओं का समाधान आसानी से कर पा लेगा। ब्लेयर, जोन्स तथा सिम्पसन[1] (Blair, Jones & Simpson, 1965) ने इसपर टिप्पणी करते हुए कहा है, "बालकों को समझने के लिए शिक्षक (i) उन्हें एक जैविक प्राणी जिनकी अपनी आवश्यकताएँ एवं लक्ष्य होते हैं, के रूप में निश्चित रूप से जाने, तथा (ii) उनके सामाजिक एवं मनोवैज्ञानिक वातावरण को पहचाने जिनका वे एक हिस्सा हैं।"

शिक्षक को बालकों की कुछ मूल प्रवृत्तियों (tendencies) के बारे में उनके आनुवंशिक तथ्यों (hereditary facts) से पता चलता है। इससे फायदा यह होता है कि शिक्षक उनमें कुछ वांछनीय प्रवृत्तियों (desired tendencies) के विकास के लिए तथा अवांछनीय प्रवृत्तियों (undesired tendencies) को दमित कर उसके प्रभाव से बालकों को बचाने का प्रयत्न करें। इतना ही नहीं, शिक्षक विद्यालय में विभिन्न प्रकार के शैक्षिक कार्यक्रमों का आयोजन करके शैक्षिक वातावरण को उन्नत बना सकते हैं जिसका प्रभाव बालकों के समन्वित विकास पर अनुकूल पड़ सकता है।

---

1. "To understand the child the teacher (i) must know him as a biological organism with needs and goals, and (ii) must know the social and psychological environment of which he is a part." —Blair, Jones & Simpson, *Educational Psychology,* 1965, p. 41

अध्याय-सारांश
[Chapter Summary]

1. माता-पिता से उनके बच्चों में शारीरिक गुणों (physical characteristics) तथा संगठनों (structures) का जीन्स (genes) द्वारा होनेवाले संचरण का अध्ययन करनेवाले विज्ञान को आनुवंशिकी (Genetics) की संज्ञा दी जाती है। इन्हीं जीन्स द्वारा व्यक्ति अपने माता-पिता से उनके गुणों एवं शारीरिक संगठनों को प्राप्त करता है। इसे ही हम आनुवंशिकता (heredity) की संज्ञा देते हैं। वातावरण (environment) से तात्पर्य उन सभी चीजों से (जीन्स छोड़कर) होता है जो व्यक्ति को उत्तेजित और प्रभावित करता है। दूसरे शब्दों में, यह कहा जाता है कि व्यक्ति के वातावरण में उन सभी तरह की उत्तेजनाएँ (stimulations) सम्मिलित होती हैं जो गर्भधारण (conception) से मृत्यु तक उसे प्रभावित करती हैं।
2. मानव जीवन की शुरुआत एक गर्भित अंडाणु (fertilised egg) से होती है। एक गर्भित अंडाणु में क्रोमोजोम्स के 23 जोड़े होते हैं। इस 46 क्रोमोजोम्स में 23 क्रोमोजोम्स माँ से तथा 23 क्रोमोजोम्स पिता से मिलता है। क्रोमोजोम्स में ही एक विशेष संरचना (structure) होती है जिसे जीन (gene) कहा जाता है। इसी जीन द्वारा माता-पिता या अपने पुरखों के गुण अपने शिशुओं में आते हैं।
3. बालकों के विकास एवं वर्धन में आनुवंशिकता तथा वातावरण दोनों का महत्त्व है। एकांडी बच्चों (identical twins) तथा पोष्य बच्चों (foster children) का अध्ययन कर मनोवैज्ञानिकों ने आनुवंशिकता तथा वातावरण के सापेक्षिक महत्त्व को दिखाया है। इन लोगों का सामान्य निष्कर्ष यही रहा है कि बालकों के अधिकतर गुण चाहे वे शारीरिक हों या मानसिक, आनुवंशिकता तथा वातावरण की अंतःक्रिया (interaction) का प्रतिफल (product) है।
4. आनुवंशिकता तथा वातावरण का बालकों की शिक्षा में काफी महत्त्वपूर्ण स्थान होना बताया गया है। शिक्षकों के लिए भी इन दोनों का महत्त्व काफी अधिक बताया गया है। बालक की आनुवंशिकता एवं अन्य जैविक गुणों (biological traits) से परिचित होने पर तथा उनके घर-परिवार एवं सामाजिक वातावरण, जिसमें वे रहते हैं, भलीभाँति अवगत होने पर शिक्षक बालकों के बौद्धिक विकास, समायोजन तथा अनुशासन-संबंधी समस्याओं को हल करने में समर्थ हो पाते हैं।
5. आनुवंशिकता का नियम (law of heredity), जिसे मेण्डल (Mendel) ने अपने शोधों के आधार पर प्रतिपादित किया था, एक प्रमुख नियम है जिससे यह पता चलता है कि एक पीढ़ी से दूसरी पीढ़ी में व्यक्तियों के गुणों में विभिन्नता क्यों और कैसे होती है।

❑

अध्याय 5

शारीरिक विकास तथा क्रियात्मक विकास

[PHYSICAL DEVELOPMENT AND MOTOR DEVELOPMENT]

मुख्य बिंदु (Main Points)

1. शारीरिक विकास का अर्थ (Meaning of Physical Development)
2. विकास एवं परिपक्वता या परिपक्वन (Development and Maturation)
3. विकास के नियम (Principles of Development)
4. विकास के नियम की शैक्षिक उपयोगिताएँ (Educational Utilities of the Principles of Development)
5. विकास की अवस्थाएँ (Stages of Development)
6. विकासात्मक पाठ एवं शिक्षा (Developmental Task and Education)
7. क्रियात्मक विकास के नियम (Principles of Motor Development)
8. क्रियात्मक विकास के क्रम (Sequence of Motor Development)
9. शारीरिक विकास तथा क्रियात्मक विकास का शैक्षिक आशय (Educational Implications of Physical Development and Motor Development)

शारीरिक विकास का अर्थ
(Meaning of Physical Development)

एक स्वस्थ बालक ही स्कूल में दी गई शिक्षा का पूरा-पूरा लाभ उठा सकता है। अतः, शिक्षा मनोवैज्ञानिकों ने बालक के शारीरिक विकास (physical development) को एक महत्त्वपूर्ण विषय मानकर उसपर विशेष रूप से ध्यान दिया है। शारीरिक विकास से तात्पर्य बालकों में उम्र के अनुसार शारीरिक आकार (body size), शारीरिक अनुपात (body proportions), हड्डियों (bones), मांसपेशियों (muscles), दाँत (teeth) तथा तंत्रिकातंत्र (nervous system) में समुचित विकास से होता है। मनोवैज्ञानिक अध्ययनों से यह स्पष्ट हो गया है कि बालकों में शारीरिक विकास एकसमान गति (rate) से हमेशा नहीं होता। कभी तो यह तेजी से होता है और कभी मंद गति से। मेरेडिथ (Meredith, 1975) तथा टैन्नर (Tanner, 1970) द्वारा किए गए अध्ययनों से यह पता चला है कि शारीरिक विकास की चार भिन्न अवस्थाएँ हैं जिनमें दो में शारीरिक विकास की गति मंद होती है और दो में शारीरिक विकास की गति तीव्र होती है। इन मनोवैज्ञानिकों के अनुसार पूर्वप्रसूतिकाल तथा जन्म के प्रथम 6 महीनों में शारीरिक विकास की गति काफी तीव्र होती है। जन्म के 7–8 महीने के बाद से शारीरिक विकास की गति मंद पड़ने लगती है और एकसमान गति (uniform rate) से करीब

12 साल तक चलती रहती है। इसके बाद से करीब 15 या 16 साल की उम्र तक शारीरिक विकास की गति एक बार फिर तीव्र हो जाती है। इसे मनोवैज्ञानिकों ने **तारुण्य विकास लहर** (Puberty growth spurt) कहा है। इसके बाद पूर्ण परिपक्वता की प्राप्ति तक बालकों के शारीरिक विकास की गति में मंदता आ जाती है और इस अंतिम अवस्था में उनका शारीरिक विकास जिस ऊँचाई तक पहुँच जाता है वह बुढ़ापे तक बना रहता है हालाँकि वजन (weight) में वृद्धि होती रहती है। शिक्षकों को शारीरिक विकास की इन विभिन्न अवधियों का ज्ञान रहने से बालकों की मानसिक, शारीरिक तथा सामाजिक समस्याओं के भिन्न-भिन्न पहलुओं को समझकर उनलोगों को शैक्षिक निर्देशन (educational guidance) देने में विशेष मदद मिलती है। शायद यही कारण है कि शिक्षा मनोवैज्ञानिकों ने बालकों के शारीरिक विकास के अध्ययन पर इतना बल डाला है।

विकास एवं परिपक्वता या परिपक्वन
(Development and Maturation)

बालकों में होनेवाले क्रमिक (orderly) तथा संगत (coherent) परिवर्तनों के उत्तरोत्तर क्रम (progressive sequence) को विकास (development) कहा जाता है। जैसे एक खास उम्र आने पर बालकों में वागींद्रिय (vocal organ) विकसित हो जाती है जिससे वह अक्षरों का सही-सही उच्चारण कर पाता है तथा उसके हाथ की अँगुलियाँ इतनी परिपक्व हो जाती हैं कि वह कलम या पेंसिल पकड़कर कुछ लिख सकता है। इन सभी परिवर्तनों को एक क्रम (sequence) में सुव्यवस्थित कर लेने के बाद हम कह सकते हैं कि बालक में भाषा विकास (language development) हो रहा है। स्पष्ट है कि विकास में परिवर्तन की एक दिशा (direction) होती है जो हमेशा पीछे (backward) से आगे (forward) की ओर होती है। हरलॉक (Hurlock, 1959) ने विकास को इसी अर्थ में परिभाषित करते हुए कहा कि एक क्रमिक (orderly) एवं संगत पैटर्न में होनेवाले परिवर्तनों की उत्तरोत्तर शृंखला (progressive series) को विकास कहा जाता है। इसका स्पष्ट मतलब यह हुआ कि विकास में गुणात्मक परिवर्तन (qualitative changes) तथा परिमाणात्मक परिवर्तन (quantitative changes) दोनों सम्मिलित रहते हैं। शरीर के अंगों के आकार तथा संरचना में परिवर्तन परिमाणात्मक परिवर्तन (quantitative changes) के उदाहरण हैं। इस अर्थ में विकास वर्द्धन (growth) से भिन्न होता है, क्योंकि वर्द्धन से तात्पर्य सिर्फ परिमाणात्मक परिवर्तन से ही होता है जिसे मापा जा सकता है। जैसे बच्चे की ऊँचाई एवं भार में वृद्धि वर्द्धन (growth) का उदाहरण है।

परिपक्वता का तात्पर्य, जैसा कि गैसेल (Gesell, 1965) ने कहा है, बालकों में होनेवाली उन शारीरिक प्रक्रियाओं से होता है जो स्वतः तथा आनुवंशिक रूप से (genetically) निर्धारित तथ्यों द्वारा निदेशित होता है। उनका कहना था कि बालकों में होनेवाली सभी महत्त्वपूर्ण फिलोजेनेटिक क्रियाओं का होना इसी परिपक्वता (maturation) पर आधारित रहता है। फिलोजेनेटिक क्रियाओं से तात्पर्य वैसी क्रियाओं से होता है जो सभी प्रजाति (races) के बच्चों में पाई जाती हैं। जैसे छोटे शिशुओं द्वारा सरकना या खिसकना (creeping), घुटने के बल चलना (crawling), बैठना (sitting), चलना (walking) आदि कुछ फिलोजेनेटिक क्रियाओं के उदाहरण हैं। इन क्रियाओं में प्रशिक्षण (training) से नाममात्र का लाभ होता पाया गया है।

इस तरह स्पष्ट है कि जहाँ विकास का संबंध सभी तरह के शारीरिक परिमाणात्मक (quantitative) तथा गुणात्मक (qualitative) परिवर्तनों से होता है, वहाँ परिपक्वता का संबंध बालकों में आनुवंशिकता से प्राप्त अंतःशक्तियों (potentialities) की खुली अभिव्यक्ति (expression) से होता है।

विकास के नियम
(Principles of Development)

बालकों में होनेवाले विकासात्मक परिवर्तनों (developmental changes) को ठीक ढंग से समझने के लिए शिक्षकों से यह पूर्णतः अपेक्षित है कि वे विकास के नियमों (principles) से भलीभाँति परिचित हों। इसका सबसे बड़ा लाभ शिक्षकों को यह होता है कि वे शिक्षार्थियों (learners) की शारीरिक एवं मानसिक समस्याओं का मूल्यांकन सही संदर्भ में कर पाते हैं और उनका उचित निर्देशन भी कर पाते हैं। मनोवैज्ञानिकों ने विकास के मुख्य दस नियमों की चर्चा की है, जो निम्नांकित हैं—

(1) विकास में परिवर्तन होता है (Development involves changes)—मानव शिशुओं के विकास का पहला नियम यह है कि इसमें गुणात्मक परिवर्तन (qualitative changes) तथा परिमाणात्मक परिवर्तन (quantitative changes) दोनों होते हैं। जैसे-जैसे शिशुओं की उम्र बढ़ती जाती है उनके सीखने की क्षमता में परिवर्तन, सांवेगिक नियंत्रण में परिवर्तन, किसी विशेष भाषा को सीखने की क्षमता में परिवर्तन आदि होते हैं और ये सभी गुणात्मक परिवर्तन के उदाहरण हैं। इन गुणात्मक परिवर्तनों के अलावा बालकों में परिमाणात्मक परिवर्तन, जैसे शरीर की बनावट में परिवर्तन, आकार में परिवर्तन, शरीर के भीतरी अंगों में परिवर्तन आदि भी होता है। बालकों की प्रत्येक उम्र में इनमें कई तरह के परिवर्तन हमेशा होते रहते हैं। किसी भी खास उम्र में इनमें कुछ परिवर्तन प्रारंभिक अवस्था में होते हैं, कुछ पहले से होकर इस उम्र में चोटी पर पहुँच जाते हैं और कुछ परिवर्तन अपने पतन की अवस्था में होते हैं। इन सभी तरह के परिवर्तनों का मुख्य उद्देश्य बालकों के भीतर छिपी आनुवंशिक अंतःशक्ति (genetic potentials) की अभिव्यक्ति तथा प्राप्ति से होता है। दूसरे शब्दों में, इन परिवर्तनों का उद्देश्य बालकों को मानसिक रूप से तथा शारीरिक रूप से सबसे उत्तम व्यक्ति बनाना होता है। मैसलो (Maslow, 1954) ने इसे आत्म-यथार्थता (self-actualization) की संज्ञा दी है।

(2) प्रारंभिक विकास परवर्ती विकास से अधिक महत्त्वपूर्ण होता है (Early development is more critical than later development)—मनोवैज्ञानिक अध्ययनों से यह स्पष्ट हो गया है कि बालकों के प्रारंभिक विकास (early development), जैसे प्रथम 5 या 6 साल की अवधि का विकास तुलनात्मक रूप से बाद के सालों में हुए विकास या परवर्ती विकास की तुलना में अधिक महत्त्वपूर्ण होता है। इन प्रारंभिक वर्षों में हुए विकास का महत्त्व सर्वप्रथम प्रसिद्ध मनोवैज्ञानिक फ्रायड (Freud) ने कुसमायोजित बालकों (maladjusted children) के अध्ययन के फलस्वरूप बताया। इनके अनुसार किशोरों (adolescents) के कुसमायोजन का कारण बचपन की कुछ प्रतिकूल अनुभूतियाँ तथा मानसिक संघर्ष होता है। आधुनिक मनोवैज्ञानिकों ने भी फ्रायड की इस विचारधारा का समर्थन किया है। सौनटेग तथा कागन (Sontag & Kagan, 1963) ने अपने अध्ययन के आधार पर बताया कि बालकों के प्रथम पाँच साल का स्कूली अनुभव उपलब्धि प्रेरक

(achievement motive) के विकास के लिए महत्त्वपूर्ण होता है और वयस्कावस्था (adulthood) में होनेवाला उपलब्धि व्यवहार (achievement behaviour) बहुत हद तक इस बाल्यावस्था के उपलब्धि व्यवहार से संबंधित होता है। प्रारंभिक विकास की अवस्था में अन्य बातों के अलावा व्यक्तियों के साथ बालकों का अनुकूल अंतर्वैयक्तिक संबंध (favourable interpersonal relationship), सांवेगिक संतुष्टि (emotional satisfaction), उदार माता-पिता (democratic parents) तथा अनुकूल पर्यावरणी उत्तेजना (favourable environmental stimulation) आदि को महत्त्वपूर्ण बताया गया है। मनोवैज्ञानिकों ने प्रारंभिक विकास को परवर्ती विकास (later development) की तुलना में दो कारणों से महत्त्वपूर्ण बताया है। पहला कारण तो यह बताया गया है कि प्रारंभिक अवस्था में बताई गई बातों को बालक जल्द ही एक आदत (habit) का रूप दे देते हैं तथा दूसरा कारण यह कि यही वह अवस्था होती है जहाँ बालकों को मार्गनिर्देशन की जरूरत भी पड़ती है और यदि उसे सही रास्ते पर ले आया जाता है तो फिर पूरे जीवनकाल में वह एक समायोजित व्यक्ति (adjusted person) के रूप में बना रहता है।

(3) विकास परिपक्वता तथा सीखने की उपज है (Development is the product of maturation and learning)—मनोवैज्ञानिकों ने यह दिखा दिया है कि पूर्वप्रसवकाल (prenatal period) में परिपक्वता (maturation) का महत्त्व प्रशिक्षण (training) या सीखना से अधिक होता है। परंतु, जन्म के बाद बालकों के सम्पूर्ण विकास में परिपक्वता तथा प्रशिक्षण दोनों की भूमिका प्रधान हो जाती है। सचाई यह है कि बालक में विकास सही अर्थ में परिपक्वता तथा प्रशिक्षण दोनों की अंतःक्रिया (interaction) पर निर्भर करता है। परिपक्वता का संबंध चूँकि आनुवंशिक अंतःशक्तियों (hereditary potentials) से होता है, अतः बालकों के विकास में यह एक तरह से चहारदीवारी (boundary) बना देता है जिसके भीतर उन अंतःशक्तियों (potentialities) का विकास उचित वातावरण मिलने से हो पाता है। यही कारण है कि अधिकतर शिक्षा मनोवैज्ञानिकों ने यह मत अभिव्यक्त किया है कि पूर्ण विकास के लिए बालकों की आनुवंशिक अंतःशक्तियों को उचित वातावरण प्रदान कर ठीक समय पर उत्तेजित करना आवश्यक है।

(4) विकासात्मक पैटर्न पूर्वानुमेय होता है (Developmental patterns are predictable)—विकासात्मक पैटर्न पूर्वप्रसूतिकाल (prenatal period) में तथा जन्म के बाद भी एक खास क्रम (sequence) में होता है, अतः वह पूर्वानुमेय होता है। शिशुओं में पूर्वप्रसूतिकाल में मूलतः एक जननिक क्रम (genetic sequence) होता है जिसमें एक निश्चित समय पर कुछ गुण दीख पड़ते हैं। जन्म के बाद भी विकास का ऐसा ही क्रमबद्ध पैटर्न देखने को मिलता है। प्रयोगात्मक अध्ययनों के आधार पर दिखाया गया है कि पूर्वप्रसूतिकाल तथा जन्म के बाद (postnatal life) के समय में बच्चों का शारीरिक विकास तथा मानसिक विकास दो प्रकार के नियमों से निर्देशित होता है—मस्तकाधोमुखी नियम (cephalocaudal law) तथा निकट-दूर नियम (proximodistal law)। इन दोनों नियमों को एकसाथ मिलाकर 'विकासात्मक दिशा का नियम' (law of developmental direction) कहा जाता है। मस्तकाधोमुखी नियम में शारीरिक विकास सिर से पैर की दिशा में होता है। दूसरे शब्दों में, इस नियम के अनुसार सिर की बनावट तथा कार्य में पहले विकास होता है, फिर धड़ की बनावट तथा कार्य में और अंत में पैर की बनावट तथा कार्य में (चित्र 5.1 देखें)। मस्तकाधोमुखी विकास के परिणामस्वरूप प्रायः यह देखा जाता है कि विकास के क्रम में शिशु पहले सिर उठाता है, इसके बाद वह बैठना प्रारंभ कर देता है, फिर खड़ा होता है

और अंत में चलना प्रारंभ कर देता है। निकट-दूर नियम (proximodistal law) के अनुसार, बालकों में शारीरिक विकास शरीर के केंद्र (centre) से उसके छोर (extreme) की ओर होता है। इस नियम के अनुसार पहले पेट या छाती के क्षेत्र में विकास होगा, फिर बाँह में और अंत में अँगुलियों में (चित्र 5.1 देखें)।

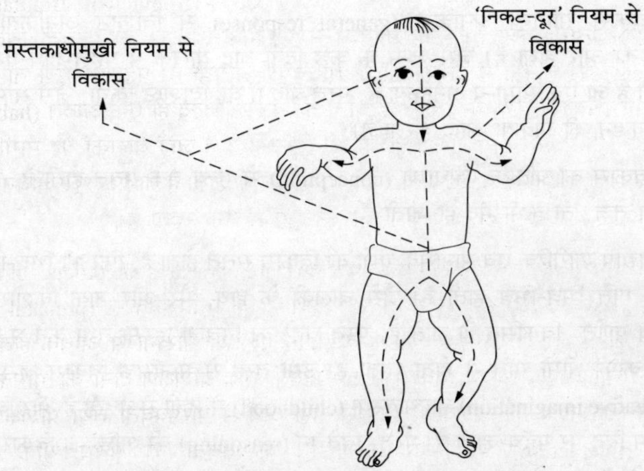

चित्र 5.1 विकासात्मक दिशा के नियम का चित्रण

मनोवैज्ञानिकों के कुछ अध्ययनों से यह भी स्पष्ट हो गया है कि शारीरिक विकास के समान मानसिक विकास भी पूर्वानुमेय (predictable) होता है। बुद्धि (intelligence) से संबंधित कालानुक्रमिक अध्ययनों (longitudinal studies) में जन्म से 50 साल तक की जीवन अवधि (life span) में होनेवाले मानसिक विकास को सम्मिलित किया गया है। ओवेन्स (Owens, 1966) तथा स्केई (Schaie, 1972) ने स्पष्ट रूप से दिखाया है कि प्रथम 16 या 18 साल में मानसिक विकास सबसे अधिक होता है। ओडेन (Oden, 1968) द्वारा एक दूसरा अध्ययन किया गया जिसमें ऊपर के इस निष्कर्ष की पुष्टि की गई है और उन्होंने यह भी बताया कि (कुछ अपवादों को छोड़कर) तीव्र (superior) बुद्धि के बच्चे ही बाद में तीव्र बुद्धि के वयस्क होते हैं (Superior children become superior adults)।

शिक्षा मनोवैज्ञानिकों को विकास के इस नियम से दो लाभ होते हैं। वे बालकों की प्रारंभिक बौद्धिक अभिक्षमता (intellectual aptitudes) के ज्ञान के आधार पर एक संतुलित शैक्षिक कार्यक्रम (educational plan) बनाने में समर्थ हो जाते हैं तथा इससे शिक्षकों एवं माता-पिता को यह भी निश्चय करने में सुविधा होती है कि बालक भविष्य में किस तरह का व्यवसाय (vocation) पसंद करेगा।

(5) विकासात्मक पैटर्न में पूर्वानुमेय गुण होते हैं (Developmental pattern has predictable characteristics)—विकासात्मक पैटर्न (developmental pattern) के कुछ गुण ऐसे होते हैं जिनके बारे में आसानी से पूर्वकथन (prediction) किया जा सकता है। मनोवैज्ञानिक अध्ययनों से

यह स्पष्ट हो गया है कि मानसिक तथा शारीरिक विकास के बारे में पाँच गुण ऐसे होते हैं जो पूर्वानुमेय (predictable) होते हैं—

(i) सभी बालकों में एक उम्र या अवस्था में एकसमान ढंग का विकासात्मक पैटर्न देखने को मिलता है और उसके बाद फिर एक दूसरी अवस्था आती है। जैसे सामान्यतः सभी बालक चलना प्रारंभ करने के पहले अपने पैर पर खड़ा होने की अनुक्रिया करते हैं।

(ii) विकास सामान्य अनुक्रिया (general response) से विशिष्ट अनुक्रिया (specific response) की ओर होता है। जैसे जन्म के कुछ दिनों बाद बालक में पहले हाथ-पैर फेंकने की प्रक्रिया होती है जो एक सामान्य अनुक्रिया है, परंतु बाद में वह विशिष्ट क्रिया, जैसे सामने रखी गई वस्तु को पकड़ने की प्रक्रिया आदि करता है।

(iii) विकास की प्रक्रिया गर्भधारण (conception) से मृत्यु तक सतत होती है, परंतु इसकी रफ्तार कभी तेज, तो कभी मंद हो जाती है।

(iv) यद्यपि शारीरिक एवं मानसिक गुणों का विकास सतत होता है, फिर भी भिन्न-भिन्न क्षेत्रों में विकास की गति भिन्न-भिन्न होती है। जैसे बालकों के हाथ, पैर और नाक किशोरावस्था तक करीब-करीब पूर्णतः विकसित हो जाते हैं, परंतु चेहरे का निचला हिस्सा तथा कंधे में विकास उस समय तक काफी धीमी गति से होता रहता है। उसी तरह से मानसिक विकास जैसे रचनात्मक कल्पना (creative imagination) बाल्यावस्था (childhood) में तेजी से बढ़ती है और किशोरावस्था में अधिकतम बिंदु पर पहुँच जाती है। परंतु, विवेचन (reasoning) की शक्ति का विकास उस समय तक भी धीमी गति से ही होता रहता है। उसी तरह से किशोरावस्था (adolescence) में रटन स्मृति (rote memory) तथा मूर्त वस्तुओं (concrete objects) के लिए स्मृति अमूर्त (abstract) तथा सैद्धांतिक वस्तुओं की स्मृति की अपेक्षा कम होती है।

(v) मानसिक विकास (mental development) तथा शारीरिक विकास (physical development) आपस में धनात्मक रूप से (positively) सह-संबंधित होते हैं, अर्थात शारीरिक विकास में वृद्धि होने पर मानसिक विकास में भी वृद्धि होती है और शारीरिक विकास में कमी होने पर मानसिक विकास में भी कमी होती है।

(6) विकास में वैयक्तिक विभिन्नता होती है (There are individual differences in development)—यद्यपि सभी बालकों के लिए विकासात्मक पैटर्न (developmental pattern) एकसमान होता है, फिर भी प्रत्येक बालक में विकास अपने ढंग से तथा भिन्न-भिन्न रफ्तार (rate) से होता है। रफ्तार में विभिन्नता का कारण अंशतः आनुवंशिकता (heredity) तथा अंशतः वातावरण में पाए जानेवाले कारक होते हैं।

(7) विकासात्मक पैटर्न में भिन्न-भिन्न अवस्थाएँ होती हैं (There are periods in the developmental pattern)—बालकों में विकासात्मक काल (developmental periods) गर्भधारण से प्रारंभ होकर उस उम्र पर समाप्त हो जाता है जहाँ वह लैंगिक (sexual) रूप से परिपक्व हो जाता है। हरलॉक (Hurlock, 1978) के अनुसार इन दोनों छोरों (extremes) के बीच पाँच विकासात्मक काल होते हैं—पूर्वप्रसूतिकाल (prenatal period) जो गर्भधारण से जन्म तक की होती है, शैशवावस्था (infancy) जो जन्म से 10 से 14 दिन तक की होती है, बचपनावस्था (babyhood) 14 दिन से 2 साल तक की होती है, वाल्यावस्था (childhood) जो 2 साल से 12 साल तक की होती है तथा

तरुणावस्था जो 13 साल से 16 साल तक की होती है। इन भिन्न-भिन्न विकासात्मक कालों में कुछ समय संतुलन (equilibrium) का होता है तथा कुछ समय असंतुलन (disequilibrium) का होता है। संतुलन की अवस्था में बालकों में वातावरण के साथ अच्छे समायोजन (good adjustment) के सभी लक्षण दिखते हैं और वे अकसर खुश नजर आते हैं। असंतुलन की अवस्था में बालक वातावरण के साथ ठीक ढंग से समायोजित नहीं कर पाते तथा उनमें चिंता, तनाव एवं बेचैनी (restlessness) बनी रहती है।

(8) प्रत्येक विकासात्मक अवस्था में कुछ सामाजिक प्रत्याशाएँ होती हैं (Each developmental period has some expectations)—प्रत्येक समाज (society) तथा संस्कृति (culture) में ऐसा देखा गया है कि बालक एक खास उम्र होने पर कुछ खास व्यवहारों को अन्य व्यवहारों की अपेक्षा जल्दी सीख लेते हैं। फलतः, समाज बच्चों से भी उनकी उम्र के अनुसार कुछ उम्मीद (expectations) करता है जिसे सामाजिक प्रत्याशा (social expectations) कहा जाता है। प्रसिद्ध बालमनोवैज्ञानिक हेभिगहर्स्ट (Havighurst, 1972) ने इसे **विकासात्मक पाठ** (Developmental Task) कहा है।

(9) विकास के प्रत्येक क्षेत्र में कुछ अंतर्निहित कठिनाई होती है (Every area of development has potential hazards)—कभी-कभी विकासात्मक पैटर्न सामान्य होते हुए भी बालकों में कुछ इस प्रकार के कारक उत्पन्न हो जाते हैं जिससे विकास के क्षेत्र में बाधा उत्पन्न हो जाती है और बालकों का विकास मंद पड़ जाता है। इनमें कुछ कारक पर्यावरणीय (environmental) होते हैं, जैसे उचित तथा प्रोत्साहन देनेवाला वातावरण का न मिलना तथा कुछ कारक बालक के भीतर में होते हैं, जैसे अंतःस्रावी ग्रंथियों (endocrine glands) का अविकसित होना आदि।

(10) विकास की भिन्न-भिन्न अवस्थाओं में सुख-शांति एकसमान नहीं होते हैं (Happiness varies at different periods in development)—मनोवैज्ञानिक अध्ययनों से यह पता चला है कि बचपनावस्था (babyhood), जो करीब जन्म के 2 सप्ताह से 2 साल तक की होती है, सबसे अधिक सुख-शाति का समय होता है। बाल्यावस्था (childhood) की अवधि, जो 6 साल से प्रारंभ होकर 12 साल तक की होती है, बालक तुलनात्मक रूप से अधिक खुश नजर आते हैं। प्रौढ़ावस्था (adulthood) का काल सबसे अशांत तथा अप्रिय होता है, क्योंकि इसमें तरह-तरह की नई-नई जवाबदेही व्यक्ति के कंधों पर आ जाती है।

इस तरह स्पष्ट है कि बालकों में होनेवाले शारीरिक तथा मानसिक विकास के कुछ नियम हैं जिनके आधार पर उन्हें आसानी से समझा जा सकता है।

विकास के नियम की शैक्षिक उपयोगिताएँ
(Educational Utilities of the Principles of Development)

विकास के नियम (Principles of development) द्वारा मूलतः मनोवैज्ञानिकों द्वारा गर्भधारण (conception) से जन्म के बाद के प्रथम 16 सालों में होनेवाले शारीरिक विकास (physical development) तथा मानसिक विकास (mental development) की व्याख्या की गई है। विकास के इन नियमों का शैक्षिक महत्त्व (educational importance) काफी बताया गया है, क्योंकि इनसे शिक्षकों को कई तरह की विशेष सुविधाएँ प्राप्त हो जाती हैं। इन नियमों की शैक्षिक उपयोगिताओं (educational utilities) की व्याख्या इस प्रकार की जा सकती है—

(i) विकास के इन नियमों से शिक्षकों एवं माता-पिता दोनों को ही बालकों का मार्ग-निर्देशन (guide) करने में सुविधा होती है। इन नियमों की जानकारी से शिक्षक यह निश्चित रूप से पूर्वकथन कर पाते हैं कि बालकों में किस तरह का विकास हो रहा है और कब विकास की गति धीमी होती है और कब मंद। इससे शिक्षक यह निश्चित कर लेते हैं कि बालकों को किस ढंग का पाठ्यक्रम कब पढ़ाना चाहिए।

(ii) शिक्षक विकास के नियमों के आधार पर बालकों को वातावरण के साथ अच्छे समायोजन करने के लिए प्रेरित कर सकने में समर्थ हो पाते हैं।

(iii) शिक्षकों को हेभिगहर्स्ट (Havighurst) द्वारा तैयार किए गए विकासात्मक पाठ (developmental task) से अपनी शिक्षा नीतियों एवं कार्यक्रमों को बालकों की उम्र के अनुसार समायोजित करने में असमानांतर सफलता (unparallel success) मिली है।

(iv) विकास के नियमों द्वारा शिक्षकों को यह भी पता चल जाता है कि भविष्य में बालकों का झुकाव किस ओर अधिक है। इससे शिक्षकों को बालकों का व्यावसायिक निर्देशन (vocational guidance) करने में काफी सफलता मिलती है।

(v) विकास के नियमों के आधार पर शिक्षकों को यह भी ज्ञात हो जाता है कि बालक कब संतुलन (equilibrium) की अवस्था में रहते है और कब असंतुलन की अवस्था मे। संतुलन की अवस्था में बालक खुश (happy) रहते हैं तथा असंतुलन की अवस्था मे अशांति रहती है तथा वे तनावग्रस्त रहते हैं। शिक्षा मनोवैज्ञानिकों का कहना है कि संतुलन की अवस्था में यदि शिक्षक अधिक सावधानी से बालकों के व्यवहारों का निर्देशन करते हैं, तो उन्हें सामाजिक तथा शैक्षिक समायोजनों में अधिक मदद मिलती है।

स्पष्ट हुआ कि विकास के नियमों का महत्त्व सिर्फ बालमनोवैज्ञानिकों के लिए ही नहीं है, बल्कि इसकी उपयोगिताएँ शिक्षकों एवं शिक्षा मनोवैज्ञानिकों के लिए भी काफी हैं।

विकास की अवस्थाएँ
(Stages of Development)

मनोवैज्ञानिकों ने विकास (development) के दृष्टिकोण से गर्भधारण से लेकर पूरे जीवनकाल को निम्नांकित 10 भागों में बाँटा है—

(1) पूर्वप्रसूतिकाल (Prenatal period)—यह अवस्था गर्भधारण से प्रारंभ होकर जन्म (birth) तक की होती है।

(2) शैशवावस्था[1] (Infancy)—यह अवस्था जन्म से प्रथम 10–14 दिनों तक की है।

(3) बचपनावस्था (Babyhood)—यह अवस्था जन्म के 2 सप्ताह से प्रारंभ होकर 2 साल तक की होती है।

---

1. कुछ मनोवैज्ञानिकों द्वारा शैशवावस्था की अवधि जन्म से प्रथम दो साल तक की मानी गई है और ऐसे मनोवैज्ञानिक तब बचपनावस्था (babyhood) को अलग अवस्था नहीं मानते हैं।

(4) बाल्यावस्था (Childhood)—यह अवस्था 2 साल से प्रारंभ होकर 10 या 12 साल तक की होती है। बालिकाओं में 10 वर्ष तक तथा बालकों में यह 12 वर्ष तक की होती है। इसे मनोवैज्ञानिकों ने निम्नांकित दो भागों में बाँटा है—

(i) प्रारंभिक बाल्यावस्था (Early childhood)—यह अवस्था 2 साल से प्रारंभ होकर 6 साल तक की होती है।

(ii) उत्तर बाल्यावस्था (Later childhood)—यह अवस्था 6 वर्ष से प्रारंभ होकर बालिकाओं में 10 वर्ष की उम्र तक तथा बालकों में 6 वर्ष से प्रारंभ होकर 12 वर्ष की उम्र तक होती है। इस अवस्था से बालक-बालिकाओं में यौन परिपक्वता आ जाती है।

(5) तरुणावस्था या प्राक्‌किशोरावस्था (Puberty or pre-adolescence)—लड़कियों में यह अवस्था 11 वर्ष से 13 वर्ष की तथा लड़कों में यह अवस्था 12 साल से 14 साल की होती है। इस अवस्था में बालिका का शरीर एक वयस्क के शरीर का रूप ले लेता है।

(6) प्रारंभिक किशोरावस्था (Early adolescence)—यह अवस्था 13–14 साल से प्रारंभ होकर 17 साल तक की होती है। इस अवस्था में शारीरिक विकास तथा मानसिक विकास बालकों में अधिकतम होता है और उनमें विवेक (reasoning) तथा उचित-अनुचित का खयाल अधिक नहीं रहता है।

(7) परवर्ती किशोरावस्था (Later adolescence)—यह अवस्था 17 साल से 19–20 साल तक की होती है। इस अवस्था में बालक पूर्णरूपेण शारीरिक तथा मानसिक रूप से स्वतंत्र हो जाता है और अपने भविष्य के बारे में तरह-तरह की योजनाएँ बनाना शुरू कर देता है। बालक तथा बालिकाओं में विपरीत लिंग (opposite sex) के व्यक्तियों के प्रति अभिरुचि अधिक हो जाती है।

(8) प्रारंभिक वयस्कता (Early adulthood)—यह अवस्था 21 साल से 40 साल की होती है। इस अवस्था में व्यक्ति शादी कर अपना घर-परिवार बसाता है और किसी व्यवसाय (occupation) में लग जाता है तथा अपने आत्म-विकास (self-development) को मजबूत कर आगे बढ़ता है।

(9) मध्यावस्था (Middle age)—यह अवस्था 40 से 60 साल की होती है। इसमें व्यक्ति द्वारा अपनी पूर्वप्राप्त उपलब्धि (achievement) तथा आकांक्षाओं (aspirations) को काफी सुदृढ़ (consolidate) किया जाता है।

(10) बुढ़ापा या सठियावस्था (Old age or senescence)—यह अवस्था 60 साल से मृत्यु तक की होती है। इस अवस्था में शारीरिक तथा मानसिक शक्ति धीरे-धीरे क्षीण होती जाती है और सामाजिक कार्यों में व्यक्ति का लगाव कम होता चला जाता है।

शिक्षा मनोविज्ञान में बाल्यावस्था से परवर्ती किशोरावस्था (later adolescence) तक का महत्त्व अधिक बताया गया है। अतः, हम यहाँ इन्हीं अवस्थाओं में बालकों में होनेवाले विभिन्न तरह के विकास (development), खासकर शारीरिक विकास (physical development), मानसिक विकास (mental development), सामाजिक विकास (social development), सांवेगिक विकास (emotional development) की विस्तृत व्याख्या अलग-अलग करेंगे।

प्रारंभिक बाल्यावस्था में विकास (Development in Early Childhood)

प्रारंभिक अवस्था 2 वर्ष से प्रारंभ होकर 6 वर्ष तक की होती है। इसे शिक्षकों द्वारा प्राक्‌स्कूल अवस्था (preschool age) या प्राक्‌टोली अवस्था (pregang stage) भी कहा जाता है। मनोवैज्ञानिकों ने इस

अवस्था में बालकों में महत्त्वपूर्ण शारीरिक विकास (physical development), भाषा विकास (language development), प्रत्यक्षणात्मक एवं संज्ञानात्मक विकास (perceptual and cognitive development), बौद्धिक विकास (intellectual development), सामाजिक विकास (social development) तथा सांवेगिक विकास (emotional development) होते पाया है। इन सभी तरह के विकासों की एक झलक प्रस्तुत करने के पहले प्रारंभिक बाल्यावस्था की प्रमुख विशेषताओं पर विचार करना आवश्यक है। ऐसी विशेषताएँ निम्नांकित हैं—

(1) प्रारंभिक बाल्यावस्था एक समस्या अवस्था होती है (Early childhood is a stage of problem)—इस अवस्था की एक प्रमुख विशेषता यह है कि इस अवस्था में बालक एक विशिष्ट व्यक्तित्व विकसित करते हैं और स्वतंत्र रूप से कोई कार्य करने पर अधिक बल डालते हैं। इसके अलावा इस उम्र के बालक अधिक जिद्दी, झक्की, विरोधात्मक (antagonistic), निषेधवादक (negativistic) तथा बेकहा (disobedient) होते हैं। इन व्यवहारात्मक समस्याओं (behavioural problems) के कारण अधिकतर माता-पिता इस अवस्था को 'समस्या अवस्था' (problem stage) कहते हैं।

(2) प्रारंभिक बाल्यावस्था में बालकों की अभिरुचि खिलौनों में अधिक होती है (Children in early childhood show more interest in toys)—इस अवस्था में बालक खिलौनों से खेलना अधिक पसंद करते हैं। ब्रुनर (Bruner, 1975), हेरोन (Heron, 1971) एवं काज (Katz, 1991) ने अपने-अपने अध्ययनों के आधार पर यह बताया है कि इस अवस्था में बालकों में खिलौनों से खेलने की अभिरुचि (interest) अधिकतम होती है और जब बालक स्कूल अवस्था में प्रवेश करने लगते हैं अर्थात वे 6 साल का होने को होते हैं तो उनकी यह अभिरुचि समाप्त हो जाती है।

(3) प्रारंभिक बाल्यावस्था को शिक्षकों द्वारा तैयारी का समय बताया गया है (Early childhood has been considered as the time for preparation by teachers)—इस अवस्था को शिक्षकों ने प्राक्स्कूली अवस्था (preschool age) कहा है, क्योंकि इस अवस्था में बालकों को किसी स्कूल में औपचारिक शिक्षा के लिए दाखिला नहीं कराया जाता है। लेकिन, कुछ ऐसी संस्थाएँ हैं जिन्हें प्राक्स्कूल (preschool) कहा जाता है जिनमें बालकों को रखकर कुछ अनौपचारिक ढंग से या खेल के माध्यम से शिक्षा दी जाती है। नर्सरी स्कूल ऐसे स्कूलों के अच्छे उदाहरण हैं। लेकिन, कुछ बालक ऐसे नर्सरी स्कूल में न जाकर माता-पिता से घर पर ही कुछ शिक्षा पाते हैं। शिक्षकों का कहना है कि चाहे बालक किसी नर्सरी स्कूल में अनौपचारिक शिक्षा पा रहे हों या घर में माता-पिता द्वारा शिक्षा प्राप्त कर रहे हों, वे अपने-आपको इस ढंग से तैयार करते हैं कि स्कूल अवस्था प्रारंभ होने पर उन्हें किसी प्रकार की कोई कठिनाई नहीं हो।

(4) प्रारंभिक बाल्यावस्था में बालकों में उत्सुकता अधिक होती है (In early childhood the children possess a higher degree of curiosity)—इस अवस्था में बालकों में अपने इर्द-गिर्द की वस्तुओं, चाहे वे जीवित हों या अजीवित, के बारे में जानने की उत्सुकता काफी अधिक रहती है। वे हमेशा यह जानने की कोशिश करते हैं कि उनके वातावरण में उपस्थित ये सब वस्तुएँ किस प्रकार की हैं, वे कैसे कार्य करती हैं, वे कैसे एक-दूसरे से किस तरह से संबंधित हैं आदि-आदि। शायद यही कारण है कि कुछ मनोवैज्ञानिकों ने प्रारंभिक बाल्यावस्था को अन्वेषणात्मक अवस्था (exploratory age) कहा है।

(5) प्रारंभिक बाल्यावस्था में बालकों में अनुकरण करने की प्रवृत्ति अधिक तीव्र होती है (There is stronger tendency to imitate among children of early childhood)—इस अवस्था के बालकों में अपने माता-पिता एवं परिवार के अन्य वयस्कों के व्यवहारों तथा उनके बोलने-चालने के तौर-तरीकों का नकल उतारने की प्रवृत्ति देखी जाती है। चेरी तथा लेविस (Cherry & Lewis, 1991) का मत है कि इस अवस्था के जिन बालकों में ऐसी प्रवृत्ति अधिक होती है उन बालकों में किशोरावस्था (adolescence) तथा वयस्कावस्था (adulthood) में आने पर सुझाव ग्रहणशीलता (suggestibility) का शीलगुण तेजी से विकसित होता है।

प्रारंभिक बाल्यावस्था में होनेवाले प्रमुख विकासों का वर्णन निम्नांकित है—

(i) शारीरिक विकास (Physical development)—इस अवस्था में बालक एवं बालिकाओं के शरीर के अंगों में स्पष्ट रूप से परिवर्तन आना प्रारंभ हो जाता है। बालकों के पैर (legs) में काफी वृद्धि होती है तथा शरीर की पूरी ऊँचाई का आधा सिर्फ पैर की लंबाई होती है। परंतु, सिर में वृद्धि मंद गति से होती है। सामान्यतः 4 साल के बालक का वजन 38 पौंड होता है तथा इसकी लंबाई 40 इंच होती है। बालिकाएँ इनसे वजन तथा लंबाई दोनों में ही थोड़ा कम होती है। 6 वर्ष की उम्र तक बालकों के शरीर का औसत वजन 50 पौंड तथा ऊँचाई लगभग 45 इंच के लगभग हो जाती है। शरीर के आकार (size) तथा वजन में परिवर्तन के अलावा बालकों में कुछ और परिवर्तन दिखाई पड़ते हैं। जैसे उसके शरीर की मांसपेशियाँ अधिक गठीली और मजबूत हो जाती हैं, जिसके परिणामस्वरूप 'बचपना आकृति' (baby look) समाप्त होने लगता है। बालकों के शारीरिक गठन (body build) में स्पष्ट अंतर दिखाई पड़ने लगता है। कुछ बालकों का शारीरिक गठन मोटा होता है यानी वे एण्डोमॉर्फिक (endomorphic build) के होते हैं, कुछ का शारीरिक गठन हट्टा-कट्टा (muscular) होता है, अर्थात मेसोमॉर्फिक गठन (mesomorphic build) के होते हैं तथा कुछ का शारीरिक गठन दुबला-पतला (thin) होता है, अर्थात वे एक्टोमॉर्फिक गठन (ectomorphic build) के होते हैं (देखें चित्र 5.2)। प्रारंभिक बाल्यावस्था के समाप्त होते-होते बालकों में कुछ स्थायी दाँत उग आते हैं।

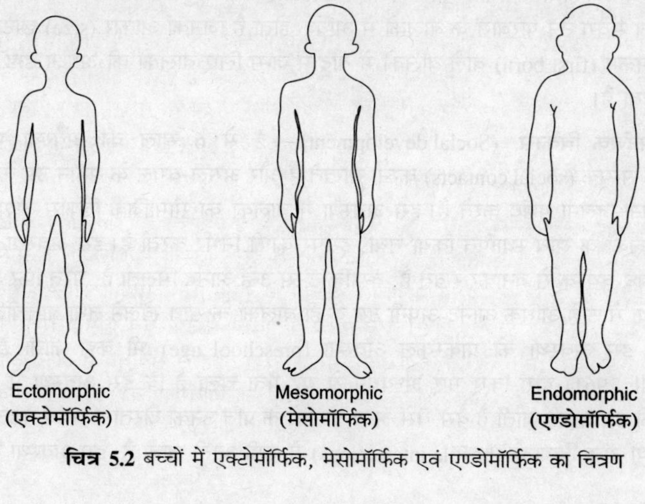

चित्र 5.2 बच्चों में एक्टोमॉर्फिक, मेसोमॉर्फिक एवं एण्डोमॉर्फिक का चित्रण

(ii) भाषा विकास (Language development)—प्रारंभिक बाल्यावस्था में बालक बोलना सीखने के लिए काफी प्रेरित रहते हैं। इस अवस्था के प्रारंभ में इनकी बोली (speech) इस अर्थ में आत्मकेंद्रित (egocentric) होती है कि वे मूलतः अपनी जरूरतों (needs) और स्वयं के बारे में ही बोलते हैं। परंतु, इस अवस्था के अंत तक पहुँचते-पहुँचते वे परिवार के अन्य लोगों के बारे में भी कुछ बोलना प्रारंभ कर देते हैं। इस अवस्था में वे गुस्साने पर दूसरों को गाली भी बकना प्रारंभ कर देते हैं। इस अवस्था में बालक अभ्यास द्वारा शब्दों का उच्चारण करना (pronounciation of words), शब्दावली बनाना (vocabulary building) तथा वाक्य बनाकर बोलना (forming sentences) मुख्य रूप से सीखते हैं। मैकार्थी (McCarthy, 1965) के अध्ययन के अनुसार आजकल के बालक कई कारणों से गत पीढ़ियों के बालकों की तुलना में अच्छे ढंग से बोलते हैं। कुछ मनोवैज्ञानिकों ने इस अवस्था को 'बक्की अवस्था' (chatterbox stage) कहा है, क्योंकि जैसे ही वे आसानी से बोलना सीख लेते हैं, वे अकसर कुछ-न-कुछ बोलते ही रहते हैं। इस अवस्था में बालकों में भाषा विकास अन्य बातों के अलावा बालकों की बुद्धि, अच्छा घरेलू वातावरण तथा नियमित प्रशिक्षण आदि बातों पर निर्भर करता है।

(iii) सांवेगिक विकास (Emotional development)—इस अवस्था में बालकों द्वारा तीव्र संवेग (intense) दिखाया जाता है। इस अवस्था के बालकों में सामान्यतः वही संवेग देखने को मिलता है जो एक सामान्य वयस्क में होता है। अंतर इतना ही होता है कि इन संवेगों की अभिव्यक्ति (expression) बालक दूसरे ढंग से करते हैं तथा वयस्क कुछ और ही ढंग से करते हैं। इन संवेगों में क्रोध (anger), डर (fear), डाह (jealousy), उत्सुकता (curiosity), खुशी (joy), दुःख (grief) तथा अनुराग (affection) आदि प्रधान हैं। क्रोध का संवेग 2 से 4 साल की अवस्था में अधिक होता है और उसके बाद थोड़ा कम हो जाता है। डर के साथ भी ऐसी ही बात पाई जाती है। डाह का संवेग 2 साल की उम्र से प्रारंभ होता देखा गया है तथा जैसे-जैसे बालक की उम्र बढ़ती है, वैसे-वैसे इस संवेग की मात्रा में भी वृद्धि होती है। अधिक बुद्धि के बालक में उत्सुकता (curiosity) का संवेग कम बुद्धि के बालक के इसी संवेग की तुलना में अधिक होता है। इस अवस्था में संवेग की अभिव्यक्ति में कुछ यौन अंतर (sex difference) भी पाया जाता है। जैसे बालकों में बालिकाओं की तुलना में क्रोध का संवेग अधिक होता है जबकि बालिकाओं में डर, डाह तथा अनुराग के संवेग की अधिकता होती है। डाह का संवेग उन परिवारों के बालकों में अधिक होता है जिनका आकार (size) छोटा होता है। प्रथम जन्मक्रम (first born) वाले बालकों में बाद में जन्म लिए बालकों की अपेक्षा डाह का संवेग अधिक होता है।

(iv) सामाजिक विकास (Social development)—2 से 6 साल की अवस्था में बालक सामाजिक सम्पर्क (social contacts) करना सीखते हैं और अगल-बगल के समान उम्र के बच्चों के साथ मिलना-जुलना पसंद करते हैं। इस अवस्था में बालकों का सामाजिक विकास अंशतः अन्य कितने बालकों के साथ स्थापित किया गया, इसपर काफी निर्भर करता है। इस अवस्था में बालक अपना संबंध वयस्क से बनाकर रखते हैं, क्योंकि उनसे उन्हें आनंद मिलता है, परंतु फिर 4–5 साल की अवस्था में उन्हें अधिक आनंद अपनी उम्र के ही बालकों के साथ खेलने तथा बातचीत करने में आता है। इस अवस्था को प्राक्स्कूल अवस्था (preschool age) भी कहा जाता है। मार्शल (Marshall, 1961) द्वारा किए गए अध्ययन से यह पता चला है कि इस अवस्था में जैसे-जैसे बालकों की उम्र बढ़ती जाती है वैसे-वैसे अन्य बालकों के प्रति उनका दोस्ताना संबंध बढ़ता जाता है तथा विद्वेषी अंतःक्रियाओं (hostile interactions) में कमी आती जाती है। इस अवस्था में बालकों

में कुछ खास-खास सामाजिक व्यवहार की अधिकता देखने को मिलती है। ऐसे व्यवहारों में सहयोगिता (cooperation), प्रतिद्वंद्विता (rivalry), उदारता (generosity), सामाजिक अनुमोदन की इच्छा (desire for social approval), सहानुभूति (sympathy), निर्भरता (dependency), दोस्ती (friendliness), अनुकरण करना (imitation) आदि प्रधान हैं। इनके अलावा कुछ असामाजिक व्यवहार (unsocial behaviour) भी इस अवस्था के बालकों में, जैसे आक्रामकता (aggression), नकारात्मकता (negativism), लड़ाई-झगड़ा करना (quarrelling), दूसरों को चिढ़ाना (teasing) तथा भयभीत करना (bullying) आदि प्रधान हैं।

(v) मानसिक विकास तथा संज्ञानात्मक विकास (Mental development and Congnitive development)—प्रारंभिक बाल्यावस्था (early childhood) में बालकों में मानसिक विकास काफी तेजी से होता है और परवर्ती किशोरावस्था (later adolescence) आते-आते अर्थात 19–20 साल की उम्र आते-आते यह काफी धीमा हो जाता है। इसका मतलब यह हुआ कि बालकों के मानसिक विकास का वक्र (curve) नकारात्मक रूप से त्वरित (negatively accelerated) होता है (चित्र 5.3 देखें)। इस चित्र से स्पष्ट है कि करीब-करीब 4 साल की उम्र होते-होते बालकों के कुल बुद्धि विकास का आधा विकास हो जाता है। इस वक्र का समर्थन थॉर्नडाइक तथा गुडएनफ (Thorndike & Goodenough) ने अपने-अपने अध्ययनों से किया है। इस वक्र से स्कूल के शिक्षकों को यह पूर्वकथन (prediction) करने में काफी आसानी होती है कि अमुक बालक वर्तमान समय में क्या कर सकता है तथा भविष्य में वह क्या कर पाएगा। इस अवस्था में बालकों में चूँकि बौद्धिक क्षमता बढ़ जाती है फलस्वरूप उनमें वातावरण के इर्द-गिर्द की चीजों एवं घटनाओं को समझने की शक्ति भी बढ़ जाती है। बालकों में इस अवस्था में सामान्यतः जीवन (life), मृत्यु (death), शारीरिक कार्य (bodily functions), भार (weight), संख्या (numbers), दूरी (distance), समय, यौन भूमिका (sex roles) आदि के बारे में एक संप्रत्यय (concept) विकसित करने की क्षमता विकसित हो जाती है। प्रसिद्ध मनोवैज्ञानिक पियाजे (Piaget, 1971) ने संप्रत्यय विकास (concept development) की इस अवस्था को चिंतन की **प्राक्परिचालन अवस्था** (preoperational stage) कहा है।

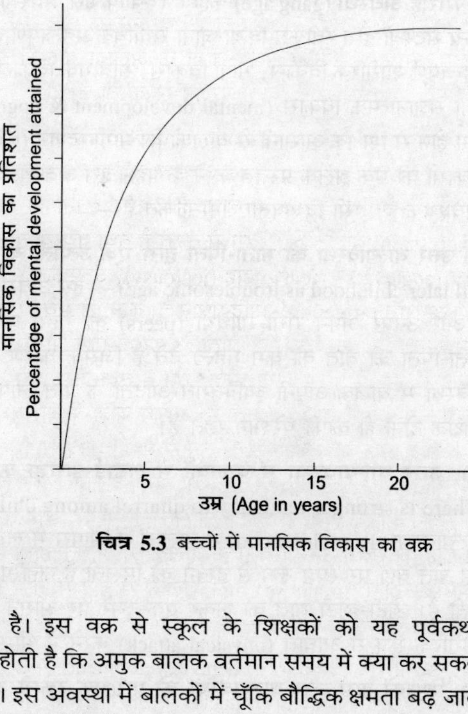

चित्र 5.3 बच्चों में मानसिक विकास का वक्र

उत्तर बाल्यावस्था में विकास (Development in Later Childhood)

उत्तर बाल्यावस्था 6 वर्ष से प्रारंभ होकर बालिकाओं (girls) में 10 वर्ष की उम्र तक की होती है तथा बालकों में 6 वर्ष से प्रारंभ होकर 12 वर्ष की उम्र तक की होती है। यह वह अवस्था होती है जहाँ बालक (तथा बालिकाएँ) स्कूल जाना प्रारंभ कर देते हैं। इस अवस्था को माता-पिता, शिक्षकों तथा मनोवैज्ञानिकों द्वारा दिखाई गई विशेषताओं के आधार पर कई तरह के नाम भी दिए गए हैं। जैसे माता-पिता द्वारा इस अवस्था को **उत्पाती अवस्था** (troublesome stage) कहा गया है (क्योंकि अकसर बालक माता-पिता की बात न मानकर अपने साथियों की बात अधिक मानते हैं), शिक्षकों ने इस अवस्था को **प्रारंभिक स्कूल अवस्था** (elementary school stage) कहा है (क्योंकि इस अवस्था में बालक स्कूल में औपचारिक शिक्षा के लिए जाना प्रारंभ कर देते हैं)। मनोवैज्ञानिकों ने इस अवस्था को **गिरोह अवस्था** (gang age) कहा है (क्योंकि इस अवस्था में बालकों में अपने गिरोह या समूह के अन्य सदस्यों द्वारा स्वीकृत किया जाना सर्वाधिक महत्त्वपूर्ण होता है)। इस अवस्था में भी बालकों में महत्त्वपूर्ण शारीरिक विकास, भाषा विकास, सांवेगिक विकास, सामाजिक विकास, मानसिक विकास तथा संज्ञानात्मक विकास (mental development & cognitive development) होते हैं जिनका ज्ञान होने से शिक्षक आसानी से बालकों का मार्गनिर्देशन (guidance) कर पाते हैं। इन सभी तरह के विकासों की एक झलक प्रस्तुत करने के पहले इस अवस्था की प्रमुख विशेषताओं पर विचार करना आवश्यक है। ऐसी विशेषताएँ निम्नांकित हैं—

(1) **उत्तर बाल्यावस्था को माता-पिता द्वारा एक उत्पाती या उधमी अवस्था कहा गया है** (Parents call later childhood as troublesome age)—इस अवस्था में बालक स्कूल जाना प्रारंभ कर देते हैं और उनपर अपने संगी-साथियों (peers) का गहरा प्रभाव पड़ना भी प्रारंभ हो जाता है। वे माता-पिता की बात को कम महत्त्व देते हैं जिसके कारण उन्हें डाँट-फटकार भी मिलती है। इस अवस्था में बालक अपनी व्यक्तिगत आदतों के प्रति लापरवाह होते हैं जिससे माता-पिता तथा शिक्षक दोनों ही काफी परेशान रहते हैं।

(2) **उत्तर बाल्यावस्था में बालकों में लड़ाई-झगड़ा करने की प्रवृत्ति भी अधिक होती है** (There is stronger tendency to quarrel among children of later childhood)—उत्तर बाल्यावस्था (later childhood) में बालकों में आपस में लड़ने-झगड़ने की प्रवृत्ति अधिक होती है। यह बात वहाँ पर स्पष्ट रूप से देखने को मिलती है जहाँ परिवार में भाई-बहनों की संख्या अधिक होती है। छोटी-छोटी बात को लेकर एक-दूसरे पर आरोप थोपते हैं, गाली-गलौज करते हैं और शारीरिक रूप से आघात (physical attack) करने में भी पीछे नहीं रहते।

(3) **शिक्षकों द्वारा उत्तर बाल्यावस्था को प्रारंभिक स्कूली अवस्था कहा जाता है** (Teachers call later childhood as the elementary school age)—शिक्षकों ने इस बात पर बल डाला है कि यह वह अवस्था होती है, जिसमें छात्र उन चीजों को सीखते हैं जिनसे उन्हें वयस्क जिंदगी (adult life) में सफल समायोजन (successful adjustment) करने में मदद मिलती है। इस अवस्था में छात्र पाठ्यक्रम से संबद्ध कौशल (curricular skills) तथा पाठ्यक्रमेतर कौशल (extracurricular activities) दोनों को ही सीखकर अपना भविष्य उज्ज्वल करने की नींव डालते हैं। कुछ शिक्षकों ने इस अवस्था को नाजुक अवस्था (critical age) भी कहा है, क्योंकि इस उम्र में उपलब्धि-प्रेरक (achievement drive) की भी नींव पड़ती है। बालकों में उच्च उपलब्धि-प्रेरणा (high achievement drive), निम्न उपलब्धि-प्रेरणा (low achievement drive), या साधारण उपलब्धि-प्रेरणा

(moderate achievement drive) की आदत बनती है। एक बार जिस प्रकार की आदत बन जाती है, वही आदत किशोरावस्था तथा वयस्कावस्था में भी बनी रहती है। कागन (Kagan, 1977) तथा ह्वाईटमैन (Whiteman, 1991) ने अपने-अपने अध्ययनों से इस बात की पुष्टि की है कि उत्तर अवस्था में दिखाए गए उपलब्धि-स्तर (achievement level) तथा वयस्कता (adulthood) में प्राप्त किए गए उपलब्धि-स्तर में अधिक सह-संबंध (correlation) पाया जाता है जो अपने-आपमें इस बात का द्योतक है कि उत्तर बाल्यावस्था (later childhood) का उपलब्धि-स्तर बहुत हद तक वयस्क के उपलब्धि-स्तर का एक तरह का निर्धारक (determiner) होता है।

(4) उत्तर बाल्यावस्था में बालक अपनी ही उम्र के साथियों के समूह द्वारा स्वीकृति पाने के लिए काफी लालायित रहता है (In later childhood the child shows great concern for getting acceptance from the group of his agemates)—इस अवस्था की एक विशेषता यह भी बताई गई है कि इस उम्र के बालक अपने साथियों के समूह में इतना अधिक खो जाते हैं कि उनके बोलने-चालने का ढंग, कपड़ा पहनने का ढंग, खाने-पीने की चीजों की पसंद आदि सभी इस समूह के अनुकूल हो जाता है। बालक ऐसे तौर-तरीकों (mannerism) पर इतना अधिक ध्यान देते हैं कि वे इस बात की भी परवाह नहीं करते कि इस ढंग का तौर-तरीका उनके परिवार तथा स्कूल के तौर-तरीकों से परस्परविरोधी है।

(5) उत्तर बाल्यावस्था में बालकों में सर्जनात्मक क्रियाओं की ओर अधिक झुकाव होता है (In later childhood there is a strong tendency towards doing creative activities in children)—इस उम्र के बालकों में अपनी शक्ति तथा बुद्धि को नई चीजों में लगाने की प्रवृत्ति अधिक होती है। वे अकसर नए ढंग की चित्रकारी (drawing) तथा शिल्पकारी (crafts) करते पाए जाते हैं और उससे उनमें एक तरह से सर्जनात्मक अंतःशक्तियों (creative potentials) का विकास होता है। कुछ मनोवैज्ञानिकों जैसे सुसमैन (Sussman, 1988) का मत है कि हालाँकि इस ढंग की सर्जनात्मक अंतःशक्तियों (creative potentialities) का बीज प्रारंभिक बाल्यावस्था (early childhood) में ही बो दिया जाता है, इसका पूर्ण विकास तब तक नहीं होता है जब तक कि बालक की उम्र 10–12 साल की नहीं हो जाती है।

उत्तर बाल्यावस्था में होनेवाले प्रमुख विकासों का वर्णन निम्नांकित है—

(i) **शारीरिक विकास** (Physical development)—उत्तर बाल्यावस्था में शारीरिक विकास में और भी अधिक स्पष्टता आ जाती है। इस अवस्था में बालकों की ऊँचाई में औसतन 2 से 3 इंच की वार्षिक वृद्धि होती है। 11 साल की लड़की की औसत ऊँचाई 58 इंच तथा उसी उम्र के लड़का की औसत ऊँचाई 57.5 इंच होती है। इस अवस्था में शरीर का वजन 3 से 5 पौंड तक औसतन प्रतिवर्ष बढ़ता है। बालकों की इस अवस्था में पेशीय ऊतक (muscle tissue) की अपेक्षा चर्बी ऊतक (fat tissue) का अधिक विकास होता है। यह अवस्था समाप्त होते-होते बालकों में 32 स्थायी दाँत में 28 स्थायी दाँत निकल आते हैं और बाकी 4 स्थायी दाँत किशोरावस्था (adolescence) में निकलते हैं।

(ii) **भाषा विकास** (Speech development)—इस अवस्था में बालकों में भाषा विकास अधिक तीव्र गति से होता है और अब वे मात्र रोना और चिल्लाना जैसी क्रियाओं को कम महत्त्व देते हैं। इस अवस्था में बालकों में शब्दावली निर्माण (vocabulary building) में वृद्धि, उच्चारण (pronunciation) में स्पष्टता तथा जटिल वाक्यों का प्रयोग आदि अधिक पाया जाता है। बालक स्कूल के शिक्षक से, अन्य लोगों के साथ बातचीत (conversation) करके, पुस्तक पढ़कर,

टेलीविजन आदि देखकर अपनी शब्दावली पर्याप्त संख्या में बढ़ा लेते हैं। मनोवैज्ञानिक अध्ययनों से पता चला है कि बालकों में रंग शब्दावली (colour vocabulary), संख्या शब्दावली (number vocabulary), समय शब्दावली (time vocabulary), गंदे शब्दों की शब्दावली (slang vocabulary), रुपया-पैसा संबंधी शब्दावली (money vocabulary) की प्रधानता होती है। उत्तर बाल्यावस्था में बालकों का संभाषण (speech) आत्मकेंद्रित (egocentric) न रहकर सामाजिक (social) हो जाता है और अब वे अपनी रुचि के किसी भी विषय पर खुलकर दूसरों से बातचीत करने के लिए तैयार हो जाते हैं। उनके संभाषण (speech) अब अधिक नियंत्रित तथा तथ्यपूर्ण दिखाई पड़ने लगते हैं। मनोवैज्ञानिकों द्वारा किए गए अध्ययनों से यह स्पष्ट हो गया है कि उत्तर बाल्यावस्था के प्रत्येक साल में लड़कियाँ लड़कों की अपेक्षा अधिक बातचीत (talk) करनेवाली होती हैं। उसी तरह उच्च सामाजिक-आर्थिक स्तर के परिवार के बच्चे निम्न सामाजिक-आर्थिक स्तर के परिवार की अपेक्षा अधिक बातचीत करते हैं।

(iii) सांवेगिक विकास (Emotional development)—उत्तर बाल्यावस्था के बालकों का संवेगात्मक पैटर्न अधिक परिपक्व (mature) हो जाता है और वे अब यह समझने लगते हैं कि बात-बात में गुस्सा करना, तुरंत रो देना, डरकर भाग जाना आदि एक तरह का बचकाना सांवेगिक अनुक्रिया (babyish emotional response) है। इस अवस्था के बालकों में करीब-करीब सब वही संवेग पाए जाते हैं जो प्रारंभिक बाल्यावस्था (early childhood) में पाए जाते हैं। परंतु, उनकी अभिव्यक्ति (expression) का ढंग (model) कुछ भिन्न हो जाता है। अपने अनुभवों के आधार पर वे सामाजिक रूप से बहिष्कृत संवेगों की अभिव्यक्ति नहीं करते हैं; क्योंकि वे जानते हैं कि ऐसा करने से उन्हें दूसरों का सामाजिक अनुमोदन (social approval) नहीं प्राप्त हो सकेगा। इतना ही नहीं, उत्तर बाल्यावस्था में संवेग उत्पन्न करनेवाली परिस्थितियाँ (situations) भी प्रारंभिक बाल्यावस्था (early childhood) से भिन्न हो जाती हैं। जैसे इस अवस्था में बालकों में क्रोध तभी उत्पन्न होता है जब कोई व्यक्ति उनके ऊपर अवांछित टीका-टिप्पणी करता है। प्रारंभिक बाल्यावस्था में तो बालक इसका अर्थ भी नहीं समझ पाते। उसी तरह प्रारंभिक बाल्यावस्था में बालकों में उत्सुकता (curiosity) किसी भी नई चीज से उत्पन्न हो जाती है, परंतु उत्तर बाल्यावस्था में जब तक वह नई चीज उनके लिए महत्त्वपूर्ण नहीं होती है, उत्सुकता (curiosity) नहीं उत्पन्न करता। इस अवस्था में कुछ समय ऐसा होता है जहाँ बालकों में संवेग का स्तर काफी अधिक एवं तीव्र होता है। इस अवस्था के समाप्त होने तक जब बालकों में यौन ग्रंथि (sex gland) अपना कार्य शुरू करती है, तो उस अवधि में बालकों में संवेग का स्तर सबसे अधिक होता है।

(iv) सामाजिक विकास (Social development)—उत्तर बाल्यावस्था को 'टोली अवस्था' (gang age) भी कहा जाता है, क्योंकि इस अवस्था में बालकों को अपने साथियों की टोली में अधिक आनंद आता है। इसी टोली में रहकर बालक सामाजिक नियमों को सीखता भी है और इस तरह से उसका समाजीकरण (socialization) होता है। टोली के अन्य सदस्यों के साथ अंतःक्रिया करके बालक उचित सामाजिक मनोवृत्ति (social attitude) सीखता है तथा अन्य लोगों के प्रति सामाजिक रूप से स्वीकार्य (socially acceptable) ढंग से व्यवहार करना भी सीख लेता है। इस अवस्था में प्रमुख सामाजिक व्यवहार जिन्हें बालक सीखता है, इस प्रकार हैं—सामाजिक अनुमोदन (social approval) की प्राप्ति के लिए प्रयास करना, प्रतियोगिता करना (to do competition), उत्तरदायित्व

लेना, सामाजिक सूझ (social insight), सामाजिक विभेद (social discrimination), पूर्वधारणा (prejudice) तथा यौन प्रतिरोध[1] (sex antagonism)। कभी-कभी बालकों में टोली की सदस्यता का प्रभाव समाजीकरण पर प्रतिकूल भी पड़ता है। जैसे यह अकसर देखा जाता है कि टोली की सदस्यता को लेकर बालक अपने माता-पिता के साथ बगावत कर बैठते हैं और उनके द्वारा निर्धारित मूल्यों एवं मानकों (standards) को अस्वीकृत कर देते हैं।

(v) मानसिक विकास तथा संज्ञानात्मक विकास (Mental development and Cognitive development)—उत्तर बाल्यावस्था में बालकों की सूझ-बूझ (understanding), अभिरुचि (interest) आदि काफी विस्तृत हो जाते हैं, अतः वे मानसिक रूप से प्रारंभिक बाल्यावस्था की तुलना में अधिक विकसित हो जाते हैं। 10–11 साल की उम्र तक बालकों में 90% मानसिक विकास पूरा हो जाता है (चित्र 5.3 देखें)। इस अवस्था में बालक जो भी स्कूल में सीखते हैं उनके आधार पर वे पुराना संप्रत्यय (old concept) में नया अर्थ जोड़ना प्रारंभ कर देते हैं। उन्हें अब जो भी अनुभव रेडियो, टेलीविजन, चलचित्र देखने से होता है, उससे वे नये ढंग से अर्थ निकालना प्रारंभ कर देते हैं। इस अवस्था में वे जीवन, मृत्यु, मृत्यु के बाद की जिंदगी (life after death), समय, यौन भूमिका (sex roles), सामाजिक भूमिका (social roles), सुंदरता (beauty) आदि के प्रति एक संप्रत्यय विकसित कर लेते हैं। पियाजे (Piaget) के अनुसार इस अवस्था में बालक चिंतन के **मूर्त परिचालन की अवस्था** (stage of concrete operation) में होता है जहाँ इससे पहले सीखे गए संप्रत्यय जो प्रायः अस्पष्ट होते हैं, को अधिक मजबूत, स्पष्ट एवं मूर्त (concrete) बनाया जाता है।

किशोरावस्था में विकास (Development in Adolescence)

शिक्षा मनोवैज्ञानिकों ने किशोरावस्था को अधिक महत्त्वपूर्ण अवस्था बताया है और अधिकतर शिक्षक इस बात से सहमत हैं कि उन्हें अपने शिक्षण कार्यों में सबसे अधिक चुनौती इस अवस्था के शिक्षार्थियों (learners) से प्राप्त होती है। किशोरावस्था 13 साल की उम्र से प्रारंभ होकर 19–20 साल तक की होती है और इस तरह से इस अवधि में तरुणावस्था या प्राक्‌किशोरावस्था (puberty or preadolescence), प्रारंभिक किशोरावस्था (early adolescence) तथा उत्तर किशोरावस्था (later adolescence) तीनों ही सम्मिलित हो जाते हैं। इस किशोरावस्था में भी किशोरों में महत्त्वपूर्ण शारीरिक विकास, सामाजिक विकास, संवेगात्मक विकास, मानसिक विकास तथा संज्ञानात्मक विकास (congnitive development) होते हैं। इन सबका वर्णन करने के पहले इस अवस्था की प्रमुख विशेषताओं पर प्रकाश डालना आवश्यक है, जो निम्नांकित हैं—

(1) किशोरावस्था एक महत्त्वपूर्ण अवस्था है (Adolescence is an important period)—किशोरावस्था को हर तरह से एक महत्त्वपूर्ण अवस्था माना गया है। यह वह अवस्था है जिसका छात्रों में तात्कालिक प्रभाव (immediate effect) तथा दीर्घकालीन प्रभाव (long-term effect) दोनों ही देखने को मिलता है। इस अवस्था में शारीरिक एवं मनोवैज्ञानिक दोनों तरह के प्रभाव (psycho-physical effects) बहुत स्पष्ट रूप से उभरकर सामने आते हैं। अपने तीव्र शारीरिक विकास के कारण ही इस अवस्था में किशोर अपने-आपको वयस्क से किसी तरह से कम नहीं समझता तथा जैसा कि पियाजे

1. विपरीत लिंग के व्यक्तियों के प्रति सक्रिय विद्वेष (active hostility) दिखाना यौन प्रतिरोध (sex antagonism) कहलाता है।

(Piaget, 1969) ने कहा है, तीव्र मानसिक विकास होने के कारण बालक वयस्क के समाज (society) में अपने-आपको संगठित (integrated) मानता है और वह एक नई मनोवृत्ति (attitude), मूल्य (values) तथा अभिरुचि (interest) विकसित करने में सक्षम हो पाता है।

(2) किशोरावस्था एक परिवर्ती अवस्था होती है (Adolescence is a transitional period)— किशोरावस्था सचमुच में बाल्यावस्था (childhood) तथा वयस्कावस्था (adulthood) के बीच की अवस्था है। इस अवस्था में किशोरों को बाल्यावस्था की आदतों (habits) का परित्याग करके उसकी जगह नई आदतों, जो अधिक परिपक्व (matured) तथा सामाजिक (social) होती है, को सीखना होता है। इस दिशा में शिक्षकों की अहम भूमिका होती है। शिक्षक वर्ग में उचित दिशानिर्देश प्रदान कर उन्हें एक परिपक्व तथा सामाजिक मनोवृत्ति कायम करने में मदद करते हैं जो किशोरों को एक स्वस्थ समायोजन (healthy adjustment) में काफी सहायक सिद्ध होती है।

(3) किशोरावस्था में एक अस्पष्ट वैयक्तिक स्थिति होती है (In adolescence there is a vague individual status)—इस अवस्था में किशोरों की वैयक्तिक स्थिति (individual status) अस्पष्ट (vague) होती है और उसे स्वयं ही अपने द्वारा की जानेवाली सामाजिक भूमिका (social role) के बारे में संभ्रांति (confusion) होती है। सचमुच एक किशोर अपने-आपको न तो बच्चा समझता है और न ही पूर्ण वयस्क। जब वह एक बच्चा के समान व्यवहार करता है तो उसे तुरंत कहा जाता है कि उसे ठीक ढंग से व्यवहार करना चाहिए, क्योंकि वह अब बच्चा नहीं रह गया है। जब वह वयस्क के रूप में व्यवहार करता है तो उससे कहा जाता है कि वह अपनी उम्र से आगे बढ़कर नहीं व्यवहार करे, क्योंकि यह अच्छा नहीं लगता है। इसका नतीजा यह होता है कि किशोरों में अपने द्वारा की जानेवाली वैयक्तिक भूमिका (individual role) के बारे में संभ्रांति मौजूद रहती है। इरिक्सन[1] (Erikson, 1964) ने इसपर टिप्पणी करते हुए कहा है, "जिस विशिष्टता (identity) का किशोर स्पष्टीकरण चाहते हैं, वे हैं—वह कौन है, उसकी समाज में क्या भूमिका होगी? वह बच्चा है या वयस्क है?"

(4) किशोरावस्था एक समस्या उम्र होती है (Adolescence is a problem age)—ऐसे तो हर अवस्था की अपनी समस्याएँ होती हैं, किशोरावस्था की समस्या लड़कों तथा लड़कियों, दोनों के लिए ही अधिक गंभीर होती है। इसके मुख्य दो कारण बताए गए हैं। पहला, उससे पिछली अवस्था यानी बाल्यावस्था (childhood) में बालकों की समस्याओं का समाधान अंशतः शिक्षकों तथा माता-पिता (parents) द्वारा कर दिया जाता था। अतः, वे समस्याओं के समाधान के तरीकों से अनभिज्ञ होते हैं। फलतः, वे किशोरावस्था की अधिकतर समस्याओं का समाधान ठीक ढंग से नहीं कर पाते। दूसरा कारण यह बतलाया गया है कि किशोर प्रायः अपनी समस्या का समाधान करने का भरपूर प्रयास करते हैं जिसमें प्रायः उन्हें असफ़लता ही हाथ लगती है, क्योंकि सचमुच इन समस्याओं का सही ढंग से समाधान करने की क्षमता तो उनमें होती नहीं है। इसका परिणाम यह होता है कि किशोरावस्था में व्यक्ति समस्या से घिरा रहता है।

(5) किशोरावस्था विशिष्टता की खोज का समय होता है (Adolescence is a time of search for identity)—किशोरावस्था में किशोरों में अपने साथियों के समूह से थोड़ी विशिष्ट एवं अलग पदवी (position) बनाए रखने की प्रवृत्ति देखी गई है। इस प्रवृत्ति के कारण वे अपने साथियों से भिन्न

---

1. "The identity the adolescent seeks to clarify is who he is, what his role in society is to be. Is he a child or is he an adult?"—Erikson, *Childhood & Society,* 1964, p. 120

ढंग का ड्रेस (dress) पहनने तथा नए ढंग के साइकिल या स्कूटर आदि का प्रयोग करने पर अधिक बल डालते हैं। इसे इरिक्सन (Erikson, 1964) ने 'अहं-विशिष्टता की समस्या' (problem of ego-identity) कहा है।

(6) किशोरावस्था अवास्तविकताओं का समय होता है (Adolescence is a time of unrealism)—किशोरावस्था में अकसर व्यक्ति ऊँची-ऊँची आकांक्षाएँ (aspirations) एवं कल्पनाएँ (imaginations) करता है जिनका वास्तविकता से कम मतलब होता है। वे अपने बारे में तथा दूसरों के बारे में वैसा ही सोचते हैं जैसा कि वे सोचना पसंद करते हैं न कि जैसी वास्तविकता होती है। इस तरह की अवास्तविक आकांक्षाओं (unrealistic aspirations) से किशोरों में संवेगात्मक अस्थिरता (emotional unstability) भी उत्पन्न हो जाती है। रसियन (Russian, 1975) ने अपने अध्ययन के आधार पर बताया है कि किशोरों में जितनी ही अधिक अवास्तविक आकांक्षाएँ होती हैं, उतनी ही उनमें अधिक कुंठा (frustration) तथा क्रोध, विशेषकर उस परिस्थिति में अधिक होती है जब वे यह समझते हैं कि वे उस लक्ष्य पर नहीं पहुँच पाए जिसपर वे पहुँचना चाहते थे।

(7) किशोरावस्था वयस्कावस्था की दहलीज होती है (Adolescence is the threshold of adulthood)—किशोरावस्था एक तरह से वयस्कावस्था की दहलीज होती है क्योंकि इस अवस्था के समाप्त होने-होने पर अर्थात 18–19 साल की अवस्था में किशोरों के मन में यह बात बैठ जाती है कि अब वे वयस्क हो गए हैं और उन्हें अब वयस्कता से संबंधित व्यवहार करने चाहिए। शायद यही कारण है कि वे इस उम्र में धूम्रपान (smoking), मदिरापान (drinking), औषधि सेवन (using drugs), यौन क्रियाओं (sex activities) आदि में स्वतंत्र रूप से भाग लेने लगते हैं।

किशोरावस्था में होनेवाले प्रमुख विकासों (developments) का वर्णन निम्नांकित है—

(i) शारीरिक विकास (Physical development)—किशोरावस्था की शुरुआत यौन अंगों (sexual organs) के परिपक्वन (maturation) से होती है। इस अवस्था में होनेवाले शारीरिक विकास का अध्ययन ग्रिउलिक (Greulich, 1990) ने करके यह बताया है कि इस अवस्था के लड़के एवं लड़कियाँ दोनों के शारीरिक वजन एवं ऊँचाई में महत्त्वपूर्ण परिवर्तन आते हैं। इनके अध्ययन के अनुसार लड़कियाँ 11 से 14 साल की उम्र में इसी उम्र के लड़कों की अपेक्षा औसतन अधिक लंबी होती हैं। लड़कियों का शारीरिक वजन 12 से 15 साल की उम्र में औसतन इसी उम्र के लड़कों की अपेक्षा अधिक होता है। परंतु, 16 साल के बाद लड़कों का वजन समान उम्र की लड़कियों से अधिक होता है और यह अंतर जिंदगी के बाकी सालों में भी ऐसा ही बना रहता है। लड़कियों में मूल यौन गुण (primary sex characteristics) तथा गौण यौन गुण (secondary sex characteristics) लड़कों से एक-दो साल पहले ही दिखलाई देने लगता है। मूल यौन गुण (primary sex characteristics) से तात्पर्य यौन अंगों की पूर्ण परिपक्वता (maturity) से होता है तथा गौण यौन गुण (secondary sex characteristics) लड़कियों में स्तनवृद्धि, आवाज में मधुरता आदि के रूप में दिखाई देते हैं तथा लड़कों में मूँछ-दाढ़ी निकल जाना, आवाज भारी हो जाना आदि के रूप में दिखाई देता है।

(ii) सांवेगिक विकास (Emotional development)—किशोरावस्था में सांवेगिक तनाव (emotional tension) अपनी चरम सीमा पर होता है, क्योंकि इस अवस्था में बालकों में जबर्दस्त शारीरिक (physical) तथा ग्रंथीय परिवर्तन (glandular changes), खासकर यौन ग्रंथि (sex gland) तथा पीयूष ग्रंथि (pituitary gland) के कार्यों में परिवर्तन होते हैं। शायद यही कारण है कि

मनोवैज्ञानिकों ने किशोरावस्था को **आँधी और तनाव की अवस्था** (age of storm and stress) कहा है। इस अवस्था के प्रारंभ में सांवेगिक तीव्रता अधिक होती है। जैसे गेसेल तथा उनके सहयोगियों (Gesell et al., 1956) ने अपने अध्ययन में पाया कि 13–14 साल के बालक और बालिकाओं दोनों में ही क्रोध के संवेग की तीव्रता अधिक होती है, परंतु 18–19 साल होते-होते क्रोध की तीव्रता में कमी आ जाती है, क्योंकि अब वे सांवेगिक रूप से परिपक्व (emotionally matured) हो जाते हैं और अपने संवेग को नियंत्रित कर सामाजिक रूप से, अनुमोदित ढंग से उसकी अभिव्यक्ति करना सीख लेते हैं।

(iii) सामाजिक विकास (Social development)—किशोरावस्था में लड़कों एवं लड़कियों दोनों को सामाजिक समायोजन (social adjustment) के कई पहलुओं को सीखना पड़ता है ताकि वे एक पूर्ण सामाजिक प्राणी के रूप में स्वीकृत किए जा सकें। इस अवस्था में चूँकि बालक अपना अधिक समय अपने साथियों के समूह में व्यतीत करते हैं, अतः उनकी मनोवृत्ति, अभिरुचि तथा व्यवहार पर साथियों का प्रभाव अधिक पड़ता है। इस अवस्था में लड़के तथा लड़कियाँ विपरीत लिंग (opposite sex) के व्यक्तियों के साथ स्वतंत्र रूप से मिलना-जुलना अधिक पसंद करते हैं। अब वे विपरीत लिंग के व्यक्तियों तथा समलिंगी व्यक्तियों को सही संदर्भ में परखते हैं जिससे उनमें सामाजिक सूझ विकसित होती है और सामाजिक समायोजन में मदद मिलती है। इस अवस्था में लड़के तथा लड़कियाँ माता-पिता के प्रतिरोधों (restrictions) से स्वतंत्र होकर काम करना चाहते हैं जिसके चलते इन्हें माता-पिता से संघर्ष एवं विरोध का भी सामना करना पड़ता है। इस अवस्था में किशोरों में विशेष प्रकार की शैक्षिक अभिरुचि (educational interest) तथा व्यावसायिक अभिरुचि (vocational interest) विकसित होती है। अगर वे एक ऐसे व्यवसाय (occupation) में रुचि रखते हैं जिसमें स्कूल की शिक्षा का महत्त्व अधिक है, तो उनकी अभिरुचि स्कूल में दिए जानेवाले शिक्षा में अधिक होती है। शिक्षा मनोवैज्ञानिकों के अध्ययन से स्पष्ट हो गया है कि किशोरों (adolescents) के तीन ऐसे भी प्रकार हैं जो शिक्षा में कम रुचि दिखाते हैं और जो प्रायः स्कूल को नापसंद करते हैं—

(a) कर्कोफ तथा हफ (Kerckhoff & Huff, 1974) ने अपने अध्ययन के आधार पर यह बताया कि वैसे किशोरों, जिनके माता-पिता उनसे अयथार्थ ढंग से (unrealistically) उच्च आकांक्षा (high aspiration) रखते हैं और हमेशा उस लक्ष्य पर पहुँचने के लिए उन्हें याद दिलाते रहते हैं, की मनोवृत्ति शिक्षा तथा स्कूल के प्रति नकारात्मक हो जाती है।

(b) बिलिक (Beelick, 1973) ने अपने अध्ययन के आधार पर यह बताया है कि वैसे किशोरों की भी अभिरुचि शिक्षा तथा स्कूल में नहीं रह जाती है जिन्हें अपने वर्ग के साथियों द्वारा उचित सामाजिक स्वीकृति (social acceptance) नहीं मिलती है।

(c) डेविज (Davies, 1977) ने अपने अध्ययन के आधार पर यह बताया कि किशोरों में शारीरिक परिपक्वता (maturation) अधिक होती है, वे अपने वर्ग के साथियों में सबसे बड़े और अधिक उम्र के दिखते हैं। अतः, लोगों की उम्मीद उनसे अधिक रहती है जिसे वे प्रायः पूरा नहीं कर पाते। ऐसे किशोरों की अभिरुचि शिक्षा (education) तथा स्कूल (school) के प्रति अधिक नहीं रह जाती।

शैक्षिक अभिरुचि (educational interest) में कमी के कारण ऐसे लड़के तथा लड़कियाँ या तो स्कूल छोड़ देते हैं, या स्कूल नागा करनेवाले छात्र (truants) बन जाते हैं या निम्न अंक प्राप्त करनेवाले छात्र (underachiever) बन जाते हैं।

(iv) मानसिक विकास एवं संज्ञानात्मक विकास (Mental development and Cognitive development)—पहले किए गए अध्ययनों के आधार पर मनोवैज्ञानिकों को ऐसा विश्वास था कि 15–16 साल की उम्र तक बालकों का मानसिक विकास (mental development) पूरा हो जाता है। टॅरमैन (Terman, 1937) का ऐसा ही विचार था। परंतु, बेले (Bayley, 1955) द्वारा किए गए अध्ययनों से यह स्पष्ट हो गया है कि मानसिक विकास, जैसा कि बुद्धि परीक्षणों द्वारा मापने से पता चलता है, 19 वर्ष तक होते रहता है। लिभसे (Livesay, 1965) द्वारा किए गए अध्ययनों से यह पता चलता है कि 22 वर्ष की उम्र तक बुद्धि परीक्षणों के प्राप्तांकों में वृद्धि होने का संकेत मिलता है। इसका अर्थ यह हुआ कि 22 वर्ष की उम्र तक बालकों का मानसिक विकास होता है। हेरॉल्ड, जोन्स तथा कोनरेड (Harold, Jones & Conrad, 1964) ने अपने अध्ययन के आधार पर रहस्योद्घाटन किया कि बालकों का मानसिक विकास 19 से 22 साल तक पूर्ण हो जाता है।

पियाजे (Piaget) के अनुसार किशोरावस्था से बालकों का संज्ञानात्मक विकास (cognitive development) एक नया रुख अपनाता है। पियाजे (Piaget) ने यह बताया कि किशोरावस्था से ही संज्ञानात्मक विकास की एक विशेष अवस्था (stage) प्रारंभ होती है जिसे **औपचारिक परिचालन की अवस्था** (stage of formal operation) कहा जाता है। बालक इस अवस्था में किसी समस्या का समाधान करने में उस समस्या के सभी पहलुओं की परख करता है, सभी संभावित समाधानों को मन में एकत्र करता है तथा किसी वस्तु के सभी तरह के गुणों के बीच संबंधों की जाँच भी करता है। किसी समस्या के समाधान में बालक क्रमबद्ध निगमनात्मक चिंतन (systematic deductive reasoning) करता है जो स्पष्टतः एक प्रकार का वैज्ञानिक चिंतन है, क्योंकि इसमें समस्या के सभी संभावित समाधान होते हैं और बालक तार्किक रूप से (logically) सभी अनुपयुक्त समाधानों को छाँटते हुए एक अंतिम वैज्ञानिक निष्कर्ष पर पहुँचता है। किशोरों में औपचारिक परिचालन (formal operations) का गुण बहुत हद तक उनके शैक्षिक स्तर द्वारा प्रभावित होता है।

इस तरह स्पष्ट है कि बालकों के विकास की विभिन्न अवस्थाओं में जो शारीरिक विकास, मानसिक एवं संज्ञानात्मक विकास, संवेगात्मक विकास, सामाजिक विकास आदि होते हैं, उनके पैटर्न में काफी विभिन्नता होती है। शिक्षकों के लिए इन सभी तरह के विकास के पैटर्न में जो भिन्नता होती है, उसका काफी महत्त्व होता है। इन विभिन्नताओं का ज्ञान हो जाने से शिक्षक को यह अनुमान लगाने में सुविधा होती है कि उन्हें किस अवस्था में क्या उम्मीद करनी चाहिए। इतना ही नहीं, उनके समायोजन (adjustment) के स्वरूप तथा समस्या को भी शिक्षक आसानी से समझ लेते हैं और तब उनके लिए शिक्षार्थियों (learners) का मार्गदर्शन करना काफी आसान हो जाता है। स्कीन्नर (Skinner, 1990) के अनुसार, विकास की विभिन्न अवस्थाओं में होनेवाले परिवर्तनों का ज्ञान शिक्षकों की वह मूल पूँजी होती है जिसके आधार पर वे शिक्षार्थियों का सिर्फ मार्गदर्शन (guidance) ही नहीं कर पाते हैं बल्कि उनके समायोजन-संबंधी समस्याओं (adjustment problems) का निदान भी करने में सफल हो पाते हैं।

विकासात्मक पाठ एवं शिक्षा
(Developmental Task and Education)

प्रत्येक समाज में बालक एक विशेष उम्र में एक खास तरह के व्यवहार तथा कौशल को तेजी से सीखता है। यही कारण है कि शिक्षक, माता-पिता तथा समाज के अन्य लोग बालकों से उनकी उम्र के अनुसार विशेष तरह की **सामाजिक उम्मीदें** (social expectations) बनाकर रखते हैं। वे लोग उम्मीद करते हैं कि बालक चूँकि अमुक साल या वर्ष का हो गया है, अतः, उसे ये सारी अनुक्रियाएँ करनी चाहिए। इस तरह की सामाजिक प्रत्याशा (social expectation) को हेभिगहर्स्ट (Havighurst, 1972) ने **विकासात्मक पाठ** (developmental task) कहा है। हेभिगहर्स्ट[1] (Havighurst, 1972) के ही शब्दों में विकासात्मक पाठ को इस प्रकार परिभाषित किया जा सकता है, "**विकासात्मक पाठ** वह पाठ है जो व्यक्ति की जिंदगी की किसी खास अवधि में या अवधि के बारे में संबंधित होता है तथा जिसकी सफल उपलब्धि से व्यक्ति में खुशी होती है और परवर्ती कार्यों (later tasks) को करने में उसे आनंद आता है, परंतु असफल होने से व्यक्ति में दुःख होता है, समाज से तिरस्कार मिलता है और परवर्ती कार्यों को करने में उसे कठिनाई भी होती है।" शिक्षा मनोवैज्ञानिकों के अनुसार विकासात्मक पाठ (developmental task) से निम्नांकित तीन तरह के उद्देश्यों की पूर्ति होती है—

(1) विकासात्मक पाठ से शिक्षकों तथा अभिभावकों (guardians) को यह जानने में सुविधा होती है कि एक खास उम्र पर बालक क्या सीख सकते हैं और क्या नहीं।

(2) विकासात्मक पाठ बालकों को उन व्यवहारों को सीखने में एक प्रेरणा का काम करता है जिसे सामाजिक समूह (social group) उसे सीखने के लिए उम्मीद करता है।

(3) विकासात्मक पाठ शिक्षकों तथा माता-पिता को यह बताता है कि उन्हें अपने बच्चों से निकट भविष्य तथा सुदूर (remote) भविष्य में क्या उम्मीद करनी चाहिए। अतः, विकासात्मक पाठ शिक्षकों तथा अभिभावकों को अपने बच्चों को इस ढंग से तैयार करने की प्रेरणा देते हैं ताकि वे भविष्य की नई चुनौतियों (challenges) का सामना कर सकें।

हेभिगहर्स्ट (Havighrst, 1972) ने बाल्यावस्था (childhood), किशोरावस्था (adolescence) तथा प्रारंभिक वयस्कावस्था (early adulthood) के लिए विकासात्मक पाठ (developmental task) तैयार कर रखा है जिससे शिक्षकों (teachers) तथा अभिभावकों को बालकों के मार्गदर्शन में काफी सहायता मिली है तथा शिक्षा जगत में इसके परिणाम काफी अच्छे देखने को मिले हैं। इस विकासात्मक पाठ का वर्णन निम्नांकित है—

(क) प्रारंभिक बाल्यावस्था के लिए विकासात्मक पाठ (Developmental task for early childhood) (जन्म से प्रथम 6 साल तक की अवधि)—

(i) चलना सीखना (Learning to walk)

(ii) ठोस आहार लेना सीखना

---

1. Havighurst has defined a development task as a "task which arises at or about certain period in the life of an individual, successful achievement of which leads to his happiness and success with later tasks, while failure leads to unhappiness in the individual, disapproval by society and difficulty with later talks."—Havighurst, *Developmental Task and Education,* 1972, p. 110

(iii) बोलना सीखना (Learning to talk)

(iv) मल-मूत्र त्याग करना सीखना

(v) यौन अंतरों (sex differences) तथा यौन शालीनता (sex modesty) को सीखना

(vi) शारीरिक संतुलन बनाए रखना सीखना

(vii) सामाजिक एवं भौतिक वास्तविकता के सरलतम संप्रत्यय (concept) को सीखना

(viii) अपने-आपको माता-पिता, भाई-बहनों तथा अन्य लोगों के साथ सांवेगिक रूप से संबंधित करना सीखना

(ix) सही तथा गलत के बीच विभेद करना सीखना तथा अपने में एक विवेक (conscience) विकसित करना

(ख) उत्तर बाल्यावस्था के लिए विकासात्मक पाठ (Developmental task for later childhood) (6 से 12 साल की अवधि)—

(i) साधारण खेलों के लिए आवश्यक शारीरिक कौशल (physical skills) को सीखना

(ii) अपने-आपके प्रति एक हितकर मनोवृत्ति (wholesome attitude) विकसित करना

(iii) अपनी ही उम्र के साथियों के साथ मिलना-जुलना सीखना

(iv) उपयुक्त पुरुषोचित (masculine) तथा स्त्रियोचित (feminine) यौन भूमिकाओं को सीखना

(v) पढ़ना, लिखना तथा गिनती करना से संबंधित मौलिक कौशल (fundamental skills) विकसित करना

(vi) दिन-प्रतिदिन की सुचारु जिंदगी के लिए आवश्यक संप्रत्ययों को सीखना

(vii) नैतिकता, मूल्य (values) तथा विवेक (conscience) को सीखना

(viii) व्यक्तिगत स्वतंत्रता (personal independence) प्राप्त करने की कोशिश करना

(ix) सामाजिक समूहों एवं संस्थानों के प्रति मनोवृत्ति विकसित करना

(ग) किशोरावस्था के लिए विकासात्मक पाठ (Developmental task for adolescence) (13 से 19–20 साल की अवधि)—

(i) दोनों यौन (sex) की समान उम्र के साथियों (agemates) के साथ नया एवं एक परिपक्व (mature) संबंध कायम करना

(ii) उचित पुरुषोचित (masculine) या स्त्रियोचित सामाजिक भूमिकाएँ सीखना

(iii) माता-पिता तथा अन्य वयस्कों (adults) से हटकर एक सांवेगिक स्वतंत्रता (emotional independence) कायम करना

(iv) किसी व्यवसाय (occupation) का चयन करना तथा उसके लिए अपने-आपको तैयार करना

(v) जीवन की प्रतियोगिताओं के लिए आवश्यक संप्रत्यय (concepts) तथा बौद्धिक कौशलताओं (intellectual skills) को सीखना

(vi) पारिवारिक जीवन तथा शादी के लिए अपने-आपको तैयार करना

(vii) सामाजिक रूप से उत्तरदायी व्यवहार का निर्धारण करना तथा उसे प्राप्त करने की भरपूर कोशिश करना

(viii) आर्थिक स्वतंत्रता की प्राप्ति की ओर अग्रसर होना

(घ) प्रारंभिक वयस्कता के लिए विकासात्मक पाठ (Developmental task for early adulthood) (21 से 40 साल की अवधि)—

(i) अपना जीवन साथी चुनना (Selecting a mate)

(ii) शादी करके अपने जीवन साथी के साथ रहना सीखना

(iii) एक पारिवारिक जिंदगी प्रारंभ करना

(iv) बाल-बच्चों का लालन-पालन करना सीखना

(v) घर-परिवार को ठीक ढंग से चलाना सीखना

(vi) किसी व्यवसाय में लग जाना

(vii) नागरिक उत्तरदायित्व (civic responsibility) ग्रहण करना

(viii) एक अनुकूल सामाजिक समूह (congenial social group) तैयार करना

स्पष्ट हुआ कि हेभिगहर्स्ट (Havighurst) ने प्रमुख विकासात्मक अवस्थाओं (developmental stages) के लिए कुछ निश्चित विकासात्मक पाठ (developmental task) तैयार किया है जिससे शिक्षकों, माता-पिता, अभिभावकों (guardians) तथा अन्य वयस्कों (adults) को बालकों तथा किशोरों के व्यवहारों को समझने तथा उससे किस तरह के व्यवहार की उम्मीद की जा सकती है, का निर्धारण करने में काफी मदद मिलती है।

क्रियात्मक विकास के नियम

(Principles of Motor Development)

क्रियात्मक विकास (motor development) बालकों के महत्त्वपूर्ण विकास में एक है, क्योंकि इसपर अन्य दूसरे तरह का विकास सीधे आधारित होता है। क्रियात्मक विकास से तात्पर्य बालकों में उनकी मांसपेशियों (muscles) तथा तंत्रिकाओं के समन्वित (coordinated) कार्य द्वारा अपनी शारीरिक क्रियाओं (bodily activities) पर पूर्ण नियंत्रण प्राप्त करने से होता है। हरलॉक[1] (Hurlock, 1978) ने क्रियात्मक विकास को परिभाषित करते हुए कहा है, "मांसपेशियों, तंत्रिकाओं (nerves) तथा तंत्रिका केंद्रों (nerve centres) की समन्वित क्रियाओं द्वारा शारीरिक गति पर

1. "Motor development means the development of control over the bodily movements through the coordinated acitivity of the nerve centres, the nerves, and the muscles."—Hurlock, *Child Development,* 1978, p. 138

नियंत्रण प्राप्त करना क्रियात्मक विकास कहलाता है।" जैसे, जिस शिशु के हाथ तथा पैर की मांसपेशियाँ (muscles) तथा तंत्रिकाएँ विकसित रहती हैं और उन दोनों के बीच ठीक ढंग से समन्वय (coordination) होता है, उस शिशु में हाथ-पैर के सहारे चलना तथा फिर सिर्फ पैर के सहारे चलने की प्रक्रिया अधिक तेजी से होती है।

क्रियात्मक विकास के नियम (principle) से हमें यह पता चलता है कि क्रियात्मक व्यवहार (motor behaviour) के भिन्न-भिन्न प्रकार (types), जैसे घुटने के बल चलना, पैर के बल चलना, दौड़ना, उछलना आदि बालकों में कब विकसित होता है तथा एक ही उम्र के सभी बालकों में क्या एक ही क्रियात्मक व्यवहार होते हैं या भिन्न-भिन्न क्रियात्मक व्यवहार होते हैं। मनोवैज्ञानिकों ने क्रियात्मक विकास (motor development) के निम्नांकित पाँच नियम (principles) का वर्णन किया है—

(1) क्रियात्मक विकास मांसपेशियों तथा तंत्रिकाओं की परिपक्वता पर निर्भर करता है (Motor development depends upon neural and muscular maturation)—जन्म के समय शिशुओं में निचली तंत्रिका केंद्र (lower nerve centre) जो मेरुदंड (spinal cord) में अवस्थित होता है, ऊपरी तंत्रिका केंद्र (upper nerve centre) जो मस्तिष्क (brain) में अवस्थित होता है, की अपेक्षा अधिक विकसित होता है। मेरुदंड द्वारा मूलतः सहज क्रियाओं (reflex actions) का नियंत्रण होता है। यही कारण है कि जन्म के कुछ समय बाद ही एक नवजात शिशु में महत्त्वपूर्ण सहज क्रिया (reflex action) जो उन्हें जीवित रहने के लिए आवश्यक है, होती पाई जाती है। एक साल की उम्र हो जाने पर मस्तिष्क (brain) का कुछ भाग जैसे लघु मस्तिष्क (cerebellum) तथा वृहत मस्तिष्क (cerebrum) का विकास हो जाता है जिसके फलस्वरूप बालक कुछ ऐच्छिक क्रियाएँ (voluntary actions) करना प्रारंभ कर देता है। लघु मस्तिष्क जो मुख्यतः शरीर में संतुलन (balance) को नियंत्रित करता है, के विकास होने से शिशु के क्रियात्मक व्यवहार जैसे चलना, पकड़ना आदि अधिक संतुलित दीख पड़ते हैं। 5 साल की अवस्था हो जाने पर लघु मस्तिष्क परिपक्व हो जाता है और बच्चों के क्रियात्मक व्यवहार पूर्णतः संतुलित दीख पड़ते हैं।

क्रियात्मक विकास मांसपेशियों की परिपक्वता पर भी निर्भर करता है। मांसपेशियाँ मुख्यतः दो प्रकार की होती हैं—धारीदार पेशियाँ (striped muscles) तथा अधारीदार पेशियाँ (unstriped muscles)। धारीदार पेशियों का संबंध क्रियात्मक व्यवहार (motor behaviour) से सीधा है और इसके द्वारा सभी ऐच्छिक क्रियाएँ (voluntary actions) नियंत्रित होती हैं। ऐसी मांसपेशियों का विकास बाल्यावस्था (childhood) में धीरे-धीरे होता है, अतः बालकों में ऐच्छिक क्रियाओं का विकास भी धीरे-धीरे होता है।

(2) किसी भी क्रियात्मक निपुणता को तब तक नहीं सीखा जा सकता जब तक बालक पूर्णरूपेण उसे करने के लिए परिपक्व न हो गया हो (Learning of motor skills can't occur until the child is maturationally ready)—बालकों को किसी प्रकार की क्रियात्मक निपुणता (motor skill) तब तक नहीं सिखाई जा सकती है जब तक उनका परिपक्वन (maturation) पूर्ण न हो गया हो। परिपक्वन के अभाव में दिया गया प्रशिक्षण (training) या खुद बालक द्वारा किए गए प्रयास (effort) से कुछ क्षणिक लाभ (temporary advantage) भले ही हो सकता है, परंतु स्थायी लाभ नहीं हो सकता। उदाहरणस्वरूप, यदि चार साल के बालक को टाइप सीखने का प्रशिक्षण दिया जाए तो ज्यादा संभावना इस बात की है कि महीनों प्रशिक्षण के बाद भी

वह कुछ टाइप करना नहीं सीख पाएगा। इसका कारण यह है कि इस उम्र का बालक न तो मानसिक रूप से (mentally) और न ही शारीरिक रूप से (physically) ही इतना परिपक्व (mature) होता है कि वह टाइप करने के प्रशिक्षण को समझे और उसके अनुसार कार्य करे।

(3) क्रियात्मक विकास में एक पूर्वानुमेय पैटर्न होता है (Motor development follows a predictable pattern)—क्रियात्मक विकास एक निश्चित क्रम (sequence) के अनुसार सभी बालकों में होता है। अतः, यह पूर्वानुमेय (predictable) होता है। बालकों में क्रियात्मक विकास दो प्रकार के क्रम (sequence) द्वारा होते हैं—मस्तकाधोमुखी क्रम (cephalocaudal sequence) तथा निकट-दूर विकासक्रम (proximodistal development sequence)।

मस्तकाधोमुखी क्रम (cephalocaudal sequence) में विकास सिर से पैर की ओर होता है। दूसरे शब्दों में, पहले विकास सिर तथा गर्दन के भाग में, फिर बाँह तथा हाथ के हिस्सों में, फिर धड़ (trunks) में और अंत में पैर तथा उनकी अँगुलियों में होता है। फलस्वरूप, बालक पहले सिर तथा गर्दन की मांसपेशियों को नियमित करना सीखता है और फिर उसके बाद हाथ, बाँह तथा पेट की मांसपेशियों पर नियंत्रण करता है और अंत में पैर की मांसपेशियों पर नियंत्रण करना सीखता है। जब बालक खिसकना (crawling) सीखता है तो पहले वह शरीर के ऊपरी भाग को आगे बढ़ाने की कोशिश करता है। उसी तरह जब वह बैठना सीखता है, तो इसके पहले उसे सिर खड़ा करना सीखना होता है और चलना सीखने के पहले उसे बैठना सीखना पड़ता है। इस तरह हम देखते हैं कि क्रियात्मक विकास (motor development) सबसे पहले शरीर के ऊपरी भाग में होता है और बाद में निचले भाग में।

निकट-दूर का विकासक्रम (proximodistal development sequence) के अनुसार भी क्रियात्मक विकास (motor development) बालकों में होता है। इस क्रम के अनुसार बालकों के शरीर के उन अंगों का विकास पहले होता है, जो शरीर के केंद्र में होते हैं और शरीर के छोर (periphery) पर आनेवाले अंगों का विकास बाद में होता है। इस विकासात्मक क्रम के अनुसार बालकों के पेट, छाती, बाँह तथा जाँघ (जो शरीर के केंद्र में हैं) में क्रियात्मक विकास पहले तथा घुटना (knee), हाथ की अँगुलियों, पैर की अँगुलियों आदि में विकास बाद में होता है।

क्रियात्मक विकास (motor development) के पूर्वानुमेय पैटर्न (predictable pattern) की जानकारी इस बात से भी होती है कि उम्र बीतने के साथ-साथ बच्चों का क्रियात्मक व्यवहार (motor behaviour) सामान्य (mass) से विशिष्ट (specific) हो जाता है। जैसे 2 महीने का शिशु किसी रंगीन वस्तु को मात्र टकटकी लगाकर देखता है तथा अपने हाथ-पाँव फेंकने की क्रिया तेज कर देता है। यह सब सामान्य क्रिया का उदाहरण है। फिर 6–7 महीना की उम्र में वह अपने हाथ को उस वस्तुविशेष की ओर ले जाता है जो एक विशिष्ट क्रिया (specific action) का उदाहरण है।

कुछ मनोवैज्ञानिकों के अनुसार क्रियात्मक विकास (motor development) के पूर्वानुमेय (predictable) होने का सबूत (evidence) यह भी है कि बालकों में चलने की क्रिया उनके कुल विकास (total development) की रफ्तार के अनुकूल होती है। शायद यही कारण है कि जो बालक जल्दी बैठने लगता है, वह चलना भी जल्दी प्रारंभ कर देता है।

(4) क्रियात्मक विकास के लिए मानक बनाना संभव है (It is possible to establish norms for motor development)—चूँकि शिशु में विकासात्मक पैटर्न पूर्वानुमेय (predictable) होता है, अतः उसके भिन्न-भिन्न प्रकार के क्रियात्मक विकासों के लिए मनोवैज्ञानिकों द्वारा एक मानक (norm)

तैयार किया गया है। इस मानक द्वारा यह पता चलता है कि किस उम्र के शिशु द्वारा किस तरह का क्रियात्मक व्यवहार (motor behaviour) किया जाता है। इससे माता-पिता तथा शिक्षक दोनों को ही एक प्रकार का मार्गदर्शन (guidance) होता है और वे किसी विशेष उम्र के बालक से न तो ज्यादा और न ही कम उम्मीद करते हैं। मनोवैज्ञानिकों द्वारा कुछ खास-खास क्रियात्मक व्यवहार जैसे सीधा बैठना (sitting), खड़ा होना (standing), चलना (walking), किसी वस्तु की ओर हाथ बढ़ाना (reaching) तथा पकड़ना (grasping) आदि का मानक (norms) तैयार किया गया है। इसका प्रयोग बालकों की बुद्धि (intelligence) मापने में भी की गई है। शिशु विकास का बेले स्केल (Bayley Scale of Infant Development) जिसे बेले (Bayley, 1968) द्वारा निर्मित किया गया है, शिशु के भिन्न-भिन्न क्रियात्मक व्यवहारों को एक मानक (norms) द्वारा मापने का एक अच्छा उदाहरण है।

(5) क्रियात्मक विकास में वैयक्तिक भिन्नता होती है (There are individual differences in motor development)—यद्यपि क्रियात्मक विकास में एक संगति (consistency) होती है अर्थात इसमें एक ऐसा पैटर्न होता है जो सभी बालकों के लिए एकसमान होता है, फिर भी इस तरह के विकास में वैयक्तिक विभिन्नता (individual difference) पाई जाती है। इसका परिणाम यह होता है कि भिन्न-भिन्न बालक भिन्न-भिन्न उम्र में क्रियात्मक विकास (motor development) के एक ही स्तर पर नहीं पहुँचते। जैसे अगर सीधा बैठने का ही उदाहरण ले लिया जाए तो कोई बालक 6 महीना में बैठता है तो कोई 10 महीना में। स्वास्थ्य (health), आहार (nutrition) आदि कुछ ऐसे कारक हैं जो बालकों के क्रियात्मक विकास में अंतर कर देते हैं।

क्रियात्मक विकास के इन नियमों से शिक्षकों को अधिक फायदा होता है, क्योंकि इसके आधार पर वे बालकों का समुचित एवं वैज्ञानिक मार्गदर्शन कर पाते हैं तथा यह भी समझ लेते हैं कि क्यों कोई बालक अपनी उम्र के अन्य बालकों से कोई अमुक क्रियात्मक व्यवहार (motor behaviour) में पीछे रह जाता है या आगे चला जाता है।

क्रियात्मक विकास के क्रम
(Sequence of Motor Development)

बालकों के क्रियात्मक विकास के प्रयोगात्मक अध्ययनों से प्राप्त निष्कर्ष के आधार पर क्रियात्मक विकास मूलतः मस्तकाधोमुखी विकासक्रम (cephalocaudal development sequence) के अनुसार अर्थात सिर से पैर की दिशा में होता पाया गया है। अतः, मनोवैज्ञानिकों ने क्रियात्मक विकास (motor development) को भी निम्नांकित चार भागों में बाँटकर अध्ययन किया है—

(1) सिर के भाग में क्रियात्मक विकास (Motor development in head region)—शिशु के सिर के भाग की मांसपेशियाँ जन्म के बाद सबसे पहले परिपक्व होना प्रारंभ कर देती हैं। फलतः, इस क्षेत्र में क्रियात्मक विकास (motor development) अन्य क्षेत्रों की अपेक्षा जल्दी होता है। इस विकास में मूलतः दृष्टि अनुसरण (occular pursuit), सामाजिक मुस्कान (social smiling) तथा सिर को ऊपर उठाने की प्रक्रिया सम्मिलित होती है। सोनटैग (Sontag, 1966) के अनुसार नवजात शिशु जब 4 सप्ताह का हो जाता है तो उसमें दृष्टि अनुसरण (occular pursuit) करने की क्षमता विकसित हो जाती है। बालकों में सामाजिक मुस्कान (social smile) 3 महीने की उम्र में प्रारंभ होती है। सामाजिक मुस्कान से तात्पर्य दूसरे की मुस्कान देखकर शिशु द्वारा स्वयं मुस्काने से होता है। सामाजिक मुस्कान बालकों का पहला सामाजिक व्यवहार (social behaviour) होता है। पेट के बल

लेटे हुए सिर को ऊपर उठाने की क्रियात्मक अनुक्रिया (motor response) सर्वप्रथम पहले महीने की उम्र में होती है। एक सहारे के साथ बैठकर शिशु में सिर ऊपर उठाने की अनुक्रिया चौथे महीने में प्रारंभ होती है। परंतु, पीठ के बल लेटे रहने पर सिर उठाने की क्रिया गेसेल (Gessell, 1954) के अनुसार 6 महीने के बाद प्रारंभ होती है।

(2) धड़ के क्षेत्र में विकासात्मक विकास (Motor development in trunk region)—शिशुओं में दूसरा महत्त्वपूर्ण क्रियात्मक विकास धड़ के क्षेत्र (trunk region) में होता है। इस तरह के क्रियात्मक विकास (motor development) में मुख्यतः तीन तरह के क्रियात्मक व्यवहार (motor behaviours) होते हैं—शरीर को घुमाना (turning), बैठना (sitting) तथा मल-मूत्र त्यागने के अंगों की क्रियाओं पर नियंत्रण। शिशु में लेटे-लेटे शरीर को घुमाने का क्रियात्मक व्यवहार (motor behaviour) धीरे-धीरे विकसित होता है। 2 महीने की उम्र होने पर शिशु अपना शरीर 'बगल से पीठ' (side to back) की ओर लेता है और 4 महीने की उम्र होने पर वह फिर 'पीठ से बगल' (back to side) की ओर शरीर घुमा लेता है और 6 महीने की उम्र होने पर उसमें अपने शरीर को पूर्णतः घुमा लेने की क्रिया देखी जाती है।

शिशुओं में दूसरा क्रियात्मक व्यवहार बैठना (sitting) सीखने का होता है। बेले (Bayley, 1968) के अनुसार 4 महीने की उम्र में शिशु अपने-आपको बैठने की स्थिति में लाने की कोशिश करता है। पाँचवें महीने में सहारा देने पर वह बैठना प्रारंभ कर देता है तथा 9 महीने की उम्र में वह बिना किसी सहारे के ही बैठना प्रारंभ कर देता है।

धड़ के क्षेत्र में तीसरा महत्त्वपूर्ण क्रियात्मक व्यवहार मल-मूत्र त्यागने के अंगों की क्रियाओं पर नियंत्रण से संबंधित है। सामान्यतः 2 साल की उम्र होने पर बालक में अपने बावेल (bowel) यानी बड़ी आँत पर नियंत्रण (control) विकसित हो जाता है। फलस्वरूप, वह पाखाना करने के पहले कुछ शारीरिक संकेत जैसे रोना, कमर को उठाना आदि प्रारंभ कर देता है। जब बालक 4 साल की उम्र का हो जाता है, तो वह अपना नियंत्रण मूत्राशय (bladder) पर भी कर लेता है।

(3) बाँह और हाथ में क्रियात्मक विकास (Motor development in arms and legs)—बाँह और हाथ में क्रियात्मक विकास के फलस्वरूप होनेवाले प्रमुख व्यवहार हैं—बचाव क्रियाएँ (defensive activities), अँगूठा चूसना (thumb sucking), स्वेच्छा से किसी वस्तु की ओर पहुँचना (reaching) तथा उसे छूने की अनुक्रिया करना, किसी वस्तु को पकड़कर पकड़े रहने की अनुक्रिया करना, अँगूठे को अँगुलियों की विपरीत दिशा में कार्य करने की क्षमता आदि। बालकों में बचाव अनुक्रिया (defensive reaction) जन्म के 2 सप्ताह बाद प्रारंभ हो जाती है। शायद यही कारण है कि शिशु के ठुड्डी को दबाने पर बचाव के लिए वह अपने हाथों को ठुड्डी की ओर ले जाता है। अँगूठा चूसने की प्रक्रिया 2 घंटे के नवजात शिशु में भी होते देखी गई है। 4 महीने की उम्र में शिशुओं में स्वेच्छा से किसी वस्तु की ओर हाथ बढ़ाने (reaching) तथा उसे छूने की अनुक्रिया देखने को मिलती है। 5 महीने का हो जाने पर बच्चा किसी चीज को आसानी से पकड़ना (grasping) भी प्रारंभ कर देता है। 8 महीने की उम्र में वह अँगूठा को अँगुलियों की विपरीत दिशा में करके किसी वस्तु को पकड़ लेता है और उसे कुछ देर तक पकड़े भी रहता है। बच्चे 1 से 2 साल की उम्र में अपने हाथों से भोजन मुँह में डालना प्रारंभ कर देते हैं। 3 वर्ष की उम्र में वस्त्र पहनने की क्षमता अधूरी रूप से विकसित होती है और 5 साल की उम्र होने पर यह क्षमता पूर्णरूपेण विकसित हो जाती है। गेंद पकड़ने तथा फेंकने की क्षमता 5 साल की उम्र होते-होते पूर्णतः विकसित हो जाती है।

चित्र 5.4 बालकों में क्रियात्मक विकास-क्रम

(4) पैरों तथा अँगुलियों में क्रियात्मक विकास (Motor development in legs and feet)—पैरों तथा पैर की अँगुलियों में क्रियात्मक विकास होने से शिशुओं में चलने की क्रिया का विकास (development) होता है। सामान्यतः बच्चे 11 से 15 महीने की उम्र में चलना (walking) प्रारंभ कर देते हैं। लेकिन उनके इस विकास के पीछे भिन्न-भिन्न प्रकार के क्रियात्मक व्यवहार (motor behaviours) की एक लंबी शृंखला (long series) होती है जिसे चित्र 5.4 में दिखाया गया है। इन शृंखलाओं को देखने से स्पष्ट हो जाता है कि बच्चों में चलने की क्रिया एक मस्तकाधोमुखी क्रम (cephalocaudal sequence) के अनुसार होता है। पहले शिशु में अपना सिर उठाने और छाती ऊपर उठाने की क्षमता विकसित होती है। इसके बाद उसका नियंत्रण धड़ के क्षेत्र में होता है जिसके फलस्वरूप वह बैठ सकता है। इसके बाद उसका नियंत्रण पैर की मांसपेशियों पर हो जाता है और वह खड़ा होने लगता है तथा फिर चलना प्रारंभ कर देता है।

इस तरह, स्पष्ट है कि बालकों में क्रियात्मक विकास का एक क्रम (sequence) होता है। इनमें, विशेषकर चलने की क्रिया का विकास, सभी बच्चों में करीब-करीब एक निश्चित क्रम के अनुसार होता है।

शारीरिक विकास तथा क्रियात्मक विकास का शैक्षिक आशय
(Educational Implications of Physical Development and Motor Development)

बालकों के शारीरिक विकास तथा क्रियात्मक विकास (motor development) के ज्ञान का महत्त्व शिक्षकों के लिए काफी बताया गया है। कई मनोवैज्ञानिकों द्वारा व्यक्त किए गए विचारों को ध्यान में रखते हुए इन दोनों तरह के विकास (development) के शैक्षिक महत्त्व (educational importance) को इस प्रकार समझाया जा सकता है—

(1) स्कूल बालकों के शारीरिक वर्द्धन (physical growth) तथा क्रियात्मक विकास (motor development) का अध्ययन इसलिए करता है, क्योंकि इन विकासों द्वारा बालकों का व्यवहार सीधे प्रभावित होता है। यदि किसी वर्ग के अधिकतर बालकों का शारीरिक वर्द्धन (physical growth) अन्य बालकों की तुलना में अधिक होता है, तो इससे अन्य बालकों में एक तरह की हीनता का भाव उत्पन्न हो सकता है। इस तरह के भाव से उनकी शैक्षिक उपलब्धि (educational achievement) पर बुरा प्रभाव पड़ सकता है। दूसरी तरफ, ऐसा भी संभव है कि यदि वर्ग में किसी छात्र का शारीरिक वर्द्धन (physical growth) अन्य बालकों की तुलना में काफी कम है तो यह भी शिक्षक के लिए एक चुनौती हो जाती है, क्योंकि इस ढंग के छात्रों में समायोजन (adjustment) से संबंधित अनेक तरह की समस्याएँ उत्पन्न हो जाती हैं। इन्हीं कारणों के आलोक में अधिकतर शिक्षा मनोवैज्ञानिकों का यह विचार है कि शिक्षक को छात्रों के शारीरिक वर्द्धन (physical growth) का ज्ञान आवश्यक है ताकि वे छात्रों के साथ उन्हीं की शारीरिक जरूरतों के अनुकूल शैक्षिक माहौल तैयार कर उन्हें शिक्षित कर सकें।

(2) शारीरिक वर्द्धन (physical growth) तथा परिपक्वता (maturity) से बालकों का मानसिक एवं समाजिक विकास प्रभावित होता है। इसलिए, शिक्षकों से यह उम्मीद की जाती है कि वे स्कूल के कार्यक्रम (programmes) को इस ढंग से तैयार करेंगे कि उसमें प्रत्येक छात्र को सफलता मिल सके तथा उसका आत्मसम्मान (self-prestige) बना रह सके। जैसे, जो छात्र शारीरिक रूप से दुर्बल हैं,

उनका एक अलग कार्यक्रम बनाया जाए जिसमें केवल शारीरिक रूप से कमजोर छात्र ही भाग लें। इससे फायदा यह होगा कि ऐसे छात्रों में किसी प्रकार की हीनता की भावना भी नहीं उत्पन्न होगी तथा उनका आत्मसम्मान भी बरकरार रहेगा। इससे शिक्षक स्कूल में शारीरिक रूप से दुर्बल छात्रों के साथ भी न्याय करने में सक्षम हो पाएँगे।

(3) स्कूल में प्रायः खेलकूद तथा शारीरिक शिक्षा (physical education) का कार्यक्रम (programme) होता रहता है। इस ढंग के कार्यक्रम का स्वरूप प्रतियोगितात्मक (competitive) होता है। प्रत्येक स्कूल में करीब-करीब यह देखने को मिलता है कि इस प्रतियोगितात्मक कार्यक्रम में मात्र कुछ ही ऐसे शारीरिक रूप से हृष्ट-पुष्ट छात्र होते हैं जो ऐसे कार्यक्रम में भाग लेते हैं और खिताब जीतते हैं। बाकी अन्य छात्र तमाशा देखनेवाले होते हैं। जैक्सन (Jackson, 1991) ने इस क्षेत्र में किए गए अध्ययनों की एक समीक्षा करके यह बताया है कि इस तरह के प्रतियोगितात्मक कार्यक्रम (competitive programme) का प्रभाव सभी छात्रों पर अच्छा नहीं पड़ता है। खासकर, जो छात्र मात्र तमाशा देखनेवाले होते हैं वे एक तरह से अपनी भागीदारी उस कार्यक्रम में न देखकर हतोत्साह हो जाते हैं जिसका प्रभाव शैक्षिक उपलब्धि पर बुरा पड़ता है। अतः, शिक्षकों को चाहिए कि वे इन कार्यक्रमों के स्वरूप में इस ढंग का परिवर्तन करें कि इसमें सभी छात्रों की समान भागीदारी हो ताकि सभी में समान रूप से शैक्षिक अभिरुचि (educational interest) कायम रहे।

(4) आधुनिक स्कूलों में दो ऐसे कार्यक्रम जोर-शोर से चल रहे हैं जिनका प्रभाव शारीरिक एवं क्रियात्मक विकास (physical and motor development) पर अधिक पड़ता है। एक है खेल क्रियाएँ (play activities) तथा दूसरा है दस्तकारी कार्य (craft work)। विभिन्न उम्र के छात्रों के लिए खेल क्रियाएँ (play activities) ऐसी होनी चाहिए कि वे उनके शारीरिक (physical) तथा क्रियात्मक (motor) विकास के अनुकूल हों। जहाँ तक संभव हो, बालकों को सक्रिय खेल (active play) खेलने के लिए प्रेरित करना चाहिए, जिससे उनके शरीर के शारीरिक विकास के साथ-ही-साथ मानसिक विकास भी ठीक ढंग से हो। अधिकतर शिक्षकों का मत है कि खेल द्वारा जो शारीरिक विकास तथा मानसिक विकास होते हैं, उससे छात्रों में सूझ (insight) उत्पन्न होती है तथा उनमें सर्जनात्मक क्षमताएँ (creative abilities) भी उत्पन्न होती हैं। इनसे बालकों के व्यक्तित्व विकास (personality development) पर भी सीधा असर पड़ता है। खेल से बालकों में सहयोगिता (cooperativeness), उदारता (generosity) तथा सच्चाई (truthfulness) जैसे शीलगुण भी विकसित होते हैं।

आजकल स्कूलों में शिल्पकारी (crafts) जैसे कार्यक्रम को भी बढ़ावा दिया जा रहा है और एक अनिवार्य विषय के रूप में कुछ स्कूलों में पढ़ाया जा रहा है। शिल्पकारी में लकड़ी के खिलौने बनाना, सूत कातना, धातुकार्य (metal work), किताब बाइंडिंग, कृषि (gardening), दर्जी का काम (tailoring) आदि प्रधान हैं। शिक्षकों का मत है कि इन क्रियाओं से बालकों में सिर्फ क्रियात्मक विकास (motor development) ही नहीं होता है बल्कि वे विभिन्न तरह के औजारों का प्रयोग करना तथा अन्य दूसरे तरह के बारीक पेशीय कौशल (fine motor skills) सीख पाते हैं। ऐसे बालकों में स्कूल के कार्यक्रम में सहभागिता (participation) का भाव उत्पन्न होता है जो उनके वर्ग की उपलब्धियों पर भी अच्छा प्रभाव डालता है।

इस तरह स्पष्ट है कि बालकों के शारीरिक विकास तथा क्रियात्मक विकास का शैक्षिक महत्त्व भी काफी है। शायद यही कारण है कि आजकल स्कूलों में प्रायः ऐसे कार्यक्रम तैयार किए जाते हैं

जिनसे बालकों में इन दोनों तरह का विकास अर्थात शारीरिक विकास एवं क्रियात्मक विकास हो सके।

अध्याय-सारांश
[Chapter Summary]

1. शारीरिक विकास से तात्पर्य बालकों की उम्र के अनुसार शारीरिक आकार (body size), शारीरिक अनुपात (body proportions), हड्डियाँ (bones), मांसपेशियाँ (muscles), दाँत (teeth) तथा तंत्रिकातंत्र (nervous system) के समुचित विकास से होता है।
2. विकास (development) तथा परिपक्वन (maturation) में समानता होते हुए भी विभिन्नता (difference) है। बालकों में होनेवाले क्रमिक (orderly) तथा संगत (coherent) परिवर्तनों के उत्तरोत्तर क्रम (progressive sequence) को विकास कहा जाता है जबकि परिपक्वता से तात्पर्य बालकों में होनेवाले उन शारीरिक प्रक्रियाओं से होता है जो स्वतः तथा आनुवंशिक रूप से (genetically) निर्धारित तथ्यों द्वारा निदेशित होता है।
3. बालकों में होनेवाले विकासात्मक परिवर्तनों (developmental changes) को ठीक ढंग से समझने के लिए शिक्षकों से यह पूर्णतः अपेक्षित है कि वे विकास के नियमों (principles) से भलीभाँति परिचित हों। ऐसे 10 नियमों की चर्चा की गई है तथा उनकी शैक्षिक उपयोगिताओं (educational utilities) पर बल डाला गया है।
4. मनोवैज्ञानिकों ने विकास के दृष्टिकोण से गर्भधारण से पूरे जीवनकाल को 10 भागों में बाँटा है जिसमें बाल्यावस्था (2 साल से 12 साल), किशोरावस्था (13 साल से 19–20 साल) तथा प्रारंभिक वयस्कता (21 साल से 40 साल) की अवस्थाओं में होनेवाले विकासों पर शिक्षा मनोवैज्ञानिकों तथा शिक्षकों द्वारा अधिक बल डाला गया है।
5. हेभिगहर्स्ट (Havighurst, 1972) ने बाल्यावस्था (childhood), किशोरावस्था (adolescence) तथा प्रारंभिक वयस्कावस्था (early adulthood) के लिए कुछ विकासात्मक पाठ (developmental task) तैयार कर रखा है जिससे शिक्षकों, माता-पिता और स्वयं छात्रों को भी अत्यधिक दिशानिर्देश मिलता है।
6. मनोवैज्ञानिकों ने बालकों के क्रियात्मक विकास (motor development) के नियमों की भी चर्चा की है और ऐसे 5 प्रमुख नियमों की व्याख्या की गई है।
7. अंत में, शारीरिक विकास (physical development) तथा क्रियात्मक विकास (motor development) के शैक्षिक महत्त्व (educational importance) पर बल डाला गया है जिसमें इस बात की चर्चा की गई है कि इन दोनों तरह के विकास शिक्षकों एवं छात्रों के लिए क्या अहमियत रखते हैं।

❑

अध्याय 6

संवेगात्मक विकास तथा सामाजिक विकास

[EMOTIONAL DEVELOPMENT AND SOCIAL DEVELOPMENT]

मुख्य बिंदु (Main Points)

1. संवेग तथा संवेगात्मक विकास का अर्थ (Meaning of Emotion and Emotional Development)
2. संवेगात्मक विकास के पैटर्न (Pattern of Emotional Development)
3. प्रारंभिक बाल्यावस्था में सांवेगिक विकास तथा उसका शैक्षिक महत्त्व (Emotional Development in Early Childhood and its Educational Importance)
4. उत्तर बाल्यावस्था में सांवेगिक विकास तथा उसका शैक्षिक महत्त्व (Emotional Development in Later Childhood and its Educational Importance)
5. किशोरावस्था में संवेगात्मक विकास तथा उसका शैक्षिक महत्त्व (Emotional Development in Adolescence and its Educational Importance)
6. बालकों में संवेगात्मक तनाव के सामान्य कारण (Common Causes of Emotional Stress among Children)
7. संवेगात्मकता का शिक्षार्थी पर प्रभाव (Effect of Emotionality upon Learners)
8. सांवेगिक विकास की समस्याओं को दूर करने की विधियाँ (Methods of Handling Problems of Emotional Development)
9. सामाजिक विकास का अर्थ (Meaning of Social Development)
10. प्रारंभिक सामाजिक अनुभूतियों का शैक्षिक महत्त्व (Educational Importance of Early Social Experiences)
11. प्रारंभिक बाल्यावस्था में सामाजिक विकास (Social Development in Early Childhood)
12. उत्तर बाल्यावस्था में सामाजिक विकास (Social Development in Later Childhood)
13. किशोरावस्था में सामाजिक विकास (Social Development in Adolescence)
14. समाजीकरण के साधन या माध्यम (Agencies of Socialization)
15. बढ़ती हुई जनसंख्या का सामाजिक विकास पर प्रभाव (Impact of Rising Population upon Social Development)
16. सामाजिक विकास को प्रभावित करनेवाले कारक (Factors Influencing Social Development)
17. बालकों के सामाजिक विकास को विकसित करने में शिक्षक की भूमिका (Role of a Teacher in Promoting Social Development of Children)
18. सामाजिक-सांवेगिक विकास के समसामयिक सिद्धांत (Contemporary Theories of Socio-emotional Development)
19. ब्रोनफेनब्रेन्नर का पारिस्थितिपरक सिद्धांत (Bronfenbrenner's Ecological Theory)
20. ब्रोनफेनब्रेन्नर मॉडल का शैक्षिक आशय (Educational Implication of Bronfenbrenner's Model)
21. इरिक्सन का मनोसामाजिक सिद्धांत (Erikson's Theory of Psychosocial Development)
22. इरिक्सन के मनोसामाजिक सिद्धांत का शैक्षिक आशय (Educational Implication of Erikson's Psychosocial Theory)

संवेग तथा संवेगात्मक विकास का अर्थ
(Meaning of Emotion and Emotional Development)

'संवेग' पद का अँग्रेजी रूपांतर 'emotion' है जो लैटिन शब्द 'emovere' से बना है और जिसका अर्थ उत्तेजित करना (excite) होता है। इस शाब्दिक अर्थ को ध्यान में रखते हुए तब यह कहा जा सकता है कि संवेग व्यक्ति की उत्तेजित अवस्था का दूसरा नाम है। इसी अर्थ में गेलडार्ड[1] (Geldard, 1963) ने कहा है, "संवेग क्रियाओं का उत्तेजक है।" लेकिन संवेग में सिर्फ उत्तेजित अवस्था ही नहीं होती है बल्कि कुछ और भी प्रक्रियाएँ होती हैं। इंगलिश तथा इंगलिश[2] (English & English, 1958) के अनुसार, "संवेग एक जटिल भाव की अवस्था होती है जिसमें कुछ खास-खास शारीरिक एवं ग्रंथीय क्रियाएँ होती हैं।" बेरान, बर्न तथा कैण्टोविज[3] (Baron, Byrne & Kantowitz, 1980) के अनुसार, "संवेग से तात्पर्य एक ऐसी आत्मनिष्ठ भाव की अवस्था से होता है जिसमें कुछ शारीरिक उत्तेजना पैदा होती है और फिर जिसमें कुछ खास-खास व्यवहार होते हैं।"

इन परिभाषाओं पर यदि गौरपूर्वक ध्यान दिया जाए तो यह स्पष्ट होगा कि संवेग एक जटिल अवस्था होती है जिसमें कुछ आंगिक प्रतिक्रियाएँ (bodily reactions), जैसे हृदय की गति में परिवर्तन, रक्तचाप (blood pressure) में परिवर्तन साँस की गति में परिवर्तन, विभिन्न अंतःस्रावी ग्रंथियों (endocrine glands) के कार्यों में परिवर्तन, आदि होती हैं। इनके अलावा शरीर के बाहरी अंगों, जैसे हाथ, पैर, आँख, चेहरा आदि मे भी कुछ परिवर्तन हो जाते हैं जिसे देखकर यह समझा जा सकता है कि बालक संवेग की स्थिति में है। संवेग में आंगिक प्रतिक्रियाएँ, अभिव्यंजक व्यवहार (expressive behaviours) के अलावा एक आत्मनिष्ठ भाव (subjective feeling) भी होता है। सामान्यतः, किसी भी संवेग में सुखद (pleasantness) या दुःखद (unpleasantness) के भाव (feeling) की अनुभूति पाई जाती है। जैसे भय में दुःखद भाव की अनुभूति तथा खुशी में सुखद भाव की अनुभूति होती है। यही बात अन्य संवेगों की स्थिति में भी पाई जाती है।

संवेगात्मक विकास (emotional development) से तात्पर्य इस बात से होता है कि बालकों में विभिन्न तरह के संवेग का विकास कैसे होता है, किन कारकों द्वारा उनका विकास प्रभावित होता है, किस पैटर्न पर संवेग बालकों में विकसित होते हैं, संवेग का प्रभाव बालकों पर किस प्रकार पड़ता है आदि-आदि। शिक्षा मनोवैज्ञानिकों द्वारा संवेगात्मक विकास में उन पहलुओं का भी अध्ययन किया जाता है जिनसे यह पता चलता है कि संवेग का महत्त्व शिक्षक एवं शिक्षार्थियों (learners) के लिए क्या है।

---

1. "Emotions are inciters to action."—Geldard, *Fundamentals of Psychology,* 1963, p. 33
2. "Emotion is a complex feeling state accompanied by characteristic or glandular activities." —English & English, *A Comparative Dictionary of Psychological and Psychoanalytic Terms,* 1958, p. 176
3. "By emotion we mean a subjective feeling state involving physiological arousal accompanied by characteristic behaviour." —Baron, Byrne & Kantowitz, *Psychology,* 1980, p. 293

संवेगात्मक विकास के पैटर्न
(Pattern of Emotional Development)

वाटसन (Watson, 1919) ने सबसे पहले नवजात शिशुओं में संवेग का अध्ययन कर यह बताया कि शिशुओं में तीन जन्मजात तथा मौलिक (primary) संवेग होते हैं—भय (fear) जो तीव्र आवाज (loud noise) तथा किसी प्रकार के समर्थन (support) को हटा लेने से उत्पन्न होता है; क्रोध (anger) जो शारीरिक क्रियाओं में बाधा (physical restraint) से उत्पन्न होता है तथा प्यार (love) जो त्वचा को सहलाने एवं थपथपाने से उत्पन्न होता है। परंतु, बाद में शेरमैन (Sherman, 1927) द्वारा किए गए अध्ययनों के आधार पर इसे गलत साबित किया गया। आजकल माना जाता है कि शिशु में (जन्म के 2 सप्ताह होने पर) सांवेगिक अनुक्रिया (emotional response) करने की एक सामान्य क्षमता मौजूद होती है। इस उम्र में सांवेगिक व्यवहार (emotional behaviour) का सबसे पहला चिह्न (sign) सामान्य आवेश (general excitement) होता है जिसमें बालक अपने सम्पूर्ण शरीर से क्रिया करते दिखाई पड़ता है। इसके अलावा संवेग का कोई दूसरा चिह्न शिशुओं में उस उम्र में उपस्थित नहीं रहता है। इसी आवेश से शिशुओं में भिन्न-भिन्न प्रकार के संवेग का विकास (development) होता है। ब्रिजेज (Bridges, 1932), जो एक महिला मनोवैज्ञानिक थीं, ने एक अध्ययन कर यह दिखाया है कि किस तरह इस सामान्य आवेश (जो 2 सप्ताह की उम्र होने पर दिखाई देता है) से बालकों में भिन्न-भिन्न उम्र पर भिन्न-भिन्न प्रकार के संवेग (emotion) विकसित होते हैं। उन्होंने अपने इस अध्ययन में यह स्पष्ट रूप से दिखा दिया है कि 24 महीने की उम्र तक शिशुओं में सभी प्रमुख संवेग (primary emotion) जैसे क्रोध, भय, अनुराग आदि का विकास हो जाता है। ब्रिजेज (Bridges, 1932) के अध्ययन के अनुसार जन्म के समय जो सामान्य आवेश पाया जाता है, 3 महीने की उम्र में उसमें दो संवेग पैदा लेते हैं—दुःख (distress) तथा आनंद (delight)। 6 महीने की उम्र होने पर दुःख से तीन विशेष प्रकार के संवेग पैदा होते हैं—भय (fear), घृणा (disgust) तथा क्रोध (anger)। 12 महीने की उम्र में आनंद (delight) से दो प्रकार के संवेग की उत्पत्ति होती है— उल्लास (elation) तथा अनुराग (affection)। 18 महीने की उम्र में अनुराग (affection) संवेग और भी विशिष्ट (specific) होकर दो भागों में बँट जाता है—वयस्कों के प्रति अनुराग (affection for adults) तथा बच्चों के प्रति अनुराग (affection for children)। इसी उम्र में शिशुओं में दुःख (distress) के संवेग से डाह (jealousy) का संवेग भी उत्पन्न होता है। सबसे अंत में, यानी 24 महीने की उम्र में शिशुओं में आनंद (delight) के संवेग से हर्ष (joy) की उत्पत्ति होती है। अतः, हर्ष के संवेग का विकास सबसे अंत में होता है। ब्रिजेज (Bridges) द्वारा अपने इस अध्ययन के आधार पर सांवेगिक विकास (emotional development) की एक तालिका (chart) बनाई गई है जिसमें ऊपर की बातों को स्पष्ट रूप से दिखाया गया है। ब्रिजेज की तालिका से यह स्पष्ट हो जाता है कि शिशुओं में सांवेगिक विकास का एक निश्चित पैटर्न (fixed pattern) होता है और करीब-करीब सभी प्रमुख संवेगों का विकास 2 साल तक पूरा हो जाता है। बाद के वर्षों में संवेगों में सिर्फ तीक्ष्णता (sharpening) की प्रक्रिया होती है जिससे कि उसे और भी आसानी से समझा जा सकता है। रिकिऊटी (Ricciuti, 1968) ने भी शिशुओं में होनेवाले संवेगों का अध्ययन किया है और बताया है कि बालकों में अप्रिय संवेग (unpleasant emotion) जैसे भय (fear), घृणा (disgust), क्रोध (anger) तथा डाह (jealousy) को कुछ खास-खास उद्दीपनों (stimuli) द्वारा, जैसे अचानक तीव्र आवाज द्वारा, बालकों के शरीर की स्वतंत्र गति को रोककर, बालकों के शरीर पर कुछ ठंडा

(cold) या गर्म चीज को रखकर तथा उसके शरीर की अवस्थिति (position) को परिवर्तित करके उत्पन्न किया जा सकता है। उसी तरह से बालकों में प्रिय संवेग (pleasant emotion) जैसे उल्लास (elation), स्नेह (affection), तथा हर्ष (joy) को कुछ खास-खास उद्दीपनों (stimuli) जैसे थपथपाना (patting), गोद में लेकर दुलारना, झकझोरना (rocking), आदि से उत्पन्न किया जा सकता है।

जैसे-जैसे बालकों की उम्र बढ़ती जाती है, वैसे-वैसे उनका संवेग अधिक तीव्र, तीक्ष्ण तथा स्पष्ट होते जाता है और संवेग में होनेवाली क्रियात्मक अनुक्रिया (motor responses), जैसे जोर-जोर से ताली बजाना तथा हँसना, रोना, उछलना-कूदना आदि धीरे-धीरे घटता जाता है तथा भाषीय अनुक्रिया (linguistic responses), जैसे अप्रिय संवेग (unpleasant emotion) में अप्रिय शब्दों का प्रयोग तथा प्रिय संवेग में प्रिय शब्दों का प्रयोग बढ़ता जाता है।

मनोवैज्ञानिक अध्ययनों से यह स्पष्ट हो गया है कि प्रारंभिक बाल्यावस्था (early childhood) यानी 2 साल से 6 साल की उम्र में बालकों में मूलतः 8 प्रकार के संवेग स्पष्ट रूप से देखने को मिलते हैं। वे हैं—क्रोध (anger), डर (fear), डाह (jealousy), उत्सुकता (curiosity), जलन (envy), हर्ष (joy), दुःख (grief) तथा अनुराग (affection)। इस अवस्था के भिन्न-भिन्न समयों में इनमें कुछ संवेग अधिक तीव्र एवं तीक्ष्ण होते हैं तथा कुछ कम तीव्र एवं तीक्ष्ण होते हैं। इस तरह से सांवेगिक पैटर्न (emotional pattern) में भिन्नता पाई जाती है। उत्तर बाल्यावस्था (later childhood) यानी 6 साल से 12 साल की उम्र में बालक वही सब संवेग दिखाते हैं जो प्रारंभिक बाल्यावस्था (early childhood) में प्रबल होते हैं। अंतर इतना ही होता है कि उन संवेगों की अभिव्यक्ति (expression) अब अलग ढंग से की जाती है तथा अब पहले से उद्दीपन (stimulus) तथा परिस्थितियाँ (situations) भी भिन्न हो जाती हैं, जिससे संवेग उत्पन्न होता है। किशोरावस्था (adolescence) यानी 13 साल से 19–20 साल की उम्र में बालकों द्वारा वही सब संवेग दिखाए जाते हैं जो बाल्यावस्था (childhood) में दिखाए जाते थे। परंतु, इस अवस्था के सांवेगिक पैटर्न (pattern) में कुछ भिन्नता पाई जाती है। इस अवस्था के प्रारंभ में किशोरों द्वारा दिखाए गए संवेग अधिक तीव्र (intense), अनियंत्रित (uncontrolled) तथा अयुक्तिसंगत (irrational) होते हैं। लेकिन जैसे-जैसे उम्र बढ़ती जाती है, सांवेगिक व्यवहार में सुधार तथा परिपक्वता (maturation) आती जाती है। गेसेल तथा उसके सहयोगियों (Gessel, et. al. 1956) ने अपने अध्ययन के आधार पर यह बताया है कि 14 साल की उम्र में किशोरों में चिड़चिड़ापन अधिक होता है, वे जल्दी उत्तेजित हो जाते हैं तथा अपने भावों (feelings) को नियंत्रित कर देखने के बजाय उसकी खुल्लमखुल्ला अभिव्यक्ति (expression) करते हैं। परंतु, 16–17 साल की अवस्था में वे अपने संवेगों पर परिस्थिति के अनुकूल नियंत्रण करना तथा उसकी अभिव्यक्ति करना सीख लेते हैं।

सांवेगिक विकास के इस पैटर्न का महत्त्व शिक्षकों के लिए काफी अधिक है। इस पैटर्न की जानकारी से शिक्षकों को स्कूल के सांवेगिक वातावरण (emotional environment) को संतुलित बनाकर रखने में काफी मदद मिलती है। वे बालकों में प्रिय संवेग (pleasant emotions) जैसे अनुराग (affection), हर्ष (joy) आदि उत्पन्न करके उनकी शैक्षिक उपलब्धियों (emotional achievements) तथा अभिरुचियों (interests) को बढ़ावा देने में समर्थ हो पाते हैं। इससे छात्रों में संतुलित व्यक्तित्व का विकास होता है तथा शिक्षा के मूल उद्देश्य की प्राप्ति में सहायता मिलती है।

प्रारंभिक बाल्यावस्था में सांवेगिक विकास तथा उसका शैक्षिक महत्त्व (Emotional Development in Early Childhood and its Educational Importance)

प्रारंभिक बाल्यावस्था में बालकों में सभी प्रमुख संवेगों का विकास हो जाता है। दूसरे शब्दों में, इस अवस्था में बालकों में क्रोध (anger), डर (fear), डाह (jealousy), उत्सुकता (curiosity), जलन (envy), हर्ष (joy), दुख (grief) तथा अनुराग (affection) का विकास हो जाता है। इस अवस्था के इन सामान्य संवेगों की उत्पत्ति भिन्न-भिन्न प्रकार के उद्दीपनों (stimuli) तथा परिस्थितियों (situations) द्वारा होती है जिनका वर्णन निम्नांकित है—

(1) क्रोध (Anger)—प्रारंभिक बाल्यावस्था में बालकों में क्रोध, खेल में लड़ाई-झगड़ा, इच्छा की पूर्ति न होना, अन्य दूसरे बालकों द्वारा अपने ऊपर हमला हो जाना आदि कारणों से होता है। बालक अपना क्रोध रोकर, उछल-कूदकर, किसी सामान को फेंककर तथा चीख मारकर व्यक्त करता है।

(2) डर (Fear)—डर संवेग की उत्पत्ति में दुःखद अनुभूतियों की याद तथा किसी अप्रिय घटना या व्यक्ति से अनुबंधन (conditioning) को महत्त्वपूर्ण पाया गया है। इसी तरह से रेडियो तथा टेलीविजन से किसी ऐसे प्रोग्राम को देखना या किसी से ऐसी कहानी को सुनना जिसमें डराने तथा धमकाने वाले तत्त्व की अधिकता होती है, तो उससे भी बालकों में डर के संवेग की उत्पत्ति होती है। डर के संवेग में बालक कुछ विशिष्ट अनुक्रियाएँ, जैसे भाग जाना, अपने-आपको कहीं छिपा लेना, चिल्लाना आदि करते हैं।

(3) डाह (Jealousy)—जब बालक यह समझने लगते हैं कि माता-पिता की अभिरुचि एवं ध्यान अब उसपर कम परंतु अन्य भाई एवं बहनों पर अधिक दिया जा रहा है, तो इससे उसमें डाह (jealousy) के संवेग की उत्पत्ति होती है।

(4) उत्सुकता (Curiosity)—जिस चीज में इस अवस्था के बालक नवीनता (novelty) पाते हैं, उसके बारे में जानने के लिए वे उत्सुक हो जाते हैं और वे तरह-तरह के प्रश्न करना प्रारंभ कर देते हैं।

(5) जलन (Envy)—जब बालक यह देखते हैं कि दूसरे बालक की क्षमता उससे अधिक है या दूसरे बालक के पास वैसी चीजें हैं जो उसके पास नहीं हैं तो इससे बालकों में जलन होती है। इस संवेग की अभिव्यक्ति वे अपनी ही चीजों जैसे कलम, पेंसिल, ड्रेस आदि के प्रति शिकायत करके करते हैं।

(6) हर्ष (Joy)—प्रारंभिक बाल्यावस्था में बालकों में हर्ष का संवेग कई उद्दीपनों, जैसे अचानक धमाका, किसी कठिन कार्य को पूरा कर लेने तथा किसी मनचाहे लक्ष्य को प्राप्त कर लेने से होता है। इसकी अभिव्यक्ति बालक हँसकर, तालियाँ बजाकर, उछल-कूद करके करते हैं।

(7) दुःख (Grief)—इस अवस्था के बालकों में उन सभी जीवित या अजीवित वस्तुओं के खो जाने से दुःख का संवेग उत्पन्न होता है जिसे वे महत्त्वपूर्ण समझकर प्यार करते हैं। समान्यतः, वे अपने दुःख की अभिव्यक्ति रोकर या सामान्य क्रियाओं (normal activities), जैसे खाना, खेलना आदि में अपनी अभिरुचि खोकर व्यक्त करते हैं।

(8) अनुराग (Affection)—प्रारंभिक बाल्यावस्था में बालक उन सभी वस्तुओं तथा व्यक्तियों के प्रति अनुराग दिखाते हैं जिनसे उन्हें आनंद (pleasure) मिलता है। इस अनुराग की अभिव्यक्ति वे प्रायः वस्तुओं एवं व्यक्तियों को चूमकर, सहलाकर तथा आलिंगन करके करते हैं।

प्रारंभिक बाल्यावस्था (early childhood) में बालक इन संवेगों की अभिव्यक्ति ही नहीं करते बल्कि यह भी देखा गया है कि इनमें से कुछ संवेगों की बारंबारता (frequency) अधिक होती है। जैसे इस अवस्था में क्रोध, डर तथा डाह (jealousy) के संवेगों की बारंबारता अधिक होती है तथा इसकी तीव्रता (intensity) भी अन्य संवेगों की अपेक्षा अधिक होती है। अधिकतर शिक्षा मनोवैज्ञानिकों (educational psychologists) का मत है कि इस अवस्था में संवेगों की तीव्रता का कारण दैहिक (physiological) न होकर मनोवैज्ञानिक (psychological) होता है। इस अवस्था के अधिकतर बालक यह अनुभव करते हैं कि उनमें माता-पिता द्वारा अनुमति दिए गए कार्यों से अधिक कार्य करने की क्षमता है और वे परिणामस्वरूप माता-पिता द्वारा रखे गए प्रतिबंधों (restrictions) के खिलाफ आवाज उठाने पर उतर आते हैं। स्पष्टतः इसका परिणाम यह होता है कि उनमें संवेग की तीव्रता अधिक बढ़ जाती है। इतना ही नहीं, यह भी देखा गया है कि प्रारंभिक बाल्यावस्था के कुछ उम्र में खास तरह का संवेग अधिक तीव्र (intense) होता है। जैसे 2 से 4 साल के उम्र में क्रोध के संवेग की तीव्रता अधिक होती है। इस उम्र के बाद क्रोध की तीव्रता कम हो जाती है। यही बात डर संवेग के साथ भी होती पाई जाती है। क्रिटलर, जिगलर तथा क्रिटलर (Kreitler, Zigler & Kreitler, 1975) के अध्ययन के अनुसार तेज बुद्धि के बालकों में मंद बुद्धि के बालकों की अपेक्षा उत्सुकता (curiosity) का संवेग अधिक होता है। कुछ शिक्षा मनोवैज्ञानिकों ने बालकों के क्रोध पर वातावरण के प्रभाव को भी पड़ते पाया है। जिस घर में सदस्यों की संख्या अधिक होती है, उस घर के वातावरण में पले बालकों में क्रोध की तीव्रता अधिक होती है।

हालाँकि प्रारंभिक बाल्यावस्था (early childhood) में बालक कोई औपचारिक स्कूल (formal school) नहीं जाते हैं, फिर भी इस अवस्था के संवेगों का शैक्षिक महत्त्व (educational importance) कम नहीं है। इस अवस्था का संवेग सच पूछा जाए तो आगे आनेवाली अवस्थाओं, जैसे उत्तर बाल्यावस्था (later childhood), किशोरावस्था (adolescence) तथा वयस्कावस्था (adulthood) के संवेगों की रीढ़ (backbone) होती है। माता-पिता तथा नर्सरी स्कूल (nursery school) के शिक्षकों (इस अवस्था में बालक नर्सरी स्कूल या इसी तरह के अन्य संस्थान में अकसर रखे जाते हैं) को बालकों के व्यक्तित्व विकास को उचित दिशानिर्देश देने में काफी सहायता मिलती है। स्कीन्नर (Skinner, 1988) ने ठीक ही कहा है कि इस अवस्था के संवेगों को ठीक ढंग से नियंत्रित या अच्छी दिशा में विकसित कर देने पर किशोरावस्था या वयस्कावस्था में किसी तरह का सांवेगिक असंतुलन (emotional imbalance) उत्पन्न होने की संभावना नहीं रह जाती है और ऐसे बालकों की शैक्षिक उपलब्धि (educational achievement) अधिक श्रेष्ठ (superior) होती है।

उत्तर बाल्यावस्था में सांवेगिक विकास तथा उसका शैक्षिक महत्त्व (Emotional Development in Later Childhood and its Educational Importance)

उत्तर बाल्यावस्था (later childhood) 6 साल से 12 साल की होती है। इस अवस्था में बालकों में वे सभी संवेग होते पाए जाते हैं जो प्रारंभिक बाल्यावस्था (early childhood) में होते थे। दूसरे शब्दों

में उत्तर बाल्यावस्था में बालकों में क्रोध (anger), डर (fear), डाह (jealousy), उत्सुकता (curiosity), जलन (envy), हर्ष (joy), दुःख (grief) तथा अनुराग (affection) जैसे संवेग होते हैं। परंतु, अंतर इस बात का होता है कि उत्तर बाल्यावस्था में बालक अपने इन संवेगों को नियंत्रित ढंग से अभिव्यक्त करना सीख लेते हैं तथा साथ-ही-साथ अब इन संवेगों को उत्पन्न करनेवाली परिस्थितियाँ तथा उद्दीपन भी पहले से भिन्न हुआ करते हैं।

उत्तर बाल्यावस्था (later childhood) में बालक यह अनुभव करने लगते हैं कि अप्रिय संवेगों (unpleasant emotions), जैसे क्रोध, डर तथा डाह आदि की अभिव्यक्ति (expression) को समाज के अन्य व्यक्तियों द्वारा पसंद किया जाता है। वे अब यह सीख लेते हैं कि क्रोध की अभिव्यक्ति बचकानी (babyish) समझी जाती है। अतः बात-बात में क्रोध नहीं करना चाहिए। उसी ढंग से बालक अब समझने लगता है कि डरकर भाग जाना कायरता की निशानी समझा जाता है तथा डाह (jealousy) संवेग में कैद होकर अन्य बालकों पर आघात करना एक बुरी कला है। परंतु, यह भी देखा गया है कि इस अवस्था के बालक अपने घरेलू वातावरण में संवेगों की अभिव्यक्ति प्रायः अनियंत्रित ढंग से ही करते हैं जिसका परिणाम यह होता है कि घर में माता-पिता तथा भाई-बहनों में संघर्षमय स्थिति उत्पन्न हो जाती है।

उत्तर बाल्यावस्था (later childhood) में संवेगों की अभिव्यक्ति (expression) में मात्र नियंत्रण एवं परिपक्वता (maturation) ही नहीं आती है बल्कि इस अवस्था में संवेग उत्पन्न करनेवाले उद्दीपन तथा परिस्थिति (situation) प्रारंभिक बाल्यावस्था (early childhood) से भिन्न हो जाते हैं। जैसे उत्तर बाल्यावस्था में बालकों में क्रोध तब उत्पन्न होता है जब उनपर कोई निंदनीय टिप्पणियाँ करता है जबकि प्रारंभिक बाल्यावस्था में वे ऐसी टिप्पणियों का अर्थ भी नहीं समझते हैं। उसी तरह उत्तर बाल्यावस्था (later childhood) में बालकों में उत्सुकता के संवेग की उत्पत्ति के लिए अब उद्दीपन को मात्र नवीन ही नहीं होना चाहिए बल्कि उसे अधिक सुस्पष्ट भी होना चाहिए।

उत्तर बाल्यावस्था (later childhood) में कुछ उम्र आने पर बालकों में संवेगों की तीव्रता अधिक पाई जाती है। ऐसे संवेग सुखद (pleasant) भी होते हैं तथा दुःखद (unpleasant) भी। दुःखद संवेग जैसे डाह, क्रोध, डर आदि होने पर बालकों में संवेगात्मक असंतुलन (emotional disequilibrium) उत्पन्न हो जाता है जिसका सीधा असर उनके समायोजन की क्षमता पर पड़ता है। इस अवस्था में बालकों में संवेगात्मक तीव्रता (emotional intensity) का कारण दैहिक (physical) या पर्यावरणी (environmental) या दोनों ही हो सकता है। जैसे जब बालक बीमार पड़ जाते हैं या खेलकूद या कोई अन्य कारणों से थक जाते हैं, तो उनमें चिड़चिड़ापन, क्रोध आदि संवेग की बारंबारता तथा तीव्रता दोनों ही अधिक बढ़ जाती है। अधिक तीव्र संवेग का कारण पर्यावरणी भी हो सकता है। जैसे इस अवस्था में बालक का दाखिला स्कूल में हो जाता है। फलस्वरूप उसे स्कूल के नए वातावरण अर्थात स्कूल के शिक्षक, प्रिंसिपल तथा वर्ग के साथियों के वातावरण के साथ नए ढंग से समायोजन (adjustment) करना होता है। उसी ढंग से बालकों के घरेलू जीवन में यदि कोई महत्त्वपूर्ण एवं बड़ा परिवर्तन आ जाता है जैसे पिता की मृत्यु या माता की मृत्यु हो जाती है, या माता-पिता में संबंध-विच्छेद (divorce) हो जाता है, तो इस नए ढंग का वातावरण भी बालकों में तीव्र संवेग उत्पन्न करने में महत्त्वपूर्ण भूमिका निभाता है।

उत्तर बाल्यावस्था में चूँकि बालकों में अपने संवेग पर कुछ नियंत्रण (control) विकसित हो जाता है, अतः यह देखा गया है कि बालक कभी-कभी संवेग को अपने भीतर दबा देते हैं जिससे

उनमें घबड़ाहट तथा तनाव (tension) आदि बढ़ जाता है। मनोवैज्ञानिकों ने इस बात पर सहमति व्यक्त की है कि संवेगों की यह दमित अवस्था बालकों के मानसिक स्वास्थ्य (mental health) तथा शैक्षिक उपलब्धियों (educational achievements) पर बुरा असर डालता है। स्वयं बालक भी इन दमित संवेगों के कुप्रभाव से अवगत हो जाते हैं और वे अपने दमित संवेगों की अभिव्यक्ति की राह ढूँढ़ने लगते हैं। इस प्रक्रिया को **सांवेगिक भावशांति** (emotional catharsis) कहा जाता है। अंशतः (partly) प्रयास एवं त्रुटि (trial and error) के आधार पर तथा अंशतः शिक्षकों एवं माता-पिता के मार्गदर्शन (guidance) द्वारा बालक सांवेगिक मनोशांति के कुछ उपाय ढूँढ़ लेते हैं। हँसना, पूर्णतः थक जाने तक खेलते रहना, रोना तथा चिल्लाना आदि कुछ ऐसे उपाय हैं जिनके सहारे बालक अपने दमित संवेगों की अभिव्यक्ति करते हैं। कुछ और अनुभव होने पर वे यह समझते हैं कि इनमें कुछ उपाय जैसे खेलना, हँसना तो सामाजिक रूप से अनुमोदित हैं परंतु कुछ उपाय जैसे रोना तथा चिल्लाना सामाजिक रूप से अनुमोदित नहीं हैं। अतः, वह मूलतः सामाजिक रूप से अनुमोदित उपायों द्वारा ही अपनी सांवेगिक भावशांति (emotional catharsis) करता है।

शिक्षकों के लिए उत्तर बाल्यावस्था (later childhood) के संवेगात्मक पैटर्न का ज्ञान बहुत ही लाभप्रद साबित हुआ है। प्रेसी, रॉबिन्सन तथा होरोक्स (Pressy, Robinson & Horrocks, 1989) के अनुसार बालकों की इस अवस्था के संवेगात्मक पैटर्न शिक्षकों को उपद्रवी बालक तथा शांत बालक की पहचान करने में काफी मदद करते हैं। उपद्रवी बालक को तब वे शांत बालक से भिन्न रखकर उसकी शैक्षिक समस्याओं पर वे अलग ढंग से प्रकाश डालने में समर्थ हो पाते हैं। इतना ही नहीं, इससे शिक्षकों को शांत बालक की अभिरुचियों (interests) तथा अभिक्षमताओं का भी खयाल रखने का पर्याप्त मौका मिलता है। इस अवस्था में सांवेगिक विकास में बालकों में सामाजिक विकास (social development) की भी शुरुआत हो जाती है क्योंकि बालक सामाजिक मानकों (social norms) के अनुसार संवेगात्मक अभिव्यक्ति करना सीख लेते हैं। इसमें शिक्षकों को वर्ग में बालकों का मार्गदर्शन करने में अधिक सुविधा होती है।

किशोरावस्था में संवेगात्मक विकास तथा उसका शैक्षिक महत्त्व (Emotional Development in Adolescence and its Educational Importance)

किशोरावस्था 13 साल से प्रारंभ होकर 19–20 साल की उम्र तक चलती है। यह अवस्था संवेगात्मक रूप से कई कारणों से अधिक संवेदनशील तथा महत्त्वपूर्ण होती है। यही कारण है कि मनोवैज्ञानिकों ने किशोरावस्था को 'आँधी और तनाव की अवस्था' (Stage of storm and tension) की संज्ञा दी है।

इस अवस्था में किशोरों द्वारा वे सभी संवेग (emotions) दिखाए जाते हैं जो प्रारंभिक बाल्यावस्था (early childhood) में बालकों द्वारा दिखाए जाते हैं। दूसरे शब्दों में, किशोरों द्वारा क्रोध, डर एवं दुश्चिंता (fear and anxiety), डाह (jealousy), उत्सुकता (curiosity), जलन (envy), हर्ष, दुःख (grief) तथा अनुराग (affection) दिखाए जाते हैं। परंतु, इस अवस्था में सांवेगिक नियंत्रण (emotional control) अधिक होता है और वे उद्दीपन या परिस्थितियाँ जिनसे किशोरों में संवेग उत्पन्न होता है, वे भी भिन्न होती हैं। जैसे इस अवस्था में किशोरों में क्रोध सबसे अधिक उस परिस्थिति में आता है जब उनके साथ कोई अनुचित ढंग से व्यवहार करता है या कोई

उन्हें बच्चा समझकर व्यवहार करता है। इस अवस्था में वे अपने क्रोध की अभिव्यक्ति ज्वालामुखी बनकर नहीं बल्कि मुँह फुलाकर, रूठकर तथा जोर-जोर से उन व्यक्तियों की आलोचना करके करते हैं जो उन्हें गुस्सा करने के लिए मजबूर कर दिए होते हैं। किशोरों में उन व्यक्तियों से अधिक डाह तथा जलन होती है जिनके पास उनकी तुलना में अधिक आराम की चीजें हैं। अपने जलन एवं डाह को कम करने के लिए वे अंशकालिक नौकरी (part-time job) भी करना प्रारंभ कर देते हैं।

शिक्षा मनोवैज्ञानिकों द्वारा किए गए अध्ययनों से यह स्पष्ट हो गया है कि किशोरावस्था के प्रारंभिक वर्षों, जैसे 13 से 15 साल में संवेगों में तीव्रता (intensity) तथा अयुक्तिसंगतता (irrationality) अधिक होती है। इतना ही नहीं, इस अवधि में संवेगों की अभिव्यक्ति अनियंत्रित ढंग (uncontrolled way) से होती है। परंतु, जब किशोरावस्था लगभग समाप्त होने पर होती है अर्थात 19–20 साल की अवस्था में संवेगों की तीव्रता कम हो जाती है, उसमें युक्तिसंगतता (rationality) बढ़ जाती है तथा किशोरों द्वारा संवेगों की अभिव्यक्ति भी अब नियंत्रित ढंग से सामाजिक परिस्थितियों (social situations) के अनुकूल होती है। इसी तरह इस अवस्था के प्रारंभ में होनेवाले 'आँधी-तूफान तथा तनाव' में इसी अवस्था की समाप्ति के वर्षों में काफी कमी हो जाती है क्योंकि उनमें संवेगात्मक परिपक्वता (emotional maturity) विकसित हो जाती है। संवेगात्मक रूप से परिपक्व हो जाने के बाद किशोरों द्वारा संवेग की अभिव्यक्ति मनमाने ढंग से नहीं बल्कि सामाजिक परिस्थिति की उपयुक्तता (appropriateness) के अनुकूल होती है। इससे उनके संवेगात्मक व्यवहार (emotional behaviour) में काफी स्थिरता (stability) आ जाती है।

स्कीन्नर (Skinner, 1988) ने यह बताया है कि शिक्षकों के लिए किशोरावस्था का संवेगात्मक पैटर्न तथा उसका विकास अधिक महत्त्व रखता है क्योंकि उन्हें अपने अध्ययनकार्य में इस अवस्था के लोगों से सबसे अधिक बड़ी चुनौती का सामना करना पड़ता है। जब शिक्षक यह जान लेते हैं कि किशोरावस्था के प्रारंभिक वर्षों में किशोरों में आँधी-तूफान जैसी स्थिति होती है तो वे अपने शिक्षण कार्यक्रम में उसी ढंग का परिवर्तन कर लेते हैं ताकि उनके द्वारा दी जानेवाली शिक्षा से वे काफी लाभान्वित हो सकें। फिर जब शिक्षक यह जान लेते हैं कि अब शिक्षार्थियों की किशोरावस्था समाप्त होने को है तब वह अपने अध्ययनकार्य में एक बार पुनः परिवर्तन कर वे इस लायक बना लेते हैं कि इससे शिक्षार्थियों को अधिकतम लाभ पहुँच सके। किशोरावस्था के संवेगात्मक पैटर्न तथा विकास के ज्ञान के अभाव में शिक्षक के लिए अपने शिक्षा के कार्यक्रम को इतना लचकदार (flexible) रखना संभव नहीं हो पाएगा और तब शिक्षा का उद्देश्य अधूरा रह जाएगा।

बालकों में संवेगात्मक तनाव के सामान्य कारण
(Common Causes of Emotional Stress among Children)

सांवेगिक तनाव की समस्या बालकों में एक प्रमुख समस्या है जिसका प्रभाव शैक्षिक उपलब्धि (educational achievement) पर सीधा पड़ता है। वर्ग में शिक्षक भी अपने अध्ययनकार्य में इस समस्या से काफी प्रभावित होते हैं। अतः, शिक्षा मनोवैज्ञानिकों ने बालकों के सांवेगिक तनाव का अध्ययन कर उसके कुछ सामान्य कारणों पर प्रकाश डालने की कोशिश की है ताकि शिक्षक इस समस्या के कारणों को समझ सकें और एक खास ढंग से व्यवहार कर सकें। ऐसे कुछ प्रमुख सामान्य कारण अग्रांकित हैं—

(1) **स्कूल के नए वातावरण के साथ समायोजन** (Adjustment to the environment of new school)—प्रत्येक शिक्षक, खासकर निचली कक्षाओं के शिक्षक जिसमें बालकों का दाखिला प्रथम बार होता है, यह जानते हैं कि छात्र को प्रथम कुछ दिनों तक स्कूल के नए वातावरण के साथ समायोजन (adjustment) करने में काफी कठिनाई होती है। वे यह समझ नहीं पाते हैं कि स्कूल के इस नये वातावरण में अपने शिक्षक एवं वर्ग के साथियों के साथ कैसे व्यवहार करें। इसका नतीजा यह होता है कि उनमें संवेगात्मक तनाव (emotional stress) बढ़ता है। करीब-करीब इसी ढंग का संवेगात्मक तनाव उन बालकों में भी होता देखा गया है जो प्राथमिक स्कूल की अंतिम कक्षा पास कर हाई स्कूल की प्रथम कक्षा में प्रवेश पाते हैं या हाई स्कूल की पढ़ाई समाप्त कर कॉलेज में दाखिला पाते हैं। रॉबिन्सन (Robinson, 1991) ने अपने अध्ययन के आधार पर यह दिखाया है कि इस कारण जो सांवेगिक तनाव उत्पन्न होता है उसकी मात्रा प्राथमिक स्कूल (primary school) में प्रथम बार दाखिला पाने पर सबसे अधिक होती है तथा हाई स्कूल एवं कॉलेज में प्रथम बार दाखिला पाने पर तुलनात्मक रूप से कम होती है।

(2) **शारीरिक स्वास्थ्य** (Physical health)—मनोवैज्ञानिक अध्ययनों से यह पता चला है कि बालकों में सांवेगिक तनाव की उत्पत्ति का एक कारण उसका शारीरिक स्वास्थ्य (physical health) भी है। जो बालक शारीरिक रूप से स्वस्थ होते हैं, उनमें सांवेगिक तनाव कम उत्पन्न होता है; क्योंकि उनमें परिस्थितियों से समायोजन (adjustment) करने की क्षमता मौजूद होती है। मॉव तथा मॉव (Maw & Maw, 1975) ने अपने अध्ययन के आधार पर इस तथ्य की पुष्टि की है। इसके अलावा सांवेगिक तनाव का कारण, विशेषकर किशोरों में सांवेगिक तनाव का कारण ग्रंथीय परिवर्तन (glandular changes) है। जब बालक किसी चिरकालिक रोग (chronic diseases) जैसे मधुमेह (diabetes), दमा (asthma) आदि से ग्रसित होते हैं, तो उनमें संवेगात्मक तनाव की मात्रा अधिक होती पाई गई है।

(3) **सामाजिक समस्या** (Social problems)—बालकों में सांवेगिक तनाव का एक कारण सामाजिक समस्याएँ भी हैं। अकसर यह देखा गया है कि किशोरों द्वारा जो निर्णय लिया जाता है, उसकी पुष्टि शत-प्रतिशत न तो शिक्षक ही करते हैं और न ही माता-पिता तथा परिवार के अन्य सदस्य। परिणाम यह होता है कि वे संघर्षमय परिस्थिति में आ जाते हैं और उनमें सांवेगिक तनाव में वृद्धि हो जाती है। कुछ मनोवैज्ञानिकों जैसे रॉबिन्सन (Robinson, 1991) का कहना है कि इस ढंग के सामाजिक निरनुमोदन (social disapproval) से उत्पन्न सांवेगिक तनाव का प्रभाव किशोरों के व्यक्तित्व पर गहरा पड़ता है और उनके व्यक्तित्व में विघटन (disorganisation) होने की संभावना काफी तीव्र हो जाती है।

(4) **व्यावसायिक समस्याएँ** (Vocational problems)—अकसर यह देखा गया है कि कुछ किशोर तो अपनी आकांक्षा एवं इच्छा के अनुकूल धंधा (vocation) प्राप्त कर लेते हैं परंतु कुछ ऐसे भी होते हैं जिन्हें अपनी आकांक्षा एवं इच्छा के अनुकूल धंधा नहीं मिल पाता है और वे दर-दर की ठोकरें खाते फिरते हैं। इस दूसरे प्रकार के किशोरों में सांवेगिक तनाव अधिक होता है। इतना ही नहीं, यह भी पाया गया है कि कभी-कभी जो धंधा किशोर को प्राप्त हो रहा है, उसे वह करना चाहता है परंतु उसके परिवार के सदस्य नहीं चाहते हैं कि वह उस धंधा में प्रवेश करे क्योंकि ऐसा होने से उस परिवार की सामाजिक प्रतिष्ठा (social prestige) पर बुरा असर हो सकता है। इस परिस्थिति में भी किशोरों को सांवेगिक तनाव का शिकार होना पड़ता है।

(5) स्कूल में असफलता (Failure in school)—जब बालक एक ही कक्षा में कई बार असफल होते हैं, तो इससे भी उनके सांवेगिक तनाव में वृद्धि हो जाती है। प्रेसी (Pressey, 1989) के अध्ययन के अनुसार ऐसे बालक वर्ग में अपने-आपको अन्य बालकों से भिन्न एवं निम्न समझते हैं जो भीतर-ही-भीतर उनमें उथल-पुथल मचाते रहता है और उन्हें सांवेगिक रूप से तनावपूर्ण बनाए रखता है। कुछ शिक्षा मनोवैज्ञानिकों का मत है कि ऐसे बालकों में सांवेगिक तनाव की मात्रा कभी-कभी इतनी अधिक हो जाती है कि स्कूल नागा करनेवाले छात्रों (truants) में उनकी गिनती होने लगती है और आगे चलकर वे पढ़ाई छोड़कर किसी भी तरह के काम-काज की खोज में निकल पड़ते हैं।

(6) स्कूल का सत्तावादी माहौल (Authoritarian atmosphere of school)—कुछ मनोवैज्ञानिक अध्ययनों से यह पता चला है कि यदि स्कूल में शिक्षक बालकों के साथ दुलार-प्यार से व्यवहार न करके एक सत्तावादी ढंग से (authoritarian manner) यानी तानाशाही ढंग से व्यवहार करते हैं तो इससे छात्रों में संवेगात्मक घुटन अधिक बढ़ जाती है। इतना ही नहीं, जब वर्ग में दिया गया गृहकार्य (home task) छात्रों की क्षमता से परे होता है, तो इससे भी छात्रों में संवेगात्मक तनाव बढ़ जाता है। ऐसे छात्र धीरे-धीरे स्कूल के प्रति उदासीन हो जाते हैं और उनमें शैक्षिक अभिरुचि (educational interest) काफी कम हो जाती है।

(7) माता-पिता की मनोवृत्ति (Parent attitudes)—लेविस तथा ओलमैन (Levis & Wolman, 1988) ने अपने अध्ययन के आधार पर यह बताया है कि जो माता-पिता अपने बच्चों के स्कूल से संबंधित व्यवहारों के प्रति अधिक चिंतित रहते हैं या अपने बच्चों को हमेशा क्या करना चाहिए या क्या नहीं पर भाषण देते रहते हैं, वे अपने बच्चों में संवेगात्मक तनाव अधिक पैदा कर देते हैं। ऐसे बालक हमेशा जरूरत से ज्यादा सचेत रहते हैं और कोई भी कार्य करते समय उनकी मनोदशा संवेगात्मक रूप से तनावग्रस्त हो जाती है।

इस तरह हम देखते हैं बालकों में संवेगात्मक तनाव (emotional tension) के कई कारण हैं। एक सफल शिक्षक से उम्मीद की जाती है कि उसे इन कारणों का समुचित ज्ञान होगा ताकि वह स्कूल में बालकों की समस्याओं को, खासकर संवेगात्मक समस्याओं को समझ सके तथा उसके निदान की ओर अग्रसर हो सके।

संवेगात्मकता का शिक्षार्थी पर प्रभाव
(Effect of Emotionality upon Learners)

कई कारणों से शिक्षार्थियों में संवेग उत्पन्न होता है जिसका उनके व्यक्तित्व पर दो तरह के प्रभाव पड़ते हैं—

(क) धनात्मक प्रभाव (Positive effect),

(ख) ऋणात्मक प्रभाव (Negative effect)

(क) धनात्मक प्रभाव—मनोवैज्ञानिक अध्ययनों से यह पता चला है कि छात्रों पर संवेग के कुछ अच्छे प्रभाव पड़ते हैं जिसे इनलोगों ने धनात्मक प्रभाव (positive effect) कहा है। इस तरह के धनात्मक प्रभाव के लिए यह आवश्यक है कि संवेग की मात्रा अधिक न होकर सामान्य हो। इस तरह के प्रभाव की व्याख्या हम इस प्रकार कर सकते हैं—

(1) **संवेग शरीर को कार्य करने के लिए उत्तेजित करता है** (Emotions prepare the body for action)—संवेग बालकों के शरीर में आंतरिक संतुलन (internal balance) में गड़बड़ी पैदा करके उसे एक निश्चित दिशा में कार्य करने के लिए प्रेरित करता है। इसका मतलब यह हुआ कि संवेग बालकों को लक्ष्य की दिशा में कार्य करने के लिए प्रेरित करता है।

(2) **संवेग संचार का एक माध्यम होता है** (Emotions serve as a form of communication) — अकसर यह देखा गया है कि वर्ग में बालक, खासकर छोटे बालक स्पष्ट रूप से अपने शिक्षक के सामने कई कारणों से सही-सही बातों को नहीं कह पाते हैं। परंतु, एक खास तरह की आनन अभिव्यक्ति (facial expression) तथा शारीरिक परिवर्तन (bodily changes) के माध्यम से (अर्थात संवेग के माध्यम से) अपने भावों एवं इच्छाओं की अभिव्यक्ति कर पाते हैं। स्कीन्नर (Skinner, 1979) के अनुसार संवेग के इस कार्य की उपयोगिता नर्सरी स्कूल के शिशुओं के व्यवहारों को सही-सही समझने में काफी अधिक है।

(3) **संवेग सामाजिक मूल्यांकन तथा आत्म-मूल्यांकन का एक माध्यम होता है** (Emotions are sources of social evaluation and self-evaluation)—शिक्षकों के लिए संवेग की उपयोगिता सामाजिक मूल्यांकन (social evaluation) तथा आत्म-मूल्यांकन (self-evaluation) में अधिक है। शिक्षक वर्ग में शिक्षार्थियों (learners) का मूल्यांकन इस आधार पर भी करते हैं कि वे अपने संवेगों की अभिव्यक्ति कैसे करते हैं और उनके प्रबल संवेग (dominant emotions) कौन-कौन-से हैं। अपने इसी मूल्यांकन के आधार पर वे शिक्षार्थियों (learners) के साथ अंतःक्रिया (interaction) करते हैं और वही अंतःक्रियाओं (interactions) के आधार पर फिर छात्र अपना आत्म-मूल्यांकन (self-evaluation) करते हैं तथा अपनी आदतों (habits) तथा अन्य व्यवहारों में सुधार लाते हैं। स्पष्ट है कि संवेग की भूमिका वर्ग में शिक्षक-छात्र अंतःक्रियाओं को समझने में काफी अधिक है।

(4) **संवेग द्वारा सामाजिक अंतःक्रियाएँ प्रभावित होती हैं** (Emotions affect social interactions)—सभी संवेग, चाहे वे सुखद (pleasant) हों या दुःखद (unpleasant), बालकों को सामाजिक अंतःक्रिया (social interactions) करने के लिए उत्साहित करते हैं। ऐसे संवेगों से बालक यह सीखते हैं कि उन्हें सामाजिक उम्मीदें (social expectations) तथा सामाजिक मानकों (social standards) के अनुकूल अपने व्यवहार में किस प्रकार से और किस प्रकार का परिवर्तन लाना चाहिए ताकि उनके व्यवहार तथा सामाजिक उम्मीदों एवं मानकों के बीच समानता बनी रहे।

(5) **सांवेगिक अनुक्रियाओं के आधार पर बालकों में आदत का निर्माण होता है** (Emotional responses help in developing habits among children)—कोई सांवेगिक अनुक्रिया जिससे बालकों में सुखद भाव की उत्पत्ति होती है तथा जिसके होने से बालकों में संतोष (satisfaction) होता है, उस सांवेगिक अनुक्रिया को बालक दोहराते जाते हैं जिससे उनमें एक नई आदत का निर्माण हो जाता है और उन्हें अपने वातावरण के साथ समायोजन करने में सफलता मिलती है।

(ख) ऋणात्मक प्रभाव—इन धनात्मक प्रभावों (positive effects) के अलावा संवेग के कुछ ऋणात्मक प्रभाव (negative effects) भी बालकों पर पड़ते हैं। इसके प्रमुख ऋणात्मक प्रभाव (negative effects) निम्नांकित हैं—

(1) **संवेगात्मक तनाव बालकों में क्रियात्मक कौशल को नष्ट कर देता है** (Emotional tension disrupts motor skills)—तीव्र संवेगात्मक तनाव से बालकों के क्रियात्मक कौशल (motor skills), जैसे खेलना, बोलना, लिखना, दौड़ना आदि पर बुरा असर पड़ता है और क्रो एवं क्रो

(Crow & Crow, 1980) ने एक अध्ययन में यहाँ तक पाया है कि तीव्र संवेगात्मक तनाव से 7–8 साल की उम्र के बालकों में वाक्य-दोष (speech disorder) जैसे हकलाना, तुतलाना आदि उत्पन्न हो जाने की संभावना अधिक रहती है।

(2) संवेग बालकों में शारीरिक परिवर्तन उत्पन्न करता है (Emotion produces physiological changes in children)—मनोवैज्ञानिक अध्ययनों से यह स्पष्ट हो गया है कि संवेग, विशेषकर तीव्र संवेग बालकों में कुछ ऐसा शारीरिक हालात उत्पन्न कर देता है जिससे उनके स्कूली समायोजन (school adjustment) तथा घरेलू समायोजन (home adjustment) पर बुरा असर पड़ता है। प्रेसी, रॉबिन्सन तथा होरौक्स (Pressy, Robinson & Horrocks, 1967) के अनुसार तीव्र संवेग बालकों की सामान्य पाचन क्रियाओं (normal digestive movements) को प्रभावित कर देता है। फलस्वरूप बालकों में कब्जियत (constipation) या डायरिया (diarrehoea) की शिकायत हो जाती है। परीक्षा के समय छात्रों में इस तरह का प्रभाव स्पष्ट रूप से देखने को मिलता है। कैनर (Kanner, 1948) ने एक अध्ययन किया जिसमें उन्होंने उन बालकों में होनेवाली व्यवहारात्मक समस्याओं (behavioural problems) का विश्लेषण किया जो तीव्र संवेगात्मक तनाव से लंबे अरसे से ग्रसित थे। विश्लेषण के बाद उन्होंने पाया कि 65% बालकों में नींद की गड़बड़ी थी, 45% बालकों में भोजन करने से संबंधित समस्याएँ थीं, 34% बालकों में तीव्र क्रोध आ जाने की समस्या थी, 33% बालकों में नाखून काटने (nail biting) से संबंधित समस्या थी, 29% बालकों में बिछावन पर पेशाब कर देने की बुरी आदत जैसी समस्या थी, 18% बालकों में तेजी से चिल्ला-चिल्लाकर रोने की समस्या थी, 8% बालकों में हस्तमैथुन (maturbation) की समस्या थी तथा 6% बालकों में हकलाने (stuttering) से संबंधित समस्या थी। इन अध्ययनों से स्पष्ट हो जाता है कि तीव्र संवेगात्मकता (intense emotionality) के प्रभाव से बालकों में व्यवहारात्मक समस्याएँ (behavioural problems) उत्पन्न हो जाती हैं जो उनकी समायोजन क्षमताओं (adjustment capacities) पर बुरा प्रभाव डालते हैं।

(3) संवेग बालकों की बौद्धिक दक्षता पर कुप्रभाव डालता है (Emotions produce adverse effects on intellectual efficiency of children)—शिक्षा मनोवैज्ञानिकों ने अनेक अध्ययन करके यह दिखा दिया है कि सांवेगिक विपत्ति (emotional distresses) एवं कुंठा (frustration) से बालकों की बौद्धिक दक्षता पर बुरा प्रभाव पड़ता है। सियर्स (Sears, 1980) के अध्ययन के अनुसार तीव्र संवेगात्मक अवस्था, जैसे अत्यधिक डर या क्रोध की अवस्था में बालक अपने पाठ पर ठीक ढंग से अपने-आपको एकाग्रचित्त नहीं कर पाते हैं और सांवेगिक तीव्रता के कारण उनकी सामान्य क्षमता (ability), अभिरुचि (interests) आदि इतना दब जाती है कि बालक में मानसिक मंदता जैसे लक्षण दिखाई पड़ने लगते हैं। कुछ अध्ययनों में कुंठा (frustration) तथा सफलता (success) के पड़नेवाले प्रभावों का भी अध्ययन किया गया है। जैसे शेरमैन तथा बेल (Sherman & Bell, 1951) ने एक प्रयोग किया जिसमें उन्होंने उच्च विद्यालय में पढ़नेवाले छात्रों का दो समूह लिया। दोनों समूहों को शब्दों की एक-एक सूची याद करने के लिए दिया गया तथा इन दोनों समूहों की धारणा की जाँच की गई। इसके बाद एक समूह की प्रशंसा की गई तथा उसकी सफलताओं को उजागर किया गया। दूसरे समूह में कुंठा (frustration) उत्पन्न करने के खयाल से उसकी निंदा की गई एवं तथाकथित असफलताओं को उजागर किया गया। इसके बाद इन दोनों समूहों की धारणा की जाँच दोबारा की गई। परिणाम में देखा गया कि प्रथम समूह की धारणा दूसरे समूह की धारणा से अच्छी थी। स्पष्टतः कुंठा का प्रभाव बालकों की धारणाशक्ति पर अच्छा नहीं

पड़ा। उसी तरह मैण्डलर तथा सारासन (Mandler & Sarason, 1952) ने अपने अध्ययन में पाया कि जो कॉलेज के छात्र किसी कारण से अधिक चिंतित रहते थे उनकी शैक्षिक उपलब्धि कॉलेज के उन छात्रों से, जो चिंतित नहीं रहते थे, से काफी कम थी। उसी तरह मोल्डावसकी तथा मोल्डावसकी (Moldawsky & Moldawsky, 1952) ने अपने अध्ययन में पाया कि जब छात्रों को विशेष निर्देश (instruction) देकर चिंतित बना दिया जाता है, तो उनकी उपलब्धि अंक-विस्तार परीक्षण (digit-span test) पर उन छात्रों की उपलब्धि की तुलना में जिन्हें विशेष निर्देश देकर चिंतित नहीं बनाया गया था, काफी कम थी। इन अध्ययनों से स्पष्ट हो जाता है कि कुंठा से शिक्षार्थियों की बौद्धिक क्षमता में कमी आती है जबकि सफलता की अनुभूति से उनकी क्षमता में वृद्धि आती है।

(4) तीव्र संवेगात्मक अवस्था शिक्षार्थियों में विशेष ढंग की मनोवृत्ति उत्पन्न कर देती है जिससे सामान्य समायोजन में कठिनाई होती है (Intense emotional states produce special attitude in learners by which difficulty arises in general adjustment)—संवेगात्मक तनाव (emotional strain) तथा कुंठा (frustration) से छात्रों में विशेष प्रकार की मनोवृत्ति जैसे कायरता (timidity) की मनोवृत्ति, लोगों से कटे-कटे रहने की प्रवृत्ति (withdrawal tendency), चिड़चिड़ापन (irritability) तथा आक्रामकता (aggressiveness) की मनोवृत्ति उत्पन्न हो जाती है। सारासन (Sarason, 1989) ने कई अध्ययनों की समीक्षा (review) कर यह बताया कि जिन छात्रों को प्रायः वर्ग में शिक्षक द्वारा डाँट पड़ती है, उनकी मनोवृत्ति शिक्षक तथा स्कूल के प्रति नकारात्मक (negative) होती देखी गई है तथा ऐसे छात्रों का नाम स्कूल नागा करनेवालों छात्रों की सूची में सबसे ऊपर होता है।

स्पष्ट हुआ कि शिक्षार्थियों पर संवेगात्मक अवस्था का प्रभाव धनात्मक (positive) होता है तथा नकारात्मक (negative) भी। इनमें नकारात्मक प्रभाव शिक्षा मनोवैज्ञानिकों तथा शिक्षकों के लिए अधिक बड़ा सिरदर्द है। अंतः, वे ऐसे प्रभावों को नियंत्रित करने के उपायों पर भी आजकल सक्रिय हो उठे हैं।

सांवेगिक विकास की समस्याओं को दूर करने की विधियाँ
(Methods of Handling Problems of Emotional Development)

सांवेगिक विकास से संबंधित समस्या को दूर करने के उपायों पर भी शिक्षकों एवं शिक्षा मनोवैज्ञानिकों ने काफी गंभीरतापूर्वक विचार किया है और इसके फलस्वरूप इनलोगों ने कुछ ऐसी विधियों का भी प्रतिपादन किया है जिनके सहारे सांवेगिक समस्याओं (emotional problems) को दूर किया जा सकता है। इन विधियों में निम्नांकित प्रधान हैं—

(1) सांवेगिक समस्याओं की पृष्ठभूमीय कारकों को समझना (To understand background factors of emotional problems)—शिक्षा मनोवैज्ञानिकों का आम मत यह है कि बालकों की सांवेगिक समस्याओं (emotional problems) को कम करने के लिए शिक्षकों को उन पृष्ठभूमीय कारकों (background factors) पर ध्यान देना चाहिए जिनसे उनमें सांवेगिक समस्याएँ उत्पन्न हो रही हैं। जैसे यदि कोई छात्र वर्ग में अधिक आक्रामकता दिखाता है या तुनकमिजाजी दिखाता है, तो शिक्षक को चाहिए कि वह इस बात का पता लगावें कि कौन-सी कुंठा (frustration) या अन्य कोई इसी तरह का भाव छात्र में ऐसी संवेगात्मक स्थिति उत्पन्न कर रहा है। सारासन (Sarason, 1975) के

अनुसार इस प्रकार के प्रयास से शिक्षक छात्रों की संवेगात्मक समस्या के सही कारणों पर प्रकाश डालकर उसका स्थायी समाधान करने में समर्थ हो पाएँगे।

(2) शिक्षकों का वस्तुनिष्ठ आवेष्टन (Objective involvement of teachers)—बालकों की संवेगात्मक समस्याओं को कम करने का एक उत्तम तरीका यह बताया गया है कि शिक्षकों को वर्ग में छात्रों के प्रति एक वस्तुनिष्ठ दृष्टिकोण अपनाना चाहिए। अकसर देखा गया है कि जब छात्र वर्ग में आक्रामकता, अभद्रता, हठ (stubborness) आदि दिखाता है तो इससे शिक्षक चिड़चिड़ाकर कुछ टिप्पणियाँ (remarks) कर बैठते हैं परंतु छात्रों की संवेगात्मक समस्या बढ़ जाती है और छात्र पहले से अधिक तनावग्रस्त हो जाते हैं। अतः, शिक्षा मनोवैज्ञानिकों की आम सहमति यह है कि ऐसी परिस्थिति में शिक्षकों को एक वस्तुनिष्ठ दृष्टिकोण (objective viewpoint) अपनाना चाहिए। दूसरे शब्दों में, छात्रों के ऐसे व्यवहारों से उन्हें स्वयं सांवेगिक (emotional) नहीं होना चाहिए बल्कि उन्हें शांत, दोस्ताना एवं खुले दिल से छात्रों के ऐसे अभद्र व्यवहार को समझने की कोशिश करनी चाहिए और उसके वास्तविक कारणों का पता लगाकर उसे दूर करना चाहिए।

(3) सुखद सांवेगिक अनुभूतियों को उत्पन्न करना (Fostering pleasant emotional experiences)—छात्रों की संवेगात्मक समस्या को दूर करने का एक अन्य सरल उपाय यह बताया गया है कि शिक्षकों तथा छात्रों में सुखद सांवेगिक अनुभूतियों को उत्पन्न करने तथा दुःखद सांवेगिक अनुभूतियों को पैदा न होने देने का भरसक उपाय करना चाहिए। स्कूल को चाहिए कि छात्रों की अभिरुचियों (interests) की पहचान करके तथा उनकी विशिष्ट क्षमताओं (special abilities) की परख कर ऐसा कार्यक्रम तैयार करे कि छात्रों में सफलता, सहभागिता (participation) तथा आनंद एवं हर्ष की अनुभूति अधिक-से-अधिक हो तथा उनके मन से नकारात्मक संवेग (negative emotion), जैसे डर (fear), डाह तथा जलन आदि समाप्त हो सकें।

(4) सांवेगिक विरेचन (Emotional catharsis)—छात्रों की संवेगात्मक समस्याओं को कम करने की एक विधि यह है कि उन्हें सांवेगिक विरेचन (emotional catharsis) करने के लिए प्रेरित किया जाए। छात्रों के भीतर छिपे सांवेगिक घुटन एवं शक्तियों को बाहर निकलने की प्रक्रिया सांवेगिक विरेचन (emotional catharsis) कहलाती है। शिक्षा मनोवैज्ञानिकों का मत है कि यदि बालकों की सांवेगिक शक्तियाँ (emotional energies) जो उन्हें अकसर आंदोलित करती (disturb) रहती हैं, बाहर निकल जाती हैं तो वे हलका महसूस करने लगते हैं तथा उनमें मानसिक शांति उत्पन्न हो जाती है। बालकों को किसी दूसरे मनोरंजक, कलात्मक तथा सौंदर्यात्मक कार्य में लगाकर तथा किसी तुच्छ घटना या वस्तु के प्रति सांवेगिक विस्फोट (emotional explosion) करवाकर उनसे सांवेगिक विरेचन (emotional catharsis) करवाया जा सकता है। स्कीन्नर (Skinner, 1975) के अनुसार इस तरह के सांवेगिक विरेचन से बालकों में धीरे-धीरे सांवेगिक स्थिरता (emotional stability) उत्पन्न हो जाती है जो उसके व्यक्तित्व के सर्वांगीण विकास (wholesome development) की दिशा में एक महत्त्वपूर्ण भूमिका निभाती है।

निष्कर्ष यह है कि छात्रों में संवेगात्मक समस्या को कम करने के कई उपायों का वर्णन शिक्षकों एवं शिक्षा मनोवैज्ञानिकों ने किया है। लेकिन, फिर भी इस दिशा में कुछ और ठोस कदम की आवश्यकता है ताकि छात्रों की संवेगात्मक समस्या पूर्णरूपेण नियंत्रित हो सके।

सामाजिक विकास का अर्थ
(Meaning of Social Development)

जन्म के तुरत बाद शिशु न तो सामाजिक (social) होता है और न ही असामाजिक (unsocial)। बाद की परिस्थितियों के अनुसार उसमें सामाजिक या असामाजिक व्यवहार विकसित होता है। जब सामाजिक परिस्थिति इस प्रकार की होती है कि शिशु समाज के नियमों तथा नैतिक मानकों (moral standards) को आसानी से सीख लेता है तो यह कहा जाता है कि उसमें सामाजिक विकास (social development) हुआ है। दूसरी तरफ यदि सामाजिक परिस्थिति ऐसी होती है जिससे बालक समाज के नियमों को ठीक ढंग से नहीं सीख पाया तो यह कहा जाता है कि उसमें सामाजिक विकास पूरा नहीं हुआ है अर्थात उसका समाजीकरण (socialisation) अधूरा है।

उपर्युक्त विवेचन से यह स्पष्ट है कि सामाजिक विकास (social development) से तात्पर्य समाज के नियमों के अनुकूल व्यवहार करने की क्षमता के विकास से होता है। हरलॉक[1] (Hurlock, 1978) के अनुसार, "सामाजिक विकास से तात्पर्य सामाजिक प्रत्याशाओं के अनुकूल व्यवहार करने की क्षमता सीखने से होता है।" सामाजिक नियमों के अनुकूल व्यवहार करना सीखने को ही समाजीकरण (socialisation) की भी संज्ञा दी जाती है। बालकों में पूर्ण समाजीकरण या सामाजिक विकास के लिए निम्नांकित तीन प्रक्रियाओं (processes) का होना अनिवार्य है—

(1) बालकों द्वारा सामाजिक रूप से अनुमोदित व्यवहार करना सीखना (Learning to behave in socially approved ways by children)—प्रत्येक सामाजिक समूह (social group) का अपना कुछ मानक (standard) तथा मानदंड (norm) होता है। बालकों को सामाजिक बनाने के लिए सिर्फ यही आवश्यक नहीं है कि वे इन मानदंडों तथा मानकों (norms) के बारे में जानें बल्कि यह भी आवश्यक है कि वे अपने व्यवहारों को इनके अनुसार करना सीखें।

(2) अनुमोदित सामाजिक भूमिका करना (Playing approved social roles)—प्रत्येक सामाजिक समूह में उसके सदस्यों के लिए कुछ निर्धारित (determined) तथा अनुमोदित (approved) भूमिकाएँ (roles) होती हैं और समाज यह उम्मीद करता है कि उसके सदस्य इन भूमिकाओं को उचित ढंग से करेंगे। जैसे प्रत्येक समाज में माता-पिता, बालक, शिक्षक तथा छात्र के लिए कुछ अनुमोदित (approved) भूमिकाएँ होती हैं। बालकों को सामाजिक बनाने के लिए यह आवश्यक है कि वे इन भूमिकाओं के अनुसार ही व्यवहार करें।

(3) सामाजिक मनोवृत्ति का विकास (Development of social attitudes)—बालकों के सामाजिक विकास के लिए यह आवश्यक है कि वे भिन्न-भिन्न लोगों तथा सामाजिक क्रियाओं (social activities) के प्रति एक धनात्मक मनोवृत्ति (positive attitude) विकसित करें। ऐसा करने से यह होगा कि वे अच्छा सामाजिक अभियोजन (social adjustment) कर पाएँगे और लोग उन्हें समाज का एक अनुमोदित सदस्य (approved member) के रूप में स्वीकार करेंगे। इस तरह वे सामाजिक समूह का अभिन्न अंग बन पाएँगे और उनका सामाजिक विकास (social development) पूर्ण माना जाएगा।

---

1. "Social development means acquisition of the ability to behave in accordance with social expectation." —Hurlock, *Developmental Psychology,* 1978, p. 228

बालकों में सामाजिक विकास होने के लिए उपर्युक्त तीन प्रक्रियाओं के अलावा यह भी आवश्यक है कि बालकों को अन्य बालकों के साथ मिलने-जुलने दिया जाए, उन्हें सामाजिक क्रियाएँ (social activities) करने के लिए माता-पिता द्वारा उचित प्रेरणा भी दी जाए, तथा शिक्षकों द्वारा सामाजिक मानदंडों को सीखने में उनका उचित मार्ग-निर्देशन (guidance) भी किया जाए।

प्रारंभिक सामाजिक अनुभूतियों का शैक्षिक महत्त्व
(Educational Importance of Early Social Experiences)

शिक्षा मनोवैज्ञानिकों का आम मत यह है कि चूँकि जीवन के प्रथम 6 साल में ही बालकों में सामाजिक या असामाजिक व्यवहार की नींव पड़ती है, इसलिए प्रारंभिक सामाजिक अनुभूतियों द्वारा ही यह सुनिश्चित हो पाता है कि आगे चलकर बालक का व्यक्तित्व कैसा होगा तथा वर्ग में वह सामाजिक व्यवहार अधिक करेगा या असामाजिक व्यवहार। जब इस विकासकाल (formative period) में बालकों में सुखद अनुभूतियाँ अधिक होती हैं, तो उनमें सामाजिक वयस्क होने की संभावना अधिक रहती है। परंतु, यदि इस विकासकाल में बालकों में दुःखद अनुभूतियाँ अधिक होती हैं, तो उनमें एक असामाजिक वयस्क (unsocial adult) होने की संभावना बढ़ जाती है।

शिक्षा मनोवैज्ञानिकों के अनुसार बालकों में प्रारंभिक सामाजिक अनुभूतियाँ (early social experiences) मूलतः दो तरह की परिस्थितियों में उत्पन्न होती हैं—घरेलू परिस्थिति में तथा घर से बाहर जैसे स्कूल, पास-पड़ोस की परिस्थितियों में। इन दोनों में घरेलू परिस्थिति में उत्पन्न होनेवाली सामाजिक अनुभूतियाँ तुलनात्मक रूप से अधिक महत्त्वपूर्ण होती हैं।

(क) घरेलू परिस्थिति की सामाजिक अनुभूतियों का महत्त्व (Importance of social experiences of home situation)—घरेलू परिस्थिति में बालक माता-पिता, भाई-बहन तथा परिवार के अन्य सदस्यों के साथ अंतःक्रिया (interaction) करके विशेष सामाजिक अनुभूतियाँ (social experiences) प्राप्त करता है, जिससे उनके द्वारा वर्ग में की जानेवाली अंतःक्रियाओं (interactions) का निर्धारण होता है। यदि वे अनुभूतियाँ आनंददायक होती हैं और उनमें संतोष उत्पन्न करतीं हैं, तो बालक वर्ग में शिक्षकों एवं साथियों के साथ एक स्वस्थ अंतःक्रिया करते हैं और वर्ग में एक अच्छा शैक्षिक वातावरण तैयार करने में काफी मदद करते हैं। इससे सभी वर्गों का ही नहीं, बल्कि पूरे स्कूल का शैक्षिक वातावरण (educational environment) उन्नत बन जाता है।

परिवार का आकार (size of the family) भी एक महत्त्वपूर्ण चर (variable) है जो बालकों में विशेष सामाजिक अनुभूतियाँ उत्पन्न करने में सहायक है। परिवार का आकार छोटा रहने से माता-पिता का स्नेह एवं ध्यान अधिक होता है। जब वे घर से बाहर, जैसे स्कूल में आते हैं, तो वे इस ढंग की उम्मीद दूसरे लोगों से करते हैं और जब उन्हें उसी तरह का स्नेह एवं प्यार नहीं मिल पाता है, तो वे नाराज हो जाते हैं और धीरे-धीरे उनमें विद्वेषता (resentfulness) का शीलगुण विकसित हो जाता है। ऐसे बालकों की शैक्षिक उपलब्धि (educational achievement) धीरे-धीरे घटने लगती है। परिवार का आकार अधिक बड़ा रहने से बालकों में यह समस्या तो नहीं उठती है, परंतु कुछ दूसरी समस्याएँ उठ खड़ी होती हैं जिससे भी शैक्षिक उपलब्धि पर बुरा असर पड़ता है। इन समस्याओं का संबंध आक्रामकता, चिढ़ाना (teasing), धमकाना (bullying), लड़ाई-झगड़ा करना आदि से होता है।

कुछ शिक्षा मनोवैज्ञानिकों, जैसे सारासन (Sarason, 1975), स्कीन्नर (Skinner, 1972) ने यह बताया है कि इस विकासकाल में (यानी 1 से 6 साल की उम्र में) बालक-प्रशिक्षण विधि (child-training method) से उत्पन्न होनेवाली सामाजिक अनुभूतियाँ अधिक महत्त्वपूर्ण होती हैं। फलचर एवं पेरी (Fulcher & Perry, 1973) तथा मार्शल (Marshall, 1961) ने अपने-अपने अध्ययनों में पाया कि जब बालकों को माता-पिता द्वारा इस काल में उचित दुलार-प्यार देते हुए पाला-पोसा जाता है तो उनमें जो सामाजिक अनुभूतियाँ होती हैं उसके आधार पर वे स्कूल में आने पर सबसे अच्छे ढंग का सामाजिक समायोजन (social adjustment) करने में सफल हो पाते हैं। ऐसे बालक वर्ग में सामाजिक रूप से सक्रिय एवं सतर्क होते हैं। दूसरी तरफ, जब उस अवधि में बालकों का पालन-पोषण काफी सख्ती से किया जाता है जिसमें डाँट-फटकार की बारंबारता (frequency) दुलार-प्यार की बारंबारता से अधिक होती है, तो ऐसे बालक अपने वर्ग में शांत, पीछे बैठना पसंद करनेवालों, स्कूल अनियमित ढंग से जानेवालों में होते हैं। ऐसे बालकों की शैक्षिक अभिरुचियाँ (educational interests) काफी दबी-दबी-सी होती है और वह अपने वर्ग के अन्य बालकों से कटा-कटा रहना ज्यादा पसंद करता है।

(ख) घर से बाहर की परिस्थितियों की सामाजिक अनुभूतियों का महत्त्व (Role of social experiences of situations outside home)—जीवन के प्रथम 6 साल में बालकों द्वारा घर के बाहर के व्यक्तियों द्वारा की गई अंतःक्रियाओं (interactions) से उत्पन्न अनुभूतियों का भी उनके समाजीकरण (socialisation) पर अधिक प्रभाव पड़ता है। इस उम्र में बालक पास-पड़ोस के अन्य बालकों तथा वयस्कों के साथ अंतःक्रिया प्रारंभ कर देते हैं। इतना ही नहीं, कुछ बालकों का दाखिला नर्सरी स्कूल (nursery school) में भी करा दिया जाता है जहाँ वे अपनी उम्र के अन्य बालकों के साथ अंतःक्रिया (interaction) करते हैं तथा विशेष तरह की अनुभूतियाँ प्राप्त करते हैं। मनोवैज्ञानिक अध्ययनों से यह स्पष्ट हो गया है कि यदि ऐसी अनुभूतियाँ सुखद (pleasant) होती हैं, तो बालक सामाजिक सम्पर्क (social contact) से खुश होते हैं और वे उसे दोहराना पसंद करते हैं। परिणामस्वरूप वे वैसी अनुभूतियाँ उत्पन्न करनेवाले व्यवहार को सीख जाते हैं। दूसरी तरफ, यदि वे अनुभूतियाँ दुःखद (unpleasant) होती हैं तो बालक उसे दोहराना नहीं चाहता है और बालक अपनी सामाजिक परिधि परिवार के लोगों तक ही सीमित कर लेता है। ऐसे बालकों का समाजीकरण मंद हो जाता है। ऐसे बालक को वर्ग में शिक्षा देने के लिए शिक्षकों को आगे चलकर विशेष प्रयास करना पड़ता है। हालिंगवर्थ (Hollingworth, 1991) के अनुसार ऐसे बालकों को यथासंभव अन्य समाजीकृत बालकों से अलग रखकर एक विशेष कक्षा या वर्ग में शिक्षा देना अधिक लाभप्रद सिद्ध हो सकता है।

निष्कर्षतः यह कहा जा सकता है कि प्रारंभिक सामाजिक अनुभूतियों का महत्त्व बालकों के व्यक्तित्व के विकास तथा शिक्षा के मुख्य उद्देश्य की प्राप्ति में अधिक सहायक है। उचित प्रारंभिक सामाजिक अनुभूतियाँ बालकों में विशेष सामाजिक मनोवृत्ति, सामाजिक सहभागिता (social participation), सामाजिक स्वीकृति का भाव (feeling of social acceptance) आदि उत्पन्न कर बालकों के सही ढंग से समाजीकरण में मदद करता है तथा साथ-ही-साथ शिक्षा के मुख्य उद्देश्यों की प्राप्ति में सहायता करता है।

प्रारंभिक बाल्यावस्था में सामाजिक विकास
(Social Development in Early Childhood)

प्रारंभिक बाल्यावस्था की अवस्था 2 से 6 साल की होती है। इसे मनोवैज्ञानिकों ने प्राक्स्कूल उम्र (preschool age) या प्राक्टोली उम्र (pregang age) भी कहा है। इस उम्र में बालक घर के बाहर के लोगों तथा बालकों के साथ सम्पर्क करना सीखते हैं। इस अवस्था में वे अन्य बालकों के साथ समायोजन (adjustment) करने की कोशिश करते हैं तथा भिन्न-भिन्न प्रकार के खेल खेलकर अपना सामाजिक सम्पर्क (social contacts) बढ़ाते हैं। शिक्षा मनोवैज्ञानिकों ने इस अवस्था को एक महत्त्वपूर्ण अवस्था बताई है क्योंकि इसी अवस्था में बालकों में मूल सामाजिक मनोवृत्ति (social attitudes) तथा सामाजिक व्यवहार का पैटर्न विकसित होता है। वालड्रोप तथा हालभर्सन (Waldrop & Halverson, 1974) ने एक अध्ययन किया जिसमें उन्होंने छोटे बालकों में सामाजिकता के पैटर्न का अध्ययन किया। उन्होंने इस अध्ययन में पाया कि जो बालक $2\frac{1}{2}$ साल की अवस्था में सामाजिक रूप से अधिक सक्रिय एवं स्नेही (friendly) थे, वे $7\frac{1}{2}$ साल की अवस्था में अन्य बालकों की तुलना में अधिक सक्रिय एवं स्नेही पाए गए। इसका मतलब यह हुआ कि $2\frac{1}{2}$ साल की उम्र की सामाजिकता $7\frac{1}{2}$ साल की उम्र की सामाजिकता की भविष्यवाची (predictive) थी।

मनोवैज्ञानिक अध्ययनों से यह स्पष्ट हो गया कि आरंभिक बाल्यावस्था (early childhood) में बालकों में सामाजिक सम्पर्क (social contact) से उत्पन्न अनुभूतियों के आधार पर दो तरह के व्यवहारों की उत्पत्ति होती है—सामाजिक व्यवहार (social behaviour) तथा असामाजिक व्यवहार (unsocial behaviour)। प्रमुख सामाजिक व्यवहार जो इस उम्र के बालकों में देखा गया है, निम्नांकित हैं—

(1) अनुकरण (Imitation)—अनुकरण एक प्रमुख सामाजिक व्यवहार है और बालक वैसे व्यक्तियों के व्यवहारों (behaviours) का अनुकरण अधिक करते हैं जिन्हें सामाजिक समूह (social group) द्वारा मान्यता प्राप्त होती है अर्थात जिसका व्यवहार समाज के मानदंडों (norms) के अनुसार अधिकतम होता है। इस तरह के व्यवहार से बालक अपने व्यक्तितत्व में वैसे सामाजिक शीलगुणों (social traits) को विकसित कर लेते हैं जिससे उन्हें वर्ग में सामाजिक अभियोजन में काफी मदद मिलती हैं।

(2) प्रतिद्वंद्विता (Rivalry)—2 से 6 साल के बालकों में समाजीकरण (socialisation) पर प्रतिद्वंद्विता का दो तरह से प्रभाव पड़ता है। जब एक बालक किसी दूसरे बालक को अपना प्रतिद्वंद्वी (rival) समझता है, तो वह अपने-आपको उससे आगे करने के लिए सामाजिक नियमों या मानदंडों (norms) पर अधिक ध्यान देता है और इनसे अधिक-से-अधिक सीखने तथा अनुभव प्राप्त करने की कोशिश करता है। फलस्वरूप, इस तरह के बालकों का समाजीकरण तेजी से होता है। दूसरा प्रभाव यह होता है कि यह बालक दूसरे बालक को अपना प्रतिद्वंद्वी समझकर उससे लड़ाई-झगड़ा कर लेता है। इससे उसके समाजीकरण की गति कुछ धीमी पड़ जाती है। प्रतिद्वंद्विता का पहला प्रभाव अधिक होने से बालकों की शैक्षिक उपलब्धियाँ वर्ग में अधिक बढ़ जाती हैं।

(3) सामाजिक अनुमोदन की इच्छा (Desire for social approval)—जब बालकों में वयस्कों तथा अपने साथियों से स्वीकृति (acceptance) तथा अनुमोदन (approval) प्राप्त करने की इच्छा

अधिक होती है तो वे समाज द्वारा की गई अपेक्षाओं को पूरा करने की कोशिश करते हैं तथा साथ-ही-साथ विकासात्मक पाठ (developmental task) को पूरा कर लेने की भरपूर कोशिश करते हैं। इस प्रवृत्ति का प्रभाव यह होता है कि उनका समाजीकरण (socialisation) तीव्र हो जाता है।

(4) सहानुभूति (Sympathy)—बालकों में सहानुभूति दिखाने का व्यवहार तब तक नहीं उत्पन्न होता है जब तक कि वे किसी अन्य बालक या व्यक्ति को दुःख में पड़े देखकर अन्य दूसरे व्यक्ति द्वारा सहानुभूति दिखाते हुए न देख लें। बालक दूसरे बालकों के प्रति सहानुभूति उसे मदद कर, उसके आँसू पोंछकर तथा उसे जमीन पर गिरा रहने पर उठाकर आदि तरीकों से करते हैं। मनोवैज्ञानिकों का मत है कि बालक जितना ही अधिक सामाजिक सम्पर्क खेल में स्थापित कर पाते हैं, उनमें सहानुभूतिपूर्वक व्यवहार के उत्पन्न होने की संभावना उतनी ही अधिक होती है।

(5) परानुभूति (Empathy)—परानुभूति से तात्पर्य दूसरों की जगह अपने-आपको रखकर उस जगह होनेवाली अनुभूतियों (experiences) को प्राप्त करने से होता है। परानुभूति का व्यवहार बालकों में $5\frac{1}{2}$ साल की उम्र तक विकसित होता है। परानुभूति उत्पन्न होने के लिए दो बातों का होना अनिवार्य है—पहला तो यह कि बालक में दूसरों की आनन अभिव्यक्ति (facial expression) के अर्थ को समझने की क्षमता हो तथा वह साथ-ही-साथ दूसरों के वाक् (speech) का अर्थ समझे।

(6) सहयोग (Cooperation)—4 साल की उम्र में बच्चे एक-दूसरे को खेल में सहयोग देना प्रारंभ कर देते हैं। ब्रायन तथा वालबेक (Bryan & Walbek, 1970) के अध्ययन के अनुसार जब बालकों के सामने वयस्क सहयोगी व्यवहार का एक नमूना पेश करते हैं और बालक द्वारा सहयोगी व्यवहार दिखाने पर वयस्क यदि उसे पुनर्बलित (reinforce) करते हैं तो उसमें सहयोग की भावना और भी अधिक तीव्र हो जाती है। स्कीन्नर (Skinner, 1978) के अनुसार ऐसे बालकों में वर्ग में शिक्षकों तथा साथियों द्वारा अधिक प्रशंसा मिलने के कारण नेतृत्व-संबंधी गुण (leadership quality) तेजी से विकसित हो जाते हैं।

(7) आसक्ति व्यवहार (Attachment behaviour)—आसक्ति व्यवहार की नींव (foundation) तो बचपनावस्था (babyhood) में ही उस समय पड़ जाती है जब बालक अपनी माँ के प्रति हार्दिक संबंध (warm relationship) स्थापित कर लेते हैं। इस प्रारंभिक बाल्यावस्था (early childhood) में बालकों में पहले स्थापित आसक्ति व्यवहार का स्थानांतरण (transfer) होता है और अब वे घर के बाहर के लोगों के साथ भी इस तरह का हार्दिक संबंध कायम कर आसक्ति व्यवहार (attachment behaviour) दिखाते हैं।

(8) मित्रता (Friendliness)—2 से 6 साल के बालकों में मित्रता की भावना बहुत तेजी से विकसित होती है। वे दूसरे बालकों के साथ मिलकर कुछ काम करते हैं या खेलते हैं या कभी-कभी सिर्फ दूसरे बालकों के लिए ही मदद के रूप में कुछ काम कर देते हैं। इन दोनों ही परिस्थितियों में उनमें मित्रता का व्यवहार काफी अधिक विकसित होता है।

2 से 6 साल की उम्र में अर्थात प्रारंभिक बाल्यावस्था (early childhood) में बालकों में सिर्फ सामाजिक व्यवहार ही नहीं बल्कि कुछ असामाजिक व्यवहार भी विकसित हो जाता है जिनपर शिक्षकों तथा माता-पिता को ध्यान देना अनिवार्य है। ऐसे व्यवहारों पर उचित ध्यान देकर बालकों को सामाजिक अभियोजन (social adjustment) करने की दिशा में प्रेरित किया जा सकता है। ऐसे प्रमुख असामाजिक व्यवहार (unsocial behaviour) अग्रांकित हैं—

(1) निषेधवृत्ति (Negativism)—जब बालक बड़ों द्वारा बताए गए व्यवहार को नहीं करते या करने में काफी अवरोध (resistance) दिखाते हैं तब इस तरह की प्रवृत्ति को निषेधवृत्ति कहा जाता है। निषेधवृत्ति 2 साल की उम्र से ही प्रारंभ हो जाती है और तीसरे से छठे साल में यह उच्चतम शिखर पर पहुँच जाती है। ऐसी अवस्था में बालक बड़ों की आज्ञा का तो उल्लंघन करते ही हैं, साथ-ही-साथ उनमें क्रोध का भी विस्फोट हो जाता है।

(2) आक्रामकता (Aggressiveness)—आक्रामकता एक ऐसी क्रिया है जिसमें बालक अपना विद्वेष (hostility) किसी दूसरे व्यक्ति या वस्तु की ओर निदेशित करते हैं। बालक अपनी आक्रामकता दूसरे बालकों पर शारीरिक रूप से (physically) हमला करके या शाब्दिक रूप से जली-कटी सुनाकर करते हैं। अकसर यह देखा गया है कि बालक अपने से छोटे एवं कमजोर बालकों के प्रति आक्रामकता अधिक दिखाते हैं।

(3) प्रभावी व्यवहार (Ascendent behaviour)—प्रभावी व्यवहार वैसे व्यवहार को कहा जाता है जिसमें एक बालक दूसरे बालक पर आधिपत्य (dominance) दिखाता है। ऐसे बालकों को, जिनमें प्रभावी व्यवहार अधिक होता है, ठीक ढंग से प्रशिक्षण (training) दिया जाए तो उनमें नेतृत्व (leadership) का गुण तेजी से विकसित होता है। परंतु, अधिकतर बालकों को इस ढंग का प्रशिक्षण (training) नहीं दिया जाता है। फलस्वरूप, अधिक प्रभुत्व (ascendance) दिखाने के कारण उन्हें सामाजिक समूह द्वारा तिरस्कृत (reject) कर दिया जाता है।

(4) अहं भाव (Egocentrism)—प्रारंभिक बाल्यावस्था के बालकों में अहं भाव (egocentrism) अधिक पाया जाता है क्योंकि बालक अधिक समय अपने ही बारे में तथा अपनी सामग्रियों, जैसे खेलकूद की सामग्री, पहनने के कपड़े आदि के बारे में सोचने में व्यतीत कर देता है। लेकिन, कुछ बालकों में अहं भाव फिर बहुत जल्द कम भी होने लगता है। इसका कम होना दो बातों पर निर्भर करता है। पहला तो यह कि बालकों में कहाँ तक इस बात की समझ हो गई है कि वे अहं भाव से अलोकप्रिय (unpopular) हो जाएँगे और दूसरा यह कि वे लोकप्रिय बनने के लिए कितना अधिक चिंतित रहते हैं।

(5) पूर्वाग्रह या पूर्वधारणा (Prejudice)—पूर्वाग्रह की नींव बालकों में 2 से 6 साल की उम्र में पड़ती है। इस समय बालकों को यह अनुभव होता है कि कुछ लोग उनसे भिन्न ढंग से व्यवहार करते हैं तथा उनका रूप-रंग (appearances) भी उनसे भिन्न है और यह भिन्नता उनमें एक हीनता का चिह्न है। ऐसा सोचने से उनमें एक पूर्वाग्रह या पूर्वधारणा उत्पन्न होती है। इस उम्र के बालक विभेद के सहारे अपने पूर्वाग्रह की अभिव्यक्ति (expression) करने के लायक नहीं होते।

(6) यौन विरोध (Sex antagonism)—यौन विरोध (sex antagonism) से तात्पर्य अपने विपरीत लिंग के बालकों के प्रति सक्रिय वैर (hostility) दिखाने से होता है। 4 साल की उम्र तक बालक तथा बालिकाएँ एकसाथ मिलकर खेलते हैं और उनमें किसी तरह का सेक्स विरोध नहीं देखने को मिलता। परंतु, उसके बाद समाज की ओर से लड़कों को लड़कियों से अलग खेल खेलने तथा अलग अन्य कोई कार्य करने पर बल डाला जाता है जिससे उनमें धीरे-धीरे सेक्स विरोध की भावना विकसित हो जाती है। यही प्रक्रिया बालिकाओं के साथ भी होती है।

स्पष्ट हुआ कि प्रारंभिक बाल्यावस्था (early childhood) में बालकों में सामाजिक व्यवहार के साथ-ही-साथ कुछ असामाजिक व्यवहार (unsocial behaviour) भी विकसित हो जाता है। शिक्षा मनोवैज्ञानिकों का मत है कि इस अवस्था में उत्पन्न सामाजिक व्यवहार तथा असामाजिक व्यवहार दोनों

ही किशोरावस्था तथा वयस्कावस्था (adulthood) में होनेवाले सामाजिक व्यवहार तथा असामाजिक व्यवहार की नींव डालते हैं। अतः, माता-पिता को चाहिए कि वे बालकों में सामाजिक व्यवहार (social behaviour) की नींव ठीक ढंग से डालें तथा असामाजिक व्यवहार को इस ढंग से नियंत्रित एवं परिवर्तित करके रखें कि उनका असर व्यक्तित्व के विकास पर बुरा नहीं हो।

उत्तर बाल्यावस्था में सामाजिक विकास
(Social Development in Later Childhood)

उत्तर बाल्यावस्था (later childhood) 6 साल की अवस्था से प्रारंभ होकर 12–13 साल की अवस्था तक की होती है। इस अवस्था में बालकों का किसी स्कूल में दाखिला (admission) हो जाता है और वे औपचारिक शिक्षा प्रारंभ कर देते हैं। यही कारण है कि यह अवस्था शिक्षकों एवं शिक्षा मनोवैज्ञानिकों के लिए काफी महत्त्वपूर्ण होती है। इस अवस्था को टोली उम्र (gang age) भी कहा जाता है क्योंकि बालक अपनी उम्र के साथियों की टोलियों में समय बिताना अधिक पसंद करता है और अधिकाधिक समय इसी टोली में बिताता है। अतः, इस अवस्था में बालक के समाजीकरण में माता-पिता से अधिक शिक्षकों एवं टोलियों (gangs) का प्रभाव पड़ता है। हेभिगहर्स्ट (Havighurst, 1972) के अनुसार टोली की क्रियाएँ (gang activities) निम्नांकित चार तरीकों से बालकों में समाजीकरण (socialisation) की प्रक्रिया को बढ़ावा देती है—

(i) टोली बालकों को अपनी उम्र के अन्य साथियों के साथ मिलने-जुलने के लिए सिखाती है तथा साथ-ही-साथ वह सामाजिक रूप से अनुमोदित ढंग से एक-दूसरे के प्रति व्यवहार करना भी सिखाती है।

(ii) टोली बालकों को एक विवेकपूर्ण अंतःकरण (rational conscience) विकसित करने में मदद करती है जिससे उनमें विभिन्न प्रकार की सामाजिक एवं नैतिक मान्यताएँ (social and moral values) विकसित होने में मदद मिलती है।

(iii) टोली (gang) का अनुभव बालकों में उचित सामाजिक मनोवृत्ति (appropriate social attitude) विकसित करने में मदद करती है। उदाहरणस्वरूप, बालक अपनी टोली के अनुभवों के आधार पर यह सीखता है कि किसी दूसरे बालक को कैसे प्यार करना चाहिए और किस तरह वह सामाजिक समूह में प्रसन्न रह सकता है।

(iv) टोली में चूँकि एक बालक का दूसरे बालक के साथ गहरा सम्पर्क एवं अच्छी दोस्ती होती है, फलतः उसमें सांवेगिक संतुष्टि (emotional satisfaction) काफी अधिक होती है जिससे उसमें वैयक्तिक विभिन्नता (individual difference) उत्पन्न हो जाती है जो उसके समाजीकरण की गति को तीव्र कर देती है।

बालकों में टोली के अनुभव तथा वर्ग में शिक्षकों के साथ हुई अंतःक्रियाएँ कई तरह के सामाजिक व्यवहार (social behaviours) उत्पन्न करती हैं। ऐसे सामाजिक व्यवहारों का शिक्षा के दृष्टिकोण से अधिक महत्त्व बताया गया है क्योंकि इनसे उनकी शैक्षिक उपलब्धि सीधे प्रभावित होती है। ऐसे प्रमुख सामाजिक व्यवहार निम्नांकित हैं—

(1) सामाजिक अनुमोदन (Social approval)—जब बालक अन्य बालकों की संगति या दोस्ती चाहने लगता है तब उस समय वह यह भी चाहने लगता है कि उसके मित्र द्वारा उसे सामाजिक

अनुमोदन भी मिले अर्थात मित्र उसके व्यवहार, पोशाक, वाक् (speech) आदि की प्रशंसा करे तथा उसे अपनी स्वीकृति दें। इस तरह के सामाजिक अनुमोदन (social approval) प्राप्त करने के सिलसिले में अगर किसी कारणवश उसके घर का मानक (standard), स्कूल का मानक तथा साथियों के मानक में आपस में टकराव हुआ तो प्रायः बालक अपनी टोली के मानक के पक्ष में ही अपना विचार व्यक्त करता है। प्रयोगात्मक अध्ययनों से यह स्पष्ट हो गया है कि सामाजिक अनुमोदन प्राप्त करने की इच्छा उन्हीं बालकों में तीव्र होती है जिनमें असुरक्षा (insecurity) तथा अपर्याप्तता (inadequacy) की भावना अधिक होती है।

(2) अति संवेदनशीलता (Oversensitiveness)—अति संवेदनशीलता बालकों में सामाजिक मान्यता (social acceptance) प्राप्त करने का एक तरीका है। अति संवेदनशील बालकों पर माता-पिता तथा उनके साथियों का ध्यान अधिक जल्दी चला जाता है। जब माता-पिता यह समझते हैं कि उनकी बातों से बालकों के अहं पर चोट पहुँची है तो उनमें खुद ही दोष भावना (guilt feeling) उत्पन्न होती है जिसे दूर करने के लिए वे बालकों पर अधिक ध्यान देना प्रारंभ कर देते हैं एवं दुलार-प्यार भी अधिक दिखाते हैं। अति संवेदनशीलता घर के भीतर ही बालकों द्वारा प्रायः दिखाई जाती है।

(3) संसूच्यता तथा प्रतिसंसूच्यता (Suggestibility and counter suggestibility)—संसूच्यता का गुण एक ऐसा गुण है जिसमें बालक दूसरों के सुझाव या संसूचन (suggestion) द्वारा आसानी से प्रभावित हो जाता है। संसूच्यता का गुण दिखाकर बालक दूसरों का ध्यान अपनी ओर आकर्षित करते हैं तथा सामाजिक मान्यता (social acceptance) प्राप्त करने की कोशिश करते हैं। ऐसे बालक यह सोचते हैं कि वे दूसरों के सुझाव को यदि अक्षरशः मान लेते हैं तो इससे उन्हें निश्चित रूप से संबंधित बालक या व्यक्ति द्वारा मान्यता मिल जाएगी।

प्रतिसंसूच्यता की स्थिति में बालक दूसरों द्वारा दिए गए सुझाव के ठीक विपरीत सोचता तथा करता है। 3–4 साल की उम्र में बालकों द्वारा दिखाई गई निषेधवृत्ति (negativism) के समान ही बड़े बालकों में प्रतिसंसूच्यता का गुण होता है। उत्तर बाल्यावस्था में बालक अपनी टोली के सदस्यों द्वारा दिए गए सुझाव को तो हू-ब-हू मान लेता है, परंतु वयस्कों के सुझावों को ठुकराकर ठीक उसके विपरीत कार्य करता है। शिक्षकों को वर्ग में ऐसे बालकों पर विशेष रूप से ध्यान देना पड़ता है क्योंकि इन बालकों में विरोध करने की प्रवृत्ति अधिक होने से उनके प्रति सतर्कता अधिक बरतनी पड़ती है।

(4) प्रतिस्पर्द्धा (Competition)—उत्तर बाल्यावस्था में बालकों में तीन तरह की प्रतिस्पर्द्धा (competition) पाई जाती है। पहली प्रतिस्पर्द्धा टोली के भीतर सबसे अधिक सम्मान (prestige) पाने के लिए आपस में होती है, दूसरी प्रतिस्पर्द्धा बालकों की एक टोली से दूसरी टोली के बीच होती है और तीसरी प्रतिस्पर्द्धा बालकों की टोली तथा समाज के संगठित एजेन्सीज (organised agencies) के बीच होती है। इन तीनों तरह की प्रतिस्पर्द्धा का प्रभाव बालकों के समाजीकरण (socialisation) पर अलग-अलग ढंग से पड़ता है। पहली तरह की प्रतिस्पर्द्धा से बालकों में कलह (quarrel) तथा विद्वेष (hostility) का विकास होता है। दूसरी तरह की प्रतिस्पर्द्धा से बालकों में एकता (solidarity) तथा आपस में सहयोग (cooperation) करने की भावना उत्पन्न होती है तथा तीसरी तरह की प्रतिस्पर्द्धा यदि रचनात्मक ढंग से (constructively) की गई तो इससे भी बालकों में स्वतंत्र (independent) होने का गुण विकसित होता है।

(5) अच्छा क्रीड़ा-कौशल (Good sportsmanship)—अच्छा क्रीड़ा-कौशल (sportsmanship) से तात्पर्य एक ऐसे व्यवहार से होता है जिसमें बालक खेलकूद में अन्य बालकों के साथ काफी सहयोग एवं ईमानदारी की भावना दिखाता है। इससे बालकों में उदारशीलता का शीलगुण विकसित होता है। इस तरह के कौशल (skill) की शुरुआत घर में ही होती है परंतु इसका विकास बालकों की टोली में अन्य बालकों के साथ मिलकर खेलने से ही होता है। वैसे बालक जो यह चाहते हैं कि उनमें अच्छा क्रीड़ा-कौशल (good sportsmanship) विकसित हो, उन्हें काफी उदार (generous) होना चाहिए और उनकी उदारता इस हद तक हो कि यदि वे खेल में हार (lose) भी जाते हैं तो जीते हुए (winners) बालकों के साथ मिलकर आनंद उठाएँ। ऐसा मालूम हो कि उन्हें हारने का कोई गम ही नहीं है।

(6) उत्तरदायित्व (Responsibility)—बालक यदि सौंपे गए कार्यों को ठीक ढंग से कर लेते हैं तो ऐसा समझा जाता है कि उनमें उत्तरदायित्व (responsibility) का गुण है। बोसार्ड तथा बौल (Bosard & Boll, 1966) के अध्ययन के अनुसार उत्तरदायित्व एक ऐसा सामाजिक व्यवहार (social behaviour) है जिसकी शुरुआत घर में बालकों के प्रारंभिक प्रशिक्षण (early training) से होती है। ऐसे बालक जिनमें उत्तरदायित्व का व्यवहार घर में अच्छी तरह विकसित हो जाता है, वे अपनी टोलियों (gangs) में भी ठीक ढंग से समायोजन (adjustment) कर लेते हैं और ऐसे ही बालक अपनी टोली के नेता (leader) भी बन जाते हैं। इसका परिणाम यह होता है कि उनमें आत्म-विश्वास (self-confidence) अधिक बढ़ जाता है और वे कठिन कार्यों का भी उत्तरदायित्व लेने में हिचकिचाते नहीं हैं। प्रयोगात्मक अध्ययनों के आधार पर यह साबित हो गया है कि बालकों में उत्तरदायित्व (responsibility) का विकास धीरे-धीरे किया जाए, तो यह अति उत्तम होता है। दूसरे शब्दों में, बालकों को पहले साधारण कार्य करने का उत्तरदायित्व देना चाहिए और फिर धीरे-धीरे कठिन तथा जटिल कार्यों का उत्तरदायित्व देना चाहिए। अगर बहुत तरह का उत्तरदायित्व बालकों पर एक ही साथ सौंप दिया जाता है, तो वे इसे ठीक ढंग से निभा नहीं पाते और उनका आत्म-विश्वास भी खत्म हो जाता है।

(7) सामाजिक सूझ (Social insight)—सामाजिक सूझ का तात्पर्य सामाजिक परिस्थितियों का ठीक ढंग से प्रत्यक्षण (perception) करने, उनका अर्थ समझने तथा साथ-ही-साथ उनसे संबंधित व्यक्तियों को ठीक ढंग से समझने से होता है। सामाजिक सूझ बहुत हद तक इस बात पर निर्भर करती है कि बालक कहाँ तक किसी सामाजिक परिस्थिति में स्वयं को पूर्णतः रखकर उस परिस्थिति को समझ पाता है तथा उस परिस्थिति के लोगों की मनोवृत्ति तथा संवेग का अर्थ समझ पाता है। उम्र बीतने के साथ-ही-साथ बालकों में सामाजिक सूझ अंशतः मानसिक परिपक्वन (mental maturation) के कारण और अंशतः नई-नई सामाजिक अनुभूतियों (social experiences) के कारण अधिक बढ़ती जाती है। प्रयोगात्मक अध्ययनों के आधार पर यह पता चला है कि जिन बालकों का सामाजिक प्रत्यक्षण (social perception) ठीक होता है, उनमें सामाजिक अभियोजन करने की क्षमता अधिक होती है। फलतः, उनको अन्य बालकों द्वारा मान्यता (acceptance) अधिक मिल जाती है और उनकी लोकप्रियता (popularity) बढ़ जाती है। लोकप्रियता बढ़ने से सामाजिक सूझ (social insight) बढ़ जाती है।

मनोवैज्ञानिक अध्ययनों से यह भी पता चला है कि उत्तर बाल्यावस्था (later childhood) में टोली (gang) का कुछ कुप्रभाव भी बालकों पर पड़ता है जिससे उनके समाजीकरण की प्रक्रिया या सामाजिक विकास (social development) की प्रक्रिया धीमी पड़ जाती है। शिक्षकों को इन कुप्रभावों

से अवगत होना आवश्यक है ताकि वे वर्ग में बालकों को इन कुप्रभावों से बचाने के उपाय कर सकें। इन कुप्रभावों में निम्नांकित प्रमुख हैं—

(1) अकसर देखा गया है कि बालक अपनी टोली (gang) के सदस्यों के बहकावे में आकर घर में माता-पिता के साथ बगावत कर बैठते हैं। ऐसी अवस्था में वे न तो स्कूल का गृहकार्य (home task) ही ठीक से कर पाते हैं और न ही पारिवारिक जवाबदेही ही ठीक ढंग से निभा पाते हैं। फलतः, ऐसे बालकों का समाजीकरण धीमा हो जाता है।

(2) टोली की कुछ सामाजिक अनुभूतियाँ (social experiences) इस प्रकार की होती हैं जिनसे कुछ लड़कों तथा कुछ लड़कियों में परस्पर वैरपूर्ण (antagonism) संबंध हो जाता है। टोली के वरीय सदस्य (senior members) तो अपने विपरीत लिंग के व्यक्ति के साथ दोस्ती पसंद करते हैं, परंतु इसका विरोध टोली के कनीय सदस्य द्वारा किया जाता है। इस तरह टोली कुछ बालक एवं बालिकाओं में यौन प्रतिरोध का भाव उत्पन्न कर देती है।

(3) टोली (gang) बालकों में पूर्वाग्रह या पूर्वधारणा (prejudice) भी उत्पन्न कर देती है। टोली के सदस्य टोली के बाहर के सदस्यों को धर्म, भाषा, जाति, प्रजाति आदि के आधार पर अपने से भिन्न समझते हैं और एक विशेष नकारात्मक मनोवृत्ति (negative attitude) बना लेते हैं। इससे भी बालकों का सामाजिक विकास (social development) प्रभावित हो जाता है।

इस तरह स्पष्ट है कि उत्तर बाल्यावस्था में बालकों का सामाजिक विकास एक खास ढंग से होता है। शिक्षकों से ऐसे सामाजिक विकास का ज्ञान अपेक्षित है क्योंकि ऐसा नहीं होने से वे शिक्षार्थियों (learners) को उचित दिशानिर्देश नहीं दे पाएँगे।

किशोरावस्था में सामाजिक विकास

(Social Development in Adolescence)

किशोरावस्था 13 साल से प्रारंभ होकर 19–20 साल तक की होती है। इस अवस्था में किशोरों को कई तरह की नई-नई सामाजिक भूमिकाएँ (social roles) अदा करनी होती हैं ताकि उनका समायोजन पैटर्न (adjustment pattern) एक परिपक्व वयस्क (matured adult) के समायोजन पैटर्न के अनुकूल हो सके। इन भूमिकाओं को निभाने में किशोरों में निम्नांकित सामाजिक परिवर्तन (social changes) आते हैं जो शिक्षकों के लिए विशेष रूप से उल्लेखनीय हैं—

(1) साथियों के समूह का प्रभाव (Peer-group influence)—किशोरों का अधिक समय घर से बाहर अपने समकक्षियों या दोस्तों के साथ ही बीतता है। वे अपना पहनावा, अभिरुचि, वेश-भूषा, मनोवृत्ति ठीक वैसा ही रखना पसंद करते हैं जैसा कि उनके अन्य साथीगण पसंद करते हैं। लेकिन, किशोरावस्था के अंतिम सालों में अभिजात-समूह या संगी-साथियों के समूह का यह प्रभाव धीरे-धीरे समाप्त होने लगता है; क्योंकि वे अब अपना एक स्वतंत्र परिचय (independent identity) बनाने में अधिक अभिरुचि लेना प्रारंभ कर देते हैं।

(2) सामाजिक व्यवहार में परिवर्तन (Changes in social behaviour)—किशोरावस्था में किशोरों की सामाजिक मनोवृत्ति (social attitude) तथा व्यवहार में भी महत्त्वपूर्ण परिवर्तन आते हैं। इन परिवर्तनों में शिक्षकों तथा माता-पिता के लिए जो सबसे महत्त्वपूर्ण परिवर्तन होता है वह है

विषमलिंगी संबंधों (heterosexual relationship) में परिवर्तन। इस अवस्था की शुरुआत तक बालक एवं बालिकाएँ अपने-अपने लिंग के व्यक्तियों के प्रति अधिक आकर्षित रहते हैं। परंतु, इस अवस्था के उत्तरकाल (later period) में किशोरों की अभिरुचि एवं आकर्षण किशोरियों में तथा किशोरियों का किशोरों में अधिक बढ़ जाता है। अब वे दोनों एक-दूसरे के साथ मिल-जुलकर सामाजिक क्रियाओं में हाथ बँटाना अधिक पसंद करते हैं। फलस्वरूप, इस अवस्था में व्यक्तियों में सामाजिक सूझ तथा सामाजिक सहभागिता (social participation) अधिक उत्पन्न हो जाती है जिससे किशोरों के समाजीकरण में तीव्रता आती है।

(3) नया सामाजिक समूहन (New social groupings)—किशोरावस्था में व्यक्ति में नया सामाजिक समूहन (new social groupings) भी देखने को मिलता है। किशोरों का सामाजिक समूहन (social groupings) किशोरियों के सामाजिक समूहन से सामान्यतः अधिक बड़ा एवं स्पष्ट रूप से परिभाषित होता है। किशोरों में किसी संगठित समूह (organised group) का सदस्य बनने की प्रवृत्ति बढ़ जाती है और वे उसका सदस्य बनकर अपनी सामाजिक आवश्यकताओं की पूर्ति करना चाहते हैं। यदि इस तरह का संगठित समूह का सदस्य बनने से भी उनकी आवश्यकता पूरी नहीं होती है तो वे समान लिंग के व्यक्तियों के साथ मिलकर एक विशेष टोली (gang) का निर्माण करते हैं और कुछ समाजविरोधी व्यवहार (antisocial behaviour) करके अपनी आवश्यकताओं की पूर्ति करते हैं। किशोरियों का समूहन (groupings) घनिष्ठ मित्रों के समूह से किसी संगठित समूह (organised group) के सदस्य बनने तक ही सीमित होता है।

(4) दोस्तों के चयन में नया मूल्य (New values in selection of friends)—बाल्यावस्था (childhood) में तो बालक उन सभी बालकों को अपना दोस्त बना लेते हैं जो वर्ग में साथ पढ़ते हैं या पास-पड़ोस में रहते हैं। परंतु, किशोरावस्था में दोस्ती का आधार कुछ दूसरा ही होता है। इस अवस्था में किशोर उन्हीं को अपना दोस्त बनाता है जिनकी अभिरुचियाँ (interests) तथा मूल्य (values) उनकी अभिरुचियों तथा मूल्य के समान होते हैं, जो उन्हें सही-सही समझता है तथा उनमें सुरक्षा की भावना उत्पन्न करता है तथा जिनपर वे तहेदिल से विश्वास कर सकते हैं ताकि उनके साथ वे उन सभी विषयों की चर्चा कर सकें जिनपर सामान्यतः वे अपने माता-पिता या शिक्षक से बातचीत नहीं कर सकते। जोसेफ (Joseph, 1969) ने एक अध्ययन किया जिसके आधार पर यह बताया कि किशोरावस्था में व्यक्ति दोस्ती उन्हीं से करता है जिनपर उन्हें विश्वास होता है, जिनसे खुलकर वे बातचीत कर सकें तथा जिनपर वे तहेदिल से भरोसा कर सकें।

(5) सामाजिक स्वीकृति में नया मूल्य (New values in social acceptance)—किशोरावस्था में कोई भी व्यक्ति विभिन्न टोलियों (gangs) द्वारा स्वीकृत किया जाएगा या अस्वीकृत किया जाएगा यह कई बातों पर निर्भर करता है। जैसे यदि उसका व्यक्तित्व आकर्षक है, उसमें नेतृत्व-संबंधी गुण है, उसमें सहयोगिता, उत्तरदायित्व तथा अच्छे तौर-तरीके हैं, तो उसे किशोरों की विभिन्न टोलियों द्वारा सामाजिक स्वीकृति तुरंत मिल जाती है। परंतु, यदि उसमें इन सभी गुणों का अभाव है और इन सबके विपरीत गुणों की अधिकता है, तो उसे किशोरों की विभिन्न टोलियों द्वारा सामाजिक अस्वीकृति अधिक मिलती है।

(6) नेताओं के चयन में नया मूल्य (New values in selection of leaders)—किशोरावस्था में कई तरह के सक्रिय समूह पाए जाते हैं। कुछ समूह सामाजिक (social) होते हैं, कुछ समूह बौद्धिक (intellectual) होते हैं, कुछ समूह धार्मिक (religious) तथा कुछ पुष्टकाय (athletic) होते

हैं। प्रत्येक समूह के नेता के रूप में किशोर उसी व्यक्ति को चुनता है, जिसका डील-डौल आकर्षक हो, जिसे लोग प्रतिष्ठा देते हों, जो बहिर्मुखी (extrovert) हो तथा जो उनके विचारों का सही-सही प्रतिनिधित्व (representation) करता हो। सामान्यतः यह देखा गया है कि किशोरों के समूह का नेतृत्व करनेवाला व्यक्ति अकसर उच्च सामाजिक-आर्थिक स्तर (high socio-economic status) से आता है।

इस तरह यह स्पष्ट है कि किशोरावस्था में होनेवाले सामाजिक परिवर्तन (social changes) तथा सामाजिक व्यवहार बहुत-कुछ ऐसे होते हैं जो एक वयस्क के सामाजिक व्यवहार तथा सामाजिक परिवर्तन के लगभग समान हैं।

समाजीकरण के साधन या माध्यम
(Agencies of Socialization)

सामाजिक प्रत्याशाओं (social expectations) तथा सामाजिक मानदंडों (social norms) के अनुसार जब बालक व्यवहार करना सीख लेता है तो इसे समाजीकरण की संज्ञा दी जाती है। शिक्षा मनोवैज्ञानिकों ने अनेक ऐसे साधनों (agencies) का वर्णन किया है जिनके सहारे बालकों के समाजीकरण (socialisation) की प्रक्रिया सम्पन्न होती है। इन साधनों में निम्नांकित अधिक मुख्य हैं—

(1) परिवार (Family)—समाजीकरण के अनेक साधनों में परिवार का महत्त्व अद्वितीय है। चूँकि परिवार एक प्राथमिक समूह (primary group) है, अतः इसके सदस्यों, जैसे माता-पिता, भाई-बहन, चाचा-चाची आदि में एक घनिष्ठ संबंध होता है। इनके बीच दुलार-प्यार, सहयोग आदि की भावना अधिक होती है। इन सबका प्रभाव बालकों के समाजीकरण पर अधिक पड़ता है। अनेक मनोवैज्ञानिकों का मत है कि परिवार ही वह पहली संस्था है जो बालकों को शिष्टाचार एवं नैतिक विकास की शिक्षा देकर उन्हें योग्य व्यक्ति बनाता है। परिवार में बालक की सबसे पहली अंतःक्रिया (interaction) माता-पिता से होती है। अतः, यह बिलकुल स्वाभाविक है कि बालकों के समाजीकरण में बालकों के साथ माता-पिता द्वारा किया गया व्यवहार अधिक महत्त्वपूर्ण है। मनोवैज्ञानिकों ने बालकों के साथ होनेवाले माता-पिता के व्यवहारों के भिन्न-भिन्न पहलुओं (dimensions) का अध्ययन किया है और इनलोगों का सामान्य निष्कर्ष यही रहा है कि इनके दो पहलू काफी महत्त्वपूर्ण हैं क्योंकि इनसे बालकों का समाजीकरण (socialisation) सीधे प्रभावित होता है। वे दो पहलू हैं—हार्दिकता विद्वेष (warmth hostility) तथा प्रतिबंधकता-अनुज्ञात्मकता (restrictiveness-permissiveness)। कुछ माता-पिता ऐसे होते हैं जो अपने बच्चों को बहुत दुलार-प्यार, स्नेह आदि देते हैं। अतः, ऐसे माता-पिता में हार्दिकता (warmth) अधिक होती है। दूसरी तरफ कुछ माता-पिता इसके विपरीत होते हैं और बात-बात में बच्चों को डाँटते हैं, पीटते हैं तथा उन्हें गाली देते हैं। अत। ऐसे माता-पिता में विद्वेष (hostility) अधिक होती है। मनोवैज्ञानिकों ने इस बात पर सहमति व्यक्त की है कि जिन माता-पिताओं द्वारा बालकों के प्रति हार्दिकता दिखाई जाती है, उनके बच्चों में सामाजिक शीलगुणों एवं सामाजिक व्यवहारों का विकास तेजी से होता है, माता-पिता से विद्वेष (hostility) पानेवाले बालकों में ऐसे गुणों का विकास नहीं होता। माता-पिता से उचित दुलार-प्यार एवं स्नेह मिलने से बालकों में सुरक्षा की भावना (feeling of security), आत्मसम्मान (self-respect), आत्मविश्वास (self-confidence) आदि का गुण उपजता है जिससे

उनमें बाद में बहुत तरह के सामाजिक रूप से अनुमोदित व्यवहार तेजी से विकसित होते हैं। परंतु, समाजीकरण के लिए सिर्फ माता-पिता का प्यार एवं स्नेह ही आवश्यक नहीं हैं बल्कि यह भी आवश्यक है कि बालकों द्वारा किए गए व्यवहारों पर माता-पिता का नियंत्रण (parental control) कितना है। बालकों के व्यवहारों पर नियंत्रण रखने से संबंधित माता-पिता का व्यवहार दो तरह का होता है। कुछ माता-पिता काफी प्रतिबंधक (restrictive) स्वभाव के होते हैं जो शायद ही कभी अपने बच्चों को स्वतंत्र होकर कहीं आने-जाने या उन्हें कोई कार्य करने की आजादी देते हैं। दूसरी तरफ कुछ माता-पिता काफी अनुज्ञात्मक प्रकृति (permissive nature) के होते हैं जो बच्चों के व्यवहारों पर शायद ही कभी प्रतिबंध लगाते हैं या उनपर नियंत्रण की कोई बात सोचते हैं। मनोवैज्ञानिक अध्ययनों से यह स्पष्ट हो गया है कि इन दोनों तरह के नियंत्रणों से समाजीकरण की प्रक्रिया धीमी पड़ जाती है।

माता-पिता और बच्चों के बीच अंतःक्रिया (interaction) के अलावा परिवार के अन्य पहलू (aspect), जैसे उसका आकार (size) यानी उसमें सदस्यों की संख्या एवं परिवार के भौतिक वातावरण (physical environment) का भी प्रभाव समाजीकरण पर पड़ता है। मनोवैज्ञानिकों का मत है कि जैसे-जैसे किसी परिवार का आकार बढ़ता जाता है अर्थात जैसे-जैसे परिवार में सदस्यों की संख्या, विशेषकर बच्चों की संख्या बढ़ती है, वैसे-वैसे माता-पिता एवं बच्चों में घनिष्ठ संबंध की संभावना कमती है और तब इससे बच्चों में धनात्मक, सामाजिक, सांवेगिक एवं संज्ञानात्मक विकास की गति मंद हो जाती है। दूसरे शब्दों में, बच्चों में समाजीकरण (socialisation) मंद हो जाता है। परिवार के भौतिक वातावरण (physical environment) का भी प्रभाव बच्चों के समाजीकरण पर पड़ता है। जिस परिवार में संज्ञानात्मक उत्तेजना (cognitive stimulation) के आधुनिक साधन जैसे रेडियो, टेलीविजन, मैगजिन, अखबार आदि मौजूद रहते हैं, उस परिवार के बच्चों का समाजीकरण ऐसे परिवार के बच्चों की अपेक्षा तेजी से होता है जहाँ इन साधनों की कमी पाई जाती है।

(2) साथियों का समूह (Peer group)—समाजीकरण के एक प्रमुख साधन के रूप में परिवार के बाद साथियों के समूह (peer group) का स्थान आता है। बालक जब थोड़ा बड़ा होकर चलने-फिरने लगता है, तो वह समान उम्र के अन्य बालकों के सम्पर्क में आता है और वह एक टोली (gang) का निर्माण करता है। इस टोली की विशेषता यह होती है कि इसमें सभी बालक करीब-करीब एक ही उम्र के होते हैं परंतु भिन्न-भिन्न परिवार के होते हैं। यह टोली दो उम्र-स्तरों (age levels) पर अधिक देखने को मिलती हैं—स्कूल में प्रथम बार प्रवेश करने के पहले की उम्र के बालकों की टोली (preschool gang) तथा स्कूल के साथियों की टोली (school gang)। प्राक्स्कूल टोली (preschool gang) के बालक जिनकी उम्र 3 से 5 साल के बीच होती है, आपस में मिलकर भिन्न-भिन्न तरह के खेल खेलते हैं जिनमें कल्पनात्मक खेल (imaginative play) का महत्त्व बालकों के समाजीकरण में काफी होता है। हेथरिंगटन तथा पार्क (Hethrington & Parke, 1979) के अनुसार बालकों में कल्पनात्मक खेल द्वारा उनका समाजीकरण तीव्रता से होता है क्योंकि इस खेल में बालक कल्पनात्मक रूप से भिन्न-भिन्न तरह की भूमिका करते हैं जिससे उन्हें भूमिका से संबंधित नया-नया अनुभव होता है जो उन्हें सामाजिक व्यवहार को सीखने में मदद करता है। चार्ल्सवर्थ तथा हार्टअप (Charlesworth & Hartup, 1967) के अनुसार इस उम्र के बालकों की टोली में प्रायः एक बालक दूसरे पर अधिक ध्यान देता है तथा दूसरे का अनुमोदन (approval) एवं स्वीकृति (acceptance) प्राप्त करने की कोशिश करता है। इसका परिणाम यह

होता है कि इन बालकों में सामाजिक सहयोग (social cooperation) की भावना जगती है। जब बालक बड़े होकर स्कूल में प्रवेश करते हैं और वहाँ जो अपनी टोली बनाते हैं उसका समाजीकरण पर प्रभाव प्राक्स्कूल टोली (preschool gang) की अपेक्षा अधिक पड़ता है। स्कूल की टोली बालकों को लोकतांत्रिक (democratic) होना सिखाती है, स्वार्थीपना (selfishness) तथा समाजविरोधी विचारों से ऊपर उठकर एक-दूसरे के साथ मिलकर कार्य करना सिखाती है तथा साथ-ही-साथ उनमें प्रतियोगिता (competition) की भावना उत्पन्न करके अपनी योग्यताओं एवं क्षमताओं को बढ़ाने का मौका देती है। हेभिगहर्स्ट (Havighurst, 1972) ने एक अध्ययन किया जिसके आधार पर उन्होंने निम्नांकित चार तरीकों का वर्णन किया है जिनके सहारे साथियों का समूह (peer group) बालकों को समाजीकृत (socialised) करता है—

(i) साथियों का समूह भिन्न-भिन्न परिवार के बालकों को एक-दूसरे के नजदीक आने का मौका देता है तथा उन्हें एक सामाजिक रूप से अनुमोदित व्यवहार करने की प्रेरणा देता है।

(ii) साथियों का समूह बालकों में विवेकी अंतःकरण (rational conscience) विकसित करने में मदद करता है। विवेकी अंतःकरण (rational conscience) से तात्पर्य सामाजिक मूल्यों (social values) को समझने तथा उनके अनुसार व्यवहार करना सीखने से होता है।

(iii) साथियों द्वारा प्राप्त अनुभवों (experiences) से बालकों में उचित सामाजिक मनोवृत्ति (social attitudes) विकसित होती है। बालक यह सीख लेते हैं कि अन्य व्यक्तियों के साथ उनका संबंध कैसा रहना चाहिए तथा सामाजिक जिन्दगी एवं समूह की क्रियाओं (activities) के साथ किस तरह से आनंद प्राप्त किया जा सकता है।

(iv) साथियों का समूह सदस्यों को सांवेगिक संतुष्टि (emotional satisfaction) देता है जिससे उनमें व्यक्तिगत स्वतंत्रता (personal independence) की भावना उत्पन्न होती है। बाद में चलकर ऐसे बालकों का समाजीकरण अधिक तेजी से होता है।

इस तरह स्पष्ट है कि साथियों का समूह (peer group) बच्चों को समाजीकृत (socialised) करने में कई ढंग से मदद करता है।

(3) स्कूल (School)—समाजीकरण के साधन (agent) के रूप में स्कूल का भी महत्त्व काफी है। बालकों के समाजीकरण में स्कूल के महत्त्व को दिखाने के लिए शिक्षा मनोवैज्ञानिकों द्वारा कई अध्ययन किए गए हैं। अधिकतर शिक्षा मनोवैज्ञानिकों का मत है कि स्कूल सिर्फ बालकों को शिक्षा ही नहीं देता है बल्कि सामाजिक मूल्यों (social values), सामाजिक संज्ञान (social cognitions), सामाजिक मानकों (social norms) के बारे में बताकर बालकों में समाजीकरण का बीज बोता है। स्कूल के विभिन्न पहलुओं जैसे उसकी भौतिक संरचना (physical structure), शिक्षक, पाठ्यपुस्तक (textbook) आदि का समाजीकरण पर क्या प्रभाव पड़ता है, का अध्ययन किया गया है। कुछ स्कूलों का आकार काफी बड़ा एवं फैला होता है तथा कुछ स्कूल का आकार छोटा एवं सुसंबद्ध (compact) होता है। स्वभावतः बड़े आकारवाले स्कूल में छात्रों की संख्या छोटे आकारवाले स्कूलों की अपेक्षा अधिक होती है। बाकर तथा ग्रम्प (Barker & Grump, 1964) ने एक अध्ययन किया जिसमें उन उच्च विद्यालयों (high schools) को रखा गया जिनमें छात्रों की संख्या 35 से 2,287 तक थी। ये सभी स्कूल आर्थिक रूप से (economically), सांस्कृतिक रूप से (culturally) तथा राजनैतिक रूप से (politically) आपस में समान थे और सभी एक ही सरकार द्वारा नियंत्रित होते थे। परिणाम में देखा गया कि छोटे स्कूल में पढ़नेवाले बालक पाठ्येतर कार्यों

(extracurricular activities) में बड़े स्कूल में पढ़नेवाले छात्रों की अपेक्षा अधिक रुचि लेते थे जिससे उनका सामाजिक एवं सांवेगिक विकास अधिक तेजी से होता था। इतना ही नहीं, वर्ग (class) का आकार (size) यानी विद्यार्थियों की संख्या का भी प्रभाव छात्रों के सामाजिक व्यवहार पर पड़ता देखा गया है। वर्ग में छात्रों की संख्या कम रहने पर छात्र सक्रिय होकर वर्ग के कार्यों में भाग लेते हैं। इससे उनमें सामाजिक सहभागिता (social participation) की भावना जगती है।

स्कूल में शिक्षक (teacher) की भूमिका सबसे प्रधान होती है। शिक्षक का व्यक्तित्व तथा उनके द्वारा छात्रों के साथ होनेवाली अंतःक्रियाओं (interactions) का बालकों के समाजीकरण पर सीधा प्रभाव पड़ता है। सामान्यतः, यह देखा गया है कि यदि शिक्षक स्वयं सामाजिक शीलगुणों से पूर्ण हैं तथा बालकों के साथ स्नेहमयी अंतःक्रियाएँ करते हैं, तो इससे बालकों में प्रोत्साहन तथा उत्साह उत्पन्न होता है और बालकों में सांवेगिक एवं सामाजिक समायोजन करने की क्षमता अधिक बढ़ जाती है। ऐसे बालकों का समाजीकरण तेजी से होता है। बालक शिक्षक के व्यवहारों का अनुकरण करते हैं। अतः, यदि शिक्षक स्वयं ही कुसमायोजित (maladjusted) होते हैं तो वैसी परिस्थिति में बालकों में भी कुसमायोजन विकसित हो जाता है और उनके समाजीकरण की प्रक्रिया धीमी पड़ जाती है। हिल तथा एटोन (Hill & Eaton, 1977) ने एक अध्ययन किया जिसमें इस तथ्य की पुष्टि की गई है। जो शिक्षक बालकों के साथ पुरस्कारी अंतःक्रिया (rewarding interaction) अधिक करते हैं, उनके व्यवहारों का अनुकरण (imitation) बालक अधिक करते हैं। कुछ लोगों ने इस अनुकरण की प्रक्रिया में बालकों के यौन (sex) एवं सामाजिक-आर्थिक स्तर (socio-economic status) को भी अधिक महत्त्वपूर्ण बताया है। इनलोगों का सामान्य मत यह है कि मध्य सामाजिक-आर्थिक वर्ग की लड़कियाँ शिक्षकों के व्यवहार का अनुकरण निम्न सामाजिक- आर्थिक वर्ग के लड़कों की अपेक्षा अधिक करती हैं।

स्कूल में भिन्न-भिन्न प्रकार की पाठ्यपुस्तकें (textbooks) छात्रों को पढ़ने के लिए दी जाती हैं। बालकों में सामाजिक मनोवृत्ति (social attitudes) एवं सांस्कृतिक मूल्यों (cultural values) का निर्माण धीरे-धीरे इन पाठ्यपुस्तकों में लिखे गए तथ्यों द्वारा होता है। बसबाई (Busby, 1979) ने अपने प्रायोगिक अध्ययन (experimental studies) के आधार पर यह बताया कि पाठ्यपुस्तकों में लिखे गए तथ्यों द्वारा बालकों का समाजीकरण बहुत हद तक होता है तथा साथ-ही-साथ वे उपयुक्त यौन-रोल (sex role) भी करना सीख जाते हैं। इन तथ्यों से प्रभावित होकर लड़कों में आक्रमणशीलता, शारीरिक शक्ति का प्रदर्शन, किसी सामाजिक समस्या के समाधान में आगे रहने की प्रवृत्ति आदि का विकास तथा लड़कियों में आज्ञापालन करने की प्रवृत्ति, व्यवहार में नम्रता, सुशीलता आदि का विकास होता है।

इस तरह हम देखते हैं कि स्कूल के भिन्न-भिन्न पहलुओं का प्रभाव भी बालकों के समाजीकरण पर पड़ता है। कुछ इसी ढंग का प्रभाव कॉलेज द्वारा वयस्क छात्रों के समाजीकरण पर भी पड़ता है।

(4) पास-पड़ोस (Neighbourhood)—बालकों के समाजीकरण में पास-पड़ोस (neighbourhood) भी एक महत्त्वपूर्ण साधन (agency) है। पास-पड़ोस के व्यक्तियों के सम्पर्क में आने से व्यक्ति नए-नए व्यवहारों को सीखता है। आपस में मिलकर प्रायः पड़ोसियों द्वारा भिन्न-भिन्न तरह की सामाजिक समस्याओं पर विचार किया जाता है जिससे व्यक्ति नए-नए आदर्शों से परिचित होता है और वह उसे चेतन या अचेतन रूप से अपने व्यक्तित्व में समावेश कर लेता है। इससे उसके

समाजीकरण की प्रक्रिया तेजी से होने लगती है। व्यक्तियों में सहकारिता एवं परोपकारिता जैसे सामाजिक गुणों का भी विकास हो जाता है। शेरीफ (Sherif, 1980) के अनुसार माता-पिता के बाद बालकों के समाजीकरण पर पास-पड़ोस का ही प्रभाव सबसे अधिक होता है। स्कूल का स्थान बाद में आता है। जब बालक 3–4 वर्ष का हो जाता है, तो उसका समाजीकरण पास-पड़ोस द्वारा प्रभावित होने लगता है। जैसा परामर्श उसे पास-पड़ोस के व्यक्तियों से मिलता है, वैसा वह करने तथा सीखने के लिए तत्पर हो जाता है।

(5) जाति एवं वर्ग (Caste and class)—भारत जैसे देश में जाति एक महत्त्वपूर्ण साधन (agency) है जिससे भी समाजीकरण की प्रक्रिया नियंत्रित होती है। जाति व्यक्ति के जन्म द्वारा निर्धारित होनेवाली एक व्यवस्था है जो अपने सदस्यों या व्यक्तियों के सामने कुछ निश्चित नियम तथा प्रतिबंध प्रस्तुत करती है। जाति का प्रभाव बालक के जन्म से मृत्यु तक होनेवाली सभी तरह की घटनाओं एवं संबंधों पर पड़ता है। जाति का नियम यह निर्धारित करता है कि व्यक्ति किस जाति की महिला को अपनी पत्नी स्वीकार करेगा, कौन-सा पेशा अपनाएगा, किस जाति के लोगों से अधिक घनिष्ठ संबंध रखेगा आदि-आदि। इतना ही नहीं, भारत में जाति प्रथा द्वारा व्यक्ति के सामाजिक एवं धार्मिक अधिकारों तथा कर्तव्यों का भी निर्धारण होता है तथा साथ-ही-साथ उनकी सामाजिक मनोवृत्ति (social attitude) तथा सामाजिक मूल्य (social value) बहुत हद तक इसी जाति प्रथा के नियमों द्वारा ही निर्धारित होते हैं। जाति के समान ही वर्ग व्यवस्था (class system) का भी समाजीकरण पर प्रभाव पड़ता है। भारतीय समाज मौलिक रूप से तीन वर्ग व्यवस्था में बँटा है—उच्च वर्ग, मध्यम वर्ग तथा निम्न वर्ग। इन तीनों वर्गों की अपनी-अपनी विशेष सामाजिक एवं आर्थिक स्थिति होती है जिसके आधार पर उनके सदस्यों में वर्ग चेतना (class consciousness) एवं एक निश्चित सामाजिक विचारधारा पनपती है। इन सबसे व्यक्तियों का समाजीकरण तीव्रता से होता है।

(6) भाषा (Language)—जैसा कि हम जानते हैं, समाजीकरण (socialisation) मूलतः सामाजिक सीखना (social learning) की प्रक्रिया है। चाहे सामाजिक सीखना की प्रक्रिया हो या कोई भी अन्य दूसरी प्रक्रिया, उसका सम्पन्न होना इस बात पर निर्भर करता है कि बालकों का बौद्धिक विकास (intellectual development) हुआ है या नहीं। बालकों में बौद्धिक विकास भाषा द्वारा काफी प्रभावित होता है। भाषा के सहारे बालक एवं किशोर अपने विचार, आदर्श, संस्कृति एवं सामाजिक मूल्यों (social values) के बारे में खुलकर दूसरे को बताते हैं तथा दूसरे लोगों के विचारों, आदर्शों आदि के बारे में भी ज्ञान प्राप्त करते हैं। इस तरह के आदान-प्रदान से बालकों में समाजीकरण की प्रक्रिया तेजी से होती है। विशेषकर, बालकों में यह देखा गया है कि उनका समाजीकरण माता-पिता द्वारा प्रयोग किए गए शब्दों एवं वाक्यों द्वारा तेजी से होता है। माता-पिता भिन्न-भिन्न शब्दों को उपयुक्त भाव-भंगिमा के साथ बालकों के सामने बोलते हैं। बालक उन शब्दों को ध्यानपूर्वक सुनते हैं तथा उनकी भाव-भंगिमा का अवलोकन कर उस शब्द का अर्थ समझने की कोशिश करते हैं। इस प्रक्रिया द्वारा बालक नए-नए सामाजिक व्यवहार को करना धीरे-धीरे सीखते जाते हैं और उनका समाजीकरण होता जाता है।

इस तरह हम देखते हैं कि समाजीकरण के कई साधन (agencies) हैं। इन विभिन्न साधनों में परिवार, स्कूल तथा साथियों का समूह (peer group) अन्य साधनों की अपेक्षा अधिक महत्त्वपूर्ण माने गए हैं।

बढ़ती हुई जनसंख्या का सामाजिक विकास पर प्रभाव
(Impact of Rising Population upon Social Development)

बालकों के सामाजिक विकास पर देश की बढ़ती हुई जनसंख्या का सीधा प्रभाव पड़ता है। कई कारणों से जब किसी देश की जनसंख्या बढ़ती है और उस बढ़ती हुई जनसंख्या की आवश्यकताओं (needs) को पूरा करने के साधन नहीं बढ़ते हैं, तो देश की आर्थिक स्थिति कमजोर हो जाती है। किसी देश की आर्थिक स्थिति कमजोर होने पर स्वाभावतः वहाँ के लोगों के परिवार, देश के स्कूल, कॉलेज, अन्य सभी संस्थान भी कमजोर पड़ जाते हैं और वहाँ वैसा वातावरण नहीं रह जाता जो बालकों की शिक्षा, समाजीकरण एवं सामाजिक विकास (social development) के लिए उपयुक्त (appropriate) हो। मनोवैज्ञानिकों ने, जिनमें रॉबिन्सन (Robinson, 1975) का नाम प्रमुख है तथा समाजशास्त्रियों ने, जिनमें डीफ्लूयर, डी'एण्टोनियो तथा डी फ्लूयर (DeFleur, D'Antonio & DeFleur, 1976) का नाम अधिक मशहूर है, यह बताया है कि बढ़ती हुई जनसंख्या का प्रभाव बालकों, किशोरों एवं वयस्कों के सामाजिक विकास पर निम्नांकित ढंग से पड़ता है—

(1) परिवार की जर्जर आर्थिक स्थिति (Poor economic condition of the family)—किसी परिवार में बालकों की संख्या उस परिवार की आय के समरूप नहीं होने से परिवार की आर्थिक स्थिति खराब हो जाती है। माता-पिता बालकों के सामाजिक विकास (social development) के लिए जो उचित माहौल होना चाहिए, उसे नहीं प्रदान कर पाते। बालकों की शिक्षा नहीं हो पाती है और बालक अज्ञानता के अंधकार में दम तोड़ने लगते हैं। ऐसे परिवार के बालकों का सामाजिक विकास न तो बाल्यावस्था (childhood) में हो पाता है और न ही किशोरावस्था (adolescence) या बाद की अवस्थाओं में। रॉबिन्सन (Robinson, 1975) के अनुसार ऐसे परिवार के बालकों या किशोरों का सामाजिक विकास नहीं होने से उनका समाजीकरण अधूरा रह जाता है और अकसर देखा गया है कि वयस्कावस्था में आने पर वे तरह-तरह के समाज-विरोधी व्यवहार (antisocial behaviours) करना प्रारंभ कर देते हैं।

(2) स्कूल में शैक्षिक वातावरण का अभाव (Lack of academic environment in school)—सामाजिक विकास पर बढ़ती हुई जनसंख्या का प्रभाव हमें स्कूल में शैक्षिक वातावरण (academic environment) के अभाव के रूप में भी पड़ते दिखाई देता है। बढ़ती हुई जनसंख्या वाले देश के स्कूल में शिक्षक-छात्र अनुपात (teacher–taught ratio) बेमेल (disproportionate) होता है। दूसरे शब्दों में, प्रति शिक्षक छात्रों की संख्या इतनी अधिक होती है कि शिक्षक के लिए एक उपयुक्त शैक्षिक वातावरण वर्ग में रखना संभव नहीं हो पाता है। इससे बालकों का शैक्षिक विकास, मानसिक विकास तथा सामाजिक विकास सभी बुरी तरह से प्रभावित हो जाते हैं।

(3) बालकों में कुंठा (Frustration among children)—रॉबिन्सन (Robinson, 1975) ने यह भी बताया है कि जनसंख्या अधिक होने पर आर्थिक स्थिति बद से बदतर हो जाती है। इससे बालकों एवं किशोरों की सभी प्रमुख आवश्यकताएँ पूरी नहीं हो पातीं। माता-पिता तथा शिक्षक ऐसे लोगों की आवश्यकताओं को जब पूरा नहीं कर पाते, तब उनमें कुंठा (frustration) उत्पन्न हो जाती है जो धीरे-धीरे उनके व्यक्तित्व पर बुरा प्रभाव डालकर उनमें आक्रामकता (aggressiveness) जैसा व्यवहार उत्पन्न कर देती है और उनके समाजीकरण (socialisation) की प्रक्रिया को मंद करती है।

निष्कर्षतः यह कहा जा सकता है कि बढ़ती हुई जनसंख्या बालकों, किशोरों एवं वयस्कों के सामाजिक विकास (social development) के लिए एक प्रमुख बाधक है। अतः, जनसंख्या के बढ़ने की प्रवृत्ति पर रोक लगाकर हम इनलोगों के सामाजिक विकास का रास्ता प्रशस्त कर सकते हैं।

सामाजिक विकास को प्रभावित करनेवाले कारक
(Factors Influencing Social Development)

शिक्षा मनोवैज्ञानिकों ने कुछ ऐसे कारकों पर भी अपना ध्यान डाला है जिनसे बालकों के सामाजिक विकास पर स्पष्ट एवं विशिष्ट प्रभाव पड़ता है। ऐसे कारकों में निम्नांकित प्रमुख हैं—

(1) स्कूली वातावरण (School environment)—क्रौनबैक (Cronbach, 1988) ने यह बताया है कि बालकों के स्कूली वातावरण का प्रभाव उनके सामाजिक विकास पर सीधा पड़ता है। यदि स्कूल का वातावरण ऐसा है जिसमें शिक्षक प्रजातंत्रात्मक ढंग से (democratically) बालकों के साथ पेश आते हैं तथा बालकों में पाठ्येतर कार्यक्रमों (extracurricular activities) पर भी आवश्यकतानुसार बल डालते हैं तो इससे बालकों का सामाजिक विकास तेजी से होता है क्योंकि उनमें सामाजिक शीलगुणों (social traits) का उचित विकास हो जाता है।

(2) बालकों की पालन-पोषण प्रणाली (Child-rearing methods)—बालकों में सामाजिक विकास (social development) उनके पालन-पोषण द्वारा अधिक प्रभावित होता है। विभिन्न समाज एवं संस्कृति में बालकों के पालन-पोषण की प्रणाली अलग-अलग होती है। कुछ मनोवैज्ञानिकों का विचार है कि जिन बालकों की देखरेख उनके माता-पिता द्वारा स्वयं की जाती है, उनमें सामाजिक नियमों को सीखने तथा उनके अनुरूप व्यवहार करने की तीव्र प्रेरणा होती है। फलस्वरूप, ऐसे बालकों का सामाजिक विकास तीव्र एवं संतोषजनक होता है। दूसरी तरफ जिन बालकों के पालन-पोषण में माता-पिता द्वारा उचित दुलार-प्यार नहीं दिया जाता है तथा जिनकी देखरेख स्वयं माता-पिता द्वारा न होकर किसी दूसरे व्यक्ति द्वारा की जाती है, तो उनमें सामाजिक विकास धीमी एवं मंद गति से होती दिखाई पड़ती है। ऐसे बालकों एवं किशोरों में अधिक उम्र हो जाने के बाद भी सामाजिक विकास का लक्षण बहुत अधिक स्पष्ट रूप से नहीं दिखाई पड़ता है।

(3) भाषा (Language)—सामाजिक विकास पर भाषा का भी उचित प्रभाव पड़ता है। भाषा द्वारा बालक अपनी इच्छाओं, आवश्यकताओं आदि को दूसरों तक पहुँचाता है तथा दूसरे की इच्छाओं एवं आवश्यकताओं को समझने की कोशिश करता है। हरलॉक (Hurlock, 1978) ने यह बताया है कि भाषा बालकों को उपयुक्त सामाजिक व्यवहार (appropriate social behaviour) उपयुक्त सामाजिक परिस्थिति में करने में मदद करती है। स्कूल में बालकों को शिक्षक भिन्न-भिन्न प्रकार के शिष्टाचार की बातें भाषा के माध्यम से बतलाते हैं। किस परिस्थिति में किस प्रकार का सामाजिक व्यवहार करना चाहिए, की शिक्षा बालकों को घर में माता-पिता भाषा के ही माध्यम से देते हैं। स्पष्ट है कि भाषा के माध्यम से सामाजिक विकास की प्रक्रिया तेजी से सम्पन्न होती है।

(4) प्रचार के माध्यम (Means of propaganda)—बालकों के सामाजिक विकास (social development) पर प्रचार के भिन्न-भिन्न माध्यमों, जैसे रेडियो, टेलीविजन, सिनेमा, अखबार, मैगजीन आदि का भी प्रभाव पड़ता है। इन माध्यमों द्वारा भिन्न-भिन्न सामाजिक पहलुओं पर अपने-अपने ढंग से जोर डाला जाता है। बालकों को इन माध्यमों से तरह-तरह की बातें बताई जाती

हैं। इन सभी बातों का वे तुलनात्मक अध्ययन एवं विश्लेषण करतें हैं जिससे उनमें सामाजिक सूझ (social insight) भी विकसित हो जाती है जो विभिन्न तरह के सामाजिक व्यवहार सीखने में मदद करती है। इतना ही नहीं, प्रचार के कुछ माध्यमों, विशेषकर टेलीविजन तथा सिनेमा के माध्यम से बालक तथा किशोर जो देखते हैं, उसका अनुकरण कर वैसा ही व्यवहार अपने जीवन में करना प्रारंभ कर देते हैं। ऐसा करते-करते वे कई नए-नए सामाजिक व्यवहारों को सीख लेते हैं और इस तरह उनका सामाजिक विकास तीव्रता से होने लगता है।

(5) सामाजिक मनोवृत्ति (Social attitude)—बालकों के सामाजिक विकास (social development) पर सामाजिक मनोवृत्ति (social attitude) का भी प्रभाव पड़ता है। जिन बालकों की सामाजिक मनोवृत्ति भिन्न-भिन्न तरह की सामाजिक घटनाओं एवं समस्याओं के अनुकूल होती है, उनकी सामाजिक मान्यता (social acceptance) अधिक बढ़ जाती है। फलस्वरूप, उन्हें सामाजिक अभियोजन (social adjustment) करने में काफी मदद मिलती है। इस तरह का समायोजन करने में वे अनेक तरह के सामाजिक व्यवहार करना सीख लेते हैं जिससे उनमें सामाजिक विकास तीव्रता से होता है। बालकों की सामाजिक मनोवृत्ति अनुकूल नहीं रहने पर उसकी सामाजिक मान्यता कम हो जाती है। फलस्वरूप वह किसी नए सामाजिक व्यवहार को सीखने में कोई तत्परता नहीं दिखाता। इससे उसका सामाजिक विकास मंद हो जाता है।

(6) सामाजिक वंचन (Social deprivation)—जब बालक को अन्य साथियों एवं व्यक्तियों से मिलने-जुलने का अवसर नहीं दिया जाता है तो इससे उनका सामाजिक विकास पर बुरा प्रभाव पड़ता है तथा इस स्थिति को सामाजिक वंचन (social deprivation) कहा जाता है। बालकों में सामाजिक वंचन का सबसे प्रमुख कारण माता-पिता द्वारा अपने बालकों को समाज के अन्य बालकों के साथ न मिलने-जुलने देना होता है। सामाजिक वंचन सामान्यतः दो प्रकार का होता है—लघु सामाजिक वंचन (short social deprivation) तथा दीर्घ सामाजिक वंचन (prolonged social deprivation) लघु सामाजिक वंचन में बालकों को कुछ दिनों के लिए अन्य साथियों या लोगों से मिलने-जुलने नहीं दिया जाता जबकि दीर्घ सामाजिक वंचन में बालकों को वर्षों तक अन्य लोगों से मिलने-जुलने नहीं दिया जाता। लघु सामाजिक वंचन (short social deprivation) तो बालकों के सामाजिक विकास पर उतना बुरा प्रभाव नहीं डालता है परंतु दीर्घ सामाजिक वंचन से बालकों का सामाजिक विकास बुरी तरह से प्रभावित होता है तथा बालकों में असामाजिक शीलगुण विकसित होने की संभावना बढ़ जाती है।

(7) अति निर्भरता (Overdependency)—5 साल की उम्र से नीचे के बालक तो अपने अधिकतर काम के लिए दूसरे बालकों या माता-पिता पर निर्भर रहते ही हैं। परंतु, जैसे-जैसे उनकी उम्र बढ़ती जाती है, वैसे-वैसे उनमें स्वयं काम करने की क्षमता परिपक्व (mature) होती जाती है और वे आत्मनिर्भर होते जाते हैं। जैसे 8 साल का बालक, विलियम तथा बेस्ट (William & Best, 1980) के अध्ययन के अनुसार, 80% काम के लिए आत्मनिर्भर रहता है परंतु यदि इस उम्र में ही बालक अपने अधिकतर काम के लिए दूसरे बालकों या माता-पिता पर ही बिलकुल छोटे बालक के समान निर्भर रहता है, तो इसे अति निर्भरता (overdependency) कहा जाता है। प्रयोगात्मक अध्ययनों से यह पता चला है कि ऐसे अति निर्भर बालक अत्यधिक परामर्शग्राही (suggestible) हो

जाते हैं और इन्हें अपनी टोली (gang) के अन्य सदस्यों द्वारा अधिक सामाजिक मान्यता (social acceptance) नहीं मिल पाती है। ऐसे बालकों का सामाजिक विकास बुरी तरह प्रभावित हो जाता है।

स्पष्ट है कि बालकों का सामाजिक विकास कई कारकों पर निर्भर करता है। इन कारकों पर उचित ध्यान देकर शिक्षक तथा माता-पिता बालकों के सामाजिक विकास (social development) को सही दिशा दे सकते हैं।

बालकों के सामाजिक विकास को विकसित करने में शिक्षक की भूमिका (Role of a Teacher in Promoting Social Development of Children)

बालकों के सामाजिक विकास में शिक्षक का काफी महत्त्वपूर्ण योगदान होता है। स्कूली अवस्था (school age) मे बालकों का सम्पर्क शिक्षकों से सीधा होता है। अतः, शिक्षकगण बालक के सामाजिक विकास को सीधे प्रभावित करते हैं। मनोवैज्ञानिक अध्ययनों से ऐसा पता चलता है कि बालकों के सामाजिक विकास को सही दिशा में विकसित करने में शिक्षक एवं स्कूल एक महत्त्वपूर्ण भूमिका निभाते हैं। आगे कुछ ऐसे तथ्यों का वर्णन है जिनके द्वारा बालकों के सामाजिक विकास को उन्नत बनाया जा सकता है तथा साथ-ही-साथ जिनसे यह भी पता चल जाता है कि शिक्षक एवं स्कूल बालकों के सामाजिक विकास में किस तरह की अहमियत रखते हैं—

(1) यदि स्कूल में एक ऐसा सामाजिक वातावरण शिक्षक बनाकर रखते हैं जिससे कि बालकों में अनुशासन (discipline) एवं आज्ञापालिता का भाव विकसित होता है, तो उससे बालकों में सामाजिक विकास तीव्र गति से होता है। इससे स्पष्ट हो जाता है कि शिक्षक बालकों के सामाजिक विकास में एक महत्त्वपूर्ण भूमिका निभाते हैं।

(2) बालकों का सामाजिक विकास करने के लिए स्कूल में पर्याप्त मात्रा में पाठ्येतर कार्यक्रम (extracurricular activities) जैसे नाटक, राष्ट्रीय सामाजिक सेवा, खेलकूद, वाद-विवाद प्रतियोगिता आदि का संचालन होना चाहिए। रॉबिन्सन तथा मौस (Robinson & Moss, 1990) के अनुसार इन पाठ्येतर कार्यक्रमों से बालकों में सामाजिक सहभागिता (social participation) का भाव उत्पन्न होता है तथा इनमें सामाजिक विकास (social development) की गति तीव्र हो जाती है।

(3) शिक्षकों को अध्यापनकार्य में प्रजातंत्रात्मक साधनों (democratic means) का सहारा अधिक लेना चाहिए तथा दंडात्मक साधनों (punitive means) का प्रयोग न के बराबर करना चाहिए। ऐसे स्कूली वातावरण में बालक अपने विचारों को स्पष्ट रूप से शिक्षक तथा अन्य साथियों के बीच रख सकेंगे जिससे एक खुली सामाजिक अंतःक्रिया होगी और उनके सामाजिक विकास की गति तेज होगी।

(4) शिक्षकों को बालकों को सामाजिक उत्तरदायित्व (social responsibility) उत्पन्न करनेवाली परिस्थितियों से अवगत कराना चाहिए तथा उन्हें उत्तरदायित्वपूर्ण गृहकार्य देकर सामाजिक शीलगुणों का विकास-संबंधी मौका देना चाहिए।

(5) स्कूल में शिक्षक-अभिभावक सभा (teacher–guardian meet) समय-समय आयोजित होनी चाहिए। ऐसी सभाओं में शिक्षकों को छात्रों की सामान्य समस्या तथा विशिष्ट समस्या दोनों पर

ही विशेष रूप से विचार-विमर्श करना चाहिए। ऐसा होने से छात्रों को घर तथा स्कूल दोनों में ही सामाजिक विकास के उत्तेजक वातावरण (stimulating environment) मिल पाएगा और उनका सामाजिक विकास अच्छे ढंग से हो पाएगा।

(6) शिक्षक बालकों का सामाजिक विकास करने के लिए कुछ खास-खास विषयों, जैसे सामाजिक अध्ययन (social study) तथा नागरिकशास्त्र जैसे विषयों के अध्ययन पर अधिक जोर डालकर बालकों को विभिन्न तरह की सामाजिक समस्याओं से अवगत करा सकते हैं। इससे फायदा यह होगा कि बालकों में तेजी से सामाजिक सूझ (social insight) उत्पन्न होगी और वह तब विभिन्न प्रकार के सामाजिक व्यवहारों को सीखने के लिए प्रेरित होगा।

स्पष्ट है कि बालकों के सामाजिक विकास को उन्नत बनाने में शिक्षकों की भूमिका काफी महत्त्वपूर्ण है।

सामाजिक-सांवेगिक विकास के समसामयिक सिद्धांत
(Contemporary Theories of Socio-emotional Development)

बच्चों के सामाजिक-सांवेगिक विकास की व्याख्या करने के लिए कई सिद्धांतों का प्रतिपादन किया गया है। सामाजिक-सांवेगिक विकास से तात्पर्य एक ऐसे विकास से होता है जिसमें बच्चे के सामाजिक एवं सांवेगिक दोनों ही तरह के विकास संयुक्त रूप से सम्मिलित होते हैं तथा इनमें उन सब कारकों पर प्रकाश डाला जाता है जिनसे ऐसे दोनों तरह के विकास की व्याख्या हो पाती है। यहाँ पर हम दो ऐसे सिद्धांतों का वर्णन सविस्तार करेंगे—

1. ब्रोनफेनब्रेन्नर का पारिस्थितिपरक सिद्धांत (Bronfenbrenner's Ecological Theory)
2. इरिक्सन का मनोसामाजिक सिद्धांत (Erikson's Psychosocial Theory)

इन दोनों सिद्धांतों का वर्णन हम अलग-अलग अनुच्छेद में करेंगे।

ब्रोनफेनब्रेन्नर का पारिस्थितिपरक सिद्धांत
(Bronfenbrenner's Ecological Theory)

यूरी ब्रोनफेनब्रेन्नर (Urie Bronfenbrenner) ने बच्चे के विकास की व्याख्या करने के लिए एक सिद्धांत का निर्माण किया है जिसे पारिस्थितिपरक सिद्धांत (Ecological theory) कहा गया है। इस सिद्धांत में बच्चे के विकास की व्याख्या एक सामाजिक संदर्भ (social context) में की गई है जिसमें बच्चे रहते हैं और वैसे लोगों के साथ अंतःक्रिया करते हैं जो उनके विकास को प्रभावित करते हैं। दूसरे शब्दों में, इस सिद्धांत में बच्चे संबंधों (relationships) के एक जटिल तंत्र (complex system), जो इर्द-गिर्द के वातावरण (surrounding environment) से प्रभावित होता है, में विकसित होते हैं। चूँकि इसमें बच्चे में जैविक रूप से प्रभावित पूर्ववृत्ति (biologically influenced predisposition) पर्यावरणी कारकों के साथ मिलकर बच्चे में होनेवाले विकास को प्रभावित करता है, इसलिए ब्रोनफेनब्रेन्नर एवं इभान्स (Bronfenbrenner & Evans, 2000) ने हाल में ही अपने इस सिद्धांत को **जैव-पारिस्थितिपरक मॉडल** (bioecological model) की भी संज्ञा दी है।

ब्रोनफेनब्रेन्नर के इस पारिस्थितिपरक सिद्धांत के अनुसार पर्यावरणी तल के पाँच स्तर (level) होते हैं जो घनिष्ठ अंतरवैयक्तिक अंतःक्रिया (interpersonal interactions) से लेकर समाज या

संस्कृति के विभिन्न विस्तृत प्रभावों तक विस्तारित होते हैं। वे पाँच तंत्र हैं—**लघुमंडल** (microsystem), **मध्यमंडल** (mesosystem), **बाह्यमंडल** (exosystem), **वृहतमंडल** (macrosystem) तथा **घटनामंडल** (chromosystem)। इन सबों का वर्णन निम्नांकित है—

1. लघुमंडल (Microsystem)—सामाजिक वातावरण के सबसे भीतरी स्तर को लघुमंडल (microsystem) कहा जाता है (देखें चित्र 6.1)। लघुमंडल में बच्चे या छात्रों के निकटतम वातावरण (immediate surroundings) द्वारा किए गए अंतःक्रिया पैटर्न एवं क्रियाएँ सम्मिलित होती हैं। जैसा कि चित्र से स्पष्ट है, इस मंडल में शिशु छात्रों का परिवार (family), साथी-संगी (peers), स्कूल तथा पास-पड़ोस (neighbourhood) आदि सम्मिलित होते हैं। इस स्तर पर छात्र माता-पिता, शिक्षक, साथी-संगी तथा अन्य के साथ अंतःक्रिया करते हैं और इसका स्वरूप द्विदिशात्मक (bidirectional) होता है। इसका मतलब यह हुआ कि माता-पिता, शिक्षक, साथी-संगी, पास-पड़ोस से वे तो प्रभावित होते ही हैं, साथ-ही-साथ वे अपने विशेष शारीरिक गुणों, व्यक्तित्व (personality) एवं क्षमताओं (capacities) से उन्हें भी प्रभावित करते हैं। जैसे, एक उत्तम, दोस्ताना (friendly) एवं एकाग्र (attentive) छात्र, शिक्षक एवं माता-पिता से धनात्मक एवं धैर्यपूर्वक प्रतिक्रिया (patient reactions) उत्पन्न करता है परंतु एक नटखट एवं चिढ़ या क्षोभ उत्पन्न करनेवाला छात्र से शिक्षकों एवं माता-पिता में अधैर्यता, दंड देने की प्रवृत्ति तथा उसे बंधन में रखने की प्रवृत्ति को उत्पन्न करता है। जब इस तरह की पारस्परिक अंतःक्रिया (reciprocal interaction) लंबे समय तक चलती है तो इससे बच्चों के सामाजिक-सांवेगिक विकास (socio-emotional development) काफी हद तक एक विशेष दिशा में मुड़कर विकसित होती है।

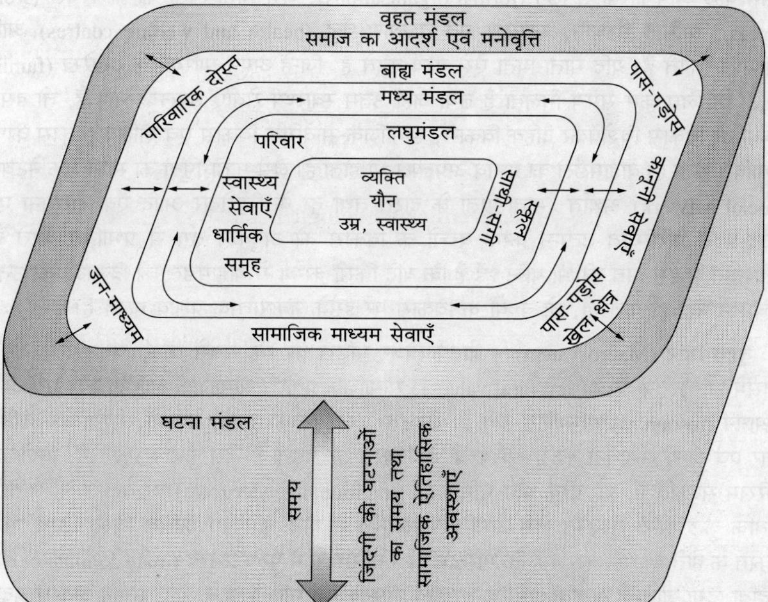

चित्र 6.1 ब्रोनफेनब्रेन्नर का पारिस्थितिपरक मॉडल

2. मध्यमंडल (Mesosystem)—मध्यमंडल ब्रोनफेनब्रेन्नर मॉडल का दूसरा स्तर (second level) है जो लघुमंडल (microsystem) के विभिन्न कारकों या तत्त्वों यथा परिवार, पास-पड़ोस, साथी-संगी एवं स्कूल के आपसी संबंधों (linkages) से बना होता है। जैसे, बच्चों की पारिवारिक अनुभूतियों (family experiences) तथा स्कूली अनुभूतियों में तथा पारिवारिक अनुभूतियों एवं साथी-संगी की अनुभूतियों में संबंध मध्यमंडल (mesosystem) के उदाहरण हैं। इपस्टीन (Epstein, 1983) ने इस सिलसिले में एक अध्ययन किया जिसमें 8वीं कक्षा के 1000 छात्रों पर पारिवारिक (family) तथा कक्षा में शिक्षक एवं अपने साथी-संगी का उनकी मनोवृत्ति (attitudes) तथा उपलब्धि पर पड़नेवाले संयुक्त प्रभावों (joint influence) का विश्लेषण किया गया और परिणाम में पाया गया कि जिन छात्रों को घर या स्कूल में पर्याप्त अंतःक्रिया करने तथा निर्णयन (decision-making) करने का अवसर दिया गया था, उनमें पहल करने की शक्ति तथा उत्तम उपलब्धि स्तर प्राप्त करने की ओर उन्मुखता अधिक थी। कूपर (Cooper, 1995) ने एक दूसरा अध्ययन किया जिसमें निम्न-आय क्षेत्रों के मध्य विद्यालय तथा उच्च विद्यालय के छात्रों ने एक ऐसे कार्यक्रम में भाग लिया जिसमें उनके परिवारों, स्कूलों, साथी-संगी एवं माता-पिता का कार्य आदि को आपस में संबंधित किया गया। परिणाम में पाया गया कि इस कार्यक्रम के बाद ऐसे छात्रों में अधिक-से-अधिक उपलब्धि प्राप्त करने एवं नैतिकता के स्तर को ऊँचा करने का अभिप्रेरण पहले की अपेक्षा अधिक हो गई।

3. बाह्यमंडल (Exosystem)—बाह्यमंडल वैसे सामाजिक संदर्भ (social settings) से बना होता है जिनमें बच्चे स्वयं होते तो नहीं हैं पर उनके निकटस्थ संदर्भ की अनुभूतियों को प्रभावित करता है। इसमें कुछ औपचारिक संगठन (formal organisations), जैसे माता-पिता का कार्यस्थल (work places), धार्मिक संस्थान, स्वास्थ्य एवं कल्याण केंद्र (health and welfare centres) आदि सम्मिलित होते हैं। यदि माता-पिता ऐसे कार्य करते हैं, जिन्हें अपने पारिवारिक देखरेख (family care) के लिए कम समय मिलता है तथा जहाँ उत्तम स्वास्थ्य सेवाएँ उपलब्ध नहीं हैं, तो इससे बच्चों का विकास विशेषकर दैहिक विकास, सामाजिक-सांवेगिक विकास एवं शैक्षिक विकास काफी प्रभावित होता है। बाह्यमंडल का प्रभाव अप्रत्यक्ष भी होता है। जैसे माता-पिता का सामाजिक नेटवर्क (social network) अर्थात माता-पिता के दोस्त तथा दूर के रिश्तेदार आदि एक दोस्ताना एवं मदद-प्रदत्त परिस्थिति उत्पन्न करके बच्चों के विकास को अनुकूल ढंग से प्रभावित करते हैं। अध्ययनों से इस बात की भी पुष्टि हुई है कि यदि किसी कारण से बाह्यमंडल की क्रियाओं का उत्तम संचालन नहीं हो पाता है, तो बच्चों के विकास पर इसके नकारात्मक प्रभाव पड़ते हैं।

4. वृहतमंडल (Macrosystem)—ब्रोनफेनब्रेन्नर मॉडल का यह सबसे बाहरी या ऊपरी स्तर है जिसमें सांस्कृतिक मूल्यों (cultural values), सामाजिक प्रथाएँ, सामाजिक-आर्थिक स्तर एवं अन्य संसाधन (resources) सम्मिलित होते हैं। स्पष्टतः, सांस्कृतिक मूल्यों, प्रथाओं, सामाजिक-आर्थिक स्तर एवं अन्य संसाधनों का प्रभाव बच्चों के विकास पर पड़ता है जैसे कुछ संस्कृति में, विशेषकर मुस्लिम संस्कृति में, पारंपरिक यौन भूमिकाओं (traditional gender roles) पर बल डाला जाता है जबकि कुछ अन्य संस्कृति जैसे अमेरिकन संस्कृति में यौन भूमिकाएँ अधिक विस्तृत एवं भिन्न प्रकृति के होते हैं। यही कारण है कि मुस्लिम देशों के स्कूलों में पुरुष प्रभुत्व (male dominance) को बढ़ावा दिया जाता है जबकि अमेरिकन स्कूल में पुरुष एवं महिलाओं के लिए समान अवसर प्रदान करने की प्रवृत्ति को अधिक बढ़ावा दिया जाता है। उसी तरह से जिन बच्चों का पालन-पोषण निम्न

सामाजिक-आर्थिक स्तर में होता है, उनका विकास वैसे बच्चों, जिनका पालन-पोषण उच्च एवं मध्य सामाजिक-आर्थिक स्तर में होता है, से उत्तम नहीं होता है।

5. घटकमंडल (Chromosystem)—घटकमंडल में छात्रों के विकास की सामाजिक-ऐतिहासिक अवस्थाएँ (socio-historical conditions) सम्मिलित होती हैं। जैसे, आजकल के छात्र ऐसे वातावरण से होकर गुजरते हैं जहाँ बहुत तरह की नयी एवं अनोखी अनुभूतियाँ उन्हें प्राप्त होती हैं। जैसे, कम्प्यूटर एवं संचार के नये-नये तरीकों से अवगत होनेवाले अभी पहली पीढ़ी के बच्चे हैं, ऐसे बच्चे की पहली पीढ़ी है जो यौन क्रांति (sexual revolution) की भी अनुभूति प्राप्त कर चुके हैं। इन सबों का प्रभाव उनके विकास पर पड़ता है। ऐसे अनुभव प्राप्त करनेवाले बच्चों में मूल्य (values) उन बच्चों के मूल्यों (values) से भिन्न होते हैं जिन्हें ऐसी अनुभूति न होकर पारंपरिक अनुभूतियाँ (traditional experiences) प्राप्त होती हैं।

स्पष्ट हुआ कि ब्रोनफेनब्रेन्नर का पारिस्थितिपरक मॉडल एक महत्त्वपूर्ण मॉडल है जो छात्रों के सामाजिक संदर्भ (social context) की सूक्ष्म (micro) तथा वृहत (macro), दोनों ही स्तरों पर क्रमबद्ध रूप से परख करने पर बल डालता है।

यही कारण है कि इसकी लोकप्रियता (popularity) दिनोंदिन काफी बढ़ती जा रही है। उनके ही सिद्धांत का यह परिणाम है कि आजकल छात्रों को ठीक ढंग से समझने के लिए शिक्षकों को सिर्फ स्कूल ही नहीं बल्कि उनके अन्य सामाजिक संदर्भ, जैसे घर-परिवार, साथी-संगी आदि के बारे में भी जानना जरूरी है।

ब्रोनफेनब्रेन्नर मॉडल की आलोचना निम्नांकित बिंदुओं पर की गई है—

(i) इस मॉडल में बच्चों के विकास में जैविक (biological) तथा संज्ञानात्मक कारकों (cognitive factors) पर ध्यान नहीं दिया गया है जिसे कुछ मनोवैज्ञानिकों द्वारा मॉडल की एक गंभीर समस्या माना गया है।

(ii) इस सिद्धांत में बच्चों में होनेवाले कदमवार या चरणवार (step-by-step) होनेवाले विकासात्मक परिवर्तनों (developmental changes) [जैसा कि पियाजे (Piaget) तथा इरिक्सन (Erikson) के सिद्धांतों में किया गया है] पर बल नहीं डाला गया है।

इन आलोचनाओं के बावजूद ब्रोनफेनब्रेन्नर का यह सिद्धांत काफी लोकप्रिय है और शिक्षार्थियों (learners) के लिए काफी उपयोगी सिद्ध हुआ है।

ब्रोनफेनब्रेन्नर मॉडल का शैक्षिक आशय (Educational Implications of Bronfenbrenner's Model)

1. ब्रोनफेनब्रेन्नर मॉडल इस बात की ओर स्पष्ट रूप से इशारा करता है कि शिक्षकों को छात्रों के व्यवहार की व्याख्या कई तरह के पर्यावरणी तथ्यों (environmental systems) से जोड़कर करना चाहिए। इसमें उसका स्कूल, माता-पिता, भाई-बहन, पास-पड़ोस, साथी-संगी, धर्म, संस्कृति (culture), संचार साधन (communication media) आदि सम्मिलित होते हैं क्योंकि इन सभी का प्रभाव उनके विकास, विशेषकर शैक्षिक विकास पर प्रत्यक्ष रूप से पड़ता है।

2. यह मॉडल शिक्षकों को स्कूल एवं परिवार के बीच के संबंध पर विशेष ध्यान देने का आग्रह करता है। इन दोनों के बीच पर्याप्त संबंध एवं तालमेल होने से बच्चों में अनुकूल विकास होता है।

3. ब्रोनफेनब्रेन्नर का यह मॉडल शिक्षकों को बच्चों के विकास में समुदाय (community), सामाजिक-आर्थिक स्तर तथा संस्कृति (culture) के मूल्यों का ठीक से अध्ययन करने की सिफारिश करता है; क्योंकि इन सभी का प्रभाव उनके विकास पर प्रत्यक्ष एवं स्पष्ट रूप से पड़ता है।

इरिक्सन का मनोसामाजिक सिद्धांत
(Erikson's Theory of Psychosocial Development)

इरिक इरिक्सन (Erik Erikson) की मूल अभिरुचि इस बात में थी कि बच्चों, किशोरों आदि में व्यक्तिगत पहचान (personal identity) किस तरह से विकसित होती है और समाज उस पहचान को बनाने में किस तरह से मदद करता है। चूँकि उनके सिद्धांतों में व्यक्तिगत (personal), सांवेगिक (emotional) तथा सांस्कृतिक (cultural) या सामाजिक विकास (social development) को समन्वित किया गया है, अतः इसे **मनोसामाजिक सिद्धांत** कहा जाता है। चूँकि इस सिद्धांत में पूरे जीवन-अवधि (life span) में होनेवाले विकास को आठ विभिन्न अवस्थाओं (stages) में बाँटकर अध्ययन किया जाता है, अतः उनके इस सिद्धांत को कुछ मनोवैज्ञानिकों द्वारा **जीवन-अवधि विकास सिद्धांत** (life-span development theory) भी कहा गया है।

इरिक्सन के इस सिद्धांत से छात्रों के सांवेगिक स्वास्थ्य (emotional health) पर अधिक बल डाला गया है और इस रूप में उनका यह सिद्धांत पियाजे (Piget) के अवस्था सिद्धांत (stage theory) से भिन्न है; क्योंकि पियाजे ने शिक्षार्थी (learners) के संज्ञानात्मक (cognitive) तथा बौद्धिक (intellectual) विकास पर अधिक बल डाला है। इरिक्सन के मनोसामाजिक सिद्धांत निम्नांकित पाँच प्रमुख तथ्यों पर आधृत हैं—

(i) सामान्यतः लोगों में एक ही तरह की मौलिक आवश्यकताएँ (basic needs) होती हैं।

(ii) व्यक्ति में अहं (ego) या आत्मन (self) का विकास इन्हीं आवश्यकताओं के प्रति अनुक्रिया का परिणाम होता है।

(iii) विकास विभिन्न अवस्थाओं से होकर संपन्न होता है।

(iv) विकास की प्रत्येक अवस्था में एक मनोसामाजिक चुनौती (psychosocial challenge) होती है जिसे तकनीकी तौर पर **संकट** (crisis) कहा जाता है तथा जो विकास के लिए अवसर भी प्रदान करता है। सचमुच में संकट, मनोवैज्ञानिक चुनौती (psychological challenge) के प्रति एक अति संवेदनशीलता (vulnerability) की स्थिति होती है और यह चुनौती सामाजिक संबंधों (social relationships) से बहुत ही जुड़ा होता है। इस तरह से संकट (crisis) व्यक्ति के जीवन की एक ऐसा बिंदु होता है जो दैहिक परिपक्वता (physiological maturation) तथा संबंधित अवस्था में व्यक्ति के सामने रखे गए सामाजिक माँग (social demand) के फलस्वरूप उत्पन्न होता है। इस संकट का यदि एक स्वीकार्य समाधान निकल पाता है, तो इसका मतलब यह हुआ कि नकारात्मक मनोसामाजिक शीलगुण (negative psychosocial trait) के अनुपात में धनात्मक मनोसामाजिक शीलगुण की प्रबलता अधिक उत्पन्न होगी। हालाँकि इस संकट का समाधान कभी भी स्थायी तौर पर नहीं होता है। प्रत्येक अवस्था के संकट के

उचित समाधान से व्यक्ति अपने बारे में एक धनात्मक प्रतिमा (positive image) विकसित करता है, बड़े समाज में आत्मन (self) का एक सही प्रत्यक्षण करता है तथा फिर वह इन दोनों को समन्वित करता है। यदि समाधान नकारात्मक हुआ तो इससे आगे की अवस्थाओं में होनेवाला विकास मंदित (retarded) हो जाता है और व्यक्ति का व्यक्तित्व दोषपूर्ण हो जाता है।

(v) विभिन्न अवस्थाओं द्वारा व्यक्ति के अभिप्रेरण (motivation) में अंतर होने की बात प्रतिबिंबित होती है।

इरिक्सन के इस सिद्धांत में पूरे जीवन-अवधि में विकास की आठ अवस्थाएँ होती हैं। प्रत्येक अवस्था में एक मनोसामाजिक चुनौती (psychosocial challenge) होती है जिसे इरिक्सन ने संकट (crisis) की संज्ञा दी है। यह संकट कोई आपाती (catastrophic) नहीं होता है बल्कि एक उन्नत अंतःशक्ति (enhanced potential) तथा उच्च संवेदनशीलता प्राप्त करने की आरंभ बिंदु होती है। जितना ही उत्तम ढंग से व्यक्ति उस संकट का समाधान करता है, उतना ही उसका व्यक्तित्व स्वास्थ्यकर (healthy) होता है। प्रत्येक अवस्था के धनात्मक (positive) तथा नकारात्मक (negative) दोनों ही पक्ष होते हैं। इन सभी अवस्थाओं का वर्णन इस प्रकार है—

(1) विश्वास बनाम अविश्वास (Trust vs Mistrust)

इरिक्सन के सिद्धांत में यह पहली अवस्था है जिसकी अवधि जन्म से 1 साल की होती है। जिन बच्चों को अपने माता-पिता तथा अन्य देखरेख करनेवाले व्यक्तियों से सतत उचित स्नेह, प्यार आदि मिलता है, उनमें **विश्वास** (trust) का भाव विकसित होता है। दूसरे तरफ जिन बच्चों को माता-पिता तथा अन्य देख-रेख करनेवाले व्यक्तियों द्वारा प्रायः रोते-बिलखते तथा चिल्लाते छोड़ दिया जाता है, उनमें दूसरों के प्रति **अविश्वास** (mistrust) विकसित हो जाता है जिससे उसे दूसरों के बारे में शक तथा दूसरों से अनावश्यक डर उत्पन्न हो जाता है। शिशु में स्वस्थ व्यक्तित्व का विकास इस बात पर निर्भर करता है कि उसके जिंदगी में अविश्वास के अनुपात में विश्वास की मात्रा कितनी अधिक है। विश्वास तथा अविश्वास दोनों की स्थिति मौजूद रहने पर शिशु में संकट (crisis) उत्पन्न होता है और जब वह इस संकट का सफलतापूर्वक समाधान कर लेता है, तो इससे उसमें एक विशेष मनोसामाजिक शक्ति (psychosocial strength) जिसे **'आशा'** (hope) कहा जाता है, उत्पन्न होती है। आशा की उत्पत्ति से आगे चलकर जब यह शिशु वयस्क हो जाता है, तो वह अपने सांस्कृतिक मूल्यों तथा धर्म आदि में काफी आस्था दिखलाता है।

(2) स्वायत्तता बनाम लज्जा तथा शक (Autonomy vs Shame and Doubt)

इरिक्सन के सिद्धांत की यह दूसरी अवस्था (second stage) है जिसकी अवधि 1 साल से 3 साल की होती है। जब बच्चों को अपने माता-पिता या देखरेख करनेवालों में विश्वास उत्पन्न हो जाता है, तो फिर उनमें यह भाव उत्पन्न होने लगता है कि उनके व्यवहार बिलकुल अपने हैं और व्यवहारों को करने में वे स्वायत्तता या स्वतंत्रता को महत्त्व देने लगते हैं। वे अपने से खाना खाना, कपड़ा पहनना तथा शौच करना ज्यादा पसंद करने लगते हैं। वे अब दूसरों पर निर्भर रहना नहीं चाहते हैं। इस बिंदु पर माता-पिता को बच्चों को स्वतंत्र रूप से कार्य करने के लिए प्रोत्साहित करना चाहिए। दूसरे तरफ, बहुत ही सख्त माता-पिता या वैसे माता-पिता जो प्रायः बच्चों को साधारण कार्य को भी करने में डाँटते या पीटते हैं, तो ऐसे बच्चों को अपनी क्षमता (ability) पर शक होने लगता है तथा

वे अपने ही अंदर से लज्जा अनुभव करते हैं। जब बच्चा स्वायत्तता बनाम लज्जा तथा शक के संघर्ष (यानी संकट) का सफलतापूर्वक समाधान कर लेता है, तो उसमें जो मनोसामाजिक शक्ति का जन्म होता है, उसे **इच्छा-शक्ति** (will power) कहा जाता है जिसके फलस्वरूप बच्चे शक तथा लज्जा की परिस्थिति में भी खुलकर अपने स्वतंत्र पसंद (free choice) तथा आत्म-नियंत्रण (self-restraint) का प्रयोग करके व्यवहार कर पाते हैं।

(3) पहल बनाम दोष (Initiative vs Guilt)

इरिक्सन के सिद्धांत की यह तीसरी अवस्था (third stage) होती है जिसकी अवधि 3 साल से 5 साल की होती है। यह बच्चों का प्राक्स्कूली वर्ष (preschool years) होते हैं तथा यह अवधि **आरंभिक बाल्यावस्था** (early childhood) की होती है। जब बच्चों में स्वायत्तता (autonomy) का भाव विकसित हो जाता है, तो वे अब अपने ईर्द-गिर्द के वातावरण में अन्वेषण (exploration) करना प्रारंभ कर देते हैं तथा नयी-नयी उत्सुकता (curiosity) दिखलाना प्रारंभ कर देते हैं। इस अवस्था में बच्चे अनेक संज्ञानात्मक उछाल (cognitive leaps) दिखलाते हैं और यह विकसित हो रही क्षमताएँ बच्चों को जिंदगी के सभी क्षेत्रों में नये-नये अन्वेषण करने की प्रेरणा देते हैं। इसे **पहल** (initiative) की संज्ञा देते हैं। माता-पिता को चाहिए कि वे इनके इस प्रयास की सराहना करें। यदि किसी कारण से माता-पिता बच्चों के इस पहल (initiative) की आलोचना करते हैं या उन्हें दंडित करते हैं, तो इससे बच्चों में दोषभाव (guilt feeling) उत्पन्न हो जाता है। जब बच्चों में पहल का अनुपात इस दोषभाव के अनुपात से अधिक होता है, यानी पहल-बनाम-दोषभाव के संघर्ष का (संकट का) जब वह समाधान कर लेता है, तो उनमें एक विशेष मनोसामाजिक गुण (psychosocial virtue) विकसित होती है जिसे **उद्देश्य** (purpose) कहा जाता है और इसके परिणामस्वरूप बच्चे में **लक्ष्य-उन्मुखी व्यवहार** (goal-directed behaviour) करने की प्रेरणा उत्पन्न होती है।

(4) परिश्रम बनाम हीनता (Industry vs Inferiority)

मनोसामाजिक अवस्था की यह चौथी अवस्था होती है जिसकी अवधि 6 साल से 12 साल की होती है। इस अवधि को **उत्तरबाल्यावस्था** (later childhood) भी कहा जाता हैं। जब बच्चों में पहल (initiativeness) से तरह-तरह की नयी अनुभूतियाँ प्राप्त हो जाती हैं, तो वे अपनी ऊर्जा को नये ज्ञान अर्जित करने तथा बौद्धिक कौशल (intellectual skills) को सीखने में लगाना प्रारंभ कर देते हैं। यहाँ वे अपनी प्राप्त सफलता एवं उसकी पहचान से काफी प्रोत्साहित भी होते हैं। इस पहलू को 'परिश्रम' (industry) की संज्ञा दी जाती है। चूँकि बच्चे इस अवस्था में स्कूल में ही अधिकतर समय तथा ऊर्जा लगाते हैं, इसलिए शिक्षक तथा साथी-संगी का प्रभाव यहाँ महत्त्वपूर्ण होता है। अगर छात्र के सामने चुनौतियाँ (challenges) काफी कठिन होती है और उससे उन्हें असफलता हाथ लगती है, तो इससे बच्चों में हीनता (inferiority) का भाव विकसित होता है। उसी तरह से यदि छात्र को तुच्छ कार्य (trivial tasks) पर सफलता हासिल हुई होती है, तो उसमें परिश्रम का भाव विकसित नहीं हो पाता है। वाइल्लान्ट तथा वाइल्लान्ट (Vaillant & Vaillant, 1990) ने विकास के क्षेत्र में एक आनुक्रमिक अध्ययन (longitudinal study) किया और पाया कि बुद्धि (intelligence), पारिवारिक पृष्ठभूमि (family background) तथा परिश्रम (industry) में परिश्रम मात्र अकेला ही बच्चों में बाद में होनेवाले व्यक्तिगत समायोजन

(personal adjustment), आर्थिक सफलता (economic success) तथा अंतर्वैयक्तिक संबंध (interpersonal relationship) में एक महत्त्वपूर्ण भूमिका निभाता है। सचमुच में यह परिणाम बहुत ही उत्साहवर्द्धक (encouraging) है क्योंकि यह इस ओर इशारा करता है कि अगर शिक्षक छात्रों को चुनौतियों से निपटने में मदद करते हैं, तो ऐसे छात्र अपनी जिंदगी में आनेवाले बहुत सारे बाधाओं से आसानी से निपट सकते हैं।

जो छात्र परिश्रम बनाम हीनता के संकट का सफलतापूर्वक समाधान कर लेते हैं, उनमें एक विशेष मनोसामाजिक गुण (psychosocial virtue) विकसित होता है जिसे **सामर्थ्यता** (competency) की संज्ञा दी जाती है। इसके परिणामस्वरूप छात्रों में यह विश्वास उत्पन्न होता है कि वे वातावरण के साथ ठीक ढंग से निपटने में सक्षम हैं।

(5) पहचान बनाम संभ्रांति (Identity vs Confusion)

इरिक्सन के सिद्धांत की यह पाँचवीं अवस्था है जिसकी अवधि 12 साल से 18 साल की होती है। यह **किशोरावस्था** (adolescence) की अवस्था होती है। इस अवस्था में किशोरों में यह जानने की प्राथमिकता बनी होती है कि वे कौन हैं, वे किसलिए हैं और वे अपने जिंदगी में कहाँ जा रहे हैं। इसे इरिक्सन ने **पहचान** (identity) की संज्ञा दी है। किशोर को बहुत सारे नयी भूमिकाएँ करनी होती हैं एवं वयस्क स्थिति (adult stages) निभानी पड़ती है। एक स्वस्थ पहचान बनाए रखने के लिए किशोरों को भिन्न-भिन्न दिशाओं में भिन्न-भिन्न राहों (paths) का अन्वेषण करना होता है। अगर किसी कारण से किशोर भिन्न-भिन्न भूमिकाओं का अन्वेषण नहीं कर पाते हैं और एक भविष्य का रास्ता नहीं निश्चित कर पाते हैं, तो वे अपनी पहचान के बारे में संभ्रांति (confusion) की स्थिति में होते हैं। जब पहचान बनाम संभ्रांति के संकट का सही समाधान कर लेते हैं, तो उनमें एक विशेष मनोसामाजिक गुण (psychosocial virtue) उत्पन्न होता है, जिसे **कर्तव्यपरायणता** (fidelity) की संज्ञा दी जाती है। इसके परिणामस्वरूप किशोर छात्रों में समाज के नियमों तथा आदर्शों (idealogies) के अनुरूप व्यवहार करने की उन्मुखता बढ़ जाती है।

(6) घनिष्ठता बनाम अलगाव (Intimacy vs Isolation)

यह इरिक्सन सिद्धांत की छठी अवस्था है जिसकी अवधि प्रथम 20 वर्ष से 30 वर्ष की होती है। यह आरंभिक वयस्कावस्था (early adulthood) की अवस्था होती है। इस अवस्था में व्यक्ति दूसरों के साथ एक धनात्मक संबंध (positive relationship) बनाता है। जब व्यक्ति में दूसरों के साथ घनिष्ठता का भाव विकसित होता है, तो वह अपने-आपको दूसरों के लिए समर्पित कर देता है। जो लोग दूसरों के साथ इस ढंग की घनिष्ठता नहीं विकसित कर पाते हैं, वे सामाजिक रूप से अलग (socially isolated) हो जाते हैं और उनके लिए यह अकेलापन जिंदगी एक काली साया के समान होती है। इस तरह से इस अवस्था का प्रमुख संकट घनिष्ठता-बनाम-अलगाव का संघर्ष होता है और जो लोग इस संकट का सही-सही समाधान कर लेते हैं, उनमें एक विशेष मनोसामाजिक गुण (psychosocial virtue), जिसे प्यार (love) कहा जाता है, विकसित होता है। इसमें रोमान्स के अतिरिक्त दूसरों के साथ कुछ वादा करने और उसे ईमानदारी एवं वफादारी से निभाने का गुण सम्मिलित होता है। जो व्यक्ति घनिष्ठता-बनाम-अलगाव के संघर्ष का समाधान ठीक से नहीं कर पाते हैं, वे सांवेगिक रूप से अलग और स्नेह एवं प्यार दूसरों को देने एवं दूसरों से लेने में असमर्थ रहते हैं।

(7) जननात्मकता बनाम स्थिरता (Generativity vs Stagnation)

इरिक्सन के सिद्धांत में यह सातवीं अवस्था है जो 40 साल से 50 साल की आयु तक की होती है। इसे मध्यवस्कावस्था (middle adulthood) भी कहा जाता है। इस अवस्था में व्यक्ति में जननात्मकता (generativity) का भाव उत्पन्न होता है। जननात्मकता से तात्पर्य अगली पीढ़ी में कुछ धनात्मक चीजों को अंतरित करने से होता है। दूसरे शब्दों में यह कहा जा सकता है कि जननात्मकता से तात्पर्य व्यक्ति द्वारा अगली पीढ़ी के लोगों के कल्याण तथा उस समाज के लिए जिसमें वे लोग रहेंगे, को उन्नत बनाने की चिंता से होता है। थोड़े अधिक विस्तृत अर्थ में जननात्मकता में उत्पादकता (productivity) तथा सर्जनात्मकता (creativity) भी सम्मिलित होता है। शिक्षक जो अपने छात्रों एवं उनके उचित शिक्षा-दीक्षा के बारे में सचमुच में चिंता दिखलाते हैं, वे जननात्मकता के उदाहरण हैं। जब व्यक्ति में जननात्मकता की चिंता उत्पन्न नहीं होती है, तो इससे उसमें स्थिरता (stagnation) उत्पन्न हो जाता है और ऐसी स्थिति में व्यक्ति में यह भाव उत्पन्न होता है कि वह अपने अगली पीढ़ी के लिए कुछ भी नहीं कर सके। यह एक तरह की आत्म-तल्लीनता (self-absorbtion) की स्थिति होती है जिसमें व्यक्ति की अपनी वैयक्तिक आवश्यकताएँ एवं सुख-सुविधा ही सर्वोपरि होता है। जब व्यक्ति जननात्मकता बनाम स्थिरता के संकट (crisis) का समाधान ठीक से कर लेता है, तो उसमें एक विशेष मनोसामाजिक शक्ति (psychosocial strength) उत्पन्न होती है जिसे इरिक्सन ने देखभाल (care) की संज्ञा दी है जिसमें व्यक्ति दूसरों के कल्याण की चिंता अधिक दिखलाता है।

(8) संपूर्णता बनाम निराशा (Integrity vs Despair)

इरिक्सन के मनोसामाजिक विकास की यह अंतिम अवस्था होती है जिसमें लगभग 60 वर्ष या उससे ऊपर से प्रारंभ होकर मृत्यु तक की अवधि सम्मिलित होती है। सभी संस्कृति में इस अवस्था को **बुढ़ापा** की अवस्था कहा गया है। इस अवस्था में व्यक्ति का ध्यान भविष्य से हटकर अपने बीते दिनों पर विशेषकर उसमें प्राप्त सफलताओं एवं असफलताओं की ओर अधिक होता है। अगर व्यक्ति अपने पिछले समय का मूल्यांकन धनात्मक ढंग से करता है अर्थात सफलता अधिक एवं असफलताएँ कम होने का अनुभव करता है, तो उनमें **संपूर्णता** (integrity) का भाव विकसित होता है अर्थात वे अपनी जिंदगी को धनात्मक रूप से पूर्ण एवं रहने योग्य समझते हैं। परंतु, यदि वे यह समझते हैं कि उनकी पिछली उपलब्धियाँ ऋणात्मक (negative) रही हैं, तो उनमें निराशा का भाव विकसित होता है। जब संपूर्णता बनाम निराशा के संकट का समाधान वह ठीक से कर लेता है, तो उसमें **परिपक्वता** (maturation) जैसी मनोसामाजिक शक्ति (psychosocial strength) विकसित होती है तथा बुद्धिमत्ता का व्यावहारिक ज्ञान (practical sense of wisdom) व्यक्ति में उत्पन्न होता है।

इरिक्सन के इस सिद्धांत का समुचित मूल्यांकन (fair evaluation) करते हुए यह कहा जा सकता है कि उनका सिद्धांत जिंदगी के महत्त्वपूर्ण सामाजिक-सांवेगिक कार्यों (socio-emotional tasks) पर ध्यान देता है तथा उनकी व्याख्या एक विकासात्मक फ्रेमवर्क (developmental framework) में करता है। कॉलेज छात्रों एवं प्रौढ़ किशोरों (older adolescents) को समझने में उनके द्वारा प्रतिपादित **पहचान** (identity) के संप्रत्यय को शिक्षा मनोवैज्ञानिकों द्वारा काफी महत्त्व दिया गया है।

इस गुणवत्ता के बावजूद इरिक्सन के सिद्धांत की आलोचना (criticism) की गई है। कुछ लोगों का मत है कि इरिक्सन की अवस्था जरूरत से ज्यादा कठोर एवं सख्त (rigid) है। न्यूग्राटेन (Neugraten, 1988) का मत है कि पहचान (identity), घनिष्ठता (intimacy), स्वतंत्रता (independence) तथा सामाजिक-सांवेगिक विकास (socio-emotional development) के अन्य पहलू कुछ ऐसे नहीं हैं जो स्पष्टतः उम्र अंतराल (age intervals) पैकेज पर स्पष्ट रूप से दिखलाई देते हैं जैसा कि इरिक्सन ने अपने सिद्धांत में कहा है, बल्कि वे कुछ ऐसी समस्याएँ हैं जो पूरे जिंदगी के दौरान दिखलाई देती हैं और उनकी आवश्यकता होती है। कुछ लोगों का मत है कि इरिक्सन का सिद्धांत वैज्ञानिक ढंग से पूर्णतः सही नहीं उतरता है। उदाहरणस्वरूप, कुछ लोगों के लिए विशेषकर महिलाओं में पहचान का भाव उत्पन्न होने के पहले घनिष्ठता की प्रक्रिया उत्पन्न होती है या फिर ये दोनों ही साथ-साथ ही उत्पन्न होते हैं जबकि इरिक्सन का सिद्धांत यह कहता है कि सभी व्यक्ति में पहले पहचान का भाव उत्पन्न होता है और तब बाद में घनिष्ठता उत्पन्न होती है।

इरिक्सन के मनोसामाजिक सिद्धांत का शैक्षिक आशय
(Educational Implication of Erikson's Psychosocial Theory)

इरिक्सन के मनोसामाजिक सिद्धांत का शैक्षिक आशय एवं उपयोगिताएँ शिक्षार्थियों (learners) तथा शिक्षकों के लिए स्पष्ट है। यहाँ पर हम कुछ वैसे ही बिंदुओं पर प्रकाश डालेंगे—

(1) इरिक्सन के सिद्धांत के अनुरूप छोटे बच्चों में पहल (initiative) को बढ़ावा देना चाहिए। प्राक्स्कूली बच्चों एवं उनके आरंभिक शिक्षा कार्यक्रम में उन्हें अपने वातावरण को अन्वेषण (explore) करने का पर्याप्त अवसर देना चाहिए। उन्हें उन कार्यों को करने देना चाहिए जिनमें वे सच्ची अभिरुचि दिखलाते हों। उनके सामने कुछ ऐसी चीजों (खिलौनों आदि) को रखना चाहिए, जिनसे उनकी कल्पना-शक्ति (imagination) मजबूत हो सके। इससे उनका सामाजिक-सांवेगिक विकास तो होता ही है साथ-ही-साथ संज्ञानात्मक वर्द्धन (cognitive growth) का एक पर्याप्त एवं उपयुक्त माध्यम भी बनता है। शिक्षकों एवं माता-पिता को बच्चों की आलोचना न के बराबर करनी चाहिए ताकि बच्चों में चिंता तथा दोषभाव (guilt-feeling) विकसित न हो।

(2) प्राथमिक स्कूल के बच्चों में परिश्रम (industry) के भाव को विकसित करना चाहिए। बच्चे को परिश्रमी बनाना शिक्षकों के लिए एक उत्तरदायित्व भी होता है साथ-ही-साथ चुनौती भी। इस अवस्था में स्कूली बच्चों में कुछ जानने की उत्सुकता काफी अधिक होती है। ऐसे बच्चों में किसी कार्य को संपन्न करने के लिए अभिप्रेरण (motivation) भी काफी अधिक होता है। इरिक्सन के अनुसार ऐसे छात्रों की इस उत्सुकता तथा अभिप्रेरण को संपोषित करने का पूरा उत्तरदायित्व शिक्षकों पर ही होता है।

(3) शिक्षकों को किशोरों में पहचान अन्वेषण (identity exploration) को उत्तेजित करना चाहिए। किशोर छात्रों की पहचान बहुआयामीय (multidimensional) होती है जिसमें उनके व्यावसायिक लक्ष्य (vocational goals), बौद्धिक विकास (intellectual development), खेलकूद, संगीत तथा शौक (hobby) आदि सम्मिलित होते हैं। शिक्षकों को चाहिए कि इन विमाओं पर किशोरों से लेख (essay) लिखवाएँ जिसमें इस बात पर बल हो कि वे कौन हैं और

वे अपनी जिंदगी में क्या करना चाहते हैं। इससे उनमें आत्म-अन्वेषण (self-exploration) की प्रवृत्ति बढ़ेगी। किशोरों को धार्मिक, राजनैतिक एवं आदर्शवादी समस्याओं (idealogical issues) पर वाद-विवाद में भाग लेना चाहिए। इससे उनमें विभिन्न संदर्भों को उत्तेजित करने का पर्याप्त मौका मिलेगा।

(4) शिक्षकों को अपनी जिंदगी या भूमिका को इरिक्सन के आठ अवस्थाओं के माध्यम से देखना चाहिए। ऐसी शिक्षा जो अपनी जीवन-वृत्ति (career) को सफल बनाना चाहते हैं, उनमें पहचान (identity) तथा घनिष्ठता (intimacy) का भाव स्वयं में तो विकसित होना ही चाहिए साथ-ही-साथ उनमें दूसरों में भी ऐसा भाव उत्पन्न करने की क्षमता होनी चाहिए।

(5) इरिक्सन का सिद्धांत शिक्षकों को यह भी संदेश देता है कि योग्य शिक्षक (competent teachers) वे होते हैं जो छात्रों पर विश्वास करते हैं, पहल (initiative) दिखलाते हैं, मेहनती होते हैं और सामर्थ्यता (mastery) के एक मॉडल के रूप में कार्य करते हैं एवं साथ-ही-साथ अगली पीढ़ी के लिए कुछ सार्थक योगदान करने के लिए तैयार रहते हैं।

स्पष्ट हुआ कि इरिक्सन के मनोसामाजिक सिद्धांत का शैक्षिक आशय (educational implication) बहुआयामी है तथा यह शिक्षक एवं छात्र दोनों के लिए ही महत्त्वपूर्ण है।

अध्याय-सारांश
[Chapter Summary]

1. बालकों में वयस्कों के समान ही संवेगात्मक अनुभूति का महत्त्व अधिक होता है। संवेगात्मक विकास से तात्पर्य इस बात से होता है कि बालकों में विभिन्न तरह का संवेग कैसे होता है, किन कारकों द्वारा उनका विकास प्रभावित होता है, किस पैटर्न पर संवेग बालकों में विकसित होते हैं, संवेग का प्रभाव बालकों पर किस प्रकार का पड़ता है आदि-आदि।
2. संवेगात्मक विकास का पैटर्न (pattern) पूर्वानुमेय (predictable) होता है। ब्रिजेज (Bridges, 1932) द्वारा तैयार किए गए संवेगात्मक चार्ट (emotional chart) से यह तथ्य स्पष्ट हो जाता है।
3. प्रारंभिक बाल्यावस्था (early childhood) में बालकों में सभी प्रमुख संवेगों अर्थात क्रोध (anger), डर (fear), डाह (jealousy), उत्सुकता (curiosity), जलन (envy), हर्ष (joy), दुःख (grief) तथा अनुराग (affection) का विकास हो जाता है। इन सबों के शैक्षिक महत्त्व (educational importance) पर भी बल डाला गया है।
4. उत्तर बाल्यावस्था (later childhood) में बालकों में वे सभी संवेग होते पाए जाते हैं जो प्रारंभिक बाल्यावस्था (early childhood) में होते हैं। अंतर इस बात का होता है कि उत्तर बाल्यावस्था में बालक अपने इन संवेगों को नियंत्रित ढंग से अभिव्यक्त करना सीख लेते हैं तथा साथ-ही-साथ इन संवेगों को उत्पन्न करनेवाली परिस्थितियाँ तथा उद्दीपन पहले से भिन्न हुआ करते हैं।
5. किशोरावस्था (adolescence) में भी वे सभी संवेग होते हैं जो प्रारंभिक बाल्यावस्था तथा उत्तर बाल्यावस्था में होते थे। परंतु, इस अवस्था में किशोरों में सांवेगिक नियंत्रण

(emotional control) अधिक तथा वे उद्दीपन या परिस्थितियाँ जिनसे उनमें संवेग उत्पन्न होता है, वे भी भिन्न होते हैं।

6. बालकों में सांवेगिक तनाव के कई कारण बताए गए हैं जिनमें स्कूल के नए वातावरण के साथ समायोजन, शारीरिक स्वास्थ्य, सामाजिक समस्या, व्यावसायिक समस्याएँ, स्कूल में असफलता, स्कूल का सत्तावादी माहौल तथा माता-पिता की मनोवृत्ति आदि प्रधान हैं।
7. संवेगात्मकता (emotionality) का प्रभाव शिक्षार्थियों (learners) पर धनात्मक (positive) तथा ऋणात्मक (negative) दोनों ही होते हैं।
8. सांवेगिक विकास की समस्याओं को दूर करने के लिए शिक्षा मनोवैज्ञानिकों ने कई विधियों का वर्णन किया है। इन विधियों में सांवेगिक समस्याओं की पृष्ठभूमीय कारकों को समझना, शिक्षकों का वस्तुनिष्ठ आवेष्टन, सुखद सांवेगिक अनुभूतियों को उत्पन्न करना तथा सांवेगिक विरेचन (emotional catharsis) आदि प्रधान हैं।
9. सांवेगिक विकास के समान सामाजिक विकास (social development) भी एक प्रमुख विकास है जिसका शैक्षिक दृष्टिकोण से अधिक महत्त्व बताया गया है। सामाजिक विकास से तात्पर्य सामाजिक प्रत्याशाओं (social expectations) के अनुकूल व्यवहार करने की क्षमता सीखने से होता है।
10. शिक्षा मनोवैज्ञानिकों का आम मत यह है कि चूँकि जीवन के प्रथम 6 साल में ही बालकों के सामाजिक या असामाजिक व्यवहार की नींव पड़ती है, इसलिए प्रारंभिक सामाजिक अनुभूतियों द्वारा ही सुनिश्चित हो पाता है कि आगे चलकर बालक का व्यक्तित्व कैसा होगा तथा वर्ग में वह सामाजिक व्यवहार अधिक करेगा या असामाजिक व्यवहार। इन सामाजिक अनुभूतियों के शैक्षिक महत्त्व पर भी प्रकाश डाला गया है।
11. प्रारंभिक बाल्यावस्था (early childhood) के बालकों के सामाजिक व्यवहारों में अनुकरण (imitation), प्रतिद्वंद्विता, सामाजिक अनुमोदन की इच्छा, सहानुभूति, परानुभूति, सहयोग, आसक्ति व्यवहार तथा मित्रता एवं असामाजिक व्यवहारों में निषेधवृत्ति, आक्रामकता, प्रभावी व्यवहार, अहं भाव (egocentrism), पूर्वाग्रह (prejudice), यौन विरोध (sex antogonism) आदि प्रमुख हैं।
12. उत्तर बाल्यावस्था के बालकों में सामाजिक अनुमोदन (social approval), अतिसंवेदनशीलता, संसूच्यता तथा प्रतिसंसूच्यता, प्रतिस्पर्द्धा, अच्छा क्रीड़ा-कौशल, उत्तरदायित्व (resposibility) तथा सामाजिक सूझ (social insight) आदि मुख्य रूप से विकसित होते हैं।
13. किशोरावस्था (adolescence) में भी बालकों के व्यवहारों में महत्त्वपूर्ण सामाजिक परिवर्तन (social changes) आते हैं। इन परिवर्तनों में साथियों के समूह का प्रभाव, सामाजिक व्यवहार में परिवर्तन, नया सामाजिक समूहन, दोस्तों में चयन का नया मूल्य, सामाजिक स्वीकृति में नया मूल्य, नेताओं के चयन में नया मूल्य आदि का होना प्रधान है।

14. शिक्षा मनोवैज्ञानिकों ने समाजीकरण के कई साधन या माध्यम (agencies) बताए हैं जिनमें परिवार (family), साथियों का समूह, स्कूल, पास-पड़ोस, जाति एवं वर्ग, भाषा आदि प्रधान हैं।
15. शिक्षा मनोवैज्ञानिकों ने बढ़ती हुई जनसंख्या का बालकों के सामाजिक विकास पर पड़नेवाले प्रभावों का अध्ययन किया है। सामान्यतः इनलोगों का निष्कर्ष यही रहा है कि बढ़ती हुई जनसंख्या बालकों के सामाजिक विकास पर बुरा असर डालती है।
16. बालकों के सामाजिक विकास को प्रभावित करनेवाले कई कारक (factors) बताए गए हैं जिनमें स्कूली वातावरण, बालकों की पालन-पोषण प्रणाली, भाषा, प्रचार के माध्यम, सामाजिक मनोवृत्ति, सामाजिक वंचन (social deprivation), अति निर्भरता आदि प्रधान हैं।
17. शिक्षा मनोवैज्ञानिकों का आम मत यह है कि बालकों के सामाजिक विकास (social development) में शिक्षकों की भूमिका काफी अधिक है क्योंकि शिक्षकगण बालकों के सामाजिक विकास को सीधे प्रभावित करते हैं।
18. ब्रोनफेनब्रेन्नर का पारिस्थितिक मॉडल स्पष्ट रूप से इस बात पर बल डालता है कि बच्चों के सांवेगिक-सामाजिक विकास पर उसके सामाजिक संदर्भ का प्रभाव पड़ता है।
19. 'इरिक्सन का मनोसामाजिक सिद्धांत' में पूरे जीवन-अवधि में विकास की आठ अवस्थाओं का जिक्र किया गया है जो व्यक्तियों के विभिन्न तरह के विकास, विशेषकर सामाजिक, सांवेगिक तथा संज्ञानात्मक विकास (cognitive development) को प्रत्यक्ष रूप से प्रभावित करता पाया गया है।

❑

अध्याय 7

भाषा विकास
[LANGUAGE DEVELOPMENT]

मुख्य बिंदु (Main Points)

1. भाषा विकास का अर्थ (Meaning of Language Development)
2. भाषा विकास के चरण (Steps of Language Development)
3. भाषा विकास का क्रम (Order or Sequence of Language Development)
4. भाषा विकास को प्रभावित करनेवाले कारक (Factors Influencing Language Development)
5. शब्दावली का विकास (Development of Vocabulary)
6. भाषा विकास में बाधाएँ (Hazards in Language Development)
7. भाषा सीखने के साधन (Means of Language Learning)
8. शिक्षा एवं भाषा विकास (Education and Language Development)

भाषा विकास का अर्थ
(Meaning of Language Development)

एक नवजात शिशु की सबसे प्रमुख मजबूरी (helplessness) यह होती है कि वह अपनी इच्छाओं तथा जरूरतों को दूसरों तक भाषा द्वारा नहीं पहुँचा पाता है तथा दूसरों के शब्दों एवं हाव-भाव (gesture) को वह ठीक से नहीं समझ पाता है। परंतु, यह मजबूरी बहुत तेजी के साथ प्रारंभिक वर्षों में भाषा विकास (language development) के साथ समाप्त हो जाती है। व्यक्ति में भाषा विकास से तात्पर्य एक ऐसी क्षमता से होता है जिसके द्वारा व्यक्ति अपने भावों, विचारों तथा इच्छाओं को दूसरे तक सूचित करता है या पहुँचाता है तथा दूसरों के भावों एवं इच्छाओं को ग्रहण करता है। भाषा में कई तरह के संचार (communications) हो सकते हैं, जैसे मौखिक संचार (verbal communication), मुखाकृति संचार (facial communication), आंगिक संचार (gesture communication), लिखित संचार (written communication), कला (art), मूकाभिनय (pantomine) आदि। इन सबका उद्देश्य विचारों एवं भावों को दूसरों तक पहुँचाना होता है। भाषा विकास के लिए यह आवश्यक है कि बालक में श्रवण शक्ति अर्थात सुनकर भाषा को समझने की शक्ति विकसित हो तथा उसमें सार्थक ढंग से ध्वनि उत्पन्न कर भाषा बोलने की शक्ति हो।

भाषा विकास के चरण
(Steps of Language Development)

मनोवैज्ञानिकों ने बालकों के भाषा विकास के चरणों की व्याख्या मोटे तौर पर दो भागों में बाँटकर की है—प्राक्-भाषा विकास (pre-speech development) की अवस्थाएँ (stages) तथा उत्तरकालीन भाषा-विकास की अवस्थाएँ (stages of later speech development)।

एक सामान्य बालक में प्रथम 15 महीनों की अवस्था को प्राक्-भाषा अवस्था (pre-speech stage) कहा जाता है। इस अवस्था में बालक अपनी कुछ इच्छाओं एवं आवश्यकताओं को हाव-भाव (gestures) के द्वारा तथा कुछ इच्छाओं एवं आवश्यकताओं को अभिव्यंजक स्पष्टीकरण (expressive vocalisation) के द्वारा अभिव्यक्त करता है। इन सबका अर्थ सिर्फ माता-पिता या वही व्यक्ति समझ पाते हैं जो शिशुओं के सम्पर्क में होते हैं। प्राक्-भाषा की अवस्था में बालक अपनी संचार आवश्यकताओं (communication needs) की अभिव्यक्ति निम्नांकित चार प्रकार (forms) से करता है—

(1) रुदन (Crying)—रुदन नवजात शिशु का सबसे पहला स्पष्टीकरण (vocalisation) है जिसे रिबल (Ribble, 1943) ने **आपात श्वसन** (emergency respiration) कहा है। रुदन द्वारा बालक अपनी आवश्यकताओं (needs) की जानकारी दूसरों को देते हैं।

(2) विस्फोटक ध्वनियाँ जो बाद में बलबलाना में बदल जाती है (Explosive sounds which soon develop into babbling)—बलबलाना (babbling) भाषा विकास की दूसरी अवस्था है। प्रथम दो महीनों में शिशु रोने के अलावा कुछ अस्पष्ट ध्वनियाँ भी पैदा करता है। इस समय शिशु स्वर (vowel) ध्वनियों का प्रयोग अधिक करता है। इन ध्वनियों का स्वरूप विस्फोटक (explosive) होता है। इन्हें शिशु अपनी इच्छा से पैदा नहीं करता बल्कि ये स्वर-यंत्रों (vocal mechanisms) की आकस्मिक क्रियाओं (chance movements) द्वारा खुद पैदा होते हैं। चूँकि ऐसी ध्वनियों का प्रयोग शिशु जान-बूझकर नहीं करता और न तो शिशु के लिए उनका कोई अर्थ ही होता है। वे इसका प्रयोग खेलने के रूप में करते हैं जिससे उन्हें काफी मजा मिलता है। इस तरह की ध्वनि को **घुटकना (cooing)** कहा जाता है। इनमें बहुत-सी घुटकनेवाली ध्वनियाँ (cooing sounds) कुछ महीनों के बाद अपने-आप समाप्त हो जाती हैं और कुछ बलबलाना (babbling) में बदल जाता है।

जब शिशु तीन-चार महीने का हो जाता है, तो उसका स्वर-यंत्र (vocal mechanism) इतना परिपक्व (mature) हो जाता है कि वह पहले से अधिक ध्वनियाँ (sounds) उत्पन्न करता है। अब वह स्वर (vowel) तथा व्यंजन (consonant) ध्वनि को एक साथ मिलाकर बोलता है। जैसे—'दा', 'ना', 'बा', 'मा', आदि। जब शिशु सात-आठ महीने का हो जाता है, तब वह इन ध्वनियों को तुरंत-तुरंत दुहराता है जिनको सुनने पर वे अर्थपूर्ण लगते हैं। जैसे—'मा-मा', 'दा-दा', 'ना-ना' आदि। इसे ही बलबलाना (babbling or lalling) कहा जाता है। सामान्यत: 12 महीनों के बाद बलबलाने की ध्वनियाँ शब्द (words) का रूप ले लेती हैं और तब शिशु बलबलाना बंद कर देता है। काप्लान तथा काप्लान (Kaplan & Kaplan, 1971) के अध्ययनों के अनुसार कुछ बालक दो साल की उम्र तक बलबलाते ही रहते हैं।

कोई भी शिशु कितना बलबलाता है और कितने महीनों तक बलबलाता है, सामान्यत: यह इस बात पर निर्भर करता है कि उसे माता-पिता या परिवार के अन्य सदस्यों द्वारा बलबलाने का

प्रशिक्षण दिया जाता है या नहीं। यदि माता-पिता वैसे ही बलबलाकर शिशु को प्राय: कुछ सुनाते रहते हैं तो इससे वे प्रोत्साहित हो जाते हैं और वे जल्दी-जल्दी बलबलाते हैं। इस प्रक्रिया से उनका स्वर-यंत्र (vocal mechanism) इतना मजबूत हो जाता है कि वह तुरंत ही शब्द को बोलना सीख लेता है।

(3) हाव-भाव (Gestures)—हाव-भाव से तात्पर्य शरीर के अंगों द्वारा की गई वैसी क्रियाओं (movements) से होता है जिससे कुछ अर्थ निकलता है और फलत: वे भाषा के प्रतिस्थापित (substitute) तथा पूरक (supplement) रूप हैं। भाषा के प्रतिस्थापित रूप (substitute form) में हाव-भाव (gestures) एक तरह से शब्दों का स्थान लेते हैं और इसके द्वारा दूसरों को शिशु कुछ व्यक्त करने की कोशिश करता है। भाषा के पूरक के रूप में बोली गई ध्वनियों (spoken sounds) में शिशु हाव-भाव द्वारा विशेष अर्थ जोड़ने की कोशिश करता है। हाव-भाव का प्रयोग उस समय तक शिशु करता है जबतक कि वह सही-सही शब्दों का वाक्य के रूप में प्रयोग न कर ले।

(4) सांवेगिक अभिव्यक्ति (Emotional expression)—मनोवैज्ञानिक अध्ययनों से यह स्पष्ट हो जाता है कि सुखद संवेग (pleasant emotion) को शिशु सुखद स्पष्टीकरण (pleasant vocalisation) जैसे घुटकना (cooing), हँसना, अपनी बाँहों को फैलाना आदि द्वारा करता है तथा दु:खद संवेग (unpleasant emotion) को शिशु रुदन (crying) तथा ठुनकना (whimpering) आदि द्वारा व्यक्त करता है। इस तरह सांवेगिक अभिव्यक्ति द्वारा भी शिशु अपनी आवश्यकताओं (needs) एवं इच्छाओं की अभिव्यक्ति करता है। 12–13 महीने के शिशुओं में इस तरह की सांवेगिक अभिव्यक्ति स्पष्ट रूप से देखने को मिलती है। हाव-भाव के समान ही सांवेगिक अभिव्यक्ति का प्रयोग बालकों द्वारा पूर्ण शब्दकोश (vocabularies) विकसित होने के बाद भी जारी रहता है।

मनोवैज्ञानिकों ने बालकों में उत्तरकालीन भाषा विकास (later speech development) की पाँच अवस्थाएँ बताई हैं। भाषा विकास हो जाने पर बालक ध्वनियों (sounds) को दूसरों को समझने लायक शब्दों (recognizable words) में व्यक्त करता है तथा उसका सही-सही अर्थ स्वयं भी समझता है। इस तरह से भाषा के दो पहलू (aspects) होते हैं जिसका विकास यहाँ होता है—क्रियात्मक पहलू (motor aspects) तथा मानसिक पहलू (mental aspect)। ध्वनियों को संयोजित कर अर्थपूर्ण शब्द मुँह से निकालना भाषा का क्रियात्मक पहलू (motor aspect) है तथा उन शब्दों का सही-सही अर्थ समझना मानसिक पहलू (mental aspect) है। इन पाँच अवस्थाओं का वर्णन जिससे होकर शिशुओं में भाषा विकास होता है, निम्नांकित हैं—

(1) दूसरों की भाषा को समझना (Comprehension of speech of others)—भाषा विकास की यह सबसे पहली अवस्था है जिसमें शिशुओं को दूसरों की भाषा को समझना होता है। इसके लिए यह आवश्यक है कि शिशु परिवार के सदस्यों द्वारा बोले जानेवाले वाक्यों तथा शब्दों का अर्थ समझे। भाषा समझने के लिए यह आवश्यक है कि वह शब्दों का सही-सही प्रयोग करे। प्राय: शिशु हाव-भाव (gestures) तथा आनन-अभिव्यक्ति (facial expression) के आधार पर परिवार के सदस्यों की भाषा को समझने की कोशिश करता है।

(2) शब्दावली का निर्माण करना (Building a vocabulary)—भाषा विकास का दूसरा महत्त्वपूर्ण चरण शब्दावली का निर्माण करना है। शब्दावली निर्माण में बालकों को शब्दों तथा उनके अर्थ को

समझना आवश्यक होता है। सामान्यत: बालक वैसे शब्दों को पहले सीखते हैं जो उनकी भूख प्रेरणा से संबंधित होते हैं। इसके बाद अन्य साधारण शब्दों को सीखता है। जैसे-जैसे बालक नए-नए शब्दों को सीखता है तथा पुराने शब्दों के लिए नए-नए अर्थ समझता है उसकी शब्दावली बढ़ती जाती है। साधारणत: यह देखा गया है कि 18 महीने का बच्चा औसतन 10 शब्दों का प्रयोग करता है। 24 महीने का बालक औसतन 29 शब्दों का प्रयोग करता है। दो वर्ष के बालक का औसत शब्दकोश 200 से 300 शब्दों का होता है और इसी तरह बालक जब स्कूल में पहुँचता है तो उसका शब्दकोश और भी अधिक बढ़ जाता है।

(3) शब्दों का वाक्यों में संगठन (Combining words into sentences)—शब्दों को मिलाकर वाक्य बनाना और इसे बोलना बालकों के लिए कठिन कार्य है। फिर भी 2 वर्ष की आयु से बालक शब्दों का वाक्यों में गठन करने का पहला प्रयास करते हैं। परंतु, ऐसा करने में उन्हें इस उम्र में आंशिक सफलता मिलती है। ऐसे शब्दों को बोलने के साथ-साथ वे उपयुक्त हाव-भाव भी दिखाते हैं जिनसे उन शब्दों का अर्थ स्पष्ट हो जाता है। $2\frac{1}{2}$ वर्ष की उम्र में बालक संज्ञा तथा क्रिया (noun and verb) शब्दों को मिलाकर एक छोटा वाक्य बनाने की कोशिश करता है परंतु अकसर छोटा वाक्य भी अधूरा ही रह जाता है। जब बालक 5 साल का हो जाता है, तो सभी शब्द-भेद (parts of speech) को मिलाकर छोटे-छोटे वाक्यों को बोल लेता है। प्रत्येक आनुक्रमिक वर्षों (successive years) में बालक वाक्यों का प्रयोग अधिक प्रवीणता (fluency) के साथ-साथ करता जाता है और वाक्यों में व्याकरण-संबंधी दोष घटता जाता है।

मनोवैज्ञानिक अध्ययनों से यह स्पष्ट हो गया है कि जो बालक तीव्र बुद्धि के होते हैं या उच्च सामाजिक-आर्थिक स्तर वाले परिवारों से आते हैं वे लंबे तथा जटिल वाक्यों का प्रयोग वैसे बालकों की अपेक्षा, जो कम बुद्धि के होते हैं या निम्न सामाजिक-आर्थिक स्तर के होते हैं, अधिक करते हैं। बालकों द्वारा वाक्यों के प्रयोग में यौन (sex) का भी प्रभाव पड़ते देखा गया है। अकसर लड़कियाँ लड़कों की अपेक्षा अधिक लंबे तथा जटिल वाक्यों का प्रयोग करती हैं।

(4) उच्चारण (Pronunciation)—भाषा विकास का चौथा स्तर है—शब्दों का सही-सही उच्चारण करना सीखना। शिशु अनुकरण (imitation) द्वारा शब्दों का उच्चारण करना सीखता है। माता-पिता तथा परिवार के अन्य सदस्यों की भाषा को वह ध्यानपूर्वक सुनता है और उसकी नकल करने की कोशिश करता है। एक वर्ष तक की आयु के बालकों का उच्चारण इतना अस्पष्ट तथा अबोध्य (incomprehensible) होता है कि उसका सही-सही अर्थ केवल उनके माता-पिता तथा परिवार के सदस्य ही समझ सकते हैं। $1\frac{1}{2}$ वर्ष की उम्र होने तक उनके उच्चारण में कुछ सुधार होता है और अब उसे अन्य व्यक्ति भी समझ सकते हैं। कुछ बालक ऐसे होते हैं जो 12–13 साल की उम्र हो जाने के बाद भी शब्दों का अशुद्ध उच्चारण करते हैं। ऐसे बालकों को फिर से उसका सही उच्चारण सिखाना बहुत कठिन हो जाता है क्योंकि उनमें अशुद्ध उच्चारण की एक आदत बन जाती है। 20–22 वर्ष की उम्र में स्वयं ही जब वे उच्चारण के प्रति काफी सचेत हो जाते हैं, तो उनमें कुछ सुधार लाते हैं।

(5) भाषा विकास का स्वामित्व (Mastery of language development)—इस अंतिम अवस्था में व्यक्ति को शब्दों एवं वाक्यों का सही-सही प्रयोग, भाषा के व्याकरण तथा भाषा के वाक्य-विन्यास (syntax) आदि का पूर्ण ज्ञान हो जाता है। उसे लिखित भाषा (written language) तथा मौखिक भाषा (spoken language) पर अच्छा नियंत्रण हो जाता है।

इस तरह हम देखते हैं व्यक्तियों में भाषा विकास कई चरणों (steps) में पूरा होता है। भाषा विकास इन चरणों द्वारा निरंतर होता रहता है। यद्यपि विकास की गति में अवस्थाओं के अनुसार अन्तर पाया जाता है, फिर भी इन अवस्थाओं के बीच कोई स्पष्ट रेखा नहीं होती है।

भाषा विकास का क्रम
(Order or Sequence of Language Development)

भाषा विकास अंशत: वागींद्रियों (speech organs) की मांसपेशियों के परिपक्वन (maturation) तथा अंशत: पर्यावरण (environment) में मिलनेवाली उत्तेजनाओं (stimulations) पर निर्भर करता है। वागींद्रियों की पूर्ण परिपक्वता के बाद भाषा विकास मूलत: वातावरण द्वारा प्राप्त उत्तेजनाओं पर निर्भर करता है। इसलिए, इसका विकास अकसर एक क्रम (sequence) के अनुसार होता है। इन क्रमों (sequences) को इस प्रकार दिखाया जा सकता है—

(1) ध्वनि की पहचान (Recognition of sound)—भाषा विकास में सबसे पहला क्रम ध्वनि की पहचान करना होता है। शिशु एक खास उम्र आने पर जैसे 6–7 महीने की उम्र हो जाने पर ध्वनि की पहचान आरंभ कर देते हैं तथा 8–9 महीने की उम्र से मधुर ध्वनि पर मुस्कुराते भी हैं।

(2) ध्वनि उत्पन्न करना (Production of sound)—भाषा विकास के इस क्रम में बालक ध्वनि को पहचान कर उससे संबंधित कुछ अन्य ध्वनियों को उत्पन्न करना प्रारंभ कर देता है। जैसे 8–9 महीने की उम्र के बालक के सामने ताली बजाकर आवाज करने से या कुछ बोलने से वह भी कुछ ध्वनि उत्पन्न करने की कोशिश करना प्रारंभ कर देता है।

(3) शब्द एवं वाक्यों का निर्माण (Production of words and sentences)—जब बालक 2 वर्ष का हो जाता है तो वह स्पष्ट रूप से शब्द बोलना प्रारंभ कर देता है तथा $2\frac{1}{2}$ से 3 साल की उम्र में स्पष्ट रूप से शब्दों को मिलाकर वाक्य (sentence) बोलना प्रारंभ कर देता है। शुरू-शुरू में वह शब्दों एवं वाक्यों को गलत ढंग से बोलता है परंतु बाद में वह अभ्यास से कुछ सुधार कर लेता है।

(4) लिखित भाषा का प्रयोग (Use of written language)—जब बालक 4 या $4\frac{1}{2}$ साल का हो जाता है, वह शब्दों एवं वाक्यों को बोलकर प्रयोग करने के साथ-ही-साथ उसे लिखने भी लगता है। लिखना सीखने के लिए हाथ एवं आँख की क्रियाओं में सामंजस्य (coordination), खास ढंग से चिंतन एवं अभ्यास आदि करना पड़ता है।

(5) भाषा विकास की पूर्णावस्था (Final stage of language development)—इस अवस्था में बालकों में भाषा बोलने, लिखने तथा पढ़ने की पूर्ण शक्ति विकसित हो जाती है। जिस बालक में इन तीनों तरह की शक्तियों का जितना ही अधिक विकास होता है, उसमें भाषा विकास उतनी ही तीव्रता से होता है।

स्पष्ट है कि बालकों में विकास एक क्रम (sequence) के अनुसार होता है।

भाषा विकास को प्रभावित करनेवाले कारक
(Factors Influencing Language Development)

बालकों में भाषा विकास एक निश्चित क्रम (sequence) के अनुसार विभिन्न अवस्थाओं में होता रहता है। कभी इसकी गति तीव्र हो जाती है तो कभी इसकी गति तुलनात्मक रूप से मंद हो जाती है। भाषा विकास की गति कई कारकों (factors) द्वारा प्रभावित होती है जिनमें निम्नांकित प्रमुख हैं—

(1) स्वास्थ्य (Health)—बालकों का भाषा विकास उनके स्वास्थ्य (health) द्वारा काफी प्रभावित होता है। प्रथम चार वर्ष में यदि बालक कोई प्रचंड (severe) तथा लंबी बीमारी (prolonged illness) से पीड़ित हो जाता है, तो उसकी शब्दावली (vocabulary) उसकी उम्र के सामान्य बालकों की अपेक्षा काफी कम रहती है और उसका भाषा विकास मंदित हो जाता है।

(2) बुद्धि (Intelligence)—जिन बालकों में बुद्धि-स्तर ऊँचा होता है, उनका भाषा विकास (language development) अधिक जल्दी तथा तेजी से होता है। कम बुद्धि के बालकों में कम शब्दावली (poor vocabulary), साधारण शब्दों का गलत उच्चारण तथा अपने अनुभवों से कम सीखना आदि खामियाँ पाई जाती हैं। फलतः, उनका भाषा विकास मंदित (retarded) होता है। मानसिक दृष्टि से कुशल बालक न केवल जल्दी बोलना, लिखना एवं पढ़ना सीख लेते हैं बल्कि वे अपने परिपक्व विचारों का संप्रेषण (communicate) भी करते हैं। इसका प्रधान कारण यह है कि तेज बुद्धि होने के कारण उनमें मानसिक परिपक्वता जल्दी आ जाती है।

(3) यौन भिन्नता (Sex differences)—जीवन के प्रथम वर्ष में शिशुओं के भाषा विकास में यौन (sex) का प्रभाव स्पष्ट रूप से देखने को नहीं मिलता है। परंतु, 2–3 साल की आयु से यौन का प्रभाव स्पष्ट रूप से देखने को मिलता है और आगे के प्रत्येक उम्र-स्तर पर लड़कियों में लड़कों की अपेक्षा भाषा विकास अधिक श्रेष्ठ होता है और वे लड़कों की अपेक्षा अधिक लंबे त्रुटिरहित वाक्यों (errorless sentences) का प्रयोग कर लेती हैं। मनोवैज्ञानिकों ने इस अंतर के दो कारण बताए हैं—

(i) पहला कारण माँ एवं पुत्री का घनिष्ठ संबंध है। सामान्यतः, पिता का अधिकतर समय घर के बाहर और माता का अधिकतर समय घर के भीतर व्यतीत होता है। परिणामस्वरूप लड़कियाँ माँ के साथ घनिष्ठ संबंध स्थापित कर लेती हैं। परंतु, लड़के पिता के साथ इस तरह का घनिष्ठ संबंध स्थापित नहीं कर पाते हैं (क्योंकि पिता का अधिकतर समय घर के बाहर बीतता है) और माता के साथ चूँकि वे कम तादात्म्य (identification) स्थापित कर पाते हैं, इसलिए उनके साथ घनिष्ठ संबंध नहीं हो पाता है। माँ-पुत्री का घनिष्ठ संबंध लड़कियों में भाषा विकास को अधिक प्रोत्साहित करता है।

(ii) दूसरा कारण माँ तथा पुत्रियों (daughters) की आवाज में एकरूपता (similarity) बताई गई है। मनोवैज्ञानिकों का मत है कि लड़कियों की आवाज माँ से या अन्य वयस्क महिलाओं से ज्यादा मिलती है परंतु, लड़कों की आवाज पिता या अन्य वयस्क पुरुषों से कम मिलती है। आवाज की यह समरूपता लड़कियों को अधिक शब्दों या बड़े वाक्यों को बोलने के लिए प्रोत्साहित करती है जिससे उनमें भाषा विकास अपेक्षाकृत अधिक तेजी से होता है।

(4) सामाजिक-आर्थिक स्तर (Socio-economic status)—$1\frac{1}{2}$ वर्ष की आयु तक बालकों में सामाजिक-आर्थिक स्तर का प्रभाव भाषा-विकास पर कोई खास देखने को नहीं मिलता है। परंतु, उसके बाद की उम्र में भाषा विकास पर सामाजिक-आर्थिक स्तर का प्रभाव स्पष्ट रूप से दिखाई पड़ता है। प्रयोगात्मक अध्ययनों के आधार पर यह पता चला है कि उच्च सामाजिक-आर्थिक स्तर (socio-economic status) वाले परिवार के बालक निम्न सामाजिक-आर्थिक स्तर वाले परिवार के समान उम्र के बालकों की अपेक्षा लंबे-लंबे वाक्यों का प्रयोग करते हैं तथा उनकी शब्दावली (vocabulary) भी अधिक बड़ी होती है। इसके कई कारण बताए गए हैं जिनमें निम्नांकित प्रमुख हैं—

(i) पहला कारण यह बताया गया है कि उच्च सामाजिक-आर्थिक स्तर के बालक की बुद्धि सामान्यत: निम्न सामाजिक-आर्थिक स्तर के बालक की बुद्धि की अपेक्षा अधिक होती है। इसलिए उनका भाषा विकास अपेक्षाकृत तेजी से होता है।

(ii) प्राय: उच्च सामाजिक-आर्थिक स्तर के परिवार का वातावरण अधिक उत्तेजक (stimulating) एवं आधुनिक सामग्रियों जैसे रेडियो, टेलीविजन, मैगजीन, टेलीफोन, अखबार आदि से लैस होता है जो बालकों के भाषा विकास के लिए एक अच्छा उत्तेजक वातावरण (stimulating environment) तैयार करते हैं और भाषा-विकास की गति को बढ़ावा देते हैं। परंतु, निम्न सामाजिक-आर्थिक स्तर वाले परिवार में इन सभी चीजों की कमी पाई जाती है। फलत:, ऐसे वातावरण में पलनेवाले बालकों के भाषा विकास की गति मंद हो जाती है।

(iii) प्राय: उच्च सामाजिक-आर्थिक स्तर वाले परिवार के माता-पिता में बालकों को बोलने, लिखने एवं पढ़ने का विशेष प्रशिक्षण देने की भावना तीव्र होती है तथा इन सब चीजों के प्रति समझदारी अधिक होती है। परंतु, निम्न सामाजिक-आर्थिक स्तर के परिवार के माता-पिता में ऐसी समझ या प्रवृत्ति नहीं पाई जाती है जिससे इनके बालकों में भाषा विकास की गति मंद होती है।

(5) परिवार का आकार (Size of the family)—ऐसा परिवार जिसमें सिर्फ एक ही बच्चा होता है, में भाषा विकास तेजी से होता है। परंतु, जिस परिवार में 2–3 बच्चे होते हैं या उससे भी अधिक संख्या में बच्चे होते हैं, वहाँ के बच्चों का भाषा-विकास मंदित हो जाता है। इसका कारण यह बताया गया है कि एक ही बच्चे के होने पर माता-पिता उसे बोलने, पढ़ने एवं लिखने का हर संभव प्रशिक्षण दे पाते हैं और उनकी शब्दावली को भी बढ़ाने का हर संभव प्रयास कर पाते हैं। इन सब कार्यों के लिए वे पर्याप्त मात्रा में समय निकाल लेते हैं। परंतु, परिवार में कई बच्चों के होने से माता-पिता उतना समय इन सभी बच्चों को नहीं दे पाते। फलस्वरूप, माता-पिता के साथ बच्चों का इतना घनिष्ठ संबंध तथा तादात्म्य (identification) नहीं हो पाता और इससे बालकों का भाषा विकास मंदित हो जाता है। इतना ही नही, इकलौता बच्चा भाई-बहन की प्रतिद्वंद्विता (rivalry) से भी बच जाता है। मिसिलडाइन (Missildine, 1946) तथा मैककार्थी (McCarthy, 1954) ने अपने-अपने अध्ययनों से साबित कर दिया है कि ऐसी प्रतिद्वंद्विता से बालकों का भाषा विकास तो मंदित होता ही है, साथ-ही-साथ उनमें भाषा-संबंधी दोष (speech defect) जैसे हकलाना, तुतलाना आदि भी उत्पन्न हो जाता है।

(6) जन्मक्रम (Birth order)—कुछ अध्ययनों में यह भी देखा गया है कि भाषा विकास पर बालकों के जन्मक्रम (birth order) का भी प्रभाव पड़ता है। पैरी (Parry, 1974) तथा सारासन (Sarason, 1990) के अध्ययन के अनुसार वैसे बालकों, जिनका जन्मक्रम पहला होता है, उनका भाषा विकास बाद के उम्र क्रम वाले बालकों की अपेक्षा अधिक तेजी से होता है। इसका कारण यह है कि माता-पिता पहले बच्चे पर दूसरे, तीसरे जन्म क्रम वाले बच्चों की अपेक्षा अधिक समय तथा ध्यान देते हैं। फलतः, उसका भाषा विकास अधिक तेजी से होता है।

(7) बहुजन्म (Multiple birth)—बहुजन्म से तात्पर्य जुड़वाँ (twins) तथा त्रिज (triplets) बच्चों के जन्म लेने से होता है। मनोवैज्ञानिकों ने जुड़वाँ (twins), त्रिज (triplets) तथा इकहरे (singletons) बालकों का तुलनात्मक अध्ययन किया है जिसके आधार पर यह पता चला है कि 5 वर्षों की आयु तक जुड़वाँ तथा त्रिज बालकों का वाक्‌विकास (language development) इकहरे बालकों की अपेक्षा अधिक मंदित होता है। ऐसे बालक देर से बोलना शुरू करते हैं, इनकी शब्दावली कम होती है तथा वे धीरे-धीरे बोलते हैं। इसका कारण यह है कि जन्म के समय से ही ऐसे बालकों को इकहरे बालकों की अपेक्षा माता के साथ स्नेहपूर्ण संबंध स्थापित करने का कम समय मिलता है। स्नेहपूर्ण संबंध के अभाव में बालकों में भाषा विकास मंदित हो जाता है।

(8) एक से अधिक भाषा का उपयोग (Bilingualism)—मनोभाषागत अध्ययनों (psycholinguistic studies) की समीक्षा से यह पता चला है कि 80% भारतीय या तो द्विभाषी (bilingual) या बहुभाषी (multilingual) हैं। कुछ मनोवैज्ञानिकों, जिनमें लव तथा पार्कर-रॉबिन्सन (Love & Parker-Robinson, 1972) का नाम प्रमुख है, का मत है कि जब बालकों को एक से अधिक भाषा सिखाई जाती है तब इससे उसके मन में एक तरह की संभ्रांति पैदा होती है; क्योंकि एक ही वस्तु के लिए बालकों को दो या तीन शब्दों को सीखना पड़ता है। दूसरी तरफ जब बालकों को एक ही भाषा सिखलाई जाती है तो उनके चिंतन में किसी प्रकार की संभ्रांति (confusion) पैदा नहीं होती है तथा वे शब्दों को ठीक ढंग से समझते हैं तथा उनका वाक्यों में प्रयोग कर पाते हैं। फलतः, एक भाषा सीखनेवाले बालकों में भाषा-विकास एक से अधिक भाषा सीखनेवाले बालकों की अपेक्षा अधिक तेजी से होता है।

(9) साथियों के साथ संबंध (Contact with peers)—कुछ ऐसे माता-पिता होते हैं जो अपना नियंत्रण बच्चों पर अधिक रखते हैं और फलस्वरूप वे साथियों (peers) के साथ अपने बच्चों को ज्यादा मिलने-जुलने नहीं देते हैं। इसका परिणाम यह होता है कि ऐसे बच्चों का सामाजिक सम्पर्क (social contact) सीमित हो जाता है। फलतः, ऐसे बच्चों का भाषा विकास (language development) प्रभावित हो जाता है। अकसर देखा गया है कि ऐसे बच्चों का भाषा विकास वैसे बच्चों के भाषा विकास की तुलना में, जिनके माता-पिता उन्हें अपने साथियों के साथ मिलने-जुलने देते हैं, अधिक मंदित होता है।

(10) माता-पिता द्वारा प्रेरणा (Stimulation by parents)—जिन बालकों को माता-पिता द्वारा शब्दों को बोलने, लिखने तथा पढ़ने के लिए अधिक प्रेरणा (stimulation) मिलती है, उनमें भाषा विकास अधिक तीव्रता से होती है। मनोवैज्ञानिक अध्ययनों से यह पता चला है कि इसी कारण से मध्यम सामाजिक-आर्थिक स्तर वाले परिवार के बालकों का भाषा विकास निम्न सामाजिक-आर्थिक स्तर वाले परिवार के बालकों के भाषा विकास की तुलना में तेजी से होता है।

स्पष्ट हुआ कि बालकों का भाषा विकास कई कारकों द्वारा प्रभावित होता है। यदि इन कारकों को माता-पिता तथा शिक्षकों द्वारा उचित परिप्रेक्ष्य में लिया जाता है तो इससे उनके भाषा विकास की गति को तीव्र किया जा सकता है।

शब्दावली का विकास
(Development of Vocabulary)

शब्दावली निर्माण (vocabulary building) में बालकों को ध्वनि तथा उसके अर्थ के बीच साहचर्य स्थापित करना सीखना होता है। चूँकि बहुत शब्दों का एक से अधिक अर्थ होता है तथा कुछ शब्द जिनकी ध्वनियों में तो समानता होती है परंतु अर्थ में काफी भिन्नता होती है, शब्दावली निर्माण के कार्य को मुश्किल कर देते हैं। मनोवैज्ञानिक अध्ययनों से पता चला है कि 18 महीने की उम्र में बालकों की शब्दावली औसतन 10 शब्दों की होती है तथा 24 महीने की उम्र में यह औसतन 29 शब्दों की होती है। 3 साल की उम्र में बालकों की शब्दावली 200 से 300 शब्दों की होती है। स्कूलों में पहुँचने पर नए-नए अनुभवों के कारण इनकी शब्दावली काफी बढ़ जाती है। फरगुसन (Ferguson, 1973), स्ट्रौक तथा लूफ्ट (Strock & Looft, 1973) तथा सप्स (Suppes, 1974) के अध्ययनों के अनुसार जब बच्चे स्कूल जाना प्रारंभ कर देते हैं तो उनकी शब्दावली 20,000 से 24,000 शब्दों की होती है जो किसी मानक शब्दकोश (Standard dictionary) के कुल शब्दों का 5% से 6% है। जब बालक छठे वर्ग में पहुँच जाते हैं तो उनकी शब्दावली में 50,000 तक शब्द होते हैं और 9वीं—10वीं कक्षा तक पहुँचने पर 80,000 शब्द उनकी शब्दावली में होते हैं जो किसी मानक शब्दकोश के कुल शब्दों का 22% है। (संभव है कि भारतीय बच्चों की शब्दाबली इस भिन्न-भिन्न उम्र पर इतनी अधिक विकसित न हो।)

मनोवैज्ञानिक अध्ययनों से यह भी पता चला है कि प्रत्येक उम्र पर लड़कियों की शब्दावली, औसतन रूप से समान उम्र के लड़कों से हमेशा अधिक होती है। इन अध्ययनों से यह भी पता चला है कि बालकों की शब्दावली (vocabulary) दो तरह की होती है—

(क) सामान्य शब्दावली (General vocabulary),

(ख) विशिष्ट शब्दावली (Specific vocabulary)।

सामान्य शब्दावली में वैसे शब्द होते हैं जिनका प्रयोग बालक विभिन्न परिस्थितियों में सामान्य रूप से करता है। जैसे 'अच्छा', 'आदमी', 'जाना', 'हँसना' आदि। सामान्य शब्दावली में बालक सबसे पहले संज्ञा, उसके बाद क्रिया, विशेषण, क्रियाविशेषण, संबंधबोधक तथा सबसे अंत में सर्वनाम (pronoun) को सीखता है। चूँकि सामान्य शब्दावली के शब्दों का प्रयोग अधिक होता है, अत: बालक इन शब्दों को पहले सीखते हैं तथा प्रत्येक उम्र पर सामान्य शब्दावली (general vocabulary) विशिष्ट शब्दावली से बड़ी होती है।

विशिट शब्दावली (specific vocabulary) में वैसे शब्द आते हैं जिन्हें बालक विभिन्न परिस्थितियों में खास-खास वस्तुओं या क्रियाओं के लिए प्रयोग करते हैं। बालकों द्वारा प्रयोग की जानेवाली विशिष्ट शब्दावली के प्रमुख प्रकार निम्नांकित हैं—

(1) रंग-संबंधी शब्दावली (Colour vocabulary)—रंग-संबंधी शब्दावली में बालक भिन्न-भिन्न रंगों के नाम सीखते हैं। कूक (Cook, 1939) ने अपने अध्ययन के आधार पर यह बताया है कि 4

वर्ष की उम्र तक बालक सभी मुख्य रंगों के नाम जान जाते हैं। रंग-संबंधी शब्दावली में कितने शब्द होंगे, यह बालकों की अभिरुचि (interest) रंग में कितनी है, इसपर निर्भर करता है।

(2) संख्या-संबंधी शब्दावली (Number vocabulary)—$3\frac{1}{2}$ साल से 4 साल की आयु के बालक अकसर 1 से 20 तक या 100 तक की गिनती कर लेते हैं। यद्यपि वे 20 या 100 तक गिनती (counting) कर लेते हैं परंतु यह निश्चित रूप से नहीं कहा जा सकता कि वे इसका अर्थ भी समझते होंगे। 6–7 वर्ष की आयु में वे इन संख्याओं की सिर्फ गिनती ही नहीं करते वरन उनका अर्थ भी समझने लगते हैं।

(3) समय-संबंधी शब्दावली (Time vocabulary)—इस शब्दावली में वैसे शब्द आते हैं जिनका प्रयोग बालक समय बताने के लिए करता है। जैसे 'सुबह', 'दोपहर', 'शाम', 'दिन', 'रात' आदि। इन शब्दों को बालक 4–5 साल की उम्र में सीखता है। जब बालक स्कूल जाने लगता है, तब वह समय-संबंधी नए शब्दों को जैसे 'जनवरी', 'मार्च', 'मई', 'दिसंबर', 'मंगलवार' आदि को भी सीखता है।

(4) ट्रिक शब्दावली (Trick vocabulary)—इस शब्दावली में वैसे शब्द आते हैं जिन्हें बालक दूसरों द्वारा, विशेषकर माता-पिता द्वारा आग्रह (request) करने पर बोलता है। जैसे—'दूध', 'भात', 'रोटी', 'पानी' आदि। यद्यपि बालक इन शब्दों या वाक्यों का प्रयोग करते हैं, वे उनका अर्थ नहीं समझते हैं। इस तरह के शब्दों का प्रयोग करने की उम्र 18 महीने से 24 महीनों की होती है।

(5) शिष्टाचार-संबंधी शब्दावली (Etiquette vocabulary)—इस तरह की शब्दावली में दिन-प्रतिदिन के शिष्टाचार से संबंधित शब्द आते हैं। जैसे 'महाशय', 'धन्यवाद', 'नमस्ते' तथा 'मुझे दु:ख हुआ' (I am sorry)। ऐसे शब्दों का विकास बालकों में प्रशिक्षण पर आधारित होता है। जो माता-पिता या अभिभावक अपने बालकों को इस तरह के शब्दों से अवगत कराते हैं उनमें इस तरह के शब्दों का आकार बड़ा होता है। 3 से 4 साल की आयु में इस तरह के शब्दों का विकास अधिक होता है।

(6) मुद्रा-संबंधी शब्दावली (Money vocabulary)—3 वर्ष की आयु तक बालक सभी सिक्कों (coins) को एकसमान समझता है, अर्थात उनमें अंतर नहीं कर पाता है। परंतु, 4 से 5 वर्ष की आयु में वह विभिन्न मान (denominations) के सिक्कों के बीच आकार और रंग के आधार पर अंतर कर लेता है। अब वह 50 पैसे के सिक्के को 5 रुपये के सिक्के से भिन्न समझने लगता है। मुद्रा-संबंधी शब्दावली का आकार (size) बहुत कुछ परिवार पर भी निर्भर करता है जिसमें उसका पालन-पोषण हुआ है। नेलसन (Nelson, 1982) ने अपने अध्ययन में दिखाया है कि गरीब परिवार के बालकों में मुद्रा-संबंधी शब्दावली धनी परिवार के बालकों से बड़ी होती है।

(7) गँवारू बोली-संबंधी शब्दावली (Slang vocabulary)—इस शब्दावली में वैसे अनधिकृत (unauthorized) शब्द होते हैं जिनका उपयोग सही एवं औपचारिक भाषा में नहीं होता है। प्राय: यौन-संबंधी तथा मल-मूत्र त्याग-संबंधी शब्द ही बालकों की गँवारू बोली-संबंधी शब्दावली में आते हैं। इस तरह के शब्दों का प्रयोग बालक 5 साल की उम्र में प्रारंभ कर देते हैं। परंतु, वे इस उम्र में इन शब्दों का अर्थ नहीं समझते। प्राय: यह देखा गया है कि गरीब परिवार के बालकों में इस तरह की शब्दावली धनी परिवार के बालकों की शब्दावली से बड़ी होती है।

(8) गुप्त शब्दावली (Secret vocabulary)—इस तरह की शब्दावली में बालक अकसर गुप्त संकेतों, शब्दों तथा चिह्नों के आधार पर दूसरों से कुछ कहते हैं। इस तरह की शब्दावली का प्रयोग 6

साल के बाद से लड़कियों द्वारा लड़कों की तुलना में अधिक किया जाता है। अकसर वे अपने दोस्तों को इन गुप्त शब्दों या संकेतों का प्रयोग कर आसानी से कुछ कह लेती है।

इस तरह हम देखते हैं कि बालकों में कई तरह की शब्दावली (vocabulary) का विकास होता है जिसके माध्यम से उनमें भाषा विकास होता है।

भाषा विकास में बाधाएँ
(Hazards in Language Development)

भाषा विकास एक जटिल प्रक्रिया है क्योंकि इसमें बालकों को दूसरे की बोली को समझना तथा साथ-ही-साथ ऐसे शब्दों में बोलना भी होता है कि दूसरे लोग उनकी बोली को समझ सकें। अत:, यह स्वाभाविक है कि इस जटिल प्रक्रिया के रास्ते में कुछ बाधाएँ (hazards) उत्पन्न हो जाएँ। मनोवैज्ञानिक अध्ययनों से यह पता चला है कि बालकों के भाषा विकास में कई तरह की बाधाएँ उत्पन्न होती हैं जिनसे उनका भाषा विकास काफी मंदित हो जाता है। इन बाधाओं में निम्नांकित प्रमुख हैं—

(1) अत्यधिक रुदन (Excessive crying)—जब कोई बालक अपनी उम्र के हिसाब से सामान्य से ज्यादा रोता है, तब इसे अत्यधिक रुदन की संज्ञा दी जाती है। जिन बालकों का रुदन अत्यधिक न होकर सामान्य (normal) होता है, उनमें तो इस सामान्य रुदन से फायदा ही होता है; क्योंकि इससे उनकी मांसपेशियों (muscles) का व्यायाम (exercise) हो जाता है जो उनमें भूख जगाता है तथा गहरी नींद भी लाता है। लेकिन, यदि रुदन अधिक मात्रा में और अधिक समय तक होता है तो इससे बालकों में शारीरिक एवं मानसिक दोनों तरह की हानि होती है जो भाषा विकास को मंदित करता है। अत्यधिक रुदन से बालकों में शारीरिक शक्ति की कमी, पेट में गड़बड़ी, असंयत मूत्रता (enuresis or bed wetting) तथा मानसिक तनाव उत्पन्न हो जाता है। इतना ही नहीं, अत्यधिक रुदन करनेवाले बालकों के प्रति माता-पिता की मनोवृत्ति (attitude) ठीक नहीं रहती है और वे ऐसे बालकों का सामाजिक तिरस्कार (social rejection) करना प्रारंभ कर देते हैं। इन सबका परिणाम यह होता है कि बालकों में हीनता की भावना विकसित हो जाती है और उनमें सामाजिक निपुणता भी कम हो जाती है। फलत:, उनका भाषा विकास मंदित हो जाता है।

(2) समझने में कठिनाइयाँ (Difficulties in comprehension)—भाषा विकास के लिए यह आवश्यक है कि बालक दूसरों की भाषा को ठीक ढंग से समझें। जो बालक दूसरों की भाषा को समझ नहीं पाते, उन्हें दूसरों से अलग-थलग रहना पड़ता है और इस तरह उनमें सामाजिक अकेलापन (social isolation) का गुण विकसित हो जाता है जिससे उनमें हीनता की भावना (feeling of inferiority) तथा अनुपयुक्तता की भावना (feeling of inadequacy) विकसित होती है जो बालकों के भाषा विकास को अवरुद्ध कर देती है। फ्रिडलैण्डर (Fridlander, 1970) के अनुसार जो बालक दूसरों की भाषा नहीं समझ पाते, उनमें सीमित शब्दावली (limited vocabulary) होती है तथा उनमें ध्यानपूर्वक दूसरों की आवाज न सुनने की भी प्रवृत्ति पाई जाती है।

(3) विलंबी वाक् (Delayed speech)—कुछ ऐसे बालक होते हैं जिनका भाषा विकास अपनी उम्र के लिए बने मानक (norms) से काफी पीछे होता है। इस तरह के भाषा विकास को विलंबी भाषा विकास (delayed speech development) कहा जाता है। मनोवैज्ञानिकों ने विलंबी भाषा

विकास के कई कारण बताए हैं जिनमें बालकों में कम बुद्धि का होना, उनमें शब्दों तथा वाक्यों को सीखने की प्रेरणा में कमी तथा माता-पिता द्वारा शब्दों को सीखने के लिए उपयुक्त प्रेरणा (stimulation) आदि प्रधान बताए गए हैं। ब्रुक तथा टुकर (Bruck & Tucker, 1974) के अनुसार विलंबित भाषा विकास से सिर्फ बालकों का व्यक्तिगत तथा सामाजिक अभियोजन (social adjustment) ही नहीं बल्कि शैक्षिक समायोजन (educational adjustment) भी बुरी तरह प्रभावित हो जाता है। इससे बालकों में पढ़ने की क्षमता, शब्दों के हिज्जे (spelling) करने की क्षमता तथा उनका अर्थ याद रखने की क्षमता आदि काफी कम हो जाती है जो अपने-आपमें भाषा विकास के लिए एक प्रमुख समस्या बन जाती है।

(4) **दोषपूर्ण वाक्** (Defective speech)—अयथार्थ वाक् (inaccurate speech) को दोषपूर्ण वाक् (defective speech) कहा जाता है। वाक् (speech) में दोष (defects) तीन तरह के हो सकते हैं—शब्दों के अर्थ में दोष (defects in word meanings), शब्दों के उच्चारण में दोष (defect in pronunciation) तथा वाक्यों की बनावट में दोष (defect in sentence structure)। शब्दों के अर्थ में दोष का कारण दो भिन्न अर्थवाले शब्दों का एक ही ढंग से बोला जाना होता है। जैसे पानी-पाणि तथा दिन-दीन ऐसे शब्द हैं जिन्हें लगभग एक ही ढंग से बोला तो जाता है परंतु इनके अर्थ भिन्न-भिन्न होते हैं। ऐसे शब्दों से बालकों को सही-सही संचार (communication) करने में दिक्कत होती है जिससे इनका भाषा विकास अवरुद्ध हो जाता है।

शब्दों के उच्चारण (pronunciation) में दोष होने से भी भाषा विकास अवरुद्ध हो जाता है। कुछ बालक ऐसे होते हैं जो 4 साल की उम्र के बाद भी उच्चारण में त्रुटियाँ करते हैं। हरलॉक (Hurlock, 1978) के अनुसार ऐसे बालक शैक्षिक अवसर (educational opportunities) का पूरा-पूरा फायदा नहीं उठा पाते और वे अक्सर अवरस्तर के उपलब्धक (underachiever) बन जाते हैं जिनसे उनका आगे का भाषा विकास और भी अवरुद्ध हो जाता है।

वाक्यों की बनावट में व्याकरण-संबंधी त्रुटियों (grammatical errors) से बालकों का भाषा विकास अवरुद्ध हो जाता है। सामान्यत: 3 साल से अधिक उम्र के बालकों को भाषा के व्याकरण पर नियंत्रण बढ़ जाता है तथा त्रुटियाँ कम हो जाती हैं। मनोवैज्ञानिक अध्ययनों से यह स्पष्ट हो गया है कि यदि ऐसी त्रुटियाँ बालकों में 5–6 साल या इससे अधिक उम्र होने पर होती है तो इससे बालकों के भाषा विकास पर बुरा असर पड़ता है।

(5) **वाक् विकार** (Speech disorder)—शब्दों के उच्चारण में होनेवाले गंभीर दोष (serious defect) को वाक् विकार (speech disorder) कहा जाता है। वाक् विकार वैसे परिवार में अधिक पाया जाता है जिसमें माता या पिता या दोनों में ही तंत्रिकातापीय लक्षण (neurotic symptoms) होता है, जहाँ माता-पिता तथा बालकों का संबंध ठीक तथा घनिष्ठ नहीं होता है, जहाँ माँ अधिक प्रबल (dominant) तथा पिता अधिक दब्बू (submissive) होते हैं, जहाँ माँ बालकों पर ध्यान नहीं देती है या नहीं दे पाती है, जहाँ बालकों से माता-पिता काफी अधिक उम्मीद करते हैं। यही कारण है कि मनोवैज्ञानिकों ने वाक् विकार (speech disorder) को **अपर्याप्त समायोजन का एक संलक्षण** (syndrome of poor adjustment) माना है। ऐसे वाक् विकार (speech disorder) व्यक्ति की जिंदगी में कभी हो सकते हैं परंतु इस तरह का वाक् विकार प्राक् स्कूली अवस्था (pre school age) में, जब बालक बोलना सीखते हैं, अधिक होता है। इस तरह के वाक् विकार (speech disorder) में अग्रांकित प्रमुख हैं—

(i) **तुतलाना** (Lisping)—बोलने की प्रक्रिया में किसी शब्द के सही अक्षर का किसी दूसरे अक्षर द्वारा प्रतिस्थापन (substitution) को तुतलाना कहा जाता है। ऐसे तो प्रतिस्थापन का कोई नियम नहीं है परंतु अकसर ऐसा देखा गया है कि हिन्दी बोलने वाले बालक 'ल' अक्षर का प्रतिस्थापन 'र' से करते हैं। जैसे वह 'लाल' को अकसर 'राल' या 'लार' बोलता है। ऐसी तुतलाहट का कारण प्राय: बालकों में जबड़े (jaws), दाँत, होंठ आदि में कुछ विकृतियाँ हैं।

(ii) **अस्पष्ट उच्चारण करना** (Slurring)—किसी शब्द का अस्पष्ट उच्चारण करना भी एक प्रकार का प्रमुख भाषा विकार (speech disorder) है। प्राय: जबड़ों, होंठ या जीभ का आंशिक रूप से कार्य करना या पूर्ण रूप से कार्य करने की असमर्थता के कारण बालक शब्दों का उच्चारण अस्पष्ट ढंग से करते हैं। संवेगात्मक उत्तेजना (emotional stimulation) की स्थिति में भी बालक जल्दी-जल्दी बोलना प्रारंभ कर देते हैं और वे अकसर शब्दों का अस्पष्ट उच्चारण करते हैं।

(iii) **हकलाना** (Stuttering or stammering)—हकलाना एक संकोचित (hesitant) तथा आवृत्तिपूर्ण (repetitious) बोली को कहा जाता है जो अकसर वाक् मांसपेशियों (speech muscles) के अंशत: एवं पूर्णत: असामंजस्य (incoordination) से उत्पन्न साँस लेने और छोड़ने में गड़बड़ी से पैदा होता है। इसमें बोलते समय एक शब्द को बालक रुक-रुककर उसे कई बार दुहराता है। हकलाना $2\frac{1}{2}$ से $3\frac{1}{2}$ वर्ष के बालकों में सामान्य रूप से देखा जाता है परंतु उम्र बढ़ने से यह अपने-आप समाप्त हो जाता है। परंतु, किसी-किसी बालक में हकलाने की क्रिया में उम्र बीतने के साथ कोई कमी नहीं दीखती है। कुछ मनोवैज्ञानिकों का मत है कि हकलाना एक आनुवंशिक प्रक्रिया (hereditary process) है परंतु कुछ मनोवैज्ञानिकों का यह कहना है कि हकलाने की प्रक्रिया उन बालकों में अधिक होती है जिनके माता-पिता द्वारा उन्हें अतिरक्षण (overprotection) मिलता है तथा माता-पिता स्वयं पूर्णतावाद (perfectionism) में विश्वास रखनेवाले होते हैं। माता-पिता के इस ढंग के व्यवहार के कारण ऐसे बालक अधिक चिंतित रहते हैं तथा दूसरों को गलत समझने की प्रवृत्ति रखनेवाले होते हैं।

(iv) **क्षिप्रोच्चारण दोष या संकुल ध्वनि** (Cluttering)—वैसी बोली जो तीव्र (rapid), संभ्रांति (confused) तथा अव्यवस्थित (jumbled) होती है, उसे क्षिप्रोच्चारण दोष या संकुल ध्वनि कहा जाता है। यह दोष बहुत कुछ हकलाना (stuttering) से मिलता-जुलता है परंतु एक अर्थ में भिन्न है और वह यह है कि क्षिप्रोच्चारण दोष को बालक ध्यान देकर दूर कर सकता है लेकिन हकलाना को वह ध्यान देकर भी दूर नहीं कर सकता। क्षिप्रोच्चारण दोष से ग्रसित बालकों में कुछ क्रियात्मक व्यग्रता (motor awkwardness) तथा विलंबी भाषा विकास (delayed speech development) के लक्षण भी पाए जाते हैं।

(v) **स्-स् करना** (Hissings)—कुछ बालकों में 'श' या 'स' प्रत्येक शब्द के साथ जोड़कर बोलने की एक आदत-सी बन जाती है। ऐसे भाषा विकार (speech disorder) का मूल कारण गले से निकलती हुई वायु पर अनियंत्रण का होना होता है। सारासन (Sarason, 1979) के अनुसार यह भाषा विकार उन बालकों में अधिक पाया जाता है जिनमें संवेगात्मक तनाव अधिक होता है।

(6) **बातचीत करने में कठिनाई** (Difficulties in conversing)—अधिकतर बालक बातचीत करने में दो तरह की कठिनाई महसूस करते हैं। पहली कठिनाई बातचीत की मात्रा (amount of talk) से संबंधित होती है और दूसरी कठिनाई, किस चीज के बारे में बातचीत की जाए

(what to talk about) से संबंधित है। पहली कठिनाई से संबंधित दो तरह के बालक होते हैं—कुछ बालक बहुत अधिक बोलते हैं और कुछ बालक बहुत कम बोलते हैं। मनोवैज्ञानिक अध्ययनों से यह पता चला है कि इन दोनों तरह के बालकों का सामाजिक एवं आत्मगत समायोजन (social and personal adjustment) अपर्याप्त (inadequate) होता है जो स्वस्थ वाक्-विकास (healthy speech development) के लिए एक बाधा सिद्ध होता है। अधिक बोलनेवाले बालकों को लोग आत्मकेंद्रित (egocentric) समझते हैं तथा कम बोलने वाले बालकों को लोग मूर्ख (stupid) समझते हैं। बालकों के प्रति इस तरह की मनोवृत्ति (attitude) उनमें भाषा विकास (language development) के लिए हानिकारक होती है। वेलकोविज (Welkowitz, 1976) ने एक अध्ययन किया है जिसमें यह दिखाया गया है कि कुछ बालक ऐसे होते हैं जो अपनी उपलब्धियों (achievements), अभिरुचियों के बारे में अधिक बातचीत करते हैं और कुछ ऐसे होते हैं जो यौन (sex) तथा अपने माता-पिता के अवगुणों के बारे में अधिक बातचीत करते हैं। पहले तरह के बालकों को लोग घमंडी एवं आत्मकेंन्द्रित (egocentric) समझने लगते हैं और दूसरे तरह के बालकों के प्रति लोग सामाजिक तिरस्कार (social rejection) दिखाते हैं। इन दोनों तरह की भावनाएँ (feelings) बालकों में स्वस्थ भाषा विकास के मार्ग में बाधाएँ (hazards) उत्पन्न करती हैं।

इस तरह हम देखते हैं कि बालकों के भाषा विकास में बाधाएँ (hazards) कई कारणों से उत्पन्न हो जाती हैं। इन कारकों में वाक् विकार (speech disorder) की समस्या शिक्षा मनोवैज्ञानिकों को सबसे अधिक चुनौती देनेवाली समस्या है।

भाषा सीखने के साधन
(Means of Language Learning)

शिक्षा मनोवैज्ञानिकों ने भाषा सीखने के कई साधनों पर प्रकाश डाला है जिनमें निम्नांकित साधन सर्वाधिक प्रचलित हैं—

(1) अनुकरण (Imitation)—बालकों द्वारा भाषा सीखने का अनुकरण एक प्रमुख साधन है। अकसर बालक परिवार के सदस्यों जैसे भाई-बहन, माता-पिता, चाचा-चाची, दादा-दादी तथा साथियों को जैसा बोलते सुनता है, वैसा ही बोलने का अनुकरण करता है और कुछ प्रयासों के बाद वह वैसे ही बोलना प्रारंभ कर देता है। इसी तरह बालक अन्य लोगों को लिखते-पढ़ते देख स्वयं भी लिखना-पढ़ना प्रारंभ कर देता है। इस तरह से अनुकरण के माध्यम से बालकों में भाषा का विकास होता है। स्कीन्नर (Skinner, 1957) ने भाषा सीखने की इस विधि पर अधिक बल डाला है। उन्होंने भाषा सीखने के एक विशेष मॉडल (model) का भी निर्माण किया है जिसे अनुकरण-तथा- संशोधन मॉडल (imitation-and-correction model) की संज्ञा दी गई है। इस मॉडल के अनुसार बालक वयस्कों के शब्दों, वाक्यों आदि को ध्यानपूर्वक सुनते हैं, तथा उनका अनुकरण करते हैं। अगर वे सही-सही अनुकरण करने में समर्थ हो जाते हैं, तो वयस्क उनके इस व्यवहार को उनकी प्रशंसा कर पुनर्बलित (reinforce) करते हैं। इससे बालक में उन शब्दों या वाक्यों को सीखने की प्रवृत्ति तीव्र हो जाती है। स्कीन्नर की इस विचारधारा को भाषा विकास का सीखना सिद्धांत (learning theory) भी कहा जाता है।

(2) खेल (Play)—बालक अपनी प्राक्स्कूली अवस्था (preschool age) तथा स्कूली अवस्था (school age) के प्रारंभिक कुछ वर्षों में तरह-तरह के खेल खेलते हैं जिसमें वे काफी आनंद उठाते हैं। इन खेलों में टेढ़ी-मेढ़ी लकीरों को खींचना तथा खेल की सामग्रियों द्वारा अक्षर बनाना प्रधान है। मनोवैज्ञानिक अध्ययनों से पता चला है कि ऐसे खेलों में भाषा के अक्षरों को लिखना, पढ़ना तथा बोलना सीख लेता है।

(3) कहानी सुनना (Listening to stories)—बालक वयस्कों, जैसे दादा-दादी, चाचा-चाची, माता-पिता तथा अन्य समकक्षी लोगों से कहानियाँ सुनना अधिक पसंद करते हैं। टिनकर (Tinker, 1990) के अनुसार यदि बालकों को ऐसी कहानियाँ सुनाई जाती हैं जिनमें पशु पात्र के रूप में हों और जिनमें नैतिक एवं शैक्षिक तथ्य भरे हों तो उनसे भाषा विकास अधिक तीव्रता से होती है।

(4) वार्तालाप तथा बातचीत (Talking)—अपने साथियों एवं परिवार के सदस्यों के साथ बातचीत करके भी बालक भाषा को सीखते हैं। बातचीत में बालक विशेषकर उन बोलियों पर अधिक ध्यान देते हैं जो उनकी रुचि की होती हैं। इससे भाषा सीखने में सहूलियत होती है।

(5) प्रश्नोत्तर (Question-answer)—बालक स्वभाव से ही जिज्ञासु (curious) होते हैं। अपनी जिज्ञासा शांत करने के लिए बालक घर में परिवार के सदस्यों तथा स्कूल में शिक्षकों तथा खेल के मैदान में साथियों से तरह-तरह के प्रश्न किया करते हैं। इन प्रश्नों का उत्तर पाकर वे वस्तु का अर्थ समझते हैं तथा साथ-ही-साथ उनमें वैसे शब्दों को बोलने, लिखने तथा पढ़ने की प्रवृत्ति अधिक प्रोत्साहित होती है।

इस तरह हम देखते हैं कि बालक भाषा सीखने में कई साधनों या विधियों का उपयोग करते हैं। इनमें अनुकरण (imitation) का प्रयोग सबसे अधिक किया जाता है।

शिक्षा एवं भाषा विकास
(Education and Language Development)

भाषा विकास में शिक्षा का महत्त्वपूर्ण स्थान है। शिक्षा अनौपचारिक (informal) तथा औपचारिक (formal) दोनों ही होती है। अनौपचारिक शिक्षा माता-पिता द्वारा घर में दी जाती है तथा औपचारिक शिक्षा (formal education) स्कूल तथा कॉलेज में शिक्षकों द्वारा दी जाती है। अनौपचारिक शिक्षा के माध्यम से माता-पिता कुछ हद तक बालकों में भाषा विकास कर देते हैं। उसके बाद जब शिक्षकों द्वारा स्कूल में औपचारिक शिक्षा दी जाती है तो बालक शुद्ध-शुद्ध बोलने, लिखने तथा पढ़ने का प्रशिक्षण पाते हैं और इससे उनके भाषा-विकास में तेजी से वृद्धि होती है। ऐसे माता-पिता तथा शिक्षकों को बालकों में भाषा विकास के लिए कुछ खास-खास बातों पर ध्यान देना आवश्यक है। इन बातों में प्रमुख निम्नांकित हैं—

(1) माता-पिता को हमेशा बालकों के सामने शुद्ध, स्पष्ट, सभ्य एवं शोभनीय भाषा का प्रयोग करना चाहिए।

(2) माता-पिता को मातृभाषा के अतिरिक्त अन्य भाषाओं को भी सीखने के लिए बालकों को प्रेरित करना चाहिए।

(3) बालकों को ज्ञानवर्द्धक पुस्तकों, मैगजीनों, पत्रिकाओं आदि को पढ़ने का सुअवसर देना चाहिए।

(4) बालकों को उन बालकों के साथ खेलने तथा बातचीत करने के लिए प्रोत्साहित करना चाहिए जिनकी भाषा में शुद्धता तथा स्पष्टता अधिक हो।

(5) बालकों को गंदे तथा अस्वस्थ वातावरण, जिसमें गँवारू भाषा (slang language) का अधिक प्रयोग किया जाता है, से दूर रखना चाहिए।

(6) शिक्षकों को वर्ग में अध्यापन करते समय शुद्ध एवं स्पष्ट शब्दों या वाक्यों का भरपूर प्रयोग करना चाहिए।

(7) शिक्षकों को चाहिए कि वे बालकों को शुद्ध एवं सही भाषा सिखाने में रुचि दिखावें तथा बालकों में अपने विशेष प्रयास द्वारा रुचि उत्पन्न करें।

(8) शिक्षकों को बालकों में स्वस्थ भाषा विकास के लिए वाद-विवाद (debate), अंत्याक्षरी तथा अन्य कार्यक्रमों का समय-समय पर आयोजन करना चाहिए।

(9) शिक्षकों को मंद बुद्धि के बालकों तथा तीव्र बुद्धि के बालकों के साथ एक ऐसा समायोजन (adjustment) करना चाहिए कि उनके अहं (ego) को बिना किसी तरह के चोट पँहुचे ही उनकी रुचि पढ़ने, लिखने एवं बोलने में निरंतर एकसमान बनी रहे।

(10) शिक्षकों को, विशेषकर उन शिक्षकों को, जो प्राक् स्कूल (preschool), जैसे नर्सरी स्कूल में अध्यापन करते हैं, चाहिए कि वे बालकों को शुद्ध-शुद्ध लिखने, पढ़ने तथा बोलने का विशेष प्रयास करावें।

अध्याय-सारांश
[Chapter Summary]

1. भाषा विकास से तात्पर्य एक ऐसी क्षमता से होती है जिसके द्वारा व्यक्ति अपने भावों, विचारों तथा इच्छाओं को दूसरे तक पहुँचाते हैं तथा दूसरों की इच्छाओं एवं भावों को ग्रहण करता है।
2. मनोवैज्ञानिकों ने भाषा विकास के चरणों की व्याख्या मोटे तौर पर दो भागों में बाँटकर की है—प्राक्-भाषा विकास (pre-speech development) की अवस्था तथा उत्तरकालीन भाषा-विकास की अवस्था। प्राक्-भाषा विकास में शिशुओं में भाषा-विकास मूलत: चार चरणों में सम्पन्न होता है। ठीक उसी तरह बाद के भाषा विकास की भी पाँच अवस्थाएँ बताई गईं हैं।
3. शिक्षा मनोवैज्ञानिकों तथा विकासात्मक मनोवैज्ञानिकों (Developmental psychologists) के अनुसार भाषा विकास एक खास क्रम (sequence) में होता है। इस क्रम का पहला चरण ध्वनि की पहचान है तथा अंतिम चरण भाषा विकास की पूर्णावस्था है।
4. बालकों के भाषा विकास कई कारणों से प्रभावित होते हैं जिनमें बुद्धि (intelligence), स्वास्थ्य, यौन भिन्नता, सामाजिक-आर्थिक स्तर, परिवार का आकार, बहुजन्म, एक से अधिक

भाषा का उपयोग, साथियों के साथ संबंध तथा माता-पिता द्वारा प्रेरणा (stimulation by parents) प्रधान हैं।

5. बालकों में भाषा विकास की दिशा में शब्दावली का विकास (development of vocabulary) एक प्रधान स्थान रखता है। बालकों में दो तरह के शब्दावली विकसित होते हैं—सामान्य शब्दावली (general vocabulary) तथा विशिष्ट शब्दावली (specific vocabulary)।
6. भाषा विकास के रास्ते में कई तरह की बाधाएँ उत्पन्न हो जाती हैं। इन बाधाओं में वाक्-विकार (speech disorder) सबसे प्रधान है।
7. शिक्षा मनोवैज्ञानिकों ने भाषा सीखने के कई साधनों पर बल डाला है। इन साधनों में अनुकरण (imitation), खेल, कहानी सुनना, वार्तालाप एवं बातचीत तथा प्रश्नोत्तर अधिक महत्त्वपूर्ण हैं।
8. भाषा विकास में घर पर माता-पिता द्वारा दी गई अनौपचारिक शिक्षा तथा स्कूल में शिक्षकों द्वारा दी गई अनौपचारिक शिक्षा (formal education) का काफी महत्त्व होता है।

❑

अध्याय 8

मानसिक विकास तथा संज्ञानात्मक विकास

[MENTAL DEVELOPMENT AND COGNITIVE DEVELOPMENT]

मुख्य बिंदु (Main Points)

1. मानसिक विकास का अर्थ एवं विशेषताएँ (Meaning and Characteristics of Mental Development)
2. मानसिक विकास की अवस्थाएँ (Stages of Mental Development)
3. शैशवावस्था एवं बचपनावस्था में मानसिक विकास (Mental Development during Infancy and Babyhood)
4. प्रारंभिक बाल्यावस्था में मानसिक विकास (Mental Development during Early Childhood)
5. उत्तर बाल्यावस्था में मानसिक विकास (Mental Development in Later Childhood)
6. किशोरावस्था में मानसिक विकास (Mental Development during Adolescence)
7. मानसिक विकास में शिक्षकों एवं माता-पिता की भूमिका (Role of Teachers and Parents in Mental Development)
8. संज्ञानात्मक विकास का अर्थ (Meaning of Cognitive Development)
9. पियाजे के संज्ञानात्मक विकास का सिद्धांत के कुछ महत्त्वपूर्ण संप्रत्यय (Some Important Concepts of Piaget Theory of Cognitive Development)
10. पियाजे के संज्ञानात्मक विकास का सिद्धांत (Piaget Theory of Cognitive Development)
11. पियाजे के सिद्धांत की शैक्षिक उपयोगिताएँ (Educational Utilities of Piaget's Theory)
12. ब्रुनर के संज्ञानात्मक विकास का सिद्धांत (Bruner's Theory of Cognitive Development)
13. वाइगोटस्की के संज्ञानात्मक विकास का सिद्धांत (Vygotsky's Theory of Cognitive Development)
14. वाइगोटस्की के सिद्धांत का शैक्षिक आशय (Educational Implication of Vygostsky Theory)
15. संज्ञानात्मक विकास—बच्चों के मन का सिद्धांत एवं सूचना संसाधन उपागम (Cognitive Development: Children's Theory of Mind and Information Processing Approach)

मानसिक विकास का अर्थ एवं विशेषताएँ (Meaning and Characteristics of Mental Development)

सामान्य शब्दों में शिशु में मानसिक विकास से तात्पर्य शिशु की समझ से होता है। जन्म के समय शिशु में मानसिक विकास का स्तर करीब-करीब शून्य होता है। जैसे-जैसे उसकी उम्र बढ़ती जाती है तथा उसे नई-नई अनुभूतियाँ होती जाती हैं, उसका मानसिक विकास होता जाता है। मानसिक

विकास से तात्पर्य मानसिक क्षमताओं (mental abilities) के विकास से होता है। इस मानसिक क्षमता में चिंतन करने की क्षमता, तर्क करने की क्षमता, याद रखने की क्षमता, सही-सही प्रत्यक्षणात्मक विभेद (perceptual discrimination) करने की क्षमता आदि सम्मिलित होती हैं। जब ऐसी क्षमताएँ बालकों में उदित होकर काफी मजबूत हो जाती हैं तो ऐसा कहा जाता है कि उनका मानसिक विकास पूर्ण हो गया है। मानसिक विकास इस तरह एक ऐसा विकास है जो जन्म से परिपक्वता (maturity) तक निरंतर चलता रहता है तथा जिसमें मानसिक क्षमताएँ एवं मानसिक कार्य उत्तरोत्तर एक खास ढंग से संगठित होते चले जाते हैं। जेम्स ड्रीभर[1] (James Drever, 1984) ने मानसिक विकास (mental development) को परिभाषित करते हुए कहा है, "व्यक्ति के जन्म से परिपक्वता तक की मानसिक क्षमताओं एवं मानसिक कार्यों के उत्तरोत्तर प्रकटन (appearance) एवं संगठन (organisation) की प्रक्रिया को मानसिक विकास कहा जाता है।" इस परिभाषा से मानसिक विकास के प्रमुख तथ्यों पर इस प्रकार प्रकाश पड़ता है—

1. मानसिक विकास का संबंध मानसिक क्षमताओं (mental abilities) तथा मानसिक कार्य से होता है।
2. मानसिक विकास की प्रक्रिया उत्तरोत्तर अर्थात क्रमिक (gradual) होती है।
3. मानसिक विकास की प्रक्रिया जन्म से पूर्ण परिपक्वता (maturity) आने तक चलती रहती है।

मानसिक विकास (mental development) की कुछ विशेषताएँ (characteristics) हैं जिनपर शिक्षा मनोवैज्ञानिकों ने अधिक बल डाला है। इन विशेषताओं में निम्नांकित प्रमुख हैं।

1. मानसिक विकास शिशुओं की आयु के साथ बढ़ता है (Mental development progresses with age of the children)—मनोवैज्ञानिकों का मत है कि जन्म के समय बालकों में एक सामान्य आवेश (general excitement) चिह्न पाया जाता है। इसके तीन महीने बाद बालकों में संवेगात्मक विकास होता है जिसमें बालकों में दुःख (distress) तथा आनंद (delight) दो तरह का संवेग विकसित होता है। इसके कुछ महीने बाद शिशु में वस्तुओं को सही-सही प्रत्यक्षणात्मक विश्लेषण करने की अवस्था आती है। $2\frac{1}{2}$ –3 वर्ष की आयु से बालक कुछ विशेष संप्रत्यय (concept) भी विकसित करना प्रारंभ कर देते हैं तथा अपनी स्मृति के सहारे प्रत्येक वस्तु स्मृति चित्र (memory picture) आदि भी बनाना प्रारंभ कर देते हैं। इसी अवस्था से बालकों में भाषा विकास भी प्रारंभ हो जाता है। स्पष्ट है कि बालकों में मानसिक विकास आयु के साथ अधिक परिपक्व होता जाता है।

2. आवश्यकताओं एवं अभिरुचियों में फैलाव (Extension of needs and interests)—बालकों में मानसिक विकास होने के साथ-साथ उनकी आवश्यकताओं एवं अभिरुचियों में भी फैलाव आता है। बचपनावस्था (babyhood) अर्थात जन्म के दो सप्ताह से दो साल की अवधि में वह मूलतः उन्हीं आवश्यकताओं (needs) को दिखाते हैं जो भूख-प्यास आदि से संबंधित होती है तथा उन्हीं वस्तुओं में रुचि दिखाते हैं जो भूख-प्यास आदि से संबंधित होती हैं। परंतु, बाल्यावस्था (childhood) में उनकी अभिरुचि खिलौनों में भी हो जाती है तथा अब खेल की आवश्यकताओं में सम्मिलित हो जाती हैं।

---

1. "Progressive appearance and organisation of mental abilities and functions in course of the individual's passage from birth to maturity" is called mental development—James Drever, *The Penguin Dictionary of Psychology,* 1984, p. 170

3. नवीन विचारों एवं चिंतन का विकास (Development of new ideas and thoughts)—मानसिक विकास के साथ ही बालकों के मन में नए-नए विचार एवं चिंतन आना प्रारंभ हो जाते हैं। बालक किसी घटना का विश्लेषण कर उससे नए अनुभव प्राप्त करने की क्षमता विकसित कर लेते हैं जो उनके भविष्य में काम आते हैं।

4. समय का ज्ञान (Knowledge about time)—मानसिक विकास के साथ बालकों में समय का सही-सही ज्ञान हो जाता है तथा उनमें समय-संबंधी शब्दावली (time vocabulary) भी विकसित हो जाते हैं। 6–7 साल की अवस्था तक बालक प्रायः 'सुबह', 'रात', 'ग्रीष्म', 'सर्दी' जैसे शब्दों को अपने ज्ञान-भंडार में सम्मिलित कर लेते हैं।

5. अपनी इच्छा एवं मनोवृत्ति की अभिव्यक्ति (Expression of desires and attitudes)—15 महीने तक शिशु अपनी इच्छा एवं मनोवृत्ति की अभिव्यक्ति हाव-भाव एवं संकेत से करते हैं। उसके बाद जैसे-जैसे उनका मानसिक विकास होता जाता है, उनमें अपनी इच्छा एवं मनोवृत्ति को शब्दों के रूप में अभिव्यक्त करने की क्षमता विकसित होती जाती है। आरंभ में उनकी भाषा अस्पष्ट एवं तोतली होती है। परंतु, धीरे-धीरे उसमें स्पष्टता एवं शुद्धता आने लगती है और $3\frac{1}{2}$ साल की अवस्था में उनकी भाषा अधिक शुद्ध एवं स्पष्ट हो जाती है।

6. योजना बनाने की क्षमता (Ability to plan)—मानसिक विकास की एक विशेषता यह है कि इससे बालकों में योजना बनाने की क्षमता का विकास हो जाता है। वह वर्तमान में किए जानेवाले कार्यों तथा निकट भविष्य में होनेवाले कार्यों की एक छोटी योजना बनाकर उसे क्रियान्वित करने की क्षमता उसमें विकसित हो जाती है।

7. गत अनुभवों से लाभ उठाने की क्षमता (Ability to profit by past experiences)—मानसिक विकास से बालकों में गत अनुभवों (past experiences) से उपयुक्त लाभ उठाने की क्षमता विकसित हो जाती है। उनमें अब अपने बीते हुए अनुभवों से कुछ सीख लेने की क्षमता विकसित हो जाती है। जैसे वह कोई ऐसा काम नहीं करना चाहता है जिसके लिए उसे भूत में दंडित किया गया हो।

8. मानसिक विकास में एक क्रमबद्धता होती है। (Mental development involves systematisation)—यह विकास जन्म से परिपक्वता (maturity) तक क्रमिक ढंग से चलता रहता है। जैसे-जैसे बालक अपने मानसिक विकास के उच्चतम शिखर के नजदीक होता जाता है, उसकी मानसिक क्षमताएँ काफी सुदृढ़ होती जाती हैं। कुछ मनोवैज्ञानिकों का मत है कि मानसिक क्षमताएँ 18–19 साल की उम्र तक सामान्यतः अपने उच्चतम शिखर पर पहुँच जाती हैं। अतः, यही अवस्था मानसिक विकास की शिखर अवस्था मानी जाती है।

स्पष्ट है कि मानसिक विकास की कई विशेषताएँ होती हैं जिनके आधार पर इसके स्वरूप को स्पष्ट रूप से समझा जाता है।

मानसिक विकास की अवस्थाएँ
(Stages of Mental Development)

मनोवैज्ञानिकों के अनुसार मानसिक विकास की निम्नांकित तीन प्रमुख अवस्थाएँ होती हैं—

1. प्रतिवर्त या सहज क्रियाओं की अवस्था (Stage of reflex action)—जन्म के समय से 10–11 महीने की आयु तक शिशुओं में सहज क्रियाओं (reflex action) की प्रधानता होती है।

उनमें चूसना, निगलना, कंडरा प्रतिवर्त (tendon reflex), घुटना या जानु प्रतिवर्त (knee reflex), बेबिन्सकी प्रतिक्षेप (Babinski reflex), पादतलीय प्रतिवर्त (plantar reflex) तथा करतल प्रतिवर्त (palmer reflex) आदि प्रधान हैं। एक साल की उम्र हो जाने पर इनमें कुछ प्रतिवर्त जैसे बेबिन्सकी प्रतिवर्त, पादतलीय प्रतिवर्त तथा करतल प्रतिवर्त अपने-आप समाप्त हो जाता है। इस समय तक मस्तिष्क का कुछ भाग जैसे लघु मस्तिष्क तथा वृहत मस्तिष्क का विकास हो जाता है जिसके फलस्वरूप बालक कुछ ऐच्छिक क्रियाएँ (voluntary activities) करना प्रारंभ कर देता है। इस तरह 13–14 महीने की उम्र तक बालक प्रतिवर्त प्राणी (reflexive organism) से चिंतनशील या परावर्तक प्राणी (reflective organism) हो जाता है।

2. इच्छित या ऐच्छिक क्रियाओं की अवस्था (Stage of desired or voluntary activities)—मानसिक विकास की यह दूसरी अवस्था होती है जो 17–18 महीने की उम्र से प्रारंभ हो जाती है। इस अवस्था में बालकों का वृहत मस्तिष्क अधिक परिपक्व हो जाता है। फलस्वरूप वे तरह-तरह की इच्छित क्रियाएँ करना प्रारंभ कर देते हैं। इस आयु में बालकों में भाषा विकास की भी शुरुआत हो जाती है।

3. उद्देश्यपूर्ण कार्य करने की अवस्था (Stage of purposeful action)—मानसिक विकास की इस अवस्था में बालक उद्देश्यपूर्ण कार्य, जैसे किसी खिलौना को पकड़ने, लिखने के लिए कलम पकड़ने, दौड़ने आदि का कार्य प्रारंभ कर देते हैं। यह अवस्था 2 साल की अवस्था से प्रारंभ हो जाती है। मानसिक विकास की यह अंतिम अवस्था मानी गई है और आगे आनेवाले वर्षों में बालक में अन्य तरह-तरह की मानसिक क्षमताओं का विकास होता जाता है। 18–19 साल की आयु हो जाने पर सभी तरह की मानसिक क्षमताओं का विकास हो जाता है जो मानसिक विकास की पूर्णावस्था होती है।

इस तरह हम देखते हैं कि मानसिक विकास की कई अवस्थाएँ होती हैं जिससे होकर बालकों में मानसिक क्षमताओं का विकास होता है।

शैशवावस्था तथा बचपनावस्था में मानसिक विकास (Mental Development during Infancy and Babyhood)

जन्म से 14–15 दिन की अवस्था को शैशवावस्था (infancy) तथा 15 दिन से 2 साल की अवधि को बचपनावस्था (babyhood) कहा जाता है। लेकिन, कुछ मनोवैज्ञानिकों द्वारा इस ढंग का स्पष्ट विभेद नहीं किया जाता है और वे लोग जन्म से 2 साल की अवधि को शैशवावस्था ही कहकर पुकारते हैं। जन्म से 2 साल की अवधि में होनेवाले मानसिक विकास के प्रमुख तत्त्व निम्नांकित हैं—

1. संवेदन की क्षमता का विकास (Development of the capacity of sensation)—मनोवैज्ञानिक अध्ययनों से यह पता चला है कि नवजात शिशु में भिन्न-भन्न तरह की संवेदन क्षमताएँ होती हैं। इन अध्ययनों में पाया गया है कि शिशुओं में दृष्टि संवेदन, श्रवण संवेदन, घ्राण संवेदन (olfactory sensation), स्वाद संवेदन तथा त्वक् संवेदन (skin or cutaneous sensation) आदि पाए जाते हैं। जैसे-जैसे शिशु की आयु बढ़ती जाती है, उसका मानसिक विकास होता जाता है और उसमें इन संवेदनाओं से संबंधित प्रत्यक्षण (perception) होने लगता है। मनोवैज्ञानिकों के अध्ययन के अनुसार जब शिशु 3–4 महीने का हो जाता है तो उसके दृष्टि संवेदन की क्षमता पूर्णतः विकसित

हो जाती है, और अब उसमें दृष्टि प्रत्यक्षण (visual perception) भी होने लगता है। उसके प्रत्यक्षण में तीक्ष्णता आ जाती है तथा उसमें दूरी एवं गहराई (depth and distance) का भी प्रत्यक्षण होने लगता है। एक नवजात शिशु में ध्वनि उत्पन्न होने के स्थान को पता करने की क्षमता नहीं होती है। परंतु 5–6 महीने की उम्र में ऐसी क्षमता विकसित हो जाती है। इतना ही नहीं, 8–9 महीने की उम्र तक जब मानसिक विकास और कुछ अधिक हो जाता है उनमें ध्वनि के आधार पर अपने माता-पिता को पहचानने की भी क्षमता विकसित हो जाती है। इसी तरह मानसिक विकास होने से शिशुओं में घ्राण प्रत्यक्षण, स्वाद प्रत्यक्षण तथा त्वक् प्रत्यक्षण के होने के स्पष्ट सबूत मिलते हैं।

2. समझ का विकास (Growth of understanding)—नवजात शिशु पहले किसी भी तरह के अपने इर्द-गिर्द के उद्दीपन का अर्थ नहीं समझता है। परंतु, जैसे-जैसे उम्र बीतने के साथ-साथ उसका मानसिक विकास होता जाता है, उसमें समझ की शक्ति बढ़ती जाती है। सबसे पहले शिशु अपनी माता को पहचानता है और उसके बाद पिता एवं परिवार के अन्य सदस्यों की पहचान करता है। धीरे-धीरे जब बालक 5–6 महीने का हो जाता है, तो वह अपने खिलौनों एवं कपड़ों की भी पहचान करने लगता है। वह इन खिलौनों एवं माता-पिता के प्रति सुखद अनुक्रिया (pleasurable responses) कर एक पहचान स्थापित करता है। मनोवैज्ञानिक अध्ययनों से यह पता चला है कि शिशु इस अवस्था में संपूर्ण उद्दीपन (whole stimulus) के प्रति अनुक्रिया करता है न कि उसके किसी अंश (part) के प्रति। इसलिए वह प्रारंभ में उन उद्दीपनों, वस्तुओं एवं व्यक्तियों के प्रति अनुक्रिया करता है जिनके तत्त्वों में काफी समानता होती है। 12 महीने की उम्र हो जाने पर बालक उद्दीपनों एवं व्यक्तियों में विभेद करना पूर्णत: सीख लेते हैं। अब वे परिचित व्यक्ति या वस्तु के प्रति हँसकर तथा अपरिचित व्यक्ति या वस्तु के प्रति रोकर अनुक्रिया करते हैं।

3. दिकस्थान संप्रत्यय (Concept of space)—नवजात शिशु में दिकस्थान संप्रत्यय अविकसित होता है अर्थात एक नवजात शिशु यह नहीं समझ पाता कि कोई वस्तु किस दिशा में है और कितनी दूरी पर है। परंतु, 13वें महीने से उसमें दिकस्थान संप्रत्यय होने का स्पष्ट सबूत मिलने लगता है। इस उम्र में अधिकतर शिशु उन वस्तुओं को छूने की कोशिश नहीं करते जो उनमें 20 इंच से अधिक की दूरी पर होती हैं। परंतु, जब वस्तु 20 इंच से कम की दूरी पर होती है, तब वह उसे छूने या पकड़ने की कोशिश करता है। इससे साबित होता है कि इस अवस्था में मानसिक विकास (mental development) होने के साथ-साथ शिशुओं में दिकस्थान संप्रत्यय भी विकसित हो जाता है।

4. भार का संप्रत्यय (Concept of weight)—शिशु को भार का ज्ञान ठीक से नहीं होता है। वह भार की मात्रा का अंदाज वस्तु के आकार (size) के आधार पर लगाता है। शिशु यह समझता है कि बड़े आकार की सभी वस्तुएँ छोटे आकार की सभी वस्तुओं से भारी होती है। जैसे शिशु यह समझता है कि हवा से भरा एक बैलून उसके दूध पीने के गिलास से अधिक भारी होता है। परंतु, 2 वर्ष की समाप्ति होने-होने तक बालकों का मानसिक विकास जब कुछ और अधिक हो जाता है, तब उसके इस संप्रत्यय में कुछ सुधार होता है।

5. समय का संप्रत्यय (Concept of time)—शिशुओं में समय का भी ज्ञान प्रारंभ में कुछ नहीं रहता। वह घर में परिवार के सदस्यों द्वारा 'सुबह', 'दोपहर', 'शाम', 'रात', 'दिन', '8 बजे हैं', '10 बजे हैं' सुनता अवश्य है परंतु उनका अर्थ वह नहीं समझ पाता। परंतु, जब वह 22–23 महीने का

हो जाता है, तो उसे सुबह, शाम एवं दोपहर का हलका-हलका अर्थ समझ में आने लगता है। जब वह पूर्णत: 24 महीने का हो जाता है तब उसमें 'आज', 'कल', 'परसों' का भी कुछ-कुछ ज्ञान होने लगता है।

6. आत्म संप्रत्यय (Self-concept)—अपने-आपके बारे में जो शिशु एक प्रतिमा (image) बनाता है उसे आत्म संप्रत्यय (self concept) कहा जाता है। शिशुओं में इस अवस्था में पहले शारीरिक आत्म संप्रत्यय (physical self concept) का विकास होता है। वह अपना चेहरा या शरीर के अन्य भागों को आईना में देखता है और अपने बारे में एक प्रतिमा बना लेता है कि वह लड़का है या लड़की। 2 वर्ष के बाद बालकों में मानसिक आत्म संप्रत्यय (mental self-concept) विकसित होता है जिसमें उसके संवेग, चिंतन, स्मृति आदि की महत्त्वपूर्ण भूमिका होती है।

7. यौन-भूमिका संप्रत्यय (Sex-role concepts)—नवजात शिशुओं में यह ज्ञान नहीं होता है कि लड़का तथा लड़की की आवाज, वेश-भूषा व्यवहार में क्या अंतर होता है। परंतु, 2 साल की उम्र होने पर जब मानसिक विकास एक खास स्तर पर आ जाता है तो उनमें इन दोनों यौनों की इन सभी भूमिकाओं (roles) का भी ज्ञान हो जाता है।

8. सामाजिक संप्रत्यय (Social concepts)—नवजात शिशु में माता-पिता की क्रियाओं एवं संवेगों के प्रति अनुक्रिया करने की क्षमता नहीं होती है। परंतु, 8 वें महीने से वे माता-पिता द्वारा दिखाए गए संवेगों के प्रति विशेष आनन अभिव्यक्ति (facial expression) अपनी प्रतिक्रिया, मूलत: सांवेगिक प्रतिक्रिया (emotional reactions) द्वारा व्यक्त करते हैं।

इस तरह स्पष्ट है कि प्रथम 2 साल में शिशुओं के मानसिक विकास के कई पहलू होते हैं जिनके बारे में जानकर हम उनके मानसिक विकास के स्वरूप को समझ सकते हैं।

प्रारंभिक बाल्यावस्था में मानसिक विकास
(Mental Development during Early Childhood)

प्रारंभिक बाल्यावस्था 2 साल से प्रारंभ होकर 6 साल तक चलती है। इस अवस्था में बालकों का मानसिक विकास अधिक तीव्र गति से होता है। बालकों की बौद्धिक क्षमताएँ (intellectual abilities) बढ़ जाती हैं। उनमें वस्तुओं एवं घटनाओं के बीच संबंध को समझने तथा परखने की क्षमता तीव्र हो जाती है तथा वातावरण की वस्तुओं एवं घटनाओं के बारे में छानबीन करने की क्षमता बढ़ जाती है क्योंकि इस अवस्था में बालकों में क्रियात्मक संगठन (motor coordination) की क्षमता भी बढ़ जाती है। इस अवस्था में बालकों में शब्दों एवं वाक्यों के प्रयोग की क्षमता चूँकि बढ़ जाती है, इसलिए उनमें वस्तुओं, लोगों एवं परिस्थितियों को समझने की भी क्षमता बढ़ जाती है। इस अवस्था में होनेवाले मानसिक विकास की इस प्रकार से व्याख्या की जा सकती है—

1. अन्वेषणात्मक प्रवृत्ति का विकास (Development of exploratory tendency)—इस अवस्था में बालकों में मानसिक विकास का स्तर कुछ ऊँचा हो जाने से उत्सुकता अभिप्रेरण (curiosity motive) अधिक प्रबल हो जाता है फलस्वरूप वह 'क्या?', 'कहाँ?', 'कैसे?' एवं 'क्यूँ?' से प्रारंभ होनेवाले प्रश्नों का ताँता लगाए रखता है। जब उसे कोई उद्दीपन (stimulus) थोड़ा अजूबा लगता है, वह पूछ बैठता है—"वह क्या है?", "वह कहाँ से आया है?", "उसे कैसे बनाया गया है?", "उसे क्यों बनाया गया है?" आदि-आदि। मनोवैज्ञानिक अध्ययनों से यह भी

स्पष्ट हो गया है कि लड़कियाँ लड़कों की अपेक्षा ऐसे प्रश्न अधिक करती हैं तथा उच्च सामाजिक-आर्थिक स्तर के परिवार के बालकों द्वारा निम्न सामाजिक-आर्थिक स्तर के परिवार के बालकों की अपेक्षा इस ढंग के अन्वेषणात्मक प्रश्न (exploratory questions) अधिक पूछे जाते हैं।

2. जीवन-मृत्यु के संप्रत्यय (Concept of life and death)—इस अवस्था में बालकों में जीवन एवं मृत्यु के संप्रत्यय का विकास हो जाता है। कुछ मनोवैज्ञानिकों का कहना है कि बालकों में मानसिक विकास हो जाने से उनमें जीवन एवं मृत्यु का कुछ अस्पष्ट संप्रत्यय विकसित हो जाता है। इस उम्र में बालक कुछ निर्जीव वस्तुओं को जीवित समझता है। खासकर गुड्डा, गुड़िया, चलते बादल (moving cloud), चलती कार, चल रहे पंखों को जीवित समझता है। इस अवस्था में बालक यह स्पष्ट रूप से समझते हैं कि मृत्यु का मतलब किसी चीज का समाप्त हो जाना होता है परंतु सचमुच मृत्यु की अंतिमता (finality) को वह नहीं समझ पाता है।

3. दिकस्थान संप्रत्यय (Concept of space)—चार साल की अवस्था में बालकों में छोटी दूरी (small distance) का सही-सही प्रत्यक्षण करने की क्षमता विकसित हो जाती है परंतु लंबी दूरी का सही-सही प्रत्यक्षण 6 साल की उम्र के बाद ही हो पाता है। कुछ उन संकेतों (cues) का प्रयोग करके जिसे वे समझ सकते हैं, बालक बाएँ एवं दाएँ के संप्रत्यय (concept) को भी सीख लेता है।

4. चिंतन एवं तर्क (Thinking and logic)—इस अवस्था में बालकों में चिंतन एवं तर्क का स्वरूप कुछ अनूठा होता है। पियाजे (Piaget, 1965) ने इस अवस्था में बालकों के चिंतन एवं तर्क की प्रक्रिया का अध्ययन कर बताया है कि इस अवस्था में बालकों का मानसिक विकास (mental development) इस स्तर तक का हो जाता है कि वह जोड़, घटाव, गुणा, भाग आदि जैसी प्रक्रियाएँ करता है परंतु इन सबके पीछे छिपे नियमों (principles) को वह नहीं समझ पाता है। इसका मतलब यह हुआ कि बालकों का चिंतन तर्कसंगत (logical) नहीं होता है। इस अवस्था में बालकों का चिंतन द्रष्टव्य (observable) वस्तुओं तक सीमित रहता है। बालकों के चिंतन में पलटावी (reversibility) का गुण नहीं होता है। जैसे वह यह समझता है कि 1 फीट की दूरी क्या होती है परंतु यह नहीं समझता है कि 12 इंच की दूरी 1 फीट की दूरी के बराबर कैसे होती है। इस अवस्था में बालकों के चिंतन में आत्मकेंद्रिता (egocentricity) अधिक होती है क्योंकि उनके चिंतन में उनकी आवश्यकताओं (needs) की भूमिका अधिक प्रधान होती है।

इस तरह स्पष्ट है कि प्रारंभिक बाल्यावस्था (early childhood) में बालकों में मानसिक विकास शैशवावस्था के मानसिक विकास की तुलना में अधिक स्पष्ट एवं तत्त्वपूर्ण होता है।

उत्तर बाल्यावस्था में मानसिक विकास
(Mental Development in Later Childhood)

उत्तर बाल्यावस्था (later childhood) की अवस्था 6 साल से प्रारंभ होकर 12–13 साल तक की होती है। इस अवस्था में बालकों का किसी स्कूल में दाखिला हो जाता है। उनके साथियों का एक अपना समूह (peer group) होता है। उनका सामाजिक विकास अधिक मजबूत हो जाता है जिससे उनका मानसिक विकास भी अत्यधिक प्रभावित होता है। इस अवस्था में होनेवाले मानसिक विकास के प्रमुख पहलू इस प्रकार हैं—

1. ठोस एवं संक्रियात्मक चिंतन (Concrete and operational thinking)—इस अवस्था में बालक एवं बालिकाओं के मानसिक विकास पर शिक्षकों, पुस्तकों एवं साथियों का प्रभाव अधिक पड़ने लगता है। फलस्वरूप उनका चिंतन पहले से अधिक तर्कसंगत (logical) एवं ठोस (concrete) हो जाता है। इनके चिंतन में पलटावी गुण (reversibility) उत्पन्न हो जाता है। वे अब समझने लगते हैं कि 12 इंच = 1 फीट होता है और 1 फीट में 12 इंच होते हैं। इनमें दी गई वस्तुओं का वर्गीकरण (classification) तथा उनके क्रमसूचक संबंधों (ordinal relationship) को भी समझने की क्षमता विकसित हो जाती है। फिर इस अवस्था में बालकों के चिंतन में क्रमबद्धता (systematisation) नहीं पाई जाती है। किसी समस्या के समाधान पर वह सभी तरह संभावित तार्किक समाधान (logical solutions) पर चिंतन नहीं कर पाता है।

2. जीवन-मृत्यु का संप्रत्यय (Concept of life and death)—इस अवस्था में बालकों में जीवन-मृत्यु का संप्रत्यय पहले से अधिक तीक्ष्ण (sharpen) एवं यथार्थ हो जाता है। अब बालक मात्र गति (movement) के आधार पर किसी चीज को जीवित कहना ठीक नहीं समझते हैं। वे अब जीवित एवं अजीवित में सार्थक रूप में अंतर करने में समर्थ होते हैं। मृत्यु की अंतिमता (finality) को भी अब वे समझने लगते हैं तथा उसके साथ होनेवाले संवेगात्मक अनुभूति (emotional experiences) से वे पूर्णत: अवगत हो जाते हैं।

3. मृत्यु के बाद जीवन का संप्रत्यय (Concept of life after death)—इस अवस्था में बालकों के मानसिक विकास की एक विशेषता यह भी है कि बालक अब यह समझते हैं कि मृत्यु के बाद व्यक्ति या जीव का फिर एक दूसरी जिंदगी प्रारंभ होती है। मनोवैज्ञानिक अध्ययनों से यह पता चला है कि यह मूलत: उन बालकों में विकसित होता है जिसके माता-पिता धार्मिक उपदेश अपने बच्चों को अधिक देते हैं।

4. मुद्रा-संबंधी संप्रत्यय (Concept of money)—इस अवस्था में बालक मुद्रा-संबंधी संप्रत्यय भी विकसित कर लेते हैं। बालकों को माता-पिता स्कूल जाते समय कुछ रुपया-पैसा अकसर दे दिया करते हैं जिनका महत्त्व समझकर वे मुद्रा-संबंधी संप्रत्यय विकसित कर लेते हैं। मनोवैज्ञानिक अध्ययनों से यह साबित हो गया है कि इस ढंग का संप्रत्यय उन बालकों में तेजी से विकसित होता है जो निम्न सामाजिक-आर्थिक स्तर के होते हैं।

मनोवैज्ञानिक अध्ययनों से पता चलता है कि इस अवस्था में बालकों के मानसिक विकास का स्तर इस ऊँचाई तक पहुँच जाता है कि वे स्पष्ट रूप से इंच, फीट, वर्ग फीट, मील, मीटर तथा किलोमीटर का अर्थ समझने लगते हैं। 9–10 साल की अवस्था तक बालक 1,000 तक की संख्या का अर्थ भी समझने लगते हैं। उनमें अब दिन, तारीख, मास, और वर्ष ठीक-ठीक बता सकने की क्षमता विकसित हो जाती है। 11 साल की उम्र होने पर उनका मानसिक विकास इस स्तर तक हो जाता है कि उन्हें काल्पनिक कथाओं एवं बेमेल चीजों में विश्वास कम होने लगता है तथा 12–13 साल की उम्र होते-होते उनमें योजना (planning) बनाकर काम करने की प्रवृत्ति अधिक होती है। अपने रोजमर्रे की चीजों को सही-सलामत ढंग से रखने की तीव्र प्रवृत्ति उनमें विकसित हो जाती है। इतना होते हुए भी रोजेन्बर्ग (Rosenberg, 1988) ने अपने अध्ययन में पाया कि इस अवस्था में लड़कों एवं लड़कियों में दूरदर्शिता (foresightedness) का सर्वथा अभाव पाया जाता है।

किशोरावस्था में मानसिक विकास
(Mental Development during Adolescence)

किशोरावस्था 13 साल से प्रारंभ होकर 19–20 साल तक चलती है। इस अवस्था में लड़कों एवं लड़कियों की मानसिक क्षमता (mental ability) का विकास अपनी चरम सीमा पर होता है। मनोवैज्ञानिकों का आम मत है कि इस अवस्था के अंत-अंत तक लड़कों एवं लड़कियों की मानसिक क्षमता का विकास अधिकतम हो जाता है और जीवन के बाद के वर्षों में इस मानसिक क्षमता का मात्र सुदृढ़ीकरण (consolidation) होता है। इस अवस्था में किशोरों तथा किशोरियों की अभिरुचियाँ (interests) अधिक विस्तृत (broaden) हो जाती हैं। इन अभिरुचियों में सामाजिक अभिरुचियाँ (social interest) तथा शैक्षणिक अभिरुचि (educational interest) का महत्त्व शिक्षा के दृष्टिकोण से अधिक महत्त्वपूर्ण होता है।

किशोरावस्था में होनेवाले मानसिक विकास के प्रमुख पहलुओं पर इस प्रकार प्रकाश डाला जा सकता है—

1. चिंतन में औपचारिक संक्रियाएँ (Formal operations in thinking)—किशोरावस्था में मानसिक विकास की एक विशेषता यह है कि इसमें किशोर काल्पनिक रूप से किसी वस्तु या घटना के बारे में चिंतन कर लेता है। अब ऐसा करने के लिए उसके सामने वस्तु का होना या घटना का घटित होना अनिवार्य नहीं है। इस अवस्था में किशोरों का चिंतन अधिक क्रमबद्ध (systematic) होता है और सभी तरह की औपचारिक संक्रियाओं (formal operations) की मदद से वे विभिन्न तरह का विश्लेषण (analysis) कर सकने में समर्थ होते हैं। अब वे किसी समस्या के समाधान में अपनी चिंतन प्रक्रिया को इतना तार्किक (logical) एवं क्रमबद्ध (systematic) बनाकर रखते हैं कि उन्हें किसी भी तरह की समस्या का समाधान करने में कम-से-कम कठिनाई होती है।

2. एकाग्रचित्तता (Concentration)—इस अवस्था में किशोरों का मानसिक विकास इस स्तर का हो जाता है कि उनमें एकाग्रचित्त होने की क्षमता (ability to concentrate) बढ़ जाती है। इस तरह की क्षमता हालाँकि उत्तर बाल्यावस्था में भी होती है परंतु उसमें यह उतना अधिक विकसित नहीं होती है।

3. तथ्यों को सामान्यीकरण करने की क्षमता (Ability to generalise facts)—किशोरावस्था में मानसिक विकास का स्तर इतना ऊँचा हो जाता है कि किशोरों में समस्या समाधान से प्राप्त तथ्यों को सामान्यीकरण करने की क्षमता काफी बढ़ जाती है। समस्या समाधान में वह जिन नियमों को सीखता है उसके सहारे अन्य दूसरी समस्याओं का भी समाधान आसानी से करता पाया जाता है। कहने का तात्पर्य यह है कि किशोरावस्था में किशोरों में अमूर्त ढंग से सामान्यीकरण करने की क्षमता होती है।

4. दूसरों के साथ संचार करने की क्षमता में वृद्धि (Increase in the ability to communicate with others)—किशोरावस्था में मानसिक विकास इतना हो जाता है कि वे किसी भी व्यक्ति के साथ किसी भी विषय पर स्पष्ट रूप से विचार-विमर्श तार्किक ढंग से (logically) कर सकते हैं।

5. समझ एवं पकड़ की क्षमता में वृद्धि (Increase in the ability to grasp and understand)—किशोरों में दूसरों के व्यवहारों एवं अंत:क्रियाओं (interactions) को समझने की क्षमता काफी बढ़ जाती है। वे जल्दी ही किसी बात में छिपे गूढ़ तथ्य को समझ लेते हैं तथा कठिन-से-कठिन समस्या का समाधान कर लेते हैं।

6. निर्णय करने की क्षमता में वृद्धि (Increase in the ability to make decisions)—किशोरों में स्वतंत्र होकर किसी विषय पर निर्णय करने की क्षमता पाई जाती है। उनके मानसिक विकास का स्तर इतना ऊँचा हो जाता है कि वे स्पष्ट रूप से वास्तविकता तथा आदर्श (ideals) के बीच अंतर कर लेते हैं। उनकी मानसिक परिपक्वता (mental maturity) इतनी हो जाती है कि वे विषय या समस्या के विभिन्न विकल्पों (alternatives) पर सोच-विचार कर एक अंतिम निर्णय ले सकते हैं।

7. स्मृति शक्ति का विकास (Development of memory power)—किशोरावस्था में शब्दावली (vocabulary) का विस्तार अधिक होता है और उनका प्रयोग विभिन्न परिस्थितियों में अधिक होता है। इसका परिणाम यह होता है कि किशोरों की स्मृति शक्ति (memory power) अधिक विकसित हो जाता है। वह इस विकसित स्मृति शक्ति के कारण उन परिस्थितियों एवं उद्दीपनों (stimuli) के बारे में भी सही कल्पना कर लेता है जो उसके सामने भौतिक रूप से उपस्थित नहीं होते हैं। वे अब किसी तथ्य को अपनी स्मृति में लंबे समय तक सँजोकर रख सकते हैं। दूसरे शब्दों में, किशोरावस्था में दीर्घकालीन स्मृति (long-term memory) अधिक मजबूत हो जाती है।

8. नैतिक संप्रत्ययों की समझ (Understanding moral concepts)—किशोरावस्था के मानसिक विकास की एक विशेषता यह है कि इस अवस्था में किशोरों में नैतिक मूल्यों (moral values) का विकास हो जाता है। वैसे तो कुछ नैतिक मूल्यों का विकास उत्तर बाल्यावस्था (later childhood) में हो जाता है परंतु उत्तर बाल्यावस्था में उसे जो कुछ अपने माता-पिता या शिक्षक द्वारा कहा जाता है, उसे वह आँख मूँदकर मान लेता है। परंतु इस अवस्था में वह नैतिक मूल्यों का आलोचनात्मक मूल्यांकन (critical evaluation) करता है तथा सामाजिक मूल्यों के अनुसार अच्छा क्या है और बुरा क्या है, के बीच स्पष्ट रूप से अंतर कर लेता है।

9. समस्या को अमूर्त संकेतों द्वारा समाधान करने की क्षमता (Ability to solve problems by abstract symbols)—किशोरों में अमूर्त चिंतन (abstract reasoning) की क्षमता काफी बढ़ जाती है। उनमें मानसिक परिपक्वता इतनी अधिक बढ़ जाती है कि वे उन समस्याओं के समाधान पर सफलतापूर्वक चिंतन करना प्रारंभ कर देते हैं जिनमें संकेतों एवं चिह्नों (signs) के सहारे समाधान ढूँढ़ा जा सकता है। वे राष्ट्रीय एवं अंतरराष्ट्रीय समस्याओं पर चिंतन प्रारंभ कर देते हैं और इन समस्याओं के बारे में अमूर्त गुणात्मक संप्रत्ययों (abstract qualitative concepts) के रूप में चिंतन करने की अद्वितीय क्षमता उनमें विकसित हो जाती है।

10. बाहरी दुनिया के प्रमुख व्यक्तित्व एवं परिस्थितियों के साथ तादात्म्य (Identification with major personalities and conditions of external worlds)—किशोरों में मानसिक परिपक्वता इतनी अधिक हो जाती है कि वे बाहरी दुनियाँ के उन व्यक्तियों, जिन्हें वे महत्त्वपूर्ण समझते हैं, के साथ एक तादात्म्य (identification) स्थापित कर लेते हैं और इस तरह अपने में कुछ वैसे गुणों को विकसित कर लेते हैं जिनसे किसी समस्या के समाधान में उन्हें अधिक सहूलियत होती है।

इस तरह हम देखते हैं कि किशोरों के मानसिक विकास के गुण कुछ ऐसे होते हैं जिससे उनमें यथार्थता तथा मानसिक परिपक्वता अधिक झलकती है।

मानसिक विकास में शिक्षकों एवं माता-पिता की भूमिका
(Role of Teachers and Parents in Mental Development)

बालकों एवं किशोरों के मानसिक विकास में माता-पिता तथा शिक्षकों की भूमिका प्रधान होती है। सचमुच इन दोनों के प्रयास से लड़के एवं लड़कियों में उचित मानसिक विकास हो जाता है। माता-पिता द्वारा अनौपचारिक शिक्षा (informal education) घर पर दिए जाने से तथा शिक्षकों द्वारा स्कूल में औपचारिक शिक्षा (formal education) दिए जाने से बालकों के मानसिक विकास में अधिक तीव्रता आती है। शिक्षा मनोवैज्ञानिकों ने निम्नांकित कुछ ऐसे कारकों का उल्लेख किया है जिससे यह पता चलता है कि बालकों के मानसिक विकास में माता-पिता तथा शिक्षक महत्त्वपूर्ण भूमिका अदा कर सकते हैं—

(1) माता-पिता को घर में बालकों के सामने ऐसी समस्यात्मक परिस्थिति उपस्थित करनी चाहिए जो उनके उम्र के अनुकूल हो तथा जिससे उनमें सूझ (insight) तथा समझ (comprehension) की शक्ति का विकास हो। ऐसा करने से उनका मानसिक विकास तीव्र गति से आगे बढ़ता है।

(2) माता-पिता को चाहिए कि वे दुलार-प्यार से बालकों द्वारा पूछे गए प्रश्नों के जवाब दें। इससे उनमें आत्मसंतोष (self-satisfaction) होता है तथा साथ-ही-साथ उनके मानसिक विकास का स्तर ऊँचा होता है।

(3) माता-पिता को बालकों की बौद्धिक क्षमता (intellectual capacity) के अनुकूल ही कार्यों की उम्मीद करनी चाहिए। कुछ माता-पिता ऐसा नहीं करते और वे बालकों की बौद्धिक क्षमता से अधिक उच्च स्तर के कार्य की उम्मीद करते हैं जिसे बालक पूरा नहीं कर पाते। इससे वे क्रोधित हो जाते हैं और बालकों को डाँटना-फटकारना प्रारंभ कर देते हैं। इससे बालकों में कुंठा (frustration) उत्पन्न होती है जिससे उनके मानसिक विकास पर बुरा असर पड़ता है।

(4) माता-पिता को बालकों की उपलब्धियों की अधिक-से-अधिक प्रशंसा करनी चाहिए इससे उनमें आत्म-सम्मान (self-respect) तथा आत्म-विश्वास (self-confidence) बढ़ता है जो मानसिक विकास के लिए एक अच्छा अनुकूल वातावरण तैयार करता है।

(5) शिक्षकों को चाहिए कि वर्ग में बालकों को उनकी बौद्धिक क्षमता के स्तर के अनुकूल कार्य दें तथा अपने अध्यापन का स्तर भी उसी के अनुकूल रखें। ऐसा करने से बालकों में असंतुष्टि नहीं होगी और उनके मानसिक विकास के लिए एक अच्छी पृष्ठभूमि (background) तैयार होगी।

(6) शिक्षकों को वर्ग में शिक्षार्थियों (learners) के बीच उचित प्रतिस्पर्द्धा का भाव भी उत्पन्न करना चाहिए। सारासन (Sarason, 1987) के अध्ययन के अनुसार प्रतिस्पर्द्धा का भाव शिक्षार्थियों (learners) के बीच में होने से मानसिक सतर्कता (mental alertness) की वृद्धि होती है और इससे उनका उपयुक्त मानसिक विकास होता है।

उपर्युक्त तथ्यों से यह पता चलता है कि माता-पिता तथा शिक्षकों की भूमिका बालकों के मानसिक विकास में अधिक है। ये लोग अपनी भूमिका उपर्युक्त परिप्रेक्ष्य में निभाकर बालकों में मानसिक विकास के स्तर को ऊँचा कर सकते हैं।

संज्ञानात्मक विकास का अर्थ
(Meaning of Cognitive Development)

शिक्षा मनोवैज्ञानिकों का मत है कि शिक्षकों के लिए जो सबसे महत्त्वपूर्ण क्षेत्र है और जिसे उन्हें समझना नितांत आवश्यक है, वह है छात्रों का संज्ञानात्मक विकास (cognitive development)। संज्ञान (cognition) से तात्पर्य एक ऐसी प्रक्रिया से होता है जिसमें संवेदन (sensation), प्रत्यक्षण (perception), प्रतिमा (imagery), धारणा (retention), प्रत्याह्वान (recall), समस्या समाधान, चिंतन (thinking), तर्कणा (reasoning) जैसी मानसिक प्रक्रियाएँ सम्मिलित होतीं हैं। अतः, संज्ञान से तात्पर्य जैसा कि निस्सर (Neisser, 1967) ने कहा है, संवेदी सूचनाओं (sensory information) को ग्रहण करके उसका रूपांतरण (transformation), विस्तरण (elaboration), संग्रहण (storage), पुनर्लाभ (recovery) तथा उसका समुचित प्रयोग करने से होता है। संज्ञानात्मक विकास से तात्पर्य बालकों में किसी संवेदी सूचनाओं को ग्रहण करके उसपर चिंतन करने तथा क्रमिक रूप से (gradually) उसे इस लायक बना देने से होता है जिसका प्रयोग विभिन्न परिस्थितियों में करके वे तरह-तरह की समस्याओं का समाधान आसानी से कर सकते हैं। स्पष्टतः, इस ढंग का विकास बालकों में होनेवाले बौद्धिक विकास (intellectual development) से संबंधित है जो वर्ग में शिक्षकों के लिए एक प्रमुख विषय है। संज्ञानात्मक विकास के अध्ययन के क्षेत्र में जीन पियाजे (Jean Piaget) का सिद्धांत एक अभूतपूर्व सिद्धांत माना गया है। उन्होंने बालकों के चिंतन एवं तर्कणा (reasoning) के विकास के जैविक (biological) तथा संरचनात्मक (structural) तत्त्वों पर बल डालकर संज्ञानात्मक विकास (cognitive development) की व्याख्या की है। बाद में जे॰ एस॰ ब्रुनर (J S Bruner) ने पियाजे की विचारधारा (viewpoints) को अधिक विस्तृत (broad) कर एक नया सिद्धांत दिया जो शिक्षकों के लिए और भी अधिक उपयोगी सिद्ध हुई। फिर बाद में वाइगोटस्की (Vygostsky) ने भी संज्ञानात्मक विकास का एक सिद्धांत विकसित करके इस क्षेत्र में महत्त्वपूर्ण योगदान किया है।

पियाजे के संज्ञानात्मक विकास का सिद्धांत के कुछ महत्त्वपूर्ण संप्रत्यय
(Some Important Concepts of Piaget's Theory of Cognitive Development)

जीन पियाजे (Jean Piaget, 1896–1980) एक प्रमुख स्विस मनोवैज्ञानिक (Swiss Psychologists) थे जिनका प्रशिक्षण प्राणि-विज्ञान (Zoology) में हुआ था। वे अल्फ्रेड विने (Alfred Binet) की प्रयोगशाला में बुद्धि परीक्षणों (intelligence tests) के साथ जब कार्य कर रहे थे, उसी समय बालकों के संज्ञानात्मक विकास (cognitive development) पर कार्य शुरू किए थे। यह अवधि 1922–23 की थी। उन्होंने 1923 तथा 1932 के बीच में पाँच पुस्तकें प्रकाशित कीं जिनमें संज्ञानात्मक विकास के सिद्धांत का प्रतिपादन किया। पियाजे के संज्ञानात्मक विकास के सिद्धांत से जो सबसे महत्त्वपूर्ण बात का पता चलता है, वह है कि पियाजे के अनुसार बालकों में वास्तविकता के स्वरूप के बारे में चिंतन करने तथा उसे खोज करने की शक्ति न तो सिर्फ बालकों के परिपक्वता स्तर (maturational level) पर और न सिर्फ उसके अनुभवों पर निर्भर करता है, बल्कि इन दोनों की अंत:क्रिया (interaction) द्वारा निर्धारित होती है। स्पष्टतः, संज्ञानात्मक विकास की व्याख्या में पियाजे ने जो विचारधारा व्यक्त की है, वह एक अंत:क्रियावादी विचारधारा (interactionists' viewpoints) का उदाहरण है।

पियाजे के संज्ञानात्मक विकास के सिद्धांत की पूर्णरूपेण व्याख्या करने के पहले इस सिद्धांत के कुछ महत्त्वपूर्ण संप्रत्यय (important concepts) हैं जिनकी व्याख्या करना उचित है। इन संप्रत्ययों (concepts) में निम्नांकित प्रमुख हैं—

1. अनुकूलन (Adaptation)—पियाजे के अनुसार बालकों में वातावरण के साथ समंजन (adjustment) करने की एक जन्मजात प्रवृत्ति (innate tendency) होती है जिसे अनुकूलन कहा जाता है। उन्होंने अनुकूलन की प्रक्रिया की दो उपप्रक्रियाएँ बताई हैं—**आत्मसात्करण** (assimilation) तथा **समायोजन** (accommodation)। इन दोनों उपप्रक्रियाओं में समानता यह है कि ये दोनों ही स्वयं एवं वातावरण की वस्तुओं के बारे में सूचना प्राप्त करने की मूल योजना (strategy) हैं। आत्मसात्करण एक ऐसी प्रक्रिया है जिसमें बालक समस्या के समाधान के लिए या वास्तविकता से समंजन करने के लिए पूर्व सीखी गई योजनाओं या मानसिक प्रक्रियाओं (mental operations) का सहारा लेता है। जैसे यदि शिशु किसी वस्तु को उठाकर अपने मुँह में रख लेता है, तो यह एक आत्मसात्करण (assimilation) का उदाहरण होगा क्योंकि वह वस्तु को एक परिचित क्रिया अर्थात खाने की क्रिया के साथ आत्मसात कर रहा है। कभी-कभी ऐसा होता है कि वास्तविकता से समंजन करने में पहले की परिचित योजना या मानसिक प्रक्रिया से काम नहीं चलता है। ऐसी स्थिति में बालक अपनी योजना, संप्रत्यय (concept) या व्यवहार में परिवर्तन लाता है ताकि वह नए वातावरण के साथ अनुकूलन या समंजन (adjustment) कर सके। जैसे यदि कोई बालक यह जानता है कि 'कुत्ता' क्या होता है परंतु एक 'बिल्ली' को देखकर जब वह अपने मानसिक संप्रत्यय (mental concept) में परिवर्तन कर बिल्ली की अलग कुछ विशेषताओं पर गौर करता है, तो यह समायोजन का उदाहरण होगा।

2. साम्यधारण (Equilibration)—साम्यधारण (साम्यन) का संप्रत्यय अनुकूलन (adaptation) के संप्रत्यय से मिलता-जुलता है। साम्यधारण एक ऐसी प्रक्रिया है जिसके द्वारा बालक आत्मसात्करण (assimilation) तथा समायोजन (adaptation) की प्रक्रियाओं के बीच एक संतुलन (balance) कायम करता है। इस तरह से साम्यधारण (equilibration) एक तरह की आत्म-नियंत्रक (self-regulatory) प्रक्रिया है। पियाजे का कहना था कि जब बालक के सामने ऐसी परिस्थिति या समस्या आती है, जिसका उसे कभी अनुभव नहीं हुआ था तो इससे उसमें एक तरह का संज्ञानात्मक असंतुलन (cognitive disequilibrium) उत्पन्न होता है जिसे दूर करने के लिए या जिसमें संतुलन (balance) लाने के लिए वह आत्मसात्करण या समायोजन या दोनों ही प्रक्रियाएँ करना प्रारंभ कर देता है।

3. संरक्षण (Conservation)—पियाजे के सिद्धांत में यह एक महत्त्वपूर्ण संप्रत्यय है। संरक्षण से तात्पर्य वातावरण में परिवर्तन (change) तथा स्थिरता (constancy) दोनों को पहचानने एवं समझने की क्षमता तथा किसी वस्तु के रूप-रंग में परिवर्तन को उस वस्तु के तत्त्व (substance) में परिवर्तन से अलग करने की क्षमता से होता है। पियाजे के सिद्धांत का यह एक संप्रत्यय है जिसपर मनोवैज्ञानिकों ने सबसे अधिक शोध किया है।

4. संज्ञानात्मक संरचना (Cognitive structures) —किसी बालक का मानसिक संगठन या मानसिक क्षमताओं के सेट को संज्ञानात्मक संरचना कहा जाता है। रिली, लेविस तथा टैनर[1] (Reilly, Lewis and Tanner, 1983) के शब्दों में, "किसी बालक के मानसिक संगठन या क्षमताओं को ही

1. "The mental organisations or abilities of any particular child are his cognitive structures."—Reilly, Lewis & Tanner, *Educational Psychology*, 1983, p. 62

संज्ञानात्मक संरचना कहा जाता है।" संज्ञानात्मक संरचना के ही आधार पर (उदाहरण के रूप में) एक 7 साल के बालक को 3 साल के बालक से भिन्न समझा जाता है।

5. मानसिक संक्रिया (Mental operations)—जब भी बालक किसी समस्या के समाधान पर चिंतन करता है, वह मानसिक संक्रिया (mental operation) करते समझा जाता है। अत:, पियाजे के सिद्धांत में मानसिक संक्रिया चिंतन का एक प्रमुख साधन (tool) है। इस तरह कहा जा सकता है कि संज्ञानात्मक संरचना (cognitive structure) की संक्रियता (action) ही मानसिक संक्रिया (mental operation) है।

6. स्कीम्स (Schemes)—व्यवहारों के संगठित पैटर्न (organized pattern) को जिसे आसानी से दोहराया जा सकता है, स्कीम्स कहा जाता है। जैसे बालक स्कूल जाने के लिए जब अपनी किताब-कॉपी वर्ग रूटीन के अनुसार लेता है, स्कूल-ड्रेस पहनता है, जूता पहनता है तब व्यवहारों के ये सभी संगठित पैटर्न को स्कीम्स (schemes) कहा जाता है। स्कीम्स (schemes) का संबंध मानसिक संक्रिया (mental operation) से स्पष्ट है। स्कीम्स मानसिक संक्रिया (mental operation) का अभिव्यक्त रूप (expressed form) होता है।

7. स्कीमा (Schema)—स्कीमा सुनने में स्कीम्स से काफी मिलता-जुलता लगता है, परंतु सच्चाई यह है कि इसका अर्थ उससे भिन्न है। पियाजे (Piaget) का स्कीमा से तात्पर्य एक ऐसी मानसिक संरचना से होता है जिसका सामान्यीकरण (generalisation) किया जा सके। स्कीमा इस तरह मानसिक संक्रिया (mental operation) तथा संज्ञानात्मक संरचना (cognitive structure) से काफी संबंधित संप्रत्यय है।

8. विकेंद्रण (Decentering)—पियाजे के अनुसार विकेंद्रण (decentering) से तात्पर्य किसी वस्तु या चीज के बारे में वस्तुनिष्ठ या वास्तविक ढंग से सोचने की क्षमता से होता है। इनका कहना था कि 3–4 महीने की उम्र के बालकों में ऐसी क्षमता नहीं होती है बल्कि वह किसी बस्तु या चीज के बारे में आत्मकेंद्रित (egocentric) ढंग से सोचता है। परंतु कुछ उम्र बीतने पर जैसे जब वह 23–24 महीने का हो जाता है, तो उसमें वस्तु या चीज के बारे में वास्तविक ढंग से सोचने की क्षमता विकसित हो जाती है।

पियाजे के संज्ञानात्मक विकास का सिद्धांत
(Piaget's Theory of Cognitive Development)

जीन पियाजे (Jean Piaget) ने बालकों के संज्ञानात्मक विकास (cognitive development) की व्याख्या करने के लिए एक चार-अवस्था (four stage) सिद्धांत का प्रतिपादन किया है। इस सिद्धांत में पियाजे ने संज्ञानात्मक विकास की व्याख्या चार प्रमुख अवस्थाओं (stages) में बाँटकर की है। वे अवस्थाएँ निम्नांकित हैं—

1. संवेदी-पेशीय अवस्था (Sensory-motor state)
2. प्राक्संक्रियात्मक अवस्था (Preoperational stage)
3. ठोस संक्रिया की अवस्था (Stage of concrete operation)
4. औपचारिक संक्रिया की अवस्था (Stage of formal operation)

इन अवस्थाओं का वर्णन करने के पहले यह आवश्यक है कि इस सिद्धांत की प्रमुख पूर्वकल्पनाओं (assumptions) पर विचार कर लिया जाए। इस सिद्धांत की निम्नांकित चार प्रमुख पूर्वकल्पनाएँ हैं—

(i) मानव शिशु जन्म से ही वातावरण की अनिश्चितता (uncertainty) को दूर करने के लिए अनुकूलन (adaptation) करता है तथा एक संबंधित एवं समन्वित (coordinated) ढंग से इस क्षमता को विकसित करने की कोशिश करता है।

(ii) जब बालकों के सामने कोई ऐसी घटना घटती है जिसे उसका पहले कभी अनुभव नहीं हुआ है तो इससे उसमें एक तरह का संज्ञानात्मक असंतुलन (cognitive disequilibrium) उत्पन्न हो जाता है जिसे वह आत्मसात्करण (assimilation) तथा समायोजन (accommodation) के माध्यम से संतुलित (equilibrate) करता है।

(iii) साम्यधारण (equilibration) की प्रक्रिया सिर्फ बालकों की गत अनुभूतियों (past experiences) पर ही निर्भर नहीं करती है बल्कि उनकी शारीरिक परिपक्वता (physical maturation) के स्तर पर भी, यानी उसके स्नायुमंडल (nervous system), संवेदी अंगों (sensory organs), पेशीय अंगों (motor organs) के विकास पर भी निर्भर करता है।

(iv) साम्यधारण (equilibration) का प्रभाव यह होता है कि बालकों की संज्ञानात्मक संरचना (cognitive structures) अधिक विकसित हो जाती है जिसके कारण संज्ञानात्मक विकास (cognitive development) की चारों अवस्थाओं में उनका विकास समरेखित (smoothed) होता है।

संज्ञानात्मक विकास (cognitive development) की चार अवस्थाओं (stages) का वर्णन निम्नांकित है—

(1) संवेदी-पेशीय अवस्था (Sensory-motor stage)—यह अवस्था जन्म से दो साल तक की होती है। इस अवस्था में शिशुओं में अन्य क्रियाओं के अलावा शारीरिक रूप से चीजों को इधर-उधर करना, वस्तुओं की पहचान करने की कोशिश करना, किसी चीज को पकड़ना और प्रायः उसे मुँह में डालकर उसका अध्ययन करना आदि प्रमुख हैं। पियाजे ने यह बताया है कि इस अवस्था में शिशुओं का बौद्धिक विकास (intellectual development) या संज्ञानात्मक विकास (cognitive development) निम्नांकित छह उप-अवस्थाओं (substages) से होकर गुजरता है—

(i) पहली अवस्था को **प्रतिवर्त क्रियाओं की अवस्था** (Stage of reflex activities) कहा जाता है जो जन्म से 30 दिन तक की होती है। इस अवस्था में बालक मात्र प्रतिवर्त क्रियाएँ (reflex activities) करता है। इन प्रतिवर्त क्रियाओं में चूसने का प्रतिवर्त (sucking reflex) सबसे प्रबल होता है।

(ii) दूसरी अवस्था **प्रमुख वृत्तीय प्रतिक्रियाओं की अवस्था** (Stage of primary circular reactions) है जो 1 महीने से 4 महीने की अवधि की होती है। इस अवस्था में शिशुओं की प्रतिवर्त क्रियाएँ (reflex activities) उनकी अनुभूतियों द्वारा कुछ हद तक परिवर्तित होती हैं, दुहराई जाती हैं और एक-दूसरे के साथ अधिक समन्वित (coordinated) हो जाती है। इन व्यवहारों को प्रमुख (primary) इसलिए कहा जाता है क्योंकि वे उनके शरीर की प्रमुख प्रतिवर्त क्रियाएँ होती हैं एवं उन्हें वृत्तीय (circular) इसलिए कहा जाता है क्योंकि उन्हें दुहराई जाती है।

(iii) तीसरी अवस्था **गौण वृत्तीय प्रतिक्रियाओं की अवस्था** (Stage of secondary circular reactions) होती है जो 4 से 8 महीने तक की अवधि की होती है। इस अवस्था में शिशु वस्तुओं को उलटने-पुलटने (manipulation) तथा छूने पर अपना अधिक ध्यान देता है न कि अपने शरीर की प्रतिवर्त क्रियाओं पर। इसके अलावा वह जान-बूझकर कुछ ऐसी अनुक्रियाओं (responses) को दुहराता है जो उसे सुनने या करने में रोचक एवं मनोरंजक लगता है।

(iv) **गौण स्कीमैटा के समन्वय की अवस्था** (Stage of coordination of secondary schemata) चौथी प्रमुख अवस्था है जो 8 महीने से 12 महीने की अवधि की होती है। इस अवधि में बालक उद्देश्य (goal) तथा उसपर पहुँचने के साधन (means) में अंतर करना प्रारंभ कर देता है। जैसे यदि किसी खिलौना को छिपा दिया जाता है, तो वह उसके लिए वस्तुओं को इधर-उधर हटाते हुए खोज जारी रखता है। इस अवधि में शिशु वयस्कों द्वारा किए जानेवाले कार्यों का अनुकरण (imitation) भी प्रारंभ कर देता है। इस अवधि में शिशु जो स्कीमा (schema) सीखते हैं, उनका वे एक परिस्थिति से दूसरी परिस्थिति में सामान्यीकरण (generalise) करना भी प्रारंभ कर देते हैं।

(v) **तृतीय वृत्तीय प्रतिक्रियाओं की अवस्था** (Stage of tertiary circular reactions) 12 महीने से 18 महीने की अवधि की होती है। इस अवस्था में बालक वस्तुओं के गुणों को प्रयास एवं त्रुटि (trial and error) विधि से सीखने की कोशिश करता है। इस अवस्था में उनका अपनी शारीरिक क्रियाओं में अभिरुचि कम हो जाती है और वे स्वयं कुछ वस्तुओं को लेकर प्रयोग करते हैं। बालकों में उत्सुकता अभिप्रेरक (curiosity motive) अधिक प्रबल हो जाता है तथा उनमें वस्तुओं को ऊपर से नीचे गिराकर अध्ययन करने की प्रवृत्ति अधिक होती है।

(vi) **मानसिक संयोग द्वारा नए साधनों की खोज की अवस्था** (Stage of the invention of new means through mental combination) अंतिम अवस्था है जो 18 महीने से 24 महीने तक की अवधि की होती है। यह वह अवस्था होती है जिसमें बालक वस्तुओं के बारे में चिंतन प्रारंभ कर देता है। इस अवधि में बालक उन वस्तुओं के प्रति भी अनुक्रिया करना प्रारंभ कर देता है जो सीधे दृष्टिगोचर (observable) नहीं होती हैं। इस गुण को **वस्तु स्थायित्व** (object permanence) कहा जाता है। दूसरे शब्दों में, बालक 3–4 महीने की उम्र में यह सोचते थे कि जब कोई वस्तु उनके सामने होती है तब उसका अस्तित्व बना होता है परंतु जब वस्तु उनके सामने से हट जाती है तब उसका अस्तित्व भी खत्म हो जाता है। परंतु अब उसका चिंतन अधिक वास्तविक हो जाता है और अब वह यह सोचता है कि जब वस्तु उसके सामने नहीं भी होता है तो उसका अस्तित्व (existence) बना होता है। इसे ही वस्तु स्थायित्व का गुण कहा जाता है।

(2) प्राक्संक्रियात्मक अवस्था (Preoperational stage)—संज्ञानात्मक विकास (cognitive development) की यह अवस्था 2 साल से 7 साल की होती है। दूसरे शब्दों में, यह वह अवस्था होती है जो प्रारंभिक बाल्यावस्था (early childhood) की होती है। इस अवस्था को पियाजे ने दो भागों में बाँटा है—प्राक्संप्रत्ययात्मक अवधि (preconceptual period) तथा अंतर्दर्शी अवधि (intuitive period)।

(i) **प्राक्संप्रत्ययात्मक अवधि** (Preconceptual period)—यह अवधि 2 साल से 4 साल की होती है। इस अवस्था में बालक सूचकता (signifiers) विकसित कर लेते हैं। सूचकता (signifiers) से तात्पर्य इस बात से होता है कि बालक यह समझने लगते हैं कि वस्तु, शब्द प्रतिमा तथा चिंतन (thoughts) किसी चीज के लिए किया जाता है। उन्होंने दो तरह की सूचकता पर बल डाला

है—संकेत (symbol) तथा चिह्न (sign)। किसी ठोस वस्तु के मानसिक चिंतन (mental representation) का दूसरा नाम संकेत है। संकेत में तथा उस ठोस वस्तु में अधिक सादृश्यता होती है। जैसे जब बालक अपनी माँ की आवाज को सुनता है तब उसके मन में माँ की एक प्रतिमा बनती है जो संकेत का उदाहरण है। चिह्न में वस्तुओं (objects), जिनका वे मानसिक चिंतन (mental representation) करते हैं, की इतनी अधिक सादृश्यता (resemblance) नहीं होती है। चिह्न में वस्तुओं या घटनाओं का एक अमूर्त चिंतन (abstract representation) होता है। शब्द या भाषा के अन्य पहलू सबसे सामान्य चिह्न के उदाहरण हैं।

पियाजे ने संकेत (symbols) तथा चिह्न (sign) को प्राक्संक्रियात्मक चिंतन (preoperational thoughts) का महत्त्वपूर्ण साधन (tool) माना है। इस अवस्था में बालकों को इन सूचकता (signifiers) का अर्थ समझना होता है तथा साथ-ही-साथ उसे अपने चिंतन एवं कार्य में उसका प्रयोग करना सीखना होता है। इसे पियाजे ने **लाक्षणिक कार्य** (semiotic function) की संज्ञा दी है। उन्होंने यह भी बताया है कि बालकों में लाक्षणिक कार्य मूलतः दो तरह की क्रियाओं (activities) अर्थात अनुकरण (imitation) एवं खेल (play) द्वारा होता है। अनुकरण (imitation) की प्रक्रिया द्वारा बालक सूचकता को सीखते हैं। उदाहरणस्वरूप, बालक जब माँ के 'फूल' को फूल कहने का अनुकरण करता है, तो वह धीरे-धीरे फूल एवं उसके अर्थ को समझ जाता है। खेल के माध्यम से भी बालक सूचकता के अर्थ को समझते हैं तथा उसका सही-सही प्रयोग अपने चिंतन एवं क्रियाओं में करना सीखते हैं।

पियाजे ने प्राक्संक्रियात्मक चिंतन (preoperational thoughts) की दो परिसीमाएँ (limitations) भी बताई हैं जो इस प्रकार हैं—

(a) जीववाद (Animism) जीववाद बालकों के चिंतन में एक ऐसी परिसीमा की ओर बताता है जिसमें बालक निर्जीव वस्तुओं को सजीव समझता है। जैसे कार, पंखा, हवा, बादल सभी उसके लिए सजीव होते हैं।

(b) आत्मकेन्द्रिता (Egocentrism) इसमें बालक सिर्फ अपने ही विचार को सही मानता है। उसे कुछ इस तरह का विश्वास हो जाता कि दुनिया की अधिकतर चीजे उसके इर्द-गिर्द चक्कर लगाती रहती हैं। जैसे वह तेजी से दौड़ता है, तो सूर्य भी तेजी से चलना प्रारंभ कर देता है, उसकी गुड़िया वही देखती है जो वह देख रहा है आदि-आदि। पियाजे ने यह भी बताया कि जैसे-जैसे बालकों का सम्पर्क अन्य बालकों एवं भाई-बहनों से बढ़ता जाता है, उसके चिंतन में आत्मकेन्द्रिता की शिकायत कम होती जाती है।

(ii) अन्तर्दर्शी अवधि (Intuitive period) यह अवधि 4 साल से 7 साल की होती है। इस अवधि में बालकों का चिंतन एवं तर्कणा (reasoning) पहले से अधिक परिपक्व (mature) हो जाते हैं जिसके परिणामस्वरूप वह साधारण मानसिक प्रक्रियाएँ जो जोड़, घटाव, गुणा तथा भाग (division) आदि में सम्मिलित होती हैं, उन्हें वह कर पाता है। परंतु, इन मानसिक प्रक्रियाओं के पीछे छिपे नियमों (priniciples) को वह नहीं समझ पाता है। अन्तर्दर्शी चिंतन (intuitive thinking) इस प्रकार एक ऐसा चिंतन होता है जिसमें कोई क्रमबद्ध तर्क (systematic logic) नहीं होता है। पियाजे ने अंतर्दर्शी चिंतन (intuitive thinking) का भी एक दोष (limitation) बताया है और वह यह है कि इस उम्र के बालकों के चिंतन में पलटावी गुण (trait of reversibility) नहीं होता है। जैसे बालक यह तो समझता है कि $2 \times 2 = 4$ हुआ परंतु $4 \div 2 = 2$ कैसे हुआ, यह नहीं समझ पाता है।

(3) ठोस संक्रिया की अवस्था (Stage of concrete operation) यह अवस्था 7 साल से प्रारंभ होकर 12 साल तक चलती है। इस अवस्था की विशेषता यह है कि बालक ठोस वस्तुओं (concrete objects) के आधार पर आसानी से मानसिक संक्रियाएँ (mental operations) करके समस्या का समाधान कर लेता है। परंतु यदि उन वस्तुओं को न देकर उसके बारे में शाब्दिक कथन (verbal statement) तैयार कर यदि समस्या उपस्थित की जाती है, तो वे ऐसी समस्याओं पर मानसिक संक्रियाएँ (mental operations) कर किसी निष्कर्ष पर पहुँचने में असमर्थ रहते हैं। जैसे यदि उन्हें तीन वस्तुएँ A, B, C दी जाएँ तो उन्हें देखकर वे यह आसानी से कह देंगे कि इनमें 'A', 'B' से बड़ा है और 'B', 'C' से बड़ा है। अतः, सबसे बड़ा 'A' हुआ। परंतु यदि उनसे यह कहा जाय कि अंजु मंजु से बड़ी है और मंजु बड़ी है रंजु से तो तीनों में सबसे बड़ी कौन है, तो वह इसका उत्तर देने में असमर्थ रहता है। इसका कारण यह है कि इस समस्या में ठोस संक्रिया (concrete operation) संभव नहीं है क्योंकि समस्या शाब्दिक कथन (verbal statement) के रूप में उपस्थित की गई है। इस उदाहरण से यह भी स्पष्ट है कि इस अवस्था में बालकों का चिंतन एवं तर्कणा (reasoning (प्राक्संक्रियात्मक अवस्था (preoperational stage) की तुलना में अधिक क्रमबद्ध (systematic) एवं तर्क संगत हो जाती है। इस अवस्था के चिंतन की एक विशेषता यह भी है कि इसमें पलटावी गुण (trait of reversibility) आ जाता है। जैसे अब बालक यह समझने लगते हैं कि $2 \times 2 = 4$ हुआ तो $4 \div 2 = 2$ होगा।

इस अवस्था में बालकों में तीन महत्त्वपूर्ण संप्रत्यय (concepts) विकसित कर जाता है—संरक्षण (conservation), संबंध (relations) तथा वर्गीकरण (classification)। इस अवस्था में बालक तरल (liquid), लंबाई (length), भार (weight) तथा तत्त्व (substance) के संरक्षण से संबंधित समस्याओं (problems) का समाधान करते पाए जाते हैं। वे क्रमिक संबंधों (ordinal relations) से संबंधित समस्याओं का भी समाधान करते पाए जाते हैं। दूसरे शब्दों में, दी गई वस्तुओं को उसकी लंबाई या वजन के अनुसार घटते क्रम या बढ़ते क्रम में सजाने की क्षमता उनमें विकसित हो जाती है। इसे पंक्तिबद्धता (seriation) की संज्ञा दी जाती है। उसी तरह इस अवस्था में बालकों में वस्तुओं के गुण के अनुसार उसे किसी एक वर्ग या उपवर्ग में छाँटने की क्षमता भी विकसित हो जाती है।

इतना होने के बावजूद ठोस संक्रियात्मक चिंतन (concrete operational thinking) के दो प्रमुख दोष बताए गए हैं। पहला दोष यह बताया गया है कि इस अवस्था में बालक मानसिक संक्रियाएँ (mental operations) तभी कर पाते हैं जब वस्तु ठोस (concrete) रूप में उपस्थित की गई हो। दूसरा दोष यह बताया गया है कि इस अवस्था में चिंतन पूर्णतः क्रमबद्ध (systematic) नहीं होता है क्योंकि बालक दी गई समस्या के तार्किक रूप से संभावित सभी समाधानों के बारे में नहीं सोच पाता है। जैसा कि ब्राऊन तथा कुक[1] (Brown & Cook, 1986) ने कहा है, "ठोस संक्रियात्मक चिंतन की दूसरी परिसीमा यह है कि यह बहुत क्रमबद्ध नहीं होती है। किसी समस्या के तार्किक रूप से संभावित सभी समाधानों के बारे में बालक नहीं सोच पाता है।"

1. "Another limitation associated with concrete operational thought is that it is not very systematic. A child in this stage is not likely to consider all of the logically possible solutions to a problem."—Brown & Cook, *Introductory Psychology*, 1986, p. 377

(4) औपचारिक संक्रिया की अवस्था (Stage of formal operations)—यह अवस्था 11 साल से प्रारंभ होकर वयस्कावस्था (adulthood) तक चलती है। इस अवस्था में किशोरों (adolescents) का चिंतन अधिक लचीला (flexible) तथा प्रभावी (effective) हो जाता है। उसके चिंतन में पूर्ण क्रमबद्धता (systematisation) आ जाती है। अब वे किसी समस्या का समाधान काल्पनिक रूप से (hypothetically) सोचकर एवं चिंतन करके करने में सक्षम हो जाते हैं। इस अवस्था में समस्या के समाधान के लिए समस्या के एकांशों (items) को ठोस रूप से (in a concrete form) उसके सामने उपस्थित होना अनिवार्य नहीं है। इस तरह किशोरों के चिंतन में वस्तुनिष्ठता (objectivity) तथा वास्तविकता (reality) की भूमिका अधिक बढ़ जाती है। दूसरे शब्दों में बालकों में विकेंद्रण (decentering) पूर्णतः विकसित हो जाता है।

पियाजे (Piaget) का मत है कि औपचारिक संक्रिया की अवस्था (stage of formal operation) अन्य अवस्थाओं की तुलना में अधिक परिवर्त्य (variable) होती है तथा यह किशोरों के शिक्षा के स्तर (level of education) से सीधे प्रभावित होती है। जिन बालकों का शिक्षा-स्तर काफी नीचा होता है, उनमें औपचारिक संक्रियात्मक चिंतन (formal operational thought) भी काफी कम होता है। परंतु, जिस बालक का शिक्षा-स्तर काफी ऊँचा होता है, उनमें औपचारिक संक्रियात्मक चिंतन अधिक मात्रा में होता है।

इस तरह हम देखते हैं कि पियाजे ने अपने चार-स्तरीय सिद्धांत (four-stage theory) में इस बात पर बल डाला है कि व्यक्ति में संज्ञानात्मक विकास चार विभिन्न अवस्थाओं में होता है।

पियाजे का यह सिद्धांत जबकि एक प्रबल सिद्धांत है, फिर भी मनोवैज्ञानिकों ने इसकी आलोचना निम्नलिखित कारकों के आधार पर की है—

(i) आलोचकों का मत है कि पियाजे द्वारा बालकों के व्यवहारों के प्रेक्षण (observation) की जो विधि अपनाई गई थी, वह अधिक आत्मनिष्ठ (subjective) है। इनकी विधि में कभी-कभी बालकों को ऐसी अनुक्रियाएँ करनी पड़ती हैं, जिसे वे अपने में संज्ञानात्मक सम्पन्नता (cognitive competence) होने के बावजूद उनका उत्तर नहीं दे पाते हैं।

(ii) कुछ आलोचकों ने बालकों द्वारा दिए गए उत्तरों की व्याख्या, जो पियाजे (Piaget) ने की है, की आलोचना की है। पियाजे के अनुसार जब बालक दी गई समस्या का समाधान नहीं कर पाता है, तो इसका सीधा मतलब यह लगा लिया जाता है कि उस बालक में संज्ञानात्मक सम्पन्नता (cognitive competence) की कमी है। आलोचकों ने पियाजे की इस व्याख्या की आलोचना की है। गेलमैन (Gelman, 1978) ने अध्ययन के आधार पर यह बताया है कि जब बालकों को पियाजे द्वारा पूछे गए संरक्षण (conservation) से संबंधित समस्या को सुधारकर एवं साधारण भाषा में पूछा गया तो वे उसका सही-सही समाधान करने में सफल हो गए। इससे पता चलता है कि पियाजे (Piaget) द्वारा की गई व्याख्या अधिक निर्भरयोग्य नहीं थी।

(iii) पियाजे (Piaget) का ऐसा विश्वास था कि संज्ञानात्मक विकास (cognitive development) सतत (continuous) एवं असतत (discontinuous) दोनों ही होता है। उनका कहना था कि किसी एक अवस्था में संज्ञानात्मक विकास की प्रक्रिया सतत (continuous) तथा उत्तरोत्तर बढ़नेवाली (incremental) होती है परंतु एक अवस्था से दूसरी अवस्था में यह विकास असतत (discontinuous) एवं गुणात्मक रूप से भिन्न (qualitatively distinct) होते हैं। आलोचकों का मत है कि पियाजे का यह विश्वास वैज्ञानिक नहीं था क्योंकि जो भी हम संज्ञानात्मक

विकास (cognitive development) दूसरी, तीसरी या चौथी अवस्था में देखते हैं वह ठीक पहले की अवस्था या अवस्थाओं से पूर्णतः अलग नहीं रहता है। उदाहरणस्वरूप, बालकों के चिंतन में तीसरी अवस्था में अचानक पलटावी का गुण (trait of irreversibility) नहीं आ जाता है। पहले उसमें अपलटावी का गुण (trait of irreversibility) संज्ञानात्मक विकास की दूसरी अवस्था में विकसित होता है और तब परिपक्वता एवं अनुभव में वृद्धि होने से अगली अवस्था में पलटावी का गुण विकसित होता है। अतः, संज्ञानात्मक विकास की विभिन्न अवस्थाओं को एक-दूसरे से पूर्णतः स्वतंत्र मानना उचित नहीं होगा।

(iv) हालाँकि पियाजे ने संज्ञानात्मक विकास (cognitive development) के लिए बालकों की जैविक परिपक्वता (biological maturation) तथा अनुभव (experience) दोनों को ही महत्त्वपूर्ण माना है, लेकिन वे यह नहीं बता पाए कि किसी अमुक संज्ञानात्मक संरचना (cognitive structure) के विकास में अनुभव की किस मात्रा में जरूरत पड़ती है। जैसे उन्होंने यह नहीं बताया है कि **वस्तु स्थायित्व** (object permanence) की संरचना विकसित करने में दृष्टि उद्दीपन (visual stimulation) किस मात्रा में बालकों को दिया जाना चाहिए। उसी ढंग से औपचारिक संक्रियात्मक चिंतन (formal operational thought) के संतोषजनक स्तर के लिए किशोरों को कहाँ तक शिक्षित होना चाहिए आदि-आदि।

इन आलोचनाओं के बावजूद पियाजे के संज्ञानात्मक विकास का सिद्धांत काफी महत्त्वपूर्ण सिद्धांत माना गया है। इस सिद्धांत के तथ्यों की उपयोगिता शिक्षकों के लिए काफी अधिक बताई गई है क्योंकि इससे बालकों के बौद्धिक विकास (intellectual development) की व्यवस्था संतोषजनक ढंग से हो पाती है।

पियाजे के सिद्धांत की शैक्षिक उपयोगिताएँ
(Educational Utilities of Piaget's Theory)

शिक्षा मनोवैज्ञानिकों ने पियाजे (Piaget) द्वारा संज्ञानात्मक विकास के प्रतिपादित सिद्धांत को शिक्षा के लिए काफी महत्त्वपूर्ण बताया है। शिक्षकों को इस सिद्धांत का ज्ञान अध्यापन कार्य में विशेष दिशा प्रदान करता है। इस सिद्धांत की शैक्षिक उपयोगिताओं का सही-सही आकलन इस प्रकार किया जा सकता है—

(i) पियाजे ने अपने सिद्धांत में शिक्षार्थी (learner) अर्थात बालक की भूमिका को काफी सक्रिय (active) एवं महत्त्वपूर्ण माना है। इससे शिक्षकों को पाठ्यक्रम (curriculum) तैयार करते समय शिक्षार्थी की आवश्यकता, प्रेरणा (motivation) एवं अभिरुचि (interest) पर विशेष रूप से नजर रखकर कार्यक्रम तैयार करने में सुविधा होती है।

(ii) पियाजे का सिद्धांत स्पष्टतः यह बताता है कि बालकों के चिंतन में जीववाद (animism) एवं आत्मकेंद्रिता (egocentrism) जैसे दोष उत्पन्न हो जाते हैं। इससे शिक्षक को अपने अध्यापन कार्य में विशेष मदद मिलती है। वे अपने अध्यापन का कार्यक्रम इस ढंग से तैयार कर पाते हैं कि इस तरह के दोषों से शिक्षार्थी जल्द-से-जल्द विमुक्त हो जाए।

(iii) पियाजे का सिद्धांत यह भी स्पष्ट संकेत देता है कि ठोस संक्रियात्मक अवस्था (concrete operational stage) में बालकों का संज्ञानात्मक विकास इस स्तर का हो जाता है कि वे संरक्षण

(conservation), संबंध (relations) तथा वर्गीकरण (classification) से संबंधित समस्याओं का समाधान कर सकते हैं। अतः, इस अवस्था में यानी 7 से 11 साल की आयु में यदि शिक्षक इन जटिल मानसिक संक्रियाओं को अधिक बढ़ा देते हैं तो इससे उनके बौद्धिक विकास का स्तर अधिक तेजी से बढ़ता है और तब शिक्षा के मूल उद्देश्य अर्थात एक ऐसा व्यक्तित्व पैदा करना जो सर्जनात्मक (creative), आविष्कारक (inventor) तथा आलोचनात्मक (critical) हो, अपने-आप पूरा हो जाता है।

(iv) पियाजे के इस सिद्धांत ने शिक्षकों को बालकों के खेल (play) को एक नये संदर्भ में विचार करने के लिए बाध्य कर दिया है। अब भी कुछ शिक्षक खेल को शैक्षिक रूप से अधिक महत्त्वपूर्ण न मानकर मात्र मनोरंजन का एक साधन मानते हैं। परंतु, पियाजे ने अपने इस सिद्धांत में यह स्पष्ट कर दिया है कि खेल का शैक्षिक महत्त्व काफी है। खेल के माध्यम से बालकों में संज्ञानात्मक संपन्नता (cognitive competence) विकसित होता है जो उसके संज्ञानात्मक विकास (cognitive development) का एक मूल आधार बनता है।

(v) इस सिद्धांत से शिक्षकों में यह सूझ उत्पन्न हुई है कि यदि किसी किशोर (adolescent) में औपचारिक संक्रियात्मक चिंतन (formal operational thought) के स्तर को बढ़ाना है तो उसे अधिक ऊँचे स्तर की शिक्षा देना अनिवार्य है। सिद्धांत में यह स्पष्ट रूप से बताया गया कि शिक्षा के स्तर से बालकों का औपचारिक संक्रियात्मक चिंतन सीधे प्रभावित होता है।

(vi) पियाजे के संज्ञानात्मक विकास के सिद्धांत से शिक्षकों को यह स्पष्ट रूप से निर्देश मिलता है कि वे शिक्षार्थियों (learners) को अपनी ही क्रियाओं द्वारा एक नई समझ एवं सुझाव विकसित करने में काफी मदद कर सकते हैं। इसका मतलब यह हुआ कि शिक्षक को शिक्षार्थी की मदद अनावश्यक रूप से हर कदम पर नहीं करनी चाहिए क्योंकि ऐसा करने से उनमें स्वायत्तता (autonomy) तथा आत्म-विश्वास (self-confidence) जैसे गुणों का विकास नहीं होता है जो संज्ञानात्मक विकास (cognitive development) में एक बाधक के रूप में साबित हो सकता है।

स्पष्ट है कि पियाजे के संज्ञानात्मक विकास के सिद्धांत का शैक्षिक महत्त्व अत्यधिक है। इससे शिक्षकों को अध्यापन कार्य के लिए स्वयं भी अच्छा निर्देश मिलता है तथा साथ-ही-साथ शिक्षार्थियों के लिए भी अधिक उपयोगी सुझाव मिल जाते हैं।

ब्रुनर के संज्ञानात्मक विकास का सिद्धांत
(Bruner's Theory of Cognitive Development)

संज्ञानात्मक विकास का अध्ययन जे॰ एस॰ ब्रुनर (J S Bruner, 1964, 1966) द्वारा किया गया है। इन्होंने पियाजे के सिद्धांत की अपेक्षा अपने सिद्धांत को अधिक उन्नत बनाने की कोशिश की है। ब्रुनर ने मूलतः दो प्रश्नों के उत्तर ढूँढ़ने में अधिक रुचि दिखाई है—

(i) शिशु किस ढंग से अपनी अनुभूतियों (experiences) को मानसिक रूप से बताते हैं, तथा

(ii) शैशवावस्था तथा बाल्यावस्था (childhood) में बालकों का मानसिक चिंतन (mental representation) कैसे होता है?

इन दोनों प्रश्नों का उत्तर ब्रुनर (Bruner) ने अपने सिद्धांत में देने की कोशिश की है। ब्रुनर (Bruner, 1966) के अनुसार शिशु अपनी अनुभूतियों को मानसिक रूप से (mentally) तीन तरीकों (modes) द्वारा बताता है—

(i) सक्रियता (enactive), (ii) दृश्य प्रतिमा (iconic) तथा (iii) सांकेतिक (symbolic)।

सक्रियता (enactive) एक ऐसा तरीका (mode) है जिसमें शिशु अपनी अनुभूतियों को क्रिया (action) द्वारा व्यक्त करता है। जैसे दूध का बोतल देखकर शिशु द्वारा मुँह चलाना, हाथ-पैर फेंकना एक सक्रियता विधि (enactive mode) का उदाहरण है जिसके द्वारा वह दूध पीने की इच्छा की अभिव्यक्ति कर रहा है। दृश्य प्रतिमा विधि (iconic mode) में बालक अपने मन में कुछ दृश्य प्रतिमाएँ (visual images) बनाकर अपनी अनुभूतियों की अभिव्यक्ति करता है तथा सांकेतिक विधि (symbolic mode) में बालक भाषा (language) के व्यवहार द्वारा अपनी अनुभूतियों की अभिव्यक्ति करता है। ब्रुनर (Bruner, 1966) ने अपने अध्ययनों के आधार पर बताया है कि इन तीनों के संप्रत्यय (concepts) का विकास एक क्रम (sequence) में होता है। जन्म से करीब 18 महीनों तक सक्रियता (enactive) विधि की प्रधानता देखी गई है। $1\frac{1}{2}$ वर्ष या 2 साल की उम्र में दृश्य प्रतिमा (iconic) विधि की प्रधानता होती है और करीब 7 साल की उम्र से सांकेतिक विधि की प्रधानता होती है। ब्रुनर तथा केनी (Bruner and Kenney, 1966) ने एक प्रयोग कर यह दिखाया है कि बालकों में पहले दृश्य प्रतिमा विधि (iconic mode) की प्रबलता होती है और बाद में सांकेतिक विधि (symbolic mode) की। प्रयोगकर्ताओं ने 3×3 मैट्रिक्स (matrix) में 9 प्लास्टिक के गिलास को चित्र 8.1 के अनुसार सजाकर बालकों के सामने रखा। बालकों के समूह में पाँच से सात साल तक की उम्र के बालक थे। इस मैट्रिक्स की विशेषता यह थी कि खड़े किनारों (vertical edge) पर के गिलास नीचे से ऊपर की दिशा में लंबाई में बढ़ते थे तथा पड़े किनारों पर के गिलास बाईं ओर से दाईं ओर बढ़ने में चौड़ाई में बढ़ते थे। (चित्र 8.1 देखें।) कुछ मिनट तक मैट्रिक्स को दिखाने के बाद सभी गिलासों को इधर उधर बिखेर दिया जाता था। बालकों को अभी-अभी देखे गए मैट्रिक्स के समान गिलासों को सुव्यवस्थित (arrange) कर डिजाइन को हू-ब-हू दोबारा बनाना होता था। इसके बाद फिर प्रयोगकर्ताओं द्वारा सभी 9 गिलासों से बननेवाले मैट्रिक्स का एक नया डिजाइन बनाया गया जिसमें दाईं ओर के तीनों सबसे अधिक चौड़े गिलासों को बाईं ओर तथा बाईं ओर के तीनों सबसे कम चौड़े गिलास को दाईं ओर रखा गया और बालकों से पहले देखे गए मूल डिजाइन (original design) के समान मैट्रिक्स तैयार करने को कहा गया। इस तरह इस दूसरी बार में बालकों को एक तरह से गिलासों को पक्षांतरित (transpose) करना था। प्रयोग के परिणाम में देखा गया कि पहला कार्य में अर्थात हू-ब-हू दोबारा बनाने के कार्य में अधिक बालकों (जिनकी उम्र 5 से 7 साल की थी) को सफलता मिली। परंतु, दूसरे कार्य में अर्थात पक्षांतरण कार्य (transposition task) में 5 साल की उम्र के सभी बालक असफल रहे तथा 6 साल की उम्र के कुछ ही बालकों को सफलता मिल पाई परंतु 7 साल के अधिकतर बालकों को अच्छी सफलता मिली। ब्रुनर के अनुसार 5 साल के बालकों में असफलता का मूल कारण यह था कि उनमें सांकेतिक विधि (symbolic mode) से अर्थात भाषा द्वारा अपनी अनुभूतियों को व्यक्त करने की क्षमता नहीं विकसित हुई थी। वे मूलतः दृश्य प्रतिमा विधि (iconic mode) का प्रयोग कर रहे थे जो कि पक्षान्तरण कार्य (transposition work) के लिए अनुपयुक्त (inadequate) था परंतु दृश्य प्रतिमा से उन्हें हू-ब-हू दोबारा मैट्रिक्स बनाने में काफी मदद मिल रही थी। शायद यही कारण है कि उन्हें इस कार्य में सफलता हाथ लगी। 6 साल के कुछ ही बालकों को पक्षांतरण कार्य में सफलता मिली। स्पष्टतः ऐसे बालकों में अपनी अनुभूतियों को

भाषा के माध्यम से अभिव्यक्ति (expression) की क्षमता विकसित हो गई थी। परंतु, 7 साल के सभी बालकों में चूँकि भाषाप्रयोग की क्षमता विकसित हो गई थी अर्थात सांकेतिक विधि द्वारा उनमें अपनी अनुभूतियों की अभिव्यक्ति की क्षमता हो गई थी, इसलिए उन्हें पक्षांतरण कार्य (transposition task) पर पूर्ण सफलता मिल रही थी। इस उम्र के बालकों के मन में एक शाब्दिक नियम (verbal rule) उत्पन्न हो गया था कि "सभी लंबे गिलास एक तरह से रखे गए हैं और सभी चौड़े गिलास दूसरी तरह से रखे गए हैं।" इस ढंग का शाब्दिक नियम 5 साल के बालकों में नहीं था तथा 6 साल के सिर्फ कुछ ही बालकों में था। अध्ययन से स्पष्ट हो जाता है कि बालकों के संज्ञानात्मक विकास (cognitive development) में दृश्य प्रतिमा (iconic) पहले विकसित होती है तथा सांकेतिक (symbolic) का प्रयोग बाद में होता है।

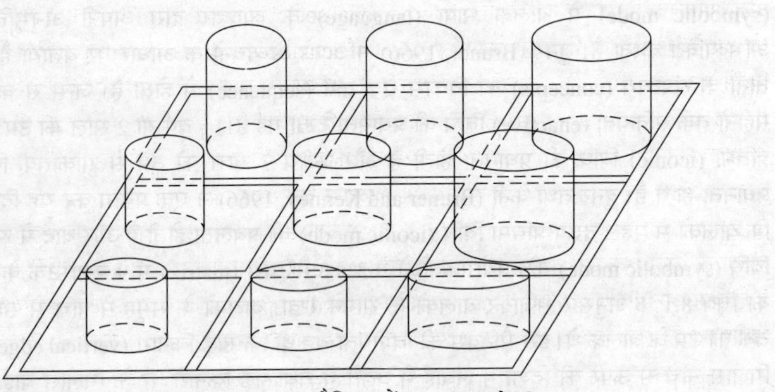

चित्र 8.1 3′ × 3′ मैट्रिक्स में 9 प्लास्टिक के गिलास

ब्रुनर के सिद्धांत के उपर्युक्त वर्णन से स्पष्ट है कि ब्रुनर ने भी पियाजे के समान ही संज्ञानात्मक विकास (cognitive development) को एक क्रमिक प्रक्रिया (sequential process) माना है तथा बालकों के चिंतन में संकेत (symbol) तथा प्रतिमा (images) को महत्त्वपूर्ण माना है। ब्रुनर के सिद्धांत की व्याख्या पियाजे के सिद्धांत की प्रथम तीन अवस्थाओं के समानांतर (parallel) है। इसके बावजूद ब्रुनर ने संज्ञानात्मक विकास में भाषा (language) को पियाजे की तुलना में अधिक महत्त्वपूर्ण बताया है। ब्रुनर के अनुसार बालकों के चिंतन (thinking) में भाषा की अहमियत अधिक होती है। पियाजे के सिद्धांत में बालकों के चिंतन में उनकी परिपक्वता एवं अनुभूतियाँ (experiences) तुलनात्मक रूप से अधिक महत्त्वपूर्ण होती हैं।

वाइगोटस्की के संज्ञानात्मक विकास का सिद्धांत

(Vygostsky's Theory of Cognitive Development)

मनोवैज्ञानिक वाइगोटस्की (Vygostsky, 1978) का मत था कि पियाजे ने संज्ञानात्मक विकास के अपने सिद्धांत में बच्चों द्वारा वातावरण को स्वतंत्र रूप से खोजबीन (exploration) करके संज्ञानात्मक विकास की प्रक्रिया पर बल डाला है। उसमें पियाजे ने परिपक्वता (maturation) को भी महत्त्वपूर्ण माना था। परंतु सामाजिक-सांस्कृतिक संदर्भ (socio-cultural perspective) जिसके

समर्थक लेभ वाइगोटस्की हैं, ने उसे स्वीकार नहीं किया है। इन्होंने बच्चों के संज्ञानात्मक विकास में सामाजिक कारकों (social factors) एवं भाषा (language) को महत्त्वपूर्ण बतलाया है। इसलिए वाइगोटस्की के संज्ञानात्मक विकास के सिद्धांत को **सामाजिक-सांस्कृतिक सिद्धांत** (socio-cultural theory) भी कहा जाता है।

पियाजे ने यह स्पष्ट किया था कि बच्चों के संज्ञानात्मक विकास में संस्कृति (culture) तथा शिक्षा (education) की भूमिका महत्त्वपूर्ण नहीं होती है। वाइगोटस्की ने इसे अस्वीकृत करते हुए कहा है कि हकीकत ऐसा नहीं है और बच्चे जिस उम्र में भी किसी संज्ञानात्मक कौशल को सीखते हैं, उनपर इस बात का अधिक प्रभाव पड़ता है कि क्या संस्कृति से उन्हें संगत सूचना तथा निर्देश प्राप्त हो रहा है या नहीं। वाइगोटस्की ने यह बतलाया है कि सचमुच में संज्ञानात्मक विकास एक अंतर्वैयक्तिक सामाजिक परिस्थिति (interpersonal social context) में संपन्न होता है जिसमें बच्चों को अपने **वास्तविक विकास के स्तर** (level of actual development) अर्थात जहाँ तक वे बिना किसी मदद के अपने ही कोई कार्य कर सकते हैं, से अलग तथा उनके **संभाव्य विकास के स्तर** (level of potential development) अर्थात जिसे वे सार्थक एवं महत्त्वपूर्ण व्यक्तियों की सहायता से प्राप्त करने में सक्षम हैं, के तरफ ले जाने की कोशिश की जाती है। इन दोनों स्तरों (levels) के बीच के अंतर को वाइगोटस्की ने **समीपस्थ विकास का क्षेत्र** (Zone of proximal development or ZPD) कहा है। दूसरे शब्दों में यह कहा जा सकता है कि समीपस्थ विकास का क्षेत्र से तात्पर्य बच्चों के लिए एक ऐसे कठिन कार्यों के परास (range) से होता है जिसे वह अकेले नहीं कर सकता है लेकिन अन्य वयस्कों तथा कुशल सहयोगियों (skilled peers) की मदद से उसे करना संभव है। समीपस्थ विकास के क्षेत्र को एक उदाहरण द्वारा इस प्रकार समझाया जा सकता है—

मान लिया जाए कि 5 वर्ष की कविता तथा सविता पियाजे द्वारा दिए गए संरक्षण समस्याओं (conservation problems) का समाधान नहीं कर पाती हैं। परंतु माता-पिता, शिक्षक या अन्य अपने से बड़े उम्र के बच्चों से निर्देशन पाकर कविता इन समस्याओं का समाधान नहीं कर पाती है जबकि सविता कर लेती है। क्या ये दोनों बच्चियाँ एक ही संज्ञानात्मक स्तर (cognitive level) पर हैं? वाइगोटस्की का उत्तर होगा कदापि नहीं क्योंकि दोनों के समीपस्थ विकास का क्षेत्र (zone of proximal development) अर्थात बच्चे स्वतंत्र रूप से क्या कर सकते हैं तथा वयस्कों से सहायता प्राप्त करके वे क्या और कर सकते हैं, अंतर है।

अब प्रश्न यह उठता है कि वाइगोटस्की के सिद्धांत में समीपस्थ विकास का क्षेत्र इतना क्यों महत्त्वपूर्ण है? इसके दो कारण बतलाए गए हैं—

(i) इससे यह पहचान करने में मदद मिलती है कि बच्चे क्या जल्द ही अपने स्तर से कुछ कर सकते हैं।

(ii) इससे यह भी पता चलता है कि हमलोग बच्चों के जैविक परिपक्वता (biological maturation) के आलोक में एक सीमा या क्षेत्र (zone) के भीतर बच्चों के संज्ञानात्मक विकास को आगे बढ़ा सकते हैं। टेनेनबाम तथा लीपर (Tenenbamm and Leeper, 2003) ने अपने अध्ययन के आधार पर इस तथ्य की संपुष्टि करते हुए कहा है कि जो माता-पिता अपने बच्चों को वैज्ञानिक कार्य (scientific task) में उम्र के अनुरूप परंतु संज्ञानात्मक रूप से उत्तेजित करनेवाले भाषा का उपयोग किया है, तो इनसे उनके बच्चों के संज्ञानात्मक विकास थोड़ा मजबूत हो गया।

वाइगोटस्की ने इस प्रश्न पर भी विचार किया है कि वयस्कों के साथ की गई सामाजिक अंतःक्रिया (social interaction) किस तरह से बच्चों के संज्ञानात्मक विकास में मदद करता है। अध्ययनों से यह स्पष्ट हुआ है कि प्राय: यह **पारस्परिक शिक्षण** (reciprocal teaching) के प्रारूप में होता है जिसमें शिक्षक (या अन्य वयस्क) तथा बालक बारी-बारी से किसी क्रिया को इस ढंग से करते हैं जिसमें शिक्षक (या अन्य वयस्क) बच्चे के लिए एक मॉडल के रूप में कार्य करते हैं। इसके अतिरिक्त इन विभिन्न अंतःक्रियाओं के दौरान वयस्क एक तरह से पाड़ या पाइट (scaffolding) प्रदान करते हैं जिससे भी उनका संज्ञानात्मक विकास प्रभावित होता है। पाड़ या पाइट से तात्पर्य एक ऐसी मानसिक संरचना (mental structures) से होता है जिसे बच्चे नए कार्यों को करते समय या नए प्रकार का चिंतन करते समय उनका उपयोग कर सकते हैं। सचमुच में यह एक ऐसी सामाजिक अंत:क्रिया (social interaction) है जिसमें शिक्षक सत्र (teaching session) के दौरान दिए गए समर्थन (support) को छात्रों के निष्पादन के वर्तमान स्तर के साथ फिट करने की कोशिश की जाती है ताकि बच्चे फिर धीरे-धीरे बिना समर्थन के ही निष्पादन को उत्तम बनाकर रख सकें।

टप्पन (Tappan, 1998) तथा जान-स्टीनर एवं माह्न (John-Steiner and Mohn, 1996) द्वारा किए गए अध्ययनों से यह स्पष्ट हुआ है कि ZPD (Zone of Personal Development) में पाड़ या पाइट (scaffolding) का एक महत्त्वपूर्ण साधन (tool) संवाद या वार्तालाप (dialouge) होता है। वाइगोटस्की का मत था कि बच्चों में उत्तम परंतु अक्रमबद्ध (unsystematic), असंगठित (disorganised) तथा स्वत: प्रवर्तित (spontaneous) संप्रत्यय (concepts) होते हैं। जब ऐसे बच्चों का संवाद या वार्तालाप अधिक निपुण एवं प्रवीण व्यक्तियों के साथ होता है, तो उनका संप्रत्यय एक क्रमबद्ध, तार्किक (logical) एवं तर्कसंगत (rational) संप्रत्यय में बदल जाता है।

वाइगोटस्की (Vygostsky, 1962) ने संज्ञानात्मक विकास में बच्चों की भाषा (language) एवं चिंतन (thinking) को भी महत्त्वपूर्ण साधन बतलाया है। इनका मत है कि छोटे बच्चों द्वारा भाषा का उपयोग सिर्फ सामाजिक संचार (social communication) के लिए ही नहीं किया जाता है बल्कि इसका उपयोग वे लोग अपने व्यवहार को नियोजित एवं निदेशित करने के लिए भी करते हैं। जब आत्म-नियमन (self-regulation) के लिए भाषा का उपयोग किया जाता है, तो इसे **आंतरिक संभाषण** (inner speech) या निजी संभाषण (private speech) कहा जाता है। इस बिंदु पर वाइगोटस्की का मत पियाजे (Piaget) के मत से भिन्न है। पियाजे के लिए यह निजी संभाषण (private speech) अपरिपक्व एवं आत्मकेंद्रित (egocentric) होता है जबकि वाइगोटस्की ने इसे आरंभिक बाल्यावस्था में चिंतन का एक महत्त्वपूर्ण साधन (tool) माना है।

वाइगोटस्की के सिद्धांत के अनुसार प्रारंभ में बच्चों में चिंतन (thinking) एवं भाषा (language) दोनों ही स्वतंत्र रूप से पहले विकसित होते हैं और बाद में वे आपस में फिर मिल जाते हैं। उनका मत था कि सभी मानसिक कार्य (mental functions) के बाह्य (external) या सामाजिक उद्‌भव (social origin) होते हैं। अपने चिंतन पर ध्यान केंद्रित करने के पहले बच्चों को दूसरों के साथ बातचीत करने के लिए भाषा को सीखना अनिवार्य होता है। इस तरह से बच्चों को लंबे समय तक बाहरी दुनिया के साथ संचार स्थापित करने के लिए भाषा का उपयोग करना आवश्यक रूप से सीखना होता है और इसके बाद ही वे ठीक ढंग से बाह्य (external) से भीतरी संभाषण (internal speech) की ओर अंतरित हो पाते हैं। यह अंतरण सामान्यत: 3 साल से 7 साल के बीच होता है और इसमें बच्चे अपने-आपसे बातचीत करना सीख लेते हैं। इसके बाद आत्म-बातचीत (self-talk) बच्चों का एक स्वभाव-सा हो जाता है और वे बिना स्पष्ट रूप से बोले

ही कोई कार्य करने की क्षमता विकसित कर लेते हैं। जब ऐसा हो जाता है, तो यह कहा जाता है कि बच्चे अपने आत्मकेंद्रित संभाषण (egocentric speech) को **आंतरिक संभाषण** (inner speech) के रूप में अंतरीकृत (internalised) कर लिए हैं जो आगे चलकर उनके चिंतन के रूप में दिखलाई देते हैं। वाइगोटस्की का यह भी मत है कि ऐसे बच्चे जो अधिक-से-अधिक निजी संभाषण (private speech) का उपयोग करते हैं, वे सामाजिक रूप से उन बच्चों की अपेक्षा अधिक दक्ष होते हैं, जो ऐसे संभाषण का उपयोग नहीं करते हैं या बहुत कम करते हैं। इस तरह से उनके अनुसार निजी संभाषण सचमुच में सामाजिक रूप से अधिक अभिव्यक्तिशील (communicative) बनने की दिशा में बच्चों में एक उत्तम आरंभिक कदम होता है। अधिकतर शोधकर्ताओं ने बच्चों के विकास में निजी संभाषण (private speech) की इस धनात्मक भूमिका को समर्थन प्रदान किया है।

ऐजमिसिया (Azmitia, 1988) ने अपने अध्ययन के आधार पर यह स्पष्ट कर दिया है कि ऐसी सामाजिक अंतःक्रियाओं (social interactions) से बच्चे विशिष्ट तरह के कौशलों को आसानी से सीख लेते हैं तथा उससे उनके संज्ञानात्मक विकास में मदद मिलती है। ऐस्टिंग्टन (Astington, 1985) तथा पास्सर एवं स्मिथ (Passer and Smith, 2007) द्वारा इस क्षेत्र में किए गए अध्ययनों की समीक्षा से यह स्पष्ट हुआ है कि बच्चे अपने सहपाठियों के साथ भी अंत:क्रिया करके बहुत कुछ सीखते हैं।

शिक्षा मनोविज्ञान में वाइगोटस्की का यह सिद्धांत धीरे-धीरे लोकप्रिय हो गया है और जैसा कि रोवी तथा वर्टस्क (Rowe and Wertsch, 2004) ने कहा है, इसमें अन्य कुशल व्यक्तियों (skilled persons) के साथ अंत:क्रिया के माध्यम से सहयोगात्मक अधिगम (collaborative learning) पर तुलनात्मक रूप से अधिक बल डाला गया है।

वाइगोटस्की के सिद्धांत का शैक्षिक आशय
(Educational Implication of Vygotsky Theory)

वाइगोटस्की सिद्धांत द्वारा शिक्षण (teaching) एवं अधिगम (learning) के लिए एक नयी दृष्टि प्रदान की गई है। यह एक ऐसी दृष्टि है जिसमें शिक्षण एवं अधिगम के सामाजिक संदर्भ (social context) तथा सहयोग के महत्त्व पर काफी बल डाला गया है। वाइगोटस्की के सिद्धांत के अनुसार स्कूल में जो वर्ग या कक्षा चलाए जाते हैं, उनमें वैयक्तिक विभिन्नता (individual difference) पर बल डाला जाता है तथा बच्चों की सक्रिय सहभागिता (active participation) के लिए पर्याप्त अवसर देने पर बल डाला जाता है। इससे छात्रों का शैक्षिक विकास (educational development) मजबूत होता है। इतना ही वाइगोटस्की के सिद्धांत में वर्ग में दो अन्य नियमों पर बल डाला जाता है—

सहायता प्राप्त खोज (assisted discovery) तथा **साथी-संगी का सहयोग** (peer collaboration) सहायता-प्राप्त खोज में शिक्षक बच्चों के अधिगम (learning) को निदेशित करते हैं ताकि प्रत्येक बच्चा का **समीपस्थ विकास के क्षेत्र** (zone of proximal development) में पर्याप्त सहभागिता बनी रहे। सहायता-प्राप्त खोज की गुणवत्ता साथी-संगी के सहयोग (peer collaboration) से भी मजबूत होता है। विभिन्न क्षमताओं वाले बच्चे समूह में कार्य करते हैं, एक-दूसरे की मदद करते हैं तथा जरूरत पड़ने पर शिक्षण भी करते हैं।

वाइगोटस्की के सिद्धांत के प्रमुख शैक्षिक आशय (educational implication) को उपर्युक्त सामान्य व्याख्या के अतिरिक्त निम्नांकित ढंग से विशेष रूप से व्यक्त किया जा सकता है—

1. प्राक्स्कूली छात्रों के लिए अपने सिद्धांत के तहत वाइगोटस्की का मुख्य शैक्षिक संदेश (educational message) यह है कि बच्चों के समीपस्थ विकास के क्षेत्र में अधिक-से-अधिक सामाजिक रूप से प्रबल एवं अर्थपूर्ण क्रियाओं को बढ़ावा दिया जाए और उनमें आत्म-विश्वास उत्पन्न करने की भरपूर कोशिश की जाए ताकि उनमें आगे की स्कूली शिक्षा के लिए जरूरी आत्म-अनुशासन का बीज बोया जा सके।

2. जब बच्चे औपचारिक रूप से स्कूल जाना प्रारंभ कर दें, तो वाइगोटस्की का सिद्धांत साक्षरता क्रियाओं (literacy activities) पर बल डालता है। जब वर्ग में बच्चे साहित्य, गणित, विज्ञान, सामाजिक विज्ञान (social science) आदि के बारे में बातचीत प्रारंभ करते हैं, तो शिक्षक उन्हें उनके बारे में कुछ नई सूचनाएँ देते हैं, उनके विचारों को संशोधित करते हैं तथा उन्हें उनकी व्याख्या करने के लिए कहते हैं। इसका परिणाम यह होता है कि बच्चों की चिंतन प्रक्रिया मजबूत हो जाती है और वे संज्ञानात्मक क्रियाओं (cognitive activities) के उच्चतर स्तर की ओर सोचने लगते हैं जिसमें वे यह भी सोचने लगते हैं कि किस तरह से सामाजिक रूप से लाभदायक तरीकों से किसी विचार को प्रतिबिंबित कर सकते हैं। इस तरह से वे धीरे-धीरे अपने समाज एवं संस्कृति के संकेत तंत्रों को नियंत्रित एवं परिचालित करना सीख लेते हैं।

3. पारस्परिक शिक्षण (Reciprocal teaching)—इस शिक्षण विधि का उद्देश्य पठन बोध (reading comprehension) की क्षमता को उन्नत बनाना है। यह विधि वाइगोटस्की के सिद्धांत से प्रेरित एक ऐसे शैक्षिक नवीनता (educational innovation) होती है जिसमें एक शिक्षक तथा दो से चार छात्र आपस में मिलकर एक सहयोगी अधिगम समूह (cooperative learning group) बनाते हैं और किसी पाठ्य परिच्छेद या लेखांश (text passage) के बारे में एक वार्तालाप करते हैं जिसमें अन्य बातों के अलावा चार तरह की संज्ञानात्मक युक्तियों (cognitive strategies) यथा प्रश्न करना, सारांश बताना, स्पष्टीकरण करना (clarifying) तथा पूर्वानुमान (predict) लगाना पर बल डाला जाता है। इसमें शिक्षक पाठ्य परिच्छेद की अंतर्वस्तु (content) के बारे में प्रश्न करते हैं। अन्य छात्र उसका उत्तर देते हैं और यदि छात्र उसमें सहमत नहीं होते हैं, तो अतिरिक्त प्रश्न करते हैं। इसके बाद शिक्षक परिच्छेद का सारांश बतलाते हैं तथा उस सारभाग की विवेचना करते हैं तथा किसी अपरिचित विचार (unfamiliar idea) का स्पष्टीकरण करते हैं। अंत में, शिक्षक छात्रों के परिच्छेद में छिपे संकेतों के आधार पर संभावित अंतर्वस्तु के बारे में पूर्वानुमान (predict) करते हैं। लेडरर (Lederer, 2000) ने अपने अध्ययन में पाया कि जिन प्राथमिक स्कूल की निम्न कक्षाओं के छात्रों को पारस्परिक शिक्षण (reciprocal teaching) का लाभ दिया गया था उनकी पठन बोध क्षमता (reading comprehension ability) उन जैसे ही छात्रों की तुलना में काफी बढ़ गई जिन्हें इस लाभ से वंचित रखा गया था। धीरे-धीरे ऐसे लाभान्वित छात्र एक समीपस्थ विकास का क्षेत्र (Zone of proximal development) विकसित करनें में सफल हो गए जिसमें वे शनैः-शनैः पाठ्य परिच्छेद (text passage) को समझने का अधिक-से-अधिक उत्तरदायित्व लेने के लिए तैयार हो गए थे।

4. सहयोगी अधिगम (Cooperative learning)—सहयोगी अधिगम में छात्रों का एक छोटा समूह आपसी भेदभाव भुलाकर एक सामान्य लक्ष्य (common goal) की ओर कार्य करता है। इसमें

छात्र उत्तरदायित्वों के निर्वाह में भाग लेते हैं तथा एक-दूसरे को एक पर्याप्त एवं पूर्ण व्याख्या उपलब्ध कराकर अपनी गलतफहमियों को दूर करते हैं। ऐजमिसिया (Azmitia, 1988) द्वारा किए गए अध्ययन से यह स्पष्ट हुआ है कि वाइगोटस्की के सिद्धांत के अनुसार किसी छात्र की समस्या समाधान क्षमता तथा नियोजन क्षमता उस समय अधिक तीक्ष्ण हो जाती है जब छात्र किसी अन्य योग्य एवं विशेषज्ञ छात्रों के साथ मिलकर सीखने का प्रयास करते हैं। सचाई यह है कि जब वर्ग में शिक्षण (teaching) सहयोगी अधिगम के माध्यम से किया जाता है, तो इससे वाइगोटस्की द्वारा प्रस्तावित समीपस्थ विकास का क्षेत्र (zone of proximal development) एकाकी छात्र (single child) से विशेषज्ञों (experts) जैसे वयस्क एवं अन्य साथी-संगी (peers) के साथ मिलकर अनेक सहयोगियों (partners) जिनमें विभिन्न तरह की सुविज्ञता (expertise) होती है तथा जो एक दूसरे को उत्तेजित एवं प्रोत्साहित भी करते हैं, तक विस्तारित हो जाता है।

स्पष्ट हुआ कि वाइगोटस्की के सिद्धांत का शैक्षिक आशय (educational implication) स्पष्ट है जो काफी महत्त्वपूर्ण भी है।

संज्ञानात्मक विकास—बच्चों के मन का सिद्धांत एवं सूचना संसाधन उपागम (Cognitive Development: Children's Theory of Mind and Information Processing Approach)

संज्ञानात्मक विकास के क्षेत्र में किए गए नवीनतम अध्ययनों से यह स्पष्ट हुआ है कि यद्यपि इस क्षेत्र में पियाजे (Piaget) द्वारा किया गया कार्य असमानांतर (unparallel) है, फिर भी कुछ ऐसे संप्रत्यय, सिद्धांत एवं संदर्भ (perspective) अवश्य रहे हैं, जिनकी कल्पना भी पियाजे ने अपने सिद्धांत में नहीं किया है। ऐसे दो विषय (topics) विशेष रूप से उल्लेखनीय हैं।

1. बच्चों के मन का सिद्धांत (Children's theory of mind)
2. सूचना संसाधन उपागम (Information processing approach)

इन दोनों का वर्णन इस प्रकार है—

1. बच्चों के मन का सिद्धांत (Children's Theory of Mind)

जैसा कि हम जानते हैं, वयस्क व्यक्तियों में अपने चिंतन की प्रक्रिया तथा चिंतन की एक विवेकी समझ (sophisticated understanding) होती है। ऐसे व्यक्ति यह समझते हैं कि समय बीतने से अपना चिंतन परिवर्तित हो सकता है तथा हमलोगों में गलत विश्वास हो सकता है या हमलोग चिंतन के बाद गलत निष्कर्ष पर भी पहुँच सकते हैं। इसी तरह से एक वयस्क व्यक्ति यह भी समझता है कि दूसरे व्यक्तियों की इच्छा या लक्ष्य हमारी इच्छा एवं लक्ष्य से भिन्न हो सकता है तथा दूसरे लोग कभी-कभी अपने लक्ष्य को हमसे छिपाने की कोशिश भी कर सकते हैं। एक वयस्क व्यक्ति यह भी जानता है कि एक ही तरह की सूचना दिए जाने पर दूसरे व्यक्ति का निष्कर्ष हमारे निष्कर्ष से भिन्न भी हो सकता है। संक्षेप में यह कहा जा सकता है कि एक वयस्क व्यक्ति भलीभाँति यह समझता है कि किस तरह से वह एवं अन्य व्यक्ति सोचता है।

अब प्रश्न यह उठता है कि बच्चों में इस तरह की समझ एवं चिंतन किस तरह से और कब विकसित होता है। संज्ञानात्मक विकास के क्षेत्र में हो रहे आधुनिक शोधों में इस गुत्थी को सुलझाने का भरसक प्रयास किया जा रहा है और मन का सिद्धांत (theory of mind) का विकास इसी का परिणाम है। बच्चों के मन का सिद्धांत से तात्पर्य उनमें अपनी सामाजिक अवस्थाओं (mental states) तथा दूसरों की अवस्थाओं के बारे में उत्पन्न समझ (understanding) से होता है। इसकी पूर्ण व्यवस्था के लिए बच्चों के ऐसे चिंतन का सबसे सरल बिंदु से ही पहले प्रारंभ करना ठीक होगा। ऐसे चिंतन का सबसे सरल बिंदु बच्चों में यह पहचान करने की क्षमता होती है कि दूसरों का विश्वास उनके अपने विश्वास से भिन्न हो सकते हैं और वह विश्वास गलत भी हो सकता है। अध्ययनों से स्पष्ट हुआ है कि चिंतन के इस पहलू को बच्चे जब तक चार साल के नहीं हो जाते हैं, नहीं समझ पाते हैं। इस तथ्य को स्कीकेडान्ज तथा उनके सहयोगियों (Schickedanz et al., 1998) ने अपने शोध में स्पष्ट रूप से दिखलाया है। इस शोध में तीन साल तथा चार साल के बच्चों को कहानी का एक आरेखन (drawings) दिखलाया गया जिसमें मैक्सी नाम का एक बच्चा एक बक्सा में एक कैण्डी (candy) रखता है। जब मैक्सी कमरा से बाहर चला जाता है तो उसकी माँ उस कैण्डी को हटाकर दूसरे बक्सा में रख देती है। इसके बाद मैक्सी कमरे में आता है और रखे गए कैण्डी को खोजता है। तीन साल के बच्चे से यह पूछने पर कि मैक्सी कैण्डी को कहाँ खोजेगा, उत्तर दिया जाता है कि वह कैण्डी को वहाँ खोजेगा जहाँ उसकी माँ उसको रख दी थी। दूसरे शब्दों में यह कहा जा सकता है कि तीन साल के बच्चों में यह अनुभव नहीं होता है कि मैक्सी में यह गलत विश्वास होगा कि कैण्डी वहीं होगा जहाँ वह मूलतः रखा था। ऐसे बच्चे जान रहे हैं कि कैण्डी कहाँ है और इसलिए वे यह भी सोच रहे हैं कि मैक्सी को भी पता है कि कैण्डी अब कहाँ है। परंतु चार साल के बच्चों से जब वही प्रश्न पूछा गया तो उनका उत्तर था कि मैक्सी गलत बक्से में कैण्डी को खोजेगा अर्थात वह उस बक्से में कैण्डी को खोजेगा जहाँ उसने उसे स्वयं रखा था। स्पष्ट हुआ कि उम्र बीतने से बच्चों का संज्ञानात्मक विकास पहले की तुलना में अधिक परिष्कृत हो जाता है। इसके कुछ सबूत अन्य प्रयोगात्मक अध्ययनों से भी प्राप्त हुए हैं। भेकरा तथा जानसन (Vecra & Johnson, 1995) ने अपने अध्ययन के आधार पर यह बतलाया है कि दो या तीन साल की उम्र के बच्चे यह बतलाने में सक्षम हो पाते हैं कि एक वयस्क व्यक्ति उनपर टकटकी लगा रहा है या उससे हटकर कहीं दूसरे व्यक्ति पर वह टकटकी लगा रहा है। कुछ लोग जैसे बेरोन-कोहेन तथा उनके सहयोगियों (Baron-Cohen et al., 1995) ने यह जानने की कोशिश की है कि किस उम्र पर बच्चे दूसरों की टकटकी इस खयाल से समझने की कोशिश करते हैं कि वह व्यक्ति किसपर देख रहा है और इस तरह से वह दूसरों की इच्छा या उद्देश्य को समझने के लायक होता है। ली तथा उनके सहयोगियों (Lee et al., 1998) द्वारा किए गए शोध से यह स्पष्ट हुआ है कि कुछ परिस्थितियों में दो साल का बच्चा भी इस कार्य को ठीक ढंग से कर लेता है। ली के इस प्रयोग में दो तथा तीन साल के बच्चों को एक गिग्लस (Giggles) (जो एक जोकर था) की हँसी का टेलीविजन पर दर्शाए गए प्रतिमा को दिखलाया गया। एक परिस्थिति में गिग्लस ने कई वस्तुओं पर नजर डाला जिसमें से एक वस्तु की ओर घुमते हुए कहा; "मैं इसे ही चाहता हूँ।" इसके कुछ सेकंड बाद गिग्लस ने उस वस्तु को पकड़ते हुए कहा, "इसी वस्तु को हम चाहते थे।" दूसरी अवस्था में गिग्लस का मात्र सिर और आँखें ही दिखलाया गया जिसका स्पष्ट मतलब यह हुआ कि ऐसी परिस्थिति में कोई निर्देशन संकेत (pointing cues) उपलब्ध नहीं था। तीसरी अवस्था में गिग्लस को एक वस्तु पर देखते दिखलाया गया परंतु वह अपना सिर उसकी ओर नहीं घुमाता था। चौथी तथा अंतिम अवस्था में गिग्लस किसी एक वस्तु की ओर इशारा कर रहा था

परंतु दूसरी वस्तु पर देखते हुए कहता था, "मैं उसे चाहता था।" इस अध्ययन के परिणाम में यह स्पष्ट रूप से देखा गया कि तीन साल के बच्चों का निष्पादन दो साल के बच्चे के निष्पादन से श्रेष्ठ था परंतु छोटे बच्चे भी इस तथ्य को पहचानने में सफल थे कि गिग्लस अंतिम अवस्था को छोड़कर बाकी सभी अवस्थाओं में क्या चाहते थे। इस परिणाम से यह स्पष्ट हो जाता है कि काफी छोटे बच्चे भी दूसरों की सोच एवं चिंतन को समझने में सफल होते हैं।

उपर्युक्त तथ्यों से यह स्पष्ट होता है कि यद्यपि काफी छोटे बच्चे ऐसे कार्य में सफल होते हैं, उनमें चिंतन (thought) की प्रकृति में महत्त्वपूर्ण सूझ की कमी होती है जिसका सबूत कुछ इस प्रकार है—

(i) ऐसे छोटे बच्चों में इस तथ्य की पहचान करने में कठिनाई होती है कि दूसरा व्यक्ति क्या सोच रहा है।

(ii) ऐसे बच्चे यह जानते हैं कि चिंतन बातचीत (talking) या देखने (seeing) की प्रक्रिया से भिन्न तो होती है परंतु वे पूर्णत: यह नहीं समझ पाते हैं कि यह गुप्त मानसिक घटना (private mental event) है।

(iii) ऐसे छोटे बच्चे यह जानते हैं कि कब वे किसी चीज को जानते हैं परंतु वे इस ज्ञान के स्रोत के बारे में हमेशा अस्पष्ट होते हैं। दूसरे शब्दों में ऐसे बच्चों को विभिन्न घटनाओं का ज्ञान तो होता है परंतु वे इस बात से अवगत नहीं होते हैं कि इसका ज्ञान उन्हें कैसे हुआ? क्या वे दूसरे वयस्क से प्राप्त अनुभवों से इसे सीखे हैं या किसी के सुझाव या टिप्पणी से इसे सीखे हैं।

इन तीन बिंदुओं से यह स्पष्ट हो जाता है कि यद्यपि छोटे शिशुओं में मन का सिद्धांत तो जटिल (complex) होता है, परंतु यह कई दृष्टिकोणों से अपने-आपमें अधूरा होता है।

2. सूचना संसाधन उपागम (Information Processing Approach)

संज्ञानात्मक विकास (cognitive development) के क्षेत्र में जो शोध आधुनिक समय में किए गए हैं, वे इस अर्थ में पियाजे द्वारा प्रतिपादित सैद्धांतिक फ्रेम वर्क (theoretical framework) से परे हैं कि उसमें सूचना संसाधन संदर्भ (information processing perspective) पर बल डाला गया है। सचमुच में यह संदर्भ संज्ञानात्मक विकास की व्याख्या बच्चों में संज्ञान के मौलिक पहलुओं जैसे अवधान (attention) स्मृति तथा मेटासंज्ञान (metacognition) से संबंधित वर्द्धित क्षमताओं के रूप में करता है। संज्ञान के इन सभी क्षेत्रों में यह देखा गया है कि उम्र बीतने से बच्चों में क्षमताएँ विकसित एवं मजबूत होती चली जाती हैं क्योंकि उनमें सूचनाओं को संसाधित करने की क्षमता तीव्र होती है। इन सबों का वर्णन इस प्रकार है—

(i) संसाधन की गति, अवधान तथा अनुक्रिया अवरोध (Processing speed and attention and response inhibition)—इस क्षेत्र में किए गए कुछ महत्त्वपूर्ण अध्ययनों की समीक्षा कैल (Kail, 1991) द्वारा किया गया और यह पाया गया कि उम्र बीतने के साथ बच्चों में सूचनाओं को संसाधित करने की गति भी तीव्र होती जाती है। इन्होंने अपने अध्ययन में पाया कि दृष्टि-खोजबीन (visual search) तथा मानसिक जोड़ (mental addition) जैसे कार्यों पर सूचना संसाधन की दर

बच्चों में बढ़ती उम्र के साथ बढ़ती है। 8 साल तथा 12 साल की आयु में इसकी दर पहले की अपेक्षा थोड़ी मंद हो जाती है। इतना ही नहीं, बच्चों का अवधान विस्तार (attention span) तथा ध्यानभंग करनेवाले उद्दीपकों (distracting stimuli) के प्रति आवेगशील अनुक्रियाओं को अवरुद्ध करने की क्षमता उम्र के साथ बढ़ती जाती है। लूना तथा उनके सहयोगियों (Luna et al., 2004) ने अपने अध्ययन में यह पाया है कि कोई कार्य करते समय तुलनात्मक रूप से अधिक आयु के बच्चे संगत विस्तृति (relevant details) पर अधिक ध्यान तथा असंगत विस्तृति (irrelevant details) की उपेक्षा करने में सफल हो पाते हैं।

(ii) स्मृति (Memory)—अध्ययनों से यह स्पष्ट हुआ है कि बच्चों में उम्र बीतने के साथ उनका चलन स्मृति (working memory) उन्नत होती है। इस तथ्य की संपुष्टि गैथरकोल तथा उनके सहयोगियों (Gathercole et al., 2004) के अध्ययनों से हुआ है। इन्होंने यह स्पष्ट रूप से पाया है कि बड़े बच्चों को यदि शब्दों या संख्याओं या लंबे वाक्यों की सूची को पढ़कर सुनाया जाता है, तो वे छोटे बच्चों की तुलना में उनमें से अधिक को चलन स्मृति में संचित कर रख पाते हैं तथा उसे पूछे जाने पर दोहरा भी पाते हैं। इतना ही नहीं बड़े बच्चे छोटे बच्चों की तुलना में अपने चलन स्मृति (working memory) में दृष्टि-स्थानिक सूचनाओं (visual–spatial information) को अधिक देर तक धारण करके रख पाते हैं तथा जरूरत पड़ने पर उसमें जोड़-तोड़ (manipulation) भी उत्तम ढंग से कर पाते हैं।

स्कनिडर तथा उनके सहयोगियों (Schneider et al., 2004) ने अपने अध्ययन से यह भी स्पष्ट कर दिया है कि बड़े बच्चे छोटे बच्चे की अपेक्षा स्मृति को उन्नत बनाने के लिए अधिक उपयुक्त उपायों (strategies) का उपयोग कर पाते हैं। फ्लेवेल (Flavell, 1970) ने अपने एक अध्ययन में पाया कि जब शब्दों या संख्याओं की सूची को याद करने के लिए दिया जाता है, तो प्राक्स्कूली छात्र (prescholers) शायद ही कभी स्वेच्छा से रिहर्सल का उपयोग करते हैं परंतु 8 से 10 साल के बच्चे उन्नत स्मृति के लिए इन शब्दों या संख्याओं को मन-ही-मन दोहराते पाए गए। अधिक उत्तम ढंग का रिहर्सल करने से बड़े बच्चे चलन स्मृति में सूचनाओं को लंबे समय तक रख पाते हैं तथा फिर दीर्घकालीन स्मृति में सूचनाओं को उत्तम ढंग से संसाधित भी कर पाते हैं।

(iii) मेटासंज्ञान (Metacognition)—मेटासंज्ञान से तात्पर्य अपनी संज्ञानात्मक क्षमताओं (cognitive abilities) के बारे में अपना समझ (understanding) तथा सूझ-बूझ (awareness) से होता है। इसके बहुत सारे तत्त्व हैं जिनमें मेटाबोध (metacomprehension) तथा मेटास्मृति (metamemory) प्रधान हैं। अध्ययनों से यह स्पष्ट हुआ है कि बच्चों में बढ़ती उम्र के साथ मेटासंज्ञान भी मजबूत हो जाता है। छोटे बच्चों की तुलना में बड़े बच्चे सामान्यत: यह निर्णय उत्तम ढंग से कर पाते हैं कि वे दिए गए सामग्रियों या चीजों को कितना अच्छी तरह से समझते हैं। इसके आधार पर वे यह भी तब आसानी से निर्णय कर लेते हैं कि क्या उन्हें दिए गए सामग्रियों को और अधिक अध्ययन करने की जरूरत है या दूसरों की मदद की जरूरत है।

यद्यपि यह सही है कि आधुनिक समय में संज्ञानात्मक विकास (cognitive development) के क्षेत्र में सूचना संसाधन उपागम की भूमिका है, फिर भी इससे संबंधित कुछ समस्याएँ हैं। जैसे, संज्ञानात्मक विकास में क्रमिक विकास (gradual development) बनाम स्पष्ट अवस्था (distinct stage) के उदय का विवाद सूचना संसाधन उपागम में स्पष्ट नहीं हो पाया है। कुछ मनोवैज्ञानिकों का मत है कि संज्ञानात्मक विकास में दोनों प्रक्रियाएँ (processes) सम्मिलित होती है। जैसे, गैथरकोल

(Gathercole, 1998) ने यह बतलाया है कि शैशवावस्था तथा उम्र 7 साल के बीच स्मृति क्षमताओं में गुणात्मक ढंग से (qualitatively) परिवर्तन होता है और उसके बाद फिर किशोरावस्था के दौरान क्रमिक परिमाणात्मक उन्नति (quantitative improvements) होते हैं। केस तथा उनके सहयोगियों (Case et al., 2001) एक अन्य समाकलित दृष्टिकोण (integrative view) अपनाते हुए यह कहा है कि विभिन्न अवस्थाओं के भीतर सूचना संसाधन क्षमताओं में क्रमिक वृद्धि (gradual increases) सचमुच में बच्चों को संज्ञानात्मक विकास की एक अवस्था से दूसरी अवस्था तक गुणात्मक रूप से (qualitatively) आगे बढ़ने में मदद करता है।

कुछ समस्याओं के बावजूद संज्ञानात्मक विकास के क्षेत्र में सूचना संसाधन उपागम का दृष्टिकोण कुछ ऐसा है जो पियाजे द्वारा प्रतिपादित फ्रेमवर्क से निश्चित रूप से परे एवं आधुनिक है।

अध्याय-सारांश
[Chapter Summary]

1. मानसिक विकास से तात्पर्य व्यक्ति के जन्म से परिपक्वता तक की मानसिक क्षमताओं एवं मानसिक कार्यों के उत्तरोत्तर प्रकटन एवं संगठन की प्रक्रिया से होता है।
2. मनोवैज्ञानिकों ने मानसिक विकास की तीन अवस्थाओं का वर्णन किया है—प्रतिवर्त या सहज क्रियाओं की अवस्था (stage of reflex action), इच्छित या ऐच्छिक क्रियाओं की अवस्था (stage of desired or voluntary activities) तथा उद्देश्यपूर्ण कार्य करने की अवस्था (stage of purposeful action)।
3. जिंदगी के प्रथम पाँच साल में बालकों के मानसिक विकास की कई विशेषताएँ हैं जिनमें संवेदन की क्षमता का विकास, समझ का विकास, दिकस्थान संप्रत्यय (concept of space), भार का संप्रत्यय (concept of weight), समय का संप्रत्यय (concept of time) तथा आत्म-संप्रत्यय (self-concept), यौन-भूमिका संप्रत्यय, सामाजिक संप्रत्यय आदि महत्त्वपूर्ण हैं।
4. प्रारंभिक बाल्यावस्था (early childhood) में बालकों में होनेवाले मानसिक विकास की प्रमुख विशेषताओं में अन्वेषणात्मक प्रवृत्ति का विकास, जीवन-मृत्यु का संप्रत्यय, दिकस्थाना संप्रत्यय (concept of space), चिंतन एवं तर्क आदि प्रमुख हैं।
5. उत्तर बाल्यावस्था (later childhood) में बालकों में होनेवाले मानसिक विकास की विशेषताओं में ठोस एवं संक्रियात्मक चिंतन (concrete and operational thought), जीवन-मृत्यु का संप्रत्यय, मृत्यु के बाद जीवन का संप्रत्यय, मुद्रा-संबंधी संप्रत्यय का विकास आदि महत्त्वपूर्ण हैं।
6. किशोरावस्था (adolescence) में होनेवाले मानसिक विकास की विशेषताओं में चिंतन में औपचारिक संक्रियाएँ, एकाग्रचित्तता, तथ्यों के सामान्यीकरण की क्षमता, दूसरों के साथ संचार करने की क्षमता, समझ एवं पकड़ की क्षमता में वृद्धि, निर्णय करने की क्षमता में वृद्धि, स्मृति शक्ति का विकास, नैतिक संप्रत्ययों की समझ, समस्या का अमूर्त संकेतों द्वारा समाधान करने की क्षमता तथा बाहरी दुनिया के प्रमुख व्यक्तित्व एवं परिस्थितियों के साथ तादात्म्य करने की क्षमता आदि प्रधान हैं।

7. मानसिक विकास में शिक्षकों एवं माता-पिता की अहमियत काफी अधिक बताई गई है। माता-पिता द्वारा घर में अनौपचारिक शिक्षा मिलने से तथा शिक्षक द्वारा वर्ग में औपचारिक शिक्षा मिलने से बालकों में मानसिक विकास अधिक होता पाया गया है।

8. संज्ञानात्मक विकास (cognitive development) से तात्पर्य बालकों में किसी संवेदी सूचनाओं को ग्रहण करके उसपर चिंतन करने तथा क्रमिक रूप से उसे इस लायक बना देने से होता है कि उसका प्रयोग भिन्न-भिन्न परिस्थितियों में करके वे तरह-तरह की समस्याओं का समाधान आसानी से कर सकते हैं।

9. पियाजे (Piaget) ने संज्ञानात्मक विकास का एक सिद्धांत प्रतिपादित किया है जिसे संज्ञानात्मक विकास के सिद्धांत के नाम से जाना जाता है। इस सिद्धांत के अनुसार बालकों में संज्ञानात्मक विकास की चार अवस्थाएँ होती हैं—संवेदी-पेशीय अवस्था, प्राक्संक्रियात्मक अवस्था, ठोस संक्रिया की अवस्था तथा औपचारिक संक्रिया की अवस्था। पियाजे के सिद्धांत के संप्रत्ययों में अनुकूलन (adaptation), संरक्षण (conservation), साम्यधारण (equilibration), स्कीम्स (schemes), संज्ञानात्मक संरचना, मानसिक संक्रिया (mental operations), स्कीम्स (schemes), स्कीमा (schema) तथा विकेंद्रण (decentering) प्रमुख हैं। पियाजे के सिद्धांत को शिक्षकों एवं शिक्षार्थियों के लिए काफी महत्त्वपूर्ण बताया गया है। इसका अर्थ हुआ कि इस सिद्धांत का शैक्षिक महत्त्व भी काफी है।

10. संज्ञानात्मक विकास की व्याख्या करने के लिए ब्रुनर (Bruner) ने भी एक सिद्धांत की व्याख्या की है। इसके अनुसार बालकों के संज्ञानात्मक विकास में सक्रियता (enactive), दृश्य प्रतिमा (iconic) तथा सांकेतिक (symbolic) का महत्त्वपूर्ण स्थान है।

11. वाइगोटस्की ने भी संज्ञानात्मक विकास का एक सिद्धांत विकसित किया है जिसके अनुसार संरचनात्मक विकास में सामाजिक कारकों तथा भाषा को महत्त्वपूर्ण बतलाया गया है।

12. नवीनतम शोधों से यह स्पष्ट हुआ है कि संज्ञानात्मक विकास में बच्चों के मन का सिद्धांत तथा सूचना संसाधन उपागम की भी अहम भूमिका है।

❑

अध्याय 9

संप्रत्ययात्मक विकास

[CONCEPTUAL DEVELOPMENT]

मुख्य बिंदु (Main Points)

1. संप्रत्ययात्मक विकास का अर्थ (Meaning of Conceptual Development)
2. बालकों के संप्रत्यय की विशेषताएँ (Characteristics of Children's Concept)
3. बालकों में संप्रत्यय का विकास कैसे होता है? (How do Concepts Develop among Children?)
4. बालकों के कुछ सामान्य संप्रत्यय (Some Common Concepts of Children)
5. संप्रत्यय विकास को प्रभावित करनेवाले कारक (Factors Influencing Concept Development)
6. संप्रत्यय विकास एवं शिक्षा (Concept Development and Education)

संप्रत्ययात्मक विकास का अर्थ
(Meaning of Conceptual Development)

संप्रत्ययात्मक विकास (concept development) के अर्थ को समझने के पहले यह जान लेना उचित होगा कि संप्रत्यय (concept) से मनोविज्ञान में क्या मतलब होता है। जब कई वस्तुओं के गुणों (features) को एक सामान्य नियम द्वारा जोड़ दिया जाता है, तो इससे बननेवाले मानसिक प्रारूप (mental form) को संप्रत्यय की संज्ञा दी जाती है। दूसरे शब्दों में यह कहा जा सकता है कि वस्तुओं (objects) के सामान्य गुणों के आधार पर बननेवाले मानसिक प्रारूप को संप्रत्यय कहा जाता है। उदाहरणस्वरूप, यदि बालक को चार शब्द अर्थात गाय, बकरी, भैंस तथा ऊँटनी को देकर एक सामान्य गुण (common attribute) निकालने के लिए कहा जाए, तो संभवत: बालक के मन में एक विशेष मानसिक प्रारूप जो आएगा, वह है दुधारू पशु का। यहाँ दुधारू पशु एक संप्रत्यय का उदाहरण होगा। उसी तरह 'शेर', 'सिंह', 'चीता' एवं 'बाघ' शब्दों के आधार पर बालक 'जंगली पशु' का संप्रत्यय विकसित करेगा। इन उदाहरणों से स्पष्ट है कि जब दिए गए शब्दों या वस्तुओं के आधार पर बालक उनके सामान्य गुण (common properties) को निकालकर एक विशेष मानसिक प्रारूप (mental form) तैयार कर लेता है, तो इसे संप्रत्यय की संज्ञा दी जाती है। बालकों में दी गई वस्तुओं के आधार पर संप्रत्यय ज्ञात करने की क्षमता (ability) को संप्रत्यय निर्माण (concept formation) कहा जाता है और संप्रत्यय निर्माण की प्रक्रिया धीरे-धीरे बालकों की उम्र बीतने के साथ-साथ बढ़ती हुई परिपक्वता (maturation) तथा नई-नई अनुभूति (experience) द्वारा बढ़ती

जाती है। इसे ही शिक्षकों ने संप्रत्यय विकास (concept development) की संज्ञा दी है। पियाजे (Piaget, 1966) के अनुसार शिशुओं में पहला संप्रत्यय करीब-करीब दो साल की उम्र में विकसित होता है। वह संप्रत्यय है वस्तु स्थायित्व (object permanence) का। वस्तु स्थायित्व से तात्पर्य होता है कि कोई वस्तु सामने से ओझल रहने पर भी अपना अस्तित्व बनाए रखती है। बाद में शिशुओं में अन्य दूसरे तरह के संप्रत्यय विकसित होते हैं।

बालकों के संप्रत्यय की विशेषताएँ
(Characteristics of Children's Concept)

शिक्षा मनोवैज्ञानिकों ने बालकों द्वारा सीखे गए संप्रत्यय (concept) की कुछ अपनी विशेषताएँ (characteristics) बताई हैं। इस तरह की विशेषताएँ वयस्क द्वारा संप्रत्यय सीखने की विशेषताओं से कुछ भिन्न होती हैं। बालकों के संप्रत्यय की कई विशेषताएँ हैं जिनपर मनोवैज्ञानिकों ने प्रकाश डाला है। इन विशेषताओं में निम्नांकित प्रमुख हैं—

1. बालकों के संप्रत्यय वैयक्तिक होते हैं (Concepts are individualised)—बालकों के बौद्धिक विकास का स्तर अलग-अलग होता है। किसी भी दो बालक का बौद्धिक स्तर या अन्य अनुभूतियाँ बिलकुल एकसमान नहीं होतीं। फलस्वरूप, बालकों में जो संप्रत्यय विकसित होता है, वह कुछ वैयक्तिक स्वभाव (individual nature) का होता है, अर्थात अलग-अलग होता है। कुछ शिक्षा मनोवैज्ञानिकों का मत है कि इसके बावजूद वर्ग में एकसाथ शिक्षित होनेवाले छात्रों के संप्रत्यय (concept) में अधिक समानता होती है क्योंकि उनके मूल्य (value), आदर्श (ideal) एवं अनुभूतियों (experiences) में अधिक समानता होती है।

2. बालकों में संप्रत्यय विकास का एक पैटर्न होता है (Concept development follows a pattern)—बालकों में संप्रत्यय विकास एक निश्चित पैटर्न के अनुसार होता है। पहले इनमें मूर्त या ठोस (concrete) संप्रत्यय जैसे 'माता', 'पिता', 'कुत्ता' विकसित होते हैं और बाद में 3–4 साल की उम्र होने पर अमूर्त संप्रत्यय (abstract concept) जैसे 'खुशी' (happiness), 'दु:ख' (grief) आदि विकसित होते हैं। कहने का तात्पर्य यह है कि बालकों में संप्रत्यय विकास सरल एवं मूर्त (simple and concrete) से जटिल एवं अमूर्त (complex and abstract) की ओर होता है।

3. बालकों के संप्रत्यय श्रेणीबद्ध होते हैं (Concepts are hierarchical)—बालकों के संप्रत्यय की एक विशेषता यह बताई गई है कि वे श्रेणीबद्ध (hierarchical) होते हैं। जैसे-जैसे बालकों की उम्र बीतती जाती है, वे ढेर सारे जटिल संप्रत्ययों (concepts) को सीख लेते हैं और उन्हें आपस में भिन्न एवं स्पष्ट रखने के लिए एक श्रेणी (hierarchy) में सुव्यवस्थित कर देते हैं। जैसे, मनोवैज्ञानिकों के अध्ययन के अनुसार 10 साल का बालक फलों के कई प्रकारों से अवगत होता है। इन फलों के संप्रत्ययों को वह सामान्यत: दो भागों में बाँटता है—रसवाले फल तथा सूखे फल। रसवाले फल में वह आम, लीची, अंगूर, सेब, संतरा, नाशपाती आदि को रखता है तथा सूखे फल में काजू, किशमिश, अखरोट आदि को रखता है। फिर रसदार फलों में कुछ फलों को वह मौसमी फल (seasonal fruit) की श्रेणी में रखता है तथा कुछ प्राय: मिलनेवाले फलों की श्रेणी में रखता है। जैसे लीची एवं अंगूर को मौसमी फल की श्रेणी में रखता है तथा सेब एवं संतरा को तुलनात्मक रूप से अधिक समय तक मिलनेवाले फलों की श्रेणी में रखता है। स्पष्ट है कि संप्रत्यय श्रेणीबद्ध (hierarchical) होते हैं।

4. बालकों का संप्रत्यय अपरिभाषित एवं सामान्य से विशिष्ट (specific) की ओर विकसित होता है (Concepts develop from undefined and general to specific)—बालकों में पहले कुल उद्दीपन परिस्थिति (total stimulus situation) के प्रति अनुक्रिया (response) करने की प्रवृत्ति होती है न कि उसके किसी एक विशिष्ट भाग के प्रति। इसका परिणाम यह होता है कि बालकों में पहले एक अस्पष्ट (vague) संप्रत्यय विकसित होता है। बाद में जब उनके संज्ञानात्मक विकास (cognitive development) का स्तर कुछ बढ़ता है तो उनमें किसी उद्दीपन के खास भाग पर एकाग्रचित्त करने तथा उसके बारे में सोचने की क्षमता में वृद्धि होती है। इसके फलस्वरूप वह एक स्पष्ट एवं विशिष्ट संप्रत्यय (differentiated concept) विकसित कर लेता है।

5. संप्रत्यय संवेगात्मक रूप से भारित होते हैं (Concepts are emotionally weighted) बालकों द्वारा सीखे गए सभी संप्रत्यय (concepts) में कोई-न-कोई संवेगात्मक अनुभूति अवश्य होती है। मनोवैज्ञानिक अध्ययनों से यह स्पष्ट हो गया है कि सामान्यत: वैसे संप्रत्यय जो आत्मनिष्ठ (subjective) होते हैं अर्थात आत्मन् (self) से संबंधित होते हैं या वैसे वस्तु, व्यक्ति तथा परिस्थिति (situations), जो आत्मन् से जुड़े होते हैं, वे संवेगात्मक रूप से उन वस्तुओं एवं व्यक्तियों से संबंधित संप्रत्यय, जो वस्तुनिष्ठ (objective) होते हैं, अधिक भारित (weight) होते हैं। जैसे बालकों में 'पिता', 'माता', 'शिक्षक' का संप्रत्यय संवेगात्मक रूप से 'फल', 'रेल', 'पशु' के संप्रत्यय अधिक भारित हो सकते हैं। बालकों के लिए 'पिता', 'माता', 'शिक्षक' के प्रति सुखद भाव या दु:खद भाव स्पष्ट रूप से देखने को मिलता है परंतु 'फल', 'रेल' तथा 'पशु' के प्रति सुखद भाव या दु:खद भाव उतने स्पष्ट रूप से देखने को नहीं मिल पाते।

6. संप्रत्यय प्राय: परिवर्तनविरोधी होते हैं (Concepts are frequently resistant to change)—मनोवैज्ञानिक अध्ययनों से यह साबित हो गया है कि वैसे संप्रत्यय, जो संवेगात्मक रूप से अधिक भारित (emotionally weighted) होते हैं, उनमें जल्द परिवर्तन नहीं होता है। इसका कारण यह बताया गया है कि ऐसे संप्रत्ययों के साथ बालकों में आवेष्टन (involvement) अधिक रहता है और अकसर उन्हें इनसे आत्मसंतुष्टि (self-satisfaction) अधिक होती है।

7. संप्रत्यय का प्रभाव बालकों के व्यवहार पर काफी पड़ता है (Concepts influence behaviour of the children) सभी संप्रत्ययों से बालकों के सामाजिक एवं व्यक्तिगत समायोजन (social and personal adjustments) पर काफी असर पड़ता है जिससे उनका व्यवहार काफी हद तक प्रभावित होता है। मनोवैज्ञानिक अध्ययनों से स्पष्ट हो गया है कि जब बालकों में अनुकूल संप्रत्यय (favourable concepts) विकसित होते हैं तब इससे उनमें स्वीकारात्मक व्यवहार (positive behaviour), जैसे दूसरों की मदद करना, अपने से बड़ों का आदर करना, साथियों के साथ मिल-जुलकर खेलना आदि विकसित होते हैं। परंतु, यदि उनमें प्रतिकूल संप्रत्यय (unfavourable concepts) विकसित हो जाते हैं, तो उनमें अस्वीकारात्मक व्यवहार (negative behaviour), जैसे लड़ाई-झगड़ा करना, झूठ बोलना, शिक्षकों एवं माता-पिता का अनादर करना आदि विकसित कर जाता है।

इस तरह स्पष्ट है कि बालकों के संप्रत्यय की कुछ खास-खास विशेषताएँ होती हैं जिनका उनके व्यवहार तथा समायोजन (adjustment) पर अच्छा प्रभाव पड़ता है।

बालकों में संप्रत्यय का विकास कैसे होता है?
(How do Concepts Develop among Children?)

प्रारंभिक बाल्यावस्था (early childhood) तथा उत्तर बाल्यावस्था (later childhood) में बालक जो संप्रत्यय विकसित करते हैं उनमें अधिकतर अंशतः या पूर्णतः अयथार्थ (inaccurate) होते हैं। किशोरावस्था (adolescence) में प्रवेश करने पर वे बहुत तरह के संप्रत्यय विकसित कर लेते हैं और बहुत सारे अयथार्थ संप्रत्यय का शुद्धीकरण करते हैं तथा पुराने संप्रत्यय का नया अर्थ जोड़ते हैं। रॉबिन्सन[1] (Robinson, 1990) के अनुसार चूँकि संप्रत्यय विकास एक जटिल प्रक्रिया होती है, फिर भी बालकों द्वारा किसी भी संप्रत्यय के विकास में यदि निम्नांकित तीन कारकों पर विशेष ध्यान दिया जाता है, तो इससे संप्रत्यय का विकास काफी आसान हो जाता है—

(i) संबंधों को सही-सही देखने की क्षमता (Ability to see relationship)—रॉबिन्सन (Robinson, 1990) का कहना है कि बालकों में संप्रत्यय विकास के लिए यह आवश्यक है कि उसे अपनी पुरानी अनुभूतियों (old experiences) एवं नई अनुभूतियों (new experiences) के बीच संबंध स्थापित करने की पर्याप्त क्षमता (ability) हो। इस प्रकार की क्षमता 1 साल की उम्र के पहले से ही बालकों में विकसित होनी प्रारंभ हो जाती है। किसी भी उम्र में बालक जब यह पाता है कि नई वस्तुओं में बहुत सारी अनुभूतियाँ वैसी हैं जो उसके गत अनुभवों (past experiences) के अनुरूप हैं, तो उससे संप्रत्यय का विकास उसमें तेजी से होता है।

(ii) शब्दों के पीछे छिपे अर्थ को समझने की क्षमता (Ability to comprehend the underlying meaning of the words)—अकसर बालक किसी शब्द या वाक्य का सीधा अर्थ तो समझते हैं, परंतु उसका सूक्ष्म (subtle) या आलंकारिक अर्थ (figurative meaning) नहीं समझते। इससे उनके संप्रत्यय विकास की प्रक्रिया मंद हो जाती है। जिन बालकों में ऐसी क्षमता पर्याप्त मात्रा में होती है, उनमें संप्रत्यय विकास तेजी से होता है। अतः, संप्रत्यय विकास के लिए दूसरा महत्त्वपूर्ण कदम यह है कि बालकों में शब्दों के शाब्दिक अर्थ के अलावा उसके आलंकारिक अर्थ को भी समझने की क्षमता हो।

(iii) यथार्थ रूप से चिंतन करने की क्षमता (Ability to reason accurately)—बालकों में संप्रत्यय विकास के लिए यह भी आवश्यक है कि बालक जो देख रहे हैं या सुन रहे हैं, उसे ठीक-ठीक समझें एवं समझकर उसपर आवश्यक चिंतन कर सकें। बालकों में इसके अलावा आगमनात्मक चिंतन (inductive thinking), निगमनात्मक चिंतन (deductive thinking) तथा सर्जनात्मक चिंतन (creative thinking) करने की क्षमता हो। इन क्षमताओं के रहने पर बालकों में संप्रत्यय विकास तेजी से होता है। चूँकि ऐसी क्षमताएँ बालकों में धीरे-धीरे विकसित होती हैं, अतः बालकों में संप्रत्यय विकास की प्रक्रिया धीमी गति से होती है।

इस तरह स्पष्ट हुआ कि बालकों में संप्रत्यय विकास के तीन चरण या तत्त्व (essentials) हैं जिनसे होकर बालकों में संप्रत्यय विकास (concept development) होता है।

---

1. Robinson (1990), *Principles of Educational Psychology,* p. 225

बालकों के कुछ सामान्य संप्रत्यय
(Some Common Concepts of Children)

बालकों में कुछ सामान्य संप्रत्यय (common concepts) हैं जो आसानी से उनमें विकसित हो जाते हैं और उनके व्यक्तिगत (personal) एवं सामाजिक समायोजन (social adjustment) पर अधिक प्रभाव डालते हैं। ऐसे ही कुछ संप्रत्ययों (concepts) का वर्णन निम्नांकित है—

(1) जीवन का संप्रत्यय (Concept of life)—चूँकि बालकों में अनुभव एवं ज्ञान की मात्रा काफी सीमित होती है, इसलिए वे सजीव एवं निर्जीव वस्तुओं के बीच अंतर नहीं कर पाते। बल्कि, उनका विश्वास होता है कि सभी वस्तुओं में मानव के गुण होते हैं और इसलिए वे सभी जीवित हैं। इस प्रकार के चिंतन को पियाजे (Piaget, 1962) ने जीववादी चिंतन (animistic thinking) कहा है तथा इस तरह के संप्रत्यय (concepts) को **जीववादी संप्रत्यय** (animistic concepts) कहा गया है। पियाजे (Piaget, 1962) के अध्ययन के अनुसार छोटे बालकों में जीववाद संप्रत्यय का विकास चार अवस्थाओं में होता है। पहली अवस्था 4 से 6 वर्ष की होती है जिसमें बालक यह मानते हैं कि जितनी भी वस्तुएँ जो किसी तरह से गतिशील हैं, चेतन (conscious) हैं। दूसरी अवस्था 6 से 7 साल की होती है जिसमें बालक उन्हीं वस्तुओं को चेतन मानते हैं जिनमें गतिशीलता या हिलने-डुलने का गुण होता है। पंखा, कार, साइकिल को वह चेतन समझता है परंतु टेबुल एवं पत्थर को अचेतन मानता है। तीसरी अवस्था 8 से 10 साल की होती है जिसमें बालक यह अंतर करना प्रारंभ कर देता है कि वस्तु में गतिशीलता स्वयं अपनी शक्ति से हो रही है या बाहरी शक्ति के कारण उसमें गतिशीलता उत्पन्न हो रही है। यदि गतिशीलता का कारण उसकी अपनी शक्ति है जैसे हवा या सूर्य है, तो उसे वह चेतन समझता है परंतु यदि गतिशीलता का कारण कोई बाहरी शक्ति है (जैसे साइकिल की गतिशीलता) तो उसे वह चेतनहीन या जीवनहीन मानता है। चौथी अवस्था 11 वर्ष की आयु से आरंभ हो जाती है और यहाँ चेतनता सिर्फ पशुओं या पौधों या सिर्फ पशुओं तक ही सीमित रहती है। बाद में जाकर अर्थात 13–14 वर्ष की आयु में वह स्पष्ट रूप से सजीव एवं निर्जीव का अंतर करके जीवन (life) का संप्रत्यय सही अर्थ में विकसित करता है। परंतु कुछ आधुनिक अध्ययनों में पियाजे की इस विचारधारा की संपुष्टि नहीं की गई है और इनलोगों का सामान्य मत यह है कि बालकों में जीववादी संप्रत्यय (animistic concepts) का विकास इस तरह से अलग-अलग अवस्थाओं में न होकर धीरे-धीरे अपने-आप होता है। बालक जब स्कूल जाना प्रारंभ कर देते हैं तब उनके साथियों के साथ हुई अंत:क्रियाओं (interactions) का प्रभाव उनके जीववादी चिंतन पर अधिक पड़ता है और वे अब अनुभव करने लगते हैं कि उनके साथीगण मात्र गतिशीलता के आधार पर सजीव एवं निर्जीव का अंतर नहीं करते। 12–13 वर्ष की आयु होने पर चिंतन, भाव (feeling) एवं ऐच्छिक क्रियाओं (voluntary activities) करनेवाले को ही सजीव मानते हैं या उन्हें जीवित मानते हैं। इस तरह वास्तविक सजीवता का संप्रत्यय बालकों में विकसित हो जाता है।

(2) मृत्यु का संप्रत्यय (Concept of death)—बालकों में मृत्यु का संप्रत्यय जीवन के संप्रत्यय (concept of life) की तुलना में धीमी गति से विकसित होता है। इसका कारण अंशत: बालकों को मृत्यु की घटनाओं से सीधा संपर्क का कम होना है तथा अंशत: यह कि बालक मृत्यु की अंतिमता (finality) को समझते ही नहीं। अध्ययनों से यह पता चला है कि 5 से 9 साल की अवस्था में बालकों में मृत्यु के संप्रत्यय का जन्म होता है और उस समय बालक मृत्यु का अर्थ कहीं चले जाने से ही अकसर लगाते हैं। जैसे इस आयु के बालक के पिता की मृत्यु हो जाने पर अगर उनसे यह पूछा

जाए कि उनके पिता कहाँ गए हैं, तो यह कहने के बजाय कि उनकी मृत्यु हो गई है बालक अकसर यही कहते हैं कि वे भगवान के यहाँ हमलोगों को छोड़कर चले गए हैं। इस आयु में बालकों को मृत्यु का यथार्थ ज्ञान नहीं होता। 10–12 साल की आयु होने पर वे यह समझने लगते हैं कि मृत्यु बीमारी या किसी दुर्घटना की देन होती है। जिन्हें बीमारी होती है या जिनके साथ कोई दुर्घटना होती है, उन्हीं की मृत्यु होती है। 13–14 वर्ष की आयु में नई-नई अनुभूतियों एवं संपर्कों के बाद बालक यह मानते हैं कि जो जीवित है, वह एक दिन अवश्य ही मरेगा। मृत्यु एक निरंतर चलनेवाली प्रक्रिया है तथा यह एक अटल सत्य है।

(3) मृत्यु के बाद जीवन का संप्रत्यय (Concept of life after death)—मृत्यु के बाद होनेवाली प्रक्रियाओं के प्रति बालकों में कोई खास दिलचस्पी नहीं होती। परंतु, धार्मिक निर्देशों (religious instructions) को सुन-सुनकर उनमें कुछ विशेष संप्रत्यय, जैसे स्वर्ग (heaven) या नरक का संप्रत्यय विकसित हो जाता है। पुण्य एवं अच्छे कामों को करने पर व्यक्ति मृत्यु के बाद स्वर्ग में जाता है तथा पाप एवं गलत कामों को करने पर व्यक्ति नरक में जाता है। परंतु, बाद में जब वे किशोरावस्था (adolescence) में प्रवेश करते हैं, तो ऐसे संप्रत्ययों (concepts) को भी प्राय: अयथार्थ मानने लगते हैं।

(4) स्थान का संप्रत्यय (Concept of space)—मनोवैज्ञानिकों का मत है कि स्थान के संप्रत्यय को सही-सही सीखने के लिए यह आवश्यक है कि बालक इसे परिचित वस्तुओं के आकार (size) या दूरी (distance), जिससे वे भलीभाँति अवगत हैं, उसके साथ तुलना करें। स्थान के संप्रत्यय कई तरह के होते हैं जो बालकों में भिन्न-भिन्न उम्रों में विकसित होते हैं। आधुनिक अध्ययनों से यह साबित हो गया है कि 6 महीने के शिशु साधारण ज्यामितिक आकार (geometric forms), जैसे वृत्त, वर्ग तथा त्रिभुज में अंतर कर लेते हैं। 2 साल की उम्र होने पर बालकों में वस्तुओं के आकार (form) का संप्रत्यय काफी विकसित हो जाता है। 3 और 4 साल की उम्र होने पर वस्तुओं के सापेक्ष आकार (relative size) का संप्रत्यय बालकों में विकसित हो जाता है। इसके परिणामस्वरूप विभिन्न आकारों की वस्तुओं में से छोटे आकार की वस्तु तथा बड़े आकार की वस्तु का वह विभेद कर लेता है। 9 साल की उम्र हो जाने पर बालक वस्तुओं के मध्यम गुणों (middleness) को छोटाई (smallness) तथा विशालता (bigness) के गुणों के समान परखने लगता है। 7 या 8 साल की उम्र तक बालकों में बाएँ तथा दाएँ का संप्रत्यय (concept) अस्पष्ट रहता है हालाँकि उनमें बायाँ हाथ, दायाँ हाथ, बायाँ पैर तथा दायाँ पैर जैसे संप्रत्यय विकसित हो जाते हैं। 10–11 साल की उम्र होने पर वे पूर्णरूपेण यह बता पाते हैं कि अमुक वस्तु या व्यक्ति उसके दाएँ हैं तथा अमुक वस्तु या व्यक्ति उसके बाएँ हैं। 9 –10 साल की उम्र तक बालकों में वस्तु की दिशा का भी संप्रत्यय ठीक से विकसित नहीं होता है। परंतु किशोरावस्था प्रारंभ होने पर उनमें दिशा का भी संप्रत्यय विकसित हो जाता है। अध्ययनों से यह भी पता चला है कि चार साल की उम्र तक बालकों में दूरी संप्रत्यय अधिक यथार्थ हो जाता है परंतु गहराई (depth) के संप्रत्यय का विकास धीरे-धीरे होते रहता है और 10 साल की उम्र होने पर यह पूर्णत: विकसित हो जाता है। किशोरावस्था प्रारंभ होते-होते बालकों के स्थान का संप्रत्यय करीब-करीब एक वयस्क के स्थान के संप्रत्यय के समान हो जाता है। मनोवैज्ञानिक अध्ययनों जैसे मैकघी (McGhee, 1988) तथा टिजार्ड (Tizard, 1989) द्वारा किए गए अध्ययनों से जो तथ्य मिले हैं, वे यह बताते हैं कि बालकों में स्थान के संप्रत्यय के विकास में उनकी शिक्षा-दीक्षा तथा घरेलू

वातावरण का काफी प्रभाव पड़ता। जिन बालकों की शिक्षा-दीक्षा ठीक होती है तथा घरेलू वातावरण उत्तेजक (stimulating) होते हैं, उनमें स्थान के संप्रत्यय का विकास तेजी से होता है।

(5) भार-संबंधी संप्रत्यय (Concept of weight)—बालकों में भार का निर्णय वस्तु के आकार (size) के ही आधार पर अकसर लगाया जाता है। यही कारण है कि 3 साल का बालक हवा से भरे बैलून को अपनी गेंद से भारी समझता है। परंतु, जैसे-जैसे बच्चों की उम्र में वृद्धि होने से उनकी अनुभूतियाँ परिपक्व होती हैं, उनमें वस्तुओं के भार का यथार्थ निर्णय करने की प्रवृत्ति बढ़ जाती है और अब वे किसी वस्तु के भार का निर्णय इस आधार पर लेते हैं कि वस्तु किस चीज से बनी है तथा उसका आकार (size) क्या है। कुछ और उम्र बीतने पर वे वस्तुओं के भार को उन्हें अपने हाथ से उठाकर या हाथ में लेकर ऊपर-नीचे करके करता है। पाँच साल की उम्र हो जाने पर बालकों में भार का करीब-करीब यथार्थ संप्रत्यय विकसित हो जाता है और वह आसानी से 5 ग्राम तथा 15 ग्राम के अंतर का प्रत्यक्षण कर लेता है।

(6) संख्या-संबंधी संप्रत्यय (Number concepts)—जैसे ही बालक बोलना प्रारंभ कर देता है, संख्या से संबंधित शब्दों का वह प्रयोग करना प्रारंभ कर देता है। परंतु वह इन शब्दों का अर्थ नहीं समझता है, जैसे वह 'पाँच', 'दस', 'तीन' आदि बोल तो लेता है परंतु उनका अर्थ नहीं समझता। इस तरह वह मात्र रट्टू तोते की तरह संख्याओं को बोलता है। मनोवैज्ञानिक अध्ययनों से यह स्पष्ट हो गया है कि संख्या के संप्रत्यय का विकास बालकों की उम्र तथा शैक्षिक विकास (educational development) द्वारा प्रभावित होता है। टरमैन एवं मेरिल (Terman and Merrill, 1960) ने अपने अध्ययन के आधार पर पाया कि 4 साल का औसत बालक कई दी गई वस्तुओं में से दो तक गिन लेता है, 5 साल का औसत बालक 4 तक गिन लेता है और 6 साल का औसत बालक 12 तक गिन लेता है। 6 साल के बालकों में 10 से ऊपर की संख्या का संप्रत्यय प्रायः अस्पष्ट होती है शायद यही कारण है कि वह 100 तथा 1000 दोनों को समान ही समझता है। मनोवैज्ञानिक अध्ययनों से यह भी स्पष्ट हो गया है कि प्राक्स्कूल (preschool) या नर्सरी स्कूल में जानेवाले बालक संख्याओं का अर्थ प्राक्स्कूल या नर्सरी स्कूल नहीं जानेवाले बच्चों की तुलना में जल्दी समझ लेते हैं। औपचारिक स्कूल में जब बालकों को अंकगणित (arithmetic) के बारे में शिक्षा दी जाती है तो उनमें संख्या का संप्रत्यय तेजी से विकसित होने लगता है और धीरे-धीरे उनमें अपरिमित संख्या का संप्रत्यय (indeterminate number concept) जैसे 'कुछ', 'कई', 'कम', 'अधिक' भी विकसित कर जाता है। बहुत-से बालक अपने परिवार के सदस्यों एवं साथियों से सुनकर (भाग्यशाली संख्या) (lucky number) जैसे '7', '9', '11' का संप्रत्यय भी विकसित कर लेता है।

(7) समय-संबंधी संप्रत्यय (Time concept)—समय-संबंधी संप्रत्यय का विकास बालकों में धीरे-धीरे होता है। औसतन 4 साल के बालक में 'सुबह', 'दोपहर' तथा 'शाम' के संप्रत्यय विकसित हो जाते हैं। 5 साल की उम्र में वे यह बताने में समर्थ रहते हैं कि आज कौन दिन है तथा सप्ताह के दिनों के नाम का भी संप्रत्यय (concept) उनमें विकसित हो जाता है। 7 साल की उम्र में वे महीना तथा ऋतु (season) का भी नाम बता देने में समर्थ हो जाते हैं। 8 साल की उम्र में साल का नाम तथा महीने का दिन बताने में समर्थ हो पाते हैं। 6–7 साल की उम्र में बालक यह भी बता पाते हैं कि किस समय उन्हें सोना है, कब और कितना समय तक पढ़ना है तथा खेलना है, तथा उन्हें कब स्कूल जाना है आदि-आदि। एलकाइण्ड (Elkind, 1970), टरमैन तथा मेरिल (Terman and Merrill, 1960) ने

अपने-अपने अध्ययनों के आधार पर यह सहमति जताई है कि समय-संबंधी इन संप्रत्ययों के विकास का पैटर्न हालाँकि सभी बालकों में इसी तरह समान होता है, परंतु बालकों की बुद्धि (intelligence) तथा सीखने के अवसरों में विभिन्नता होने से किसी-किसी बालक में अन्य बालकों की तुलना में ऐसे समय-संबंधी संप्रत्यय का विकास धीमा या तेजी से होता है।

(8) धन या मुद्रा-संबंधी संप्रत्यय (Money concepts)—एक बालक के लिए मुद्रा (money) तभी अर्थपूर्ण होता है जबकि उसे उसके उपयोग का अवसर प्राप्त हो। शायद यही कारण है कि एक प्राक्स्कूली बालक (preschool child) में मुद्रा-संबंधी संप्रत्यय का विकास उतना नहीं होता है जितना कि उसी बालक में उस समय होता है जब वह स्कूल जाना प्रारंभ कर देता है। स्कूल जाना प्रारंभ करने पर माता-पिता से अकसर उसे कुछ-न-कुछ पैसा या रुपया मिलता है जिसका उपयोग वह करता है और वह मुद्रा-संबंधी विभिन्न तरह के संप्रत्यय विकसित करता है। पाँच साल की आयु में औसत बालक सिक्कों के नाम तो बता पाते हैं परंतु उनका अर्थ नहीं समझ पाते। सात साल की आयु में बालक यह सही-सही बता पाता है कि एक रुपया में कितने पैसे होते हैं या कितने पैसे मिलकर एक रुपया बनता है। 8 साल की उम्र में औसतन बालक विभिन्न मूल्यों (denominations) के सिक्कों की पहचान एवं उनके अंतर को समझता है तथा साथ-ही-साथ यह भी जानता है कि किस मूल्य के सिक्के से कितनी वस्तु खरीदी जा सकती है। 10 साल की आयु तक बालकों को सिक्कों का भलीभाँति प्रयोग करना आ जाता है। मनोवैज्ञानिक अध्ययनों से यह पता चला है कि इस उम्र के जो बालक स्वयं कमाते हैं, उनमें मुद्रा-संबंधी संप्रत्यय अपनी ही उम्र के उन बालकों से, जो स्वयं नहीं कमाते, अधिक विकसित होता है। रॉबिन्सन (Robinson, 1990) इसी मत के समर्थक हैं।

(9) सुंदरता-संबंधी संप्रत्यय (Concepts of beauty)—3–4 साल के शिशुओं द्वारा उन तमाम चीजों को सुंदर समझा जाता है जिन्हें वे पसंद करते हैं तथा जिन्हें वे पसंद नहीं करते, उन्हें कुरूप (ugly) समझा जाता है। परंतु 6 साल की अवस्था में जब वे स्कूल जाना प्रारंभ करते हैं और उनका संबंध अन्य बालकों से होता है तो उनमें सुंदरता के संप्रत्यय में थोड़ा परिवर्तन आता है। इस उम्र में कौन वस्तु सुंदर है और कौन नहीं, इसका निर्णय अपने समूह के मानक (group standard) द्वारा किया जाता है न कि अपनी व्यक्तिगत पसंद या नापसंद द्वारा। यदि किसी वस्तु को बालक के समूह के सभी सदस्य या अधिकतर सदस्य सुंदर कहते हैं तो वह भी उसे सुंदर समझता है अन्यथा नहीं। 8–9 साल की अवस्था में बालकों में सुंदरता का संप्रत्यय बहुत हद तक रेडियो, टेलीविजन, मैगजीन, अखबार आदि माध्यमों से प्राप्त सूचनाओं पर निर्भर करता है। किशोरावस्था में प्रवेश करने में सुंदरता के संप्रत्यय पर कुछ सांस्कृतिक कारकों (cultural factors) का भी प्रभाव पड़ने लगता है।

(10) हास्य का संप्रत्यय (Concept of comic)—कोई भी बालक किसी चीज, घटना या वस्तु को हास्य समझेगा या नहीं, यह इस बात पर निर्भर करता है कि वे इसका क्या अर्थ लगाते हैं। अर्थ लगाना अंशतः बालक की व्यक्तिगत अनुभूतियों पर तथा अंशतः इस बात पर निर्भर करता है कि सामाजिक रूप से किसे हास्य समझा जाता है। हास्य प्रत्यक्षण (comic perception) दो तरह का होता है—वस्तुनिष्ठ हास्य प्रत्यक्षण (objective comic perception) तथा आत्मनिष्ठ हास्य प्रत्यक्षण (subjective comic perception)। वस्तुनिष्ठ हास्य प्रत्यक्षण में बालक उस परिस्थिति में हास्य का प्रत्यक्षण करता है जिसमें उसे छोड़कर अन्य लोग सम्मिलित होते हैं। आत्मनिष्ठ हास्य प्रत्यक्षण में बालक अपने व्यवहारों को स्वयं ही हास्यास्पद मानता है। मैकघी (McGhee, 1971) के

अध्ययन के अनुसार जो बालक तीव्र बुद्धि के होते हैं वे अपने व्यवहारों की असंगतता का सही-सही प्रत्यक्षण करके आत्मनिष्ठ हास्य (subjective humour) का प्रत्यक्षण करते हैं परंतु कम बुद्धि के बालकों में ऐसी क्षमता का अभाव पाया जाता है। मनोवैज्ञानिक अध्ययनों से यह भी पता चला है कि हास्य के प्रत्यक्षण से छोटे बालकों में बड़े बालकों की तुलना में अधिक हँसी (laughter) होती है। छोटे-छोटे बालकों में विचित्र आवाज, खेल में प्रयुक्त होनेवाले विशेष शब्द, हास्य ड्रॉइंग (comic drawing) आदि द्वारा हास्य के संप्रत्यय का विकास होता है। इस उम्र के बालकों में अर्थात 4–5 साल की उम्र के बालकों में आश्चर्य (surprise) तथा असमंजस (suspense) ही हास्य का मुख्य साधन होता है। 8–10 साल की अवस्था में चूँकि बालकों की समझ एवं पकड़ (grasp) की शक्ति बढ़ जाती है, अत: वे अब व्यावहारिक मजाक (practical joke) को अपने हास्य का मुख्य मुद्दा बना लेते हैं। व्यावहारिक मजाक में बालक अकसर शिक्षक, माता-पिता के व्यवहारों एवं आवाजों की नकल करते हैं तथा आनंद उठाते हैं। इस उम्र में भी बालक उन सभी वस्तुओं को हास्यास्पद समझते हैं जिनमें असंगतता (incongruity) होती है।

(11) आत्म-संप्रत्यय (Self-concept)—आत्म-संप्रत्यय से तात्पर्य उन प्रतिमाओं (images) से होता है जिन्हें स्वयं बालक अपने बारे में विस्तृत करता है। सभी आत्म-संप्रत्ययों में दो तरह की प्रतिमाएँ (images) होती हैं—शारीरिक (physical) एवं मनोवैज्ञानिक (psychological)। बालकों में पहले शारीरिक प्रतिमाएँ विकसित होती हैं जो बालकों के शारीरिक गठन, शारीरिक सुंदरता, यौन उपयुक्तता या अनुपयुक्तता (sex appropriateness or inappropriateness) से संबंधित होते हैं। मनोवैज्ञानिक संप्रत्यय (psychological concepts) से तात्पर्य उन प्रतिमाओं (images) से होता है जो बालकों के चिंतन (thought), संवेग, भाव, स्मृति, कल्पना तथा अन्य ऐसे ही गुणों पर आधारित होता है जो इनमें समायोजन (adjustment) तथा अन्य शीलगुणों पर आधारित होता है, जो उनमें समायोजन (adjustment) तथा अन्य शीलगुणों जैसे स्वतंत्रता (independence), ईमानदारी (honesty), उत्साह, आत्मविश्वास (self-confidence) को बढ़ावा देता है। 3–4 साल की उम्र तक इन दोनों तरह की प्रतिमाओं को अर्थात शारीरिक प्रतिमाओं (physical images) तथा मनोवैज्ञानिक प्रतिमाओं (psychological images) को संगठित करना एक मुश्किल कार्य होता है परंतु 6–7 साल की अवस्था तक वे इन दोनों तरह की प्रतिमाओं को मिलाकर एक यथार्थ आत्म-संप्रत्यय (self-concept) विकसित कर लेते हैं। ऐसे आत्म-संप्रत्यय में प्रत्येक बालक उन सांस्कृतिक कारकों की भी छाप छोड़ता है जिनसे वह काफी प्रभावित हुआ है।

(12) सामाजिक संप्रत्यय (Social concepts)—सामाजिक संप्रत्यय से तात्पर्य उन संप्रत्ययों से होता है जिसे बालक प्राय: अन्य लोगों एवं सामाजिक परिस्थितियों (social situations) के प्रति विकसित करता है। ऐसे संप्रत्ययों का विकास बालकों में धीरे-धीरे होता है तथा प्राय: आत्म-संप्रत्यय के विकास के बाद ही होता है। प्रारंभ में शिशुओं में आत्मकेंद्रिता (egocentricity) अधिक होती है और उनकी अभिरुचियाँ मूलत: अपने-आप तक केंद्रित रहती हैं। परंतु, कुछ बड़ा होने पर उनके सामाजिक क्षैतिज का फैलाव होता है और वे अन्य लोगों से अंत:क्रिया कर एक सामाजिक संप्रत्यय विकसित कर लेता है। शिशु 2 महीने की उम्र होने पर अन्य लोगों के व्यवहारों में अभिरुचि लेना प्रारंभ कर देता है और वह परिचित एवं अपरिचित के बीच अंतर करना प्रारंभ कर देते हैं। करीब 8 महीने की उम्र हो जाने पर वे दूसरों की आनन अभिव्यक्ति (facial expression) के संवेगात्मक अर्थ (emotional meaning) को समझने लगते हैं जिनसे उनमें सामाजिक संप्रत्यय का विकास होता है। प्रारंभिक बाल्यावस्था (early childhood) में बालकों के सामाजिक प्रत्यक्षण (social perception)

बहुत हद तक उनकी गत अनुभूतियों (past experiences) तथा सामाजिक दबाव (social pressures) आदि से काफी प्रभावित होते हैं, बालकों में एक सामाजिक संप्रत्यय विकसित होता है। उत्तर बाल्यावस्था (later childhood) में वयस्कों के बारे में सामाजिक रूप से अनुमोदित व्यवहार (socially approved behaviour) के रूप में बालक सामाजिक संप्रत्यय विकसित करते हैं। इस तरह वे 'माँ', 'भाई', 'बहन' आदि जैसे संप्रत्यय का विकास कर लेते हैं।

इस तरह हम देखते हैं कि बालकों में तरह-तरह के संप्रत्ययों का विकास होता है। इन संप्रत्ययों में शिक्षा मनोवैज्ञानिकों ने कुछ संप्रत्यय जैसे सामाजिक संप्रत्यय (social concepts), आत्म-संप्रत्यय (self-concepts), समय-संबंधी संप्रत्यय (time concept) आदि को व्यक्तित्व के समग्र विकास (wholesome development) के लिए काफी महत्त्वपूर्ण बताया है।

संप्रत्यय विकास को प्रभावित करनेवाले कारक
(Factors Influencing Concept Development)

बालकों में संप्रत्यय विकास (concept development) कई कारकों द्वारा प्रभावित होते हैं जिनमें निम्नांकित प्रमुख हैं—

(1) ज्ञानेंद्रिय की अवस्था (Condition of sense organ)—चूँकि ज्ञानेंद्रिय ही ऐसा माध्यम है जिससे होकर संवेदी अनुभूतियाँ (sensory experiences) मस्तिष्क में पहुँचती हैं, अतः, यह स्वाभाविक है कि ज्ञानेंद्रिय की अवस्था (condition) का प्रभाव बालकों की समझ (understanding) एवं संप्रत्यय विकास (concept development) पर पड़ता है। मनोवैज्ञानिकों की आम सहमति है कि जब ज्ञानेंद्रिय की अवस्था संतोषजनक होती है, तो इससे बालकों में प्रत्यक्षणात्मक तीक्ष्णता आती है और उनमें समझ एवं संप्रत्यय दोनों का विकास तेजी से होता है। जिन बालकों में, उदाहरणस्वरूप, वर्णान्धता (colour blindness) होती है उनमें रंग के संप्रत्यय का ठीक से विकास काफी उम्र बीतने के बावजूद नहीं हो पाता।

(2) बुद्धि (Intelligence)—शिक्षा मनोवैज्ञानिकों का मत है कि बालकों के बौद्धिक स्तर का भी प्रभाव संप्रत्यय विकास (concept development) पर पड़ता है। बौद्धिक परिपक्वता बढ़ने से बालकों में समझने, चिंतन करने तथा तर्क करने की क्षमता का विकास होता है तथा उससे संप्रत्यय विकास की प्रक्रिया तेजी से होती है। परंतु, जिन बालकों का बौद्धिक स्तर कम होता है, उनमें इन क्षमताओं का अभाव रहता है, जिससे बालकों में संप्रत्यय विकास की प्रक्रिया मंद हो जाती है। रॉबिन्सन (Robinson, 1990) ने एक प्रयोग के आधार पर इस तथ्य की पुष्टि की है।

(3) शिक्षण अवसर (Opportunity for learning)—छोटे बालकों में संप्रत्यय विकास इस बात पर भी आधारित होता है कि उन्हे घरेलू वातावरण में सीखने का अवसर कितना मिलता है। सारासन (Sarason, 1977) के अनुसार घरेलू वातावरण जितना ही उत्तेजक (stimulating) तथा शिक्षाप्रद होता है, बालकों में समझ (understanding) शक्ति उतनी ही ज्यादा बढ़ती है तथा संप्रत्यय का विकास तेजी से होता है। जब ये स्कूल जाना प्रारंभ कर देते हैं, तो स्कूल द्वारा जितना ही अधिक शिक्षण अवसर बालकों को प्रदान किया जाता है, उनमें उतनी ही अधिक सूझ (insight) एवं समझ विकसित होती है और बालकों में संप्रत्यय विकास तेजी से होता है।

(4) अनुभव (Experience)—बालकों में अनुभव का प्रभाव संप्रत्यय विकास (concept development) पर सीधा पड़ता है। प्रत्यक्ष अनुभव तथा अप्रत्यक्ष अनुभव दोनों का ही प्रभाव बालकों के संप्रत्यय सीखने पर पड़ता है। क्रो एवं स्कैक्टर (Crow & Schachter, 1989) के अनुसार 3 से 4 साल की अवस्था में बालक मूर्त अनुभव या प्रत्यक्ष अनुभव (concrete experience or direct experience) के आधार पर संप्रत्यय सीखते हैं परंतु जैसे-जैसे वे बड़े होते जाते हैं, वे अमूर्त अनुभवों (abstract experiences) या अप्रत्यक्ष अनुभवों के आधार पर भी बहुत तरह के संप्रत्यय सीख लेते हैं।

(5) यौन (Sex)—माता-पिता प्रारंभ से ही बालकों को उनके यौन (sex) के अनुकूल पहनने, बोलने, सोचने आदि का प्रशिक्षण देते हैं। वे लड़कों को एक तरह से पहनने, बोलने तथा किसी विषय पर सोचने की सलाह देते हैं जबकि लड़कियों को दूसरी तरह से। इसका परिणाम यह होता है कि उनमें संप्रत्यय विकास में भिन्नता हो जाती है। जैसे लड़कियों को 'गृह विज्ञान' (home science) पढ़ाना एक अच्छी गृहिणी बनने के लिए आवश्यक माना जाता है परंतु लड़कों को गृह विज्ञान पढ़ाना मात्र समय की बर्बादी समझा जाता है।

(6) व्यक्तित्व (Personality)—बालकों के व्यक्तित्व का भी प्रभाव उनके संप्रत्यय विकास पर पड़ता है। स्कैक्टर (Schachter, 1989) के अध्ययन के अनुसार वैसे बालक जो अपनी क्षमता के प्रति समायोजित विचार रखते हैं, दूसरों के प्रति वास्तविक संबंध (realistic relationship) रखते हैं तथा स्वयं काफी समायोजनशील (adjustable) प्रकृति के होते हैं, उनमें यथार्थ संप्रत्यय (accurate concept) तेजी से विकसित होता है तथा इसके विपरीत शीलगुणवाले बालकों में संप्रत्यय विकास की गति मंद होती है।

(7) सामाजिक-आर्थिक स्तर (Socio-economic status)—संप्रत्यय विकास में बालकों के परिवार के सामाजिक-आर्थिक स्तर का भी प्रभाव पड़ता है। जैसे 'मोटरगाड़ी', 'टेलीफोन', 'बँगला', 'नौकर', 'नौकरानी', 'फ्रिज' आदि संप्रत्यय सामान्यतः उच्च-मध्यम सामाजिक-आर्थिक स्तरवाले परिवार के बालकों में विकसित होता है क्योंकि इन सभी चीजों का प्रयोग निम्न सामाजिक-आर्थिक स्तर के परिवार में नहीं होता है।

इस तरह हम देखते हैं कि बालकों के संप्रत्यय विकास (concept development) पर कई कारकों का प्रभाव पड़ता है जो अपने-आपमें एक महत्त्वपूर्ण घटना है।

संप्रत्यय विकास एवं शिक्षा
(Concept Development and Education)

शिक्षा के लिए बालकों में संप्रत्यय विकास एक महत्त्वपूर्ण आधार का काम करता है। जबतक बालक अपनी उम्र के अनुसार विभिन्न तरह के संप्रत्यय (concept) को यथार्थ ढंग से विकसित नहीं कर लेता है, उसे दी जानेवाली शिक्षा से उतना लाभ नहीं हो सकता है जितना होना चाहिए। सचमुच संप्रत्यय का सही विकास हो जाने से बालकों में समझ की शक्ति काफी बढ़ जाती है जिससे उनमें सामाजिक अभियोजन (social adjustment) की क्षमता भी विकसित हो जाती है।

संप्रत्यय विकास के समुचित ज्ञान से शिक्षकों को भी काफी मदद मिलती है। एक अच्छे पाठ्यक्रम (syllabus) का निर्माण पूर्णतः शिक्षक की जवाबदेही होती है। यदि शिक्षक को यह पता है कि किस उम्र के बालकों में कौन-कौन तरह के संप्रत्यय का विकास हो जाता है, तो वे पाठ्यक्रमों में उसी के अनुरूप कार्यक्रम या पठन-पाठन सामग्री को सम्मिलित करेंगे। इससे छात्रों को आत्म-संतोष (self-satisfaction) होता है क्योंकि कहीं भी इस तरह के पाठ्यक्रम से गुजरने पर उन्हें कुंठा (frustration) का सामना नहीं करना पड़ता। उदाहरणस्वरूप, यदि एक शिक्षक को यह पता हो जाता है कि बालकों में वस्तुओं के भार-संबंधी संप्रत्यय तथा संख्या-संबंधी संप्रत्यय (time concepts) 10 साल की उम्र तक करीब-करीब विकसित हो जाती है, तो वे उसी के अनुरूप अंकगणित (arithmetic) का पाठ्यक्रम तैयार करते समय इन दोनों संप्रत्ययों से संबंधित समस्या को रख सकते हैं। इससे छात्रों की क्षमताओं (abilities) की भी सही-सही परख होगी तथा साथ-ही-साथ उनमें आत्म संतोष भी उत्पन्न होगा।

क्रो और स्कैक्टर (Crow & Schachter, 1989) के अनुसार संप्रत्यय विकास (concept development) से शिक्षकों को बालकों के व्यक्तित्व (personality) को समझने में मदद मिलती है। ऐसे बालक जिनमें उम्र के अनुकूल सभी संप्रत्यय विकसित होते हैं, वर्ग में काफी समायोजनशील होते हैं तथा उनमें थोड़ा-सा प्रयास करके शिक्षक एक समग्र व्यक्तित्त्व (wholesome personality) विकसित करने में सफल हो जाते हैं। ऐसे बालकों के प्रति शिक्षकों की मनोवृत्ति काफी अनुकूल (favourable) होती है। शायद यही कारण है कि ऐसे बालकों की शैक्षिक उपलब्धियाँ (educational achievements) अन्य बालकों की तुलना में, जिनमें संप्रत्यय विकास उम्र के अनुकूल न होकर कम होता है, अधिक रहती है।

इस तरह हम देखते हैं कि संप्रत्यय विकास सिर्फ बालकों के लिए ही नहीं बल्कि शिक्षकों एवं शिक्षा मनोवैज्ञानिकों दोनों के लिए उपयोगी है।

अध्याय-सारांश
[Chapter Summary]

1. जब कई वस्तुओं के गुणों को एक सामान्य नियम द्वारा जोड़ दिया जाता है, तो इससे बननेवाले मानसिक प्रारूप (mental form) को संप्रत्यय (concept) की संज्ञा दी जाती है। बालकों में दी गई वस्तुओं के आधार पर संप्रत्यय ज्ञात करने की क्षमता को संप्रत्यय निर्माण (concept formation) कहा जाता है जो धीरे-धीरे बालकों की उम्र बीतने के साथ-साथ बढ़ती हुई परिपक्वता तथा नई-नई अनुभूति द्वारा बढ़ती जाती है।

2. शिक्षा मनोवैज्ञानिकों ने बालकों द्वारा सीखे गए संप्रत्यय (concept) की कुछ अपनी विशेषताएँ बताई हैं। इन विशेषताओं में प्रमुख हैं—संप्रत्यय वैयक्तिक होते हैं, बालकों में संप्रत्यय विकास का एक पैटर्न होता है, बालकों के संप्रत्यय श्रेणीबद्ध (hierarchical) होते हैं, बालकों का संप्रत्यय अपरिभाषित एवं सामान्य से विशिष्ट की ओर विकसित होता है, संप्रत्यय संवेगात्मक रूप से भारित होते हैं; संप्रत्यय प्रायः परिवर्तनविरोधी होते हैं तथा संप्रत्यय का प्रभाव बालकों के व्यवहार पर काफी पड़ता है।

3. बालकों में संप्रत्यय का विकास तीन तरह की प्रमुख क्षमताओं के विकास पर आधारित होता है—संबंधों को सही-सही देखने की क्षमता (ability to see relationship), शब्दों के पीछे छिपे अर्थ को समझने की क्षमता (ability to comprehend the underlying meaning of words) तथा यथार्थ रूप से चिंतन करने की क्षमता (ability to reason accurately)।
4. बालकों में कई तरह के संप्रत्ययों का विकास होता है जिनमें जीवन का संप्रत्यय, मृत्यु का संप्रत्यय, मृत्यु के बाद जीवन का संप्रत्यय, स्थान का संप्रत्यय, भार-संबंधी संप्रत्यय (concept of weights), संख्या-संबंधी संप्रत्यय (number concepts), समय-संबंधी संप्रत्यय (time concept), धन या मुद्रा-संबंधी संप्रत्यय, सुंदरता-संबंधी संप्रत्यय (concept of beauty), हास्य का संप्रत्यय (concept of comic), आत्म-संप्रत्यय (self concept) तथा सामाजिक संप्रत्यय (social concepts) प्रधान हैं।
5. अध्ययनों से यह भी पता चला है कि बालकों में संप्रत्यय विकास कई कारकों से प्रभावित होता है जिनमें ज्ञानेंद्रिय की अवस्था, बुद्धि (intelligence), शिक्षण अवसर (opportunity for learning), अनुभव (experience), यौन (sex), व्यक्तित्व (personality) तथा सामाजिक-आर्थिक स्तर (socio-economic status) प्रधान हैं।
6. शिक्षा के लिए बालकों का संप्रत्यय विकास एक महत्त्वपूर्ण आधार का काम करता है। संप्रत्यय विकास के समुचित ज्ञान से शिक्षकों को भी काफी मदद मिलती है।

❑

अध्याय 10

नैतिक विकास

[MORAL DEVELOPMENT]

मुख्य बिंदु (Main Points)

1. नैतिक विकास का अर्थ (Meaning of Moral Development)
2. नैतिक विकास की विमाएँ (Dimensions of Moral Development)
3. नैतिक विकास का सिद्धांत (Theories of Moral Development)
4. मनोवैश्लेषिक सिद्धांत (Psychoanalytic Theory)
5. सामाजिक-अधिगम सिद्धांत (Social Learning Theory)
6. संज्ञानात्मक-विकासात्मक सिद्धांत (Cognitive–developmental Theory)
7. जीन पियाजे का नैतिक विकास का सिद्धांत (Jean Piaget's Theory of Moral Development)
8. लॉरेंस कोहलबर्ग का नैतिक विकास का सिद्धांत (Lawrence Kohlberg's Theory of Moral Development)
9. नैतिक व्यवहार की सहसंबंधता (Correlates of Moral Behaviour)

सभी समाज अपने सदस्यों को सही तथा गलत व्यवहार का ज्ञान देता है जिसे मोटे तौर पर नैतिक व्यवहार कहा जाता है। जहाँ तक वयस्कों का सवाल है, उन्हें भी कभी-कभी कौन व्यवहार सही है तथा कौन गलत है, का निर्धारण करने में काफी कठिनाई होती है। मनोवैज्ञानिकों की अभिरुचि विशेष रूप से इस बात में रही है कि बच्चों में नैतिक व्यवहार का विकास किस तरह से होता है। वर्तमान अध्याय में हम इस पहलू की चर्चा सविस्तार करेंगे।

नैतिक विकास का अर्थ
(Meaning of Moral Development)

नैतिक विकास का सामान्य अर्थ बच्चों/किशोरों या वयस्कों में उचित एवं सही तथा अनुचित एवं गलत व्यवहार में अंतर करके उसके अनुरूप व्यवहार करने की क्षमता से होती है। विकासात्मक मनोवैज्ञानिकों ने इनकी वैज्ञानिक परिभाषाएँ प्रदान की हैं। उदाहरण के तौर पर हम यहाँ दो व्यापक परिभाषाएँ प्रस्तुत कर रहे हैं।

जैनडेन[1] (Zanden, 1978) के अनुसार, "नैतिक विकास से तात्पर्य उन प्रक्रियाओं से होता है जिसके सहारे बच्चे उन नियमों को सीखते हैं जो उन्हें दिए गए व्यवहार को सही तथा दूसरे को

1. "Moral development refers to the process by which children adopt principles that lead them to evaluate given behaviours as right and others as wrong and to govern their own actions in terms of there principles."—Zanden, *Human Development,* 1978, p. 386

गलत मूल्यांकन करने में सहायता प्रदान करता है तथा इन नियमों के आलोक में अपनी क्रियाओं को निर्देशित करता है।"

बेरोन[2] (Baron, 2001) के अनुसार, "नैतिक विकास से तात्पर्य बढ़ती उम्र के साथ विभिन्न क्रियाओं के सही या गलत होने के बारे में सोचने की क्षमता में परिवर्तन से होता है।"

इन परिभाषाओं के विश्लेषण से हमें नैतिक विकास के स्वरूप के बारे में निम्नांकित तथ्य प्राप्त होते हैं।

(i) नैतिक विकास में बच्चे समाज के कुछ ऐसे नियमों को सीखते हैं जिनके माध्यम से उन्हें गलत तथा सही व्यवहार के बीच अंतर करने में मदद मिलती है।

(ii) नैतिक विकास में सीखे गए नियम व्यक्ति के अपने व्यवहार को निर्धारित करते हैं।

(iii) नैतिक विकास की प्रक्रिया उम्र बीतने के साथ मजबूत होती चली जाती है।

स्पष्ट हुआ कि नैतिक विकास एक ऐसा विकास है जिसमें बच्चे सही तथा गलत व्यवहार के बीच अंतर करके उसके अनुरूप अपने व्यवहार में परिवर्तन करता है।

नैतिक विकास की विमाएँ
(Dimensions of Moral Development)

ऐसे तो प्रत्येक संस्कृति में नैतिकता वहाँ के सामाजिक संगठनों द्वारा बनाए गए नियमों से निर्धारित होती है, अध्ययनों से यह स्पष्ट हुआ है कि नैतिकता (morality) की जड़ें व्यक्ति के मनोवैज्ञानिक पहलुओं (psychological makeup) में भी होती हैं। इन अध्ययनों से यह स्पष्ट हुआ है कि नैतिक विकास के तीन तत्त्व (components) या विमाएँ (dimensions) होती हैं जिनपर विचार करना आवश्यक है—

(1) सांवेगिक विमा या तत्त्व (Emotional component or dimension)—नैतिक विकास में एक प्रमुख तत्त्व सांवेगिक तत्त्व (emotional component) होता है क्योंकि व्यक्ति में मौजूद भाव (feelings) या संवेग ही व्यक्ति को दूसरों को दुःख में देखकर उसे भी दुःखी होने का अहसास कराता है या उस दुःख का कारण यदि वह स्वयं को समझता है, तो उसमें दोष-भाव (guilt feeling) उत्पन्न होता है। मनोवैश्लेषिक सिद्धांत (psychoanalytic theory) द्वारा नैतिक विकास में सांवेगिक तत्त्व पर बल डाला गया है। इस सिद्धांत के प्रतिपादक फ्रायड (Freud) के अनुसार बच्चे लिंग-प्रधानावस्था (phallic stage) के दौरान अपने ही यौन के माता-पिता (same sex parent) के साथ तादात्म्य (identification) स्थापित कर नैतिक नियमों (moral rules) को सीखते हैं। इस तरह के नियम को सीखने से बच्चों में पराहं (super ego) का विकास होता है जो व्यक्तित्व का नैतिक कमांडर (moral commander) होता है। पराहं के दो भाग या हिस्सा (parts) होते हैं—**अंतःकरण** (conscience) तथा **अहं-आदर्श** (ego-ideal)। अंतःकरण सचमुच में वैसे व्यवहारों या कार्यों की एक सूची होती है जिसमें सन्निहित कार्यों को अच्छी लड़की या अच्छा लड़का नहीं करते हैं या उन्हें नहीं करना चाहिए। जैसे झूठ बोलना, चोरी करना आदि। अहं आदर्श सचमुच में वैसे व्यवहारों या कार्यों की सूची होती है जिसे एक उत्तम लड़का या लड़की करते हैं या

---

2. "Moral development refers to changes in the capacity to reason about the rightness or wrongness of various actions that occur with age."—Baron, *Psychology,* 2001, p. 308

उन्हें करना चाहिए। जैसे माता-पिता, शिक्षकों का आज्ञापालन करना आदि। जब कोई बच्चा अपने अंत:करण की अवहेलना करता है, तो उसमें **दोष-भाव** (guilt feeling) उत्पन्न होता है और जब वह अहं-आदर्श के आदर्शों की अवहेलना करता है तो उसमें **लज्जा** (shame) उत्पन्न होती है। फ्रायड का मत है कि बच्चे अपने अंत:करण (conscience) तथा अहं-आदर्श के नियमों के अनुरूप व्यवहार करना सीख लेते हैं ताकि उनमें कष्टकर भाव तथा संवेग उत्पन्न न हों।

फ्रायड के अनुरूप इरिक्सन (Erikson) ने भी बच्चे के नैतिक विकास की व्याख्या में सांवेगिक तत्त्व पर बल डाला है। अंतर इतना ही है कि इरिक्सन के अनुसार बच्चे माता और पिता दोनों से ही नैतिक नियमों को सीखते हैं न कि सिर्फ समान-यौन (same sex) के माता-पिता से। इरिक्सन ने यह भी बतलाया कि दोष (guilt) एवं लज्जा (shame) के समान ही बच्चों में नैतिक विकास के लिए आत्माभिमान (pride) एक जरूरी तत्त्व है। जैसे, यदि कोई भूखा बच्चा दुकान में चॉकलेट को दखकर उसे चुराने की बात सोचता है परंतु उसका पराहं उसे ऐसा कार्य करने से मना कर देता है क्योंकि चोरी करना नैतिकता के विरुद्ध है। चॉकलेट चोरी करने के विचार से उसमें दोष भाव (guilt feeling) उत्पन्न होगा। इससे उसमें द्वंद्व (conflict) की स्थिति उत्पन्न होगी। अगर वह चॉकलेट की चोरी करता है, तो उसमें दोष-भाव उत्पन्न होगा और यदि वह चोरी नहीं करता है, तो भूखा रहेगा। फ्रायड के अनुसार एक स्वस्थ व्यक्तित्व वाला बच्चा अपने पराहं (superego) की आज्ञा को मानेगा, चाहे उसे भूखा ही क्यों न रहना पड़े। इरिक्सन का मत है कि यदि बच्चा चॉकलेट नहीं लेने का निर्णय करता है, तो वह न सिर्फ अपने-आपको दोष-भाव (guilt feeling) से बचा पाएगा बल्कि उसे लालच में पड़ने से अपने-आपको रोकने की क्षमता पर आत्माभिमान (pride) भी महसूस होगा। फ्रायड तथा इरिक्सन ने यह भी स्पष्ट किया कि बच्चों में दोष-भाव, लज्जा (shame) तथा आत्माभिमान (pride) 6 साल की आयु से पहले ही विकसित होती है। ये सभी सांवेगिक तत्त्व नैतिकता की मुख्य विमाएँ (dimensions) हैं।

(2) व्यवहारात्मक तत्त्व या विमा (Behavioural component or dimension)—नैतिक विकास की दूसरी महत्त्वपूर्ण विमा व्यवहार (behaviour) का परिणाम (consequences) होता है। दूसरे शब्दों में, बच्चों द्वारा किए गए व्यवहार का परिणाम ही बच्चों को नैतिक नियम (moral rules) सीखने की प्रेरणा देता है। इस विमा पर सामाजिक अधिगम सिद्धांत (social learning theory) द्वारा अधिक बल डाला गया है। इस संदर्भ में स्कीन्नर (Skinner) तथा बैण्डुरा (Bandura) के विचार उल्लेखनीय हैं। स्कीन्नर का मत है कि वयस्क बच्चों के नैतिक रूप से स्वीकार्य व्यवहार (morally acceptable behaviour) की प्रशंसा करके उन्हें पुरस्कृत करते हैं तथा नैतिक रूप से अस्वीकार्य व्यवहार (morally unacceptable behaviour) को अस्वीकार करके उन्हें दंडित करते हैं। इसका परिणाम यह होता है कि बच्चों में नैतिक रूप से स्वीकार्य व्यवहार मजबूत होता है तथा नैतिक रूप से अस्वीकार्य व्यवहार कमजोर पड़ जाता है। उम्र बीतने के साथ बच्चे नैतिक व्यवहार को करना सीख लेते हैं तथा अनैतिक व्यवहार को न करना सीख लेते हैं।

अध्ययनों से यह स्पष्ट हुआ है कि नैतिक व्यवहार करने के बाद मिला पुरस्कार निश्चित रूप से नैतिक विकास में तेजी लाता है परंतु दंड से वास्तव में नैतिक विकास में बाधा पहुँचती है। जैसे, बच्चा को दुकान में चॉकलेट चुराने के बाद यदि माता-पिता द्वारा वहीं पर काफी डाँटा-फटकारा जाता है, तो माता-पिता को ऐसा विश्वास होता है कि इस डाँट-फटकार से वह सीख जाएगा कि चोरी नहीं करनी चाहिए। परंतु, संभव है कि बच्चा सिर्फ यह सीख पाए कि माता-पिता के साथ रहने पर उसे चोरी नहीं करनी चाहिए।

उसी तरह से यदि किसी व्यवहार के लिए दिया गया दंड काफी गंभीर है, या जिससे बालक को लज्जित होना पड़ता है, तो वह उस व्यवहार एवं दंड के बीच संबंध स्थापित करने की ओर से हटकर अपना पूरा ध्यान उत्पन्न संवेग, जैसे क्रोध पर देता है। फलतः, वह ऐसा सोच सकता है कि उसके अमुक व्यवहार से (जैसे, चोरी करने से) उसे डाँट मिली है। मशहूर सामाजिक अधिगम सिद्धांतवादी बैंडुरा (Bandura) का दावा है कि बच्चे पुरस्कार या दंड की अपेक्षा दूसरों के व्यवहार का प्रेक्षण करके नैतिक व्यवहार को अधिक सीखते हैं। जैसे, जब बच्चा किसी अन्य व्यक्ति को कोई व्यवहार करने पर पुरस्कार मिलता देखता है, तो वह भी वैसा ही व्यवहार करने को ठान लेता है। ठीक उसी तरह, जब वह किसी मॉडल या दूसरे व्यक्ति को अमुक व्यवहार करने पर दंडित होते देखता है, तो वह वैसा व्यवहार न करने की कोशिश करता है। जैसे, यदि बच्चा अपने माता-पिता से एक ऐसी कहानी सुनता है जिसमें वह यह सुनता है कि जब कोई बच्चा लालच या प्रलोभन पर नियंत्रण रखता है, तो उसे शिक्षक द्वारा काफी प्रशंसा की जाती है तथा उसे काफी अधिक पुरस्कार भी दिया जाता है, तो वह बच्चा भी लालच पर नियंत्रण करना सीख लेता है। उसी तरह से जब उसे ऐसी कहानी सुनाई जाती है जिससे बच्चा चोरी भी करता है और पकड़ा भी नहीं जाता है, तो वह यह सीख लेता है कि बिना पकड़ाए हुए चोरी की जा सकती है।

(3) संज्ञानात्मक तत्त्व (Cognitive component)—नैतिक विकास की एक अन्य महत्त्वपूर्ण विमा संज्ञानात्मक तत्त्व है। वैसे बच्चे जिनमें सामाजिक समझ या बोध (social understanding) विकसित होती है, वे सही या गलत व्यवहार के बारे में अधिक स्पष्ट एवं उपयुक्त निर्णय लेते हैं। इस तत्त्व पर नैतिक विकास के संज्ञानात्मक-विकासात्मक सिद्धांत (cognitive-developmental theory) द्वारा अधिक बल डाला गया है। इस सिद्धांत के अनुसार संज्ञानात्मक परिपक्वता (cognitive maturity) तथा सामाजिक अनुभूति (social experiences) से नैतिक व्यवहार मजबूत होता है। जैसे-जैसे बच्चों में सामाजिक सहयोग का भाव मजबूत होता जाता है, एवं फैलता जाता है, बच्चों में यह विचार कि जब व्यक्ति की आवश्यकता (need) तथा इच्छा में द्वंद्व उत्पन्न होता है, तो उसे क्या करना चाहिए, में परिवर्तन हो जाता है और यह परिवर्तन प्रायः नैतिक समस्याओं (moral problems) के एक उचित एवं संतुलित समाधान की ओर उन्मुख होता है। इससे उनमें नैतिक विकास होता है। पियाजे (Piaget), कोह्लबर्ग (Kohlberg) तथा महिला मनोवैज्ञानिक कैरोल गिल्लिगन (Carol Gilligan) की विचारधाराओं में संज्ञानात्मक-विकासात्मक सिद्धांत के उक्त तथ्यों की अभिव्यक्ति होती है।

स्पष्ट हुआ कि नैतिक विकास की तीन विमाएँ (dimensions) हैं जिनपर तीन अलग-अलग सिद्धांतों द्वारा बल डाला गया है। आधुनिक समय में किए गए कई शोधों से यह स्पष्ट हुआ है कि नैतिक विकास की ये तीनों विमाएँ अंतःसंबंध (interrelated) हैं। हालाँकि नैतिक विकास के मुख्य सिद्धांतों में इस बात की असहमति आज भी बरकरार है कि इनमें से कौन सर्वाधिक प्रमुख है।

नैतिक विकास का सिद्धांत
(Theories of Moral Development)

हॉफ्फमैन (Hoffman, 1970) के अनुसार ऐतिहासिक तौर पर बच्चों में नैतिक विकास से संबंधित तीन प्रमुख दार्शनिक सिद्धांत (philosophical doctrine) है। एक सिद्धांत जिसका समर्थन मशहूर धर्मविज्ञानी (theologian) संत ऑगस्टाइन (Saint Augustine) द्वारा किया गया है, को मौलिक

पाप का सिद्धांत (doctrine of original sin) कहा जाता है जिसके अनुसार बच्चे संभवत: दोषी प्रकृति के होते हैं। अत:, वयस्कों के ज्ञानकृत (deliberate) तथा दंडात्मक (punitive) हस्तक्षेप (intervention) के माध्यम से उन्हें क्षतिपूरण की आवश्यकता होती है। दूसरे तरह के सिद्धांत के समर्थक जॉन लॉके (John Locke, 1632–1704) हैं जिनका मत है कि बच्चा नैतिक रूप से तटस्थ (neutral) होता है अर्थात टैबुला राजा (tabula rasa) होता है और उन्हें जैसा शिक्षण-प्रशिक्षण मिलता है उसके अनुरूप या तो वे नेक (righteous) या दोषी (sinful) बन जाते हैं। तीसरे सिद्धांत के प्रवर्तक जीन जेक्स रूसो (Jean Jacques Rousseau, 1712–1778) हैं जिनका मत है कि बच्चों में जन्मजात शुद्धता (innate purity) होती है तथा अनैतिक व्यवहार मूलत: वयस्कों के दोषपूर्ण प्रभाव से उत्पन्न होते हैं।

इन तीनों क्लासिकी विचारधाराओं की अभिव्यक्ति नैतिक विकास के तीन आधुनिक मनोवैज्ञानिक सिद्धांत के रूप में होती है। पहली विचारधारा अपने परिवर्तित रूप में सिगमंड फ्रायड (Sigmund Freud) के **मनोवैश्लेषिक सिद्धांत** के रूप में, दूसरी विचारधारा **सामाजिक अधिगम सिद्धांत** (social learning theory) जो नैतिक विकास को अनुबंधन (conditioning) तथा मॉडलिंग अनुभूतियों (modeling experiences) का परिणाम मानता है, के रूप में तथा तीसरी विचारधारा जीन पियाजे (Jean Piaget) तथा लॉरेंस कोह्लबर्ग (Lawrence Kohlberg) के नैतिक विकास के **संज्ञानात्मक-विकासात्मक सिद्धांत** (cognitive–developmental theory) के रूप में अभिव्यक्त होता है। इन तीनों आधुनिक सिद्धांतों की व्याख्या हम अलग-अलग अनुच्छेद में करेंगे।

मनोवैश्लेषिक सिद्धांत
(Psychoanalytic Theory)

सचमुच में नैतिक विकास (moral development) का सबसे पहला पूर्णत: विकसित मनोवैज्ञानिक सिद्धांत मनोवैश्लेषिक सिद्धांत है जिसका प्रतिपादन सिगमंड फ्रायड (Sigmund Freud) द्वारा किया गया है। फ्रायड का मत है कि बच्चे में नैतिक विकास का उदय पराहं (super ego) के कारण होता है। उन्होंने पराहं को व्यक्ति का नैतिक कमांडर (moral commander) कहा है। फ्रायड का मत है कि बच्चों में विभिन्न तरह के जन्मजात अंतर्नोद (drives) अर्थात मौलिक लैंगिक तथा आक्रामक मूल प्रवृत्ति (aggressive instinct) जिसे उपाहं (id) कहा जाता है, होता है। समाज के मानक (norms) के अनुरूप उन्हें समाजीकृत करने में माता-पिता इन प्रणोदों (drives) को कुंठित कर देते हैं इससे बच्चों में अपने माता-पिता के प्रति ईर्ष्या (hostility) उत्पन्न होती है। परंतु, चूँकि बच्चों में इस तरह की ईर्ष्या की खुलेआम अभिव्यक्ति करने से उनमें माता-पिता का प्यार खोने तथा उनके प्रतिशोध (retaliation) का डर रहता है, इसलिए वे अपनी इस ईर्ष्या को दमित कर देते हैं तथा माता-पिता के मनाही या निषेध (prohibition) को स्वीकार कर लेते हैं। इसे फ्रायड ने आंतरीकरण (internalisation) की संज्ञा दी है।

माता-पिता के मानकों तथा विचारों को स्वीकार कर लेने से बच्चे नैतिकतापूर्ण ढंग से व्यवहार करना सीख लेते हैं क्योंकि इससे वे आत्म-दंड (self-punishment), चिंता (anxieity) तथा दोष (guilt) से भी बच जाते हैं। अब बच्चे ऐसे व्यवहार करने लगते हैं मानो पराहं (superego) के पराक्रम से बच्चे अपने-आपमें माता-पिता हो गए हों। बाह्य दंड (external punishment) आत्म-दंड (self-punishment) में बदल जाता है तथा बाह्य नियंत्रण (external control)

आत्म-नियंत्रण (self-control) में बदल जाता है। इस तरह से बच्चे अपने माता-पिता द्वारा उनके किए गए व्यवहारों के मूल्यांकन को स्वीकार करके समाज के नैतिक मानकों (moral standards) को अपने में शामिल कर लेते हैं।

स्पष्ट हुआ कि मनोवैज्ञानक सिद्धांत के अनुसार बच्चों के नैतिक विकास में पराहं (superego) तथा माता-पिता की भूमिका अहम होती है।

सामाजिक-अधिगम सिद्धांत (Social Learning Theory)

नैतिक विकास का यह सिद्धांत कुछ मनोवैज्ञानिकों, जैसे अलबर्ट बैंदुरा (Albert Bandura) तथा वाल्टर मिसकेल (Walter Mischel) के शोधों का प्रतिफल है। इन मनोवैज्ञानिकों का विचार है कि बच्चे नैतिक व्यवहार को ठीक उसी ढंग से सीखते हैं जैसे अन्य व्यवहारों को सीखते हैं। मनोवैश्लेषिक सिद्धांत के विपरीत अपना मत जाहिर करते हुए सामाजिक-अधिगम सिद्धांतवादियों ने यह कहा है कि नैतिक व्यवहार किसी एक विशेष इकाई अर्थात पराहं (super ego) से उत्पन्न नहीं होता है तथा साथ-ही-साथ इस बात से भी इनकार करते हैं कि नैतिक व्यवहार में सिर्फ ईमानदारी (honesty) ही सम्मिलित होती है। सामाजिक-अधिगम सिद्धांतवादियों का मत है कि सामाजिक व्यवहार परिवर्त्य (variable) होता है तथा परिस्थितिजन्य संदर्भ (situational contexts) पर निर्भर करता है। मिसकेल तथा मिसकेल (Mischael and Mischael, 1976) का यह मत है कि चूँकि अधिकतर व्यवहारों से कुछ परिस्थितियों में धनात्मक परिणाम (positive consequences) मिलते हैं, परंतु कुछ अन्य परिस्थितियों में नहीं, व्यक्तियों में कुछ खास एवं विभेदी अनुक्रिया (discriminating behaviour) करने की आदत पड़ जाती है परंतु इन्हें जीवन के सभी तरह की परिस्थितियों में सामान्यीकृत भी नहीं किया जा सकता है।

सामाजिक-अधिगम सिद्धांतवादियों का मत है कि नैतिक व्यवहार को सीखने का मुख्य आधार प्रेक्षण (observation) होता है। बच्चा जब किसी मॉडल (या, अन्य व्यक्ति) को कोई व्यवहार करते देखता है तथा उस व्यवहार का धनात्मक परिणाम मॉडल को प्राप्त करते देखता है तो वह भी वैसा ही व्यवहार करना सीख लेता है। बच्चा यदि मॉडल को नैतिकतापूर्ण व्यवहार करते देखता है, तो वह भी उस नैतिकतापूर्ण व्यवहार को करना सीख लेता है। इस सिलसिले में बैंदुरा, रॉस एवं रॉस (Bandura, Ross and Ross, 1961, 1963) तथा वाल्टर्स, लीट तथा मेजी (Walters, Leat and Mezei, 1963) ने कुछ महत्त्वपूर्ण प्रयोग किए हैं। उदाहरण के रूप में वाल्टर्स, लीट तथा मेजी के प्रयोग को उद्धृत किया जा रहा है। इस प्रयोग में तीन समूह थे—दो प्रयोगात्मक समूह तथा एक नियंत्रित समूह। लड़कों का पहला प्रयोगात्मक समूह ऐसा था जिसमें उनलोगों को एक ऐसा फिल्म दिखाया गया जिसमें एक बच्चा को माँ द्वारा इसलिए दंडित किया गया क्योंकि वह उस खिलौने के साथ खेल रहा था जिसके साथ खेलने के लिए मना किया गया था। लड़कों का दूसरा समूह उसी फिल्म के दूसरा वर्तनी (version) को देखा जिसमें उसी व्यवहार के लिए बच्चा को माँ द्वारा पुरस्कृत किया गया। बच्चों का तीसरा समूह एक नियंत्रित समूह था जिसे कोई फिल्म नहीं दिखलाया गया। प्रयोगकर्ता द्वारा तीनों समूह के बच्चों को एक अलग कमरा में ले जाया गया और खिलौना के साथ नहीं खेलने की हिदायत दी गई। इसके बाद प्रयोगकर्ता कमरा से बाहर चला गया।

इस प्रयोग के परिणाम में देखा गया कि जिन बच्चों ने फिल्म में यह देखा था कि माँ की आज्ञा का न पालन करने से बच्चा को पुरस्कार मिलता था, (दूसरा समूह) द्वारा अन्य दोनों समूहों के बच्चों की अपेक्षा प्रयोगकर्ता द्वारा दिए गए हिदायत को न मानने की प्रवृत्ति पाई गई। जिन बच्चों ने यह फिल्म देखा था कि मॉडल (बच्चा) को माँ द्वारा दंडित किया गया था (पहला समूह) उनमें प्रयोगकर्ता द्वारा दिए गए हिदायत को न मानने की अनिच्छा (reluctance) काफी अधिक थी। इस प्रयोग के परिणाम से यह स्पष्ट हो जाता है कि दूसरों के व्यवहार को प्रेक्षण करने से सामाजिक नियमों (social regulations) के प्रति आज्ञापालन (obedience) तथा आज्ञापालनहीनता (disobedience) का भाव विकसित होता है। कुछ अध्ययनों, जैसे रोजेनकोएट्टर (Rosenkoetter, 1973) तथा रॉस (Ross, 1971) द्वारा किए गए अध्ययनों से, यह स्पष्ट हुआ है कि बेईमान (dishonest) तथा विसामान्य (deviant) मॉडल द्वारा किए गए व्यवहारों का प्रभाव बच्चों पर ईमानदार तथा अविसामान्य मॉडल (nondeviating model) की अपेक्षा अधिक प्रभाव डालने में सक्षम होता है।

निष्कर्षतः यह कहा जा सकता है कि सामाजिक-अधिगम सिद्धांत के अनुसार बच्चों में नैतिक विकास नैतिक व्यवहार को सीखने के फलस्वरूप होता है। बच्चे अन्य व्यवहार के समान नैतिक व्यवहार को प्रेक्षण (observation) के आधार पर सीखते हैं।

संज्ञानात्मक-विकासात्मक सिद्धांत
(Cognitive-developmental Theory)

जैसा कि ऊपर में सामाजिक-अधिगम सिद्धांतवादियों की विचारधारा से स्पष्ट है कि नैतिक विकास सचमुच में एक संचयी प्रक्रिया (cumulative process) है जो बिना किसी अचानक परिवर्तन (abrupt changes) के लगातार धीरे-धीरे होते रहती है। परंतु ठीक इसके विपरीत संज्ञानात्मक-विकासात्मक सिद्धांतवादियों का मत है कि नैतिक विकास सतत न होकर विभिन्न चरणों या अवस्थाओं (stages) में होता है। इनलोगों का मत है कि नैतिक विकास चरणों (steps) में होता है और उन चरणों के बीच स्पष्ट रूप से परिवर्तन होते हैं। इसका परिणाम यह होता है कि एक चरण या अवस्था में बच्चों में हुआ नैतिक विकास उसके पहले या बाद की अवस्था में हुए नैतिक विकास से भिन्न भी होता है। इस समूह में हम निम्नांकित दो मनोवैज्ञानिकों द्वारा प्रतिपादित सिद्धांतों का वर्णन करेंगे—

(1) जीन पियाजे का सिद्धांत (Jean Piaget's theory)

(2) लॉरेंस कोह्लबर्ग का सिद्धांत (Lawrence Kohlberg's theory)

इन सबों का वर्णन हम अलग-अलग अनुच्छेद में करेंगे।

जीन पियाजे का नैतिक विकास का सिद्धांत
(Jean Piaget's Theory of Moral Development)

जीन पियाजे (Jean Piaget), जो स्वीट्जरलैंड के एक मनोविज्ञानी थे, ने नैतिक विकास का वैज्ञानिक अध्ययन 1928 से प्रारंभ किया। 1932 में उनकी मशहूर पुस्तक 'दी मोरल जजमेंट ऑफ

दी चाइल्ड' (*The Moral Judgement of the Child*) का प्रकाशन हुआ। पियाजे का मत था कि बच्चों के नैतिक निर्णय (moral judgements) के विकास में एक निश्चित क्रम एवं तार्किक पैटर्न होता है। यह विकास क्रमिक परिवर्तन (sequential changes) जो बच्चों के बौद्धिक विकास (intellectual development) से संबद्ध होते हैं, पर आधारित होते हैं।

पियाजे ने बच्चों को अपने नैतिक विकास में एक सक्रिय सहभागी (active participant) पाया है। वे इस सिलसिले में वातावरण के साथ बच्चों में होनेवाले गतिशील अंत:क्रिया (dynamic interaction) पर अधिक बल डालते थे। उनका मत था कि जैसे-जैसे बच्चे अपने को वातावरण के साथ अंत:क्रिया करते हैं, उन्हें परिवर्तित करते हैं तथा उनमें कुछ परिमार्जन लाते हैं, उनमें नैतिक विकास होता है। जब वे वातावरण के साथ अंत:क्रिया करते हैं तथा उन्हें परिवर्तित करने की कोशिश करते हैं, वे भी अपने द्वारा किए गए व्यवहार के परिणामस्वरूप परिवर्तित हो जाते हैं। इस तरह से पियाजे ने नैतिक विकास में बच्चों को एक सक्रिय सहभागी माना है और उनका यह विचार सामाजिक-अधिगम सिद्धांत के नैतिक विकास में बच्चों को पर्यावरणी बलों (environmental forces) का निष्क्रिय प्रापक (recipient) माना गया है जो उन बलों के प्रभावों से प्रभावित होकर अपने में पर्याप्त परिवर्तन लाकर नैतिक विकास की ओर उन्मुख होता है। पियाजे का यह सिद्धांत नैतिक समस्याओं (moral issues) से संबंधित बच्चों के सामने उपस्थित किए गए युग्मित लघु कथाओं (pair short stories) के विश्लेषण पर आधारित था।

पियाजे के नैतिक विकास के सिद्धांत में दो अवस्थाएँ होती हैं—

(क) परायत्त नैतिकता की अवस्था (Stage of heteronomous morality)—इस अवस्था को नैतिक वास्तविकता की अवस्था (stage of moral realism) भी कहा जाता है। नैतिक विकास की यह पहली अवस्था होती है जिससे होकर प्राय: सभी बच्चे गुजरते हैं। यह अवस्था लगभग दो वर्ष से आठ वर्ष की आयु की होती है। पियाजे ने यह स्पष्ट किया है कि इस अवस्था की शुरुआत बच्चों एवं वयस्कों में असमान अंत:क्रिया (unequal interaction) से होती है। इस अवस्था में प्राक्-स्कूली अवस्था (preschool stage) तथा आरंभिक स्कूली साल (elementary school years) दोनों ही सम्मिलित होता है। इस अवस्था में बच्चे सत्तावादी वातावरण (authoritarian environment) में डूबे हुए होते हैं जिसमें उनका स्थान निश्चित रूप से वयस्क से घटिया या नीचे (inferior) होता है। इस अवस्था में बच्चों में नैतिक नियम (moral rules) का जो संप्रत्यय विकसित होता है, वह निरपेक्ष (absolute), अपरिवर्तनशील (unchanging) तथा दृढ़ (rigid) होता है। शायद यही कारण है कि इस अवस्था को **नैतिक वास्तविकता की अवस्था** (Stage of moral realism) या **दबाव की नैतिकता की अवस्था** (Stage of morality of constraint) कहा जाता है। इस अवस्था में बच्चे यह समझते हैं कि कोई भी नियम (rules) बाह्य प्राधिकार (external authority), जैसे माता-पिता की ओर से आते हैं जिसे हर हालत में उन्हें स्वीकार करना है, और वे निर्विवाद (immutable) होते हैं तथा वे समय के साथ परिवर्तनशील नहीं हैं अर्थात वे आज भी रहेंगे और कल भी रहेंगे। दूसरे शब्दों में कहा जा सकता है कि इस अवस्था में पूर्णरूपेण नैतिक निरपेक्षवाद (moral absolutism) बना रहता है। बच्चे यह भी समझते हैं कि इन नियमों से किसी भी तरह के विचलन (deviation) से उन्हें सख्त-से-सख्त दंड दिया जाएगा।

(ख) स्वायत्त नैतिकता की अवस्था (Stage of autonomous morality)—यह अवस्था बड़े बच्चों में 9 से 11 साल की आयु में प्रारंभ होती है। जहाँ परायत्त नैतिकता बच्चों तथा वयस्कों के

बीच असमान संबंध (unequal relationship) से उत्पन्न होती है, वहीं स्वायत्त नैतिकता बच्चे के समान स्तर के लोगों अर्थात साथी-संगी (peers) के बीच के संबंधों से उपजती है। इस ढंग का संबंध जब सामान्य बौद्धिक वर्द्धन (intellectual growth) वयस्कों के दबाव (restraint) में कमी के साथ संयोजित हो जाता है, तो इससे बच्चों में एक विशेष तरह की नैतिकता (morality) विकसित होती है जिसमें अन्य बातों के अलावा तर्कसंगतता (rationality), लचीलापन (flexibility) तथा सामाजिक चेतना (social consciousness) की विशेषताएँ होती हैं। अपने साथी-संगी के संबंधों (peer relationship) के माध्यम से बच्चों में न्याय का ऐसा ज्ञान विकसित होता है जिसमें दूसरों के अधिकारों के लिए चिंता, तथा मानवसंबंध में समानता तथा पारस्पारिकता (reciprocity) आदि दिखलाई जाती है। सचमुच में पियाजे स्वायत्त नैतिकता को एक प्रजातंत्रात्मक (democratic) तथा समतावादी (egalitarian) मानते हैं जो पारस्परिक आदर तथा सहयोग पर आधृत होती है।

इस अवस्था में बच्चा अब यह समझने लगता है कि सामाजिक नियम (social rules) एक मनमाना अनुबंध (arbitrary agreement) होता है जिसके बारे में प्रश्न उठाया जा सकता है तथा जिसमें परिवर्तन संभव है। प्राधिकार (authority) के प्रति अनुपालन दिखलाना न तो आवश्यक है और न ही हमेशा वांछनीय (desirable) है। बच्चे दूसरों के भावों एवं विचारधाराओं को उनके व्यवहार का मूल्यांकन करने में उनपर ध्यान देता है। वे स्पष्टत: यह कहते हैं कि जब भी किसी को दंडित किया जाना है, तो गलत करनेवाले व्यक्ति का इरादा (intention) को भी ध्यान में रखा जाना चाहिए तथा उनके द्वारा किए गए अतिक्रमण (transgression) को भी ध्यान में रखना चाहिए। दंड का स्वरूप क्षतिपूर्ति के रूप में होना चाहिए ताकि किए गए हानि की पूर्ति हो सके। व्यक्ति को शिक्षित भी किया जाना चाहिए ताकि वह दोबारा ऐसी गलती न करे। इस अवस्था में बच्चे समतावादी नियमों के समर्थक बन जाते हैं ताकि सबों के लिए समान न्याय (equal justice) हो।

अपने शोधों के आधार पर पियाजे ने परायत्त तथा स्वायत्त अवस्थाओं के बीच निम्नांकित चार विमाओं (dimensions) के आधार पर अंतर किया है।

(i) परायत्त अवस्था में बच्चे यह अनुभव करते हैं कि सभी समय में तथा सभी जगहों पर नियम समान रूप से लागू होते हैं परंतु स्वायत्त अवस्था में वे ऐसा नहीं समझते हैं और अब वे यह समझने लगते हैं कि इन नियमों को हमेशा मानना जरूरी नहीं है और उसपर प्रश्न उठाया जा सकता है।

(ii) परायत्त अवस्था में बच्चे यह समझते हैं कि एक बार बन जाने पर नियमों में परिवर्तन नहीं हो सकता है जबकि स्वायत्त अवस्था में आने पर बच्चे यह समझते हैं कि इन नियमों में परिवर्तन संभव है।

(iii) परायत्त अवस्था में बच्चे सर्वव्यापी न्याय (immanent justice) में विश्वास करते हैं अर्थात वे यह विश्वास करते हैं कि उनके द्वारा गलत काम किए जाने पर ईश्वर उनपर विपत्ति थोप देता है। जैसे, यदि कोई बच्चा किसी की कलम चुरा लेता है और बाद में सीढ़ी से गिरकर घायल हो जाता है, तो वह यह सोचता है कि ऐसा इसलिए हुआ क्योंकि उसने चोरी की थी। परंतु, स्वायत्त अवस्था में आ जाने पर बच्चा ऐसा नहीं सोचता है क्योंकि अब बच्चा यह समझने लगता है कि वह इसलिए गिरकर घायल हो गया क्योंकि सीढ़ी पर ध्यान देकर नहीं चल रहा था।

(iv) परायत्त अवस्था में बच्चे किसी व्यवहार का मूल्यांकन उसके परिणाम के आधार पर करते हैं न कि न करनेवाले की नीयत के आधार पर, जबकि स्वायत्त अवस्था में बच्चे किसी व्यवहार का मूल्यांकन व्यक्ति की नीयत के आधार पर करते हैं।

पियाजे के नैतिक विकास सिद्धांत की कुछ परिसीमाएँ (limitations) भी हैं जो इस प्रकार हैं—

(i) पियाजे का यह दावा था कि व्यक्ति नैतिक विकास की एक अवस्था से दूसरी अवस्था में एक निश्चित (fixed) एवं अपरिवर्त्य क्रम (invariant sequence) में प्रवेश करता है। इसका मतलब यह है कि बच्चे परायत्त अवस्था से स्वायत्त अवस्था में एक निश्चित उम्र पर क्रमबद्ध ढंग से प्रवेश करते हैं। इस तथ्य का समर्थन औद्योगिक पश्चिमी देश जैसे अमरीका, इंगलैंड, फ्रांस तथा स्वीट्जरलैंड के विभिन्न वर्गों से लिए गए बच्चों के अध्ययन में स्पष्ट रूप से पाया गया। परंतु, क्रॉस-सांस्कृतिक अध्ययनों के परिणाम पियाजे को उस हद तक समर्थन नहीं प्रदान करते हैं। जैसे, हैभिंघर्स्ट तथा न्यूगार्टन (Havinghurst and Neugarten, 1955) ने एक अध्ययन किया जिसमें दस अमरीकन भारतीय जनजाति (American Indian tribes) के बच्चों का अध्ययन किया गया कि इनमें से छह प्रजाति में उम्र बीतने के साथ बच्चों के सर्वव्यापी न्याय (immanent justice) की अवधारणा में वृद्धि के बजाय कमी हो गई। इतना ही नहीं, इन दस समूहों में से मात्र दो समूह के बच्चों में उम्र बीतने के साथ लचीलापन (flexibility) से संबद्ध नियम में प्रत्याशित परिवर्तन (expected shift) नहीं होते देखे गए। ऐसे परिणाम से यह स्पष्ट हो जाता है कि सांस्कृतिक कारणों (cultural factors) से पियाजे द्वारा प्रस्तावित नैतिक नियमों (moral judgements) के क्रम में परिवर्तन हो सकता है।

(ii) हालाँकि पियाजे द्वारा बतलाए गए सामान्य विकासात्मक क्रम (general developmental sequence) को कई अध्ययनों में आम समर्थन मिला है, नवीनतम शोधों से यह स्पष्ट हुआ है कि पियाजे ने छोटे बच्चों के संज्ञानात्मक क्षमताओं का न्यूनाकलन (understimate) किया है। चांडलर, ग्रीनस्पैन तथा बारेनबोइम (Chandler, Greenspan and Barenboim, 1973) ने अपने अध्ययन में यह पाया है कि छह साल के बच्चे भी दूसरे व्यक्ति के नीयत को समझने में सफल हो पाते हैं यदि उनके सामने परिस्थिति इस ढंग से रखी जाती है कि वे उसे ठीक से सही-सही समझ लें। अतः, पियाजे का यह दावा कि छह साल के बच्चे, जो नैतिक विकास की परायत्त अवस्था में होते हैं, दूसरों के नीयत या इरादा को समझने में असमर्थ रहते हैं, उचित नहीं दिखता है।

(iii) मोटे तौर पर देखा जाए तो पियाजे के नैतिक विकास के सिद्धांत में मात्र दो कारक अर्थात नीयत (intention) तथा परिणाम (consequences) पर अधिक बल डाला है। परंतु, आधुनिक शोधों से यह स्पष्ट हुआ है कि इन दोनों कारकों के अतिरिक्त और भी कारक हैं जिनका प्रभाव नैतिक विकास पर पड़ते हैं।

इन आलोचनाओं के बावजूद पियाजे का नैतिक विकास का सिद्धांत अपने क्षेत्र में एक अग्रणी सिद्धांत है तथा अन्य सिद्धांतों पर इस सिद्धांत का स्पष्ट छाप दिखता है।

लॉरेंस कोह्लबर्ग का नैतिक विकास का सिद्धांत
(Lawrence Kohlberg's Theory of Moral Development)

लॉरेंस कोह्लबर्ग ने 10 से 16 साल के बच्चों से लिए साक्षात्कार से प्राप्त तथ्यों का विश्लेषण करके पियाजे के सिद्धांत को विस्तारित, परिवर्तित तथा परिष्कृत (refined) किया। इन बच्चों को कई नैतिक दुविधा (moral dilemma) से सामना कराया जिसमें इन बच्चों को नियमों (rules) तथा प्राधिकारों (authority) के प्रति अनुपालन तथा दूसरों के कल्याण एवं आवश्यकताओं, जो उन नियमों के लगभग प्रतिकूल होते थे, के बीच चुनना होता था। पियाजे तथा कोह्लबर्ग के सिद्धांत में निम्नांकित बिंदुओं पर समानता (similarities) है।

(i) पियाजे के समान कोह्लबर्ग भी अपने सिद्धांत से बच्चों के नैतिक निर्णयों (moral judgements), न कि उनकी क्रियाओं के, विश्लेषण पर अधिक बल डाले हैं।

(ii) पियाजे के समान कोह्लबर्ग भी बच्चों से काल्पनिक कथाएँ, जिनमें नैतिक समस्याएँ सम्मिलित हैं, संबंधित प्रश्नों का विश्लेषण कर इस सिद्धांत का विकास किया है।

ऐसे तो कोह्लबर्ग कई लघु कथाओं को उपस्थित करके उसमें सम्मिलित नैतिक समस्या से संबद्ध प्रश्न को पूछते थे, परंतु उनकी एक लघु कथा काफी मशहूर हो गई जिसकी चर्चा यहाँ अपेक्षित है।

"यूरोप में एक महिला विशिष्ट प्रकार के कैंसर से प्रभावित थी। डॉक्टर के अनुसार मात्र एक ही औषध (drug) ऐसा था जो उस महिला को कैंसर से छुटकारा दिला सकता था। एक औषध विक्रेता ने इस औषध को स्वयं ही तैयार किया था और उस औषध को उसकी लागत कीमत (cost price) से दस गुणा अधिक कीमत पर वह बेच रहा था। उस औषध की लागत कीमत 200 डॉलर थी परंतु वह उसे 2000 डॉलर की कीमत पर बेच रहा था। बीमार महिला के पति, जिसका नाम हिंज (Heintz) था, कई लोगों को कर्ज पर भी मुद्रा देने के लिए सघन संपर्क स्थापित किया परंतु उसे मात्र 1000 डालर ही प्राप्त हो सका। उन्होंने औषध विक्रेता से फिर संपर्क किया और कहा कि इस औषध के नहीं मिलने पर चूँकि उसकी पत्नी मर जाएगी, अत: वह या तो उस औषध को आधी कीमत पर उसे दे दे या फिर आधी कीमत अभी ले ले और आधी कीमत को बाद में भुगतान करने की इजाजत दे। औषध विक्रेता ने हिंज की प्रार्थना को ठुकरा दिया। हिंज बहुत ही निराश हो गया और अगली रात औषध विक्रेता का स्टोर तोड़कर घुस गया और अपनी पत्नी के लिए उस औषध को चुरा लिया। क्या हिंज को ऐसा करना चाहिए था? क्या उनका व्यवहार नैतिक रूप से सही था या गलत और क्यों?"

प्रयोगों में ऐसे ही लघु कथाओं से प्राप्त अनुक्रियाओं (responses) का विश्लेषण करके कोह्लवर्ग ने यह बतलाया कि व्यक्ति में नैतिक विकास तीन मुख्य अवस्थाओं से होकर गुजरती है और प्रत्येक स्तर (level) की दो-दो अवस्थाएँ (stages) होती हैं। कोह्लबर्ग ने यह मत जाहिर किया है कि इन अवस्थाओं का क्रम (order) निश्चित (fixed) होता है, परंतु सभी व्यक्तियों में एक ही उम्र में ये अवस्थाएँ नहीं होती हैं। व्यक्ति किसी एक अवस्था को छोड़कर या तड़पकर आगे नहीं बढ़ता है। बहुतसे लोग ऐसे होते हैं जो नैतिक निर्णय (moral judgement) के उच्चतम स्तर पर कभी नहीं पहुँच पाते हैं और कुछ लोग नैतिक निर्णय के अपरिपक्व स्तर पर ही हमेशा पुरस्कार पाने तथा दंड

से छुटकारा पाने तक ही अपने को सीमित कर रखे होते हैं। उन तीनों स्तरों तथा उनमें सम्मिलित प्रत्येक अवस्था का वर्णन निम्नांकित है।

(क) प्राक्रूढ़िगत नैतिक तर्कणा का स्तर (level of preconventional moral reasoning)

(ख) रूढ़िगत नैतिक तर्कणा का स्तर (level of conventional moral reasoning)

(ग) उत्तररूढ़िगत नैतिक तर्कणा का स्तर (level of postconventional moral reasoning)

इन तीनों स्तरों का वर्णन निम्नांकित है।

(क) प्राक्रूढ़िगत नैतिक तर्कणा का स्तर (Level of preconventional moral reasoning)—यह अवस्था 4 साल से लेकर 10 साल की आयु तक होती है। इस अवस्था में नैतिक तर्कणा (moral reasoning) दूसरे लोगों के मानकों (standards) से निर्धारित होता है, न कि सही तथा गलत के अपने आंतरीकृत मानकों (internalized standards) से। बच्चे यहाँ किसी भी व्यवहार को अच्छा या बुरा उसके भौतिक परिणामों (physical consequences) के आधार पर कहते हैं। इसके तहत आनेवाले दो अवस्थाओं का वर्णन इस प्रकार है—

(i) दंड एवं आज्ञाकारिता उन्मुखता (Punishment and obedience orientation)—इस अवस्था के बच्चों में दंड से दूर रहने का अभिप्रेरण अधिक मजबूत होता है। इस अवस्था में बच्चे प्रतिष्ठित या शक्तिशाली व्यक्ति, प्राय: माता-पिता के प्रति सम्मान (deference) दिखलाता है ताकि उसे दंड (punishment) नहीं मिल सके। किसी भी कार्य या व्यवहार की नैतिकता को यहाँ व्यक्ति उसके भौतिक परिणामों (physical consequence) के रूप में परिभाषित करता है। हिंज द्विविधा (Heintz's dilemma) का उदाहरण देते हुए उसके पक्ष (favour) तथा विपक्ष (against) में इस अवस्था के बच्चे इस प्रकार तर्क करेंगे—

पक्ष में—अगर हिंज अपनी पत्नी को मरने देता है, तो इससे उसकी कठिनाइयाँ बढ़ेंगी।

विपक्ष में—हिंज को औषध चुराना नहीं चाहिए था क्योंकि ऐसा करने से वह पकड़ा जाएगा और जेल भेजा जाएगा।

(ii) साधनात्मक सापेक्षवादी उन्मुखता (Instrumental relavitist orientation)—इस अवस्था के बच्चों में पुरस्कार पाने की अभिप्रेरण प्रबल होती है। इस अवस्था में यद्यपि बच्चे पारस्परिकता (reciprocity) तथा सहभागिता (sharing) के स्पष्ट सबूत प्रदान करते है, यह छलयोजित (manipulative) तथा आत्म-परिपूरक पारस्परिकता (self-serving reciprocity) होती है न कि सही अर्थ में न्याय (justice), उदारता, सहानुभूति पर आधारित है। यहाँ अदला-बदली (bartering) का भाव मजबूत होता है।

हिंज द्विविधा के उदाहरण से इस अवस्था में बच्चे पक्ष तथा विपक्ष में इस ढंग से तर्कणा (moral reasoning) कर सकते हैं—

पक्ष में—हिंज थोड़े समय के लिए जेल भी जाएगा तो क्या, जेल से बाहर आने पर वह पत्नी को साथ तो पाएगा।

विपक्ष में—अगर वह औषध चुराता है, और फिर जेल जाता है, तो इससे उसे कोई खास फायदा नहीं होगा क्योंकि जेल से छूटकर आने तक संभवत: उसकी पत्नी स्वत: मर जाएगी।

(ख) रूढ़िगत नैतिक तर्कणा का स्तर (Level of conventional moral reasoning)—यह अवस्था 10 से 13 साल की होती है जहाँ बच्चे दूसरों के मानकों (standards) को अपने में आंतरीकृत (internalize) कर लेता है तथा उन मानकों के अनुसार सही तथा गलत का निर्णय करता है। बच्चे यहाँ उन सभी क्रियाओं को सही समझता है जिससे दूसरों की मदद होती है तथा दूसरे लोग उसे अनुमोदित करते हैं या जो समाज के नियमों के अनुकूल होता है। इसके तहत आनेवाली दो अवस्थाएँ (stages) इस प्रकार हैं—

(i) उत्तम लड़का–अच्छी लड़की की उन्मुखता (Good boy–Nice girl orientation)—इस अवस्था में बच्चों में अनुमोदन पाने तथा निरनुमोदन (disapproval) से दूर रहने का अभिप्रेरण तीव्र होता है। हिंज द्विविधा के उदाहरण से बच्चे पक्ष तथा विपक्ष में इस ढंग से नैतिक तर्कणा कर सकते हैं—

पक्ष में—अगर हिंज औषध चुराता है, तो कोई उसे बुरा नहीं कहेगा परंतु हिंज यदि औषध नहीं चुराता है, तो उसका परिवार उसे एक अमानवीय पति (inhuman husband) जरूर कहेगा।

विपक्ष में—सिर्फ औषध विक्रेता ही नहीं बल्कि अन्य लोग भी हिंज को अपराधी समझेंगे।

(ii) सामाजिक-क्रम-संपोषित उन्मुखता (Social-order-maintaining orientation)—इस अवस्था में सामाजिक नियमों की व्याख्या बच्चे एक बड़े संदर्भ में करने लगते हैं। उनका अब यह विश्वास होता है कि नैतिक नियम (moral laws) की व्याख्या दूसरों के साथ सिर्फ उत्तम संबंध के आधार पर नहीं की जा सकती है। बल्कि, वे अब यह समझने लगते हैं कि समाज के प्रत्येक व्यक्ति को इन नैतिक नियमों के अनुसार व्यवहार करना जरूरी है तथा किसी भी परिस्थिति में कोई भी सदस्य इन नियमों को तोड़ नहीं सकता है, क्योंकि यह सभी लोगों के लिए एकसमान होता है। यही एक ऐसा माध्यम है जिसके सहारे समाज के सदस्यों में सहयोगी संबंध (cooperative relations) बना रहता है।

हिंज द्विविधा के उदाहरण से बच्चे पक्ष तथा विपक्ष में इस ढंग से नैतिक तर्कणा (moral reasoning) कर सकते हैं—

पक्ष में—हिंज को औषध चुरानी चाहिए, क्योंकि उसने पत्नी से जान बचाने की कसम खाकर शादी की है।

विपक्ष में—यद्यपि अपनी पत्नी की जान की सुरक्षा करना हिंज के लिए स्वाभाविक है, फिर भी अगर उसकी पत्नी मर भी रही है तो उसे समाज के नियम को कठोरतापूर्वक पालन करते हुए औषध नहीं चुरानी चाहिए और एक अच्छे नागरिक होने का उदाहरण पेश करना चाहिए।

(ग) उत्तररूढ़िगत नैतिक तर्कणा का स्तर (Level of postconventional moral reasoning)—इस अवस्था में बच्चों में नैतिक आचरण पूर्णतः आंतरिक नियंत्रण (internal control) में होता है। यह नैतिकता का सबसे उच्च स्तर (highest level) होता है और इसमें नैतिकता (morality) का ज्ञान बच्चों में होता है। इसके तहत भी दो अवस्थाएँ (stages) होती हैं जो इस प्रकार हैं—

(i) सामाजिक अनुबंध उन्मुखता (Social contract orientation)—इस अवस्था में बच्चे या किशोर उन वैयक्तिक अधिकार (individual rights) तथा नियमों का आदर करते हैं जो प्रजातांत्रिक रूप से (democratically) मान्य होता है। वे यहाँ लोगों के कल्याण तथा बहुसंख्यकों के इच्छाओं का तर्क संगत महत्त्व देते हैं। यहाँ वे यह विश्वास करते हैं कि समाज का उत्तम कल्याण तब होता है जब उसके सदस्य समाज के नियमों का आदरपूर्वक पालन करते हैं।

हिंज द्विविधा के उदाहरण से किशोर इस ढंग से पक्ष या विपक्ष में नैतिक तर्कणा कर सकते हैं—

पक्ष में—अगर हिंज अपने पत्नी को मरने देता है तो ऐसा वह मात्र डर कर के करेगा न कि कोई विवेचन (reasoning) के आधार पर।

विपक्ष में—हिंज अपने समुदाय में विशेष स्थान तथा सम्मान खो देगा तथा नियम को तोड़ देगा।

(ii) सार्वत्रिक नीतिपरक सिद्धांत उन्मुखता (Universal ethical principle orientation)—इस अवस्था में अपने नैतिक नियमों (ethical principles) को प्रोत्साहित करने तथा आत्म-निंदा (self-condemnation) से बचने का अभिप्रेरण तीव्र होता है। यह उच्चतम सामाजिक स्तर का उच्चतम अवस्था (highest stage) होता है जहाँ किशोरों में सार्वत्रिक नैतिक नियम (universal ethical principles) की नैतिकता बरकरार रहती है। यहाँ किशोर दूसरों के विचारों तथा नैतिक प्रतिबंधों (legal restrictions) से स्वतंत्र होकर अपने आंतरिक मानकों (internal standards) के अनुरूप व्यवहार करता है।

हिंज द्विविधा के उदाहरण से किशोर इस ढंग से पक्ष तथा विपक्ष में नैतिक तर्कणा (moral reasoning) कर सकते हैं—

पक्ष में—अगर हिंज औषध की चोरी नहीं करता है, तो वह कानून के नियम के शिकंजे से परे निश्चित रूप से रहता है परंतु वह अपने अंत:करण या विवेक (conscience) के नियम से परे नहीं हो सकता है।

विपक्ष में—अगर हिंज औषध को चुराता है तो उसे अपने-आपको निंदित करना पड़ेगा क्योंकि उसका यह व्यवहार अपने विवेक (conscience) तथा ईमानदारी के मानक के अनुरूप नहीं होगा।

यदि हम ध्यानपूर्वक देखें तो यह स्पष्ट होगा कि कोह्लबर्ग का प्रत्येक स्तर (level) द्वारा व्यक्ति के आत्मन (self) तथा समाज के नियम (rule) तथा प्रत्याशाओं (expectations) के साथ एक भिन्न प्रकार के संबंध की अभिव्यक्ति होती है। नैतिकता का प्राक्‌रूढ़िगत स्तर (preconventional level) की विशेषताएँ 9 साल से कम आयु के बच्चों, कुछ किशोरों तथा कुछ अपराधिक दुष्कर्मियों (criminal offenders) में पाई जाती हैं। इस स्तर पर समाज के नियम तथा प्रत्याशाएँ (expectations) आत्मन से बाह्य (external) होती हैं। रूढ़िगत स्तर (conventional level) की नैतिकता अधिकतर किशोरों एवं वयस्कों (adults) में पाई जाती है। इस स्तर पर व्यक्ति का आत्मन समाज के नियम एवं प्रत्याशाओं (expectations) को आंतरीकृत (internalised) कर लिए होता है। उत्तररूढ़िगत स्तर (postconventional level) की नैतिकता में व्यक्ति अपने-आप तथा अनान्य व्यक्तियों के नियमों एवं प्रत्याशाओं में विभेद कर लेता है तथा उनके मूल्यों को वह तर्कसंगत ढंग से विचारणीय एवं आत्म-चयनित (self-chosen) नियमों के अनुरूप ढालता है। कोह्लबर्ग का मत है कि 25% से कम ही लोग नैतिकता के स्तर पर पहुँच पाते हैं।

कोह्लबर्ग ने यह स्पष्ट किया है कि जैसे-जैसे बच्चे तथा किशोर परिपक्व होते जाते हैं (अर्थात उनकी आयु बढ़ती जाती है) वे पूर्वकथित क्रम (predicted order) में नैतिकता के विभिन्न स्तर पर बढ़ते चले जाते हैं तथा वे किसी भी चरण या कदम को छोड़कर आगे नहीं बढ़ते हैं। इस तथ्य की संपुष्टि कोलबाई तथा उनके सहयोगियों (Colby et al., 1983) तथा वाकर (Walker, 1989) ने अपने-अपने अध्ययनों से किया है।

अमरीका (America), अफ्रीका, एशिया, यूरोप तथा भारत में नैतिक तर्कणा (moral reasoning) से संबंद्ध अध्ययनों का समग्र रूप से विश्लेषण के आधार पर निम्नांकित तीन निष्कर्ष पर पहुँचा गया है।

(i) बाल्यावस्था से किशोरावस्था तक नैतिक तर्कणा (moral reasoning) प्राक्रूढ़िगत (preconventional) से रूढ़िगत (conventional) स्तर में परिवर्तित होती है।

(ii) किशोरावस्था तथा वयस्कावस्था में भी उत्तररूढ़िगत तर्कणा (postconventional reasoning) तुलनात्मक रूप से असामान्य (uncommon) होती है।

(iii) किसी व्यक्ति का नैतिक निर्णय (moral judgement) किसी एक स्तर (level) के भीतर की उसी अवस्था (same stage) का प्रतिबिंबन हमेशा नहीं करता है।

आलोचनाएँ (Criticisms)

कोह्लबर्ग द्वारा प्रतिपादित नैतिक विकास के सिद्धांत की निम्नांकित बिंदुओं पर आलोचना की गई है।

(i) कुछ मनोवैज्ञानिकों का मत है कि कोह्लबर्ग के इस सिद्धांत में पश्चिमी सांस्कृतिक पूर्वाग्रह (cultural bias) है। एडवार्डस (Edwards, 1981) तथा स्नारी (Snarey, 1985) ने कुछ ऐसे अध्ययन किए हैं जिनमें कनाडा, इजरेल, मेक्सिको, ताईवान के बच्चों एवं किशोरों में प्रथम दो स्तरों की नैतिक तर्कणा लगभग एक ही दर (rate) से होती पाई गई, परंतु तीसरे स्तर, अर्थात उत्तररूढ़िगत स्तर की नैतिक तर्कणा सिर्फ शिक्षित मध्यवर्गीय वयस्कों में ही पाई गई। परंतु, अपश्चिमी देशों के किशोरों एवं वयस्कों में तीसरे स्तर की नैतिक तर्कणा का अभाव पाया गया। इन संस्कृतियों में उच्चतम नैतिक मूल्य (highest moral value) में कुछ ऐसे नियमों (principles) पर बल डाला जाता है जो कोह्लबर्ग के मॉडल में फिट भी नहीं बैठते हैं। जैसे, इवासा (Iwasa, 2001) ने यह बतलाया है कि कुछ नियम, जैसे सभी तरह की पशु जिंदगी (animal life) के लिए सम्मान, सामूहिक सामंजस्य (collective harmony) तथा बड़ों के लिए सम्मान (respect) आदि कोह्लबर्ग के मॉडल में फिट नहीं बैठते हैं।

(ii) कोह्लबर्ग सिद्धांत की दूसरी आलोचना यह है कि इसमें लिंग-पूर्वाग्रह (gender bias) भी है। जब कोह्लबर्ग ने पहले-पहल विभिन्न तरह की नैतिक द्विविधा (moral dilemma) का निर्माण किया तो उन्होंने इसकी जाँच सिर्फ पुरुषों पर की और उनसे प्राप्त अनुक्रियाओं को नैतिक मानदंड (moral yardstick) के रूप में उपयोग किया। इन्होंने अपने सिद्धांत में न्याय (justice) पर अधिक बल डाला है। केरोल गिल्लिगन (Carol Gilligan, 1982) ने कहा है कि कोह्लबर्ग ने नैतिक विकास में देख-रेख संदर्भ (care perspective) की अनदेखी की है। इस संदर्भ के अनुसार, किसी व्यक्ति को दूसरे व्यक्ति से अंतर्संबंधता (connectedness) के रूप में समझा जाता है तथा अंतर्वैयक्तिक संचार (interpersonal communication), संबंध तथा दूसरों के लिए चिंता आदि पर भी बल डाला जाता है। महिलाओं में यह देख-रेख संदर्भ ज्यादा होता है। गिल्लिगन का दावा है कि उच्च नैतिक मूल्य की महिलाएँ पुरुषों की अपेक्षा दूसरों के कल्याण (welfare) की जवाबदेही (responsibility) तथा देख-रेख (caring) पर अधिक ध्यान देती हैं तथा इनको महत्त्व भी देती हैं।

परंतु, लिंग-पूर्वाग्रह (gender bias) का समग्र सबूत (overall evidence) स्पष्ट न होकर मिश्रित (mixed) प्रतीत होता है। महिलाएँ न्याय तर्कणा (moral reasoning) का उपयोग तब करती

पाई जाती हैं जब परिस्थिति इसके लिए उपयुक्त होती है तथा पुरुष देख-रेख तथा संबंधों (relationship) पर आधृत तर्कणा का उपयोग तब करते हैं जब वे उचित (appropriate) होते हैं। इसके बावजूद जैसा कि गम्प तथा उनके सहयोगियों (Gump et al., 2000) ने स्पष्ट तौर पर कहा है कि गिल्लिगन के विश्लेषण से फिर भी इस बात का समर्थन मिलता है कि उच्चस्तरीय नैतिक तर्कणा (high-level moral reasoning) न्याय (justice) से भिन्न मूल्यों पर भी आधारित होती है।

(iii) कई विकासात्मक मनोवैज्ञानिकों का मत है कि कोह्लबर्ग का सिद्धांत सचमुच में काफी सीमित (limited) है, क्योंकि नैतिकता कोई काल्पनिक द्विविधा (hypothetical dilemma) के बारे में मात्र सोचने से कहीं कोई बड़ी चीज होती है। सचमुच में नैतिक तर्कणा (moral reasoning) तथा नैतिक व्यवहार (moral behaviour) एक ही चीज न होकर भिन्न चीज हैं। नैतिक तर्कणा से हमेशा नैतिक व्यवहार उत्पन्न ही होगा, ऐसा नहीं कहा जा सकता है जबकि कोह्लबर्ग ने ऐसा ही होने का दावा किया है। समाज में कुछ लोग ऐसे होते हैं जिनकी नैतिक तर्कणा उतनी मजबूत नहीं है, परंतु फिर भी उत्तम एवं उच्च नैतिक व्यवहार करते हैं।

(iv) कोह्लबर्ग का सिद्धांत अन्य अवस्था सिद्धांतों (stage theories) के समान यह मानता है कि जैसे-जैसे व्यक्ति की उम्र बढ़ती जाती है, वे नैतिक विकास की विभिन्न अवस्थाओं को क्रमवार ढंग से पार करते जाते हैं। अगर सचमुच में यह सही होता तो यह आसानी से पूर्वकथन (prediction) किया जा सकता था कि व्यक्ति की नैतिक तर्कणा (moral reasoning) विभिन्न तरह की नैतिक द्विविधाओं (moral dilemmas) के दौरान संगत (consistent) होनी चाहिए, अर्थात उसे उस अवस्था में प्रतिबिंबित करना चाहिए जहाँ वे पहुँच चुके हैं। क्या सचमुच में ऐसी संगतता (consistent) पाई जाती है? शायद नहीं। इस उत्तर की संपुष्टि वार्क तथा क्रेबस (Wark and Krebs, 1996) के एक अध्ययन से भी हुई है। इन्होंने कोह्लबर्ग द्वारा विकसित नैतिक द्विविधाओं (moral dilemmas) को कुछ कॉलेज छात्रों को दिया और उनके प्रति अनुक्रिया करने को कहा तथा साथ-ही-साथ वास्तविक जिंदगी की दो तरह की द्विविधाओं (dilemmas) के बारे में भी बतलाने के लिए कहा—एक तरह की वैसी द्विविधाओं के बारे में बतलाने के लिए कहा गया जिनसे वे व्यक्तिगत रूप से प्रभावित थे तथा फिर कुछ ऐसी द्विविधाओं के बारे में भी बतलाने के लिए कहा गया जिनसे वे व्यक्तिगत रूप से प्रभावित नहीं थे। इन वास्तविक-जिंदगी की द्विविधाओं के लिए छात्रों ने अपनी नैतिक तर्कणा (moral reasoning) के बारे में, अर्थात उन समस्याओं के बारे में उनके अपने विचार, उसमें क्या सही क्रिया या व्यवहार होगा आदि के बारे में बतलाने के लिए भी कहा गया। परिणाम में जो तथ्य पाए गए वे कोह्लबर्ग के सिद्धांत के विपरीत थे। सचमुच में इन छात्रों द्वारा नैतिक द्विविधाओं के विभिन्न प्रकारों के दौरान नाममात्र की संगतता (consistency) पाई गई। सिर्फ 24% छात्रों ने तीनों तरह की द्विविधाओं के दौरान एक ग्लोबल अवस्था प्राप्तांक (global stage score) (अर्थात अवस्था 3 तथा अवस्था 4) को प्राप्त कर सके। करीब 85% छात्रों ने जो निर्णय दिया वे तीन विभिन्न अवस्थाओं में फैले हुए थे। इसका स्पष्ट मतलब यह हुआ कि कोह्लबर्ग के सिद्धांत के ठीक विपरीत, व्यक्तियों द्वारा संगतता (consistence) के उच्च स्तर को नहीं दिखलाया जाता है ताकि नैतिक तर्कणा की विशिष्ट अवस्था का प्रतिबिंबन होने के निष्कर्ष पर पहुँचा जा सके।

स्पष्ट हुआ कि कोह्लबर्ग सिद्धांत की कुछ परिसीमाएँ भी हैं। हालाँकि इस सिद्धांत से यह स्पष्ट हो जाता है कि किशोरों तथा वयस्कों में नैतिक विकास एक क्रम (sequence) में होता है।

नैतिक व्यवहार की सहसंबंधता
(Correlates of Moral Behaviour)

नैतिक व्यवहार परिस्थिति के अनुसार विभिन्न व्यक्तियों के बीच तथा एक ही व्यक्ति में परिवर्तित होते रहता है। मनोवैज्ञानिकों द्वारा किए गए शोधों से यह स्पष्ट हुआ है कि कुछ ऐसे व्यक्तिगत तथा परिस्थितिजन्य कारक (situational factors) हैं जो नैतिक व्यवहार से संबंधित होते हैं। ऐसे कारकों में निम्नांकित प्रमुख हैं।

1. बुद्धि (Intelligence)—कुछ मनोवैज्ञानिकों, जैसे कीजी (Keasey, 1975) तथा लिकोना (Lickona, 1976) ने अपने अध्ययन के आधार पर यह बतलाया है कि नैतिक तर्कणा (moral reasoning) के विभिन्न पहलुओं में जो परिपक्वता (maturity) होती है, वह बुद्धिलब्धि (intelligence quotient) के साथ धनात्मक रूप से सहसंबंधित होती है। साथ ही, कुछ अध्ययनों में बुद्धिलब्धि तथा बेईमानी (dishonesty) के बीच ऋणात्मक सहसंबंध (negative correlation) पाया गया। परंतु, इस ढंग का ऋणात्मक सहसंबंध शैक्षिक प्रकार (academic type) के परीक्षणों तक ही सीमित रहता है। ऐसा प्रतीत होता है कि निम्न बुद्धि के बच्चों तथा निम्न उपलब्धिवाले बच्चों का स्कूल में असफलताओं के साथ जो अनुभूतियाँ होती है, उसके आधार पर वे प्रवंचन (cheating) के माध्यम से अपनी मौलिक उपलब्धि को उन्नत बनाने की कोशिश करते हैं। बुर्टोन (Burton, 1976) ने अपने अध्ययन के आधार पर यह बतलाया है कि जब परिस्थिति अशैक्षिक (nonacademic) होती है या जब बच्चों में प्रवंचन से पकड़े जाने की संभावना कम होती है तो बुद्धिलब्धि तथा ईमानदारी के बीच का संबंध समाप्त हो जाता है। इन तथ्यों के आधार पर यह पता चलता है कि तीक्ष्ण (smart) होना तथा नैतिक होना एक ही चीज नहीं है। उत्तम नैतिक चिंतन (moral thought) के लिए बुद्धि आवश्यक है, परंतु अपने-आपसे यह नैतिक व्यवहार को सुनिश्चित करने के लिए आवश्यक नहीं है।

2. उम्र (Age)—अध्ययनों से यह स्पष्ट हुआ है कि बच्चों में उम्र बीतने के साथ नैतिक आचरण (moral conduct) अधिक मजबूत होते चला जाता है। जैसे, तुलनात्मक रूप से अधिक उम्र के बच्चों में कम उम्र के बच्चों की अपेक्षा उम्र एवं ईमानदारी में सहसंबंध अधिक होता है। परंतु, यह अन्य चरों, जैसे संबंधित जोखिम से अवगत होने तथा बिना छल-बल अपनाए ही कार्य को निष्पादित करने, की क्षमता से भी प्रभावित होता है।

3. यौन अंतर (Sex difference)—नैतिक आचरण पर यौन का भी अंतर पड़ता है। सामान्यत:, यह देखा गया है कि लड़कियाँ लड़कों की तुलना में अधिक उत्तम नैतिक आचरण दिखलाती हैं। परंतु, प्रयोगात्मक अध्ययनों से इस तथ्य की सतत संपुष्टि नहीं हो पाई है। लड़का तथा लड़की में नैतिक आचरण में जो अंतर होता है, वह परिस्थिति तथा विभिन्न तरह के परीक्षण, जिसके माध्यम से नैतिक आचरण की जाँच होती है, से जुड़ा होता है।

4. समूह मानक (Group norms)—नैतिक आचरण पर समूह मानक का भी प्रभाव पड़ता है। जब वर्ग (class) के छात्रों का एक समय तक लगातार अध्ययन किया गया, तो देखा गया कि उनका छल-कपट व्यवहार (cheating behaviour) लगभग एकसमान था। इसका मतलब यह हुआ कि समूह के सामाजिक मानक (social norms) का प्रभाव ऐसे व्यवहारों पर पड़ता है। ऐश (Asch, 1952) ने भी अपने अध्ययन से इस तथ्य की संपुष्टि की है कि समूह के मानक व्यक्ति व्यवहारों को

निर्धारित करने में अहम भूमिका निभाते हैं। समूह के मानक के अनुरूप व्यक्ति में ईमानदारी तथा बेईमानी जैसी प्रवृत्तियों को बढ़ावा मिलता है।

5. अभिप्रेरणात्मक व्यवहार (Motivational factors)—बच्चों में प्रवंचन (cheating) जैसा व्यवहार कुछ अभिप्रेरणात्मक कारकों से भी प्रभावित होता है। कुछ बच्चे ऐसे होते हैं जिनमें उपलब्धि आवश्यकता उच्च होती है, परंतु असफलता का डर भी पर्याप्त होता है। ऐसे बच्चे उस परिस्थिति में अधिक प्रवंचन का व्यवहार करते हैं जब वे यह महसूस करने लगते हैं कि उनका निष्पादन उनके साथियों (peers) की तुलना में अच्छा नहीं हो रहा है। प्रवंचन करते समय पकड़े जाने के खतरा से भी इस तरह का व्यवहार प्रभावित होता है। जब इस तरह का डर उनमें कम होता है, तो वे अधिक प्रवंचन करते हैं, परंतु जब उनमें इस ढंग का डर अधिक होता है तो वे कम प्रवंचन करते हैं।

निष्कर्षतः, यह कहा जा सकता है कि नैतिक व्यवहार या आचरण का संबंध कई कारकों से होता है। ऐसे व्यवहार पर इन कारकों का सार्थक प्रभाव भी पड़ता है।

अध्याय-सारांश
[Chapter Summary]

1. नैतिक विकास (moral development) से तात्पर्य बढ़ते उम्र के साथ विभिन्न क्रियाओं के सही या गलत होने के बारे में सोचने की क्षमता में परिवर्तन से होता है।
2. नैतिक विकास के मनोवैश्लेषिक सिद्धांत, जिसका प्रतिपादन सिगमंड फ्रायड (Sigmund Freud) द्वारा किया गया था, के अनुसार बच्चों तथा किशोरों में नैतिक व्यवहार का उदय पराहं (superego) के कारण होता है।
3. सामाजिक अधिगम सिद्धांत (social learning theory) के अनुसार नैतिक व्यवहार प्रेक्षण (observation) के आधार पर विकसित होता है। जब किसी मॉडल द्वारा नैतिकतापूर्ण व्यवहार किए जाने पर उसका प्रेक्षण बच्चों द्वारा किया जाता है, तो उससे उनमें नैतिक व्यवहार उत्पन्न होता है।
4. नैतिक व्यवहार का संज्ञानात्मक-विकासात्मक सिद्धांत के तहत दो मनोवैज्ञानिकों के सिद्धांतों को परखा गया है—जीन पियाजे का सिद्धांत तथा लॉरेंस कोह्लबर्ग का सिद्धांत। पियाजे के अनुसार बच्चों में नैतिक विकास की दो अवस्थाएँ अर्थात, परायत्त नैतिकता की अवस्था (stage of heteronomous morality) तथा स्वायत्त नैतिकता की अवस्था (stage of autonomous morality) होती है और इन्हीं दो अवस्थाओं से गुजरने पर उनमें नैतिक विकास होता है। कोह्लबर्ग के अनुसार नैतिक विकास के तीन स्तर होते हैं—प्राक्रूढ़िगत नैतिकता का स्तर, रूढ़िगत नैतिकता का स्तर तथा उत्तररूढ़िगत नैतिकता का स्तर। प्रत्येक स्तर में दो-दो अवस्थाएँ होती हैं। प्राक्रूढ़िगत नैतिकता सबसे निम्न स्तर की तथा उत्तररुढ़िगत नैतिकता सबसे उच्च स्तर की होती है।
5. नैतिकता व्यवहार की कुछ सहसंबंधताएँ (correlates) भी हैं। कुछ ऐसे कारक हैं जिनसे नैतिक व्यवहार स्पष्ट रूप से प्रभावित होता है तथा वह उनसे संबंधित भी होता है।

❑

अध्याय 11

किशोरावस्था का मनोविज्ञान

[PSYCHOLOGY OF ADOLESCENCE]

मुख्य बिंदु (Main Points)

1. किशोरावस्था की विशेषताएँ (Characteristics of Adolescence)
2. किशोरावस्था के बारे में कुछ सामान्य भ्रांतियाँ (Some Popular Fallacies about Adolescence)
3. किशोरावस्था के अध्ययन का महत्त्व (Importance of the Study of Adolescence)
4. किशोरावस्था के सिद्धांत (Theories of Adolescence)
5. जी॰ एस॰ हॉल का सिद्धांत (Theory of G S Hall)
6. मनोविश्लेषणात्मक सिद्धांत (Psychoanalytical Theory)
7. बैण्डुरा का सिद्धांत (Theory of Bandura)
8. इरिक्सन का सिद्धांत (Theory of Erikson)
9. मानवशास्त्रीय सिद्धांत (Anthropological Theory)
10. किशोरावस्था की आवश्यकताएँ (Needs of Adolescence)
11. किशोरावस्था के विकासात्मक कार्य (Developmental Task of Adolescence)
12. किशोरावस्था की समस्याएँ (Problems of Adolescence)
13. किशोरों की अभिरुचियों की विशेषताएँ (Characteristics of Adolescent Interests)
14. किशोरों की अभिरुचियों के प्रकार (Types of Adolescent's Interests)
15. किशोरावस्था एवं यौन शिक्षा (Adolescence and Sex Education)

किशोरावस्था की विशेषताएँ
(Characteristics of Adolescence)

शिक्षा मनोवैज्ञानिकों ने किशोरावस्था को, जो 13 वर्ष की आयु से प्रारंभ होकर 19–20 साल की आयु तक की होती है, एक महत्त्वपूर्ण अवस्था बताया है। 19वीं शताब्दी के उत्तरार्द्ध में किए गए शोधों के परिणामस्वरूप किशोरावस्था को व्यक्ति के जीवन की मुख्य अवस्था के रूप में स्वीकार किया गया है और आजकल मनोवैज्ञानिकों के बीच इस बात की सहमति है कि यह अवस्था बाल्यावस्था (childhood) तथा वयस्कावस्था (adulthood) के बीच पारगमन अवधि (transition period) होती है जिसे सामान्यत: कई कारणों से तनाव एवं आँधी (stress and storm) की अवस्था भी कहा जाता है।

शिक्षा मनोवैज्ञानिकों ने किशोरावस्था के कुछ वैसे गुणों या विशेषताओं पर प्रकाश डाला है जो शिक्षा के दृष्टिकोण से काफी महत्त्वपूर्ण बताए गए हैं। इन विशेषताओं में निम्नलिखित प्रमुख हैं—

(1) किशोरावस्था तुलनात्मक रूप से एक महत्त्वपूर्ण अवस्था है (Adolescence is comparatively an important period of life)—किशोरावस्था को हर तरह से एक महत्त्वपूर्ण अवस्था माना गया है। यह वह अवस्था होती है जिसका छात्रों पर तात्कालिक प्रभाव (immediate effect) तथा दीर्घकालीन प्रभाव (long-term effect), दोनों ही सर्वाधिक देखने को मिलता है। इस अवस्था में शारीरिक एवं मनोवैज्ञानिक प्रभाव (psychological effects), दोनों ही, काफी उभरकर सामने आते हैं। अपने तीव्र शारीरिक विकास के कारण ही इस अवस्था में किशोर अपने-आपको वयस्क (adult) से किसी तरह से कम नहीं समझता है तथा जैसा कि पियाजे (Piaget, 1969) ने कहा है, तीव्र मानसिक विकास होने के कारण किशोर वयस्क के समाज (society) में अपने-आपको संगठित (integrated) मानता है और वह एक नई मनोवृत्ति (attitude), मूल्य (values) तथा अभिरुचि (interest) विकसित करने में सक्षम हो पाता है।

(2) किशोरावस्था एक परिवर्ती अवस्था होती है (Adolescence is a transitional period)—किशोरावस्था सचमुच बाल्यावस्था (childhood) तथा वयस्कावस्था (adulthood) के बीच की अवस्था है। इस अवस्था में किशोरों को बाल्यावस्था की आदतों (habits) का परित्याग करके उसकी जगह नई आदतों को, जो अधिक परिपक्व (matured) तथा सामाजिक (social) होते हैं, को सीखना होता है। इस दिशा में शिक्षकों की अहम भूमिका होती है। शिक्षक वर्ग में उचित दिशा-निर्देश प्रदान कर उन्हें एक परिपक्व तथा सामाजिक मनोवृत्ति कायम करने में मदद करते हैं जो किशोरों के स्वस्थ समायोजन (healthy adjustment) में काफी सहायक सिद्ध होती है।

(3) किशोरावस्था में एक अस्पष्ट वैयक्तिक स्थिति होती है (In adolescence there is a vague individual status)—इस अवस्था में किशोरों की वैयक्तिक स्थिति (individuality) अस्पष्ट होती है और उसे स्वयं ही अपने द्वारा की जानेवाली सामाजिक भूमिका (social role) के बारे में संभ्रांति (confusion) होती है। सचमुच एक किशोर अपने-आपको न तो बच्चा समझता है और न ही पूर्ण वयस्क। जब वह एक बच्चे के समान व्यवहार करता है तब उसे कहा जाता है कि उसे ठीक ढंग से व्यवहार करना चाहिए क्योंकि अब वह बच्चा नहीं रह गया है। जब वह वयस्क के रूप में व्यवहार करता है तो उससे कहा जाता है कि वह अपनी उम्र से आगे बढ़कर व्यवहार नहीं करे क्योंकि वह बिलकुल ही अच्छा नहीं लगता। इसका नतीजा यह होता है कि किशोरों में अपने द्वारा की जानेवाली वैयक्तिक भूमिका (individual role) के बारे में सभ्रांति (confusion) ही संभ्रांति मौजूद रहती है। इरिक्सन[1] (Erikson, 1964) ने इसपर टिप्पणी करते हुए कहा है, "जिस विशिष्टता (identity) का किशोर स्पष्टीकरण चाहते हैं, वे हैं—वह कौन है, समाज में उसकी क्या भूमिका होगी, वह बच्चा है या वयस्क?"

(4) किशोरावस्था एक समस्या उम्र होती है (Adolescence is a problem age)—ऐसे तो हर अवस्था की अपनी समस्याएँ होती हैं, किशोरावस्था की समस्या लड़कों तथा लड़कियों, दोनों

---

1. "The identity the adolescent seeks to clarify is who he is, what his role in society is to be. Is he a child or is he an adult?"—Erikson, *Childhood and Society*, 1964, p. 120

के लिए ही अधिक गंभीर होती है। इसके दो मुख्य कारण बताए गए हैं। पहला, इससे पिछली अवस्था यानी बाल्यावस्था (childhood) में बालकों की समस्या का समाधान अंशत: शिक्षकों तथा माता-पिता (parents) द्वारा कर दिया जाता था। अत:, वे समस्याओं के समाधान के तरीकों से अनभिज्ञ होते हैं। फलत:, वे किशोरावस्था की अधिकतर समस्याओं का समाधान ठीक ढंग से नहीं कर पाते। दूसरा कारण यह बताया गया है कि किशोर प्राय: अपनी समस्याओं को स्वतंत्र रूप से समाधान करने का भरपूर प्रयास करते हैं जिसमें प्राय: उन्हें असफलता ही हाथ लगती है; क्योंकि सचमुच में इन समस्याओं का सही ढंग से समाधान करने की क्षमता तो उनमें होती नहीं है। इसका परिणाम यह होता है कि किशोरावस्था में व्यक्ति समस्या ही समस्या से घिरा रहता है।

(5) किशोरावस्था विशिष्टता की खोज का समय होता है (Adolescence is a time of search for identity)—किशोरावस्था में किशोरों में अपने साथियों के समूह से थोड़ा अलग एवं विशिष्ट पहचान बनाए रखने की प्रवृत्ति देखी जाती है। इस प्रवृत्ति के कारण वे अपने साथियों से भिन्न ढंग का ड्रेस (dress) पहनने तथा नए ढंग के स्कूटर एवं साइकिल आदि का प्रयोग करने पर अधिक बल देते हैं। इसे इरिक्सन (Erikson, 1964) ने 'अहम विशिष्टता की समस्या' (problems of ego identity) कहा है।

(6) किशोरावस्था अवास्तविकताओं का समय होता है (Adolescence is a time of unrealism)—किशोरावस्था में अकसर व्यक्ति ऊँची-ऊँची आकांक्षाएँ (aspirations) एवं कल्पनाएँ (imaginations) करता है जिनका संबंध वास्तविकता से कम होता है। वे अपने बारे में तथा दूसरों के बारे में वैसा ही सोचते हैं जैसा कि वे सोचना पसंद करते हैं न कि जैसी वास्तविकता होती है। इस तरह की अवास्तविक आकांक्षाओं (unrealistic aspirations) से किशोरों में संवेगात्मक अस्थिरता (emotional unstability) भी उत्पन्न हो जाती है। रस्सियन (Russian, 1975) ने अपने अध्ययन के आधार पर यह बताया है कि किशोरों में जितनी ही अधिक अवास्तविक आकांक्षाएँ (unrealistic inspirations) होती हैं, उतनी ही उनमें कुंठा (frustration) एवं क्रोध विशेषकर उस परिस्थिति में अधिक होता है, जब वे यह समझते हैं कि उस लक्ष्य पर नहीं पहुँच पाए जिसपर वे पहुँचना चाहते थे।

(7) किशोरावस्था वयस्कावस्था की दहलीज होती है (Adolescence is the threshold of adulthood)—किशोरावस्था एक तरह से वयस्कावस्था की दहलीज होती है; क्योंकि इस अवस्था के समाप्त होने पर अर्थात 18–19 साल की अवस्था में किशोरों के मन में यह बात बैठ जाती है कि अब वे वयस्क हो गए हैं और उन्हें अब वयस्कता से संबंधित व्यवहार करना चाहिए। शायद यही कारण है कि वे इस उम्र में धूम्रपान (smoking), मदिरापान (drinking), औषधि सेवन (drug uses) तथा यौन क्रियाओं (sex activities) आदि में स्वतंत्र रूप से भाग लेने लगते हैं। इस अवस्था में किशोर मानसिक, सामाजिक, शारीरिक एवं सांवेगिक रूप से वयस्कावस्था में प्रवेश करने के लिए तैयार हो जाता है। जैसा कि जेंसिल्ड[1](Jensild, 1955) ने कहा है, "किशोरावस्था वह अवस्था होती है जिसमें लड़के एवं लड़कियाँ मानसिक, सांवेगिक, सामाजिक एवं शारीरिक रूप से बाल्यावस्था से वयस्कावस्था में प्रवेश करते हैं।"

1. "Adolescence is that span of years during which boys and girls move from childhood to adulthood, mentally, emotionally, socially and physically.—Jensild, 1955

इस तरह हम देखते हैं कि किशोरावस्था की कुछ मुख्य विशेषताएँ (characteristics) हैं जिनके आधार पर इस अवस्था को जिंदगी की अन्य अवस्थाओं से भिन्न समझा जाता है।

किशोरावस्था के बारे में कुछ सामान्य भ्रांतियाँ
(Some Popular Fallacies about Adolescence)

मनोविज्ञान के इतिहास से यह पता चलता है कि किशोरावस्था के बारे में प्रथम क्रमबद्ध एवं वैज्ञानिक अध्ययन मशहूर मनोवैज्ञानिक जी॰ एस॰ हॉल (G S Hall) द्वारा 19वीं शताब्दी के अंतिम कुछ वर्षों में प्रारंभ किया गया। उनके अध्ययन के पूर्व किशोरावस्था के बारे में कुछ सामान्य भ्रांतियाँ (fallacies) थीं जो काफी प्रचलित थीं। इनमें कुछ भ्रांतियाँ आज भी समाज में काफी प्रचलित हैं जिनका वर्णन निम्नांकित है—

(1) किशोरों का शारीरिक रूप-रंग (physical appearance) बेमेल होता है। ऐसा लोगों का मत है कि इनका शारीरिक रूप-रंग न तो एक बालक के समान होता है और न ही एक वयस्क (adult) के समान होता है। अतः, किशोरावस्था को लोग एक बेढंगी अवस्था मानते हैं।

(2) किशोरों में यौन समस्याएँ इतनी तीव्र होती हैं कि उनका अधिकतर समय इसी में व्यतीत होता है। आधुनिक अध्ययनों से यह साबित हो गया है कि यह धारणा ठीक नहीं है हालाँकि यह बात अवश्य है कि उनमें यौन परिपक्वता (sex maturation) आ जाने से यौन-संबंधी विषयों की ओर झुकाव बढ़ जाता है।

(3) किशोरों में आक्रामक प्रवृत्ति (aggressive tendency) अधिक होती है। ऐसे लोगों का मत है कि बात-बात में वे दूसरों के प्रति आक्रामकता (aggressiveness) दिखाते हैं। आधुनिक मनोवैज्ञानिकों के अध्ययन से यह भी स्पष्ट हो गया है कि जब तक किशोरों में तीव्र कुंठा (frustration) नहीं उत्पन्न हो जाती है और जब तक वे यह नहीं समझ लेते हैं कि कुंठा का स्रोत अनुपयुक्त (inappropriate) एवं गलत है, उनमें आक्रामक प्रवृत्ति असामान्य ढंग से नहीं देखी जाती है।

(4) किशोरों में दूरदर्शिता (foresightedness) की कमी होती है। लोगों का मत है कि किशोर सिर्फ अपने वर्तमान के बारे में ही किसी ढंग से सोच पाते हैं, उन्हें अपने भविष्य की न तो कोई चिंता रहती है और न ही उसके बारे में वे सजग ही रहते हैं। गेसेल (Gesell, 1954) के अध्ययन के अनुसार सभी किशोरों में ऐसी बात नहीं देखने को मिलती है। निम्न सामाजिक-आर्थिक स्तर के परिवार से आए किशोरों में से कुछ में ऐसी प्रवृत्ति देखने को मिलती है।

(5) किशोरावस्था में विकास (development) तेजी से होता है। आधुनिक विकासात्मक मनोविज्ञानी (developmental psychologists) यह मानते हैं कि विकास एक सतत प्रक्रिया (continuous process) है और जीवन की किसी विशेष अवस्था में, जैसे किशोरावस्था (adolescence) में, भी यह अपनी सामान्य गति से चलती रहती है।

किशोरावस्था के अध्ययन का महत्त्व
(Importance of the Study of Adolescence)

शिक्षकों के लिए कई कारणों से किशोरावस्था का अध्ययन महत्त्वपूर्ण बताया गया है। बार्कर (Barker, 1988) ने किशोरावस्था पर किए गए कई अध्ययनों की समीक्षा (review) करके यह

बताया है कि किशोरावस्था का अध्ययन शिक्षकों एवं माता-पिता दोनों के लिए एक महत्त्वपूर्ण अहमियत रखता है। उन्होंने अग्रांकित कुछ ऐसे कारकों पर प्रकाश डाला है जिनसे किशोरावस्था के अध्ययन के महत्त्व पर प्रकाश पड़ता है।

(1) किशोरावस्था एक परवर्ती अवस्था (transition period) होती है। इस अवस्था में व्यक्ति बाल्यावस्था को छोड़ चुका होता है परंतु वयस्कावस्था से भी दूर होता है। इस परवर्ती अवधि के कुछ विशेष विकासात्मक गुण (developmental characteristics) होते हैं जिनका ज्ञान होने से शिक्षक उन्हें समस्याओं के समाधान में विशेष मदद कर पाते हैं तथा माता-पिता उन्हें वातावरण में समायोजन (adjustment) करने के लिए उपयुक्त सुझाव दे पाते हैं। परंतु, जब स्कूल तथा शिक्षक को इस परवर्ती अवधि का ज्ञान नहीं होता है, तो वे किशोरों के साथ गलत ढंग से पेश आकर उनमें कुंठा (frustration) उत्पन्न कर देते हैं जो बाद में सामान्य कुसमायोजन (general maladjustment) का एक प्रधान कारण बन जाता है।

(2) किशोरों का अध्ययन इसलिए भी महत्त्वपूर्ण माना गया है कि शिक्षकों को वर्ग में इन्हीं लोगों से सबसे बड़ी चुनौती मिलती है। यदि शिक्षक किशोरों की समस्याओं, विशेषताओं, सूझ-बूझ से अवगत हो जाते हैं, तो वर्ग में उनका उचित दिशा-निर्देश करने में काफी सहायता मिलती है।

(3) किशोरों को शिक्षक पाठ्येतर कार्यक्रम (extracurricular activities) में लगाकर उनकी अतिरिक्त ऊर्जा (energy) का सामाजिक उपयोग कर सकते हैं। यह तभी संभव है जब वे किशोरों की मुख्य अभिरुचियों (interests) तथा मनोवृत्तियों (attitudes) से विशेष अध्ययन द्वारा वैज्ञानिक ढंग से अवगत हो पाएँ।

(4) किशोरावस्था वयस्कावस्था का प्रवेश द्वार (entry door) है। अकसर देखा जाता है कि वयस्कावस्था में व्यक्ति को तरह-तरह की सांवेगिक एवं सामाजिक समस्याओं का सामना करना पड़ता है। शिक्षक किशोरावस्था में ही अपने विशेष अध्ययन द्वारा उन संभाव्य समस्या वयस्क (potential problem adult) की पहचान कर उनको इस लायक बना दे सकते हैं कि वे वयस्कावस्था में जाने पर उन समस्याओं का समाधान चुटकी बजाकर कर सकें।

इस तरह हम देखते हैं कि किशोरावस्था का अध्ययन शिक्षा के दृष्टिकोण से काफी महत्त्वपूर्ण है। इससे शिक्षकों को अपने कर्तव्य का पालन एवं शिक्षार्थियों को उचित दिशा-निर्देश देने में काफी सहूलियत होती है।

किशोरावस्था के सिद्धांत
(Theories of Adolescence)

मनोवैज्ञानिकों ने किशोरावस्था के स्वरूप एवं विकासात्मक पैटर्न (developmental pattern) की व्याख्या करने के लिए कुछ सिद्धांतों का भी प्रतिपादन किया है जिनमें निम्नांकित प्रमुख हैं—

(1) जी॰ एस॰ हॉल का सिद्धांत (G S Hall's theory)

(2) मनोविश्लेषणात्मक सिद्धांत (Psychoanalytical theory)

(3) बैण्डुरा का सिद्धांत (Bandura's theory)

(4) इरिक्सन का सिद्धांत (Erikson's theory)

(5) मानवशास्त्रीय सिद्धांत (Anthropological theory)।

शिक्षा के दृष्टिकोण से इन सिद्धांतों की भूमिका अधिक महत्त्वपूर्ण बताई गई है, जो निम्नांकित है—

जी॰ एस॰ हॉल का सिद्धांत (Theory of G S Hall)

जी॰ एस॰ हॉल एक ऐसे अमरीकन मनोवैज्ञानिक थे जिन्होंने पहले-पहल अमरीका में किशोरावस्था (adolescence) का वैज्ञानिक अध्ययन किया। इस अध्ययन के आधार पर उन्होंने किशोरावस्था के एक सिद्धांत (theory) का प्रतिपादन किया जिसे उन्होंने अपनी पुस्तक 'एडोलेसेंस' (Adolescence, 1904, 1905) में प्रकाशित किया। किशोरावस्था के सिद्धांत के प्रतिपादन में वे डार्विन के **विकासवादी सिद्धांत** (evolutionary theory) द्वारा काफी प्रभावित हुए। हॉल (Hall) के अनुसार किशोरावस्था एक आँधी-तूफान की अवस्था होती है। हॉल ने सबसे पहले यह बताया कि किशोरावस्था एक 'तनाव एवं तूफान' (stress and storm) की अवस्था होती है। उन्होंने किशोरावस्था के स्वरूप की व्याख्या दो संप्रत्ययों (concepts) के सहारे की—पुनरावर्तन (recapitulation) तथा अर्जित गुणों की वंशागति (inheritance of acquired characteristics)। पुनरावर्तन (recapitulation) से तात्पर्य यह होता है कि प्रत्येक व्यक्ति में होनेवाला विकास अपने वर्ग (species) में होनेवाले विकास के क्रम (sequences) को दोहराता है। शायद यही कारण है कि हॉल ने इस तथ्य पर बल दिया कि शैशवावस्था (infancy) से किशोरावस्था (adolescence) में व्यक्ति कुछ वैसी क्रियाएँ करता है जो मानव इतिहास के अनुसार मनुष्य उस समय करता था जब वह गुफाओं, पहाड़ों एवं जंगलों में रहते हुए शिकार करना, मछली मारना आदि जैसी क्रियाएँ करता था। किशोरावस्था में किशोरों द्वारा वैसे-वैसे कार्य करना जिसमें साहस, शक्ति तथा जोखिम की जरूरत अधिक होती है, वही पुरातन मानवीय कार्यों का पुनरावर्तन है। अर्जित गुणों की वंशागति से तात्पर्य इस बात से होता है कि जब वातावरण के साथ अभियोजन (adjustment) करने के लिए व्यक्ति अपने-आपमें परिवर्तन लाता है, तो वह परिवर्तन उसकी संतान (offspring) में अपने-आप स्थानांतरित हो जाता है। डीमोस तथा डीमोस (Demos and Demos, 1972) के अनुसार हॉल का यह व्यक्तिगत विचार था कि मानव जाति में यदि सभ्य परिवर्तन (civilised changes) लाना है, तो उन परिवर्तनों को किशोरावस्था में उत्पन्न करना चाहिए ताकि वे आसानी से उनकी संतानों में हस्तांतरित हो जाएँ। उन्होंने यह भी बताया कि किशोरावस्था की अवस्था ऐसी होती है जिसमें पर्यावरणी परिवर्तन (environmental changes) सबसे अधिक सक्रिय (active) होता है।

हॉल के अनुसार किशोरावस्था में अधिक तनाव (stress and storm) होने का मूल कारण यह है कि किशोरों की प्रमुख अंत:प्रेरणाओं (impulses), जैसे परिवर्तनवाद बनाम रूढ़िवाद (radicalism vs. conservatism), संवेदनशील बनाम कठोरता (sensitivity vs. cruelty) आदि में घोर मानसिक संघर्ष होता है।

आधुनिक मनोवैज्ञानकों द्वारा हॉल के सिद्धांत को एक क्लासिकी सिद्धांत (classical theory) माना जाता है और इस सिद्धांत द्वारा प्रतिपादित व्याख्या को अधिक महत्त्व नहीं दिया जाता है। आधुनिक आनुवंशिकी (modern genetics) ने भी अर्जित गुणों की वंशागति (inheritance of acquired properties) के संप्रत्यय (concept) को गलत ठहराया है। फिर भी, हॉल द्वारा किशोरावस्था को एक तनाव एवं तूफान (stress and storm) जैसे गुणों से ओतप्रोत मानना आज भी मनोवैज्ञानिकों के बीच लोकप्रिय है।

मनोविश्लेषणात्मक सिद्धांत
(Psychoanalytical Theory)

इस सिद्धांत का प्रतिपादन साइमंड फ्रायड (Sigmund Freud) द्वारा किया गया है। फ्रायड द्वारा किए गए योगदानों (contributions) के लिए मनोविज्ञान सदा उनका आभारी है और रहेगा। उनके कई योगदानों में एक महत्त्वपूर्ण योगदान **मनोलैंगिक विकास का सिद्धांत** (theory of psychosexual development) है। इस सिद्धांत के अनुसार बालकों में यौन (sex) जन्म से ही पाया जाता है। उन्होंने यौन को विस्तृत अर्थ में परिभाषित करते हुए कहा कि वे सभी क्रियाएँ जिसे व्यक्ति अपनी स्वेच्छा से करता है तथा जिससे उसे आनंद (pleasure) मिलता है, यौन के अंतर्गत रखे जाते हैं। इस सिद्धांत के अनुसार मनोलैंगिक विकास (psychosexual development), जो मानव विकास का एक प्रमुख आधार है, पाँच अवस्थाओं में होता है—मौखिक अवस्था, (oral stage), गुदावस्था (anal stage), लिंगप्रधानावस्था (phallic stage), अव्यक्त अवस्था (latency stage) तथा जननेंद्रियावस्था (genital stage)। जननेंद्रियावस्था (genital stage) का संबंध किशोरावस्था (adolescence) से होता है। फ्रायड के अनुसार इस अवस्था में शैशवकाल की लैंगिक अभिरुचियाँ (infantile sexual interests) पुन: जागृत हो जाती हैं। किशोरों एवं किशोरियों में आत्म-स्नेह (autoerotic) प्रवृत्तियाँ कम हो जाती हैं और उनकी अभिरुचि विपरीत लिंग के व्यक्तियों में अधिक बढ़ जाती है। किशोरावस्था में व्यक्ति वास्तविकतामुखी (reality-oriented) एवं समाजीकृत (socialized) वयस्क के रूप में कार्य करना प्रारंभ कर देता है। बचपन की आत्मकेंद्रित एवं स्वार्थी अंत:प्रेरणाएँ (selfish impulses) आपस में मिलकर स्वार्थहीन अंत:प्रेरणा (altrustic impulse) में बदल जाती हैं। बाद में फ्रायड की सुपुत्री अन्ना फ्रायड (Anna Freud) ने भी किशोरावस्था की सैद्धांतिक व्याख्या करने की कोशिश की है और कहा है कि इस अवस्था में व्यक्ति में आंतरिक अशांति (inner unrest) अधिक होती है। इस तरह की आंतरिक अशांति के कई कारणों में एक प्रमुख कारण भीतरी जैविक समायोजन (internal biological adjustment) की आवश्यकता है तथा सामाजिक वातावरण में नियमित संतुलन बनाने की आवश्यकता है। इस तरह अन्ना फ्रायड (Anna Freud) ने जी० एस० हॉल (G S Hall) के उस विचार की पुष्टि की है जिसमें हॉल ने किशोरावस्था को एक 'तनाव एवं तूफान' (stress and storm) की अवस्था कहा है।

बैण्डुरा का सिद्धांत
(Theory of Bandura)

बैण्डुरा सामाजिक-सीखना सिद्धांत (social learning theory) के प्रवर्तक हैं। उन्होंने बताया कि जी० एस० हॉल (G S Hall) तथा अन्ना फ्रायड (Anna Freud), दोनों ने ही किशोरावस्था में पाई

जानेवाली अक्षुब्धता (disturbance) को बढ़ा-चढ़ाकर 'तनाव एवं तूफान' (stress and storm) की संज्ञा दी है। बैण्डुरा के अनुसार इस तरह की अतिशयोक्ति (exaggeration) के कई कारण हैं जिनमें किशोरों के यौन व्यवहार (sex behaviour) पर जरूरत से ज्यादा बल दिया जाना तथा किशोरों द्वारा दिखाई गई अनुरूपता (conformity) व्यवहार में कमी की माता-पिता या शिक्षकों द्वारा अतिशयोक्तिपूर्ण व्याख्या (exaggerated interpretation) है। बैण्डुरा का कहना है कि किशोरावस्था में सचमुच व्यक्ति मात्र अक्षुब्ध व्यवहार ही नहीं करता है बल्कि वह अन्य कई तरह के सामाजिक व्यवहार, जैसे किसी कार्य का उत्तरदायित्व सँभालना, परोपकारी कार्य (altrustic behaviour), शादी-विवाह के लिए उपयुक्त साथी पसंद करना आदि भी करता है। ऐसे सामाजिक व्यवहारों को सीखने में प्रेक्षण (observation) की भूमिका महत्त्वपूर्ण बताई गई है। किशोरावस्था में व्यक्ति जैसा दूसरों को करता देखता है, उसका उसपर काफी असर पड़ता है और वह वैसा व्यवहार अपने व्यक्तित्व में विकसित कर लेता है। किशोरावस्था में यदि कोई व्यक्ति आक्रामक व्यवहार (aggressive behaviour) को अकसर पुनर्बलित (reinforced) होने का, प्रेक्षण (observation) करने का मौका मिलता है, तो उसमें आक्रामकता व्यवहार अधिक प्रबल पाया जाता है। दूसरी तरफ यदि व्यक्ति को किशोरावस्था में परोपकारी व्यवहार (altruistic behaviour) या अन्य किसी दूसरे तरह के सामाजिक व्यवहार को पुनर्बलित होते देखने का मौका अधिक मिलता है, तो उसमें ऐसे ही व्यवहारों की प्रबलता उफन आती है।

इस तरह स्पष्ट है कि बैण्डुरा ने किशोरावस्था के व्यवहारों के प्रेक्षण सीखना (observational learning) के आधार पर व्याख्या की है। बैण्डुरा की इस विचारधारा का समर्थन अन्य सामाजिक सीखना-सिद्धांतवादियों (social learning theorists) ने भी किया है।

इरिक्सन का सिद्धांत
(Theory of Erikson)

किशोरावस्था के बारे में इरिक्सन (Erikson, 1963) ने एक सिद्धांत का प्रतिपादन किया है। इरिक्सन को अहं मनोविज्ञान (ego psychology) का संस्थापक (founder) माना गया है। कई बिंदुओं पर इरिक्सन का मनोविज्ञान फ्रायड के मनोविज्ञान से समान होते हुए भी भिन्न है।

इरिक्सन (Erikson, 1963) के सिद्धांत में किशोरावस्था को एक ऐसी अवस्था माना गया है जिसमें किशोरों को विभिन्न तरह की सामाजिक माँगों (social demands) तथा सामाजिक भूमिकाओं (social roles) का सामना करना पड़ता है। इन भूमिकाओं को निभाने में तथा सामाजिक माँगों को पूरा करने में किशोरों में दो तरह के भाव (sense) उत्पन्न होते हैं—धनात्मक छोर (positive end) पर अहं पहचान का भाव (sense of ego identity) उत्पन्न होता है तथा ऋणात्मक छोर (negative end) पर भूमिका संभ्रांति (role confusion) का भाव उत्पन्न होता है। किशोरावस्था में व्यक्ति अपनी वैयक्तिकता (individuality) को समझने लगता है। वह इस बात से अवगत हो जाता है कि अपने भाग्य को नियंत्रित करने की शक्ति उसमें है तथा वह अपने लक्ष्यों (goals) एवं आवश्यकताओं को ठीक ढंग से परिभाषित कर उनकी संतुष्टि कर सकता है। वह अपना स्थान समाज में बना सकता है; क्योंकि उसके पास क्षमता है। इन सभी तरह के भावों को मिलाकर इरिक्सन ने उन्हें एक पद अर्थात अहं पहचान के भाव की संज्ञा दी है। अहं पहचान के भाव की उत्पत्ति के लिए इरिक्सन (Erikson) ने उपयुक्त यौन भूमिकाओं (appropriate sex roles) को भी महत्त्वपूर्ण माना है। परंतु, जब किशोर अपनी दुर्भाग्यपूर्ण बाल्यावस्था के अनुभवों (experiences) या वर्तमान प्रतिकूल सामाजिक वातावरण के कारण अहं पहचान (ego identity) का भाव उत्पन्न नहीं कर पाते हैं, तो उनमें 'पहचान संकट' (identity crisis) या जिसे 'भूमिका संभ्रांति' (role confusion) भी कहा जाता है, की स्थिति उत्पन्न हो जाती है। ऐसी अवस्था में किशोर पथभ्रष्ट हो जाते हैं और वे आगे की शिक्षा को रोक देते हैं। उनमें हीनता, बेकारी (futility), उद्देश्यहीनता तथा व्यक्तिगत विघटन (personal disorganisation) जैसी अवस्था उत्पन्न हो जाती है। इरिक्सन के अनुसार किशोर अपराधों का मूल कारण यही भूमिका संभ्रांति की स्थिति का उत्पन्न होना होता है। जो किशोर अपने वर्ग की पढ़ाई नागा करके विभिन्न तरह के अपराध में अपने को लगाते हैं, उनमें भूमिका संभ्रांति अपनी चरम सीमा पर होती है। परंतु कुछ किशोर ऐसे होते हैं जो नई सामाजिक अनुभूतियाँ (social experiences) प्राप्त करने के बाद चेत जाते हैं और वे अनुभव करने लगते हैं कि वे पथभ्रष्ट हो गए थे। दूसरे शब्दों में वे अहं पहचान तथा भूमिका संभ्रांति से उत्पन्न संकट (crisis) से निबट लेते हैं। फलस्वरूप वे सामाजिक नियमों एवं आदर्शों (ideologies) के अनुकूल व्यवहार करना सीख लेते हैं। इसे इरिक्सन (Erikson) ने कर्तव्यपरायणता (fidelity) की संज्ञा दी है।

मानवशास्त्रीय सिद्धांत
(Anthropological Theory)

किशोरावस्था की सैद्धांतिक व्याख्या कुछ मानवशास्त्रियों (anthropologists) द्वारा भी की गई है। इनमें रूस बेनेडिक्ट (Rush Benedict, 1938) तथा मारगैरेट मीड (Margaret Mead, 1928) का नाम अधिक मशहूर है। इन मानवशास्त्रियों के अनुसार शैशवावस्था (infancy) से किशोरावस्था (adolescence) में मानव मूलत: अपनी संस्कृति (culture) के आधार पर दो तरह से प्रवेश करता है। एक तरीका यह है कि जिसमें सांस्कृतिक आदतें (cultural habits) एवं मानक (norms) स्वयं ही किशोरों के लिए एक मृदु (smooth) पथ तैयार कर देता है जिसमें किशोरों में न तो कोई क्षुब्धता (disturbance) न ही कोई आंतरिक अशांति (inner unrest) आदि होती है। दूसरी तरफ कुछ संस्कृति ऐसी होती है कि जिनके मानक (norms) एवं आदतें (habits) किशोरों के लिए एक मृदु पथ तैयार करने के बजाय एक कटीला पथ बना देते हैं जिससे उनमें क्षुब्धता तथा अशांति काफी बढ़ जाती है और वे कुंठित होकर आक्रामकता (aggressiveness) दिखाना प्रारंभ कर देते हैं। इस तरह किशोरों में आक्रामकता, तनाव एवं तूफान (stress and storm) की स्थिति या उनमें सामाजिकता (sociability) की स्थिति मूलत: उनकी सांस्कृतिक आदतों एवं मानकों (norms) पर आधारित होती है।

किशोरावस्था की आवश्यकताएँ
(Needs of Adolescence)

किशोरावस्था की कुछ ऐसी आवश्यकताएँ हैं जिनपर शिक्षा मनोवैज्ञानिकों ने विशेष ध्यान दिया है। जहाँ तक किशोरों की शारीरिक आवश्यकताओं (physical needs) का प्रश्न है, वे बालकों एवं वयस्कों की शारीरिक आवश्यकताओं के अनुकूल हैं। यहाँ तक कि उनके सामाजिक एवं व्यक्तित्व

की आवश्यकताएँ (social and personality needs) भी वयस्कों के ही समान हैं। फिर इस अवस्था की कुछ आवश्यकताएँ (needs) ऐसी हैं जो अधिक विशिष्ट (specific) एवं प्रबल होती हैं। ऐसी आवश्यकताएँ निम्नांकित हैं—

(1) प्रतिष्ठा या पदवी की आवश्यकता (Need for prestige)—किशोरों के लिए सबसे महत्त्वपूर्ण आवश्यकता प्रतिष्ठा या अपनी विशिष्ट पदवी (status) बनाए रखने की है। किशोर हमेशा यह कोशिश करते हैं कि वे अपने साथियों के समूह में एक विशिष्ट पदवी या प्रतिष्ठा बनाकर रखें और उन्हें समाज के अच्छे लोगों से उचित सम्मान मिल सके। वह वयस्क के व्यवहार के समान व्यवहार करना चाहते हैं और बाल्यावस्था के छिछोरे व्यवहारों से दूर रहना चाहते हैं। अधिकतर किशोरों में अपने साथियों के बीच विशिष्ट पदवी या प्रतिष्ठा बनाए रखना माता-पिता तथा शिक्षकों की नजरों में प्रतिष्ठा पाने से भी ऊँचा होता है। शिक्षा मनोवैज्ञानिकों जैसे ब्लेयर, जोन्स तथा सिम्पसन (Blair, Jones and Simpson, 1985) के अनुसार जिन किशोरों को अपने साथियों के समूह में विशिष्ट प्रतिष्ठा मिलती है तथा साथ-ही-साथ वर्ग में शिक्षक द्वारा भी उनकी एक विशेष पहचान होती है, तो ऐसे किशोरों में किसी प्रकार की अनुशासनात्मक समस्या (disciplinary problem) होने की संभावना नहीं होती है।

(2) स्वतंत्रता की आवश्यकता (Need for independence)—स्वतंत्रता की आवश्यकता किशोरों की दूसरी प्रमुख आवश्यकता होती है। वह घर में एक अलग कमरे में सोना, पढ़ना-लिखना एवं रहना अधिक पसंद करता है ताकि वह ठीक ढंग से स्वतंत्र होकर अपने विचारों एवं चिंतन को दिशा प्रदान कर सके। वह जिंदगी को अपने ढंग से जीना चाहता है। वह यह नहीं पसंद करता कि स्कूल में आकर उसके माता-पिता उसकी शैक्षिक उपलब्धियों का कुछ आँखों-देखा विवरण प्राप्त करें तथा स्कूल अधिकारियों से पूछताछ करें; क्योंकि इसे वह बचकाना समझता है और इससे उसकी स्वतंत्रता के भाव को ठेस पहुँचती है। किशोरों की स्वतंत्रता की आवश्यकता की चरम सीमा उस समय देखने को मिलती है जब वे अपने पैरों पर खड़ा होने के लिए धन कमाने पर उतारू हो जाते हैं। मनोवैज्ञानिक अध्ययनों से यह स्पष्ट हो गया है कि जब शिक्षक वर्ग में किशोरों के साथ एक वयस्क के रूप में व्यवहार करते है, तो इससे उनमें आत्म-सम्मान तो बढ़ता ही है, साथ-ही-साथ स्वतंत्रता की भावना और भी मजबूत होती है।

(3) जिंदगी के दर्शन को संतुष्ट करने की आवश्यकता (Need for satisfying the philosophy of life)—किशोरावस्था में व्यक्ति अपने लिए एक स्पष्ट जीवन-दर्शन निश्चित करने की आवश्यकता महसूस करता है। वह सत्य, धर्म एवं आदर्श (ideals) के बारे में तरह-तरह के प्रश्नों पर भी विचार करना प्रारंभ कर देता है। प्रेसी, रॉबिन्सन तथा कूलर (Pressy, Robinson and Cooler, 1990) के अध्ययन से यह पता चलता है कि किशोरावस्था में धार्मिक परिवर्तन एवं किसी आंदोलन में भाग लेने की प्रवृत्ति तीव्रतम होती है। स्कूल में शिक्षक किशोरों को समाज के दर्शन (philosophy) के अनुकूल अपनी जिंदगी के दृष्टिकोण (outlook) को विकसित करने में काफी मदद कर सकते हैं।

(4) यौन आवश्यकता (Sex needs)—किशोरों में यौन आवश्यकता (sex needs) भी एक प्रमुख आवश्यकता होती है। इस अवस्था में किशोर एवं किशोरियाँ लैंगिक रूप से परिपक्व (sexually mature) हो जाते हैं और उनकी अभिरुचि एक-दूसरे में बढ़ जाती है। उन्हें यौन-संबंधी विषयों पर

छिपकर अपने विपरीतलिंगियों से बातचीत करने में काफी आनंद आता है। यौन क्रियाओं जैसे संभोग, हस्तमैथुन (musturbation) आदि में काफी आनंद आता है। किन्से (Kinsey, 1948) द्वारा किए गए अध्ययन से यह पता चला है कि 15 साल की उम्र होते-होते 95% किशोर नियमित रूप से लैंगिक क्रियाओं के लिए सक्रिय हो जाते हैं और वे यौन क्रियाओं में अप्राकृतिक साधनों का खुलकर प्रयोग करना प्रारंभ कर देते हैं। प्राय: किशोर अपनी लैंगिक समस्याओं (sexual problems) के समाधान के लिए इधर-उधर लुक-छिपकर लोगों से पूछताछ करना प्रारंभ कर देते हैं। ऐसी अवस्था में किशोरों को स्कूल में उचित यौन शिक्षा (sex education) देकर उन्हें इन समस्याओं से निबटने में काफी मदद की जा सकती है।

किशोरावस्था के विकासात्मक कार्य
(Developmental Task of Adolescence)

किशोरों की आवश्यकता से संबंधित उनके विकासात्मक कार्य (developmental task) हैं। बाल्यावस्था (childhood) के समान ही किशोरावस्था में भी व्यक्ति से समाज कुछ उम्मीदें करता है जिन्हें पूरा करना एक सामान्य वयस्क का फर्ज हो जाता है। इन विकासात्मक कार्य (developmental task) पर हेभिंगहर्स्ट (Havinghurst, 1953) द्वारा असमानांतर शोध किए गए हैं। उन्होंने किशोरावस्था के प्रमुख आठ विकासात्मक कार्य (developmental task) का वर्णन किया है जिसे अध्याय 5 में देखा जा सकता है। स्कूल अधिकारियों को किशोरावस्था के लिए पाठ्यक्रम (syllabus) तैयार करने में इन विकासात्मक कार्य (developmental task) पर विशेष रूप से ध्यान देना चाहिए ताकि वे अधिक-से-अधिक अर्थपूर्ण हो सकें।

किशोरावस्था की समस्याएँ
(Problems of Adolescence)

किशोरावस्था की अपनी कुछ विशेष समस्याएँ हैं जिनपर भी प्रकाश डालना आवश्यक है। ऐसे तो किशोरों में शारीरिक विचलन (physical deviation) एवं शारीरिक दोष (physical defects), जैसे दाँत, दृष्टि एवं श्रवण की समस्या तो आम होती है, परंतु इससे हटकर भी कुछ समस्याएँ हैं जिनपर शिक्षा मनोवैज्ञानिकों का विशेष ध्यान गया है। इन समस्याओं से शिक्षक भी भलीभाँति अवगत होते हैं, क्योंकि इन समस्याओं का सीधा प्रभाव बच्चों की शैक्षिक उपलब्धि पर पड़ता है। इन समस्याओं में निम्नांकित प्रमुख हैं—

(1) स्कूल में समायोजन-संबंधी समस्याएँ (Problems relating to adjustments in school)— प्राय: किशोरों को स्कूल में शिक्षकों एवं अपने साथियों के साथ उचित समायोजन की समस्या का सामना करना पड़ता है। कुछ शिक्षक रूढ़िवादी प्रकृति (conservative nature) के होते हैं और वर्ग में किशोरों के साथ काफी सख्ती से पेश आते हैं। वे उन्हें किसी प्रकार की स्वतंत्रता देने से इनकार कर देते हैं और एक बालक समझकर उनको कभी-कभी शारीरिक दंड (physical punishment) भी दे बैठते हैं। ऐसी अवस्था में किशोरों को समायोजन (adjustment) करने में काफी दिक्कत होती है और उनके सामने कई समस्याएँ उत्पन्न हो जाती हैं। इतना ही नहीं, यह भी देखा गया है कि स्कूल का पाठ्यक्रम (syllabus) मूलत: सैद्धांतिक (theoretical) होता है और

लड़के एवं लड़कियों की उनमें मुश्किल से किसी तरह की सहभागिता (participation) हो पाती है। वर्ग में चुपचाप उन पाठ्यक्रमों पर भाषण सुनना उनमें नितांत ऊब उत्पन्न करता है और उनकी समस्याओं को बढ़ा देता है।

(2) पारिवारिक संबंधों एवं सामाजिक समायोजन से संबंधित समस्या (Problems relating to family relationship and social adjustment)—किशोरों की दूसरी समस्या पारिवारिक संबंधों एवं सामाजिक समायोजन से संबंधित है। अक्सर देखा गया है कि किशोर एवं किशोरियाँ किसी भी सामाजिक कार्यक्रम में स्वतंत्र होकर भाग लेना चाहते हैं जिसकी अनुमति माता-पिता से प्राय: नहीं मिलती है। इसका परिणाम यह होता है कि उनमें तथा माता-पिता में तनाव बढ़ता है और पारिवारिक संघर्ष तीव्र हो जाता है। सिम्पसन (Simpson, 1989) के अनुसार जो व्यक्ति किशोरावस्था में अपना घर छोड़कर चले जाते हैं उसके पीछे कई कारणों में पारिवारिक संघर्ष (family friction) एक प्रधान कारण माना गया है। इतना ही नहीं, पारिवारिक संघर्ष रहने से किशोरों को अपने विकासात्मक कार्यों (developmental tasks) को पूरा करने में माता-पिता से उचित दिशा-निर्देश नहीं मिल पाता है। इससे उनकी समस्याएँ और भी जटिल हो जाती हैं। पारिवारिक संघर्ष का प्रभाव किशोरों के अन्य दूसरे तरह के संबंधों में भी बाधा उत्पन्न कर देता है। जैसे सिम्पसन (Simpson, 1989) ने अपने अध्ययन में पाया कि जिन किशोरों को पारिवारिक संघर्ष का सामना करना पड़ता है, उनका समायोजन स्कूल अधिकारियों, साथियों एवं पास-पड़ोस के लोगों से भी तनावपूर्ण (tense) होता है और इस तरह उनकी समस्या और भी जटिल हो जाती है।

(3) यौन व्यवहार से संबंधित समस्या (Problems relating to sex behaviour)—किशोरावस्था में यौन व्यवहार से संबंधित समस्या भी तीव्र एवं तीक्ष्ण होती है। शारीरिक परिपक्वता (physical maturity) के कारण उनके यौन अंगों का विकास तो पूरा हो जाता है परंतु उनमें मनोवैज्ञानिक परिपक्वता (psychological maturity) के अभाव में यौन व्यवहार से संबंधित कई समस्याएँ उत्पन्न हो जाती हैं। किशोरियाँ शादी से पहले गर्भवती हो जाती हैं और किशोर उनका उत्तरदायित्व खुलकर अपने कंधे पर अनैतिक समझकर लेने से इनकार कर देते हैं। समस्या इतनी गंभीर हो जाती है कि किशोरियों के सामने आत्महत्या (suicide) के अलावा कोई रास्ता नहीं रह जाता है। अगर वे किसी ढंग से इस समस्या का समाधान कर भी लेती हैं, फिर भी वे समाज की नजर में इतना गिर जाती हैं कि उनका मानसिक एवं सामाजिक विकास असंभव हो जाता है। ऐसे किशोरों की भी सामाजिक प्रतिष्ठा समाप्त हो जाती है। इस समस्या के समाधान के लिए यह नितांत आवश्यक है कि किशोरों को यौन शिक्षा (sex education) दी जाए।

(4) नैतिक व्यवहार से संबंधित समस्या (Problem relating to moral behaviour)—अक्सर देखा गया है कि किशोर अपने लिए एक अत्यंत ही अवास्तविक उच्च मानक (unrealistic high standard) निर्धारित कर लेते हैं जिन्हें वे अक्सर नहीं कर पाते। इससे उनमें दोषभाव (guilt-feeling) उत्पन्न होता है और अनेक तरह की समस्याएँ उत्पन्न हो जाती हैं। इतना ही नहीं, अध्ययनों में यह भी देखा गया है कि किशोर दूसरों के लिए भी अवास्तविक उच्च मानक निर्धारित कर लेते हैं और जब दूसरे लोग उसे पूरा नहीं कर पाते, तो वे उनसे लड़ने-झगड़ने लगते हैं और इस तरह उनमें सामाजिक समायोजन से संबंधित समस्याएँ उत्पन्न हो जाती हैं। कुछ किशोर ऐसे होते हैं जिन्हें यह पता नहीं होता है कि किस तरह के नियमों का उन्हें पालन करना चाहिए तथा कुछ ऐसे किशोर होते हैं जो यह सीख ही नहीं पाते हैं कि सही क्या है तथा गलत क्या है। इन दोनों तरह के

किशोरों में नैतिक समस्याएँ तो उत्पन्न होती ही हैं, साथ-ही-साथ उनमें सामाजिक समायोजन (social adjustment) की समस्या भी उत्पन्न हो जाती है।

(5) व्यावसायिक समायोजन से संबंधित समस्या (Problem relating to occupational adjustment)—किशोरावस्था एक ऐसी अवस्था होती है जहाँ व्यक्ति अपने भविष्य (future) के बारे में कुछ परियोजना (planning) बनाने के लिए सक्षम हो जाता है। वह भविष्य में कौन-सा व्यवसाय चुनेगा, इसपर अकसर सोचता रहता है। परंतु, जब वह यह देखता है कि अनेक वयस्क अच्छी तामिल पाने के बावजूद किसी अच्छे व्यवसाय को चुनने में असमर्थ रहे, तो उनमें घोर कुंठा (frustration) होती है और वह विद्रोही (rebellious) हो जाता है और समाज एवं अपने परिवार के लिए एक समस्या बन जाता है।

(6) वित्तीय समस्या (Financial problem)—किशोरों को वित्तीय समस्या का भी सामना करना पड़ता है। अपने साथियों के बीच विशिष्टता बनाए रखने के लिए वे यह भी आवश्यक समझते हैं कि वे अधिक-से-अधिक रुपया-पैसा खर्च करके साथीगण को प्रभावित करें। एक ओर तो उनकी यह इच्छा होती है, परंतु दूसरी ओर उनके मन में बार-बार यह प्रश्न उठता रहता है कि इतने सारे पैसे कहाँ से आएँगे। माता-पिता से उन्हें इतना रुपया-पैसा माँगना अच्छा नहीं लगता है तथा इनका अपना कुछ स्रोत (source) होता नहीं है। नतीजतन, उन्हें तीव्र वित्तीय समस्याओं के बीच डूबते-उतराते रहना पड़ता है।

(7) मादक वस्तुओं के सेवन की समस्या (Problem of drug use)—आजकल किशोरों में मादक वस्तुओं के सेवन से संबंधित समस्या काफी गंभीर हो गई है और ऐसा देखा जा रहा है कि बहुत-से किशोर अपनी भोली-भाली जिंदगी को इस आग में झोंकते जा रहे हैं। इन मादक वस्तुओं में गाँजा, अफीम, मारिजुआना (marijuana), कोकीन (cocaine), बारबिटुरेट (barbiturate) आदि अधिक प्रयोग में लाए जाते हैं। मनोवैज्ञानिक अध्ययनों से यह साबित हो गया है कि इन मादक वस्तुओं के सेवन का ह्रासात्मक प्रभाव (detrimental effect) होता है जो उनमें सामाजिक, आर्थिक, नैतिक, शैक्षिक एवं पारिवारिक समस्याएँ उत्पन्न कर उन्हें सदा के लिए दबोच लेता है। मैरीहुआना तथा हेल्थ (Marihuana and Health, 1989) एवं ब्लम (Blum, 1988) द्वारा स्कूल में उन किशोरों पर जो मादक वस्तुओं के व्यसनी हो गए थे, किए गए अध्ययन से इसकी पुष्टि होती है।

(8) आत्महत्या की समस्या (Problem of suicide)—अध्ययनों से यह भी स्पष्ट हुआ है कि किशोरों में आत्महत्या की समस्या प्रबल होती है। स्मिथ (Smith, 1975) के अध्ययन के अनुसार किशोरों की मृत्यु का दूसरा प्रधान कारण यही आत्महत्या है। रॉन तथा साल्स (Ron and Solls, 1977) तथा वेञ्ज (Wenz, 1990) के अध्ययनों के अनुसार अधिकतर किशोर तथा किशोरियाँ, जो आत्महत्या कर लेते हैं या करने का प्रयास करते हैं, उनमें मंदन (depression), प्रिय वस्तु को खो देना, सामाजिक विलगाव (social isolation), पारिवारिक संघर्ष, स्कूल में लगातार असफलता जैसी समस्याएँ देखने को मिलती हैं। शिक्षा मनोवैज्ञानिकों ने किशोरावस्था की आत्महत्या को इतनी अधिक गंभीरता से लिया है कि उन्होंने शिक्षकों को ऐसे किशोरों की पहचान कर उनके लिए अलग से कुछ मार्गदर्शन (guidance) करने की विशेष व्यवस्था पर बल डाला है।

इस तरह स्पष्ट है कि किशोरों में कई तरह की समस्याएँ होती हैं जिनपर शिक्षकों द्वारा विशेष ध्यान देने की जरूरत है। जब तक किशोर ऐसी समस्याओं से घिरा रहेगा, उनकी शैक्षिक उपलब्धि (educational achievement) के ऊँचा होने का कोई प्रश्न नहीं उठता है।

किशोरों की अभिरुचियों की विशेषताएँ
(Characteristics of Adolescent Interests)

अभिरुचि (interest) का संबंध ध्यान (attention) से काफी है। इभान्स[1] (Evans, 1978) के अनुसार, "किसी परिस्थिति या समस्या पर ध्यान रखने की क्रिया को अभिरुचि कहा जाता है।" किशोरों में कई तरह की अभिरुचियों की प्रधानता देखी गई है। किशोरों की अभिरुचियाँ उनके यौन (sex), बुद्धि (intelligence), घरेलू वातावरण, साथियों की अभिरुचि, सामाजिक समूह में उसकी पदवी (status), परिवार के सदस्यों की अभिरुचि आदि पर निर्भर करती है। मनोवैज्ञानिक अध्ययनों से यह पता चला है कि किशोरों की अभिरुचियों की कुछ सामान्य विशेषताएँ (common characteristics) होती हैं जो निम्नांकित हैं—

(1) किशोरों की अभिरुचियों में स्थिरता कम पाई जाती है (Adolescent interests are less stable)—ऐसा पता चला है कि 13–15 वर्ष की आयु में किशोरों में जो अभिरुचियाँ विकसित होती हैं, वे स्थायी नहीं होतीं। प्रत्येक नया चीज, जैसे नया ड्रेस डिजाइन, साइकिल की नई डिजाइन आदि में उनकी अभिरुचि हो जाती है। परंतु, कुछ महीनों के बाद उनकी ऐसी अभिरुचियाँ समाप्त होकर उसकी जगह ऐसी अभिरुचि उत्पन्न हो जाती है जिसमें तुलनात्मक रूप से स्थिरता अधिक होती है। 18–19 वर्ष की आयु में किशोरों की अभिरुचियाँ अधिक स्थायी हो जाती हैं।

(2) किशोरों की अभिरुचियाँ तेजी से विस्तारित होती हैं (Adolescent interests expand quickly)—किशोरों में कुछ अभिरुचियाँ तो ऐसी होती हैं जो बाल्यावस्था (childhood) से चली आती हैं और कुछ नई अभिरुचियाँ उत्पन्न होती हैं। इस अवस्था में वे व्यावसायिक चीजों में अभिरुचि, राष्ट्रीय एवं अंतरराष्ट्रीय समस्याओं में अभिरुचि दिखाना प्रारंभ कर देते हैं। ऐसा इसलिए होता है क्योंकि किशोरावस्था में उनकी बौद्धिक, सामाजिक एवं संज्ञानात्मक विकास (conceptual development) अधिक हो जाता है।

(3) किशोरों की अभिरुचियों के मूल्य परिवर्तनशील होते हैं (The values of adolescent interests are changeable)—किशोरों की अभिरुचियों की एक विशेषता यह भी है कि इनके मूल्य (value) एक समान नहीं रहते। कभी तो वे उन अभिरुचियों को अधिक मूल्यवान समझते हैं जिनमें नवीनता अधिक होती है तो कभी वे उन अभिरुचियों को अधिक मूल्यवान समझते हैं जिनमें हास्य अधिक होता है।

इस तरह स्पष्ट है कि किशोरों की अभिरुचियों को उनकी कुछ सामान्य विशेषताओं के आधार पर जाना जा सकता है।

---

1. "The act of maintaining attention on a particular problem or situation" is called interest.
—Evans, *Psychology,* 1978, p.178

किशोरों की अभिरुचियों के प्रकार
(Types of Adolescent's Interests)

मनोवैज्ञानिक अध्ययनों से यह पता चला है कि किशोरों में कई तरह की अभिरुचियाँ (interests) होती हैं जिनमें निम्नांकित सात तरह की अभिरुचियों की प्रधानता होती है—

(1) मनोरंजनात्मक अभिरुचि (Recreational interest)

(2) सामाजिक अभिरुचि (Social interest)

(3) व्यक्तिगत अभिरुचि (Personal interest)

(4) शैक्षिक अभिरुचि (Educational interest)

(5) व्यावसायिक अभिरुचि (Vocational interest)

(6) धार्मिक अभिरुचि (Religious interest)

(7) प्रतिष्ठा संकेतों में अभिरुचि (Interest in status symbols)

इन अभिरुचियों का वर्णन तथा उनका शैक्षिक महत्त्व (educational importance) निम्नांकित है—

(1) मनोरंजनात्मक अभिरुचि (Recreational interest)—प्रारंभिक किशोरावस्था (early adolescence) अर्थात 13–15 साल की उम्र में तो बहुत सारी क्रियाएँ जिनमें उनकी अभिरुचि अधिक होती है वही होती हैं जो उत्तर बाल्यावस्था (later childhood) की होती हैं। वे अकसर उन्हीं खेलों को खेलते पाए जाते हैं जो उत्तर बाल्यावस्था में खेलते थे। परंतु 17–18 साल की उम्र होने पर उनकी मनोरंजनात्मक अभिरुचियाँ काफी परिवर्तित हो जाती हैं। अब उनकी अभिरुचि संगठित खेल (organised game) जैसे क्रिकेट, फुटबॉल, नाचना, पढ़ना (reading), सिनेमा, रेडियो, टेलीविजन, दिवास्वप्न (day dreaming), घूमना, विशेषकर छुट्टियों में कहीं नई जगह घूमने जाना आदि में अधिक होता है। सिम्पसन (Simpson, 1989) के अनुसार किशोरों में मनोरंजनात्मक अभिरुचि (recreational interest) की संख्या कितनी होगी, यह इस बात पर भी निर्भर करता है कि वह अपने साथियों के बीच कितना लोकप्रिय (popular) है। उसकी लोकप्रियता जितनी ही अधिक होगी, उसमें मनोरंजनात्मक अभिरुचि की संख्या उतनी ही अधिक होगी। जिन किशोरों में मनोरंजनात्मक अभिरुचि अधिक होती है, उनका व्यक्तित्व विकास (personality development) अधिक दुरुस्त (sound) होता है तथा शिक्षा से वे अधिकतम लाभ उठा पाते हैं।

(2) सामाजिक अभिरुचि (Social interest)—किशोरों में सामाजिक अभिरुचि की उत्पत्ति अंशत: इस बात पर निर्भर करती हैं कि अब तक किशोरों को ऐसी अभिरुचि जगाने का कितना मौका मिला है तथा अंशत: इस बात पर निर्भर करता है कि वह अपने साथियों के समूह में कितना लोकप्रिय हो सका है। सामाजिक अभिरुचि पर किशोरों के परिवार के सामाजिक-आर्थिक स्तर (social-economic status) का भी प्रभाव पड़ता है। उच्च सामाजिक-आर्थिक स्तर वाले परिवार के किशोरों में पार्टी में जाने, मदिरापान (drinking) करने तथा अन्य मादक वस्तुओं का सेवन आदि में अभिरुचि अधिक होती है। निम्न सामाजिक-आर्थिक स्तर के परिवार के किशोरों में ऐसी अभिरुचि की कमी पाई जाती है और वे इसकी जगह ताश खेलना, कबड्डी खेलना, परिवार के लिए कुछ जीविकोपार्जन के साधन में जुट जाना आदि में अधिक अभिरुचि दिखाते हैं। इसके अलावा कुछ

किशोरों में चाहे वे किसी भी सामाजिक-आर्थिक स्तर के परिवार से क्यों न हों, अपने साथियों से घुलमिलकर बातचीत करना, अन्य व्यक्तियों की मदद करना, सरकारी काम-काज, राजनीति (politics) आदि में विशेष अभिरुचि दिखाते हैं।

(3) व्यक्तिगत अभिरुचि (Personal interest)—किशोरों में कुछ व्यक्तिगत अभिरुचियाँ (personal interests) जैसे रूप-रंग में अभिरुचि (interest in appearance), विशेष पोशाक पहनने की अभिरुचि (interest in clothes), स्कूल, खेलकूद या अन्य सामाजिक क्रियाओं (social activities) में अभिरुचि, स्वतंत्रता में अभिरुचि तथा धन कमाने तथा उसे प्रतिष्ठा प्रतीक (status symbol) मानकर खर्च करने की अभिरुचि आदि होती हैं। मनोवैज्ञानिक अध्ययनों से यह पता चला है कि किशोरों में इन अभिरुचियों का विकास अन्य बातों के अलावा दो बातों से प्रभावित होता है—पहला तो यह कि वह यह समझता है कि इन अभिरुचियों से उसके सामाजिक स्वीकृति (social acceptance) में वृद्धि होगी तथा दूसरा यह कि ये सारी अभिरुचियाँ उसके प्रतिष्ठा-संकेत (prestige or status symbols) हैं।

(4) शैक्षिक अभिरुचि (Educational interest)—किशोरों की शैक्षिक अभिरुचियाँ भी महत्त्वपूर्ण होती हैं। 13–15 साल की उम्र में किशोर अकसर स्कूल में पढ़ाई के तरीके, शिक्षकों के व्यवहार, गृहकार्य आदि के बारे में अधिक आलोचना करते पाए गए हैं। इसके पीछे जो मनोवृत्ति होती है वह यह है कि ऐसा करने से उन्हें साथियों द्वारा अधिक बुद्धि का तथा साथ-ही-साथ शैक्षिक रूप से अधिक उपलब्धि प्राप्त करनेवाले छात्र समझा जाएगा। मनोवैज्ञानिक अध्ययनों से यह पता चलता है कि किशोरों के तीन ऐसे भी प्रकार होते हैं जो शिक्षा (education) में बहुत कम अभिरुचि (interest) दिखाते हैं—

(i) कर्कहोफ्फ तथा हफ (Kerckhoff and Huff, 1974) के अध्ययन के अनुसार जिन किशोरों के माता-पिता उनके लिए अवास्तविक उच्च आकांक्षाएँ (unrealistic high aspirations) बनाते हैं और उसकी प्राप्ति के लिए लगातार जो उन्हें धकियाते रहते हैं, उनमें शैक्षिक अभिरुचि की कमी पाई जाती है।

(ii) बिलिक (Beelick, 1973) के अध्ययन के अनुसार वैसे किशोरों की अभिरुचि भी शिक्षा में कम होती है जिन्हें अपने वर्ग-साथियों के बीच मान्यता तथा लोकप्रियता कम होती है।

(iii) डेभीज (Davies, 1973) के अनुसार जिन किशोरों में शारीरिक परिपक्वता (physical maturation) अधिक होती है, वे देखने में उम्र के अनुसार अधिक बड़े लगते हैं। फलत:, शिक्षकों एवं वर्ग में साथियों की उम्मीदें उनसे अधिक बँध जाती हैं जिसे वे सामान्यत: पूरा नहीं कर पाते हैं। इससे उनमें उदासीनता की भावना विकसित हो जाती है और उनकी शैक्षिक अभिरुचि धीरे-धीरे ठंढी पड़ जाती है।

शिक्षकों का आम मत है कि जिन किशोरों में शैक्षिक अभिरुचि बहुत कम हो जाती है, वे या तो स्कूल छोड़ देते हैं अथवा नागा करके स्कूल में आनेवाले बन जाते हैं या फिर वे बहुत कम उपलब्धि प्राप्त करनेवालों (underachievers) में से हो जाते हैं।

(5) व्यावसायिक अभिरुचि (Vocational interest)—किशोरों में व्यावसायिक अभिरुचि (vocational interest) भी क्रियाशील हो जाती है। इस अवस्था में लड़के एवं लड़कियाँ अपने

भविष्य के बारे में सोचना प्रारंभ कर देते हैं। किशोरों में सामान्यतः उन नौकरियों के लिए अधिक तीव्र अभिरुचि होती है जिनमें प्रतिष्ठा (prestige) तथा उच्च वेतन (high pay) हो। किशोरियों में उन नौकरियों के प्रति अधिक रुझान होती है जिनमें सुरक्षा (security) अधिक हो तथा समय की पाबंदी कोई खास नहीं हो। शायद यही कारण है कि किशोरियों द्वारा शिक्षण (teaching) एवं नर्सिंग (nursing) कार्यों में अधिक अभिरुचि दिखाई जाती है। परंतु, अब जैसे-जैसे शिक्षा का स्तर बढ़ता जा रहा है तथा आर्थिक जागरूकता आती जा रही है, किशोरियों की इस परंपरागत अभिरुचि में भी परिवर्तन आने लगा है और अब वे अन्य जिम्मेवारीवाले कार्य जैसे प्रशासनिक पदाधिकारी (administrative officer) तथा जोखिमवाले कार्य जैसे पुलिस अधिकारी (police officer) की नौकरियों में भी अभिरुचि दिखाने लगी हैं।

(6) धार्मिक अभिरुचि (Religious interest)—किशोरों में धार्मिक अभिरुचि भी होती है। वे धर्म तथा धर्मग्रंथों के बारे में तरह-तरह के प्रश्न करते हैं और उनका एक संतोषजनक उत्तर पाने तक अपने को सक्रिय रखते हैं। उनके प्रश्न से ऐसा लगता है कि उन्हें धार्मिक चीजों एवं उपदेशों पर शक (doubt) हो रहा है। परंतु, सच्चाई यह होती है कि वे इतने अधिक उत्सुक रहते हैं कि उनका उत्तर पाना वे अपनी एक नैतिक जवाबदेही समझते हैं। इसी आलोक में कुछ मनोवैज्ञानिकों ने किशोरावस्था को 'धार्मिक शक की अवस्था' (period of religious doubt) कहा है। मनोवैज्ञानिक अध्ययनों से यह पता चला है कि उन किशोरों में धार्मिक अभिरुचि अधिक होती है जिनके माता-पिता धार्मिक विचार के होते हैं या जिन्हें धार्मिक उपदेश सुनने का अधिक मौका मिला होता है।

(7) प्रतिष्ठा संकेत में अभिरुचि (Interest in status symbol)—प्रतिष्ठा संकेत (status symbol) से तात्पर्य कुछ ऐसे कार्यों से होता है जिनके करने से लोग यह समझते हैं कि संबंधित व्यक्ति अन्य व्यक्तियों से श्रेष्ठ (superior) है। मनोवैज्ञानिक अध्ययनों से यह स्पष्ट हो गया है कि किशोरों में प्रतिष्ठा संकेत से संबंधित कार्यों में अधिक अभिरुचि होती है। किशोरावस्था (adolescence) में 'प्रतिष्ठा संकेत' द्वारा अग्रांकित चार तरह के कार्य (functions) सम्पन्न होते हैं—पहला, इससे यह समझा जाता है कि किशोर का सामाजिक-आर्थिक (socio-economic) स्तर ऊँचा है। दूसरा, उपलब्धियों में जिसे समूह श्रेष्ठ (superior) समझता है, किशोर अधिक ऊपर है। तीसरा, किशोर एक ऐसे समूह से संबंधित (affiliated) है जिसकी प्रतिष्ठा है तथा चौथा, किशोर की अपनी पदवी (position) समाज में एक वयस्क के समान है। किशोरों में स्कूटर चलाना, कार चलाना, धूम्रपान करना, शराब पीना, मादक वस्तुओं का सेवन करना, 'प्रतिष्ठा संकेत' से संबद्ध कार्य के कुछ उदाहरण हैं। अमरीकन किशोरों में इसके अलावा शादी के पहले यौन-संबंध करना भी आधुनिक समाज में एक प्रतिष्ठा संकेत (status symbol) माना जा रहा है। अतः, इस तरह के कार्य में भी अमरीकन किशोरों में अभिरुचि पाई जाती है।

इस तरह स्पष्ट है कि किशोरों में कई तरह की अभिरुचियाँ होती हैं। इन अभिरुचियों में शैक्षिक अभिरुचि (educational interest), सामाजिक अभिरुचि (social interest), मनोरंजनात्मक अभिरुचि (recreational interest) तथा व्यावसायिक अभिरुचि (vocational interest) शिक्षा के दृष्टिकोण से अधिक महत्त्वपूर्ण बताई गई हैं।

किशोरावस्था एवं यौन शिक्षा
(Adolescence and Sex Education)

मनोवैज्ञानिकों में इस बात की सहमति है कि व्यक्ति में यौन भावना जन्म से ही होती है और 3–4 साल की उम्र से यह ठोस रूप लेने लगती है। 3–4 साल की कम उम्र में यौन भावना का रूप इस ठोस रूप से भिन्न होता है। बाल्यावस्था (childhood) में यौन भावना अत्यधिक मजबूत एवं जिज्ञासापूर्ण हो जाती है तथा किशोरावस्था में यह भावना पूर्णरूपेण परिपक्व हो जाती है। अध्ययनों से यह स्पष्ट हुआ है कि यौन भावना बालकों (children) के व्यक्तित्व विकास में एक महत्त्वपूर्ण भूमिका निभाती है। यौन भावना के औचित्य या अनौचित्य से व्यक्तित्व का उचित विकास या ह्रास होता देखा गया है।

चूँकि यौन भावना का महत्त्व व्यक्तित्व विकास में काफी है, अत: शिक्षा मनोवैज्ञानिकों ने यौन शिक्षा (sex education) जैसे कार्यक्रम को अधिक महत्त्वपूर्ण बताया है; क्योंकि इससे बालकों में उचित यौन दृष्टिकोण उत्पन्न करके व्यक्तित्व का सही विकास कराया जा सकता है। अब प्रश्न यह उठता है कि यौन शिक्षा से क्या तात्पर्य होता है? (What is meant by sex education?) यौन शिक्षा से तात्पर्य बालक एवं बालिकाओं को लिंगीय भेद (sex discrimination) एवं यौन (sex) के हर पहलू के बारे में सही-सही जानकारी देकर उसके प्रति एक स्वस्थ मनोवृत्ति कायम करने से होता है कि वे वयस्कावस्था में एक सुंदर, तनावरहित, सामाजिक एवं लैंगिक जीवन व्यतीत कर सकें। बटरफील्ड (Butterfield, 1979) ने अपने अध्ययन के आधार पर यह बताया है कि यौन शिक्षा के अभाव में किशोरों एवं किशोरियों में तरह-तरह के यौन कुसमंजन (sex maladjustment) जैसे हस्तमैथुन (masturbation), अनावश्यक यौन तनाव आदि विकसित हो जाते हैं। मनोवैज्ञानिकों के बीच इस बात की सहमति है कि यौन शिक्षा की शुरुआत बचपन से ही घर पर माता-पिता द्वारा होनी चाहिए, फिर शिक्षकों द्वारा स्कूल में भी उसपर स्पष्टीकरण होना चाहिए। ब्लेयर, जोन्स तथा सिम्पसन[1] (Blair, Jones and Simpson, 1962) ने यौन शिक्षा पर टिप्पणी करते हुए कहा है, "स्कूल जाना प्रारंभ करने के पहले से ही यौन शिक्षा घर पर दी जानी चाहिए, प्रारंभिक स्कूली वर्षों (elementary school years) में भी इसे जारी रखना चाहिए तथा किशोरावस्था में इसपर स्कूल तथा घर दोनों में ही काफी ध्यान दिया जाना चाहिए।"

उपर्युक्त विवरण से यह स्पष्ट है कि व्यक्ति को यौन शिक्षा प्रारंभिक बाल्यावस्था (early childhood) यानी 3–4 साल की उम्र से ही प्रारंभ कर देनी चाहिए। फिर उत्तर बाल्यावस्था (later childhood) में जब बालक स्कूल जाना प्रारंभ कर देता है, वहाँ भी उन्हें इस ढंग की शिक्षा देनी चाहिए और किशोरावस्था में स्कूल तथा घर (home) दोनों में ही व्यक्ति को यौन शिक्षा दी जानी चाहिए। अत:, यौन शिक्षा (sex education) की चर्चा हम यहाँ तीन उपभागों में बाँटकर करेंगे जो निम्नांकित हैं—

(1) प्रारंभिक बाल्यावस्था में यौन शिक्षा (Sex education in early childhood)—प्रारंभिक बाल्यावस्था 2 से 6 साल की होती है। बालकों में 3–4 या किसी-किसी में 5 साल की उम्र हो जाने पर

---

1. "Sex education should begin in home before the child starts to school, should be continued during the elementary school years and should receive much attention by both the home and the school during adolescent period."—Blair, Jones and Simpson, *Educational Psychology*, 1962, p. 92

यौन-संबंधी उत्सुकता उत्पन्न हो जाती है। इस उम्र का बालक अकसर माँ से या पिता से कुछ यौन-संबंधी प्रश्न पूछ बैठता है। जैसे बच्चा कैसे जन्म लेता है? गर्भवती माँ का बढ़ा हुआ उदर देखकर वह अकसर पूछ बैठता है—"तुम्हारा पेट कैसे बड़ा हो गया? इसके भीतर क्या है?" आदि। इन प्रश्नों का उत्तर माँ को सहानुभूतिपूर्वक एवं प्यार से देना चाहिए न कि डाँट-फटकार कर चुप करा देना चाहिए। अकसर माताएँ इस प्रश्न के जवाब में कि बच्चा कैसे जन्म लेता है यह कह देती हैं कि बच्चा को भगवान जन्म देते हैं। यह एक त्रुटिपूर्ण जवाब है। इसका सही उत्तर होगा—"बच्चा माँ के गर्भ से जन्म लेता है। वह वहाँ कुछ महीने तक रहता है और जब उसे वहाँ रहने की जरूरत समाप्त हो जाती है, तो वह गर्भ से बाहर निकल जाता है।" स्पष्टतः, इससे बालकों में जन्म के बारे में एक स्पष्ट संप्रत्यय (concept) का विकास होगा।

(2) उत्तर बाल्यावस्था में यौन शिक्षा (Sex education in later childhood)—उत्तर बाल्यावस्था 6 से 12 साल की होती है। इस अवस्था में बालक स्कूल जाना प्रारंभ कर देते हैं तथा उन्हें तरह-तरह के पाठ्यक्रम (syllabus) पढ़ाए जाते हैं। मनोवैज्ञानिकों का मत है कि इस उम्र में बालकों को जीवविज्ञान (biology) की शिक्षा देनी चाहिए जिसमें यौन अंगों (sex organs) की बनावट एवं कार्य का स्पष्ट वर्णन होना चाहिए। इतना ही नहीं, उन्हें यौन-संबंधी क्रियाओं जैसे गर्भाधान, हस्तमैथुन (masturbation) तथा गर्भपात (abortion), शुक्राणु (sperm), अंडाणु (ovum) आदि के बारे में ज्ञान होना चाहिए। कुछ ऐसे भाग्यहीन बालक होते हैं जो अपने विशेष पारिवारिक झंझटों के कारण इस उम्र में भी स्कूल का मुँह नहीं देख पाते हैं। ऐसे बालकों के माता-पिता का फर्ज हो जाता है कि वे इन सब यौन संप्रत्ययों (sex concepts) के बारे में स्पष्ट ज्ञान दें ताकि वे बड़ा होकर एक स्वस्थ दाम्पत्य जीवन बिता सकें।

(3) किशोरावस्था में यौन शिक्षा (Sex education in adolescence)—किशोरावस्था 13 से 19–20 साल की होती है और इसमें किशोरों के यौन अंग में इतनी परिपक्वता आ जाती है कि संभोग किया जा सकता है तथा बच्चे पैदा किए जा सकते हैं। अतः, यह अवस्था यौन के दृष्टिकोण से काफी महत्त्वपूर्ण (critical) होती है और 80% शिक्षक, माता-पिता, छात्र एवं गैर-माता-पिता (non-parents) यह मानते हैं कि किशोरों को उचित यौन शिक्षा स्कूल में दी जानी चाहिए। यह तथ्य केनेथ तथा हेण्डरसन (Keneth and Henderson, 1952) के अध्ययन पर आधारित है। इस उम्र में किशोर कई माध्यमों से यौन के बारे में सूचनाएँ प्राप्त करते हैं जिनमें दोस्त, सिनेमा, वयस्क लोग, साहित्य (literature), ड्राईंग (drawings) आदि मुख्य हैं। अकसर देखा गया है कि जब इन स्रोतों से उन्हें गलत यौन सूचनाएँ मिलतीं हैं और उनके पास उन सूचनाओं के सत्यापन (verification) का कोई रास्ता नहीं होता है, तो किशोरों में गलत यौन आदतें (sexual habits) लग जाते हैं जो उनकी जिंदगी को सांवेगिक एवं सामाजिक रूप से तनावपूर्ण बना देता है। किशोरों को यौन शिक्षा कैसे दी जाए, इसपर कई मनोवैज्ञानिकों द्वारा शोध किए गए हैं। इनमें बेकर (Baker, 1965), ग्रुएनबर्ग (Gruenberg, 1977) तथा क्रो एवं क्रो (Crow and Crow, 1978) के नाम अधिक मशहूर हैं। इनलोगों का मत यह है कि—

(i) घर में माता-पिता एवं परिवार के अन्य वयस्क सदस्य को किशोरों एवं किशोरियों को बैठाकर बिना किसी हिचकिचाहट के यौन विषयों पर बातचीत करनी चाहिए और उचित उदाहरण देकर उन्हें यौन विकृति (sex disorders) तथा कुप्रभावों से अवगत कराना चाहिए तथा यौन के प्रति एक स्वस्थ मनोवृत्ति कायम करने के खयाल से कुछ ठोस उदाहरण भी प्रस्तुत करने चाहिए।

(ii) स्कूल में यौन शिक्षा देने के खयाल से यौन शिक्षा को स्कूल के पाठ्यक्रम (syllabus) का एक अंग बना देना चाहिए। उसे जीवविज्ञान, शरीरशास्त्र (physiology), नागरिकशास्त्र, समाजशास्त्र (sociology) जैसे विषयों के अंतर्गत सम्मिलित करके किशोरों को इस ढंग से प्रशिक्षण देना चाहिए कि वे यौन के प्रति एक स्वस्थ मनोवृत्ति विकसित कर सकें।

(iii) स्कूल में दी जानेवाली यौन शिक्षा कार्यक्रम का नाम यौन शिक्षा नहीं होना चाहिए बल्कि एक असांवेगिक शीर्षक (nonemotional title) जैसे 'व्यक्तिगत संबंध' (personal relations), 'जिंदगी समायोजन' (life adjustment) कार्यक्रम या 'पारिवारिक जिंदगी' (family living) कार्यक्रम आदि होना चाहिए। इसका विशेष फायदा यह बताया गया है कि इससे किशोरों में किसी प्रकार की संवेगात्मक उलझन उत्पन्न नहीं होती है और उनका यौन प्रशिक्षण भी सम्पन्न हो जाता है।

(iv) किशोरों को यौन शिक्षा (sex education) कुछ विशेष बनाए फिल्मों के माध्यम से भी दी जाती है। इस सिलसिले में अमेरिका एवं भारत में भी कुछ ऐसी फिल्मों का निर्माण किया गया है जिनके माध्यम से किशोरों को उचित यौन शिक्षा दी जा रही है। स्ट्रेन (Strain, 1979) के अनुसार ऐसी फिल्मों को किशोरों में यौन के प्रति एक स्वस्थ मनोवृत्ति उत्पन्न करने में काफी सफलता मिली है।

इस तरह हम देखते हैं कि किशोरों को दी जानेवाली यौन शिक्षा (sex education) अत्यंत ही महत्त्वपूर्ण है, परंतु साथ-ही-साथ जटिल भी। किशोरों में यौन शिक्षा की महत्ता अधिक इसलिए मानी गई है, क्योंकि यही वह अवस्था है जहाँ से विपरीत लिंग (opposite sex) के साथ व्यक्ति यौन संबंध (sex relation) कायम कर अपने लैंगिक जीवन (sex life) की शुरुआत करता है।

अध्याय-सारांश
[Chapter Summary]

1. किशोरावस्था 13 साल से 19–20 साल तक की मानी गई है। इस अवस्था की कुछ विशेषताएँ (characteristics) हैं। ऐसी सात विशेषताओं पर प्रकाश डाला गया है।
2. किशोरावस्था के बारे में कुछ सामान्य भ्रांतियाँ (popular fallacies) हैं। जैसे, किशोरों का शारीरिक रूप-रंग (physical appearance) बेमेल होता है; किशोरों में यौन समस्याएँ इतनी तीव्र होती हैं कि उनका अधिकतर समय इसी में व्यतीत होता है आदि-आदि। इन सामान्य भ्रांतियों को आधुनिक मनोवैज्ञानिकों ने गलत ठहराया है।
3. कई कारणों से किशोरावस्था का अध्ययन शिक्षा एवं शिक्षकों के लिए काफी महत्त्वपूर्ण बताया गया है।
4. किशोरावस्था के पाँच प्रमुख सिद्धांतों की व्याख्या की गई है—जी० एस० हॉल का सिद्धांत, मनोविश्लेषणात्मक सिद्धांत, बैण्डुरा का सिद्धांत, इरिक्सन का सिद्धांत तथा मानवशास्त्रीय सिद्धांत (anthropological theory)।
5. किशोरावस्था की प्रमुख चार आवश्यकताओं (four needs) का वर्णन किया गया है—प्रतिष्ठा या पदवी की आवश्यकता, स्वतंत्रता की आवश्यकता, जिंदगी के दर्शन को संतुष्ट करने की आवश्यकता तथा यौन आवश्यकता (sex needs)।

6. किशोरावस्था में भी अन्य अवस्थाओं के समान कुछ विकासात्मक कार्य (developmental task) होते हैं जिनका वर्णन हेभिंगहर्स्ट (Havinghurst,1953) ने किया है। ऐसे आठ तरह के कार्यों का वर्णन किया गया है।

7. किशोरावस्था की अपनी कुछ प्रमुख समस्याएँ (problems) हैं जिनमें स्कूल में समायोजन-संबंधी समस्या, पारिवारिक संबंधों एवं सामाजिक समायोजन से संबंधित समस्या, यौन व्यवहार से संबंधित समस्या, नैतिक व्यवहार (moral behaviour) से संबंधित समस्या, व्यावसायिक समायोजन से संबंधित समस्या, वित्तीय समस्या, मादक वस्तुओं के सेवन की समस्या तथा आत्महत्या की समस्या आदि प्रमुख हैं।

8. किशोरों की अपनी कुछ अभिरुचियाँ (interests) होती हैं जिनकी कुछ सामान्य विशेषताएँ हैं। इन अभिरुचियों के सात प्रकार बताए गए हैं।

9. किशोरावस्था में यौन शिक्षा पर शिक्षा मनोवैज्ञानिकों ने अधिक बल डाला है तथा इनलोगों का आम मत यह है कि ऐसी शिक्षा प्रारंभिक बाल्यावस्था (early childhood) से ही दी जानी चाहिए।

❑

अध्याय 12

सीखने में अभिप्रेरण तथा प्रोत्साहन

[MOTIVATION AND INCENTIVE IN LEARNING]

मुख्य बिंदु (Main Points)

1. अभिप्रेरण का अर्थ (Meaning of Motivation)
2. आवश्यकता, अंतर्नोद तथा प्रोत्साहन (Need, Drive and Incentive)
3. अभिप्रेरण का वर्गीकरण (Classification of Motives)
4. सीखने की प्रक्रिया में अभिप्रेरण का कार्य (Functions of Motives in Learning Situation)
5. आंतरिक अभिप्रेरण एवं बाह्य अभिप्रेरण (Intrinsic Motivation and Extrinsic Motivation)
6. सीखने में महत्त्वपूर्ण अभिप्रेरण एवं प्रोत्साहन का महत्त्व (Role of Important Motives and Incentives in Learning)
7. वर्ग में बालकों को प्रेरित करने में यथोचित प्रविधियाँ (Reasonable Techniques for Motivating Children in Class)

अभिप्रेरण का अर्थ
(Meaning of Motivation)

शिक्षक वर्ग में अकसर इस प्रश्न का सामना करते हैं—"मैं छात्रों को वर्ग में कैसे अभिप्रेरित करूँ?" स्वभावतः तब प्रश्न यह उठता है कि अभिप्रेरण है क्या? कुछ कहने के पहले यह बता देना अतिउत्तम होगा कि अभिप्रेरण (motivation) कोई ऐसी चीज नहीं है जिसे शिक्षक जब चाहे तब बालकों में पैदा कर दे और जब चाहे तब उसे समाप्त कर दें। कहने का तात्पर्य यह है कि अभिप्रेरण कोई ऐसी बाहरी चीज नहीं है जो शिक्षक की स्वेच्छा से उत्पन्न होता है या खत्म होता है।

रिली एंव लेविस (Reilly & Lewis, 1983) के अनुसार अभिप्रेरण एक ऐसा बल (force) है जो व्यक्ति के भीतर से उत्पन्न होता है, न कि कुछ ऐसी चीज जिसे शिक्षक छात्र में अपनी ओर से पैदा करते हैं। ब्लेयर, जोन्स एवं सिम्पसन[1] (Blair, Jones & Simpson, 1965) ने अभिप्रेरण को इस प्रकार परिभाषित किया है, "अभिप्रेरण एक ऐसी प्रक्रिया है जिसमें शिक्षार्थी की आंतरिक शक्ति वातावरण के विभिन्न लक्ष्य-वस्तुओं की ओर निदेशित होती है ... हमलोगों की मूल आवश्यकताओं से उपजकर अभिप्रेरण एक ऐसी शक्ति के रूप में कार्य करता है जो व्यवहार को एक उद्देश्य एवं दिशा

1. "Motivation is a process in which the learner's internal energies are directed towards various goal objects in his environment... Arising from the basic needs, motives are the energies which give direction and purpose to behaviour."—Blair, Jones & Simpson, *Educational Psychology*, 1965, p.168

दिशा प्रदान करता है।" उसी तरह से बेरोन, बर्न तथा कैण्टोविज[1] (Baron, Byrne and Kantowitz, 1980) के अनुसार, "मनोविज्ञान में हमलोग अभिप्रेरण को एक काल्पनिक आंतरिक प्रक्रिया के रूप में परिभाषित करते हैं जो व्यवहार करने के लिए शक्ति प्रदान करता है तथा एक खास उद्देश्य की ओर व्यवहार को ले जाता है।"

इन परिभाषाओं का विश्लेषण करने पर हमें अभिप्रेरण के स्वरूप के बारे में कुछ ऐसे तथ्य मिलते हैं जिनसे इनका अर्थ बिल्कुल ही स्पष्ट हो जाता है। इन तथ्यों में निम्नांकित प्रमुख हैं—

(i) अभिप्रेरण शिक्षार्थियों (learners) की एक आंतरिक अवस्था को कहा जाता है। यह आंतरिक अवस्था काल्पनिक होती है। अत:, इसके बारे में उनके व्यवहारों से एक अनुमान (inference) लगाया जा सकता है, उसे ठोस रूप से देखा नहीं जा सकता।

(ii) अभिप्रेरण में जो विशेष आंतरिक अवस्था होती है उससे शिक्षार्थी में कुछ क्रियाएँ उत्पन्न होती हैं।

(iii) अभिप्रेरण में उत्पन्न क्रियाओं (activities) में एक दिशा (direction) होती है। दूसरे शब्दों में ऐसी क्रियाएँ एक निश्चित दिशा में उद्देश्य या लक्ष्य (goal) की प्राप्ति की ओर होती हैं।

(iv) शिक्षार्थी में उत्पन्न अभिप्रेरित व्यवहार उद्देश्य या लक्ष्य की प्राप्ति तक जारी रहता है।

स्पष्ट है कि अभिप्रेरण शिक्षार्थी की एक विशिष्ट अवस्था होती है जो उसे लक्ष्य की ओर निदेशित करता है। जैसे भूख की अवस्था में एक बालक भोजन करने के लिए क्रियाशील हो उठता है। उसकी यह क्रियाशीलता भोजन मिलने तक एक निश्चित दिशा में जारी होती है। भोजन मिलने के बाद यानी लक्ष्य की प्राप्ति के बाद उसकी क्रियाशीलता समाप्त हो जाती है। यही प्रक्रिया अन्य दूसरी तरह के अभिप्रेरण में भी देखी जाती है।

आवश्यकता, अंतर्नोद तथा प्रोत्साहन (Need, Drive and Incentive)

मनोवैज्ञानिकों ने आवश्यकता (need), अंतर्नोद (drive) तथा प्रोत्साहन (incentive) को अभिप्रेरणात्मक चक्र (motivational cycle) के तीन प्रमुख क्रमिक कदम (successive steps) बताए हैं। इन तीनों का वर्णन निम्नांकित है—

(1) आवश्यकता (Need)—किसी चीज की कमी या अति (excess) की अवस्था को हम आवश्यकता (need) की संज्ञा देते हैं। मनोवैज्ञानिकों ने आवश्यकता (need) को अभिप्रेरण की उत्पत्ति में पहला कदम बताया है; क्योंकि अभिप्रेरणात्मक चक्र (motivational cycle) में पहले आवश्यकता ही उत्पन्न होती है। व्यक्ति में मुख्य रूप से दो तरह की आवश्यकताएँ होती हैं—जैविक आवश्यकता (biogenic need) तथा सामाजिक आवश्यकता (sociogenic need)। भूख, प्यास, काम, मल-मूत्र त्याग, नींद आदि व्यक्ति की जैविक आवश्यकता के उदाहरण हैं तथा उपलब्धि प्राप्त करने की आवश्यकता (need for achievement), दूसरों पर आधिपत्य जमाने

---

1. "In psychology, we define motivation as a hypothetical internal process that provides the energy for behaviour and directs it toward a specific goal."—Baron, Byrne and Kantowitz, *Psychology*, 1980, p. 293

की आवश्यकता (need for dominance), धन कमाने की आवश्यकता, दूसरों से संबंध स्थापित करने की आवश्यकता (need for affiliation) आदि कुछ सामाजिक आवश्यकता के उदाहरण हैं।

(2) अंतर्नोद (Drive)—जब व्यक्ति में किसी तरह की आवश्यकता उत्पन्न होती है तो उससे स्वभावत: उसमें क्रियाशीलता बढ़ जाती है तथा वह पहले से अधिक सक्रिय एवं तनावग्रस्त मालूम पड़ता है। इसे ही अंतर्नोद की संज्ञा दी गई है। भूख आवश्यकता से व्यक्ति में भूख अंतर्नोद (hunger drive) तथा प्यास आवश्यकता (thirst need) से प्यास अंतर्नोद (thirst drive) उत्पन्न होता है। इन शारीरिक आवश्यकताओं (physiological needs) के अलावा व्यक्ति में कुछ मनोवैज्ञानिक आवश्यकता (psychological needs) भी होती है जिनमें मनोवैज्ञानिक अंतर्नोद (psychological drive) की उत्पत्ति होती है। जैसे—उपलब्धि की आवश्यकता (need for achievement) से उपलब्धि अंतर्नोद (achievement drive) तथा दूसरों पर आधिपत्य जमाने की आवश्यकता (need for dominance) से आधिपत्य अंतर्नोद (dominance drive) की उत्पत्ति होती है।

(3) प्रोत्साहन या लक्ष्य (Incentive or goal)—लक्ष्य या प्रोत्साहन वातावरण की वह वस्तु होती है जो व्यक्ति को अपनी ओर आकर्षित कर लेती है तथा जिसकी प्राप्ति से उसकी आवश्यकता की पूर्ति तथा अंतर्नोद (drive) में कमी हो जाती है। जैसे एक भूखे व्यक्ति के लिए भोजन लक्ष्य तथा प्रोत्साहन (incentive) होता है जो व्यक्ति को अपनी ओर आकर्षित कर लेता है तथा जिसकी प्राप्ति से भूख की आवश्यकता समाप्त हो जाती है एवं क्रियाशीलता और तनाव की स्थिति (अंतर्नोद) भी कम हो जाती है।

प्रोत्साहन (inventive) दो तरह के होते हैं—धनात्मक प्रोत्साहन (positive incentive) तथा ऋणात्मक प्रोत्साहन (negative incentive)। धनात्मक प्रोत्साहन वैसे प्रोत्साहन या लक्ष्य को कहा जाता है जिसे व्यक्ति प्राप्त करना चाहता है; क्योंकि उसे प्राप्त करने से ही उसकी आवश्यकता की पूर्ति होती है। भोजन तथा पानी धनात्मक प्रोत्साहन के उदाहरण हैं। कुछ प्रोत्साहन या लक्ष्य ऐसे होते हैं जिनसे व्यक्ति दूर रहना चाहता है; क्योंकि इनसे दूर रहने से ही उसकी आवश्यकता की पूर्ति होती है। जैसे—दंड (punishment) एवं आलोचना (criticism) ऐसे ही ऋणात्मक प्रोत्साहन के उदाहरण हैं; क्योंकि इनसे दूर रहकर ही व्यक्ति अपनी आवश्यकता की पूर्ति सही अर्थ में कर सकता है।

अभिप्रेरण का वर्गीकरण (Classification of Motives)

मनोवैज्ञानिकों ने अभिप्रेरण को मूलत: दो भागों में बाँटा है—

(क) शारीरिक अभिप्रेरण या जैविक अभिप्रेरण (Physiological motives or biogenic motives) तथा

(ख) अर्जित या सीखा हुआ अभिप्रेरण (Acquired or learnt motive)।

इन दोनों श्रेणियों में विभिन्न तरह के अभिप्रेरकों (motives) को रखा गया है। उन सभी अभिप्रेरकों एवं उनके शैक्षिक महत्त्व (educational implications) का वर्णन अग्रांकित है—

(क) शारीरिक अभिप्रेरण या जैविक अभिप्रेरण (Physiological motives or biogenic motives)—शारीरिक अभिप्रेरण वैसे अभिप्रेरण को कहा जाता है जो व्यक्ति को जीवित रहने के लिए आवश्यक है तथा उसमें जन्म से ही मौजूद रहते हैं। इस तरह के अभिप्रेरण की एक अन्य विशेषता यह है कि ये सार्विक (universal) होते हैं; क्योंकि ये सभी व्यक्तियों में एक ही रूप (form) में पाए जाते हैं। इनमें भूख, प्यास, काम (sex), नींद, मल-मूत्र त्याग, दर्द परिवर्जन (pain avoidance) आदि प्रमुख हैं तथा ये सभी देश एवं काल के लोगों में एक ही रूप में पाई जाती है। इन शारीरिक अभिप्रेरणों की एक विशेषता यह भी है कि इनमें व्यक्ति में समस्थिति (homeostasis) अर्थात शरीर के भीतर संतुलन बनाए रखने का गुण होता है। जैसे जब व्यक्ति को भूख लगती है, तो इससे उसके भीतर एक तनाव उत्पन्न होता है जिसके फलस्वरूप व्यक्ति भोजन की खोज करता है और भोजन मिलने पर तनाव कम हो जाता है। तनाव उत्पन्न हो जाने से समस्थिति (homeostasis) में असंतुलन हो जाता है और तनाव कम होने पर पुनः समस्थिति कायम हो जाती है।

शारीरिक अभिप्रेरण का शैक्षिक महत्त्व (Educational importance of physiological motives)—ऊपर से देखने में तो शारीरिक अभिप्रेरकों का महत्त्व वर्ग में अध्ययन करते समय कुछ नहीं लगता है। लेकिन, वास्तव में इन अभिप्रेरकों का महत्त्व वर्ग में अध्यापन के समय शिक्षकों के लिए काफी अधिक है। रिली तथा लेविस (Reilly & Lewis, 1983) के अनुसार शिक्षकों को वर्ग में अध्यापन करते समय यह देखना अति आवश्यक है कि शिक्षार्थियों के सभी शारीरिक अभिप्रेरकों की न्यूनतम संतुष्टि (minimum satisfaction) अवश्य रहे अन्यथा वे अध्यापन के अच्छे-से-अच्छे पहलू की ओर भी अभिप्रेरित नहीं हो पाएँगे और शिक्षक के प्रयास का नतीजा सार्थक नहीं हो पाएगा। जैसे शिक्षार्थी यदि भूख और प्यास से तड़प रहा है, तो स्वभावतः वह वर्ग में शिक्षकों द्वारा बताई गयी बातों पर बिलकुल ही ध्यान नहीं देगा और इस तरह शिक्षक अपने उद्देश्य की प्राप्ति में सफल नहीं हो पाएँगे। 9वीं—10वीं कक्षा में छात्र अपनी किशोरावस्था में होते हैं। किशोरों में यौन आवश्यकता (sex need) (जो एक प्रमुख शारीरिक अभिप्रेरण है) काफी तीव्र होती है। शिक्षक यदि वर्ग में यौन आवश्यकता से संबंधित आवश्यक एवं उचित सलाह इन उम्र के छात्रों को देते हैं, तो इससे छात्रों में उचित आत्म-संप्रत्यय (self-concept) विकसित करने तथा वर्ग में अच्छा समायोजन (adjustment) करने में उन्हें काफी सफलता मिलती है। ऐसे छात्रों की शैक्षिक उपलब्धि (educational achievement) भी अधिक हो जाती है।

(ख) अर्जित अभिप्रेरण या सीखा हुआ अभिप्रेरण (Acquired motive or learned motive)—अर्जित अभिप्रेरण वैसे अभिप्रेरण को कहा जाता है जिसमें निम्नांकित विशेषताएँ होतीं हैं—

(i) ऐसे अभिप्रेरण जन्मजात नहीं होते। इसका मतलब यह हुआ कि ऐसे अभिप्रेरकों को व्यक्ति अपने जन्म के बाद सीखता है।

(ii) ऐसे अभिप्रेरण सार्विक (universal) नहीं होते अर्थात ऐसे अभिप्रेरण सभी व्यक्तियों में नहीं होते तथा उनका रूप भी अकसर भिन्न-भिन्न होता है।

(iii) ऐसे अभिप्रेरण व्यक्तियों के जीवित (survival) रहने के लिए आवश्यक नहीं होते हैं।

(iv) ऐसे अभिप्रेरणों का समस्थिति (homeostasis) से भी कोई ताल्लुक नहीं होता है।

शिक्षा के दृष्टिकोण से कई अर्जित अभिप्रेरण (acquired motives) हैं जिनपर मनोवैज्ञानिकों ने बल डाला है। इनमें निम्नांकित प्रमुख हैं—

(1) उपलब्धि अभिप्रेरण (Achievement motivation)

(2) संबंधन अभिप्रेरण (Affiliation motivation)

(3) चिंता ह्रास (Anxiety reduction)

(4) सत्ता अभिप्रेरण (Power motivation)

(5) आक्रमणशीलता का अभिप्रेरण (Motive of aggressiveness)

(6) अनुमोदन अभिप्रेरण (Approval motivation)।

इन अभिप्रेरकों का वर्णन निम्नांकित है—

(1) उपलब्धि अभिप्रेरण (Achievement motivation) —उपलब्धि अभिप्रेरण से तात्पर्य एक ऐसे अभिप्रेरण से होता है जिससे प्रेरित होकर बालक अपने कार्य को इस ढंग से करता है कि उसे अधिक-से-अधिक सफलता मिल सके। रिली एवं लेविस[1] (Reilly & Lewis, 1983) ने उपलब्धि अभिप्रेरण (achievement motive) को इस प्रकार परिभाषित किया है, "किसी चीज को अपने से करने, उसे अच्छे-से-अच्छे ढंग से करने तथा उसमें विशिष्टता दिखाने की स्वीकारात्मक इच्छा को उपलब्धि अभिप्रेरण कहा जाता है।" 1950–70 तक डैविड मैकक्लीलैण्ड (David McClelland, 1961) ने अनुमोदन अभिप्रेरण का अध्ययन विभिन्न उम्र के बालकों, जिनकी राष्ट्रीयता भी भिन्न-भिन्न थी, को विभिन्न प्रयोगशाला परिस्थितियों में रखकर किया है। इनका एक महत्त्वपूर्ण निष्कर्ष यह था कि इस तरह के अभिप्रेरण को लोग एक अन्य मिलता-जुलता अभिप्रेरण अर्थात असफलता से बचने का अभिप्रेरण (motive of avoiding failure) या अनुमोदन खोने के डर (fear for losing approval) से संभ्रम (confusion) में पड़ जाते हैं। जैसे एक बालक अपनी परीक्षा की तैयारी यदि काफी लगन एवं मेहनत से करता है, तो संभव है कि उसमें परीक्षा में सबसे अच्छा करने का अभिप्रेरक अर्थात उपलब्धि अभिप्रेरक (achievement motivation) अधिक हो, परंतु यह भी संभव है कि उसकी कड़ी मेहनत के पीछे का राज यह हो कि वह समझता हो कि ऐसा नहीं करने से वह असफल हो जाएगा और तब उसे शिक्षक एवं माता-पिता से प्राप्त सामाजिक अनुमोदन (social approval) भी समाप्त हो जाएगा। मैकक्लीलैंड तथा उनके सहयोगियों (McClelland et al., 1953, 1958, 1961) द्वारा किए गए अध्ययनों के आधार पर उनलोगों ने ऐसे बालकों की कुछ विशेषताओं पर प्रकाश डाला है जो उन बालकों से भिन्न होते हैं जिनमें असफलता से बचने का अभिप्रेरण (motive of avoiding failure) अधिक प्रबल होता है। ऐसी कुछ विशेषताएँ निम्नांकित हैं—

(i) उच्च उपलब्धि अभिप्रेरकवाले बालक साधारण कठिनाईवाले कार्य अधिक पसंद करते हैं; क्योंकि इसपर सफलता निश्चित होती है। अत्यधिक कठिन एवं अत्यधिक आसान कार्य को करना वे पसंद नहीं करते।

(ii) उपलब्धि अभिप्रेरकमुखी बालक (achievement-motivation oriented children) यदि अपने लक्ष्य (goal) पर नहीं पहुँच पाते यानी असफल हो जाते हैं, तो वे अपने प्रयास में थोड़ा

1. "Achievement motivation can be defined simply as the positive desire to excel, to do well, to accomplish something on one's own"—Reilly & Lewis, *Educational Psychology,* 1983, p. 259

तर्कसंगत परिवर्तन कर पुनः लक्ष्य तक पहुँच जाने की कोशिश करते हैं। परंतु, जिन बालकों में असफलता (failure) से बचने का अभिप्रेरक अधिक प्रबल होता है, वे ऐसी परिस्थितियों में कुछ इस प्रकार अवास्तविक समायोजन (unrealistic adjustment), जैसे अपने लक्ष्य को अत्यंत ही नीचा कर लेना या कभी-कभी अपने लक्ष्य को और अधिक ऊँचा कर लेना जैसे व्यवहार कर लोगों को भौंचक्का कर देते हैं।

(iii) उपलब्धि अभिप्रेरकमुखी बालक असफल होने पर अपने-आपको उसके लिए दोषी ठहराते हैं और अपने प्रयासों (efforts) में कुछ सुधार लाने की कोशिश करते हैं, परंतु अफसलता से बचने का अभिप्रेरक की प्रबलता रखनेवाले बालक असफलता के लिए दूसरों को दोषी ठहराते हैं और वे अपनी क्षमता पर कभी किसी प्रकार का शक करते ही नहीं।

(iv) उपलब्धि अभिप्रेरकमुखी बालक उन क्षेत्रों में अधिक काम करना चाहते हैं जिनके परिणाम पर उनका काफी नियंत्रण होता है ताकि वे निश्चित रूप से यह समझ सकें कि उन्हें सफलता मिलेगी या नहीं। परंतु, असफलता से बचने के अभिप्रेरक की प्रबलतावाले बालकों में ऐसी सूझ-बूझ की कमी होती है।

मैकक्लीलैण्ड तथा उनके सहयोगियों जैसे एटकिन्सन (Atkinson, 1964) द्वारा किए गए, ऐसे अध्ययनों के परिणामों का शैक्षिक महत्त्व या आशय (educational implication) यह है कि वर्ग में शिक्षकों को छात्रों में धनात्मक संतोष (positive satisfaction) के लिए उपलब्धि अभिप्रेरक (achievement motive) के विकास पर बल देना चाहिए, न कि असफलता से बचने के लिए अभिप्रेरक के विकास पर।

(2) संबंधन अभिप्रेरण (Affiliation motivation)—अपने साथियों एवं अन्य लोगों के समूह में मान्यता प्राप्त करने की प्रवृति को संबंधन अभिप्रेरण कहा जाता है। यह अभिप्रेरण सभी उम्र के व्यक्तियों मे होता है परंतु प्रारंभिक किशोरावस्था (early adolescence) में यानी 13–15 साल की उम्र में सबसे अधिक स्पष्ट एवं विशिष्ट होता है। इस अवस्था में किशोरों में अपने साथियों का समर्थन पाने तथा माता-पिता एवं शिक्षकों की प्रशंसा पाने की मुराद तीव्रतम होती है। फलतः , उनमें संबंधन अभिप्रेरण तथा समरूपता व्यवहार (conformity behaviour) अधिक पाया जाता है। शिक्षकों को वर्ग में इस तरह के अभिप्रेरण के विकास पर इसलिए बल डालना चाहिए; क्योंकि इससे बालकों में, जैसा कि सिम्पसन (Simpson, 1989) ने अपने अध्ययन के आधार पर बताया है, आत्मसंतोष (self-satisfaction), आत्म-विश्वास (self-confidence) तथा धनात्मक आत्म- संप्रत्यय (positive self-concept) विकसित होता है जिनका उनके वर्ग उपलब्धियों (classroom achievement) पर अनुकूल प्रभाव (favourable impact) पड़ता है।

(3) चिंता ह्रास (Anxiety reduction)—शिक्षा के दृष्टिकोण से चिंता ह्रास (anxiety reduction) को एक प्रबल अभिप्रेरक (motive) माना गया है। चिंता ह्रास से मतलब बालकों में सीखे जानेवाले पाठ के प्रति तनाव तथा चिंता को बिलकुल ही समाप्त करने से नहीं, बल्कि चिंता के स्तर को इस लायक बनाकर रखने से होता है जो उसे पाठ को सीखने में मदद कर सके। मालमो (Malmo, 1959) ने इस क्षेत्र में किए गए अध्ययनों के आधार पर बताया है कि छात्रों में चिंता ह्रास एक महत्त्वपूर्ण अभिप्रेरक है जिसका प्रभाव विभिन्न पाठों (tasks) के सीखने पर पड़ता है। इनकी समीक्षा (review) के अनुसार चिंता (anxiety) एवं विभिन्न पाठों को सीखने का संबंध उलटा यू आकार (inverted U-shaped) का होता है जिसे चित्र 12.1 में दिखाया गया है। इस चित्र से स्पष्ट है

कि जब छात्रों में पाठ को सीखने के लिए चिंता कम होती है, तो उसके सीखने का निष्पादन (performance) कम होता है। जैसे-जैसे चिंता का स्तर बढ़ता जाता है, सीखने का निष्पादन एक सीमा तक बढ़ता जाता है। उस सीमा या बिंदु के बाद भी यदि चिंता का स्तर बढ़ता है, तो इससे स्पष्ट है कि चिंता में अधिक वृद्धि एवं अधिक कमी दोनों ही बुरे अभिप्रेरक (bad motivators) के रूप में कार्य करते हैं।

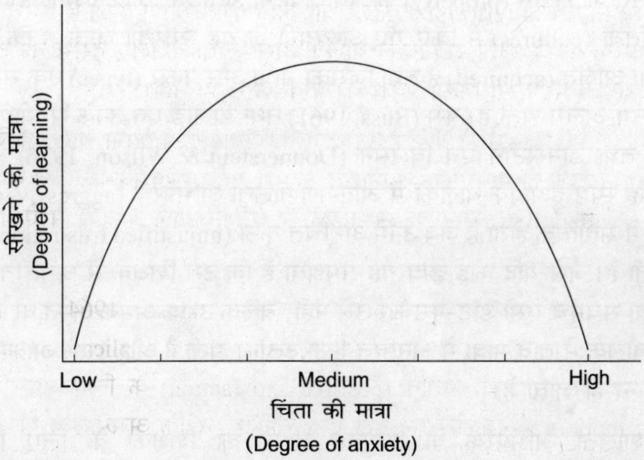

चित्र 12.1

चिंता ह्रास (anxiety reduction) का आशय (implication) शिक्षकों के लिए यह है कि उन्हें वर्ग में छात्रों के चिंता स्तर को संतुलित बिंदु (moderate point) पर रखना चाहिए ताकि वे उनके शिक्षण (teaching) से अधिकतम लाभ उठा सकें। यह कार्य शिक्षकों के लिए थोड़ा कठिन है; क्योंकि चिंता का संतुलित स्तर एक पाठ (task) से दूसरे पाठ तथा एक छात्र से दूसरे छात्र के लिए भिन्न हो सकता है।

(4) सत्ता अभिप्रेरक (Power motivation)—सत्ता अभिप्रेरक भी एक प्रमुख अर्जित अभिप्रेरक है। दूसरों पर चेतन या अचेतन रूप से वांछित प्रभाव एवं नियंत्रण उत्पन्न करने की इच्छा सत्ता अभिप्रेरक कहलाती है। एडलर (Adler, 1930) प्रथम ऐसे मनोवैज्ञानिक थे जिन्होंने यह बताया है कि सत्ता अभिप्रेरक (power motive) मानव के बहुत-से व्यवहारों का आधार होता है। उनके अनुसार व्यक्ति हीनता के भाव को बर्दाश्त नहीं कर सकता है, बल्कि उसकी जगह श्रेष्ठता का भाव विकसित कर लेता है। इस कारण वह उन सभी कार्यों को करने के लिए अभिप्रेरित हो उठता है जिनसे उसमें नियंत्रण करने, प्रभुत्व दिखाने एवं सत्ता में रहने के भाव की उत्पत्ति होती है। बालक तेजी से उन क्रियाओं को करना सीख लेते हैं जिनसे उनमें श्रेष्ठता, सत्ता एवं दूसरों को नियंत्रित करने का भाव उत्पन्न होता है तथा उन कार्यों से दूर रहना सीख लेता है जिनसे उनमें हीनता या लाचारी का भाव उत्पन्न होता है। शिक्षक इससे वर्ग में विशेष लाभ उठा सकते हैं। उन्हें छात्रों पर आधिपत्य (dominance) दिखाकर सत्ता अभिप्रेरक (power motivation) की अभिव्यक्ति नहीं करनी चाहिए, बल्कि उपलब्धि, संबंधन की प्रेरणा उत्पन्न कर एवं अन्य प्रजातांत्रिक विधियों से छात्रों में सत्ता एवं श्रेष्ठता का भाव उत्पन्न करना चाहिए।

(5) आक्रमणशीलता का अभिप्रेरण (Motive of aggressiveness) —आक्रमणशीलता भी एक प्रमुख अर्जित अभिप्रेरक (acquired motive) है जिसमें एक व्यक्ति दूसरे व्यक्ति को शाब्दिक रूप से (verbally) या शारीरिक रूप से (physically) चोट पहुँचाने या आघात पहुँचाने की कोशिश करता है। एटकिन्सन, एटकिन्सन, स्मिथ एवं हिलगार्ड[1] (Atkinson, Atkinson, Smith & Hilgard, 1987) ने आक्रमणशीलता अभिप्रेरक को परिभाषित करते हुए कहा है, "यह ऐसा व्यवहार है जिसका उद्देश्य दूसरों को शारीरिक रूप से (physically) या शाब्दिक रूप से (verbally) चोट पहुँचाना या दूसरों की संपत्ति (property) को बर्बाद करना होता है।" आक्रमणशीलता अभिप्रेरक पर विभिन्न संस्कृतियों (cultures) में किए गए अध्ययनों से यह स्पष्ट हो जाता है कि यह एक ऐसा अभिप्रेरक है जो अर्जित (acquired) है तथा जिसकी मात्रा और प्रकार (types) एक संस्कृति से दूसरे संस्कृति में अलग-अलग होती है। बस (Buss, 1961) तथा डोलार्ड एवं उनके सहयोगियों (Dollard et al., 1939) तथा डौनरस्टीन एवं विलसन (Donnerstein & Wilson, 1976) द्वारा किए गए अध्ययनों से यह स्पष्ट हुआ कि बालकों में आक्रमणशीलता अभिप्रेरक (aggressiveness motive) उस परिस्थिति में सर्वाधिक होता है जब उनमें अनुचित कुंठा (unjustified frustration) तीव्र मात्रा में उत्पन्न हो जाती है। जैसे यदि कोई छात्र यह समझता है कि उसे शिक्षक से अनुचित डाँट-फटकार मिल रही है तथा सचमुच ऐसी डाँट-फटकार उसे नहीं, बल्कि उसके अमुक दोस्त को मिलनी चाहिए थी, तो इससे बालक में तीव्र मात्रा में अनुचित कुंठा उत्पन्न होती है और उसमें आक्रमणशीलता का अभिप्रेरक उत्पन्न हो जाता है।

आक्रमणशीलता अभिप्रेरक के उपयुक्त तथ्यों का शिक्षकों के लिए विशेष महत्त्व (importance) बताया गया है। चूँकि आक्रमणशीलता (aggressiveness) एक अर्जित अभिप्रेरक होता है, अतः शिक्षक यह आसानी से समझ जाते हैं कि वे वर्ग में अपने व्यवहारों द्वारा छात्रों में आक्रमणशीलता पैदा कर सकते हैं तथा साथ-ही-साथ आक्रमणशीलता की अभिव्यक्ति (expression) के लिए दुरुस्त तरीका (sound ways) बता सकते हैं। बैंडुरा तथा उनके सहयोगियों (Bandura et al., 1961) द्वारा किए गए अध्ययनों से यह पता चला है कि बालक आक्रामक व्यवहार को दूसरों में देखकर तथा अपने आक्रामक व्यवहार के लिए मिलनेवाला पुरस्कार (rewards) द्वारा अधिक सीखते हैं। अतः, शिक्षक वर्ग मे ऐसे व्यवहार का नमूना पेश कर सकते हैं जिससे बालकों में कुंठा (frustration) नहीं के बराबर हो। इससे स्वभावतः उनमें आक्रमणशीलता कमेगी। इसके अलावा कुछ अच्छे उदाहरण प्रस्तुत कर वे बालकों की आक्रमणशीलता को सामाजिक ढंग से अनुमोदित तरीकों द्वारा अभिव्यक्त करने के लिए प्रेरित कर सकते हैं।

(6) अनुमोदन अभिप्रेरण (Approval motivation)—अनुमोदन अभिप्रेरण से तात्पर्य व्यक्ति द्वारा दूसरों से (जिन्हें वह अधिक महत्त्वपूर्ण समझता है) धनात्मक मूल्यांकन (positive evaluation) यानी प्रतिष्ठा, प्रशंसा आदि पाने की उम्मीद से होता है। 6 साल से कम उम्र के बालकों में माता-पिता का अनुमोदन (approval) पाने की तीव्र इच्छा होती है; क्योंकि यह उनके लिए प्रतिष्ठा (status) प्राप्त करने का सबसे महत्त्वपूर्ण स्रोत होता है। जब बालक स्कूल में प्रवेश करते हैं अर्थात उनकी उम्र 6–7 साल की हो जाती है तो वे यह पाते हैं कि अनुमोदन प्राप्त करने तथा निरनुमोदन (disapproval) से दूर रहने के अब नए स्रोत हैं। अब वे शिक्षक, साथियों (peers) एवं अपने से

---

1. "Aggression is defined as the behaviour that is intended to injure another person (physically or verbally) or to destroy property."—Atkinson, Atkinson, Smith Hilgard, *Introduction to Psychology,* 1987, p. 369

अधिक उम्र के बालकों से अनुमोदन पाने के लिए प्रयत्नशील रहते हैं। इस अवस्था में माता-पिता के अनुमोदन का महत्त्व कम हो जाता है। किशोरावस्था प्रारंभ होने पर साथियों से अनुमोदन प्राप्त करना छात्रों में अधिक प्रबल हो उठता है और माता-पिता तथा शिक्षकों के अनुमोदन की उन्हें कोई परवाह नहीं रह जाती। कभी-कभी तो यह देखा गया है कि साथियों के प्रति अनुमोदन अभिप्रेरक इतना तीव्र हो जाता है कि वे अपने माता-पिता एवं शिक्षकों का विरोध करने में भी नहीं हिचकिचाते। शिक्षकों के लिए किशोरों द्वारा इस तरह का दिखाया गया अनुमोदन अभिप्रेरक (approval motive) अधिक महत्त्वपूर्ण साबित हुआ है। शिक्षक किशोरों के इस अनुमोदन अभिप्रेरक को रचनात्मक दिशा देकर तथा उसे अपना अनुमोदन भी प्रदान कर एक अच्छा परिणाम प्राप्त कर सकते हैं। वे किशोरों में इससे आत्मनिर्भरता का गुण विकसित कर सकते हैं। विन्सटन (Winston, 1988) ने इस तथ्य की पुष्टि अपने प्रयोगात्मक अध्ययन के आधार पर की है। शिक्षकों को इस बात का भी ध्यान रखना चाहिए कि किसी भी छात्र में अनुमोदन अभिप्रेरक की मात्रा इतनी अधिक नहीं हो जाए कि वह अन्य सभी अभिप्रेरकों को दबाकर आगे निकल जाए, क्योंकि ऐसी परिस्थिति में छात्र का व्यवहार कुसमंजित (maladjusted) हो जाता है।

इस तरह स्पष्ट है कि शारीरिक अभिप्रेरक (physiological motive) तथा अर्जित अभिप्रेरक (acqured motive) दोनों ही काफी महत्त्वपूर्ण अभिप्रेरक हैं जिनसे छात्रों का व्यवहार प्रभावित होता है। शिक्षकों के लिए भी इन अभिप्रेरकों का शैक्षिक महत्त्व या आशय (educational implications) अधिक है।

सीखने की प्रक्रिया में अभिप्रेरण का कार्य
(Functions of Motives in Learning Process)

कई अध्ययनों से यह पता चला है कि अभिप्रेरण (motive) सीखने की प्रक्रिया में तीन तरह का कार्य करता है, जो निम्नांकित हैं—

(1) अभिप्रेरण व्यवहारों को शक्ति प्रदान करता है (Motives energize the behaviour)—अभिप्रेरण बालकों में शक्ति (energy) उत्पन्न करता है तथा उसे क्रियाशील बना देता है। शारीरिक अभिप्रेरक जैसे भूख, प्यास, काम बालकों में क्रियाशीलता उत्पन्न कर देते हैं। मनोवैज्ञानिक अभिप्रेरक (psychological motives) या जिन्हें अर्जित अभिप्रेक भी कहा जाता है, जैसे उपलब्धि अभिप्रेरक, संबंधन अभिप्रेरक, अनुमोदन अभिप्रेरक (approval motive) आदि भी बालकों में इतनी अधिक शक्ति एवं क्रियाशीलता उत्पन्न कर देते हैं कि उससे किसी कार्य को करने या सीखने में काफी मदद मिलती है।

(2) अभिप्रेरण व्यवहार को एक निश्चित दिशा प्रदान करता है (Motives direct the behaviour)—अभिप्रेरण बालकों के व्यवहार को एक खास दिशा में निदेशित करता है। वह बालकों के व्यवहार को लक्ष्य की ओर निदेशित करता है। इससे फायदा यह होता है कि बालक को अपने अंतिम लक्ष्य पर पहुँचने में सहायता मिलती है। इस तरह अभिप्रेरित व्यवहार उद्देश्यपूर्ण (purposeful) एवं सतत (persistent) होता है। उदाहरणार्थ, जिस बालक में वर्ग उपलब्धि-अभिप्रेरक (classroom achievement motive) की प्रबलता होती है, वह हमेशा अपना ध्यान पुस्तकों की ओर लगाए रहता है तथा वर्ग में शिक्षकों की बातों पर अधिक ध्यान देता है।

(3) अभिप्रेरण में व्यवहार चयनात्मक हो जाता है (Motives make behaviour selective)—अभिप्रेरण बालकों के व्यवहार को सिर्फ दिशा-निर्देश ही नहीं प्रदान करता है बल्कि उनके व्यवहार को चयनात्मक (selective) बना देता है। यह बालकों को एक निश्चित व्यवहार का चयन करने में मदद करता है। बालक अपने लिए एक निश्चित लक्ष्य निर्धारित कर सिर्फ उन्हीं व्यवहारों को करता है, जिनसे उस लक्ष्य की प्राप्ति हो सके। शायद यही कारण है कि एक अनियोजित छात्र (unemployed student) का ध्यान एक नियोजित छात्र (employed student) के ध्यान की अपेक्षा अखबारों की रिक्तियों वाले कॉलम पर अधिक जाता है। उसी तरह एक राजनीतिज्ञ (politician) का ध्यान राजनीति से संबंधित समाचार पर अधिक जाता है।

स्पष्ट है कि अभिप्रेरण महत्त्वपूर्ण भूमिका निभाकर बालकों या व्यक्तियों को सीखने के लिए एक उचित वातावरण तैयार करता है।

आंतरिक अभिप्रेरण तथा बाह्य अभिप्रेरण
(Instrinsic Motivation and Extrinsic Motivation)

बालकों द्वारा किसी पाठ को सीखने में आंतरिक अभिप्रेरण (intrinsic motivation) तथा बाह्य अभिप्रेरण (extrinsic motivation) की महत्ता पर बल डाला गया है। शिक्षा मनोवैज्ञानिकों की आम सहमति इस बात पर है कि शिक्षकों को इन दोनों तरह के अभिप्रेरणों के बीच एक संतुलन (balance) बनाकर रखना चाहिए, ताकि सीखने की प्रक्रिया तीव्रता से हो सके। आंतरिक अभिप्रेरण से तात्पर्य मोटे तौर पर 'स्वतः अभिरुचि' (spontaneous interest) से होता है। जब शिक्षार्थी किसी पाठ को इसलिए सीखता है क्योंकि उसमें उसकी अभिरुचि है तथा उस पाठ को सीखने से उसे खुशी (pleasure) मिलती है तो ऐसा कहा जाता है कि शिक्षार्थी में आंतरिक अभिप्रेरण है। स्पष्ट है कि इस तरह का अभिप्रेरण तब कुछ वैसे कारकों (factors) पर निर्भर करता है जो शिक्षार्थी (learner) में पाए जाते हैं तथा जिन्हें बाहर से प्रत्यक्ष रूप से देखना संभव नहीं है। डेसी[1] (Deci, 1975) ने आंतरिक अभिप्रेरण (intrinsic motivation) को परिभाषित करते हुए कहा है, "वातावरण के साथ समायोजन (deal) करने से उत्पन्न आत्म-निर्धारी (self-determining) तथा सक्षमता के भाव की आवश्यकता को आंतिरक अभिप्रेरण कहा जाता है।" स्वार्ज[2] (Schwartz, 1977) ने आंतरिक अभिप्रेरण को कुछ इसी ढंग से परिभाषित करते हुए कहा है, "आंतरिक अभिप्रेरण से तात्पर्य व्यक्ति के भीतर से उत्पन्न उस दबाव से होता है जो उसे एक निश्चित दिशा में व्यवहार करने के लिए प्रेरित करता है।"

स्पष्ट है कि आंतरिक अभिप्रेरण व्यक्ति को भीतर से प्रेरणा प्रदान करता है। चिंता (anixiety), उपलब्धि की आवश्यकता (need for achievement), संबंधन की आवश्यकता (need for affiliation), आकांक्षा स्तर (level of aspiration) आंतरिक अभिप्रेरण के कुछ उदाहरण हैं।

1. "A person's need for feeling competent and self-determining in dealing with his environment" is called intrinsic motivation—Deci, *Intrinsic Motivation,* 1975
2. "Intrinsic motivation is the pressure from within the person to behave in certain ways."—Schwartz, *Educational Psychology,* 1977, p. 105

बाह्य अभिप्रेरण से तात्पर्य एक ऐसे प्रोत्साहन (incentive) से होता है जो शिक्षार्थी को बाहरी वातावरण में दिया जाता है तथा उसके व्यवहार को एक निश्चित दिशा में मोड़ा जाता है। स्वार्ज[1] (Schwartz, 1977) के शब्दों में, "बाह्य अभिप्रेरण वह प्रोत्साहन होता है जो व्यक्ति को बाहर से उस व्यक्ति द्वारा दिया जाता है जो एक निश्चित दिशा में व्यवहार करने के लिए प्रेरित करता है।" जब किसी शिक्षार्थी को कोई पाठ सीखने के लिए 10 रुपये का पुरस्कार दिया जाता है या उसकी काफी प्रशंसा (praise) की जाती है, तो यहाँ 10 रुपये तथा प्रशंसा दोनों ही बाह्य अभिप्रेरण के उदाहरण होंगे।

शिक्षा मनोवैज्ञानिकों ने कई अध्ययन करके यह साबित कर दिया है कि यदि सभी शिक्षार्थियों (learners) को अर्थात उच्च उपलब्धि प्राप्त करनेवाले (high activities) तथा निम्न उपलब्धि प्राप्त करनेवाले (low achievers) शिक्षार्थियों को उनके प्रयास या उपलब्धि के लिए समान रूप से बाह्य अभिप्रेरण (extrinsic motivation) जैसे कोई पुरस्कार दिया जाता है, तो इससे निम्न उपलब्धि प्राप्त करनेवाले शिक्षार्थियों को थोड़े समय के लिए अधिक सफलता मिलने लगती है परंतु बाद में चलकर ये दोनों तरह के शिक्षार्थी सिर्फ बाह्य अभिप्रेरण के लिए कार्य करते पाए जाते हैं तथा उनका आंतरिक अभिप्रेरण (intrinsic motivation) बिलकुल ही समाप्त हो जाता है। इसके बाद जैसे ही बाह्य अभिप्रेरण देना उन्हें बंद कर दिया जाता है, उनकी अभिरुचि कार्य में समाप्त हो जाती है और उपलब्धि या निष्पादन (performance) भी लगभग समाप्त हो जाता है। इस तथ्य की ग्रीनी एवं लेपर (Greene & Lepper, 1974) ने अपने अध्ययन के आधार पर पुष्टि की है।

ग्रीनी एवं लेपर (Greene & Lepper) के प्रयोगात्मक तथ्य का शैक्षिक आशय (educational implication) यह है कि शिक्षक को वर्ग में आंतरिक अभिप्रेरक (intrinsic motivation) तथा बाह्य अभिप्रेरक (extrinsic motivation) दोनों पर संतुलित बल (balanced force) डालना चाहिए; क्योंकि छात्रों में सीखने की प्रक्रिया में दोनों का संयुक्त हाथ होता है। किसी एक पर बल डालकर किसी भी शिक्षक को, छात्रों को किसी विषय या पाठ को सिखाने में मात्र आंशिक सफलता ही मिल सकती है। अतः, उन्हें इन दोनों तरह के अभिप्रेरकों के विकास पर संतुलित बल डालना चाहिए। रिली तथा लेविस[2] (Reilly & Lewis, 1983) ने भी कछ ऐसा ही कहा है, "कार्य पूरा कराने के लिए शिक्षक को प्रायः आंतरिक अभिप्रेरण एवं बाह्य अभिप्रेरण दोनों को ही प्रोत्साहित करने की जरूरत होगी, परंतु उन्हें इन दोनों के बीच एक अच्छा संतुलन बनाकर रखना चाहिए।"

सीखने में महत्त्वपूर्ण अभिप्रेरण एवं प्रोत्साहन का महत्त्व
(Role of Important Motives and Incentives in Learning)

शिक्षा मनोवैज्ञानिकों का आम मत यह है कि स्कूल शिक्षण (school learning) में अभिप्रेरण (motives) एवं प्रोत्साहन (incentives) का महत्त्वपूर्ण स्थान है। शिक्षकों एवं शिक्षा मनोवैज्ञानिकों ने

1. "Extrinsic motivation is an incentive provided from outside the individual to encourage him to behave in ways desired by the persons who provide the incentive."—Schwartz, *Educational Psychology,* 1977, p. 105
2. "Teachers will usually need to encourage both intrinsic and extrinsic motives to get the job done, but they should try to maintain a healthy balance."—Reilly & Lewis, *Educational Psychology,* 1983, p. 271

अभिप्रेरण को सीखने का राजकीय मार्ग कहा है (Motivation is the royal road to learning)। सीखने की प्रक्रिया में अभिप्रेरण के महत्त्व को देखते हुए कुछ प्रमुख मनोवैज्ञानिकों ने इसे इस प्रकार व्यक्त किया है—

मेल्टन[1] (Melton, 1956) के अनुसार, "अभिप्रेरण सीखने की एक आवश्यक शर्त है।"

गेट्स[2] (Gates, 1948) के अनुसार, "एक दुरुस्त शैक्षिक कार्यक्रम का आधार अभिप्रेरण की समस्या है ... अभिप्रेरण सीखने के लिए अनिवार्य है।"

एण्डरसन[3] (Anderson, 1944) के अनुसार, "सीखने की प्रक्रिया अच्छी तरह तभी होगी जबकि अभिप्रेरण हो।"

केली[4] (Kelly, 1952) के अनुसार, "सीखने की प्रक्रिया में अभिप्रेरण एक केंद्रीय कारक है...सभी तरह के सीखने में अभिप्रेरण के किसी प्रकार का उपस्थित होना अनिवार्य है।"

इन मनोवैज्ञानिकों के विचारों से स्पष्ट हो जाता है कि सीखने की प्रक्रिया में अभिप्रेरण की काफी अहमियत है। वैसे तो कई तरह के अभिप्रेरण एवं प्रोत्साहन (incentives) हैं जिनसे सीखने की प्रक्रिया प्रभावित होती है परंतु निम्नांकित कुछ प्रमुख प्रकार हैं जिनका अध्ययन शिक्षकों (educators) तथा शिक्षा मनोवैज्ञानिकों (educational psychologists) ने छात्रों द्वारा वर्ग में सीखने (classroom learning) के संदर्भ में अधिक किया है—

(1) सीखने का उद्देश्य (Purpose or intent to learn)

(2) पुरस्कार एवं दंड (Reward and punishment)

(3) प्रगति तथा परिणाम का ज्ञान (Knowledge of progress and results)

(4) प्रशंसा एवं निंदा (Praise and reproof)

(5) स्पर्धा, प्रतियोगिता तथा सहयोगिता (Rivalry, Competition and Cooperation)

(6) लक्ष्य-निर्धारण व्यवहार या आकांक्षा-स्तर (Goal-setting behaviour or level of aspiration)

(7) प्रोत्साहन के रूप में सामाजिक अनुमोदन (Social approval as incentive)

(8) प्रोत्साहन के रूप में व्यावसायिक लक्ष्य (Vocational goal as incentive)।

इन सभी का वर्णन इस प्रकार किया जा सकता है—

(1) सीखने का उद्देश्य (Purpose or intent to learn)—सीखने का उद्देश्य से तात्पर्य यहाँ छात्रों द्वारा सीखे जानेवाले उद्दीपन (stimuli) या पाठ पर उद्देश्यपूर्ण ध्यान (purposeful attention) देने से होता है। मनोवैज्ञानिकों का मत है कि यदि छात्र सिखाये जानेवाले विषय पर उद्देश्यपूर्ण ध्यान

---

1. "Motivation is an essential condition of learning."—Melton, 1956
2. "The problem of motivation lies at the very heart of a sound educational programme... Motivation is indispensable to learning."—Gates, 1948
3. "Learning will proceed best if motivated."—Anderson, 1944
4. "Motivation is the central factor...of the process of learning. Type of motivation must be present in all learning."—Kelly, 1952

नहीं देते, तो वे पाठ या विषय को न समझकर सीख पाते हैं और न ही उनमें किसी प्रकार का कौशल (skill) ही विकसित होता है। उद्देश्यपूर्ण ध्यान के अभाव में छात्र विषय को मात्र रट (rote) लेता है। सैनफोर्ड (Sanford, 1942) ने इसका एक उदाहरण अपने व्यावहारिक जीवन से दिया है जिसमें उन्होंने बताया है कि 25 वर्षों में एक प्रार्थना के दोहे को 5,000 बार दुहराने के बाद भी वे बिना मदद के सही-सही प्रत्याह्वान (recall) नहीं कर पाए थे जिसका मात्र कारण यह था कि उन्होंने दोहे की पंक्तियों पर विशेष मनोवृति एवं अभिरुचि के साथ ध्यान नहीं दिया था। छात्रों द्वारा किसी विषय पर उद्देश्यपूर्ण ध्यान (purposeful attention) कई बातों पर निर्भर करता है जिनमें छात्रों की आवश्यकता (need), छात्रों के लिए विषय की उपयोगिता (usefulness) तथा शिक्षकों द्वारा विषय के बारे में बताने के पहले दिया गया विशिष्ट निर्देश (instruction) प्रधान बताया गया है। स्पष्ट हुआ है कि छात्रों मे सीखने का उद्देश्य (intent to learn) एक प्रधान अभिप्रेरक है जिससे उनके स्कूल में सीखने की प्रक्रिया (school learning) प्रभावित होती है।

(2) पुरस्कार एवं दंड (Reward and punishment)—पुरस्कार (reward) एवं दंड (punishment) का प्रयोग शिक्षकों द्वारा छात्रों को किसी विषय को सीखने में सर्वाधिक किया जाता है। पुरस्कार शाब्दिक (verbal), जैसे प्रशंसा करके या सांकेतिक (symbolic), जैसे कोई बैज (badge), तथा प्रमाणपत्र देकर या आर्थिक (material), जैसे नकद रुपया देकर प्रदान किया जाता है। दंड (punishment) का स्वरूप शाब्दिक (verbal) जैसे डाँट, आलोचना तथा शारीरिक (physical), जैसे एक पैर पर कुछ समय तक खड़ा रहना, कान पकड़कर उठ-बैठ करना आदि हो सकता है।

बालकों की शिक्षा में पुरस्कार तथा दंड, जिन्हें बाह्य प्रोत्साहन (extrinsic incentive) या बाह्य अभिप्रेरण (extrinsic motivation) माना गया है, अपना विशिष्ट स्थान रखते हैं। मनोवैज्ञानिक अध्ययनों से यह स्पष्ट हो गया है कि पुरस्कार के गुण दंड के गुण से भिन्न होते हैं तथा उनके शिक्षा (education) एवं शिक्षण पर विभेदात्मक प्रभाव (differential effect) होते हैं। अन्य गुणों के अलावा पुरस्कार छात्र में संतोष (satisfaction), रुचि, उत्साह तथा उच्च मनोबल (high morale) पैदा करता है जबकि दंड छात्रों में खीझ (dissatisfaction), अरुचि, निरुत्साह आदि पैदा करता है। शायद यही कारण है कि जब छात्र को किसी पाठ को सीखने के लिए पुरस्कार दिया जाता है तो वह उसे बार-बार दोहराना चाहता है और उसे जल्द सीख लेता है। दूसरी तरफ जब छात्र को दंडित (punished) किया जाता है, तब वह उस कार्य को दोहराना नहीं चाहता; क्योकि उसमें खीझ (annoyance) उत्पन्न हो जाती है। थॉर्नडाइक (Thorndike, 1928) का मशहूर 'प्रभाव-नियम' (law of effect) भी इस तथ्य का सत्यापन करता है।

कुछ ऐसे प्रयोगात्मक अध्ययन हुए हैं जिनसे यह पता चल जाता है कि शिक्षा में पुरस्कार का महत्त्व दंड की अपेक्षा अधिक है। थॉर्नडाइक (Thorndike, 1935) ने एक अध्ययन किया जिसमें बालकों के तीन समेलित समूह (matched group) तैयार किए गए। तीनों समूहों को समरूप विषय (identical subject) सीखने के लिए दिया गया। पहले समूह के बालकों को गलती करने पर दंड दिया जाता था परंतु सही अनुक्रिया करने पर कोई पुरस्कार नहीं दिया जाता था। दूसरे तथा तीसरे समूह के बालकों को सही अनुक्रिया करने पर क्रमशः मौखिक पुरस्कार (verbal reward) तथा आर्थिक पुरस्कार (material reward) दिया जाता था। प्रयोग के परिणाम बड़े रोचक थे। परिणाम में देखा गया कि तीसरे समूह के बालकों ने, अन्य दोनों समूह के बालकों की अपेक्षा जल्द सीख लिया तथा पहले समूह के बालकों ने, जिन्हें दंड दिया गया था, अन्य दोनों समूह के बालकों की तुलना में काफी मंद गति से सीखा। इस प्रयोग के परिणाम से यह स्पष्ट हो जाता है कि पुरस्कार देने से दंड की

अपेक्षा सीखने की प्रक्रिया तेजी से होती है तथा आर्थिक पुरस्कार देने से शाब्दिक पुरस्कार की अपेक्षा सीखने में तीव्रता आती है।

थॉम्पसन (Thompson, 1988) ने पुरस्कार का प्रभाव स्कूल शिक्षण (school learning) पर देखने के लिए एक प्रयोग किया। इन्होंने इस अध्ययन में समान उम्र, बुद्धि, यौन एवं शिक्षा के 40 बालकों का चयन किया जिन्हें दो समूहों में बाँटा गया—प्रयोगात्मक समूह (experimental group) तथा नियंत्रित समूह (control group)। प्रयोगात्मक समूह तथा नियंत्रित समूह को 20 शब्दों की एक सूची को सीखने के लिए दिया गया। प्रयोगात्मक समूह में यह कहा गया कि 10 मिनट के अंदर सूची को सीखनेवाले छात्रों में प्रत्येक को 3–3 डॉलर (Dollar) का इनाम दिया जाएगा। नियंत्रित समूह में मात्र यह कहा गया कि 10 मिनट के भीतर उन्हें सूची को याद करना है। परिणाम में देखा गया कि प्रयोगात्मक समूह के 20 में 19 प्रयोज्य (subject) ने 10 मिनट के भीतर सूची को याद करके इनाम प्राप्त कर लिया जबकि नियंत्रित समूह के 20 में मात्र 3 प्रयोज्य निर्धारित समय के भीतर सूची को याद करने में सफल रहे। प्रयोग के परिणाम से स्पष्ट हो जाता है कि सीखने में पुरस्कार एक प्रबल प्रोत्साहन (incentive) के रूप में कार्य करता है।

परंतु, कुछ ऐसे भी मनोवैज्ञानिक हैं जिन्होंने पुरस्कार का शिक्षण (learning) एवं शिक्षा (education) में प्रयोग को अधिक अच्छा नहीं बताया है और उसके कुप्रभाव की ओर संकेत किया है। ब्लेयर, जोन्स तथा सिम्पसन (Blair, Jones & Simposn, 1965) ने वर्ग में शिक्षकों द्वारा पुरस्कार देकर शिक्षण को मजबूत करने के प्रयास में निम्नांकित दो अवगुण (drawbacks) बताए हैं—

(i) वर्ग में छात्रों के निष्पादन को उच्च स्तर पर बनाए रखने के लिए समय-समय पुरस्कार के स्तर में वृद्धि करना आवश्यक होता है अन्यथा पुरस्कार का प्रभाव शिक्षण पर कोई खास नहीं दीख पड़ता।

(ii) प्रायः देखा गया है कि पुरस्कार दिए जाने पर छात्र वर्ग में पुरस्कार प्राप्त करना ही मुख्य उद्देश्य (primary goal) बना लेते हैं तथा शिक्षण (learning) को मात्र उस उद्देश्य या लक्ष्य पर पहुँचने का एक तरीका (means) के रूप में लेने लगते हैं। दूसरे शब्दों में, वे पुरस्कार को प्राथमिक लक्ष्य तथा शिक्षण को गौण लक्ष्य (secondary goal) बना लेते हैं। स्पष्टतः ऐसी स्थिति में शिक्षा के उद्देश्य पर एक कुठाराघात होता है। दुर्भाग्य की बात है कि आधुनिक शिक्षा प्रणाली में यह दोष व्याप्त है जिसके उन्मूलन पर कोई विशेष ध्यान नहीं दिया जा रहा है। आजकल छात्र मात्र उच्च अंक या उच्च श्रेणी प्राप्त करने के लिए पढ़ता है। उच्च अंक प्राप्त करना या उच्च श्रेणी प्राप्त करना ही उनका प्राथमिक लक्ष्य होता है जिसकी प्राप्ति के लिए वे परीक्षा में नाजायज तरीका (unfair means) अपनाने में तनिक भी नहीं हिचकते। शैक्षिक अभिरुचि, अभिक्षमता (aptitude) तथा क्षमता (ability) विकसित करना (जो सचमुच में शिक्षा का एक प्राथमिक लक्ष्य है) मात्र एक गौण लक्ष्य बनकर रह जाता है। शायद यही कारण है कि अभी भारत सरकार द्वारा नियुक्त 'हुमायूँ कबीर समिति' ने भारतीय शिक्षा में श्रेणी (degree) को हटा देने की सिफारिश की है ताकि जिनमें सच्ची अभिरुचि, क्षमता एवं लगन हो, वही उच्च शिक्षा की ओर अग्रसर हो सकें।

कुछ प्रयोगात्मक अध्ययनों में भी पुरस्कार का यह दूसरा कुप्रभाव होते देखा गया है। जैसे हार्टशोर्न तथा मेय (Hartshrone & May, 1928) ने अपने अध्ययन में यह पाया कि जिन छात्रों को

पुरस्कार देकर ईमानदार बनाने की कोशिश की गई थी, वे सचमुच में अन्य छात्रों की अपेक्षा अधिक बेईमान हो गए। कारण स्पष्टतः यह था कि ऐसे छात्र मात्र इनाम पाने के लिए बाहर से प्रेरित थे। उनमें ईमानदार बनने की कोई आंतरिक प्रेरणा नहीं थी।

रिली तथा लेविस (Reilly & Lewis, 1983) ने इस क्षेत्र में किए गए अध्ययनों की समीक्षा कर यह बताया है कि पुरस्कार को शिक्षा एवं शिक्षण (learning) में सचमुच प्रभावकारी (effective) होने के लिए यह आवश्यक है कि पुरस्कार रचनात्मक (constructive) हो। पुरस्कार को रचनात्मक बनाने के लिए उन्होंने निम्नांकित सुझाव (suggestions) दिए हैं—

(i) पुरस्कार अर्जित (earned) होना चाहिए। दूसरे शब्दों में, पुरस्कार छात्रों को तभी दिया जाना चाहिए जब उन्होंने शिक्षण में हाथ बँटाया हो। बिना शिक्षण में हाथ बँटाए ही दिया गया पुरस्कार छात्रों में अच्छा भाव नहीं उत्पन्न करता और उसका प्रभाव भी ठीक नही होता है।

(ii) पुरस्कार निष्कपट (sincere) होना चाहिए। दूसरे शब्दों में, तुच्छ कार्यों के लिए या सरलतम शिक्षा के लिए पुरस्कार नहीं देना चाहिए।

(iii) पुरस्कार स्पष्टतः किसी विशिष्ट कार्य (specific work) के लिए दिया जाना चाहिए, न कि किसी सामान्य कार्य (general work) के लिए। इससे छात्रों का मनोबल बढ़ता है तथा उनके शिक्षण पर प्रभावी असर पड़ता है।

(iv) रचनात्मक पुरस्कार में एक संदर्भ बिंदु (frame of reference) होना चाहिए। छात्र यह निश्चित रूप से समझे कि उनका शिक्षण निष्पादन (learning performance) अन्य छात्रों से कितना श्रेष्ठ होने पर इनाम दिया गया है।

(v) पुरस्कार तात्कालिक (immediate) होना चाहिए। शिक्षण या सीखना के क्षेत्र में किए गए अध्ययनों से स्पष्ट हो गया है कि चाहे पुरस्कार का स्वरूप जैसा भी क्यों न हो, यदि वह तुरंत दिया जाता है, तो उसका प्रभाव अच्छा होता है।

दंड (punishment) का भी प्रभाव शिक्षा तथा शिक्षण (learning) में होता देखा गया है। शिक्षा मनोवैज्ञानिकों एवं शिक्षकों का आम मत है कि दंड (punishment) के निम्नांकित स्पष्ट प्रभाव होते हैं—

(i) दंड अधिकारियों (authority) के प्रति आदर दिखाना सिखाता है।

(ii) दंड छात्रों की अवांछनीय अनुक्रियाओं को रोकता है।

(iii) दंड उन कार्यों को भी करने पर बल डालता है जिसे छात्र सामान्यतः नहीं करना चाहते।

(iv) दंड छात्रों को वर्ग के कार्यों पर उचित ध्यान देने के लिए बाध्य करता है।

(v) दंड छात्रों को दिए गए पाठ या विषय को याद करने के लिए प्रेरित करता है।

सिम्पसन (Simpson, 1989) ने अपने अध्ययन में पाया कि जब छात्रों को शिक्षक द्वारा दंड देने की धमकी दी गई तो उनका वर्ग निष्पादन (classroom achievement) उन छात्रों के वर्ग निष्पादन की तुलना में, जिन्हें ऐसी कोई धमकी नहीं दी गई थी, 40% उन्नत (improved) हो गया। ग्रीनी एवं रॉबिन्सन (Greene & Robinson, 1980) ने भी अपने अध्ययन में पाया कि जिन विषयों के शिक्षकों द्वारा छात्रों को अकसर दण्डित किया जाता था, उनके वर्ग का निष्पादन 62% उन छात्रों के निष्पादन से अधिक था जिन्हें शिक्षकों द्वारा दण्डित नहीं किया जाता था। इसके बावजूद दंड के

कुछ नकारात्मक प्रभाव (negative effect) होते हैं। ब्लेयर, जोन्स एवं सिम्पसन (Blair, Jones & Simpson, 1965) ने ऐसे ही कुछ नकारात्मक प्रभाव का वर्णन इस प्रकार किया है—

(i) छात्रों में दंड देनेवाले अधिकारी या शिक्षक के प्रति विद्वेष (hostility एवं रोष (resentment) उत्पन्न हो जाता है।

(ii) दंड से कभी-कभी छात्रों में सांवेगिकता (emotionality) का स्तर इतना अधिक बढ़ जाता है कि उनमें किसी प्रकार का शिक्षण (learning) संभव नहीं है।

(iii) दंड दिए जाने से छात्र दंड से मात्र छुटकारा पाने के लिए सीखते हैं न कि पाठ या विषय में सच्ची अभिरुचि दिखाकर।

(iv) दंड से छात्रों में तनाव, चिंता एवं थकान बढ़ जाती है।

(v) दंड से वर्ग मनोबल (class morale) टूट जाता है।

थॉर्नडाइक (Thorndike, 1949) ने कुछ ऐसे तरीकों का वर्णन किया है जिन्हें यदि शिक्षक अपनाते हैं तो वे दंड के कुप्रभाव को रोक सकते हैं तथा शिक्षण में दंड को एक धनात्मक पुनर्बलक (positive reinforcer) के समान बना सकते हैं। उन तरीकों का वर्णन निम्नांकित है—

(i) शिक्षकों को दंड देने का निर्णय करने के पहले यह हर तरह से निश्चित कर लेना चाहिए कि क्या सचमुच छात्र का व्यवहार दंड के योग्य है।

(ii) शिक्षकों को छात्रों की बुरी प्रवृतियों का दमन करना सिखाने के बजाय अच्छी प्रवृत्तियों (tendencies) को प्रोत्साहित करना चाहिए। अच्छी प्रवृत्तियाँ जब प्रोत्साहित होंगी, तब छात्र हमेशा ऐसे व्यवहार करेंगे जिनसे उनकी शिक्षा मजबूत होगी और दंड का अवसर आएगा ही नहीं।

(iii) शिक्षकों द्वारा छात्रों को विभिन्न परिस्थितियों में दिए जानेवाले दंड (punishment) की घोषणा पहले से ही करके रखनी चाहिए।

स्पष्ट है कि शिक्षा में पुरस्कार एवं दंड की भूमिका अलग-अलग है। दोनों के ही कुछ अच्छे प्रभाव हैं तो कुछ बुरे प्रभाव भी हैं जिनपर शिक्षकों तथा शिक्षा मनोवैज्ञानिकों का अधिक ध्यान गया है।

(3) प्रगति तथा परिणाम का ज्ञान (Knowledge of progress and results)—प्रगति तथा परिणाम का ज्ञान शिक्षण (learning) में एक प्रमुख अभिप्रेरक का काम करता है। इस तथ्य को प्रयोगात्मक रूप से जुड (Judd) ने 1905 में दिखा दिया था। उसके बाद इस क्षेत्र में अनेक अध्ययन किए गए और सबों के प्राप्त परिणाम से यह स्पष्ट हो गया कि प्रगति का ज्ञान (knowledge of progress) तथा परिणाम का ज्ञान (knowledge of results) सीखने में या शिक्षण में एक प्रमुख अभिप्रेरक का काम करता है। परिणाम ज्ञान में शिक्षार्थी को अनुक्रिया (response) करने के बाद यह बताया जाता है कि वह सही है या गलत। प्रगति के ज्ञान में प्रत्येक अनुक्रिया करने के बाद शिक्षार्थी को उसके बारे में बता तो दिया ही जाता है, साथ-ही-साथ यदि उसकी अनुक्रिया गलत है तो उसमें तुरंत सुधार करने का भी उसे मौका दिया जाता है। शिक्षा मनोवैज्ञानिकों ने प्रगति तथा परिणाम के ज्ञान के लिए एक सामान्य पद (general term) का भी प्रतिपादन किया है जिसे पुनर्निवेशन (feedback) की संज्ञा दी गई है।

शिक्षा मनोवैज्ञानिकों ने परिणाम के ज्ञान के शिक्षण पर पड़नेवाले प्रभावों को कई प्रयोगों में दिखाया है। सबसे लोकप्रिय प्रयोग थॉर्नडाइक (Thorndike, 1932) द्वारा किया गया। इस प्रयोग में बालकों के दो समूहों की आँख पर पट्टी बाँधकर उनसे 3″ लंबाई की रेखा खिंचवाई गई। एक समूह को रेखा खींचने के बाद उसकी लंबाई मापकर बता दी जाती थी तथा दूसरे समूह को इस तरह के परिणाम के ज्ञान से वंचित रखा जाता था। परिणाम में देखा गया कि जिस समूह को परिणाम का ज्ञान दे दिया जाता था, वह कम प्रयासों में 3″ लंबी रेखा खींचना सीख गया तथा परिणाम ज्ञान के अभाव में दूसरा समूह अधिक प्रयासों (trials) से भी इस कार्य को नहीं सीख सका। थ्रोब्रिज तथा केसन (Throwbridge & Cason, 1932) ने थॉर्नडाइक (Thorndike) के इसी डिजाइन पर आधृत एक प्रयोग किया जिसमें प्रयोज्यों से 4 इंच की रेखा खिंचवाई गई और यह देखा गया कि परिणाम का ज्ञान (knowledge of result) मिलने पर प्रयोज्यों ने कम प्रयास में कम त्रुटि करके 4 इंच की रेखा खींचना सीख लिया।

ऊपर के प्रयोगों से स्पष्ट है कि परिणाम का ज्ञान होने पर सीखने की प्रक्रिया तेजी से होती है। रिली तथा लेविस (Reilly & Lewis, 1983) ने यह बताया है कि परिणाम का ज्ञान जब शिक्षार्थी को तुरंत (immediately) दिया जाता है, तो इससे सीखने में उस परिस्थिति की तुलना में अधिक सुधार होता है जब परिणाम के ज्ञान को कुछ समय के लिए रोककर शिक्षार्थियों (learners) को दिया जाता है। इस तथ्य की पुष्टि के लिए भी कुछ प्रयोगात्मक सबूत हैं। जैसे एंजिल (Angell, 1949) ने एक प्रयोग किया जिसमें प्रयोज्यों (subjects) के दो समूह थे। प्रयोज्यों को तीन तरह के पाठ सीखने के लिए दिए गए थे। पहले समूह को अनुक्रिया करने के तुरंत बाद यह बता दिया जाता था कि वह सही है या नहीं। दूसरे समूह को अनुक्रियाओं के बारे में अगले दिन वर्ग में बताया गया। प्रयोग के परिणाम से यह स्पष्ट हो गया कि तुरंत दिया गया परिणाम का ज्ञान देर से दिए गए परिणाम के ज्ञान से अधिक प्रभावकारी एवं श्रेयस्कर होता है। आधुनिक युग में शिक्षकों को मदद करने के खयाल से तथा शिक्षार्थियों को सीखने की परिस्थिति में तात्कालिक परिणाम का ज्ञान (immediate knowledge of result) प्रदान करने के लिए कुछ मशीन भी निकल गए हैं। प्रेसी (Pressey) का 'टेस्ट-टेकिंग मशीन' (Test-taking machine) तथा क्रोडर (Crowder) का 'ओटो-ट्यूटर मशीन' (Auto-Tutor machine) ऐसे मशीन के कुछ उदाहरण हैं।

(4) प्रशंसा तथा निंदा (Praise and reproof)—मनोवैज्ञानिकों ने शिक्षा (education) एवं शिक्षण (learning) में प्रशंसा तथा निंदा को भी एक महत्त्वपूर्ण अभिप्रेरक माना है। स्किन्नर (Skinner, 1979) के अनुसार शाब्दिक धनात्मक पुरस्कार (verbal positive reward) को प्रशंसा की संज्ञा दी जाती है तथा शाब्दिक ऋणात्मक पुरस्कार (verbal negative reward) को निंदा (reproof) की संज्ञा दी जाती है। शिक्षण में प्रशंसा तथा निंदा के प्रभाव को कई प्रयोगों में दिखाया गया है। हरलॉक (Hurlock, 1925) द्वारा किया गया प्रयोग विशेष रूप से उल्लेखनीय है। इस प्रयोग में 106 बालकों एवं बालिकाओं को चार समूह में बुद्धि तथा अंकगणितीय अभ्यास (arithmetical practice) कराया गया। इन चार समूहों में एक नियंत्रित समूह (control group) था जिसे एक अलग कमरे में अभ्यास कराया जाता था और शिक्षक उनके निष्पादन पर किसी प्रकार की कोई टिप्पणी नहीं करते थे। बाकी तीनों समूह एक ही कमरे में बैठकर अंकगणित की समस्याओं का अभ्यास या समाधान करते थे। चाहे इन समूहों का निष्पादन जैसा भी था, इनमें एक समूह के शिक्षक द्वारा लगातार प्रशंसा की जाती थी, दूसरे समूह के शिक्षक द्वारा निंदा की जाती थी तथा तीसरे समूह के शिक्षक द्वारा उपेक्षा (ignored) की जाती थी। प्रयोग के परिणाम बड़े रोचक थे जिन्हें चित्र संख्या

12.2 में दिखाया गया है। चित्र से स्पष्ट है कि प्रशंसित समूह (praised group) शिक्षण (learning) में अधिक सफल रहे तथा उन्होंने अपनी प्रगति को बनाए रखा। नियंत्रित समूह ने, जिसकी न तो प्रशंसा की गई थी, और न ही निंदा की गई थी, शिक्षण में कोई प्रगति नहीं दिखाई। निंदित समूह ने प्रारंभ में तो शिक्षण में कुछ प्रगति दिखाया, परंतु बाद में उसकी प्रगति कम हो गई और इसका निष्पादन बहुत तेजी से कम हो गया। उपेक्षित समूह के शिक्षण का निष्पादन निंदित समूह (reproved group) से भी कम था।

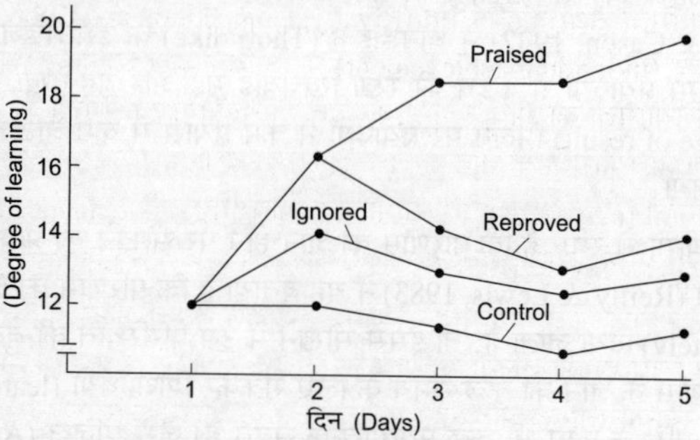

चित्र 12.2

हरलॉक के प्रयोग से प्राप्त आँकड़ों का आगे विश्लेषण करने पर यह भी पाया गया कि प्रशंसित समूह में छात्राओं का निष्पादन (performance) छात्रों के निष्पादन से अधिक श्रेष्ठ था तथा निंदित समूह में छात्रों का निष्पादन छात्राओं के निष्पादन से अधिक श्रेष्ठ था।

कैनेडी तथा विलकट (Kennedy & Willcutt, 1964) ने अपने अध्ययन में पाया कि निंदा (reproof) से कम बुद्धि के छात्रों के शिक्षण का निष्पादन तो बढ़ता है, परंतु अधिक बुद्धि के छात्रों के शिक्षण का निष्पादन (performance) घटता है। प्रशंसा देने से सभी तरह के छात्रों का निष्पादन बढ़ता है। एक दूसरा अध्ययन जो एण्डरसन, ह्वाइट तथा हेण्डरसन (Anderson, White & Henderson, 1966) द्वारा किया गया, में भी इसी तथ्य की पुष्टि की गई है। इन अध्ययनों से यह स्पष्ट हो जाता है कि प्रशंसा तथा निंदा का प्रभाव शिक्षण पर विभेदात्मक (differential) होता है—प्रशंसा का प्रभाव अनुकूल तथा निंदा का प्रभाव प्रतिकूल होता है।

कुछ मनोवैज्ञानिकों ने इस तथ्य के प्रति अपनी असहमति व्यक्त करते हुए कहा है कि शिक्षण पर प्रशंसा का प्रभाव हमेशा अनुकूल तथा निंदा का प्रभाव हमेशा प्रतिकूल ही नहीं पड़ता है। उनका कहना है कि प्रशंसा तथा निंदा का प्रभाव शिक्षण पर कैसा पड़ेगा, यह शिक्षक एवं छात्र के संबंध पर आधारित होगा। उन्होंने अपने प्रयोगात्मक अध्ययन के आधार पर बताया कि ऐसे शिक्षक से जिसे छात्र पसंद नहीं करते हैं, प्रशंसा मिलने से भी शिक्षण पर अनुकूल प्रभाव नहीं पड़ता है तथा ऐसे शिक्षक से जिसे छात्र पसंद करते हैं, निंदा तथा फटकार मिलने पर भी शिक्षण पर प्रतिकूल प्रभाव नहीं पड़ता है। शिक्षण (learning) पर प्रशंसा तथा निंदा का प्रभाव कैसा पड़ेगा, यह बहुत कुछ छात्र के व्यक्तित्व (personality) पर भी निर्भर करता है। जैसे कोलाडार्की (Coladarki, 1955) ने अपने अध्ययन में पाया कि अंतर्मुखी छात्रों (introvert students) को प्रशंसा देने से

उनका शिक्षण उन्नत (improved) होता है परंतु बहिर्मुखी छात्रों को निंदा (reproof) करने से उनका शिक्षण उन्नत होता है।

इस तरह स्पष्ट है कि शिक्षण पर प्रशंसा तथा सीखने के विभेदात्मक प्रभाव (differential effect) होते हैं। निष्कर्ष के तौर पर यह कहा जा सकता है कि प्रशंसा तथा निंदा (reproof) दोनों को यदि विवेकपूर्वक एक साथ प्रयोग किया जाए तो उसका शिक्षण पर अनुकूल प्रभाव पड़ सकता है।

(5) स्पर्द्धा, प्रतियोगिता तथा सहयोगिता (Rivalry, Competition and Cooperation)—स्कूल में वैयक्तिक उपलब्धि (individual achievement) पर अधिक बल डालकर शिक्षक छात्रों में स्पर्द्धा (rivalry) तथा प्रतियोगिता का भाव उत्पन्न कर देते हैं। यहाँ शिक्षक स्पर्द्धा का प्रयोग छात्रों के बीच उत्पन्न एक स्वस्थ प्रतियोगिता के भाव से लेते हैं। स्पर्द्धा तथा प्रतियोगिता के भाव की उत्पत्ति छात्रों के अहम आवश्यकता (ego needs) तथा सामाजिक आवश्यकता (social needs) से होता है जिसके चलते छात्र वर्ग में अपनी व्यक्तिगत उपलब्धि को अधिक प्राथमिकता (priority) देते हैं।

शिक्षा मनोवैज्ञानिकों ने प्रतियोगिता को वर्ग के शिक्षण में एक प्रोत्साहन (incentive) के रूप में अध्ययन करने के लिए इसकी तुलना सहयोगिता (cooperation) से करते हुए किया है। इसका मूल कारण यह है कि सहयोगिता का प्रोत्साहन प्रतियोगिता के प्रोत्साहन के पूरक (supplementary) के रूप में होता है। इस सिलसिले में सबसे प्रमुख अध्ययन डियूट्श (Deutsh, 1951) द्वारा किया गया। इन्होंने अपने अध्ययन में 5–5 छात्रों का 10 समूह बनाया। इसमें 5 समूह प्रतियोगिता (competition) की अवस्था में शिक्षण कार्य तथा 5 समूह सहयोगिता की अवस्था में शिक्षण कार्य किया। प्रतियोगिता की अवस्था में कहा गया कि जो छात्र दिए गए कार्य को जितना ही जल्द सीख लेगा, उसे बड़ा इनाम या श्रेणी (grade) दिया जाएगा जबकि सहयोगिता की अवस्था में कहा गया कि वे जितना ही अधिक आपस में मिल-जुलकर कार्य करेंगे, उन्हें एक बड़ा इनाम या श्रेणी (grade) दिया जाएगा। परिणाम में देखा गया कि सहयोगिता की परिस्थिति में कार्यरत समूहों का शिक्षण एवं निष्पादन (performance) प्रतियोगिता की परिस्थिति में कार्यरत समूहों के शिक्षण एवं निष्पादन से अधिक श्रेष्ठ (superior) था। सिम्स (Sims, 1928) ने एक अध्ययन किया जिसमें छात्रों में दो तरह की प्रतियोगिता एवं स्पर्द्धा के भाव उत्पन्न किए गए—वैयक्तिक प्रतियोगिता (individual competition) तथा समूह प्रतियोगिता (group competition)। वैयक्तिक प्रतियोगिता एक छात्र से दूसरे छात्र के बीच थी जबकि समूह प्रतियोगिता छात्रों के दो समूहों के बीच थी। सिम्स ने इन दोनों तरह की प्रतियोगिता का सीखने पर पड़नेवाले प्रभाव का विश्लेषण किया और परिणाम में पाया कि वैयक्तिक प्रतिस्पर्द्धा से सीखने की प्रक्रिया का निष्पादन 34.7% बढ़ जाता है जबकि सामूहिक प्रतिस्पर्द्धा से निष्पादन मात्र 14.5% ही बढ़ता है।

प्रतियोगिता (competition) तथा सहयोगिता (cooperation) का तुलनात्मक अध्ययन मालर (Maller, 1949) द्वारा भी किया गया और पाया गया कि प्रतियोगिता की परिस्थिति में छात्र अधिक मेहनत एवं लगन से शिक्षण कार्य करते हैं जबकि सहयोगिता की परिस्थिति में इन चीजों में थोड़ी कमी देखी जाती है। परंतु, इसके बावजूद मनोवैज्ञानिकों ने प्रतियोगिता को वर्ग के शिक्षण (learning) में एक प्रोत्साहन के रूप में अधिक उपयोग करने की सिफारिश इसलिए नहीं की है, क्योंकि इससे विशेषकर उन छात्रों में जो असफल हो जाते हैं, हीनता का भाव, विद्वेष (hostility) का भाव, सांवेगिक तनाव (emotional tension) आदि उत्पन्न हो जाता है जिससे उनपर बुरा

प्रभाव पड़ता है। परंतु, सहयोगिता (cooperation) के साथ ऐसी बात नहीं होती है। इससे छात्र अधिक कार्योन्मुखी (task-oriented) हो जाते हैं और उनमें किसी प्रकार की चिंता तथा सांवेगिक तनाव आदि भी नहीं होता। फलस्वरूप इससे छात्रों की अभिरुचि शिक्षा एवं शिक्षण में बनी रहती है।

(6) लक्ष्य-निर्धारण व्यवहार या आकांक्षा-स्तर (Goal-setting behaviour or level of aspiration)—वर्ग में बालक अपने लिए एक ऐसा लक्ष्य (goal) निर्धारित करते हैं जो उनकी उपलब्धि क्षमता (attainment ability) के भीतर होता है। इस तरह के व्यवहार को **लक्ष्य-निर्धारण व्यवहार** कहा जाता है तथा निर्धारित लक्ष्य बालक की आकांक्षा स्तर (level of aspiration) को दिखाता है। इस तरह आकांक्षा-स्तर भी एक प्रमुख प्रोत्साहन के रूप में कार्य करता है तथा इससे भी बालकों का शिक्षण स्तर एवं निष्पादन स्तर (performance level) काफी प्रभावित होता है। शिक्षकों का विशेष उत्तरदायित्व यह हो जाता है कि वे प्रत्येक छात्र को एक वास्तविक लक्ष्य (realistic goal) विकसित करने में मदद करें। सियर्स (Sears, 1940) के अध्ययन से यह पता चला है कि बालकों का लक्ष्य-निर्धारण व्यवहार (goal-setting behaviour) बहुत हद तक आत्म- संप्रत्यय (self-concept) से प्रभावित होता है। जैसा छात्र अपने बारे में संप्रत्यय या प्रतिमा (image) बनाकर रखते हैं, वे अपने लिए वैसा ही लक्ष्य (goal) निर्धारित करते हैं। रॉटर (Rotter, 1944) ने एक अध्ययन किया जिसमें विकलांग छात्रों के लक्ष्य-निर्धारण व्यवहार का अध्ययन किया गया। इसमें प्रत्येक छात्र को एक सरल पेशीय कौशल (motor skill) कार्य से संबंधित लक्ष्य-निर्धारण करना था। परिणाम में देखा गया कि प्रत्येक ऐसे विकलांग छात्र ने अपने लिए निम्न आकांक्षा स्तर निर्धारित किया, हालाँकि कार्य बहुत सरल था। इसका प्रमुख कारण यह था कि ऐसे छात्रों ने अपने बारे में एक ऐसी प्रतिमा बना रखी थी कि चूँकि वे विकलांग हैं, अतः कोई अच्छा पेशीय कार्य वे नहीं कर सकते। जॉनसन (Johnson, 1980) ने अपने अध्ययन में पाया कि जो छात्र अपने को बुद्धिमान तथा आत्म-विश्वासी (self-confident) समझते हैं, वे वर्ग में अपनी शैक्षिक उपलब्धि के स्तर (level of educational achievement) को ऊँचा रखते हैं तथा उनके सीखने या शिक्षण की गति (rate) अन्य छात्रों की तुलना में अधिक तेजी से होती है।

(7) प्रोत्साहन के रूप में सामाजिक अनुमोदन (Social approval as incentive)—बालकों को अपने साथियों, माता-पिता एवं शिक्षकों से मिलनेवाला सामाजिक अनुमोदन (social approval) भी एक महत्त्वपूर्ण प्रोत्साहन (incentive) या अभिप्रेरण (motivation) के रूप में कार्य करता है और उनका वर्ग शिक्षण (classroom learning) इससे अधिक प्रभावित होता है। सामाजिक अनुमोदन में प्रशंसा (praise), प्रशंसात्मक टिप्पणी (complimentary comments), समूह द्वारा स्वीकृति (acceptance), प्रशंसनीय दृष्टिपात (admiring glances) आदि सम्मिलित होते हैं। उत्तर बाल्यावस्था (later childhood) में तथा साथ-ही-साथ किशोरावस्था में छात्रों को अपने साथियों के समूह (peer group) से सामाजिक अनुमोदन तथा शिक्षकों से सामाजिक अनुमोदन प्राप्त करने की इच्छा तीव्र होती है। इन परिस्थितियों का शिक्षक फायदा उठाकर छात्रों को शिक्षण (learning) के लिए प्रोत्साहित करते हैं। सियर्स (Sears, 1940) के अनुसार जब शिक्षक छात्रों के व्यवहारों को अपनी ओर अनुमोदित करते हैं और स्वीकृति प्रदान करते हैं तो इससे उनका मनोबल काफी बढ़ जाता है तथा ऐसे छात्रों की वर्ग उपलब्धि (classroom achievement) उन छात्रों की अपेक्षा अधिक हो जाती है जिन्हें शिक्षकों का अनुमोदन (approval) नहीं प्राप्त होता है। सियर्स ने यह भी बताया कि जिस छात्र का अपने साथियों के समूह द्वारा अधिक मान्यता प्राप्त होती है, उनकी भी वर्ग

उपलब्धि उन छात्रों की तुलना में अधिक होती है जिन्हें अपने साथियों के समूह द्वारा मान्यता कम प्राप्त होती है या नहीं होती है। स्वार्ज (Schwartz, 1972) के अनुसार शिक्षकों एवं साथियों के अनुमोदन मिलने पर उनमें आत्म-विश्वास (self-confidence) तथा मनोबल अधिक हो जाता है जो उनके शिक्षण स्तर (level of learning) पर अनुकूल प्रभाव डालता है।

(8) प्रोत्साहन के रूप में व्यावसायिक लक्ष्य (Vocational goal as incentive)—व्यावसायिक लक्ष्य (vocational goal) से तात्पर्य उस लक्ष्य से होता है जिसे छात्र अपनी पढ़ाई के माध्यम से प्राप्त करना चाहते हैं। अकसर छात्र स्कूल अवस्था में इस तरह के व्यावसायिक लक्ष्य से अनभिज्ञ रहते हैं। परंतु, शिक्षक उन्हें उनकी योग्यता तथा क्षमता को ध्यान में रखकर एक निश्चित व्यावसायिक लक्ष्य की ओर प्रेरित करते हैं। इससे छात्रों की शैक्षिक उपलब्धि (educational achievement) पर प्रतिकूल प्रभाव पड़ता देखा गया है। स्ट्रौंग (Strong, 1958) ने अपने अध्ययन के आधार पर यह बताया था कि परिपक्व लक्ष्य (matured goal) तथा एक निश्चित व्यावसायिक चयन (definite vocational choice) छात्रों की शैक्षिक उपलब्धि एवं शिक्षण स्तर पर अनुकूल प्रभाव डालता है।

इस तरह स्पष्ट है कि छात्रों के शिक्षण (learning) एवं शैक्षिक स्तर (educational level) कई तरह के अभिप्रेरकों (motives) से प्रभावित होते हैं। उपर्युक्त विवरण से यह भी स्पष्ट हो जाता है कि वर्ग शिक्षण (classroom learning) में इन अभिप्रेरकों की अहमियत काफी अधिक होती है और एक ईमानदार शिक्षक इन अभिप्रेरकों का सहारा लेकर छात्रों की उपलब्धि-स्तर को ऊँचा करने का भरसक प्रयास करते हैं।

वर्ग में बालकों को प्रेरित करने की यथोचित प्रविधियाँ
(Reasonable Techniques for Motivating Children in Class)

शिक्षा मनोवैज्ञानिकों ने कुछ ऐसी प्रविधियों (techniques) का भी वर्णन किया है जिनका उपयोग कर शिक्षक छात्रों को वर्ग में अधिक प्रेरित कर सकते हैं तथा उनकी अभिरुचि शिक्षण कार्यों में बढ़ा सकते हैं। इन प्रविधियों में निम्नांकित विशेष रूप से उल्लेखनीय हैं—

(1) सबसे पहले छात्रों में सीखने की आवश्यकता (need of learn) उत्पन्न की जानी चाहिए। इसके लिए शिक्षक अपनी विशेष सूझ-बूझ एवं कौशल (skills) का उपयोग कर छात्रों को यह महसूस करने के लिए बाध्य कर सकते हैं कि उन्हें विषय या पाठ को सीखने की तीव्र आवश्यकता है। थॉम्पसन (Thompson, 1989) ने अपने अध्ययन के आधार पर यह बताया है कि जब छात्रों में सीखने की आवश्यकता या शिक्षण पाने की आवश्यकता उत्पन्न हो जाती है, तो वे स्वयं ही कार्यमुखी (task-oriented) होकर कौशल प्राप्त करने में लग जाते हैं।

(2) शिक्षकों को छात्रों के आकांक्षा-स्तर (level of aspiration) को उनकी क्षमता एवं पूर्व उपलब्धियों (past achievement) के आलोक में विकसित करने का सुझाव देना चाहिए। कभी-कभी देखा गया है कि छात्र अपनी आकांक्षा-स्तर को अवास्तविक ढंग (unrealistic manner) से काफी ऊँचा कर लेते हैं जिसे वे प्राप्त नहीं कर पाते और अनावश्यक कुंठा (frustration) एवं तनाव का शिकार होकर शिक्षा में अभिरुचि खो बैठते हैं। ऐसे छात्रों पर शिक्षकों को विशेष ध्यान रखना चाहिए।

(3) पाठ्यविषय को मनोरंजक तथा छात्रों की क्षमता (ability), अभिक्षमता एवं मनोवृत्ति के अनुकूल होना चाहिए।

(4) शिक्षक को भरसक इस बात का पूरा-पूरा प्रयास करना चाहिए कि शिक्षार्थी वर्ग शिक्षा एवं शिक्षण में अपनी अभिरुचि नहीं खोए। इसके लिए उन्हें उनकी अभिरुचियों के आलोक में पठन-पाठन का कार्यक्रम चलाना चाहिए।

(5) शिक्षक को समय-समय पर वर्ग में उच्च शैक्षिक उपलब्धियों के लिए पुरस्कार की घोषणा करनी चाहिए। इससे छात्रों का मनोबल ऊँचा होता है और वे शिक्षण में अधिक दिलचस्पी दिखाते हैं।

(6) शिक्षकों को दंड जैसे हथकंडे का प्रयोग प्रायः न करके सिर्फ तभी करना चाहिए जब उसका प्रयोग नितांत आवश्यक हो।

(7) शिक्षकों को छात्रों के लिए कुछ पाठ्येतर कार्यक्रमों (extracurricular activities) की भी यथासंभव व्यवस्था करनी चाहिए। इससे छात्रों के मानसिक विकास पर अनुकूल प्रभाव पड़ता है जो उच्च (higher) शैक्षिक उपलब्धि के लिए आवश्यक है।

(8) शिक्षकों को छात्रों के सांवेगिक स्तर पर भी ध्यान देना चाहिए। उन्हें वर्ग मे ऐसा व्यवहार करना चाहिए जिससे छात्रों में सुरक्षा का भाव उत्पन्न हो सके तथा वे शिक्षक के साथ सही ढंग से तादात्म्य (identification) स्थापित कर सकें। शिक्षकों को यह भी चाहिए कि कोई भी ऐसा तत्त्व या कारक वर्ग में उपलब्ध नहीं हो जिससे बालकों का चिंता-स्तर अधिक हो जाए। कोशिश यह करनी चाहिए कि शिक्षार्थियों का चिंता-स्तर न बहुत अधिक हो और न ही बहुत कम, बल्कि बीचो-बीच का हो; क्योंकि ये दोनों ही स्तर शिक्षा एवं शिक्षण (learning) के दृष्टिकोण से अस्वास्थ्यकर (unhealthy) होते हैं।

(9) शिक्षकों को छात्रों के बीच स्वस्थ प्रतियोगिता (healthy competition) का भाव उत्पन्न करना चाहिए ताकि उनमें विषय को सीखने में काफी अभिरुचि जग सके तथा उनकी शैक्षिक उपलब्धि का स्तर भी ऊँचा उठ सके। शिक्षकों को प्रतियोगिता की भावना उत्पन्न करते समय इस बात पर विशेष ध्यान देना चाहिए कि छात्रों में तीव्र एवं कटु प्रतियोगिता की भावना न उत्पन्न हो जाए; क्योंकि इसका प्रभाव सदा हानिकारक होता है।

(10) शिक्षकों को वैज्ञानिक विधियों द्वारा छात्रों की शैक्षिक प्रगति को मापना चाहिए तथा परिणाम (result) का ज्ञान उन्हें देते रहना चाहिए। शिक्षकों द्वारा इस बात की कोशिश भी होनी चाहिए कि छात्रों को अपनी गलतियों से आगाह करा दिया जाए तथा उनके सुधार की दिशा में विशेष सुझाव दिए जाएँ।

इन विधियों को ठीक ढंग से अपनाकर एक शिक्षक वर्ग में छात्रों को प्रेरित करने के कर्तव्य को सही ढंग से निभा सकता है।

अध्याय-सारांश
[Chapter Summary]

1. अभिप्रेरण (motive) शिक्षार्थी की एक विशेष, आंतरिक अवस्था होती है जो उसे लक्ष्य की ओर निदेशित करता है।
2. आवश्यकता (need), अंतर्नोद (drive) तथा प्रोत्साहन (incentive) अभिप्रेरणात्मक चक्र (motivational cycle) के तीन प्रमुख अंग हैं।
3. मनोवैज्ञानिकों ने अभिप्रेरण के दो प्रकार बताए हैं—जैविक अभिप्रेरण (biological motive) तथा अर्जित अभिप्रेरण (acquired or learnt motive)। भूख, प्यास, काम, मल-मूत्र त्याग तथा नींद आदि जैविक अभिप्रेरक के उदाहरण हैं जिनके विशेष शैक्षिक महत्त्व पर बल डाला गया है। अर्जित अभिप्रेरण में उपलब्धि अभिप्रेरण, संबंधन अभिप्रेरण, चिंता ह्रास (anxiety reduction), सत्ता अभिप्रेरण, आक्रमणशीलता का अभिप्रेरण (motive of aggressiveness) तथा अनुमोदन अभिप्रेरण प्रमुख हैं और प्रत्येक के शैक्षिक आशय (eduational implication) पर बल डाला गया है।
4. सीखने की प्रक्रिया में अभिप्रेरण के तीन प्रमुख कार्यों पर बल डाला गया है।
5. वर्ग में शिक्षकों द्वारा दो तरह के अभिप्रेरण (motive) पर विशेष रूप से बल डाला गया है—आंतरिक अभिप्रेरण (intrinsic motivation) तथा बाह्य अभिप्रेरण (extrinsic motivation)। इन दोनों की अपेक्षित चर्चा की गई है।
6. शिक्षण (learning) एवं शिक्षा में कुछ प्रमुख अभिप्रेरण एवं प्रोत्साहन के महत्त्व का वर्णन प्रयोगात्मक सबूत के आलोक में किया गया है। उनमें सीखने का उद्देश्य, पुरस्कार एवं दंड, प्रगति तथा परिणाम का ज्ञान, प्रशंसा एवं निंदा, स्पर्द्धा, प्रतियोगिता तथा सहयोगिता लक्ष्य-निर्धारण व्यवहार या आकांक्षा-स्तर, सामाजिक अनुमोदन (social approval) तथा व्यावसायिक लक्ष्य (vocational goal) आदि प्रमुख हैं।
7. वर्ग में बालकों को प्रेरित करने के कई उपाय हैं जिनमें 10 ऐसे प्रमुख उपायों का वर्णन किया गया है जिनका प्रयोग शिक्षक अधिक करते हैं तथा जो शिक्षा के दृष्टिकोण से अधिक महत्त्वपूर्ण भी हैं।

❑

अध्याय 13

सीखना

[LEARNING]

मुख्य बिंदु (Main Points)

1. सीखना के अर्थ एवं स्वरूप (Meaning and Nature of Learning)
2. सीखना तथा परिपक्वन (Learning and Maturation)
3. सीखने के प्रकार (Kinds of Learning)
4. औपचारिक शिक्षण तथा अनौपचारिक शिक्षण (Formal Learning and Informal Learning)
5. प्रभावकारी सीखने की विधियाँ (Methods of Effective Learning)
6. सीखने के नियम तथा कक्षा में उनकी उपयोगिताएँ (Laws of Learning and their Applications in the Classroom)
7. कक्षा में सीखने को प्रभावित करनेवाले कारक (Factors Influencing Classroom Learning)
8. शिक्षण वक्र (Learning Curves)
9. सीखने के सिद्धांत के स्वरूप एवं प्रकार (Nature and Kinds of Theories of Learning)
10. थॉर्नडाइक का प्रयत्न तथा भूल सिद्धांत (Thorndike's Trial and Error Theory)
11. थॉर्नडाइक के सीखने के सिद्धांत का शैक्षिक आशय एवं मूल्यांकन (Educational Implication and Evaluation of Thorndike's Theory of Learning)
12. पैवलव का क्लासिकी अनुबन्धन सिद्धांत (Classical Conditioning Theory of Pavlov)
13. क्लासिकी अनुबंधन सिद्धांत का शैक्षिक आशय एवं मूल्यांकन (Educational Implication and Evaluation of Classical Conditioning Theory)
14. स्कीन्नर के सीखने के सिद्धांत (Skinner's Theory of Learning)
15. स्कीन्नर के सीखने के सिद्धांत का शैक्षिक आशय एवं मूल्यांकन (Educational Implication and Evaluation of Skinner's Theory of Learning)
16. सीखने के सूझ का सिद्धांत (Insight Theory of Learning)
17. कोहलर के सूझ के सिद्धांत का शैक्षिक आशय एवं मूल्यांकन (Educational Implication and Evaluation of Kohler's Insight Theory)
18. ब्रुनर के सीखने का सिद्धांत—शिक्षा के दृष्टिकोण से (Bruner's Theory of Learning: From the Point of View of Education)
19. ऊसूबेल के सीखने का सिद्धांत—शिक्षा के दृष्टिकोण से (Ausubel's Theory of Learning: From the Point of View of Education)
20. ब्रुनर तथा ऊसूबेल के सिद्धांतों की एक तुलनात्मक समीक्षा (A Comparative Review of Bruner's and Ausubel's Theories)
21. अनुकरण द्वारा सीखना (Learning by Imitation)

सीखना के अर्थ एवं स्वरूप
(Meaning and Nature of Learning)

शिक्षा मनोविज्ञान में सीखना एक अति महत्त्वपूर्ण विषय (topic) है। अतः, मनोवैज्ञानिकों ने सीखने को वैज्ञानिक ढंग से परिभाषित करने की कोशिश की है। सामान्य अर्थ में सीखना व्यवहार में परिवर्तन को कहा जाता है (Learning refers to change in behaviour)। परंतु सभी तरह के व्यवहार में हुए परिवर्तन को सीखना नहीं कहा जाता है। व्यवहार में परिवर्तन थकान (fatigue), दवा खाने, बीमारी, परिपक्वन (maturation) आदि से भी हो सकता है। परंतु ऐसे परिवर्तनों को सीखना नहीं कहा जाता है। मनोविज्ञान में सीखने से तात्पर्य सिर्फ उन्हीं परिवर्तनों से होता है जो अभ्यास (practice) या अनुभव (experience) के फलस्वरूप होता है तथा जिसका उद्देश्य बालक को समायोजन (adjustment) में मदद करना होता है (Learning refers to change in behaviour as a function of practice and experience with a view to make adjustment in the environment)।

मनोवैज्ञानिकों ने सीखने की परिभाषा यद्यपि अलग-अलग ढंग से दी है, फिर भी उनके विचारों में इस पद के मूल अर्थ के बारे में काफी सहमति है। उदाहरण के रूप में नीचे कुछ प्रमुख मनोवैज्ञानिकों द्वारा दी गई परिभाषाओं का उल्लेख किया जा रहा है—

सारटेन, नॉर्थ, स्ट्रेंज तथा चैपमैन[1] (Sartain, North, Strange & Chapman, 1973) के अनुसार, "सीखना एक ऐसी प्रक्रिया है जिसके द्वारा अनुभूति या अभ्यास के फलस्वरूप व्यवहार में अपेक्षाकृत स्थायी परिवर्तन होता है।"

मार्गन, किंग, विस्ज एवं स्कौपलर[2] (Morgan, King, Weisz & Schopler, 1986) के अनुसार, "अभ्यास या अनुभूति के परिणामस्वरूप व्यवहार में होनेवाले अपेक्षाकृत स्थायी परिवर्तन को सीखना कहा जाता है।"

हरगेनहान[3] (Hergenhahn, 1988) के अनुसार, "सीखना व्यवहार में या व्यवहारात्मक अंतःशक्ति (behavioural potential) में अनुभूति के कारण उत्पन्न होनेवाला परिवर्तन है तथा जिसे अस्थायी शारीरिक अवस्थाओं, जो मूलतः बीमारी, थकान या औषधि खाने आदि से उत्पन्न होते हैं, द्वारा व्याख्या नहीं की जा सकती है।"

रिली तथा लेविस[4] (Reilly & Lewis, 1983) के अनुसार, "अभ्यास या अनुभूति से व्यवहार में धारण योग्य परिवर्तन को सीखना कहा जाता है।"

---

1. "Learning may be defined as the process by which a relatively enduring change in behaviour occurs as a result of experience and behaviour."—Sartain, North, Strange & Chapman, *Psychology,* 1973, p. 240
2. "Learning can be defined as any relatively permanent change in behaviour that occurs as a result or practice and experience."—Morgan, King, Weisz & Schopler, *Introduction to Psychology,* 1986, p. 140
3. "Learning is a relatively permanent change in behaviour or in behavioural potentiality that results from experience and can't be attributed to temporary body status such as those induced by illness, fatigue or drugs."—Hergenhahn, *An Introduction to Theories of Learning,* 1988, p. 7
4. We have a more complete definition of learning, "as a retainable change in behaviour resulting from practice or experience." —Reilly & Lewis, *Educational Psychology,* 1989, p. 92

स्वार्ज[1] (Schwartz, 1977) के अनुसार, "हमलोग प्रायः व्यवहार में वैसे अपेक्षाकृत स्थायी परिवर्तन को सीखना कहते हैं जो परिपक्वन, औषधि खाने के प्रभाव या शारीरिक अवस्थाओं से उत्पन्न नहीं होता है। सामान्य रूप से अनुभूति तथा अभ्यास के कारण होनेवाले व्यवहार में परिवर्तन को सीखना कहा जाता है।"

ऊपर की परिभाषाओं एवं अनेक मनोवैज्ञानिकों द्वारा दी गई ऐसी ही परिभाषाओं का यदि एक संयुक्त विश्लेषण किया जाए, तो इससे सीखने का स्वरूप बहुत कुछ स्पष्ट हो जाता है। इस तरह के विश्लेषण करने पर हम निम्नांकित निष्कर्ष पर पहुँचते हैं—

(1) सीखना व्यवहार में परिवर्तन को कहा जाता है (Learning is the change in behaviour)—प्रत्येक सीखने की प्रक्रिया में बालक के व्यवहार में परिवर्तन होता है। यदि शिक्षक यह देखते हैं कि बालक के व्यवहार में परिवर्तन नहीं हुआ है, तो उसे हम सीखना की श्रेणी में नहीं रखेंगे। यह परिवर्तन अच्छा भी हो सकता है या बुरा भी हो सकता है। शब्दों के सही-सही हिज्जे करना, उनका उच्चारण करना, शब्दों का वाक्य में प्रयोग कर लेना व्यवहार के अच्छे परिवर्तन के उदाहरण हैं। चोरी करना, झूठ बोलना आदि व्यवहार में खराब एवं कुसमंजित परिवर्तन के उदाहरण हैं। सीखने से तात्पर्य व्यवहार में इन दोनों तरह के परिवर्तनों से होता है।

(2) व्यवहार में परिवर्तन अभ्यास या अनुभूति के फलस्वरूप होता है (The change in behaviour occurs as a function of practice or experience)—सीखने की प्रक्रिया में जो परिवर्तन होता है, वह अभ्यास या अनुभूति के फलस्वरूप होता है। यहाँ अभ्यास (practice) से तात्पर्य किसी प्रकार के प्रशिक्षण (training) से होता है जिसमें व्यक्ति किसी प्रक्रिया को बार-बार दोहराते हुए तथा अपनी गलतियों को सुधारते हुए सीखता है। अनुभूति से यहाँ तात्पर्य व्यक्ति की आकस्मिक अनुभूतियों (change experiences) से होता है जो बालक के व्यवहार में परिवर्तन लाता है। एक उदाहरण द्वारा इसे इस प्रकार समझाया जा सकता है—मान लीजिए कोई बालक ककहरा या वर्णमाला (alphabet) लिखना सीख रहा है। स्वभावतः बालक इसे एक प्रशिक्षण के आधार पर सीख रहा है क्योंकि वह बार-बार वर्णमाला के अक्षरों को लिखता है तथा प्रत्येक बार लिखने में हुई गलतियों को सुधारते भी जाता है। कई प्रयास (trials) के अभ्यासों के बाद वह बिना किसी प्रकार की गलती के ही वर्णमाला के अक्षरों को लिखने में सफल हो जाता है। यहाँ व्यवहार में परिवर्तन प्रशिक्षण या अभ्यास के फलस्वरूप हुआ जिसे सीखना कहा जाएगा। व्यक्ति को प्रत्येक प्रक्रिया को सीखने के लिए अभ्यास की ही जरूरत नहीं होती है। ऐसा भी होता है कि वह मात्र एक बार के अनुभव (experience) में ही उसे सीख लेता है। जैसे यदि किसी बालक का हाथ एक गर्म स्टोव पर अचानक पड़ जाता है, तो वह मात्र एक ही बार के अनुभव में सीख लेता है कि उसे गर्म स्टोव पर हाथ नहीं रखना चाहिए।

(3) व्यवहार में अपेक्षाकृत स्थायी परिवर्तन होता है (There is relatively permanent change in behaviour)—ऊपर दी गई परिभाषाओं में इस बात पर विशेष रूप से बल डाला गया है कि सीखने में व्यवहार में अपेक्षाकृत स्थायी परिवर्तन या जिसे धारण योग्य परिवर्तन (retainable change)

---

1. "We usually define learning as a relatively permanent change in behaviour that is not due to maturation, the effects of drugs, or physiological states. It is, in general, a change in behaviour resulting from experience and is often affected by practice."—Schwartz, *Educational Psychology*, 1977, p. 227

भी कहा गया है, होता है। अपेक्षाकृत स्थायी परिवर्तन व्यवहार में वैसे परिवर्तन को कहा जाता है जो एक खास समय तक एक तरह से स्थायी होता है। उस खास समय की कोई निश्चित अवधि नहीं होती है। यह कुछ दिन का भी हो सकता है या कुछ महीने का भी हो सकता है। इसलिए, हरगेनहान (Hergenhahn, 1988) ने कहा है कि व्यवहार में अपेक्षाकृत स्थायी परिवर्तन न तो क्षणिक (transitory) होता है और न ही स्थिर (fixed) होता है। जैसे यदि कोई छात्र टाइप करना सीखता है तो उसके व्यवहार में हुआ इस तरह का परिवर्तन कुछ समय तक स्थायी होता है। अभ्यास न करने से संभव है कि तीन महीने या पाँच महीने में छात्र फिर से टाइप करना भूल जाए। तब यह कहा जाएगा कि छात्र के व्यवहार में हुआ परिवर्तन तीन या पाँच महीने के लिए स्थायी था। अगर व्यवहार में हुआ परिवर्तन क्षणिक होता है, अर्थात कुछ मिनट के लिए ही होता है जैसा कि प्रेरणात्मक अवस्था (motivational state), जैसे भूख, प्यास, काम, नींद आदि में होता है, तो उसे हम सीखना नहीं कहते हैं। हाउस्टन (Houston, 1976) ने इसीलिए कहा है, "व्यवहार में प्रेरणात्मक स्थिति में उतार-चढ़ाव (fluctuation) होने से उत्पन्न अस्थायी परिवर्तन सीखने की श्रेणी में नहीं आते हैं।"

उपर्युक्त विश्लेषण के आधार पर हम इस निष्कर्ष पर पहुँचते हैं कि किसी व्यवहार में हुए परिवर्तन को सीखना कहलाने के लिए निम्नांकित शर्तों का होना अनिवार्य है—

(i) व्यवहार में परिवर्तन अभ्यास या अनुभूति के परिणामस्वरूप ही हुआ हो। थकान, परिपक्वन, दवा खाने आदि से हुए परिवर्तन को सीखना नहीं कहा जाता है।

(ii) व्यवहार में अभ्यास या अनुभूति से उत्पन्न परिवर्तन को क्षणिक न होकर अपेक्षाकृत स्थायी होना चाहिए।

सीखना तथा परिपक्वन
(Learning and Maturation)

हम जानते हैं कि अभ्यास या अनुभूति के परिणामस्वरूप व्यवहार में हुए परिवर्तन को सीखना कहा जाता है। परिपक्वन (maturation) से तात्पर्य शिशुओं में विकास (development) तथा वर्धन (growth) की प्रक्रिया पूरी होने से होता है। चूँकि परिपक्वन से भी शिशुओं में विकास तथा वर्धन होता है, अतः स्वभावतः इससे भी व्यवहार में परिवर्तन होता है। जैसे जन्म के समय शिशु निःसहाय होता है। कुछ महीने बाद उसके शरीर की मांसपेशियों का वर्धन होता है तो वह बैठना एवं चलना प्रारंभ कर देता है। इस तरह जैसे-जैसे उम्र बीतती जाती है, उसके शरीर की मांसपेशियों तथा हड्डियों में वर्धन तथा विकास होते जाता है। (अर्थात उसमें परिपक्वन आती जाती है) और उसके व्यवहार में परिवर्तन होता जाता है। इस तरह हम देखते हैं कि सीखने तथा परिपक्वन दोनों में ही व्यवहार परिवर्तन होता है। इस समानता के बावजूद दोनों का अर्थ अलग-अलग है। इन दोनों के स्वरूप को ठीक ढंग से समझने के लिए यह आवश्यक है कि इन दोनों के अंतर को भी समझा जाए। मनोवैज्ञानिकों ने इन दोनों में निम्नांकित अंतर किया है—

(1) परिपक्वन एक जन्मजात प्रक्रिया है जबकि सीखना एक अर्जित प्रक्रिया है। परिपक्वन की प्रक्रिया गर्भधारण से जन्म के बाद भी चलती रहती है। परंतु, सीखने के साथ ऐसी बात नहीं है।

सीखने की क्रिया अर्जित होती है जो व्यक्ति द्वारा परिपक्वन के खास स्तर पर पहुँचने के बाद ही होती है। जैसे एक शिशु वर्णमाला के अक्षरों को लिखना अपने-आप नहीं सीख लेता है बल्कि परिपक्वन के एक खास स्तर पर पहुँचने के बाद ही शिशु उसे सीखता है।

(2) परिपक्वन की क्रिया में अभ्यास (practice) का महत्त्व नहीं होता है जबकि सीखने की क्रिया में अभ्यास एक महत्त्वपूर्ण कारक है। समय बीतने के साथ-ही-साथ परिपक्वन की क्रिया सामान्य अवस्था (normal condition) में अपने-आप होती रहती है। इसके लिए किसी अभ्यास की जरूरत नहीं पड़ती है। परंतु सीखने के साथ ऐसी बात नहीं है। किसी भी प्रक्रिया को जब हम सीखते हैं तब इसे प्रायः बार-बार दुहराते हैं तथा उसका अभ्यास करते हैं।

(3) परिपक्वन की प्रक्रिया एक सामान्य प्रक्रिया (common process) है जबकि सीखना एक व्यक्तिगत प्रक्रिया (individual process) है। जैसे, एक खास उम्र के सभी बालकों (सामान्य अवस्था रहने पर) में अंगों का विकास करीब-करीब एक-समान होता है, अर्थात परिपक्वन की प्रक्रिया समान होती है। हाँ, यदि कोई बालक प्रायः बीमार या अस्वस्थ रहता हो तो उसमें अपनी ही उम्र के अन्य बालकों की अपेक्षा परिपक्वन अवश्य ही कम होगा। सीखने की प्रक्रिया हमेशा व्यक्तिगत होती है। एक 15 वर्ष का लड़का यदि कार चलाना सीख लेता है तो इसका मतलब यह नहीं हुआ कि 15 वर्ष के सभी बालक अपने-आप ही कार चलाना सीख जाएँगे।

(4) परिपक्वन की प्रक्रिया सतत (continuous) होती है अर्थात एक खास समय से प्रारंभ होकर एक खास समय तक लगातार चलती रहती है। जैसे गर्भधारण से सामान्यतः वयस्कता (adulthood) तक परिपक्वन की क्रिया लगातार होती रहती है। परंतु सीखने के साथ ऐसी बात नहीं है। व्यक्ति जब अभ्यास जारी रखता है, तो सीखने की प्रक्रिया होती रहती है और जब वह अभ्यास बंद कर देता है तो सीखने की प्रक्रिया भी लुप्त होने लगती है।

(5) परिपक्वन की क्रिया एक खास उम्र या अवस्था आने पर बिलकुल ही मन्द या नहीं के बराबर होती है। जैसे वयस्कता (adulthood) के बाद परिपक्वन की क्रिया सामान्यतः नहीं होती देखी गई है परंतु सीखने की क्रिया आजीवन चलती रहती है। ऐसी कोई अवस्था नहीं होती जिसके बाद सीखने की क्रिया का होना बन्द हो जाता है। व्यक्ति बुढ़ापे में भी नई-नई प्रक्रियाओं को सीखता है।

(6) परिपक्वन से शरीर में काफी परिवर्तन आते हैं। शरीर के भीतरी अंगों तथा बाहरी अंगों का काफी विकास हो जाता है। सीखने की प्रक्रिया से शरीर के अंगों में कोई परिवर्तन नहीं होता।

(7) परिपक्वन एक शारीरिक क्रिया (physiological process) है जबकि सीखना एक मानसिक या मनोवैज्ञानिक प्रक्रिया (mental or psychological process) है। दूसरे शब्दों में, यह कहा जा सकता है कि परिपक्वन का संबंध शरीर के अंग-प्रत्यंग के विकास से होता है जबकि सीखने का संबंध ऐसे विकास से नहीं बल्कि व्यवहार में किए गए किसी खास परिवर्तन से होता है जो स्पष्टतः एक मनोवैज्ञानिक प्रक्रिया है।

(8) सीखने की क्रिया परिपक्वन पर निर्भर करती है परंतु परिपक्वन की क्रिया सीखने पर नहीं। जैसे एक दो साल का बालक कितना भी अभ्यास क्यों न करे तेजी से लिखना या स्पष्ट रूप से कोई किताब पढ़ना नहीं सीख सकता क्योंकि उसके अंग का परिपक्वन पूरा नहीं हुआ है। स्पष्ट है कि सीखने की प्रक्रिया परिपक्वन के अभाव में संभव नहीं है। दूसरी तरफ, परिपक्वन के लिए किसी कार्य को सीखना आवश्यक नहीं है। ऐसा नहीं कहा जा सकता कि जब तक एक दो साल का बच्चा

लिखना-पढ़ना नहीं सीख लेता है, उसके हाथ-पैर या शरीर के अन्य अंगों की मांसपेशियाँ परिपक्व नहीं होंगी।

उपर्युक्त विवरण से स्पष्ट है कि यद्यपि परिपक्वन तथा सीखने दोनों में ही व्यवहार में परिवर्तन होता है, परंतु ये दोनों प्रक्रियाएँ एक-दूसरे से भिन्न हैं।

सीखने के प्रकार (Kinds of Learning)

शिक्षा मनोवैज्ञानिकों ने सीखने के कई प्रकारों (kinds) का वर्णन किया है। जैसे ऊसूबेल (Ausubel, 1968) ने सीखना के निम्नांकित चार प्रमुख प्रकार बतलाए हैं—

(1) अभिग्रहण सीखना (Reception learning)

(2) अन्वेषण सीखना (Discovery learning)

(3) रटकर सीखना (Rote learning)

(4) अर्थपूर्ण सीखना (Meaningful learning)

(1) अभिग्रहण सीखना (Reception learning)—इस तरह के सीखना में शिक्षार्थी को सीखनेवाली सामग्री बोलकर या लिखकर दे दी जाती है और शिक्षार्थी उन सामग्रियों को आत्मसात (internalize) कर लेता है। दुर्भाग्यवश अधिकतर शिक्षक यही समझते हैं कि अभिग्रहण सीखना मात्र रटकर ही किया जा सकता है परंतु ऊसूबेल (Ausubel) ने स्पष्ट कर दिया कि यह रटकर भी हो सकता है तथा समझकर भी हो सकता है।

(2) अन्वेषण सीखना (Discovery learning)—अन्वेषण सीखना वैसे सीखना को कहा जाता है जिसमें शिक्षार्थी को दी गई सामग्रियों में से नया संप्रत्यय या कोई नया नियम या विचार की खोज कर उसे सीखना होता है। दुर्भाग्यवश अधिकतर शिक्षक यही समझते हैं कि अन्वेषण सीखना हमेशा अर्थपूर्ण (meaningful) ही होता है परंतु ऊसूबेल (Ausubel) ने यह स्पष्ट किया कि यह अर्थपूर्ण भी हो सकता है या रटकर भी सम्पन्न हो सकता है। जैसे यदि कोई बालक दिए गए उत्तरों में से खोजकर इस अधूरे वाक्य, अर्थात "भारत में……आजाद हुआ था" को पूरा करने की कोशिश करता है, तो यह एक ऐसा अन्वेषण सीखना का उदाहरण होगा जो रटकर संपन्न हुआ माना जाएगा। परंतु यदि छात्र किन्हीं ज्ञात तथ्यों (known facts) को पुनर्संगठित (reorganize) कर या कोई प्रयोग कर किसी नए नियम की खोज करता है, तो उसे एक ऐसा अन्वेषण सीखना कहा जाएगा जो अर्थपूर्ण प्रक्रिया द्वारा संपन्न हुआ हो।

(3) रटकर सीखना (Rote learning)—वैसे सीखना को कहा जाता है जिसमें शिक्षार्थी दिए गए सामग्रियों के साहचर्य (association) शब्दशः (verbatim) तथा मनमाने ढंग से उसके आशय को बिना समझे हुए सीखता है। निरर्थक पदों को सीखना, शब्दों के जोड़े को सीखना, अक्षर-अंक जोड़ों (letter-number pairs) को सीखना इस श्रेणी के सीखने के उदाहरण हैं।

(4) अर्थपूर्ण सीखना (Meaningful learning)—ऊसूबेल (Ausubel) के अनुसार इस तरह का सीखना शिक्षा के लिए विशेष महत्त्व रखता है। इसलिए शिक्षकों ने इस तरह के सीखना पर अधिक बल डाला है। अर्थपूर्ण सीखना वैसे सीखने को कहा जाता है जिसमें सीखे जानेवाले सामग्री के सार तत्त्व (substance) को एक नियम के अनुसार समझकर तथा उसका संबंध गत ज्ञान (past knowledge) से जोड़ते हुए सीखा जाता है।

गेगनी (Gagne, 1965) ने अपनी पुस्तक 'दी कंडिशन्स ऑफ लर्निंग' (*The Conditions of Learning*) में सीखने के मूल आठ प्रकार का वर्णन किया है। गेगनी द्वारा बतलाए गए सभी आठ प्रकार के सीखने की एक खास विशेषता यह है कि वे सभी शृंखलाबद्ध क्रम (hierarchical order) में होते हैं। शृंखला में सबसे ऊपर समस्या-समाधान सीखना (problem-solving learning) है तथा सबसे नीचे सांकेतिक सीखना (signal learning) है (चित्र-13.1 देखें)। शृंखला या पिरामिड (pyramid) के किसी भी स्तर पर के सीखने की प्रक्रिया होने के लिए यह आवश्यक है कि उसके नीचे के सभी प्रकार के सीखना हो चुके हों। जैसे शृंखला के चौथे स्तर पर शाब्दिक साहचर्य सीखना (verbal association learning) है जिसे सम्पन्न होने के लिए उसके नीचे के तीनों तरह के सीखने की प्रक्रिया का सम्पन्न होना अनिवार्य है। गेगनी (Gagne) द्वारा बताए गए सभी आठ प्रकार के सीखना शृंखलाबद्ध क्रम में निम्नांकित हैं—

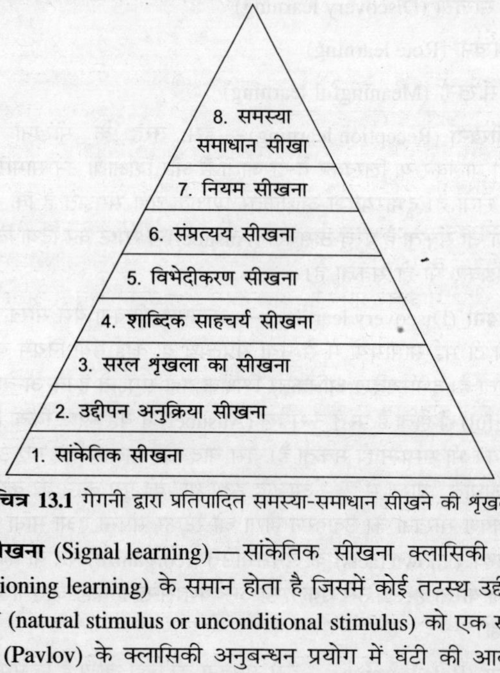

चित्र 13.1 गेगनी द्वारा प्रतिपादित समस्या-समाधान सीखने की शृंखला

(1) सांकेतिक सीखना (Signal learning)—सांकेतिक सीखना क्लासिकी अनुबंधन सीखना (classical conditioning learning) के समान होता है जिसमें कोई तटस्थ उद्दीपन के साथ कोई स्वाभाविक उद्दीपन (natural stimulus or unconditional stimulus) को एक साथ कई बार दिया जाता है। पैवलव (Pavlov) के क्लासिकी अनुबन्धन प्रयोग में घंटी की आवाज (एक तटस्थ उद्दीपन) तथा भोजन (स्वाभाविक उद्दीपन) को साथ-साथ कुछ प्रयास तक देने पर कुत्ता मात्र घंटी की आवाज पर लार का स्राव करना सीख गया था। इस तरह का सीखना सांकेतिक सीखना के उदाहरण हैं। पैवलव के क्लासिकी अनुबन्धन को मनोवैज्ञानिकों ने 'टाइप-एस अनुबन्धन' (Type-S conditioning) भी कहा है।

(2) उद्दीपन-अनुक्रिया सीखना (Stimulus-Response learning)—वैसे सीखना को उद्दीपन-अनुक्रिया कहा जाता है जिसमें प्राणी किसी उद्दीपन के प्रति एक ऐच्छिक क्रिया (voluntary response) करता है जिसका परिणाम उसपर सुखद होता है और वह धीरे-धीरे उस उद्दीपन के प्रति वही अनुक्रिया करना सीख लेता है। स्कीन्नर (Skinner) का क्रियाप्रसूत अनुबन्धन (operant conditioning) या जिसे

साधनात्मक अनुबन्धन (instrumental conditioning) भी कहा जाता है, एक उद्दीपन-अनुक्रिया का उदाहरण है जिसमें स्कीन्नर बक्स (Skinner box) में चूहा लिभर दबाने की प्रक्रिया को सीख लेता है। स्कीन्नर के साधनात्मक अनुबन्धन को मनोवैज्ञानिकों ने 'टाइप-आर अनुबन्धन' (Type-R conditioning) भी कहा है।

(3) **सरल शृंखला का सीखना** (Learning of simple chaining)—गेगनी (Gagne) ने इस तरह के सीखना से तात्पर्य एक क्रम (sequence) में होनेवाले अलग-अलग कई उद्दीपन-अनुक्रिया संबंधों के सेट (set) से बताया है। इस प्रकार का सीखना पेशीय सीखना (motor learning) में पाया जाता है। जैसे एक कार चलाना, दरवाजा खोलना, तबला बजाना आदि ऐसे पेशीय सीखना के उदाहरण हैं जिनमें कई छोटी-छोटी अनुक्रियाएँ एक क्रम में सम्मिलित होती हैं। जब ये सारी अनुक्रियाएँ आपस में संबंधित होती हैं, तो व्यक्ति कार चला पाता है या दरवाजा खोल पाता है या तबला बजा पाता है।

(4) **शाब्दिक साहचर्य सीखना** (Verbal association learning)—शाब्दिक साहचर्य सीखना वैसे सीखना को कहा जाता है जिसमें व्यक्ति को उद्दीपन-अनुक्रिया का ऐसा क्रम (sequence) सीखना होता है जिसमें शाब्दिक अभिव्यक्ति (verbalization) निहित होती है। जैसे कविता याद करना, शब्दावली सीखना, कहानी याद करना आदि शाब्दिक साहचर्य के कुछ उदाहरण हैं।

(5) **विभेदीकरण सीखना** (Learning discrimination)—जैसा कि नाम से ही स्पष्ट है, इसमें व्यक्ति विभिन्न उद्दीपनों के प्रति विभिन्न अनुक्रिया (responses) करना सीखता है। जैसे बालकों द्वारा त्रिभुज एवं चतुर्भुज में अंतर सीखना, अलजबरा तथा अंकगणित में अंतर सीखना, फुटबॉल तथा क्रिकेट में अंतर सीखना विभेदीकरण सीखना के कुछ उदाहरण हैं।

(6) **संप्रत्यय सीखना** (Concept learning)—कई वस्तुओं के सामान्य गुणों के आधार पर कोई विशेष अर्थ को सीखना संप्रत्यय सीखना कहा जाता है। जैसे 'भालू', 'बाघ', 'सिंह' तथा 'सियार' शब्दों में एक सामान्य गुण अर्थात जंगली पशु का संप्रत्यय छिपा है। यहाँ 'जंगली पशु' के संप्रत्यय को सीखना संप्रत्यय सीखना का एक नमूना होगा।

(7) **नियम सीखना** (Rule learning)—नियम (rule or principle) का सीखना एक महत्त्वपूर्ण सीखना है। इस तरह का सीखना संप्रत्यय सीखना पर सर्वाधिक आधारित होता है। नियम से दो या दो से अधिक संप्रत्ययों (concepts) के बीच एक नियमित संबंध (regular relationship) का पता चलता है। इस तरह के सीखना से व्यक्ति का ज्ञान-भंडार विकसित होता है। जैसे बालकों द्वारा व्याकरण, गणित, विज्ञान आदि के विभिन्न नियमों का सीखना इसी तरह के सीखने की श्रेणी में आता है।

(8) **समस्या-समाधान सीखना** (Problem-solving learning)—समस्या-समाधान सीखना गेगनी (Gagne) के शृंखलाबद्ध सीखना की सबसे ऊपरी अवस्था (highest stage) है। इस तरह के सीखना में व्यक्ति किसी नियम (principle or rule) का उपयोग करके कोई समस्या का समाधान करता है और एक नए तथ्य को सीखता है।

गेगनी (Gagne, 1965) ने सीखने के इन आठ प्रकारों (types) को बताते समय एक और महत्त्वपूर्ण तथ्य जो स्पष्ट किया, वह यह था कि इनमें चौथी अवस्था के सीखना अर्थात शाब्दिक साहचर्य (verbal association) का सीखना तथा इससे ऊपर के अन्य सभी स्तरों का सीखना ही

शिक्षकों के लिए अधिक महत्त्वपूर्ण है क्योंकि वर्ग में शिक्षकों द्वारा दिया जानेवाला निर्देश (instruction) में मूलतः चौथी अवस्था से आठवीं अवस्था के सीखना निहित होते हैं। पहली अवस्था से तीसरी अवस्था के सीखना का महत्त्व शिक्षकों के लिए मात्र इतना ही है कि वे चौथी अवस्था के सीखना के लिए छात्रों में एक आवश्यक पृष्ठभूमि का निर्माण करने में मदद करते हैं।

औपचारिक शिक्षण तथा अनौपचारिक शिक्षण
(Formal Learning and Informal Learning)

शिक्षा मनोवैज्ञानिकों ने औपचारिक शिक्षण (formal learning) तथा अनौपचारिक शिक्षण (informal learning) के स्वरूप एवं महत्त्व पर प्रकाश डाला है। औपचारिक शिक्षण से तात्पर्य वैसे शिक्षण से होता है जिसमें शिक्षार्थी किसी अनुशासनात्मक वातावरण में कुछ खास तरह के नियमों एवं सिद्धांतों के अनुरूप किसी कौशल को सीखते हैं। जैसे, कक्षा में शिक्षकों की उपस्थिति में शिक्षार्थी द्वारा सीखा गया कौशल (skills) एक औपचारिक शिक्षण (formal learning) का उत्तम उदाहरण है। ऊसूबेल (Ausubel, 1989) ने औपचारिक शिक्षण (formal learning) को मूलतः दो भागो में बाँटा है—

1. कक्षा शिक्षण (Classroom learning)
2. क्षेत्र शिक्षण (Field learning)

इन दोनों की व्याख्या इस प्रकार है—

1. कक्षा शिक्षण (Classroom learning)—कक्षा शिक्षण से तात्पर्य स्कूल या कॉलेजों में छात्रों द्वारा वर्ग या कक्षा में शिक्षकों की मदद से ग्रहण किया गया कौशल से होता है। इस तरह के शिक्षण में स्कूल, शिक्षक, पाठ्यपुस्तक (textbook) तथा अन्य संबद्ध सामग्रियों (materials) की भूमिका अधिक होती है। शिक्षक छात्रों को कक्षा में शिक्षा देने के लिए एक विशेष पाठ्यक्रम (syllabus) तैयार करते हैं और उसी के अनुरूप वे छात्रों को कौशल सिखाते हैं। इस तरह की शिक्षा की उपयोगिता यह होती है कि इससे छात्र का चिंतन, तर्कशक्ति एवं अन्य संबद्ध योग्यताओं का इतना अधिक विकास हो जाता है कि वह अपने दिन-प्रतिदिन की जिंदगी ठीक ढंग से समायोजन तो कर ही लेता है तथा साथ-ही-साथ उसमें पर्याप्त मानसिक परिपक्वन (maturation) भी आ जाता है।

2. क्षेत्र शिक्षण (Field learning)—क्षेत्र शिक्षण से तात्पर्य वैसे शिक्षण से होता है जिसमें छात्र किसी क्षेत्र, जैसे खेल के मैदान में विशेष प्राधिकारी (authority), जैसे शिक्षक या अन्य कोई विशेषज्ञ की मदद से किसी विशेष कौशल को सीखते हैं। अक्सर छात्रों को स्कूल में, खेल के मैदान में कुछ विशेष तरह की शिक्षा (education) दी जाती है जिसका मूल उद्देश्य कक्षा शिक्षण से बचे हुए कौशलों को पर्याप्त विकास करने से होता है। ऐसे शिक्षण का महत्त्व शारीरिक शिक्षा (physical education) में सर्वाधिक होता है।

शिक्षा मनोवैज्ञानिकों का मत है कि कक्षा शिक्षण तथा क्षेत्र शिक्षण के माध्यम से दिया गया औपचारिक शिक्षण संपूर्ण एवं परिपक्व होता है क्योंकि इससे बालकों का मानसिक एवं शारीरिक दोनों तरह का विकास समन्वित ढंग से होता है।

अनौपचारिक शिक्षण (informal learning) से तात्पर्य वैसे शिक्षण से होता है जिसमें बालक किसी कौशल (skills) को एक औपचारिक प्राधिकारी (formal authority) से नहीं सीखते हैं तथा इस तरह के शिक्षण का वातावरण उतना अनुशासनात्मक नहीं होता है जितना कि औपचारिक शिक्षण (formal learning) का। जैसे, बच्चे अपने साथियों के समूह में कुछ विशेष अंतःक्रियाएँ करते हुए कभी-कभी विशेष कौशल को सीख लेते हैं। इसे अनौपचारिक शिक्षण (informal learning) कहा जाता है। शिक्षा मनोवैज्ञानिकों ने अनौपचारिक शिक्षण के मूलतः निम्नांकित तीन प्रकार बताए हैं—

(i) **माता-पिता द्वारा दी गई शिक्षा** (Education given by parents)—कहा जाता है परिवार पहली पाठशाला होती है जहाँ बच्चे शिक्षित होते हैं। इस पाठशाला में परिवार के सदस्यों का, विशेषकर माता-पिता की भूमिका अधिक महत्त्वपूर्ण बताई गई है। माता-पिता बच्चों को उम्र के अनुसार तरह-तरह की शिक्षा देते हैं। बच्चों को कैसे अपने से बड़ों के साथ, अपने से छोटों के साथ, परिवार में बाहर के लोगों के साथ अंतःक्रिया (interaction) करना चाहिए, इसकी शिक्षा माता-पिता से ही मिलती है। इतना ही नहीं, बच्चों को नैतिक शिक्षा भी देकर माता-पिता उन्हें मानसिक रूप से काफी परिपक्व कर देते हैं। कुछ शिक्षा मनोवैज्ञानिकों का मत है कि जिन बच्चों को अपने माता-पिता से बाल्यावस्था (childhood) में इस तरह की अनौपचारिक शिक्षा नहीं मिलती है, उनमें वयस्कावस्था में व्यक्तित्व विकृति (personality disorder) की उत्पत्ति होने की संभावना काफी तीव्र हो जाती है।

(ii) **पास-पड़ोस द्वारा दी गई शिक्षा** (Education given by neighbours)—बच्चे अपने पास-पड़ोस के व्यक्तियों के साथ अंतःक्रिया करके भी कई तरह के कौशलों को सीखते हैं। इसे शिक्षा मनोवैज्ञानिकों ने अनौपचारिक शिक्षा का एक प्रमुख अंग माना है। पास-पड़ोस के व्यक्तियों को जैसा व्यवहार करते हुए बच्चे देखते हैं, वे उसका अनुकरण करते हैं तथा उसे आत्मसात करते हैं। यही कारण है कि उत्तम पड़ोसी होने से बच्चों में उत्तम नैतिकता एवं शिष्टाचार का गुण तेजी से पनपता है। ठीक उसके विपरीत, यदि पास-पड़ोस का वातावरण उत्तम नहीं होता है, तो बच्चों का मानसिक विकास उससे अनुचित ढंग से प्रभावित हो जाता है क्योंकि ऐसे बच्चे बहुत सारे अनुपयुक्त आदतों को सीख लेते हैं।

(iii) **साथियों के समूह में प्राप्त शिक्षा** (Education by peer groups)—प्रत्येक बालक 5–6 साल की आयु के बाद से अपनी एक विशेष टोली (peer group) कायम करता है तथा इस टोली के सभी सदस्य एक-दूसरे के अच्छे मित्र होते हैं। इस टोली का प्रत्येक सदस्य एक-दूसरे के साथ अंतःक्रिया (interaction) करके उन्हें प्रभावित करता है तथा विशेष कौशल को सीखने में मदद करता है। शायद यही कारण है कि ऐसी टोली जिसके अधिकतर सदस्य क्रिकेट में रुचि रखते हैं, उनके अन्य सारे सदस्यों में भी इस खेल से संबद्ध नियमों का ज्ञान एवं खेल में अभिरुचि अधिक हो जाती है।

स्पष्ट हुआ कि औपचारिक शिक्षण (formal learning) तथा अनौपचारिक शिक्षण (informal learning), शिक्षण के दो विभिन्न परंतु संबद्ध अंग हैं। इन दोनों तरह के शिक्षणों में प्रमुख अंतर इस प्रकार है—

(क) औपचारिक शिक्षण (formal learning) में एक औपचारिक प्राधिकारी (formal authority) जैसे शिक्षक होते हैं जिनके निर्देशन में शिक्षण का कार्य होता है परंतु अनौपचारिक

शिक्षण (informal learning) में इस तरह का कोई औपचारिक प्राधिकारी नहीं होता है जिसके निर्देशन में शिक्षण का कार्य हो सके।

(ख) औपचारिक शिक्षण का वातावरण अनुशासनात्मक होता है। फलस्वरूप इसके अनुशासन को तोड़ने पर बालकों या छात्रों को दंड भी दिया जा सकता है। परंतु, अनौपचारिक शिक्षण का वातावरण अनुशासनप्रधान नहीं होता है और इसमें कोई सख्त दंड देने आदि का प्रावधान नहीं होता है।

(ग) औपचारिक शिक्षण से छात्रों के कौशलों (skills) में एक गुणवत्ता सुधार होती है जबकि अनौपचारिक शिक्षण से छात्रों के कौशलों में कोई स्पष्ट सुधार नहीं आता है, बल्कि कभी-कभी ऐसे अनौपचारिक शिक्षण से छात्रों के व्यक्तित्व एवं चरित्र में गिरावट ही आ जाती है।

(घ) औपचारिक शिक्षा ग्रहण करते समय छात्रों में मानसिक सतर्कता काफी अधिक होती है तथा उनमें प्रतियोगिता (competition) की भावना अधिक होती है। परंतु, अनौपचारिक शिक्षा ग्रहण करते समय छात्रों में मानसिक विश्रांति (mental relaxation) अधिक होती है तथा प्रतियोगिता की भावना भी तीव्र नहीं होती है।

स्पष्ट हुआ कि औपचारिक शिक्षण अनौपचारिक शिक्षण से भिन्न है।

प्रभावकारी सीखने की विधियाँ (Methods of Effective Learning)

मनोवैज्ञानिकों ने सीखने की कई विधियों का प्रतिपादन किया है। इनमें कुछ ऐसी विधियाँ हैं जिन्हें परम्परागत विधि (traditional method) कही गई है जो आधुनिक शिक्षकों एवं शिक्षा मनोवैज्ञानिकों द्वारा उतना प्रभावकारी नहीं मानी गई हैं। फिर भी इनका प्रयोग किया जाता है। इन विधियों में निम्नांकित प्रमुख हैं—

(1) अविराम विधि तथा विराम विधि (Massed method and distributed method)

(2) पूर्ण विधि तथा अंश विधि (Whole method and part method)

(3) साभिप्राय सीखना तथा प्रासंगिक सीखना (Intentional learning and incidental learning)

विराम विधि में छात्र थोड़ा विश्राम दे-देकर किसी कार्य या पाठ को सीखता है। अविराम विधि में इस तरह का विश्राम नहीं दिया जाता है और सीखने के लिए जो निर्धारित समय होता है, छात्र उसमें लगातार कार्य करके पाठ या विषय को सीखता है। जब छात्र किसी विषय को प्रारंभ से अंत तक पढ़कर सीखते हैं, तो इसे पूर्ण विधि (whole method) कहा जाता है और जब वे किसी विषय को अनेक अंशों में बाँटकर प्रत्येक अंश को एक-दूसरे के बाद सीखता है, तो इसे अंश विधि (part method) कहा जाता है। जब छात्र अपनी इच्छा एवं एक निश्चित उद्देश्य के साथ किसी पाठ या विषय को सीखते हैं, तो इसे साभिप्राय सीखना (intentional learning) कहा जाता है। दूसरी तरफ जब छात्र किसी विषय को बिना किसी निश्चित उद्देश्य या इच्छा के ही अपने-आप सीख लेता है, तो इसे प्रासंगिक सीखना (incidental learning) कहा जाता है। आधुनिक शिक्षा मनोवैज्ञानिकों द्वारा इन परंपरागत विधियों (traditional methods) को उतना प्रभावकारी (effective) नहीं माना गया है। अतः, उनलोगों ने सीखने की कुछ आधुनिक विधियों का प्रतिपादन किया है जिन्हें तुलनात्मक रूप से अधिक प्रभावकारी भी माना गया है। इन विधियों में अग्रांकित प्रमुख हैं—

(1) प्रेक्षण द्वारा सीखना (Learning by observation)—शिक्षा मनोवैज्ञानिकों का मत है कि बालक किसी प्रक्रिया को प्रेक्षण द्वारा अधिक जल्दी से सीख लेते हैं। इस विधि का प्रतिपादन बैण्डुरा (Bandura, 1958) द्वारा किया गया था। बैण्डुरा ने कई प्रयोगात्मक अध्ययनों में यह देखा कि जब बालक किसी प्रक्रिया को पुनर्बलित (reinforced) होते देखता है, तो उनमें वैसा ही करने की एक तीव्र प्रवृत्ति जाग उठती है जिसके फलस्वरूप वह उसी प्रक्रिया को तेजी से सीख लेता है। स्वार्ज (Schwartz, 1987) ने अपने अध्ययन के आधार पर बताया कि जब एक छात्र दूसरे छात्र को शब्दों का सही उच्चारण (pronunciation) करने पर शिक्षकों द्वारा उनकी काफी प्रशंसा होते देखता है, तो वह भी उस ढंग से शब्दों का उच्चारण करना सीख लेता है। स्वार्ज ने इस विधि को सीखने की एक प्रभावकारी विधि (effective method) इसलिए कहा है क्योंकि इससे बालक जल्द सीख लेता है और उसे सीखने के बाद लम्बे समय तक धारण किए रहता है।

(2) विवेचना विधि (Discussion method)—इस विधि पर भी शिक्षकों ने अधिक बल डाला है। शिक्षा मनोवैज्ञानिकों का कहना है कि यह एक ऐसी विधि है जिसमें बालक प्रायः समूह में सीखे जानेवाले विषय के गुण-दोष की विवेचना करता है। अपनी रुचि के अनुसार कई बालक विषय के प्रत्येक पहलू का मूल्यांकन (evaluation) करते हैं और एक निश्चित निष्कर्ष पर पहुँचते हैं। इबेल (Ebel, 1978) का मत है कि इस विधि में चूँकि छात्रों में सहभागिता (participation) की भावना होती है, इसलिए इससे सीखा गया या ग्रहण किया गया विषय बालकों को अधिक समय तक याद रहता है।

(3) करके सीखना या प्रयोग करके सीखना (Learning by doing or experimenting)—जब बालक किसी कार्य को स्वयं करके देखता है या स्वयं ही उसके विशेष स्वरूप को समझने के लिए कुछ प्रयोग करता है, तो इससे वह तेजी से उस कार्य को सीख लेता है। मनोवैज्ञानिकों का मत है कि जब बालकों को कोई कार्य स्वयं करने का मौका दिया जाता है, तो इससे वे उस कार्य में आई विशेष कठिनाइयों से अवगत होते हैं, उसपर विशेष ध्यान देते हैं तथा उसके समाधान में भी विशेष रुचि दिखाते हैं। इन सबका परिणाम यह होता है कि वे उस कार्य को आसानी से सीख लेते हैं।

(4) आवृत्तिकरण तथा पुन:निरीक्षण विधि (Recitation and revision method)—गेट्स (Gates, 1939) ने इस विधि को सीखने की एक प्रमुख प्रभावकारी विधि बताई है। आवृत्तिकरण विधि तथा पुनःरीक्षण विधि एक-दूसरे के पूरक हैं। आवृत्तिकरण विधि में बालक किसी पाठ को सीख लेने के बाद बिना देखे ही उस विषय को मन ही मन दोहराता है। जरूरत पड़ने पर वह बीच में उस सीखे गए पाठ का पुनः निरीक्षण भी कर लेता है अर्थात उसे पुनः देख भी लेता है। उदाहरणार्थ, मान लिया जाए कि बालक संस्कृत के एक श्लोक को तीन बार पढ़कर याद कर लेता है। अब वह इस श्लोक को बिना देखे ही मन ही मन दोहराता है। इस प्रक्रिया को आवृत्तिकरण की विधि कही जाएगी। संभव है कि वह श्लोक के किसी अंश को भूल जाए। ऐसी परिस्थिति में वह श्लोक को पुनः एक बार देख लेता है कि किन अंशों को वह भूल रहा है। इस प्रक्रिया को पुनःनिरीक्षण विधि (revision method) कहा जाता है। इस तरह से हम देखते कि आवृत्तिकरण तथा पुनःनिरीक्षण विधि एक-दूसरे के पूरक हैं और ह्वाइट (White, 1944) के अनुसार ये दोनों विधियाँ आपस में मिलकर सीखने की एक उत्तम प्रभावकारी विधि का निर्माण करती हैं क्योंकि इस विधि में बालकों को अपनी भूल सुधारने का उचित अवसर मिलता है जिससे वे सक्रिय होकर विषय को सीखने के लिए प्रेरित हो उठते हैं।

(5) रटकर तथा समझकर सीखने की विधि (Rote and understanding method)—बालकों में विषय को रटकर सीखने अथवा समझकर सीखने की विधि भी काफी लोकप्रिय है। स्पीयर्स (Spears, 1970) तथा सोलोमोन एवं केण्डाल (Solomon & Kendall, 1975) ने इन विधियों से सीखे गए विषयों के स्वरूप तथा सीखनेवाले बालकों के व्यक्तित्व पर प्रकाश डाला है। इनलोगों ने बताया है कि 4 से 6 साल की उम्र के बालक किसी विषय को रटकर अर्थात बिना उसका विशेष अर्थ समझे हुए सीख लेता है परंतु जैसे-जैसे बालकों की उम्र बढ़ती जाती है, वे विषय को समझकर अधिक सीखते हैं तथा रटने की विधि का प्रयोग यदा-कदा करते हैं। बालक प्रायः उन विषयों को रटते हैं जिनका कठिनाई-स्तर (difficulty level) अधिक होता है। रटने की विधि छोटे बालकों के लिए एक प्रभावकारी विधि (effective method) मानी गई है जबकि समझकर सीखने की विधि बड़े बालको के लिए एक प्रभावकारी विधि मानी गई है।

इस तरह हम देखते हैं कि किसी विषय को प्रभावकारी ढंग से सीखने की कई विधियाँ हैं जिनसे छात्र लाभान्वित हो सकते हैं।

सीखने के नियम तथा कक्षा में उनकी उपयोगिताएँ
(Laws of Learning and their Applications in Classroom)

थॉर्नडाइक (Thorndike, 1920) ने सीखने के जिन नियमों की व्याख्या की है, वे आज भी काफी महत्त्वपूर्ण माने जाते हैं तथा शिक्षकगण उन नियमों को कक्षा में प्रयोग करके अपने अध्यापन (teaching) को अधिक सफलीभूत बना सकने में समर्थ हुए हैं। सीखने के इन नियमों को दो भागों में बाँटा गया है—

(अ) सीखने के मुख्य नियम (Major laws of learning)

(ब) सीखने के सहायक नियम (Subordinate laws of learning)।

इन दोनों तरह के नियमों के भीतर थॉर्नडाइक (Thorndike, 1920) ने कई नियमों की चर्चा की है—

(अ) सीखने के मुख्य नियम (Major laws of learning)—थॉर्नडाइक (Thorndike) ने सीखने के मुख्य तीन नियमों की चर्चा की है—

(1) तत्परता का नियम (Law of readiness)

(2) अभ्यास का नियम (Law of exercise)

(3) प्रभाव नियम (Law of effect)।

इन तीनों नियमों का वर्णन तथा उनकी शैक्षिक उपयोगिताएँ निम्नांकित हैं—

(1) तत्परता का नियम (Law of readiness)—तत्परता का नियम यह बताता है कि सीखनेवाले व्यक्ति किन-किन परिस्थितियों में संतुष्ट (satisfied) रहते हैं तथा किन-किन परिस्थितियों में उनमें खीझ (annoyance) उत्पन्न होती है। उन्होंने इस तरह की निम्नांकित तीन परिस्थितियों का वर्णन किया है—

(i) जब व्यक्ति किसी कार्य को करने के लिए तत्पर रहता है और उसे वह कार्य करने दिया जाता है, तो इससे उसमें संतोष (satisfaction) होता है।

(ii) जब व्यक्ति किसी कार्य को करने के लिए तत्पर रहता है और उसे वह कार्य नहीं करने दिया जाता है, तो इससे उसमें खीझ (annoyance) उत्पन्न होती है।

(iii) जब व्यक्ति किसी कार्य को करने के लिए तत्पर नहीं रहता है और उसे वह कार्य करने के लिए बाध्य किया जाता है, तो इससे भी उसमें खीझ होती है।

स्पष्ट है कि सीखनेवाले व्यक्ति में संतोष (satisfaction) या खीझ (annoyance) होना व्यक्ति की तत्परता (readiness) पर निर्भर करता है।

यह नियम शैक्षिक दृष्टिकोण से काफी महत्त्वपूर्ण दीख पड़ता है। इसके शैक्षिक महत्त्व की व्याख्या इस प्रकार की जा सकती है—

(i) शिक्षकों को पहले बालकों की अभिरुचि एवं अभिक्षमता (aptitude) का मापन कर लेना चाहिए ताकि उनकी तत्परता का उन्हें सही-सही ज्ञान हो।

(ii) शिक्षकों को बालकों की तत्परता के अनुरूप शिक्षण देना चाहिए। उन्हें अपने अध्यापन कार्य में उन विषयों पर अधिक बल डालना चाहिए जिनकी ओर बालकों की तत्परता तथा रूझान अधिक हो।

(iii) ऐसी परिस्थिति में बालकों में आत्म-संतोष (self-satisfaction) अधिक होगा और वे विषय को ठीक ढंग से सीखकर लम्बे समय तक उसे धारण (retain) किए रहेंगे।

(2) अभ्यास का नियम (Law of exercise)—अभ्यास का नियम इस तथ्य पर आधारित है कि अभ्यास से व्यक्ति में पूर्णता आती है (Practice makes a man perfect)। अभ्यास का नियम यह बताता है कि अभ्यास करने से उद्दीपन (stimulus) तथा अनुक्रिया (response) का संबंध मजबूत होता है तथा अभ्यास रोक देने से यह संबंध कमजोर पड़ जाता है या उसका विस्मरण हो जाता है। इस व्याख्या से बिल्कुल ही स्पष्ट है कि जब हम किसी पाठ या विषय को बार-बार दोहराते हैं तो उसे सीख जाते हैं। इसे थॉर्नडाइक (Thorndike) ने उपयोग का नियम (law of use) कहा है तथा दूसरी तरफ जब हम किसी पाठ या विषय को दोहराना बन्द कर देते हैं तो उसे भूल जाते हैं। इसे उन्होंने अनुपयोग नियम (law of disuse) कहा है।

इस नियम का भी शैक्षिक महत्त्व काफी है जिसे निम्नांकित ढंग से दिखाया जा सकता है—

(i) शिक्षकों को चाहिए कि वे छात्रों को कक्षा (classroom) में अधिक-से-अधिक बार विषय या पाठ को दोहराने दें। इसमें उन्हें कोई जल्दीबाजी नहीं बरतनी चाहिए।

(ii) छात्र किसी सीखे गए विषय को अधिक दिनों तक याद किए रहें, इसके लिए शिक्षकों को चाहिए कि वे छात्रों से बीच-बीच में सीखे गए विषय को देखते रहने का सुझाव दें।

(iii) शिक्षकों को कक्षा में यह आगाह कर देना चाहिए कि यदि छात्र सीखे गए विषय को बीच-बीच में दोहराते नहीं रहेंगे तो उनका विस्मरण हो जाएगा।

परंतु, अभ्यास नियम को ही सीखने का एकमात्र आधार छात्रों को नहीं बना लेना चाहिए क्योंकि इसमें कुछ दोष भी पाए गए हैं जो निम्नांकित हैं—

(i) छात्र मात्र अभ्यास से किसी विषय को जल्दी नहीं सीख पाते हैं। सीखने के लिए उन्हें अभ्यास के साथ-ही-साथ सूझ और समझ की भी जरूरत होती है।

(ii) अभ्यास नियम इस बात की भी व्याख्या करने में असमर्थ रहता है कि समान अभ्यास रहने पर भी विभिन्न बालकों के शिक्षण स्तर में भिन्नता क्यों होती है। क्यों कुछ छात्रों के शिक्षण वक्र (learning curve) में तेजी से बढ़ोतरी होती है और कुछ छात्रों के शिक्षण वक्र में धीमी या मन्द गति से बढ़ोतरी होती है?

(iii) अभ्यास नियम द्वारा शिशुओं के सीखने की प्रक्रिया की व्याख्या ठीक ढंग से होती है, परंतु बड़े बालकों एवं किशोरों के सीखने की व्याख्या ठीक ढंग से नहीं हो पाती है क्योंकि बड़े बालक एवं किशोर मात्र पुनरावृत्ति (repetition) के आधार पर नहीं बल्कि अन्य कारकों जैसे रुचि, रूझान, अभिक्षमता, प्रेरणा आदि के आधार पर सीखते हैं।

(3) प्रभाव का नियम (Law of effect)—थॉर्नडाइक (Thorndike) का प्रभाव नियम सबसे अधिक महत्त्वपूर्ण नियम है। इस नियम के अनुसार व्यक्ति किसी अनुक्रिया या कार्य को उसके प्रभाव (effect or consequence) के आधार पर सीखता है। किसी कार्य या अनुक्रिया का प्रभाव व्यक्ति में या तो संतोषजनक (satisfying) होता है या खीझ उत्पन्न करनेवाला (annoying) होता है। प्रभाव संतोषजनक होने पर व्यक्ति उस अनुक्रिया को सीख लेता है तथा खीझ (annoyance) उत्पन्न होने पर व्यक्ति उस अनुक्रिया को दोहराना नहीं चाहता, फलतः उसे वह भूल जाता है। यदि व्यक्ति को अनुक्रिया (response) करने के बाद पुरस्कार (reward) दिया जाता है तो उससे उसमें संतोष (satisfaction) उत्पन्न होता है तथा यदि उसे दंड (punishment) दिया जाता है, तो उससे उसमें खीझ (annoyance) उत्पन्न होती है। प्रभाव नियम (law of effect) के अनुसार किसी अनुक्रिया को इसलिए सीख लिया जाता है क्योंकि व्यक्ति में उस अनुक्रिया को करने के बाद संतोषजनक प्रभाव (satisfying effect) होता है। 1930 के बाद थॉर्नडाइक (Thorndike) ने अपने इस प्रभाव नियम में संशोधन किया और बताया कि पुरस्कार (reward) तथा दंड (punishment) का प्रभाव बराबर-बराबर तथा एक-दूसरे के प्रतिकूल (opposite) नहीं होते। उन्होंने बताया कि पुरस्कार के प्रभाव से किसी अनुक्रिया को दोहराने की संभावना तो अवश्य बढ़ जाती है परंतु दंड से किसी अनुक्रिया को दोहराने की संभावना कम नहीं होती है। दूसरे शब्दों में, दंड किसी अनुक्रिया को कमजोर करने में प्रभावकारी नहीं होता है। इस तरह स्पष्ट है कि 1930 के बाद प्रभाव नियम आधा ही सत्य रह गया। पुरस्कार से उद्दीपन-अनुक्रिया का संबंध मजबूत होता है, परंतु दंड से कमजोर नहीं होता है (Reward strengthens a connection but punishment does not weaken it)। इसे थॉर्नडाइक ने संक्षेपित प्रभाव नियम (Truncated law of effect) कहा है।

प्रभाव नियम की उपयोगिता कक्षा (classroom) के शिक्षण (learning) में सर्वाधिक बताई गई है, जो इस प्रकार है—

(i) शिक्षकों को कक्षा का वातावरण डरावना बनाकर नहीं रखना चाहिए बल्कि उन्हें कक्षा का वातावरण ऐसा बनाकर रखना चाहिए कि उसमें छात्र अधिक-से-अधिक खुश हो तथा अध्यापन से संतुष्ट हों।

(ii) शिक्षकों को अध्यापन करते समय बालकों का उत्साह बढ़ाना चाहिए ताकि उनमें अधिक-से-अधिक आत्म-संतुष्टि (self-satisfaction) हो और वे सीखने के लिए प्रोत्साहित हों।

(iii) शिक्षकों को चाहिए कि वे पाठ्यक्रमों को या अध्ययन किए जानेवाले विषयों को एक ऐसे क्रम में व्यवस्थित करके छात्रों के सामने उपस्थित करें कि छात्रों की अभिरुचि एवं रूझान बनी रहे तथा शिक्षण से छात्र अधिक-से-अधिक संतुष्ट हों।

(iv) शिक्षकों को अपनी पुरानी आदत का प्रयोग अर्थात दंड (punishment) का प्रयोग न के बराबर ही करना चाहिए क्योंकि प्रभाव नियम से यह स्पष्ट हो गया है कि दंड एक प्रभावकारी प्रविधि (effective method) नहीं है।

(ब) सीखने के सहायक नियम (Subordinate laws of learning)—थॉर्नडाइक ने सीखने के पाँच सहायक नियमों (subordinate laws) की भी चर्चा की है। इन्हें सहायक नियम इसलिए कहा जाता है क्योंकि ये उपर्युक्त तीनों नियमों की तुलना में कम महत्त्वपूर्ण हैं। वे पाँच सहायक नियम निम्नांकित हैं—

(i) बहुअनुक्रिया का नियम (Principle of multiple response)—यह नियम बताता है कि किसी भी सीखने की परिस्थिति में व्यक्ति अनेक अनुक्रियाएँ (responses) करता है। इससे कुछ अनुक्रियाएँ, जो लक्ष्य की प्राप्ति में सहायक नहीं होती हैं, उन्हें व्यक्ति भूल जाता है तथा वह अनुक्रिया, जो लक्ष्य की प्राप्ति में सहायक होती है, उसे वह सीख लेता है।

इस नियम की शैक्षिक उपयोगिता (educational utility) यह बताई गई है कि छात्रों को कक्षा में किसी चीज को स्वयं करके सीखने के लिए प्रेरित करना चाहिए। इस सिलसिले में बालक अनेक तरह की अनुक्रियाएँ करेंगे और उनमें भिन्न-भिन्न तरह की अनुभूतियाँ होंगी। इन अनुभूतियों से उन्हें सीखने में विशेष मदद मिलेगी।

(ii) मानसिक वृत्ति या मनोवृत्ति का नियम (Principle of mental set or attitude)—यह नियम बताता है कि शिक्षण (learning) की प्रक्रिया बहुत हद तक व्यक्ति की मानसिक वृत्ति (mental set) तथा मनोवृत्ति पर निर्भर करती है। मानसिक वृत्ति से तात्पर्य किसी कार्य को करने की तत्परता से होती है। मानसिक वृत्ति एवं मनोवृत्ति (attitude) से सिर्फ यही नहीं पता चलता है कि व्यक्ति क्या करेगा बल्कि यह भी पता चलता है कि वह किस चीज से संतुष्ट होगा तथा किस चीज से संतुष्ट नहीं होगा।

इस नियम की शैक्षिक उपयोगिता (educational utility) यह है कि शिक्षक को चाहिए कि वे कक्षा के वातावरण को इस लायक बनाकर रखें कि बालक या शिक्षार्थी शिक्षण के प्रति एक धनात्मक मनोवृत्ति (positive attitude) विकसित कर सके तथा वह बिना किसी प्रकार के सांवेगिक तनाव (emotional tension) के शिक्षण कार्य (learning task) में अभिरुचि दिखा सके।

(iii) तत्त्व प्रबलता का नियम (Principle of prepotency of elements)—इस नियम के अनुसार किसी भी सीखने की परिस्थिति में सुसंगत (relevant) तथा असुसंगत (irrelevant) दोनों ही तरह के तत्त्व (elements) होते हैं जिनकी प्रबलता या सार्थकता (prepotency or sailency) अलग-अलग होती है। व्यक्ति सुसंगत तत्त्वों को अलग कर लेता है क्योंकि इनकी सार्थकता अपेक्षाकृत अधिक होती है।

इस नियम की शैक्षिक उपयोगिता यह बताई गई है कि शिक्षकों को चाहिए कि कक्षा में अध्यापन करने जाने के पहले विषयों को इस ढंग से सुसज्जित कर लें कि उनसे संबंधित अधिक महत्त्वपूर्ण तथ्य वे शिक्षार्थियों को पहले बता सकें तथा तुलनात्मक रूप से कम महत्त्वपूर्ण तथ्यों को

वे बाद में बताएँ। ऐसा करने से शिक्षार्थी विषय की प्रबलता को समझ पाएँगे तथा उन्हें ठीक से ग्रहण कर पाएँगे।

(iv) अनुरूपता या सादृश्यता का नियम (Principle of analogy or similarity)—इस नियम के अनुसार व्यक्ति किसी नई परिस्थिति में वैसी ही अनुक्रिया को करता है जो उसके पूर्व अनुभव या पहले सीखी गई अनुक्रिया के सदृश होता है। इस नई परिस्थिति में पहले सीखी गई परिस्थिति से कितना हस्तांतरण (transfer) होगा, यह इस बात पर निर्भर करता है कि दोनों परिस्थितियों में सामान्य तत्त्व (common elements) की संख्या कितनी है। संख्या जितनी ही अधिक होगी, हस्तांतरण उतना ही अधिक होगा। इसे हस्तांतरण का सामान्य तत्त्व सिद्धांत (common elements theory) कहा गया।

इस नियम को शिक्षक कक्षा में मूलतः दो ढंग से उपयोग करते हैं। पहला, वे जब भी कोई नया पाठ या विषय पढ़ाना प्रारंभ करते हैं, तो उसकी सार्थकता पहले बताए गए तथ्यों के रूप में करने की कोशिश करते हैं। दूसरा, शिक्षक ऐतिहासिक घटनाओं के साथ वर्तमान घटनाओं का संबंध जोड़ते हैं ताकि छात्र वर्तमान घटना को ऐतिहासिक परिप्रेक्ष्य में समझ सकें।

(v) साहचर्यात्मक स्थानांतरण का नियम (Principle of associative shifting)—इस नियम के अनुसार कोई भी अनुक्रिया जिसे करने की क्षमता व्यक्ति में है, एक नए उद्दीपन (stimulus) से भी उत्पन्न हो सकती है। यदि एक ही अनुक्रिया को लगातार एक ही परिस्थिति में कुछ परिवर्तनों के बीच उत्पन्न किया जाता है तो अंत में वही अनुक्रिया एक बिल्कुल ही नए उद्दीपन से भी उत्पन्न हो जाती है। इसे बाद में क्लासिकी अनुबन्धन (classical conditioning) कहा गया।

इस नियम की शैक्षिक उपयोगिता बताते हुए शिक्षा मनोवैज्ञानिकों ने कहा है कि शिक्षकों को चाहिए कि वे कक्षा में छात्रों में अच्छी आदतें एवं स्वास्थ्यकर अभिरुचि (healthy interest) उत्पन्न करें ताकि बाद में छात्र अन्य परिस्थितियों में इन आदतों एवं अभिरुचियों का उचित लाभ उठा सकें।

इस तरह स्पष्ट है कि सीखने के कई नियम हैं और इन नियमों की शैक्षिक उपयोगिताएँ एवं महत्त्व भी काफी हैं।

कक्षा में सीखने को प्रभावित करनेवाले कारक
(Factors Influencing Classroom Learning)

शिक्षा मनोवैज्ञानिकों ने कुछ ऐसे कारकों का वर्णन किया है जिनसे कक्षा में होनेवाले शिक्षण (learning) सीधे प्रभावित होता है। ऐसे तो इन कारकों की संख्या बहुत अधिक है परंतु उनमें कुछ ऐसे हैं जो अधिक महत्त्वपूर्ण हैं तथा जिनपर मनोवैज्ञानिकों का ध्यान विशेष रूप से गया है। ऐसे कारकों का वर्णन निम्नांकित है—

(1) बुद्धि (Intelligence)—शिक्षार्थी के बुद्धि का प्रभाव उसके शिक्षण या सीखने की प्रक्रिया पर काफी पड़ता है। कम बुद्धि के शिक्षार्थी आसान विषयों को भी देरी से सीखते हैं और जल्द भूल जाते हैं, जबकि तेज बुद्धि के शिक्षार्थी कठिन विषयों को भी तुरंत सीख लेते हैं और उसे जल्द नहीं भूलते। स्पष्ट है कि शिक्षार्थी के बुद्धि-स्तर का प्रभाव सीखने की प्रक्रिया पर सीधा पड़ता है।

(2) स्वास्थ्य, उम्र एवं यौन (Health, age & sex)—कक्षा में सीखने की प्रक्रिया शिक्षार्थियों के स्वास्थ्य, उम्र (age) एवं यौन (sex) से भी प्रभावित होती देखी गई है। स्वार्ज (Schwartz, 1977) के अनुसार सामान्य स्वास्थ्य के शिक्षार्थियों में सीखने की प्रक्रिया रोगग्रस्त शिक्षार्थियों की तुलना में तेजी से होती है। गिलफोर्ड (Guilford, 1952) के अनुसार शिक्षण पर उम्र का भी प्रभाव पड़ता है। शैशवावस्था में विषय को अक्सर बालक मन्द गति से सीखते हैं, बाल्यावस्था (childhood) में वे वैसे ही विषय को कुछ तेजी से सीखते हैं तथा किशोरावस्था आने पर वे और भी तेजी से वैसे ही विषय को सीखते हैं। इतना ही नहीं, शिक्षण पर शिक्षार्थियों के यौन (sex) का भी प्रभाव पड़ता देखा गया है। गिलफोर्ड (Guilford, 1952) के अनुसार लड़कियाँ अपने समान उम्र के लड़कों की अपेक्षा किसी पाठ को जल्दी सीख लेती हैं जिसका प्रधान कारण यह बताया गया है कि लड़कियाँ औसत रूप से लड़कों की अपेक्षा किसी पाठ को अधिक तत्परता से सीखने के लिए कुछ पहले परिपक्व हो जाती हैं।

(3) अवधान, अभिरुचि एवं अभिक्षमता (Attention, interest & aptitude)—शिक्षण पर शिक्षार्थियों के अवधान (attention), अभिरुचि (interest) तथा अभिक्षमता (aptitude) का भी प्रभाव पड़ता है। जब शिक्षार्थी कक्षा में पढ़ाए जानेवाले विषय पर अधिक ध्यान देते हैं, तो वे उसे तेजी से सीख लेते हैं। दूसरी तरफ जब वे पढ़ाए जानेवाले विषय पर ठीक से ध्यान नहीं देते, तो सीखने की प्रक्रिया मन्द हो जाती है और ऐसी अवस्था में हुए शिक्षण को प्रासंगिक सीखना (incidental learning) कहा जाता है। सिगेल (Siegel, 1968) ने अपने अध्ययन के आधार पर इस तथ्य की पुष्टि की है। उन्होंने इस अध्ययन में अवधान की मात्रा (degree of attention) तथा पठन क्षमता (reading ability) में सहसंबंध जानने की कोशिश की और वे इस निष्कर्ष पर पहुँचे कि इन दोनों में धनात्मक सहसंबंध (positive correlation) है। दूसरे शब्दों में, जैसे-जैसे शिक्षार्थी विषय पर अधिक ध्यान देते जाते हैं, वे विषय को शुद्धता से पढ़ पाने में उतने ही सक्षम हो पाते हैं।

ध्यान के अलावा अभिरुचि (interest) का भी प्रभाव पड़ता देखा गया है। सिगेल ने अभिरुचि को अवधान (attention) का एक उत्प्रेरक कारक माना है। उनके अनुसार जब शिक्षार्थी में विषय के प्रति अभिरुचि होती है या अभिरुचि उत्पन्न कर दी जाती है, तो स्वाभाविक रूप से उसका अवधान या ध्यान उस विषय या पाठ की ओर अधिक हो जाता है। ऐसी परिस्थिति में सीखने की प्रक्रिया तेजी से हो पाती है। जब शिक्षार्थी कई कारणों से कक्षा की पढ़ाई में अभिरुचि नहीं रखते हैं, तो उनकी शैक्षिक उपलब्धि (classroom achievement) कम हो जाती है क्योंकि शिक्षण का स्तर नीचे आ जाता है।

अभिक्षमता (aptitude) से तात्पर्य बालकों की अंतःशक्तियों (potentialities) से होता है। जिस शिक्षार्थी में जिस विषय को सीखने की अभिक्षमता होती है, वह विद्यार्थी उस विषय को तुलनात्मक रूप से अधिक तीव्रता से सीख लेता है क्योंकि ऐसे विषयों को सीखने से संबद्ध अंतःशक्ति (potentiality) के कारण कोई विघ्न नहीं होता है।

(4) परिपक्वन (Maturation)—सीखने की प्रक्रिया शिक्षार्थी के परिपक्वन पर भी निर्भर करती है। प्रत्येक प्रक्रिया को सीखने के लिए शिक्षार्थी में परिपक्वन के एक निश्चित स्तर का होना अनिवार्य है। जैसे यदि कोई शिक्षार्थी ककहरा या वर्णमाला (alphabet) के अक्षरों को लिखना सीख रहा है तो इसके लिए यह आवश्यक है कि उसके हाथ की अँगुलियाँ इतनी परिपक्व हों कि पेंसिल या कलम को ठीक ढंग से पकड़ सके। किसी विषय के सीखने के अनुकूल परिपक्वन (maturation) होने पर

शिक्षा (learning) की प्रक्रिया तेजी से होती है। परंतु, परिपक्वन का अभाव रहने पर लाख कोशिश के बावजूद सीखने की प्रक्रिया धीमी ही होती है।

(5) अभिप्रेरणात्मक एवं संवेगात्मक स्थिति (Motivational and emotional state)—सीखने की प्रक्रिया पर शिक्षार्थी के अभिप्रेरणात्मक (motivational) एवं संवेगात्मक स्थिति का भी प्रभाव पड़ता है। अध्ययनों से यह स्पष्ट हुआ है कि यदि शिक्षार्थी विषय को सीखने के लिए स्वयं ही अभिप्रेरित हैं या शिक्षकों के विशेष प्रयास से अभिप्रेरित कर दिए गए हैं, तो वे जटिल-से-जटिल पाठ को तीव्रता से सीख लेते हैं। सिगेल (Siegel, 1968) के अध्ययन से इस तथ्य की पुष्टि हुई है। उसी तरह जब शिक्षार्थी सांवेगिक तनाव एवं चिंता (anxiety) से मुक्त रहता है, तब वह विषय की सार्थकता (significance) पर ध्यान देने की कोशिश करता है तथा उसे जल्दी ही आत्मसात कर लेता है। सांवेगिक तनाव एवं चिंता की अधिकता से तो यहाँ तक देखा गया है कि कुछ शिक्षार्थी इतने अस्वस्थ हो जाते हैं कि उनका शिक्षण स्तर करीब-करीब शून्य पर पहुँच जाता है। ऐसे शिक्षार्थी कक्षा के भीतर अच्छा नहीं महसूस करते और कोई बहाना बनाकर बाहर निकल जाने की ताक में लगे रहते हैं।

स्वभावतः ऐसे शिक्षार्थियों का शिक्षण स्तर तो प्रभावित होता ही है, साथ-ही-साथ शैक्षिक उपलब्धि (educational achievement) गिर जाती है।

(6) सीखे जानेवाले विषय का स्वरूप (Nature of materials to be learnt)—सीखने की प्रक्रिया इस बात पर भी निर्भर करती है कि सीखे जानेवाले विषय का स्वरूप (nature) क्या है। शिक्षा मनोवैज्ञानिकों ने सीखे जानेवाले विषय के स्वरूप के तीन पहलुओं (aspects) को सीखने की प्रक्रिया के लिए महत्त्वपूर्ण बताया है—

(i) विषय की सार्थकता (Meaningfulness of the materials)

(ii) विषय की लम्बाई (Length of the materials)

(iii) विषय का कठिनाई-स्तर (Difficulty level of the materials)

ऐसा देखा गया है कि यदि सीखा जानेवाला पाठ अधिक सार्थक है, तो शिक्षार्थी उसमें उचित रुचि दिखाते हैं और उस पाठ की अपेक्षा जो उन्हें तुलनात्मक रूप से कम सार्थक लगता है, जल्दी सीख लेते हैं। उसी तरह से सीखे जानेवाले विषय या पाठ की लम्बाई का भी प्रभाव शिक्षा (learning) पर पड़ता है। विषय अधिक लम्बा होने पर व्यक्ति उसे अधिक प्रयासों (trials) में सीखता है तथा विषय की लम्बाई कम होने से या साधारण होने से शिक्षार्थी उसे कम प्रयासों (trials) में ही सीख लेता है। किंग्स्ले तथा गैरी (Kingsley & Garry, 1975) ने अपने प्रयोगात्मक अध्ययन के आधार पर इसे साबित किया है। उसी तरह जब विषय का कठिनाई-स्तर शिक्षार्थी की क्षमता (ability) तथा योग्यता से काफी अधिक होता है, तो वे वैसे विषय को समझकर नहीं बल्कि रटकर सीखते हैं और तुरंत भूल भी जाते हैं। परंतु यदि विषय का कठिनाई-स्तर शिक्षार्थी की योग्यता तथा क्षमता के अनुरूप होता है, तो वे उन विषयों को समझकर सीखते हैं तथा साथ-ही- साथ विषय के महत्त्व एवं उपयोगिता का भी आकलन सही-सही ढंग से कर पाते हैं। शायद यही कारण है कि इस तरह का विषय या पाठ को शिक्षार्थी जल्द सीख लेता है तथा साथ-ही-साथ उसे अधिक दिनों तक धारण (retain) करके भी रखता है।

(7) सीखने की विधि (Methods of learning)—सीखने पर इस बात का भी प्रभाव पड़ता है कि शिक्षार्थी (learner) ने सीखने की प्रभावकारी विधियों का इस्तेमाल किया है या नहीं। यदि उसने पाठ या विषय को समझकर सीखा है, उसपर विवेचना (discussion) करके उसके गुण एवं दोष से परिचित होकर उसे सीखा है, उसका समय-समय पर पुनरावृत्ति या पुनःनिरीक्षण करते हुए सुनाने (recite) का प्रयत्न किया है, तो ऐसी अवस्था में पाठ को वह कम समय में सीख लेता है। सीखने की इन प्रभावकारी विधियों (effective methods) के अभाव में भी शिक्षार्थी किसी विषय को सीख सकता है परंतु उसके सीखने की गति अकसर काफी मन्द होती देखी गई है।

(8) शिक्षक की संचारक्षमता (Communication ability of the teacher)—गोल्डबैक तथा कैम्पबेल (Goldback & Campbell, 1989) ने यह बताया है कि कक्षा में शिक्षक द्वारा बताए गए विषयों या पाठों को सही-सही ढंग से शिक्षार्थियों द्वारा सीखना इस बात पर भी निर्भर करता है कि शिक्षक में पर्याप्त संचारक्षमता (communication ability) है या नहीं। संचारक्षमता से तात्पर्य विषय को सुस्पष्ट शब्दों में छात्रों के सामने इस ढंग से उपस्थित करने की क्षमता से होता है जिससे कि वे उन विषयों को सही-सही ढंग से समझ जाएँ। गोल्डबैक तथा कैम्पबेल ने यह बताया है कि जब कक्षा में शिक्षकों की संचारक्षमता पर्याप्त होती है, तब शिक्षार्थी में पाठ या विषय को सीखने की गति 40% अधिक होती है।

(9) सूचनात्मक पुनर्निवेशन (Informational feedback)—सीखने की प्रक्रिया सूचनात्मक पुनर्निवेशन (informational feedback) से भी प्रभावित होती है। सूचनात्मक पुनर्निवेशन से तात्पर्य शिक्षार्थियों को सीखने के लिए किए गए प्रयासों (trials) के परिणाम के बारे में बताने से होता है। इसे परिणाम ज्ञान (knowledge of result) भी कहा जाता है। शिक्षा मनोवैज्ञानिकों की आम सहमति है कि जब शिक्षार्थी को किसी विषय या पाठ को सीखने के दौरान उनके द्वारा किए गए प्रयासों के परिणाम से उन्हें अवगत कराया जाता है तथा साथ-ही-साथ यदि उनका प्रयास गलत दिशा में हो रहा है तो उसे सुधारने का पर्याप्त मौका देने से सीखने की प्रक्रिया तेजी से होती है। दूसरी तरफ, जब शिक्षार्थी को सीखने के दौरान इस तरह का सूचनात्मक पुनर्निवेशन नहीं दिया जाता है, तो इससे उनके सीखने की प्रक्रिया पर कुप्रभाव पड़ता है और सीखने की गति मन्द हो जाती है।

(10) कक्षा की भौतिक अवस्थाएँ (Physical conditions of classroom)—कुछ ऐसे भी अध्ययन हुए हैं जिनसे यह पता चला है कि सीखने की प्रक्रिया पर कक्षा के भौतिक वातावरण (physical environment) का प्रभाव पड़ता है। स्वार्ज (Schwartz, 1977) के अनुसार कक्षा में पर्याप्त रोशनी की मात्रा, गर्मी तथा सर्दी से बचने के लिए उपयुक्त व्यवस्था, टेबुल, डेस्क, कुर्सी तथा बेंच आदि का आरामदेह (comfortable) होना, बाहर के कोलाहल से बचने की पर्याप्त व्यवस्था पर भी सीखने की प्रक्रिया निर्भर करती है। इन भौतिक पहलुओं के संतोषजनक अवस्था में होने से शिक्षार्थी तीव्र गति से शिक्षकों द्वारा बताए गए विषय को सीखते हैं अन्यथा सीखने की गति धीमी पड़ जाती है।

इस तरह स्पष्ट है कि कक्षा में सीखने की गति कई कारकों द्वारा प्रभावित होती है। शिक्षकों को इन कारकों को ध्यान में रखकर कक्षा में पठन-पाठन का कार्य करना चाहिए।

शिक्षण वक्र
(Learning Curve)

शिक्षण या सीखना की प्रगति (progress) या अवनति को दिखानेवाली वक्ररेखा को शिक्षण वक्र (learning curve) कहा जाता है। शिक्षण वक्र एक ऐसा वक्र होता है जो सीखने की मात्रा तथा अभ्यास (practice) या प्रयास (trial) के बीच एक खास संबंध को बताता है। शिक्षण वक्र को देखकर यह कहा जा सकता है कि किन-किन प्रयासों में सीखने की मात्रा में कमी या तेजी हुई है।

मनोवैज्ञानिकों द्वारा किए गए अध्ययनों से स्पष्ट हो गया है कि शिक्षण वक्र के चार प्रमुख प्रकार होते हैं—

(1) समान निष्पादन वक्र (Curve of equal returns) या रेखीय त्वरण वक्र (linear acceleration curve)

(2) वर्धमान निष्पादन वक्र (Curve of increasing returns) या धनात्मक त्वरण वक्र (positive acceleration curve)

(3) ह्रास निष्पादन वक्र (Curve of decreasing returns) या ऋणात्मक त्वरण वक्र (negative acceleration curve)

(4) एस-आकारीय वक्र (S-shaped curve)।

इन सभी का वर्णन निम्नांकित है—

(1) समान निष्पादन वक्र (Curve of equal returns)—इस वक्र को रेखीय त्वरण वक्र (linear accelaration curve) भी कहा जाता है। जैसा कि नाम से स्पष्ट है, इस वक्र का आकार (shape) एक सीधी रेखा (line) के समान होता है। (चित्र 13.2 क देखें।) इस तरह के वक्र से यह स्पष्ट रूप से पता चलता है कि प्रत्येक प्रयास (trial) में सीखने की मात्रा या निष्पादन समान रहा है। इस तरह के शिक्षण वक्र की एक विशेषता यह भी है कि इस तरह का वक्र बहुत कम देखने को मिलता है। लैकमैन (Lackman, 1961) ने अपने अध्ययन में एक इस प्रकार का शिक्षण वक्र (learning curve) पाया था जिसमें 4 दिनों तक चूहों द्वारा विभेदीय सीखना (discrimination learning) के प्रयोग में सही अनुक्रिया का प्रतिशत प्रतिदिन करीब-करीब समान यानी 10%–10% था।

(2) वर्धमान निष्पादन वक्र या धनात्मक त्वरण वक्र (Curve of increasing returns or positive acceleration curve)—इस तरह का वक्र तब बनता है जब प्रारम्भ के प्रयासों में सीखने की गति धीमी होती है और फिर बाद के प्रयासों में उसकी गति तीव्र हो जाती है जिसके फलस्वरूप शिक्षण वक्र तेजी से ऊपर उठता है (चित्र 13.2 ख देखें)। इस तरह का शिक्षण वक्र वैसी परिस्थिति में बनता है जब शिक्षार्थी को कोई कठिन पाठ सीखने के लिए या कठिन समस्या का समाधान करने के लिए कहा जाता है। स्वभावतः पाठ कठिन होने पर प्रारंभ में सीखने की गति धीमी होती है तथा फिर कुछ अभ्यास हो जाने के बाद उसकी गति तीव्र हो जाती है।

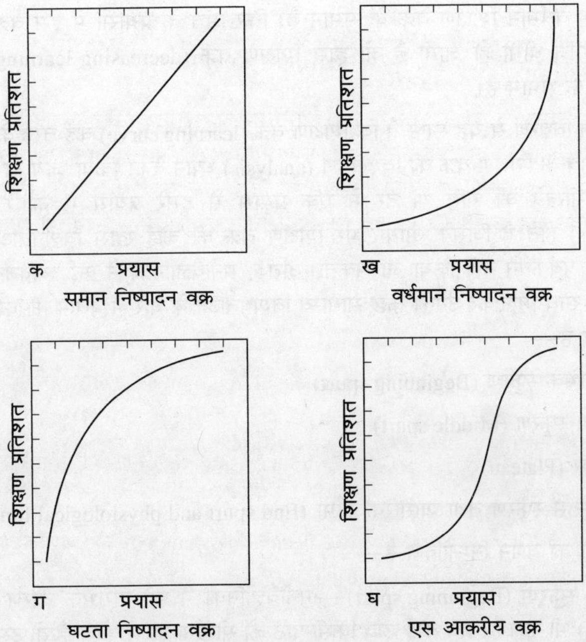

चित्र 13.2 शिक्षण वक्र

(3) ह्रास निष्पादन वक्र या ऋणात्मक त्वरण वक्र (Curve of decreasing returns or negative acceleration curve) सीखना के क्षेत्र में जितने भी प्रयोग किए गए हैं, उनके आँकड़ों (data) के आधार पर बननेवाले वक्र में यह सबसे सामान्य तथा लोकप्रिय वक्र है। इस तरह के वक्र से यह पता चलता है कि प्रारंभ के प्रयासों में सीखने की गति (rate) तीव्र होती है परंतु बाद के प्रयासों (trials) में यह गति धीमी हो जाती है क्योंकि प्रयोज्य (subject), निष्पादन (performance) के उच्चतम शिखर के करीब आ जाता है। (चित्र 13.2 ग देखें।) अगर एक सीमा के बाद भी अभ्यास किया जाता है, तो वैसी परिस्थिति में प्रत्येक प्रयास के बाद निष्पादन में कोई वृद्धि नहीं होती है और कभी-कभी थकान (fatigue), अनिच्छा आदि कारणों से निष्पादन में ह्रास भी होना प्रारंभ हो जाता है।

(4) एस-आकारीय वक्र (S-shaped curve) इस तरह के शिक्षण वक्र में सीखने की गति या दर आरंभ में धीमी होती है और फिर बाद के प्रयासों में तीव्र हो जाती है और अंत में फिर धीमी हो जाती है (चित्र 13.2 घ देखें)। अगर छात्र को एक ऐसा नया पाठ (lesson) सीखने को दे दिया जाता है जिससे वह पूर्वपरिचित नहीं है तथा साथ-ही-साथ पूरा पाठ समान रूप से कठिन (difficult) है, तो इससे बननेवाला वक्र प्रायः एस-आकारीय वक्र (S-shaped) होता है। अगर ध्यानपूर्वक देखा जाय तो यह स्पष्ट हो जायेगा कि एस-आकारीय शिक्षण वक्र में वर्धमान शिक्षण वक्र (curve of increasing returns) तथा ह्रास शिक्षण वक्र (curve of decreasing returns) दोनों ही सम्मिलित होते हैं। एस-आकारीय वक्र में आरम्भ के प्रयासों (trial) में सीखने की गति या दर धीमी हो जाती है। प्रयास की संख्या में वृद्धि होने पर बीच में सीखने की गति तीव्र हो जाती

है। अतः यह वर्धमान शिक्षण वक्र के समान हैं। फिर अंत के प्रयासों में इस वक्र के अनुसार सीखने की गति धीमी हो जाती है जो ह्रास शिक्षण वक्र (decreasing learning curve) की विशेषताओं के समान है।

उपर्युक्त विवरण से यह स्पष्ट है कि शिक्षण वक्र (learning curve) कई तरह के होते हैं। यदि किसी एक छात्र के शिक्षण वक्र का विश्लेषण (analysis) ध्यान देकर किया जाय तो यह स्पष्ट हो जाएगा कि सीखने की गति या दर में एक प्रयास से दूसरे प्रयास में काफी उतार-चढ़ाव (fluctuations) होते हैं जिसके आधार पर शिक्षण वक्र की कोई खास विशेषताओं के बारे में पूर्वानुमान या पूर्वकथन नहीं किया जा सकता। अतः, मनोवैज्ञानिकों ने कई व्यक्तियों के शिक्षण वक्रों को एक साथ मिलाकर उनकी कुछ सामान्य विशेषताओं के बारे में बताने की कोशिश की है, जो इस प्रकार है—

(1) प्रारंभिक स्फुरण (Beginning spurt)

(2) मध्य स्फुरण (Middle spurt)

(3) पठार (Plateau)

(4) अन्तिम स्फुरण तथा शारीरिक सीमा (End spurt and physiological limit)।

इन चारों का वर्णन निम्नांकित हैं—

(1) प्रारंभिक स्फुरण (Beginning spurt)—मनोवैज्ञानिकों ने इसे प्रारंभिक त्वरण (beginning acceleration) भी कहा है। जब कोई छात्र किसी पाठ को सीखना प्रारंभ करता है तो उस समय उसमें अभिप्रेरण (motivation), अभिरुचि (interest) तथा सबलता अधिक होती है। इतना ही नहीं, प्रारंभ के प्रयासों (trials) में पाठ कठिन हो या आसान, छात्र के लिए वह नवीन होता है। इन सभी कारकों का परिणाम यह होता है कि शिक्षण वक्र तेजी से ऊपर की ओर बढ़ता है। (चित्र 13.3 देखें।)

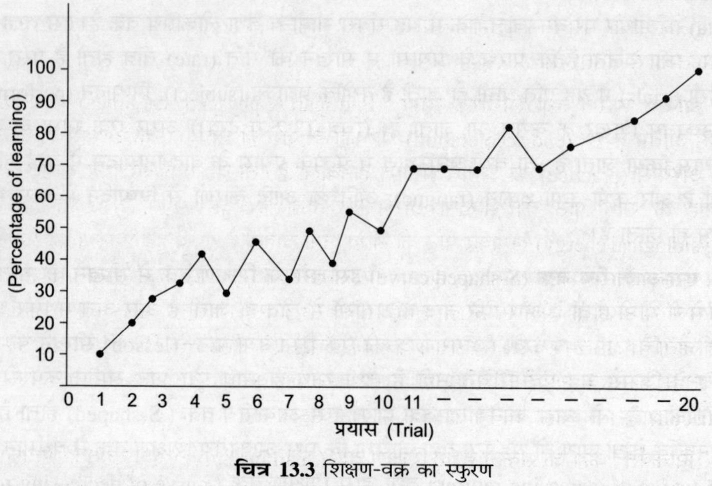

चित्र 13.3 शिक्षण-वक्र का स्फुरण

(2) मध्य स्फुरण (Middle spurt)—मनोवैज्ञानिकों ने इसे मध्यकालिक त्वरण (middle spurt) भी कहा है। यह अवस्था अभ्यास (practices) के बीच की अवस्था होती है जहाँ शिक्षण वक्र में

काफी उतार-चढ़ाव (fluctuations) पाया जाता है। प्रारंभ में छात्र में जो अभिरुचि, उत्साह, अभिप्रेरणा आदि होते हैं, बीच के प्रयासों में आकर उसमें कुछ कमी आ जाती है जिसके परिणामस्वरूप शिक्षण वक्र में काफी उतार-चढ़ाव होना प्रारंभ हो जाता है। कभी सीखने की गति धीमी हो जाती है तो कभी तेज हो जाती है। (चित्र 13.3 देखें।)

(3) पठार (Plateau)—प्रायः यह देखा गया है कि अभ्यास के बीच में कुछ प्रयासों (trials) तक लगातार सीखने की गति या दर न तो तेज होती है और न धीमी होती है। इसका मतलब यह हुआ कि सीखने की गति में कोई उतार-चढ़ाव नहीं होता। फलतः शिक्षण वक्र पड़ी रेखा (horizontal line) के रूप में आगे बढ़ती है (चित्र 13.3 देखें)। शिक्षण वक्र के इस तरह के हिस्से को पठार (plateau) कहा जाता है। किसी भी शिक्षण वक्र में पठार (plateau) एक या एक से अधिक हो सकता है। रूक (Ruch, 1967) ने इस तरह के पठार के निम्नांकित तीन कारण बताए हैं—

(i) जब छात्र की रुचि किसी पाठ को सीखने में कम हो जाती है तो इससे शिक्षण वक्र में पठार बनना प्रारंभ हो जाता है।

(ii) जब छात्र अभ्यास के मध्य में ही सीखने की एक विधि को छोड़कर एक नई विधि अपनाता है तो इस नई विधि के प्रारंभ में कई प्रयास तक सीखने की गति समान बनी होती है जिसके फलस्वरूप शिक्षण वक्र में पठार (plateau) बनना प्रारंभ हो जाता है।

(iii) जब प्रयोज्य (subject) को पहले सीखी गई अनुभूतियों (past learnt associations) से अधिक मदद नहीं मिलती है, तो इससे भी सीखने की गति कुछ लगातार प्रयास तक समान बनी रहती है जिससे शिक्षण वक्र में पठार उत्पन्न होता है।

केलर (Keller, 1958) ने अपने अध्ययन के आधार पर यह बताया है कि किसी शिक्षण वक्र में पठार का होना या न होना पाठ के स्वरूप (nature), छात्रों की अभिप्रेरणा, पूर्व अनुभूति तथा कार्य करने की विधि पर निर्भर करता है। यदि पाठ का स्वरूप कठिन, छात्र के अभिप्रेरणा में कमी, पूर्व अनुभूति से न के बराबर मदद होने तथा कार्य करने की विधि नई होती है तो इससे शिक्षण वक्र में पठार तेजी से बनता है।

(4) अन्तिम स्फुरण तथा शारीरिक सीमा (End spurt & physiological limits)—मनोवैज्ञानिकों ने इसे अंतिम त्वरण (end acceleration) भी कहा है। जैसे ही छात्र को यह आभास हो जाता है कि अब अभ्यास (practice) की अवधि समाप्त होनेवाली है, तो वह एक बार फिर काफी लगन एवं उत्साह के साथ पाठ को सीखना प्रारंभ कर देता है। वह अपनी पूरी शारीरिक शक्ति (physiological energy) लगाकर पाठ को सीख लेना चाहता है या दी हुई समस्या का समाधान कर लेना चाहता है। इसका परिणाम यह होता है कि सीखने की गति फिर तेज हो जाती है तथा शिक्षण वक्र तेजी से ऊपर की ओर भागने लगता है। (चित्र 13.3 देखें।) इसे ही अंतिम स्फुरण (end spurt) कहा जाता है। अन्तिम स्फुरण में शिक्षण वक्र की ऊँचाई एक सीमा तक ही होती है। यह सीमा प्रायः व्यक्ति के शारीरिक शक्ति की सीमा पर निर्भर करती है; क्योंकि किसी भी व्यक्ति के लिए अपनी शारीरिक शक्ति के बाहर जाकर पाठ का सीखना संभव नहीं है।

निष्कर्षतः कहा जा सकता है कि शिक्षण वक्र (learning curve) एक बहुत ही महत्त्वपूर्ण वक्र है जिसके सहारे हमें यह स्पष्ट रूप से पता चलता है कि अभ्यास बढ़ने के साथ-साथ सीखने की गति में किस तरह का परिवर्तन हो रहा है और किन-किन प्रयासों में हो रहा है। शिक्षण वक्र की कई

विशेषताओं में पठार (plateau) एक महत्त्वपूर्ण विशेषता है जिसका मनोवैज्ञानिकों ने विशेष रूप से अध्ययन किया है।

सीखने के सिद्धांत के स्वरूप एवं प्रकार (Nature and Kinds of Theories of Learning)

मनोवैज्ञानिकों ने सीखने के स्वरूप की व्याख्या करने के लिए कई सिद्धांतों (theories) का वर्णन किया है। सीखने का सिद्धांत क्या है (What is meant by a theory of learning)? इस प्रश्न का उत्तर देते हुए मनोवैज्ञानिकों ने कहा है कि सीखने के सिद्धांत से तात्पर्य एक ऐसी सैद्धान्तिक व्याख्या (theoretical explanation) से होता है जिसके द्वारा सीखने की वैज्ञानिक व्याख्या होती है और उस व्याख्या में तीन प्रश्नों का पर्याप्त उत्तर मिल जाता है—व्यक्ति क्यों (why) सीखता है, व्यक्ति कैसे (how) सीखता है तथा व्यक्ति क्या (what) सीखता है? हरगेनहान (Hergenhahn, 1988) के अनुसार सीखने के भिन्न-भिन्न सिद्धांतों में इन तीनों प्रश्नों का जवाब देने का भरसक प्रयत्न किया जाता है।

यदि सीखने के विभिन्न सिद्धांतों पर ठीक से विचार करें, तो हम पाएँगे कि सभी ऐसे सिद्धांतों को निम्नांकित दो भागों में बाँटा जा सकता है—

(अ) उद्दीपन-अनुक्रिया सिद्धांत (Stimulus-Response theory)

(ब) उद्दीपन-उद्दीपन सिद्धांत (Stimulus-Stimulus theory) या संज्ञानात्मक सिद्धांत (Cognitive theory)।

उद्दीपन-अनुक्रिया सिद्धांत (Stimulus-Response theory or S-R theory) के अनुसार जब भी व्यक्ति के सामने कोई समस्या (problem), जिसे उद्दीपन (stimulus) कहा जाता है, आती है तो वह उसके समाधान के लिए भिन्न-भिन्न प्रकार की अनुक्रियाएँ (responses) करता है। इनमें सही अनुक्रिया से चूँकि उस समस्या का समाधान हो जाता है, अतः आगे आनेवाले प्रयासों में व्यक्ति उस समस्या या उद्दीपन (stimulus) के प्रति सही-सही अनुक्रिया करने लगता है और धीरे-धीरे उस विशेष उद्दीपन तथा सही-सही अनुक्रिया में एक संबंध (relationship) स्थापित हो जाता है जिसे सीखने की संज्ञा दी जाती है। इन मनोवैज्ञानिकों के बीच (जिन्होंने उद्दीपन-अनुक्रिया सिद्धांत का प्रतिपादन किया है) इस प्रश्न पर मतभेद है कि उद्दीपन तथा अनुक्रिया के बीच संबंध कैसे (how) स्थापित होता है? कुछ ऐसे मनोवैज्ञानिकों का विचार है कि यह संबंध पुनर्बलन (reinforcement) के आधार पर होता है। जब अनुक्रिया करने के बाद व्यक्ति को किसी प्रकार का पुनर्बलन मिलता है, तो इसका संतोषजनक प्रभाव (satisfying effect) व्यक्ति पर पड़ता है और वह उस अनुक्रिया को उद्दीपन के साथ संबंधित कर लेता है जिसे सीखना की संज्ञा दी जाती है। इन सिद्धांतों को उद्दीपन-अनुक्रिया पुनर्बलन सिद्धांत (stimulus-reinforcement theory) की संज्ञा दी जाती है या इसे 'प्रभावक सिद्धांत' (effect theory) भी कहा जाता है। इस श्रेणी में थॉर्नडाइक (Thorndike), स्कीन्नर (Skinner), पैवलव (Pavlov), हल (Hull) तथा मिल्लर (Miller) आदि के सिद्धांतों को रखा गया है। उद्दीपन-अनुक्रिया में संबंध सिद्धांत को माननेवाले कुछ ऐसे भी मनोवैज्ञानिक हैं जो यह कहते हैं कि उद्दीपन एवं अनुक्रिया पुनर्बलन के आधार पर नहीं बल्कि समीपता (contiguity) या बारंबारता (frequency) के आधार पर होती है। इनलोगों का मत है कि उद्दीपन तथा अनुक्रिया जब एक-दूसरे के साथ-साथ होते हैं और ऐसा कई बार होता

है तो अपने-आप ही इन दोनों में संबंध स्थापित हो जाता है जिसे हम सीखना की संज्ञा देते हैं। इस विचार के प्रवर्तकों के सिद्धांत को उद्दीपन-अनुक्रिया अपुनर्बलन सिद्धांत (stimulus-response non-reinforcement theory) कहा जाता है। इसमें गथरी (Guthrie), वाटसन (Watson) एवं ऐस्ट्स (Estes) के विचार प्रमुख हैं।

उद्दीपन-उद्दीपन सिद्धांत (Stimulus-Stimulus theory) या जिसे संज्ञानात्मक सिद्धांत (Cognitive theory) भी कहा जाता है, एक तरह से उद्दीपन-अनुक्रिया सिद्धांत के विरोध में उत्पन्न हुआ। इस सिद्धांत के अनुसार किसी भी सीखने की परिस्थिति में कई समस्याएँ या उद्दीपन (stimuli) होते हैं। सीखनेवाले व्यक्ति को उन विभिन्न उद्दीपनों का अर्थ एवं उनके आपसी संबंधों को समझना होता है। जैसे ही व्यक्ति उन विभिन्न-उद्दीपनों का अर्थ तथा उसके आपसी संबंधों को समझ लेता है, पूरी उद्दीपन परिस्थिति का उसके मन में एक संज्ञानात्मक नक्शा (cognitive map) विकसित हो जाता है, जिसे सीखने की संज्ञा दी जाती है। संज्ञानात्मक सिद्धांत को मनोवैज्ञानिकों ने दो भागों में बाँटा है—क्लासिकी संज्ञानात्मक सिद्धांत (classical cognitive theory) तथा आधुनिक संज्ञानात्मक सिद्धांत (modern cognitive theory)। वर्दाइमर (Wertheimer), कोहलर तथा कौफ्का (Kohler & Koffka), पियाजे (Piaget) तथा टालमैन (Tolman) के सिद्धांतों को क्लासिकी संज्ञानात्मक सिद्धांत में रखा गया है तथा ऊसूबेल (Ausubel), ब्रुनर (Bruner), बैण्डुरा (Bandura), नारमैन (Norman), बौल्स (Bolles) तथा बिण्डरा (Bindra) आदि के सिद्धांतों को आधुनिक संज्ञानात्मक सिद्धांत की श्रेणी में रखा गया है।

सीखने के सिद्धांतों के वर्गीकरण को चित्र-13.4 द्वारा इस प्रकार दिखा सकते हैं—

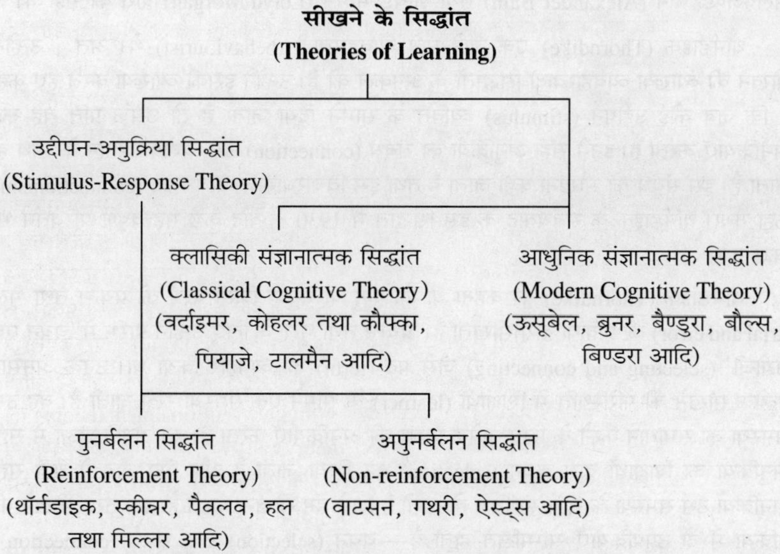

चित्र 13.4 सीखने के विभिन्न सिद्धांतों के वर्गीकरण का चित्रण

प्रस्तुत पुस्तक की सीमारेखाओं को ध्यान में रखते हुए इन सिद्धांतों में केवल निम्नांकित सिद्धांतों का ही वर्णन किया जाएगा—

(1) थॉर्नडाइक का सिद्धांत (Thorndike's theory)

(2) पैवलव का सिद्धांत (Pavlov's theory)

(3) स्कीन्नर का सिद्धांत (Skinner's theory)

(4) कोहलर तथा कौफ्का का सिद्धांत (Kohler & Koffka theory)

(5) ऊसूबेल का सिद्धांत (Ausubel's theory)

(6) ब्रुनर का सिद्धांत (Bruner's theory)।

थॉर्नडाइक का प्रयत्न तथा भूल सिद्धांत (Thorndike's Trial and Error Theory)

ई॰ एल॰ थॉर्नडाइक (E L Thorndike, 1874–1949) द्वारा प्रतिपादित सीखने के सिद्धांत को एक अति महत्त्वपूर्ण सिद्धांत माना गया है जिसमें हमें साहचर्यवाद (associationism), डार्विनवाद (Darwinism) तथा विज्ञान की विधियों (Methods of science) का अनोखा संगम दिखाई देता है। थॉर्नडाइक ने सीखने के सिद्धांत का प्रतिपादन 1898 में अपने पी-एच॰ डी॰ शोध प्रबन्ध (PhD thesis) जिसका शीर्षक 'एनिमल इण्टेलिजेंस' (Animal Intelligence) था, में पशु व्यवहारों के अध्ययन के फलस्वरूप किया। हालाँकि उनके पहले भी पशु व्यवहार के सीखने की व्याख्या अलेक्जेण्डर बेन (Alexander Bain) तथा लायड मार्गन (Lolyd Morgan) द्वारा की गई थी।

थॉर्नडाइक (Thorndike) एक जाने-माने व्यवहारवादी (behaviourist) थे। अतः, उन्होंने सीखने की व्याख्या व्यवहारवादी सिद्धांतों के अनुकूल की है। उन्होंने इसकी व्याख्या करते हुए कहा है कि जब कोई उद्दीपन (stimulus) व्यक्ति के सामने दिया जाता है तो उसके प्रति वह कई अनुक्रियाएँ करता है। इनमें सही अनुक्रिया का संबंध (connection) उस विशेष उद्दीपन के साथ हो जाता है। इस संबंध को सीखना कहा जाता है तथा इस विचारधारा को संबंधवाद (connectionism) कहा गया। थॉर्नडाइक के संबंधवाद के इस सिद्धांत में 1930 के बाद कुछ महत्त्वपूर्ण परिवर्तन भी किए गए।

थॉर्नडाइक (Thorndike) का कहना था कि पशु या मनुष्य किसी कार्य को प्रयत्न तथा भूल (trial and error) की प्रक्रिया द्वारा सीखता है। 'प्रयत्न तथा भूल' के लिए उन्होंने प्रारंभ में 'चयन एवं संयोजी' (selecting and connecting) जैसे पद (term) का व्यवहार किया था। उनके अनुसार प्रत्येक सीखने की परिस्थिति में शिक्षार्थी (learner) के सामने एक समस्या रखी जाती है। वह उस समस्या का समाधान करने के लिए अनेक प्रकार की अनुक्रियाएँ करता है। इन अनुक्रियाओं में सही अनुक्रिया का शिक्षार्थी द्वारा चयन (selection) कर लिया जाता है और फिर बाद में यही सही अनुक्रिया उस समस्या के साथ संबंधित हो जाती है जिसे हम सीखना कहते हैं। इस तरह सीखने की प्रक्रिया में दो उपप्रक्रियाएँ सम्मिलित होती हैं—चयन (selection) तथा संबंध (connection)। चयन की प्रक्रिया द्वारा शिक्षार्थी अनेकों तरह की गई अनुक्रियाओं में से सही अनुक्रिया को चुन लेता है। थॉर्नडाइक ने अपने सिद्धांत में सही अनुक्रिया को परिभाषित करते हुए कहा है कि सही अनुक्रिया

वह अनुक्रिया है जिसके करने के बाद पुनर्बलन (reinforcement) शिक्षार्थी को मिलता है। यही कारण है कि थॉर्नडाइक के सीखने के सिद्धांत को उद्दीपन-अनुक्रिया पुनर्बलन सिद्धांत (stimulus-response reinforcement theory) में रखा गया है। जब शिक्षार्थी सही अनुक्रिया कर लेता है तो बाद के प्रयासों में इसका संबंध उस विशेष उद्दीपन या समस्या के साथ वह स्थापित करता है। इस तरह का संबंध स्थापित होते ही सीखने की प्रक्रिया पूरी हो जाती है जिसके फलस्वरूप जब-जब शिक्षार्थी के सामने उस उद्दीपन को रखा जाता है, वह तुरंत ही सही अनुक्रिया को कर डालता है।

थॉर्नडाइक (Thorndike) ने सीखने की तीन प्रमुख विशेषताओं (characteristics) का वर्णन किया है जो निम्नांकित हैं—

(1) सीखने की प्रक्रिया पशु में हो या मनुष्य में, समान ढंग से होती है (Learning takes place in same manner in animals as well as in men)—थॉर्नडाइक ने बताया कि सीखनेवाला प्राणी (organism) चाहे पशु हो या मनुष्य, समान ढंग से अर्थात प्रयत्न एवं भूल (trial and error) की प्रक्रिया द्वारा सीखता है।

(2) सीखना क्रमोत्तर होता है, न कि सूझपूर्ण होता है (Learning is incremental and not insightful)—थॉर्नडाइक ने यह बताया कि सीखने की प्रक्रिया धीरे-धीरे छोटे-छोटे क्रमबद्ध कदमों (small systematic steps) में होती है न कि अचानक सूझ (insight) उत्पन्न होने से होती है। सचमुच सीखने की प्रक्रिया में सूझ जैसा व्यवहार होता ही नहीं है। अतः, सीखने की प्रक्रिया में अचानकता (suddenness) जैसी प्रक्रिया न होकर उसमें क्रमिकता (graduality) होती है अर्थात धीरे-धीरे होने का गुण होता है।

(3) सीखने में चिंतन या विवेचन का स्थान नहीं होता है (Learning is not mediated by thinking or reasoning)—थॉर्नडाइक (Thorndike) ने यह भी बल देकर कहा कि सीखने की प्रक्रिया प्रत्यक्ष (direct) होती है और उसमें किसी प्रकार का चिंतन या विवेचन (reasoning) का कोई महत्त्व नहीं होता है।

थॉर्नडाइक ने उपर्युक्त तथ्य की पुष्टि अनेक प्रयोग करके की है। उनके प्रयोग बिल्ली, कुत्ता, मछली तथा अंत में मानव बालक एवं वयस्क पर भी किए गए हैं। कहा जाता है कि वे वनमानुष पर भी प्रयोग करना चाहते थे परंतु उसे अधिक कीमती (costly) होने के कारण वे खरीद नहीं पाए। इन सभी प्रयोगों में बिल्ली पर किया गया प्रयोग काफी मशहूर है जिसका संक्षिप्त वर्णन यहाँ हम अपेक्षित समझते हैं—

थॉर्नडाइक का बिल्ली पर पहेली बक्स में प्रयोग (Thorndike's experiment on cat in puzzle box)—इस प्रयोग में एक भूखी बिल्ली को एक पहेली बक्स (puzzle box) में बन्द कर रखा गया। (चित्र 13.5 देखें।) इस बक्स के अन्दर एक सिटकिनी (knob) लगी थी जिसको दबाकर गिरा देने से दरवाजा खुल जाता था। दरवाजे के बाहर भोजन रख दिया गया था। चूँकि बिल्ली भूखी थी, अतः वह दरवाजा खोलकर भोजन खाने की पूरी कोशिश करना प्रारंभ कर दी। प्रारंभ के प्रयासों (trials) में जब बिल्ली को बक्स के अन्दर रखा गया, तो बहुत सारे अनियमित व्यवहार जैसे उछलना, कूदना, नोचना-खसोटना आदि पाए गए। इसी उछल-कूद में अचानक उसका पंजा सिटकिनी पर पड़ गया जिसके दबने से दरवाजा खुल गया और बिल्ली बाहर निकलकर भोजन कर ली। बाद के प्रयासों में बिल्ली द्वारा किए जानेवाले अनियमित व्यवहार अपने-आप कम होते गए

तथा बिल्ली सही अनुक्रिया (यानी सिटकिनी दबाकर दरवाजा खोलने की अनुक्रिया) को बक्स में रखने के तुरंत बाद करती पाई गई।

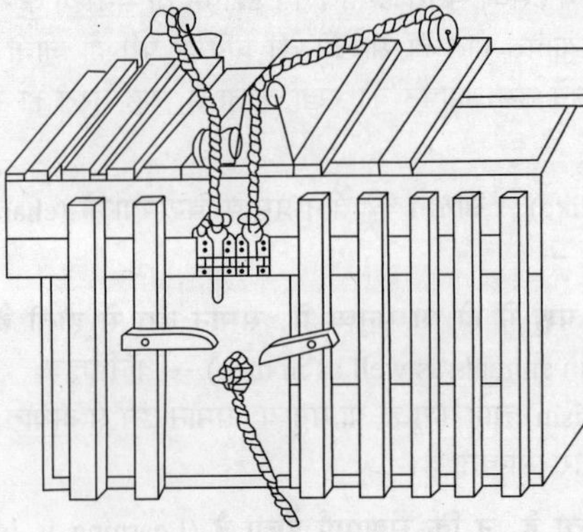

चित्र 13.5 थॉर्नडाइक का पहेली बक्स पर प्रयोग

थॉर्नडाइक (Thorndike) ने इसी तरह के अनेक प्रयोग किए हैं जिनके आधार पर उन्होंने सीखने की उपर्युक्त विशेषताओं (above characteristics) की पुष्टि की है। प्रयोग से स्पष्ट है कि बिल्ली में सही अनुक्रिया धीरे-धीरे कई प्रयासों में स्थापित (stamped in) होती है तथा अनियमित अनुक्रियाएँ धीरे-धीरे कई प्रयासों में छँटती जातीं (stamped out) हैं। अतः, इस बात का कोई सबूत नहीं मिलता कि बिल्ली ने सीखने के दौरान किसी तरह की सूझ का सहारा लिया हो। सच्चाई यह है कि सीखने की प्रक्रिया में जैसे-जैसे प्रयास (trials) दिया जाता है, वैसे-वैसे अपने-आप ही यह स्वचालित (automatic) एवं यांत्रिक रूप से (mechanically) होती जाती है। इसमें बिल्ली कहीं भी किसी तरह की सूझ (insight), समझ (understanding) एवं विवेचन (reasoning) नहीं दिखाती है। थार्नडाइक (Thorndike, 1911) ने स्वयं ही कहा है कि विभिन्न प्रयोगों में उन्होंने पशुओं को "कोई ऐसा व्यवहार करते नहीं पाया है जो तर्कपूर्ण चिन्तन (reasoning) के कारण हुआ हो" [Thorndike (1911) "failed to find any act that even seemed due to reasoning"]

थॉर्नडाइक ने सीखने के सिद्धांत में तीन महत्त्वपूर्ण नियम तथा पाँच सहायक नियमों (subordinate laws) का भी वर्णन किया है। वे तीन महत्त्वपूर्ण नियम इस प्रकार हैं—

(1) तत्परता का नियम (Law of readiness)

(2) अभ्यास का नियम (Law of exercise)

(3) प्रभाव का नियम (Law of effect)।

इन तीनों नियमों तथा पाँच सहायक नियमों का वर्णन एवं प्रत्येक की शैक्षिक उपयोगिताओं (educational applications) का वर्णन इस अध्याय में 'सीखने के नियम तथा कक्षा में उनकी उपयोगिताएँ' वाले शीर्षक के अंतर्गत किया जा चुका है।

थॉर्नडाइक के सीखने के सिद्धांत का शैक्षिक आशय एवं मूल्यांकन (Educational Implication and Evaluation of Thorndike's Theory of Learning)

थॉर्नडाइक के सीखने का सिद्धांत एक ऐसा महत्त्वपूर्ण सिद्धांत है जिसकी शैक्षिक उपयोगिताएँ एवं शैक्षिक आशय काफी अधिक हैं। स्वयं थॉर्नडाइक द्वारा भी शिक्षा मनोविज्ञान की एक पुस्तक लिखी गई थी जिसका प्रकाशन दो भाग (volume) में 1913 में प्रकाशित हुआ। इन पुस्तकों में उन्होंने अपने सीखने के सिद्धांत का कक्षा के अध्यापन (teaching) एवं शिक्षण (learning) में कैसे प्रयोग किया जा सकता है तथा उसके क्या-क्या शैक्षिक आशय हो सकते हैं, का वर्णन किया है जिसका संक्षिप्त वर्णन निम्नांकित है—

(1) थॉर्नडाइक का मत था कि कक्षा (classroom) के उद्देश्य (objectives) स्पष्टतः परिभाषित होने चाहिए तथा वे शिक्षार्थियों की क्षमताओं (capacities) की पहुँच के भीतर होनी चाहिए। इतना ही नहीं, उन उद्देश्यों को यथासंभव छोटी-छोटी इकाइयों (units) में बाँट देना चाहिए ताकि जब शिक्षार्थी उनके प्रति उचित एवं सही अनुक्रिया (response) करें, तो शिक्षक उसकी प्रशंसा कर सकें और इस तरह शिक्षार्थी में एक संतोष की अवस्था (satisfying state of affairs) उत्पन्न हो सके।

(2) थॉर्नडाइक के सीखने के सिद्धांत से एक सीधा शैक्षिक आशय यह निकलता है कि शिक्षार्थी का व्यवहार बाह्य पुनर्बलकों (external reinforcers) से अधिक प्रभावित है, आंतरिक प्रेरणा (internal motivations) से कम। शिक्षकों को चाहिए कि वे छात्रों को सही अनुक्रिया करने के लिए प्रेरित करें और यदि वे सही अनुक्रिया करते हैं, तो उन्हें तरंत पुरस्कार (reward) दें। अगर कोई छात्र गलत अनुक्रिया करना सीख लिया है, तो उसकी त्रुटियों में तुरंत सुधार करना चाहिए। इन सबका आशय है कि शिक्षकों को छात्रों की परीक्षा (examination) लगातार (regularly) लेनी चाहिए।

(3) कक्षा के शैक्षिक वातावरण को जिन्दगी के वातारण से यथासंभव समान रखना चाहिए; क्योंकि थॉर्नडाइक का मत था कि कक्षा में छात्रों द्वारा सीखे गए कौशलों (skills) का वास्तविक जिंदगी (real life) में तभी हस्तांतरण (transfer) होगा जब दोनों परिस्थितियाँ काफी समान हों। यह बात थॉर्नडाइक द्वारा प्रतिपादित **शिक्षण हस्तांतरण के समरूप तत्त्व सिद्धांत** (Identical element theory of transfer of training) से स्पष्ट हो जाता है।

(4) कक्षा में छात्रों को कुछ खास-खास विषय, विशेषकर वैसे विषय जिनका स्वरूप जटिल एवं कठिन होता है, जैसे भौतिकी (physics), गणित (mathematics) आदि को ही पढ़ाने पर अधिक बल नहीं डालना चाहिए क्योंकि थॉर्नडाइक के अनुसार, यह धारणा बिल्कुल ही गलत है कि कठिन विषयों का पठन-पाठन करने से मस्तिष्क इतना प्रशिक्षित (trained) हो जाता है कि छात्र अन्य सरल विषयों को तुरंत अपने-आप ही सीख लेंगे।

(5) थॉर्नडाइक के सिद्धांत से प्रेरणा लेनेवाले शिक्षक कक्षा में एक धनात्मक नियंत्रण (positive control) की प्रविधियों का सहारा लेंगे क्योंकि ऐसे शिक्षक स्पष्टतः यह जानते हैं कि पुरस्कार से उत्पन्न संतुष्टि से छात्र सीखते हैं परंतु दंड से उत्पन्न खीझ (annoyance) से छात्र सीखते नहीं हैं। ऐसे शिक्षक कक्षा में भाषण (lecture) देने की अपेक्षा प्रत्येक छात्र पर अलग से विशेष ध्यान देना पसंद करेंगे।

(6) थॉर्नडाइक के अनुसार अध्यापन (teaching) की सबसे महत्त्वपूर्ण विधि वह होती है जिसमें शिक्षक को यह स्पष्ट रूप से पता होता है कि उसे क्या पढ़ाना है। अगर शिक्षक सही-सही यह नियम नहीं जानते हैं कि उन्हें क्या पढ़ाना है, तो वे यह निर्णय नहीं ले पाएँगे कि उन्हें छात्रों के सामने क्या उपस्थित करना है, छात्रों को क्या अनुक्रिया (response) करनी चाहिए तथा उन्हें (शिक्षकों को) कब और किस अनुक्रिया को पुरस्कृत करना चाहिए। थॉर्नडाइक ने अंकगणित पढ़ाने के सात नियमों का वर्णन किया है जिसे आजकल शिक्षा मनोवैज्ञानिकों ने कक्षा में अध्ययन करने के सामान्य नियम के रूप में लिखा है। वे नियम हैं—

(i) शिक्षकों को सबसे पहले उन परिस्थितियों का पता लगाना चाहिए जो छात्रों के लिए अधिक सिरदर्द पैदा करता है।

(ii) इसके बाद शिक्षक को यह निश्चय करना चाहिए कि वह कौन-सी अनुक्रिया (response) को सिखाना या पढ़ाना चाहते हैं।

(iii) सही अनुक्रिया को विशेष कोशिश करके, जैसे छात्रों की प्रशंसा करके या पुरस्कार देकर सिखा देना चाहिए। शिक्षकों को यह नहीं सोचना चाहिए कि उनके भाषण के परिणामस्वरूप छात्र सही अनुक्रिया अपने-आप करना सीख लेंगे।

(iv) शिक्षकों को विशेष ध्यान देना चाहिए कि सही अनुक्रिया सीखते समय छात्र कोई ऐसी अनुक्रिया न सीख लें जिसे बाद में हटाना पड़े।

(v) शिक्षक जब यह समझते हैं कि अमुक समस्या के समाधान में एक ही अनुक्रिया काफी है तो अनावश्यक रूप से दो या तीन अनुक्रियाओं के सीखने पर बल नहीं डालना चाहिए।

(vi) शिक्षकों को चाहिए कि वे छात्रों को अनुक्रिया करना ठीक उसी ढंग से सिखावें जिस ढंग से उन्हें भविष्य में करने की जरूरत हो।

(vii) शिक्षकों को चाहिए कि वे छात्रों को उन परिस्थितियों या उद्दीपनों से विशेष रूप से अवगत कराएँ जिनकी जरूरत उन्हें अपनी वास्तविक जिंदगी में होती है।

यद्यपि थॉर्नडाइक के सीखने के सिद्धांत का शैक्षिक महत्त्व काफी है तथा स्वयं थॉर्नडाइक ने शिक्षा (education) के क्षेत्र में महत्त्वपूर्ण योगदान (contribution) किए, फिर भी शिक्षा की दृष्टि से इस सिद्धांत में दो **खामियाँ** या **दोष** हैं जो निम्नांकित हैं—

(1) थॉर्नडाइक के सीखने के सिद्धांत से यह स्पष्ट पता चलता है कि छात्र किसी अनुक्रिया को मात्र प्रयत्न एवं भूल (trial and error) से ही सीखते हैं, परंतु सचाई यह है कि छात्र किसी अनुक्रिया को सीखने में प्रयत्न एवं भूल के अलावा सूझ (insight) का भी सहारा लेते हैं। थॉर्नडाइक ने सूझ-जैसे महत्त्वपूर्ण कारक की ओर ध्यान नहीं दौड़ाया।

(2) थॉर्नडाइक के सीखने के सिद्धांत में सीखने के कई कारकों में अभ्यास (practice) पर अधिक बल डाला गया है। परंतु, क्या छात्र हर कार्य को मात्र अभ्यास द्वारा ही सीखते हैं? संभवतः नहीं। सीखने में परिणाम का ज्ञान (knowledge of result), कक्षा के भौतिक वातावरण, शिक्षकों का व्यवहार आदि का भी महत्त्व होता है।

इन खामियों के बावजूद थॉर्नडाइड के सीखने के सिद्धांत का महत्त्व, विशेषकर कक्षा (classroom) के अध्ययन एवं शिक्षण में अधिक है।

पैवलव का क्लासिकी अनुबन्धन सिद्धांत
(Classical Conditioning Theory of Pavlov)

आई॰ पी॰ पैवलव (I P Pavlov) एक रूसी शरीर-वैज्ञानिक (physiologist) थे जिन्होंने पाचन क्रिया के दैहिकी (physiology of digestion) का विशेष रूप से अध्ययन करना प्रारंभ किया और उनका यह अध्ययन इतना महत्त्वपूर्ण एवं लोकप्रिय हुआ कि 1904 में इसके लिए उन्हें नोबुल पुरस्कार (Nobel prize) भी दिया गया। बिल्कुल ही संयोग से (incidentally) पैवलव ने इन अध्ययनों के दौरान लारमय अनुबन्धन (salivary conditioning) की घटना का अध्ययन किया और इससे संबंधित सीखने के एक सिद्धांत का प्रतिपादन किया जिसे **अनुबंधित अनुक्रिया सिद्धांत** (Conditioned response theory) कहा जाता है।

पैवलव ने अपने सीखने के सिद्धांत का आधार अनुबन्धन (conditioning) को माना है। अनुबन्धन एक ऐसी प्रक्रिया है जिसके द्वारा उद्दीपन (stimulus) तथा अनुक्रिया (response) के बीच एक साहचर्य (association) स्थापित होता है। पैवलव के सीखने के इस अनुबन्धन सिद्धांत को **क्लासिकी अनुबन्धन सिद्धांत** (classical conditioning theory) या **प्रतिवादी अनुबन्धन सिद्धांत** (respondent conditioning theory) या **टाइप-एस अनुबन्धन** (type-S conditioning) कहा जाता है।

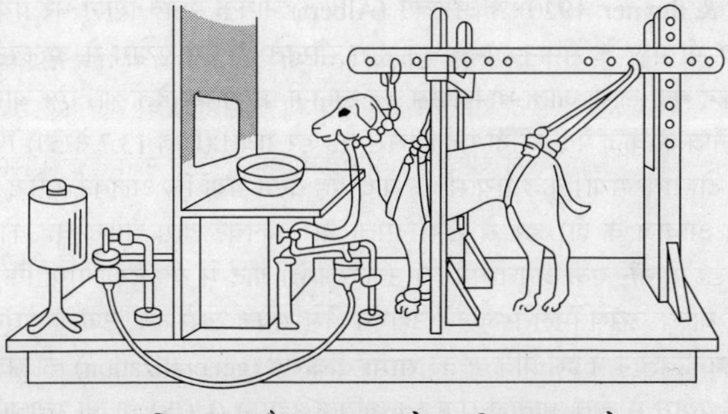

चित्र 13.6 पैवलव द्वारा कुत्ते पर किया गया प्रयोग

पैवलव के सिद्धांत के अनुसार कोई **स्वाभाविक उद्दीपन** (unconditional or unconditioned stimulus या UCS) सीखनेवाले प्राणी के सामने उपस्थित किया जाता है तो वह उसके प्रति एक **स्वाभाविक अनुक्रिया** (unconditioned response या UCR) करता है। जैसे गर्म बर्तन को छूते ही हाथ खींच लेना तथा भूखा होने पर भोजन देखकर मुँह में लार का आना कुछ ऐसी ही अनुक्रियाओं (responses) के उदाहरण हैं। इस उदाहरण में गर्म बर्तन तथा भोजन स्वाभाविक उद्दीपन (UCS) के उदाहरण हैं। जब स्वाभाविक उद्दीपन के ठीक कुछ सेकण्ड पहले एक दूसरा तटस्थ उद्दीपन (neutral stimulus) बार-बार उपस्थित किया जाता है तो कुछ प्रयास (trials) के बाद वह तटस्थ उद्दीपन (UCS) द्वारा ही स्वाभाविक अनुक्रिया (UCR) यानी लार आना या हाथ खींच लेना जो सिर्फ स्वाभाविक उद्दीपन के प्रति होती थी, उत्पन्न होने लगती है। जैसे एक भूखे व्यक्ति के सामने घंटी बजाकर बार-बार भोजन दें तो कुछ प्रयासों के बाद मात्र घंटी बजते ही उस व्यक्ति के मुँह में लार आना प्रारंभ हो जाएगा। पैवलव ने तटस्थ उद्दीपन (घंटी) तथा स्वाभाविक अनुक्रिया (लार आना) के

बीच नए साहचर्य को सीखने की संज्ञा दी है तथा इसे **अनुबन्धित अनुक्रिया** (conditioned response या CR) कहा जाता है। जब तटस्थ उद्दीपन एक स्वाभाविक उद्दीपन के समान अनुक्रिया उत्पन्न करने लगता है तो इसे **अनुबन्धित उद्दीपन** (conditional stimulus) कहा जाता है।

पैवलव का यह निष्कर्ष कि यदि तटस्थ उद्दीपन (neutral stimulus) को किसी स्वाभाविक उद्दीपन (natural stimulus) के साथ बार-बार उपस्थित किया जाता है तो तटस्थ उद्दीपन के प्रति व्यक्ति वैसी ही अनुक्रिया (response) करना सीख लेता है जैसा कि स्वाभाविक उद्दीपन के प्रति करता है, एक प्रयोग पर आधारित है। संक्षेप में प्रयोग इस प्रकार था—एक भूखे कुत्ते को एक ध्वनि-नियंत्रित प्रयोगशाला (sound-proof laboratory) में एक विशेष उपकरण के सहारे खड़ा कर दिया गया (चित्र 13.6 देखें)। कुत्ते के सामने भोजन (UCS) लाया जाता था और चूँकि कुत्ता भूखा था इसलिए भोजन देखकर उसके मुँह में लार (UCR) आ जाता था। कुछ प्रयासों (trials) के बाद भोजन देने के (200–300 मिली सेकंड) पहले एक घंटी बजायी जाती थी। यह प्रक्रिया कुछ दिनों तक दोहराई गई तो यह देखा गया कि बिना भोजन आए ही मात्र घंटी की आवाज (CS) पर कुत्ता के मुँह से लार निकलना (CR) शुरू हो गया। पैवलव के अनुसार कुत्ता घंटी की आवाज पर लार के स्राव करने की अनुक्रिया को सीख लिया था। उनके अनुसार घंटी की आवाज (उद्दीपन) तथा लार के स्राव (अनुक्रिया) के बीच एक नया साहचर्य (association) कायम हुआ जिसे **अनुबंधन** (conditioning) की संज्ञा दी गई। पैवलव के इस प्रयोग के समर्थन में वाटसन तथा उनकी पत्नी रेनर (Watson & Rayner, 1920) ने अलबर्ट (Albert) नामक मानव शिशु पर प्रयोग किया और पाया कि मानव भी पशु के समान अनुबन्धन द्वारा सीखते हैं। इस प्रयोग में अलबर्ट (Albert) के सामने एक सफेद चूहा लाया जाता था जिससे वह खेलना प्रारंभ कर देता था। एक बार खेलते समय अचानक कुछ तीव्र आवाज पैद कर दी गई जिससे वह डर गया। (चित्र 13.7 देखें।) फिर इस प्रक्रिया को अनेक बार दोहराया गया। कुछ प्रयासों के बाद यह देखा गया कि अलबर्ट सफेद चूहे को सामने लाते ही (बिना आवाज के ही) डर से रोने लगता था। अलबर्ट द्वारा सफेद चूहे को देखकर बिना आवाज के ही डर जाना, एक अनुबन्धन का उदाहरण है। बाद में यह देखा गया कि अलबर्ट सिर्फ चूहा से ही नहीं बल्कि उससे मिलते-जुलते उद्दीपन जैसे सफेद खरगोश, उजला रोएँदार कोट आदि से डरने लगा। मनोविज्ञान में इस प्रक्रिया को **सामान्यीकरण** (generalization) की संज्ञा दी जाती है। वाटसन के इस प्रयोग में तीव्र आवाज एक स्वाभाविक उद्दीपन (UCS) था जो स्वाभाविक अनुक्रिया (UCR) यानी अलबर्ट में डर उत्पन्न कर रहा था। सफेद चूहा एक अनुबन्धित उद्दीपन (CS) का उदाहरण है तथा जब भय मात्र आवाज से ही उत्पन्न होने लगा, यह एक अनुबन्धित अनुक्रिया (CR) का उदाहरण हो गया। स्पष्ट है कि वाटसन ने अपने प्रयोग के आधार पर पैवलव (Pavlov) के क्लासिकी अनुबन्धन सिद्धांत का एक विस्तृत प्रयोगात्मक समर्थन किया है और इतना ही नहीं, बल्कि पैवलव से एक कदम आगे बढ़कर यह भी दावा किया है कि अनुबन्धन द्वारा सभी तरह के सीखने की व्याख्या की जा सकती है (All types of learning can be explained by conditioning)। क्लासिकी अनुबन्धन सिद्धांत (Classical conditioning theory) के अनुसार कुछ खास-खास ऐसे संप्रत्यय (concepts) हैं जिनपर पैवलव (Pavlov) ने अधिक बल डाला है तथा जिनसे सीखने के स्वरूप (nature) एवं विशेषताओं पर अधिक रोशनी पड़ती है। ऐसे संप्रत्ययों में निम्नांकित संप्रत्यय, शिक्षा (education) के दृष्टिकोण से अधिक महत्त्वपूर्ण बताए गए हैं—

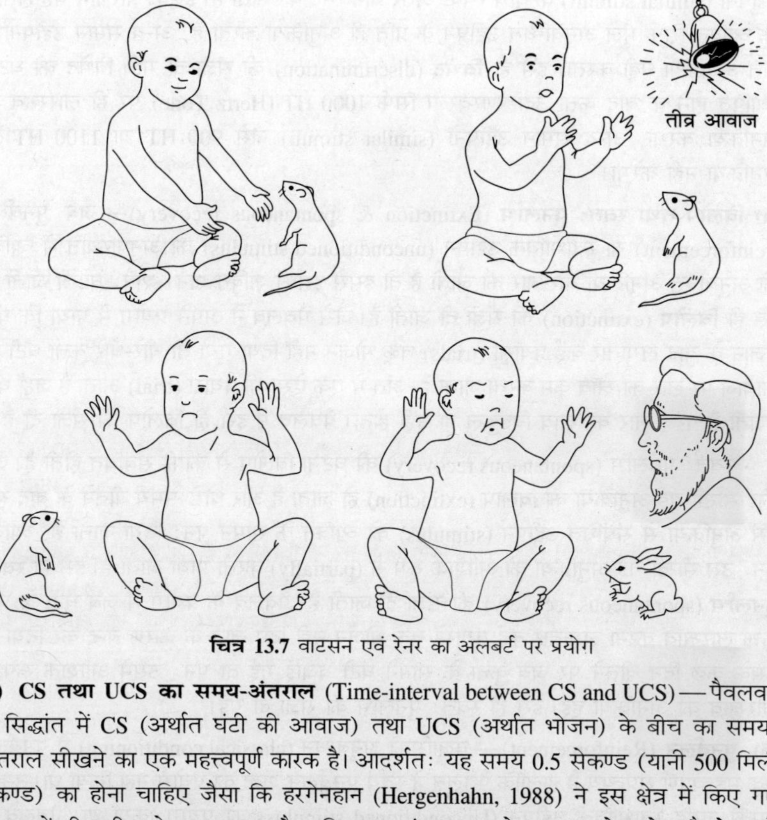

चित्र 13.7 वाटसन एवं रेनर का अलबर्ट पर प्रयोग

(1) CS तथा UCS का समय-अंतराल (Time-interval between CS and UCS)—पैवलव के सिद्धांत में CS (अर्थात घंटी की आवाज) तथा UCS (अर्थात भोजन) के बीच का समय-अंतराल सीखने का एक महत्त्वपूर्ण कारक है। आदर्शतः यह समय 0.5 सेकण्ड (यानी 500 मिली सेकण्ड) का होना चाहिए जैसा कि हरगेनहान (Hergenhahn, 1988) ने इस क्षेत्र में किए गए अध्ययनों की समीक्षा के बाद बताया है। यदि समय अंतराल इससे बड़ा या छोटा होता है तो इससे अनुबंधन (conditioning) की प्रक्रिया का स्थापित होना कठिन हो जाता है।

(2) उद्दीपन सामान्यीकरण (Stimulus generalization)—सामान्यीकरण क्लासिकी अनुबन्धन (classical conditioning) का एक महत्त्वपूर्ण संप्रत्यय है। जब व्यक्ति एक खास UCS यानी अस्वाभाविक उद्दीपन के प्रति अनुक्रिया करना सीख लेता है, तो वह उस उद्दीपन से मिलते-जुलते सभी अन्य उद्दीपनों के प्रति भी वैसी ही अनुक्रिया करता है। इसे ही पैवलव ने **उद्दीपन सामान्यीकरण** (stimulus generalization) की संज्ञा दी है। छात्रों के सीखने में उद्दीपन सामान्यीकरण का प्रभाव अधिक पड़ता देखा गया है। जब कोई छात्र किसी शिक्षक के प्रति नकारात्मक मनोवृत्ति विकसित कर लेता है, तब वह ऐसी ही मनोवृत्ति उन सभी शिक्षकों के प्रति विकसित कर लेता है, जो उसके घनिष्ठ सहयोगी होते हैं। यहाँ तक कि छात्र उस शिक्षक द्वारा लिखित पुस्तक के प्रति भी नकारात्मक मनोवृत्ति विकसित कर लेते हैं।

(3) विभेद (Discrimination)—विभेद की घटना सामान्यीकरण (generalization) के ठीक विपरीत घटना है। जैसे-जैसे सीखने के लिए दिए जानेवाले प्रयास (trial) की संख्या बढ़ती जाती है, वैसे-वैसे व्यक्ति मूल अनुबंधित उद्दीपन (original conditioned stimulus) तथा अन्य समान

उद्दीपनों (similar stimuli) के बीच स्पष्ट अंतर या विभेद कर लेता है। इसका परिणाम यह होता है कि व्यक्ति सिर्फ मूल अनुबन्धित उद्दीपन के प्रति ही अनुक्रिया करता है, अन्य समान उद्दीपनों के प्रति अनुक्रिया नहीं करता। इसे ही **विभेद** (discrimination) की संज्ञा दी गई। विभेद की घटना स्थापित होने के बाद कुत्ता उदाहरणस्वरूप सिर्फ 1000 HT (Hertz Tone) पर ही लारस्राव की अनुक्रिया करेगा, अन्य समान उद्दीपनों (similar stimuli) जैसे 900 HT या 1100 HT पर अनुक्रिया नहीं करेगा।

(4) विलोप तथा स्वतः पुनर्लाभ (Extinction & spontaneous recovery)—जब पुनर्बलन (reinforcement) या स्वाभाविक उद्दीपन (unconditioned stimulus) की अनुपस्थिति में व्यक्ति को अनुबंधित अनुक्रिया बार-बार की जाती है तो इससे इसकी शक्ति शनैः-शनैः घटती जाती है। इसे ही **विलोप** (extinction) की संज्ञा दी जाती है। जैसे पैवलव ने अपने प्रयोग में पाया कि घंटी बजाने के बाद लगातार कई प्रयासों (trials) तक भोजन नहीं दिया गया तो धीरे-धीरे कुत्ता घंटी की आवाज पर लार का स्राव कम करता जाता है। अंत में एक ऐसा भी प्रयास (trial) आता है जहाँ घंटी बजती है परंतु लार का स्राव बिल्कुल ही नहीं होता। पैवलव ने इसे ही विलोप की संज्ञा दी है।

स्वतः पुनर्लाभ (spontaneous recovery) की घटना विलोप से काफी संबंधित होती है। जब कोई सीखी गई अनुक्रिया का विलोप (extinction) हो जाता है और थोड़े समय बीतने के बाद यदि उस अनुक्रिया से संबंधित उद्दीपन (stimulus) को व्यक्ति के सामने पुनः दिया जाता है, व्यक्ति पुनः उस सीखी गई अनुक्रिया को आंशिक रूप से (partially) करता पाया जाता है। इसे ही **स्वतः पुनर्लाभ** (spontaneous recovery) की संज्ञा दी जाती है। पैवलव के प्रयोग में जब घंटी के प्रति कुत्ता लारस्राव करना लगातार कई प्रयासों तक भोजन नहीं दिए जाने के कारण बन्द कर दिया तो उसके कुछ दिन बीतने पर जब कुत्ता के सामने घंटी बजाई गई तो पुनः उसमें आंशिक रूप से लारस्राव की अनुक्रिया हुई। इसे ही स्वतः पुनर्लाभ की संज्ञा दी गई।

(5) पुनर्बलन (Reinforcement)—क्लासिकी अनुबन्धन (classical conditioning) में पुनर्बलन एक महत्त्वपूर्ण संप्रत्यय है हालाँकि पैवलव ने स्वयं पुनर्बलन शब्द का प्रयोग नहीं किया था। उन्होंने इसकी जगह स्वाभाविक उद्दीपन (Unconditioned stimulus) का प्रयोग किया था। पैवलव के प्रयोग में स्वाभाविक उद्दीपन भोजन था जो एक पुनर्बलन (reinforcement) का उदाहरण है। अगर सीखने की परिस्थिति में पुनर्बलन या UCS को किसी तटस्थ उद्दीपन (neutral stimulus) के साथ बार-बार उपस्थित नहीं किया जाए तो सीखने का कोई प्रश्न ही नहीं उठता।

(6) पुनरावृत्ति एवं समीपता (Repetition and contiguity)—क्लासिकी अनुबन्धन में पुनरावृत्ति (repetition) एवं समीपता (contiguity) का महत्त्व अधिक है। इस तरह के अनुबन्धन (conditioning) स्थापित होने के लिए यह आवश्यक है कि CS तथा UCS में समय के रूप में निकटता हो अर्थात इन दोनों का समय-अंतराल 0.5 सेकण्ड के आसपास हो तथा साथ-ही-साथ इन दोनों की पुनरावृत्ति कई प्रयासों (trials) तक हो।

क्लासिकी अनुबन्धन सिद्धांत का शैक्षिक आशय एवं मूल्यांकन (Educational Implication and Evaluation of Classical Conditioning Theory)

शिक्षा मनोवैज्ञानिकों का मत है कि क्लासिकी अनुबन्धन (classical conditioning) के सिद्धांत को कक्षा की शिक्षा में उपयोग करना कठिन है, फिर भी इस सिद्धांत का शैक्षिक आशय (educational implication) है क्योंकि इससे शिक्षकों को छात्रों में कुछ विशेष अच्छी आदतों को उत्पन्न करने में तथा बुरी आदतों को दूर करने में मदद मिलती है।

(1) क्लासिकी अनुबन्धन के प्रयोग से छात्रों में अच्छी-अच्छी अध्ययन आदतों (study habits) का निर्माण किया जा सकता है। जैसे यदि किसी वयस्क छात्र को एक वातानुकूलित कमरे में रखकर अध्ययन करने के लिए कहा जाए तो उसकी मनोवृत्ति अध्ययन के प्रति तो धनात्मक (positive) हो ही जाएगी तथा साथ-ही-साथ उसमें अच्छी अध्ययन आदत भी उत्पन्न हो जाएगी। उसी तरह से शिशुओं को एक उदार एवं स्नेहपूर्ण वातावरण में खेल के माध्यम से यदि कुछ सिखाने की कोशिश की जाती है, तो वह आसानी से सीख तो लेता ही है साथ-ही-साथ उसमें सीखने संबंधी अच्छी आदतों का भी निर्माण हो जाता है।

(2) क्लासिकी अनुबन्धन (classical conditioning) की प्रविधि से छात्रों को उनकी बुरी आदतों से छुटकारा दिलाया जा सकता है। कुसमायोजित बालकों (maladjusted children) की चिंता तथा डर को इस प्रविधि का उपयोग कर दूर किया जा सकता है जिससे वे कक्षा में फिर से एक समायोजित बालक (adjusted child) के समान व्यवहार कर सकें तथा अपनी शैक्षिक उपलब्धियों की प्राप्ति कर सकें।

इस तरह के महत्त्व के बावजूद क्लासिकी अनुबन्धन (classical conditioning) सिद्धांत की उपयोगिता शैक्षिक दृष्टिकोण से कुछ कम हो जाती है क्योंकि इसकी कुछ सीमाएँ (limitations) हैं जो निम्नांकित हैं—

(1) कुछ मनोवैज्ञानिकों का मत है कि क्लासिकी अनुबन्धन के सिद्धांत द्वारा साधारण बुद्धि के बालकों के शिक्षण (learning) की व्याख्या तो हो जाती है परंतु तीव्र बुद्धि के बालकों के शिक्षण की व्याख्या नहीं हो पाती है क्योंकि उनका शिक्षण-स्वरूप सरल न होकर अकसर जटिल होता है।

(2) क्लासिकी अनुबन्धन के सिद्धांत में पुनरावृत्ति (repetition) पर बल डाला गया है। शिक्षा मनोवैज्ञानिकों का मत है कि शिशुओं के शिक्षण (learning) में पुनरावृत्ति तो महत्त्वपूर्ण अवश्य होता है परंतु किशोरों एवं वयस्कों के शिक्षण में इस कारक का उतना महत्त्वपूर्ण स्थान नहीं होता। सारासन (Sarason, 1982) ने अपने प्रयोग के आधार पर इस तथ्य की पुष्टि की है और कहा है कि उच्च कक्षाओं (higher classes) में क्लासिकी अनुबन्धन के पुनरावृत्ति नियम को लागू करने से शिक्षकों के समय की बर्बादी होगी तथा छात्रों को भी इससे कोई विशेष लाभ नहीं होगा।

(3) क्लासिकी अनुबन्धन सिद्धांत से सीखे गए तथ्य प्रायः स्थायी नहीं होते। ऐसा देखा गया है कि जब शिक्षण परिस्थिति से पुनर्बलन (reinforcement) को हटा लिया जाता है, तो धीरे-धीरे सीखे गए तथ्य को भी छात्र भूलते जाते हैं। अतः, शिक्षकों को इससे अनावश्यक परेशानी उठानी पड़ती है।

(4) क्लासिकी अनुबन्धन के सिद्धांत में कुछ महत्त्वपूर्ण कारकों जैसे सूझ, समझ (understanding), अभिरुचि आदि की भूमिका गौण है जबकि सचाई यह है कि इन कारकों का महत्त्व भी शिक्षण में अधिक होता है।

इस प्रकार यह स्पष्ट है कि क्लासिकी अनुबन्धन (classical conditioning) के सिद्धांत की उपयोगिता शैक्षिक दृष्टि से तो उतनी नहीं है, फिर भी यह सिद्धांत शिक्षकों के लिए एक महत्त्वपूर्ण सिद्धांत रहा है।

स्कीन्नर के सीखने का सिद्धांत
(Skinner's Theory of Learning)

साहचर्य (association) द्वारा उद्दीपन (stimulus) तथा अनुक्रिया (response) में संबंध स्थापित करना ही अनुबन्धन (conditioning) कहा जाता है। अनुबंधन को मनोवैज्ञानिकों ने सामान्यतः दो भागों में बाँटा है—क्लासिकी अनुबन्धन (classical conditioning) तथा साधनात्मक अनुबन्धन (instrumental conditioning)। जिस तरह पैवलव (Pavlov) का नाम क्लासिकी अनुबन्धन से जुड़ा हुआ है, उसी तरह से थॉर्नडाइक (Thorndike) तथा स्कीन्नर (Skinner) का नाम साधनात्क अनुबन्धन (instrumental conditioning) से जुड़ा हुआ है। साधनात्मक अनुबन्धन को **क्रियाप्रसूत अनुबन्धन** (operant conditioning) भी कहा जाता है।

पैवलव की प्रयोगात्मक परिस्थिति (experimental situation), जिसमें प्रयोज्य (subject) अर्थात कुत्ता एक निष्क्रिय भूमिका (passive role) अदा करता था, से कुछ दूर हटकर स्कीन्नर (Skinner) एक ऐसे प्रयोगात्मक परिस्थिति में रखकर प्रयोज्य के सीखने के व्यवहार का अध्ययन करना चाहते थे, जिसमें वह निष्क्रिय नहीं बल्कि एक सक्रिय भूमिका अदा कर सके। इसी उद्देश्य से उन्होंने एक विशेष बक्स (box) तैयार किया जिसमें प्रयोज्य, जैसे चूहा (rat) स्वतंत्र होकर घूम-फिर सके और किसी अनुक्रियाविशेष को सीख सके। इस बक्स का नाम तो स्वयं स्कीन्नर ने कुछ नहीं रखा था परंतु बाद में चलकर उनके शिष्यों ने इसका नाम स्कीन्नर के सम्मान में स्कीन्नर बक्स (Skinner Box) रख दिया और आज भी यह बक्स इसी नाम से जाना जाता है। स्कीन्नर बक्स को चित्र-13.8 में दिखाया गया है। ऐसे तो स्कीन्नर ने चूहों, कबूतरों तथा मनुष्यों पर कई प्रयोग कर सीखने के व्यवहार का अध्ययन किया है परंतु उनके द्वारा स्कीन्नर बक्स में चूहे पर किया गया प्रयोग काफी प्रचलित हो पाया है। अतः, इसकी विशेष चर्चा यहाँ अपेक्षित है।

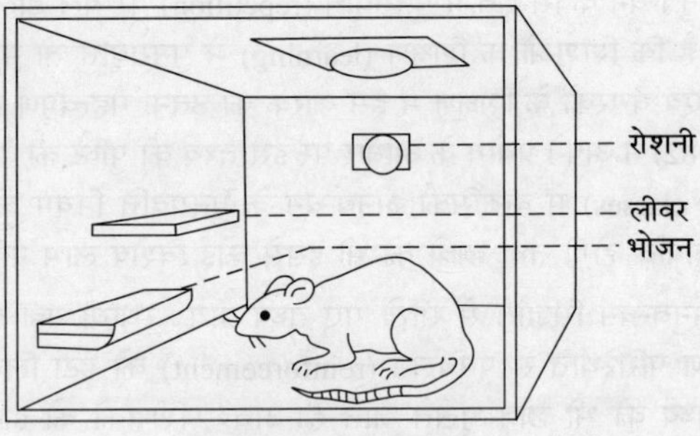

चित्र 13.8 स्कीन्नर बक्स

स्कीन्नर बक्स में चूहे पर किया गया प्रयोग—एक भूखे उजले चूहे को स्कीन्नर बक्स में छोड़ दिया जाता था। बक्स ध्वनिरोधी (soundproof) था। बक्स की दीवार से निकलता हुआ एक लीवर (lever) था जिसका संबंध एक स्वचालित मशीन (automatic machine) से होता था जिससे कि लीवर दबाने की अनुक्रिया का रेकार्डिंग अपने-आप हो जाता था। लीवर दबाने से अपने-आप भोजन गोली food-pellets के रूप में यानी चूहे के सामने आ जाता था। ऐसा देखा गया है कि प्रयोग में चूहा पहले काफी समय तक बक्स में इधर-उधर घूमता रहा तथा दीवार एवं फर्श को सूँघता रहा और दीवार को दाँत से काटने की कोशिश करता रहा। फिर वह लीवर के पास आया। लीवर उससे सहसा

दब (depress) गया जिसके परिणामस्वरूप उसे खाने के लिए गोलियाँ मिल गई। बाद के प्रयासों (trials) में वह बक्स में इधर-उधर घूमने, सूँघने आदि में नहीं के बराबर समय व्यतीत करता था और अंत में एक ऐसा प्रयास भी आया जिसमें बक्स में छोड़े जाने पर उसने सीधे लीवर दबाकर भोजन की गोलियाँ प्राप्त कीं और उसे खा लिया। इस तरह उसने बक्स में लीवर दबाने की अनुक्रिया (lever pressing response) को सीख लिया।

स्कीन्नर ने इसी तरह के कई प्रयोग किए हैं। उन्होंने कबूतर (pigeon) पर भी कबूतर बक्स (pigeon box) में प्रयोग किया और परिणाम कुछ ऐसे ही थे। इन प्रयोगों से यह स्पष्ट हो गया कि प्राणी द्वारा सीखने की जो अनुक्रिया (response) होती है, उसमें पुनर्बलन (reinforcement) का विशेष महत्त्व होता है। ऊपर के प्रयोग में भोजन की गोलियाँ (food pellets) पुनर्बलन के उदाहरण हैं।

शिक्षा के दृष्टिकोण से स्कीन्नर (Skinner) द्वारा प्रतिपादित सीखने के सिद्धांत के निम्नांकित अंश अधिक उल्लेखनीय हैं—

(1) **सीखने के दो प्रकार** (Two kinds of learning)—स्कीन्नर ने अनुक्रिया (response) को दो भागों में बाँटा है—

(i) प्रतिवादी अनुक्रिया (Respondent response) एवं

(ii) क्रियाप्रसूत अनुक्रिया (Operant response)

प्रतिवादी अनुक्रिया वैसी अनुक्रिया को कहा जाता है जो एक स्पष्ट उद्दीपन द्वारा उत्पन्न होती है तथा जिसका स्वरूप अनैच्छिक (involuntary) होता है। पैवलव (Pavlov) के प्रयोग में कुत्ते द्वारा भोजन देखकर लार का स्राव करना एक प्रतिवादी अनुक्रिया (respondent response) का उदाहरण है क्योंकि इसमें ऊपर के दोनों गुण हैं। क्रियाप्रसूत अनुक्रिया (operant response) वैसी अनुक्रिया को कहा जाता है जो एक अस्पष्ट उद्दीपन द्वारा उत्पन्न होती है तथा जिसका स्वरूप ऐच्छिक (voluntary) होता है। जैसे टहलना, बातचीत करना, स्कीन्नर बक्स में लीवर दबाना आदि क्रियाप्रसूत अनुक्रिया का उदाहरण है। प्रतिवादी अनुक्रिया (respondent response) का अनुबन्धन (conditioning) द्वारा सीखा जाना **टाइप-एस अनुबन्धन** (type-S conditioning) कहलाता है तथा क्रियाप्रसूत अनुक्रिया (operant response) का अनुबन्धन (conditioning) द्वारा सीखा जाना **टाइप-आर अनुबन्धन** (type-R conditioning) कहा जाता है। स्कीन्नर का संबंध सिर्फ क्रियाप्रसूत अनुक्रिया के सीखने से है। उनके अनुसार किसी क्रियाप्रसूत अनुक्रिया (operant response) के होने के बाद जब पुनर्बलन (reinforcement) दिया जाता है, तो उस अनुक्रिया को व्यक्ति बार-बार करना चाहता है और उसे सीख लेता है। स्कीन्नर बक्स में लीवर दबाने के तुरंत बाद पुनर्बलन अर्थात भोजन की गोलियाँ (food pellets) मिलती थीं जिसके फलस्वरूप चूहा स्कीन्नर बक्स में लीवर दबाने की अनुक्रिया को सीख लिया था।

(2) **पुनर्बलन** (Reinforcement)—पुनर्बलन से तात्पर्य वैसे उद्दीपन (stimulus) से होता है जो किसी अनुक्रिया को भविष्य में होने की संभावना को बढ़ाता है। पुनर्बलन को उन्होंने दो भागों में बाँटा है—धनात्मक पुनर्बलन (positive reinforcement) तथा ऋणात्मक पुनर्बलन (negative reinforcement)। पुरस्कार, भोजन, पानी आदि धनात्मक पुनर्बलन के उदाहरण हैं तथा तीव्र रोशनी, तीव्र आवाज, बिजली का झटका (electric shock) तथा दंड (punishment) ऋणात्मक

पुनर्बलन के उदाहरण हैं। स्कीन्नर ने अपने सीखने के सिद्धांत में ऋणात्मक पुनर्बलन-जैसे दंड को धनात्मक पुनर्बलन-जैसे पुरस्कार (reward) की अपेक्षा कम प्रभावकारी (effective) बताया है।

(3) **पुनर्बलन अनुसूची** (Schedule of reinforcement)—पुनर्बलन अनुसूची से तात्पर्य एक ऐसी योजना (planning) से होता है जिसमें यह उल्लेख रहता है कि कितनी अनुक्रिया करने के बाद या कितने समय के बाद व्यक्ति को पुनर्बलन दिया जाएगा। उन्होंने पुनर्बलन अनुसूची को दो भागों में बाँटा है—आंशिक पुनर्बलन (partial reinforcement) या विरामी पुनर्बलन (intermittent reinforcement) तथा सतत पुनर्बलन (continuous reinforcement)। सतत पुनर्बलन में प्रत्येक अनुक्रिया के बाद पुनर्बलन दिया जाता है। दूसरे शब्दों में, इस परिस्थिति में पुनर्बलन की उपस्थिति सभी अनुक्रियाओं के बाद सतत ढंग से होती है। आंशिक पुनर्बलन या विरामी पुनर्बलन में किसी अनुक्रिया (response) के बाद पुनर्बलन (reinforcement) दिया जाता है तथा किसी अनुक्रिया के बाद पुनर्बलन नहीं दिया जाता है। स्कीन्नर (Skinner) इन दोनों तरह की अनुसूचियों का तुलनात्मक अध्ययन करने के बाद इस निष्कर्ष पर पहुँचे कि आंशिक पुनर्बलन (partial reinforcement) देने से सतत पुनर्बलन (continuous reinforcement) की अपेक्षा क्रियाप्रसूत अनुक्रिया (operant response) तेजी से होती है तथा ऐसी अनुक्रियाओं का विलोप (extinction) भी जल्दी नहीं होता है।

(4) **अंतर्नोद** (Drive)—स्कीन्नर के अनुसार सीखने में अंतर्नोद (drive) की भी भूमिका अधिक प्रधान है। अंतर्नोद व्यक्ति की आंतरिक अवस्था होती है जो क्रियाप्रसूत अनुक्रिया (operant response) करने के लिए व्यक्ति को प्रेरित करता है। स्कीन्नर ने अपने प्रयोग में पाया है कि जब चूहे या कबूतर को अधिक देर तक भूखा रखा जाता था, तो इनमें अनुक्रिया करने की दर भूख के कम होने की स्थिति की अपेक्षा तीव्र होती थी। स्कीन्नर के कुछ सहयोगियों ने अपने बाद के प्रयोगों में यह दिखाया है कि अंतर्नोद की अवधि अधिक होने से पुनर्बलन (reinforcement) का सीखे जानेवाली अनुक्रिया पर अधिक प्रभाव पड़ता है।

(5) **शेपिंग** (Shaping)—शेपिंग प्रविधि वैसी प्रविधि है जिसमें व्यक्ति का व्यवहार धीरे-धीरे किसी खास लक्ष्य (goal) की ओर पुनर्बलन (reinforcement) के आधार पर ले जाया जाता है। चूहे को स्कीन्नर बक्स में छोड़ देने पर वह लीवर के पास सीधे जाकर उसे दबाना नहीं सीख लेता था। प्रयोगकर्ता लीवर के पास आने पर पहले भोजन की गोलियाँ देता था, फिर लीवर को मात्र छूने पर भोजन देता था। इस तरह चूहे का व्यवहार लक्ष्य (goal) की ओर अर्थात लीवर दबाने की ओर धीरे-धीरे पुनर्बलन देकर आकृष्ट कराया जाता था। शेपिंग प्रविधि को **क्रमिक सन्निकटन की विधि** (method of successive approximation) भी कहा जाता है। स्कीन्नर ने शेपिंग प्रविधि द्वारा चूहों, कबूतरों एवं मनुष्यों को काफी जटिल कार्य (complex act) करना भी सिखाया था। मनुष्यों के साथ शेपिंग प्रविधि में पुनर्बलन का प्रभाव अधिकतर अविवेचित (automatic) होता है। मानव व्यवहार पर पुनर्बलन के अविवेचित प्रभाव (automatic effects) को दिखाने के लिए जिस प्रविधि का प्रतिपादन किया गया है उसे स्कीन्नर ने **शाब्दिक अनुबन्धन** (verbal conditioning) की संज्ञा दी है।

स्कीन्नर के सीखने का सिद्धांत के शैक्षिक आशय एवं मूल्यांकन (Educational Implication and Evaluation of Skinner's Theory of Learning)

स्कीन्नर द्वारा प्रतिपादित सीखने के सिद्धांत की शैक्षिक उपयोगिताएँ काफी अधिक हैं। शिक्षा मनोवैज्ञानिकों ने इस सिद्धांत की निम्नांकित शैक्षिक उपयोगिताओं एवं आशय (implication) पर अधिक बल डाला है—

(1) स्कीन्नर के सिद्धांत के अनुसार शिक्षक को कक्षा में अध्यापन प्रारंभ करने के पहले शैक्षिक उद्देश्यों (educational objectives) को स्पष्ट रूप से परिभाषित कर लेना चाहिए, क्योंकि ऐसा नहीं होने पर शिक्षक को यह पता नहीं लग पाएगा कि उनके प्रयासों (efforts) से किसी उद्देश्य को पूरा किया जा रहा है या नहीं।

(2) स्कीन्नर के सिद्धांत से यह स्पष्ट रूप से पता चलता है कि स्कीन्नर उन अनुक्रियाओं एवं व्यवहारों के अध्ययन में अधिक अभिरुचि रखते थे जो स्वाभाविक रूप से (naturally) प्राणी द्वारा किए जाते हों। अतः, स्कीन्नर के सिद्धांत पर चलनेवाले शिक्षकों को चाहिए कि वे कक्षा में छात्रों के उन व्यवहारों पर अधिक ध्यान दें या उसे प्रोत्साहित करें जो वे शिक्षक के डर से न करके स्वयं करते हों। बीच (Beach, 1990) के अनुसार ऐसे बच्चों में सीखने की गति (rate) तो तेज होती है साथ-ही-साथ उनमें सर्जनात्मकता (creativity) भी अधिक बढ़ जाती है।

(3) थॉर्नडाइक (Thorndike) के ही समान स्कीन्नर ने सीखने में बाह्य पुनर्बलन (extrinsic reinforcement) या पुरस्कार पर अधिक बल डाला है। कक्षा में छात्रों को सीखने के लिए अधिक प्रेरित रखने के लिए पुरस्कार, प्रशंसा, प्रशंसनीय आनन अभिव्यक्ति (positive facial expression) आदि जैसे पुनर्बलकों (reinforces) का प्रयोग करना चाहिए। ऐसे शिक्षकों को आंतरिक पुनर्बलन (intrinsic reinforcement) पर अधिक भरोसा नहीं करना चाहिए। हरगेनहान[1] (Hergenhahn, 1988) ने इसे स्पष्ट करते हुए कहा है, "वास्तव में एक स्कीनेरियन शिक्षक के लिए शिक्षा का मुख्य उद्देश्य पुनर्बलन को इस ढंग से व्यवस्थित करना होता है कि महत्त्वपूर्ण व्यवहार प्रोत्साहित हो जाए। आंतरिक पुनर्बलन का महत्त्व कम समझा जाता है।"

(4) स्कीन्नर के सीखने के सिद्धांत का एक प्रत्यक्ष शैक्षिक आशय (educational implication) यह है कि शिक्षकों को बालकों को कोई पाठ या विषय सिखाते समय पहले 100% प्रयासों में सही अनुक्रिया के लिए पुनर्बलन दिया जाना चाहिए और फिर बाद में आंशिक पुनर्बलन (partical reinforcement) का सहारा लेना चाहिए। दूसरे शब्दों में, किसी अनुक्रिया के सीखने की प्रारंभिक अवस्था में, प्रत्येक बार सही अनुक्रिया होने के बाद पुनर्बलन दिया जाना चाहिए अर्थात सतत पुनर्बलन (continuous reinforcement) का प्रयोग करना चाहिए तथा बाद में कुछ ही प्रयासों की सही अनुक्रियाओं के बाद पुनर्बलन दिया जाना चाहिए अर्थात आंशिक पुनर्बलन का प्रयोग करना चाहिए। इस तरह सीखे गए विषयों या पाठ का विलोप (extinction) जल्द नहीं होता।

(5) स्कीन्नर के सिद्धांत में विश्वास रखनेवाले शिक्षक भाषण विधि (lecture method) का प्रयोग नहीं करेंगे क्योंकि इस विधि में शिक्षकों को यह पता नहीं चल पाता कि सीखने की प्रक्रिया

---

1. "In fact, for the Skinnerian, the main function of education is to arrange reinforcement contingencies so that the behaviour that has been deemed important is encouraged. Intrinsic reinforcement is thought to be of mininal importance."—Hergenhahn, *An Introduction to Theories of Learning,* 1988, p. 428

कब हुई और तब वे यह भी निश्चित कर पाने में असमर्थ रहते हैं कि कब छात्रों को पुनर्बलन (reinforcement) देना चाहिए। ऐसे शिक्षक को छात्रों पर व्यक्तिगत रूप से ध्यान देना चाहिए या फिर छात्रों के समूह को ऐसी शिक्षण सामग्री (learning materials) दे देनी चाहिए जिसमें छात्र को अपने-आप सही अनुक्रिया मिल जाती हो। प्रोग्राम सीखना[1] (programmed learning) इसका एक अच्छा उदाहरण है जिसपर स्कीन्नर ने अत्यधिक बल डाला है।

(6) स्कीन्नर का सिद्धांत यह स्पष्ट रूप से निर्देश देता है कि शिक्षकों को कक्षा में दंड (punishment) का प्रयोग नहीं करना चाहिए। उन्हें छात्रों के उपयुक्त व्यवहार (appropriate behaviour) को पुनर्बलित (reinforce) करना चाहिए तथा अनुपयुक्त व्यवहार (inappropriate behaviour) को अर्थहीन समझकर उसपर ध्यान ही नहीं देना चाहिए। उन्हें यह समझना चाहिए कि छात्रों के सामने अनुपयुक्त माँग (unreasonable demands) रखने पर या उनके उपयुक्त व्यवहार को पुनर्बलित नहीं करने पर उनमें कुसमायोजन (maladjustment) की समस्या उत्पन्न हो जाती है। अतः, उन्हें इन चीजों से बचना चाहिए।

स्कीन्नर के सीखने के सिद्धांत की शैक्षिक आशय की प्रबलता के बावजूद इस सिद्धांत में शिक्षा के दृष्टिकोण से कुछ खामियाँ (limitations) बताई गई हैं जो निम्नांकित हैं—

(1) स्कीन्नर ने सीखने की व्याख्या करने में सिर्फ उद्दीपन (stimulus) तथा उसके प्रति व्यक्ति द्वारा की गई अनुक्रियाओं पर अधिक बल डाला है। आलोचकों, जैसे चौम्सकी (Chomsky, 1959, 1971) का कहना है कि जब तक शिक्षक बालकों की भीतरी संरचना (internal structure) एवं अवस्थाओं (states) को ठीक ढंग से नहीं समझते, कक्षा में दिया जानेवाला कोई भी शिक्षण (learning) अर्थपूर्ण ढंग से पूरा नहीं हो सकता।

(2) स्कीन्नर के सिद्धांत में दंड (punishment) को अप्रभावकारी विधि माना गया है। लेकिन, वास्तविक परिस्थिति में यह देखा गया है कि जब छात्रों को शिक्षक से दंड पाने का भय रहता है तो ऐसी अवस्था में शिक्षण (learning) थोड़ा उन्नत (improved) होता है।

(3) स्कीन्नर के सिद्धांत में बाह्य पुनर्बलन (extrinsic reinforcement) जैसे पुरस्कार, प्रशंसा आदि पर सिर्फ बल डाला गया है। परंतु शिक्षण (learning) के लिए यह भी जरूरी है कि छात्रों के आंतरिक पुनर्बलन (intrinsic reinforcement) जैसे छात्रों की अभिरुचि, अभिप्रेरणा आदि को भी ध्यान में रखा जाए। स्कीन्नर के सिद्धांत में आंतरिक पुनर्बलन के महत्त्व को तुलनात्मक रूप से न्यूनाकलन (understimate) किया गया है।

इन आलोचनाओं के बावजूद स्कीन्नर के सीखने का सिद्धांत एक महत्त्वपूर्ण सिद्धांत है और इसके शैक्षिक महत्त्व को इस बात से आँका जा सकता है कि अधिकतर शिक्षक उनके द्वारा बताए गए प्रोग्राम सीखना (programmed learning) की प्रविधि को कक्षा के शिक्षण (classroom learning) के लिए एक अभूतपूर्व योगदान मानकर उसके अनुसार अध्यापन कार्य कर रहे हैं।

सीखने के सूझ का सिद्धांत
(Insight Theory of Learning)

सूझ या अंतर्दृष्टि सिद्धांत का प्रतिपादन गेस्टाल्ट मनोवैज्ञानिकों (Gestalt psychologists) द्वारा, विशेषकर कोहलर (Kohler, 1925) तथा कोफ्का (Koffka, 1924) द्वारा किया गया। जैसा कि नाम

1. प्रोग्राम सीखना (programmed learning) के बारे में विस्तृत व्याख्या अगले अध्याय में की जाएगी।

से ही स्पष्ट है, इस सिद्धांत के अनुसार व्यक्ति किसी प्रक्रिया को सूझ या अंतर्दृष्टि (insight) द्वारा सीखता है। जब भी व्यक्ति किसी विषय या पाठ को सीखता है तो वह सीखने से संबंधित परिस्थिति के हर पहलू (aspects) को समझने की कोशिश करता है। इस कोशिश में वह परिस्थिति के विभिन्न पहलुओं का नए ढंग से प्रत्यक्षण कर संगठित (perceptually organized) करने का प्रयत्न करता है ताकि समस्या का समाधान आसानी से हो सके। जब वह परिस्थिति के भिन्न-भिन्न पहलुओं को नए ढंग से प्रत्यक्षण कर उसके आपसी संबंधों को समझ जाता है, तो उसमें अचानक 'सूझ' (insight) उत्पन्न होती है जिसे 'अहा अनुभव' (Aha experience) भी मनोवैज्ञानिकों ने कहा है। अतः, सूझ अचानक होती है और इसके लिए अभ्यास (practice) की जरूरत नहीं होती। फर्नाल्ड तथा फर्नाल्ड[1] (Fernald & Fernald, 1979) के शब्दों में, "सूझ से कोहलर का तात्पर्य इस बात से था कि समस्या का समाधान उद्दीपन-अनुक्रिया संबंधों के धीरे-धीरे बनने से नहीं होता है बल्कि उद्दीपनों के बीच के संबंधों को अचानक समझने से होता है।"

सीखनेवाले व्यक्ति में जैसे ही सूझ उत्पन्न हो जाती है, वह तुरत सही अनुक्रिया करता है और इस तरह व्यक्ति सही अनुक्रिया को करना सीख लेता है। कोहलर तथा कोफ्का (Kohler & Koffka) की इस व्याख्या से स्पष्ट है कि सीखना धीरे-धीरे नहीं बल्कि एकाएक होता है क्योंकि यह सूझ द्वारा होता है जो सहसा होता है न कि अभ्यास (practice) तथा प्रयत्न एवं भूल (trial and error) द्वारा होता है।

सूझ-सिद्धांत कोहलर (Kohler) द्वारा किए गए कुछ प्रयोगों पर आधारित है। कोहलर (Kohler, 1927) ने कई तरह के पशुओं जैसे वनमानुष (chimpanzees), बन्दर, मुर्गी तथा कुत्ता पर प्रयोग किए हैं परंतु उनके द्वारा 1913 से 1918 के बीच कैनरी द्वीप (Canary island) में 'सुल्तान' (Sultan) नामक वनमानुष पर किया गया प्रयोग सर्वाधिक प्रचलित हो पाया है। कोहलर के सबसे बुद्धिमान 'वनमानुष' का नाम 'सुल्तान' (Sultan) था। उनके द्वारा सुल्तान पर किए गए दो प्रयोग विशेष रूप से उल्लेखनीय हैं—

(क) छड़ी समस्या पर प्रयोग (Experiment on stick problem)

(ख) बक्स समस्या पर प्रयोग (Experiment on box problem)

छड़ी समस्या (stick problem) के प्रयोग में सुल्तान नामक वनमानुष को एक बड़े पिंजड़े में बन्द कर दिया गया था। वनमानुष भूखा था। पिजड़े के बाहर टेबुल पर केला रख दिया गया था। पिंजड़े में दो छोटी-छोटी छड़ी भी रख दी गयी थी जिसकी बनावट कुछ ऐसी थी कि वह दूसरे से जुड़ जा सकती थी (चित्र-13.9 देखें)। केले को बाहर रखा देखकर सुल्तान ने अपने हाथ से, फिर पैर से तथा बारी-बारी से दोनों छड़ियों के सहारे केले को पिंजड़े के अन्दर खींच लेने का प्रयास किया परंतु उसे सफलता नहीं मिली क्योंकि पिंजड़े से केले की दूरी अधिक थी। निराश होकर उसने पिंजड़े में ऊपर से नीचे देखना प्रारंभ कर दिया और अंत में उन दोनों छड़ियों के सहारे खेलना प्रारंभ कर दिया। इस खेल के सिलसिले में दोनों छड़ी अचानक एक-दूसरे से जुड़ गई। इसके परिणामस्वरूप वनमानुष में उत्साह और खुशी देखी गई और इस लम्बी छड़ी के सहारे

1. "By insight Kohler meant that the solutions did not occur through a gradual building up of S-R connections but rather through a sudden understanding of relationships among stimuli."—Fernald & Fernald, *Basic Psychology,* 1970, p. 147

बाहर टेबुल पर रखे केले को वह खींचकर खा गया। फिर बाद में जब इस प्रयोग को दोहराया गया तो सुल्तान ने तुरत छड़ियों को जोड़कर टेबुल पर रखे केले को खींचकर ले लिया और खा गया।

चित्र 13.9 कोहलर द्वारा छड़ी समस्या पर किया गया प्रयोग

बक्स समस्या का प्रयोग भी सुल्तान पर ही किया गया। सुल्तान को एक बड़े कमरे में बन्द कर दिया गया जिसकी छत से केला लटक रहा था। इस कमरे के एक कोने में तीन बक्स भी रख दिए गए थे (चित्र-13.10 देखें)। सुल्तान भूखा था, इसलिए जब उसकी नजर केले पर गई तो उसने केले को उछल-कूदकर प्राप्त कर लेना चाहा। पर, कई बार ऐसा करने के बाद भी उसे सफलता नहीं मिली क्योंकि केला काफी ऊँचाई पर था। फिर उसका ध्यान कोने में रखे बक्स पर गया और उसमें उत्साह तथा खुशी देखी गई। झट उसने एक बक्स को उठाया और लटकते केले के ठीक नीचे रखा। इसपर से वह उछलकर केला प्राप्त करना चाहा। परंतु, फिर भी वह असमर्थ रहा। फिर दूसरे बक्स को पहले बक्स पर रखा और केला प्राप्त करना चाहा। परंतु असमर्थ रहा। इसके बाद फिर तीसरे बक्स को उन दोनों बक्सों पर रखा और इस बार उसने उछलकर केला प्राप्त कर लिया। बाद में सुल्तान को इस तरह की प्रयोगात्मक परिस्थिति में रखने पर उसने उछल-कूद कम किया और सीधे तीनों बक्सों को एक-दूसरे पर रखकर केला प्राप्त कर लिया।

चित्र 13.10 कोहलर द्वारा बक्स समस्या पर किया गया प्रयोग

कोहलर के इन प्रयोगों पर ध्यान देने से यह स्पष्ट हो जाता है कि सीखना सूझ (insight) पर निर्भर करता है। छड़ी समस्या के प्रयोग में जब खेलते-खेलते दोनों छड़ियाँ आपस में जुड़ जाती हैं

तो इससे सुल्तान में अचानक सूझ उत्पन्न हो जाती है कि इस लम्बी छड़ी से बाहर रखे गए केले की दूरी कम हो जाएगी और केला प्राप्त किया जा सकता है। उसी तरह से जब बक्स प्रयोग में सुल्तान का ध्यान कमरे में रखे गए बक्स पर गया, तो अचानक उसमें सूझ उत्पन्न हो गयी कि इन बक्सों को एक दूसरे पर रख देने से छत से लटकते केले की दूरी कम हो जायेगी और वह केला प्राप्त कर लेगा।

मनोवैज्ञानिकों ने सूझ द्वारा सीखने की प्रक्रिया की कुछ विशेषताएँ बताई हैं, जो इस प्रकार हैं—

(i) सीखने की प्रक्रिया सूझ पर आधारित होती है जो एक प्रकार का 'अहा अनुभव' (aha experience) है। सूझ व्यक्ति में अचानक उस समय होती है जब वह लक्ष्य तथा लक्ष्य पर पहुँचने के उपायों (means) के बीच के प्रत्यक्षणात्मक संबंधों (perceptual relationships) को ठीक ढंग से समझ लेता है। चूँकि सूझ अचानक होती है, इसलिए सीखने की प्रक्रिया भी अंतर्दृष्टि के अनुसार अचानक होती है।

(ii) सूझ उत्पन्न होने के लिए यह आवश्यक है कि प्राणी के सामने जो समस्यात्मक परिस्थिति है, वह उसका ठीक ढंग से निरीक्षण (inspection) करे। कोहलर तथा कोफ्का (Kohler & Koffka) का विचार था कि समस्यात्मक परिस्थिति को ऐसा होना चाहिए कि उसका सभी भाग या अंश प्राणी के सामने हो ताकि वह सम्पूर्ण समस्या का प्रत्यक्षण (perception) कर सके तथा उसे समझ सके। यदि समस्या का कोई भी हिस्सा या अंश छिपा रहता है तो वैसी परिस्थिति में प्राणी में सीखना सूझ से न होकर प्रयत्न एवं भूल (trial and error) से होगा।

(iii) निदेशित ध्यान तथा अन्वेषणात्मक व्यवहार (directed attention and exploratory behaviour)—सूझ द्वारा सीखने में व्यक्ति का ध्यान समस्यात्मक परिस्थिति के भिन्न-भिन्न हिस्सों पर निदेशित होता है। वह समस्या के समाधान के लिए भिन्न-भिन्न प्रकार का व्यवहार एक के बाद एक, परंतु सोच-समझकर करता है। वनमानुष द्वारा केला प्राप्त करने के लिए पिंजड़े से हाथ बढ़ाना, पैर बढ़ाना, फिर छड़ी बढ़ाना आदि कुछ अन्वेषणात्मक व्यवहार (exploratory behaviour) के उदाहण हैं। सूझ उत्पन्न होने के बाद प्राणी यह समझ जाता है कि इनमें सभी व्यवहार अर्थपूर्ण नहीं थे।

(iv) निष्क्रियता की अवस्था (State of inactiveness)—जब प्राणी समस्या के समाधान के लिए भिन्न-भिन्न प्रकार का अन्वेषणात्मक व्यवहार (exploratory behaviour) करता है और फिर भी उसे सफलता नहीं मिलती, तो थोड़ी देर के लिए वह उदास हो जाता है और निष्क्रिय होकर चुपचाप बैठ जाता है। इस तरह उसमें शिथिलता आ जाती है। जैसे जब वनमानुष उछल-कूदकर छत से लटकते केले प्राप्त नहीं कर सका, तो थोड़ी देर के लिए निष्क्रिय होकर चुपचाप बैठ गया।

(v) सूझ का अचानक आगमन (Sudden act of insight)—कोहलर का कहना है कि जब प्राणी समस्या का समाधान करने के प्रयास में शिथिल एवं निष्क्रिय हो जाता है, तो फिर कुछ समय के बाद अचानक उसमें सूझ अपने-आप हो जाती है और समस्या का समाधान कर लेता है। सूझ उत्पन्न होने से व्यक्ति में लक्ष्य (goal) तथा उपाय (means) के बीच एक स्पष्ट संबंध दिखाई देने लगता है। खेल-खेल में जब दोनों छड़ी आपस में जुड़कर बड़ी हो जाती है, तो वह उल्लास के साथ उस जुड़ी हुई छड़ी के सहारे केले की ओर दौड़ पड़ता है और उसे प्राप्त कर लेता है।

(vi) सूझ द्वारा सीखने की जाँच : स्थानांतरण (Test of learning by insight: Transfer)—कोहलर का विचार था कि प्राणी ने किसी समस्या का समाधान करना सूझ द्वारा सीखा है या नहीं, इसकी जाँच स्थानांतरण (transfer) द्वारा आसानी से की जा सकती है। अगर उसने सूझ द्वारा सीखा है तो उसमें स्थानांतरण का गुण होगा। परंतु, अगर प्रयत्न एवं भूल (trial and error) द्वारा सीखा है तो उसमें स्थानांतरण का गुण नहीं होगा। कोहलर ने अनेक ऐसे परीक्षण (test) किए जिनमें वनमानुष ने स्थानांतरण का गुण दिखाया। सुल्तान ने जब बक्सों को एक-दूसरे पर रखकर केले को प्राप्त कर लेना सीख लिया, तो सुल्तान को एक दूसरी समस्या में टेबुल तथा सीढ़ी (ladder) के साथ एक कमरे में छोड़ा गया जिसकी छत से केला लटक रहा था। ऐसा देखा गया कि सुल्तान तुरंत टेबुल पर सीढ़ी रखकर चढ़ गया और केला प्राप्त कर लिया। इतना ही नहीं, सुल्तान को जब एक ऐसी समस्या दी गई जहाँ कमरे में टेबुल, सीढ़ी, बक्स या अन्य कोई ऐसी वस्तु नहीं थी जिसपर चढ़कर केला प्राप्त कर सके तो वह कोहलर (जो उसी कमरे में थे) को हाथ पकड़कर ले आया और ठीक छत से लटकते केले के नीचे उन्हें खड़ा कर दिया और उन्हीं पर चढ़कर केला प्राप्त कर लिया। इन परीक्षणों से यह बिल्कुल ही स्पष्ट हो जाता है कि वनमानुष ने समस्या का समाधान सूझ द्वारा करना सीखा था क्योंकि उसमें स्पष्ट रूप से स्थानान्तरण का गुण था।

सूझ के इस सिद्धांत से स्पष्ट हो जाता है कि सीखने की प्रक्रिया जब सूझ (insight) द्वारा होती है, तो वह अचानक होती है क्योंकि व्यक्ति में सूझ अचानक ही विकसित होती है।

कोहलर के सूझ के सिद्धांत का शैक्षिक आशय एवं मूल्यांकन (Educational Implication and Evaluation of Kohler's Insight Theory)

शिक्षा के दृष्टिकोण से कोहलर के सूझ का सिद्धांत अधिक महत्त्वपूर्ण बताया गया है। शिक्षा मनोवैज्ञानिकों ने कक्षा में होनेवाले पठन-पाठन के लिए सूझ के इस सिद्धांत के आशय (implication) तथा उपयोगिताओं का वर्णन कुछ इस प्रकार किया है—

(i) सूझ के सिद्धांत के अनुसार शिक्षकों में सूझ उत्पन्न करने के खयाल से विषय या पाठ के सभी पहलुओं का खुला अवलोकन करना चाहिए क्योंकि ऐसा नहीं होने से छात्र विषय के भिन्न-भिन्न भागों के बीच के प्रत्यक्षणात्मक संबंध (perceptual relationship) को नहीं समझ पाएँगे और तब उनमें सूझ भी उत्पन्न नहीं होगी। अगर विषय या पाठ का कोई भी हिस्से या अंश को छात्रों से छिपा लिया जाता है, तो छात्र उनके प्रत्यक्षणात्मक संबंध को विकसित नहीं कर पाएँगे और वे प्रयत्न एवं भूल (trial and error) द्वारा सीखने का प्रयत्न करने लगेंगे।

(ii) चूँकि सूझ द्वारा सीखे गए कौशल (skills) का छात्र एक परिस्थिति से दूसरी परिस्थिति में सही-सही उपयोग कर पाते हैं, अतः शिक्षकों को चाहिए कि वे कक्षा (classroom) में इस ढंग का वातावरण (environment) कायम करें कि छात्र सूझ द्वारा ही विभिन्न विषयों, विशेषकर वैसे विषय जिनका प्रयोग दिन-प्रतिदिन की समस्याओं के समाधान में अधिक होता है, जैसे गणित, सामाजिक अध्ययन, भूगोल, इतिहास आदि को सीखें। इससे फायदा यह होता है कि छात्र में समायोजन शक्ति (adjustment capacity) बढ़ती है और उसके व्यक्तित्व के सम्पूर्ण विकास में काफी मदद मिलती है।

कक्षा (classroom) में सूझ के सिद्धांत का शैक्षिक महत्त्व (educational importance) होने के बावजूद इस सिद्धांत की कुछ सीमाएँ (limitation) हैं जो शिक्षा की दृष्टि से अधिक महत्त्वपूर्ण हैं—

(i) सूझ सिद्धांत के अनुसार कक्षा में सीखने की प्रक्रिया अचानक (sudden) होती है क्योंकि सूझ एक अचानक होनेवाली प्रक्रिया है। मनोवैज्ञानिकों का मत है कि वास्तव में छात्र किसी विषय को अचानक नहीं सीखते, बल्कि वे धीरे-धीरे कुछ अभ्यास (practice) द्वारा सीखते हैं। डंकर (Dunker, 1945) ने कहा है कि सूझ क्रमिक होती है तथा इसकी मात्रा कम या अधिक हो सकती है (Insight is gradual and graduated)। जटिल कार्यों को सीखने में सूझ की मात्रा अधिक होती है तथा जब हम साधारण कार्य को करना सीखते हैं तो उसमें सूझ की मात्रा कम होती है।

(ii) यह सिद्धांत सीखने में सिर्फ सूझ (insight) के महत्त्व पर प्रकाश डालता है और साथ-ही-साथ यह भी दावा करता है कि सभी उम्र के छात्र इस सूझ द्वारा ही किसी विषय को सीख पाते हैं। कुछ मनोवैज्ञानिकों ने इसका खण्डन करते हुए कहा है कि सीखने में अभ्यास (practice) तथा अनुभूति (experience) का भी स्थान होता है। इनलोगों का यह भी कहना है कि छोटे-छोटे शिशुओं के सीखने में सूझ का कोई खास महत्त्व नहीं होता। प्रायः वे विषय को रटकर एवं अभ्यास करके ही सीखते हैं।

इन सीमाओं (limitations) के बावजूद भी सूझ सिद्धांत का महत्त्व काफी है और शिक्षक इसे शिक्षा के लिए मनोवैज्ञानिकों द्वारा किया गया एक अनुपम योगदान मानते हैं।

ब्रुनर के सीखने का सिद्धांत—शिक्षा के दृष्टिकोण से (Bruner's Theory of Learning: From the Point of View of Education)

जीरोम ब्रुनर (Jerome Bruner, 1960) ने सीखने के एक सिद्धांत का प्रतिपादन किया है जिसे आधुनिक संज्ञानात्मक सिद्धांत (present-day cognitive theory) की श्रेणी में रखा गया है। इनके सिद्धांत की उपयोगिता शिक्षा (education) में अधिक बताई गई है। सचमुच देखा जाय तो ब्रुनर ने अपने सीखने के सिद्धांत का प्रतिपादन कक्षा में छात्रों द्वारा किए गए उन सभी व्यवहारों को मद्देनजर रखते हुए किया है जो सीखने से संबंधित होते हैं। ब्रुनर के सीखने के सिद्धांत की व्याख्या निम्नांकित भागों में बाँटकर की जा सकती है—

(1) अंतर्दर्शी चिंतन बनाम विश्लेषणात्मक चिंतन (Intuitive thinking vs Analytical thinking) —ब्रुनर का मत है कि कक्षा के शिक्षण (classroom learning) में शिक्षकों द्वारा अंतर्दर्शी चिंतन पर विश्लेषणात्मक चिंतन की अपेक्षा बहुत ही कम ध्यान दिया जाता है जबकि सचाई यह है कि अंतर्दर्शी चिंतन का महत्त्व विषयों या पाठों को सीखने में कहीं अधिक है। किसी विषय या पाठ का तात्कालिक ज्ञान (understanding) या संज्ञान (cognition) को ही अंतर्दर्शन (intuition) कहा जाता है। ब्रुनर के अनुसार अंतर्दर्शी समझ (intuitive understanding) या ज्ञान को शिक्षक प्रोत्साहित न करके हतोत्साहित करते देखे गए हैं। ब्रुनर[1] (Bruner, 1960) के शब्दों में, अंतर्दर्शन से तात्पर्य वैसे व्यवहार से होता है जिसमें अपने विश्लेषणात्मक उपायों पर बिना

1. "Intuition implies the act of grasping the meaning, significance, or structure of a problem or situation without explicit reliance on the analytic apparatus of one's craft."—Bruner, *The Process of Education,* 1960, p. 13-14

किसी तरह की निर्भरता दिखाए ही किसी परिस्थिति या समस्या की संरचना, अर्थ एवं महत्त्व से समझा जाता है। अकसर देखा गया है कि शिक्षक छात्रों में विश्लेषणात्मक चिंतन पर अधिक बल डालते हैं। वे छात्रों को कोई समस्या के समाधान करने के लिए देते हैं और उसके तात्कालिक उत्तर (immediate answer) देने के प्रयास को प्रोत्साहित नहीं करते, बल्कि उसे सोझ-समझकर एक-एक कदम आगे बढ़कर समस्या का समाधान पर बल डालते हैं। दूसरे शब्दों में, शिक्षक छात्रों में अंतर्दर्शी चिंतन को हतोत्साहित (discourage) करते हैं तथा विश्लेषणात्मक चिंतन को प्रोत्साहित करते हैं। इससे कक्षा के शिक्षण की गति मंद हो जाती है।

(2) विषय की संरचना (Structure of discipline)—ब्रुनर का मत है कि प्रत्येक विषय या पाठ के कुछ विशेष संप्रत्यय, नियम तथा प्रविधियाँ (procedures) होतीं हैं जिसे छात्रों को सीखना आवश्यक है क्योंकि तब ही वे उन चीजों का सही-सही प्रयोग कर सकते हैं। इस तरह ब्रुनर का मत था कि प्रत्येक विषय की अपनी एक संरचना (structure) होती है और स्कूल के छात्रों के लिए इस संरचना को सीखना आवश्यक है। शिक्षकों को इन संरचनाओं को अर्थात उसके संप्रत्यय (concepts), नियम (principles) एवं प्रविधियों को सिखाने पर अधिक बल डालना चाहिए।

(3) अन्वेषणात्मक सीखना (Discovery learning)—ब्रुनर (Bruner) ने इस बात पर बल डाला है कि कक्षा में किसी विषय या पाठ को सीखने की सबसे उत्तम विधि अन्वेषणात्मक सीखना (discovery learning) है। दूसरे शब्दों में, छात्र को किसी समस्या के विभिन्न पहलुओं पर स्वयं ही आगमनात्मक चिंतन (inductive thinking) करके विषय से संबंधित संप्रत्ययों (concepts) के अर्थ एवं संबंधों की खोज (discovery) करनी चाहिए। इसका मतलब यह हुआ कि शिक्षकों को इस नियम में विश्वास रखना चाहिए कि ज्ञान आत्म-अन्वेषित होता है (Knowledge is self-discovered)। ऐसा ज्ञान जो छात्रों द्वारा आत्म-अन्वेषित (self-discovered) होते हैं, उनके लिए अधिक सार्थक होते हैं तथा साथ-ही-साथ अधिक दिनों तक याद रखे जाते हैं। ब्रुनर ने तो यहाँ तक दावा किया है कि वैसी कक्षा (classroom) जिसमें छात्रों द्वारा कोई आत्म-अन्वेषित सीखना (self-discovered learning) नहीं होता है, उसमें शिक्षण (learning) के प्रक्रिया के मूल तत्त्व की कमी तो होती ही है साथ-ही-साथ पढ़ाए गए विषय का सीखना भी ठीक ढंग से नहीं हो पाता है।

(4) संबद्धता का महत्त्व (Importance of relevance)—ब्रुनर के अनुसार स्कूल शिक्षण (school learning) का सबसे महत्त्वपूर्ण लक्ष्य (important goal) छात्रों को भविष्य में फायदा पहुँचाना होता है। दूसरे शब्दों में, छात्रों को भविष्य में उपयोगी कार्य करने में मदद करने से होता है। अपनी प्रसिद्ध पुस्तक 'दी रेलिवेन्स ऑफ एडुकेशन' (*The Relevance of Education*) में ब्रुनर ने दो तरह की संबद्धता (relevance) का वर्णन किया है—सामाजिक संबद्धता (social relevance) तथा व्यक्तिगत संबद्धता (personal relevance)। ब्रुनर के अनुसार शिक्षा सिर्फ व्यक्तिगत रूप से ही नहीं बल्कि सामाजिक उद्देश्यों एवं लक्ष्यों के भी अनुरूप होनी चाहिए। उनका मत था कि स्कूल में दिए जानेवाले शिक्षण का संबंध व्यक्तिगत संबद्धता तथा सामाजिक संबद्धता, दोनों से होता है।

(5) तत्परता (Readiness)—ब्रुनर ने बालकों के सीखने की तत्परता की एक भिन्न दृष्टिकोण से व्याख्या की है। उनका विचार है कि प्रत्येक वर्ग के लिए एक पाठ्यक्रम तैयार करके छात्रों को उस पाठ्यक्रम के अनुसार तत्पर बनाना या उस पाठ्यक्रम के अनुसार उनमें क्षमता विकसित करना एक

स्वास्थ्यकर (healthy) प्रथा नहीं है बल्कि उन्होंने इस बात पर अधिक बल दिया है कि किसी भी उम्र या वर्ग के छात्र को कोई भी विषय को सीखने के लिए तत्पर (ready) किया जा सकता है। अतः, ब्रुनर के अनुसार शिक्षकों का प्रधान कार्य छात्रों के अनुरूप पाठ्यक्रम को तैयार करना होता है।

(6) शिक्षार्थी द्वारा स्वयं कार्य करने का महत्त्व (Importance of Learner's doing things)—ब्रुनर का कहना था कि छात्रों को सीखने की परिस्थिति में निष्क्रिय न होकर सक्रिय ढंग से भाग लेना चाहिए। इसके दो फायदे होते हैं—पहला तो यह कि छात्र विषय या पाठ को ठीक ढंग से समझ जाता है तथा दूसरा यह कि उसे वह जल्द सीख लेता है तथा अधिक दिनों तक याद किए रहता है।

कुछ मनोवैज्ञानिकों ने ब्रुनर के सिद्धांत की कुछ खामियों (limitations) की ओर भी ध्यान दिलवाया है जो निम्नांकित हैं—

(i) कुछ आलोचकों का मत है कि ब्रुनर द्वारा प्रतिपादित विषय की संरचना (structure of discipline) जैसे संप्रत्यय अपने-आपमें अस्पष्ट है। इतना ही नहीं, इस ढंग की संरचना की बात करके ब्रुनर कुछ वैसे पाठ्यक्रमों की ओर संकेत करना चाहते थे जिनके सीखने से छात्रों में तार्किक चिंतन (logical thinking) की क्षमता विकसित होती है। परंतु, आलोचकों का कहना है कि इस ढंग की संरचना सिर्फ उन कक्षाओं में अधिक अच्छे ढंग से कार्य कर पाती है जिसके छात्रों में पर्याप्त अभिप्रेरण (motivation) हो। ऐसे छात्र जिनमें अभिप्रेरण (motivation) की मात्रा औसत या औसत से कम होती है, उनमें इस ढंग की संरचना की बात करना उचित नहीं होगा।

(ii) कुछ आलोचकों का मत है कि अन्वेषणात्मक सीखना (discovery learning) मात्र एक ऐसी विधि है जिससे सिर्फ समय की बर्बादी होती है और किसी भी शिक्षक से यह उम्मीद करना बेकार है कि वे कक्षा में प्रत्येक विषय को अन्वेषणात्मक सीखना को बिन्दु मानकर अध्यापन करेंगे।

इन खामियों के बावजूद ब्रुनर का सिद्धांत एक ऐसा सिद्धांत है जिसे शिक्षा के दृष्टिकोण से अति महत्त्वपूर्ण बताया गया है। ब्रुनर द्वारा इस सिद्धांत में प्रतिपादित तथ्य स्कूली शिक्षा के लिए काफी अहमियत रखता है।

ऊसूबेल के सीखने का सिद्धांत—शिक्षा के दृष्टिकोण से (Ausubel's Theory of Learning: From the Point of View of Education)

डेविड ऊसूबेल (David Ausubel, 1978) ने सीखने के एक सिद्धांत का प्रतिपादन किया जिसे आधुनिक संज्ञानात्मक सिद्धांत (modern-day cognitive theory) की श्रेणी में रखा गया है। ऊसूबेल के सिद्धांत को संज्ञानात्मक सिद्धांत (cognitive theory) इसलिए कहा जाता है क्योंकि इस सिद्धांत का मूल उद्देश्य सीखते समय व्यक्ति में क्या होता है, का वर्णन करना होता है। इनके सिद्धांत द्वारा मूल रूप से यह बताने की कोशिश की गई है कि सीखने की प्रक्रिया में जब नए विषय या पाठ को शिक्षार्थी अपने गत ज्ञान (past knowledge) के साथ जोड़ते हैं तो उस नए विषय या पाठ का क्या होता है। शिक्षार्थी के गत ज्ञान के भंडार को 'संज्ञानात्मक संरचना' (cognitive structure) कहा जाता है और जब शिक्षार्थी इस संज्ञानात्मक संरचना में नए पाठ से सीखे गए अनुभूतियों को सार्थक ढंग से जोड़ता है या संबंधित करता है, तो उसे **आत्मसात्करण** (assimilation) की संज्ञा दी जाती है।

ऊसूबेल का सिद्धांत कक्षा (classroom) में किए जानेवाले शिक्षण (learning) तथा शाब्दिक सामग्री (verbal materials) के सार्थक एवं अर्थपूर्ण सीखने (meaningful learning) से संबंधित है और इस बिन्दु पर ऊसूबेल का सिद्धांत ब्रुनर (Bruner) के सिद्धांत के समान है।

ऊसूबेल (Ausubel) ने अपने सीखने के सिद्धांत में सीखने के निम्नांकित चार प्रकार (kinds) का वर्णन किया है—

(1) **रटकर सीखना** (Rote learning)—रटकर सीखना वैसे सीखना को कहा जाता है जिसमें शिक्षार्थी दिए गए विषय या पाठ के अर्थ को बिना समझे हू-ब-हू (verbatim) पुनरुत्पादन (reproduce) कर सीखते हैं। निरर्थक पदों (nonsense syllables) को सीखना, अक्षर-अंक युग्म (letter-number pairs) को सीखना, छोटे-छोटे शिशुओं द्वारा नर्सरी राइम (nursery rhyme) को सीखना इसके उदाहरण हैं। ऊसूबेल (Ausubel) का कहना है कि यह दुर्भाग्य की बात है कि आधुनिक शिक्षकों द्वारा छात्रों के सीखने में रटकर सीखने पर अर्थपूर्ण सीखने (meaningful learning) की अपेक्षा अधिक बल डाला जाता है।

(2) **अर्थपूर्ण सीखना** (Meaningful learning)—अर्थपूर्ण सीखना या जिसे ऊसूबेल ने अर्थपूर्ण आत्मसात्करण (meaningful assimilation) भी कहा है, एक ऐसे सीखने की प्रक्रिया को कहा जाता है जिसमें शिक्षार्थी किसी विषय या पाठ को समझकर आत्मसात करते हैं तथा उसे अपने गत ज्ञान (past knowledge) से संबंधित कर पाते हैं। ऊसूबेल (Ausubel) ने इस बात पर विशेष बल डाला है कि शिक्षकों को कक्षा के शिक्षण (classroom learning) में अर्थपूर्ण सीखने पर अधिक बल डालना चाहिए। उन्होंने अर्थपूर्ण सीखने के लिए दो चीजों का होना अनिवार्य (essential) बताया है—अर्थपूर्ण विषय (meaningful material) तथा अर्थपूर्ण सीखने की मानसिक तत्परता (meaningful learning set)। शिक्षकों को चाहिए कि वे पढ़ाए जानेवाले विषय का चयन, संगठन (organization) एवं प्रस्तुतीकरण (presentation) इस ढंग से करें कि शिक्षार्थी के लिए अधिक-से-अधिक अर्थपूर्ण (meaningful) हो सके। इतना ही नहीं, शिक्षक अपने विशेष प्रयास (effort) एवं लगन से छात्रों में एक ऐसी मानसिक तत्परता (mental set) उत्पन्न कर सकते हैं जिससे वह अर्थपूर्ण ढंग से सीखने के लिए अधिक प्रेरित हो सके।

अर्थपूर्ण सीखने की इन दोनों तरह की अनिवार्यताओं के नहीं होने से छात्र अक्सर किसी पाठ या विषय को रटकर सीखते हैं।

(3) **अभिग्रहण सीखना** (Reception learning)—इस तरह के सीखना में शिक्षार्थी को सीखनेवाली सामग्री बोलकर या लिखकर दे दी जाती है और शिक्षार्थी उन सामग्रियों को आत्मसात (internalize) कर लेता है। दुर्भाग्यवश अधिकतर शिक्षक यही समझते हैं कि अभिग्रहण सीखना (reception learning) मात्र रटकर ही किया जा सकता है। परंतु ऊसूबेल (Ausubel) ने यह स्पष्ट कर दिया कि यह रटकर भी हो सकता है तथा समझकर भी हो सकता है। दूसरे शब्दों में, अभिग्रहण सीखना के दो प्रकार होते हैं—रटकर अभिग्रहण सीखना (meaningful reception learning) तथा अर्थपूर्ण अभिग्रहण सीखना (meaningful reception learning) (चित्र-13.11 देखें)।

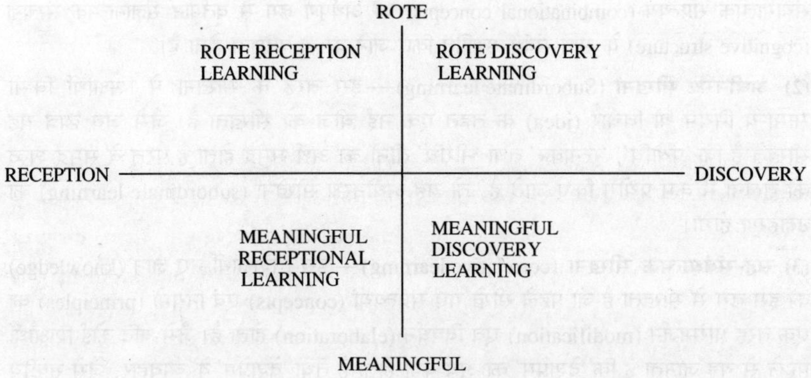

चित्र 13.11 ऊसूबेल द्वारा प्रतिपादित सीखने के प्रकार

(4) अन्वेषण सीखना (Discovery learning)—अन्वेषण सीखना वैसे सीखना को कहा जाता है जिसमें शिक्षार्थी को दी गई सामग्री में से नया संप्रत्यय (concept) या कोई नया नियम या विचार की खोज कर उसे सीखना होता है। दुर्भाग्यवश अधिकतर शिक्षक यही समझते हैं कि अन्वेषण सीखना हमेशा अर्थपूर्ण (meaningful) ही होता है। परंतु, ऊसूबेल ने यह स्पष्ट कर दिया कि अभिग्रहण सीखना (reception learning) के समान यह भी दो प्रकार का होता है—रटकर अन्वेषण सीखना (Rote dicovery learning) तथा अर्थपूर्ण अन्वेषण सीखना (Meaningful discovery learning) (चित्र 13.11 देखें)। उदाहरणस्वरूप, यदि कोई शिक्षार्थी दिए गए उत्तरों में खोजकर, इस अधूरे वाक्य अर्थात "भारत...... में आजाद हुआ था।" को पूरा करने की कोशिश करता है, तो यह एक ऐसा अन्वेषण सीखना का उदाहरण होगा जो रटकर सम्पन्न हुआ माना जाएगा। परंतु यदि छात्र ज्ञात तथ्यों (known facts) को पुनर्संगठित (reorganise) कर या कोई प्रयोग कर किसी नए नियम की खोज करता है तो इसे एक ऐसा अन्वेषण सीखना कहा जाएगा तो अर्थपूर्ण प्रक्रिया द्वारा सम्पन्न हुआ है।

ऊसूबेल ने अपने सीखने के सिद्धांत में अर्थपूर्ण सीखना पर अधिक महत्त्व डाला है चाहे वह अभिग्रहणात्मक (receptive) हो या अन्वेषणात्मक (discovery)। उन्होंने अर्थपूर्ण सीखने की प्रक्रिया में आत्मसात्करण (assimilation) को अधिक महत्त्वपूर्ण बताया है और कहा है कि यह एक ऐसी प्रक्रिया है जिसके द्वारा शिक्षार्थी समझ-बूझकर नए सीखे गए पाठ या विषय को अपनी संज्ञानात्मक संरचना (cognitive structures) में आत्मसात कर लेते हैं। उन्होंने यह बताया कि आत्मसात्करण (assimilation) निम्नांकित चार प्रकार से किए जाते हैं—

(1) संयोगात्मक सीखना (Combinational learning)—इस तरह के सीखना में सामान्य समनुरूपता (general congruence) के आधार पर शिक्षार्थी पहले सीखे गए विचारों के संयोग (combinations) को सार्थक ढंग से संज्ञानात्मक संरचना (cognitive sturcture) के महत्त्वपूर्ण तथ्यों के साथ संबंध जोड़ता है। कक्षा में संयोगात्मक सीखना के कई उदाहरण मिलते है। जैसे, छात्र जब माँग एवं मूल्य (demand and price), ताप (heat) एवं आयतन (volume), व्यक्ति के भार (weight) एवं ऊँचाई

(height) के बीच जब कोई सामान्यीकरण (generalization) करता है, तो वह पहले सीखी गई संयोगात्मक संप्रत्यय (combinational concepts) का अर्थपूर्ण ढंग से वर्तमान संज्ञानात्मक संरचना (cognitive structure) के साथ संबंध स्थापित किए जाने का ही परिणाम होता है।

(2) **अधीनस्थ सीखना** (Subordinate learning)—इस तरह के सीखना में शिक्षार्थी किसी सामान्य नियम या विचार (idea) के तहत एक नई चीज को सीखता है। जैसे जब छात्र यह सीखते हैं कि 'पयोधि', 'रत्नाकर' तथा 'नीरधि' तीनों का अर्थ समुद्र होता है परंतु वे समुद्र शब्द की तुलना में कम प्रयोग किए जाते हैं, तो यह अधीनस्थ सीखना (subordinate learning) का उदाहरण होगा।

(3) **सह-संबंधात्मक सीखना** (correlative learning)—इसमें शिक्षार्थी नए ज्ञान (knowledge) को इस ढंग से सीखता है जो पहले सीखे गए संप्रत्ययों (concepts) एवं नियमों (principles) का एक तरह परिमार्जन (modification) एवं विवर्धन (elaboration) होता है। जैसे यदि कोई शिक्षार्थी पहले से यह जानता है कि 'देशप्रेम' का अर्थ क्या होता है तथा 'देशप्रेम' के व्यवहार, जैसे राष्ट्रीय ध्वज का आदर करना, राष्ट्रीय पर्व में खुलकर भाग लेना आदि को जानता है और अब वह देश के विभिन्न राष्ट्रीय सम्पति को अपनी सम्पत्ति के समान रख-रखाव करना यदि प्रारंभ कर देता है तो यह सह-संबंधात्मक सीखना (correlative learning) के उदाहरण होंगे।

(4) **महाकोटि सीखना** (Superordinate learning)—महाकोटि सीखना वैसे सीखना को कहा जाता है जिसमें शिक्षार्थी एक ऐसा नया संप्रत्यय (concept) या प्रतिज्ञप्ति (proposition) सीखता है जिसमें पहले से सुस्पष्ट कई विचार सम्मिलित होते हैं। दूसरे शब्दों में, जब शिक्षार्थी कई संप्रत्ययों (concepts) को एक साथ करके कोई नया संप्रत्यय या नियम सीख लेता है, तो इसे महाकोटि सीखना (superordinate learning) कहा जाता है। जैसे यदि शिक्षार्थी 'बाघ', 'सिंह', 'सियार', 'कुत्ता' तथा 'शेर' शब्दों के आधार पर एक नया संप्रत्यय जैसे 'मांसाहारी पशु' सीख लेता है, तो यह एक महाकोटि सीखना का उदाहरण है।

उपर्युक्त चार प्रक्रियाओं द्वारा शिक्षार्थी नए सामग्री (new materials) को संज्ञानात्मक संरचना (cognitive structure) में आत्मसात (assimilate) कर लेता है।

कुछ मनोवैज्ञानिकों का मत है कि ऊसूबेल के सीखने का सिद्धांत एक ऐसा सिद्धांत है जिसकी शैक्षिक उपयोगिता अधिक होने के बावजूद इसमें कुछ सीमाएँ या खामियाँ (limitations) हैं। इस सिद्धांत की सबसे प्रमुख सीमा (limitation) यह है कि इनके द्वारा सीखने के कई प्रकार बताए गए हैं जो आपस में परस्परव्यापी (overlapping) हैं जिससे पाठक को संभ्रांति (confusion) अधिक होती है और शिक्षक उनका सही-सही उपयोग नहीं कर पाते। कुछ अन्य मनोवैज्ञानिकों का मत है कि शिक्षार्थी नए विषयों या पाठों को अपने संज्ञानात्मक संरचना (cognitive structure) में कई तरह से आत्मसात्करण (assimilation) कर सकता है, परंतु उन्होंने मात्र चार तरह की प्रविधियों को ही आत्मसात्करण का आधार क्यों माना है, यह कहीं भी स्पष्ट नहीं किया गया है।

ब्रुनर तथा ऊसूबेल के सिद्धांतों की एक तुलनात्मक समीक्षा
(A Comparative Review of Bruner's and Ausubel's Theories)

ब्रुनर (Bruner) के सीखने का सिद्धांत तथा ऊसूबेल (Ausubel) के सीखने का सिद्धांत, दो ऐसे सिद्धांत हैं जिनके द्वारा कक्षा-शिक्षण (classroom learning) की व्याख्या सीधे ढंग से होती

है। सचमुच में, इन दोनों सिद्धांतों में समानता (similarities) अधिक है तथा विषमता (dissimilarities) कम है। ब्रुनर (Bruner) तथा ऊसूबेल (Ausubel) दोनों ने ही कक्षा-शिक्षण (classroom learning) का आधार अर्थपूर्ण सीखना (meaningful learning) तथा समझ (understanding) माना है और दोनों ने ही व्यवहारवादियों (behaviourists) के यांत्रिक रूप से (mechanically) रटकर सीखने के मॉडल को एक स्वर से अस्वीकृत कर दिया है। इन सामान्य समानताओं के अलावा इन दोनों मनोवैज्ञानिकों के सिद्धांतों में प्रमुख समानताएँ (similarities) निम्नांकित हैं—

(1) ब्रुनर (Burner) तथा ऊसूबेल (Ausubel) दोनों के सिद्धांत संज्ञानात्मक सिद्धांत (cognitive theories) हैं जिनमें यह कोशिश की जाती है कि शिक्षार्थी की मानसिक प्रक्रियाओं पर अधिक ध्यान दिया जाए तथा उसके बाह्य वातावरण (external environment) पर तुलनात्मक रूप से कम ध्यान दिया जाए।

(2) दोनों ही मनोवैज्ञानिक यह मानकर चलते हैं कि कक्षा-शिक्षण (classroom learning) को उन्नत बनाने का सबसे प्रमुख तरीका उसे शिक्षार्थियों के लिए अधिक अर्थपूर्ण (meaningful) बनाना है।

(3) दोनों के सिद्धांतों में संगठन (organization) या संरचना (structure) की बात कही गई है। ब्रुनर ने विषय की संरचना (structure of the discipline) के रूप में तथा ऊसूबेल (Ausubel) ने संज्ञानात्मक संरचना (cognitive structure) में विषय को संगठित करने के रूप में अपने-अपने तथ्यों का वर्णन किया है।

(4) दोनों सिद्धांतों में सामग्री (material) के सार-तत्त्व (substance) को सीखने पर बल डाला गया है तथा हू-ब-हू प्रत्याह्वान (verbatim recall) को अनावश्यक समझा गया है। दोनों सिद्धांतों में समान रूप से यह बल डाला गया है कि अगर सीखे जानेवाले विषय के सार-तत्त्व को शिक्षार्थी सीख लेता है तो उसे वह समझकर अन्य कई स्थानों पर भी प्रयोग कर सकता है।

(5) दोनों सिद्धांतों में सीखे गए विषयों या पाठों के संबंध (relationship) पर बल डाला गया है। ब्रुनर ने विशेष रूप से इस बात पर बल डाला है कि किसी तरह से नया सीखा गया विषय अन्य विषयों से संबंधित होता है तथा ऊसूबेल ने यह दिखाने की कोशिश की है कि किस तरह नए सीखे गए पाठ या विषय संज्ञानात्मक संरचना (cognitive structure) में मौजूद विचारों (ideas) से संबंधित हो जाते हैं।

(6) दोनों सिद्धांतों का संकेत इस ओर है कि स्कूल का शिक्षण (learning) दिन-प्रतिदिन की जटिलता (complexity) के स्तर के अनुरूप होना चाहिए न कि किसी प्रयोगशाला में सरलीकृत किए गए स्तर के अनुसार होना चाहिए।

(7) दोनों ही सिद्धांतों में इसपर विशेष रूप से बल डाला गया है कि शिक्षार्थी की मानसिक तत्परता (mental readiness) किसी भी तरह के अर्थपूर्ण सीखने (meaningful learning) के लिए आवश्यक है।

(8) दोनों सिद्धांतों में यह स्पष्ट रूप से कहा गया है कि स्कूल शिक्षण (school learning) को उन्नत बनाने का प्रमुख तरीका शिक्षक द्वारा कक्षा में दिए जानेवाले निर्देश (instruction) को उन्नत बनाना है।

इन समानताओं के बावजूद इन दोनों सिद्धांतों में एक प्रमुख विषमता (dissimilarity) है और वह यह है कि ब्रुनर के अनुसार अर्थपूर्ण सीखना (meaningful learning) तथा समझ (understanding) जो कक्षा-शिक्षण (classroom learning) का आधार है, की प्राप्ति शिक्षार्थी आगमनात्मक ढंग से (inductively) करते हैं जबकि ऊसूबेल (Ausubel) का विचार है कि विद्यार्थी में इस ढंग का अर्थपूर्ण सीखना एवं समझ (understanding) मूलतः निगमनात्मक ढंग से (deductively) विकसित होता है।

अनुकरण द्वारा सीखना
(Learning by Imitation)

'मानव अनुकरण की प्रक्रिया द्वारा सीखते हैं' जैसा विश्वास ग्रीक दार्शनिक प्लेटो (Plato) तथा अरस्तू (Aristotle) के समय से है। इन ग्रीक दार्शनिकों का मत था कि शिक्षा देने में शिक्षक छात्रों के सामने अपनी समझ से सबसे उत्तम मॉडल (best model) रखते हैं जिसे छात्र प्रेक्षण कर (observe) उसका अनुकरण (imitation) करते हैं और अपने जीवन को उत्तम बनाते हैं। उस समय अनुकरण करने की यह प्रवृत्ति जन्मजात (innate) मानी जाती थी। फलस्वरूप इसका प्रयोगात्मक अध्ययन करने का कोई प्रयत्न ही नहीं किया गया।

पहले-पहल (1898) में ई० एल० थॉर्नडाइक (E L Thorndike) ने प्रयोगात्मक रूप से अनुकरणात्मक व्यवहार (imitative behaviour), जिसे उस समय प्रेक्षणात्मक सीखना (observational learning) भी कहा जाता था, का प्रयोगात्मक अध्ययन किया जिसमें एक बिल्ली को पहेली बक्स (puzzle box) में रख दिया गया और दूसरी बिल्ली को बगल में एक पिंजरे (cage) में रख दिया गया। पहेली बक्स में रखी बिल्ली को बक्स से बाहर निकलने की अनुक्रिया को सीखना था और पिंजरे में रखी बिल्ली पहली बिल्ली के व्यवहार का प्रेक्षण कर रही थी। बाद में पिंजरे में रखी बिल्ली को पहेली बक्स (puzzle box) में रखा गया तो देखा गया कि वह पहले बिल्ली के व्यवहारों का अनुकरण (imitation) करने में असमर्थ रही। 1901 में थॉर्नडाइक ने इसी ढंग का प्रयोग बन्दर पर किया और पाया कि बन्दर भी दूसरे बन्दर के व्यवहारों को देखकर वैसा ही करना नहीं सीख पाते हैं। 1908 में जे० बी० वाटसन (J B Watson) थॉर्नडाइक के शोध से काफी प्रभावित एवं उत्साहित होकर बन्दर पर एक प्रयोग किया जिसमें उन्होंने भी प्रेक्षण (observation) के आधार पर सीखने की प्रक्रिया को नहीं होते पाया। थॉर्नडाइक (Thorndike) एवं वाटसन (Watson) अपने प्रयोगों के आधार पर इस निष्कर्ष पर पहुँचे कि सीखने की प्रक्रिया सिर्फ प्रत्यक्ष अनुभव (direct experience) से होती है न कि परोक्ष (indirect) या प्रत्यायुक्त अनुभवों (vicarious experience) से।

थॉर्नडाइक तथा वाटसन के प्रयोगों के प्रभाव से अनुकरणात्मक व्यवहार द्वारा सीखने की प्रक्रिया बहुत दिनों तक अर्थात करीब-करीब 1940 तक दबी रही। 1941 में मिलर तथा डोलार्ड (Miller & Dollard) ने एक प्रसिद्ध पुस्तक **सोशल लर्निंग एण्ड इमिटेशन** (*Social Learning and Imitation*) प्रकाशित किया जिसके परिणामस्वरूप प्रेरणात्मक सीखना (observational learning) या अनुकरणात्मक व्यवहार द्वारा सीखने की प्रक्रिया में पुनः लोगों में रुचि जम गई। मिलर तथा डोलार्ड (Miller & Dollard, 1941) ने अनुकरणात्मक व्यवहार को निम्नांकित तीन भागों में बाँटा है—

(i) समान व्यवहार (Same behaviour)

(ii) प्रतिलिपि व्यवहार (Copying behaviour)

(iii) समेलित-आश्रित व्यवहार (Matched-dependent behaviour)।

इन तीनों का वर्णन इस प्रकार है—

(i) समान व्यवहार (Same behaviour)—जब दो या दो से अधिक व्यक्ति समान परिस्थिति में समान ढंग से व्यवहार अपने पूर्व अनुभवों के आधार पर करते हैं, तो इसे ही समान व्यवहार (same behaviour) कहा जाता है। जैसे अधिकतर व्यक्तियों द्वारा सड़क पर लाल बत्ती देखकर रुक जाना एक समान व्यवहार का उदाहरण है।

(ii) प्रतिलिपि व्यवहार (Copying behaviour)—इस तरह के व्यवहार में एक व्यक्ति का व्यवहार दूसरे व्यक्ति द्वारा निर्देशित होता है। इस तरह के व्यवहार में अन्तिम व्यवहार (final behaviour) एक तरह से पुनर्बलित (reinforced) होता है और इसलिए उसे व्यक्ति जल्द सीख लेता है। जैसे जब आर्ट शिक्षक (art teacher) किसी विद्यार्थी को कोई खास चित्र (figure) खींचने (draw) के लिए बताते हैं तथा सुधारात्मक (corrective) परिणाम ज्ञान (knowledge of results) देते हैं, तो यह व्यवहार प्रतिलिपि व्यवहार का उदाहरण होगा।

(iii) समेलित-आश्रित व्यवहार (Matched-dependent behaviour)—इस तरह के व्यवहार से व्यक्ति को किसी मॉडल या दूसरे व्यक्ति के व्यवहार को आँख मूँदकर दोहराने के लिए पुनर्बलित (reinforced) किया जाता है। जैसे घर में प्रवेश करते समय पिता के पैरों की आवाज सुनकर जब बालक दरवाजा तक दौड़कर आने की अनुक्रिया को सीख लेता है क्योंकि उसे पिता से चॉकलेट या टॉफी दिया जाता है, तो यह समेलित-आश्रित व्यवहार का उदाहरण होगा।

मिलर तथा डोलार्ड (Miller & Dollard, 1941) का यह मत था कि जब छात्र कोई अनुकरणात्मक व्यवहार (imitative behaviour) करता है और उसके बाद उसे पुनर्बलन (reinforcement) मिलता है, तो वह मॉडल या अन्य व्यक्ति के व्यवहार को करना सीख लेता है। बाद में चलकर बैण्डुरा (Bandura, 1965) ने इस क्षेत्र में महत्त्वपूर्ण शोध (research) करके यह दिखा दिया कि प्रेक्षणात्मक सीखना (observational learning) तथा अनुकरण (imitation) में अंतर है। प्रेक्षणात्मक सीखना में अनुकरण हो भी सकता है या नहीं भी हो सकता है। व्यक्ति में प्रेक्षणात्मक सीखना तब होता है जब वह परिस्थिति या उद्दीपन को ठीक ढंग से मानसिक रूप से संसाधित (processing) कर लेता है अर्थात प्रेक्षणात्मक सीखना में संज्ञानात्मक प्रक्रियाओं (cognitive processes) की भूमिका महत्त्वपूर्ण होती है। अनुकरण की प्रक्रिया में इन संज्ञानात्मक कारकों की भूमिका नहीं होती है और इसमें बिना सूझ-समझ के भी व्यक्ति दूसरे के व्यवहार को दोहराने की कोशिश करता है। बैण्डुरा ने यह भी स्पष्ट कर दिया कि प्रेक्षणात्मक सीखना (observational learning) हर समय होता है और इसके लिए पुनर्बलन (reinforcement) का होना अनिवार्य नहीं है। बैण्डुरा ने यह भी मत व्यक्त किया है कि प्रेक्षणात्मक सीखना में बाह्य पुनर्बलन (extrinsic reinforcement) की तुलना में आंतरिक पुनर्बलन (intrinsic reinforcement) अधिक प्रबल होता है। इसका सीधा शैक्षिक आशय (educational implication) यह हुआ कि कक्षा में शिक्षक छात्रों के एक मॉडल के रूप में होते हैं और छात्र उनके व्यवहार का अनुकरण करना चाहते हैं। चूँकि छात्र शिक्षक को सम्मान (respect) देता है और उन्हें एक ऊँचे ओहदे पर बैठा समझता है, इसलिए शिक्षक आसानी से छात्रों में सिर्फ

कौशल (skills) ही नहीं बल्कि अन्य दूसरे तरह के सामाजिक-नैतिक व्यवहार सिखाकर उन्हें व्यक्तित्व के विकास में मदद कर सकते हैं।

अध्याय-सारांश
[Chapter Summary]

1. व्यवहार में वैसे अपेक्षाकृत स्थायी परिवर्तन (relatively permanent change) को सीखना कहते हैं जो परिपक्वता, औषधि खाने के प्रभाव या अन्य शारीरिक अवस्थाओं से उत्पन्न नहीं होता है। सामान्य रूप से अनुभूति (experience) तथा अभ्यास (practice) के कारण होनेवाले व्यवहार में परिवर्तन को सीखना कहा जाता है।
2. सीखना तथा परिपक्वन दोनों में ही व्यवहार में परिवर्तन होते हैं। इस समानता के बावजूद इन दोनों में असमानता है।
3. ऊसूबेल (Ausubel, 1968) ने सीखने के चार प्रकारों का वर्णन किया है—अभिग्रहण सीखना (reception learning), अन्वेषण सीखना (discovery learning), रटकर सीखना (rote learning) तथा अर्थपूर्ण सीखना (meaningful learning)। गेगनी (Gagne, 1965) ने शृंखलाबद्ध क्रम (hierarchical order) में सीखने के आठ प्रकार बताए हैं—सांकेतिक सीखना (signal learning), उद्दीपन-अनुक्रिया सीखना (stimulus-response learning), सरल शृंखला का सीखना (learning of simple chaining), शाब्दिक साहचर्य सीखना (verbal association learning), विभेदीकरण सीखना (learning discrimination), संप्रत्यय सीखना (concept learning), नियम सीखना (rule learning), तथा समस्या-समाधान सीखना (problem-solving learning)।
4. शिक्षा मनोवैज्ञानिकों ने सीखने की कई प्रभावकारी विधियों का वर्णन किया है जिनमें प्रेक्षण द्वारा सीखना, विवेचना विधि, करके सीखना या प्रयोग करके सीखना, आवृत्तिकरण तथा पुनःनिरीक्षण विधि (recitation and revision method) एवं रटकर अथवा समझकर सीखने की विधि (rote or understanding method) अधिक प्रमुख हैं।
5. सीखने के कई नियमों (laws) का वर्णन किया गया है जिनमें तत्परता का नियम, अभ्यास का नियम एवं प्रभाव नियम (law of effect) अधिक महत्त्वपूर्ण हैं। इसके अलावा सीखने के कुछ सहायक नियम (subordinate laws) भी हैं, जिनकी चर्चा की गई है।
6. कक्षा में कई कारकों (factors) द्वारा सीखने की प्रक्रिया प्रभावित होती है। इन कारकों में बुद्धि, स्वास्थ्य, उम्र, यौन, अवधान (attention), अभिरुचि, अभिक्षमता (aptitude), परिपक्वन (maturation), अभिप्रेरणात्मक एवं संवेगात्मक स्थिति, सीखे जानेवाले विषय का स्वरूप, सीखने की विधि, शिक्षक की संचारक्षमता (communication ability) सूचनात्मक पुनर्निवेशन (informational feedback) तथा कक्षा की भौतिक अवस्थाएँ (physical conditions) आदि प्रधान हैं।
7. शिक्षण या सीखना की प्रगति (progress) या अवनति को दिखानेवाली वक्ररेखा को शिक्षणवक्र (learning curve) कहा जाता है। शिक्षणवक्र के चार प्रमुख प्रकार हैं तथा इसकी चार प्रमुख विशेषताओं का भी वर्णन किया गया है।

8. सीखने के सिद्धांतों को दो प्रमुख भागों में बाँटा गया है—उद्दीपन-अनुक्रिया सिद्धांत (stimulus-response theory) तथा उद्दीपन-उद्दीपन सिद्धांत (stimulus-stimulus theory)। इन दोनों सिद्धांतों में कई सिद्धांत हैं जिसमें से इस पुस्तक में मात्र छह सिद्धांतों का वर्णन किया गया है—थॉर्नडाइक का सिद्धांत, पैवलव का सिद्धांत, स्कीनर का सिद्धांत, कोहलर तथा कौफ्का का सिद्धांत, ऊसूबेल का सिद्धांत तथा ब्रूनर का सिद्धांत। प्रत्येक सिद्धांत के शैक्षिक आशय एवं मूल्यांकन (educational implication and evaluation) का भी वर्णन किया गया है।
9. अनुकरण द्वारा सीखने (learning by imitation) के महत्त्व पर भी उसकी ऐतिहासिक पृष्ठभूमि तथा शैक्षिक आशय (educational implication) के साथ वर्णन किया गया है।

❑

अध्याय 14

शैक्षिक प्रौद्योगिकी एवं कार्यक्रमबद्ध अधिगम

[EDUCATIONAL TECHNOLOGY AND PROGRAMMED LEARNING]

मुख्य बिंदु (Main Points)

1. शैक्षिकी प्रौद्योगिकी के अर्थ एवं महत्त्व (Meaning and Importance of Educational Technology)
2. कार्यक्रमबद्ध अधिगम का अर्थ (Meaning of Programmed Learning)
3. कार्यक्रमबद्ध अधिगम के प्रति स्कीन्नर की विचारधारा (Skinner's Viewpoints towards Programmed Learning)
4. क्या कार्यक्रमबद्ध अधिगम प्रभावकारी है? (Is Programmed Learning Effective?)
5. कंप्यूटर-सहायताप्राप्त निर्देश (Computer-assisted Instruction or CAI)
6. निर्देश का वैयक्तिक क्रम (Personalized System of Instruction or PSI)
7. संज्ञानात्मक तथा अधिगम शैली (Cognitive and Learning Styles)
8. शैक्षिक उपलब्धि में सम्मिलित कारक (Factors in Academic or Educational Achievement)

शैक्षिक प्रौद्योगिकी के अर्थ एवं महत्त्व

(Meaning and Importance of Educational Technology)

आधुनिक युग में प्रत्येक क्षेत्र में प्रौद्योगिकी परिवर्तन (technological changes) का प्रभाव महसूस किया जा रहा है। शिक्षा (education) इसका कोई अपवाद नहीं रहा है। शिक्षा के क्षेत्र में प्रौद्योगिकी परिवर्तनों ने हलचल मचा दी है। लुम्सडेन (Lumsdaine, 1964) ने शैक्षिक प्रौद्योगिकी (educational technology) के दो अर्थ बताए हैं—

(i) पहले अर्थ के अनुसार शैक्षिक प्रौद्योगिकी से तात्पर्य इंजीनियरिंग या प्रौद्योगिकी (engineering or technology) के सिद्धांतों को उन यंत्रों में प्रयोग करने से होता है जिनका उपयोग कर शिक्षक कक्षा में अपने अध्यापन कार्य को अधिक उन्नत (improved) बनाते हैं। फिन्न (Finn, 1960) तथा उनके सहयोगियों ने शैक्षिक प्रौद्योगिकी (educational technology) का प्रयोग इसी अर्थ में किया है। शैक्षिक प्रौद्योगिकी का यह अर्थ एक तरह का यान्त्रिक उपागम (hardware approach) है जिसमें अध्ययन के लिए मूलतः श्रव्य-चाक्षुष उपकरण (audio-visual aids) के प्रयोग पर बल डाला जाता है। जादुई लैण्टर्न (magic lantern), स्लाइड प्रोजेक्टर (slide projector), फिल्म प्रोजेक्टर (film projector), ध्वनि प्रोजेक्टर, ध्वनि नियंत्रक (sound controller), टेलीविजन (television) आदि इसके प्रमुख साधन हैं। इन सभी के प्रयोग से कक्षा में अध्ययन की प्रक्रिया बहुत हद तक यान्त्रिक (mechanized) हो जाती है और इन सबका प्रयोग कर शिक्षक एक समय में कक्षा में छात्रों के एक बड़े समूह को भी सफलतापूर्वक पढ़ा लेते हैं।

(ii) दूसरे अर्थ के अनुसाार शैक्षिक प्रौद्योगिकी (educational technology) से तात्पर्य कक्षा में शिक्षक द्वारा दिए गए निर्देश (instruction) में वैज्ञानिक नियमों एवं सिद्धांतों के उपयोग से होता है। स्कीन्नर (Skinner), गेगनी (Gagne) तथा पास्क (Pask) आदि मनोवैज्ञानिकों ने इसी अर्थ में शैक्षिक प्रौद्योगिकी का प्रयोग किया है। सचमुच शैक्षिक प्रौद्योगिकी का यह अर्थ समस्यामुखी (problem-oriented) है, क्योंकि शिक्षक को कक्षा के निष्पादन (performance) को एक खास स्तर पर लाना होता है तथा एक खास उद्देश्य (objective) की प्राप्ति करनी होती है। इसके लिए शिक्षक (teacher) को शिक्षार्थी में विशेष कौशल (skill) एवं ज्ञान (knowledge) उत्पन्न करना होता है और उन्हें एक विशेष प्रोग्राम (programme) बनाकर छोटे-छोटे कदमों (small steps) में धीरे-धीरे उन कौशलों एवं ज्ञान को सिखाना पड़ता है।

शैक्षिक प्रौद्योगिकी (educational technology) का पहला अर्थ मूल रूप से अध्यापन या शिक्षण साधन (teaching aids) जैसे अध्ययन मशीन (teaching machine) आदि से संबंधित है तथा इसका दूसरा अर्थ सीखने के साधन (learning aids) जैसे कार्यक्रमबद्ध अधिगम (programme learning) से संबंधित है। ये दोनों अर्थ एक-दूसरे के विरोधी नहीं, बल्कि पूरक हैं, क्योंकि पहले अर्थ के अनुसार शिक्षक को शिक्षण परिस्थिति (learning situation) पर अधिक प्रभावकारी ढंग से विभिन्न तरह की मशीन एवं उपकरणों की सहायता से नियंत्रण रखने में सुविधा होती है तथा दूसरे अर्थ में शिक्षक को उस नियंत्रित अवस्था में एक प्रोग्राम बनाकर शिक्षार्थियों में विशेष कौशल एवं ज्ञान उत्पन्न करने में मदद मिलती है।

शैक्षिक प्रौद्योगिकी का महत्त्व शिक्षकों एवं छात्रों, दोनों के लिए काफी अधिक बताया गया है। इससे शिक्षक शिक्षण परिस्थिति को उत्तम शिक्षा के दृष्टिकोण से अधिक चुस्त एवं दुरुस्त बना पाते हैं तथा छात्र बिना अत्यधिक संज्ञानात्मक दबाव (cognitive pressure) के ही शिक्षा से अधिक-से-अधिक लाभ उठा पाते हैं। स्कीन्नर (Skinner, 1978) के अनुसार शैक्षिक प्रौद्योगिकी शिक्षकों को अपना कर्तव्य निभाने में तथा छात्रों को अपने कौशल (skill) एवं ज्ञान बढ़ाने में समान रूप से मदद करता है।

कार्यक्रमबद्ध अधिगम का अर्थ
(Meaning of Programmed Learning)

कार्यक्रमबद्ध अधिगम से तात्पर्य किसी विशेष प्रोग्राम के अनुसार सीखने (learning) की प्रक्रिया होने से होता है। सावधानीपूर्वक चयन किए गए छोटे-छोटे कदमों (small steps) के क्रम (sequence) को प्रोग्राम (programme) कहा जाता है। कार्यक्रमबद्ध अधिगम या शिक्षण में सीखे जानेवाले विषय को छोटे-छोटे कदमों में छात्रों को एक-एक करके एक क्रम में दिखाया जाता है। सामान्यतः प्रत्येक कदम (step) पर छात्रों द्वारा दिए गए उत्तर के बाद उस भाग का सही उत्तर उन्हें दिखा दिया जाता है जिससे दिए गए उत्तरों की यथार्थता की जाँच छात्र स्वयं कर लेते हैं। इस तरह कार्यक्रमबद्ध अधिगम में छात्रों को अपने उत्तरों का स्वयं ही मूल्यांकन (evaluation) करने का मौका मिलता है। वे अपनी गलतियों में सुधार करते हुए धीरे-धीरे पूरे विषय को सीख लेते हैं।

कार्यक्रमबद्ध अधिगम (programmed learning) की सफलता के लिए यह आवश्यक है कि शिक्षक विषय से संबंधित एक उत्तम प्रोग्राम (programme) तैयार करें। इसके लिए कम-से-कम दो बातों का होना अनिवार्य है। पहला तो यह कि विषय या पाठ जिसका शिक्षण (learning) होना है,

का ठीक ढंग से व्यवहारात्मक विश्लेषण (behaviourial analysis) अर्थात छोटे-छोटे उपयुक्त खण्डों (appropriate parts) में हो तथा दूसरा यह कि शिक्षार्थी द्वारा प्रत्येक खंड के प्रति दिए गए उत्तरों का ठीक ढंग से संश्लेषण (synthesis) किया जाए। प्रायः प्रोग्राम सीखना में विषय या पाठ के छोटे-छोटे खण्डों को एक समान गति से दिखाने के लिए विशेष मशीन (machine) का प्रयोग किया जाता है जिसे शिक्षण मशीन (teaching machine) कहा जाता है। सबसे पहली ऐसी शिक्षण मशीन सिडनी एल० प्रेसी (Sindney L. Pressy, 1926, 1927) द्वारा तैयार की गई थी जो कई कारणों से उतनी लोकप्रिय नहीं हो सकी। इसके बाद कई मनोवैज्ञानिकों ने इस ढंग की मशीन का निर्माण किया। स्कीन्नर (Skinner, 1967) ने एक ऐसी ही शिक्षण मशीन (teaching machine) का निर्माण किया जो अधिक लोकप्रिय हो सकी। इस मशीन के सहारे शिक्षार्थी को एक तरह सीखे जानेवाले विषय के प्रत्येक खण्ड का प्रश्न दिखाया जाता है जिसका उत्तर शिक्षार्थी को लिखना होता है (चित्र-14.1 देखें)। उसके बाद मशीन उस प्रश्न का सही उत्तर दिखाकर अगले प्रश्न को उसे दिखाता है। इसी क्रम में शिक्षार्थी प्रत्येक खण्ड को सीखते जाते हैं।

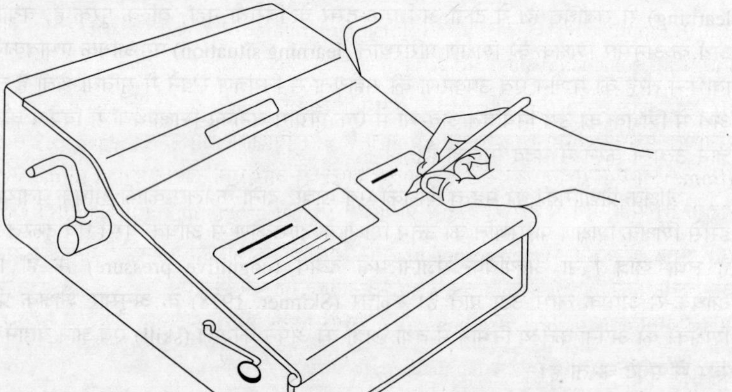

चित्र 14.1 स्कीन्नर द्वारा प्रतिपादित शिक्षण मशीन

कार्यक्रमबद्ध अधिगम के प्रति स्कीन्नर की विचारधारा (Skinner's Viewpoints towards Programmed Learning)

कार्यक्रमबद्ध अधिगम एक ऐसी प्रविधि (technique) है जिसका उपयोग कक्षा में वैसे शिक्षक द्वारा अधिक किया जाता है जो सीखने के व्यवहारवादी सिद्धांतों (behaviouristic theories of learning) में विश्वास रखते हैं न कि संज्ञानात्मक सिद्धांतों (cognitive theories) में। कार्यक्रमबद्ध अधिगम में सीखने के पुनर्बलन सिद्धांत (reinforcement theory) के कई पहलू सम्मिलित होते हैं। इस सिलसिले में प्रसिद्ध शिक्षा मनोवैज्ञानिक एवं पुनर्बलन सिद्धांती स्कीन्नर (Skinner) का योगदान अभूतपूर्व है।

स्कीन्नर (Skinner, 1953) का विचार था कि कक्षा (classroom) में सीखने की प्रक्रिया अधिक प्रभावकारी ढंग से हो, इसके लिए अग्रांकित तीन चीजों का होना अनिवार्य है—

(i) सीखे जानेवाले विषय को छोटे-छोटे खण्डों में बाँटकर शिक्षार्थी (learner) को दिया जाए।

(ii) शिक्षार्थी को अपने शिक्षण (learning) की यथार्थता (accuracy) से तुरंत अवगत कराया जाए।

(iii) शिक्षार्थी को अपनी गति (pace) से सीखने दिया जाए।

स्कीन्नर ने यह बताया कि कक्षा में जब शिक्षक भाषण (lecture) के माध्यम से शिक्षार्थी को शिक्षण देते हैं तो उपर्युक्त तीनों नियमों (principles) की अवहेलना होती है। कार्यक्रमबद्ध अधिगम (programmed learning) में उपर्युक्त तीनों नियमों की संपुष्टि होती है। अतः, स्कीन्नर (Skinner) के अनुसार कक्षा (classroom) में पारंपरिक भाषण विधि (traditional lecture method) की जगह कार्यक्रमबद्ध अधिगम विधि को अधिक लाभप्रद बताया है। प्रोग्राम सामग्रियों (programmed materials) को उसने एक विशेष मशीन (machine) से छात्रों के सामने उपस्थित करने की अनुशंसा की है। इस मशीन को शिक्षण मशीन (teaching machine) कहा जाता है। (चित्र-14.1 देखें।)

कार्यक्रमबद्ध अधिगम (Programmed learning) के प्रति स्कीन्नर (Skinner) द्वारा प्रतिपादित उपागम (approach) को रेखीय प्रोग्राम (linear programme) कहा जाता है जिसकी निम्नांकित चार विशेषताएँ (characteristics) बताई गई हैं—

(i) छोटे-छोटे कदम (Small steps)—इसमें शिक्षार्थी (learner) को सीखे जानेवाले विषय से संबंधित सूचनाएँ थोड़ा-थोड़ा करके दी जाती हैं और शिक्षार्थी एक क्रम (sequence) में एक फ्रेम (frame) या एक सूचना से दूसरी सूचना की प्राप्ति की ओर एक क्रमिक ढंग से (orderly fashion) बढ़ता है। सही अर्थ में इसे ही रेखीय प्रोग्रामिंग (linear programming) कहा जाता है।

(ii) स्पष्ट अनुक्रिया (Overt responding)—शिक्षार्थी को दिखाए सूचना के प्रति एक स्पष्ट अनुक्रिया करनी पड़ती है ताकि उनके सही अनुक्रिया को पुनर्बलित (reinforced) किया जाए तथा गलत अनुक्रिया (incorrect responses) में सुधार किया जाए।

(iii) तात्कालिक पुनर्निवेशन (Immediate feedback)—अनुक्रिया करने के तुरंत बाद शिक्षार्थी को यह सूचित कर दिया जाता है कि उनके द्वारा की गई अनुक्रिया सही है या गलत। इसे ही पुनर्निवेशन कहा जाता है जो सही उत्तर होने पर एक पुनर्बलक (reinforcer) का काम करता है तथा गलत उत्तर होने पर एक सुधारात्मक उपाय (corrective measure) के रूप में कार्य करता है।

(iv) आत्म-प्रगति (Self-pacing)—इसमें शिक्षार्थी (learner) अपनी दर या गति से आगे की ओर बढ़ते हैं।

रेखीय प्रोग्राम (linear programme) के कुछ रूपांतरण (variations) भी बताए गए हैं। इस **रूपांतरित रेखीय प्रोग्राम** (modified linear programme) में शिक्षार्थी को उन सूचनाओं (informations) को छोड़कर आगे बढ़ जाने का प्रावधान होता है जिसे शिक्षार्थी भलीभाँति जानते हैं। कार्यक्रमबद्ध अधिगम (programmed learning) में एक दूसरे तरह का भी प्रोग्रामिंग है जो तुलनात्मक रूप से अधिक लचीला (flexible) है। इसे **शाखा प्रोग्राम** (branching programme) या **आंतरिक प्रोग्राम** (intrinsic programme) कहा जाता है। शाखा प्रोग्राम रेखीय प्रोग्राम की तुलना में अधिक जटिल होता है, क्योंकि इसमें शिक्षार्थी की अनुक्रियाओं (responses) का निदान (diagnose) करने का भरसक प्रयत्न किया जाता है। इस प्रोग्राम में शिक्षार्थी को सीखे जानेवाले विषय से संबंधित कुछ सूचना दिए जाने के लिए उन्हें बहु-विकल्प प्रश्न (multiple-choice questions) दिए जाते हैं जिनका उत्तर शिक्षार्थी को देना होता है। अगर उनका उत्तर सही होता है, तो उन्हें अगले फ्रेम (frame) या सूचना की ओर बढ़ने को निर्देशित किया जाता है। अगर उनका उत्तर गलत होता है, तो गलती के स्वरूप (nature of mistake) को ध्यान में रखते हुए उन्हें विशेष निर्देश (instruction) दिया जाता है। जैसे यह कहा जा सकता है कि यदि आपका उत्तर दिए गए विकल्पों (alternatives or choices) में से 'C' है, तो आप पृष्ठ-संख्या 20 पर दिए गए सूचनाओं या सामग्रियों की समीक्षा (review) करें। उसी तरह यह कहा जा सकता है कि यदि आपका उत्तर 'D' है, तो आप अनुच्छेद 4 (Section 4) को दोहराएँ। अगर आपका उत्तर 'A' है, तो आप सही हैं और अगले फ्रेम (frame) की ओर बढ़ें।

स्कीन्नर (Skinner, 1968) ने कार्यक्रमबद्ध अधिगम से संबंधित कई तरह के अध्ययन कर कुछ विशेष सामान्यीकरण (generalization) किया है जो निम्नांकित हैं—

(i) प्रभावकारी सीखने (effective learning) के लिए शिक्षार्थी को पुनर्निवेशन (feedback) या परिणाम-ज्ञान (knowledge of result) को देना अनिवार्य है। दूसरे शब्दों में, शिक्षार्थी के लिए यह जानना जरूरी है कि उनके द्वारा दिए गए उत्तर सही हैं या नहीं। यह परिणाम ज्ञान या पुनर्निवेशन एक तरह का पुनर्बलन (reinforcement) के रूप में कार्य करता है।

(ii) अनुक्रिया करने के बाद जितनी जल्दी परिणाम ज्ञान (knowledge of result) दे दिया जाता है, अर्थात जितनी जल्दी पुनर्बलन (reinforcement) दे दिया जाता है, सीखने की प्रक्रिया उतनी ही तेजी से होती है।

कार्यक्रमबद्ध अधिगम (programmed learning) के कुछ लाभ (advantages) तथा खामियाँ (limitations) बताए गए हैं। स्कीन्नर (Skinner, 1968) के अनुसार इसके प्रमुख लाभ निम्नांकित हैं—

(i) कार्यक्रमबद्ध अधिगम (programmed learning) में प्रोग्राम तथा शिक्षार्थी के बीच एक सतत अंतःक्रिया (constant interaction) इस ढंग की होती है कि वह शिक्षार्थी को अधिक ध्यानमग्न, सतर्क एवं व्यस्त रखता है। भाषण तथा विवेचना विधि में अक्सर शिक्षार्थी उदासीन रहते हैं और ध्यानभंगता से ग्रसित होते हैं।

(ii) कार्यक्रमबद्ध अधिगम में मशीन (machine) एक अच्छे शिक्षक की भूमिका निभाते हुए इस बात पर काफी बल डालता है कि सीखे जानेवाले विषय के किसी भी अंश (part) को शिक्षार्थी काफी अच्छे ढंग से समझ लें और तभी वे अगले फ्रेम (frame) या सूचना की ओर अपना ध्यान करें। भाषण विधि (lecture method) तथा विवेचना विधि में इस बात का कोई विशेष खयाल नहीं किया जाता है और शिक्षक बिना इस ओर ध्यान दिए ही, अर्थात बिना इस बात पर खयाल किए ही कि छात्र समझ रहे हैं या नहीं, आगे की ओर बढ़ जाते हैं।

(iii) कार्यक्रमबद्ध अधिगम में मशीन सिर्फ उन्हीं सूचनाओं या सामग्रियों को शिक्षार्थी के सामने उपस्थित करता है जिसे ग्रहण करने की आवश्यकता उनमें होती है या जिसके लिए वे तत्पर (ready) होते हैं।

(iv) कार्यक्रमबद्ध अधिगम में मशीन शिक्षार्थी को एक अच्छे शिक्षक के समान कुछ विशेष संकेत (hint), सुझाव आदि देकर शिक्षार्थी को उत्तम एवं सही उत्तर पर पहुँचने में मदद करता है।

(v) कार्यक्रमबद्ध अधिगम में मशीन द्वारा शिक्षार्थी का तात्कालिक परिणाम-ज्ञान (immediate knowledge of results) प्रदान कर उनकी सही अनुक्रिया को पुनर्बलित किया जाता है जिससे शिक्षार्थी की अभिरुचि पाठ या विषय को सीखने में बनी रहती है।

इन लाभों के बावजूद कार्यक्रमबद्ध अधिगम (programmed learning) की कुछ खामियाँ बताई गई हैं जो निम्नांकित हैं—

(i) कार्यक्रमबद्ध अधिगम की सबसे प्रमुख खामी यह है कि इसमें शिक्षार्थी को कभी सीखे जानेवाले पाठ या विषय का एक साथ, एक समस्त एवं व्यापक (overall) अवलोकन नहीं हो पाता है, जिसका नतीजा यह होता है कि वे पाठ या विषय के विभिन्न अंशों को आपस में ठीक ढंग से जोड़ (interlink) नहीं पाते और सीख जाने के बावजूद उसका सही-सही प्रयोग नहीं कर पाते।

(ii) कार्यक्रमबद्ध अधिगम में शिक्षार्थी यह नहीं सीख पाते हैं कि उन्हें कैसे प्रश्न पूछने चाहिए और उसका उत्तर कैसे देना चाहिए। उससे उनका शिक्षण एक तरह से आंशिक (partial) ही रह जाता है।

(iii) कार्यक्रमबद्ध अधिगम में छात्र एवं शिक्षक तथा स्वयं छात्रों के बीच भी स्वाभाविक (natural) एवं स्वैच्छिक अंतःक्रिया (spontaneous interaction) की कमी पाई जाती है। इन खामियों के बावजूद कार्यक्रमबद्ध अधिगम का प्रयोग आजकल, विशेषकर विकसित देशों (developed countries) की शिक्षा-प्रणाली में खुलकर किया जा रहा है।

क्या कार्यक्रमबद्ध अधिगम प्रभावकारी है? (Is Programmed Learning Effective?)

"क्या कार्यक्रमबद्ध अधिगम प्रभावकारी है?"—जैसे प्रश्न पर मनोवैज्ञानिकों ने गंभीरता से विचार किया है। स्क्राम (Schramn, 1964) ने कार्यक्रमबद्ध अधिगम के क्षेत्र में किए गए 165 अध्ययनों की समीक्षा (review) की। इनमें 36 ऐसे अध्ययन थे जिनमें कार्यक्रमबद्ध अधिगम की तुलना कक्षा (classroom) की पारंपरिक विधियों (traditional methods) जैसे भाषण (lecture), प्रदर्शन (demonstration) आदि से की गई। परिणाम में पाया गया कि उनमें 17 अध्ययन के परिणाम में कार्यक्रमबद्ध अधिगम को इन पारंपरिक विधियों से अधिक प्रभावकारी बताया गया है, 18 अध्ययन ऐसे थे जिनके परिणाम में इन दोनों विधियों को, अर्थात कार्यक्रमबद्ध अधिगम एवं पारंपरिक विधि को समान रूप से प्रभावकारी बताया गया है और एक अध्ययन के परिणाम ऐसे थे जिसमें पारंपरिक विधि को कार्यक्रमबद्ध अधिगम की विधि से अधिक श्रेष्ठ (superior) पाया गया। इस अध्ययन के आलोक में इस निष्कर्ष पर पहुँचा गया कि कार्यक्रमबद्ध अधिगम एक प्रभावकारी विधि है। अब प्रश्न यह उठता है कि इसे क्यों एक प्रभावकारी विधि माना गया है। इस प्रश्न के उत्तर निश्चित शब्दों में अब तक नहीं दिए गए हैं और लोगों के बीच कुछ वाद-विवाद है। लुम्सडेन (Lumsdaine, 1964) के अनुसार कार्यक्रमबद्ध अधिगम के विभिन्न पहलुओं के महत्त्व पर लोगों में चूँकि मतभेद है, इसलिए उक्त प्रश्न का उत्तर देना कठिन है। जैसे, कुछ लोगों ने कार्यक्रमबद्ध अधिगम में पुनर्निवेशन (feedback) या परिणाम-ज्ञान को सर्वाधिक महत्त्वपूर्ण बताया है, तो कुछ लोगों ने सीखे जानेवाले विषय को छोटे-छोटे कदमों (small steps) में देने को सर्वाधिक महत्त्वपूर्ण बताया है तो कुछ लोगों ने आत्म-प्रगति (self-pacing) को अधिक महत्त्वपूर्ण बताया है। इसका परिणाम यह हुआ है कि कार्यक्रमबद्ध अधिगम अन्य विधियों से क्यों अधिक प्रभावकारी है जैसे प्रश्न का उत्तर नहीं दिया जा

सका है। अतः, इस मौके पर इसी निष्कर्ष पर पहुँचा जा सकता है कि कार्यक्रमबद्ध अधिगम अन्य अध्ययन विधियों (teaching devices) से श्रेष्ठ (superior) माना जा सकता है, परंतु उन कारकों की पहचान संभव नहीं है, जिनसे इसकी श्रेष्ठता बनी हुई है।

कंप्यूटर-सहायताप्राप्त निर्देश (Computer-assisted Instruction or CAI)

कार्यक्रमबद्ध अधिगम में प्रोग्राम सामग्रियों (programmed meterials) को शिक्षण मशीन (teaching machine) द्वारा भी दिया जा सकता है या एक कंप्यूटर (computer) द्वारा भी दिया जा सकता है। कार्यक्रमबद्ध अधिगम में जब प्रोग्राम सामग्री को या निर्देशात्मक सामग्री (instructional materials) को एक कंप्यूटर (computer) के माध्यम से किया जाता है, तो इसे **कंप्यूटर-सहायताप्राप्त निर्देश** (Computer-assisted instruction or CAI) कहा जाता है।

CAI द्वारा छात्र-कंप्यूटर अंतःक्रिया (student-computer interaction) को मूलतः तीन स्तर पर विश्लेषित किया जाता है, जो निम्नांकित है—

(1) पहला स्तर अत्यंत ही सरल है, जहाँ समस्याओं (problems) को या सीखे जानेवाले पाठ को, एक निश्चित क्रम (fixed sequence) में रखकर छात्र एवं कंप्यूटर के बीच अंतःक्रियाएँ (interactions) की जातीं हैं। इस तरह की अंतःक्रियाओं का प्रयोग अक्सर कक्षा-शिक्षण (classroom teaching) के एक पूरक (supplementary) के रूप में किया जाता है। इस तरह की छात्र-कंप्यूटर अंतःक्रिया द्वारा प्रतिदिन करीब 2,000 छात्रों की शिक्षण-संबंधी समस्याओं को सुलझाया जा सकता है।

(2) CAI के दूसरे स्तर में ऐसी छात्र-कंप्यूटर अंतःक्रिया (student-computer interaction) होती है जिसमें संवाद कार्यक्रम (dialouge programme) सम्मिलित होता है। इस स्तर पर छात्र कंप्यूटर से नाना तरह के मनमाना प्रश्न शिक्षण की प्रक्रिया पर पूर्ण नियंत्रण रखते हुए पूछते हैं।

(3) CAI के तीसरे स्तर पर ऐसी छात्र-कंप्यूटर अंतःक्रिया (student-computer interaction) की जाती है जो उक्त दोनों स्तर के बीच का होता है। इसमें एक तरह का शिक्षकीय प्रोग्राम (tutorial programme) सम्पन्न होता है जिसमें प्रत्येक छात्र अपने निष्पादन रेकॉर्ड (performance record) के आधार पर, एक अलग एवं स्वतंत्र विचारों एवं समस्याओं के संभावित समाधानों का आदान-प्रदान कंप्यूटर के साथ करते हैं।

CAI आधुनिक शिक्षा-पद्धति का एक महत्त्वपूर्ण अंग होता जा रहा है। विकसित देशों जैसे अमरीका, जापान, इंगलैण्ड आदि में तो CAI की प्रबलता अपनी चरम सीमा को छूने जा रही है। अपने देश में भी अब CAI का प्रयोग काफी होने लगा है। विशेषकर शिक्षण में CAI का महत्त्व कुछ खास वजहों से अधिक बताया गया है। इनमें निम्नांकित प्रधान हैं—

(i) CAI द्वारा जटिल-से-जटिल शाखा प्रोग्राम (branching programme) सम्पन्न किया जा सकता है। इस सिलसिले में कुछ कंप्यूटरों का तो इस ढंग से भी प्रोग्रामिंग कर दिया जाता है कि वे छात्रों को उनके द्वारा की गई अनुक्रिया से संबंधित परिणाम-ज्ञान तो दें ही, साथ-ही-साथ उनके साथ उचित संवाद (dialouge) भी या तो बोलकर या लिखकर स्थापित कर सकें। जैसे, यदि कोई अनुक्रिया सही है, तो कंप्यूटर यह संवाद दे सकता है, "ठीक है, आगे बढ़ें।" अगर छात्र का उत्तर गलत है, तो कंप्यूटर कह सकता है, "वह ठीक नहीं है, कृपया बटन 'A' दबाएँ, फिर निर्देश को ठीक से पढ़ें और पुनः सही उत्तर देने की कोशिश करें।"

(ii) CAI द्वारा सिर्फ निर्देशात्मक सामग्री (instructional materials) को ही छात्रों को नहीं दिया जाता है, बल्कि इस बात का भी मूल्यांकन (evaluation) कर सकने में सफलता मिलती है कि छात्रों ने उन सामग्रियों को कितने अच्छे ढंग से सीखा है। जब कोई छात्र प्रोग्राम के एक भाग को समाप्त कर चुका होता है, तो कंप्यूटर उस छात्र की उपलब्धि (achievement) की जाँच करके, उसका श्रेणीकरण (grading) करके तथा उसका अन्य छात्रों से, जो प्रोग्राम के उसी भाग पर काम कर चुके हैं, तुलना करके तुरंत महत्त्वपूर्ण सूचना (relevant information) छात्र को देते हैं। इस तरह कंप्यूटर उपलब्धि के परिणाम (results) से छात्रों एवं शिक्षकों को तुरंत अवगत कराता है तथा उन्हें लाभ पहुँचाता है। शिक्षक जब यह जान पाते हैं कि किसी भी छात्र की उपलब्धि कैसी है, तो वे तुरंत उसी के आलोक में सुधारात्मक उपाय (corrective measures) पर सोचना प्रारंभ कर देते हैं। इतनी आसानी से और कम समय में ही अन्य विधियों से निर्देश (instruction) देने पर ऐसा संभव नहीं है।

(iii) CAI में छात्रों का तात्कालिक पुनर्निवेशन (feedback) मिलने से, व्यक्तिगत ध्यान दिए जाने से एवं उत्साहवर्धक दृष्टि प्रदर्शन (visual display) से छात्र विषय को सीखने के लिए अत्यधिक प्रेरित रहते हैं। इस ढंग की प्रेरणा उन्हें शिक्षण की अन्य विधियों में नहीं मिलती।

(iv) कुछ ऐसे प्रयोगात्मक अध्ययन हुए हैं जिनसे यह पता चला है कि CAI से छात्र शिक्षण की पारंपरिक विधियों की तुलना में अधिक सीखते हैं तथा किसी विषय को कम समय में सीख लेते हैं। **लिंसकी** (Linskie, 1977) ने तीसरे वर्ग के बालकों के अध्ययन में पाया कि ऐसे बालक CAI द्वारा अन्य पौराणिक विधियों, जैसे भाषण (lecture) एवं प्रदर्शन (demonstration) की तुलना में गणित (mathematics) को जल्द सीख लिए तथा अधिक उत्साह (enthusiasm) के साथ सीख लिए।

(v) CAI शिक्षकों को बहुत-से कार्यों से छुटकारा दिलाकर छात्रों की सर्जनात्मक (creative) एवं संचारात्मक क्षमता (communicative abilities) को विकसित करने में उन्हें विशेष रूप से मदद करने के लिए पर्याप्त समय दे पाता है।

उपर्युक्त कारणों से CAI आजकल धीरे-धीरे शिक्षकों एवं शिक्षा-जगत् में अत्यधिक लोकप्रिय होता जा रहा है।

निर्देश का वैयक्तिक क्रम (Personalized System of Instruction or PSI)

निर्देश के वैयक्तिक क्रम (personalized system of instruction या PSI) का प्रतिपादन **फ्रेड केलर** (Fred Keller) द्वारा 1968 में किया गया। इसलिए इसे **केलर योजना** (Keller's plan) भी कहा जाता है। परंतु, यह PSI के नाम से अधिक जाना जाता है।

PSI एक तरह से CAI एवं कार्यक्रमबद्ध अधिगम (programmed learning) की ही तरह छात्रों को कोई पाठ या विषय सिखाने की एक विशेष प्रविधि (technique) है। यह एक ऐसी शिक्षण प्रविधि (teaching technique) है जिसमें पढ़ाए जानेवाले विषय या पाठ को विभिन्न खण्डों (segments) में बाँट दिया जाता है और प्रत्येक खण्ड पर छात्रों के निष्पादन (performance) का मूल्यांकन (evaluation) करके उन्हें अपनी गति (pace) से दूसरे खण्ड पर जाने की अनुमति दी जाती है। **केलर** (Keller, 1968) के अनुसार PSI द्वारा शिक्षण या अध्यापन (teaching) करने में निम्नांकित चार कदम (steps) होते हैं—

(i) पढ़ाए जानेवाले या सीखनेवाले पाठ्यक्रम (course) के अंतर्गत आनेवाली सामग्रियाँ (materials) सुनिश्चित करना

(ii) उन सामग्रियों को अपने-आपमें पूर्ण विभिन्न खण्डों (segments) में बाँटना

(iii) उन विधियों का पता लगाना जिनके माध्यम से यह मूल्यांकन किया जा सके कि छात्रों ने प्रत्येक खण्ड की सामग्रियों (materials) को पूर्णतः सीखा है या नहीं, तथा

(iv) अपनी गति (pace) से छात्रों को एक खण्ड से दूसरे खण्ड की ओर बढ़ने देना।

ऐसे तो PSI उपर्युक्त चार कदमों (four steps) के माध्यम से आसानी से संपन्न हो जाता है, फिर भी, PSI पूर्णतः अर्थपूर्ण हो सके, इसके लिए कुछ और महत्त्वपूर्ण निर्णय शिक्षक को लेना पड़ता है, जिनमें निम्नांकित प्रमुख हैं—

(i) पाठ्यक्रम में कौन-कौन-सी सामग्रियाँ (materials) सम्मिलित की जाएँ?

(ii) किसी एक विशेष पाठ या विषय में कितने अलग-अलग खंड बनाए जा सकते हैं?

(iii) किसी एक खंड में कौन-कौन-सी सामग्रियाँ सम्मिलित की जाएँ?

(iv) किसी खण्ड पर छात्रों के निष्पादन (performance) का मूल्यांकन कैसे किया जाए?

(v) किसी खण्ड पर दक्षता (proficiency) का स्तर क्या होना चाहिए? कुछ शिक्षक यह पसंद करेंगे कि जब तक छात्र एक खण्ड पर पूर्ण काबू नहीं पा लेता है, अर्थात उसे पूर्णतः सीख नहीं लेता है, उसे दूसरे खण्ड में प्रवेश की अनुमति नहीं देनी चाहिए जबकि कुछ शिक्षक ऐसे हो सकते हैं जो यह पसंद कर सकते हैं कि जब छात्र साधारण ढंग से भी किसी खंड को सीख लेता है, तो उसे दूसरे खण्ड में प्रवेश की अनुमति दी जानी चाहिए।

(vi) क्या कोई ऐसी समय-सीमा (time limit) होनी चाहिए जिसके भीतर ही छात्र को प्रत्येक खण्ड या पूरे पाठ्यक्रम (course) को सीख लेना चाहिए?

(vii) क्या छात्रों के लिए विवेचना सत्र (discussion session) जैसी चीजों की व्यवस्था करनी चाहिए ताकि छात्र शिक्षक या अन्य छात्रों के साथ किसी खण्ड की सामग्री पर विचार-विमर्श कर सके?

(viii) क्या छात्रों से उन सामग्रियों का पुनःपरीक्षण (re-examination) लेना चाहिए जिनपर उनका निष्पादन (performance) खराब था?

(ix) क्या उन छात्रों को लाभांश अंक (bonus points) दिया जाना चाहिए, जिन्होंने पाठ्यक्रम (course) के सभी खण्डों में निष्पादन श्रेष्ठ (superior) बनाकर रखा था?

इन सभी प्रश्नों पर विचार करने के बाद PSI प्रविधि से दिया गया निर्देश (instruction) छात्रों के लिए निश्चित रूप से लाभकारी होगा। रयान (Ryan, 1974) ने कई ऐसे अध्ययनों की समीक्षा की जिनमें PSI द्वारा प्राप्त छात्रों के निष्पादन (performance) की भाषण (lecture) एवं विवेचना विधि (discussion method) द्वारा प्राप्त छात्रों के निष्पादन के साथ तुलना की गई और देखा गया कि बिना किसी अपवाद के PSI विधि में छात्रों के शिक्षण (learning) का स्तर भाषण विधि के स्तर से कहीं अधिक श्रेष्ठ (superior) था। कुलिक, कुलिक तथा कारमाइकेल (Kulik, Kulik & Carmichael, 1974) भी एक ऐसे ही निष्कर्ष पर पहुँचे थे जहाँ कॉलेज में विज्ञान के पाठ्यक्रमों (courses) को PSI तथा भाषण विधि, दोनों से ही पढ़ाया गया था।

इसके बावजूद PSI की कुछ खामियाँ (limitations) हैं, जो निम्नांकित हैं—

(i) PSI में शिक्षक की भूमिका (role) में कटौती हो जाती है जिसके कारण शैक्षिक वातावरण एक वास्तविक शैक्षिक वातावरण के समान नहीं रह जाता है।

(ii) कार्यक्रमबद्ध अधिगम (programmed learning) तथा CAI के समान ही इसमें छात्र एवं शिक्षक तथा स्वयं छात्रों के ही बीच स्वाभाविक (natural) एवं स्वैच्छिक अंतःक्रिया (spontaneous interaction) नहीं हो पाती है जिसका परिणाम यह होता है कि छात्र विषय या पाठ को अर्थपूर्ण ढंग से नहीं सीख पाते।

(iii) मीक (Meek, 1977) का कहना है कि PSI में कार्यक्रमबद्ध अधिगम (programmed learning) तथा CAI के ही समान पाठ्यक्रम के उद्देश्य (course objective) को स्पष्ट रूप से एक व्यवहारात्मक इकाई (behavioural unit) के रूप में लिखा जाना आवश्यक है और यह सामान्यतः एक कठिन कार्य है जिसे कोई असाधारण विशेषज्ञ (extraordinary expert) ही सही ढंग से कर पाते हैं।

इन खामियों के बावजूद PSI का प्रयोग आजकल काफी किया जा रहा है। यहाँ तक कि अब PSI द्वारा गणित, सांख्यिकी (statistics), अँगरेजी, दर्शनशास्त्र, इंजीनियरिंग एवं राजनीतिशास्त्र के विषयों को भी पढ़ाया जाने लगा है।

संज्ञानात्मक तथा अधिगम शैली
(Cognitive and Learning Styles)

बुद्धि के समान अधिगम शैली कोई क्षमता (ability) नहीं होती। अधिगम शैली (learning styles) से तात्पर्य अपनी क्षमताओं को विशेष ढंग से, विशेषकर फायदेमंद ढंग से, उपयोग करने के तरीके से होता है। सचमुच में अधिगम शैली अधिगम (learning) तथा अध्ययन (studying) के प्रति अपनाया गया एक विशेष उपागम होता है। शिक्षक जिसे अधिगम शैली (learning styles) कहते हैं, उसे मनोवैज्ञानिकों द्वारा **संज्ञानात्मक शैली** (cognitive style) कहा जाता है। संज्ञानात्मक शैली का संबंध छात्रों द्वारा विशेष ढंग के चिंतन, स्मरण, प्रत्यक्षण, समस्या समाधान प्रविधि तथा निर्णय प्रक्रिया से होता है, जिसे अपनाकर वे किसी पाठ को सीखते हैं या किसी समस्या का समाधान करते हैं। कुछ लोगों द्वारा अधिगम शैली तथा संज्ञानात्मक शैली दोनों को एक दूसरे के लिए प्रयोग किया जाता है। हमलोग अनेक प्रकार के अधिगम शैली का उपयोग करके अपनी क्षमताओं का विशेष ढंग से उपयोग करते हैं ताकि हमें उससे अधिक-से-अधिक शैक्षिक फायदा हो सके। व्यक्तियों में आपस में इतनी भिन्नता होती है कि शिक्षकों एवं मनोवैज्ञानिकों द्वारा सैकड़ों अधिगम शैली (learning styles) का प्रतिपादन किया गया है। परंतु, हम यहाँ सिर्फ वैसे ही अधिगम शैली की व्याख्या करेंगे जिसका उपयोग छात्र एवं शिक्षक प्रायः कक्षा में करते हैं। ऐसी अधिगम शैली को मोटे तौर पर तीन भागों में बाँटा गया है।

(क) आवेगशील/चिंतनशील शैली (Impulsive/reflective styles)

(ख) गहरी/सतही शैली (Deep/surface styles)

(ग) क्षेत्र स्वतंत्र/क्षेत्र आधृत शैली (Field independent/field dependent styles)

इन तीनों तरह की शैलियों (learning and thinking styles) का वर्णन निम्नांकित है —

(क) आवेगशील/चिंतनशील शैली (Impulsive/reflective styles)—यह ऐसी अधिगम शैली है जिससे छात्र किसी प्रश्न का उत्तर बहुत तेजी एवं आवेगशील ढंग से देने की प्रवृत्ति दिखलाते हैं या फिर काफी विचार कर कुछ समय बाद उसका उत्तर देते हैं। इसे संप्रत्ययात्मक शैली (conceptual tempo) भी कहा जाता है। कागन (Kagan, 1965) द्वारा किए गए अध्ययनों से यह स्पष्ट हुआ है कि आवेगशील छात्र प्रायः चिंतनशील छात्र की अपेक्षा उत्तर देने में अधिक गलतियाँ (errors) करते है। आवेगशीलता/चिंतनशीलता (impulsivity/ reflection) की शैली का शिक्षा के लिए कई आशय (implications) हैं। अध्ययनों से यह स्पष्ट हुआ है कि चिंतनशील छात्र (reflective students) निम्नांकित कार्यों पर आवेगशील छात्रों की अपेक्षा अधिक उत्तम निष्पादन दिखलाते हैं—

(i) संरचित सूचनाओं (structured information) को याद करने में

(ii) पाठ्य सामग्रियों (test materials) को पढ़ने तथा उसकी व्याख्या करने में

(iii) समस्या समाधान करने तथा निर्णय की प्रक्रिया (decision making) में।

इतना ही नहीं, यह भी देखा गया है कि चिंतनशील शैलीवाले छात्र आवेगशील शैलीवाले छात्रों की अपेक्षा अपना अधिगम लक्ष्य (learning goals) स्वयं निर्धारित करते हैं तथा संगत सूचनाओं (relevant information) पर स्वयं ही ध्यान केन्द्रित करते हैं। चिंतनशील शैलीवाले छात्रों के शैक्षिक निष्पादन का स्तर प्रायः ऊँचा रहता है। प्रयोगात्मक सबूत इस बात के साक्षी हैं कि चिंतनशील छात्र आवेगशील छात्रों की तुलना में अधिक उत्तम ढंग से सीखते हैं और स्कूल में उनका निष्पादन भी काफी श्रेष्ठ होता है। आवेगशील शैली को तब बुरा कहा जाता है जब छात्र इससे प्रभावित होकर कोई गलत उत्तर दे देते हैं। कुछ छात्र किसी विषय को तेजी से सीख लेते हैं तथा उससे संबंधित किसी पहलू पर बहुत जल्द ही अपना निर्णय दे देते हैं जो गलत भी हो सकता है। शिक्षकों को चाहिए कि ऐसे छात्रों में चिंतनशील उन्मुखता (reflective orientation) को बढ़ाने का भरसक प्रयास करें।

(ख) गहरी/सतही शैली (Deep/surface styles)—इस तरह के अधिगम एवं चिंतन शैली में छात्र किसी विषय का या तो अर्थ समझकर उसे सीखते हैं (गहरी शैली) या फिर ऊपर-ऊपर जो उन्हें सीखने के लिये दिया गया है, उस तरह से सीखते हैं (सतही शैली)। मारटोन, हाऊनसेल तथा एण्टविस्टल (Marton, Hounsell & Entwistle, 1984) द्वारा किए गए अध्ययनों से यह स्पष्ट हुआ है कि जो छात्र सतही शैली में किसी पाठ को सीखते हैं वे सीखे गए पाठों को एक बड़े संप्रत्ययात्मक ढाँचा (conceptual framework) में ढाल नहीं पाते हैं। वे पाठ को निष्क्रिय ढंग से (passively) सीखते हैं तथा प्रायः सूचनाओं को रटकर याद करते हैं। दूसरी तरफ गहरी शैलीवाले छात्र जो सीखते हैं, उसे सक्रिय होकर एक संरचनात्मक प्रारूप देते हैं तथा जो सीखते एवं स्मरण करते हैं, उसमें अर्थ भी जोड़ पाते हैं। इस तरह से गहरी शैलीवाले छात्र अधिगम के प्रति एक रचनात्मकवादी दृष्टिकोण (constructionist approach) अपनाते है। उतना ही नहीं, ऐसी शैलीवाले छात्र अधिक आत्म-अभिप्रेरित (self-motivated) होकर किसी पाठ को सीखते हैं, जबकि सतही शैली वाले छात्र किसी पाठ को बाह्य पुरस्कार (external reward) से प्रेरित होकर किसी पाठ को अधिक सीखते हैं।

(ग) क्षेत्र-निर्भरता तथा क्षेत्र-स्वतंत्रता (Field dependence and field independence)—इस संज्ञानात्मक शैली का विकास हरमन विटकीन (Herman Witkin) द्वारा 1940 वाले दशक में किए गए शोधों से हुआ है। उन्होंने इन शोधों के आधार पर यह जानना चाहा था कि किस तरह से एक व्यक्ति अपने संपूर्ण दृष्टि क्षेत्र (total visual field) से किसी एक कारक को अलग कर पाता है।

जिन व्यक्तियों में क्षेत्र-निर्भरता की संज्ञानात्मक शैली सक्रिय होती है, वे दृष्टि पैटर्न (visual pattern) को समग्र रूप से (as a whole) प्रत्यक्षण करते हैं और वे उसके किसी एक तत्त्व को दूसरे तत्त्व से अलग नहीं कर पाते हैं। ऐसे लोग पारिस्थिति के किसी एक तत्त्व पर ध्यान केंद्रित करने में अपने-आपको असमर्थ पाते हैं तथा महत्त्वपूर्ण विस्तृति (details) को परिस्थिति से अलग भी नहीं कर पाते हैं। ऐसे लोग किसी घटना या परिस्थिति का विश्लेषण ठीक से नहीं कर पाते हैं। किसी समूह में होने पर ऐसे लोग का कार्य उत्तम एवं प्रशंसनीय होता है और सामाजिक सूचनाओं (social information) के बारे में इनकी याददाश्त अच्छी होती है। ऐसे लोगों को विशेष तरह का विषय जैसे साहित्य (Literature) एवं इतिहास (History) के अध्ययन में रुचि अधिक होती है।

क्षेत्र-स्वतंत्रता की संज्ञानात्मक शैली में व्यक्ति किसी पैटर्न या परिस्थिति के अलग-अलग अंशों को ठीक से प्रत्यक्षण करता है तथा विश्लेषण करता है। ऐसे लोग स्वयं द्वारा किए गए सूचना-संसाधनों (information processing) को भी ठीक ढंग से मॉनीटर करते हैं। वे किसी घटना का बारीकी से विश्लेषण करके उसके वैयक्तिक तत्त्वों (individual components) को समझने की भरपूर कोशिश करते हैं। इनकी सामाजिक सूचनाओं की स्मृति उतनी प्रबल नहीं होती है जितनी कि क्षेत्र-निर्भर संज्ञानात्मक शैलीवाले व्यक्ति की होती है। ऐसे लोग गणित तथा विज्ञान (science) के अध्ययनों में अधिक रुचि दिखलाते हैं जहाँ उनकी वैश्लेषिक क्षमताओं (analytical abilities) का व्यापक स्वागत होता है।

कुछ छात्र क्षेत्र-निर्भरता की शैली दिखलाकर अधिगम प्रक्रिया को मजबूत करते हैं तो कुछ छात्र क्षेत्र स्वतंत्रता की शैली दिखलाकर वर्ग की शैक्षिक समस्याओं का समाधान करते हैं। समस्या के अनुरूप भी छात्र को इन शैलियों में किसी एक शैली का चयन करके उनका उपयोग करना पड़ता है।

स्पष्ट हुआ कि वर्ग में छात्रों द्वारा विभिन्न तरह के अधिगम शैली का उपयोग किया जाता है। सच्चाई यह है कि संदर्भ (context), स्कूल, वर्ग तथा विषय (subjects) के आलोक में अधिगम तथा चिंतन शैली परिवर्तित होता है। गार्डनर (Gardner, 1993) के अनुसार कोई छात्र संगीत के क्षेत्र में कुछ सीखने के लिये आवेगशील शैली को अधिक उपयोगी समझता है, परंतु जटिल समस्या के समाधान के लिए वह चिंतनशील शैली को अधिक उपयोगी समझेगा।

शैक्षिक उपलब्धि में सम्मिलित कारक
(Factors in Academic or Educational Achievement)

छात्रों की शैक्षिक उपलब्धि (academic achievement) एक ऐसा संप्रत्यय है जिसका तात्पर्य छात्रों द्वारा शैक्षिक क्षेत्र में विशिष्टता हासिल करने से होता है। अध्ययनों से यह स्पष्ट हुआ है कि शैक्षिक उपलब्धि पर बहुत से कारकों का प्रभाव पड़ता है। ऐसे कारकों में से कुछ प्रमुख कारक निम्नांकित हैं—

1. बुद्धि (Intelligence)—छात्रों के बुद्धि-स्तर का सीधा प्रभाव उसके शैक्षिक उपलब्धि पर पड़ता है। कई अध्ययनों से यह स्पष्ट हुआ कि छात्रों की बुद्धिलब्धि (Intelligence Quotient)

तथा उसकी शैक्षिक उपलब्धि में 0.40 से 0.50 तक का सहसंबंध (correlation) होता है। सैट्लर (Sattler, 2001) तथा वालबर्ग (Walberg, 1994) ने तो मानकीकृत उपलब्धि परीक्षण (standardised achievement test) तथा बुद्धि परीक्षण में तो और ऊँचा ही सहसंबंध अर्थात् 0.50 से 0.70 तक का पाया है। उच्च बुद्धि के छात्रों में निम्न बुद्धि के छात्रों की तुलना में संज्ञानात्मक परिपक्वता (cognitive maturity) चूँकि अधिक होती है, अतः उनका स्कूल के विभिन्न विषयों (subjects) एवं पाठों (lessons) पर निष्पादन अधिक ऊँचा होता है। लेकिन कभी-कभी देखा गया है कि कम बुद्धि के छात्रों का भी शैक्षिक निष्पादन अधिक श्रेष्ठ होता है। इसका मतलब यह हुआ कि कुछ अन्य कारक भी हैं जिनसे ऐसे छात्रों की शैक्षिक उपलब्धि प्रभावित होती है। स्प्रिंथॉल तथा स्प्रिंथॉल (Sprinthall & Sprinthall, 1980) के अध्ययन के अनुसार यदि छात्र का बौद्धिक स्तर ऊँचा है परंतु वह शारीरिक रूप से प्रायः बीमार रहता है, उसमें सांवेगिक अस्थिरता है तथा अभिप्रेरण (motivation) की कमी है, तो उसका शैक्षिक निष्पादन उत्तम नहीं होगा। दूसरी तरफ, यदि छात्र थोड़ा कम बुद्धिलब्धि का है, परंतु उसमें पर्याप्त अभिप्रेरण है, सांवेगिक स्थिरता है तथा शारीरिक रूप से स्वस्थ है, तो उसकी शैक्षिक उपलब्धि अधिक श्रेष्ठ होगी।

2. अहं शक्ति (Ego strength)—अध्ययनों से यह स्पष्ट हुआ है कि छात्रों के अहं शक्ति (ego strength) का भी प्रभाव उनके शैक्षिक उपलब्धि पर पड़ता है। स्प्रिंथॉल तथा स्प्रिंथॉल (Sprinthall & Sprinthall, 1990) द्वारा किये गए अध्ययनों से यह स्पष्ट हुआ है कि शैक्षिक रूप से सफल छात्रों में अहं (ego) मजबूत होता है, वे अपनी खुशी (pleasure) को स्थगित करने की क्षमता एवं इच्छा दिखलाते है, उनका ध्यान जल्दी विचलित (distracted) नहीं होता है और एक संगठित तरीके से किसी कार्य को करने में अधिक अभिरुचि दिखलाते हैं। दूसरी तरफ, जिन छात्रों की अहं शक्ति (ego strength) कमजोर होती है, उन्हें अपने विचारों पर नियंत्रण काफी कम होता है और किसी तुष्टि (gratification) को रोककर भी रख पाने में सक्षम नहीं होते हैं। फलतः, इनकी शैक्षिक उपलब्धि काफी घटिया होती है।

3. शिक्षकों की उम्मीद (Teacher's expectation)—शिक्षकों की उम्मीद या प्रत्याशा से भी छात्रों की शैक्षिक उपलब्धि प्रभावित होती है। वर्ग में सामान्यतया दो तरह के छात्र होते हैं—उच्च मानसिक क्षमतावाले छात्र तथा निम्न मानसिक क्षमतावाले छात्र। उच्च मानसिक क्षमतावाले छात्रों से शिक्षकों को धनात्मक प्रत्याशाएँ (positive expectations) अधिक रहती है और उनकी यह प्रत्याशा उनके द्वारा ऐसे छात्रों के प्रति किए गए व्यवहार को प्रभावित करती है। जैसे, ऐसे छात्रों को शिक्षक अधिक मेहनत करने की सलाह देते हैं, उनके द्वारा किसी प्रश्न का उत्तर दिए जाने के लिए कुछ समय तक इंतजार करते हैं, उन्हें अधिक सूचनाएँ प्रदान करते हैं, उनकी प्रशंसा अधिक करते है तथा शायद ही कभी किसी मौके पर उनकी आलोचना करते हैं। इन सबों का परिणाम यह होता है कि ऐसे छात्रों की शैक्षिक उपलब्धि अधिक मजबूत एवं श्रेष्ठ हो जाती है। निम्न क्षमतावाले छात्रों से शिक्षकों की उम्मीद नकारात्मक (negative) होती है और उसी के अनुरूप उनका व्यवहार भी इन छात्रों के प्रति होता है। वे प्रायः ऐसे छात्रों की आलोचना करते हैं तथा डाँटते हैं। उन्हें कोई उच्च स्तरीय सूचना भी नहीं देते हैं, क्योंकि वे समझते हैं कि ऐसे छात्र इनका कोई फायदा उठा नहीं पाएँगे। फलतः, ऐसे छात्रों की शैक्षिक उपलब्धि (educational achievement) भी कुप्रभावित हो जाती है।

4. दुश्चिंता (Anxiety)—छात्रों की दुश्चिंता का भी प्रभाव उनके शैक्षिक उपलब्धि पर पड़ता है। दुश्चिंता के डर (fear) तथा आशंकाओं (apprehension) का एक अस्पष्ट एवं दुखद भाव (unpleasant feeling) होता है। छात्रों में अपने विषय (subjects) तथा दिए गए पाठ के प्रति चिंता का सामान्य स्तर होना बिल्कुल ही स्वाभाविक है। इससे शैक्षिक उपलब्धि उत्तम बनी रहती है। बैण्डुरा (Bandura, 1997) के अध्ययनों से यह स्पष्ट हुआ है कि बहुत सारे शैक्षिक रूप से मजबूत उपलब्धिवाले छात्रों में चिंता का सामान्य स्तर पाया गया। परंतु, जब चिंता का यह स्तर सामान्य से काफी अधिक हो जाता है, तो इससे छात्रों की शैक्षिक उपलब्धि पर बुरा असर पड़ता है। विगफिल्ड तथा इक्केल्स (Wigfield & Eccless, 1989) द्वारा किए गए अध्ययनों से यह स्पष्ट हुआ है कि उच्च चिंता के स्तर से करीब 10 लाख बच्चों एवं किशोरों का उपलब्धि स्तर काफी नीचे गिरता पाया गया। इक्केल्स, विगफिल्ड तथा शिफेले (Eccless, Wigfield & Schiefele, 1998) द्वारा किए गए अध्ययनों से यह स्पष्ट हुआ है कि बच्चों में उच्च चिंता का स्तर के कई कारणों में से एक प्रमुख कारण माता-पिता द्वारा अवास्तविक या काल्पनिक उपलब्धि प्रत्याशा (unrealistic achievement expectation) एवं इसके लिए उनपर दिया गया अत्यधिक दबाव (pressure) होता है। पी० सेठ (P Seth, 1978) ने भी अपने अध्ययन में पाया कि सांवेगिकता (emotionality) जिसमें चिंता भी सम्मिलित होती है, के उच्च स्तर से शैक्षिक उपलब्धि का स्तर निम्न हो जाता है। एस० शर्मा (S Sharma, 1978) ने भी अपने अध्ययन में पाया कि उच्च चिंता-स्तर से स्कूल तथा कालेज, दोनों के ही छात्रों का शैक्षिक निष्पादन काफी कम हो जाता है।

5. सामाजिक-आर्थिक स्तर (Socio-Economic status or SES)—शैक्षिक उपलब्धि पर बच्चों के सामाजिक-आर्थिक स्तर (socio-economic status or SES) का सबसे ज्यादा प्रभाव पड़ता है। SES से तात्पर्य समाज में आय (income), शक्ति (power), पृष्ठभूमि (background) तथा प्रतिष्ठा (prestige) के आधार पर व्यक्ति को प्राप्त सापेक्ष स्थान (relative standing) से होता है। सामान्यतः SES के तीन स्तर होते हैं : ऊपरी (upper), मध्य (middle) तथा निम्न (lower)। अभी हाल के शोधकर्त्ताओं ने एक और स्तर, जिसे कार्यरत (working) कहा जाता है, की पहचान की है। यह स्तर मध्य तथा निम्न के बीच का होता है। चाहे SES का जो भी स्तर हो उसका प्रभाव शैक्षिक स्तर पर स्पष्ट रूप से पड़ता है।

काँगर, काँगर तथा एल्डर (Conger, Conger & Elder, 1997) एवं मैकलोयाड (Mcloyd, 1998) द्वारा किए गए अध्ययनों से यह स्पष्ट हुआ है कि उच्च सामाजिक आर्थिक स्तर के छात्रों का परीक्षण प्राप्तांकों (test scores) पर उपलब्धि का उच्च औसत स्तर होता है तथा ऐसे छात्र स्कूली शिक्षा पूरा कर सकने में सफल होते हैं। दूसरी तरफ निम्न सामाजिक-आर्थिक स्तर के छात्रों का परीक्षण प्राप्तांकों पर निम्न औसत शैक्षिक उपलब्धि होती है तथा ऐसे बच्चे प्रायः स्कूली शिक्षा पूरी न करके उसे बीच में छोड़ देते हैं। ब्रोनफेनब्रेन्नर (Bronfenbrenner, 1997) ने भी अपने अध्ययन से इस बात की पुष्टि की है कि जब छात्रों को लम्बी अवधि के लिए गरीबी में रहना पड़ता है, तो उसकी शैक्षिक उपलब्धि काफी घटिया हो जाती है।

अब प्रश्न यह उठता है कि निम्न सामाजिक-आर्थिक स्तर (low socio-economic status) का कौन-कौन-सा ऐसा प्रभाव (effects) पड़ता है जिससे छात्रों की शैक्षिक उपलब्धि घटिया होती है। उस बिंदु पर गार्सिया (Garcia, 1991) तथा मैक्लॉयड (Mcloyd, 1998) ने काफी शोध करने के

बाद निम्नांकित सात ऐसे प्रभावों की पहचान की है जिसके कारण निम्न सामाजिक-आर्थिक स्तर का शैक्षिक उपलब्धि पर घटिया प्रभाव प्रड़ता है—

(i) खराब स्वास्थ्य देख-रेख (Poor health care)—गरीबी में रहनेवाले परिवार को उत्तम पूर्वप्रसूति (pre-natal) एवं शिशु स्वास्थ्य देख-रेख की सुविधा नहीं मिल पाती है। गरीब माताएँ और किशोरी माताएँ सामान्यतः प्राक्परिपक्व (pre-mature) बच्चों को जन्म देती हैं और यह प्राक्-परिपवक्ता (prematurity) कई तरह के संज्ञानात्मक (cognitive) एवं अधिगम समस्याओं (learning problems) से संबंधित होती है। इतना ही नहीं, ऐसे गरीब माता-पिता को दैहिक (physical) तथा सांवेगिक समस्याएँ भी काफी कष्ट देती हैं तथा अधिकांशतः ऐसे माता-पिता को अपने बच्चों से द्वन्द्व काफी चलता है। परिणामतः, ऐसे बच्चों की शैक्षिक उपलब्धि काफी कम हो जाती है।

(ii) निम्न प्रत्याशा तथा निम्न आत्म-सम्मान (Low expectations and low self-esteem)—चूँकि निम्न SES के छात्र प्रायः गंदे, कटे-फटे वस्त्र में होते हैं, किताब और स्कूली क्रियाकलाप से उनका संबंध कम होता है तथा प्रायः उपभाषा (dialect) में ही बातचीत करनेवाले होते हैं, अतः शिक्षक तथा अन्य छात्र भी यह समझ बैठते हैं कि ये छात्र शैक्षिक दृष्टिकोण से उत्तम नहीं हैं। ऐसे छात्रों पर शिक्षक कम ध्यान देते हैं और कोई प्रश्न भी नहीं पूछते हैं। बच्चों के साथ ऐसा करने से शिक्षक की ही परेशानी बढ़ती है। एलरिक (Elrich, 1994, 2000) के अनुसार ऐसे छात्रों को विश्वास हो जाता है कि वे स्कूल कार्य में अच्छे नहीं हैं। उनमें आत्म-सम्मान का भाव नहीं रह जाता है। परिणामतः, इनकी शैक्षिक उपलब्धि कुप्रभावित होती है।

(iii) अर्जित निस्सहायता (Learned helplessness)—निम्न SES के छात्र में अर्जित निस्सहायता (learned helplessness) का भी भाव होता है। ऐसे छात्र प्रायः हर बार परीक्षा में असफल रहते हैं और उन्हें यह विश्वास हो जाता है कि स्कूल में अच्छी शैक्षिक उपलब्धि उनके लिए संभव नहीं है और वे स्कूल छोड़ देना ही उत्तम समझते हैं। बिनेट्ट (Benett, 1995) के अध्ययन के अनुसार ऐसे बच्चों का करीब एक चौथाई स्कूल में पढ़ाई बन्द कर देते हैं। जब उन्हें स्कूली शिक्षा भी पर्याप्त नहीं होती, तो उन्हें कोई उत्तम नौकरी नहीं मिलती और तब उन्हें और भी कई तरह की समस्याओं का सामना करना पड़ जाता है।

(iv) साथी-संगी का प्रभाव तथा प्रतिरोध संस्कृति (Peer influence and resistance culture)—निम्न SES के छात्र की संगति भी ऐसे ही छात्रों से होती है जो निम्न SES के ही होते हैं। ऐसे छात्रों को पढ़ने-लिखने से स्कूल में कम संबंध रहता है तथा अशैक्षिक कार्यों (nonacademic activities) में अधिक ध्यान देते हैं। ऐसे प्रभाव के कारण उनकी शैक्षिक उपलब्धि का कम होना अवश्यंभावी है। इतना ही नहीं, ऐसे छात्र प्रतिरोध संस्कृति (resistance culture) के भी शिकार हो जाते हैं। बिनेट्ट (Bennett, 1995) तथा औगबू (Ogbu, 1997) ने अपने अध्ययन के आधार पर यह बतलाया है कि ऐसे छात्र अपने समूह के साथ अपनी पहचान बनाए रखने के ख्याल से वैसे व्यवहार के प्रति प्रतिरोध (resistance) दिखलाते है जिनसे इनकी शैक्षिक उपलब्धि श्रेष्ठ हो सकती है। दूसरे शब्दों में, ऐसे छात्रों को पढ़ाई न करना, शिक्षकों के साथ सहयोग न करके बक-झक करना तथा वर्ग में न आना या काफी देर से आना-जैसे व्यवहार अच्छा लगता है। परिणामतः, ऐसे छात्रों की शैक्षिक उपलब्धि निम्न होती है।

(v) गलत रास्ते पर होना (Tracking)—निम्न सामाजिक-आर्थिक स्तर के छात्रों की शैक्षिक उपलब्धि इसलिए भी कम होती है क्योंकि वे गलत रास्ते पर होते हैं। उनका शैक्षिक समाजीकरण (academic socialization) मध्य सामाजिक-आर्थिक स्तर के बच्चों से भिन्न होती है अर्थात इन्हें कुछ दूसरे ढंग से शिक्षा दी जाती है। जैसे, इन्हें निम्न क्षमतावाले छात्रों के साथ बैठाकर शिक्षा दी जाती है। जब ऐसे छात्रों को निम्न शिक्षा दी जाती है तो उनके शैक्षिक कौशल (academic skills) भी निम्न हो जाते हैं। फलतः, इनकी शैक्षिक उपलब्धि कम होती है।

(vi) बच्चों की पालन-पोषण शैली (Child-rearing style)—निम्न SES के छात्रों की घटिया शैक्षिक उपलब्धि का एक कारण उनका पालन-पोषण की शैली भी बतलाया गया है। ऐसे परिवार के बच्चों का पालन-पोषण मध्यम एवं ऊपरी सामाजिक-आर्थिक स्तर के परिवारों से भिन्न होता है। हेस तथा शिपमैन (Hess & Shipman, 1965) एवं हार्फमैन (Hoffman, 1984) द्वारा किए गए अध्ययनों से यह स्पष्ट हुआ है कि मध्यमवर्गीय परिवार की माताएँ अपने बच्चों से अधिक बातचीत करती हैं, उन्हें शाब्दिक निर्देश (verbal guidance) अधिक देती हैं, अपने बच्चे को किसी व्यवहार या घटना के कारण को समझने में मदद करती हैं, उनके लिए तरह-तरह की योजनाएँ बनाती हैं, किसी समस्या के संगत पहलू की ओर बच्चों का ध्यान आकर्षित करती हैं तथा बच्चों को समस्या के समाधान के लिये प्रोत्साहित करती हैं। निम्न SES के छात्रों की माताएँ प्रायः उक्त तथ्यों के विपरीत तथ्यों को बच्चों के पालन-पोषण में अपनाती हैं जिसका स्वाभाविक परिणाम यह होता है कि उनकी शैक्षिक उपलब्धि घटिया हो जाती है।

(vii) घरेलू वातावरण एवं संसाधन (Home environment and resources)—सामान्यतः यह देखा गया है कि निम्न SES के छात्रों का घरेलू वातावरण में, सांवेगिक समर्थन (emotional support) तथा संज्ञानात्मक उत्तेजन (cognitive stimulation) की पर्याप्त कमी होती है। इसका प्रत्यक्ष प्रभाव यह होता है कि ऐसे बच्चों का शाब्दिक (verbal), पठन (reading) तथा गणितीय (mathematical) कौशल काफी घटिया हो जाता है और परिणामतः, इन क्षेत्रों में इनकी शैक्षिक उपलब्धि काफी कम हो जाती है। इतना ही नहीं, गरीबी तथा निम्न SES में पलनेवाले अधिकांशतः छात्रों को उच्च ग्रुप स्तरीय प्राक्-स्कूली देख-रेख (preschool care) की भी कमी होती है। डंकन तथा ब्रुक्सगन्न (Duncan & Brooksgunn, 2000) ने अपने अध्ययन के आधार पर यह बतलाया है कि इस तरह के उच्चस्तरीय प्राक्—स्कूली देख-रेख से बच्चों में संज्ञानात्मक (cognitive) तथा सामाजिक (social) विकास पर्याप्त होता है। निम्न SES के बच्चों में ऐसे देखरेख की कमी से उनमें इस तरह का विकास नहीं हो पाता है। कुछ अध्ययनों में घर एवं पास-पड़ोस में उपलब्ध संसाधनों (resources) का शैक्षिक उपलब्धि पर पड़नेवाले प्रभावों का अध्ययन किया गया है और पाया गया है कि जब स्कूल बन्द होते हैं (जैसे गर्मी की छुट्टियों में) तो इस अवधि में ऐसे संसाधनों का बच्चों के शैक्षिक उपलब्धि पर काफी प्रभाव पड़ता है। जैसे, एण्टविस्ल, एलेक्जेण्डर तथा ओलसोन (Entiwisle, Alexander and Olson, 1997) ने अपने अध्ययन में पाया कि निम्न SES तथा उच्च SES के छात्रों द्वारा पठन (reading) तथा गणित में जब स्कूल खुले थे, लगभग एक समान अंक प्राप्त किए गए परंतु जब स्कूल में गर्मी की छुट्टी हो

गई, तो निम्न SES के छात्रों का अंक कम होता चला गया जबकि उच्च SES के छात्रों का अंक उत्तरोत्तर उन्नत होता गया।

स्पष्ट हुआ कि छात्रों की शैक्षिक उपलब्धि (academic or educational achievement) पर कई कारकों का प्रभाव पड़ता है, इन कारकों में सामाजिक-आर्थिक स्तर SES का तुलनात्मक रूप से अधिक प्रभाव पड़ता है जिसकी सविस्तार चर्चा की गयी।

अध्याय-सारांश
[Chapter Summary]

1. शैक्षिक प्रौद्योगिकी (educational technology) के दो अर्थ बताए गए हैं और दोनों अर्थ एक-दूसरे के परस्परविरोधी न होकर, पूरक (supplementary) हैं।

2. कार्यक्रमबद्ध अधिगम (programmed learning) में सीखे जानेवाले विषय को छोटे-छोटे कदमों (small steps) में छात्रों को एक-एक करके एक क्रम (sequence) में दिखाया जाता है और सामान्यतः प्रत्येक कदम पर छात्रों द्वारा दिए गए उत्तर के बाद उस भाग का सही उत्तर उन्हें सिखा दिया जाता है जिससे दिए गए उत्तरों की यथार्थता की जाँच छात्र स्वयं कर सकें। स्कीन्नर ने कार्यक्रमबद्ध अधिगम के स्वरूप को और अधिक विस्तृत एवं प्रभावकारी बनाया है। उनकी प्रोग्रामिंग विधि को **रेखीय प्रोग्रामिंग** (linear programming) कहा जाता है। कार्यक्रमबद्ध अधिगम को शिक्षण की अन्य पारंपरिक विधियों (traditional methods) जैसे भाषण विधि (lecture methods), विवेचना विधि (discussion method) आदि की तुलना में अधिक प्रभावकारी बताया गया है।

3. CAI एक ऐसी प्रविधि है जिसमें छात्रों को प्रोग्राम सामग्री या निर्देशात्मक सामग्री (instructional materials) को एक कंप्यूटर के माध्यम से दिया जाता है। अध्ययनों से पता चला है कि कुछ कठिनाई के बावजूद CAI शिक्षण की अन्य पारंपरिक विधियों (traditional methods) यानी भाषण तथा विवेचना की तुलना में अधिक प्रभावकारी है।

4. PSI भी CAI के समान आजकल एक लोकप्रिय शिक्षण विधि है जिसमें पढ़ाए जानेवाले विषय या पाठ को विभिन्न खण्डों में बाँट दिया जाता है और प्रत्येक खण्ड पर छात्रों के निष्पादन का मूल्यांकन करके उन्हें अपनी गति से दूसरे खण्ड पर बढ़ने की अनुमति दी जाती है। PSI को **केलर योजना** (Keller's plan) भी कहा जाता है।

5. संज्ञानात्मक तथा अधिगम शैली (cognitive and learning style) के कई प्रकार हैं जिनका प्रभाव शैक्षिक उपलब्धि पर स्पष्ट रूप से पड़ता है।

6. शैक्षिक उपलब्धि को प्रभावित करनेवाले कई कारक हैं जिनपर भी प्रकाश डाला गया है।

❑

अध्याय 15

प्रशिक्षण या सीखने का अंतरण

[TRANSFER OF TRAINING OR LEARNING]

मुख्य बिंदु (Main Points)

1. प्रशिक्षण या सीखने के अंतरण का अर्थ (Meaning of Transfer of Training or Learning)
2. अंतरण के प्रकार (Forms of Transfer)
3. अंतरण के सिद्धांत (Theories of Transfer)
4. मानसिक अनुशासन या औपचारिक अनुशासन का सिद्धांत (Theory of Mental Discipline or Formal Discipline)
5. समरूप तत्त्वों का सिद्धांत (Theory of Identical Elements)
6. सामान्यीकरण का सिद्धांत (Theory of Generalization)
7. पक्षांतर सिद्धांत (Transpositional Theory)
8. प्रशिक्षण अंतरण पर कुछ महत्त्वपूर्ण प्रयोग (Some Important Experiments on Transfer of Training)
9. प्रशिक्षण अंतरण को प्रभावित करनेवाले कारक (Factors Influencing Transfer of Training)
10. अंतरण को शिक्षकों द्वारा उन्नत बनाने के उपाय (Measures of Improving Transfer by Teachers)

प्रशिक्षण या सीखने के अंतरण का अर्थ

(Meaning of Transfer of Training or Learning)

शिक्षण (teaching) का सबसे मुख्य एवं अन्तिम उद्देश्य शिक्षार्थियों के व्यवहारों में ऐसा परिवर्तन उत्पन्न करना है, जिसे वे जिन्दगी की नई-नई परिस्थितियों में प्रयोग कर लाभान्वित हो सकें। अकसर देखा गया है कि शिक्षार्थी जब किसी नए कौशल (skills) को सीखते हैं, तो उनपर पहले के सीखे गए कौशल का प्रभाव पड़ता है। इस तरह के प्रभाव (effect) को ही प्रशिक्षण या सीखने के अंतरण (transfer of training or learning) की संज्ञा दी जाती है। उदाहरणस्वरूप, जब कोई छात्र हिन्दी भाषा सीखकर भोजपुरी भाषा सीखता है, तो उम्मीद यह होती है कि भोजपुरी भाषा के सीखने पर पहले के कौशल (skills) से यानी हिन्दी भाषा के सीखने से प्राप्त कौशल का कुछ प्रभाव पड़ेगा। इस ढंग के प्रभाव को ही **प्रशिक्षण या सीखने के अंतरण** की संज्ञा दी जाती है।

ब्लेयर, जोन्स एवं **सिम्पसन**[1] (Blair, Jones & Simpson, 1962) के अनुसार, "जब पहले के सीखने का प्रभाव किसी नई अनुक्रिया के निष्पादन या सीखने पर पड़ता है तो सीखने का अंतरण होता माना जाता है।"

1. "Transfer of learning exists whenever a previous learning has influence upon the learning or performance of new responses."—Blair, Jones & Simpson, *Educational Psychology,* 1970, p. 281

विटेकर[1] (Whittaker, 1970) के अनुसार, "प्रशिक्षण के अंतरण से तात्पर्य किसी एक कौशल या विषय-वस्तु के सीखने का, किसी दूसरे कौशल या विषय-वस्तु के सीखने पर पड़नेवाले प्रभाव से होता है।"

इन परिभाषाओं से स्पष्ट है कि प्रशिक्षण या सीखने के अंतरण में पहले सीखी गई अनुक्रिया (response) कौशल, बाद में सीखी जानेवाली अनुक्रिया कौशल (skills) पर एक प्रभाव (influence) डालती है। इस प्रभाव के स्वरूप (nature) के आलोक में शिक्षा मनोवैज्ञानिकों ने प्रशिक्षण के निम्नांकित तीन रूपों (forms) का वर्णन किया है—

(i) जब पहले सीखे गए कौशल (skill) या विषय-वस्तु से नए कौशल या विषय-वस्तु को सीखने में सहायता (facilitation) मिलती है, तो उसे धनात्मक अंतरण (positive transfer) कहा जाता है। जैसे यदि बालक को हिन्दी भाषा सीखने से भोजपुरी भाषा के सीखने में मदद या सहायता मिलती है, तो यह धनात्मक अंतरण का एक उदाहरण होगा।

(ii) जब पहले सीखे गए कौशल (skill) या विषय-वस्तु से नए कौशल या विषय-वस्तु को सीखने में बाधा पहुँचती है, तो इसे ऋणात्मक अंतरण (negative transfer) कहा जाता है। इसके अनेक उदाहरण हमें दैनिक जीवन में मिले हैं और इसका सबसे उत्तम उदाहरण हमें जनवरी माह में तिथि लिखते समय मिलता है। अकसर व्यक्ति जनवरी माह की तिथि में पुराने वर्ष को ही लिख देता है, जबकि उसे नये वर्ष के साथ तिथि लिखनी चाहिए। जैसे यदि मान लिया जाय कि 2009 के 3 जनवरी की तिथि लिखनी है, तो व्यक्ति 3-1-2009 की जगह 3-1-2008 लिख देता है। यहाँ स्पष्ट रूप से पूरे एक साल में जिस कौशल (skill), अर्थात तिथि के साथ 2008 को लिखने की आदत को व्यक्ति विकसित कर लेता है, उसका प्रभाव नई तिथि लिखने में बाधक (interfering) सिद्ध होता है। इस तरह के ऋणात्मक अंतरण को आदत-संबंधी बाधा (habit interference) भी कहा जाता है।

(iii) जब पहले सीखे गए कौशल का प्रभाव वर्तमान कौशल के सीखने पर न तो धनात्मक होता है और न ही ऋणात्मक होता है, तो इसे शून्य अंतरण कहा जाता है।

अंतरण (transfer), चाहे धनात्मक (positive) हो या ऋणात्मक (negative) हो, पहले सीखे गए कौशल (skills) का वर्तमान कौशल के सीखने पर एक स्पष्ट प्रभाव (influence) पड़ता है। जब पहले सीखे गए कौशल एवं वर्तमान सीखे जानेवाले कौशल में समानता (similarity) होती है, तो धनात्मक अंतरण (positive transfer) अधिक होता है, परंतु यदि इन दोनों में असमानता (dissimilarity) अधिक होती है तो ऋणात्मक अंतरण (negative transfer) होने की संभावना अधिक होती है। अंतरण के बारे में एक सामान्य गलत धारणा (misconception) यह है कि अंतरण एक स्वतः (automatic) होनेवाली प्रक्रिया है। प्रयोगों से स्पष्ट हो गया है कि अंतरण स्वतः नहीं होता है, बल्कि कई कारणों से प्रभावित होकर होता है।

अंतरण के प्रकार (Forms of Transfer)

शिक्षा मनोवैज्ञानिकों ने अंतरण के कई प्रकारों (types) का वर्णन किया है जिनमें अग्रांकित प्रमुख हैं—

---

1. "Transfer of training refers to the effects of learning a skill or piece of subject-matter on the learning of another skill or piece of subject-matter."—Whittaker, *Introduction to Psychology* 1970, p. 665

1. पार्श्वीय अंतरण (Lateral transfer)
2. अनुलम्ब अंतरण (Vertical transfer)
3. अनुक्रमिक अंतरण (Sequential transfer)
4. समस्तर अंतरण (Horizontal transfer)
5. द्विपार्श्वीय अंतरण (Bilateral transfer)।

1. पार्श्वीय अंतरण (Lateral transfer)—पार्श्वीय अंतरण एक ऐसा अंतरण है जिसमें सीखे गए कौशल का अंतरण (transfer) एक ऐसी परिस्थिति (situation) या ऐसे विषय के सीखने में होता है, जो उसी स्तर (level) का होता है। जैसे यदि शिक्षक ने कक्षा में शिक्षार्थी को $8 - 2 = 6$ सिखाए हैं, और शिक्षार्थी घर पर जाकर फ्रिज में रखे 8 अण्डे में दो अण्डे को निकाल लेने के बाद यह समझता है कि अब उसमें मात्र 6 अण्डे ही शेष रह गए होंगे, तो यह पार्श्वीय अंतरण (lateral transfer) का उदाहरण होगा। यहाँ पहले सीखे गए कौशल (skill) का अंतरण उसी स्तर के कौशल को सीखने में हो रहा है। **रिली** एवं **लेविस**[1] (Reilly & Lewis, 1993) ने पार्श्वीय अंतरण को इसी अर्थ में परिभाषित करते हुए कहा है, "जब आप किसी ऐसे विषय को सीखते हैं जिसका अंतरण समान स्तर की परिस्थितियों या विषयों (subjects) में होता है, तो उसे **पार्श्वीय अंतरण** की संज्ञा दी जाती है।"

2. अनुलम्ब अंतरण (Vertical transfer)—अनुलम्ब अंतरण वैसे अंतरण को कहा जाता है जिसमें सीखे गए कौशल (learnt skills) का अंतरण उच्च स्तर (high level) के कौशल (skills) को सीखने में होता है। **गेगनी** (Gagne, 1978) ने इस तरह के अंतरण को सीढ़ी पर ऊपर की ओर चढ़ने के समान की प्रक्रिया माना है। यदि शिक्षक छात्र को यह सिखाते हैं कि किसी अंक में शून्य (zero) से गुणा करने पर उत्तर हमेशा शून्य होता है और यदि वह इस नियम को समझकर कोई ऐसी जटिल अंकगणितीय समस्या का समाधान कर पाता है जिसमें उस नियम का स्पष्ट उपयोग होता हो, तो यह अनुलम्ब अंतरण (vertical transfer) का उदाहरण होगा। जैसे यदि छात्र $225 \times 189 \times 187 \times 0 = ?$ तुरंत बात देता है कि इसका उत्तर शून्य होगा, तो यह एक अनुलंब अंतरण का उदाहरण होगा। **रिली** तथा **लेविस**[2] (Reilly & Lewis, 1983) के शब्दों में, "जब आप कोई ऐसी चीज सीखते हैं, जिसका अंतरण उसी विषय या उससे बाहर के विषय के उच्च-स्तरीय सीखना में होता है, तो इसे **अनुलंब अंतरण** कहा जाता है।"

3. अनुक्रमिक अंतरण (Sequential transfer)—विषयों को एक क्रम (sequence) में सीखने के बाद किसी नए विषय या नए कौशल को सीखने में पड़नेवाले प्रभाव को अनुक्रमिक सीखना (sequential learning) कहा जाता है। अनुक्रमिक सीखना में प्रायः अंतरण (transfer) धनात्मक (positive) ही होता है। जैसे यदि छात्र जोड़, घटाव तथा गुणा (multiplication) सीखकर भाग देने (division) की प्रक्रिया को सीखता है, तो उसे पहले तीन तरह के कौशलों (skills) को क्रम अंतरण में सीखने से भाग देने की प्रक्रिया को सीखने में एक तरह की मदद मिलेगी। इस ढंग का

1. "When you learn something that transfers to other subjects and situations, but all at the same level, this is lateral transfer."—Reilly & Lewis, *Educational Psychology,* 1983, p. 182
2. "When you learn something that transfer to other learning at a higher levels. either, in the same subject or outside it, this is vertical transfer."—Reilly & Lewis, *Educational Psychology,* 1983, p. 182

अंतरण अनुक्रमिक अंतरण का उदाहरण है। स्पष्ट है कि अनुक्रमिक अंतरण (sequential transfer) में अंतरण समान स्तर (equal level) में ही होता है।

4. समस्तर अंतरण (Horizontal transfer)—समस्तर अंतरण वैसे अंतरण को कहा जाता है जिसमें सीखे गए कौशल (skills) का अंतरण समान स्तरीय कौशल को सीखने में होता है। पार्श्वीय अंतरण (lateral transfer) तथा अनुक्रमिक अंतरण (sequential transfer) एक तरह के समस्तर अंतरण (horizontal transfer) के उदाहरण हैं।

5. द्विपार्श्वीय अंतरण या क्रॉस शिक्षा (Bilateral transfer or Cross education)—मानव शरीर के दो समान पार्श्वीय भाग (lateral aspects) हैं—बायाँ (left) तथा दायाँ (right)। जब शरीर के बाएँ अंग से सीखे गए कौशल का अंतरण स्वतः (automatically) दाएँ अंग से सीखने पर या दाएँ अंग से सीखे गए कौशल का अंतरण स्वतः बाएँ अंग से सीखने पर होता है, तो उसे ही **द्विपार्श्वीय सीखना** कहा जाता है। हमलोग अधिकतर दाएँ हाथ से ही लिखते हैं। परंतु, ऐसे लोगों को यदि बाएँ हाथ से लिखने को कहा जाय तो वे ऐसा करने में समर्थ अवश्य होंगे भले ही लिखने में समय अधिक लगे तथा लिखावट की सुंदरता पहले जैसी न हो। यह एक द्विपार्श्वीय अंतरण (bilateral transfer) का उदाहरण है, क्योंकि इसमें दाएँ हाथ से सीखा गया लिखने का कौशल अपने-आप ही बाएँ हाथ से लिखने में एक तरह की मदद पहुँचा रहा है। इससे यह भी स्पष्ट हो जाता है कि द्विपार्श्वीय अंतरण धनात्मक (positive) होता है। द्विपार्श्वीय अंतरण का अध्ययन करने के लिए मनोविज्ञान के छात्र अकसर दर्पण-आरेखन उपकरण (mirror-drawing apparatus) के माध्यम से प्रयोगशाला में प्रयोग करते हैं।

शुन्क (Schunk, 2000) ने अंतरण के निम्नांकित प्रकार बतलाए हैं—

1. समीपवर्ती अंतरण (Near transfer)—समीपवर्ती अंतरण तब उत्पन्न होता है जब परिस्थितियाँ समान (similar) होती हैं। जैसे, कोई छात्र यदि टंकन मशीन (Typewriter) पर टाइप करना सीखकर कम्प्यूटर कुंजी बोर्ड (Computer Key Board) पर टाइप सीखता है तो इस तरह की परिस्थिति में होनेवाले अंतरण को **समीपवर्ती अंतरण** (near transfer) कहा जाता है।

2. दूरवर्ती अंतरण (Far transfer)—दूरवर्ती अंतरण से तात्पर्य वैसे अंतरण से होता है जिसमें आरंभिक अधिगम (initial learning) से भिन्न परिस्थिति में अंतरण होता है। जैसे, अगर कोई छात्र ज्यामिति (geometry) के वर्ग में जो कुछ भी सीखा हो, उसका उपयोग वास्तुकार ऑफिस में, जहाँ वह एक वास्तुकलाकार (architect) के रूप में नौकरी करता है, उसके स्थानिक समस्या (spatial problem) या विश्लेषण करने में करता है, तो यह **दूरवर्ती अंतरण** (far transfer) का उदाहरण होगा।

3. निम्न-रोड अंतरण (Low-road transfer)—निम्न-रोड अंतरण से तात्पर्य वैसे अंतरण से होता है जब गत सीखा गया ज्ञान या कौशल स्वतः (automatically), प्रायः अचेतन रूप से, अपने आप ही, दूसरी परिस्थिति में अंतरित हो जाता है। प्रायः इस ढंग का अंतरण वहाँ होता है जब व्यक्ति के लिए सीखे गए कौशल पर काफी महारत हासिल होता है क्योंकि ऐसे कौशल में कोई परावर्ती चिंतन (reflective thinking) की जरूरत नहीं पड़ती है। जैसे, यदि किसी योग्य पाठक को अपनी मातृभाषा में किसी वाक्य को पढ़ना पड़ता है, तो वे स्वतः इसे पढ़ लेते हैं।

4. उच्च-रोड अंतरण (High-road transfer)—उच्च-रोड अंतरण वैसे अंतरण को कहा जाता है जो स्वतः न होकर प्रयास करने से, चेतन रूप से होता है। यहाँ छात्र काफी सोच-समझकर

आरंभिक अधिगम की परिस्थिति तथा वर्तमान परिस्थिति, में संबंध स्थापित करते हैं, जिसके फलस्वरूव अंतरण होता है। इस तरह के अंतरण में छात्र को गत अधिगम परिस्थिति से एक नियम या सिद्धांत को अमूर्त्तकृत (abstract) करके उसे नयी अधिगम परिस्थिति में लागू करना पड़ता है। जैसे, कोई छात्र गणित के वर्ग में उपलक्ष्य निर्माण (subgoaling) के संप्रत्यय को सीखने के कई महीना बाद जब भूगोल या इतिहास में, किसी लम्बे विषय को याद करने में, उस उपलक्ष्य-निर्माण के नियम को लागू करता है, तो यह उच्च-रोड अंतरण (high-road transfer) का उदाहरण होगा।

सालोमोन एवं पर्किन्स (Salomon & Perkins, 1989) ने उच्च-रोड अंतरण को दो उपभागों में बाँटा है—अग्रगामी-पहुँच अंतरण (forward-reaching transfer) तथा पश्चगामी-पहुँच अंतरण (backward-reaching transfer)। अग्रगामी-पहुँच अंतरण में छात्र वर्तमान परिस्थिति से आगे आनेवाले परिस्थिति में सूचनाओं का उपयोग करने की बात सोचता है। दूसरे शब्दों में, इस ढंग का अंतरण तब होता है जब छात्र यह सोचता है कि वह जो कुछ भी सीखा है, उसे वह किस तरह से आगे आनेवाली नई परिस्थिति में उपयोग कर सकता है। ऐसे अंतरण के लिए छात्रों को नई परिस्थिति, जिसमें अंतरण होता है, के बारे में सोचना पड़ता है। पश्चगामी-पहुँच अंतरण से तात्पर्य वैसे अंतरण से होता है जहाँ छात्र से नयी परिस्थिति में कुछ कौशल अंतरित करने के पहले पिछली परिस्थिति के बारे में सोचना पड़ता है। इन दोनों तरह के अंतरण को एक उदाहरण द्वारा हम इस प्रकार समझा सकते हैं—

मान लिया जाय कि कोई छात्र अँगरेजी में वाक्य, पाराग्राफ तथा कविता आदि के लिखने के तरीकों को सीखता है। अब यदि वह इस कौशल का उपयोग स्कूल के समाचारपत्र (newspaper) का सम्पादक (editor) का पद, जिसे वह अगले साल सँभालेगा, के कार्य में करने के बारे में सोचता है, तो यह अग्रगामी-पहुॅच अंतरण (forward-reaching transfer) का उदाहरण होगा। अब मान लिया जाय कि छात्र समाचारपत्र के सम्पादक के पद पर योगदान कर चुका है और अब वह समाचार के पेज के सामान्य स्थिति के प्रदर्शन के बारे में सोचता है और ऐसा करते समय वह भूगोल तथा ज्यामिति (geometry) की कक्षाओं में सीखे गए कौशलों की ओर ध्यान दौड़ाता है, तो यह पश्चगामी-पहुँच अंतरण (backward-reaching transfer) का उदाहरण होगा।

कुछ अन्य शिक्षा मनोवैज्ञानिकों ने सभी अंतरण को केवल दो भागों में ही बाँटा है—सामान्य अंतरण (general transfer) तथा विशिष्ट अंतरण (specific transfer)। सामान्य अंतरण से तात्पर्य वैसे अंतरण से होता है जिसमें व्यक्ति किसी एक परिस्थिति में अर्जित या सीखा गया कौशल या ज्ञान को विभिन्न परिस्थितियों में उपयोग कर लेता है। जैसे, यदि कोई शतरंज खेलने में निपुणता विकसित करने के बाद उसका उपयोग गणित के नियमों एवं सिद्धांतों में करता है (क्योंकि दोनों में तर्क (logic) की जरूरत है) तो यह सामान्य अंतरण का उदाहरण होगा। विशिष्ट अंतरण से तात्पर्य वैसे अंतरण से होता है, जिसमें व्यक्ति की उस क्षमता से होती है जिसमें सीखा गया कौशल का उपयोग सिर्फ वैसी ही परिस्थिति में कर पाता है जो मौलिक परिस्थिति जिसमें वह पहले सीखा था, के समान होता है। जैसे, अगर कोई छात्र यह सीखता है कि ग्रीक में फोटो (photo) का मतलब रोशनी (light) से होता है और इससे यदि उसे फोटोग्राफी (photography) शब्द का अर्थ समझने में मदद मिलती है, तो यह विशिष्ट अंतरण उदाहरण होगा।

स्पष्ट हुआ कि अंतरण के कई प्रकार हैं। इन प्रकारों के सहारे शिक्षक तथा शिक्षा मनोविज्ञानी वर्ग में छात्रों द्वारा सीखे गए कौशलों को विभिन्न परिस्थिति में अंतरित करने का अवसर प्रदान करते हैं।

अंतरण के सिद्धांत
(Theories of Transfer)

शिक्षाशास्त्रियों (educators) तथा शिक्षा मनोवैज्ञानिकों ने कक्षा-प्रशिक्षण (classroom training) का एक मुख्य उद्देश्य अपनी जिंदगी की समस्याओं के समाधान में इस तरह के प्रशिक्षण द्वारा सीखे गए कौशलों का एक धनात्मक अंतरण (positive transfer) रखा है। इस ढंग का अंतरण क्यों होता है और किन-किन परिस्थितियों में होता है तथा किन-किन परिस्थितियों में इसके विपरीत, यानी ऋणात्मक अंतरण (negative transfer) होता है, का वर्णन करने के लिए कुछ सिद्धांतों की चर्चा की गयी है जिनमें निम्नांकत प्रमुख हैं—

1. मानसिक अनुशासन या औपचारिक अनुशासन का सिद्धांत (Theory of mental discipline or formal discipline)
2. समरूप तत्त्वों का सिद्धांत (Theory of identical elements)
3. सामान्यीकरण का सिद्धांत (Theory of generalization)
4. पक्षांतर सिद्धांत (Transposition theory)।

इन चारों सिद्धांतों का आलोचनात्मक वर्णन एवं उनके शैक्षिक आशय (educational implications) का वर्णन निम्नांकित है—

मानसिक अनुशासन या औपचारिक अनुशासन का सिद्धांत
(Theory of Mental Discipline or Formal Discipline)

शिक्षा (education) में अंतरण प्रारम्भ से ही एक काफी दिलचस्प विषय रहा है। अंतरण की व्याख्या करने के लिए 1730 में पहले-पहल मनःशक्ति मनोविज्ञान (Faculty psychology) ने गंभीरतापूर्वक प्रयास किया। इस मनोविज्ञान के समर्थकों का मत था कि मानवमस्तिष्क में कुछ अलग-अलग तत्त्व (elements) या शक्ति (power), जैसे स्मृति (memory), इच्छा (will), प्रेक्षण (observation), तर्कणा (reasoning) आदि होते हैं, जिन्हें अभ्यास से ठीक उसी ढंग से उन्नत बनाया जा सकता है या उन्हें अभ्यास (practice) से ठीक उसी ढंग से तीक्ष्ण (sharpen) एवं मजबूत किया जा सकता है जैसे कसरत (exercise) करके शरीर की मांसपेशियों को गठीला एवं मजबूत बनाया जा सकता है। मनःशक्ति मनोविज्ञान (Faculty Psychology) का प्रभाव शिक्षा (education) पर इतना अधिक पड़ा है कि उस समय के शिक्षक कुछ खास-खास क्लासिकल विषय जैसे लैटिन (Latin), ग्रीक (Greek), संस्कृत (Sanskrit) एवं जटिल विषय, जैसे गणित (Mathematics), ज्यामिति (Geometry) आदि के अध्ययन पर इस खयाल से अधिक बल डालने लगे, क्योंकि इन कठिन एवं जटिल विषयों को पढ़ने से मस्तिष्क इतना प्रशिक्षित (trained) एवं तीक्ष्ण (sharpened) हो जाएगा कि शिक्षार्थियों को कक्षा से बाहर की किसी भी

समस्या का समाधान करने में कोई दिक्कत कभी नहीं होगी। इस विचारधारा को 'औपचारिक अनुशासन का सिद्धांत (theory of formal discipline) या 'मानसिक अनुशासन का सिद्धांत' (theory of mental discipline) की संज्ञा दी गई। इस सिद्धांत के अनुसार गणित (Mathematics) एवं तर्कशास्त्र (Logic) पढ़ने में शिक्षार्थियों की तर्कणा शक्ति (reasoning power) अधिक बढ़ जाती है। क्लासिकल भाषाओं, जैसे लैटिन, ग्रीक एवं संस्कृत पढ़ने से स्मरण-शक्ति काफी उन्नत हो जाती है, जिससे बाद में सीखे गए विषयों को याद करने में अत्यधिक सहूलियत होती है। उसी तरह प्रयोगशाला विज्ञानों (laboratory sciences) जैसे रसायनशास्त्र एवं भौतिकी (Physics) को पढ़ने से छात्रों में प्रेक्षण (observation) की शक्ति काफी बढ़ जाती है जिससे उसे दिन-प्रतिदिन की जिन्दगी में किसी घटना का प्रेक्षण कर उसे समझने में काफी मदद मिलती है। कहने का तात्पर्य यह है कि औपचारिक अनुशासन या मानसिक अनुशासन का सिद्धांत इस बात पर बल डालता है कि शिक्षार्थियों को जटिल एवं कठिन विषयों (subjects) एवं निर्देशों (instruction) को सिखाने से उनके मस्तिष्क की भिन्न-भिन्न मनःशक्तियाँ (faculties) इतनी विकसित, अनुशासित, प्रशिक्षित एवं तीक्ष्ण हो जाती हैं कि उन्हें बाद में किसी भी समस्या का समाधान करने या कौशल को सीखने में एक तरह का धनात्मक अंतरण (positive transfer) होता है।

यह सिद्धांत अपने समय का एक प्रबल (dominate) सिद्धांत था, हालाँकि अब इसका महत्त्व (value) समाप्त हो गया है। इस सिद्धांत के तथ्यों की जाँच करने के लिए कुछ प्रयोगात्मक अध्ययन (experimental studies) किए गए हैं जिनमें अग्रांकित दो अध्ययन काफी मशहूर हो पाए हैं—

1. **विलियम जेम्स** (William James, 1890) ने बहुत ही रोचक प्रयोगात्मक अध्ययन कर इस सिद्धांत के तथ्यों को गलत ठहराया है। उनके इस प्रयोग का उद्देश्य यह देखना था कि कविता (poetry) को सीखने से उनकी स्मृति-शक्ति उन्नत होती है या नहीं। यह प्रयोग उन्होंने अपने ही ऊपर किया था। पहले उन्होंने **विक्टर हूगो** (Victor Hugo) के सैटायर (satyr) की 158 पंक्तियों को याद किया और उसमें लगनेवाले कुल समय को सावधानीपूर्वक लिख लिया। इसके बाद इन्होंने मिल्टन (Milton) के 'पाराडाइज लौस्ट' (Paradise Lost) की पंक्तियों को महीनों तक अभ्यास करके याद किया। इसके बाद उन्होंने पुनः विक्टर हूगो (Victor Hugo) के 'सैटायर' से ही अगली 158 पंक्तियों को याद किया और इसमें लगनेवाले समय को लिख लिया। परिणाम में यह देखा गया कि बाद की 158 पंक्तियों को सीखने में पहले 158 पंक्तियों की अपेक्षा अधिक समय लगा और वे इस निष्कर्ष पर पहुँचे कि पैराडाइज लौस्ट (Paradise Lost) पर उन्होंने जो भी अभ्यास किया था, उससे उनकी स्मरण-शक्ति में कोई वृद्धि नहीं हुई। स्पष्टतः, विलियम जेम्स का यह परिणाम औपचारिक अनुशासन या मानसिक अनुशासन के सिद्धांत के प्रतिकूल जाता है। चार अन्य लोगों पर जब यह प्रयोग दोहराया गया तो उसके परिणाम भी वैसे ही पाए गए।

2. **थॉर्नडाइक** (Thorndike, 1924) ने एक दूसरा अध्ययन किया जिसमें विभिन्न विषयों को पढ़ने से शिक्षार्थियों की तर्कणा क्षमता (reasoning ability) पर पड़नेवाले प्रभावों का अध्ययन किया गया। इस प्रयोग के परिणाम (results) में यह पाया गया कि ग्रीक, लैटिन एवं गणित पढ़नेवालों छात्रों की तर्कणा-क्षमता (reasoning ability) तथा शारीरिक शिक्षा (physical education) प्राप्त करनेवाले छात्रों की तर्कणा-क्षमता लगभग समान ही थी जबकि **मानसिक अनुशासन के सिद्धांत** के अनुसार ग्रीक, लैटिन एवं गणित पढ़नेवाले छात्रों की तर्कणा-क्षमता शारीरिक शिक्षा प्राप्त करने

वाले छात्रों की तर्कणा-क्षमता (reasoning ability) से श्रेष्ठ (superior) होनी चाहिए थी। करीब-करीब इसी ढंग का परिणाम (results) **वेसमैन** (Wesman, 1945) ने भी अपने प्रयोग में पाया है।

इन आलोचनाओं के बाबजूद मानसिक अनुशासन के सिद्धांत की शैक्षिक महत्ता (educational importance) बहुत कुछ बनी हुई है। आज भी अनेक ऐसे शिक्षक हैं जिनको यह दृढ़ विश्वास (firm faith) है कि कठिन विषयों, जैसे गणित, रसायनशास्त्र, भौतिकी, इंजीनियरिंग आदि के पढ़ने से छात्रों की मानसिक क्षमता (mental ability) अधिक उन्नत हो जाती है जिसके परिणामस्वरूप इन छात्रों को जीवन के अधिकतर भागों में मनचाही सफलता मिलती है। शायद यही कारण है कि ऐसे शिक्षक आज भी स्कूल में पढ़ाए जानेवाले विषयों का चयन करने में इन विषयों को अन्य विषयों की तुलना में अधिक प्राथमिकता देते हैं।

समरूप तत्त्वों का सिद्धांत
(Theory of Identical Elements)

ऐसे तो इस सिद्धांत का प्रतिपादन **थॉर्नडाइक** एवं **वुडवर्थ** (Thorndike & Woodworth, 1901) द्वारा किया गया एक प्रयोगात्मक अध्ययन में हुआ था, परंतु इसका औपचारिक प्रतिपादन **ई० एल० थॉर्नडाइक** (E L Thorndike, 1903) द्वारा ही किया गया था। थॉर्नडाइक का कहना था कि अंतरण हमेशा विशिष्ट (specific) होता है न कि सामान्य (general) होता है। दूसरे शब्दों में, अंतरण एक विशिष्ट कारक (specific factor) के कारण होता है। जैसे उन्होंने अपने इस सिद्धांत में बताया कि जब नए कौशल को सीखने में कुछ वैसे समरूप तत्त्व (identical elements) मौजूद रहते हैं जो पहले सीखे गए कौशल (skills) में थे, तो नए कौशल को सीखने में काफी मदद मिलती है, यानी धनात्मक अंतरण (positive transfer) की मात्रा अधिक होती है। नए कौशल या विषय तथा पुराने कौशल या विषय के बीच समरूप तत्त्व की संख्या जितनी ही अधिक होगी, धनात्मक अंतरण (positive transfer) उतना ही अधिक होगा। समरूप तत्त्व से थॉर्नडाइक (Thorndike) का तात्पर्य, सीखने की पुरानी एवं नई परिस्थितियों के बीच विषयों, विधियों, शिक्षार्थी की मनोवृत्तियों एवं अन्य मानसिक प्रक्रियाओं आदि में समानता (similarity) से था।

थॉर्नडाइक (Thorndike) ने अपने इस सिद्धांत में यह भी स्पष्ट किया है कि समरूपता (identicality) का संबंध मूलतः दो चीजों से होता है—सीखने के नए विषय तथा पुराने विषय के बीच सार (substance) की समरूपता तथा कार्यविधि (procedure) की समरूपता। जैसे बोलने एवं लिखने की क्षमता ऐसी क्षमता है जिसकी जरूरत स्कूल की सभी तरह की कक्षाओं में होती है और दिन-प्रतिदिन की जिन्दगी के बहुत-से कार्यों में भी इसकी जरूरत होती है। अतः, इन क्षमताओं पर ठीक ढंग से काबू पा लेने पर शिक्षार्थी सभी तरह की कक्षाओं में एवं जिन्दगी के अधिकतर कार्यों में सफलता पाएँगे। यहाँ अंतरण विभिन्न परिस्थितियों के सार-तत्त्वों के बीच समरूपता के फलस्वरूप हो रहा है। ऐसा भी हो सकता है कि दो परिस्थितियों या विषयों के सार अलग-अलग हों परंतु कार्यविधि समान हो और इस समानता के कारण धनात्मक अंतरण (positive transfer) हो। जैसे एक साधारण शब्दकोश (general dictionary) तथा मनोविज्ञान का शब्दकोश (A dictionary of Psychology) के सार अलग-अलग होते हैं, परंतु फिर भी इन दोनों शब्दकोशों में

किसी शब्द के अर्थ को ढूँढ़ने की कार्यविधि में समानता होने से एक परिस्थिति से दूसरी परिस्थिति में एक धनात्मक अंतरण होगा।

स्पष्ट है कि इस सिद्धांत के अनुसार अंतरण (transfer) का मुख्य आधार पुराने सीखे गए विषय तथा नए सीखे जानेवाले विषय में समरूप तत्त्व (identical elements) होते हैं। ऐसे तत्त्वों की संख्या जितनी ही अधिक होगी, अंतरण विशेषकर धनात्मक अंतरण (positive transfer) की मात्रा उतनी ही अधिक होगी। इस सिद्धांत के अनुसार पियानो बजाना सीखने के बाद टाइपिंग सीखने में हुए धनात्मक अंतरण, संस्कृत सीखकर हिन्दी सीखने में हुए धनात्मक अंतरण, कार चलाना सीखकर ट्रक चलाना सीखना एवं साइकिल चलाना सीखकर स्कूटर चलाना सीखना समरूप तत्त्वों के कारण हुए अंतरण के उदाहरण हैं।

इस सिद्धांत की आलोचना करते हुए यह कहा गया है कि सैद्धान्तिक रूप से (theoretically) यह ठीक लगता है कि दो परिस्थितियों के बीच जितना ही सामान्य या समरूप तत्त्व (identical elements) अधिक होते हैं, अंतरण (transfer) की मात्रा उतनी अधिक होती है। परंतु, व्यावहारिक रूप से (practically) यह देखा जाता है कि बहुत सारी परिस्थितियाँ ऐसी होती हैं जिनमें समरूप तत्त्वों का पता लगाना कठिन हो जाता है। परिणामस्वरूप, उन परिस्थितियों में हुए अंतरण की व्याख्या इस सिद्धांत द्वारा नहीं हो पाती है। इस आलोचना के बावजूद इस सिद्धांत का शैक्षिक महत्त्व (educational importance) आज भी है, क्योंकि—

(i) इसी सिद्धांत के नियमों (principles) के अनुरूप आज स्कूल में वैसे विषयों (subjects) की शिक्षा पर अधिक बल डाला जा रहा है जो शिक्षार्थियों के दिन-प्रतिदिन की जिन्दगी की समस्याओं के काफी समान (similar) हों। इससे फायदा यह होगा कि स्कूली शिक्षा समाप्त होने पर उन्हें अपनी वास्तविक जिन्दगी की समस्याओं का समाधान करने में काफी मदद मिलेगी।

(ii) इसी सिद्धांत के नियमों के अनुरूप शिक्षकों द्वारा कक्षाओं में विषय को पढ़ाते एवं समझाते समय वैसे उदाहरणों एवं तथ्यों पर अधिक बल डाला जाता है जिनका संबंध शिक्षार्थी की व्यावहारिक जिन्दगी से अधिक होता है। ऐसा होने से शिक्षार्थी उस विषय को ठीक ढंग से समझ पाते हैं तथा वास्तविक जीवन से उसकी यथार्थता (relevance) को जोड़ पाते हैं।

इस तरह हम देखते हैं कि थॉर्नडाइक के समरूप तत्त्वों के सिद्धांत (theory of identical elements) में कुछ खामियों के बावजूद इसका शैक्षिक महत्त्व (educational importance) है।

सामान्यीकरण का सिद्धांत
(Theory of Generalization)

इस सिद्धांत का प्रतिपादन **जुड्ड** (Judd, 1908) ने किया। जुड्ड का कहना था कि व्यक्ति जो *X* परिस्थिति में सीखता है, उसका *Y* परिस्थिति में अंतरण (transfer) कर पाता है; क्योंकि वह *X* परिस्थिति के सीखने में कुछ सामान्य नियमों (general principles) को सीखता है जो अंशतः या पूर्णतः परिस्थिति *Y* में भी लागू होता है। दूसरे शब्दों में, जुड्ड के सिद्धांत के अनुरूप एक परिस्थिति में सीखा गया कौशल का अंतरण (transfer) दूसरी परिस्थिति में इसलिए होता है कि पहली परिस्थिति में व्यक्ति कुछ सामान्य नियमों को भी सीख लेता है जिसका सामान्यीकरण (generalisation) वह दूसरी और तीसरी परिस्थिति में करता पाया जाता है। इस सिद्धांत की

सत्यता की जाँच जुड्ड ने एक प्रयोग करके किया। उन्होंने 5वीं तथा 6ठी कक्षा के बालकों का दो समूह बनाया। एक समूह प्रयोगात्मक समूह (experimental group) तथा दूसरा समूह नियंत्रित समूह (control group) था। प्रयोगात्मक समूह को अपवर्तन के नियमों (principles of refraction) की विस्तृत जानकारी दी गई तथा नियंत्रित समूह को इन नियमों से अनभिज्ञ रखा गया। दोनों समूह को पानी में 12 इंच की गहराई पर रखे एक लक्ष्य (target) पर निशाना लगाकार मारने को कहा गया। दोनों समूह को बराबर-बराबर मौके दिए गए। परिणाम में देखा गया कि दोनों समूह के परिणाम समान थे। दूसरे शब्दों में, अपवर्तन के नियम की जानकारी होने या न होने से निष्पादन (performance) में कोई अंतर नहीं होता पाया गया। परंतु, बाद में प्रयोग की परिस्थिति में कुछ परिवर्तन लाया गया और अब दोनों समूह को पानी में 4 इंच की गहराई पर रखे लक्ष्य को निशाना बनाने के लिए कहा गया। इस बार दोनों समूह के निष्पादन में स्पष्ट अंतर पाया गया। प्रयोगात्मक समूह जिसे अपवर्तन के नियमों का ज्ञान दिया गया था, का निष्पादन नियंत्रित समूह, जिसे अपवर्तन के नियमों से अनभिज्ञ रखा गया था, के निष्पादन की तुलना में कहीं श्रेष्ठ (superior) था। जुड्ड इस प्रयोग के आधार पर इस निष्कर्ष पर पहुँचे कि अपवर्तन के नियमों की जानकारी का अंतरण कर प्रयोज्य समस्या का समाधान आसानी से कर रहे थे। **हेण्ड्रिक्सन** तथा **स्क्रौडर** (Hendrickson & Schroder, 1941) ने इसी प्रयोग के डिजाइन के आधार पर एक दूसरा प्रयोग किया जिसमें आठवीं कक्षा के तीन तुल्य समूहों को लिया गया। एक समूह को अपवर्तन के नियम की जानकारी दी गई, दूसरे समूह को अपवर्तन के नियम से अनभिज्ञ रखा गया तथा तीसरे समूह को अपवर्तन के नियम के बारे में तो बताया ही गया, साथ-ही-साथ यह भी बताया गया कि जब पानी में वस्तु की गहराई (depth) में परिवर्तन आता है तो इससे अपवर्तन की मात्रा (amount of refraction) में भी परिवर्तन (change) आ जाता है। इन तीनों समूहों को पानी में 6 इंच की गहराई पर रखे लक्ष्य वस्तु (target object) को निशाना बनाने को कहा गया और उसके बाद फिर 2 इंच की गहराई पर रखी वस्तु को निशाना बनाने को कहा गया। परिणाम में देखा गया कि गहराई कम होने पर पहला समूह 34.1% कम प्रयास (trials) में, दूसरा समूह 36.5% कम प्रयास में तथा तीसरा समूह 40.3% कम प्रयास में ही निशाना लगाने में सफल हुए। इस प्रयोग के परिणाम से यह स्पष्ट हो जाता है कि जब छात्रों को पूर्ण सूचना दे दी जाती है ताकि वह एक दुरुस्त नियम (sound principle) विकसित कर ले, तो इससे वह उस नियम का अंतरण (transfer) नयी परिस्थिति में करके आसानी से समस्या का समाधान कर लेता है।

इस सिद्धांत की आलोचना करते हुए कुछ लोगों ने कहा है कि यदि इस सिद्धांत पर गौर किया जाए तो यह स्पष्ट हो जाएगा कि सामान्यीकरण (generalization) द्वारा होनेवाला अंतरण (transfer) सचमुच दोनों परिस्थितियों के बीच पाए जानेवाले समरूप तत्त्वों (identical elements) द्वारा हुए अंतरण का ही एक विस्तृत रूप (extended form) है। किसी एक परिस्थिति में सीखने से उत्पन्न सामान्य नियम (general principle) और उसका दूसरे परिस्थिति में प्रयोग, दोनों ही इस बात पर आधारित होता है कि दोनों परिस्थिति में की गई क्रियाओं (activities) में सामान्य तत्त्व (common elements) कितने हैं। इसकी संख्या जितनी ही अधिक होगी, सामान्यीकरण द्वारा अंतरण उतना ही अधिक होगा। अतः, आलोचकों का मत है कि इस सिद्धांत में मौलिकता (originality) कम है और यह थॉर्नडाइक के समरूप तत्त्व सिद्धांत का ही एक दूसरा रूप है।

अंतरण का सामान्यीकरण सिद्धांत (generalization theory) का शैक्षिक आशय (educational implication) काफी अधिक बताया गया है। इस सिद्धांत के प्रमुख शैक्षिक आशय इस प्रकार हैं—

(i) शिक्षकों को कक्षा में किसी विषय के सभी पहलुओं की विस्तृत जानकारी देने की अपेक्षा कुछ सामान्य नियमों (general principles) की जानकारी देने पर अधिक बल डालना चाहिए। इससे शिक्षकों के मूल्यवान समय की बचत होगी तथा छात्र सामान्य नियमों को विभिन्न परिस्थितियों में अंतरण (transfer) करके अधिक-से-अधिक लाभ उठा पाएँगे।

(ii) गणित पढ़ानेवाले शिक्षकों के लिए सामान्यीकरण सिद्धांत की उपयोगिता अधिक बताई गई है। **हेण्ड्रिक्सन** (Hendrickson, 1945) ने यह बताया है कि ऐसे शिक्षकों को गणित के सामान्य नियमों तथा उसका भिन्न-भिन्न परिस्थितियों में उपयोग पर अधिक बल डालना चाहिए ताकि छात्र उन नियमों को समझकर उसका उपयोग जीवन की भिन्न-भिन्न परिस्थितियों में बेधड़क कर सकें।

(iii) हेण्ड्रिक्सन ने इस सिद्धांत को छात्रों के हिज्जे (spelling) करने की क्षमता को उन्नत बनाने के लिए काफी उपयोगी बताया है। समान हिज्जेवाले शब्दों (words with similar spelling) को एक साथ रखकर यदि बालकों को हिज्जे सिखाया जाता है, तो वे इसके साथ-ही-साथ एक सामान्य नियम (general principle) को भी सीख लेते हैं जिसका उपयोग कर वे अन्य शब्दों के हिज्जे करने में भी बहुत हद तक सफल हो जाते हैं।

स्पष्ट हुआ कि अंतरण के सामान्यीकरण का सिद्धांत शिक्षा के दृष्टिकोण से अन्य दो सिद्धांतों के समान ही महत्त्वपूर्ण है।

पक्षांतर सिद्धांत
(Transposition Theory)

यह सिद्धांत **गेस्टाल्टवादियों** (Gestaltists) का है। इस सिद्धांत के अनुसार एक परिस्थिति से दूसरी परिस्थिति में सीखे गए कौशल का अंतरण (transfer) का आधार पक्षांतर (transposition) होता है। **ह्यूल्स, इगेथ** एवं **डीज** (Hulse, Egeth & Deese, 1980) के शब्दों में, "प्राणी द्वारा संबंधात्मक विभेद करने की स्पष्ट क्षमता को **पक्षांतर** कहा जाता है।" संबंधात्मक विभेद (relational discrimination) से तात्पर्य दो वस्तुओं के आपसी संबंधों को समझकर उसमें विभेद करने की क्षमता से होता है। अतः, पक्षांतर सिद्धांत (transposition theory) अंतरण में उद्दीपनों (stimuli) के संबंध (relationship) को अधिक महत्त्वपूर्ण मानता है। यह संबंध व्यक्ति में नयी और पुरानी परिस्थिति के अंश-पूर्ण संबंध (part-whole relationship) तथा शिक्षार्थी द्वारा उन संबंधों के किए गए प्रत्यक्षण (perception) पर निर्भर करता है। व्यक्ति जितना ही स्पष्ट रूप से इस संबंध के अर्थ को समझ पाता है, उतना ही उसमें पुरानी परिस्थिति से नयी परिस्थिति में अंतरण करने की क्षमता अधिक हो जाती है। **कोहलर** (Kohler, 1920) ने एक प्रयोग मुर्गी के बच्चों (chickens) पर करके यह दिखा दिया है कि अंतरण (transfer) का आधार पक्षांतर होता है। इस प्रयोग में अनाज के टुकड़ों को 6 इंच के वृत्त पर तथा 4 इंच के वृत्त पर बिखेर दिया गया। अंतर इतना ही था कि 4 इंच के वृत्त पर बिखरे हुए अनाज के टुकड़े चिपचिपा पदार्थ से वृत्त में सटे हुए थे जिसे चोंच मारकर मुर्गी के बच्चे खा नहीं सकते थे। परंतु, 6 इंच के वृत्त पर ऐसा कोई चिपचिपा पदार्थ नहीं था,

फलस्वरूप वे चोंच मारकर अनाज के टुकड़ों को खा सकते थे। कई प्रयास (trials) देकर उन्हें 6 इंच के वृत्त पर चोंच मारना सिखाया गया। इसके बाद उन्हें 4 इंच का वृत्त तथा एक 3 इंच के वृत्त पर अनाज के टुकड़ों को बिखेरकर सामने रखा गया। परिणाम में देखा गया कि वे 4 इंच के वृत्त पर ही अधिक चोंच मारे। इस प्रयोग के परिणाम को ध्यान में रखते हुए कोहलर ने कहा कि मुर्गी के बच्चों ने उद्दीपनों के संबंध (relation) के प्रति अनुक्रिया करना सीख लिया था और इस नियम को वे दूसरी परिस्थिति में अंतरण कर रहे थे। दूसरे शब्दों में उन्होंने बड़े वृत्त के प्रति अनुक्रिया करना सीख लिया था और यही कारण है कि वे दूसरी परिस्थिति में बड़े वृत्त के प्रति ही अनुक्रिया करते पाए गए।

पक्षांतर सिद्धांत कक्षा में शिक्षकों के लिए उपयोगी है। जब शिक्षक किसी ऐसे विषय या विषय के अंशों को पढ़ा रहे हों, जहाँ विभिन्न अंशों का तुलनात्मक अध्ययन करके किसी निश्चित निष्कर्ष पर पहुँचना जरूरी है, तो वहाँ वे पक्षांतर (transposition) के नियम का उपयोग कर छात्रों में अंतरण (transfer) की मात्रा को अधिक बढ़ा सकते हैं। वे छात्रों को संबंधात्मक विभेद (relational discrimination) के तथ्य को समझाकर उन्हें कक्षा के बाहर की परिस्थितियों की समस्याओं का समाधान करने में मदद कर सकते हैं।

इस तरह हम देखते हैं कि शिक्षा मनोवैज्ञानिकों ने अंतरण (transfer) के कई सिद्धांतों का प्रतिपादन कर अंतरण के स्वरूप की व्याख्या की है। इसमें थॉर्नडाइक का समरूप तत्त्व (identical elements) का सिद्धांत तथा जुड्ड (Judd) का सामान्यीकरण (generalisation) का सिद्धांत तुलनात्मक रूप से अधिक महत्त्वपूर्ण माना गया है।

प्रशिक्षण अंतरण पर कुछ महत्त्वपूर्ण प्रयोग
(Some Important Experiments on Transfer of Training)

प्रशिक्षण अंतरण (transfer of training) एक ऐसा विषय (topic) रहा है जिसकी उपयोगिता मनोविज्ञान के कई क्षेत्रों में बताई गई है। फलस्वरूप, कई क्षेत्रों में प्रशिक्षण अंतरण से संबंधित प्रयोग किए गए हैं। इन क्षेत्रों में स्मृति (memory), ज्ञानात्मक-क्रियात्मक सीखना (sensory- motor learning), समस्या-समाधान व्यवहार (problem-solving behaviour), प्रत्यक्षण (perception), स्कूल के विषय (school subjects) आदि प्रधान हैं। इन प्रयोगों में कुछ प्रयोग तो ऐसे हैं जो मानसिक अनुशासन या औपचारिक अनुशासन सिद्धांत (theory of mental discipline or formal discipline) पर आधारित हैं और कुछ ऐसे हैं जो थॉर्नडाइक (Thorndike) के समरूप तत्त्वों (identical elements) के सिद्धांत एवं जुड्ड के सामान्यीकरण सिद्धांत (generalization theory) पर आधारित हैं। कुछ ऐसे ही प्रमुख प्रयोगों का वर्णन निम्नांकित है—

(1) स्मृति प्रसाधनों पर प्रयोग (Experiments on memory materials)—स्मृति के क्षेत्र में प्रशिक्षण अंतरण (transfer of training) से संबंधित दो प्रयोग अधिक उल्लेखनीय हैं—एक विलियम जेम्स (William James) का तथा दूसरा स्लाइट (Sleight, 1947) का। विलियम जेम्स के प्रयोग का उद्देश्य यह देखना था कि कविता (poetry) को सीखने से उनकी स्मृति-शक्ति उन्नत होती है या नहीं। यह प्रयोग उन्होंने अपने ही ऊपर किया था। पहले उन्होंने **विक्टर ह्यूगो** (Victor Hugo) के 'सैटायर' (Satyr) की 158 पंक्तियों को याद किया। इसके बाद **मिल्टन** (Milton) के पैराडाइज लौस्ट (Paradise Lost) की पंक्तियों को महीनों तक अभ्यास करके याद किया। इसके

बाद उन्होंने पुनः विक्टर ह्यूगो (Victor Hugo) के 'सैटायर' से ही अगली 158 पंक्तियों को याद किया और उसमें लगनेवाले समय को लिख लिया। परिणाम में यह देखा गया कि बाद की 158 पंक्तियों को सीखने की तुलना में पहले 158 पंक्तियों की अपेक्षा अधिक समय लगा और वे इस निष्कर्ष पर पहुँचे कि 'पैराडाइज लौस्ट' पर उन्होंने जो भी अभ्यास किया था, उससे उनकी स्मरण-शक्ति में कोई वृद्धि नहीं हुई। चार अन्य लोगों पर जब यह प्रयोग दोहराया गया तो उसके परिणाम भी वैसे ही पाए गए। **विलियम जेम्स** के इस प्रयोग से प्रशिक्षण अंतरण के औपचारिक अनुशासन या मानसिक अनुशासन सिद्धांत को काफी धक्का पहुँचा है।

स्लाइट (Sleight, 1947) ने एक प्रयोग किया, जिसमें यह निश्चय करने की कोशिश की गई कि गद्य, पद्य, पहाड़ा याद करने का प्रभाव तिथि (date), निरर्थक पद (nonsense syllables), कहानी, कविता आदि को याद करने की क्षमता पर क्या पड़ता है। परिणाम में देखा गया कि कुछ स्मृति प्रसाधनों (memory materials) में तो धनात्मक अंतरण (positive transfer) हुआ, कुछ में ऋणात्मक अंतरण (negative transfer) हुआ और कुछ में किसी प्रकार का अंतरण (transfer) हुआ ही नहीं। स्लाइट ने अपने प्रयोग के आधार पर कई निष्कर्ष प्राप्त किए जिनमें निम्नांकित दो अधिक प्रमुख हैं—

(i) मात्र अभ्यास (practice) के फलस्वरूप सामान्य स्मृति में किसी प्रकार की कोई प्रगति नहीं होती है और उससे सामान्य स्मृति-कार्य (general memory function) का कोई ठोस आधार भी नहीं मालूम हो पाता है।

(ii) वृद्धि एवं स्थायित्व के स्थान पर बड़ी मात्रा में संबंधित एवं असंबंधित (unrelated) जटिल स्मृति-कार्य दिखाई दिए।

शिक्षा मनोवैज्ञानिकों ने स्लाइट के इन दोनों निष्कर्ष को इसलिए महत्त्वपूर्ण बताया है कि इसके द्वारा अंतरण के औपचारिक अनुशासन सिद्धांत (theory of formal discipline) का खंडन होता है।

(2) ज्ञानात्मक-क्रियात्मक अंतरण का प्रयोग (Experiment on sensory-motor transfer) —ज्ञानात्मक-क्रियात्मक सीखना वैसे सीखना को कहा जाता है जिसमें शरीर के ज्ञानेन्द्रिय (sense organs), जैसे आँख, कान आदि एवं कर्मेन्द्रिय (motor organ); जैसे हाथ, पैर आदि दोनों ही करीब-करीब समान रूप से सम्मिलित होते हैं। जैसे तैरना, टाइप सीखना, साइकिल चलाना सीखना, वर्णमाला के अक्षरों को लिखना सीखना आदि सभी ज्ञानात्मक-क्रियात्मक सीखना के उदाहरण हैं। प्रयोगशाला में ज्ञानात्मक-क्रियात्मक अंतरण का अध्ययन करने के लिए कई तरह के प्रयोग किए जाते हैं, जिसमें दर्पण-आरेखण उपकरण (mirror-drawing apparatus) पर किया गया प्रयोग विशेष रूप से उल्लेखनीय है। इस प्रयोग में तारे जैसे बने हुए चित्र के प्रतिबिम्ब को दर्पण (mirror) में देखकर उसके बीचोबीच रेखा खींचना होता है। इस ढंग का कार्य स्पष्टतः एक ज्ञानात्मक-क्रियात्मक सीखना (sensory-motor learning) का उदाहरण है। इस संदर्भ में **स्टार्च** (Starch, 1910) द्वारा किया गया प्रयोग विशेष रूप से उल्लेखनीय है। इस प्रयोग का उद्देश्य यह देखना था कि दाहिने हाथ से तारा के समान एक चित्र की छवि को दर्पण में देखकर ठीक उसी तरह के चित्र बनाने के अभ्यास का प्रभाव बाएँ हाथ से उसी क्रिया को सीखने में पड़ता है या नहीं। उन्होंने अपने प्रयोज्य (subject) को पहले बाएँ हाथ से चित्र खींचने के लिए कहा और उसमें लगे समय एवं त्रुटि (error) को लिख लिया गया। इसके बाद प्रयोज्य ने दाएँ हाथ से उस चित्र को दर्पण में छवि देखते हुए खींचने का काफी प्रयासों तक अभ्यास किया। इसके बाद प्रयोज्य ने पुनः बाएँ

हाथ से चित्र खींचा और इसमें लगे समय एवं त्रुटियों को लिख लिया गया। परिणाम में देखा गया कि बाएँ हाथ से दोबारा चित्र खींचने पर प्रयोज्य ने कम समय लिया तथा कम त्रुटि किया। इसका मतलब यह हुआ कि दाएँ हाथ द्वारा प्रशिक्षण का धनात्मक अंतरण (positive transfer) बाएँ हाथ से चित्र खींचने में हुआ। मनोवैज्ञानिकों ने इस ढंग के अंतरण (transfer) को **द्विपार्श्वीय अंतरण** (bilateral transfer) की संज्ञा दी है।

बाद में **वेब** (Webb, 1930) ने यह देखने के लिए एक प्रयोग किया कि एक भूलभूलैया (maze) में सही मार्ग निर्धारित कर दौड़ने का प्रशिक्षण अन्य भूलभूलैया में सही मार्ग निर्धारित कर दौड़ने में सहायक होता है या नहीं। उन्होंने यह भी देखना चाहा कि अन्य भूलभूलैया में सीखे गए कौशल (skill) का अंतरण (transfer) प्रथम भूल-भूलैया के सीखने पर होता है या नहीं। इस तरह उन्होंने A भूलभूलैया के अंतरण के प्रभाव को 'B', 'C', 'D', 'E' एवं 'F' भूलभूलैया पर देखना चाहा और दूसरी ओर 'B', 'C', 'D', 'E' तथा 'F' भूलभूलैया के अंतरण के प्रभाव को A भूलभूलैया पर देखने का प्रयास किया। उन्होंने इस तरह का प्रयोग मनुष्य एवं पशु दोनों पर ही किया और परिणाम में पाया कि 'A' भूलभूलैया से प्राप्त अनुभव एवं कौशल (skill) द्वारा पाँचों अन्य भूलभूलैया में सही मार्ग पर दौड़ने में सहायता मिली और इसी तरह अन्य पाँच भूलभूलैया के अनुभव एवं कौशल ने 'A' भूलभूलैया के सही मार्ग को सीखने में मदद की। इस प्रयोग के परिणाम में भिन्न-भिन्न भूलभूलैया के बीच धनात्मक अंतरण (positive transfer) होते देखा गया जिसकी मात्रा 20% से 80% तक थी। इस प्रयोग के आधार पर वेब (Webb) निम्नांकित विशिष्ट निष्कर्ष पर पहुँचे—

(i) ज्ञानात्मक-क्रियात्मक कार्यों के सीखने में धनात्मक अंतरण होता है।

(ii) विभिन्न विषयों या कार्यों के बीच पाए जानेवाले समान तत्त्वों की संख्या पर अंतरण की मात्रा आधारित होती है।

(iii) अंतरण की मात्रा बाद में सीखे गए विषयों या किए गए कार्यों के स्वरूप द्वारा भी निर्धारित होती है।

ज्ञानात्मक-क्रियात्मक अंतरण पर वर्णन किए गए उपर्युक्त सभी प्रयोगों द्वारा थॉर्नडाइक के समरूप तत्त्व सिद्धांत (theory of identical element) की संपुष्टि होती है तथा औपचारिक अनुशासन सिद्धांत (theory of formal discipline) का खण्डन होता है।

(3) समस्या-समाधान में अंतरण (Transfer in problem-solving)—समस्या-समाधान व्यवहार में भी अंतरण (transfer) का प्रभाव देखने के लिए कुछ प्रयोगात्मक अध्ययन किए गए। जुड्ड (Judd, 1907) द्वारा अपने सामान्यीकरण सिद्धांत (generalisation theory) के समर्थन में किए गए प्रयोग इसका अच्छा उदाहरण हैं। उन्होंने 9वीं तथा 6ठी कक्षा के बालकों का दो समूह बनाया। एक समूह प्रयोगात्मक समूह (experimental group) का था तथा दूसरा समूह नियंत्रित समूह (control group) का था। प्रयोगात्मक समूह को अपवर्तन के नियमों (principles of refraction) की विस्तृत जानकारी दी गई तथा नियंत्रित समूह को इन नियमों से अनभिज्ञ रखा गया। दोनों समूहों को पानी में 12 इंच की गहराई पर रखे एक लक्ष्य (target) पर निशाना लगाकर मारने को कहा गया। दोनों समूह के परिणाम समान थे। दूसरे शब्दों में, अपवर्तन के नियम की जानकारी होने या न होने से समस्या के समाधान में कोई अंतर नहीं होता पाया गया। परंतु, बाद में प्रयोग की परिस्थिति में कुछ परिवर्तन किया गया और अब दोनों समूह को पानी में 4 इंच की गहराई पर रखे लक्ष्य को निशाना

बनाने को कहा गया। इस बार दोनों समूह के निष्पादन में स्पष्ट अंतर पाया गया। प्रयोगात्मक समूह, जिसे अपवर्तन के नियमों का ज्ञान दिया गया था, का निष्पादन (performance) नियंत्रित समूह जिसे अपवर्तन के नियमों से अनभिज्ञ रखा गया था, के निष्पादन की तुलना में कहीं श्रेष्ठ (superior) पाया गया।

कैटोना (Katona, 1970) ने एक दूसरा अध्ययन किया जिसमें 10वीं कक्षा के छात्रों का दो तुल्य समूह (equivalent group) तैयार किया गया। एक समूह को ज्यामिति की विभिन्न समस्याओं के समाधान पर 12 दिनों तक प्रशिक्षण दिया गया तथा दूसरे समूह को 12 दिनों तक ऐसा कोई प्रशिक्षण नहीं देकर उपन्यास पढ़ने, चित्र देखने-जैसे कार्यों में फँसाकर रखा गया। इसके बाद दोनों समूहों को अमूर्त चिंतन (abstract reasoning) की जाँच से संबंधित कई समस्याएँ दी गईं जिनका उन्हें एक समय-सीमा के भीतर समाधान करना था। परिणाम में देखा गया कि प्रशिक्षित समूह द्वारा सीखे गए कौशल का अंतरण (transfer) अमूर्त चिंतन की समस्याओं के समाधान में काफी हुआ जबकि अप्रशिक्षित समूह अधिकतर समस्याओं का समाधान करने में असमर्थ रहे। कैटोना के इस प्रयोग से स्पष्ट हो जाता है कि समस्या-समाधान व्यवहार में भी अंतरण की भूमिका अधिक महत्त्वपूर्ण होती है।

(4) प्रत्यक्षज्ञानात्मक प्रसाधनों में अंतरण (Transfer in perceptual materials)—प्रत्यक्षज्ञानात्मक वस्तुओं या प्रसाधनों में अंतरण का प्रभाव देखने के लिए कई प्रयोग किए गए हैं। इस क्षेत्र के अधिकतर प्रयोगों में यह देखने की कोशिश की गई है कि एक निश्चित लम्बाई की रेखा की माप के अनुमान का प्रभाव दूसरी रेखाओं की माप के अनुमान पर क्या पड़ता है। उसी ढंग से एक खास आकार के चित्र का क्षेत्रफल निकालने पर दिए गए अभ्यास का प्रभाव दूसरे आकारों के क्षेत्रफल निकालने में सहायक होती है या बाधक होती है। इस सिलसिले में सिपोला (Sipola, 1945) द्वारा किया गया प्रयोग विशेष रूप से उल्लेखनीय है। इस प्रयोग में 10 साल की उम्र के बालकों का दो तुल्य समूह (equivalent groups) तैयार किया गया। एक समूह को तीन इंच एवं एक इंच की रेखा खींचने का 50 प्रयास (trials) तक यादृच्छिक ढंग से (randomly) अभ्यास कराया गया तथा दूसरे समूह को ऐसा प्रशिक्षण न देकर उन्हें विभिन्न प्रकार के **रेखाओं का अवलोकन** करने के लिए कहा गया। इसके बाद प्रयोगकर्ता ने दोनों समूह को 3.5", 4" एवं 4.5" की तीन रेखाओं की लम्बाई का अनुमान करने के लिए दिया। परिणाम में देखा गया कि प्रशिक्षित समूह को इन रेखाओं की लम्बाई के आकलन में मात्र 10% प्रयासों (trials) में ही त्रुटि हुई जबकि दूसरा समूह जिसे प्रशिक्षण नहीं दिया गया था, 95% प्रयासों में रेखा की वास्तविक लम्बाई का गलत अनुमान लगाया। स्पष्ट है कि किए गए वस्तुओं के सही-सही प्रत्यक्षण में भी पहले सीखे गए कौशल (skills) द्वारा धनात्मक अंतरण (positive transfer) होता है।

(5) स्कूल के विषयों में अंतरण (Transfer in school subjects)—स्कूल के विषयों में अंतरण (transfer) के महत्त्व को दिखाने के लिए कुछ मनोवैज्ञानिकों ने प्रारंभिक स्कूल के विषयों (subjects) तथा कुछ मनोवैज्ञानिकों ने हाई स्कूल के विषयों पर प्रयोग किए हैं। **ब्रिग्स** (Briggs, 1935) ने एक ऐसा ही प्रयोग प्रारंभिक स्कूल के विषय, जैसे प्रारंभिक व्याकरण (elementary grammar) को सीखने का प्रभाव, मानसिक अनुशासन (mental discipline) पर किस रूप में पड़ता है, को जानने के लिए अध्ययन किया है। इस अध्ययन में सातवीं कक्षा के बालकों का दो तुल्य समूह (equivalent groups) तैयार किया गया। 54 मापकों (measures) द्वारा इन दोनों समूहों के बालकों की मानसिक क्षमता पहले माप ली गई। इसके बाद एक समूह को तीन महीने तक

प्रारंभिक व्याकरण की औपचारिक शिक्षा दी गई तथा दूसरे समूह को मात्र भाषा एवं शब्द रचना की शिक्षा दी गई। इसके बाद पुनः वही 54 मापकों (measures) द्वारा इन दोनों समूहों की मानसिक क्षमता का प्रयोग किया गया। परिणाम में यह देखा गया कि जिस समूह को व्याकरण की शिक्षा दी गई थी, उसमें विभिन्नताओं एवं समानताओं को पहचानने की योग्यता आ गई थी। इसी तरह का एक प्रयोग **विञ्च** (Winch, 1949) ने किया, जिसका उद्देश्य यह देखना था कि गणित जैसे विषय का प्रशिक्षण देने से छात्रों की तार्किक क्षमता (logical ability) पर कैसा अंतरण (transfer) होता पाया जाता है। इसके लिए भी दस वर्ष के बालकों का दो तुल्य समूह लिया गया। एक को गणित का प्रशिक्षण दिया गया तथा दूसरे को उतने ही समय के लिए आरेखण (drawing) का। दस दिन के बाद दोनों समूहों के निष्पादन में कोई सार्थक अंतर नहीं था। इस ढंग के और भी कई प्रयोग किए गए जिनके परिणाम भी कुछ वैसे ही थे।

थॉर्नडाइक (Thorndike, 1924) ने हाई स्कूल के विषयों के अंतरण मूल्य (transfer value) को देखने के लिए भी एक प्रयोग किया। उन्होंने अपने अध्ययन में विभिन्न विषयों के संयोग (combination) का अध्ययन करने का प्रभाव छात्रों की चिंतन-क्षमता (thinking ablility) पर क्या पड़ता है, यह देखना चाहा। ऐसा करने के लिए पढ़ाई प्रारंभ होने से पहले छात्रों की चिंतन-क्षमता की माप कर ली गई। फिर, एक वर्ष तक उन्हें विभिन्न विषय पढ़ाए गए और पुनः उनके चिंतन क्षमता की माप की गई। परिणाम में देखा गया कि किसी खास विषय के अध्ययन का प्रभाव छात्रों की चिंतन-क्षमता में कोई श्रेष्ठता (superiority) नहीं उत्पन्न करता है। वैसे छात्र जो कई विषय पढ़ते हैं, उन्हें तुलनात्मक रूप से कम विषय पढ़नेवाले छात्रों की अपेक्षा अधिक लाभ होता है तथा तेज बुद्धि के विद्यार्थियों को मन्दबुद्धि के विद्यार्थियों की अपेक्षा अधिक लाभ होता देखा गया। थॉर्नडाइक (Thorndike) के इस अध्ययन से इस विचारधारा को गहरा आघात पहुँचा कि मात्र कुछ खास-खास विषय को पढ़ लेने से छात्रों की मानसिक क्षमता (mental capacity) उन्नत हो जाती है।

विभिन्न क्षेत्रों में शिक्षण (transfer) से संबंधित किए गए प्रयोगों से यह स्पष्ट हो जाता है कि कुछ क्षेत्रों या विषयों (subjects) में प्रशिक्षण प्राप्त कर लेने से उसका प्रभाव संबंधित क्षेत्रों या विषयों के अन्य भागों को सीखने में मदद मिलती है। इस तरह अधिकतर प्रयोगों से थॉर्नडाइक (Thorndike) के समरूप तत्त्वों (identical elements) के सिद्धांत को ही समर्थन मिलता है तथा मानसिक अनुशासन (mental discipline) या औपचारिक अनुशासन (formal discipline) के सिद्धांत का खण्डन होता है। कुछ अध्ययनों से **जुड्ड** (Judd) का सामान्यीकरण सिद्धांत (generalization theory) का भी समर्थन मिला है।

प्रशिक्षण अंतरण को प्रभावित करनेवाले कारक
(Factors Influencing Transfer of Training)

प्रशिक्षण अंतरण कई कारकों से प्रभावित होता है। शिक्षा मनोवैज्ञानिकों ने ऐसे पाँच प्रमुख कारकों की पहचान की है, जो निम्नांकित हैं—

(1) दो अधिगम परिस्थितियों के बीच समानता (Similarity between two learning situations)—जब दो अधिगम परिस्थितियों के बीच समानता होती है, तो पहली परिस्थिति से दूसरी परिस्थिति में अंतरण विशेषकर धनात्मक अंतरण (positive transfer) होने की संभावना अधिक होती है। जैसे, यदि छात्र 'कुत्ता', 'बिल्ली', 'घोड़ा' तथा 'हिरन' को स्तनपायी श्रेणी का

जानवर समझता है और तो बहुत उम्मीद यह है कि 'गाय' को देखने पर वह इसे भी स्तनपायी श्रेणी का ही पशु कहेगा। यदि सचमुच में छात्र ऐसा ही करता है, तो यह धनात्मक अंतरण का उदाहरण होगा और यह इसलिए संभव हो पाया कि दोनों परिस्थितियों में समानता है (क्योंकि दोनों ही स्तनपायी जानवर हैं)।

(2) अधिगम अनुभूतियों की विविधता (Varieties of learning experiences)—अधिगम अनुभूतियों की विविधता एक महत्त्वपूर्ण कारक है जिससे अंतरण (transfer) प्रभावित होता है। कई अध्ययनों, जैसे ब्रेन्नर तथा उनके सहयोगियों (Brenner et. al. 1997), सिप्रो तथा उनके सहयोगियों (Sipro et. al., 1992), स्टर्नबर्ग तथा फ्रेंस्च (Sternberg & Frensch, 1993) से यह स्पष्ट हुआ है कि जब छात्रों को किसी विषय की विविध अधिगम अनुभूतियाँ होती हैं, तो इससे बहुत उम्मीद यह होती है कि उनके द्वारा अर्जित ज्ञान या बोध (understanding) का अंतरण (transfer) होगा। जैसे, यदि विषय है रेंगनेवाला प्राणी (reptiles) और इसके अंतर्गत विविध प्रकार के प्राणियों यथा साँप, घड़ियाल (crocodile), कछुआ, छिपकली (lizards) आदि को सम्मिलित किया गया है ताकि छात्र रेंगनेवाले प्राणी के संप्रत्यय की गहराई (depth) एवं व्यापकता को समझ सकें तो, एक विविधता का उदाहरण होगा। इससे छात्र रेंगनेवाले प्राणी के संप्रत्यय को ठीक ढंग से समझ पाएँगे और इसका अंतरण विभिन्न परिस्थितियों में आसानी से कर सकेंगे। दूसरी तरफ यदि किसी संप्रत्यय में विविधता (varieties) नहीं होती है, तो छात्र उसका पूरा-पूरा अर्थ समझने से वंचित रह जाते हैं और तब फिर उसका अंतरण (transfer) का कोई सवाल ही नहीं उठता।

(3) अधिगम अनुभूतियों की गुणवत्ता (Quality of learning experiences)—अधिगम अनुभूतियों की गुणवत्ता (quality) से भी अंतरण (transfer) प्रभावित होता है। गुणवत्ता से तात्पर्य इस बात से होती है कि किस सीमा तक शिक्षार्थी (learner) के लिए अनुभूतियाँ अर्थपूर्ण हैं। यदि छात्र किसी संप्रत्यय (concept) या विषय की गुणवत्ता अर्थात उसकी अर्थपूर्णता को समझता है, तो वह आसानी से उसका अंतरण (transfer) विभिन्न परिस्थितियों में कर लेगा। परंतु, यदि वह संप्रत्यय के अर्थ को ठीक ढंग से नहीं समझ पाता है, तो स्पष्टतः उसका अंतरण (transfer) वह नहीं कर सकेगा।

(4) अधिगम अनुभूतियों का संदर्भ (Context of learning experiences)—अध्ययनों से यह स्पष्ट हुआ कि शिक्षार्थी (learner) किसी सूचना का मात्र कूटसंकेतन (encoding) ही नहीं, बल्कि वे उसका कूटसंकेतन उस संदर्भ (context) में करते हैं जिसमें वह प्राप्त होता है। इन अध्ययनों से यह भी स्पष्ट हुआ है कि सूचना ग्रहण किए जाने के संदर्भ की भूमिका शिक्षण (teaching) में सामान्य रूप से तथा अंतरण (transfer) में विशेष रूप से है। अंतरण संपन्न होने के लिए यह आवश्यक है कि एक संदर्भ (context) में अर्पित ज्ञान या कौशल को अन्य परिस्थितियों या संदर्भ में उपयोग किया जाय। जैसे, जब किसी नियम को वास्तविक संदर्भ में उपयोग कर छात्रों को समझाया जाता है, तो बहुत उम्मीद यह है कि वे उन नियमों का अंतरण विभिन्न परिस्थितियों से करेंगे। जैसे, यह नियम कि "गर्म होने से वस्तु फैलती है" को पढ़ाते समय यदि शिक्षक इस नियम को वास्तविक संदर्भ में उपयोग कर दिखलाते हैं, तो वह उसका अंतरण अन्य परिस्थिति में कर सकने में समर्थ होगा। जब छात्र को यह दिखलाया जाता है कि किसी डब्बे को बंद कर कुछ देर तक गर्म करने के बाद डब्बा का ढक्कन जोर की आवाज के

साथ बाहर की ओर फेंका जाता है, तो छात्र इस नियम को ठीक ढंग से समझ जाएँगे और तब वे आसानी से इस नियम को अंतरित करते हुए यह समझ जाएँगे कि क्यों दो रेल पटरियों की संधि पर थोड़ी जगह छोड़ दी जाती है।

(5) बोध एवं अभ्यास की गहराई (Depth of understanding and practice)—ग्लिक एवं होलयोक (Glick & Holyoak, 1987), वॉस (Voss, 1987) द्वारा किए गए अध्ययनों से यह स्पष्ट हुआ है कि जब शिक्षार्थी किसी विषय पर अधिक समय देकर उसे सीखते हैं तो वे इसका दूसरी परिस्थिति में अंतरण (transfer) भी अधिक करते हैं, क्योंकि यहाँ उनमें विषय की समझ या बोध की गहराई काफी अधिक होती है। समय के अतिरिक्त यदि छात्रों को विषय पर अभ्यास (practice) करने का मौका दिया जाता है, तो इससे भी समझ या बोध (understanding) की गहराई बढ़ती है और तब फिर छात्र ऐसे विषय से सीखे गये कौशल को अन्य परिस्थितियों में वे सफलतापूर्वक अंतरण भी कर पाते हैं। कौरमियर (Cormier, 1987), पर्किन्स तथा सालोमोन (Perkins & Salomon, 1987) द्वारा किए गए अध्ययनों से इस बात की संपुष्टि हुई है कि अभ्यास से समझ या बोध की गहराई बढ़ती है और फिर उसमें अर्जित ज्ञान या कौशल का अंतरण भी काफी होता है।

स्पष्ट हुआ कि प्रशिक्षण अंतरण कई कारकों से प्रभावित होता है। एक उत्तम शिक्षक को उक्त कारकों का ध्यान रखना चाहिए ताकि छात्र वर्ग में अर्जित ज्ञान या कौशल का अधिक-से-अधिक अंतरण विभिन्न परिस्थितियों में करके उसका फायदा उठा सकें।

अंतरण को शिक्षकों द्वारा उन्नत बनाने के उपाय
(Measures of Improving Transfer by Teachers)

शिक्षाशास्त्रियों एवं शिक्षा मनोवैज्ञानिकों ने कुछ वैसे उपायों (measures) पर बल डाला है जिनके प्रयोग करने से शिक्षक छात्रों द्वारा कक्षा में सीखे गए कौशलों (skills) को कक्षा के बाहर एवं भीतर अंतरण (transfer) करने में मदद कर सकते हैं। इससे स्पष्ट है कि कक्षा में छात्रों द्वारा सीखे गए कौशलों का अंतरण करने में शिक्षकों की भूमिका काफी महत्त्वपूर्ण होती है। ब्लेयर, जोन्स तथा सिम्पसन (Blair, Jones & Simpson, 1962) ने अंतरण (transfer) को उन्नत बनाने के लिए निम्नांकित सुझाव रखे हैं—

(i) शिक्षकों को विषय का एक स्पष्ट उद्देश्य (objective) छात्रों को बता देना चाहिए।

(ii) विषयों के उन अंशों (parts) के अध्ययन पर अधिक बल डालना चाहिए जिनकी उपयोगिता कक्षा (classroom) से बाहर एवं कक्षा में ही अन्य विषयों के अध्ययन में सर्वाधिक है।

(iii) शिक्षक को छात्रों को यह भलीभाँति बता देना चाहिए कि छात्रों को कक्षा में सीखे गए कौशलों (skills) के अंतरण (transfer) करने से क्या-क्या लाभ (benefits) होंगे।

(iv) शिक्षकों को अध्यापन की उन विधियों का अधिक-से-अधिक उपयोग करना चाहिए जिससे अंतरण (transfer) में सहायता पहुँचती है। जैसे, शिक्षकों को कक्षा में समस्या-समाधान विधि (problem-solving method) तथा विचार-विमर्श विधि (discussion method) को अपनाना चाहिए तथा महत्त्वपूर्ण प्रश्नों पर अधिक-से-अधिक विचार-विमर्श करना चाहिए। इन विधियों द्वारा अध्यापन (teaching) करने से छात्रों में विषय के तथ्यों के प्रति अधिक सूझ (insight) उत्पन्न होगी और फलस्वरूप उन तथ्यों का अन्य परिस्थितियों में धनात्मक अंतरण (positive transfer) होगा।

(v) छात्रों को अंतरण (transfer) का अभ्यास कराना चाहिए। छात्रों को विषयों के तथ्यों में सिर्फ संबंध (relationship) बता देने से ही वे अंतरण करने में समर्थ नहीं हो पाते हैं। उन्हें वैसे संबंधों को स्वयं ढूँढ़ने के लिए प्रोत्साहित करना चाहिए तथा उन्हें वैसे संबंधों के उपयोग (application) के लिए अलग से कक्षा में एक निर्देशित विचार-गोष्ठी (guided discussion) का आयोजन करना चाहिए।

(vi) शिक्षकों को चाहिए कि वे छात्रों द्वारा सीखने की प्रक्रियाओं एवं उसकी प्रस्तुति पर अधिक ध्यान दें। छात्रों द्वारा मात्र सही उत्तर देने से ही शिक्षकों को संतुष्ट (satisfied) नहीं होना चाहिए, बल्कि उन्हें इस बात की पूर्ण खोजबीन करनी चाहिए कि छात्र द्वारा क्यों वह उत्तर दिया गया और उन कदमों या चरणों (steps) का भी पता लगाना चाहिए जिनके माध्यम से छात्र सही उत्तर प्राप्त कर सका।

रिली तथा **लेविस** (Reilly & Lewis, 1983) ने भी कुछ महत्त्वपूर्ण सुझाव दिए हैं जिनका उपयोग करके शिक्षक अंतरण (transfer) की प्रक्रिया को उन्नत बना सकते हैं—

(i) शिक्षकों को कक्षा के भीतर एवं कक्षा से बाहर अंतरण (transfer) पर बल देना चाहिए। इसके लिए कक्षा में पढ़ाए जानेवाले विषयों की उपयोगिता पर उन्हें अधिक बल डालना चाहिए।

(ii) पढ़ाए जानेवाले सभी विषयों के सार्थक संबंधों पर शिक्षकों को बल देना चाहिए। ऐसा देखा गया है कि कभी-कभी इस ढंग के संबंध पर शिक्षक सिर्फ इसलिए बल नहीं डालते हैं क्योंकि वे मानकर चलते हैं कि इसे छात्र जानते होंगे। शिक्षक को ऐसी पूर्वकल्पना (presumption) नहीं रखनी चाहिए अन्यथा अंतरण (transfer) में बाधा होगी।

(iii) सीखे गए विषयों की प्रायः समीक्षा (reviews) करते रहना चाहिए। इतना ही नहीं, सीखे गए सभी विषयों को समय-समय पर दोहराते भी रहना चाहिए। इससे छात्रों को सीखे गए संबंधों (relationships) का स्मृति-चिह्न (memory traces) मस्तिष्क में तरोताजा रहेगा और वे दृढ़तापूर्वक अंतरण (transfer) कर पाएँगे।

(iv) शिक्षकों को चाहिए कि वे छात्रों को सभी सीखे गए विषयों, नियमों (principles) एवं सिद्धांतों (theories) का अधिक-से-अधिक वास्तविक परिस्थितियों में उपयोग करने में मदद करें। इसमें उन्हें कुछ उदाहरण एवं कुछ नमूने भी पेश करना चाहिए।

(v) शिक्षकों को यदा-कदा अंतरण (transfer) की जाँच (test) भी करते रहना चाहिए। यदि जाँच के बाद यह पता चलता है कि छात्र सीखे गए विषय या तथ्य का अंतरण ठीक ढंग से नहीं कर रहे हैं, तो इसके लिए उसे विशेष प्रयास कर उन्हें उत्साहित करना चाहिए।

(vi) शिक्षकों को कक्षा में छात्रों के सामने टेलीविजन, अखबार, स्कूल के कार्यक्रम (school activities), वर्तमान घटनाओं (current events) और दैनिक जीवन से ठोस उदाहरण प्रस्तुत करना चाहिए। अध्ययनों से यह स्पष्ट हुआ कि इन सबसे छात्रों में अंतरण (transfer) करने की क्षमता में काफी वृद्धि होती है।

(vii) शिक्षकों को चाहिए कि वे छात्रों को कक्षा में विभिन्न तरह की सामग्री (materials) को अधिक सीखने (overlearning) के लिए पर्याप्त अवसर प्रदान करें।

(viii) शिक्षकों को चाहिए कि कक्षा में छात्रों को प्रश्न पूछने तथा सिखाए जा रहे विषयों पर टीका-टिप्पणी (comment) करने के लिए वे प्रेरित करें और इस ढंग की प्रेरणा हमेशा बनाए रखने का भरसक प्रयास जारी रखें। इससे छात्रों में सहभागिता का भाव बढ़ता है और वे सीखे गए विषयों एवं तथ्यों को सफलतापूर्वक अंतरण (transfer) करने में सफल होते हैं।

(ix) शिक्षकों को चाहिए कि वे समय-समय पर छात्रों में प्रतियोगितापूर्ण खेलकूद एवं अन्य वैसे ही प्रोजेक्ट (project) का आयोजन कराते रहें। इन सब चीजों से भी छात्रों को अंतरण करने में सुविधा होती है।

(x) शिक्षकों को इस बात का भी ज्ञान होना चाहिए कि अन्य शिक्षक उसी विषय को कैसे पढ़ा रहे हैं और वे उसमें किन-किन तथ्यों का समावेश कर रहे हैं। इससे फायदा यह होता है कि उन्हें बहुत-सारे ऐसे तथ्य आसानी से मिल जाते हैं जो उनकी नजर में तो महत्त्वपूर्ण कम थे, परंतु सचमुच में अंतरण (transfer) में छात्रों को काफी मदद पहुँचानेवाले थे।

उपर्युक्त सुझावों को ध्यान में रखकर कोई भी शिक्षक कक्षा में सिखाए गए विषयों का, छात्रों द्वारा स्कूल में या स्कूल के बाहर अंतरण (transfer) करने में काफी मदद कर सकते हैं।

अध्याय-सारांश
[Chaper Summary]

1. जब पहले के सीखने का प्रभाव किसी नई अनुक्रिया के निष्पादन या सीखना पर पड़ता है, तो इसे हम सीखने या प्रशिक्षण का अंतरण (transfer of training or learning) कहते हैं। प्रशिक्षण अंतरण धनात्मक (positive) हो सकता है या ऋणात्मक (negative) हो सकता है या शून्य हो सकता है। जब पहले सीखे गए विषय या पाठ से वर्तमान अनुक्रिया को सीखने में मदद मिलती है, तो इसे धनात्मक अंतरण (positive transfer) कहा जाता है और जब बाधा पहुँचती है, तो इसे ऋणात्मक अंतरण (negative transfer) कहा जाता है और जब प्रभाव न धनात्मक और न ही ऋणात्मक होता है, तो इसे शून्य अंतरण कहा जाता है।
2. अंतरण (transfer) के कई प्रकार होते हैं जिनमें पार्श्वीय अंतरण (lateral transfer), अनुलंबन अंतरण (vertical transfer), अनुक्रमिक अंतरण (sequential transfer), समस्तर अंतरण (horizontal transfer) तथा द्विपार्श्वीय अंतरण (bilateral transfer) आदि अधिक प्रधान हैं।
3. अंतरण के चार सिद्धांत (theories) हैं— मानसिक अनुशासन या औपचारिक अनुशासन का सिद्धांत, समरूप तत्त्वों का सिद्धांत, सामान्यीकरण का सिद्धांत तथा पक्षांतर सिद्धांत। प्रत्येक सिद्धांत की आलोचना एवं उसके शैक्षिक महत्त्व पर भी प्रकाश डाला गया है।
4. विभिन्न क्षेत्रों में अंतरण (transfer) से संबंधित प्रयोग किए गए हैं जिनके आधार पर अंतरण के विभिन्न सिद्धांतों का समर्थन एवं खण्डन हुआ है।
5. अंतरण (transfer) को उन्नत बनाने के लिए शिक्षाशास्त्रियों एवं शिक्षा मनोवैज्ञानिकों ने कुछ उपायों एवं सुझावों का वर्णन किया है जिनका शिक्षक उपयोग करके कक्षा में दी जानेवाली शिक्षा का अंतरण छात्रों द्वारा विभिन्न परिस्थितियों में करवा सकते हैं।

❑

अध्याय 16

स्मरण एवं विस्मरण

[REMEMBERING AND FORGETTING]

मुख्य बिंदु (Main Points)

1. स्मृति के अर्थ एवं तत्त्व (Meaning and Components of Memory)
2. स्मृति के प्रकार (Types of Memory)
3. स्मरण का स्वरूप (Nature of Remembering)
4. धारण को प्रभावित करनेवाले कारक (Factors Influencing Retention)
5. धारण की जाँच की विधियाँ (Methods of Testing Retention)
6. प्रत्याह्वान एवं प्रत्यभिज्ञान में अंतर (Distinction between Recall and Recognition)
7. विस्मरण का स्वरूप (Nature of Forgetting)
8. विस्मरण के कारण (Causes of Forgetting)
9. विस्मरण के सिद्धांत (Theories of Forgetting)
10. संस्कृति एवं लिंग का स्मृति पर प्रभाव (Impact of Culture and Gender upon Memory)
11. मेटासंज्ञान—एक शिक्षण रणनीति (Metacognition; A Teaching Strategy)
12. मेटासंज्ञानात्मक रणनीति तथा आत्मनियमन को सीखने में शिक्षार्थी को मदद करने के तरीके (Ways of Helping the Learner to Learn Metacognitive Strategies and Self-regulation)
13. स्मृति को उन्नत बनाने या स्मृति प्रशिक्षण (Measures of Improving Memory or Memory Training)
14. अच्छी स्मृति के लक्षण (Symptoms of Good Memory)

स्मृति के अर्थ एवं उसके तत्त्व
(Meaning and Components of Memory)

स्मृति (memory) एक सामान्य पद है जिससे तात्पर्य पूर्व अनुभूतियों (past experiences) को मस्तिष्क में इकट्ठा कर रखने की क्षमता से होता है। मनोवैज्ञानिकों ने स्मृति के दो पक्ष (aspect) बताए हैं—धनात्मक पक्ष (positive aspect) तथा ऋणात्मक पक्ष (negative aspect)। स्मृति के धनात्मक पक्ष से तात्पर्य पूर्व अनुभूतियों को याद करके रखने से होता है तथा ऋणात्मक पक्ष से तात्पर्य उन अनुभूतियों को याद करने की असमर्थता से होता है। अतः, यह कहा जा सकता है कि स्मृति का धनात्मक पक्ष स्मरण (remembering) तथा ऋणात्मक पक्ष विस्मरण (forgetting) की प्रक्रिया है।

मनोवैज्ञानिकों ने स्मृति के तीन तत्त्व या अवस्थाएँ (stages) बताया है—संकेतन (encoding), संचयन (storage) तथा पुनःप्राप्ति (retrieval)। संकेतन में किसी सूचना (information) या बाह्य उत्तेजना (external stimulation) का प्रत्यक्षण कर व्यक्ति उसे एक

निश्चित रूप (form) या संकेत (code) के रूप में तंत्रिका तंत्र (nervous system) में ग्रहण करता है। साधारण बोलचाल की भाषा में स्मृति-चिह्नों (memory traces) का निर्माण होना ही संकेतन कहलाता है तथा इसे पंजीकरण (registration) भी कहा जाता है जिसमें ध्यान (attention) रिहर्सल (rehearsal) विस्तरण (elaboration) तथा संगठन (organisation) की अहं भूमिका होती है। संचयन में सांकेतिक सूचनाओं एवं उत्तेजनाओं को कुछ समय के लिए संचित कर रखा जाता है तथा पुनःप्राप्ति में संचित कर रखे गए सांकेतिक सूचनाओं (encoded information) का प्रत्याह्वान (recall) कर उसका उपयोग किया जाता है।

एक उदाहरण— मान लीजिए कि एक छात्र भारत के राज्यों की राजधानी का नाम याद कर रहा है। राज्यों की राजधानी की सूची उसके सामने होती है जिसका प्रत्यक्षण कर वह बार-बार पढ़ता है जिसके परिणामस्वरूप उसके तंत्रिका तंत्र (nervous system) में कुछ परिवर्तन होता है जिससे विशेष संकेत या स्मृति-चिह्न (memory traces) बनते हैं। यह संकेतन (encoding) की प्रक्रिया हुई। छात्र राज्यों की राजधानी के नामों का संकेतन कर लेने के बाद उसे कुछ समय तक संचित करके रखता है जिसके फलस्वरूप सीखा गया नाम उसे कुछ दिनों तक याद रहता है। इसे संचयन (storage) की संज्ञा दी जाती है। मान लिया जाए कि 10 दिनों के बाद उन्हीं राज्यों की राजधानी का नाम छात्र से पूछा जाता है। यहाँ शिक्षार्थी संचित किए गए नामों का प्रत्याह्वान (recall) कर प्रश्नानुसार उत्तर देने की कोशिश करेगा। उसे पुनःप्राप्ति (retrieval) कहा जाएगा। सभी संचित किए गए सूचनाओं की पुनःप्राप्ति हो ही, यह आवश्यक नहीं है। जैसे भारत के सभी राज्यों की राजधानी का नाम छात्र अपने मस्तिष्क में संचित किए रख सकता है, परन्तु किसी खास समय में वह सभी राज्यों की राजधानी की पुनःप्राप्ति करने में समर्थ नहीं भी हो सकता है।

स्मृति के इन तीन तत्त्वों (components) का संबंध विस्मरण (forgetting) से अधिक बताया गया है। इनमें किसी भी एक तत्त्व के पूरा नहीं होने से सीखे गए विषयों का विस्मरण हो सकता है। जैसे यदि किसी सूचना का संकेतीकरण (encoding) नहीं किया गया, तो स्वभावतः संचयन (storage) तथा पुनःप्राप्ति (retrieval) का कोई प्रश्न ही नहीं उठता है। ऐसी हालत में विस्मरण निश्चित है। उसी तरह यदि संकेतीकरण किया गया, परन्तु संचयन नहीं किया गया तो पुनःप्राप्ति नहीं होगा और परिणामस्वरूप विस्मरण होगा। यदि संकेतीकरण तथा संचयन हो गया है, परंतु किसी कारणवश पुनःप्राप्ति नहीं हो पा रहा है तो इससे भी विस्मरण हो जाएगा। इस तरह हम देखते हैं कि विस्मरण उत्पन्न करने में इन तीन तत्त्वों का महत्त्व समान है।

स्मृति के प्रकार (Types of Memory)

मनोवैज्ञानिकों ने स्मृति के कई प्रकार बताए हैं। समय को कसौटी (criterion) मानकर मनोवैज्ञानिकों ने स्मृति के निम्नांकित चार प्रकार बताए हैं—

(1) संवेदी स्मृति (Sensory memory)— संवेदी स्मृति वैसी स्मृति संचयन को कहा जाता है जिसमें सूचनाओं को सामान्यतः एक सेकण्ड या उससे कम अवधि के लिए व्यक्ति रख पाता है। इस स्मृति में प्राप्त सूचनाओं को उनके मौलिक रूप में अर्थात उसमें बिना किसी तरह के फेर-बदल किए ही रखा जाता है। संवेदी स्मृति को **संवेदी संचयन** (sensory storage) या **संवेदी रजिस्टर** (sensory register) भी कहा जाता है। संवेदी स्मृति दो तरह की होती है— प्रतिमा-संबंधी स्मृति (iconic memory) तथा प्रतिध्वनिक स्मृति (echoic memory)। प्रतिमा-संबंधी स्मृति में व्यक्ति

देखी गई वस्तु या व्यक्ति के बारे में एक सेकण्ड तक एक दृष्टि चिह्न (visual trace) रख पाता है जबकि प्रतिध्वनिक स्मृति में व्यक्ति किसी सुनी हुई आवाज उद्दीपक का श्रवण चिह्न (auditory trace) अपने मन में एक सेकंड से थोड़े समय अधिक तक रख पाता है।

(2) लघु-अवधि स्मृति (Short-term memory or STM)—इसे विलियम जेम्स (William James) ने प्राथमिक स्मृति (primary memory or PM) भी कहा है। इस तरह की स्मृति की दो विशेषताएँ बताई गई हैं। STM में किसी विषय या घटना को अधिक-से-अधिक 20–30 सेकंड तक धारित (retain) करके रखा जाता है तथा इसके विषय (content) को व्यक्ति एक-दो प्रयासों (trials) में ही सीखे हुए होता है, यानी इसमें सीखने की मात्रा (degree of learning) कम (poor) होती है। जैसे मान लिया जाए कि कोई आदमी किसी अपरिचित से टेलीफोन पर बातचीत करने के लिए उसके टेलीफोन का नंबर टेलीफोन डाइरेक्टरी से लेकर डायल करता है और व्यस्त संकेत (busy signal) पाकर 10 सेकंड रुककर पुनः डायल करना चाहता है। परंतु इस बार वह नम्बर के सही क्रम को थोड़ी देर के लिए मान लिया जाए कि भूल जाता है। इस उदाहरण में लघु-अवधि स्मृति 10 सेकंड का दिखाया गया है तथा उस अपरिचित के नम्बर को भी मात्र एक बार ही अभ्यास में लाया गया।

(3) चलन स्मृति (Working memory)—लघुकालीन स्मृति, जैसा कि हम पहले देख चुके हैं, से तात्पर्य सूचना के सिर्फ अस्थायी संचयन (temporary storage) से होता है। परंतु चलन स्मृति जिसका प्रतिपादन बेड्डेली (Baddeley 1993, 2001) द्वारा किया गया है, से तात्पर्य वैसी स्मृति से होती है, जिसमें सूचनाओं को 25–30 सेकंड तक संचित किया जाता है तथा साथ-ही-साथ उसे संसाधित (processing) भी किया जाता है। अतः, चलन स्मृति में सूचनाओं की संचयन क्षमता (storage capacity) तथा सूचनाओं को संसाधित करने (या बदलने) की क्षमता, दोनों ही सम्मिलित होती है। जैसे, यदि हम कोई दूरभाष संख्या, जैसे 2660066 को देखकर सिर्फ 30 सेकंड तक संचित करके उसे मन में रखते हैं, तो यह लघुकालीन स्मृति (short-term memory) का उदाहरण होगा, परंतु यदि हम उसे 30 सेकंड तक संचित करने के साथ-साथ इस सूचना को इस ढंग से संसाधित करते है कि इसके अंत में दो बार 6 है तथा प्रारंभ 2 से होकर फिर दो बार 6 है और बीच में दो बार शून्य है, तो यह चलन स्मृति का उदाहरण होगा। यही कारण है कि बेड्डेली ने चलन स्मृति को मानसिक वर्कवेंच (mental workbench) कहा है जहाँ सूचनाओं में जोड़-तोड़ (manipulation) किया जाता है, ताकि एक विशेष निर्णय पर पहुँचा जा सके, संबंधित समस्या का समाधान किया जा सके तथा लिखे गए या बोले जा रहे भाषा का अर्थ समझा जा सके।

सचमुच में चलन स्मृति एक तीन-स्तरीय तंत्र (three-part system) होता है जिसमें सूचनाओं को थोड़े देर के लिए संचालित किया जाता है। चलन स्मृति के तीन तत्त्वों (components) का संक्षिप्त वर्णन इस प्रकार है—

(i) ध्वनिग्रामीय लूप (Phonological loop)—इसमें शब्दों के आवाज से संबद्ध सूचनाओं को थोड़े देर के लिए संचित किया जाता है। इसके दो अलग-अलग तत्त्व होते हैं—ध्वनिक कोड, (acoustic code) जो कुछ ही सेकंड में क्षीण हो जाता है तथा रिहर्सल (rehearsal), जो व्यक्ति को ध्वनिग्रामीय संचयन (phonological store) में संचित सूचनाओं को दोहराने में मदद करता है। ध्वनिग्रामीय लूप सीमित क्षमता (limited capacity) की होती है।

(ii) दृष्टि-स्थानिक स्केच पैड (Visual-spatial sketch pad)—चलन स्मृति का यह तत्त्व दृष्टि (visual) तथा स्थानिक (spatial) सूचनाओं को संसाधित करता है। दूसरे शब्दों में, इस तत्त्व द्वारा वस्तुओं के दृष्टि उपस्थिति से संबद्ध तथ्यों अर्थात रंग, आकार तथा स्थान अर्थात वे कहाँ उपस्थित हैं, का संसाधन होता है। ध्वनिग्रामीय लूप तथा दृष्टि स्थानिक स्केच पैड स्वतंत्र रूप से कार्य करते हैं अर्थात व्यक्ति लूप में किसी संख्या का रिहर्सल कर सकता है तथा साथ-ही-साथ अक्षरों के स्थानिक व्यवस्था (spatial arrangement) दृष्टि स्थानिक पैड में भी कर सकता है। ध्वनिग्रामीय लूप के समान दृष्टि स्थानिक स्केच पैड की क्षमता भी सीमित होती है।

(iii) केंद्रीय कार्यपालक (Central executive)—केंद्रीय कार्यपालक, जो चलन स्मृति का तीसरा तत्त्व है, ध्वनिग्रामीय लूप तथा दृष्टि स्थानिक पैड की सूचनाओं को न केवल समन्वित करता है बल्कि दीर्घकालीन स्मृति की सूचनाओं को भी समन्वित करता है। केंद्रीय कार्यपालक सूचनाओं पर ध्यान देने, नियोजित (planning) करने तथा संगठित करने में महत्त्वपूर्ण भूमिका निभाता है। सचमुच में, केंद्रीय कार्यपालक एक पर्यवेक्षक (supervisor) के रूप में कार्य करता है जो यह तय करता है कि किस सूचना पर ध्यान देना है तथा किस सूचना की उपेक्षा करना है। किसी समस्या के समाधान तथा सूचनाओं को संसाधित करने में उपयोग में लाए जानेवाले उपायों (stratagies) का भी चयन करता है। चलन स्मृति के अन्य दो तत्त्वों के समान केंद्रीय कार्यपालक की भी क्षमता सीमित होती है।

(4) दीर्घ-अवधि स्मृति (Long-term memory or LTM)—विलियम जेम्स ने इसे गौण स्मृति (secondary memory or SM) भी कहा है। इस तरह की स्मृति में व्यक्ति किसी पाठ, घटना आदि को कम-से-कम 30 सेकण्ड तक याद किए रहता है तथा अधिक-से-अधिक कितने दिनों तक याद रखता है, इसकी कोई सीमा नहीं होती। जैसे छात्र जब यह कहता है कि अमुक अध्याय से पिछले वर्ष की परीक्षा में अमुक प्रश्न पूछा गया था, तो यह दीर्घ अवधि स्मृति (long-term memory or LTM) का उदाहरण होगा। इस स्मृति में व्यक्ति उन्हीं घटनाओं एवं तथ्यों को संचित रखता है जिनका अभ्यास वह कई बार कर चुका होता है। जैसे, व्यक्ति अपना टेलीफोन नम्बर तथा अपने निकट रिश्तेदारों का टेलीफोन नम्बर को LTM में धारित किए रहता है।

बार्टलेट (Bartlett, 2001) तथा स्क्वायर (Squire, 1987) का मत है कि दीर्घकालीन स्मृति को उसके अंतर्विषय (contents) के आधार पर दो सामान्य वर्गों में बाँटा जा सकता है—घोषणात्मक स्मृति (declarative memory) तथा अघोषणात्मक स्मृति (nondeclarative memory)। घोषणात्मक स्मृति में वैसी सूचनाएँ संचित होती है जिसके बारे में व्यक्ति आसानी से दूसरों को बतला सकता है। जैसे, गणित के नियम के बारे में बतलाना एवं किसी देखी गई घटना का वर्णन आदि घोषणात्मक स्मृति के उदाहरण हैं। घोषणात्मक स्मृति को **स्पष्ट स्मृति** (explicit memory) भी कहा जाता है। अघोषणात्मक स्मृति में कुछ कौशल (skills) तथा विशेष तरह के संज्ञानात्मक संचालनों (cognitive operations) से संबद्ध ज्ञान होते हैं। जैसे, साइकिल चलाना, टाइप सीखना आदि से संबद्ध कौशल अघोषणात्मक स्मृति के उदाहरण हैं। अघोषणात्मक स्मृति को अस्पष्ट स्मृति (implicit memory) या संक्रियात्मक स्मृति (procedural memory) भी कहा जाता है।

घटनाओं तथा अनुभूतियों के स्वरूप (nature) के आधार पर **टुलविंग** (Tulving, 1972) ने दीर्घ-अवधि स्मृति के अग्रांकित दो प्रमुख प्रकार बताए हैं—

(1) **प्रासंगिक स्मृति** (Episodic memory)—इस तरह की स्मृति में वैसी व्यक्तिगत अनुभूतियाँ एवं घटनाएँ होती हैं जो अस्थायी रूप से व्यक्ति के साथ घटित हुई होती हैं। इस तरह से प्रासंगिक स्मृति व्यक्ति की जिंदगी की घटनाओं से संबंधित 'कब' तथा 'कहाँ' की सूचना संचित करता है। जैसे जब शिक्षार्थी यह कहता है कि उसके बचपन के दिन कश्मीर में बीते थे या जब वह यहाँ कल 9 बजे तक परीक्षा भवन में होगा, तो यह प्रासंगिक स्मृति (episodic memory) का उदाहरण होगा।

(2) **अर्थगत स्मृति** (Semantic memory)—इस तरह की स्मृति में बालक शब्दों, संप्रत्यय (concepts) तथा किसी तथ्य के अर्थ को संचित करके रखता है। दूसरे शब्दों में अर्थगत स्मृति संसार के बारे में छात्रों का सामान्य ज्ञान (general knowledge) संचित करता है। जैसे CAT का अर्थ बिल्ली, 2 + 2 = 4, प्रत्येक आदमी को एक नाक होती है, आदि को संचित कर रखना अर्थगत स्मृति की श्रेणी में आता है।

इस तरह हम देखते हैं कि मनोवैज्ञानिकों ने स्मृति के कई प्रकार बताए हैं। इसमें लघु अवधि स्मृति तथा दीर्घ-अवधि स्मृति के प्रकार अधिक प्रचलित हैं।

स्मरण का स्वरूप
(Nature of Remembering)

स्मरण (remembering) स्मृति (memory) का एक धनात्मक पक्ष (positive aspect) है। स्मरण से तात्पर्य पूर्व सीखे गए विषयों या पाठों को चेतना में लाने से होता है। स्मरण की प्रक्रिया एक जटिल प्रक्रिया होती है जिसमें चार तरह की उपप्रक्रियाएँ (sub-processes) सम्मिलित होती हैं—

(i) सीखना (Learning)
(ii) धारण करना (Retaining)
(iii) प्रत्याह्वान करना (Recalling)
(iv) पहचान करना (Recognising)

सीखना स्मरण की पहली सीढ़ी है। जबतक शिक्षार्थी (learner) किसी विषय या पाठ को सीखते नहीं हैं, उन्हें स्मरण रखने का कोई प्रश्न ही नहीं उठता। सीखे हुए विषय को स्मृति-चिह्नों (memory traces) के रूप में फिर शिक्षार्थी उसे धारण (retain) कर रखते हैं। यह धारण जितना लंबा एवं मजबूत होता है, स्मरण उतना ही तीक्ष्ण (sharpened) होता है। फिर, प्रत्याह्वान (recall) करके शिक्षार्थी धारण (retention) की जाँच कर लेता है। इससे शिक्षार्थी को यह पता चल जाता है कि सीखे गए विषय या पाठ को वह कितना धारण किए हुए है अर्थात कितना स्मरण किए हुए है। पहचानना (recognition) द्वारा भी शिक्षार्थी सीखे गए पाठ के धारणा की जाँच करते हैं। अंतर केवल इतना ही है कि प्रत्याह्वान में मौलिक पाठ (original task) की अनुपस्थिति में धारण की जाँच होती है जबकि पहचानना में मौलिक पाठ की उपस्थिति में ही धारण की जाँच होती है।

स्मरण की प्रक्रिया स्पष्टतः एक जटिल प्रक्रिया है, क्योंकि इसमें कई उपप्रक्रियाएँ (sub-processes) सम्मिलित होती हैं। इसके विशिष्ट स्वरूप (nature) की व्याख्या करने के

लिए मनोवैज्ञानिकों में दो तरह की विचारधाराएँ (viewpoints) प्रचलित हैं, जो निम्नांकित हैं—

(1) स्मरण का स्वरूप पुनरूत्पादक होता है (The nature of remembering is reproductive)—इस विचारधारा के समर्थक **इबिंगहॉस** (Ebbinghaus) हैं। इनके अनुसार स्मरण एक पुनरुत्पादक मानसिक प्रक्रिया (reproductive mental process) है। इसका मतलब यह हुआ कि शिक्षार्थी (learner) जो कुछ भी सीखते हैं, उसको बाद में ठीक उसी रूप में बिना किसी प्रकार के हेर-फेर किए वह प्रत्याह्वान (recall) करने में समर्थ होते हैं। दूसरे शब्दों में प्रत्याह्वाहित सामग्री (recall materials) पहले सीखी गई सामग्री की कार्बन कॉपी (carbon copy) होती है। सीखने के बाद जैसे-जैसे समय बीतता जाता है प्रत्याह्वान या पुनरुत्पादन (reproduction) की मात्रा में कमी होती है, परन्तु जो भी प्रत्याह्वाहित सामग्री होती है वह ठीक पहले सीखी गई सामग्री की कार्बन कॉपी ही होती है। इसका मतलब यह हुआ कि प्रत्याह्वान की मात्रा (quantity) में अंतर होता है, इसके गुण (quality) में नहीं।

इबिंगहॉस का उपर्युक्त निष्कर्ष एक प्रयोग (experiment) पर आधारित था, जिसमें वे स्वयं प्रयोज्य (subject) तथा प्रयोगकर्ता (experimenter), दोनों ही थे। यह प्रयोग 1885 में किया गया था। उन्होंने निरर्थक पदों (nonsense syllables) जैसे 'XEK' का निर्माण किया और निरर्थक पदों की एक सूची को याद किया और भिन्न-भिन्न समय-अंतरालों (time intervals) के बाद धारण की जाँच पुनः सीखना विधि (relearning method) से की। परिणाम में पाया गया कि निरर्थक पदों को जिस रूप में सीखा गया था, उसका धारण ठीक उसी रूप में मौजूद था। किसी प्रकार का कोई परिवर्तन उसमें नहीं हो पाया। हाँ, इतना अवश्य देखा गया कि धारण की मात्रा में कमी मंद गति से हुई।

(2) स्मरण का स्वरूप रचनात्मक होता है (The nature of remembering is reconstructive)—यह विचारधारा इबिंगहॉस की विचारधारा के विपरीत है तथा इसका प्रतिपादन एक अँगरेज मनोवैज्ञानिक (British Psychologist), जिसका नाम **बार्टलेट** (Bartlett, 1932) था, ने अपनी प्रसिद्ध पुस्तक 'रिमेम्बरिंग' (Remembering) में किया। बार्टलेट का मत है कि स्मरण एक पुनःरचनात्मक मानसिक प्रक्रिया (reconstructive mental process) है। उन्होंने रचनात्मक मानसिक प्रक्रिया को उत्पादी मानसिक प्रक्रिया (productive mental process) भी कहा है। बार्टलेट का कहना है कि किसी सीखी गई सामग्री का प्रत्याह्वान (recall) शिक्षार्थी हू-ब-हू ठीक उसी रूप में नहीं करते, बल्कि उसमें कुछ परिवर्तन करके करते हैं। कुछ नयी सामग्री को अपनी ओर से प्रत्याह्वान करते समय जोड़ देते हैं तथा पुरानी सीखी गई सामग्री में से कुछ सामग्री को हटा देते हैं। इस तरह प्रत्याह्वान करते समय सीखी गई सामग्री की एक तरह से पुनर्निर्माण या पुनःरचना (reconstruction) की जाती है। उन्होंने इबिंगहॉस के विचार की त्रुटि की ओर ध्यान दिलाते हुए यह भी कहा कि उनके उस ढंग के निष्कर्ष के दो कारण थे—

(i) इबिंगहॉस ने निरर्थक पदों को सीखकर उनकी धारण की जाँच की थी। निरर्थक पद का स्वरूप (nature) ही कुछ ऐसा है कि व्यक्ति को प्रत्येक प्रत्याह्वान में उसका हू-ब-हू पुनरुत्पादन (reproduction) करना ही है। यदि सार्थक सामग्री (meaningful material) का वे प्रयोग करते तो इस ढंग का निष्कर्ष नहीं आता।

(ii) इबिंगहॉस अपने प्रयोग में स्वयं प्रयोगकर्ता तथा प्रयोज्य दोनों ही थे। प्रयोगकर्ता के रूप में उन्हें प्रयोग की प्राक्कल्पना (hypothesis) का पता था। यही कारण है कि प्रयोज्य के रूप में उन्होंने सीखे गए पदों का पुनरुत्पादन (reproduction) किया।

बार्टलेट का यह विचार कि स्मरण एक पुनःरचनात्मक मानसिक प्रक्रिया (reconstructive mental process) है, इनके ही द्वारा किए गए कुछ प्रयोगों (experiments) पर आधारित है। इनमें उनके द्वारा किए गए दो प्रयोग काफी उल्लेखनीय हैं—

(1) कहानी-संबंधी प्रयोग (Experiments relating to stories)—बार्टलेट ने अपने कुछ प्रयोगों में एक कहानी का पुनरुत्पाद (reproduction) भिन्न-भिन्न प्रयोज्यों (subjects) से भिन्न-भिन्न समय-अंतरालों के बाद करवाया तथा कुछ प्रयोगों में एक ही प्रयोज्य से भिन्न-भिन्न समय अंतरालों (time intervals) पर एक ही कहानी का पुनरुत्पादन करवाया। बार्टलेट ने अपने प्रयोगों में कई तरह की कहानियों (stories) को सम्मिलित किया जिनमें सबसे लोकप्रिय कहानी थी 'दी वार ऑफ दी घोस्ट्स' (The War of the Ghosts)। कुछ प्रयोगों में इस कहानी को एक प्रयोज्य को सुनवाया गया। उसने उसी कहानी को दूसरे प्रयोज्य से, दूसरे प्रयोज्य ने उसी कहानी को तीसरे प्रयोज्य से तथा तीसरे ने चौथे से और इसी तरह से कई प्रयोज्यों को भिन्न-भिन्न समय-अंतराल पर सुनवाया गया। इस विधि को क्रमिक पुनरुत्पादन विधि (method of serial reproduction) कहा गया। कुछ प्रयोगों में उन्होंने एक ही कहानी को कई प्रयोज्यों को अलग-अलग पढ़ने को दिया और भिन्न-भिन्न समय-अंतरालों पर प्रत्येक प्रयोज्य से उसी कहानी का प्रत्याह्वान (recall) करवाया। इसे उन्होंने पुनरुक्ति पुनरुत्पादन विधि (repeated reproduction method) कहा। इन दोनों विधियों से बार्टलेट ने कहानी के कई पुनरुत्पादन का संग्रह किया और इसका विश्लेषण किया।

(2) चित्र-आरेखन-संबंधी प्रयोग (Experiments relating to figure drawing)—बार्टलेट ने इस प्रयोग में उल्लू (owl) का चित्र एक प्रयोज्य (subject) को कुछ देर तक दिखाकर हटा लिया और बाद में उसे अपनी स्मृति से उसका आरेखन (drawing) करने को कहा गया। इस आरेखित चित्र को फिर दूसरे प्रयोज्य को कुछ समय तक दिखाकर हटा लिया गया और उसे अपनी याद से उसका आरेखन करने को कहा गया। फिर, इस आरेखित चित्र को तीसरे प्रयोज्य को कुछ देर तक दिखाकर हटा लिया गया और उसे अपनी याद से उसका आरेखन करने को कहा गया। इस तरह उल्लू के आरेखित चित्रों का कई पुनरुत्पादन (reproduction) प्राप्त किया गया (चित्र 16.1 देखें)। चित्र-16.1 से यह स्पष्ट है कि उल्लू का मूल चित्र प्रत्येक पुनरुत्पादन में धीरे-धीरे बदलता गया और दसवें पुनरुत्पादन में यह बदलकर बिल्ली हो गया।

बार्टलेट के कहानी-संबंधी प्रयोगों तथा चित्र-आरेखन-संबंधी प्रयोगों के आधार पर मूल रूप से हम इस निष्कर्ष पर पहुँचते हैं कि व्यक्ति पहले देखे गए चित्रों एवं सीखे गए कहानियों का जब प्रत्याह्वान (recall) या पुनरुत्पादन (reproduction) करता है तो वह अपनी आवश्यकता (need), अभिरुचि (interests), मनोवृत्ति (attitude) तथा आदत के अनुसार मौलिक विषय में परिवर्तन कर देता है। वह कुछ नई बातों को मौलिक विषय में जोड़ देता है तथा मौलिक विषय की कुछ बातों को छोड़ देता है। इस तरह से बार्टलेट ने यह पाया कि व्यक्ति सीखे गए विषयों का हू-ब-हू नहीं, बल्कि उसमें अपनी ओर से कुछ विशेष रचना (construction) करते हुए, अर्थात जोड़-घटाव करते हुए उसका प्रत्याह्वान करता है। अतः, बार्टलेट का अन्तिम निष्कर्ष यही था कि स्मरण एक पुनःरचनात्मक मानसिक प्रक्रिया

(reconstructive mental process) है न कि पुनरुत्पादक मानसिक प्रक्रिया (reproductive mental process), जैसा कि इबिंगहॉस (Ebbinghaus) ने कहा था। स्वयं बार्टलेट[1] (Bartlett, 1932) के ही शब्दों में, हम इस निष्कर्ष पर पहुँचते है, "स्मरण अनगिनत भिन्न-भिन्न निश्चित बेजान स्मृति-चिह्नों का पुनः उत्तेजन (re-excitation) नहीं है। यह एक काल्पनिक रचनात्मक तथा पुनः रचनात्मक प्रक्रिया है। रटकर सीखे गए विषयों का भी स्मरण शायद ही कभी हू-ब-हू (exact) होता है।"

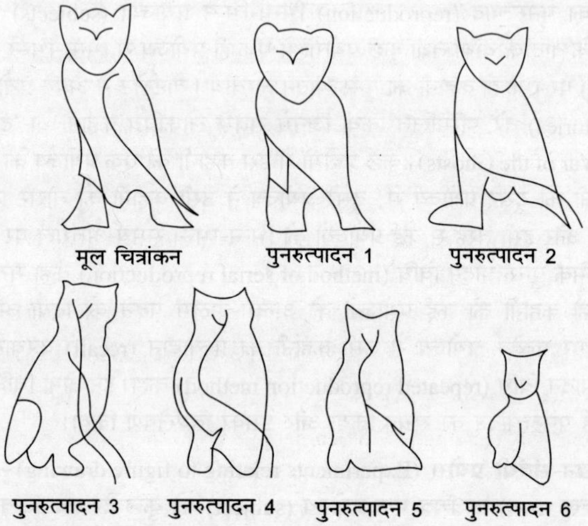

चित्र 16.1 बार्टलेट का चित्र-आरेखन-संबंधी प्रयोग

स्मरण के स्वरूप की इन दोनों विचारधाराओं का तुलनात्मक अध्ययन करने के बाद हम इस निष्कर्ष पर पहुँचते हैं कि स्मरण को एक पुनः रचनात्मक मानसिक प्रक्रिया (reconstructive mental process) ही मानना अधिक उपयुक्त (appropriate) है।

---

1. "Remembering is not the re-excitation of innumberable, fixed lifeless and fragmentary cases. It is an imaginative reconstruction or costruction.... It is thus hardly ever really exact, even in the most rudimentory cases of recapituation."—Bartlett, *Remembering,* 1932, p. 213

धारण को प्रभावित करनेवाले कारक
(Factors Influencing Retention)

धारण (retention) की प्रक्रिया बहुत-से कारकों (factors) द्वारा प्रभावित होती है। मनोवैज्ञानिकों ने इन कारकों को निम्नांकित दो भागों में बाँटा है—धारण करनेवाले व्यक्ति, अर्थात शिक्षार्थी (learner) की अपनी विशेषताएँ तथा सीखे गए पाठ से संबंधित कारक (factors)। इन दोनों तरह के कारकों का वर्णन निम्नांकित है—

(क) धारण करनेवाले शिक्षार्थी की विशेषताएँ (Characteristics of learner)—जब शिक्षार्थी (learner) किसी पाठ को सीखकर उसे धारण करने की कोशिश करता है तो कुछ अपनी विशेषताएँ होती हैं जो धारण की प्रक्रिया को प्रभावित करती हैं। ऐसी प्रमुख विशेषताएँ निम्नांकित हैं—

(1) शिक्षार्थी की आयु (Age of learner)—शिक्षार्थी (learner) की आयु पर धारण की प्रक्रिया निर्भर करती है। जैसे-जैसे शिक्षार्थी की आयु बढ़ती जाती है, एक खास सीमा तक धारण मजबूत होती जाती है। बालकों की अपेक्षा वयस्कों का धारण मजबूत होता है। इसका कारण यह है कि वयस्कों का मस्तिष्क बालकों के मस्तिष्क की अपेक्षा अधिक परिपक्व (mature) होता है। परंतु, जब शिक्षार्थी की आयु और अधिक बढ़ती है, यानी जब वह बुढ़ापे की ओर अग्रसर होता है, तो फिर धारण क्षमता कमजोर हो जाती है, क्योंकि बुढ़ापा में यद्यपि मस्तिष्क तो काफी परिपक्व होता है, परन्तु उसकी शक्ति क्षीण होने के कारण मानसिक ह्रास (mental deterioration) प्रारंभ हो जाता है।

(2) शिक्षार्थी की बुद्धि (Intelligence of learner)—धारण बुद्धि द्वारा भी प्रभावित होता है। सामान्यतः अधिक बुद्धिवाले शिक्षार्थी चूँकि किसी पाठ (lesson) को समझकर तथा उसके गुण-दोष को अच्छी तरह जानकर ही सीखते हैं, इसलिए उनका धारण अधिक दिनों तक मजबूत बना रहता है। फलतः, उसका धारण अधिक दिनों तक बना नहीं रहता है और तुरंत ही क्षीण होने लगता है।

(3) शिक्षार्थी की परिपक्वन (Maturation of learner)—जिन शिक्षार्थियों में उम्र के अनुसार परिपक्वन (maturation) ठीक होता है वे किसी पाठ को जल्द सीख लेते हैं। फलस्वरूप, उनका धारण भी अधिक समय तक बना रहता है। परंतु, उम्र के अनुसार परिपक्वन कम होने पर शिक्षार्थी किसी पाठ या पूर्व घटनाओं को देर से सीखते हैं तथा उसे कम समय तक धारण किए हुए रहते हैं। एक विशेष उम्र की लड़की का धारण समान उम्र के लड़के के धारण की अपेक्षा सामान्यतः अधिक इसलिए होता है क्योंकि लड़की का परिपक्वन समान उम्र के लड़के की अपेक्षा अधिक होता है।

(4) सांवेगिक स्थिति (Emotional tone)—धारण शिक्षार्थी की सांवेगिक स्थिति (emotional state) पर भी निर्भर करता है। जिन शिक्षार्थियों में असुरक्षा तथा दुश्चिंता (anxiety) की भावना अधिक होती है, वे अधिक कमजोर होते हैं। दूसरी तरफ जब शिक्षार्थी में इस तरह की असुरक्षा एवं दुश्चिंता की भावना नहीं होती है, जिसके कारण वह संवेगात्मक रूप से स्थिर होता है, तो उसका धारण भी अधिक प्रबल होता है। **विटेकर** (Whittaker, 1970) ने अपने प्रयोगात्मक अध्ययन से इस बात की पुष्टि की है।

(5) अभिरुचि एवं अभिक्षमता (Interest and aptitude)—शिक्षार्थी का धारण अभिरुचि एवं अभिक्षमता (aptitude) से भी प्रभावित होता है। शिक्षार्थी की अभिरुचि (interest) जिस कार्य या पाठ में होती है, उसे वह जल्द सीख लेता है तथा उसका धारण भी अधिक दिनों तक प्रबल बना

रहता है। यही कारण है कि जिस छात्र की अभिरुचि किसी खास फिल्म में अधिक होती है, उसकी गति, दृश्य तथा सम्भाषण (dialouge) का धारण अधिक दिनों तक प्रबल होता है। दूसरी तरफ, जिस छात्र की अभिरुचि पाठ्य-पुस्तकों में अधिक होती है, वे वैसी पाठ्य-पुस्तकों में लिखे तथ्यों को अधिक दिन तक धारण करके रखते हैं।

अभिरुचि (interest) के समान शिक्षार्थी की अभिक्षमता (aptitude) भी धारण को प्रभावित करती है। अभिक्षमता से तात्पर्य किसी कार्यविशेष को करने की अंतःशक्ति (latent ability) से होता है। जैसे, यदि किसी शिक्षार्थी में गाना गाने की अभिक्षमता अधिक होती है तो किसी गाने के बोल, उसके उतार-चढ़ाव के क्रम (sequence) आदि पर वह अधिक ध्यान देता है। फलस्वरूप, वह इन अनुभवों को अधिक समय तक धारण किए हुए रहता है।

(ख) सीखे गए पाठ से संबंधित कारक (Factors relating to the learnt task)—धारण कुछ वैसे कारकों द्वारा भी प्रभावित होता है जो सीखे गए पाठ से संबंधित होता है। ऐसे प्रमुख कारक निम्नांकित हैं—

(1) सीखने की विधि (Methods of learning)—किसी पाठ या विषय को धारण करने का प्रश्न तभी उठता है जब शिक्षार्थी ने इसे सीखा हो। शिक्षार्थी ने पाठ या विषय को किस विधि से सीखा है, उसपर भी धारण की प्रक्रिया निर्भर करती है। सीखने की कुछ प्रभावकारी विधियाँ (effective methods), जैसे विवेचना विधि (discussion methods), प्रेक्षण द्वारा सीखना (learning by observation), आवृत्तिकरण तथा पुनःनिरीक्षण विधि, समझकर सीखने की विधि आदि हैं, जिनके द्वारा यदि शिक्षार्थी किसी पाठ या विषय को सीखता है, तो उसका धारण (retention) अधिक टिकाऊ तथा मजबूत होता है। इसके अलावा यदि शिक्षार्थी किसी विषय या पाठ को रटकर सीखता है या अविराम विधि से सीखता है, तो उसका धारण उतना टिकाऊ नहीं होता है तथा साथ-ही-साथ मजबूत भी नहीं हो पाता है तथा शिक्षार्थी उसे जल्द ही भूल जाता है।

(2) सीखे गए विषय का स्वरूप (Nature of the learnt materials)—सीखे गए विषय का स्वरूप सार्थक या निरर्थक हो सकता है। मनोवैज्ञानिक प्रयोगों से यह स्पष्ट हो चुका है कि सार्थक विषयों को व्यक्ति जल्द सीख लेता है, क्योंकि उसके अर्थ को वह समझता है। ऐसी परिस्थिति में सीखे गए पाठ का धारण काफी प्रबल होता है। दूसरी तरफ, यदि व्यक्ति किसी निरर्थक पाठ या विषय को सीखता है तो वह उसके अर्थ को नहीं समझता है, बल्कि सिर्फ रटता है। ऐसी परिस्थिति में उससे मस्तिष्क में बने स्मृति-चिह्न भी जल्द ही क्षीण हो जाते हैं। फलस्वरूप, उसका धारण भी कमजोर हो जाता है और कम समय में ही समाप्त हो जाता है।

(3) सीखने की मात्रा (Amount of learning)—सीखने की मात्रा से तात्पर्य किसी पाठ को तीन स्तरों तक सीखने से होता है—न्यून सीखना (underlearning), युक्त सीखना (just learning) तथा आधिक्य सीखना (overlearning)। जब व्यक्ति किसी विषय को पूर्णतः सीख लेने के बाद भी सीखता जाता है, तो इसे आधिक्य सीखना कहा जाता है। पूर्णरूपेण सीख लेने के स्तर को युक्त सीखना तथा किसी विषय को पूर्णरूपेण सीखने के स्तर से भी कम सीखना को न्यून सीखना कहा जाता है। **हिलगार्ड** (Hilgard, 1982) ने एक अध्ययन के आधार पर बतलाया है कि यदि किसी विषय का आधिक्य सीखना किया जाता है तो उसकी धारणा उस विषय को युक्त सीखने की अपेक्षा 40% अधिक होती है। कुछ मनोवैज्ञानिकों ने यह भी स्पष्ट रूप से बताया है कि किसी विषय या पाठ का यदि न्यून सीखना किया जाता है, तो उसका धारण हमेशा कमजोर होता है।

(4) विषय की लंबाई (Length of the lesson)—जब सीखे गए विषय की लंबाई अधिक होती है तो उसका धारण छोटे विषय के धारण की अपेक्षा अधिक प्रबल होता है। इस तथ्य की पुष्टि **इबिंगहॉस** (Ebbinghaus, 1885) ने एक प्रयोग में की जिसमें उन्होंने 12, 24, 36 निरर्थक पदों (nonsense syllables) की तीन सूचियों को एक तरह की कसौटी (criterion) तक सीखकर उसके धारण की जाँच की और 36 पदोंवाली सूची का धारण, 12 पदों वाले सूची के धारण की अपेक्षा समान समय-अंतराल पर अधिक प्रबल था। **किंग्सले** तथा **गैरी** (Kingsley & Garry, 1957) ने भी इसी तरह का परिणाम पाया है और इसका कारण बताते हुए कहा है कि लम्बे विषय को चूँकि व्यक्ति कई बार दोहराता है, इसलिए उसका धारण छोटे विषयों की अपेक्षा अधिक प्रबल होता है। **उडवर्थ** (Woodworth, 1988) ने भी अपने प्रयोग में पाया कि यदि छोटी सूची तथा लम्बी सूची को बराबर-बराबर दोहराया जाता है तो भी लम्बी सूची का धारण छोटी सूची के धारण की अपेक्षा दो दिनों से अधिक होती है।

ऊपर वर्णन किए गए तथ्यों से स्पष्ट है कि धारण की प्रक्रिया कई कारकों द्वारा प्रभावित होती है। शिक्षकों को इन कारकों का विशेष ज्ञान होना अनिवार्य है; क्योंकि तभी वे अपना अध्यापन कार्य इस ढंग से कर सकते हैं कि उनके द्वारा पढ़ाए गए विषयों का धारण शिक्षार्थी में मजबूत एवं टिकाऊ बना रहे।

धारण की जाँच की विधियाँ (Methods of Testing Retention)

शिक्षा मनोवैज्ञानिकों ने शिक्षार्थियों के धारण की जाँच करने के लिए निम्नांकित विधियों का प्रतिपादन किया है—

(1) प्रत्याह्वान विधि (Recall method)

(2) प्रत्यभिज्ञान विधि (Recognition method)

(3) पुनः सीखना विधि (Relearning method)

(4) पुनर्निर्माण विधि (Reconstruction method)।

(1) प्रत्याह्वान विधि (Recall method)—प्रत्याह्वान विधि, जिसे **पुनरूत्पादन विधि** (reproduction method) भी कहा जाता है, धारणा की जाँच की सबसे लोकप्रिय विधि है। इस विधि में धारण की जाँच प्रत्याह्वान (recall) करके की जाती है। पूर्व सीखे गए विषय या पाठ को व्यक्ति अपने सामने से हटा देता है तथा उसकी अनुपस्थिति में ही उसे बोलकर या लिखकर उसका प्रत्याह्वान करता है। प्रत्याह्वान की मात्रा जितनी ही अधिक होती है, धारण उतना ही प्रबल एवं मजबूत माना जाता है।

(2) प्रत्यभिज्ञान विधि (Recognition method)—इस विधि का आधार प्रत्यभिज्ञान (recognition) है। प्रत्यभिज्ञान में सीखे गए पाठ या विषय को कुछ सदृश (similar) एवं नए उद्दीपक के साथ मिलाकर शिक्षार्थी के सामने उपस्थित किया जाता है। यदि सचमुच में शिक्षार्थी पूर्व सीखे गए पाठ विषय को धारण किए हुए होता है, तो यह आसानी से इस पूर्व सीखे गए विषय या पाठ को नए एवं सदृश पाठ से अलग कर पहचान करने में असमर्थ रहता है, तो ऐसा कहा जाता है कि व्यक्ति की धारण कमजोर था। इस तरह हम देखते हैं कि प्रत्याह्वान विधि में मूल पाठ या विषय को उसकी अनुपस्थिति में ही व्यक्ति उसे बोलकर या लिखकर प्रत्याह्वान (recall) करता है, जबकि प्रत्यभिज्ञान विधि में मूल पाठ या विषय को उससे मिलते-जुलते पाठ या विषय के साथ मिलाकर

व्यक्ति के सामने उपस्थित किया जाता है और व्यक्ति को पूर्व सीखे गए विषय की पहचान करनी होती है। शिक्षा मनोवैज्ञानिकों ने अध्ययन कर यह साबित कर दिया है कि प्रत्यभिज्ञान विधि (recognition method) प्रत्याह्वान विधि (recall method) से काफी सरल होता है।

(3) पुनःसीखना विधि (Relearning method)—इस विधि का प्रतिपादन **इबिंगहॉस** (Ebbinghaus) ने किया था। इसे **बचत विधि** (saving method) भी कहा जाता है। इस विधि में पाठ या एकांशों (items) को शिक्षार्थी (learner) एक निश्चित कसौटी (fixed criterion) तक सीख लेता है। इसके कुछ दिन या कुछ घंटे बीतने के बाद शिक्षार्थी उसी पाठ या विषय को उसी कसौटी तक 'पुनःसीखना (relearn)' करता है। धारण (retention) की जाँच शिक्षार्थी द्वारा पुनः सीखने (relearning) में लगे प्रयास (trials) या समय या त्रुटि (error) के आधार पर की जाती है। जब शिक्षार्थी सीखे गए पाठ या विषय को धारण किए हुए रहता है, तो वैसी परिस्थिति में वह कम त्रुटि करते हुए एवं कम समय में ही दोबारा, कम प्रयासों में ही सीख लेता है। इस तरह विषय का धारण मजबूत होने पर उसे समय तथा प्रयास (trial) की बचत (saving) होती है और साथ-ही-साथ उससे त्रुटि (error) भी कम होती है।

(4) पुनर्निर्माण विधि (Reconstruction method)—यह विधि 'पुनःसीखना विधि' (relearning method) से बहुत कुछ मिलती-जुलती है। इस विधि में पूर्व सीखे गए पाठ या विषय को कुछ समय अंतराल (time interval) के बाद व्यक्ति के सामने एक यादृच्छिक क्रम (random order) में उलट-पुलट कर प्रस्तुत किया जाता है। व्यक्ति को इन एकांशों को फिर उसी क्रम (order or sequence) में पुनर्निर्माण या पुनर्व्यवस्थित (reconstruct or rearrange) करने को कहा जाता है, जिस क्रम में उसने इन एकांशों को सीखा था। इस विधि में धारण की जाँच पूर्वक्रम में पुनर्व्यवस्थित किए गए एकांशों की संख्या से की जाती है। यह संख्या जितनी ही अधिक होती है, धारण उतना ही मजबूत समझा जाता है।

इस तरह हम देखते हैं कि मनोवैज्ञानिकों ने धारण की जाँच के लिए कई विधियों का प्रतिपादन किया है। इन विधियों में प्रत्याह्वान विधि (recall method) सबसे अधिक लोकप्रिय है।

प्रत्याह्वान एवं प्रत्यभिज्ञान में अंतर
(Distinction between Recall and Recognition)

प्रत्याह्वान (recall) तथा प्रत्यभिज्ञान दोनों ही स्मरण (remembering) की दो प्रमुख उपप्रक्रियाएँ (subprocesses) हैं। प्रत्याह्वान (recall) एक ऐसी मानसिक प्रक्रिया है जिसके द्वारा हम अपनी पूर्व अनुभूतियों को उनकी अनुपस्थिति में चेतना में लाते हैं। जैसे यदि हम किसी किताब से एक कविता सीखते हैं, फिर किताब बन्द करके उस कविता को बोलकर या लिखकर पुनरुत्पादन (reproduction) करते हैं तो यह **प्रत्याह्वान** का उदाहरण होगा। प्रत्यभिज्ञान (recognition) का अर्थ पहचान होता है। प्रत्यभिज्ञान एक ऐसी मानसिक क्रिया है जिसके द्वारा शिक्षार्थी पूर्व सीखे गए पदों को सदृश तथा नए पदों के साथ मिलाकर उपस्थित करने पर उन्हें (सीखे गए पदों को) अलग करता है। जैसे मान लिया जाय कि एक शिक्षार्थी भारत के 15 शहरों के नाम की एक सूची याद करता है। इसके बाद उसे 20 अन्य शहरों के नाम के साथ मिलाकर (यानी कुल 35 शहर के नाम) उन्हें यह पहचान करने के लिए दे दिए जाते हैं कि पहले सीखे गए शहरों के नाम पर सही का टिक लगा दें। यह प्रक्रिया **प्रत्यभिज्ञान** (recognition) का उदाहरण होगा।

यद्यपि प्रत्याह्वान (recall) तथा प्रत्यभिज्ञान (recognition) दोनों में ही धारण की जाँच होती है और दोनों ही को स्मरण की उपप्रक्रियाओं (subprocesses) में शामिल किया गया है, फिर भी इन दोनों में निम्नांकित अंतर हैं—

(1) प्रत्याह्वान (recall) में मौलिक विषय या पाठ (original task) की अनुपस्थिति में ही शिक्षार्थी उसका पुनरुत्पादन (reproduction) करता है, जबकि प्रत्यभिज्ञान (recognition) में मौलिक विषय अन्य नवीन सदृश विषय (similar task) के साथ मिलकर शिक्षार्थी के सामने उपस्थित रहते हैं।

(2) प्रत्यभिज्ञान (recognition) प्रत्याह्वान (recall) की प्रक्रिया से सरल होता है, क्योंकि प्रत्यभिज्ञान करते समय मूल पाठ (original task) शिक्षार्थी के सामने उपस्थित रहता है जबकि प्रत्याह्वान के समय व्यक्ति के सामने मूल पाठ उपस्थित नहीं रहता है।

(3) प्रत्याह्वान (recall) पूर्ण (complete) अथवा अपूर्ण (incomplete) होता है जबकि प्रत्यभिज्ञान (recognition) निश्चित (definite) अथवा अनिश्चित (indefinite) होता है। जब शिक्षार्थी किसी सीखे गए पाठ या विषय का प्रत्याह्वान करता है तो वह उसका या तो पूर्ण प्रत्याह्वान करता है या उसका मात्र आंशिक रूप से (partially) ही प्रत्याह्वान कर पाता है। दूसरी तरफ प्रत्यभिज्ञान की प्रक्रिया निश्चित हो सकती है या अनिश्चित हो सकती है। जब शिक्षार्थी किसी वस्तु या व्यक्ति की पहचान करने के साथ-ही-साथ यह भी बता पाते हैं कि उसे कब और कहाँ देखा था, तो इसे **निश्चित पहचान** (definite recognition) कहा जाता है। परन्तु, जब शिक्षार्थी मात्र पहचान ही कर पाते हैं और वे यह नहीं बता पाते कि उसने अमुक व्यक्ति या वस्तु को कहाँ और कब देखा है, तो यह **अनिश्चित पहचान** (indefinite recognition) का उदाहरण होगा।

(4) जब शिक्षार्थी किसी पूर्व सीखे गए पाठ का प्रत्याह्वान (recall) करता है तो प्रायः यह देखा गया है कि उस मूल पाठ में शिक्षार्थी अपनी ओर से कुछ हेरा-फेरी कर देते हैं, यानी यथारूप उसका पुनरुत्पादन (reproduction) नहीं करते। परन्तु, प्रत्यभिज्ञान (recognition) के साथ ऐसी बात नहीं है। जब हम पूर्व सीखे गए विषय या पाठ का सही प्रत्यभिज्ञान करते हैं, तो विषय का यथारूप पुनरुत्पादन करते हैं। अतः, यह कहा जाता है कि प्रत्याह्वान एक रचनात्मक (constructive) प्रक्रिया है, जबकि प्रत्यभिज्ञान एक पुनरुत्पादक प्रक्रिया है।

(5) प्रत्याह्वान धारण की पहली जाँच है जबकि पहचान इसकी दूसरी जाँच है। कहने का तात्पर्य यह है कि शिक्षार्थी जिस सीखे गए विषय का प्रत्याह्वान नहीं कर पाता है, उसकी साधारणतः पहचान कर लेता है। परन्तु, इसके विपरीत जिस सीखे गए विषय की पहचान संभव नहीं हो पाती है, उसका प्रत्याह्वान भी संभव नहीं हो पाता है।

इस तरह हम देखते हैं कि प्रत्याह्वान (recall) एवं प्रत्यभिज्ञान (recognition) की प्रक्रिया में समानता होते हुए भी ये एक-दूसरे से भिन्न हैं।

विस्मरण का स्वरूप
(Nature of Forgetting)

विस्मरण (forgetting) स्मृति (memory) का एक नकारात्मक या ऋणात्मक पक्ष (negative aspect) है। गेल्डार्ड (Geldard, 1963) ने विस्मरण को एक नकारात्मक धारण (negative retention) माना है। जब शिक्षार्थी (learner) पूर्व सीखे गए अनुभवों को किसी कारण खो देते हैं तो उसे विस्मरण की संज्ञा दी जाती है। जब भी शिक्षार्थी किसी विषय या पाठ को सीखते हैं, तो उसे स्मृति-चिह्न (memory traces) के रूप में मस्तिष्क में धारण करते हैं। जब स्मृति-चिह्न कमजोर पड़ जाते हैं या समाप्त हो जाते हैं, तो शिक्षार्थी पूर्व सीखे गए अनुभवों को याद नहीं रख पाते और यह कहा जाता है कि उसका विस्मरण हो गया है। परंतु, कभी-कभी ऐसा भी होता है कि छात्र के मस्तिष्क में किसी सीखे गए पाठ का स्मृति-चिह्न बना हुआ होता है, अर्थात वे उसका धारण किए हुए रहते हैं, फिर भी उसका प्रत्याह्वान (recall) या पहचान वे नहीं कर पाते। परन्तु, जैसे ही उस पाठ से संबंधित कुछ संकेत (cues) जिसे पुनःप्राप्ति संकेत (retrieval cues) कहा जाता है, देने पर वे उसका प्रत्याह्वान कर लेते हैं। अतः, विस्मरण को परिभाषित करते हुए यह कहा जाता है कि विस्मरण एक ऐसी मानसिक प्रक्रिया है जिसमें व्यक्ति पूर्व सीखे गए अनुभवों या पाठों का प्रत्याह्वान या प्रत्यभिज्ञान (recognition) करने में असमर्थ रहता है। इस असमर्थता का कारण स्मृति-चिह्नों का खत्म हो जाना भी हो सकता है या उपयुक्त पुनःप्राप्ति संकेत (appropriate retrieval cues) की अनुपस्थिति भी हो सकती है। जब विस्मरण का कारण स्मृति-चिह्नों का वास्तविक नाश (actual loss) होना होता है, तो इसे **चिह्न-आधारित विस्मरण** (trace-dependent forgetting) कहा जाता है और जब विस्मरण का कारण स्मृति-चिह्नों का नाश होना नहीं, बल्कि प्रत्याह्वान करते समय कुछ महत्त्वपूर्ण संकेतों की अनुपस्थिति होती है, तो उसे **संकेत-आधारित विस्मरण** (cue-dependent forgetting) कहा जाता है।

विस्मरण (forgetting) के स्वरूप (nature) के बारे में मनोवैज्ञानिकों के बीच दो तरह की परस्परविरोधी विचारधाराएँ (viewpoints) हैं। पहली विचारधारा के अनुसार विस्मरण एक निष्क्रिय मानसिक प्रक्रिया (passive mental process) है, जबकि दूसरी विचारधारा के अनुसार विस्मरण एक सक्रिय मानसिक प्रक्रिया (active mental process) है। इन दोनों विचारधाराओं का वर्णन इस प्रकार हैं—

(1) विस्मरण एक निष्क्रिय मानसिक प्रक्रिया है (Forgetting is a passive mental process)—इस विचारधारा के समर्थक इबिंगहॉस (Ebbinghaus) हैं। इबिंगहॉस के अनुसार विस्मरण समय बीतने के साथ-साथ निष्क्रिय ढंग से (passively) अपने-आप होता जाता है। इन्होंने विस्मरण का एक प्रयोगात्मक अध्ययन किया, जिसमें उन्होंने निरर्थक पदों (nonsense syllables) की कई सूचियों को स्वयं सीखा तथा उसके धारण की जाँच भिन्न-भिन्न समय-अंतरालों (time intervals), जैसे 20 मिनट, 1 घंटा, 1 दिन, 2 दिन, 3 दिन, 4 दिन, 5 दिन, 6 दिन तथा 30 दिनों पर किया। इस प्रयोग के परिणाम में उन्होंने पाया कि सीखने के बाद जैसे-जैसे समय बीतता गया, वैसे-वैसे निष्क्रिय रूप से मस्तिष्क में बने स्मृति-चिह्न अपने-आप ही क्षीण एवं कमजोर पड़ते गए और विस्मरण की मात्रा भी बढ़ती गई, हालाँकि भूलने की दर (rate) में कमी आती गई। समय बीतने के साथ विस्मरण की मात्रा (amount) तथा दर में हुए परिवर्तन को इबिंगहॉस ने एक विशेष वक्र (curve) द्वारा दिखाया है जिसे **विस्मरण-वक्र** (forgetting curve) या **इबिंगहॉस-वक्र** (Ebbinghaus curve) कहा जाता है (चित्र 16.2 देखें)।

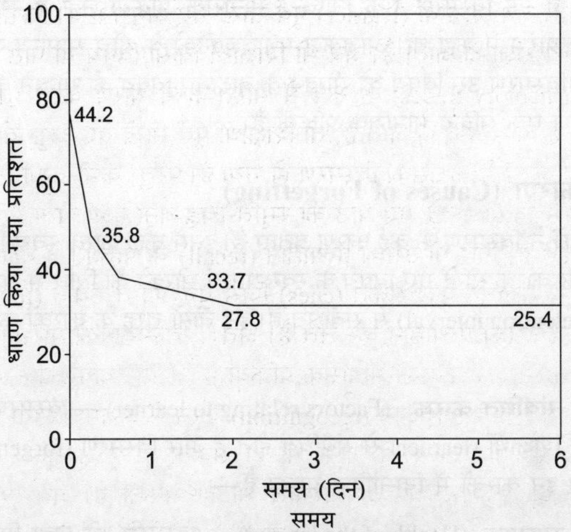

चित्र 16.2 विस्मरण चक्र

इस तरह इबिंगहॉस की निष्क्रिय मानसिक प्रक्रिया की विचारधारा के अनुसार भूलने का मुख्य कारण सीखने के बाद समय का बीतना होता है। समय बीतने के साथ-साथ स्मृति-चिह्नों में क्रमिक ह्रास होता जाता है और उसी के अनुसार विस्मरण की मात्रा भी बढ़ती जाती है। इबिंगहॉस के विस्मरण-वक्र से स्पष्ट है कि सीखने के 20 मिनट के बाद निरर्थक पदों को वे मात्र 44.2% ही धारण किए हुए थे, यानी 100% – 44.2% = 55.8% भूल गए थे। उसी प्रकार एक घंटा के बाद 64.2% भूल गए, एक दिन के बाद 66.3% भूल गए, दो दिन के बाद 72.2% भूल गए एवं छह दिन के बाद 74.6% तथा 31 दिन के बाद (जो चित्र में नहीं दिखाया गया है) 79% भूल गए। स्पष्ट है कि समय बीतने के साथ-साथ विस्मरण की मात्रा बढ़ती गई, हालाँकि विस्मरण की दर कम होती गई। प्रथम 20 मिनट में भूलने की दर 42.2% थी, एक घंटा के बाद यह 64.2% – 42.2% = 22% थी, और उसी तरह दो दिन तथा 31 दिन के समय तक यह मात्र 79% – 72.2% = 6.8% थी।

(2) विस्मरण एक सक्रिय मानसिक प्रक्रिया है (Forgetting is an active mental process) —आजकल मनोवैज्ञानिकों ने यह साबित कर दिया है कि इबिंगहॉस का विचार सही नहीं है। इन लोगों के प्रयोगों के परिणाम से यह स्पष्ट हुआ कि विस्मरण का कारण समय का बीतना नहीं है। **जेनकिन्स** तथा **डैलेनबैक** (Jenkins & Dallenbach, 1924), **मूलर** तथा **पिलजेकर** (Muller & Pilzecker, 1900), **फ्रॉयड** (1901), **मेल्टन** एवं **इर्विन** (Melton & Irwin, 1940) ने अपने-अपने प्रयोगों में यह स्पष्ट रूप से पाया कि समय का बीतना अपने-आप में विस्मरण का कारण नहीं, बल्कि व्यक्ति इस समय-अंतराल में जब कुछ दूसरा कार्य करता है या कुछ नया पाठ सीखता है तो इसके कारण मौलिक विषय को भूल जाता है। समय-अंतराल में जब छात्र नया पाठ सीखता है, तो इससे स्मृति-चिह्न पहले सीखे गए पाठ, यानी मौलिक पाठ को सीखने से उत्पन्न स्मृति-चिह्नों को धीरे-धीरे कमजोर कर देता है और व्यक्ति उस मौलिक पाठ को भूल जाता है। अतः, विस्मरण निष्क्रिय रूप से समय बीतने के साथ अपने-आप नहीं होता है बल्कि उस बीते हुए समय में जब व्यक्ति सक्रिय होकर किसी पाठ को सीखता है, तो इससे विस्मरण होता है।

निष्कर्ष यह है कि विस्मरण एक निष्क्रिय मानसिक प्रक्रिया नहीं है जैसा कि इबिंगहॉस (Ebbinghaus) ने प्रारंभ में कहा था। आजकल मनोवैज्ञानिकों के बीच सामान्य सहमति यही है कि मौलिक विषय का विस्मरण उस विषय को सीखने के बाद नए विषय को सीखने के फलस्वरूप होता है। अतः, विस्मरण एक सक्रिय मानसिक प्रक्रिया है।

विस्मरण के कारण (Causes of Forgetting)

शिक्षा मनोवैज्ञानिकों ने विस्मरण के कई कारण बताए हैं। इनमें कुछ कारक स्वयं शिक्षार्थी (learner) से संबंधित हैं, कुछ कारक सीखे गए विषय के स्वरूप एवं सीखने की विधि से संबंधित हैं तथा कुछ धारण-अंतराल (retention interval) से संबंधित हैं। इन तीनों तरह के कारकों का वर्णन निम्नांकित है—

(क) शिक्षार्थी से संबंधित कारक (Factors relating to learner)—विस्मरण के कुछ ऐसे कारक हैं जो स्वयं शिक्षार्थी (learner) से संबंधित होते हैं और विस्मरण (forgetting) की मात्रा को प्रभावित करते हैं। इन कारकों में निम्नांकित प्रमुख हैं—

(i) शिक्षार्थी का स्वास्थ्य (Health of the learner)—विस्मरण की मात्रा शिक्षार्थी के स्वास्थ्य द्वारा प्रभावित होती है। यदि शिक्षार्थी प्रायः रोगग्रस्त रहता है तो उसका स्वास्थ्य खराब हो जाता है जिसका परिणाम यह होता है कि वह किसी पाठ के सीखने से उत्पन्न स्मृति-चिह्नों (memory traces) को अधिक समय तक धारण किए नहीं रह पाता है। फलस्वरूप, वह सीखे गए विषयों को जल्द ही भूल जाता है। शिक्षार्थी का स्वास्थ्य ठीक रहने से उसमें स्मृति-चिह्नों को धारण करके रखने की क्षमता अधिक होती है। फलतः, उसका विस्मरण जल्दी नहीं होता है।

(ii) मानसिक वृत्ति (Mental set)—मानसिक वृत्ति (set) या प्रत्याशा (expectation) से भी विस्मरण की मात्रा प्रभावित होती है। ऐसा देखा गया है कि जब छात्र को किसी पूर्व सीखे गए विषय या पाठ का प्रत्याह्वान (recall) एक निश्चित समय देकर करने को कहा जाता है, तो वैसी परिस्थिति में प्रत्याह्वान काफी अच्छा होता है, यानी विस्मरण की मात्रा काफी कम होती है। दूसरी तरफ, जब शिक्षार्थी को पूर्व सीखे गए विषय का प्रत्याह्वान अचानक करने को कहा जाता है, अर्थात वैसे समय में करने को कहा जाता है, जब उसकी मानसिक वृत्ति वैसा करने की नहीं होती है या प्रत्याह्वान करने की प्रत्याशा (expectation) नहीं होती है, तो वह ठीक से उसका प्रत्याह्वान नहीं कर पाता है। फलस्वरूप, विस्मरण की मात्रा अधिक बढ़ जाती है।

(iii) सांवेगिक कारक (Emotional factors)—सीखे गए विषय का प्रत्याह्वान (recall) करते समय छात्र की सांवेगिक स्थिति का भी उसपर प्रभाव पड़ता है। यदि शिक्षार्थी उस समय किसी कारण अधिक चिन्तित (anxious), डरा हुआ एवं घबराया हुआ होता है, तो स्वभावतः उसका प्रत्याह्वान अधिक नहीं हो पाता है और विस्मरण की मात्रा अधिक बढ़ जाती है।

(iv) अभिप्रेरणात्मक कारक (Motivational factors)—विस्मरण की मात्रा शिक्षार्थी (learner) की अभिप्रेरणात्मक स्थिति (motivational state) पर भी निर्भर करती है। प्रायः किसी कार्य को करने या पाठ या विषय को सीखने के पीछे कुछ-न-कुछ अभिप्रेरणा (motivation) अवश्य होती है। जब छात्र किसी कार्य को पूर्णरूपेण सीख लेता है तो उसकी अभिप्रेरणा एवं अभिरुचि (interest) समाप्त हो जाती है। फलस्वरूप, कुछ समय के बाद जब वह इन विषयों का प्रत्याह्वान (recall) करने की कोशिश करता है तो वह पाता है कि विषयों के बहुत-से अंशों को वह भूल गया है। दूसरी तरफ

जब छात्र किसी कार्य या विषय को पूरा न सीखकर बीच में ही किसी कारणवश छोड़ देता है तो उसके पीछे छिपा अभिप्रेरण, तनाव तथा अभिरुचि समाप्त न होकर बनी-की-बनी रहती है। फलतः, छात्र ऐसे विषय या पाठ को जल्दी नहीं भूलते। इसका मतलब यह हुआ कि छात्र पूर्ण कार्यों (complete tasks) से उत्पन्न स्मृति-चिह्नों (memory traces) को अधिक समय तक धारण (retain) करके रख नहीं पाता है जबकि अधूरा ही सीखे रहने पर या किसी कार्य को अधूरा ही किए रहने पर उससे उत्पन्न स्मृति-चिह्न अधिक समय तक मस्तिष्क में बने रहते हैं। फलतः, छात्र ऐसे कार्यों या विषयों को जल्दी नहीं भूलता है। इसे सबसे पहले एक रूसी महिला मनोवैज्ञानिक जिसका नाम **जैगारनिक** (Zeigarnik) था, प्रयोगात्मक ढंग से सिद्ध किया था। इसे आजकल **जैगारनिक प्रभाव** (Zeigarnik effect) कहा जाता है।

(ख) सीखना से संबंधित कारक (Factors relating to learning)—किसी भी विषय के विस्मरण का प्रश्न तब उठता है जब पहले कभी उसे सीखा गया हो। अतः, यह स्वाभाविक है कि किसी विषय को सीखने से संबंधित कारकों (factors) द्वारा विस्मरण की मात्रा प्रभावित होती है। कुछ ऐसे प्रमुख कारक निम्नांकित हैं—

(i) सीखे जानेवाले विषय का स्वरूप (Nature of the materials to be learnt)—सामान्यतः सीखे जानेवाले विषय का स्वरूप सार्थक हो सकता है या निरर्थक हो सकता है। मनोवैज्ञानिकों ने अपने प्रयोगों के आधार पर यह स्पष्ट कर दिया है कि जब सीखा जानेवाला विषय निरर्थक होता है, तो वैसी हालत में उसे सीखने में अधिक प्रयास (trials) लगता है तथा साथ-ही-साथ उसका विस्मरण भी जल्दी हो जाता है। परन्तु, सभी सार्थक विषयों (meaningful subjects) का विस्मरण भी एक ही दर (rate) से हो, यह आवश्यक नहीं है। कुछ सार्थक विषय व्यक्ति के लिए सुखद (pleasant) तथा कुछ सार्थक विषय व्यक्ति के लिए दुःखद (unpleasant) हो सकते हैं। **कार्टर** (Carter, 1936) ने एक प्रयोग कर यह दिखाया है कि दुःखद शब्दों को व्यक्ति सुखद शब्दों की अपेक्षा तेजी से भूलता है। **जर्सिल्ड** (Jersild, 1931) ने एक दूसरा अध्ययन किया जिसमें 51 छात्रों को गत तीन सप्ताहों (weeks) में हुई सुखद अनुभूतियों एवं दुःखद अनुभूतियों का प्रत्याह्वान (recall) करने को कहा गया। परिणाम में देखा गया कि दुःखद अनुभूतियों का 45% प्रत्याह्वान (यानी, 55% विस्मरण) तथा सुखद अनुभूतियों का 31% प्रत्याह्वान (यानी 69% विस्मरण) हुआ। **साइमण्ड फ्रायड** (Sigmund Freud) के अनुसार दुःखद अनुभूतियों को व्यक्ति इसलिए जल्द भूल जाता है, क्योंकि उसका स्वरूप दुःखदायी होता है जिसके कारण व्यक्ति उनको तुरंत चेतन से अचेतन में दमित कर देता है।

(ii) सीखने की मात्रा (Degree of learning)—किसी विषय या पाठ को सीखने के लिए जितने प्रयासों (trials) की आवश्यकता होती है, उससे अधिक प्रयास तक उसे सीखना आधिक्य सीखना (over learning) कहलाता है तथा जरूरत के प्रयासों से भी कम प्रयास तक ही सीखने को न्यून सीखना (under learning) कहा जाता है। जब किसी विषय को जरूरत के प्रयासों से भी अधिक प्रयासों तक सीखा जाता है, तो उसका धारण मजबूत होता है, क्योंकि उससे बननेवाले स्मृति-चिह्न काफी सुदृढ़ तथा प्रबल होते हैं। फलस्वरूप, इसका विस्मरण देरी से होता है। दूसरी तरफ यदि किसी विषय को जरूरत के प्रयासों से भी कम प्रयास तक ही सीखा जाता है, तो उसका स्मृति-चिह्न कमजोर होता है। फलस्वरूप, उसका धारण कमजोर होता है और ऐसे विषयों को छात्र जल्द भूल जाते हैं। सारासन (Sarason, 1990) ने अपने अध्ययन में दिखाया है कि छात्र जब 20 निरर्थक पदों की एक सूची को कम मात्रा में सीखकर (under learnt) उसका प्रत्याह्वान 1 घंटे के बाद करते हैं, तो

वे उसका 77% भूल जाते हैं, परन्तु उसी सूची को अधिक मात्रा में सीखकर (overlearnt) जब वे उसका प्रत्याह्वान (recall) करते हैं, तो उसका मात्र 17% ही भूलते हैं।

(iii) सीखे गए विषय की लम्बाई (Length of the task to be learnt)—सीखे गए विषय की लम्बाई का प्रभाव भी विस्मरण पर पड़ता है। लम्बे विषयों का धारण छोटे विषयों की अपेक्षा अधिक होता है, क्योंकि लम्बे विषय को व्यक्ति बार-बार दोहराता है। फलस्वरूप, लम्बे विषय का विस्मरण छोटे विषय के विस्मरण की अपेक्षा देरी से होता है। **वुडवर्थ** (Woodworth, 1938) ने अपने प्रयोग में पाया कि यदि एक छोटी सूची तथा बड़ी सूची को बराबर-बराबर प्रयास (trial) देकर सीखा जाय तो फिर बड़ी सूची के एकांशों (items) का विस्मरण छोटी सूची के एकांशों के विस्मरण की मात्रा से कम होता है।

(iv) सीखने की विधि (Methods of learning)—यदि सीखने की विधि गलत तथा अनुपयुक्त (inappropriate) है, तो इससे भी विस्मरण होता है, जैसे यदि कोई छात्र किसी विषय या पाठ को समझकर नहीं, बल्कि रटकर याद करता है, तो वह उसे जल्दी भूल जाता है। उसी तरह यदि छात्र बिना आराम दिए हुए ही किसी लम्बे विषय को सीखता है, तो इससे विस्मरण की प्रक्रिया तेजी से होती है। मनोवैज्ञानिकों ने उसी तरह यह भी पाया है कि जब व्यक्ति किसी विषय को साभिप्राय विधि (intentional method) से सीखता है तो अनुप्रासंगिक विधि (incidental method) से सीखने की अपेक्षा उसका विस्मरण धीरे-धीरे होता है। उसी तरह यदि छात्र किसी विषय के तथ्य को विचार-विमर्श विधि (discussion method) द्वारा सीखते हैं, तो उसका विस्मरण उन विषयों की अपेक्षाकृत जल्द नहीं होता है, जिसे वे भाषण विधि से सीखते हैं।

(ग) धारण-अंतराल से संबंधित कारक (Factors relating to retention interval)—विस्मरण के कुछ ऐसे कारण भी मनोवैज्ञानिकों द्वारा बताए गए हैं जो धारण-अवधि (retention interval) में होनेवाले कारकों से संबंधित हैं। किसी विषय को सीखने तथा उसके धारण की जाँच करने तक के अंतराल को **धारण अवधि** कहा जाता है। इस धारण अवधि से संबंधित दो प्रमुख कारक (factors) हैं, जिनपर मनोवैज्ञानिकों ने अधिक बल डाला है। वे दो कारक निम्नांकित हैं—

(i) पृष्ठोन्मुख अवरोध या पूर्वलक्षी प्रावरोध (Retroactive inhibition)—धारण-अंतराल में जब व्यक्ति नए पाठों को सीखता है तो इसका प्रभाव मौलिक विषय (original task) के सीखने से उत्पन्न स्मृति-चिह्नों (memory traces) पर पड़ता है। इस प्रभाव का परिणाम यह होता है कि मौलिक विषय के स्मृति-चिह्न कमजोर पड़ जाते हैं और उसका विस्मरण हो जाता है। मौलिक सीखना (original learning) तथा उसके धारण की जाँच के बीच में हुए दूसरे प्रकार के सीखना से मौलिक विषय के धारण में उत्पन्न कमी को **पृष्ठोन्मुख अवरोध** (retroactive inhibition) कहा जाता है। **मूलर** तथा **पिलजेकर** (Muller & Pilzecker, 1900) ने अपने अध्ययन के आधार पर इसकी संपुष्टि की है कि समय बीतना अपने-आपमें विस्मरण का कारण नहीं होता है। बल्कि, इस समय-अंतराल में जब हम कुछ अन्य घटनाओं एवं विषयों को सीखते हैं, तो इससे मौलिक विषय के स्मृति-चिह्न कमजोर हो जाते हैं। फलस्वरूप, शिक्षार्थी उसका प्रत्याह्वान (recall) नहीं कर पाते और उसे विस्मरण की संज्ञा दी जाती है। बाद में **जेनकिन्स** तथा **डैलेनबैक** (Jenkins & Dallenbach, 1924) तथा **मिनामी** एवं **डैलेनबैक** (Minami & Dallenbach, 1946) ने भी अपने-अपने प्रयोगों के परिणाम से पृष्ठोन्मुख अवरोध (retroactive inhibition) को विस्मरण का एक प्रमुख कारण बताया है।

(ii) अग्रलक्षी प्रावरोध (Proactive inhibition)—अग्रलक्षी प्रावरोध विस्मरण का दूसरा महत्त्वपूर्ण कारक (factor) है। जब छात्र किसी विषय या पाठ को सीखने के बाद उसका प्रत्याह्वान (recall) करते हैं तो उस समय कुछ वैसे विषयों या पाठ जो उस विषय या पाठ से भी पहले सीखा गया होता है, बाधा पहुँचती है। इस तरह की बाधा (interference) या प्रावरोध (inhibition) को **अग्रलक्षी प्रावरोध** (proactive inhibition) कहा जाता है। **ग्रीनबर्ग** तथा **अंडरऊड** (Greenberg & Underwood, 1950) ने एक प्रयोग किया जिसमें प्रयोज्य को 10 विशेषणों (adjectives) की एक सूची को सिखाकर 48 घंटे के बाद प्रत्याह्वान करने के लिए कहा गया। उसके तुरंत बाद इसी प्रयोज्य की 10 विशेषणों की दूसरी सूची सिखाकर उसका प्रत्याह्वान 48 घंटे के बाद लिया गया। इसी तरह प्रयोज्य ने दो और सूचियों को सीखा और 48-48 घंटे के बाद उसका प्रत्याह्वान लिया गया। परिणाम में देखा गया कि पहली सूची का प्रत्याह्वान 69% हुआ, जबकि चौथी सूची का प्रत्याह्वान 25% हुआ। स्पष्ट है कि पहली सूची का विस्मरण 31% हुआ जबकि चौथी सूची का विस्मरण 75% हुआ जिसका स्पष्ट कारण यह था कि चौथी सूची को सीखने के पहले प्रयोज्य तीन और सूचियों को सीख चुका था।

इस तरह हम देखते हैं कि विस्मरण के कारणों को मनोवैज्ञानिकों ने भिन्न-भिन्न श्रेणियों में बाँटकर अध्ययन किया है। उनमें मनोवैज्ञानिकों द्वारा पृष्ठोन्मुख अवरोध (retroactive inhibition), अग्रलक्षी अवरोध (proactive inhibition) तथा सीखने से संबंधित कारकों को अधिक महत्त्वपूर्ण माना गया है।

विस्मरण के सिद्धांत (Theories of Forgetting)

विस्मरण (forgetting) की व्याख्या करने के लिए मनोवैज्ञानिकों ने कई सिद्धांतों का प्रतिपादन किया है। शिक्षा (education) की दृष्टि से निम्नांकित सिद्धांत अधिक महत्त्वपूर्ण हैं—

(1) ह्रास सिद्धांत (Decay theory)

(2) बाधक या हस्तक्षेप सिद्धांत (Interference theory)

(3) संज्ञानात्मक सिद्धांत (Cognitive theory)

(4) अभिप्रेरणात्मक सिद्धांत (Motivational theory)।

इन सिद्धांतों का वर्णन एवं उसका शैक्षिक आशय (educational implication) निम्नांकित है—

(1) ह्रास सिद्धांत (Decay theory)—विस्मरण की व्याख्या करने का सबसे पुराना सिद्धांत ह्रास सिद्धांत (decay theory) है जिसे **अनुपयोग सिद्धांत** (disuse theory) भी कहा जाता है। इस सिद्धांत का प्रतिपादन **इबिंगहॉस** (Ebbinghaus, 1885) ने किया था। इस सिद्धांत का मूल तथ्य यह है कि किसी विषय या पाठ को सीखने से छात्र के मस्तिष्क में कुछ दैहिक परिवर्तन (physiological changes) होते हैं, जिन्हें स्मृति-चिह्न (memory traces) कहा जाता है। सीखने के बाद जैसे-जैसे समय बीतता जाता है, इन स्मृति-चिह्नों का ह्रास (decay) अपने-आप होता चला जाता है। इस ह्रास का मूल कारण बीते हुए समय-अंतराल में सीखे गए पाठ या विषय का अनुपयोग (disuse), अर्थात उसका नहीं दोहराया जाना है। इसका समर्थन **थॉर्नडाइक** (Thorndike) ने भी अपने अध्ययनों से किया था। समय बीतने के दौरान अनुपयोग के कारण स्मृति-चिह्न क्षीण हो जाते हैं। और फलस्वरूप धारण कमजोर हो जाता है और सीखे गए पाठ का विस्मरण हो जाता है। संक्षेप में, इस सिद्धांत के

अनुसार सीखने के बाद जैसे-जैसे समय बीतता जाता है, व्यक्ति निष्क्रिय रूप से (passively) उसे भूलता जाता है।

इस सिद्धांत का कई प्रयोगों में खण्डन हो चुका है। जैसे **मूलर** तथा **पिलजेकर** (Muller & Pilzecker, 1900) ने यह स्पष्ट रूप से बताया कि भूलने का कारण सीखने के बाद मात्र समय का बीतना नहीं है। जब इस समय-अंतराल में व्यक्ति किसी नए विषय को सीखता है, तो इसके कारण पहले सीखे गए विषय का स्मृति-चिह्न (memory traces) कमजोर पड़ जाते हैं और व्यक्ति उन्हें भूल जाता है।

यद्यपि ह्रास सिद्धांत का लोगों ने खण्डन किया है, फिर भी इसका शैक्षिक महत्त्व (educational importance) है। यह सिद्धांत इस ओर संकेत करता है कि शिक्षकों को किसी पाठ्यविषय का पुनरीक्षण (review) अकसर करते रहना चाहिए ताकि वे उन्हें स्वयं न भूलें। इतना ही नहीं, छात्रों को भी उन्हें समय-समय पर सीखे गए विषयों का पुनरीक्षण करने की प्रेरणा देनी चाहिए ताकि वे भी सीखे गए विषयों या पाठों को भूल न जाएँ।

(2) बाधक या हस्तक्षेप सिद्धांत (Interference theory)—बाधक सिद्धांत स्मरण का एक प्रमुख सिद्धांत है। इस सिद्धांत द्वारा विस्मरण की व्याख्या व्यवहारवाद (behaviourism) के नियमों (principles) के रूप में की गई है। इसलिए, इस सिद्धांत को **व्यवहारवादियों का सिद्धांत** (behaviouristic theory) भी कहा जाता है। इस सिद्धांत के अनुसार विस्मरण मूलतः बाधा या हस्तक्षेपों (interference) के कारण उत्पन्न होता है। हस्तक्षेप से तात्पर्य किसी पाठ या घटना के स्मरण में पहले हुए और बाद में होनेवाली घटनाओं के बाधक प्रभाव से होता है। बाधक सिद्धांत के अनुसार जब किसी पूर्व सीखी गई अनुक्रियाओं (responses) या विषयों (मौलिक विषय) का प्रत्याह्वान (recall) किया जाता है तो उस समय उन सभी अनुक्रियाओं एवं विषयों, जिसे छात्र मौलिक विषय (original task) के पहले एवं बाद में सीखे होता है, से उत्पन्न स्मृति-चिह्न आपस में अंतःक्रिया (interaction) करते हैं। इस अंतःक्रिया के दो परिणाम होते हैं—सरलीकृत प्रभाव (facilitating effect) तथा बाधक प्रभाव (interfering effect)। विस्मरण इन्हीं बाधक प्रभावों का परिणाम होता है। इस तरह का बाधक प्रभाव जितना ही अधिक होगा, विस्मरण की मात्रा भी उतनी ही अधिक होगी। अध्ययनों से पता चला है कि मूल पाठ एवं बाधक पाठ में समानता (similarity) होने से विस्मरण की मात्रा सबसे अधिक होती है। बाधक सिद्धांत की इस व्याख्या से यह स्पष्ट हो जाता है कि इसमें विस्मरण का कारण मौलिक विषय के पहले सीखे गए विषय से उत्पन्न बाधा या अवरोध है, यानी अग्रलक्षी अवरोध (proactive inhibition) तथा मौलिक विषय के बाद में सीखे गए विषय से उत्पन्न बाधाएँ यानी पूर्वलक्षी अवरोध (retroactive inhibition) होता है। अतः, बाधक या हस्तक्षेप सिद्धांत के अनुसार विस्मरण का कारण पूर्वलक्षी अवरोध तथा अग्रलक्षी अवरोध, दोनों ही होते हैं।

शिक्षा के दृष्टिकोण से यह सिद्धांत काफी महत्त्वपूर्ण साबित हुआ है। इस महत्त्व के दो कारण बताए गए हैं—

(i) यह सिद्धांत यह संकेत देता है कि जब शिक्षक छात्रों को नया पाठ पढ़ावें या नया विषय पढ़ावें, तो उन्हें इस नए विषय या पाठ को इतना स्पष्ट रूप से छात्रों के सामने रखना चाहिए कि पुराने पाठ या पहले सीखे गए पाठ से उसकी विभिन्नता (dissimilarities) एवं समानता (similarities) बिल्कुल ही स्पष्ट हो जाए। जब नया पाठ पुराने सीखे गए पाठ से सुस्पष्ट ढंग से

अलग (distinct) होता है, तो इसका बाधक प्रभाव (interfering effect) कम हो जाता है और तब विस्मरण की मात्रा भी कम हो जाती है। परंतु, यदि नया पढ़ाया जानेवाला पाठ या विषय को शिक्षक किसी भी कारण से अधिक स्पष्ट नहीं करते तो वैसी हालत में इस नए पाठ का बाधक प्रभाव बढ़ जाता है और तब विस्मरण की मात्रा भी बढ़ जाती है।

(ii) मनोवैज्ञानिक अध्ययनों से यह स्पष्ट हो गया है कि जब छात्र किसी पाठ या विषय को आंशिक रूप से (partially) सीखते हैं तो इसका बाधक प्रभाव दूसरे विषय या पाठ को पूर्णतः या अंशतः सीखने में अधिक होता है। अतः, ऐसे पाठ या विषय के बाधक प्रभाव (interfering effect) यानी विस्मरण को कम करने के लिए शिक्षकों को चाहिए कि वे छात्रों को किसी पाठ या विषय का आधिक्य सीखना (overlearning) कराएँ ताकि उसका विस्मरण कम-से-कम हो।

इस तरह स्पष्ट हुआ कि शिक्षा के दृष्टिकोण से बाधक या हस्तक्षेप सिद्धांत (interference theory) महत्त्वपूर्ण है।

(3) संज्ञानात्मक सिद्धांत (Cognitive theory)—इस सिद्धांत का प्रतिपादन संज्ञानात्मक सिद्धान्तियों (cognitive theorists), जैसे **कोहलर** (Kohler), **कॉफ्का** (Koffka), **लेविन** (Lewin, 1941), **ऊसूबेल** (Ausubel, 1963) आदि द्वारा किया गया है। इस सिद्धांत के अनुसार समय बीतने से स्मृति-चिह्न नष्ट नहीं होते, बल्कि वे पुनर्संगठित होकर पहले से थोड़ा विकृत हो जाते हैं। यह विकृति (distortion) जितनी ही अधिक होती है, विस्मरण की मात्रा भी उतनी ही अधिक होती है। इस सिद्धांत के अनुसार जब भी किसी नए पाठ या विषय को सीखा जाता है, तो समय बीतने के साथ वे पुनर्संगठित (reorganise) होकर कुछ इस ढंग से विकृत (distorted) हो जाते हैं कि वे संज्ञानात्मक संरचना (cognitive structure) में पहले सीखे गए पाठ अर्थात मौलिक पाठ (original task) के ही समान दिखते हैं। विकृति से उत्पन्न समानता (similarity) का परिणाम यह होता है कि छात्र मौलिक विषय या पाठ को नया पाठ या विषय से अलग नहीं कर पाता है। फलस्वरूप उसका प्रत्याह्वान (recall) नहीं हो पाता और उसका विस्मरण हो जाता है। शायद यही कारण है कि समय बीतने पर हम कभी-कभी किसी विशेष आदमी का नाम या उसका चेहरा (face) याद करना चाहें, तो नहीं कर पाते।

इस सिद्धांत के शैक्षिक आशय (educational implication) पर टिप्पणी करते हुए **रिली** (Reilly, 1990) ने कहा है कि शिक्षकों को चाहिए कि वे जब भी छात्र को नया पाठ या विषय पढ़ावें, तो वे उसका संबंध पहले पढ़ाए गए पाठ या विषय से ठीक ढंग से पहले बता दें ताकि छात्र मूल पाठ या विषय का पुनर्संगठन (reorganization) इस ढंग से करें कि उनमें कम-से-कम विकृति (distortion) आए ताकि उनका विस्मरण (forgetting) भी कम-से-कम हो।

(4) अभिप्रेरणात्मक सिद्धांत (Motivational theory)—कुछ मनोवैज्ञानिकों ने विस्मरण की व्याख्या अभिप्रेरणात्मक पृष्ठभूमि (motivational background) में की है। इस सिद्धांत का प्रतिपादन **साइमण्ड फ्रायड** (Sigmund Freud, 1901, 1951) द्वारा किए गए प्रेक्षणों (observations) एवं उनके व्यक्तिगत अनुभवों के आधार पर किया गया है। उन्होंने बताया है कि प्रत्येक व्यक्ति की जिन्दगी में बहुत-सी सुखद एवं दुःखद घटनाएँ घटती रहती हैं। उनमें व्यक्ति दुःखद घटनाओं को जल्दी भूल जाता है। सचमुच दुःखद घटनाओं को भूलने में व्यक्ति की अपनी इच्छा एवं विशेष अभिप्रेरणा (motivation) होती है। जब कई दुःखद अनुभूतियाँ व्यक्ति के मन में उत्पन्न होती हैं तो इससे उसमें दुश्चिंता (anxiety) उत्पन्न हो जाती है। फ्रायड के अनुसार व्यक्ति

अपने अहं (ego) को इस दुश्चिंता से बचाने की कोशिश करता है। फलस्वरूप, अचेतन रूप से (unconsciously) ऐसी अनुभूतियों (experiences) का वह दमन (repression) कर देता है। दमन करने से व्यक्ति की दुःखद अनुभूति चेतन से निकलकर अचेतन में चली जाती है। इस तरह के विस्मरण को **अभिप्रेरित विस्मरण** (motivated forgetting) कहा जाता है। फ्रायड के इस सिद्धांत से स्पष्ट है कि भूलने में हमारी इच्छा की प्रधानता होती है। उन्होंने यह स्पष्टतः कहा है कि हमलोग भूलते हैं, क्योंकि हम भूलना चाहते हैं (We forget because we want to forget.)।

शिक्षा के दृष्टिकोण से अभिप्रेरणात्मक सिद्धांत की अहमियत बताई गई है। इस सिद्धांत के आलोक में शिक्षा मनोवैज्ञानिकों का मत है कि शिक्षकों को चाहिए कि वे छात्रों को पहले वैसे विषय पढ़ाएँ जो अभिप्रेरणात्मक रूप से (motivationally) दिलचस्प एवं मनोरंजक हों। इससे छात्रों में सीखने के साथ-ही-साथ अभिरुचि एवं रूझान उत्पन्न होगी और वे विषय को जल्द नहीं भूलेंगे। इतना ही नहीं, शिक्षकों को चाहिए कि वे सरल विषयों एवं पाठों को पहले पढ़ाएँ और जटिल एवं नीरस विषयों को बाद में पढ़ाएँ। इससे छात्रों में विषय के प्रति नीरसता एवं ऊब (monotony) नहीं होगी और तब विस्मरण की मात्रा भी कम होगी।

इस तरह हम देखते हैं कि विस्मरण के कई सिद्धांत हैं और प्रत्येक सिद्धांत का अपना शैक्षिक महत्त्व है। शिक्षकों को इन सिद्धांतों के अनुसार पठन-पाठन का कार्यक्रम जारी रखने से सिखाए विषयों पर नियंत्रण रखने में काफी मदद मिलेगी।

संस्कृति एवं लिंग का स्मृति पर प्रभाव
(Impact of Culture and Gender upon Memory)

स्मृति पर संस्कृति तथा लिंग के प्रभावों का शिक्षा मनोवैज्ञानिकों द्वारा अध्ययन किया गया है। कुछ शिक्षा मनोवैज्ञानिकों का मत है कि शिक्षार्थी की संस्कृति उसे कुछ वस्तुओं, घटनाओं तथा रणनीति (strategies) के प्रति काफी संवेदनशील बना देती है। स्कनिडर तथा बजोर्कलुंड (Schneider Bjorklund, 1998) ने कई क्रास-सांस्कृतिक अध्ययनों की समीक्षा करके यह बतलाया है कि शिक्षार्थी किसी सूचनाओं को स्मृति में संगठित करने के लिए जो रणनीति (strategies) अपनाते हैं, उनमें स्पष्ट रूप से सांस्कृतिक विभिन्नता (cultural differencess) देखने को मिलती है। कोल एवं स्क्रिवनर (Cole & Scribner, 1977) ने अपने अध्ययन के आधार पर यह बतलाया है कि सूचनाओं को संगठित करने तथा उनका स्मरण करने में उचित संगठनात्मक रणनीति का उपयोग न किया जाना उचित स्कूली शिक्षा की कमी से संबंधित होता है। जिस संस्कृति में उत्तम स्कूली शिक्षा पर बल डाला जाता है, उसके शिक्षार्थी सूचनाओं को अर्थपूर्ण ढंग से समन्वित कर सकने में अधिक सफल होते हैं। सचमुच में उत्तम स्कूली शिक्षा में बच्चों को विशिष्ट तरह के सूचना संसाधन कार्य (specialised information-processing tasks) दिया जाता है जिससे उनमें विशिष्ट तरह की स्मृति रणनीति (memory strategies) उत्पन्न होती है। कोल एवं कोल (Cole & Cole, 2001) ने अपने अध्ययन के आधार पर यह बतलाया है कि शोधों से इस बात का कोई सबूत नहीं मिलता है कि उत्तम स्कूली शिक्षा से शिक्षार्थी की स्मृति-क्षमता बढ़ती है परंतु इन शोधों से यह अवश्य ही स्पष्ट हुआ है कि इससे स्मरण की रणनीति प्रभावित होती है।

लिंग का भी प्रभाव स्मृति पर पड़ता देखा गया है हालांकि इस क्षेत्र पर बहुत हाल तक मनोवैज्ञानिकों का ध्यान नहीं गया था। बर्टन तथा उनके सहयोगियों (Burton et al, 2001) तथा

हालपर्न (Halpern, 2002) द्वारा किए गए शोधों से यह स्पष्ट हुआ है कि लिंग से स्मृति के कुछ पहलू प्रभावित होते हैं जो इस प्रकार हैं—

(i) प्रासंगिक स्मृति (Episodic memory)—महिलाओं में पुरुषों की अपेक्षा अधिक श्रेष्ठ होती है। दूसरे शब्दों में, महिलाएँ अपने साथ घटी घटनाओं के समय तथा स्थान (place) की यादगारी तुलनात्मक रूप से स्पष्ट रखती हैं। काहिल्ल तथा सहयोगियों (Cahill et al., 2001) ने अपने अध्ययन में पाया कि महिलाओं में पुरुषों की अपेक्षा सांवेगिक अनुभूति से संबद्ध स्मृति भी अधिक उत्तम होती है।

(ii) हालपर्न (Halpern 2002) ने अपने अध्ययन में पाया कि दृष्टि-स्थानिक चलन स्मृति (visual spatial working memory) में पुरुष महिलाओं से श्रेष्ठ होते हैं। मानसिक चक्रक्रम (mental rotation) जिसमें स्थिर वस्तुओं में काल्पनिक गति का अनुमान लगाना होता है, दृष्टि-स्थानिक कार्य का एक उत्तम उदाहरण है और ऐसे कार्य से संबद्ध स्मृति पुरूषों में महिलाओं की अपेक्षा अधिक श्रेष्ठ होती है।

स्पष्ट हुआ कि स्मृति-लिंग तथा संस्कृति दोनों से ही प्रभावित होती है।

मेटासंज्ञान—एक शिक्षण रणनीति
(Metacognition: A Teaching Strategy)

मेटासंज्ञान (metacogniton) पद के उद्भव (origin) का श्रेय जॉन फ्लेवेल्ल (John Flavell, 1979) को जाता है जिन्होंने इस क्षेत्र में बहुत सारे शोध किए हैं। इन्होंने संज्ञानात्मक विकास (cognitive development) के संदर्भ में मेटासंज्ञान का विशेष रूप से अध्ययन किया है। फ्लेवेल्ल (Flavell 1979) के अनुसार, मेटासंज्ञान से तात्पर्य *'संज्ञानात्मक परिघटनाओं के बारे में संज्ञान'* (cognition about cognitive phenonmena) से होता है। दूसरे शब्दों में मेटासंज्ञान से तात्पर्य संज्ञान के बारे में संज्ञान से या 'जानना के बारे में जानने' (knowing about knowing) से होता है। शोधकर्ताओं के अनुसार संज्ञान के कई पहलुओं को मेटा पद के साथ जोड़ा जा सकता है, जैसे मेटाभाषा (metalanguage), मेटाबोध (metacomprehention), मेटास्मृति (metamemory) आदि।

शिक्षा मनोवैज्ञानिकों तथा विकासात्मक मनोवैज्ञानिकों (developmental psychologists) ने मेटासंज्ञान में मेटास्मृति (meta memory) पर सर्वाधिक बल डाला है। मेटास्मृति से तात्पर्य स्मृति के बारे में ज्ञान (knowledge) से होता है। मेटास्मृति में छात्र यह समझते हैं कि उनकी स्मृति किस तरह से कार्य करती है तथा वे स्मृति के अन्य पहलुओं का भी ज्ञान प्राप्त करते हैं। जैसे, मेटास्मृति में शिक्षार्थी यह समझ पाते हैं कि प्रत्यभिज्ञान परीक्षण (recognition test) प्रत्याह्वान परीक्षण (recall test) से उत्तम होता है, छात्र की वह क्षमता भी इसमें सम्मिलित होता है जिसके माध्यम से वह जाँच कर पाते हैं कि अगले सप्ताह होनेवाले परीक्षा के लिए वे कितनी तैयारी कर चुके हैं तथा किस तरह के रिहर्सल से स्मृति को उन्नत बनाया जा सकता है।

मेटास्मृति में विकासात्मक परिवर्तन (developmental changes) भी होते हैं। लियोन एवं फ्लेवेल्ल (Lyon Flavell, 1993) द्वारा किए गए अध्ययन से यह स्पष्ट हुआ है कि 5 से 6 साल की आयु तक बच्चे प्रायः यह समझते है कि परिचित एकांशों (familiar items) को अपरिचित एकांशों की तुलना में सीखना आसान होता है, प्रत्यभिज्ञान (recognition) प्रत्याह्वान (recall) से श्रेष्ठ

(superior) होता है तथा जैसे-जैसे समय बीतता जाता है, विस्तारण तेजी से होता जाता है, आदि आदि। परंतु फिर भी इस उम्र के बच्चों की मेटास्मृति सीमित होती है। जैसे इस उम्र के बच्चे यह नहीं समझ पाते कि संबंधित एकांशों (related items) का असंबंधित एकाशों की तुलना में प्रत्याह्वान करना आसान होता है तथा किसी कहानी के सारांश को याद करना पूरी कहानी को हु-ब-हू याद करने की अपेक्षा क्यों आसान होता है। परंतु पाँचवी कक्षा में पहुँचने पर छात्र यह समझ पाने लगते हैं कि किसी कहानी के सारांश का प्रत्याह्वान हु-ब-हू प्रत्याह्वान से आसान होता है। फ्लेवेल्ल तथा उनके सहयोगियों (Flavell et at., 1970) ने अपने अध्ययन में यह भी पाया है कि कम उम्र के शिक्षार्थियों में अपनी स्मृति क्षमता के बारे में अतिरंजित मत (inflated opinion) होता है। जैसे, इनलोगों द्वारा किए गए अध्ययन में अधिकतर कम उम्र के शिक्षार्थियों ने यह दावा किया था कि 10 एकांशों की सूचि में से सभी 10 एकांशों का वे प्रत्याह्वान कर सकने में सफल होंगे। परंतु प्रत्याह्वान के जाँच के बाद इनमें से कोई भी शिक्षार्थी ने अपने दावे के अनुरूप प्रत्याह्वान करने में समर्थ नहीं हुआ। परंतु जैसे-जैसे वे प्रारंभिक कक्षा से ऊपर की ओर बढ़ते जाते हैं, वे अपने स्मृति कौशल (memory skills) का अधिक सही मूल्यांकन करते पाए जाते हैं। सात या आठ साल की आयु होने पर शिक्षार्थी उत्तम स्मरण या प्रत्याह्वान के लिए दिए गए संकेतों (cues) के महत्त्व को समझने लगते हैं तथा उसका उपयोग करके अपने प्रत्याह्वान को श्रेष्ठ बनाने में लग जाते हैं।

शिक्षा मनोवैज्ञानिकों द्वारा मेटास्मृति के तीन पहलुओं (aspect) पर अधिक बल डाला गया है—**ज्ञान** (knowledge), **मानिटरिंग** (monitoring) तथा **नियंत्रण** (control)। मेटासंज्ञानात्मक ज्ञान में स्मृति के बारे में किया गया घोषणात्मक ज्ञान से होता है तथा इसमें अस्पष्ट (implicit) तथा कभी-कभी गलत विश्वास (false beliefs) भी सम्मिलित होते हैं। जैसे, हर्डजोग तथा हुल्टस (Hertzog & Hultsch, 2000) के अनुसार कुछ व्यक्तियों का यह विश्वास होता है कि वृद्ध अवस्था में युवावस्था की तुलना में सीखने एवं स्मरण दोनों की ही क्षमता में कमी आई है। स्मृति के बारे में व्यक्ति के ज्ञान (knowledge) की माप स्मृति से संबद्ध कुछ प्रश्नों को पूछकर किया जाता है। मानिटरिंग (monitoring) से तात्पर्य अधिगम तथा पुनःप्राप्ति (retrieval) के वर्तमान पहलू या जारी प्रगति के मूल्यांकन से होता है। जैसे, शिक्षार्थी परीक्षा की तैयारी करते समय इस बात का मूल्यांकन कर सकता है कि प्रत्येक अध्याय से कितने पाठ या प्रश्नों को वह याद कर पाया है तथा परीक्षा देते समय भी इस बात का मूल्यांकन कर सकता है कि उसके द्वारा दिए गए उत्तरों में से कितना सही है। स्मृति मानिटरिंग की जाँच शिक्षार्थी द्वारा किसी सूचना या पाठ को सीखते वक्त या उसका पुनःप्राप्ति (retrieval) करते वक्त उन्हीं के द्वारा उसके बारे में किया गया आत्मनिर्णय के आधार पर होता है। नियंत्रण (control) से तात्पर्य जारी अधिगम तथा पुनःप्राप्ति प्रक्रियाओं (retrieval processes) के नियमन (regulation) से होता है। नियंत्रण का एक उदाहरण इस प्रकार है—जब छात्र किसी पाठ को यह सोचकर पढ़ना बंद कर देते हैं कि उसे वह पाठ अच्छी तरह याद है या जब छात्र उस प्रश्न के उत्तर की पुनःप्राप्ति (retrieval) जारी रखता है जिसके प्रारंभिक प्रयासों में पुनःप्राप्ति नहीं कर पाया था, तो यह मेटास्मृति के नियंत्रण (control) पहलू का उदाहरण होगा। नियंत्रण का मापन प्रायः छात्रों को अपने अधिगम को नियमित (regulate) करने की छूट देकर तथा ऐसे नियमन के प्रतिफल (product) की जाँच करके अर्थात आसान सामग्रियों की तुलना में कठिन सामग्रियों के अध्ययन करने में लगे समय तथा स्मृति से सूचनाओं का प्रत्याह्वान करने में, वह कितने समय तक निरंतर बना रहता है, आदि की जाँच करके किया जाता है।

अध्ययनों से यह स्पष्ट हुआ है कि मानिटरिंग तथा नियंत्रण प्रक्रिया स्मृति के किसी भी अवस्था (stage) अर्थात कूटसंकेतन (encoding) संचयन (storage), तथा पुनःप्राप्ति (retrieval) के दौरान उत्पन्न हो सकता है। कूटसंकेतन के दौरान मानिटरिंग का मापन प्रायः अधिगम के निर्णयों (judgments of learning) द्वारा तथा नियंत्रण का मापन अध्ययन को रोक देना या समाप्त करके की जाती है। पुनःप्राप्ति के दौरान मानिटरिंग का मापन विश्वास निर्णय (confidence judgements) तथा निर्णय ज्ञान होने का भाव (feeling-of-learning judgements) द्वारा संपन्न किया जाता है।

प्रेसली, बोर्कोवस्की तथा स्कनिडर (Pressley, Borkowski & Schneider, 1989) तथा स्कनिडर तथा प्रेस्सली (Schneider & Pressley, 1997) ने अपने शोधों के आधार पर एक विशेष मेटासंज्ञानात्मक मॉडल (Metacognitive model) बनाया है जिसे **उत्तम सूचना संसाधन मॉडल** (Good information-processing model) की संज्ञा दी गई है। इस मॉडल के अनुसार बच्चों में उत्तम संज्ञान कई अंतक्रियात्मक कारकों यथा रणनीति (strategies), अंतर्वस्तु का ज्ञान (content knowledge), अभिप्रेरण तथा मेटासंज्ञान आदि का परिणाम होता है। इस मॉडल के अनुसार निम्नांकित तीन चरणों (steps) से गुजरकर बच्चों में उत्तम संज्ञान विकसित होता है—

(i) शिक्षकों तथा माता-पिता द्वारा बच्चों को विशेष तरह की रणनीति सिखलाया जाता है। विशिष्ट ज्ञान को हासिल करने के लिए बच्चे इन रणनीतियों की विशेषताओं एवं उनके संभावित प्रभावों के बारे में जान पाते हैं। सामान्यतः यह देखा गया है कि जब बच्चों का घरेलू तथा स्कूली वातावरण बौद्धिक रूप से काफी उत्तेजनापूर्ण होता है, तो वे अधिक विशिष्ट रणनीतियों को सीख लेते हैं तथा उनका लाभ उठा पाते हैं।

(ii) शिक्षक किसी विशेष क्षेत्र में उपयोग में लाए जानेवाले बहुत सारे रणनीतियों की समानता एवं विषमता को छात्रों को दिखलाकर उनके संबंधात्मक ज्ञान (relation knowledge) को उन्नत बनाने में सार्थक भूमिका निभा सकते हैं। ऐसी परिस्थिति में विभिन्न रणनीतियों के सामान्य विशेषताओं पर छात्र ध्यांन देने के लिए अभिप्रेरित हो जाते हैं।

(iii) इस अंतिम चरण में छात्र को विभिन्न तरह के रणनीतियों का स्पष्ट फायदा महसुश होने लगता है जिससे उसमें सामान्य रणनीति ज्ञान (general strategy knowledge) विकसित होता है। वे अब आसानी से अपने अधिगम परिणामों (learning outcomes) को नए-नए रणनीतियों का चयन, उपयोग एवं मूल्यांकन करने में सफलतापूर्वक कर पाते हैं।

स्पष्ट हुआ कि उत्तम सूचना संसाधन मॉडल (Good information processing model) के तीन चरण होते हैं जिनसे छात्रों में मेटासंज्ञानात्मक ज्ञान (metacognitive knowledge) एवं क्रियाएँ मजबूत होती है।

मेटासंज्ञानात्मक रणनीति तथा आत्म-नियमन को सीखने में शिक्षार्थी को मदद करने के तरीके
(Ways of Helping the Learner to Learn Metacognitive Strategies and Self-regulation)

शिक्षा मनोवैज्ञानिकों जैसे सैंट्रोक (Santrock, 2006), मैककोर्मिक एवं प्रेस्सली (Mc Cormick Pressely, 1997), स्कीन्नर (Skinner, 1979) तथा प्रेस्सली (Pressley, 1983) का मत है कि छात्रों

में मेटासंज्ञान (metacognition) तथा आत्म-नियमन (self-regulation) को मजबूत करने के लिए कई तरीकों का सुझाव दिया जा सकता है जिसमें निम्नांकित प्रमुख हैं—

(i) छात्रों में यह चेतना उत्पन्न की जानी चाहिए कि किसी भी समस्या के समाधान में रणनीति (strategies) की भूमिका महत्त्वपूर्ण होती है। अतः, छात्रों को समस्या समाधान के विभिन्न रणनीतियों के बारे में पर्याप्त ज्ञान विकसित करने में शिक्षकों को मदद करनी चाहिए। एक उत्तम शिक्षार्थी हमेशा एक रणनीति एवं योजना बनाकर ही किसी समस्या का समाधान करता है। ऐसे शिक्षार्थी को यह पता होता है कि कब और कहाँ रणनीति का उपयोग करना चाहिए जिसका ज्ञान उसे अधिगम परिस्थितियों का मानिटरिंग करने से उत्पन्न होता है।

(ii) प्रेस्सली (Pressley, 1983) का मत है कि छात्रों या शिक्षार्थियों को फायदा तब होता है जब शिक्षक उचित रणनीति बनाकर उन्हें दिखलाते हैं तथा उनमें सन्निहित कदमों (steps) को स्पष्ट शब्दों में बतलाते हैं। इसके बाद छात्र उस रणनीति का अभ्यास करते हैं और इस दौरान शिक्षक के पुनर्निवेशन (feedback) से वे तबतक निदेशित होते रहते हैं जबतक कि वे उसे स्वतः अपने से उसका उपयोग न करने लगे। शिक्षक पुनर्निवेशन देते समय छात्रों को यह भी बतलाते चलते हैं कि कहाँ और कब अमुक रणनीति सबसे अधिक लाभदायक होगी।

(iii) प्रेस्सली का यह भी मत है कि उत्तम मेटासंज्ञान तथा आत्मनियमन छात्रों में तब विकसित होगा जब छात्रों को शिक्षक द्वारा पुराने रणनीतियों की तुलना में नए रणनीतियों के उपयोग पर अधिक बल डाला जाता है तथा छात्र इन दोनों तरह के रणनीतियों की प्रभावशीलता का आपस में तुलना (comparision) विभिन्न परीक्षणों (tests) तथा मूल्यांकन प्रविधियों के निष्पादन के आधार पर करते हैं। शिक्षकों को यह नहीं भूलना चाहिए कि जब भी छात्र किसी नई रणनीति को सीखते हैं, तो उसमें काफी समय लगता है। अतः, शिक्षकों को धैर्य बनाकर रखना चाहिए तथा छात्रों को बीच-बीच में अपना समर्थन देकर उन्हें रणनीति सीखने में मदद करनी चाहिए। उन्हें ऐसा समर्थन एवं प्रोत्साहन तबतक जारी रखना चाहिए जबतक कि वे उन रणनीतियों का उपयोग स्वतः न करने लगे।

(iv) शिक्षकों को इस बात का भी ध्यान रखना चाहिए कि छात्र कोई उत्तम एवं प्रभावी रणनीति (effective strategy) का बीच में ही त्याग न करे या फिर ऐसे रणनीति का उपयोग जारी न रखे जिससे उसे किसी तरह की मदद या समस्या समाधान मिलता हो।

(v) छात्रों को किसी समस्या के समाधान में एक तरह का नहीं, बल्कि कई तरह के रणनीतियों (strategies) का उपयोग करने के लिए प्रोत्साहित किया जाना चाहिए। इसका मतलब यह हुआ कि छात्रों को बहुल रणनीति (multiple strategies) के उपयोग के लिए उसे प्रोत्साहित किया जाना चाहिए। स्कनिडर तथा बजोरक्लुड (Schneider & Bjorklund, 1998) ने अपने अध्ययन के आधार पर यह बतलाया है कि अधिकतर छात्र विभिन्न वैकल्पिक रणनीतियों को उत्पन्न करके समस्या समाधान के लिए विभिन्न तरीकों का उपयोग कर तथा साथ-ही-साथ यह भी पता लगाते हैं कि कब, कहाँ और क्या उत्तम एवं संतोषजनक ढंग से कार्य कर पाता है। सिगलर (Siegler, 1999) ने अपने अध्ययन के आधार पर यह बतलाया है कि इस तरह की रणनीतियों के उपयोग से न केवल प्राथमिक स्कूल के छात्र, बल्कि माध्यमिक स्कूल के छात्र भी लाभान्वित होते हैं।

स्पष्ट हुआ कि छात्रों में उत्तम मेटासंज्ञानात्मक रणनीति तथा आत्मनियमन को कई तरीकों से प्रोत्साहित किया जा सकता है।

स्मृति को उन्नत बनाने की विधि या स्मृति-प्रशिक्षण (Measures of Improving Memory or Memory-Training)

कक्षा में शिक्षक के सामने यह समस्या रहती है कि वे छात्रों की धारण-शक्ति को कैसे उन्नत बनाएँ ताकि उनकी स्मृति अच्छी-से-अच्छी हो सके। इस सिलसिले में मनोवैज्ञानिकों द्वारा किया गया प्रयास सराहनीय है। **वुडरो** (Woodrow, 1927) ने स्मृति-प्रशिक्षण (memory- training) या स्मृति को उन्नत बनाने से संबंधित उपायों की प्रभावशीलता देखने के लिए एक प्रयोग किया। इस प्रयोग में दो समूह थे—प्रयोगात्मक समूह (experimental group) तथा नियन्त्रित समूह (control group)। प्रयोगात्मक समूह तथा नियंत्रित समूह दोनों को एक समान विषय को तीन घंटे तक सीखने के लिए दिया गया। इसके अलावा प्रयोगात्मक समूह को अपनी स्मरण-शक्ति में सुधार लाने के सात तरीके बताए गए तथा नियंत्रित समूह को इन तरीकों के बारे में कुछ नहीं कहा गया। इसके बाद इन दोनों समूहों की स्मृति की जाँच (test) की गई और परिणाम में पाया गया कि प्रयोगात्मक समूह की स्मृति 36% पहले से उन्नत (improved) हो गई थी जबकि नियंत्रित समूह की स्मृति मात्र 4.5% ही अच्छी हो पाई थी। वुडरो द्वारा स्मृति को उन्नत बनाने के वे सात तरीके निम्नांकित हैं—

(i) यथासंभव पूर्ण विधि (whole method) और विराम विधि (distributed method) से सीखना चाहिए।

(ii) सीखते समय अपने-आपको जाँचते रहना चाहिए, अर्थात अपनी धारण की जाँच करते रहना चाहिए।

(iii) विषय के सदृश अंशों को संगठित करके तथा उसमें सामंजस्य (rhythm) स्थापित करके सीखना चाहिए।

(iv) विषय को उसका अर्थ समझकर सीखना चाहिए।

(v) सीखते समय मानसिक सतर्कता तथा एकाग्रता बनाए रखनी चाहिए।

(vi) अपनी स्मरण-शक्ति पर विश्वास रखना चाहिए।

(vii) गौण साहचर्यों (secondary associations) का प्रयोग करना चाहिए।

वुडरो द्वारा स्मृति-प्रशिक्षण के लिए दिए गए उपर्युक्त सात क्लासिकी सुझावों (classical suggestions) के अलावा भी आधुनिक शिक्षा मनोवैज्ञानिकों ने कुछ विशेष प्रविधियों (techniques) का वर्णन किया है जिसके सहारे स्मृति को उन्नत बनाया जा सकता है। इन प्रविधियों में निम्नांकित प्रमुख हैं—

(1) आधिक्य सीखना (Overlearning)—किसी विषय या पाठ को जब पूरी तरह सीख लेने के बाद भी सीखने के लिए अभ्यास जारी रखा जाता है, तो इसे आधिक्य सीखना (overlearning) कहा जाता है। मनोवैज्ञानिक अध्ययनों से यह स्पष्ट हो गया है कि जब किसी पाठ या विषय को छात्र आधिक्य सीखते (overlearning) हैं, तो इससे उस पाठ का साहचर्य (association) काफी मजबूत हो जाता है और फलस्वरूप उसकी स्मृति काफी लम्बे समय तक बनी रहती है।

(2) बाधा को कम करना (Reducing interference)—कुछ मनोवैज्ञानिकों का मत है कि सीखने की परिस्थिति से बाधा (interference) उत्पन्न करनेवाले कारकों (factors) को यदि हटा दिया जाता है, तो इससे सीखे गए पाठ या विषय की स्मृति अपने-आप अच्छी हो जाती है। जैसे सीखने की विभिन्न परिस्थितियों एवं सामग्री (materials) के बीच की समानता (similarity) को कम कर दिया जाता है, तो इससे उत्पन्न होनेवाली बाधा अपने-आप दूर हो जाएगी और उस विषय या पाठ की स्मृति उन्नत हो जाएगी। उसी ढंग से **क्रुगर** (Krueger, 1980) ने अपने अध्ययन के आधार पर यह बताया कि यदि पाठ या विषय को अर्थपूर्ण (meaningful) बना दिया जाता है तो इससे भी स्मृति (memory) उन्नत हो जाती है।

(3) स्मृति-सहायक प्रविधियाँ (Mnemonic devices)—शिक्षा मनोवैज्ञानिकों ने कुछ ऐसी स्मृति-सहायक प्रविधियों (mnemonic[1] devices) का वर्णन किया है जिनसे भी स्मृति उन्नत होती है। राइम (rhymes), चुँकिंग (chunking), परिवर्णी शब्द (acronyms) तथा परिवर्णी पंक्तियाँ (acrostics) आदि कुछ साधारण स्मृति-सहायक प्रविधियाँ हैं जिनके उपयोग से स्मृति उन्नत हो जाती है। राइम में चूँकि दोहे की पंक्तियों का अंतिम शब्द आवाज के दृष्टिकोण से मिलते-जुलते होते हैं, इसलिए उसे व्यक्ति जल्द याद कर लेता है। शायद यही कारण है कि छोटे-छोटे बालक अनेक ऐसे दोहे को तुरंत याद कर लेते हैं, भले ही वे उसका अर्थ समझें या नहीं समझें। चूँकिंग में व्यक्ति लम्बी सूचनाओं को कम करके छोटी सूचना में बदलकर उसे याद कर लेता है। जैसे टेलीफोन नम्बर 666322 को छः लाख छियासठ हजार तीन सौ बाईस कहने के बजाय यदि व्यक्ति उसे 'तीन छः, तीन एवं दो-दो' (triple six, three & double two) के रूप में संगठित कर लेता है, तो यह **चुँकिंग** का उदाहरण होगा और इससे टेलीफोन नम्बर की स्मृति भी अधिक देर तक बनी हुई रहती है। परिवर्णी शब्द एक तरह का अक्षर संकेत (letter cues) होता है जिससे जटिल सूचनाओं को याद रखने एवं उनका प्रत्याह्वान करने में मदद मिलती है। जैसे World Health Organisation को WHO के रूप में, University Grants Commission को UGC के रूप में मस्तिष्क में रखने से उनके प्रत्याह्वान (recall) में तो सुविधा होती ही है, साथ-ही-साथ उनकी स्मृति भी अच्छी बनी रहती है। परिवर्णी पंक्तियाँ ऐसी पंक्तियाँ होती हैं जिसके प्रथम कुछ अक्षर संकेत के रूप में कार्य करते हैं और उसे देखते ही या सुनते ही व्यक्ति शेष भागों का प्रत्याह्वान कर लेता है। जैसे 'सारे जहाँ से अच्छा, हिन्दोस्ताँ हमारा' में 'सारे' को सुनकर ही बालक पूरी पंक्ति का प्रत्याह्वान कर लेते हैं। यह एक **परिवर्णी पंक्ति** का उदाहरण है।

उपर्युक्त स्मृति-सहायक प्रविधियों (mnemonic devices) का दोष यह बताया गया है कि उन सभी से रटकर सीखने की प्रवृत्ति बालकों में तीव्र हो जाती है, परन्तु समझकर सीखने की प्रवृत्ति में कोई वृद्धि नहीं होती है। **हिगबी** (Higbee, 1977) ने कुछ विशेष स्मृति-सहायक प्रविधियों का वर्णन किया है जो उपर्युक्त सरल स्मृति-सहायक प्रविधियों से थोड़ा जटिल तो अवश्य हैं, परन्तु उससे स्मृति उन्नत (improved) होती है। इसमें **योजक तंत्र** (link system) तथा **स्थान तंत्र** (loci system) प्रधान हैं। योजक तंत्र में व्यक्ति विभिन्न एकांशों (items) की एक मानसिक प्रतिमा (mental image) बनाकर उन्हें एक-दूसरे से जोड़ता है जिससे उसका प्रत्याह्वान (recall) करने में सुविधा होती है तथा उसकी स्मृति भी अच्छी बनी रहती है। जैसे यदि किसी बालक को 'आटा', 'चीनी', 'दाल', 'तेल', 'नमक' लाने के बाद दूकान भेजें, तो वह इन शब्दों की मानसिक प्रतिमा

---

1. Mnemosyne स्मृति के ग्रीक देवता हैं जिनके नाम पर इन प्रविधियों का नाम रखा गया है।

बनाकर उसे आपस में अर्थपूर्ण ढंग से जोड़कर सही-सही ढंग से याद रख सकता है। स्थान तंत्र में व्यक्ति याद किए जानेवाले एकांशों का संबंध मानसिक रूप से उपयुक्त स्थान (appropriate place) से जोड़कर उसे याद रखता है। **बोअर** (Bower, 1973) ने अपने अध्ययन में पाया कि जिन छात्रों ने स्थान तंत्र की विधि को अपनाया था उन्होंने 72% शब्दों का सही प्रत्याह्वान किया और जिन छात्रों ने इस विधि को नहीं सीखा था, मात्र 28% शब्दों का ही सही-सही प्रत्याह्वान कर सके।

(4) विस्तरण एवं संकेतीकरण (Elaboration and encoding)—जब किसी पाठ या विषय की विस्तृत ढंग से व्याख्या की जाती है तो व्यक्ति उसे ठीक ढंग से याद करता है, क्योंकि उसमें एकांशों (items) के बीच बहुत सारे संबंध (connections) स्थापित किया जाना संभव हो पाता है। एकांशों के बीच बहुत सारे संबंध होने से मस्तिष्क में उनका संकेतीकरण (encoding) ठीक ढंग से होता है। फलस्वरूप, ऐसे विषय या पाठ को छात्र अधिक समय तक याद रखते हैं। जैसे यदि छात्र अखबार में 'दहेज प्रथा की बुराई' के बारे में एक लेख पढ़ता है और बाद में अपने साथियों के बीच या अपने मन में ही दहेज प्रथा से संबंधित कई प्रश्नों पर विचार कर उसका विस्तरण (elaboration) करता है तो इससे उसे विषय, अर्थात 'दहेज प्रथा की बुराई' के अनेक पहलुओं की याद अधिक समय तक बनी रहेगी। परंतु, यदि वह उसका विस्तरण नहीं करता है, तो संभव है कि वह उसे कुछ ही समय में भूल जाए।

(5) संदर्भ एवं पुनःप्राप्ति (Context and retrieval)—शिक्षा मनोवैज्ञानिकों के अनुसार संदर्भ (context) एक महत्त्वपूर्ण पुनःप्राप्ति संकेत (retrieval cue) होता है। अतः, व्यक्ति उस संदर्भ का प्रयोग कर, जिसमें सीखने की क्रिया सम्पन्न हुई हो, स्मृति को उन्नत बना सकता है। संदर्भ का प्रयोग व्यक्ति अकसर मानसिक रूप से (mentally) करता है। जैसे, कक्षा में पढ़ाए गए संस्कृत के श्लोक को यदि कोई छात्र बाद में याद करना चाहता है, तो वह संबंधित शिक्षक एवं कक्षा की परिस्थिति को सामने रखता है तो संभव है कि उसे वह श्लोक आसानी से याद आ जाए। यहाँ शिक्षक एवं कक्षा की परिस्थिति संदर्भ का उदाहरण है जो छात्र को प्रत्याह्वान (recall) करने में मदद कर रहा है, अर्थात जो एक पुनःप्राप्ति संकेत के रूप में कार्य कर रहा है।

(6) संगठन (Organization)—अध्ययनों से यह स्पष्ट हो गया है कि यदि व्यक्ति सीखते समय एकांशों (items) को एक खास ढंग से संगठित (organised) कर लेता है, तो इससे उसकी स्मृति अच्छी हो जाती है और वह बहुत दिनों तक उसे याद भी रहता है। **बोअर** एवं **क्लार्क** (Bower & Clark, 1969) ने अपने अध्ययन में पाया कि जब छात्रों को असंबंधित शब्दों (unrelated words) की एक सूची को एक कहानी के रूप में संगठित कर याद करने के लिए कहा जाता है, तो वे कुल शब्दों का 90% तक प्रत्याह्वान करने में समर्थ हो गए, परन्तु जब उन सूचियों को ऐसे ही याद करने के लिए कहा गया, अर्थात उन्हें कहानी में बिना किसी तरह के संगठन के ही याद करने के लिए कहा गया तो वह मात्र 20% का ही प्रत्याह्वान (recall) करने में समर्थ हो सका। स्पष्टतः, संगठन (organization) से स्मृति उन्नत होती पाई गई।

(7) PQRST विधि (PQRST method)—इस विधि का प्रतिपादन **थौमस** एवं **रॉबिन्सन** (Thomas & Robinson, 1982) के विचार के आधार पर किया गया है। इस विधि का मूल उद्देश्य पाठ्यपुस्तक की सामग्री (materials) का छात्रों द्वारा अध्ययन करने तथा स्मरण करने की क्षमता (ability) को बढ़ाना है। इस विधि का नामकरण इसकी पाँच अवस्थाओं (stages) के प्रथम अक्षरों को मिलाकर किया गया है—

P = Preview (पूर्वदर्शन)

Q = Question (प्रश्न)

R = Read (पढ़ना)

S = Self-recitation (आत्म-प्रपठन)

T = Test जाँच)

PQRST विधि स्मृति को उन्नत (improved) बनाने के लिए मूलतः तीन नियमों का सहारा लेती है—सामग्री को पहले संगठित करना, उसका विस्तरण (elaboration) करना तथा उसकी पुनःप्राप्ति (retrieval) का अभ्यास करना। इन पाँचों अवस्थाओं का चित्रांकन चित्र-16.3 में देखें। इन पाँचों अवस्थाओं का वर्णन इस प्रकार है—

(i) Preview (पूर्वदर्शन)—इस अवस्था में पाठ्यपुस्तक (text book) की विषय-सूची (contents) का अवलोकन छात्र करते हैं। फिर, किताब के अध्यायों के मुख्य शीर्षकों एवं चित्रों को ध्यान से देखते हैं एवं अध्याय के अंत में दिए गए अध्याय-सारांश को पढ़कर किसी अध्याय में सम्मिलित किए गए प्रमुख सामग्री के बारे में अनुमान लगाते हैं।

(ii) Question (प्रश्न)—जैसा कि चित्र-16.3 से भी संकेत मिलता है, छात्र Q, R एवं S अवस्थाओं को एक साथ किसी अध्याय के एक अनुच्छेद (section) पर लागू करते हैं और तब उस अध्याय के दूसरे अनुच्छेद में बढ़ते हैं। यही कारण है कि इन तीनों अवस्थाओं को एक बड़े आयत के भीतर दिखाया गया है। Q अवस्था में छात्र अनुच्छेद के शीर्षक तथा उस अनुच्छेद के भीतर के उपशीर्षक को पढ़कर उसे प्रश्न के रूप में बदल देता है। इस अवस्था में वह शीर्षक या उपशीर्षक के भीतर की सामग्री को पढ़ना नहीं शुरू करता है।

जैसे अगर शीर्षक का नाम है 'सीखना तथा परिपक्वन' तो छात्र इसे प्रश्न के रूप में बदल देता है—'सीखना तथा परिपक्वता एक-दूसरे से कैसे संबंधित हैं?' आदि।

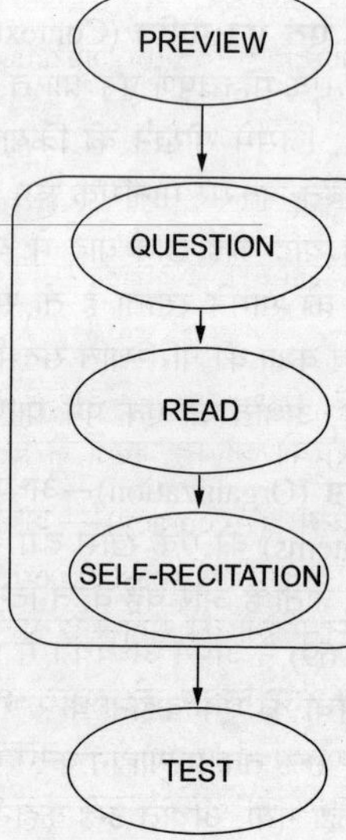

चित्र 16.3 PQRST का चित्रण

(iii) Read (पढ़ना)—इस अवस्था में छात्र अनुच्छेद (section) की सामग्री (materials) को पढ़ना प्रारंभ कर देता है और मुख्य शब्दों एवं वाक्यों को रेखांकित (underline) भी करना प्रारंभ कर देता है। साथ-ही-साथ वह इसके पहले की अवस्था में बनाए गए प्रश्नों का उत्तर भी ढूँढ़ने का प्रयास करने लगता है।

(iv) Self-recitation (आत्म-प्रपठन)—इस अवस्था में छात्र अनुच्छेद को पढ़ना समाप्त कर उसके मुख्य संप्रत्ययों एवं विचारों को मन-ही-मन सुनाना (recite) प्रारंभ कर देते हैं। इस तरह के

आत्म-प्रपठन से छात्र को अपने ज्ञान (knowledge) की रिक्तियों (blanks) का तो पता चलता ही है, साथ-ही-साथ वे स्मृति को अच्छी तरह से संगठित (organize) भी आसानी से कर पाते हैं।

एक अनुच्छेद इस तरह पूरा करके छात्र दूसरे अनुच्छेद पर Q, R एवं S की प्रक्रिया को दोहराते हैं और इसी तरह वे आगे के अध्यायों के अनुच्छेदों पर अपना अभ्यास जारी रखते हैं।

(v) Test (जाँच)—इस अवस्था में छात्र अध्याय का पढ़ना समाप्त कर उसकी जाँच एवं समीक्षा (review) करता है। वह मूल तथ्यों का प्रत्याह्वान (recall) करता है और पुनः उन तथ्यों को याद किए गए अध्याय के तथ्यों से मिलाता है।

कुछ अध्ययन जो **थॉमस** एवं **रॉबिन्सन** (Thomas & Robinson, 1982), **रेडर** एवं **एण्डरसन** (Reader & Anderson, 1980) द्वारा किए गए हैं, उनसे यह स्पष्ट हो गया है कि PQRST विधि से छात्रों की अध्ययनक्षमता तथा स्मरणक्षमता दोनों ही काफी उन्नत हो जाती हैं। इन अध्ययनों से यह भी स्पष्ट हो गया है कि इन पाँच अवस्थाओं में आत्म-प्रपठन (self-recitation) की अवस्था सबसे अधिक प्रमुख है और छात्रों को चाहिए कि वे अपने अध्ययन का 80% समय उसी अवस्था में व्यतीत करें।

इस तरह हम देखते हैं कि स्मृति को उन्नत बनाने के कई तरीके हैं जिनपर शिक्षा मनोवैज्ञानिकों ने काफी गंभीरता से विचार किया है। इनमें PQRST विधि, आधिक्य सीखना (overlearning), संगठन (organization) तथा स्मृति-सहायक प्रविधियाँ (mnemonic devices) अधिक महत्त्वपूर्ण हैं।

अच्छी स्मृति के लक्षण (Symptoms of Good Memory)

शिक्षा मनोवैज्ञानिकों ने अच्छी स्मृति की कुछ विशेषताओं का वर्णन किया है, जिनमें निम्नांकित प्रमुख हैं—

(i) तीव्रता (Rapidity)—अच्छी स्मृति की एक प्रमुख विशेषता यह है कि सीखी गई सामग्री (materials) को व्यक्ति जल्दी से प्रत्याह्वान (recall) कर लेता है।

(ii) यथार्थता (Accuracy)—अच्छी स्मृति के लिए यही सिर्फ आवश्यक नहीं है कि व्यक्ति अपनी गत अनुभूतियों (past experiences) का प्रत्याह्वान कर ले, बल्कि यह भी आवश्यक है कि वह इन अनुभूतियों का सही-सही प्रत्याह्वान (correct recall) करे।

(iii) सीखे गए विषय को लम्बे समय तक धारण रखना (Retaining the learnt materials for longer period of time)—अच्छी स्मृति की एक विशेषता यह भी है कि व्यक्ति सीखे गए पाठ या विषय को लम्बे समय तक धारण किए हुए हो। यदि ऐसा नहीं होता है, तो उसे अच्छी स्मृतिवाला व्यक्ति नहीं कहा जाएगा।

(iv) सही सामग्री का सही समय पर प्रत्याह्वान (Recall of right materials at right time) —अच्छी स्मृति की एक विशेषता यह भी है कि व्यक्ति सीखी गई सामग्री (materials) में से सही सामग्री का प्रत्याह्वान (recall) सही समय पर कर लेता है।

(v) किसी विषय या पाठ को सूझ द्वारा एवं समझकर सीखना (To learn a lesson by insight and understanding)—अच्छी स्मृतिवाले व्यक्ति किसी पाठ या विषय को समझकर, तथा प्रयत्न एवं भूल (trial and error) द्वारा न सीखकर, सूझ (insight) द्वारा सीखते हैं।

(vi) अधिक मात्रा में धारण करना (Maximum retention)—अच्छी स्मृतिवाले व्यक्ति किसी सीखे गए पाठ या सामग्री को लम्बे समय तक तो धारण करके रखते ही हैं, साथ-ही-साथ उन सामग्रियों में से अधिकाधिक को धारण किए रहते हैं।

अब आप स्वयं ही बताएँ कि आपको एक अच्छी स्मृतिवाला व्यक्ति कहा जा सकता है या नहीं?

अध्याय-सारांश
[Chapter Summary]

1. स्मृति (memory) एक सामान्य पद है, जिससे तात्पर्य पूर्व अनुभूतियों को मस्तिष्क में इकट्ठा कर रखने की क्षमता से होता है। स्मृति के दो पक्ष हैं—धनात्मक (positive) तथा ऋणात्मक (negative)। स्मरण धनात्मक पक्ष है तथा विस्मरण (forgetting) ऋणात्मक पक्ष (negative aspect) है। स्मृति की तीन अवस्थाएँ या तत्त्व हैं—संकेतन (encoding), संचयन (storage) तथा पुनःप्राप्ति (retrieval)।
2. मनोवैज्ञानिकों ने स्मृति के कई प्रकार बताए हैं—लघु-अवधि स्मृति (short-term memory), चलन स्मृति (working memory) संवेदी स्मृति (sensory memory) तथा दीर्घ-अवधि स्मृति (long-term memory), प्रासंगिक स्मृति (episodic memory) तथा अर्थगत स्मृति (semantic memory)।
3. स्मरण के स्वरूप (nature) के बारे में कुछ मनोवैज्ञानिकों का मत है कि यह एक पुनरुत्पादक मानसिक प्रक्रिया (reproductive mental process) है तथा कुछ लोगों का मत है कि यह एक रचनात्मक मानसिक प्रक्रिया (constructive mental process) है।
4. धारण को प्रभावित करनेवाले कई कारक (factors) हैं जिनमें कुछ कारक शिक्षार्थी (learner) से संबंधित हैं तथा कुछ कारक सीखे गए पाठ से संबंधित हैं।
5. शिक्षा मनोवैज्ञानिकों ने धारण की जाँच की चार विधियों का वर्णन किया है—प्रत्याह्वान विधि, प्रत्यभिज्ञान विधि, पुनःसीखना विधि एवं पुनर्निर्माण विधि (reconstruction method)। इन विधियों में प्रत्याह्वान विधि (recall method) सबसे लोकप्रिय है।
6. प्रत्याह्वान (recall) एवं प्रत्यभिज्ञान (recognition) में पाँच प्रमुख अंतरों का वर्णन किया गया है।
7. विस्मरण (forgetting) के कई कारण हैं। इनमें कुछ कारक शिक्षार्थी (learner) से संबंधित हैं, कुछ सीखे गए विषय या पाठ से संबंधित हैं तथा कुछ धारण-अवधि (retention interval) से संबंधित हैं।
8. विस्मरण के स्वरूप (nature) की व्याख्या करने के लिए कुछ मनोवैज्ञानिकों ने यह बताया है कि यह एक निष्क्रिय मानसिक प्रक्रिया (passive mental process) है तथा कुछ लोगों ने इसका खंडन करते हुए कहा है कि यह एक सक्रिय मानसिक प्रक्रिया (active mental process) है।

9. विस्मरण के कई सिद्धांत हैं, जिनमें इस अध्याय में चार सिद्धांतों का वर्णन उसकी आलोचनात्मक पृष्ठभूमि एवं शैक्षिक आशय (educational implication) को मद्देनजर रखकर किया गया है। वे चार सिद्धांत हैं—ह्रास सिद्धांत, बाधक या हस्तक्षेप सिद्धांत, संज्ञानात्मक सिद्धांत (cognitive theory) तथा अभिप्रेरणात्मक सिद्धांत (motivational theory)।
10. स्मृति पर संस्कृति एवं लिंग का सार्थक प्रभाव पड़ता है।
11. मेटासंज्ञान को उन्नत बनाना शिक्षकों के लिए एक उत्तम शिक्षण रणनीति (teaching strategy) है। इसमें उत्तम सूचना संसाधन मॉडल (good information processing model) की भूमिका सबसे ज्यादा सार्थक है।
12. स्मृति को उन्नत बनाने की सात विधियों का वर्णन किया गया है।
13. अच्छी स्मृति की छः विशेषताओं पर प्रकाश डाला गया है।

❑

अध्याय 17

परीक्षा एवं परीक्षण

[EXAMINATION AND TEST]

मुख्य बिंदु (Main Points)

1. परीक्षा का अर्थ (Meaning of Examination)
2. परीक्षा का शैक्षिक महत्त्व (Educational Importance of Examination)
3. उत्तम परीक्षा के गुण (Characteristics of a Good Examination)
4. परीक्षा के प्रकार (Types of Examinations)
5. मौखिक परीक्षा (Oral Examination)
6. लिखित परीक्षा (Written Examination)
7. निबंधात्मक परीक्षा (Essay Examination)
8. निबंधात्मक परीक्षा में सुधार के उपाय (Measures for Improving Essay Examinations)
9. वस्तुनिष्ठ परीक्षा (Objective Examination)
10. वस्तुनिष्ठ परीक्षा के प्रकार (Types of Objective Examination)
11. निबंधात्मक परीक्षा तथा वस्तुनिष्ठ परीक्षा का तुलनात्मक अध्ययन (A Comparative Study of Essay Examination and Objective Examination)
12. खुली-किताब परीक्षा बनाम बंद-किताब परीक्षा (Open-book Examination vs. Closed-book Examination)
13. एक मूल्यांकन प्रविधि के रूप में उपलब्धि परीक्षण (Achievement Test as an Appraisal Tool)
14. मनोवैज्ञानिक परीक्षण का महत्त्व (Importance of Psychological Test)
15. मनोवैज्ञानिक एवं शैक्षिक परीक्षण के निर्माण के सोपान (Stages of Construction of a Psychological and Educational Test)
16. परीक्षण के प्रकार (Types of Test)
17. एक उत्तम परीक्षण की विशेषताएँ (Characteristics of a Good Test)
18. परीक्षण की विश्वसनीयता के अर्थ (Meaning of Reliability of the Test)
19. विश्वसनीयता मापन की विधियाँ (Methods of Measuring Reliability)
20. परीक्षण की विश्वसनीयता को प्रभावित करनेवाले कारक (Factors Influencing Reliability of the Test)
21. परीक्षण की विश्वसनीयता को उन्नत बनाने के उपाय (Measures of Improving Reliability of the Test)
22. परीक्षण की वैधता का अर्थ (Meaning of Validity of the Test)
23. वैधता के प्रकार (Types of Validity)
24. परीक्षण की वैधता को प्रभावित करनेवाले कारक (Factors Influencing Validity of the Test)
25. परीक्षण की विश्वसनीयता एवं वैधता में संबंध (Relation between Reliability and Validity of the Test)
26. परीक्षण के मानक (Norms of the Test)

परीक्षा का अर्थ
(Meaning of Examination)

परीक्षा एक सामान्य पद (common term) है जिसका प्रयोग हम साधारण अर्थ में भी करते हैं एवं वैज्ञानिक अर्थ में भी। साधारण अर्थ में परीक्षा से तात्पर्य किसी वस्तु या व्यक्ति के कोई खास गुण या गुणों की जाँच से होता है। मनोविज्ञान में, विशेषकर शिक्षा मनोविज्ञान में परीक्षा शब्द का प्रयोग इतने साधारण एवं व्यापक अर्थ में न होकर एक ज्ञान की विशेष प्रविधियों (special techniques) द्वारा जाँच करने से होता है। कक्षा में शिक्षकों द्वारा तरह-तरह के विषय पढ़ाए जाते हैं तथा छात्र उन्हें सीखते हैं तथा विशेष कौशल (skills) विकसित कर लेते हैं। शिक्षक विशेष प्रविधि (technique) के माध्यम से छात्रों की इन कौशलताओं एवं ज्ञानों (knowledge) के बारे में सही-सही ज्ञान प्राप्त करना चाहते हैं। सचमुच वे यह जानना चाहते हैं कि छात्रों में कितना कौशल एवं ज्ञान अर्जित हो सका है। जिस माध्यम से वे इस कार्य को पूरा करते हैं, उसे वैज्ञानिक अर्थ में परीक्षा (examination) कहा जाता है। अतः, परीक्षा को परिभाषित करते हुए यह कहा जा सकता है कि **परीक्षा एक ऐसी वैज्ञानिक विधि है जिसके सहारे शिक्षक छात्रों की कौशल एवं ज्ञान की माप करते हैं।**[1]

इस सरल परिभाषा का विश्लेषण करने पर हमें निम्नांकित तथ्य प्राप्त होते हैं—

(i) परीक्षा एक वैज्ञानिक विधि होती है।

(ii) इसका प्रयोग शिक्षक करते हैं।

(iii) परीक्षा द्वारा छात्रों की कौशल एवं ज्ञान की माप होती है।

(iv) परीक्षा एक मापन प्रविधि (measurement device) होती है।

परीक्षा का शैक्षिक महत्त्व (Educational Importance of Examination)

परीक्षा का शैक्षिक महत्त्व (educational importance) अधिक है; क्योंकि इससे शैक्षिक वातावरण में, जैसा कि स्वार्ज (Schwartz, 1990) ने कहा है, चुस्ती आती है। इसके शैक्षिक महत्त्व को हम इस प्रकार व्यक्त कर सकते हैं—

1. छात्रों के लिए (For students)—शिक्षा छात्रों के लिए अधिक अहमियत रखता है। सर्वपल्ली राधाकृष्णन ने कहा है कि परीक्षा छात्रों में पढ़ने की सूझ उत्पन्न करता है। कहने का तात्पर्य यह है कि परीक्षा से छात्र अपने विषय या पाठ के प्रति अभिप्रेरित हो उठते हैं तथा उसके विभिन्न पहलुओं पर ध्यान देना प्रारंभ कर देते हैं। परीक्षा छात्रों में सोई हुई क्षमता को उत्तेजित कर उसे पाठ सीखने के लिए मजबूर करता है। शायद यही कारण है कि छात्र परीक्षा के समय अगर किसी विषय या पाठ को समझकर नहीं याद कर पाए तो उसे रटकर भी याद कर लेते हैं। परीक्षा से छात्रों में प्रतिगिता (competition) की भावना उत्पन्न हो जाती है जिसका प्रभाव उनकी कक्षा उपलब्धि (classroom achievement) पर सीधा पड़ता है। जो छात्र परीक्षा को जितना ही

1. "Examinations are procedures through which the teacher assesses the skills and knowledge of the learners."—Author

चुनौतीपूर्ण मानते हैं, उनका कक्षा में निष्पादन (performance) भी उतना ही अधिक श्रेष्ठ (superior) होता है।

2. शिक्षकों के लिए (For teachers)—परीक्षा का महत्त्व सिर्फ छात्रों के लिए ही नहीं, बल्कि शिक्षकों (teachers) के लिए भी अधिक है। परीक्षा के माध्यम से शिक्षक यह जान पाते हैं कि कक्षा में उनके द्वारा किया गंया अध्यापन कितना अर्थपूर्ण हो पाया है और छात्र उससे कितना फायदा उठा पाए हैं। परीक्षा के परिणाम (results) के आलोक में वे अपनी शिक्षण नीतियों (teaching policies) की अच्छाई एवं बुराई को समझ पाते हैं और उसमें यथासंभव परिवर्तन कर पाते हैं।

3. स्कूल निरीक्षकों के लिए (For school inspectors)—परीक्षा का महत्त्व स्कूल निरीक्षकों के लिए भी काफी बताया गया है। स्कूल निरीक्षक स्कूल के निष्पादन (performance) का मूल्यांकन सामान्यतः परीक्षाफल के ही आधार पर करते हैं। परीक्षाफल संतोषजनक होने पर वे सरकार को अपने दिए जानेवाले रिपोर्ट (report) में स्कूल की प्रशंसा करते हैं और उस स्कूल के स्तर को ऊँचा बनाने की सिफारिश भी करते हैं। परीक्षा के अभाव में वे अपना कार्य सही ढंग से नहीं कर पाएँगे।

4. शैक्षणिक निर्देशन के लिए (For educational guidance)—शिक्षा का महत्त्व शैक्षणिक निर्देशन में भी काफी है। परीक्षाफल के ही आधार पर शिक्षक यह निर्णय कर पाते हैं कि अमुक छात्र का कौन-सा विषय कमजोर है और कौन-सा विषय अधिक मजबूत है। जिस विषय में छात्र कमजोर पाए जाते हैं, उनमें छात्रों को शिक्षक विशेष लगन एवं मेहनत से पढ़ाई करने का निर्देश देते हैं तथा जिस विषय में वे मजबूत होते हैं, उसी के अनुकूल भविष्य में पढ़ाई करने की आवश्यकता पर बल डालते हैं तथा यह बतलाते हैं कि उच्च शिक्षा ग्रहण करने के लिए उन्हें इन्हीं विषयों का चयन करना चाहिए।

5. अभिभावक के लिए (For guardians)—घर या परिवार में बच्चों को अभिभावकों द्वारा अनौपचारिक शिक्षा दी जाती है। यदि वे अपने बच्चों के परीक्षाफल से अवगत हो जाते हैं, तो उन्हें भी इन बच्चों का सही मार्गदर्शन (guide) करने में सहायता होती है। जैसे, यदि अभिभावक को परीक्षाफल के आधार पर यह पता चलता है कि उनके पुत्र या पुत्री का गणित (Mathematics) अधिक सबल है, तो वे उन्हें इंजीनियरिंग (engineering) एवं लेखा-संबंधी विषयों को पढ़ने के लिए अधिक प्रेरित कर सकते हैं। इस तरह परीक्षा अभिभावकों को अपने बच्चों का व्यावसायिक निर्देशन करने में भी कुछ मदद करता है।

इस तरह स्पष्ट है कि परीक्षा का महत्त्व कई दृष्टिकोण से अधिक है। इसके शैक्षिक महत्त्व को ध्यान में रखते हुए यह कहा जा सकता है कि परीक्षा शैक्षिक वातावरण की सफलता की कुंजी है।

उत्तम परीक्षा के गुण (Characteristics of a Good Examination)

छात्रों द्वारा सीखे गए कौशल (skills) एवं अर्जित किए गए ज्ञान की जाँच के लिए जिस परीक्षा का उपयोग किया जाता है, उसके कुछ खास-खास गुण हैं जिनके होने से यह समझा जाता है कि वह एक उत्तम परीक्षा है अन्यथा उसे एक उत्तम परीक्षा नहीं माना जाता। इन गुणों में निम्नांकित प्रमुख हैं—

1. वैधता (Validity)—परीक्षा में वैधता का गुण होना अनिवार्य है। शिक्षक प्रत्येक परीक्षा का एक निश्चित उद्देश्य (purpose) तय करते हैं। यदि परीक्षा सचमुच उस उद्देश्य को पूरा करने में समर्थ होती है, तो उसे एक वैध परीक्षा (valid examination) माना जाता है। स्पष्ट है कि वैधता

(validity) के गुण के अभाव में परीक्षा अर्थहीन हो जाएगी। अतः, किसी परीक्षा को तभी उत्तम कहा जाएगा जब उसमें वैधता का गुण हो।

2. विश्वसनीयता (Reliability)—एक उत्तम परीक्षा का दूसरा महत्त्वपूर्ण गुण उसकी विश्वसनीयता (reliability) होती है। विश्वसनीय परीक्षा उस परीक्षा को कहा जाता है जिसके द्वारा छात्रों के कौशल एवं ज्ञान की माप विभिन्न समयों में संयत या समान ढंग से होती है। यदि कोई परीक्षा ऐसी है जो शैक्षिक सत्र (academic session) के 6 महीने की समाप्ति पर विशेष कौशल एवं ज्ञान का मापन करती है तथा उसके 6 महीना के बाद वह दूसरे ढंग के कौशल एवं ज्ञान का मापन करती है, तो इसे एक विश्वसनीय परीक्षा नहीं कहेंगे। परंतु यदि दोनों ही परीक्षाओं द्वारा मापे गए कौशल तथा ज्ञान में समानता है, तो उसे हम एक विश्वसनीय परीक्षा कहेंगे।

3. समग्रता (Comprehensiveness)—एक उत्तम परीक्षा में समग्रता का गुण होना चाहिए। दूसरे शब्दों में इस परीक्षा में, इतने प्रश्न कम-से-कम अवश्य हों कि उनके द्वारा छात्रों के कौशल एवं ज्ञानोपार्जन की माप सच्चे अर्थ में हो जाए। इस गुण के अभाव में परीक्षा की निर्भरता (dependability) समाप्त हो जाती है। अतः, एक उत्तम परीक्षा का समग्र होना ही आवश्यक है।

4. वस्तुनिष्ठता (Objectivity)—एक उत्तम परीक्षा में वस्तुनिष्ठता का भी गुण होना चाहिए। वस्तुनिष्ठता प्रश्नों के अर्थ तथा प्रश्नों के दिए गए उत्तर के मूल्यांकन (evaluation), दोनों में ही होना चाहिए। प्रश्नों की वस्तुनिष्ठता (objectivity) से तात्पर्य यह है कि प्रश्नों का स्वरूप ऐसा होना चाहिए कि उससे सभी छात्र एक ही ढंग का अर्थ निकालते हों। उत्तरों के मूल्यांकन में वस्तुनिष्ठता से तात्पर्य इस बात से होता है कि शिक्षक एक स्पष्ट, परिभाषित एवं वैज्ञानिक आधार पर मूल्यांकन करें ताकि उनका अपना पूर्वाग्रह (prejudice) मूल्यांकन को परिभाषित न कर सके।

5. व्यावहारिकता (Practicality)—एक उत्तम परीक्षा में व्यावहारिकता का गुण होता है। परीक्षा का स्वरूप ऐसा हो कि उसमें अत्यधिक समय नहीं लगता हो, उसके संचालन में अधिक खर्च नहीं होता हो तथा छात्र की नजर में वह अनुपयुक्त न हो। परीक्षा का स्वरूप ऐसा भी हो कि उससे छात्रों में अनुचित साधनों (unfair means) को बढ़ावा न मिले।

6. मानक (Norms)—एक उत्तम परीक्षा में परीक्षाफल की समुचित एवं वैज्ञानिक व्याख्या के लिए मानक का होना अनिवार्य है। मानक (norms) से यह पता चलता है कि परीक्षाफल के आधार पर छात्रों को किस श्रेणी में रखा जा सकता है। अभी विश्वविद्यालय एवं स्कूल में 60% या इससे ऊपर अंक आने पर छात्रों को प्रथम श्रेणी में उत्तीर्ण माना जाता है, 45% से 59% तक अंक आने पर छात्रों को द्वितीय श्रेणी में तथा 30% से 44% तक अंक आने पर तृतीय श्रेणी में उत्तीर्ण माना जाता है। कहीं-कहीं व्यवस्था ऐसी है जिसमें छात्रों को ग्रेड A, ग्रेड B तथा ग्रेड C आदि दिए जाते हैं। मानक से परीक्षाफल की एक युक्तिसंगत व्याख्या हो पाती है। अतः, उत्तम परीक्षा में मानक का होना भी अनिवार्य है।

इस तरह हम देखते हैं कि एक उत्तम परीक्षा के कई गुण हैं। इन गुणों के मौजूद होने पर निश्चित रूप से हम किसी परीक्षा को एक उत्तम परीक्षा कहेंगे।

परीक्षा के प्रकार
(Types of Examinations)

शिक्षा मनोवैज्ञानिकों ने परीक्षा के मुख्य चार प्रकार बताए हैं, जो निम्नांकित हैं—

(क) मौखिक परीक्षा (Oral examination)

(ख) लिखित परीक्षा (Written examination)

(ग) खुली-किताब परीक्षा (Open-Book examination)

(घ) बंद-किताब परीक्षा (Closed-Book examination)

इन चारों तरह की परीक्षाओं का वर्णन इस प्रकार है—

मौखिक परीक्षा (Oral Examination)

मौखिक परीक्षा छात्रों के कौशल एवं ज्ञानोपार्जन को मापने की सरलतम विधि है। इस तरह की परीक्षा में शिक्षक कुछ मौखिक प्रश्न छात्रों से करते हैं जिनके उत्तर भी छात्रों को मौखिक ढंग से ही अर्थात बोलकर देने होते हैं। प्रायः इसमें पूछे गए प्रश्नों का स्वरूप ऐसा होता है जिनका उत्तर एक-दो पंक्तियों में हो जाता है, हालाँकि कभी-कभी उत्तर कई पंक्तियों का भी होता है। मौखिक परीक्षा इतनी सरल होती है कि इसके लिए न तो समय निश्चित होता है और न कोई स्थान ही। शिक्षक यदि उचित समझते हैं तो अध्यापन के दौरान ही कुछ मौखिक प्रश्नों को पूछकर इस ढंग की परीक्षा का संचालन कर सकते हैं या फिर अपने कक्षा में एक-एक छात्रों को बारी-बारी से बुलाकर मौखिक परीक्षा ले सकते हैं। कभी-कभी तो देखा गया है कि शिक्षक बरामदे में ही खड़े-खड़े मौखिक परीक्षा (यदि छात्र-संख्या कम होती है) ले लेते हैं।

मौखिक परीक्षा के कुछ गुण एवं दोष हैं। प्रमुख गुण निम्नांकित हैं—

(i) मौखिक परीक्षा में लचीलापन (flexibility) अधिक होता है। इसमें शिक्षक प्रश्नों को जिस ढंग से चाहें, पूछ सकते हैं। इतना ही नहीं, मौखिक परीक्षा जहाँ चाहें, शिक्षक उसका संचालन आसानी से कर लेते हैं।

(ii) मौखिक परीक्षा में छात्रों को उत्तर लिखने में लगा समय स्पष्टतः काफी बच जाता है।

(iii) शिक्षकों को भी प्रश्नपत्र निर्माण करने में लगा समय बच जाता है। इतना ही नहीं, इसमें प्रश्नों की गोपनीयता को बरकरार रखने के लिए शिक्षकों को अलग से कोई प्रावधान करने की जरूरत नहीं पड़ती।

(iv) इसमें शिक्षकों को उत्तर-पुस्तिका के मूल्यांकन में निहित भीषण एवं ऊबाऊ कार्य नहीं करना पड़ता है।

(v) छात्रों को मौखिक परीक्षा (oral examination) के लिए कोई विशेष तैयारी नहीं करनी पड़ती।

(vi) मौखिक परीक्षा में शिक्षक छात्रों के व्यक्तित्व-संबंधी गुणों की भी परख आसानी से कर लेते हैं।

इन तमाम गुणों के बावजूद मौखिक परीक्षा (oral examination) के कुछ प्रमुख दोष भी हैं, जो निम्नांकित हैं—

(i) मौखिक परीक्षा में शिक्षक प्रति छात्र कम ही समय देते हैं। कभी-कभी तो देखा गया है कि मात्र 3–4 मिनट में ही चंद प्रश्नों को पूछकर छात्र को विदा कर देते हैं। आलोचकों का मत हैं कि इस ढंग की परीक्षा से छात्रों के कौशल एवं ज्ञानोपार्जन का सही-सही मूल्यांकन नहीं हो पाता।

(ii) मौखिक परीक्षा में छात्र अक्सर घबड़ा (nervous) जाते हैं और यदि इसपर शिक्षक के पूछने का ढंग रोषपूर्ण रहा, तो उनकी तो पूर्णतः छुट्टी हो जाती है। ऐसी परिस्थिति में मौखिक परीक्षा बेकार साबित होती है; क्योंकि इससे छात्रों के ज्ञान उपलब्धि के बारे में किसी निष्कर्ष पर पहुँचना शिक्षकों के वश की बात नहीं रह जाती है।

(iii) मौखिक परीक्षा उन छात्रों पर संपन्न नहीं की जा सकती जिनमें किसी प्रकार का भाषा-संबंधी दोष होता है। ऐसे छात्र चूँकि बोलकर प्रश्नों का उत्तर समझने योग्य भाषा में नहीं दे सकते, अतः, इस प्रकार की परीक्षा का प्रयोग उन छात्रों पर संभव नहीं है।

(iv) मौखिक परीक्षा में शिक्षकों को अपना पूर्वाग्रह (prejudice), पक्षपात (bias) आदि दिखाने का पर्याप्त मौका मिल जाता है। अक्सर देखा गया है कि शिक्षक कुछ छात्रों से अति सरल प्रश्न पूछकर उनके उत्तरों से तथाकथित ढंग से खुश होकर उन्हें अधिक अंक दे देते हैं तथा कुछ छात्रों से, विशेषकर उन छात्रों से जिनके प्रति उनकी मनोवृत्ति नकारात्मक (negative) रही है, कठिन प्रश्न पूछते हैं और सही उत्तर मिलने पर भी वे खुश नहीं होते हैं और उन्हें अक्सर निम्न अंक दे देते हैं। स्पष्ट है कि मौखिक परीक्षा में शिक्षकों को मनमानी करने का पर्याप्त मौका मिल जाता है।

इन अवगुणों के बावजूद विश्वविद्यालयों एवं स्कूलों में मौखिक परीक्षा लेने की परम्परा है। प्रायः इस ढंग की परीक्षा लिखित परीक्षा (written examination) के पूरक (supplementary) के रूप में ली जाती है।

लिखित परीक्षा (Written Examination)

लिखित परीक्षा, जैसा कि नाम से ही स्पष्ट है, वैसी परीक्षा को कहा जाता है जहाँ छात्रों को शिक्षक द्वारा पूछे गए प्रश्नों के उत्तर बोलकर नहीं, बल्कि लिखकर, सामान्यतः एक समय-सीमा (time limit) के भीतर करना पड़ता है। लिखित परीक्षा के निम्नांकित दो प्रकार होते हैं—

(क) निबंधात्मक परीक्षा (Essay type Examination),

(ख) वस्तुनिष्ठ परीक्षा (Objective Examination)।

इन दोनों तरह की परीक्षाओं का विस्तृत वर्णन यहाँ अपेक्षित है।

निबंधात्मक परीक्षा (Essay Examination)

निबंधात्मक परीक्षा (essay examination) को निबंधात्मक परीक्षण (essay test) भी कहा जाता है। परीक्षा की यह प्रणाली काफी पुरानी है और आज भी इसकी व्यापकता एवं महत्ता में कोई कमी नहीं नजर आती। निबंधात्मक परीक्षा में शिक्षक पाठ्यक्रम (curriculum) के अनुसार 5 से 10 प्रश्नों को चुनते हैं। शिक्षक का यह प्रयास रहता है कि प्रश्नों का चयन इस ढंग से किया जाए कि पाठ्यक्रम

के सभी अंश या भाग सम्मिलित हो जाएँ। छात्रों को उन प्रश्नों में किन्हीं तीन या पाँच (कभी-कभी छः प्रश्नों का भी) प्रश्नों का उत्तर एक निर्धारित समय (प्रायः 3 घंटे या 4 घंटे) में देना होता है। इस तरह की परीक्षा का सबसे मुख्य पहलू यह है कि प्रश्नों का उत्तर छात्र अपनी भाषा में कई अनुच्छेद (paragraphs) या कभी-कभी सारांश (outline) के रूप में देते हैं। स्कीनर[1] (Skinner, 1962) के अनुसार निबन्धात्मक परीक्षा को इस प्रकार परिभाषित किया जा सकता है—

"निबंधात्मक परीक्षा में सामान्यतः 5 से 10 प्रश्न होते हैं जिसमें शिक्षक एक व्याख्या या वर्णन की उम्मीद करते हैं। छात्रों को अपने विचार पाराग्राफ में या कभी-कभी सारांश के रूप में संगठित करने के लिए कहा जाता है।"

निबंधात्मक परीक्षा में शिक्षक वर्णनात्मक (descriptive) तथा विवेचनात्मक (explanatory), दोनों ही तरह के प्रश्न पूछते हैं। स्वभावतः वर्णनात्मक प्रश्न का कठिनता-स्तर (difficulty level) विवेचनात्मक प्रश्न के कठिनता-स्तर से कम होता है। छात्रों द्वारा प्रश्नों के उत्तर दे देने के बाद उनकी उत्तरपुस्तिकाओं (answer books) की जाँच शिक्षकों द्वारा ही की जाती है। लिखे गए उत्तरों का गुणात्मक मूल्यांकन (qualitative evaluation) करके शिक्षक प्रति उत्तर कुछ अंक देते हैं, जिन्हें जोड़कर परीक्षा में छात्र के सफल या असफल होने की घोषणा की जाती है।

निबंधात्मक परीक्षा के कुछ गुण एवं कुछ दोष हैं। इसके प्रमुख गुण (merits) निम्नांकित हैं—

1. सरलता (Simplicity)—निबंधात्मक परीक्षा का सबसे प्रमुख गुण उसकी सरलता है। इसके संचालन में शिक्षकों या अधिकारियों को अधिक कठिनाई नहीं होती है। शिक्षक आसानी से 5 से 10 प्रश्नों का निर्माण पाठ्यक्रम (curriculum) के अनुकूल कर लेते हैं जिसके आधार पर वे छात्रों की कौशलता (skill) एवं ज्ञानोपार्जन की माप कर लेते हैं।

2. विचार व्यक्त करने की स्वतंत्रता (Freedom to express thoughts)—निबंधात्मक परीक्षा के प्रत्येक प्रश्न का उत्तर छात्र अपनी भाषा में, अपने ढंग से, उसे संगठित कर देते हैं। अतः, उन्हें अपने विचार व्यक्त करने की पूर्ण स्वतंत्रता होती है।

3. व्यापकता (Extensiveness)—निबंधात्मक परीक्षा में प्रश्न पूरे पाठ्यक्रम (curriculum) से पूछा जाता है। अतः, छात्रों को पाठ्यक्रम के प्रत्येक पहलू को व्यापक रूप से पढ़ने की आवश्यकता होती है। इससे छात्रों को एक ओर पूरे पाठ्यक्रम का तो ज्ञान होता ही है, दूसरी ओर उनके विवेक (reasoning) की क्षमता में भी वृद्धि होती है।

4. संगठनात्मक क्षमता में वृद्धि (Increase in organizational ability)—निबंधात्मक परीक्षा में छात्रों को वर्णनात्मक (descriptive) तथा विवेचनात्मक (explanatory) दोनों ढंग के प्रश्नों के उत्तर देने होते हैं। इन दोनों ढंग के प्रश्नों के उत्तर देने के लिए यह आवश्यक है कि छात्र अपने विचारों एवं चिंतन को सुसंगठित ढंग से उपस्थिति करें तथा तथ्यों को इतनी बारीकी से उपस्थित करें कि कहीं से भी किसी प्रकार की कमी नहीं झलके। स्वभावतः उनके द्वारा इस दिशा में किए गए भरपूर प्रयास से उनकी संगठनात्मक क्षमता में काफी वृद्धि हो जाती है।

---

1. "The essay examination usually is made up of from five to ten questions in which the teacher requires an explanation or description. The student is asked to organize his ideas in paragraphs and sometimes in outline form."—Skinner, *Educational Psychology,* 1952 p. 448

5. मूल चिंतन या रचनात्मक चिंतन में वृद्धि (Increase in original thinking or creative thinking)—निबंधात्मक परीक्षा में कुछ ऐसे प्रश्न होते हैं जिनके उत्तर के बारे में छात्र पहले से किसी ढंग की तैयारी नहीं कर पाते। उन्हें उनका उत्तर लिखते समय ही मूल चिंतन करके तथा अपनी बुद्धि के आधार पर उत्तर का जवाब तैयार करना होता है। इससे छात्रों की मूल चिंतन क्षमता में वृद्धि होती है।

6. भाषा क्षमता का मूल्यांकन (Evaluation of language ability)—इस ढंग की परीक्षा में छात्रों की भाषा क्षमता (language ability) का भी पता चल जाता है। छात्र किसी विषय पर अपने-आपको लिखित भाषा के रूप में किस ढंग से अभिव्यक्त (express) कर सकते हैं, इसकी जाँच भी निबंधात्मक परीक्षा से हो जाती है।

इन गुणों के बावजूद निबंधात्मक परीक्षा के कुछ दोष (demerits) भी हैं, जो निम्नांकित हैं—

1. अवैज्ञानिक मूल्यांकन (Unscientific marking)—निबंधात्मक परीक्षा का सबसे बड़ा दोष यह बताया गया है कि इसकी उत्तर-पुस्तिकाओं के मूल्यांकन का आधार अवैज्ञानिक (unscientific) होता है। ऐसा अक्सर देखा गया है कि एक ही उत्तर पर विभिन्न शिक्षकों द्वारा अलग-अलग अंक दिए जाते हैं। कभी-कभी तो यह भी देखा गया है कि एक ही उत्तर पर शिक्षक या परीक्षक विभिन्न समयों में अलग-अलग अंक देते हैं। इस तरह स्पष्ट है कि निबंधात्मक परीक्षा के मूल्यांकन का आधार अवैज्ञानिक होता है। इसके चार कारण मनोवैज्ञानिकों द्वारा बताए गए हैं—

(i) शिक्षक की मनोदशा (Mood of the teacher)—अक्सर देखा गया है कि यदि किसी पारिवारिक या व्यक्तिगत समस्याओं के कारण शिक्षक या परीक्षक की मनोदशा ठीक नहीं रही, तो ऐसी अवस्था में वे उत्तरों पर ठीक से ध्यान नहीं देते और जो मन में आता है, वह अंक दे देते हैं।

(ii) समय की कमी (Lack of time)—निबंधात्मक परीक्षा में कम समय में ही परीक्षकों (examiners) से अधिक-से-अधिक उत्तर-पुस्तिकओं का मूल्यांकन करने को कहा जाता है। चंद दिनों में उन्हें सैकड़ों उत्तर-पुस्तिकाओं का मूल्यांकन करना होता है। इस जल्दीबाजी में वे छात्रों द्वारा दिए गए उत्तर को शायद ही कभी प्रारंभ से अंत तक पढ़ पाते हैं। ऐसी परिस्थिति में उनके द्वारा दिए गए अंक की विश्वसनीयता क्या हो सकती है, इसका अनुमान आसानी से लगाया जा सकता है।

(iii) परीक्षक या शिक्षक की पूर्वनिश्चित धारणा (Prefixed conception of teacher or examiner)—परीक्षक पहले से ही उत्तर आरंभ करने के ढंग एवं समाप्त करने के ढंग तथा लिखने की शैली आदि के बारे में एक पूर्वनिश्चित धारणा बनाकर रखते हैं। यदि उत्तर उस पूर्वधारणा के अनुरूप होता है, तो वे अधिक अंक देते हैं और यदि उसके अनुकूल उत्तर नहीं होता है, तो वे कम अंक देते हैं। स्वभावतः इससे निबन्धात्मक परीक्षा के मूल्यांकन पद्धति की विश्वसनीयता समाप्त हो जाती है।

2. प्रश्नों का अस्पष्ट अर्थ (Vague meaning of the questions)—अक्सर देखा गया है कि इस तरह की परीक्षा के कुछ प्रश्न ऐसे होते हैं जिनका अर्थ अस्पष्ट एवं संदिग्ध होता है। इसका नतीजा यह होता है कि छात्र समुचित ज्ञान होने के बावजूद प्रश्न का उत्तर नहीं दे पाते। फलस्वरूप निबंधात्मक परीक्षा अपने विशेष उद्देश्य की पूर्ति में अधूरी ही रह जाती है।

3. समय एवं श्रम का अधिक व्यय (Time and labour consuming)—निबंधात्मक परीक्षा की तैयारी में छात्रों को समय एवं श्रम दोनों अत्यधिक लगता है। ऐसा देखा गया है कि इस ढंग की परीक्षा की तैयारी छात्र 18–18 घंटे पढ़कर एवं कड़ी मेहनत करके करते हैं। इससे छात्रों के स्वास्थ्य पर काफी बुरा असर पड़ता है। अतः, यदि यह कहा जाए कि निबंधात्मक परीक्षा छात्रों के स्वास्थ्य की कीमत पर ही छात्रों को परीक्षा की तैयारी कराता है, तो यह कोई अतिशयोक्ति नहीं होगी।

4. रटकर याद करने पर बल (Emphasis upon rote memory)—निबंधात्मक परीक्षा में प्रश्न समग्र पाठ्यक्रम से पूछे जाते हैं। अतः, छात्र पाठ्यक्रम के जिस अंश को किसी कारण नहीं भी समझते, उसे वे याद कर लेने की भरसक कोशिश करते हैं। इससे छात्रों में रटकर याद करने की प्रवृत्ति को बढ़ावा मिलता है जो निश्चित रूप से एक अस्वास्थ्यकर अभ्यास (unhealthy practice) है।

5. अनुमान लगाकर पढ़ने की प्रवृत्ति को बढ़ावा (Encouragement in the tendency to guess and read)—निबंधात्मक परीक्षा में चूँकि प्रश्न समग्र पाठ्यक्रम (whole curriculum) से पूछा जाता है और छात्र अक्सर समग्र पाठ्यक्रम को पढ़ना नहीं चाहते, क्योंकि वे जानते हैं कि प्रश्नों की संख्या तो मात्र 10 तक ही रहेगी, जिनमें उन्हें पाँच या छः प्रश्न के ही उत्तर देने हैं। इसलिए वे अपने अनुभव तथा पिछले कई सालों में पूछे गए प्रश्नों के स्वरूप को ध्यान में रखते हुए पाठ्यक्रम के कुछ अंश, जिन्हें वे महत्वपूर्ण होने का अनुमान लगाते हैं, का चयन कर उसी को पढ़ते हैं और बाकी अंशों को छोड़ देते हैं। इसके दो भयावह परिणाम होते हैं। पहला तो यह कि इससे छात्रों का ज्ञान अधूरा रह जाता है तथा दूसरा उनमें अनुमान लगाकर परीक्षा की तैयारी करने की बुरी आदत पड़ जाती है।

6. सीमित विस्तार (Limited coverage)—निबंधात्मक परीक्षा में शिक्षक को प्रायः दस या बारह प्रश्न ही देने होते हैं। दूसरी ओर, इन्हीं प्रश्नों के माध्यम से उन्हें समग्र पाठ्यक्रम को सम्मिलित करना पड़ता है। ऐसा करने में शिक्षक सचमुच पाठ्यक्रम के सभी अंशों को चाहकर भी सम्मिलित नहीं कर पाते। अतः, इस ढंग की परीक्षा का विस्तार (coverage) अपने-आप ही सीमित होकर रह जाता है। कभी-कभी यह भी देखा गया है कि शिक्षक पाठ्यक्रम के किसी हिस्से को जान-बूझकर पढ़ाते ही नहीं हैं और चूँकि प्रश्नचयनकर्ता भी वे स्वयं ही होते हैं, अतः वे उन अंशों से प्रश्न भी नहीं पूछते। इससे छात्रों में भी पाठ्यक्रम के कुछ अंश को छोड़कर पढ़ने की प्रवृत्ति तीव्र हो जाती है, जो स्पष्टतः एक अस्वास्थ्यकर अभ्यास (unhealthy practice) है।

7. निबंधात्मक परीक्षा में अक्सर यह देखा गया है कि छात्रों को जब प्रश्न का उत्तर स्पष्ट रूप से नहीं आता है तो वह उत्तर के रूप में अनाप-सनाप एवं असंगत तथ्यों को आकर्षक एवं मनमोहक भाषा में लपेटकर लिख देते हैं। इससे परीक्षक कभी-कभी धोखा खाकर उन्हें अच्छा अंक भी प्रदान कर देते हैं।

इस तरह, हम देखते हैं कि निबंधात्मक परीक्षा के कुछ गुण हैं, तो कुछ दोष भी हैं। इस दोष के बावजूद परीक्षा की यह पद्धति काफी अधिक उपयोग में है; क्योंकि इसके द्वारा छात्रों की निपुणता एवं ज्ञानोपार्जन की जाँच गहन रूप से हो जाती है।

निबंधात्मक परीक्षा में सुधार के उपाय (Measures for Improving Essay Examinations)

निबंधात्मक परीक्षा, जिसकी उपयोगिता आज भी काफी अधिक है, में निहित दोषों को दूर करके इसे परीक्षा की एक उन्नत प्रविधि बनाए जाने का सुझाव मनोवैज्ञानिकों ने दिया है। उनके द्वारा दिए गए सुझावों में निम्नांकित प्रमुख हैं—

1. परीक्षकों को चाहिए कि वे सभी पूछे गए प्रश्नों का एक मानकीकृत उत्तर (standardized answer) तैयार कर लें और उसी के आलोक में छात्रों द्वारा दिए गए उत्तरों का मूल्यांकन करें। इससे इस परीक्षा के मूल्यांकन-संबंधी दोष दूर हो जाएँगे।
2. प्रश्नों का निर्माण समग्र पाठ्यक्रम को ध्यान में रखकर करना चाहिए।
3. प्रश्नों का स्वरूप ऐसा होना चाहिए कि उसके उत्तर लम्बे-लम्बे न होकर छोटे-छोटे हों। इससे एक फायदा यह भी होगा कि छात्रों से उतने ही समय में 10-12 प्रश्न की जगह 20-25 प्रश्न पूछे जा सकते हैं।
4. प्रश्नों की भाषा सरल एवं स्पष्ट होनी चाहिए।
5. परीक्षा में कठिन और आसान, दोनों तरह के प्रश्न पूछे जाने चाहिए। इससे लाभ यह होगा कि प्रत्येक स्तर के विद्यार्थी को प्रश्न हल करने का अवसर मिलेगा। इनमें कुछ प्रश्नों का स्वरूप ऐसा भी होना चाहिए कि उससे छात्रों की मौलिकता का पता चल सके।
6. परीक्षकों को प्रत्येक उत्तर को सावधानी से पढ़ना चाहिए। इसके लिए एक परीक्षक के पास उत्तरपुस्तिका अधिक संख्या में नहीं भेजनी चाहिए और यदि भेजना किसी कारण से जरूरी भी हो जाए, तो उन्हें उत्तरों को समुचित ढंग से जाँचने के लिए पर्याप्त समय दिया जाना चाहिए।
7. परीक्षकों (examiners) को, उत्तरपुस्तिकाओं की जाँच करते समय वे किसी प्रकार की पूर्वनिश्चित धारणा (conception) अपने मन में न रख सकें, इसके लिए उन्हें विशेष रूप से प्रशिक्षित करना चाहिए।
8. शिक्षकों को चाहिए कि वे इस ढंग की परीक्षा के लिए अपनी ओर से कोई अनुमानित प्रश्न (guessed questions) या नोट या पासपोर्ट (passport)-जैसा बाजारू पुस्तक को पढ़ने को बढ़ावा नहीं दें। इससे अनावश्यक रूप से निबंधात्मक परीक्षा में सफलता की संभावना तीव्र हो जाती है।
9. उत्तरपुस्तिकाओं से छात्र का नाम हटाकर परीक्षक को मूल्यांकन करने के लिए देना चाहिए।
10. शिक्षा अधिकारियों को चाहिए कि वे निबंधात्मक परीक्षा की विश्वसनीयता कायम रखने के लिए सिर्फ योग्य शिक्षकों को ही परीक्षक के रूप में नियुक्त करें।
11. प्रश्नों को हल करने में छात्रों को अधिक विकल्प (alternative) नहीं दिया जाना चाहिए।
12. किसी एक प्रश्न द्वारा एक ही संप्रत्यय (concept) या तथ्य की माप हो।

वस्तुनिष्ठ परीक्षा (Objective Examination)

वस्तुनिष्ठ परीक्षा (objective examination) को वस्तुनिष्ठ परीक्षण (objective test) भी कहा जाता है। वस्तुनिष्ठ परीक्षा निबंधात्मक परीक्षा (essay examination) से भिन्न होती है। वस्तुनिष्ठ परीक्षा में छोटे-छोटे कई प्रश्न होते हैं, जिनकी संख्या कभी-कभी 100 या उससे अधिक भी होती है और जिनका उत्तर छात्र को अक्सर आधा घंटा या एक घंटा में ही देना होता है। प्रश्न के उत्तर इतने सरल होते हैं कि केवल 'हाँ' या 'नहीं', 'सही' या 'गलत' किसी एक पर चिह्न लगा देने से पूरा हो जाता है या कभी-कभी प्रश्नों के सही उत्तर तीन या चार वैकल्पिक उत्तरों (alternative answers) के साथ मिलाकर दे दिए जाते हैं और उनमें मात्र सही उत्तर पर छात्र को चिह्न लगा देना होता है।

वस्तुनिष्ठ परीक्षा में सामान्यतः निबंधात्मक परीक्षा (essay examination) के सभी अवगुण दूर हो जाते हैं। इस परीक्षा में कई ऐसे गुण मौजूद हैं जिनसे इसकी लोकप्रियता काफी बढ़ गई है। इन गुणों (merits) में निम्नांकित अधिक उल्लेखनीय हैं।

(i) वस्तुनिष्ठ परीक्षा में मूल्यांकन विधि अधिक वैज्ञानिक होती है। चूँकि इस परीक्षा में परीक्षकों को एक निश्चित विधि के अनुसार उत्तरों का मून्यांकन करना पड़ता है, अतः अंक देने में वे मनमानी नहीं कर पाते। इससे इस परीक्षा की विश्वसनीयता (reliability) अधिक होती बताई गई है।

(ii) चूँकि इस परीक्षा में छात्रों के उत्तर लम्बे-लम्बे न होकर छोटे-छोटे होते हैं, अतः परीक्षक उन उत्तरों की जाँच ठीक से, समय देकर करते हैं।

(iii) वस्तुनिष्ठ परीक्षा में चूँकि प्रश्नों की संख्या अधिक होती है, इसलिए शिक्षक के लिए समग्र पाठ्यक्रम (whole curriculum) से प्रश्नों का चयन करना संभव हो पाता है।

(iv) वस्तुनिष्ठ परीक्षा की तैयारी में छात्रों को अधिक समय एवं श्रम नहीं लगता।

(v) वस्तुनिष्ठ परीक्षा से छात्रों की कौशलता (skills) एवं ज्ञानोपार्जन की जाँच अधिक अच्छे ढंग से की जाती है।

(vi) वस्तुनिष्ठ परीक्षा में परीक्षकों को उत्तरों के मूल्यांकन में बहुत कम मेहनत करनी पड़ती है।

(vii) वस्तुनिष्ठ परीक्षा छात्रों को रटने की अपेक्षा समझकर एवं सूझ-बूझ से विषय या पाठ को याद करने की प्रेरणा देती है।

इस तरह हम देखते हैं कि वस्तुनिष्ठ परीक्षा के कई गुण हैं। इन गुणों के बावजूद इस परीक्षा के कुछ अवगुण (demerits) बताए गए हैं, जो निम्नांकित हैं—

(i) वस्तुनिष्ठ परीक्षा के लिए उपयुक्त प्रश्नों का निर्माण करना एक टेढ़ी खीर है। इस परीक्षा के प्रश्न ऐसे होते हैं जिनसे छात्रों में स्मरण-शक्ति एवं चिंतन दोनों का मापन होता है। इस तरह के प्रश्नों का निर्माण सभी शिक्षकों के वश की बात नहीं है।

(ii) वस्तुनिष्ठ परीक्षा में छात्र अटकलबाजी (guessing) के आधार पर भी कुछ अंक प्राप्त करने में समर्थ हो जाते हैं। छात्र अंदाज से भी दिए गए उत्तरों में किसी एक पर सही का चिह्न लगा देते हैं और कभी-कभी यह उत्तर सही हो जाता है। अतः, इस ढंग की परीक्षा में छात्रों के ज्ञानोपार्जन एवं उपलब्धियों (achievements) का सही-सही मापन नहीं होता।

(iii) वस्तुनिष्ठ परीक्षा से छात्रों को अपने-आपको व्यक्त करने की क्षमता (ability to express) की जाँच नहीं हो पाती है।

(iv) वस्तुनिष्ठ परीक्षा द्वारा छात्रों की लेखन क्षमता (writing power) को कोई प्रोत्साहन नहीं मिलता है; क्योंकि इस तरह की परीक्षा में छात्रों को लिखने का अभ्यास बिल्कुल ही नहीं होता है।

(v) वस्तुनिष्ठ परीक्षा से छात्रों की मात्र स्मरणशक्ति का ही मापन होता है। उनके ज्ञान की गहराई एवं संगठनात्मक क्षमता (organisational ability) का मापन नहीं होता है।

(vi) वस्तुनिष्ठ परीक्षा में यदि छात्र चाहे तो पाठ्यक्रम के विभिन्न तथ्यों का आपसी संबंध समझे बिना, मात्र उन तथ्यों को रटकर, अच्छा अंक प्राप्त कर सकता है; क्योंकि इस ढंग की परीक्षा में मात्र यही जाँच होती है कि छात्र ने पाठ्यक्रम के कितने तथ्यों को सही-सही याद किया है।

इन अवगुणों के बावजूद एक वस्तुनिष्ठ परीक्षा को उसमें व्याप्त विश्वसनीयता के कारण शिक्षकों एवं विशेषज्ञों द्वारा अधिक महत्त्व दिया जा रहा है।

वस्तुनिष्ठ परीक्षा के प्रकार (Types of Objective Examination)

शिक्षा मनोवैज्ञानिकों ने वस्तुनिष्ठ परीक्षा के कई प्रकार बताए हैं। इनमें निम्नांकित प्रकार अधिक लोकप्रिय हैं—

1. दो-विकल्पी वस्तुनिष्ठ परीक्षण (Two-alternative objective test)—इस ढंग के परीक्षण में प्रत्येक प्रश्न या एकांश (item) के दो-दो उत्तर जैसे 'हाँ-नहीं', 'सही-गलत' आदि दिए रहते हैं और छात्र किसी एक पर चिह्न लगाकर अपना उत्तर देते हैं। जैसे—

(i) क्या आपको अनिद्रा की शिकायत है? हाँ/नहीं

(ii) क्या आप अक्सर अकारण ही चिन्तित रहते हैं? हाँ/नहीं

इसी ढंग के अनेक प्रश्न दिए रहते हैं और छात्र अपना उत्तर किसी एक पर, जो उसके लिए सही होता है, चिह्न लगाकर देता है।

दो-विकल्पी वस्तुनिष्ठ परीक्षण का उपयोग वहाँ सबसे उचित माना गया है जहाँ छात्रों से वैसी सूचनाओं की जरूरत होती है, जिसमें व्याख्या (interpretation) की आवश्यकता नहीं होती है। जैसे छात्रों की शब्दावली (vocabulary), विभिन्न सूत्रों, महत्त्वपूर्ण घटनाओं की तिथि आदि के बारे में अर्जित ज्ञान का मापन करना हो, तो वहाँ इस तरह का परीक्षण अधिक उपयोगी समझा जाता है। दो-विकल्पी वस्तुनिष्ठ परीक्षण (two-alternative objective test) का सबसे बड़ा अवगुण (demerit) यह बताया गया है कि इसमें छात्र मात्र अटकलबाजी के आधार पर आधे एकांशों का सही-सही उत्तर प्राप्त कर लेता है; क्योंकि दिए गए दो विकल्पों (alternatives) में एक तो सही रहता है।

2. बहु-विकल्प परीक्षण (Multiple-choice test)—इस परीक्षण में प्रत्येक प्रश्न के तीन या चार (कभी-कभी चार से भी ज्यादा) विकल्पी उत्तर (alternative answers) दिए होते हैं और छात्र उनमें, जिसे वह सही समझता है, उसपर सही का चिह्न लगाकर उत्तर देता है। जैसे—

(i) मनोविश्लेषण के सिद्धांत का प्रतिपादन किया गया—

(क) थॉर्नडाइक द्वारा (ख) पैवलव द्वारा

(ग) फ्रायड द्वारा (घ) वाटसन द्वारा

(ii) निम्नलिखित में कौन-से साल में भारत स्वतंत्र हुआ था?

(क) 1857 (ख) 1957 (ग) 1947 (घ) 1950

(iii) पानीपत की पहली लड़ाई कब हुई थी?

(क) 1556 (ख) 1526 (ग) 1536 (घ) 1546

इसी तरह के अनेक प्रश्न होते हैं, जिनका उत्तर छात्रों को दिए गए विकल्पों में से चुनकर देना होता है। दिए गए उत्तरों के आधार पर छात्रों के ज्ञानोपार्जन तथा कौशलता की माप होती है।

बहु-विकल्प परीक्षण के कुछ गुण (merits) तथा कुछ अवगुण (demerits) हैं। इसके प्रमुख गुण निम्नांकित हैं—

(i) ऐसे परीक्षण का प्रयोग कर छात्र के किसी भी तरह के निर्देशात्मक ज्ञान (instructional knowledge), जैसे शब्दावली, नियमों को उपयोग करने की क्षमता, त्रुटि की पहचान करने की क्षमता, मूल्यांकन (evaluation) करने की क्षमता से संबंधित ज्ञान का मापन आसानी से हो जाता है।

(ii) ऐसे परीक्षण का प्राप्तांक-लेखन (scoring) काफी आसानी से उन व्यक्तियों द्वारा भी कर लिया जाता है, जो इस कार्य में अधिक प्रशिक्षित नहीं हैं।

(iii) ऐसे परीक्षण में चूँकि छात्रों को लिखना कुछ नहीं पड़ता है, अतः शिक्षक कम समय में पाठ्यक्रम के अधिक-से-अधिक अंशों के बारे में प्रश्न तैयार कर लेते हैं।

(iv) ऐसे परीक्षण में चूँकि विकल्पों की संख्या प्रायः 4 से 5 तक होती है, अतः इसमें छात्रों द्वारा अटकलबाजी (guessing) के आधार पर सही उत्तर को ढूँढ़ निकालना संभव नहीं हो पाता है।

बहु-विकल्पी परीक्षण के दो अवगुण (demerits) बताए गए हैं, जो निम्नांकित हैं—

(i) ऐसे परीक्षण के प्रश्नों या एकांशों (items) को तैयार करना एक कठिन कार्य होता है तथा इसमें शिक्षकों या विशेषज्ञों को अधिक समय एवं श्रम लगता है।

(ii) ऐसे परीक्षण में प्रायः छात्र यह शिकायत करते पाए गए हैं कि कभी-कभी उन्हें एक ही प्रश्न में दो उत्तर समान रूप से सही दिखते हैं, जिससे उनमें संभ्रान्ति (confusion) होती है।

3. मिलान परीक्षण (Matching test)—इस तरह के परीक्षण के प्रत्येक एकांश (item) में दो कॉलम (column) होते हैं। पहले कॉलम में एकांश की समस्याएँ होती हैं और दूसरे कॉलम में उत्तर या विकल्प (options) होते हैं। छात्र को यह निर्देश दिया जाता है कि वे पहले कॉलम के एकांश की समस्याओं को उसके उपयुक्त उत्तर या विकल्प के साथ मिला दें। अक्सर छात्र को व्यक्तियों के नाम को उनकी उपलब्धियों से मिलाने को, या घटनाओं (events) को तिथि से मिलाने को या देश या राज्य के नाम को राजधानी से मिलाने को कहा जाता है।

जैसे—कॉलम 'अ' में देश का नाम तथा कॉलम 'ब' में राजधानी के नाम दिए गए हैं। देशों के नामों को उनकी राजधानियों के नाम से मिलान (match) करके खींची गई रेखा पर लिखें—

'अ'	'ब'
— जापान	तेहरान
— रूस	टोकियो

— अमरीका मास्को

— इराक बगदाद

— ईरान वाशिंगटन

—पाकिस्तान इस्लामाबाद

मिलान परीक्षण (matching test) के भी गुण (merits) तथा कुछ अवगुण (demerits) हैं। इसके प्रमुख गुण (merits) निम्नांकित हैं—

(i) मिलान परीक्षण को बनाना आसान है तथा यह उन परिस्थितियों में सबसे उत्तम परीक्षण साबित होता है जहाँ छात्रों की साहचर्य क्षमता (associational ability) की माप करनी होती है।

(ii) मिलान परीक्षण में छात्रों द्वारा अटकलबाजी के आधार पर उत्तरों को सही कर लेने की प्रवृत्ति भी नियंत्रित होती है।

इसके प्रमुख अवगुण (demerits) निम्नांकित हैं—

(i) मिलान परीक्षण का एक अवगुण यह बताया गया है कि इसमें कभी-कभी छात्रों से बहुत ही तुच्छ और घटिया किस्म के साहचर्यों (associations) का मिलान करने को कहा जाता है। परन्तु, ठीक से सोचा जाए तो इसे परीक्षण का दोष न कहकर परीक्षण के निर्माणकर्ता का दोष यदि कहा जाए, तो उत्तम होगा।

(ii) मिलान परीक्षण के एकांश में अक्सर अंतिम अनुक्रिया (last response) को छँटनी (elimination) की प्रक्रिया द्वारा, न कि अपने ज्ञान के आधार पर, छात्र उसे सही कर लेते हैं। जैसे यदि कॉलम A में पाँच नाम हैं और कॉलम B में भी पाँच नाम हैं, और अगर कॉलम A के चार नाम का उत्तर वह सही-सही जानता है, तो पाँचवाँ नाम का उत्तर, जो अंत में बच गया, उसे वह अपने-आप ही समझ लेता है। इस अवगुण को दूर करने का उपाय यह है कि B कॉलम में उत्तरों या विकल्पों की संख्या A कॉलम के नाम की संख्या से दो-तीन ज्यादा रखनी चाहिए।

4. पूर्ति परीक्षण (Completion test)—इस तरह के परीक्षण में प्रत्येक एकांश (item) में एक रिक्त स्थान छोड़ दिया जाता है, जिसे छात्र अपने ज्ञान के आधार पर भरते हैं। जैसे—

(i) भारत को आजादी······में मिली थी।

(ii) खाड़ी युद्ध में बहूदेशीय सैनिकों का नेतृत्व······ने किया।

(iii) श्रीमती इन्दिरा गाँधी की मृत्यु······में हुई थी।

(iv) पंडित जवाहरलाल नेहरू के बाद······भारत के प्रधानमंत्री बने।

इसी तरह के कई एकांश (items) होते हैं, जिनके उत्तर छात्र स्वयं देते हैं। पूर्ति परीक्षण के कुछ गुण (merits) एवं कुछ अवगुण (demerits) बताए गए हैं। इसके प्रमुख गुण निम्नांकित हैं—

(i) पूर्ति परीक्षण में छात्रों की अटकलबाजी (guessing) से कोई काम नहीं हो पाता है; क्योंकि विकल्पी उत्तर (alternative answers) नहीं दिए रहते हैं।

(ii) पूर्ति परीक्षण छात्रों को गत अनुभूतियों के प्रत्याह्वान (recall) पर अधिक बल डालता है, न कि मात्र उसकी पहचान पर। इस अर्थ में वह मिलान परीक्षण (matching test)

एवं अन्य वस्तुनिष्ठ परीक्षणों से श्रेष्ठ (superior) माना जाता है जहाँ पूर्व अनुभूतियों की पहचान पर अधिक बल डाला जाता है।

पूर्ति परीक्षण के कुछ अवगुण (demerits) भी हैं जो निम्नांकित हैं—

(i) ऐसे परीक्षण का प्राप्तांक-लेखन (scoring) कई कारणों से उतना वस्तुनिष्ठ (objective) नहीं होता है, जितना कि अन्य वस्तुनिष्ठ परीक्षणों का होता है। यही कारण है कि **एनासटेसी** (Anastasi, 1990) ने पूर्ति परीक्षण को एक स्पष्ट वस्तुनिष्ठ परीक्षण (clear objective test) की श्रेणी में रखने पर आपत्ति उठाई है।

(ii) ऐसे परीक्षण द्वारा छात्रों की संगठनात्मक क्षमता (organisational ability) का भी मापन सही-सही नहीं होता। यह अवगुण तो अन्य वस्तुनिष्ठ परीक्षणों के लिए भी सही उतरता है।

वस्तुनिष्ठ परीक्षण के यही मुख्य चार प्रकार हैं। इन प्रकारों में प्रथम तीन को ही सही अर्थों में वस्तुनिष्ठ परीक्षण माना गया है।

निबंधात्मक परीक्षा तथा वस्तुनिष्ठ परीक्षा का तुलनात्मक अध्ययन (A Comparative Study of Essay Examination and Objective Examination)

निबंधात्मक परीक्षा तथा वस्तुनिष्ठ परीक्षा, दोनों के ही कुछ अपने-अपने गुण-दोष हैं। फिर भी, मनोवैज्ञानिकों ने इन दोनों तरह की परीक्षाओं का तुलनात्मक अध्ययन किया है और कुछ महत्त्वपूर्ण तथ्यों को प्रकाश में लाया है। इन दोनों परीक्षाओं का तुलनात्मक अध्ययन इस प्रकार किया जा सकता है—

1. निबंधात्मक परीक्षा में चिंतन (thinking) एवं लेखन (writing) महत्त्वपूर्ण होता है जबकि वस्तुनिष्ठ परीक्षा में चिंतन एवं पढ़ना (reading) महत्त्वपूर्ण होता है। निबंधात्मक परीक्षा में छात्र पूछे गए प्रश्नों पर ठीक ढंग से एवं गहन रूप से सोचता है तो फिर उसपर मन में आए विचारों को संगत ढंग से (coherently) लिखता है। वस्तुनिष्ठ परीक्षण में छात्र प्रश्नों एवं एकांशों को पहले पढ़ते हैं और फिर सोचकर दिए हुए सही उत्तर पर निशान लगा देते हैं।

2. निबंधात्मक परीक्षा का विस्तार (coverage) वस्तुनिष्ठ परीक्षा (objective examination) की तुलना में सीमित (limited) होता है। चूँकि निबंधात्मक परीक्षा में प्रश्नों की संख्या आम तौर पर 10–12 ही होती है, अतः चाहकर भी शिक्षक समग्र पाठ्यक्रम (whole curriculum) से प्रश्न नहीं पूछ पाते। परंतु, वस्तुनिष्ठ परीक्षा (objective examination) में चूँकि प्रश्नों की संख्या अधिक होती है, अतः, शिक्षक के लिए समग्र पाठ्यक्रम से प्रश्नों का चयन करना बिल्कुल ही आसान होता है। अतः, इस परीक्षा का विस्तार (coverage) स्वभावतः निबंधात्मक परीक्षा से अधिक बड़ा होता है।

3. उत्तर-पुस्तिकाओं का मूल्यांकन (evaluation) करने के आधार पर निबंधात्मक परीक्षा वस्तुनिष्ठ परीक्षा की तुलना में अधिक वैज्ञानिक नहीं होती है। सचमुच निबंधात्मक परीक्षा की उत्तरपुस्तिकाओं का मूल्यांकन एक परीक्षक से दूसरे परीक्षक तथा कभी-कभी एक परीक्षक द्वारा भिन्न-भिन्न समयों में अलग-अलग होता है। परन्तु, वस्तुनिष्ठ परीक्षण की उत्तरपुस्तिकाओं के

मूल्यांकन में ऐसी बात नहीं होती। ऐसी उत्तरपुस्तिकाओं का मूल्यांकन किसी भी परिस्थिति में किसी भी परीक्षक द्वारा एक ही तरह का होता है।

4. निबंधात्मक परीक्षा (essay examination) में परीक्षक (examiner) का पूर्वाग्रह एवं पक्षपात का एक विशेष हाथ होता है जिससे उत्तरपुस्तिकाओं के मूल्यांकन पर बहुत असर पड़ता है। परीक्षक पहले से ही अपने मन में एक निश्चित धारणा बनाए हुए होते हैं कि उत्तर का प्रारंभ एवं अंत एक खास ढंग का होना चाहिए तथा उसकी भाषा-शैली, तथ्यों का प्रस्तुतीकरण एवं संगठन एक निश्चित ढंग का होना चाहिए आदि-आदि। परन्तु, वस्तुनिष्ठ परीक्षा में ऐसी कोई बात नहीं होती और परीक्षक इन बातों के बारे में कभी सोचता भी नहीं है; क्योंकि छात्रों को यहाँ तो लिखने की कोई आवश्यकता नहीं होती है।

5. वस्तुनिष्ठ परीक्षा (objective examination) का चाहे कितनी भी सतर्कता से क्यों न संचालन किया जाए, छात्र उसमें अटकलबाजी (guessing) के आधार पर कुछ-न-कुछ सही उत्तर ढूँढ़ ही लेते हैं। निबंधात्मक परीक्षा (essay examination) में इस ढंग की अटकलबाजी तो नहीं चल पाती, परन्तु कभी-कभी छात्र परीक्षक की आँख में धूल झोंककर निकल जाने की कोशिश अवश्य करते हैं। निबंधात्मक परीक्षा के किसी प्रश्न का उत्तर जब छात्र सही-सही नहीं जानते हैं तो वे अनाप-सनाप कुछ भी लिखकर आकर्षक भाषारूपी चादर में लपेट देते हैं और परीक्षक छात्र को तीव्र बुद्धि का समझकर एवं दिए गए उत्तर को एक उत्तम उत्तर समझकर अच्छा अंक देने की भूल कर बैठते हैं।

6. निबंधात्मक परीक्षा में छात्रों की संगठनात्मक क्षमता (organisational ability), मनोवृत्ति एवं अभिरुचि आदि का पता आसानी से लग जाता है, परन्तु वस्तुनिष्ठ परीक्षा (objective examination) में छात्रों के इन सब पहलुओं की भनक तक नहीं मिल पाती है।

7. निबंधात्मक परीक्षा में छात्र प्रश्नों का उत्तर यथासंभव अपने शब्दों में लिखते हैं। छात्र अपने मन से तथ्यों का प्रत्याह्वान (recall) करके उसे अपनी इच्छानुसार संगठित करते हैं, जिससे उनको अपनी निपुणता दिखाने का अच्छा मौका मिलता है। परन्तु, वस्तुनिष्ठ परीक्षा में ऐसी बात नहीं है; क्योंकि यहाँ छात्रों को कुछ लिखने की आवश्यकता होती ही नहीं है। उन्हें सिर्फ दिए गए उत्तरों में से किसी एक का चयन करके ही अपनी प्रतिक्रिया व्यक्त करनी होती है।

8. निबंधात्मक परीक्षा का संचालन तथा उसके प्रश्नों का निर्माण करना, शिक्षकों के लिए आसान, कम समय एवं कम श्रम लेनेवाला होता है। परन्तु, वस्तुनिष्ठ परीक्षा के प्रश्नों को निर्मित करना शिक्षकों के लिए टेढ़ी खीर है। अक्सर देखा गया है कि इसका निर्माण सभी शिक्षक नहीं भी कर पाते, बल्कि अनुभवप्राप्त एवं वरीय शिक्षक ही इस कार्य को करने का बीड़ा उठा पाते हैं।

9. अगर ध्यान से देखा जाए तो यह स्पष्ट होगा कि सभी निबंधात्मक परीक्षा में छात्र अपने ज्ञानोपार्जन एवं सीखी गई अनुभूतियों को परीक्षा भवन में उन ज्ञान एवं अनुभूतियों के मूल स्रोत (original source) की अनुपस्थिति में ही चेतना में लाते हैं। अतः, यदि निबंधात्मक परीक्षा को एक तरह का प्रत्याह्वान परीक्षण (recall test) कहा जाए, तो कोई अतिशयोक्ति नहीं होगी। उसी तरह वस्तुनिष्ठ परीक्षण में (पूर्ति परीक्षण को छोड़कर) छात्रों को दिए गए उत्तरों में से सही उत्तर की पहचान (recognition) करनी पड़ती है। अतः, वस्तुनिष्ठ परीक्षण एक तरह का पहचान परीक्षण (recognition test) है।

10. निबंधात्मक परीक्षा में छात्रों की लेखन गति (writing speed) अभ्यास के कारण बढ़ जाती है, परन्तु वस्तुनिष्ठ परीक्षा में लेखन अभ्यास न होने से छात्रों की लेखन गति बढ़ने का कोई प्रश्न ही नहीं उठता है।

इस तरह हम देखते हैं कि निबंधात्मक परीक्षा तथा वस्तुनिष्ठ परीक्षा दोनों ही लिखित परीक्षा (written examination) होने के बावजूद एक-दूसरे से कई अर्थों में भिन्न हैं।

खुली-किताब परीक्षा बनाम बन्द-किताब परीक्षा (Open-book Examination vs. Closed-book Examination)

खुली-किताब परीक्षा (Open-book examination), जैसा कि नाम से ही स्पष्ट है, एक ऐसी परीक्षा होती है जिसमें छात्र परीक्षा के दौरान अपनी पाठ्यपुस्तक या अन्य कोई किताब, जिसकी उन्हें जरूरत पड़ती है, की मदद लेते हैं और पूछे गए प्रश्नों का उत्तर देते हैं। कुछ वैसे पाठ्यक्रमों में जहाँ शिक्षा का उद्देश्य यह देखना होता है कि छात्र नियमों, सूत्रों एवं तथ्यों का सही-सही अनुप्रयोग (application) सीख पाए हैं या नहीं, इस ढंग की परीक्षा शिक्षकों द्वारा संचालित की जाती है। खुली-किताब परीक्षा निम्नांकित दो परिस्थितियों में अधिक महत्त्वपूर्ण होती है—

(i) जब शिक्षक यह चाहते हैं कि छात्र बताए गए तथ्यों को सिर्फ याद ही नहीं रखें, बल्कि उनका सही-सही प्रयोग करना भी सीखें, तथा

(ii) जब शिक्षक यह चाहते हैं कि छात्र यह सीख ले कि एक समय-सीमा के भीतर संदर्भ सामग्रियों (reference materials) का प्रयोग कैसे किया जाता है। शायद यही कारण है कि गणित, सांख्यिकी, मनोविज्ञान के सांख्यिकी की परीक्षाओं में छात्रों को बहुत सारी तालिकाएँ एवं सूत्रों की सूचियों की पुस्तिकाओं को उन्हें दे दिया जाता है।

बंद-किताब परीक्षा (Closed-book examination) वैसी परीक्षा को कहा जाता है जिसमें छात्रों को अपने नोट एवं पाठ्यपुस्तक को परीक्षा के दौरान देखना वर्जित होता है। अधिकतर परीक्षा का स्वरूप ऐसा ही होता है। **इबेल** (Ebel, 1991) के अनुसार, यदि शिक्षक की अभिरुचि इस बात में है कि छात्र पूर्व में सीखी गई सूचनाओं एवं तथ्यों का प्रत्याह्वान (recall) कर पाते हैं या नहीं या अगर उनकी अभिरुचि इस बात में है कि उसी तथ्य या पाठ को पुनः सीखने (relearning) में छात्र कितने प्रयासों (trials) तथा त्रुटि या समय की बचत (saving) कर पाता है, तो वहाँ बन्द-किताब परीक्षा खुली-किताब परीक्षा से अधिक लाभप्रद साबित होती है।

एक मूल्यांकन प्रविधि के रूप में उपलब्धि परीक्षण (Achievement Test as an Appraisal Tool)

छात्रों की शैक्षिक उपलब्धियों (academic achievements) का मापन करने के लिए शिक्षकों एवं विशेषज्ञों द्वारा उपलब्धि परीक्षण (achievement test) का प्रयोग अक्सर किया जाता है। प्रत्येक स्कूल के विषय के लिए करीब-करीब उपलब्धि परीक्षण का निर्माण किया जा चुका है। गे[1] (Gay, 1980) के शब्दों में हम उपलब्धि परीक्षण को इस प्रकार परिभाषित कर सकते हैं—

1. "Achievement tests measure the current status of individuals with respect to acquired proficiency in given areas of knowledge or skill."—Gay, *Educational Evaluation and Measurement,* 1980, p. 127

"उपलब्धि परीक्षण द्वारा ज्ञान या कौशल के किसी विशेष क्षेत्र में व्यक्ति के अर्जित निपुणता की वर्तमान स्थिति की माप होती है।"

स्पष्ट है कि उपलब्धि परीक्षण छात्रों द्वारा किसी विशेष विषय में अर्जित निपुणता की माप करता है।

मूल्यांकन प्रविधि के रूप में उलब्धि परीक्षण (achievement test) के दो प्रकार बताए गए हैं—

(क) शिक्षक द्वारा निर्मित उपलब्धि परीक्षण (Teacher-made achievement test)

(ख) मानकीकृत उपलब्धि परीक्षण (Standardised achievement test)।

शिक्षक द्वारा निर्मित उपलब्धि परीक्षण (teacher-made achievement test) वैसे परीक्षण को कहा जाता है जो शिक्षक द्वारा किसी खास विषय में छात्रों की उपलब्धियों को मापने के लिए बनाया जाता है। ऐसे परीक्षण का आधार परीक्षण निर्माण (test construction) का वैज्ञानिक नियम (scientific principles) नहीं होता है। उनकी वैधता (validity) तथा विश्वसनीयता (reliability) तो होती है, परन्तु उनका मानक (norms) नहीं होता है। ऐसे परीक्षण का निर्माण शिक्षक मात्र एक ही बार उपयोग करने के लिए ही करते हैं। दूसरे शब्दों में, ऐसे परीक्षण दोबारा प्रयोग लायक (reusable) नहीं होते हैं। अपने देश में शिक्षक द्वारा निर्मित ऐसे उपलब्धि परीक्षणों की भरमार है और इसका प्रयोग छात्रों को कक्षोन्नति (class promotion) देने में अधिकतर किया जाता है। प्रत्येक राज्य के माध्यमिक स्कूल बोर्ड (Secondary School Board) तथा दिल्ली के 'दी सेण्ट्रल बोर्ड ऑफ सेकेंडरी एडुकेशन' (The Central Board of Secondary Education या CBSE) द्वारा ऐसे ही शिक्षक-निर्मित उपलब्धि परीक्षण का प्रयोग कर विभिन्न विषयों में छात्रों की उपलब्धियों एवं निपुणताओं का मापन स्कूल या कॉलेज की अन्तिम अवस्था (terminal stage) में किया जाता है। भारत में शिक्षक-निर्मित उपलब्धि परीक्षण दो तरह के हैं—निबंधात्मक स्वरूप (essay type) के तथा वस्तुनिष्ठ स्वरूप (objective type) के। इन दोनों तरह के उपलब्धि परीक्षण का प्रयोग काफी किया जा रहा है। मानकीकृत उपलब्धि परीक्षण (standardised achievement test) वैसे परीक्षण को कहा जाता है जिसे विशेषज्ञों द्वारा या महत्त्वपूर्ण संस्थान द्वारा परीक्षण निर्माण के वैज्ञानिक नियमों पर आधारित करके बनाया जाता है। ऐसे मानकीकृत उपलब्धि परीक्षण की विश्वसनीयता तथा वैधता तो होती ही है, साथ-ही-साथ इसका एक मानक भी होता है। मानक वस्तुनिष्ठ ढंग से (objectively) एक प्रतिनिधिक प्रतिदर्श (representative sample) लेकर तैयार किया जाता है। ऐसे मानक से छात्रों द्वारा उपलब्ध परीक्षण पर प्राप्त अंकों की व्याख्या करने में सुविधा होती है। अक्सर उपलब्धि परीक्षण में आयु मानक (age norms), ग्रेड मानक (grade norms), शततमक मानक (percentile norms) तथा लब्धि मानक (quotient norms) विकसित किए जाते हैं। लब्धि मानक को शैक्षिक लब्धि (educational quotient या EQ) भी कहा जाता है जो छात्र के वास्तविक या तैथिक आयु (chronological age) तथा शैक्षिक आयु (educational age) के अनुपात में 100 से गुणा करने पर प्राप्त होता है—

$$\text{Educational Quotient or EQ} = \frac{\text{EA}}{\text{CA}} \times 100$$

यहाँ, EA = Educational age (शैक्षिक आयु)

CA = Chronological age (वास्तविक या तैथिक आयु)

यदि किसी छात्र का EQ 100 से ऊपर आता है, तो यह समझा जाता है कि वह छात्र अपनी तैथिक आयु के अन्य छात्रों से अर्थात अपनी ही उम्र के अन्य छात्रों से उपलब्धि परीक्षण पर अधिक श्रेष्ठ (superior) है, अर्थात उसकी उपलब्धि या निपुणता अच्छी मानी जाती है। परन्तु, यदि EQ 100 से कम होता है तो छात्र की उपलब्धि या निपुणता अच्छी नहीं समझी जाती।

मानकीकृत उपलब्धि परीक्षण (standardised achievement test) विदेशों में प्रमुख संस्थानों जैसे 'एडुकेशनल टेस्टिंग सर्विस' (Educational Testing Service या ETS), 'सूइन्स रिसर्च एसोशिएट' (Science Research Associate या SRA) द्वारा निर्मित किए गए हैं। भारतवर्ष में भी कई मानकीकृत उपलब्धि परीक्षण बनाए गए हैं। जैसे ए० के० सिंह तथा ए० सेन गुप्ता द्वारा General Classroom Achievement Test, सरोज अरोरा द्वारा Biology Achievement Test, एस० एन० एल० भार्गव द्वारा Physics Achievement Test निर्मित परीक्षण काफी लोकप्रिय साबित हुए हैं।

उपलब्धि परीक्षण (achievement test), चाहे शिक्षक-निर्मित (teacher-made) हो या मानकीकृत परीक्षण (standardised test), की समय-सीमा होती है। दूसरे शब्दों में, इनमें पूछे गए प्रश्नों का उत्तर छात्रों को एक समय-सीमा के भीतर करना पड़ता है।

उपलब्धि परीक्षण के कई उपयोगों (uses) पर शिक्षा मनोवैज्ञानिकों ने अधिक बल डाला है जिसमें इसके निम्नांकित तीन उपयोग अधिक महत्त्वपूर्ण बताए गए हैं—

(i) उपलब्धि परीक्षण का सबसे महत्त्वपूर्ण प्रयोग छात्रों द्वारा अर्जित किए गए निपुणता (proficiency) को मापने में किया जाता है। इस परीक्षण पर के अंकों के आधार पर छात्र को कक्षोन्नति (class promotion) दी जाती है या उन्हें असफल घोषित किया जाता है।

(ii) उपलब्धि परीक्षण का दूसरा महत्त्वपूर्ण प्रयोग मार्गनिर्देशन (guidance) से होता है। इस परीक्षण का उपयोग कर शिक्षक कुशाग्र शिक्षार्थी (bright learners) तथा मन्द शिक्षार्थी (dull learners) की पहचान कर लेते हैं तथा उन्हें अपनी योग्यता एवं निपुणता के आधार पर विशिष्ट सुझाव देते हैं।

(iii) उपलब्धि परीक्षण का तीसरा प्रयोग छात्रों के लिए उपचारी कार्यक्रम (remedial programme) की आवश्यकता को निर्धारित करने में होता है। इस परीक्षण के आधार पर शिक्षक यह निश्चय कर पाते हैं कि किसी छात्र को यदि कोई विशेष समस्या है, जिसके चलते उसका निष्पादन (performance) संतोषजनक नहीं है, तो उसके लिए किस ढंग का उपचारी कार्यक्रम तैयार किया जा सकता है।

इस तरह हम देखते हैं कि उपलब्धि परीक्षण का मूल्य (value) शिक्षकों के लिए काफी अधिक है। ऐसे परीक्षण, चाहे शिक्षक-निर्मित (teacher-made) हों या मानकीकृत परीक्षण (standardised test) हों, शिक्षकों के लिए छात्रों की निपुणताओं का मापन करने में एक खास अहमियत रखता है।

मनोवैज्ञानिक परीक्षण का महत्त्व
(Importance of Psychological Test)

छात्रों की उपलब्धि तथा निपुणता (proficiency) की जाँच में उपलब्धि परीक्षण (achievement test) की एक महत्त्वपूर्ण भूमिका है, जिसे छात्र अभी देख चुके हैं। इसके साथ-ही-साथ अन्य

मनोवैज्ञानिक परीक्षण, जैसे बुद्धि परीक्षण, व्यक्तित्व परीक्षण (personality test), अभिक्षमता परीक्षण (aptitude test) की भी भूमिका स्कूल शिक्षा (school education) में अधिक बताई गई है। इन सभी तरह के मनोवैज्ञानिक परीक्षणों की व्याख्या यहाँ अपेक्षित नहीं है। फिर भी, इस अनुच्छेद में सामान्य रूप से हम मनोवैज्ञानिक परीक्षण (psychological test) के स्वरूप (nature) एवं उसके महत्त्व पर विशेष रूप से प्रकाश डालेंगे।

मनोवैज्ञानिक परीक्षण क्या है? (What is psychological test?) जैसे प्रश्न का उत्तर देते हुए यह कहा जाता है कि मनोवैज्ञानिक परीक्षण एक ऐसा मानकीकृत उपकरण (standardised instrument) होता है जिसके द्वारा व्यक्ति के एक या एक से अधिक पहलुओं का मापन वस्तुनिष्ठ ढंग से होता है। इस अर्थ में प्रमुख मनोवैज्ञानिकों, जैसे फ्रीमैन (Freeman, 1965), क्रौनबैक (Cronbach, 1970) एवं एनास्टसी (Anastasi, 1968) ने मनोवैज्ञानिक परीक्षण को परिभाषित किया है। यहाँ फ्रीमैन (Freeman, 1965) द्वारा दी गई परिभाषा का उल्लेख एक उदाहरण के रूप में किया जा रहा है।

फ्रीमैन[1] (Freeman, 1965) के अनुसार, "एक मनोवैज्ञानिक परीक्षण एक मानकीकृत उपकरण होता है जिसके सहारे शाब्दिक या अशाब्दिक अनुक्रियाओं या अन्य व्यवहारों के सहारे संपूर्ण व्यक्तित्व के एक या अधिक पहलुओं को वस्तुनिष्ठ ढंग से मापा जाता है।" **सैक्स**[2] (Sax, 1974) के अनुसार, "एक परीक्षण को ऐसे कार्य या कार्यों की शृंखला के रूप में परिभाषित किया जा सकता है जिसके द्वारा ऐसे क्रमबद्ध प्रेक्षण प्राप्त होते हैं जो किसी मनोवैज्ञानिक या शैक्षिक गुण का प्रतिनिधित्व करते हैं।"

इस परिभाषा से स्पष्ट है कि मनोवैज्ञानिक परीक्षण की दो विशेषताएँ होतीं हैं—

(i) मनावैज्ञानिक परीक्षण एक मानकीकृत परीक्षण (standardised test) होता है जिसमें विश्वसनीयता (reliability), वैधता (validity), प्राप्तांक-लेखन में वस्तुनिष्ठता (objectivity in scoring), मानक (norms) आदि गुण मूल रूप से होते हैं।

(ii) मनोवैज्ञानिक परीक्षण द्वारा दो या दो से अधिक व्यक्तियों की तुलना व्यक्तित्व के किसी एक या अनेक पहलुओं पर की जाती है।

मनोवैज्ञानिक परीक्षण, चाहे बुद्धि परीक्षण हो, व्यक्तित्व परीक्षण हो, अभिक्षमता परीक्षण हो या अन्य कोई परीक्षण हो, उसका मूल उद्देश्य व्यक्तियों के बीच विभिन्नता अर्थात वैयक्तिक विभिन्न्ता (individual difference) ज्ञात करना होता है। इसके अलावा आजकल मनोवैज्ञानिक परीक्षणों (psychological tests) का उपयोग जीवन के अन्य विभिन्न क्षेत्रों में भी काफी किया जा रहा है जिससे इसका महत्त्व काफी बढ़ गया है। ऐसी ही कुछ उपयोगिताओं एवं महत्त्वों का वर्णन अग्रांकित है—

---

1. "A psychological test is a standardized instrument designed to measure objectively any or more aspects of a total personality by means of samples of verbal or nonverbal responses or by means of other behaviours."—Freeman, *Theory and Practice of Psychological Testing,* 1965, p. 46
2. "A test may be defined as a test or series of tasks used to obtain systematic observations presumed to be representative of educational or psychological traits or attributes."—Sax, *Principles of Educational Measurement and Evaluation,* 1974, p. 3

1. नियोजन के लिए चयन के क्षेत्र में (In the field of selection for employment)—मनोवैज्ञानिक परीक्षण का प्रयोग विभिन्न सेवाओं (services) में व्यक्तियों के चयन (selection) करने एवं नियुक्तियाँ (appointment) करने में काफी किया जा रहा है। मनोवैज्ञानिक परीक्षण का प्रयोग कर मनोवैज्ञानिक वैसे व्यक्तियों को आसानी से चुन लेते हैं जिनकी रुचि, रूझान एवं क्षमता आदि उस पद के लिए अनुकूल होते हैं, जिसके लिए उनका चयन किया जा रहा है।

2. निर्देशन (Guidance)—मनोवैज्ञानिक परीक्षण का महत्त्व विभिन्न तरह के निर्देशनों, जैसे शैक्षिक निर्देशन (educational guidance), व्यावसायिक निर्देशन (vocational guidance) तथा व्यक्तिगत निर्देशन (personal guidance) में अधिक बताया गया है। मनोवैज्ञानिक परीक्षण के सहारे शिक्षार्थी (learner) को अपनी रुचि एवं रूझान के अनुकूल शिक्षा के लिए विषयों के चयन करने में तथा फिर शिक्षा समाप्त करने के बाद उन्हें अपनी निपुणता एवं योग्यता के अनुकूल व्यवसाय खोजने में काफी मदद मिलती है। इतना ही नहीं, मनोवैज्ञानिक परीक्षण के सहारे व्यक्ति अपने भीतर व्याप्त सांवेगिक तनावों एवं मानसिक संघर्षों को भी समझ पाता है और उसे कम करने के लिए सक्रिय हो उठता है।

3. पूर्वानुमान या पूर्वकथन (Prediction)—मनोवैज्ञानिक परीक्षण के माध्यम से शिक्षकों को कुछ पूर्वानुमान लगाने में भी सफलता मिलती है। स्कूल में अक्सर छात्रों की बुद्धि की किसी मनोवैज्ञानिक परीक्षण द्वारा जाँच करके उसकी भावी सफलताओं के बारे में पूर्वानुमान लगाया जाता है। बुद्धि परीक्षण पर अधिक अंक प्राप्त करनेवाले छात्रों के बारे में यह पूर्वानुमान लगाया जाता है कि उनकी भावी सफलता कक्षा में अच्छी होगी।

4. शोध (Research)—मनोवैज्ञानिक परीक्षण द्वारा नए-नए सिद्धांतों तथा प्रविधियों (techniques) के शोध (research) में काफी मदद मिलती है। **गुलिकसन** (Gulliksen, 1954) ने मनोवैज्ञानिक परीक्षण का संबंध शोध के साथ दोहरा बताया है। बहुत-से मनोवैज्ञानिक परीक्षण शोध के फलस्वरूप पैदा हुए हैं तथा मनोवैज्ञानिक परीक्षणों के आधार पर बहुत-से नए-नए सिद्धांतों का जन्म हुआ है, जिनपर शोध किया जा रहा है। इस तरह शोध एवं मनोवैज्ञानिक परीक्षण का संबंध दोहरा है।

5. निदान (Diagnosis)—मनोवैज्ञानिक परीक्षण द्वारा मनोवैज्ञानिकों को निदान (diagnosis) में काफी मदद मिलती है। निदान से तात्पर्य एक ही व्यक्ति के व्यवहार के विभिन्न पहलुओं (aspects) की विवेचना (interpretation) तथा विश्लेषण (analysis) से होता है। एक स्कूल परामर्शदाता (school counsellor) मनोवैज्ञानिक परीक्षण (psychological test) के आधार पर आसानी से इस बात का निदान कर लेता है कि काफी बुद्धि के बावजूद किसी छात्र का वर्ग में कार्य निष्पादन (performance) क्यों खराब हो रहा है। इसी तरह एक क्लिनिकल मनोवैज्ञानिक (Clinical psychologist) कुछ मनोवैज्ञानिक परीक्षणों के आधार पर आसानी से इस बात का निदान कर लेता है कि अमुक व्यक्ति किस प्रकार के मानसिक रोग से ग्रसित है।

इस तरह हम देखते हैं कि मनोवैज्ञानिक परीक्षण का महत्त्व कई कारणों से मनोवैज्ञानिकों के लिए काफी अधिक है।

मनोवैज्ञानिक एवं शैक्षिक परीक्षण के निर्माण के सोपान
(Stages of Construction of a Psychological and Educational Test)

परीक्षण (test) चाहे मनोवैज्ञानिक हो या शैक्षिक (educational) हो, उसके निर्माण (construction) में कुछ प्रमुख सोपान (steps) या अवस्थाएँ (stages) होते हैं जिनका संक्षिप्त वर्णन यहाँ अपेक्षित है। इन सोपानों का वर्णन निम्नांकित है—

1. परीक्षण के बारे में एक योजना तैयार करना (Planning of the test)
2. परीक्षण के लिए एकांशों या प्रश्नों को लिखना (Writing items or questions for the test)
3. परीक्षण की जाँच (Try out of the test)
4. परीक्षण की विश्वसनीयता (Reliability of the test)
5. परीक्षण की वैधता (Validity of the test)
6. परीक्षण का मानक (Norms of the test)।

इन सोपानों का वर्णन निम्नांकित है—

1. परीक्षण के बारे में एक योजना तैयार करना (Planning of the test)—इस अवस्था में मनोवैज्ञानिक या शिक्षक कई बातों का निर्णय करते हैं। जैसे, वे यह निर्णय लेते हैं कि वे बुद्धि परीक्षण बनाएँगे या व्यक्तित्व परीक्षण (personality test) बनाएँगे या कोई और परीक्षण बनाएँगे। फिर उनमें वे किस ढंग के एकांशों (items) को रखेंगे अर्थात वे बहुविकल्पी एकांश (multiple-choice items) को रखेंगे या मिलान एकांशों (matching items) को रखेंगे या कोई अन्य तरह के एकांशों को सम्मिलित करेंगे। फिर उन्हें परीक्षण की संभावित लम्बाई एवं उसमें लगनेवाले समय आदि के बारे में भी एक योजना बना लेनी पड़ती है।

2. परीक्षण के लिए एकांशों या प्रश्नों को लिखना (Writing items or questions for the test)—सोपान एक पर लिए गए निर्णय के अनुसार मनोवैज्ञानिक या शिक्षक इस अवस्था (stage) में परीक्षण के लिए एकांशों (items) या प्रश्नों को लिखते हैं। जैसे, यदि उन्होंने यह निर्णय किया है कि वे एक बुद्धि परीक्षण बनाएँगे, तो वे बुद्धि के विभिन्न पहलुओं (aspects) के मापन से संबंधित एकांश या प्रश्न तैयार करेंगे। सोपान एक पर यदि वे बहुविकल्पी एकांशों (multiple-choice item) या कोई अन्य प्रकार के एकांश के बारे में निणय कर चुके हैं, तो वे यहाँ उसी ढंग के एकांश लिखेंगे। एकांशों को लिखकर परीक्षण निर्माणकर्ता (test constructor) कुछ विशेषज्ञों (experts) से उसकी जाँच करवा लेता है और विशेषज्ञों द्वारा दिए गए सुझाव के आलोक में एकांशों में कुछ आवश्यक परिवर्तन भी कर लेता है।

3. परीक्षण की जाँच (Try out of the test)—परीक्षण निर्माणकर्ता इस अवस्था में लिखे गए एकांशों का प्रारंभिक क्रियान्वयन (preliminary administration) छात्रों या व्यक्तियों के समूह पर करके देख लेता है कि परीक्षण में सम्मिलित किए गए एकांश चुस्त-दुरुस्त हैं या नहीं। इसके लिए वह विशेष सांख्यिकीय विश्लेषण (statistical analysis) भी करता हैं जिसे तकनीकी रूप से (technically) **एकांश विश्लेषण** (item analysis) की संज्ञा दी जाती है। एकांश विश्लेषण करने के बाद परीक्षण निर्माणकर्ता को यह पता चल जाता है कि वह किन-किन एकांशों (items) या प्रश्नों को परीक्षण से हटा दे और किन-किन एकांशों को वह परीक्षण (test) में रहने दे।

4. परीक्षण की विश्वसनीयता (Reliability of the test)—इस अवस्था में परीक्षण निर्माणकर्ता एकांशों को छाँट देने के बाद बचे एकांशों से तैयार परीक्षण की विश्वसनीयता (reliability) ज्ञात करता है। विश्वसनीयता से तात्पर्य परीक्षण प्राप्तांकों की संगति (consistency) से होता है। इसके लिए वह कई विधियों को अपनाता है जिसमें सबसे लोकप्रिय विधि यह है जिसमें परीक्षण को सामान्यतः 14 दिन के अंतर पर छात्रों के एक ही समूह पर दो बार क्रियान्वयन करता है और प्राप्तांकों (score) के इन दोनों सेट (set) के बीच सह-संबंध (correlation) ज्ञात करता है। सह-संबंध जितना ही अधिक होता है, परीक्षण की विश्वसनीयता (reliability) उतनी ही अधिक मानी जाती है। इसे **परीक्षण-पुनर्परीक्षण विधि** (test-retest method) कहा जाता है। विश्वसनीयता ज्ञात करने की एक दूसरी विधि भी है जिसमें परीक्षण के कुल एकांशों (items) को दो बराबर-बराबर भागों में बाँटकर दोनों भाग पर छात्रों द्वारा प्राप्त अंकों के बीच सह-संबंध ज्ञात कर लिया जाता है। इसे अर्द्ध-परीक्षण विश्वसनीयता (half-test reliability) कहा जाता है, जिसके आधार पर स्पीयरमैन-ब्राऊन प्रोफेसी सूत्र (Spearman-Brown prophecy formula), जो निम्नांकित है, के आधार पर पूर्ण-परीक्षण विश्वसनीयता (full-test reliability) ज्ञात की जाती है—

$$\text{Reliability of the whole test} = \frac{2 \times \text{reliability of half test}}{1 + \text{reliability of half test}}$$

इस विधि को अर्धन विधि (split-half method) कहा जाता है तथा इसके द्वारा प्राप्त विश्वसनीयता (reliability) को **आंतरिक संगतता विश्वसनीयता** (internal consistency reliability) कहा जाता है।

5. परीक्षण की वैधता (Validity of the test)—परीक्षण निर्माण की इस अवस्था में परीक्षण की वैधता (validity) ज्ञात की जाती है। जब परीक्षण उस उद्देश्य या गुण को मापने में सफल हो पाता है, जिसके लिए उसे बनाया गया है, तो उस परीक्षण को वैध (valid) परीक्षण कहा जाता है तथा परीक्षण के इस गुण को वैधता की संज्ञा दी जाती है। सामान्यतः किसी परीक्षण की वैधता उस परीक्षण को एक ऐसे परीक्षण के साथ सहसंबंधित (correlate) करके ज्ञात की जाती है जिसकी वैधता पहले से ज्ञात होती है। यदि वर्तमान परीक्षण उस वैध परीक्षण (valid test) से अधिक सहसंबंधित हो जाता है, तो यह समझा जाता है कि वर्तमान परीक्षण की वैधता काफी अधिक है।

6. परीक्षण का मानक (Norms of the test)—परीक्षण निर्माण की इस अवस्था में परीक्षण निर्माणकर्ता (test constructor) परीक्षण के लिए एक मानक (norms) तैयार करता है। इसके लिए वह एक बड़ा प्रतिनिधिक प्रतिदर्श (representative sample) लेता है और परीक्षण पर उस प्रतिदर्श का माध्य प्राप्तांक (mean score) ज्ञात कर लेता है। यही माध्य प्राप्तांक उस परीक्षण का **मानक** कहलाता है। मानक कई प्रकार, जैसे आयु मानक (age norms), ग्रेड मानक (grade norms), शततमक मानक (percentile norms) तथा प्रामाणिक प्राप्तांक मानक (standard score norms), के होते हैं और परीक्षणकर्ता अपनी आवश्यकतानुसार तथा परीक्षण के उद्देश्य को मद्देनजर रखते हुए इनमें एक या एक से अधिक मानक तैयार करता है। आँकड़ों के स्वरूप के अनुसार वह लड़कों (boys) के लिए अलग तथा लड़कियों (girls) के लिए अलग मानक भी तैयार कर लेते हैं।

इस तरह हम देखते हैं कि परीक्षण निर्माण के कई सोपान हैं। इन सोपानों के सहारे एक मनोवैज्ञानिक या एक शिक्षक किसी परीक्षण का निर्माण करके अपने उद्देश्य की पूर्ति कर सकते हैं।

परीक्षण के प्रकार
(Types of Test)

मनोवैज्ञानिकों एवं शिक्षाशास्त्रियों (educators) ने मनोविज्ञान एवं शिक्षा में प्रयोग होनेवाले परीक्षणों (tests) को विभिन्न कसौटियों (criteria) के आधार पर कई भागों में बाँटा है, जिनका वर्णन निम्नांकित है—

1. क्रियान्वयन की अवस्थाओं की कसौटी के आधार पर (On the basis of criterion of administrative conditions)—इस कसौटी के आधार पर परीक्षण (test) को मूल रूप से निम्नांकित दो भागों में बाँटा गया है—

(a) वैयक्तिक परीक्षण (Individual test) तथा

(b) समूह परीक्षण (Group test)।

वैयक्तिक परीक्षण वैसे परीक्षण को कहा जाता है जिसे एक समय में, एक व्यक्ति पर, क्रियान्वित किया जा सकता है। इस तरह के परीक्षण का प्रयोग प्रायः स्कूल मनोवैज्ञानिक (school psychologists) तथा परामर्शदाताओं (counsellors) द्वारा छोटे-छोटे बालकों को प्रेरित करने तथा वे किस प्रकार परीक्षण परिस्थिति के प्रति अनुक्रिया (response) करते हैं, आदि का अध्ययन करने के लिए किया जाता है। वैयक्तिक परीक्षण का क्रियान्वयन करने में परीक्षक का अधिक प्रशिक्षित होना अनिवार्य है तथा ऐसे परीक्षणों में परीक्षक को सामान्यतः अधिक ध्यान देना पड़ता है। **कोह** (Koh) द्वारा निर्मित **ब्लॉक डिजाइन बुद्धि परीक्षण** वैयक्तिक परीक्षण (individual test) का एक अच्छा उदाहरण है।

समूह परीक्षण (group test) वैसे परीक्षण को कहा जाता है जिसका क्रियान्वयन एक समय में सामान्यतः एक से अधिक व्यक्तियों पर, यानी व्यक्तियों के समूह पर आसानी से किया जाता है। इस तरह के परीक्षण का क्रियान्वयन करने में कम प्रशिक्षित परीक्षक भी अच्छी भूमिका निभा लेते हैं। मोहन चन्द्र जोशी द्वारा निर्मित बुद्धि परीक्षण तथा जलोटा मानसिक बुद्धि परीक्षण समूह-परीक्षण के अच्छे उदाहरण हैं।

2. प्राप्तांक-लेखन की कसौटी के आधार पर (On the basis of criterion of scoring)—प्राप्तांक-लेखन की कसौटी के आधार पर परीक्षण को निम्नांकित दो भागों में बाँटा गया है—

(i) वस्तुनिष्ठ परीक्षण (Objective test)

(ii) आत्मनिष्ठ परीक्षण (Subjective test)।

वस्तुष्ठि परीक्षण (Objective test) वैसे परीक्षण को कहा जाता है जिनके उत्तरों को अंक देने की विधि अर्थात प्राप्तांक-लेखन की विधि स्पष्ट होती है और परीक्षकों का आत्मगत निर्णय (subjective judgements) से बिल्कुल ही प्रभावित नहीं होती है। ऐसे परीक्षणों के एकांशों के उत्तर का अंकन (scoring) में सभी परीक्षक एक ही निष्कर्ष पर पहुँचते हैं। बहु-विकल्पी एकांश (multiple choice item), सही-गलत एकांश (true-false item) तथा मिलान एकांश (matching item) वाले परीक्षण वस्तुनिष्ठ परीक्षण (objective test) होते हैं।

आत्मनिष्ठ परीक्षण (subjective test) वैसे परीक्षण को कहा जाता है जिनके एकांशों के उत्तरों को अंक देने की विधि में परीक्षकों में काफी भिन्नता पाई जाती है। निबंधात्मक परीक्षा

(essay examination), जिसका प्रयोग शिक्षक कक्षा की उपलब्धियों (classroom achievements) की जाँच करने में अक्सर करते हैं, आत्मनिष्ठ परीक्षण का अच्छा उदाहरण है।

3. अनुक्रिया देने की समय-सीमा की कसौटी के आधार पर (On the basis of criterion of time-limit of producing response)—परीक्षण के एकांशो के प्रति अनुक्रिया करने की समय-सीमा (time-limit) के आधार पर परीक्षण (test) को दो भागों में बाँटा गया है—

(i) क्षमता परीक्षण (Power test) तथा
(ii) गति परीक्षण (Speed test)।

क्षमता परीक्षण (power test) वैसे परीक्षण को कहा जाता है जिसके परीक्षण के सभी एकांशों (items) का उत्तर देने का पर्याप्त समय छात्रों को दिया जाता है। ऐसे एकांशों का कठिनता-स्तर (difficulty level) भिन्न-भिन्न होता है। इस परीक्षण का उद्देश्य यह जाँचना होता है कि छात्र को किसी वस्तु, घटना, चीज आदि के बारे में कितना ज्ञान (knowledge) है।

गति परीक्षण (speed test) वैसे परीक्षण को कहा जाता है जिसमें एक सख्त समय-सीमा होती है और उसके भीतर ही छात्रों को एकांशों (items) का जवाब देना होता है। ऐसे परीक्षण के एकांश आसान (easy) होते हैं और उनका कठिनता-स्तर लगभग समान ही होता है। ऐसे परीक्षण का मूल उद्देश्य यह परख करना होता है कि कितनी तेजी से छात्र किसी कार्य को कर सकते हैं। अधिकतर लिपिक अभिक्षमता परीक्षण (clerical aptitude test) इसी श्रेणी के परीक्षण होते हैं। DAT (Differential Aptitude Test) का 'Clerical Speed & Accuracy Test' गति परीक्षण का एक अच्छा नमूना है।

सही अर्थ में बहुत कम ही परीक्षण पूर्णतः क्षमता परीक्षण (power test) या पूर्णतः गति परीक्षण (speed test) होते हैं। एक ही परीक्षण एक छात्र के लिए गति परीक्षण का काम कर सकता है यदि उसके लिए उसमें आसान प्रश्न हैं, परन्तु वही परीक्षण दूसरे छात्र के लिए, जिन्हें उनके एकांश कठिन लगते हैं, क्षमता परीक्षण का काम कर सकता है।

4. एकांश या प्रश्नों के स्वरूप की कसौटी के आधार पर (On the basis of criterion of the nature of items or content)—इस कसौटी के आधार पर परीक्षण को निम्नांकित चार भागों में बाँटा गया है—

(i) शाब्दिक परीक्षण (Verbal test)
(ii) अशाब्दिक परीक्षण (Nonverbal test)
(iii) क्रियात्मक परीक्षण (Performance test)
(iv) अभाषाई परीक्षण (Nonlanguage test)।

शाब्दिक परीक्षण वैसे परीक्षण को कहा जाता है जिसमें एकांश (items) एवं निर्देश (instruction) को छात्र पढ़ते हैं तथा फिर उसे समझकर उनका उत्तर देते हैं। ऐसे परीक्षण द्वारा पढ़ने (reading) एवं लेखन (writing) की क्षमता पर अधिक बल डाला जाता है। जलोटा सामूहिक सामान्य मानसिक क्षमता परीक्षण (Jalota's group general intelligence test) तथा मेहता सामूहिक बुद्धि परीक्षण (Mehta group test of intelligence) इस परीक्षण के अच्छे उदाहरण हैं।

इसे **पेंसिल-और-कागज परीक्षण** (pencil-and-paper test) भी कहा जाता है; क्योंकि छात्र अपने उत्तर को दिए गए उत्तर-पत्र पर लिखते जाते हैं।

अशाब्दिक परीक्षण (Nonverbal test) वैसे परीक्षण को कहा जाता है जिसमें शाब्दिक बुद्धि परीक्षण की तुलना में भाषा (language) पर कम बल डाला जाता है। ऐसे परीक्षण के निर्देश (instruction) में तो भाषा का प्रयोग होता है, परन्तु एकांशों (items) में भाषा का प्रयोग नहीं होता। प्रत्येक एकांश में चित्र के सहारे एक समस्या उपस्थित की जाती है और उसका उत्तर छात्र को दिए चित्रों में से ही खोजकर निकालना होता है। रैवेन प्रोग्रेसिव मैट्रिसेज (Raven's Progressive Matrices), जो एक बुद्धि परीक्षण है, अशाब्दिक परीक्षण का अच्छा उदाहरण है।

क्रियात्मक परीक्षण (Performance test) वैसे परीक्षण को कहा जाता है जिसमें भाषा का प्रयोग निर्देश (instruction) देने में हो भी सकता है या चित्राभिनय (pantomine) तथा हाव-भाव (gesture) द्वारा निर्देश देने पर भाषा का प्रयोग नहीं भी हो सकता है। परन्तु, इनके एकांश (item) में भाषा का प्रयोग बिल्कुल ही नहीं होता और छात्र के सामने कुछ वस्तुएँ वास्तविक रूप से (न कि चित्र के रूप में) उपस्थित होती हैं, जिनमें जोड़-तोड़ (manipulation) करके उसका उत्तर ढूँढ़ निकालना होता है। प्रसिद्ध बुद्धि परीक्षण, जैसे पास एलांग परीक्षण (Pass-along test), घन रचना परीक्षण (Cube construction test) आदि इसके कुछ महत्त्वपूर्ण उदाहरण हैं।

अभाषाई परीक्षण (Nonlanguage test) वैसे परीक्षण को कहा जाता है जिसमें भाषा का प्रयोग न तो एकांश (item) में और न ही निर्देश (instruction) देने में होता है। छात्र को मात्र संकेत देकर प्रत्येक एकांश के सही उत्तर को बताना होता है। इस तरह ऐसा परीक्षण भाषा के चंगुल से पूर्णतः मुक्त होता है। कैटल कलचर-फ्री या फेयर परीक्षण, जो एक बुद्धि परीक्षण है, इसका अच्छा उदाहरण है।

5. मानकीकरण की कसौटी के आधार पर (On the basis of criterion of standardisation) —मानकीकरण की कसौटी के आधार पर परीक्षण को निम्नांकित दो भागों में बाँटा गया है—

(i) शिक्षक-निर्मित परीक्षण (Teacher-made test) तथा

(ii) मानकीकृत परीक्षण (Standardized test)।

शिक्षक-निर्मित परीक्षण (teacher-made test) वैसे परीक्षण को कहा जाता है जिसे शिक्षक अपनी कक्षाओं (classrooms) के भीतर ही छात्रों के निष्पादन (performance) की जाँच के लिए करते हैं। ऐसे परीक्षण द्वारा शिक्षक मूलतः एक कक्षा में पढ़नेवाले सभी छात्रों के निष्पादन की आपस में तुलना करते हैं। ऐसे परीक्षण के क्रियान्वयन (administrator) तथा प्राप्तांक-लेखन (scoring) के तरीके (mode) को स्वयं शिक्षक ही निर्धारित करते हैं। सामान्यतः ऐसे परीक्षण का कोई मानक (norms) तैयार नहीं किया जाता है, परन्तु कभी-कभी यह देखा गया है कि शिक्षक कक्षा के भीतर ही प्रयोग करने के लिए एक कामचलाऊ मानक तैयार कर लेते हैं।

मानकीकृत परीक्षण (standardized test) वैसे परीक्षण को कहा जाता है जिसे परीक्षण विशेषज्ञ (test experts) अन्य शिक्षकों एवं पाठ्यक्रम विशेषज्ञों (curriculum experts) की मदद से तैयार करते हैं। ऐसे परीक्षण के क्रियान्वयन (administration) तथा प्राप्तांक-लेखन (scoring) का तरीका निश्चित एवं वस्तुनिष्ठ (objective) होता है तथा इसका एक मानक (norms) भी होता है। इसका परिणाम यह होता है कि इस परीक्षण का प्रयोग सभी तरह के छात्रों पर आसानी से किया

जा सकता है और उसके परिणामों (results) की आपस में वैज्ञानिक तुलना कर एक निश्चित निष्कर्ष पर आसानी से पहुँचा जा सकता है।

6. उद्देश्य की कसौटी के आधार पर (On the basis of criterion of purpose or objective) —परीक्षण के उद्देश्य (purpose) के आधार पर परीक्षण को निम्नांकित चार भागों में बाँटा गया है—

(i) बुद्धि परीक्षण (Intelligence test)

(ii) अभिक्षमता परीक्षण (Aptitude test)

(iii) व्यक्तित्व परीक्षण (Personality test)

(iv) उपलब्धि परीक्षण (Achievement test)

बुद्धि परीक्षण वैसे परीक्षण को कहा जाता है जिसका उद्देश्य (purpose) छात्रों की बुद्धि मापना होता है। बुद्धि परीक्षण शाब्दिक, अशाब्दिक, क्रियात्मक एवं अभाषाई (nonlanguage) कुछ भी हो सकता है।

अभिक्षमता परीक्षण वैसे परीक्षण को कहा जाता है जिसका उद्देश्य छात्रों की अभिक्षमता (aptitude) का मापन करना होता है। अभिक्षमता से तात्पर्य किसी विशेष क्षेत्र में छात्रों के भीतर छिपी अंतःशक्ति (potential) से होता है। 'Differential Aptitude Test' जिसके द्वारा छात्रों की सात तरह की अभिक्षमताओं (aptitudes) का मापन होता है।

व्यक्तित्व परीक्षण (personlity test) वैसे परीक्षण को कहा जाता है जिसके द्वारा छात्रों के शीलगुण (trait), समायोजन (adjustment), अभिरुचि (interest), मूल्य (values) आदि का मापन होता है। ऐसे परीक्षणों की मनोविज्ञान तथा शिक्षा में भरमार है। बेल समायोजन परीक्षण (Bell's Adjustment Inventory), आइजेन्क व्यक्तित्व प्रश्नावली (Eysenck Personality Questionnaire or EPQ) इसके अच्छे उदाहरण हैं।

उपलब्धि परीक्षण (achievement test) वैसे परीक्षण को कहा जाता है जिसके द्वारा किसी खास विषय या क्षेत्र में छात्रों की अर्जित निपुणता (proficiency) को मापा जाता है। उपलब्धि परीक्षण भिन्न-भिन्न विषयों के लिए अलग-अलग बनाए गए हैं।

इस तरह हम देखते हैं कि परीक्षण को विभिन्न कसौटियों (criterion) के आधार पर कई भागों में बाँटा गया है।

एक उत्तम परीक्षण की विशेषताएँ
(Characteristics of a Good Test)

एक उत्तम परीक्षण की कई विशेषताओं का उल्लेख मनोवैज्ञानिकों एवं शिक्षकों द्वारा किया गया है जिनमें निम्नांकित प्रमुख हैं—

(i) वस्तुनिष्ठता (Objectivity)—एक उत्तम परीक्षण को वस्तुनिष्ठ (objective) होना चाहिए ताकि उसके एकांशों के अर्थ सभी छात्रों द्वारा एक समान ढंग से लगाए जाएँ तथा उसके उत्तरों का अंकन (scoring) करते समय शिक्षक या परीक्षक की अपनी मनोवृत्ति (attitude), पक्षपात (bias), पूर्वाग्रह (prejudice) का कोई प्रभाव नहीं पड़ सके।

(ii) **विश्वसनीयता** (Reliability)—एक उत्तम परीक्षण को विश्वसनीय होना चाहिए। दूसरे शब्दों में, एक उत्तम परीक्षण के प्राप्तांकों (scores) में संगति (consistency) का गुण होना चाहिए। यह संगति जितनी ही अधिक होगी, परीक्षण में विश्वसनीयता उतनी ही अधिक होगी।

(iii) **वैधता** (Validity)—परीक्षण को उत्तम कहलाने के लिए यह भी आवश्यक है कि उसमें वैधता का गुण हो। जब कोई परीक्षण ठीक उसी गुण या क्षमता (ability) को अच्छे ढंग से मापता है जिसके लिए उसे बनाया गया है, तब परीक्षण के इस गुण को वैधता का गुण कहा जाता है।

(iv) **मानकीकरण** (Standardisation)—किसी भी मनोवैज्ञानिक परीक्षण को उत्तम एवं दुरुस्त परीक्षण कहलाने के लिए यह आवश्यक है कि उसका एक मानक (norms) हो। किसी प्रतिनिधिक-प्रतिदर्श (representative sample) द्वारा परीक्षण पर आए औसत प्राप्तांक (average score) को उस परीक्षण के मानक (norms) की संज्ञा दी जाती है। मानक का मुख्य उद्देश्य परीक्षण पर आए मूल प्राप्तांकों (raw score) की व्याख्या करना होता है। मानक कई प्रकार के होते हैं जिनमें, आयु प्राप्तांक (age norms), वर्ग मानक (grade norms), शततमक मानक (percentile norms) तथा प्रामाणिक प्राप्तांक मानक (standard score norms) प्रमुख हैं।

(v) **व्यावहारिकता** (Practicality)—परीक्षण को उत्तम कहलाने के लिए यह भी आवश्यक है कि वह व्यावहारिक दृष्टिकोण से सही हो। दूसरे शब्दों में, परीक्षण के एकांश या प्रश्न के स्वरूप यथासंभव सरल हों, परीक्षण के सभी प्रश्नों या एकांशों का उत्तर देने में कम समय लगे तथा उनके क्रियान्वयन (administration) में भी कम समय लगे।

(vi) **अंकन में सरलता** (Simplicity in scoring)—परीक्षण को उत्तम कहलाने के लिए यह भी आवश्यक है कि उनके उत्तरों को अंक देने की विधि सरल हो तथा उसके लिए किसी विशेष प्रशिक्षण की आवश्यकता परीक्षक को न हो।

इस तरह हम देखते हैं कि एक उत्तम परीक्षण (test) के कई गुण होते हैं। किसी परीक्षण में उपर्युक्त जितने अधिक गुण होंगे, वह परीक्षण उतना ही उत्तम माना जाएगा।

परीक्षण की विश्वसनीयता के अर्थ (Meaning of Reliability of the Test)

किसी भी परीक्षण (test) को, चाहे वह मनोवैज्ञानिक गुण (psychological trait) का मापन करता हो या शैक्षिक गुण (educational trait) का मापन करता हो, उत्तम एवं दुरुस्त (sound) कहलाने के लिए यह आवश्यक है कि उसमें विश्वसनीयता का गुण हो। विश्वसनीयता (reliability) से तात्पर्य परीक्षण प्राप्तांकों (test scores) की संगतता (consistency) से होता है। संगतता दो प्रकार की होती है—आंतरिक संगतता या संगति (internal consistency) तथा कालिक संगतता (temporal consistency)। जब परीक्षण के एकांश (items) ऐसे हैं कि जिन छात्रों को परीक्षण के प्रथम आधे एकांशों पर अधिक ऊँचे अंक होते हैं, वे बाकी आधे एकांशों पर भी उच्च अंक लाते हैं या जिन्हें प्रथम आधे एकांशों पर निम्न अंक आता है और बाकी आधे एकांशों पर भी निम्न अंक आता है, तो परीक्षण प्राप्तांकों के इस गुण को **आंतरिक संगतता** (internal consistency) कहा जाता है। उसी तरह जब परीक्षण को एक पर्याप्त समय जैसे 14 दिन का समय देकर एक ही प्रतिदर्श (sample) पर दो बार क्रियान्वित किया जाता है और इस दो बार के क्रियान्वयन में प्रत्येक छात्र को करीब-करीब समान ही अंक-कोटि (score rank) मिलते हैं, तो यह कहा जाता है कि परीक्षण प्राप्तांकों में **कालिक स्थिरता** (temporal stability)

अर्थात **कालिक संगतता** (temporal consistency) है। परीक्षण की विश्वसनीयता से तात्पर्य इन दोनों तरह की विश्वसनीयता से होता है। एनासटेसी ने परीक्षण की विश्वसनीयता को परिभाषित करने में इन दोनों तरह की संगतता को सम्मिलित किया है। एनासटेसी[1] तथा उर्विना (Anastasi & Urbina, 1997) के शब्दों में, "एक ही व्यक्ति की विभिन्न परिस्थितियों में परीक्षण द्वारा पुनर्जांच करने पर या तुल्य एकांशों की विभिन्न सेटों या अन्य परिवर्तित परिस्थितियों में पुनर्जांच करने पर प्राप्तांकों में मिलनेवाली संगतता को विश्वसनीयता कहा जाता है।"

विश्वसनीयता को सांख्यिकीय रूप से (statistically) तथा तकनीकी (technical) ढंग से या तार्किक ढंग से (logically) भी परिभाषित किया गया है। सांख्यिकीय रूप से विश्वसनीयता से तात्पर्य परीक्षण के आत्म-सह-संबंध (self-correlation) से होता है तथा तकनीकी रूप से (technically) विश्वसनीयता से तात्पर्य परीक्षण द्वारा मापी गई क्षमता या गुण के वास्तविक प्रसरण (true variances) से होता है न कि संयोग प्रसरण (chance variance) से होता है। वास्तविक प्रसरण का अनुपात संयोग प्रसरण के अनुपात में जितना ही ज्यादा होगा, परीक्षण की विश्वसनीयता उतनी ही अधिक होगी।

विश्वसनीयता मापन की विधियाँ (Methods of Measuring Reliability)

मनोवैज्ञानिकों, शिक्षाशास्त्रियों एवं विशेषज्ञों (experts) ने परीक्षण की विश्वसनीयता को मापने की निम्नांकित तीन प्रमुख विधियों का वर्णन किया है—

1. परीक्षण-पुनर्परीक्षण विधि (Test-Retest Method)
2. आंतरिक संगतता विधि (Internal Consistency Method)—इसमें दो उपविधियाँ प्रमुख हैं—
   (क) अर्द्ध-विच्छेदित या अर्धन विधि (Split-half Method)
   (ख) कुडर-रिचार्डसन सूत्र (Kuder-Richardson Formula or K–R Formula)
3. समानांतर-फार्म विधि (Parallel Form Method)

इन विधियों का वर्णन निम्नांकित है—

1. परीक्षण-पुनर्परीक्षण विधि (Test-retest method)—यह एक ऐसी विधि है जिसमें परीक्षण की विश्वसनीयता (reliability) ज्ञात करने के लिए परीक्षण को व्यक्तियों के एक ही समूह पर एक बार क्रियान्वित करने के बाद एक खास समय-अंतराल (time interval) पर यानी 14 दिन के अंतराल पर दोबारा क्रियान्वित किया जाता है। इस तरह प्रत्येक व्यक्ति या छात्र को दो-दो प्राप्तांक मिलते हैं और इस तरह प्राप्तांकों का दो सेट (set) तैयार हो जाता है। इन दोनों सेटों से सह-संबंध (correlation) ज्ञात कर लिया जाता है। इसी सह-संबंध से परीक्षण की विश्वसनीयता का पता चलता है और इस सह-संबंध गुणांक (correlation coefficient) को **कालिक स्थिरता गुणांक** (temporal stability coefficient) या सरलतम भाषा में **विश्वसनीयता गुणांक** (reliability coefficient) कहा जाता है। इस ढंग की विश्वसनीयता से यह पता चलता है कि परीक्षण में कहाँ

---

1. Reliability refers to "the consistency of scores obtained by the same individuals when reexamined with test on different occasions or with different sets of equivalent items or under other variable examining conditions."—Anastasi & Urbina, *Psychological Testing,* 1997, p.84

तक एक निश्चित समय-सीमा के बाद संगत प्राप्तांक (consistent score) या एक समान प्राप्तांक उत्पन्न करने की क्षमता है।

2. आंतरिक संगतता विधि (Internal consistency method)—इस विधि द्वारा यह पता चलता है कि परीक्षण प्राप्तांकों (test scores) में आंतरिक संगतता (internal consistency) कहाँ तक है। जब परीक्षण के सभी एकांश (items) द्वारा एक ही ढंग की क्षमता का मापन होता है, तो वैसे परीक्षण में आंतरिक संगतता अधिक होती है। आंतरिक संगतता विश्वसनीयता (internal consistency reliability) को मूलतः निम्नांकित दो विधियों (methods) द्वारा मापा जाता है—

(क) अर्द्ध-विच्छेदित या अर्द्धन विधि (Split-half method)—आंतरिक संगतता विश्वसनीयता को मापने की यह सरल विधि है। इसमें परीक्षण को छात्रों के समूह पर क्रियान्वयन करने के बाद दो बराबर-बराबर भागों में बाँट दिया जाता है—जैसे मान लिया जाए कि परीक्षण में कुल 100 एकांश (items) हैं तो उनमें सभी सम संख्यावाले एकांश (even-numbered items) को एक भाग में और सभी विषम संख्यावाले एकांश (numbered items) को दूसरे भाग में बाँट देंगे। इस तरह प्राप्तांकों (score) का दो सेट प्राप्त हो जाएगा और फिर इन दोनों में सह-संबंध (correlation) ज्ञात कर लिया जाएगा, जिसे **अर्द्ध-परीक्षण विश्वसनीयता** (half-test reliability) कहा जाता है। इस अर्द्ध-परीक्षण विश्वसनीयता के आधार पर **स्पीयरमैन-ब्राऊन प्रोफेसी सूत्र** (Spearman-Brown prophecy formula) के आधार पर सम्पूर्ण परीक्षण (whole test) की विश्वसनीयता ज्ञात की जाती है। स्पीयरमैन-ब्राऊन प्रोफेसी सूत्र इस प्रकार है—

$$\text{Reliability of the whole test} = \frac{2 \times \text{Reliability of half test}}{1 + \text{Reliability of half test}}$$

चूँकि अर्द्ध-विच्छेदित विधि (split-half method) में विश्वसनीयता ज्ञात करने सम्बन्धी सभी आँकड़े (data) एक ही बार के क्रियान्वयन (administration) में प्राप्त हो जाते हैं, इसलिए इस विधि को **तत्काल विधि** (On-the-spot method) की संज्ञा भी **गिलफोर्ड तथा फ्रक्टर** (Guilford & Fruchter, 1973) ने दी है। अर्द्ध-विच्छेदित विधि का दोष यह है कि इस विधि द्वारा गति परीक्षण (speed test) की विश्वसनीयता नहीं आँकी जा सकती है।

(ख) कुडर-रिचार्डसन विधि (Kuder-Richardson method)—कुडर तथा रिचार्डसन (Kuder & Richardson, 1937) ने आंतरिक संगतता विश्वसनीयता (internal consistency reliability) ज्ञात करने के लिए कई सूत्रों की एक श्रृंखला तैयार की है। इस श्रृंखला की सूत्र संख्या-20 तथा सूत्र संख्या-21 काफी लोकप्रिय हो पाई है जिसके सहारे विश्वसनीयता गुणांक (reliability coefficient) मापा जाता है। K–R 20 का वर्णन इस प्रकार है—

$$\text{(K–R 20): rtt} = \left(\frac{n}{n-1}\right)\left(\frac{\sigma_t^2 - \sum pq}{\sigma_t^2}\right)$$

यहाँ,

rtt = परीक्षण की विश्वसनीयता गुणांक (reliability coefficient)

n = परीक्षण में एकांशों (items) की संख्या (number)

σ_t^2 = परीक्षण पर प्राप्तांकों का प्रसरण (variance)

p = प्रत्येक एकांश के प्रति सही उत्तर का अनुपात (proportion) q = प्रत्येक एकांश के प्रति गलत उत्तर का अनुपात या 1–p

K–R 21 का वर्णन इस प्रकार है—

$$(K-R\ 21): rtt = \left(\frac{n}{n-1}\right)\left(\frac{\sigma_t^2 - npq}{\sigma_t^2}\right)$$

यहाँ सूत्र के संकेतांकों (notation) का अर्थ ऊपर के सूत्र के समान है, परन्तु दो भिन्न संकेतांक यानी p तथा q भी हैं। p से अर्थ प्रत्येक एकांश के प्रति सही उत्तर के अनुपात के औसत (average) से होता है जबकि q से अर्थ प्रत्येक एकांश के प्रति गलत उत्तर के अनुपात के औसत से होता है।

K–R 20 तथा K–R 21 में मूल अंतर यह है कि K–R 21 के लिए सभी एकांशों की कठिनता स्तर (difficulty value) एक समान होनी चाहिए जबकि K-R 20 का प्रयोग उन परिस्थितियों में भी होता है जहाँ के एकांशों (items) की कठिनता स्तर में साधारण भिन्नता होती है।

3. समानांतर-फार्म विधि (Parallel form method)—इस विधि द्वारा परीक्षण की विश्वसनीयता ज्ञात करने के लिए यह आवश्यक है कि परीक्षण के दो तुल्य फार्म (equivalent form) जैसे 'फार्म अ' तथा 'फार्म ब' हों। जब किसी परीक्षण के दोनों फार्म में एकांश (items) की कुल संख्या बराबर-बराबर होती है तथा दोनों का माध्य (mean), प्रसरण (variances) एवं अंतर एकांश सह-संबंध (inter-item correlations) बराबर-बराबर होते हैं तो उसे तुल्य फार्म (equivalent form) कहा जाता है। इस विधि द्वारा सह-संबंध ज्ञात करने में पहले छात्रों के एक समूह या प्रतिदर्श (sample) पर 'फार्म अ' का क्रियान्वयन (administer) कर लिया जाता है। फिर एक खास समय अंतराल जैसे 14 दिन बीतने दिया जाता है और उसी समूह पर 'फार्म ब' क्रियान्वयन किया जाता है। इस तरह से प्राप्तांकों (scores) के दो सेट (set) तैयार हो जाते हैं। फिर इन दोनों सेटों में सह-संबंध (correlation) ज्ञात कर लिया जाता है जिसे **समानांतर-फार्म** विश्वसनीयता (parallel form reliability) की संज्ञा दी जाती है।

इस तरह से हम देखते हैं कि परीक्षण की विश्वसनीयता मापने की कई विधियाँ हैं। इन विधियों में अर्द्ध-विच्छेदन विधि (split-half method) तथा परीक्षण-पुनर्परीक्षण विधि (test-retest method) अधिक लोकप्रिय हैं।

परीक्षण की विश्वसनीयता को प्रभावित करनेवाले कारक (Factors Influencing Reliability of the Test)

परीक्षण की विश्वसनीयता (reliability) कई कारकों (factors) द्वारा प्रभावित होती है, जिनमें निम्नांकित प्रमुख हैं—

1. परीक्षण की लंबाई (Length of the test)—परीक्षण की विश्वसनीयता (reliability) परीक्षण की लंबाई द्वारा प्रभावित होती है। मनोवैज्ञानिक शोधों से यह स्पष्ट हो गया है कि यदि अन्य बातें समान रहें (other things being equal) तो परीक्षण की लंबाई बढ़ने से परीक्षण की विश्वसनीयता अधिक होती है। इसका मूल कारण यह है कि परीक्षण में एकांशों (items) की संख्या अधिक होने से यानी परीक्षण की लम्बाई अधिक होने से छात्रों के ज्ञान या क्षमता (ability) के बारे में श्रेष्ठ एवं संगत (consistent) सूचनाएँ अधिक प्राप्त हो जाती हैं।

2. समूह की विभिन्नता (Variability of the group)—छात्रों का समूह ऐसा है जिसमें विभिन्नताएँ अधिक हैं अर्थात उसमें भिन्न-भिन्न क्षमतावाले छात्र हैं, तो ऐसी परिस्थिति में उनके द्वारा परीक्षण पर प्राप्त अंकों के अंतरों (differences) में काफी विभिन्नता (variability) होगी। यह विभिन्नता अधिक होने से परीक्षण प्राप्तांकों (test scores) की विश्वसनीयता (reliability) भी अधिक होगी।

3. एकांशों की कठिनता स्तर (Difficulty level of items)—यदि परीक्षण के एकांश (items) या प्रश्न ऐसे हैं जो बहुत ही आसान हैं या बहुत ही कठिन हैं, तो वैसी परिस्थिति में ऐसे परीक्षण द्वारा छात्रों की वैयक्तिक विभिन्नता (individual differences) का मापन तकनीकी रूप से नहीं होता है और सभी छात्रों के अंक करीब-करीब समान हो जाते हैं अर्थात उनमें विभिन्नता (variability) नहीं होती है या शून्य (zero) हो जाती है और यदि विभिन्नता शून्य हो जाती है, तो ऐसी परिस्थिति में सह-संबंध गुणांक (correlation coefficient) शून्य हो जाता है, अर्थात विश्वसनीयता गुणांक (reliability coefficient) शून्य हो जाता है।

4. पर्यावरणी कारक (Environmental condition)—जहाँ तक संभव हो, परीक्षण एक समान वातावरण में क्रियान्वित किया जाना चाहिए। विभिन्न वातावरण में जहाँ-जहाँ परीक्षण क्रियान्वयन किया जा रहा है, एक समान रोशनी, ध्वनि-नियंत्रण, तथा अन्य सुविधाएँ होनी चाहिए अन्यथा परीक्षण की विश्वसनीयता काफी कम हो जाती है।

इस तरह से हम देखते हैं कि परीक्षण की विश्वसनीयता (reliability) कई कारकों द्वारा प्रभावित होती है।

परीक्षण की विश्वसनीयता को उन्नत बनाने के उपाय (Measures of Improving Reliability of the Test)

विशेषज्ञों ने परीक्षण की विश्वसनीयता को उन्नत बनाने के कुछ उपायों का वर्णन किया है जिसमें निम्नांकित प्रमुख हैं—

1. छात्रों या व्यक्तियों के समूह, जिनपर परीक्षण क्रियान्वयन किया जा रहा है, ऐसा होना चाहिए कि उसमें भिन्न-भिन्न योग्यताओं एवं क्षमताओं के व्यक्ति शामिल हों।

2. परीक्षण के एकांशों (items) की कठिनता स्तर न बहुत अधिक और न बहुत कम होनी चाहिए। दूसरे शब्दों में, यदि कठिनता स्तर बीचो-बीच के होते हैं यानी 0.5 से 0.6 के बीच होते हैं, तो परीक्षण की विश्वसनीयता अधिक होती है।

3. परीक्षण की लम्बाई अधिक होनी चाहिए अर्थात परीक्षण में एकांशों की संख्या कम से कम 30 या उससे ऊपर अवश्य होनी चाहिए।

4. परीक्षण के एकांशों (items) को यथासंभव समजातीय (homogeneous) होना चाहिए।

5. परीक्षण के एकांशों का स्वरूप ऐसा होना चाहिए कि छात्र प्रश्नों या एकांशों का उत्तर तभी दें जब वे उसका उत्तर सचमुच जानते हों। दूसरे शब्दों में, एकांशों का स्वरूप ऐसा हो कि छात्र अटकलबाजी (guessing) नहीं करते हों या कम करते हों।

परीक्षण की वैधता का अर्थ (Meaning of Validity of the Test)

वैधता (validity), परीक्षण का एक उत्तम एवं श्रेष्ठ गुण माना गया है। जब कोई मनोवैज्ञानिक या शैक्षिक परीक्षण ठीक उसी गुण (trait) या क्षमता (ability) को अच्छे ढंग से मापता है, जिसके उसे बनाया गया है, तब परीक्षण के इस गुण को **वैधता** की संज्ञा दी जाती है। एनासटेसी[1] (Anastasi & Urbina, 1997) ने वैधता को कुछ इसी ढंग से परिभाषित करते हुए कहा है, "परीक्षण की वैधता से तात्पर्य इस बात से होता है कि परीक्षण क्या मापता है, और कितना अच्छी तरह से मापता है।" स्पष्ट है कि जब कोई परीक्षण उसका मापन अच्छी तरह कर पाता है जिसे उसे करना है, तो वह एक वैध परीक्षण (valid test) कहलाता है। **लिण्डिक्यूस्ट** (Lindiquist, 1951), क्रौनबैक (Cronbach, 1980) ने भी इस ढंग के विचार परीक्षण की वैधता के बारे में व्यक्त किए हैं। इनलोगों ने परीक्षण की वैधता की तीन विशेषताओं (characteristics) की ओर भी ध्यान दिलवाया है जिससे वैधता का स्वरूप (nature) अधिक स्पष्ट हो जाता है। वे तीन विशेषताएँ निम्नांकित हैं—

(i) वैधता एक सापेक्ष पद (relative term) होता है। इसका मतलब यह हुआ कि कोई भी परीक्षण (test) सामान्यतः (generally) वैध (valid) नहीं होता है। वह सिर्फ एक खास उद्देश्य के लिए वैध होता है। जैसे एक भूगोल परीक्षण (Geography test) सिर्फ भूगोल के ही क्षेत्र में ज्ञान मापने के लिए वैध है, अन्य उद्देश्यों के लिए वह वैध नहीं है।

(ii) वैधता (validity) परीक्षण का कोई निश्चित गुण (fixed property) नहीं होता है। समय बीतने के साथ जैसे-जैसे नए संप्रत्यय (concept) या उनके नए अर्थ लोगों के सामने आते हैं, उसी संदर्भ में परीक्षण की वैधता दोबारा ज्ञात करनी होती है।

(iii) विश्वसनीयता (reliability) के ही समान वैधता (validity) भी कम या अधिक मात्रा में होती है। ऐसा नहीं होता है कि कोई भी परीक्षण या तो पूर्णतः वैध (wholly valid) होता है या पूर्णतः वैध नहीं होता है।

वैधता के प्रकार (Types of Validity)

परीक्षण की वैधता (validity) के कई प्रकार होते हैं। अमरीकन मनोवैज्ञानिक संघ (American Psychological Association, 1966) ने एक प्रसिद्ध मानोग्राफ (Monograph) जिसका शीर्षक (Standards for Educational and Psychological Tests and Manuals) था, प्रकाशित किया। इस मैन्यूअल द्वारा वैधता का एक वैज्ञानिक वर्गीकरण (standard classification) किया गया है जो आज भी मनोवैज्ञानिकों को अधिक मान्य है। इनका वर्गीकरण इस प्रकार है—

1. विषयवस्तु की वैधता (Content validity)—विषय-वस्तु की वैधता (content validity) से तात्पर्य इस बात से होता है कि परीक्षण के एकांश (items) द्वारा मापे गए विषय-वस्तु (content) तथा व्यवहार (behaviour) परीक्षण के विशिष्ट उद्देश्य में सम्मिलित किए गए व्यवहार एवं विषयवस्तु से मिलते-जुलते हैं। इस तरह की वैधता की जरूरत उपलब्धि परीक्षण (achievement test) में अधिक होती है। एक बुद्धि परीक्षण के एकांश द्वारा जब उन्हीं व्यवहारों को सिर्फ मापा जाता

1. "The validity of the test concerns with what the test measures and how well it does so."—Anastasi & Urbina, *Psychological Testing,* 1997, p. 113

है जो परीक्षण के विशिष्ट उद्देश्य (specific objective) में उल्लेख किए गए व्यवहारों के अनुकूल है, तो इसे **विषय-वस्तु की वैधता** (content validity) कहा जाता है।

2. बाह्य वैधता (Face validity)—सचमुच बाह्य वैधता का संबंध इस बात से नहीं होता है कि परीक्षण उन गुणों या क्षमताओं को माप रहा है कि नहीं जिसके लिए उसे बनाया गया था, परन्तु इसका संबंध इस बात से होता है कि सचमुच परीक्षण क्या मापते लोगों की नजर में प्रतीत होता है। अतः, यदि कोई परीक्षण ऊपर से देखने में ऐसा प्रतीत होता है कि वह वैध (valid) है, भले ही वह वास्तव में वैध न भी हो, तो इसे हम **बाह्य वैधता** कहते हैं। बाह्य वैधता परीक्षण की एक वैज्ञानिक वैधता (scientific validity) नहीं होती है।

3. कसौटी-संबंधी वैधता (Criterion-related validity)—जैसा कि नाम से ही स्पष्ट है, इस तरह की वैधता में परीक्षण (test) को एक बाह्य-कसौटी (external criterion) के साथ संबंधित (relate) किया जाता है। कसौटी-संबंधी वैधता निम्नांकित दो प्रकार की होती है—

(अ) समवर्ती वैधता (Concurrent validity)—समवर्ती वैधता परीक्षण की उस वैधता को कहा जाता है जिसमें परीक्षण (test) तथा बाह्य कसौटी (external criterion), दोनों पर एक साथ छात्रों का प्राप्तांक (score) प्राप्त कर लिया जाता है और दोनों के बीच सह-संबंध ज्ञात कर लिया जाता है। जैसे यदि बुद्धि परीक्षण को पहले निर्मित किसी बुद्धि परीक्षण, जिसकी विश्वसनीयता (reliability) तथा वैधता (validity) ज्ञात है, के साथ छात्रों के एक समूह पर क्रियान्वयन करके दोनों के बीच सह-संबंध (correlation) ज्ञात किया जाता है, तो इस ढंग के सह-संबंध गुणांक (correlation coefficient) को **समवर्ती वैधता गुणांक** (concurrent validity coefficient) कहा जाता है।

(ब) भविष्यवाची वैधता (Predictive validity)—भविष्यवाची वैधता (predictive validity) परीक्षण की वैसी वैधता (validity) को कहा जाता है जो भविष्यसूचक परीक्षण (predictor test) पर आए प्राप्तांक तथा एक ऐसी कसौटी पर आए प्राप्तांक, जो वर्तमान समय में प्राप्त न होकर भविष्य में प्राप्त होनेवाला हो, के बीच सह-संबंध गुणांक (correlation coefficient) ज्ञात करने के बाद प्राप्त होता है। भविष्यवाची वैधता का प्रयोग भविष्य में कसौटी कार्य (criterion task) पर छात्रों के निष्पादन (performance) के बारे में पूर्वानुमान लगाने के लिए किया जाता है।

4. रचनात्मक वैधता (Construct validity)—रचनात्मक वैधता को **कारक वैधता** (factorial validity) या **गुण वैधता** (trait validity) भी कहा जाता है। रचनात्मक वैधता अन्य वैधताओं (validities) से थोड़ी कठिन होती है। रचनात्मक वैधता से तात्पर्य वैसी वैधता (validity) से होता है जिसके सहारे परीक्षण (test) द्वारा किसी सैद्धान्तिक रचना (theoretical construct) या गुण को मापने की कोशिश की जाती है। किसी परीक्षण के संतोषजनक वैधता के लिए यह आवश्यक है कि वह परीक्षण उन सभी तथ्यों या संप्रत्ययों (concepts) के साथ सहसंबंधित (correlate) हो, जिसके साथ उसे होना चाहिए और उन सभी संप्रत्ययों या तथ्यों के साथ सहसंबंधित न हो, जिसके साथ उसे सहसंबंधित नहीं होना चाहिए। जैसे, एक संख्यात्मक अभिक्षमता परीक्षण (numerical aptitude test) को अंकगणितीय तर्कणा (arithmetical reasoning) तथा बीजगणित (algebra) के संप्रत्ययों के साथ तो उसे सहसंबंधित होना चाहिए, परन्तु नागरिकशास्त्र तथा इतिहास के संप्रत्ययों (concepts) के साथ संबंधित नहीं होना चाहिए। जब परीक्षण अपने प्रत्याशित प्रसंगों (expected referents) के साथ सहसंबंधित होता है, तो इसे

अभिसारी वैधता (convergent validity) कहा जाता है और जब परीक्षण उन प्रसंगों के साथ न के बराबर सहसंबंधित होता है, जिसके साथ इसे सहसंबंधित नहीं होना चाहिए, तो इसे **विविक्तकर वैधता** (discriminant validity) कहा जाता है।

इस तरह से हम देखते हैं कि वैधता के कई प्रकार हैं और इन प्रकारों में विषय-वस्तु की वैधता (content validity), समवर्ती वैधता (concurrent validity) तथा भविष्यवाची वैधता (predictive validity) तुलनात्मक रूप से वैधता के अन्य प्रकारों से अधिक लोकप्रिय हैं।

परीक्षण की वैधता को प्रभावित करनेवाले कारक (Factors Influencing Validity of the Test)

परीक्षण की वैधता (validity) कई कारकों (factors) से प्रभावित होती है। इन कारकों में निम्नांकित प्रमुख हैं—

1. **परीक्षण की लम्बाई** (Length of the test)—जब परीक्षण की लंबाई अधिक होती है तो इससे उसकी विश्वसनीयता (reliability) तो बढ़ती ही है, साथ-ही-साथ उसकी वैधता (validity) भी बढ़ जाती है। यह बात सजातीय परीक्षण (homogeneous test) के लिए विशेष रूप से सही है।
2. **समूह में छात्रों की क्षमता** (Ability of the students in group)—अगर समूह, जिसपर परीक्षण क्रियान्यवन किया गया है, ऐसा है कि उसमें भिन्न-भिन्न क्षमतावाले छात्र हैं, तो इससे उनके प्राप्तांकों (scores) में विभिन्नता (variability) बढ़ेगी और परीक्षण की वैधता (validity) भी अधिक होगी। ऐसी परिस्थिति में वैधता गुणांक (validity coefficient) अधिक ऊँचा होगा।
3. **अस्पष्ट निर्देश** (Ambiguous directions)—परीक्षण में एक प्रामाणिक निर्देश (standard instruction) होना चाहिए जिसे छात्रों को दिया जाना चाहिए। इससे छात्र निर्देश का एक समान अर्थ निकालकर उसी के अनुसार कार्य करेंगे और इससे परीक्षण की वैधता (validity) बढ़ेगी।
4. **सामाजिक-सांस्कृतिक विभिन्नता** (Socio-cultural difference)—परीक्षण की वैधता छात्रों की सामाजिक-सांस्कृतिक विभिन्नता द्वारा भी प्रभावित होती है। किसी विशेष समाज या संस्कृति में बने परीक्षण दूसरे समाज या संस्कृति के लोगों के लिए उतने अधिक वैध (valid) नहीं हो पाते। अतः, यदि परीक्षण ऐसा है, जो कई संस्कृति के तथ्यों एवं मानकों पर आधारित है, तो इसकी वैधता अधिक होती है।
5. **अनुपयुक्त एकांशों का सम्मिलित किया जाना** (Addition of inappropriate items)—ऐसा देखा गया है कि जब परीक्षण में ऐसे एकांशों (items) को जोड़ा जाता है जिनका स्वरूप परीक्षण के मूल एकांशों से भिन्न होता है, तो इससे परीक्षण की वैधता (validity) कम हो जाती है।

इससे स्पष्ट है कि परीक्षण की वैधता (validity) कई कारकों द्वारा प्रभावित होती है। इसमें विशेषज्ञों (experts) ने परीक्षण की लम्बाई को सबसे प्रमुख कारक बताया है।

परीक्षण की विश्वसनीयता एवं वैधता में संबंध (Relation between Reliability and Validity of the Test)

विश्वसनीयता (reliability) तथा वैधता (validity) परीक्षण के दो प्रमुख गुण हैं। ये दोनों एक-दूसरे से काफी संबंधित हैं। यदि परीक्षण सजातीय (homogeneous) है अर्थात परीक्षण ऐसा है जिसके

सभी एकांशों (items) द्वारा एक ही गुण (trait) या क्षमता (ability) का मापन होता है, तो वैसी परिस्थिति में परीक्षण की वैधता परीक्षण की विश्वसनीयता पर निर्भर करती है। ऐसे परीक्षण में जब विश्वसनीयता नहीं होती है अर्थात वे अपने-आप से ही सहसंबंधित (correlated) नहीं होते हैं, तो ऐसे परीक्षण की वैधता कम होती है; क्योंकि जो परीक्षण (test) स्वयं अपने साथ ही सहसंबंधित नहीं हो पाते हैं, वे किसी बाह्य कसौटी (external criterion) के साथ सहसंबंधित कैसे हो पाएँगे। जैसा कि छात्र जानते होंगे, विश्वसनीयता परीक्षण का आत्म-सह-संबंध (self-correlation) होती है, जबकि वैधता में परीक्षण का सह-संबंध किसी बाह्य कसौटी के साथ परिकलित (calculate) किया जाता है।

परंतु, यदि परीक्षण सजातीय परीक्षण (homogeneous test) न होकर विजातीय परीक्षण (heterogeneous test) होता है, तो परीक्षण की वैधता (validity) परीक्षण की विश्वसनीयता (reliability) पर इस ढंग से निर्भर नहीं करती है। ऐसे परीक्षण द्वारा कई गुणों या क्षमताओं का मापन होता है। अतः, यह नहीं कहा जा सकता कि इसके सभी एकांश (items) एक ही गुण या क्षमता का मापन करते हैं, यानी वे सजातीय (homogeneous) हैं। जीवनी-संबंधी आँकड़े संग्रहण करने के लिए बनाया गया परीक्षण (biographical data bank) विजातीय परीक्षण का एक अच्छा उदाहरण है। ऐसे परीक्षण के एकांश स्वयं अपने-आप के साथ ही सहसंबंधित (correlate) नहीं हो पाते। अर्थात उनकी विश्वसनीयता कम होती है। फिर भी ऐसे परीक्षण किसी बाह्य कसौटी (external criterion) के साथ यानी किसी दूसरे, उसी ढंग के परीक्षण के साथ सहसंबंधित हो जाते हैं, यानी उनमें वैधता गुणांक (validity coefficient) पाया जाता है। इस तरह से स्पष्ट हुआ है कि विजातीय परीक्षण में परीक्षण की वैधता विश्वसनीयता पर निर्भर नहीं होती है; क्योंकि बिना विश्वसनीयता के ही परीक्षण की वैधता अधिक हो सकती है।

परीक्षण के मानक (Norms of the Test)

प्रत्येक मानकीकृत परीक्षण (standardised test) में एक मानक (norms) होता है। मानक से तात्पर्य एक प्रतिनिधिक प्रतिदर्श (representative sample) के परीक्षण पर आए औसत प्राप्तांक (average score) में होता है। प्रतिनिधिक प्रतिदर्श वैसे व्यक्तियों या छात्रों के समूह को कहा जाता है जिसके सदस्यों का चयन समाज के भिन्न-भिन्न वर्गों से यादृच्छिक ढंग से (randomly) किया जाता है। इस तरह से प्रतिनिधिक प्रतिदर्श में समाज के भिन्न-भिन्न वर्गों के लोगों का प्रतिनिधित्व होता है। ऐसे ही समूह द्वारा परीक्षण पर प्राप्त किए गए औसत (average) अंक को मानक कहा जाता है।

एक उदाहरण—मान लिया जाए कि कोई शिक्षा मनोवैज्ञानिक बिहार के 16 साल के लड़कों की बुद्धिलब्धि (intelligence quotient) का एक मानक (norms) तैयार करना चाहता है। ऐसी स्थिति में वह बिहार के सभी जिलों (districts) से 100-100 लड़कों (सभी 16 वर्ष) का चयन निष्पक्ष भाव से एवं यादृच्छिक ढंग से (randomly) करेगा और सबों पर एक बुद्धि परीक्षण का क्रियान्यवन कर एक औसत बुद्धिलब्धि (average IQ) ज्ञात करेगा। थोड़ी देर के लिए मान लिया जाए कि यह औसत अंक 110 आता है तो यही 16 साल के लड़कों की बुद्धि का मानक का उदाहरण होगा।

मानक (norms) का उद्देश्य छात्रों द्वारा प्राप्त अंकों की सही व्याख्या करना है। इसके अभाव में उन प्राप्त अंकों की व्याख्या संभव नहीं है। जैसे, यदि उक्त बुद्धि परीक्षण के आधार पर किसी छात्र

की बुद्धिलब्धि (intelligence quotient or IQ) यदि 100 आती है, तो उसे उक्त मानक के अनुसार औसत से कम बुद्धि का छात्र माना जाएगा (क्योंकि वह 110 से कम है) परन्तु यदि किसी छात्र की बुद्धिलब्धि 120 आती है तो उसे उक्त मानक के अनुसार औसत से अधिक बुद्धि का छात्र माना जाएगा (क्योंकि यह अंक 110 से ज्यादा है)।

परीक्षण के मानक (norms) के कई प्रकार होते हैं, जिनमें निम्नांकित चार अधिक प्रमुख हैं—

(i) आयु मानक (Age norms)

(ii) वर्ग मानक (Grade norms)

(iii) शततमक मानक (Percentile norms)

(iv) प्रामाणिक प्राप्तांक मानक (Standard score norms)

इन चारों की व्याख्या इस प्रकार है—

(i) आयु मानक (Age norms)—इस तरह के मानक की विशेषता यह है कि इसमें प्रतिनिधिक प्रतिदर्श (representative sample) के चयन का आधार आयु (age) होता है और फिर उसके दिए गए परीक्षण पर एक औसत ज्ञात किया जाता है। उपर्युक्त उदाहरण जिसमें 16 साल की उम्र के लड़कों की बुद्धिलब्धि का मानक (norms) तैयार किया गया है, एक आयु मानक (age norms) का उदाहरण है।

(ii) वर्ग मानक (Grade norms)—इस तरह के मानक की विशेषता यह होती है कि इसमें प्रतिनिधिक प्रतिदर्श के चयन का आधार कक्षा या वर्ग जिसमें छात्र पढ़ते हैं, होता है न कि उनकी उम्र। जैसे यदि छठे वर्ग में पढ़नेवाले छात्रों का एक प्रतिनिधिक प्रतिदर्श तैयार करके उसका अंकगणित परीक्षण (arithmetic test) पर औसत 55 अंक आता है, तो यह छठे वर्ग के छात्रों की अंकगणितीय क्षमता (arithmetical ability) के लिए एक वर्ग मानक (grade norms) का उदाहरण होगा।

(iii) शततमक मानक (Percentile norms)—शततमक मानक वह मानक होता है जिसका आधार शततमक कोटि (percentile rank) होता है और इससे यह पता चलता है कि परीक्षण पर आए किसी प्राप्तांक (score) के लिए प्रतिदर्श (sample) के कितने प्रतिशत लोग उससे नीचे हैं। जैसे यदि मोहन का अंकगणित परीक्षण पर 60 अंक आया है जिसका शततमक कोटि 70 है, यानी PR 70 है तो इसका मतलब यह हुआ कि छात्र के प्रतिदर्श या समूह में 70% लोगों का प्राप्तांक मोहन के प्राप्तांक यानी 60 से नीचे है। अतः, निश्चय रूप से यह कहा जा सकता है कि मोहन की अंकगणितीय क्षमता अधिक (superior) है।

(iv) प्रामाणिक प्राप्तांक मानक (Standard score norms)—यह ऐसा मानक (norms) होता है जिसकी अभिव्यक्ति प्रामाणिक प्राप्तांक के रूप में होती है। प्रामाणिक प्राप्तांक एक तरह का परिवर्तित प्राप्तांक (derived score) होता है जिसका माध्य (mean) एवं मानक विचलन (standard deviation) निश्चित (fixed) होता है। जेड प्राप्तांक (Z score), टी प्राप्तांक (T score), हल प्राप्तांक (Hull score), स्टेनाइन प्राप्तांक (stanine score) आदि कुछ प्रमुख प्रामाणिक प्राप्तांक (Standard score) के उदाहरण हैं जिनके सहारे मानक (norms) तैयार किया जाता है।

इन मानकों में से शततमक मानक (percentile norms) अधिक लोकप्रिय है। इसका प्रमुख कारण यह है कि इस तरह के मानक को बनाना आसान है तथा साथ-ही-साथ सभी तरह के परीक्षणों के लिए इसका निर्माण संभव है।

अध्याय-सारांश
[Chapter Summary]

1. परीक्षा (examination) एक ऐसी वैज्ञानिक विधि है जिसके सहारे शिक्षक छात्रों की प्रवीणता या निपुणता (skills) एवं ज्ञान की माप करते हैं।
2. परीक्षा का शैक्षिक महत्त्व (educational importance) सिर्फ छात्रों एवं शिक्षकों के लिए ही नहीं है बल्कि स्कूल निरीक्षकों, अभिभावकों एवं शैक्षणिक निर्देशनों के लिए भी काफी अधिक है।
3. शिक्षाशास्त्रियों (educators) ने एक उत्तम परीक्षा के कुछ गुण (characteristics) बताए हैं जिनमें वैधता (validity), विश्वसनीयता, समग्रता, वस्तुनिष्ठता, व्यावहारिकता तथा मानक (norms) आदि प्रधान हैं।
4. शिक्षा मनोवैज्ञानिकों ने परीक्षा के कई प्रकार बताए हैं—मौखिक परीक्षा (oral examination), लिखित परीक्षा (written examination), खुली-किताब परीक्षा (open-book examination) तथा बन्द-किताब परीक्षा (closed-book examination)। शिक्षा के दृष्टिकोण से परीक्षा के प्रत्येक प्रकार के गुण एवं दोष का वर्णन किया गया है।
5. लिखित परीक्षा (written examination) के मुख्य दो प्रकार बतलाए गए हैं—निबंधात्मक परीक्षा (essay examination) तथा वस्तुनिष्ठ परीक्षा (objective examination)। प्रत्येक परीक्षा के गुण-दोष का वर्णन शिक्षा के दृष्टिकोण से किया गया है।
6. शिक्षक उपलब्धि परीक्षण (achievement test) का भी प्रयोग छात्रों के निष्पादन (performance) को मापने में करते हैं। अतः, इस परीक्षण का वर्णन भी एक मूल्यांकन प्रविधि (appraisal tool) के रूप में किया गया है।
7. अलग अनुच्छेद में मनोवैज्ञानिक परीक्षण के महत्त्व का वर्णन किया गया है जिसमें ऐसे परीक्षण का महत्त्व नियोजन के लिए चयन के क्षेत्र में, निर्देशन (guidance) के क्षेत्र में, पूर्वानुमान करने के लिए, शोध एवं निदान (diagnosis) आदि के क्षेत्र में विशेष रूप से वर्णन किया गया है।
8. एक मनोवैज्ञानिक तथा शैक्षिक परीक्षण के निर्माण में निहित छह सोपानों का वर्णन किया गया है। वे छह सोपान हैं—योजना बनाना (planning), एकांशों को लिखना (item writing), परीक्षण की जाँच (try out), परीक्षण की विश्वसनीयता (reliability), परीक्षण की वैधता (validity) तथा परीक्षण का मानक (norms)।
9. विभिन्न कसौटियों (criterion) के आधार पर मनोवैज्ञानिक परीक्षण को कई भागों में बाँटा गया है। इनमें वैयक्तिक परीक्षण (individual test), समूह परीक्षण (group test), वस्तुनिष्ठ

परीक्षण (objective test), शिक्षक-निर्मित परीक्षण (teacher-made test) तथा मानकीकृत परीक्षण (standardised test) प्रमुख हैं।

10. एक उत्तम परीक्षण के सात गुणों का वर्णन किया गया है जिनमें वस्तुनिष्ठता (objectivity), विश्वसनीयता (reliability), वैधता (validity), मानकीकरण, व्यावहारिकता, अंकन में सरलता आदि प्रमुख हैं।

11. परीक्षण की विश्वसनीयता (reliability) के अर्थ एवं मापने की विभिन्न विधियों पर भी प्रकाश डाला गया है। साथ-ही-साथ उन कारकों को भी उजागर किया गया है जिनसे विश्वसनीयता प्रभावित होती है।

12. परीक्षण की वैधता (validity) के अर्थ एवं उसके प्रमुख प्रकारों का वर्णन शिक्षा के दृष्टिकोण से किया गया है। संक्षेप में, उन कारकों का भी वर्णन किया गया है जिनसे वैधता प्रभावित होती है। परीक्षण की विश्वसनीयता एवं वैधता के संबंधों पर भी प्रकाश डाला गया है।

13. परीक्षण के मानक (norms) के अर्थ एवं विभिन्न प्रकार जैसे आयु मानक (age norms), कक्षा मानक (grade norms), शततमक मानक (percentile norms) तथा प्रामाणिक प्राप्तांक मानक (standard score norms) का भी वर्णन किया गया है।

❑

अध्याय 18

उपलब्धि परीक्षण

[ACHIEVEMENT TEST]

मुख्य बिंदु (Main Points)

1. उपलब्धि परीक्षण के अर्थ एवं स्वरूप (Meaning and Nature of Achievement Test)
2. उपलब्धि परीक्षण के मुख्य उद्देश्य (Major Purpose of Achievement Test)
3. उपलब्धि परीक्षण के प्रकार (Kinds of Achievement Test)
4. उपलब्धि परीक्षण तथा बुद्धि परीक्षण में अंतर (Difference between Achievement Test and Intelligence Test)
5. उपलब्धि परीक्षण तथा अभिक्षमता परीक्षण में अंतर (Difference between Achievement Test and Aptitude Test)
6. उपलब्धि परीक्षण तथा निपुणता परीक्षण में अंतर (Distinction between Achievement Test and Proficiency Test)
7. शैक्षिक लब्धि एवं निष्पत्ति लब्धि (Educational Quotient and Achievement Quotient)
8. शिक्षा के दृष्टिकोण से उपलब्धि परीक्षण का महत्त्व (Importance of Achivement Test from the Point of View of Education)

उपलब्धि परीक्षण के अर्थ एवं स्वरूप
(Meaning and Nature of Achievement Test)

छात्रों के निष्पादन (performance) को जाँचने की कई मनोवैज्ञानिक विधियाँ हैं, जिसमें एक प्रमुख विधि उनके निष्पादन को किसी मनोवैज्ञानिक परीक्षण (psychological test) के सहारे मापना या जाँचना है। उपलब्धि परीक्षण (achievement test) एक ऐसा ही मनोवैज्ञानिक परीक्षण है। प्रायः ऐसे उपलब्धि परीक्षण मानकीकृत (standardised) होते हैं, अतः इस तरह के उपलब्धि परीक्षण को मानकीकृत उपलब्धि परीक्षण (standardised achievement test) भी कहा जाता है।

उपलब्धि परीक्षण द्वारा किसी निश्चित कार्यक्षेत्र में छात्रों द्वारा अर्जित किए गए ज्ञान एवं कौशल (skills) को मापा जाता है। गे[1] (Gay, 1980) के शब्दों में उपलब्धि परीक्षण को इस प्रकार परिभाषित किया जाता है—

"उपलब्धि परीक्षण द्वारा ज्ञान या कौशल के किसी विशेष क्षेत्र में व्यक्ति की अर्जित निपुणता की वर्तमान स्थिति की माप होती है।"

---

1. "Achievement tests measure the current status of individuals with respect to acquired proficiency in given areas of knowledge and skill."—Gay, *Educational Evaluation and Measurement,* 1980, p. 177

सैक्स[1] (Sax, 1974) के अनुसार, "मानकीकृत शैक्षिक उपलब्धि परीक्षण द्वारा पाठ्यचर्या क्षेत्र, जो अधिकतर स्कूल में सामान्य है, में छात्रों के शिक्षण की मात्रा को मापा जाता है।" **फ्रीमैन**[2] (Freeman, 1965) के अनुसार, "शैक्षिक उपलब्धि परीक्षण ऐसा परीक्षण है जिसके द्वारा कोई विशिष्ट विषय या विषयों के समूह में अर्जित किए गए ज्ञान, बोध या कौशल की माप होती है।"

इन परिभाषाओं से उपलब्धि परीक्षण के स्वरूप (nature) के बारे में कुछ महत्त्वपूर्ण तथ्य प्राप्त होते हैं, जो इस प्रकार हैं—

(i) उपलब्धि परीक्षण से छात्रों द्वारा किसी विशेष क्षेत्र में अर्जित निपुणता (proficiency) तथा ज्ञान को मापा जाता है। जब छात्र अपने विशेष प्रशिक्षण (training) एवं बुद्धि के फलस्वरूप किसी विशेष क्षेत्र से ज्ञान अर्जित करने का दावा करते हैं, तो उनके इस दावे की जाँच उपलब्धि परीक्षण द्वारा ही की जाती है।

(ii) प्रायः उपलब्धि परीक्षण एक मानकीकृत (standardised) विधि पर आधारित होता है। फलस्वरूप इससे प्राप्त परिणामों द्वारा छात्रों के एक समूह की उपलब्धि की तुलना छात्रों के दूसरे समूह की उपलब्धि से की जा सकती है।

(iii) चूँकि उपलब्धि परीक्षण द्वारा पाठ्यचर्या (curriculum) के विभिन्न संप्रत्ययों (concepts) एवं तथ्यों (facts) का मापन होता है, अतः ऐसे परीक्षण में विषय-वस्तु की वैधता (content validity) का होना अनिवार्य है।

इस तरह से हम देखते हैं कि एक मानकीकृत उपलब्धि परीक्षण से छात्रों द्वारा पाठ्यक्रम के किसी भी क्षेत्र में अर्जित ज्ञान की माप होती है। इस तरह का परीक्षण शिक्षकों के हाथ में मूल्यांकन (evaluation) करने का एक महत्त्वपूर्ण उपकरण (instrument) होता है।

उपलब्धि परीक्षण के मुख्य उद्देश्य (Major Purpose of Achievement Test)

एक मानकीकृत उपलब्धि परीक्षण के प्रमुख उद्देश्यों का वर्णन हम इस प्रकार कर सकते हैं—

1. इस परीक्षण द्वारा छात्रों द्वारा अर्जित निपुणता को मापा जाता है।
2. इस परीक्षण के आधार पर परोक्ष रूप से (indirectly) शिक्षकों द्वारा किए गए अध्यापन (teaching) की वैधता (validity) का भी पता चल जाता है।
3. इस परीक्षण द्वारा शिक्षक आसानी से कक्षा के भीतर एक छात्र की उपलब्धि की दूसरे छात्र की उपलब्धि से तुलना कर किसी खास निष्कर्ष पर पहुँचते हैं।
4. इस परीक्षण द्वारा छात्रों की कक्षोन्नति (class promotion) के बारे में शिक्षक एक प्रभावकारी निर्णय लेने में सफल हो पाते हैं।

---

1. "Standardized academic achievement tests measure the degree of student learning in curriculum areas that are common to most schools."—Sax, *Principles of Educational Measurement and Evaluation,* 1974, p. 361

2. "A test of educational achievement is one designed to measure knowledge, understanding or skills in a specified subject or group of subjects."—Freeman, *Theory and Practice of Psychological Testing,* 1965, p. 490

5. इस परीक्षण के परिणामों के आलोक में शिक्षक अपनी शिक्षा नीति में उचित एवं धनात्मक संशोधन भी करने में सफल होते हैं।
6. इस परीक्षण के परिणामों के आलोक में शिक्षक यथासंभव पढ़ाए जानेवाले विषयों या पाठ्यक्रमों में भी परिवर्त्तन आसानी से कर पाते हैं।
7. इस परीक्षण के आधार पर शिक्षक परोक्ष रूप से छात्रों के बौद्धिक विकास (intellectual development) के बारे में एक स्थूल अनुमान (rough estimate) लगा सकने में सफल हो पाते हैं।
8. इस परीक्षण के परिणामों (results) के आधार पर शैक्षिक निर्देशन (educational guidance), व्यक्तिगत निर्देशन (personal guidance) तथा व्यावसायिक निर्देशन (vocational guidance) प्रदान करने में भी काफी मदद मिलती है।
9. उपलब्धि परीक्षण द्वारा शिक्षकों को छात्रों से गृहकार्य (home task) तथा वर्गकार्य (class work) की मात्रा का निर्धारण करने में सहूलियत होती है।
10. उपलब्धि परीक्षण छात्रों को अधिक-से-अधिक सीखने एवं कौशल प्राप्त करने की दिशा में प्रेरणा देती है।

इस तरह से हम देखते हैं कि उपलब्धि परीक्षण के कई उद्देश्य हैं। इन उद्देश्यों की पूर्ति होने से यह परीक्षण शिक्षक एवं छात्रों दोनों के लिए ही काफी महत्त्वपूर्ण साबित हुआ है।

उपलब्धि परीक्षण के प्रकार (Kinds of Achievement Test)

शिक्षा के दृष्टिकोण से उपलब्धि परीक्षण को निम्नांकित तीन भागों में बाँटा गया है—

(क) नैदानिक उपलब्धि परीक्षण (Diagnostic achievement test)

(ख) विशिष्ट विषय-वस्तु संबंधी उपलब्धि परीक्षण (Specific subject matter achievement test)

(ग) उपलब्धि परीक्षणमाला (Achievement test batteries)

इन तीनों का वर्णन इस प्रकार है—

(क) नैदानिक उपलब्धि परीक्षण (Diagnostic achievement test)—नैदानिक उपलब्धि परीक्षण वैसे परीक्षण को कहा जाता है जिनके परिणामों (results) या प्राप्तांकों (scores) के आधार पर शिक्षा मनोवैज्ञानिक छात्रों के उन विषय-क्षेत्रों का पता लगाते हैं जिनमें उन्हें अधिक कठिनाई होती है या जिनमें उनका निष्पादन विशेष समस्या के कारण दबा हुआ (depressed) होता है। ऐसे परीक्षण का निर्माण उन विशेषज्ञों की मदद से किया जाता है जो छात्रों की शिक्षण-संबंधी कठिनाइयों के ज्ञात होते हैं। इस तरह के परीक्षण का मुख्य उद्देश्य वैयक्तिक छात्र (individual student) की कमजोरियों (weaknesses) एवं सामर्थ्य (strength) को उजागर करना होता है तथा वैसे छात्रों की शिनाख्त (recognise) या पहचान करना होता है, जो सचमुच उपचार (remediation) की आवश्यकता महसूस करते हों। Gilmore Oral Readings Test तथा Durrell Analysis of Reading Difficulty दो ऐसे नैदानिक उपलब्धि परीक्षण (diagnostic achievement test) के उदाहरण हैं जिनके द्वारा उन छात्रों की पहचान की जाती है जिन्हें पढ़ने तथा उच्चारण-संबंधी कठिनाइयाँ होती हैं।

(ख) विशिष्ट विषय-वस्तु संबंधी उपलब्धि परीक्षण (Specific subject matter achievement test)—इस तरह का परीक्षण प्रत्येक विषय, जिसे छात्रों को पढ़ाया जाता है, के लिए अलग-अलग विकसित किया जाता है। ऐसे परीक्षणों का प्रयोग शैक्षिक सत्र (academic session) के अंत में किया जाता है तथा पूरे साल में छात्रों द्वारा संबंधित विषय में अर्जित ज्ञान एवं निपुणता (proficiency) का मापन किया जाता है। **Modern Math Understanding Test** (MMUT) जिसे Science Research Associate (SRA) द्वारा प्रकाशित किया गया है, इस तरह के परीक्षण का अच्छा उदाहरण है। सरोज अरोरा द्वारा निर्मित **Biology Achievement Test** (BAT) एक दूसरा उदाहरण है। MMUT द्वारा छात्रों द्वारा गणित के क्षेत्र में ज्ञान एवं निपुणता का मापन होता है तथा BAT द्वारा छात्रों में जीवविज्ञान-संबंधी ज्ञान का मापन होता है।

(ग) उपलब्धि परीक्षणमाला (Achievement test batteries)—उपलब्धि परीक्षणमाला में कई परीक्षण होते हैं जिनके द्वारा अलग-अलग विषयों में छात्रों द्वारा अर्जित ज्ञान का मापन होता है। उपलब्धि परीक्षणमाला में प्रायः 5 से 8 विषयों में अर्जित ज्ञान के मापने के लिए परीक्षण निर्मित किए जाते हैं। कई उपलब्धि परीक्षणमाला उपलब्ध हैं जिनमें **California Achievement Test, Metropolitan Achievement Test, SRA Achievement Series** प्रमुख हैं। **General Classroom Achievement Test** (GCAT) जिसे लेखक एवं डॉ० अल्पना सेनगुप्ता द्वारा बनाया गया है, उपलब्धि परीक्षणमाला का दूसरा उदाहरण है। California Achievement Test द्वारा पठन शब्दावली (reading vocabulary), पठनबोध (reading comprehension), अंकगणित, अँगरेजी एवं हिज्जे आदि में अर्जित ज्ञान का मापन होता है। उसी तरह SRA Achievement Series द्वारा अंकगणित, भाषा प्रत्यक्षण (language perception), पठनक्षमता (reading ability), कार्य-अध्ययन कौशल (work-study skill) आदि क्षेत्रों में अर्जित ज्ञान को मापा जाता है। GCAT द्वारा अँगरेजी, विज्ञान एवं सामाजिक अध्ययन (social studies) आदि विषयों में छात्रों द्वारा अर्जित ज्ञान का मापन होता है।

इस तरह हम देखते हैं कि उपलब्धि परीक्षण के कई प्रकार हैं। इन प्रकारों में विशेष प्रकार का उपयोग शिक्षक एवं शिक्षाशास्त्रियों द्वारा अपने उद्देश्य के अनुसार किया जाता है।

उपलब्धि परीक्षण तथा बुद्धि परीक्षण में अंतर
(Difference between Achievement Test and Intelligence Test)

उपलब्धि परीक्षण के माध्यम से छात्रों द्वारा किसी विशेष कार्यक्षेत्र में प्रशिक्षण पाने के कारण अर्जित ज्ञान एवं कौशलता (skills) का मापन होता है। बुद्धि परीक्षण द्वारा छात्रों की बुद्धि, जिसे एक सामान्य मानसिक क्षमता (general mental ability) या एक सार्वभौम क्षमता (global capacity) कही जाती है, की माप होती है। इन दोनों परीक्षणों के अंतर को हम इस प्रकार उजागर कर सकते हैं—

1. बुद्धि परीक्षण द्वारा छात्रों की बुद्धि की माप होती है और उसके आधार पर सामान्यतः बुद्धिलब्धि (intelligence quotient) ज्ञात की जाती है। उपलब्धि परीक्षण के माध्यम से छात्रों द्वारा अर्जित ज्ञान की माप होती है और इसके आधार पर उपलब्धि लब्धि (achievement quotient) तथा शैक्षिक लब्धि (educational quotient) ज्ञात की जाती है।

2. उपलब्धि परीक्षण में अर्जित ज्ञान साध्य होता है, जबकि बुद्धि परीक्षण में अर्जित ज्ञान मात्र एक साधन होता है। इसका मतलब यह हुआ कि बुद्धि परीक्षण में अर्जित ज्ञान से संबंधित भी कुछ विषय-वस्तु (content) होते हैं जो सही अनुक्रिया करने में मदद करते हैं।

3. बुद्धि परीक्षण के आधार पर शिक्षक कुछ हद तक भविष्य में छात्रों के होनेवाले निष्पादन (performance) के बारे में एक स्थूल पूर्वानुमान (rough estimate) लगा पाते हैं, परन्तु उपलब्धि परीक्षण (achievement test) के आधार पर इस ढंग का पूर्वानुमान लगाना संभव नहीं है। इससे तो छात्र द्वारा विशेष प्रशिक्षण (training) के फलस्वरूप अर्जित ज्ञान का मापन होता है।

4. बुद्धि परीक्षण में एकांशों (items) का निर्माण करते समय छात्रों या व्यक्तियों की आयु एवं उनकी क्षमता एवं योग्यता आदि को ध्यान में रखा जाता है, जबकि उपलब्धि परीक्षण में एकांशों का निर्माण करते समय छात्रों द्वारा अध्ययन किए गए विषयों एवं उसकी कठिनता स्तर को ध्यान में रखा जाता है।

इस तरह स्पष्ट है कि बुद्धि परीक्षण तथा उपलब्धि परीक्षण में भिन्नता है।

उपलब्धि परीक्षण तथा अभिक्षमता परीक्षण में अंतर
(Difference between Achievement Test and Aptitude Test)

अभिक्षमता परीक्षण (aptitude test) एक ऐसी संज्ञानात्मक माप है जिसके द्वारा विभिन्न विषयों में छात्रों की संभाव्य सफलता आँकी जाती है। उपलब्धि परीक्षण तथा अभिक्षमता परीक्षण में निम्नांकित अंतर हैं—

1. उपलब्धि परीक्षण के माध्यम से छात्रों द्वारा किसी कार्यक्षेत्र में अर्जित ज्ञान का मापन होता है, जबकि अभिक्षमता परीक्षण द्वारा किसी कार्यक्षेत्र में निपुणता प्राप्त करने की अंतःशक्ति (potential) का मापन होता है।

2. उपलब्धि परीक्षण द्वारा प्रशिक्षण (training) देने के बाद छात्रों को मिलनेवाली सफलता की माप की जाती है, जबकि अभिक्षमता परीक्षण (aptitude test) द्वारा प्रशिक्षण के पहले छात्रों को मिलनेवाली सफलता की माप की जाती है।

3. अभिक्षमता परीक्षण (aptitude test) के आधार पर यह पूर्वानुमान (predict) किया जाता है कि भविष्य में प्रशिक्षण पाने के पहले उसका निष्पादन (performance) कैसा होगा, जबकि उपलब्धि परीक्षण (achievement test) द्वारा ऐसा पूर्वानुमान लगाना संभव नहीं है; क्योंकि इसके द्वारा भूत में छात्रों द्वारा प्रशिक्षण के कारण अर्जित ज्ञान का ही मापन होता है।

इस तरह हम देखते हैं कि उपलब्धि परीक्षण तथा अभिक्षमता परीक्षण (aptitude test) में भी अंतर है।

उपलब्धि परीक्षण तथा निपुणता परीक्षण में अंतर
(Distinction between Achievement Test and Proficiency Test)

उपलब्धि परीक्षण (achievement test) अपने निकटतम-संबंधी निपुणता परीक्षण (proficiency test) से भी भिन्न है। निपुणता परीक्षण से तात्पर्य वैसे परीक्षण से होता है जिसके सहारे व्यावसायिक

धन्धों या व्यावसायिक क्षेत्रों में अर्जित ज्ञान की माप की जाती है। निपुणता परीक्षण तथा उपलब्धि परीक्षण में निम्नांकित अंतर हैं—

1. निपुणता परीक्षण (proficiency test) का संबंध अर्जित व्यावसायिक ज्ञान को मापने से होता है, जबकि शैक्षिक उपलब्धि परीक्षण का संबंध अर्जित शैक्षिक ज्ञान (educational knowledge) को मापने से होता है।

2. निपुणता परीक्षण में एकांशों (items) का निर्माण करते समय विशेषज्ञों को कार्य-विश्लेषण (job analysis) करना पड़ता है ताकि यह पता चल सके कि अमुक कार्य (job) के लिए कौन-कौन-से मनोवैज्ञानिक गुणों एवं क्षमताओं की जरूरत होती है। शैक्षिक उपलब्धि परीक्षण के एकांशों (items) का निर्माण करते समय स्कूल में पढ़ाए जानेवाले विषय के तथ्यों का ज्ञान रखना पड़ता है।

इस तरह हम देखते हैं कि उपलब्धि परीक्षण (achievement test) निपुणता परीक्षण (proficiency test) से भी भिन्न है। निपुणता परीक्षण का सबसे अच्छा उदाहरण Seashore-Bennett Stenographic Proficiency Test है।

शैक्षिक लब्धि एवं निष्पत्ति लब्धि
(Educational Quotient and Achievement Quotient)

शैक्षिक लब्धि (educational quotient) तथा निष्पत्ति लब्धि (achievement quotient) दो ऐसे सूचकांक (indices) हैं जिनका प्रयोग कर शिक्षक छात्रों द्वारा विभिन्न विषयों में अर्जित सामान्य ज्ञान तथा किसी विशेष विषय में अर्जित सामान्य ज्ञान के बारे में आकलन करने में समर्थ हो पाते हैं। शैक्षिक लब्धि (educational quotient या EQ) द्वारा शिक्षक छात्रों द्वारा विभिन्न विषयों में अर्जित सामान्य ज्ञान के बारे में आकलन कर पाते हैं, जबकि निष्पत्ति लब्धि में शिक्षक किसी खास विषय में अर्जित ज्ञान के बारे में आकलन कर पाते हैं।

शैक्षिक लब्धि (EQ) को परिभाषित करते हुए कहा जा सकता है कि यह छात्र की शैक्षिक आयु (educational age) तथा तैथिक आयु (chronological age) के अनुपात में 100 से गुणा करने पर मिलनेवाला अंक होता है। इसे हम सूत्र के रूप में इस प्रकार व्यक्त कर सकते हैं—

$$EQ = \frac{EA}{CA} \times 100$$

यहाँ,

EQ = Educational Quotient (शैक्षिक लब्धि)

EA = Educational Age (शैक्षिक आयु)

CA = Chronological Age (तैथिक आयु)

तैथिक आयु व्यक्ति के जन्म से आज तक के समय को कहा जाता है। इसका मतलब यह हुआ कि यह वास्तविक आयु (real age) होती है। शैक्षिक आयु (educational age) एक आयु मानक (age norms) की तालिका के आधार पर ज्ञात की जाती है। इस तालिका में यह दिया रहता है कि अमुक विषय में अमुक अंक आने पर उस छात्र की आयु अमुक वर्ष होगी। ऐसे कई विषयों में छात्रों के अंकों के आधार पर प्राप्त विभिन्न आयु के औसत (average) को शैक्षिक आयु कहा जाता है।

जैसे मान लिया जाए कि एक छात्र को भूगोल में प्राप्त अंक के आधार पर 9 साल की आयु आती है, अर्थशास्त्र में प्राप्त अंकों के आधार पर 10 साल की आयु आती है तथा गणित में प्राप्त अंक के आधार पर उसी छात्र को 11 साल की आयु आती है। ऐसी परिस्थिति में छात्र की शैक्षिक आयु $= \frac{9+10+11}{3} = \frac{30}{3} = 10$ साल की होगी। थोड़ी देर के लिए मान लिया जाए कि उस छात्र की तैथिक आयु 9 साल की है तो उसकी शैक्षिक लब्धि इस प्रकार ज्ञात की जाएगी—

$$EQ = \frac{EA}{CA} \times 100 = \frac{10}{9} \times 100 = 111.11 = 111 \text{ होगा।}$$

सैद्धान्तिक रूप से जब EQ = 100 होता है, तो छात्र की शैक्षिक उपलब्धि सामान्य मानी जाती है तथा जब वह 100 से ज्यादा होती है तो छात्र की शैक्षिक उपलब्धि श्रेष्ठ (supperior) मानी जाती है और जब वह 100 से कम होती है, तो शैक्षिक उपलब्धि निम्न मानी जाती है।

शैक्षिक उपलब्धि के आकलन का दूसरा सूचकांक (index) निष्पत्ति लब्धि (achievement quotient or AQ) है। निष्पत्ति लब्धि छात्र की शैक्षिक आयु (educational age) तथा मानसिक आयु (mental age) के अनुपात में 100 से गुणा करने पर प्राप्त होती है। इसका सूत्र इस प्रकार है—

$$AQ = \frac{EA}{MA} \times 100$$

यहाँ,

AQ = Achievement quotient (निष्पत्ति लब्धि)

EA = Educational age (शैक्षिक आयु)

MA = Mental age (मानसिक आयु)

स्पष्ट है कि EQ तथा AQ ज्ञात करने के सूत्र में मात्र हर (denominator) में अंतर है। EQ के सूत्र के हर में तैथिक आयु (CA) को रखा जाता है जबकि AQ के सूत्र के हर में मानसिक आयु (MA) का प्रयोग किया जाता है। प्रत्येक आयु के छात्रों के लिए अलग-अलग समस्याएँ दी जाती हैं जिनके समाधान के आधार पर छात्र की मानसिक आयु (mental age) ज्ञात की जाती है। जैसे यदि 9 साल का छात्र 10 साल के छात्र के लिए बनी समस्याओं का समाधान कर देता है, तो उसकी मानसिक आयु 10 साल की मानी जाएगी, हालाँकि तैथिक आयु या वास्तविक आयु 9 साल की ही है। थोड़ी देर के लिए मान लिया जाए कि किसी छात्र की मानसिक आयु 10 साल की है तथा शैक्षिक आयु 12 साल की है तो उसका AQ इस प्रकार होगा—

$$AQ = \frac{EA}{MA} \times 100 = \frac{12}{10} \times 100 = 120$$

सैद्धांतिक रूप से (theoretically) अगर AQ = 100 होता है, तो छात्र की शैक्षिक उपलब्धि सामान्य मानी जाती है। परंतु, यदि यह 100 से ऊपर होती है, तो छात्र की शैक्षिक उपलब्धि श्रेष्ठ (superior) मानी जाती है एवं जब वह 100 से कम होती है, तो छात्र की शैक्षिक उपलब्धि निम्न (inferior) मानी जाती है।

EQ एवं AQ दोनों ही सूचकांकों (indices) द्वारा छात्रों की उपलब्धि के बारे में आकलन किया जाता है। परन्तु, उपलब्धि के निर्भरयोग्य आकलन के दृष्टिकोण से इन दोनों में किसे अधिक मूल्यवान सूचकांक (valuable index) माना जा सकता है? किसी छात्र की स्कूल उपलब्धि (school achievement) छात्रों द्वारा अर्जित किए गए ज्ञान एवं शिक्षण की मात्रा (quantity) एवं गुण (quality) के अनुरूप है या नहीं, इसका निर्भर योग्य आकलन करने में AQ को EQ की तुलना में अधिक श्रेष्ठ माना गया है; क्योंकि AQ का आधार मानसिक आयु (mental age) होता है जबकि EQ का आधार तैथिक आयु (chronological age) होता है। चूँकि एक ही उम्र के व्यक्तियों की मानसिक आयु में काफी विभिन्नता होती है, इसलिए मानसिक आयु को तैथिक आयु की अपेक्षा छात्रों की शिक्षण क्षमता (learning capacity) का अधिक विश्वसनीय सूचकांक (reliable index) माना जाता है, अतः इसपर आधारित AQ को भी EQ की तुलना में जो मानसिक आयु पर आधारित न होकर तैथिक आयु पर आधारित होता है, अधिक विश्वसनीय समझा जाता है।

EQ की तुलना में AQ एक अधिक विश्वसनीय सूचकांक होने के बावजूद लोगों ने इसपर कुछ कारणों से आपत्ति उठाई है। आपत्ति का प्रमुख कारण यह है कि AQ दो अलग-अलग परीक्षण (test) पर आधारित होते हैं—एक शैक्षिक उपलब्धि परीक्षण तथा दूसरा मानसिक क्षमता परीक्षण (Mental ability test)। चूँकि इन दोनों परीक्षणों के मानक (norms) का मानकीकरण प्रतिदर्श (standardization sample) अलग-अलग होता है, अतः इन दोनों की प्रत्यक्षतः तुलना संभव नहीं है। ऐसी परिस्थिति में AQ में जिसमें MA तथा EA में तुलना किया जाता है, को कैसे वास्तविक माना जा सकता है?

इस आपत्ति के बावजूद AQ का प्रयोग EQ की तुलना में अधिक की जाती है। इस बिंदु पर शिक्षकों एवं शिक्षा मनोवैज्ञानिकों दोनों की आम सहमति है।

शिक्षा के दृष्टिकोण से उपलब्धि परीक्षण का महत्त्व (Importance of Achievement Test from the Point of View of Education)

शिक्षा के दृष्टिकोण से उपलब्धि परीक्षण का महत्त्व काफी सराहनीय है। **फ्रीमैन** (Freeman, 1965) तथा **स्वार्ज** (Schwartz, 1977) ने उपलब्धि परीक्षण को कई कारणों से महत्त्वपूर्ण बताया है। इन कारणों में निम्नांकित प्रमुख हैं—

(i) इससे शिक्षकों को कक्षोन्नति (class promotion) देने में काफी सहायता मिलती है। उपलब्धि परीक्षण पर पर्याप्त सफलता मिलने से शिक्षक यह आसानी से तय कर लेते हैं कि अमुक छात्र को कक्षोन्नति मिलनी चाहिए या नहीं।

(ii) उपलब्धि परीक्षण के परिणाम के आधार पर शिक्षक को पाठ्यक्रमों (curriculum) के निर्माण में भी काफी सहायता मिलती है। वे पाठ्यक्रमों के कठिन अंशों की पहचान करके उसमें परिवर्तन लाते हैं और यथासंभव उसे छात्रों की क्षमता के अनुकूल बनाते हैं।

(iii) परोक्ष रूप से उपलब्धि परीक्षण के परिणाम के आधार पर शिक्षकों की कार्य-कुशलता को आँकने में भी सहायता मिलती है।

(iv) उपलब्धि परीक्षण द्वारा छात्रों को अपने-आपमें अर्जित गुणों को जाँचने एवं समझने का मौका मिलता है। इससे उनमें आत्मविश्वास तो उत्पन्न होता ही है, साथ-ही-साथ उन्हें अपने निष्पादन (performance) को सुधारने का भी मौका मिलता है।

इस तरह हम देखते हैं कि शिक्षा के दृष्टिकोण से उपलब्धि परीक्षण कई कारणों से महत्त्वपूर्ण हैं।

अध्याय-सारांश
[Chapter Summary]

1. उपलब्धि परीक्षण (achievement test) एक ऐसा परीक्षण होता है, जिसके द्वारा किसी विशेष क्षेत्र या क्षेत्रों में छात्रों द्वारा अर्जित ज्ञान एवं कौशल (skills) को मापा जाता है।
2. उपलब्धि परीक्षण के कई उद्देश्य (purposes) हैं, जिनमें 10 प्रमुख उद्देश्यों को उजागर किया गया है।
3. उपलब्धि परीक्षण के प्रमुख तीन प्रकारों का वर्णन किया गया है—नैदानिक उपलब्धि परीक्षण (diagnostic achievement test), विशिष्ट विषय-वस्तु संबंधी उपलब्धि परीक्षण (specific subject matter achievement test) तथा उपलब्धि परीक्षणमाला (achievement test batteries)।
4. उपलब्धि परीक्षण को बुद्धि परीक्षण (intelligence test), अभिक्षमता परीक्षण (aptitude test) तथा निपुणता परीक्षण (proficiency test) से भिन्न बताया गया है।
5. शैक्षिक लब्धि (educational quotient) तथा निष्पत्ति लब्धि (achievement quotient) दो महत्त्वपूर्ण सूचकांक (indices) हैं, जिनके द्वारा छात्रों की शैक्षिक उपलब्धियों का आकलन किया जाता है। इन दोनों सूचकांकों में AQ को EQ से अधिक श्रेष्ठ माना गया है।
6. शिक्षा के दृष्टिकोण से उपलब्धि परीक्षण को अधिक महत्त्वपूर्ण बताया गया है। ऐसे चार कारकों को उजागर किया गया है जिनसे उपलब्धि परीक्षण के महत्त्व की स्पष्ट झलक मिलती है।

❑

अध्याय 19

व्यक्तित्व

[PERSONALITY]

मुख्य बिंदु (Main Points)

1. व्यक्तित्व के अर्थ एवं स्वरूप (Meaning and Nature of Personality)
2. प्रकार सिद्धांत (Type Theory)
3. शीलगुण सिद्धांत (Trait Theory)
4. व्यक्तित्व के निर्धारक (Determinants of Personality)
5. व्यक्तित्व की माप (Measurement of Personality)

व्यक्तित्व के अर्थ एवं स्वरूप

(Meaning and Nature of Personality)

मनोवैज्ञानिकों ने व्यक्तित्व के अध्ययन में प्रारंभ से ही काफी दिलचस्पी दिखाई है। अतः, यह बिलकुल स्वाभाविक है कि व्यक्तित्व के स्वरूप की व्याख्या करने के लिए कई परिभाषाएँ दी गई हों। आलपोर्ट (Allport, 1937) ने व्यक्तित्व की दी गई सभी परिभाषाओं (definitions) को एकत्र किया और पाया कि व्यक्तित्व की 49 परिभाषाएँ दी जा चुकी हैं। इन परिभाषाओं को उन्होंने फिर पाँच श्रेणियों में विभक्त किया और उनका विशेष अध्ययन किया। परिभाषाओं के क्रम में सबसे पुरानी (यानी सबसे पहली परिभाषा) व्यक्तित्व शब्द की उत्पत्ति से संबंधित संप्रत्यय पर आधारित है।

व्यक्तित्व का अँगरेजी अनुवाद Personality है जो लैटिन शब्द परसोना (Persona) से बना है, जिसका अर्थ नकाब (mask) से होता है जिसको नायक नाटक करते समय पहनते हैं। इस शाब्दिक अर्थ को ध्यान में रखते हुए व्यक्तित्व को बाहरी वेश-भूषा तथा दिखावे के आधार पर परिभाषित किया गया। जिस व्यक्ति का बाहरी दिखावा साधारण होता था, उसका व्यक्तित्व उतना अच्छा नहीं समझा जाता था परन्तु जिस व्यक्ति का बाहरी दिखावा भड़कीला होता था, उसका व्यक्तित्व अच्छा समझा जाता था। परंतु इस तरह की परिभाषा को तुरंत ही अवैज्ञानिक घोषित कर दिया गया और उसके बाद धीरे-धीरे, एक-एक करके, विभिन्न मनोवैज्ञानिकों ने व्यक्तित्व की अनेक परिभाषाएँ दीं। ऐसी परिभाषाओं की संख्या 49 थी जिनका विश्लेषण करने के बाद आलपोर्ट

(Allport, 1937) ने अपनी ओर से 50वीं परिभाषा व्यक्तित्व का दिया जो आज भी अनेक मनोवैज्ञानिकों को मान्य है; क्योंकि यह परिभाषा काफी विस्तृत (comprehensive) एवं वैज्ञानिक है।

आलपोर्ट[1] (Allport, 1937) के अनुसार, "व्यक्तित्व व्यक्ति के भीतर उन मनोशारीरिक तंत्रों का गतिशील या गत्यात्मक संगठन है जो वातावरण में उसके अपूर्व समायोजन को निर्धारित करते हैं।"

आलपोर्ट की इस परिभाषा में व्यक्तित्व के भीतरी गुणों (inner qualities) तथा बाहरी गुण यानी व्यवहार दोनों को सम्मिलित किया गया है, परन्तु उन्होंने व्यक्तित्व के भीतरी गुणों पर तुलनात्मक रूप से अधिक बल डाला है।

आइजेन्क[2] (Eysenck, 1952) के अनुसार, "व्यक्तिगत व्यक्ति के चरित्र, चित्तप्रकृति ज्ञानशक्ति तथा शरीरगठन का करीब-करीब एक स्थायी एवं टिकाऊ संगठन है जो वातावरण में उसके अपूर्व समायोजन का निर्धारण करता है।"

इस परिभाषा में तथा आलपोर्ट की परिभाषा में काफी समानता है। आइजेन्क ने आलपोर्ट के ही समान व्यक्तित्व को परिभाषित करने में व्यक्तित्व के भीतरी गुणों (inner qualities) तथा बाहरी गुण एवं व्यवहार को सम्मिलित किया है, परन्तु भीतरी गुणों पर अधिक बल डाला है। इस तरह से आलपोर्ट एवं आइजेन्क, दोनों की ही परिभाषाओं में व्यवहार (behaviour) पक्ष पर कम बल डाला गया है। वाल्टर मिसकेल (Walter Mischel, 1981) ने हाल ही में एक ऐसी परिभाषा दी है जो आधुनिक मनोवैज्ञानिकों के बीच अधिक लोकप्रिय (popular) हो पाई है तथा जिससे आलपोर्ट एवं आइजेन्क की परिभाषा की कमी भी दूर हो गई है; क्योंकि इस परिभाषा में व्यक्तित्व के भीतरी गुणों के अलावा व्यवहार पर समान रूप से बल डाला गया है।

वाल्टर मिसकेल[3] (Walter Mischel, 1981) के अनुसार, "प्रायः व्यक्तित्व से तात्पर्य व्यवहार के उस विशिष्ट पैटर्न (जिसमे चिंतन एवं संवेग भी सम्मिलित हैं) से होता है जो प्रत्येक व्यक्ति की जिंदगी की परिस्थितियों के साथ होनेवाले समायोजन का निर्धारण करता है।"

ऊपर तीन प्रमुख मनोवैज्ञानिकों की परिभाषाओं का उल्लेख किया गया है। इनमें प्रथम दो (आलपोर्ट एवं आइजेन्क) की परिभाषा है तथा अंतिम वाल्टर मिसकेल द्वारा हाल में ही दी गई परिभाषा है। इन प्रमुख परिभाषाओं का विश्लेषण करने पर व्यक्तित्व का अर्थ बिलकुल ही स्पष्ट हो जाएगा। इन तीनों का संयुक्त विश्लेषण इस प्रकार किया जा सकता है—

(1) मनोशारीरिक तंत्र (Psychophysical system)—व्यक्तित्व एक ऐसा तंत्र (system) है जिसके मानसिक (psychological) तथा शारीरिक (physical), दोनों ही पक्ष होते हैं। इस तंत्र में

---

1. "Personality is the dynamic organisation within the individual of those psychophysical systems that determine his unique adjustments to his environment."—Allport, *Personality, A Psychological Interpretation,* 1937, p. 48
2. "Personality is the more or less stable and enduring organisation of a person's character, temperament intellect and physique that determines his unique adjustments to his environment." —Eysenck, *The Scientific Study of Personality,* 1952 p. 16
3. "Personality usually refers to the distinctive patterns of behaviour (including thoughts and emotions) that characterize each individual's adaptation to the situations of his or her life."—Walter Mischel, *Introduction to Personality,* 1981 p. 2

ऐसे तत्त्वों का गठन होता है जो आपस में अंतःक्रिया (interaction) करते हैं। इस तंत्र के मुख्य तत्त्व शीलगुण (trait), संवेग (emotion), आदत (habit), ज्ञानशक्ति (intellect), चित्तप्रकृति (temperament), चरित्र (character), अभिप्रेरक आदि हैं, जो सभी मानसिक गुण हैं, परन्तु इन सबका आधार शारीरिक अर्थात व्यक्ति की ग्रंथीय क्रियाएँ एवं तांत्रिकीय प्रक्रियाएँ (neural processes) हैं। इसका स्पष्ट मतलब यह हुआ कि व्यक्तित्व न तो पूर्णतः मानसिक है और न पूर्णतः शारीरिक ही। व्यक्तित्व इन दोनों तरह के पक्षों का मिश्रण है।

(2) गत्यात्मक संगठन (Dynamic organization)—गत्यात्मक संगठन से तात्पर्य इस बात से होता है कि मनोशारीरिक तंत्र (psychophysical system) के भिन्न-भिन्न तत्त्व (elements), जैसे शीलगुण (traits), आदत (habits) आदि एक-दूसरे से इस तरह संबंधित होकर संगठित हैं कि उन्हें एक-दूसरे से पूर्णतः अलग नहीं किया जा सकता। इस संगठन में परिवर्तन (change) संभव है। यही कारण है कि इसे एक गत्यात्मक संगठन कहा गया है। इस तरह गत्यात्मक संगठन से स्पष्ट मतलब यह है कि व्यक्तित्व के शीलगुण या अन्य तत्त्व आपस में इस तरह संगठित होते हैं कि उनमें परिवर्तन भी होते रहते हैं। उदाहरणस्वरूप, कोई छात्र नौकरी पाने के पहले ईमानदार (honest), उत्तरदायी (responsible) तथा समयनिष्ठ (punctual) हो सकता है, परन्तु नौकरी मिलने के कुछ वर्षों बाद उसमें उत्तरदायित्व (responsibility) तथा समयनिष्ठता (punctuality) का शीलगुण ज्यों-का-त्यों हो सकता है, परंतु संभव है कि ईमानदारी का गुण बदलकर बेईमानी का गुण विकसित हो जाए। इस उदाहरण में पहले के तीन गुणों के संगठन (organization) में नौकरी मिलने के बाद एक परिवर्तन दिखाया गया है। ऐसा भी संभव है कि इन तीनों शीलगुणों का संगठन नौकरी मिलने के बाद पूर्णतः बदल जाए (यानी इनमें तीनों शीलगुणों में परिवर्तन हो जाए)। शीलगुणों में इस तरह का परिवर्तन गत्यात्मक संगठन का उदाहरण है। इस तरह के संगठन में विसंगठन (disorganization) भी सम्मिलित होता है जिसके सहारे असामान्य व्यवहार की व्याख्या होती है। दूसरे शब्दों में, यदि किसी व्यक्ति के संगठन में इस ढंग का परिवर्तन आ जाता है कि उसका व्यवहार विसंगठित (disorganized) हो जाता है, फलस्वरूप वह असामान्य व्यवहार अधिक करने लग जाता है तो इसे एक गत्यात्मक संगठन की ही श्रेणी में रखेंगे।

(3) वातावरण में अपूर्व समायोजन का निर्धारण (Determination of unique adjustment to environment)—प्रत्येक व्यक्ति में मनोशारीरिक गुणों का एक ऐसा गत्यात्मक संगठन (dynamic organization) पाया जाता है कि उसका व्यवहार वातावरण में अपने-अपने ढंग का अपूर्व (unique) होता है। वातावरण समान होने पर भी प्रत्येक व्यक्ति का व्यवहार (behaviour), विचार (thought), होनेवाला संवेग (emotion) आदि अपूर्व होता है जिसके कारण उस वातावरण के साथ समायोजन (adjust) करने का ढंग भी प्रत्येक व्यक्ति में अलग-अलग होता है। आइजेन्क (Eysenck), आलपोर्ट (Allport) तथा मिसकेल ने इस पक्ष पर समान रूप से अपनी-अपनी परिभाषाओं में बल डाला है। यही कारण है कि 1961 में आलपोर्ट (Allport) ने अपनी 1937 की परिभाषा के अंतिम पाँच शब्द बदलकर इस प्रकार कर दिए—"Unique adjustments to his environments" की जगह "Characteristic behaviour and thought" को सम्मिलित किया गया। इस परिवर्तन का उद्देश्य यह बताना था कि व्यक्ति का व्यवहार मात्र अनुकूली (adaptive) ही नहीं होता है बल्कि कथनीय (expressive) भी होता है। इसका मतलब यह हुआ कि व्यक्ति वातावरण के साथ सिर्फ समायोजन (adjustment) या अनुकूलन (adaptation) ही नहीं करता है बल्कि उस

वातावरण के साथ इस तरह की अंतःक्रिया (interaction) करता है कि उस वातावरण को भी व्यक्ति के साथ अनुकूलन या अभियोजन योग्य होना पड़ता है।

निष्कर्ष के तौर पर यह कहा जा सकता है कि व्यक्तित्व में भिन्न-भिन्न शीलगुणों (traits) का एक ऐसा गत्यात्मक संगठन (dynamic organization) होता है जिसके कारण व्यक्ति का व्यवहार तथा विचार किसी भी वातावरण में अपने ढंग का अर्थात अपूर्व (unique) होता है।

प्रकार सिद्धांत
(Type Theory)

प्रकार सिद्धांत व्यक्तित्व का सबसे पुराना सिद्धांत है। इस सिद्धांत के अनुसार व्यक्ति को खास-खास प्रकार (type) में बाँटा जाता है और उसके आधार पर उसके शीलगुणों का वर्णन किया जाता है। मार्गन, किंग, विस्ज तथा स्कौपलर[1] (Morgan, King, Weiz & Schopler, 1986) के अनुसार व्यक्तित्व के प्रकार से तात्पर्य, "व्यक्तियों के एक ऐसे वर्ग (class) से होता है जिनके गुण एक दूसरे से मिलते-जुलते हैं।" जैसे अंतर्मुखी (introvert) एक प्रकार है और जिन व्यक्तियों को उसमें रखा जाता है उनमें कुछ सामान्य गुण जैसे लजालुपना (shyness), सामाजिक कार्यों में अरुचि, लोगों से कम बोलना या मिलना-जुलना आदि पाए जाते हैं।

यदि व्यक्तित्व के अध्ययन के इतिहास पर ध्यान दिया जाए, तो यह स्पष्ट हो जाएगा कि आज से 2,000 वर्ष पहले भी इस सिद्धांत के द्वारा व्यक्तित्व की व्याख्या की जाती थी। सबसे पहला वैज्ञानिक प्रकार सिद्धांत (type theory) हिपोक्रेट्स (Hyppocrates) ने 400 BC में प्रतिपादित किया था। इन्होंने शरीर-द्रवों (bodily fluids or humors) के आधार पर व्यक्तित्व के चार प्रकार बताए हैं। इनके अनुसार हमारे शरीर में चार मुख्य द्रव (humors) पाए जाते हैं— पीला पित्त (yellow bile), काला पित्त (black bile), रक्त (blood) तथा कफ या श्लेष्मा (phlegm)। प्रत्येक व्यक्ति में इन चारों द्रवों में कोई एक द्रव अधिक प्रधान होता है और व्यक्ति का स्वभाव या चित्तप्रकृति (temperament) इसी की प्रधानता से निर्धारित होती है। जिस व्यक्ति में पीले पित्त की प्रधानता होती है, उस व्यक्ति की चित्तप्रकृति या स्वभाव चिड़चिड़ा (irritable) होता है और व्यक्ति प्रायः बेचैन (restless) दीख पड़ता है। ऐसे व्यक्ति तुनुकमिजाजी (hot-blooded) भी होते हैं। इस तरह के 'प्रकार' (type) को हिपोक्रेट्स ने 'गुस्सैल' (choleric) कहा है। जब व्यक्ति में काले पित्त की प्रधानता होती है, तो वह प्रायः उदास तथा मंदित (depressed) नजर आता है। इस तरह के 'प्रकार' को 'विषादी' या 'निराशावादी' (melancholic) कहा गया है। जिस व्यक्ति में अन्य द्रवों की अपेक्षा रक्त (blood) की प्रधानता होती है, वह प्रसन्न (cheerful) तथा खुशमिजाज होता है। इस तरह के व्यक्तित्व के 'प्रकार' को 'उत्साही' या 'आशावादी' (sanguine) कहा गया है। जिस व्यक्ति में कफ या श्लेष्मा जैसे द्रव की प्रधानता होती है, वह शांत (calm) स्वभाव का होता है तथा उसमें निष्क्रियता (inactiveness) अधिक पाई जाती है। इसमें भावशून्यता के गुण भी पाए जाते हैं। इस तरह के व्यक्तित्व के प्रकार को 'विरक्त' कहा गया है।

---

1. "A type is simply a class of individuals to share a common collection of characteristics."—Morgan, King, Weisz & Schopler, *Introduction to Psychology,* 1986, p. 569

यद्यपि हिपोक्रेट्स का यह प्रकार सिद्धांत (type theory) अपने समय का एक काफी महत्त्वपूर्ण सिद्धांत था, फिर भी आज के मनोवैज्ञानिकों द्वारा इसे पूर्णतः अस्वीकृत (reject) कर दिया गया है। इसका प्रधान कारण यह है कि व्यक्ति के शीलगुणों (traits) तथा उसकी चित्तप्रकृति (temperament) का संबंध शारीरिक द्रवों (bodily fluids) से होने का कोई सीधा एवं वैज्ञानिक प्रमाण नहीं मिलता। इन मनोवैज्ञानिकों का यह भी कहना है कि हिपोक्रेट्स द्वारा बताए गए शारीरिक द्रव सचमुच व्यक्ति में होते हैं या नहीं इसका भी कोई प्रमाण (evidence) नहीं मिलता है।

आधुनिक मनोवैज्ञानिकों ने प्रकार सिद्धांत को मूलतः दो भागों में बाँटकर उसके द्वारा व्यक्तित्व की व्याख्या की है। पहले भाग में व्यक्ति के शारीरिक गुणों (bodily characteristics) एवं उसकी चित्तप्रकृति या स्वभाव (temperament) के संबंधों पर बल डाला गया है तथा दूसरे भाग में व्यक्ति के मनोवैज्ञानिक गुणों (psychological characteristics) के आधार पर उसे भिन्न-भिन्न प्रकारों (types) में बाँटकर अध्ययन करने की कोशिश की गई है। प्रकार सिद्धांत (type theories) के इन दोनों भागों का वर्णन निम्नांकित है—

1. शारीरिक गुणों (Bodily characteristics) **के आधार पर**—शारीरिक गुणों के आधार पर प्रतिपादित प्रकार सिद्धांत (type theory) को शरीरगठन सिद्धांत (constitutional type) कहा गया है। शारीरिक गुणों के आधार पर दो वैज्ञानिकों अर्थात क्रेश्मर (Kretshmer) तथा शेल्डन (Sheldon) द्वारा किया गया व्यक्तित्व का वर्गीकरण काफी महत्त्वपूर्ण है।

क्रेश्मर (Kretshmer), जो एक जर्मन मनोचिकित्सक (German psychiatrist) थे, शारीरिक गुणों के आधार पर व्यक्तित्व के चार प्रकार बताए हैं। प्रत्येक प्रकार से संबंधित कुछ खास-खास शीलगुण (traits) भी हैं जिनसे संबंधित स्वभाव या चित्तप्रकृति (temperament) का पता चलता है। क्रेश्मर ने इस सिद्धांत का प्रतिपादन दो तरह के मानसिक रोग यानी मनोविदालिता (schizophrenia) एवं उत्साह-विषाद (manic depression) से ग्रसित व्यक्तियों के प्रेक्षण (observation) के आधार पर किया था। वे चार प्रकार निम्नांकित हैं—

(i) **पिकनिक प्रकार** (Pyknic type)—ऐसे व्यक्ति का कद छोटा होता है तथा शरीर भारी एवं गोलाकार होता है। ऐसे लोगों की गर्दन छोटी एवं मोटी होती है। इस तरह के व्यक्ति के स्वभाव की कुछ खास-खास विशेषता होती है, जैसे ऐसे व्यक्ति सामाजिक (social) होते हैं, खाने-पीने तथा सोने में काफी मजा लेते हैं तथा खुशमिजाज होते हैं। इस तरह के स्वभाव या चित्तप्रकृति (temperament) को क्रेश्मर ने 'साइक्लोआड' (cycloid) की संज्ञा दी है। ऐसे व्यक्तियों में मानसिक रोग उत्पन्न होने पर उत्साह-विषाद (manic depression) के लक्षण विकसित होने की संभावना अधिक होती है।

(ii) एस्थेनिक प्रकार (Asthenic type)—इस तरह के व्यक्ति का कद लंबा होता है, परन्तु वे दुबले-पतले शरीर के होते हैं। ऐसे व्यक्तियों के शरीर की मांसपेशियाँ विकसित नहीं होती हैं और शरीर का वजन उम्र के अनुसार होनेवाले सामान्य वजन से कम होता है। ऐसे लोगों का स्वभाव कुछ चिड़चिड़ा होता है, सामाजिक उत्तरदायित्व से इनमें दूर रहने की प्रवृत्ति अधिक देखी जाती है, ऐसे व्यक्ति में दिवास्वप्न अधिक होता है तथा काल्पनिक दुनिया में भ्रमण करने की आदत इनमें अधिक तीव्र होती है। मानसिक रोग होने पर इनमें मनोविदालिता (schizophrenia) होने की संभावना तीव्र होती है। इस तरह की चित्तप्रकृति या स्वभाव को क्रेश्मर ने 'सिजोआड' (schizoid) की संज्ञा दी है।

(iii) एथलेटिक प्रकार (Athletic type)—इस प्रकार के व्यक्ति के शरीर की मांसपेशियाँ काफी विकसित एवं गठी होती हैं तथा शारीरिक कद न तो अधिक लंबा और न तो अधिक छोटा ही होता है। इनका पूरा शरीर सुडौल एवं हर तरह से संतुलित दिखाई देता है। ऐसे व्यक्ति के स्वभाव में न तो अधिक चंचलापन और न अधिक मंदन (depression) ही होता है। ऐसे व्यक्ति बदलती हुई परिस्थिति के साथ आसानी से समायोजन (adjustment) कर लेते हैं। अतः इन्हें सामाजिक प्रतिष्ठा (social prestige) काफी मिलती है।

(iv) डाइस्पलास्टिक प्रकार (Dysplastic type)—इस श्रेणी में उन व्यक्तियों को रखा जाता है जिसमें ऊपर के तीन प्रकारों में किसी एक प्रकार का स्पष्ट गुण नहीं मिलता है बल्कि इन तीनों प्रकारों का गुण मिला-जुला होता है।

परंतु, बाद में क्रेश्मर के इस वर्गीकरण को कुछ वैज्ञानिकों ने, जैसे शेल्डन (Sheldon) ने अपने अध्ययन के आधार पर बहुत वैज्ञानिक नहीं पाया और इसमें विधि (methodology) से संबंधित कई दोष पाए। इन्होंने यह भी कहा कि क्रेश्मर का यह वर्गीकरण मानसिक रोग से ग्रसित व्यक्तियों की व्याख्या करने में भले ही समर्थ हो, परंतु सामान्य व्यक्तियों की व्याख्या करने में असमर्थ है। फलस्वरूप उन्होंने एक दूसरा सिद्धांत बनाया, जिसे सोमैटोटाइप सिद्धांत (Somatotype theory) कहा जाता है।

शेल्डन (Sheldon) ने 1940 में शरीरगठन (physique) के ही आधार पर एक दूसरा सिद्धांत बनाया जिसे सोमैटोटाइप सिद्धांत (Somatotype theory) कहा गया। इन्होंने शारीरिक गठन के आधार पर व्यक्तित्व का वर्गीकरण करने के लिए 4,000 कॉलेज के छात्रों की नग्न तस्वीर (naked pictures) का विश्लेषण कर यह बताया है कि व्यक्तित्व को मूलतः तीन प्रकार में बाँटा जा सकता है और प्रत्येक प्रकार (type) के कुछ खास शीलगुण (traits) होते हैं जिनसे उसका स्वभाव या चित्तप्रकृति (temperament) का पता चलता है। प्रत्येक प्रकार तथा उससे संबंधित शीलगुणों के बीच का सहसंबंध 0.78 से अधिक था जो अपने-आपमें इस बात का सबूत है कि प्रत्येक शारीरिक प्रकार (body type) तथा उससे संबंधित गुण आपस में काफी मजबूत हैं। शेल्डन द्वारा बताए गए वे तीन प्रकार तथा उससे संबंधित चित्तप्रकृति-संबंधी गुण निम्नांकित हैं—

(i) एण्डोमार्फी (Endomorphy)—इस प्रकार के व्यक्ति मोटे एवं नाटे होते हैं और इनका शरीर गोलाकार दीखता है। स्पष्ट है कि शेल्डन का यह 'प्रकार' क्रेश्मर के 'पिकनिक प्रकार' (pyknic type) से मिलता-जुलता है। शेल्डन ने यह बताया कि इस तरह के शारीरिक गठनवाले व्यक्ति आरामपसंद, खुशमिजाज, सामाजिक तथा खाने-पीने की चीजों में अधिक अभिरुचि दिखानेवाले होते हैं। ऐसे स्वभाव को शेल्डन ने 'भिसरोटोनिया' (Viscerotonia) कहा है। (चित्र 19.1 देखें।)

(ii) मेसोमार्फी (Mesomorphy)—इस प्रकार के व्यक्ति के शरीर की हड्डियाँ एवं मांसपेशियाँ (muscles) काफी विकसित होतीं हैं तथा शारीरिक गठन काफी सुडौल होता है। ऐसे व्यक्ति के स्वभाव (temperament) को 'सोमैटोटोनिया' (Somatotonia) कहा गया है जिसमें जोखिम (risk) तथा बहादुरी का कार्य करने की तीव्र प्रवृत्ति, दृढ़कथन (assertion), आक्रामकता (aggresiveness) आदि के गुण पाए जाते हैं। ऐसे लोग अन्य लोगों को आदेश देने में अधिक आनन्द उठाते हैं। ऊपर के विवरण से स्पष्ट है कि मेसोमार्फी बहुत कुछ क्रेश्मर का एथलेटिक प्रकार (athletic type) से मिलता-जुलता है। (चित्र 19.1 देखें।)

(iii) एक्टोमार्फी (Ectomorphy)—इस प्रकार के व्यक्ति का कद लम्बा होता है, परन्तु ऐसे व्यक्ति दुबले-पतले होते हैं। इनके शरीर की मांसपेशियाँ अविकसित होती हैं और इनका पूरा गठन इकहरा (slender) होता है। इस प्रकार के व्यक्ति की चित्तप्रकृति (temperament) को 'सेरीब्रोटोनिया' (cerebrotonia) कहा जाता है। ऐसे व्यक्ति को अकेला रहना तथा लोगों से कम मिलना-जुलना अधिक पसंद आता है। ऐसे लोग संकोचशील और लज्जालु भी होते हैं। इनमें नींद-संबंधी शिकायत भी पाई जाती है। (चित्र 19.1 देखें।)

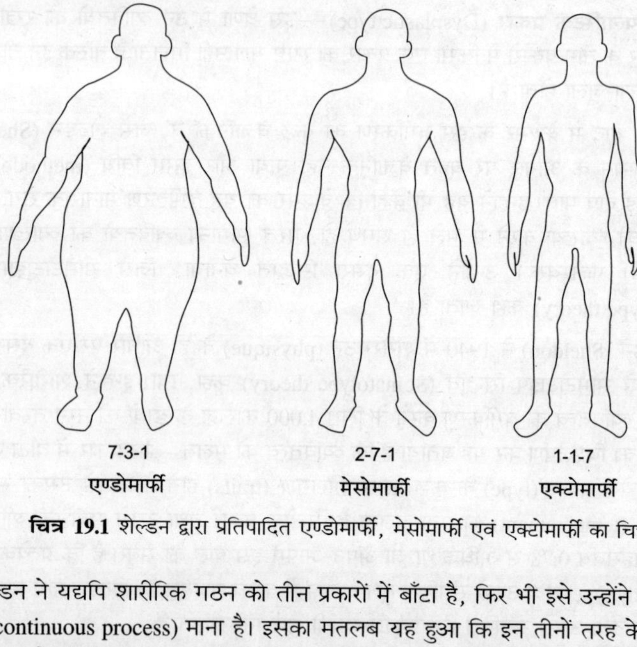

7-3-1 एण्डोमार्फी | 2-7-1 मेसोमार्फी | 1-1-7 एक्टोमार्फी

चित्र 19.1 शेल्डन द्वारा प्रतिपादित एण्डोमार्फी, मेसोमार्फी एवं एक्टोमार्फी का चित्रण

शेल्डन ने यद्यपि शारीरिक गठन को तीन प्रकारों में बाँटा है, फिर भी इसे उन्होंने एक सतत प्रक्रिया (continuous process) माना है। इसका मतलब यह हुआ कि इन तीनों तरह के शारीरिक गठन एवं उससे संबधित शीलगुण आपस में बिलकुल ही अलग-अलग नहीं होते। फलतः, उन्होंने प्रत्येक शारीरिक गठन का मापन 1 से 7 तक की श्रेणियों में बाँटकर किया। दूसरे शब्दों में, 4,000 व्यक्तियों में प्रत्येक व्यक्ति के शारीरिक गठन का तीनों श्रेणियों में (1 से 7 तक में) श्रेणीकरण (ranking) किया। यहाँ 1 श्रेणी (rank) से तात्पर्य है 'सबसे कम' तथा 7 श्रेणी से तात्पर्य 'सबसे अधिक' से है। जैसे जो व्यक्ति नाटा कद का है, परन्तु काफी मोटा तथा गोलाकार गठन का है, उसे एण्डोमार्फी पर 7 तथा अन्य दोनों श्रेणियों जैसे मेसोमार्फी तथा एक्टोमार्फी पर 1–1 का श्रेणी दिया जाएगा। अतः, इस तरह के व्यक्ति को शेल्डन ने 7–1–1 कहा है। उसी तरह संभव है कि कोई व्यक्ति को एक्टोमार्फी में 7 दिया जाए। स्वभावतः तब ऐसे व्यक्ति को मेसोमार्फी तथा एण्डोमॉर्फी में 1–1 दिया जाएगा। अतः, इस तरह के व्यक्ति को 1–1– 7 कहा जाएगा। शेल्डन ने 7–1–1 श्रेणी प्राप्त करनेवाले व्यक्ति को प्रबल एण्डोमॉर्फ (predominant endomorph), 1–7–1 वाले व्यक्ति को प्रबल मेसोमार्फ (predominant mesomorph) तथा 1-1-7 वाले व्यक्ति को प्रबल ऐक्टोमॉर्फ (predominant ectomorph) कहा है। शेल्डन ने बताया कि सबसे संतुलित व्यक्तित्व (balanced personality) वाला व्यक्ति उन्हें कहा जाता है जिन्हें तीनों प्रकारों (types) में बीच की

श्रेणी यानी 4 प्राप्त होती है। अतः, शेल्डन के अनुसार संतुलित व्यक्तित्व वह है जिसका श्रेणीकरण 4-4-4 होता है।

2. मनोवैज्ञानिक गुणों के आधार पर (On the basis of psychological characteristics)—कुछ मनोवैज्ञानिकों ने व्यक्तित्व का वर्गीकरण मनोवैज्ञानिक गुणों के आधार पर किया है। इनमें युंग (Jung), आइजेन्क तथा गिलफोर्ड (Guilford) का नाम अधिक मशहूर है। युंग ने व्यक्तित्व के निम्नांकित दो प्रकार बताए हैं—

(i) बहिर्मुखी (Extrovert)—इस तरह के व्यक्ति की अभिरुचि समाज के कार्यों की ओर विशेष होती है। वह अन्य लागों से मिलना-जुलना पसंद करता है तथा प्रायः खुशमिजाज होता है। ऐसे व्यक्ति आशावादी (optimistic) होते हैं तथा अपना संबंध यथार्थता (realism) से अधिक और आदर्शवाद (idealism) से कम रखते हैं। ऐसे लोगों को खाने-पीने की ओर भी अभिरुचि अधिक होती है। ऐसे लोग समाज के लिए काफी उपयोगी होते हैं।

(ii) अंतर्मुखी (Introvert)—ऐसे व्यक्ति में बहिर्मुखी के विपरीत गुण पाए जाते हैं। इस तरह के व्यक्ति बहुत लोगों से मिलना-जुलना पसंद नहीं करते और उनकी दोस्ती कुछ ही लोगों तक सीमित होती है। इनमें आत्मकेन्द्रिता (self-centredness) का गुण अधिक पाया जाता है। इन व्यक्तियों को अकेलापन अधिक पसंद होता है तथा ऐसे लोग रूढ़िवादी (conservative) होते हैं तथा पुराने रीति-रिवाजों एवं नियमों को आदर देते हैं।

आधुनिक मनोवैज्ञानिकों द्वारा युंग के इन दो प्रकारों की आलोचना की गई है और इनलोगों ने कहा है कि सभी लोग इन दोनों में किसी एक श्रेणी में आएँ ही, यह जरूरी नहीं है। कुछ लोगों में इन दोनों श्रेणियों के गुण पाए जाते हैं। फलस्वरूप, एक परिस्थिति में वे बहिर्मुखी के रूप में व्यवहार करते हैं तो दूसरी परिस्थिति में अंतर्मुखी के रूप में। ऐसे व्यक्तियों को आधुनिक मनोवैज्ञानिकों ने उभयमुखी (ambivert) की संज्ञा दी है।

आइजेन्क (Eysenck, 1947) ने भी मनोवैज्ञानिक गुणों (psychological characteristics) के आधार पर व्यक्तित्व के तीन प्रकार बताए हैं। इन्होंने युंग के अंतर्मुखी-बहिर्मुखी सिद्धांत की सत्यता की जाँच करने के लिए 10,000 सामान्य (normal) एवं तंत्रिका रोगियों (neurotics) पर अध्ययन किया और विशेष सांख्यिकीय विश्लेषण (statistical analysis) कर यह बताया कि व्यक्तित्व के निम्नांकित तीन प्रकार (types) होते हैं जो द्विध्रुवीय (bipolar) हैं—

(i) अंतर्मुखता-बहिर्मुखता (Introversion-extroversion)—आइजेन्क ने युंग की अंतर्मुखता (introversion) तथा बहिर्मुखता (extroversion) के सिद्धांत को तो स्वीकार किया, परंतु युंग के समान उन्होंने इसे व्यक्तित्व का दो अलग-अलग प्रकार (type) नहीं माना। उनका कहना था कि चूँकि ये दोनों प्रकार एक-दूसरे के विपरीत हैं, अतः इन्हें एक-साथ मिलाकर रखा जा सकता है तथा एक ही मापनी (scale) बनाकर अध्ययन किया जा सकता है। चूँकि ऐसा नहीं होता है कि ये दोनों तरह के गुण एक ही व्यक्ति में अधिक या कम हों, अतः इसे आइजेन्क ने व्यक्ति का एक ही प्रकार या विमा (dimension) माना है जो द्विध्रुवीय (bipolar) है। जैसे किसी व्यक्ति में सामाजिकता अधिक है तथा वह लोगों से मिलना-जुलना अधिक पसंद करता है, तो यह कहा जाता है कि व्यक्ति इस विमा की बहिर्मुखता पक्ष में ऊँचा है। दूसरी तरफ, यदि व्यक्ति अकेले रहना अधिक पसंद करता है, लज्जालु तथा संकोचशील भी है तो ऐसा कहा जाता है कि ऐसा व्यक्ति इस विमा की अंतर्मुखता पक्ष में अधिक ऊँचा है।

(ii) स्नायुविकृति/स्थिरता (Neuroticism/stability)—आइजेन्क के अनुसार व्यक्तित्व का यह दूसरा प्रमुख प्रकार है। इस तरह के व्यक्ति में सांवेगिक नियंत्रण कम होता है तथा उनकी इच्छाशक्ति (will power) कमजोर होती है। इनके विचारों एवं क्रियाओं में मन्दता पाई जाती है। इनमें अन्य व्यक्तियों के सुझाव (suggestion) को चुपचार स्वीकार कर लेने की प्रवृत्ति अधिक होती है तथा इनमें सामाजिकता (sociability) का अभाव पाया जाता है। ऐसे व्यक्तियों द्वारा प्रायः अपनी इच्छाओं का दमन (repression) किया जाता है। स्नायुविकृति के दूसरे छोर पर स्थिरता होती है जिसकी ओर बढ़ने पर उक्त व्यवहारों या लक्षणों की मात्रा घटती जाती है और व्यक्ति में स्थिरता की मात्रा बढ़ती जाती है।

(iii) मनोविकृति/सुपर ईगो की क्रियाएँ (Psychoticism/superego function)—आइजेन्क (Eysenck, 1952) ने व्यक्तित्व के इस 'प्रकार' (type) को बाद में किए गए शोध (research) के आधार पर जोड़ा है। आइजेन्क ने इस 'प्रकार' की व्याख्या करते हुए कहा कि व्यक्तित्व का यह 'प्रकार' मानसिक रोग (mental illness) की एक विशेष श्रेणी, जिसे मनोविक्षिप्त (psychosis) कहा जाता है, के तुल्य (equivalent) नहीं है। हाँ, इतना अवश्य है कि मनोविक्षिप्त रोग से पीड़ित व्यक्ति में मनोविकृति (psychoticism) के गुण अधिक होंगे। आइजेन्क (Eysenck, 1952) के अनुसार मनोविकृतिवाले व्यक्तित्व के 'प्रकार' (type) में क्षीण एकाग्रता (poor concentration) क्षीण स्मृति (poor memory), तथा क्रूरता (cruelty) का गुण अधिक होता है। इसके अलावा ऐसे व्यक्ति में असंवेदनशीलता (insensitivity), दूसरों के प्रति न के बराबर खयाल रखना, किसी प्रकार के खतरा के प्रति असतर्कता, सर्जनात्मकता (creativity) की कमी आदि गुण पाए जाते हैं। मनोविकृति के दूसरे छोर पर सुपर ईगो की क्रियाएँ (superego functions) होती हैं। जैसे-जैसे इस छोर की ओर हम बढ़ते हैं, उक्त लक्षणों या व्यवहारों की मात्रा घटती जाती है तथा व्यक्ति में आदर्शत्व (ideality) तथा नैतिकता (morality) की मात्रा बढ़ती जाती है।

इस तरह हम देखते हैं कि आइजेन्क के तीनों 'प्रकार' (type) द्विध्रुवीय (bipolar) हैं जिसका मतलब यह कदापि नहीं है कि अधिकतर व्यक्ति को दो छोरों में किसी एक छोर पर रखा जा सकता है। सचाई यह है कि प्रत्येक 'प्रकार' या विमा (dimension) के बीच में ही अधिकतर व्यक्तियों को रखा जाता है।

गिलफोर्ड (Guilford, 1959) ने आइजेन्क की अंतर्मुखता-बहिर्मुखता (introversion-extroversion) के 'प्रकार' का काफी विस्तृत रूप से विश्लेषण किया और पाया कि इस 'प्रकार' में व्यक्तित्व के कई एक तरह के शीलगुण (traits) पाए जाते हैं। इस तरह उन्होंने अपने अध्ययन के आधार पर आइजेन्क (Eysenck, 1947) के विचारों की पुष्टि की है।

ऊपर के विवरण से स्पष्ट है कि व्यक्तित्व के प्रकार सिद्धांत (type theory) में व्यक्तित्व के समान शीलगुणों को एक-साथ मिलाकर एक विशेष 'प्रकार' (type) का निर्माण किया गया है और उसी विशेष 'प्रकार' के अनुसार व्यक्तित्व की व्याख्या को एक संगठित एवं समग्र (as a whole) रूप से अध्ययन करने का प्रयास किया गया है। इस गुण के बावजूद इस सिद्धांत की आलोचना की गई है जो निम्नांकित है—

(i) **प्रकार सिद्धांत** (type theory) में इस बात की पूर्वकल्पना (assumption) की गई है कि सभी व्यक्ति किसी-न-किसी 'प्रकार' या श्रेणी में निश्चित रूप से आते हैं। परन्तु, सचाई यह है कि एक ही व्यक्ति में व्यक्तित्व के कई एक प्रकारों (types) का गुण मिलता है जिसके कारण उन्हें

किसी एक 'प्रकार' में रखना संभव नहीं है। उदाहरणस्वरूप, अधिकतर व्यक्तियों में अंतर्मुखी (introvert) तथा बहिर्मुखी (extrovert) दोनों के गुण पाए जाते हैं। अतः, उन्हें इन दोनों प्रकारों में किसी एक 'प्रकार' में रखकर अध्ययन करना सर्वथा भूल होगी।

(ii) प्रकार सिद्धांत के अनुसार जब किसी व्यक्ति को एक विशेष 'प्रकार' में रखा जाता है, तो यह पूर्वकल्पना भी साथ-ही-साथ कर ली जाती है कि उसमें उस 'प्रकार' से संबंधित सभी गुण होंगे। परंतु सचाई ऐसी नहीं होती। जैसे, यदि किसी व्यक्ति को 'अंतर्मुखी' (introvert) की श्रेणी में रखा जाता है तो यह पूर्वकल्पना की जाती है कि उसमें, अन्य गुणों के अलावा, सांवेगिक संवेदनशीलता (emotional sensitiveness) भी होगी तथा ऐसा व्यक्ति एकांतप्रिय (seclusive) होगा। परंतु, ये दोनों गुण एक अंतर्मुखी व्यक्ति में हो भी सकता है या नहीं भी हो सकता है। एक सांवेगिक रूप से संवेदनशील व्यक्ति अकेले भी रहना पसंद कर सकता है तथा अन्य लोगों के समूह में भी रहना पसंद कर सकता है। अतः, प्रकार सिद्धांत की यह पूर्वकल्पना (assumption) भी सही नहीं है।

(iii) प्रकार सिद्धांत द्वारा व्यक्तित्व की संरचना (structure) की व्याख्या तो होती है, परंतु व्यक्तित्व विकास (personality development) की व्याख्या नहीं होती है। इस सिद्धांत में उन कारकों का उल्लेख नहीं है जिनसे व्यक्तित्व का विकास प्रभावित होता है तथा इस सिद्धांत से विकास की अवस्थाओं का भी पता नहीं चलता।

(iv) कुछ मनोवैज्ञानिकों का कहना है कि प्रकार सिद्धांत (type theory) में, विशेषकर शारीरिक गठनों (body builds) के आधार पर किए गए वर्गीकरण में सामाजिक (social) तथा सांस्कृतिक कारक (cultural factors) के महत्त्व को बिलकुल ही गौण रखा गया है। शेल्डन का यह दावा कि व्यक्ति के शारीरिक संगठन तथा उसके शीलगुणों में एक निश्चित संबंध होता है, जो व्यापक (universal) होता है तथा सभी परिस्थितियों में समान रहता है, उचित नहीं है। विटेकर (Whittaker, 1970) के अनुसार इस तरह का संबंध सचमुच में सामाजिक एवं सांस्कृतिक कारकों द्वारा प्रभावित होता है।

(v) शेल्डन ने अपने प्रकार सिद्धांत में शारीरिक गठन (physique) तथा स्वभाव (temperament) से संबंधित शीलगुणों के बीच उच्च सहसंबंध (high correlation) यानी 0.78 से अधिक सहसंबंध पाया है। कुछ आलोचकों का मत है कि यह सहसंबंध वास्तविक नहीं है। चूँकि शेल्डन स्वयं ही शारीरिक गठन (physique) तथा स्वभाव या चित्तप्रकृति से संबंधित गुणों का रेटिंग (rating) किए थे, अतः सहसंबंध को तो अधिक होना ही था। हॉल तथा लिण्डजे[1] (Hall & Lindzey, 1957) ने ठीक ही कहा है, "सहसंबंध की मात्रा से अन्वेषणकर्ता की पूर्वधारणा (preconception) की शक्ति का पता चलता है न कि शारीरिक गठन (physique) एवं चित्तप्रकृति (temperament) के बीच वास्तविक संबंध का।"

इन आलोचनाओं के बावजूद प्रकार सिद्धांत की मान्यता आज भी बनी हुई है जिसका प्रमाण हमें इस बात से मिल जाता है कि इन विभिन्न प्रकारों में मनोवैज्ञानिकों द्वारा विशेष रूप से अध्ययन किया जा रहा है।

---

1. "The magnitude of his correlations may reflect the strength of the investigator's preconception rather than actual association between physique and temperament."—Hall & Lindzey, *Theories of Personality,* 1957, p. 516

शीलगुण सिद्धांत
(Trait Theory)

शीलगुण सिद्धांत का प्रतिपादन प्रकार सिद्धांत (type theory) से भिन्न एवं विषम (contrasting) है। शीलगुण सिद्धांत के अनुसार व्यक्तित्व की संरचना (structure) भिन्न-भिन्न प्रकार के शीलगुणों से ठीक वैसी ही बनी होती है जैसे एक मकान की संरचना छोटे-छोटे ईंटों से बनी होती है। शीलगुण (trait) से सामान्य अर्थ होता है व्यक्ति के व्यवहारों का वर्णन (description of human behaviour)। जैसे सतर्क (alert), सक्रिय (active), मंदित (depressed) आदि कुछ ऐसे शब्द हैं जिनके सहारे मानव व्यवहार का वर्णन होता है। तो क्या सभी शब्द, जिनसे मानव व्यवहार का वर्णन होता है, शीलगुण हैं? कदापि नहीं। व्यवहार के किसी भी वर्णन (description) को शीलगुण कहलाने के लिए यह आवश्यक है कि उसमें संगति (consistency) का गुण हो। उदाहरणस्वरूप, यदि कोई व्यक्ति हर तरह की परिस्थिति में ईमानदारी (honesty) का गुण दिखाता है, तो हम कहते हैं कि उसके व्यवहार में संगति है तथा उसमें ईमानदारी का शीलगुण है, परन्तु जब वह कुछ परिस्थिति में ईमानदारी दिखाता है तथा कुछ में नहीं, तो यह नहीं कहा जा सकता कि इस व्यक्ति में ईमानदारी का शीलगुण है। हाँ, यह थोड़ी देर के लिए कहा जा सकता है कि उसमें ईमानदारी दिखाने की आदत (habit) है, जिसे वह कभी दिखाता है, कभी नहीं। इस तरह हम कह सकते हैं कि व्यक्ति के व्यवहारों में पूर्ण संगति को शीलगुण तथा कम संगति (less consistency) को आदत कहा जाता है। किसी व्यवहार को शीलगुण कहलाने के लिए संगति के अलावा उसमें स्थिरता (stability) का भी गुण होना चाहिए। दूसरे शब्दों में, शीलगुण कहलाने के लिए व्यवहार में कम-से-कम थोड़े समय के लिए स्थायित्व (relatively permanence) भी होना चाहिए। अगर व्यक्ति एक महीना तक हर परिस्थिति में ईमानदारी दिखाता है, परन्तु बाद में नहीं, तो इसे भी शीलगुण नहीं कहा जाएगा। अतः, शीलगुण एक ऐसी विशेषता होती है जिसके कारण व्यक्ति एक-दूसरे से, संगत ढंग (consistent way) से तथा सापेक्ष रूप से स्थायी ढंग से (relatively permanent way) भिन्न होता है। एटकिन्सन, एटकिन्सन तथा हिलगार्ड[1] Atkinson, Atkinson & Hilgard 1983) ने भी शीलगुण को इसी तरह परिभाषित किया है।

शीलगुण सिद्धांत (trait theory) के अनुसार व्यक्ति का व्यवहार व्यक्तित्व के किसी 'प्रकार' (type) द्वारा नियंत्रित नहीं होता है बल्कि भिन्न-भिन्न प्रकार के शीलगुणों (traits) द्वारा नियंत्रित होता है जो प्रत्येक व्यक्ति में मौजूद रहता है। इस तरह शीलगुण सिद्धांत व्यक्तित्व की मूल इकाई (original unit) को, यानी शीलगुण को, अलग करके उसके आधार पर व्यक्ति के व्यवहार की व्याख्या करता है। शीलगुण सिद्धांत में मूल रूप से दो मनोवैज्ञानिकों के विचारों का उल्लेख किया जाता है, जो निम्नांकित हैं—

(1) आलपोर्ट का योगदान (Contribution of Allport)—आलपोर्ट का नाम शीलगुण सिद्धांत के साथ गहरे रूप से जुड़ा हुआ है। यही कारण है कि आलपोर्ट द्वारा प्रतिपादित व्यक्तित्व के सिद्धांत को **'आलपोर्ट का शीलगुण सिद्धांत'** (Allport's trait theory) कहा जाता है। आलपोर्ट ने शीलगुण (trait) को मुख्यतः दो भागों में बाँटा है जो इस प्रकार है—

---

1. "A trait refers to any characteristic that differs from person to person in a relatively permanent and consistent way. "Atkinson, Atkinson & Hilgard, *Introduction to Psychology*, 1983, p. 389

(अ) सामान्य शीलगुण (Commom trait)—सामान्य शीलगुण से तात्पर्य वैसे शीलगुणों से होता है जो किसी समाज या संस्कृति (culture) के अधिकतर लोगों में पाया जाता है। फलतः, सामान्य शीलगुण ऐसा शीलगुण है जिसके आधार पर किसी समाज या संस्कृति के अधिकतर लोगों की तुलना आपस में की जा सकती है। उदाहरणार्थ, प्रभुत्व (dominance) की माप (measure) पर जब मोहन का यह शीलगुण 70th शततमक (percentile) पर है, तो इसका मतलब हुआ कि 70% व्यक्तियों में प्रभुत्व का गुण मोहन की तुलना में कम है। स्पष्टतः, यहाँ प्रभुत्व के शीलगुण के आधार पर मोहन की तुलना अन्य व्यक्तियों से की जा रही है। अतः, प्रभुत्व एक सामान्य शीलगुण का उदाहरण है।

(ब) व्यक्तिगत शीलगुण (Personal trait)—आलपोर्ट (Allport) के अनुसार व्यक्तिगत शीलगुण (personal trait) एक दूसरा महत्त्वपूर्ण शीलगुण है जिसे उन्होंने व्यक्तिगत प्रवृत्ति (personal disposition) कहना अधिक उचित ठहराया है। उनका विचार है कि व्यक्तिगत प्रवृत्ति अधिक विवरणात्मक (descriptive) है तथा इससे संभ्रान्ति (confusion) भी कम होती है।

व्यक्तिगत प्रवृत्ति (personal disposition) से तात्पर्य वैसे शीलगुणों से होता है जो किसी समाज या संस्कृति के व्यक्तिविशेष तक ही सीमित होता है, अर्थात उस समाज के सभी व्यक्तियों में नहीं पाया जाता। यही कारण है कि इस तरह के शीलगुणों के आधार पर व्यक्तियों के बीच तुलना नहीं हो सकती परंतु एक व्यक्ति का तुलनात्मक अध्ययन भिन्न-भिन्न पहलुओं पर हो पाता है। जैसे, यदि हम यह कहते हैं कि श्याम सक्रिय (active) कम, परन्तु निष्क्रिय (passive) ज्यादा है, तो यह व्यक्तिगत प्रवृत्ति का उदाहरण होगा।

आलपोर्ट (Allport) ने व्यक्तिगत प्रवृत्ति (personal disposition) तथा सामान्य शीलगुण (common trait) में निम्नांकित दो अंतर बताए हैं—

(i) सामान्य शीलगुण (common trait) समाज के अधिकतर व्यक्तियों में पाया जाता है जबकि व्यक्तिगत प्रवृत्ति (personal disposition) समाज के व्यक्तिविशेष में ही पाई जाती है।

(ii) सामान्य शीलगुण के आधार पर कई व्यक्तियों का तुलनात्मक अध्ययन किया जाता है जबकि व्यक्तिगत प्रवृत्ति के आधार पर एक ही व्यक्ति के भिन्न-भिन्न शीलगुणों का आपस में तुलनात्मक अध्ययन किया जाता है।

आलपोर्ट ने सामान्य शीलगुण (common traits) की अपेक्षा व्यक्तिगत प्रवृत्ति (personal disposition) के अध्ययन पर अधिक बल डाला है। उन्होंने यह भी बताया है कि व्यक्तिगत प्रवृत्ति की संख्या करीब-करीब 18,000 है। उन्होंने यह भी कहा है कि कुछ व्यक्तिगत प्रवृत्तियाँ ऐसी होतीं हैं जो व्यक्तित्व की परिधि (periphery) पर होती हैं। अतः, उन्हें स्पष्टतः समझा जा सकता है। परंतु, कुछ व्यक्तिगत प्रवृत्ति व्यक्तित्व के भीतर, यानी केन्द्र (centre) में होते हैं जिन्हें सीधे और स्पष्टतः समझना थोड़ा कठिन है। आलपोर्ट (Allport) ने व्यक्तिगत प्रवृत्ति को इस दृष्टिकोण से निम्नांकित तीन भागों में बाँटा है—

(i) कार्डिनल प्रवृत्ति (Cardinal disposition)—इस तरह की व्यक्तिगत प्रवृत्ति व्यक्तित्व का इतना प्रमुख एवं प्रबल गुण होता है कि उसे छिपाया नहीं जा सकता है और व्यक्ति के प्रत्येक व्यवहार की व्याख्या इस तरह के कार्डिनल प्रवृत्ति के रूप में आसानी से की जा सकती है। सभी व्यक्तियों में कार्डिनल प्रवृत्ति नहीं होती परंतु जिसमें होती है, वह व्यक्ति पूर्णरूपेण उस प्रवृत्ति या गुण से चर्चित होता है। जैसे, महात्मा गाँधी के व्यक्तित्व की कार्डिनल प्रवृत्ति शांति एवं अहिंसा में

अटूट विश्वास है और इस गुण से पूरे संसार में वे चर्चित हैं। अतः, शांति एवं अहिंसा में विश्वास महात्मा गाँधी की कार्डिनल प्रवृत्ति का एक उदाहरण है। उसी तरह हिटलर की कार्डिनल प्रवृत्ति तथा नेपोलियन की कार्डिनल प्रवृत्ति क्या थी, इसे छात्र स्वयं ही सोच सकते हैं।

(ii) केन्द्रीय प्रवृत्ति (Central disposition)—केन्द्रीय प्रवृत्ति सभी व्यक्तियों में पाई जाती हैं। प्रत्येक व्यक्ति में 5 से 10 ऐसी प्रवृत्तियाँ (dispositions) या गुण होते हैं जिसके भीतर उसका व्यक्तित्व अधिक सक्रिय (active) रहता है। एक तरह से यदि यह कहा जाए कि व्यक्तित्व इन 5 से 10 गुणों के भीतर जिंदा रहता है, तो कोई अतिशयोक्ति (exaggeration) नहीं होगी। इस तरह के गुणों या प्रवृत्तियों को केन्द्रीय प्रवृत्ति कहा जाता है। सामाजिकता (sociability), आत्म-विश्वास (self-confidence), उदासी (depression) आदि कुछ केन्द्रीय प्रवृत्ति (central depression) के उदाहरण हैं।

(iii) गौण प्रवृत्ति (Secondary disposition)—गौण प्रवृत्ति वैसे गुणों को कहा जाता है जो व्यक्तित्व के लिए कम महत्त्वपूर्ण, कम संगत (consistent), कम अर्थपूर्ण तथा कम स्पष्ट होते हैं। जैसे खाने की आदत, हेयर स्टाइल (hair style),पहनावा आदि कुछ ऐसी प्रवृत्तियाँ (dispositions) हैं जिनके आधार पर व्यक्तित्व को समझने में कोई खास मदद नहीं मिलती और न तो इनके आधार पर व्यक्तित्व के बारे में कोई खास अर्थ ही लगाया जा सकता है। आलपोर्ट (Allport) ने यह भी स्पष्ट कर दिया है कि एक व्यक्ति के लिए एक गुण केन्द्रीय प्रवृत्ति (central disposition) हो सकता है। उदाहरणार्थ, बहिर्मुखी (extrovert) के लिए सामाजिकता (sociability) एक केन्द्रीय प्रवृत्ति है परन्तु अंतर्मुखी (introvert) के लिए सामाजिकता एक गौण प्रवृत्ति है।

इस तरह हम देखते हैं कि आलपोर्ट ने व्यक्तित्व के शीलगुणों (traits) को कई भागों में बाँटकर एक यथोचित व्याख्या प्रस्तुत की है।

(2) कैटेल का योगदान (Contribution of Cattell)—शीलगुण सिद्धांत में आलपोर्ट के बाद कैटेल का नाम अधिक महत्त्वपूर्ण माना गया है। इन्होंने शीलगुण सिद्धांत में अपना विशेष योगदान करके इस सिद्धांत को व्यक्तित्व की व्याख्या करने में काफी प्रबल बनाया है।

कैटेल ने प्रमुख शीलगुणों (traits) की खोज की शुरुआत आलपोर्ट (Allport) द्वारा बताए गए 18,000 शीलगुणों में 4,500 शीलगुणों को चुनकर किया। बाद में इनमें समानार्थक (synonym) शब्दों को एक-साथ मिलाकर इसकी संख्या उन्होंने 200 कर दिया और फिर बाद में विशेष सांख्यिकीय विधि (statistical method) यानी कारक विश्लेषण (factor analysis) के सहारे अंतरसहसंबंध (intercorrelation) द्वारा उसकी संख्या 35 कर दिया।

कैटेल (Cattell) ने शीलगुणों को कई ढंग से विभाजित कर अध्ययन किया है। उनका मशहूर (popular) वर्गीकरण वह है जिसमें उन्होंने व्यक्तित्व के शीलगुणों को सतही शीलगुण (surface trait) तथा मूल शीलगुण (source trait) के रूप में विभाजन किया है। इन दोनों का वर्णन निम्नांकित है—

(1) सतही शीलगुण (Surface trait)—जैसा कि नाम से भी स्पष्ट है, इस तरह का शीलगुण व्यक्तित्व के ऊपरी सतह या परिधि पर होता है, यानी इस तरह के शीलगुण ऐसे होते हैं जो व्यक्ति के दिन-प्रतिदिन की अंतःक्रिया (interactions) में आसानी से अभिव्यक्त हो जाते हैं। इसकी अभिव्यक्ति (expression) इतनी स्पष्ट होती है कि संबंधित शीलगुण के बारे में व्यक्ति में कोई दो मत हो ही नहीं सकता। जैसे, प्रसन्नता (cheerfulness), परोपकारिता (altruism),

सत्यनिष्ठा (integrity) कुछ शीलगुण हैं जो सतही शीलगुण के उदाहरण हैं जिनकी अभिव्यक्ति व्यक्ति के दिन-प्रतिदिन की अंतःक्रिया में स्पष्ट होती है।

(2) **मूल शीलगुण** (Source trait)—कैटेल के अनुसार मूल शीलगुण व्यक्तित्व की अधिक महत्त्वपूर्ण संरचना है तथा इसकी संख्या सतही शीलगुण की अपेक्षा कम होती है। मूल शीलगुण (source trait) सतही शीलगुण के समान व्यक्ति के दिन-प्रतिदिन की अंतःक्रिया (interactions) में स्पष्ट रूप से व्यक्त नहीं हो पाता है। अतः, इसका प्रेक्षण (observation) सीधे नहीं किया जा सकता है। कैटेल के अनुसार मूल शीलगुण व्यक्तित्व की भीतरी संरचना होती है जिसके बारे में हमें ज्ञान तब होता है जब हम उससे संबंधित सतही शीलगुण (surface trait) को एक साथ मिलाने की कोशिश करते हैं। जैसे सामुदायिकता (gregariousness), निस्स्वार्थता (unselfishness) तथा हास्य (humour) तीनों ऐसे सतही शीलगुण हैं जिन्हें एक-साथ मिलाने से एक नया मूल शीलगुण बनता है जिसे **मित्रता** (friendliness) की संज्ञा दी जाती है। इस उदाहरण से यह भी स्पष्ट है कि मूल शीलगुण की अभिव्यक्ति (expression) सतही शीलगुणों के रूप में ही होती है। इसलिए कैटेल (Cattell) ने सतही शीलगुण को 'शीलगुण—सूचक' (trait indicators) भी कहा है। कैटेल के अनुसार 23 मूल शीलगुण ऐसे हैं जो सामान्य व्यक्तियों (normal individuals) में पाए जाते हैं तथा 12 ऐसे मूल शीलगुण हैं जो असामान्य व्यक्तियों (abnormal individuals) में पाए जाते हैं। इन 23 में 16 को कैटेल ने अत्यधिक महत्त्वपूर्ण बताया और इसे मापने के लिए उन्होंने एक विशेष प्रश्नावली (questionnaire) भी तैयार किया जिसे **सोलह व्यक्तित्व कारक प्रश्नावली** (Sixteen Personality Factor Questionnaire या 16 PF Questionnaire) की संज्ञा दी गई है।

सामान्य रूप से मूल शीलगुण (source trait) को कैटेल (Cattell) ने दो भागों में बाँटा है—पर्यावरण-प्रभावित शीलगुण (environmental mold traits) तथा स्वाभाविक शीलगुण (constitutional traits)। कुछ मूल शीलगुण ऐसे होते हैं जिनके विकास में आनुवंशिकता (heredity) की अपेक्षा वातावरण-संबंधी कारकों का अधिक प्रभाव पड़ता है। इन्हें पर्यावरण-प्रभावित शीलगुण कहा जाता है। कुछ ऐसे शीलगुण होते हैं जिनके विकास में वातावरण की अपेक्षा आनुवंशिकता का प्रभाव अधिक पड़ता है। इस तरह के शीलगुण को स्वाभाविक शीलगुण कहा जाता है।

कैटेल ने शीलगुण (traits) का विभाजन उस व्यवहार के आधार पर भी किया है जिससे वह संबंधित होता है। इस कसौटी के आधार पर शीलगुण के तीन प्रकार हैं—गत्यात्मक शीलगुण (dynamic trait), क्षमता शीलगुण (ability traits) तथा चित्तप्रकृति शीलगुण (temperament trait)। गत्यात्मक शीलगुण वैसे शीलगुणों को कहा जाता है जिनसे व्यक्ति का व्यवहार एक खास लक्ष्य की ओर अग्रसित होता है। मनोवृत्ति (attitude), अर्ज (erg) तथा मनोभाव (sentiments) गत्यात्मक शीलगुण के कुछ उदाहरण हैं। क्षमता शीलगुणों (ability traits) से तात्पर्य कुछ वैसे शीलगुणों से होता है जो व्यक्ति को किसी लक्ष्य (goal) तक पहुँचाने में काफी प्रभावकारी (effective) सिद्ध होते हैं। बुद्धि (intelligence) क्षमता शीलगुण का एक अच्छा उदाहरण है। चित्तप्रकृति शीलगुण से तात्पर्य वैसे शीलगुणों से होता है जो किसी लक्ष्य (goal) पर पहुँचने के प्रयास (effort) में उत्पन्न होता है तथा जिसका संबंध व्यक्ति की संवेगात्मक स्थिति (emotional state), अनुक्रिया करने की शक्ति (energy) तथा दर (rate) आदि से संबंधित होता है। सांवेगिक स्थिरता (emotional stability), मस्तमौलापन (happy-go-luckiness) आदि चित्तप्रकृति शीलगुण के कुछ उदाहरण हैं।

कैटेल ने यह भी बताया है कि व्यक्तित्व के शीलगुणों का अध्ययन करने के लिए मूलतः तीन स्रोत (sources) हैं—जीवन अभिलेख (life record), आत्म-रेटिंग (self-rating) तथा वस्तुनिष्ठ परीक्षण (objective test)। पहले स्रोत से प्राप्त आँकड़ों (data) को L-data, दूसरे स्रोत से प्राप्त आँकड़ों को Q-data तथा तीसरे स्रोत से प्राप्त आँकड़ों को T-data कहा जाता है।

यद्यपि शीलगुण सिद्धांत (trait theory) 'प्रकार सिद्धांत' से अधिक वैज्ञानिक एवं पूर्ण लगता है, फिर भी मनोवैज्ञानिकों ने इसकी भी कुछ आलोचनाएँ की हैं, जो निम्नांकित हैं—

(i) शीलगुण सिद्धांत में कारक विश्लेषण (factor analysis) की प्रविधि द्वारा यह निश्चित करने की कोशिश की गई है कि व्यक्तित्व के कितने प्रमुख शीलगुण हैं। शीलगुण सिद्धांतवादी (trait theorists) ऐसे शीलगुणों की कोई एक निश्चित संख्या निर्धारित करने में अबतक असमर्थ रहे हैं। कैटेल के अनुसार इस तरह का शीलगुण 16 है जबकि आलपोर्ट इतनी कम संख्या से संतुष्ट नहीं है। नौरमैन (Norman, 1963) ने यह बताया है कि कुछ ऐसे ही शीलगुण सिद्धांतवादी हैं जो प्रमुख शीलगुणों की संख्या मात्र पाँच ही मानते हैं। इस तरह की असहमति से व्यक्ति की व्याख्या सही-सही ढंग से नहीं की जा सकती है।

(ii) शीलगुण सिद्धांतवादियों द्वारा बताए गए प्रमुख शीलगुण की संख्या के बारे में असहमति तो है ही, साथ-ही-साथ ऐसे शीलगुण एक-दूसरे से पूर्णतः स्पष्ट, भिन्न एवं स्वतंत्र नहीं हैं। दूसरे शब्दों में, कुछ प्रमुख शीलगुण दूसरे प्रमुख शीलगुण से इस तरह से जुड़े हुए हैं तथा संबंधित हैं कि लगता है एक ही बात को दो ढंग से कहा जा रहा है जिससे व्यक्ति के मन में संभ्रांति (confusion) अधिक होती है। जैसे, अंतर्मुखता-बहिर्मुखता (introversion-extroversion) एक ऐसा शीलगुण है जो अस्थिरता-स्थिरता (instability-stability) के शीलगुण से ऐसा मिलता है कि इसमें स्पष्टता कम तथा संभ्रांति अधिक पैदा होती है। अंतर्मुखता का गुण तथा अस्थिरता का गुण करीब-करीब एक ही समान है। ठीक उसी प्रकार बहिर्मुखता के गुण अस्थिरता का गुण से काफी मिलता-जुलता है। इस तरह शीलगुण सिद्धांत में संभ्रांति अधिक तथा स्पष्टता (clarity) कम है।

(iii) शीलगुण सिद्धांत में व्यक्तित्व की व्याख्या अलग-अलग शीलगुणों के रूप में की जाती है। आलोचकों का मत है कि इस तरह के विश्लेषणात्मक दृष्टिकोण से व्यक्तित्व की एक सम्पूर्ण व्याख्या (whole explanation) नहीं की जा सकती और तब व्यक्तित्व के बारे में कोई उचित सामान्यीकरण (generalisation) या नियम बनाने की बात सिर्फ इस सिद्धांत के आधार पर सही-सही नहीं की जा सकती।

(iv) शीलगुण सिद्धांत में परिस्थिति कारकों (situational factors) के महत्त्व को स्वीकार नहीं किया गया है। इस सिद्धांत के अनुसार यदि किसी व्यक्ति में 'प्रभुत्व' (dominance) का शीलगुण है, तो इसका मतलब यह हुआ कि वह हर परिस्थिति में 'प्रभुत्व' दिखाएगा और दूसरों पर आधिपत्य रखने की कोशिश करेगा। परन्तु, ऐसा होता नहीं है। एक छात्र अपने साथियों के बीच काफी प्रभुत्व दिखा लेता है, परंतु अपने माता-पिता या शिक्षक के सामने वह विनम्रता से पेश आता है। स्पष्ट है, कि शीलगुण सिद्धांत से हमें यहाँ इस छात्र के व्यवहार को समझने में मदद नहीं मिल पाती है।

इन आलोचनाओं के बावजूद शीलगुण सिद्धांत (trait theory) व्यक्तित्व का एक मुख्य सिद्धांत है तथा 'प्रकार सिद्धांत' (type theory) से श्रेष्ठ (superior) माना गया है।

व्यक्तित्व के निर्धारक
(Determinants of Personality)

व्यक्तित्व के निर्धारक से तात्पर्य कुछ वैसे कारकों (factors) से होता है जिनसे व्यक्ति का विकास प्रभावित होता है। मनोवैज्ञानिकों ने इस तरह के कारकों को दो भागों में बाँटा है। कुछ कारक ऐसे हैं जिनका संबंध व्यक्ति की आनुवंशिकता (heredity) या जैविक प्रक्रियाओं (biological processes) से होता है। इस तरह के कारक को **जैविक कारक** (biological determinants) कहा जाता है। कुछ कारक ऐसे हैं जिनका संबंध व्यक्ति के वातावरण (environment) से होता है। जन्म के बाद व्यक्ति किसी समाज या संस्कृति के वातावरण में पाला-पोसा जाता है। अतः, वातावरण से संबंधित भी कुछ ऐसे कारक होते हैं जो व्यक्ति के विकास को प्रभावित करते हैं। इन दोनों तरह के कारकों की व्याख्या निम्नांकित है—

(क) जैविक कारक या आनुवंशिक कारक (Biological factors or hereditary factors) —जैविक कारक से तात्पर्य स्पष्टतः वैसे कारकों से होता है जो आनुवंशिक (hereditary) होते हैं तथा जो जन्म या जन्म के पहले से ही व्यक्ति में मौजूद होते हैं और व्यक्तित्व के विकास को प्रभावित करते हैं। ऐसे प्रमुख कारक निम्नांकित हैं—

(1) शारीरिक संरचना तथा शारीरिक स्वास्थ्य (Physique and physical health)—शारीरिक संरचना (physique) से तात्पर्य प्राणी के शरीर का कद, रंग, गठन आदि से होता है। जिस व्यक्ति की शारीरिक संरचना सुडौल होती है, उसका शारीरिक स्वास्थ्य भी अच्छा होता है। व्यक्ति की शारीरिक सरंचना से संबंधित ये सभी शीलगुण वंशानुगत होते हैं। यही कारण है कि प्रायः देखा गया है कि लम्बे माता-पिता के बच्चे भी लम्बे होते हैं तथा नाटे माता-पिता के बच्चे नाटे होते हैं। गोरे माता-पिता के बच्चे प्रायः गोरे तथा साँवले माता-पिता के बच्चे प्रायः साँवले होते हैं। कभी-कभी बच्चों के शारीरिक शीलगुण (physical traits) माता-पिता के शारीरिक शीलगुण से न मिलकर उनके पूर्वजों के शीलगुणों से मिलते हैं। ऐसी परिस्थिति में बच्चों के शारीरिक कद की लम्बाई तथा रंग आदि माता-पिता से नहीं भी मिल पाते। आनुवंशिकी (Genetics) के क्षेत्र में मेण्डेल जैसे वैज्ञानिकों ने शोध करके यह दिखा दिया है कि बच्चों के शारीरिक शीलगुण माता-पिता के शारीरिक शीलगुणों का औसत (average) भी होता है। जैसे पिता अधिक लम्बे हैं और माता अधिक नाटी है, तो बच्चों की शारीरिक लम्बाई इन दोनों की औसत लम्बाई के बराबर होने की संभावना अधिक होती है।

व्यक्तित्व के इन शारीरिक शीलगुणों (physical traits) तथा स्वास्थ्य (health) का प्रभाव मानसिक शीलगुणों (mental traits) के विकास पर भी पड़ता है। कैसे? प्रायः देखा गया है कि जिन बच्चों या व्यक्तियों का शारीरिक स्वास्थ्य तथा संरचना आकर्षक एवं सुन्दर होता है, उनके प्रति माता-पिता, पास-पड़ोस के लोग, शिक्षक, साथियों एवं अन्य लोगों का व्यवहार काफी अनुकूल (favourable) होता है। फलस्वरूप ऐसे बच्चों में अच्छे सामाजिक शीलगुणों जैसे श्रेष्ठता-भाव (feeling of superiority), आत्म-विश्वास (self-confidence), उत्तरदायित्व (responsibility), सामाजिकता (sociability) तथा समयनिष्ठा (punctuality) आदि का विकास तीव्रता से होता है। दूसरी तरफ जिन बच्चों की शारीरिक संरचना तथा शारीरिक स्वास्थ्य खराब तथा विकर्षक (unattractive) होता है, उनके प्रति अधिकतर लोग उपेक्षा का भाव रखते हैं।

फलस्वरूप, ऐसे बच्चों में हीनता का भाव (feeling of inferiority), संवेगात्मक अस्थिरता (emotional instability), संकोचशीलता आदि का गुण विकसित हो जाता है। कुछ ऐसे अध्ययन भी किए गए हैं जिसमें यह दिखाया गया है कि जब बच्चों के शरीर में वास्तविक विकृति (actual deformity) होती है तो इससे उनमें मानसिक शीलगुणों का विकास भी प्रभावित होता है। **शेफ्फर** (Shaffer, 1962) ने एक अध्ययन किया जिसमें लड़कियों का दो समूह लिया गया—एक समूह सामान्य लड़कियों (normal girls) का था तथा दूसरा समूह अपंग लड़कियों (crippled girls) का थी। इन दोनों समूह की लड़कियों की उम्र समान थी। इन दोनों समूहों को सांवेगिक स्थिरता परीक्षण (emotional stability test) देकर उनके प्राप्तांकों (scores) का विश्लेषण किया गया। परिणाम में देखा गया कि अपंग लड़कियों का माध्य प्राप्तांक (mean score) इस परीक्षण पर सामान्य लड़कियों की अपेक्षा कम था जिससे यह बिलकुल ही स्पष्ट हो जाता है कि अपंग लड़कियों में सांवेगिक स्थिरता कम अर्थात सांवेगिक अस्थिरता सामान्य लड़कियों की अपेक्षा अधिक होती है। इस अध्ययन से यह स्पष्ट है कि शारीरिक संरचना तथा स्वास्थ्य से बच्चों के मानसिक गुणों का भी निर्धारण होता है।

(2) शरीररसायन एवं अंतःस्रावी ग्रन्थियाँ (Body chemicals and endocrine glands)— प्रायः ऐसा देखा जाता है कि कभी-कभी हमलोग बहुत सक्रिय हो जाते हैं तथा कभी-कभी हमलोग बहुत ही निष्क्रिय (passive) हो जाते हैं और साथ-ही-साथ मंदित (depressed) हो जाते हैं। इसका कारण यह है कि हमारे शरीर में कुछ रासायनिक परिवर्तन (chemical changes) होते हैं जिनका नियंत्रण कुछ ग्रंथियों (glands) द्वारा की जाती है। मानव शरीर में दो तरह की ग्रंथि होती है—बहिःस्रावी ग्रंथि (exocrine gland) या नलिका ग्रंथि (duct gland) तथा अंतःस्रावी ग्रन्थियाँ (endocrine glands) या नलिकाहीन ग्रंथियाँ (ductless gland)। बहिःस्रावी ग्रंथि का महत्त्व व्यक्तित्व के निर्धारक के रूप में कुछ भी नहीं है क्योंकि इन ग्रन्थियों का स्राव एक विशेष पथ या नलिका (duct) से होकर शरीर के बाहर चला आता है और उसका प्रभाव व्यक्तित्व के बहिःस्रावी ग्रंथि का एक अच्छा उदाहरण है।

अंतःस्रावी ग्रन्थियों (endocrine glands) का महत्त्व व्यक्तित्व के निर्धारक के रूप में काफी अधिक है। इससे निकलनेवाले स्राव (secretions) को हारमोन्स (hormones) कहा जाता है जो सीधे खून में मिल जाते हैं और व्यक्तित्व के विकास को प्रभावित करते हैं। प्रमुख अंतःस्रावी ग्रंथियाँ, जिनके स्राव से व्यक्तित्व का विकास प्रभावित होता है, निम्नांकित हैं—

(i) पीयूष ग्रन्थि (Pituitary gland)—इस ग्रंथि का स्थान मस्तिष्क में होता है (चित्र 19.2 देखें)। इस ग्रंथि के अग्रवर्ती (anterior) भाग से जो हारमोन्स निकलता है उसमें सोमैटोट्रोपीन (somatotropin) या विकास हारमोन्स (growth hormones) प्रमुख हैं। बचपन में इस हारमोन्स के अधिक निकलने से व्यक्ति के शरीर की लंबाई अधिक हो जाती है तथा इस हारमोन्स की कमी होने पर व्यक्ति बौना (dwarf) हो जाता है। पीयूष ग्रंथि के परवर्ती भाग (posterior portion) से जो हारमोन्स निकलता है उसे पिटयूट्रीन (pituitrin) कहा जाता है जिसका कार्य शरीर में एक खास रक्तचाप (blood pressure), चिकनी मांसपेशियों (smooth muscles) में सजगता तथा वृक्क को सामान्य ढंग से कार्य करने में मदद पहुँचाना आदि होता है।

पीयूष ग्रंथि के अग्रवर्ती भाग (anterior portion) से सोमैटोट्रोफिन (somatotrophin) के अलावा एक और हारमोन्स निकलता है जिसे ट्रोफिक हारमोन्स (trophic hormones) कहा जाता

है। इस हारमोन्स के सहारे पीयूष ग्रंथि अन्य अंतःस्रावी ग्रन्थियों, जैसे एड्रीनल ग्रंथि (adrenal gland), कण्ठ ग्रंथि (thyroid gland) तथा यौन ग्रंथि (sex gland), के कार्यों पर अपना नियंत्रण रखता है। इसलिए पीयूष ग्रंथि को 'मास्टर ग्रंथि' (master gland) भी कहा जाता है। प्रयोगात्मक अध्ययनों से यह स्पष्ट हो गया है कि यदि इन तीन ग्रंथियों में कोई भी ग्रंथि अपना कार्य ठीक ढंग से नहीं कर पाता है तो वैसी हालत में पीयूष ग्रंथि का यह अग्रवर्ती भाग उससे उत्पन्न कमी को दूर कर देता है तथा व्यक्तित्व के विकास को बहुत हद तक सामान्य बनाए रखता है।

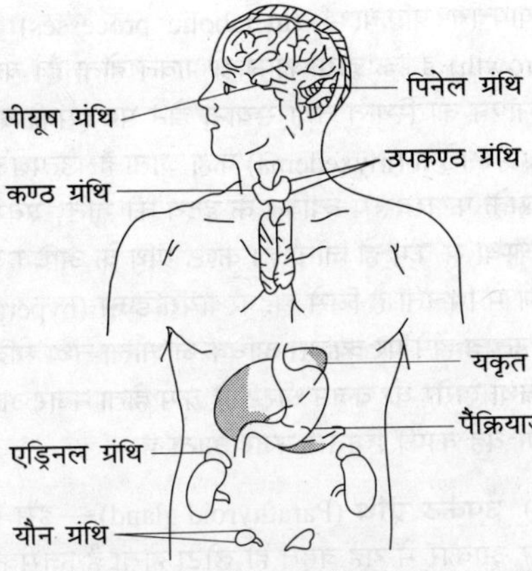

चित्र 19.2 मानव शरीर में विभिन्न अंतःस्रावी ग्रंथियों का स्थान

(ii) एड्रीनल ग्रन्थि (Adrenal gland)—इस ग्रंथि का स्थान वृक्क (kidney) के ऊपर होता है। इस ग्रंथि के भी दो भाग हैं—बाहरी भाग तथा भीतरी भाग। बाहरी भाग को एड्रीनल कॉर्टेक्स (adrenal cortex) तथा भीतरी भाग को एड्रीनल मेडुला (adrenal medulla) कहा जाता है। एड्रीनल कॉर्टेक्स के हारमोन्स को कार्टिन (cortin) कहा जाता है तथा इसके द्वारा कार्बोहाइड्रेट (carbohydrate) तथा नमक (salt) चयापचय (metabolism) का नियंत्रण होता है। कार्टेक्स द्वारा ठीक ढंग से कार्य नहीं किए जाने पर व्यक्तित्व में निष्क्रियता बढ़ जाती है। इस तरह के व्यक्ति में थकान तथा अनिद्रा (insomania) भी तीव्र हो जाती है। कार्टिन की मात्रा में बहुत कमी हो जाने से व्यक्ति में बेहोशी की अवस्था उत्पन्न हो जाती है।

एड्रीनल मेडुला द्वारा दो तरह के हारमोन्स (hormones) निकलते हैं—इपाइनफ्राइन (epinephrine) या एड्रीनालीन (adrenaline) तथा नारइपाइनफ्राइन (norepinephrine) या नारएड्रीनालीन (noradrenaline)। इन दोनों तरह के हारमोन्स को एक-साथ मिलाकर केटकोल हारमोन्स (catechol hormones) कहा जाता है। मनोवैज्ञानिकों ने अपने प्रयोगों के आधार पर यह दिखा दिया है कि इन दोनों हारमोन्स से एड्रीनालीन का महत्त्व अधिक है; क्योंकि इसके द्वारा ही व्यक्ति की सांवेगिक स्थिति (emotional state) का नियंत्रण होता है। भय, क्रोध आदि संवेग में इस हारमोन्स का विशेष महत्त्व है। इस तरह की संवेगात्मक परिस्थिति में एड्रीनालीन खून में जब मिल जाता है, तो व्यक्ति भय, क्रोध आदि संवेग द्वारा उत्पन्न आपात स्थिति (emergency situation) में ठीक ढंग से व्यवहार करता है तथा अपने—आपको इस परिस्थिति के साथ ठीक ढंग से समायोजित कर लेता है। यही कारण है कि इसे आपातिक हारमोन्स (emergency hormones) भी कहा जाता है। एड्रीनालीन के रक्त में मिलने से व्यक्ति में सक्रियता बढ़ जाती है। रक्तचाप, हृदय की गति तथा साँस-क्रिया बढ़ जाती है और पाचन-क्रिया स्थगित हो जाती है। खून में चीनी की मात्रा भी बढ़ जाती है। इन सभी शारीरिक परिवर्तनों का परिणाम यह होता है कि व्यक्ति सांवेगिक रूप से सजग होकर परिस्थिति का सामना करता है।

(iii) कण्ठ ग्रंथि (Thyroid gland)—इसका स्थान शरीर के कण्ठ के पास होता है। इस ग्रंथि से निकलनेवाले हारमोन्स को थायराक्सीन (thyroxin) कहा जाता है जिसका प्रभाव पूरे शरीर की

चयापचय प्रक्रियाओं (metabolic processes) पर पड़ता है। फलस्वरूप शरीर का विकास (growth) इसके द्वारा काफी प्रभावित होता है। बचपन में थायराक्सीन की कमी होने से बच्चों में बौनापन की स्थिति तथा सयाना होने पर इसकी कमी होने से एक विशेष शारीरिक अवस्था जिसे माइएक्सडेमा (myxedema) कहा जाता है, उत्पन्न होती है। इसमें चयापचय की गति मंद हो जाती है जिसके फलस्वरूप व्यक्ति के हृदय की गति, श्वसन गति, रक्तचाप, शरीर का तापक्रम सामान्य अवस्था से कम हो जाता है। कण्ठ ग्रंथि के अधिक क्रियाशील होने पर थायराक्सीन अधिक मात्रा में खून में मिलता है जिसे हाइपरथायराडिज्म (hyperthyroidism) की संज्ञा दी जाती है। इस अवस्था के उत्पन्न होने पर व्यक्ति अधिक जोशीला तथा सक्रिय नजर आता है। शरीर का रक्तचाप बढ़ जाता है तथा शरीर का वजन धीरे-धीरे कम होता नजर आता है। व्यक्ति का स्वभाव चिड़चिड़ा हो जाता है तथा वह काफी चिंतित नजर आता है।

(iv) उपकंठ ग्रंथि (Parathyroid gland)—इस ग्रंथि का स्थान कण्ठ ग्रंथि के बगल में होता है और आकार में यह बहुत ही छोटा होता है जिसका वजन 0.1 ग्राम के करीब होता है। इस ग्रंथि से निकलनेवाले हारमोन्स को पाराथोरमोन (parathormone) कहा जाता है जिसके द्वारा खून में कैलसियम तथा फॉस्फेट की मात्रा का निर्धारण होता है। खून में कैलसिम के स्तर द्वारा तंत्रिका ऊतक (nerve tissue) में होनेवाली उत्तेजनशीलता का नियंत्रण होता है। कैलसियम अधिक होने से तंत्रिकाओं में उत्तेजनशीलता बनी रहती है। दूसरी तरफ यदि खून में पाराथारमोन की कमी हो जाती है जिसके फलस्वरूप कैलसियम की मात्रा भी कम हो जाती है, तो इससे व्यक्ति में शिथिलता बढ़ जाती है और उसके तंत्रिका ऊतक संतोषजनक रूप से कार्य नहीं कर पाते। विटेकर (Whittaker, 1970) के अनुसार कुछ पशुओं के पाराथारायड ग्रंथि को ऑपरेशन करके निकाल देने पर पशुओं में शिथिलता काफी बढ़ गई तथा कुछ पशुओं की एक दिन में मृत्यु भी हो गई।

(v) पैंक्रियाज (Pancreas)—इस ग्रंथि का स्थान आमाशय (stomach) के नीचे होता है। अंतःस्रावी ग्रंथि के रूप में इससे दो तरह के हारमोन्स इनकी दो विभिन्न कोशिकाओं (cells) से निकलता है। बीटा कोशिकाओं (beta cells) से निकलनेवाले हारमोन्स को इनसुलिन (insulin) तथा अल्फा कोशिकाओं से निकलनेवाले हारमोन्स को ग्लूकागोन (glucagon) की संज्ञा दी जाती है। इन दोनों तरह के हारमोन्स में से इनसुलिन (insulin) का महत्त्व अधिक है। रक्त में चीनी (blood sugar) की मात्रा इनसुलिन द्वारा नियंत्रित होती है। पैंक्रिआज से उचित मात्रा में इनसुलिन निकलने पर रक्त में चीनी की मात्रा का ऑक्सीकरण (oxidisation) हो पाता है जिससे शरीर को पर्याप्त ऊर्जा प्राप्त होती है। यदि इनसुलिन की मात्रा कम निकलती है, तो रक्त में चीनी की मात्रा का स्तर अधिक हो जाता है (क्योंकि चीनी का ऑक्सीकरण नहीं हो पाता) और पेशाब के सहारे चीनी की बढ़ी हुई मात्रा बाहर आने लगती है जिसे हम मधुमेह (diabetes) रोग कहते हैं। दूसरी तरफ जब इनसुलिन अधिक मात्रा में उत्पन्न होता है तो इससे रक्त में चीनी की मात्रा का ऑक्सीकरण अधिक होता है। फलस्वरूप, रक्त में चीनी की मात्रा का स्तर जरूरत से कम हो जाता है। इस अवस्था को हाइपोग्लिसेमिया (hypoglycemia) कहा जाता है और ऐसी अवस्था में व्यक्ति में चिड़चिड़ापन, बेचैनी तथा थकान अधिक होता है। व्यक्ति चिंतित भी नजर आता है। व्यक्ति में भ्रम तथा विभ्रम (hallucination) अधिक होने लगते हैं। व्यक्ति बेहोशी की अवस्था में भी कभी-कभी चला जाता है।

(vi) यौन ग्रंथि (Sex gland)—महिलाओं की यौन ग्रंथि (sex gland) को ओभरी (ovary) तथा पुरुष की यौन ग्रंथि को टेस्टीक्ल (testicle) कहा जाता है। टेस्टीज से निकलनेवाले हारमोन्स को एण्ड्रोजेन्स (androgens) कहा जाता है जिसके मुख्य दो प्रकार हैं—टेस्टोस्ट्रोन (testosterone) तथा एण्ड्रोस्ट्रोन (androsterone)। इससे पुरुषों में प्राथमिक तथा गौण यौन गुण (primary and secondary sex characteristics) का विकास होता है। यौवनावस्था आने पर इस हारमोन्स की मात्रा में वृद्धि हो जाती है। ओभरी से निकलनेवाले हारमोन्स को एस्ट्रोजेन्स (estrogens) तथा प्रोजेस्ट्रोन (progestrone) कहा जाता है। एस्ट्रोजेन्स की मात्रा खून में बढ़ने से लड़कियों में गौण यौन गुण (secondary sex characteristics) जैसे आवाज का महीन हो जाना, शरीर के खास-खास अंगों पर घने बाल उग आना, स्तन बढ़ जाना आदि गुणों का विकास होता है। प्रोजेस्ट्रोन द्वारा गर्भाशय (uterus) को ठीक ढंग से कार्य करने में मदद मिलता है जिसके फलस्वरूप भ्रूण (fetus) का विकास ठीक ढंग से होता है। क्लार्क (Clark, 1945) ने एक प्रयोग मादा बंदर पर किया जिसमें यौवनावस्था प्रारंभ होने के पहले ही उसकी यौन ग्रंथि को ऑपरेशन द्वारा निकाल दिया गया। परिणाम में देखा गया कि इन बंदरों में सामान्य मादा बंदर (जिनका ऑपरेशन नहीं किया गया था) की अपेक्षा यौन क्रियाओं में काफी कमी आ गई थी।

ऊपर के वर्णन से स्पष्ट है कि भिन्न-भिन्न अंतःस्रावी ग्रंथियों का प्रभाव व्यक्तित्व के शारीरिक शीलगुणों (physical traits) तथा मानसिक शीलगुणों (mental traits) के विकास पर काफी पड़ता है। यद्यपि ये सभी अंतःस्रावी ग्रंथियाँ एक-दूसरे से स्वतंत्र होकर कार्य करती हैं। फिर भी आपस में इन ग्रंथियों की अंतःक्रिया (interaction) होती है जिसका परिणाम यह होता है कि यदि किसी एक ग्रंथि का कार्य कुछ मंद पड़ जाता है, तो उस कार्य को अंशतः दूसरा ग्रंथि द्वारा पूरा किया जाता है।

(3) स्नायुमंडल (Nervous system)—व्यक्तित्व के जैविक निर्धारकों में स्नायुमंडल (nervous system) का स्थान प्रमुख है। मनोवैज्ञानिकों का सामान्य विचार यह है कि जिन व्यक्तियों का स्नायुमंडल अधिक विकसित तथा जटिल (complex) होता है, उनकी बुद्धि अधिक होती है तथा उनमें परिस्थिति के साथ समायोजन (adjustment) करने की क्षमता भी अधिक होती है। ऐसे व्यक्तियों या बच्चों के प्रति समाज के अन्य लोगों की मनोवृत्ति अनुकूल (favourable) होती है और इनलोगों द्वारा उनकी प्रशंसा अधिकतर समय में की जाती है। इसका परिणाम यह होता है कि ऐसे व्यक्तियों या बच्चों में सामाजिक शीलगुण (social traits), जैसे उत्तरदायित्व (responsibility), समयनिष्ठा (punctuality), सांवेगिक स्थिरता (emotional stability), आत्म-विश्वास (self-confidence), अहम शक्ति (ego strength) आदि का विकास तेजी से होता है। दूसरी तरफ यदि व्यक्ति का स्नायुमंडल कम विकसित होता है, तो वैसी अवस्था में व्यक्ति कम बुद्धि का होता है तथा उसकी अभियोजन क्षमता भी काफी कम होती है। फलस्वरूप, समाज के अन्य व्यक्ति उसे उपेक्षा एवं घृणा की नजर से देखते हैं जिसका परिणाम यह होता है कि ऐसे व्यक्तियों में असामाजिक शीलगुण तथा चरित्र विकृति (character disorder) विकसित हो जाते हैं। अतः, हम देखते हैं कि स्नायुमंडल द्वारा भी व्यक्तित्व के शीलगुणों का विकास प्रभावित होता है।

(ख) पर्यावरणी कारक (Environmental factors)—व्यक्तित्व का विकास सिर्फ जैविक कारकों या आनुवंशिक कारकों (hereditary factors) द्वारा ही प्रभावित नहीं होता बल्कि वातावरण या पर्यावरण (environment) से संबंधित कारकों द्वारा भी प्रभावित होता है। सचमुच में जैविक कारकों द्वारा व्यक्तित्व के विकास के लिए एक चहारदीवारी (boundary wall) कायम किया जाता

है और उस चहारदीवारी के भीतर व्यक्तित्व का विकास पर्यावरणी कारकों द्वारा होता है। मनोवैज्ञानिकों ने पर्यावरणी कारकों को निम्नांकित तीन भागों में बाँटा है—

(1) सामाजिक कारक (Social factors)

(2) सांस्कृतिक कारक (Cultural factors)

(3) आर्थिक कारक (Economic factors)

इनकी व्याख्या निम्नांकित है—

(1) सामाजिक कारक (Social factors)—प्रत्येक व्यक्ति एक समाज में रहता है। अतः, समाज की परिस्थितियों, जैसे सामाजिक समूह (social groups), सामाजिक संस्थानों, परिवार (family), पास-पड़ोस (neighbourhood) आदि का प्रभाव व्यक्तित्व के विकास पर काफी पड़ता है। मनोवैज्ञानिकों ने इन कारकों से संबंधित बहुत-से प्रयोगों का भी वर्णन किया है। इन सभी कारकों की व्याख्या तो यहाँ संभव नहीं है, परन्तु उनमें कुछ प्रमुख कारकों की व्याख्या निम्नांकित है—

(i) माता तथा पिता (Mothers and Fathers)—जन्म के बाद बच्चों का पहला अंतःक्रिया (interaction) माँ के साथ और फिर पिता के साथ होता है। माता-पिता कई प्रकार के होते हैं। कुछ माता-पिता अपने बच्चों को जरूरत से ज्यादा दुलार-प्यार करते हैं, कुछ काफी सख्ती से पेश आते हैं और कुछ समय के अभाव के कारण अपने बच्चों को उचित मात्रा में दुलार-प्यार चाहकर भी नहीं दे पाते। मनोवैज्ञानिकों के प्रयोगों से यह स्पष्ट हो गया है कि अधिक दुलार-प्यार देनेवाले माता-पिता के बच्चों में बड़ा होने पर असुरक्षा की भावना, घबराहट (nervousness) का शीलगुण तथा समायोजन से संबंधित समस्याएँ अधिक होती हैं। सख्ती से पेश आनेवाले माता-पिता के बच्चों में अधीनस्थता (submissiveness) का गुण अधिक विकसित हो जाता है। माता-पिता से उचित मात्रा में दुलार-प्यार न मिलने पर बच्चे लज्जालु तथा सांवेगिक रूप से अस्थिर हो जाते हैं।

(ii) परिवार के सदस्यों का आपसी संबंध (Relationship among members of family)—कुछ परिवार ऐसा होता है जिसमें माता-पिता का एक-दूसरे के प्रति स्नेह, भाई-बहनों का एक-दूसरे के प्रति स्नेह एवं अनुराग तथा परिवार के अन्य सदस्यों का भी एक-दूसरे के प्रति स्नेह काफी मजबूत होता है। इस तरह के वातावरण में पलनेवाले बच्चे परिवार के अन्य सदस्यों का अनुकरण करते हैं और वैसा ही करना सीख जाते हैं। इसका परिणाम यह होता है कि उनमें श्रेष्ठता का भाव (feeling of superiority), आत्म-विश्वास (self-confidence) तथा विश्वस्तता (trustworthiness) का गुण विकसित होता है। कॉन्ड्री तथा साइमन (Condry & Simon, 1974) ने इस तथ्य की पुष्टि अपने प्रयोगात्मक अध्ययनों के आधार पर की है। झगड़ालू परिवार या ऐसे परिवार में जहाँ के सदस्यों का आपस में एक-दूसरे के प्रति स्नेह या अनुराग कम है, पलनेवाले बच्चों में हीनता का भाव, अंतर्मुखता (introversion), सांवेगिक अस्थिरता (emotional instablility) आदि का शीलगुण अधिक विकसित होता पाया जाता है।

(iii) जन्मक्रम (Birth order)—कुछ मनोवैज्ञानिकों का कहना है कि व्यक्तित्व-विकास पर बच्चों के जन्मक्रम का भी प्रभाव पड़ता है। एडलर (Adler, 1931) ने जन्मक्रम को चार भागों में बाँटकर अध्ययन किया है—प्रथम जन्मक्रम (first born), मध्य जन्मक्रम (middle born), अंतिम जन्मक्रम (youngest born) तथा इकलौता बच्चा (only child)। एडलर ने अपने अध्ययन के आधार पर यह बताया है कि प्रथम जन्मक्रमवाले बच्चे एकांतप्रिय एवं अंतर्मुखी (introvert) होते हैं, सबसे

अन्तिम जन्मक्रमवाले बच्चों में हीनता का भाव (feeling of inferiority), आत्म-विश्वास तथा आत्मनिर्भरता की कमी देखी गई है। इकलौता बच्चों में दूसरों पर निर्भरता (dependency) तथा आत्मकेन्द्रिता (self-centredness) आदि का शीलगुण विकसित होता है। ऐसे बच्चे स्वार्थी भी अधिक होते हैं। एडलर के अनुसार मध्य जन्मक्रमवाले बच्चों में आत्म-विश्वास तथा अहम-शक्ति (ego strength) अधिक होता है। रोजर्स (Rogers, 1977) के अनुसार ऐसे बच्चों में किसी भी प्रतियोगिता (competition) में सफलता प्राप्त करने की इच्छा काफी तीव्र होती है।

(iv) **स्कूली प्रभाव** (School influences)—बच्चों के व्यक्तित्व के विकास पर स्कूल के वातावरण का भी प्रभाव पड़ता है। मनोवैज्ञानिकों के प्रयोगों से यह स्पष्ट हो गया है कि बच्चों के व्यक्तित्व पर स्कूल का प्रभाव दो क्षेत्रों में पड़ता है। पहला, स्कूली प्रभाव से बच्चों में शीलगुणों का विकास होता है। दूसरा, स्कूली प्रभाव से उनमें आत्म-संप्रत्यय (self-concept) विकसित होता है। हरलॉक (Hurlock, 1978) के अनुसार वर्ग का सांवेगिक वातावरण (emotional climate), शिक्षक, अनुशासन (discipline), शैक्षिक उपलब्धि (academic achievement) आदि का प्रभाव व्यक्तित्व के विकास पर अधिक पड़ता है। इन सभी कारकों में शिक्षक के व्यक्तित्व का प्रभाव बच्चों के व्यक्तित्व के विकास पर सबसे अधिक पड़ता देखा गया है। काज, कोल तथा बेरोन (Katz, Cole & Baron, 1976) ने अपने अध्ययन के आधार पर यह बताया है कि यदि शिक्षक स्वयं ही कुसमायोजित व्यक्तित्व (maladjusted personality) के होते हैं, तो इससे उनके शिष्यों में भी असुरक्षा (insecurity), हीनता का भाव, अप्रसन्नता (resentment) आदि का शीलगुण विकसित होता है। जब शिक्षक का व्यक्तित्व समायोजित (adjusted) होता है तो उससे बच्चों में अच्छे सामाजिक शीलगुण (social traits) विकसित होते हैं तथा ऐसे बच्चों में सच्चा आत्म-संप्रत्यय (realistic self-concept) विकसित होता है। जिन बच्चों की शैक्षिक उपलब्धि (academic achievement) की प्रशंसा शिक्षकों द्वारा की जाती है, उन बच्चों में आत्म-विश्वास, उच्च अहम-शक्ति (high ego strength) तथा सच्चा आत्मविचार आदि तेजी से विकसित होते हैं।

(v) **पास-पड़ोस** (Neighbourhood)—बच्चों के व्यक्तित्व पर पास-पड़ोस का भी प्रभाव अधिक पड़ता देखा गया है। यदि पास-पड़ोस के लोग सभ्य तथा पढ़े-लिखे होते हैं तो इससे बच्चों में अच्छे शीलगुणों का विकास होता है। ऐसी परिस्थिति में हरलॉक (Hurlock, 1978) के अनुसार, बच्चों में अनुशासन की भावना, समझदारी, उत्तरदायित्व (responsibility), आत्म-सम्मान (self-respect) आदि शीलगुणों का विकास होता है। दूसरी तरफ, यदि पास-पड़ोस में चोर, डकैत, अपराधी व्यक्ति अधिक होते हैं, तो बच्चे भी उनके व्यवहारों का अनुकरण करने लगते हैं और धीरे-धीरे उनमें असामाजिक शीलगुण (anti-social traits) विकसित होने लगते हैं।

(vi) **सामाजिक स्वीकृति** (Social acceptance)—सामाजिक स्वीकृति से तात्पर्य व्यक्ति को अन्य व्यक्तियों, जिन्हें वह महत्त्वपूर्ण समझता है, द्वारा प्रशंसा तथा अनुमोदन (approval) प्राप्ति होने से होता है। प्रायः देखा गया है कि व्यक्ति अपने माता-पिता, शिक्षक तथा साथियों से सामाजिक स्वीकृति (social acceptance) की तीव्र इच्छा रखता है। ऐसी परिस्थिति में वह अपने व्यक्तित्व में उन शीलगुणों को विकसित करने की कोशिश करता है जिनके द्वारा वह इन महत्त्वपूर्ण व्यक्तियों को प्रसन्न रखकर उनकी स्वीकृति तथा अनुमोदन प्राप्त कर सके। ऐसे व्यक्ति जिन्हें सामाजिक समूह (social group), जिसमें माता-पिता, शिक्षक, साथी-संगी आदि प्रमुख होते हैं, द्वारा सामाजिक स्वीकृति प्राप्त होती है, उन व्यक्तियों में आत्म-विश्वास, नेतृत्व का गुण, श्रेष्ठता का भाव (feeling of superiority) आदि शीलगुण तीव्रता से विकसित होते हैं। दूसरी तरफ, जिन

व्यक्तियों को सामाजिक स्वीकृति प्राप्त नहीं होती, उनमें अंतर्मुखता (introversion), आत्महीनता, सामाजिक अभियोजन (social adjustment) की कमी आदि शीलगुण विकसित हो जाते हैं।

(2) **सांस्कृतिक कारक** (Cultrual factors)—व्यक्तित्व के विकास में संस्कृति (culture) का भी योगदान होता है। संस्कृति एक व्यापक शब्द है जिसका अर्थ समाज के रीति-रिवाज, आदतों, परम्पराओं (traditions), रहन-सहन, तौर-तरीके से होता है। प्रत्येक समाज की एक विशेष संस्कृति होती है और चूँकि प्रत्येक व्यक्ति किसी-न-किसी समाज में जन्म लेता है। अतः, उस समाज की संस्कृति का प्रभाव उसके व्यवहार एवं व्यक्तित्व पर काफी पड़ता है। एक भारतीय महिला बहुत दिनों के बाद मिलने पर दोनों हाथ जोड़कर नमस्कार कर अपनी प्रसन्नता व्यक्त करती है, परन्तु एक अमेरिकन महिला 'हाथ मिलाकर' या चुंबन लेकर अपनी प्रसन्नता व्यक्त करती है। ऐसा इसलिए होता है कि अमेरिकन संस्कृति भारतीय संस्कृति से भिन्न होती है।

व्यक्तित्व के विकास तथा शीलगुणों के निर्माण में संस्कृति के प्रभाव को दिखाने के लिए जितने सबूत (evidences) हैं, उन्हें मनोवैज्ञानिकों ने निम्नांकित दो भागों में बाँटकर प्रस्तुत किया है—

(i) **प्रयोगात्मक सबूतें** (Experimental evidences)—समाज-मनोवैज्ञानिकों ने कई ऐसे प्रयोग किए हैं जिनसे यह स्पष्ट हो गया है कि संस्कृति के रीति-रिवाजों तथा परम्पराओं आदि का प्रभाव व्यक्तित्व पर काफी पड़ता है। गार्डीनर (Gardiner, 1969) ने एक अध्ययन किया जिसमें 2,382 बच्चों को जो चार भिन्न-भिन्न देश (अमेरिका, थाइलैण्ड, ताइवान तथा जर्मनी) के थे, विद्वेष (hostility) के शीलगुण पर तुलना किया गया और परिणाम में देखा गया कि थाइलैण्ड के बच्चों में विद्वेष का शीलगुण सबसे अधिक तथा अमेरिकन बच्चों में विद्वेष का गुण सबसे कम पाया गया। इसका स्पष्ट कारण यह है कि थाइलैण्ड की संस्कृति ही कुछ ऐसी है जिसमें विद्वेष की भावना अमेरिकन संस्कृति से अधिक होती है। लाओस, स्वार्ज तथा डियाज-गुरेरो (Laos, Swartz & Diaz-Guerrero, 1974) ने एक अध्ययन किया जिसमें मेक्सिकन बच्चों (Mexican children) द्वारा खींचे गए रेखाचित्रों (drawings) की तुलना ऐंग्लो-अमेरिकन बच्चों द्वारा खींचे गए रेखाचित्रों से की गई। परिणाम में देखा गया कि मेक्सिकन बच्चों के रेखाचित्रों में पुरुषत्व (masculinity) तथा अन्य पौरुष गुणों का प्रभाव ऐंग्लो-अमेरिकन बच्चों की अपेक्षा अधिक था। ऐंग्लो-अमेरिकन बच्चों द्वारा खींचे गए स्त्री तथा पुरुष के रेखाचित्रों में कोई खास अंतर नहीं था। प्रयोगकर्ताओं के अनुसार ऐसा इसलिए हुआ क्योंकि मेक्सिको की संस्कृति में पुरुषत्व को अधिक श्रेष्ठ माना जाता है तथा पौरुष शीलगुणों के विकास पर अधिक बल डाला जाता है।

संस्कृति का व्यक्तित्व पर प्रभाव बच्चों के पालन-पोषण की विधियों (child-rearing practices) द्वारा भी अभिव्यक्त होता है। प्रत्येक संस्कृति में बच्चों के पालन-पोषण का तरीका भिन्न-भिन्न होता है जिसका परिणाम व्यक्तित्व के विकास पर अत्यंत गहरा पड़ता है। वेल्श (Welsh, 1974) के अनुसार जिस संस्कृति में बच्चों के पालन-पोषण में शारीरिक दण्ड (physical punishment) का प्रयोग अधिक किया जाता है, उनके बच्चों में आगे चलकर आत्महीनता, अंतर्मुखता (introversion), आक्रामकता (aggressiveness), विद्वेष (hostility) का शीलगुण अधिक तेजी से विकसित होता है। दूसरी तरफ, उन्होंने यह भी बताया है कि जब बच्चों के पालन-पोषण में शारीरिक दण्ड कम-से-कम तथा स्वयं माता-पिता बच्चों के साथ अधिक समय

तक अंतःक्रिया (interaction) करते हैं, तो ऐसी परिस्थिति में ऐसे बच्चों में आगे चलकर बहिमुर्खता (extroversion), उत्सुकता (curiosity), सर्जनात्मकता (creativity) आदि शीलगुणों का विकास तेजी से होता है। सियर्स (Sears, 1970) के भी परिणाम इसी तरह के थे।

कुछ ऐसे भी प्रयोग किए गए हैं जिनसे यह पता चलता है कि सांस्कृतिक भिन्नता (cultural differences) के कारण व्यक्ति की बुद्धि तथा सर्जनात्मकता (creativity) के विकास में भी भिन्नता आती है। जेन्सन (Jenson, 1969) द्वारा इस सिलसिले में किया गया अध्ययन काफी महत्त्वपूर्ण है। उन्होंने अपने अध्ययन में अमेरिकन गोरों (American whites) के बच्चों तथा अमेरिकन निग्रो (American blacks) के बच्चों का तुलनात्मक अध्ययन किया और यह दिखाया कि चूँकि दोनों जातियों की संस्कृति (culture) में भिन्नता होती है, और सामान्यतः गोरों की संस्कृति में बुद्धि विकसित होनेवाले कारकों (factors) पर अपेक्षाकृत अधिक बल डाला जाता है, इसलिए गोरों के बच्चों का बौद्धिक स्तर निग्रो के बच्चों के बौद्धिक स्तर से ऊँचा होता है। मेडनिक तथा उनके सहयोगियों (Mednick et al., 1975) एवं टॉरेन्स (Torrence, 1967) ने यह बताया कि जिस संस्कृति में बच्चों को प्रारंभ से ही ज्ञान बढ़ाने का सुअवसर, उत्तेजक वातावरण (stimulating environment), शिक्षकों एवं माता-पिता से प्रोत्साहन आदि मिलता है, उनमें सर्जनात्मकता (creativity) तेजी से विकसित होता है। परन्तु, जिस संस्कृति में पलनेवाले बच्चों को इस तरह का सुअवसर एवं वातावरण नहीं मिल पाता, उनमें सर्जनात्मकता की काफी कमी हो जाती है।

(ii) मानवशास्त्रीय सबूतें (Anthropological evidences)—व्यक्तित्व पर संस्कृति के प्रभाव को दिखाने के लिए मनोवैज्ञानिकों के अलावा मानवशास्त्रियों (anthropologists) ने भी काफी प्रयास किए हैं। अतः, हमारे सामने कुछ मानवशास्त्रीय सबूतें भी हैं जिनके आधार पर हम यह कह सकते हैं कि संस्कृति का प्रभाव व्यक्तित्व पर काफी पड़ता है। इस सिलसिले में ऐसे तो कई मानवशास्त्री द्वारा किए गए प्रेक्षण एवं अध्ययन उपलब्ध हैं, परन्तु मीड (Mead), जो एक महिला मानवशास्त्री हैं, द्वारा किए गए अध्ययन विशेष रूप से उल्लेखनीय हैं।

अपने अध्ययन के आधार पर मीड (Mead) ने बताया है कि व्यक्तित्व के शीलगुणों में जो यौन विभिन्नता (sex difference) होती है, उसका कारण संस्कृति में विभिन्नता होती है। इस अध्ययन में मीड (Mead) ने न्यू गिनिया (New Guinea) की तीन जातियों यानी ऐरापेश (Arapesh), मुण्डुगुमोर (Mundugumor) तथा शाम्बुली (Tchambuli) के व्यक्तित्व के शीलगुणों (traits) का तुलनात्मक अध्ययन किया। इस अध्ययन के अनुसार ऐरापेश जाति के स्त्री तथा पुरुष दोनों के व्यक्तित्व में सहयोग (cooperativeness), भद्रता (gentleness) तथा विनम्रता (submissiveness) अधिक होती है। संक्षेप में, यह कहा जा सकता है इस जाति के लोगों में यौन विभिन्नता (sex difference) कम पाई जाती है तथा स्त्री तथा पुरुष दोनों में ही नारीत्व (feminity) के शीलगुण की प्रशंसा की जाती है। फलस्वरूप, ऐरापेश जाति के व्यक्तियों में आत्मविश्वास (self-confidence), सहयोग की भावना (sense of cooperativeness), शांतिप्रियता (peace-loving) आदि शीलगुण होते हैं। इसके विपरीत, मुण्डुगुमोर (Mundugumor) जाति के लोगों की संस्कृति ऐरापेश संस्कृति से ठीक उलटी है। इस संस्कृति में पुरुषत्व (masculinity) से संबंधित गुणों पर अधिक बल डाला जाता है। स्त्री हो या पुरुष, दोनों को ही आक्रमणशील (aggressive) तथा विद्रोही (violent) निश्चित रूप से बनना है। जो स्त्री या पुरुष ऐसा नहीं बन पाते, उन्हें उपेक्षा तथा घृणा की दृष्टि से देखा जाता है। फलतः, इस जाति के व्यक्तित्व का कार्डिनल शीलगुण (cardinal trait) आक्रमणशीलता या आक्रामकता (aggressiveness) तथा झगड़ालूपना (quarrelsomeness)

है। शाम्बुली (Tchambuli) जाति की संस्कृति कुछ विचित्र है। इस संस्कृति में पुरुष वही काम करते हैं जो हमारे समाज में नारियाँ करती हैं और स्त्रियाँ वही काम करती हैं जो हमारे समाज में पुरुष करते हैं। प्रायः पुरुष को घर का काम-काज देखना होता है, वे नाचते हैं तथा क्लब में लोगों का मनोरंजन करते हैं। स्त्रियाँ शासक (ruler) होती हैं, घर के बाहर का कार्य करती हैं तथा कठिन एवं जोखिम कार्य करती हैं। इसके परिणामस्वरूप पुरुषों के व्यक्तित्व में नारीत्व के गुण जैसे विनम्रता, लजालुपना, सहयोगिता आदि अधिक होते हैं तथा नारियों में पुरुषत्व का गुण जैसे आक्रामकता, प्रभुत्व (dominance) आदि का गुण अधिक पाया जाता है।

मीड के समान रूथ बेनिडिक्ट (Ruth Benedict) ने तीन आदिम जातियों (primitive tribes) अर्थात क्वाक्यिूट (Kwakiutl), डोबू (Dobu) तथा जूनी (Zuni) जाति के लोगों के व्यक्तित्व का अध्ययन किया और यह दिखाया कि इन तीनों आदिम जातियों में सांस्कृतिक विभिन्नता (cultural differences) के कारण उनके व्यक्तित्व के शीलगुणों में अधिक विभिन्नता पाई जाती है। क्वाक्यिूट जाति की संस्कृति में सामाजिक श्रेणी का महत्त्व काफी होता है और प्रत्येक व्यक्ति अपनी सामाजिक श्रेणी (social ranks) से उच्चतर सामाजिक श्रेणी में जाने के लिए सजग तथा प्रतियोगिता में लीन रहता है। फलस्वरूप, इस जाति के व्यक्तित्व में प्रतिद्वन्द्विता (competition), विद्वेष (hostility) तथा वीरता (bravery) का शीलगुण अधिक पाया जाता है। डोबू जाति की संस्कृति ही कुछ ऐसी होती है कि इनके व्यक्तित्व में डाह (jealousy), रोष (resentment) तथा शक (suspicion) आदि का शीलगुण अधिक होता है। उसी तरह जूनी जाति की संस्कृति में व्यक्तित्व-प्रभुत्व (personal dominance) तथा दूसरों पर आधिपत्य दिखाने की प्रवृत्ति को काफी घृणा की दृष्टि से देखा जाता है। फलस्वरूप, इस जाति के लोगों में नेतृत्व (leadership) को बुरा समझा जाता है। इस जाति के लोगों में सांवेगिक अभिव्यक्ति (emotioanl expression) को बुरा समझा जाता है। फलस्वरूप, जूनी जाति के व्यक्तित्व में दब्बूपना, विनम्रता, सांवेगिक अस्थिरता आदि का शीलगुण अधिक पाया जाता है।

प्रयोगात्मक सबूतों (experimental evidences) तथा मानवशास्त्रीय सबूतों (anthropological evidences) के आधार पर यह निश्चित रूप से स्पष्ट हो जाता है कि व्यक्तित्व के शीलगुणों के विकास पर संस्कृति (culture) के रीति-रिवाजों, प्रथाओं आदि का काफी प्रभाव पड़ता है। इसे ध्यान में रखते हुए यह कहा गया है कि व्यक्तित्व संस्कृति का आईना है (Personality is the mirror of culture)।

(3) **आर्थिक कारक** (Economic factors)—व्यक्तित्व के शीलगुणों के निर्माण में परिवार की सामाजिक स्थिति का ही नहीं, बल्कि आर्थिक स्थिति का भी प्रभाव पड़ता है। आर्थिक स्थिति ठीक नहीं होने से व्यक्तित्व के विकास तथा शीलगुणों के निर्माण पर अच्छा प्रभाव नहीं पड़ता। स्टैगनर (Stagner, 1935) ने एक अध्ययन किया जिसमें गरीब परिवार के छात्रों की तुलना ऐसे परिवार के छात्रों से की गई जो न तो अधिक धनी थे और न अधिक गरीब ही। परिणाम में देखा गया कि गरीब परिवार के छात्रों में हीनता का भाव (inferiority feeling), सांवेगिक अस्थिरता (emotional instability), शर्मीलापन (shyness) तथा सामाजिक अगुआई (social iniltiative) की कमी आदि औसत परिवार के छात्रों की अपेक्षा अधिक देखी गई। परन्तु हमेशा ऐसा नहीं होता है। मानव इतिहास में कुछ ऐसे भी उदाहरण हैं जिनसे यह पता चलता है कि एक गरीब परिवार में जन्म लेने तथा पाले-पोसे जाने के बावजूद उनके व्यक्तित्व में सामाजिक शीलगुणों जैसे उत्तरदायित्व (responsibility), आत्म-विश्वास, नेतृत्व (leadership), उच्च अहम-शक्ति (high ego strength)

आदि काफी विकसित थे। स्व० लाल बहादुर शास्त्री, भारत के भूतपूर्व प्रधानमंत्री, इसके ज्वलंत उदाहरण हैं। फ्रैंसिस तथा फिलमोर (Francis & Fillmore, 1934) ने अपने अध्ययन में इस तथ्य की पुष्टि की है और बताया है कि उनके अध्ययन में गरीब परिवार के बच्चों एवं धनी परिवार के बच्चों में सांवेगिक अभियोजन (emotional adjustment) के शीलगुण पर कोई अंतर नहीं था।

ऊपर व्यक्तित्व के विकास तथा शीलगुणों के निर्माण को प्रभावित करनेवाले दो तरह के प्रमुख कारकों की व्याख्या अलग-अलग की गई है।—जैविक कारक (biological factors) तथा पर्यावरणी कारक (environmental factors)। सच्चाई यह है कि व्यक्तित्व के निर्धारण में इन दोनों कारकों का संयुक्त प्रभाव (joint effect) पड़ता है। व्यक्तित्व जैसा भी हो, वह इन दोनों कारकों की अंतःक्रिया (interaction) का परिणाम होता है। अकेले कोई एक कारक उतना महत्त्वपूर्ण नहीं होता।

व्यक्तित्व की माप
(Measurement of Personality)

व्यक्तित्व की माप से तात्पर्य व्यक्तित्व के शीलगुणों के बारे में पता लगाकर यह निश्चित करना होता है कि कहाँ तक वे संगठित (organised) हैं या विसंगठित (disorganised) हैं। किसी भी व्यक्ति के भिन्न-भिन्न शीलगुण जब आपस में संगठित होते हैं, तो इससे व्यक्ति का व्यवहार सामान्य होता है। परन्तु, यदि उसके शीलगुण विसंगठित (disorganised) होते हैं तो व्यक्ति का व्यवहार असामान्य (abnormal) हो जाता है। व्यक्तित्व-मापन (personality measurement) के सैद्धान्तिक (theoretical) तथा व्यवहारिक (practical) उद्देश्य हैं। मनोवैज्ञानिकों के अनुसार व्यक्तित्व-मापन से व्यक्तित्व के विकास तथा उसके स्वरूप (nature) से संबंधित बहुत-से ज्ञान प्राप्त होते हैं जिससे इस क्षेत्र में शोध करने तथा नए-नए सिद्धांतों का प्रतिपादन करने में मदद मिलती है। इस सैद्धांतिक उद्देश्य (theoretical purpose) के अलावा व्यक्तित्व-मापन के कुछ व्यावहारिक उद्देश्य भी हैं। जैसे, व्यक्तित्व-मापन से यह पता चलता है कि व्यक्तित्व के कौन-कौन शीलगुण की शक्ति (strength) कितनी है और किस शीलगुण की कमी से व्यक्ति को समायोजन (adjustment) करने में दिक्कत हो रही है। अतः, व्यक्तित्व-मापन करके वैसे व्यक्तियों को, जिन्हें समायोजन में व्यक्तिगत कठिनाइयाँ (personal difficulties) हैं, उन कठिनाइयों को दूर करने में मदद की जाती है। व्यक्तित्व-मापन का दूसरा प्रमुख अनुप्रयोग नेता का चयन तथा उत्तरदायी (responsible) पदों के लिए सही व्यक्तियों का चयन करने में है।

मनोवैज्ञानिकों ने व्यक्तित्व-मापन की बहुत-सी विधियों (methods) या परीक्षणों (tests) का प्रतिपादन किया है। ऐसी प्रमुख विधियों या परीक्षणों को निम्नांकित तीन भागों में बाँटकर अध्ययन किया गया है—

(अ) व्यक्तित्व आविष्कारिका (Personality inventories)

(ब) प्रक्षेपण विधियाँ (Projective methods)

(स) प्रेक्षण विधियाँ (Observational methods)—इसमें दो उपविधियाँ हैं—

(1) रेटिंग मापनी (Rating scale)

(2) साक्षात्कार विधि (Interview method)

इन सभी विधियों का वर्णन निम्नांकित है—

(अ) व्यक्तित्व आविष्कारिका (Personality inventories)—व्यक्तित्व मापने की यह विधि काफी प्रचलित विधि (popular method) है। इस विधि में व्यक्तित्व के खास-खास शीलगुणों से संबंधित कुछ प्रश्न बने होते हैं जिनका उत्तर प्रायः 'हाँ-नहीं', 'सही-गलत' आदि में दिया रहता है। व्यक्ति इन प्रश्नों को एक-एक करके पढ़ता है और उनका उत्तर इन उत्तरों में से चुनकर अर्थात 'हाँ-नहीं' या 'सही-गलत' में से चुनकर देता है। यदि प्रश्न व्यक्ति के लिए सही होता है, तो वह 'सही' या 'हाँ' के रूप में जवाब देता है तथा यदि प्रश्न व्यक्ति के लिए गलत होता है, वह 'गलत' या 'नहीं' के रूप में जवाब देता है। जैसे—

1. क्या आपको अनिद्रा की शिकायत है? हाँ/नहीं
2. क्या आप अकारण ही प्रायः चिंतित रहते हैं? हाँ/नहीं
3. क्या आपको माता-पिता से उचित प्यार मिलता है? हाँ/नहीं

एक ही प्रश्न का सही एवं उचित उत्तर अलग-अलग व्यक्तियों के लिए अलग-अलग हो सकता है। इस तरह की आविष्कारिका के प्रत्येक प्रश्न को व्यक्ति स्वयं पढ़ता है और अपने बारे में एक रिपोर्ट (report) का वक्तव्य देता है। इस कारण इसे **आत्म-रिपोर्ट आविष्कारिका** (self-report inventories) भी कहा जाता है। इस तरह की आविष्कारिका को **मनोमिति परीक्षण** (psychometric test) भी कहा जाता है, क्योंकि ऐसे परीक्षण प्रायः परीक्षण निर्माण (test construction) की सभी आवश्यकताओं को वैज्ञानिक ढंग से पूरा करते हैं। इसे कुछ मनोवैज्ञानिकों ने **पेपर-पेंसिल परीक्षण** (paper-pencil test) भी कहा है।

व्यक्तित्व आविष्कारिका का वैज्ञानिक प्रयोग (scientific use) प्रथम विश्वयुद्ध के समय प्रारंभ हुआ। इस युद्ध में वैसे सैनिकों को छाँटने की तीव्र आवश्यकता महसूस की गई जो सांवेगिक रूप से अस्थिर (emotionally unstable) थे। इस उद्देश्य की पूर्ति करने के लिए वुडवर्थ (Woodworth) में 1918 में एक व्यक्तित्व आविष्कारिका तैयार किया जिसका नाम वुडवर्थ पर्सनल डाटा इन्वेण्ट्री (Woodworth Personal Data Inventory) रखा गया। इस आविष्कारिका में कुल 116 प्रश्न थे जिनका उत्तर व्यक्ति को 'हाँ' तथा 'नहीं' में से किसी एक को चुनकर देना होता था। यद्यपि यह आविष्कारिका बहुत वैज्ञानिक ढंग से निर्मित नहीं थी, फिर भी इसकी सफलता से प्रेरित होकर व्यक्तित्व आविष्कारिका (personality inventory) के निर्माण में बहुत-से मनोवैज्ञानिक लग गए। फलस्वरूप आज व्यक्तित्व आविष्कारिकाओं की संख्या हजारों में हो गई है। इस सिलसिले में अमरीका तथा इंगलैंड में काफी शोध (researches) हुए हैं जिनके फलस्वरूप कई महत्त्वपूर्ण एवं वैज्ञानिक रूप से निर्मित व्यक्तित्व आविष्कारिका हमारे सामने उपलब्ध हैं। इन सभी की चर्चा तो यहाँ संभव नहीं है, परन्तु उनमें कुछेक की चर्चा, जो अत्यंत महत्वपूर्ण हैं, इस प्रकार है—

(i) माइनेसोटा मल्टीफेजिक पर्सनालिटी टेस्ट या एम॰एम॰पी॰आई-2 (Minnesota Multiphasic Personality Test or MMPI-2)—इस परीक्षण का निर्माण पहले-पहल हाथावे तथा मैककिनले (Hathaway & McKinley) ने 1940 में किया। इस परीक्षण के मौलिक प्रारूप में 550 एकांश (items) हैं और प्रत्येक एकांश के तीन उत्तर हैं— 'True', 'False', 'Cannot say'।

इन तीनों में से किसी एक का, जो दिए गए प्रश्न के संदर्भ में सही लगता है, व्यक्ति चयन कर लेता है और उसी तरह उसका जवाब देता है। इस आविष्कारिका (inventory) के दो प्रतिरूप (forms) हैं—व्यक्तिगत कार्ड प्रतिरूप (individual card form) तथा सामूहिक पुस्तिका प्रतिरूप (group booklet form)।

अभी हाल में MMPI का एक विकसित प्रारूप (developed form) बुचर, डालस्ट्रोम, ग्राहम, टेलेगेन तथा केमर (Butcher, Dahlstrom, Graham, Tellegen & Kaemmer, 1989) द्वारा तैयार किया गया है जिसमें 567 एकांश हैं जिनका उत्तर 'सही' (true) तथा 'गलत' में से किसी एक के रूप में करना होता है। इसे MMPI-2 कहा गया है। इसमें कुल 13 विभिन्न मापनी (scales) हैं जिनमें 9 नैदानिक मापनी (clinical scales) हैं। जिनके द्वारा विशेष मनोवैज्ञानिक समस्याओं, जैसे मनोविदालिता, विषाद, स्थिर-व्यामोह (paranoia) आदि का मापन होता है, एक पुरुषत्व-स्त्रीत्व मापनी (masculinity-feminity scale) है तथा तीन वैधता मापनी (validity scales) हैं। इन तीन वैधता मापनी द्वारा परीक्षार्थी के अनुक्रिया पूर्वाग्रहों (response biases) का मापन होता है। एक वैधता मापनी द्वारा अपनी जरूरत से ज्यादा गुणों के होने का दावा करने की प्रवृत्ति (जिसे साधारणतः झूठ बोलने की प्रवृत्ति कहा जाता है) का मापन होता है। इसे L मापनी (L scale) कहा जाता है। दूसरी वैधता मापनी द्वारा सामान्य समस्याओं (normal problems) को भी मानने से इनकार करने की प्रवृत्ति का मापन होता है। इसे संशोधन मापनी (correction scale or K scale) कहा जाता है। तीसरी वैधता मापनी द्वारा दिए गए उत्तरों में असंगतता (incoherence) या जिसे मनगढ़ंत उत्तर देने की प्रवृत्ति कही जाती है, मापा जाता है। इसे बारंबारता मापनी (frequency scale या F scale) कहा जाता है। पुरुषत्व-स्त्रीत्व मापनी सही अर्थ में नैदानिक मापनी नहीं है तथा इसके द्वारा व्यक्ति में सिर्फ स्त्रैण एवं पौरुष गुणों का मापन होता है। बाकी 9 नैदानिक मापनी वहीं हैं जो मौलिक MMPI में थे। वे नौ मापनी हैं—रोगभ्रम (hypochondriasis या Hs), उन्माद (hysteria या Hy), विषाद (depression या D), मनोविकृत विचलन (psychopathic deviation या Pd), स्थिरव्यामोह (paranoia या Pt), मनोविदालिता (schizophrenia या Sc), अल्पोन्माद (hypomania या Ma), बाध्यता (psychesthenia या pt), सामाजिक अंतर्मुखता (social introversion या Si)। MMPI-2 के दो प्रारूप हैं जिनमें से एक का उपयोग वयस्कों के लिए तथा एक का उपयोग किशोरों के लिए किया जाता है। किशोरों के लिए उपयुक्त होनेवाले MMPI को MMPI-A कहा गया है।

MMPI-2 की परीक्षण-पुनःपरीक्षण विश्वसनीयता (test-retest reliability) तथा अर्धविभक्त विश्वसनीयता (split-half reliability) एवं विभिन्न कसौटियों के साथ निकाला गया समवर्ती वैधता (concurrent validity) काफी संतोषजनक है। MMPI को मूलतः एक निदानसूचक परीक्षण (diagnostic tool) के रूप में इस उम्मीद में विकसित किया गया था कि किसी मापनी पर उच्च प्राप्तांक द्वारा उस मापनी द्वारा मापी गई मनोवैज्ञानिक समस्या की ओर इशारा करेगा। परंतु, ग्राहम (Graham, 1990) द्वारा किए गए अध्ययनों से यह स्पष्ट हो गया कि यह उम्मीद गलत थी। जैसे, यदि किसी व्यक्ति में विषाद (depression) अधिक है, तो उसे D-मापनी पर तो उच्च प्राप्तांक आएगा ही, साथ-ही-साथ अन्य कुछ मापनियों पर भी उच्च प्राप्तांक आ जाता था। इसका कारण यह है कि MMPI की विभिन्न मापनियों में कुछ एकांश सामान्य (common) हैं। अभी MMPI-2 में करीब 74 एकांश ऐसे हैं जिन्हें एक से अधिक

मापनियों में उपयोग किया गया है। इसका मतलब यह हुआ कि MMPI-2 की विभिन्न मापनियाँ MMPI की मापनियों के समान सांख्यिकीय रूप से स्वतंत्र नहीं हैं।

यद्यपि MMPI-2 में निदानसूचक परिशुद्धता (diagnostic precision) की थोड़ी कमी है, फिर भी एक नैदानिक एवं शोध के उपकरण के रूप में काफी लोकप्रिय सिद्ध हुआ है जिसका सबूत हमें ग्राहम (Graham, 1900) के उस दावे से मिल जाता है जिसमें उन्होंने यह बतलाया है कि इस परीक्षण का उपयोग 10,000 से अधिक अध्ययनों में सफलतापूर्वक किया गया है। आइकेन (Aiken, 1989) के अनुसार MMPI-2 एक महत्त्वपूर्ण एवं लोकप्रिय कसौटी-आधृत व्यक्तित्व परीक्षण है और करीब 90% नैदानिक मनोविज्ञानियों द्वारा इस परीक्षण को काफी पसंद किया गया है। बुचर (Butcher, 1989) के अनुसार इस परीक्षण का अनुवाद करीब 114 भाषाओं में हो चुका है तथा इसका उपयोग करीब 46 से अधिक देशों में सफलतापूर्वक किया गया है।

(ii) बेल समायोजन आविष्कारिका (Bell Adjustment Inventory)—इस आविष्कारिका का निर्माण बेल (Bell) ने 1934 में किया। इस आविष्कारिका का उद्देश्य व्यक्ति में समायोजन (adjustment) संबंधी कठिनाइयों का पता लगाना होता है। इस आविष्कारिका के दो फार्म (form) हैं—विद्यार्थी फार्म (students form) तथा व्यावसायिक फार्म (occupational form)। विद्यार्थी फार्म में कुल 140 एकांश (items) हैं जो चार भिन्न-भिन्न क्षेत्रों, जैसे गृह (home), स्वास्थ्य (health), सामाजिक (social) स्थिति, तथा सांवेगिक (emotional) अवस्था से संबंधित समायोजन समस्याओं का पता लगाता है। प्रत्येक प्रश्न का उत्तर 'हाँ', 'नहीं' एवं '?' में से किसी एक में गोल घेरा खींचकर दिया जाता है। व्यावसायिक फार्म में इन 140 एकांशों में 20 एकांश (items) और जोड़ दिया गया है ताकि इस फार्म द्वारा व्यावसायिक समायोजन से भी संबंधित समस्या का पता चल जाता है और इस तरह इस फार्म में कुल पाँच क्षेत्र हो जाते हैं जो वयस्कों के समायोजन की ओर इंगित करते हैं। इस परीक्षण की विश्वसनीयता गुणांक 0.75 से 0.89 तक है तथा वैधता गुणांक (validity coefficient) 0.58 से 0.89 तक पाया गया। इस आविष्कारिका का अनुकूलन (adaptation) भारतीय भाषाओं में जैसे हिन्दी तथा मलयालम में भी किया गया है।

(iii) कैटेल 16 व्यक्तित्व-कारक प्रश्नावली (Cattell's 16 P.F. Questionnaire)—इस परीक्षण का निर्माण कैटेल ने कारक विश्लेषण (factor analysis) के आधार पर किया है। इस प्रश्नावली के कई फार्म (forms) हैं जिनके द्वारा 17 वर्ष से अधिक आयुवाले व्यक्तियों के 16 शीलगुणों को मापा जाता है। कैटेल ने इन शीलगुणों में तीन तरह के प्रमुख शीलगुणों, यानी चित्तप्रकृति शीलगुण (temperament trait), क्षमता शीलगुण (ability trait) तथा गत्यात्मक शीलगुण (dynamic trait) का समावेश किया है। इस प्रश्नावली में सम्मिलित किए गए सभी 16 शीलगुण द्विध्रुवीय (bipolar) हैं। 16 शीलगुणों को मापने के लिए बने 16 मापनी (scales) पर उच्च प्राप्तांक (high score) तथा कम प्राप्तांक (low score) का खास मतलब होता है जिसे हम इस प्रकार बता सकते हैं—

उच्च प्राप्तांक (High score)	अक्षर चिह्न (Letter symbol)	निम्न प्राप्तांक (Low score)
1. Outgoing	A	Reserved
2. More Intelligent	B	Less Intelligent

3. Stable	C	Emotional
4. Assertive	E	Humble
5. Happy-go-lucky	F	Sober
6. Conscientious	G	Expedient
7. Bold	H	Shy
8. Tenderminded	I	Toughminded
9. Suspicious	L	Trusting
10. Imaginative	M	Practical
11. Shrewd	N	Foresight
12. Apprehensive	O	Placid
13. Experimenting	Q_1	Traditional
14. Self-sufficient	Q_2	Group-tied
15. Controlled	Q_3	Casual
16. Tense	Q_4	Relaxed

इन 16 कारकों (factors) को प्रथम क्रम के कारक (first-order factors) कहा जाता है और इन्हीं कारकों के माध्यम से दस-ग्यारह द्वितीय क्रम के कारकों (second-order factors) को ज्ञात किया गया है, जो इस प्रकार हैं—Anxiety, Extroversion, Independence, Neuroticism, Leadership, Creativity, Martial adjustment, Subjectivity इत्यादि। इस परीक्षण का विश्वसनीयता गुणांक (reliability coefficient) 0.34 से 0.93 तक का पाया गया है तथा संप्रत्यय वैधता (construct validity) 0.85 तक पाई गई है।

इसके अलावा भी बहुत-से व्यक्तित्व आविष्कारिका (personality inventories), जैसे Eysenck Personality Questionnaire (EPQ), Edwards Personal Preference Schedule (EPPS), California Test of Personality (CPI), Maslow Security-Insecurity Scale आदि हैं जिनका प्रयोग व्यक्तित्व मापन में काफी किया गया है। भारत में भी बहुत सारे व्यक्तित्व आविष्कारिका विकसित किए गए हैं जिनमें प्रमुख हैं—ए० के० सिंह द्वारा निर्मित भेददर्शी व्यक्तित्व आविष्कारिका, एम० डी० बंगाली द्वारा निर्मित Youth Adjustment Analyzer (YAA), एच० एस० अस्थाना द्वारा निर्मित समायोजन सूची आदि।

व्यक्तित्व आविष्कारिका के कुछ गुण (merits) तथा दोष (demerits) भी हैं। इसके प्रमुख गुण निम्नांकित हैं—

(i) व्यक्तित्व आविष्कारिका द्वारा व्यक्तित्व के शीलगुणों को मापने में काफी सुविधा होती है। एक समय में ही कई व्यक्तियों के शीलगुणों का मापन आसानी से कर लिया जाता है। यही कारण

है कि विटेकर (Whittaker, 1970) ने व्यक्तित्व आविष्कारिका को व्यक्तित्व का 'शीघ्रगामी माप' (quick measure) कहा है।

(ii) व्यक्तित्व आविष्कारिका का प्रयोग नैदानिक परिस्थिति (clinical situation) तथा सामान्य परिस्थिति दोनों में ही होता है। फलस्वरूप, इस तरह की आविष्कारिका के सहारे भिन्न-भिन्न शीलगुणों (traits) के आधार पर व्यक्तियों का तुलनात्मक अध्ययन करना आसान हो जाता है।

व्यक्तित्व आविष्कारिका के प्रमुख अवगुण (demerits) निम्नांकित हैं—

(i) कुछ व्यक्तित्व मनोवैज्ञानिकों (personality psychologists) का कहना है कि व्यक्तित्व आविष्कारिका (personality inventories) द्वारा व्यक्तित्व का मापन अलग-अलग शीलगुणों (traits) द्वारा होता है जो वैज्ञानिक रूप से उचित नहीं है, क्योंकि व्यक्तित्व की व्याख्या इस तरह के पृथक कारकों (discrete factors) के रूप में संभव नहीं है। फ्रीमैन (Freeman, 1962) के अनुसार चूँकि व्यक्तित्व आविष्कारिका में व्यक्तित्व का मापन संपूर्ण रूप से (as a whole) नहीं होता है, अतः इस विधि को बहुत वैज्ञानिक नहीं माना जा सकता है।

(ii) व्यक्तित्व आविष्कारिका (personality inventory) की वैधता (validity) अधिक नहीं होती है। इसका प्रधान कारण यह होता है कि व्यक्तित्व आविष्कारिका की वैधता ज्ञात करने में कोई मान्य कसौटी (acceptable criterion) मनोवैज्ञानिकों को नहीं मिल पाता है। फलस्वरूप, इस तरह की आविष्कारिका से प्राप्त आँकड़े से कोई सही अर्थ नहीं निकलता है।

(iii) व्यक्तित्व आविष्कारिका के एकांश (items) बिलकुल ही स्पष्ट एवं प्रत्यक्ष होते हैं। फलस्वरूप, इन एकांशों के सही उत्तर को व्यक्ति आसानी से छिपाकर उसकी जगह नकली उत्तर (faked answer) दे देता है। प्रायः देखा गया है कि व्यक्ति इस ढंग से उत्तर देता है कि उन उत्तरों के आधार पर लोग उसमें एक अनुकूल शीलगुण (favourable trait) होने का अनुमान कर लें। ऐसी परिस्थिति में मनोवैज्ञानिकों के लिए व्यक्तित्व आविष्कारिका के आँकड़े के आधार पर कोई सही अर्थ निकालना मुश्किल हो जाता है।

इन आलोचनाओं के बावजूद व्यक्तित्व आविष्कारिका (personality inventories) का प्रयोग व्यक्तित्व के मापन तथा उससे संबंधित शोधों (researches) में काफी किया जा रहा है।

(ब) प्रक्षेपण विधियाँ (Projective methods)—प्रक्षेपण विधि (projective method) द्वारा व्यक्तित्व की माप परोक्ष रूप से (indirect) होती है। इस परीक्षण में व्यक्ति के सामने कुछ अस्पष्ट (vague) तथा असंगठित (unstructured) उद्दीपक (stimulus) या परिस्थिति दिया जाता है। ऐसे उद्दीपकों एवं परिस्थितियों के प्रति व्यक्ति कुछ अनुक्रिया (response) करता है। इन अनुक्रियाओं के सहारे व्यक्ति अचेतन रूप से अपनी इच्छाओं, त्रुटियों (errors) एवं मानसिक संघर्षों (mental conflicts) को प्रक्षेपित (project) करता है। इस तरह प्रक्षेपण परीक्षण (projective test) वैसे परीक्षण को कहा जाता है जिसके एकांश (items) अस्पष्ट एवं असंगठित (unstructured) होते हैं और जिसके प्रति अनुक्रिया करके व्यक्ति अपने भिन्न-भिन्न प्रकार के शीलगुणों की अभिव्यक्ति परोक्ष रूप से (indirectly) करता है।

प्रक्षेपण परीक्षण (projective test) तथा व्यक्तित्व आविष्कारिका (personality inventories), यद्यपि दोनों ही व्यक्तित्व का मापन करती हैं, में अग्रांकित अंतर हैं—

(i) प्रक्षेपण प्रविधि (projective technique) का व्यक्तित्व मापन के प्रति दृष्टिकोण सार्वत्रिक (global) या संपूर्ण (as a whole) होता है जबकि व्यक्तित्व आविष्कारिका (personality inventory) का दृष्टिकोण व्यक्तित्व मापन के प्रति परमाण्विकी (atomistic) होता है। दूसरें शब्दों में, कहा जा सकता है कि व्यक्तित्व आविष्कारिका द्वारा व्यक्तित्व का मापन कुछ खास स्वतंत्र शीलगुणों को अलग-अलग मापकर किया जाता है जबकि प्रक्षेपण विधि में व्यक्तित्व को संपूर्ण रूप से मापकर (न कि कुछ निश्चित शीलगुणों का मापन करके) उसके बारे में अध्ययन करने की कोशिश की जाती है।

(ii) प्रक्षेपण परीक्षण में एकांश (items) या उद्दीपक, जिसके प्रति व्यक्ति अनुक्रिया करता है, वह अस्पष्ट (vague) तथा असंगठित (unstructured) होता है। दूसरें शब्दों में, यह कहा जा सकता है कि प्रक्षेपण परीक्षण में एकांश या उद्दीपक इस तरह के होते हैं कि एक ही एकांश का अर्थ भिन्न-भिन्न व्यक्ति अलग-अलग ढंग से लगाते हैं। परंतु, व्यक्तित्व आविष्कारिका (personality inventories) के एकांश बहुत ही स्पष्ट तथा संगठित होते हैं जिनका अर्थ सभी व्यक्ति एक-समान लगाते हैं।

(iii) चूँकि प्रक्षेपण परीक्षण के एकांश (items) अस्पष्ट होते हैं, अतः व्यक्ति इनके प्रति जो अनुक्रिया (response) देता है, वह वास्तविक (real) होता है और उसमें किसी प्रकार का जोड़-तोड़ (manipulation) या बनावटीपन (faking) या दिखावा नहीं होता है। परन्तु, व्यक्तित्व आविष्कारिका के एकांश बिलकुल ही स्पष्ट होते हैं और उस एकांश द्वारा क्या पूछा जा रहा है, उसका अर्थ व्यक्ति सही-सही समझता है। यदि किसी एकांश का उत्तर ऐसा है कि उसे बताना समाज के नियमों या उसकी व्यक्तिगत इज्जत (personal prestige) के प्रतिकूल है, तो वैसी अवस्था में वह सही उत्तर को छिपाकर उसकी जगह एक बनावटी उत्तर (faked answer) दे देता है।

(iv) मनोवैज्ञानिकों ने प्रक्षेपण परीक्षण (projective test) को व्यक्तित्व की एक अप्रत्यक्ष माप (indirect measure) माना है, जबकि व्यक्तित्व आविष्कारिका (personality inventory) को व्यक्तित्व का एक प्रत्यक्ष माप (direct measure) माना है।

व्यक्तित्व मापन के लिए मनोवैज्ञानिकों ने कई एक तरह के प्रक्षेपण परीक्षण (projective tests) का वर्णन किया है, जिनमें निम्नांकित चार प्रमुख हैं—

(i) शब्द-साहचर्य परीक्षण (Word Association Test)

(ii) रोर्शाख परीक्षण (Rorschach Test)

(iii) विषय-आत्मबोधन परीक्षण (Thematic Apperception Test)

(iv) वाक्यपूर्ति परीक्षण (Sentence Completion Test)

इन चारों की व्याख्या निम्नांकित है—

(i) शब्द-साहचर्य परीक्षण (Word Association Test)—इस परीक्षण में कुछ पूर्व-निश्चित उद्दीपक शब्दों (stimulus words) को एक-एक करके बोल-बोलकर व्यक्ति के सामने उपस्थित किया जाता है। व्यक्ति को शब्द सुनने के बाद उसके मन में जो सबसे पहला शब्द आता है उसे बताना होता है। व्यक्तित्व मापन के रूप में इस परीक्षण का उपयोग फ्रायड (Freud) तथा उनके शिष्यों, विशेषकर युंग (Jung) द्वारा प्रारंभ किया गया। युंग (Jung) ने 1904 में 100 शब्दों की एक मानक सूची (standard list) तैयार किया और उपर्युक्त विधि द्वारा व्यक्ति की अनुक्रियाओं

(response) को प्राप्त किया। उसके बाद उसका विश्लेषण (analysis) करके विशेषकर प्रत्येक अनुक्रिया शब्द (response words) का सांकेतिक अर्थ (symbolic meaning) ज्ञात करके तथा प्रतिक्रिया समय (reaction time) के आधार पर व्यक्ति के सांवेगिक संघर्षों (emotional conflicts) का पता युंग ने सफलतापूर्वक लगाया। इसकी सफलता देखकर अमेरिका में केण्ट तथा रोजेनफ (Kent & Rosenoff) ने 1910 में तथा रैपापोर्ट (Rapaport) ने 1946 में अन्य शब्द-साहचर्य परीक्षण का निर्माण किया जिसका प्रयोग व्यक्तित्व मापन में, विशेषकर साधारण मानसिक रोग (mild mental disease) से ग्रसित व्यक्तियों के व्यक्तित्व के मापन में सुचारु रूप से किया गया।

(ii) **रोर्शाख परीक्षण** (Rorschach test)—प्रक्षेपण परीक्षण (projective test) में सबसे प्रचलित एवं प्रमुख परीक्षण रोर्शाख परीक्षण (Rorschach test) है जिसका प्रतिपादन स्विट्ज़रलैण्ड के मनोचिकित्सक (psychiatrist) हरमान रोर्शाख (Hermann Rorschach) ने 1921 में किया। इस परीक्षण में 10 कार्ड होते हैं जिनपर स्याही के धब्बे के समान चित्र बने होते हैं (चित्र 19.3)। इनमें 5 कार्ड पर स्याही के धब्बे पूर्णतः काला-उजला (blacken white) में छपे होते हैं और 5 कार्ड पर स्याही के धब्बे जैसा आकृति रंगों में होते हैं। प्रत्येक कार्ड एक-एक करके, उस व्यक्ति को दिया जाता है जिसका व्यक्तित्व मापना होता है। कार्ड को वह जैसे चाहे घुमा-फिरा सकता है और ऐसा करके उसे बताना होता है कि उसे उस कार्ड में क्या दिखाई दे रहा है या धब्बा का कोई अंश या पूरा भाग उसे किस चीज के समान दिखाई पड़ रहा है। व्यक्ति द्वारा दी गई अनुक्रियाओं (responses) को लिख लिया जाता है और बाद में उनका विश्लेषण कुछ खास-खास अक्षर संकेतों (letter symbols) के सहारे निम्नांकित चार भागों में बाँटकर किया जाता है—

चित्र 19.3 रोर्शाख परीक्षण का एक नमूना कार्ड

(a) **स्थान-निरूपण** (Location)—इस श्रेणी में इस बात का निर्णय किया जाता है कि व्यक्ति की अनुक्रिया का संबंध स्याही के पूरे धब्बे से है या उसके कुछ अंश से है। अगर अनुक्रिया (response) का आधार पूरा धब्बा होता है, तो उसे एक खास अक्षर संकेत, यानी *W* से अंकित करते हैं; अनुक्रिया का आधार धब्बा का बड़ा सामान्य अंश (common detail) होता है, तो उसके लिए *D* तथा असामान्य एवं छोटा अंश के आधार पर अनुक्रिया होने से उसके लिए *Dd* का प्रयोग किया जाता है। सिर्फ उजले स्थानों या जगहों के आधार पर अनुक्रिया देने से उसके लिए S का प्रयोग किया जाता है।

(b) **निर्धारक** (Determinants)—इस श्रेणी में इस बात का निर्णय किया जाता है कि धब्बा का कौन गुण (feature) के कारण व्यक्ति ने अमुक अनुक्रिया (response) किया है। जैसे, मान लिया जाए कि व्यक्ति ने किसी धब्बे में 'चमगादड़' होने की अनुक्रिया किया है। इस अनुक्रिया के निर्धारक श्रेणी में इस बात का निर्णय किया जाएगा कि व्यक्ति ने धब्बे के किसी गुण अर्थात आकार, रंग, गति आदि में से किसके आधार पर ऐसी अनुक्रिया की है। इस श्रेणी के लिए लगभग 24 अक्षर

संकेतों (letter symbols) का प्रतिपादन किया गया, जिनमें कुछ इस प्रकार हैं—आकार (form) के लिए *F*, रंग (colour) के लिए *C*, मानव-गति अनुक्रिया (human movement response) के लिए *M*, पशु-गति अनुक्रिया (animal movement response) के लिए *FM* तथा निर्जीव-गति अनुक्रिया (inanimate movement response) के लिए *m* आदि।

(c) **विषय-वस्तु** (Content)—इस श्रेणी में यह देखा जाता है कि व्यक्ति द्वारा दी गई अनुक्रिया की विषय-वस्तु क्या है। विषय-वस्तु मनुष्य होने पर उसके लिए *H* तथा पशु होने पर उसके लिए *A* के संकेत का प्रयोग किया जाता है। मानव के किसी अंग के विवरण (human details) होने पर *Hd* तथा पशु के किसी अंग के विवरण (animal details) के लिए *Ad*, आग के लिए *Fi*, यौन (sex) के लिए *Sx*, घरेलू वस्तुओं के लिए *Hh* का प्रयोग किया जाता है।

(d) **मौलिक अनुक्रिया एवं संगठन** (Original response and organization)—मौलिक अनुक्रिया (original response) से तात्पर्य उस अनुक्रिया (response) से होता है जो अनेक व्यक्तियों द्वारा किसी कार्ड के प्रति अकसर दिए जाते हैं। इसलिए इसे लोकप्रिय अनुक्रिया (popular response) भी कहा जाता है जिसका संकेत *P* है। जैसे, प्रथम कार्ड में पूरा धब्बा को चमगादड़ (bat) या तितली (butterfly) के रूप में देखना एक लोकप्रिय अनुक्रिया का उदाहरण है। इसी तरह से प्रत्येक कार्ड के लिए कुछ अनुक्रियाओं को लोकप्रिय अनुक्रिया की श्रेणी में रखा गया है। कभी-कभी व्यक्ति कुछ अनुक्रियाओं को एक-साथ संगठित कर लेता है जिसका संकेत *Z* है।

रोर्शाख परीक्षण पर दी गई अनुक्रियाओं (responses) को उपर्युक्त चार भागों में विश्लेषण करने के बाद उसकी व्याख्या की जाती है। उदाहरणार्थ, यदि किसी व्यक्ति द्वारा अधिक संख्या में *W* की अनुक्रिया की गई है, तो इससे तीव्र बुद्धि तथा अमूर्त चिंतन (abstract reasoning) का बोध होता है। *D* अनुक्रियाओं से व्यक्ति में किसी वस्तु को स्पष्ट रूप से देखने तथा समझने की क्षमता का बोध होता है। *Dd* अनुक्रिया, जो एक सामान्य (normal) वयस्क द्वारा दी गई कुल अनुक्रियाओं का 5% से अधिक नहीं होता है, द्वारा व्यक्ति के चिंतन में अस्पष्टता को दिखाता है। परन्तु, यदि ऐसी अनुक्रिया 5% से अधिक हो जाती है, तो इससे व्यक्ति मनोविदालिता (schizophrenia) जो एक प्रकार का मानसिक रोग है, का संकेत मिलता है। *S* अनुक्रिया की अधिकता से व्यक्ति में नकारात्मक प्रवृत्ति (negativistic tendency) तथा आत्म-हठधर्मी (self-assertive) होने का संकेत मिलता है। *F* अनुक्रिया की अधिकता से चिंतन करते समय एकाग्रता (concentration) की क्षमता से बोध होता है। रंग-संबंधी अनुक्रिया की अधिकता से व्यक्ति की संवेगशीलता (emotionality) या व्यक्तित्व के भावात्मक (affective) शीलगुणों का पता चलता है। रंग-संबंधी अनुक्रिया का बहुत ही कम होना या न होने पर व्यक्ति में मनोविदालिता के लक्षण, जैसे सामान्य वातावरण से अपने-आपको अलग करके रखना, भ्रम तथा विभ्रम आदि अधिक होना आदि गुण पाए जाते हैं। गति अनुक्रियाओं (*F*, *Fm*, *m*) की अधिकता से व्यक्ति में काल्पनिक क्रियाओं (fanciful activities) तथा उसकी कल्पनाशक्ति का बोध होता है। *A* तथा *Ad* अनुक्रियाओं को मिलाकर *A%* तथा *H* और *Hd* अनुक्रियाओं को मिलाकर *H%* ज्ञात किया जाता है। *A%* अधिक होने से बौद्धिक संकीर्णन (intellectual constriction) तथा सांवेगिक असंतुलन (emotional disturbances) ज्ञात होता है तथा *H%* अधिक होने से उपयुक्त संज्ञानात्मक विकास (cognitive development) होने का संकेत मिलता है। *P* अनुक्रिया की अधिकता से रूढ़िगत चिंतन (conventional thinking) तथा इसकी कमी से व्यक्ति में सामाजिक अनुरूपता (social conformity) के शीलगुण की कमी होने का अंदाज मिलता है। एक्सनर (Exner, 1974) के अनुसार *P* अनुक्रियाओं से व्यक्ति में सर्जनात्मकता का भी

बोध होता है। Z अनुक्रियाओं से व्यक्ति में उच्च बुद्धि (high intelligence), सर्जनात्मकता, निपुणता (efficiency) आदि का बोध होता है।

रोर्शाख (Rorschach) के समान ही एक दूसरा स्याही-धब्बा परीक्षण (ink-blot test) है जिसका प्रतिपादन होल्जमैन (Holtzman) ने 1961 में किया था जिसे होल्जमैन स्याही-धब्बा परीक्षण (Holtzman ink-blot test) कहा जाता है। इसके दो फार्म हैं और प्रत्येक फार्म में 45 कार्ड हैं जिनपर स्याही के धब्बे बने होते हैं। प्रत्येक कार्ड के प्रति अधिक-से-अधिक एक अनुक्रिया (response) व्यक्ति को करना होता है। परन्तु, व्यक्तित्व मापन में इसकी लोकप्रियता उतनी नहीं है जितनी कि रोर्शाख परीक्षण की है।

(iii) विषय-आत्मबोधन परीक्षण (Thematic Apperception Test या TAT)—इस परीक्षण का निर्माण मर्रे (Murray, 1935) ने हारवार्ड विश्वविद्यालय में किया। बाद में, यानी 1938 में मार्गन (Morgan) के साथ मिलकर इन्होंने इस परीक्षण का संशोधन (revision) किया। इस परीक्षण में रोर्शाख परीक्षण (Rorschach test) के समान उद्दीपक (stimulus) या परिस्थिति बहुत ही अस्पष्ट तथा असंगठित नहीं होती है। इस परीक्षण का उद्दीपक या परिस्थिति तुलनात्मक रूप से अधिक स्पष्ट होता है। इस अर्थ में TAT, रोशाख परीक्षण से भिन्न है। इस परीक्षण में कुल 31 कार्ड होते हैं। जिनमें 30 कार्ड पर चित्र बने होते हैं तथा 1 कार्ड सादा होता है। जिस व्यक्ति के व्यक्तित्व को मापना होता है, उसके यौन (sex) एवं उम्र के अनुसार इस 31 कार्ड में से 20 कार्ड का चयन (selection) कर लिया जाता है। इन 20 कार्डों में 19 कार्ड पर चित्र अंकित होते हैं और एक कार्ड सादा (blank) होता है। किसी एक व्यक्ति पर अधिकतम 20 कार्ड का ही क्रियान्वयन किया जाता है। प्रत्येक कार्ड के चित्र के आधार पर व्यक्ति, जिसका व्यक्तित्व मापन किया जा रहा है, उसकी एक कहानी तैयार करता है जिसमें चित्र से संबंधित घटना के भूत, वर्तमान तथा भविष्य तीनों का वर्णन होता है। इस परीक्षण का क्रियान्वयन (administration) दो सत्रों (sessions) में होता है—पहले सत्र में 10 कार्ड और फिर दूसरे सत्र में अंतिम 10 कार्ड व्यक्ति को देकर उसके आधार पर कहानी लिखने को कहा जाता है। सबसे अंत में सादा कार्ड (blank card) दिया जाता है जिसपर अपने मन से किसी चित्र को मानकर उसके आधार पर कहानी लिखने के लिए कहा जाता है। मर्रे ने उपर्युक्त दो सत्रों (sessions) के बीच कम-से-कम 24 घंटों का अंतर देने की सिफारिश की है। सभी कार्डों के आधार पर कहानी-लेखन का कार्य समाप्त होने पर एक साक्षात्कार (interview) किया जाता है जिसका उद्देश्य (purpose) यह जानना होता है कि कहानी लिखने में व्यक्ति की कल्पनाशक्ति का स्रोत (sources) मात्र चित्र या चित्र से बाहर की कोई घटना भी रही है।

कहानी-लेखन का कार्य समाप्त होने पर उसका विश्लेषण कर व्यक्तित्व की महत्त्वपूर्ण आवश्यकताओं (dominant needs) का पता लगाया जाता है। मर्रे (Murray) के अनुसार इस परीक्षण का विश्लेषण निम्नांकित प्रसंगों में किया जाता है—

(a) नायक (Hero)—प्रत्येक कहानी में नायक (hero) या नायिका का पता लगाया जाता है। जिस व्यक्ति की कहानी में मुख्य भूमिका होती है, उसे नायक या नायिका समझा जाता है। कभी-कभी एक ही कहानी में एक से अधिक नायक भी होते हैं। ऐसा समझा जाता है कि व्यक्ति इस नायक या नायिका के साथ आत्मीकरण (identification) स्थापित कर अपने व्यक्तित्व के शीलगुणों, विशेषकर अपनी महत्त्वपूर्ण आवश्यकताओं (needs) को दिखाता है।

(b) **आवश्यकता** (Need)—प्रत्येक कहानी में नायक या नायिका की मुख्य आवश्यकताएँ (needs) क्या-क्या हैं, इसका पता लगाया जाता है। मर्रे (Murray) के अनुसार TAT द्वारा 28 मानव-आवश्यकताओं (human needs) का मापन होता है। कुछ ऐसी आवश्यकताएँ हैं—उपलब्धि आवश्यकता (need for achievement), संबंधन आवश्यकता (need for affiliation), प्रभुत्व आवश्यकता (need for dominance) आदि।

(c) **प्रेस** (Press)—प्रेस से तात्पर्य कहानी के उस वातावरण-संबंधी बलों (forces) से होता है जिससे कहानी के नायक की आवश्यकता (need) या तो पूरी होती है या पूरी होने से वंचित रह जाती है। मर्रे (Murray) के अनुसार इस तरह के वातावरण-संबंधी बल (environmental forces) 30 से भी अधिक हैं। आक्रामकता या आक्रमण (aggression) तथा शारीरिक खतरा (physical danger) दो महत्त्वपूर्ण प्रेस (press) हैं जिनका वर्णन अधिकांश कहानियों में मिलता है।

(d) **थीमा** (Thema)—प्रत्येक कहानी की थीमा (thema) का निर्धारण किया जाता है। थीमा से तात्पर्य नायक की आवश्यकता (need) तथा प्रेस अर्थात वातावरण-संबंधी बल (environmental forces) की अंतःक्रिया (interaction) से उत्पन्न घटना से होता है। थीमा द्वारा व्यक्तित्व में निरन्तरता (continuity) का ज्ञान होता है।

(e) **परिणाम** (Outcome)—परिणाम से तात्पर्य इस बात से होता है कि कहानी को किस तरह समाप्त किया गया है। कहानी का निष्कर्ष निश्चित है या अनिश्चित है। निश्चित एवं स्पष्ट निष्कर्ष होने से व्यक्ति में परिपक्वता (maturity) तथा वास्तविकता (reality) के ज्ञान होने का बोध होता है।

मनोवैज्ञानिकों ने TAT के प्रारूप पर ही एक दूसरा परीक्षण (test) विकसित किया है जिसका प्रयोग सिर्फ बच्चों के व्यक्तित्व मापन के लिए किया जाता है। इस परीक्षण का निर्माण बेलाक (Bellak, 1954) द्वारा किया गया। इसमें 10 कार्ड होते हैं। प्रत्येक कार्ड पर जानवरों के चित्र बने होते हैं जिसके आधार पर 3 से 10 साल की उम्र के बच्चों को कहानी लिखना होता है। इसके बाद कहानी का विश्लेषण कर उसका अर्थ ज्ञात किया जाता है। बेलाक (Bellak) के इस परीक्षण का नाम Children's Apperception Test या CAT है।

(iv) **वाक्यपूर्ति परीक्षण** (Sentence completion test)—इस परीक्षण में कुछ अधूरे वाक्य (incomplete sentences) होते हैं जिन्हें उस व्यक्ति को दे दिया जाता है जिसका व्यक्तित्व मापना होता है। व्यक्ति प्रत्येक अधूरे वाक्य को अपने अनुभवों के आधार पर पूरा करता है। 1940 में रोहडे तथा हाइड्रेथ (Rohde & Hidreth) ने एक ऐसा परीक्षण बनाया जिसका प्रयोग व्यक्तित्व मापन में काफी किया गया है। भारत में विश्वनाथ मुखर्जी (Biswanath Mukherjee) ने भी एक तरह के परीक्षण का निर्माण किया। वाक्यपूर्ति परीक्षण (sentence completion test) के एकांश (items) का कुछ उदाहरण इस प्रकार है—

मैं प्रायः सोचता रहता हूँ कि ·······

मेरे माता-पिता मुझसे अकसर ·······

मेरी इच्छा है कि ·······

व्यक्ति द्वारा दिए गए उत्तरों का विश्लेषण कर व्यक्तित्व के शीलगुणों के बारे में अंदाज लगाया जाता है।

यद्यपि प्रक्षेपण परीक्षण (projective tests) व्यक्तित्व को मापने की एक महत्त्वपूर्ण विधि है, फिर भी मनोवैज्ञानिकों ने इसकी आलोचना की है। आइजेन्क (Eysenck, 1959) के द्वारा प्रक्षेपण परीक्षण की प्रमुख आलोचनाएँ (criticisms) इस प्रकार की गई हैं—

(i) प्रक्षेपण परीक्षण का आधार कोई अर्थपूर्ण तथा परीक्षणीय (testable) सिद्धांत नहीं है। फलतः, इसके द्वारा किए गए व्यक्तित्व मापन से कोई ठोस निष्कर्ष नहीं निकलता।

(ii) प्रक्षेपण परीक्षणों का प्राप्तांक-लेखन (scoring) तथा व्याख्या (interpretation) काफी आत्मनिष्ठ (subjective) है। यह आलोचना, विशेषकर RT यानी रोर्शाख परीक्षण तथा TAT के लिए और भी ज्यादा सही है। इसका परिणाम यह होता है कि भिन्न-भिन्न लोग भिन्न-भिन्न तरह के निष्कर्ष पर पहुँचते हैं जो सर्वथा अर्थहीन ही होता है।

(iii) प्रक्षेपण परीक्षण की वैधता (validity) अधिक नहीं होती है। प्रायः इन परीक्षणों की वैधता व्यक्ति के केस इतिहास (case history) आदि तैयार कर किया जाता है जिसे मनोवैज्ञानिकों ने एक वैज्ञानिक कसौटी (scientific instrument) नहीं माना है। फलतः, इन परीक्षणों की वैधता पर अधिक विश्वास नहीं किया जाता।

(iv) अधिकतर मनोचिकित्सकों (psychiatrists) का ऐसा विश्वास है कि प्रक्षेपण परीक्षण (projective tests) के सूचकों (indices) तथा व्यक्तित्व के शीलगुणों (traits) के बीच में प्रत्याशित संबंध (expected relationship) होने का कोई वैज्ञानिक सबूत (scientific evidence) नहीं है।

इन आलोचनाओं के बावजूद प्रक्षेपण परीक्षण (projective tests) का प्रयोग व्यक्तित्व मापन में काफी होता है और मनोचिकित्सा (psychotherapy) में तो इस परीक्षण को एक अभिन्न अंग माना गया है।

(स) प्रेक्षण विधियाँ (Observational methods)—प्रेक्षण विधि वह विधि है जहाँ एक प्रेक्षक (observer) व्यक्तियों या छात्रों की क्रियाओं (activities) का ध्यानपूर्वक प्रेक्षण एक नियंत्रित परिस्थिति या एक वास्तविक परिस्थिति (real or natural situation) में करता है तथा फिर उनकी क्रियाओं के लेखा-जोखा का विश्लेषण कर उनके व्यक्तित्व के बारे में एक निश्चित निष्कर्ष पर पहुँचता है। एटकिन्सन, एटकिन्सन, हिलगार्ड एवं स्मिथ (Atkinson, Atkinson, Hilgard & Smith, 1987) के अनुसार प्रेक्षण विधि में मूलतः दो तरह की उपविधियाँ सम्मिलित होती हैं—रेटिंग मापनी (rating scales) तथा साक्षात्कार (interview)। इन दोनों विधियों का वर्णन निम्नांकित है—

(1) रेटिंग मापनी (Rating scale)—रेटिंग मापनी एक ऐसी मापनी है जिसके सहारे व्यक्तित्व के शीलगुणों (traits) के बारे में लिए गए निर्णय (judgement) को कुछ श्रेणियों में रिकार्ड (record) किया जाता है। इस मापनी में कुछ संख्यात्मक श्रेणियाँ (जैसे +3, +2, +1, 0, -1, -2, -3) बनी होती हैं। इन श्रेणियों का खास-खास अर्थ होता है और प्रेक्षक या रेटर व्यक्तित्व मापे जानेवाले व्यक्तियों के शीलगुणों के बारे में निर्णय कर अपनी प्रतिक्रिया इन श्रेणियों के माध्यम से व्यक्त करता है। बाद में ऐसे किए गए निर्णयों का सांख्यिकीय विश्लेषण किया जाता है तथा फिर व्यक्तित्व के बारे में

एक निश्चित निष्कर्ष पर पहुँचा जाता है। व्यक्तित्व मापने में रेटिंग मापनी की सफलता निम्नांकित बातों पर निर्भर करती है—

(i) रेटिंग मापनी एक विश्वस्त एवं दुरुस्त (sound) मापनी हो जिसे रेटर (rater) भलीभाँति समझता हो तथा जिसमें सम्मिलित की गई प्रत्येक श्रेणी अच्छी तरह से परिभाषित हो।

(ii) रेटर उन व्यक्तियों से भलीभाँति परिचित हो जिनके व्यवहारों या शीलगुणों का रेटिंग किया जानेवाला है।

(iii) रेटर (rater) अपने-आपको खोखले प्रभाव (halo effect) से दूर रखे। खोखले प्रभाव से तात्पर्य एक प्रकार का ऐसा पक्षपात (bias) या पूर्वाग्रह (prejudice) से होता है जो रेटर को एक खास दिशा (धनात्मक या ऋणात्मक) में रेटिंग करने के लिए बाध्य कर देता है। इस ढंग के प्रभाव से रेटिंग की यथार्थता खत्म हो जाती है।

गिलफोर्ड (Guilford, 1959) तथा फ्रीमैन (Freeman, 1962) आदि मनोवैज्ञानिकों ने कई तरह की रेटिंग मापनी का निर्माण व्यक्तित्व मापने के लिए किया है। इन मापनियों का प्रयोग आज भी मनोवैज्ञानिकों द्वारा व्यक्तित्व मापन में सफलतापूर्वक किया जा रहा है।

(2) साक्षात्कार विधि (Interview method)—व्यक्तित्व मापन में साक्षात्कार का प्रयोग सर्वाधिक होता है। साक्षात्कार में भेंटकर्ता (interviewer) उस व्यक्ति से आमने-सामने की परिस्थिति (face-to-face situation) में कुछ वैसे प्रश्नों को पूछकर उनके द्वारा की गई प्रतिक्रियाओं (reactions) का प्रेक्षण (observation) करता है और इसके आधार पर व्यक्तित्व के बारे में आकलन करता है। साक्षात्कार मूलतः दो तरह के होते हैं—

(i) संगठित साक्षात्कार (structured interview)

(ii) असंगठित साक्षात्कार (unstructured interview)

संगठित साक्षात्कार में भेंटकर्ता पूछे जानेवाले प्रश्नों की एक निश्चित सूची तैयार करता है जिसे वह प्रत्येक छात्र या व्यक्ति से, जिनके व्यक्तित्व का मापन करता है, एक निश्चित क्रम में पूछता है। इस तरह संगठित साक्षात्कार में मानक पैटर्न (standard pattern) को अपनाते हुए भेंटकर्ता (interviewer) साक्षात्कार करता है। व्यक्तियों द्वारा दिए गए उत्तरों के विश्लेषण पर व्यक्तित्व की माप की जाती है। असंगठित साक्षात्कार (unstructured interview) में भेंटकर्ता प्रश्नों की एक निश्चित सूची अपने पास पहले से नहीं रखता और व्यक्तित्व मापने के लिए अपने इच्छानुसार प्रश्न करता जाता है।

संगठित साक्षात्कार (structured interview) का सबसे महत्त्वपूर्ण लाभ यह है कि चूँकि इसमें प्रश्नों की एक निश्चित सूची एवं क्रम (sequence) होता है जिसे सभी व्यक्तियों या छात्रों से पूछा जाता है, अतः इसके द्वारा कई व्यक्तियों के व्यक्तित्व मापन की तुलना संभव है। इसका प्रमुख दोष यह बताया गया है कि इसमें भेंटकर्ता को व्यक्तित्व मापन से संबंधित प्रश्नों को गहन रूप से पूछने की स्वतंत्रता नहीं होती है; क्योंकि वह पहले से ही एक निश्चित क्रम में प्रश्न पूछने के लिए बाध्य रहता है। असंगठित साक्षात्कार का प्रमुख गुण (merit) यह है कि इसके द्वारा व्यक्तित्व का मापन गहन रूप से हो पाता है; क्योंकि भेंटकर्ता प्रश्नों को अपने इच्छानुसार तोड़-मरोड़कर पूछ पाता है। इसका मुख्य दोष यह बताया गया है कि इस तरह का साक्षात्कार एक व्यक्ति से दूसरे व्यक्ति तक इतना परिवर्तनशील होता है कि इन व्यक्तियों की तुलना संभव नहीं

है। इतना ही नहीं, इस तरह के साक्षात्कार में भेंटकर्ता को पूर्वाग्रह (prejudice) या पक्षपात दिखाने का भी काफी मौका मिलता है जिससे उसके द्वारा किए गए व्यक्तित्व मापन की निर्भरता कम हो जाती है।

व्यक्तित्व मापन के बारे में सामान्य निष्कर्ष (General conclusion regarding measurement of personality)—व्यक्तित्व मापने में व्यक्तित्व आविष्कारिका (personality inventories) तथा प्रक्षेपण परीक्षण (projective tests) का प्रयोग प्रेक्षण विधि (observation method) की अपेक्षा अधिक होता है। इन विभिन्न परीक्षणों में नैदानिक उद्देश्यों (clinical purposes) के लिए प्रक्षेपण परीक्षणों का प्रयोग अधिक किया जाता है। शैक्षिक संस्थानों (educational institutions) तथा शैक्षिक शोधों (educational researches) में व्यक्तित्व आविष्कारिका का प्रयोग तुलनात्मक रूप से अधिक किया जाता है।

अध्याय-सारांश
[Chapter Summary]

1. व्यक्तित्व मनोदैहिक गुणों का एक ऐसा गत्यात्मक संगठन (dynamic organisation) होता है जिसके द्वारा व्यक्ति अपने वातावरण के साथ समायोजन करता है।
2. व्यक्तित्व की व्याख्या मनोवैज्ञानिकों ने भिन्न-भिन्न सिद्धांतों (theories) के आधार पर की है। व्यक्तित्व का सबसे पुराना (classical) सिद्धांत प्रकार सिद्धांत (type theory) है। प्रकार सिद्धांत व्यक्तियों को एक खास श्रेणी या प्रकार से बाँटकर उसकी व्याख्या करता है। क्रेश्मर (Kretschmer) ने व्यक्तित्व को चार प्रकारों, जैसे पिकनिक प्रकार, एस्थेनिक प्रकार, एथलेटिक प्रकार तथा डाइस्पलास्टिक प्रकार में बाँटा है। उसी तरह शेल्डन (Sheldon) ने व्यक्तित्व को एण्डोमार्फी, मेसोमार्फी तथा एक्टोमार्फी तीन भागों में बाँटा है। क्रेश्मर तथा शेल्डन का वर्गीकरण शारीरिक बनावट (physical structure) के आधार पर है। कुछ मनोवैज्ञानिकों, जैसे युंग (Jung), आइजेन्क (Eysenck) तथा गिलफोर्ड ने व्यक्तित्व का वर्गीकरण मनोवैज्ञानिक गुणों (psychological characteristics) के आधार पर किया है। युंग द्वारा व्यक्तित्व के दो भागों में यानी अंतर्मुखी (introverts) तथा बहिर्मुखी (extroverts) में किया गया वर्गीकरण सबसे अधिक लोकप्रिय (popular) हुआ है।
3. व्यक्तित्व का दूसरा महत्त्वपूर्ण सिद्धांत शीलगुण सिद्धांत (trait theory) है। इस सिद्धांत के अनुसार व्यक्तित्व की संरचना भिन्न-भिन्न प्रकार के शीलगुणों से ठीक वैसी ही बनी होती है जैसे एक मकान की संरचना छोटी-छोटी ईंटों से बनी होती है। इस सिद्धांत के अनुसार व्यक्तित्व की व्याख्या व्यक्तित्व के किसी 'प्रकार' द्वारा नहीं बल्कि भिन्न-भिन्न शीलगुणों द्वारा नियंत्रित होता है जो प्रत्येक व्यक्ति में मौजूद रहता है। शीलगुण सिद्धांत में आलपोर्ट (Allport) तथा कैटेल (Cattell) का योगदान बहुत ही महत्त्वपूर्ण है।
4. व्यक्तित्व के दो प्रमुख निर्धारक (determinants) बताए गए हैं—जैविक कारक या आनुवंशिक कारक (biological factors or hereditary factors) तथा पर्यावरण-संबंधी कारक (environmental factors)। जैविक कारकों में मनोवैज्ञानिकों ने कई कारकों, जैसे शारीरिक संरचना तथा शारीरिक स्वास्थ्य (physical structure and physique), शरीर

रसायन एवं अंतःस्रावी ग्रन्थियाँ (body chemicals and endocrine glands), स्नायुमंडल (nervous system) आदि को रखा है। पर्यावरणी कारक (environmental factors) को तीन भागों में बाँटकर मनोवैज्ञानिकों ने अध्ययन किया है—सामाजिक कारक (social factors), सांस्कृतिक कारक (cultural factors), तथा आर्थिक कारक (economic factors)। सामाजिक कारक में कई कारकों यथा माता-पिता, परिवार के सदस्यों का आपसी संबंध, जन्मक्रम, स्कूली प्रभाव, पास-पड़ोस, सामाजिक स्वीकृति आदि को महत्त्वपूर्ण बताया गया है। सांस्कृतिक कारक (cultural factors) तथा आर्थिक कारक को भी मनोवैज्ञानिकों ने व्यक्तित्व के विकास के लिए काफी महत्त्वपूर्ण बताया है।

5. व्यक्तित्व को मापने के लिए मनोवैज्ञानिकों ने अनेक प्रकार की विधियों का वर्णन किया है जिसमें व्यक्तित्व आविष्कारिका (personality inventories) तथा प्रक्षेपण परीक्षण (projective tests) प्रमुख हैं। व्यक्तित्व आविष्कारिका में MMPI, बेल समायोजन आविष्कारिका (Bell Adjustment Inventory), कैटेल 16 व्यक्तित्व-कारक आविष्कारिका (Cattell 16 P.F. Inventory) आदि प्रमुख हैं। प्रक्षेपण विधि (projective method) के रूप में रोर्शाख परीक्षण (Rorschach Test), TAT, शब्द-साहचर्य परीक्षण (Word Association Test) तथा वाक्यपूर्ति परीक्षण (Sentence Completion Test) आदि प्रमुख हैं।

6. व्यक्तित्व मापन में प्रेक्षण विधियों (observational methods), जैसे रेटिंग मापनी (rating scale) तथा साक्षात्कार विधि (interview method) का भी प्रयोग किया जाता है।

❑

अध्याय 20

अवधान, अभिरुचि एवं मनोवृत्ति

[ATTENTION, INTEREST AND ATTITUDE]

मुख्य बिंदु (Main Points)

1. अवधान का अर्थ (Meaning of Attention)
2. अवधान की प्रमुख विशेषताएँ (Important Characteristics of Attention)
3. अवधान के प्रकार (Kinds of Attention)
4. अवधान के निर्धारक (Determinants of Attention)
5. बाह्य निर्धारक (Objective Conditions or Determinants)
6. आंतरिक निर्धारक (Subjective Conditions or Determinants)
7. अवधान का शैक्षिक आशय (Educational Implication of Attention)
8. अभिरुचि का अर्थ (Meaning of Interest)
9. अभिरुचि के प्रकार (Types of Interest)
10. स्कूल में बालकों की अभिरुचि को प्रभावित करनेवाले कारक (Factors Influencing Children's Interest in School)
11. अभिरुचि का मापन (Measurement of Interest)
12. अभिरुचि का शिक्षा में महत्त्व (Importance of Interest in Education)
13. मनोवृत्ति का अर्थ (Meaning of Attitude)
14. शिक्षण परिस्थिति में मनोवृत्ति में परिवर्तन कैसे लाया जाए? (How to Change Attitudes in Learning Situation?)
15. अवधान, अभिरुचि एवं मनोवृत्ति का तुलनात्मक अध्ययन (A Comparative Study of Attention, Interest and Attitude)

अवधान का अर्थ
(Meaning of Attention)

दिन-प्रतिदिन हमारी ज्ञानेन्द्रियाँ (sense organs) अनेक उद्दीपकों द्वारा प्रभावित होती रहती हैं। परन्तु, इन सभी उद्दीपकों के प्रति हम अनुक्रिया (response) नहीं करते। अपनी अभिरुचि (interest), मनोवृत्ति (attitude) तथा आवश्यकता (need) के अनुसार हम उनमें से कुछ उद्दीपकों (stimuli) को चुन लेते हैं और उसके प्रति अनुक्रिया करते हैं। मनोविज्ञान में इस तरह की चयनात्मक प्रक्रिया (selective process) को **अवधान** (attention) की संज्ञा दी जाती है। एक उदाहरण लें—एक छात्र कक्षा में शिक्षक की बात को ध्यानमग्न होकर सुनता है तो ऐसी अवस्था में वह सिर्फ शिक्षक तथा उनकी बातों को ही अपने चेतना केन्द्र (focus of attention) में ला पाता

है हालाँकि कक्षा में अन्य वस्तुएँ भी हैं, जैसे अन्य साथीगण बैठे होते हैं, ब्लैकबोर्ड है, पंखा है आदि-आदि। यहाँ कक्षा में उपस्थित विभिन्न वस्तुओं में से छात्र एक खास उद्दीपक (अर्थात शिक्षक) को चुनकर उसपर ध्यान दे रहा है। इस प्रकार को ही अवधान की संज्ञा दी जाती है। अतः, अवधान[1] को हम इस प्रकार परिभाषित कर सकते हैं—"अवधान एक चयनात्मक प्रक्रिया है जिसमें व्यक्ति एक विशेष शारीरिक मुद्रा बनाकर किसी वस्तु को चेतना केन्द्र में लाने के लिए तत्पर रहता है।"

इस परिभाषा का विश्लेषण करने पर हमें निम्नांकित तथ्य मिलते हैं—

(i) अवधान एक चयनात्मक प्रक्रिया है (Attention is a selective process)—अवधान में व्यक्ति वातावरण में उपस्थित अनेक उद्दीपकों या वस्तुओं में से कुछ उद्दीपक या वस्तु को चुनकर अपनी इच्छा, आवश्यकता एवं मनोवृत्ति (attitude) के अनुसार चयन कर लेता है।

(ii) अवधान की प्रक्रिया में विशेष शारीरिक मुद्रा होती है (There is particular bodily posture in the process of attention)—जब व्यक्ति किसी उद्दीपक या वस्तु पर ध्यान देता है तो उस समय उसके शरीर के अंगों द्वारा एक विशेष मुद्रा (posture) अपना ली जाती है। किसी वस्तु पर ध्यान देते समय शरीर के अंगों तथा ज्ञानेन्द्रियों (sense organs) को व्यक्ति इस तरह से समायोजित कर लेता है कि उस वस्तुविशेष का वह ठीक ढंग से प्रत्यक्षण कर सके। जैसे, छात्र जब कक्षा में शिक्षक की बातों को ध्यान से सुनता है, तो उसकी आँख, कान आदि की एक विशेष मुद्रा होती है, सिर कम हिलता-डुलता है तथा हाथ-पाँव की भी एक विशेष मुद्रा होती है।

(iii) अवधान में सिर्फ कुछ ही उद्दीपक या वस्तुएँ चेतना केन्द्र में आती हैं (In attention only some stimuli or objects are in the focus of consciousness)—जब व्यक्ति किसी वस्तुविशेष पर ध्यान देता है तो अन्य वस्तुएँ इर्द-गिर्द में होने के बावजूद उसके चेतना केन्द्र (focus of consciousness) या अवधान केन्द्र (focus of attention) में नहीं आ पाती हैं और केवल वही वस्तुएँ या उद्दीपक इस केन्द्र में आ पाते हैं जिनमें व्यक्ति की अभिरुचि अधिक होती है।

(iv) अवधान का स्वरूप प्रेरणात्मक होता है (Attention is motivational in nature)—अवधान की प्रक्रिया में व्यक्ति में ध्यान देनेवाले उद्दीपक या वस्तु के प्रति अनुक्रिया (response) करने की एक मानसिक तत्परता (mental readiness or set) पाई जाती है। दूसरे शब्दों में, अवधान व्यक्ति में एक प्रेरणात्मक परिस्थिति (motivational condition) उत्पन्न करता है जो व्यक्ति के ध्यान की दिशा (direction) का निर्धारण करता है।

स्पष्ट हुआ कि अवधान एक ऐसी चयनात्मक प्रक्रिया (selective process) है जिसमें व्यक्ति एक विशेष शारीरिक मुद्रा अपनाते हुए विभिन्न उद्दीपकों में से कुछ खास-खास उद्दीपकों को अपने चेतना केन्द्र या अवधान केन्द्र में लाता है।

अवधान की प्रमुख विशेषताएँ
(Important Characteristics of Attention)

अवधान एक ऐसी प्रक्रिया है जिसके द्वारा व्यक्ति कुछ उद्दीपकों या वस्तुओं को अपने चेतना केन्द्र में लाता है ताकि उसका प्रत्यक्षण ठीक ढंग से हो सके। अतः, अवधान की प्रक्रिया पहले होती है

1. "Attention is a selective mental process in which the person by adopting certain bodily posture is set to bring certain object into focus of consciousness."

तथा प्रत्यक्षण (perception) की प्रक्रिया बाद में। फिर भी अवधान की प्रक्रिया में पूर्णरूपेण ज्ञान प्राप्त करने के लिए यह आवश्यक है कि उसकी प्रमुख विशेषताओं पर विचार किया जाए। ऐसी प्रमुख विशेषताएँ निम्नलिखित हैं—

(i) अवधान का स्वरूप चयनात्मक होता है (The nature of attention is selective)—अवधान का स्वरूप चयनात्मक होता है; क्योंकि सभी उपस्थित वस्तुओं या उद्दीपकों में से कुछ खास उद्दीपक या वस्तु को चुनकर व्यक्ति इसपर ध्यान देता है। जैसे, छात्र जब बाजार में किताब खरीदने निकलते हैं तब ध्यान सिर्फ किताब की ही दूकान पर जाता है। अन्य तरह की दूकानों पर नहीं, क्योंकि ध्यान का स्वरूप चयनात्मक होता है।

(ii) अवधान में शारीरिक मुद्रा होती है (Attention involves bodily posture)—छात्र का ध्यान चाहे किताब पढ़ने पर हो या सिनेमा के पर्दे पर या किसी अन्य वस्तु पर, उस समय शरीर की एक विशेष मुद्रा होती है जिससे उस वस्तु पर ठीक ढंग से ध्यान दिया जा सके। कक्षा में छात्र जब शिक्षक की बातों को ध्यान से सुनते हैं, तो वे एक विशेष शारीरिक मुद्रा, जैसे सिर शिक्षक की बातों की ओर, हाथ-पाँव का हिलाना-डुलाना आदि बंद करके वे शिक्षक की बातें सुनते हैं।

(iii) अवधान में तत्परता या अनुक्रियाशीलता की स्थिति होती है (Attention involves the state of readiness or responsiveness)—अवधान में एक विशेष प्रकार की मानसिक तत्परता पाई जाती है जिससे व्यक्ति किसी उद्दीपक के प्रति अनुक्रिया करने के लिए तैयार रहता है। इसी विशेषता के कारण अवधान में प्रेरणात्मक गुण (motivational properties) का समावेश होता है। जब व्यक्ति किसी वस्तु पर ध्यान देता है तो उसके प्रत्येक पहलू के बारे में ज्ञान प्राप्त हो जाता है। इससे हमें प्रत्यक्षण ठीक ढंग से होता है जो बाद में व्यक्ति को उचित अनुक्रिया करने में मदद करता है।

(iv) अवधान उद्देश्यपूर्ण होता है (Attention is purposive)—अवधान हमेशा उद्देश्यपूर्ण होता है। दूसरे शब्दों में, यह कहा जा सकता है कि जब भी व्यक्ति किसी वस्तु पर ध्यान देता है तो उसके पीछे कोई-न-कोई उद्देश्य निश्चित रूप से छिपा होता है। दूसरे शब्दों में, अवधान उद्देश्यहीन नहीं होता है। छात्र परीक्षा के समय पढ़ाई पर अधिक ध्यान देना प्रारंभ कर देते हैं, क्योंकि उनका उद्देश्य उच्च अंकों के साथ परीक्षा पास करना होता है।

(v) अवधान का विस्तार सीमित होता है (Attention has limited span or range)—किसी दिए हुए समय में एकसाथ जितने उद्दीपकों या वस्तुओं पर व्यक्ति अवधान दे सकता है, वही उसका अवधान-विस्तार (span or range of attention) कहलाता है। अगर व्यक्ति के सामने एक साथ ही 20–25 उद्दीपक (stimulus) या वस्तु रख दिए जाएँ तो एक सामान्य व्यक्ति (normal person) उन सभी पर एकसाथ ध्यान देने में असमर्थ रहता है। प्रयोगात्मक अध्ययनों से प्राप्त परिणामों के आधार पर कहा जा सकता है कि सामान्य व्यक्ति का अवधान-विस्तार सामान्यतः 7 से 9 उद्दीपकों तक ही सीमित रहता है। भिन्न-भिन्न उद्दीपकों के लिए अवधान-विस्तार अलग-अलग हुआ करता है।

(vi) अवधान में अस्थिरता तथा उच्चलन का गुण होता है (Attention has the property of fluctuation and shifting)—अवधान में अस्थिरता (fluctuation) एवं उच्चलन (shifting) का गुण होता है। प्रायः अवधान एक ही उद्दीपक या वस्तु के एक पहलू से दूसरे पहलू पर परिवर्तित होता रहता है। अवधान के इस गुण को अवधान अस्थिरता (fluctuation of attention) कहा जाता

है। परन्तु, जब अवधान एक उद्दीपक से दूसरे उद्दीपक पर परिवर्तित होता है तो इसे अवधान उच्चलन (shifting of attention) की संज्ञा दी जाती है। छात्र का ध्यान जब एक किताब के आकर्षक जिल्द (cover) के कभी एक पहलू पर तो कभी दूसरे पहलू पर जाता है, तो यह अवधान अस्थिरता का उदाहरण बनता है। परन्तु, जब उसका ध्यान रखी गई कई किताबों में से कभी एक किताब पर तो कभी दूसरी किताब पर जाता है, तो यह अवधान उच्चलन का उदाहरण बनता है।

(vii) अवधान में विभाजन का भी गुण होता है (There also occurs division in attention)—सामान्यतः जब एक ही समय में व्यक्ति दो भिन्न कार्यों को करने लगता है, तो इस प्रक्रिया में उसका अवधान उन दोनों कार्यों पर होता है। अवधान की इस स्थिति को **अवधान-विभाजन** की संज्ञा दी जाती है। जैसे, छात्र अकसर अपने अध्ययन कक्ष (study room) में किताब पढ़ते हैं और साथ-ही-साथ अपना टेबुल ट्रांजिस्टर (रेडियो) भी धीमा करके चालू रखते हैं। उनका आधा ध्यान किताब पर और आधा ध्यान संगीत पर होता है। चूँकि अवधान की यह प्रक्रिया एक ही साथ दोनों उद्दीपकों पर होती है, अतः मनोवैज्ञानिकों ने इसे अवधान-विभाजन की संज्ञा दी है।

इस तरह, हम देखते हैं कि अवधान की कई विशेषताएँ हैं जिनके आधार पर इस प्रक्रिया को ठीक ढंग से समझा जा सकता है।

अवधान के प्रकार
(Kinds of Attention)

अवधान के मुख्य तीन प्रकार होते हैं, जो निम्नांकित हैं—

(1) ऐच्छिक अवधान (Voluntary attention)

(2) अनैच्छिक अवधान (Involuntary attention)

(3) आभ्यासिक अवधान (Habitual attention)

इन तीनों का वर्णन इस प्रकार है—

(1) ऐच्छिक अवधान (Voluntary attention)—छात्र अपनी इच्छा या प्रेरणा से प्रेरित होकर जब किसी वस्तु पर ध्यान या अवधान देते हैं, तो इसे ऐच्छिक अवधान कहा जाता है। इस तरह के अवधान में स्पष्टतः कोई-न-कोई उद्देश्य (purpose) छिपा रहता है। जैसे, छात्र द्वारा कक्षा में शिक्षक की बातों पर ध्यान देना, एक ऐच्छिक अवधान (voluntary attention) का उदाहरण है; क्योंकि इसका उद्देश्य उनकी बातों को ठीक ढंग से समझना तथा ज्ञान में वृद्धि करने की इच्छा या प्रेरणा का होना होता है।

(2) अनैच्छिक अवधान (Involuntary attention)—अनैच्छिक अवधान में व्यक्ति का ध्यान या अवधान उसकी इच्छा या प्रेरणा के कारण किसी वस्तुविशेष की ओर नहीं जाता है बल्कि उस वस्तु या उद्दीपक में ही कुछ ऐसी विशेषता होती है जिसके कारण व्यक्ति का अवधान उसकी ओर चला जाता है। जैसे, कक्षा में जब शिक्षक पढ़ा रहे होते हैं और यदि उसी समय अचानक धमाके की आवाज उत्पन्न हो जाती है, तो सभी छात्रों और यहाँ तक कि शिक्षक का ध्यान उस धमाके की आवाज की ओर चला जाता है। यह अनैच्छिक अवधान का उदाहरण है; क्योंकि इसमें छात्र तथा

शिक्षक का ध्यान आवाज की ओर किसी इच्छा या प्रेरणा से प्रेरित होकर नहीं जाता है बल्कि आवाज में धमाके का गुण होने के कारण चला जाता है।

(3) आभ्यासिक अवधान (Habitual attention)—इस तरह के अवधान में व्यक्ति का ध्यान किसी वस्तु की ओर जाना उसकी आदत, शिक्षा, पेशा, प्रशिक्षण आदि के कारण बिना किसी प्रयास के ही अपने-आप चला जाता है। जैसे, शिक्षक का ध्यान किसी विद्यालय या कॉलेज के नाम के साइनबोर्ड पर चला जाना, मनोविज्ञान के छात्र का ध्यान मनोविज्ञान की पुस्तक की ओर जाना, पान खानेवाले व्यक्तियों का ध्यान पान की दूकान की ओर जाना **आभ्यासिक अवधान** के कुछ उदाहरण हैं।

उपर्युक्त विवरण से यह स्पष्ट है कि अवधान अनेक प्रकार के होते हैं। ऐच्छिक एवं आभ्यासिक अवधान की प्रधानता वयस्कों में होती है और अनैच्छिक अवधान की प्रधानता बालकों में होती है।

अवधान के निर्धारक
(Determinants of Attention)

जिन कारकों से हमें यह पता चलता है कि हमलोग किसी वस्तु पर अवधान क्यों देते हैं, उन्हें अवधान के निर्धारक (determinants or conditions of attention) कहा जाता है। अवधान के ऐसे दो निर्धारक हैं—

(अ) बाह्य निर्धारक (Objective conditions or determinants)

(ब) आंतरिक निर्धारक (Subjective conditions or determinants)

इन दोनों कारकों का वर्णन निम्नांकित है—

बाह्य निर्धारक (Objective Conditions or Determinants)

बाह्य निर्धारक से तात्पर्य उद्दीपक या वस्तु के ऐसे गुणों एवं विशेषताओं से होता है जिनके कारण व्यक्ति का अवधान उस उद्दीपक या वस्तु की ओर चला जाता है। इसलिए इस तरह के निर्धारकों को उद्दीपक निर्धारक (stimulus conditions) भी कहा जाता है। बाह्य निर्धारक में अनेक कारक होते हैं जिनमें कुछ प्रमुख कारक निम्नांकित हैं—

(1) उद्दीपक की तीव्रता (Intensity of stimulus)—किसी भी उद्दीपक (stimulus) या वस्तु की तीव्रता कम या अधिक हो सकती है। कम या मन्द उद्दीपक की अपेक्षा तीव्र उद्दीपक व्यक्ति का ध्यान अधिक आकर्षित करता है। जैसे, यदि कोई छात्र अपने कमरे में बैठकर रेडियो सुन रहा है और अचानक पड़ोसी के यहाँ लाउडस्पीकर बजना प्रारंभ हो जाता है तो उस छात्र का ध्यान लाउडस्पीकर की आवाज की तीव्रता के कारण रेडियो से हटकर उसपर चला जाता है।

(2) उद्दीपक में परिवर्तन (Change in stimulus)—उद्दीपक में दो तरह के परिवर्तन होते हैं—सहसा परिवर्तन (sudden change) तथा क्रमिक परिवर्तन (gradual change)। जब किसी उद्दीपक में सहसा परिवर्तन हो जाता है तो अकसर व्यक्ति का ध्यान उसकी ओर चला जाता है। जैसे, कमरे में बजता हुआ रेडियो यदि अचानक बंद हो जाता है, तो कमरे में बैठे सभी व्यक्तियों का अवधान

उसकी ओर चला जाता है। उसी तरह शिक्षक कक्षा में पढ़ाते समय यदि अचानक चुप हो जाते हैं, तो उस ओर सभी छात्रों का ध्यान चला जाता है। परन्तु, उद्दीपक में यदि क्रमिक परिवर्तन होता है, व्यक्ति का ध्यान उस ओर नहीं जाता है। यही कारण है कि एक शिशु में एक साल के भीतर जो शारीरिक परिवर्तन होता है उसपर हमारा ध्यान तक नहीं जाता है; क्योंकि वह परिवर्तन क्रमिक होता है।

(3) उद्दीपक में गति (Movement in stimulus)—जिन उद्दीपकों में गति (movement) होती है, वे स्थिर उद्दीपकों की अपेक्षा अधिक अवधान आकृष्ट करते हैं। शायद यही कारण है कि सड़क पर चलती मोटरगाड़ी खड़ी मोटरगाड़ी की अपेक्षा हमारा ध्यान अधिक आकृष्ट करती है।

(4) उद्दीपक की पुनरावृत्ति (Repetition of stimulus)—जब उद्दीपक को बार-बार हमारे सामने उपस्थित किया जाता है तो न चाहते हुए भी हमारा अवधान उस उद्दीपक की ओर चला जाता है। अतः, उद्दीपक की पुनरावृत्ति भी अवधान का एक प्रमुख निर्धारक है। शायद यही कारण है कि शिक्षक जब यह चाहते हैं कि अमुक तथ्य पर छात्र ध्यान दें तो वे उस तथ्य को कक्षा में बार-बार दोहराते हैं।

(5) उद्दीपक का आकार (Size of stimulus)—जब उद्दीपक का आकार छोटा होता है तो उसपर अवधान कम जाता है, परन्तु जब उद्दीपक का आकार बड़ा होता है, तो उस पर अवधान तेजी से चला जाता है। शायद यही कारण है कि अखबार को पढ़ते समय सबसे पहले उन समाचारों पर हमारा अवधान जाता है, जो बड़े-बड़े अक्षरों में लिखे होते हैं। छात्र का ध्यान पुस्तक के पन्नों के उन शीर्षकों की ओर अधिक जाता है जो बड़े अक्षरों में लिखे होते हैं।

(6) उद्दीपक की नवीनता (Novelty of stimulus)—जब उद्दीपक नया होता है या पुराना ही उद्दीपक नए रूप में व्यक्ति के सामने उपस्थित होता है तो उसपर हमारा अवधान अकसर चला जाता है। छात्र या शिक्षक का ध्यान नई पुस्तक या पुस्तक के नए संस्करण पर इसी नवीनता के कारण चला जाता है।

(7) उद्दीपक की स्थिति (Position of stimulus)—एक ही उद्दीपक अपनी स्थिति के कारण लोगों का अवधान कभी तो काफी तेजी से आकर्षित करता है और कभी ऐसा भी होता है कि लोगों का अवधान उसपर जाता ही नहीं है। जैसे, अखबार के प्रथम पृष्ठ पर छपे हुए शीर्षक पर हमारा अवधान तेजी से चला जाता है परन्तु यदि उसी शीर्षक को पाँचवें या छठे पेज पर छापा जाए, तो संभवतः अधिकतर लोगों का ध्यान उसपर जाएगा ही नहीं। इसका स्पष्ट कारण उद्दीपक (शीर्षक) की स्थिति है।

(8) उद्दीपक का विलगन (Isolation of stimulus)—उद्दीपक का विलगन भी एक कारक है जो अवधान को प्रभावित करता है। विलगन से तात्पर्य किसी उद्दीपक का अन्य उद्दीपकों से अलग होना होता है। जब कोई उद्दीपक अन्य उद्दीपकों से बिलकुल अलग होता है, तो उसपर व्यक्ति का ध्यान जल्दी से चला जाता है। कक्षा में शिक्षक का स्थान विद्यार्थियों के बैठने के स्थान से अलग होता है। इसी कारण शिक्षक के अपने इस स्थान पर जाते ही प्रत्येक विद्यार्थी का ध्यान उसकी ओर चला जाता है।

(9) उद्दीपक का विरोध (Contrast of stimulus)—जब कोई उद्दीपक किसी विरोधी उद्दीपक के साथ होता है, तो उसपर हमारा ध्यान जल्दी चला जाता है। जैसे, यदि हरे कागज के टुकड़े को हरे ही कागज पर रखें तो हमारा अवधान उसपर जल्दी नहीं जाएगा, परन्तु यदि उस हरे कागज पर के

टुकड़े को लाल कागज पर रखें तो उसपर हमारा अवधान तेजी से चला जाता है। ऐसा इसलिए होता है कि दूसरी परिस्थिति में उद्दीपक के रंगों में विरोधाभास है।

(10) उद्दीपक की अवधि (Duration of stimulus)—जब कोई उद्दीपक क्षणभर के लिए व्यक्ति के सामने उपस्थित होता है, तो उसपर उसका ध्यान नहीं जाता है। परन्तु, यदि वही उद्दीपक कुछ मिनटों तक के लिए उसके सामने उपस्थित होता है तो उसपर उसका ध्यान तेजी से चला जाता है। जैसे, किसी फोटो को क्षणभर व्यक्ति के सामने रखकर हटा लिया जाता है, तो संभवतः उसपर उसका ध्यान नहीं जाता है। परन्तु, यदि उसी फोटो को कुछ समय के लिए हमारे सामने रखकर छोड़ दिया जाता है, तो उसपर हमारा ध्यान अकसर चला जाता है।

स्पष्ट हुआ कि उद्दीपक की कुछ विशेषताओं के कारण व्यक्ति का ध्यान उस ओर अपने-आप चला जाता है।

आंतरिक निर्धारक (Subjective Conditions or Determinants)

अवधान के आंतरिक निर्धारक से तात्पर्य कुछ वैसे कारकों से होता है जो व्यक्ति की आदत, अभिरुचि आदि जैसे कारकों से संबंधित होते हैं और व्यक्ति का ध्यान किसी वस्तु या उद्दीपक के प्रति ले जाने में सहायक होते हैं। प्रमुख आंतरिक निर्धारक निम्नांकित हैं—

(1) अभिरुचि (Interest)—व्यक्ति को जिस वस्तु में अभिरुचि अधिक होती है, उसपर वह जल्दी अवधान देता है। किताब की दूकान पर मनोविज्ञान के छात्र का ध्यान मनोविज्ञान की पुस्तकों पर पहले जाता है, न कि बगल में रखी हुई अन्य विषयों की पुस्तक पर। ऐसा इसलिए होता है क्योंकि छात्र को मनोविज्ञान की पुस्तकों में अभिरुचि होती है।

(2) आदत (Habit)—जिस व्यक्ति में जिस तरह की आदत होती है, वह उससे संबंधित चीजों पर पहले ध्यान देता है। जिन छात्रों को पान खाने की आदत होती है, उनका ध्यान अन्य दूकानों की अपेक्षा पान की दूकान पर जल्दी चला जाता है। उसी तरह जिन छात्रों को डाक टिकट जमा करने की आदत होती है, उनका ध्यान लिफाफे पर चिपकाए गए टिकटों पर तेजी से चला जाता है।

(3) जिज्ञासा (Curiosity)—जिस वस्तु के बारे में जानने की जिज्ञासा व्यक्ति में अधिक होती है, उसपर वह अवधान जल्दी देता है। प्रायः ऐसा देखा गया है कि जब कोई व्यक्ति नई चीज देखता है तो जिज्ञासा तथा कौतूहलवश उसका ध्यान उस ओर चला जाता है। बालकों का ध्यान नए-नए खिलौनों के प्रति इसी जिज्ञासावश चला जाता है।

(4) अर्थ (Meaning)—व्यक्ति जिस उद्दीपक का अर्थ सही-सही समझ जाता है, उसपर अन्य उद्दीपकों की अपेक्षा, जिनका अर्थ वह ठीक ढंग से नहीं समझता, जल्द चला जाता है। यही कारण है कि जब शिक्षक कक्षा में अँगरेजी भाषा में पढ़ाते हैं और जो अँगरेजी भाषा नहीं समझते या कम समझते हैं, वे शिक्षक की बातों की ओर अधिक ध्यान नहीं दे पाते और कक्षा उन्हें ऊबाऊ (bored) महसूस होने लगती है।

(5) आवश्यकता (Need)—व्यक्ति अपनी आवश्यकतानुसार किसी वस्तु या उद्दीपक पर ध्यान देता है। एक गरीब छात्र का ध्यान छात्रवृत्ति के संबंध में कॉलेज के प्राचार्य (Principal) द्वारा दिए गए नोटिस पर अन्य नोटिस की तुलना में जल्द जाने का राज, यही आवश्यकता है। उसी तरह

खेलप्रेमियों का ध्यान खेल-संबंधी सूचनाओं पर भी इसी आवश्यकता के कारण अधिक आसानी से चला जाता है।

(6) **मनोवृत्ति** (Attitude)—व्यक्ति की मनोवृत्ति भी अवधान का एक प्रमुख निर्धारक है। जिस छात्र की मनोवृत्ति गणित विषय के प्रति अनुकूल (favourable) होती है, वह गणित विषय की पुस्तकों, सूत्रों आदि के प्रति जल्दी एवं अधिक ध्यान देता है। परन्तु, जिस छात्र की मनोवृत्ति गणित विषय के प्रति प्रतिकूल (unfavourable) होती है, वह गणित विषय की पुस्तकों एवं सूत्रों के प्रति अधिक ध्यान नहीं देता पाया जाता है।

(7) **प्रशिक्षण** (Training)—व्यक्ति जिस विषय या कार्यक्षेत्र में विशेष प्रशिक्षण पाकर निपुणता हासिल किए हुए रहता है, उससे संबंधित वस्तु पर उसका अवधान जल्द चला जाता है। शायद यही कारण है कि एक डॉक्टर का ध्यान रोग के नामों की ओर एवं रोगियों की ओर, एक संस्कृत शिक्षक का ध्यान संस्कृत की पुस्तकों की ओर जल्द चला जाता है।

इस तरह, हम देखते हैं कि व्यक्ति किसी वस्तु की ओर ध्यान अंशतः उद्दीपक की विशेषताओं या गुण के कारण एवं अंशतः अपने व्यक्तित्व के गुणों के कारण देता पाया जाता है।

अवधान का शैक्षिक आशय
(Educational Implication of Attention)

अवधान जैसी प्रक्रिया का महत्त्व शिक्षा में काफी है। इससे शिक्षकों एवं छात्रों को अपनी-अपनी भूमिकाएँ निभाने में काफी मदद मिलती है। शिक्षा में अवधान के शैक्षिक महत्त्व एवं आशय की व्याख्या हम इस प्रकार कर सकते हैं—

(1) कक्षा में शिक्षकों को चाहिए कि वे छात्रों का ध्यान अपनी ओर आकृष्ट रखें। इसके लिए वे ध्यान के बाह्य निर्धारकों को काम में ला सकते हैं। इन निर्धारकों का उपयोग करके शिक्षक अपनी बातों को अधिक रुचिकर बना सकते हैं और तब छात्र अपने-आप ही उनकी बातों की ओर ध्यान देना प्रारंभ कर देंगे।

(2) कक्षा में शिक्षकों द्वारा एक ऐसा माहौल रखना चाहिए कि छात्र को किसी प्रकार के डर एवं बाध्यता (compulsion) का अनुभव नहीं हो। ऐसा होने से छात्र स्वयं ही शिक्षकों की बातों एवं उनके द्वारा पढ़ाए जानेवाले विषयों पर काफी ध्यान देंगे।

(3) शिक्षकों को कक्षा में छात्रों को, विशेषकर जब छात्र छोटे हों, तो उन्हें अपनी ओर आकृष्ट करने के लिए कुछ खिलौनों एवं हास्य चित्रांकनों का भी उपयोग करना चाहिए।

(4) छात्र शिक्षक की बातों में और अपनी पठन-सामग्रियों में अधिक रुचि दिखावें एवं उसकी ओर अधिक ध्यान दें, इसके लिए आवश्यक है कि शिक्षक कक्षा में क्लिष्ट भाषा का प्रयोग न करें क्योंकि अवधान का एक नियम (principle) यह है कि जिन चीजों या वस्तुओं का अर्थ व्यक्ति द्वारा नहीं समझा जाता है, वह उसपर ध्यान भी नहीं दे पाता है।

(5) शिक्षक को छात्रों का ध्यान अपनी ओर आकृष्ट करने के लिए अध्यापन की उचित विधि का सहारा लेना चाहिए। अध्यापन की विधि ऐसी होनी चाहिए जिसमें छात्र में कक्षा में सहभागिता (participation) की भावना अच्छी हो तथा उनमें कभी ऊब (bore) का अनुभव नहीं हो।

(6) शिक्षकों को चाहिए कि वे छात्रों में इतना विश्वास एवं साहस उत्पन्न कर दें कि वे अपनी इच्छा से पढ़ाई जानेवाली विषय-वस्तु की ओर ध्यान दे पाएँ।

इस तरह, स्पष्ट है कि ध्यान की प्रक्रिया का शिक्षा में महत्त्व है। यदि शिक्षक ध्यान-संबंधी निर्धारकों (determinants) एवं ऊपर बताए गए तथ्यों पर गौर करें तो वे छात्रों का ध्यान अपने पठन-पाठन की ओर आकृष्ट रखने में सफल होंगे।

अभिरुचि का अर्थ
(Meaning of Interest)

अभिरुचि एक ऐसा पद (term) है जिसका प्रयोग प्रारंभ से ही मनोवैज्ञानिकों द्वारा ढीले-ढाले अर्थ में किया जाता रहा है। रेबर (Reber, 1985) के अनुसार प्रारंभ में इस पद का प्रयोग ध्यान, जिज्ञासा, प्रेरणा, इच्छा आदि जैसे शब्दों के समानांतर किया जाता था। परन्तु, 1940 के बाद मनोवैज्ञानिकों ने, विशेषकर शिक्षा मनोवैज्ञानिकों ने इस पद का प्रयोग इतना व्यापक (comprehensive) और ढीले-ढाले अर्थ में करना अच्छा नहीं समझा।

ड्रीवर एवं वालरस्टीन (Drever & Wallerstein, 1984) के अनुसार अभिरुचि पद का प्रयोग आजकल सामान्यतः दो अर्थों में होता है—कार्यात्मक अर्थ (functional meaning) तथा संरचनात्मक अर्थ (structural meaning)। कार्यात्मक अर्थ में अभिरुचि से तात्पर्य एक ऐसे भाव (feeling) की अनुभूति से होता है जिसे एक सार्थक अनुभूति (worthwhile experience) कहा जाता है तथा जो किसी वस्तु पर दिए जानेवाले ध्यान (attention) या कोई किए जानेवाले कार्य से संबंधित होता है। इसी अर्थ में सैक्स[1] (Sax, 1974) ने अभिरुचि को परिभाषित करते हुए कहा है, "किसी अन्य कार्य की तुलना में एक कार्य को पसंद करना ही अभिरुचि कहलाता है।" संरचनात्मक अर्थ में अभिरुचि से तात्पर्य व्यक्ति के व्यक्तित्व के एक ऐसे अर्जित या जन्मजात तत्त्व (element) से होता है जिसके कारण उसमें किसी वस्तु के प्रति एक सार्थक अनुभूति उत्पन्न होती है।

अभिरुचि का प्रयोग चाहे कार्यात्मक अर्थ में हो या संरचनात्मक अर्थ में, अभिरुचि में व्यक्ति वस्तुओं या क्रियाओं का चयन (selection) करके उसे पसंद-नापसंद विमा (liking–disliking dimension) में कोटिबद्ध (ranking) करता है। फलतः उसे कोई एक वस्तु या क्रिया अन्य वस्तु या क्रिया से अधिक पसंद या कम पसंद होती है। रिली (Reilly, 1990) के अनुसार अभिरुचि बालकों में एक प्रेरणात्मक बल (motivational force) के रूप में कार्य करता है जिसके परिणामस्वरूप वह किसी वस्तु को अन्य वस्तुओं से अलग कर उसपर विशेष ध्यान देता है। अतः, अभिरुचि का संबंध ध्यान (attention) से सीधा है।

अभिरुचि के प्रकार (Types of Interest)

मनोवैज्ञानिकों ने अभिरुचि के कई प्रकार बताए हैं। इनमें सुपर एवं क्राइटस (Super & Crites, 1962) द्वारा अभिरुचि का किया गया वर्गीकरण (classification) सबसे अधिक लोकप्रिय है। उन्होंने अभिरुचि के अग्रांकित तीन प्रकार बताए हैं—

---

1. "An interest is a perference for one activity over other."—Sax, *Principles of Educational Movement and Evaluation,* 1974, p. 397

(1) **व्यक्त अभिरुचि** (Expressed interest)—व्यक्त अभिरुचि वैसी अभिरुचि को कहा जाता है जिसमें किसी एक क्रिया (activity) की तुलना में व्यक्ति किसी दूसरी क्रिया को अधिक पसंद करने की स्पष्ट अभिव्यक्ति करता है। जैसे, शिक्षक द्वारा पूछने पर छात्र यदि स्पष्ट रूप से यह कहता है कि उसे संस्कृत एवं हिन्दी अन्य विषयों की तुलना में अधिक रुचिकर लगता है, तो यह **व्यक्त अभिरुचि** (expressed interest) का उदाहरण होगा।

(2) **प्रकट अभिरुचि** (Manifest interest)—प्रकट अभिरुचि से तात्पर्य वैसी अभिरुचि से होता है जिसकी अभिव्यक्ति व्यक्ति द्वारा स्वतः अपनी इच्छा से कोई काम करने से होती है। जैसे यदि कोई छात्र अकसर खाली समय में शतरंज खेलता पाया जाता है, तो ऐसा कहा जाता है कि शतरंज में उसकी अभिरुचि है और यह अभिरुचि प्रकट अभिरुचि का उदाहरण होगा।

(3) **आविष्कारिकात्मक अभिरुचि** (Inventoried interest)—आविष्कारिकात्मक अभिरुचि वैसी अभिरुचि को कहा जाता है जिसका ज्ञान मानक अभिरुचि आविष्कारिका (Standard interest inventory) का क्रियान्वयन (administer) करने के बाद पता चलता है। ऐसी मानक अभिरुचि आविष्कारिका (standard interest inventory) द्वारा कई तरह के अभिरुचि का मापन होता है। आविष्कारिका पर आए प्राप्तांक (score) के आधार पर यह पता चलता है कि अमुक छात्र की अभिरुचि क्या है।

इन तीन प्रमुख अभिरुचियों के अलावा कुछ शिक्षकों (teachers), शिक्षाशास्त्रियों (educators) एवं शिक्षा मनोवैज्ञानिकों ने अभिरुचि के और प्रकार का वर्णन किया है और वह है—**परीक्षित अभिरुचि** (tested interest) । परीक्षित अभिरुचि से तात्पर्य वैसी अभिरुचि से होता है जिसकी झलक व्यक्ति की उपलब्धियों (achievements) से होती है। यदि किसी छात्र का अंक-पत्र (marks-sheet) देखने से यह पता चलता है कि गणित में उसका अंक (marks) अन्य विषयों की तुलना में काफी अधिक है, तो ऐसी उम्मीद लगाई जाती है कि छात्र की अभिरुचि गणित में अन्य विषयों की तुलना में अधिक है। परंतु, सुपर (Super, 1949) ने परीक्षित अभिरुचि की वैधता (validity) को चुनौती दी है और कहा है कि इस तरह की अभिरुचि का आधार भ्रामक है और उसके आधार पर व्यक्ति की अभिरुचि के बारे में एक निश्चित निष्कर्ष पर पहुँचना संभव नहीं है। जैसे, उक्त उदाहरण में गणित में उच्च अंक का कारण आसान प्रश्न या गणित के विषय में विशेष कोचिंग किया जाना हो सकता है। अतः, गणित में उच्च अंक के आधार पर यह अनुमान लगा लेना कि छात्र की गणित में अधिक अभिरुचि है, उचित नहीं होगा।

इस तरह, हम देखते हैं कि अभिरुचि के कई प्रकार हैं। इन प्रकारों में आविष्कारिकात्मक अभिरुचि का अध्ययन शिक्षाशास्त्रियों द्वारा विशेषकर मानक अभिरुचि आविष्कारिका (standard interest inventory) के माध्यम से अधिक किया गया है।

स्कूल में बालकों की अभिरुचि को प्रभावित करनेवाले कारक
(Factors Influencing Childern's Interest in School)

अनेक शिक्षा मनोवैज्ञानिकों द्वारा स्कूल में बालकों की अभिरुचि (interests) का अध्ययन किया गया है और इन अध्ययनों से दो बातों का पता चला है। पहली बात तो यह है कि प्रारंभ में बालक स्कूल जाना एक गर्व की बात समझते हैं और वे स्कूली शिक्षा में काफी अभिरुचि लेते हैं। परन्तु,

बाद में जब वे उच्च स्कूल (high school) में पहुँचते हैं तो उनकी अभिरुचि घटने लगती है। दूसरी बात यह है कि जैसे-जैसे बालक स्कूल में उच्च कक्षाओं की ओर अग्रसर होते हैं, वैसे-वैसे उनकी अभिरुचि सीमित (selective) होती जाती है और उनकी अभिरुचि कक्षा के अन्दर की शैक्षिक क्रियाओं (academic activities) में घटती जाती है तथा कक्षा के बाहर की गैर-शैक्षिक क्रियाओं (nonacademic activities), जैसे खेलकूद, मध्यावकाश (recess) आदि में बढ़ती जाती है।

क्लिफोर्ड (Clifford, 1975) तथा वेल्डमैन (Veldman, 1974) द्वारा किए गए अध्ययनों के आधार पर कुछ वैसे कारकों का पता चला है जिनसे स्कूल में बालकों में अभिरुचि का विकास (development of interest) प्रभावित होता है। इन कारकों में निम्नांकित प्रमुख हैं—

(1) प्रारंभिक स्कूल अनुभूतियाँ (Early school experiences)—वैसे बालक जो शारीरिक एवं मानसिक रूप से स्कूल जाने के लिए तैयार रहते हैं, उन्हें स्कूल में समायोजन (adjustment) करने में काफी सफलता मिलती है तथा ऐसे बालकों के प्रारंभिक स्कूल की अनुभूतियाँ (experiences) आनंददायक होती हैं। फलतः, उनमें शैक्षिक अभिरुचि (academic interest) तेजी से पनपती है। दूसरी तरफ, जब बालक अपने माता-पिता या अभिभावक के मात्र दबाव से स्कूल भेजे जाते हैं, अर्थात जब बालक शारीरिक एवं मानसिक रूप से तैयार नहीं रहने के बावजूद स्कूल में भेज दिए जाते हैं, तो उन्हें वहाँ समायोजन करने में काफी दिक्कत होती है और धीरे-धीरे उनकी शैक्षिक अभिरुचि घटती चली जाती है।

(2) माता-पिता का प्रभाव (Parental influences)—माता-पिता का प्रभाव सामान्य रूप से स्कूल के प्रति बालकों की मनोवृत्ति पर पड़ता है। इतना ही नहीं, माता-पिता का प्रभाव शिक्षा के प्रति उनकी मनोवृत्ति, विभिन्न स्कूल विषयों के प्रति मनोवृत्ति तथा अन्य शिक्षकों के प्रति एक मनोवृत्ति विकसित होने में काफी पड़ता है। इस प्रभाव के अनुरूप ही छात्र शिक्षकों, स्कूल विषयों एवं अपने अध्ययन के प्रति अभिरुचि विकसित कर पाते हैं। यदि यह प्रभाव स्वस्थकर होता है, तो बालकों की अभिरुचि इन सबके प्रति भी स्वस्थकर एवं आनंददायक होती है।

(3) भाई-बहनों की मनोवृत्ति (Sibling attitudes)—बालकों में शिक्षा तथा अध्ययन विषय के प्रति अरुचि के विकास में बड़े भाई-बहनों की मनोवृत्ति का भी प्रभाव अधिक पड़ता है। यदि बड़े भाई-बहनों की मनोवृत्ति किसी विषय या शिक्षक के प्रति प्रतिकूल होती है, तो इसका प्रभाव बालक पर भी पड़ता है और उनमें भी वैसी ही मनोवृत्ति और उसी के अनुरूप अभिरुचि (interest) विकसित हो जाती है। ऐसे बालक भी उन विषयों या शिक्षकों के प्रति नापसंदगी दिखाना प्रारंभ कर देते हैं।

(4) साथी-संगी की मनोवृत्ति (Peer attitude)—बालकों की अभिरुचि उनके साथी-संगी की मनोवृत्ति द्वारा भी प्रभावित होती है। हरलॉक (Hurlock, 1979) ने अपने अध्ययन में पाया कि जब बालक के साथियों की मनोवृत्ति किसी विषय के प्रति प्रतिकूल (unfavourable) होती है, तो उस बालक की मनोवृत्ति भी उस विषय के प्रति वैसी ही हो जाती है और वह बालक भी उस विषय में अन्य विषयों की तुलना में कम अभिरुचि दिखाना प्रारंभ कर देता है।

(5) शैक्षिक सफलता (Academic success)—बालकों की अभिरुचि पर शैक्षिक सफलता का सीधा प्रभाव पड़ता है। यदि किसी बालक को स्कूल में लगातार शैक्षिक सफलता मिलती जाती है, तो इससे उसमें आत्म-संतोष उत्पन्न होता है और उसकी अभिरुचि शैक्षिक क्रियाकलाप एवं अध्ययन में अधिक बढ़ जाती है। परन्तु, यदि उसे अकसर शैक्षिक असफलता हाथ लगती है, तो

इससे उसके अहं (ego) पर चोट पहुँचती है और एक तरह से स्कूल एवं शिक्षा के प्रति उसमें अरुचि विकसित होने लगती है।

(6) कार्य के प्रति मनोवृत्ति (Attitude toward work)—यदि बालक का पालन-पोषण ऐसे घरेलू वातावरण में हुआ होता है जहाँ उसे खेलने-कूदने की अधिक स्वतंत्रता होती है, तो ऐसे बालकों की अभिरुचि स्कूल की क्रियाओं (activities) के प्रति अधिक नहीं होती है; क्योंकि उन्हें स्कूल में कुछ दूसरा ही काम करना पड़ता है और स्कूल उन्हें एक बन्धन के समान लगता है। परन्तु, यदि उनकी तकदीर से स्कूल का वातावरण या माहौल भी वैसा ही हुआ जैसा कि उनके घर का वातावरण था, तब तो वे स्कूल को अधिक पसंद करने लगते हैं और स्कूल की तथाकथित क्रियाओं में अधिक अभिरुचि दिखाने लगते हैं।

(7) शिक्षक-छात्र संबंध (Teacher–pupil relationship)—बालक स्कूल में दी जानेवाली शिक्षा में कितनी अभिरुचि (interest) दिखाते हैं, यह इस बात पर निर्भर करता है कि उनकी शिक्षकों के साथ व्यक्तिगत अनुभूतियाँ (personal experiences) कैसी हैं। यदि उनकी व्यक्तिगत अनुभूतियाँ दुखद हैं, तो बालक की शैक्षिक अभिरुचि (educational interest) कम हो जाएगी। परन्तु, यदि वैसी अनुभूतियाँ सुखकर हैं, तो इससे उनकी शैक्षिक अभिरुचि में वृद्धि होगी।

(8) स्कूल का सांवेगिक वातावरण (Emotional climate of the school)—स्कूल का सांवेगिक वातावरण, शिक्षकों की मनोवृत्ति (attitudes) एवं शिक्षकों द्वारा प्रतिपादित अनुशासन के नियमों से प्रभावित होता है। वैसे शिक्षक जो कक्षा में प्रजातंत्रात्मक ढंग से (democratically) बालकों को पढ़ाते हैं तथा आकर्षक एवं मनोरंजक ढंग से बालकों के साथ अनुक्रिया करते हैं, छात्रों में स्कूल एवं शिक्षा के प्रति अभिरुचि उत्पन्न करने में सफल होते हैं। दूसरी तरफ, यदि शिक्षक कक्षा में अधिकारवादी ढंग से (authoritatively) या अत्यधिक अनुज्ञात्मक ढंग से (permissively) छात्रों के साथ व्यवहार करते हैं एवं उनके पढ़ाने का ढंग अधिक ही उबाऊ (dull) होता है, तो छात्रों में शिक्षा के प्रति अभिरुचि में कमी आ जाती है और ऐसे छात्र प्रायः स्कूल से अपने-आपको दूर रखने का कोई-न-कोई बहाना ढूँढ़ निकालने में समर्थ हो पाते हैं। ऐसे छात्रों की दिलचस्पी स्कूली शिक्षा में न के बराबर होती हैं।

इस तरह, यह स्पष्ट है कि कई कारक ऐसे हैं जिनसे बालकों में स्कूल एवं वहाँ दी जानेवाली शिक्षा के प्रति अभिरुचि (interest) का विकास होता है।

अभिरुचि का मापन
(Measurement of Interest)

बालकों की अभिरुचि को मापने के दो तरीके (methods) अधिक लोकप्रिय हैं जो निम्नांकित हैं—

(अ) शिक्षक-निर्मित प्रविधियाँ (Teacher-made techniques) तथा

(ब) मानक अभिरुचि आविष्कारिका (Standard interest inventories)।

इन दोनों का वर्णन इस प्रकार है—

(अ) शिक्षक-निर्मित प्रविधियाँ (Teacher-made techniques)—छात्रों की अभिरुचियों को मापने की कुछ ऐसी प्रविधियाँ (techniques) हैं जिन्हें शिक्षकों द्वारा विशेष उद्देश्य से बनाया जाता

है। अकसर वे इसका प्रयोग किसी शैक्षिक कार्यक्रम (educational programmes) के मूल्यांकन (evaluation) के लिए करते हैं। ऐसी प्रमुख प्रविधियाँ निम्नांकित हैं—

(1) **चिह्नांकन सूची** (Checklists)—छात्रों की अभिरुचि मापने की यह एक सरलतम प्रविधि है। चिह्नांकन सूची में शिक्षक विभिन्न शैक्षिक क्रियाओं (educational activities) की एक सूची तैयार करते हैं और छात्रों को उस सूची को इस निवेदन के साथ दे दिया जाता है कि जिन शैक्षिक क्रियाओं में उनकी अभिरुचि हो उनमें सही का चिह्न (**P**) लगा दें। इससे शिक्षकों को छात्रों की सभी प्रमुख अभिरुचियों का कम समय में ही अच्छा ज्ञान हो जाता है।

(2) **श्रेणीकरण** (Rankings)—इस प्रविधि में शिक्षक विभिन्न तरह की शैक्षिक क्रियाओं की एक सूची तैयार करते हैं जो छात्रों को इस निवेदन के साथ दिया जाता है कि वे इन क्रियाओं को अपनी अभिरुचि के क्रम (order) में श्रेणीकरण कर दें। 1 की कोटि (rank) उस क्रिया को दें जिनमें उनकी अभिरुचि सबसे अधिक है, उससे कम पसंद या अभिरुचिवाली क्रिया को 2 की कोटि दें और इसी तरह सबसे अन्तिम कोटि (last rank) उसे दें जिनमें उनकी अभिरुचि सबसे कम हो। इस तरह श्रेणीकरण कर देने से किसी छात्रविशेष की अभिरुचि का तो पता चलता ही है, साथ-ही-साथ जब प्रत्येक क्रिया को प्रत्येक छात्र द्वारा दी गई कोटि को एक औसत कोटि (average rank) ज्ञात कर ली जाती है, तो इससे पूरी कक्षा के अधिमान (class preferences) का भी आसानी से मूल्यांकन हो जाता है।

(3) **रेटिंग मापनी** (Rating scales)—इस मापनी में प्रत्येक क्रिया (activity) पर छात्र अपनी पसंदगी एवं नापसंदगी की मात्रा (degree) को दी गई मापनी (scale) के बिन्दुओं (points) में से किसी एक पर अपनी प्रतिक्रिया व्यक्त करके करते हैं। जैसे, छात्र को निम्नांकित क्रियाओं पर अपनी प्रतिक्रिया दिए गए पाँच बिन्दुओं में किसी एक बिन्दु पर व्यक्त करके करने के लिए कहा जा सकता है—

(i)	संगीत सुनना	अत्यधिक पसंद	पसंद	तटस्थ	नापसंद	अत्यधिक नापसंद
(ii)	उपन्यास पढ़ना	अत्यधिक पसंद	पसंद	तटस्थ	नापसंद	अत्यधिक नापसंद
(iii)	कक्षा में साथियों को चिढ़ाना	अत्यधिक पसंद	पसंद	तटस्थ	नापसंद	अत्यधिक नापसंद

दिए गए उत्तरों का विश्लेषण करके छात्रों की पसंदगी (likings) तथा नापसंदगी (dislikings) का पता किया जाता है। सामान्यतः, विश्लेषण करने के लिए अत्यधिक पसंद, पसंद, तटस्थ, नापसंद तथा अत्यधिक नापसंद के लिए क्रमशः 5, 4, 3, 2 एवं 1 का अंक दिया जाता है।

(4) **स्वतंत्र अनुक्रिया प्रविधि** (Free response technique)—जैसा कि नाम से ही स्पष्ट है, इस तरह की प्रविधि में शिक्षक छात्रों से कुछ ऐसे प्रश्न करते हैं जो उनकी आदत, शौक (hobby) या उन क्रियाओं से संबंधित होते हैं जिनमें उनकी अभिरुचि अधिक होती है। यहाँ छात्र उन प्रश्नों की अभिव्यक्ति करने में अपने इच्छानुसार शब्दों का प्रयोग करते हैं। बाद में उसका विश्लेषण करके शिक्षक छात्रों की अभिरुचि के बारे में ज्ञान प्राप्त करते हैं।

(ब) मानक अभिरुचि आविष्कारिका (Standard interest inventory)—अभिरुचि मापने के लिए विशेषज्ञों (experts) द्वारा करीब-करीब 62 मानक अभिरुचि आविष्कारिका उपलब्ध कराए गए हैं जैसा कि एरोन्सन (Aronson, 1990) ने इस क्षेत्र की प्रमुख आविष्कारिकाओं की समीक्षा (review) करने के बाद बताया है। परन्तु, इनमें शिक्षा के दृष्टिकोण से निम्नांकित तीन मानक अभिरुचि आविष्कारिकाओं (Standard Interest Inventories) को अधिक महत्त्वपूर्ण बताया गया है—

(1) स्ट्राँग अभिरुचि आविष्कारिका (Strong Interest Inventory or SII)—इस आविष्कारिका का निर्माण ई० के० स्ट्राँग (E K Strong, 1927) द्वारा किया गया। इस आविष्कारिका के दो फार्म (forms) हैं—एक फार्म का प्रयोग पुरुषों की अभिरुचि मापने में किया जाता है और दूसरे फार्म का प्रयोग महिलाओं की अभिरुचि मापने में किया जाता है। दोनों फार्म द्वारा उच्च विद्यालय, कॉलेज के छात्रों एवं वयस्कों की अभिरुचि का मापन होता है। प्रत्येक फार्म में 400–400 एकांश हैं जिनके द्वारा व्यक्तियों की अभिरुचि मूलतः विभिन्न स्कूल के विषयों (school subjects), पेशा (occupation), विभिन्न तरह के मनोविनोद (amusements) आदि के प्रति मापी जाती है। SII में व्यक्तियों की अभिरुचि को मानक प्राप्तांक (standard score) यानी T प्राप्तांक (T score) के रूप में व्यक्त किया जाता है। कैम्पबेल (Campbell, 1971) के अनुसार यदि किसी छात्र या व्यक्ति का T प्राप्तांक 57 या 58 से अधिक आता है, तो यह समझा जाता है कि उस व्यक्ति या छात्र की अभिरुचि उस विषय या क्षेत्र में (जिसमें T प्राप्तांक 57 या 58 आया है) एक सामान्य व्यक्ति की अभिरुचि से श्रेष्ठ (superior) है। SBIV के पुरुष फार्म का दो बार संशोधन (revision) हो चुका है—एक बार 1938 में और दूसरी बार 1966 में। उसी तरह इसके महिला फार्म के दो बार संशोधन हो चुके हैं—एक बार 1946 में और दूसरी बार 1969 में। 1974 में कैम्पबेल (Campbell) ने SBIV का संशोधित प्रारूप प्रस्तुत किया जिसे स्ट्राँग-कैम्पबेल अभिरुचि आविष्कारिका (Strong-Campbell Interest Inventory or SCII) कहा गया तथा इसमें 325 एकांश (items) थे जिसके द्वारा पेशा (occupations), स्कूल विषय (school subjects), क्रियाएँ (activities), मनोविनोद (amusements), व्यक्तियों के प्रकार (types of people), दो क्रियाओं के बीच अधिमान (preference between two activities) तथा आपकी विशेषताएँ (your characteristics) आदि के प्रति अभिरुचि का मापन होता है।

(2) कुडर परीक्षण (Kuder Tests)—इस परीक्षण का निर्माण जी० एफ० कुडर (G F Kuder) द्वारा 1954 तथा उसके बाद के भिन्न-भिन्न सालों में किया गया है। सच्चाई यह है कि इन भिन्न-भिन्न सालों में कुडर (Kuder) ने अभिरुचि मापने के लिए कुल 4 परीक्षणों का निर्माण किया है—कुडर व्यक्तिगत अधिमान रिकार्ड (Kuder Personal Preference Record), कुडर वोकेशनल इंटरेस्ट सर्वे, फार्म B तथा फार्म C (Kuder Vocational Interest Survey, Form B and Form C), औकुपेशनल इंटरेस्ट सर्वे, फार्म डी एवं फार्म डीडी (Occupational Interest Survey, Form D and Form DD) तथा जेनरल इंटरेस्ट सर्वे (General Interest Survey)। जेनरल इंटरेस्ट सर्वे द्वारा 7वीं कक्षा से कॉलेज के छात्रों तक की विभिन्न क्रियाओं में छात्रों की सामान्य अभिरुचि का मापन होता है। कुडर वोकेशनल इंटरेस्ट सर्वे द्वारा 10 विभिन्न क्षेत्रों में व्यक्तियों की अभिरुचि का मापन होता है—यांत्रिक (mechanical), वैज्ञानिक (scientific), लिपिक (clerical), सामाजिक सेवा (social service), संगीत (musical), साहित्यिक (literary), कलात्मक (artistic), परिकल्पनात्मक (computational), बाहर (outdoors) तथा प्रत्ययकारी (persuasive)। औकुपेशनल इंटरेस्ट सर्वे, फार्म डी द्वारा 52 विभिन्न पेशाओं में व्यक्तियों की अभिरुचि मापी जाती है तथा फार्म डीडी द्वारा महिलाओं के लिए 57 विभिन्न पेशाओं में तथा पुरुषों के लिए 79 विभिन्न

पेशाओं में अभिरुचि मापी जाती है। जेनरल इंटरेस्ट सर्वे को छोड़कर बाकी अन्य पाँचों इंटरेस्ट इन्वेण्ट्री का प्रयोग 9वीं कक्षा से लेकर कॉलेज के छात्रों की अभिरुचि को मापने में आसानी से किया जाता है।

(3) माइनेसोटा वोकेशनल इण्टरेस्ट इन्वेण्ट्री (Minnesota Vocational Interest Inventory or MVII)—इस परीक्षण का निर्माण 1965 में किया गया था तथा इसके द्वारा 21 पेशाओं (occupations) में वैसे व्यक्तियों की अभिरुचि की माप की जाती है जिनमें कालेज की शिक्षा ठीक से नहीं हो पाई और जिनमें अर्द्ध-कौशल कार्य (semi-skilled work) के प्रति उन्मुखता अधिक होती है। इसमें कुल 158 एकांश हैं और प्रत्येक एकांश में तीन-तीन विकल्प (choices) रहते हैं जिनमें व्यक्ति या छात्र को एक, जिसे वह सबसे अधिक पसंद करता है तथा एक, जिसे वह सबसे कम पसंद करता है, का चयन करता पड़ता है। इन 21 पेशाओं के अलावा MVII में अलग से 9 क्षेत्र मापनी (area scales) होती हैं जिनके आधार पर छात्रों की अभिरुचि के सामान्य क्षेत्र (general areas) का पता चलता है।

(4) जैक्सन वोकेशनल इंटरेस्ट (Jackson Vocational Interest Survay or JVIS)—इसमें 289 कथन हैं जो मूलतः कार्य संबंधित क्रियाओं (Job-related activities) को मापते हैं। प्रत्येक कथन में दो समान लोकप्रिय अभिरुचि (equally popular interest) का जोड़ा होता है जिसमें से किसी एक को चुनकर व्यक्ति अपनी अभिरुचि की अभिव्यक्ति करता है। इस परीक्षण का उपयोग कॉलेज एवं स्कूल के छात्रों को परामर्श देने एवं जीवनवृत्त शिक्षा (career education) में निर्देशन देने में काफी होता है।

इस तरह, हम देखते हैं कि छात्रों की अभिरुचि को मापने के लिए शिक्षक-निर्मित प्रविधियाँ तथा मानक अभिरुचि आविष्कारिका (Standard interest inventory) दोनों ही उपलब्ध हैं। इनमें सुविधानुसार किसी के भी सहारे छात्रों की अभिरुचि का मापन किया जा सकता है।

अभिरुचि का शिक्षा में महत्त्व
(Importance of Interest in Education)

शिक्षा में अभिरुचि का महत्त्व काफी अधिक बताया गया है। शिक्षा चाहे स्कूल में दी जा रही हो या कॉलेज में, अभिरुचि की अहमियत काफी अधिक बताई गई है। जब छात्र किसी विषय में अभिरुचि लेते हैं या वे कक्षा की पढ़ाई में अभिरुचि दिखाते हैं, तो वे उसके प्रति एक अनुकूल मनोवृत्ति (favourable attitude) भी रखते हैं तथा साथ-ही-साथ अच्छी भावना भी रखते हैं। इन सबसे वे शिक्षा के प्रति अधिक प्रेरित दिखते हैं और वे तन-मन से शिक्षा की चुनौतियों को स्वीकार करने के लिए तैयार रहते हैं। ऐसी परिस्थिति में वे विषय को तेजी से सीखते भी हैं तथा उसका स्मरण भी लम्बे समय तक रखते हैं। परन्तु, जब उनकी अभिरुचि पढ़ाई में नहीं होती है, तो उन्हें कक्षा उबाऊ (bored) लगती है तथा उससे दूर रहने का कोई-न-कोई बहाना वे ढूँढ़ निकालते हैं। ऐसी परिस्थिति में सीखे गए विषय या तथ्यों को वे आसानी से भूल भी जाते हैं। स्पष्ट है कि अभिरुचि बालकों के शैक्षिक विकास को सहज, सरस एवं स्वाभाविक बनाने में महत्त्वपूर्ण भूमिका निभाती है। रिली तथा लेविस (Reilly & Lewis, 1975) ने अपने अध्ययन के आधार पर यह स्पष्ट कर दिया है कि अभिरुचि छात्रों को प्रेरणा देकर शिक्षा को रुचिकर एवं दिलचस्प बनाती है। फ्रायर (Fryer, 1931) ने भी अपने अध्ययन के आधार पर इसी ढंग का निष्कर्ष पाया था।

चूँकि अभिरुचि का महत्त्व शिक्षा में काफी है तथा इसके अधिक सराहनीय परिणाम देखने को मिलते हैं, अतः शिक्षकों को चाहिए कि वे छात्रों की अभिरुचि पठन-पाठन में बनाए रखें और इसके लिए उन्हें निम्नांकित कुछ सुझावों (suggestions) को ध्यान में रखना चाहिए—

(1) शिक्षकों को चाहिए कि वे छात्रों को विषय के अध्यापन-उद्देश्य को स्पष्ट शब्दों में बता दें। इससे स्वभावतः छात्रों की अभिरुचि शिक्षा में बढ़ेगी।

(2) शिक्षक को चाहिए कि वे कक्षा में एक प्रजातंत्रात्मक माहौल (democratic atmosphere) रखें ताकि छात्र के मन में शिक्षक या स्कूल के प्रति किसी प्रकार का भय तथा संशय (apprehension) आदि न रहे; क्योंकि इन तत्त्वों के मौजूद रहने से छात्रों की रुचि पढ़ने में या शिक्षा प्राप्त करने में नहीं होगी।

(3) शिक्षकों को चाहिए कि वे कक्षा में सरल भाषा या समझने योग्य भाषा का प्रयोग करें ताकि शिक्षकों की बातों को सुनने तथा समझने में छात्र की रुचि बनी रहे।

(4) शिक्षकों को चाहिए कि पढ़ाते समय कक्षा में वे चित्र, मॉडल तथा श्रव्य-दृश्य उपकरणों (audio-video instruments) का सहारा लें। मैकडोनेल्ड (McDonald, 1989) ने इसके दो फायदे बताए हैं—पहला तो यह कि इससे छात्र विषय को ठीक ढंग से समझ जाते हैं तथा दूसरा यह कि इससे छात्रों की अभिरुचि शिक्षण में अधिक जागृत हो जाती है।

(5) शिक्षकों एवं प्राचार्यों को चाहिए कि वे विद्यालय के शैक्षिक एवं भौतिक वातावरण (physical environment) को काफी आकर्षक एवं लुभावना बनाकर रखें। इससे छात्रों की अभिरुचि स्कूल के प्रमुख क्रियाकलाप (activities) में अधिक बढ़ जाती है। हेथरिंगटन एवं पार्क (Hethrington & Parke, 1979) ने अपने अध्ययन में पाया कि जिन स्कूलों का भौतिक वातावरण, जैसे स्कूल का भवन (building), वाटिका (garden), कक्षा के बेंच, दीवाल, ब्लैकबोर्ड, पंखे आदि आकर्षक होते हैं, उनमें पढ़नेवाले छात्रों की शैक्षिक रुचि अन्य स्कूलों, जहाँ इस ढंग के माहौल की कमी होती है, में पढ़नेवाले छात्रों की अपेक्षा अधिक होती है।

(6) शिक्षकों को चाहिए कि वे कक्षा में पठन-पाठन का स्तर छात्रों के बुद्धि-स्तर के अनुरूप ही रखें। इन दोनों में अधिक अंतर होने से छात्र की रुचि शिक्षा में कम होने लगती है।

(7) शिक्षकों को चाहिए कि समय-समय पर छात्रों को गैर-शैक्षिक कार्यक्रम (extra curricular activities), जैसे खेलकूल, वाद-विवाद प्रतियोगिता तथा भ्रमण (excursion) आदि में भाग लेने के लिए प्रेरित करते रहें। इससे छात्रों की अभिरुचि स्कूली शिक्षा में बनी रहती है और स्कूल उनके लिए एक आकर्षण का केन्द्र बना रहता है।

(8) प्रत्येक शिक्षक को अभिरुचि के सिद्धांत (doctrine of interest) का ज्ञान होना चाहिए। इस सिद्धांत के अनुसार छात्रों को शिक्षा उनकी अभिरुचि के अनुसार दी जानी चाहिए तथा उनकी अभिरुचि के ही अनुरूप उनमें नई-नई कौशल (skills) को विकसित करने का प्रयास करना चाहिए।

मनोवृत्ति का अर्थ
(Meaning of Attitude)

मनोवृत्ति किसी व्यक्ति, वस्तु या घटना के प्रति एक खास ढंग से अनुक्रिया करने की एक मानसिक तत्परता (mental readiness) होती है। मनोवृत्ति में व्यक्ति में अनुकूलता-प्रतिकूलता

(favourableness—unfavourableness) की विमा (dimension) पर किसी व्यक्ति, वस्तु या घटना के प्रति अनुक्रिया करने की तत्परता पाई जाती है। जिस छात्र की मनोवृत्ति उदाहरणस्वरूप, कला (art) के प्रति अनुकूल (favourable) होती है, तो उनकी मनोवृत्ति कलाकारों, रंग (colour), चित्रकारी (paintings), अजायबघर (museums) आदि के प्रति भी अनुकूल होगी। उसी तरह यदि किसी छात्र की मनोवृत्ति कला के प्रति प्रतिकूल होगी, तो वह कला के विभिन्न पहलुओं को भी तुच्छ बताएगा और उसके प्रति अपनी नापसंदगी (disliking) व्यक्त करेगा। किसी भी मनोवृत्ति में तीन घटक (components) होते है—संज्ञानात्मक घटक (cognitive component), भावात्मक घटक (affective component) तथा व्यवहारात्मक घटक (behavioural component) । संज्ञानात्मक घटक में व्यक्ति की मनोवृत्ति-वस्तु (attitude object) के प्रति ज्ञान (knowledge) तथा उसका अपना विश्वास (faith) आदि सम्मिलित होता है। भावात्मक घटक में व्यक्ति के मन में मनोवृत्ति-वस्तु के प्रति एक सुखद (pleasant) या दुखद (unpleasant) भाव होता है तथा व्यवहारात्मक घटक में व्यक्ति के मन में अपनी मनोवृत्ति-वस्तु के प्रति एक प्रतिकूल या अनुकूल व्यवहार करने की तत्परता संयोजित होती है। मनोवृत्ति की एक प्रमुख विशेषता (characteristic) यह है कि मनोवृत्ति अर्जित (acquired) होती है और यह कक्षा में विभिन्न तरह के शिक्षण (learnings) को प्रभावित करती है।

शिक्षण परिस्थिति में मनोवृत्ति में परिवर्तन कैसे लाया जाए? (How to Change Attitudes in Learning Situation?)

मनोवृत्ति जब एक बार निर्मित (formed) हो जाती है, तो उसमें परिवर्तन लाना थोड़ा कठिन कार्य होता है; क्योंकि मनोवृत्ति व्यक्ति की आवश्यकता, भाव तथा आत्म-संप्रत्यय (self-concept) से संबंधित होती है। मनोवृत्ति में परिवर्तन का अर्थ व्यक्ति के भाव, आवश्यकता एवं आत्म-संप्रत्यय में परिवर्तन है। शायद इन्हीं कारणों से मनोवृत्ति परिवर्तन साधारणतः एक कठिन कार्य होता है। फिर भी, शिक्षण परिस्थितियों में शिक्षकों को ऐसी स्थिति का सामना करना पड़ता है जिसमें उनके लिए छात्रों की मनोवृत्ति में परिवर्तन कर उसकी जगह एक अधिक स्वस्थकर एवं शिक्षामुखी (education-oriented) मनोवृत्ति विकसित करना अनिवार्य होता है। खासकर, कभी-कभी देखा गया है कि किसी-किसी छात्र की मनोवृत्ति शिक्षा के प्रति या अमुक विषय (subject) के प्रति कुछ कारकों से प्रतिकूल हो जाती है। ऐसी परिस्थिति में छात्र की अभिरुचि शिक्षा में समाप्त होने लगती है और धीरे-धीरे वह एक समस्या छात्र (problem student) बनने लगता है। ऐसी परिस्थितियों का सामना करने के लिए शिक्षक को उन प्रविधियों का ज्ञान होना आवश्यक एवं अनिवार्य है जिनके सहारे वे छात्रों की ऐसी प्रतिकूल मनोवृत्तियों में परिवर्तन ला सकें। कुछ ऐसी ही प्रविधियों का वर्णन निम्नांकित है—

(1) शिक्षक जब भी कोई मनोवृत्ति परिवर्तन कार्यक्रम प्रारंभ करें तो सबसे पहला कदम उनके लिए यह होना चाहिए कि छात्रों की वर्तमान मनोवृत्ति (existing attitude) विभिन्न विषयों (issues) के प्रति कैसी है, इसका पता लगा लें।

(2) मनोवृत्ति का संबंध चूँकि व्यक्ति के आत्म-संप्रत्यय (self-concept) तथा व्यक्तिगत तादात्म्य (personal identification) से अधिक होता है, अतः मनोवृत्ति में परिवर्तन सामूहिक प्रक्रियाओं (group processes) द्वारा तुलनात्मक रूप से अधिक होता है। वाईडर (Weider, 1954)

ने एक अध्ययन कर इस तथ्य की पुष्टि की है। इन्होंने अपने इस अध्ययन में पाया कि जब छात्र एक समूह में कार्य करते थे और विभिन्न मुद्दों (issues) पर भूमिका-निर्वाह (role playing) किया करते थे तो उन मुद्दों के प्रति उनकी मनोवृत्ति उस परिस्थिति की अपेक्षा अधिक परिवर्तित हुई जब छात्र कक्षा में परम्परागत भाषण-विवेचना (lecture-discussion) द्वारा मुद्दों पर विचार करते थे। अतः, स्कूल में मनोवृत्ति परिवर्तन का कार्यक्रम ऐसा होना चाहिए कि उसमें छात्रों की सामूहिक प्रक्रियाओं (group processes) का समावेश अधिक-से-अधिक हो।

(3) मनोवृत्ति परिवर्तन में आँखों देखी या प्रत्यक्ष अनुभूतियाँ किताब पढ़कर प्राप्त अनुभूतियों या कुछ कह-सुनकर प्राप्त अनुभूतियों से अधिक प्रभावकारी (effective) होती हैं। एक अध्ययन जिसे ब्लेयर, जोन्स एवं सिम्पसन (Blair, Jones & Simpson, 1962) ने किया, में पाया गया कि जब अपराधी छात्रों को पुलिस द्वारा एक खेलकूद-संबंधी कार्यक्रम में रेफरी (refree) तथा प्रशिक्षक (instructor) बना दिया गया, तो पुलिस के प्रति उनके मन में घृणा और अविश्वास की मनोवृत्ति में परिवर्तन हो गया।

(4) छात्रों के मनोवृत्ति परिवर्तन कार्यक्रम में शिक्षकों को चाहिए कि वे इस ढंग से तथ्य, घटना, कहानी आदि को छात्र के सामने प्रस्तुत करें कि उससे मनोवृत्ति के भावात्मक घटक (affective component) पर सीधा प्रभाव पड़े। जब तक छात्र में पहले के भाव (feeling) की जगह एक नया भाव उत्पन्न नहीं किया जाता है, तब तक मनोवृत्ति परिवर्तन के कार्यक्रम को सफलता नहीं मिल सकती है।

(5) मनोवृत्ति परिवर्तन में स्वयं शिक्षक एक विशेषज्ञ होने के नाते महत्त्वपूर्ण भूमिका निभा सकते हैं। वे छात्रों को उन प्रचारों से आगाह कर सकते हैं जिनसे उनकी मनोवृत्ति में परिवर्तन प्रतिकूल दिशा में हो सकती है। अतः, शिक्षक छात्रों को विशेष सुझाव देकर उनकी मनोवृत्ति को प्रतिकूल दिशा में बदलने से रोक सकते हैं तथा अनुकूल दिशा में परिवर्तित होने के लिए प्रेरित कर सकते हैं।

(6) बालक उन मनोवृत्तियों को तेजी से स्वीकार कर लेते हैं जिन्हें वे यह समझते हैं कि वे उनके द्वारा किए गए मूल चिंतन (original thinking) के परिणाम हैं। अतः, शिक्षकों को चाहिए कि वे मनोवृत्ति परिवर्तन के कार्यक्रम को इस ढंग से एवं इस चतुराई से संचालित करें कि उनके द्वारा प्रस्तावित सुझाव को ही छात्र अपने मूल चिंतन (original thinking) का परिणाम समझने लगें।

(7) स्कूल में मनोवृत्ति परिवर्तन के कार्यक्रम में शिक्षकों को छात्रों के अभिभावक एवं माता-पिता को भी आमंत्रित करना चाहिए; क्योंकि घर पर जाने पर यदि माता-पिता शिक्षकों द्वारा मनोवृत्ति परिवर्तन के सुझाव की संपुष्टि न कर यदि विरोध करते हैं और उसे फालतू बकवास बताते हैं, तो मनोवृत्ति परिवर्तन का उद्देश्य पूरा नहीं होगा। मनोवृत्ति परिवर्तन के कार्यक्रम में यदि माता-पिता तथा अभिभावक भाग लेते हैं और उनकी उपस्थिति में शिक्षक कोई सुझाव देते हैं, तो इससे मनोवृत्ति परिवर्तन कार्यक्रम की सफलता अधिक होगी।

यदि उपर्युक्त तथ्यों को शिक्षक मनोवृत्ति परिवर्तन कार्यक्रम में सम्मिलित करते हैं, तो इससे उन्हें छात्रों की मनोवृत्ति को वांछित दिशा में परिवर्तित करने में काफी सफलता मिलेगी।

अवधान, अभिरुचि एवं मनोवृत्ति का तुलनात्मक अध्ययन
(A Comparative Study of Attention, Interest and Attitude)

अवधान (attention), अभिरुचि एवं मनोवृत्ति एक-दूसरे से काफी संबंधित हैं। शिक्षा के दृष्टिकोण से इन तीनों में दो बिन्दुओं पर समानता (similarity) है। पहला बिन्दु यह है कि ये तीनों ही मानसिक प्रक्रियाएँ (mental processes) हैं तथा दूसरा बिन्दु यह है कि इन तीनों में प्रेरणात्मक बल (motivational force) होता है।

अवधान (attention) का संबंध अभिरुचि (interest) से गहरा है। जिस वस्तु, व्यक्ति या घटना में हमारी अभिरुचि रहती है, उस ओर हमारा ध्यान जाता है तथा जिस वस्तु, व्यक्ति या घटना में हमारी अभिरुचि नहीं होती है, उस ओर हमारा ध्यान बिलकुल ही नहीं जाता है। यही कारण है कि इवान्स[1] ने कहा है, "किसी खास समस्या या परिस्थिति पर ध्यान दिए रहना ही अभिरुचि है।" अतः, यदि यह कहा जाए कि ध्यान अभिरुचि का ही एक व्यक्त रूप है एवं अभिरुचि ध्यान या अवधान का एक अव्यक्त रूप है, तो कोई अतिशयोक्ति नहीं होगी। अतः, ये दोनों ही एक ही सिक्के के दो पहलू के समान हैं। फिर भी, इन दोनों में निम्नांकित दो अंतर हैं—

(i) अवधान का संबंध किसी बाह्य वस्तु से होता है जबकि अभिरुचि का संबंध बाह्य वस्तु से भी हो सकता है तथा स्वयं व्यक्ति का अपने-आप से भी हो सकता है।

(ii) व्यक्ति जिस विषय की ओर ध्यान देता है, उसमें उसकी अभिरुचि हो ही, यह आवश्यक नहीं है। कभी-कभी अभिरुचि नहीं रहने पर भी व्यक्ति को किसी वस्तु या घटना की ओर अन्य कई कारणों से ध्यान देना पड़ता है। जैसे, कुछ छात्र पढ़ाई की ओर ध्यान अपनी रुचि के कारण नहीं बल्कि अभिभावक या माता-पिता के डर से देते हैं। स्पष्ट हुआ कि हर ध्यान की प्रक्रिया में अभिरुचि की प्रक्रिया शामिल ही हो, यह आवश्यक नहीं है।

अभिरुचि (interest) तथा मनोवृत्ति भी एक-दूसरे से काफी संबंधित हैं। ये दोनों ही अर्जित प्रक्रियाएँ हैं। सामान्यतः यह देखा गया है कि छात्रों को जिस कार्य या विषय में अभिरुचि होती है, उसके प्रति उनकी मनोवृत्ति भी अनुकूल (favourable) होती है और जिस विषय या कार्य में छात्रों की अभिरुचि नहीं होती है, उसके प्रति उनकी मनोवृत्ति भी प्रतिकूल होती है। इन दोनों में फिर भी अंतर है। मनोवृत्ति अनुकूल (favourable) या प्रतिकूल (unfavourable) कुछ भी हो सकती है परन्तु अभिरुचि के साथ ऐसी बात नहीं है। अभिरुचि केवल मात्रा (degree) में भिन्न होती है। किसी कार्य या घटना में छात्र की अभिरुचि कम या अधिक हो सकती है और अभिरुचि हमेशा सकारात्मक ही होती है, नकारात्मक नहीं। दूसरा अंतर यह बताया गया है कि मनोवृत्ति में परिवर्तन थोड़ा कठिन होता है, परन्तु अभिरुचि में परिवर्तन उतना कठिन नहीं होता। अगर उपयुक्त प्रतिस्थापन (substitute) मिल जाता है, तो व्यक्ति की अभिरुचि कभी-कभी अचानक भी परिवर्तित हो जाती है। तीसरा अंतर यह बताया गया है कि मनोवृत्ति में अभिरुचि की तुलना में प्रेरणात्मक बल (motivational force) अधिक होता है तथा यह बल तुलनात्मक रूप से अधिक टिकाऊ (stable) भी होता है।

---

1. "The act of maintaining attention on a particular problem or situation" is called interest.—Evans, *Psychology*, 1978, p. 178

अध्याय-सारांश
[Chapter Summary]

1. अवधान एक चयनात्मक प्रक्रिया है जिसमें व्यक्ति एक विशेष शारीरिक मुद्रा बनाकर किसी वस्तु को चेतना केन्द्र में लाने के लिए तत्पर रहता है। ध्यान की सात विशेषताओं पर भी प्रकाश डाला गया है।
2. अवधान के तीन प्रकार हैं—ऐच्छिक अवधान, अनैच्छिक अवधान तथा आभ्यासिक अवधान।
3. अवधान के दो तरह के निर्धारक हैं— वस्तुनिष्ठ निर्धारक (objective determinants) तथा आत्मगत निर्धारक (subjective determinants)। वस्तुनिष्ठ निर्धारक में उद्दीपक की तीव्रता, उद्दीपक में परिवर्तन, उद्दीपक में गति, उद्दीपक में पुनरावृत्ति, उद्दीपक का आकार, उद्दीपक की नवीनता, उद्दीपक की स्थिति, उद्दीपक का विलगन, उद्दीपक का विरोध, उद्दीपक की अवधि आदि सम्मिलित हैं। अवधान या ध्यान के आत्मगत निर्धारक में व्यक्ति की अभिरुचि, आदत, जिज्ञासा, अर्थ, आवश्यकता, मनोवृत्ति प्रशिक्षण आदि सम्मिलित हैं।
4. अवधान का शैक्षिक महत्त्व एवं आशय अधिक है। इसके महत्त्व के छह कारणों पर बल डाला गया है।
5. अभिरुचि में व्यक्ति वस्तुओं या क्रियाओं का चयन करके उसे पसंद-नापसंद विमा में कोटिबद्ध करता है। अभिरुचि के कई प्रकार बताए गए हैं जिनमें व्यक्त अभिरुचि (expressed interest), प्रकट अभिरुचि (manifest interest) तथा आविष्कारिकात्मक अभिरुचि (inventoried interest) प्रधान हैं।
6. स्कूल में छात्रों की अभिरुचि के विकास को प्रभावित करनेवाले आठ कारकों का वर्णन किया गया है। इन कारकों में प्रारंभिक स्कूल अनुभूतियाँ, स्कूल का सांवेगिक वातावरण, शैक्षिक सफलता आदि प्रमुख हैं।
7. अभिरुचि के मापन के लिए दो तरह की प्रविधियों का भी वर्णन किया गया है—शिक्षक-निर्मित प्रविधियाँ (teacher-made techniques) तथा मानक अभिरुचि आविष्कारिका (standard interest inventories)। इन दोनों में किसी भी प्रविधि द्वारा सुविधानुसार छात्रों की अभिरुचि की माप की जा सकती है।
8. शिक्षा में अभिरुचि को काफी महत्त्वपूर्ण बताया गया है तथा उन सुझावों (suggestions) का भी उल्लेख किया गया है जिनके सहारे शिक्षक छात्र की शिक्षा में अधिक अभिरुचि उत्पन्न कर सकते हैं।
9. सीखने की परिस्थिति में कभी-कभी शिक्षक को मनोवृत्ति में परिवर्तन करने की आवश्यकता महसूस होती है। ऐसे सात उपायों का वर्णन किया गया है जिनके सहारे शिक्षक यदि चाहें तो छात्रों में अस्वस्थकर मनोवृत्ति की जगह स्वस्थकर मनोवृत्ति विकसित कर सकते हैं।
10. अंत में अवधान, अभिरुचि तथा मनोवृत्ति के परस्पर संबंधों, समानताओं एवं विभिन्नताओं पर भी प्रकाश डाला गया है।

❑

अध्याय 21

बुद्धि, अभिक्षमता एवं सर्जनात्मकता

[INTELLIGENCE, APTITUDE AND CREATIVITY]

मुख्य बिंदु (Main Points)

1. बुद्धि की परिभाषा एवं स्वरूप (Definition and Nature of Intelligence)
2. बुद्धि के प्रकार (Types of Intelligence)
3. बुद्धिलब्धि (Intelligence Quotient)
4. बुद्धि की माप (Measurement of Intelligence)
5. बुद्धि परीक्षण के प्रकार (Types of Intelligence Tests)
6. बुद्धि के सिद्धांत (Theories of Intelligence)
7. बुद्धि के सिद्धांतों के बारे में सामान्य निष्कर्ष (A General Conclusion Regarding Theories of Intelligence)
8. बुद्धि में आनुवंशिकता-वातावरण विवाद (Heredity-environment Controversy in Intelligence)
9. शिक्षा में बुद्धि परीक्षण की उपयोगिताएँ (Uses of Intelligence Test in Education)
10. बुद्धि परीक्षण की परिसीमाएँ (Limitations of Intelligence Tests)
11. अभिक्षमता के अर्थ (Meaning of Aptitude)
12. अभिक्षमता के मापन (Measurement of Aptitude)
13. शिक्षा में अभिक्षमता परीक्षण की उपयोगिता (Utility of Aptitude Test in Education)
14. सर्जनात्मकता के अर्थ (Meaning of Creativity)
15. सर्जनात्मकता प्रक्रिया के सोपान (Steps in Creative Process)
16. सर्जनात्मकता के पहलू (Aspects of Creativity)
17. सर्जनात्मकता के मापन (Measurement of Creativity)
18. सर्जनात्मकता का शिक्षण (Teaching of Creativity)
19. सर्जनात्मकता को उन्नत बनाने में शिक्षक एवं स्कूल की भूमिका (Role of Teacher and School in Promoting Creativity)
20. बुद्धि एवं सर्जनात्मकता में संबंध (Relation between Intelligence and Creativity)
21. सर्जनात्मक विचारकों के गुण (Characteristics of Creative Thinkers)

बुद्धि की परिभाषा एवं स्वरूप
(Definition and Nature of Intelligence)

बुद्धि एक ऐसा सामान्य शब्द है जिसका प्रयोग हम अपने दिन-प्रतिदिन के बोलचाल की भाषा में काफी करते हैं। तेजी से सीखने तथा समझने, अच्छा स्मरण तथा तार्किक चिंतन (logical thinking) आदि गुणों के लिए हम दिन-प्रतिदिन की भाषा में बुद्धि शब्द का प्रयोग करते हैं।

मनोविज्ञान में बुद्धि शब्द का प्रयोग इस सामान्य अर्थ से हटकर विशेष अर्थ में होता है। प्रारंभ से ही मनोवैज्ञानिकों ने बुद्धि शब्द को परिभाषित करने की कोशिश की है। सबसे पहले बोरिंग (Boring, 1923) ने बुद्धि की एक औपचारिक परिभाषा (formal definition) दी और कहा कि बुद्धि परीक्षण जो मापता है, वही बुद्धि है (Intelligence is what intelligence test measures)। परन्तु, इस परिभाषा से बुद्धि के स्वरूप के बारे में कुछ खास पता नहीं चलता। फिर बुद्धि को मापने के लिए बहुत परीक्षण हैं। इनमें किस परीक्षण द्वारा किए गए मापन को बुद्धि कहा जाएगा। बोरिंग के बाद अनेक मनोवैज्ञानिकों ने बुद्धि को भिन्न-भिन्न ढंग से परिभाषित करने की कोशिश की है। इन सभी परिभाषाओं को मूलतः तीन भागों में बाँटा गया है—

1. पहली श्रेणी में उन परिभाषाओं को रखा गया है जिसमें वातावरण के साथ समायोजन (adjustment) करने की क्षमता के आधार पर बुद्धि को परिभाषित करने की कोशिश की गई है। इस श्रेणी की परिभाषाओं के अनुसार जो व्यक्ति जितना ही जल्दी से वातावरण के साथ समायोजन कर लेता है, उसे उतनी ही तीव्र बुद्धि का समझा जाता है।

2. दूसरी श्रेणी में उन परिभाषाओं को रखा गया है जिसमें सीखने की क्षमता (ability to learn) के रूप में बुद्धि को परिभाषित किया गया है। जिस व्यक्ति में यह क्षमता जितनी ही अधिक होती है, वह उतना ही बुद्धिमान समझा जाता है।

3. तीसरी श्रेणी में उन परिभाषाओं को रखा गया है जिसमें बुद्धि को अमूर्त चिंतन करने की क्षमता (ability to carry out abstract reasoning) के रूप में परिभाषित किया गया है। यह क्षमता जिस व्यक्ति में जितनी ही अधिक होती है, उस व्यक्ति की बुद्धि उतनी ही अधिक मानी जाती है।

परन्तु, बाद में अधिकतर मनोवैज्ञानिकों द्वारा यह अनुभव किया गया कि इन तीनों श्रेणियों की परिभाषाओं का एक सामान्य दोष (common defect) है और वह यह है कि प्रत्येक श्रेणी की परिभाषाओं में बुद्धि के मात्र एक पहलू या पक्ष को आधार मानकर बुद्धि को परिभाषित किया गया है। सच्चाई यह है कि बुद्धि में सिर्फ एक ही तरह की क्षमता (या पहलू) सम्मिलित नहीं होती है बल्कि इसमें अनेक तरह की क्षमताएँ, जिन्हें सामान्य क्षमता (general ability) कहा जाता है, सम्मिलित होती हैं। इस उद्देश्य को ध्यान में रखते हुए कुछ मनोवैज्ञानिकों ने बुद्धि को दूसरे ढंग से परिभाषित किया है। इन परिभाषाओं में निम्नांकित तीन सर्वश्रेष्ठ परिभाषाओं को नीचे दिया जा रहा है—

1. वेशलर[1] (Wechsler, 1939) के अनुसार, "बुद्धि एक समुच्चय या सार्वजनिक क्षमता है जिसके सहारे व्यक्ति उद्देश्यपूर्ण क्रिया करता है, विवकेशील चिंतन करता है तथा वातावरण के साथ प्रभावकारी ढंग से समायोजन करता है।"

2. राबिन्सन तथा राबिन्सन[2] (Robinson & Robinson, 1965) के अनुसार, "बुद्धि से तात्पर्य संज्ञानात्मक व्यवहारों (cognitive behaviours) के संपूर्ण वर्ग से होता है जो व्यक्ति में सूझ

---

1. "Intelligence is the aggregate or global capacity of the individual to act purposefully, to think rationally, and to deal effectively with his environment."—Wechsler, *Measurement of Adult Intelligence*, 1939
2. "Intelligence refers to the whole class of cognitive behaviours which reflect an individual's capacity to solve problems with insight, to adopt himself to new situations, to think abstractly, and to profit from his experiences."—Robinson & Robinson, *The Mentally Retarded Child*, 1965

द्वारा समस्या-समाधान करने की क्षमताएँ, नई परिस्थितियों के साथ समायोजन करने की क्षमताएँ, अमूर्त रूप से सोचने की क्षमता तथा अनुभवों से लाभ उठाने की क्षमता को दिखाता है।"

3. स्टोड्डार्ड[1] (Stoddard, 1941) के अनुसार, "बुद्धि उन क्रियाओं को समझने की क्षमता है जिनकी विशेषताएँ हैं—(1) कठिनता, (2) जटिलता, (3) अमूर्तता, (4) मितव्यय (economy), (5) किसी लक्ष्य के प्रति अनुकूलनशीलता, (6) सामाजिक मान (value), (7) मौलिकता की उत्पत्ति और कुछ परिस्थिति में वैसी क्रियाओं को करना जो शक्ति की एकाग्रता तथा सांवेगिक कारकों का प्रतिरोध (resistance) दिखाता है।"

इन सभी परिभाषाओं की एक सामान्य विशेषता यह है कि इन परिभाषाओं में बुद्धि को कई एक तरह की क्षमताओं का योग माना गया है। यही कारण है कि ऐसी परिभाषाएँ काफी प्रचलित तथा लोकप्रिय (popular) हैं। इन परिभाषाओं का एक सामान्य विश्लेषण (common analysis) करने पर हम निम्नांकित तथ्य पर पहुँचते हैं—

(i) बुद्धि विभिन्न क्षमताओं का संपूर्ण योग (aggregate) होती है। इसका मतलब यह हुआ कि बुद्धि में किसी एक प्रकार की क्षमता नहीं होती। इसमें कई एक प्रकार की क्षमताएँ होती हैं। इन क्षमताओं का पूर्ण योग ही बुद्धि कहलाता है।

(ii) बुद्धि के सहारे व्यक्ति किसी समस्या के समाधान में सूझ (insight) का सहारा लेता है। इतना ही नहीं, किसी समस्या के समाधान में गत अनुभूतियों का लाभ इस बुद्धि के कारण ही उठा पाता है।

(iii) बुद्धि के सहारे व्यक्ति उद्देश्यपूर्ण क्रियाएँ (purposeful acts) करता है। जो व्यक्ति जितना ही अधिक उद्देश्यपूर्ण एवं सार्थक क्रियाएँ करता है, उसे उतना ही अधिक बुद्धिमान माना जाता है। निरर्थक तथा उद्देश्यहीन क्रियाएँ करनेवाले व्यक्ति को कम बुद्धि का समझा जाता है। अतः, बुद्धि का स्वरूप कुछ ऐसा होता है कि इसके सहारे व्यक्ति उद्देश्यपूर्ण क्रियाएँ करता है।

(iv) बुद्धि व्यक्ति को वातावरण के साथ प्रभावकारी ढंग से समायोजन (adjustment) या अनुकूलन (adaptation) करने में मदद करता है। अधिक बुद्धिवाले व्यक्ति अपने-आपको किसी भी वातावरण में ठीक ढंग से समायोजित कर लेते हैं। इन व्यक्तियों के समायोजन की क्षमता देखकर अन्य लोग भी काफी प्रभावित होते हैं। कम बुद्धिवाले व्यक्ति में इस तरह के समायोजन की क्षमता कम होती है और व्यक्ति में वातावरण से संबंधित समायोजन की कई एक समस्याएँ उत्पन्न हो जाती हैं।

(v) बुद्धि से व्यक्ति में विवेकशील चिंतन (rational thinking) तथा अमूर्त चिंतन करने में भी मदद मिलती है। इसका मतलब यह हुआ कि जो व्यक्ति बुद्धिमान होता है, उसके सोचने एवं चिंतन करने का तरीका विवेकपूर्ण, तर्कपूर्ण एवं युक्तिसंगत होता है। ऐसे व्यक्तियों में अमूर्त चिंतन की क्षमता भी अधिक होती है। कम बुद्धिवाले व्यक्ति का चिंतन अविवेकपूर्ण तथा तर्कहीन होता है। ऐसे

---

1. "Intelligence is the ability to understand activities that are characterized by (1) difficulty (2) complexity (3) abstractness (4) economy (5) adaptiveness to a goal (6) social value (7) the emergence of originals, and to maintain such activities under conditions that demand a concentration of energy and a resistance to emotional factors."— Stoddard, *On the Meaning of Intelligence,* 1941

व्यक्ति में अमूर्त चिन्तन करने की क्षमता भी कम होती है। ऐसे व्यक्तियों में चिन्तन करने तथा कार्य करने में असंगति (inconsistency) अधिक पाई जाती है।

(vi) बुद्धिमान व्यक्ति प्रायः कठिन एवं जटिल कार्य को समझकर करते हैं। इनके कार्यों में मौलिकता अधिक होती है।

ऊपर के वर्णन से स्पष्ट है कि बुद्धि का स्वरूप (nature) कुछ ऐसा होता है जिसे किसी एक कारक (factor) या क्षमता के आधार पर नहीं समझा जा सकता। इसमें भिन्न-भिन्न प्रकार की क्षमताएँ होती हैं। थर्स्टन (Thurstone, 1938) ने अपने अध्ययन के आधार पर बताया है कि बुद्धि में कुल 7 ऐसी क्षमताएँ (abilities) होती हैं जिन्हें प्रधान मानसिक क्षमताएँ (primary mental abilities) कहा जाता है। गिलफोर्ड (Guilford, 1967) ने हाल ही में बताया है कि बुद्धि में कुल 150 ऐसी क्षमताएँ होती हैं।

बाद में वर्नन (Vernon, 1969) ने बुद्धि संप्रत्यय के तीन अर्थ बतलाए हैं जो लोकप्रिय होने के साथ-ही-साथ आकर्षक भी दिखते हैं। उनके द्वारा बतलाए गए बुद्धि के तीन अर्थ इस प्रकार हैं—

(i) जननिक क्षमता के रूप में बुद्धि (Intelligence as genetic capacity)—इस अर्थ में बुद्धि पूर्णतः वंशागत (inherited) होती है। इसे हेब (Hebb, 1978) ने बुद्धि 'ए' (intelligence 'A') कहा है जो स्पष्टतः बुद्धि का एक जीनोटाइपिक (genotypic) प्रकार है तथा इसमें बुद्धि को व्यक्ति का एक आनुवंशिक गुण माना जाता है।

(ii) प्रेक्षित व्यवहार के रूप में बुद्धि (Intelligence as observed behaviour)—इस अर्थ में बुद्धि व्यक्ति के जीन्स एवं वातावरण की अंतःक्रिया (interaction) का परिणाम होता है तथा जिस सीमा तक व्यक्ति बुद्धिमत्तापूर्ण ढंग से व्यवहार करता है, उस सीमा तक उसे बुद्धिमान समझा जाता है। बुद्धि का यह अर्थ फेनोटाइपिक (phenotypic) प्रारूप का है। उसे हेब (Hebb) ने बुद्धि 'बी' (intelligence 'B') कहा है।

(iii) परीक्षण प्राप्तांक के रूप में बुद्धि (Intelligence as a test score)—इस अर्थ में बुद्धि की एक क्रियात्मक परिभाषा (operational definition) दी गई। इस अर्थ में बुद्धि वही है जो बुद्धि परीक्षण मापता है। इसे हेब (Hebb) ने बुद्धि 'सी' (intelligence 'C') की संज्ञा दी है।

सैटलर (Sattler, 1974) के अनुसार बुद्धि A, B तथा C में से बुद्धि C के साथ कई तरह की समस्याएँ संबंधित होती हैं क्योंकि बहुत से ऐसे कारक हैं जो परीक्षार्थी (testee) के परीक्षण निष्पादन (test performance) को कम कर सकता है। इनमें परीक्षार्थी में अभिप्रेरण की कमी, परीक्षण के स्वरूप से अनभिज्ञ होना, परीक्षण के निर्देश को ठीक से न समझना, परीक्षक (examiner) का अविश्वास आदि प्रमुख हैं। जब परीक्षार्थी के परीक्षण निष्पादन में इन कारणों से कमी हो जाती है, तो उसे भी बुद्धि C के अर्थ के अनुसार कम बुद्धि का समझा जाएगा जबकि सच्चाई यह है कि इन कारणों के न होने पर उसका निष्पादन अच्छा हो सकता था।

बुद्धि के प्रकार (Types of Intelligence)

ई० एल० थॉर्नडाइक (E L Thorndike) ने बुद्धि के तीन प्रकार बताए हैं—

(i) सामाजिक बुद्धि (Social intelligence)

(ii) अमूर्त बुद्धि (Abstract intelligence)

(iii) मूर्त बुद्धि (Concrete intelligence)

इन तीनों का विवरण इस प्रकार है—

(i) सामाजिक बुद्धि (Social intelligence) —सामाजिक बुद्धि से तात्पर्य वैसी सामान्य मानसिक क्षमता से होता है जिसके सहारे व्यक्ति अन्य व्यक्तियों को ठीक ढंग से समझता है तथा व्यवहारकुशलता भी दिखाता है। ऐसे लोगों का सामाजिक संबंध (social relationship) काफी अच्छा होता है तथा समाज में इनकी प्रतिष्ठा काफी होती है। इनमें सामाजिक कौशलता (social skill) काफी होता है। जिन व्यक्तियों में सामाजिक बुद्धि होती है, उनमें अन्य लोगों के साथ प्रभावपूर्ण ढंग से व्यवहार करने की क्षमता, अच्छा आचरण करने की क्षमता एवं समाज के अन्य लोगों से मिल-जुलकर सामाजिक कार्यों में हाथ बँटाने की क्षमता अधिक होती है। ऐसी बुद्धि व्यक्ति को जीवन में व्यावहारिक सफलता दिलाने में काफी सहायक होती है। इसके अभाव में व्यक्ति में अन्य तरह की बुद्धि होने के बावजूद वह अपने सामाजिक जीवन को सफल बनाने में सहायक नहीं हो पाता है; क्योंकि वह इसके अभाव में समाज में प्रभावपूर्ण ढंग से व्यवहार नहीं कर सकता। स्पष्ट है कि सामाजिक बुद्धि (social intelligence) एक ऐसी बुद्धि है जो व्यक्ति को सामाजिक परिस्थितियों में समायोजित होने में मदद करती है। इसी अर्थ में **ड्रीवर** एवं **वालरस्टीन**[1] (Drever & Wallerstein, 1984) ने सामाजिक बुद्धि को परिभाषित करते हुए कहा है, "सामाजिक बुद्धि बुद्धि का एक प्रकार है जो किसी व्यक्ति में अन्य व्यक्तियों एवं सामाजिक संबंधों के प्रति व्यवहार में निहित होता है।"

सामाजिक बुद्धि को मापने का प्रयास भारतीय मनोवैज्ञानिकों तथा विदेशी मनोवैज्ञानिकों, दोनों ही द्वारा किया गया है। भारत में घोष (Ghosh, 1959) ने बंगाली भाषा में सामाजिक बुद्धि मापने के लिए एक परीक्षण का निर्माण किया है तथा गंगोपाध्याय (Gangopadhyay, 1974) ने भी सामाजिक बुद्धि मापने के लिए एक परीक्षण का निर्माण किया है। उसी तरह अमरीका के गिल्फोर्ड तथा बर्क (Guilford & Burke, 1926) तथा क्रॉनबैक (Cronbach, 1979) ने भी सामाजिक बुद्धि को मापने का एक परीक्षण विकसित किया है।

(ii) अमूर्त बुद्धि (Abstract intelligence)—अमूर्त विषयों के बारे में चिंतन करने की क्षमता को ही अमूर्त बुद्धि (abstract intelligence) कहा जाता है। ऐसी बुद्धि में व्यक्ति शब्द, प्रतीक तथा अन्य अमूर्त चीजों के सहारे अच्छा से चिंतन कर लेता है। इस ढंग की क्षमता दार्शनिकों, कलाकारों, कहानीकारों आदि में अधिक होती है। ऐसे लोग प्रायः अपने विचारों, कल्पनाओं एवं मानसिक प्रतिमाओं (mental images) के सहारे बड़ी-बड़ी समस्याओं का समाधान कर लेते हैं। जिन छात्रों में अमूर्त बुद्धि अधिक होती है, उनकी शैक्षिक उपलब्धियाँ (academic achievement) अधिक श्रेष्ठ (superior) होती हैं। जिन व्यक्तियों में अमूर्त बुद्धि अधिक होती है, वे सफल कलाकार, पेण्टर, गणितज्ञ एवं कहानीकार आदि बनते हैं। टरमैन (Terman, 1937) के अनुसार अमूर्त बुद्धि का महत्त्व छात्रों के अन्य दूसरे तरह की बुद्धि से अधिक होती है, अमूर्त बुद्धि को कुछ लोगों ने **सैद्धान्तिक बुद्धि** (theoretical intelligence) भी कहा है।

---

1. "Social intelligence is the type of intelligence involved in an individual's dealings with other people and with social relationship."—Drever & Wallerstein, *The Penguin Dictionary of Psychology*, 1984, p. 273

(iii) मूर्त बुद्धि (Concrete intelligence)—मूर्त बुद्धि से तात्पर्य वैसी मानसिक क्षमता से होता है जिसके सहारे व्यक्ति मूर्त या ठोस वस्तुओं के महत्त्व को समझता है, उनके बारे में सोचता है तथा अपनी इच्छा एवं आवश्यकतानुसार उनमें परिवर्तन लाकर उन्हें उपयोगी बनाता है। इसे **व्यावहारिक बुद्धि** (practical intelligence) भी कहा जाता है। जिन बालकों में मूर्त बुद्धि अधिक होती है उनमें हस्तकलाओं (manual dexterity) की क्षमता अधिक होती है तथा वे आगे चलकर एक सफल इंजीनियर या कुशल कारीगर बनने में सफलता प्राप्त करते हैं।

मानसिक आयु (Mental Age)

मनोवैज्ञानिकों ने व्यक्ति की आयु को दो भागों में बाँटकर अध्ययन किया है—

(i) तैथिक आयु (Chronological age)

(ii) मानसिक आयु (Mental age)

तैथिक आयु (chronological age) से तात्पर्य व्यक्ति के जन्म से आज तक के समय से होता है। जैसे मान लीजिए कि किसी व्यक्ति को जन्म लिए 15 वर्ष 3 महीना 7 दिन आज तक हुआ है, तो उसकी तैथिक आयु 15 वर्ष 3 महीना 7 दिन की हुई। इस तरह तैथिक आयु व्यक्ति की वास्तविक आयु होती है जिसे जन्म के दिन से प्रारंभ माना जाता है।

मानसिक आयु (Mental age या MA) एक दूसरे तरह की आयु है जिसका प्रयोग बुद्धि मापने में मनोवैज्ञानिकों ने काफी किया है। इस संप्रत्यय (concept) का प्रतिपादन **बिने** (Binet) तथा **साइमन** (Simon) द्वारा किया गया था। **टुकमैन**[1] (Tuckman, 1975) ने मानसिक आयु को परिभाषित करते हुए कहा है कि यह एक ऐसा प्राप्तांक (score) है जिसका निर्धारण अपनी ही उम्र या अपने से कम या अधिक उम्र के बच्चों के औसत निष्पादन के साथ तुलना करके किया जाता है। एक उदाहरण लीजिए—मान लिया जाए कि कोई बच्चा जिसकी तैथिक आयु या वास्तविक आयु 6 साल की है, 8 साल के बच्चा के लिए बने बुद्धि परीक्षण (intelligence test) पर सफल हो जाता है, तो उस बच्चा की मानसिक आयु 8 साल की होगी जबकि वास्तविक आयु 6 साल की है। उसी तरह यह भी संभव है कि 6 साल का बच्चा 4 साल के बच्चों के लिए बने बुद्धि परीक्षण पर सफल हो परन्तु 6 साल के बच्चों के लिए बने बुद्धि परीक्षण पर सफल न हो। ऐसी अवस्था में उस बच्चे की तैथिक आयु तो 6 साल की अवश्य है, परन्तु उसकी मानसिक उम्र 4 साल की ही है। यदि 6 साल का बच्चा सिर्फ अपने ही उम्र के बच्चों के लिए बने बुद्धि परीक्षण पर सफल होता है, तो ऐसा कहा जाता है कि इस बच्चे की तैथिक आयु तथा मानसिक आयु समान है, यानी बराबर-बराबर है।

ऊपर के उदाहरण से यह स्पष्ट है कि मानसिक आयु (mental age) वास्तविक आयु या तैथिक आयु (chronological age) से कम, अधिक या बराबर हो सकती है। जब मानसिक आयु तैथिक आयु से कम होती है, तो व्यक्ति मंद बुद्धि का समझा जाता है। जब मानसिक आयु तैथिक आयु से अधिक होती है, तो व्यक्ति तीव्र बुद्धि का समझा जाता है और जब मानसिक आयु तथा तैथिक आयु एक-दूसरे के बराबर होती हैं, तो व्यक्ति को सामान्य बुद्धि (normal intelligence) का समझा जाता

---

1. "Mental age is a score that is determined by comparing a child's with the average score of his or her age-mates and with the scores obtained by younger and older childern in the norming group."—Tuckman, *Measuring Educational Outcomes,* 1975

है। इस तरह हम देखते हैं कि मानसिक आयु के आधार पर व्यक्ति की बुद्धि के बारे में अंदाज लगाया जा सकता है।

बुद्धिलब्धि
(Intelligence Quotient)

बुद्धि मापने के लिए सबसे पहला बुद्धि परीक्षण बिने (Binet) तथा साइमन (Simon) ने 1905 में विकसित किया। इस परीक्षण में बुद्धि को मानसिक आयु (mental age) के रूप में मापकर अभिव्यक्त किया गया। परन्तु, इससे मनोवैज्ञानिकों को अधिक संतुष्टि नहीं मिली। 1916 में बिने-साइमन परीक्षण का सबसे महत्त्वपूर्ण संशोधन टरमैन (Terman) ने स्टैनफोर्ड विश्वविद्यालय (Standford University) में किया। इसी संशोधन में बुद्धिलब्धि (intelligence quotient या IQ के संप्रत्यय का जन्म हुआ और बुद्धि को मापने में मानसिक आयु की जगह बुद्धिलब्धि (IQ) का प्रयोग होने लगा, हालाँकि बुद्धिलब्धि के बारे में जर्मनी के विलियम स्टर्न (William Stern) ने 1912 में ही सुझाव दे रखे थे।

बुद्धिलब्धि (IQ) मानसिक आयु (mental age) तथा तैथिक आयु (chronological age) का एक ऐसा अनुपात (ratio) है जिसमें 100 से गुणा कर प्राप्त किया जाता है। यही कारण है कि इसे अनुपात बुद्धिलब्धि (ratio IQ) भी कहा जाता है। सूत्र के रूप में इसे इस प्रकार व्यक्त किया जा सकता है—

$$\text{बुद्धिलब्धि} = \frac{\text{मानसिक आयु}}{\text{तैथिक आयु}} \times 100$$

$$IQ = \frac{MA}{CA} \times 100$$

इसका एक उदाहरण इस प्रकार है— मान लिया जाए कि किसी बुद्धि परीक्षण द्वारा मापने पर 6 साल के बच्चे की मानसिक आयु (mental age) 5 साल का आता है और एक 4 साल के बच्चे की मानसिक उम्र 5 साल का आता है तो पहला बच्चा की बुद्धिलब्धि $\frac{5}{6} \times 100 = 83$ आएगा तथा दूसरे बच्चे की बुद्धिलब्धि $\frac{5}{4} \times 100 = 125$ आएगा। स्पष्टतः दूसरा बच्चा पहले बच्चा से बुद्धि में अधिक प्रखर है। इस तरह बुद्धिलब्धि द्वारा हमें प्रारंभ के उम्रों में होनेवाले तीव्र बौद्धिक विकास (rapid intellectual growth) का स्पष्ट ज्ञान होता है। चूँकि बौद्धिक विकास कम उम्र में यानी 3-4 साल में अधिक तेजी से होता है और अधिक उम्र जैसे 15–16 साल की उम्र होने पर इसकी गति धीमी हो जाती है, अतः मानसिक आयु तथा तैथिक आयु में समान अंतर होते हुए भी इन दो अवस्थाओं की बुद्धिलब्धि में अधिक अंतर हो जाएगा। उदाहरणार्थ, मान लिया जाए कि एक 5 साल के बच्चे की मानसिक आयु 4 साल की है तथा एक 15 साल के बच्चे की मानसिक आयु 14 साल है। क्या इन दोनों बच्चों की बुद्धिलब्धि समान है? कदापि नहीं। 15 साल के बच्चे की बुद्धिलब्धि $\frac{14}{15} \times 100 = 93$ आता है जबकि 5 साल के बच्चे की बुद्धिलब्धि $\frac{4}{5} \times 100 = 80$ आता है। स्पष्टतः

मानसिक आयु तथा तैथिक आयु में समान अंतर (अर्थात एक-एक साल का) होने पर भी दोनों बच्चों की बुद्धिलब्धि में अंतर हो जाता है। ऐसा क्यों? इसलिए कि कम उम्र में बौद्धिक विकास तीव्रता से होता है।

भिन्न-भिन्न बुद्धिलब्धि का अर्थ भिन्न-भिन्न होता है। मनोवैज्ञानिकों ने बुद्धिलब्धि के भिन्न-भिन्न मान (values) के अर्थ को स्पष्ट एवं वस्तुनिष्ठ (objective) करने के लिए एक सामान्य तालिका बनाई है, जिसे तालिका 1 में दिखाया गया है—

तालिका 1 बुद्धिलब्धि के मान तथा उनके अर्थ
(Values of IQ and their Meanings)

बुद्धिलब्धि के मान (Value of IQ)	**अर्थ** (Meaning)
140 या इससे अधिक	प्रतिभाशाली (Genius)
120 से 139 तक	अतिश्रेष्ठ (Very superior)
110 से 119 तक	श्रेष्ठ (Superior)
90 से 109 तक	सामान्य (Normal)
80 से 89 तक	मन्द (Dull)
70 से 79 तक	सीमांत मन्द बुद्धि (Borderline feebleminded)
60 से 69 तक	मूढ़ बुद्धि (Moron)
20 से 59 तक	हीन बुद्धि (Imbecile)
20 या इससे कम बुद्धि	जड़ बुद्धि (Idiot)

इस तरह हम देखते हैं कि बुद्धिलब्धि द्वारा हमें व्यक्ति के बौद्धिक स्तर का पता आसानी से चल जाता है।

बुद्धिलब्धि के दोष (Demerits of IQ)—यद्यपि बुद्धिलब्धि द्वारा व्यक्ति की बुद्धि की अभिव्यक्ति काफी संतोषजनक ढंग से होती है, फिर भी मनोवैज्ञानिकों ने कुछ इसपर आपत्ति (objection) उठाई है। कुछ मनोवैज्ञानिकों का कहना है कि मानसिक आयु 15–16 साल के बाद सामान्यतः नहीं बढ़ती है यद्यपि व्यक्ति की तैथिक आयु बढ़ती जाती है। फलस्वरूप, मनोवैज्ञानिकों द्वारा वयस्क जैसे 25-30 साल के व्यक्तियों के लिए मानसिक आयु मापने की कोशिश नहीं की गई। उनके अनुसार 25-30 साल के व्यक्ति की मानसिक आयु के बारे में बातचीत करना ही अर्थहीन (meaningless) है। अतः, मनोवैज्ञानिकों ने इस तरह की परिस्थिति के लिए जहाँ 25–30 साल या इससे ऊपर की आयु के व्यक्ति की बुद्धि को मापना होता है, बुद्धिलब्धि की जगह एक नया संप्रत्यय (concept), जिसे विचलन बुद्धिलब्धि (deviation IQ) या DIQ की संज्ञा दी गई है, का प्रयोग किया है।

यद्यपि बुद्धिलब्धि द्वारा व्यक्ति की बुद्धि की अभिव्यक्ति ठीक ढंग से होती है फिर भी आधुनिक मनोवैज्ञानियों ने बुद्धिलब्धि के इस अर्थ के प्रति असंतोष व्यक्त किया है। इन लोगों का

मत है कि व्यक्ति की मानसिक आयु सामान्यतः 18–19 साल के उम्र के बाद नहीं बढ़ती है परन्तु उसकी तैथिक आयु (chronological age) में वृद्धि होती जाती है। ऐसी परिस्थिति में 19 साल के बाद के प्रत्येक उम्र के व्यक्तियों की बुद्धिलब्धि यदि उक्त सूत्र द्वारा ज्ञात की जाए तो वह उत्तरोत्तर कमती जाएगी जो वास्तविकता से हटकर होगी। अतः, आधुनिक मनोविज्ञानिकों ने बुद्धिलब्धि का आजकल एक नया अर्थ बतलाया है। इस नये अर्थ में बुद्धिलब्धि प्राप्तांक (IQ scores) से किसी बुद्धि परीक्षण पर समान उम्र के अन्य व्यक्तियों की तुलना में व्यक्ति के निष्पादन (performance) का पता चलता है। दूसरे शब्दों में व्यक्ति के प्राप्तांक की व्याख्या उसके अपने उम्र के मानक (norms) से किया जाता है। प्रत्येक उम्र या आयु के माध्य को स्वेच्छा से 100 मान लिया जाता है और यदि किसी बुद्धि परीक्षण पर किसी व्यक्ति का प्राप्तांक (score) अपने आयु के लिए निर्धारित माध्य अर्थात 100 से अधिक आता है तो उसे औसत से ऊपर बुद्धि का परंतु यदि प्राप्तांक निर्धारित माध्य से कम आता है तो उसे औसत से नीचे बुद्धि का समझा जाता है। दूसरे शब्दों में नए अर्थ के अनुसार किसी व्यक्ति का बुद्धिलब्धि प्राप्तांक से यह पता चलता है कि औसत, जिसे विचलन बुद्धिलब्धि (deviation IQ) कहा गया है, से किसी बुद्धि परीक्षण पर व्यक्ति का निष्पादन कितना विचलित (deviate) होता है। स्पष्टतः, तब बुद्धिलब्धि के नवीनतम अर्थ में मानसिक आयु (mental age) के संप्रत्यय को हटा दिया गया है।

अब प्रश्न यह उठता है कि विचलन बुद्धिलब्धि (deviation IQ) क्या है? सबसे पहले यहाँ यह बता देना उचित होगा कि विचलन बुद्धिलब्धि का संबंध बुद्धिलब्धि से कुछ भी नहीं होता है बल्कि यह एक मानक प्राप्तांक (standard score) है। अतः, नाम अपने-आपमें भ्रामक है। विचलन बुद्धिलब्धि ज्ञात करने के लिए पहले मानक प्राप्तांक ज्ञात किया जाता है और फिर इस प्राप्तांक को एक मापनी (scale) जिसका माध्य (mean) 100 तथा मानक विचलन (standard deviation) 15 होता है, में बदल दिया जाता है और उसी के अनुरूप उसकी व्याख्या की जाती है। इसे एक उदाहरण से इस प्रकार समझाया जा सकता है—

मान लिया जाए कि किसी व्यक्ति को एक बुद्धि परीक्षण पर 60 अंक प्राप्त हुए। उसी परीक्षण को उस व्यक्ति के समान उम्र के व्यक्तियों पर ($N = 100$) क्रियान्वयन करने पर माध्य = 30 तथा मानक विचलन = 10 प्राप्त हुआ। अतः,

उस व्यक्ति का मानक प्राप्तांक (standard score) $= \frac{X - \overline{X}}{S} = \frac{60 - 30}{15} = \frac{30}{15} = 2\sigma$ होगा।

यदि इस मानक प्राप्तांक को विचलन बुद्धिलब्धि (deviation IQ) की मापनी अर्थात माध्य = 100 तथा मानक विचलन = 15 वाली मापनी में बदला जाए तो उस व्यक्ति का प्राप्तांक माध्य से अर्थात 100 से 2 मानक विचलन प्राप्तांक ऊपर (यानी, 130) होगा। उसी तरह से यदि किसी व्यक्ति का मानक प्राप्तांक -1σ है तो उस मापनी पर उसका प्राप्तांक एक मानक विचलन माध्य से नीचे होगा अर्थात 85 होगा। मापनी पर 100 से ऊपर प्राप्तांक आने पर उसे औसत से अधिक बुद्धि का तथा कम आने पर उसे अैसत से निम्न बुद्धि का समझा जाता है। इस तरह से हम देखते हैं कि विचलन बुद्धिलब्धि का संप्रत्यय में मानसिक आयु बुद्धिलब्धि (mental age IQ) के बहुत से गुणों की झलक बिना किसी तरह के दोष या कठिनाई का मिलती है। कुछ ऐसे ही गुणों को इस तरह से सारणीकृत (summarized) किया जा सकता है—

(i) 100 का प्राप्तांक से यह पता चलता है कि व्यक्ति औसत बुद्धि का है।

(ii) 100 से ऊपर का प्राप्तांक तथा 100 से नीचे का प्राप्तांक से क्रमशः औसत से ऊपर एवं औसत से नीचे की बुद्धि स्तर का पता चलता है।

(iii) औसत प्राप्तांक (अर्थात (100) एवं व्यक्ति का बुद्धिलब्धि प्राप्तांक के बीच के अंतर द्वारा उस व्यक्ति के प्राप्तांक का सापेक्ष स्थान (relative standing or position) का पता चलता है। बुद्धि परीक्षण प्राप्तांकों का स्वरूप लगभग प्रसामान्य वितरण के आकार (shape) का होता है। परिणामस्वरूप, प्रसामान्य वक्र की तालिका के सहारे विचलन बुद्धिलब्धि को आसानी से शततमक (percentile) में बदला जा सकता है जिससे यह पता चल जाता है कि जीवसंख्या (population) के कितने प्रतिशत से उच्च या निम्न परीक्षण प्राप्तांक की उम्मीद की जा सकती है।

फ्लिन्न (Flynn, 1987) ने संसार के आठ प्रमुख देशों अर्थात आस्ट्रेलिया, बेल्जियम, कनाडा, फ्रांस, ग्रेट ब्रिटेन, जापान, नेदरलैंड एवं संघीय राज्य यानी अमेरिका से प्रतिदर्श लेकर अध्ययन किया और पाया कि हाल के दशकों में सभी उम्र के व्यक्तियों के औसत बुद्धिलब्धि प्राप्तांक में पर्याप्त वृद्धि हुई है जिस कारण विभिन्न बुद्धि परीक्षणों के मानकों (norms) को इसके साथ समायोजित करने की आवश्यकता है। इसे फिलन्न प्रभाव (Flynn effect) की संज्ञा दी गई है। इनके अध्ययन के अनुसार बुद्धिलब्धि प्राप्तांक में सबसे अधिक वृद्धि फ्रांस और उसके बाद जापान तथा नेदरलैंड में हुई है। संघीय राज्य अमेरिका में ऐसी वृद्धि काफी कम हुई है।

बुद्धि की माप
(Measurement of Intelligence)

बुद्धि की माप बुद्धि परीक्षण (intelligence test) द्वारा की जाती है। सबसे पहला बुद्धि परीक्षण बिने (Binet) तथा साइमन (Simon) ने मिलकर 1905 में बनाया था। यह बुद्धि परीक्षण आनेवाले वर्षों में मनोवैज्ञानिकों के बीच काफी लोकप्रिय (popular) हुआ। फलस्वरूप इसका कई बार संशोधन (revision) भी किया गया। इस परीक्षण का सबसे महत्त्वपूर्ण संशोधन टरमैन (Terman) द्वारा 1916 में स्टैनफोर्ड विश्वविद्यालय (Stanford University) में किया गया। इस संशोधन में सबसे पहली बार बुद्धिलब्धि के संप्रत्यय का बुद्धि मापने के सूचक (index) के रूप में प्रयोग किया गया। इसके बाद अनेक मनोवैज्ञानिकों, जैसे वेशलर (Wechsler), अर्थर (Arthur), कैटेल (Cattell), रैवेन (Raven), गुडएनफ (Goodenough) आदि मनोवैज्ञानिकों ने भी बुद्धि परीक्षण बनाकर बुद्धि मापन के क्षेत्र में महत्त्वपूर्ण योगदान किया है। भारत में भी कई मनोवैज्ञानिकों ने बुद्धि परीक्षण का निर्माण किया है। इनमें डॉ० एस० जलोटा, डॉ० मोहनचन्द्र जोशी, डॉ० एस० मुहसिन आदि प्रमुख हैं।

इस तरह स्पष्ट है कि बुद्धि का मापन भिन्न-भिन्न बुद्धि परीक्षणों द्वारा किया जाता है। इनमें कुछ बुद्धि परीक्षण ऐसे हैं जो शाब्दिक (verbal) हैं अर्थात जिनके एकांशों (items), निर्देश (instruction) आदि में लिखित भाषा का प्रयोग किया गया है तथा कुछ ऐसे भी हैं जिनके एकांशों तथा निर्देश में लिखित भाषा का प्रयोग नहीं होता और व्यक्ति को दी गई वस्तुओं (objects) का परिचालन (manipulate) करके कुछ विशेष डिजाइन (design) बनाना होता है।

इसके आधार पर ही व्यक्ति की बुद्धि की जाँच की जाती है। कुछ प्रमुख बुद्धि परीक्षणों, का जिसका प्रयोग बुद्धि मापन में अधिकतर किया गया है, निम्नांकित है—

1. बिने–साइमन परीक्षण (Binet–Simon Test)—इस परीक्षण का निर्माण बिने (Binet) तथा साइमन (Simon) ने फ्रेंच भाषा में 1905 में किया। यह एक प्रकार का वैयक्तिक बुद्धि परीक्षण (individual intelligence test) है। इसमें शाब्दिक एकांशों (verbal items) का प्रयोग किया गया है। इसका पहला संशोधन (revision) 1908 में किया गया। 1911 में इस परीक्षण का अनुवाद अँगरेजी भाषा में गोडार्ड (Goddard) द्वारा अमेरिका में किया गया और मानसिक रूप से मंदित बच्चों की बुद्धि मापने में इसका काफी उपयोग किया गया। इस परीक्षण का संशोधन भिन्न-भिन्न लोगों ने बाद में किया। जैसे कुलमान (Kuhlmann) ने 1912, 1922 तथा 1939 में, यर्कस (Yerkes) ने 1915, 1923 में तथा हेरिंग (Herring) ने 1922 में इसका संशोधन किया।

इस परीक्षण का सबसे महत्त्वपूर्ण संशोधन टरमैन (Terman) ने 1916 में स्टैनफोर्ड विश्वविद्यालय (Stanford University) में किया। इसे स्टैनफोर्ड–बिने परीक्षण (Stanford–Binet test) के नाम से पुकारा गया। पहली बार इस संशोधन के सहारे इस परीक्षण द्वारा व्यक्ति की बुद्धि की माप बुद्धिलब्धि (intelligence quotient) के रूप में किया गया। इस परीक्षण के दो फार्म (form) अर्थात फार्म एल तथा फार्म एम बनाए गए और कुछ नए-नए एकांशों (items) या प्रश्नों को जोड़ा गया ताकि इसके द्वारा कम उम्र के बच्चों तथा अधिक उम्र के कारकों की भी बुद्धि की माप की जाए। इस परीक्षण का पुनः संशोधन 1937 में टरमैन तथा मेरिल (Terman & Merrill) ने किया जिसका नाम 'दी 1937 बिने' (The 1937 Binet) रखा गया। इस संशोधन द्वारा दो साल से वयस्कता तक के व्यक्तियों का बुद्धि परीक्षण किया जा सकता था। 1960 में पुनः इसका संशोधन (revision) हुआ और अब इसके द्वारा 2 साल से 22 साल 11 महीना तक के व्यक्तियों की बुद्धि मापी जा सकती थी। 1973 में इस परीक्षण का एक नया मानक (norms) तैयार किया गया है। यह एक बहुत ही विश्वसनीय (reliable) तथा वैध (valid) परीक्षण है। इसकी विश्वसनीयता (reliability) .90 से ऊपर है तथा वैधता (validity) .75 से भी अधिक है। इस परीक्षण में चूँकि भिन्न-भिन्न उम्र-स्तर (age level) के लिए अलग-अलग एकांश (items) है, अतः इससे भिन्न-भिन्न उम्र के बच्चों के बारे में पूर्वकथन (prediction) करना काफी आसान हो जाता है। इस परीक्षण का चतुर्थ संस्करण 1986 में तथा पंचम संस्करण (SB5) 2003 में किया गया है। इस नवीनतम संस्करण का उपयोग शिक्षा मनोवैज्ञानिक प्रायः छात्रों को विशेष शैक्षिक कार्यक्रम (special educational programme) में रखने के लिए करते हैं।

स्टैनफोर्ड-बिने परीक्षण (Stanford-Binet test) के दो प्रमुख अवगुण वेशलर (Wechsler, 1939) ने बताया है। पहला तो यह कि इस परीक्षण द्वारा वयस्क की बुद्धि की जाँच ठीक ढंग से नहीं होती और दूसरा यह कि चूँकि इस परीक्षण में सिर्फ शाब्दिक एकांशों (verbal items) का प्रयोग किया गया है, अतः इसकी उपयोगिता सीमित है। जैसे इस परीक्षण का प्रयोग अनपढ़ व्यक्तियों पर नहीं किया जा सकता। इन अवगुणों को ध्यान में रखते हुए वेशलर (Wechsler) ने बुद्धि मापने के लिए अलग परीक्षण बनाया।

2. वेशलर बुद्धि परीक्षण (Wechsler Intelligence Scale)—वेशलर (Wechsler), जो न्यूयार्कसिटी के बेलेब्यू अस्पताल (Bellevue hospital) में काम करते थे, ने बुद्धि के मापन (measurement) की ओर काफी सक्रिय योगदान किया है। इन्होंने वयस्कों (adults) की बुद्धि मापने

के लिए 1939 में एक मापनी (scale) तैयार किया जिसका नाम वेशलर–वेलेब्यू मापनी (Wechsler–Bellevue Scale) रखा गया। इस परीक्षण के दो फार्म थे और दोनों फार्म में दस-दस उपपरीक्षण (subtests) थे। दस में पाँच शाब्दिक मापनी (verbal scale) थे तथा पाँच क्रियात्मक मापनी (performance scale) थे। इस परीक्षण का 1955 में संशोधन (revision) किया गया और इसका नाम वेशलर वयस्क बुद्धि मापनी (Wechsler Adult Intelligence Scale या (WAIS) रखा गया। 1981 में इस मापनी का फिर संशोधन किया गया है और इसका नाम (WAIS-R रखा गया। इस नयी संशोधित मापनी में 11 उपपरीक्षण हैं जिनमें प्रथम 6 शाब्दिक मापनी (verbal scales) हैं तथा अंतिम 5 क्रियात्मक मापनी (performance scales) हैं। शाब्दिक मापनी (verbal scale) के नाम हैं—Information test, Comprehension test, Arithmetic test, Similarities test, Digit span test तथा Vocabulary test । क्रियात्मक मापनी (performance scale) के नाम हैं—Digit Symbol test, Picture Completion test, Block Design test, Picture Arrangement test तथा Object Assembly test । इस परीक्षण में बुद्धि की माप तीन तरह की बुद्धिलब्धि (IQ) द्वारा होती है— शाब्दिक मापनी का IQ, क्रियात्मक मापनी का IQ तथा सम्पूर्ण मापनी (full scale) का IQ। इस परीक्षण की विश्वसनीयता (reliability) तथा वैधता (validity) भी काफी अधिक है। इस परीक्षण द्वारा 16 से 64 साल तक के व्यक्तियों की बुद्धि का मापन किया जाता है। WAIS का तीसरा संस्करण 2005 में किया गया है जिसे WAIS-IV कहा गया है।

वेशलर (Wechsler) ने बच्चों की बुद्धि मापनी के लिए एक दूसरा परीक्षण 1949 में बनाया है जिसे 'वेशलर बुद्धि मापनी—बच्चों के लिए' (Wechsler Intelligence Scale for Children) या WISC कहा गया। इस मापनी द्वारा 6 साल से 16 साल तक के बच्चों की बुद्धि की माप की जाती है। इस परीक्षण का संशोधन (revision) 1974 में किया गया और इसे WISC-R कहा गया। इसमें 12 उपपरीक्षण (subtests) हैं जिनमें 6 शाब्दिक मापनी (verbal scales) हैं तथा 6 क्रियात्मक मापनी (performance scales) हैं। शाब्दिक मापनी (verbal scales) के उपपरीक्षण इस प्रकार हैं—Information test, Similarities test, Vocabulary test, Comprehension test, Arithmetic test तथा Digit span test। क्रियात्मक मापनी (performance scale) के उपपरीक्षण हैं—Picture Completion test, Picture Arrangement test, Block Design test, Object Assembly test तथा Coding test।

वेशलर (Wechsler) ने अत्यंत छोटे बच्चों की बुद्धि को मापने के लिए एक दूसरे परीक्षण का निर्माण किया है; क्योंकि WISC-R द्वारा 6 साल से नीचे के बच्चों की बुद्धि को नहीं मापा जा सकता था। इस उद्देश्य से 1967 में एक मापनी बनाया गया जिसका नाम Wechsler Preschool and Primary Scale of Intelligence (WPPSI) रखा गया। इस परीक्षण का सामान्य आकार-प्रकार पहले दो परीक्षणों के ही समान था। इस परीक्षण में 11 उपपरीक्षण थे जिनमें 6 शाब्दिक मापनी (verbal scales) थे तथा 5 क्रियात्मक मापनी (performance scales) थे। 6 शाब्दिक मापनी के नाम इस प्रकार थे—Information test, Vocabulary test, Arithmetic test, Similarities test, Comprehension test तथा Sentence test। 5 क्रियात्मक परीक्षण के नाम इस प्रकार हैं—Picture Completion test, Maze test, Block Design test, Geometric Design test तथा Animal House test। यह परीक्षण अभी तीसरे संस्करण में उपलब्ध है जिसे WISC-III कहा गया है।

WISC–R तथा WPPSI दोनों ही परीक्षणों की विश्वसनीयता (reliability) तथा वैधता (validity) 0.82 से ऊपर है।

3. कैटेल संस्कृति-मुक्त बुद्धि परीक्षण (Cattell Culture-free Intelligence Test)—इस परीक्षण का निर्माण कैटेल (Cattell) ने किया है जिसमें तीन मापनियाँ (scales) हैं—मापनी I (Scale I) चार से आठ वर्ष की आयु के बच्चे तथा मानसिक दोषवाले वयस्कों के लिए प्रयोग किया जाता है; मापनी II (Scale II) आठ से तेरह वर्ष की आयुवाले तथा औसत वयस्कों के लिए प्रयोग होता है तथा मापनी III (Scale III) हाईस्कूल के छात्रों, कॉलेज के छात्रों तथा 14 वर्ष से अधिक आयुवाले व्यक्तियों पर प्रयोग किया जाता है। इन तीनों तरह की मापनी द्वारा सामान्य मानसिक क्षमता कारक (general mental ability factor), जिसे स्पीयरमैन (Spearman) ने g-कारक (g-factor) कहा है, का मापन होता है। इन तीनों मापनी के एकांश (items) सांस्कृतिक कारक (cultural factors), सामाजिक श्रेष्ठता (social advantages), पर्यावरणी प्रभावों (environmental influences) आदि से मुक्त (free) हैं। इस परीक्षण का प्रयोग एक समय में कई व्यक्ति पर किया जा सकता है।

4. रैवेन्स प्रोग्रेसिव मैट्रिसेज (Raven's Progressive Matrices)—इस परीक्षण का निर्माण रैवेन (Raven) ने 1938 में किया था। इस परीक्षण के दो फार्म हैं—एक बच्चों के लिए तथा दूसरा वयस्कों के लिए। बच्चों के लिए प्रयोग होनेवाले फार्म को रंगीन प्रोग्रेसिव मैट्रिसेज (Coloured Progressive Matrices) कहा जाता है तथा वयस्कों के लिए प्रयोग होनेवाले मैट्रिसेज को स्टैण्डर्ड प्रोगेसिव मैट्रिसेज (Standard Progressive Matrices) कहा जाता है। रंगीन प्रोग्रेसिव मैट्रिसेज के 3 उपपरीक्षण—A, Ab तथा B—हैं जो कठिनाई स्तर के अनुसार व्यवस्थित हैं। सबसे सरल A तथा उससे कठिन Ab तथा सबसे कठिन B है। स्टैण्डर्ड प्रोग्रेसिव मैट्रिसेज में 5 उपपरीक्षण—A, B, C, D तथा E हैं। प्रत्येक में 12 एकांश (items) हैं और इस तरह कुल मिलाकर 60 एकांश हैं। रंगीन प्रोग्रेसिव मैट्रिसेज के प्रत्येक उपपरीक्षण में भी 12 एकांश हैं और इस तरह कुल मिलाकर इसमें 36 एकांश हैं। रैवेन्स प्रोग्रेसिव मैट्रिसेज के प्रत्येक एकांश (item) में एक चित्र होता है तथा उस चित्र का एक अंश या टुकड़ा काटकर उसी आकार के अन्य टुकड़ों के साथ मिला दिया जाता है। परीक्षार्थी को इन टुकड़ों में उस टुकड़े को बताने को कहा जाता है जिसे यदि चित्र में निकली हुई जगह रख दिया जाए तो चित्र पूरा हो जाता है। प्रत्येक सही उत्तर के लिए एक अंक प्रदान किया जाता है और सभी अंकों को एक साथ जोड़कर एक कुल प्राप्तांक प्राप्त किया जाता है जिसके आधार पर व्यक्ति की बुद्धि मापी जाती है।

यह परीक्षण अशाब्दिक परीक्षण (nonverbal test) है जिसका प्रयोग दोनों ढंग से, यानी व्यक्तिगत रूप से (individually) तथा सामूहिक रूप से किया जाता है तथा इसके द्वारा मूलतः अमूर्त चिंतन (abstract intelligence), तार्किक चिंतन (logical thinking) तथा प्रत्यक्षात्मक तीव्रता (perceptual acquity) का मापन होता है।

5. कुछ प्रमुख भारतीय बुद्धि परीक्षण (Some Important Indian Intelligence Tests)—बुद्धि मापने का प्रयास भारतीय मनोवैज्ञानिकों द्वारा भी काफी अधिक किया गया है। इसके परिणामस्वरूप भारतीय मनोवैज्ञानिकों द्वारा भी कई बुद्धि परीक्षण बनाए गए हैं जिनमें प्रमुख हैं—डॉ० एम० सी० जोशी द्वारा मानसिक योग्यता परीक्षण 1960, डॉ० प्रयाग मेहता द्वारा सामूहिक बुद्धि परीक्षण 1962, डॉ० आर० के टण्डन द्वारा सामूहिक मानसिक योग्यता परीक्षण (1971), प्रो० आर० के० ओझा तथा प्रो० रायचौधरी द्वारा वाचिक बुद्धि परीक्षण (1971), डॉ० एस० एस० जलोटा द्वारा मानसिक योग्यता की संशोधित सामूहिक परीक्षा (1972) तथा डॉ० एस० एस० मुहसिन द्वारा सामान्य बुद्धि परीक्षण (1943)। ये सभी बुद्धि परीक्षण शाब्दिक बुद्धि परीक्षण (verbal intelligence tests) हैं

जिनका उपयोग सिर्फ उन्हीं व्यक्तियों की बुद्धि मापने में किया जाता है जो पढ़े-लिखे हैं तथा जिन्हें भाषा का ज्ञान है; क्योंकि इनके एकांशों तथा निर्देश (instructions) हिन्दी भाषा में एक पुस्तिका में छपे होते हैं जिन्हें परीक्षार्थी को पढ़कर समझना होता है। इन परीक्षणों के आधार पर व्यक्ति को एक कुल प्राप्तांक (total score) प्राप्त होता है जिसके आधार पर बुद्धिलब्धि (intelligence quotient) या इसी तरह का कोई दूसरा सूचक (index), जैसे कुशाग्रता का सूचक (index of brightness) आदि ज्ञात किया जाता है जिसकी तुलना मानक तालिकाओं (norms table) से करके हम व्यक्ति की बुद्धि के बारे में एक निश्चित निष्कर्ष पर पहुँचते हैं।

इस तरह हम देखते हैं कि व्यक्ति की बुद्धि की माप भिन्न-भिन्न तरह के परीक्षणों के आधार पर की जाती है। परीक्षक अपनी आवश्यकताओं एवं परीक्षार्थी की उम्र तथा योग्यता के अनुसार किसी खास परीक्षण का चयन कर लेता है और उसके आधार पर व्यक्ति की बुद्धि का मापन करता है।

बुद्धि परीक्षण के प्रकार (Types of Intelligence Tests)

मनोवैज्ञानिकों ने बुद्धि की माप करने के लिए अनेक तरह के परीक्षणों का निर्माण किया है। इन सभी परीक्षणों का मूल रूप से निम्नांकित दो कसौटी (criterion) के आधार पर वर्गीकरण किया गया है—

(क) क्रियान्वयन (administration) के तरीकों (mode) के आधार पर—क्रियान्वयन के तरीकों के आधार पर बुद्धि परीक्षण दो प्रकार का होता है—एक तो वे परीक्षण हैं जिनका क्रियान्यवन एक समय में एक ही व्यक्ति पर किया जा सकता है। इस प्रकार के बुद्धि परीक्षण को मनोवैज्ञानिकों ने वैयक्तिक बुद्धि परीक्षण (individual intelligence test) की संज्ञा दी है। सबसे पहला वैयक्तिक बुद्धि परीक्षण बिने (Binet) तथा साइमन (Simon) द्वारा 1905 में विकसित किया गया है। इसे बिने-साइमन परीक्षण (Binet-Simon test) कहा जाता है। कोह ब्लॉक डिजाइन परीक्षण (Koh Block Design test), पास अलाँग परीक्षण (Pass Along test) तथा घन रचना परीक्षण (Cube Construction test) भी वैयक्तिक बुद्धि परीक्षण के उदाहरण हैं। क्रियान्वयन के आधार पर दूसरे प्रकार के बुद्धि परीक्षण वे हैं जिनको एक समय में एक से अधिक व्यक्ति, यानी जिनको व्यक्तियों के समूह में किया जा सकता है। इस प्रकार के परीक्षण को सामूहिक बुद्धि परीक्षण (Group Intelligence test) की संज्ञा दी गई है। सबसे पहला सामूहिक बुद्धि परीक्षण प्रथम विश्वयुद्ध के दौरान अमरीका में बनाया गया। युद्ध के समय कम-से-कम समय में बहुत-से सैनिकों की बुद्धि का मापन करने की आवश्यकता महसूस की गई। चूँकि वैयक्तिक बुद्धि परीक्षण से इस आवश्यकता की पूर्ति नहीं की जा सकती थी, फलतः मनोवैज्ञानिकों ने कुछ सामूहिक बुद्धि परीक्षण जैसे आर्मी अल्फा परीक्षण (Army Alpha test) तथा आर्मी बीटा परीक्षण (Army Beta test) आदि का निर्माण किया।

भारतीय मनोवैज्ञानिकों ने भी कई सामूहिक बुद्धि परीक्षण (group intelligence test) का निर्माण किया है जिनमें प्रयाग मेहता : सामूहिक बुद्धि परीक्षण (1962), आर० के० टण्डन : सामूहिक मानसिक योग्यता परीक्षण (1961), एम० सी० जोशी : मानसिक योग्यता परीक्षण (1960), आदि प्रमुख हैं।

(ख) एकांशों (items) के स्वरूप के आधार पर—बुद्धि परीक्षणों को एकांश (item) के स्वरूप के आधार पर निम्नांकित चार भागों में बाँटा गया है—

(1) शाब्दिक बुद्धि परीक्षण (Verbal Intelligence test)

(2) अशाब्दिक बुद्धि परीक्षण (Nonverbal Intelligence test)

(3) क्रियात्मक बुद्धि परीक्षण (Performance Intelligence test)

(4) अभाषाई बुद्धि परीक्षण (Nonlanguage Intelligence test)

इन चारों परीक्षणों का उदाहरणसहित मूल्यांकन नीचे प्रस्तुत किया जा रहा है—

1. शाब्दिक बुद्धि परीक्षण (Verbal Intelligence Test)—इस तरह का बुद्धि परीक्षण उन परीक्षणों को कहा जाता है जिनमें लिखित शब्दों (words) अर्थात लिखित भाषा का प्रयोग निर्देश (instruction) देने तथा परीक्षण के एकांशों या प्रश्नों में किया जाता है। इस तरह यह स्पष्ट है कि इस तरह के बुद्धि परीक्षण के क्रियान्यवन के लिए व्यक्ति को पढ़ा-लिखा होना चाहिए ताकि वह पढ़कर सभी बातों को समझ जाए और फिर प्रश्नों के उत्तर लिखकर दे सके। शाब्दिक बुद्धि परीक्षण (Verbal intelligence test) को निम्नांकित दो भागों में बाँटा गया है—

(अ) शाब्दिक वैयक्तिक बुद्धि परीक्षण (Verbal individual intelligence test)

(ब) शाब्दिक समूह बुद्धि परीक्षण (Verbal group intelligence test)

इन दोनों परीक्षणों के स्वरूप की व्याख्या निम्नांकित है—

(अ) शाब्दिक वैयक्तिक बुद्धि परीक्षण (Verbal individual intelligence test)—इस तरह के परीक्षण में लिखित शब्दों एवं वाक्यों का प्रयोग होता है तथा साथ-ही-साथ इसका स्वरूप कुछ ऐसा होता है कि इसे एक समय में एक से अधिक व्यक्ति पर क्रियान्वयन (administer) नहीं किया जा सकता। दूसरे शब्दों में, इस तरह के परीक्षण द्वारा एक समय में किसी एक ही पढ़े-लिखे व्यक्ति की बुद्धि का मापन किया जा सकता है। सबसे पहला बुद्धि परीक्षण, जिसका निर्माण फ्रेंच मनोवैज्ञानिक बिने (Binet) तथा साइमन (Simon) द्वारा किया गया था, शाब्दिक वैयक्तिक बुद्धि परीक्षण (Verbal individual intelligence test) ही था। इस परीक्षण में कुल तीस एकांश (items) थे जिनके उत्तर के आधार पर स्कूल के बच्चों की बुद्धि मापी जाती थी। इसकी अनुवाद अँगरेजी में गोडार्ड (Goddard) ने 1911 में किया तथा मानसिक रूप से मंदित बच्चों के बुद्धिमापन में इसका प्रयोग किया गया। (इस परीक्षण की विस्तृत व्याख्या पिछले अनुच्छेद में की जा चुकी है)। शाब्दिक वैयक्तिक बुद्धि परीक्षणों के प्रमुख अवगुण (demerits) निम्नांकित हैं—

(i) इस परीक्षण का प्रयोग बुद्धि मापने में तभी किया जाता है जब व्यक्ति पढ़ा-लिखा हो। अनपढ़ व्यक्तियों या बहुत छोटे शिशुओं, जिनमें भाषा का विकास अधूरा रहता है, की बुद्धि की माप इस परीक्षण द्वारा नहीं की जा सकती।

(ii) ऐसे परीक्षणों द्वारा एक समय में एक ही व्यक्ति की बुद्धि मापी जा सकती है। अतः, जब कई व्यक्तियों की बुद्धि की माप एक ही साथ करनी होती है, तो इस तरह के परीक्षण का प्रयोग समय के ख्याल से कठिन हो जाता है; क्योंकि स्वभावतः बुद्धि परीक्षक के पास इतना समय नहीं होता कि एक-एक करके वह सभी व्यक्तियों की बुद्धि की माप कर सके।

(ब) शाब्दिक समूह बुद्धि परीक्षण (Verbal group intelligence test)—शाब्दिक समूह बुद्धि परीक्षण वैसे परीक्षण को कहा जाता है जिसमें शब्द, वाक्य, संख्या (number) आदि का प्रयोग एकांश (item) में तथा निर्देश में होता है तथा जिसे एक समय में एक से अधिक व्यक्तियों पर क्रियान्वयन (administer) किया जा सकता है। दूसरे शब्दों में, इन परीक्षणों द्वारा एक समय में एक से अधिक व्यक्तियों की बुद्धि मापी जा सकती है। इस तरह शाब्दिक समूह बुद्धि परीक्षण द्वारा शाब्दिक वैयक्तिक बुद्धि परीक्षण (verbal individual intelligence test) का एक महत्त्वपूर्ण दोष (जो इस बात से संबंधित है कि इसमें बुद्धि मापने में समय बहुत अधिक लगता है) समाप्त हो जाता है। इस तरह के बुद्धि परीक्षणों की जरूरत प्रथम विश्वयुद्ध के समय सैनिकों की बुद्धि मापने के लिए काफी महसूस की गई। इसके फलस्वरूप अमरीका में कुछ महत्त्वपूर्ण परीक्षण, जैसे आर्मी अल्फा परीक्षण (Army Alpha test), आर्मी जेनरल क्लासिफिकेशन परीक्षण (Army General Classification test) आदि का निर्माण हुआ। बाद में और भी कई बुद्धि परीक्षणों का निर्माण किया गया है जिन्हें शाब्दिक बुद्धि परीक्षण की श्रेणी में रखा गया। भारत में भी कई मनोवैज्ञानिकों ने शाब्दिक समूह बुद्धि परीक्षण का निर्माण किया है जिनमें एम० सी० जोशी का मानसिक योग्यता परीक्षण; प्रयाग मेहता का सामूहिक बुद्धि परीक्षण, आर० के० टण्डन का सामूहिक योग्यता परीक्षण, आर० के० ओझा तथा रायचौधरी का वाचिक बुद्धि परीक्षण, एस० एस० जलोटा का मानसिक योग्यता की संशोधित सामूहिक परीक्षा, एस० एम० मुहसिन का सामान्य बुद्धि परीक्षण आदि प्रमुख हैं।

शाब्दिक बुद्धि परीक्षण (Verbal intelligence test) चाहे वैयक्तिक (individual) हो या सामूहिक (group) हो, इसके एकांशों (items) का उत्तर देने में व्यक्ति को पेंसिल तथा पेपर (उत्तर पत्र) का प्रयोग करना पड़ता है। अतः, शाब्दिक परीक्षण (verbal tests) को पेपर-पेंसिल परीक्षण (paper-pencil test) भी कहा जाता है।

शाब्दिक समूह बुद्धि परीक्षण (Verbal group intelligence test) के प्रमुख दोष निम्नांकित हैं—

(i) शाब्दिक सामूहिक बुद्धि परीक्षण द्वारा कई व्यक्तियों को एक साथ बैठाकर उनकी बुद्धि की जाँच की जाती है। वे एक ही कमरा में बैठकर बुद्धि परीक्षण के एकांशों (items) का उत्तर देते हैं। फलतः, वे एक-दूसरे की नकल आसानी से कर लेते हैं जिसके परिणामस्वरूप व्यक्ति की बुद्धि का सही मापन नहीं हो पाता।

(ii) जब कई व्यक्ति एक साथ बैठकर बुद्धि परीक्षण के एकांशों (items) का जवाब देते हैं तो परिस्थिति कुछ इस प्रकार की हो जाती है कि अकेला बुद्धि परीक्षक उसे ठीक ढंग से नियंत्रित नहीं कर पाता। इसका प्रभाव व्यक्ति के उत्तर पर पड़ता है जिससे उसकी बुद्धि की जाँच ठीक ढंग से नहीं हो पाती।

(iii) बुद्धि परीक्षक के लिए इस तरह के परीक्षण में यह संभव नहीं हो पाता कि वह प्रत्येक व्यक्ति पर वैयक्तिक रूप से (individually) ध्यान दे। ऐसी परिस्थिति में यदि कोई व्यक्ति प्रश्नों को देखकर घबड़ा जाता है या किसी अन्य कारण से वह परीक्षण के प्रश्नों का उत्तर नहीं दे पाता तो इसका सही-सही पता परीक्षक को नहीं लग पाता है। फलस्वरूप, उस व्यक्ति की बुद्धि की माप ठीक ढंग से नहीं हो पाती है।

(iv) वैयक्तिक शाब्दिक बुद्धि परीक्षण (Individual verbal intelligence test) के समान ही परीक्षार्थी (testee) इसमें कभी-कभी एकांशों के उत्तर अंदाज (guessing) से ठीक कर लेते हैं। खासकर, जब किसी एकांश (item) का कठिनत स्तर अधिक होता है, तब इस तरह के अंदाज का उपयोग परीक्षार्थी अधिक करते हैं। ऐसी परिस्थिति में उनकी बुद्धि की जाँच सही-सही नहीं हो पाती।

2. अशाब्दिक बुद्धि परीक्षण (Nonverbal Intelligence Test)—अशाब्दिक बुद्धि परीक्षण वैसे परीक्षण को कहा जाता है जिसमें भाषा (language) अर्थात शब्दों, वाक्यों तथा संख्या (number) का प्रयोग निर्देश (instruction) में निश्चित रूप से होता है, परन्तु उनके एकांशों (items) में प्रयोग नहीं होता और साथ-ही-साथ व्यक्ति जिसकी बुद्धि मापी जा रही है, को वस्तुओं (objects) का वास्तविक परिचालन या जोड़-तोड़ (manipulation) भी नहीं करना पड़ता है। यहाँ व्यक्ति को वास्तविक जोड़-तोड़ इसलिए नहीं करना पड़ता है क्योंकि वास्तव में प्रत्येक एकांश में कुछ वस्तुओं का चित्र बना होता है। अतः, जब वस्तुएँ सचमुच उपस्थित ही नहीं होतीं, तो उनमें जोड़-तोड़ करने का प्रश्न ही नहीं उठता। फ्रीमैन (Freeman, 1969) ने रैवेन्स प्रोग्रेसिव मेट्रिसेज (Raven's Progressive Matrices) को अशाब्दिक बुद्धि परीक्षण का एक उत्तम उदाहरण बताया है।

अशाब्दिक बुद्धि परीक्षण का सबसे बड़ा गुण यह है कि चूँकि इसमें भाषा का प्रयोग एकांशों (items) में नहीं होता है, इसलिए इसका प्रयोग छोटे बच्चों, कम पढ़े-लिखे व्यक्तियों तथा मानसिक रूप से मंदित बच्चों के लिए आसानी से किया जा सकता है। ऐसे परीक्षणों का एक सामान्य दोष (demerit) यह है कि इनमें बुद्धि परीक्षक का प्रशिक्षित होना आवश्यक है। साधारण व्यक्ति को या अप्रशिक्षित व्यक्ति को ऐसे परीक्षणों द्वारा बुद्धि मापने में कठिनाई हो सकती है।

3. क्रियात्मक बुद्धि परीक्षण (Performance Intelligence Test) —फ्रीमैन[1] (Freeman,1965) के अनुसार क्रियात्मक बुद्धि परीक्षण वैसे बुद्धि परीक्षणों को कहा जाता है जिनमें भाषा का प्रयोग निर्देश (instruction) में हो भी सकता है या चित्राभिनय (pantomine) तथा हाव-भाव (gesture) द्वारा निर्देश देने पर भाषा का प्रयोग नहीं भी हो सकता है। परन्तु, ऐसे परीक्षणों के एकांशों (items) में भाषा का प्रयोग बिल्कुल ही नहीं होता है और परीक्षार्थी (testees) के सामने कुछ वस्तुएँ वास्तविक रूप में (न कि चित्र के रूप में) उपस्थित की जाती हैं, जिनका परिचालन या जोड़-तोड़ कर परीक्षार्थी को उन्हें सही करना पड़ता है। परीक्षार्थी द्वारा किए गए जोड़-तोड़ में परिशुद्धता (accuracy), त्रुटियाँ तथा लगे समय के आधार पर व्यक्ति की बुद्धि की माप की जाती है। ऊपर के विवरण से स्पष्ट है कि क्रियात्मक बुद्धि परीक्षण की निम्नांकित तीन विशेषताएँ (characteristics) हैं—

(i) इस परीक्षण के निर्देश (instruction) में भाषा या संख्या का प्रयोग कभी होता है और कभी नहीं भी होता है।

(ii) इस परीक्षण के एकांश (items) में भाषा का प्रयोग बिल्कुल ही नहीं होता।

(iii) इस परीक्षण में व्यक्ति के सामने वस्तुओं को वास्तविक रूप में (न कि उसका चित्र बनाकर) उपस्थित किया जाता है और उसमें उसे जोड़-तोड़ करना पड़ता है।

---

1. "A performance scale is one in which language is used only in the instructions or not at all when directions are given in pantomine." —Freeman, *Theory and Practice of Psychological Testing*, 1965, p. 280

ऊपर की विशेषताओं से यह स्पष्ट हो जाता है कि क्रियात्मक बुद्धि परीक्षण (performance intelligence test) अशाब्दिक बुद्धि परीक्षण (nonverbal intelligence test) से भिन्न (different) है। अशाब्दिक बुद्धि परीक्षण में वस्तुओं (objects) को वास्तविक रूप में नहीं बल्कि उसका चित्र बनाकर व्यक्ति के सामने उपस्थित किया जाता है जबकि क्रियात्मक बुद्धि परीक्षण में वस्तुओं को वास्तविक रूप में परीक्षार्थी के सामने उपस्थित किया जाता है जिसमें वह जोड़-तोड़ (manipulation) करता है। चूँकि अशाब्दिक बुद्धि परीक्षण के एकांश (items) में भी भाषा का प्रयोग नहीं होता, अतः इस कसौटी पर वह क्रियात्मक बुद्धि परीक्षण के समान हो जाता है।

मनोवैज्ञानिकों ने कई एक तरह के क्रियात्मक बुद्धि परीक्षणों का निर्माण किया है। सबसे पहला क्रियात्मक बुद्धि परीक्षण सेगुइन (Seguin) ने 1866 में निर्मित किया था। इस परीक्षण का नाम सेगुइन फार्म बोर्ड (Saguine Farm Board) था जिसका प्रयोग मानसिक रूप से मंदित बच्चों (mentally retarded childern) की बुद्धि मापने में किया गया। इसके बाद कई क्रियात्मक बुद्धि परीक्षणों का निर्माण किया गया जिनमें निम्नांकित तीन काफी मशहूर हैं तथा जिनका प्रयोग मनोवैज्ञानिकों द्वारा काफी हुआ है।

(i) कोह ब्लॉक डिजाइन परीक्षण (Kohs Blocks Design test)—इस परीक्षण का निर्माण एस० सी० कोह (S C Kohs) द्वारा 1923 में किया गया। इस परीक्षण में लकड़ी के एक-एक वर्ग इंच के 16 ब्लॉक (blocks) होते हैं। परीक्षार्थी को इन ब्लॉकों की सहायता से एक-एक करके 10 डिजाइनों को बनाना होता है। डिजाइन बनाने में लगे समय तथा त्रुटियों के आधार पर बुद्धि की माप की जाती है।

(ii) पास-अलाँग परीक्षण (Pass-Along test)—इस परीक्षण में 9 डिजाइन अलग-अलग कार्ड पर बने होते हैं। इस परीक्षण में कुल मिलाकर लाल और नीले रंग के आयताकार तथा वर्गाकार 13 ब्लॉक (blocks) होते हैं और चार भिन्न-भिन्न आकार के छोटे-छोटे बक्स होते हैं। कार्ड पर बने डिजाइन तथा बक्स में उस डिजाइन के विपरीत डिजाइन को बनाकर बुद्धि परीक्षक परीक्षार्थी के सामने रख देता है जिसे एक निर्दिष्ट समय (specified time) में परीक्षार्थी को कार्ड पर दी गई डिजाइन के समान बनाना होता है। डिजाइन बनाने में लगे समय तथा की गई त्रुटियों (errors) के आधार पर बुद्धि की माप की जाती है।

(iii) घन रचना परीक्षण (Cube Construction test)—इस परीक्षण की व्याख्या सर्वप्रथम गा (Gaw) ने की थी। इसमें 3 मॉडल (model) होते हैं और कुल 26 घन (cubes) होते हैं जो सिर्फ दो रंगों में अर्थात उजले तथा भूरे रंग में रंगे होते हैं। दिए गए मॉडल की आकृति के अनुसार परीक्षार्थी को घनों की सहायता से आकृति बनानी पड़ती है। मॉडल बनाने में लगे समय एवं त्रुटियों के आधार पर व्यक्ति की बुद्धि की माप की जाती है।

क्रियात्मक बुद्धि परीक्षण का स्वरूप ही कुछ ऐसा होता है जिसका एक समय में एक ही व्यक्ति पर क्रियान्वयन किया जा सकता है। क्रियात्मक बुद्धि परीक्षण के प्रमुख गुण (merits) निम्नांकित हैं—

(i) इस तरह के परीक्षण में चूँकि भाषा का प्रयोग नहीं होता, अतः इसका प्रयोग पढ़े-लिखे व्यक्तियों के अलावा अनपढ़, गूँगे, छोटे बच्चों एवं मानसिक रूप से मंदित बच्चों की बुद्धि मापने में आसानी से किया जाता है।

(ii) भाषा का प्रयोग न होने से इन परीक्षणों से एक और लाभ होता है। इनके द्वारा किसी भी देश तथा संस्कृति (culture) के व्यक्तियों की बुद्धि मापी जा सकती है।

क्रियात्मक बुद्धि परीक्षण के प्रमुख अवगुण (demerits) निम्नांकित हैं—

(i) इस तरह के परीक्षण द्वारा एक समय में एक ही व्यक्ति की बुद्धि की माप की जा सकती है। फलतः जब कई व्यक्तियों की बुद्धि की माप करनी होती है तो समय के खयाल से इस तरह के परीक्षण का प्रयोग संभव नहीं हो पाता; क्योंकि किसी बुद्धि परीक्षक को शायद इतना समय तथा धैर्य नहीं होता कि वह एक-एक करके कई व्यक्तियों की बुद्धि की जाँच कर सके।

(ii) क्रियात्मक बुद्धि परीक्षण का निर्माण सामान्यतः शाब्दिक बुद्धि परीक्षण (verbal intelligence test) के निर्माण से अधिक कठिन है।

4. अभाषाई बुद्धि परीक्षण (Nonlanguage intelligence test)—अभाषाई बुद्धि परीक्षण, जैसा कि नाम से ही स्पष्ट है, पूर्णतः भाषा के बंधन से मुक्त होता है। अभाषाई बुद्धि परीक्षण वैसे परीक्षण को कहा जाता है जिसमें भाषा का प्रयोग न तो एकांश (items) में और न तो निर्देश (instruction) में ही होता है। प्रायः, इस तरह के परीक्षण में निर्देश हाव-भाव (gesture), निर्देशन (demonstration) तथा चित्ताभिनय (pantomine) द्वारा दिया जाता है। साथ-ही-साथ इस तरह के परीक्षण में परीक्षार्थी (testee) को वस्तुओं का वास्तविक जोड़-तोड़ (manipulation) नहीं करना होता है। इस तरह अभाषाई बुद्धि परीक्षण के निम्नांकित गुण (merits) हैं—

(i) ऐसे परीक्षणों में निर्देश (instruction) हाव-भाव (gesture), चित्ताभिनय (pantomine) तथा निर्देशन (demonstration) द्वारा दिया जाता है, न कि किसी प्रकार की भाषा द्वारा।

(ii) इन परीक्षणों के एकांश में भाषा का प्रयोग बिल्कुल ही नहीं होता।

(iii) इन परीक्षणों के परीक्षार्थी (testees) को कुछ वस्तुएँ (objects) जैसा कि क्रियात्मक बुद्धि परीक्षण में दिया जाता है, नहीं दिया जाता है। फलतः, इस तरह के परीक्षणों में परीक्षार्थी को वास्तविक जोड़-तोड़ (actual manipulation) नहीं करना पड़ता।

ऊपर के गुणों के आधार पर यह निश्चित रूप से कहा जा सकता है कि इसके तीन गुणों में प्रथम दो गुण[1] क्रियात्मक बुद्धि परीक्षण के समान हैं। गुडएनफ ड्रा-ए-मैन परीक्षण (Goodenough Draw-a-Man test) तथा कैटेल संस्कृति-मुक्त बुद्धि परीक्षण (Cattell Culture-free Intelligence test) इसके प्रमुख उदाहरण हैं। चूँकि अभाषाई बुद्धि परीक्षण बहुत हद तक क्रियात्मक बुद्धि परीक्षण से मिलता-जुलता है, अतः इसका गुण (merits) तथा दोष (demerits) दोनों ही क्रियात्मक बुद्धि परीक्षण के समान हैं।

इस तरह स्पष्ट है कि बुद्धि परीक्षण के कई प्रकार हैं जिनमें चार प्रमुख हैं—शाब्दिक बुद्धि परीक्षण, अशाब्दिक बुद्धि परीक्षण, क्रियात्मक बुद्धि परीक्षण तथा अभाषाई बुद्धि परीक्षण। इन चारों परीक्षणों में कुछ समानताएँ (similarities) तथा कुछ विभिन्नताएँ (dissimilarities) हैं। छात्रों को

---

1. हालाँकि किसी-किसी क्रियात्मक बुद्धि परीक्षण के निर्देश (instruction) में भाषा का प्रयोग होता है। ऐसी परिस्थिति में अभाषाई परीक्षण का सिर्फ दूसरा ही गुण क्रियात्मक बुद्धि परीक्षण के समान होगा।

इन समानताओं तथा विभिन्नताओं को याद रखने में सुविधा प्रदान करने के खयाल से इन्हें एक तालिका बनाकर तालिका 2 में दिखाया गया है।

तालिका 2 विभिन्न बुद्धि परीक्षणों की समानताएँ एवं विषमताएँ
(Similarities and Differences among Different Intelligence Tests)

बुद्धि परीक्षण के प्रकार	निर्देश में भाषा का प्रयोग (Use of language in instructions)	एकांश में भाषा का प्रयोग (Use of language in item)	वस्तुओं का वास्तविक जोड़-तोड़ (Actual manipulation of objects)	उदाहरण (Examples)
शाब्दिक बुद्धि परीक्षण (Verbal Intelligence test)	✓	✓	✗	स्टैनफोर्ड–बिने परीक्षण, जलोटा सामान्य मानसिक परीक्षण, जोशी सामान्य मानसिक क्षमता
अशाब्दिक बुद्धि परीक्षण (Nonverbal Intelligence test)	✓	✗	✗	रैवेन प्रोग्रेसिव मैट्रिसेज
क्रियात्मक बुद्धि परीक्षण (Performance Intelligence test)	✓	✗	✓	कोह ब्लॉक डिजाइन परीक्षण, पास-अलॉग परीक्षण, घन रचना परीक्षण
अभाषाई बुद्धि परीक्षण (Nonlanguage Intelligence test)	✗	✗	✗	गुडएनफ ड्रा-ए-मैन परीक्षण, कैटेल संस्कृति, मुक्त परीक्षण

बुद्धि के सिद्धांत
(Theories of Intelligence)

बुद्धि के स्वरूप (nature) की पूर्णरूपेण व्याख्या तब हो पाती है जब हम बुद्धि के सिद्धांतों की ओर ध्यान देते हैं। सचमुच मनोवैज्ञानिकों का प्रारंभ से ही यह प्रयास रहा है कि बुद्धि की व्याख्या करने के लिए एक वैज्ञानिक सिद्धांत (scientific theory) का प्रतिपादन किया जाए। इस प्रयास का परिणाम यह हुआ है कि आज हमारे सामने बुद्धि के कई सिद्धांत प्राप्य (available) हैं। इन सभी सिद्धांतों को मूल रूप से अग्रांकित दो प्रमुख श्रेणियों (categories) में बाँटा गया है—

(क) कारकीय सिद्धांत (Factorial theories)

(ख) प्रक्रियाप्रधान सिद्धांत (Process-oriented theories)

इन दोनों तरह के सिद्धांतों की व्याख्या निम्नांकित है—

(क) कारकीय सिद्धांत (Factorial theories)—इस श्रेणी में उन मनोवैज्ञानिकों के सिद्धांतों को रखा गया है जिन्होंने बुद्धि के संगठन (organisation) की व्याख्या कुछ कारकों (factors) के रूप में की है। इन कारकों को आपस में मिलाकर व्यक्ति की बुद्धि की व्याख्या की गई है। प्रायः इन कारकों को विशेष सांख्यिकीय विधि (statistical analysis), जिसे कारक विश्लेषण (factor analysis) कहा जाता है, के आधार पर ज्ञात किया गया है। इस श्रेणी में आनेवाले प्रमुख सिद्धांत निम्नांकित हैं—

(1) स्पीयरमैन का द्विकारक सिद्धांत (Spearman's two-factor theory)

(2) थर्स्टन का समूह कारक सिद्धांत[1] (Thurstone group factor theory)

(3) बहुकारक सिद्धांत (Multifactor theory)

(4) कैटेल एवं हॉर्न का बुद्धि सिद्धांत (Intelligence theory of Cattell & Horn)

(5) कैरोल त्रिस्तरीय मॉडल (Carroll's Three-structure model)

(6) पदानुक्रमिक सिद्धांत (Hierarchical theories)

(7) गार्डनर का बहुबुद्धि सिद्धांत (Gardner's theory of multiple intelligence)Fve efme×ebleeW keÀe JeCe&ve efvecveebefkeÀle nwõ

(1) स्पीयरमैन का द्विकारक सिद्धांत (Spearman's two-factor theory)—इस सिद्धांत का प्रतिपादन ब्रिटेन के मनोवैज्ञानिक स्पीयरमैन (Spearman) ने 1904 में किया। इन्होंने कारक विश्लेषण (factor analysis) की प्रविधि (technique) द्वारा कई प्रयोगात्मक अध्ययनों से प्राप्त आँकड़ों का विश्लेषण किया और बताया कि बुद्धि की संरचना (structure) में मूल रूप से दो कारक (factors) निहित होते हैं—सामान्य कारक (general factor या g-factor) तथा विशिष्ट कारक (specific factor या s-factor)।

स्पीयरमैन के अनुसार 'g' कारक से तात्पर्य यह होता है कि प्रत्येक व्यक्ति में हर मानसिक कार्य करने की एक सामान्य क्षमता (general capacity) भिन्न-भिन्न मात्रा में होती है। इस तरह सभी मानसिक क्रियाओं के करने में 'g' कारक भिन्न-भिन्न मात्रा में व्यक्ति में मौजूद होते हैं। यही कारण है कि 'g' कारक को स्पीयरमैन ने मानसिक ऊर्जा (mental energy) की संज्ञा दी है। स्पीयरमैन के अनुसार जिस व्यक्ति में 'g' कारक जितना ही अधिक होगा वह व्यक्ति उतना ही अधिक सभी तरह के मानसिक कार्यों को करने में प्रवीण होगा। स्पीयरमैन के अनुसार 'g' कारक की प्रमुख दो विशेषताएँ हैं। पहला तो यह कि 'g' कारक पर सचमुच किसी तरह के शिक्षण, प्रशिक्षण (training), पूर्व अनुभूति (past experiences) आदि का प्रभाव नहीं पड़ता है। यही कारण है कि इस 'g' कारक को एक जन्मजात कारक (innate factor) माना गया है। दूसरा, प्रत्येक व्यक्ति में 'g' कारक की मात्रा निश्चित (fixed) होती है। परन्तु, इसका अर्थ यह नहीं है कि सभी व्यक्तियों में

1. कुछ मनोवैज्ञानिकों ने थर्स्टन के समूह कारक सिद्धांत को भी बहुकारक सिद्धांत (Multifactor theories) में ही रखा है।

इसकी मात्रा समान होती है। सच्चाई यह है कि प्रत्येक व्यक्ति में प्रत्येक मानसिक कार्य करने की जो क्षमता होती है, वह निश्चित होती है। किसी में इस क्षमता की मात्रा अधिक हो सकती है तथा किसी में इसकी मात्रा कम हो सकती है।

स्पीयरमैन (Spearman) का यह भी विचार था कि प्रत्येक मानसिक कार्य करने में कुछ विशिष्टता (specificity) की भी जरूरत पड़ती है; क्योंकि हर मानसिक कार्य एक-दूसरे से कुछ-न-कुछ भिन्न होता है। स्पीयरमैन ने इस कारक को 's' कारक की संज्ञा दी है। 's' कारक की तीन विशेषताएँ बताई गई हैं—पहला, 's' कारक का स्वरूप परिवर्तनशील होता है। एक मानसिक क्रिया में एक तरह के 's' कारक की जरूरत होती है तो दूसरे तरह की मानसिक क्रिया में दूसरे तरह के 's' कारक की आवश्यकता होती है। एक कार्य के लिए किसी व्यक्ति में 's' कारक की मात्रा अधिक हो सकती है, परन्तु उसी व्यक्ति में दूसरे कार्य के लिए 's' कारक की मात्रा कम हो सकती है। जैसे एक व्यक्ति में गाना गाने का 's' कारक अधिक हो सकता है परंतु उसी व्यक्ति में पेंटिंग की क्रिया के लिए जो 's' कारक की जरूरत है, उसकी मात्रा कम हो सकती है। तीसरा, 's' कारक पर व्यक्ति के प्रशिक्षण (training), पूर्व अनुभूतियों (past experiences) आदि का काफी प्रभाव पड़ता है। प्रशिक्षण देकर हम किसी खास मानसिक कार्य के लिए आवश्यक 's' कारक की मात्रा को बढ़ा सकते हैं। दूसरे शब्दों में, प्रशिक्षण देकर हम किसी को अच्छा 'तबला मास्टर' बना सकते हैं या अच्छा 'पेंटर' बनाया जा सकता है।

स्पीयरमैन ने 'g' कारक तथा 's' कारक के समर्थन में सहसंबंध विधि (correlation method) के सहारे कुछ सबूत भी प्रदान किया है। इन्होंने भिन्न-भिन्न तरह की मानसिक क्षमता मापनेवाले परीक्षणों (tests), जैसे शाब्दिक बोध परीक्षण, स्मृति परीक्षण (memory test), विवेक परीक्षण (reasoning test) आदि को व्यक्तियों के एक बड़े समूह पर क्रियान्वयन (administer) किया और इन परीक्षणों के बीच सहसंबंध (correlation) ज्ञात किया। परिणाम में देखा गया कि सहसंबंध गुणांक (correlation coefficient) धनात्मक (positive) एवं ऊँचा (high) था जो 0.62 से 0.85 तक का था। इस तरह के उच्च धनात्मक सहसंबंध से क्या पता चलता है? स्पीयरमैन के अनुसार निश्चित रूप से प्रत्येक व्यक्ति में कोई ऐसी मानसिक ऊर्जा या शक्ति होती है जो व्यक्ति को भिन्न-भिन्न परीक्षणों में समान रूप से मदद कर रही है। इसी मानसिक शक्ति को स्पीयरमैन ने 'g' कारक कहा है। ऊपर वर्णन किए गए सहसंबंध गुणांकों (correlation coefficients) से अपने आप ही 's' कारक का भी प्रमाण प्राप्त हो जाता है। भिन्न-भिन्न परीक्षणों को आपस में सहसंबंधित करने पर सहसंबंध गुणांक धनात्मक तो था, परन्तु पूर्ण (perfect) अर्थात 1.00 नहीं था। ऐसा क्यों? सहसंबध पूर्ण नहीं होना अपने-आपमें इस बात की सूचना देता है कि प्रत्येक परीक्षण द्वारा मापी गई मानसिक क्षमता में कुछ विशिष्टता (specificity) की जरूरत होती है। यदि इन सभी परीक्षणों द्वारा मापी गई मानसिक क्षमता (mental capacity) में सिर्फ 'g' कारक (g factor) ही होता है तो सहसंबंध पूर्ण यानी 1.00 होता। परन्तु, 1.00 से कम सहसंबंध इस बात का द्योतक हो जाता है कि प्रत्येक मानसिक क्षमता या कार्य को करने में कुछ ऐसी विशिष्टता की जरूरत होती है, जो अन्य मानसिक कार्य या क्षमता की विशिष्टता से भिन्न होती है।

स्पीयरमैन के द्विकारक सिद्धांत की उपर्युक्त व्याख्या से स्पष्ट है कि स्पीयरमैन के अनुसार प्रत्येक बौद्धिक कार्य (intellectual work) में 'g' कारक तथा 's' कारक दोनों ही सम्मिलित होते हैं। इन दोनों कारकों में 'g' कारक की महत्ता अधिक दी गई है। 'g' कारक कम होने से व्यक्ति को कोई

बौद्धिक कार्य करने में पूर्ण सफलता नहीं मिलेगी। इसलिए स्पीयरमैन के बुद्धि सिद्धांत को **G-कारक सिद्धांत** (G-factor theory) भी कहा गया है।

स्पीयरमैन के द्विकारक सिद्धांत की कुछ आलोचनाएँ भी की गई हैं, जो निम्नांकित हैं—

(i) स्पीयरमैन ने बुद्धि की व्याख्या सिर्फ दो कारकों यानी 'g कारक' तथा 's कारक' के आधार पर की है। थर्स्टन (Thurstone, 1938), गिलफोर्ड (Guilford, 1967) ने स्पीयरमैन के इस तथ्य की आलोचना की है और कहा है कि बुद्धि की व्याख्या दो तत्त्वों या कारकों से संभव नहीं है। सचमुच बुद्धि की व्याख्या करने के लिए अनेक कारकों की जरूरत पड़ती है जिनकी स्पीयरमैन ने कल्पना तक भी नहीं की है।

(ii) जैसा कि स्पीयरमैन के सिद्धांत से स्पष्ट है, स्पीयरमैन ने भिन्न-भिन्न मानसिक कार्यों या क्षमताओं के परीक्षणों के बीच उच्च धनात्मक सहसंबंध की व्याख्या g-कारक के आधार पर की है। उन्होंने बताया है कि उच्च सहसंबंध का कारण इन परीक्षणों (tests) द्वारा मापी गई क्षमताओं के बीच अधिक समानता है जिसे उन्होंने 'g-कारक' की संज्ञा दी है। आलोचकों का मत है कि विभिन्न परीक्षणों के बीच उच्च धनात्मक सहसंबंध 'g-कारक' के अलावा भी कुछ ऐसे कारक हैं जिनके कारण हो सकता है। आलोचकों का कहना है कि 'g-कारक' के अलावा कुछ समूह कारक (group factors) भी है, जिन्हें मनोवैज्ञानिकों ने मध्यवर्ती कारक (intermediate factors) कहा है, जिनके कारण भी उच्च धनात्मक सहसंबंध हो सकता है। स्पीयरमैन ने अपने सिद्धांत में इन समूह कारकों की ओर प्रकाश नहीं डाला है।

इन आलोचनाओं के बावजूद स्पीयरमैन का बुद्धि सिद्धांत बहुत ही महत्त्वपूर्ण सिद्धांत है और मनोवैज्ञानिक इसे बुद्धि के अन्य कारक सिद्धांतों (factor theories) की एक नींव (foundation) मानते हैं।

(2) थर्स्टन समूह कारक सिद्धांत (Thurstone group factor theory)—इस सिद्धांत का प्रतिपादन थर्स्टन (1938) द्वारा किया गया है जो पिछले कई वर्षों तक किए गए कारक विश्लेषण (factor analysis) से प्राप्त तथ्यों (facts) पर आधारित है। अतः, यह बिल्कुल ही स्वाभाविक है कि इस सिद्धांत का प्रतिपादन थर्स्टन ने धीरे-धीरे किया और फिर बाद में इसमें संशोधन करते गए।

इस सिद्धांत के अनुसार, जैसा कि नाम से ही स्पष्ट है, बुद्धि की व्याख्या कई कारकों के आधार पर की जाती है, न कि सिर्फ दो कारकों के आधार पर (जैसा कि स्पीयरमैन के सिद्धांत में कहा गया है)। इस सिद्धांत के अनुसार किसी बुद्धिमत्तापूर्ण कार्य (intellectual work) में अनेक छोटे-छोटे विशिष्ट कारक या तत्त्व नहीं पाए जाते हैं (जो अलग-अलग मासिक क्षमता के द्योतक होते हैं) और साथ-ही-साथ किसी बुद्धिमत्तापूर्ण कार्य में 'g' कारक की भी प्रधानता (predominance) नही होती (जैसा कि स्पीयरमैन ने कहा था)। इससे स्पष्ट है कि थर्स्टन ने स्पीयरमैन के 'g' कारक की मान्यता अस्वीकार की है। थर्स्टन के सामूहिक कारक सिद्धांत में कुछ मानसिक प्रक्रियाओं या क्षमताओं (mental abilities) का एक सामान्य प्रधान कारक (common primary factor) होता है जो उन सभी मानसिक प्रक्रियाओं को आपस में एक सूत्र में बाँधे रखता है तथा साथ-ही-साथ उन मानसिक क्रियाओं को अन्य मानसिक क्रियाओं से भिन्न भी रखता है। ऐसी सभी मानसिक प्रक्रियाएँ, जिनका एक प्रधान कारक होता है, आपस में सहसंबंधित (correlated) होती हैं और एक साथ मिलकर एक समूह का निर्माण करती हैं। इस समूह का प्रतिनिधित्व करनेवाले कारक को प्रधान क्षमता (primary ability) की संज्ञा दी जाती है। इसी तरह दूसरी तरह की मानसिक प्रक्रियाओं को एक सूत्र में

बाँधनवाले एक अन्य प्रधान कारक या क्षमता (primary factor or ability) होता है। ऐसी सभी प्रक्रियाओं का एक अन्य समूह होता है। फिर तीसरे तरह की मानसिक क्षमताओं का एक तीसरा प्रधान कारक होता है जो उन सभी क्षमताओं को आपस में बाँधकर रखता है। इसी तरह चौथी, पाँचवीं तथा कई प्रधान क्षमताएँ या कारक हुआ करते हैं। इस तरह थर्स्टन के सिद्धांत के अनुसार भिन्न-भिन्न मानसिक प्रक्रियाएँ अपने अलग-अलग प्रधान कारकों द्वारा एक सूत्र में बँधकर अलग-अलग समूह (group) का निर्माण करती हैं। अतः, बुद्धि में मानसिक क्षमताओं के कई समूह होते हैं जिनमें प्रत्येक समूह का अपना अलग-अलग एक प्रधान कारक होता है जो उन सभी मानसिक क्षमताओं को एक सूत्र में बाँधे रहता है। ऐसे प्रधान कारक एक-दूसरे से स्वतंत्र (independent) हुआ करते हैं अर्थात उनमें नाममात्र का ही सहसंबंध (correlation) हो सकता है। परन्तु, किसी एक प्रधान कारक के अंतर्गत आनेवाली सभी तरह की मानसिक क्षमताएँ आपस में काफी सहसंबंधित होती हैं।

थर्स्टन ने अपने सिद्धांत में सात प्रधान क्षमताओं (primary mental abilities) (मूलतः 6 ही क्षमताएँ थीं) का स्पष्टीकरण किया है। उन्होंने सात प्रधान क्षमताओं को मापने के लिए एक परीक्षणमाला (battery) तैयार किया जिसे 'प्रधान मानसिक क्षमताओं का परीक्षण, (Tests of Primary Mental Abilities या (PMA tests) की संज्ञा दी गई है। उन सात प्रधान मानसिक क्षमताओं का वर्णन निम्नांकित है—

(i) शाब्दिक अर्थ क्षमता (Verbal meaning ability or V)—शब्दों तथा वाक्यों के अर्थ समझने की क्षमता को शाब्दिक अर्थ क्षमता कहा गया, जिसे अक्षर V द्वारा संबोधित किया गया।

(ii) शब्दप्रवाह क्षमता (Word-fluency ability or W)—दिए हुए शब्दों से असंबंधित या अलग शब्दों की सोचने की क्षमता को शब्दप्रवाह क्षमता कहा गया। इसे अक्षर W से संबोधित किया गया।

(iii) दैशिक क्षमता (Spatial ability)—किसी दिए हुए स्थान (space) में काल्पनिक रूप से वस्तुओं के परिचालन (manipulate) करने की क्षमता को दैशिक क्षमता कहा गया। इसे अक्षर S से संबोधित किया गया।

(iv) आंकिक क्षमता (Numerical ability or N)—परिशुद्धता तथा तीव्रता के साथ आंकिक परिकलन (numerical calculation) करने की क्षमता को आंकिक क्षमता कहा गया और इसे अक्षर N द्वारा संबोधित किया गया।

(v) तर्क क्षमता (Reasoning ability or R)—वाक्यों के समूह या अक्षरों के समूह में छिपे नियम (principle) की खोज करने की क्षमता को तर्क क्षमता कहा गया। इसे अक्षर R द्वारा संबोधित किया गया।

(vi) स्मृति क्षमता (Memory ability or M)—किसी पाठ या विषय या घटना को जल्द-से-जल्द याद कर लेने की क्षमता को स्मृति क्षमता कहा गया। इसे अक्षर M द्वारा संबोधित किया गया।

(vii) प्रत्यक्षणात्मक गति क्षमता (Perceptual speed ability or P)—किसी घटना या वस्तु की विस्तृतता (details) का तेजी से प्रत्यक्षण करने की क्षमता को प्रत्यक्षणात्मक गति क्षमता कहा गया। इसका संबोधन P अक्षर द्वारा किया गया।

इस तरह हम देखते हैं कि थर्स्टन ने अपने सिद्धांत में सात प्रधान क्षमताओं के आधार पर बुद्धि की व्याख्या की है। ये सभी क्षमताएँ एक-दूसरे से स्वतंत्र (independent) होती हैं, यानी आपस में सहसंबंधित नहीं होती हैं।

एटकिन्सन, एटकिन्सन तथा हिलगार्ड (Atkinson, Atkinson & Hilgard, 1983) ने थर्स्टन के सिद्धांत की समीक्षा की और बताया कि इस सिद्धांत में भी कुछ दोष हैं, जो इस प्रकार हैं—

(i) थर्स्टन ने इस बात पर काफी बल डाला है कि उनके द्वारा प्रतिपादित सात प्रधान क्षमताएँ (seven primary mental abilities) एक-दूसरे से स्वतंत्र (independent) है अर्थात उनमें सहसंबंध (correlation) नहीं है। परन्तु, कई मनोवैज्ञानिकों ने यह स्पष्ट रूप से पाया है कि ये सभी क्षमताएँ आपस में पूर्णतः स्वतंत्र नहीं हैं बल्कि वे बहुत हद तक सहसंबंधित (correlated) हैं।

(ii) थर्स्टन के अनुसार चूँकि ये सभी सात क्षमताएँ आपस में स्वतंत्र होती हैं, अतः, 'g कारक' के समान कोई कारक (factor) वास्तव में नहीं होता। इसी आधार पर थर्स्टन ने स्पीयरमैन के 'g कारक' को अस्वीकृत किया था। लेकिन, जब सचमुच ये सातों क्षमताएँ स्वतंत्र न होकर आपस में सहसंबंधित हो जाती हैं, तो ऐसी परिस्थिति में स्पीयरमैन के 'g-कारक' का ही समर्थन मिलता है। थर्स्टन ने भी इस आलोचना को एक तरह से स्वीकार किया है और कहा कि वे प्रथम क्रम (first order) के 'g-कारक' नहीं हैं बल्कि द्वितीय क्रम के 'g-कारक' (second order g- factors) हैं।

(iii) थर्स्टन के सिद्धांत का आधार कारक विश्लेषण (factor analysis) था। कारक विश्लेषण द्वारा कितने तरह की क्षमताओं (abilities) की पहचान की जा सकती है, यह निश्चित (fixed) नहीं है। सचमुच यह परीक्षण (test) के एकांशों (items) के स्वरूप (nature) पर निर्भर करता है। अतः, थर्स्टन द्वारा यह निश्चित कर देना कि बुद्धि में मूलतः सात ही तरह की प्रधान मानसिक क्षमताएँ (primary mental abilities) होती हैं, न तो उचित है और न वैज्ञानिक ही। यही कारण है कि अन्य कार्यकर्ताओं (investigators), जैसे गिलफोर्ड (Guilford, 1967) एकस्ट्रोम तथा सहयोगियों (Ekstrom et al., 1976) ने बुद्धि में 20 से 150 तक की क्षमताओं की पहचान की है।

इन आलोचनाओं के बावजूद थर्स्टन (Thurstone) का यह सिद्धांत काफी लोकप्रिय सिद्धांत है तथा स्पीयरमैन के सिद्धांत से अधिक श्रेष्ठ (superior) माना गया है।

(3) बहुकारक सिद्धांत (Multifactor theory)—बहुकारक सिद्धांत में थॉर्नडाइक (Thorndike) तथा गिलफोर्ड (Guilford) के सिद्धांत रखा गया है।

थॉर्नडाइक ने स्पीयरमैन के सिद्धांत का खण्डन करते हुए कहा कि बुद्धि सिर्फ दो कारकों (factors) या तत्त्वों के मिलने से नहीं होती है बल्कि बुद्धि की रचना बहुत से छोटे-छोटे तत्त्वों (elements) या कारक के मिलने से होती है। प्रत्येक कारक या तत्त्व एक विशिष्ट मानसिक क्षमता (specific mental ability) का प्रतिनिधित्व करता है तथा साथ-ही-साथ एक-दूसरे से स्वतंत्र (independent) होता है। वैसे ही बहुत-से कारकों के आपस में मिलने से बुद्धि की रचना होती है, जैसे अनेक ईंटों के मिलने से एक मकान का निर्माण होता है। जिस तरह प्रत्येक ईंट एक-दूसरे से स्वतंत्र होते हुए भी अपना योगदान करके एक मकान का निर्माण करता है, ठीक उसी तरह अनेक विशिष्ट मानसिक क्षमताएँ, जो एक-दूसरे से स्वतंत्र होती हैं, मिलकर बुद्धि का निर्माण करती हैं। अतः, थॉर्नडाइक के इस सिद्धांत के अनुसार कोई सामान्य बुद्धि (general intelligence) नाम की चीज नहीं होती जैसा कि स्पीयरमैन ने कहा था। बुद्धि कई विशेष मानसिक क्रियाओं या क्षमताओं का एक योग (aggregate) है। जैसा कि फ्रीमैन (Freeman, 1965) ने कहा है, "इस सिद्धांत के अनुसार,

तब, सामान्य बुद्धि के समान कोई चीज नहीं होती है, सिर्फ इसमें बहुत-सी विशिष्ट क्रियाएँ (highly specific acts) होती हैं।"[1]

थॉर्नडाइक के इस सिद्धांत के अनुसार व्यक्ति की भिन्न-भिन्न मानसिक प्रक्रियाओं (mental acts) के बीच सहसंबंध (correlation) का कारण 'g'-कारक नहीं होता है बल्कि इन मानसिक प्रक्रियाओं में कई उभयनिष्ठ तत्त्व (common elements) पाए जाते हैं। दी हुई मानसिक क्रियाओं में जितना ही अधिक उभयनिष्ठ तत्त्व होंगे, उनके बीच सहसंबंध उतना ही अधिक होगा। उदाहरणार्थ, मान लिया जाए कि मानसिक कार्य 'X' तथा 'Y' में अलग-अलग 10–10 तत्त्वों या कारकों की जरूरत है। इन तत्त्वों या कारकों में 8 ऐसे तत्त्व हैं, जो इन दोनों तरह की मानसिक क्रियाओं को पूरा करने में उभयनिष्ठ (common) हैं। ऐसी परिस्थिति में इन दोनों कार्यो के बीच उच्च धनात्मक सहसंबंध होगा। दूसरी तरफ, थोड़ी देर के लिए मान लिया जाए कि इन दोनों मानसिक कार्यों के बीच मात्र दो-दो ही तत्त्व ऐसे हैं जिन्हें उभयनिष्ठता (commonness) कहा जा सकता है। ऐसी परिस्थिति में इन दोनों कार्यों के बीच धनात्मक संबंध तो होगा, परन्तु काफी कम। इस तरह थॉर्नडाइक ने तत्त्वों या कारकों की उभयनिष्ठता के आधार पर स्पीयरमैन के 'g-कारक' (g-factor) की (एक तरह से) आलोचना की है।

थॉर्नडाइक का यह भी विचार था कि कुछ मानसिक कार्य ऐसे होते हैं जिनके तत्त्वों या कारकों में उभयनिष्ठता कम होती है। ऐसा इसलिए होता है क्योंकि प्रत्येक ऐसे मानसिक कार्य का स्वरूप भिन्न-भिन्न होता है। उदाहरणार्थ, यदि कार्य 'A' तथा कार्य 'B' ऐसे हैं जिनको पूरा करने में अलग-अलग 20-20 कारकों या तत्त्वों की जरूरत पड़ती है और उनमें 15–15 कारक ऐसे हैं जो उभयनिष्ठ न होकर अ-उभयनिष्ठ (uncommon) हैं, तो ऐसी परिस्थिति में इन दोनों कार्यों के बीच इस तरह की अ-उभयनिष्ठता के कारण ही दो मानसिक कार्यों या उनके मापने के लिए बने परीक्षणों (tests) के बीच सहसंबंध पूर्ण (perfect) नहीं होता। इस तरह की व्याख्या देकर थॉर्नडाइक ने स्पीयरमैन के 's' कारक की भी आलोचना की है; क्योंकि इस व्याख्या से स्पष्ट हो जाता है कि दो मानसिक कार्यों या उन्हें मापने के लिए बने परीक्षणों (tests) के बीच कम सहसंबंध 's-कारक' के कारण नहीं होता है बल्कि इसलिए होता है क्योंकि इन दोनों मानसिक कार्यों के तत्त्वों (elements) या कारकों के बीच अ-उभयनिष्ठता (uncommonness) होती है।

लेकिन, यदि ध्यानपूर्वक देखा जाए तो थॉर्नडाइक का सिद्धांत स्पीयरमैन के सिद्धांत से मौलिक रूप से भिन्न नहीं है। सचमुच थॉर्नडाइक ने 'g-कारक' को एक तरह से स्वीकार किया है; क्योंकि स्पीयरमैन ने जिसे सामान्य कारक या तत्त्व (general factor or element) कहा है उसे थॉर्नडाइक ने उभयनिष्ठ तत्त्व (common element) कहा है तथा जिसे स्पीयरमैन ने विशिष्ट कारक (specific factor) या 's-कारक' कहा है उसे थॉर्नडाइक ने अउभयनिष्ठ तत्त्व (uncommon element) कहा है। अगर इन दोनों सिद्धांतों में अंतर है तो सिर्फ इतना है कि स्पीयरमैन ने 'g-कारक' को छोटी-छोटी इकाइयों (units) या उपकारकों (subfactors) में नहीं बाँटा है जबकि थॉर्नडाइक ने इसे कई उपकारकों का योग (aggregate) माना है।

---

1. "According to this theory, then, there is really no such factor as general intelligence; there are only many highly specific acts..."—Freeman, *Theory and Practice of Psychological Testing*, 1965, p. 160.

बहुकारक सिद्धांत (multifactor theory) में थॉर्नडाइक का सिद्धांत अब एक पुराना सिद्धांत माना जाने लगा है। अतः, मनोवैज्ञानिकों ने इसी श्रेणी का एक दूसरा सिद्धांत जिसे गिलफोर्ड (Guilford) ने 1967 में प्रतिपादित किया है, पर अधिक ध्यान देने लगे हैं। गिलफोर्ड के इस सिद्धांत को त्रिविमीय सिद्धांत (three-dimensional theory) या बुद्धि, संरचना सिद्धांत (structure-of-intellect theory) भी कहा जाता है। गिलफोर्ड का यह सिद्धांत थर्स्टन, थॉर्नडाइक तथा स्पीयरमैन के सिद्धांतों से काफी भिन्न है।

गिलफोर्ड का विचार था कि बुद्धि के सभी तत्त्वों (elements) को तीन विमाओं (dimensions) में सुसज्जित किया जा सकता है। वे तीन विमाएँ निम्नांकित हैं—

(i) संक्रिया (Operation)

(ii) विषय-वस्तु (Contents)

(iii) उत्पादन (Products)।

इन तीनों विमाओं का वर्णन निम्नांकित है—

(i) संक्रिया (Operation)—संक्रिया से तात्पर्य व्यक्ति द्वारा की जानेवाली मानसिक प्रक्रिया के स्वरूप (nature) से होता है। दिए गए कार्य को करने में व्यक्ति द्वारा की गई मानसिक प्रक्रियाओं का स्वरूप (nature) क्या है, की व्याख्या संक्रिया में होती है। गिलफोर्ड ने संक्रिया के आधार पर मानसिक क्षमताओं (mental abilities) को पाँच भागों में बाँटा है—मूल्यांकन (evaluations or E), अभिसारी चिंतन (convergent thinking or N), अपसारी चिंतन (divergent thinking or D), स्मृति (memory or M), संज्ञान (cognition or C)। एक उदाहरण लें—मान लिया जाए कि किसी व्यक्ति को सहशिक्षा (coeducation) के गुण-दोष को बताते हुए एक छोटा लेख लिखने को कहा जाता है। इस उदाहरण में उपर्युक्त पाँच मानसिक क्षमताओं में मूल्यांकन (evaluation or E) की संक्रिया (operation) होते पाई जाएगी। इसी तरह यदि किसी व्यक्ति को 'ईंट' (brick) का असाधारण प्रयोग बताने के लिए कहा जाए, तो इसमें पाँच में कौन-सी संक्रिया का उपयोग अधिकतम होगा? बताइए। इस अवस्था में होनेवाली संक्रिया को अपसारी चिंतन (divergent thinking or D) कहा जाएगा।

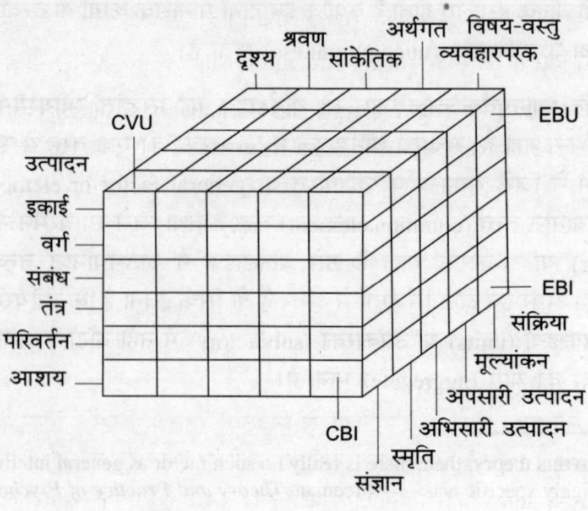

चित्र 21.1 गिलफोर्ड का त्रिस्तरीय मॉडल

(ii) विषय-वस्तु (Contents)—इस विमा से तात्पर्य उस क्षेत्र (area) से होता है जिसके एकांशों (items) या सूचनाओं (informations) के आधार पर संक्रियाएँ (operations) की जाती हैं। गिलफोर्ड के अनुसार ऐसे एकांशों या सूचनाओं को पाँच भागों में बाँटा गया है।

वे पाँच भाग हैं—दृष्टि (Visual or V), श्रव्य (Auditory or A), सांकेतिक (Symbolic or S), शाब्दिक (Semantic or M) तथा व्यावहारिक (Behavioural or B)। जैसे ऊपर के उदाहरण में जिसमें मूल्यांकन की संक्रिया तथा अपसारी चिंतन की संक्रिया सम्मिलित थी, की विषय-वस्तु स्पष्टतः शाब्दिक की श्रेणी की थी। ऐसा भी हो सकता है कि व्यक्ति को दी गई सूचनाओं एवं एकांशों, जिनके आधार पर उसे कोई संक्रिया (operation) करना हो, शाब्दिक न होकर चित्र (figure) के रूप में हो। ऐसी परिस्थिति में विषय-वस्तु का स्वरूप आकृतिक कहा जाएगा।

(iii) उत्पादन (Products)—इस विमा से तात्पर्य किसी विशेष प्रकार की विषय-वस्तु (contents) द्वारा की गई संक्रिया (operation) का परिणाम से होता है। इस तरह के परिणाम को गिलफोर्ड ने 6 भागों में बाँटा है, जो इस प्रकार हैं—आशय (units or U), वर्ग (classes or C), सम्बन्ध (relations or R), पद्धतियाँ (systems or S), स्थानांतरण (transformations or T) तथा आशय (implication or I)। ऊपर के उदाहरण में 'ईंट' का असाधारण प्रयोग के रूप में बताए गए उत्तरों को उत्पादन की श्रेणी में, विशेषकर 'सम्बन्ध उत्पादन' (relation or R product) की श्रेणी में रखा जाएगा।

इस तरह से स्पष्ट है कि गिलफोर्ड ने अपने सिद्धांत में बुद्धि की व्याख्या तीन विमाओं (dimensions) के आधार पर की है और प्रत्येक विमा के कई कारक हैं। संक्रिया (operation) विमा के 5 कारक, विषय-वस्तु (contents) विमा के 5 कारक तथा उत्पादन (product) विमा के 6 कारक हैं। इस तरह, गिलफोर्ड के अनुसार बुद्धि में कुल मिलाकर $5 \times 5 \times 6 = 150$ कारक (factors) होते हैं। (देखें चित्र 21.1)

गिलफोर्ड के इस सिद्धांत की आलोचना करते हुए फैरेस (Phares, 1984) ने कहा है कि गिलफोर्ड का सिद्धांत वास्तव में एक सिद्धांत के रूप में नहीं लगता, बल्कि इसे बुद्धि का वर्गीकरण (classification or taxonomy) करने की एक पद्धति (system) यदि कहा जाय, तो यह अधिक उचित होगा। ब्रौडी तथा ब्रौडी (Brody & Brody, 1976) ने अपने अध्ययन में पाया कि गिलफोर्ड द्वारा बताए गए अलग-अलग कारक संरचनाएँ (factor structures) बहुत ही स्पष्ट नहीं दीख पड़ती हैं।

(4) कैटेल एवं हॉर्न का बुद्धि सिद्धांत (Cattell and Horn theory of Intelligence)—रेमॉन्ड कैटेल (Ramond Cattell, 1971) तथा जॉन हॉर्न (John Horn, 1985) ने बुद्धि का एक सिद्धांत विकसित किया। इस सिद्धांत में इन्होंने स्पीयरमैन के सामान्य बुद्धि कारक (general intelligence factor or g factor) को दो भिन्न, परंतु संबंधित उपप्रकार (subtypes) में बाँटा है—तरल बुद्धि (fluid intelligence or gf) तथा ठोस बुद्धि (crystallised intelligence or gc)। इसे **gc-gf मॉडल** भी कहा जाता है।

तरल बुद्धि का तात्पर्य मूलतः व्यक्ति में सोचने तथा तर्कण करने के जन्मजाती या वंशगत क्षमता (inherited ability) से होता है। सचमुच में यह वह बुद्धि होती है जिसके माध्यम से व्यक्ति नए-नए समस्या समाधान वाले परिस्थितियों से निबटता है तथा जिसके लिए उसकी व्यक्तिगत अनुभूतियाँ (personal experiences) काम नहीं आ पाती हैं। इस तरह की बुद्धि केन्द्रीय तंत्रिका तंत्र (central nervous system) के प्रभावशीलता पर निर्भर करती है, न कि व्यक्ति की पूर्व अनुभूतियों

तथा उनके सांस्कृतिक संदर्भों (cultural context) पर। सचमुच में मस्तिष्क का यह हार्डवेयर (hardware) होता है जो व्यक्ति के सूचना संसाधन क्षमताओं की सीमाओं को निर्धारित करता है। इस तरह से तरल बुद्धि में अमूर्त्त रूप से सोचने की क्षमता (ability to reason abstractly), तार्किक रूप से चिंतन करने की क्षमता (ability to think logically), तथा लघुकालीन स्मृति (short-term memory) में सूचनाओं को प्रबंधित करने की क्षमता समिलित होती है ताकि मन के पटल पर नई समस्याओं का समाधान आसानी से किया जा सके। तरल बुद्धि की एक विशेषता यह है कि उम्र बीतने के साथ मन्द गति से इस तरह की बुद्धि में कमी आती है।

ठोस बुद्धि (crystallised intelligence) से तात्पर्य व्यक्ति के अर्जित ज्ञान (acquired knowledge) अर्थात अपने अनुभव से प्राप्त ज्ञान तथा विशिष्ट समस्याओं के समाधान से प्राप्त अनुभव आदि से होता है। इस तरह से कहा जा सकता है कि वर्तमान समस्याओं के समाधान में पहले से अर्जित ज्ञान को उपयोग करने की क्षमता को ठोस बुद्धि कहा जाता है। इस तरह से देखा जाय तो तरल बुद्धि पर व्यक्ति की अनुभूतियों के पड़नेवाले प्रभाव का परिणाम ही ठोस बुद्धि होती है। ठोस बुद्धि के निर्माण में दीर्घकालीन स्मृति (long-term memory) की भूमिका अधिक होती है, जबकि तरल बुद्धि लघुकालीन स्मृति या कार्यरत स्मृति (working memory) के प्रभावी ढंग से कार्य करने पर निर्भर करती है। ठोस बुद्धि की एक विशेषता यह भी है कि उम्र बीतने के साथ इसमें गिरावट न आकर स्थिरता बनी होती है या बढ़त ही होती है।

व्यक्ति कितनी तेजी से किसी सूचना का विश्लेषण कर सकता है, यह व्यक्ति के तरल बुद्धि का परिणाम होता है परंतु कितने शब्दों को वह याद कर पाता है या कितने शब्दों का वह उपयोग कर पाता है, यह ठोस बुद्धि का उदाहरण बनता है।

कैटेल तथा हॉर्न (Cattell & Horn) ने अपने शोधों के आधार पर यह बतलाया है कि व्यक्ति अपने पूरे जीवन अवधि में पहले तरल बुद्धि का उपयोग अधिक करते हुए फिर ठोस बुद्धि के उपयोग की ओर बढ़ता है। जैसे, छात्र आरंभिक वर्गों में बहुत सारे नए-नए चीजों को सीखते हैं या नए-नए समस्याओं का समाधान करते हैं जिसके लिए उनमें तरल बुद्धि की नितांत आवश्यकता होती है। जब वे अपने अनुभव के आधार पर कुछ ज्ञान अर्जित कर लेते हैं, तो वह अपने दीर्घकालीन स्मृति में संचित रचनाओं का मात्र प्रत्याह्वान करके और फिर उसका उपयोग करके समस्या का समाधान कर लेता है। कहने का तात्पर्य यह है कि ठोस बुद्धि का उपयोग करके वह समस्या का समाधान कर लेता है। चूँकि व्यक्ति की दीर्घकालीन स्मृति उम्र बीतने पर भी मजबूत बनी रहती है, ठोस बुद्धि परीक्षणों पर व्यक्ति का निष्पादन वयस्कावस्था में उन्नत हो जाता है और उत्तर वयस्कावस्था (late adulthood) में भी स्थिर बना रहता है। परंतु, जैसा कि कैटेल (Cattell, 1998) ने बतलाया है कि तरल बुद्धि परीक्षणों पर व्यक्ति का निष्पादन उत्तर वयस्कावस्था (later adulthood) में गिरने लगता है।

कैटेल एवं हॉर्न के सिद्धांत की शैक्षिक उपयोगिताएँ (Educational applications of Cattel & Horn's theory) —

कैटेल एवं हॉर्न का सिद्धांत शिक्षकों एवं छात्रों के लिए विशेष रूप से उपयोगी बताया गया है—

(i) शिक्षकों को बच्चों में तरल बुद्धि को मजबूत करने का भरसक अभ्यास करना चाहिए। बच्चे आरंभिक कक्षाओं में तरल बुद्धि का उपयोग अधिक-से-अधिक कर सकें, इसका पुख्ता इतंजाम वर्ग में होना चाहिए। बच्चों को इसके लिए विभिन्न तरह के तरल बुद्धि कार्य (fluid intelligence tasks) में लगाना चाहिए।

(ii) शिक्षकों को स्वयं एवं छात्र को भी लघुकालीन स्मृति (short-term memory) या कार्यरत स्मृति (working memory) तथा दीर्घकालीन स्मृति (long-term memory)को उन्नत बनाना चाहिए क्योंकि कार्यरत स्मृति के उन्नत होने से तरलबुद्धि तथा दीर्घकालीन स्मृति के उन्नत होने से ठोस बुद्धि में वृद्धि होती है।

(iii) किशोर छात्रों को वर्ग में तथा वर्ग से बाहर भी ऐसा कार्य दिया जाना चाहिए जिसमें उन्हें कई विभिन्न क्षेत्रों, जैसे व्यावसायिक क्षेत्र (vocational area), शौक (hobbies), खेल-कूद, संगीत आदि में कार्य करने का मौका उपलब्ध कराना चाहिए ताकि इनका ठोस बुद्धि अधिक मजबूत हो सके।

(5) कैरोल का त्रि-स्तरीय मॉडल (Carroll's Three-stratum model)—जॉन बी० कैरोल (John B Carroll, 1993) ने कारक विश्लेषण (factor analysis) का उपयोग करके पूरे संसार में विभिन्न शोधकार्य द्वारा 1935 से 1980 के बीच प्राप्त आँकड़ों के 450 सेट का पुनर्विश्लेषण (reanalysis) किया और इस पुनर्विश्लेषण का परिणाम यह हुआ कि वे बुद्धि का त्रि-स्तरीय मॉडल (Three-stratum model) विकसित करने में सफल हुए। सचमुच में यह एक समाकलानात्मक मॉडल (integrative model) है, जिसमें स्पीयरमैन (Spearman), थर्स्टन (Thurstone) तथा कैटेल–हॉर्न के सिद्धांतों के तत्त्वों को समन्वित किया गया है। इस मॉडल के अनुसार मानसिक कौशल (mental skills) के तीन स्तर बतलाए गए हैं—**सामान्य** (general), **विस्तृत** (broad) तथा **संकीर्ण** (narrow)। इन तीनों स्तरों को चित्र-21.2 में दिखलाया गया है। जैसा कि चित्र 21.2 से स्पष्ट है मॉडल के ऊपरी स्तर यानी तीसरे स्तर (third stratum) पर g कारक है (स्पीयरमैन का सिद्धांत) जो अधिकतर मानसिक कार्यों का आधार होता है। इस g कारक के नीचे यानी दूसरे स्तर पर 8 भिन्न-भिन्न बौद्धिक कारक (intellectual factors) हैं जिन्हे बाएँ से दाएँ की दिशा में g कारक से सहसंबंधित होने के आधार पर सुव्यवस्थित किया गया। जैसे तरल बुद्धि (fluid intelligence) g-कारक से सबसे अधिक सहसंबंधित है और उसके बाद ठोस बुद्धि g कारक से संबंधित है (कैटेल तथा हॉर्न का सिद्धांत), अतः इसे सबसे बाईं ओर रखा गया है। उसी तरह से संसाधित करने की गति (processing speed), जैसे प्रतिक्रिया समय (reaction time), निर्णय गति (decision speed) आदि g कारक से सबसे कम सहसंबंधित है, अतः इसे सबसे दाहिनी ओर रखा गया है। इस दूसरे स्तर के अन्य मुख्य बौद्धिक क्षमताओं में स्मृति एवं अधिगम, प्रत्यक्षज्ञानात्मक क्षमता (peceptual abilities), मानसिक कार्य करने की गति (speed of mental functioning) हैं जिनमें से कुछ थर्स्टन के प्राथमिक मानसिक क्षमता (primary mental abilities) के समान हैं। मॉडल के सबसे पहला स्तर पर करीब 70 विशिष्ट संज्ञानात्मक क्षमताएँ (specific cognitive abilities) हैं जो दूसरे स्तर के कारणों को जन्म देते हैं। औसतन ये सभी विशिष्ट संज्ञानात्मक क्षमताएँ आपस में 0.30 तक सहसंबंधित होते हैं जो मॉडल के ऊपरी स्तर के g-कारक को प्रतिबिम्बित करता है।

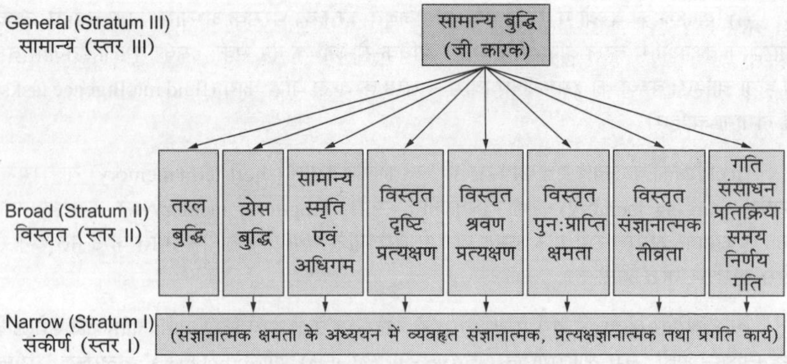

चित्र 21.2 कैरोल का त्रिस्तरीय मॉडल

सचमुच में कैरोल का यह त्रिस्तरीय मॉडल, जैसा कि उन्होंने दावा किया है, में सभी तरह के ज्ञात संज्ञानात्मक क्षमताएँ सम्मिलित होतीं हैं तथा इसके द्वारा बुद्धि के मनोमितिकारी उपागम (psychometric approach) से व्युत्पन्न मानव बुद्धि का एक पूर्ण एवं विस्तृत चित्र प्रस्तुत करता है।

(6) पदानुक्रमिक सिद्धांत (Hierarchical theory)—ऊपर में बुद्धि के मूलतः तीन तरह के सिद्धांतों का वर्णन किया गया है—स्पीयरमैन का G-कारक सिद्धांत (G-factor theory), थर्स्टन का समूह कारक सिद्धांत तथा बहुकारक सिद्धांत (multifactor theories)। चूँकि तीनों तरह के सिद्धांतों के पक्ष में सबूत मिलते हैं, अतः, कुछ मनोवैज्ञानिकों, जैसे बर्ट (Burt, 1949), वर्नन (Vernon, 1960), हम्फ्रेज (Humphreys, 1962) तथा कैटेल (Cattell, 1971) आदि मनोवैज्ञानिकों ने स्पीयरमैन के G-कारक सिद्धांत के तत्त्वों (elements), थर्स्टन के समूह कारक सिद्धांत के तत्त्वों तथा बहुकारक सिद्धांत के तत्त्वों को एक साथ मिलाकर बुद्धि के एक नए सिद्धांत का प्रतिपादन किया है जिसे **पदानुक्रमिक सिद्धांत** की संज्ञा दी गई है।

पदानुक्रमिक सिद्धांत में बुद्धि की तुलना एक पिरामिड (pyramid) से की गई, जिसमें बुद्धि के भिन्न-भिन्न तत्त्वों या कारकों (factors) को एक पदानुक्रम (hierarchy) के रूप में व्यक्त किया गया। पिरामिड के सबसे ऊपरी भाग में यानी पदानुक्रम के सबसे ऊपरी स्तर पर स्पीयरमैन के G-कारक (G-factor) को रखा गया, जिसकी जरूरत सभी तरह के बौद्धिक या मानसिक कार्य को करने में होती है। (चित्र 21.3 देखें)। पदानुक्रमों के दूसरे स्तर पर थर्स्टन के समूह कारक (Thurstone's group factor) के समान दो विस्तृत समूह कारक (broad group factors) होते हैं—एक शाब्दिक-शैक्षिक कारक (verbal-educational factors or V:ed) तथा दूसरा व्यावहारिक-यांत्रिक कारक (practical-mechanical factors or K:M)। फिर इन दो प्रमुख समूह कारकों (major group factors) को तीसरे स्तर पर अन्य छोटे-छोटे समूह कारकों (minor group factors) में बाँटा गया है जो गिलफोर्ड (Guilford) के बहुकारक (multifactors) के समान हैं। जैसे शाब्दिक-शैक्षिक कारक को शाब्दिक कारक (verbal factor) एवं संख्या कारक (number factor) में बाँटा गया है, उसी तरह व्यावहारिक-यांत्रिक को यांत्रिक कारक (mechanical factor), दैशिक कारक (spatial factor), मैन्युअल कारक (manual factor) आदि में बाँटा गया

है। आगे विश्लेषण करके इन कारकों का भी छोटे-छोटे उपकारकों (subfactors) में बाँटा जा सकता है। पदानुक्रम सिद्धांत के निम्नतम स्तर पर स्पीयरमैन का S-कारक (S-factor) होता है जिसके द्वारा एक ऐसी क्षमता का बोध होता है जिसकी जरूरत सिर्फ एक खास मानसिक कार्य में ही होती है। (चित्र 21.3 देखें।)

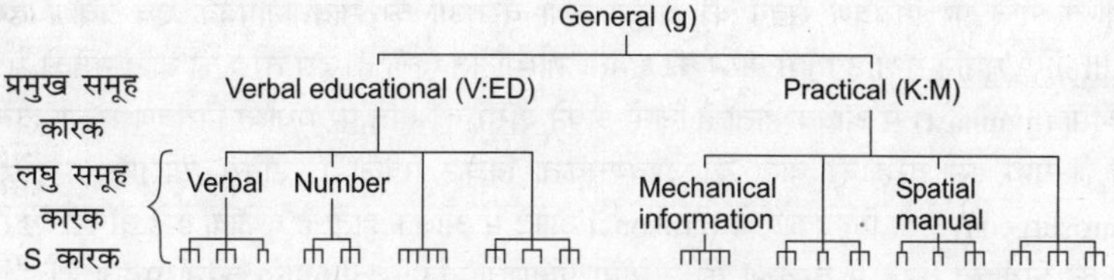

चित्र 21.3 बुद्धि का पदानुक्रम मॉडल

इस तरह हम देखते हैं कि बुद्धि के पदानुक्रम सिद्धांत में बुद्धि को एक ऐसा पदानुक्रम मॉडल (hierarchical model) के रूप में व्यक्त किया गया है जिसका आकार एक वंश-वृक्ष (genealogical tree) के समान होता है, जहाँ G-कारक सबसे ऊपरी सतह पर तथा S-कारक सबसे निचली सतह पर तथा अन्य संकीर्ण समूह कारकों (narrower group factors) को इन दोनों के बीच में रखा गया है।

(7) गार्डनर का बहुबुद्धि सिद्धांत (Gardner's theory of multiple intelligence)—इस सिद्धांत का विकास गार्डनर (Gardner, 1983) द्वारा किया गया। इस सिद्धांत में गार्डनर ने यह स्पष्ट किया कि बुद्धि का स्वरूप एकाकी (singular) न होकर बहुकारकीय होता है। उनके इस सिद्धांत का आधार उनके द्वारा न्यूरोमनोविज्ञान (neuropsychology) तथा मनोमितिक विधियों (psychometric methods) के क्षेत्र में किए गए शोध हैं। इस सिद्धांत में स्पष्टतः उन कसौटियों पर भी बल डाला गया है जिनके आधार पर यह कहा जा सकता है कि विशेष क्षमता एक अलग बुद्धि (separate intelligence) है या नहीं। जैसे, मस्तिष्कीय क्षति होने से व्यक्ति की एक विशेष क्षमता (capacity) यदि प्रभावित हो जाती है परंतु उसका प्रभाव अन्य क्षमताओं पर नहीं पड़ता है, तो उस प्रभावित क्षमता को एक अलग बुद्धि (separate intelligence) माना जा सकता है। उसी तरह से कुछ व्यक्तियों में एक खास तरह की क्षमता असाधारण मात्रा में होती है जो अपने आप, इस सिद्धांत की कसौटी के अनुसार, एक अलग बुद्धि की श्रेणी की योग्यता रखती है।

इन सब तरह की कसौटियों का उपयोग करते हुए गार्डनर ने मूलतः सात तरह की बुद्धि का वर्णन किया। 1998 में उन्होंने इसमें आठवाँ प्रकार तथा 2000 में उन्होंने नौवाँ प्रकार भी जोड़ा। इस तरह से गार्डनर के अनुसार अभी बुद्धि के नौ प्रकार हैं जो निम्नांकित हैं—

(i) भाषाई बुद्धि (Linguistic intelligence)—भाषाई बुद्धि में वाक्यों तथा शब्दों की बोध क्षमता (comprehension ability), शब्दावली (vocabulary), शब्दों के क्रमों के बीच के संबंधों को पहचानने की क्षमता आदि सम्मिलित होती है।

(ii) तार्किक-गणितीय बुद्धि (Logical-mathematical intelligence)—इस बुद्धि में तर्क करने की क्षमता, गणितीय समस्याओं का समाधान करने की क्षमता, अंकों के क्रम (sequence) के पीछे छिपे संबंध को पहचानने की क्षमता, सादृश्यता क्षमता आदि सम्मिलित होते हैं।

(iii) स्थानिक बुद्धि (Spatial intelligence)—इसमें स्थानिक चित्र (spatial figures) को मानसिक रूप से परिवर्तन करने की क्षमता तथा स्थानिक कल्पनाशक्ति (spatial visualisation) करने की क्षमता आदि सम्मिलित होती है।

(iv) शारीरिक-गतिक बुद्धि (Body-kinesthetic intelligence)—इस तरह की बुद्धि में अपनी शारीरिक गति पर नियंत्रण रखने की क्षमता तथा वस्तुओं को सावधानीपूर्वक एवं प्रवीण ढंग से (skillfully) घुमाने तथा उपयोग करने की क्षमता सम्मिलित होती है। इस तरह की बुद्धि नर्तकी में तथा व्यायामी (gymnast) में अधिक होती है जिन्हें अपने शरीर की गति पर पर्याप्त नियंत्रण रखना होता है। साथ-ही-साथ इस तरह की बुद्धि की आवश्यकता क्रिकेट खिलाड़ी, टेनिस खिलाड़ी, न्यूरोसर्जन (neurosurgeon) तथा शिल्पकारियों (artisons) आदि में अधिक होती है क्योंकि इन्हें अपनी शारीरिक गति को नियंत्रित करने में वस्तुओं का उपयोग प्रवीणतापूर्वक (skillfully) करना पड़ता है।

(v) सांगीतिक बुद्धि (Musical intelligence)—इस बुद्धि में तारत्व (pitch) तथा लय (rhythm) को सही-सही ढंग से प्रत्यक्षण करने की क्षमता सम्मिलित होती है। इसमें सांगीतिक सामर्थ्य (musical competence) एवं निपुणता विकसित करने की क्षमता भी सम्मिलित होती है। इस तरह की बुद्धि संगीतकार तथा गीतकार में अधिक होती है।

(vi) व्यक्तिगत-आत्मन् बुद्धि (Personal-self intelligence)—इस तरह की बुद्धि में अपने भावों एवं संवेगों को मॉनीटर करने की क्षमता, उनमें विभेद करने की क्षमता तथा मानव व्यवहार को निर्देशित करने में उन सूचनाओं को उपयोग करने की क्षमता आदि सम्मिलित होती है। इसे अंतरावैयक्तिक बुद्धि (intrapersonal intelligence) भी कहा जाता है।

(vii) व्यक्तिगत-अन्य बुद्धि (Personal-others intelligence)—इस तरह की बुद्धि में दूसरे व्यक्तियों की प्रेरणाओं, इच्छाओं एवं आवश्यकताओं को समझने की क्षमता तथा उनकी मनोदशाओं (moods) एवं चित्तप्रकृति मॉनीटर करके किसी नई परिस्थिति में किस तरह से व्यवहार करेगा, के बारे में पूर्वकथन करने की क्षमता आदि होती है। इसे अंतरवैयक्तिक बुद्धि (interpersonal intelligence) भी कहा गया है।

(viii) प्रकृतिवादी बुद्धि (Naturalistic intelligence)—गार्डनर ने बुद्धि के इस प्रकार को 1998 के संशोधन के बाद जोड़ा है। इससे तात्पर्य व्यक्ति में प्रकृति (nature) में जो पैटर्न (patterns) तथा सममिति (symmetry) मौजूद होते हैं, उसे सही-सही पहचान करने की क्षमता से होती है। इस ढंग की बुद्धि किसानों, जैवविज्ञानी (biologist) तथा वनस्पति वैज्ञानिक (Botanist) आदि में अधिक होता है।

(ix) अस्तित्ववादी बुद्धि (Existentialistic intelligence)—गार्डनर ने बुद्धि के इस प्रकार को 2000 के संशोधन में जोड़ा है। इससे तात्पर्य, मानव संसार के बारे में छिपे रहस्यों को जिन्दगी, मौत तथा मानव अनुभूति के वास्तविकता के बारे में उपयुक्त प्रश्न पूछकर जानने की क्षमता से होती है। इस ढंग की बुद्धि दार्शनिक चितंकों (philosopher thinkers) में अधिक देखने को मिलती है।

गार्डनर के अनुसार उपर्युक्त तरह की बुद्धि में से प्रथम तीन कुछ ऐसे हैं जिनका मापन बुद्धि परीक्षणों द्वारा आसानी से होता है तथा अंतिम छह का स्वरूप कुछ ऐसा है जिनमें बुद्धि के परंपरागत अर्थ को विस्तृत किया गया है और इन छह तरह की बुद्धि के समर्थन में गार्डनर ने अपने सिद्धांत में विकासात्मक (evolutionary), न्यूरोमनोवैज्ञानिक तथा व्यवहारात्मक सबूत प्रदान किया है।

गार्डनर ने यह स्पष्ट किया है कि प्रत्येक सामान्य व्यक्ति में उपर्युक्त नौ तरह की बुद्धि होती है परंतु कुछ विशेष कारणों, जैसे आनुवंशिकता (heredity) या प्रशिक्षण (training) के कारण किसी व्यक्ति में कोई बुद्धि अधिक विकसित हो जाती है। ये सभी नौ तरह की बुद्धि एक-दूसरे के साथ अंतःक्रिया करते हैं फिर भी प्रत्येक बुद्धि एक अर्धस्वायत्त तंत्र (semi-autonomous system) के रूप में कार्य करता है। मस्तिष्क में प्रत्येक बुद्धि एक संपुटित मापांक (encapsulated module) के रूप में होता है जो अपने-अपने नियमों तथा कार्यविधियों द्वारा संचालित होते हैं। अगर किसी कारण से मस्तिष्कीय क्षति (brain damage) व्यक्ति में हो जाने पर एक तरह की बुद्धि क्षतिग्रस्त हो जाती है तो इसका प्रभाव दूसरे तरह की बुद्धि पर नहीं पड़ता है। गार्डनर के इस सिद्धांत का एक प्रमुख आशय (implication) यह है कि इससे इस विशेष तथ्य की व्याख्या करने में मदद मिलती है कि क्यों कुछ लोग जिनका कॉलेज में शैक्षिक रिकार्ड (academic record) काफी प्रखर एवं श्रेष्ठ था, बाद की जिन्दगी में उन्हें असफलता हाथ लगी तथा क्यों वैसे लोग जिनका कॉलेज का शैक्षिक रिकार्ड काफी मंद एवं घटिया रहा, बाद की जिन्दगी में उन्हें काफी सफलता मिल पायी। इसका स्पष्ट कारण यह है कि पहले तरह के व्यक्ति में व्यक्तिगत बुद्धि की कमी थी परंतु दूसरे तरह के व्यक्ति में व्यक्तिगत बुद्धि की अधिकता थी।

आगे होनेवाले शोधों से गार्डनर के बहुबुद्धि सिद्धांत की वैधता की जाँच होगी। अभी इतना ही कहा जा सकता है कि कई मनोवैज्ञानिकों ने गार्डनर द्वारा बतलाए गए अंतिम तरह की बुद्धि पर टीका-टिप्पणी की है फिर भी इस सिद्धांत से तो यह बिलकुल ही स्पष्ट है कि बुद्धि को सिर्फ बुद्धि परीक्षण द्वारा मापे जानेवाले कारकों अर्थात शाब्दिक तथा परिमाणात्मक कौशलों के रूप में ही व्याख्या करना उचित नहीं होगा बल्कि एक संज्ञानात्मक दृष्टिकोण (cognitive perspective) भी उसके प्रति अपनाना होगा।

गार्डनर के सिद्धांत की शैक्षिक उपयोगिता (Educational applications of Gardner's theory)—गार्डनर के बुद्धि सिद्धांत को स्कूल में लागू करने का प्रयास सचमुच में दो बिन्दुओं पर ध्यान केन्द्रित करता है—पाठ्यक्रम (Curriculum) तथा निर्देश (Instruction)। पाठ्यक्रम बनानेवाले इस सिद्धांत के मूल मंत्र के अनुरूप अब उस क्षेत्र में अधिक ध्यान देने लगे हैं जिसपर अबतक तुलनात्मक रूप से कम बल डाला जाता था। जैसे कल्पनात्मक लेखन (imaginative writing), दृष्टि कला (visual arts) तथा स्वरलिपि (musical notation) आदि जैसे क्षेत्रों को भी पाठ्यक्रम में सम्मिलित करने पर बल डालने लगे हैं।

निर्देश (instruction) को नियोजित करने में शिक्षकों को इस बात के लिए सिद्धांत विशेष रूप से प्रेरित करता है कि विभिन्न तरह के बुद्धि (कुल 9 प्रकार) के अनुरूप ज्ञान विकसित करने के लिए विशेष निर्देश दिया जाना चाहिए। जैसे, अंतर्वैयक्तिक बुद्धि (interpersonal intelligence) से संबद्ध ज्ञान विकसित करने के लिए निर्देश इस बिन्दु पर केन्द्रित होना चाहिए—"किस तरह से साथी-संगी (peers) क्रॉस उम्र (cross age) या सहयोगी अधिगम (cooperative learning) का उपयोग करके छात्रों के अंतरसक्रिय कौशल (interactive skills) को विकसित किया जा सकता है।"

(ख) प्रक्रियाप्रधान सिद्धांत (Process-oriented theories) —लगभग 1960 तक बुद्धि के स्वरूप की व्याख्या कारक सिद्धांतों (factor theories) द्वारा प्रभावित रही। परन्तु, इसके बाद के वर्षों में जब संज्ञानात्मक मनोविज्ञान (cognitive psychology) पर अधिक बल दिया जाने लगा, तो बुद्धि के स्वरूप की व्याख्या नए-नए सिद्धांतों द्वारा अधिक की जाने लगी। इन सिद्धांतों को प्रक्रियाप्रधान सिद्धांत कहा गया। इस सिद्धांत की मुख्य विशेषता यह है कि इसके द्वारा बुद्धि के स्वरूप की व्याख्या उसके भिन्न-भिन्न कारकों के रूप में न करके उन बौद्धिक प्रक्रियाओं

(intellectual process) के रूप में गई है, जिसे व्यक्ति किसी समस्या का समाधान करने में या सोच-विचार करने में लगाता है। इन सिद्धांतवादियों (theorists) द्वारा बुद्धि के लिए संज्ञान[1] (cognition) तथा संज्ञानात्मक प्रक्रियाएँ (cognitive processes) शब्द का प्रयोग अधिक किया गया। इन सिद्धान्तवादियों की मूल अभिरुचि निम्नलिखित दो तथ्यों की व्याख्या करने से संबंधित है—

(i) व्यक्ति किसी दी हुई समस्या का समाधान करने में किन-किन प्रक्रियाओं (processes) का सहारा लेता है?

(ii) व्यक्ति में बौद्धिक प्रक्रियाओं (intellectual processes) का विकास (development) कैसे होता है? जैसे-जैसे व्यक्ति में परिपक्वता (maturation) बढ़ती जाती है, वैसे-वैसे इन प्रक्रियाओं में किस ढंग का परिवर्तन आता है?

प्रक्रियाप्रधान सिद्धांत में अनेक मनोवैज्ञानिकों के सिद्धांतों को रखा गया है जिसमें पियाजे (Piaget, 1970), ब्रुनर (Bruner, 1973), स्टर्नबर्ग (Sternberg, 1984), जूआन पासकुएल-लियोनी (Juan Pascual-Leone, 1983), जेन्सन (Jensen, 1969) जे॰ पी॰ दास (J P Das, 1994) आदि के सिद्धांत प्रमुख हैं। इन व्यक्तियों के सिद्धांतों में सिर्फ तीन व्यक्तियों के सिद्धांतों की विस्तृत व्याख्या यहाँ की जाएगी, क्योंकि इन दोनों व्यक्तियों का सिद्धांत शिक्षा के दृष्टिकोण से काफी महत्त्वपूर्ण है। ये तीन व्यक्ति हैं—पियाजे (Piaget) जे॰ पी॰ दास (J P Das) तथा स्टर्नबर्ग (Sternberg)।

(1) पियाजे का सिद्धांत (Piaget theory)— यद्यपि पियाजे (Piaget) ने अपने इस सिद्धांत का प्रतिपादन 1920-30 तक कर लिया था, परन्तु बुद्धि के स्वरूप की व्याख्या करने में उनके सिद्धांत की गहरी छाप उस समय पड़ी जब वे उस सिद्धांत को काफी विस्तृत (comprehensive) किए और उसका संशोधित रूप 1970 में प्रकाशित किया। पियाजे ने अपने सिद्धांत का नाम **संज्ञानात्मक विकास का सिद्धांत** (theory of cognitive development) रखा।

पियाजे के अनुसार बुद्धि एक प्रकार की अनुकूली प्रक्रिया (adaptive process) है जिसमें जैविक परिपक्वता (biological maturation) तथा वातावरण के साथ होनेवाली अंतःक्रियाएँ (interactions) सम्मिलित होतीं हैं। इनके अनुसार जैसे-जैसे बच्चों में संज्ञानात्मक प्रक्रियाओं का विकास होता जाता है, वैसे-वैसे उनका बौद्धिक विकास (intellectual development) भी होता जाता है। मार्गन, किंग, विस्ज तथा स्कौपलर (Morgan, King, Weisz & Schopler, 1986) ने ठीक ही कहा है, "पियाजे के विचार में, बुद्धि एक ऐसी अनुकूली प्रक्रिया है जिसमें जैविक परिपक्वता का पारस्परिक प्रभाव (interplay) तथा वातावरण के साथ की गई अंतःक्रिया, दोनों ही सम्मिलित होते हैं। उनके अनुसार बौद्धिक विकास संज्ञानात्मक प्रक्रियाओं (cognitive processes), जैसे प्रकृति के नियम को समझना, व्याकरण के नियम को समझना, तथा गणितीय नियमों को समझना आदि के विकास पर निर्भर करता है।"[2]

---

1. संज्ञान (cognition) एक ऐसा सामान्य पद (term) है जिसमें महत्त्वपूर्ण मानसिक प्रक्रियाएँ, जैसे प्रत्यक्षण, समस्या-समाधान की क्षमता, स्मृति, चिंतन, ध्यान, सीखना आदि सभी सम्मिलित होते हैं।

2. "In Piaget's view, intelligence is an adaptive process that involves an interplay of biological maturation and interaction with the environment. He views intellectual development as an evolution of cognitive processes such as understanding the laws of nature, the principles of grammar and mathematical rules."—Morgan, King, Weisz & Schopler, *Introduction to Psychology*, 1986, p. 528

इस व्याख्या से स्पष्ट है कि पियाजे ने बुद्धि को संज्ञानात्मक प्रक्रियाओं के विकास का दूसरा रूप माना है। उनके अनुसार इन संज्ञानात्मक प्रक्रियाओं का विकास निम्नांकित चार अवस्थाओं में होता है—

(i) ज्ञानात्मक-क्रियात्मक अवस्था (Sensory-motor stage)

(ii) प्राक-प्रचालनात्मक अवस्था (Preoperational stage)

(iii) मूर्त प्रचालनात्मक अवस्था (Concrete operational stage)

(iv) औपचारिक प्रचालनात्मक अवस्था (Formal operational stage)

इन अवस्थाओं के वर्णन के लिए अध्याय 8 देखें।

(2) स्टर्नबर्ग का सिद्धांत (Sternberg's theory)—इस सिद्धांत का प्रतिपादन स्टर्नबर्ग (Sternberg, 1985) ने अपनी प्रसिद्ध पुस्तक 'बियोण्ड आई क्यू' (*Beyond IQ*) में किया है और इसे एक महत्त्वपूर्ण सूचना-संसाधन सिद्धांत (information-processing theory) माना गया है। स्टर्नबर्ग के अनुसार बुद्धि भिन्न-भिन्न प्रकार के मूल कौशल (basic skills) या घटक (component) में बँटी होती है। प्रत्येक घटक के आधार पर व्यक्ति को कुछ विशेष सूचनाएँ (information) मिलती हैं, जिनको वह संसाधित (processing) करता है (अर्थात जिसके गुण-अवगुण की परख करता है) और उसके आधार पर विवेचना (reason) करता है और समस्या का समाधान करता है।

स्टर्नबर्ग (Sternberg) के इस सिद्धांत में निम्नांकित चरणों के आलोक में व्यक्ति किसी सूचना को संसाधित करता है—

(i) कूटसंकेत (Encoding)—इस चरण में व्यक्ति अपने मस्तिष्क में संगत प्राप्य सूचनाओं (relevant available information) की पहचान करता है।

(ii) अनुमान (Inferring)—प्राप्य सूचनाओं के आधार पर वह कुछ अनुमान लगाता है।

(iii) व्यवस्था (Mapping)—इस चरण में गत परिस्थिति तथा वर्तमान परिस्थिति के बीच प्राणी संबंध जोड़ता है।

(iv) उपयोग (Application)—इस चरण में व्यक्ति अनुमानित संबंध का वास्तविक उपयोग करता है।

(v) अनुक्रिया (Response)—इस अंतिम चरण में व्यक्ति समस्या का संभावित सबसे उत्तम समाधान ढूँढ़ता है।

किसी मानसिक कार्य को करने में व्यक्ति जिस ढंग से सूचनओं को संसाधित करता है, उसे ध्यान में रखते हुए स्टर्नबर्ग (Sternberg) ने तीन उपसिद्धांतो (subtheories) के आधार पर बुद्धि के जिस सिद्धांत का प्रतिपादन किया उसे **त्रितन्त्र सिद्धांत** (triarchic theory) कहा जाता है। उनके इस त्रितन्त्र सिद्धांत में अभिज्ञ व्यवहार (intelligent behaviour) में सम्मिलित मनोवैज्ञानिक प्रक्रियाएँ (psychological processes) तथा बुद्धि के विभिन्न प्रकार होने पर बल डाला गया है।

स्टैनबर्ग के इस सिद्धांत में अभिज्ञ व्यवहार के पीछे छिपे संज्ञानात्मक प्रक्रियाओं (cognitive processes) को अग्रांकित तीन तरह के घटकों (components) में बाँटा गया है—

(1) मेटाघटक (Metacomponents)—मेटाघटक से तात्पर्य उच्च-स्तरीय प्रक्रियाओं (high order processes) से होता है जिसके माध्यम से कार्य निष्पादन (task performance) की योजना बनायी जाती है, उनका नियमन (regulate) किया जाता है तथा उसे कार्यरूप देने के लिए अंतिम निर्णय लेने में उपयोग किया जाता है। इस प्रक्रिया में समस्या-समाधान-कौशल (problem-solving skills), जैसे समस्या की पहचान करना, प्राक्कल्पना (hypothesis) बनाना, उन्हें तार्किक ढंग से जाँच करना तथा निष्पादन पुनर्निवेश (peformance feedback) का मूल्यांकन करना सम्मिलित होता है। स्टैनबर्ग के अनुरूप तरल बुद्धि (fluid intelligence) में जो वैयक्तिक विभिन्नता (individual difference) होती है, उसका एक प्रमुख स्रोत मेटाघटक (metacomponents) ही होते हैं।

(2) निष्पादन घटक (Performance components)—निष्पादन घटक से तात्पर्य उन वास्तविक मानसिक प्रक्रियाओं (actual mental processes) से होता है जिनके माध्यम से किसी कार्य को संपन्न किया जाता है। दूसरे शब्दों में, निष्पादन घटक में वैसी प्रक्रियाएँ सम्मिलित होती हैं जिसमें व्यक्ति अपनी गत अनुभूति (past experience) का उपयोग करके किसी क्रिया को कर पाता है। इन मानसिक प्रक्रियाओं में प्रत्यक्षज्ञानात्मक संसाधन-प्रक्रिया (perceptual processing), दीर्घकालीन स्मृति से उचित स्मरण एवं स्कीमा का प्रत्याह्वान तथा अनुक्रियाओं को उत्पन्न करना आदि संभव है।

(3) ज्ञान-संग्रहण घटक (Knowledge-acquisition components)—ज्ञान-संग्रहण घटक से तात्पर्य उन प्रक्रियाओं से होता है जिस व्यक्ति नयी सूचनाओं से सीख पाता है, स्मृति में सूचनाओं को सीखने में उपयोग करता है। इस घटक के कारण व्यक्ति अपनी अनुभूतियों से सीख पाता है, स्मृति में सूचनाओं को संचित करता है तथा गत अर्जित तथ्यों एवं सूचनाओं के साथ नये सूझ को संयोजित करता है। स्टैनबर्ग के अनुसार इन्हीं क्षमताओं के कारण ठोस बुद्धि में वैयक्तिक विभिन्नता पायी जाती है। स्टर्नबर्ग के अनुसार ज्ञान-संग्रहण घटक में भी तीन उपघटक (subcomponents) अर्थात चयनात्मक कूटसंकेतन (selective coding) होते हैं। इन घटकों के सहारे व्यक्ति व्यावहारिक ज्ञान में काफी वृद्धि करता है।

उपर्युक्त तीन संज्ञानात्मक प्रक्रियाओं के अलावा स्टर्नबर्ग का मत है कि व्यक्तियों में तीन तरह की बुद्धि (intelligence) होती है, जो इस प्रकार है—

(1) विश्लेषणात्मक बुद्धि (Analytical intelligence)—विश्लेषणात्मक बुद्धि से तात्पर्य किसी समस्या समाधान में समस्या को उसके विभिन्न अंशों या भागों में बाँटकर समाधान करने की क्षमता से होता है। इस ढंग की क्षमता का मापन बुद्धि परीक्षणों तथा शैक्षिक उपलब्धि परीक्षणों (academic achievement tests) द्वारा होता है। स्टर्नबर्ग के अनुसार विश्लेषणात्मक बुद्धि सूचना संसाधन क्षमता (information processes ability) के कई इकाई, जैसे किसी सूचना को संचित करने की क्षमता, उसका प्रत्याह्वान करने की क्षमता सूचनाओं को अंतरित करने की क्षमता, समस्याओं के बारे में निर्णय करने की क्षमता, अमूर्त्त चिंतन (abstract reasoning) करने की क्षमता तथा चिंतन को निष्पादन (performance) में बदलने की क्षमता आदि सम्मिलित होते हैं। दूसरे शब्दों में, इस बुद्धि में आलोचनात्मक ढंग से सोचने एवं विश्लेषण करने की क्षमता सम्मिलित होती है। सचमुच में विश्लेषणात्मक बुद्धि का अर्थ उस क्षमता से मिलता है जिसे हम साधारण भाषा में बुद्धि कहते हैं। इसे **घटकीय बुद्धि** (componential intelligence) भी कहा जाता है।

(2) **सर्जनात्मक बुद्धि** (Creative intelligence)—सर्जनात्मक बुद्धि को अनुभवजन्य बुद्धि (experimental intelligence) भी कहा जाता है। सर्जनात्मक बुद्धि में वैसे मानसिक कौशल (mental skills) सम्मिलित होते हैं जिनकी आवश्यकता नयी समस्याओं के समाधान में पड़ती है तथा व्यक्ति इसमें किसी समस्या के नए समाधान पर पहुँचने की कोशिश करता है। इस तरह की बुद्धि में बदलते पर्यावरण या संदर्भ (context) के समय अनुकूलन करने की क्षमता सम्मिलित होती है तथा साथ-ही-साथ इसमें परिस्थिति को इस तरह से परिवर्तित करने की भी क्षमता सम्मिलित होती है कि व्यक्ति इससे अधिक-से-अधिक फायदा उठा सके और अपनी कमजोरियों की क्षतिपूर्ति कर सके। जिन व्यक्तियों में इस तरह की बुद्धि अधिक होती है, उनमें व्यावहारिक ज्ञान (practical wisdom) काफी अधिक होता है। ऐसे व्यक्ति तुरंत यह समझ जाते हैं कि अमुक कार्य पर उन्हें उत्तम सफलता किस प्रकार मिलेगी और वे इनके लिए परिस्थिति में उपयुक्त परिवर्तन करके अपनी सफलता को निश्चित कर लेते हैं। इस ढंग की बुद्धि मशहूर वैज्ञानिकों, जैसे आइंस्टीन (Einstein), न्यूटन (Newton) द्वारा अधिक दिखलाई गई है।

(3) **व्यावहारिक बुद्धि** (Practical intelligence)—इस तरह की बुद्धि को संदर्भात्मक बुद्धि (contextual intelligence) भी कहा जाता है। इस तरह की बुद्धि में वैसी क्षमता सम्मिलित होती है जिसके माध्यम से व्यक्ति अपनी जिंदगी में सूचनाओं को इस ढंग से उपयोग करने में सफल हो पाता है जिससे उसे अधिकाधिक लाभ हो पाता है। इस तरह की बुद्धि में व्यक्ति में अपने वातावरण को एक खास ढंग से मोड़ने की क्षमता, तथा परिवर्तित परिस्थिति के साथ अपने आप को ठीक ढंग से समायोजित करने की क्षमता आदि सम्मिलित होती है। जिन लोगों में ऐसी बुद्धि अधिक होती है, उन्हें बखूबी आता है कि व्यवहारकुशल (tactful) किस तरह से होना चाहिए, तथा अपने लाभ एवं छिपे विचारों को बिना व्यक्त किए हुए किस तरह से परिस्थिति को लाभ के लिए मोड़ना चाहिए, आदि। स्टर्नबर्ग का मत है कि व्यावहारिक बुद्धि निश्चित रूप से जिन्दगी में व्यक्ति को मिलने वाली सफलताओं के बारे में पूर्वाभास देता है परंतु उस तरह का सहसंबंध शैक्षिक उपलब्धियों या विश्लेषणात्मक बुद्धि (analytical intelligence) से काफी कम होता है।

स्टर्नबर्ग ने अपने शोध के आधार पर यह व्यक्त किया है कि बुद्धि के इन तीनों प्रकार में g-कारक का अंश थोड़ा-थोड़ा रहता है फिर भी वे एक दूसरे से भिन्न हैं। दूसरे शब्दों में, इन तीनों तरह की बुद्धि में सहसंबंध न के बराबर है।

स्टर्नबर्ग के सिद्धांत का शैक्षिक आशय (Educational implication of Sternberg's theory)—स्टर्नबर्ग सिद्धांत इस बात की ओर इशारा करता है कि स्कूल में शैक्षिक कार्यक्रम (educational programme) इस तरह से बनाया जाय कि उसमें तीनों तरह की बुद्धि का अधिकतम उपयोग हो सके, न कि केवल वैश्लेषिक-शैक्षिक कौशल (analytical-academic skill) या विश्लेषणात्मक बुद्धि (analytical intelligence) का। स्वयं स्टर्नबर्ग तथा उनके सहयोगियो (Sternberg et. al. 1998) ने एक अध्ययन के आधार पर यह बतलाया है कि एक ऐसा पाठ्यक्रम (curriculum), जो व्यावहारिक (practical) तथा सर्जनात्मक कौशल (creative skills) को अपने शामिल करता है, से छात्रों में निपुणता उन पाठ्यक्रम की तुलना में अधिक प्राप्त होती है जिनमें सिर्फ परम्परागत (traditional), वैश्लेषिक (analytic), स्मृति-अध्ययन कौशल पर बल डाला जाता है।

बुद्धि का पास मॉडल (PASS Model Intelligence)

इस मॉडल का विकास जे॰ पी॰ दास (J P Das), जैक नागलीरी (Jack Naglieri) तथा किर्बी (Kirby) द्वारा 1994 में विकसित किया गया। बुद्धि का यह सिद्धांत लूरिया (Luria) द्वारा मस्तिष्क की संरचनाओं (structures) के विश्लेषण पर आधारित है। इस सिद्धांत का संबंध सूचना संसाधन उपागम (information processing approach) से है जो गत्यात्मक (dynamic) होता है। फलतः यह किसी क्षमता (ability) के समान स्थिर (static) नहीं होता है।

इस मॉडल के अनुसार बौद्धिक क्रिया में लूरिया द्वारा बतलाए गए **चार** तरह के तंत्रिकीय तंत्र (neurological system) के अंतरनिर्भर कार्य (interdependent functioning) सम्मिलित होते हैं। इसे मस्तिष्क की **कार्यात्मक इकाई** (functional unit) भी कहा गया है। इन इकाइयों द्वारा निम्नांकित चार तरह के संज्ञानात्मक कार्य संपन्न होते हैं—

(i) योजना (Planning or P)

(ii) अवधान/उत्तेजन (Attention/Arousal or A)

(iii) समकालिक (Simultaneous or S)

(iv) आनुक्रमिक (Successive or S)

संक्षेप में, बुद्धि का यह मॉडल योजना (Planning or P), अवधान/उत्तेजन (Attention/Arousal or A), समकालिक संज्ञानात्मक प्रक्रिया (Simultaneous cognitive processings or S) एवं आनुक्रमिक संज्ञानात्मक प्रक्रिया (Successive cognitive processing or S) जैसे चार कार्यों/तत्त्वों का प्रतिफल है। इन चारों के प्रथम अक्षरों को मिलाकर PASS मॉडल का नामकरण किया गया है। इन चारों तत्त्वों का वर्णन इस प्रकार है—

(i) योजना (Planning or P)—योजना व्यक्ति के अग्रपालि (frontal lobe) से साहचर्यित होता है और सचमुच में यह बुद्धि की एक महत्त्वपूर्ण विशेषता (feature) है। सचमुच में जब व्यक्ति किसी उद्दीपक पर ध्यान देता है तथा उसे संसाधित करता है, तो योजना या नियोजन जैसे कार्य की शुरुआत होती है। इसमें व्यक्ति व्यवहारों के संभावित क्रम के बारे में सोचता है, किसी लक्ष्य पर पहुँचने के लिए उसका क्रियान्वयन करता है तथा उसकी प्रभावशीलता (effectiveness) का मूल्यांकन करता है। अगर किसी कारण से योजना-कार्य नहीं कर पाता है, तो इसे व्यक्ति परिस्थिति या कार्य की माँगों के अनुरूप उसे परिवर्तित करता है।

सचमुच में PASS मॉडल उस ज्ञान पर आधारित होता है जिसे बच्चे/किशोर औपचारिक रूप से (formally), जैसे पढ़कर, लिखकर तथा प्रयोग करके अर्जित करता है या फिर पर्यावरण से अनौपचारिक (informally) ढंग से सीखता है। ये सारी प्रक्रियाएँ अंतःक्रियात्मक (interactive) तथा गत्यात्मक (dynamic) होती हैं हालाँकि इन सबों की अपनी-अपनी विशेषताएँ (features) होती हैं। अभी हाल में दास एवं नागलियरी (Das & Naglieri) ने एक परीक्षणमाला (battery of tests) विकसित किया है जिसे **संज्ञानात्मक मूल्यांकन तंत्र** (cognitive assessment system) कहा गया जिसमें शाब्दिक (verbal) तथा अशाब्दिक (nonverbal) दोनों तरह के एकांश होते हैं तथा जिनके माध्यम से उन संज्ञानात्मक प्रकार्यों (cognitive functions) का मापन होता है जिनपर स्कूल की औपचारिक पढ़ाई-लिखाई का कोई असर नहीं पड़ता है। इस परीक्षणमाला का क्रियान्वयन 5 से 18 साल की उम्र के बच्चों पर किया जाता है।

स्पष्ट हुआ कि बुद्धि का यह PASS मॉडल बुद्धि की व्याख्या विभिन्न संज्ञानात्मक प्रक्रियाओं के संसाधन के माध्यम से उचित ढंग से करता है।

(ii) अवधान/उत्तेजन (Attention/arousal or A)—उत्तेजन की अवस्था ऐसी अवस्था होती है जो व्यक्ति को उद्दीपकों पर ध्यान देने के लिए बल डालती है। इसके बाद जब व्यक्ति उस उद्दीपक पर ध्यान/अवधान देता है, तो वह सूचनाओं को संसाधित (processing) करने में सफल हो पाता है। यह कार्यात्मक इकाई लूरिया के अनुसार मस्तिष्क स्तंभ (brain stem) तथा रेटिकुलर फॉरमेशन (reticular formation) में अवस्थित होता है।

(iii) समकालिक संसाधन (Simultaneous processing or S)—समकालिक प्रक्रिया मस्तिष्क के दृष्टिभित्तीय क्षेत्र (occipital-parietal area) से संबद्ध होता है। समकालिक संसाधन (simultaneous processing) उस समय होता है जब हम विभिन्न संप्रत्ययों (concepts) के बीच संबंध का प्रत्यक्षण करते हैं तथा उसे बोध (comprehension) के खयाल से अर्थपूर्ण पैटर्न में समन्वित (integrate) करते हैं। इस तरह से समकालिक संसाधन दिए गए अमूर्त आकृतियों (abstract figures) के बीच संबंध को समझने में मदद करता है।

(iv) आनुक्रमिक संसाधन (Successive processing or S)—आनुक्रमिक संसाधन (successive processing) मस्तिष्क के अग्रशंखपालि क्षेत्र (fronto-temporal area) से संबद्ध होता है और इसमें मूलतः उद्दीपकों को एक विशिष्ट क्रमिक व्यवस्था (serial order) में सुसज्जित किया जाता है जहाँ प्रत्येक तत्त्व दूसरे तत्त्व से संबंधित होते हैं। इसकी जरूरत अंकों को सीखने, अक्षरों को सीखने, गुणा का टेबुल याद करने आदि में काफी होता है। इसी तरह से भाषा संसाधन (language processing) में कूटानुवादन (decoding), वाक्य रचना (syntax) तथा संभाषण उच्चारण (speech articulation) की प्रक्रिया जिसमें एक विशिष्ट क्रमिक व्यवस्था (serial order) की जरूरत होती है, आनुक्रमिक प्रक्रियाओं (successive processes) के कारण ही होता है।

सांवेगिक बुद्धि का सिद्धांत (Theory of Emotional Intelligence)—सांवेगिक बुद्धि के सिद्धांत में बुद्धि की व्याख्या सचमुच में सांवेगिक सामर्थ्यता (emotional competence) के रूप में की जाती है। सांवेगिक बुद्धि का सिद्धांत लोगों में दूसरों के संवेगों को समझने एवं उसके प्रति अनुक्रिया करने, अपने आप को अभिप्रेरित करने तथा अपने संवेगों से अवगत होने और उनपर पर्याप्त नियंत्रण रखने आदि से संबंधित है।

सांवेगिक बुद्धि (emotional intelligence or EI) के संप्रत्यय को सैलोभी एवं मेयर (Salovey & Meyer, 1990) द्वारा प्रतिपादित किया गया था और बाद में गोलमैन (Goleman, 1995) ने इसे अपनी पुस्तक सांवेगिक बुद्धि (emotional Intelligence) में विस्तरित एवं विकसित किया। गोलमैन (Goleman, 1995) का मत है कि सांवेगिक बुद्धि के कारण ही, न कि पारस्परिक बुद्धि (traditional intelligence) के कारण व्यक्ति जिन्दगी में सफल हो पाता है। सांवेगिक बुद्धि के तत्त्वों को मूलतः दो सामान्य भागों में बाँटा गया है—वैयक्तिक तत्त्व (personal component) तथा अंतर्वैयक्तिक (interpersonal component)। इन दोनों तत्त्वों की व्याख्या इस प्रकार है—

(क) वैयक्तिक तत्त्व (Personal component)—सांवेगिक बुद्धि के इस तत्त्व में आत्म-ज्ञान (self-knowledge) सम्मिलित होता है। इसमें व्यक्ति अपने संवेगों से तो अवगत होता ही है साथ-ही-साथ वह दूसरों के संवेगों को प्रबंधित (manage) भी करता है। इसमें आत्म-अभिप्रेरण

(self-motivation) भी सम्मिलित होता है। वैयक्तिक तत्त्वों में निम्नांकित तीन तरह के तत्त्वों को महत्त्वपूर्ण बतलाया गया है—

(i) अपने संवेगों से अवगत होना (Awareness of our own emotions)—सांवेगिक बुद्धि का सबसे महत्त्पूर्ण तत्त्व यह है कि इसमें व्यक्ति अपने संवेगों से अवगत होता है। दूसरे शब्दों में व्यक्ति अपने भीतर उत्पन्न संवेगों की पहचान कर उसके अनुरूप व्यवहार करता है।

(ii) अपने संवेगों को प्रबंधित करना (Managing one's own emotions)—सांवेगिक बुद्धि का दूसरा वैयक्तिक तत्त्व व्यक्ति द्वारा अपने संवेगों को प्रबंधित किया जाना है। संवेगों को प्रबंधित करने से तात्पर्य संवेगों को दबाकर रखे जाने से नहीं होता है बल्कि इस बात से होता है कि उन्हें ठीक ढंग से अभिव्यक्ति किया जाय तथा उन्हें नियंत्रण से बाहर नहीं होने दिया जाय। जिन व्यक्तियों में इस तत्त्व की प्रधानता होती है, वे अपनी जिंदगी को क्रोध, विषाद (depression) आदि से प्रभावित नहीं होने देते हैं।

(iii) आत्म-अभिप्रेरण (Self-motivation)—आत्म-अभिप्रेरण से तात्पर्य एक ऐसे सांवेगिक आत्म नियंत्रण (emotional self control) से होता है जो व्यक्ति को उत्तम लक्ष्यों की प्राप्ति के लिए प्रयत्नशील रखता है, कुंठित होने पर भी व्यक्ति को कार्यरत रखता है तथा तात्कालिक तुष्टि के लिये प्रलोभन (temptation) को रोकने में मदद करता है। आत्म-अभिप्रेरण का यह तत्त्व व्यक्ति के जीवन के विभिन्न क्षेत्र में प्राप्त होनेवाले सफलता को प्रत्यक्ष रूप से प्रभावित करता है क्योंकि इसमें व्यक्ति किसी कठिन कार्य को मेहनत से करने के लिए प्रयत्न करता रहता है, भविष्य के उत्तम समय के लिए आशान्वित होता और तात्कालिक तुष्टि को रोकने में भी सफल होता है।

(ख) अंतर्वैयक्तिक तत्त्व (Interpersonal components)—सांवेगिक बुद्धि के इस तत्त्व में दूसरों के संवेगों को समझना, उसके प्रति संवेदनशीलता दिखलाना तथा संवेगों को उचित ढंग से संचालित करना आदि सम्मिलित होता है। इस श्रेणी में निम्नांकित दो तत्त्व प्रधान हैं—

(i) परानुभूति—दूसरों के संवेगों की पहचान करना (Empathy: recognising other's emotion)—परानुभूति सांवेगिक बुद्धि का ऐसा तत्त्व है जिसमें व्यक्ति दूसरों के अभिप्रेरण एवं संवेगों को समझता है और उनकी पर्याप्त पहचान करता है। परानुभूति का आधार आत्म-बोध (self-awareness) होता है। अगर व्यक्ति को अपने संवेगों में सूझ नहीं होता है तो बहुत उम्मीद इस बात की होती है कि वह दूसरों के संवेग को न तो ठीक ढंग से समझेगा और न ही उसके प्रति संवेदनशीलता ही विकसित करेगा।

(ii) संबंधों को संचालित करना (Handling relationship)—दूसरों के साथ उत्तम संबंध को संचालित करना भी सांवेगिक बुद्धि का एक महत्त्वपूर्ण तत्त्व है। कुछ लोग ऐसे होते है जो दूसरों के साथ उत्तम एवं संतोषजनक संबंध बनाये रखने में सक्षम होते हैं। स्वतः तब सांवेगिक बुद्धि का यह तत्त्व मजबूत होता है। जिन लोगों में दूसरों के साथ उत्तम संबंध बनाकर रखने की असमर्थता पायी जाती है उनमें सांवेगिक बुद्धि का यह तत्त्व कमजोर होता है।

किसी व्यक्ति में यदि ये पाँचों कारक या तत्त्व मजबूत होंगे तो उनमें सांवेगिक बुद्धि की प्रबलता अधिक होगी और ऐसा व्यक्ति अपनी वास्तविक जिन्दगी में अधिक सफलता प्राप्त करेगा भले ही स्कूल या कॉलेज में उसकी शैक्षिक उपलब्धि बहुत उत्तम नहीं रही हो।

सांवेगिक बुद्धि को मापने के लिए एक परीक्षण भी विकसित किया गया है जिसे दि मेयर-सैलोभी-कारूसो सांवेगिक बुद्धि परीक्षण (The Mayer–Salovey–Caruso Emotional Intelligence Test or MSCEIT) कहा गया है। यह परीक्षण मेयर, सैलोभी तथा कारूसो (Mayer, Salovey and Caruso, 2002) द्वारा विकसित किया गया है जिसमें 141 एकांश (items) हैं तथा इसका क्रियान्वयन 17 या इससे अधिक आयु के व्यक्तियों पर किया जा सकता है। इसके क्रियान्वयन में करीब 40–45 मिनट का समय लगता है।

इसी तरह प्रक्रिया-प्रधान सिद्धांत (process-oriented theories) में अन्य मनोवैज्ञानिकों द्वारा भी अपना-अपना विचार व्यक्त किया गया है। उन सभी के विचारों को यहाँ प्रस्तुत करना अपेक्षित नहीं है।

बुद्धि के सिद्धांतों के बारे में सामान्य निष्कर्ष
(A General Conclusion regarding Theories of Intelligence)

बुद्धि के विभिन्न सिद्धांतों को ऊपर में दो श्रेणियों (categories) में बाँटकर प्रस्तुत किया गया है— कारक सिद्धांत (Factor theories) तथा प्रक्रियाप्रधान सिद्धांत (Process-oriented theories)। बुद्धि के स्वरूप की व्याख्या करने में यद्यपि इन दोनों तरह के सिद्धांतों का आधार (base) अलग-अलग है, फिर भी मनोवैज्ञानिकों ने इन दोनों तरह के सिद्धांतों को एक-दूसरे का विरोधी नहीं, बल्कि पूरक (supplementary) माना है। कारक सिद्धांत, जैसे थर्स्टन का प्रधान मानसिक क्षमताओं (primary mental abilities) द्वारा बुद्धि के खास-खास क्षेत्र में व्यक्ति कितना मजबूत या कमजोर है, यह पता चल जाता है। उदाहरणस्वरूप, इन क्षमताओं के आधार पर यह आसानी से पता चल जाता है कि कोई व्यक्ति शब्द-प्रवाहिता (word-fluency) तथा शाब्दिक बोध (verbal comprehension) में बहुत मजबूत है परन्तु तर्कणा या विवेचना (reasoning) में बहुत कमजोर है। इतना ज्ञात हो जाने के बाद यदि कोई मनोवैज्ञानिक प्रक्रियाप्रधान सिद्धांत का सहारा लेकर आगे विश्लेषण करता है तो उसे स्पष्ट रूप से यह पता चल जायेगा कि व्यक्ति में विभिन्न घटकों (components) में कौन-कौन-से घटक की कमी के कारण व्यक्ति की तर्कणा या विवेचना की शक्ति कमजोर पड़ रही है और कौन-कौन से घटक की अधिकता के कारण उसका शब्दिक बोध अधिक मजबूत हो रहा है। इससे स्पष्ट हो जाता है कि कारक सिद्धांत तथा प्रक्रियाप्रधान सिद्धांत एक-दूसरे के पूरक हैं।

बुद्धि में आनुवंशिकता-वातावरण विवाद
(Heredity-Environment Controversy in Intelligence)

बुद्धि में वैयक्तिक भिन्नता (individual difference) पाई जाती है। दूसरे शब्दों में, एक व्यक्ति की बुद्धि दूसरे व्यक्ति की बुद्धि से भिन्न होती है। इस भिन्नता के दो प्रमुख कारण हैं—आनुवंशिकता तथा वातावरण। यहाँ तक तो मनोवैज्ञानिकों के बीच कोई मतभेद नहीं है। परन्तु, जब प्रश्न यह उठाया जाता है कि इस विभिन्नता में कितना आनुवंशिकता का योगदान (contribution) है तथा कितना वातावरण का योगदान है, तो मनोवैज्ञानिकों के बीच काफी मतभेद उत्पन्न हो जाता है। दोनों

के पक्ष में प्रयोगात्मक सबूत हैं। पहले इन सबूतों पर विचार कर लिया जाए, तब हम अन्तिम निष्कर्ष की ओर बढ़ेंगे—

(क) आनुवंशिकता के पक्ष में (In favour of heredity)—बुद्धि में आनुवंशिकता के महत्त्व को दिखाने के लिए मनोवैज्ञानिकों ने कई तरह के सबूत प्रदान किए हैं। इन सबूतों में यह दिखाया गया है कि बुद्धि जीन्स (genes) द्वारा ही प्रभावित होती है। इन सभी सबूतों को निम्नांकित तीन भागों में बाँटकर प्रस्तुत किया जा सकता है—

1. कुछ मनोवैज्ञानिकों ने भिन्न-भिन्न परिवार के बच्चों को जन्म के तुरंत बाद लेकर एक ही वातावरण में रखकर पोष्य माता-पिता (foster parents) द्वारा पालन-पोषण कई वर्षों तक करवाया। इसके बाद इन बच्चों की बुद्धि, इनके पोष्य माता-पिता की बुद्धि तथा वास्तविक माता-पिता (real parents) की बुद्धि की माप की गई। परिणाम में देखा गया कि ऐसे सभी बच्चों की बुद्धि एक-दूसरे से भिन्न (different) थी यद्यपि उन्हें समान वातावरण में रखा गया था। ऐसा इसलिए हुआ क्योंकि इन बच्चों की आनुवंशिकता अलग-अलग थी। यदि वातावरण सचमुच अधिक प्रभावकारी होता तो इन बच्चों की बुद्धि एक समान होती, क्योंकि उन्हें समान वातावरण में रखा गया था। इस तरह का अध्ययन बर्ट (Burt, 1955, 1966) तथा शिल्ड्स (Shields, 1962) द्वारा किया गया। इतना ही नहीं, इन अध्ययनों से आनुवंशिकता के समर्थन में एक दूसरा तथ्य भी मिलता है। ऐसे बच्चों की बुद्धि अपने पोष्य माता-पिता की बुद्धि से काफी भिन्न थी, परन्तु अपने वास्तविक माता-पिता की बुद्धि से काफी समान (similar) थी। स्कार (Scar, 1981) ने भी अपने अध्ययन के आधार पर इस समानता की पुष्टि की है। वास्तविक माता-पिता की बुद्धि तथा उनके बच्चों की बुद्धि सहसंबंध गुणांक (correlation coefficient) 0.50 था जबकि पोष्य माता-पिता की बुद्धि तथा इनके द्वारा पाले-पोसे गए बच्चों की बुद्धि के बीच सहसंबंध गुणांक 0.25 था। इससे साबित होता है कि बुद्धि पर आनुवंशिकता का प्रभाव अधिक पड़ता है।

2. कुछ मनोवैज्ञानिकों ने एकांडी जुड़वाँ बच्चों (identical twin children) की बुद्धि की समानता (similarity) की तुलना भ्रात्रीय जुड़वाँ बच्चों (fraternal twin children) की बुद्धि की समानता से की है। जैसा कि हम जानते हैं, एकांडी जुड़वाँ बच्चों में आनुवंशिकता की समानता 100% होती है, परन्तु भ्रात्रीय जुड़वाँ बच्चों में आनुवंशिकता की समानता औसत रूप से 50% होती है। अगर बुद्धि जीन्स (genes) द्वारा प्रभावित होती है तो एकांडी जुड़वाँ बच्चों की बुद्धि में भ्रात्रीय जुड़वाँ बच्चों की बुद्धि से अधिक समानता होनी चाहिए। स्कार (Scarr, 1981) करीब 20 ऐसे ही अध्ययनों (studies) के परिणामों का अवलोकन कर इस निष्कर्ष पर पहुँचे कि सचमुच एकांडी जुड़वाँ बच्चों की बुद्धि में काफी अधिक समानता थी जबकि इतनी अधिक समानता भ्रात्रीय जुड़वाँ बच्चों की बुद्धि में नहीं थी। औसत रूप से एकांडी जुड़वाँ बच्चों की बुद्धि में 0.90 का सहसंबंध गुणांक (correlation coefficient) देखा गया जबकि भ्रात्रीय जुड़वाँ बच्चों की बुद्धि में 0.55 का सहसंबंध गुणांक देखा गया। इस अध्ययन से स्पष्टतः इस बात का संकेत मिलता है कि बुद्धि आनुवंशिकता (heredity) से निर्धारित होती है।

3. कुछ मनोवैज्ञानिकों ने आनुवंशिकता के पक्ष में तीसरे तरह का सबूत दिया है। इन लोगों ने एकांडी जुड़वाँ बच्चों (identical twin children) को जन्म के तुरंत बाद से दो अलग-अलग वातावरण में रखकर उनका पालन-पोषण किया। तुलनात्मक अध्ययन करने के खयाल से इन लोगों ने कुछ भ्रात्रीय जुड़वाँ बच्चों (fraternal twin children) को एक ही वातावरण में रखकर

पालन-पोषण किया। भिन्न-भिन्न मनोवैज्ञानिकों ने तीन देशों अर्थात डेनमार्क, इंगलैण्ड तथा अमेरिका में जुड़वाँ बच्चों के 122 युग्म (pairs) पर चार अलग-अलग इस तरह के अध्ययन किए। इन चार अध्ययनों में एकांडी जुड़वाँ बच्चों को जिन्हें अलग-अलग वातावरण में रखा गया था, की बुद्धि में काफी समानता पाई गई। इन चार अध्ययनों में सहसंबंध गुणांक 0.62, 0.67, 0.77 तथा .86 पाए गए जो भ्रात्रीय जुड़वाँ बच्चों जिन्हें एक ही वातावरण में रखकर पाला-पोसा गया था, से काफी अधिक था। इस परिणाम से स्पष्टतः यह पता चलता है कि बुद्धि पर आनुवंशिकता का प्रभाव अधिक पड़ता है। इन्हीं चार अध्ययनों के परिणाम के आधार पर जेन्सन (Jensen, 1969, 1972) तथा शाकले (Shockley, 1972) इस निष्कर्ष पर पहुँचे कि आनुवंशिकता (heredity) बुद्धि के निर्धारण में महत्त्वपूर्ण भूमिका निभाती है, जबकि वातावरण की भूमिका काफी सीमित है। जेन्सन (Jenson, 1969) के अनुसार बुद्धि की आनुवंशिकता गुणांक (heritability coefficient) 0.80 है, जिसका मतलब हुआ कि बौद्धिक विभिन्नता (intellectual difference) का करीब 80% आनुवंशिक कारकों से होता है तथा 20% वातावरण-संबंधी कारकों से होता है। इसे मनोवैज्ञानिकों ने **जेन्सन प्राक्कल्पना** (Jenson hypothesis) की संज्ञा दी है। दूसरे शब्दों में, बुद्धि के निर्धारण में आनुवंशिकता का महत्त्व वातावरण के महत्त्व से चार गुना अधिक होता है। शाकले (Shockley, 1972) का भी ऐसा ही विचार था।

(ख) वातावरण के पक्ष में सबूत (Evidences in favour of environment)—बुद्धि के विकास में सिर्फ आनुवंशिकता (heredity) का ही हाथ नहीं होता है बल्कि वातावरण, जो व्यक्ति के संज्ञानात्मक विकास (cognitive development) को गर्भधारण (conception) के दिन से ही प्रभावित करता है, निर्धारित करता है। वातावरण-संबंधी कारकों या पर्यावरणी कारकों (environmental factors) को समर्थन देनेवाले मनोवैज्ञानिकों का विचार है कि व्यक्ति का जीन्स (genes) तो मात्र बुद्धि की ऊपरी तथा निचली सीमा को निर्धारित करता है, परंतु इन सीमाओं के बीच व्यक्ति की बुद्धिलब्धि (Intelligence quotient) कहाँ पर होगी, इसका निर्धारण तो पर्यावरणी कारकों द्वारा ही होता है। इस विचार को मनोवैज्ञानिकों द्वारा **'प्रतिक्रिया प्रसार'** (reaction range) कहा जाता है।

मनोवैज्ञानिकों ने जिन पर्यावरणी कारकों (environmental factors) का प्रभाव बुद्धि पर अधिक पड़ते देखा है, उनमें प्रधान हैं—आहार (nutrition), स्वास्थ्य (health), उत्तेजनाओं का स्तर (level of stimulation), घर का सांवेगिक वातावरण (emotional climate) आदि। इन मनोवैज्ञानिकों द्वारा बुद्धि के निर्धारण में इन पर्यावरणी कारकों के महत्त्व को निम्नांकित दो तरीकों से दिखाया गया है—

इन मनोवैज्ञानिकों ने जुडवाँ बच्चों (twin children) के अध्ययनों जिनके आधार पर बुद्धि के निर्धारण में आनुवंशिकता (heredity) के महत्त्व को दिखाया गया है, को उनकी कार्यविधि (methodology) के आधार पर आलोचना किया और उनके निष्कर्ष को स्वीकार नही किया है। हिर्स्क (Hirsch, 1970), मैकक्लीलैंड (McClelland, 1972), गेग (Gage, 1972), कामिन (Kamin, 1974) ने इस बात की तीव्र आलोचना की है कि प्रमुख चार जुड़वाँ अध्ययनों जिसमें बुद्धि के निर्धारण में जीन्स के अद्वितीय महत्त्व को दिखाया गया है, की कार्यविधि में अनेक तरह की त्रुटियाँ (errors) थीं। जैसे प्रत्येक अध्ययन में भिन्न-भिन्न प्रकार के बुद्धि परीक्षणों का प्रयोग किया गया था, कुछ केसेज में माता-पिता का IQ प्राप्तांक (score) नहीं मिलने पर उसकी जगह

शैक्षिक स्तर (educational level) का प्रयोग किया गया था तथा कुछ अध्ययनों में बुद्धि मापने के लिए जो बुद्धि परीक्षण का प्रयोग किया गया था, वह मानकीकृत (standardised) नहीं था। इन त्रुटियों (errors) के कारण इन मनोवैज्ञानिकों ने जुड़वाँ बच्चों के अध्ययन से प्राप्त बुद्धि में आनुवंशिकता के महत्त्व को स्वीकार नहीं किया है। फिर इनलोगों ने यह भी बताया है कि जुड़वाँ बच्चे चाहे वे एकांडी (identical) हों या भ्रात्रीय (fraternal) हों, तथा साधारण भाई-बहनों को जब एक ही तरह के वातावरण में इन अध्ययनों में रखा गया, तो उनमें बुद्धि में समानता वैसे जुड़वाँ बच्चों या साधारण भाई-बहनों की अपेक्षा अधिक देखी गई जिन्हें अलग-अलग वातावरण में रखा गया था। इस तरह के निष्कर्ष से यह स्पष्ट रूप से पता चलता है कि वातावरण का भी प्रभाव बुद्धि पर पड़ रहा था।

दूसरा तरीका जिसके आधार पर बुद्धि के निर्धारण में वातावरण के महत्त्व को दिखाया गया है, उसमें वैसे अध्ययनों को सम्मिलित किया गया है जिसमें कुछ वैसे बच्चों की बुद्धि की माप की गई है जो गरीबी तथा अ-उत्तेजित वातावरण (unstimulating environment) में पाले-पोसे गए थे तथा उनकी तुलना उन बच्चों की बुद्धि से की गई है जो उत्तेजित (stimulating) तथा धनी वातावरण में रखकर पाले-पोसे गए थे। रैमे तथा कैम्पबेल (Ramey & Campbell, 1979) तथा स्कील्स (Skeals, 1966) ने इसी तरह का अलग-अलग अध्ययन किया है और परिएणाम में पाए हैं कि जिन बच्चों को उत्तेजित तथा धनी वातावरण में रखकर पाला-पोसा गया था, उनकी बुद्धिलब्धि उन बच्चों की बुद्धिलब्धि (जिन्हें गरीबी या अ-उत्तेजित वातावरण में रखकर पाला-पोसा गया था) की तुलना में अधिक थी। इससे यह स्पष्ट प्रमाण मिलता है कि व्यक्ति के बुद्धि पर वातावरण के स्वरूप का भी प्रभाव पड़ता है। 1965 में अमरीका में राष्ट्रपति जौनसन (Johnson) के आदेश पर गरीब घर के 2 से 5 साल के बच्चों की बुद्धि में वृद्धि करने के खयाल से एक विशेष कार्यक्रम चलाया गया। परिणाम में देखा गया कि ऐसे परिवार के जिन बच्चों ने इस कार्यक्रम में भाग लिया था, उनकी बुद्धिलब्धि में 10 बिन्दु (point) की वृद्धि हो गई। इस कार्यक्रम के परिणाम से भी वातावरण का बुद्धि पर पड़नेवाला प्रभावकारी महत्त्व स्पष्ट हो जाता है। विसमैन (Weisman, 1966) तथा स्कार-सालापेटेक (Scarr-Salapatek, 1971) ने अपने अध्ययनों के आधार पर यह बताया है कि प्रतिकूल वातावरण (adverse environment) का सबसे बुरा प्रभाव औसत क्षमता से ऊपरवाले बच्चों की बुद्धि पर अधिक पड़ता है।

इन अध्ययनों से स्पष्ट हो जाता है कि बुद्धि के निर्धारण में आनुवंशिकता (heredity) के समान पर्यावरणी कारकों (environmental factors) का भी महत्त्व होता है। अब ऐसी परिस्थिति में निष्कर्ष क्या होगा? निष्कर्ष के तौर पर यह कहा जाता है कि व्यक्तित्व के शीलगुणों (traits) के ही समान बुद्धि का निर्धारण आनुवंशिकता (heredity) तथा पर्यावरणी कारकों की अंतःक्रिया (interaction) द्वारा निर्धारित होता है। हानजिक[1] (Honzik, 1973) ने बुद्धि में आनुवंशिकता तथा वातावरण के तुलनात्मक महत्त्व के वाद-विवाद को देखते हुए बहुत ही उचित निष्कर्ष दिया है जो अधिकतर मनोवैज्ञानिकों को मान्य भी है। उन्होंने कहा है, "आनुवंशिकता द्वारा सीमा (limits) का निर्धारण होता है तथा मानसिक परीक्षणों के निष्पादन (performance) द्वारा मापी गई बच्चों की बुद्धि के लिए

1. "Heredity sets the limits and is relevant to the child's intelligence as measured by his mental test performance but the correlations are low and suggest the effect that experiential factors may be having on the mental growth pattern. Environmental factors don't begin with the birth of the child but at conception or before."—Honzik, *The Development of Intelligence,* 1973, p. 649

महत्त्वपूर्ण है, परन्तु इनके बीच सहसंबंध (correlation) कम है जिससे यह पता चलता है कि आनुभविक कारकों (experiential factors) का प्रभाव भी मानसिक विकास के पैटर्न्स पर पड़ता है। पर्यावरणी कारकों की शुरुआत बच्चों के जन्म से नहीं बल्कि गर्भधारण या उससे भी पहले हो जाती है।"

शिक्षा में बुद्धि परीक्षण की उपयोगिताएँ

(Uses of Intelligence Test in Education)

शिक्षा मनोवैज्ञानिकों ने शिक्षा में बुद्धि परीक्षण की अनेक उपयोगिताओं का वर्णन किया है जिनमें निम्नांकित प्रमुख हैं—

(i) कक्षा में प्रवेश लेने में मदद (Help in taking admission in classroom)—बुद्धि परीक्षण द्वारा छात्रों की बुद्धिलब्धि एवं उनकी मानसिक आयु का पता आसानी से लगाकर उसके अनुसार उन्हें एक उपयुक्त कक्षा (appropriate class) में दाखिला करते हैं। इसके अभाव में पहले शिक्षक छात्रों की वास्तविक आयु के आधार पर उनका दाखिला किया करते थे जिससे कई ढंग की अनियमितता उत्पन्न हो जाती थी। जैसे अगर कोई तेज बुद्धि का बालक है, परन्तु उसकी वास्तविक उम्र कम है, तो उसका दाखिला नीचे के वर्ग में होता था, परंतु यदि कोई मंद बुद्धि का बालक है परन्तु उसकी वास्तविक उम्र अधिक है, तो उसका दाखिला उच्च वर्ग (higher class) में हो जाता था। ऐसी अनियमितता से कक्षा में शिक्षकों को तरह-तरह की कठिनाइयों का सामना करना पड़ता है।

(ii) शैक्षिक निर्देशन (Educational guidance)—शिक्षक बुद्धि परीक्षण द्वारा छात्रों के बुद्धि स्तर का पता लगाकर उन्हें विशेष प्रकार की शिक्षा उसी बुद्धि स्तर के अनुरूप देते हैं। इससे छात्रों का समुचित शैक्षिक विकास होता है।

(iii) व्यावसायिक निर्देशन (Vocational guidance)—बुद्धि परीक्षण की उपयोगिता व्यावसायिक निर्देशन के खयाल से भी काफी अधिक है। विभिन्न व्यवसायों के लिए विभिन्न स्तर की बुद्धि की जरूरत होती है। शिक्षक छात्रों के बुद्धि को मापकर उसके अनुरूप व्यवसाय (vocation) में जाने की शिक्षा देने की सिफारिश करने में सफल होते हैं।

(iv) शैक्षिक दुर्बलता का निदान (Diagnosis of educational deficiency)—बुद्धि परीक्षण द्वारा बुद्धि-माप कर शिक्षक छात्रों की शैक्षिक दुर्बलता (educational deficiency) के कारण का भी पता लगा पाते हैं। अकसर देखा गया है कि अधिक तीव्र बुद्धि के छात्र और कम बुद्धि के छात्र में पाठ्यक्रम के प्रति उदासीनता (indifference) अधिक उत्पन्न हो जाता है और धीरे-धीरे ऐसे छात्र शैक्षिक रूप से दुर्बल हो जाते हैं। अतः, बुद्धि परीक्षण की मदद से शिक्षकों को शैक्षिक दुर्बलता के निदान में काफी मदद मिलती है।

(v) अभिभावकों के लिए निर्देशन (Guidance for guardians)—बुद्धि परीक्षण की उपयोगिता अभिभावकों के लिए काफी है। बुद्धि परीक्षण की मदद से अभिभावक यह जान पाते हैं कि उनके बच्चे का बुद्धि स्तर क्या है और उसी के अनुसार वे उन्हें परामर्श देते हैं तथा साधन जुटाकर उनकी उपयुक्त शिक्षा-दीक्षा में मदद करते हैं।

(vi) छात्रों का श्रेणीकरण करना (Gradation of students)—बुद्धि परीक्षण द्वारा बुद्धि मापकर शिक्षक छात्रों को विभिन्न श्रेणियों (categories) जैसे प्रतिभाशाली, प्रखर बुद्धि, सामान्य बुद्धि आदि में बाँटते हैं। इससे फायदा यह होता है कि शिक्षक को कक्षा में सभी बालकों के लिए एक उचित शिक्षा नीति अपनाने में सहायता मिलती है।

(vii) शिक्षकों का चयन (Selection of teachers)—बुद्धि परीक्षण से सिर्फ छात्रों का ही नहीं बल्कि शिक्षकों की बुद्धि की भी माप की जाती है और उसके आधार पर योग्य एवं बुद्धिमान शिक्षकों का चयन किया जाता है। ऐसे शिक्षकों के चयन हो जाने से छात्रों की सर्वोत्तम भलाई होती है और कक्षा में छात्रों की शैक्षिक उपलब्धियाँ भी अधिक होती हैं।

(viii) प्रखर छात्रों के लिए (For brighter students)—बुद्धि परीक्षण की सहायता से शिक्षक प्रखर बुद्धि या तेज बुद्धि के छात्रों की पहचान कर उसकी विशेष शिक्षा का प्रबन्ध अलग से करते हैं। इससे ऐसे छात्रों का शैक्षिक विकास (educational development) तेजी से होता है।

(ix) मन्द बुद्धि के बालकों के लिए (For mentally retarded children)—बुद्धि परीक्षण द्वारा शिक्षक मन्द बुद्धि के बालकों की भी पहचान कर लेते हैं और उनकी शिक्षा-दीक्षा का इन्तजाम विशेष रूप से करके उसे भिन्न-भिन्न कामों एवं समायोजन के योग्य बनाते हैं।

(x) समस्यामूलक बालकों के लिए (For problem children)—ऐसा देखा गया है कि जब बालकों को उनके बुद्धि स्तर से बहुत निम्न या बहुत अधिक स्तर की शिक्षा दी जाती है या किसी नापसंद धंधे या व्यवसाय में जाने के लिए कहा जाता है, तो वे धीरे-धीरे उसके प्रति उदासीन हो जाते हैं और एक समस्यामूलक बालक बन जाते हैं। इस तरह बुद्धि परीक्षण के आधार पर समस्यामूलक बालक के कारण को भी समझने में मदद मिलती है।

(xi) कक्षोन्नति के बारे में निर्णय में सहायता (Help in making decision about class promotion)—बुद्धि परीक्षण की एक प्रमुख उपयोगिता यह बताई गई है कि इससे छात्रों की कक्षोन्नति के बारे में निर्णय लेने में मदद मिलती है। तीव्र बुद्धि के बालकों को शिक्षक आसानी से अगले वर्ग में उन्नति दे देते हैं। इसके अभाव में ऐसे छात्रों में उदासीनता धीरे-धीरे बढ़ेगी और शिक्षा उनके लिए नीरस लगने लगेगी।

(xii) अनुशासन की समस्या के समाधान में सहायता (Help in the solution of the problem of discipline)—अकसर शिक्षकों को छात्रों द्वारा अनुशासन-संबंधी समस्या का सामना करना पड़ता है। इस ढंग की समस्या प्रायः वैसे छात्रों द्वारा की जाती है जिनकी बुद्धि या तो कम होती या अधिक होती है। वे किसी तरह शिक्षक एवं शिक्षा से अपने-आपको संतुष्ट नहीं कर पाते हैं और स्कूल में अनुशासन-संबंधी तरह-तरह की समस्या खड़ी करते हैं। ऐसे छात्रों की पहचान उनके बुद्धि मापने के आधार पर करके शिक्षक इस तरह की समस्या का समाधान आसानी से कर लेते हैं।

(xiii) मानसिक बीमारियों के उपचार में (In the treatment of mental illnesses)—बुद्धि परीक्षण द्वारा बुद्धिमापन का प्रयोग छात्रों की मानसिक बीमारियों के उपचार में भी किया जाता है। बुद्धि परीक्षण की इस उपयोगिता से नैदानिक मनोवैज्ञानिकों (clinical psychologists) को शिक्षा मनोवैज्ञानिकों की तुलना में अधिक फायदा होता है।

बुद्धि परीक्षण की उपयोगिता इस तरह अनेक हैं। फिर भी, इसकी कुछ परिसीमाएँ (limitations) मनोवैज्ञानिकों द्वारा बताई गई हैं जो अग्रांकित हैं।

बुद्धि परीक्षण की परिसीमाएँ (Limitations of Intelligence Tests)

बुद्धि परीक्षण द्वारा बुद्धि मापने में कुछ खामियाँ भी बताई गई हैं जो निम्नांकित हैं—

(i) बुद्धि परीक्षण में छात्रों की बुद्धि अकसर दिए गए एकांशों (items) के आधार पर मापी जाती है। एकांश (items) की संख्या कितनी होगी, यह निश्चित नहीं होती है। ऐसा संभव है कि एक बुद्धि परीक्षण में जिसमें एकांशों की जो निश्चित संख्या है, उसके द्वारा बालकों या छात्रों की बुद्धि का मापन सही-सही नहीं होता। ऐसा संभव है कि उसमें एकांशों की संख्या और अधिक होती तो उसके द्वारा बुद्धि का परीक्षण अधिक अच्छा से होता।

(ii) अकसर देखा गया है कि बुद्धि परीक्षण के एकांशों (items) का जवाब देते समय छात्र घबरा जाते हैं जिससे उनकी बुद्धि का मापन सही-सही ढंग से नहीं हो पाता।

(iii) बुद्धि परीक्षण की उपयोगिता कुछ इस कारण भी सीमित हो जाती है कि इसके क्रियान्वयन के लिए एक प्रशिक्षित शिक्षक या किसी विशेषज्ञ की सहायता लेनी पड़ती है।

इन खामियों के बावजूद बुद्धि परीक्षण का प्रयोग शिक्षाशास्त्रियों एवं शिक्षा मनोवैज्ञानिकों द्वारा काफी किया जा रहा है; क्योंकि शिक्षा के क्षेत्र में बुद्धि परीक्षण एक महत्त्वपूर्ण एवं अभूतपूर्व उपकरण है।

अभिक्षमता के अर्थ
(Meaning of Aptitude)

अभिक्षमता (aptitude) एक महत्त्वपूर्ण पद है जिसका अर्थ किसी खास विषय या क्षेत्र में ज्ञान, अभिरुचि, कौशलता आदि विकसित करने की क्षमता से होता है। दूसरे शब्दों में, अभिक्षमता किसी विषय या क्षेत्र में ज्ञान हासिल करने या सीखने की अंतःशक्ति (potential) है। किसी छात्र की अभिक्षमता को जानकर शिक्षक आसानी से उसके भविष्य के निष्पादनों के बारे में पूर्वानुमान (predication) लगा सकते हैं। अभिक्षमता (aptitude) को **फ्रीमैन**[1] (Freeman, 1962) ने परिभाषित करते हुए कहा है, "उन गुणों के संयोग जिनसे कुछ विशिष्ट ज्ञान एवं संगठित अनुक्रियाओं के सेट की कौशलता जैसे कोई भाषा बोलना, गायक बनना, यांत्रिक कार्य करना आदि को (प्रशिक्षण के साथ) सीखने की क्षमता का पता चलता है, **अभिक्षमता** कहा जाता है।" **टुकमैन** [2] (Tuckman, 1975) के अनुसार, "क्षमताओं एवं अन्य गुणों चाहें जन्मजात हों या अर्जित हों, का एक ऐसा संयोग जिससे व्यक्ति में सीखने की क्षमता या किसी खास क्षेत्र में निपुणता विकसित करने की क्षमता का पता चलता है, **अभिक्षमता** कहलाता है।"

---

1. An aptitude is defined as "a combination of characteristics indicative of an individual's capacity to acquire (with training) some specific knowledge, skill of set of organised responses such as the ability to speak a language, to become of musician, to do mechanical work."—Freeman, *Theory and Practice of Psychological Testing,* 1962, p. 431

2. An aptitude is defined as "a combination of abilities and other characteristics whether native or acquired, known or believed to be indicative of an individual's ability to learn or to develop proficiency in some particular area."—Tuckman, *Measuring Educational Outcomes,* 1975, p. 475

इन परिभाषाओं से कुछ ऐसे तथ्य मिलते हैं जिनसे अभिक्षमता के स्वरूप पर प्रकाश पड़ता है। इन तथ्यों में निम्नांकित प्रमुख हैं—

(i) अभिक्षमता व्यक्ति के भीतर एक तरह की अंतःशक्ति (potential) होती है।

(ii) यह अंतःशक्ति (potential) अर्जित भी हो सकती है या जन्मजात भी।

(iii) अभिक्षमता में चूँकि किसी विशेष क्षेत्र में कौशल (skills) को सीखने की क्षमता होती है, अतः इसके आधार पर यह पूर्वानुमान आसानी से लगाया जा सकता है कि व्यक्ति उस क्षेत्र में भविष्य में कैसा निष्पादन (performance) प्राप्त कर पाएगा।

स्पष्ट हुआ कि अभिक्षमता व्यक्ति द्वारा विशिष्ट क्षेत्र में कोई गुण या कौशल सीखने की अंतःशक्ति (potential) होती है। शिक्षकों को छात्रों की अभिक्षमता का ज्ञान होने से उन्हें निर्देश देने में तथा भविष्य में उनके निष्पादन (performance) के बारे में पूर्वानुमान लगाने में काफी सहूलियत होती है।

अभिक्षमता के मापन (Measurement of Aptitude)

अभिक्षमता का मापन मानक परीक्षणों (standardised test) द्वारा किया जाता है। ऐसे परीक्षणों को अभिक्षमता परीक्षण (aptitude test) कहा जाता है। मनोवैज्ञानिकों एवं शिक्षाशास्त्रियों द्वारा निर्मित सभी अभिक्षमता परीक्षणों को दो विस्तृत भागों में बाँटा जाता है—

(क) सामान्य अभिक्षमता परीक्षण (General aptitude test) तथा

(ख) विशिष्ट अभिक्षमता परीक्षण (Specific aptitude test)।

इन दोनों परीक्षणों का वर्णन निम्नांकित है—

(क) सामान्य अभिक्षमता परीक्षण (General aptitude test)—सामान्य अभिक्षमता परीक्षण वैसे परीक्षण को कहा जाता है जिसके द्वारा छात्रों की अभिक्षमता किसी एक विशिष्ट क्षेत्र में नहीं बल्कि कई ऐसे विशिष्ट क्षेत्रों की अभिक्षमताओं का मापन एक साथ हो जाता है। इसलिए ऐसे अभिक्षमता परीक्षण को **बहुअभिक्षमता परीक्षणमाला** (Multiaptitude batteries) भी कहा गया है। ऐसे तो बहुअभिक्षमता परीक्षणमाला कई हैं, परन्तु उनमें Differential Aptitude Test (DAT) तथा General Aptitude Test Battery (GATB) अत्यधिक मशहूर हैं। DAT द्वारा 8वीं कक्षा के पुरूष छात्र तथा महिला छात्रों की आठ तरह की अभिक्षमताओं का मापन होता है। इस तरह इसमें आठ अभिक्षमता परीक्षण (aptitude tests) हैं जो निम्नांकित हैं—

(1) शाब्दिक चिंतन (Verbal Reasoning or VR)

(2) संख्यात्मक क्षमता (Numerical Ability or NR)

(3) अमूर्त चिंतन (Abstract Reasoning or AR)

(4) दैशिक संबंध (Space Relations or SR)

(5) यांत्रिक चिंतन (Mechanical Reasoning or MR)

(6) प्रत्यक्षज्ञानात्मक गति और परिशुद्धता (Perceptual Speed & Accuracy or PSA)

(7) वर्तनी (Spelling or SP)

(8) भाषा उपयोग (Language Usage or LU)

DAT की लोकप्रियता पूरे संसार में काफी है। इसी लोकप्रियता के परिणामस्वरूप DAT का हिन्दी भाषा में व्यानुकूलन (adaptation) प्रो० जे० एम० ओझा द्वारा किया गया है जो 'मानसायन', दिल्ली द्वारा प्रकाशित हुआ है।

GATB (General Aptitude Test Battery) द्वारा 9 अभिक्षमताओं (aptitudes) का मापन 12 परीक्षणों द्वारा होता है। 12 में से 8 परीक्षण पेपर-पेंसिल परीक्षण (Paper-Pencil test) है तथा बाकी 4 परीक्षण ऐसे हैं जिनके क्रियान्वयन (administer) करने के लिए उपकरण (apparatus) की जरूरत पड़ती है। इस पूरी परीक्षणमाला का क्रियान्वयन करने में करीब-करीब 2 घंटे 30 मिनट का समय लगता है। वे सभी 9 अभिक्षमताएँ जिन्हें इस परीक्षणमाला द्वारा मापा जाता है, निम्नांकित हैं—

(1) **बुद्धि** (Intelligence or G)—इसके द्वारा तीन तरह की अभिक्षमताएँ मापी जाती हैं—शब्दावली (vocabulary), अंकगणितीय चिंतन (arithmetical reasoning) और त्रिविमीय स्पेस (three-dimensional space)।

(2) **शाब्दिक** (Verbal or V)—इससे समानार्थक शब्द एवं विलोम (antonyms) शब्दों की शब्दावली से संबंधित ज्ञान की माप होती है।

(3) **संख्यात्मक** (Numerical or N)—इससे परिकलन (computation) एवं अंकगणितीय चिंतन (arithmetical reasoning) की माप होती है।

(4) **दैशिक** (Spatial or S)—इसके द्वारा वस्तुओं को दो विमाओं में उपस्थित करके त्रिविमीय प्रत्यक्षण (tridimentional perception) करने की क्षमता की माप की जाती है।

(5) **लिपिक प्रत्यक्षण** (Clerical perception or Q)—इसके द्वारा नामों को मिलान करने की क्षमता की माप होती है।

(6) **क्रियात्मक समन्वय** (Motor coordination or K)—इसके द्वारा विशिष्ट चिह्नों को कई वर्गों (squares) में सजाने की क्षमता की माप होती है।

(7) **अंगुलीनिपुणता** (Finger dexterity or F)—इसके द्वारा मशीनों के वाशर (washers) एवं रिवेट (rivet) को इकट्ठा करना तथा उसे बिखेरकर पुनः इकट्ठा करने की क्षमता की माप होती है।

(8) **हस्तनिपुणता** (Manual dexterity or M)—मशीन की खूँटियों तथा घुण्डी (knob) को घुमाने की क्षमता का मापन होता है।

(9) **आकार प्रत्यक्षण** (Form perception or P)—इसके द्वारा वस्तुओं के विभिन्न आकारों का स्पष्ट प्रत्यक्षण करने की क्षमता की माप होती है।

GATB के सभी 9 प्राप्तांकों (scores) को मानक प्राप्तांक (standard score) जिसका माध्य (Mean) = 100 तथा मानक विचलन (Standard deviation) = 20 होता है, के रूप में अभिव्यक्त किया जाता है।

इन दो प्रमुख बहुअभिक्षमता परीक्षणमाला (multiaptitude battery) के अलावा अन्य कई बहुअभिक्षमता परीक्षणमालाएँ भी हैं जिनमें Flangan Aptitude Classicfication Test (FACT), Guilford-Zimmerman Aptitude Survey, Multiple Aptitude Test तथा Academic Promise Test प्रधान हैं।

(ख) विशिष्ट अभिक्षमता परीक्षण (Specific Aptitude Test)—विशिष्ट अभिक्षमता परीक्षण वह परीक्षण होता है जिसके द्वारा किसी एक ही तरह की अभिक्षमता की माप की जाती है। ऐसे परीक्षण को एककारक अभिक्षमता परीक्षण (unifactor aptitude test) भी कहा जाता है। ऐसे प्रमुख परीक्षण निम्नांकित हैं—

(1) Minnesota Mechanical Assembly Test—यह परीक्षण यांत्रिक अभिक्षमता (mechanical aptitude) को मापता है तथा इसे मिनेसोटा विश्वविद्यालय (Minnesota Unversity) में 1930 में बनाया गया था।

(2) SRA Mechanical Aptitude Test—यह परीक्षण भी यांत्रिक अभिक्षमता को ही मापता है। इस परीक्षण में 3 उपपरीक्षण हैं जो यांत्रिक अभिक्षमता के ही तीन विभिन्न पहलुओं को मापते हैं।

(3) Seashore Measure of Musical Talent Test—यह परीक्षण छात्रों की संगीत अभिक्षमता मापने का सबसे पहला परीक्षण है। इसके द्वारा चौथे वर्ग के छात्रों से कॉलेज के छात्रों तक की संगीत अभिक्षमता का मापन होता है।

(4) Drake Musical Aptitude Test—यह परीक्षण संगीत-अभिक्षमता के दो पहलुओं—संगीत स्मृति (musical memory) तथा लय (rhythm) की माप करता है और इसका प्रयोग आठ वर्ष या इससे ऊपर की आयु के छात्रों पर किया जाता है।

(5) Detroit Clerical Aptitude Test—लिपिक अभिक्षमता (clerical aptitude) को मापने का यह एक बहुत प्रमुख परीक्षण है। इसके द्वारा लिपिक अभिक्षमता के निम्नांकित पहलुओं का मापन होता है—

(a) हस्तलेखन, क्रियात्मक गति एवं शुद्धता (Handwriting, motor speed and accuracy)

(b) साधारण अंकगणित, साधारण वाणिज्यिक या व्यापारिक पदों का ज्ञान (Simple arithmetic, knowledge of simple commerical terms)

(c) जाँच करना, आनुवर्णिक क्रम से सजाना (checking, alphabetical filing, etc.)।

(6) General Clerical Aptitude Test—यह परीक्षण भी सिर्फ लिपिक अभिक्षमता को मापने का परीक्षण है। इस परीक्षण द्वारा लिपिक अभिक्षमता के निम्नांकित पहलुओं को मापा जाता है—

(a) अंकगणितीय समस्या (Arithmetical problems)

(b) हिज्जे (Spelling)

(c) शब्द का अर्थ (Word meaning)

(d) भाषा प्रयोग जिसमें व्याकरण भी सम्मिलित हो

(e) पढ़कर समझना (Reading comprehension)।

(7) Scientific Aptitude Test for College Students (SATC)—यह परीक्षण बिहार में ही स्वर्गीय ए० के० पी० सिन्हा एवं स्वर्गीय एल० एन० के० सिन्हा द्वारा निर्मित किया गया है। इस परीक्षण द्वारा कॉलेज के छात्रों की वैज्ञानिक अभिक्षमता (scientific aptitude) को मापा जाता है।

इस परीक्षण के एकांश हिन्दी भाषा में हैं तथा इसका मानकीकरण (standardization) कॉलेज के 592 छात्रों पर किया गया है।

इस तरह हम देखते हैं कि अभिक्षमता मापने के लिए कई तरह के अभिक्षमता परीक्षण उपलब्ध हैं। इन अभिक्षमता परीक्षणों में अपने उद्देश्य के अनुसार शिक्षक एक या एक से अधिक परीक्षणों को चुनकर छात्रों की अभिक्षमता का मापन करते हैं।

शिक्षा में अभिक्षमता परीक्षण की उपयोगिता (Utility of Aptitude Test in Education)

शिक्षा के क्षेत्र में बुद्धि परीक्षण के समान अभिक्षमता परीक्षण की भी काफी उपयोगिता बताई गई है। इसकी कुछ प्रमुख उपयोगिताओं का वर्णन निम्नांकित है—

(1) अभिक्षमता परीक्षण द्वारा अभिक्षमता का मापन करके शिक्षक उत्तम अंतःशक्ति (good potential) वाले छात्रों का चयन कर लेते हैं। ऐसा करके वे उनके लिए अलग से पाठ्यक्रम तैयार करके उन्हें उपयुक्त शिक्षा दे पाते हैं।

(2) अभिक्षमता परीक्षण द्वारा छात्रों की समस्याओं (problems) का निदान (diagnosis) किया जाता है। जैसे पठन अभिक्षमता परीक्षण (Readiness aptitude test) का प्रयोग कर शिक्षक आसानी से इस बात की पहचान कर लेते हैं कि किस छात्र में तथ्यों को पढ़ने एवं उसे समझने की अभिक्षमता की कमी है तथा किस छात्र में यह अभिक्षमता प्रचुर मात्रा में है।

(3) अभिक्षमता परीक्षण का प्रयोग शिक्षकों एवं स्कूल परामर्शदाताओं (school counsellors) द्वारा कुछ विशेष क्षेत्रों जैसे कला, चिकित्साशास्त्र (medicine) आदि में छात्रों को पुनर्निवेशन (feedback) प्रदान करने के लिए भी किया जाता है। इस तरह के पुनर्निवेशन के आधार पर वे स्वयं ही यह निर्णय ले पाते हैं कि उन्हें अमुक कार्यक्रम (programme) में भाग लेना चाहिए या नहीं।

(4) अभिक्षमता परीक्षण के आधार पर शिक्षक भविष्य में अमुक विषय या क्षेत्र में छात्रों के निष्पादन (performance) के बारे में पूर्वानुमान (prediction) लगा पाते हैं।

(5) अभिक्षमता परीक्षण का प्रयोग कर शिक्षक छात्रों का श्रेणीकरण (gradation) कर पाते हैं तथा उसी के अनुसार उनका नियोजन (placement) करने में मदद मिलती है।

इस तरह हम देखते हैं कि अभिक्षमता परीक्षण शिक्षकों एवं छात्रों के लिए बुद्धि परीक्षण के समान ही काफी उपयोगी है।

सर्जनात्मकता के अर्थ (Meaning of Creativity)

सर्जनात्मकता एक विशेष ढंग से चिंतन (thinking) करने का तरीका होता है जिसे सर्जनात्मक या रचनात्मक चिंतन (creative thinking) कहा जाता है। सर्जनात्मकता का सामान्य अर्थ प्रायः मौलिकता (originality) से लगाया जाता है। परंतु, वैज्ञानिक अर्थ में सर्जनात्मकता (creativity) का अर्थ इतना सीमित नहीं है। हरलॉक (Hurlock, 1978) ने इस क्षेत्र में दी गई परिभाषाओं की

समीक्षा करके यह बताया है कि लोगों ने सर्जनात्मकता का आठ विभिन्न अर्थों में प्रयोग किया है। परन्तु, इन आठ अर्थों का दोष यह है कि वे आंशिक रूप से सही (partially correct) हैं। ऐसे तो सर्जनात्मकता का वैज्ञानिक अर्थ कई मनोवैज्ञानिकों द्वारा दिया गया है, परन्तु ड्रेवडाल (Drevdohl, 1956) द्वारा दी गई परिभाषा अधिक लोकप्रिय है तथा वैज्ञानिक रूप से विस्तृत (scientifically comprehensive) भी है। ड्रेवडाल[1] (Drevdohl, 1956) की परिभाषा निम्नांकित है—

"सर्जनात्मकता व्यक्ति की उस क्षमता को कहा जाता है जिससे वह कुछ ऐसी नई चीजों, रचनाओं (compositions) या विचारों को पैदा करता है जो नया होता है एवं जो पहले से उसे ज्ञात नहीं होता। यह एक काल्पनिक क्रिया या चिंतन संश्लेषण (thought synthesis) हो सकता है... इसमें गत अनुभूतियों से उत्पन्न सूचनाओं का एक नया पैटर्न और सम्मिश्रण (combination) सम्मिलित हो सकता है……यह निश्चित रूप से उद्देश्यपूर्ण या लक्ष्य-निदेशित होता है न कि निराधार स्वप्नचित्र (idle fantasy) होता है……यह वैज्ञानिक, कलात्मक या साहित्यिक रचना के रूप में भी हो सकता है।" हैमोविज तथा हैमोविज[2] (Haimowitz & Haimowitz, 1973) के अनुसार, "नवपरिवर्तन लाने (innovate), आविष्कार करने तथा तत्त्वों को इस ढंग से रखने की क्षमता जैसे वे पहले कभी रखे नहीं गए हों ताकि उनका महत्त्व या सुंदरता बढ़ जाए, को ही सर्जनात्मकता की संज्ञा दी जाती है।"

गुड तथा ब्रोफी[3] (Good & Brophy, 1980) के शब्दों में, सर्जनात्मकता तब क्या है?... पहला, रचना (product) को यदि सर्जनात्मक कहलाना है तो उसे निश्चित रूप से नवीन होना चाहिए। दूसरी कसौटी मूल्य (value) का है। एक सर्जनात्मक गुणक से ऐसे मूल्य का निश्चित रूप से पता चले जो सही हो या अच्छा हो।"

इन प्रमुख परिभाषाओं पर गौर करने से हमें सर्जनात्मकता के कुछ महत्त्वपूर्ण तथ्यों (elements) का पता चलता है, जो निम्नांकित हैं—

(i) सर्जनात्मकता एक ऐसी प्रक्रिया (process) है जो लक्ष्य-निदेशित (goal-directed) होती है। इसमें व्यक्ति को लक्ष्य निश्चित रूप से पता होता है और उसका प्रत्येक व्यवहार इसी लक्ष्य से संबधित होता है। व्यक्ति इस ढंग का व्यवहार अपने व्यक्तिगत या सामूहिक लाभ के लिए भी करता है।

(ii) सर्जनात्मकता में व्यक्ति कुछ नया एवं भिन्न चीजों की रचना करता है। इसलिए यह उस व्यक्ति के लिए भी अनूठा (unique) होता है। इस तरह की अनूठी रचना शाब्दिक (verbal), अशाब्दिक (non verbal), मूर्त (concrete) या अमूर्त (abstract) कुछ भी हो सकती है।

---

1. "Creativity is the capacity of persons to produce compostions, products or ideas of any sort which are essentially new or novel and previously unknown to the product. It can be imaginative activity or thought synthesis...it may involve the forming of new patterns and combination of informations derived from past experiences...it must be purposeful or goal-directed, not idle fantasy.... it may take the form of an artistic, literary or scientific production."—Drevdohl, *Journal of Clinical Psychology,* 1956, p. 22
2. "Creativity has been defined as the capacity to innovate, to invent, to place element in a way in which they have never been placed, such that their value or beauty is enhanced."—Haimowitz & Haimowitz, *Human Development,* 1973, p. 197
3. "What then is creativity?...First, the product must be novel if it is to be called creative. The second criterion is value. A creative product must reflect value by being judged correct or good."—Good & Brophy, *Educational Psychology: A Realistic Approach,* 1980, p. 520

(iii) सर्जनात्मक चिंतन में व्यक्ति समस्या के भिन्न-भिन्न पहलुओं पर भिन्न-भिन्न दिशाओं (divergent directions) में चिंतन करता है। इस तरह भिन्न-भिन्न दिशाओं में चिंतन करने की क्षमता को अपसरण चिंतन (divergent thinking) कहा जाता है। यही कारण है कि सर्जनात्मक चिंतन में अपसरण चिंतन सम्मिलित हुआ माना जाता है।

(iv) सर्जनात्मकता (creativity) चिंतन (thinking) का एक विशेष रूप है जिसे सर्जनात्मक या रचनात्मक चिंतन (creative thinking) भी कहा जाता है। यह बुद्धि (intelligence) से भिन्न संप्रत्यय है, क्योंकि बुद्धि में चिंतन के अलावा भी अन्य मानसिक क्षमताएँ सम्मिलित होती हैं।

(v) सर्जनात्मकता व्यक्ति द्वारा पहले से प्राप्त सार्थक ज्ञान पर निर्भर करती है। यह सार्थक ज्ञान जितना ही अधिक होगा, सर्जनात्मकता उतनी ही अधिक होगी।

(vi) सर्जनात्मकता में स्वली चिंतन (autistic thinking) नियंत्रित ढंग से सम्मिलित होता है। दूसरे शब्दों में सर्जनात्मकता में व्यक्ति कुछ अर्थपूर्ण कल्पनाएँ (imaginations) भी करता है। इस अर्थपूर्ण कल्पना का परिणाम होता है कि व्यक्ति कुछ वैज्ञानिक, कलात्मक तथा साहित्यिक रचना कर पाता है।

(vii) सर्जनात्मक चिंतन (creative thinking) में एक सीमा तक अभिसारी चिंतन (convergent thinking) भी होता है। अभिसारी चिंतन करके व्यक्ति कुछ इस तरह की सूचनाओं एवं सामग्री (materials) को इकट्ठा करता है जिनसे उसे रचनात्मक या सर्जनात्मक समाधान (creative solution) में मदद मिलती है।

स्पष्ट हुआ कि सर्जनात्मकता एक जटिल प्रक्रिया है क्योंकि इसमें अनेक तत्त्वों (elements) का समावेश होता है।

सर्जनात्मक प्रक्रिया के सोपान (Steps in Creative Process)

शिक्षाशास्त्रियों एवं शिक्षा मनोवैज्ञानिकों ने सर्जनात्मक प्रक्रिया को एक जटिल प्रक्रिया (complex process) माना है और कहा है कि यह एक ऐसी प्रक्रिया है जिसमें कई सोपान या चरण (steps) सम्मिलित होते हैं। शिक्षाशास्त्रियों (educators) एवं शिक्षा मनोवैज्ञानिकों के अनुसार, जिनमें रिली तथा लेविस (Reilly & Lewis, 1983) का नाम अधिक मशहूर है, सर्जनात्मक प्रक्रिया में निम्नांकित मुख्य सोपान (steps) सम्मिलित होते हैं—

(i) समस्या का प्रत्यक्षण (Perceiving the problems)—सर्जनात्मक प्रक्रिया की शुरुआत एक ऐसी अनूठी (unique) समस्या या एक ऐसी असामान्य (unusual) समस्या की पहचान से प्रारंभ होती है जिसे सामान्य व्यक्ति प्रत्यक्षण नहीं कर पाता।

(ii) समस्या को परिवर्तित करना (Modifying the problem)—इस दूसरे सोपान में समस्या के प्रत्येक संभव पहलू का अध्ययन करने के लिए समस्या में परिवर्तन लाया जाता है। यह परिवर्तन कई तरीकों से लाया जा सकता है। जैसे समस्या का विस्तारण (expand) करके, उसे विपरीत करके, उसे अधिक ठोस बनाकर समस्या में परिवर्तन लाया जा सकता है तथा उसके विभिन्न पहलुओं का अध्ययन किया जा सकता है।

(iii) निर्णय को निलम्बित करना (Suspending the judgement)—इस सोपान में व्यक्ति समस्या के प्रति परम्परागत निर्णयों (conventional judgements) को निर्भीक होकर निलम्बित कर

देता है तथा उसकी जगह एक हास्यास्पद विचार जो आम लोगों को मात्र एक बेहूदा विचार लग सकता है, का प्रतिपादन करता है।

(iv) उद्‌भवन प्रभाव (Incubation effect)—जब कई ढंग से कोशिश करने के बाद भी किसी समस्या का समाधान नहीं हो पाता, तो उद्‌भवन (incubation) की अवस्था की उत्पति होती है। सर्जनात्मक विचारक (creative thinker) इस सोपन को काफी महत्त्वपूर्ण बताए हैं। इस अवस्था में व्यक्ति समस्या के बारे में चिंतन करना छोड़कर या तो सो जाता है या विश्राम करने लगता है। पैट्रीक (Patrick, 1935) ने कवियों (poets) तथा कलाकारों (artists) पर अध्ययन करके इस बात की पुष्टि की है कि सर्जनात्मक चिंतन में उद्भवन की अवस्था होती है। मनोवैज्ञानिकों का कहना है कि इस अवस्था में यद्यपि व्यक्ति अपना ध्यान समस्या की ओर से पूर्णतः हटा लेता है, फिर भी अचेतन रूप से (unconsciously) उसके बारे में सोचता रहता है। इस तरह उद्भवन प्रभाव में व्यक्ति चेतन रूप से समस्या के बारे में चिंतन करना छोड़ देता है, परन्तु अचेतन रूप से उसके समाधान के बारे में चिंतन जारी रखता है।

(v) किसी एक विचार से बँध जाना (Sticking with an idea)—इस अवस्था में सर्जनात्मक चिंतक (creative thinker) किसी एक ऐसे विचार पर आकर एक तरह से बँध जाता है जिसे वह पूरा करना चाहता है। किसी विचार पर इस ढंग से बँध जाने के लिए लोग उसे एक सनकी व्यक्ति भी कहना प्रारंभ कर देते हैं, परन्तु फिर भी वह अपने उस विचार पर अडिग रहता है।

(vi) परिणाम की अटकलबाजी (Envisioning the results)—इस सोपान में व्यक्ति अपनी समस्या के संभावित परिणाम का अंदाज लगाने लगता है। व्यक्ति द्वारा इस अवस्था पर संभावित परिणाम का जो अंदाज लगाया जाता है, वे सही नहीं भी हो सकते हैं, परन्तु उससे व्यक्ति में एक तरह का उत्साह अवश्य ही दिखने लगता है।

(vii) उत्तम निष्कर्ष का चयन (Selecting the best conclusion)—इस सोपान में सर्जनात्मक चिंतक समस्या के विभिन्न संभावित समाधानों में से उत्तम समाधान को चुन लेता है। जब तक वह इस उत्तम निष्कर्ष का चयन नहीं कर लेता है, वह अस्पष्टता, अनिश्चितता तथा संभ्रांति (confusion) से घिरा रहता है।

(viii) अपने लिए गए निर्णय को सुसाध्य करने की इच्छा (Willingness to faciliate the decision)—इस सोपान में सर्जनात्मक चिंतक अपने द्वारा लिए गए निर्णय को कार्यरूप देने की मंशा दिखा पाता है। लोगों द्वारा विरोध किए जाने की तनिक भी परवाह किए बिना ऐसे लोग अपने निर्णय को कार्यरूप देने का भरसक प्रयास करते हैं।

(ix) अनिश्चितता को स्वीकार करना (Acceptance of uncertainty)—अस्पष्टता एवं अनिश्चितता के माहौल को पसंद करना तथा उसे बनाए रखना सर्जनात्मकता (creativity) का एक प्रमुख अंश या भाग है और पूरी सर्जनात्मक प्रक्रिया (entire creative process) के दौरान इस प्रकार की अनिश्चितता एवं अस्पष्टता को एक सर्जनात्मक चिंतक खुशी-खुशी बर्दाश्त करता रहता है।

इस तरह हम देखते हैं कि सर्जनात्मक प्रक्रिया कई सोपानों में सम्पन्न होती है। एक सर्जनात्मक चिंतक समस्या के समाधान के बाद भी अस्पष्टता एवं अनिश्चितता का वातावरण जान-बूझकर बनाए रखना पसंद करता है; क्योंकि एक बिल्कुल ही स्पष्ट एवं संरचित परिस्थिति (structured situation) ऐसे लोगों को भाती नहीं है।

सर्जनात्मकता के पहलू (Aspects of Creativity)

सर्जनात्मकता के विभिन्न पहलुओं (aspects) या तत्त्वों (elements) या विमाओं (dimensions) का अध्ययन गिलफोर्ड (Guilford, 1967), टारेंस (Torrance, 1970) द्वारा विस्तृत रूप से किया गया है। इनसे यह स्पष्ट हो गया है कि सर्जनात्मकता में आनेवाले प्रमुख तत्त्व निम्नांकित हैं—

(1) **धाराप्रवाहिता** (Fluency)—धाराप्रवाहिता, जैसा कि नाम से ही स्पष्ट है, से तात्पर्य अनेक तरह के विचारों की खुली अभिव्यक्ति (unrestricted expression) को कहा जाता है। उक्त मनोवैज्ञानिकों के अनुसार धाराप्रवाहिता का संबंध शब्द (words), साहचर्य स्थापित करने तथा शब्दों की अभिव्यक्ति से संबंधित होता है।

(2) **लचीलापन** (Flexibility)—लचीलापन से तात्पर्य समस्या के समाधान के लिए विभिन्न ढंगों एवं तरीकों को अपनाया जाना होता है। इससे यह पता चलता है कि व्यक्ति समस्या को कितने तरीकों से समाधान करना जानता है। मात्रात्मक रूप से (quantitatively) लचीलापन एक तरह से बहुमुखता (variety) का मापन करता है।

(3) **मौलिकता** (Originality)—मौलिकता से तात्पर्य समस्या के समाधान के लिए व्यक्ति द्वारा दी गई अनुक्रियाओं के अनोखापन (uniqueness) से होता है। जब व्यक्ति समस्या के समाधान के रूप में एक बिल्कुल ही नया, अनूठा एवं लाजबाब अनुक्रिया करता है, तो ऐसा समझा जाता है कि उसमें मौलिकता (originality) का गुण है।

(4) **विस्तारण** (Elaboration)—विचारों को बढ़ा-चढ़ाकर विस्तार करने की क्षमता को विस्तारण कहा जाता है। इसमें व्यक्ति ऊँचे-ऊँचे विचारों को एक साथ संगठित कर उसका अर्थपूर्ण ढंग से विस्तार करता है और पुनः नए विचारों को जन्म देता है।

इस तरह स्पष्ट है कि सर्जनात्मकता के कई तत्त्व (elements) हैं जिनके आधार पर सर्जनात्मकता की उचित पहचान एवं मापन (measurement) की जाती है।

सर्जनात्मकता के मापन (Measurement of Creativity)

सर्जनात्मकता के मापन के लिए शिक्षाशास्त्रियों एवं शिक्षा मनोवैज्ञानिकों ने कई परीक्षणों (tests) का निर्माण किया है जिसे सर्जनात्मकता का परीक्षण (test of creativity) कहा जाता है।

(1) **सर्जनात्मकता का टारेन्स परीक्षण** (Torrance Test of Creativity)—इस परीक्षण का निर्माण टारेन्स (Torrance, 1966) द्वारा किया गया। इसके दो अनुच्छेद (sections) हैं—शाब्दिक (verbal) तथा आकृतिक (figural)। इस परीक्षण के एकांशों (items) के प्रति दिए गए उत्तरों के आधार पर सर्जनात्मकता के तीन तत्त्वों (elements) अर्थात लचीलापन (flexibility), मौलिकता (originality) तथा धाराप्रवाहिता (fluency) का मापन होता है। इसके द्वारा किंडरगार्टेन अवस्था से वयस्कावस्था तक के छात्रों की सर्जनात्मकता की माप होती है।

(2) **रिमोट एशोसिएट्स परीक्षण** (Remote Associates Test)—इस परीक्षण का निर्माण मेडनिक एवं मेडनिक (Mednick & Mednick, 1974) द्वारा किया गया। इसमें 40 एकांश हैं और इसके द्वारा छात्रों की साहचर्यात्मक धाराप्रवाहिता (associational fluency) की माप की जाती है। इस परीक्षण द्वारा उच्च विद्यालय के छात्रों की सर्जनात्मकता की माप की जाती है।

(3) **असामान्य प्रयोग परीक्षण** (Unusual Uses Test)—इस तरह के परीक्षण द्वारा छात्रों की मौलिकता (originality) की जाँच होती है। इसमें व्यक्ति या छात्र को कुछ सामान्य शब्द (common words) दे दिए जाते हैं और उसे प्रत्येक शब्द के जितने प्रयोग वे बता सकते हैं, बताने को कहा जाता है। इसके बाद उनके द्वारा दिए गए उत्तरों का मूल्यांकन (evaluation) करने को कहा जाता है। मूल्यांकन करते समय उन उत्तरों (answers) को अलग छाँट लिया जाता है जो उचित (appropriate) तो होते हैं, परन्तु कम बार होनेवाला (less frequent) होते हैं। ऐसी अनुक्रियाएँ (responses) या उत्तर जितनी ही अधिक संख्या में व्यक्ति द्वारा दिए जाते हैं, उसे उतना ही अधिक सर्जनात्मक (creative) माना जाता है।

(4) **परिणाम परीक्षण** (Consequences Test)—इस तरह के परीक्षण में व्यक्ति को खास-खास परिवर्तनों के संभावित परिणामों के बारे में बताने के लिए कहा जाता है। दिए गए उत्तरों को नवीनता (novelty) तथा उपयुक्तता (appropriateness) के आधार पर जाँचा जाता है। जितना ही अधिक नवीन, परन्तु उपयुक्त (novel but appropriate) परिणाम व्यक्ति द्वारा बताए जाते हैं, उसे उतना ही अधिक सर्जनात्मक (creative) समझा जाता है। परिणाम परीक्षण के एकांश का एक उदाहरण इस प्रकार दिया जा सकता है—

यदि सभी लोग अचानक अपना संतुलन खो दें तथा सीधे खड़ा रहने में असमर्थ हो जाएँ तो क्या होगा?

(5) **वर्णविपर्यय परीक्षण** (Anagram Test)—इस तरह के परीक्षण द्वारा सर्जनात्मकता की जाँच करने में व्यक्ति को एक-एक करके कुछ शब्द दिए जाते हैं और प्रत्येक दिए गए शब्द के अक्षरों से जितने नए-नए शब्द बन सकते हैं, उसे बनाने के लिए कहा जाता है। जैसे व्यक्ति को एक शब्द GENERATION दे दिया जा सकता है और इसके अक्षरों की मदद से वह जितने शब्द बना सकता है, बनाने को कहा जाता है। जो व्यक्ति जितना ही अधिक शब्द बना पाने में समर्थ होता है, उसे उतना ही अधिक सर्जनात्मक (creative) समझा जाता है।

इस तरह हम देखते हैं कि सर्जनात्मकता को मापने के लिए कई परीक्षण मनोवैज्ञानिकों द्वारा बनाए गए हैं। इन परीक्षणों के अलावा भारतीय मनोवैज्ञानिकों द्वारा भी सर्जनात्मकता के मापन के लिए कुछ परीक्षणों का निर्माण किया गया है। इनमें बी० के० पासी (B K Passi) द्वारा निर्मित Passi Test of Creativity, बाकर मेंहदी (Baquer Mehdi) द्वारा निर्मित Verbal Test of Creative thinking तथा Nonverbal Test of Creative Thinking; वी० पी० शर्मा एवं जे० पी० शुक्ला द्वारा निर्मित Verbal Test of Scientific Creativity आदि प्रमुख हैं।

सर्जनात्मकता का शिक्षण (Teaching of Creativity)

टारेन्स (Torrance, 1972) तथा अन्य मनोवैज्ञानिकों जैसे जैक्सन एवं मेसिक (Jackson & Messick, 1970) द्वारा किए गए अध्ययनों से यह आशा की किरण फूटी है कि सर्जनात्मकता (creativity) एक ऐसी प्रक्रिया है जिसे शिक्षकों द्वारा अन्य विषयों के समान पढ़ाया जा सकता है अर्थात उसका शिक्षण (teaching) संभव है। इन मनोवैज्ञानिकों के शोधों (researches) से यह स्पष्ट हो गया है कि शिक्षक कक्षा में कुछ विशेष प्रविधि (techniques) अपनाकर छात्रों की सर्जनात्मकता को बढ़ा सकते हैं। अग्रांकित कुछ ऐसे संकेत (tips) हैं जिनका कक्षा (classroom) में उपयोग करके शिक्षक छात्रों में सर्जनात्मकता को बढ़ावा दे सकते हैं—

(1) शिक्षकों को छात्रों में आत्म-अभिव्यक्ति (self-expression) की आदत डालनी चाहिए।

(2) किसी प्रक्रिया या विषय को सीखने के लिए किए गए अभ्यास के लिए छात्रों को इनाम या पुरस्कार देना चाहिए।

(3) नए-नए विचारों के मौलिक स्रोतों (sources) से छात्रों को अवगत कराना चाहिए।

(4) शिक्षक को मस्तिष्क-झंझावाती प्रविधि (brainstorming techinque) का सहारा लेना चाहिए। मस्तिष्क-झंझावाती प्रविधि ऐसी प्रविधि है जिसमें कक्षा में छात्रों को एक समस्या दी जाती है और छात्र अपने मन से जितने तरह का समाधान हो सकता है, ढूँढ़ते हैं। इस प्रविधि का प्रतिपादन ओसबोर्न (Osborne, 1957) द्वारा किया गया तथा पारनेस एवं मेडो (Parnes & Medow, 1962) द्वारा इसका उपयोग कक्षा में छात्रों की सर्जनात्मकता को बढ़ाने के लिए सफलतापूर्वक किया गया।

(5) शिक्षक को विवादात्मक (controversial) प्रश्नों को जान-बूझकर पूछना चाहिए तथा नए-नए आँकड़ों की ओर उनका ध्यान आकृष्ट करना चाहिए।

(6) आभ्यासिक वृत्तियों (habitual set) एवं परम्परागत विधियों (conventional methods) द्वारा छात्र समस्या का समाधान न करें, इसका विशेष प्रयास शिक्षकों द्वारा किया जाना चाहिए।

(7) वस्तुओं एवं विचारों का जोड़-तोड़ (manipulation) करने का बढ़ावा छात्रों को देना चाहिए।

(8) शिक्षकों को चाहिए कि वे कक्षा का एक सर्जनात्मक माहौल (creative atmosphere) अर्थात ऐसा माहौल जिसमें छात्र निर्भीक एवं आराम से प्रश्नों का समाधान कर सकें बना पायें।

(9) शिक्षकों को चाहिए कि वे वातावरण के उद्दीपकों (stimuli) के प्रति छात्रों को अत्यधिक संवेदनशील (sensitive) एवं ध्यानमग्न (attentive) रखें।

(10) छात्रों में रचनात्मक आलोचना (constructive criticism) की क्षमता विकसित करनी चाहिए।

(11) छात्रों को नए-नए विचारों को जाँच करने की प्रविधियों पर शिक्षक को बल डालना चाहिए।

(12) किसी कौशल (skills) को विकसित करने या सीखने में छात्रों के मन में उत्पन्न प्रारंभिक नकारात्मक अनुभूतियों (negative experiences) को दूर करने के उपायों का सुझाव देना चाहिए।

(13) शिक्षकों को छात्रों में सर्जनात्मक चिंतन के महत्त्व को अच्छे ढंग से समझने के खयाल से उन्हें जहाँ तक संभव हो कक्षा में विचारों को एक ठोस रूप में ग्रहण करने की आदत डालनी चाहिए।

(14) छात्रों द्वारा किसी विचार के पूर्ण आशय (full implications) को समझने पर बल डालना चाहिए।

उपर्युक्त विवरण से यह स्पष्ट है कि विभिन्न प्रविधियों को अपनाकर शिक्षक, यदि चाहें तो छात्रों में पर्याप्त मात्रा में सर्जनात्मकता (creativity) उत्पन्न कर सकते हैं।

सर्जनात्मकता को उन्नत बनाने में शिक्षक एवं स्कूल की भूमिका (Role of Teacher and School in Promoting Creativity)

कुछ मनोवैज्ञानिकों, जैसे गालाघर (Gallagher, 1969), जैक्सन एवं मेसिक (Jackson & Messick, 1967) ने शिक्षकों पर अध्ययन कर यह दिखा दिया है कि वे किन विधियों से छात्रों में सर्जनात्मकता (creativity) उत्पन्न कर सकते हैं। कुछ ऐसी ही विधियाँ जिनपर शिक्षकों ने अधिक बल डाला है और जिसके कारण शिक्षक की भूमिका (role) अधिक बढ़ जाती है, निम्नांकित हैं—

(1) एक ठोस पाठ्यक्रम (curriculum) बनाकर उसे एक निश्चित समय-सीमा के भीतर पूरा करने का शिक्षक को भरसक प्रयत्न करना चाहिए। प्रायः देखा गया है कि किसी ढंग से शिक्षक पाठ्यक्रम तो तैयार कर लेते हैं, परन्तु उसे समय-सीमा के भीतर समाप्त करने पर अधिक बल नहीं डालते। इससे छात्रों में लापरवाही बढ़ती है और सर्जनात्मकता का विकास दुर्बल हो जाता है।

(2) उन मूल क्षेत्रों का शिक्षण पहले किया जाना चाहिए जिनमें शिक्षकों को कठिनाई अधिक होती है; क्योंकि इस क्षेत्र के विषय में मौलिकता अधिक होती है। शिक्षक को इस तथ्य से पूर्णरूपेण अवगत होना चाहिए कि उनकी अज्ञानता या ज्ञान की कमी छात्रों की मौलिकता की वृद्धि में सबसे बड़ा निरोधक (inhibitor) होता है।

(3) शिक्षक द्वारा छात्रों को एक ही विषय पर कई तरह की पाठ्यपुस्तक (textbooks) को पढ़ने के लिए प्रोत्साहित करना चाहिए। शिक्षकों को कक्षा में सिर्फ तथ्य (facts) का अध्यापन करना चाहिए न कि मात्र दर्शनात्मक विचारों (philosophical ideas) का।

(4) स्कूल को चाहिए कि वे योग्य अधिकारी (competent authority) की देख-रेख में छात्रों के वैयक्तिक कार्यभार (individual assignment) पर अधिक बल डालें। इससे छात्रों में मौलिकता (originality) अधिक बढ़ती है।

(5) स्कूल को ऐसा प्रबन्ध करना चाहिए कि छात्र उन शिक्षकों से जिनमें अधिकतम ज्ञान एवं योग्यता है, सीधा संपर्क स्थापित कर सकें।

(6) स्कूल को शिक्षकों के प्रशिक्षण (training) में अधिक-से-अधिक योग्य-से-योग्य शिक्षाशास्त्रियों की सेवा उपलब्ध करानी चाहिए।

उपर्युक्त तथ्यों से स्पष्ट है कि शिक्षक एवं स्कूल का महत्त्व सर्जनात्मकता (creativity) में काफी है। इन दोनों के प्रयास से बालकों में सर्जनात्मकता पर्याप्त मात्रा में बढ़ सकती है।

बुद्धि तथा सर्जनात्मकता में संबंध (Relation between Intelligence and Creativity)

बुद्धि तथा सर्जनात्मकता (creativity), दोनों दो अलग-अलग संप्रत्यय (concepts) हैं, फिर भी इन दोनों में गहरा संबंध है। सर्जनात्मकता में व्यक्ति किसी नए एवं मौलिक तथ्य को प्राप्त करने की कोशिश करता है। मनोवैज्ञानिकों ने अपने अध्ययनों के आधार पर यह दिखाया है कि कम बुद्धिवाले

व्यक्ति में सर्जनात्मकता नहीं के बराबर होती है। परन्तु, इसका मतलब यह नहीं है कि सभी अधिक बुद्धिवाले व्यक्तियों में सर्जनात्मकता निश्चित रूप से हो ही। मनोवैज्ञानिकों ने अपने अध्ययन में यह पाया है कि 110–120 की बुद्धिलब्धि (intelligence quotient) तक सर्जनात्मकता तथा बुद्धि (intelligence) में धनात्मक सहसंबंध (positive correlation) होता है। इसका मतलब यह हुआ कि बुद्धिलब्धि के इस स्तर तक बुद्धि बढ़ने के साथ-ही-साथ सर्जनात्मकता भी बढ़ती है और घटने पर सर्जनात्मकता भी घटती है। परन्तु, जब बुद्धिलब्धि 120 से ऊपर बढ़ती है, जैसे 130, 140 हो जाती है, तब वैसे व्यक्तियों में सर्जनात्मकता नहीं के बराबर होती देखी गयी है। गेजेल्स तथा जैक्सन (Getzels & Jackson, 1962) ने तीव्र बुद्धि के स्कूली छात्रों में पाया कि उनमें सर्जनात्मकता तथा बुद्धि के बीच सहसंबंध (correlation) मात्र 0.11 से 0.49 तक का ही था। बेरोन (Baron, 1961) ने भी अपने अध्ययन में पाया कि बुद्धिलब्धि 120 से अधिक होने पर सर्जनात्मकता के साथ बुद्धि का रिश्ता समाप्त होने लगता है। रिपल तथा मे (Ripple & May, 1962) ने अधिक तीव्र बुद्धि के व्यक्तियों के बीच सर्जनात्मकता तथा बुद्धि में सहसंबंध मात्र 0.17 पाया, परन्तु सामान्य लोगों में (जिनमें सभी तरह के बुद्धि के लोग थे) इन दोनों के बीच सहसंबंध कुछ अधिक (0.60 तक) पाया गया। इन अध्ययनों से निम्नांकित दो तथ्यों का पता हमें लगता है—

(i) सर्जनात्मकता (creativity) के लिए बुद्धि का एक साधारण स्तर जैसे बुद्धिलब्धि का 100–120 तक होना अनिवार्य है; क्योंकि बुद्धिलब्धि को इस सीमा से कम या अधिक होने पर सर्जनात्मकता का संबंध बुद्धि से लुप्त-सा हो जाता है।

(ii) बुद्धि प्राप्तांक (intelligence score) के वितरण के ऊपरी छोर पर सर्जनात्मकता का संबंध बुद्धि से समाप्त हो जाता है। अतः, ऐसी अवस्था में सर्जनात्मकता (creativity) बुद्धि से स्वतंत्र हो जाती है।

इन तथ्यों को ध्यान में रखते हुए कुछ मनोवैज्ञानिकों ने सर्जनात्मकता के एक विशेष मॉडल (model) का निर्माण किया है जिसे **'देहली मॉडल'** (threshold model) की संज्ञा दी गई है। इस मॉडल के अनुसार किसी भी सर्जनात्मक कार्य (creative act) के लिए बुद्धि का एक न्यूनतम स्तर (या देहली) आवश्यक है। उस न्यूनतम स्तर या देहली के बाद सर्जनात्मकता, बुद्धि के अलावा अन्य कारकों (factors) जैसे विचारों की प्रवाहिता (fluency) तथा अन्य व्यक्तित्व चरों (personality variables) पर भी निर्भर करता है। प्रत्येक सर्जनात्मक कार्य (creativity act) के लिए बुद्धि का न्यूनतम स्तर या देहली (threshold) निश्चित नहीं होता है बल्कि अलग-अलग सर्जनात्मक कार्यों के लिए बुद्धि का न्यूनतम स्तर भिन्न-भिन्न होता है।

निष्कर्ष यह है कि एक खास सीमा तक सर्जनात्मकता (creativity) तथा बुद्धि एक-दूसरे से संबंधित होते हैं, परन्तु उसके बाद सर्जनात्मकता बुद्धि से स्वतंत्र (independent) हो जाती है।

सर्जनात्मक विचारकों के गुण
(Characteristics of Creative Thinkers)

मनोवैज्ञानिकों ने सर्जनात्मक व्यक्तियों (creative individuals) के चिंतन का विस्तृत अध्ययन किया है। केटनर तथा उसके सहयोगियों (Kettner et al., 1959) ने कारक विश्लेषण (factor analysis) करके सर्जनात्मक विचारकों (creative thinkers) के कुछ गुणों (characteristics) का निर्धारण किया है। इनमें प्रमुख गुण निम्नांकित हैं—

1. **बुद्धि** (Intelligence)—सर्जनात्मकता (creativity) का बुद्धि के साथ गहरा संबंध है। मनोवैज्ञानिकों ने अपने प्रयोगों के आधार पर यह दिखाया है कि कम बुद्धिवाले व्यक्ति में सर्जनात्मक चिंतन नहीं के बराबर होता है। परन्तु, इसका मतलब यह नहीं है कि सभी अधिक बुद्धिवाले व्यक्तियों में सर्जनात्मकता हो ही। 100–120 की बुद्धिलब्धि (intelligence quotient) तक सर्जनात्मकता तथा बुद्धि (intelligence) में धनात्मक सहसंबंध (positive correlation) पाया गया है। दूसरे शब्दों में, इस स्तर तक बुद्धि बढ़ने से सर्जनात्मकता भी बढ़ती है। परन्तु, इससें ऊपर जाने पर जैसे बुद्धिलब्धि का स्तर 140 या इससे भी ऊपर होने पर व्यक्ति में सर्जनात्मकता नहीं के बराबर होती देखी गई है। गेजेल्स तथा जैक्सन (Getzels & Jackson, 1962) ने तीव्र बुद्धि के स्कूली छात्रों में पाया कि उनमें सर्जनात्मकता तथा बुद्धि के बीच सहसंबंध (correlation) मात्र 0.11 से 0.49 तक ही था। बेरोन (Baron, 1961) ने भी अपने अध्ययन में पाया कि बुद्धिलब्धि के 120 से अधिक होने पर सर्जनात्मकता के साथ बुद्धि का रिश्ता समाप्त होने लगता है। इन अध्ययनों से हम इस तथ्य पर पहुँचते हैं कि सर्जनात्मक चिंतन के लिए बुद्धि का एक साधारण स्तर (moderate level) जैसे बुद्धिलब्धि का 100–120 तक होना अनिवार्य है। परन्तु, सभी तीव्र बुद्धिवाले व्यक्ति अर्थात जिनका बुद्धि स्तर 120 से भी ऊपर है, सर्जनात्मक चिंतन (creative thinking) करनेवाले होंगे, जरूरी नहीं है, बल्कि अधिकतर केसेज में वे सर्जनात्मक चिंतन नहीं ही करनेवाले होते हैं।

2. **स्वतंत्रता** (Independence)—सर्जनात्मक विचारक (creative thinker) के विचार (thought) तथा क्रियाओं में स्वतंत्रता देखी जाती है। ऐसे व्यक्ति इस बात की परवाह नहीं करते कि उनका विचार या उनके द्वारा की जा रही क्रियाएँ (activities) अन्य व्यक्तियों के विचार या क्रियाओं से मिलती-जुलती हैं या नहीं। दूसरे शब्दों में, सर्जनात्मक विचारक व्यक्तिपरक (individualistic) होते हैं। मैकिनौन (Mackinnon, 1962) ने अधिक सर्जनात्मक व्यक्तियों एवं कम सर्जनात्मक व्यक्तियों के गुणों का एक तुलनात्मक अध्ययन (comparative study) किया और पाया कि अधिक सर्जनात्मक व्यक्ति अधिक आविष्कारशील (more inventive), अधिक स्वतंत्र (more independentt) तथा अधिक व्यक्तिपरक (more individualistic) होते हैं जबकि कम सर्जनात्मक व्यक्ति विश्वसनीय (reliable), आश्रित (dependent) तथा सहनशील (tolerant) होते हैं।

3. **हास्य भाव** (Sense of humor)—सर्जनात्मक विचारक (creative thinkers) की एक विशेषता यह भी पाई गई है कि वे किसी घटना, चीज या वस्तु को गंभीरतापूर्वक नहीं लेते, बल्कि उसकी व्याख्या हास्यकर ढंग (humorous way) से करते हैं। दूसरे शब्दों में, ऐसे व्यक्तियों में मनोविनोद एवं हास्य का अंदाज तीव्र होता है। मन, फर्नेल्ड तथा फर्नेल्ड (Munn, Fernald & Fernald, 1969) ने एक अध्ययन किया जिसमें अधिक सर्जनात्मक व्यक्तियों (highly creative people) तथा अधिक बुद्धिमान व्यक्तियों (highly intelligent people) को व्यक्तित्व के कई शीलगुणों को उनके अपने लिए महत्त्व (importance) के क्रम (order) में सजाने के लिए कहा गया। परिणाम में देखा गया कि अधिक सर्जनात्मक व्यक्तियों द्वारा 'हास्य के भाव' के शीलगुण को दूसरी कोटि (ranks) में रखा गया जबकि इसी शीलगुण को अधिक बुद्धिमान व्यक्ति द्वारा अंतिम कोटि

(last rank) में रखा गया। इस अध्ययन से स्पष्ट है कि सर्जनात्मक विचारक में हास्य भाव अधिक होता है, परन्तु अधिक बुद्धिमान व्यक्तियों में इस तरह का भाव कम होता है।

4. नवीनता तथा जटिलता में अभिरुचि (Interest in novelty & complexity)—सर्जनात्मक विचारक हमेशा किसी नवीन तथा जटिल समस्या के समाधान में अधिक अभिरुचि दिखाते हैं। ऐसे लोग को किसी रूढ़िवादी समाधान (conventional solution) में आनन्द नहीं आता है। वे हमेशा यह कोशिश करते हैं कि अपने चिंतन के आधार पर किसी नई चीज या घटना की खोज करें। इस तरह के शीलगुण (trait) को वेल्श (Welsh, 1975) ने 'मौलिकता' (originality) की संज्ञा दी है। इसका स्पष्ट मतलब यह हुआ कि सर्जनात्मक विचारकों में मौलिकता का गुण होता है न कि रूढ़िवादी विचारों को ग्रहण करने का। बेरोन (Baron, 1961) ने अपने अध्ययन में पाया कि जब प्रयोज्यों को चित्रांकन (drawings) तथा रंगसाजी (painting) करने की पूरी स्वतंत्रता दी गई तो प्रायः रचनात्मक या सर्जनात्मक विचारकों द्वारा एक नया बेढंगा (irregular) तथा जटिल चित्रांकन किया गया जिससे सामान्य व्यक्तियों के लिए किसी प्रकार का अर्थ निकालना संभव नहीं था। बाद में, वे अपनी मूल रचनाओं (productions) में भी इसी तरह की नवीनता एवं जटिलता का समावेश करते पाए गए।

5. स्वाग्रही तथा प्रबलता (Self-assertive and dominance)—सर्जनात्मक विचारक काफी स्वाग्रही (self-assertive) होते हैं। दूसरे शब्दों में, ऐसे व्यक्ति अपने विचारों की खुलकर अभिव्यक्ति करते हैं। वे तनिक भी इस बात की परवाह नहीं करते कि इस विचार का लोग हँसी भी उड़ा सकते हैं। इतना ही नहीं, इनमें प्रबलता (dominance) का भी गुण होता है। ऐसे व्यक्ति हमेशा अपने विचारों एवं व्यवहारों का प्रभुत्व दूसरों पर दिखलाते हैं; क्योंकि इनकी तार्किक क्षमता (logical ability) अधिक विकसित होती है।

6. दमन का कम-से-कम प्रयोग (Least use of suppression)—जिन लोगों में सर्जनात्मक चिंतन की क्षमता अधिक होती है, वे लोग अपनी इच्छाओं को दमन द्वारा कम-से-कम नियंत्रित करते पाए गए हैं। जैसा कि हम जानते हैं, दमन (suppression) एक ऐसी प्रक्रिया है जिसमें जान-बूझकर व्यक्ति अपनी इच्छा एवं आवेगों (impulses) को अचेतन में भेजता है। इस विशेषता का स्पष्ट अर्थ यह हुआ कि ऐसे व्यक्ति अपनी प्रत्येक इच्छाओं एवं आवेगों का आदर करते हैं तथा उसका एक ठोस एवं मूर्त रूप (concrete form) जल्द-से-जल्द देना चाहते हैं। बेरोन (Baron, 1961) ने अपने अध्ययन में पाया कि अधिक बुद्धिवाले व्यक्ति अपनी इच्छाओं (wishes) एवं आवेगों (impulses) का नियंत्रण इस दमन प्रक्रिया द्वारा अधिक करते हैं।

इस तरह हम देखते हैं कि अधिक सर्जनात्मक चिंतन करनेवाले व्यक्तियों को उसके शीलगुणों (traits) के आधार पर समझा जा सकता है। अब आप स्वयं ही निर्णय कर सकते हैं कि क्या आप भी सर्जनात्मक विचारक (creative thinker) हैं?

अध्याय-सारांश
[Chapter Summary]

1. बुद्धि एक सामान्य मानसिक क्षमता (general mental ability) है। इसे कई तरह की क्षमताओं का एक संपूर्ण योग माना गया है जिसके सहारे व्यक्ति उद्देश्यपूर्ण क्रियाएँ करता

है, विवेकशील चिंतन करता है तथा वातावरण के साथ प्रभावकारी ढंग से समायोजन करता है।

2. बुद्धि के मुख्य तीन प्रकार बताए गए हैं—सामाजिक बुद्धि (social intelligence), अमूर्त बुद्धि (abstract intelligence) तथा मूर्त बुद्धि (concrete intelligence)।
3. मनोवैज्ञानिकों ने बुद्धि की अभिव्यक्ति (expression) बुद्धिलब्धि (intelligence quotient) या IQ के रूप में की है। मानसिक आयु (mental age) को तैथिक आयु (chronological age) से विभाजित करके उसमें 100 से गुणा करने के बाद जो मान (value) प्राप्त होता है, उसे बुद्धिलब्धि (intelligence quotient) कहा जाता है।
4. बुद्धि की माप भिन्न-भिन्न तरह के परीक्षणों (tests) द्वारा की जाती है। इन परीक्षणों में बिने—साइमन परीक्षण (Binet–Simon test), वेशलर बुद्धि परीक्षण (Wechsler intelligence scale), कैटेल संस्कृति-मुक्त बुद्धि परीक्षण, रैवेन प्रोग्रेसिव मैट्रिसेज आदि मुख्य हैं।
5. मनोवैज्ञानिकों ने बुद्धि परीक्षणों को कई भागों में बाँटा है जिनमें प्रमुख हैं—शाब्दिक बुद्धि परीक्षण (Verbal intelligence test), अशाब्दिक बुद्धि परीक्षण, क्रियात्मक बुद्धि परीक्षण तथा अभाषाई बुद्धि परीक्षण।
6. मनोवैज्ञानिकों ने बुद्धि के स्वरूप की व्याख्या करने के लिए दो तरह के प्रमुख सिद्धांतों का प्रतिपादन किया है—कारक सिद्धांत (factor theories) तथा प्रक्रियाप्रधान सिद्धांत (process-oriented theories)। कारक सिद्धांत में स्पीयरमैन का सिद्धांत, थर्स्टन का सिद्धांत, थॉर्नडाइक एवं गिलफोर्ड का सिद्धांत तथा पदानुक्रमिक सिद्धांत (hierarchical theories) को रखा गया है। प्रक्रियाप्रधान सिद्धांत में पियाजे (Piaget) का सिद्धांत, स्टर्नबर्ग (Stenberg) का सिद्धांत, जेन्सन (Jenson) आदि का सिद्धांत प्रमुख हैं।
7. बुद्धि के निर्धारण में आनुवंशिकता (heredity) तथा वातावरण (environment) से संबंधित कारकों के महत्त्व को लेकर मनोवैज्ञानिकों में काफी वाद-विवाद है। इस वाद-विवाद के बावजूद मनोवैज्ञानिकों के बीच इस बात की सहमति है कि बुद्धि के निर्धारण में आनुवंशिकता द्वारा एक ऊपरी तथा निचली सीमा तैयार की जाती है और उस सीमा के भीतर किसी व्यक्ति की बुद्धिलब्धि किस स्तर पर होगी, इसका निर्धारण पर्यावरणी कारकों (environmental factors) द्वारा होता है।
8. शिक्षा में बुद्धि परीक्षण की कुछ उपयोगिताएँ (utilities) हैं। ऐसी 13 उपयोगिताओं का वर्णन किया गया है। इसके बावजूद बुद्धि परीक्षण की कुछ खामियाँ (limitations) हैं। ऐसी तीन खामियों का वर्णन किया गया है।
9. अभिक्षमता (aptitude) से तात्पर्य किसी खास क्षेत्र या विषय में ज्ञान, अभिरुचि, कौशल आदि विकसित करने की अंतःशक्ति (potential) से होता है।
10. अभिक्षमता को मापने के लिए अभिक्षमता परीक्षण के कई प्रकारों का वर्णन किया गया है। इन प्रकारों में दो प्रकार काफी महत्त्वपूर्ण हैं—सामान्य अभिक्षमता परीक्षण (General aptitude test) तथा विशिष्ट अभिक्षमता परीक्षण (Specific aptitude test)।

11. शिक्षा में अभिक्षमता परीक्षण की कई उपयोगिताएँ हैं जिनमें पाँच उपयोगिताओं पर अधिक बल डाला गया है।
12. सर्जनात्मकता (creativity) एक विशेष ढंग से चिंतन करने का तरीका होती है जिसे सर्जनात्मक या रचनात्मक चिंतन (creative thinking) कहा जाता है। वैज्ञानिक अर्थ में सर्जनात्मकता सामान्यतः उस प्रक्रिया (process) को कहा जाता है जिसमें मौलिकता (originality), लचीलापन (flexibility), धाराप्रवाहिता (fluency), विस्तारण (elaboration) आदि की भी झलक मिलती हो।
13. शिक्षा मनोवैज्ञानिकों ने सर्जनात्मक प्रक्रिया के 10 सोपान (steps) बताए हैं।
14. शिक्षा मनोवैज्ञानिकों ने सर्जनात्मकता (creativity) के तत्त्वों (elements) या पहलू (aspects) का शोध करके यह बताया है कि सर्जनात्मकता में प्रमुखतः चार विमाएँ (dimensions) हैं—मौलिकता (originality), लचीलापन (flexibility), धाराप्रवाहिता (fluency) एवं विस्तारण (elaboration)।
15. मनोवैज्ञानिक अध्ययनों से यह स्पष्ट हो गया है कि सर्जनात्मकता को अन्य विषयों या पाठों के समान शिक्षक कक्षा (classroom) में पढ़ा सकते हैं। इसमें 14 ऐसी प्रविधियों का वर्णन किया गया है जिनके द्वारा शिक्षक कक्षा में सर्जनात्मकता को बढ़ावा दे सकते हैं।
16. सर्जनात्मकता उत्पन्न करने में शिक्षक एवं स्कूल की भूमिका भी सराहनीय है।
17. बुद्धि तथा सर्जनात्मकता के संबंधों पर भी प्रकाश डाला गया है।
18. सर्जनात्मक चिंतक (creative thinker) के व्यक्तित्व के कुछ शीलगुणों (traits) का वर्णन किया गया है। ऐसे 8 शीलगुणों को महत्त्वपूर्ण बताया गया है।

❑

अध्याय 22

चिंतन, कल्पना एवं तर्कणा

[THINKING, IMAGINATION AND REASONING]

मुख्य बिंदु (Main Points)

1. चिंतन के अर्थ एवं स्वरूप (Meaning and Nature of Thinking)
2. चिंतन के प्रकार (Types of Thinking)
3. चिंतन के साधन (Tools or Factors of Thinking)
4. चिंतन के विकास के उपाय (Measures of Development of Thinking)
5. समस्या-समाधान व्यवहार के शिक्षण में सम्मिलित सोपान (Steps in Teaching Problem-solving Behaviour or Activity)
6. कक्षा में समस्या-समाधान व्यवहार को प्रभावित करनेवाले कारक (Factors Influencing Problem-solving Activity in Classroom)
7. कल्पना के अर्थ एवं स्वरूप (Meaning and Nature of Imagination)
8. चिंतन एवं कल्पना में अंतर (Difference between Thinking and Imagination)
9. कल्पना के प्रकार (Types of Imagination)
10. परिणामवादी कल्पना तथा सौंदर्यबोधी कल्पना में अंतर (Distinction between Pragmatic Imagination and Aesthetic Imagination)
11. शिक्षा के लिए कल्पना का महत्त्व (Importance of Imagination for Education)
12. कल्पना के विकास को प्रभावित करनेवाले कारक (Factors Influencing Development of Imagination)
13. तर्कणा के अर्थ एवं स्वरूप (Meaning and Nature of Reasoning)
14. तर्कणा के प्रकार (Kinds of Reasoning)
15. तर्कणा में महत्त्वपूर्ण कदम या सोपान (Important Steps of Reasoning)
16. तर्कणा की शिक्षा (Education of Reasoning)

चिंतन के अर्थ एवं स्वरूप
(Meaning and Nature of Thinking)

चिंतन एक ऐसी मानसिक प्रक्रिया है जो सभी प्राणियों (organisms) में होती है। इसे मनोवैज्ञानिकों ने भिन्न-भिन्न ढंग से परिभाषित किया है। कुछ लोगों ने इसे वातावरण से मिलनेवाली सूचनाओं (information) का मानसिक जोड़-तोड़ (mental manipulations) बताया है तो कुछ लोगों ने इसे

एक ऐसी मध्यस्थ प्रक्रिया (mediating process) माना है जो किसी समस्या (या उद्दीपन) तथा उसका समाधान (solution) यानी सही अनुक्रिया के मध्य या बीच में होती है। चिंतन चाहे जिस तरह की भी मानसिक प्रक्रिया क्यों न हो, इतना तो स्पष्ट है कि इसे सीधे देखा नहीं जा सकता और इसके बारे में हम व्यवहारों के आधार पर परोक्ष रूप से ही जान पाते हैं। यही कारण है कि चिंतन को एक अव्यक्त मानसिक प्रक्रिया (implicit mental process) कहा गया है।

कागन तथा हेमैन[1] (Kagan & Haveman, 1976) ने चिंतन की एक सर्वश्रेष्ठ एवं व्यापक परिभाषा दी है। इनके अनुसार, "प्रतिमाओं, प्रतीकों, संप्रत्ययों, नियमों एवं अन्य मध्यस्थ इकाइयों के मानसिक जोड़-तोड़ को चिंतन कहा जाता है।' सिलवरमैन[2] (Silverman, 1978) ने भी चिंतन की एक संक्षिप्त, परन्तु सटीक परिभाषा दी है। इनके अनुसार, चिंतन एक ऐसी मानसिक प्रक्रिया है जो हमलोगों को उद्दीपन तथा घटनाओं के प्रतीकात्मक चित्रण द्वारा किसी समस्या का समाधान करने में मदद करता है।"

इन परिभाषाओं का विश्लेषण करने पर हमें चिंतन प्रक्रिया के बारे में कुछ ठोस तथ्य प्राप्त होते हैं, जो निम्नांकित हैं—

(i) चिंतन में प्रतीकों (symbols) तथा प्रतिमाओं (images) आदि का मानसिक जोड़-तोड़ (mental manipulation) होता है। इसका स्पष्ट मतलब यह हुआ कि चिंतन में वस्तुओं का कुछ प्रतीक (symbols) तथा प्रतिमा (image) मन में बना लेते हैं और उसी के आधार पर चिंतन की प्रक्रिया होती है। चूँकि चिंतन में मानसिक जोड़-तोड़ (mental manipulation) होता है जिसे बाहर से देखा नहीं जा सकता, अतः, चिंतन एक प्रकार का अप्रकट व्यवहार (covert behaviour) है।

(ii) चिंतन एक मध्यस्थ प्रक्रिया (mediating process) होती है। इसका मतलब यह हुआ कि चिंतन एक ऐसी प्रक्रिया है जो उद्दीपन (या कोई समस्या) तथा उसके प्रति की गई सही अनुक्रिया (अर्थात उसका समाधान) के बीच में होनेवाली प्रक्रिया होती है। इससे स्पष्ट है कि चिंतन की प्रक्रिया में किसी-न-किसी समस्या का समाधान होता है। यही कारण है कि चिंतन को कुछ मनोवैज्ञानिकों ने, जैसे विटेकर (Whittaker, 1970, p. 375) ने समस्या समाधान व्यवहार (problem-solving behaviour) कहा है। विटेकर ने यह भी बताया है कि चिंतन में या समस्या-समाधान व्यवहार में व्यक्ति प्रायः प्रयत्न तथा भूल (trial and error) करता पाया जाता है।

ऊपर वर्णन किए गए तथ्यों (facts) से चिंतन के स्वरूप की एक हल्की झलक तो अवश्य मिल जाती है, परन्तु इसके स्वरूप के बारे में विस्तृत रूप से जानने के लिए हमें उन निष्कर्षों (conclusions) पर ध्यान देना होगा जिन्हें हम्फ्रे (Humphrey, 1963) ने चिंतन पर व्यक्त किए गए अनेक मनोवैज्ञानिकों के विचारों का विश्लेषण करके बताया है। हम्फ्रे ने चिंतन के स्वरूप (nature) के बारे में निम्नांकित तथ्यों को हमलोगों के सामने रखा है—

(i) चिंतन प्रक्रिया की शुरुआत उस समय होती है जब मनुष्य या पशु के सामने कोई ऐसी समस्या आती है, जिसका समाधान वह करना चाहता है। समस्या (problem) से तात्पर्य एक ऐसी

---

1. "Thinking can best be described as the mental manipulation of images, symbols, concepts, rules and other mediational units."—Kagan & Haveman, *Psychology: An Introduction.* 1976, p. 138

2. "Thinking is a process that enables us to find solutions to problems by using symbolic representation of stimuli and event."—Silverman, *Psychology,* 1978, p. 629

परिस्थिति या घटना से होता है जिसमें जीव (पशु या मनुष्य) को लक्ष्य (goal) पर पहुँचने का रास्ता नहीं दिखाई पड़ता है।

(ii) चिंतन में समस्या के भिन्न-भिन्न पहलुओं को जो समाधान के पहले अलग-अलग होते हैं, एक साथ संयोजित किया जाता है।

(iii) चिंतन में गत अनुभूति (past experience) सम्मिलित होती है। लेकिन, व्यक्ति वास्तव में गत अनुभूति का उपयोग चिंतन में किस प्रकार करता है, इसका पता मनोवैज्ञानिक सही-सही ढंग से नहीं लगा पाए हैं।

(iv) चाहे मानव चिंतन हो या पशु चिंतन हो तथा चाहे जीव को (यानी मनुष्य को या पशु को) अप्रकट व्यवहार (covert behaviour) करना हो या प्रकट व्यवहार (overt behaviour), चिंतन की प्रक्रिया में प्रयत्न तथा भूल (trial and error) की प्रक्रिया होती है। प्रत्येक चिंतन का उद्देश्य किसी समस्या को सुलझाना होता है। कोई भी समस्या एक ही बार के प्रयास में नहीं सुलझ जाती है। इसके लिए उसे अभ्यास (practice) करना होता है। इसमें त्रुटियाँ (errors) होती हैं। दूसरे शब्दों में, जब हम किसी समस्या का समाधान करते हैं तो मन में बहुत तरह की अनुक्रियाएँ एक-एक करके आती हैं। इसमें गलत अनुक्रिया को हम छोड़ते जाते हैं तथा सही अनुक्रिया को दोहराते जाते हैं। किसी समस्या के समाधान में गलत अनुक्रियाओं को छोड़ते जाना तथा सही अनुक्रिया को दोहराते जाना प्रयत्न एवं भूल का उदाहरण है।

(v) चिंतन में अभिप्रेरणा (motivation) का भी विशेष महत्व होता है। सच्चाई यह है कि चिंतन में व्यक्ति का व्यवहार एक निश्चित उद्देश्य की ओर ही होता है। यही कारण है कि विटेकर (Whittaker, 1970) ने कहा है, "सभी चिंतन लक्ष्य-निदेशित होते हैं" (All thinking is goal-directed)।

(vi) चिंतन में भाषा (language) का भी काफी महत्त्व होता है। चिंतन करते समय मन में या कभी-कभी जोर से भी हम कुछ बोलते हैं अर्थात भाषा का प्रयोग करते हैं। यही कारण है कि कुछ मनोवैज्ञानिकों ने चिंतन को एक प्रकार का आंतरिक संभाषण (internal speech) कहा है।

(vii) चिंतन में भाषा (language) के अलावा प्रतीक (symbols) तथा प्रतिमाओं (images) का भी उपयोग काफी होता है। अनेक प्रयोगों से यह स्पष्ट हो गया है कि चिंतन में दृष्टि प्रतिमा (visual images) तथा श्रवण प्रतिमा (auditory images) अन्य दूसरे तरह की प्रतिमाओं की अपेक्षा अधिक होते हैं।

हम्फ्रे (Humphrey, 1963) द्वारा प्रस्तुत किए गए उपर्युक्त तथ्यों से चिंतन के स्वरूप का प्रत्येक पहलू स्पष्ट हो जाता है। इसके आधार पर मनोवैज्ञानिकों ने यह स्पष्ट रूप से बताया है कि चिंतन एक जटिल मानसिक प्रक्रिया (complex mental process) है जिसके सहारे प्राणी किसी समस्या का समाधान करता है।

चिंतन के प्रकार (Types of Thinking)

मनोवैज्ञानिकों ने चिंतन को कई भागों में बाँटकर अध्ययन किया है। जिम्बार्डो तथा रूक (Zimbardo & Ruch, 1977) ने चिंतन को निम्नांकित दो भागों में बाँटा है—

(क) स्वली चिंतन (Autistic thinking)

(ख) यर्थाथवादी चिंतन (Realistic thinking)।

इन दोनों का विवरण निम्नांकित हैं—

(क) स्वली चिंतन (Autistic thinking)—स्वली चिंतन वैसे चिंतन को कहा जाता है जिसमें व्यक्ति अपने काल्पनिक विचारों एवं इच्छाओं की अभिव्यक्ति करता है। स्वप्न (dream), स्वप्नचित्र (fantasy) तथा अभिलाषाकल्पित चिंतन आदि सभी स्वली चिंतन के उदाहरण हैं। यदि कोई छात्र यह कल्पना करता है कि पढ़ाई खत्म करने के बाद वह एक बड़ा ऑफिसर बनेगा, उसके पास एक सुंदर बँगला होगा जिसमें एक चमचमाती कार होगी और उस कार में उसकी सुंदर बीबी बैठकर सैर करेगी, तो यह निश्चय ही स्वली चिंतन (autistic thinking) का उदाहरण होगा। इस तरह के चिंतन की एक खास विशेषता यह है कि इससे किसी समस्या का समाधान नहीं हो पाता।

(ख) यर्थाथवादी चिंतन (Realistic thinking)—यर्थाथवादी चिंतन वैसे चिंतन को कहा जाता है जिसका संबंध वास्तविकता (reality) से होता है और उसके सहारे व्यक्ति किसी समस्या का समाधान कर पाता है। इस तरह के चिंतन को ही मनोवैज्ञानिकों ने विवेचन या तर्कणा (reasoning) की संज्ञा दी है। उदाहरणार्थ, यदि कोई व्यक्ति कार में बैठकर सफर कर रहा है। कार अचानक रुक जाती है। ऐसी समस्या के उत्पन्न होने पर व्यक्ति तरह-तरह की बातें सोचना प्रारंभ कर देता है। जैसे कहीं पेट्रोल तो खत्म नहीं हो गया है, कहीं इंजन में कोई खराबी तो नहीं आ गई, कहीं टायर तो नहीं फट गया आदि-आदि। इस तरह का चिंतन यथार्थवादी चिंतन (realistic thinking) का उदाहरण है।

मनोवैज्ञानिकों ने यथार्थवादी चिंतन को निम्नलिखित तीन भागों में बाँटा है—

(1) अभिसारी चिंतन (Convergent thinking)

(2) सर्जनात्मक चिंतन (Creative thinking)

(3) आलोचनात्मक चिंतन (Evaluative thinking)।

इन तीनों तरह के चिंतन का विवरण निम्नांकित है—

(1) अभिसारी चिंतन (Convergent thinking)—इस तरह के चिंतन को निगमनात्मक चिंतन (deductive thinking) भी कहा जाता है। अभिसारी चिंतन में व्यक्ति दिए गए तथ्यों (facts) के आधार पर कोई सही निष्कर्ष पर पहुँचने की कोशिश करता है। उदाहरणार्थ, यदि आपसे पूछा जाए कि 5 में 2 से गुणा करने पर क्या आएगा तो इसका उत्तर देने में निहित चिंतन अभिसारी चिंतन का उदाहरण होगा। स्पष्ट है कि इस तरह के चिंतन में व्यक्ति अपनी जिंदगी के भिन्न-भिन्न क्षेत्रों में प्राप्त अनुभवों (experiences) को एक साथ मिलाकर उसके आधार पर एक समाधान खोजता है।

(2) सर्जनात्मक चिंतन (Creative thinking)—इस तरह के चिंतन को आगमनात्मक चिंतन (inductive thinking) कहा जाता है। इस तरह के चिंतन में व्यक्ति दिए गए तथ्यों में अपनी ओर से कुछ नया जोड़कर एक निशिचत निष्कर्ष पर पहुँचता है। जब तक व्यक्ति इन नए तथ्यों को अपनी ओर से उसमें जोड़ता नहीं है, अर्थात इन तथ्यों का सर्जन नहीं करता है, समस्या का समाधान नहीं हो पाता है। उदाहरणार्थ, यदि किसी व्यक्ति से 'कलम' का असाधारण उपयोग (unusual uses) बतलाने को कहा जाए, तो वह व्यक्ति चिंतन करके अपनी ओर से कुछ असाधारण बात कलम के उपयोग के बारे में बताएगा। इस तरह के चिंतन को सर्जनात्मक चिंतन कहा जाता है। 'कलम' का

साधारण उपयोग तो लिखने में होता है। अब इसका असाधारण उपयोग क्या हो सकता है? थोड़ा सोचिए। इस तरह का चिंतन सर्जनात्मक चिंतन कहलाता है।

(3) आलोचनात्मक चिंतन (Evaluative thinking)—इस तरह के चिंतन में व्यक्ति किसी वस्तु, घटना या तथ्य की सचाई को स्वीकार करने के पहले उसके गुण-दोष की परख कर लेता है। हमारे समाज में कुछ व्यक्ति तो ऐसे होते हैं जिन्हें किसी घटना या वस्तु के बारे में जो कुछ भी कहा जाता है, उसे वे सही समझकर मान लेते हैं। तब ऐसा कहा जाता है कि इस तरह के व्यक्ति में आलोचनात्मक चिंतन की शक्ति कम है। दूसरी तरफ, कुछ व्यक्ति ऐसे होते हैं जिन्हें किसी घटना या वस्तु के बारे में कहने पर पहले वे उसका गुण-दोष परखते हैं और तब उसे सही या गलत मानते हैं। व्यक्ति में इस तरह के चिंतन को आलोचनात्मक चिंतन कहा जाता है।

इस तरह हम देखते हैं कि मनोवैज्ञानिकों ने चिंतन के कई एक प्रकार बताए हैं। इन विभिन्न प्रकारों में अभिसारी चिंतन (convergent thinking) तथा सर्जनात्मक चिंतन (creative thinking) के अध्ययन पर मनोवैज्ञानिकों ने अधिक बल डाला है।

चिंतन के साधन (Tools or Factors of Thinking)

मनोवैज्ञानिकों ने चिंतन प्रक्रिया का विश्लेषण कर यह बताया है कि चिंतन की यह प्रक्रिया कुछ खास-खास साधनों (tools) के माध्यम से तेजी से होती है। इन साधनों में निम्नांकित प्रमुख हैं—

(i) प्रतिमा (Images)

(ii) भाषा (Language)

(iii) संप्रत्यय (Concepts)

(iv) प्रतिज्ञप्ति (Proposition)।

इन साधनों का वर्णन निम्नांकित है—

(i) प्रतिमा (Images)—प्रतिमा के द्वारा हमें चिंतन करने में काफी मदद मिलती है। अतः, प्रतिमा चिंतन का एक प्रमुख साधन (tool) है। पूर्व अनुभूतियों की अस्पष्ट रूप से पुनरुत्पत्ति (reproduction) को ही प्रतिमा (images) की संज्ञा दी जाती है। जैसे यदि छात्र कक्षा (classroom) में बैठे-बैठे अपने घर के बारे में चिंतन करता है, तो घर के मेज, कुर्सी, किताब, पंखे, फ्रिज आदि की वह एक अस्पष्ट मानसिक पुनरुत्पत्ति करता है जिसे प्रतिमा (images) कहा जाता है। मनोवैज्ञानिकों का पहले ऐसा विश्वास था कि चिंतन में व्यक्ति किसी प्रकार की प्रतिमा का प्रयोग नहीं करता। जैसे गाल्टन (Galton, 1883) तथा उर्जबर्ग स्कूल (Wurzburg School) के मनोवैज्ञानिकों ने, अनेक वैज्ञानिक तथा गणितज्ञ जो अपने क्षेत्र की समस्याओं के समाधान के लिए काफी चिंतन करते हैं, के अध्ययन के बाद यह बताया कि चिंतन करते समय उनके मन में किसी प्रकार की प्रतिमा (images) नहीं आती है। परंतु आधुनिक मनोवैज्ञानिक प्रयोगों से यह स्पष्ट हो गया है कि चिंतन में प्रतिमाएँ होती हैं। यद्यपि अधिकतर दृष्टि प्रतिमाएँ (visual images) होती हैं, परन्तु कभी-कभी श्रवण प्रतिमाएँ (auditory images), घ्राण प्रतिमाएँ (olfactory images) एवं स्पर्शजन्य प्रतिमाएँ (tactual images) आदि भी होती हैं।

(ii) भाषा (Language)—भाषा चिंतन की प्रक्रिया का दूसरा प्रमुख साधन है। भाषा एक ऐसा माध्यम (medium) है जिसके द्वारा शब्दों (words) एवं वाक्यों (sentences) का प्रयोग करके हम

दूसरों से कुछ कह पाते हैं तथा दूसरों के कहे शब्दों एवं वाक्यों को समझ पाते हैं। चिंतन करते समय व्यक्ति भाषा का प्रयोग करता है अर्थात हम अपने-आपसे बातचीत करते हैं। इसलिए कहा गया है कि चिंतन एक प्रकार का आंतरिक भाषण (inner speech) है या 'स्वयं से बातचीत करना' है (talking to yourself)। अनेक प्रयोगों के द्वारा यह दिखाया गया है कि किसी समस्या का समाधान करते समय चिंतन करनेवाले व्यक्ति की वागीन्द्रिय (vocal organs) जैसे जीभ तथा स्वर यंत्र (larynx) में कुछ पेशीय संकुचन होते हैं, मानों व्यक्ति अपने-आपसे बोल रहा हो। कुछ व्यक्ति ऐसे होते हैं जो किसी समस्या का समाधान करते समय जोर-जोर से बोलते भी हैं। अतः, स्पष्ट है कि भाषा चिंतन का एक मुख्य साधन (tool) है।

(iii) संप्रत्यय (Concepts)—चिंतन में व्यक्ति भिन्न-भिन्न तरह के संप्रत्ययों का प्रयोग करता है। प्रत्येक वस्तु या घटना का एक संप्रत्यय (concept) व्यक्ति के मन में होता है जो चिंतन करने में हमारी मदद करता है। जैसे यदि किसी छात्र से पूछा जाए कि इन गुणों के आधार पर उसके मन में कौन-सी धारणा या संप्रत्यय आती है—'चार पैर', 'एक पूँछ', 'पालतू', 'भौंकना'। इन गुणों के आधार पर छात्र एक सामान्य निष्कर्ष पर पहुँचता है—'कुत्ता'। यहाँ 'कुत्ता' एक संप्रत्यय का उदाहरण हुआ। स्पष्ट है कि संप्रत्यय वस्तुओं या घटनाओं के समूह से सामान्य गुणों का एक पृथक्करण (abstraction) है। इस ढंग के संप्रत्यय से किसी वस्तु या घटना के बारे में चिंतन करने में तेजी आती है।

(iv) प्रतिज्ञप्ति (Proposition)—चिंतन एक निष्क्रिय प्रक्रिया (passive process) न होकर एक सक्रिय प्रक्रिया है जिसमें व्यक्ति बाह्य वातावरण की आंतरिक छवि में जोड़-तोड़ करता है। प्रायः चिंतन में व्यक्ति एक संप्रत्यय को दूसरे संप्रत्यय से तथा संप्रत्यय की एक विशेषता को पूरे संप्रत्यय से जोड़ता है। चूँकि व्यक्ति भाषा का धनी होता है, अतः ये सभी संज्ञानात्मक क्रियाएँ एक ऐसा वाक्य का रूप ले लेता है जिसमें एक संप्रत्यय दूसरे संप्रत्यय से संबंधित होता है तथा साथ ही साथ एक अलग कथन भी बन जाता है। इसे ही मनोवैज्ञानिकों ने प्रतिज्ञप्ति (proposition) कहा है जो चिंतन का एक विशेष महत्त्वपूर्ण साधन माना गया है। जैसे, दिल्ली में लाल किला है, में दो संप्रत्यय के बीच एक संबंध का पता चल रहा है—इस उदाहरण में 'दिल्ली' तथा 'लालकिला' दो संप्रत्यय हैं जिनमें एक विशेष संबंध को दिखलाया गया है। उसी तरह से ध्रुवीय भालू के उजले रोएँ होते हैं, में संप्रत्यय (ध्रुवीय भालू) तथा उसकी विशेषताओं में एक संबंध को दिखलाया गया है। जब भी व्यक्ति ध्रुवीय भालू के बारे में सोचता है, तो उक्त कथन उसके मन में अवश्य आएँगे। स्पष्ट हुआ कि व्यक्ति चिंतन में प्रतिज्ञप्ति का उपयोग करता है।

निष्कर्षतः यह कहा जा सकता है कि चिंतन के कई साधन (tools) हैं जिनका प्रयोग कर व्यक्ति अपनी चिंतन प्रक्रिया को अधिक मजबूत एवं सुस्पष्ट बनाता है।

चिंतन के विकास के उपाय (Measures of Development of Thinking)

शिक्षा मनोवैज्ञानिकों ने कुछ ऐसे उपायों का भी वर्णन किया है जिनसे छात्रों की चिंतन शक्ति को विकसित किया जा सकता है। इन उपायों में निम्नांकित प्रधान हैं—

(1) शिक्षक को चाहिए कि वे छात्रों को किसी विषय पर अपना विचार व्यक्त करने की पूरी छूट दें। उन्हें अपने प्रभाव से उस अभिव्यक्ति को दबाना नहीं चाहिए।

(2) शिक्षक को चाहिए कि वे छात्रों को किसी विषय या पाठ को समझकर तथा समझ के आधार पर सीखने के लिए प्रेरित करें। इससे छात्रों में यथार्थवादी चिंतन करने का पट खुलने की संभावना अधिक रहती है।

(3) छात्रों को शिक्षक द्वारा उचित स्नेह मिलना चाहिए। इससे छात्रों में दमनकारी प्रवृत्तियाँ कम होती हैं और वे किसी विषय पर खुलकर चिंतन करने के लिए प्रेरित होते हैं।

(4) चिंतन में चिंतन के साधनों (tools) का काफी महत्त्व होता है। इन साधनों में भाषा तथा संप्रत्यय (concept) अधिक महत्त्वपूर्ण हैं। अतः, शिक्षकों को चाहिए कि वे छात्रों में उचित भाषा विकास एवं संप्रत्यय विकास (concept development) का माहौल तैयार करें।

(5) चिंतन की प्रक्रिया का संबंध जिज्ञासा (curiosity) से सीधा होता है। अन्य बातें समान रहने पर यह देखा गया है कि अधिक जिज्ञासु बालक (curious child) अन्य बालकों की अपेक्षा जिनमें जिज्ञासा कम होती है, किसी विषय पर अधिक सोचते हैं। रिली (Reilly, 1990) ने अपने अध्ययन में इस तथ्य की संपुष्टि की है। अतः, शिक्षकों को चाहिए कि छात्रों में उचित जिज्ञासा उत्पन्न करें तथा उसे यथासंभव बनाए रखें।

(6) बालकों को प्रारंभिक बाल्यावस्था (early childhood) से ही चिंतन के विकास के लिए पर्याप्त प्रेरणा देते रहना चाहिए। उन्हें तरह-तरह के खिलौनों से खेलने एवं मनोरंजक किताबें पढ़ने का पर्याप्त मौका दिया जाता रहना चाहिए।

(7) शिक्षकों को चाहिए कि कक्षा में बालकों को ऐसे नए-नए तथ्यों की जानकारी दें जो उनके चिंतन को उत्तेजित करे। इसके लिए आवश्यक है कि शिक्षक कुछ जटिल विषयों को छात्रों के सामने उपस्थित करें।

(8) शिक्षकों को चाहिए कि वे छात्रों को वैज्ञानिक तरीकों से नए-नए संप्रत्यय (concepts) की ओर ध्यान आकृष्ट करें ताकि उनका चिंतन वास्तविकता पर आधारित हो सके एवं उसका उचित विकास हो सके।

इस तरह हम देखते हैं कि शिक्षाशास्त्रियों ने बालकों के चिंतन के विकास के लिए तरह-तरह के उपायों का वर्णन किया है। इन उपायों को अपनाकर शिक्षक छात्र की चिंतन-शक्ति को बढ़ा सकते हैं।

समस्या-समाधान व्यवहार के शिक्षण में सम्मिलित सोपान
(Steps Involved in Teaching Problem-solving Behaviour or Activity)

व्यक्ति अपने दिन-प्रतिदिन की जिंदगी में तरह-तरह की समस्या का सामना करता है। प्रत्येक समस्या के समाधान के लिए उसे चिंतन करना होता है। इस तरह समस्या का समाधान व्यक्ति कुछ नियमों, चाहे वे सरल हों या जटिल, के आधार पर चिंतन करते हुए करता है। जब वह किसी समस्या का समाधान करता है, तो वह कुछ सीखता (learn) भी है; क्योंकि समस्या का समाधान करने पर उसके व्यवहार में कुछ स्थायी परिवर्तन आ जाते हैं। फलस्वरूप, भविष्य में जब उसे इस ढंग की समस्या का सामना करना पड़ता है, तो वह उसी व्यवहार को दोहराकर समस्या का समाधान कर लेता है। इस तरह समस्या-समाधान व्यवहार सीखने का ही एक रूप (form) है।

किसी भी समस्या-समाधान व्यवहार का यदि विश्लेषण किया जाए तो आम तौर पर देखा जाएगा कि व्यक्ति समस्या के समाधान के लिए कुछ निश्चित सोपानों या कदमों (steps) का अनुसरण करता है। इस मूल विषय को ध्यान में रखकर शिक्षा मनोवैज्ञानिकों का आम मत यह रहा है कि कक्षा में जब भी शिक्षक छात्रों को किसी समस्या-समाधान व्यवहार का शिक्षण (teaching) दे रहे हों, तो उन्हें उन कदमों या सोपानों से छात्रों को अवगत कराना चाहिए जिनका अनुसरण करके वे किसी समस्या का समाधान आसानी से कर सकते हैं—

(1) सबसे पहले शिक्षक को कक्षा में छात्रों को यह बता देना चाहिए कि समस्या क्या है तथा उसके समाधान के रूप में क्या होना चाहिए। इससे छात्र समस्या एवं उसके संभावित समाधान पर अपने-आपकों केंद्रित कर पाते हैं।

(2) शिक्षकों को इस बात से पूर्णतः आश्वस्त हो जाना चाहिए कि दी गई समस्या के समाधान के लिए छात्रों में पर्याप्त समझ तथा पकड़ (graps) की शक्ति है। इतना ही नहीं, उन्हें इस बात से भी पूर्णतः आश्वस्त हो जाना चाहिए कि समस्या के समाधान से संबंधित संप्रत्यय (concepts) एवं नियम (principles) का पर्याप्त ज्ञान छात्रों को है।

(3) पहले सीखे गए सभी नियमों एवं संप्रत्ययों (concepts) के महत्त्व को ठीक ढंग से समझकर छात्र उसका उपयोग समस्या के समाधान में कर सकें, इसके लिए शिक्षकों को विशेष प्रयास करना चाहिए। अगर संभव हो, तो शिक्षकों को चाहिए कि वे कुछ प्रदर्शन (demonstrations) आदि करके उन नियमों के उपयोग (application) को छात्रों को दिखा दें।

(4) इसके बाद शिक्षकों को चाहिए कि वे स्पष्ट शब्दों में छात्रों को यह निर्देश (instructions) दें ताकि वे स्पष्टतः यह समझ लें कि समस्या-समाधान के लिए उन्हें क्या करना है।

(5) कक्षा में समस्या-समाधान व्यवहार के शिक्षण (teaching) का अंतिम सोपान (step) छात्रों के निष्पादन (performance) का सत्यापन (verification) करना है ताकि यह निश्चय किया जा सके कि छात्र ने समस्या का समाधान करने में कोई तार्किक क्रम (logical sequence) या सोपान का अनुसरण किया है या मात्र अटकलबाजी के आधार पर समस्या का समाधान संयोगवश किया है। इस अवस्था में छात्रों से यह पूछा जाता है कि वे उन कार्यविधियों (procedures) का वर्णन करें जिनके सहारे वे समस्या का समाधान कर पाए हैं।

इस तरह स्पष्ट है कि समस्या-समाधान में कई सोपान होते हैं जिनका अनुसरण कर छात्र कक्षा में किसी समस्या का समाधान आसानी से कर पाते हैं।

कक्षा में समस्या-समाधान व्यवहार को प्रभावित करनेवाले कारक
(Factors Influencing Problem-solving Activity in Classroom)

समस्या-समाधान व्यवहार में सिर्फ चिंतन (thinking) ही सम्मिलित नहीं होता, बल्कि इसके द्वारा व्यक्ति कुछ सीखता भी है, क्योंकि इससे व्यक्ति के व्यवहार में कुछ स्थायी परिवर्तन होते हैं। अतः, समस्या-समाधान व्यवहार एक तरह का सीखने का ही रूप (form) माना गया है। कक्षा में छात्रों को तरह-तरह की समस्याओं का समाधान करने का प्रशिक्षण दिया जाता है। मनोवैज्ञानिकों ने कुछ ऐसे कारकों का वर्णन किया है जिनसे समस्या-समाधान व्यवहार में छात्रों को मदद मिलती है। इन कारकों में अग्रांकित प्रमुख हैं—

(1) शिक्षार्थी (learner) को पहले सीखे गए नियमों का समय पर प्रत्याह्वान (recall) करने की क्षमता होनी चाहिए। ऐसा होने से उन्हें समस्या के समाधान में काफी मदद मिलती है।

(2) शिक्षार्थी को संज्ञानात्मक कौशलताओं (cognitive strategy) या चतुराई के उचित प्रयोग का ज्ञान होना चाहिए। इससे उन्हें समस्या-समाधान में अत्यधिक मदद मिलती है।

(3) शिक्षार्थी में विभिन्न तरह के संप्रत्ययों (concepts) के बीच विभेद करने की पर्याप्त क्षमता होनी चाहिए। इससे वे संप्रत्ययों को ठीक ढंग से समझ पाते हैं एवं समस्या-समाधान में उसका सही-सही प्रयोग कर पाते हैं।

(4) शिक्षार्थियों का बुद्धि-स्तर अधिक होने से किसी एक समस्या के समाधान में तो मदद मिलती है, साथ-ही-साथ इससे दूसरी समान समस्याओं के समाधान में धनात्मक हस्तांतरण (positive transfer) होता है।

(5) अध्ययनों से यह पता चला है कि कक्षा में समस्या-समाधान व्यवहार बहुत हद तक शिक्षकों द्वारा दिए गए निर्देश (instruction) के द्वारा प्रभावित होता है। यदि यह निर्देश स्पष्ट शब्दों में दिया गया है, तो इससे छात्रों के चिंतन को एक निश्चित दिशा-निर्देश मिलता है और समस्या के समाधान में काफी मदद मिलती है।

(6) सूझपूर्ण व्यवहार (insightful behaviour) से भी समस्या-समाधान व्यवहार प्रभावित होता है। टेलर (Taylor, 1967), गेटजेल तथा जैक्सन (Getzels & Jackson, 1962) एवं गिलफोर्ड (Guilford , 1968) द्वारा किए गए अध्ययनों से यह स्पष्ट हो गया है कि छात्रों में सूझपूर्ण व्यवहार अधिक होता है, उनकी किसी समस्या पर पकड़ (grasp) भी अच्छी होती है। फलतः, वे समस्या का समाधान ठीक ढंग से कर लेते हैं।

स्पष्ट हुआ कि समस्या-समाधान व्यवहार कई कारकों से प्रभावित होता है। इन कारकों में शिक्षार्थी (learner) से संबंधित कारकों को अन्य कारकों की तुलना में अधिक श्रेष्ठ (superior) माना गया है।

कल्पना के अर्थ एवं स्वरूप
(Meaning and Nature of Imagination)

कल्पना (imagination) एक प्रमुख मानसिक प्रक्रिया है जिसके द्वारा अतीत की अनुभूतियों को पुनर्संगठित कर एक नया रूप दिया जाता है। इस तरह यह कहा जा सकता है कि कल्पना एक मानसिक जोड़-तोड़ (mental manipulation) है। रेबर[1] (Reber, 1985) ने कल्पना को इस प्रकार परिभाषित किया है, "गत अनुभूतियों की यादों और गत प्रतिमाओं को पुनर्गठित कर एक नयी संरचना (structure) करने की प्रक्रिया को कल्पना कहा जाता है।" इस परिभाषा से यह स्पष्ट हो जाता है कि कल्पना एक ऐसी मानसिक प्रक्रिया (mental process) है जिससे पूर्व अनुभूति के आधार पर व्यक्ति कुछ नए विचारों का सृजन करता है। यह सृजन या निर्माण सर्जनात्मक (creative) भी हो सकता है तथा अनुकूल (imitative) भी। जब व्यक्ति अपनी ओर से किसी नए

---

1. "The process of recombining memories of past experiences and previously formed images into novel constructions" is called imagination.—Reber, *The Penguin Dictionary of Psychology,* 1983, p. 345

विचार की रचना करता है, तो इस तरह की कल्पना को सर्जनात्मक कल्पना (creative imagination) कहा जाता है और जब व्यक्ति किसी ऐसे विचार (thought) को सामने प्रस्तुत करता है जिसे वह वास्तव में दूसरे व्यक्तियों से प्राप्त किए होता है तो इस तरह की कल्पना को अनुकूल कल्पना (imitative imagination) कहा जाता है।

चिंतन एवं कल्पना में अंतर (Difference between Thinking and Imagination)

चिंतन एवं कल्पना दोनों ही उच्चतर मानसिक प्रक्रिया (higher mental process) है। इस बिंदु पर समानता होने के बावजूद इन दोनों में निम्नांकित अंतर है—

(i) चिंतन की प्रक्रिया लक्ष्य निर्देशित (goal-directed) होती है। जब भी व्यक्ति के सामने कोई समस्या आती है तब वह उसके समाधान के लिए प्रयत्नशील हो जाता है और चिंतन करना प्रारंभ कर देता है। चिंतन के समय व्यक्ति का सारा प्रयास (efforts) एक निश्चित लक्ष्य (goal) यानी उस समस्या के समाधान की ओर होता है। कल्पना में ऐसी बात नहीं होती है। कल्पना करते समय हमारे सामने कोई निश्चित या अनिश्चित समस्या नहीं होती है। फलस्वरूप, हमारा प्रयास किसी खास समस्या या लक्ष्य की ओर नहीं होता है। प्रायः यही देखा गया है कि कल्पना करते समय व्यक्ति भिन्न-भिन्न वस्तुओं, व्यक्तियों एवं घटनाओं से संबंधित विचार यादृच्छिक रूप से (randomly) मन में लाता है।

(ii) चिंतन खासकर यथार्थवादी चिंतन (realistic thinking) में तर्क होता है, परन्तु कल्पना (imagination) में सही अर्थ में कोई तर्क नहीं होता है। चिंतन करते समय व्यक्ति क्रमबद्ध (systematic) रूप से किसी विषय या घटना के पक्ष या विपक्ष में तर्क करता है। कल्पना में ऐसी बात नहीं होती है। कल्पना में कभी दूसरी वस्तु से संबंधित प्रतिमाएँ या पूर्व अनुभूतियाँ मन में आती हैं तो कभी दूसरी वस्तु से संबंधित प्रतिमाएँ या पूर्व अनुभूतियाँ। इसमें कोई क्रमबद्धता तथा तर्क सम्मिलित नहीं होता है।

(iii) प्रायः चिंतन का संबंध वास्तविकता (reality) से होता है हालाँकि कुछ चिंतन का संबंध वास्तविकता से न होकर काल्पनिक वस्तुओं से भी होता है। जैसे यदि कोई छात्र गणित की समस्या का समाधान कर रहा है और साथ-ही-साथ सोच रहा है कि कल की पार्टी काफी अच्छी थी, तो इसमें उसके द्वारा किए गए चिंतन का संबंध वास्तविकता एवं काल्पनिक वस्तुओं दोनों से ही होता है। परंतु ऐसा कम होता है। ज्यादातर चिंतन का संबंध वास्तविकता (reality) से ही होता है। कल्पना का संबंध वास्तविक चीजों, वस्तुओं एवं घटनाओं से कम तथा अवास्तविक चीजों या वस्तुओं से अधिक होता है। जैसे एक बालक आकाश में काले-काले बादल को उड़ते देखकर उसके साथ वह भी उड़ने की बात यदि सोचता है तो यह उसकी कल्पना का उदाहरण होगा।

(iv) चिंता में प्रयत्न तथा त्रुटि (trial and error) की प्रक्रिया होती है। ऐसा इसलिए होता है; क्योंकि चिंतन के सहारे व्यक्ति समस्या का समाधान करता है। कल्पना में प्रयत्न एवं त्रुटि की प्रक्रिया नहीं होती; क्योंकि इसका संबंध किसी समस्या के समाधान से नहीं होता है।

(v) चिंतन में स्पष्ट रूप से कोई-न-कोई समस्या होती है। सच्चाई यह है कि किसी समस्या के उत्पन्न होने पर ही चिंतन की प्रक्रिया प्रारंभ होती है। अतः, चिंतन की प्रक्रिया में स्पष्ट रूप से एक

निश्चित समस्या होती है। परंतु कल्पना के साथ ऐसी बात नहीं होती। कल्पना का संबंध किसी निश्चित वस्तु, व्यक्ति या घटना से नहीं होता। हम चुपचाप बैठे रहते हैं। हमारे सामने कोई समस्या नहीं होती है, फिर भी कुछ-न-कुछ हम कल्पना करते रहते हैं।

स्पष्ट हुआ कि कल्पना एवं चिंतन में समानता होते हुए भी विभिन्नता है।

कल्पना के प्रकार (Types of Imagination)

कल्पना को भिन्न-भिन्न मनोवैज्ञानिकों ने कई भागों में बाँटा है। इन मनोवैज्ञानिकों में विलियम मैकडुगल (William McDougall) तथा जेम्स ड्रीवर (James Drever) द्वारा कल्पना का किया गया वर्गीकरण अधिक विस्तृत (comprehensive) एवं लोकप्रिय है। शिक्षा के दृष्टिकोण से भी इन दोनों मनोवैज्ञानिकों द्वारा कल्पना के किए गए वर्गीकरण को इस प्रकार प्रस्तुत किया जा सकता है—

(क) विलियम मैकडुगल का वर्गीकरण (Classification by William McDougall)—मैकडुगल ने कल्पना को मूलतः दो भागों में बाँटा है—पुनरुत्पादनात्मक कल्पना (reproductive imagination) तथा उत्पादनात्मक कल्पना (productive imagination)। फिर उत्पादनात्मक कल्पना को उन्होंने दो भागों में बाँटा है—रचनात्मक कल्पना (constructive imagination) तथा सर्जनात्मक कल्पना (creative imagination)। इसे एक चित्र द्वारा चित्र संख्या-22.1 में दिखाया गया है।

कल्पना
(Imagination)

पुनरुत्पादनात्मक कल्पना (Reproductive imagination) | उत्पादनात्मक कल्पना (Productive imagination)

रचनात्मक कल्पना (Constructive imagination) | सर्जनात्मक कल्पना (Creative imagination)

चित्र 22.1 विलियम मैकडुगल द्वारा कल्पना का किया गया वर्गीकरण

इन सभी प्रकार की कल्पनाओं का वर्णन निम्नांकित हैं—

(अ) पुनरुत्पादनात्मक कल्पना (Reproductive imagination)—पुनरुत्पादनात्मक कल्पना उस कल्पना को कहा जाता है जिसमें व्यक्ति अपनी बीती हुई अनुभूतियों को प्रतिमाओं (images) के रूप में सामने लाता है। जैसे यदि कोई छात्र परीक्षा समाप्त होने के बाद परीक्षा हॉल की अनुभूतियों को याद करता है, तो यह उसकी पुनरुत्पादनात्मक कल्पना का एक उदाहरण होगा।

(ब) उत्पादनात्मक कल्पना (Productive imagination)—उत्पादनात्मक कल्पना वैसी कल्पना को कहा जाता है जिसमें व्यक्ति अपनी गत अनुभूतियों को इस ढंग से सुसज्जित करता है कि उससे किसी नई अनुभूति का जन्म होता है। इसके दो प्रकार बताए गए हैं, जो अग्रांकित हैं—

(i) रचनात्मक कल्पना (Constructive imagination)—रचनात्मक कल्पना वह कल्पना है जिसका उपयोग भौतिक वस्तुओं के निर्माण में किया जाता है। एक इंजीनियर (engineer) मकान बनाने के पहले कल्पना के आधार पर एक नक्शा (map) तैयार करता है। इस ढंग की कल्पना रचनात्मक कल्पना का उदाहरण है।

(ii) सर्जनात्मक कल्पना (Creative imagination)—सर्जनात्मक कल्पना वैसी कल्पना को कहा जाता है जिसके आधार पर सभी अभौतिक चीजों का निर्माण जैसे कविता लिखना, कहानी लिखना जैसा काम सम्पन्न होता है। इन साहित्यिक कामों को करने के पहले व्यक्ति जो मन में कल्पना करता है, वह एक सर्जनात्मक कल्पना (creative imagination) का उदाहरण है। बड़े-बड़े सर्जनात्मक कार्यों के सम्पन्न होने में इस ढंग की कल्पना का हाथ काफी होता है।

(ख) जेम्स ड्रीवर द्वारा किया गया वर्गीकरण (Classification done by James Drever)—जेम्स ड्रीवर (James Drever) ने भी कल्पना को विलियम मैकडुगल (William McDougall) के समान दो भागों में बाँटा है—पुनरुत्पादनात्मक कल्पना (reproductive imagination) तथा उत्पादनात्मक कल्पना (productive imagination)। फिर उत्पादनात्मक कल्पना को उन्होंने दो भागों में बाँटा है—ग्राही कल्पना (receptive imagination) तथा सर्जनात्मक कल्पना (creative imagination)। फिर सर्जनात्मक कल्पना को भी दो भागों में बाँटा गया है—परिणामवादी कल्पना (pragmatic imagination) तथा सौंदर्यबोधी कल्पना (aesthetic imagination)। परिणामवादी कल्पना को पुनः उन्होंने दो भागों में बाँटा है—सैद्धान्तिक कल्पना (theoretical imagination) तथा व्यावहारिक कल्पना (practical imagination)। उसी तरह सौंदर्यबोधी कल्पना को भी दो भागों में बाँटा गया है–कलात्मक कल्पना (artistic imagination) तथा अनोखी कल्पना (fantastic imagination)। इसे एक चित्र द्वारा चित्र संख्या-22.2 में दिखाया गया है।

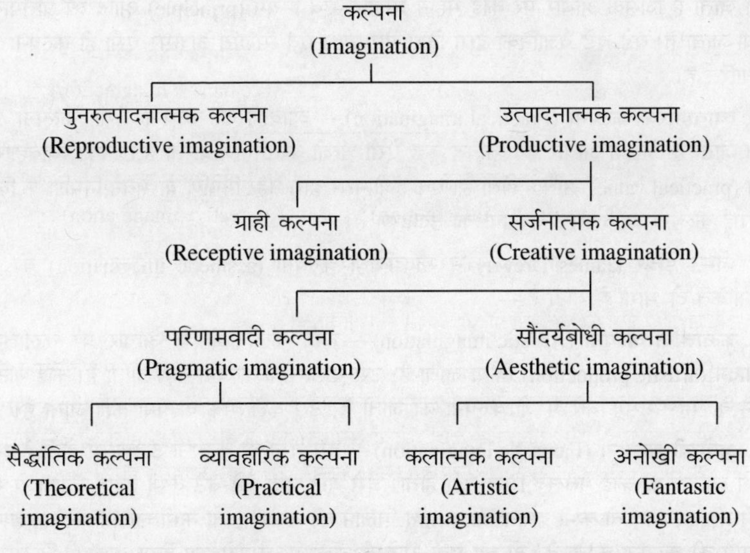

चित्र 22.2 जेम्स ड्रीवर द्वारा कल्पना का वर्गीकरण

इन विभिन्न तरह के कल्पनाओं का वर्णन निम्नांकित है—

(पुनरुत्पादनात्मक कल्पना तथा उत्पादनात्मक कल्पना का वर्णन पहले ही किया जा चुका है।)

(1) ग्राही कल्पना (Receptive imagination)—जब हम दूसरे की कही हुई बातों को ग्रहण करके उसके अनुसार अपने-आप ही कल्पना करने लगते हैं तो उसे ग्राही कल्पना कहा जाता है। जैसे शिक्षक द्वारा कक्षा में ताजमहल का वर्णन किए जाने पर छात्र उस ताजमहल की कल्पना अपने-आप करना प्रारंभ कर देते हैं। ताजमहल से संबंधित प्रतिमाएँ उसके मन में अपने-आप आने लगती हैं। इसे ही ग्राही कल्पना की संज्ञा दी जाती है।

(2) सर्जनात्मक कल्पना (Creative imagination)—जिस कल्पना के आधार पर हम कुछ नयी अभौतिक तत्त्वों का निर्माण, जैसे किसी कविता का लेखन कर पाते हैं, उसे सर्जनात्मक कल्पना कहा जाता है। यह कल्पना निम्नांकित दो प्रकार की होती है—

(i) परिणामवादी कल्पना (Pragmatic imagination)—परिणामवादी कल्पना उस कल्पना को कहा जाता है जिसका एक उपयोगी परिणाम व्यक्ति के सामने आता है। जैसे कहानीकार कहानी लिखने के पहले कहानी के प्लॉट की जो कल्पना करता है वह एक परिणामवादी कल्पना का उदाहरण है।

(ii) सौंदर्यबोधी कल्पना (Aesthetic imagination)—इस तरह की कल्पना द्वारा व्यक्ति को एक सौंदर्य की अनुभूति होती है। जैसे किसी सुंदरी का वर्णन करने के पहले जो कल्पना एक कवि द्वारा की जाती है, वह एक सौंदर्यबोधी कल्पना का उदाहरण है।

परिणामवादी कल्पना (Pragmatic imagination) को जेम्स ड्रीवर (James Drever) ने निम्नांकित दो भागों में बाँटा है—

(a) सैद्धांतिक कल्पना (Theoretical imagination)—सैद्धांतिक कल्पना वैसी कल्पना को कहा जाता है जिसके आधार पर कोई महान सिद्धांत एवं नियम (principle) आदि का प्रतिपादन किया जाता है। बड़े-बड़े वैज्ञानिकों द्वारा किए गए शोध एवं सिद्धांत अकसर ऐसी ही कल्पना पर आधारित है।

(b) व्यावहारिक कल्पना (Practical imagination)—व्यावहारिक कल्पना वैसी कल्पना को कहा जाता है जिसके आधार पर व्यक्ति कुछ ऐसी चीजों का निर्माण करता है जिनका व्यावहारिक मान (practical value) अधिक होता है। एक इंजीनियर द्वारा नहर निर्माण या भवन निर्माण के लिए की गई कल्पना व्यावहारिक कल्पना का उदाहरण है।

जेम्स ड्रीवर (James Drever) ने सौंदर्यबोधी कल्पना (aesthetic imagination) को भी निम्नांकित दो भागों में बाँटा है—

(a) कलात्मक कल्पना (Artistic imagination)—जिन कल्पनाओं के आधार पर कलात्मक उत्पादन (artistic production) किया जाता है, उसे कलात्मक कल्पना कहा जाता है। कोई नाटक करने के पहले उसके बारे में जो कल्पना की जाती है, उसे कलात्मक कल्पना कहा जाता है।

(b) अनोखी कल्पना (Fantastic imagination)—इस तरह की कल्पना ऊटपटाँग होती है और इससे व्यक्ति का कोई मतलब सिद्ध नहीं होता। जैसे यदि छात्र बैठे-बैठे कभी हवाई जहाज से सैर करने की कल्पना, तो कभी प्रधानमंत्री से हाथ मिलाने की कल्पना, तो कभी लाल किले पर झण्डा फहराने की कल्पना करता है, तो वह एक अनोखी कल्पना का उदाहरण होगा।

इस तरह यह स्पष्ट है कि कल्पना के कई प्रकार होते हैं।

परिणामवादी कल्पना तथा सौंदर्यबोधी कल्पना में अंतर (Distinction between Pragmatic Imagination and Aesthetic Imagination)

शिक्षा के दृष्टिकोण से परिणामवादी कल्पना तथा सौंदर्यबोधी कल्पना को सबसे अधिक उपयोगी बताया गया है। अतः, इन दोनों तरह की कल्पनाओं में विशेष अंतर करना अनिवार्य है। इन दोनों में निम्नांकित प्रमुख अंतर हैं—

(i) प्रायः परिणामवादी कल्पना का आधार भौतिक होता है तथा सौंदर्यबोधी कल्पना का आधार अभौतिक होता है।

(ii) प्रायः परिणामवादी कल्पना में कार्य-परिणाम के बाद व्यक्ति को आनंद (pleasure) की अनुभूति होती है जबकि सौंदर्यबोधी कल्पना में कल्पना प्रारंभ होते ही व्यक्ति को आनंद की अनुभूति होने लगती है।

(iii) परिणामवादी कल्पना का संबंध चूँकि ठोस भौतिक परिणामों से होता है, अतः इसमें व्यक्ति का मस्तिष्क स्वतंत्रता के साथ कल्पना नहीं कर पाता। कल्पना हमेशा उस परिणाम लक्ष्य की प्राप्ति से बँधा होता है। परंतु सौंदर्यबोधी कल्पना के साथ ऐसी बात नहीं है। इसका संबंध चूँकि किसी ठोस भौतिक परिणामों से नहीं होता, अतः इसमें व्यक्ति का मस्तिष्क स्वतंत्र होकर कल्पना करता है।

इस तरह स्पष्ट है कि परिणामवादी कल्पना तथा सौंदर्यबोधी कल्पना एक-दूसरे से भिन्न हैं। जेम्स ड्रीवर (James Drever) ने इस बात पर बल डाला है कि इन दोनों में परिणामवादी कल्पना छात्रों के मस्तिष्क क़ो अधिक अच्छे ढंग से प्रशिक्षित करता है।

शिक्षा के लिए कल्पना का महत्त्व (Importance of Imagination for Education)

कल्पना एक ऐसी मानसिक शक्ति है जिसकी बालकों की शिक्षा में काफी अहमियत बताई गई है। शिक्षा का विकास काफी हद तक एक अच्छी कल्पनाशक्ति पर निर्भर करता है। शिक्षा के विकास में कल्पनाशक्ति की भूमिका को हम निम्नांकित बिंदुओं के सहारे दिखा सकते हैं—

(i) कल्पनाशक्ति से बालकों में स्मरणशक्ति बढ़ती है। मनोवैज्ञानिकों का मत है कि कल्पना द्वारा मस्तिष्क के स्मृति-चिह्न (memory traces) उत्तेजित रहते हैं। फलस्वरूप बालकों की स्मरणशक्ति अच्छी बनी रहती है।

(ii) कुछ मनोवैज्ञानिक जिनमें थॉम्पसन (Thompson, 1980) का नाम अधिक मशहूर है, का दावा है कि बालकों में कल्पनाशक्ति अच्छी होने पर उनका मानसिक स्वास्थ्य एवं शारीरिक स्वास्थ्य दोनों ही अच्छा रहता है।

(iii) कल्पना द्वारा छात्रों में आत्मसंतोष की भावना अधिक मजबूत हो जाती है; क्योंकि इनसे उनकी बहुत-सी इच्छाओं की तृप्ति हो जाती है।

(iv) कुछ कल्पना, विशेषकर परिणामवादी कल्पना के आधार पर शिक्षक एवं छात्र नए-नए नियमों एवं तथ्यों की खोज की ओर अग्रसर होते हैं।

(v) किशोर छात्रों (adolescent students) में कल्पना उनके जीवन में एक नया मोड़ उत्पन्न करने में सहायक होती है। इस नए मोड़ का महत्त्व उसके शैक्षिक जीवन में सर्वाधिक होता है।

(vi) कल्पना का महत्त्व बालकों के सामाजिक विकास (social development) में भी काफी है। कल्पना के आधार पर बालक विभिन्न सामाजिक परिस्थितियों का अनुमान करता है तथा उसमें वह कैसे व्यवहार करेगा इसकी कल्पना कर अपने-आपको सामाजिक बनाता है।

(vii) बड़े-बड़े नवीन आविष्कारों का आधार कल्पना ही होती है। आविष्कार करने के पहले आविष्कारकर्त्ता उसके बारे में एक साकार कल्पना करता है।

(viii) कल्पना के आधार पर छात्र कक्षा में अन्य छात्रों के सुख-दुःख की अनुभूतियों में हिस्सा बँटाकर कक्षा का सामाजिक माहौल (social climate) शिक्षा के उपयुक्त बनाता है।

(ix) कल्पना के आधार पर शिक्षकों को भी वर्ग में छात्रों की अंतःक्रियाओं (interactions) को समझने में मदद मिलती है।

(x) कल्पना के ही आधार पर शिक्षक यह भी निश्चित कर पाते हैं कि अमुक पाठ्यक्रम (curriculum) से छात्र कितना लाभान्वित हो पाएँगे। इसका मतलब यह हुआ कि कल्पना के आधार पर शिक्षकों को पाठ्यक्रमों के संभावित लाभों का अनुमान लगाने में मदद मिलती है।

इस तरह हम देखते हैं कि कल्पना की शिक्षा में एक महत्त्वपूर्ण भूमिका है।

कल्पना के विकास को प्रभावित करनेवाले कारक (Factors Influencing Development of Imagination)

कुछ ऐसे कारकों का पता लगाया गया है जिससे बालकों की कल्पनाशक्ति का स्वास्थ्यकर विकास संभव है। इन कारकों में निम्नांकित प्रमुख हैं—

(i) बालकों को उचित एवं मनमोहक कहानियाँ सुनानी चाहिए। इससे उनकी कल्पनाशक्ति का स्वास्थ्यकर विकास होता है।

(ii) शिक्षकों को चाहिए कि बालकों में उत्सुकता (curiosity) उत्पन्न करनेवाले तथ्य (facts) को सामने रखें। जब बालक उत्सुक हो जाएँगे तब स्वतः उनमें कल्पनाशक्ति का विकास होने लगेगा।

(iii) बालकों को छोटे-छोटे अभिनय आदि में भाग लेने के लिए प्रोत्साहन देना चाहिए। इससे बालकों में सर्जनात्मक कल्पना की शक्ति में वृद्धि होती है।

(iv) बालकों की रुचि एवं रूझान साहित्य, कला, संगीत आदि की ओर बढ़ाना चाहिए। इससे उनकी कलात्मक कल्पना में वृद्धि होगी।

(v) यथासंभव बालकों को शिक्षकों एवं माता-पिता द्वारा अनोखी कल्पना से बचाना चाहिए, क्योंकि ऐसी कल्पना की प्रबलता हो जाने से मानसिक रोग उत्पन्न होने का भय बन जाता है।

(vi) बालकों में परिणामवादी कल्पना अधिक हो, इसके लिए शिक्षकों को चित्रकारी (drawing), रंगसाजी (painting) आदि में विशिष्ट अभिरुचि दिखाने का प्रयास करना चाहिए।

उपर्युक्त विधियों को अपनाकर बालकों की कल्पनाशक्ति को सही दिशा में विकसित किया जा सकता है।

तर्कणा के अर्थ एवं स्वरूप
(Meaning and Nature of Reasoning)

तर्कणा एक प्रकार का वास्तविक चिंतन (realistic thinking) है। व्यक्ति तर्कणा के माध्यम से अपने चिंतन को क्रमबद्ध (systematic) बनाता है तथा एक निश्चित निष्कर्ष पर तर्क-वितर्क के आधार पर पहुँचता है। रेबर[1] (Reber, 1985) ने तर्कणा के दो अर्थ बताए हैं। सामान्य अर्थ में, तर्कणा एक प्रकार का चिंतन है जिसकी प्रक्रिया तार्किक (logical) तथा संगत (coherent) होती है। विशिष्ट अर्थ में (specifically) तर्कणा समस्या-समाधान व्यवहार है जहाँ अच्छी तरह से निर्मित प्राक्कल्पनाओं की क्रमबद्ध रूप से जाँच की जाती है तथा समाधान तार्किक ढंग से निगमित (deduct) किया जाता है। रेबर के इस विचार से यह स्पष्ट हो जाता है कि तर्कणा में व्यक्ति किसी घटना या विषय के पक्ष तथा विपक्ष में तर्क करते हुए एक परिणाम पर पहुँचता है। उदाहरणार्थ, मान लिया जाए कि कोई छात्र अपने कमरे में टेबुल लैम्प की रोशनी में पढ़ रहा है। अचानक रोशनी बुझ जाती है। अब छात्र के सामने यह समस्या उठ खड़ी होती है कि रोशनी कहाँ से आए ताकि पढ़ाई जारी रखी जा सके। छात्र अपने मन में कई तरह के तर्क करते हुए चिंतन कर सकता है। वह सोच सकता है कि संभवतः बिजली मीटर के बगल का फ्यूज तार (fuse wire) जल गया हो। फिर वह सोच सकता है कि चूँकि बगल के कमरे का बल्ब जल रहा है, अतः जरूर ही लैम्प का बल्ब फ्यूज कर गया होगा। अतः, छात्र बल्ब की जाँच करेगा और उसके बाद यदि वह यह पाता है कि बल्ब भी ठीक है तो स्पष्टतः वह इस निष्कर्ष पर पहुँचेगा कि टेबुल लैम्प का स्विच (switch) खराब हो गया है। परंतु जब वह यह पाता है कि बल्ब स्विच भी ठीक है तो इस निष्कर्ष पर पहुँचता है कि टेबुल लैम्प का होल्डर (holder) जिसमें बल्ब लगा है, वहीं कुछ खराबी होगी। इस उदाहरण में तर्कणा की प्रक्रिया स्पष्ट रूप से झलकती है। छात्र क्रमबद्ध रूप से तर्क करते हुए एक खास परिणाम पर पहुँचता है। इससे तर्कणा के स्वरूप (nature) के बारे में हमें निम्नांकित तथ्य प्राप्त होते हैं—

(i) तर्कणा चिंतन की एक प्रक्रिया है।

(ii) तर्कणा में क्रमबद्धता (systematisation) पाई जाती है।

(iii) तर्कणा में व्यक्ति पक्ष-विपक्ष में तर्क करते हुए एक निश्चित निष्कर्ष पर पहुँचता है।

तर्कणा के प्रकार (Kinds of reasoning)

मनोवैज्ञानिकों ने तर्कणा के निम्नांकित चार प्रकार बताए हैं—

(i) निगमनात्मक तर्कणा (Deductive reasoning)

(ii) आगमनात्मक तर्कणा (Inductive reasoning)

(iii) आलोचनात्मक तर्कणा (Evaluative reasoning)

(iv) सादृश्यवाची तर्कणा (Analogical reasoning)

---

1. Reasoning, in general, refers to "thinking with the implication that the process is logical and coherent. More specifically it is problem solving where well-formed hypotheses are tested systematically and solutions are logically deduced." —Reber, *Psychology,* 1985

इन चारों तरह की तर्कणाओं का वर्णन निम्नांकित है—

(i) निगमनात्मक तर्कणा (Deductive reasoning)—निगमनात्मक तर्कणा वैसी तर्कणा को कहा जाता है जिसमें व्यक्ति पहले से ज्ञात नियमों एवं तथ्यों के आधार पर एक निश्चित निष्कर्ष पर पहुँचने की कोशिश करता है। इस ढंग की तर्कणा मानव एवं पशु दोनों ही द्वारा की जाती है। निगमनात्मक तर्कणा इस तरह के न्यायवाक्यों (syllogism) के आधार पर निकाले गए परिणाम में स्पष्ट रूप से सम्मिलित होते हैं—

जहाँ-जहाँ धुआँ होता है, आग होती है।
पहाड़ पर धुआँ है।
∴ पहाड़ पर आग है।

सभी मनुष्य मरणशील हैं
मोहन एक मनुष्य है।
∴ मोहन मरणशील है।

(ii) आगमनात्मक तर्कणा (Inductive reasoning)—आगमनात्मक तर्कणा वैसी तर्कणा को कहा जाता है जिसमें व्यक्ति दिए गए तथ्यों में अपनी ओर से नया तथ्य जोड़कर एक निश्चित निष्कर्ष पर पहुँचता है। जबतक व्यक्ति इन नए तथ्यों को अपनी ओर से उसमें नहीं जोड़ता, अर्थात इन तथ्यों का सर्जन (create) नहीं करता, समय का समाधान नहीं हो पाता है। रूक[1] (Ruch, 1967) ने आगमनात्मक चिंतन को परिभाषित करते हुए कहा है, "आगमनात्मक चिंतन में चिंतक अपनी कल्पना के आधार पर कुछ ऐसी नयी चीजों को जोड़ता है जो प्रस्तुत आँकड़ों से सीधे ज्ञात नहीं किए जा सकते थे।" इस तरह की तर्कणा सर्जनात्मक चिंतक (creative thinker) द्वारा अधिक प्रयोग में लाई जाती है।

(iii) आलोचनात्मक तर्कणा (Evaluative reasoning)—इस प्रकार की तर्कणा में व्यक्ति किसी वस्तु, घटना के बारे में सोचते समय या किसी समस्या का समाधान करते समय प्रत्येक उपाय के गुण एवं दोष के बारे की परख कर लेता है। वह प्रत्येक विचार (idea) की प्रभावशीलता (effectiveness) को ठीक ढंग से जाँच करके ही अंतिम निर्णय लेता है। दूसरों द्वारा किसी तथ्य या विचार को दिए जाने पर भी उसे वह हू-ब-हू स्वीकार नहीं करता। उसके गुण-दोष की परख के बाद ही वह किसी निश्चित निष्कर्ष पर पहुँचता है।

(iv) सादृश्यवाची तर्कणा (Analogical reasoning)—इस तरह की तर्कणा में उपमा के आधार पर तर्क-वितर्क करते हुए चिंतक किसी निष्कर्ष पर पहुँचता है। जैसे शिक्षक छात्र से यह प्रश्न पूछते हैं कि रानी लक्ष्मीबाई राणा प्रताप के समान एक वीरांगना कैसे थी? इस समस्या के समाधान के लिए छात्र यह सोच सकता है कि रानी लक्ष्मीबाई ने अँगरेजों से हार नहीं मानी थी और ठीक उसी तरह राणा प्रताप ने भी अकबर से हार स्वीकार करना अपने मान के खिलाफ समझा था। अतः, सचमुच राणा प्रताप, जैसे वीर पुरुष के समान ही रानी लक्ष्मीबाई भी एक मशहूर वीरांगना थी। इस तरह के चिंतन को सादृश्यवाची तर्कणा कहा जाता है।

---

1. "In inductive reasoning the thinker, through imagination, adds something new, something not directly derivable from the data on hand."—Ruch, *Psychology and Life,* 1968, p. 337

इस तरह हम देखते हैं कि तर्कणा (reasoning) के कई प्रकार हैं। शिक्षकों को चाहिए कि वे बालकों में इस ढंग से शिक्षण दें कि उनमें उपर्युक्त तरह की तर्कणा (reasoning) का स्वस्थ विकास (healthy development) बाल्यावस्था में ही हो जाए।

तर्कणा में महत्त्वपूर्ण कदम या सोपान (Important Steps in Reasoning)

तर्कणा (reasoning) की एक प्रमुख विशेषता यह बताई गई है कि इसमें क्रमबद्धता (systematisation) होती है। चिंतक कुछ खास-खास सोपानों या चरणों से होते हुए क्रमबद्ध ढंग से किसी समस्या के समाधान के लिए चिंतन करता है। अध्ययनों से यह पता चला है कि तर्कणा में निम्नांकित प्रमुख सोपान (steps) होते हैं—

(i) समस्या की पहचान (Recognition of a problem)

(ii) आँकड़ों का संग्रहण (Collection of data)

(iii) अनुमान पर पहुँचना (Drawing inference)

(iv) अनुमान के अनुसार प्रयोग करना (To do experiment according to inference)

(v) निर्णय करना (Decision-making)।

इन सोपानों का वर्णन उदाहरणसहित निम्नांकित है—

(i) समस्या की पहचान (Recognition of a problem)—प्रत्येक तर्कणा (reasoning) की शुरुआत तभी होती है जब व्यक्ति के सामने कोई समस्या उत्पन्न होती है। समस्या के नहीं रहने पर व्यक्ति द्वारा चिंतन या तर्कणा का कोई प्रश्न ही नहीं उठता। अतः, पहला सोपान व्यक्ति द्वारा समस्या की पहचान का है। उदाहरणस्वरूप, मान लिया जाए कि छात्र अपने कमरे में 'मनोविज्ञान में प्रयोग एवं परीक्षण' नामक पुस्तक की खोज कर रहा है; क्योंकि आज उसे कक्षा में मनोवैज्ञानिक प्रयोग से संबंधित महत्त्वपूर्ण तथ्यों को पढ़ाया जानेवाला है। अतः, समस्या यहाँ है कि उसने अमुक किताब कहाँ रख दी है।

(ii) आँकड़ों का संग्रहण (Collection of data)—इस दूसरे सोपान में व्यक्ति समस्या के समाधान से संबंधित तथ्यों को एकत्र करता है। तथ्यों को एकत्र करने में वह अपनी गत अनुभूतियों का सहारा लेता है। जैसे उक्त उदाहरण में इस दूसरे सोपान पर व्यक्ति यह देखने की कोशिश करेगा कि वह पुस्तक कहाँ-कहाँ रखा करता था। उसके भाई-बहन भी प्रायः उस पुस्तक को काम में लाते थे। अतः, उनसे भी पूछ लेना चाहिए कि कहीं उन्होंने तो पुस्तक नहीं रख दी है।

(iii) अनुमान पर पहुँचना (Drawing inference)—जब व्यक्ति हर तरह के संभावित आँकड़ों का संग्रह कर लेता है तब किसी-न-किसी अनुमान पर पहुँचने की कोशिश करता है। जैसे उपर्युक्त उदाहरण में छात्र इस अनुमान पर पहुँच सकता है कि लगता है कि "हम इस पुस्तक को अपने दोस्त सोहन को 10 दिन पहले दिए थे।"

(iv) अनुमान के अनुसार प्रयोग करना (To do experiment according to inference)—इस सोपान पर व्यक्ति द्वारा लगाए गए अनुमान के अनुसार कार्य किए जाते हैं। जैसे उपर्युक्त उदाहरण में छात्र का यह अनुमान था कि उसने पुस्तक को अपने दोस्त सोहन को 10 दिन पहले ही दे दिया था। अतः, वह सोहन के घर पर जाकर सोहन से उक्त किताब के बारे में पूछताछ करेगा।

(v) **निर्णय करना** (Decision-making)—तर्कणा का यह अन्तिम सोपान होता है जहाँ चिन्तक (thinker) एक निश्चित निष्कर्ष पर पहुँच जाता है। उसके द्वारा लिए गए निर्णय से समस्या का समाधान हो भी सकता है या नहीं भी। यदि समस्या का समाधान नहीं होता है, तो वह पुनः दूसरे तरह का अनुमान लगाकर उसपर कार्य करना प्रारंभ कर देता है। उक्त उदाहरण में सोहन के घर जाने से यदि अमुक किताब मिल जाती है, तब तो समस्या का समाधान हो जाता है। परंतु यदि सोहन यह कहता है कि उसने तो पाँच दिन पहले ही किताब उसे लौटा दी थी, तो अब ऐसी परिस्थिति में छात्र अपने संग्रह किए गए आँकड़ों के आधार पर कोई नया अनुमान लगायेगा और उसी के अनुकूल कार्य करेगा।

इस तरह हम देखते हैं कि तर्कणा एक ऐसी मानसिक प्रक्रिया है जिसमें क्रमबद्धता (systematization) अधिक होती है तथा जिसमें तर्क-वितर्क के सहारे व्यक्ति किसी अनुमान पर है फिर उसके आधार पर अन्तिम निष्कर्ष पर पहुँचता है।

तर्कणा की शिक्षा (Education of Reasoning)

तर्कणा छात्रों के चिंतन का एक मुख्य भाग है। इससे बालकों की शिक्षा में विशेष मदद मिलती है। अतः, न केवल शिक्षकों, बल्कि माता—पिता एवं अभिभावकों का यह कर्तव्य हो जाता है कि बालकों की तर्कणाशक्ति बढ़ाने की समुचित शिक्षा दें। इस सिलसिले में निम्नांकित सुझाव अधिक महत्त्वपूर्ण माने गए हैं—

(i) बालकों में तर्कणाशक्ति को मजबूत बनाने के लिए यह आवश्यक है कि शिक्षक या माता-पिता उनके सामने उपयुक्त समस्या रखें। उपयुक्त समस्या (appropriate problem) से तात्पर्य एक ऐसी समस्या से होता है जो बालक की पूर्व अनुभूति (past experiences) एवं ज्ञान (knowledge) के अनुरूप हो।

(ii) तर्कणा का संबंध एकाग्रता (concentration), अन्वेषण प्रवृत्ति (analytical tendency), बुद्धि आदि से सीधा होता है। अतः, शिक्षकों को चाहिए कि वे इन गुणों का विकास छात्रों में विशेष रूप से करें।

(iii) बालकों को वाद-विवाद प्रतियोगिताओं, प्रश्नोत्तरी कार्यक्रम (quiz programme) आदि में भाग लेने के लिए प्रोत्साहित करना चाहिए। इससे बालकों में तर्कणाशक्ति का विकास अधिक तेजी से होता है।

(iv) बालकों को किसी समस्या का समाधान यथासंभव स्वयं करने देना चाहिए। उन्हें स्वयं करके सीखने एवं अपने अनुभवों के आधार पर सीखने देना चाहिए। इससे उनमें समस्या के समाधान के बारे में सूझ उत्पन्न होती है और उनकी तर्कणाशक्ति भी मजबूत होती है।

(v) शिक्षकों को चाहिए कि छात्र जब भी किसी समस्या का समाधान करें तब वे आगमनात्मक विधि (inductive method) तथा निगमनात्मक विधि (deductive method) दोनों का ही प्रयोग करें। विनाके (Vinacke, 1957) के अनुसार इन दोनों विधियों को संयुक्त रूप से प्रयोग करने में छात्रों की तर्कणाशक्ति में तेजी से वृद्धि होती है।

(vi) बालकों में रटन अधिगम (rote learning) न हो, इसका विशेष ध्यान शिक्षकों द्वारा दिया जाना चाहिए। रटन अधिगम में तर्कणा के द्वार खुलने के बजाए बन्द होने की संभावना अधिक रहती है।

(vii) अभिभावकों को अपना घरेलू वातावरण उत्तेजनापूर्ण (stimulating) रखना चाहिए। घर में आधुनिक मनोरंजन के साधनों के अलावा बालकों के लायक मनोरंजक कहानी आदि की किताबों की भी भरमार होनी चाहिए। इन सबसे बालकों की तर्कणाशक्ति अधिक तेजी से बढ़ती है।

इस तरह हम देखते हैं कि सचेत होकर शिक्षक एवं अभिभावक बालकों की तर्कणाशक्ति (reasoning capacity) में उचित शिक्षा के माध्यम से वृद्धि कर सकते हैं।

अध्याय-सारांश
[Chapter Summary]

1. वातावरण से मिलनेवाली सूचनाओं का मानसिक जोड़-तोड़ (mental manipulation) ही चिंतन कहलाता है। कुछ लोगों ने चिंतन को एक मध्यस्थ प्रक्रिया कहा है जो किसी समस्या या उसके समाधान के बीच में होती है। इसके द्वारा व्यक्ति समस्या के समाधान की ओर अग्रसर होता है।
2. चिंतन के मुख्य दो प्रकार बताए गए हैं—स्वली चिंतन (autistic thinking) तथा यथार्थवादी चिंतन (realistic thinking)। स्वली चिंतन में व्यक्ति अपनी काल्पनिक इच्छाओं एवं विचारों की अभिव्यक्ति करता है। यथार्थवादी चिंतन का संबंध वास्तविकता से होता है।
3. चिंतन के साधन (tools) के रूप में चार तत्त्वों का वर्णन किया गया है—प्रतिमा (image), भाषा (language), संप्रत्यय (concept) तथा प्रतिज्ञप्ति (proposition)।
4. शिक्षा मनोवैज्ञानिकों ने कुछ ऐसे उपायों का वर्णन किया है जिनसे छात्रों में चिंतनशक्ति का विकास हो जाता है। ऐसे आठ सुझावों का वर्णन किया गया है।
5. समस्या-समाधान व्यवहार के शिक्षण में मूलतः पाँच सोपान (steps) बताए गए हैं।
6. कक्षा में समस्या-समाधान को प्रभावित करनेवाले कई कारक (factors) हैं। इन कारकों में छह कारकों को अधिक महत्त्वपूर्ण बताया गया है।
7. गत अनुभूतियों की यादों तथा गत प्रतिमाओं को पुनर्गठित कर एक नई संरचना करने की प्रक्रिया को कल्पना (imagination) की संज्ञा दी जाती है।
8. चिंतन एवं कल्पना दोनों ही उच्चतर मानसिक प्रक्रिया (higher mental process) हैं। इस बिंदु पर समानता होते हुए भी इन दोनों में अंतर है। ऐसे पाँच बिन्दुओं का वर्णन किया गया है।
9. कल्पना के कई प्रकार बताए गए हैं। इन प्रकारों में रचनात्मक कल्पना (constructive imagination), सर्जनात्मक कल्पना (creative imagination), कलात्मक कल्पना (artistic imagination), व्यावहारिक कल्पना (practical imagination) आदि प्रमुख हैं।
10. शिक्षा के लिए कल्पना को एक महत्त्वपूर्ण आधार माना गया है। दस बिन्दुओं के माध्यम से शिक्षा में कल्पना की भूमिका को बताया गया है।
11. कल्पनाशक्ति का विकास कई कारकों से प्रभावित होता है। ऐसे सात कारकों का वर्णन किया गया है।

12. तर्कणा (reasoning) एक तरह का यथार्थवादी चिंतन (realistic thinking) होता है जिसमें क्रमबद्ध रूप से व्यक्ति किसी समस्या के समाधान के लिए पक्ष-विपक्ष में तर्क करते हुए एक निश्चित निष्कर्ष पर पहुँचता है।

13. तर्कणा के चार प्रकारों का वर्णन किया गया है—निगमनात्मक चिंतन (deductive reasoning), आगमनात्मक चिंतन (inductive reasoning), आलोचनात्मक चिंतन (evaluative reasoning) एवं सादृश्यवाची तर्कणा (analogical reasoning)।

14. तर्कणा में चूँकि क्रमबद्धता होती है, इसलिए इसमें चिन्तक (thinker) निश्चित सोपानों (steps) के माध्यम से किसी समस्या के बारे में एक निश्चित निष्कर्ष पर पहुँचता है। ऐसे सोपानों की संख्या पाँच है।

15. मनोवैज्ञानिकों ने कुछ ऐसे उपायों का वर्णन किया है जिनके माध्यम से बालकों में तर्कणाशक्ति की शिक्षा देकर उनका समुचित विकास किया जा सकता है।

❑

अध्याय 23

वैयक्तिक विभिन्नता एवं शिक्षा

[INDIVIDUAL DIFFERENCE AND EDUCATION]

मुख्य बिंदु (Main Points)

1. वैयक्तिक विभिन्नता के अर्थ एवं स्वरूप (Meaning and Nature of Individual Difference)
2. वैयक्तिक विभिन्नता के प्रकार या क्षेत्र (Kinds or Areas of Individual Difference)
3. वैयक्तिक विभिन्नता के कारण (Causes of Individual Difference)
4. वैयक्तिक विभिन्नता के अध्ययन की विधियाँ (Methods of Studying Individual Differences)
5. वैयक्तिक विभिन्नता के अध्ययन का शिक्षा में महत्त्व (Importance of the Study of Individual Difference in Education)

वैयक्तिक विभिन्नता के अर्थ एवं स्वरूप
(Meaning and Nature of Individual Difference)

किन्हीं दो व्यक्तियों की आदत, शीलगुण, बुद्धि एवं अन्य व्यवहारों में जो अंतर होता है, उसे वैयक्तिक विभिन्नता कहा जाता है। इस ढंग की वैयक्तिक विभिन्नता शारीरिक एवं मानसिक गुणों में तो स्पष्टतः झलकती है, परन्तु अन्य क्षेत्रों या गुणों में भी वैयक्तिक विभिन्नता परोक्ष रूप से पाई जाती है। राम श्याम से अधिक लम्बा एवं गोरा हो सकता है। यह शारीरिक गुणों में विभिन्नता का उदाहरण है। राम श्याम से अधिक बुद्धि का हो सकता है। यह मानसिक गुण में वैयक्तिक विभिन्नता का उदाहरण है। रेबर[1] (Reber, 1985) ने वैयक्तिक विभिन्नता को परिभाषित करते हुए कहा है, "एक ऐसी मनावैज्ञानिक घटना के लिए यह नाम दिया जाता है जो उन विशेषताओं या शीलगुणों पर बल डालता है जिनके अनुसार वैयक्तिक जीवन भिन्न होते दिखाए जा सकते हैं।"

इस सरल परिभाषा से स्पष्ट है कि वैयक्तिक विभिन्नता का संबंध मूलतः जीवों या प्राणियों के गुणों या विशेषताओं से होता है। इस खयाल से वैयक्तिक विभिन्नता को दो मुख्य श्रेणियों में रखा जा सकता है—व्यक्ति के अंदर विभिन्नताएँ (differences within the person) तथा एक व्यक्ति से दूसरे व्यक्ति में विभिन्नता। पहले तरह की वैयक्तिक विभिन्नता को अंतरावैयक्तिक विभिन्नता (intraindividual difference) तथा दूसरे तरह की वैयक्तिक विभिन्नता को अंतर्वैयक्तिक

1. Individual difference may be defined as "a label used for an approach to psychological phenomena that focuses on characteristics or traits along which individual organisms may be shown to differ."—Reber, *Psychology,* 1984, p. 351

विभिन्नता (interindividual difference) कहा जाता है। एक व्यक्ति पढ़ने में काफी तेज हो सकता है, परंतु कोई अमुक खेल खेलने, जैसे फुटबॉल खेलने या क्रिकेट खेलने में उतना तेज नहीं हो सकता। उसी तरह व्यक्ति किसी चीज या तथ्य को लिखकर अच्छे ढंग से व्यक्त कर सकता है परन्तु उसी तथ्य को बोलकर वह ठीक ढंग से व्यक्त नहीं कर सकता। ये सभी अंतरावैयक्तिक विभिन्नता के उदाहरण हैं। एक व्यक्ति का दूसरे व्यक्ति की अपेक्षा अधिक लम्बा होना, अधिक गोरा होना, अधिक बुद्धि का होना आदि अंतरवैयक्तिक विभिन्नता के उदाहरण हैं।

वैयक्तिक विभिन्नता (individual difference) के स्वरूप (nature) को ठीक ढंग से समझने के लिए यह आवश्यक है कि उसकी कुछ विशेषताओं (characteristics) की ओर ध्यान दिया जाए। स्कीन्नर (Skinner, 1962) के अनुसार इन विशेषताओं में निम्नांकित प्रमुख हैं—

(i) **विभिन्नता** (Variability)—विभिन्नता से तात्पर्य किसी समूह के व्यक्तियों के विभिन्न तरह के शीलगुणों (traits) में पाए जानेवाले अंतर से होता है। अतः, वैयक्तिक विभिन्नता की पहली विशेषता यह है कि कोई भी शीलगुण समूह के दो व्यक्तियों में समान मात्रा में नहीं पाया जाता है।

(ii) **प्रसामान्यता** (Normality)—प्रसामान्यता एक सांख्यिकीय संप्रत्यय (statistical concept) है जिसके सहारे वैयक्तिक विभिन्नता की व्याख्या की गई है। प्रसामान्यता से तात्पर्य यह होता है कि व्यक्तियों के समूह को यदि किसी शीलगुण पर मापा जाए, तो बहुत ही कम व्यक्तियों में वह शीलगुण अधिक या कम मात्रा में होगा और अधिकतर व्यक्ति ऐसे होंगे जिनमें वह शीलगुण अधिक मात्रा में होगा। उदाहरणस्वरूप, अगर किसी भी कक्षा (classroom) में जाकर छात्रों की बुद्धि की माप करें तो हम पाएँगे कि बहुत ही कम छात्र प्रखर बुद्धि के हैं और उसी तरह बहुत ही कम छात्र मन्द बुद्धि के हैं। अधिकतर छात्र सामान्य बुद्धि (normal intelligence) के हैं।

(iii) **वर्द्धन की विभेदीय दर** (Differential rate of growth)—बालकों के शारीरिक विकास एवं परिपक्वता (maturation) में अंतर पाया जाता है। सभी बालकों के लिए शारीरिक विकास एवं परिपक्वता की दर (rate) एक समान न होकर भिन्न-भिन्न होती है। यहाँ तक कि एक ही उम्र के सभी बालकों में परिपक्वता तथा शारीरिक विकास में विभिन्नता पाई जाती है।

(iv) **सीखने की विभेदीय दर** (Differential rate of learning)—एक ही उम्र के बालकों में सीखने की क्षमता अलग-अलग होती है। कुछ बालकों में यह क्षमता अधिक होती है तो कुछ बालकों में यह क्षमता कम होती है। सीखने की क्षमता में अंतर के कई कारणों में एक कारण समान उम्र के बालकों में शारीरिक विकास एवं परिपक्वता में विभिन्नता प्रमुख बताया गया है।

(v) **शीलगुणों के परस्पर संबंध** (Inter-relationship of traits)—वैयक्तिक विभिन्नता की एक विशेषता यह है कि किसी एक शीलगुण में अंतर दूसरे शीलगुण को प्रभावित कर देता है; क्योंकि सभी शीलगुण किसी-न-किसी ढंग से आपस में संबंधित होते हैं। जैसे यदि कोई बालक यह महसूस करता है कि कक्षा में शिक्षक द्वारा उसकी अवहेलना की जाती है, तो इससे उस छात्र की स्कूल में अभिरुचि (interest) एवं उपलब्धि (achievement) तो प्रभावित हो ही सकती है, साथ-ही-साथ उसकी मानसिक मनोदशा (mental condition) तथा उसका मानसिक स्वास्थ्य भी प्रभावित हो सकती है।

(vi) **आनुवंशिकता तथा वातावरण का प्रभाव** (Influence of heredity and environment)—वैयक्तिक विभिन्नता की एक विशेषता यह है कि इसपर आनुवंशिकता तथा वातावरण का प्रभाव पड़ता है। कुछ शीलगुण ऐसे होते हैं, जिनका विकास आनुवंशिकता के कारण होता है; कुछ

शीलगुण अर्जित (acquired) होते हैं; क्योंकि इनपर वातावरण का प्रभाव अधिक पड़ता है तथा कुछ शीलगुण ऐसे होते हैं जिनपर दोनों का प्रभाव काफी पड़ता है। इन तीनों तरह के शीलगुणों के कारण व्यक्ति में विभिन्नता (differences) उत्पन्न होती है।

स्पष्ट हुआ कि वैयक्तिक विभिन्नता में किसी एक व्यक्ति की आपसी विभिन्नता तथा उसकी अन्य विभिन्नता दोनों का अध्ययन किया जाता है। इसकी विशेषताओं (characteristics) से यह स्पष्ट हो जाता है कि वैयक्तिक विभिन्नता एक बहुविमीय संप्रत्यय (multidimensional concept) है।

वैयक्तिक विभिन्नता के प्रकार या क्षेत्र (Kinds or Areas of Individual Difference)

अध्ययनों से यह स्पष्ट हो गया है कि व्यक्ति के जीवन के भिन्न-भिन्न क्षेत्रों में वैयक्तिक विभिन्नता (individual difference) पाई जाती है। अतः, वैयक्तिक विभिन्नता के कई प्रकार हैं। प्रमुख ऐसे प्रकारों या क्षेत्रों का वर्णन निम्नांकित है—

(1) **शारीरिक विकास** (Physical development)—शारीरिक विकास में विभिन्नता एक ऐसी विभिन्नता है जिसका प्रत्येक व्यक्ति स्पष्ट रूप से प्रत्यक्षण कर सकता है। इसके लिए किसी विशेष उपकरण (apparatus) या विशेष प्रशिक्षण की जरूरत नहीं होती है। हम स्पष्टतः देखते हैं कि कोई व्यक्ति अधिक गोरा है तथा कोई व्यक्ति अधिक साँवला है, आदि-आदि। एक ही उम्र के बालकों के शारीरिक विकास एवं परिपक्वता में स्पष्ट अंतर देखने को मिलता है। शिक्षकगण इस तरह के ज्ञान का विशेष फायदा कक्षा के शिक्षण (classroom teaching) में उठा सकते हैं।

(2) **मानसिक विकास** (Mental development)—वैयक्तिक विभिन्नता का दूसरा प्रमुख क्षेत्र मानसिक विकास है। विभिन्न उम्र के व्यक्तियों के मानसिक विकास में तो अंतर होता ही है, साथ-ही-साथ एक ही उम्र के बालकों के मानसिक विकास में, विशेषकर उनके बुद्धि-स्तर (intelligence level) में अंतर होता है। फ्रीमैन तथा फ्लोरी (Freeman & Flory, 1967) द्वारा किए गए अध्ययन से यह स्पष्ट हो गया है कि स्कूल के छात्रों की बुद्धि का मापन करने में उनमें प्रसामान्यता की विभिन्नता (difference of normality) पाई जाती है। दूसरे शब्दों में, कुछ ही बच्चे ऐसे होते हैं जो प्रखर बुद्धि के अर्थात जिनकी बुद्धिलब्धि (IQ) 120 या इससे ऊपर होती है और उसी ढंग से कुछ ही व्यक्ति ऐसे होते हैं जो मन्द बुद्धि के अर्थात जिनकी बुद्धि-स्तर 90 से नीचे होती है। अधिकतर छात्रों की बुद्धिलब्धि 100 से 110 के बीच ही होती है।

(3) **सांवेगिक विभिन्नता** (Emotional differences)—बालकों में सांवेगिक विभिन्नता भी पाई जाती है। कुछ बालकों में क्रोध, भय, डाह आदि जैसे संवेग अधिक होते हैं तो कुछ बालकों में इन संवेगों की कमी पाई जाती है। कुछ बालकों में स्नेह, प्यार आदि जैसे संवेग की प्रधानता होती है, तो कुछ बालकों में सहानुभूति तथा परोपकारिता (altruism) की प्रधानता होती है। यहाँ तक कि एक ही परिस्थिति में कुछ छात्रों में एक तरह का संवेग उत्पन्न होता है तो कुछ दूसरे छात्रों में दूसरे तरह का संवेग एवं भाव (feeling) की उत्पत्ति होती है।

(4) **सामाजिक विकास** (Social development)—सामाजिक विकास में भी बालकों में स्पष्ट विभिन्नता पाई जाती है। कुछ बालक अधिक संकोचशील एवं लज्जालु होते हैं तो कुछ बालक साहसी एवं बहादुर होते हैं। कुछ बालक कक्षा के नेतृत्व को अपने दामन में समेटना पसंद करते हैं तो

कुछ बालक इसे सिरदर्द समझकर अपना दामन छुड़ाना चाहते हैं। यहाँ तक कि सामाजिक परिस्थिति समान रहने पर भी विभिन्न बालकों द्वारा विभिन्न तरह की सामाजिक प्रतिक्रियाएँ (social reactions) की जाती हैं।

(5) उपलब्धियों में अंतर (Difference in achievements)—बालकों या छात्रों की उपलब्धियों में कई कारणों से विभिन्नता पाई जाती है। एक ही उम्र, एक ही बुद्धि एवं एक ही कक्षा में पढ़नेवाले छात्रों की शैक्षिक उपलब्धियाँ (educational achievement) हमेशा समान नहीं होती हैं। कोई-कोई ऐसे छात्र की शैक्षिक उपलब्धियाँ काफी अधिक होती हैं तो कोई-कोई ऐसे छात्र की शैक्षिक उपलब्धियाँ काफी कम होती हैं। स्कीन्नर (Skinner, 1962) तथा बेले (Bayley, 1991) के अनुसार ऐसे छात्रों की शैक्षिक उपलब्धियों में अंतर का प्रमुख कारण उनकी अभिरुचि, प्रेरणा (motivation) तथा अभ्यास (practice) में अंतर होता है।

(6) भाषा विकास (Language development)—बालकों में वैयक्तिक विभिन्नता भाषा विकास के क्षेत्र में भी पाया जाता है। समान उम्र के बालकों में भाषा समान रूप से विकसित नहीं होती है। कुछ बालकों में लिखने, बोलने तथा समझने की शक्ति अधिक विकसित होती है तो कुछ में कम होती है। इस कारण भी समान उम्र एवं बुद्धि के बालकों की शैक्षिक उपलब्धि में अंतर हो जाता है।

(7) अभिरुचियों एवं अभिक्षमता में विभिन्नता (Differences in interest and aptitudes)—छात्रों की अभिरुचि में स्पष्ट अंतर होता है। कुछ छात्रों की अभिरुचि अँगरेजी में अधिक होती है तो कुछ छात्रों की अभिरुचि गणित में अधिक होती है। कोई छात्र संस्कृत पढ़ने में अधिक अभिरुचि दिखाता है तो कोई समाज अध्ययन में। इसी तरह कोई छात्र खेलकूद में अधिक रुचि रखता है तो कोई छात्र सैर (excursion) में। छात्रों में अंतर रुचि में ही नहीं बल्कि अभिक्षमता (aptitude) में भी होती है। कुछ छात्रों में गाना गाने की अभिक्षमता या अन्तःशक्ति (potentiality) अधिक होती है तो कुछ छात्रों में गणित सीखने की अभिक्षमता या अन्तःशक्ति अधिक होती है। कुछ छात्रों की यांत्रिक अभिक्षमता अधिक विकसित होती है, तो कुछ छात्रों की संख्यात्मक अभिक्षमता (numerical aptitude) अधिक विकसित होती है। इस तरह छात्रों में विभिन्नता अभिक्षमता एवं अभिरुचि के खयाल से भी होता है।

(8) यौन विभिन्नताएँ (Sex differences)—यौन विभिन्नताएँ भी स्पष्ट रूप से व्यक्तियों के बीच देखने को मिलती हैं। लड़कियों का शारीरिक विकास लड़कों के शारीरिक विकास से तीव्रता से होता है। लड़कों का शरीर पेशीय (muscular) एवं भारी होता है जबकि लड़कियों का शरीर कोमल, मुलायम तथा समान उम्र के लड़कों की अपेक्षा हल्का होता है। लड़कियों की आवाज में मधुरता होती है जबकि लड़कों की आवाज में कर्कशता अधिक होती है।

(9) व्यक्तित्व विभिन्नता (Differences in personality)—बालकों के व्यक्तित्व में भी विभिन्नता पाई जाती है। कोई बालक अन्तर्मुखी (introvert) होते हैं तो कोई बहिर्मुखी (extrovert) होते हैं। किसी में नेतृत्व-संबंधी गुण अधिक होता है तो किसी में अनुयायी बनने का गुण अधिक होता है। कैटेल (Cattell, 1945) के अनुसार किसी-किसी व्यक्ति में कार्डिनल शीलगुण (cardinal triats) होते हैं जिनसे वे विख्यात होते हैं परन्तु अधिकतर छात्रों में ऐसे शीलगुण नहीं होते और वे केन्द्रीय शीलगुण (central traits) से ही प्रभावित होते हुए पाए जाते हैं।

(10) ज्ञानात्मक तथा क्रियात्मक क्षमताओं में अंतर (Differences in sensory and motor capacities)—बालकों में अंतर ज्ञानात्मक क्षमता तथा क्रियात्मक क्षमता के खयाल से भी होता पाया गया है। विभिन्न अध्ययनों से यह पता चला है कि कुछ छात्रों में क्रियात्मक नियंत्रण (motor control) तथा ज्ञानात्मक-क्रियात्मक समन्वय (sensory-motor coordination) की क्षमता अधिक होती है, जबकि कुछ छात्रों में ऐसी क्षमताएँ सामान्य होती हैं। इसका परिणाम यह होता है कि कुछ छात्र उन कार्यों में अधिक श्रेष्ठ होते हैं जिनमें ज्ञानात्मक-क्रियात्मक समन्वय की अधिकता होती है।

इस तरह हम देखते हैं कि वैयक्तिक विभिन्नता (individual differences) के कई प्रकार हैं या यों कहा जाए कि छात्रों में वैयक्तिक विभिन्नता कई क्षेत्रों में पाई जाती है।

वैयक्तिक विभिन्नता के कारण (Causes of Individual Difference)

वैयक्तिक विभिन्नता के कई कारण बताए गए हैं, जिनमें निम्नांकित प्रमुख हैं—

(1) आनुवंशिकता (Heredity)—वैयक्तिक विभिन्नता का एक प्रमुख कारण आनुवंशिकता होती है। प्रायः देखा गया है कि बुद्धिमान एवं उत्तम शीलगुणवाले माता-पिता के बच्चों में भी उत्तम शीलगुण होते हैं तथा उनका भी बुद्धि-स्तर श्रेष्ठ होता है। परंतु चोर एवं उचक्के माता-पिता के बच्चों में भी वैसे ही गुण विकसित हो जाते हैं। इसका कारण स्पष्टतः आनुवंशिकता है। जुड़वाँ बच्चों (twin children) पर किए गए अध्ययनों से यह स्पष्ट हो जाता है कि एकांडी जुड़वाँ बच्चों (identical twin children) का शीलगुण सामान्य बच्चों या भ्रात्रीय जुड़वाँ बच्चों (fraternal twin children) के शीलगुणों से भिन्न होता है। इसका स्पष्ट कारण आनुवंशिकता (heredity) में अंतर है। एकांडी जुड़वाँ बच्चों की आनुवंशिकता 100% समान होती है जबकि अन्य बच्चों की आनुवंशिकता मात्र 50% ही समान होती है।

(2) वातावरण (Environment)—वैयक्तिक विभिन्नता का कारण वातावरण भी है। एक ही माँ-बाप के सभी संतान एकसमान नहीं होते। क्यों? इसका स्पष्ट कारण वैयक्तिक विभिन्नता है। वातावरण में भौतिक वातावरण (physical environment) तथा सामाजिक वातावरण (social environment) का प्रभाव वैयक्तिक विभिन्नता पर सर्वाधिक पड़ता है। जिस देश के भौतिक वातावरण में ठंड की प्रधानता होती है जैसे इंगलैण्ड, अमरीका, रूस आदि देशों का वातावरण जिसमें सालों भर ठंड ही ठंड होती है, वहाँ के लोग अधिक फुर्तीले एवं गोरे होते हैं। दूसरी तरफ, गर्म वातावरण के लोगों में आलसीपन अधिक होता है एवं उनका रंग भी श्याम अधिक होता है। उसी तरह यदि बालक एक ऐसे परिवार से आता है जिसे सामाजिक रूप से सबल (socially advantaged) कहा जाता है, तो उसका आचरण, चरित्र एवं व्यक्तित्व शीलगुण वैसे बालकों से भिन्न होता है जो सामाजिक रूप से दुर्बल (socially disadvantaged) परिवार से आते हैं। अतः, स्पष्ट है कि वैयक्तिक विभिन्नता का एक कारण वातावरण भी है।

(3) प्रजाति एवं राष्ट्रीयता (Race and nationality)—वैयक्तिक विभिन्नता का एक प्रमुख कारण प्रजाति एवं राष्ट्रीयता है। विभिन्न प्रजाति के बालकों के शारीरिक, मानसिक, सामाजिक, संवेगात्मक विकास में कुछ-न-कुछ विभिन्नता अवश्य देखने को मिलती है। शायद यही कारण है कि एक जनजाति (tribal people) के बालकों के शीलगुण एवं बुद्धि एक अजनजाति (non-trible people) के शीलगुण एवं बुद्धि से भिन्न होते हैं। राष्ट्र के प्रभाव से भी बालकों की आदत, शीलगुण, चरित्र आदि में विभिन्नता पाई जाती है। शायद यही कारण है कि एक भारतीय बालक की

आदत, शीलगुण एवं चारित्रिक विशेषताएँ एक अमेरिकन बालक की आदत, शीलगुण एवं चारित्रिक विशेषताओं से भिन्न होती हैं।

(4) आयु एवं बुद्धि (Age and intelligence)—वैयक्तिक विभिन्नता का एक कारण व्यक्ति की आयु एवं बुद्धि भी है। जैसे-जैसे व्यक्ति की आयु बढ़ती जाती है, उसका शारीरिक कद, भाषा विकास, सामाजिक विकास एवं मानसिक विकास भी अधिक होता जाता है और स्पष्ट रूप से वैयक्तिक विभिन्नता पाई जाती है। बालकों की आयु में वृद्धि होने से उनकी बुद्धि भी प्रभावित होती है। अन्य बातें समान रहने पर, जैसे-जैसे व्यक्ति की आयु में वृद्धि होती जाती है, व्यक्ति की बुद्धि में भी स्पष्ट अंतर होता जाता है। शायद यही कारण है कि एक 8 साल के बच्चे का बुद्धि-स्तर 16 साल के बच्चे के बुद्धि-स्तर से भिन्न होता है। स्पष्ट हुआ कि व्यक्ति की आयु एवं बुद्धि में विभिन्नता भी वैयक्तिक विभिन्नता का एक प्रमुख स्रोत है।

(5) परिपक्वन (Maturation)—वैयक्तिक विभिन्नता का एक कारण परिपक्वन में अंतर है। कुछ बालक शारीरिक एवं मानसिक रूप से अधिक परिपक्व (mature) होते हैं तथा कुछ बालकों में शारीरिक एवं मानसिक परिपक्वन अपनी उम्र के अनुसार जितनी होनी चाहिए उतनी नहीं होती है। इसका परिणाम यह होता है कि कुछ बालक शरीर से काफी हृष्ट-पुष्ट होते हैं तथा तीव्र बुद्धि के भी होते हैं जबकि कुछ बालक अपनी उम्र के अन्य बालकों से शारीरिक एवं मानसिक रूप से अधिक कमजोर भी होते हैं।

(6) लिंग (Sex)—वैयक्तिक विभिन्नता का एक प्रमुख स्रोत लिंग (sex) भी होता है। लड़के शारीरिक रूप से अधिक सबल एवं मजबूत होते हैं जबकि लड़कियाँ शारीरिक रूप से दुर्बल एवं मुलायम मांसपेशियोंवाली होती हैं। इतना ही नहीं, लिंग-भिन्नता के कारण लड़के अधिक क्रोधी एवं आक्रामक स्वभाव के होते हैं जबकि लड़कियों में सहनशीलता ज्यादा होती है तथा उनमें क्रोध काफी कम होता है।

(7) आर्थिक स्थिति एवं शिक्षा (Economic condition and education)—बालकों में विभिन्नता का एक कारण आर्थिक स्थिति है। आर्थिक स्थिति अच्छा नहीं होने से बालकों का शारीरिक स्वास्थ्य एवं मानसिक स्वास्थ्य दोनों ही प्रभावित हो जाता है। यही कारण है कि गरीब परिवार के बच्चे अधिकांशतः अपनी गरीबी के कारण खराब शारीरिक स्वास्थ्यवाले एवं कम अभियोजनशील होते हैं। शिक्षा से बालकों में विभिन्नता आती है। कहना न होगा कि एक शिक्षित बालक की आदत एवं आचरण एक अशिक्षित बालक के आचरण एवं आदत से क्यों इतना भिन्न होता है। शिक्षा से सिर्फ बालकों के ही व्यवहार में विभिन्नता नहीं आती है बल्कि वयस्कों के भी व्यवहार में विभिन्नता आती है।

इस तरह स्पष्ट हो जाता है कि वैयक्तिक विभिन्नता के कई कारण हैं। इन कारणों के ज्ञान होने से शिक्षक अध्ययन कार्य में विशेष रूप से लाभान्वित हो जाते हैं।

वैयक्तिक विभिन्नता के अध्ययन की विधियाँ (Methods of Studying Individual Differences)

मनोवैज्ञानिकों ने वैयक्तिक विभिन्नता का अध्ययन करने के लिए कई विधियों का प्रतिपादन किया है, जिनमें निम्नांकित मशहूर हैं—

(1) बुद्धि-परीक्षण (Intelligence test)—बुद्धि के आधार पर बालकों में स्पष्ट विभिन्नता पाई जाती है। अतः, बुद्धि मापकर हम बुद्धि के खयाल से होनेवाली वैयक्तिक विभिन्नता को माप सकते

हैं। मनोवैज्ञानिकों ने अनेक तरह के बुद्धि-परीक्षण का निर्माण किया है। सामान्यतः बुद्धि-परीक्षणों के प्राप्तांकों (scores) के आधार पर बुद्धिलब्धि (intelligence quotient) ज्ञात करते हैं और इस बुद्धिलब्धि के आधार पर स्पष्ट रूप से हम बालकों की बौद्धिक विभिन्नता के अंतर का अध्ययन कर पाते हैं।

(2) उपलब्धि परीक्षण (Achievement test)—बालकों में वैयक्तिक विभिन्नता का एक प्रमुख स्रोत (source) उपलब्धि, विशेषकर शैक्षिक उपलब्धि (educational achievement) होती है। अतः, शैक्षिक उपलब्धि को मापकर हम वैयक्तिक विभिन्नता की मात्रा का अंदाज लगा सकते हैं। मनोवैज्ञानिकों ने भिन्न-भिन्न विषयों में शैक्षिक उपलब्धि की माप के लिए अलग-अलग परीक्षण (tests) बनाए हैं जिनके आधार पर हम छात्रों में शैक्षिक उपलब्धि के खयाल से होनेवाली वैयक्तिक विभिन्नता का मापन कर सकते हैं।

(3) संवेग परीक्षण (Test of emotion)—बालकों की वैयक्तिक विभिन्नता का अध्ययन संवेग परीक्षण के आधार पर भी किया गया है। विशेष परीक्षणों एवं उपकरणों (apparatus) के माध्यम से बालकों की संवेगात्मकता के स्तर का मापन करके यह आसानी से सुनिश्चित किया जा सकता है कि कौन बालक संवेगात्मक रूप से अधिक स्थिर है तथा कौन बालक संवेगात्मक रूप से कम स्थिर है। ऐसे बालकों में संवेगात्मक स्थिरता की मात्रा कितनी है, आदि-आदि।

(4) अभिक्षमता परीक्षण (Aptitude test)—मनौवैज्ञानिकों ने कई तरह के अभिक्षमता परीक्षणों का निर्माण किया है। इन अभिक्षमता परीक्षणों के माध्यम से यह आसानी से सुनिश्चित कर लिया जाता है कि बालकों में अमुक अभिक्षमता के खयाल से कितनी विभिन्नता है। इसका विशेष फायदा शिक्षकों को होता है। शिक्षक उसी के अनुसार बालकों के शिक्षण दिए जाने का स्तर तय करते हैं।

(5) अभिरुचि परीक्षण (Interest test)—अभिरुचि परीक्षण के आधार पर भी बालकों की वैयक्तिक विभिन्नता का अध्ययन आसानी से किया जाता है। अभिरुचि के खयाल से बालकों में काफी विभिन्नता पाई जाती है। कुछ बालकों की अभिरुचि कुछ खास-खास विषयों में अधिक होती है जबकि अन्य दूसरे विषयों में उनकी अभिरुचि कम होती है। अभिरुचि परीक्षणों के माध्यम से इस तरह की वैयक्तिक विभिन्नता का काफी आसानी से अध्ययन कर लिया जाता है।

(6) व्यक्तित्व परीक्षण (Personality test)—छात्रों के व्यक्तित्व शीलगुणों (personality traits) में स्पष्ट विभिन्नता होती है जिसका अध्ययन विभिन्न तरह के व्यक्तित्व परीक्षणों के आधार पर आसानी से किया जाता है। इन विभिन्न परीक्षणों के माध्यम से यह आसानी से सुनिश्चित किया जाता है कि एक व्यक्ति या छात्र के शीलगुणों में अन्य छात्रों एवं व्यक्तियों के शीलगुणों से कितनी अधिक या कम विभिन्नता है।

इस तरह हम देखते हैं वैयक्तिक विभिन्नता का अध्ययन करने की कई विधियों का वर्णन किया गया है। अपने उद्देश्य एवं अभिरुचि के खयाल से शिक्षक या शिक्षा मनोवैज्ञानिक इनमें कोई भी एक या एक से अधिक परीक्षणों के माध्यम से वैयक्तिक विभिन्नता का अध्ययन कर सकते हैं।

वैयक्तिक विभिन्नता के अध्ययन का शिक्षा में महत्त्व
(Importance of the Study of Individual Difference in Education)

प्रायः यह देखा गया है कि शिक्षक यह जानते हुए भी कि एक ही कक्षा (classroom) के छात्रों में वैयक्तिक विभिन्नता होती है, उन सभी छात्रों को एक साथ बैठाकर, एक ही अध्यापन विधि द्वारा एक ही पाठ्यक्रम (curriculum) की शिक्षा देते हैं। सच्चाई यह है कि ऐसी परिस्थिति में छात्रों को उतना लाभ नहीं होता जितना कि होना चाहिए। अतः, समस्या यह उठती है कि छात्रों की वैयक्तिक विभिन्नता के आलोक में उन्हें कैसी शिक्षा दी जाए जिससे कि वे अधिक-से-अधिक लाभान्वित हो सकें। इस समस्या के समाधान के लिए यह आवश्यक है कि निम्नांकित कारकों को ध्यान में रखा जाए—

(1) **समूहीकरण या वर्गीकरण** (Grouping or Classification)—उचित शिक्षा के लिए यह आवश्यक है कि छात्रों का अलग-अलग समूहीकरण या वर्गीकरण किया जाए। प्राचीन काल में उम्र के आधार पर छात्रों को विभिन्न वर्गों या समूहों में बाँटकर अध्ययन किया जाता था। परंतु आजकल यह प्रथा समाप्त हो गई है और अब छात्रों को बुद्धि के आधार पर समूहीकरण किया जाना प्रारंभ हुआ है। इस कसौटी पर छात्रों को प्रखर बुद्धिवाला समूह, सामान्य बुद्धिवाला समूह एवं निम्न बुद्धिवाला समूह में बाँट दिया जा सकता है और उसी के अनुकूल शिक्षा की व्यवस्था की जानी चाहिए। इससे छात्रों को शिक्षा से सर्वाधिक लाभ होगा। कुछ मनोवैज्ञानिकों का सुझाव यह है कि इस तरह का तैयार किया गया समूह यदि बुद्धि के अलावा अन्य कारकों जैसे अभिरुचि (interest), अभिक्षमता (aptitude) आदि के खयाल से भी समरूप (homogeneous) बना लिया जाए, तो इस परिस्थिति में दी गई शिक्षा और अधिक उत्तम होगी।

(2) **पाठ्यक्रम** (Curriculum)—शिक्षकों को विभिन्न समूहों के छात्रों के लिए एकसमान पाठ्यक्रम (curriculum) नहीं बनाकर उस समूह की बुद्धि, अभिरुचि एवं अभिक्षमता (aptitude) के अनुकूल पाठ्यक्रम तैयार करना चाहिए। इससे छात्रों को अधिक-से-अधिक लाभ होगा। प्रत्येक समूह के बनाए गए पाठ्यक्रम को कठोर (rigid) न होकर लचीला (flexible) होना चाहिए ताकि उसमें आवश्यकतानुसार परिवर्तन किया जा सके।

(3) **शारीरिक भिन्नता** (Physical differences)—कक्षा के सभी छात्र शारीरिक रूप से एकसमान नहीं होते। कुछ छात्र छोटे कद के होते हैं, तो कुछ छात्र लम्बे कद के। कुछ छात्रों को कम दिखाई देता तथा कम सुनाई देता है। इस तरह की शारीरिक विभिन्नता के अनुसार शिक्षकों को कक्षा में छात्रों के बैठने का स्थान सुनिश्चित करना चाहिए। छोटे कद एवं कम दिखाई एवं सुनाई देनेवाले छात्रों को कक्षा में अगले बेंच पर बैठने की व्यवस्था होनी चाहिए अन्यथा वे कक्षा में दी जानेवाली शिक्षा से अधिक लाभान्वित न हो पाएँगे।

(4) **अध्यापन विधियाँ** (Methods of teaching)—शिक्षकों को चाहिए कि अध्यापन विधियों का चयन छात्र की श्रेणी के अनुसार करें। तीव्र बुद्धि के छात्रों को पढ़ाने की विधि कम बुद्धि के छात्रों को पढ़ाने की विधि से भिन्न होनी चाहिए। अगर इन सभी तरह के बालकों को एक ही तरह की अध्यापन विधि से पढ़ाया जाता है, तो इससे छात्रों को कोई खास लाभ नहीं पहुँचेगा और शिक्षा व्यर्थ जाएगी।

(5) व्यवसाय-संबंधी शिक्षा (Vocational guidance)—सभी बालकों का रूझान विभिन्न तरह के व्यवसाय के प्रति समान नहीं रहता। कोई छात्र किसी अमुक व्यवसाय को अधिक पसंद करता है तो दूसरा छात्र दूसरे तरह के व्यवसाय को अधिक पसंद करता है। इस वैयक्तिक विभिन्नता के आलोक में शिक्षकों को चाहिए कि वे छात्रों को शिक्षा दें। इससे बालकों में आत्मसंतुष्टि अधिक होगी और आत्मनिर्भरता (self-dependency)-जैसे शीलगुणों का विकास होगा।

(6) गृह-कार्य का दिया जाना (Assignment of home task)—शिक्षक छात्रों को गृह-कार्य देते हैं। गृह-कार्य देते समय वैयक्तिक विभिन्नता का ज्ञान शिक्षक के लिए विशेष उपयोगी सिद्ध होता है। गृह-कार्य देते समय शिक्षक छात्र की बुद्धि, अभिक्षमता, रूझान का स्तर एवं उसकी घरेलू परिस्थितियों को यदि ध्यान में रखते हैं तो इससे शिक्षक ठीक मात्रा में गृह-कार्य छात्रों को दे पाएँगे और उसे छात्र भी ठीक ढंग से पूरा करके लाएँगे।

स्पष्ट हुआ कि वैयक्तिक विभिन्नता के ज्ञान से शिक्षा को काफी लाभ प्राप्त होता है। इससे शिक्षकों को अपना कर्तव्य निभाने में काफी मदद मिलती है।

अध्याय-सारांश
[Chapter Summary]

1. वैयक्तिक विभिन्नता से तात्पर्य एक ऐसी मनोवैज्ञानिक घटना से होता है जो उन विशेषताओं या शीलगुणों पर बल डालता है जिनके आधार पर वैयक्तिक जीव (individual organism) भिन्न होते दिखाए जाते हैं। वैयक्तिक विभिन्नता में अंतरावैयक्तिक विभिन्नता (intraindividual difference) तथा अंतर्वैयक्तिक (interindividual difference) दोनों ही सम्मिलित होते हैं। वैयक्तिक विभिन्नता की कुछ खास विशेषताएँ हैं और ऐसी छः विशेषताओं का वर्णन किया गया है।
2. वैयक्तिक विभिन्नता के महत्त्वपूर्ण क्षेत्र या प्रकार हैं—शारीरिक विकास, मानसिक विकास, सांवेगिक विभिन्नता, सामाजिक विभिन्नता, उपलब्धि में अंतर, भाषा विकास, अभिरुचियों एवं अभिक्षमता में अंतर, यौन विभिन्नताएँ, व्यक्तित्व विभिन्नता एवं ज्ञानात्मक एवं क्रियात्मक क्षमताओं में अंतर।
3. वैयक्तिक विभिन्नता के कई कारण बताए गए हैं जिनमें आनुवंशिकता, वातावरण, प्रजाति एवं राष्ट्रीयता, आयु एवं बुद्धि, परिपक्वता, लिंग तथा आर्थिक स्थिति एवं शिक्षा प्रधान हैं।
4. वैयक्तिक विभिन्नता के अध्ययन की कई विधियाँ हैं जिनमें बुद्धि परीक्षण, उपलब्धि परीक्षण, संवेग परीक्षण, अभिक्षमता परीक्षण, अभिरुचि परीक्षण एवं व्यक्तित्व परीक्षण प्रधान हैं।
5. वैयक्तिक विभिन्नता के अध्ययन को शिक्षा में कई कारणों से काफी महत्त्वपूर्ण बताया गया है। ऐसे छः कारणों का वर्णन किया गया है।

❑

अध्याय 24

विशिष्ट या असाधारण बालकों की शिक्षा एवं समायोजन

[EDUCATION AND ADJUSTMENT OF EXCEPTIONAL CHILDREN]

मुख्य बिंदु (Main Points)

1. विशिष्ट या असाधारण बालक का अर्थ एवं विशेषताएँ (Meaning and Characteristics of Exceptional Children)
2. विशिष्ट बालकों के प्रकार (Types of Special Children)
3. विशिष्ट बालकों के नामकरण के संभावित फायदे एवं घाटे (Possible Advantages and Disadvantages of Labeling Exceptional Children)
4. प्रतिभाशाली एवं प्रवीण बालकों के अर्थ एवं विशेषताएँ (Meaning and Characteristics of Gifted and Talented Children)
5. प्रतिभाशाली एवं प्रवीण बालकों की शिक्षा तथा उनका समायोजन (Education and Adjustment of Gifted and Talented Children)
6. मानसिक रूप से मंद बुद्धि के बालक का अर्थ एवं विशेषताएँ (Meaning and Characteristics of Mentally Deficient Children)
7. मानसिक रूप से मंद बुद्धि के बालक के प्रकार (Types of Mentally Deficient Children)
8. मानसिक रूप से मंद बालकों की शिक्षा एवं समायोजन (Adjustment and Education of Mentally Retarded Children)
9. दृष्टिदोष से ग्रसित बालक (Children with Visual Defects)
10. पूर्ण अंधे बालकों की शिक्षा एवं समायोजन (Adjustment and Education of Totally Blind Children)
11. निम्न दृष्टि के बालकों की शिक्षा एवं समायोजन (Adjustment and Education of Low-vision Children)
12. भाषा-दोष से ग्रसित बालक का अर्थ (Meaning of Children with Speech Defects)
13. भाषा-संबंधी दोष से ग्रसित बालकों के मुख्य प्रकार (Major Types of Children with Speech Impairment)
14. भाषा-संबंधी दोष से ग्रसित बालकों की शिक्षा एवं समायोजन (Adjustment and Education of Children with Speech Impairment)
15. श्रवण-संबंधी दोष से ग्रसित बालकों की शिक्षा एवं समायोजन (Adjustment and Education of Children with Hearing Impairment)

विशिष्ट या असाधारण बालक का अर्थ एवं विशेषताएँ (Meaning and Characteristics of Exceptional Children)

शिक्षा मनोवैज्ञानिकों एवं शिक्षाशास्त्रियों (educators) का ध्यान विशिष्ट या असाधारण बालकों की ओर अधिक गया है। सामान्यतः विशिष्ट या असाधारण बालक उन बालकों को कहा जाता है जो विभिन्न तरह के शीलगुणों में सामान्य बच्चों से अलग होते हैं। परिणामस्वरूप शिक्षकों को इन्हें विशेष शिक्षा (special education) का प्रबंध करना पड़ता है। विशिष्ट या असाधारण बालक को हेवार्ड एवं औरलैन्सकी[1] (Heward & Orlansky, 1980) ने अपनी प्रसिद्ध पुस्तक 'एक्सेप्शनल चिल्ड्रेन' (Exceptional Children) में इस प्रकार परिभाषित किया है—"विशिष्ट एक ऐसा अंतर्रोशित पद (inclusive term) है जिसका तात्पर्य किसी भी वैसे बालक से होता है जिसका निष्पादन मानक (norm) से ऊपर या नीचे इस हद तक विचलित होता है कि उसके लिए विशेष शिक्षा के कार्यक्रम की जरूरत होती है।"

उसी ढंग से क्रिक एवं गालाघर[2] (Krik & Gallagher, 1979) ने विशिष्ट बालकों को परिभाषित करते हुए कहा है, "वैसे बालक जो औसत या सामान्य बालक से (i) मानसिक गुणों में (ii) ज्ञानात्मक क्षमताओं में (iii) न्यूरोक्रियात्मक या शारीरिक गुणों में (iv) सामाजिक व्यवहार में (v) संचार क्षमताओं में या (vi) बहुविकलांगता में विचलित होते हैं, विशिष्ट बालक कहलाते हैं।"

इन महत्त्वपूर्ण परिभाषाओं से यह स्पष्ट है कि विशिष्ट बालक या असाधारण बालक वैसे बालक होते हैं जो सामान्य या औसत बालक से ऊपर या नीचे की ओर विचलित (deviate) होते हैं। ऐसी श्रेणी में प्रतिभाशाली बच्चे (gifted children), सर्जनात्मक बच्चे (creative children), मानसिक रूप से मन्द बच्चे (mentally retarded children), शारीरिक रूप से विकलांग बच्चे (physically handicapped children) सम्मिलित होते हैं। ऐसे बच्चे अधिकतम क्षमताओं को विकसित कर सकें, इसके लिए यह आवश्यक है कि शिक्षक उनके लिए विशेष शिक्षा (special education) का कार्यक्रम चलाएँ।

विशिष्ट या असाधारण बालकों की कुछ विशेषताएँ (characteristics) हैं, जो निम्नांकित हैं—

(i) विशिष्ट बालक सामान्य या औसत बालकों से कई तरह के गुणों, जिनमें मानसिक एवं शारीरिक गुण मुख्य होता है, विचलित (deviate) होते हैं।

(ii) विशिष्ट बालकों का विचलन (deviation) इस सीमा तक होता है कि उन्हें विशेष शिक्षा (special education) देने की जरूरत होती है।

---

1. "Exceptional is an inclusive term that refers to any child whose performance deviates from the norm, either below or above to such an extent that special education programming is indicated."—Heward & Orlansky, *Exceptional Children*, 1980, p. 3

2. "The exceptional child is defined as "the child who deviates from the average or normal child (i) in mental characteristics (ii) in sensory abilities (iii) in neuromotor or physical characteristics (iv) in social behaviour (v) in communication ablilities or (vi) in multiple handicaps."—Krik & Gallagher, *Educating Exceptional Children*, 1979, p. 3

(iii) विशिष्ट बालकों से शिक्षकों को सबसे अधिक चुनौती (challenge) मिलती है। अतः, ऐसे बालकों पर शिक्षकों का ध्यान सबसे अधिक होता है।

(iv) ऐसे बालकों पर माता-पिता, अभिभावक एवं सामाजिक संगठनों द्वारा भी विशेष नजर रखी जाती है।

विशिष्ट बालकों के प्रकार (Types of Special Children)

मनोवैज्ञानिकों ने विशिष्ट बालकों या असाधारण बालकों के कई प्रकार (types) बताए हैं। हेवार्ड तथा औरलेन्सकी (Heward & Orlansky, 1980) के अनुसार विशिष्ट बालकों के निम्नांकित नौ प्रकार होते हैं—

(1) प्रतिभाशाली एवं प्रवीण बालक (Gifted and talented children)

(2) मानसिक रूप से मंद बालक (Mentally retarded children)

(3) शिक्षण असमर्थता से ग्रसित बालक (Children with learning disabilities)

(4) व्यवहार रोगों से ग्रसित बालक (Children with behaviour disorders)

(5) संचार रोगों, जैसे भाषा-दोष से ग्रसित बालक (Children with communication disorders such as speech and language disorders)

(6) श्रव्य-दोष से ग्रसित बालक (Children with hearing defects)

(7) दृष्टि-दोष से ग्रसित बालक (Children with visual defects)

(8) शारीरिक एवं अन्य स्वास्थ्य क्षति से ग्रसित बालक (Children with physical and other health impairments)

(9) गंभीर एवं बहुविकलांगता क्षति से ग्रसित बालक (Children with severe and mutiple handicaps)।

रिली एवं लेविस (Reilly & Lewis, 1983) ने विशिष्ट या असाधारण बालकों को निम्नांकित छः भागों में बाँटा है—

(1) प्रतिभाशाली बालक (Gifted children)

(2) मानसिक रूप से मन्द बालक (Mentally retarded children)

(3) शिक्षण असमर्थता से ग्रसित बालक (Children with learning disabilities)

(4) मानसिक रोग से ग्रसित बालक (Mentally ill children)

(5) शारीरिक रूप से विकलांग बालक (Physically handicapped children)

(6) बहुविकलांगता से ग्रसित बालक (Children with multiple handicaps)।

इस तरह हम देखते हैं कि विशिष्ट या असाधारण बालक की श्रेणी में प्रतिभासम्पन्न एवं प्रतिभाहीन दोनों तरह के बालक सम्मिलित होते हैं। इन विभिन्न श्रेणियों में पाँच तरह के विशिष्ट बालकों की अधिकता देखने को मिलती है—(i) प्रतिभाशाली एवं प्रवीण बालक (Gifted and talented children) (ii) मानसिक रूप से मन्द बालक (Mentally retarded children) (iii) दृष्टि-दोष से ग्रसित

बालक (Children with visual defects) (iv) भाषा-दोष से ग्रसित बालक (Children with speech defects) एवं (v) श्रवण-दोष से ग्रसित बालक (Children with hearing defects)। अतः, इस अध्याय में इन पाँच तरह के विशिष्ट बालकों की विस्तृत चर्चा की जाएगी।

विशिष्ट बालकों के नामकरण के संभावित फायदे एवं घाटे (Possible Advantages and Disadvantages of Labeling Exceptional Children)

यदि किसी बालक को असाधारण बालक या विशिष्ट बालक घोषित किया जाता है, तो इस ढंग की घोषणा या नामकरण से कुछ फायदे होते हैं तो कुछ घाटे भी होते बताए गए हैं। प्रमुख फायदे निम्नांकित हैं—

(i) इस ढंग के नामकरण से बालकों का उपचार (treatment) करने में मदद मिलती है।

(ii) इस ढंग के नामकरण से पेशावरों (professionals) को एक-दूसरे के साथ इन बालकों के बारे में बातचीत करने, उनका समूहीकरण करने तथा शोध करने में मदद मिलती है।

(iii) इससे विशेष शिक्षा कार्यक्रम (special education programme) करने एवं उसके लिए आवश्यक साधन जुटाने में मदद मिलती है।

(iv) इस ढंग के नामकरण हो जाने से सरकार को भी उनके कल्याण (welfare) संबंधी कानून बनाने में मदद मिलती है।

(v) इस ढंग के नामकरण हो जाने से ऐसे बालकों की विशेष आवश्यकताओं (needs) की विशिष्टता एवं प्राथमिकता को आम जनता की आँखों में उछालने में मदद मिलती है। इससे इन बालकों के प्रति जनता की सहानूभूति एवं स्नेह मिल पाता है।

इन लाभों के बावजूद इस ढंग के नामकरण के कुछ घाटे या हानियाँ भी हैं, जिनमें निम्नांकित प्रमुख हैं—

(1) जब किसी बालक को असाधारण बालक या विशिष्ट बालक, खासकर औसत से नीचे आनेवाले श्रेणियों के बालक का ठप्पा लगा दिया जाता है, तो वैसे बालक अपने प्रति एक अनुपयुक्त आत्मसंप्रत्यय (poor self-concept) विकसित कर लेते हैं और इससे उनके व्यक्तित्व का विकास अवरुद्ध हो जाता है।

(2) इस ढंग के नामकरणवाले बालकों का उनके अन्य साथियों (peers) द्वारा मजाक उड़ाया जाता है।

(3) मात्र इस ढंग के नामकरण के आधार पर बालकों को सामान्य कक्षा से अलग रखा जाता है जिससे उनमें अवांछित सामाजिक शीलगुण विकसित होने की संभावना काफी बढ़ जाती है।

(4) इस ढंग के नामकरण के आधार पर शिक्षकों को स्कूल में विशेष शिक्षा कार्यक्रम का प्रबन्ध करना पड़ता है और उसमें काफी कुशल एवं योग्य शिक्षकों की जरूरत पड़ती है और यह जरूरत प्रायः पूरा नहीं हो पाती जिससे उनकी समस्या बनी-की-बनी रह जाती है।

प्रतिभाशाली एवं प्रवीण बालक के अर्थ एवं विशेषताएँ
(Meaning and Characteristics of Gifted and Talented Children)

सामान्यतः वैसे बालकों को प्रतिभाशाली एवं प्रवीण (gifted and talented) बालक कहा जाता है जिनकी बुद्धिलब्धि (intelligence quotient) 120 या इससे ऊपर होती है। स्पष्टतः इस तरह की परिभाषा में प्रतिभाशाली एवं प्रवीण बालक की पहचान मात्र उसकी बुद्धि (intelligence) के आधार पर की जाती है। परंतु आधुनिक शिक्षा मनोवैज्ञानिकों ने प्रतिभाशाली एवं प्रवीण बालकों को मात्र बुद्धि के रूप में परिभाषित करने की प्रथा को दोषपूर्ण बताया है और इसके आधार पर ऐसे बालकों की पहचान संभव न होने का दावा प्रस्तुत किया है। इससे यह भी स्पष्ट हो जाता है कि प्रतिभाशाली एवं प्रवीण बालकों को इस तरह परिभाषित किया जाना काफी प्रतिबंधक (restrictive) है जिसे वैज्ञानिक रूप से दुरुस्त (sound) नहीं माना जा सकता।

मेकर (Maker, 1977) एवं टारेन्स (Torrance, 1977) ने यह स्पष्ट किया है कि आजकल मात्र बुद्धि प्राप्तांकों के आधार पर प्रतिभाशाली एवं प्रवीण बालकों को परिभाषित नहीं किया जाता। इनलोगों के अनुसार ऐसे बालकों को निम्नांकित सात तरह के प्राप्तांकों (scores) की श्रेष्ठता के संयोग (combination) के आधार पर पहचान की जाती है—

(i) बुद्धि प्राप्तांक (Intelligence scores)

(ii) सर्जनात्मकता प्राप्तांक (Creativity scores)

(iii) उपलब्धि प्राप्तांक (Achievement scores)

(iv) शिक्षक द्वारा मनोनयन (Teacher nomination)

(v) माता-पिता द्वारा मनोनयन (Parent nomination)

(vi) स्वयं द्वारा मनोनयन (Self-nomination)

(vii) साथियों द्वारा मनोनयन (Peer nomination)।

उपर्युक्त विवरण से यह स्पष्ट है कि टारेन्स (Torrance) एवं मेकर (Maker) आदि मनोवैज्ञानिकों ने किसी बालक को प्रतिभाशाली और प्रवीण कहलाने के लिए मात्र बुद्धि, उपलब्धि एवं सर्जनात्मकता में श्रेष्ठता को आधार नहीं माना है बल्कि शिक्षकों, साथियों, माता-पिता और स्वयं द्वारा भी उसे श्रेष्ठ मनोनीत किया जाना आवश्यक माना है। कहने का मतलब यह है कि इनलोगों ने प्रतिभाशाली एवं प्रवीण बालकों को वैसे बालक के रूप में परिभाषित किया है जो उन सारे क्षेत्रों में श्रेष्ठता (superiority) प्राप्त करने की क्षमता रखते हों जो समाज की नजरों में महत्त्वपूर्ण होता है। इसी संदर्भ में टारेन्स[1] (Torrance, 1977) ने प्रतिभाशाली एवं प्रवीण बालक की एक व्यापक परिभाषा इस प्रकार दी है—

"वैसे बालक को प्रतिभाशाली एवं प्रवीण बालक कहा जाता है जो मानव व्यवहार के किसी क्षेत्र में ऐसा उत्तम निष्पादन करता है जो समाज के लिए महत्त्वपूर्ण होता है।"

---

1. "That child is gifted and talent child who shows an excellent performance in any area of human behaviour that is important to society."—Torrance, *Discovery and Nurturance of Giftedness in the Culturally Different*, 1977, p. 130

टारेन्स के इस मत का समर्थन रिली एवं लेविस (Reilly & Lewis, 1983) ने भी किया है। अतः, हम कह सकते हैं कि एक प्रतिभाशाली एवं प्रवीण बालक वह है जो बुद्धि-सहित अन्य सामाजिक क्षेत्रों में श्रेष्ठता प्राप्त करने की पर्याप्त क्षमता रखता है।

गालाघर (Gallagher, 1976) ने कई प्रतिभाशाली एवं प्रवीण बालकों के व्यवहारों का अध्ययन गंभीरतापूर्वक किया और अपने इस अध्ययन के आधार पर उन्होंने ऐसे बालकों की कुछ खास-खास विशेषताओं (characteristics) का वर्णन किया है, जो निम्नांकित हैं—

(1) अधिकतर प्रतिभाशाली एवं प्रवीण बालक की घरेलू जिन्दगी (home life) तथा सामाजिक-आर्थिक पृष्ठभूमि (socio-economic background) सामान्य या औसत बालक से श्रेष्ठ (superior) होती है।

(2) शारीरिक गठन एवं स्वास्थ्य में प्रतिभाशाली एवं प्रवीण बालक सामान्य या औसत बालक से अधिक उन्नत (improved) होते हैं।

(3) प्रतिभाशाली एवं प्रवीण बालक सामान्य या औसत बालक की तुलना में व्यक्तिगत समस्याओं का समाधान करने में अधिक सक्षम होते हैं तथा औसत बालकों की तुलना में सांवेगिक रूप से स्थिर (emotionally stable) भी होते हैं।

(4) प्रतिभाशाली एवं प्रवीण बालक (gifted and talented children) प्रायः लोकप्रिय एवं सामाजिक रूप से ग्राह्य (socially accepted) होते हैं।

(5) ऐसे बालक सामूहिक रूप से सामान्य क्षमतावाले बालकों की तुलना में उपलब्धि परीक्षणों (achievement tests) पर अधिक श्रेष्ठ (superior) होते हैं।

सीजो (Seagoe, 1984) ने भी प्रतिभाशाली (gifted) एवं प्रवीण (talented) बालकों का अध्ययन किया है और उन्होंने इन बालकों की निम्नांकित विशेषताओं (characteristics) को अधिक महत्त्वपूर्ण बताया है—

(1) ऐसे बालक अपने विचारों एवं भावों की अभिव्यक्ति अच्छे ढंग से करते हैं।

(2) ऐसे बालक किसी कार्य को तीव्र गति से करते हैं।

(3) ऐसे बालक किसी कार्य को अन्तःकरण से (conscientiously) अर्थात काफी ईमानदारी से करते हैं।

(4) ऐसे बालक सीखने के लिए तथा अन्वेषण (explore) करने के लिए प्रेरित रहते हैं।

(5) ऐसे बालक को विषय का गहन ज्ञान रहता है।

(6) ऐसे बालक दूसरों के भाव (feelings) एवं अधिकार के प्रति संवेदनशील (sensitive) होते हैं।

(7) किसी भी विचार-विमर्श (discussion) में ऐसे बालक मौलिक एवं उत्तेजनापूर्ण योगदान (stimulating contributions) करते हैं।

(8) ऐसे बालक विभिन्न तथ्यों (facts) के बीच आसानी से संबंधों (relationship) का प्रत्यक्षण कर लेते हैं।

(9) ऐसे बालक किसी भी विषय को तेजी से सीख लेते हैं।

(10) ऐसे बालक अपनी जिन्दगी की खुशी या दूसरे व्यक्तियों की खुशी को बढ़ाने में भरपूर योगदान करते हैं।

(11) दिए गए कार्यों को ऐसे बालक काफी लगन से पूरा करते हैं।

(12) ऐसे बालकों को किसी विषय या पाठ को सीखने में कम त्रुटियों एवं अभ्यास की जरूरत होती है।

(13) ऐसे बालक प्रायः किसी विचार-गोष्ठी में अपना प्रभुत्व दिखाते हैं।

(14) पुनरावृत्ति (repetition) से ऐसे बालक जल्दी ऊब जाते हैं।

(15) ऐसे बालकों में नियम, सिद्धान्त आदि के खिलाफ आवाज बुलन्द करने की प्रवृत्ति अधिक होती है।

स्पष्ट है कि प्रतिभाशाली एवं प्रवीण बालकों की अपनी कुछ विशेषताएँ (characteristics) होती हैं जिनके आधार पर उन्हें आसानी से पहचाना जा सकता है।

प्रतिभाशाली एवं प्रवीण बालकों की शिक्षा तथा उनका समायोजन (Education and Adjustment of Gifted and Talented Children)

प्रतिभाशाली एवं प्रवीण बालक शिक्षा एवं समायोजन की दृष्टि से शिक्षकों के लिए सबसे अधिक चुनौती देनेवाले बालक होते हैं। ऐसे बालकों में चूँकि श्रेष्ठता (excellency) सामान्य बालकों की अपेक्षा अधिक होती है, अतः, कक्षा की पढ़ाई के प्रति इनका ध्यान उतना नहीं जाता है। वे कक्षा के पाठ्यक्रम (curriculum) को अत्यधिक आसान समझकर उसमें विशेष रुचि लेना छोड़ देते हैं। फलस्वरूप, वे अपना ध्यान और शक्ति (energy) विभिन्न तरह के शरारतों में लगाकर समायोजन (adjustment) एवं अनुशासन की समस्या खड़ी कर देते हैं। अध्ययनों से पता चला है कि प्रतिभाशाली (gifted) एवं प्रवीण बालक सचमुच में इतने कुसमायोजित (maladjusted) धीरे-धीरे हो जाते हैं कि वे एक समस्या बालक (problem child) बन जाते हैं। ऐसे बालकों में कुसमायोजन (maladjustment) के प्रमुख कारण निम्नांकित हैं—

(i) ऐसे बालक अपनी बुद्धि, कौशलता एवं क्षमता पर इतना अधिक गर्व करने लगते हैं कि उनमें कक्षा एवं स्कूल के प्रति धीरे-धीरे इस खयाल से उदासीनता आ जाती है; क्योंकि वे पाठ्यक्रम (curriculum) को जरूरत से ज्यादा आसान या बचकाना समझने लगते हैं।

(ii) ऐसे बालकों के लिए गृहकार्य (homework) एवं वर्गकार्य (classwork) काफी उत्तेजनापूर्ण (stimulating) नहीं होते हैं। फलस्वरूप, ऐसे बालकों में अच्छी अध्ययन-आदत (study habit) नहीं विकसित हो पाती है और वे शिक्षा में काफी पिछड़ जाते हैं।

(iii) ऐस बालकों का अहं (ego) अत्यधिक बढ़ा-चढ़ा होने के कारण इनका समायोजन अपनी कक्षा के साथियों (peers) एवं शिक्षकों के साथ अधिक संतोषजनक (satisfactory) नहीं होता है।

(iv) ऐसे बालकों को कक्षा में शिक्षक द्वारा कुछ विशेष प्राथमिकता नहीं मिलने पर मन-ही-मन घुटन का भाव उत्पन्न होता है जो उन्हें शिक्षक विरोधी नीतियों को अपनाने के लिए विवश कर देता है।

(v) ऐसे बालकों की प्रतिभा को परिवार में माता-पिता एवं अन्य वयस्कों (adults) से भी जब उचित मान्यता नहीं मिलती है, तो उनमें घरेलू कुसमायोजन (home maladjustment) की समस्या दिखाई पड़ने लगती है।

(vi) ऐसे बालक प्रायः कई कारणों से अपने-आपको अन्य साथियों से अलग रखते हैं। इससे धीरे-धीरे उनमें सामाजिक अकेलापन (social isolation) की भावना उत्पन्न हो जाती है जो शिक्षा के प्रति उदासीन बना देती है।

(vii) ऐसे बालक प्रायः कुछ इस ढंग का काम करना चाहते हैं जिसमें नवीनता का तत्त्व अधिक हो। परंतु इस दिशा में उन्हें प्रोत्साहन न देकर लोग उनका मजाक उड़ाने लगते हैं जिससे उनमें लोगों के प्रति प्रतिरोध (antagonism) का भाव उत्पन्न हो जाता है।

इस तरह हम देखते हैं कि प्रतिभाशाली एवं प्रवीण बालकों में समायोजन (adjustment) संबंधी समस्या होने के कारण उनकी सामान्य शिक्षा-दीक्षा में भी कठिनाइयाँ उत्पन्न हो जाती हैं। अतः, प्रश्न यह उठता है कि ऐसे बालकों को किस ढंग से शिक्षा दी जाए जिससे उन्हें कम-से-कम कठिनाई हो तथा साथ-ही-साथ वे उससे अधिक-से-अधिक लाभान्वित हो सकें। हेवार्ड एवं औरलेन्सकी (Heward & Orlansky, 1980), रिली एवं लेविस (Reilly & Lewis, 1983), स्कीन्नर (Skinner, 1962) द्वारा जो प्रयोगात्मक तथ्य (experimental facts) सामने आए हैं, उनसे यह पता चलता है कि शिक्षा मनोवैज्ञानिकों एवं शिक्षाशास्त्रियों (educators) ने कुछ कठिनाइयों के बावजूद कुछ ऐसे उपायों (measures) का वर्णन किया है जिनके आधार पर प्रतिभाशाली एवं प्रवीण बालकों को शिक्षा-दीक्षा दी जा सकती है। ऐसे उपायों में निम्नांकित प्रमुख हैं—

(1) पाठ्यक्रम में समृद्धि (Enrichment of curriculum)—प्रतिभाशाली एवं प्रवीण बालकों को शिक्षा देने का सबसे उत्तम तरीका यह है कि उन्हें वह पाठ्यक्रम नहीं पढ़ाया जाए जो कक्षा के आम बालकों को पढ़ाया जाता है। इसके लिए शिक्षकों को चाहिए कि एक अलग पाठ्यक्रम तैयार करें जो सामान्य पाठ्यक्रम की तुलना में थोड़ा कठिन एवं जटिल हो तथा जिसमें अमूर्तता (abstractness) का गुण अधिक हो। ऐसे बालक इस ढंग से समृद्ध पाठ्यक्रम (enriched curriculum) को अधिक लाभकारी एवं अपनी प्रतिभा के अनुकूल भी पाते हैं। इससे उनमें काफी आत्म-संतोष (self-satisfaction) होता है। रेनजुली (Renzulli, 1977) द्वारा विभिन्न अध्ययनों की समीक्षा से इस तथ्य की पुष्टि होती है। कुछ लोगों ने पाठ्यक्रम को समृद्ध बनाकर ऐसे बालकों की शिक्षा देने की इस प्रथा का विरोध करते हुए कहा है कि इसके हानिकारक प्रभाव भी हो सकते हैं। जब एक ही कक्षा में कुछ बालकों के लिए सामान्य पाठ्यक्रम तथा कुछ बालकों के लिये समृद्ध पाठ्यक्रम पढ़ाया जाएगा, तो इससे सामान्य बालकों में हीनता का भाव (feeling of inferiority) तथा समृद्ध पाठ्यक्रम पढ़नेवाले बालकों में श्रेष्ठता का भाव (feeling of superiority) अनावश्यक रूप से उत्पन्न होकर दोनों तरह के बालकों में समायोजन की समस्या उत्पन्न कर देगा।

(2) वर्ग उन्नति (Grade acceleration)—प्रतिभाशाली एवं प्रवीण बालकों को शिक्षा देने की एक विधि यह भी है कि कक्षा में ऐसे बालकों को शीघ्र ही अतिरिक्त उन्नति (extra promotion) देकर अगले या उससे भी अगले वर्ग में भेज देना चाहिए। उच्चतर वर्ग का पाठ्यक्रम कठिन होने से उसे वे अपनी क्षमता एवं कुशलता के अनुसार योग्य पाएँगे और तब वे कक्षा में ठीक ढंग से समायोजन (adjustment) भी कर लेंगे। आजकल प्राथमिक एवं माध्यमिक शिक्षा के स्तरों पर

अतिरिक्त उन्नति देकर ऐसे छात्रों को शिक्षा देने की व्यवस्था सामान्य है। परंतु यहाँ यह भी कह देना अनुचित न होगा कि कक्षा में शिक्षक ऐसे बालकों को मात्र परीक्षा में दिए अंकों के आधार पर अतिरिक्त उन्नति न दें। परीक्षा अंक से शैक्षिक उपलब्धि के स्तर का सिर्फ पता चलता है और परीक्षा में उच्च अंक प्राप्त करनेवाले बालक एक प्रतिभाशाली बालक नहीं भी हो सकते। ऐसी परिस्थिति में यदि उन्हें अतिरिक्त उन्नति देकर ऊँचे वर्ग में भेज दिया जाता है तो इससे असफल (failure) होने का भय तो बना ही रहता है तथा साथ-ही-साथ ऐसे बालक शिक्षा के दृष्टिकोण से पिछड़ भी जाते हैं।

(3) **विशिष्ट कक्षा का प्रबन्ध** (Arrangement of special classes)—कुछ मनोवैज्ञानिकों ने प्रतिभाशाली एवं प्रवीण बालकों की शिक्षा के लिए अलग से विशिष्ट कक्षा (special class) चलाने का सुझाव दिया है। इन मनोवैज्ञानिकों का कहना है कि चूँकि ऐसी विशिष्ट कक्षा में सिर्फ प्रतिभाशाली बालक ही होते हैं, अतः, शिक्षकों को एकसमान ढंग से पढ़ाई जारी रखने में काफी सुविधा होती है और सभी बालक एक-दूसरे से पूर्णतः समायोजित (adjusted) भी रहते हैं। उनमें प्रतियोगिता का उचित भाव (proper feeling) भी बना रहता है। इस तरह के वर्ग में न तो किसी छात्र में हीनता का भाव आता है और न श्रेष्ठता (superiority) का। कुछ लोगों, जिनमें मेयर्स (Myers, 1962) तथा विटकिन (Wittkin, 1964) का नाम प्रमुख है, का कहना है कि इस ढंग की विशिष्ट कक्षा (special class) के भीतर तो छात्रों का समायोजन (adjustment) ठीक रहता है, परन्तु कक्षा के बाहर अन्य साथियों या औसत छात्रों के साथ इनका समायोजन उतना ठीक नहीं रहता। यह उनकी मनोदशा पर ठीक प्रभाव नहीं डालता है।

(4) **निर्देश** (Instruction)—हेवार्ड एवं औरलैन्सकी (Heward & Orlansky, 1980) ने प्रतिभाशाली एवं प्रवीण बालकों को कक्षा में शिक्षक द्वारा दिए गए निर्देश के तीन प्रकार (types) बताए हैं—प्रत्यक्ष (direct), अप्रत्यक्ष (indirect) तथा आत्म-निदेशित (self-directed)। प्रत्यक्ष निर्देश (direct instruction) में शिक्षक छात्रों के लिए एक लक्ष्य निर्धारित कर देते हैं, छात्रों द्वारा किए जानेवाले कार्यों को स्पष्ट रूप से परिभाषित कर देते हैं, निष्पादन (performance) को मापने की विधियों का उल्लेख कर देते हैं तथा उन कसौटियों (criteria) को भी उजागर कर देते हैं जिनके आधार पर वह अपनी सफलता की जाँच कर सकता है। अप्रत्यक्ष निर्देश (indirect instruction) में शिक्षक सभी कार्य वही करते हैं जो प्रत्यक्ष निर्देश में करते हैं, परन्तु इसमें छात्र कौन-सा विषय या एकांश (items) सीखेगा, यह बालक की अभिरुचियों से प्राप्त अनुभवों पर निर्भर करता है। इस दिशा में शिक्षक कुछ भी दिशा-निर्देश नहीं देते। आत्म-निदेशित अनुदेश (self-directed instruction) में शिक्षार्थी स्वयं ही एक लक्ष्य निर्धारित करते हैं, कार्य या पाठ को परिभाषित करते हैं, सफलता के लिए कसौटी (criteria) तय करते हैं तथा परिणाम का मूल्यांकन (evaluation) करते हैं। ट्रेफिन्गर (Treffinger, 1975) के अनुसार शिक्षक इस तरह के अनुदेश (instruction) में मात्र मार्गदर्शक (guide), साधन (resource) एवं सहायक (facilitator) के रूप में कार्य करते हैं। सीखने की पूर्ण जिम्मेवारी बालक अपने कंधो पर लेते हैं।

प्रतिभाशाली बालको को शिक्षा इन तीनों तरह के निर्देशों को मिलाकर दिया जाना चाहिए। स्टीफेन्स (Stephens, 1975) के अनुसार तीनों तरह के निर्देशों को मिलाकर दी गई शिक्षा से प्रतिभाशाली एवं प्रवीण बालक सर्वाधिक लाभान्वित हो पाते हैं।

(5) योग्य एवं प्रभावकारी शिक्षक (Able and effective teacher)—अक्सर प्रतिभाशाली बालकों की शिक्षानीति तैयार करते समय एक प्रश्न उठाया जाता है—प्रतिभाशाली बालकों को क्या सिर्फ प्रतिभाशाली शिक्षक ही पढ़ा सकते हैं? इसका उत्तर मनोवैज्ञानिकों ने नकारात्मक ढंग से दिया है। हेवार्ड एवं औरलैन्सकी (Heward & Orlansky, 1980) के अनुसार ऐसी बात नहीं है कि प्रतिभाशाली बालकों को सिर्फ प्रतिभाशाली शिक्षक ही पढ़ा सकते हैं। परंतु इतना अवश्य है कि ऐसे शिक्षकों को योग्य एवं प्रभावकारी होना चाहिए और साथ-ही-साथ इनमें निम्नांकित गुण होने चाहिए—

(i) ऐसे शिक्षक में अनुपयोगी (unusual) और विविध (diverse) प्रश्नों का उत्तर देने की क्षमता हो।

(ii) वह बौद्धिक रूप से सजग हो।

(iii) शिक्षक में क्रमबद्धता (systematization) का गुण हो।

(iv) शिक्षक विभिन्न प्रकार की अभिरुचि रखनेवाले हों।

(v) बिशोप (Bishop, 1968) के अनुसार ऐसे शिक्षकों में छात्रों की उपलब्धियों को खुलकर प्रशंसा करने की क्षमता हो।

(vi) विभिन्न प्रकार की शिक्षण विधियों में निपुण हों।

(vii) पढ़ाए जानेवाले विषय का पूर्ण ज्ञान हो।

(viii) गालाघर (Gallagher, 1975) के अनुसार प्रतिभाशाली बालकों को पढ़ाने की इच्छा हो।

(ix) उन्हें इस बात का भी खयाल हो कि कुछ बिन्दुओं पर वे उतना नहीं जानते जितना कि एक प्रतिभाशाली छात्र जानता है। इस ढंग की परिस्थिति से निबटने की पर्याप्त क्षमता उसमें हो।

(6) पृथक शैक्षणिक संस्थान (Separate educational institutions)—कुछ आधुनिक शिक्षाशास्त्रियों एवं शिक्षा मनोवैज्ञानिकों ने इस बात की सिफारिश की है कि ऐसे प्रतिभाशाली बालकों के लिए अलग से शैक्षणिक संस्था खोले जाने चाहिए। इस ढंग की संस्था का विशेष लाभ यह होगा कि इसमें छात्रों में पूर्ण एकरूपता (uniformity) होगी तथा शिक्षक का कौशलता स्तर भी समरूप होगा। इसका परिणाम यह होगा कि संस्था में एक ऐसा शैक्षिक माहौल बन पाएगा जिससे प्रतिभाशाली बालकों को कक्षा के भीतर एवं बाहर अन्तःक्रिया (interactions) करने में किसी प्रकार की कठिनाई नहीं होगी और उनमें समायोजन से संबंधित किसी प्रकार की समस्या नहीं खड़ी होगी। बिहार तथा झारखंड में सरकार द्वारा चालित नेतरहाट स्कूल, तिलैया सैनिक स्कूल, तथा इन्दिरा गाँधी बालिका विद्यालय, हजारीबाग कुछ ऐसे ही शैक्षाणिक संस्था के उदाहरण हैं। बिहार के बाहर दून स्कूल भी सरकार द्वारा स्थापित एक ऐसे ही स्कूल का उदाहरण है, जहाँ मात्र प्रतिभाशाली एवं प्रवीण बालकों का ही नामांकन किया जाता है।

इस तरह स्पष्ट हो जाता है कि कुछ कठिनाइयों के बावजूद शिक्षा मनोवैज्ञानिकों एवं शिक्षाशास्त्रियों ने प्रतिभाशाली बालकों की शिक्षा का विशेष उपाय किया है।

मानसिक रूप से मंदबुद्धि के बालक का अर्थ एवं विशेषताएँ (Meaning and Characteristics of Mentally Deficient Children)

मानसिक रूप से मंदबुद्धि के बालक वैसे बालक को कहा जाता है जो मानसिक मंदता (mental deficiency or mental retardation) से ग्रसित होते हैं। अब प्रश्न यह उठता है कि मानसिक मंदता (mental deficiency) क्या है। सामान्य लोग मानसिक मंदता से तात्पर्य बुद्धि के कम विकास से लगाते हैं और जनता-जनार्दन की इस कसौटी के अनुसार वे सभी बालक मानसिक रूप से मंद बुद्धि के होते हैं जिनका बुद्धि-स्तर समान उम्र के औसत बालकों से कम होता है। परंतु मनोवैज्ञानिकों ने मानसिक मंदता की कसौटी सिर्फ बुद्धि नहीं बल्कि बुद्धि तथा समायोजनशील व्यवहार (adaptive behaviour) दोनों ही माना है। जब किसी छात्र की बुद्धि, बुद्धि के औसत स्तर से कम होती है तथा साथ-ही-साथ उसमें समायोजनशील व्यवहार करने की क्षमता भी काफी कम होती है, तो उसे हम मानसिक रूप से मंदित बालक (mentally deficient child) कहते हैं। अमेरिकन एसोसिएशन ऑन मेण्टल डिफिशियंसी[1] (American Association on Mental Deficiency or AAMD, 1973) ने मानसिक मंदता को इस प्रकार परिभाषित किया है, "मानसिक मंदता से तात्पर्य सार्थक रूप से न्यून औसत बौद्धिक क्षमता जो समायोजनशील व्यवहार में कमी के साथ-साथ पाई जाती है, से होता है तथा जिसकी अभिव्यक्ति विकासात्मक अवधि (developmental period) में होती है।"

अमेरिकन साइकिऐट्रिक एसोसिएशन (American Psychiatric Association) ने करीब-करीब इस परिभाषा को DSM-IV TR (2000) में सम्मिलित कर लिया है। अतः, मानसिक मंदता के बारे में निम्नांकित तथ्य मिलते हैं—

(i) मानसिक मंदता में बालकों का बौद्धिक स्तर सामान्य (normal) से सार्थक रूप से (significantly) नीचे होता है।

(ii) मानसिक मंदता में बालकों में अभियोजनशीलता या समायोजनशीलता की क्षमता अपर्याप्त होती है।

(iii) मानसिक मंदता की अभिव्यक्ति विकासात्मक अवधि (developmental period) में यानी जन्म से 18 साल की अवधि में स्पष्ट रूप से हो जाती है।

शिक्षा मनोवैज्ञानिकों एवं शिक्षकों के लिए मानसिक रूप से मंद बालक भी एक प्रमुख चुनौती का स्रोत है। अतः, इन लोगों ने उनकी शिक्षा-दीक्षा का विशेष प्रबंध किया है। परंतु उन प्रबन्धों पर विचार करने के पहले यह जान लेना चाहिए कि ऐसे बालकों की पहचान कैसे की जा सकती है। इनलोगों ने कुछ ऐसी विशेषताओं (characteristics) का वर्णन किया है जिनके आधार पर मानसिक रूप से मंद बालकों की उचित पहचान की जा सकती है। इन विशेषताओं में निम्नांकित प्रमुख हैं—

(i) शारीरिक लक्षण (Physical features)—मानसिक रूप से मंद बालकों का शारीरिक कद सामान्य बालकों से भिन्न होता है। इनका कद प्रायः कमजोर, दुबला-पतला, नाटा आदि होता है।

---

1. "Mental retardation refers to significantly subaverage general intellectual functioning existing concurrently with deficits in adaptive behaviour and manifested during developmental period."—American Association on Mental Deficiency, 1973, p. 11

इनके चेहरे, कान, आँख, नाक, सिर के बाल, हाथ की अंगुलियों आदि में कई तरह की अनयिमितताएँ देखने को मिलती हैं।

(ii) बौद्धिक क्षमता (Intellectual capacity)—ऐसे बालकों की बौद्धिक क्षमता सामान्य बालकों से कम होती है। इनकी बुद्धिलब्धि (intelligence quotient) प्रायः 70 से नीचे होती है।

(iii) सामाजिक समायोजनशीलता की क्षमता में कमी (Reduction in the capacity of social adaptability)—ऐसे बालकों में समाज तथा परिवार के लोगों के साथ समायोजन (adjustment) करने की क्षमता नहीं होती। फलस्वरूप, उनका समाजीकरण ठीक ढंग से नहीं हो पाता है और उनमें सामाजिक सूझ-बूझ एवं नैतिकता आदि का ज्ञान नहीं होता है।

(iv) संवेगात्मक स्थिति (Emotional condition)—ऐसे बालकों में सामान्य संवेग की कमी होती है। ऐसे बालक किसी विशेष संवेग के लिए उपयुक्त परिस्थिति (appropriate situation) में भी संबंधित संवेग नहीं दिखा पाते। अतः, ऐसे बालकों का संवेगात्मक विकास अनुपयुक्त होता है।

(v) भाषा विकास (Language development)—ऐसे बालकों की शिक्षा-दीक्षा तो नहीं के बराबर ही हो पाती है। अतः, शिक्षा की तरफ से भाषा विकास में कोई योगदान नहीं होता। इतना ही नहीं, ऐसे बालकों की बुद्धि चूँकि कम होती है, अतः, बहुत कोशिश के बावजूद इनमें भाषा विकास बहुत कम ही हो पाता है।

इन प्रमुख विशेषताओं के अलावा ऐसे बालकों की कुछ और विशेषताएँ हैं जो निम्नांकित हैं—

(vi) ऐसे बालकों में उचित-अनुचित के अंतर का ज्ञान नहीं होता।

(vii) ऐसे बालक अत्यधिक सुझावशील (suggestible) होते हैं। दूसरे लोग जो कुछ भी कहते हैं, उसे आँख मूँदकर सच समझकर उसी के अनुसार कार्य कर बैठते हैं। इनके व्यवहार से ऐसा लगता है कि इनका अपना कोई दिमाग ही नहीं है।

(viii) ऐसे बालकों में आत्मविश्वास (self-confidence) तथा आत्मनिर्भरता (self-dependancy) की कमी रहती है।

(ix) ऐसे बालकों में अपनी पूर्व अनुभूतियों (past experiences) से फायदा उठाने या उनसे कुछ सीख लेने की क्षमता नहीं होती।

(x) ऐसे बालकों की अभिरुचियाँ (interests) सीमित होती हैं।

(xi) ऐसे बालकों की लघु-अवधि स्मृति (short-term memory) तथा दीर्घ-अवधि स्मृति (long-term memory) सीमित होती हैं।

मानसिक रूप से मंदबुद्धि के बालक के प्रकार (Types of Mentally Deficient Children)

AAMD (American Association on Mental Deficiency) तथा APA (American Psychiatric Association) ने मानसिक रूप से मंदित बालकों को चार भागों में बाँटा है। उनके द्वारा किए गए

वर्गीकरण को शिक्षा मनोवैज्ञानिकों एवं शिक्षकों ने अपने-अपने क्षेत्र में काफी उपयोगी पाया है। वे चार प्रकार निम्नांकित हैं—

(1) **साधारण मानसिक मंदता** (Mild mental retardation)—इस श्रेणी में आनेवाले बालकों की बुद्धिलब्धि (intelligence quotient) 52–67 के बीच होती है। ऐसे बालकों को कुछ शिक्षा दिया जाना संभव है और वयस्क होने पर इनका बौद्धिक स्तर (intellectual level) 8 से 11 साल के सामान्य बालक (normal child) के बौद्धिक स्तर के बराबर होता है। माता-पिता की देखरेख तथा विशिष्ट शिक्षा कार्यक्रम (special education programme) के आधार पर ऐसे बालकों के सामाजिक अभियोजन (social adjustment) में इस हद तक सुधार लाया जा सकता है कि वे अपने रोजमर्रे के कामों को करने में आत्मनिर्भरता दिखा सकते हैं।

(2) **अल्पबल मानसिक मंदता** (Moderate mental retardation)—इस श्रेणी में आनेवाले बालक की बुद्धिलब्धि 36 से 51 तक होती है। ऐसे बालकों को प्रशिक्षण (training) देकर उन्हें कुछ हद तक मामूली कार्य करने के लायक बनाया जा सकता है। अतः, उन्हें **प्रशिक्षणीय** (trainable) की शैक्षिक श्रेणी (educational category) में रखा जाता है। ऐसे बालकों की सीखने की दर धीमी होती है। शारीरिक रूप से (physically) वे बेढंगा (clumsy) दिखते हैं तथा उनमें शारीरिक अनियमितता देखने को मिलती है। उनका क्रियात्मक समन्वय (motor coordination) असंतुलित होता है।

(3) **गंभीर मानसिक मंदता** (Severe mental retardation)—इस श्रेणी में आनेवाले बालक की बुद्धिलब्धि 20 से 35 के बीच होती है। ऐसे बालकों को सदा दूसरों पर निर्भर रहनेवाला अर्थात **आश्रित बालक** (dependant child) कहा जाता है। मानसिक रूप से मन्द ऐसे बालकों का क्रियात्मक विकास (motor development) तथा भाषा विकास (speech development) गंभीर रूप से (seriously) मंदित (retarded) होता है तथा इनमें ज्ञानात्मक दोष (sensory defects) एवं क्रियात्मक विकलांगता (motor handicaps) सामान्य रूप से पाए जाते हैं। वे अपनी देख-रेख एवं सामान्य क्रियाओं के लिए भी दूसरों पर आश्रित रहते हैं। वयस्क होने पर भी उन्हें खाना खिलाने एवं सुलाने की जरूरत होती है। कुछ अध्ययनों में पाया गया है कि ऐसे बालकों को यदि काफी जोर-शोर से प्रशिक्षित किया जाता है, तो वे अति साधारण कार्यों को करना बहुत दिनों के बाद सीख पाते हैं।

(4) **गहन मानसिक मंदता** (Profound mental retardation)—इस श्रेणी में आनेवाले बालकों की बुद्धिलब्धि 20 से नीचे होती है। ऐसे बालकों को सम्पूर्ण जीवन तक देख-रेख चाहनेवाला बालक (life support retarded children) की श्रेणी में रखा जाता है। ऐसे बालकों में गंभीर रूप से शारीरिक अनियमितता पाई जाती है तथा केन्द्रीय स्नायुमंडल (central nervous system) के रोग होते हैं। ऐसे बालकों में बहरापन एवं मूकता (mutism) भी अधिक देखने को मिलती है। ऐसे बालक शायद ही कुछ शब्दों को बोलना सीख पाते हैं। अतः, उन्हें आजीवन देखरेख की जरूरत पड़ती है। इस श्रेणी में आए बालक की पहचान शैशवावस्था (infancy) में ही आसानी से हो जाती है तथा वे प्रायः अल्पायु होते हैं।

इस तरह हम देखते हैं कि मानसिक मंदता (mental deficiency) के चार प्रकार हैं। इन प्रकारों में प्रथम दो प्रकार की श्रेणियों में आनेवाले बालकों में शिक्षा मनोवैज्ञानिकों की रुचि है; क्योंकि अंतिम दो प्रकार के बालक प्रशिक्षण एवं शिक्षा के योग्य होते ही नहीं हैं।

मानसिक रूप से मंद बालकों की शिक्षा एवं समायोजन (Adjustment and Education of Mentally Retarded Children)

शिक्षा मनोवैज्ञानिकों ने मानसिक रूप से मंद बालकों की शिक्षा एवं समायोजन की समस्या पर गंभीरतापूर्वक विचार किया है। इनलोगों का मत है कि ऐसे बालकों में जिनकी बुद्धिलब्धि 36 या इससे ऊपर होती है, उन्हें तो पढ़ाना तथा प्रशिक्षण देना आसान है परन्तु उससे नीचे की बुद्धिलब्धि के बालकों को शिक्षा देना या किसी तरह का प्रशिक्षण देना कठिन है। ठीक उसी तरह से पहले तरह के बालकों की समायोजन (adjustment) समस्या उतनी गंभीर नहीं होती है और शिक्षा-दीक्षा देकर उनके सामाजिक समायोजन (social adjustment) को कामचलाऊ बना दिया जाता है। परंतु दूसरे तरह के बालकों के साथ ऐसी बात नहीं है। उनकी समायोजन की समस्या बनी-की-बनी रहती है और चाहकर भी कुछ नहीं किया जा सकता है। वैसे बालकों की शिक्षा एवं समायोजनशीलता की क्षमता को उन्नत बनाने के लिए शिक्षा मनोवैज्ञानिकों एवं सरकारी संगठनों (governmental organizations) द्वारा सराहनीय प्रयास किए गए हैं जिनमें निम्नांकित विशेष रूप से उल्लेखनीय हैं—

(1) **पाठ्यक्रम का अनुकूलन** (Adaptation of Curriculum)—मानसिक रूप से मंदित बालकों को सामान्य बालकों का पाठ्यक्रम नहीं पढ़ाया जा सकता है; क्योंकि उनका बौद्धिक स्तर (intellectual level) उसके लायक नहीं होता है। अतः, कुछ मनोवैज्ञानिकों जैसे स्कीन्नर (Skinner, 1972), रिली तथा लेविस (Reilly & Lewis, 1983) ने ऐसे बालकों के लिए एक अलग पाठ्यक्रम, जो अधिक सरल एवं मनोरंजक हो, तैयार करने की सिफारिश की है। कुछ लोगों ने ऐसे बालकों की अभिरुचि को विकसित करने तथा उसे अधिक समायोजनशील (adjustible) बनाने के खयाल से इनके पाठ्यक्रम में हस्तकला (manual skills), विशेषकर दर्जी के काम, जूता बनाने के काम, बढ़ई आदि के काम को सम्मिलित करने पर बल डाला है। सिम्पसन (Simpson, 1979) के अनुसार इन कार्यों से बालकों में आत्मविश्वास एवं आत्मबल जैसे भाव पनपते हैं।

(2) **विशेष कक्षा** (Special class)—कई कारणों से मनोवैज्ञानिकों ने मानसिक रूप से मन्द बालकों को विशेष कक्षा में रखकर शिक्षा-दीक्षा प्रदान करने की सिफारिश की है। विशेष कक्षा में रखकर जब ऐसे बालकों को शिक्षा दी जाती है, तब इससे उन्हें काफी लाभ पहुँचता है; क्योंकि ऐसी कक्षा में शिक्षकों के लिए उनपर वैयक्तिक रूप से ध्यान देना संभव हो पाता है। छात्रों में भी किसी प्रकार की हीनता (inferiority) का भाव नहीं विकसित होने का मौका मिलता है; क्योंकि इसमें सामान्य कक्षा (general class) के समान उनके विचारों की हँसी उड़ानेवाला कोई अन्य तेज बुद्धि का बालक नहीं होता। इसके बावजूद विशेष कक्षा की शिक्षा व्यवस्था के हानिकारक प्रभाव की ओर ध्यान आकृष्ट कराते हुए कहा गया है कि ऐसी कक्षाओं से मानसिक रूप से मंदित बालकों में अपने-आपको अन्य बालकों से दूर रखने की प्रवृत्ति धीरे-धीरे मजबूत हो सकती है जो आगे चलकर एक सामायोजन समस्या उत्पन्न कर सकती है। इतना ही नहीं, अलग वर्ग या कक्षा में रखकर पढ़ाए जाने से उन्हें अपनी योग्यता एवं क्षमता पर कुछ शक होने लगता है जिससे उनमें समायोजन (adjustment) संबंधी समस्या उत्पन्न हो जा सकती है। इन आशंकाओं के बावजूद विशेष कक्षा द्वारा ऐसे बालकों को शिक्षा देने की प्रथा जोर पर है।

(3) **अध्यापन विधि** (Teaching method)—मंदबुद्धि के बालकों को शिक्षा देने की विधि भी सामान्य बुद्धि के बालकों से भिन्न होनी चाहिए। मंदबुद्धि के बालकों को शिक्षा देने में प्रदर्शन विधि

(demostration method) का प्रयोग तथा बालकों को खुद करके किसी चीज या कौशल (skills) को सीखने की विधि पर बल डालना चाहिए। अध्ययनों से यह स्पष्ट हो गया है कि ऐसे बालक भाषण विधि (lecture method) से नहीं के बराबर सीख पाते हैं। अतः, शिक्षकों को चाहिए कि ऐसे बालकों को शिक्षा देते समय उपयुक्त विधियों का ही सहारा लें। रिली एवं लेविस (Reilly & Lewis, 1983) ने यह बताया है कि जब ऐसे बालकों को कोई कौशल प्रदर्शन विधि से अर्थात उस कौशल को सीखने से संबंधित सभी वस्तुओं को कक्षा में शिक्षक द्वारा दिखाया जाता है तो इससे ऐसे बालकों का ध्यान उस वस्तु की ओर बना रहता है तथा साथ-ही-साथ अभिरुचि (interest) भी बनी रहती है। इससे वे कौशलता को जल्दी सीख लेते हैं।

(4) विशिष्ट निवासीय स्कूल (Special residential school)—कुछ मनोवैज्ञानिकों ने मानसिक रूप से मंद बालकों की शिक्षा के लिए एक ऐसे स्कूल की स्थापना का सुझाव दिया है जिसमें वे रह भी सकें तथा साथ-ही-साथ उनकी शिक्षा-दीक्षा भी हो सके। हेवार्ड एवं औरलैन्स्की (Heward & Orlansky, 1980) ने यह बताया है कि ऐसे स्कूल या इसी ढंग की अन्य व्यवस्था से मानसिक रूप से मंद बालकों को शिक्षित करने में स्पष्ट रूप से कई फायदे हैं—

(i) निवासीय स्कूल में ऐसे बालकों को हमेशा शिक्षक की देखरेख में रहने से कक्षा से बाहर भी कुछ-न-कुछ सीखने का मौका मिलता रहता है।

(ii) ऐसे स्कूल की स्थापना होने से शिक्षकों के लिए यह संभव हो पाता है कि वे पाठ्यक्रम को इस ढंग से बनाएँ जो ऐसे छात्रों की बुद्धि के ठीक अनुरूप हो। यहाँ उन्हें दो तरह के पाठ्यक्रम बनाने और उसे पढ़ाने की चिन्ता नहीं होती है। जब ऐसे बालकों को सामान्य स्कूल में रखकर शिक्षा दी जाती है तो शिक्षकों को दो तरह का पाठ्यक्रम तैयार करना होता है—एक सामान्य बुद्धि के बालकों के लिए और दूसरा मानसिक रूप से मंदित बालकों के लिए। इस तरह के झंझट एवं परेशानी से शिक्षक मानसिक रूप से मंद बालकों के लिए अलग स्कूल स्थापित हो जाने से बच जाते हैं और अपने बचे हुए समय को वह ऐसे बालकों की समायोजनशीलता को समृद्ध करने में दे पाते हैं।

(iii) कक्षा में सभी छात्रों की बुद्धि-स्तर एकसमान होने से उनमें एक-दूसरे के प्रति आदर एवं साथ-ही-साथ स्वस्थ प्रतियोगिता (healthy competition) का भाव उत्पन्न होता है।

(iv) ऐसे स्कूल की प्रत्येक कक्षा में छात्रों की संख्या 10–15 से अधिक नहीं होती है। अतः, शिक्षक के लिए यह संभव हो पाता है कि वह प्रत्येक छात्र पर वैयक्तिक रूप से ध्यान दे सके।

(5) व्यवहार परिमार्जन (Behaviour modification)—व्यवहार परिमार्जन की प्रविधि द्वारा भी मानसिक रूप से मंद बालकों को शिक्षा दी जाती है। यह एक ऐसी प्रविधि है जिसमें पर्यावरणी घटनाओं (environmental events) को शिक्षक द्वारा क्रमबद्ध रूप से इस ढंग से सुव्यवस्थित किया जाता है कि उससे बालकों के व्यवहार में वांछित परिवर्तन हो जाए। इस प्रविधि द्वारा शिक्षा देने में शिक्षक पहले यह तय कर लेते हैं कि उन्हें कौन-सा कौशल (skills) सिखाना है। इसके बाद उस कौशलता को कई छोटे-छोटे सरल कदमों (steps) में बाँट दिया जाता है और प्रत्येक सरल कार्य को सफलतापूर्वक करने पर उसे पुनर्बलन (reinforcement) या कोई पुरस्कार दिया जाता है और अन्त में वह उस कौशल को पूर्णरूपेण सीख लेता है। काजडिन (Kazdin, 1978) ने व्यवहार

परिमार्जन की प्रविधि द्वारा मानसिक रूप से मंदित बालकों को अनेक तरह के कौशल सिखाने में सफलता प्राप्त की है। इस पर **हेवार्ड** एवं **औरलैन्स्की**[1] (Heward & Orlansky, 1983) ने टिप्पणी करते हुए कहा है, "व्यवहार परिमार्जन का प्रयोग मानसिक रूप से मंदित बालकों द्वारा वांछित व्यवहारों को करने की दर बढ़ाने में, अनुपयुक्त एवं कुसमायोजी व्यवहारों को करने की दर घटाने में तथा नया एवं जटिल व्यवहारों को सिखाने में सफलतापूर्वक किया गया है।"

इस तरह हम देखते हैं कि मानसिक रूप से मंदित बालकों को शिक्षा देने तथा उनकी समायोजनशीलता को बढ़ाने के कई उपायों का वर्णन किया गया है।

दृष्टिदोष से ग्रसित बालक
(Children with Visual Defects)

आजकल दृष्टिदोष से ग्रसित बालकों की संख्या अधिक देखने को मिलती है। ऐसे बालक शारीरिक रूप से विकलांग (physically handicapped) तो अवश्य होते हैं, परन्तु मानसिक रूप से बिल्कुल दुरुस्त होते हैं और इनका बौद्धिक स्तर (intellectual level), एक सामान्य बालक, जिसका शारीरिक डील-डौल हर तरह से ठीक होता है, के समान होता है।

दृष्टिदोष (visual defects) या दृष्टिक्षति (visual impairment) का दो अर्थों में प्रयोग किया जाता है। पहला अर्थ कानूनी अर्थ (legal meaning) है जिसके अनुसार दृष्टिदोष को दृष्टि तीक्ष्णता (visual acuity) के मापन के आधार पर परिभाषित किया गया है। दृष्टि तीक्ष्णता से तात्पर्य दी गई खास दूरी (distance) पर वस्तुओं के आकार एवं उसके अन्य विस्तृत पहलुओं को स्पष्ट रूप से देखने एवं विभेदित करने की क्षमता से होता है। जब कोई छात्र अपनी दृष्टि तीक्ष्णता 20/20 अर्थात 20 फीट की दूरी से उन सभी वस्तुओं एवं उसके विभिन्न पहलुओं को देख पाता है, जो एक सामान्य छात्र देख सकता है, तो उसे दृष्टिदोष से मुक्त या सामान्य दृष्टि तीक्ष्णता वाला छात्र समझा जाता है। परंतु यदि किसी छात्र की दृष्टि तीक्ष्णता 20/200 या उससे भी कम (चशमा देने के बाद) है तो इसे कानूनी तौर पर अंधा (legally blind) समझा जाता है। इसका मतलब यह हुआ कि ऐसे छात्र वस्तु या वस्तु के पहलुओं को जिसे एक सामान्य दृष्टि तीक्ष्णतावाला व्यक्ति 200 फीट की दूरी से देख सकता है, अधिकतम 20 फीट की दूरी पर खड़ा होकर देख पाते हैं। अतः, कानूनी अंधापन (legal blindness) का अर्थ पूर्ण अंधापन (total blindness) नहीं होता है।

दृष्टिदोष (visual impairment) की दूसरी परिभाषा शैक्षिक (educational) है। शैक्षिक परिभाषा में दृष्टिदोष को इस आधार पर परिभाषित किया जाता है कि यह दोष कहाँ तक छात्रों की सीखने की क्षमता को प्रभावित करता है तथा उसे सीखने के लिए विशेष विधि एवं उपकरणों (apparatus) का सहारा लेना पड़ता है। छात्र के सीखने की क्षमता जितनी ही अधिक प्रभावित होगी और उसे सीखने के लिए जितना ही अधिक विशेष विधि एवं उपकरण का सहारा लेना होगा, उसमें दृष्टिदोष उतना ही गंभीर समझा जाता है। शिक्षाशास्त्रियों एवं शिक्षा मनोवैज्ञानिकों ने शैक्षिक रूप से (educationally) दृष्टिदोषवाले बालकों के दो प्रकार बताए हैं—

---

1. "Behaviour modification has been used effectively with the mentally retarded to increase the rate with which they perform desirable behaviours, to decrease the rate with which they perform inappropriate or maladaptive behaviours, and to teach new, complex behaviours."—Heward & Orlanksy, *Exceptional Children*, 1983, p. 59

(क) अंधे बालक (blind children)

(ख) निम्न दृष्टिवाले बालक (low-vision children)

अंधे बालक वे हैं जो पूर्ण रूप से अंधे होते हैं और अंधेपन के कारण उनकी सीखने की क्षमता काफी प्रभावित होती है। इन्हें ब्रेल (Braille) पद्धति द्वारा ही पढ़ना-लिखना सिखाया जा सकता है। प्रायः पूर्ण अंधापन जन्मजात होता है, परन्तु किसी-किसी व्यक्ति में जन्म के बाद भी किसी तरह की बीमारी या दुर्घटना के शिकार होने से पूर्ण अंधापन आ जाता है।

निम्न दृष्टिवाले बालक (low-vision children) आंशिक रूप से देख पाते हैं तथा उन्हें सामान्य पुस्तकों से ही पढ़ाया-लिखाया जा सकता है। हेवार्ड (Heward, 1988) के अनुसार शिक्षा की दृष्टि से ऐसे बालकों की समस्या अंधापनवाले बालकों से अधिक गंभीर इसलिए होती है कि इनकी दृष्टि कम होने से वे सामान्य पुस्तकों के उन अक्षरों (letters) को नहीं पढ़ पाते जिनके आकार छोटे होते हैं तथा शिक्षक इन्हें ब्रेल पद्धति से सीखने-पढ़ने की आदत भी नहीं डालते हैं। अतः, इनकी स्थिति बीचोबीच की होने से गंभीरता अधिक होती है।

इन दोनों प्रकार के बालकों की शिक्षा एवं समायोजनशीलता (adaptability) की व्याख्या हम अलग-अलग अनुच्छेदों में करेंगे।

पूर्ण अंधे बालकों की शिक्षा एवं समायोजन
(Adjustment and Education of Totally Blind Children)

पूर्णरूपेण अंधे बालकों का समायोजन (adjustment) एवं शिक्षा अपने-आपमें एक महत्त्वपूर्ण, परन्तु गंभीर विषय है। ऐसे बालक ठीक ढंग से कहीं आ-जा सकें, इसके लिए शिक्षक उन्हें 'छड़ी भ्रमण' (cane travel) की विशेष प्रविधि द्वारा प्रशिक्षण देते हैं। इससे उनमें सामाजिक समायोजन (social adjustment) करने की क्षमता में वृद्धि होती है। ऐसे बालकों को शिक्षित करने एवं अन्य तरह की समायोजनशीलता को बढ़ाने के निम्नांकित तरीकों का वर्णन शिक्षा मनोविज्ञान में मिलता है—

(1) ब्रेल पद्धति (Braille System)—इस पद्धति का विकास लूयिस ब्रेल (Louis Braille) द्वारा 1830 के लगभग किया गया था। ब्रेल स्वयं एक अंधे व्यक्ति थे जिन्होंने छह उभरे हुए बिन्दुओं (raised dots) के सहारे इस पद्धति में वर्णमाला के सभी अक्षरों को लिखने, संख्या एवं अन्य सामग्री को लिखने की प्रथा कायम की। इस पद्धति में छात्रों को ब्रेल पुस्तक (Braille book), ब्रेल स्लेट आदि द्वारा पढ़ना-लिखना सिखाया जाता है। ब्रेल अक्षरों को छात्र स्टाइलस (stylus) की मदद से लिखते हैं। उभरे हुए बिन्दुओं पर छात्र अपनी अँगुली की नोक (finger tips) रखकर ब्रेल अक्षरों (Braille letters) को पढ़ते हैं।

इसके अलावा आजकल ऐसे बालकों की शिक्षा के लिए कुछ विशेष इलेक्ट्रॉनिक उपकरण (electronic apparatus) भी विकसित कर लिए गए हैं जिनसे शिक्षकों को कक्षा में ऐसे बालकों को कुछ विशेष शिक्षा देने में काफी मदद मिलती है। इन उपकरणों में क्रैनमर एबाकस (Cranmer abacus), स्पीच प्लस कैलकुलेटर (speech plus calculator), ऑपटाकोन (optacon) एवं कुर्जविल रिडिंग मशीन (Kurzweil reading machine) प्रधान हैं। पहले दो तरह के उपकरणों से ऐसे बालकों को गणित से संबंधित कार्य करने में विशेष मदद मिलती है। ऑपटाकोन (optacon या

optical-tactile converter) जिसके द्वारा सामान्य अक्षरों को स्पर्शी कंपनों (tactile vibrations) में बदला जाता है, यह कंपन छात्रों को सामान्य पुस्तकों की सामग्री को पढ़ने में काफी मदद करता है। उसी तरह कुर्जविल रिडिंग मशीन (Kurzweil reading machine) एक ऐसा कंप्यूटर (computer) है जो छपी हुई सामग्री को बोल-बोलकर पढ़कर सुनाता है। इससे भी अंधे बालकों को शिक्षा ग्रहण करने में काफी मदद मिलती है।

(2) विशिष्ट पाठ्यक्रम (Special curriculum)—ऐसे बालकों के व्यक्तित्व के पूर्ण विकास के लिए कुछ मनोवैज्ञानिकों ने इनके पाठ्यक्रम में सामान्य सामग्री (common materials) के अलावा कुछ अन्य सामग्री को भी रखने की सिफारिश की है। ऐसे मनोवैज्ञानिकों में हानिनेन (Hanninan, 1975), मार्टिन एवं होबेन (Martin & Hoben, 1977) का नाम अधिक मशहूर है। इन लोगों का मत है कि ऐसे छात्रों को कुछ व्यावसायिक शिक्षा (vocational education) जैसे बेंत की कुर्सी बनाना, मिट्टी के बर्तन बनाना आदि की भी शिक्षा देनी चाहिए ताकि उनमें क्रियात्मक कौशलता (motor skills) भी ठीक ढंग से विकसित हो सके और वे अपनी दिन-प्रतिदिन की जिन्दगी में समायोजनशीलता को बढ़ा सकें।

(3) विशिष्ट आवासीय स्कूल (Special residential school)—कुछ मनौवैज्ञानिकों ने ऐसे छात्रों को शिक्षा देने के लिए अलग से स्कूल स्थापित करने की सिफारिश की है। इन स्कूलों में ऐसे छात्रों की जरूरत के अनुकूल सामग्री एवं साधन जुटाने एवं शिक्षकों को भी छात्रों पर विशेष ध्यान देने में मदद मिलेगी। सभी बालकों के एकसमान होने से उनमें सहयोगिता (cooperativeness) का भाव भी उत्पन्न होगा।

इन प्रविधियों को अपनाकर पूर्णरूपेण अंधे बालकों को पर्याप्त शिक्षा दी जा सकती है।

निम्न दृष्टि के बालकों की शिक्षा एवं समायोजन (Adjustment and Education of Low-vision Children)

निम्न दृष्टि के बालक (low-vision children) या आंशिक रूप से अंधे बालक (partially blind children) की शिक्षा एवं समायोजन की समस्या अधिक गंभीर होती है; क्योंकि ऐसे बालक न तो पूर्णतः अंधे होते हैं और न ही पूर्णतः सामान्य होते हैं। ऐसे बालकों की शिक्षा एवं समायोजन (adjustment) के लिए निम्नलिखित उपायों का वर्णन मिलता है—

(1) निम्न दृष्टि साधन (Low vision aids)—अध्ययनों से पता चला है कि अधिकतर निम्न दृष्टिवाले छात्रों को दृष्टि-संबंधी सहायता पहुँचानेवाले उपकरण देने पर वे शिक्षा से अधिक लाभान्वित होते हैं। इनमें चश्मा संस्पर्श लेंस (contact lens) जिसे पहना जाता है, टेलीस्कोप (telescope) या दूरबीन, जिससे दूर की चीजों को देखा जाता है तथा आवर्धक (magnifiers), जिससे किताब के अक्षरों पर रख देने से अक्षर का आकार काफी बड़ा दिखता है, प्रधान हैं। इन उपकरणों की सहायता से ऐसे छात्रों को शिक्षा ग्रहण करने में मदद मिलती है।

(2) कक्षा अनुकूलन (Classroom adaptations)—ऐसे छात्रों का कक्षाओं में थोड़ा अनुकूलन करने से अच्छे प्रभाव होते देखे गए हैं। जैसे ऐसे छात्रों के लिए कक्षा में ऐसा डेस्क होना चाहिए जिसके टॉप (top) को जरूरत के अनुसार ऊपर या नीचे खिसकाया जा सके। इससे उन्हें लिखने या पढ़ने के लिए झुकना नहीं पड़ता और तब वे आसानी से अधिक समय तक कक्षा में बिना थकान महसूस किए लिख-पढ़ सकते हैं। कक्षा में रोशनी की पर्याप्त व्यवस्था हो तथा प्रत्येक

छात्र के लिए विशेष लैम्प का भी प्रबन्ध हो, तो अति उत्तम होगा। शिक्षकों को चाहिए कि वे छात्रों को लिखनेवाले जो पेपर दें उसमें चमक नहीं हो, श्यामपट्ट (blackboard) का स्थान एवं सतह ऐसा हो जो चमक या दीप्ति (glare) उत्पन्न न करता हो। इन अनुकूलनों (adaptations) से निम्न दृष्टिवाले छात्रों को कक्षा में शिक्षक द्वारा दी जानेवाली शिक्षा अधिक ग्राह्य एवं आसान मालूम पड़ती है।

(3) **सुनकर दोहराने का अभ्यास** (Practice of repeating by listening)—ऐसे बालकों को, दूसरे बालक, जो सामान्य दृष्टि के हैं, द्वारा पाठ या विषय को बोल-बोलकर दोहराने तथा उसे सुनने का अभ्यास कराना चाहिए। इससे भी निम्न दृष्टिवाले बालक पाठ या विषय को जल्दी सीख लेते हैं तथा उन्हें आसानी से याद कर लेते हैं। ऐसे बालकों को टेपरेकार्डर (taperecorder) का प्रयोग लाभप्रद बताया गया है। इससे वे टेप की गई सामग्री को जितनी बार चाहें, सुन सकते हैं तथा उसका अभ्यास कर सकते हैं। शायद यही कारण है कि ऐसे बालकों की श्रवणशक्ति अधिक श्रेष्ठ होती है।

(4) **विशिष्ट शिक्षण सामग्री** (Special learning materials)—हारे एवं उनके सहयोगियों (Hare et al., 1970) ने अपने अध्ययन के आधार पर यह बताया है कि ऐसे बालकों के लिए किताब के अक्षरों के आकार बड़े-बड़े हों, तो इससे उन्हें शिक्षा ग्रहण करने में काफी आसानी होती है और कम समय में ऐसे छात्र अपना कक्षा-कार्य एवं गृह-कार्य (home work) निबटा लेते हैं। साथ-ही-साथ ऐसे बालकों को मोटे लीडवाली पेंसिल या कलम से लिखने के लिए कहा जाना चाहिए ताकि लिखे गए अक्षरों को वे स्वयं ठीक से पढ़ सकें एवं वाक्यों को ठीक ढंग से लिख सकें। जहाँ तक संभव हो, ऐसे बालकों को हल्का पीला रंग के कागज पर काला या बैंगनी स्याही या लीड से लिखने की आदत डालनी चाहिए।

इस तरह हम देखते हैं कि निम्न दृष्टिवाले बालकों (low-vision children) को शिक्षा देने एवं समायोजन में मदद करने की विधियाँ पूर्णतः अंधे बालकों को शिक्षा देने एवं समायोजन में मदद करने की विधि से भिन्न है। उपर्युक्त विधियों को अपनाकर अंशतः अंधे बालकों की शिक्षा-दीक्षा अच्छे ढंग से सम्पन्न की जा सकती है।

भाषादोष से ग्रसित बालक का अर्थ
(Meaning of Children with Speech Defects)

भाषा एक ऐसा साधन (tool) है जिसके माध्यम से एक व्यक्ति दूसरे व्यक्ति तक अपने विचारों को पहुँचाता है तथा दूसरे के विचार को समझकर उसके प्रति उपयुक्त अनुक्रिया (response) करता है। बालकों में भाषा-संबंधी दोष कई तरह के पाए जाते हैं।

वान राइपर (Van Riper, 1972) ने यह बताया है कि यदि किसी बालक द्वारा बोले गए शब्द या वाक्यों में निम्नांकित तीन विशेषताएँ हों तो उस बालक को भाषा-संबंधी दोष से ग्रसित बालक माना जाएगा—

(i) दूसरे लोगों का ध्यान बालक द्वारा बोले गए शब्द या वाक्य की ओर अनावश्यक रूप से चला जाए।

(ii) यदि दोष या अनियमितता विचारों की अभिव्यक्ति में बाधक हो, तथा

(iii) बालक को सामाजिक रूप से कुसमायोजित (socially maladjusted) होने में उससे मदद मिलती हो।

ऐसे बालक, जिनमें भाषा-संबंधी दोष होता है, उनमें स्कूल में समायोजन (adjustment) संबंधी कठिनाइयाँ काफी होती हैं। वान राइपर द्वारा किए गए अध्ययनों से यह भी पता चला है कि ऐसे बालकों की शैक्षिक उपलब्धि (educational achievement) एवं सामाजिक विकास (social development) बुरी तरह प्रभावित हो जाता है।

भाषा-संबंधी दोष से ग्रसित बालकों के मुख्य प्रकार (Major Types of Children with Speech Impairment)

क्रिक एवं गालाघर (Krik & Gallagher, 1979) के अनुसार भाषा-संबंधी दोष से ग्रसित बालकों को निम्नांकित प्रमुख भागों में बाँटा गया है—

(1) गूंगे बालक (Dumb children)

(2) उच्चारण-संबंधी दोषवाले बालक (Children with articulation disorders)

(3) आवाज-संबंधी दोषवाले बालक (Children with voice disorders)

(4) प्रवाहिता-संबंधी दोषवाले बालक (Children with fluency disorders)

(5) व्याख्यान-संबंधी दोषवाले बालक (Children with language disorders)।

ऐसे बालकों की संक्षिप्त व्याख्या निम्नांकित है—

(1) गूंगे बालक (Dumb children)—गूंगे बालक वैसे बालक को कहा जाता है जो चाहकर भी अपनी इच्छा को अर्थपूर्ण भाषा के रूप में अभिव्यक्त नहीं कर पाते। ऐसे बालक प्रायः कुछ संकेतों के माध्यम से ही अपनी इच्छा की अभिव्यक्ति करते हैं। कुछ बालक जन्म से गूंगे होते हैं और प्रायः ऐसे बालक बहरे भी होते हैं। बाद में गूंगापन किसी बीमारी या दुर्घटना के कारण हो सकता है, परन्तु ऐसे गूंगे बहरे नहीं होते।

(2) उच्चारण-संबंधी दोषवाले बालक (Children with articulation disorders)—उच्चारण-संबंधी दोष स्कूल के बालकों में अधिक देखा गया है। इस तरह के दोष से ग्रसित बालक प्रायः शब्दों का गलत ढंग से उच्चारण करते हैं। जैसे 'चोटी' को 'रोटी' कहना, 'दरवाजा' को 'वाजा' कहना आदि कुछ इस तरह के दोष के उदाहरण हैं। उम्र बीतने के साथ प्रायः इस ढंग के दोष अपने-आप ही दूर हो जाते हैं।

(3) आवाज-संबंधी दोषवाले बालक (Children with voice disorders)—जब बालक द्वारा बोले गए शब्द की आवाज के गुण (quality), उच्चता (loudness) या तारत्व (pitch) में असामान्यता (abnormality) होती है तो इसे भाषा-संबंधी दोषवाले बालक के रूप में पहचान की जाती है। कर्कश आवाज में बोलनेवाले बालक एवं नकियाकर या नाक से बोलनेवाले बालकों को इस श्रेणी में रखा जाता है।

(4) प्रवाहिता-संबंधी दोषवाले बालक (Children with fluency disorders)—इस श्रेणी में उन बालकों को रखा जाता है जिनकी वाणी की सामान्य प्रवाहिता बाधित हो जाती है। इसके सबसे अच्छे उदाहरण के रूप में उन बालकों को रखा जाता है जो बोलने में हकलाते (stuttering) हैं।

(5) **व्याख्यान-संबंधी दोषवाले बालक** (Children with language disorders)—इस श्रेणी में उन बालकों को रखा जाता है जिन्हें खास-खास शब्दों को बोलने में कठिनाई होती है और यदि कोशिश करते हैं, तो उनके मुँह से कोई शब्द नहीं निकल पाता यानी वे पूर्णतः अवाक् (speechless) रह जाते हैं।

इस तरह हम देखते हैं कि भाषा-संबंधी दोष से ग्रसित बालकों को लोगों ने कई भागों में बाँटा है।

भाषा-संबंधी दोष से ग्रसित बालकों की शिक्षा एवं समायोजन (Adjustment and Education of Children with Speech Impairment)

भाषा-संबंधी दोष से ग्रसित बालकों की शिक्षा एवं समायोजन के लिए मनोवैज्ञानिकों ने कुछ उपायों का वर्णन किया है, जिनमें निम्नांकित प्रमुख हैं—

(1) ऐसे बालकों, विशेषकर गूंगे बालकों की शिक्षा-दीक्षा के लिए अलग आवासीय स्कूल (residential school) की स्थापना करनी चाहिए जहाँ रहने के साथ-ही-साथ उनकी शिक्षा का भी उचित प्रबन्ध हो। सौभाग्यवश बिहार राज्य तथा अन्य राज्यों में भी सरकार द्वारा इस दिशा में उचित कदम उठाए गए हैं। ऐसे स्कूल में बालकों की शिक्षा-दीक्षा का चूँकि विशेष वातावरण होता है, अतः ऐसे बालकों में आत्मसंतोष एवं आत्मबल तेजी से विकसित होता है और इस तरह शिक्षा के मुख्य उद्देश्य की पूर्ति आसानी से हो जाती है।

(2) भाषा-संबंधी दोष से ग्रसित बालकों के शिक्षकों पर भी जवाबदेही अधिक हो जाती है। पहली बात तो यह है कि ऐसे स्कूल के शिक्षकों को बालकों के भाषा-संबंधी दोषों (disorders) का उचित ज्ञान होना आवश्यक है और दूसरी बात यह है कि ऐसा ज्ञान होने से शिक्षक प्रत्येक ऐसे छात्र पर उनकी जरूरत के अनुकूल ध्यान देने में समर्थ हो पाते हैं। सचमुच इसके लिए शिक्षकों को इस विधा में प्रशिक्षित होना अनिवार्य है।

(3) भाषा-संबंधी दोष के विशेषज्ञों (experts) को स्कूल के शिक्षकों द्वारा समय-समय आमंत्रित किया जाना चाहिए। ऐसे विशेषज्ञ वैयक्तिक चिकित्सा (individual therapy) या सामूहिक चिकित्सा (group therapy) के माध्यम से ऐसे बच्चों के लिए कुछ इस ढंग का सुझाव देते हैं जिसका अनुसरण कर शिक्षक इनकी शिक्षा-दीक्षा में काफी लाभ उठा सकते हैं।

(4) शिक्षकों को चाहिए कि वैसे बालकों के लिए जिनमें उच्चारण-संबंधी दोष है या जो बोलने में हकलाते हैं, उनके लिए उन्हें विशेष भाषा-सुधार कार्यक्रम (special speech correction programme) चलाना चाहिए जिसमें इन बालकों को सही-सही उच्चारण करने तथा बोलने का पर्याप्त अभ्यास कराया जा सके। शिक्षकों को सुनो-बोलो विधि (hear-say method) का प्रयोग अधिक-से-अधिक करना चाहिए, क्योंकि इससे जैसा कि स्वार्ज (Schwartz, 1990) ने बताया है, ऐसे बालकों को शिक्षा ग्रहण करने तथा फिर सामाजिक अभियोजन (social adjustment) करने में काफी सहायता मिलती है।

(5) भाषा-संबंधी दोष से ग्रसित बालकों की शिक्षा के लिए शिक्षकों को कक्षा में उन आधुनिक उपकरणों का प्रयोग करना चाहिए जो ऐसे बालकों को जिज्ञासु बनाकर उन्हें बोलने के लिए उत्तेजित कर सके।

(6) भाषा-संबंधी दोष से ग्रसित बालकों की शिक्षा के लिए घर पर माता-पिता या अभिभावक को भी जागरूक रहना चाहिए। उन्हें घर पर उचित स्नेह देकर शब्दों या वाक्यों को ठीक-ठीक बोलने का प्रशिक्षण देना चाहिए। यदि उपर्युक्त सुझावों पर अमल किया जाए, तो भाषा-संबंधी दोष से ग्रसित बालकों को उचित शिक्षा देने तथा उनकी समायोजनशीलता को पर्याप्त (adequate) बनाने में अधिक मदद मिलेगी।

श्रवण-संबंधी दोष से ग्रसित बालकों की शिक्षा एवं समायोजन (Adjustment and Education of Children with Hearing Impairment)

स्कूल में करीब 5% ऐसे छात्र सामान्यतः होते हैं जो श्रवण-संबंधी दोष से ग्रसित होते हैं। श्रवण-संबंधी दोष दो प्रकार के होते हैं—पूर्ण बहरापन (complete deafness) तथा आंशिक बहरापन (partial deafness)। पूर्ण बहरापन से ग्रसित बालक भाषा प्रवर्धक (speech amplifier) के प्रयोग के बाद भी कुछ नहीं सुनते तथा दूसरों की भाषा नहीं समझ पाते हैं। आंशिक बहरापन में छात्र प्रवर्धक का प्रयोग करके दूसरों की बोली को समझ लेते हैं या यदि इनसे उच्च स्वर में बोला जाए तो वे उसे सुनकर समझ लेते हैं। बालकों में श्रवण-संबंधी दोष जन्मजात (congenital) भी हो सकता है या जन्म के बाद आकस्मिक कारणों से भी उत्पन्न हो सकता है। शिक्षा मनोवैज्ञानिकों ने अपने अध्ययन के आधार पर यह बताया है कि श्रवण-संबंधी दोष के कई कारणों में आनुवंशिकता (heredity), मातृत्व रूबेला (maternal rubella), प्राक्परिपक्व जन्म (premature birth), मेनिन्जाइटिस (meningitis) आदि प्रधान हैं। दोनों तरह के बहरे बालकों की शिक्षा एवं समायोजन के बारे में मनोवैज्ञानिकों एवं शिक्षाशास्त्रियों ने कुछ अलग-अलग सुझाव दिए हैं जो निम्नांकित हैं—

(क) पूर्णरूपेण बहरे बालकों की शिक्षा एवं समायोजन—शिक्षा के दृष्टिकोण से पूर्ण बहरे बालक की समस्या अधिक गंभीर बताई जाती है; क्योंकि ऐसे छात्र तो कुछ सुनते नहीं हैं जिनके परिणामस्वरूप उन्हें बोलकर कुछ सिखाना शिक्षकों के लिए एक टेढ़ी खीर साबित होता है। फिर भी, मनोवैज्ञानिकों एवं शिक्षाशास्त्रियों ने कुछ ऐसे सुझावों का वर्णन किया है जिनसे ऐसे बालकों को शिक्षा देने में काफी सहायता मिल पाती है—

(i) पूर्ण बहरे बालकों को शिक्षा देने में क्रियात्मक कार्य (motor work) को अधिक महत्त्व देना चाहिए। चूँकि ऐसे बालक लाख उपाय के बावजूद कुछ सुन नहीं सकते, अतः, उनमें क्रियात्मक कार्यों के माध्यम से कुछ निपुणता लाई जा सकती है। जैसे ऐसे बालकों को लकड़ी का सामान बनाना सिखाया जा सकता, मिट्टी के बर्त्तन बनाना सिखाया जा सकता है, कपड़ा सीना सिखाया जा सकता है आदि-आदि।

(ii) शिक्षकों को चाहिए कि ऐसे बालकों को शिक्षा देने में शब्दों का प्रयोग कम-से-कम करें तथा प्रदर्शन (demonstration) का उपयोग अधिक-से-अधिक करें। अधिकतर एकांशों (items) को जिन्हें उन्हें पढ़ाना है, प्रदर्शन विधि से ही सिखावें। ऐस बालकों की शिक्षा में अशाब्दिक संचार (nonverbal communications) की प्रधानता होनी चाहिए। यथासंभव चिह्न भाषा (sign language) का प्रयोग अधिक किया जाना चाहिए।

(iii) पूर्णरूपेण बहरे बालकों के लिए अलग से आवासीय स्कूल की स्थापना की जानी चाहिए। ऐसे सबसे प्रथम स्कूल की स्थापना 18वीं शताब्दी में यूरोप में की गई थी। आजकल अधिकतर देशों में इस ढंग के स्कूल की स्थापना कर दी गई है। ऐसे स्कूलों में इन बालकों के लिए विभिन्न तरह के विशेष कार्यक्रम छोटे-छोटे कक्षा बनाकर चलाए जाते हैं, जहाँ उन्हें भिन्न-भिन्न तरह के निर्देश (instructions) के माध्यम से शिक्षा दी जाती है।

(ख) आंशिक रूप से बहरे बालकों की शिक्षा एवं समायोजन—ऐसे बालक, जैसा कि ऊपर कहा जा चुका है, विशेष यंत्रों की सहायता से कुछ सुन सकते हैं। अतः, इनकी शिक्षा-दीक्षा की समस्या शिक्षकों के लिए उतनी गंभीर नहीं होती जितनी कि पूर्णरूपेण बहरे बालक की शिक्षा-दीक्षा की समस्या होती है। ऐसे बालकों की शिक्षा के लिए मूल रूप से निम्नांकित सुझाव दिए गए हैं—

(i) श्रवण-साधन का प्रयोग (Use of hearing aids)—ऐसे बालकों को शिक्षा सामान्य बालकों के साथ एक ही कक्षा में दी जा सकती है बशर्ते उन्हें उपयुक्त आधुनिक श्रवण-साधन जैसे इयर-फोन (ear phone) आदि का प्रयोग करने दिया जाता है। बर्क जिन्हें कक्षा में सामान्य बालकों के साथ इयर-फोन लगाकर शिक्षा दी गई थी, की शैक्षिक उपलब्धि (educational achievement) का स्तर सामान्य छात्रों की उपलब्धि के स्तर के बराबर था।

(ii) आंशिक रूप से बहरे बालकों को स्कूल में दाखिला कराने के पहले कुछ विशिष्ट सेवा जिसमें ध्वनि प्रवर्धन (amplification) एवं माता-पिता का प्रशिक्षण आदि सम्मिलित हैं, प्रदान करना जरूरी है।

(iii) कुछ शिक्षाशास्त्रियों ने ऐसे बालकों की शिक्षा के लिए सम्पूर्ण संचार उपागम (total communication approach) के प्रावधान पर बल डाला है। इस उपागम में बालकों में भाषा विकास एवं दूसरे की बोली को सुनकर अपने विचार की अभिव्यक्ति (expression) पर बल डालने के खयाल से शिक्षक कक्षा में व्याख्यान के दौरान बहुत सारे हस्तसंचार प्रविधियाँ (manual communication techniques) जिनमें चिह्न भाषा (sign language), सांकेतिक भाषण (cued speech), आंगुलिक हिज्जे (finger spelling) आदि प्रमुख हैं, का प्रयोग करते हैं। डेण्टन (Denton, 1972) तथा कारनेट (Cornett, 1974) ने अपने-अपने अध्ययनों में सम्पूर्ण संचार उपागम को ऐसे बालकों की शिक्षा में काफी उपयोगी बताया है।

(iv) ऐसे बालकों के लिए शिक्षाकक्ष (classroom) में कुछ विशिष्ट प्रावधान होना चाहिए। जैसे कक्षा ऐसी हो जिसमें बाहर से आवाज अधिक नहीं आती हो, छात्रों को बैठने का प्रबन्ध ऐसा हो कि उससे शिक्षकों के व्याख्यान को आसानी से सुना जा सकता है एवं हस्त-संचार (manual communication) का एक अच्छा व्याख्याता (interpreter) मौजूद हो।

(v) सामाजिक पुनर्बलन (Social reinforcement)—आंशिक रूप से बहरे बालकों की शिक्षा प्रायः चूँकि सामान्य बालकों के साथ दी जाती है, अतः इस बात की संभावना बनी रहती है कि ऐसे बालकों का मजाक उड़ाया जाए या उनके द्वारा सामाजिक तिरस्कार (social rejection) किया जाए। अतः, शिक्षकों को चाहिए कि वे स्वयं ऐसे बालकों को शिक्षा ग्रहण करने में सामाजिक प्रोत्साहन दें तथा कक्षा के अन्य छात्रों को ऐसा ही सामाजिक प्रोत्साहन देने के लिए प्रोत्साहित करें। इससे ऐसे बालकों में आत्मविश्वास (self-confidence) तथा

आत्म-सम्मान (self-respect) बढ़ेगा और वे अधिक-से-अधिक सीखने के लिए एवं शिक्षा ग्रहण करने के लिए प्रेरित होंगे।

इस तरह हम देखते हैं कि पूर्णरूपेण बहरे बालक एवं आंशिक रूप से बहरे बालकों की शिक्षा एवं समायोजनशीलता बढ़ाने के खयाल से शिक्षाशास्त्रियों ने अलग-अलग सुझाव दिए हैं।

अध्याय-सारांश
[Chapter Summary]

1. विशिष्ट या असाधारण बालक वैसे बालक को कहा जाता है जो सामान्य बालकों से विभिन्न तरह के शारीरिक एवं मानसिक गुणों में या तो श्रेष्ठ (superior) होते हैं या निम्न (inferior) होते हैं।

2. मनोवैज्ञानिकों ने विशिष्ट या असाधारण बालकों के कई प्रकारों का वर्णन किया है। जैसे हेवार्ड एवं औरलैनस्की (Heward & Orlansky, 1980) ने ऐसे बालकों के नौ प्रकार बताए हैं। परंतु, उनमें पाँच प्रकार के विशिष्ट बालकों की अधिक प्रधानता देखी जाती है—(i) प्रतिभाशाली एवं प्रवीण बालक (ii) मानसिक रूप से मंदित बालक (iii) दृष्टिदोष से ग्रसित बालक (iv) भाषा-दोष से ग्रसित बालक एवं (v) श्रवण दोष से ग्रसित बालक।

3. विशिष्ट बालकों के नामकरण के कुछ संभावित फायदे एवं घाटे भी हैं। ऐसे पाँच फायदों एवं चार घाटों का वर्णन किया गया है।

4. प्रतिभाशाली एवं प्रवीण बालकों की पहचान न केवल उनकी बुद्धि के आधार पर बल्कि अन्य सूचकों जैसे सर्जनात्मकता (creativity) एवं उपलब्धि (achievement) आदि के आधार पर भी की जाती है।

5. शिक्षा मनोवैज्ञानिकों ने प्रतिभाशाली एवं प्रवीण बालकों की शिक्षा एवं समायोजन के लिए कुछ प्रमुख उपायों एवं सुझावों का वर्णन किया है, जिसका भी उल्लेख किया गया है।

6. मानसिक रूप से मंदित बालकों की पहचान निम्न बुद्धिलब्धि एवं अनुकूली व्यहार करने की अक्षमता के रूप में जाती है। AAMD द्वारा व्यक्त किया गया विचार जो दुनियाभर में लोकप्रिय है, की कसौटी पर मानसिक रूप से मंदित बालकों की परिभाषा दी गई है। AAMD ने मानसिक रूप से मंदित बालकों को चार भागों में बाँटकर अध्ययन करने की सिफारिश की है।

7. मानसिक रूप से मंदित बालकों की शिक्षा एवं समायोजनशीलता को उन्नत बनाने के लिए मनोवैज्ञानिकों ने कई ढंग के सुझाव दिए हैं।

8. दृष्टिदोष से ग्रसित बालकों की शिक्षा एवं समायोजन भी शिक्षकों के लिए सबसे अधिक चुनौतीपूर्ण विषय रहा है। फलस्वरूप, इन लोगों ने पूर्णरूपेण अंधे बालकों की शिक्षा एवं

समायोजन तथा निम्न दृष्टि के बालकों (low-vision children) की शिक्षा एवं समायोजन का प्रावधान अलग-अलग करने की सिफारिश की है।

9. शिक्षा मनोवैज्ञानिकों का ध्यान भाषा-दोष से ग्रसित बालकों की ओर भी गया है। इनलोगों ने ऐसे बालकों के पाँच प्रकार बताए हैं और उनकी शिक्षा-दीक्षा के बारे में कुछ कारगर सुझाव दिए हैं।

10. श्रवण-संबंधी दोष से ग्रसित बालक भी शिक्षा मनोवैज्ञानिकों का ध्यान अपनी ओर आकृष्ट करने में सफल रहे हैं। इनलोगों ने आंशिक रूप से बहरे तथा पूर्णरूपेण बहरे छात्रों की शिक्षा के लिए अलग-अलग सुझाव दिए हैं।

❑

अध्याय 25

पिछड़े बालक, समस्या-बालक, अपराधी बालक एवं अलाभान्वित बालक की शिक्षा एवं समायोजन

[EDUCATION AND ADJUSTMENT OF BACKWARD CHILD, PROBLEM CHILD, JUVENILE DELINQUENTS AND DISADVANTAGED CHILD]

मुख्य बिंदु (Main Points)

1. पिछड़े बालक का अर्थ एवं विशेषता (Meaning and Characteristics of a Backward Child)
2. बालकों के पिछड़ेपन के कारण (Causes of Backwardness among Children)
3. पिछड़े बालकों की समस्याएँ (Problems of Backward Children)
4. पिछड़े बालक की शिक्षा एवं समायोजन (Education and Adjustment of a Backward Child)
5. समस्या-बालक के अर्थ एवं विशेषताएँ (Meaning and Characteristics of a Problem Child)
6. समस्या-बालक की पहचान (Identification of a Problem Child)
7. समस्या-व्यवहार के कारण (Causes of Problem Behaviour)
8. समस्या-बालक की शिक्षा एवं उपचार (Treatment and Education of a Problem Child)
9. अपराधी बालक के अर्थ एवं विशेषताएँ (Meaning and Characteristics of a Delinquent Child)
10. अपराधी व्यवहार के प्रकार (Types of Delinquent Behaviour)
11. बाल-अपराध के कारण (Causes of Delinquency)
12. अपराधी बालकों के उपचार एवं शिक्षा (Treatment and Education of Delinquent Children)
13. बाल-अपराध और विद्यालय (Delinquency and School)
14. अलाभान्वित बालकों के अर्थ एवं विशेषताएँ (Meaning and Characteristics of Disadvantaged Children)
15. अलाभान्वन एवं वंचन के मनोवैज्ञानिक परिणाम (Psychological Consequences of Disadvantage and Deprivation)
16. अलाभान्वित बालकों की शिक्षा (Education of Disadvantaged Children)

पिछड़े बालक (backward children), समस्या-बालक (problem children), अपराधी बालक (juvenile delinquent) तथा अलाभान्वित बालक (disadvantaged children), चूँकि सामान्य बालक से भिन्न हैं, अतः, ये सभी असाधारण या विशिष्ट श्रेणी के बालक हैं। चूँकि ऐसे बालकों की

भी संख्या अब धीरे-धीरे स्कूलों में पहले की तुलना में बढ़ रही है, अतः, इन सभी पर हम अलग से स्वतंत्र अनुच्छेदों (sections) में वर्णन करेंगे।

पिछड़े बालक का अर्थ एवं विशेषता
(Meaning and Characterstics of a Backward Child)

पिछड़े बालक से तात्पर्य सामान्यतः वैसे बालक से होता है जो बुद्धि, शिक्षा आदि में अपने समकक्षियों से काफी पीछे रह जाते हैं। कुछ लोग बालकों के पिछड़ेपन (backwardness) को दो आधारों पर तौलते हैं—बुद्धि के आधार पर तथा शैक्षिक उपलब्धि (academic achievement) के आधार पर। बुद्धि के आधार पर पिछड़ेपन को मानसिक मंदता (mental retardation) कहा जाता है तथा शैक्षिक उपलब्धि के आधार पर पिछड़ेपन को शैक्षिक मंदता (educational retardation) कहा जाता है।

आधुनिक मनोवैज्ञानिकों ने मानसिक रूप से मंदित बालकों (mentally retarded children) की अलग श्रेणी बनाई है जिसकी चर्चा पिछले अध्याय में की जा चुकी है। इन लोगों ने पिछड़े बालक में सिर्फ उन्हीं बालकों को रखने का प्रयास किया है जो शैक्षिक रूप से मंदित (educationally retarded) होते हैं। इसी अर्थ में बर्ट[1] (Burt, 1937) ने पिछड़े बालक को परिभाषित करते हुए कहा है, "पिछड़ा बालक वह है जो अपने स्कूल जीवन के बीच (यानी लगभग साढ़े दस साल में) अपनी आयु के समकक्ष से नीचे की कक्षा का कार्य करने में असमर्थ हो।"

बर्ट ने पिछड़े बालक को मूलतः शैक्षिक लब्धि (educational quotient or EQ) के रूप में परिभाषित किया है। उनका कहना है कि जिस बालक की शैक्षिक लब्धि 85 से कम होती है, उसे हम निश्‍िंचत होकर पिछड़े बालक (backward child) के रूप में पहचान कर सकते हैं। जैसा कि हम जानते हैं, EQ शिक्षा आयु (educational age or EA) में वास्तविक आयु (chronological age or CA) से भाग देकर उसमें 100 से गुणा करने के बाद प्राप्त होती है। सूत्र के रूप में $EQ = \frac{EA}{CA} \times 100$ होता है। उदाहरणस्वरूप, मान लिया जाए कि किसी छात्र की वास्तविक आयु 15 वर्ष की तथा शैक्षिक आयु[2], जो विभिन्न विषयों में बालक की मानसिक आयु का औसत होता है, 12 वर्ष की है, तो उसकी शैक्षिक लब्धि $\frac{12}{15} \times 100 = 80$ होगी और इस तरह के बालक को एक पिछड़ा बालक कहा जाता है।

इस तरह स्पष्ट है कि पिछड़े बालक की पहचान उसकी कुछ स्पष्ट विशेषताओं के आधार पर की जाती है, जो निम्नांकित हैं—

(i) पिछड़े बालक की मानसिक आयु अपने समकक्षियों से कम होती है।

(ii) पिछड़े बालक की शैक्षिक आयु भी अपने समकक्षियों से कम होती है।

---

1. "A backward child is one who in the middle of his school (that is about ten and half years) is unable to do the work of the class below that which is normal for his age."—Burt, *The Backward Children,* 1937, p. 3
2. शैक्षिक लब्धि (educational quotient) की विस्तृत व्याख्या अध्याय-18 में की जा चुकी है। अतः, छात्र अध्याय-18 में यह देख लें कि शैक्षिक लब्धि के लिए शैक्षिक आयु का निर्धारण कैसे किया जाता है।

(iii) ऐसे बालकों की शैक्षिक उपलब्धि (educational achievement) सामान्य या औसत (average) से कम होती है।

बालकों के पिछड़ेपन के कारण
(Causes of Backwardness among Children)

बालकों के पिछड़ेपन के कई कारणों को शिक्षा मनोवैज्ञानिकों ने उजागर किया है जिनमें निम्नांकित प्रमुख हैं—

(1) **बौद्धिक क्षमता की कमी** (Lack of intellectual ability)—बर्ट (Burt, 1937) द्वारा किए गए अध्ययन से यह स्पष्ट हो गया है कि बालकों के पिछड़ेपन का सबसे महत्त्वपूर्ण कारण उम्र के अनुसार बौद्धिक क्षमता का कम या बिल्कुल ही न होना होता है। बौद्धिक क्षमता के अभाव में वे सामान्य या औसत बुद्धि के बालकों के लिए बनाए गए पाठ्यक्रम (curriculum) को समझ नहीं पाते हैं और परिणामस्वरूप पिछड़ जाते हैं। बर्ट ने अपने अध्ययन में पाया कि पिछड़े बालकों में 95% बालक ऐसे थे जिनकी बुद्धि औसत बुद्धि से कम थी। अतः, स्पष्ट हो जाता है कि बालकों के पिछड़ेपन में बौद्धिक क्षमता की कमी एक प्रधान कारक है।

(2) **वातावरण का प्रभाव** (Effect of environment)—छात्रों के पिछड़ेपन में वातावरण का भी काफी प्रभाव पड़ता है। बर्ट के अध्ययन के अनुसार यदि बालक का घरेलू वातावरण तथा स्कूली वातावरण शिक्षा की दृष्टि से उत्साहवर्द्धक नहीं होता है, तो इससे बालकों की शैक्षिक आयु (educational age) वास्तविक आयु के अनुकूल नहीं बढ़ पाती है और बालक शैक्षिक रूप से पिछड़ जाते हैं। अकसर देखा गया है कि गरीब माता-पिता बालकों की जरूरत के अनुसार कॉपी, कागज, पेंसिल, कलम, किताब तथा अन्य शिक्षण सामग्री नहीं खरीद पाते। फलस्वरूप, उनकी शैक्षिक अभिरुचि (educational interest) घटने लगती है और इस तरह वे कक्षा में पिछड़ने लगते हैं। इतना ही नहीं, कभी-कभी ऐसे परिवार के बालकों को कम उम्र में रोजी-रोटी कमाने के लिए निकल जाना पड़ता है, इससे भी इनकी शैक्षिक उपलब्धि प्रभावित हो जाती है। बर्ट के अध्ययन के अनुसार करीब 12% बालक अपने घरेलू वातावरण के कारण ही पिछड़ जाते हैं। इन्होंने अपने अध्ययन में यह भी पाया है कि कुछ स्कूल ऐसे भी होते हैं जहाँ सही अर्थ में अध्ययन करने का कोई शैक्षिक माहौल नहीं होता। यहाँ के शिक्षक छात्रों से दुर्व्यवहार करते हैं तथा पढ़ाने की जगह वे अपनी व्यक्तिगत सेवा पर उन्हें लगाए रखते हैं। ऐसे स्कूली वातावरण के कारण भी बालक शैक्षिक रूप से पिछड़ जाते हैं। बर्ट के अध्ययन के अनुसार करीब 8% बालक स्कूल के अनुपयुक्त माहौल के कारण पिछड़ जाते हैं।

(3) **शारीरिक दोष** (Physical defects)—शारीरिक दोष के कारण भी बालक शैक्षिक रूप से पिछड़ जाते हैं। अंधे, बहरे, गूँगे बालकों में पिछड़ेपन का मूल कारण उनकी शारीरिक विकलांगता ही होती है। अपने शारीरिक दोष के कारण ऐसे बालकों की अभिरुचि शिक्षा में कम होने लगती है। बर्ट के अध्ययन के अनुसार करीब 9% बालकों के पिछड़ेपन का कारण यही शारीरिक दोष है।

(4) **स्वभाव-संबंधी दोष** (Temperamental defects)—बर्ट ने अपने अध्ययन में पाया कि कुछ बालक स्वभाव-संबंधी दोष के कारण अपने साथियों से पिछड़ जाते हैं। ऐसे बालक प्रायः तुनुकमिजाजी, आक्रामक (aggressive) एवं संवेगात्मक रूप से अस्थिर होते हैं। ऐसे गुणों के कारण उनका समायोजन कक्षा में न तो शिक्षक के साथ और न ही अपने साथियों के साथ हो पाता है,

जिसका परिणाम यह होता है कि वे कक्षा में पिछड़ जाते हैं। बर्ट ने अपने अध्ययन में पाया कि करीब 9% पिछड़े बालकों का कारण उनका स्वभाव-संबंधी दोष था।

(5) **कर्त्तव्यत्यागिता** (Truancy)—कुछ बालक ऐसे होते हैं जो कक्षा में ठीक ढंग से शिक्षक के व्याख्यान पर ध्यान नहीं देते और मौका मिलते ही कक्षा से भाग खड़े होते हैं। जब कक्षा में वे नियमित रूप से बैठते ही नहीं हैं, तो उन्हें पाठ्यक्रम (curriculum) ठीक ढंग से नहीं समझ में आता है और इससे उनकी शैक्षिक अभिरुचि उत्तरोत्तर घटती जाती है और कक्षा में वे पिछड़ते चले जाते हैं। बर्ट के अध्ययन के अनुसार करीब 10% बालक ऐसे होते हैं जिनके पिछड़ेपन का कारण स्कूल की कक्षा से अनुपस्थित होना बताया गया है।

इस तरह हम देखते हैं कि बालकों के पिछड़ेपन (backwardness) के कई कारण हैं जिनकी ओर शिक्षा मनोवैज्ञानिकों का ध्यान गया है।

पिछड़े बालकों की समस्याएँ
(Problems of Backward Children)

शिक्षा मनोवैज्ञानिकों ने पिछड़े बालक की कुछ समस्याओं (problems) की ओर ध्यान दिलाया है जिनमें निम्नांकित प्रमुख हैं—

(1) पिछड़े बालकों की सबसे बड़ी समस्या कक्षा में समायोजन (adjustment) से संबंधित होती है। ऐसे बालकों को कक्षा का पाठ्यक्रम (curriculum) काफी कठिन लगता है जिसे वह समझ नहीं पाते और वे अन्य सहकक्षी बालकों की तुलना में पीछे रह जाते हैं।

(2) ऐसे बालकों की मनोवृत्ति स्कूल एवं शिक्षकों के प्रति नकारात्मक (negative) होती है; क्योंकि उनका स्कूल में साथियों द्वारा अकसर खिल्ली उड़ाया जाता है। इसका परिणाम यह होता है कि इन बालकों में संवेगात्मक समस्याएँ (emotional problem) अधिक गंभीर होती है।

(3) ऐसे बालकों में पढ़ने-लिखने एवं सीखने की प्रेरणा (motivation) बहुत ही कम होती है, क्योंकि इनकी घरेलू एवं व्यक्तिगत अनुभूतियाँ इतनी तीखी एवं कुंठापूर्ण (frustrating) होती हैं कि उनके ऐसे अभिप्रेरणों को वे बिल्कुल ही समाप्त कर देती हैं।

(4) ऐसे बालकों को चूँकि लगातार असफलता ही असफलता मिलती है, अतः इनमें आत्म-विश्वास, मनोबल एवं आत्मनिर्भरता जैसा कोई गुण नहीं विकसित कर पाता है। फलस्वरूप, ऐसे बालकों को सीखने की कोई अभिरुचि (interest) नहीं रह जाती है।

(5) ऐसे बालक अधिक चिंतित एवं तनावग्रस्त रहते हैं, क्योंकि वे अनुभव करने लगते हैं कि उनकी शैक्षिक उपलब्धियाँ (educational achievements) काफी पीछे पड़ रही हैं।

इस तरह हम देखते हैं कि पिछड़े बालक की कई समस्याएँ हैं जो मूलतः उनके समायोजन (adjustment) तथा शिक्षा से संबंधित हैं।

पिछड़े बालक की शिक्षा एवं समायोजन (Education and Adjustment of a Backward Child)

जैसा कि ऊपर कहा जा चुका है पिछड़े बालकों की सबसे बड़ी समस्या शिक्षा एवं समायोजन से संबंधित है। अतः, शिक्षा मनोवैज्ञानिकों ने ऐसे बालकों की शिक्षा एवं समायोजन के विशेष उपायों का वर्णन किया है जो निम्नांकित है—

(1) मानसिक क्षमता के अनुकूल शिक्षा (Education according to mental ability)—बर्ट (Burt, 1937) के अध्ययन से यह स्पष्ट हो चुका है कि मंदबुद्धिता के कारण पिछड़नेवाले बालकों की संख्या करीब-करीब 95% है। मंदबुद्धिता के कारण ऐसे बालक सामान्य बालकों के लिए बने पाठ्यक्रम (curriculum) को समझ नहीं पाते और वे कक्षा में पिछड़ते चले जाते हैं। अतः, कुछ मनोवैज्ञानिकों ने ऐसा सुझाव दिया है कि इन बालकों को उनके बुद्धि-स्तर के अनुकूल अलग से पाठ्यक्रम तैयार कर उन्हें शिक्षा देनी चाहिए। ऐसी परिस्थिति में पिछड़े बालक उन्नत शिक्षा पा सकेंगे तथा अपनी कक्षा में अन्य लोगों के साथ समायोजन भी ठीक ढंग से कर सकेंगे। जहाँ तक संभव हो ऐसे बालकों की शिक्षा व्यवस्था विशिष्ट कक्षा (special class) बनाकर या विशिष्ट स्कूल बनाकर दी जानी चाहिए।

(2) व्यक्तिगत ध्यान (Individual attention)—पिछड़े बालकों की उचित शिक्षा देने तथा वर्ग में उपयुक्त समायोजन (adequate adjustment) करने में मदद के लिए यह आवश्यक है कि शिक्षक छात्र के पिछड़ेपन पर व्यक्तिगत ध्यान दें तथा साथ-ही-साथ उनके पिछड़ेपन के कारणों का पता लगाकर उसे दूर करने की कोशिश करें। व्यक्तिगत ध्यान देने से छात्र की असफलता के सही-सही कारणों का पता शिक्षक को चल जाता है और तब वे उसी के अनुसार अपना कार्यक्रम तय कर बालकों के पिछड़ेपन को दूर करने के लिए प्रयत्नशील हो उठते हैं।

(3) उपयुक्त वातावरण प्रदान करना (To provide adequate environment)—पिछड़े बालकों में उपयुक्त घरेलू एवं स्कूली वातावरण की कमी एक प्रमुख कारण है। अतः, शिक्षा मनोवैज्ञानिकों ने इस बात पर बल डाला है कि ऐसे बालकों के घरेलू वातावरण शिक्षा के दृष्टिकोण से उत्तेजक (stimulating) एवं अनुकूल (favourable) होना चाहिए। दूसरे शब्दों में, इनके घर पर किताब, कॉपी, पेंसिल एवं कलम आदि पर्याप्त मात्रा में उपलब्ध हों तथा घर पर अच्छा शैक्षिक निर्देशन (educational instructions) किसी योग्य व्यक्ति द्वारा दिया जाना चाहिए। इतना ही नहीं, घर के अभिभावक को इस बात पर भी ध्यान देना चाहिए कि छात्र स्वयं अधिक-से-अधिक समय अध्ययन में व्यतीत करे तथा समय पर स्कूल जाए। स्कूली वातावरण को भी उन्नत एवं उपयुक्त बनाकर पिछड़े बालकों को शिक्षित बनाया जा सकता है तथा उसकी अभियोजनशीलता (adaptability) को बढ़ाया जा सकता है। कुछ मनोवैज्ञानिकों, जैसे हैडफिल्ड (Hadfield, 1952) एवं क्रो तथा क्रो (Crow & Crow, 1954) ने यह सुझाव दिया है कि यदि स्कूल में ऐसे बालकों को शिक्षा देने के लिए प्रदर्शन (demonstration), खेल (play), उनकी सहभागिता (participation) आदि का सहारा लिया जाता है, तो इससे वे अधिक लाभान्वित हो पाते हैं और उनकी समायोजनशीलता पर भी अनुकूल प्रभाव पड़ता है।

(4) शारीरिक दोषों में सुधार लाकर (By treating physical defects)—पिछड़े बालकों का कुछ प्रतिशत ऐसा होता है जिनमें शारीरिक दोष के कारण ही पिछड़ेपन मूल रूप से पाया जाता है। इन दोषों में दृष्टिदोष (visual defects), श्रवण-दोष (auditory defects), भाषा-संबंधी दोष (speech defects) आदि प्रधान होते हैं। यदि ये दोष ऐसे हैं जिन्हें उपचार करके कम किया जा सकता है, तो शिक्षकों, अभिभावकों एवं स्कूल अधिकारियों को चाहिए कि वे इन दोषों को पहले उपचार करने की समुचित व्यवस्था करे और तब ऐसे बालकों को शिक्षा दी जाए। इससे बहुत उम्मीद इस बात की हो जाती है कि ऐसे बालकों का पिछड़ापन समाप्त हो जाएगा और इनकी शैक्षिक उपलब्धियाँ (educational achievements) कक्षा के अन्य बालकों की तुलना में बराबर-बराबर हो जाएँगी।

(5) शिक्षकों को चाहिए कि ऐसे बालकों की अभिरुचि (interest) उन विषयों में जागरित करें जिनमें वे अधिक पिछड़े हुए हैं। इसके लिए शिक्षकों को विशेष प्रयास (efforts) करना चाहिए और उनकी अभिरुचि बनाए रखने के लिए बालकों को, विशेषकर छोटे बालकों को खिलौने तथा श्रव्य-दृष्टि साधनों (audio-visual aids) का प्रयोग अधिक करवाना चाहिए।

(6) शिक्षकों को चाहिए कि ऐसे बालकों की शिक्षा के लिए विशिष्ट विधि (specific methods) का सहारा लें जिससे छात्रों की अभिरुचि, रूझान एवं प्रेरणा शिक्षक द्वारा बताए गए तथ्यों (facts) एवं पढ़ाए गए विषयों में सर्वाधिक हो।

इस तरह, हम देखते हैं कि शिक्षा मनोवैज्ञानिकों तथा शिक्षाशास्त्रियों ने पिछड़े बालक को शिक्षा देने तथा उसकी समायोजन शक्ति को बढ़ाने के लिए कई तरह के उपायों का वर्णन किया है।

समस्या-बालक के अर्थ एवं विशेषताएँ (Meaning and Characteristics of a Problem Child)

अकसर यह देखा जाता है कि कक्षा में कुछ बालक ऐसे होते हैं जो बात-बात में साथियों और शिक्षकों से बुरी तरह उलझ जाते हैं, कक्षा से बाहर रहना अपनी इज्जत समझते हैं, स्कूल के अनुशासन को तोड़ने में आगे रहते हैं तथा स्कूल के प्रिंसिपल एवं अन्य शिक्षकों को धमकी देते रहते हैं। साधारणतः हम ऐसे ही बालकों को समस्या-बालक (problem child) कहते हैं। स्पष्टतः ऐसे बालकों का व्यवहार एवं समायोजन (adjustment) सामान्य बालकों के व्यवहार एवं समायोजन से काफी भिन्न होता है। दूसरे शब्दों में, इनके व्यवहार एवं समायोजनशीलता में अधिक असामान्यता (abnormality) होती है। समस्या-बालक को कई मनोवैज्ञानिकों ने परिभाषित किया है जिसमें बोअर (Bower, 1969) तथा कॉफमैन (Kauffman, 1977) द्वारा समस्या-बालक की दी गई परिभाषा सबसे अधिक मान्य एवं प्रचलित है।

बोअर (Bower, 1977) ने समस्या-बालक की जो परिभाषा दी है वह स्कूली वातावरण (school environment) से काफी संबंधित है। उनके अनुसार यदि निम्नांकित पाँच गुणों में एक या एक से अधिक गुण किसी बालक द्वारा लम्बे समय से यदि दिखाया जा रहा हो, तो उसे एक समस्या-बालक (problem child) के रूप में परिभाषित किया जा सकता है—

(i) यदि बालक में सीखने की ऐसी अक्षमता (inability) हो जिसकी बौद्धिक आधार पर व्याख्या नहीं की जा सकती।

(ii) यदि बालक में अपने साथियों एवं शिक्षकों के साथ संतोषजनक अंतरवैयक्तिक संबंध बनाने एवं कायम रखने की अक्षमता हो।

(iii) यदि बालक में सामान्य परिस्थितियों (normal conditions) में भी अनुपयुक्त भाव (inappropriate feeling) उत्पन्न होता हो या उसके द्वारा अनुपयुक्त व्यवहार (inappropriate behaviour) किया जाता हो।

(iv) यदि बालक में सामान्यतः दुःख या उदासी (depression) की प्रधानता रहती हो, तथा

(v) यदि बालक में व्यक्तिगत या स्कूल की समस्याओं के प्रति शारीरिक लक्षणों (physical symptoms), जैसे दर्द तथा अन्य विभिन्न तरह के डर (fears) के रूप में समाधान करने की प्रवृत्ति अधिक हो।

कॉफमैन[1] (Kauffman, 1973) ने भी समस्या-बालक को कुछ इसी ढंग से परिभाषित करते हुए कहा है, "समस्या-बालक उन बालकों को कहा जाता है जो अपने वातावरण के प्रति सामाजिक रूप से अस्वीकार्य ढंग से या/और व्यक्तिगत रूप से, अंसतोषजनक तरीके से, स्पष्ट ढंग से लम्बे अरसे से अनुक्रिया करते हैं, परन्तु जिन्हें सामाजिक रूप से स्वीकार्य तथा व्यक्तिगत रूप से संतुष्टि देनेवाले व्यवहार को सिखाया जा सकता है।"

उपर्युक्त परिभाषाओं से स्पष्ट है कि समस्या-बालकों (problem children) में कुछ ऐसे व्यवहारों की प्रधानता होती है जिनमें असामान्यता (abnormality) की प्रधानता होती है। ऐसे बालकों में व्यक्तिगत एवं सामाजिक समस्याएँ इतनी अधिक होती हैं कि उनका स्कूल में साथियों (peers) एवं शिक्षकों के साथ स्वस्थ अंतर्वैयक्तिक संबंध (interpersonal relationship) समाप्त हो जाता है। ऐसी सारी समस्याएँ इन बालकों में जन्मजात नहीं होती हैं बल्कि अर्जित (acquired) होती हैं। ऐसे बालकों की एक विशेषता (characteristics) यह भी होती है कि उपयुक्त वातावरण एवं शिक्षा प्रदान करके उन्हें सामाजिक रूप से स्वीकार्य व्यवहारों एवं वैसे व्यवहारों को, जो व्यक्तिगत संतुष्टि (personal satisfaction) प्रदान कर सकते हैं, सिखाया जा सकता है।

समस्या-बालक की पहचान (Identification of a Problem Child)

'समस्या-बालक की पहचान कैसे की जाए?' एक ऐसा प्रश्न है जो मनोवैज्ञानिकों, जैसे वैलेन्टाइन (Valentine), बर्च (Birch), कॉमिंग्स (Commings) एवं हेण्डरसन (Henderson) आदि के बीच काफी चर्चित रहा है। इन मनोवैज्ञानिकों का सामान्य मत यह है कि अक्सर हम समस्या-बालकों की पहचान करने में गलती कर बैठते हैं। इसका मूल कारण यह है कि कुछ बालकों में ऐसे व्यवहार होते हैं जो ऊपर से देखने में समस्या-व्यवहार (problem behaviour) जैसे लगते हैं, लेकिन वास्तव में वे समस्यात्मक (problematic) नहीं होते और उम्र बढ़ने के साथ-साथ ऐसे व्यवहार स्वयं समाप्त हो जाते हैं। जैसे वैलेन्टाइन के अनुसार 2 से 5.5 साल की आयु के बीच प्रायः सभी बालक नटखट एवं उपद्रवी होते हैं। इसी ढंग से उन्होंने पाया कि 10–12.5 साल की आयु के 70–75% बालकों में दाँत से नख काटने की आदत होती है। ये सभी व्यवहार ऊपर से देखने में समस्या-व्यवहार के रूप में लगते हैं और ऐसे बालकों को भूल से लोग समस्या-बालक (problem child) समझ लेते हैं। लेकिन, सच्चाई यह है कि ऐसे बालक समस्या-बालक नहीं होते और उम्र बीतने के साथ-साथ ऐसे व्यवहार अपने आप दूर हो जाते हैं। बर्च ने भी अपने अध्ययन से इस तथ्य की पुष्टि की है और कहा कि इस उम्र के बालकों

1. Problem children are "those who chronically and markedly respond to their environment in socially unacceptable and/or personally unsatisfying ways but who can be taught more socially acceptable and personally gratifying behaviour."—Kauffman, *Characteristics of Children's Behaviour Disorders*, 1977, p. 23

में नख काटने तथा निरर्थक क्रियाओं को करने की विवशता (compulsion) आदि देखने को मिलती है। परंतु इन्हें भी समस्या-व्यवहार नहीं कहा जा सकता; क्योंकि उम्र बीतने के साथ-साथ ऐसे व्यवहार अपने आप समाप्त हो जाते हैं। इस संबंध में जे० डी० कॉमिंग्स (J D Commings, 1944) द्वारा किया गया अध्ययन विशेष रूप से उल्लेखनीय है। इन्होंने 2 और 7 साल की उम्र के 239 बालकों का चयन नर्सरी एवं शिशु स्कूलों (nursery and infant schools) से किया। कॉमिंग्स ने अपने अध्ययन में पाया कि इस उम्र के बालकों में क्रूरता, कायरता, अत्यधिक बेचैनी, घबड़ाहट, झक्कीपन, बार-बार पेशाब करने की प्रवृत्ति, दिवास्वप्न, एकाग्रता (concentration) में कमी तथा लड़कों में लड़कियों की अपेक्षा अधिक आक्रामकता तथा जिद्द (obstinacy) देखा गया। परंतु उम्र में वृद्धि होने के साथ-साथ ये सारे लक्षण धीरे-धीरे कम हो गए। उन्होंने इस अध्ययन में पाया कि 5 साल से कम आयुवाले बालकों में इन लक्षणों में करीब 57% सुधार हुआ तथा 5 साल से अधिक आयुवाले बालकों में करीब-करीब 87% सुधार होता पाया गया। ये सुधार किसी तरह के मनोवैज्ञानिक उपचार (psychological treatment) के फलस्वरूप नहीं हुए, बल्कि उम्र बीतने के परिणामस्वरूप हुए थे।

इन अध्ययनों के आधार पर इस निष्कर्ष पर पहुँचा गया कि एक समस्या-बालक की पहचान (identification) मूलतः उसके द्वारा दिखाए गए उपर्युक्त लक्षणों (above symptoms) द्वारा ही होता है, बशर्ते इन लक्षणों में निम्नांकित दो गुण हों—

(i) यदि उपर्युक्त लक्षण ऐसे हैं जिनसे समायोजन (adjustment) करने की क्षमता बालकों में बुरी तरह प्रभावित हो जाती है तथा

(ii) यदि वे लक्षण बालकों में लम्बे अरसे से चले आ रहे हों अर्थात उनका स्वरूप चिरकालिक (chronic) हो।

समस्या-व्यवहार के कारण (Causes of Problem Behaviour)

किसी भी बालक का व्यवहार कई कारणों से समस्यात्मक (problematic) हो जाता है। उन कारणों में निम्नांकित प्रधान हैं—

(1) घरेलू वातावरण (Home environment)—बालकों को समस्यात्मक (problematic) बनाने में बुरे एवं अनुपयुक्त घरेलू वातावरण का महत्त्वपूर्ण हाथ बताया गया है। थॉमस (Thomas, 1984) तथा क्रो (Crow, 1985) ने इस क्षेत्र में किए गए अध्ययनों की समीक्षा (review) की और बताया कि जिन घरों के सदस्यों में, विशेषकर माता-पिता एवं भाई-बहनों में कलह एवं द्वेष अधिक होता है, माता सौतेली होती है, पिता शराबी और लापरवाह होता है, उनके बच्चों में चिंता एवं अनिश्चितता की भावना काफी अधिक हो जाती है जो उन्हें समस्यात्मक-बालक (problematic child) बनने में मदद करती है। थॉमस (Thomas, 1984) ने एक अध्ययन किया जिसमें 200 समस्यात्मक -बालकों की घरेलू पृष्ठभूमि (home background) का विश्लेषण किया गया। इन्होंने इस विश्लेषण में पाया कि 110 समस्या-बालक के माता-पिता काफी झगड़ालू एवं कलही थे, 35 बालकों की सौतेली माँ थी, 35 बालकों के पिता शराबी एवं लापरवाह थे तथा 20 बालकों के माता और पिता चरित्रहीन थे। मनोवैज्ञानिकों द्वारा कुछ ऐसे भी संकेत मिले हैं कि वैसे बालक भी आगे चलकर एक समस्या-बालक (problem child) बन जाते हैं जिन्हें अपने माता-पिता से जरूरत से ज्यादा लाड़-प्यार मिला होता

है। हरलॉक (Hurlock, 1979) के अनुसार ऐसे बालकों में समायोजन (adjustment) की तीव्र एवं कटु समस्या उत्पन्न हो जाती है जो उन्हें एक समस्या-बालक बनने में काफी मदद करती है।

(2) **घर का अनुशासन** (Discipline in home)—कुछ अध्ययनों से यह पता चला है कि घरेलू अनुशासन की कठोरता या ढीलापन (looseness) दोनों ही किसी बालक को समस्या-बालक (problem child) बनने में मदद करता है। कठोर अनुशासन में पलनेवाले बालक में आत्मनिर्भरता, आत्मबल एवं आत्मविश्वास (self-confidence) जैसे गुणों की कमी पाई जाती है जिससे उनका समायोजन (adjustment) ठीक ढंग से लोगों के साथ नहीं हो पाता। स्कूल भेजे जाने पर उन्हें शिक्षकों एवं साथियों के साथ समायोजन की समस्या का सामना करना पड़ता है। ढीले-ढाले घरेलू अनुशासन से बालकों में चरित्रहीनता विकसित होती है और वे बालकों में अच्छे तौर-तरीके विकसित होने में मदद नहीं करते। इससे बालकों में समस्यात्मक-व्यवहार (problem behaviour) तेजी से विकसित होता है। वैलेन्टाइन (Valentine, 1955) के अध्ययन के अनुसार बालकों में समस्यात्मक-व्यवहार को उत्पन्न करने में कठोर घरेलू अनुशासन की अपेक्षा ढीले-ढाले घरेलू अनुशासन का महत्त्व अधिक है। उन्होंने अपने अध्ययन में पाया कि 110 समस्या-बालकों में 70 बालक ऐसे परिवार के थे जहाँ ढीले-ढाले घरेलू अनुशासनहीनता की प्रधानता थी तथा बाकी 30 समस्या-बालक ऐसे थे जहाँ कठोर घरेलू अनुशासनहीनता सबल थी तथा 10 बालक ऐसे थे जिनका घरेलू अनुशासन न तो अधिक कठोर था और न ही अधिक ढीला-ढाला था। उसी तरह बर्ट (Burt) ने बरमिंघम विश्वविद्यालय (Birmingham University) के 78 समस्या-बालकों का अध्ययन किया और पाया कि 12% बालकों में घरेलू अनुशासन काफी कठोर थे जबकि 25% बालकों में घरेलू अनुशासन बहुत ही ढीले-ढाले थे। इन अध्ययनों से स्पष्ट हो जाता है कि समस्या-बालक की उत्पत्ति में घरेलू अनुशासन का भी महत्त्वपूर्ण हाथ होता है।

(3) **बौद्धिक स्तर** (Intellectual level)—किसी बालक को समस्या-बालक बनने में उसके बौद्धिक स्तर का भी योगदान होता है। अध्ययनों से पता चला है कि यदि किसी बालक का बौद्धिक स्तर सामान्य बौद्धिक स्तर से अधिक होता है, तो ऐसे बालकों का कक्षा में न तो साथियों के साथ और न ही शिक्षकों के साथ ठीक ढंग से समायोजन हो पता है। उन्हें कक्षा का पाठ्यक्रम (curriculum) अति आसान लगता है। फलस्वरूप शिक्षकों की बात को वे ध्यान से नहीं सुनते और उनकी शैक्षिक अभिरुचि (educational interest) धीरे-धीरे घटती जाती है और इस तरह वे समस्या-बालक बनने की ओर अग्रसर होते चले जाते हैं। दूसरी तरफ, यदि किसी छात्र का बौद्धिक स्तर सामान्य बौद्धिक स्तर से काफी नीचे है, तो उसका कक्षा में अन्य साथियों द्वारा काफी मजाक उड़ाया जाता है जिससे उसमें चिन्ता एवं आत्महीनता की भावना विकसित होती है जो उसे धीरे-धीरे समस्यात्मक-व्यवहार करने की ओर अग्रसर करने लगती है।

(4) **स्कूली वातावरण** (School environment)—किसी बालक को एक समस्या-बालक बनने में स्कूल के वातावरण का भी सक्रिय योगदान होता है। थॉमस (Thomas, 1984) के अध्ययन से यह पता चलता है कि यदि स्कूल का वातावरण ऐसा है जिसमें बालकों द्वारा कठोर अनुशासनपालिता पर बल दिया जाता है तथा अनुशासनहीनता के लिए उन्हें सख्त एवं कठोर दण्ड दिए जाते हैं, तो उसमें पढ़नेवाले बालकों में स्कूल से भाग जाने की प्रवृत्ति, कोई बहाना लगाकर स्कूल न जाने की प्रवृत्ति, शिक्षकों से झूठ बोलने की प्रवृत्ति आदि जैसे समस्यात्मक व्यवहार अधिक होते देखे जाते हैं। यह भी देखा गया है कि जिस स्कूल के शिक्षकों की आपस में छींटाकशी अधिक होती है तथा जो बात-बात

में एक-दूसरे से लड़ाई-झगड़ा करने के लिए तैयार रहते हैं, वैसे स्कूल के छात्रों में समस्यात्मक-व्यवहार (problem behaviour) अधिक पाए जाते हैं।

(5) दोषपूर्ण शिक्षा-पद्धति (Defective educational system)—कुछ बालक तो मात्र इसलिए समस्या-बालक बन जाते हैं कि उन्हें मिलनेवाली शिक्षा की पद्धति दोषपूर्ण होती है। जैसे यदि मंदबुद्धि के बालक को सामान्य बुद्धि के बालकों के लिए बने पाठ्यक्रम को एक ही साथ कक्षा में बैठाकर भाषण विधि (lecture method) से पढ़ाया जाए तो इससे ऐसे बालकों की शैक्षिक अभिरुचि (educational interest) पर बुरा प्रभाव पड़ता है और धीरे-धीरे उनमें तरह-तरह के समस्यात्मक-व्यवहार (problematic behaviour) उत्पन्न होने लगते हैं।

(6) शारीरिक दोष (Physical defects)—कुछ बालक इसलिए भी समस्या-बालक बन जाते हैं, क्योंकि उनमें कुछ इस तरह के स्पष्ट शारीरिक दोष होते हैं जिसके कारण कक्षा में साथियों द्वारा उनकी खिल्ली उड़ाई जाती है। अपने साथियों के इस ढंग के व्यवहार का उनके व्यक्तित्व विकास पर बुरा प्रभाव पड़ता है जिसके परिणामस्वरूप उनमें अवांछित एवं असामाजिक व्यवहारों की प्रबलता अधिक देखने को मिलती है। इस तरह ऐसे बालक धीरे-धीरे समस्या-बालक (problem child) बन जाते हैं। जैसे यदि कक्षा में कोई बालक ऐसा है जो काफी हकलाकर बोलता है या काफी तुतलाकर बोलता है, तो अन्य साथी भी वैसी ही बोली बनाकर बोलते हैं तथा उसका मजाक उड़ाते हैं। ऐसे व्यवहारों से विकलांग बालकों की भावना को ठेस पहुँचती है और वे घर में माता-पिता से झूठ बोलकर स्कूल न आने का बहाना ढूँढने लगते हैं। इससे भी यदि उनका काम नहीं चलता तो वे स्कूल आने पर बीच में ही स्कूल छोड़कर भाग जाते हैं। ऐसे बालक धीरे-धीरे अन्य समाज-विरोधी व्यवहार खुलेआम करने लगते हैं और वे पूर्णरूपेण एक समस्या-बालक बन जाते हैं।

(7) सामाजिक-आर्थिक स्तर (Socio-economic status)—किसी बालक को एक समस्या-बालक बनने में उसके परिवार के सामाजिक-आर्थिक स्तर का भी सक्रिय योगदान होता बताया गया है। कैण्टोविज (Kantowitz, 1989) ने अपने अध्ययन में पाया कि निम्न सामाजिक-आर्थिक स्तर तथा उच्च सामाजिक-आर्थिक स्तर दोनों ही समस्या-बालक उत्पन्न करने में महत्त्वपूर्ण भूमिका निभाते हैं, परंतु इन दोनों में निम्न सामाजिक-आर्थिक स्तर की अहमियत अधिक देखी गई है। कैण्टोविज ने 88 समस्या-बालकों के परिवारों के सामाजिक-आर्थिक स्तर का विश्लेषण किया और पाया कि 60 ऐसे बालक निम्न सामाजिक-आर्थिक स्तर के थे तथा 20 बालक उच्च सामाजिक-आर्थिक स्तर के थे एवं 8 बालक मध्यम सामाजिक-आर्थिक स्तर के थे। इस विश्लेषण से यह स्पष्ट हो जाता है कि किसी बालक को एक समस्या-बालक बनने में निम्न सामाजिक-आर्थिक स्तर की अहमियत उच्च सामाजिक-आर्थिक स्तर की अहमियत से अधिक होती है। कैण्टोविज के अनुसार निम्न सामाजिक-आर्थिक स्तर के होने से बालकों की अधिकतर आवश्यकताओं (needs) की पूर्ति नहीं हो पाती जिससे उनमें चिंता, कुंठा, निराशा उत्पन्न हो जाती है और उनमें तरह-तरह के समस्यात्मक-व्यवहार उत्पन्न हो जाते हैं। उच्च सामाजिक-आर्थिक स्तर के बालकों में यद्यपि उनकी अधिकतर आवश्यकताएँ पूरी हो जाती हैं, परंतु माता-पिता द्वारा समयाभाव के कारण उचित देखरेख नहीं होने के कारण उनमें समस्यात्मक-व्यवहार विकसित हो जाता है।

उपर्युक्त विवरण से यह स्पष्ट है कि बालकों में समस्यात्मक-व्यवहार कई कारणों से उत्पन्न होते हैं। इन कारणों में घरेलू वातावरण, घरेलू उनुशासन, स्कूली वातारण, दोषपूर्ण शिक्षा-पद्धति अन्य कारणों से अधिक महत्त्वपूर्ण हैं।

समस्या-बालक की शिक्षा एवं उपचार (Treatment and Education of a Problem Child)

शिक्षा मनोवैज्ञानिकों एवं शिक्षाशास्त्रियों ने समस्या-व्यवहार के विभिन्न कारणों (causes) के आलोक में ऐसे बालकों की उपयुक्त शिक्षा एवं समुचित उपचार के लिए निम्नांकित सुझाव दिए हैं—

(1) घरेलू वातावरण में सुधार (Improvement in home environment)—किसी भी बालक को एक समस्या-बालक बनने में उसके घरेलू वातावरण की अनुपयुक्तता (inadequacy) की अहमियत काफी होती है। कुछ मनोवैज्ञानिकों, जैसे हरलॉक (Hurlock, 1979) का मत है कि बालक समस्यात्मक-व्यवहार (problematic behaviour) न करे, इसके लिए यह आवश्यक है कि उसके माता-पिता का आपसी संबंध ठीक हो, उन दोनों द्वारा बालकों को उचित स्नेह एवं प्यार मिले तथा परिवार के अन्य सदस्यों की मनोवृत्ति (attitude) उन बालकों के प्रति अनुकूल (favourable) हो। घरेलू वातावरण अनुकूल रहने से बालकों में मानसिक शांति बनी रहती है और ऐसी स्थिति में उनको किसी भी प्रकार की दी गई शिक्षा काफी लाभदायक सिद्ध होती है। इससे बालकों में शैक्षिक समायोजन (educational adjustment) की शक्ति की भी वृद्धि होती है।

(2) अच्छी अध्यापन विधियाँ (Good teaching method)—शिक्षक को चाहिए कि समस्या-बालकों के बुद्धि-स्तर को ध्यान में रखते हुए एक अच्छी अध्यापन विधि अपनाएँ। एक अच्छी अध्यापन विधि से तात्पर्य ऐसी विधि से होता है जिसमें शिक्षक, विषयवस्तु या पाठ की ओर छात्रों की उचित अभिरुचि (interest) एवं प्रेरणा बनी रहती है। अत्यंत छोटे समस्या-बालकों के लिए किण्डरगार्टेन (Kindergarten) तथा मॉण्टेसरी (Montessory) शिक्षा-पद्धति एक उत्तम शिक्षा-पद्धति का उदाहरण है तथा कुछ बड़े समस्या-बालकों की शिक्षा के लिए प्रदर्शन विधि (demonstration method), न कि भाषण विधि (lecture method) को उपयुक्त (appropriate) माना गया है।

(3) स्कूल का स्वस्थ एवं अच्छा अनुशासन (Healthy and good discipline in school)—समस्या-बालकों की समुचित शिक्षा एवं उपचार के लिए सिर्फ यही आवश्यक नहीं है कि अध्यापन की विधियाँ अच्छी हों बल्कि यह भी आवश्यक कि स्कूल का अनुशासन स्वस्थ एवं अच्छा हो। शिक्षा मनोवैज्ञानिकों का मत है कि स्कूल का अनुशासन न अधिक कठोर एवं सख्त होना चाहिए और न ही अधिक ढीला-ढाला, बल्कि उसे ऐसा होना चाहिए जिसमें छात्र अपनी इच्छाओं एवं कठिनाइयों की अभिव्यक्ति शिक्षक से खुलकर कर सकें। दूसरी तरफ, शिक्षकों को भी चाहिए कि वे जातीयता, पक्षपात, तरफदारी आदि जैसी बुराइयों से बचें क्योंकि इन गुणों से स्कूल में अनुशासनहीनता बढ़ेगी और समस्या-बालकों को समुचित शिक्षा देना संभव नहीं हो पाएगा।

(4) बौद्धिक क्षमता के अनुकूल शिक्षा (Education according to intellectual ability)—समस्या-बालक में बुद्धि-स्तर के खयाल से कुछ विचलन (deviation) पाया जाता है। ऐसे बालक प्रायः या तो अधिक तीव्र बुद्धि के होते हैं या अधिक मंदबुद्धि के होते हैं। इन दोनों परिस्थितियों में सामान्य बुद्धि के बालकों के लिए निर्मित पाठ्यक्रम (curriculum) अधिक उपयोगी नहीं सिद्ध होगा। अतः, शिक्षकों को चाहिए कि इन दोनों तरह के बालकों के लिए अलग से पाठ्यक्रम का निर्माण कर उनकी शिक्षा-दीक्षा का प्रबंध करे। रिली (Reilly, 1977) के अध्ययन के अनुसार जब समस्या-बालकों को शिक्षा उनके बौद्धिक स्तर के अनुकूल पाठ्कक्रम तैयार करके दी जाती है, तब

इससे शिक्षा में उनकी अभिरुचि एवं रूझान बढ़ती है तथा इनमें समस्यात्मक-व्यवहार की बारंबारता में धीरे-धीरे कमी आने लगती है।

(5) अभिरुचि एवं अभिक्षमता के अनुसार शिक्षा (Education according to interest and aptitude)—समस्या-बालकों को समुचित शिक्षा देने के लिए शिक्षाशास्त्रियों (educators) ने ऐसे बालकों की अभिरुचि एवं अभिक्षमता (aptitude) की पहचान कर उसके अनुकूल शिक्षा देने के प्रावधान पर बल डाला है। इन लोगों का कहना है कि ऐसे बालकों की मुख्य अभिरुचि का पता लगाकर यदि उसके अनुकूल शिक्षा दी जाती है, तो उन्हें ऐसी शिक्षा का भरपूर फायदा होता है तथा उनकी शैक्षिक अभिरुचि (educational interest) अधिक तीव्र हो जाती है। ऐसे बालकों का शैक्षिक अभियोजन (educational adjustment) भी ऐसी परिस्थिति में अधिक बढ़ जाती है। ठीक उसी ढंग से ऐसे बालकों की अभिक्षमता (aptitude) की परख करके यदि उनकी शिक्षा का बंदोबस्त किया जाता है, तो इससे वे काफी लाभान्वित होते हैं तथा साथ-ही-साथ उनमें कुछ खास-खास समस्यात्मक-व्यवहार (problematic behaviours), जैसे स्कूल से भाग जाना, कक्षा में शिक्षक को पढ़ाते समय अपनी कॉपियों पर कुछ अनाप-सनाप लिखते रहना, अभिभावक या माता-पिता से झूठ बोलना आदि जैसे व्यवहारों में कमी आती है। शिक्षकों को समस्या-बालक की अभिरुचि एवं अभिक्षमता के अनुकूल शिक्षा देने के खयाल से स्कूल सलाहकार (school counsellor) से आवश्यक सलाह-मशविरा करना चाहिए।

(6) मनोरंजन की सुविधा (Recreation facilities)—यथासंभव स्कूल में मनोरंजन के पर्याप्त साधन होने चाहिए। समस्या-बालक मनोरंजन की पर्याप्त सुविधा की कमी के कारण और भी अधिक मात्रा में समस्यात्मक-व्यवहार (problematic behaviour) करना प्रारंभ कर देते हैं। यदि स्कूल में उनके लिए उनकी अभिरुचि के अनुकूल खेल, नाटक, ड्रामा, संगीत, चलचित्र आदि की व्यवस्था समय-समय की जाती है, तो ऐसे बालकों की रूझान पाठ्यक्रमों की ओर बनी रहती है और उन्हें शिक्षा से समुचित लाभ मिलता रहता है।

(7) व्यवहार परिमार्जक (Behaviour modification)—समस्या-बालकों के उपचार (treatment) तथा शिक्षा देने की दिशा में आजकल व्यवहार परिमार्जन प्रविधियाँ काफी लाभदायक सिद्ध हो रही हैं। इन प्रविधियों के सहारे समस्या-बालकों में समस्यात्मक-व्यवहार की जगह अच्छे व्यवहारों को पुनर्बलन (reinforcement) के आधार पर सिखाया जाता है। इस तरह उनके समस्यात्मक-व्यवहार धीरे-धीरे कम होते जाते हैं और उसकी जगह नए-नए सामाजिक व्यवहार बालक सीखते जाते हैं। इसका एक फायदा यह भी होता है कि ऐसे बालक तब समुचित शिक्षा आसानी से ग्रहण कर पाते हैं।

इस तरह, हम देखते हैं कि समस्या-बालकों की शिक्षा एवं उपचार की दिशा में मनोवैज्ञानिकों द्वारा उचित कार्रवाई की गई है तथा अनेक महत्त्वपूर्ण सुझाव दिए गए हैं।

अपराधी बालक के अर्थ एवं विशेषताएँ (Meaning and Characteristics of a Delinquent Child)

जब कोई बालक सामाजिक, आर्थिक, नैतिक या शैक्षणिक नियम का उल्लंघन करता है, तो उसके इन व्यवहारों को बाल-अपराध तथा उस बालक को अपराधी बालक (delinquent child) कहा जाता है। चोरी करना, स्कूल से भाग जाना, घर से समय पर स्कूल के लिए निकलना, किंतु सचमुच स्कूल

नहीं जाना, स्कूल में अनुशासनहीनता की समस्या उत्पन्न करना, कक्षा में साथियों के साथ आक्रामक व्यवहार करना आदि बाल-अपराध के कुछ प्रमुख उदाहरण हैं।

परंतु, उपर्युक्त विचार से यह पता नहीं चलता कि किस उम्र के बालक द्वारा किए गए अपराध को बाल-अपराध कहा जाएगा? क्या 4 साल की उम्र का बालक यदि कक्षा में अपने साथी की किताब चुरा लेता है, तो इसे बाल-अपराध कहा जाएगा? कारसन, बुचर एवं कोलमैन ने इस प्रश्न पर गंभीरतापूर्वक विचार करने के बाद कहा है कि उन बालकों द्वारा किए गए अपराधों को बाल-अपराध कहा जाता है जिनकी आयु 16, 17 या 18 साल (जैसा कि देश का कानून होता है) से कम होती है। 8 साल से कम उम्र या आयु के बालकों द्वारा किए गए ऐसे व्यवहारों को बाल-अपराध में शामिल नहीं किया जाता है; क्योंकि इस उम्र के बालक में इन व्यवहारों की सार्थकता के अर्थ को समझने के लिए पर्याप्त परिपक्वन (maturation) नहीं होती है। कारसन, बुचर तथा कोलमैन[1] (Carson, Butcher & Coleman, 1988) के शब्दों में, "बाल-अपराध एक कानूनी पद है। इससे तात्पर्य उन बालकों के अपराधों से होता है जिनकी आयु 16, 17 या 18 साल (जैसा कि उस देश का कानून होता है) से कम होती है। 8 साल से कम आयु के बालक जो ऐसे कार्य करते हैं उन्हें बाल-अपराधी नहीं कहा जाता है; क्योंकि ऐसा समझा जाता है कि ऐसे बालक इन कार्यों के परिणाम तथा उसकी सार्थकता को समझने के लिए उतना परिपक्व नहीं हैं जितना कि होना चाहिए।"

इवान्स[2] (Evans) ने भी बाल-अपराध को कुछ इसी अर्थ में परिभाषित करते हुए कहा है, "जब कोई 18 साल से कम आयु का व्यक्ति नैतिक या कानूनी नियमावली को तोड़ता है, तो उसे बाल-अपराधी कहा जाता है।" पेज[3] (Page, 1977) ने भी बाल-अपराध को कुछ इसी ढंग से परिभाषित करते हुए कहा है कि, "वैसे बालकों एवं किशोरों द्वारा किया गया अपराध जो कानून द्वारा निश्चित आयु के अधीन आते हैं, बाल-अपराध कहलाता है।"

उपर्युक्त परिभाषाओं का विश्लेषण करने से स्पष्ट हो जाता है कि बाल-अपराध एक ऐसा वैयक्तिक या कानूनी पद है जिसमें उन अपराधों को रखा जाता है जिसे देश के कानून द्वारा निर्धारित निश्चित आयु के भीतर के बालकों द्वारा किया जाता है। प्रायः इस ढंग के अपराध की प्रकृति उतनी गंभीर (serious) नहीं होती जितनी कि एक वयस्क द्वारा किए गए अपराध की गंभीरता होती है।

शेल्डन तथा ग्लूएक (Sheldon & Gluecks, 1962) ने कई बाल-अपराधियों (delinquents) का अध्ययन किया है और इस अध्ययन के आधार पर उन्होंने इनके कुछ सामान्य गुणों (common characteristics) का वर्णन किया है। इन सामान्य गुणों में अग्रांकित प्रमुख हैं—

---

1. "The term delinquency is legal one; it refers to acts commited by individuals under the age of 16, 17 or 18 (depending on state law). Children under 8 who commit such acts are not considered delinquents, because it is assumed that they are too immature to understand the significance and consequences of their actions."—Carson, Butcher & Coleman, *Abnormal Psychology and Modern Life,* 1988, p. 503
2. Delinquency refers to "breaking the moral or legal code, particularly by someone under the age of eighteen."—*Evans, Psychology,* 1978, p. 87
3. "Crime committed by chilldren and adolescents under statutory age are referred to as delinquencies."—Page, *Abnormal Psychology,* 1947, p. 384

(i) शारीरिक गुण (Physical characteristics)—अकसर बाल-अपराधी शरीर से हृष्ट-पुष्ट होते हैं तथा उनके शरीर की मांसपेशियाँ एवं हड्डी समान उम्र के अन्य बालकों से अधिक विकसित होती हैं।

(ii) स्वभावगत गुण (Temperamental characteristics)—ऐसे बालक स्वभाव से आक्रामक (aggressive), सांवेगिक रूप से अस्थिर (emotionally unstable), बेचैन (restless), आवेगशील (impulsive) एवं विध्वंसक (destructive) होते हैं।

(iii) मनोवृत्ति-संबंधी गुण (Attitudinal characteristics)—ऐसे बालकों की मनोवृति स्कूल अधिकारियों के प्रति नकारात्मक होती है। वे प्रायः शक्की (suspicious), बैरपूर्ण, अवज्ञाकारी (defiant) मनोवृत्ति दिखाते हैं। मात-पिता एवं स्कूल के अधिकारियों एवं शिक्षकों के प्रति वे प्रायः अनादर का रवैया दिखाते हैं

(iv) सामाजिक-सांस्कृतिक गुण (Sociocultural characteristics)—ऐसे बालकों में दूसरों के प्रति कोई स्नेह,प्यार एवं अनुकंपा (compassion) नहीं होती है। इनका नैतिक स्तर काफी नीचा होता है जिसके फलस्वरूप उन्हें कोई सामाजिक एवं सांस्कृतिक नियमों के प्रतिकूल काम करने में हिचकिचाहट नहीं होती।

(v) मनोवैज्ञानिक विशेषताएँ (Psychological characteristics)—ऐसे बालक किसी समस्या के समाधान में मात्र सीधा एवं सुगम रास्ते को अपनाते हैं। उनमें सांकेतिक बौद्धिक अभिव्यक्ति (symbolic intellectual expression) की क्षमता नहीं होती है।

अपराधी व्यवहार के प्रकार (Types of Delinquent Behaviour)

अपराधी व्यवहार कितने तरह के होते हैं, इसकी एक सामान्य सूची (common list) बनाना कठिन है; क्योंकि अपराधी व्यवहार का स्वरूप प्रत्येक देश के सामाजिक एवं सांस्कृतिक मानकों (norms) के अनुसार भिन्न-भिन्न होते हैं। फिर भी, मनोवैज्ञानिकों ने इस दिशा में कुछ प्रयास करके अपराधी व्यवहार के कुछ प्रमुख प्रकारों का वर्णन किया है, जो निम्नांकित हैं—

(1) लोभी प्रवृत्ति (Acquisitive tendency)—बाल अपराध से संबंधित अधिक व्यवहार इसी श्रेणी के होते हैं। बालकों द्वारा आकर्षक एवं प्रिय वस्तु का चोरी करना इस श्रेणी के अपराध माने गए हैं। इस ढंग का अपराध बालक पहले अपने घर में प्रारंभ करते हैं और यदि इसे रोकने का सक्रिय प्रयास नहीं किया गया, तो फिर स्कूल आकर बालक अपने साथियों की चीजों पर हाथ फेरना प्रारंभ कर देते हैं।

(2) यौन अपराध (Sex delinquency)—इस ढंग का अपराध प्रायः 14 से 18 साल के बालकों या किशोरों द्वारा किया जाता है। इस उम्र के यौन अपराधों में समलिंगता (homosexuality), विषमलिंगता (heterosexuality), गंदे-गंदे चित्रांकन एवं लेख, वेश्यावृत्ति (prostitution), बलात्कार, हस्तमैथुन (masturbation) तथा साथियों को लैंगिक सुझाव (sexuality suggestion) देना तथा लेना आदि मुख्य रूप से सम्मिलित होते हैं।

(3) आक्रामक प्रवृत्ति (Aggressive tendency)—बाल अपराध का एक मुख्य प्रकार आक्रामक प्रवृत्ति है जो सभी देश के बालकों में पाई जाती है। आक्रामकता दिखाकर बालक अपने-आपको भीतर से हलका कर लेते हैं और उनके मन की उत्तेजना शांत हो जाती है। इस प्रवृत्ति में मूल रूप से

दूसरे बालक को तंग करना तथा मौका देखकर उसकी धुलाई करना, स्कूल की संपत्ति को नष्ट करना, दूसरों पर मुँह बिचकाना, क्रोध में ऊँचे दीवाल या छत से कूद जाना आदि सम्मिलित होता है।

(4) जालसाजी (Forgery)—प्रायः देखा गया है कि 16 से 18 साल के किशोरों या किशोरियों में जालसाजी, जैसे स्कूल के शिक्षक के हस्ताक्षर की नकल कर लेना, माता या पिता के हस्ताक्षर की नकल कर बैंक से रुपया निकाल लेना, आदि पाए जाते हैं।

(5) भाग जाने की प्रवृत्ति (Tendency to escape)—अकसर बालक जब समस्या की वास्तविकता या सचाई का सामना नहीं कर पाते तो वे स्कूल से या कभी-कभी घर से कुछ दिनों के लिए बिना किसी तरह की सूचना के भाग जाते हैं।

इस तरह हम देखते हैं कि बाल अपराध के कई प्रकार हैं, जिनमें लोभी प्रवृत्ति एवं आक्रामक प्रवृत्ति अन्य अपराधों की अपेक्षा अधिक सामान्य (common) हैं।

बाल-अपराध के कारण
(Causes of Delinquency)

बाल-अपराध के दो प्रमुख कारण बताए गए हैं—जैविक कारक (biological factors) तथा पर्यावरणी कारक (environmental factors)। इन दोनों कारकों का विस्तृत वर्णन निम्नांकित हैं—

(अ) जैविक कारक (Biological factors)—जैविक कारक में आनेवाले प्रमुख कारक निम्नांकित हैं—

(1) आनुवंशिकता (Heredity)—कुछ शिक्षा मनोवैज्ञानिकों, जिनमें थॉर्नडाइक (Thorndike,1932) तथा स्वार्ज (Schwartz,1940) का नाम अधिक मशहूर है, का कहना है कि बाल-अपराध का मुख्य कारण आनुवंशिकता (heredity) है। इनलोगों का मत है कि जब माता-पिता स्वयं अपराधी होते हैं, तब उनके बालक भी अपराधी हो जाते हैं। स्कूलसिंगर (Schulsinger,1988) ने एक अध्ययन किया जिसमें उन्होंने 60 अपराधी बालकों की पारिवारिक पृष्ठभूमि का विश्लेषण किया और पाया कि इनमें 52 अपराधी बालक ऐसे परिवार के थे जिनके माता-पिता स्वयं किसी-न-किसी तरह के अपराध में सम्मिलित थे। 8 ऐसे बाल-अपराधी थे जिनके माता-पिता तो नहीं, परंतु परिवार के अन्य सदस्य जैसे चाचा, भाई, नाना, मौसा आदि किसी-न-किसी तरह के अपराध की सजा काट चुके थे। स्कूलसिंगर के अध्ययन से स्पष्ट हो जाता है कि बाल-अपराध में आनुवंशिकता का काफी प्रभाव पड़ता है। इसके पहले के अन्य मनोवैज्ञानिकों, जैसे ग्लूएक एवं ग्लूएक (Glueck & Glueck, 1945) ने भी अपने अध्ययन में इस ढंग के परिणाम पाए थे।

(2) शारीरिक दोष (Physical defects)—लोमब्रोसो (Lombroso, 1870) ने एक सिद्धान्त का प्रतिपादन किया जिसके अनुसार बाल-अपराध का कारण कुछ आनुवंशिक दोष (genetic defects) होता है।

इस सिद्धन्त के अनुसार बाल-अपराधी में कुछ खास-खास शारीरिक विभिन्नताएँ जन्म के समय स्पष्ट रूप से देखने को मिलती हैं जिनके आधार पर उनकी पहचान भी आसानी से कर ली जाती है। जैसे जन्म के समय ऐसे बालक की मजबूत ठुड्डी (strong chin), खड़े-खड़े कान, हथेली में लकीरों की संख्या अत्यधिक कम, चौड़ा मुँह, हाथ और पैर में अधिक गतिशीलता, नेत्रगोलक में तीव्र गति (swift movement in eyeball) आदि कुछ ऐसे शारीरिक लक्षण हैं। परंतु लोमब्रोसो

(Lombroso) के इस सिद्धांत को चार्ल्स गोरिंग (Charles Goring, 1913) ने गलत साबित कर दिया और कहा कि सामान्य बालक एवं अपराधी बालक में जन्म के समय से ही इस प्रकार की कोई शारीरिक विभिन्नता (physical differences) नहीं पाई जाती।

(3) शरीरगठनात्मक सिद्धान्त (Constitutional theory)—इस सिद्धान्त का प्रतिपादन विलियम शेल्डन (William Sheldon) द्वारा किया गया। शेल्डन ने 200 अपराधी बालकों का अध्ययन कर बताया कि अपराधी व्यवहार एवं मेसोमौर्फिक संरचना (mesomorphic structure) में सहसंबंध (correlation) है। मेसोमौर्फिक संरचनावाले बालक के शरीर की मांसपेशियाँ गठीली एवं मजबूत होती हैं। ऐसे शरीर-संरचनावाले बालक अपराधी-व्यवहार कमजोर एवं मुलायम मांसपेशियोंवाले बालक की तुलना में अधिक करते हैं।

(4) XYY क्रोमोजोम्स (XYY chromosomes)—प्रत्येक मानव कोशिका (human cell) में सामान्यतः 23 जोड़े क्रोमोजोम्स होते हैं। इनमें अन्तिम जोड़ा अर्थात 23वाँ जोड़ा क्रोमोजोम्स होते हैं। 23वाँ जोड़ा क्रोमोजोम्स यौन क्रोमोजोम्स (sex chromosomes) होता है, जो लड़कियों में XX का होता है तथा लड़को में XY का होता है। कुछ बालक ऐसे होते हैं जिनमें एक अतिरिक्त Y होता है अर्थात उनमें XYY क्रोमोजोम्स होते हैं। अध्ययनों से पता चला है कि ऐसे बालकों द्वारा बाल-अपराध अधिक किए जाते हैं। शा एवं मैकके (Shaw & McKay, 1980) ने अपने अध्ययन के आधार पर इस तथ्य कि पुष्टि की है।

(ब) पर्यावरणी कारक (Environmental factors)—बाल-अपराध के कुछ ऐसे कारण भी हैं जो जैविक (biological) न होकर पर्यावरणीय हैं। ऐसे कारक बालक पर अपना प्रभाव डालते हैं और उन्हें अपराधी बना देते हैं। इन कारकों में निम्नांकित अधिक प्रमुख है—

(1) माता-पिता द्वारा तिरस्कार एवं दोषपूर्ण अनुशासन (Parental rejection and faulty discipline)—बैण्डुरा एवं वाल्टर्स (Bandura & Walters, 1963) के अध्ययन से यह स्पष्ट हो गया है कि जब माता या पिता या दोनों ही द्वारा बालकों को प्रायः तिरस्कार एवं घृणा मिलता है, तो उनमें अपराध करने की प्रवृत्ति तीव्र हो जाती है। ऐसे बालकों में संवेगात्मक आवेगशीलता बढ़ जाती है तथा वे अपराध करने की ओर अग्रसर होने लगते हैं। लैंगनर (Langner, 1982) के अध्ययन के अनुसार माता-पिता द्वारा दोषपूर्ण अनुशासन जैसे किसी काम को करने पर माता द्वारा प्यार परन्तु पिता द्वारा फटकार मिलने से भी बालकों में अपराधी कार्य करने की प्रवृत्ति को बढ़ावा मिलता है।

(2) परिवार के बाहर माता-पिता का सीमित संबंध (Limited parental relationship)—अभी हाल में किए गए कुछ अध्ययनों से यह पता चला है कि परिवार से बाहर माता-पिता के बाहरी संबंधों का भी प्रभाव बालकों के अपराधी व्यवहार पर पड़ता है। वेहलर (Wahler, 1980) के अध्ययन के अनुसार परिवार से बाहर माता-पिता का अन्य लोगों के साथ दोस्ताना संबंध (friendly relationship) जितना ही कम होता है,उनके बालकों में अपराधी कार्य करने की प्रवृति उतनी ही तेज होती है। वेहलर एवं उनके सहयोगियों (Wahler et al., 1981) ने अपने अध्ययन में पाया कि जिन माताओं का संबंध पास-पड़ोस एव अन्य लोगों से अच्छा नहीं होता, उनका अपने बालकों पर नियंत्रण भी अच्छा नहीं रह जाता है और ऐसे बालक अपराधी बालक बन जाते हैं।

(3) घरेलू वातावरण (Home environment)—किसी बालक को अपराधी बनने में उसके घरेलू वातावरण का हाथ अधिक होता है। लेफ्कोविज एवं उनके सहयोगियों (Lefkowitz et al., 1977) ने कई अपराधी बालको के घरेलू वातावरण का अध्ययन किया और बताया कि अधिकतर

अपराधी बालक बिखरे हुए घरों (broken homes) से आते हैं जहाँ कुछ कारणों, जैसे माता-पिता में अनबन, अलगाव (separation), संबंध-विच्छेद (divorce), मृत्यु एवं कैद आदि के कारण माता या पिता या दोनों ही लम्बे अरसे से घर से अनुपस्थित रहते हैं। उनकी गैरहाजिरी में बालक को अपराधी कार्यों को खुलकर करने का मौका मिलता है और धीरे-धीरे उनमें अपराध करने की बुरी आदत बन जाती है।

(4) घरेलू अनुशासन (Home discipline) — कुछ अध्ययनों से यह पता चला है कि दोषपूर्ण घरेलू अनुशासन के कारण भी बालक अपराधी बन जाते हैं। ग्रिस्ट एवं वेल्स (Griest & Wells, 1984) ने एक अध्ययन किया जिसमें उन्होने 225 अपराधी बालकों के घरेलू अनुशासन का विस्तृत विश्लेषण किया और पाया कि इनमें 202 अपराधी बालकों का घरेलू अनुशासन ऐसा था जिसे दोषपूर्ण एवं असंगत (inconsistent) कहा जा सकता था तथा बाकी 23 अपराधी बालक ऐसे थे जिनका घरेलू अनुशासन दोषपूर्ण नहीं कहा जा सकता था। उल्मार (Ulmar, 1981) ने अपने अध्ययन में पाया कि जब घरेलू अनुशासन अधिक कठोर होता है या अधिक ढीला होता है,तो इससे भी बालकों में अपराधी कार्य करने की प्रवृत्ति अधिक बढ़ जाती है।

(5) आर्थिक स्थिति (Economic condition)— परिवार की आर्थिक स्थिति बुरी होने से भी बालकों में अपराधी कार्य करने की प्रेरणा जगती है। हमारे दैनिक जीवन में अनेक ऐसे उदाहरण मिलते हैं कि गरीबी से तंग आकर अनेक किशोरियाँ और किशोर यौन अपराध (sex crime) जैसे भयानक कदम उठा लेते हैं। गरीबी के कारण घर में परिवार के सदस्यो में अनबन, तकरार, अनुशासनहीनता आदि की प्रबलता देखी जाती है, जो बालकों को अपराधी बनने में काफी मदद करती है। प्रायः ऐसे घर के बालक प्रारंभ में छोटे-मोटे अपराध करते हैं और बाद में बड़े-बड़े अपराध करना प्रारंभ कर देते हैं।

(6) अवांछित संबंध (Undesirable relationship)— कुछ अध्ययनों से यह पता चला है कि जब बालक ऐसे साथी-संगी के साथ संबंध या दोस्ती कर लेते हैं जो अपराधी (delinquents) होते हैं तो वे स्वयं भी तरह-तरह के अपराध करना सीख लेते हैं और वे अपराधी बन जाते हैं। फिलण्ट (Flint, 1973) ने अपने अध्ययन के आधार पर बताया कि करीब 66% अपराधी कार्य बालक अन्य अपराधी बालकों की संगति में आकर करते हैं।

(7) स्कूल (School)— बाल-अपराध का कारण स्कूल का दोषपूर्ण वातावरण, शिक्षकों का अनुचित व्यवहार एवं अनुशासन की कमी आदि भी बताया गया है। स्कूल का वातावरण यदि ऐसा होता है जहाँ छात्रों को अवकाश की अवधि में खेलने या मनोरंजन के पर्याप्त साधन नहीं रहते हैं, तो उस अवकाश की अवधि में छात्र असामाजिक कार्य करने की योजना बनाते हैं और अपराध करने की ओर उनकी प्रवृत्ति तेजी से बढ़ती है। उसी तरह यदि स्कूल का अनुशासन अधिक सख्त या अधिक ढीला है तो इससे भी छात्रों में अपराधी कार्यों को करने की प्रवृत्ति को बढ़ावा मिलता हे। इन दोनों ही परिस्थितियों में छात्र अकसर स्कूल से भाग जाते हैं, समय पर स्कूल नहीं आते या नियमित रूप से स्कूल नहीं आते, कक्षा में साथियों का सामान चुराते हैं, अन्य साथियों के प्रति आक्रामकता दिखाते हैं आदि-आदि। इस तरह बालक स्कूली वातावरण के दोषपूर्ण होने से तरह-तरह के अपराध करते हैं।

इस तरह से हम देखते हैं कि बाल-अपराध के कई कारण हैं जिन्हें मूल रूप से दो भागों में बाँटा गया है—जौविक कारक तथा पर्यावरणी कारक। इससे स्पष्ट हो जाता है कि बालकों में अपराध के कुछ कारण तो जन्मजात होते हैं तथा कुछ बाद में अर्जित किए जाते हैं। इनमें से अर्जित कारकों को उचित पर्यावरण या माहौल प्रदान कर बालकों में अपराध को बहुत हद तक रोका जा सकता है।

अपराधी बालकों के उपचार एवं शिक्षा (Treatment and Education of Delinquent Children)

अपराधी बालकों का उपचार करने तथा उन्हें समुचित शिक्षा प्रदान करने के कई उपायों का वर्णन मनोवैज्ञानिकों द्वारा किया गया है जिन्हें मूलतः दो प्रमुख उपायों (measures) में बाँटा गया है—

(क) निरोधात्मक प्रविधियाँ (Preventive measures) तथा

(ख) रोगनाशक प्रविधियाँ (Curative measures)।

इन दोनों तरह की प्रविधियों का वर्णन निम्नांकित है—

(क) निरोधात्मक प्रविधियाँ (Preventive measures)—निरोधात्मक प्रविधि से तात्पर्य उस प्रविधि से होता है जिन्हें ध्यान में रखने से किसी बालक को अपराधी बालक बनने से रोक लिया जा सकता है। इन प्रविधियों का मुख्य विश्वास होता है—'निवारण उपचार से अच्छा होता है' (Prevention is better than cure)। दूसरे शब्दों में, इन प्रविधियों के समर्थकों का विश्वास है कि किसी बालक को अपराधी बनाकर फिर उसमें सुधार लाने की अपेक्षा कहीं अच्छा यह है कि उसे अपराधी बनने से रोक लिया जाए। निरोधात्मक प्रविधियों में निम्नांकित प्रविधियाँ अधिक महत्त्वपूर्ण हैं—

(1) माता-पिता का स्नेह एवं ध्यान (Affection and love of parents)—ऐसा देखा गया है कि वैसे बालकों में अपराधी बनने की प्रवृत्ति अधिक होती है जिन्हें माता-पिता का उचित स्नेह एवं प्यार नहीं मिलता है। इस स्नेह एवं प्यार के अभाव में बालकों में आत्मविश्वास एवं आत्म-आदर (self-respect) के भाव की कमी पाई जाती है और वे तरह-तरह के घिनौने एवं असामाजिक कार्य में जुट जाते हैं। अतः, मनोवैज्ञानिकों का सुझाव यह है कि माता-पिता को चाहिए कि वे अपने बच्चों को उचित स्नेह एवं प्यार दें।

(2) उचित इच्छाओं की पूर्ति (Fulfillment of desirable wishes)—माता-पिता को चाहिए कि वे बालकों की उचित इच्छाओं एवं आवश्यकताओं की पूर्ति कर दें; क्योंकि ऐसी इच्छाओं या आवश्यकताओं की पूर्ति नहीं होने पर वे पहले छोटे-मोटे अपराध जैसे कक्षा में किसी साथी का आकर्षक पेंसिल या कलम चुरा लेना, दूसरे साथी के पॉकेट से चुपके से पैसा निकाल लेना आदि करते हैं और बाद में बड़े अपराध में जुट जाते हैं। अतः, माता-पिता को चाहिए कि बालकों द्वारा अभिव्यक्त उचित इच्छाओं एवं आवश्यकताओं की पूर्ति यथासंभव कर दें और यदि उनकी इच्छा या आवश्यकता अनुचित है या जिसे पूरा किया जाना संभव नहीं है, तो उसका भी स्पष्टीकरण बालक के सामने माता-पिता को कर देना चाहिए।

(3) उचित घरेलू वातावरण (Proper home environment)—माता-पिता को चाहिए कि वे घर का वातावरण ठीक रखें तथा बालकों के सामने आपस में लड़ाई-झगड़ा न करें। शराब, सिगरेट, बीड़ी आदि का प्रयोग बालकों के सामने न करें। न आवश्यकता से अधिक किसी पुत्र या पुत्री को

प्यार दें और न ही उनका तिरस्कार करें। जहाँ तक संभव हो, वे पुत्र या पुत्री के साथ समान ढंग से व्यवहार करें और उन्हें समान ढंग से शिक्षित करने का प्रयास करें। दूसरे शब्दों में, माता-पिता को चाहिए कि वे घर में बालकों के सामने एक आदर्श माता-पिता का मॉडल बन सकें। यदि ऐसा करने में वे समर्थ होते हैं तो बहुत-से बालक अपराधी बनने से बच जाएँगे।

(4) उचित घरेलू अनुशासन (Proper home discipline)—घर का अनुशासन उचित होने से भी बालकों को अपराधी बनने से बचाया जा सकता है। घर का अनुशासन न अधिक सख्त और न अधिक ढीला-ढाला होना चाहिए। माता-पिता को चाहिए कि वे बिना सोचे-समझे ही बच्चों को अनावश्यक रूप से डाँट-फटकार न करें और न ही मार-पीट करें। उन्हें समझकर सजा या पुरस्कार देना चाहिए। आवश्यकता महसूस किए जाने पर माता-पिता को चाहिए कि वे घरेलू अनुशासन को उत्तम बनने में किसी मनोवैज्ञानिक का भी सुझाव लें।

(5) उचित शिक्षा (Proper education)—बालकों को अपराधी बनने से रोकने की दिशा में एक महत्त्वपूर्ण कदम यह है कि उन्हें उचित शिक्षा दी जाए। उचित शिक्षा के अभाव में बालकों में न तो नैतिकता का अच्छा स्तर कायम हो पाता है और न ही उनके व्यक्तित्व एवं चरित्र-निर्माण का ही कार्य पूरा हो पाता है। इन सबके अभाव में बालक तरह-तरह के अपराध करना प्रारंभ कर देते हैं। अतः, माता-पिता को चाहिए कि बालकों की शिक्षा-दीक्षा उचित स्तर तक प्रदान करें ताकि अपराधी बालक बनने की संभावना न हो।

(6) स्कूल का उचित वातावरण एवं अनुशासन (Proper environment and discipline of school)—स्कूल के उचित वातावरण एवं अनुशासन से भी बालकों को अपराधी बनने से रोका जा सकता है। स्कूल का वातावरण स्नेहपूर्ण, शिक्षकों का सौहार्दपूर्ण व्यवहार एवं स्कूल में मनोरंजन के पर्याप्त साधन होने से बालकों में शैक्षिक अभिरुचि (educational interest) सजग हो जाती है और अपने शैक्षिक कार्यों में वे लीन हो जाते हैं। इससे उन्हें अपराधी कार्यों या शरारत करने का मोहलत कम मिल पाता है। स्कूल का अनुशासन न सख्त होना चाहिए और न ही ढीला-ढाला होना चाहिए। स्कूल का अनुशासन ऐसा होना चाहिए कि शिक्षक एवं छात्र एक-दूसरे को विश्वास में लेते हुए स्वतंत्र होकर अंतःक्रिया (interaction) करें। इससे छात्रों में एक तरफ तो शैक्षिक अभिरुचि एवं रूझान बढ़ती है तथा दूसरी तरफ उन्हें अपराधी बनने से रोका जा सकता है।

(7) सरकारी सहायता (Government aids)—बाल-अपराध को रोकने के लिए सरकार एवं सामाजिक संगठनों (social organizations) को भी आगे आना होगा। इन साधनों द्वारा निम्नांकित कदम से बालकों में अपराधीकरण को घटाया जा सकता है—

(i) आदर्श राजकीय स्कूल की व्यवस्था

(ii) गरीब एवं मेधावी छात्रों को निःशुल्क शिक्षा की व्यवस्था

(iii) गंदे एवं अश्लील चलचित्रों को बालकों के देखने पर रोक

(iv) लावारिश एवं अवैध बालकों की शिक्षा-दीक्षा का उचित प्रबंध

(v) परिवार नियोजन के साधनों का ज्ञान ताकि माता-पिता अधिक बच्चे पैदा न कर सकें और घर की आर्थिक स्थिति को दुर्बल न कर सकें।

(vi) गर्भपात कराने की समुचित एवं आसान सुविधा

उपर्युक्त कदमों को अपनाकर सरकार एवं सामाजिक संगठन बहुत हद तक बालकों के अपराध को रोकने में सक्षम हो सकते हैं।

(ख) रोगनाशक प्रविधियाँ (Curative techniques)—रोगनाशक प्रविधियाँ वैसी प्रविधियों को कहा जाता है जिनके माध्यम से बालक के अपराधी हो जाने पर उसके अपराध में सुधार करने की कोशिश की जाती है। इन प्रविधियों में निम्नांकित प्रमुख हैं—

(i) बाल-अपराध न्यायालय तंत्र (Juvenile court system)

(ii) मनोगतिक विधि (Psychodynamic methods)

(iii) व्यवहारात्मक विधि (Behavioural methods)

(iv) पुनर्वास विधि (Rehabilitation methods)

इन प्रविधियों का वर्णन इस प्रकार है—

(i) बाल-अपराध न्यायालय तंत्र (Juvenile court system)—बाल-अपराधी को सुधारने की यह प्रथा पुरानी है तथा करीब-करीब सभी देशों में है। इस प्रथा में अपराधी बालक को बाल-अपराध न्यायालय में उपस्थित किया जाता है जहाँ न्यायालय के जज (judge) अनौपचारिक ढंग से (informally) पूछ-ताछ कर उसकी जाँच करते हैं और वे कोशिश करते हैं कि उनके अपराध के कारणों को वे समझकर उन्हें अपराध न करने में मदद करें। जज भरसक यही कोशिश करते हैं कि वे बालकों को सजा (punishment) न दें बल्कि उन्हें समझा-बुझाकर तथा चेतावनी देकर छोड़ दें। कभी-कभी अपराध की गंभीरता एवं बाल-अपराधी के पहले के रेकार्ड्स (records) आदि को देखते हुए जज अपराधी बालक को परख-अवधि (probation), सुधारक स्कूल (reformatory school) एवं कैम्प (camp) आदि में भेज देते हैं जहाँ उनके अपराधी व्यवहारों में उचित सुधार करने का प्रयास किया जाता है।

(iii) मनोगतिक विधि (Psychodynamic methods)—इस प्रविधि में मनोवैज्ञानिक मनोचिकित्सा (psychotherapy) एवं परामर्श (counselling) द्वारा बाल-अपराधियों में सूझ-बूझ एवं समझ उत्पन्न करके उनके अपराधी व्यवहारों को कम करने का भरसक प्रयत्न करते हैं। मनोचिकित्सक बाल-अपराधी को विश्वास में लेता है तथा एक सौहार्दपूर्ण माहौल तैयार करता है जिसमें अपराधी अपने अपराध के बारे में स्वतंत्र होकर बातचीत करता है। फिर मनोचिकित्सक या परामर्शदाता (counsellor) अपराध के कारणों को समझकर उसे दूर करने की दिशा में उचित कदम उठाते हैं। ट्ररुएक्स, वारगो एवं सिलबर (Truax, Wargo & Silber, 1966) ने एक अध्ययन किया जिसमें 40 अपराधी बालिकाओं की तुलना, जिन्हें एक प्रशिक्षित मनोवैज्ञानिक द्वारा मनोचिकित्सा एवं परामर्श प्रदान की गई थी, 40 अन्य अपराधी बालिकाओं से की गई जिन्हें ऐसी कोई मनोचिकित्सा एवं परामर्श प्रदान नहीं की गई थी। परिणाम में देखा गया कि मनोचिकित्सा एवं परामर्श पानेवाले बाल-अपराधी बालिकाओं के व्यक्तित्व में काफी सार्थक परिवर्तन आए थे और उनमें अपराधी प्रवृत्तियाँ भी पहले की तुलना में काफी कम होती गईं। परंतु, जिन बालिकाओं को इस ढंग की मनोचिकित्सा या परामर्श नहीं मिला था, उनके अपराध में न तो कोई कमी आई और न ही उनके व्यक्तित्व में कोई परिवर्तन ही आया।

(iii) व्यवहारात्मक विधि (Behavioural methods)—ऐसा देखा गया है कि बहुत सारे बाल-अपराधी मनोचिकित्सा या परामर्श के लिए तैयार नहीं होते हैं। अतः, उनका उपचार

व्यवहारात्मक विधि से करना होता है। उपर्युक्त पुनर्बलन (reinforcement) देकर उन्हें नए व्यवहारों के साथ अनुबंधन (conditioning) किया जाता है ताकि पुराने अपराधी व्यवहार की बारंबारता कम हो जाए। सांकेतिक विधान (token economy) एवं मॉडलिंग (modeling) आदि की प्रविधि द्वारा उनके व्यवहारों में युक्तिसंगत परिवर्तन लाकर उनके अपराध को कम किया जाता है।

(iv) पुनर्वास विधि (Rehabilitation methods)—यह एक ऐसी विधि है जिसमें अपराधी बालकों को एक ऐसे मानवीय वातावरण में रखा जाता है जहाँ उनमें स्वतः ही अपराध न करने की प्रेरणा-अपराध करने की प्रेरणा से तीव्र होने लगती है। अध्ययनों से पता चला है कि जब अपराधी बालकों को पुनर्वास घरों (rehabilitation home) में रखा जाता है जहाँ उन्हें उचित स्नेह एवं प्यार तथा अन्य संभव मानवीय सलूक (human treatment) मिलते हैं, तो इससे उनके अपराधी कार्यों को करने की प्रवृत्ति में तेजी से कमी आती है।

इस तरह हम देखते हैं कि बाल-अपराध के उपचार एवं उसकी शिक्षा के लिए मनोवैज्ञानिकों ने कई तरह के उपायों का वर्णन किया है। इन उपायों से बाल-अपराध को काफी हद तक नियंत्रित किया जा सकता है।

बाल-अपराध और विद्यालय (Delinquency and School)

अध्ययनों से यह स्पष्ट हो गया है कि स्कूल का प्रभाव बाल-अपराध पर सीधा एवं गहरा पड़ता है। अतः, शिक्षा मनोवैज्ञानिकों ने स्कूल एवं वहाँ के शिक्षकों के बारे में कुछ इस प्रकार के सुझाव दे रखे हैं कि यदि उन सुझावों पर अमल किया जाए तो बहुत हद तक बाल-अपराध को कम किया जा सकता है। इन सुझावों में निम्नांकित प्रमुख हैं—

(1) बाल-अपराध को रोकने या कम करने के लिए यह आवश्यक है कि स्कूल के शिक्षक योग्य, प्रशिक्षित एवं स्कूल के कार्यक्रमों में हिस्सा बँटानेवाले हों। ऐसे शिक्षकों में मानव समस्याओं को समझने एवं अध्ययन करने की विशेष सूझ-बूझ एवं क्षमता हो।

(2) स्कूल में प्रत्येक छात्र को उसकी अभिरुचि (interest), अभिक्षमता (aptitude), क्षमता (ability) आदि को परख करके उसी के अनुकूल शिक्षा देनी चाहिए। शिक्षकों को चाहिए कि वे छात्रों को स्वयं करके सीखने की विधि पर बल डालने दें। इससे स्वभावतः बालकों में अपराधीकरण की प्रवृत्ति में कमी आएगी।

(4) स्कूल में अच्छा पुस्तकालय होना चाहिए और छात्रों को वहाँ जाकर अपने अवकाश की अवधि में अच्छे-अच्छे पुस्तकों के अध्ययन के लिए प्रेरित करना चाहिए। इससे भी बालकों को अपराधी बनने से काफी हद तक बचाया जा सकता है।

(5) स्कूल में मनोरंजन के पर्याप्त साधन होने चाहिए। छोटे-छोटे पार्क, तैरने के लिए पुल (swimming pool) तथा खेलकूद के अन्य साधन भी पर्याप्त मात्रा में होने चाहिए। इसका फायदा यह होगा कि स्कूल में छात्र अपने-आपको मनोरजंन के साधनों में व्यस्त रखेंगे और उन्हें किसी प्रकार का अपराधी कार्य करने या उसके बारे में सोचने का मौका नहीं मिलेगा।

(6) शिक्षकों को उचित एवं मनोरंजक शिक्षण विधियों (teaching methods) का सहारा लेना चाहिए। यदि वे नीरस ढंग से बालकों को व्याख्यान पर व्याख्यान देते जाते हैं, तो इससे छात्रों में ऊब (boredom) विकसित हो जाएगी और छात्र शिक्षा के प्रति उदासीन हो जाएँगे और वे अपराधी कार्यों में जुट जाएँगे।

(7) प्रत्येक विद्यालय में एक ऐसी समिति होनी चाहिए जिसमें योग्य शिक्षक, अभिभावक या माता-पिता एवं मनोवैज्ञानिक सदस्य के रूप में कार्यरत हों। इससे फायदा यह होगा कि ये तीनों आपस में मिलकर बाल-अपराध को कम करने के लिए अधिक सुगम रास्ता तय करने में समर्थ हो पाएँगे।

(8) शिक्षकों को यह परख कर लेनी चाहिए कि यदि बालक प्रायः गंभीर अपराध करता है और उसका निराकरण स्कूल में संभव नहीं लगता है, तो वैसी परिस्थिति में ऐसे बालकों को किसी बाल-निर्देशन केंद्र (child guidance bureau) में भेज देना चाहिए या फिर उन्हें किसी मनोवैज्ञानिक को सुपुर्द कर देना चाहिए।

(9) शिक्षकों को चाहिए कि वे बालकों के प्रति सहानुभूति, सहयोग आदि जैसे व्यवहार करें ताकि उनमें आत्म-सम्मान (self-respect), आत्म-विश्वास (self-confidence) एवं सज्जनता (gentleness) का व्यवहार विकसित हो सके और अपराधी व्यवहार की बारंबारता कम हो सके।

(10) प्रत्येक स्कूल में नैतिक शिक्षा (moral education) देने की विशेष व्यवस्था होनी चाहिए। इससे बालकों में अच्छे आदर्शों एवं नैतिकता का विकास हो सकेगा तथा अपराधीकरण की प्रवृत्ति में कमी आएगी।

(11) बाल-अपराध को कम करने के लिए स्कूल में समय-समय पर शिक्षक-अभिभावक मिलाप (teacher-guardian meet) होना भी अनिवार्य है। इस तरह के मिलाप से फायदा यह होगा कि शिक्षक अभिभावकों को बालकों की समस्याओं एवं अभिरुचि से अवगत कराएँगे एवं अभिभावक भी शिक्षक को छात्रों द्वारा घर पर की उनकी समस्याओं से अवगत कराएँगे। इससे बाल-अपराध को नियंत्रण करने में विशेष सुविधा होगी।

(12) बाल-अपराध को कम करने की दिशा में एक महत्त्वपूर्ण सुझाव यह भी है कि जहाँ तक संभव हो आवासीय स्कूल (residential school) की स्थापना अधिक-से-अधिक की जाए जहाँ शिक्षक और छात्र दोनों ही रह सकें। इससे शिक्षकों को छात्रों की शैक्षिक एवं गैर-शैक्षिक दोनों ही तरह की समस्याओं को समझने में मदद मिलेगी एवं अपराधों को रोकने में विशेष सहायता हो पाएगी।

इस तरह स्पष्ट हुआ कि बाल-अपराध को रोकने में स्कूल की भूमिका काफी सराहनीय है। उपर्युक्त सुझावों को मद्दे नजर रखकर यह कहा जा सकता है कि बाल-अपराध को रोकने में शिक्षकों की अहमियत अभिभावकों या माता-पिता की अहमियत से कम नहीं है।

अलाभान्वित बालकों के अर्थ एवं विशेषताएँ
(Meaning and Characteristics of Disadvantaged Children)

'अलाभान्वित' (disadvantaged) एक विस्तृत पद (broad term) है जिसका सामान्य अर्थ जीवन की सामान्य सुख-सुविधाओं से वंचित (deprived) रह जाना होता है। इस अर्थ में प्रत्येक बालक या

व्यक्ति को एक अलाभान्वित बालक या व्यक्ति कहा जा सकता है; क्योंकि कुछ-न-कुछ सुख-सुविधा से हममें से प्रत्येक व्यक्ति वंचित रह जाते हैं। परंतु, शिक्षा मनोवैज्ञानिकों ने 'अलाभान्वित' का इतना विस्तृत अर्थ न रखकर एक ठोस एवं उपयोगी अर्थ बतलाते हुए कहा है कि अलाभान्वित बालक वैसे बालक को कहा जाता है जो सामाजिक-आर्थिक रूप से (socio-economically) तथा सांस्कृतिक रूप से (culturally) अलाभान्वित समुदाय से आते हैं। भारत में अधिकतर दलित एवं आदिवासी जाति के समुदाय से आनेवाले बालकों को अलाभान्वित बालक की श्रेणी मे रखा जाता है। भारत में अनुसूचित जाति (schedule caste या SC) तथा अनुसूचित जनजाति (schedule tribe या ST) समुदाय में 95% परिवार ऐसे हैं जो सामाजिक-आर्थिक तथा सांस्कृतिक रूप से पिछड़े हुए हैं और ऐसे परिवार के बालकों को **अलाभान्वित बालक** की संज्ञा दी जाती है। कुछ ऐसी पिछड़ी जातियाँ (backward castes) भी हैं जो सामाजिक-आर्थिक दृष्टिकोण से तथा साथ-ही-साथ सांस्कृतिक दृष्टिकोण से काफी पीछे हैं। अतः, ऐसे समुदाय के बालकों को भी हम अलाभान्वित बालक कहेंगे। अलाभान्वित बालक की तुलना में एक-दूसरे तरह के भी बालक हैं जो सामाजिक-आर्थिक रूप से सबल एवं सांस्कृतिक रूप से विकसित समुदाय से आते हैं। इन्हें **लाभान्वित बालक** (advantaged child) कहा जाता है। भारत में उच्च जातियों के अधिकांश परिवार तथा पिछड़ी जातियों के कुछ परिवार सामाजिक-आर्थिक रूप से सबल हैं एवं सांस्कृतिक रूप से विकसित हैं। अतः, ऐसे परिवार के बालकों को लाभान्वित बालक कहा जाता है।

शिक्षा मनोवैज्ञानिकों का ध्यान लाभान्वित बालकों की तुलना में अलाभान्वित बालकों पर अधिक गया है; क्योंकि समाज के लिए ऐसे बालक शिक्षकों के सामने अधिक महत्त्वपूर्ण चुनौतियाँ (challenges) हैं। अलाभान्वित बालकों का अध्ययन विदेशों में जिन मनोवैज्ञानिकों द्वारा किया गया है, उनमें बर्नस्टीन (Bernstein, 1960), हेविंगहर्स्ट (Havinghurst, 1964), टानेनबॉम (Tannenbaum, 1967), रौटर (Rotter, 1966) के नाम अधिक उल्लेखनीय हैं। भारत में भी अलाभान्वित बालकों का अध्ययन कई मनोवैज्ञानिकों द्वारा किया गया है जिनमे डी० सिन्हा (D Sinha, 1982), एल० बी० त्रिपाठी (L B Tripathi, 1982), बी० बी० चटर्जी (B B Chatterjee, 1980, 1982), ए० के० सिंह (A K Singh, 1986) आदि के नाम विशेष रूप से उल्लेखनीय हैं। विदेशों एवं अपने देश में अलाभान्वित बालकों पर किए गए अध्ययनों से ऐसे बालकों की कुछ निश्चित विशेषताओं (characteristics) का पता चला है, जो निम्नांकित हैं—

(i) ऐसे बालक निम्न सामाजिक-आर्थिक स्तर (lower socio-economic status) के परिवार से आते हैं। अतः, गरीबी (poverty) एवं वंचन (deprivation) इनकी प्रमुख विशेषता होती है।

(ii) ऐसे बालकों का आत्म-संप्रत्यय (self-concept) नकारात्मक (negative) होता है। फलस्वरूप, वे अपने-आपको अन्य बालकों की तुलना में हीन (inferior), कमजोर एवं बिलकुल ही साधारण आकांक्षा (aspiration) रखनेवाले होते हैं।

(iii) अलाभान्वित बालकों में सीखने की अभिप्रेरणा (motivation) कम होती है तथा इनमें दूरदर्शिता (foresightedness) की नितांत कमी पाई जाती है।

(iv) अलाभान्वित बालकों की भाषा (language) लाभान्वित बालकों की भाषा से भिन्न होती है। बर्नस्टीन (Bernstein, 1960) द्वारा किए गए अध्ययनों से यह स्पष्ट हो गया है कि अलाभान्वित बालक प्रायः अधूरे, अस्पष्ट एवं अनौपचारिक भाषा का प्रयोग अधिक करते हैं।

(v) अलाभान्वित बालकों का बौद्धिक निष्पादन (intellectual performance) सीमित एवं अपर्याप्त होता है। डी॰ सिन्हा (D Sinha, 1982) एवं बी॰ बी॰ चटर्जी (B B Chatterjee, 1982) के अध्ययनों से इस तथ्य की संपुष्टि हुई है। इनलोगों के अध्ययन के अनुसार ऐसे बालक का बौद्धिक स्तर लाभान्वित बालकों के बौद्धिक स्तर की तुलना में कई कारणों से काफी नीचे होता है। अतः, उनका बौद्धिक निष्पादन भी काफी सीमित एवं अपर्याप्त होता है।

इस तरह यह स्पष्ट हुआ कि अलाभान्वित बालक की कुछ विशेषताएँ हैं जिनके आधार पर उन्हें आसानी से समझा जा सकता है तथा उनकी परख की जा सकती है।

अलाभान्वन एवं वंचन के मनोवैज्ञानिक परिणाम (Psychological Consequences of Disadvantage and Deprivation)

अलाभान्वन एवं वंचन के पड़नेवाले मनोवैज्ञानिक प्रभावों की ओर मनोवैज्ञानिकों का ध्यान काफी गया है। इनलोगों के अध्ययनों से जो तथ्य सामने आए हैं, उसके आधार पर यही कहा जा सकता है कि अलाभान्वन एवं वंचन दोनों का बुरा प्रभाव बालकों के व्यक्तित्व पर पड़ता है। ऐसे प्रभावों को भारतीय मनोवैज्ञानिकों ने निम्नांकित तीन भागों में बाँटा है—

(1) संज्ञानात्मक पैटर्न पर प्रभाव (Impact upon cognitive patterns)—संज्ञान एक ऐसा सामान्य पद (common term) है जिसके अंतर्गत बालक के चिंतन, प्रत्यक्षण, बुद्धि, संवेदन, स्मृति आदि प्रक्रियाओं का अध्ययन किया जाता है। भारतीय मनोवैज्ञानिकों के अध्ययन से स्पष्ट हो गया है कि अलाभान्वन का बालकों के संज्ञानात्मक पैटर्न पर प्रतिकूल प्रभाव पड़ता है। जे॰ पी॰ दास, जाचुक एवं टी॰ पी॰ पण्डा (J P Das, Jachuk & T P Panda, 1970) ने अपने अध्ययन में पाया कि दलित परिवार के बालकों का बौद्धिक स्तर ब्राह्मण परिवार के बालकों के बौद्धिक स्तर से काफी नीचे था। उसी तरह एन॰ चटोपाध्याय (N Chattopadhyay, 1961) ने अपने अध्ययन में पाया कि बुद्धि परीक्षण (ऐलेक्जेण्डर पास-अलाँग बुद्धि परीक्षण पर) जनजाति के बालकों का निष्पादन (performance) सामान्य बालकों के निष्पादन की तुलना में काफी कम थी। जे॰ पी॰ दास एवं डी॰ सिन्हा (J P Das & D Sinha, 1975) ने अपने अध्ययन के आधार पर यह दिखाया है कि अलाभान्वित बालकों का प्रत्यक्षणात्मक कौशल (perceptual skills) लाभान्वित बालकों के प्रत्यक्षणात्मक कौशल की तुलना में काफी अविकसित था। हेविंगहर्स्ट (Havinghurst, 1964) ने अपने अध्ययन में पाया कि अलाभान्वित बालकों में अमूर्त चिंतन (abstract reasoning) की क्षमता काफी कम होती है।

(2) अभिप्रेरणात्मक पैटर्न पर प्रभाव (Impact upon motivational patterns)—कुछ ऐसे अध्ययन हुए हैं जिनसे यह स्पष्ट रूप से पता चला है कि अलाभान्वित बालकों का अभिप्रेरणात्मक पैटर्न लाभान्वित बालकों के अभिप्रेरणात्मक पैटर्न से सर्वथा भिन्न एवं निम्न होता है। डी॰ सिन्हा एवं जी॰ मिश्र (D Sinha & G Mishra, 1982) तथा उदय पारीक (Udai Pareek, 1970) ने अपने-अपने अध्ययनों के आधार पर यह बतलाया है कि अलाभान्वन एवं वंचन से बालकों में उपलब्धि आवश्यकता (need for achievement) कम हो जाती है तथा निर्भरता आवश्यकता (need for dependancy) अधिक हो जाती है। इतना ही नहीं, रथ (Rath, 1984) ने अपने अध्ययन में पाया कि अलाभान्वन एवं वंचन का प्रभाव बालकों के अकांक्षा-स्तर (level of aspiration) पर भी बुरा पड़ता है। अलाभान्वित बालकों की आय, पेशा तथा शिक्षा (education) के बारे में निम्न आकांक्षा स्तर

होता है जिससे वे बहुत कम शिक्षा पाकर तथा कम आय प्राप्त करके ही उतना संतुष्ट हो जाते हैं जितना उन्हें नहीं होना चाहिए।

(3) शैक्षिक उपलब्धि पर प्रभाव (Impact upon academic achievement) — कई अध्ययनों से यह स्पष्ट हो गया है कि अलाभान्वन एवं वंचन का प्रभाव बालकों के शैक्षिक उपलब्धि पर बुरा पड़ता है। उषाश्री (Ushashree, 1980) ने अपने अध्ययन में पाया कि अलाभान्वित बालकों की शैक्षिक उपलब्धि (educational achievement) तथा शैक्षिक समायोजन (educational adjustment) लाभान्वित बालकों की तुलना में काफी निम्न थी। ए० के० सिंह (A K Singh, 1983) ने अपने अध्ययन के आधार पर यह दिखाया है कि अलाभान्वित बालकों की शैक्षिक उपलब्धि लाभान्वित बालकों की शैक्षिक उपलब्धि से प्रत्येक वर्ष में नीची होती है। मनोवैज्ञानिकों ने इसके दो प्रमुख कारण बताए हैं। पहला तो यह कि अलाभान्वित बालकों के पास अध्ययन के लिए पर्याप्त साधनों (resources) की कमी होती है तथा दूसरा यह कि स्कूल में ऐसे बालकों के प्रति शिक्षकों की मनोवृत्ति उतनी अनुकूल नहीं रहती, जितनी कि रहनी चाहिए। इन सबका परिणाम यह होता है कि अलाभान्वित एवं वंचित बालकों की शैक्षिक उपलब्धि काफी प्रभावित हो जाती है।

इस तरह स्पष्ट हुआ कि अलाभान्वन एवं वंचन का बालकों पर मनोवैज्ञानिक प्रभाव बुरा पड़ता है। शायद यही कारण है कि शिक्षा मनोवैज्ञानिकों ने अलाभान्वित बालकों की शिक्षा-दीक्षा पर विशेष ध्यान देने की सिफारिश की है।

अलाभान्वित बालकों की शिक्षा (Education of Disadvantaged Children)

अलाभान्वित बालकों की शिक्षा पर विदेशों में एवं अपने देश में भी विशेष प्रयास किए जा रहे हैं। अमेरिका में ऐसे बालकों के शैक्षिक स्तर को दुरुस्त करने के लिए एक विशेष कानून (act) ही बनाया गया है जिसे *Elementary & Secondary Education Act,* 1965 की संज्ञा दी गई है। इस कानून के तहत प्रत्येक ऐसे बालक को शिक्षा के लिए आर्थिक सहायता दी जाती है। इसके अलावा विशेष योजना (project) जैसे हेड-स्टार्ट प्रोग्राम (Head-start programme), बुजिग (Busing) आदि चलाकर ऐसे बालकों को शैक्षिक सहायता के विशेष पात्र मानते हुए विशेष शिक्षा की व्यवस्था की गई है। बुजिग प्रोग्राम (Busing programme) में अलाभान्वित बालकों को लाभान्वित बालकों के साथ बैठाकर इस उम्मीद के साथ शिक्षा दी जाती है कि इससे अलाभान्वित बालकों में लाभान्वित बालकों को देखकर अधिक प्रेरणा एवं अभिरुचि जगेगी और उनका शैक्षिक स्तर ऊँचा उठेगा। हेड-स्टार्ट प्रोग्राम एक तरह की क्षतिपूर्ति शिक्षा (compensatory education) का कार्यक्रम है और यह इस उम्मीद के साथ प्रारंभ की गई है कि इससे अलाभान्वित बालक भी अपने घर पर कुछ वैसे ही कौशलों (skills) को सीख पाएँगे जो लाभान्वित बालक अपने घर पर सीख पाते हैं। इससे धीरे-धीरे उनकी शैक्षिक अभिरुचि बढ़ेगी और कक्षा में शैक्षिक उपलब्धि का स्तर ऊँचा होगा। परंतु, बुजिंग एवं हेड-स्टार्ट प्रोग्राम के नतीजे उतने अच्छे नहीं निकल पाए जितना कि सोचा गया था।

भारत में अलाभान्वित बालकों के शैक्षिक स्तर को ऊँचा उठाने का प्रयत्न काफी किया गया है। ऐसे बालकों के लिए भारत में निःशुल्क शिक्षा योजना (Free education project) भारत सरकार द्वारा लागू की गई है जिसके अंतर्गत ऐसे बालकों को निःशुल्क शिक्षा तो दी जाती है साथ-ही-साथ पाठ्यपुस्तकों को भी मुफ्त बाँटा जाता है। इसी तरह दोपहर-भोजन योजना (mid-day meal project) चलाई गई जिसके अंतर्गत ऐसे बालकों को दोपहर का खाना भी स्कूल में ही देने की

व्यवस्था की गई। इस योजना के परिणाम प्रारंभ में बड़े ही उत्साहवर्द्धक निकले। ऐसे बालकों में स्कूल छोड़कर बीच में ही भागने की प्रवृत्ति कम हो गई और सारे दिन स्कूल में रहकर शिक्षा ग्रहण करने के लिए उत्सुक दिखाई देने लगे। परंतु, धीरे-धीरे इस योजना का प्रभाव कमता गया, क्योंकि सचमुच इससे उनकी मानसिक क्षमता (mental capacity) में तो कोई वृद्धि हुई नहीं थी तथा उनका शैक्षिक स्तर जैसे-का-तैसे ही था। इसके अलावा सरकार ने ऐसे बालकों के लिए स्कूल तथा कॉलेज में भी कुछ विशेष प्रावधान किया है, जैसे कम अंक प्राप्त करने पर भी उनका अच्छे कॉलेज में दाखिला, कम अंक प्राप्त करने पर भी छात्रवृत्ति (scholarship) देने आदि की व्यवस्था करके भी इनके शैक्षिक स्तर को उठाने का प्रयत्न किया गया है। इस सब सामान्य उपायों के अलावा अलाभान्वित बालकों की शिक्षा के लिए निम्नांकित कुछ प्रमुख सुझावों पर भी ध्यान देना आवश्यक है—

(1) अलाभान्वित बालकों को विशेष शिक्षा देने के लिए यह आवश्यक है कि उनके घरेलू वातावरण (home environment) में सुधार किया जाए। जब उनका घरेलू वातावरण शिक्षा के दृष्टिकोण से समृद्ध (enriched) हो जाएगा, तो स्वभावतः उनकी अभिरुचि शिक्षा में काफी होगी और वे स्कूल में लाभान्वित बालकों के समान ही शैक्षिक उपलब्धि (educational achievement) प्राप्त कर पाएँगे।

(2) ऐसे क्षेत्र जहाँ अलाभान्वित बालकों की तादाद ज्यादा हो, वहाँ कुछ विशेष शैक्षिक अभियान (special educational campaign) चलाना चाहिए। इसका फायदा यह होगा कि इससे वैसे बालक सीधे लाभान्वित हो पाएँगे और उनकी शैक्षिक जागरूकता बढ़ेगी। इस विशिष्ट अभियान में यदि प्रचार के आधुनिक साधनों जैसे रेडियो, चलचित्र, टेलीविजन, श्रव्य-दृश्य साधनों (audio-visual aids) का प्रयोग किया जाता है, तो इससे उस अभियान की उपयोगिता और भी बढ़ जाती है।

(3) कुछ अध्ययनों के आधार पर यह बताया गया है कि अलाभान्वित बालकों (disadvantaged children) के शैक्षिक उत्थान के लिए आश्रम की तरह के स्कूल (ashram-type school) की स्थापना की जानी चाहिए। यह सुझाव स्वर्गीय प्रो॰ अमर कुमार सिंह (Late Prof Amar Kumar Singh, 1983) द्वारा किए गए अध्ययनों पर आधारित है। इस ढंग के स्कूल की खास विशेषता यह होती है कि यहाँ के शिक्षक-अभिभावक तथा शिक्षक दोनों की भूमिका में दिन-रात काम कर ऐसे बालकों के शैक्षिक स्तर को उठाने में विशेष रूप से सफल हो सकेंगे। इस ढंग के स्कूल के होने से ऐसे बालकों में शिक्षा के प्रति एक सकारात्मक मनोवृत्ति (positive attitude) कायम हो पाएगी और उनकी शैक्षिक जागरूकता काफी बढ़ जाएगी।

(4) सरकार को चाहिए कि समय-समय अलाभान्वित बालकों की शिक्षा के लिए चलाई जा रही योजना की सफलता का मूल्यांकन करे ताकि यह पता चल सके कि कितनी सफलता इस दिशा में प्राप्त हो पाई है। यदि पर्याप्त सफलता नहीं मिल पाई है, तो उसके कारणों का पता लगाना चाहिए और उसी आलोक में उसमें आवश्यकतानुसार परिवर्तन लाकर उसे अधिक प्रभावशाली बनाना चाहिए।

(5) अलाभान्वित बालकों के शिक्षण स्तर को ऊँचा करने के लिए कुछ शिक्षा मनोवैज्ञानिकों ने व्यवहार परिमार्जन (behaviour modifications) की विभिन्न प्रविधियों, प्रत्यक्षणात्मक

प्रशिक्षण (perceptual training), आकार-विभेद (form-discrimination) करने की प्रविधियों का विशेष उपयोग करने की सिफारिश की है। हेविंगहर्स्ट (Havinghurst, 1977) के अनुसार इन प्रविधियों के सहारे अलाभान्वित बालकों के संज्ञानात्मक अपूर्णता (cognitive deficiency) को काफी हद तक दूर करने में सहायता मिलती है। भारत में भी भरतराज, भवानी एवं विद्यासागर (Bharath Raj, Bhavani & Vidyasagar, 1983) ने इन प्रविधियों के सहारे 2 महीना तक 8 अलाभान्वित बालकों को प्रशिक्षण देने के बाद पाया कि उनकी बुद्धिलब्धि (intelligence quotient) में उन अलाभान्वित बालकों, जिन्हें प्रशिक्षण नहीं दिया गया था, की तुलना में 21 बिंदु (21 points) की वृद्धि हुई।

इस तरह हम देखते हैं कि अलाभान्वित बालकों के शैक्षिक स्तर को ऊँचा उठाने के लिए शिक्षा मनोवैज्ञानिकों ने कई उपायों का वर्णन किया है। परंतु, इस सिलसिले में सरकार एवं सामाजिक संगठनों (social organizations) को भी आगे आना होगा और तब जाकर इनके शैक्षिक उत्थान के लिए चलाए जानेवाले कार्यक्रम का परिणाम युक्तिसंगत होगा।

अध्याय-सारांश
[Chapter Summary]

1. पिछड़े बालक से तात्पर्य वैसे बालक से होता है जो शैक्षिक रूप से मंदित (educationally retarded) होते हैं तथा अपने समकक्षियों से पिछड़े होते हैं।

2. बालकों में पिछड़ेपन (backwardness) के कई कारण बताए गए हैं जिनमें बौद्धिक क्षमता की कमी, वातावरण का प्रतिकूल प्रभाव, शारीरिक दोष, स्वभाव-संबंधी दोष, कर्तव्यत्यागिता (truancy) आदि प्रधान बताए गए हैं।

3. शिक्षा मनोवैज्ञानिकों ने पिछड़े बालक की कुछ समस्याओं (problems) की ओर ध्यान दिलाया है। ऐसी पाँच समस्याओं पर प्रकाश डाला गया है।

4. पिछड़े बालक की शिक्षा एवं समायोजन (adjustment) के लिए कई उपायों का वर्णन किया गया है जिनमें छः प्रमुख उपायों को उजागर किया गया है।

5. समस्या-बालक (problem children) वैसे बालक को कहा जाता है जिनके व्यवहारों में असमानता होती है तथा ऐसे बालकों में व्यक्तिगत एवं सामाजिक समस्याएँ इतनी जटिल होती हैं कि उनका स्कूल में साथियों एवं शिक्षकों के साथ स्वस्थ अंतरवैयक्तिक संबंध (interpersonal relationship) समाप्त हो जाता है।

6. समस्या-बालकों की पहचान उनके कुछ प्रमुख लक्षणों (symptoms) के आधार पर की जाती है।

7. समस्या-व्यवहार के कई कारणों पर प्रकाश डाला गया है जिनमें घरेलू वातावरण, घर का अनुशासन, बौद्धिक स्तर, स्कूली वातावरण, दोषपूर्ण शिक्षा-पद्धति, शारीरिक दोष तथा सामाजिक-आर्थिक स्तर प्रधान हैं।

8. समस्या-बालक की शिक्षा एवं उपचार के लिए कई सुझावों की पेशकश की गई है। इन सुझावों में घरेलू वातावरण में सुधार, अच्छी अध्यापन विधियाँ, स्कूल का स्वस्थ एवं अच्छा अनुशासन, बौद्धिक क्षमता के अनुकूल शिक्षा, अभिरुचि एवं अभिक्षमता (aptitude) के

अनुसार शिक्षा, मनोरंजन की सुविधा तथा व्यवहार परिमार्जन (behaviour modification) आदि प्रधान हैं।

9. अपराधी-बालक (delinquents) वैसे बालक को कहा जाता है जिनकी आयु कानून द्वारा निश्चित की गई आयु सीमा के भीतर होती है तथा जो भिन्न-भिन्न तरह के अपराध करते हैं। ऐसे बालकों को शारीरिक गुण, स्वभावगत गुण, मनोवृत्ति-संबंधी गुण, सामाजिक-सांस्कृतिक गुण एवं मनोवैज्ञानिक विशेषताओं के आधार पर पहचाना जा सकता है।
10. अपराधी-व्यवहार के कई प्रकार हैं जिनमें लोभी प्रवृत्तियाँ, यौन अपराध (sex delinquency) आक्रामक प्रवृत्ति, जालसाजी तथा भाग जाने की प्रवृत्ति प्रधान हैं।
11. बाल-अपराध के कई कारण हैं जिनमें आनुवंशिकता, शारीरिक दोष, शरीरगठनात्मक सिद्धांत, XYY क्रोमोजोम्स के अलावा कुछ पर्यावरणी कारक भी हैं जिनमें माता-पिता द्वारा तिरस्कार एवं दोषपूर्ण अनुशासन, परिवार के बाहर माता-पिता का सीमित संबंध, घरेलू वातावरण, घरेलू अनुशासन, आर्थिक स्थिति, अवांछित संबंध तथा स्कूल आदि प्रधान हैं।
12. अपराधी बालकों के उपचार एवं शिक्षा के लिए दो तरह की प्रविधियों का सहारा लिया गया है—निरोधात्मक प्रविधियाँ (preventive measures) तथा रोगनाशक प्रविधियाँ (curative measures)। इन दोनों तरह की प्रविधियों में फिर कई कारकों को रखा गया है जिनके माध्यम से बालकों में अपराधीकरण दूर किया जाता है।
13. स्कूल का स्थान बाल-अपराध को रोकने में काफी महत्त्वपूर्ण बताया गया है। इस दिशा में 12 बिंदुओं के माध्यम से स्कूल के महत्त्व को उजागर किया गया है।
14. अलाभान्वित बालकों की संख्या भी आजकल काफी बढ़ती जा रही है। अतः, भारतीय मनोवैज्ञानिकों ने इसपर विशेष ध्यान दिया है। अलाभान्वित बालक (disadvantaged children) उन बालकों को कहा जाता है जो सामाजिक-आर्थिक दृष्टिकोण से एवं सांस्कृतिक दृष्टिकोण से पिछड़े होते हैं। ऐसे बालकों में गरीबी एवं वंचन (deprivation) की प्रधानता होती है।
15. अलाभान्वन एवं वंचन के तीन मनोवैज्ञानिक कुप्रभावों का उल्लेख किया गया है। इनका कुप्रभाव संज्ञानात्मक पैटर्न पर, अभिप्रेरणात्मक पैटर्न पर एवं शैक्षिक उपलब्धि पर स्पष्ट रूप से देखने को मिलता है।
16. अलाभान्वित बालकों की शिक्षा-दीक्षा के लिए शिक्षा मनोवैज्ञानिकों ने कुछ विशेष उपायों पर बल डालने की सिफारिश की है तथा साथ-ही-साथ इस दिशा में सरकार द्वारा किए गए प्रयत्न भी सराहनीय हैं।

❑

अध्याय 26

निर्देशन, समायोजन एवं परामर्श

[GUIDANCE, ADJUSTMENT AND COUNSELLING]

मुख्य बिंदु (Main Points)

1. निर्देशन का अर्थ तथा परामर्शन से इसकी भिन्नता (Meaning of Guidance and its Distinction from Counselling)
2. निर्देशन के प्रकार (Types of Guidance)
3. शैक्षिक निर्देशन के उद्देश्य (Aims of Educational Guidance)
4. स्कूल में शैक्षिक निर्देशन की आवश्यकता (Need for Educational Guidance in School)
5. शैक्षिक निर्देशन की प्रविधियाँ (Techniques of Educational Guidance)
6. निर्देशन कार्यक्रम में शिक्षक एवं परामर्शदाता की भूमिका (Role of Teacher and Counsellor in Guidance Programme)
7. व्यावसायिक निर्देशन के उद्देश्य (Aims of Vocational Guidance)
8. व्यावसायिक निर्देशन की आवश्यकता (Need for Vocational Guidance)
9. व्यावसायिक निर्देशन की प्रविधियाँ (Techniques of Vocational Guidance)
10. स्कूल तथा पाठ्यक्रम का व्यावसायिक निर्देशन में महत्त्व (Role of School and Curriculum in Vocational Guidance)
11. व्यक्तिगत निर्देशन के विभिन्न स्तर (Different Levels of Personal Guidance)
12. निर्देशन एवं परामर्शन के संबंध में कोठारी आयोग की कुछ प्रमुख सिफारिशें (Some Important Recommendations of Kothari Commission regarding Guidance and Counselling)
13. परामर्शन का अर्थ (Meaning of Counselling)
14. परामर्शन प्रक्रिया—अवस्थाएँ (Counselling Process: Stages)

निर्देशन का अर्थ तथा परामर्शन से इसकी भिन्नता
(Meaning of Guidance and its Distinction from Counselling)

सामान्यतः निर्देशन (guidance) से तात्पर्य एक ऐसी प्रकिया से होता है जिसके द्वारा व्यक्ति विभिन्न तरह के सामाजिक, व्यक्तिगत एवं शैक्षिक समायोजन करने में अपना मार्गदर्शन करता है। शिक्षा मनोवैज्ञानिकों ने निर्देशन के अर्थ में अधिक विशिष्टता लाते हुए कहा है कि यह एक ऐसी प्रक्रिया है जिसमें एक व्यक्ति को किसी जानकार एवं विशेषज्ञ द्वारा इस प्रकार की सहायता प्रदान की जाती है कि वह अपनी सभी तरह की क्षमताओं एवं योग्यताओं, चाहे वह जन्मजात हो या

अर्जित, को समझकर अपनी जिन्दगी की विभिन्न समस्याओं का समाधान करने में सफलतापूर्वक उपयोग कर पाता है। इसी अर्थ में जोन्स[1] (Jones, 1975) ने निर्देशन को परिभाषित करते हुए कहा है, "निर्देशन एक प्रकार की व्यक्तिगत सहायता है जो एक व्यक्ति द्वारा दूसरे व्यक्ति को जीवन-लक्ष्यों को विकसित करने में, समायोजन करने में तथा अपने जीवन-लक्ष्य की प्राप्ति की राह में आनेवाली समस्याओं का समाधान करने में दी जाती है।"

निर्देशन की इस सरल परिभाषा का विश्लेषण करें तो हमें निर्देशन के बारे में निम्नांकित तथ्य प्राप्त होते हैं—

(i) निर्देशन सहायता देने की एक प्रक्रिया है। शिक्षक छात्रों को तरह-तरह की सूचनाएँ (information) सहायता के उद्देश्य से देते हैं। अतः, यह निर्देशन का एक उदाहरण होगा ।

(ii) निर्देशन की प्रकिया में कम-से-कम दो व्यक्ति होते हैं—एक निर्देशन देनेवाला तथा दूसरा निर्देशन या सहायता प्राप्त करनेवाला। निर्देशन देनेवाला व्यक्ति निर्देशन पानेवाले व्यक्ति से अधिक परिपक्व, जानकार एवं कुशाग्र दिमाग का होता है।

(iii) निर्देशन में व्यक्ति को समायोजन करने में मदद मिलती है। उसे जीवन के महत्त्वपूर्ण समायोजन, जैसे सामाजिक समायोजन (social adjustment) तथा व्यक्तिगत समायोजन (personal adjustment) में विशेष मदद मिलती है।

(iv) निर्देशन में व्यक्ति को अपने जीवन-लक्ष्य (life goals) को बुद्धिमत्तापूर्ण ढंग से समझने में भी विशेष मदद मिलती है।

(v) निर्देशन में व्यक्ति को अपने जीवन-लक्ष्य की प्राप्ति की राह में आनेवाली कठिनाइयों को समझने तथा उसका समुचित निराकरण या समाधान करने में विशेष मदद मिलती है। ध्यान रहे कि निर्देशन देनेवाला व्यक्ति सिर्फ समस्या के समाधान में मदद करता है, वह समस्या का स्वयं समाधान नहीं करता।

स्पष्ट हुआ कि निर्देशन में एक व्यक्ति दूसरे व्यक्ति को कुछ महत्त्वपूर्ण सूचनाएँ देकर उस व्यक्ति को विभिन्न तरह के समायोजन (adjustment) करने तथा जीवन-लक्ष्य से संबंधित विभिन्न तरह की समस्याओं के समाधान करने में तथा अपनी अंतःशक्तियों (potentialities) को उन्नत बनाने में मदद करता है। चूँकि निर्देशन (guidance) में एक व्यक्ति द्वारा दूसरे व्यक्ति को कुछ सूचना दी जाती है, अतः यह प्रक्रिया परामर्शन (counselling) से काफी मिलती-जुलती है; क्योंकि परामर्शन में भी एक व्यक्ति द्वारा दूसरे व्यक्ति को मदद दी जाती है। इस समानता (similarity) के बावजूद निर्देशन तथा परामर्शन (counselling) में एक अंतर है जिसे छात्रों को जान लेना चाहिए। परामर्शन में दी गई सूचना का मूल उद्देश्य किसी विशेष आदत (habit) या लक्षण (symptom) को दूर करना होता है। अतः, ऐसी सूचना का उद्देश्य चिकित्सीय (therapeutic) होता है। परंतु, निर्देशन के क्षेत्र में दी गई सूचना का उद्देश्य व्यक्ति को समस्या के समाधान में तथा उपयुक्त समायोजन करने में मात्र मदद करना होता है।

---

1. "Guidance is the personal help that is given by one person to another in developing life goals, in making adjustment and in solving problems that confront him in the attainment of his life."—Jones, *Principles of Educational Psychology,* 1975, p. 241

निर्देशन के प्रकार (Types of guidance)

शिक्षा मनोवैज्ञानिकों ने निर्देशन को मूलतः निम्नांकित तीन मुख्य भागों में बाँटा है—

(1) व्यक्तिगत निर्देशन (Personal guidance)

(2) शैक्षिक निर्देशन (Educational guidance)

(3) व्यावसायिक निर्देशन (Vocational guidance)

इन तीनों तरह के निर्देशन की व्याख्या निम्नांकित है—

(1) व्यक्तिगत निर्देशन (Personal guidance)—जैसा कि नाम से ही स्पष्ट है, व्यक्तिगत निर्देशन वैसे निर्देशन को कहा जाता है जिसमें व्यक्ति को व्यक्तिगत समस्याएँ, जैसे स्वास्थ्य-संबंधी समस्याएँ, संवेगात्मक समायोजन (emotional adjustment) -संबंधी समस्याएँ, सामाजिक समायोजन--संबंधी समस्याएँ, चरित्र-निर्माण--संबंधी समस्याएँ, विश्राम एवं समय के उपयोग--संबंधी समस्याओं के समाधान करने में मदद मिलती है। यहाँ निर्देशन देनेवाला व्यक्ति विशेष सुझाव देकर एक ऐसा माहौल व्यक्ति के सामने उपस्थित करता है जहाँ उसे इन व्यक्तिगत समस्याओं के समाधान करने में खास मदद मिल पाती है। व्यक्तिगत निर्देशन का विशेष फायदा छात्रों को यह हो पाता है कि जब उनकी व्यक्तिगत समस्याओं का अर्थपूर्ण एवं संतोषजनक समाधान निकल जाता है तो वे पूरा ध्यान एवं समय शैक्षिक उपलब्धि (educational achievement) को उत्तम बनाने में लगा पाते हैं।

(2) शैक्षिक निर्देशन (Educational guidance)—स्कूल या कॉलेज में विभिन्न विषयों की शिक्षा के संबंध में छात्रों को जो निर्देशन दिया जाता है, उसे ही शैक्षिक निर्देशन की संज्ञा दी जाती है। इसमें शिक्षक विशेष निर्देश (instruction), परीक्षण (testing) एवं परामर्श (counselling) के सहारे छात्रों को शैक्षिक कार्य (educational work) करने में मदद करते हैं। रेबर[1] (Reber, 1985) ने इसे परिभाषित करते हुए कहा है, "शैक्षिक निर्देशन वह है जहाँ स्कूल के कार्यों में निर्देश, परीक्षण एवं परामर्श के माध्यम से राय देने तथा सहायता पहुँचाने पर बल डाला जाता है।" स्पष्ट है कि शैक्षिक निर्देशन में छात्रों को मूलतः शैक्षिक कार्यों से संबंधित समस्याओं के समाधान में मदद पहुँचाने के उद्देश्य से सहायता पहुँचाई जाती है। शैक्षिक निर्देशन के परिणामस्वरूप छात्र अपनी मानसिक शक्ति, अभिक्षमता (aptitude), अभिरुचि (interest) के अनुसार विषयों या पाठ्यक्रमों का चयन कर लेता है। कभी-कभी ऐसा देखा जाता है कि विषयों या पाठ्यक्रमों का चयन हो जाने से छात्र उनके साथ ठीक ढंग से समायोजित नहीं करते हैं और उनकी शैक्षिक समस्याएँ बनी-की-बनी रह जाती हैं। ऐसी परिस्थिति में भी निर्देशक छात्र को फिर से अपनी बुद्धि, अभिरुचि एवं अभिक्षमता का मूल्यांकन करके उसे उचित विषय के चयन में विशेष मदद करता है। इस तरह स्पष्ट है कि शैक्षिक निर्देशन में छात्र को अपनी अभिरुचि, योग्यता एवं बुद्धि के अनुकूल विषय या पाठ्यक्रम को ग्रहण करने तथा उससे अधिकतम लाभ प्राप्त करने में मदद मिलती है। इससे शिक्षकों की छात्र की शैक्षिक प्रगति के बारे में संभावित चिंता तथा अभिभावक को अपने बच्चे की शैक्षिक प्रगति के बारे में संभावित चिंता से छुटकारा पाने में भी मदद मिलती है।

---

1. "Educational guidance is one where the focus is on providing assistance and advice in school work using instruction, testing and counselling."—Reber, *Psychology*, 1985, p. 313

यह स्मरणीय है कि प्रत्येक छात्र दूसरे छात्र से भिन्न तो होता ही है, साथ-ही-साथ एक ही छात्र की विभिन्न क्षमताओं के बीच भी अंतर होता है। कहने का मतलब यह है कि किसी भी छात्र की सभी क्षमताएँ समान ढंग की नहीं होतीं। किसी एक या दो क्षमताओं में वह अधिक श्रेष्ठ एवं प्रतिभाशाली हो सकता है, जबकि अन्य क्षेत्रों में वह मात्र साधारण क्षमता का हो सकता है। निर्देशन (guidance) छात्र को अपनी इस विशिष्ट क्षमता की खोज करने तथा उसी के अनुरूप पाठ्यक्रम (curriculum) को चुनकर शिक्षा प्राप्त करने में विशेष मदद करता है।

(3) व्यावसायिक निर्देशन (Vocational guidance)—यह एक कटु सत्य है कि हर छात्र या व्यक्ति हर व्यवसाय या धंधा के लिए योग्य नहीं होता और हर व्यवसाय या धंधा प्रत्येक छात्र या व्यक्ति के लिए उपयुक्त नहीं होता है। इसका मूल कारण यह है कि प्रत्येक व्यक्ति की बुद्धि, अभिरुचि, रूझान, अभिक्षमता आदि अलग-अलग होती है और ठीक उसी तरह प्रत्येक धंधा या व्यवसाय के लिए अलग-अलग क्षमता, योग्यता आदि की जरूरत होती है। अतः, व्यक्ति में अधिक-से-अधिक कार्य संतुष्टि (job satisfaction) एवं कार्य निष्पादन (work performance) हो, इसके लिए यह आवश्यक है कि उचित व्यक्ति, उचित धंधा या व्यवसाय का चयन करे। व्यावसायिक निर्देशन वह निर्देशन है जो छात्र या व्यक्ति को उचित धंधा या व्यवसाय का चयन करने में मदद करता है। अतः, व्यावसायिक निर्देशन को परिभाषित करते हुए यह कहा जा सकता है कि यह एक ऐसी प्रक्रिया है जिसमें विभिन्न तरह के परीक्षणों (tests), जैसे बुद्धि परीक्षण, अभिरुचि, अभिक्षमता एवं उपलब्धि के अनुकूल किसी उपयुक्त धंधा या व्यवसाय का चयन करने में मदद की जाती है। रेबर[1] (Reber, 1985) ने व्यावसायिक निर्देशन को कुछ इसी ढंग से परिभाषित करते हुए कहा है, "व्यावसायिक निर्देशन वह है जहाँ व्यक्ति को किसी खास या उपयुक्त व्यवसाय के चयन में मदद की जाती है। इसमें कई तरह के परीक्षण, जैसे बुद्धि परीक्षण, व्यावसायिक परीक्षण, अभिरुचि परीक्षण, अभिक्षमता परीक्षण, उपलब्धि परीक्षण आदि का प्रयोग किया जाता है।"

इस तरह स्पष्ट हुआ कि निर्देशन के मुख्य तीन प्रकार हैं। इन तीन प्रकारों में अंतिम दो प्रकारों की महत्ता तुलनात्मक रूप से अधिक बताई गई है।

शैक्षिक निर्देशन के उद्देश्य
(Aims of Educational Guidance)

शिक्षाशास्त्रियों एवं शिक्षा मनोवैज्ञानिकों ने शिक्षा-निर्देशन (educational guidance) के निम्नांकित उद्देश्यों पर अधिक बल डाला है—

(1) पाठ्यक्रम के चयन में मदद करना (To provide help in selecting curriculum)—शैक्षिक निर्देशन का सबसे प्रधान उद्देश्य शिक्षार्थियों को अपनी अभिरुचि, बुद्धि, अभिक्षमता (aptitude) एवं क्षमता (ability) के अनुकूल उपयुक्त विषय या पाठ्यक्रम का चयन करने में मदद करना होता है। इससे छात्रों की शैक्षिक अभिरुचि एवं उपलब्धि दोनों ही बढ़ती है।

---

1. "Vocational guidance is one where the task is to assist a person in finding the proper or suitable vacation. A vast battery of tests, intelligence, vocational, interest, aptitude, achievement etc., is used."—Reber, *Psychology*, 1985, p. 313

(2) छात्रों को अपनी अंत:शक्तियों को समझने में मदद करना (To provide help in understanding the potentialities of the students)—प्रत्येक छात्र में अलग-अलग ढंग की अंतः शक्तियाँ होती हैं। किसी में एक खास ढंग की आवश्यकता एवं प्रवृत्तियाँ अधिक होती हैं तो किसी दूसरे में दूसरी तरह की आवश्यकताएँ एवं प्रवृत्तियाँ प्रबल होती हैं। शिक्षा-निर्देशन द्वारा छात्रों को अपनी इन अंतः शक्तियों की पहचान करने में मदद की जाती है।

(3) छात्रों में अध्ययन-संबंधी अच्छी आदतों के विकास में मदद करना (To provide help in development of good study habits among students)—शिक्षा-निर्देशन का उद्देश्य छात्रों को सिर्फ अपनी अंतः शक्तियों की पहचान करने में मदद करना ही नहीं होता है बल्कि इसका उद्देश्य छात्रों में उन अंतः शक्तियों का उपयोग अध्ययन में करने तथा उससे संबंधित अच्छी आदतों को विकसित करना भी बताया गया है।

(4) अंत:शक्तियों को उचित ढंग से विकसित करने के खयाल से आत्म-निदेशित प्रयास करने में छात्रों की मदद करना (To provide help in self-directed effort in appropriately developing the potentialities)—कुछ शिक्षा मनोवैज्ञानिकों का मत है कि शिक्षा-निर्देशन द्वारा छात्रों को इस ढंग का प्रयास करने के लिए भी आसानी से प्रेरित किया जाता है कि वे अपनी अंतः शक्तियों का पूर्णरूपेण विकास करने में सक्षम हो। इसके लिए छात्रों को अभ्यास कराया जाना आवश्यक है।

(5) व्यावसायिक उद्देश्यों की पूर्ति में मदद करना (To help in the fulfilment of occupational purposes)—शिक्षा-निर्देशन का एक उद्देश्य यह भी है कि छात्र को इस लायक बना दिया जाए कि वे अपने लिए हितकर एवं कल्याकारी ढंग से सोच सकें तथा अपने-आपमें आत्मविश्वास एवं आत्मबल उत्पन्न कर सकें।

(6) सामाजिक कल्याण में सहायता करना (To provide help in social welfare)—शिक्षा-निर्देशन का उद्देश्य छात्रों को व्यक्तिगत कल्याण के साथ-ही-साथ सामाजिक कल्याण करने में मदद पहुँचाना है। छात्र किस ढंग से अपने-आपको जनहित के कार्यों में लगा सकते हैं तथा समाजोपयोगी कार्य कर सकते हैं, इसके लिए शिक्षा-निर्देशन उन्हें पर्याप्त सहायता करता है।

(7) स्वस्थ समायोजन करने में मदद करना (To provide help in making healthy adjustment)—शिक्षा-निर्देशन का उद्देश्य छात्रों को अपने जीवन में स्वस्थ समायोजन करने में मदद करना है। इस तरह के निर्देशन में छात्रों को यह सिखाया जाता है कि वे जीवन के भिन्न-भिन्न पहलुओं या क्षेत्रों में किस ढंग से व्यवहार करेंगे ताकि उनका उस परिस्थिति में समुचित समायोजन हो सके।

(8) उपलब्ध साधनों का अधिकतम उपयोग करने में मदद करना (To help in maximum utilization of available resources)—शिक्षा-निर्देशन का उद्देश्य यह भी है कि वे छात्रों को इस लायक बनने में मदद करें कि वह पठन-पाठन करते समय जितने तरह के साधन उनके पास उपलब्ध हों, उनका सही-सही प्रयोग कर उससे अधिक-से-अधिक फायदा उठा सकें।

(9) छात्रों में पाठ्यक्रम के प्रति उचित अभिरुचि विकसित करने में मदद करना (To provide help in developing proper interest in curriculum among students)—शिक्षा-निर्देश का उद्देश्य छात्रों में अपने पाठ्यक्रमों के प्रति समुचित अभिरुचि (interest) विकसित करने में मदद

करना होता है। इस ढंग की अभिरुचि उत्पन्न हो जाने से छात्रों का रुझान अपने अध्ययन के प्रति अधिक हो जाता है और उनकी शैक्षिक उपलब्धि धीरे-धीरे बढ़ने लगती है।

इस तरह हम देखते है कि शैक्षिक निर्देशन के कई उद्देश्य हैं। इन उद्देश्यों की पूर्ति होना इस बात पर निर्भर करता है कि निर्देशक ने अपना कर्तव्य किस हद तक सही-सही ढंग से निभाया है।

स्कूल में शैक्षिक निर्देशन की आवश्यकता
(Need for Educational Guidance in School)

आजकल शैक्षिक निर्देशन की आवश्यकता (need) काफी अधिक महसूस की जा रही है। शिक्षाशास्त्रियों एवं शिक्षा मनोवैज्ञानिकों ने निम्नांकित कुछ प्रमुख ऐसे कारण बताए हैं जिससे शिक्षा-निर्देशन की आवश्यकता अधिक महसूस की जाने लगी है—

(1) **वैयक्तिक भिन्नता में वृद्धि** (Increase in individual differences)—आजकल छात्रों में वैयक्तिक भिन्नता पहले से काफी बढ़ गई है। एक छात्र की अभिरुचि, आवश्यकता, क्षमता दूसरे छात्र की अभिरुचि, आवश्यकता, क्षमता आदि से काफी भिन्न हो गई है। इस तरह की वैयक्तिक विभिन्नता के कारण छात्रों को शैक्षिक निर्देशन दिया जाना अति आवश्यक हो गया है। इसके अभाव में छात्र एक-दूसरे की देखा-देखी कर संभवतः एक ही राह पर चलने की कोशिश करेंगे जिससे उन्हें भविष्य में असफलता हाथ लग सकती है। अतः, शैक्षिक निर्देशन देकर प्रत्येक छात्र को अपनी आवश्यकता, क्षमता एवं अभिरुचि के अनुकूल अलग-अलग पथ पर रखकर सफलता की ओर ले जाया जा सकता है।

(2) **समायोजन की आवश्यकता** (Need for adjustment)—बहुत-से छात्र नए स्कूल में दाखिला पाने के बाद अपने-आपको वहाँ के वातावरण में समायोजित नहीं कर पाते और अपना अध्ययन छोड़ने के लिए बाध्य हो जाते हैं। ऐसे छात्रों को स्कूल के नए वातावरण में समायोजित करने के लिए शैक्षिक निर्देशन की नितांत आवश्यकता होती है।

(3) **व्यावसायिक विषयों में वृद्धि** (Increase in vocational subjects)—आधुनिक शिक्षा रोजगारोन्मुखी एवं व्यावहारिक अधिक हो गई है और होती जा रही है। आजकल स्कूल और कॉलेज में भी उन विषयों की शिक्षा पर अधिक बल डाला जा रहा है जिनसे छात्र को कोई उपयुक्त रोजगार-धंधा प्रारंभ करने में अधिक मदद मिल सके। शायद यही कारण है कि स्कूल में वाणिज्य (commerce), ललितकला (fine arts), गृह विज्ञान (home science) जैसे अनेक पाठ्यक्रमों की पढ़ाई प्रारंभ की गई है। बालकों को उचित शिक्षा-निर्देशन देकर इन पाठ्यक्रमों में उनकी अभिरुचि एवं रूझान के अनुकूल उचित पाठ्यक्रमों को चुनने तथा उसमें सफलता प्राप्त करने में मदद की जाती है।

(4) **जीविकाओं एवं अवसरों से परिचय कराने के लिए** (For making known to different livelihood and opportunities)—स्कूल में अकसर यह देखा जाता है कि छात्रों को यह पता नहीं होता कि कौन-सा विषय या पाठ्यक्रम लेने से उन्हें आगे चलकर किस व्यवसाय में मदद मिलेगी। उन्हें यह भी पता नहीं होता कि किस विषय को पढ़ने से उन्हें रोजगार के अवसर आगे चलकर अधिक मिलेंगे तथा किस विषय को पढ़ने से उन्हें रोजगार के अवसर कम मिलेंगे। शिक्षा-निर्देशन के

माध्यम में उन्हें यह अवगत कराया जाता है कि अमुक विषय को पढ़ने से उन्हें किस तरह के व्यवसाय में मदद मिलेगी तथा उससे रोजगार के अवसर अधिक मिलेंगे। अतः, स्कूल में छात्रों को संभावित जीविकाओं एवं अवसरों से परिचय कराने के लिए शिक्षा-निर्देशन की नितांत आवश्यकता है।

(5) शिक्षा के उद्देश्य, शिक्षण विधि एवं पाठ्यक्रम में परिवर्तन (Changes in the objective of education, teaching method and curriculum)—आजकल शिक्षा के उद्देश्य में परिवर्तन आ गए हैं। पहले शिक्षा का उद्देश्य बालकों का मात्र बौद्धिक विकास करना था, परंतु आजकल शिक्षा का उद्देश्य छात्रों को इस लायक बना देना है कि वे सभी तरह की व्यक्तिगत एवं सामाजिक समस्याओं का हल स्वयं कर सकें। इस दिशा में उन्हें उपयुक्त शैक्षिक निर्देशन (educational guidance) की नितांत आवश्यकता होती है। पहले की शिक्षण विधि कुछ ऐसी थी जिसमें छात्रों की सीमित संख्या होने के कारण शिक्षक छात्रों के व्यक्तित्व के हर पहलू पर ध्यान दे पाते थे। परंतु, आजकल छात्रों की संख्या में अत्यधिक वृद्धि हो जाने के कारण ऐसा संभव नहीं हो पाता है। इसकी क्षतिपूर्ति के लिए बालकों को शैक्षिक निर्देशन देना नितांत आवश्यक हो जाता है। आधुनिक समय में विद्यालय में जो विषय या पाठ्यक्रम बालकों को पढ़ाए जाते हैं, उसका स्वरूप पहले से भिन्न है, क्योंकि इसका संबंध सिर्फ मानसिक विकास से न होकर भविष्य के व्यवसाय या रोजगार से भी होता है। ऐसी परिस्थिति में बालकों को उचित शैक्षिक निर्देशन देकर उन्हें इस लायक बनाया जा सकता है कि वे परिवर्तित पाठ्यक्रमों के साथ अपने-आपको समायोजित कर लें।

(6) शिक्षा में अपव्यय को रोकने के लिए (For preventing misexpenditure in education)—अकसर देखा जाता है कि कुछ छात्र ऐसे होते हैं जो पूर्ण साक्षरता प्राप्त किए बिना ही स्कूल छोड़ देते हैं। उन्हें परीक्षा में कई बार असफलता (failure) हाथ लगती है, जिससे वे शिक्षा के प्रति उदासीन हो जाते हैं। नतीजतन, उनमें उस स्तर तक की शिक्षा, जो न इधर की होती है न उधर की ही, में लगा व्यय बेकार चला जाता है। ऐसे बालकों को साक्षरता के पूर्ण स्तर तक शिक्षा देने के लिए प्रेरित करने के लिए शैक्षिक निर्देशन की नितांत आवश्यकता है। रिली (Reilly, 1985) ने अपने अध्ययन के आधार पर यह बतलाया है कि शैक्षिक निर्देशन की आवश्यकता ऐसे छात्रों को एक सामान्य छात्रों की तुलना में काफी अधिक होता है।

शैक्षिक निर्देशन की प्रविधियाँ
(Techniques of Educational Guidance)

शैक्षिक निर्देशन दिए जाने की कई विधियाँ हैं, जिन्हें मूलतः निम्नांकित दो भागों में बाँटा जा सकता है—

(क) वैयक्तिक निर्देशन की प्रविधि (Technique of individual guidance)

(ख) सामूहिक निर्देशन की प्रविधि (Technique of group guidance)

इन दोनों प्रविधियों का वर्णन निम्नांकित हैं—

(क) वैयक्तिक निर्देशन की प्रविधि (Technique of individual guidance)—वैयक्तिक निर्देशन की प्रविधि एक ऐसी प्रविधि है जिसमें निर्देशक (guide) छात्रों से व्यक्तिगत स्तर पर संपर्क स्थापित करता है तथा उनकी विभिन्न समस्याओं का अध्ययन करके परामर्श देता है। इस प्रविधि में आनेवाली प्रमुख विधियाँ अग्रांकित हैं—

(1) साक्षात्कार (Interview)—शैक्षिक निर्देशन देनेवाला व्यक्ति छात्र का साक्षात्कार लेता है जहाँ वह व्यक्तिगत स्तर पर छात्र की विभिन्न तरह की समस्याओं से अवगत होता है और उसी के अनुरूप वह परामर्श देकर छात्र को इन समस्याओं को हल करने में मदद करता है।

(2) बुद्धि परीक्षण (Intelligence test)—बुद्धि परीक्षण के आधार पर निर्देशक (guide) छात्र के बौद्धिक स्तर का पता लगा लेते हैं और उसी के अनुरूप उन्हें कोई विषय या पाठ्यक्रम चयन करने का सुझाव देते हैं।

(3) उपलब्धि परीक्षण (Achievement test)—उपलब्धि परीक्षण से यह पता चल जाता है कि छात्र अबतक अमुक क्षेत्र या विषय में कितना ज्ञान अर्जित कर पाया है। शैक्षिक निर्देशन देनेवाले व्यक्ति को इससे काफी लाभ होता है। यदि वह यह देखता है कि अधिक प्रवास एवं लंबे समय दिए जाने के बावजूद छात्र का निष्पादन उच्च स्तर का नहीं हो पाया है, तो वह उसे शैक्षिक निर्देशन देकर उसके निष्पादन को उस स्तर तक लाने का भरसक प्रयास करता है।

(4) प्रश्नावली (Questionnaire)—वैयक्तिक स्तर पर शैक्षिक निर्देशन देने में प्रश्नावली का भी प्रयोग होता पाया गया है। यह प्रश्नावली विशेष रूप से निर्मित होता है जिसमें उन प्रश्नों को रखा जाता है जो मूलतः छात्र की दैनिक समस्याओं, उसके घरेलू वातावरण, व्यक्तिगत आदतों एवं शौक (hobby) आदि से संबंधित होते हैं। इन सभी तरह की सूचनाओं के मिल जाने से आसानी से शैक्षिक निर्देशन प्रदान करने का कार्य संपन्न कर लिया जाता है।

(5) जीवनी-आँकड़ों का रेकार्ड (Record of biodata)—इस प्रविधि में शैक्षिक निर्देशन देनेवाला व्यक्ति प्रत्येक छात्र के जीवन-संबंधी आँकड़ों को पहले इकट्ठा कर लेता है। इन आँकड़ों का संबंध छात्र के स्वास्थ्य, किसी भयानक बीमारी, माता-पिता की बीमारी, माता-पिता की शिक्षा, व्यवसाय, घर में भाई-बहनों की संख्या, माता-पिता की आय आदि से होता है। इन आँकड़ों का संग्रहण कर शैक्षिक निर्देशन दिया जाता है जो छात्र के लिए संजीवन बूटी का काम करता है।

(ख) सामूहिक निर्देशन की प्रविधियाँ (Technique of group guidance)—सामूहिक निर्देशन की प्रविधि से तात्पर्य वैसी प्रविधियों से होता है जिनके सहारे शैक्षिक निर्देशन देनेवाला व्यक्ति समान समस्याओंवाले छात्रों का एक छोटा समूह तैयार कर लेता है और उनको यथासंभव एक साथ परामर्श देकर उन्हें रास्ते पर लाने की कोशिश करता है। इन प्रविधियों में निम्नलिखित अधिक प्रमुख हैं—

(1) साक्षात्कार (Interview)—साक्षात्कार एक ऐसी प्रविधि है जिसका उपयोग सामूहिक निर्देशन तथा व्यक्तिगत निर्देशन दोनों में ही किया जाता है। शैक्षिक निर्देशन देनेवाला व्यक्ति अकसर तीन या चार छात्रों को जिनकी समस्याएँ समरूप होती हैं, एक साथ बैठाकर उनकी विभिन्न समस्याओं के बारे में पूछ-ताछ करता है और उन्हें कुछ सामान्य परामर्श देकर उनकी समस्याओं को हल करने की कोशिश करता है।

(2) सामान्य अनुकूलन वार्ता (General orientation talk)—सामूहिक निर्देशन की यह एक लोकप्रिय विधि है जिसमें शैक्षिक निर्देशक (educational guide) स्कूल में जाकर छात्रों को एक साथ बैठाकर उनसे कुछ ऐसी सामान्य बातचीत करता है जिससे छात्रों की रूझान पाठ्यक्रमों की ओर अधिक हो जाता है और वे विषय में पहले से अधिक अभिरुचि लेने लगते हैं।

(3) **मनोवैज्ञानिक परीक्षण** (Psychological tests)—सामूहिक निर्देशन देने में प्रायः परामर्शदाता विभिन्न तरह के मनोवैज्ञानिक परीक्षणों, जैसे बुद्धि परीक्षण, अभिरुचि परीक्षण, अभिक्षमता परीक्षण (aptitude test), उपलब्धि परीक्षण (achievement test) का उपयोग कर छात्रों के बारे में एक समाहित आँकड़ा (consolidated data) तैयार करता है और उसी के आधार पर छात्रों का निर्देशन किया जाता है। मौरिस (Morris, 1975) ने अपने अध्ययन के आधार पर यह बताया है कि इन मनोवैज्ञानिक परीक्षणों से मिलनेवाले आँकड़े शैक्षिक निर्देशन की प्रमुख आधारशिला होते हैं।

(4) **प्रश्नावली** (Questionnaire)—सामूहिक शैक्षिक निर्देशन में प्रश्नावली का प्रयोग किया जाता है। प्रश्नावली से प्राप्त आँकड़ों के आधार पर उन सभी छात्रों का एक साथ समूहन (grouping) कर दिया जाता है जिनकी समस्याएँ आपस में मिलती-जुलती हैं। इसके बाद उन सभी ऐसे छात्रों को सामूहिक शैक्षिक निर्देशन प्रदान कर उनकी समस्याओं को दूर करने का भरसक प्रयत्न किया जाता है।

(5) **अनुवर्ती क्रियाएँ** (Follow-up actions)—इसे वास्तव में सामूहिक शैक्षिक निर्देशन की एक विधि तो नहीं कही जा सकती, परंतु इसके द्वारा निश्चित रूप से यह पता चल जाता है कि दिए गए शैक्षिक निर्देशन से छात्रों में संतोषजनक प्रगति हो रही है या नहीं। यदि नहीं हो रही है, तो शैक्षिक निर्देशक दिए गए परामर्शों का पुनः मूल्यांकन करता है और नए परामर्श देने की कोशिश करता है। यदि इसके बावजूद छात्र को सफलता हाथ नहीं लगती, तो ऐसा समझा जाता है कि शैक्षिक निर्देशन की विधि में कुछ दोष रह गया है जिसे दूर करना आवश्यक है।

इस तरह हम देखते हैं कि शैक्षिक निर्देशन की कई विधियाँ हैं जिनके जरिए छात्रों को उचित परामर्श दी जाती है।

निर्देशन कार्यक्रम में शिक्षक एवं परामर्शदाता की भूमिका
(Role of Teacher and Counsellor in Guidance Programme)

कहना न होगा की विद्यालय में चलाए जानेवाले निर्देशन कार्यक्रम की सफलता की मूलभूत कुंजी शिक्षक ही होते हैं। शिक्षक की थोड़ी-सी लापरवाही या उदासीनता निर्देशन कार्यक्रम को मटियामेट कर सकता है। शिक्षक ऐसे कार्यक्रमों में एक विशेष परामर्शदाता के रूप में कार्य करते हैं और इनकी भूमिका की व्याख्या निम्नलिखित ढंग से की जा सकती है—

(1) स्कूल में दाखिला प्राप्त करने के बाद छात्रों को विषयों का चयन करने में तथा उचित पाठ्यक्रम (curriculum) को समझने एवं स्वीकार करने में काफी कठिनाई होती है। शिक्षक ऐसे छात्रों को निर्देशन देकर उनकी समस्या को हल कर देते हैं। इसका परिणाम यह होता है कि निर्देशन में शिक्षक की अहमियत बढ़ जाती है।

(2) शिक्षक छात्रों को स्कूल की शिक्षा समाप्त करने के बात उचित व्यवसाय को चुनने में मदद करते हैं। वे विशेष परामर्श देकर उनकी अर्जित योग्यता एवं उपलब्धि के अनुकूल किसी व्यवसाय में जाने की सलाह देकर समस्या का हल करते हैं। इससे भी शिक्षक की अहमियत निर्देशन कार्यक्रम में बनी रहती है।

(3) शिक्षक की अहमियत निर्देशन कार्यक्रम में इसलिए भी होती है क्योंकि शिक्षक छात्रों की अभिरुचि, बुद्धि, अभिक्षमता (aptitude) एवं उपलब्धि (achievement) का मापन करके स्वयं छात्रों को भी उससे अवगत कराते हैं और साथ-ही-साथ उन्हें उचित दिशा-निर्देश देकर उन्हें एक सफल नागरिक बनने में मदद करते हैं।

(4) शिक्षक की अहमियत निर्देशन कार्यक्रम में इसलिए भी है क्योंकि शिक्षक छात्रों की समायोजनशीलता (adjustibility) की क्षमता का मापन कर उन्हें वातावरण में ठीक ढंग से समायोजन करने के तरीकों को बताते हैं।

(5) निर्देशन कार्यक्रम में छात्रों के बारे में कुछ विशेष व्यक्तिगत आँकड़ों की जरूरत होती है। जैसे उनके माता-पिता की शिक्षा, आय, व्यवसाय, भाई-बहनों की संख्या, कोई बीमारी का इतिहास, विशिष्ट शौक, अभिरुचि आदि की नितांत आवश्यकता होती है; क्योंकि इन सूचनाओं के अभाव में कोई भी निर्देशन कार्यक्रम सफल नहीं हो सकता। शिक्षक इन विशेष सूचनाओं को एकत्र करके निर्देशन कार्यक्रम को सफल बनाने में सक्रिय योगदान करते हैं।

इस तरह हम देखते हैं कि शिक्षक की अहमियत किसी निर्देशन कार्यक्रम में कई कारणों से अधिक है।

व्यावसायिक निर्देशन के उद्देश्य
(Aims of Vocational Guidance)

जैसा कि हम पहले वर्णन कर चुके हैं, व्यावसायिक निर्देशन से तात्पर्य ऐसी सहायता से होता है जो किसी छात्र या व्यक्ति को इसलिए दी जाती है कि वह अपनी व्यावसायिक समस्याओं का समाधान एवं उचित व्यवसाय का चयन कर सके। उचित व्यवसाय से तात्पर्य एक ऐसे व्यवसाय से होता है जो व्यक्ति की बुद्धि, अभिरुचि, अभिक्षमता (aptitude) के अनुरूप हो। जोन्स (Jones, 1965) तथा क्रो एवं क्रो (Crow & Crow, 1972) ने व्यावसायिक निर्देशन के कुछ स्पष्ट उद्देश्यों की ओर संकेत किया है। ऐसे तो व्यावसायिक निर्देशन का मुख्य उद्देश्य व्यक्ति को उसकी अभिरुचि एवं योग्यता के अनुकूल काम या धंधा दिलाकर समाज के सामान्य सदस्यों के समान समायोजन (adjustment) करने में मदद करना होता है, फिर भी इसके प्रमुख उद्देश्यों को इस प्रकार उजागर किया जा सकता है—

(1) छात्रों या व्यक्तियों को विभिन्न तरह के व्यवसायों के बारे में भिन्न-भिन्न तरह की सूचनाएँ प्रदान करने में मदद करना, ताकि वे स्वयं अपनी बुद्धि एवं अभिरुचि का उपयोग करके किसी धंधा या व्यवसाय का चयन कर सकें।

(2) किसी छात्र को उस व्यवसाय में अपने-आपको समायोजित करने में मदद करना, जिसमें छात्र तन-मन से जुटा हुआ है।

(3) छात्रों को विभिन्न व्यवसायिक प्रशिक्षण देनेवाले केंद्रों या संस्थानों में प्रवेश के लिए विशेष जानकारी दिलाने एवं सुविधाएँ प्राप्त करने में मदद करना।

(4) छात्रों को इस तथ्य से अवगत कराने में मदद करना कि अमुक व्यवसाय या धंधा के लिए उनके पास पर्याप्त रूझान, बुद्धि तथा लगन है या नहीं।

(5) मानसिक, शारीरिक तथा आर्थिक दृष्टि से कमजोर छात्रों को व्यवसाय प्रारंभ करने संबंधी विचारों एवं कार्यक्रमों में विश्वास उत्पन्न करने में मदद करना।

(6) छात्रों में किसी अमुक व्यवसाय या धंधा में विशेष अभिरुचि उत्पन्न करना।

(7) व्यक्ति को अपनी योग्यताओं, अभिरुचियों एवं अंतःशक्तियों (potentialities) के बारे में इस ढंग की सूचना प्राप्त करने में मदद करना जो व्यवसाय के संचालन में नितांत आवश्यक हो।

(8) छात्रों को स्कूल में तथा स्कूल के बाहर उन धंधों या व्यवसायों के बारे में ज्ञान प्राप्त करने में मदद करना जिन्हें वे प्रारंभ कर अपनी आर्थिक स्थिति में कुछ सुधार ला सकते हैं।

(9) छात्रों में निर्देशन देनेवाले व्यक्तियों एवं अन्य परामर्शदाताओं में विश्वास उत्पन्न करना ताकि वे उन लोगों से मिलनेवाले सुझावों से व्यवसाय के वास्तविक संचालन में अधिक-से-अधिक फायदा उठा सकें।

(10) व्यक्ति को व्यवसाय-संबंधी उन सूचनाओं को प्रदान करना जिनसे उन्हें आगे प्रगति करने में अधिक-से-अधिक लाभ हो सकें। इस तरह स्पष्ट हुआ कि व्यावसायिक निर्देशन के कई उद्देश्य हैं, जिनके सफलीभूत होने से व्यक्ति को उचित व्यवसाय के चयन, संचालन एवं उसमें आगे बढ़ने में काफी मदद मिलती है।

व्यावसायिक निर्देशन की आवश्यकता (Need for Vocational Guidance)

व्यावसायिक निर्देशन की आवश्यकता (need)कई कारणों से पड़ जाती है। इन कारणों में निम्नांकित प्रमुख हैं—

(1) क्षमताओं में वैयक्तिक विभिन्नता (Individual differences in abilities)—प्रत्येक व्यक्ति की क्षमता, रुझान, बुद्धि आदि दूसरे व्यक्ति से भिन्न होती है। इसका परिणाम यह होता है कि सभी व्यक्ति सभी तरह के व्यवसाय के लिए सक्षम नहीं होते। इस वैयक्तिक विभिन्नता के कारण व्यावसायिक निर्देशन की जरूरत पड़ती है। निर्देशक व्यक्ति की क्षमता को मद्दे नजर रखकर विशेष प्रकार के व्यवसाय या धंधा का चयन करने की सिफारिश करता है।

(2) विभिन्न व्यवसाय के लिए भिन्न-भिन्न तरह की जरूरतें (Different requirements for different vocations)—व्यवसायों की जरूरतों की विभिन्नता के कारण भी हमें व्यावसायिक निर्देश की आवश्यकता पड़ जाती है। प्रत्येक व्यवसाय के लिए विभिन्न प्रकार की योग्यता, क्षमता एवं अभिरुचिवाले व्यक्ति की जरूरत पड़ती है। विशेष व्यवसाय के लिए विशेष योग्यता, क्षमता एवं अभिरुचिवाले व्यक्तियों का चयन करने में व्यावसायिक निर्देशन की नितान्त आवश्यकता पड़ती है।

(3) व्यक्ति को आर्थिक रूप से समृद्ध बनाने के लिए (For making persons economically enriched)—यदि ध्यान से देखा जाए तो व्यावसायिक निर्देशन की आवश्यकता इस कारण भी अधिक बढ़ जाती है; क्योंकि यह व्यक्ति में परोक्ष रूप से आर्थिक सम्पन्नता लाता है। व्यावसायिक निर्देशन पाकर व्यक्ति सही व्यवसाय का चयन कर लेते हैं और उनकी प्रगति उस व्यवसाय में अधिक तेजी से होती है। इससे उनमें आर्थिक समृद्धता पनपती है। अतः, यह कहा जा

सकता है कि व्यक्ति को सामाजिक एवं आर्थिक रूप से मजबूत करने के लिए भी व्यावसायिक निर्देशन की जरूरत पड़ती है।

स्पष्ट हुआ कि व्यावसायिक निर्देशन की जरूरत कई कारणों से पड़ती है। इनमें प्रथम दो कारणों को तुलनात्मक रूप से अन्तिम कारण की अपेक्षा अधिक महत्त्वपूर्ण बताया गया है।

व्यावसायिक निर्देशन की प्रविधियाँ
(Techniques of Vocational Guidance)

व्यावसायिक निर्देशन भी शैक्षिक निर्देशन के समान व्यक्तिगत एवं सामूहिक, दोनों स्तरों पर दिया जा सकता है। व्यावसायिक निर्देशन का स्तर चाहे व्यक्तिगत हो या सामूहिक हो, इसे निम्नांकित प्रविधियों द्वारा संपन्न किया जाता है—

(1) मनोवैज्ञानिक परीक्षण (Psychological tests)—व्यावसायिक निर्देशन देने में निर्देशक विभिन्न तरह के मनोवैज्ञानिक परीक्षण, जैसे बुद्धि परीक्षण, उपलब्धि परीक्षण, अभिरुचि परीक्षण, अभिक्षमता परीक्षण (aptitude test) का उपयोग करता है तथा उसके आधार पर छात्रों या व्यक्तियों के बारे में एक खास तरह के आँकड़ों का संग्रहण करता है। अंत में इसके आधार पर वह छात्रों को व्यावसायिक समस्याओं का समाधान करने के लिए समुचित परामर्श देता है।

(2) प्रश्नावली (Questionnaire)—प्रश्नावली के माध्यम से छात्रों या व्यक्तियों के बारे में किसी व्यवसाय के संदर्भ में कई तरह की सूचनाएँ प्राप्त की जाती हैं जिनके आधार पर परामर्शदाता या निर्देशक व्यावसायिक निर्देशन दे पाते हैं।

(3) साक्षात्कार (Interview)—व्यावसायिक निर्देशन की एक विधि साक्षात्कार भी है। साक्षात्कार में निर्देशक छात्रों या व्यक्तियों से भिन्न-भिन्न तरह के व्यवसायों के बारें में पूछ-ताछ करते हैं और उनकी व्यावसायिक समस्याओं से अवगत होकर उसी आलोक में व्यावसायिक निर्देशन करते हैं।

(4) सामान्य अनुकूलन वार्ता (General orientation talks)—यह विधि भी व्यावसायिक निर्देशन के लिए एक लोकप्रिय विधि मानी गई है। इसमें निर्देशक व्यक्ति को विभिन्न तरह की व्यावसायिक सूचनाएँ देता है तथा व्यावसायिक विशेषज्ञों (experts) द्वारा व्यावसायिक समस्याओं की पहचान एवं निराकरण के उपायों पर व्याख्यान दिलवाया जाता है। संभव हुआ तो व्यावसायिक पुस्तिकाओं (career pamphlets) का वितरण भी करवाया जाता है।

(5) जीवनी-आँकड़ों का संग्रहण (Collection of biodata)—व्यावसायिक निर्देशन में निर्देशक व्यक्ति के जीवन-आँकड़ों का जो उसके पारिवारिक स्थिति, माता-पिता की आयु, पेशा, व्यक्ति की अपनी उपलब्धि आदि से संबंधित होता है, का संग्रहण करके उन्हें (व्यक्तियों को) ठोस व्यावसायिक सुझाव देता है जिससे व्यक्ति को अपनी व्यावसायिक समस्याओं का समाधान करने में विशेष मदद मिलती है।

स्पष्ट हुआ कि व्यावसायिक निर्देशन की कई विधियाँ हैं। इन विधियों में मनोवैज्ञानिक परीक्षण, प्रश्नावली एवं साक्षात्कार की विधि अन्य विधियों की तुलना में अधिक महत्त्वपूर्ण हैं।

स्कूल तथा पाठ्यक्रम का व्यावसायिक निर्देशन में महत्त्व
(Role of School and Curriculum in Vocational Guidance)

व्यावसायिक निर्देशन में स्कूल की भूमिका सराहनीय है। अनेक शिक्षाशास्त्रियों एवं शिक्षा मनोवैज्ञानिकों ने इस तथ्य पर बल डाला है और कहा है कि व्यावसायिक निर्देशन में स्कूल की भूमिका अत्यन्त महत्त्वपूर्ण होती है, जिसे हम इस प्रकार समझा सकते हैं—

(1) स्कूल छात्रों की व्यावसायिक अभिरुचियों एवं आवश्यकताओं की परख करके उसे पूरा करने की कोशिश उचित शिक्षा देकर करता है। स्कूल में यदि शिक्षक इस ढंग की शिक्षा न दें तो शायद यह संभव नहीं हो कि छात्रों में व्यावसायिक अभिरुचि एवं जागरूकता उत्पन्न हो चाहे व्यावसायिक निर्देशन का कार्यक्रम कितना ही सघन क्यों न हो।

(2) स्कूल विभिन्न व्यावसायिक एवं औद्योगिक संस्थानों से सम्पर्क स्थापित करके व्यावसायिक निर्देशन को अधिक अर्थपूर्ण एवं महत्त्वपूर्ण बनाने में सफल होते हैं। स्कूल ऐसे विभिन्न व्यावसायिक एवं औद्योगिक संस्थानों से तरह-तरह की व्यावसायिक सूचनाएँ एकत्र कर इसे छात्रों में वितरित करता है। इसका परिणाम यह होता है कि व्यावसायिक निर्देशन का कार्यक्रम बहुत तेजी से सफलीभूत होता है।

(3) स्कूल, विशेषकर प्राथमिक स्कूल एवं माध्यमिक स्कूल, छात्रों को तरह-तरह की व्यावसायिक सूचनाएँ एवं शिक्षा प्रदान कर व्यावसायिक निर्देशन के कार्यक्रम की सफलता के लिए अच्छी पृष्ठभूमि तैयार करते हैं।

स्कूल में पढ़ाए जानेवाले विषय तथा पाठ्यक्रम (curriculum) की अहमियत भी व्यावसायिक निर्देशन के कार्यक्रम में अधिक होती है। कुछ मनोवैज्ञानिकों का मत है कि यदि छात्रों को कुछ खास-खास विषय, जैसे वाणिज्य (commerce), जीव विज्ञान (biology), कृषि (agriculture), गृह विज्ञान (home science) का ज्ञान हो, तो इससे व्यावसायिक निर्देशन के कार्यक्रम को सफलीभूत होने में काफी मदद मिलती है। इन विषयों का व्यावहारिक तथा व्यावसायिक महत्त्व अन्य विषयों की तुलना में अधिक बताया गया है। अतः, इन विषयों के पाठ्यक्रम का प्रभाव व्यवसायिक निर्देशन के लिए अधिक महत्त्वपूर्ण है।

स्पष्ट हुआ कि स्कूल तथा पाठ्यक्रम का महत्त्व व्यावसायिक निर्देशन में अत्यंत ही संवेदनशील भूमिका के समान है। इन दोनों की सार्थकता एवं सक्रियता पर व्यावसायिक निर्देशन के कार्यक्रम की सफलता टिकी हुई है।

व्यक्तिगत निर्देशन के विभिन्न स्तर
(Different Levels of Personal Guidance)

जैसा कि पहले ही देख चुके हैं, व्यक्तिगत निर्देशन एक प्रकार की ऐसी सहायता है जिसके द्वारा छात्र अपने स्वास्थ्य-संबंधी समस्याओं, संवेगात्मक, सामाजिक, धार्मिक, नैतिक एवं अन्य व्यक्तिगत समस्याओं को हल कर पाता है। इससे स्पष्ट है कि व्यक्तिगत निर्देशन का उद्देश्य छात्र को शारीरिक, नैतिक, संवेगात्मक एंव व्यक्तिगत विकास एवं समायोजन (adjustment) में मदद करना होता है।

शिक्षा मनोवैज्ञानिकों का मत यह है कि व्यक्तिगत निर्देशन का संबंध चूँकि व्यक्तिगत समायोजन (personal adjustment) से सीधा है, अतः यह चाहिए कि इस ढंग का निर्देशन बालकों को प्राथमिक स्कूल (primary school) के स्तर से ही दिया जाना चाहिए और उसे मध्य स्कूल (middle school) के स्तर, हाई स्कूल के स्तर तथा कॉलेज एवं विश्वविद्यालय के स्तर पर जारी रखना चाहिए। इस तरह व्यक्तिगत निर्देशन को निम्नांकित चार स्तरों पर दिया जाना चाहिए—

(क) प्राथमिक स्कूल के स्तर पर निर्देशन (Guidance at primary school level)

(ख) मध्य स्कूल के स्तर पर निर्देशन (Guidance at middle school level)

(ग) हाई स्कूल के स्तर पर निर्देशन (Guidance at high school level)

(घ) कॉलेज एवं विश्वविद्यालय के स्तर पर निर्देशन (Guidance at college and university level)

उपर्युक्त चारों स्तरों पर व्यक्तिगत निर्देशन का वर्णन निम्नांकित है—

(क) प्राथमिक स्कूल के स्तर पर निर्देशन (Guidance at primary school level)—शिक्षा मनोवैज्ञानिकों, जैसे जोन्स (Jones, 1975) तथा क्रो एवं क्रो (Crow & Crow, 1970) ने यह सिफारिश की है कि बालकों को प्राथमिक स्कूल के स्तर से ही व्यक्तिगत निर्देशन दिया जाना चाहिए और उनके निर्देशन में अन्य बातों के अलावा निम्नांकित बातों पर बल दिया जाना चाहिए—

(i) बालक को स्वास्थ्य-संबंधी समस्याओं एवं उसे हल करने के पर्याप्त सुझावों का उल्लेख होना चाहिए।

(ii) बालक में मनोरंजक खेल के माध्यमों से शैक्षिक अभिरुचि जगाने का विशेष प्रावधान हो।

(ii) बालक को यथासंभव दण्ड, डाँट एवं फटकार जैसे नकारात्मक प्रावधानों से दूर रखना चाहिए।

(iv) बालक को क्रोध नियंत्रण करने एवं नैतिकता का उचित ज्ञान देना चाहिए। पियाजे (Piaget, 1937) का कहना है कि इस अवस्था में बालकों को उचित-अनुचित का ज्ञान दे देने से उनका आगे चलकर नैतिक विकास काफी तीव्रता से होता है।

(ख) मध्य विद्यालय के स्तर पर निर्देशन (Guidance at middle school level)—मध्य विद्यालय स्तर पर छात्र प्राक् किशोरावस्था (preadolescence) की अवस्था में होते हैं। अधिकतर मनोवैज्ञानिकों का मत है कि इस अवस्था में जो व्यक्तिगत निर्देशन दिए जाते हैं, उनमें निम्नांकित तथ्यों का समावेश होना अनिवार्य है—

(i) इस स्तर पर छात्रों में सामाजिक अभियोजन (social adjustment) से संबंधित समस्याओं के बारे में उचित सुझाव दिया जाना चाहिए।

(ii) इस स्तर पर छात्रों में नेतृत्व-संबंधी गुणों के विकास के लिए भी पर्याप्त परामर्श दिया जाना चाहिए।

(iii) इस स्तर पर बालकों में समूह में मिल-जुलकर तथा सामूहिक भावना से प्रेरित होकर कोई कार्य करना सीखना चाहिए।

(ग) उच्च विद्यालय के स्तर पर निर्देशन (Guidance at high school level)—उच्च विद्यालय स्तर पर छात्र किशोरावस्था में पहुँच जाते हैं। किशोरावस्था में उन्हें कई तरह की समस्याओं का सामना करना पड़ता है। तीव्र शारीरिक परिवर्तन के कारण उनमें कई तरह की समस्याएँ उठ खड़ी होती हैं। अतः, उन्हें व्यक्तिगत निर्देशन की नितांत आवश्यकता पड़ती है। इस स्तर के निर्देशन का संबंध मूलतः निम्नांकित तथ्यों से होना चाहिए—

(i) छात्रों में साथियों के साथ व्यक्तिगत समायोजन (personal adjustment) से संबंधित समस्याओं के हल पर अधिक-से-अधिक बल दिया जाना चाहिए।

(ii) इस स्तर पर दिए गए व्यक्तिगत निर्देश में यौन-संबंधी समस्याओं एवं उनके समुचित समाधान पर भी अच्छा बल होना चाहिए।

(iii) इस स्तर पर व्यक्तिगत निर्देशन देने के पहले शिक्षकों को छात्रों के माता-पिता का सुझाव भी अभिग्रहण कर लेना चाहिए।

(iv) इस स्तर पर दिए गए व्यक्तिगत निर्देश में उन तमाम समस्याओं को हल करने के उपाय होना चाहिए जिनसे किशोर वर्ग अधिक ग्रस्त रहता है।

(घ) कॉलेज एवं विश्वविद्यालय के स्तर पर निर्देशन (Guidance at college and university level)—कॉलेज एवं विश्वविद्यालय स्तर पर अधिक छात्र किशोरावस्था को पार कर चुकते हैं या पार करनेवाले ही होते हैं। मनोवैज्ञानिकों का मत है कि यदि मध्य एवं उच्च विद्यालय स्तर पर छात्रों को समुचित व्यक्तिगत निर्देशन दिया गया होता है, तो उसे कॉलेज एवं विश्वविद्यालय स्तर पर अधिक परेशानी नहीं होती और वे अपने अधिकतर समस्याओं का समाधान आसानी से कर लेते हैं। फिर भी, ऐसा देखा गया है कि इस स्तर पर भी कुछ नई-नई समस्याएँ आ जातीं हैं जिनके लिए उन्हें व्यक्तिगत निर्देशन की जरूरत पड़ती है। इस स्तर पर दिए जानेवाले व्यक्तिगत निर्देशन में अन्य बातों के अलावा निम्नांकित तथ्यों का समावेश होना अनिवार्य है—

(i) इस स्तर पर छात्रों के सामने कुछ आर्थिक समस्याएँ होतीं हैं जिनके समुचित समाधान के लिए व्यक्तिगत निर्देशन की जरूरत होती है। अकसर यह देखा गया है कि इस तरह के निर्देशन के अभाव मे छात्र पथभ्रष्ट होकर चोरी, पाकेटमारी तथा डकैती तक करने के लिए उतारू हो जाते हैं।

(ii) इस स्तर पर अधिक छात्र एवं छात्राओं की शादी हो जाती है या शादी होना तय हो जाता है। शादी उनके लिए एक तरफ खुशियाँ लातीं हैं तो दूसरी तरफ अनेक तरह की समस्याएँ भी लातीं हैं। व्यक्तिगत निर्देशन में ऐसी समस्याओं को हल करने का पर्याप्त सुझाव होना चाहिए।

(iii) इस स्तर पर छात्र भविष्य में अपनाए जानेवाले वृत्ति एवं पेशा के बारे में भी चिंतित रहते हैं। अतः, व्यक्तिगत निर्देशन (personal guidance) में इन समस्याओं के समाधान-संबंधी उपायों को भी उजागर किया जाना चाहिए ताकि छात्र अधिक-से-अधिक लाभान्वित हो सकें।

निर्देशन एवं परामर्शन के संबंध में कोठारी आयोग की कुछ प्रमुख सिफारिशें
(Some Important Recommendations of Kothari Commission regarding Guidance and Counselling)

कोठारी शिक्षा आयोग का मत है कि निर्देशन एवं परामर्श को शिक्षा का आवश्यक अंग बना देना चाहिए और शिक्षकों को चाहिए कि वे प्रत्येक छात्र को अपनी समस्याओं के समाधान में विशेष निर्देशन एवं परामर्शन दें ताकि उन्हें समायोजन-संबंधी किसी प्रकार की कोई कठिनाई नहीं हो। कोठारी शिक्षा आयोग की प्रमुख सिफारिशों में निम्नांकित प्रमुख है—

(1) एक ऐसे निर्देशन ब्यूरो (guidance beaureu) की स्थापना की जानी चाहिए जो निर्देशन एवं परामर्श-संबंधी कार्यक्रमों में लगे व्यक्तियों या शिक्षकों को पर्याप्त प्रशिक्षण दे सके।

(2) निर्देशन एवं परामर्शन की शुरुआत प्राथमिक विद्यालय के स्तर से ही प्रारंभ कर देनी चाहिए। इसलिए शिक्षक या अन्य लोग, जो इन कार्यों से संबंधित हैं, उन्हें पर्याप्त प्रशिक्षण दे देना चाहिए ताकि वे बालकों को समुचित निर्देशन एवं परामर्श देकर उन्हें सही रास्ते पर रख सकें।

(3) कोठारी शिक्षा आयोग ने उच्चतर माध्यमिक (higher secondary) स्तर पर भी निर्देशन एवं परामर्श का सुझाव दिया है। आयोग का मत है कि प्रत्येक 10 माध्यमिक विद्यालय के ऊपर एक स्कूल परामर्शदाता (school counsellor) की नियुक्ति की जानी चाहिए, जिसका मुख्य कार्य छात्रों की विभिन्न तरह की समस्याओं के निराकरण के बारे में उचित परामर्श देना हो। इस कार्य में उन्हें स्कूल के शिक्षकों एवं प्राचार्यों (Principals) से पर्याप्त मदद मिलनी चाहिए।

(4) निर्देशन एवं परामर्शन-संबंधी अच्छे साहित्य (literature) का निर्माण किया जाना चाहिए ताकि परामर्शदाता एवं निर्देशक को कभी किसी प्रकार की दिक्कत अपने कर्तव्यों को निभाने में न हो सके।

उपर्युक्त सिफारिशों से स्पष्ट है कि निर्देशन एवं परामर्शन को शिक्षा से जोड़ने के लिए सरकार द्वारा की गई कोशिश या दिखाई गई तत्परता काफी सराहनीय है।

परामर्शन का अर्थ
(Meaning of Counselling)

परामर्शन एक बहुआयामी प्रक्रिया है जिसमें अनेक उपागमों (approaches) एवं प्रविधियों का उपयोग करके व्यक्ति के व्यक्तित्व का विकास तथा उसके समस्याओं का समाधान करके उसके जीवन को उद्देश्यपूर्ण एवं संतोषप्रदायी बनाने का भरसक प्रयास किया जाता है। परामर्शन के स्वरूप की व्याख्या करने के लिए बहुत सारी परिभाषाएँ दी गई हैं जिनमें कुछ प्रमुख परिभाषाओं का उल्लेख इस प्रकार किया जा सकता है—

पेरेज[1] (Perez, 1965) के अनुसार, "परामर्शन एक अंतःक्रियात्मक प्रक्रिया होती है जो परामर्शी जिसे मदद की आवश्यकता होती है तथा परामर्शदाता जो प्रशिक्षित होता है एवं वह मदद करने के लिए प्रशिक्षित भी होता है, को एक साथ मिलाता है।"

---

1. "Counselling is an interactive process conjoining the counselee who needs assistance and the counsellor who is trained and educated to give this assistance."—Perez, *Counselling: Theory and Practice,* 1965, p 15

पेपिन्सकी एवं पेपिन्सकी[1] (Pepinsky & Pepinsky, 1954) के अनुसार, "परामर्शन वैसी अंतःक्रिया होती है जो (i) दो व्यक्तियों जिसे परामर्शदाता तथा परामर्शी कहा जाता है, के बीच होता है (ii) एक पेशेवर परिस्थिति में होता है, तथा (iii) जो परामर्शी के व्यवहार में परिवर्तन करने में मदद करने के खयाल से किया जाता है तथा उसे संपोषित किया जाता है।"

गुस्टैड[2] (Gustad, 1953) के अनुसार, "परामर्शन एक अधिगम-उन्मुख एवं एक-एक के सरल सामाजिक परिवेश में क्रियान्वित प्रक्रिया है जिसमें सुसंगत मनोवैज्ञानिक दक्षता और ज्ञान में निपुण परामर्शदाता, परामर्शी की आवश्यकताओं और समग्र वैयक्तिक निर्देशन कार्यक्रम के संदर्भ में, अधिक स्पष्ट रूप में प्रत्यक्षित यथार्थपूर्णता के साथ परिभाषित लक्ष्यों के संबंध में उसे अपने अधिगम का उपयोग करने, जिससे कि व्यक्ति समाज का अधिक उत्पादक एवं प्रसन्न सदस्य बन सके, के लिए मदद करने का एक प्रयास करता है।"

इन सभी परिभाषाओं तथा अन्य ऐसे ही परिभाषाओं के विश्लेषण करने के बाद परामर्शन के स्वरूप के बारे में हम निम्नांकित तथ्यों पर पहुँचते हैं—

(i) परामर्शन परामर्शी (client) तथा परामर्शदाता के बीच एक अंतःक्रियात्मक प्रक्रिया (interactive process) होता है।

(ii) परामर्शन एक सतत प्रक्रिया (continuous process) होता है जिसमें कई आनुक्रमिक गतिविधियाँ सम्मिलित होती हैं।

(iii) परामर्शन की प्रक्रिया में परामर्शदाता अपने प्रशिक्षण, शिक्षा तथा अनुभव के आधार पर परामर्शी को सहायता प्रदान करता है।

(iv) परामर्शन, परामर्शी (client or counselee) के लिए एक अधिगम (learning) की परिस्थिति उत्पन्न करता है जिनके द्वारा व्यक्ति के संज्ञान (cognition), अनुभूति, अनुक्रिया एवं अंतर्वैयक्तिक संबंधों में ऐच्छिक परिवर्तन उत्पन्न करने में मदद की जाती है।

(v) परामर्शन का मुख्य उद्देश्य परामर्शी के जीवन में ऐसा परिवर्तन लाना होता है जिससे उसके जीवन की सार्थकता में वृद्धि हो सके।

(vi) परामर्शन जिसका स्वरूप विकासात्मक (developmental), विरोधात्मक (preventive) उपचारात्मक (therapeutic) होता है, परामर्शी के हित की दिशा में हमेशा उन्मुख होता है।

---

1. "Counselling is that interaction which (i) occurs between two individuals called counsellor and client (ii) takes place in a professional setting and (iii) is initiated and maintained to facilitate changes in the behaviour of a client."—*Counselling: Theory and Practice,* 1954, p. 03

2. "Counselling is a learning-oriented process, carried on in a simple, one-to-one social environment, in which the counsellor, professionly competent in relevant psychological skills and knowledge, seeks to assist the client, by methods appropriate to the better needs and within the context of the total personnel program, to learn how to put such understanding into effect in relation to more clearly perceived, realistically defined goals to the end that the client may become a happier and more productive member of society."—Gustad, 'The definition of counselling', in R F Berdie (Ed) *Roles and Relationship in Counselling,* 13, 1953.

(vii) परामर्शन सामान्यतः एक एवं एक (one-to-one) के सामाजिक परिवेश में सामान्यतः होता है, हालांकि आजकल ऐसे सामाजिक परिवेश में एक साथ एक से अधिक परामर्शी का भी उपयोग किया जाने लगा है।

(viii) परामर्शदाता-परामर्शी संबंध (counsellor-counselee relationship) आकस्मिक (casual) तथा व्यवसाय-समान (business-like) न होकर एक उत्तम बोध (understanding), अनुक्रियाशीलता (respectiveness) तथा हार्दिकता (warmth) पर आधृत होता है।

स्पष्ट हुआ कि परामर्शन एक व्यापक प्रक्रिया है जो परामर्शी में ऐच्छिक आनुक्रमिक परिवर्तन (voluntary sequential changes) करके उसके जीवन को खुशहाल बनाता है।

परामर्शन के अर्थ को और अधिक स्पष्ट करने के लिए यह आवश्यक है कि इससे जुड़ी हुई कुछ भ्रांतियाँ (nonconceptions) हैं, उनके बारे में भी जाना जाए। इन भ्रांतियों में निम्नलिखित प्रमुख हैं—

(i) परामर्शन में परामर्शी के मूल्यों (values), निर्णय (decision), मनोवृति (attitudes), विश्वास (belief), अभिरुचि (interest) आदि को धमकी देकर या बिना धमकी के भी प्रभावित करने की कोशिश नहीं की जाती है।

(ii) परामर्शन में कोई सुझाव या सिफारिश (recommendation) नहीं की जाती है।

(iii) परामर्शन में परामर्शी का साक्षात्कार (interview) नहीं होता है।

परामर्शन प्रक्रिया—अवस्थाएँ
(Counselling Process: Stages)

परामर्शन एक प्रक्रिया (process) होता है। इसका मतलब यह हुआ कि परामर्शन में एक निश्चित समय के भीतर कुछ घटनाएँ एक-एक करके घटती हैं। इस तरह से परामर्शन प्रक्रिया से तात्पर्य क्लायंट के व्यक्तित्व में वांछित दिशा में सतत (continuous) हुए या होनेवाले परिवर्तनों से होता है। सामान्यतः निम्नांकित तीन तरह के व्यक्तित्व में परिवर्तन करने का उद्देश्य परामर्शन का होता है—

(i) क्लायंट में अपनी समस्याओं के बारे में भी एक सामान्य जानकारी उत्पन्न करना।

(ii) वांछित दिशा में क्लायंट या परामर्शी में व्यवहारपरक परिवर्तन उत्पन्न करना ताकि वह निर्धारित लक्ष्य को प्राप्त कर सके।

(iii) अपनी अंतःशक्तियों (potentialities) तथा सीमाओं के बारे में जानकारी प्राप्त करना तथा साथ-ही-साथ यह भी ज्ञान प्राप्त करना कि उन्हें अपना लक्ष्य प्राप्ति में किस तरह से उत्तम ढंग से उपयोग किया जा सकता है।

अधिकतर मनोवैज्ञानिकों का मत है कि परामर्शन प्रक्रिया (counselling process) सभी व्यक्तियों के लिए तथा सभी तरह की समस्याओं लिए लगभग एकसमान ही होता है। लेकिन विभिन्न तरह के परामर्शन मॉडलों के अनुरूप उस प्रक्रिया में थोड़ा अंतर अवश्य हो जाता है। जैसे,

व्यावसायिक (vocational) तथा शैक्षिक (educational) परामर्शन में परामर्शदाता तथ्यों पर आधारित सूचनाओं के संग्रहण में तथा क्लायंट को उन सूचनाओं के अर्थ को समझाने पर अधिक बल डालता है। इस तरह के परामर्शन में क्लायंट की सांवेगिक समस्याओं (emotional problems) पर अधिक बल नहीं डाला जाता है। इस तरह के परामर्शन में परामर्शदाता क्लायंट में एक युक्तिसंगत समस्या समाधान प्रक्रियाओं, उसके आत्म-संप्रत्यय (self-concept) तथा मूल्यों के स्पष्टीकरण पर अधिक बल डालता है। व्यावसायिक तथा शैक्षिक परामर्शन सामान्यतः दस चरणों (steps) से होते हुए संपन्न होता है—

(i) क्लायंट के साथ संबंध स्थापित करना (establishing a relationship with client)

(ii) समस्या का उल्लेख करना (stating the problem)

(iii) समस्या का विस्तरण एवं व्याख्या करना (elaborating and explaining the issues)

(iv) क्लायंट की पृष्ठभूमि के मनोवैज्ञानिक पहलुओं का पता लगाना (exploring the psychological aspects of background of client)

(v) प्रक्रिया के स्वरूप को तय करना (structuring the nature of the process)

(vi) आवश्यक आँकड़ों को परीक्षणों, केस सामग्रियों, व्यक्तिगत अभिलेखों आदि की मदद से संग्रह करना (collecting the needed data from tests, case material, personal documents, etc.)

(vii) परीक्षण से प्राप्त आँकड़ों की व्याख्या करना तथा वैयक्तिक मूल्यांकन करना (interpreting the test data and making individual appraisal)

(viii) क्लायंट या परामर्शी के शैक्षिक तथा व्यावसायिक पसंदगी के आलोक में आँकड़ों की विवेचना करना (to discuss the data in light of educational and vocational choices of client or counsellee)

(ix) वैकल्पिक उपागमों या योजनाओं पर विचार करना तथा उसे क्रियान्वयन करना (discussing the alternative approaches or plans and trying out them)

(x) पुनर्मूल्यांकन या जरूरत पड़ने पर योजना में बदलाव (reassessment and if necessary, change in plan)

परंतु यदि क्लायंट या परामर्शी के व्यक्तिगत तथा सांवेगिक समस्याओं के लिए परामर्शन किया जाता है, तो उक्त कदमों या चरणों में थोड़ा अंतर हो जाता है। ऐसी परिस्थिति में परामर्शन का संपादन इन चरणों या कदमों के अनुसार सामान्यतः होता है—

(i) व्यक्ति द्वारा यह अनुभव किया जाना कि उसे कोई समस्या, शिकायत या लक्षण है (realization by the client that there is a problem, complaint or symptom)

(ii) समस्या के समाधान में किसी की मदद की जरूरत महसूस करना (feeling the need of help in solution of a problem)

(iii) क्लायंट के साथ संबंध स्थापित करना (estabilishing relationship with client)

(iv) भावों की अभिव्यक्ति एवं उन्हें अपनी समस्या के साथ जोड़कर विस्तरण करना (expression of feeling and elaborating them by relating to own problems)

(v) व्यक्तिगत संसाधनों तथा भावों की खोजबीन (exploring feeling and personal responses)

(vi) परिवर्तन की वांछित दिशा से अवगत होना (being aware of the change in desired direction)

(vii) अपनी भावों के अनुरूप कार्य करना तथा पुनर्बलन (reinforcement) एवं व्याख्या करके वांछित परिवर्तन को उत्पन्न करना (working through the feeling and introducing the desirable change through interpretation and reinforcement)

(viii) सूझ विकसित करना (developing insight)

(ix) योजनाओं का स्वरूप तय करना (determining the nature of planning)

(x) योजनाओं या क्रियाओं को कार्यरूप देना (executing the plan or actions)

स्पष्ट हुआ कि परामर्शन के मॉडल में अंतर होने से परामर्शन प्रक्रिया के चरणों या अवस्था में थोड़ा अंतर अवश्य हो जाता है। फिर भी परामर्श मनोवैज्ञानिकों के बीच इस बात की सहमति बहुत हद तक है कि परामर्शन प्रक्रिया में सम्मिलित चरण या अवस्थाएँ (stages) लगभग एकसमान होते हैं। हैकेनी तथा कोर्मियर (Hackney & Cormier, 1996) ने परामर्शन प्रक्रिया में निम्नांकित चार अवस्थाओं को महत्त्वपूर्ण बतलाया है—

1. क्लायंट-परामर्शदाता के बीच संबंध स्थापित करने की अवस्था (phase of establishing client-counsellor relationship)
2. समस्या की पहचान एवं खोज-बीन की अवस्था (phase of problem identification and exploration)
3. समस्या समाधान के लिए योजना तैयार करने की अवस्था (phase of planning for problem solving)
4. समाधान, उपयोग एवं समापन की अवस्था (phase of solution, application and termination)

इन चारों अवस्थाओं का वर्णन इस प्रकार है—

1. परामर्शी-परामर्शदाता के बीच संबंध स्थापित करने की अवस्था (Phase of establishing client-counsellor relationship)

परामर्शन को एक मदद करनेवाली प्रक्रिया (helping process) के रूप में परिभाषित किया जाता है। इस तथ्य के आलोक में परामर्शदाता को अपनी पहल करके एक ऐसा वातावरण उत्पन्न करना होता है जिसमें पारस्परिक सम्मान (mutual respect), विश्वास, विचारों की खुली अभिव्यक्ति एवं बोध (understanding) आदि हो। इस अवस्था में परामर्शदाता की मनोवृत्ति (attitude) तथा शाब्दिक संचार (verbal communication) का बहुत महत्त्व होता है। यहाँ परामर्शदाता क्लायंट के तनाव (tension) की अभिव्यक्ति करवाने की कोशिश करता है और इस सिलसिले में उनके द्वारा किया गया संचार बहुत ही महत्त्वपूर्ण होता है। अन्य बातों के अलावा, वह क्लायंट की बातों को ध्यानपूर्वक सुनता है, उसे समझता है तथा उसे विश्वास में लाने की कोशिश करता है।

शिक्षा मनोवैज्ञानिकों तथा परामर्श मनोवैज्ञानिकों में इस बिंदु पर सहमति है कि परामर्शदाता-क्लायंट संबंध को कायम करने में धनात्मक आदर (positive regard) एवं सम्मान (respect), परानुभूति (empathy) तथा निष्कपटता (genuineness) आदि की अहम भूमिका होती है। इसका मतलब यह हुआ कि उत्तम संबंध बनाने के लिए परामर्शदाता को खुले विचार का होना चाहिए, क्लायंट की भावनाओं को समझनेवाला होना चाहिए तथा क्लायंट को अहमियत देनेवाला होना चाहिए। परामर्शदाता को यह ध्यान में रखना चाहिए कि परामर्शन संबंध का उद्देश्य क्लायंट की आवश्यकताओं को न कि परामर्शदाता की आवश्यकताओं को पूरा करना होता है। इस संबंध के तहत परामर्श प्रक्रिया क्लायंट को अपनी समस्या तथा उसके समाधान के लिए स्वयं ही उत्तरदायित्व लेने में मदद करता है।

इस अवस्था में परामर्शदाता (counsellor) का मुख्य लक्ष्य (goal) निम्नांकित होता है—

(i) क्लायंट के साथ एक धनात्मक एवं सुखद संबंध स्थापित करना

(ii) परामर्शन प्रक्रिया तथा क्लायंट के पारस्परिक उत्तरदायित्वों (mutual responsibilities) की व्याख्या करना

(iii) उत्तम संचार को मजबूत करना

(iv) क्लायंट के उस विचार का जो उसे परामर्शन लेने के लिए बाध्य किया हो, को स्वीकार करके उसकी जाँच करना

(v) परामर्शन प्रक्रिया में क्लायंट के साथ मिलकर मूल्यांकन आँकड़ा तैयार करने की योजना बनाना

इस अवस्था में क्लायंट के भी कुछ लक्ष्य होते हैं जो इस प्रकार हैं—

(i) परामर्शन प्रक्रिया को समझना तथा इस प्रक्रिया में अपने उत्तरदायित्वों के बारे में जानना

(ii) परामर्शन के लिए जाने के कारणों से पूर्णतः अवगत होना

(iii) स्व (self) तथा समस्या (problem) दोनों के मूल्यांकन में पूर्णरूपेण सहयोग दिखलाना

2. समस्या की पहचान एवं खोज-बीन की अवस्था (Phase of problem identification and exploration)

उत्तम परामर्शदाता-क्लायंट संबंध (counsellor-client relationship) स्थापित हो जाने के बात परामर्शन प्रक्रिया की यह दूसरी अवस्था आती है जहाँ क्लायंट तुलनात्मक रूप से पहले से अधिक जवाबदेही या उत्तरदायित्व (responsibility) निभाने की कोशिश करता है क्योंकि इस प्रक्रिया में उसकी ही समस्या का समाधान होनेवाला होता है। इस अवस्था में परामर्शदाता क्लायंट की बातों पर ध्यान रखते हुए कुछ विशेष संचार कौशल जैसे स्पष्टीकरण (clarification), भावानुवाद (paraphrasing) तथा पुनर्निवेशन (feedback) पर अधिक बल डालता है। वैसे प्रश्न जिससे क्लायंट को परेशानी या उलझन (embarrassment) हो, परामर्शदाता द्वारा नहीं पूछा जाता है। पूरी कोशिश की जाती है कि परामर्शदाता द्वारा ऐसी महत्त्वपूर्ण सूचना इकट्ठा की जाए जिससे क्लायंट की आवश्यकताओं (needs) का सही-सही मापन हो सके। सामान्यतः ऐसी सूचनाएँ तीन तरह की विमाओं (dimension) से संबंधित हो सकता है—समय विमा (time dimension), भाव विमा (feeling dimension) तथा संज्ञानात्मक विमा (cognitive dimension)। क्लायंट की वर्तमान

अनुभूतियाँ क्या हैं तथा उसके भविष्य के लक्ष्य (goal), योजनाएँ (plans) आदि समय विमा से संबंधित सूचना के उदाहरण हैं। क्लायंट का अपने प्रति तथा दूसरे लोगों के प्रति उसके संवेग, भाव आदि से संबंधित सूचनाएँ भाव विमा के अंतर्गत आते हैं। क्लायंट किस तरह से समस्या का समाधान करता है, उसके निबटने की शैली (coping style) क्या है, नई चीजों की सीखने की क्षमता आदि से संबंध सूचनाएँ संज्ञानात्मक तत्त्व में आते हैं।

परामर्शन प्रक्रिया की इस दूसरी अवस्था में निम्नांकित तीन चरण होते हैं—

(i) समस्या को परिभाषित करना (Defining the problem)—इस प्रथम उपचरण में परामर्शदाता (counsellor) क्लायंट की मदद से क्लायंट की समस्या का वस्तुनिष्ठ एवं विशिष्ट ढंग से पहचान करने की कोशिश करता है। यहाँ कोशिश इस बात की भी की जाती है कि उन कारकों की भी पहचान की जाए जिससे समस्या की गंभीरता प्रभावित होती है।

(ii) समस्या की खोज-बीन करना (Exploring the problem)—इस दूसरे उपचरण में वैसी सूचनाओं को इकट्ठा करने की कोशिश की जाती है जिससे समस्या तथा उसकी पृष्ठभूमि को समझने में मदद मिल सके। जैसे ही इस तरह की वांछित सूचना की पहचान हो जाती है, परामर्शदाता तथा क्लायंट इस कोशिश में जुट जाता है कि उस सूचना को किस ढंग से प्राप्त किया जा सकता है, उसे इकट्ठा करने की जिम्मेवारी किसकी होगी और किस समय सीमा के भीतर उस सूचना को प्राप्त कर लिया जाए। इस सिलसिले में जरूरत पड़ने पर कुछ मनोवैज्ञानिक परीक्षणों (psychological tests) का भी क्रियान्वयन किया जा सकता है।

(iii) सूचनाओं को समन्वित करना (Integrating information)—इस तीसरे उपचरण में सभी एकत्रित किए गए सूचनाओं को क्लायंट का एक अर्थपूर्ण प्रोफाइल (profile) में समन्वित एवं संगठित किया जाता है। यहाँ परामर्शदाता क्लायंट के व्यवहार में संभावित परिवर्तनों की खोज-बीन की शुरूआत भी कर देता है।

3. समस्या समाधान के लिए योजना बनाने की अवस्था (Phase of planning for problem solving)

जब परामर्शदाता क्लायंट की समस्या के बारे में सारे महत्त्वपूर्ण सूचनाओं को प्राप्त कर लिया है तथा उसे समझ लिया है तथा क्लायंट ने अपनी समस्या के समाधान किए जाने के बारे में मन बना लिया है, तो क्लायंट की समस्या के समाधान के लिए इस अवस्था से एक योजना (plan) तैयार किया जाता है। इस अवस्था में परामर्शन क्रिया का केंद्रबिंदु एक स्पष्ट एवं प्रभावी (effective) लक्ष्य निर्धारण करना होता है। अगर इस बिंदु पर किसी प्रकार की कोई गलती हो जाती है, तो क्लायंट का परामर्शन प्रक्रिया में विश्वास खो जाने का खतरा बना रहता है। इस अवस्था के निम्नांकित उपचरण (substeps) हैं—

(i) समस्या को सामान्य ढंग से समझना (Understanding the problem from a common platform)—यह आवश्यक है कि क्लायंट तथा परामर्शदाता (counsellor) दोनों ही क्लायंट की समस्या तथा अन्य संबंधित तथ्यों को एक सामान्य परिप्रेक्ष्य में देखें तथा समझें।

(ii) सभी संभावित समाधानों की पहचान कर एक सूची तैयार करना (Identifying and listing of all possible solutions)—यहाँ क्लायंट तथा परामर्शदाता दोनों मिलकर समस्या का समाधान ढूँढ़ते हैं। परंतु, क्लायंट को इस बात की छूट दी जाती है कि वह जितना अधिक-से-अधिक

हो सके, समस्या का समाधान ढूँढ़े। अगर कोई स्पष्ट समाधान है परंतु क्लायंट उस ओर ध्यान नहीं दे रहा है, तो परामर्शदाता को यह कहते हुए सुझाव देना चाहिए, "क्या आपने ...... के बारे में सोचा है? ऐसे समाधानों की सूची बनाते समय किसी भी समाधान को यह कहकर नहीं छोड़ देना चाहिए कि उसे व्यावहारिक रूप से लागू नहीं किया जा सकता है।"

(iii) प्रस्तावित समाधान के परिणामों की खोजबीन करना (Exploration of the consequences of the suggested solutions)—इस चरण में संभावित प्रत्येक समाधान के प्रक्षेपित परिणाम (projected outcome) की खोजबीन गहन रूप से की जाती है। क्लायंट, परामर्शकर्ता द्वारा उत्साहित किए जाने पर तथा उनसे बीच-बीच में कुछ सुझाव पाकर, कुछ ऐसे प्रविधियों की पहचान करता है जिसकी जरूरत प्रस्तावित समाधान को कार्यरूप देने में होता है। ऐसा करने में कुछ समाधान के अधिक गंभीर परिणाम का संकेत मिल सकता है जिसपर काफी ध्यान दिया जाता है।

(iv) समाधानों को प्राथमिकता के क्रम में सजाना (Arranging the solutions in order of priority)—इस उपचरण में परामर्शदाता से प्रोत्साहन पाकर क्लायंट सभी समाधानों को सबसे उत्तम से सबसे घटिया के क्रम में सजाता है तथा सबसे उत्तम समाधान की पहचान कर ली जाती है, क्लायंट अगले चरण अर्थात समाधान का व्यावहारिक उपयोग की ओर बढ़ता है।

4. समाधान, उपयोग एवं समापन की अवस्था (Phase of solution, application and termination)

परामर्शन प्रक्रिया की इस अंतिम अवस्था में क्लायंट तथा परामर्शदाता दोनों की अपनी-अपनी विभक्त जवाबदेहियाँ होती हैं। क्लायंट की मुख्य जवाबदेही निर्धारित समाधान को कार्यरूप देना होता है जबकि परमर्शदाता की मुख्य जवाबदेही उन बिंदुओं को तय करना होता है जहाँ परामर्शन प्रक्रिया का समापन होगा। समापन के लिए क्लायंट को पहले से ही तैयार करना पड़ता है। समापन से कुछ सत्र पहले से ही अंत के लिए क्लायंट को धीरे-धीरे स्मरण कराना आरंभ कर दिया जाता है। हार्टन (Harton, 2000) के अनुसार इस समापन के समय कुछ बिंदुओं जैसे, उपलब्धियाँ क्या रहीं, अभी और क्या उपलब्धियाँ किया जाना शेष है, परामर्शी को कहाँ लाभ/हानि हुई, आदि पर अन्वेषण किया जाता है। क्लायंट के इस अंतिम कार्य में परामर्शदाता प्रोत्साहन देता है। जब क्लायंट सक्रिय होकर समस्या समाधान को कार्यरूप दे रहा होता है, तो परामर्शदाता उससे संपर्क बनाकर रखता है ताकि प्रोत्साहन तथा समर्थन के अलावा अनुवर्ती (follow-up) कार्य भी ठीक ढंग से हो सके। इस अनुवर्ती प्रक्रिया के दो मुख्य उद्देश्य होते हैं—पहला, इस बात का मूल्यांकन करना कि क्लायंट द्वारा अर्जित लाभ वास्तविक जीवन में किस प्रकार उपयोग हो रहा है तथा दूसरा, क्लायंट की समस्या की पुनरावृति (repetition) को रोकना होता है।

स्पष्ट हुआ कि परामर्शन प्रक्रिया के कई अवस्थाएँ होती हैं जिनसे होकर परामर्शन कार्य संपन्न किया जाता है।

अध्याय-सारांश
[Chapter Summary]

1. निर्देशन एक ऐसी प्रक्रिया है जिसमें एक व्यक्ति को किसी जानकार एवं विशेषज्ञ द्वारा इस प्रकार की सहायता प्रदान की जाती है कि वह अपनी सभी तरह की क्षमताओं एवं

योग्यताओं, चाहे वह जन्मजात हो या अर्जित हो, को समझकर अपनी जिंदगी की विभिन्न समस्याओं के समाधान में सफलतापूर्वक उपयोग कर पाता है।

2. निर्देशन के तीन प्रकार बताए गए हैं—व्यक्तिगत निर्देशन (personal guidance), शैक्षिक निर्देशन (educational guidance) तथा व्यावसायिक निर्देशन (vocational guidance)।
3. शैक्षिक निर्देशन के दस प्रमुख उद्देश्यों का वर्णन किया गया है।
4. स्कूल में कई कारणों से शैक्षिक निर्देशन की आवश्यकता पड़ती है। ऐसे छः कारणों को उजागर किया गया है।
5. शैक्षिक निर्देशन की दो प्रविधियों (techniques) का वर्णन किया गया है—वैयक्तिक निर्देशन की प्रविधि (technique of personal guidance) तथा सामूहिक निर्देशन की प्रविधि (technique of group guidance)।
6. शैक्षिक निर्देशन में शिक्षक एवं परामर्शदाता की अहमियत अधिक बताई गई है। ऐसे पाँच कारकों को उजागर किया गया है जिनसे यह पता चलता है कि शैक्षिक निर्देशन में शिक्षक एवं परामर्शदाता की भूमिका अधिक महत्त्वपूर्ण है।
7. व्यावसायिक निर्देशन (vocational guidance) को भी शैक्षिक निर्देशन के समान काफी महत्त्वपूर्ण बताया गया है। व्यावसायिक निर्देशन के दस प्रमुख उद्देश्यों का वर्णन किया गया है।
8. तीन ऐसे कारणों का वर्णन किया गया है जिससे व्यावसायिक निर्देशन की तीव्र आवश्यकता महसूस की जाती है।
9. व्यावसायिक निर्देशन (vocational guidance) की कई प्रविधियाँ (techniques) हैं जिनमें पाँच प्रमुख प्रविधियों का, जो अधिक लोकप्रिय है, वर्णन किया गया है।
10. व्यावसायिक निर्देशन में स्कूल तथा पाठ्यक्रम (curriculum) की अहमियत पर भी प्रकाश डाला गया है।
11. व्यक्तिगत निर्देशन (personal guidance) को चार स्तरों पर दिए जाने की आवश्यकता पर बल डाला गया है। वे चार स्तर हैं—प्राथमिक स्कूल स्तर, मध्य स्कूल स्तर, उच्च स्कूल स्तर एवं कॉलेज तथा विश्वविद्यालय स्तर।
12. कोठारी शिक्षा आयोग (Kothari Education Commission) ने भी निर्देशन एवं परामर्श (guidance and counselling) के सिलसिले में कुछ प्रमुख सिफारिश कर रखे हैं। इन सिफारिशों को भी उजागर किया गया है।
13. परामर्शन (counselling) एक अंतःक्रियात्मक प्रक्रिया होता है जिसमें परामर्शी को परामर्शदाता मदद करके उसे समस्या समाधान करने के योग्य बनाता है।
14. परामर्शन प्रक्रिया की कई अवस्थाएँ (phases) होती हैं जिनमें चार अवस्था को प्रमुख बतलाया गया है।

❑

अध्याय 27

कुसमायोजन का मनोविज्ञान एवं मानसिक स्वास्थ्य विज्ञान

[THE PSYCHOLOGY OF MALADJUSTMENT AND MENTAL HYGIENE]

मुख्य बिंदु (Main Points)

1. कुसमायोजन का अर्थ एवं प्रारंभिक लक्षण (Meaning of Maladjustment and Early Symptoms)
2. बालकों में कुसमायोजन के कारण (Causes of Maladjustment among Children)
3. मानसिक स्वास्थ्य विज्ञान का अर्थ (Meaning of Mental Hygiene)
4. मानसिक स्वास्थ्य विज्ञान के उद्देश्य (Aims of Mental Hygiene)
5. मानसिक स्वास्थ्य का अर्थ तथा मानसिक रोग से इसकी विभिन्नता (Meaning of Mental Health and its Difference from Mental Illness)
6. मानसिक रूप से स्वस्थ व्यक्तियों की विशेषताएँ (Characteristics of Mentally Healthy Person)
7. मानसिक स्वास्थ्य को प्रभावित करनेवाले कारक (Factors Influencing Mental Health)
8. मानसिक रूप से स्वस्थ शिक्षक की विशेषताएँ (Characteristics of a Mentally Healthy Teacher)
9. मानसिक रूप से अस्वस्थ शिक्षक के लक्षण (Symptoms of Mentally Unhealthy Teachers)
10. शिक्षक मानसिक रूप से अस्वस्थ क्यों हो जाते हैं? (Why do Teachers become Mentally Unhealthy?)
11. शिक्षकों के मानसिक स्वास्थ्य को सुधारने के उपाय (Measures to Improve Mental Health of Teachers)
12. बालकों की मानसिक अस्वस्थता के कारण (Causes of Children's Mental Ill Health)
13. बालकों के मानसिक स्वास्थ्य को उन्नत बनाने में शिक्षक की भूमिका (Role of Teacher in Improving Mental Health of Children)
14. बालकों के मानसिक स्वास्थ्य को उन्नत बनाने में पाठ्यक्रम की भूमिका (Role of Curriculum in Improving Mental Health of Children)
15. छात्रों के मानसिक स्वास्थ्य को उन्नत बनाने में स्कूल के अनुशासन का योगदान (Contribution of School Discipline in Improving the Mental Health of Students)

कुसमायोजन का अर्थ एवं प्रारंभिक लक्षण
(Meaning of Maladjustment and Early Symptoms)

जब व्यक्ति अपनी आवश्यकताओं (needs) एवं इच्छाओं तथा वातावरण के उन कारकों, जिनसे उन इच्छाओं एवं आवश्यकताओं की सही ढंग से संतुष्टि होती है, के बीच एक संतुलन (balance) बनाए रखता है, तब हम इस प्रक्रिया को समायोजन (adjustment) की संज्ञा देते हैं। परंतु, जब किन्हीं कारणों से यह संतुलन बिगड़ जाता है, तब इस अवस्था को कुसमायोजन (maladjustment) की स्थिति कहा जाता है। मनोवैज्ञानिकों का मत है कि यदि छात्र या शिक्षक में कुसमायोजन की स्थिति लम्बे अरसे तक बनी रहती है, तो इससे उनके व्यक्तित्व में असामान्यता (abnormality) उत्पन्न होने की संभावना अधिक बढ़ जाती है।

शिक्षा मनोवैज्ञानिकों का मत है कि कुसमायोजन छात्रों में भी हो सकता है तथा शिक्षकों में भी। अध्ययनों से पता चला है कि कुसमायोजन की समस्या छात्रों में शिक्षकों की कुसमायोजन की समस्या से अधिक गंभीर होती है। अतः, इनलोगों ने छात्रों के कुसमायोजन की समस्याओं का गहन रूप से अध्ययन किया है और छात्रों में कुसमायोजन की समस्या की पहचान करने के लिए कुछ प्रारंभिक लक्षणों (early symptoms) का वर्णन किया है। इन लक्षणों को निम्नांकित तीन भागों में बाँटा गया है—

(क) शारीरिक लक्षण (Physical symptoms)

(ख) व्यवहारात्मक लक्षण (Behavioural symptoms)

(ग) सांवेगिक लक्षण (Emotional symptoms)

इन तीनों का वर्णन इस प्रकार है—

(क) शारीरिक लक्षण (Physical symptoms)—बालकों में कुसमायोजन की स्थिति में स्पष्ट शारीरिक लक्षण दिखाई पड़ते हैं। शारीरिक लक्षण से तात्पर्य उन लक्षणों से होता है जिनका संबंध शारीरिक क्रियाओं (bodily activities) में उत्पन्न गड़बड़ी से होता है। बोलते समय हकला जाना, तुतलाकर बोल देना, उल्टी करना, सिर खुजलाना, सिर का बाल नोंचना, नख काटना, चेहरा फड़कना (facial twitching) आदि कुसमायोजन के प्रमुख शारीरिक लक्षण हैं।

(ख) व्यवहारात्मक लक्षण (Behavioural symptoms)—कुसमायोजित बालकों के व्यवहारों में भी कुछ विचलन (deviation) आ जाता है। कुसमायोजन की स्थिति में बालकों में चिड़चिड़ापन बढ़ जाता है तथा वे आक्रामक व्यवहार (aggressive behaviour) अधिक करने लगते हैं। उनमें झूठ बोलने की प्रवृत्ति बढ़ जाती है, दूसरे बालकों को अकसर डराते-धमकाते रहते हैं, स्कूल की शैक्षिक उपलब्धि (academic achievement) में कमी आ जाती है तथा किशोरों में कुछ यौन व्यवहार- संबंधी गड़बड़ी (sex disturbances) भी देखने को मिलता है।

(ग) सांवेगिक लक्षण (Emotional symptoms)—कुसमायोजन की स्थिति में बालकों में चिन्ता, डर, हीनता का भाव, आत्म-दोष, मानसिक तनाव, बेचैनी आदि जैसे सांवेगिक लक्षण भी स्पष्ट रूप से देखने को मिलते हैं।

स्पष्ट हुआ कि कुसमायोजन के कुछ स्पष्ट प्रारंभिक लक्षण (early symptoms) होते हैं जिनके आधार पर इसे आसानी से समझा जाता है।

बालकों में कुसमायोजन के कारण
(Causes of Maladjustment among Children)

कुसमायोजन एक ऐसी स्थिति है जिसके एक कारण नहीं, बल्कि अनेक कारण बताए गए हैं। कुछ मनोवैज्ञानिक, जिनमें फ्रायड (Freud), एडलर (Adler), युंग (Jung) आदि का नाम अधिक उल्लेखनीय है, का मत है कि बालकों में कुसमायोजन के कई कारण होते हैं। इनमें प्रमुख कारणों का वर्णन निम्नांकित है—

(1) **कुंठा** (Frustration)—जब बालक की प्रमुख आवश्यकताओं (needs) की संतुष्टि नहीं हो पाती, तो उनमें कुंठा उत्पन्न होती है। जब कुंठा की मात्रा धीरे-धीरे असहनीय हो जाती है तो बालकों का व्यवहार कुसमायोजित होने लगता है। अन्य बातों के अलावा उनमें चिड़चिड़ापन एवं आक्रामकता बढ़ जाती है।

(2) **शारीरिक बनावट** (Physique)—गिलबर्ग (Gilberg, 1963) ने अपने अध्ययन में पाया है कि जब बालकों की शारीरिक बनावट कुछ सामान्य से हटकर होती है तो ऐसे बालक की अन्य बालकों द्वारा खिल्ली उड़ायी जाती है। इससे बालकों के मन में हीनता का भाव पनपता है और धीरे-धीरे उनमें कुसमायोजित व्यवहार का जन्म होने लगता है।

(3) **गरीबी** (Poverty)—अध्ययनों से यह पता चला है कि कुसमायोजन तथा गरीबी में धनात्मक सहसंबंध (positive correlation) है। अधिकतर कुसमायोजित बालक निम्न सामाजिक-आर्थिक स्तरवाले परिवार से आते हैं। इसका मूल कारण है कि ऐसे परिवार के माता-पिता या अभिभावक अपने बच्चों की उचित आवश्यकताओं को भी पूरा करने में असमर्थ रहते है, जिससे इनमें कुंठा अधिक उत्पन्न हो जाती है, जो धीरे-धीरे बालकों में कुसमायोजन उत्पन्न कर देता है।

(4) **बिखरे घर** (Broken homes)—बिखरे घर से तात्पर्य वैसे घरों से होता है जो माता-पिता में संबंध-विच्छेद (divorce) हो जाने के कारण, मृत्यु हो जाने के कारण, न्यायालय से माता-पिता में अलगाव (separation) हो जाने के कारण या अन्य कोई शारीरिक या मानसिक पंगुपन के कारण एक तरह से वीरान एवं अस्त-व्यस्त हो गया हो । फ्रैंज (Franz, 1989) ने अपने अध्ययन में पाया कि ब्रोकेन होम्स के बालकों को अपने माता-पिता या परिवार के अन्य सदस्यों से उचित प्यार, स्नेह, सहानुभूति, सुरक्षा आदि नहीं मिल पाता है। इन सबके अभाव में इन बालकों का व्यवहार सांवेगिक रूप से (emotionally) क्षुब्ध (disturbed) हो जाता है और उनमें कुसमायोजन विकसित होने लगता है।

(5) **माता-पिता की मनोवृत्ति** (Parental attitude)—माता-पिता की मनोवृत्ति, विशेषकर प्रतिकूल मनोवृत्ति (unfavourable attitude) से बालकों का व्यवहार कुसमायोजित हो जाता है। जब माता-पिता बालकों को अस्वीकृत (reject) कर देते हैं, तो इससे उनके अहम को चोट पहुँचती है और वे अपना न्यूनाकलन (underestimate) करने लगते हैं। उनमें असुरक्षा, लाचारी एवं अकेलापन का भाव उत्पन्न हो जाता है। ऐसे भाव बालकों को धीरे-धीरे कुसमायोजित बना देते हैं। ऐसा भी देखा गया है कि कुछ माता-पिता अपने बच्चे को जरूरत से ज्यादा प्यार एवं स्नेह देते हैं, इससे भी बालकों में कुसमायोजित व्यवहार जैसे शेखी बघारना, आक्रामक व्यवहार दिखाना, उत्तरदायित्व को नहीं निभाना, आत्मकेन्द्रिता (self-centeredness) आदि देखने को मिलता है।

(6) अंगीकरण (Adoption)—अध्ययनों के आधार पर यह देखा गया है कि दत्तकी बालक (adopted children) सामान्य बालकों की अपेक्षा अधिक कुसमायोजित होते हैं। इसका कारण यह है कि ऐसे बालक को जब उनके और माता-पिता के संबंधों की वास्तविकता का पता चलता है, तब उन्हें एक तरह का मानसिक आघात लगता है और उनमें हीनता की भावना पनपने लगती है जो धीरे-धीरे उन्हें कुसमायोजित बना देती है।

(7) नियोजन-संबंधी असुरक्षा (Employment insecurity)—किशोरों में अपने जीविका (career) के प्रति अधिक जागरूकता पाई जाती है। वे प्रायः किसी प्रकार की नौकरी कर अपने-आपको आर्थिक रूप से स्वतंत्र बनाना चाहते हैं। परंतु, जब उन्हें उपयुक्त नौकरी नहीं मिल पाती, तब उनमें चिन्ता उत्पन्न हो जाती है और वे अपने-आपको असुरक्षित महसूस करने लगते हैं। इन भावों का शिकार होकर धीरे-धीरे उनका व्यवहार कुसमायोजित होने लगता है।

(8) मनोरंजन के साधन में कमी (Lack of recreational facilities)—जब बालकों को मनोरंजन के पर्याप्त साधन स्कूल या घर में नहीं होते, तो बालकों में एक तरह का घुटन होता है और इनकी अनेक मानसिक इच्छाओं का दमन हो जाता है। बालकों में संवेगात्मक तनाव बढ़ जाता है और उनका व्यवहार चिड़चिड़ा तथा अन्य दृष्टिकोण से कुसमायोजित हो जाता है।

(9) धार्मिक विश्वास (Religious beliefs)—प्रत्येक बालक को अपने माता-पिता के धर्म को मानना होता है और उनके धार्मिक विश्वास के अनुकूल कुछ व्यवहार करना पड़ता है। कभी-कभी बालक को कुछ ऐसे व्यवहार करने पड़ते हैं जिनका स्पष्ट अर्थ एवं तर्काधार (rationale) वह समझ नहीं पाता है। इसका परिणाम यह होता है कि उसमें घुटन उत्पन्न होती है और मानसिक तनाव बढ़ता है जिससे बालकों में कुसमायोजित व्यवहार के उत्पन्न होने की संभावना अधिक बढ़ जाती है।

(10) बालकों के प्रति यौन-आधारित व्यवहार (Sex-based behaviour towards children)—भारत में अब भी बहुत-से घर या परिवार ऐसे हैं जहाँ लड़कों को लड़कियों की अपेक्षा हर तरह से अधिक श्रेष्ठ और अधिक मूल्यवान वस्तु समझा जाता है और इसी के अनुरूप माता-पिता का व्यवहार लड़कों के प्रति एक ढंग का तथा लड़कियों के प्रति दूसरे ढंग का होता है। इससे लड़कियों के मन पर मानसिक आघात पहुँचता है और उनमें हीनता का भाव उत्पन्न हो जाता है। वे तनावग्रस्त भी हो जाती हैं और धीरे-धीरे उनके व्यवहारों में कुसमायोजन उत्पन्न होने लगता है।

स्पष्ट हुआ कि बालकों में कुसमायोजन के कई कारण हैं। इन कारणों का ज्ञान होने से शिक्षकों को बालकों के कुसमायोजित व्यवहारों को समझने में अधिक मदद मिलती है।

मानसिक स्वास्थ्य विज्ञान का अर्थ

(Meaning of Mental Hygiene)

मानसिक स्वास्थ्य विज्ञान एक ऐसा विज्ञान है जो व्यक्तियों में मानसिक स्वास्थ्य (mental health) को सुदृढ़ रखने तथा मानसिक बीमारी (mental illness) को न होने देने संबंधी तथ्यों को उजागर करता है। मानसिक स्वास्थ्य विज्ञान के बारे में हमें अतीत काल में भी चर्चा का प्रसंग मिलता है। परंतु इसकी वैज्ञानिक शुरुआत क्लिफोर्ड बीयर्स (Clifford Beers) द्वारा 1900 में हुई। बीयर्स येल विश्वविद्यालय (Yale University) के स्नातक थे जो अनावश्यक मानसिक तनाव के कारण

आत्महत्या कर लेना चाहते थे। परंतु, ऐसा नहीं होने दिया गया। जब वे मानसिक रूप से स्वस्थ होकर निकले तो उन्होंने अपनी आत्मकथा (autobiography) 1908 में लिखी जिसमें उन्होंने उन अमानवीय व्यवहारों का भी जिक्र किया जो उन्हें अस्पताल में सहने पड़े थे। इसका परिणाम यह हुआ कि उस समय मानसिक अस्पतालों में रोगियों के साथ मानवीय व्यवहार किए जाने पर एडोल्फ मेयर (Adolf Meyer) के नेतृत्व में एक आन्दोलन चलाया गया और तभी से मानसिक स्वास्थ्य विज्ञान का विधिवत प्रयोग होने लगा। 1911 में मानसिक स्वास्थ्य विज्ञान के लिए पहला संघ (First Society) की भी स्थापना की गई। 1919 में अमेरिका में मानसिक स्वास्थ्य विज्ञान के लिए एक राष्ट्रीय संघ (National Society) का निर्माण किया गया जो आगे चलकर अंतरराष्ट्रीय कमेटी (International Committee) में बदल गया। इस कमेटी द्वारा मानसिक स्वास्थ्य विज्ञान के लिए जरनल (Journal) भी प्रकाशित किया जाने लगा।

इस ऐतिहासिक पृष्ठभूमि से गुजरते हुए आजकल मानसिक स्वास्थ्य विज्ञान मूल रूप से एक ऐसा शैक्षिक कार्यक्रम (educational programme) के रूप में विकसित हो गया है जिसका मुख्य उद्देश्य बालकों के मानसिक स्वास्थ्य को बढ़ाने के उपायों एवं मानसिक रोग उत्पन्न न होने देने के उपायों पर बल डालता है। इसी अर्थ में पेज[1] (Page, 1947) ने मानसिक स्वास्थ्य विज्ञान को परिभाषित करते हुए कहा है, "यह मूल रूप से एक शैक्षिक कार्यक्रम है जिसके दो मूलभूत उद्देश्य हैं—(अ) हल्की-फुल्की कठिनाइयों का प्रारंभिक उपचार करना एवं मानसिक असामान्यता को स्वास्थ्यकर मनोवैज्ञानिक रहन-सहन द्वारा रोकना तथा (ब) विचलित लोगों (deviants) के प्रति एक वस्तुनिष्ठ एवं सहानुभूति की मनोवृत्ति उत्पन्न करना है।"

स्कीन्नर[2] (Skinner, 1949) ने भी मानसिक स्वास्थ्य विज्ञान को कुछ इन्हीं अर्थों में परिभाषित करते हुए कहा है, "मानसिक स्वास्थ्य विज्ञान मूलतः समग्र मानवीय संबंधों के विकास पर बल डालता है। धनात्मक रूप से, इसका तात्पर्य मानसिक एवं सांवेगिक कठिनाइयों का पता लगाने, गंभीर बीमारियों एवं मनोविकृतियों का यथाशीघ्र पता लगाने और अधिकांश लोगों के लिए आधुनिक समाज के सदस्यों के रूप में रहने के लिए स्वास्थ्यकर रहन-सहन की अवस्था बनाए रखने से होता है।"

इन परिभाषाओं का विश्लेषण करने के बाद मानसिक स्वास्थ्य विज्ञान के बारे में हमें कुछ प्रमुख विशिष्ट तथ्य मिलते हैं, जो निम्नांकित हैं—

(i) मानसिक स्वास्थ्य विज्ञान मूलतः एक शैक्षिक कार्यक्रम (educational programme) है।

(ii) मानसिक स्वास्थ्य विज्ञान यथासंभव जल्द-से-जल्द मानसिक बीमारियों को पहचान कर उसे दूर करने के उपायों पर बल डालता है।

---

1. "Mental hygiene is essentially an educational programme with two fundamental objectives: (a) the prevention of mental aberration by sanitary psychological living and the early treatment of minor difficulties, and (b) the fastening of an objective and sympathetic attitude toward the deviant."—Page, *Abnormal Psychology,* 1947, p. 20

2. "Mental hygiene has to do primarily with the development of more wholesome human relationships...positively it has meant the early discovery of mental and emotional difficulties, the prevention of as much threatened serious illness and disorder as possible, and the provision of healthful living for the greatest conceivable number of individuals as members of modern society." —Skinner, *Educational Psychology,* 1962, p. 405

(iii) मानसिक स्वास्थ्य विज्ञान में मानसिक एवं सांवेगिक कठिनाइयों को प्रारंभिक अवस्था में ही पता लगा लेने की कोशिश की जाती है।

(iv) इस विज्ञान में व्यक्तियों का मानसिक स्वास्थ्य बना रहे, इसके लिए उपयुक्त रहन-सहन पर भी बल डाला जाता है।

(v) इस विज्ञान में मानसिक रोगियों के प्रति आम लोगों की एक वस्तुनिष्ठ एवं सहानुभूतिपूर्ण मनोवृत्ति विकसित करने का भरसक प्रयास किया जाता है।

(vi) इस विज्ञान में व्यक्तियों को आधुनिक समाज के एक स्वस्थ सदस्य के रूप में जीवन व्यतीत करने पर अधिक बल डाला जाता है। सचमुच यह विज्ञान व्यक्ति को इस योग्य बना देना चाहता है कि वह अपने जीवन में अधिक-से-अधिक कुशलता प्राप्त करके अपने-आपको अपने लिए एवं अपने समाज के लिए अधिक-से-अधिक उपयोगी बना सके।

मानसिक स्वास्थ्य विज्ञान के उद्देश्य
(Aims of Mental Hygiene)

मानसिक स्वास्थ्य विज्ञान, जैसा कि हम जानते हैं, मूलतः व्यक्तियों में अच्छा मानसिक स्वास्थ्य बनाए रखने संबंधी हर पहलुओं एवं मानसिक रोग उत्पन्न होने देने संबंधी कार्यक्रमों को प्राथमिकता देता है। इसके स्वरूप को पूर्णरूपेण समझने के लिए यह आवश्यक है कि इसके विशिष्ट उद्देश्यों (objectives) पर एक नजर डाला जाए। इसके विशिष्ट उद्देश्यों को इस प्रकार समझाया जा सकता है—

(1) अपनी अन्त:शक्तियों से अनुभव कराना (Realization of own potentialities)—मानसिक स्वास्थ्य विज्ञान का एक प्रमुख उद्देश्य व्यक्ति को अपने भीतर छिपी अन्तःशक्तियों (potentialities) से परिचय कराना है, ताकि व्यक्ति अपने-आपको एक सही परिप्रेक्ष्य में समझ सके तथा अपने मानसिक स्वास्थ्य की बागडोर को मजबूत कर सके।

(2) मानसिक स्वास्थ्य की सुरक्षा (Preservation of mental health)—मानसिक स्वास्थ्य विज्ञान का दूसरा प्रमुख उद्देश्य व्यक्ति के मानसिक स्वास्थ्य को सुरक्षा प्रदान करना है। इस विज्ञान में उन सभी उपायों का विस्तृत वर्णन रहता है जिनके सहारे कोई भी व्यक्ति व्यक्तिगत, सामाजिक एवं सांवेगिक समायोजन ठीक ढंग से करके अपने मानसिक स्वास्थ्य को बचाए रख सकता है।

(3) मानसिक बीमारियों का निरोध (Prevention of mental illnesses)—मानसिक स्वास्थ्य विज्ञान उन सभी उपायों का वर्णन करता है जिनसे व्यक्ति में किसी प्रकार की मानसिक बीमारी या मानसिक व्याधि उत्पन्न ही नहीं हो। इसके लिए यह विज्ञान मानसिक तनाव को कम करने तथा मानसिक संघर्षों से छुटकारा पाने की मनोवैज्ञानिक एवं अन्य विधियों का विस्तृत रूप से उल्लेख करता है। इन विधियों को अपनाकर व्यक्ति जब अपने-आपको चिन्ता एवं मानसिक संघर्ष से दूर रखता है, तो स्वभावतः उसमें किसी प्रकार की मानसिक बीमारी उत्पन्न नहीं होती।

(4) मानसिक रोग का उपचार (Treatment of mental illness)—इस विज्ञान का चौथा उद्देश्य यह है कि यदि कोई व्यक्ति मानसिक रूप से अस्वस्थ हो गया है, यानी वह कोई मानसिक रोग का शिकार हो गया है, तो उपयुक्त उपायों द्वारा उस व्यक्ति के रोग का उपचार करके पुनः उसे एक

स्वस्थ व्यक्ति बना दे। ऐसा करने के लिए मानसिक स्वास्थ्य विज्ञान में उन तमाम प्रविधियों का उल्लेख होता है जिनका उपयोग नैदानिक मनोवैज्ञानिक (clinical psychologists) एवं मनोचिकित्सक (psychiatrists) लोग करते हैं।

(5) लोगों के आत्मविश्वास में परिवर्तन लाना (To bring a change in general belief of the people)—मानसिक स्वास्थ्य विज्ञान का एक उद्देश्य यह भी है कि आम लोगों के इस विश्वास को गलत साबित कर दिया जाए कि मानसिक रोग असाध्य (incurable) है। इस दिशा में मानसिक स्वास्थ्य विज्ञान को आजकल काफी सफलता मिली है; क्योंकि अब लोगों की वह पुरानी धारणा बदलने जा रही है, जिसमें वे सोचा करते थे कि मानसिक रोग किसी पाप का परिणाम है और यह एक तरह का असाध्य रोग होता है।

(6) मानसिक अस्पताल की अवस्थाओं में सुधार लाना (To improve the condition of mental hospitals)—इस विज्ञान का एक उद्देश्य यह भी है कि मानसिक अस्पतालों में रोगियों के साथ मानवीय संबंधों में सुधार लाया जाए; क्योंकि यह विज्ञान मानसिक रोग को एक रोग मानता है, भूत-प्रेत या पिशाच का प्रकोप नहीं। जबतक उनके साथ मानवीय व्यवहार नहीं किए जाएँगे, उनका रोग ठीक नहीं ही पाएगा।

स्पष्ट हुआ कि मानसिक स्वास्थ्य विज्ञान के कई उद्देश्य हैं जो सभी मानसिक स्वास्थ्य को किसी-न-किसी रूप से मजबूत होने पर बल डालता है।

मानसिक स्वास्थ्य का अर्थ तथा मानसिक रोग से इसकी विभिन्नता
(Meaning of Mental Health and its Difference from Mental Illness)

मानसिक स्वास्थ्य तथा मानसिक रोग दो ऐसे पद (terms) हैं जिनका प्रयोग हमलोग अकसर साथ-साथ करते हैं। मानसिक स्वास्थ्य के क्षेत्र में अध्ययन करनेवाले प्रमुख मनोवैज्ञानिकों, जैसे जहोदा (Jahoda, 1958), कार्ल मेनिंगर (Karl Menninger, 1945), मैसलो तथा मिटिलमैन (Maslow & Mittleman, 1951), विग (Wig, 1979) तथा भारतीय मनोवैज्ञानिक ए० वी० साह (A V Shah, 1982) का मत है कि मानसिक स्वास्थ्य से तात्पर्य मानसिक रोग की सिर्फ अनुपस्थिति से नहीं होता है (Mental health is not the mere absence of mental illness)। इन मनोवैज्ञानिकों का मत है कि मानसिक स्वास्थ्य एक तरह का समायोजी व्यवहार (adjustive behaviour) है जो व्यक्ति को जिन्दगी के सभी प्रमुख क्षेत्रों, जैसे सांवेगिक (emotional), सामाजिक (social) एवं शैक्षिक (educational) आदि में सफलतापूर्वक समायोजन करने में मदद करता है। मानसिक रूप से स्वस्थ व्यक्ति या छात्र अपने व्यक्तित्व की विभिन्न इच्छाओं, आवश्यकताओं, शीलगुणों आदि के बीच एक ऐसा सामंजस्य रखता है कि जिन्दगी के सभी क्षेत्र में एक संतोषजनक समायोजी व्यवहार (satisfactory adaptive behaviour) करने में समर्थ हो पाता है। इस अर्थ में स्ट्रेंज[1](Strange, 1965) ने मानसिक स्वास्थ्य को परिभाषित करते हुए कहा है, "मानसिक स्वास्थ्य एक ऐसे सीखे गए व्यवहार के वर्णन के अलावा कुछ नहीं है जो

1. "Mental health is no more than a description of learned behaviour that is socially adaptive and allows the persons to cope adequately with life."—Strange, *Abnormal Psychology,* 1965, p. 440

सामाजिक रूप से समायोजी होता है और जो व्यक्ति को जिन्दगी के साथ पर्याप्त रूप से अनुकूलन में मदद करता है।" कार्ल मेनिंगर[1] (Karl Menninger, 1945) ने मानसिक स्वास्थ्य को परिभाषित करते हुए कहा है, "मानसिक स्वास्थ्य अधिकतम खुशी तथा प्रभावशीलता के साथ वातावरण एवं उसके प्रत्येक दूसरे व्यक्तियों के साथ मानव का समायोजन है। ... यह एक संतुलित मनोदशा, सतर्क बुद्धि, सामाजिक रूप से मान्य व्यवहार तथा खुशमिजाज बनाए रखने की क्षमता है।"

इन परिभाषाओं से स्पष्ट है कि मानसिक स्वास्थ्य मूलतः वातावरण के विभिन्न पहलुओं के साथ संतोषजनक ढंग से समायोजन (adjustment) करने की क्षमता रखता है।

मानसिक रोग (mental illness) वातावरण के साथ किए गए कुसमायोजी व्यवहार (maladjustive behaviour) को कहा जाता है। इससे स्पष्ट है कि मानसिक रोग का संप्रत्यय (concept) मानसिक स्वास्थ्य (mental health) के संप्रत्यय से पूर्णतः भिन्न है। परंतु, सचाई यह है कि इन दोनों के बीच स्पष्ट अन्तर की रेखा खींचना आसान नहीं है। ऐसा अकसर देखा गया है कि ऐसे व्यक्ति जिनमें कोई मानसिक रोग नहीं है, कभी-कभी उनमें मानसिक मंदता (mental depression), काल्पनिक बीमारियों से चिन्तित रहना, बिना बात के ही क्रोधित हो जाना आदि लक्षण पाए जाते हैं। उसी तरह ऐसे लोग जो निश्चित रूप से मानसिक रूप से रोगग्रस्त हैं, उनमें कभी-कभी ऐसी मानसिक दशा उत्पन्न हो जाती है जो मानसिक रूप से स्वस्थ व्यक्तियों की मनोदशा होती है और इसमें किसी प्रकार की कोई असामान्यता का लक्षण (symptoms of abnormality) नहीं दिखाई पड़ता।

मानसिक रूप से स्वस्थ व्यक्तियों की विशेषताएँ (Characteristics of a Mentally Healthy Person)

विभिन्न मनोवैज्ञानिकों ने, जैसे आलपोर्ट (Allport, 1962), विटेकर (Whittaker, 1979) ने मानसिक रूप से स्वस्थ कुछ व्यक्तियों की कुछ विशेषताओं का वर्णन किया है। इन विशेषताओं में निम्नांकित कुछ विशेषताएँ प्रमुख हैं—

(1) आत्म-ज्ञान (Self-knowledge)—मानसिक रूप से स्वस्थ व्यक्ति की एक प्रमुख विशेषता यह है कि उसे अपनी प्रेरणा, इच्छा, भाव, आकांक्षाओं आदि का पूर्ण ज्ञान होता है। वह यह पूर्णतः समझता है कि वह क्या कर रहा है, क्यों उसमें इस ढंग का भाव उत्पन्न हो रहा है, उसकी आकाक्षाएँ क्या हैं आदि-आदि।

(2) आत्म-मूल्यांकन (Self-evaluation)—मानसिक रूप से स्वस्थ व्यक्ति आसानी से अपने गुण-दोष की परख कर लेता है। वह अपने प्रत्येक व्यवहार का तटस्थ होकर अध्ययन करता है तथा अपने व्यवहार की परिसीमाओं (limitations) की परख करता है।

(3) आत्म-श्रद्धा (Self-esteem)—मानसिक रूप से स्वस्थ व्यक्ति में आत्म-श्रद्धा काफी होती है जिसके कारण उसमें आत्मविश्वास (self-confidence), आत्म-बल तथा अपने भावों (feelings) को स्वीकार करते हुए कार्य करने की क्षमता होती है।

---

1. Mental health is "the adjustment of human beings to the world and to each other with a maximum effectiveness and happiness... It is the ability to maintain an even tamper, an alert intelligence, socially considerate behaviour and a happy disposition."—Karl Menninger, *The Human Mind,* 1945, p. 102

(4) सुरक्षा का भाव (Feeling of security)—मानसिक रूप से स्वस्थ व्यक्ति में यह भावना तीव्र होती है कि वह समाज का स्वीकृत सदस्य है तथा लोग उसके भाव का आदर करते हैं। वह दूसरों के साथ निडर होकर अन्तः क्रिया करता है तथा खुलकर हँसी-मजाक में भाग लेता है। वह अपने पर समूह के दबाव पड़ने के बावजूद अपनी इच्छाओं को दमित नहीं करने की कोशिश करता है।

(5) संतोषजनक संबंध बनाए रखने की क्षमता (Ability to form satisfying relationship)—मानसिक रूप से स्वस्थ व्यक्ति की एक विशेषता यह है कि वह दूसरों के साथ संतोषजनक संबंध बनाए रखने में सक्षम होता है। वह कभी दूसरों के सामने अवास्तविक माँग (unrealistic demand) नहीं पेश करता। फलस्वरूप, उसका संबंध दूसरों के साथ हमेशा संतोषजनक बना रहता है।

(6) शारीरिक इच्छाओं की संतुष्टि (Satisfaction of bodily desires) —मानसिक रूप से स्वस्थ व्यक्ति की यह भी एक विशेषता है कि वह अपने शारीरिक अंगों (bodily organs) के कार्यों के प्रति एक स्वच्छ एवं धनात्मक मनोवृत्ति रखता है। वह इनके कार्यों से पूर्णरूपेण अवगत रहते हुए भी उसमें किसी प्रकार की आसक्ति (indulgence) नहीं दिखाता है।

(7) उत्पादी एवं खुश रहने की क्षमता (Ability to be productive and happy)—मानसिक रूप से स्वस्थ व्यक्ति अपनी क्षमता को उत्पादी कार्य (productive work) में लगाते हैं तथा वे काफी खुश रहते हैं। वह ऐसे कार्य में अच्छा उत्साह एवं मनोबल दिखाते हैं और अपने को खुशमिजाज साबित करते हैं।

(8) तनाव एवं अतिसंवेदनशीलता की अनुपस्थिति (Absence of tension and hypersensitivity)—मानसिक रूप से स्वस्थ व्यक्ति या छात्र में मानसिक तनाव उत्पन्न नहीं हो पाता और यदि कभी हुआ भी तो वह तुरंत ही नियंत्रित कर लिया जाता है। ऐसे व्यक्ति दूसरों द्वारा किए गए प्रशंसा या आलोचना (criticisms) का प्रभाव अपने ऊपर अधिक नहीं पड़ने देते। दूसरे शब्दों में, इनमें संवेदनशीलता (sensitivity) के गुण की कमी होती है।

(9) अच्छा शारीरिक स्वास्थ्य (Good physical health)—मानसिक रूप से स्वस्थ व्यक्ति की एक विशेषता यह भी होती है कि इनका शारीरिक स्वास्थ्य अच्छा एवं आकर्षक होता है। यह विशेषता इस कहावत से जुड़ी हुई है कि 'स्वस्थ मस्तिष्क स्वस्थ शरीर में ही रहता है' (Sound mind resides in sound body)।

(10) जिन्दगी का एक स्पष्ट सिद्धान्त (Clear-cut philosophy of life)—मानसिक रूप से स्वस्थ व्यक्ति अपने जीवन में कुछ ठोस सिद्धान्त बना रखते हैं और वे हमेशा उसी सिद्धान्त के अनुकूल कार्य करते हैं। ऐसे व्यक्तियों के सिद्धान्त में मानसिक संघर्ष, विरोधाभास-जैसी चीजों की सर्वथा कमी होती है।

(11) वास्तविक प्रत्यक्षण (Realistic perception)—मानसिक रूप से स्वस्थ व्यक्ति किसी वस्तु, घटना या चीज का प्रत्यक्षण वस्तुनिष्ठ ढंग से करते हैं। वे इन चीजों का प्रत्यक्षण करते समय कुछ काल्पनिक तथ्यों का सहारा नहीं लेते।

(12) स्पष्ट जीवन लक्ष्य (Clear goal in life)—मानसिक रूप से स्वस्थ व्यक्ति का एक स्पष्ट जीवन लक्ष्य होता है। वह जीवन लक्ष्य को निर्धारित कर उसे प्राप्त करने का हर संभव प्रयास करता है। प्रायः वह अपने जीवन लक्ष्य का निर्धारण करने में अपनी क्षमताओं, योग्यताओं एवं दुर्बलताओं को मद्देनजर रखता है।

इस तरह स्पष्ट है कि मानसिक रूप से स्वस्थ व्यक्ति की कुछ विशेषताएँ होती हैं जिनके आधार पर उनकी पहचान आसानी से कर ली जाती है।

मानसिक स्वास्थ्य को प्रभावित करनेवाले कारक
(Factors Influencing Mental Health)

शिक्षा मनोवैज्ञानिकों ने कुछ उन कारकों पर प्रकाश डाला है जिनसे छात्र या व्यक्ति का मानसिक स्वास्थ्य प्रभावित होता है। उन कारकों में निम्नांकित प्रमुख हैं—

(1) घरेलू वातावरण (Home environment)—बालकों के मानसिक स्वास्थ्य पर उसके घरेलू वातावरण का सबसे अधिक प्रभाव पड़ता है। हेडफिल्ड (Headfield, 1962) के अनुसार जब बालक का घरेलू वातावरण ऐसा होता है जहाँ उसे विशेष दुलार-प्यार, स्नेह, उसकी अधिकतर आवश्यकताओं की पूर्ति होती है, तो ऐसे बालक का मानसिक स्वास्थ्य अच्छा होता है। यदि घरेलू वातावरण इसके विपरीत होते हैं, तो बालकों का मानसिक स्वास्थ्य संतोषजनक नहीं होता और बालक अधिक समय तनावग्रस्त एवं चिन्तित दिखता है।

(2) स्कूल का वातावरण (School environment)—एडम (Adam, 1979) ने अपने अध्ययन में देखा कि यदि बालक एक ऐसे स्कूल में पढ़ता है जहाँ का वातावरण अधिक सख्त है, अनुशासन पर जरूरत से ज्यादा बल दिया जाता है तथा जहाँ के शिक्षक के व्यवहार छात्रों के प्रति नरम न होकर हृदयविदारक होते हैं, वहाँ के छात्रों का मानसिक स्वास्थ्य अच्छा नही होता और ऐसे बालकों में स्कूलभीति (school phobia) उत्पन्न हो जाता है। सिम्पसन (Simpson, 1987) के अनुसार स्कूल का वातावरण स्नेहपूर्ण एवं शिक्षकों का व्यवहार छात्रों के प्रति सौहार्दपूर्ण होने से बालकों का मानसिक स्वास्थ्य अच्छा होता है।

(3) वास्तविक मनोवृत्ति की कमी (Lack of realistic attitude)—यदि बालकों में घटनाओं, तथ्यों एवं अन्य व्यक्तियों के प्रति वास्तविक एवं वस्तुनिष्ठ मनोवृत्ति की कमी पाई जाती है, तो इससे धीरे-धीरे बालकों में अवास्तविक एवं काल्पनिक चिन्तन को अधिक बढ़ावा मिलता है और तब उनमें अंतर्ग्रस्तता (involement) बढ़ता जाता है और उनका मानसिक स्वास्थ्य घटता जाता है।

(4) शारीरिक स्वास्थ्य (Physical health)—मनोवैज्ञानिक अध्ययनों से यह स्पष्ट हो गया है कि शारीरिक स्वास्थ्य तथा मानसिक स्वास्थ्य में बहुत ही घनिष्ठ संबध है। जिस बालक का शरीर चंगा एवं निरोग रहता है, वह अत्यधिक खुश रहता है तथा साथ-ही-साथ उसमें किसी प्रकार की चिन्ता, संघर्ष एवं विरोधाभास आदि जैसे तत्त्व नहीं होते। परिणामस्वरूप, ऐसे बालकों का मानसिक स्वास्थ्य भी अच्छा रहता है।

(5) माता-पिता का मानसिक रोग से पीड़ित होना (Mentally ill parents)—यदि बालक ऐसा है जिसके माता-पिता दुर्भाग्यवश स्वयं ही मानसिक रोग से पीड़ित हैं, तो उसका मानसिक

स्वास्थ्य अच्छा नहीं रहता तथा उसमें भी मानसिक रोग से पीड़ित हो जाने की संभावना तीव्र होती है। इसके दो कारण बताए गए हैं—पहला कारण आनुवंशिकता (heredity) है तथा दूसरा कारण ऐसे माता-पिता द्वारा एक दोषपूर्ण मॉडल (faulty model) के रूप में बालकों के समक्ष पेश आना होता है।

(6) मुख्य आवश्यकताओं की संतुष्टि (Satisfaction of primary needs)—जब बालकों की मुख्य आवश्यकताएँ, जैसे भूख, प्यास, तथा अन्य प्राथमिक आवश्यकताएँ, जैसे कागज-पेंसिल की आवश्यकता, स्कूल आने-जाने की सुविधा, स्कूल फीस समय पर जमा करने की आवश्यकता, किताब की आवश्यकता की पूर्ति हो जाती है, तो इससे बालकों की मनोदशा शांत होती है एवं उनका चित्त प्रसन्न रहता है। ऐसी अवस्था में उनका मानसिक स्वास्थ्य अधिक अच्छा होता है।

इस तरह हम देखते हैं कि कई ऐसे कारक हैं जिनसे बालकों का मानसिक स्वास्थ्य (mental health) सामान्यतः प्रभावित होता है।

मानसिक रूप से स्वस्थ शिक्षक की विशेषताएँ
(Characteristics of a Mentally Healthy Teacher)

शिक्षा मनोवैज्ञानिकों ने मानसिक रूप से स्वस्थ शिक्षक की विशेषताओं को दो भागों में बाँटा है—

(क) व्यक्तिगत विशेषताएँ (Personal characteristics) तथा

(ख) व्यावसायिक विशेषताएँ (Professional characteristics)।

इन दोनों तरह की विशेषताओं का वर्णन इस प्रकार है—

(क) व्यक्तिगत विशेषताएँ (Personal characteristics)—शिक्षा मनोवैज्ञानिकों ने मानसिक रूप से स्वस्थ शिक्षक की कुछ व्यक्तिगत विशेषताओं का वर्णन किया है। व्यक्तिगत विशेषताओं से तात्पर्य उन विशेषताओं से होता जो शिक्षक के व्यक्तित्व से संबंधित होती हैं। ऐसी व्यक्तिगत विशेषताओं में निम्नांकित प्रमुख हैं—

(1) छात्रों एवं शिक्षण में अभिरुचि (Interest in students and teaching)—मानसिक रूप से स्वस्थ शिक्षक की सबसे बड़ी विशेषता है कि उनकी अभिरुचि छात्रों, पुस्तकों, अध्ययन-अध्यापन में अन्य चीजों के अलावा अधिक होती है। वे छात्रों को हमेशा उचित सलाह देकर उन्हें प्रगति के पथ पर ले चलने के लिए तत्पर होते हैं।

(2) प्रजातंत्रात्मक मनोवृत्ति (Democratic attitude)—मानसिक रूप से स्वस्थ शिक्षक की मनोवृत्ति अपने छात्रों एवं सहकर्मियों (colleagues) के प्रति अधिक प्रजातंत्रात्मक होती है। वे किसी भी समस्या का हल लोगों से मिल-जुलकर, आपस में विचार-विमर्श करके कर लेने को अधिक प्रेरित रहते हैं।

(3) गलतियों एवं त्रुटियों को सहर्ष स्वीकार करना (To accept his faults and errors heartily)—मानसिक रूप से स्वस्थ शिक्षक अपनी गलतियों या किसी तरह की भूल को न तो छिपाते हैं और न ही उसके लिए पर्याप्त तर्काधार (rationale) देकर उसे सही ठहराने की कोशिश करते हैं। सचाई तो यह है कि वे निःसंकोच ऐसी गलतियों को स्वीकार कर उसका उपयुक्त निदान ढूँढ़ लेते हैं।

(4) निष्पक्षता एवं स्वस्थ मनोवृत्ति (Impartiality and healthy attitude)—मानसिक रूप से स्वस्थ शिक्षक अपने छात्रों एवं सहकर्मियों के साथ किसी प्रकार का पक्षपात न दिखाकर निष्पक्ष भाव से व्यवहार करते हैं। वे जातीयता (casteism), तरफदारी (favouritism), साम्प्रदायिकता (communalism) के भाव से अपने को ऊपर रखते हैं।

(5) विनोद का भाव (Sense of humor)—मानसिक रूप से स्वस्थ शिक्षक हास्य-विनोद में अधिक रुचि रखते हैं। वे गंभीर मुद्रा पसंद नहीं करते।

(6) पाठ्येतर क्रियाओं में अभिरुचि (Interests in extracurricular activities)—मानसिक रूप से स्वस्थ शिक्षक पाठ्यक्रमों (curriculum) में अभिरुचि रखने के साथ-ही-साथ पाठ्येत्तर क्रियाओं, जैसे खेलकूद, नाटक, शैक्षिक भ्रमण (educational excursion), वाद-विवाद में भी अधिक रुचि रखते हैं।

(7) सतर्कता एवं ध्यानमग्नता (Alertness and attentiveness)—मानसिक रूप से स्वस्थ शिक्षक कक्षा में छात्रों के प्रत्येक व्यवहार पर काफी ध्यान देते हैं तथा मानसिक रूप से काफी सतर्क होकर अध्यापन करते हैं। कहने का मतलब यह है कि ऐसे शिक्षकों में अन्यमनस्कता (absentmindedness) नहीं होती।

(8) सहनशीलता एवं धैर्य (Tolerance and patience)—मानसिक रूप से स्वस्थ शिक्षक छात्रों की बातों को सुनने तथा उसे समझने में पर्याप्त सहनशीलता एवं धैर्य दिखाते हैं। वे उनकी बातों को तबतक सुनने का धैर्य रखते हैं, जबतक वे उनकी समस्या का समाधान न कर दें।

(9) आत्म-मूल्यांकन (Self-evaluation)—मानसिक रूप से स्वस्थ शिक्षक की एक विशेषता यह भी होती है कि उनमें अपने गुणों एवं दोषों की परख करने की पर्याप्त क्षमता होती है। वे अपने गुणों से छात्रों को लाभान्वित करते हैं तथा अपने दोष को पहचान कर उसके निराकरण का पर्याप्त उपाय करते हैं।

(10) अच्छा शिष्टाचार (Good manners)—मानसिक रूप से स्वस्थ शिक्षक का व्यक्तित्व तो आकर्षक होता ही है, साथ-ही-साथ उसमें अपने छात्रों एवं सहकर्मियों के प्रति शिष्टाचार की भी भावना काफी अधिक होती है।

(11) स्पष्ट सिद्धान्त मानना (To have a clear philosophy)—मानसिक रूप से स्वस्थ शिक्षक अपने जीवन को एक स्पष्ट सिद्धान्त के अनुसार व्यतीत करते हैं और छात्रों को भी ऐसा ही करने का सुझाव देते हैं। उनके इस सिद्धान्त में शांत मनोदशा बनाए रखने एवं किसी घटना एवं वस्तु को एक वस्तुनिष्ठ परिप्रेक्ष्य में परख करने की प्रधानता होती है।

इस तरह हम देखते हैं कि मानसिक रूप से स्वस्थ शिक्षक की कुछ स्पष्ट व्यक्तिगत विशेषताएँ हैं जिनके आधार पर उन्हें अन्य दूसरे तरह के शिक्षकों से भिन्न किया जा सकता है।

(ख) व्यावसायिक विशेषताएँ (Professional characteristics)—मानसिक रूप से स्वस्थ शिक्षक की कुछ व्यावसायिक विशेषताएँ भी हैं जो निम्नांकित हैं—

(1) उत्तरदायित्व की चेतना (Sense of responsibility)—मानसिक रूप से स्वस्थ शिक्षक अपने व्यक्तिगत उत्तरदायित्व के प्रति काफी सचेत रहते हैं। वे अपने दायित्व को ठीक ढंग से निभाने की भरपूर कोशिश करते हैं। वे समय पर पाठ्यक्रमों (curriculum) को पढ़ाना तथा उसे समय के अनुसार समाप्त कर देना अपना प्रमुख उत्तरदायित्व समझते हैं।

(2) विषयवस्तु की प्रवीणता (Expertness in subject matter) मानसिक रूप से स्वस्थ शिक्षक की एक विशेषता यह भी है कि वे अपने अध्यापन के विषय के पूर्ण ज्ञाता होते हैं। पढ़ाई जानेवाली विषय-वस्तु का उन्हें पूरा ज्ञान होता है तथा उसपर उन्हें पूर्ण नियंत्रण होता है।

(3) अध्यापन की अभिक्षमता (Aptitude for teaching)—मानसिक रूप से स्वस्थ शिक्षकों में अध्यापन कार्य के लिए विशेष अभिक्षमता होती है। वे अपनी ऐसी अन्तःशक्तियों (potentialities) की पहचान कर उसका पूरा फायदा उठाते हैं तथा उससे अपने अध्यापन कार्य को लाभान्वित करते हैं।

(4) प्रभावशाली संचार (Effective communication)—मानसिक रूप से स्वस्थ शिक्षकों में प्रभावशाली संचार का गुण होता है। वे कक्षा में अपनी बातों को ठीक ढंग से समझने योग्य भाषा में व्यक्त करते हैं तथा छात्रों को भी स्पष्ट अभिव्यक्ति की आदत डलवाते हैं।

(5) छात्रों पर उचित नियंत्रण बनाए रखने की क्षमता (Ability to have proper control over students)—मानसिक रूप से स्वस्थ शिक्षक की एक विशेषता यह भी है कि वे छात्रों पर उचित नियंत्रण बनाकर रखते हैं। छात्र उन्हें सम्मान देते हैं तथा उनके सुझाव के अनुकूल कार्य करने के लिए तत्पर रहते हैं।

(6) उत्तम अध्यापन विधियाँ (Good teaching methods)—मानसिक रूप से स्वस्थ शिक्षक कक्षा में अध्यापन कार्य करते समय उत्तम विधियों का अनुसरण करते हैं। उत्तम अध्यापन विधि वह विधि है जो छात्रों की बुद्धि, अभिरुचि, अभिक्षमता (aptitude) के अनुकूल होती है तथा जिससे छात्र अधिक-से-अधिक लाभान्वित होते हैं।

(7) अपने व्यवसाय के प्रति सम्मान (Respect for his profession)—मानसिक रूप से स्वस्थ शिक्षक अपने-आपको तो आदर देते ही हैं, साथ-ही-साथ अपने पेशे को एक सम्मान एवं प्रतिष्ठा की नजर से देखते हैं। इस तरह वे अपने व्यवसाय के प्रति धनात्मक मनोवृत्ति रखते हैं।

(8) कौशल तथा योग्यता को उन्नत बनाने का सतत प्रयास (Constant effort for improving skills and qualifications)—मानसिक रूप से स्वस्थ शिक्षक अपनी योग्यता एवं कौशल को उन्नत बनाने का हर संभव प्रयास हमेशा करते रहते हैं। वे अपने व्यवसाय को एक चुनौतीपूर्ण व्यवसाय मानते हैं जिसके साथ समुचित समायोजन करने के लिए वे यह मानते हैं कि उनकी योग्यता एवं कौशल में सतत उन्नति होनी चाहिए।

(9) अपनी व्यावसायिक समस्याओं का समाधान करने के लिए पुस्तकों एवं पत्रिकाओं का उपयोग (Use of books and periodicals for solving his professional problems)—मानसिक रूप से स्वस्थ शिक्षक को अक्सर चुनौतीपूर्ण समस्याओं का सामना अपने व्यवसाय में करना पड़ता है। इन समस्याओं का समाधान करने के लिए वे किताब, जरनल एवं शोध पत्रिकाओं का उपयोग करते हैं।

(10) नए-नए विचारों, अध्यापन सामग्रियों एवं अध्यापन विधियों की खोज करने का प्रयास करना (Efforts to discover new ideas, teaching materials and teaching methods)—मानसिक रूप से स्वस्थ शिक्षक अपने सहकर्मियों (colleagues) के साथ मिलकर तथा विचार-विमर्श कर नए-नए विचारों, शिक्षण-समाग्रियों एवं नई-नई अध्यापन विधियों की खोज करते हैं तथा उससे छात्रों को लाभान्वित करते हैं।

इस तरह स्पष्ट हुआ कि मानसिक रूप से स्वस्थ शिक्षक की व्यावसायिक विशेषताएँ (professional characteristics) भी होती हैं। व्यक्तिगत विशेषताओं एवं व्यावसायिक विशेषताओं के आधार पर हम आसानी से मानसिक रूप से स्वस्थ शिक्षक की पहचान कर सकते हैं।

मानसिक रूप से अस्वस्थ शिक्षक के लक्षण
(Symptoms of Mentally Unhealthy Teachers)

मानसिक रूप से अस्वस्थ शिक्षक स्कूल अधिकारियों के लिए एक बड़ी समस्या के रूप में होते हैं। अतः, उनकी पहचान आवश्यक है। शिक्षा मनोवैज्ञानिकों ने कुछ ऐसे लक्षणों की सूची तैयार की है जिनके आधार पर मानसिक रूप से अस्वस्थ शिक्षक की पहचान की जा सकती है। इन लक्षणों में निम्नांकित प्रमुख हैं—

(1) मानसिक रूप से अस्वस्थ शिक्षक सदा दुःखी, उदास एवं हतोत्साह दिखते हैं। वे इतना गंभीर रहते हैं कि कोई भी छात्र उनके पास जाने का साहस नहीं बटोर पाता।

(2) ऐसे शिक्षक को अपनी दुर्बलताओं एवं कमजोरियों का कोई ज्ञान नहीं होता। फलतः, वे कभी अपने-आपको ठीक ढंग से समझ नहीं पाते।

(3) ऐसे शिक्षकों में भेदभाव एवं पक्षपात करने का गुण अधिक होता है। वह कुछ छात्रों को अपने निजी स्वार्थसिद्धि के लिए मिलाकर रखते हैं तथा बाकी अन्य छात्रों को फटकारकर दूर रखते हैं। इसमें वे अपनी बुद्धिमत्ता समझते हैं।

(4) ऐसे शिक्षक सांवेगिक रूप से अस्थिर (emotionally unstable) होते हैं। कभी तो वे छात्रों के प्रति काफी उदार हो जाते हैं और कभी इतना सख्त एवं गंभीर हो जाते हैं कि छात्र अवाक् रह जाते हैं।

(5) ऐसे शिक्षक छात्रों को उचित मौके पर न तो प्रशंसा कर पाते हैं और न ही उन्हें दण्ड ही दे पाते हैं। इससे छात्रों में अनुशासनहीनता बढ़ती है। टुकमैन (Tuckman, 1990) के अनुसार छात्रों में व्याप्त अनुशासनहीनता की 30% मात्रा की जवाबदेही मानसिक रूप से अस्वस्थ शिक्षकों पर ही होती है।

(6) ऐसे शिक्षक छात्रों के निष्पादन (performance) का मूल्यांकन (evaluation) निष्पक्ष भाव से कभी नहीं कर पाते।

(7) ऐसे शिक्षकों में हास्य-विनोद गुणों की सर्वथा कमी होती है। इस तरह ऐसे शिक्षक न तो स्वयं हास्य-विनोद करते हैं और न ही दूसरों के हास्य-विनोद से खुश होते हैं।

(8) ऐसे शिक्षक का अधिकतर समय अपने व्यक्तिगत उलझन एवं गुत्थियों को सुलझाने में बीतता है, न कि अध्ययन-अध्यापन में।

(9) ऐसे शिक्षकों में सहनशीलता (tolerance) की कमी होती है और वे अकारण ही अकसर आग-बबूला हो उठते हैं।

(10) ऐसे शिक्षकों में उत्तरदायित्व (responsibility) के गुण का सर्वथा अभाव रहता है। वे न तो समय पर कक्षा लेते हैं और न ही कक्षा के भीतर अध्यापन में अधिक अभिरुचि दिखाते हैं।

(11) ऐसे शिक्षक स्कूल का अनुशासन भंग करने में स्वयं आगे रहते हैं और अपने पिट्ठू छात्रों को भी ऐसा ही करने के लिए उत्तेजित करते हैं।

(12) ऐसे शिक्षकों का व्यवहार अपने सहकर्मियों, स्कूल के अधिकारियों एवं छात्रों के साथ दोषपूर्ण एवं दुर्व्यवहारपूर्ण होता है।

(13) ऐसे शिक्षक, चूँकि मानसिक रूप से स्वस्थ नहीं होते, इसलिए इनका शारीरिक स्वास्थ्य भी धीरे-धीरे रोगग्रस्त हो जाता है।

(14) ऐसे शिक्षक अपनी गलतियों को स्वीकार न कर उसे सही जताते हुए उस पर अडिग रहते हैं।

स्पष्ट हुआ कि मानसिक रूप से अस्वस्थ शिक्षक की कुछ विशेषताएँ हैं जिनके आधार पर आसानी से उसकी पहचान कर ली जा सकती है।

शिक्षक मानसिक रूप से अस्वस्थ क्यों हो जाते हैं?
(Why do Teachers become Mentally Unhealthy?)

शिक्षा मनोवैज्ञानिकों ने कुछ वैसे कारकों का पता किया है जिनसे यह पता चलता है कि शिक्षक की मानसिक अस्वस्थता के क्या कारण हैं? इनके द्वारा किए गए शोधों से यह पता चलता है कि निम्नांकित कुछ ऐसे कारक हैं जो एक शिक्षक को मानसिक रूप से अस्वस्थ बनाने में महत्त्वपूर्ण भूमिका निभाते हैं—

(1) शारीरिक कारक (Physcial factors)—व्यक्ति के शारीरिक स्वास्थ्य तथा मानसिक स्वास्थ्य में गहरा संबंध होता है। जिस शिक्षक का शारीरिक स्वास्थ्य अकसर खराब रहता है तथा जो अकसर कोई-न-कोई रोग से ग्रस्त होते हैं, वे स्वभाव से धीरे-धीरे चिड़चिड़े हो जाते हैं तथा उनमें सांवेगिक अस्थिरता (emotional unstability) बढ़ जाती है और इस तरह उनका मानसिक स्वास्थ्य खराब हो जाता है।

(2) आर्थिक कारक (Economic factors)—शिक्षकों को मानसिक रूप से अस्वस्थ होने का प्रमुख कारण आर्थिक कारण है। जब शिक्षक की आर्थिक स्थिति अच्छी नहीं होती, तो वे हमेशा मानसिक उलझन एवं तनाव से घिरे होते हैं। उनका ध्यान अध्यापन में नहीं लगता और उनमें अन्यमनस्कता (absentmindedness) बढ़ती जाती है। इस तरह से धीरे-धीरे उनका मानसिक स्वास्थ्य गिरता जाता है।

(3) शैक्षिक कारक (Educational factors)—कुछ शिक्षण संस्थान ऐसे होते हैं जहाँ शिक्षकों का शोषण किया जाता है। इससे भी उनका मानसिक स्वास्थ्य गिर जाता है। कुछ विद्यालय या महाविद्यालय ऐसे हैं जहाँ शिक्षकों को बैठने की व्यवस्था नहीं है, उन्हें समय पर वेतन नहीं दिया जाता और अगर दिया भी जाता है तो शत-प्रतिशत नहीं, पुस्तकालय नहीं होता, उनकी नौकरी सुरक्षित नहीं होती, दैनिक मजदूरी की प्रथा पर उनकी बहाली की जाती है आदि-आदि। इस ढंग के शिक्षण संस्थानों में रहनेवाले शिक्षकों का मानसिक स्वास्थ्य धीरे-धीरे गिरता चला जाता है।

(4) आनुवंशिकता (Heredity)—कुछ शिक्षकों का मानसिक स्वास्थ्य वंशानुगत कारकों (hereditary factors) से भी प्रभावित होता है। यदि शिक्षक के माता-पिता किसी मानसिक रोग के

रोगी होते हैं, तो ऐसे शिक्षक को भी मानसिक रोग से ग्रस्त होने की संभावना बढ़ जाती है। मानसिक रोग से ग्रस्त हो जाने पर शिक्षक का मानसिक स्वास्थ्य स्वभावतः खराब हो जाता है।

(5) सामाजिक कारक (Social factors)—शिक्षकों के मानसिक स्वास्थ्य कमजोर होने का एक मुख्य कारक सामाजिक कारक भी है। यदि शिक्षक का पारिवारिक जीवन कलहपूर्ण है तथा उन्हें परिवार के अन्य सदस्यों से निरादर एवं तिरस्कार मिलता है तो ऐसी परिस्थिति में उनका मानसिक स्वास्थ्य अच्छा नहीं रह पाता। सेकर्ड (Secord, 1975) ने पाया कि जिन शिक्षकों की पारिवारिक जीवन सामाजिक दृष्टिकोण से संतोषजनक नहीं होता है, उनका मानसिक स्वास्थ्य भी अच्छा नहीं होता।

(6) मनोवैज्ञानिक कारक (Psychological factors)—कुछ शिक्षक ऐसे होते हैं जो अपने कार्य से संतुष्ट नहीं होते। दूसरे शब्दों में, ऐसे शिक्षकों में कार्य-संतुष्टि (job-satisfaction) नहीं होता। कार्य-संतुष्टि के अभाव में उनमें कई तरह के नकारात्मक भाव उत्पन्न हो जाते हैं। जैसे उनमें हीनता का भाव (feeling of inferiority), असुरक्षा का भाव (feeling of insecurity), चिन्ता (anxiety) आदि विकसित हो जाते हैं जो धीरे-धीरे शिक्षक के मानसिक स्वास्थ्य को खोखला कर देते हैं।

स्पष्ट हुआ कि कई कारणों से शिक्षक का मानसिक स्वास्थ्य गिर जाता है।

शिक्षकों के मानसिक स्वास्थ्य को सुधारने के उपाय
(Measures to Improve Mental Health of Teachers)

शिक्षा मनोवैज्ञानिकों एवं शिक्षाशास्त्रियों ने शिक्षकों का मानसिक रूप से अस्वस्थ होना एक गंभीर समस्या माना है; क्योंकि ऐसे शिक्षकों से छात्रों का मानसिक स्वास्थ्य बिगड़ने का खतरा बढ़ जाता है। अतः, इनलोगों ने शिक्षकों के मानसिक स्वास्थ्य को उन्नत करने के लिए कुछ विशेष सुझाव दिए हैं, जिनपर अमल करना आवश्यक है। इन सुझावों में निम्नांकित प्रमुख हैं—

(1) शिक्षकों के आर्थिक शोषण पर तुरंत रोक लगना चाहिए तथा जो विद्यालय या महाविद्यालय शिक्षकों का आर्थिक शोषण करते हैं, उन्हें आर्थिक अपराधी ठहराकर कानूनी मुकदमा चलाया जाना चाहिए।

(2) शिक्षकों का मानसिक स्वास्थ्य अच्छा हो, इसके लिए यह आवश्यक है कि उनका शारीरिक स्वास्थ्य (physical health) भी अच्छा हो। शारीरिक स्वास्थ्य अच्छा होने के लिए यह आवश्यक है कि उन्हें स्वस्थ्यकर आवासीय सुविधा उपलब्ध हो। अतः, स्कूल या कॉलेज के अधिकारियों को चाहिए कि शिक्षकों को सस्ते दरों पर अच्छी आवासीय सुविधाएँ उपलब्ध करावें।

(3) शिक्षकों को उनकी संतोषजनक सेवाओं के लिए सरकार से उचित एवं सम्मानपूर्ण पुरस्कार देने का प्रावधान किया जाना चाहिए। इससे शिक्षकों का आत्मबल मजबूत होगा तथा उनमें आत्म-विश्वास बढ़ेगा। इन दोनों के बढ़ने से शिक्षकों का मानसिक स्वास्थ्य मजबूत होगा।

(4) स्कूल के अधिकारियों को चाहिए कि वे शिक्षकों के साथ सहयोग करें और उन्हें अनावश्यक रूप से तंग करने की प्रवृत्ति छोड़ दें। इससे शिक्षकों में मानसिक शांति उत्पन्न होगी और उनका मानसिक स्वास्थ्य बढ़ेगा।

(5) शिक्षकों की समस्याओं को अच्छी तरह समझने के लिए स्कूल के अधिकारियों को चाहिए कि वे समय-समय पर बैठकों (meetings) एवं सभाओं का आयोजन करते रहें। शिक्षक की समस्याओं को समझकर उन्हें हल करने का उन्हें विशेष प्रयास करना चाहिए। स्वाभाविक है कि यदि शिक्षक समस्यामुक्त होंगे तो उनका मनोबल, आत्म-सम्मान, आत्म-विश्वास आदि अधिक होगा और उनका मानसिक स्वास्थ्य अधिक उत्तम हो सकेगा।

(6) शिक्षकों की मानसिक अस्वस्थता को दूर करने के ख्याल से स्कूल में पर्याप्त मनोवैज्ञानिक सहायता केन्द्र खोले जाने चाहिए। जिस स्कूल में ऐसा केन्द्र नहीं हो, उसके अधिकारियों को चाहिए कि वे अपने खर्च से ऐसे शिक्षकों को इन केन्द्रों में कुछ दिनों तक स्वास्थ्यलाभ के लिए भेज दें।

स्पष्ट हुआ कि शिक्षाशास्त्रियों एवं शिक्षा मनोवैज्ञानिकों ने शिक्षकों के मानसिक स्वास्थ्य को उन्नत बनाने के लिए अत्यन्त महत्त्वपूर्ण सुझाव लोगों के सामने रखा है।

बालकों की मानसिक अस्वस्थता के कारण
(Causes of Children's Mental Ill Health)

बालकों में मानसिक अस्वस्थता के कई कारण बताए गए हैं। जिनमें निम्नांकित प्रमुख हैं—

(1) माता-पिता द्वारा अतिसुरक्षा तथा अल्पसुरक्षा (Overprotection and underprotection by parents)—ऐसा देखा गया है कि कुछ माता-पिता अपने बच्चों को जरूरत से ज्यादा दुलार-प्यार एवं सुरक्षा प्रदान करते हैं। ऐसे बालकों में आत्म-निर्भरता (self-dependancy) की भावना नहीं विकसित होती है और वे हमेशा दूसरों पर निर्भर करते हैं और साथ-ही-साथ इनमें असुरक्षा की भावना भी तीव्र हो जाती है। इससे इनका मानसिक स्वास्थ्य धीरे-धीरे घटने लगता है। दूसरी तरफ, कुछ माता-पिता अपने बच्चों को अकसर फटकार, तिरस्कार एवं अन्य समकक्षी बच्चों की तुलना में नीचा दिखाते रहते हैं। इससे बालकों में हीनता का भाव (feeling of inferiority) विकसित होता है जो उनके मानसिक स्वास्थ्य को धीरे-धीरे खोखला कर देता है।

(2) माता-पिता द्वारा विभेदात्मक बर्ताव (Differential treatments by parents)—ऐसा देखा गया है कि कुछ माता-पिता ऐसे होते हैं जो अपने कुछ बच्चों को अधिक प्यार करते हैं तथा कुछ बच्चों को हमेशा फटकारते रहते हैं तथा उन्हें नीचा दिखाते रहते हैं। इस तरह विभेदात्मक बर्ताव का प्रभाव बालकों के मानसिक स्वास्थ्य पर अच्छा नहीं पड़ता। ऐसे दोनों तरह के बालकों की मनोवैज्ञानिक भावना (psychological feeling) अच्छी नहीं होती और उनका मानसिक स्वास्थ्य खराब होने लगता है।

(3) शिक्षक का व्यवहार (Behaviour of the teacher)—स्कूल में शिक्षक का वही स्थान होता है जो माता-पिता का घर में होता है। शिपली (Shpley, 1990) ने अपने अध्ययन में पाया कि यदि स्कूल में बालकों के प्रति शिक्षक का व्यवहार अच्छा नहीं होता अर्थात शिक्षक छात्रों को हमेशा मारते-पीटते हैं, उन्हें धमकाते हैं तथा साथ-ही-साथ जहाँ प्रशंसा मिलनी चाहिए थी, वहाँ उनकी निन्दा की जाती है, तो इससे छात्रों में तरह-तरह की नकारात्मक भावनाएँ, जैसे असुरक्षा की भावना, अत्यधिक चिन्ता, हीनता की भावना आदि उत्पन्न हो जाती हैं, जो उनके मानसिक स्वास्थ्य पर बुरा प्रभाव डालते हैं।

(4) शिक्षक द्वारा अत्यधिक सख्ती एवं अनुशासनपालिता पर बल (Excessive emphasis upon strictness and discipline by teacher)—जब स्कूल के शिक्षक ऐसे हैं जो छात्रों के साथ अत्यधिक सख्ती से पेश आते हैं और जो पढ़ाई पर कम एवं अनुशासनपालिता पर अत्यधिक बल डालते हैं, तो इससे बालकों के मानसिक विकास पर तो बुरा असर पड़ता ही है, साथ-ही-साथ उनका मानसिक स्वास्थ्य भी गिरने लगता है।

(5) माता-पिता के व्यक्तित्व शीलगुणों का प्रभाव (Impact of personality traits of parents)—कुछ माता-पिता ऐसे होते हैं जिनका स्वयं मानसिक स्वास्थ्य अच्छा नहीं होता। वे स्वभाव से चिड़चिड़े एवं सांवेगिक रूप से अस्थिर होते हैं। उनमें सांवेगिक उतार-चढ़ाव इतना अधिक होता है कि कभी तो वे अपने बच्चों को किसी व्यवहार के लिए अधिक दुलार-प्यार देते हैं और कभी वे उन्हें उसी व्यवहार के लिए काफी फटकारते हैं। इससे बालकों में मानसिक अस्थिरता आती है और उनका मानसिक स्वास्थ्य बिगड़ने लगता है।

(6) गरीबी (Poverty)—मानसिक स्वास्थ्य पर बालक के परिवार की गरीबी का भी प्रभाव पड़ता है। जो बालक गरीब परिवार से आते हैं, उनके सामने अत्यधिक समस्याएँ होतीं हैं और उनकी मूल शैक्षिक आवश्यकताएँ जैसे किताब, कलम, कागज की आवश्यकता तक पूरी नहीं हो पाती हैं। इसका परिणाम यह होता है कि वे अन्य बालकों से कक्षा में पिछड़ने लगते हैं। वे अपने-आपको अन्य बालकों से हीन समझने लगते हैं। इनमें धीरे-धीरे आत्म-निर्भरता की कमी तथा आत्मदोष की वृद्धि होने लगती है जो उनके मानसिक स्वास्थ्य को खराब कर देता है।

(7) अच्छे पाठ्यक्रम का अभाव (Lack of good curriculum)—जब स्कूल का पाठ्यक्रम अच्छा नहीं होता, तो इससे भी बालकों में मानसिक अस्वस्थता बढ़ती देखी गई है। स्कीन्नर (Skinner, 1967) के अनुसार एक अच्छा पाठ्यक्रम वह पाठ्यक्रम होता है जो छात्रों के बुद्धि-स्तर, अभिक्षमता एवं अभिरुचि के अनुकूल होता है। अक्सर देखा गया है कि शिक्षकगण छात्रों के बौद्धिक स्तर, अभिक्षमता (aptitude) एवं अभिरुचि का बिना खयाल किए ही पाठ्यक्रम तैयार कर लेते हैं और उसे पढ़ने के लिए विवश करते हैं। इससे छात्रों में मानसिक तनाव एवं मानसिक उलझन बढ़ता है और वे धीरे-धीरे मानसिक रूप से अस्वस्थ होते चले जाते हैं। इस ढंग की परिस्थिति आने पर बालकों में स्कूल न जाने की प्रवृत्ति एवं घर से स्कूल के लिए निकलने, परंतु कहीं और चले जाने की प्रवृत्ति भी तीव्र हो जाती है।

(8) प्रतियोगिता का प्रभाव (Impact of competition) —प्रतियोगिता का प्रभाव भी बालकों के मानसिक स्वास्थ्य पर पड़ता है। अकसर इस तरह की प्रतियोगिता एवं प्रतिद्वंद्विता का प्रभाव यह होता है कि बालकों में ईर्ष्या, डाह आदि का भाव उत्पन्न होने लगता है। इतना ही नहीं, जो बालक प्रतियोगिता में सफल नहीं हों पाते, उनकी मानसिक दशा काफी दयनीय इस अर्थ में हो जाती है कि वे अपने-आपको तुच्छ एवं हीन समझने लगते हैं। अपनी योग्यता एवं क्षमता पर उन्हें शक होने लगता है। नतीजतन, उनका मानसिक स्वास्थ्य धीरे-धीरे बिगड़ने लगता है।

(9) अध्यापन विधि (Teaching method)—बालकों के मानसिक स्वास्थ्य पर अध्यापन विधि का भी प्रभाव पड़ता है। कुछ शिक्षक तो ऐसे होते हैं जिनका पढ़ाने का ढंग रोचक होता है तथा छात्र उसमें अपने-आपको खोया हुआ महसूस करता है। ऐसी विधि होने से छात्रों की मानसिकता मजबूत होती है और वे मानसिक रूप से स्वस्थ रहते हैं। परंतु, कुछ शिक्षक ऐसे होते हैं जिनकी पढ़ाई का

ढंग अरोचक होता है तथा छात्र तुरंत ही ऊब (bore) का अनुभव करने लगते हैं। अध्यापन की यह दूसरी विधि मानसिक स्वास्थ्य के ख्याल से उत्तम नहीं मानी जाती है; क्योंकि इससे छात्रों में अन्यमनस्कता (absentmindedness) में वृद्धि होती है जो उन्हें धीरे-धीरे मानसिक अस्वस्थता की खाई में ढकेल देता है।

(10) संगी-साथियों का प्रभाव (Impact of peers)—जब बालक ऐसे संगी-साथियों की संगति में चले जाते हैं जो मानसिक रूप से अस्वस्थ होते हैं, तो उनमें भी मानसिक रूप से अस्वस्थ हो जाने की संभावना तीव्र हो जाती है। बालक ऐसे बालकों की संगति में आकर उनके व्यवहार को उत्तम समझकर उसे सीख लेते हैं और इस तरह वे स्वयं भी मानसिक रूप से अस्वस्थ हो जाते हैं।

स्पष्ट हुआ कि बालकों की मानसिक अस्वस्थता के कई कारण हैं जिनका ज्ञान शिक्षकों से अपेक्षित है। शिक्षकों को इन कारकों की जानकारी से विशेष फायदा यह होगा कि वे कम-से-कम उन कारकों में सुधार ला सकेंगे जो शिक्षक एवं स्कूल से संबंधित हैं तथा जिनके कारण बालकों में मानसिक अस्वस्थता उत्पन्न हो जाती है।

बालकों के मानसिक स्वास्थ्य को उन्नत बनाने में शिक्षक की भूमिका
(Role of Teacher in Improving Mental Health of Children)

छात्रों की मानसिक अस्वस्थता को रोकने तथा मानसिक स्वास्थ्य को बढ़ाने में शिक्षकों की भूमिका सराहनीय है। निम्नलिखित उपायों के माध्यम से शिक्षक बालकों के मानसिक स्वास्थ्य को उन्नत बना सकते हैं—

(1) स्नेहपूर्ण एवं सहानुभूतिपूर्ण व्यवहार (Affectionate and sympathetic behaviour)—छात्र शिक्षकों के स्नेहपूर्ण एवं सहानुभूतिपूर्ण व्यवहार के भूखे होते हैं। शिक्षकों द्वारा इस तरह के व्यवहार मिलने से उन्हें इस ढंग की मानसिक शांति मिलती है जैसे प्यास से तड़पते व्यक्ति को शीतल जल मिलनें पर। जेण्डन (Zanden, 1982) ने अपने अध्ययन में पाया कि जब शिक्षकों द्वारा लगातार बालकों के प्रति स्नेहपूर्ण एवं सहानुभूतिपूर्ण व्यवहार किया जाता है, तो इससे छात्रों में आत्म-सम्मान (self-respect) एवं आत्म-विश्वास बढ़ता है तथा उनका मानसिक स्वास्थ्य मजबूत होता है।

(2) संतुलित पाठ्यक्रम (Balanced curriculum) —शिक्षक छात्रों के मानसिक स्वास्थ्य को एक अच्छा एवं संतुलित पाठ्यक्रम बनाकर भी उन्नत बना सकते हैं। पाठ्यक्रम संतुलित होने से बालक उसे पढ़ने एवं समझने में अभिरुचि दिखाते हैं। इससे उनकी शैक्षिक उपलब्धि (educational achievement) बढ़ती है तथा उनमें आत्म-विश्वास पनपता है और साथ-ही-साथ पनपती है आत्म-निर्भरता। ये दोनों ही कारक छात्रों के मानसिक स्वास्थ्य को बढ़ाने में काफी सक्रिय भूमिका निभाते हैं।

(3) अच्छे अनुशासन पर बल (Emphasis upon good discipline)—शिक्षक छात्रों में अच्छे आत्म-अनुशासन की आदत डालकर उनके मानसिक स्वास्थ्य को मजबूत बना सकते हैं। स्कूल का अनुशासन यदि वे ऐसा रखते हैं जिसका पालन छात्र आसानी से कर पाते हैं तथा साथ-ही-साथ उनमें उत्तरदायित्व की भावना सजग हो उठती है, तो इससे उनके मानसिक स्वास्थ्य के विकास के

लिए अच्छा माहौल तैयार होता है और धीरे-धीरे उनका मानसिक स्वास्थ्य मजबूत होता चला जाता है।

(4) आवश्यकताओं के अनुकूल अध्यापन (Teaching according to needs)—शिक्षकों को चाहिए कि वे अपना अध्यापन कार्य छात्रों की आवश्यकता, अभिरुचि एवं अभिक्षमता (aptitude) के अनुकूल करें। ऐसा होने से छात्र का लगाव शिक्षा के प्रति बना रहेगा और वे अपना मन या ध्यान इधर-उधर की अनर्गल क्रियाओं में नहीं लगाएँगे। इससे उनकी शैक्षिक उपलब्धि में वृद्धि होगी, जिससे उनमें आत्मबल, आत्म-विश्वास जैसे गुण विकसित होंगे और उनका मानसिक स्वास्थ्य उन्नत हो पाएगा।

(5) वैयक्तिक विभिन्नता के सिद्धान्त के अनुकूल व्यवहार (Behaviour according to theory of individual difference)—शिक्षक को वैयक्तिक विभिन्नता के सिद्धान्त के अनुरूप व्यवहार करना चाहिए। दूसरे शब्दों में, शिक्षकों को उन तथ्यों को मद्दे नजर रखते हुए छात्रों के साथ व्यवहार करना चाहिए कि न केवल विभिन्न बालकों की मानसिक क्षमताओं में अंतर होता है बल्कि एक ही बालक की विभिन्न मानसिक क्षमताओं में अंतर होता है। इसका फायदा यह होता है कि प्रत्येक छात्र को शिक्षक से अपनी उम्मीद के अनुरूप ही व्यवहार मिलेगा। इससे उनमें आत्म-संतोष (self-satisfaction) तथा उनकी समायोजन (adjustment) शक्ति बढ़ती है जिससे धीरे-धीरे उनका मानसिक स्वास्थ्य अच्छा होता चला जाता है।

(6) खेल एवं मनोरंजन की व्यवस्था (Provision of play and recreations)—शिक्षक स्कूल में छात्रों के लिए खेल एवं अन्य मनोरंजन की व्यवस्था करके उनमें मानसिक स्फूर्ति, मानसिक ताजगी एवं मानसिक सक्रियता को बढ़ा सकते हैं। खेलकूद एवं मनोरंजन से छात्रों की दमित इच्छाएँ एवं शक्तियाँ बाहर निकल जातीं हैं और उनका मन हल्का हो जाता है। इससे वे अपने अध्ययन में अधिक-से-अधिक मन लगा पाते हैं और उन्हें अपने-आपसे एवं अपने व्यवहारों से काफी संतुष्टि मिलती है। इसका प्रभाव उनके मानसिक स्वास्थ्य पर अच्छा पड़ता है और धीरे-धीरे वह उन्नत होता चला जाता है।

(7) शैक्षिक निर्देशन (Educational guidance)—शिक्षक छात्र को उचित शैक्षिक निर्देशन देकर भी उनके मानसिक स्वास्थ्य को अधिक उन्नत बना सकते हैं। इस तरह के निर्देशन पाकर छात्र उचित विषय एवं पाठ्यक्रमों का चयन कर पाते हैं और तब वे अनावश्यक रूप से अनुचित विषय को ले लेने से उत्पन्न मानसिक तनाव एवं उलझनों से बच जाते हैं। उससे उनके मानसिक स्वास्थ्य पर अच्छा प्रभाव पड़ता है।

(8) व्यक्तिगत निर्देशन (Personal guidance)—अनेक छात्र ऐसे होते हैं जिनकी व्यक्तिगत समस्याएँ एवं उलझनें इतनी अधिक होतीं हैं कि वे काफी कुंठित एवं निराश रहते हैं। शिक्षक ऐसे छात्रों को व्यक्तिगत निर्देशन देकर उनकी कुंठा एवं निराशा को दूर कर सकते हैं या कोई मनोवैज्ञानिक की सेवा उपलब्ध करवाकर उनकी कुंठा एवं निराशा को दूर करने में मदद कर सकते हैं। इस तरह शिक्षक छात्रों की व्यक्तिगत समस्या का हल कर या हल करने में मदद करके उनके मानसिक स्वास्थ्य को उन्नत बना सकते हैं।

(9) अच्छी आदतों का निर्माण (Fostering good habits)—शिक्षक छात्रों में अच्छी आदतों का निर्माण करके उनके मानसिक स्वास्थ्य को उन्नत बना सकते हैं। समय पर स्कूल आना, गृह-कार्य

बनाकर लाना, साफ-सुथरा वस्त्र पहनना, नाखून और बाल न बढ़ने देना, ध्यान से शिक्षक की बातों को सुनना आदि की आदत डालकर उनके मानसिक स्वास्थ्य को उन्नत बना सकते हैं।

(10) व्यावसायिक निर्देशन (Vocational guidance)—शिक्षक छात्रों को व्यावसायिक निर्देशन देकर भी उनके मानसिक स्वास्थ्य को उन्नत बना सकते हैं। अकसर देखा गया है कि छात्रों के पास इतनी योग्यता तथा क्षमता नहीं होती कि वे उन विषयों का चयन कर सकें जिनसे उन्हें भविष्य में किसी व्यवसाय या धंधा में विशेष मदद मिल सकें। इससे उनमें मानसिक तनाव एवं चिन्ता बढ़ जाती है जो उन्हें मानसिक रूप से अस्वस्थ कर देती है। शिक्षक छात्रों को व्यावसायिक निर्देशन देकर उन्हें मानसिक तनाव एवं अनावश्यक चिंता से बचाकर उनके मानसिक स्वास्थ्य को बढ़ावा देते हैं।

स्पष्ट हुआ कि छात्रों के मानसिक स्वास्थ्य को बढ़ावा देने में तथा उसे उन्नत बनाने में शिक्षकों की भूमिका सराहनीय है।

बालकों के मानसिक स्वास्थ्य को उन्नत बनाने में पाठ्यक्रम की भूमिका

(Role of Curriculum in Improving Mental Health of Children)

आम शिक्षा मनोवैज्ञानिकों का मत है कि बालकों के मानसिक स्वास्थ्य को बनाए रखने तथा उसे उन्नत बनाने में पाठ्यक्रम का विशेष महत्त्व है; क्योंकि इन पाठ्यक्रमों से बालकों की आवश्यकताओं, संवेगों, इच्छाओं एवं प्रवृत्तियों की संतुष्टि होती है। इसलिए बालकों के मानसिक स्वास्थ्य को उन्नत बनाने में पाठ्यक्रम से संबंधित कुछ बातें हैं, जिनपर ध्यान देना आवश्यक है। इन बातों में निम्नांकित प्रमुख हैं—

(1) सबसे प्रमुख बात यह है कि पाठ्यक्रम का निर्माण करते समय इस बात का पूरा-पूरा ध्यान शिक्षकों द्वारा देना चाहिए कि यह छात्रों की मुख्य आवश्यकताओं, अभिरुचियों एवं योग्यताओं के अनुकूल हो। इससे छात्रों को अधिक-से-अधिक संतोष मिलेगा तथा उनका मानसिक स्वास्थ्य बुलन्द होगा।

(2) पाठ्यक्रमों में ऐसे तथ्यों को शामिल किया जाना चाहिए जिनसे छात्रों में मानसिक क्षमताओं के विकास के साथ-ही-साथ शारीरिक क्षमताओं का भी विकास हो सके; क्योंकि अच्छे मानसिक स्वास्थ्य का होना भी अनिवार्य है।

(3) पाठ्यक्रम में दृढ़ता का गुण न होकर लचीलापन (flexibility) का गुण होना चाहिए ताकि आवश्यकतानुसार उसमें परिवर्तन करके उसे छात्रों की आवश्यकताओं एवं अभिरुचियों के अनुकूल बनाया जा सके।

(4) पाठ्यक्रम ऐसा होना चाहिए कि उसमें पाठ्येतर क्रियाएँ (extracurricular activities) जैसे संगीत, नाटक, वाद-विवाद, खेलकूद में सभी छात्रों को भाग लेना अनिवार्य हो। इससे छात्रों की मानसिक स्फूर्ति बढ़ती है जो उनके मानसिक स्वास्थ्य को भी धीरे-धीरे प्रबल कर देती है।

(5) पाठ्यक्रम ऐसा हो जिसमें छात्रों की तात्कालिक (immediate) तथा दूर भविष्य में उत्पन्न होनेवाले आवश्यकताओं को पूर्ति करने की पर्याप्त क्षमता विकसित हो जाए। इससे छात्रों को किसी भी स्तर पर कुंठा का शिकार नहीं होना पड़ेगा और तब उनके मानसिक स्वास्थ्य पर भी कोई आघात नहीं पहुँचेगा।

(6) पाठ्यक्रम के अन्तर्गत उन विषयों को भी सम्मिलित करना चाहिए जिनसे छात्रों में नैतिक जागरूकता एवं उत्तरदायित्व की भावना विकसित हो सके। ऐसा होने से भी उनके मानसिक स्वास्थ्य को उन्नत होने का अच्छा माहौल तैयार हो पाएगा।

(7) पाठ्यक्रम तैयार करते समय विशेषज्ञों एवं शिक्षकों को वैयक्तिक विभिन्नता का भी ध्यान रखना चाहिए। दूसरे शब्दों में, पाठ्यक्रम ऐसा होना चाहिए जो सभी स्तर के बालकों के अनुकूल हो। इससे सभी स्तर के बालकों को समान संतुष्टि मिलेगी और उन सभी का मानसिक स्वास्थ्य अच्छा बना रहेगा।

स्पष्ट हुआ कि यदि पाठ्यक्रम उचित एवं उपर्युक्त सुझावों के अनुकूल बनाया जाए, तो इससे छात्रों का मानसिक स्वास्थ्य अधिक उन्नत हो सकेगा।

छात्रों के मानसिक स्वास्थ्य को उन्नत बनाने में स्कूल के अनुशासन का योगदान

(Contribution of School Discipline in Improving the Mental Health of Students)

शिक्षाशास्त्रियों का मत है कि मानसिक स्वास्थ्य पर स्कूल के अनुशासन का भी गहरा प्रभाव पड़ता है। इसलिए छात्रों के मानसिक स्वास्थ्य को उत्तम बनाने के लिए शिक्षकों को अनुशासन-संबंधी उपाय भी करना आवश्यक है। इन उपायों में निम्नांकित प्रमुख हैं—

(1) अनुशासन-संबंधी सबसे महत्त्वपूर्ण बात यह है कि स्कूल का अनुशासन न तो अधिक कठोर एवं सख्त और न ही अधिक ढीला-ढाला होना चाहिए; क्योंकि इन दोनों तरह के अनुशासन का प्रभाव छात्रों के मानसिक स्वास्थ्य एवं मानसिक विकास पर अच्छा नहीं पड़ता।

(2) शिक्षकों को चाहिए कि अनुशासन बनाए रखने में दण्ड का प्रयोग न करें और यदि कभी करना भी पड़े तो वे वहीं करें जहाँ करना नितान्त आवश्यक हो। मनोवैज्ञानिक प्रयोगों से यह स्पष्ट हो गया है कि दण्ड का प्रभाव बालकों के मानसिक स्वास्थ्य में ह्रास लाता है।

(3) शिक्षकों को चाहिए कि वे सत्तावादी अनुशासन (authoritarian discipline) की जगह प्रजातंत्रात्मक अनुशासन (democratic discipline) का प्रयोग करें; क्योंकि सत्तावादी अनुशासन छात्र के मानसिक स्वास्थ्य पर बुरा प्रभाव डालता है जबकि प्रजातंत्रात्मक अनुशासन छात्र की मानसिकता को मजबूत बनाता है।

(4) शिक्षालय में एक 'अनुशासन-कमेटी' (discipline committee) का निर्माण किया जाना चाहिए जिसमें शिक्षक एवं छात्र दोनों के प्रतिनिधि हों। अनुशासन कमेटी द्वारा किया गया फैसला छात्रों को अधिक मान्य होगा; क्योंकि इसमें उनके भी प्रतिनिधि होंगे। इससे छात्रों में अनुशासनपालिता का भाव बढ़ेगा और उनके मानसिक स्वास्थ्य पर अच्छा प्रभाव पड़ेगा।

(5) छात्रों को कक्षा में पढ़ाई-लिखाई के कार्य में शिक्षक को व्यस्त रखना चाहिए। अवकाश के समय में छात्रों के मनोरंजन के साधनों का भरपूर इंतजाम होना चाहिए। इससे छात्रों को अनुशासन भंग करने का मौका नहीं मिलेगा तथा साथ-ही-साथ उनका पर्याप्त मानसिक विकास होगा और मानसिक स्वास्थ्य उत्तम होगा।

(6) शिक्षकों को भी चाहिए कि वे छात्रों को समान नजर से देखें। वे उनमें जाति, धर्म, परिचय आदि के नाम पर कोई भेद-भाव नहीं करें। इससे छात्रों का मनोबल बढ़ेगा तथा उनमें शिक्षकों के प्रति आदर का भाव भी तीव्र होगा। इसका परिणाम यह होगा कि उनमें अनुशासनपालिता का भाव मजबूत होगा और उनका मानसिक स्वास्थ्य उत्तम बनेगा।

इस तरह हम देखते हैं कि बालकों के मानसिक स्वास्थ्य को उत्तम बनाने में अनुशासन-संबंधी उपाय भी काफी महत्त्वपूर्ण हैं।

अध्याय-सारांश
[Chapter Summary]

1. जब व्यक्ति किसी कारण से अपनी आवश्यकताओं एवं इच्छाओं तथा वातावरण के उन कारकों, जिनसे उन आवश्यकताओं की संतुष्टि होती है, के बीच एक सही संतुलन बनाए रखने में असमर्थ होता है, तो इसे कुसमायोजन (maladjustment) की संज्ञा दी जाती है। कुसमायोजन छात्रों में भी हो सकता है तथा शिक्षकों में भी। कुसमायोजन के तीन लक्षण हैं—शारीरिक लक्षण, व्यवहारात्मक लक्षण एवं सांवेगिक लक्षण।
2. बालकों में कुसमायोजन के कई कारण बताए गए हैं। ऐसे दस प्रमुख कारणों पर बल डाला गया है।
3. मानसिक स्वास्थ्य विज्ञान (mental hygiene) एक ऐसा विज्ञान है जो व्यक्तियों में मानसिक स्वास्थ्य को सुदृढ़ रखने तथा मानसिक बीमारी को न होने देने संबंधी तथ्यों को उजागर करता है।
4. मानसिक स्वास्थ्य विज्ञान का मुख्य उद्देश्य व्यक्तियों को अपनी अन्तःशक्तियों से अनुभव कराना, मानसिक स्वास्थ्य की सुरक्षा, मानसिक बीमारियों का निरोध एवं मानसिक रोग का उपचार, लोगों के आत्म विश्वास में परिवर्तन लाना, मानसिक अस्पताल की अवस्थाओं में सुधार लाना आदि है।
5. मानसिक स्वास्थ्य (mental health) एक तरह का समायोजी व्यवहार है जो व्यक्ति को जिन्दगी के सभी प्रमुख क्षेत्रों जैसे सांवेगिक (emotional), सामाजिक (social) एवं शैक्षिक (educational) आदि में सफलतापूर्वक समायोजन करने में मदद करता है। मानसिक रोग वातावरण के साथ कुसमायोजी व्यवहार (maladaptive behaviour) को कहा जाता है।
6. मानसिक रूप से स्वस्थ व्यक्तियों की कई विशेषताएँ होतीं हैं। ऐसी बारह विशेषताओं पर प्रकाश डाला गया है।
7. मानसिक स्वास्थ्य कई कारकों द्वारा प्रभावित होता है जिनमें घरेलू वातावरण, स्कूल का वातावरण, वास्तविक मनोवृत्ति की कमी, शारीरिक स्वास्थ्य, माता-पिता का मानसिक रोग से पीड़ित होना, मुख्य आवश्यकताओं की संतुष्टि आदि प्रधान हैं।

8. मानसिक रूप से स्वस्थ शिक्षक की मुख्य रूप से दो तरह की विशेषताएँ होती हैं—व्यक्तिगत विशेषताएँ एवं व्यावसायिक विशेषताएँ। इन दोनों तरह की विशेषताओं के प्रत्येक बिन्दु को अलग-अलग उजागर किया गया है।
9. मानसिक रूप से अस्वस्थ शिक्षक के भी कई लक्षण बताए गए हैं। ऐसे चौदह लक्षणों पर प्रकाश डाला गया है।
10. शिक्षक की मानसिक अस्वस्थता के कई कारक हैं जिनमें शारीरिक कारक, आर्थिक कारक, शैक्षिक कारक, आनुवंशिकता, सामाजिक कारक एवं मनोवैज्ञानिक कारक प्रधान हैं।
11. शिक्षकों के मानसिक स्वास्थ्य को सुधारने के कई उपाय बताए गए हैं जिनमें छह प्रमुख उपायों का वर्णन किया गया है।
12. बालकों की मानसिक अस्वस्थता के भी कई कारण हैं जिनमें दस कारकों पर बल डाला गया है।
13. बालकों के मानसिक स्वास्थ्य को उन्नत बनाने में शिक्षक, स्कूल का अनुशासन तथा पाठ्यक्रम (curriculum) की भूमिका सराहनीय बताई गई है।

❑

अध्याय 28

अनुशासन एवं शिक्षा
[DISCIPLINE AND EDUCATION]

मुख्य बिंदु (Main Points)

1. अनुशासन का अर्थ एवं स्वरूप (Meaning and Nature of Discipline)
2. अनुशासन के उद्देश्य एवं लक्ष्य (Objectives and Aims of Discipline)
3. अनुशासन को प्रभावित करनेवाले कारक (Factors Influencing Discipline)
4. अनुशासन शिक्षण की प्रविधियाँ (Techniques of Teaching Discipline)
5. छात्रों में अनुशासनहीनता के सामान्य कारण (General causes of Indiscipline among Students)
6. अनुशासनहीनता को रोकने के उपाय (Measures of Preventing Indiscipline)

अनुशासन का अर्थ एवं स्वरूप
(Meaning and Nature of Discipline)

'अनुशासन' एक ऐसा पद है जिसे विभिन्न अर्थों में प्रारंभ से ही लोगों ने प्रयोग किया है। 'अनुशासन' पद का अँगरेजी रूपान्तर 'Discipline' है जो 'Disciple' से बना है तथा 'Disciple' का अर्थ होता है शिष्य या चेला। शिष्य अपने गुरु से उन तरीकों, नियमों एवं विधियों को सीखता है जिनसे उसकी जिन्दगी में खुशी एवं कर्तव्यनिष्ठा का गुण विकसित हो सके। इस अर्थ में हॉफमैन (Holfman, 1970) ने अनुशासन को परिभाषित करते हुए कहा है कि सामाजिक समूह द्वारा अनुमोदित नैतिक व्यवहार को बालकों को सिखाना ही अनुशासन है।

सचमुच अनुशासन का आज जो अर्थ शिक्षा मनोवैज्ञानिकों ने लगा रखा है वह पहले के अर्थ से काफी भिन्न है। अतः, यह आवश्यक है कि अनुशासन के स्वरूप को समझने के लिए उसकी व्याख्या ऐतिहासिक पृष्ठभूमि (historical background) में की जाए। 19वीं शताब्दी में अनुशासन का अर्थ शिक्षक दण्ड (punishment) एवं सख्ती (strictness) से लगाते थे। जब भी वे बालकों को अनुशासित करने की बात करते थे, तो वे बालकों को दण्ड देते थे तथा उनके साथ सख्ती से पेश आते थे। अतः, उस समय अनुशासन का अर्थ दण्ड एवं सख्ती था। शिक्षकों का मत था कि दण्ड देने एवं सख्ती बरतने से छात्रों का दुर्व्यवहार समाप्त हो जाएगा और वे ठीक ढंग से व्यवहार करेंगे।

20वीं शताब्दी के आरंभ में प्रगतिशील शिक्षा आंदोलन (Progressive Education Movement) प्रारंभ हुआ जिसके अनुसार दण्ड एवं सख्ती को समस्यात्मक व्यवहार का कारण, न कि समाधान (solutions) माना जाने लगा। इस आंदोलन का मुख्य विचार यह था कि दण्ड से बालकों में डर उत्पन्न होता है और डर से उनमें विभिन्न तरह की बचाव प्रतिक्रियाएँ (defensive reactions) शुरू हो जातीं हैं और इससे फिर बालक दण्ड के भागी बन जाते हैं। अतः, दण्ड के इस दूषित चक्र (vicious circle) को तोड़कर अनुशासन को कुछ धनात्मक पहलुओं (positive dimensions) के आधार पर परिभाषित करने की कोशिश की गई। वैसे शिक्षक जो प्रगतिशील शिक्षा आन्दोलन के समर्थक थे, का कहना था कि छात्रों को पर्याप्त स्वतंत्रता (freedom), अनुज्ञात्मकता (permissiveness) तथा अभिरुचि (interest) प्रदान करनेवाली परिस्थिति में रखना चाहिए। इन समर्थकों में फ्रॉबेल (Frobel), पेस्टालॉजी (Pestalozy) एवं मॉण्टेसरी (Montessori) आदि का नाम अधिक उल्लेखनीय है। इनलोगों का मत है कि बालकों को उचित अनुशासन तथा शिक्षा के लिए उन्हें एक ऐसे वातावरण में रखना आवश्यक है जहाँ उन्हें पूरी स्वतंत्रता हो तथा जहाँ वे अपनी अभिरुचि के अनुसार समस्याओं का समाधान कर सकें। इस विचारधारा की पूर्वकल्पना (fundamental assumption) यह थी कि बालक मूलतः अच्छे स्वभाव के होते हैं जिन्हें अनुशासित करने के लिए उनपर किसी प्रकार की सख्ती की जरूरत नहीं होती, बल्कि एक स्वतंत्र एवं खुले वातावरण की जरूरत होती है जहाँ वे अपनी इच्छा एवं अभिरुचि के अनुकूल कार्य कर सकें तथा कुछ सीख सकें। इस ढंग की परिस्थिति होने से छात्र कोई अनुशासनहीनता की समस्या नहीं खड़ी करेंगे और वे स्वयं ही अनुशासित हो जाएँगे।

परंतु, आधुनिक शिक्षा मनोवैज्ञानिकों को उपर्युक्त दोनों विचारधाराएँ (19वीं शताब्दी एवं 20वीं शताब्दी के आरंभ की) मान्य नहीं हैं और इन्होंने अनुशासन को एक-दूसरे ढंग से परिभाषित करने की कोशिश की है। रिली तथा लेविस[1] (Reilly & Lewis, 1983) ने अनुशासन की एक अति आधुनिक एवं विस्तृत परिभाषा दी है जिससे करीब-करीब सभी आधुनिक शिक्षा मनोवैज्ञानिकों एवं शिक्षाशास्त्रियों ने अपनी सहमति व्यक्त की है। इसके अनुसार, "कक्षा में व्यवहार-संबंधी समस्याओं से निबटना तथा उसका निवारण करना ही अनुशासन है। ... वर्तमान समय में अनुशासन से तात्पर्य नियंत्रण (विशेषतः आत्मनियंत्रण), बोध, उद्देश्य-उन्मुखी, निर्देशात्मक निवारण एवं संगठित उदात्तीकरण (organized sublimation) से होता है।"

इस परिभाषा का विश्लेषण करने पर हमें अनुशासन (discipline) के स्वरूप के बारे में निम्नांकित मुख्य तथ्य प्राप्त होते हैं—

(i) अनुशासन में मुख्य मुद्दा व्यवहार-संबंधी समस्याएँ होतीं हैं।

(ii) इसमें ऐसी समस्याओं से निबटने एवं उन्हें रोकने की पर्याप्त कोशिश की जाती है।

(iii) अनुशासन का संबंध छात्रों में आत्मनियंत्रण (self-control) की क्षमता विकसित करने से होता है।

---

1. "Discipline is defined as the prevention of, and the handling of, behaviour problems in the classroom.... At present, discipline is seen as control (especially self-control), understanding, goal orientation, referral, prevention and organized sublimation."—Reilly & Lewis, *Educational Psychology*, 1983, p. 594-95

(iv) अनुशासन में बालकों के व्यवहारों, उनके प्रमुख अभिप्रेरकों (motives), भावनाओं (feelings) एवं अभिरुचियों को समझने की कोशिश की जाती है ताकि आसानी से उनकी समस्याओं को समझा जा सके। यथासंभव छात्रों को नियमों, अनुशासनात्मक कार्यो, अधिनियमों (regulations) के बनने के कारणों की भी समझ या बोध (understanding) होनी चाहिए।

(v) अनुशासन निर्देशात्मक (referral) होता है। इसका मतलब यह हुआ कि अनुशासन भंग करनेवाले छात्रों को प्रायः किसी मनोवैज्ञानिक, परामर्शदाता (counsellor) तथा विशेषज्ञ के पास उनके व्यवहार-संबंधी समस्याओं के निराकरण के लिए भेजा जाता है। इसके पीछे पूर्वकल्पना (assumption) यह होती है कि छात्र के ऐसे व्यवहारों का कोई-न-कोई कारण अवश्य ही होगा।

(vi) अनुशासन में निवारण (prevention) की अहमियत होती है। शिक्षक छात्रों को उचित स्नेह देकर, अच्छा अध्यापन (teaching) करके तथा उनकी आवश्यकताओं (needs) एवं अभिरुचियों (interests) को समझकर उनके व्यवहार-संबंधी समस्याओं को उत्पन्न होने से ही रोक सकते हैं।

(vii) अनुशासन में उद्देश्योन्मुखी (goal orientation) व्यवहार की भी भूमिका होती है। शिक्षक यदि प्रत्येक छात्र की आवश्यकता के अनुरूप उसके लक्ष्य (goal) से उसे अवगत करा देते हैं और उस लक्ष्य तक पहुँचने के लिए पर्याप्त पथ प्रशस्त कर देते हैं, तो इससे स्वभावतः छात्र में समस्या-संबंधी व्यवहार कम जाता है और छात्र अनुशासित हो जाते हैं।

(viii) अनुशासन का संबंध संगठित उदात्तीकरण (organized sublimation) से भी होता है। संगठित उदात्तीकरण से तात्पर्य स्कूल के समय को इस ढंग से नियोजित करने से होता है कि सभी छात्रों का अन्र्तोद (drives) या अभिप्रेरण की अभिव्यक्ति अनुमोदित तरीकों से हो सके। दूसरे शब्दों में, स्कूल के समय को इस ढंग से सुनियत (scheduling) करना चाहिए कि छात्र हमेशा व्यस्त रहें और उनके पास किसी तरह के समस्यात्मक व्यवहार करने का न तो समय हो और न ही शक्ति (energy)।

स्पष्ट हुआ कि अनुशासन का स्वरूप बहुविमीय (multidimensional) है तथा आधुनिक शिक्षा मनोवैज्ञानिकों के अनुसार अनुशासन एक इतना व्यापक पद है कि इसमें कई तरह के तथ्य सम्मिलित हैं।

अनुशासन के उद्देश्य एवं लक्ष्य (Objectives and Aims of Discipline)

आधुनिक शिक्षा मनोवैज्ञानिकों के अनुसार अनुशासन के मुख्य उद्देश्य (aims) एवं लक्ष्य निम्नांकित हैं—

(i) **आत्मनियंत्रण की क्षमता विकसित करना** (To develop the ability of self-control)— अनुशासन का सबसे मुख्य उद्देश्य बालकों में आत्म-नियंत्रण की क्षमता विकसित करना है। इसके अभाव में छात्र तरह-तरह के समस्यात्मक-व्यवहार, जैसे चोरी करना, लड़ाई करना, धोखेबाजी करना आदि सीखकर अनुशासनहीनता की समस्या खड़ी कर देते हैं। अतः, अनुशासन का मुख्य उद्देश्य बालकों में आत्म-नियंत्रण का शीलगुण विकसित करना होता है तथा उन्हें आत्म-अनुशासित (self-disciplined) कर देना होता है, ताकि वे अपने-आपको इस योग्य बना सकें कि वातावरण की

आवश्यकता के अनुसार एवं समाज के मानकों (norms) के अनुकूल व्यवहार करने में हर परिस्थिति में सक्षम हों।

(ii) व्यवहार-संबंधी समस्याओं का निवारण (Prevention of behaviour problems)—अनुशासन का एक उद्देश्य छात्रों की व्यवहार-संबंधी समस्याओं का निवारण करना है। कक्षा में शिक्षक छात्रों के सामने अच्छी सामग्रियों (materials) को समझने लायक भाषा में उपस्थित कर तथा उनकी आवश्यकताओं एवं अभिरुचि के अनुरूप व्यवहार करके उनमें किसी प्रकार की शरारत या व्यवहार-संबंधी समस्या उत्पन्न करने का मौका ही नहीं देते।

(iii) उदार मनोवृत्ति का विकास (Development of democratic attitude)—आधुनिक समय में अनुशासन का उद्देश्य छात्रों में स्कूल के अधिकारियों एवं शिक्षकों के प्रति तथा माता-पिता के प्रति उदार मनोवृत्ति विकसित करना होता है। अतः, आजकल छात्रों को अनुशासित करने का एक लक्ष्य यह भी रहता है कि इनलोगों द्वारा दिए गए सुझावों, आदेशों एवं परामर्शों को स्वेच्छा से मानकर वे उनके अनुकूल व्यवहार करने लगें।

(iv) छात्रों में उत्तम आचरण उत्पन्न करना (To produce good manners among students)—अनुशासन का उद्देश्य छात्रों में एक ऐसा आचरण एवं तौर-तरीका सिखाना होता है कि वे कक्षा के बाहर एवं भीतर दोनों ही परिस्थितियों में एक अनुशासित छात्र के रूप में देखे जा सकें। उन्हें अन्य लोगों द्वारा एक आदर्श मॉडल (ideal model) के रूप में देखा जा सके।

(v) छात्रों की वास्तविक जिन्दगी में खुशी उत्पन्न करना एवं उत्तम समायोजन करने में मदद करना (To help in making better adjustment and producing happiness in real life of students)—रिली (Reilly, 1984) के अनुसार आधुनिक स्कूल में किए जा रहे अनुशासन- संबंधी प्रयासों का एक उद्देश्य छात्रों की प्रमुख आवश्यकताओं एवं अभिरुचियों के अनुरूप व्यवहार कर उन्हें अपने वातावरण के साथ उत्तम समायोजन करने में मदद करना है। जब छात्र उत्तम समायोजन कर पाते हैं तो इससे उन्हें खुशी मिलती है और वे और भी अधिक उत्तम समायोजन करने के लिए प्रेरित होते हैं।

स्पष्टतः अनुशासन का उद्देश्य एवं लक्ष्य छात्रों में आत्मनियंत्रण एवं आत्म-अनुशासन का गुण पैदा करके उन्हें एक सफलीभूत जीवन व्यतीत करने में मदद करना होता है।

अनुशासन को प्रभावित करनेवाले कारक (Factors Influencing Discipline)

अनुशासन कई कारकों द्वारा प्रभावित होते हैं। स्कूल में छात्रों के अनुशासन को प्रभावित करनेवाले कारकों को मूलतः दो भागों में बाँटा गया है—

(क) औपचारिक कारक (Formal factors) तथा

(ख) अनौपचारिक कारक (Informal factors)।

इन दोनों कारकों का वर्णन निम्नांकित है—

(क) औपचारिक कारक (Formal factors)—औपचारिक कारक से तात्पर्य उन कारकों से होता है जिनका संबध पाठ्यक्रम (curriculum), शिक्षालय तथा उसके वातावरण से प्रत्यक्ष रूप से होता है। अतः, कक्षा में छात्रों के अनुशासन पर इन कारकों का सीधा प्रभाव पड़ता है। ऐसे कारकों में अग्रलिखित प्रमुख हैं—

(1) **पाठ्यक्रम** (Curriculum)—छात्रों को अनुशासित बनाने में पाठ्यक्रम का सीधा प्रभाव पड़ता है। यदि पाठ्यक्रम छात्रों के बौद्धिक स्तर, अभिरुचि एवं अभिक्षमता के अनुकूल होता है, तो वे अपने-आपको उस पाठ्यक्रम में काफी व्यस्त रखते हैं और उन्हें कोई दुर्व्यवहार (misbehaviour) करने का मौका ही नहीं मिलता और न ही उनके पास ऐसे व्यवहारों के लिए कोई अतिरिक्त शक्ति ही बच जाती है। परंतु, यदि पाठ्यक्रम छात्रों की अभिरुचि एवं बौद्धिक स्तर के विपरीत होता है, तो इससे छात्रों का मन उसमें नहीं लगता और वे तरह-तरह की शरारत एवं दुर्व्यवहार करके अनुशासन से संबंधित समस्या उत्पन्न कर देते हैं।

(2) **अध्यापन विधि** (Teaching method)—छात्रों का अनुशासित होना या न होना शिक्षक की अध्यापन विधि पर भी निर्भर करता है। कुछ शिक्षकों की अध्यापन विधि अधिक उपयुक्त (appropriate) एवं आकर्षक (attractive) होती है। फलस्वरूप, छात्र उनके प्रति अधिक आकर्षित एवं अपने-आपको उसमें पूर्णतः व्यस्त रखते हैं। इसका परिणाम यह होता है कि वे कक्षा में पूर्णतः अनुशासित रहते हैं। दूसरी तरफ, कुछ शिक्षक ऐसे होते हैं जिनके पढ़ाने का ढंग एवं विधि अरोचक होता है और छात्र तुरंत ही ऊब जाते हैं। ऐसी परिस्थिति में वे कक्षा में दुर्व्यवहार करना प्रारंभ कर देते हैं और अनुशासन की समस्या उठ खड़ी होती है। जॉन्सन (Johnson, 1969) ने अपने अध्ययन से इस तथ्य की पुष्टि की है।

(3) **शिक्षक के शीलगुण** (Traits of a teacher)—स्कूल में छात्रों के अनुशासन पर शिक्षक के शीलगुण एवं उनके व्यवहार का पूरा असर पड़ता है। अगर शिक्षक में ईमानदारी, कर्तव्यनिष्ठा, छात्रों में भेदभाव न बरतने की प्रवृत्ति आदि जैसे शीलगुण होते हैं, तो छात्र काफी अनुशासित होते हैं तथा शिक्षकों की कद्र भी करते हैं। परंतु, यदि शिक्षक खुलेआम छात्रों के बीच भेद-भाव करते हैं, अकारण ही उन्हें डाँटते रहते हैं, शिक्षक में प्रवीणता एवं सामर्थ्यता की पर्याप्त कमी होती है, उनमें शब्दिक अभिव्यक्ति (verbal expression) की क्षमता कम होती है, तो इससे छात्रों में अनुशासित रहने का धैर्य टूट जाता है और वे दुर्व्यवहार करने पर उतारू हो उठते हैं।

(4) **उचित पुरस्कार एवं उचित दण्ड** (Proper reward and proper punishment)—स्कीन्नर (Skinner, 1969) ने अपने अध्ययन के आधार पर यह बताया है कि यदि छात्रों को शिक्षालय में किए गए व्यवहारों के लिए उचित पुरस्कार दिया जाता है तथा उनके दुर्व्यवहार के लिए उन्हें उचित दण्ड दिया जाता है, तो इससे छात्रों में अनुशासन की कोई समस्या उत्पन्न नहीं होती तथा छात्र काफी अनुशासित तो रहते ही हैं साथ-ही-साथ उनमें आत्म-संतोष (self-satisfaction) भी काफी होता है।

(5) **कक्षा का भौतिक वातावरण** (Physical environment of the class)—छात्रों के अनुशासन पर कक्षा के भौतिक वातावरण का भी प्रभाव पड़ता है। यदि कक्षा में रोशनी, हवा, छात्रों की संख्या, बैठने के लिए आरामदेह बेंच एवं डेस्क आदि का पर्याप्त प्रबन्ध होता है, तो इससे छात्रों को अनुशासनहीन व्यवहार करने का मौका ही नहीं मिलता और वे अपने-आपको काफी अनुशासित रखते हैं। परंतु, इन सुविधाओं के नहीं होने से छात्रों में अनुशासनहीनता की समस्या तीव्र हो जाती है और वे तरह-तरह के दुर्व्यवहार (misbehaviour) करना प्रारंभ कर देते हैं। इतना ही नहीं, अध्ययनों से यह भी पता चला है कि कक्षा का भौतिक वातावरण दोषपूर्ण रहने से शिक्षकगण भी अनुशासनहीन होना शुरू हो जाते हैं।

(6) पर्यवेक्षण (Supervision)—जिस स्कूल में छात्रों का ठीक ढंग से देख-रेख एवं पर्यवेक्षण किया जाता है, वे अनुशासित होते हैं और उनमें आत्म-निर्देश (self-direction) की क्षमता अधिक होती है। दूसरी तरफ, जिस स्कूल में छात्रों की देख-रेख एवं पर्यवेक्षण की ओर शिक्षकों या स्कूल अधिकारियों का कोई ध्यान नहीं रहता, वहाँ के बच्चों में अनुशासनहीनता की समस्या अधिक होती है।

(7) स्कूल में छात्रों की संख्या (Number of students in school)—यदि स्कूल में छात्रों की संख्या काफी अधिक होती है और उस अनुपात में योग्य शिक्षक नहीं होते, तो वैसे स्कूल में अनुशासनहीनता की समस्या अधिक हो जाती है और छात्र को दुर्व्यवहार करने का खुलकर मौका मिलता है; क्योंकि उसपर रोक लगानेवाले व्यक्ति अर्थात शिक्षक तो होते नहीं हैं। दूसरी तरफ, जहाँ छात्रों की संख्या कम होती है या जहाँ शिक्षक-छात्र अनुपात (teacher-student ratio) उचित (proper) होता है, वहाँ के छात्र अधिक अनुशासित होते हैं क्योंकि वे शिक्षकों के नियंत्रण में होते हैं।

(8) पाठ्यपुस्तक (Textbooks)—कुछ ऐसे अध्ययन हुए हैं जिनसे यह पता चला है कि पाठ्यपुस्तकों का भी प्रभाव छात्रों के अनुशासन पर पड़ता है। विन्नर एवं रिप्पेन (Winner & Rippen, 1990) ने अपने अध्ययन में पाया है कि जब पाठ्यपुस्तकें ऐसी होतीं हैं जिनमें तथ्यों को यथार्थ ढंग से सुगम एवं सरल भाषा में उपस्थित किया जाता है, तो छात्र उसे पढ़ने में रुचि दिखाते हैं और साथ-ही-साथ वे अपने-आपको काफी अनुशासित रखते हैं। दूसरी तरफ, यदि पाठ्यपुस्तक में तथ्यों का ठीक ढंग से वर्णन नहीं किया जाता तथा साथ-ही-साथ भाषा जटिल एवं क्लिष्ट होती है, तो स्वभावतः उसके पढ़ने में छात्रों की अभिरुचि अधिक नहीं होती और वे अनुशासनहीनता की ओर कदम बढ़ाने लगते हैं।

(ख) अनौपचारिक कारक (Informal factors)—अनौपचारिक कारक से तात्पर्य उन कारकों से होता है जिसका संबध शिक्षा से परोक्ष रूप से होता है, परंतु वे छात्रों के व्यवहारों को पर्याप्त मात्रा में प्रभावित करते हैं। इससे स्कूल के अनुशासन पर परोक्ष रूप से प्रभाव पड़ता है। ऐसे प्रमुख कारक निम्नांकित हैं—

(1) घरेलू वातावरण (Home environment)—छात्रों के अनुशासन पर परोक्ष रूप से प्रभाव डालनेवाले कारकों में घरेलू वातावरण का सबसे प्रमुख स्थान है। यदि किसी छात्र का घरेलू वातावरण ऐसा है, जहाँ उनके माता-पिता का आपसी संबंध, उनका अपने बच्चों के साथ संबंध, बच्चों का आपस में संबंध एवं परिवार के अन्य सदस्यों का बच्चों के साथ संबंध मधुर एवं स्नेहपूर्ण है, तो ऐसा छात्र स्कूल में भी काफी अनुशासित रहता है तथा उसमें आत्म-संतोष अधिक होता है। दूसरी तरफ, यदि घरेलू वातावरण ठीक इसके विपरीत होता है, तो वह छात्र स्कूल में काफी अनुशासनहीन होता है और तरह-तरह के दुर्व्यवहार करता पाया जाता है।

(2) परिवार की सामाजिक-आर्थिक स्थिति (Socio-economic status of family)—यदि छात्र के परिवार की सामाजिक-आर्थिक स्थिति अच्छी होती है, तो ऐसे बालकों में आत्म-विश्वास एवं आत्म-बल अधिक होता है और वे स्कूल में काफी अनुशासित होते हैं। दूसरी तरफ, परिवार की सामाजिक-आर्थिक स्थिति खराब होने से बालकों की अधिकतर आवश्यकताएँ अधूरी रह जातीं हैं और वे स्कूल में गंभीर रूप से अनुशासनहीनता की समस्या उत्पन्न कर देते हैं। बैकमैन (Backman, 1983) ने अपने अध्ययन के आधार पर इसकी पुष्टि की है।

(3) पास-पड़ोस (Neighbourhood)—बालकों के अनुशासन पर उसके पास-पडोस का भी असर पड़ता है। यदि पास-पड़ोस ऐसा है जहाँ अनुशासनहीन एवं चरित्रहीन बालकों की भरमार है तो बालक में अनुशासनहीनता विकसित होने की संभावना अधिक हो जाती है। परंतु, पास-पडोस के बच्चे यदि अनुशासित एवं चरित्रवान हैं, तो बालक में अनुशासन के विकास में महत्त्वपूर्ण सहयोग मिलता है।

(4) साथीगण (Peers)—बालकों के अनुशासन पर उनके साथियों का भी प्रभाव पड़ता है। वे अपने साथियों के साथ तरह-तरह के खेल खेलते हैं तथा नियमपालिता, विश्वसनीयता, आत्म-निर्भरता-जैसे गुणों का विकास भी अपने में करते हैं। इन गुणों के विकास हो जाने से बालक कक्षा में काफी अनुशासित रहते हैं। इस तरह खेल के माध्यम से सीखे गए अनुशासन द्वारा कक्षा का अनुशासन प्रभावित हो जाता है।

(5) सामाजिक मानक (Social norms)—कक्षा में छात्र कहाँ तक अनुशासित रहता है, यह बहुत कुछ इस बात भी निर्भर करता है कि उस समाज के मानक (norms) (जिसमें छात्र पाला-पोसा गया है) में अनुशासित रहने पर कितना बल डाला जा रहा है। यदि मानक ऐसा है जिसमें अनुशासित रहने के लिए काफी सख्ती बरती जाती है, तो ऐसे समाज से आनेवाले बालक भी कक्षा में अनुशासित रहते हैं। दूसरी तरफ, यदि सामाजिक मानक में अनुशासित रहने या न रहने में कोई विभेद नहीं किया जाता, तो ऐसे समाज से आनेवाले बालक कक्षा में लापरवाह होते हैं और उनमें अनुशासनहीनता स्पष्ट रूप से झलकती है।

स्पष्ट हुआ कि छात्रों के अनुशासन को प्रभावित करनेवाले कई कारक हैं। इन कारकों का ज्ञान शिक्षकों को विशेष रूप से होना चाहिए; क्योंकि अनुशासन की बागडोर उन्हीं के कन्धों पर होती है।

अनुशासन शिक्षण की प्रविधियाँ
(Techniques of Teaching Discipline)

छात्रों को अनुशासित रखने के लिए तीन तरह की प्रविधियों का सहारा लिया जाता है—

(क) सत्तावादी प्रविधियाँ (Authoritarian techniques)

(ख) अनुमतिबोधक प्रविधियाँ (Permissive techniques) तथा

(ग) प्रजातंत्रात्मक प्रविधियाँ (Democratic techniques)।

इन तीनों तरह की प्रविधियों द्वारा छात्रों में अनुशासन सिखाया जाता है। इन प्रविधियों का वर्णन निम्नांकित है—

(क) सत्तावादी प्रविधियाँ (Authoritarian techniques)—सत्तावादी प्रविधि वैसी प्रविधि को कहा जाता है जहाँ बालकों पर नियंत्रण दण्ड, सख्ती (strictness) आदि से किया जाता है तथा वे इससे डरकर अनुशासित रहना सीख लेते हैं। शिक्षा मनोवैज्ञानिकों ने सत्तावादी प्रविधि (authoritarian techniques) की निम्नांकित विशेषताएँ बताई हैं—

(1) इसमें सख्त नियम एवं नियमावली के पालन पर अधिक जोर डाला जाता है।

(2) बालकों के विचार एवं व्यवहार में स्वतंत्रता नहीं होती है।

(3) बालकों में सम्पूर्णता (perfection) पर जरूरत से ज्यादा बल डाला जाता है।

(4) बालकों को उनकी गलतियों के लिए अत्यधिक कोसा जाता है तथा उनकी भर्त्सना की जाती है।

(5) बालकों की इच्छाओं का आदर नहीं किया जाता।

(6) बालकों के व्यवहार को दण्ड के माध्यम से नियंत्रित किया जाता है।

(7) बालकों के सामने ऊँचे-ऊँचे लक्ष्य (goal) रखे जाते हैं।

(8) बालकों को महत्त्वपूर्ण निर्णय में भागीदारी नहीं दी जाती।

(9) जब बालक कोई अच्छा काम करता है, तो उसकी प्रशंसा नहीं की जाती तथा उसे कोई विशिष्टता भी नहीं दी जाती।

(10) हर हालत में शारीरिक दण्ड (corporal punishment) के सहारे ही बालकों के व्यवहार को नियंत्रित करने की कोशिश को सराहनीय समझा जाता है।

अध्ययनों से पता चला है कि सत्तावादी माता-पिता, शिक्षक या अभिभावक अपने बालकों में इन प्रविधियों के सहारे अनुशासनपालिता का गुण तो विकसित कर देते हैं, परंतु इसका प्रभाव व्यक्तित्व विकास (personality development) पर बुरा पड़ता है। स्वार्ज (Schwartz, 1975), स्कीन्नर (Skinner, 1977), क्रो (Crow, 1978) के अध्ययनों से पता चला है कि सत्तावादी अनुशासन प्रविधियों का कुछ कुप्रभाव व्यक्तित्व विकास पर पड़ता है। इन प्रभावों में निम्नांकित प्रमुख हैं—

(1) ऐसे बालक को अपना वातावरण बैरपूर्ण (hostile) लगता है और वे भी उसके प्रति बैरपूर्ण व्यवहार शुरू कर देते हैं। ऐसे बालकों के अपराधी बालक (delinquent child) बन जाने की संभावना तीव्र-से-तीव्रतर हो जाती है।

(2) ऐसे बालक शिक्षकों एवं माता-पिता के प्रति विद्रोह करनेवालों में होते हैं।

(3) ऐसे बालक कल्पना के आधार पर अपनी एक अलग दुनिया कायम रखते हैं जिसमें वे खोए-खोए रहते हैं।

(4) अपना क्रोध एवं आक्रामकता को अपनी ही ओर करने की प्रवृत्ति अधिक तीव्र होती है। फलतः, इनमें आत्महत्या की प्रवृत्ति अधिक होती है।

(5) ऐसे बालक भीतर से काफी व्यथित एवं दुःखी होते हैं।

(6) ऐसे बालकों में आत्म-विश्वास (self-confidence) की कमी पाई जाती है तथा अपने-आपको बेकार एवं योग्यताहीन समझते हैं।

(7) ऐसे बालकों में लड़ने-झगड़ने की प्रवृत्ति अधिक तीव्र होती है।

(8) ऐसे बालक शक्की, सबसे अलग रहनेवाले एवं अन्तर्मुखी (introvert) हो जाते हैं।

(9) ऐसे बालकों में सत्तावादी व्यक्तित्व (authoritarian personality) के शीलगुण विकसित हो जाते हैं।

(10) ऐसे बालकों में समायोजनशीलता (adjustibility) का गुण नहीं होता।

(ख) अनुमतिबोधक प्रविधि (Permissive techniques)—अनुमतिबोधक प्रविधि वह प्रविधि होती है जिसमें सच पूछा जाए तो अनुशासन के सिखाने पर कोई बल नहीं डाला जाता एवं छात्र को किसी तरह का नियम सचेत होकर नहीं सिखाया जाता। वे स्वयं ही अपने व्यवहारों के माध्यम से कुछ-न-कुछ सीख लेते हैं। इसमें दण्ड, सख्ती जैसी चीजों का कोई प्रावधान नहीं होता। इस प्रविधि की प्रमुख विशेषताएँ निम्नांकित हैं—

(1) बालक क्या सीखेगा या क्या नहीं सीखेगा, इसकी कोई सीमा नहीं होती।

(2) बालक कोई निर्णय स्वयं करते हैं तथा स्वयं ही वे किसी प्रकार के नियम का निर्माण कर उसके अनुरूप व्यवहार करते हैं।

(3) इस प्रविधि में बालकों के साथ जरूरत से अधिक सौम्यता (leniency) होती है।

शिक्षा मनोवैज्ञानिकों ने बालकों के व्यक्तित्व पर अनुमतिबोधक प्रविधियों के पड़नेवाले प्रभावों का भी वर्णन किया है। इन प्रभावों में निम्नांकित प्रमुख हैं—

(1) ऐसे बालक या छात्रों में असुरक्षा की भावना अधिक होती है और वे 'संभ्रान्ति मास्टर' (confusion master) बन जाते हैं।

(2) ऐसे बालकों में सही या गलत का निर्णय लेने में कठिनाई होती है।

(3) ऐसे बालक अपने माता-पिता या शिक्षक के प्रति विद्वेषी (resentful) हो जाते हैं; क्योंकि वे यह समझते हैं कि उनके माता-पिता या शिक्षक उनपर उतना ध्यान नहीं देते जितना कि देना चाहिए।

(4) ऐसे बालकों में अपने बारे में अधिक भ्रम (illusion) एवं विभ्रम (hallucination) विकसित हो जाते हैं।

(5) ऐसे बालक अत्यधिक आक्रमणकारी (aggressive) हो जाते हैं एवं कक्षा में उन्हें नियंत्रित करना कभी-कभी कठिन हो जाता है।

(ग) प्रजातंत्रात्मक प्रविधि (Democratic techniques)—प्रजातंत्रात्मक प्रविधि वह प्रविधि है जिसमें बालकों को कोई नियम (rules), नियमावली (regulations) तथा व्यवहार सिखाने के पहले उन नियमों की जरूरत, महत्त्व, तर्काधार (rationale) आदि को स्नेहपूर्वक समझा दिया जाता है तथा सभी बालकों को विश्वास में लेते हुए कोई निर्णय पर पहुँचा जाता है। इस प्रविधि में पुरस्कार (reward) का प्रयोग अधिक एवं दण्ड (punishment) का प्रयोग कम-से-कम किया जाता है। जहाँ दण्ड का प्रयोग करना आवश्यक हो जाता है, वहाँ भी दण्ड का स्वरूप एवं मात्रा बिल्कुल हल्का एवं सहनीय होता है। शिक्षा मनोवैज्ञानिकों ने प्रजातंत्रात्मक प्रविधि की कुछ विशेषताओं का वर्णन किया है, जो निम्नांकित हैं—

(1) इस प्रविधि में व्याख्या (explanation), विचार-विमर्श (discussion) एवं तर्क (reasoning) का पर्याप्त सहारा लिया जाता है ताकि छात्र यह समझ सकें कि उसे जो व्यवहार करने के लिए कहा जा रहा है, वह क्यों कहा जा रहा है।

(2) इसमें जब बालक कोई अच्छा व्यवहार करता है, तो उसकी प्रशंसा की जाती है तथा उसे उपयुक्त पुरस्कार भी दिया जाता है।

(3) अनुपयुक्त व्यवहार करने पर बालकों को इसमें हलका-फुल्का दण्ड भी दिया जाता है।

(4) इसमें छात्रों को अभिप्रेरित करने के लिए पर्याप्त उपायों को अपनाया जाता है।

(5) इसमें बालकों की क्रियाओं को काफी सावधानीपूर्वक सुनियोजित किया जाता है ताकि उनमें आत्म-नियंत्रण (self-control) एवं आत्म-अनुशासन (self-discipline) विकसित हो सके।

(6) इसमें बालकों को अनुमोदित ढंग से व्यवहार करने की प्रेरणा देकर उन्हें अच्छे एवं बुरे के ज्ञान से परिचित कराया जाता है।

शिक्षाशास्त्रियों (educators) के अनुसार प्रजातंत्रात्मक अनुशासनात्मक प्रविधियों (democratic disciplinary techniques) का भी व्यक्तित्व विकास पर कुछ प्रभाव पड़ता है। इन प्रभावों में निम्नांकित प्रमुख है—

(1) इससे बालकों में व्यक्तिगत एवं सामाजिक समायोजन (social adjustment) करने की पर्याप्त क्षमता विकसित हो जाती है।

(2) इससे बालकों के चिन्तन में स्वतंत्रता (independence) आती है।

(3) इससे बालकों में सक्रियता, प्रबलता, व्यवहार में स्वाभाविकता (spontaneity) आदि गुण उत्पन्न होते हैं।

(4) इससे छात्रों में उत्तम आत्म-नियंत्रण (self-control) विकसित होता है।

(5) इससे बालकों में सहयोगिता (cooperativeness) तथा सर्जनात्मकता (creativity) बढ़ती है।

स्पष्ट हुआ कि बालकों में अनुशासन सिखाने की कई प्रविधियाँ हैं और इनमें प्रत्येक का प्रभाव बालकों के व्यक्तित्व पर पड़ता है। इन प्रभावों के आलोक में यह स्पष्ट रूप से कहा जा सकता है कि प्रजातंत्रात्मक अनुशासन की प्रविधियाँ अन्य प्रविधियों से अधिक श्रेष्ठ (superior) हैं।

छात्रों में अनुशासनहीनता के सामान्य कारण
(General Causes of Indiscipline among Students)

अनुशासनहीनता के क्षेत्र में किए गए अध्ययनों के आधार पर इस निष्कर्ष पर पहुँचा गया है कि अनुशासनहीनता के मुख्य चार कारण हैं, जो निम्नांकित हैं—

(क) वंशानुगत कारण (Hereditary causes)

(ख) सामाजिक-आर्थिक कारण (Socio-economic causes)

(ग) राजनैतिक कारण (Political causes) तथा

(घ) शैक्षिक कारण (Educational causes)।

इन कारणों की व्याख्या एवं उसमें आनेवाले अन्य कारकों का वर्णन निम्नांकित हैं—

(क) वंशानुगत कारण (Hereditary causes)—कुछ शिक्षा मनोवैज्ञानिकों एवं समाजशास्त्रियों (sociologists) का मत है कि अनुशासनहीनता का कारण वंशानुगत होता है। शेफ्फर (Schaffer, 1980) तथा स्कीन (Schein, 1977) का मत है कि जो माता-पिता स्वयं अनुशासनहीन एवं चरित्रहीन होते हैं उनके बच्चों में भी चरित्रहीनता तथा अनुशासनहीनता तेजी से पनपती है। ऐसे बालक अपने पिता से अनुशासनहीनता दो तरह से विकसित करते है—पहला तो जीन्स (genes)

के माध्यम से जो उन्हें अपने पिता से प्राप्त होता है तथा दूसरे अपने पिता के दोषपूर्ण मॉडल (faulty model) को देखकर वैसा ही करना सीख लेते हैं। शेफ्फर (Schaffer, 1980) ने अपने अध्ययन के आधार पर यह बताया है कि कुछ विशेष जातियाँ (races) ऐसी होतीं हैं जिनके बच्चों में अनुशासनहीनता जन्म से ही काफी पाई जाती है।

इन अध्ययनों से यह स्पष्टतः पता चलता है कि अनुशासनहीनता का एक कारण आनुवंशिकता (heredity) है। कुछ विशेषज्ञों ने इस निष्कर्ष को चुनौती देते हुए कहा है कि आनुवंशिकता अनुशासनहीनता का एक प्रमुख कारण है, के पक्ष में ठोस सबूत नहीं मिलता। सचमुच में यदि अनुशासनहीन माँ-बाप के बच्चे भी अनुशासनहीन हो जाते हैं, तो इसका कारण माँ-बाप के व्यवहारों को देखकर वैसा ही करने की लालसा होती है, न कि माँ-बाप से मिलनेवाले जीन्स (genes)। वंशानुगत कारण के विरुद्ध मर्फी (Murphy, 1987) का अध्ययन भी अधिक महत्त्वपूर्ण है। इन्होंने अपने अध्ययन में 10 ऐसे छात्रों के माँ-बाप के केस इतिहास (case history) का विश्लेषण किया जिनपर (छात्रों पर) अनुशासन भंग करने के आरोप स्कूल के अधिकारियों द्वारा लगा रखे गए थे। माँ-बाप के केस-इतिहास के विश्लेषण से यह पता चला कि इनमें मात्र एक बालक के माता-पिता ऐसे थे जिनपर भी अनुशासनहीनता के आरोप थे। इससे स्पष्ट हो जाता है कि माँ-बाप के सही-सलामत रहने पर भी उनके बच्चों में अनुशासनहीनता की समस्या उत्पन्न हो जाती है। ऐसी अनुशासनहीनता की व्याख्या स्पष्टतः माता-पिता से मिलनेवाले जीन्स के रूप में नहीं की जा सकती, परंतु अन्य पर्यावरणी कारकों (environmental factors) के रूप में अवश्य की जा सकती है। इस अध्ययन से इस दावा (claim) को धक्का पहुँचता है कि कक्षा में बालकों की अनुशासनहीनता का कारण आनुवंशिकता है।

(ख) सामाजिक-आर्थिक कारण (Socio-econonmic causes)—सामाजिक-आर्थिक कारण से तात्पर्य वैसे कारणों से होता है जो छात्र के सामाजिक एवं आर्थिक जिन्दगी से संबंधित होते हैं और छात्रों में अनुशासनहीनता के व्यवहार को प्रभावित करते हैं। ऐसे कारणों में निम्नांकित कारकों (factors) को अधिक महत्त्वपूर्ण बताया गया है—

(1) **बिखरे घर** (Broken home)—अध्ययनों से यह पता चला है कि जिस परिवार में माता-पिता में एक-दूसरे से भयंकर मन-मुटाव रहता हो, एक-दूसरे से अलग रहते हों, एक-दूसरे को तलाक दे दिए हों या दोनों में कोई बिना तलाक दिए ही दूसरी शादी कर लिए हों, तो ऐसे परिवार से आनेवाले बालक कक्षा (classroom) में अनुशासनहीन होते हैं और वे प्रायः शिक्षकों एवं अपने साथियों के साथ दुर्व्यवहार करते हैं।

(2) **निम्न आर्थिक स्थिति** (Poor economic condition)—मॉरिस (Morries, 1990) ने अपने अध्ययन के आधार पर बताया है कि गरीब परिवार से आनेवाले अधिकतर बालक कक्षा में अनुशासनहीनता की समस्या उत्पन्न कर देते हैं। उन्होंने 679 ऐसे बालकों का अध्ययन किया जिनपर स्कूल के अधिकारियों द्वारा दो से अधिक बार अनुशासनहीनता के लिए सजा दी जा चुकी थी। 679 बालकों में 600 बालक ऐसे थे जो गरीब परिवार से आते थे। गरीबी के कारण ऐसे बालकों के माता-पिता दिनभर अपनी रोजी-रोटी कमाने के खयाल से उनसे दूर रहते हैं। इस अवधि में बालक पर माता-पिता का नियंत्रण एवं निर्देशन नहीं रह जाता और वे तरह-तरह के अनुशासनहीन व्यवहार करना सीख लेते हैं तथा साथ-ही-साथ उनमें चारित्रिक दोष भी उत्पन्न हो जाते हैं।

ये बालक जब स्कूल की कक्षा में पहुँचते हैं, तो वे मौका मिलते ही अपने कारनामे दिखाना प्रारंभ कर देते हैं और उनका नाम अनुशासन भंग करनेवालों की सूची में सम्मिलित हो जाता है।

(3) पास-पड़ोस का व्यवहार (Behaviour of neighbours)—बालकों की अनुशासनहीनता पर पास-पड़ोस के व्यवहारों का भी प्रभाव पड़ता है। यदि पास-पड़ोस के लोग सभ्य एवं अनुशासित होते हैं, तो बालक उनके व्यवहारों को सीख लेते हैं और वैसे ही व्यवहार की पुनरावृति वे कक्षा में करते हैं। इसका प्रधान कारण यह है कि स्कूल से लौटने के बाद तथा स्कूल में आने के पहले का अधिकतर समय बालकों का पास-पड़ोस के लोगों के ही साथ बीतता है। इस तरह यदि पास-पड़ोस के लोग असभ्य एवं अनुशासनहीन होते हैं, तो बालक भी वैसे ही अनुशासनहीन एवं असभ्य व्यवहार को सीख लेता है और कक्षा में मौका मिलते ही उसका प्रदर्शन कर बैठता है।

(4) दोषपूर्ण पैतृक मॉडल (Faulty parental model)—कुछ माता-पिता ऐसे होते हैं जिनका व्यवहार घर में एक आदर्श व्यवहार न होकर दोषपूर्ण होता है। वे एक ही व्यवहार के लिए कभी अपनी मनोदशा के अनुसार बच्चे की प्रशंसा करते हैं तो उसी व्यवहार के लिए मनोदशा में परिवर्तन हो जाने पर उसे डाँटते एवं फटकारते हैं। कुछ ऐसे होते हैं जो अपने बच्चों पर सख्त नियंत्रण रखते हैं, तो कुछ ऐसे होते हैं जो उनपर अत्यन्त ही ढीला-ढाला नियंत्रण रखते हैं। घर से बच्चे पूरे दिन भी गायब रहें, तो वे यह भी पूछने की जरूरत नहीं महसूस करते कि 'जनाब, इतनी देर से कहाँ थे'। ये सारी परिस्थितियाँ कुछ ऐसी होतीं हैं जिनके पैतृक मॉडल में होने पर बालकों में अनुशासनहीन व्यवहार को सीखने का भरपूर मौका मिलता है। वे अपने ऐसे व्यवहारों को कक्षा में दिखाते हैं और अपना नाम अनुशासन भंग करनेवालों की सूची में टँकवाते हैं।

(5) परिवार के सदस्यों का दोषपूर्ण व्यवहार (Faulty behaviour of members of the family)—बालकों की अनुशासनहीनता पर माता-पिता के अलावा परिवार के अन्य सदस्यों, जैसे भाई-बहनों, चाचा-चाची आदि के भी व्यवहार का प्रभाव पड़ता है। यदि परिवार में इन सदस्यों का व्यवहार अनुशासनहीन, आचरणहीन एवं उत्तरदायित्वहीन होता है, तो बालक इन व्यवहारों को सीख लेते हैं और स्कूल में वे वैसा ही व्यवहार करना प्रारंभ कर देते हैं।

(ग) राजनैतिक कारण (Political causes)—कक्षा में बालकों की अनुशासनहीनता पर कुछ राजनैतिक कारकों (political factors) का भी प्रभाव परोक्ष रूप से पड़ता है। कुछ सक्रिय राजनीतिज्ञ (active politicians) अपने उद्देश्यों की पूर्ति के खयाल से छात्रों को झूठा प्रलोभन देकर अपने बहकावे में कर लेते हैं। वे उन्हें तरह-तरह के अनुशासनहीन व्यवहार को सिखाते हैं और अपना उल्लू सीधा करते हैं। कच्चे दिमाग के छात्र उनकी बातों में आकर कक्षा में और कक्षा के बाहर भी अनुशासनहीन व्यवहार खुलेआम करना प्रारंभ कर देते हैं। इतना ही नहीं, राजनीतिज्ञ लोग एक-दूसरे ढंग से भी अनुशासनहीनता एवं अराजकता का साम्राज्य शिक्षालयों में उत्पन्न कर देते हैं। ऐसे लोग अपने मन के अनुसार कुछ ऐसे शिक्षकों की नियुक्ति भी करा देते हैं जिनमें योग्यता तथा क्षमता तो कम होती है, परंतु उनमें अनुशासनहीनता-संबंधी गुणों की भरमार होती है। नियुक्ति हो जाने के बाद ऐसे शिक्षक स्वयं ही अनुशासन को तोड़ते हैं और छात्रों को तोड़ने का प्रशिक्षण देते हैं। इस तरह हम देखते हैं कि अनुशासनहीनता के कुछ राजनैतिक कारण भी हैं।

(घ) शैक्षिक कारण (Educational causes)—अनुशासनहीनता के कुछ कारक ऐसे हैं जो शैक्षिक वातावरण (educational environment) से संबंधित होते हैं। इन कारकों का प्रभाव कक्षा की अनुशासनहीनता पर सीधा एवं प्रत्यक्ष रूप से पड़ता है। इन कारकों में अग्रांकित प्रमुख हैं—

(1) **अयोग्य शिक्षक** (Incapable teachers)—कक्षा में अनुशासनहीनता को उत्पन्न करनेवाले शैक्षिक कारकों में शिक्षक का अयोग्य होना सबसे प्रमुख माना गया है। जब शिक्षक शिक्षण कार्य के लिए अयोग्य होते हैं तो उनसे छात्रों में असंतुष्टि अधिक होती है और उनके द्वारा अनुशासनहीन व्यवहार करने की संभावना अधिक होती है। शिक्षक की अयोग्यता के कई कारण हो सकते हैं। इनमें निम्नांकित प्रमुख हैं—

(i) **शारीरिक दोष** (Physical defects)—कुछ शिक्षकों में ऐसे शारीरिक दोष होते है जिनके कारण वे बालकों को अनुशासित रखने में असमर्थ रहते हैं। इन शारीरिक दोषों में कुरूपता, नाटापन, लम्बापन, किसी एक पैर में असमर्थता, अंधेपन, विपरीत लिंग (opposite sex) की तरह बोली या चाल-ढाल प्रधान हैं।

(ii) **बेईमानी एवं पक्षपात** (Dishonesty and partiality)—कुछ शिक्षक खुलकर छात्रों में जाति, धर्म एवं भाई-भतीजावाद के आधार पर पक्षपात एवं बेईमानी करते हैं। ऐसे शिक्षक छात्रों में बदनाम हो जाते हैं और वे छात्रों को अनुशासित रखने के खयाल से अयोग्य रहते हैं।

(iii) **अनुपयुक्त मनोवृत्ति** (Inappropriate attitude)—कुछ शिक्षक छात्रों को अनुशासित रखने में इसलिए भी अयोग्य रहते हैं; क्योंकि उनकी मनोवृत्ति छात्रों के प्रति या तो काफी सख्त (strict) होती है या फिर काफी ढीली-ढाली होती है। पहले तरह की मनोवृत्ति के होने पर छात्र अधिक आक्रामक, असहयोगी एवं विद्रोही हो जाते हैं तथा दूसरी तरह की मनोवृत्ति के होने पर छात्र इतनी मनमानी करते लगते हैं कि उनके लिए कक्षा का कोई अर्थ ही नहीं रह जाता है। इन दोनों तरह की मनोवृत्तियों के होने पर अनुशासनहीनता की समस्या काफी गंभीर हो जाती है।

(iv) **नेतृत्व एवं प्रभुत्व के गुण की कमी** (Lack of dominance and leadership qualities)—कुछ शिक्षक ऐसे होते हैं जिनमें प्रभुत्व एवं नेतृत्व के गुणों की कमी होती है। शेफ्फर (Schaffer, 1977) ने अपने अध्ययन के आधार पर यह स्पष्ट कर दिया है कि ऐसे शिक्षक कक्षा में छात्रों को नियंत्रित करने एवं उन्हें अनुशासित रखने के खयाल से अयोग्य होते हैं; क्योंकि ऐसे शिक्षकों की धाक छात्रों में नहीं के बराबर होती है।

(2) **अनुपयुक्त पाठ्यक्रम** (Inappropriate curriculum)—कक्षा में अनुशासनहीनता का एक प्रमुख शैक्षिक कारक पाठ्यक्रमों का छात्रों के खयाल से अनुपयुक्त होना है। जब पाठ्यक्रम बालकों की रुचि, बौद्धिक स्तर एवं अभिक्षमता (aptitude) के स्तर से मेल नहीं खाता है, तो इससे छात्रों का मन पढ़ने-लिखने से हटकर अनुशासनहीन व्यवहारों की ओर अधिक आकृष्ट होता है। इतना ही नहीं, पाठ्यक्रम की अनुपयुक्तता के कारण वे अपनी परीक्षा की भी पूरी तैयारी नहीं कर पाते और वे परीक्षाभवन में ही कदाचार पर हावी हो जाते हैं।

(3) **अनुपयुक्त अध्यापन विधि** (Inappropriate teaching method)—कुछ शिक्षक ऐसे होते हैं जिनकी अध्यापन विधि अधिक उबाऊ एवं नीरस होती है। ऐसी परिस्थिति में बालक शिक्षक की बातों की उपेक्षा कर कक्षा में अनुशासनहीन व्यवहार करना प्रारंभ कर देते हैं।

(4) **दोषपूर्ण भौतिक वातावरण** (Defective physical environment)—कक्षा में अनुशासनहीनता का कारण स्कूल का भौतिक वातावरण का दोषपूर्ण होना है। जैसे यदि विद्यालय ऐसी जगह अवस्थित है जो नगर या ग्राम से काफी दूर है और जहाँ आने-जाने की कोई सवारी नहीं है, कक्षा में पर्याप्त रोशनी, वायु-संचार (ventilation) का प्रबन्ध नहीं है, शिक्षकों के लिए खल्ली या चॉक (chalk), डस्टर तथा श्यामपट्ट (blackboard) एवं छात्रों को बैठने के लिए अच्छे बेंच एवं लिखने

के लिए डेस्क आदि का प्रबंध नहीं होता है, तो ऐसी परिस्थिति में छात्रों में अनुशासनहीनता की समस्या गंभीर हो जाती है।

(5) लापरवाह प्राचार्य (Careless principal)—यदि शिक्षालय का प्रधान या प्राचार्य लापरवाह होते हैं, वे न तो समय पर स्कूल आते हैं और न यही देखते हैं कि अन्य शिक्षक अपना कर्तव्य ठीक से निभा रहे हैं या नहीं तो उससे वहाँ के शिक्षक, कर्मचारी और छात्र तीनों ही लापरवाह हो जाते हैं और अनुशासनहीनता की समस्या या अनुशासनहीन व्यवहार की प्रधानता देखने को मिलती है।

(6) ढीला-ढाला पर्यवेक्षण (Loose supervision)—कोई शिक्षालय ऐसा होता है कि वहाँ के अधिकतर शिक्षक एवं स्वयं प्राचार्य का भी पर्यवेक्षण एवं देख-रेख करने की क्षमता एवं इच्छा दोनों ही कम होती है। वे छात्रों की छोटी-छोटी भूलों की ओर ध्यान नहीं देते और इस तरह बालक धीरे-धीरे अनुशसनहीन होते चले जाते हैं। सिम्पसन (Simpson, 1972) ने अपने अध्ययन में पाया कि जिस विद्यालय में शिक्षकों की देख-रेख या पर्यवेक्षण ढीला-ढाला होता है, वहाँ के बालकों में अनुशासनहीनता तो अधिक होती ही है, साथ-ही-साथ उन्हें अपराधी होने की संभावना भी अधिक होती है।

इस तरह स्पष्ट हुआ कि छात्रों में अनुशासनहीनता के कई कारण हैं। इन कारणों में सामाजिक-आर्थिक कारण तथा शैक्षिक कारण अन्य कारणों से अधिक अहमियत रखते हैं।

अनुशासनहीनता को रोकने के उपाय (Measures of Preventing Indiscipline)

अनुशासनहीनता की समस्या एक प्रमुख समस्या है जिसके प्रति शिक्षक एवं माता-पिता समान रूप से सचेत हैं। कोई भी कार्यक्रम, जो अनुशासनहीनता को रोकने या कम करने से संबंधित है, में शिक्षक, अभिभावक एवं माता-पिता का समान योगदान होना चाहिए। शिक्षाशास्त्रियों एवं शिक्षा मनोवैज्ञानिकों ने कुछ ऐसे उपायों का वर्णन विशेष रूप से किया है जिनसे बालकों में अनुशासनहीनता की समस्या को रोका जा सकता है। इन उपायों में निम्नांकित प्रमुख हैं—

(1) योग्य शिक्षकों की नियुक्ति (Appointment of able teachers)—अधिकतर शिक्षा मनोवैज्ञानिकों का मत है कि यदि ऐसे योग्य शिक्षक की नियुक्ति की जाती है जो पठन-पाठन में अधिक रुचि लेते हैं, तो इससे स्वभावतः छात्रों के अनुशासनहीन व्यवहार में कमी आएगी; क्योंकि ऐसे शिक्षक छात्रों को शैक्षिक कार्य में इतना अधिक व्यस्त रखेंगे कि उन्हें किसी प्रकार की शरारत करने का मौका ही नहीं मिलेगा। मनोवैज्ञानिक अध्ययनों के आधार पर यह पता चला है कि यदि किसी शिक्षक में निम्नांकित गुण हों, तो वे आसानी से छात्रों को अनुशासित एवं नियंत्रित रख सकते हैं—

(i) यदि शिक्षक ईमानदार, पक्षपातरहित, न्यायप्रिय एवं स्नेहपूर्ण हैं।

(ii) यदि शिक्षक निडर, प्रभुत्व एवं नेतृत्व के गुणों से युक्त हैं।

(iii) यदि शिक्षक अपने विषय के ज्ञाता हैं।

(iv) यदि शिक्षक का आचरण उत्तम है।

(v) यदि शिक्षक की अध्यापन विधि आकर्षक है।

(vi) यदि शिक्षक अन्य शिक्षकों के साथ आपस में संघर्ष, कलह न कर, एक मेल-जोल एवं सहयोगिता का संबंध रखते हैं।

(vii) यदि शिक्षक छात्रों के प्रति उदार मनोवृत्ति रखनेवाले हैं।

(viii) यदि शिक्षक का व्यक्तित्व आकर्षक एवं उनकी आदतें अनुकरणीय हैं।

(2) **उपयुक्त पाठ्यक्रम** (Appropriate curriculum)—सिम्पसन तथा वार्ड (Simpson & Ward, 1988) ने अपने अध्ययन के आधार पर बताया है कि यदि छात्रों के लिए बनाया गया पाठ्यक्रम उनकी योग्यता, अभिरुचि एवं बौद्धिक स्तर के अनुकूल है, तो उससे छात्रों की व्यस्तता पाठ्यक्रम में अधिक हो जाती है और उन्हें अनुशासनहीन व्यवहार करने का मौका नहीं मिलता। उपयुक्त पाठ्यक्रम के होने से छात्र उसे ठीक से समझते हैं तथा उसकी शैक्षिक उपयोगिता का आकलन भी सही-सही कर पाते हैं। इन सबसे उनकी शैक्षिक अभिरुचि तीव्र हो जाती है और उनका अनुशासनहीन व्यवहार अपने-आप कम हो जाता है।

(3) **उपयुक्त अध्यापन विधि** (Appropriate teaching method)—कक्षा में अनुशासनहीनता को कम करने का एक उपाय यह भी है कि शिक्षक अध्यापन करते समय आकर्षक तरीकों का प्रयोग करें। उन्हें कोशिश करनी चाहिए कि छात्र उनके व्याख्यान से ऊब एवं नीरसता का अनुभव न कर सकें। इसके लिए उन्हें अच्छे-अच्छे सटीक उदाहरणों से अपने तथ्यों की व्याख्या करनी चाहिए तथा साथ-ही-साथ यदि संभव हो तो प्रोजेक्टर आदि के सहारे तथ्यों को पर्दा पर दिखाकर अध्यापन करना चाहिए। इन सब आकर्षक विधियों का परिणाम यह होता है कि छात्रों में अनुशासनहीनता की समस्या अपने-आप कमने लगती है।

(4) **उत्तम भौतिक वातावरण** (Good physical environment)—छात्रों में अनुशासनहीनता को रोकने के लिए एक उत्तम सुझाव यह है कि कक्षा का भौतिक वातावरण अच्छा एवं आदर्श हो। कक्षा में प्रकाश एवं वायु संचार का उत्तम प्रबंध हो। छात्रों को बैठने के लिए अच्छा एवं आरामदेह बेंच एवं लिखने के लिए डेस्क हो। दीवाल, खिड़की एवं दरवाजे साफ-सुथरे एवं मनमोहक रंगो में रंगे हों। कक्षा में अच्छा ब्लैकबोर्ड (blackboard), चॉक (chalk) आदि का भी प्रबन्ध हो। इस तरह के भौतिक वातावरण होने से छात्र शैक्षिक कार्यक्रमों की ओर आकर्षित रहते हैं और वे किसी प्रकार के अनुशासनहीन व्यवहार दिखाने की बात नहीं सोचते।

(5) **पाठ्येतर क्रियाएँ** (extracurricular activities)—अनुहासनहीनता को रोकने के लिए कुछ शिक्षा मनोवैज्ञानिकों, जैसे रॉबिन्सन (Robinson, 1973) ने यह सलाह दिया है कि छात्रों को पाठ्येतर क्रियाओं में भाग लेने के लिए प्रेरित करना चाहिए। इनका विचार है कि यदि स्कूल में छात्रों को खेलकूद, नाटक, संगीत, वाद-विवाद आदि में भाग लेने की पर्याप्त व्यवस्था होती है, तो इससे छात्रों में आत्म-सम्मान एवं आत्म-विश्वास उत्पन्न होता है जो उनमें आत्म-नियंत्रण (self-control) एवं सहयोगिता (cooperativeness) की भावना उत्पन्न करता है तथा उन्हें अनुशासित बनाता है।

(6) **उचित पर्यवेक्षण** (Appropriate supervision)—रॉबिन्सन (Robinson, 1973) ने अपने प्रयोगों के आधार पर यह बताया है कि छात्रों को अनुशासित रखने के लिए उनका उचित पर्यवेक्षण भी आवश्यक है। शिक्षकों को चाहिए कि वे कक्षा और कक्षा के बाहर छात्रों के व्यवहारों का ठीक ढंग से निरीक्षण करें तथा उनकी छोटी-से-छोटी गलतियों पर नजर रखें तथा उसे सुधारने की पर्याप्त सलाह दें। ऐसा नहीं करने से छात्र फिर बड़ी-बड़ी गलतियों को करना प्रारंभ कर देते हैं और

पूर्णरूपेण अपने-आपको अनुशासनहीन बना देते हैं। अतः, शिक्षक एवं माता-पिता को चाहिए कि बालकों के व्यवहारों का उचित पर्यवेक्षण करें और उनकी प्रत्येक भूल एवं गलतियों की ओर ध्यान आकृष्ट करावें ताकि उसे दोबारा न करने का प्रयास करें।

(7) उत्तरदायी प्रधान (Responsible head)—यदि स्कूल के प्रधान, जैसे प्राचार्य (principal) या प्रधानाध्यापक (headmaster) उत्तरदायी एवं विश्वसनीय होते हैं, तो इसका प्रभाव छात्रों के अनुशासित रहने पर अधिक पड़ता है। यदि स्कूल के प्रधान पिता-तुल्य व्यवहार करते हैं, सभी छात्रों को उचित स्नेह देते हैं, निष्पक्ष, न्यायप्रिय एवं ईमानदार होने के साथ-साथ विषयवस्तु के ज्ञाता होते हैं, तो इससे छात्र उनका अधिक आदर करते हैं और स्वयं को अनुशासित रखते हैं। ऐसे प्रधान के होने पर छात्र क्या शिक्षक भी काफी अनुशासित रहते हैं और उनमें नैतिक बल एवं आत्म-विश्वास का गुण अधिक होता है।

(8) उचित पुरस्कार (Appropriate reward)—शिक्षा मनोवैज्ञानिकों ने कुछ ऐसे अध्ययन किए हैं जिनसे यह पता चलता है कि यदि छात्र को, विशेषकर निचली कक्षा के छात्र को भौतिक पुरस्कार, जैसे कोई किताब, खिलौना, स्केल आदि देकर प्रोत्साहित किया जाता है, तो वे कक्षा में अपनी शैक्षिक उपलब्धियों को बढ़ाने के लिए अधिक प्रेरित रहते हैं और अपने-आपको काफी अनुशासित रखते हैं। परंतु, ऊँचे वर्ग के छात्रों में भौतिक पुरस्कार उतना प्रभावकारी नहीं होता। ऐसे छात्रों पर प्रशंसा (praise) का काफी प्रभाव पड़ता है। जब ऐसे छात्रों को शिक्षक एवं प्राचार्य द्वारा प्रशंसा की जाती है या उन्हें उनके कार्यों के लिए प्रशंसा-पत्र दिए जाते हैं, तो इसका बहुत ही अनुकूल (favourable) प्रभाव उनपर पड़ता है और वे अपने-आपको और भी अधिक अनुशासित रखने की कोशिश करते हैं। स्वार्ज (Schwartz, 1972) ने अपने अध्ययन में पाया कि जिन छात्रों को अनुशासित रहने के लिए उनकी प्रशंसा की जाती थी, वे स्वयं तो अनुशासित रहते ही थे साथ-ही-साथ अपने साथियों को भी अनुशासित रहने की उत्तम सलाह देते थे।

(9) उत्तम पाठ्यपुस्तक (Good textbook)—छात्रों के लिए उत्तम पाठ्यपुस्तक रहने से छात्रों का झुकाव अध्ययन की ओर अधिक रहता है। उत्तम पाठ्यपुस्तक से तात्पर्य वैसे पाठ्यपुस्तक से होता है जिसमें छात्रों की जरूरत के सभी तथ्य सरल भाषा में, स्पष्ट ढंग से वर्णित किए गए हों। ऐसी पाठ्यपुस्तकें उपलब्ध रहने से छात्र, अगर शिक्षक उसके बारे में न भी बता सकें, स्वयं ही पढ़ने की अभिरुचि दिखाते हैं और इस तरह उनमें अनुशासनहीनता कम हो जाती है।

(10) वर्ग में छात्रों को बैठने की व्यवस्था (Arrangement of sitting of students in classroom)—छात्रों में अनुशासनहीनता को कम करने के लिए वर्ग में उनके लिए की गई बैठने की व्यवस्था भी महत्त्वपूर्ण बताई गई है। कुछ बालक स्वभाव से नटखट एवं शरारती होते हैं और ऐसे ही बालक अनुशासनहीन व्यवहार अधिक करते हैं। यदि ऐसे बालकों को कक्षा में अगले बेंच पर बैठने की व्यवस्था की जाए, तो उम्मीद की जाती है कि कुछ हद तक ऐसे बालकों की अनुशासनहीनता पर रोक लग सकेगी, क्योंकि अगले बेंच पर होने से वे हमेशा शिक्षक के सामने एवं नजदीक होंगे और अपने-आपको वे नियंत्रण में रख सकेंगे।

स्पष्ट हुआ कि बालकों को अनुशासित रखने के कई उपाय एवं सुझाव हैं। यदि इनपर सही माने में अमल किया जाता है तो कक्षा में अनुशासनहीनता की समस्या बहुत हद तक रोकने में मदद मिल सकेगी।

अध्याय-सारांश
[Chapter Sumary]

1. कक्षा में व्यवहार-संबंधी समस्याओं से निबटना एवं उसका निवारण करना ही अनुशासन है। आधुनिक समय में अनुशासन से तात्पर्य मूलतः आत्म-नियंत्रण (self-control) से होता है।
2. अनुशासन के कई उद्देश्य एवं लक्ष्य हैं। ऐसे पाँच प्रमुख उद्देश्यों को उजागर किया गया है।
3. छात्रों के अनुशासन को प्रभावित करनेवाले कई कारक हैं। ऐसे कारकों का मूलरूप से दो भागों में बाँटकर वर्णन किया गया है—औपचारिक कारक (formal factors) तथा अनौपचारिक कारक (informal factors)।
4. अनुशासन शिक्षण (teaching discipline) की तीन प्रविधियों का वर्णन किया गया है—सत्तावादी प्रविधि (authoritarian technique), अनुमतिबोधक प्रविधि (permissive technique) तथा प्रजातंत्रात्मक प्रविधि (democratic technique)।
5. छात्रों में अनुशासनहीनता के कई सामान्य कारणों पर प्रकाश डाला गया है। इन सामान्य कारणों को मुख्य रूप से चार भागों में बाँटा गया है—वंशानुगत कारण, सामाजिक-आर्थिक कारण, राजनैतिक कारण तथा शैक्षिक कारण।
6. अनुशासनहीनता को रोकने के कई उपायों एवं सुझावों पर प्रकाश डाला गया है। ऐसे दस प्रमुख सुझावों एवं उपायों का वर्णन किया गया है।

❑

अध्याय 29

समूह-गतिकी एवं स्कूल की सामाजिक आबोहवा

[GROUP DYNAMICS AND SOCIAL CLIMATE OF SCHOOL]

मुख्य बिंदु (Main Points)

1. समूह का अर्थ एवं विशेषताएँ (Meaning and Characteristics of a Group)
2. समूह-गतिकी का अर्थ (Meaning of Group Dynamics)
3. समूह-गतिकी का शैक्षिक महत्त्व (Educational Importance of Group Dynamics)
4. कक्षा में शिक्षक की भूमिका (Role of a Teacher in a Classroom)
5. कक्षा में समूह-संबंध को सुधारने की प्रविधियाँ (Techniques of Improving Group Relationship in a Classroom)
6. शिक्षा का समाज मनोविज्ञान (Social Psychology of Education)
7. सामाजिक तंत्र के रूप में स्कूल (School as a Social System)
8. समाजीकरण के एजेंसी के रूप में स्कूल (School as a Socialization Agency)
9. कक्षा की सामाजिक आबोहवा की विमाएँ (Dimensions of Social Climate of a Classroom)
10. शिक्षण पर कक्षा की सामाजिक आबोहवा का प्रभाव (Effects of Social Climate of Classroom upon Learning)

समूह का अर्थ एवं विशेषताएँ (Meaning and Characteristics of a Group)

छात्रों का जीवन भिन्न-भिन्न प्रकार के समूहों, जैसे परिवार, साथीगण, शिक्षालय आदि के बीच बीतता है। इन सबका प्रभाव उनकी जिन्दगी पर, विशेषकर शैक्षिक जिन्दगी (educational life) पर अधिक पड़ता है। अतः, शिक्षा मनोवैज्ञानिकों का ध्यान समूह मनोविज्ञान (group psychology) तथा छात्रों पर उसके पड़नेवाले प्रभावों पर गया है। यहाँ पर समूह मनोविज्ञान तथा उसके पड़नेवाले प्रभावों का अध्ययन करने के पहले हम यह बता देना उचित समझते हैं कि समूह क्या है तथा उसकी विशेषताएँ क्या हैं?

साधारणतः समूह से तात्पर्य दो या दो से अधिक व्यक्तियों के संगठन से होता है। परंतु मनोविज्ञान में समूह का अर्थ थोड़ा और अधिक विस्तृत ढंग से लगाया गया है। अधिकतर मनोवैज्ञानिकों का मत है कि समूह का प्रयोग व्यक्तियों के एक ऐसे संगठन के लिए किया जाना चाहिए जिनका एक निश्चित आकार होता है तथा जिनके सदस्यों में अपने लोगों की

भावना (we-feeling) तथा निष्ठा की भावना (feeling of loyality) के साथ सामाजिक अन्तःक्रियाएँ (social interactions) होती हैं। इसी आलोक में दो प्रमुख मनोवैज्ञानिकों के विचारों को इस प्रकार रखा जा सकता है—

शेरीफ तथा शेरीफ[1] (एherif & Sherif, 1956) के शब्दों में, "समूह एक सामाजिक इकाई है, जिसमें कई व्यक्ति होते हैं जो एक-दूसरे से एक निश्चित पद (status) तथा भूमिका (role) के आधार पर संबंधित होते हैं और जिसके ऐसे अपने मूल्य या मानदण्ड (norms) होते हैं जो वैयक्तिक सदस्य के व्यवहारों को नियंत्रित करते हैं या कम-से-कम समूह के लिए होनेवाले परिणामों से संबंधित व्यवहारों का विचलन करते हैं।"

लिण्डग्रेन[2] (Lindgren, 1973) के अनुसार, "दो या दो से अधिक ऐसे व्यक्तियों को समूह कहा जाता है जो कुछ चीजों के बारे में मानदण्डों (norms) में हिस्सा बँटाते हैं तथा जिनकी सामाजिक भूमिकाएँ घनिष्ठ रूप से अंतर्बद्ध (interlocked) होती हैं।"

इन परिभाषाओं का विश्लेषण करने पर हमें समूह की कुछ विशेषताओं (characteristics) का पता चलता है जिनके आधार पर हम वैज्ञानिक अर्थ में एक समूह की पहचान कर सकते हैं। इन विशेषताओं में निम्नांकित प्रमुख हैं—

(i) समूह एक सामाजिक इकाई (social unit) को कहा जाता है जिसमें दो या दो से अधिक व्यक्ति एक-दूसरे के साथ सामाजिक अन्तःक्रिया (interaction) करते हैं।

(ii) समूह के सदस्यों के बीच जो अन्तःक्रियाएँ (interactions) होती हैं, वे आमने-सामने (face to face) की अन्तःक्रियाएँ हों या शारीरिक अन्तःक्रियाएँ (physical interactions) हों, कोई जरूरी नहीं है। वे शाब्दिक या लिखित अन्तःक्रियाएँ भी हो सकती हैं।

(iii) दो या दो से अधिक व्यक्तियों को एक समूह कहलाने के लिए यह भी आवश्यक है कि सभी व्यक्ति अपने-आपको समूह का एक सदस्य समझें तथा साथ-ही-साथ उसी समूह के दूसरे व्यक्ति भी उसे समूह का सदस्य समझें। बस-अड्डा (bus stand) पर अनेक व्यक्तियों के संग्रह को हम इसलिए समूह नहीं कह सकते, क्योंकि ये सभी व्यक्ति अपने-आपको एक-दूसरे से संबंधित नहीं मानते और न तो कोई दूसरा ही व्यक्ति उन्हें आपस में संबंधित होने की कल्पना करता है।

(iv) सदस्यों का एक सामान्य लक्ष्य (common goal) होता है तथा साथ-ही-साथ वे एक सामान्य मानक (common norms) से निदेशित होते हैं। प्रत्येक सदस्य का इस मानक में विश्वास होता है तथा वह उसके मूल्यों (values) को समझता है।

(v) समूह में सदस्यों का भाग्य (fate) एक-दूसरे पर निर्भर (interdependent) होता है। दूसरे शब्दों में, समूह के परिणाम (outcome) का प्रभाव प्रत्येक सदस्य पर समान होता है और सदस्यों के व्यवहार द्वारा समूह का परिणाम प्रभावित होता है।

---

1. "A group is a social unit which consists of a number of individuals who stand in (more or less) definite status and role relationship to one another and which possesses a set of values or norms of its own regulating the behaviour of individual member or at least in matters of psychological consequences to the group."—Sherif & Sherif, *An Outline of Social Psychology,* 1956, p. 144

2. "A group consists of two or more persons who share norms about certain things with one another and whose social roles are closely interlocking."—Lindgren, *An Introduction to Social Psychology,* 1973, p. 330

इन विशेषताओं के आधार पर हम इस निष्कर्ष पर पहुँचते हैं कि समूह दो या दो से अधिक व्यक्तियों की एक ऐसी सामाजिक इकाई है जिसके सदस्य सामान्य लक्ष्य की प्राप्ति के लिए एक खास तरह के मानक (norms) के अनुसार परस्पर निर्भर रहते हुए अन्तः क्रिया करते हैं।

समूह-गतिकी का अर्थ
(Meaning of Group Dynamics)

शिक्षा मनोविज्ञान में समूह गतिकी के अध्ययन एवं अनुप्रयोग (application) पर अधिक बल डाला जा रहा है। इस संप्रत्यय (concept) का प्रतिपादन सबसे पहले कर्ट लेविन (Kurt Lewin) ने 1945 में किया। लेविन के अनुसार समूह गतिकी से तात्पर्य समूह के, विशेषकर छोटे समूह (small group) के उन बलों (forces) एवं प्रभावों (influences) से होता है जिनसे सदस्यों का व्यवहार एक निश्चित दिशा में परिवर्तित होता है। इससे स्पष्ट है कि समूह गतिकी का तात्पर्य समूह के भीतर के उन बलों एवं दबावों (pressures) से होता है जो सदस्यों में व्यवहारों को इस सीमा तक प्रभावित करते हैं कि उनमें महत्त्वपूर्ण परिवर्तन आ जाते हैं। फिशर[1] (Fisher, 1983) के शब्दों में, "समूह गतिकी अध्ययन का एक ऐसा क्षेत्र है जो उन बलों या दबावों पर प्रकाश डालता है जिनसे छोटे समूह में व्यक्तियों का व्यवहार प्रभावित होता है।"

समूह, चाहे छात्रों का हो या शिक्षकों का हो, में सामान्यतः दो तरह के बल (force) कार्य करते हैं जिससे सदस्यों का व्यवहार प्रभावित होता है तथा उसमें परिवर्तन भी होते हैं। ये दो प्रकार के बल हैं—संशक्तिशील बल (cohesive forces) तथा विघटनकारी बल (disruptive forces)। जब सदस्यों के बीच का संबंध सहयोगी एवं आकर्षक (attractive) होता है तो समूह में संशक्तिशील बल कार्य करता है। ऐसी स्थिति में सदस्यों की अधिकतम आवश्यकताओं की संतुष्टि हो पाती है। जब सदस्यों के वैयक्तिक लक्ष्य (individual goal) तथा समूह लक्ष्य (group goal) में संघर्ष होता है या सदस्यों के बीच उचित संचार (communication) में बाधा होने से उनके बीच दीवार खड़ी हो जाती है तो समूह में विघटनकारी बल (disruptive forces) अधिक सक्रिय माने जाने लगते हैं। ऐसी स्थिति में समूह का अस्तित्व खतरे में पड़ जाता है।

उपर्युक्त विवरण से समूह गतिकी के मनोविज्ञान के बारे में हमें निम्नांकित तथ्य मिलते हैं—

(i) समूह गतिकी में समूह में व्याप्त उन बलों (forces) का अध्ययन किया जाता है जिनसे सदस्यों का व्यवहार प्रभावित होता है।

(ii) समूह में संशक्तिशील बल (cohesive forces) तथा विघटनकारी बल (disruptive forces) में कोई भी बल कार्य कर सकता है तथा सदस्यों के व्यवहार में परिवर्तन ला सकता है।

(iii) छोटे समूहों में ही इन बलों (forces) का प्रभाव स्पष्ट रूप से देखने को मिलता है। फलतः, छोटे समूहों में परिवर्तन की संभावना अधिक रहती है।

---

1. "Group Dynamics is area of study focussing on the social forces or pressures that affect the behaviour of the individual in a small group."—Fisher, *Social Psychology,* 1983, p. G-7

समूह-गतिकी का शैक्षिक महत्त्व
(Educational Importance of Group Dynamics)

आधुनिक समय में समूह गतिकी का महत्त्व सिर्फ समाज मनोविज्ञान (social psychology) के क्षेत्र में ही नहीं, बल्कि शिक्षा मनोविज्ञान तथा शिक्षा के क्षेत्र में भी काफी है। समूह गतिकी का ज्ञान होने से शिक्षकों को कुछ विशेष सुविधा एवं लाभ प्राप्त होता है जिससे छात्र लाभान्वित होते हैं। अतः, समूह-गतिकी को शिक्षा मनोविज्ञान में विशेष महत्त्व दिया जाता है। इस क्षेत्र में किए गए अध्ययनों से यह पता चला है कि निम्नांकित कुछ ऐसे कारक हैं जिनके आलोक में समूह गतिकी का महत्त्व शिक्षा में काफी बढ़ जाता है—

(1) समूह-गतिकी का ज्ञान होने से शिक्षक छात्रों के मानसिक स्वास्थ्य (mental health) को उन्नत बनाने में सफल हो पाते हैं। छात्रों में समूह गतिकी का ज्ञान होने से शिक्षक को उन विघटनकारी बलों (disruptive forces) का पता चल जाता है जिनसे छात्रों में आपस में संघर्ष, मानसिक तनाव आदि बने रहते हैं तथा जिनका मानसिक स्वास्थ्य पर प्रतिकूल प्रभाव पड़ता है। शिक्षक छात्रों के समूह से इन बलों को हटाकर उनके मानसिक स्वास्थ्य पर अनुकूल प्रभाव डालने में समर्थ हो पाते हैं।

(2) समूह-गतिकी का ज्ञान होने से शिक्षक कक्षा में उचित पाठ्यक्रम (curriculum) तैयार कर पाते हैं तथा उचित अध्ययन विधियाँ (teaching methods) अपना पाते हैं। इसका कारण यह है कि समूह गतिकी का ज्ञान हो जाने से शिक्षक को छात्रों की सामाजिक, बौद्धिक एवं शैक्षिक विभिन्नताओं का अंदाज हो जाता है।

(3) बालकों में संवेगात्मक, सामाजिक एवं नैतिक (moral) समस्याओं के सुधार के लिए भी यह आवश्यक है कि शिक्षक को समूह गतिकी का ज्ञान हो। समूह गतिकी का ज्ञान होने से छात्रों की इन समस्याओं के मूल कारणों का अंदाज शिक्षक को हो जाता है और तब वे उसके निराकरण के लिए उचित कार्यक्रम तैयार करने में सफल हो पाते हैं।

(4) हेविंगहर्स्ट (Havinghurst, 1972) ने इस क्षेत्र में किए गए अध्ययनों के आलोक में यह बताया है कि समूह गतिकी का महत्त्व शिक्षा में इसलिए भी अधिक है क्योंकि इसके आधार पर अलाभान्वित बालकों (disadvantanged children) में व्याप्त असुरक्षा के भाव, हीनता की भावना (feeling of inferiority) आदि को कम करके उनके शैक्षिक स्तर को उन्नत बनाने में विशेष मदद मिलती है।

(5) समूह गतिकी का ज्ञान होने से शिक्षक को छात्रों में सहयोगिता (cooperativeness), आत्म-सम्मान (self-respect), परोपकारिता (altruism) आदि का शीलगुण विकसित करने में अधिक मदद मिलती है; क्योंकि समूह गतिकी का ज्ञान होने से बालकों की मानसिक प्रवत्तियों के बारे में भी अंदाज हो जाता है।

स्पष्ट है कि समूह गतिकी का महत्त्व कक्षा में दिए जानेवाले शिक्षा के लिए काफी है। इससे शिक्षक लाभान्वित होकर अपना कर्तव्य ठीक ढंग से निभा पाते हैं तथा छात्रों को सही दिशा-निर्देश मिल पाता है।

कक्षा में शिक्षक की भूमिका
(Role of a Teacher in a Classroom)

समूह मनोविज्ञान (group psychology) के क्षेत्र में किए गए अध्ययनों से यह स्पष्ट हो गया है कि कक्षा में शिक्षक की काफी अहमियत होती है; क्योंकि कक्षा की शैक्षिक प्रगति शिक्षक पर ही निर्भर करती है। शिक्षक की भूमिका को हम इस प्रकार बता सकते हैं—

(1) कक्षा के अन्तर्गत शिक्षक की सबसे महत्त्वपूर्ण भूमिका शैक्षिक प्रगति को छात्रों के बौद्धिक स्तर एवं अभिरुचि के अनुकूल बनाए रखने की होती है। वे छात्रों के बौद्धिक स्तर एवं अभिरुचि की परख करके उसी के अनुरूप शिक्षा देते हैं तथा स्कूल की शैक्षिक प्रगति को उत्तम बनाए रखने में सक्रिय योगदान देते हैं।

(2) शिक्षक की भूमिका एक परामर्शदाता (counsellor) के रूप में भी होती है। प्रत्येक कक्षा में कुछ ऐसे बालक होते हैं जिनकी कुछ मानसिक समस्याएँ होती हैं। ऐसे बालकों में संवेगात्मक अस्थिरता (emotional unstability), हीनता एवं असुरक्षा की भावना होती है जो उनके शिक्षा के मार्ग में अवरोध उत्पन्न करती है। शिक्षक ऐसे बालकों की पहचान करके उनकी समस्याओं का उचित परामर्श देकर समाधान करते हैं और शिक्षा के मार्ग से उनके अवरोधों को दूर करते हैं।

(3) शिक्षक अपने वर्ग के नेता (leader) होते हैं और नेता के रूप में उनकी भूमिका अधिक सराहनीय एवं महत्त्वपूर्ण होती है। कोई भी शिक्षक सामान्यतः तीन प्रकार के नेतृत्व भूमिका में किसी एक भूमिका को अपनाते हैं—सत्ताधारी नेतृत्व (authoritarian leadership), प्रजातांत्रिक नेतृत्व (democratic leadership) तथा अहस्तक्षेपी नेतृत्व (laissez faire leadership)। सत्ताधारी नेतृत्व की भूमिका में शिक्षक अपने वर्ग के सर्वेसर्वा होते हैं। वे छात्रों की भावनाओं एवं इच्छाओं की कद्र नहीं करते और उन्हें अपनी इच्छा के अनुसार चलने के लिए बाध्य करते हैं। ऐसा नहीं करने पर उन्हें सख्त दण्ड भी दिया जाता है। प्रजातंत्रात्मक नेतृत्व में शिक्षक छात्रों से राय-मशविरा कर एवं उन्हें विश्वास में लेते हुए शिक्षण कार्य करते हैं। वे उनकी कठिनाइयों पर ठीक ढंग से विचार करते हैं तथा उनके साथ सहयोग, एकता एवं मैत्रीपूर्ण संबंध कायम रखते हैं। शिक्षक कभी अपने विचार एवं भावनाओं को छात्र पर थोपते नहीं। अहस्तक्षेपी नेतृत्व में शिक्षक छात्रों की किसी भी क्रिया या व्यवहार में कोई सलाह या सुझाव देकर बाधा उत्पन्न नहीं करते बल्कि वे चुपचाप बिना किसी तरह के हस्तक्षेप के अपना शिक्षण कार्य जारी रखते हैं। यहाँ छात्रों को अपनी समस्या से स्वयं ही अवगत होना रहता है तथा शिक्षक द्वारा बताए गए तथ्यों के आलोक में इन समस्याओं का संभावित हल ढूँढ़ना पड़ता है।

उपर्युक्त तीनों तरह की नेतृत्व भूमिकाओं का कक्षा में छात्रों पर पड़नेवाले प्रभावों का अध्ययन किया गया है। इन अध्ययनों में लिपिट (Lippitt, 1939), लेविन, लिपिट एवं ह्वाइट (Lewin, Lippitt & White, 1939) एवं लिपिट एवं ह्वाइट (Lippitt & White, 1943) द्वारा किए गए अध्ययन काफी मशहूर हैं। इन अध्ययनों से निम्नांकित तथ्य सामने आए हैं—

(1) सत्तावादी नेतृत्व के रूप में शिक्षक की भूमिका पर छात्र में नम्रता अधिक होती है परंतु भीतर-ही-भीतर उनमें घुटन एवं असंतोष अधिक होता है। ऐसे छात्र चिड़चिड़े स्वभाव के हो जाते हैं, वे शिक्षक के साथ मन से सहयोग नहीं करते तथा मौका मिलने पर उनकी जमकर आलोचना भी

करते हैं। ऐसे बालको में शिक्षक पर अत्यधिक निर्भरता पाई जाती है और शिक्षक की अनुपस्थिति कुछ अधिक समय तक हो जाने पर छात्रों के कार्यों की प्रगति ठप पड़ जाती है।

(2) प्रजातांत्रिक नेता के रूप में शिक्षक की भूमिका होने पर छात्रों में संतोष तथा शिक्षक के साथ सहयोगिता आदि का गुण देखने को मिलता है। ऐसे छात्रों के कार्य का गुण (quality) तथा मात्रा (quantity) दोनों ही उत्तम होते हैं। छात्र समूह में एक-दूसरे की प्रशंसा करते हैं तथा अपने-अपने उत्तरदायित्व के प्रति सचेत रहते हैं।

(3) अहस्तक्षेपी नेता के रूप में शिक्षक की भूमिका होने पर छात्रों में सहयोगिता की भावना नहीं होती। किसी भी छात्र को यह पता नहीं होता है कि आगे क्या करना है। छात्रों का मनोबल नीचा होता और उनमें सांवेगिक अस्थिरता अधिक होती है।

स्पष्ट है कि कक्षा में शिक्षक की भूमिका अधिक महत्त्वपूर्ण होती है। खासकर नेता के रूप में जो शिक्षक की भूमिका होती है, उसका प्रभाव छात्रों पर सर्वाधिक पड़ता है।

कक्षा में समूह-संबंध को सुधारने की प्रविधियाँ
(Techniques of Improving Group Relationship in a Classroom)

जैसा कि हम जानते हैं, कक्षा एक तरह का सामाजिक समूह (social group) होता है। कक्षा में शिक्षक द्वारा किए गए अध्यापन की सफलता इस बात पर निर्भर करती है कि कक्षा के छात्रों का आपस में संबंध कैसा है, उनका बर्ताव शिक्षकों के साथ कैसा है, पूरी कक्षा का व्यवहार स्कूल की अन्य कक्षाओं के साथ कैसा है आदि-आदि। यदि इन सारे तरह के संबंध प्रभावकारी (effective) होते हैं, तो कक्षा में शिक्षक द्वारा किया गया अध्यापन बहुत हद तक सफल होता है। शिक्षा मनोवैज्ञानिकों ने कुछ ऐसे उपायों एवं सुझावों का वर्णन किया है जिनके माध्यम से कक्षा में इन समूह-संबंधों को सुधारा जा सकता है और तत्पश्चात अध्यापन कार्य को सफलीभूत बनाया जा सकता है। इन सुझावों में निम्नांकित प्रमुख हैं—

(1) प्रभावशाली एवं योग्य शिक्षक (Effective and able teachers)—यदि शिक्षक योग्य एवं प्रभावशाली हैं तो वे काफी हद तक स्वयं ही, बिना किसी बाहरी मदद के, कक्षा में समूह-संबंध या समूह-व्यवहार को नियंत्रित कर उसे उन्नत बना सकते हैं। ऐसा देखा गया है कि खासकर इसमें वैसे शिक्षक अधिक सफल होते हैं, जो विषय के ज्ञाता होने के साथ-ही-साथ आकर्षक भाषा, व्यंग्य एवं परिहास (jokes) आदि की क्षमता से लैश होते हैं। ऐसे शिक्षक हँस-हँसकर छात्रों के समूह को निश्चित दिशा में मोड़ लेते हैं।

(2) उचित संचार (Proper communication)—कक्षा में समूह-संबंधों को उत्तम बनाने के लिए यह आवश्यक है कि शिक्षालय में संचार की अच्छी व्यवस्था हो। शिक्षक आसानी से किसी भी छात्र को जो सूचना देना है, दे पाए तथा छात्र भी आसानी से शिक्षक को जो कहना चाहे या उनसे जो सूचना प्राप्त करना चाहे, कर सके। इतना ही नहीं, छात्रों का छात्रों के साथ एवं शिक्षक का शिक्षकों के साथ भी अच्छी संचार व्यवस्था होनी चाहिए। संचार व्यवस्था उत्तम होने से समूह-संबंधों को सुधारने में काफी मदद मिलती है; क्योंकि इससे किसी भी प्रकार की गलतफहमी आसानी से दूर हो जाती है।

(3) **परामर्श केंद्र** (Counselling centres)—समूह-संबंधों को उत्तम बनाए रखने के खयाल से प्रत्येक शिक्षालय में एक परामर्श केन्द्र होना चाहिए जिसमें एक स्कूल परामर्शदाता (school counsellor) होना चाहिए। स्कूल परामर्शदाता कुसमायोजित बालकों एवं अनुशासनहीन व्यवहार करनेवाले बालकों की पहचान करके उनके व्यवहारों को सुधारने का प्रयत्न करता है। ऐसे व्यवहार करनेवाले बालक कक्षा में अच्छे समूह-संबंध कायम करने में बाधक सिद्ध होते हैं। अतः, परामर्श देकर उनके व्यवहारों में परिवर्तन करना अनिवार्य है।

(4) **शैक्षिक भ्रमण** (Education excursion)—कुछ शिक्षा मनोवैज्ञानिकों ने कक्षा में समूह-संबंध को सुधारने के खयाल से समय-समय पर छात्रों को शैक्षिक भ्रमण पर ले जाने की सिफारिश की है। इस तरह के शैक्षिक भ्रमण में छात्र एक-दूसरे को वास्तविक परिस्थिति में अवलोकन करते हैं तथा एक-दूसरे को समझने की कोशिश करते हैं। इसका परिणाम यह होता है कि छात्रों में सहयोगिता एवं परोपकारिता का भाव पनपता है और समूह-संबंध में अपने-आप सुधार हो जाता है।

(5) **शिक्षक-अभिभावक सभा** (Teacher-guardian meetings)—कक्षा में समूह-संबंधों को सुधारने के लिए यह आवश्यक है कि शिक्षक को छात्रों की घरेलू आदतों एवं व्यवहारों के बारे में समुचित ज्ञान हो। इस ढंग का ज्ञान उन्हें छात्रों के माता-पिता या अभिभावकों (guardians) से आसानी से और सही-सही मिल पाता है। अतः, शिक्षालय में यदा-कदा या कम-से-कम साल में तीन बार अवश्य ही शिक्षक-अभिभावक सभा हो जानी चाहिए। ऐसी सभा में अभिभावकगण अपने बच्चों की आदतों एवं व्यवहारों के बारे में बताते हैं और शिक्षक उन आदतों एवं व्यवहारों के आलोक में कुछ ऐसे तथ्यों को प्रकाश में लाते हैं जिनसे छात्रों का समूह-संबंध उन्नत हो सके।

इस तरह हम देखते हैं कि कई ऐसे सुझावों एवं उपायों का वर्णन किया गया है जिनसे कक्षा में समूह-संबंध में सुधार लाकर उसे उत्तम बनाया जा सकता है।

शिक्षा का समाज मनोविज्ञान
(Social Psychology of Education)

1960 से 1980 वाले अवधि में शिक्षा के क्षेत्र में सामाजिक मनोवैज्ञानिक शोधों (social psychological researches) की महत्ता काफी बढ़ी। विदेश तथा स्वदेश, दोनों में ही मनोवैज्ञानिकों द्वारा शिक्षा में सामाजिक-मनोवैज्ञानिक कारकों या चरों का गहन अध्ययन किया जाने लगा। स्कूल या विद्यालय को एक सामाजिक तंत्र (social system) तथा बच्चों के समाजीकरण को एक प्रमुख एजेंसी के रूप में देखा जाने लगा। यहाँ शोधकर्ताओ द्वारा विद्यालय एवं कक्षा (classroom) से संबद्ध भीतरी एवं बाहरी कारकों की पहचान किए गए हैं। सामाजिक समायोजन (social adjustment) तथा शैक्षिक उपलब्धियों (academic achievement) में स्कूल का सामाजिक वातावरण तथा उच्च शिक्षा संस्थानों के वातावरण से संबंधित कारकों की महत्त्वपूर्ण भूमिका होती है। सचमुच में, ऐसे कारक प्रभावी शैक्षिक उपलब्धियों के लिए पर्याप्त उत्तेजक का काम करते हैं। वैसी परिस्थितियाँ जिसमें छात्र अपने आपको अकेला एवं सबों से भिन्न पाता है तथा जिसमें वह अपनी वैयक्तिक आवश्यकताओं की पुष्टि किसी कारण से नहीं कर पाता है, तो इससे स्कूल में ड्रॉप आउट (drop-out) बढ़ जाता है और स्कूल की उत्पादकता (productivity) सीमित हो जाती है। छात्रों में कुंठा (frustration) तथा अपवर्तन (alienation) से उत्पन्न विध्वंसात्मक बल या

कारक (destructive forces) सचमुच में स्कूल की मौलिक संरचना एवं उनके इन्फ्रास्ट्रक्चर (infrastructure) को नष्ट कर देता है।

उपर्युक्त सभी पहलुओं के एक संयुक्त विश्लेषण को **शिक्षा का समाज मनोविज्ञान** (social psychology of education) शीर्षक के तहत पिरोया गया है। इस शीर्षक के तीन महत्त्वपूर्ण पहलुओं अर्थात **एक सामाजिक तंत्र के रूप में स्कूल** (school as a social system), **एक समाजीकरण के एजेंसी के रूप में स्कूल** (school as a socializing agency) तथा **कक्षा के सामाजिक आबोहवा की विमाएँ** (dimensions of social climate in a classroom) आदि पर विशेष रूप से चर्चा अलग-अलग अनुच्छेदों में की जाएगी।

सामाजिक तंत्र के रूप में स्कूल
(School as a Social System)

स्कूल सचमुच में एक सामाजिक संगठन (social organization) होता है जिसमें बहुत तरह की अंतःक्रियाएँ (interacting) की जाती हैं जो आपस में मिलकर एक स्कूली आबोहवा (school climate) का निर्माण करते हैं। यह आबोहवा (climate) एक छोर पर बन्द प्रकार (closed types) से दूसरी छोर पर खुला प्रकार (open type) की होती है। हालपिन (Halpin, 1966) ने स्कूल आबोहवा के 8 विमा (dimensions) बतलाए हैं जिसमें एम॰ एस॰ विश्वविद्यालय (M S University), बड़ोदरा के **सेन्टर ऑफ एडवांस्ड एजुकेशन इन इजुकेशन** (Centre of Advanced Study in Education) में तीन शोधकर्त्ताओं अर्थात् डारजी (Darji, 1975) देक्खतावाला (Dekhtawala, 1975) तथा शेलत (Shelat, 1974) ने अपने शोधों के आधार पर इसमें 4 और विमाओं को जोड़ दिया और इसे मापने के लिए एक विशेष प्रश्नावली, जिसे **ऑर्गेनाइजेशनल क्लाइमेट डेवलपमेन्ट प्रश्नावली** (Organizational Climate Development Questionnaire or OCDQ) कहा गया, विकसित किए गए। इसमें जोड़े गए नये विमा थे—**संगठनात्मक संरचना** (organizational hierarchy), **संचार** (communication), **मानव संबंध** (human relations) तथा **स्वतंत्रता एवं प्रजातंत्रीकरण** (freedom and democratization)। कुछ अन्य आरंभिक अध्ययनों में स्कूली आबोहवा को 6 प्रकार में बाँटा गया है : खुला (open), नियंत्रित (controlled), स्वायत्त (autonomous), परिचित (familiar), पैतृक (parental) तथा बन्द (closed)। इन प्रकारों में खुला तथा बन्द प्रकारों का तथा शैक्षिक उपलब्धि पर उनके पड़नेवाले प्रभावों का अध्ययन काफी किया गया है।

एक ही क्षेत्र या जिला के सभी स्कूल एक समान नहीं होते हैं। कुछ स्कूल में सिर्फ लड़के या सिर्फ लड़कियाँ पढ़ती हैं तो कुछ में दोनों यौन (sex) के छात्र पढ़ते हैं। कुछ बड़े स्कूल होते हैं तो कुछ छोटे होते हैं, कुछ समन्वित (integrated) होते हैं तो कुछ पृथक्कृत (segregated) होते हैं। इतना ही नहीं, इन सभी स्कूलों की सामाजिक आबोहवा (social climate), शैक्षिक आदर्श (educational ideology), पाठ्येतर क्रियाएँ (extracurricular activities) भी भिन्न-भिन्न होती हैं। स्कूल के भीतर एवं बाहर इस तरह की भिन्नता का प्रभाव छात्रों की शैक्षिक उपलब्धि (educational achievement) तथा उनके सांवेगिक (emotional) एवं सामाजिक समायोजन (social adjustment) को काफी प्रभावित करता है।

अगर स्कूल को एक सामाजिक तंत्र (social system) के रूप में सही-सही समझना है तो यह देखना आवश्यक होगा कि जैसे-जैसे स्कूल में बच्चे बड़े होते जाते हैं, स्कूल का संगठन (organization) और उसका प्रभाव किस तरह से बदलता जाता है। सचमुच में प्राक् स्कूल (pre school) जैसे नर्सरी, प्रिपरेटरी (preparatory) आदि कक्षाओं तक का स्कूल, प्राथमिक विद्यालय तथा उच्च विद्यालय (high school) का सामाजिक संदर्भ (social context) भिन्न-भिन्न होता है। ये विद्यालय भिन्न-भिन्न ढंग से संगठित होते हैं, बच्चे उनका प्रत्यक्षण भी अलग-अलग ढंग से करते हैं और बच्चों की बढ़ती आवश्यकताओं (needs) एवं क्षमताओं (capacities) के कारण विद्यालय में सामाजिक व्यवहार (social behaviour) के विभिन्न पहलुओं की अभिव्यक्ति होती है। जैसे-जैसे छात्र की आयु बढ़ती जाती है, स्कूल के वातावरण की जटिलता (complexity) तथा कार्यक्षेत्र (scope) भी बढ़ता जाता है। जैसे, प्राक् स्कूली वातावरण एक तरह का सुरक्षित वातावरण (protected environment) प्रस्तुत करता है जिसकी एक विशेष कड़ी सीमा (boundary) होती है तथा ऐसे स्कूल का कार्यक्षेत्र (scope) भी सीमित होता है। सचमुच में प्राक् स्कूली बच्चे अपनी कक्षा (classroom) को एक संगठित समाज (organized society) के रूप में नहीं समझ पाते हैं। ऐसे बच्चे एक या दो शिक्षक से दिनभर अंतःक्रिया करते रहते है तथा इस स्तर पर उनके साथी-संगी (peers) भी काफी सीमित होते हैं। ऐसे प्राक् स्कूली बच्चों की दुनिया यहाँ तक ही सीमित होती है। बच्चे इन्हीं कुछ शिक्षकों एवं साथी-संगी को महत्त्वपूर्ण व्यक्ति समझकर उनके साथ अंतःक्रिया करके संतुष्ट रहते हैं। प्राथमिक स्कूल के छात्रों के लिये कक्षा (classroom) एक बड़ा संदर्भ (context) तो अवश्य होता है परंतु इसे वे एक सामाजिक इकाई (social unit) के रूप में अनुभव करते हैं। यहाँ सामाजिक अभिव्यक्ति (social expression) तथा अधिगम (learning) की इकाई अधिक जटिल होती है। छात्र अपने शिक्षकों एवं साथी-संगी के साथ अन्तःक्रिया करने को प्राथमिकता देते हैं। शिक्षक को वे एक प्राधिकार (authority) के रूप में समझते हैं तथा उनके नेतृत्व को वे सम्मान देते हैं। इस तरह से कक्षा की एक विशेष आबोहवा (climate) स्थापित होती है जिसमें अपने वर्ग के साथी-संगी के साथ सभी संभावित संबंध स्थापित होते हैं और यहाँ वर्ग को एक सामाजिक-समूह (social group) के रूप में छात्र प्रत्यक्षण करने लगते हैं। उच्च विद्यालय (high school) में प्रवेश करने पर छात्रों के लिए स्कूल पूर्णरूपेण एक सामाजिक क्षेत्र (social field) हो जाता है न कि उसकी क्रियाएँ मात्र एक कक्षा तक सीमित रह जाती हैं। उच्च विद्यालय के किशोर छात्र विभिन्न तरह के शिक्षकों एवं साथी-संगी (peers) के साथ सम्पर्क में आते हैं और वर्ग या कक्षा से बाहर भी उन्हें बहुत तरह की क्रियाओं में भाग लेना पड़ता है। इस अवस्था पर छात्र स्कूल को एक सामाजिक संगठन (social organization) के रूप में स्वीकार करते हैं और वे या तो इस सामाजिक तंत्र (social system) को स्वीकार करते हैं या फिर उसे खुलेआम चुनौती दे बैठते हैं।

भारतीय मनोवैज्ञानिकों द्वारा स्कूल को एक सामाजिक तंत्र के रूप में अध्ययन करने के उपरांत इस तथ्य पर पहुँचा गया है कि यह तंत्र छात्रों की उपलब्धि (achievement) में सक्रिय योगदान करता है। एम॰ शर्मा (M. Sharma, 1971) ने अपने अध्ययन में पाया कि उन छात्रों की उपलब्धि वैसे स्कूलों में अधिक थी जिनके शिक्षकों में सामाजिक आवश्यकताओं (social needs) की संतुष्टि का स्तर ऊँचा था अर्थात जहाँ के शिक्षकों एवं छात्रों के बीच की सामाजिक अन्तःक्रिया काफी संतोषप्रद थी। के० कुमार (K. Kumar, 1972, 1975) स्कूल में पाये जानेवाले छह तरह की सामाजिक आबोहवा (social climate) का छात्रों के व्यवहार, विशेषकर उसके व्यक्तिगत सामाजिक अभियोजन (personal social adjustment), मूल्य उन्मुखता (value orientation),

कुछ विशेष शैक्षिक वस्तुओं के प्रति मनोवृत्ति एवं शैक्षिक उपलब्धि (educational achievement) पर पड़नेवाले प्रभावों का अध्ययन किया तथा परिणाम में पाए कि व्यक्तिगत तथा सामाजिक समायोजन पर खुली आबोहवा (open climate) का सबसे उत्तम प्रभाव पड़ता है और उसके बाद बंद (closed), पैतृक (paternal), स्वायत्त (autonomous), नियंत्रित (controlled) तथा अन्त में परिचित (familiar) आबोहवा का प्रभाव पड़ता देखा गया है। परंतु, इनका अन्य चरों, जैसे शैक्षिक निष्पादन (scholastic performance) तथा स्कूल के प्रति मनोवृत्ति पर कोई खास प्रभाव पड़ता नहीं देखा गया। वाई॰आर॰राव (Y R Rao, 1976) ने अपने अध्ययन से इस तथ्य की संपुष्टि की है कि खुली संगठनात्मक आबोहवा (open organizational climate) शिक्षकों की संतुष्टि एवं छात्रों की उपलब्धि के दृष्टिकोण से उत्तम होती है। इस तरह की आवोहवा के प्रभाव से छात्रों के व्यक्तिगत सामाजिक समायोजन, मूल्य निर्माण (value formation) तथा मनोवृत्ति विकास (attitude development) पर अनुकूल प्रभाव पड़ता है।

स्पष्ट हुआ कि स्कूल एक सामाजिक तंत्र (social system) के रूप में छात्रों की उपलब्धि, शिक्षकों की तुष्टि तथा छात्र-शिक्षक अंतःक्रिया (student-teacher interaction) को प्रभावित करके एक उत्तम नमूना समाज के सामने पेश करता है।

समाजीकरण के एजेन्सी के रूप में स्कूल
(School as a Socialization Agency)

समाजीकरण (socialization) एक ऐसी प्रक्रिया है जिसके सहारे बच्चे समाज के वरिष्ठ सदस्यों द्वारा उचित एवं महत्त्वपूर्ण घोषित विश्वासों (beliefs), मूल्यों (values) तथा व्यवहार को सीखते हैं। प्रत्येक पीढ़ी में समाजीकरण तीन तरह से समाज के लिए उपयोगी सिद्ध होता है :

(i) समाजीकरण एक ऐसा तरीका है जिसके माध्यम से बच्चों के व्यवहार को नियमित (regulate) किया जाता है तथा इनके अवांछित (undesirable) या समाजविरोधी व्यवहारों पर काबू प्राप्त किया जाता है।

(ii) समाजीकरण की प्रक्रिया व्यक्तियों में व्यक्तिगत वर्द्धन (personal growth) को उन्नत बनाती है। जैसे-जैसे बच्चे बड़े होते हैं, वे अपने समाज के अन्य लोगों एवं महत्त्वपूर्ण लोगों से अंतःक्रिया करते जाते हैं और इस अंतःक्रिया के दौरान वे ऐसे ज्ञान, कौशल, अभिप्रेरण तथा आकांक्षाओं (aspirations) को सीखते हैं जो उन्हें वातावरण के साथ समायोजन स्थापित करने में मदद तो करते ही हैं तथा ठीक ढंग से व्यवहार करने की प्रेरणा भी देते हैं।

(iii) समाजीकरण की प्रक्रिया सामाजिक क्रम (social order) को स्थायी बनाती है। समाजीकृत बच्चे (socialized children) एक दिन बड़े होकर समाजीकृत वयस्क (socialized adult) बनते हैं जो अपने बच्चों को फिर उसी ढंग से समाजीकृत करते हैं जिस ढंग से उन्हें समाजीकृत किया गया था। बच्चों का समाजीकरण-जैसे विषय पर शिक्षा मनोवैज्ञानिकों तथा विकासात्मक मनोवैज्ञानिकों (developmental psychologists) का ध्यान गया है। इन दोनों तरह के मनोवैज्ञानिकों का मत है कि परिवार (family) तथा साथी-संगी (peers) समाजीकरण प्रक्रिया में महत्त्वपूर्ण भूमिका निभाते हैं। परंतु, बच्चों को समाजीकृत (socialize) करने में स्कूल या विद्यालय

की भी अहम भूमिका होती है। 3 साल की आयु के बाद बच्चों की जिन्दगी का बड़ा हिस्सा स्कूल द्वारा प्रभावित होता है। स्कूल के घंटों के बाद में स्कूल में दिए गए गृह-कार्य (home assignment) को बच्चों द्वारा पूरा करना, स्कूल का सामाजिक आभार (social obligation) तथा स्कूल की संरचनाओं (structures) का बच्चों के सामाजिक नेटवर्क पर पड़ने वाले प्रभावों के माध्यम से स्कूल का समाजीकृत प्रभाव (socializing effect) जारी रहता है।

शिक्षा मनोवैज्ञानिकों द्वारा स्कूल को एक समाजीकरण के एजेंसी रूप में अध्ययन करने के लिए निम्नांकित प्रमुख बिन्दुओं पर विचार किया गया है—

1. स्कूल की संरचनात्मक विशेषताएँ (Structural features of a school)
2. कक्षा : जगह एवं संगठन (Classroom: space and organization)
3. शिक्षक की भूमिका (Role of a teacher)
4. अभिजात-शिक्षक उपागम (Peer-teacher approach)
5. पाठ्यपुस्तकों की भूमिका (Role of textbooks)
6. विशेष बच्चे (Special children)

इनका वर्णन इस प्रकार है—

1. स्कूल की संरचनात्मक विशेषताएँ (Structural features of a school)—स्कूल की संरचना (structure) का प्रभाव छात्रों पर पड़ता है। स्कूल की संरचना के तहत दो कारकों को सम्मिलित कर उनके पड़नेवाले प्रभावों का अध्ययन किया गया है। पहला कारक है स्कूल का आकार (size) तथा दूसरा कारक है कक्षा का आकार (size)। कक्षा में बैठने की व्यवस्था (seating arrangement), कक्षा के दिवाल का रंग, कक्षा का वायु संचार (ventilation) आदि। अध्ययनों से यह स्पष्ट हुआ है कि इन दोनों कारकों का प्रभाव बच्चों के समाजीकरण पर स्पष्ट रूप से पड़ता है। स्कूल का आकार (size) छोटा हो सकता है यानी उसमें पढ़नेवाले छात्रों की संख्या कम हो सकती है या फिर उसका आकार काफी बड़ा हो सकता है या उसमें पढ़नेवाले छात्रों की संख्या अधिक हो सकती है। अध्ययनों से यह स्पष्ट हुआ है कि जब स्कूल का आकार बड़ा होता है, तो उस स्कूल के बच्चों द्वारा पाठ्येतर क्रियाएँ (extracurricular activities) तुलनात्मक रूप से अधिक होती हैं जिनसे उनमें सामाजिक अंतःक्रियाएँ अधिक होती हैं जो उनके सामाजिक एवं सांवेगिक विकास को अधिक अनुकूल बनाती है। कुछ अध्ययनों में यह पाया गया है कि स्कूल में छात्रों की शैक्षिक उपलब्धि पर स्कूल के आकार का प्रभाव नहीं पड़ता है। रूट्टर (Rutter, 1983) द्वारा किए गए अध्ययन से इस तथ्य की संपुष्टि होती है।

2. कक्षा—जगह एवं संगठन (Classroom: space and organization)—स्कूल के आकार (size) का भी प्रभाव बच्चों के समाजीकरण पर पड़ता है। मिनुचीन तथा शापिरो (Minuchin & Shapiro, 1983) ने एक अध्ययन किया जिसमें कक्षा के आकार का छात्रों पर पड़नेवाले व्यवहारों का अध्ययन किया गया। इन्होंने अपने अध्ययन के परिणाम में पाया कि जैसे-जैसे कक्षा का आकार बड़ा होता गया, छात्रों द्वारा वर्ग में की जानेवाली परिचर्या (discussion) में कमी आती गयी। इतना ही नहीं, ऐसी परिस्थिति में, बहुत कम संख्या में छात्रों द्वारा किसी परिचर्या में भाग लिया जाता था। जब वे आपस में बातचीत करते थे, तो उनकी आपस में सहभागिता (participation) औसतन

काफी कम होती थी। छोटे कक्षाओं में वैयक्तिकीकरण (individualization) अधिक होता है, सामूहिक क्रियाएँ अधिक होती हैं, छात्रों की मनोवृत्ति अधिक धनात्मक होती है तथा दुर्व्यवहार (misbehaviour) भी वे कम करते हैं। इतना ही नहीं, छोटे कक्षाओं में शिक्षक भी अपने छात्र के व्यवहार से अधिक संतुष्ट रहते हैं। रूट्टर (Rutter, 1983) ने अपने अध्ययन में पाया कि छोटा वर्ग, जिसमें अधिकतम 20 छात्र तक होते है, कुछ विशेष विषयों, यथा गणित (mathematics) तथा पठन (reading) आदि के लिए अधिक लाभप्रद साबित होते हैं। ऐसे छोटे वर्ग विकलांग छात्रों एवं अलाभान्वित (disadvantaged) छात्रों के शैक्षिक प्रगति में भी लाभदायक साबित होते हैं।

कक्षा में छात्र कहाँ बैठते हैं, इसका भी प्रभाव उनके सामाजिक, सांवेगिक एवं शैक्षिक पहलुओं पर पड़ता है। जो बच्चे कक्षा में शिक्षक के सामने बैठते हैं या फिर शिक्षक के स्थान से सामने कुछ दूरी पर बैठते हैं, वे वर्ग में परिचर्या (discussion) में अधिक भाग लेते हैं। कुछ मनोवैज्ञानिकों का मत है कि ऐसे छात्रों में सामाजिक कौशल (social skills) तो मजबूत होता ही है, साथ-ही-साथ इनमें आत्म-विश्वास (self-confidence) तथा आत्म-अभिव्यक्ति (self-expression) की क्षमता में भी वृद्धि होती है।

कक्षा के संगठन (organization) का भी प्रभाव छात्रों के समाजीकरण पर पड़ता है। खुला संगठन (open organization) के होने पर छात्र वर्ग में कतार में नहीं बैठकर पूरे कमरे में जहाँ-तहाँ यहाँ तक कि जमीन पर बैठकर वैयक्तिक रूप से या लघु समूह बनाकर कुछ क्रियाएँ करते हैं। परंतु, परंपरागत व्यवस्था (traditional arrangement) में छात्रों को वर्ग में कतार में बैठकर शिक्षकों के बातों पर ध्यान देना पड़ता है। इन दोनों तरह की व्यवस्था का तुलनात्मक अध्ययन कुछ मनोवैज्ञानिकों, जैसे हस्टोन-स्टीन, फ्रिडरिक-कोफर तथा सुसमैन (Huston-Stein, Freisdrich- Cofer & Susman, 1977) द्वारा किया गया और पाया गया कि सामाजिक रूप से खुली कक्षा व्यवस्था (open classroom arrangement) तुलनात्मक रूप से अधिक लाभप्रद होती है। ऐसे कक्षा के बच्चे परोपकारी व्यवहार (prosocial behaviour) अधिक करते हैं, कल्पनात्मक खेल (imaginative play) में अधिक रुचि दिखलाते हैं। परंतु, ऐसे बच्चों में परम्परागत या संरचित व्यवस्थावाले कक्षाओं की तुलना में आक्रामकता (aggressiveness) अधिक होती है। परंतु, खुली व्यवस्था के छात्रों को संरचित व्यवस्था के छात्रों की तुलना में कोई स्पष्ट शैक्षिक लाभ (academic benefit) नहीं होता है। भारतीय मनोवैज्ञानिकों जैसे के॰ए॰गाँधी (K A Gandhi, 1977), ए॰ मेहता (A Mehta, 1977) तथा एस॰ए॰ सहस्त्रबुद्धे (SA Sahastrabudhe, 1977) ने कक्षा की आबोहवा[1] (climate) का छात्रों पर पड़नेवाले प्रभावों का अध्ययन किया है और पाया कि खुली आबोहवावाले छात्रों में व्यक्तिगत सामाजिक समायोजन (personal social adjustment) उत्तम होता है तथा मूल्य निर्माण (value formation) तथा मनोवृत्ति निर्माण (attitude formation) भी अधिक धनात्मक होता है। शिक्षकों द्वारा किए गए छात्रों का प्रत्यक्षण तथा छात्रों द्वारा किए गए शिक्षकों का प्रत्यक्षण का प्रभाव कक्षा की अंतःक्रियाओं पर अधिक पड़ता है। यदि ये दोनों तरह के प्रत्यक्षण अनुकूल होते हैं, तो इससे छात्रों में सामाजिक शीलगुण, जैसे उत्तरदायित्व, अहंशक्ति (ego-strength),

1. 'कक्षा की आबोहवा' (classroom climate) से तात्पर्य कक्षा के सामान्य शैक्षिक एवं मनोवैज्ञानिक वातावरण से होता है जो शिक्षक एवं छात्रों के अंतःक्रिया (interaction) एवं उनके लक्ष्यों के परिणामस्वरूप बनता है।

निर्णयात्मकता (decisiveness), आत्मविश्वास (self-confidence) तथा आत्म-सम्मान (self-esteem) आदि मजबूत होता है।

3. शिक्षक की भूमिका (Role of a teacher)—स्कूल में शिक्षक की भूमिका सबसे अहम होती है। शिक्षक को कई तरह की भूमिकाएँ स्कूल में करनी होती है जिनका सीधा प्रभाव बच्चों के समाजीकरण पर पड़ता है। शिक्षक एक मूल्यांकनकर्त्ता (evaluator) के रूप में, एक अनुशासक (disciplinarian) के रूप में तथा एक सामाजिक मॉडल (social model) के रूप में कार्य करते हैं। इन सभी भूमिकाओं का प्रभाव छात्रों के सामाजिक (social) तथा सांवेगिक (emotional) समायोजन तथा शैक्षिक उपलब्धि पर पर्याप्त पड़ता है।

ऐसा देखा गया है कि शिक्षक अपने छात्रों से भली-भाँति परिचित होने के पहले से ही कुछ उम्मीद या प्रत्यक्षण (expectation) मन में बना लेते हैं जिसका प्रभाव छात्रों के समाजीकरण तथा शैक्षिक उपलब्धियों पर स्पष्ट रूप से पड़ता है। इस सिलसिले में सबसे पहला एक महत्त्वपूर्ण प्रयास हार्वार्ड विश्वविद्यालय (Harvard University) के रोजेनथल तथा जैकोबसन (Rosenthal & Jacobsen, 1968) द्वारा किया गया। इस अध्ययन में कई प्राथमिक स्कूल के शिक्षकों को यह सूचित किया गया कि जिन छात्र को वे इस सत्र में पढ़ाने जा रहे हैं, उनमें से 20% छात्र बौद्धिक रूप से काफी श्रेष्ठ हैं और उनकी उपलब्धि इस सत्र में काफी ऊँची रहेगी। सच्चाई यह थी कि जिन छात्रों को बौद्धिक रूप से श्रेष्ठ बतलाया गया था, वे सचमुच में यादृच्छिक ढंग से (randomly) चयनित छात्र थे और उनमें ऐसी कोई श्रेष्ठता नहीं थी। अन्य छात्रों से ये तथा-कथित श्रेष्ठ छात्र सिर्फ इस अर्थ में भिन्न थे कि उनके शिक्षकों को उनसे काफी उम्मीदें थीं। शिक्षकों की उम्मीद का पड़नेवाले प्रभाव का अध्ययन करने के लिए बच्चों का प्रयोग (experiment) प्रारंभ होने के पहले बुद्धि-परीक्षण किया गया। परिणाम में देखा गया कि वैसे छात्र, जिनके बारे में शिक्षकों में यह उम्मीद बनाई गई थी कि उनमें बौद्धिक उपलब्धि (intellectual gain) अधिक होगी, वे अन्य छात्रों की तुलना में सचमुच में उच्च बुद्धि-परीक्षण प्राप्तांक (high intelligence test score) प्राप्त किये। इसे रोजेनथल एवं जैकोबसन (Rosenthal & Jacobsen) ने **पिगमेलियन प्रभाव** (Pygmalion effect) कहा है।

बाद में किए गए शोधों में भी पिगमेलियन प्रभाव की पुष्टि की गयी है। इसकी व्यवस्था करते हुए ब्रोफी (Brophy, 1983) तथा हैरिस एवं रोजेनथल (Harris & Rosenthal, 1986) ने कहा है कि शिक्षक उच्च प्रत्याशी छात्रों (high expectancy students) के साथ निम्न-प्रत्याशी छात्रों (low expectancy students) की तुलना में भिन्न ढंग से व्यवहार करते हैं। उच्च-प्रत्याशी छात्रों को शिक्षक अधिक चुनौतीपूर्ण पठन-पाठन में लगाते हैं, उनसे अच्छे निष्पादन (performance) की माँग करते हैं तथा सही उत्तर देने पर ऐसे छात्रों की जमकर प्रशंसा भी करते हैं। जब ऐसे छात्र किसी प्रश्न का सही उत्तर नहीं दे पाते है, तो शिक्षक उन्हें डाँटने की बजाय उस प्रश्न को दूसरे शब्दों में अधिक स्पष्ट करते हुए उसके सामने रखते हैं। दूसरी तरफ निम्न-प्रत्याशी छात्रों के प्रति शिक्षकों का व्यवहार भिन्न होता है। ऐसे छात्रों को चुनौतीपूर्ण कार्यों में नहीं लगाया जाता है तथा गलत उत्तर देने पर उनकी आलोचना शिक्षकों द्वारा की जाती है। इससे स्वयं छात्रों को भी यह विश्वास हो जाता है कि उनमें कम क्षमता (ability) है तथा इससे उसका अभिप्रेरण (motivation) भी कम हो जाता है।

मूल्यांकनकर्त्ता (evaluator) के रूप में शिक्षकों के व्यवहार से भी छात्र काफी समाजीकृत (socialized) होते हैं। शिक्षक किस तरह से छात्रों का मूल्यांकन करते हैं, इससे भी बच्चे की मनोवृत्ति (attitude), अभिप्रेरण (motivation) तथा निष्पादन (performance) प्रभावित होता है। कुछ छात्र ऐसे मूल्यांकन सत्र (evaluation session) में काफी चिंतित दिखते हैं तथा कुछ छात्र ऐसे सत्र में आराम से (relaxed) रहते हैं। हिल (Hill, 1980) द्वारा किए गए अध्ययन से यह स्पष्ट हुआ है कि उच्च-चिंतित बच्चों (high anxious children) का निष्पादन, शैक्षिक कौशल (academic skill), कक्षा अधिगम (classroom learning) तथा शाब्दिक समस्या समाधान क्षमता (verbal problem solving ability) इससे काफी प्रभावित होता है जो अन्तोगत्वा स्कूल में उनके निम्न निष्पादन के लिए उत्तरदायी होते हैं। हल तथा एटोन (Hill & Eton, 1977) ने बच्चों के निष्पादन पर विभिन्न प्रकार के मूल्यांकन प्रक्रिया (evaluation process) के पड़ने वाले प्रभावों का अध्ययन किया। इसके लिए उन्होंने बच्चों के गणितीय निष्पादन (arithmetical performance) का दो अवस्थाओं में मूल्यांकन किया—एक अवस्था वह थी जिसमें एक समय-सीमा (time limit) दी गयी ताकि बच्चे दिये गये गणितीय समस्याओं में से मात्र दो-तिहाई का ही समाधान कर पाये और बाकी एक-तिहाई को करने में वह असफल रहे। दूसरी अवस्था वह थी जहाँ कोई ऐसी समय-सीमा नहीं थी ताकि छात्रों में असफलता का अनुभव न हो सके तथा छात्र सभी समस्याओं का समाधान कर सकें। परिणाम में देखा गया कि पहली अवस्था में उच्च-चिंतित छात्र (high anxious children) निम्न-चिंतित छात्र (low anxious children) की तुलना में तीन गुणा अधिक त्रुटियाँ किये तथा प्रत्येक समस्या के समाधान में दुगुना अधिक समय लिए। दूसरी अवस्था में जहाँ समय सीमा नहीं थी, उच्च-चिंतित छात्रों ने तुलनात्मक रूप से अधिक श्रेष्ठ निष्पादन दिखलाये और वे निम्न-चिंतित छात्रों के समान तेजी से और सही-सही समस्याओं का समाधान कर सकने में सफल हुए। इस अध्ययन में उच्च-चिंतित छात्रों का निष्पादन जो समय-सीमा अवस्था (time limit condition) में कम था, का मूल कारण अभिप्रेरणात्मक (motivational) तथा परीक्षण की स्थिति से संबद्ध कारक थे। इसका मतलब यह हुआ कि शिक्षकों द्वारा अपनाये गए मूल्यांकन प्रविधि से छात्रों का अभिप्रेरणा स्तर भी प्रभावित होता है जिससे छात्रों का व्यवहार न केवल मूल्यांकन परिस्थिति में, बल्कि अन्य परिस्थितियों में प्रभावित होता है।

शिक्षक की भूमिका अनुशासक (disciplinarian) के रूप में सराहनीय है। अनुशासक के रूप में शिक्षकों द्वारा किये गए व्यवहार से छात्रों के समाजीकरण पर काफी प्रभाव पड़ता है। इससे छात्रों का अभिप्रेरण (motivation), उपलब्धि स्तर तथा अन्य व्यवहार किस तरह से प्रभावित होते हैं, पर विचार शिक्षा मनोवैज्ञानिकों द्वारा किया गया है। कजडीन (Kazdin, 1982) द्वारा किए गए अध्ययन से यह स्पष्ट हुआ है कि कक्षा में छात्रों को नियंत्रित करने के लिए क्रियाप्रसूत पुनर्बलन नियम (operant reinforcement principles) काफी सफल साबित हुआ है। कुछ प्रयोग में बच्चे को कक्षा में नियंत्रित करने के लिए शाब्दिक अनुमोदन (verbal approval) का उपयोग सामाजिक पुनर्बलन (social reinforcement) के रूप में किया जाता है जहाँ शिक्षकों को छात्रों द्वारा उचित व्यवहार करने पर उनकी प्रशंसा करने तथा ध्वंसात्मक व्यवहार (disruptive behaviour) को क्रमबद्ध ढंग से उपेक्षा करने के लिये प्रेरित किया जाता है। अभी हाल में कक्षा में छात्रों को नियंत्रित करने या वांछित व्यवहार को करने के लिए सांकेतिक पुरस्कार (token rewards) पर शिक्षकों द्वारा बल डाला गया है। यहाँ बच्चों को अच्छे व्यवहार दिखलाने पर शिक्षकों द्वारा कुछ संकेत (token) दिए जाते हैं, जिसे देकर वे बाद में कुछ ठोस पुरस्कार, जैसे खिलौना, कॉमिक्स (comics),

चॉकलेट, बिस्कुट आदि प्राप्त कर सकते हैं। कजडीन (Kazdin, 1982) ने यह दावा किया है कि अनेक अध्ययन इस बात के लिये साक्ष्य उपलब्ध किए हैं कि कक्षा में छात्रों को नियंत्रित करने की यह विधि (सांकेतिक पुरस्कार) काफी लोकप्रिय एवं प्रभावित रही है। कुछ मनोवैज्ञानिकों द्वारा यहाँ इस बात के लिये सावधानी बरतने की हिदायत दी गयी है कि यदि बच्चों को वैसे कार्य के लिए सांकेतिक पुरस्कार (या बाह्य पुरस्कार) दिया जाता है जिसमें बच्चे भीतर से अभिरुचि (intrinsically rewarding) दिखलाते हैं, तो इससे ऐसे कार्यों की महत्ता बच्चों के नजर में कम हो जाती है।

शिक्षकों द्वारा अपनाये गए शिक्षण शैली (teaching styles) का भी प्रभाव बच्चे पर पड़ता है। सामान्यतः दो तरह की शिक्षणशैली शिक्षकों द्वारा अपनायी जाती है—**सत्तावादी शैली** (authoritarion style) तथा **अनुज्ञात्मक शैली** (permissive style)। सत्तावादी शैली अपनाने वाले शिक्षक अपने छात्रों पर प्रभुत्त्व दिखलाते है तथा अपने माँगो की पूर्ति के लिए शक्ति-आग्रही विधि (power-assertive method) का उपयोग करते हैं। ऐसे शिक्षक शाब्दिक लेन-देन (verbal give and take) को प्रोत्साहित करते हैं तथा मूल्य स्वायत्तता (value autonomy) एवं सृजनात्मक अभिव्यक्ति (creative expression) को प्रोत्साहित करते हैं। दूसरी तरफ अनुज्ञात्मक शैली (permissive style) वाले शिक्षक छात्रों से कम उम्मीद करते हैं तथा अपनी ओर से कोई निर्देशन (guidance) नहीं देते हैं। बाऊमरिंड (Baumrind, 1972) द्वारा किये गए अध्ययनों से यह स्पष्ट हुआ है कि जो शिक्षक सत्तावादी शैली का उपयोग करते है, वे बच्चे के बौद्धिक उत्सुकता (intellectual curiosity), उनके शैक्षिक उपलब्धि (academic achievement) तथा उत्तम सांवेगिक विकास (emotional development) एवं सामाजिक विकास (social development) में सक्रिय योगदान करते हैं। इस तथ्य की संपुष्टि मिनचीन तथा शापिरो (Munichin & Shapiro, 1983) द्वारा की गई। ब्रोफी (Brophy, 1979) ने अपने अध्ययन में यह भी पाया कि उच्च-क्षमता वाले छात्र कक्षा में अधिक तेज गति से दिये गए निर्देश से अधिक लाभान्वित होते हैं जबकि निम्न-क्षमता वाले छात्र तथा अलाभान्वित छात्र (disadvantaged children) कक्षा में मन्द गति से दिये गए निर्देश (instruction) से अधिक लाभान्वित होते हैं।

4. अभिजात-शिक्षक उपागम (Peer-teacher approach)—अभिजात-शिक्षक की भूमिका भी बच्चों के समाजीकरण में शिक्षा मनोविज्ञान के दृष्टिकोण से महत्त्वपूर्ण है। अभिजात-शिक्षक से तात्पर्य वैसे छात्र से होता है जो उम्र में थोड़े बड़े होते हैं और उन्हें अपने से कम उम्र के बच्चों को पढ़ाने की जवाबदेही दे दी जाती है। ऐसे छात्र जब इस तरह की जवाबदेही का निर्वाह करते हैं, तो उनकी अपनी शैक्षिक उपलब्धि भी मजबूत हो जाती है तथा साथ-ही-साथ उनका सामाजिक एवं सांवेगिक विकास भी पहले की अपेक्षा अधिक विकसित हो जाता है। एलेन तथा फेल्डमैन (Allen & Feldman, 1976) शीहन, फेल्डमैन तथा एलेन (Sheehan, Feldman & Allen, 1976) द्वारा किये गए अध्ययनों से यह स्पष्ट हुआ है कि ऐसी परिस्थिति में पढ़ानेवाले छात्र (tutor) तथा पढ़ने वाले छात्र (pupil) दोनों ही लाभान्वित होते हैं। यह लाभ निम्नांकित तरीकों से क्रियान्वित होता है—

(i) अभिजात-शिक्षक (peer teacher) परिस्थिति में पढ़नेवाले तथा पढ़ानेवाले दोनों ही छात्रों की पठन उपलब्धि (reading achievement) पहले से अधिक उन्नत हो गयी। क्लावार्ड (Cloward, 1988) द्वारा किये गये अध्ययन से इस तथ्य की संपुष्टि हुई है।

(ii) एलेन तथा फेल्डमैन (Allen & Feldman, 1973) का यह दावा है कि निम्न उपलब्धि वाले छात्र (low-achieving children) को जब पढ़ाने का उत्तरदायित्व दिया जाता है तो इससे उन्हें लाभ अधिक होता है। ऐसे निम्न उपलब्धि वाले छात्रों का किसी भी अधिगम विनियम परिस्थिति (learning exchange situation) में निष्क्रिय सहभागिता (passive participation) रहती है। जब इन्हें पढ़ाने का दायित्व दिया जाएगा तो इनका अभिप्रेरण (motivation) तथा आवेष्टन (involvement) का स्तर ऊँचा हो जायेगा। एलेन तथा फेल्डमैन के इस अध्ययन का परिणाम यह था कि ऐसी परिस्थिति में पढ़ानेवाले छात्र तथा पढ़नेवाले छात्र दोनों का ही शैक्षिक निष्पादन (academic performance) पहले से उन्नत हो गया और सचमुच में पढ़ानेवाले, पढ़नेवाले से अधिक लाभान्वित हुए।

आजकल अभिजात-शिक्षक उपागम को सहयोगी अधिगम वातावरण (cooperative learning environment) के साथ जोड़कर बच्चों के शैक्षिक निष्पादन (academic performance) को उन्नत बनाने तथा उन्हें समाजीकृत करने का नवीनतम प्रयास किया जा रहा है। सहयोगी अधिगम वातावरण में छात्रों का एक छोटा समूह तैयार किया जाता है जो अधिगम पाठों (learning tasks) को पूरा करता है। इस समूह में दोनों यौन (sex) के तथा भिन्न-भिन्न क्षमतावाले छात्र सम्मिलित होते हैं। फलस्वरूप, समूह का स्वरूप विषमजातीय (heterogeneous) होता है। इन सभी छात्रों के बीच अधिगम कार्य बाँट दिया जाता है और प्रत्येक छात्र दिये गए भाग या अंश को पूरा करने के लिये उत्तरदायी होता है। ऐसा करने में वे स्वतंत्र रूप से कार्य पूरा कर सकते हैं या समूह के अन्य सदस्यों के साथ ताल-मेल करके भी पूरा कर सकते हैं। ऐसे छात्र बाहर के लोगों से नये-नये कौशल को सीखते हैं और फिर उन कौशल को अपने समूह के अन्य सदस्यों को सिखलाते हैं। मिनुचीन तथा शापिरो (Minuchin & Shapiro, 1983) द्वारा किये गए अध्ययन से यह स्पष्ट हुआ है कि सहयोगी अधिगम वातावरण (cooperative learning environment) का बच्चों में आत्म-सम्मान (self-esteem), सहायतापरक व्यवहार (helping behaviour), अन्तर्वैयक्तिक पसंद (interpersonal liking) को मजबूत करके साथी-संगी में पारस्परिक सम्पर्क बढ़ाने, सहयोग एवं स्कूल के प्रति मनोवृत्ति को अनुकूल करने में महत्त्वपूर्ण योगदान होता है। स्लाभिन (Slavin, 1983) एवं स्लाभिन-लिभी तथा मैड्डेन (Slavin, Leavey & Madden, 1984) ने तो अपने-अपने अध्ययनों में यहाँ तक पाया कि ऐसे सहयोगी अधिगम वातावरण से बच्चों के गणितीय कौशल (mathematical skills) में भी वृद्धि हो जाती है।

5. पाठ्यपुस्तकों की भूमिका (Role of textbooks)—कक्षा में छात्र सिर्फ शिक्षकों एवं साथी-संगी (peer) से प्रभावित न होकर इस बात से भी प्रभावित होते हैं कि उन्हें क्या पढ़ने के लिये दिया जाता है। बच्चे अपनी पाठ्यपुस्तक तथा अन्य पुस्तकों को पढ़कर एक विशेष ढंग के मनोवृत्ति (attitude) विकसित करते हैं तथा वे एक खास ढंग के सांस्कृतिक मूल्य (cultural values) को सीखते हैं। इतना ही नहीं, कुछ पुस्तकों में समाज में लड़कियों एवं लड़कों की भूमिकाओं को कहानी के माध्यम से बतलाया जाता है। बच्चों में नैतिक विकास (moral development) के लिए तरह-तरह की कहानियों को पुस्तकों के माध्यम से उन्हें पढ़वाया जाता है। कुछ अनुद्धैर्य अध्ययन (longitudinal studies) इस बात के द्योतक हैं कि जिन बच्चों को ऐसे पुस्तकों को पढ़ने का पर्याप्त अवसर मिला जिनमें नैतिकतापूर्ण कहानियाँ थीं, उनमें आगे चलकर नैतिकता के भाव का विकास अन्य बच्चों की अपेक्षा, जिन्हें ऐसा मौका नहीं मिला था, जल्द हुआ। पठन के माध्यम से बच्चों में बोध क्षमता (comprehension ability) को भी विकसित होने में मदद

मिलती है। ऐशर, हाइमेल तथा विगफिल्ड (Asher, Hymel & Wigfield, 1977) ने अपने अध्ययन के आधार पर इस बात की पुष्टि की है कि जब बच्चे को अपनी रुचि की पुस्तक पढ़ने के लिये दिया जाता है, तो उनकी बोध क्षमता (comprehension capacity) उस परिस्थिति की तुलना में अधिक बढ़ती है जब उन्हें कम अभिरुचि की पुस्तक पढ़ने को मिलती है।

स्पष्ट हुआ कि बच्चों के समाजीकरण को पूरा करने में कई तरह के कारकों की भूमिका होती है, जिसमें स्कूल की भूमिका सर्वाधिक महत्त्वपूर्ण है।

कक्षा की सामाजिक आबोहवा की विमाएँ
(Dimensions of Social Climate of a Classroom)

समाज मनोवैज्ञानिकों ने समूह के स्वरूप एवं संक्रिया (operation) के बारे में बहुत सारे ऐसे तथ्यों, नियमों आदि का वर्णन किया है जो शिक्षक के लिए महत्त्वपूर्ण देन माने गए हैं; क्योंकि इससे उन्हें छात्रों के समायोजन (adjustment), प्रवीणता (efficiency), मनोवृत्ति, आवश्यकताओं (needs) आदि को समझने में काफी मदद मिलती है। दूसरे शब्दों में, समाज मनोवैज्ञानिकों के योगदान से शिक्षक को स्कूल की सामाजिक आबोहवा (social climate) को समझने में मदद मिलती है। सामाजिक आबोहवा से तात्पर्य स्कूल के उन सारे पहलुओं से होता है जो शिक्षक एवं छात्र को एक-दूसरे के साथ सामाजिक इकाई (social unit) में बँधकर अन्तःक्रिया (interaction) करने के लिए बाध्य करते हैं।

शिक्षा मनोवैज्ञानिकों ने कक्षा की सामाजिक आबोहवा के क्षेत्र में अध्ययन करके यह बताया है कि इसकी निम्नांकित प्रमुख विमाएँ (dimensions) हैं जिनसे सामाजिक आबोहवा का निर्माण होता तथा साथ-ही-साथ प्रभावित भी होता है—

(1) शिक्षक-छात्र संबंध (Teacher-pupil relationship)—कूक तथा लीड्स (Cook & Leeds, 1959) ने अपने अध्ययन के आधार पर यह बताया है कि कक्षा या स्कूल की सामाजिक आबोहवा की एक महत्त्वपूर्ण विमा शिक्षक-छात्र संबंध है। यदि शिक्षक-छात्र संबंध मधुर है तथा शिक्षक की भूमिका सत्तावादी नेतृत्व में न होकर प्रजातात्रिक नेतृत्व में रहती है, तो उस कक्षा की सामाजिक आबोहवा शैक्षिक प्रगति के अनुकूल रहती है। शिक्षक-छात्र के संबंधों का अध्ययन करने के लिए अकसर **माइनेसोटा शिक्षक मनोवृत्ति इन्वेण्ट्री** (Minnestota Teacher Attitude Inventory) का प्रयोग लोगों द्वारा किया गया है। इस इन्वेण्ट्री के माध्यम से वैसे शिक्षकों की पहचान कर ली जाती है जिनका छात्रों के साथ मधुर संबंध होता है।

(2) छात्रों का आपसी संबंध (Relationship among pupils)—स्कूल की सामाजिक आबोहवा (social climate) की दूसरा प्रमुख विमा (dimension) या निर्धारक (determinant) छात्रों का आपस में संबंध है। छात्रों का आपस में मधुर संबंध रहने से स्कूल की सामाजिक आबोहवा शिक्षा के अनुकूल होती है। इस संदर्भ में शिक्षक की भूमिका सराहनीय मानी गई है। अध्ययनों से पता चला है कि शिक्षक छात्रों में मधुर संबंध कायम करने में महत्त्वपूर्ण भूमिका निभाते हैं। वे इनके संबंधों को मधुर रखने के लिए कई बातों का पता लगाते हैं। जैसे वे यह पता लगाते हैं कि छात्रों की सामाजिक आवश्यकता (social needs) क्या है, इसकी संतुष्टि कैसे की जा रही है, शिक्षक इन आवश्यकताओं की पहचान कैसे कर सकते हैं, कौन-कौन कारकों से छात्रों को सामाजिक स्वीकृति

(socal acceptance) अधिक मिलती है और कौन-कौन कारकों से इसे सामाजिक तिरस्कार अधिक मिलत है तथा शिक्षक इन दोनों तरह के छात्रों के साथ कैसे व्यवहार करते हैं आदि-आदि। इन सब पहलुओं का अध्ययन कर शिक्षक छात्रों के आपसी संबंध को सुधारने में सफल होते हैं और स्कूल की सामाजिक आबोहवा को उन्नत बनाते हैं।

(3) स्कूल के कर्मचारियों का आपस में संबंध (School staff relations)—स्कूल की सामाजिक आबोहवा पर इस बात का भी प्रभाव पड़ता है कि शिक्षकों का आपस में व्यवहार कैसा है और फिर शिक्षक का व्यवहार स्कूल के प्राचार्य एवं अन्य कर्मचारियों के प्रति कैसा है। यदि ये सारे संबंध संतोषजनक एवं मधुर हैं तब तो कोई बात नहीं है। सामाजिक आबोहवा शैक्षिक प्रगति (educational progress) के अनुकूल होती है। परंतु, यदि ऐसे संबंध असंतोषजनक एवं कटु हुए तो इससे शैक्षिक प्रगति तो प्रभावित होती ही है, साथ-ही-साथ छात्रों में भी आपस में तनाव एवं संघर्ष बढ़ जाता है। विथहाल (Withhall, 1975) ने अपने अध्ययन के आधार पर इस तथ्य की पुष्टि की है।

(4) भौतिक सुविधाएँ (Physical facilities)—कार्नेल (Cornell, 1960) ने अपने अध्ययन में पाया कि यदि कक्षा में भौतिक सुविधाएँ, जैसे छात्रों को बैठने की सुविधा, वायु-संचार, रोशनी आदि की पर्याप्त सुविधा होती है तो इससे छात्रों में उत्तरदायित्व लेने का गुण, पढ़ने की अभिरुचि तथा अपनी कक्षा के अन्य साथियों के साथ अच्छा संबंध बनाए रखने की अभिप्रेरणा मिलती है और कक्षा की सामाजिक आबोहवा में एक अनुकूल बदलाव आता है।

(5) वर्ग का आकार (Size of the class)—कास्टोर (Castore, 1951) तथा बेकर (Baker, 1936) ने अपने अध्ययन में पाया कि वर्ग का आकार अर्थात वर्ग में छात्रों की संख्या का भी प्रभाव सामाजिक आबोहवा पर पड़ता है। इनलोगों का मत है कि वर्ग का आकार छोटा होने पर कक्षा के सभी क्रियाकलापों (activities) में छात्रों की सामाजिक सहभागिता (social participation) अधिक होती है तथा वे अधिक सक्रिय भूमिका निभाते हैं। वर्ग का आकार बड़ा होने से ऐसी बात नहीं होती और परिणामस्वरूप ऐसे वर्ग की सामाजिक आबोहवा को शिक्षा की दृष्टि से उतना श्रेष्ठ नहीं माना जाता है।

(6) छात्रों की शिक्षक के प्रति मनोवृत्ति (Attitude of students towards teachers)—कक्षा में शिक्षक का व्यक्तित्व एवं उनकी अध्यापन विधि को छात्र अधिक महत्त्व देते हैं क्योंकि इससे उनकी शैक्षिक क्रियाएँ (educational activities) तथा शैक्षिक अभिरुचि (educational interest) प्रभावित होती है। अतः, शिक्षकों को चाहिए कि वे यह जानें कि उनके कौन-कौन-से गुणों के प्रति छात्रों की मनोवृत्ति अनुकूल (favourable) होती है। इस सिलसिले में पॉल विटी (Paul Witty, 1947) ने एक अध्ययन किया जिसमें उन्होंने दूसरी कक्षा से बारहवीं कक्षा के 12,000 छात्रों को एक विषय पर लेख लिखने को कहा। विषय था—**शिक्षक, जिन्होंने मुझे सबसे ज्यादा मदद की है।** इन लेखों का विश्लेषण करने के बाद उन्होंने शिक्षक के निम्नांकित बारह ऐसे गुणों को महत्त्वपूर्ण पाया जिन्हें छात्र पसंद करते हैं तथा जिनके कारण शिक्षक के प्रति छात्रों की मनोवृत्ति अनुकूल होती है—

(i) सहयोगी (cooperative) प्रजातंत्रात्मक मनोवृत्तिवाले शिक्षक

(ii) वैयक्तिक रूप से ध्यान देनेवाले शिक्षक

(iii) धैर्यपूर्ण शिक्षक

(iv) पढ़ने-पढ़ाने में अभिरुचि रखनेवाले शिक्षक

(v) शारीरिक रूप से आकर्षक व्यक्तित्व एवं अच्छे तौर-तरीकेवाले शिक्षक

(vi) निष्पक्ष एवं ईमानदार शिक्षक

(vii) हास्य रसवाले (humorous) शिक्षक

(viii) छात्रों की समस्या में अभिरुचि दिखानेवाले शिक्षक

(ix) छात्रों की प्रशंसा करनेवाले शिक्षक एवं उन्हें प्रोत्साहन देनेवाले शिक्षक

(x) विषय पर पूर्ण नियंत्रण एवं प्रवीणता दिखानेवाले शिक्षक

(xi) संगत व्यवहार (consistent behaviour) दिखानेवाले शिक्षक

(xii) विचारों में लचीलापन (flexibility) दिखानेवाले शिक्षक।

(7) छात्रों की समायोजनशीलता (Adjustability of students)—कक्षा में किसी खास प्रकार की सामाजिक आबोहवा की सफलता इस बात पर भी निर्भर करती है कि छात्र उस आबोहवा में कहाँ तक और कितनी तेजी से समायोजन कर लेते हैं। माइकेल (Michael, 1955) ने अपने अध्ययन में पाया कि जब छात्र पिछली कक्षा में सत्तावादी नियंत्रण (autocratic control) से अभ्यस्त हो चुके होते हैं, तो उन्हें इस नई कक्षा में प्रजातंत्रात्मक नियंत्रण (democratic control) से अभ्यस्त होने में अधिक समय लगता है और ऐसे छात्रों को प्रजातंत्रात्मक नियंत्रण में अधिक खुशी नहीं मिलती। अतः, एक खास प्रकार की सामाजिक आबोहवा (social climate) की सफलता इस बात पर निर्भर करती है कि छात्र उसमें अपने-आपको कहाँ तक समायोजनशील बना पाता है।

स्पष्ट हुआ कि स्कूल की सामाजिक आबोहवा (social climate) की कई विमाएँ (dimensions) हैं जिनपर इनकी सफलता निर्भर करती है।

शिक्षण पर कक्षा की सामाजिक आबोहवा का प्रभाव
(Effects of Social Climate of Classroom upon Learning)

शिक्षा मनोवैज्ञानिकों ने विशेष प्रयास करके यह भी अध्ययन करने की कोशिश की है कि कक्षा में एक खास तरह की सामाजिक आबोहवा का प्रभाव शिक्षण पर क्या पड़ता है। इस खयाल से कक्षा की सामाजिक आबोहवा को सामान्यतः दो भागों में लोगों ने बाँटा है—एक अनुकूल सामाजिक आबोहवा (social climate) तथा दूसरा प्रतिकूल सामाजिक आबोहवा। अनुकूल सामाजिक आबोहवा में शिक्षक कक्षा में अपने नेतृत्व का भरपूर उपयोग छात्रों के साथ सहयोग एवं स्नेह दिखाते हुए उनकी शैक्षिक प्रगति बनाए रखने का प्रयास करते हैं तथा प्रतिकूल सामाजिक आबोहवा में शिक्षक कक्षा में अपने नेतृत्व का धौंस जमाते हुए एवं छात्रों की भावनाओं की बिना कद्र किए हुए अध्यापन कार्य करते हैं। इन दोनों तरह की सामाजिक आबोहवा का प्रभाव शिक्षक पर स्पष्टतः अलग-अलग होता देखा गया है। इन प्रभावों की अग्रांकित ढंग से शिक्षा मनोवैज्ञानिकों द्वारा व्याख्या की गई है—

(1) शैक्षिक शिक्षण पर प्रभाव (Effect upon academic learning)—अध्ययनों से पता चला है कि जब कक्षा का सामाजिक नियंत्रण प्रजातंत्रात्मक ढंग से (democratically) किया जाता है तथा जब उसमें लचीलापन (flexibility) का गुण अर्थात छात्रों के आवश्यकतानुसार परिवर्तित होने का गुण होता है, तो उससे शैक्षिक शिक्षण का स्तर ऊँचा हो जाता है। दूसरी तरफ, कक्षा में विपरीत सामाजिक नियंत्रण रहने से शैक्षिक शिक्षण का स्तर गिर जाता है और छात्र कक्षा के भीतर की क्रियाओं में कोई अभिरुचि नहीं दिखाते। सिम्पसन (Simpson, 1962) ने अपने अध्ययन के आधार पर इस तथ्य की पुष्टि की है।

(2) छात्रों के उत्तरदायित्व-संबंधी गुण पर प्रभाव (Effect upon pupil's responsibility)—किसी भी कक्षा में या शिक्षण परिस्थिति में छात्र कितना उत्तरदायित्व (responsibility) लेंगे, यह इस बात पर निर्भर करता है कि उस शिक्षण परिस्थिति की सामाजिक आबोहवा कैसी है? पैट्टन (Patton, 1958) ने अपने अध्ययन के आधार पर यह बताया कि जब कक्षा में शिक्षार्थियों को शिक्षक से किसी प्रकार की धमकी नहीं मिलती और जब उनकी उच्च उपलब्धि की आवश्यकता (need for high achievement) को पर्याप्त बढ़ावा या प्रोत्साहन मिलता है, तो ऐसी सामाजिक आबोहवा में छात्र अपने कंधे पर अधिक-से-अधिक उत्तरदायित्व लेने के लिए सहर्ष तैयार रहते हैं।

(3) समस्या-समाधान की क्षमता पर प्रभाव (Effect upon problem-solving ability)—अनेक अध्ययनों से यह साबित हो गया है कि छात्रों में समस्या-समाधान की क्षमता उस तरह की कक्षा में अधिक विकसित होती है जिसका वातावरण प्रजातंत्रात्मक होता है तथा शिक्षक-केन्द्रित (teacher-centered) न होकर समूह-केंद्रित (group-centered) होता है। पर्किन्स (Perkins, 1951) ने एक अध्ययन किया जिसमें छात्रों के दो समूह की तुलना की गई। छात्रों के एक समूह को शिक्षक-केंद्रित वातावरण (teacher-centered environment) में रखा गया तथा दूसरे समूह को समूह-केंद्रित वातावरण (group-centered environment) में रखा गया। शिक्षक-केन्द्रित वातावरण में सामाजिक आबोहवा ऐसी थी जिसमें शिक्षक की मनोवृत्ति (attitude) सत्तावादी (autocratic) थी तथा समूह-केंद्रित वातावरण में शिक्षक की मनोवृत्ति प्रजातंत्रात्मक (democratic) थी। परिणाम में देखा गया कि समूह-केंद्रित वातावरण के होने पर छात्रों की समस्या-समाधान क्षमता या कौशल (skills) शिक्षक-केंद्रित वातावरण में उत्पन्न ऐसी ही क्षमता या कौशल से अधिक श्रेष्ठ (superior) थी। बाद में रिहेज (Rehage, 1951) ने भी इसकी पुष्टि अपने अध्ययन के आधार पर की है।

(4) सामाजिक सीखना पर प्रभाव (Effect upon social learning)—कक्षा की सामाजिक आबोहवा का प्रभाव छात्रों के 'सामाजिक सीखना' पर भी पड़ता है। सामाजिक सीखना एक विस्तृत पद है जिसमें छात्रों के सामाजिक अभियोजन (social adjustment) करने के ढंग, सामाजिक मनोवृत्ति (social attitude) के विकास तथा अन्य सामाजिक कौशल (social skills), जैसे किसी विचार-विमर्श में भाग लेना, किसी विषय (topic) पर विचार-गोष्ठी करवाना आदि सम्मिलित होते हैं। अध्ययनों से यह पता चला है कि यदि कक्षा की सामाजिक आबोहवा (social climate) प्रजातंत्रात्मक (democratic) एवं अनुमतिबोधक (permissive) होती है, तो उससे छात्रों में सामाजिक सीखना (social learning) की गति अधिक तेज होती है और छात्रों के व्यक्तित्व का सामाजिक विकास (social development) तेजी से होता है।

(5) मनोवृत्ति परिवर्तन पर प्रभाव (Effect upon attitude change)—वॉन टिल (Von Til, 1960) ने 1,000 ऐसे अध्ययनों का विश्लेषण किया जिसमें छात्रों के मनोवृत्ति परिवर्तन पर कक्षा की सामाजिक आबोहवा का प्रभाव देखा गया। इन्होंने इस विश्लेषण के आधार पर यह निष्कर्ष निकाला कि यदि कक्षा का वातावरण प्रजातंत्रात्मक (democratic) होता है तथा जिसमें छात्र सहयोगिता के धागे से एक-दूसरे से बँधे होते हैं, तो उसका प्रभाव छात्रों की मनोवृत्ति में अनुकूल परिवर्तन लाने के लिए सबसे अधिक उत्तम होता है। अतः, यह कहा जा सकता है कि यदि शिक्षक कक्षा की सामाजिक आबोहवा ऐसी रखते हैं जिसमें सत्तावादी नियंत्रण (autocratic control) की प्रधानता न होकर प्रजातंत्रात्मक नियंत्रण की प्रधानता होती है, तो इससे छात्रों की मनोवृत्ति में अनुकूल परिवर्तन लाने में सहूलियत होती है।

(6) सामूहिक क्रियाओं पर प्रभाव (Effect upon group activities)—कक्षा की सामाजिक आबोहवा का प्रभाव सामूहिक क्रियाओं (group activities), विशेषतः समूह विचार-विमर्श (group discussion) पर अधिक पड़ता देखा गया है। समूह विचार-विमर्श से तात्पर्य शिक्षक एवं छात्रों को आपस में मिलकर कक्षा की विभिन्न समस्याओं पर विचार-विमर्श करने से होता है। इन समस्याओं में अन्य बातों के अलावा शिक्षक के गुण-दोष के विषय भी सम्मिलित हो सकते हैं। कक्षा की सामाजिक आबोहवा प्रजातंत्रात्मक होने से उस कक्षा के छात्र खुलकर ऐसे विचार-विमर्श में अपनी इच्छाओं एवं विचारों की अभिव्यक्ति करते हैं, परंतु सत्तावादी आबोहवा के होने पर छात्र अपने विचारों को दबे हुए शब्दों में अभिव्यक्त करते हैं। इतना ही नहीं, इन परिस्थितियों में ऐसे छात्रों में सांवेगिक तनाव (emotional tension) भी अधिक होता है।

उपर्युक्त वर्णन से यह स्पष्ट है कि कक्षा की सामाजिक आबोहवा का प्रभाव छात्रों की विभिन्न क्षमताओं एवं शैक्षिक विकास पर अधिक पड़ता है।

अध्याय-सारांश
[Chapter Summary]

1. समूह दो या दो से अधिक व्यक्तियों की एक ऐसी सामाजिक इकाई (social unit) है जिसके सदस्य सामान्य लक्ष्य की प्राप्ति के लिए एक खास तरह के मानदण्ड (norms) के अनुसार परस्पर निर्भर रहते हुए अंतःक्रिया करते हैं।

2. समूह गतिकी (group dynamics) से तात्पर्य समूह के उन बलों एवं दबावों से होता है जिनसे छात्रों का व्यवहार एक निश्चित दिशा में परिवर्तित होता है।

3. समूह गतिकी के शैक्षिक महत्त्व पर प्रकाश डाला गया है। पाँच ऐसे कारकों का वर्णन किया गया है जिनसे समूह गतिकी के शैक्षिक महत्त्व का पता चलता है।

4. कक्षा में शिक्षक की अहमियत काफी होती है; क्योंकि शिक्षक कक्षा का नेता होता है। ऐसे तीन कारकों का उल्लेख किया गया है जिनसे कक्षा में शिक्षक की भूमिका का पता चलता है।

5. कक्षा में समूह संबंध (group relationship) की भूमिका महत्त्वपूर्ण होती है। समूह संबंधों को उन्नत बनाने की पाँच प्रविधियों का वर्णन किया गया है।

6. कक्षा में सामाजिक आबोहवा (social climate) की प्रमुख विमाओं (dimensions) पर भी प्रकाश डाला गया है। ऐसी सात विमाओं या निर्धारकों की चर्चा की गई है।
7. कक्षा की सामाजिक आबोहवा का प्रभाव शिक्षण पर काफी पड़ता है। इसके प्रभाव को छह भागों में बाँटकर प्रस्तुत किया गया है। सामान्यतः देखा गया है कि प्रजातंत्रात्मक सामाजिक आबोहवा का प्रभाव सत्तावादी सामाजिक आबोहवा की तुलना में अधिक श्रेष्ठ होता है।
8. शिक्षा का समाज मनोविज्ञान (Social Psychology of Education) एक महत्त्वपूर्ण क्षेत्र है जिसमें शिक्षा के क्षेत्र में सामाजिक-मनोवैज्ञानिक शोधों के महत्त्व को दर्शाया गया है।
9. स्कूल को एक सामाजिक तंत्र (social system) के रूप में सविस्तार अध्ययन किया गया है।
10. स्कूल बच्चे के समाजीकरण में एक महत्त्वपूर्ण एजेंट के रूप में कार्य करते हैं।

❑

अध्याय 30

कुछ प्रमुख शैक्षिक विचारक

[SOME MAJOR EDUCATIONAL THINKERS]

मुख्य बिंदु (Main Points)

1. शंकर आचार्य (Shankar Acharya)
2. स्वामी दयानंद (Swami Dayanand)
3. बी॰ आर॰ अंबेडकर (B R Ambedkar)
4. रवींद्रनाथ ठाकुर (टैगोर) (Rabindra Nath Thakur [Tagore])
5. स्वामी विवेकानंद (Swami Vivekanand)
6. मोहनदास करमचंद गाँधी (Mohandas Karamchand Gandhi)
7. अरबिंदो घोष (Aurobindo Ghose)
8. गिज्जुभाई बाधेका (Gijjubhai Badheka)
9. मारिया मांटेसरी (Maria Montessori)
10. सर्वपल्ली राधाकृष्णन (Sarvepalli Radhakrishnan)
11. जवाहरलाल नेहरू (Jawaharlal Nehru)
12. मौलाना अबुल कलाम आजाद (Maulana Abul Kalam Azad)
13. डॉ॰ जाकिर हुसैन (Dr Zakir Hussain)
14. सर सैयद अहमद खाँ (Sir Syed Ahmad Khan)

शंकर आचार्य

(Shankar Acharya: 788–820 AD)

भगवान श्रीकृष्ण द्वारा गीता में दिया गया वचन "जब-जब धर्म की हानि होती है और अधर्म की वृद्धि होती है, तब-तब मैं अवतार धारण करता हूँ" को सही अर्थ में चरितार्थ करने भारतवर्ष की पावन भूमि पर समय-समय पर तेजस्वी एवं संत महापुरुष अवतरित होते रहे हैं। एक बार पुनः इसी वचन को दक्षिण भारत के केरल राज्य के कालडी नामक ग्राम में आठवीं शताब्दी में (788 ई॰) पूर्ण होता हुआ पाते हैं जब शंकर ने सनातनी नम्बूदरी ब्राह्मण दंपत्ति के घर में जन्म लिया। इनके पिता का नाम शिवगुरु था जो संस्कृत के विद्वान थे तथा माता का नाम विशिष्टा देवी था। शिवगुरु के मन में शादी करके गृहस्थी बसाने की इच्छा नहीं थी, परंतु अपने पिता विद्याधर के आग्रह पर इन्हें शादी करनी पड़ी। काफी आयु तक कोई संतान नहीं हुई। बाद में पति-पत्नी ने संतान की प्राप्ति के लिए शिव की अराधना की। शिवजी के आशीर्वाद से उनके यहाँ एक पुत्र का जन्म[1] 788 ई॰

1. आचार्य शंकर के जन्म वर्ष और तिथि के संबंध में मतभेद है। कुछ लोगों के मतानुसार इनका जन्म 686 ई॰ में हुआ बतलाया गया है।

वैशाख शुक्ल पंचमी को हुआ। ऐसा कहा जाता है कि मात्र दो साल की आयु पूरा होते-होते बालक शंकर अक्षरों एवं शब्दों को पढ़ लेते थे। पाँच साल की आयु होने पर उन्हें गुरुकुल भेजा गया तथा सात साल की आयु तक उन्होंने सभी वेदों एवं दर्शन के सभी छह प्रमुख आस्तिक स्कूलों (orthodox schools) के बारे में संपूर्ण ज्ञान प्राप्त कर लिया। आठ साल की आयु में वे संसार को त्यागकर संन्यासी बन गए। बारह साल की आयु में उन्होंने ब्रह्मसूत्र (Brahamsutra), प्रधान उपनिषदों (Upnishads), गीता (Gita) तथा दर्शन (philosophy) के अन्य पाठ्यपुस्तकों की प्रशंसनीय समीक्षा की। सोलह साल की आयु में उन्होंने भाष्य लिखा। इनका देहांत 32 वर्ष की अल्प आयु में हो गया था, परंतु इतने कम समय में उन्होंने दर्शन के क्षेत्र में जो योगदान किया, वह भारत क्या पूरे विश्व में नहीं मिलता है। शंकर आचार्य को कुछ विचारकों द्वारा जगतगुरु आदिशंकराचार्य भी कहा जाता है। इनके गुरु का नाम गोबिंदपाद था। शंकर का परिचय प्राप्त करने के बाद गुरुपाद समझ गए कि यही वह शिवावतार शंकर है जिसे अद्वैत-ब्रह्म विद्या का उपदेश करने के लिए उन्होंने वर्षों समाधि में अवस्थान किया था और अब यही शंकर वेदव्यासरचित ब्रह्मसूत्र पर भाष्य लिखकर जगत में अद्वैत-ब्रह्म विद्या का समुचित प्रचार करेंगे। शंकर अपने शिक्षा के प्रथम वर्ष में हठयोग तथा द्वितीय वर्ष में राजयोग में सिद्ध हो गए। हठयोग एवं राजयोग की सिद्धि प्राप्त करके बहुत बड़ी अलौकिक शक्ति के अधिकारी हो गए। दूरश्रवण, दूरदर्शन, सूक्ष्म देह से व्योममार्ग में गमन, अजिमा, लघिमा, देहांतर में प्रवेश एवं सर्वोपरि इच्छा मृत्युरूप शक्ति के वे अधिकारी हो गए।

शंकराचार्य का दर्शन (philosophy) वेद और उपनिषद् के दर्शन पर आधारित है। इनके दर्शन को अद्वैतवाद (Non-dualism or Monism) कहा जाता है। अद्वैत (Advaita) भारतीय दर्शन के वेदांत स्कूल की एक शाखा या उपतंत्र है। शंकर पूरे भारत में घूम-घूमकर विद्वानों एवं अन्य विचारकों से मिले तथा दार्शनिक एवं आध्यात्मिक विषयों पर विवेकशील चर्चा किए। अंततोगत्वा अद्वैत वेदांत की महिमा और श्रेष्ठता प्रतिस्थापित कर देने के बाद इन्होंने भारत के चार विभिन्न भागों में चार धाम (Dhams) या चार विभिन्न मठ (Mutts or place of pilgrimage) स्थापित किया—

1. पूर्व (east) में—जगन्नाथपुरी में गोवर्द्धन मठ
2. पश्चिम (west) में—द्वारका में द्वारका या शारदा मठ
3. उत्तर (north) में—बद्रीनाथ में ज्योतिर्मठ
4. दक्षिण (south) में—शृंगेरी मठ (शारदा पीठ)

इन चारों मठों में उन्होंने अपने चार प्रमुख शिष्यों यथा सुरेश्वाचार्य, पद्मपाद, तोरकाचार्य तथा हस्तामलक को उनका अलग-अलग पीठाधिपति नियुक्त किया। गोवर्द्धन मठ का पीठाधिपति पद्मपाद को, द्वारका मठ का पीठाधिपति हस्तामलक को, ज्योतिर्मठ का पीठाधिकारी तोरकाचार्य को तथा शारदा मठ के पीठाधिपति सुरेश्वाचार्य (मौलिक नाम मंडन मिश्र) को बनाया गया। आज भी ये मठ अध्यात्मविद्या के प्रमुख केंद्र हैं जहाँ पर सैकड़ों ज्ञानपिपासु आते-जाते हैं। आचार्य शंकर ने संन्यासियों की दस प्रमुख श्रेणियाँ भी स्थापित किया जो गिरी, पुरी, आरती, सरस्वती, तीर्थ, आश्रम, वन, अरण्य, पर्वत और सागर नाम से जानी जाती हैं। 32 वर्ष की आयु में शंकराचार्य केदारनाथ के पास एक गुफा में प्रवेश किए और उसके बाद फिर वे कभी नहीं देखे गए।

शंकर के दर्शन के मूल तत्त्व—अद्वैतवाद
(Essence of Shankar's Philosophy: Advaitvad)

शंकर के दर्शन के सार तत्त्वों को इस प्रकार बतलाया जा सकता है—

1. ब्रह्म (Brahma)—शंकर एकत्ववादी (monist) हैं, क्योंकि वे ब्रह्म को ही एकमात्र सत्य मानते हैं। ब्रह्म को छोड़कर शेष सभी वस्तुएँ; यथा—जगत सत्य नहीं है। शंकर के दर्शन का यह सार इस प्रसिद्ध अर्धश्लोक से भी व्यक्त होता है—**ब्रह्म सत्यं जगन्मिथ्या, जीवो ब्रहैव नापरः**, अर्थात ब्रह्म ही सत्य है, जगत मिथ्या है तथा जीव (आत्मा) ब्रह्म ही है अन्य नहीं है। शंकर के अनुसार ब्रह्म, जगत एवं आत्मा का ज्ञान ही मनुष्य को सभी दुःखों से मुक्त करानेवाला होता है। ब्रह्म स्वयं ज्ञान है। सचमुच में वह प्रकाश के समान ज्योतिर्मय है। इसलिए, ब्रह्म को स्वयं ही प्रकाश माना गया है। शंकर ने ब्रह्म को निर्गुण कहा है। यद्यपि ब्रह्म निर्गुण है फिर भी ब्रह्म को शून्य नहीं समझा जा सकता है। शंकर के अनुसार ब्रह्म चूँकि पूर्ण एवं एकमात्र सत्य है, इसलिए वह सर्वोच्च ज्ञान है। ब्रह्म ज्ञान से संसार का ज्ञान जो मूलतः अज्ञान है, अपने-आप समाप्त हो जाता है। अतः, ब्रह्म अनंत, सर्वव्यापी तथा सर्वशक्तिमान है। शंकर के अनुसार ब्रह्म अपरिवर्तनशील है। इसका न विकास होता है और न तो रूपांतर होता है। वह हमेशा एकसमान बना रहता है। ब्रह्म को इन तीन शब्दों में भी वर्णित किया गया है—सत् (being), चित् (consciousness) तथा आनंद (ananda)।

2. माया (Maya or Illusion)—माया वस्तुओं के वास्तविक रूप को ढँक लेती है। माया के कारण वस्तु पर आवरण पड़ जाता है। शंकर का कहना है कि माया ब्रह्म में निवास करती है फिर भी ब्रह्म माया से प्रभावित नहीं होता है। जिस तरह से रूपहीन आकाश पर आरोपित नीले रंग का प्रभाव नहीं पड़ता है, ठीक उसी प्रकार माया भी ब्रह्म को प्रभावित करने में असफल रहती है। माया ब्रह्म की शक्ति है जिसके आधार पर वह रूपात्मक जगत का खेल प्रदर्शन करता है। माया की दो शक्ति, अर्थात 'आवरण' एवं 'विक्षेप' है जिसके द्वारा ब्रह्म के स्थान पर जगत को प्रस्तुत करती है।

3. आत्मा (Self)—शंकर के अनुसार आत्मज्ञान प्राप्त करने से महान और कोई सफलता नहीं है। उनके अनुसार आत्मा जिसका व्यक्ति अहम् (मैं) के रूप में अनुभव करता है, और कुछ नहीं, बल्कि **पर-ब्रह्म परमात्मा** ही है। वस्तुतः आत्मा और ब्रह्म में अभेद संबंध है, क्योंकि दोनों में कोई भेद नही है। आत्मा ब्रह्म ही है। आत्मा का स्वभाव नित्यता और निर्मलता है। आत्मा को ज्ञान (knowledge) के आधार पर जाना जाता है। शंकर ने आत्मा को सत् + चित् + आनंद = सच्चिदानंद भी कहा है।

4. जगत (Jagat or World)—शंकर ने जगत को मिथ्या, मायिक तथा रस्सी में साँप के समान भ्रामक बताया है। इनके अनुसार जगत असत् नहीं है, उसका अस्तित्व है, किंतु यह भी सत्य है कि वह पूर्ण सत्य नहीं है। अतः, जगत पूर्ण सत्य नहीं है, उसकी सिर्फ व्यावहारिक सत्ता है जिससे हमारा व्यावहारिक जीवन का काम चलता है। जिस तरह से जब तक व्यक्ति जाग नहीं जाता है, तब तक स्वप्न असत्य नहीं प्रतीत होते हैं, सत्य ही लगते हैं। उसी तरह जब तक पारमार्थिक सत्य (ब्रह्म) को व्यक्ति पा नहीं लेता है, तब तक जगत सत्य रहता है।

5. मोक्ष (Mukti or Liberation)—शंकर का मत है कि आत्मा का ज्ञान प्राप्त कर लेने पर, अर्थात आत्मा के वास्तविक स्वरूप का साक्षात्कार कर लेने पर व्यक्ति मोक्ष प्राप्त कर लेता है। यही पूर्ण ज्ञान है। अतः, शंकर ने मोक्ष को परिभाषित करते हुए कहा है—**स्वात्मन्यवस्थानं मोक्षः**, अर्थात

आत्मा के अपने स्वरूप में अवस्थिति को ही मोक्ष कहा जाता है। मोक्ष प्राप्त होने पर व्यक्ति को सच्चा ज्ञान प्राप्त होता है, क्योंकि इस तरह के ज्ञान से ब्रह्म की अनुभूति होती है।

6. ब्रह्म को जानने की विधि (Methods of knowing Brahma)—शंकर ब्रह्म के निर्णुण रूप को सगुण रूप की तुलना में अधिक महत्त्वपूर्ण मानते हैं। उनका कहना है कि निर्गुण निराकार ब्रह्म ही सत्य है। उपनिषद में ब्रह्म को **नेति-नेति** कहा गया है, अर्थात वह यह नहीं है, नहीं है, जैसे, वह मोटा नहीं है, वह नाटा नहीं है, वह दुबला नहीं है। शंकर के अनुसार ब्रह्म का केवल नकारात्मक वर्णन संभव है, अर्थात हम यह तो बता सकते हैं कि ब्रह्म क्या नहीं है, किंतु यह नहीं बता सकते हैं कि ब्रह्म क्या है।

7. मनन-प्रार्थना (Meditation)—शंकर ने आत्मा (self) पर ध्यान केंद्रित करने के लिए मनन-प्रार्थना को आवश्यक बतलाया है। सतत मनन-प्रार्थना से ज्ञान की अनुभूति होती है। आत्मबोध (self-realization) के लिए तीन चरणों की प्रक्रिया यहाँ संपन्न होती है—**श्रवण** (sravana), **मनन** (manana) तथा मन की **तल्लीनता** (absorption)। पहली अवस्था में साधक ध्यानपूर्वक गुरु के अद्वैतवादी उपदेशों को श्रुतिपान करता है। दूसरे चरण में वह इस बात पर तर्क-वितर्क करता है कि उन उपदेशों (teachings) से क्या सीखा गया। शंकर के अनुसार इसमें काफी तर्क (reason) सम्मिलित होता है। तीसरे चरण में साधक पूरी एकाग्रता (concentration) के साथ आत्मब्रह्म (Atman-Brahma) पर इस तरह मन को केंद्रित करता है कि चिंतन के सभी पहलुओं से उसका ध्यान हटकर एक विशेष बिंदु पर केंद्रित हो जाए।

8. विवेक (Wisdom)—शंकर के अनुसार क्या नित्य है और क्या अनित्य है, का स्पष्ट रूप से निश्चय हो जाना ही विवेक कहलाता है, अर्थात **नित्यानित्य वस्तुविवेक** है। ब्रह्म नित्य है, अर्थात सदा से है और सदा रहेगा। इसका कभी नाश नहीं होता है और न उसका रूप परिवर्तित होता है। वह अनादि है। उसके अलावा जगत की अन्य वस्तुएँ सभी अनित्य है, विनाशी है। वस्तुतः इसका रूप परिवर्तित होता है, अर्थात इसका निर्माण एवं विध्वंस होता है।

शंकर के अद्वैतवाद का शैक्षिक आशय (Educational Implication of Shankar's Advaitvad)—

1. शिक्षा का स्वरूप (Nature of education)—वह शिक्षा व्यक्ति के लिए ज्यादा उत्तम होता है जो सतत (continuous) तथा पूर्ण एकाग्रता के साथ होता है।

2. शिक्षा का मुख्य उद्देश्य (Principal aim of education)—उत्तम शिक्षा का मुख्य उद्देश्य माया या अज्ञानता (ignorance) को दूर करके ब्रह्म (Brahma) के सत्य से अवगत कराना होता है।

3. आध्यात्मिक मूल्यों का विकास (Development of spiritual values)—शिक्षा शिक्षार्थी के आध्यात्मिक मूल्यों को विकसित करती है। शिक्षा शिक्षार्थी में विवेक (wisdom) उत्पन्न करनेवाली होनी चाहिए।

4. शिक्षण की विधि (Method of instruction)—शिक्षण की विधि में निम्नांकित को प्राथमिकता दी जानी चाहिए—

(i) श्रुति विधि (Listening method)

(ii) मनन विधि (Contemplation method)

(iii) प्रश्न-उत्तर विधि (Question-answer method)

(iv) तर्क-वितर्क विधि (Reasoning method)

(v) विचार-विमर्श विधि (Discussion method)

(vi) कथा वाचन विधि (Story-telling method)

(vii) दृष्टांत विधि (Illustration method)

5. अनुशासन (Discipline)—शिक्षार्थी को अनुशासन में रहकर शिक्षा ग्रहण करना चाहिए। उसे अपने इंद्रियों (senses) पर नियंत्रण रखकर शिक्षा ग्रहण करना चाहिए। उसे ब्रह्मचर्य (celibacy) का निर्वाह करना चाहिए। गुरु के प्रति पूर्ण रूप से समर्पित होना चाहिए।

6. शिक्षक-शिक्षार्थी संबंध (Teacher-pupil relationship)—जहाँ तक संभव हो शिक्षक-शिक्षार्थी साथ-साथ रहकर शिक्षण का कार्य करें, तो यह उत्तम माना जाता है। शिक्षक से उम्मीद की जाती है कि वे शिक्षार्थी को इस ढंग की शिक्षा दें कि उनमें अविद्या समाप्त होकर सत्, चित् एवं आनंद (bliss) की उत्पत्ति हो। शिक्षक आध्यात्मिकता एवं अद्वैतवादी ज्ञान से परिपूर्ण हों।

7. पाठ्यक्रम (Curriculum)—पाठ्यक्रम में अन्य विषयों के अलावा आध्यात्मिकता एवं धार्मिकता का भाव उत्पन्न करनेवाले विषयों को प्राथमिकता दी जानी चाहिए। पाठ्यक्रम में मूल्य-आधृत शिक्षा (value-based education) एवं चरित्र निर्माण (character building) पर बल डालना चाहिए।

शंकराचार्य के कुछ अनमोल विचार—

- *अज्ञान और कुछ नहीं होता, बल्कि आत्मा पर अन्यात्मा का अध्यारोपण मात्र है।*
- *अज्ञानी पुरुष कर्मफल के लिए लालायित रहता है।*
- *गुरुदेव साक्षात विष्णु होते हैं जो अज्ञानांधकार को नष्ट करके आत्मानुभूतिरूपी कमल को विकसित कर देते हैं।*
- *युवती को देखने पर जो मोह उत्पन्न होता है, वह अज्ञान एवं भ्रम के कारण होता है। बुद्धि द्वारा भीतर-ही-भीतर बारंबार विचार करो कि वह शरीर, रक्त, मांस और मज्जा का सम्मिश्रण मात्र है।*
- *जल सूख जाने पर तालाब का उपयोग क्या? धन के समाप्त हो जाने पर फिर सगे-संबंधी कहाँ! उसी तरह चिरंतन सत्य के ज्ञात हो जाने पर जगत के प्रति आकर्षण कैसा?*
- *धन संचय की इच्छा का त्याग कर पूर्वसंचित कर्मों के अनुसार जो कुछ तुझे प्राप्त हो, उसी में संतोष करो।*
- *अपने धन, यौवन एवं मित्रों पर कभी गर्व न करो। काल पलक मारते ही इन सबका अपहरण कर सकता है।*
- *धनी व्यक्ति को अपनी संतान तक से भी भय बना रहता है।*
- *मनुष्य के शरीर में जब तक प्राण रहते हैं, परिवार के लोग बड़े प्रेम से कुशल-क्षेम पूछते हैं। किंतु, जब प्राण शरीर को छोड़ देता है तब पत्नी भी भयभीत होकर भाग जाती है। अतः, केवल गोबिंद का ही भजन करना चाहिए।*

स्वामी दयानंद
(Swami Dayananda: 1824–83)

स्वामी दयानंद सरस्वती (1824–83) का जन्म 12 फरवरी, 1824 को टंकारा मोरवा, गुजरात के एक ब्राह्मण परिवार में हुआ था। इनके पिता का नाम कर्सनजी लालजी तिवारी तथा माता का नाम यशोदाबाई था। इनके बचपन का नाम मूलशंकर था। इनके पिता ब्राह्मण समाज के एक अमीर, समृद्ध एवं प्रभावशाली व्यक्ति थे। मूलशंकर का आरंभिक जीवन ऐशो-आराम से बीता। आगे चलकर एक महाज्ञानी व्यक्ति बनने के लिए उन्होंने वेद एवं अन्य धार्मिक पुस्तकों का गहन अध्ययन किया। दयानंद के मन में आदर्शवाद की उच्च भावना, यथार्थवादी रास्ता अपनाने की तीव्र लालसा तथा धार्मिक, सामाजिक, आर्थिक एवं राजनैतिक विषयों पर चिंतन करने की तीव्र इच्छा थी। विरोध एवं निंदा की चिंता किए बिना भारत के हिंदू समाज का कायाकल्प करने का ध्येय उन्होंने बना लिया। उन्होंने नेककर्म सिद्धांत, पुनर्जन्म, ब्रह्मचर्य एवं संन्यास को अपने दर्शन (philosophy) का चार प्रमुख स्तंभ बनाया। उन्होंने सबसे पहले स्वराज्य, अर्थात *भारत भारतीयों के लिए* (India for Indians) का नारा 1876 में दिया जिसे बाद में लोकमान्य तिलक ने आगे बढ़ाया।

1835 में शिवरात्रि के दिन उनके जीवन में एक नया मोड़ आया। उनका पूरा परिवार शिवभक्त था। शिवरात्रि के दिन पूरा परिवार रात्रि जागरण के लिए मंदिर में रुका हुआ था। परिवार के सारे सदस्यों के सो जाने के बाद भी वे यह सोचकर जागते रहे कि भगवान शिव आएँगे और प्रसाद ग्रहण करेंगे। परंतु, बालक दयानंद यह देखकर आश्यर्चचकित हो गए कि शिवजी के लिए रखे भोग चूहे खा रहे हैं। इसके बाद वे सोचने लगे कि जो ईश्वर स्वयं को चढ़ाए गए प्रसाद की रक्षा नहीं कर सकता है, वह पूरे मानवता की रक्षा क्या करेगा। तभी से उनके मन में यह विचार दृढ़ हो गया कि हमें मूर्तिपूजन नहीं करना चाहिए एवं असहाय ईश्वर की उपासना नहीं करनी चाहिए। इस घटना ने उन्हें झकझोर दिया और उन्हें नया बोध हुआ। वे घर से निकल पड़े और इधर-उधर भटकने के बाद गुरु गिरजानंद के पास पहुँचे। गुरु ने उन्हें वेद-वेदांग तथा पतंजलि योगसूत्र का अध्ययन कराया। अपने गुरु के आश्रम में रहकर उन्होंने वेदों का अध्ययन किया, उन पर गहन रूप से चिंतन किया तथा उसके बाद गुरु के आदेशानुसार वे वैदिक ज्ञान के प्रचार-प्रसार में जुट गए। उसी उद्देश्य की प्राप्ति हेतु उन्होंने 1875 में गिरगाँव, बंबई (मुंबई) में आर्य समाज की स्थापना की। आर्य समाज के नियम और सिद्धांत व्यक्तियों के कल्याण के लिए हैं। पूरे विश्व का उपकार करना समाज का मुख्य उद्देश्य है।

उस समय की सामाजिक बुराइयों; यथा—छुआछूत, मूर्तिपूजा, सतीप्रथा, अवतारवाद (theory of incarnation), बाल विवाह, पशुबलि आदि का इन्होंने विरोध किया तथा धार्मिक उदारता, विधवा विवाह तथा आपसी भाईचारे का समर्थन किया। उन्होंने वेदों की नवीन और प्रकाशात्मक व्याख्या की तथा इसके द्वारा हिन्दू धर्म के उत्थान का महान कार्य किया। उनका मत 'त्रैतवाद' के नाम से प्रसिद्ध है। धर्म के रूप में आर्य समाज न केवल ईश्वर, बल्कि जड़तत्व और आत्मा के सत्य में विश्वास करते हैं। इनका विश्वास कर्म सिद्धांत में भी है। उनके ग्रंथों में **सत्यार्थ प्रकाश** (Satyarth Prakash, 1875), **संस्कार विधि** (Sanskar Vidhi, 1877), **ऋग्वेदादि भाष्यभूमिका** (Rigvedadi Bhashyabhumika, 1878), **भ्रांति निवारण** (Bhranti Nivarana, 1877), **आर्याभिविनय** (Aryabhivinaya, 1876), **व्यवहारभानु** (Vyavaharbhanu, 1880) आदि

प्रमुख हैं। स्वामी दयानंद के विचारों के समर्थक अनेक हैं। इनके अनुयायियों ने उनके याद में डी॰ए॰वी॰ (Dayanand Anglo-Vedic) स्कूल की स्थापना की और आज ऐसे स्कूलों का एक विस्तृत जाल पूरे देश में है। लाला हंसराज ने जो स्वामी दयानंद के एक प्रमुख अनुयायी थे, 1886 में ही, लाहौर दयानंद-एंग्लो वैदिक कॉलेज की स्थापना की तथा स्वामी श्रद्धानंद जो इनके अन्य अनुयायी थे, ने 1901 में हरिद्वार के निकट कांगड़ी में गुरुकुल (Gurukul) की स्थापना की। अभी करीब 100 से अधिक गुरुकुल (लड़के एवं लड़कियों के लिए अलग-अलग) पूरे देश में स्थापित हैं।

स्वामी दयानंद के दर्शन का शैक्षिक आश्रय
(Educational Implication of the Philosophy of Swami Dayanand)

स्वामी दयानंद के दर्शन के कुछ स्पष्ट शैक्षिक आश्रय हैं जिनमें निम्नांकित प्रमुख हैं—

1. चरित्र निर्माण (Character building)—स्वामी दयानंद का मत था कि सच्ची शिक्षा वही है जो व्यक्ति के चरित्र का निर्माण करती है। चरित्र निर्माण के लिए व्यक्ति को अपने संवेदनों (senses) पर नियंत्रण रखना अनिवार्य है। जो व्यक्ति अपने संवेदनों पर नियंत्रण रख पाता है उसमें एक उत्तम चरित्र का निर्माण होता है। इस तरह से चरित्र निर्माण करके वह ब्रह्मचर्य (celibacy) एवं सत्यनिष्ठा (truthfulness) का पालन करने में सफल होता है, साथ ही अन्य व्यक्तियों एवं ईश्वर के प्रति अपनी जवाबदेही का भी निर्वाह कर पाता है। इसके विपरीत वैसा व्यक्ति जिसमें चरित्र निर्माण नहीं हो पाता है, वह ऐसे ज्ञान की प्राप्ति में हमेशा असफल होता है।

2. माता, पिता एवं शिक्षक–तीन बड़े ट्यूटर (Mother, father and teacher: Three great tutors)—वह व्यक्ति बहुत बड़ा पंडित (scholar) हो जाता है जिसके पास ईश्वर की कृपा से तीन बड़े ट्यूटर मौजूद होते हैं—माता (mother), पिता (father) तथा शिक्षक (teacher)। वह बच्चा भाग्यशाली होता है जिसे इन तीनों का आशीर्वाद प्राप्त होता है। माता का प्रभाव बच्चों की शिक्षा पर अन्य दोनों के प्रभाव से अधिक होता है, क्योंकि वह बच्चों को गर्भाधारण से लेकर तब तक शिक्षित करती रहती है जब तक कि उसका ज्ञान पूर्ण नहीं हो जाता है। यही कारण है कि स्वामी दयानंद का मत है कि बच्चों की शिक्षा उनके जन्म के पूर्व से ही अर्थात, माता के गर्भ से ही प्रारंभ हो जाती है। शिक्षक नन्हें बालकरूपी पौधों को सँवारकर उन्हें एक आदर्श नागरिक के रूप में तैयार करते हैं।

3. अनुशासन (Discipline)—वैसे बच्चे जिन्हें इन तीन बड़े ट्यूटरों से आवश्यकतानुसार डाँट-फटकार मिलती है, वे अच्छे व्यवहार करनेवाले (well-behaved) एवं अपना पांडित्य दिखाने में सफल होते हैं। हाँ, इसके लिए यह आवश्यक है कि बच्चों को जब डाँट-फटकार मिले तब वे दुःखी न हों। माता-पिता एवं शिक्षक को कभी भी पूर्वाग्रहित होकर बच्चों को नहीं डाँटने-फटकारने से बच्चों में अनुशासन विकसित होता है और फिर वे शिक्षा के सही उद्देश्य को आसानी से प्राप्त कर लेते हैं।

4. जीवन का सही आचार-व्यवहार (Right conduct of life)—जीवन के सही आचार-व्यवहार का अनुसरण करना ब्रह्मचारी, गृहस्थ, वानप्रस्थी तथा संन्यासी सभी के लिए आवश्यक है। इसके लिए स्वामी दयानंद ने दस मूल नियमों (principles) का भी उल्लेख किया है जो इस प्रकार है—

(i) सभी तरह के वास्तविक ज्ञान (true knowledge) का स्रोत ईश्वर (God) है।

(ii) ईश्वर सर्वशक्तिमान (almighty), आकारहीन (formless), अपरिवर्तनशील (unchangeable) तथा सर्वज्ञ (omniscient) है। अतः, पूजा सिर्फ ईश्वर की ही होनी चाहिए।

(iii) सभी वास्तविक ज्ञान का धर्मग्रंथ (scripture) वेद है। सभी हिंदुओं को उसे पढ़ना तथा उसके बारे में दूसरों को बताना उनका परम कर्त्तव्य है।

(iv) सभी व्यक्ति को सच्चाई को स्वीकार करने तथा असत्य को स्वीकार न करने के लिए तैयार रहना चाहिए।

(v) सभी क्रियाओं को धर्म (Dharma) के संदर्भ में, अर्थात सही क्या है और गलत क्या है, के संदर्भ में किया जाना चाहिए।

(vi) जिंदगी का मुख्य उद्देश्य व्यक्तियों के शारीरिक, आध्यात्मिक एवं सामाजिक अवस्थाओं को उन्नत बनाना होता है।

(vii) व्यक्ति को उसके गुणों के अनुसार सम्मान, प्यार, न्याय (justice) एवं धार्मिकता (righteousness) का लाभ मिलना चाहिए।

(viii) किसी व्यक्ति को सिर्फ अपने कल्याण (well-being) के बारे में सोचकर संतुष्ट नहीं रहना चाहिए बल्कि दूसरों के कल्याण के बारे में भी सोचना चाहिए।

(ix) अज्ञानता (ignorance) को दूर करके उसकी जगह पर ज्ञान को बढ़ावा देना चाहिए।

(x) समाज के कल्याण की बात में व्यक्ति को अपने व्यक्तिगत स्वार्थ को सामने नहीं लाना चाहिए।

5. महिलाओं के लिए शिक्षा (Education for women)—स्वामी दयानंद सरस्वती सहशिक्षा (co-education) के विरोधी थे। उनका कहना था कि लड़कों के लिए अलग स्कूल तथा लड़कियों के लिए अलग स्कूल होना चाहिए। इन दोनों तरह के स्कूलों की दूरी लगभग 4 मील होनी चाहिए। लड़कियों के स्कूल में शिक्षक तथा अन्य कर्मचारी भी महिला ही होनी चाहिए। उसी तरह से लड़के के स्कूल में शिक्षक तथा अन्य कर्मचारी पुरुष होने चाहिए। पाँच या पाँच साल के ऊपर के लड़कियों को लड़कों के स्कूल में तथा ठीक उसी तरह पाँच या पाँच साल के ऊपर के लड़कों को लड़कियों के स्कूल में प्रवेश नहीं करना चाहिए।

6. शारीरिक शिक्षा (Physical education)—स्वामी दयानंद ने लड़कों एवं लड़कियों दोनों के लिए शारीरिक शिक्षा की अनुशंसा की है ताकि व्यक्ति का शारीरिक विकास काफी संतोषजनक ढंग से हो। उनका मानना है कि शारीरिक शिक्षा से शारीरिक विकास के साथ-साथ मानसिक विकास पर भी उत्तम प्रभाव पड़ता है। उन्होंने लड़कों एवं लड़कियों को 'प्राणायाम' (Pranayam) करने पर काफी बल डाला है।

7. जन शिक्षा (Mass education)—स्वामी दयानंद का कहना था कि शिक्षा किसी विशेष वर्ग तक ही सीमित न होकर सभी वर्ग के सभी लोगों को दी जानी चाहिए। जब सभी लोग शिक्षित तथा सुसंस्कृत (cultured) होंगे तब समाज से धोखेबाजी (fraudulence), छल आदि बुराइयाँ स्वतः खत्म हो जाएँगी।

8. राष्ट्रीय एकता की शिक्षा (Education for national integration)—स्वामी दयानंद का यह मानना था कि राष्ट्रीय एकता किसी देश के लिए बहुत ही आवश्यक है। उन्होंने भाषा, संस्कृति,

प्रथा (customs) आदि को लेकर आपस में लड़ने पर शोक जताया और इस बात पर बल डाला कि शिक्षा ऐसी होनी चाहिए जिससे इन सबसे संबंधित भ्रांतियाँ लोगों के मन से दूर हो जाएँ जो राष्ट्रीय एकता के मार्ग में बाधक है।

छह तरह के आनुमानिक ज्ञान
(Six Kinds of Inferential Knowledge)

आनुमानिक ज्ञान वैसा ज्ञान होता है जिसमें व्यक्ति किसी संकेत (sign) तथा उससे चिह्नित वस्तु के संबंध के आधार पर ज्ञान प्राप्त करता है। ऐसे आनुमानिक ज्ञान छह तरह के बतलाए गए हैं—

(i) वैसा आनुमानिक ज्ञान जिसमें व्यक्ति कारण (cause) से प्रभाव के बारे में अंदाज लगाता है। जैसे, कुछ दूरी पर स्थित व्यक्तियों को ताली बजाते देखने पर यह अनुमान लगाना कि आवाज भी उत्पन्न हो रही होगी।

(ii) वैसा आनुमानिक ज्ञान जिसमें व्यक्ति प्रभाव (effect) से कारण के बारे में पता लगाता है। जैसे, किसी जगह से जोर धमाके की आवाज आने पर व्यक्ति बम या बंदूक चलने का अनुमान लगाता है।

(iii) जब एक चीज हमेशा दूसरे चीज के साथ होता ही है, तब एक के आधार पर दूसरे के बारे में अनुमान लगाया जाता है। जैसे, हम यह कहते हैं कि व्यक्ति मर गया है, तो यह आसानी से अनुमान लगाया जा सकता है कि उसकी हृदय गति रुक गई होगी तथा शरीर शिथिल हो गया होगा।

(iv) जब व्यक्ति को एक गुण दूसरे गुण में अंतर्निहित होने का ज्ञान होता है, तब किसी एक के आधार पर दूसरे गुण के बारे में अनुमान लगाता है। जैसे, हम जानते हैं कि जूही के फूल में एक विशेष तरह का गंध अंतर्निहित होता है। मात्र गंध के आधार पर हम जूही के फूल के बारे में अनुमान लगा पाते हैं।

(v) जब किसी एक ही वस्तु में दो तरह के गुण होते हैं, तब किसी एक के आधर पर दूसरे गुण के बारे में अनुमान लगाया जाता है। जैसे, नारंगी में दो गुण होते हैं—नारंगी रंग तथा उसका नरम आवरण। नारंगी को देखकर यह अनुमान हम लगाते हैं कि वह मुलायम या नरम भी होगा।

(vi) जब दो चीजें स्वाभाविक ढंग से एक-दूसरे के विरोधी होती हैं, तो एक के आधार पर दूसरे के बारे में अनुमान हम लगा पाते हैं। जैसे, खट्टा का विपरीत मीठा होता है। आम अगर मीठा नहीं है, तो हम यह आसानी से अनुमान लगा पाते हैं कि वह खट्टा ही होगा।

स्वामीजी ऐसे विद्वान और श्रेष्ठ व्यक्ति थे जिनका अन्य मतावलंबी भी इज्जत करते थे। उन्होंने लोगों को स्वतंत्र विचार करना, बोलना एवं कर्तव्यपालन करना सिखलाया। उनका मत है कि वेद का ज्ञान सिर्फ हिंदुओं को ही नहीं, बल्कि गैर-हिंदुओं को भी होना चाहिए। श्रीमती ऐनी बेसेंट का कहना था कि स्वामी दयानंद पहले व्यक्ति थे जिन्होंने आर्यावर्त (भारत) आर्यावर्तियों (भारतीयों) के लिए (India for Indians) की घोषणा की थी। पट्टाभि सीतारमैया का विचार था कि गाँधीजी राष्ट्रपिता हैं तो स्वामी दयानंद राष्ट्रपितामह हैं। सचमुच में वे हिंदू पुनर्जागरण के मुख्य निर्माता थे।

स्वामी दयानंद सरस्वती के कुछ अनमोल विचार—

- *दुनियाँ को अपना सर्वश्रेष्ठ दीजिए, आपके पास सर्वश्रेष्ठ लौटकर आ जाएगा।*
- *वो अच्छा और बुद्धिमान है जो हमेशा सच बोलता है; धर्म के अनुसार कार्य करता है और दूसरों को उत्तम और प्रसन्न बनाने का प्रयास करता है।*
- *जो व्यक्ति सबसे कम ग्रहण करता है और योगदान सबसे अधिक करता है, वह परिपक्व है क्योंकि देने में ही आत्मविश्वास निहित होता है।*
- *इंसान का गलत काम ही उसके विवेक को भ्रमित करके उसे पतन के रास्ते पर ले जाता है।*
- *अज्ञानी होना गलत नहीं है। हाँ, अज्ञानी बने रहना गलत है।*
- *जो लोग दूसरों की मदद करते हैं, वे एक तरह से ईश्वर की मदद करते हैं।*
- *व्यक्ति की विद्या उसका अस्त्र, धर्म उसका रथ, सत्य उसका सारथी और भक्ति रथ के घोड़े के समान होते हैं।*
- *'मद' मनुष्य की वो स्थिति होती है जिसमें वह अपने मूल कर्तव्य से भटककर विनाश की ओर चला जाता है।*

बी० आर० अंबेडकर
(B R Ambedkar: 1891–1956)

भीमराव रामजी अंबेडकर (Bhimrao Ramji Ambedkar) का जन्म 14 अप्रैल, 1891 को मध्य प्रदेश के महु (Mhow), इंदौर में हुआ था। इन्हें बाबा साहेब अंबेडकर कहकर भी पुकारा जाता है। इनके पिता का नाम रामजी मालोजी सकपाल तथा माता का नाम भीमाबाई सकपाल था। इनके पिता सुबेदार रैंक के आर्मी ऑफिसर थे। इनका परिवार मराठी पृष्ठभूमि का था तथा वे महाराष्ट्र राज्य के रत्नागिरी जिला के अंबावाडे (Ambawade) शहर के मूलवासी थे। इनका जन्म महार (दलित) जाति में हुआ था जिसके कारण उनके साथ सामाजिक और आर्थिक रूप से काफी भेदभाव किया जाता था। इनके पिता 1894 में आर्मी ऑफिसर से सेवानिवृत्त हो गए और फिर दो साल के बाद इनका पूरा परिवार महाराष्ट्र के सतारा (Satara) में आकर बस गया। भीमराव 1900 में सतारा के गवर्नमेंट हाई स्कूल में अँगरेजी की पहली कक्षा में नामांकन कराए। उनका नाम स्कूल में भीवा रामजी अंबावेडकर (Bhiva Ramji Ambavadekar) था। सतारा स्कूल में एक शिक्षक जो भीमराव को बहुत मानते थे तथा प्यार करते थे, का नाम अंबेडकर (Ambedkar) था। उस शिक्षक के प्रति सम्मान दर्शाने के लिए भीमराव अपने-आप को भी अंबेडकर कहना प्रारंभ कर दिए और इस तरह से वे भीमराव रामजी अंबावेडकर से भीमराव रामजी अंबेडकर हो गए। 1904 में फिर उनके पिता बंबई आ गए जहाँ अंबेडकर ने एलिफिन्सटन हाई स्कूल में दाखिला लिया जहाँ से 1907 में उन्होंने मैट्रिक परीक्षा पास की। फिर 1908 में उनका दाखिला बंबई विश्वविद्यालय के एलिफिन्सटन कॉलेज में हुआ। जब वे पाँचवीं कक्षा में थे (आयु 14 वर्ष) तब उनकी शादी रामाबाई नाम की सुंदर लड़की से हो गई। 1912 में उन्होंने बंबई विश्वविद्यालय से अर्थशास्त्र और राजनीतिविज्ञान में स्नातक की डिग्री ली। 1913 में स्नातकोत्तर (postgraduate) की डिग्री लेने बड़ौदा स्टेट स्कॉलरशिप (गायकवाड़ स्कॉलरशिप—Gaekwad Scholarship) के सहारे वे अमेरिका के कोलंबिया विश्वविद्यालय (Columbia University) चले गए। यहाँ से 1915 में उन्हें उनके शोध-प्रबंध (thesis), जिसका शीर्षक था "एनसियंट इंडियन कॉमर्स" (Ancient Indian

ण्दस्सीम), के आधार पर एम॰ ए॰ की डिग्री मिली। यहाँ पर उन्होंने मुख्य विषय अर्थशास्त्र एवं अन्य विषयों; जैसे—समाजशास्त्र, इतिहास, दर्शनशास्त्र तथा मानवशास्त्र का भी अध्ययन किया। 1917 में उन्होंने कोलंबिया विश्वविद्यालय में अर्थशास्त्र में पी-एच॰डी॰ की उपाधि के लिए शोध-प्रबंध जमा किया जिसका शीर्षक था **नेशनल डिविडेंड ऑव इंडिया—ए हिस्टोरिक एंड एनालिटिकल स्टडी** (National Dividend of India: A Historic and Analytical Study)। इस शोध प्रबंध को आठ साल बाद एक किताब के रूप में संशोधित कर नए शीर्षक 'दी इभोलूसन ऑव प्रोविंसियल फाइनेंस इन ब्रिटिश इंडिया' (*The Evolution of Provincial Finance in British India*) देकर प्रकाशित किया गया। सितंबर 1920 में वे लंदन स्कूल ऑव इकोनोमिक्स एंड पोलिटिकल साइंस (London School of Economics and Political Science) में एक छात्र के रूप में योगदान दिए। जून, 1921 में लंदन विश्वविद्यालय से अर्थशास्त्र में एम॰एस-सी॰ (MSc) की डिग्री मिली जिसमें उनके शोध-प्रबंध (thesis) का शीर्षक था 'प्रोविंसियल डीसेंट्रलाइजेसन ऑव इंपेरियल फाइनेंस इन ब्रिटिश इंडिया' (Provincial Decentralization of Imperial Finance in British India)। मार्च, 1923 में उन्हें अर्थशास्त्र में डी॰एस-सी॰ (DSc) की उपाधि दी गई जिसमें उनके शोध-प्रबंध का शीर्षक था—दी प्रोवलेम ऑव रूपी—इट्स ओरिजिन एंड इट्स सोल्यूसन (The Problem of Rupee: Its origin and Its Solution)। इस शोध-प्रबंध को दिसंबर, 1923 में प्रकाशित भी किया गया। कोलंबिया विश्वविद्यालय में अंबेडकर अपने दो महान शिक्षकों से काफी प्रभावित हुए और उनसे बहुत कुछ सीखे भी। उनमें एक नाम है जॉन डिवी (John Dewey) जो एक दार्शनिक (philosopher) तथा परिणामवादी (pragmatic) थे तथा दूसरे का नाम आर॰ ए॰ सेलिगमैन (R A Seligman) जो अर्थशास्त्री (economist) थे। इन्होंने जॉन डिवी (John Dewey) के ही निर्देशन में सामाजिक न्याय (social justice) तथा समानता (equality) जैसे विचारों की रूपरेखा (blueprint) अपने मन में तैयार किया। बाद में वे लंदन चले गए और वहाँ लंदन स्कूल ऑव इकॉनोमिक्स एंड पोलिटिकल साइंस (London School of Economics and Political Science) से एम॰एस-सी॰ (MSc) तथा 1923 में अर्थशास्त्र में डी॰एस-सी॰ (DSc) की उपाधि प्राप्त किए। वे भारत आए, तो वे सिडेनहम कॉलेज (Sydenham College) तथा गवर्नमेंट लॉ कॉलेज (Government Law College) में प्रोफेसर हुए और 1935 में वे उस लॉ कॉलेज के प्राचार्य भी दो सालों तक बने रहे। अपने आरंभिक जीवन में वे एक सफल प्रोफेसर, अर्थशास्त्री एवं वकील रहे। वे राज्य सभा (Rajya Sabha) के भी सदस्य रहे। वे स्वतंत्र भारत के प्रथम कानून एवं न्याय (law and justice) मंत्री भी रहे। उन्हें भारतीय संविधान का निर्माता (architect) तथा भारतीय गणतंत्र के संस्थापक जनक (founding father) भी कहा जाता है।

कहना न होगा कि उन्होंने एकता, समानता तथा मानवता-आधारित संविधान को करीब 2 वर्ष, 11 महीने और 18 दिन की कड़ी मेहनत करके 26 नवंबर, 1949 को तैयार कर तत्कालीन राष्ट्रपति डॉ॰ राजेंद्र प्रसाद को सौंप कर देश के सभी व्यक्तियों का राष्ट्रीय एकता, अखंडता तथा गरिमामय जीवन-पद्धति से भारतीय संस्कृति को अभिभूत किया। उन्होंने दलितों और पिछड़े वर्गों के उत्थान के लिए अपने पूरे जीवन का परित्याग कर दिया। उनकी मृत्यु 6 दिसंबर, 1956 को दिल्ली में हो गई। चूँकि उन्होंने बौद्ध धर्म स्वीकार कर लिया था, इसलिए उनका अंतिम संस्कार बौद्ध धर्म के रीति-रिवाज के अनुसार ही किया गया। वे हिंदू धर्म के रीति-रिवाजों और जाति-विभाजन के कट्टर विरोधी थे। मरणोपरांत भारत के सर्वोच्च नागरिक सम्मान 'भारत रत्न' से भी उन्हें सम्मानित किया गया।

अंबेडकर की महत्त्वपूर्ण पुस्तकें (Major Books of Ambedkar)

अंबेडकर को कई भाषाओं का ज्ञान था जिनमें हिंदी, पाली, संस्कृत, अँगरेजी, फ्रेंच, जर्मन, मराठी, परसियन एवं गुजराती प्रमुख हैं।

इनके द्वारा लिखे गए महत्तवपूर्ण पुस्तकें इस प्रकार हैं—

- कास्ट इन इंडिया—दियर मैकेनिज्म, जेनेसिस एंड डिवेलॅपमेंट (*Caste in India: Their Mechanism, Genesis and Development*, 1916)
- दि प्रोब्लम ऑव रूपी—इट्स ओरिजिन एंड इट्स सोल्यूसन (*The Problem of Rupee—Its Origin and Its Solution*, 1923)
- बहिष्कृत भारत (*India Ostracized*, 1927)
- एनिहिलेसन ऑव कास्ट (*Annihilation of Caste*, 1936)
- फेडरेशन बनाम फ्रीडम (*Federation versus Freedom*, 1939)
- थाऊट्स ऑन पाकिस्तान (*Thoughts on Pakistan*, 1940)
- रानाडे, गाँधी एंड जिन्ना (*Ranade, Gandhi and Jinnah*, 1943)
- मि॰ गाँधी एंड इमैनसिपेसन ऑव अनटचेबुल्स (*Mr Gandhi and Emancipation of Untouchables*, 1943)
- ह्वाट काँग्रेस एंड गाँधी हैव डन टू दि अनटचेबुल्स? (*What Congress and Gandhi have Done to the Untouchables?*, 1945)
- पाकिस्तान या पार्टिसन ऑव इंडिया (*Pakistan or the Partition of India*, 1945)
- स्टेट एंड माइनोरिटीज (*State and Minorities: What are Their Rights and How to Secure Them in Constitution of Free India*, 1947)
- हू वेयर दि शूद्राज? (*Who were the Shudras?*, 1948)
- महाराष्ट्र एज ए लिंग्विस्टिक प्रोविंस (*Maharashtra as a Linguistic Province*, 1948)
- दि अनटचेबुल्स (*The Untouchables: Who were They and Why They Became Untouchables?*, 1948)
- दि बुद्धा या कार्ल मार्क्स (*The Buddha or Karl Marx*, 1956)
- दि बुद्ध एंड हिज धम्म (*The Buddha and His Dhamma*, 1957)
- प्रोविंसियल फाइनेंस इन ब्रिटिश इंडिया (*The Evolution of Provincial Finance in British India*)

शिक्षा का उद्देश्य
(Aims of Education)

डॉ॰ अंबेडकर ने कोलंबिया विश्वविद्यालय में अपने गुरु रहे जॉन डिवी (John Dewey) के शिक्षा से संबंधित विचारों को पूर्णतः स्वीकार करते हुए कहा कि शिक्षा का उद्देश्य सामाजिक परिवर्तन (social change) लाना है। इनका विश्वास था कि शिक्षा से लोगों में, विशेषकर दबे-कुचले जनों में, सिर्फ आम चेतना ही नहीं आती है, बल्कि उनमें आत्मस्वतंत्रता (self-liberation) का एक

मंत्र भी जागृत होता है। सचमुच में डॉ॰ अंबेडकर ने शिक्षा को समाज में समानता (equality), न्याय (justice), बंधुत्व (fraternity) तथा निडरता (fearlessness) उत्पन्न करने का एक महत्त्वपूर्ण साधन माना है। शिक्षा का मूल उद्देश्य व्यक्तियों में इन नैतिक मूल्यों (moral values) को उत्पन्न करना है। वे बौद्ध दर्शन (Buddhist philosophy) से काफी प्रभावित थे, इसलिए उन्होंने सभी लोगों में नैतिकता के विकास पर पर्याप्त बल डाला था। यह कार्य लोगों को पर्याप्त शिक्षा देकर ही किया जा सकता है। उन्होंने स्पष्ट रूप से इस बात पर बल दिया है कि शिक्षा के सिर्फ उन्हीं उद्देश्यों को सार्थक माना जा सकता है जिसके माध्यम से व्यक्तिगण खुश रहते हों तथा समाज में नैतिकता का पर्याप्त विकास होता हो। उन्होंने इस बात पर भी बल दिया कि शिक्षा का उद्देश्य लोगों के जीवन स्तर को ऊँचा उठाना है। उन्होंने नारा दिया था—शिक्षित हो, संगठित हो तथा संघर्ष करो (Educate, Unite and Struggle)। एक सच्ची शिक्षा समाज को बौद्धिक, आर्थिक और नैतिक रूप से सजग रखती है।

विश्वविद्यालयी शिक्षा
(University Education)

डॉ॰ अंबेडकर सर्वसार्विक प्राथमिक शिक्षा (universal primary education), अर्थात प्राथमिक स्तर पर सभी को शिक्षा देने (न कि कुछ खास वर्ग के बच्चों को ही शिक्षा देने) के पक्षधर तो थे ही, साथ-ही-साथ उन्होंने विश्वविद्यालयी शिक्षा (university education) को भी उन्नत बनाने पर बल डाला। विश्वविद्यालयी शिक्षा ऐसी होनी चाहिए जिससे समाज के कमजोर एवं दलित वर्गों के सामाजिक जरूरतों को अच्छी तरह से पूरा किया जा सके। विश्वविद्यालय की यह पूरी जिम्मेवारी होनी चाहिए कि वे दलित एवं पिछड़े वर्ग के छात्रों के लिए भी उच्चतम शिक्षा की व्यवस्था करें। उन्होंने विभिन्न विश्वविद्यालयी समितियों (university bodies) में पिछड़े वर्ग एवं दलित वर्ग के शिक्षकों एवं छात्रों का उचित प्रतिनिधित्व देने पर बल डाला है। वे ब्रिटिश इंडिया तथा स्वतंत्र भारत में प्रचलित शिक्षा के उपनिवेशी तंत्र (colonial system) के प्रति अपना असंतोष व्यक्त किए। उन्होंने एक उत्तम प्रोफेसर उसे कहा जो विद्वान तो हो ही, साथ-ही-साथ अच्छे ढंग से अपनी बात को छात्रों के समक्ष रखता हो तथा वह अपने ज्ञान को बढ़ाने के लिए सतत प्रयासरत हो।

आदर्श शिक्षक
(Ideal Teacher)

डॉ॰ अंबेडकर के अनुसार शिक्षा तथा शिक्षण में शिक्षक की भूमिका अहम होती है। डॉ॰ अंबेडकर स्वयं भी अपने शिक्षक से काफी प्रभावित थे और उन्होंने अपने एक ब्राह्मण शिक्षक जो उन्हें काफी मानते थे एवं सम्मान देते थे, के 'अंबेडकर' उपनाम (surname) को अपने नाम में जोड़ लिया था। उनके अनुसार एक आदर्श शिक्षक वह है जो न केवल बहुपठित (well-read) हो, बल्कि एक अच्छा वक्ता (orator) एवं अनुभवी व्यक्ति भी हो। एक शिक्षक का प्रमुख कार्य छात्रों के मानसिक क्षमता को विकसित करना होता है। यह जरूरी नहीं है कि छात्र शिक्षक के सभी निष्कर्षों से सहमत हों और जो शिक्षक इस तथ्य को स्वीकार करते हैं, वे डॉ॰ अंबेडकर के नजर में सच्चे शिक्षक होते हैं। अंबेडकर का मत है कि एक अच्छा शिक्षक सचमुच में छात्रों का एक अच्छा दोस्त,

दार्शनिक (philosopher) एवं मार्गदर्शक होता है। इसके अतिरिक्त एक आदर्श शिक्षक को समाज की वास्तविकता का भी ज्ञान होना चाहिए ताकि सामाजिक यथार्थता के आलोक में वह छात्र को निदेशित कर सके। ऐसे शिक्षक को छात्रों का पूर्ण समर्थन एवं सम्मान भी मिलता है।

महिलाओं के लिए शिक्षा
(Education for Women)

डॉ॰ अंबेडकर ने देश में महिलाओं की स्थिति तथा विशेषकर उनकी शिक्षा की स्थिति पर चिंता व्यक्त किया है। महिलाओं में शिक्षा की कमी एक बहुत ही गंभीर समस्या है। उन्होंने महिलाओं की दुर्दशा के लिए ब्राह्मणों (Brahamans) को जवाबदेह माना है। महिलाओं से संबंधित सामाजिक बुराइयाँ; यथा—सतीप्रथा, बाल विवाह, विधवा विवाह की मनाही आदि का ब्राह्मणों का पूरा समर्थन रहा है। महिलाओं में व्याप्त इन सभी बुराइयों को दूर करने का एकमात्र सहज उपाय है, उन्हें शिक्षित करना। उनका विचार है कि महिलाओं के लिए शिक्षा उतनी ही जरूरी है जितनी पुरुषों के लिए है। वे महिलाओं की दूसरों पर आर्थिक निर्भरता तथा उनपर ढाहे जानेवाले जुल्मों-सितम से छुटकारा दिलाना चाहते थे। महिलाओं को पर्याप्त स्वतंत्रता तथा आर्थिक अधिकार दिलवाने के लिए उन्होंने उनका शैक्षिक अधिकार (educational right), समानता का अधिकार तथा संपत्ति का अधिकार (right to property) बहाल किए जाने का जबर्दस्त समर्थन किया। इन्होंने महिलाओं को शिक्षित करने के लिए सह-शिक्षा (co-education) पर भी पर्याप्त बल डाला है। उनका विचार था कि यदि महिला शिक्षित हो जाती है, तो वह स्वतंत्र रूप से अपनी सोच विकसित करेगी तथा अपने अधिकारों की प्राप्ति के लिए स्वयं काफी प्रयत्नशील रहेगी। उनका मत है कि वैदिक युग (vedic period) में महिलाओं को बहुत तरह के अधिकार प्राप्त थे। परंतु, बाद में धीरे-धीरे उनसे अधिकार छीनता चला गया। मनुस्मृति में जैसाकि डॉ॰ अंबेडकर ने कहा है, महिलाओं की स्थिति नौकरों से भी बदतर दिखलाई गई है। उनका विचार था कि महिलाओं का विशेष सम्मान किया जाना चाहिए तथा उनकी शिक्षा का उत्तम बंदोवस्त किया जाना चाहिए।

दलित शिक्षा
(Dalit Education)

डॉ॰ अंबेडकर ने दलितों की शिक्षा पर भी विशेष बल डाला है। उनका मत था कि इन लोगों को इंजीनियरिंग एवं विज्ञान की शिक्षा विशेष रूप से दी जानी चाहिए। ऐसी शिक्षा से उन्हें रोजगार आसानी से मिल पाएगा। उन्होंने भारत सरकार से इस बात का अनुरोध किया कि दलितों को भारतीय इंजिनियरिंग एवं तकनीकी संस्थानों में दाखिला के लिए विशेष प्रयास करना चाहिए। इस सिलसिले में उन्होंने दलित छात्रों के लिए नामांकन में विशेष आरक्षण की व्यवस्था करने का आग्रह किया, इतना ही नहीं, ऐसे दलित छात्रों के लिए छात्रवृत्ति की समुचित व्यवस्था करने पर विशेष बल डाला ताकि इन्हें अपनी पढ़ाई के दौरान किसी प्रकार के आर्थिक संकट का सामना नहीं करना पड़े।

अंबेडकर का शिक्षा-दर्शन
(Ambedkar's Philosophy of Education)

डॉ० अंबेडकर मानना है कि मानव की जिंदगी में शिक्षा की अहम भूमिका है। वे सचमुच में समाज को ठीक ढंग से संरचित करना चाहते थे। इसलिए, शिक्षा के प्रति उनका दृष्टिकोण रचनात्मक था। अंबेडकर के शैक्षिक दर्शन (educational philosophy) को आसानी से उनके तीन नियमों (principles), जिन्हें वे अपने शिक्षक गौतम बुद्ध से लिए थे, के रूप में देखा जाता है। वे तीन नियम थे—प्रज्ञा (knowledge or wisdom), शील (character) तथा करुणा (compassion)। अंबेडकर ने इन तीन नियमों को महत्त्वपूर्ण बतलाया तथा उन्हें जनमानस में आत्मसात करने पर बल डाला है। अंबेडकर का मत था कि ज्ञान व्यक्ति के जीवन की बुनियाद है। उन्होंने सम्यक् ज्ञान (right knowledge) आत्मसात् करने पर विशेष बल डाला है।

अंबेडकर का शिक्षा-दर्शन सचमुच में सामाजिक उद्धार (social emancipation) का दर्शन है। ऐसा दर्शन अन्य बातों के अलावा सभी व्यक्तियों के लिए समान शिक्षा एवं समान अधिकार की माँग करता है ताकि व्यक्ति का आत्मविकास (self-development) हो सके। ऐसे सामाजिक उद्धार में सामाजिक बुराइयों; जैसे—जातीयता (casteism), छुआछूत, सामाजिक गुलामी तथा दमन के विरुद्ध एक सामाजिक क्रांति उत्पन्न करना भी सम्मिलित होता है। उन्होंने अपने विभिन्न भाषणों में इस बात पर पुरजोर बल डाला है कि दलितों एवं पिछड़ों, जिन्हें सदियों से शिक्षा से दूर रखा गया है, में सर्वसार्विक शिक्षा (universal education) का प्रचार-प्रसार हो। उन्होंने कहा था, "प्रत्येक व्यक्ति के लिए शिक्षा केवल एक जन्मसिद्ध अधिकार ही नहीं है, बल्कि वह सामाजिक परिवर्तन का एक हथियार भी है।" उन्होंने कहा कि भारत में दलितों के उद्धार के तीन उपागम आपस में जुड़े हुए हैं—**शिक्षा** (education), **आंदोलन** (agitation) तथा **संगठन** (organisation)। उनके अनुसार **निरक्षरता** (illiteracy) तथा **अज्ञानता** (ignorance) मानवता के विकास के बड़े दुश्मन हैं और दलितों एवं पिछड़ों से इसे दूर करने का एकमात्र उपाय उन्हें सही ज्ञान सही शिक्षा के द्वारा प्रदान करना है।

अंबेडकर ने अपने शिक्षा-दर्शन में व्यक्तियों की शिक्षा के साथ-साथ चरित्र (character) पर भी पर्याप्त बल डाला है। सामाजिक परिवर्तन लाने के लिए जरूरी है कि शिक्षित लोग चरित्रवान हों। तभी वे अपने व्यक्तित्व का विकास कर पाएँगे तथा साथ ही मानव संस्कृति एवं सभ्यता का विकास सही अर्थ में कर पाएँगे। इस बात पर वे पूर्ण जोर दिए कि शिक्षा ही एक ऐसा हथियार है जिसके माध्यम से समाज में समानता उत्पन्न हो सकती है तथा एकता, बंधुत्व (fraternity) तथा देशभक्ति (patriotism) का उत्तम भाव लोगों में उत्पन्न हो सकता है। अंबेडकर ने शिक्षा के धर्मनिरपेक्ष पैटर्न (secular pattern) पर बल डाला है। उनके अनुसार पुरानी पद्धति पर आधारित शिक्षा का परित्याग करके उसकी जगह पर रोजगारोन्मुखी शिक्षा पर बल दिया जाना चाहिए। उन्होंने स्पष्ट रूप से यह कहा है कि किसी मंदिर में स्कूली शिक्षा का प्रावधान करना तर्कसंगत तथा वैज्ञानिक नहीं होता है। इसके लिए अलग से भवन का निर्माण कर शिक्षा दी जानी चाहिए।

शिक्षण विधियाँ
(Teaching Methodologies)

अंबेडकर ने प्राथमिक शिक्षा से ही वैज्ञानिक शिक्षण की विधियों के उपयोग पर बल डाला है। उत्तम स्वास्थ्य को बनाए रखने के खयाल से उन्होंने स्वास्थ्य एवं शारीरिक शिक्षा (physical education) पर अधिक बल डाला है। उनका जोर विशेष रूप से इस बात पर होता था कि छात्रों को स्कूल में साफ-सुथरे कपड़े पहनकर आने तथा उन्हें उत्तम भोजन कराने की भी व्यवस्था होनी चाहिए। उन्होंने छात्रों में सही आदत तथा सही मूल्यों (values) को उत्पन्न करने पर बल डाला है। इसके लिए उनमें सतत आत्मनियंत्रण (self-control) जैसी प्रविधि को लंबे समय तक अपनाना चाहिए। उन्होंने यह भी कहा है कि स्नातक तथा स्नातकोत्तर वर्ग की शिक्षा प्रविधियों में बहुत अंतर नहीं होना चाहिए। इन वर्गों में शिक्षण को शोध (research) से अलग नहीं किया जाना चाहिए।

पाठ्यक्रम
(Curriculum)

शिक्षा एवं भारतीय प्रजातंत्र

अंबेडकर ने स्कूल एवं कॉलेजों में तैयार किए जानेवाले छात्रों के पाठ्यक्रम के प्रति एक व्यावहारिक दृष्टिकोण अपनाने पर बल डाला है। दूसरे शब्दों में यह कहा जा सकता है कि उनके अनुसार पाठ्यक्रम का स्वरूप स्थिर न होकर लचीला होना चाहिए। पाठ्यक्रम में वर्तमान समय में घटित घटनाक्रम का जिक्र होना चाहिए और पाठ्यक्रम बनानेवाले व्यक्ति को इस तथ्य से अवगत होना चाहिए कि कुछ भी अंतिम और अपरिवर्तनीय (final) नहीं होता है। हमेशा उसमें परिवर्तन की गुंजाइश रहती है। डॉ॰ अंबेडकर इस बात का विरोध करते थे कि कोई बाह्य एजेंसी (external agency) द्वारा पाठ्यक्रम तैयार कर छात्रों पर थोप देना चाहिए। सचमुच में पाठ्यक्रम का निर्माण शिक्षकों द्वारा स्वयं किया जाना सबसे उत्तम होता है।

शिक्षा एवं भारतीय प्रजातंत्र
(Education and Indian Democracy)

डॉ॰ अंबेडकर ने भारत में प्रजातंत्र की सफलता के लिए शिक्षा को आवश्यक बतलाया। भारतीय प्रजातंत्र में जातिवाद के बढ़ते महत्त्व को खत्म करने के लिए लोगों को पर्याप्त शिक्षा देना आवश्यक है। उनका मत था कि यदि समाज के दलितों, पिछड़ों एवं अन्य कमजोर वर्ग के लोगों को पर्याप्त शिक्षा ठीक ढंग से दी जाती है, तो इससे जातिवाद जैसे अवगुण को दूर करने में अधिक मदद मिलेगी। ऐसे लोगों के अशिक्षित या कम शिक्षित रहने पर इनमें अज्ञानता (ignorance) कूट-कूटकर भरी होती है।

अंबेडकर ने दलितों की आर्थिक स्थिति को उन्नत बनाने के लिए भी शिक्षा को महत्त्वपूर्ण बतलाया। समाज में व्याप्त असमान सामाजिक क्रम (unequal social order) को समाप्त करने के लिए यह आवश्यक है कि दलितों को पर्याप्त शिक्षा दी जाए। जब ऐसे लोग शिक्षित हो जाएँगे तब उनमें पर्याप्त ज्ञान का विकास होगा जिससे उनमें आत्मअभिप्रेरण (self-motivation) तथा

आत्मविश्वास (self-confidence) उत्पन्न होगा और तब वे असमान एवं अनुचित सामाजिक क्रम को हटाने में अपना सक्रिय योगदान दे सकेंगे। दलितों को शिक्षित करने का सबसे ज्यादा उत्तरदायित्व सरकार पर होना चाहिए और सरकार को यह देखना होगा कि दिए जानेवाले सरकारी अवसर का पूरा-पूरा फायदा सही मायने में दलितों को मिल पा रहा है कि नहीं।

बी॰ आर॰ अंबेडकर के कुछ अनमोल विचार—

- *मैं ऐसे धर्म को स्वीकार करता हूँ जो स्वतंत्रता, समानता तथा भाईचारा सिखलाए।*
- *मैं किसी समुदाय की प्रगति उस समुदाय की महिलाओं की प्रगति से मापता हूँ।*
- *जीवन महान होना चाहिए न कि लंबा।*
- *हम आदि से अंत तक भारतीय हैं।*
- *भाग्य में नहीं अपनी शक्ति में विश्वास रखना चाहिए।*
- *बुद्धि का विकास व्यक्ति की प्रगति का अंतिम लक्ष्य होना चाहिए।*
- *जो धर्म जन्म से एक को श्रेष्ठ और दूसरों को नीच बनाये रखे, वह धर्म नहीं, बल्कि गुलाम बनाए रखने का एक षड्यंत्र है।*
- *उदासीनता व्यक्तियों को प्रभावित करनेवाली सबसे खराब किस्म की बीमारी है।*

रवींद्रनाथ ठाकुर (टैगोर)
[Rabindranath Thakur (Tagore): 1861–1941]

रवींद्रनाथ ठाकुर का जन्म 7 मई, 1861 को कलकत्ता के जोड़ासाकों ठाकुरबाड़ी में हुआ था। इनके पिता का नाम देवेंद्रनाथ ठाकुर तथा माता का नाम शारदा देवी था। पिता देवेंद्रनाथ ठाकुर को लोग 'महर्षि' कहा करते थे। देवेंद्रनाथ पर अपने पिता के मित्र राजा राममोहन राय की शिक्षा का काफी प्रभाव पड़ा और ब्रह्म समाज की शिक्षा को उन्होंने आगे बढ़ाया। देवेंद्रनाथ को नौ पुत्र और पाँच पुत्रियाँ थीं। रवींद्रनाथ अपने माता-पिता की आखिरी से पहली संतान थे। परंतु यह आखिरी बच्चा जिसका नाम बुद्धेंद्रनाथ था, शैशवावस्था में ही मर गया। अतः, रवींद्रनाथ ही परिवार में सबसे छोटे बच्चे और सबसे छोटा बेटा हो गए। माँ के गिरते स्वास्थ्य के कारण बालक रवींद्रनाथ का देख-रेख का जिम्मा नौकरों के हाथों में था। रवींद्रनाथ की आरंभिक शिक्षा बंगाल एकादमी तथा संत जेवियर्स स्कूल में हुई। रवींद्रनाथ को बैरिस्टर बनाने की चाहत में उनके पिता सितंबर, 1878 में ब्रिटेन के लिए उन्हें रवाना किए। लंदन में रवींद्रनाथ ने यूनिवर्सिटी कॉलेज में दाखिला ले लिया। दुर्भाग्य से रवींद्रनाथ लंदन में अपनी पढ़ाई पूरा नहीं कर पाए। पिता का आदेश आया तो वह वापस आ गए। लेकिन, साहित्य के प्रति उनकी रुचि बढ़ती गई और धीरे-धीरे उनमें एक कवि विकसित होते गया। 9 दिसंबर, 1880 को उनकी शादी मृणालिनी देवी (मौलिक नाम भवतारिणी देवी) से हुआ। इस तरह से मृणालिनी देवी परिवार की छोटी बहू कहलाने लगी। मृणालिनी देवी से इनके पाँच संतान हुए—दो बेटे और तीन बेटियाँ। दिसंबर, 1874 में जब वे केवल 13 साल के थे, उनकी कविता अभिलाषा **तत्त्वबोधिनी पत्रिका** में छपी जो उनकी सबसे शुरू की कविताओं में से एक है। बाद में, किशोरावस्था में ही उनकी रचनाएँ नियमित रूप से दूसरी पत्रिका **साधना** में छपने लगी। रवींद्रनाथ ने 1901 में पश्चिम बंगाल के ग्रामीण क्षेत्र **शांतिनिकेतन** में एक प्राथमिक

विद्यालय (ब्रह्मचर्य आश्रम) की स्थापना पाँच छात्रों के एक वर्ग से किया जिसमें एक छात्र उनका पुत्र रथींद्रनाथ भी था। शीघ्र ही इस संस्थान ने कुछ प्रतिभाशाली एवं आदर्शवादी शिक्षकों को अपनी ओर आकर्षित कर लिया और स्कूल में छात्रों की संख्या बढ़ने लगी। इस ब्रह्मचर्य आश्रम में ब्रह्मवांधव उपाध्याय अत्यंत प्रभावशाली शिक्षक थे। उनका असली नाम भवानीचरण बनर्जी था। वे रवींद्रनाथ को एक आदर्श व्यक्ति के रूप में देखते थे तथा उन्हें दिल से प्रेम करते थे। सर्वप्रथम ब्रह्मवांधव उपाध्याय ने ही रवींद्रनाथ को 'गुरुदेव' कहना प्रारंभ किया और इस तरह से वे 'गुरुदेव' के रूप में लोकप्रिय हो गए। बाद में महात्मा गाँधी भी उन्हें गुरुदेव कहकर पुकारने लगे। इस ब्रह्मचर्य आश्रम को प्राचीन महर्षि-मुनियों के आश्रम के रूप में स्थापित किया गया जिसमें छात्रों को कड़े अनुशासन का पालन करना होता था। यह विद्यालय बाद में विश्वविद्यालय का स्वरूप ले लिया और आज यह **विश्व-भारती** के नाम से मशहूर है जो एक केंद्रीय विश्वविद्यालय (Central University) है। 1902 से 1907 तक पाँच वर्षों में रवींद्रनाथ के जीवन में संकट के बादल छाए रहे। इन पाँच वर्षों में उनकी पत्नी, पिता, एक पुत्री तथा एक पुत्र के मृत्यु की रूप में उनपर चार आघात हुए। परंतु, उन्होंने धैयपूर्वक इन आघातों को सहा, स्वयं को संभाला और परिवार को भी।

रवींद्रनाथ को उनकी रचना **गीतांजलि** के लिए वर्ष 1913 में नोबेल पुरस्कार दिया गया। अँगरेजी में गीतांजलि को 'सौंग ऑव सिंग्स' का नाम दिया गया जो 1912 तक प्रकाशित हो गई थी और बंगाली गीतांजलि तो 1910 में ही प्रकाशित हो चुकी थी। इस तरह से रवींद्रनाथ एशिया के प्रथम ऐसे व्यक्ति थे जिन्हें साहित्य में नोबेल पुरस्कार से सम्मानित किया गया। फिर 1916 में रवींद्रनाथ ठाकुर को ब्रिटिश सरकार ने सम्राट के जन्म-दिन पर 'सर' की उपाधि[1] प्रदान की। कलकत्ता विश्वविद्यालय ने उनकी इस उपलब्धि के लिए उन्हें डी॰लिट्॰ की मानद डिग्री से विभूषित किया। 13 अप्रैल, 1919 को अमृतसर में ब्रिटिश सरकार की दमनकारी कार्रवाई के विरुद्ध जालियाँवाला बाग में एक सभा आयोजित की गई जिसमें हजारों लोग उस विरोध सभा में भाग लेने पहुँचे थे। डायर नाम के एक ब्रिटिश जनरल ने वहाँ एकत्र लोगों पर गोलियों की बौछार शुरू कर दी। मरनेवालों की संख्या 379 थी और इससे कई गुना लोग घायल हो गए। रवींद्रनाथ इस घटना से काफी आहत हुए और अपना विरोध प्रकट करने के लिए उन्होंने 'सर' की अपनी उपाधि 29 मई 1919 को सरकार को लौटा दी और इसकी सूचना वायसराय को एक पत्र के माध्यम से दे दिया।

रवींद्रनाथ एकमात्र ऐसे कवि थे जिनकी दो रचनाएँ दो देशों का राष्ट्रगान बनीं—भारत का राष्ट्रगान 'जन-गण-मन' और बाँग्लादेश का राष्ट्रगान 'अमार सोनार बाँग्ला'। 1940 में उन्हें ऑक्सफोर्ड विश्वविद्यालाय द्वारा 'डॉक्टर ऑव लिटरेचर' की मानद उपाधि प्रदान की गई। 1941 में उन्हें त्रिपुरा के महाराज द्वारा 'भारत भास्कर' की उपाधि प्रदान की गई। काफी दिनों से बीमार रहने और गिरते स्वास्थ्य के कारण 7 अगस्त, 1941 को रक्षाबंधन के दिन इस महान कवि ने अपनी आँखें सदा के लिए मूँद ली और विश्वसाहित्य के क्षेत्र में जगमगाता यह सूर्य अस्त हो गया। रवींद्रनाथ ठाकुर के जीवन का यह अनोखा संयोग रहा कि वे सात तारीख को ही जन्में और सात तारीख को ही दुनिया से विदा हो गए—आये भी 7 को, और गए भी 7 को।

---

1. हिरणमय बनर्जी—**आधुनिक भारत के निर्माता—रवींद्रनाथ ठाकुर**—प्रकाशन विभाग, सूचना और प्रसारण मंत्रालय, भारत सरकार, चतुर्थ संस्करण, 2011, p. 110.

रवींद्रनाथ ठाकुर की मुख्य रचनाएँ
(Major Publications of Rabindranath Thakur)

रवींद्रनाथ ठाकुर की मुख्य रचनाएँ निम्नांकित हैं—

कवि-काहिनी (1878)	काव्य	नौका डूबी (1906)	उपन्यास
वनफूल (1880)	गाथा	गोरा	उपन्यास
सांध्य संगीत (1882)	कविताएँ	गीतांजलि (1910)	कविताएँ और गीत
बउ-ठाकुरानीर हाट (1863)	उपन्यास	डाकघर (1912)	नाट्यरूपक
प्रभात संगीत (1883)	उपन्यास	मालिनी (1912)	नाटक
छवि ओ गान (1884)	कविताएँ	गीतिमाल्या (1914)	गीत और कविताएँ
कौड़ी औ कमल (1886)	कविताएँ	घरे-वाहिरे	उपन्यास
राजर्षि (1887)	उपन्यास	पहला नंबर (1920)	कहानी
चित्रांगदा (1982)	पद्य नाटक	मुक्तधारा (1922)	प्रतीक नाटक
सोनार तरी (1894)	लघु कहानियाँ	भिक्षु भोलानाथ (1922)	बच्चों के लिए कविताएँ
चित्रा (1896)	कविताएँ	चंडालिका (1933)	नृत्य नाटिका
कणिका (1888)	कविताएँ	चित्रांगदा (1936)	नृत्य नाटिका
नैवेद्य (1901)	कविताएँ	श्यामली (1936)	गद्य कविताएँ
चोखेर बाली (1903)	उपन्यास	जन्म दिन (1941)	कविताएँ
खेया (1906)	कविताएँ		

अँगरेजी में (स्वयं किए गए अनुवादसहित)—

गीतांजलि—सौंग ऑव रिंग्स (1912)—अपनी बंगला कविताओं का अनुवाद

दि गार्डनर (1913)—अपनी बंगला कविताओं का अनुवाद

क्रिसेंट मून (1913)—अपनी बंगला कविताओं का अनुवाद

क्रिएटिव यूनिटी (1922)—अँगरेजी में निबंध

दि चाइल्ड (1931)—अँगरेजी में प्रतीक कविता

दि रिलिजन ऑव मैन (1931)—ऑक्सफोर्ड विश्वविद्यालय में दिए गए हिबर्ट लेक्चर्स

महात्मा गाँधी एंड दि डिप्रैस्ड ह्यूमेनिटी (1932)—महात्मा गाँधी का मूल्यांकन

रवींद्रनाथ ठाकुर का शैक्षिक दर्शन
(Educational Philosophy of Rabindranath Thakur)

रवींद्रनाथ ठाकुर के मौलिक दर्शन पर यदि गौर करें, तो यह स्पष्ट होगा कि उनके शैक्षिक दर्शन के चार प्रमुख स्तंभ हैं—

1. उनके घरेलू वातावरण का प्रभाव
2. उनके स्कूल के वातावरण का प्रभाव
3. प्रकृति (nature) से उनका प्यार
4. उनका व्यापक भ्रमण (extensive visits)

इन चारों स्तंभों पर हम अलग-अलग संक्षेप में वर्णन करें—

1. **उनका घरेलू वातावरण** (domestic environment) **का प्रभाव**—रवींद्रनाथ का जन्म एक ऐसे जमींदार परिवार में हुआ था जिसमें सभी क्रियाकलापों को एक समय-सीमा के भीतर पूरा करना होता था। परिवार के पास अपनी जमीन और आकर्षक महल भी था। उन्हें प्रकृति से अधिक लगाव था। उन्हें लगता था कि प्रकृति उन्हें बुला रही है। प्रकृति के साथ जैसे-जैसे वे बड़े होते गए, उन्हें शहरी जीवन से वितृष्णा होती गई और देहाती जीवन जिनमें नदियाँ, पेड़, पहाड़ हुआ करते थे, से लगाव बढ़ता गया। उन्हें बचपन में अपने नौकरों के अधीन रहना कतई पसंद नहीं था। उनके मकान के उत्तर में खुली जमीन थी जो 'गोलाबाड़ी' कहलाती थी और यदि वे नौकरों की नजर से छिपकर वहाँ पहुँच जाते थे, तो इसे वे एक उपलब्धि मानते थे। बचपन में रवींद्रनाथ के पिता अधिकतर घर से बाहर ही रहते थे और अपने दिन हिमालय की पहाड़ी में बिताते थे। उन्हें अपने पिता के साथ बाहर जाने का भी पर्याप्त मौका मिलता था। अपने पिता के इस सहचारिता (companionship) का प्रभाव उनपर काफी पड़ा जिसकी अभिव्यक्ति उनके काव्यों, व्याख्याओं एवं गीतों में भी स्पष्ट रूप से दिखती है। प्रकृति के संसर्ग से उनके मन को ही ताजगी नहीं मिलती थी, बल्कि उनकी काव्यशक्ति के विकास में भी काफी मदद मिली। 1894 में उन्होंने 'सोनार तरी' नामक एक पुस्तक लिखी जिसका अर्थ होता है सोने की नाव जो सचमुच में उनकी कविता का संग्रह थी। यह काव्य संग्रह उनकी जमींदारी के समय प्राप्त अनुभवों पर आधारित था और मूलतः उनके घरेलू वातावरण के अनुभवों से ओत-प्रोत था।

2. **उनके विद्यालय का वातावरण** (school environment) **का प्रभाव**—रवींद्रनाथ के परिवार में मन और तन दोनों को सभी तरह का प्रशिक्षण देने की सुचारू व्यवस्था उपलब्ध थी। रवींद्रनाथ की स्कूली शिक्षा ऑरियंटल सेमिनार (एक स्कूल), बंगाल अकादमी और सेंट जेवियर स्कूल में हुई। स्कूल के प्रति इनका अनुभव बहुत अच्छा नहीं था। उनका अनुभव यह रहा कि स्कूल में अध्यापक अपने छात्रों पर एकछत्र राज करता है और छात्रों को दंडित करने का उसे विशेषाधिकार प्राप्त है। इसका उनपर गहरा प्रभाव पड़ा। कक्षा में बैठकर पढ़ने में इन्हें असुविधा महसूस होती थी और वे स्वच्छंद घूमना चाहते थे। एक तरह से रवींद्रनाथ एकांतप्रिय थे और इस एकांतवास में उनका मन कविता रचने की ओर आकर्षित होने लगा। इस कार्य में उनके बड़े भाई सोमेंद्रनाथ तथा उनके भांजे ज्योति प्रकाश ने भी काफी मदद की।

3. **प्रकृति** (nature) **से उनका प्यार**—रवींद्रनाथ ठाकुर को प्रकृति से बहुत ही लगाव था। प्रकृति में पेड़, नदी, पहाड़, ग्रामीण बस्तियाँ आदि के प्रति वे बहुत आकर्षित रहते थे। उन्हें ग्रामीण क्षेत्रों के प्राकृतिक वातावरण का अनोखा अनुभव भी प्राप्त हुआ। नदी, नाव, पहाड़, सर्दी, गर्मी, बरसात, बदलते मौसम उनकी रचनाओं के लिए नए-नए स्रोत प्रदान करते थे। इस प्राकृतिक लगाव का इतना असर हुआ कि उन्होंने बोलपुर, शांतिनिकेतन में एक विद्यालय की स्थापना की जिसका नाम 'ब्रह्मचर्य आश्रम' रखा गया। इस आश्रम को प्राचीन ऋषि-मुनियों के आश्रम के रूप में चलाया गया जिसमें छात्रों को कड़े अनुशासन का पालन करना पड़ता था। जैसे, नंगे पैर रहना, सिर पर बाल न रखना, शाकाहारी भोजन ग्रहण करना, खुले आकाश तले कक्षाओं का लगना, अर्थात खुली हवा में बैठकर छात्रों को शिक्षा देना आदि प्रमुख थे। रवींद्रनाथ का यह मत था कि खुले में कक्षाएँ लगने से छात्र प्रकृति के अधिक नजदीक रहेंगे और देश की प्राचीन परंपराओं को बचाकर रख पाएँगे।
4. **उनका व्यापक भ्रमण** (Extensive visits)—रवींद्रनाथ को भ्रमण का काफी शौक था। यह शौक उनके लेखक या कवि स्वभाव के अनुकूल था, क्योंकि एक लेखक या कवि को अलग-अलग जगहों पर रहकर अलग-अलग विचार आते हैं और इस नवीनता के माध्यम से वह नए-नए सृजन करता है। ऐसे तो वे नोबेल पुरस्कार मिलने से पहले भी कई बार विदेश यात्रा कर चुके थे, परंतु नोबेल पुरस्कार मिलने के बाद उन्हें कई देशों से निमंत्रण प्राप्त होने लगे। रवींद्रनाथ ने पहली विदेश यात्रा जापान से वर्ष 1916 में प्रारंभ की और अपनी अंतिम यात्रा 1934 में श्रीलंका में की। 1916 से 1934 तक उन्होंने अनेक देशों की यात्रा की जिनमें अमेरिका, चीन, रूस, इंगलैंड, स्वीट्जरलैंड, इटली, मिस्र कनाडा, पेरिस, ईरान, इराक आदि प्रमुख हैं। विदेश भ्रमण के कई प्रभावों में एक स्पष्ट प्रभाव यह हुआ कि विदेशों में भारतीय संस्कृति पर आधारित शिक्षा का प्रचार-प्रसार हुआ। कई विदेशी मेहमान शांतिनिकेतन आकर आश्रम-आधारित शिक्षा का गुर सीखे और फिर वे स्वदेश लौटकर इसी तरह की शिक्षा का गुणगान किए और उसे स्थापित करने की कोशिश की।

शिक्षा का उद्देश्य
(Aims of Education)

रवींद्रनाथ प्रकृतिवादी दर्शन (naturalistic philosophy) के बड़े समर्थक थे जिसमें सिर्फ प्रकृति (nature) ही ज्ञान का महत्त्वपूर्ण स्रोत है तथा सभी तरह के मूल्य (values) प्रकृति में ही निहित होते हैं। इनका विचार था कि शिक्षा का मुख्य उद्देश्य समाज और व्यक्ति की सामान्य भलाई की प्राप्ति के लिए बच्चों के स्वाभाविक आवेगों (natural impulses) को समन्वित एवं पुनर्निदेशित करना होना चाहिए। शिक्षा ऐसी होनी चाहिए जो हमें सिर्फ सूचना ही न प्रदान करे, बल्कि वह हमारे जीवन को सभी तरह की परिस्थितियों के साथ सुसंगत (harmonious) बना सके। उनका मत था कि शिक्षा का उद्देश्य केवल यही नहीं है कि तथ्यों को एकत्रित करके रखा जाए, अपितु उसका उद्देश्य यह है कि छात्र उसे ग्रहण करे और दूसरों को दे। शिक्षा द्वारा अर्जित ज्ञान को केवल संकलित करके ही नहीं रखना चाहिए, बल्कि उसे अन्य लोगों में बाँटते रहना चाहिए। शिक्षा बच्चों की विभिन्न अवस्थाओं, यथा—शैशवावस्था (infancy), बाल्यावस्था (childhood) तथा किशोरावस्था (adolescence) के स्वभाव (nature) के अनुकूल दी जानी चाहिए। शिक्षा का उद्देश्य

बच्चों में स्वतःप्रदर्शित आत्मक्रिया (spontaneous self-activity) को उत्पन्न करना होना चाहिए तथा शिक्षा बच्चों में एक आनंदमय क्रिया उत्पन्न करनेवाली होनी चाहिए।

आदर्श स्कूल
(Ideal School)

रवींद्रनाथ ने शिक्षा के लिए एक आदर्श स्कूल की कल्पना की और उसकी कुछ विशेषताओं पर बल डाला। उन्होंने उन विशेषताओं को अपने स्कूल (ब्रह्मचर्य) में निहित किया। आदर्श स्कूल की विशेषताओं में निम्नांकित प्रमुख हैं—

(i) स्कूल की स्थापना एक प्राकृतिक वातावरण (natural setting) में होनी चाहिए ताकि अनुकूल मौसम में कक्षाएँ खुली हवा में छायादार पेड़ों के नीचे लग सकें।

(ii) स्कूल का स्वरूप अधिवासी संस्थान का हो जिसमें अध्यापक तथा छात्र के बीच निकट संपर्क सुनिश्चित हो।

(iii) स्कूल का स्वरूप ऐसा हो कि विद्यार्थी ब्रह्मचर्य का पालन करें और अनुशासित जीवन व्यतीत करें।

(iv) स्कूल ऐसा हो जिसके अध्यापक सदाचार की केवल सीख ही नहीं दें बल्कि, अपने खुद के कार्य से उसका उदाहरण सामने रखें जैसा कि तैतरेय उपनिषद् में स्पष्ट निर्देश है।

(v) स्कूल में छात्रों को आध्यात्मिक शिक्षा (spiritual teaching) देनी चाहिए।

(vi) स्कूल में बच्चों की शिक्षा जहाँ तक संभव हो, उनकी मातृभाषा (mother tongue) में दें।

(vii) स्कूल बच्चों में सभी जीवित प्राणियों के प्रति सहानुभूति एवं स्नेह को बढ़ाने की शिक्षा देने लायक हो।

(viii) स्कूल एक सामुदायिक स्कूल (community school) के रूप में होना चाहिए जहाँ जाति एवं धर्म (creed) के आधार पर कोई विभेद नहीं हो।

(ix) स्कूल में छात्रों को अपने हॉबी (hobby) तथा व्यवसाय (occupation) चुनने की स्वतंत्रता होनी चाहिए। छात्रों को स्कूल के संचालन में भाग लेने के लिए भी प्रोत्साहित करना चाहिए।

(x) स्कूल के पाठ्यक्रम (curriculum) में कला, संगीत तथा चित्रकारी का पर्याप्त स्थान होना चाहिए।

अनुशासन का संप्रत्यय
(Concept of Discipline)

शिक्षा अनुशासन के वातावरण में दिया जाना चाहिए। छात्रों को कभी दंडित नहीं करना चाहिए और व्यवस्था ऐसी होनी चाहिए कि छात्र द्वारा किए गए गलतियों के आधार पर उन्हें स्वाभाविक ढंग से दंड मिल जाए। शिक्षक को खुद के कार्य से उसका उदाहरण सामने रखना चाहिए। छात्र को शिक्षक के केवल ऐसे आचरण का अनुकरण करना चाहिए जो अच्छा एवं प्रशंसनीय हो।

पाठ्यक्रम
(Curriculum)

रवींद्रनाथ ने एक ऐसे व्यापक (comprehensive) पाठ्यक्रम बनाने पर जोर दिया था जिसका स्वरूप आध्यात्मिक (spiritual), सर्जनात्मक (creative), सौंदर्यपरक (aesthetic) तथा व्यावसायिक (vocational) आवश्यकताओं की पूर्ति करनेवाला हो। पाठ्यक्रम का स्वरूप ऐसा होना चाहिए जिससे छात्रों में उचित ज्ञान का सृजन हो। पाठ्यक्रम में ललित कला, विज्ञान तथा मानविकी से संबंधित विषयों को शामिल किया जाना चाहिए ताकि छात्रों में बौद्धिक क्षमता के साथ-साथ भावनात्मक क्षमता का भी पर्याप्त विकास हो। उनका यह भी मत था कि सच्चे ज्ञान के द्वारा ईश्वर के अस्तित्व को समझा जा सकता है तथा अच्छे कर्मों द्वारा उसे प्राप्त किया जा सकता है।

शिक्षण-विधि
(Methods of Teaching)

रवींद्रनाथ किताबी एवं परीक्षा-उन्मुखी शिक्षण के विरोधी थे। उन्होंने इस बात पर बल डाला है कि शिक्षण-विधि ऐसी होनी चाहिए जिसमें छात्रों के पूरे शरीर की क्रियाओं का समावेश हो। इस तरह से उन्होंने क्रियाकलाप के नियमों (activity principles) को उत्तम बतलाया और रचनात्मक (constructive) एवं सृजनात्मक (creative) क्रियाओं द्वारा दी जानेवाली शिक्षा को उत्तम बतलाया। इन क्रियाओं का स्वरूप ऐसा होना चाहिए कि छात्र इसे करने में आनंद का अनुभव करें। संक्षेप में यह कहा जा सकता है कि रवींद्रनाथ को भाषण विधि (lecture method) से शिक्षण दिए जाने की अपेक्षा काम करते हुए सीखने की विधि (learning by doing) अधिक पसंद थी। महात्मा गाँधी ने भी शांतिनिकेतन पहुँचकर छात्रों द्वारा काम करते हुए सीखने की विधि का उपयोग होते देख खुशी जाहिर किया था।

शिक्षक की भूमिका
(Role of Teacher)

रवींद्रनाथ ने अध्यापकों की भूमिका पर भी अपना मत रखा है। उन्होंने कहा कि छात्रों को पढ़ाने के लिए यह आवश्यक है कि शिक्षक भी खुद छात्र बन जाएँ और वे अपने मन से एक विद्वान व्यक्ति होने की मनोवृत्ति का त्याग कर दें। शिक्षक को सदाचार तथा अनुशासन का केवल सीख ही नहीं देना चाहिए, बल्कि अपने स्वयं के कार्य से उसका उदाहरण देना चाहिए। छात्रों को शिक्षक के उस आचरण का अनुसरण करना चाहिए जो उचित एवं अनुसरण करने के लायक हो। शिक्षक को दी गई पदवी आचार्य का अर्थ ही होता है कि ऐसा व्यक्ति जिसका आचरण निर्दोष है। अध्यापकों को सुदृढ़ चरित्र एवं भोग और त्याग दोनों को शांतचित से ग्रहण करने का मिसाल पेश करनी चाहिए।

प्रकृति की गोद में विश्व-भारती की शांतिनिकेतन में स्थापना
(Foundation of Viswa-Bharati at Shantiniketan in the Lap of Nature)

रवींद्रनाथ ने शांतिनिकेतन में 22 दिसंबर, 1901 को ब्रह्मचर्य आश्रम (एक स्कूल) की स्थापना पाँच छात्रों के एक वर्ग से किया था। इस पाँच छात्र में से एक छात्र रथींद्रनाथ थे जो रवींद्रनाथ के पुत्र ही थे। धीरे-धीरे इस स्कूल की कीर्ति बढ़ती गई और बाद में रवींद्रनाथ ने इस संस्थान को एक

विश्वविद्यालय का रूप दिया जिसे विश्व-भारती कहा गया। इस नए विश्वविद्यालय के लिए रवींद्रनाथ ने जो 'विश्व-भारती' नाम का प्रस्ताव दिया, वह उनके मुख्य उद्देश्य का स्पष्ट संकेत देता है। ऐसा माना जाता है कि इस नाम को देने की प्रेरणा उन्हें वेद के इस वाक्य से मिली थी—**यत्र विश्वंभवत्येकनीडम्** जिसका अर्थ होता है वह स्थान जहाँ सारा विश्व एक साथ बसेरा करता है। रवींद्रनाथ को यह जानकर खेद हुआ कि अधिकतर विश्वविद्यालयों में सारा जोर बौद्धिक प्रशिक्षण पर दिया जाता है। चाहे विज्ञान हो, प्रौद्योगिकी हो या मानविकी हो, ऐसे विश्वविद्यालय बुद्धि के लिए तो प्रशिक्षण की व्यवस्था करते हैं, पर भावनात्मक क्षमता की उपेक्षा करते हैं। इसलिए, उनका मत था कि छात्रों को इस बात के लिए भी प्रोत्साहित करना चाहिए कि वे अपने विचारों को शब्दों की भाषा द्वारा तथा भावनाओं की अपनी विशिष्ट भाषाओं द्वारा व्यक्त करने की क्षमता साथ-साथ विकसित कर सकें। इन सभी मानकों को ध्यान में रखते हुए 22 दिसंबर, 1921 को एक औपचारिक समारोह में रवींद्रनाथ ठाकुर ने विश्व-भारती विश्वविद्यालय का उद्घाटन किया। उनका खयाल था कि किसी भी शिक्षण-संस्थान को अपने भौगोलिक एवं सामाजिक परिवेश से अलग-थलग नहीं रहना चाहिए। जिस क्षेत्र में वह स्थित है, उसकी सामाजिक एवं आर्थिक व्यवस्था के साथ पूरी तरह जुड़ा होना चाहिए। अतः, शिक्षण-संस्थान को अपने आसपास के इलाकों की कल्याणकारी गतिविधियों में भाग लेकर स्थानीय जीवन के एक अंग के रूप में कार्य करना चाहिए। इस उद्देश्य को ध्यान में रखते हुए रवींद्रनाथ ने विश्वविद्यालय का एक ग्राम-कल्याण विभाग **श्रीनिकेंतन** शांतिनिकेतन से करीब 3 किलोमीटर की दूरी पर स्थित सुरूल गाँव में खोल दिया।

विश्व-भारती में कुछ स्वतंत्र संस्थानों की शुरुआत की गई ताकि शिक्षा में रवींद्रनाथ के प्रयोगों (experiments) को ठीक ढंग से कार्यरूप दिया जाए। इन संस्थानों में निम्नांकित प्रमुख हैं—(i) भिक्षु भवन (नर्सरी स्कूल), (ii) पथ भवन (स्कूली विभाग—मैट्रीकुलेशन परीक्षण), (iii) शिक्षण भवन (उच्च शिक्षा), (iv) विद्या भवन (स्नातक के कॉलेज एवं स्नातकोत्तर विभाग, (v) कला भवन (कौशल एवं ललित कला के कॉलेज), (vi) विनय भवन (शिक्षण कॉलेज), संगीत भवन (नृत्य का कॉलेज), श्रीनिकेतन (ग्रामीण पुनर्संरचना विभाग), (ix) शिक्षा सत्र (ग्रामीण हाई स्कूल), (x) शिल्प सदन (औद्योगिक प्रशिक्षण का कॉलेज), (xi) चीना भवन (भाषाओं का स्कूल)।

इस तरह सचमुच में, विश्व-भारती की स्थापना से रवींद्रनाथ ठाकुर के शैक्षिक आदर्शों (educational ideals) को एक साकार एवं जीवंत रूप विश्व स्तर पर दिया गया।

रवींद्रनाथ ठाकुर के कुछ अनमोल विचार—

- *आयु सोचती है, जवानी करती है। (Age considers, youth ventures.)*
- *मित्रता की गहराई परिचय की लंबाई पर निर्भर करती है।*
- *किसी बच्चे की शिक्षा को अपने ज्ञान तक सीमित नहीं रखिए, क्योंकि वह किसी और समय में पैदा हुआ है।*
- *तथ्य कई हैं, पर सत्य एक है।*
- *जो कुछ हमारा है वो हम तक तभी आता है जब हम उसे ग्रहण करने की क्षमता रखते हैं।*
- *यदि आप सभी गलतियों के लिए दरवाजे बंद कर देंगे, तो सत्य बाहर रह जाएगा।*

- *उच्चतम शिक्षा उसे कहते हैं जो हमें सिर्फ जानकारी नहीं देती है, बल्कि हमारे जीवन को समस्त अस्तित्व के साद्-सद्भाव में लाती है।*
- *सिर्फ खड़े होकर पानी देखने से व्यक्ति नदी पार नहीं कर जाता है।*
- *यदि मैं स्वयं पर हँसता हूँ तो मेरे ऊपर से मेरा बोझ कम हो जाता है।*

स्वामी विवेकानंद
(Swami Vivekanand: 1863–1902)

स्वामी विवेकानंद का जन्म 12 जनवरी, 1863 को कलकत्ता (कोलकाता) में हुआ। इनका बचपन का नाम नरेंद्रनाथ दत्त था, पर प्यार से लोग, इन्हें 'नरेन' कहकर पुकारा करते थे। इनके पिता का नाम विश्वनाथ दत्त था तथा माता का नाम भुवनेश्वरी देवी था। नरेंद्रनाथ अपनी माता-पिता की छठी संतान थे। इनके पिता कलकत्ता उच्च न्यायालय में 'अटर्नी ऐट-लॉ' के रूप में वकालत करते थे। विश्वनाथ दत्त की आमदनी अच्छी थी, इसलिए नरेंद्र का पालन-पोषण भी काफी संपन्नता में हुआ था। विश्वनाथ दत्त अपनी दानप्रियता, उदार-प्रवृत्ति और गरीबों के प्रति सहानुभूति के लिए विख्यात थे। भुवनेश्वरी देवी रूढ़िवादी विचारधारा की हिंदू महिला थीं जिन्होंने अपने घर में धर्मपरायण जीवन बनाए रखते हुए अपने पुत्र नरेंद्र को रामायण एवं महाभारत में से तरह-तरह की कहानियाँ सुना-सुनाकर उसे रूढ़िवादी हिंदू संस्कृति के ज्ञान से अवगत कराया।

आठ वर्ष की आयु में नरेंद्र का दाखिला पंडित ईश्वरचंद्र विद्यासागर के मेट्रोपॉलिटन इंस्टीट्यूशन में करा दिया गया जहाँ वे अपनी असाधारण मेधा और असीम शक्ति एवं कर्मठता के लिए प्रसिद्ध हो गए। 1879 में मेट्रोपॉलिटन स्कूल से प्रथम श्रेणी में एंट्रेंस पास करके उन्होंने प्रेसिडेंसी कॉलेज में दाखिला लिया। लेकिन, मलेरियाग्रस्त हो जाने से कॉलेज में अनुपस्थिति होने के कारण यह कॉलेज उन्हें छोड़ना पड़ा और उन्हें जेनरल एसेम्बलीज इंस्टीट्यूशन (वर्तमान में स्कॉटिश चर्च कॉलेज) में दाखिला लेना पड़ा। उन्होंने 1884 में बी०ए० पास किया और फिर लॉ कॉलेज में दाखिला ले लिया। उन्होंने विधि की पढ़ाई पूरी कर ली। कॉलेज जीवन में उनकी छवि एक प्रतिभाशाली, मिलनसार, स्वच्छंद और आधिकारिक विद्वान की तरह बोलनेवाले अचल एवं पूर्णज्ञानी के रूप में थी। उनके कॉलेज के प्राचार्य विलियम हेस्टी उनकी प्रतिभा से मुग्ध होकर कहा करते थे, "नरेंद्रनाथ सचमुच में एक प्रतिभाशाली छात्र है। मैं बहुत स्थानों में घूमा हूँ, परंतु उसके अनुरूप बुद्धि और बहुमुखी प्रतिभा कहीं नहीं देखी, यहाँ तक कि जर्मनी के विश्वविद्यालयों में पढ़नेवाले दर्शन के छात्रों में भी नहीं।"

विलियम हेस्टी से ही नरेंद्रनाथ ने सर्वप्रथम यह सुना था कि दक्षिणेश्वर के रामकृष्ण परमहंस की समाधि होती है। इसके बाद 1881 में नरेंद्रनाथ की मुलाकात रामकृष्ण से कलकत्ता में सुरेन मित्र के घर पर हुई। फिर दूसरा दर्शन दक्षिणेश्वर के काली मंदिर में हुआ। रामकृष्ण का जीवन तपस्या और सादगी से परिपूर्ण था और वे ईश्वरबोध की ऐसी स्थिति में पहुँच गए थे जो निरंतर बनी रहती थी। नरेंद्रनाथ ने लगभग चार वर्षों तक रामकृष्ण का घनिष्ठ सान्निध्य प्राप्त किया। इन चार वर्षों में रामकृष्ण की शिक्षा तथा अपनी योग्यता के फलस्वरूप उन्हें विभिन्न आध्यात्मिक अनुभूतियाँ प्राप्त हुईं। 25 फरवरी, 1884 को नरेंद्रनाथ के पिता की मृत्यु हो गई, जिससे वे अचानक आर्थिक कठिनाइयों में पड़ गए। इसके बावजूद उनका विवेक तथा वैराग्य जरा भी कम नहीं हुआ। 1885 में रामकृष्ण गले के कैंसर से पीड़ित हो गए जिनकी चिकित्सा सेवा में नरेंद्रनाथ अपने गुरुभाइयों के

साथ तनमन से लग गए। सचमुच में नरेंद्रनाथ का प्रत्येक काम रामकृष्ण द्वारा निर्देशित होता था, रामकृष्ण सूत्र थे और नरेंद्रनाथ उनके भाष्य थे। 16 अगस्त, 1886 को रामकृष्ण की मृत्यु हो गई और उसके कुछ दिन बाद नरेंद्रनाथ ने अपने गुरुभाइयों के साथ बराहनगर में रामकृष्ण मठ की स्थापना की। 1887 में इस मठ से लौटकर जनवरी महीने में नरेंद्रनाथ तथा उनके दस गुरुभाइयों ने संन्यास ग्रहण किया। नरेंद्रनाथ का नाम हुआ—**स्वामी विविदिषानंद**। आत्मगोपन के लिए स्वामीजी अपने विभिन्न नाम रखे थे—**विविदिषानंद**, **सच्चिदानंद** और **विवेकानंद**। लेकिन, शिकागो विश्वधर्म महासभा में वे स्वामी विवेकानंद नाम से आविर्भूत हुए थे। यही कारण है कि संसार ने उन्हें इसी नाम से जाना।

संन्यास ग्रहण करने के बाद स्वामी विवेकानंद अपने गुरुभाइयों के साथ परिव्रजन किया करते थे। इसी क्रम में वे 1892 के दिसंबर महीने में कन्याकुमारी में समुद्र के बीच भारत के अंतिम शिलाखंड पर बैठकर तीन दिनों तक ध्यान करते रहे। उनके परिक्रमा काल में उनकी प्रतिभा से चकित होकर बहुत लोगों ने अमेरिका के शिकागो में होनेवाले विश्वधर्म सम्मेलन में भाग लेने का आग्रह किया। 31 मई, 1893 को स्वामीजी बंबई से अमेरिका के लिए रवाना हो गए। 11 दिसंबर, 1893 को विश्वधर्म महासभा शिकागो में प्रारंभ हुई। स्वामीजी अपराह्न में अपना भाषण **अमेरिका निवासी बहनों एवं भाइयों** के संबोधन से शुरू किया ही था कि उपस्थित सात हजार श्रोताओं ने करतल ध्वनि से उनका जोरदार अभिनंदन किया। दो मिनटों तक तालियों की गड़गड़ाहट थमने के बाद स्वामीजी ने एक संक्षिप्त भाषण दिया। उनकी आदरपूर्ण और प्रीतिपूर्ण मनोभावना एवं युक्तियुक्त सोच के लिए उन्हें धर्म महासभा का सबसे प्रतिभाशाली वक्ता मान लिया गया। शिकागो के पथों पर उनके चित्र लग गए और सभी समाचारपत्र उनकी हार्दिक प्रशंसा में लग गए। इसके बाद वे अन्य देशों; यथा—पेरिस, लंदन, मिस्र, कोलंबो आदि में धर्म-प्रचार करते हुए 19 फरवरी, 1897 को कलकत्ता पहुँचे। 9 मई, 1897 को स्वामीजी ने रामकृष्ण मिशन की स्थापना की और उसी वर्ष 9 दिसंबर को वेलूर में रामकृष्ण मठ स्थापित किया गया। 6 फरवरी को मठ को एक ट्रस्ट के रूप में निबंधित कराया गया। 1 जुलाई, 1902 को स्वामीजी की मृत्यु वेलूर मठ में हो गई। उस समय उनकी उम्र मात्र 39 वर्ष 5 महीना 24 दिन थी और उनकी अपनी भविष्यवाणी के अनुसार कि "मैं चालीस वर्ष की आयु तक नहीं पहुँचूँगा", सच साबित हुआ। मठ की जमीन पर गंगा किनारे जिस स्थान पर उनका दाह-संस्कार किया गया था, वहाँ अब उनके नाम से एक मंदिर बना हुआ है।

स्वामीजी से संबंधित प्रमुख प्रकाशन
(Important Publications related to Swamijee)

1. राजयोग (1896)
2. कर्मयोग (1896)
3. वेदांता दर्शन (1896)
4. स्वामी विवेकानंद—सेंटेनरी मेमोरियल वॉल्यूम (1903)
5. लाइफ ऑव स्वामी विवेकानंद बाई ईस्टर्न ऐंड वेस्टर्न डिसाइपल्स (1912)
6. कम्प्लीट वर्क्स ऑव स्वामी विवेकानंद (8 खंड) (1959)
7. सोशल थिंकिंग ऑव विवेकानंद (1963)

8. स्वामी विवेकानंद ऐंड दि फ्यूचर ऑव इंडिया (1965)
9. लाइफ ऑव स्वामी विवेकानंद ऐंड दि यूनिवर्सल गोस्पेल (1970)
10. मेडिटेशन एवं इट्स मेथड्स (1976)
11. शिक्षा (1985)

स्वामीजी के दर्शन की मुख्य विशेषताएँ
(Important features of Philosophy of Swamijee)

स्वामीजी के दर्शन के सार तत्त्व इस प्रकार हैं—

- मानव हृदय में ईश्वर का वास होता है।
- ईश्वर की सबसे उत्तम सेवा पूरे मानवजाति को समर्पण भाव से सेवा देना होता है।
- प्रत्येक व्यक्ति की आत्मा (soul) भीतर से दिव्य (divine) होती है। बाहरी एवं आंतरिक नियंत्रणों से इस देवत्व (divinity) को भीतर से बाहर निकालना व्यक्ति का मुख्य लक्ष्य होना चाहिए।
- व्यक्ति का लक्ष्य सुख (pleasure) की प्राप्ति न करके ज्ञान (wisdom) की प्राप्ति करना होता है।
- धर्म का अर्थ होता है आत्मनियंत्रण (self-control) द्वारा आत्मसिद्धि (self-realization) की प्राप्ति करना।
- नैतिकता तथा नीतिशास्त्र (ethics) जिंदगी का वास्तविक आधार होना चाहिए।
- प्यार (love) की जीत हमेशा होती है। प्यार जीवन का मात्र एक नियम है जो जिंदगी में ज्ञान का सृजन करता है।
- अपने-आप को पवित्र रखने पर संसार अपने-आप पवित्र हो जाता है।

स्वामीजी के शैक्षिक दर्शन की मुख्य विशेषताएँ
(Important Features of Educational Philosophy of Swamijee)

स्वामी विवेकानंद के शैक्षिक दर्शन की कई विशेषताएँ हैं जिनमें निम्नांकित प्रमुख हैं—

- व्यक्ति की अंतर्निहित पूर्णता की अभिव्यक्ति करना ही शिक्षा है।
- कोई भी ज्ञान (wisdom) बाहर से नहीं आता है, सब अंदर ही है। अतः, ज्ञान मनुष्य में स्वभाव-सिद्ध होता है।
- सभी प्रकार की शिक्षा का उद्देश्य मनुष्य-निर्माण (man-making) होना चाहिए, क्योंकि इसका अंतिम ध्येय मनुष्य का विकास करना ही होता है।
- विश्व का अपरिमित पुस्तकालय (infinite library) हमारे मन में होता है।
- ज्ञान (wisdom) प्राप्त करने का एकमात्र उपाय एकाग्रता (concentration) है। सचमुच में ज्ञान और कुछ नहीं, बल्कि एकाग्रता, अभ्यास तथा ब्रह्मचर्य का फल होता है।

शिक्षा का उद्देश्य
(Aims of Education)

स्वामी विवेकानंद ने शिक्षा के कई स्पष्ट उद्देश्य बताए हैं। उनके अनुसार शिक्षा का अर्थ है उस पूर्णता की अभिव्यक्ति करना जो सभी मनुष्यों में पहले से ही विराजमान होता है। ऐसी शिक्षा के कुछ प्रमुख उद्देश्य इस प्रकार हैं—

- सभी प्रकार की शिक्षा का उद्देश्य मनुष्य-निर्माण (man-making) होना चाहिए। शिक्षा का उद्देश्य मनुष्य की इच्छाशक्ति का प्रवाह और प्रकाश को संयमित करके उसे फलदायी बनाना होता है। उनका कहना था कि हमें ऐसे धर्म की आवश्यकता है जिससे हम मनुष्य बन सकें। हमें ऐसे सिद्धांतों की जरूरत है जिससे हम मनुष्य बन सके तथा हमें ऐसी शिक्षा चाहिए जो हमें मनुष्य बना सके। शिक्षा ऐसी हो जो व्यक्ति में ऐसी दृढ़ इच्छाशक्ति उत्पन्न कर दे जो ब्रह्मांड के सारे रहस्यों को भेद दे।
- शिक्षा का दूसरा प्रमुख उद्देश्य व्यक्ति में चरित्र-निर्माण (character-building) करना होता है। व्यक्ति का चरित्र उसकी विभिन्न प्रवृत्तियों की समष्टि है। सुख और दुःख व्यक्ति पर अपना छाप या संस्कार छोड़ जाते हैं। और इन सब विभिन्न छापों की समष्टि को ही व्यक्ति का चरित्र कहा जाता है। सुख और दुःख दोनों का चरित्र-निर्माण में समान भाग रहता है और कभी-कभी तो सुख की अपेक्षा दुःख ही बड़े शिक्षक की भूमिका में होता है। व्यक्ति का चरित्र उसके कर्मों एवं संस्कारों से गठित होता है और मनुष्य की इच्छाशक्ति उसके चरित्र से उत्पन्न होती है। अभी व्यक्ति जो है, वह सब अपने चिंतन का ही फल है। हम जो चिंतन करते हैं, उससे हमारे चरित्र की छाप पड़ जाती है। स्वामीजी का कहना है कि जिस व्यक्ति ने अपने मन और इंद्रियों को वश में कर लिया है, उसका चरित्र सदैव स्थिर रहता है।

विद्या के शिक्षण के नियम
(Principles of Teaching Learning)

स्वामीजी ने ऐसे कई नियमों का प्रतिपादन किया है जिसमें निम्नांकित पर अधिक बल डाला गया है—

(i) आत्मशिक्षण (self-teaching)—कोई व्यक्ति किसी को सिखलाता नहीं है, क्योंकि प्रत्येक व्यक्ति में समस्त ज्ञान उसके भीतर होता है। उसे केवल जागृति या केवल प्रबोधन की आश्यकता होती है और उसके बाद ज्ञान अपने-आप स्वाभाविक रूप से प्रकट हो जाएगा।

(ii) एकाग्रता (concentration) शिक्षा का एक प्रमुख मार्ग है। मन की एकाग्रता ही शिक्षा का संपूर्ण सार होता है। एकाग्रता की शक्ति जितनी अधिक होगी, ज्ञान की प्राप्ति भी उतनी अधिक होगी। स्वामीजी यह मानते थे कि एकाग्रता की शक्ति ज्ञान के खजाने की एकमात्र कुंजी है।

(iii) धनात्मक सुझाव द्वारा भी शिक्षा दी जाती है। यदि किसी व्यक्ति में धनात्मक सुझाव देकर धनात्मक विचार उत्पन्न किया जाता है, तो वह काफी प्रोत्साहित होता है और उसमें आत्मबल उत्पन्न हो जाता है तथा फिर वह शिक्षा के यथार्थ सार को आसानी से ग्रहण कर लेता है।

शिक्षक एवं शिष्य

(Teacher and Taught)

स्वामीजी ने शिक्षक एवं शिष्य दोनों के लिए कुछ आवश्यक नियमों का उल्लेख किया है। भारतवर्ष की पुरानी शिक्षा-प्रणाली वर्तमान शिक्षा-प्रणाली से बिलकुल अलग थी, पुराने जमाने में शिष्य गुरु के आश्रम में हाथ में समिधा लेकर जाता था और गुरु उसकी योग्यता का निश्चय करने के बाद उसे तीन लड़वाली मुंज-मेखला बाँधकर वेदों की शिक्षा देता था। यह मेखला तन, मन और वचन को वश में रखने की उनकी प्रतिज्ञा के चिह्न के रूप में होती थी। ऐसी धारणा थी कि ज्ञान इतना पवित्र होता है कि उसे बेचना नहीं चाहिए। सचमुच में ज्ञान का दान मुक्तहस्त होकर बिना कोई दाम लिए करना चाहिए। वर्तमान शिक्षा-प्रणाली इससे भिन्न है। फिर भी स्वामीजी ने शिक्षक एवं शिष्य दोनों के लिए कुछ विशेष बातें कही हैं जिसपर ध्यान देना जरूरी है।

सच्चे गुरु वे ही हैं जो अपने शिष्य की प्रवृत्ति के अनुसार अपनी समस्त शक्ति का प्रयोग करते हैं। सच्ची सहानुभूति के बिना हम अच्छी शिक्षा कभी नहीं दे सकते। सच्चा गुरु वही है जो अपनी आत्मा को शिष्य की आत्मा में प्रविष्ट कराके शिष्य के मन द्वारा देख और समझ सकता है। ऐसे ही गुरु यथार्थ की शिक्षा दे पाते हैं, दूसरे नहीं। इसके अलावा गुरु में निष्पक्षता का गुण भी होना चाहिए। गुरु को पूर्णरूप से शुद्धचित्त होना चाहिए तभी उसके शब्दों का उचित मूल्य होगा नहीं तो गुरु से शिष्य में कोई शक्ति नहीं आ पाएगी और गुरु द्वारा दी गई शिक्षा निष्प्रभावी हो जाएगी। स्वामीजी का यह भी विचार है कि गुरु को नाम, धन या अन्य यश-संबंधी स्वार्थ-सिद्धि के लिए शिक्षा नहीं देनी चाहिए, क्योंकि इन सबों से उनकी प्रेमरूपी महत्ता नष्ट हो जाती है।

स्वामीजी ने शिष्य के लिए भी कुछ शर्तों का वर्णन किया है। शिष्य को अपनी इंद्रियों पर पर्याप्त नियंत्रण रखना चाहिए। जब तक मन चंचल होता है और वश से बाहर होता है, तब तक शिष्य द्वारा कोई आध्यात्मिक ज्ञान प्राप्त करना संभव नहीं है। शिष्य की सहनशक्ति भी महान होनी चाहिए। शिष्य को सारी बुराई और दुःख को एक आह के बिना और प्रतिशोध के एक विचार के बिना सहन करना ही उसकी सच्ची सहनशक्ति होती है। इसके अलावा शिष्य में उच्चतम सत्य के ज्ञान की प्राप्ति का ध्येय भी होना चाहिए। ये सभी गुण शिष्य में ग्रहणशीलता को बढ़ाते हैं और उसे एक आदर्श शिष्य की श्रेणी में ले आते हैं।

स्त्री-शिक्षा

(Women's Education)

स्त्रियों में शिक्षा का प्रसार किए बिना समाज की उन्नति की बात सोचना बेमानी होगी। मनु ने भी कहा है—

यत्र नार्यस्तु पूज्यन्ते रमन्ते तत्र देवताः।
यत्रैतास्तु न पूज्यन्ते सर्वास्तत्राफलाः क्रियाः।।

इसका मतलब हुआ कि जहाँ स्त्रियों का आदर होता है, वहाँ देवता वास करते हैं और जहाँ आदर नहीं होता है, वहाँ सारे कार्य और प्रयत्न निष्फल हो जाते हैं।

स्वामीजी इस बात पर बल डालते थे कि स्त्री-शिक्षा का विस्तार धर्म को केंद्र मानकर यदि होता है, तो यह सबसे उत्तम होगा। धार्मिक शिक्षाएँ, चरित्र का निर्माण तथा ब्रह्मचर्य-पालन इन्हीं की ओर सर्वाधिक ध्यान देना चाहिए। नारी को संतान पैदा करनेवाली दासी न समझकर उसे इतिहास और पुराण, गृह-व्यवस्था और कला-कौशल, चरित्र-निर्माण के सिद्धांतों एवं गार्हस्थ्य जीवन के कर्तव्य की शिक्षा देनी चाहिए। उनमें शूरता एवं वीरता के भाव उत्पन्न करने होंगे। भारतवर्ष में स्त्रियों को सीता के चरित्र का अनुसरण करना चाहिए। सुशिक्षित और सच्चरित्रवती ब्रह्मचारिणियों को गाँवों एवं शहरों में केंद्र खोलकर स्त्री-शिक्षा के प्रचार-प्रसार का कार्य करना चाहिए।

जन शिक्षा
(Mass Education)

स्वामीजी का विचार था कि कोई भी देश उसी अनुपात में उन्नति करता है जिस अनुपात में वहाँ के आम लोगों में शिक्षा का प्रसार होता है। भारत के पतन का मुख्य कारण यह रहा है कि यहाँ पर मुट्ठीभर लोगों का ही देश की संपूर्ण शिक्षा एवं बुद्धि पर एकाधिपत्य रहा है। यदि हम पुनः उन्नत होना चाहते हैं, तो आम लोगों में शिक्षा का प्रचार-प्रसार करके ही हो सकते हैं। निम्न वर्ग और कमजोर वर्ग के लोगों के उचित विकास के लिए शिक्षा देना ही एकमात्र उनकी सेवा है। आम जनता में शिक्षा का प्रसार ही उन्नति का मूल मंत्र है। जिस देश की आम जनता में विद्या का जितना अधिक प्रचार-प्रसार होता है, वह देश उतना ही उन्नत होता है। नैतिक और बौद्धिक दोनों ही तरह की शिक्षा का प्रचार-प्रसार आम जनता में होना चाहिए। ऐसी शिक्षा प्रचलित भाषा में तथा घर-घर जाकर दी जानी चाहिए। संस्कृत शिक्षा की उपयोगिता पर भी बल देना चाहिए, क्योंकि संस्कृत शब्दों की ध्वनिमात्र से ही गौरव एवं बल प्राप्त होने लगता है।

धार्मिक शिक्षा
(Religious Education)

स्वामीजी का कहना है कि धर्म शिक्षा का मेरुदंड होता है और धर्म में सनातन तत्त्वों को जनता के समक्ष रखा जाता है। धर्म के पथ पर चलकर ही व्यक्ति अपने जीवन को उन्नत एवं कल्याणकारी बना सकता है। धर्म वह वस्तु है जिससे पशु मनुष्य तक और फिर मनुष्य परमात्मा तक उठ सकता है। धर्म का अर्थ होता है अपने ब्रह्मत्व को जान लेना, उसका प्रत्यक्ष अनुभव करना तथा तद्रूप हो जाना। सिर्फ प्रत्यक्ष अनुभव द्वारा ही यथार्थ शिक्षा मिलती है। सारे दोषपूर्ण कार्यों की मूल प्रेरक दुर्बलता ही होती है जिसके कारण ही व्यक्ति सभी स्वार्थों में लिप्त हो जाता है और अपना अच्छा स्वरूप अभिव्यक्त नहीं कर पाता है। इसलिए, स्वामीजी ने कहा है कि श्रद्धावान बनो, आत्मा को जान लो, अपने को महान समझो, तो सचमुच में महान हो जाओगे। हृदय से अपने-आप को सुसंस्कृत बनाओ। धार्मिक क्षेत्र के व्यक्तियों से ही संसार में अत्यंत उदार शांति संदेश मिले हैं। प्रत्येक धर्म अपने विचारों एवं सिद्धांतों को सामने रखकर इस बात पर जोर देता है कि केवल वे ही सत्य हैं। कोई-कोई तो अपने धर्ममतों को मनवाने के लिए लड़ाई-झगड़ा पर भी उतारू हो जाते हैं। यह बात नहीं है कि दुष्टता के कारण ऐसा किया जाता है, बल्कि इसका कारण होता है मन की एक प्रकार की बीमारी जिसे धर्मांधता कहा जाता है। अतः, धर्मांधता एक रोग है जिससे धार्मिक एवं नैतिक पतन होता है। इसे दूर करने के लिए धार्मिक शिक्षा की जरूरत पड़ती है।

पाठ्यक्रम निर्माण
(Curriculum Development)

स्वामीजी इस बात पर बल देते हैं कि पाठ्यक्रम का स्वरूप ऐसा होना चाहिए कि पूर्व और पश्चिम के ज्ञान (wisdom) का पूरा-पूरा समावेश हो। उन्होंने व्यक्ति के शारीरिक विकास पर भी जोर डाला है और इसके लिए पाठ्यक्रम में शारीरिक शिक्षा (physical education) को भी सम्मिलित करने की बात कही है। इनके अनुसार शारीरिक दुर्बलता ही हमारे दुःखों के कम-से-कम एक-तृतीयांश का कारण है। इसलिए उन्होंने स्पष्टतः यह कहा है कि मेरे नवयुवक मित्रों, बलवान बनो! तुम्हारी कलाई और भुजाएँ अधिक मजबूत होंगी, तो तुम गीता को अच्छी तरह समझ सकोगे, आत्मा की महिमा को जान सकोगे और उपनिषद् जो शक्ति की खान हैं, को और ठीक से समझ सकोगे। आशय यह है कि शारीरिक रूप से बलवान बनने की कोशिश की जानी चाहिए और इसके लिए शारीरिक शिक्षा (physical education) को भी पाठ्यक्रम में शामिल करना होगा।

स्वामी विवेकानंद के कुछ अनमोल विचार—

- *उठो, जागो और तब तक मत रुको जब तक लक्ष्य की प्राप्ति न हो जाए।*
- *स्वयं को कमजोर समझना सबसे बड़ा पाप है।*
- *आत्मा (soul) से अच्छा कोई शिक्षक नहीं है, क्योंकि व्यक्ति को सबकुछ अपने अंदर से सीखना होता है।*
- *विश्व एक बड़ी व्यायामशाला है जहाँ व्यक्ति खुद को मजबूत करने आता है।*
- *दिल एवं दिमाग में टकराव होने पर व्यक्ति को दिल की सुननी चाहिए।*
- *शक्ति जीवन है, निर्बलता मृत्यु है। विस्तार जीवन है, संकुचन मृत्यु है। प्रेम जीवन है, द्वेष मृत्यु है।*
- *जब आपके सामने किसी दिन कोई समस्या न आए तब समझ लीजिए कि आप गलत मार्ग पर चल रहे हैं।*
- *जैसा तुम सोचते हो, वैसा ही बन जाओगे। खुद को निर्बल मानोगे, तो निर्बल और सबल मानोगे तो सबल बन जाओगे।*
- *हम जो बोते हैं, वो काटते हैं। हम अपने भाग्य का निर्माता स्वयं हैं।*
- *जब लोग तुम्हें गाली दे तब तुम उन्हें आशीर्वाद दो।*
- *जब तक जीना तब तक सीखना। अनुभव ही संसार का सर्वश्रेष्ठ शिक्षक है।*
- *बस वही जीते हैं, जो दूसरों के लिए जीते हैं।*

मोहनदास करमचंद गाँधी
(Mohandas Karamchand Gandhi: 1869–1948)

मोहनदास करमचंद गाँधी का जन्म 2 अक्टूबर, 1869 को गुजरात के पोरबंदर में हुआ। इन्हें महात्मा गाँधी या स्नेह एवं प्यार से 'बापू' भी कहकर पुकारा जाता है। करमचंद गाँधी इनके पिता का नाम था तथा माता का नाम पुतलीबाई था जो एक धार्मिक महिला थीं। धर्मसंबंधी सारा ज्ञान पुतलीबाई ने घर पर, सत्संग एवं कथा-वार्ता से प्राप्त किया था। माता का अनंत प्रेम तथा सीमातीत एवं दृढ़ इच्छाशक्ति ने गाँधीजी के जीवन को अमिट रूप से प्रभावित किया। जब

मोहनदास सात वर्ष के हुए तब उनके माता-पिता पोरबंदर से 120 किलोमीटर दूर राजकोट रहने चले आए और इस तरह से गाँधी परिवार का नया घर राजकोट हो गया। 13 वर्ष की कच्ची उम्र में उनकी शादी कस्तुरबा गाँधी से कर दी गई। स्कूल में गाँधीजी एक शर्मीले एवं संकोची प्रवृत्ति के छात्र थे। कस्तुरबा गाँधी से गाँधीजी को कुल चार पुत्ररत्न प्राप्त हुए—हरिलाल (जन्म, 1888), मणिलाल (जन्म, 1892), रामदास (जन्म, 1897) तथा देवदास (जन्म, 1900)। 1887 में मोहनदास ने मैट्रिक की परीक्षा पास की। 1888 में उन्हें कानून के अध्ययन के लिए इंगलैंड भेजा गया जहाँ उन्होंने तीन साल रहकर इस अध्ययन को पूरा किया। अपनी माता को दिए गए वचन के अनुसार उन्होंने इन तीन सालों में शराब न पीने, मांसाहारी भोजन न करने तथा किसी परायी स्त्री से समागम न करने का अपना वादा निष्ठापूर्वक निभाया। 1891 में वे बैरिस्टर बनकर भारत आ गए और बंबई में वकालत करने लगे, परंतु बहुत सफलता नहीं मिली। कुछ दिनों बाद उन्हें एक व्यापारी (अब्दुल्ला सेठ) के मुकदमे के सिलसिले में दक्षिण अफ्रीका जाना पड़ा। सेठ अब्दुल्ला के निमंत्रण पर गाँधीजी पानी के जहाज से दक्षिण अफ्रीका की धरती पर उतरे। यहाँ वे करीब 20 सालों तक रहे और यह देखकर काफी दुखित हुए कि दक्षिण अफ्रीका में काफी भेद-भाव किया जाता है और भारतीयों के साथ जानवरों से भी बदतर ढंग से व्यवहार किया जाता है। 7 जून, 1893 को गाँधीजी डरबन (दक्षिण अफ्रीका में एक जगह) से प्रीटोरिया जाने के लिए ट्रेन पर चढ़े। गाँधीजी के पास प्रथम श्रेणी का टिकट था। प्रथम श्रेणी का टिकट होने के बावजूद उन्हें पहले दर्जे का डिब्बा को छोड़कर निचले दर्जे के आखिरी डिब्बे में जाने को कहा गया। इनकार करने पर धक्का मारकर बड़ी बेहूदगी से पहले दर्जे से निकाल दिया गया और उनके सामान को बाहर फेंक दिया गया। ट्रेन के पायदान पर बैठकर उन्होंने अपना सफर पूरा किया। इतना अपमान सहते हुए भी वे पीछे नहीं हटे और आगे जाने का दृढ़ संकल्प किया। उन्होंने दक्षिण अफ्रीका में रह रहे प्रवासी भारतीयों को मौन-भाव से कष्ट सहते देखा, तो उनमें एक बहुत ही चमत्कारिक बात हुई। उनकी झिझक एवं शर्मीलापन हमेशा के लिए खत्म हो गया। हीनता एवं आत्मग्लानि का भाव जो इंगलैंड के विद्यार्थी जीवन में और भारत में वकालत के समय से उनका पीछा नहीं छोड़ता था, एकबार हमेशा के लिए गायब हो गया। यहीं पर उन्होंने 'प्रेम' से अशुभ पर विजय पानेवाले तरीकों पर प्रयोग करना प्रारंभ किया। उन्होंने रंगभेद एवं अनैतिकता पर आधृत नियमों के विरूद्ध अपने शांतिपूर्ण प्रतिवाद का प्रारंभ कर दिया। प्रारंभिक प्रयोगों में उनके नैतिक एवं धार्मिक विचारों की उत्पत्ति हुई। दक्षिण अफ्रीका के अपने इन विशेष नैतिक अनुभवों को सँजोए, वे भारत 1914 में लौट आए। 1888 से लेकर 1914 तक यानी इन छब्बीस वर्षों में वे चार साल से भी कम बीच-बीच में आकर भारत में रहे। 9 जनवरी, 1915 को जब गाँधीजी बंबई के अपोलो बंदरगाह पर उतरे तब एक राष्ट्रीय वीर जैसा उनका सम्मान हुआ। दक्षिण अफ्रीका से लौटने के पाँच वर्ष के अंदर ही गाँधीजी हिन्दुस्तान के सार्वजनिक जीवन में पूरी तरह छा गए और 1920 तक अधिकांश प्रमुख राजनीतिज्ञ उनके झंडे तले आ गए थे। दक्षिण अफ्रीका के अनुभवों से उन्हें इस बात की भनक लग गई थी कि रंगभेद से पीड़ित व्यक्तियों को मुक्त कराने के लिए प्राथमिक अनिवार्यता राजनैतिक स्वतंत्रता की होती है। अतः, हिन्दुस्तान इसी संकल्प के साथ वापस आए कि अब उन्हें अपनी पूरी बची हुई जिन्दगी भारत की स्वतंत्रता के लिए लगा देनी है। उन्होंने भारत की उन्नति के लिए दो बातों की तात्कालिक अनिवार्यता महसूस की—एक तो राजनैतिक स्वतंत्रता पाने की और दूसरी दलित एवं अछूत वर्गों की सामाजिक एवं आर्थिक स्तर में सुधार लाने की। इन्हीं उद्देश्यों की प्राप्ति के लिए उन्होंने कई तरीकों को अपनाया जिसमें अहिंसक सत्याग्रह का तरीका काफी लोकप्रिय हुआ। 1920 से 1947 तक उनके द्वारा उपर्युक्त उद्देश्यों की प्राप्ति के लिए बहुत ही लोकप्रिय आंदोलन चलाया गया। इसका परिणाम हुआ कि भारत 15 अगस्त, 1947 को स्वतंत्र हो गया और अछूतोद्धार एवं अन्य

प्रकार के वर्णभेदों को हटाने में वे काफी सफल रहे। 30 जनवरी, 1948 को बिड़ला भवन में नाथूराम गोडसे की गोली से गाँधीजी की जीवनलीला समाप्त हो गई, परंतु गाँधीजी आज भी मरकर अमर हैं और उन्हें भारत के लोग राष्ट्रपिता के नाम से पुकारते हैं।

शिक्षा पर गाँधीजी से संबंधित महत्त्वपूर्ण प्रकाशन
(Important Publications Related to Gandhijee on Education)

गाँधीजी के शिक्षा पर या शिक्षण पर प्रभाव डालनेवाले कुछ महत्त्वपूर्ण प्रकाशन इस प्रकार हैं—

- हिन्द स्वराज
- एन ऑटोबायोग्राफी—दि स्टोरी ऑव माई एक्सपेरिमेंट विद टूथ
- बेसिक एडुकेशन
- टूवाईस न्यू एडुकेशन
- इंडिया ऑव माई ड्रीम्स
- सत्याग्रह इन साउथ अफ्रीका
- टास्क बिफोर इंडियन स्टूडेंट्स
- मीडियम ऑव इन्सट्रक्सन
- टास्क्स विफोर इंडिया
- दि ऐसेंशियल गाँधी
- 'हरिजन'—एक पत्रिका जिसमें शिक्षा पर गाँधीजी महत्त्वपूर्ण विचार रखा करते थे।

जीवन दर्शन के बारे में गाँधीजी के विचार
(Thoughts of Gandhijee Regarding Philosophy of Life)

जीवन दर्शन के बारे में गाँधीजी के कुछ विशेष विचार हैं, जो इस प्रकार हैं—

- ईश्वर में गाँधीजी की अटूट आस्था थी। ईश्वर सर्वोपरि है। उनके अनुसार सत्य ही ईश्वर है (Truth is God)। उनका कहना था कि वायु तथा जल के बिना वे कुछ क्षण जीवित रह सकते हैं, परंतु ईश्वर के बिना नहीं। अगर कोई उनका विश्वास ईश्वर से हटा दे तो वे जीवित नहीं रह सकते हैं। गाँधीजी के अनुसार सत्य के प्रति निष्ठावान होने का अर्थ है ईश्वर के प्रति निष्ठावान होना।
- सत्य (truth) एवं अहिंसा (nonviolence) एक ही सिक्का के दो पहलू हैं। वे एक-दूसरे से व्यावहारिक रूप से ऐसे जुड़े हैं कि उन्हें अलग करना संभव नहीं है।
- गाँधीजी के दार्शनिक विचार में सत्याग्रह की धारणा अत्यंत मशहूर है। सत्य के प्रति निष्ठावान रहना ही सत्याग्रह है। यह एक ऐसा अस्त्र है जो सत्य को ही सर्वोच्च स्थान देकर किसी भी समस्या का समाधान करता है।
- गाँधीजी शुद्धता (purity), सेवा (service) तथा त्याग (sacrifice) को अधिक महत्त्व दिया करते थे।

- गाँधीजी के दर्शन का एक प्रमुख अंग यह है कि सच्चा धर्म (true religion) तथा सच्ची नैतिकता (true morality) दोनों एक-दूसरे से जुड़े होते हैं। धर्म और नैतिकता का वही संबंध है जो जल का मिट्टी के भीतर रखे बीज के साथ होता है। जिस प्रकार जल से सिंचित हो बीज अंकुरित होता है, और पौधे के रूप में बढ़ता है, उसी प्रकार धर्म से सिंचित नैतिकता ही फलती-फूलती है तथा पनपती है।
- गाँधीजी रामराज्य (Ram Rajya) तथा स्वराज की स्थापना में विश्वास करते थे जिसमें न्याय, शांति, खुशी तथा सभी का कल्याण हो सके।

गाँधीजी के शैक्षिक दर्शन के मूल तत्त्व
(Fundamentals of Gandhijee's Philosophy on Education)

गाँधीजी का मूलमंत्र था एक शोषणविहीन समाज की स्थापना करना और इसके लिए यह जरूरी था कि सभी लोग शिक्षित हों। शिक्षित होने पर व्यक्ति स्वावलंबी होगा और देश को मजबूत बनाने में महत्त्वपूर्ण भूमिका निभाएगा। वे बच्चों को **थ्री एच** (Three H) अर्थात **हेड** (head), **हैण्ड** (hand) तथा **हर्ट** (heart) की शिक्षा देने के पक्षधर थे। गाँधीजी के शिक्षा दर्शन के कुछ मूल तत्त्वों को इस प्रकार पिरोया जा सकता है—

- साक्षरता (literacy) को शिक्षा नहीं कहा जा सकता है। इसे शिक्षा का न तो अंत कहा जा सकता है और न ही उदगम् बिंदु माना जा सकता है।
- 7 से 14 वर्ष के बालकों तथा बालिकाओं को निःशुल्क एवं अनिवार्य शिक्षा दी जानी चाहिए।
- शिक्षा का स्वरूप ऐसा होना चाहिए जिससे छात्रों के हृदय, शरीर, मन तथा आत्मा का सामंजस्यपूर्ण विकास हो।
- शिक्षा ऐसी हो जो नवयुवकों में बेरोजगारी को दूर कर सके।
- शिक्षा का मुख्य उद्देश्य छात्रों में मानवीय गुणों का विकास करना होता है। वह छात्रों में उत्तम गुणों को विकसित करने में सक्षम हो।
- शिक्षा सामाजिक परिस्थितियों के अनुकूल दी जानी चाहिए।
- शिक्षा अपनी मातृभाषा में दी जानी चाहिए।

शिक्षा के विभिन्न पहलुओं पर गाँधीजी की विचारधारा
(Gandhijee's Viewpoints on Different Aspects of Education)

गाँधीजी का शिक्षा के क्षेत्र में विशेष योगदान रहा है। अतः, उन्होंने शिक्षा के विभिन्न पहलुओं, उद्देश्यों एवं सिद्धांतों की व्याख्या की तथा एक शिक्षाशास्त्री के रूप में भी अपने-आप को समाज के सामने प्रस्तुत किया। शिक्षा के कुछ महत्त्वपूर्ण पहलुओं पर यहाँ उनके विचार की चर्चा अपेक्षित हैं जो इस प्रकार हैं—

- **शिक्षा का अर्थ** (Meaning of education)— गाँधीजी ने स्पष्ट रूप से कहा था कि शिक्षा से तात्पर्य व्यक्ति के भीतर के सबसे उत्तम गुणों को उभारकर व्यक्ति के सर्वांगीण विकास

(all-round development) करने से होता है। दूसरे शब्दों में, शिक्षा से उनका अभिप्राय यह है कि व्यक्ति (बालक या प्रौढ़) का शरीर, मन तथा आत्मा की उत्तम क्षमताओं की पहचान की जाए और उसे प्रकाश में लाया जाए। अक्षर-ज्ञान (literary) न तो शिक्षा का अंतिम लक्ष्य है और न ही उसका आरंभ। सचमुच में अक्षर-ज्ञान मनुष्य की शिक्षा के कई साधनों में से केवल एक साधन है जो अपने-आप में शिक्षा कदापि नहीं हो सकता।

- **शिक्षा का उद्देश्य** (Aims of education)—गाँधीजी ने शिक्षा के उद्देश्यों को दो भागों नें बाँटा है—**तात्कालिक उद्देश्य** (immediate aims) तथा **अंतिम** या **मूलभूत उद्देश्य** (ultimate aims)। शिक्षा के तात्कालिक उद्देश्य जिन्हें नियमित शिक्षा से शीघ्र प्राप्त किया जा सकता है, जो निम्नांकित प्रकार है—
- **व्यावसायिक उद्देश्य** (Vocational aim)—गाँधीजी का मत था कि शिक्षा के माध्यम से प्रत्येक छात्र एक उत्पादक शिल्प (productive craft) को अवश्य सीखे ताकि वह भविष्य में अपनी आवश्यकताओं की पूर्ति के लिए कोई व्यापार या उद्योग प्रारंभ कर सके।
- **सांस्कृतिक उद्देश्य** (Cultural aim)—गाँधीजी इस बात पर बल देते थे कि व्यावसायिक शिक्षा (vocational education) तथा सांस्कृतिक विकास साथ-साथ होना चाहिए। उन्होंने शिक्षा के सांस्कृतिक कारकों को उसके अक्षर-ज्ञान कारकों से अधिक महत्त्वपूर्ण बतलाया और कहा कि प्रत्येक लड़का तथा लड़की को अपने स्कूल से संस्कृति के बारे में व्यापक ज्ञान हासिल करना चाहिए।
- **नैतिक एवं चारित्रिक उद्देश्य** (Moral and character-related aim)—गाँधीजी ने कहा कि शिक्षा का एक प्रमुख तात्कालिक उद्देश्य व्यक्ति में नैतिक विकास (moral development) या चारित्रिक विकास (character-related development) करना है। चरित्र विकास से उनका तात्पर्य छात्रों में नैतिक मूल्यों के विकास से था।
- **सुव्यवस्थित विकास का उद्देश्य** (Aims of harmonious development)—गाँधीजी ने शिक्षा का एक तात्कालिक उद्देश्य व्यक्ति में सुव्यवस्थित विकास करना माना है। उनके अनुसार शिक्षा को व्यक्ति में **थ्री आर** (Three R), अर्थात **पढ़ना** (read), **लिखना** (write) तथा **अंकगणित** (arithmetic) ज्ञात कराते हुए उसमें तार्किक चिंतन तथा विश्लेषणात्मक क्षमता (analytical abilities) का संपूर्ण विकास करने में सहायता प्रदान करनी चाहिए।
- **मुक्ति उद्देश्य** (Liberation aim)—गाँधीजी के अनुसार शिक्षा का एक उद्देश्य तन, मन एवं आत्मा को मुक्ति प्रदान करने से है। यहाँ उनका मुक्ति से तात्पर्य दो तरह की मुक्ति से था—पहला, सभी तरह के सामाजिक, आर्थिक, राजनैतिक एवं मानसिक दासता से मुक्ति कराना तथा दूसरा, सभी तरह के सांसारिक लक्ष्य (worldly pursuit) से मुक्त कराके आत्मा (soul) को उच्च आध्यात्मिकता में अपने-आप को अर्पित कर देने से था।
- **उपयोगी लक्ष्य** (Utilitarian aim)—शिक्षा का उद्देश्य छात्रों को स्कूल के बाद की जिंदगी में केवल जीविकोपार्जन करने लायक ही नहीं, बल्कि स्कूल के दौरान भी उसे आत्मनिर्भर (self-sufficient) बनाना होता है। यही कारण है कि वे समर्थन देनेवाली शिक्षा (self-supporting education) पर अधिक बल देते थे। इस तरह के उद्देश्य को **जीविका** या **रोजी-रोटी उद्देश्य** (bread and butter aim) भी कहा गया है।

इसके अलावा गाँधीजी ने शिक्षा का **अंतिम उद्देश्य** (ultimate aim) भी बतलाया है। शिक्षा का अंतिम लक्ष्य, जिंदगी के लक्ष्य जिसे आत्म-सिद्धि (self-realization) कहा जाता है,

के समरूप है। एक सच्ची शिक्षा से व्यक्ति में आध्यात्मिक उत्थान होता है और फिर उससे उसे अपने आत्मन् (self) का संपूर्ण बोध होता है।

- **शिक्षा एवं चरित्र** (Education and character)—एक सही शिक्षा से व्यक्ति में नैतिक विकास होता है और फिर उससे उत्तम चरित्र का भी निर्माण होता है। सभी तरह के शिक्षण या वेदों से किए गए सस्वर पाठ (recitations), ग्रीक, लैटिन एवं संस्कृत का सही ज्ञान बेकार साबित होता है यदि उससे व्यक्ति में आध्यात्मिक एवं नैतिक विकास किसी तरह से नहीं हो पाता है।
- **शिक्षक की भूमिका** (Role of teacher)—शिक्षा में शिक्षकों की भूमिका अहम होती है। गाँधीजी ने स्पष्ट कहा है, वे शिक्षक आदर्श नहीं हो सकते जो अपने छात्रों से बोलते कुछ हैं और स्वयं करते हैं, उसके ठीक विपरीत काम। शिक्षकों को आर्थिक लाभ की परवाह किए बिना शुद्ध देश सेवा की भाव से अध्ययन का धंधा करना चाहिए। शिक्षकों को दर्जे की वृद्धि भी उनके अच्छे प्रयत्नों से ही मिलती है। उन्हें सफलता तक पहुँचने के लिए रास्ते की कठिनाइयों से धैर्यपूर्वक जूझना चाहिए और निरंतर आगे बढ़ते रहना चाहिए। यह संभव है कि शिक्षक अपने छात्र से सैकड़ों मील दूर हो, परंतु अपने विचारों से छात्र के अंतरात्मा (spirit) को उत्तम ढंग से प्रभावित करे। संक्षेप में, वे चाहते थे कि शिक्षक को आदर्श व्यवहार दिखलाते हुए समाज के एक अच्छे प्रारूप को छात्रों के सामने रखना चाहिए। शिक्षक को उदाहरण (example) द्वारा बच्चों को शिक्षित करना चाहिए। शिक्षक को शारीरिक दंड (corporal punishment) नहीं देना चाहिए। एक उत्तम शिक्षक को मृदुभाषी, विनम्र, पवित्र तथा ज्ञान का सागर होना चाहिए।
- **शिल्प द्वारा शिक्षा** (Education through craft)—गाँधीजी इस तथ्य के पक्षधर थे कि शिक्षा शिल्प (craft) द्वारा दी जानी चाहिए। अतः, वे स्कूली शिक्षा में उत्पादक हस्तशिल्प (handicraft); जैसे—सूत कातना, बुनना (weaving), चमड़े का कार्य (leather work), टोकरी बनाना, कुम्हारी (pottery) आदि को बढ़ावा दिए जाने पर बल देते हैं। उनका कहना था कि किसी व्यवसाय को इस ढंग से पढ़ाया जाए कि व्यक्ति में संपूर्णता विकसित हो सके। इसका मतलब यह हुआ कि गाँधीजी शारीरिक क्रियाओं द्वारा मस्तिष्क को शिक्षित करने पर अधिक बल डालते थे (The brain must be educated through hand)। गाँधीजी के सुझाव का सार यह था कि हस्तशिल्प को सिर्फ उत्पादन-कार्यों के लिए नहीं पढ़ाना चाहिए, बल्कि उसका उपयोग छात्रों की बुद्धि को विकसित करने में भी किया जाना चाहिए।
- **शिक्षण की विधियाँ** (Methods of teaching)—गाँधीजी की शिक्षण-विधि आधुनिक शिक्षण विधि से भिन्न थी। वे शिल्पकारी (craft) तथा व्यवसाय (vocations) को शिक्षा की विधि बनाए जाने पर बल डालते थे। उनका मत था बच्चों को शिक्षित करने के लिए कुछ स्थानीय शिल्प (local craft) को बढ़ावा देना चाहिए ताकि उनका तन, मन एवं आत्मा (soul) समन्वित ढंग से विकसित हो सके और ऐसे बच्चे अपने भविष्य की आवश्यकताओं को पूरा करने में सक्षम हों। उन्होंने शिक्षण-विधि में निम्नांकित सिद्धांतों या नियमों की महत्ता पर बल डाला है।
- वर्णमाला पढ़ाने के पहले बच्चों को कौशल (art) से संबंधित प्रशिक्षण दिया जाना चाहिए।
- लिखाई से पहले पढ़ाई होनी चाहिए।
- किसी काम को करके सीखने (learning by doing) का पर्याप्त अवसर मिलना चाहिए। उन्होंने अनुभव द्वारा सीखना तथा क्रिया के माध्यम से सीखने पर बल डाला था।

- उत्पादक (productive) एवं सर्जनात्मक (creative) क्रियाओं द्वारा शिक्षा दी जानी चाहिए।
- शिक्षण का माध्यम मातृभाषा होनी चाहिए।
- उत्पादक शिल्पकारी (productive craft) सभी तरह की शिक्षण का आधार होना चाहिए।

अनुशासन
(Discipline)

गाँधीजी इस बात पर बल डालते थे कि छात्र को अनुशासित जीवन जीना चाहिए और इसके लिए उनमें आत्मनियंत्रण (self-control) का होना अनिवार्य है। आत्मनियंत्रण से तात्पर्य आंतरिक अनुशासन (inner discipline) से होता है जिससे आत्मअनुशासन उत्पन्न होता है। उन्होंने इस बात पर भी बल डाला था कि इस तरह का अनुशासन सामाजिक अनुशासन (social discipline) के अनुरूप होना चाहिए, क्योंकि प्रत्येक व्यक्ति एक अनुशासित एवं उपयोगी नागरिक का प्रारूप होता है। उन्होंने प्रत्येक व्यक्ति की जिंदगी में आत्म-अनुशासन (self-discipline) की महत्ता को सर्वोपरि माना है।

पाठ्यक्रम का विकास
(Development of Curriculum)

गाँधीजी एक विस्तृत एवं व्यावहारिक (practical) पाठ्यक्रम बनाने के पक्षधर थे। पाठ्यक्रम का स्वरूप मनोवैज्ञानिक रूप से दुरुस्त होना चाहिए। उन्होंने बुनियादी शिक्षण (basic education) के पाठ्यक्रम के अंतर्गत आधारभूत शिक्षा; जैसे—कृषि, कटाई-बुनाई, लकड़ी, चमड़े, मिट्टी का काम, मत्स्य पालन, पुस्तक कला, फल एवं सब्जी की बागवानी, बालिकाओं हेतु गृहविज्ञान, स्थानीय एवं भौगोलिक आवश्यकताओं के अनुकूल शिक्षाप्रद हस्तशिल्प आदि को महत्त्वपूर्ण बतलाया। इसके अलावा पाठ्यक्रम में उन्होंने मातृभाषा, गणित, सामाजिक अध्ययन, कला, हिंदी, शारीरिक शिक्षा आदि को प्रधानता दिया।

श्रम की मर्यादा
(Dignity of Labour)

गाँधीजी इस बात के पक्षधर थे कि शिक्षा इस ढंग से दी जानी चाहिए कि छात्र बड़े होकर अपने पैरों पर खड़े हो सकें। छात्रों को शिक्षा के दौरान अपने हाथ से कोई भी काम करने में न तो कोई हिचकिचाहट और न ही कोई शर्मिंदगी का अनुभव करना चाहिए। उन्हें श्रम की मर्यादा को समझना चाहिए।

बुनियादी शिक्षा
(Basic Education)

गाँधीजी द्वारा प्रस्तावित बुनियादी शिक्षा का आधार 1937 में हुए वर्धा शिक्षा सम्मेलन था जिसमें उन्होंने बुनियादी शिक्षा की योजना बनाई थी। बुनियादी शिक्षा का उद्देश्य दस्तकारी के माध्यम से

बालकों का शारीरिक, बौद्धिक (intellectual) एवं नैतिक (moral) विकास करना है। बुनियादी शिक्षा की मुख्य विशेषताएँ कुछ इस तरह से हैं—

- 7 से 14 वर्ष के छात्रों को निःशुल्क एवं अनिवार्य शिक्षा दी जाए।
- बुनियादी शिक्षा के पाठ्यक्रम की अवधि 7 वर्ष की होनी चाहिए।
- बुनियादी शिक्षा का संबंध आधारभूत शिल्प (crafts) से होना चाहिए।
- चुने हुए शिल्प की शिक्षा देकर छात्रों को स्वाबलंबी बनाया जाए।
- ऐसी शिक्षा में शारीरिक श्रम को महत्त्व दिया गया है ताकि सीखे हुए शिल्प द्वारा छात्र जीविकोपार्जन कर सकें।
- शिक्षा छात्रों के जीवन, ग्रामीण उद्योगों, हस्तशिल्पों एवं व्यवसाय से घनिष्ठ रूप से संबंधित हों।
- छठी और सातवीं कक्षा में बालिकाएँ आधारभूत शिल्प के स्थान पर गृहविज्ञान (home science) ले सकती हैं।
- बालक एवं बालिकाओं का पाठ्यक्रम यथासंभव एक समान हो।
- सारी शिक्षा प्रांतीय भाषा में दी जानी चाहिए।
- बुनियादी शिक्षा का सबसे प्रमुख उद्देश्य छात्रों को आत्मनिर्भर बनाना है।

स्त्री-शिक्षा
(Women's Education)

गाँधीजी स्त्री-शिक्षा पर दो कारणों से काफी बल डालते थे। पहला कारण यह था कि अगर महिला शिक्षित होती है, तो वह आसानी से पुरुष-प्रधान समाज में समान अधिकार एवं स्थान पा सकेगी। दूसरा कारण था कि सिर्फ एक शिक्षित महिला ही अपने बच्चों को उत्तरदायी एवं आदर्श नागरिक बनाने में सफल हो सकती है। उन्होंने स्वयं कहा था, "मैं महिलाओं की विशेष शिक्षा में विश्वास करता हूँ।" समाज में महिलाओं का स्थान पुरुष के समान होना चाहिए और वर्षों से महिलाओं के बारे में चली आ रही अनुचित धारणाएँ समाप्त होनी चाहिए। महिलाओं को अपने-आप को पुरुष का गुलाम नहीं मानना चाहिए। पुरुष घर के बाहर की क्रियाओं को और महिलाएँ घर के भीतर की क्रियाओं को करने में महत्त्वपूर्ण भूमिका निभाती हैं। पुरुष और महिला दोनों को ही जिंदगी के इस तथ्य को ध्यान में रखते हुए उन्हें शिक्षा दी जानी चाहिए। गाँधीजी के अनुसार महिलाओं में पुरुषों की अपेक्षा नैतिक एवं आध्यात्मिक शक्ति अधिक होती है। उनमें आत्मबलिदान (self-sacrifice) तथा दुःख को हँसते-हँसते सहने की शक्ति भी तुलनात्मक रूप से अधिक होती है। महिलाओं के भीतर की इस असीम शक्ति को और अधिक उत्तम ढंग से उभारने के लिए यह जरूरी है कि उन्हें शिक्षित किया जाए। गाँधीजी महिलाओं को शिक्षित करके उनकी सामाजिक, राजनैतिक तथा नैतिक स्थिति में अप्रत्याशित परिवर्तन लाना चाहते थे। गाँधीजी सहशिक्षा के पक्षधर थे। उनका कहना था कि परिवार में लड़के-लड़कियों को साथ-साथ स्वाभाविक तौर पर और आजादी के वातावरण में बढ़ने देना चाहिए जिससे सहशिक्षा अपने-आप बढ़ेगी।

महात्मा गाँधी के कुछ अनमोल वचन—

- *स्वयं में आप वो बदलाव कीजिए जो आप दूसरों में देखना चाहते हैं।*
- *स्वयं को खोजने का सबसे अच्छा तरीका है, स्वयं को दूसरों की सेवा में खो दें।*
- *पहले वो आप पर ध्यान नहीं देंगे फिर वे आप पर हँसेंगे, फिर आप से लड़ेंगे और तब आप जीत जाएँगे।*
- *व्यक्ति अपने विचारों से निर्मित प्राणी होता है। वह जो सोचता है, बन जाता है।*
- *शक्ति शारीरिक क्षमता से नहीं आती है, बल्कि यह अदम्य इच्छाशक्ति से आती है।*
- *थोड़ा-सा उपदेश बहुत ढेर सारे उपदेशों से अच्छा होता है।*
- *भविष्य इस बात पर निर्भर करता है कि आज आप क्या कर रहे हैं।*
- *मौन सबसे सशक्त भाषण होता है। धीरे-धीरे संसार आपको सुनेगा।*
- *हमेशा अपने विचारों, शब्दों एवं कर्मों में पूर्ण सामंजस्य का लक्ष्य रखें। अपने-आप सभी कुछ ठीक हो जाएगा।*
- *अपने ज्ञान पर जरूरत से ज्यादा भरोसा करना मूर्खता है। सबसे मजबूत आदमी कमजोर हो सकता है और सबसे बुद्धिमान आदमी गलती कर सकता है।*

श्री अरबिंदो घोष

(Sri Aurobindo Ghose: 1872–1950)

अरबिंदो घोष का जन्म 15 अगस्त, 1872 में कलकत्ता शहर में हुआ था। इनके पिता का नाम डॉ॰ कृष्णधान घोष तथा माता का नाम स्वर्णलता था। अरबिंदो अपने माता-पिता की तीसरी संतान थे। 1879 में जब वे सात साल के थे, तब उन्हें उनके माता-पिता अन्य दो भाइयों के साथ लेकर उत्तम शिक्षा देने के खयाल से इंगलैंड पहुँचे और यहाँ वे करीब 14 वर्षों तक रहे। 1884 में वे लंदन के संत पॉल स्कूल में दाखिला लिए और फिर 1890 में वे किंग्स कॉलेज, कैम्ब्रिज गए जहाँ उन्होंने दो सालों तक पढ़ाई की। 1890 में ही वे इंडियन सिविल सर्विस (Indian Civil Service) की परीक्षा पास किए, परंतु जान-बूझकर उस परीक्षा के एक भाग जिसे सवारी परीक्षण (riding test) कहा जाता था और जिसे पास करना जरूरी भी था, में वे भाग नहीं लेकर अपने-आप उस सर्विस से अयोग्य हो गए। शायद इसका कारण यह था कि वे इस सेवा में जाना नहीं चाहते थे, परंतु अपने पिता की इच्छा को ध्यान में रखते हुए इस परीक्षा में शामिल हुए थे। उस समय बड़ौदा राज्य के गायकवाड़ (Gaekward of Baroda State) लंदन में ही थे। उनसे मिलकर वे बड़ौदा राज्य में नौकरी पा गए और 6 फरवरी 1893 को वे लंदन से भारत लौट आए। अप्रैल 1901 में अरबिंदो की शादी मृणालिनी नाम की लड़की से हुई जो एक उच्च स्तरीय सरकारी ऑफिसर की बेटी थी। 1893 से 1906 तक वे बड़ौदा की सेवा में रहे। इस दौरान वे बड़ौदा महाराज के राजस्व विभाग में, फिर उनके सचिवालय में, फिर अँगरेजी के आचार्य (professor) के रूप में और अंत में बड़ौदा कॉलेज के उपप्राचार्य (vice-principal) के रूप में कार्य किए। 1906 में वे बड़ौदा छोड़कर बंगाल नेशनल कॉलेज के प्राचार्य के रूप में कलकत्ता में योगदान किए। यहाँ से वे राजनैतिक कार्यक्रम में सक्रियता दिखलाने लगे और वे एक सक्रिय एवं महत्त्वपूर्ण स्वतंत्रता सेनानी भी बन गए। उनकी इस सक्रियता एवं उग्रवादी स्वरूप को देखते हुए ब्रिटिश सरकार ने उन्हें सबसे खतरनाक भारतीय नेता के रूप में पहचान करने लगी। अपने क्रांतिकारी विचारों के प्रचार-प्रसार के लिए उन्होंने दो

अखबारों का शुभारंभ किया। एक अखबार जो बंगाली भाषा में था, उसका शीर्षक **युगांतर** (Yugantar) था, तथा दूसरा अँगरेजी भाषा में था जिसका शीर्षक **वंदे मातरम्** था। ब्रिटिश सरकार द्वारा अरबिंदो को राजद्रोह (sedition) के जुर्म में 1907 में गिरफ्तार कर लिया गया परंतु फिर सबूतों के अभाव में छोड़ दिया गया। 1908 में फिर अलीपुर षड्यंत्र केस में उन्हें फिर गिरफ्तार कर लिया गया और करीब एक साल तक जेल में रहने के बाद मई, 1909 में उन्हें इस बार भी उनके खिलाफ पर्याप्त सबूत न होने के कारण जेल से रिहा कर दिया गया। इस एक साल की जेल की अवधि में उन्होंने योग (Yoga) करना प्रारंभ किया और उनकी आंतरिक आध्यात्मिक जिंदगी में इतना जबरदस्त बदलाव आया कि वे अपने-आप को राजनैतिक क्षेत्र से दूर कर लिए और एक संन्यासी के पथ की ओर अग्रसर हो गए। परिणामतः वे अप्रैल, 1910 में पांडिचेरी चले गए जो उस समय फ्रेंच इंडिया (French India) कहलाता था। 1910 से 1950 तक (मृत्यु तक) वे पांडिचेरी में ही रहे और नैतिक (moral) एवं आध्यात्मिक आत्मोन्नति में अपने को लीन रखे। इसी समय से वे श्री अरबिंदो के नाम से विख्यात हो गए। 1914 में पांडिचेरी में श्री अरबिंदो से मिलने एक फ्रेंच दंपत्ति पॉल रिचार्ड (Paul Richard) और उनकी पत्नी मीर्रा अल्फास्सा (Mirra Alfassa) आईं। दंपत्ति श्री अरबिंदो से काफी प्रभावित था। परंतु, प्रथम विश्वयुद्ध छिड़ जाने के कारण वे लोग फ्रांस लौट गए, परंतु 1920 में फिर लौटकर पांडिचेरी आ गए। रिचार्ड तो श्री अरबिंदो के आध्यात्मिक विचारधाराओं को उतना महत्त्व नहीं देते थे, परंतु उनकी पत्नी श्री अरबिंदो की एक प्रमुख प्रशंसक बन गई और उनके आध्यात्मिक विचारों का समर्थक बन गई। श्री अरबिंदो अल्फासा को 'मदर' (Mother) कहकर पुकारने लगे। 1926 तक श्री अरबिंदो अपने-आप को एक छोटे कमरे में बंद रखने लगे ताकि वे अपने आंतरिक कार्य पर पूर्णरूप से एकाग्रित कर सकें। इसके बाद से श्री अरबिंदो के इर्द-गिर्द रहनेवाले लोगों के जमावड़े का नेतृत्व एवं उसके संरक्षण का उत्तरदायित्व 'मदर' पर चला गया। आगे चलकर इसी को 'श्री अरबिंदो आश्रम' का नाम दिया गया। चूँकि आश्रम में बहुत सारे बच्चे भी आते थे, अतः 'मदर' के लिए इन बच्चों को उत्तम शिक्षा देने के लिए 1943 में एक स्कूल की स्थापना करना जरूरी हो गया। आगे चलकर 1952 में इस स्कूल को मदर द्वारा **श्री अरबिंदो ईंटरनेशनल यूनिवर्सिटी सेंटर** (Sri Aurobindo International University Centre) के रूप में उद्घाटन किया गया। परंतु, 1959 और उसके बाद इस संस्थान को **श्री अरबिंदो इन्टरनेशनल सेंटर ऑव एडुकेशन** (Sri Aurbindo International Centre of Education) के रूप में ही जाना गया। 1968 में मदर ने **ऑरोभिल्ले** (Auroville) का उद्घाटन किया जिसका उद्देश्य नए समाज के लिए नई शिक्षा प्रदान करना था। 11 दिसंबर, 1948 को आंध्रा विश्वविद्यालय द्वारा श्री अरबिंदो को 'सर काटामान रामालिंगा रेड्डी नेशनल प्राइज' दिया गया। 5 दिसंबर, 1950 को श्री अरबिंदो इस दुनिया से सदा के लिए चल बसे और मदर उनके कार्यों को 1973 तक आगे बढ़ाती रही। मदर की मृत्यु 95 साल की उम्र में हो गई।

श्री अरबिंदो का शिक्षा से संबंधित महत्त्वपूर्ण प्रकाशन
(Important Publications of Sri Aurobindo Relating to Education)

श्री अरबिंदो एक आचार्य (professor), दार्शनिक एवं आध्यात्मिक गुरु भी थे। इनके द्वारा बहुत सारी पत्रिकाएँ, पुस्तकें, अखबार आदि का संपादन एवं लेखन किया गया। ऐसी कुछ महत्त्वपूर्ण कृतियाँ अग्रांकित हैं—

- ए सिस्टम ऑव नेशनल एडुकेशन
- दि ह्यूमैन् साइकिल
- दि सिक्रेट ऑव दि वेद
- दि आइडियल ऑव ह्यूमैन् यूनिटी
- एसेज ऑन दि गीता
- दि लाईफ डिवाइन
- दि सिंथेसिस ऑव योगा
- सावित्री—ए लेंजेंड ऐंड ए सिंबल
- दि इंटेग्रल योगा
- दि फ्यूचर पोएट्री
- दि मदर
- दि फाउंडेशंस ऑव इंडियन कल्चर
- श्री अरबिंदो ऐंड मदर ऑन एडुकेशन
- इन एडुकेशन : जेनरल प्रिंसिपुल्स

श्री अरबिंदो के दर्शन की मुख्य विशेषताएँ
(Important Features of Sri Aurobindo's Philosophy)

- प्रत्येक व्यक्ति में ईश्वरदत्त (divine) शक्ति होती है।
- इस ईश्वरदत्त या दिव्य शक्ति को योगा (yoga) के माध्यम से जाना जा सकता है।
- अगर कोई व्यक्ति जिंदगी में उच्चतर मूल्यों (high values) को प्राप्त करना चाहता है, तो उसे ब्रह्मचर्य (अर्थात आत्मनियंत्रण) का पालन करना आवश्यक है।
- योग सिर्फ संन्यासी के लिए नहीं होता है, इसे आम व्यक्ति भी करके अपने भीतर के दिव्य शक्ति से अवगत हो सकते हैं।
- श्री अरबिंदो के लिए योग पूर्ण समग्र (integral) योग है जिसमें योग के सभी रूपों का समन्वय होता है।

शिक्षा के विभिन्न पहलुओं पर श्री अरबिंदो के विचार
(Views of Sri Aurobindo on Different Aspects of Education)

शिक्षा के कई पहलुओं पर श्री अरबिंदो ने अपना मत प्रकट किया है जिनमें निम्नांकित प्रमुख हैं—

1. शिक्षा के उद्देश्य (Aims of education)—श्री अरबिंदो ने शिक्षा के कई स्पष्ट उद्देश्य बतलाए हैं जो इस प्रकार हैं—

- शिक्षा आधुनिक जिंदगी की आवश्यकताओं के अनुरूप दी जानी चाहिए। शिक्षा ऐसी हो जो बच्चों में शारीरिक विकास (physical development) तथा पवित्रता (holiness) को उन्नत एवं मजबूत बनाती हो।

- शिक्षा का एक उद्देश्य यह भी है कि छात्रों में सभी ज्ञानेंद्रियों से संबंधित कार्यों; यथा—देखना, सुनना, स्पर्श करना, सूँघना तथा स्वाद आदि को ठीक ढंग से प्रशिक्षित किया जाए। अरबिंदो के अनुसार इन सभी इंद्रियों को तभी उत्तम ढंग से प्रशिक्षित किया जाए जब बच्चों का चित्त (chitta), मन (man) तथा तंत्रिका (nerve) पर पर्याप्त नियंत्रण हो।
- शिक्षा का उद्देश्य छात्रों का मानसिक विकास जिसमें स्मृति, तर्कण (reasoning), चिंतन, कल्पना, विभेद (discrimination) आदि सम्मिलित होते हैं, करना होता है।
- शिक्षा का एक महत्त्वपूर्ण उद्देश्य छात्रों में नैतिक (moral) एवं आध्यात्मिक (spiritual) विकास करना होता है।
- श्री अरबिंदो का एक विचार यह भी है कि सही शिक्षा छात्रों में विवेक (conscience) का विकास भी करती है।

2. पाठ्यक्रम (Curriculum)—श्री अरबिंदो इस बात पर जोर डालते थे कि छात्रों के भीतर छिपे अंतःशक्ति को उभारने के लिए उन सभी विषयों को पढ़ाना चाहिए जिसमें सर्जनात्मकता (creativity) एवं शैक्षिक अभिव्यक्ति के तत्त्व शामिल हो। अन्य बातों के अलावा पढ़ाया जाने वाला पाठ्यक्रम निम्नलिखित सिद्धांतों (principles) पर आधारित होना चाहिए—

- पाठ्यक्रम का स्वरूप छात्रों के लिए मनोरंजक (interesting) होना चाहिए।
- पाठ्यक्रम में उन सभी विषयों का समावेश होना चाहिए जिसमें छात्रों का मानसिक एवं आध्यात्मिक विकास संभव हो।
- पाठ्यक्रम का स्वरूप पूरे संसार के बारे में उचित ज्ञान प्रदान करनेवाला हो।
- पाठ्यक्रम में सर्जनात्मकता (creativity) तथा रचनात्मक क्रियाओं को उन्नत बनाने पर पर्याप्त बल देना चाहिए।

श्री अरबिंदो ने विभिन्न स्तरों (levels) की शिक्षा के लिए पाठ्यक्रम का स्वरूप अलग-अलग बतलाया है, जो इस प्रकार हैं—

प्राथमिक स्तर (primary level) **के लिए**—इन स्तरों के पाठ्यक्रमों में मातृभाषा, अँगरेजी, राष्ट्रीय इतिहास (national history), कला (art), सामान्य विज्ञान (general science), सामाजिक अध्ययन (social studies), अंकगणित (arithmetic) आदि को सम्मिलित किया जाना चाहिए।

माध्यमिक स्तर (secondary level) **के लिए**—इस स्तर के पाठ्यक्रम में. मातृभाषा (mother language), अँगरेजी, फ्रेंच (French), साहित्य (literature), अंकगणित (arithmetics), कला (art), रसायनशास्त्र, भौतिकी (physics), वनस्पति विज्ञान (botany), शरीर विज्ञान (physiology), सामाजिक अध्ययन (social studies) तथा स्वास्थ्य शिक्षा (health education) आदि को सम्मिलित किया जाना चाहिए।

- **विश्वविद्यालय स्तर** (university level) **पर**—इस स्तर पर पाठ्यक्रम के स्वरूप में भारतीय एवं पश्चिमी दर्शनशास्त्र, सभ्यता का इतिहास, फ्रेंच, अँगरेजी साहित्य, मनोविज्ञान, समाजशास्त्र, इतिहास, रसायनशास्त्र, भौतिकी, वनस्पति विज्ञान आदि को सम्मिलित किया जाना चाहिए।

- **व्यावसायिक स्तर** (vocational level) **पर**—इस स्तर पर पाठ्यक्रम में कला (art), पेंटिंग, टाइपिंग, आरेखण (drawing), फोटोग्राफी, लघु उद्योग (small industries), यांत्रिक एवं वैद्युतीय इंजीनियरिंग, नर्सिंग (nursing) आदि को सम्मिलित किया जाना चाहिए।

3. अनुशासन (Discipline)—श्री अरबिंदो आत्मअनुशासन (self-discipline) पर जोर डालते थे। वे छात्रों में चित्त-शुद्धि (chitta shuddhi) को अनुशासन का महत्त्वपूर्ण अंग मानते थे। मानसिक एवं नैतिक आदत में शुद्धि ही अनुशासन का आधार होना चाहिए।

4. स्कूल (School)—स्कूल में छात्रों को एक स्वतंत्र वातावरण उपलब्ध होना चाहिए ताकि वे अपने प्रयास से बहुत कुछ सीख सकें। श्री अरबिंदो का कहना है कि यदि स्कूल का वातावरण प्रतिबंधित रहता है, तो इससे छात्रों में स्वाभाविक विकास एवं वर्द्धन (growth) नहीं हो पाता है। स्कूल का वातावरण ऐसा होना चाहिए कि छात्र पर्याप्त समय देते हुए अपनी स्वाभाविक गति से अपनी अंतःशक्तियों की पहचान कर सकें।

5. शिक्षक की भूमिका (Role of teacher)—श्री अरबिंदो के अनुसार अध्यापन (teaching) का एक महत्त्वपूर्ण सिद्धांत यह है कि कुछ नहीं पढ़ाया जा सकता है (nothing can be taught), क्योंकि छात्रों में ज्ञान (knowledge) तो पहले से ही मौजूद होता है। अतः, शिक्षक कोई अनुदेशक (instructor) या कठोर अधिकारी (taskmaster) नहीं होते हैं। शिक्षक एक सच्चे योगी के समान होते हैं जो एक दार्शनिक एवं गाइड के रूप में कार्य करते हैं। वे छात्रों को पौधों के समान पोषित करते हैं। 'मदर' ने ठीक ही कहा है, "एक अच्छे शिक्षक बनने के लिए किसी को एक साधु, योगी एवं नायक होना जरूरी है" (One must be a saint, yogi and a hero to be a good teacher)। संक्षेप में कहा जा सकता है, श्री अरबिंदो के अनुसार शिक्षक राष्ट्र की संस्कृति के माली होते हैं, वे सरकार की जड़ों में खाद देते हैं और अपने श्रम से उन्हें सींच-सींचकर महाप्राण शक्तियाँ बनाते हैं। शिक्षक सिर्फ एक गाइड (guide) तथा मददकर्ता (helper) होते हैं। शिक्षक की भूमिका छात्रों को सिर्फ सुझाव देना होता है न कि उनपर कुछ थोपना। वह कोई नया ज्ञान छात्रों को नहीं देते हैं। वे सिर्फ यह राह दिखलाते हैं कि छात्रगण किस तरह से अपने लिए ज्ञान प्राप्त कर सकते हैं। शिक्षक छात्र के मन को प्रशिक्षित नहीं करते हैं, बल्कि वे सिर्फ यह बतलाते हैं कि वे किस तरह से ज्ञान के उपकरण को विस्तृत कर सकते हैं और इस प्रक्रिया में वे उत्तम ढंग से उन्हें प्रोत्साहित करते हैं। श्री अरबिंदो छात्रों को दंडित करने तथा उनमें भय उत्पन्न करने के कट्टर विरोधी थे।

6. अध्यापन के नियम (Principles of teaching)—श्री अरबिंदो ने अध्यापन (teaching) के तीन नियमों पर विशेष रूप से बल डाला है। पहला, किसी चीज की शिक्षा नही दी जा सकती है, क्योंकि छात्रों में पहले से सारा ज्ञान उनके भीतर मौजूद रहता है। दूसरा, छात्रों पर ऐसी चीज को थोपना नहीं चाहिए जिसे उनका मन (mind) स्वीकार करने में सक्षम न हो। अतः, छात्रों पर वयस्क की इच्छाओं को थोपना सर्वथा एक भूल है। तीसरा, ज्ञात से अज्ञात की ओर या नजदीक से दूर की ओर शिक्षण की दिशा होनी चाहिए। शिक्षा की किसी भी पद्धति में व्यक्ति के भूत, वर्तमान एवं भविष्य तीनों का पर्याप्त समावेश होना चाहिए और शिक्षण शिक्षार्थियों के दिन-प्रतिदिन की अनुभूतियों पर आधारित होना चाहिए।

7. नैतिक शिक्षा (Moral education)—नैतिक शिक्षा पर पर्याप्त बल देना चाहिए और इनमें निम्नांकित तथ्यों का समावेश होना चाहिए—

- सत्संग (satsanga) का बारंबार उपयोग किया जाना चाहिए।

- महान पुरुषों एवं शिक्षकों का व्यक्तिगत उदाहरण दिया जाना चाहिए।
- वैसी किताबों का अध्ययन किया जाना चाहिए जिनमें नैतिकता का पर्याप्त पाठ उपलब्ध हो।
- नैतिकता के बिंदु पर पर्याप्त सुझाव देना चाहिए न कि उसे थोपने की कोशिश करनी चाहिए।

8. अधिगम के नियम (Principles of learning)—श्री अरबिंदो ने उत्तम अधिगम या सीखने के लिए अन्य बातों के अलावा दो बातों पर काफी बल डाला है। पहला, छात्रों में एकाग्रता (concentration) का स्तर ऊँचा हो तथा दूसरा, किसी पाठ या विषय को सीखने के लिए अभ्यास (abhyasa) की भी पर्याप्त जरूरत होती है।

9. शारीरिक शिक्षा (Physical education)—शारीरिक शिक्षा को श्री अरबिंदो ने पूर्णता (perfection) के लिए काफी महत्त्वपूर्ण माना है। शरीर स्वस्थ रहने पर ही मन भी स्वस्थ रहता है। इसके लिए आवश्यक है कि शारीरिक शिक्षा छात्रों को प्रदान की जाए। श्री अरबिंदो ने शारीरिक शिक्षा को समग्र शिक्षा (integral education) का एक महत्त्वपूर्ण भाग माना है और इसमें शारीरिक एवं अभिव्यंजक कला (expressive arts), खेल-कूद, नाच, सामरिक कला (martial arts) आदि को सम्मिलित किए जाने पर जोर डाला है।

10. शिक्षा का राष्ट्रीय सिद्धांत (National theory of education)—श्री अरबिंदो एक राष्ट्रीय शिक्षा सिद्धांत बनाए जाने के पक्षधर थे जिसमें ऐसी शिक्षा की व्यवस्था होने की बात कही गई जो भूत (past) से प्रारंभ होकर वर्तमान का पूरा उपयोग करते हुए राष्ट्र का सही निर्माण करती हो। ऐसी शिक्षा का उद्देश्य व्यक्ति के जीवन को उत्कृष्ट दिव्य (supreme divine) बनाना होता है। उनके अनुसार शिक्षा के तीन पहलू हैं—**आदमी** (man), **राष्ट्र** (nation) तथा **अंतरराष्ट्रीयता** (internationalism)। जब व्यक्ति सभी तरह की उन सीमाओं को जिन्हें परिवार तथा उसके राष्ट्र द्वारा उत्पन्न किया जाता है, से अपने-आप को मुक्त कर लेता है, तो वह अपने भीतर के पवित्र आत्मा (holy spirit) का अनुभव करता है। श्री अरबिंदो ने इस आंतरिक पवित्र आत्मा की उत्पत्ति को **डिवाइन लाइफ** (divine life) कहा है। एक वास्तविक शिक्षा का उद्देश्य व्यक्ति का आध्यात्मिक विकास करना है। वास्तविक एवं सच्ची शिक्षा से ही व्यक्ति में राष्ट्रीय मनोभाव एवं अंतरराष्ट्रीय भ्रातृभाव (international brotherhood) के प्रति लगाव विकसित होता है। इस तरह से श्री अरबिंदो ने शिक्षा के अपने राष्ट्रीय सिद्धांत में छात्रों के मन (mind), आत्मा (soul) तथा जिंदगी (life) के समग्र विकास पर बल डाला है। शायद यही कारण है कि शिक्षा के उनके इस सिद्धांत को **समग्र शिक्षा** (integral education) कहा जाता है।

11. समग्र शिक्षा (Integral education)—श्री अरबिंदो के अनुसार समग्र शिक्षा एक ऐसी शिक्षा होती है जो आध्यात्मिकता पर बल डालते हुए एक विस्तृत संपूर्ण-व्यक्ति उपागम (whole-person approach) की परिकल्पना करती है जिसमें धीरे-धीरे व्यक्ति आत्मसिद्धि (self-realization) की ओर बढ़ता है तथा वह अपने वैयक्तिक स्वभाव (individual nature) तथा उसकी अंतर्संबंधता (interrelatedness) को आत्मसात करने की कोशिश करता है। समग्र शिक्षा न केवल समाज में, बल्कि मानव व्यवहार में वांछित परिवर्तन लाती है। अतः, यह व्यक्ति को निम्नांकित तथ्यों की प्राप्ति में मदद करता है—

- ऐसी शिक्षा छात्र और शिक्षक दोनों को एक समन्वित एवं संतुलित व्यक्तित्व विकसित करने में मदद करती है।

- ऐसी शिक्षा व्यक्ति के भौतिक (physical), मानसिक (mental), जैव (vital), आत्मिक (psychic) एवं आध्यात्मिक (spiritual) पहलुओं में आत्मपूर्णता (self-perfection) का अनुभव कराता है।
- ऐसी शिक्षा व्यक्ति के भौतिक जिंदगी में उत्कृष्ट दिव्य चेतना (supreme divine consciousness) की प्राप्ति भी कराती है।

श्री अरबिंदो एवं उनकी अध्यात्मिक महिला सहयोगी मीर्रा अल्फास्सा (Mirra Alfassa) जिन्हें सम्मान से श्री अरबिंदो 'मदर' कहा करते थे, ने अपनी पुस्तक 'इन एडुकेशन : जेनरल प्रिंसिपुल्स' में मनुष्य की पाँच प्रमुख क्रियाओं, अर्थात भौतिक (physical), जैव (vital), मानसिक (mental), आत्मिक (psychic) एवं आध्यात्मिक (spiritual) के अनुरूप समग्र शिक्षा में इनसे संबंधित पाँच तरह की शिक्षा, अर्थात शारीरिक शिक्षा (physical education), जैव शिक्षा (vital education), मानसिक शिक्षा (mental education), आत्मिक शिक्षा (psychic education) एवं आध्यात्मिक शिक्षा (spiritual education) को महत्त्वपूर्ण बतलाया है। इनका संक्षिप्त विवरण इस प्रकार से है—

1. शारीरिक शिक्षा (Physical education)—इस तरह की शिक्षा में विद्यार्थी के शरीरिक विकास एवं वर्द्धन (growth) पर बल डाला जाता है। इस कारण से इस तरह की शिक्षा में खेल-कूद (sports) तथा क्रीड़ा (games) आदि को सम्मिलित किया जाना आवश्यक है। श्री अरबिंदो का कहना है कि शारीरिक शिक्षा में तीन प्रमुख पहलू होते हैं—शरीरिक कार्यों पर नियंत्रण एवं पूर्ण अनुशासन का होना, शरीर के सभी हिस्सों एवं गतियों (moments) का संपूर्ण एवं समन्वित विकास तथा किसी तरह के शारीरिक दोष एवं विकलांगता (deformity) में सुधार।

2. जैव शिक्षा (Vital education)—श्री अरबिंदो ने इस तरह की शिक्षा में जैव अंगों (vital organs), अर्थात ज्ञानेंद्रियों (sense organs) के पर्याप्त प्रशिक्षण पर बल डाला है। सभी बाह्य ज्ञानेंद्रियों; जैसे—आँख, नाक, कान, जीभ एवं त्वचा तथा भीतरी ज्ञानेंद्रिय जैसे मानस/सिट्टा (manas/citta) का यहाँ प्रशिक्षण होता है। इस तरह की शिक्षा से ज्ञानेंद्रियाँ मजबूत एवं विकसित होती हैं और इनके कार्यों पर काबू पाकर व्यक्ति अपने चरित्र (character) का निर्माण कर पाता है। 'मदद' के अनुसार ज्ञानेंद्रियों की विशेष शिक्षा से छात्रों में उदारता (generosity) तथा श्रेष्ठता (nobility) उत्पन्न होती है।

- **मानसिक शिक्षा** (Mental education)—मानसिक शिक्षा में शिक्षकों की अहम भूमिका बतलाई गई है, क्योंकि शिक्षक ही वह व्यक्ति होता है जो अपने छात्रों की मानसिक शक्ति (mental faculty) को उत्तम ढंग से प्रशिक्षित करता है। इस तरह की शिक्षा में छात्रों की स्मृति शक्ति, निर्णय तथा कल्पना करने की शक्ति, तर्क करने की शक्ति आदि को उन्नत बनाया जाता है। इस तरह की शिक्षा में निम्नांकित तथ्यों पर बल दिया जाता है—

(i) ध्यान की क्षमता तथा एकाग्रता की शक्ति को विकसित करना

(ii) मन की जटिलता (complexity), फैलाव (expansion) एवं विस्तृत ढंग से सोचने की शक्ति का विकास

(iii) किसी मुख्य विचार में अन्य विचारों को संगठित करने की क्षमता

(iv) चिंतन नियंत्रण, अवांछनीय चिंतन को दूर करने की क्षमता और वही चिंतन करना जिसे चिंतन करना है, की क्षमता विकसित करना

(v) पूर्ण शांति एवं मानसिक मौन (mental silence) को विकसित करने की क्षमता

- **आत्मिक शिक्षा** (Psychic education)—आत्मिक शिक्षा से व्यक्ति जीवन के वास्तविक अभिप्रेरक (motive) की समस्या को समझ पाता है और साथ-ही-साथ पृथ्वी पर अपने अस्तित्व का कारण भी जान पाता है। हमलोगों का अस्तित्व (existence) जिस शाश्वत नियम (eternal principle) पर आधारित होता है, उसे आत्मिक तत्त्व (psychic being) या साधारणतः आत्मा (soul) कहा जाता है। आत्मा मानव का एक अंतर्निहित कारक होता है। इसलिए अरबिंदो ने कहा है कि छात्रों को शिक्षित करने में आत्मा या आत्मिक तत्त्व का प्रशिक्षण बहुत ही आवश्यक होता है।
- **आध्यात्मिक शिक्षा** (Spiritual education)—यह शैक्षिक प्रशिक्षण का सबसे उच्चतम स्तर होता है। इसे सुपरमेंटल शिक्षा (supermental education) भी कहा गया है। श्री अरबिंदो के अनुसार सत + चित + आनंद (सच्चिदानंद) की प्राप्ति के लिए आध्यात्मिक शिक्षा जरूरी है। 'मदर' (एम० अल्फास्सा) के अनुसार आध्यात्मिक शिक्षा एक ऐसी शिक्षा होती है जिसमें ज्ञान, धार्मिक या नैतिक शिक्षण के अतिरिक्त व्यक्ति में आध्यात्मिकता (spirituality) के वर्द्धन एवं विकास पर अधिक बल डाला जाता है। इस स्तर की शिक्षा प्रत्येक छात्र के विवेक (conscience) से भी काफी जुड़ी हुई होती है।

श्री अरबिंदो के कुछ अनमोल विचार—

- *यदि तुम किसी का चरित्र जानना चाहते हो, तो उसके महान कार्य न देखो, उसके जीवन के साधारण कार्यों का सूक्ष्म निरीक्षण करो।*
- *कला अतिसूक्ष्म और कोमल है, अतः अपनी गति के साथ यह मस्तिष्क को भी कोमल और सूक्ष्म बना देती है।*
- *धन को विलास के लिए खर्च करना एक प्रकार से चोरी होगी। वह धन असहायों एवं जरूरतमंदों के लिए है।*
- *जिसमे त्याग की मात्रा जितने अंश मे हो, उतने ही अंश मे वह व्यक्ति प्रभुत्व से ऊपर है।*
- *पढ़ो, लिखो, कर्म करो, आगे बढ़ो, कष्ट सहन करो, एकमात्र मातृभूमि के लिए, माँ की सेवा के लिए।*
- *तुमलोग जड़ पदार्थ, मैदान, खेत, नदी, पर्वत आदि को स्वदेश कहते हो, परंतु मैं इसे 'माँ' कहता हूँ।*
- *एकता स्थापित करनेवाले सच्चे बंधु होते हैं।*
- *जीवन जीवन है, चाहे एक बिल्ली का हो, या कुत्ते का या आदमी का। बिल्ली या एक आदमी में कोई अंतर नहीं है। अंतर का यह विचार मनुष्य के स्वयं के लाभ के लिए एक मानवीय अवधारणा है।*
- *जैसा संसार बदल रहा है, उसी प्रकार भारत को भी अब बदलना चाहिए।*

गिज्जुभाई बाधेका
(Gijjubhai Badheka: 1885–1939)

गिज्जुभाई बाधेका का जन्म 15 नवंबर, 1885 को ब्रिटिश इंडिया के सौराष्ट्र के चित्तल्ल (Chittal) गाँव में हुआ। अभी यह गुजरात राज्य में है। इनका पूरा नाम गिरिजाशंकर भगवानजी बाधेका है।

इनका योगदान प्राक्-प्राथमिक शिक्षा (pre-primary education) के क्षेत्र में काफी महत्त्वपूर्ण है। वे भावनगर (Bhavnagar) से 1905 के आसपास मैट्रिक की परीक्षा पास किए। उन्होंने कॉलेज में दाखिला लिया, परंतु बीच में ही पढ़ाई छोड़कर उन्हें 1907 में जीविकोपार्जन के लिए पूर्वी अफ्रीका जाना पड़ा। 1910 में वे भारत लौटे और बंबई में कानून (law) की पढ़ाई किए। 1912 में वे उच्च न्यायालय में वकालत करना प्रारंभ कर दिए। उनकी पहली पत्नी का नाम हीराबेन था जिनकी मृत्यु के पश्चात वे पुनः जादीबेन नामक महिला से शादी किए। फरवरी 1913 में उन्हें एक पुत्ररत्न (नरेंद्र भाई) की प्राप्ति हुई जिसके बाद वे बच्चों के पालन-पोषण, उनकी उत्तम शिक्षा एवं विकास पर काफी मंथन प्रारंभ कर दिए। वे यह सोचने लगे कि बच्चों के सही विकास के लिए उन्हें देश का सर्वोत्तम नागरिक बनाने के लिए किस प्रकार की शिक्षा देनी चाहिए और किस ढंग से दी जानी चाहिए। जब वे बच्चों को दी जानी वाली शिक्षा को देखने वासो (Vaso) गए हुए थे, तब वहाँ उन्हें गुजराती भाषा में लिखी एक किताब दिया गया जिसमें शिक्षा के मांटेसरी विधि (Montessori method) का विस्तार से जिक्र था। वे मारिया मांटेसरी से काफी प्रभावित हुए और वकालत छोड़कर यह निर्णय लिया कि वे अब अपना सारा समय बच्चों की शिक्षा के उत्थान के लिए देंगे।

परिणामस्वरूप, 1920 में वे दक्षिणमूर्ति बाल मंदिर (Dakshinamurti Bal Mandir) की स्थापना किए जो एक प्राक्-प्राथमिक स्कूल (pre-primary school) था। गिज्जुभाई विशेष रूप से यह चाहते थे कि भारतीय वातावरण के अनुकूल बच्चों को शिक्षा दी जाए, शिक्षकों को प्रशिक्षित किया जाए तथा बच्चों की क्षमता एवं अभिरुचि (interest) के अनुरूप साहित्य तैयार किया जाए। इसके लिए उन्होंने मांटेसरी, फ्रोबेल्ल (Frobell), डाल्टन (Dalton) आदि के शैक्षिक दर्शनों (educational philosophies) के सार के आधार पर एक ऐसा तंत्र विकसित किया जो भारतीय परिवेश में बच्चों को शिक्षित करने के लिए उपयोगी साबित हो सके। बच्चों को स्नेह-प्यार एवं उनकी स्वतंत्रता (freedom) इस तंत्र के दो मुख्य बिंदु थे। उनके द्वारा स्थापित शिक्षा तंत्र में बच्चों के संवेदी विकास (sensory development) पर पर्याप्त बल डालते हुए संगीत, नाच, यात्रा, खेल का मैदान, कहानी-सुनाना (story telling) आदि मनभावन स्कीमों को भी सम्मिलित किया गया। उनके इस तंत्र की लोकप्रियता बच्चों तथा अभिभावकों में काफी तेजी से फैली। वे बच्चों के बीच अपने उपनाम 'मूँछ वाली माँ' (Moochali Maa—Mother with whiskers) से काफी प्रचलित थे। शायद 'माँ' इन्हें इसलिए कहा जाता था क्योंकि वे बच्चों को एक माँ के समान ही स्नेह देते थे। ये बालकों के गाँधी के नाम से भी पुकारे जाते थे। उत्तम शिक्षकों की आवश्यकता की पूर्ति करने के लिए उन्होंने 1925 में प्राक्-प्राथमिक शिक्षक प्रशिक्षण कॉलेज (pre-primary teachers' training college) की स्थापना दक्षिणमूर्ति में किया। 1925 में गिज्जुभाई ने श्रीमती ताराबेन मोदक के साथ मिलकर एक गुजराती पत्रिका 'शिक्षण पत्रिका' का संपादन शुरू किया जो प्रत्येक महीने निकलती थी। आमलोगों के बीच बच्चों की इस नई शिक्षा-प्रणाली का प्रचार-प्रसार करने के लिए उन्होंने 1925 में भावनगर तथा 1928 में अहमदाबाद में सम्मेलन भी किया। 1930 में उन्होंने वयस्क शिक्षा अभियान भी चलाया। 1936 में कुछ मतभेद के चलते वे दक्षिणमूर्ति से अलग हो गए और राजकोट में एक अध्ययन मंदिर की स्थापना किए। लगातार अथक परिश्रम करने के कारण उनका स्वास्थ्य खराब होने लगा और 23 जून, 1939 को उनका स्वर्गवास हो गया और इस तरह हम भारतीयों ने एक अनूठा बालशिक्षाशास्त्री खो दिया। बालक-केंद्रित शिक्षा (child-centred education) में ही उनके विचारों का जड़ मिलता है और इसी के लिए वे आज भी हिंदुस्तानियों के बीच लोकप्रिय हैं।

1. गिज्जुभाई द्वारा लिखित कुछ महत्त्वपूर्ण पुस्तकें (Important books written by Gijju Bhai)—गिज्जुभाई ने बहुत सारी पुस्तकें लिखीं जिनमें अधिकतर पुस्तकें बच्चों के लिए हैं तथा कुछ पुस्तकें शिक्षकों एवं अभिभावकों के लिए भी हैं। उनके द्वारा लिखी गई पुस्तकों में कुछ महत्त्वपूर्ण इस प्रकार हैं—

- प्राथमिक स्कूल में शिक्षा
- माता-पिताओं की माथापच्ची
- माता-पिता से प्रश्न
- कठिन है माता-पिता बनना
- दिवास्वप्न

दिवास्वप्न गुजराती भाषा में 1931 में प्रकाशित की गई। इसका अनुवाद अँगरेजी एवं अन्य भाषाओं में भी किया गया। दिवास्वप्न पुस्तक में प्राथमिक स्कूलों की आलोचना की गई। इसमें एक शिक्षक की काल्पनिक कहानी है जो शिक्षण-अधिगम की प्रक्रिया (teaching-learning process) के परंपरागत संप्रत्य को अस्वीकृत करता है। इस पुस्तक ने गिज्जुभाई को व्यापक सफलता एवं लोकप्रियता दिलाई।

छात्रों विशेषकर बच्चों के लिए उनकी पुस्तकों में निम्नांकित प्रमुख हैं—

- नानी के घर जाने दें
- भूत का भाई
- तड़-तड़ तड़क
- कानी गौरैया
- बुधिया
- मेढ़क की शादी
- बिल्ली के गले में हड़िया
- ऊँट के पैर सड़े
- मूर्ख ब्राह्मण
- मेरी पाठशाला
- प्राथमिक विद्यालय में कला कारीगरी की शिक्षा

2. दर्शन के आधार—बाल शिक्षार्थी का संप्रत्यय (Bases of philosophy: Concept of child learners)—गिज्जुभाई बाल शिक्षार्थी को बहुत स्नेह एवं प्यार देते थे। उनका दर्शन (philosophy) उनके द्वारा किए कुछ प्रेक्षणों (observations) पर आधारित है जो इस प्रकार है—

- बच्चों की खुशी में स्वर्ग (heaven) निहित होता है।
- बच्चों के स्वास्थ्य में स्वर्ग निहित होता है।
- बच्चों के नाटकीय अनभिज्ञता (playful ignorance) में स्वर्ग होता है।
- बच्चों के गीत और गुनगुनाने में स्वर्ग निहित होता है।

गिज्जुभाई ने यह भी कहा है कि एक बच्चा (child) अपने-आप में एक पूर्ण व्यक्ति होता है जिसमें अपनी बुद्धि, संवेग, सोच-समझ, पसंदगी-नापसंदगी तथा बल (strength) एवं कमजोरियाँ भी होती हैं।

3. शैक्षिक नियम—बाल-केंद्रित शिक्षा (Educational principles: Child-centred education)—जैसा कि सर्वविदित है कि गिज्जुभाई बच्चों में 'मूँछ वाली माँ' के रूप में लोकप्रिय थे, क्योंकि बच्चों को वे एक माँ के समान स्नेह एवं प्यार देते थे। अतः, उनकी शिक्षा बाल-केंद्रित थी, जिसकी कुछ खूबियाँ इस प्रकार हैं—

- शिक्षा बाल या शिक्षार्थी-केंद्रित होनी चाहिए।
- शिक्षार्थी को एक स्वस्थ वातावरण प्रदान किया जाना चाहिए।

- बच्चों की पवित्रता (sanctity) को ध्यान में रखना चाहिए।
- बच्चों को ऐसे वातावरण में कुछ सीखना चाहिए जो स्नेह, प्यार एवं उत्तम सोच दे।
- शिक्षण-अधिगम प्रक्रिया (teaching-learning process) में बच्चों की अधिक-से-अधिक भागीदारी हो।
- बच्चों को काम करते हुए सीखना चाहिए।
- बच्चे उत्तम रहन-सहन से भी कुछ सीखते हैं।

4. बाल मंदिर का सार (Essence of Bal Mandir)—गिज्जुभाई ने स्कूल के लिए मंदिर शब्द का प्रयोग किया था। इस मंदिर में बच्चों को पढ़ाया जाता है और उन्हें काफी स्नेह, प्यार एवं सम्मान से सींचा भी जाता है। उन्होंने एक नारा (slogan) बनाया था—**बाल देवो भवः**, जिसका मतलब हुआ कि बच्चे देवता के समान होते हैं। जिस तरह से वे प्राथमिक स्कूल के लिए बाल मंदिर शब्द का प्रयोग करते थे, ठीक उसी प्रकार मध्य विद्यालय (middle school) तथा उच्च विद्यालय (high school) के लिए क्रमशः 'किशोर मंदिर' तथा 'विनय मंदिर' का प्रयोग किया करते थे।

5. बाल मंदिर का वातावरण (Environment of Bal Mandir)—बच्चों का बाल मंदिर, अर्थात बच्चों का स्कूल या बच्चों का संसार (world) कैसा होना चाहिए, इसपर भी गिज्जुभाई ने अपना मत स्पष्ट किया है। उनके अनुसार बाल मंदिर सही अर्थ में एक ऐसा वातावरण प्रदान करता है जो बच्चों में पूर्णरूप से खुशी उत्पन्न करता है, उनके स्वास्थ्य के पूर्णतः अनुकूल होता है, शिक्षक उनके विकास में अभिरुचि दिखलाते हैं, उनके खेलने के लिए पर्याप्त साधन रहते हैं तथा छात्रों को अपनी अंतःशक्ति को विकसित करने का पूरा मौका देता है। उनके द्वारा दक्षिणमूर्ति में स्थापित बाल मंदिर तथा अन्य स्कूल तथा उनके सहयोगियों द्वारा स्थापित स्कूलों में अन्य बातों के अलावा निम्नांकित विशेषताओं को बनाए रखने पर पर्याप्त बल दिया गया है—

- **परस्पर समझ एवं सहयोग** (Mutual understanding and cooperation)—इस तरह के स्कूली वातावरण में बच्चों में परस्पर समझ एवं सहयोग काफी होता है। इस वातावरण में बच्चे एक-दूसरे से सीखते हैं और बड़े बच्चे छोटे बच्चों को उनके हर काम में मदद करते हैं। बच्चे यहाँ रात्रि में भी रुक जाते हैं ताकि एक साथ वे सूर्यास्त एवं सुबह होने का मजा ले सकें तथा रात्रि में तारे और चंद्रमा को एक साथ देखने का आनंद ले सकें।
- **बच्चों के साथ विभिन्न क्रियाओं में सहभागी बनना** (Sharing different activities with children)—गिज्जुभाई बच्चों के विभिन्न खेलों में स्वयं भी सहभागी बनते थे। उन्हें न केवल राजा-रानी की कहानी सुनाते, बल्कि विभिन्न पशुओं, पौधों, वृक्षों एवं नटखट बच्चों की भी कहानी सुनाकर आनंदित करते।
- **स्थानीय रूप से निर्मित सस्ती वस्तुओं का उपयोग** (Use of locally made inexpensive learning materials)—प्रारंभ में गिज्जुभाई मारिया मांनटेसरी (Maria Montessori) द्वारा बतलाए गए उपकरणों (tools) एवं विधियों (methods) का शिक्षा में उपयोग किया करते थे, परंतु बाद में वे स्थानीय उपलब्ध सामग्रियों (materials) का ही उपयोग करने लगे तथा उन विधियों के बारे में भी सोचने लगे जो तुलनात्मक रूप में कम खर्चीली थीं।
- **शिक्षकों की भूमिका** (Role of teachers)—गिज्जुभाई का कहना था कि एक अच्छे शिक्षक को छात्रों की सभी बातों को ध्यानपूर्वक सुनना चाहिए। इतना ही नहीं बिना किसी हस्तक्षेप के बच्चों को अपने हाथ से कुछ कार्यों को करते समय ठीक ढंग से प्रेक्षण करना चाहिए।

- **प्रकृति का प्रेक्षण** (Observing the nature)—इन स्कूलों में बच्चों को प्रकृति के वास्तविक स्वरूप से अवगत कराने हेतु उन्हें घुमाने के लिए प्रायः बाहर ले जाया जाता था। ऐसे वातावरण में उन्हें न तो अक्षर और न ही किसी संख्या से संबंधित चीज का ज्ञान दिया जाता था, बल्कि उन्हें एक ऐसे वातावरण से अवगत कराया जाता था जहाँ वे बिना किसी हिचक तथा डर के अपने-आप व्यक्त कर सकें।
- **बिना डर के स्वतंत्रता** (Freedom without fear)—ऐसे स्कूलों में बच्चों को दंडित नहीं किया जाता था। शिक्षक से बिना किसी डर के बच्चे व्यवहार करते थे। इन्हें काफी अधिक सम्मान दिया जाता था तथा उनका उत्तम देखभाल भी किया जाता था। किसी भी स्तर पर बच्चों को अपमानित नहीं किया जाता था।

भाषा का शिक्षण
(Teaching of Language)

गिज्जुभाई बाल मंदिरों में भाषा की पढ़ाई से संबंधित एक पुस्तक लिखे जो काफी लोकप्रिय भी हुई। इस पुस्तक में उन्होंने बच्चों को भाषा के विभिन्न पहलुओं के बारे में प्रशिक्षण देने की कुछ विधियों (methods) का भी वर्णन किया जिसकी चर्चा यहाँ अपेक्षित है—

- लिखना प्रारंभ करने के पहले बच्चों को पढ़ना सिखलाना चाहिए।
- लकीरों के आरेखण से लिखने का प्रशिक्षण प्रारंभ किया जाना चाहिए।
- बच्चों को इतिहास (history) की जानकारी कहानी कहकर दी जानी चाहिए।
- लोकगीतों (folk songs) का ज्ञान देकर कविता का प्रशिक्षण दिया जाना चाहिए।
- व्याकरण चूँकि भाषा का हिस्सा होता है, इसलिए इसकी पढ़ाई अलग से न होकर खेल के माध्यम से होनी चाहिए।
- गणित को पढ़ाने के लिए मांटेसरी विधि का उपयोग किया जाना चाहिए।
- बच्चों की किताबों में धार्मिक पुरुषों की जीवनी होनी चाहिए।
- भूगोल की पढ़ाई ग्लोब (globe) के माध्यम से होनी चाहिए।
- बच्चों को खेल-कूद में बिना किसी दबाव के ही भाग लेना चाहिए।

सीखने की विधि
(Learning Method)

गिज्जुभाई सीखने की विधि में खेल (play) एवं कहानी सुनाने को अधिक महत्त्वपूर्ण मानते थे। वे स्वयं भी बच्चों के साथ खेल में सहभागी बनकर खेल के माध्यम से ही कुछ-न-कुछ सिखलाया करते थे। उनका बल हमेशा इस बात पर होता था कि बच्चों को एक ऐसा वातावरण मिलना चाहिए जिसमें वे अपने-आप को खुलकर व्यक्त कर सकें और इसके लिए खेल ही एक सर्वोत्तम साधन है।

गिज्जुभाई के शिक्षा में और विशेषकर प्राक्-प्राथमिक शिक्षा में योगदान पर कुछ लोगों ने अपनी महत्त्वपूर्ण प्रतिक्रिया भी दी है। जैसे, महात्मा गाँधी ने कहा कि गिज्जुभाई का कार्य एवं

योगदान हमारे लिए एक आकर्षण का विषय है। मारिया मांटेसरी (Maria Montessori) ने कहा है कि वह गिज्जुभाई जो बाल-स्वतंत्रता (child freedom) तथा बाल-खुशी (child happiness) के लिए इतना सार्थक प्रयास किए हैं, को अच्छी तरह नहीं जानती है। काका कालेलकर (Kaka Kalelkar) ने कहा है कि गिज्जुभाई द्वारा बाल मंदिरों की स्थापना करके सिर्फ बाल-शिक्षण को ही बढ़ावा नहीं दिया गया है, बल्कि बाल कल्याण (child welfare) तथा बाल स्वतंत्रता (child freedom) को भी काफी प्रोत्साहित किया गया है। गिज्जुभाई के अनमोल वचन 'बाल देवो भवः' कभी भुलाया नहीं जा सकता है।

मारिया मांटेसरी
(Maria Montessori: 1870–1952)

मारिया मांटेसरी एक इटालियन चिकित्सक (Italian physician) एवं शिक्षक (educator) थी, का पूरा नाम मारिया टेकला आर्टीमिसिया मांटेसरी (Maria Tecla Artemisia Montessori) था। इनका जन्म 31 अगस्त, 1870 को इटली में हुआ था। इनके पिता का नाम एलेस्सानड्रो (Allessandro) था जो लेखापाल (accountant) थे तथा माता का नाम रेनिलडे स्टौप्पानी (Renilde Stoppane) था जो एक काफी शिक्षित महिला थी जिन्हें पढ़ने-लिखने का काफी शौक था। 1875 में मांटेसरी का परिवार रोम (Rome) आ गया और उनका दाखिला एक राजकीय स्कूल में करा दिया गया। स्कूली शिक्षा समाप्त करने के बाद मारिया एक डॉक्टर (doctor) बनने की ठान ली हालाँकि उनके माता-पिता अध्यापन (teaching) के क्षेत्र में उन्हें लाना चाहते थे। मारिया का दाखिला रोम विश्वविद्यालय के एक मेडिकल स्कूल में हो गया जहाँ से वे जुलाई 1896 में मेडिकल की पढ़ाई कर डॉक्टर बन गईं। वे इटली की पहली महिला थीं जिन्होंने मेडिकल साइंस में एम॰डी॰ की डिग्री प्राप्त की। इसके बाद मारिया का मेडिकल जीवन-वृत्ति (medical career) प्रारंभ हुआ और उसके बाद मारिया तुरत ही महिला अधिकार आंदोलन (women's rights movement) की ओर खिंचती चली गई। 1899 में मारिया ने रोम विश्वविद्यालय के मनोविचिकित्सकीय चिकित्सालय (psychiatric clinic) के शोध कार्यक्रम में अपना योगदान किया। यहाँ मारिया को अधिगम अशक्तता (learning disability) वाले बच्चों की आवश्यकताओं में रुचि बढ़ी। मारिया 'ऑर्थोफ्रेनिक स्कूल' (Orthophrenic School) के सहनिदेशक (co-director) नियुक्त की गई। उसी स्कूल में एक दूसरे सहनिदेशक गियूस्सेपी मांटेसनों (Giussepe Montessano) थे, जिनसे मारिया ने शादी कर ली और 1898 में मारिया ने एक पुत्र को जन्म दिया जिसका नाम मारियो (Mario) रखा गया। उसके बाद से मारिया के जीवन में कुछ बदलाव आया और वे सामाजिक सुधार के क्षेत्र में भी सक्रिय हो गईं। उनका विचार था कि मानसिक रूप से अशक्त बच्चों को पूर्ण सामाजिक समर्थन नहीं मिलने से उनमें आपराधिक प्रवृत्ति बढ़ती गई।

1901 में मारिया ने अपने शैक्षिक दर्शन के बारे में छात्रों को पढ़ाना प्रारंभ कर दी थी। 1904–08 तक उन्होंने रोम विश्वविद्यालय के पेडागोगिक स्कूल (Pedagogic School) में व्याख्याता (lecturer) के रूप में अध्यापन किया। गरीब बच्चों को सैन लोरेन्जो में पढ़ाने के लिए 1907 में वह एक स्कूल खोली जिसका नाम **कासा डेई बामबिनी** (Casa dei Bambini) था जिसका मतलब **बच्चों का घर** (Children's House) होता है। इस स्कूल में उन्होंने ऑर्थोफ्रेनिक स्कूल में विकसित किए गए शैक्षिक सामग्रियों का उपयोग शिक्षण में सफलतापूर्वक किया। यहाँ

पर मारिया को अपने द्वारा विकसित शैक्षणिक सामग्रियों एवं विधियों (methods) का सामान्य बच्चों पर भी लागू करने का मौका मिला। 1909 तक मारिया अपने नए शैक्षिक उपागम को करीब 100 से 200 छात्रों पर सफलतापूर्वक क्रियान्वयन कर चुकी थीं। उन सभी सामग्रियों एवं शैक्षिक विधियों को उन्होंने एक किताब के रूप में 1909 में प्रकाशित भी किया। इसका अनुवाद अमेरिका में 1914 में मांटेसरी विधि (Montessori method) कहकर किया गया और बाद में करीब 20 अन्य भाषाओं में उसे अनुवादित किया गया। इससे मारिया की लोकप्रियता न केवल इटली, बल्कि अमेरिका, इंगलैंड तथा पूर्व यूरोप में भी काफी बढ़ने लगी और बच्चों को मांटेसरी विधि से शिक्षित करने में लोग अपने-आप को गौरवान्वित महसूस करने लगे। 1917 में मारिया स्पेन (Spain) में रहने लगी और उनके बेटे मारियो की शादी हेलेन क्रिस्टी (Helen Christy) से हुई। 1929 में माँ तथा बेटे ने मिलकर एसोसिएशन मांटेसरी इंटरनेशनल (Association Montessori Internationale or AMI) की स्थापना करके अपने लोकप्रियता में चार चाँद लगाए। फिर बाद में यूरोप में फासीवाद (Fascism), अर्थात तानाशाही शक्तियाँ उभरने लगीं। जर्मनी में 1933 तक सभी मांटेसरी स्कूलों को बंद करने का सरकारी आदेश जारी कर दिया गया और यह कार्य इटली में भी वहाँ के तानाशाह मुसोलिनी द्वारा किया गया। इस तरह की परिस्थिति, अर्थात गृहयुद्ध से अपने-आप को बचाते हुए मारिया अपने पुत्र मारियो के साथ 1936 में इंगलैंड आ गईं। इसके बाद फिर वे नीदरलैंड चली गईं। 1939 में मारिया तथा मारियो भारत में तीन महीने के लिए भ्रमण पर आए, परंतु यहाँ भी उनकी बदकिस्मती ने पीछा नहीं छोड़ा। द्वितीय विश्वयुद्ध की सुगबुगाहट हो गई थी। भारत में ब्रिटिश सरकार ने मारिया तथा मारियो को इटालियन नागरिक होने के कारण करीब सात सालों तक गृहबंदी (house arrest) के रूप में रखा। मारिया ने भारत में रहते हुए उस समय 6–12 साल के बच्चों की शिक्षा के लिए 'कॉस्मिक शिक्षा' (cosmic education) की शुरुआत की। फिर ब्रिटिश सरकार के आदेश से वे जब गृहबंदी से पूर्ण स्वतंत्र हो गए, तब करीब हजारों भारतीय नागरिकों को उत्तम शिक्षण देने के ख्याल से उन्हें प्रशिक्षित किया।

1946 में मारिया अपने पुत्र के साथ नीदरलैंड लौट गईं और 1947 में उन्होंने यूनेस्को में 'शिक्षा एवं शांति' पर शानदार एवं दमदार भाषण दिया। उन्हें लगातार तीन वर्षों तक, अर्थात 1949 से 1951 तक नोबेल पुरस्कार के लिए मनोनीत भी किया गया। 1951 में लंदन में आयोजित नौवीं अंतरराष्ट्रीय मांटेसरी कॉंग्रेस में भाषण उनका अंतिम जनभाषण साबित हुआ। 6 मई 1952 को 81 वर्ष की उम्र में मारिया का देहांत नीदरलैंड में हो गया।

1. मारिया मांटेसरी के महत्त्वपूर्ण प्रकाशन (Important publications of Maria Montessori)—मारिया मांटेसरी द्वारा बहुत सारी पुस्तकें लिखी गईं। इन पुस्तकों में से कुछ महत्त्वपूर्ण पुस्तकें निम्नांकित हैं—

- दि एब्जोर्बेंट माइंड
- स्पोंटेनियस एक्टिविटि इन एडुकेशन
- दि मांटेसरी मेथड
- माई सिस्टम ऑव एडुकेशन
- डॉ॰ मांटेरीस नोटबुक
- दि मदर ऐंड दी चाइल्ड एंड माई सिस्टम ऑव एडुकेशन
- दि डिसकवरी ऑव दि चाईल्ड

- दि सीक्रेट ऑव चाइल्डहुड
- दि चाइल्ड इन दि फैमिली
- साइकोज्योमेट्री
- क्रिएटिव डेवेलप्मेंट इन दि चाइल्ड—दि मांटेसरी अप्रोच
- चाइल्ड एडुकेशन
- एडुकेशन एंड पीस (क्लीओ मांटेसरी)

2. मांटेसरी शिक्षा क्या है? (What is Montessori Education?)—मांटेसरी शिक्षा एक ऐसी शिक्षा है जिसे 1907 में इटली की प्रसिद्ध डॉक्टर एवं शिक्षक मारिया मांटेसरी द्वारा रोम में स्थापित किया गया था। यह फिर धीरे-धीरे पूरे विश्व में फैल गया। यह एक बालक-केंद्रित शैक्षिक उपागम (child-centered educational programme) है जो बच्चों के जन्म से लेकर बाल्यावस्था तक के वैज्ञानिक प्रेषण (scientific observation) पर आधारित है। यह एक ऐसी शिक्षा-पद्धति है जिसमें मानव भाव (human spirit) एवं बच्चों के संपूर्ण विकास, जैसे शारीरिक विकास, सामाजिक विकास, सांवेगिक विकास तथा संज्ञानात्मक विकास पर पर्याप्त बल दिया जाता है। इस तरह की शिक्षा बच्चों को ऐसा अवसर प्रदान करता है जिससे वे एक दिन योग्य, उत्तरदायी एवं सम्मानित नागरिक बन सकें। मारिया के अनुसार इस तरह की शिक्षा व्यक्ति को हर पहलू से निपटने के लिए तैयार करती है। इस तरह की शिक्षा में ऐसी शिक्षण सामग्री (materials) तथा प्रविधियों (techniques) का उपयोग किया जाता है जो शिक्षार्थियों में अधिगम (learning) को स्वाभाविक ढंग से विकसित करने में मदद करता है।

3. मांटेसरी शिक्षा की विधि एवं दर्शन (Philosophy and methods of Montessori Education)—डॉ॰ मारिया का मानना था कि प्रत्येक बच्चा विशिष्ट मानसिक शक्ति के साथ जन्म लेता है और उसका मुख्य कार्य अपने-आप को वैसा व्यक्ति बनाना होता है जो वह बनना चाहता है। इस तरह का आत्मनिर्माण (self-construction) करने के लिए उसे एक खास तरह का 'वातावरण' (environment) चाहिए जिसे 'निर्मित वातावरण' (prepared environment) कहा जाता है जिसमें बच्चे बहुत तरह की उचित क्रियाओं (appropriate activities) में अपनी इच्छा, कौशल के अनुरूप कुछ को चुनकर अपने-आप को शिक्षित करते हैं। उन्हें अपनी जन्मजात शक्ति का उपयोग करने के लिए एक सीमा के अंदर पूर्ण स्वतंत्रता दी जाती है ताकि वे अपने-आप को शारीरिक रूप से, मानसिक रूप से एवं आध्यात्मिक रूप से (spiritually) विकसित कर सकें। मारिया के शैक्षिक दर्शन का एक प्रमुख अंग बच्चों के विकास में संवेदनशील अवधि (sensitive periods) की खोज भी है। इस अवधि में बच्चे कुछ उद्दीपकों (stimuli) की तीव्रता अन्य उद्दीपकों की अपेक्षा अधिक पसंद करते हैं। इस अवधि में बच्चे किसी खास तरह के कौशल (skill) को बड़ी आसानी से सीख लेते हैं। प्रत्येक संवेदनशील अवधि में बच्चों के लिए अलग शिक्षण सामग्री की सिफारिश मारिया ने किया है। प्रत्येक छात्र में इस संवेदनशील अवधि की पहचान करना शिक्षक का उत्तरदायित्व होता है और कक्षा के वातावरण में छात्रों की उस अवधि के अनुरूप शिक्षण-सामग्रियों को परोसना भी उन्हीं का उत्तरदायित्व होता है। सामग्री का स्वरूप कुछ ऐसा होता है जिसके प्रति बच्चों में एक स्वाभाविक लगाव होता है। मांटेसरी शिक्षा में बच्चों के विकास (development) की स्वाभाविक अवस्थाओं के अनुरूप शिक्षा में परिवर्तन किया जाता है। इन अवस्थाओं को 'विकास का स्तर या तल' (planes of development) कहा जाता है जो लगभग 6 साल के अंतरालों का होता है—0–6, 6–12, 12–18 तथा 18–24 साल। इनमें से प्रत्येक स्तर

को 3–3 साल के खंड में बाँटा जाता है। विकास का यही स्तर मांटेसरी शिक्षा में किए गए तीन-तीन के समूहन (grouping) का आधार होता है। जैसे—0–3, 3–6, 6–9, 9–12, 12–15, 15–18 साल आदि।

4. मांटेसरी शिक्षा की मुख्य विशेषताएँ (Important features of Montessori Education)—ऐसी शिक्षा में डॉ॰ मारिया ने निम्नांकित विशेषताओं को काफी महत्त्वपूर्ण बतलाया है—

- प्रत्येक बच्चे को एक विलक्षण (unique) बालक समझा जाता है जो अपनी गति (pace) से पाठ्यक्रम को शिक्षक के निर्देशन में सीखता है। डॉ॰ मारिया का कहना था कि **प्रत्येक छात्र के भीतर उसका भविष्य छिपा होता है** (Within each child lies the fate of future)।
- प्रत्येक छात्र दिए गए वैकल्पिक क्रियाओं में से अपने कौशल एवं इच्छा के अनुसार क्रियाओं को चुनता है तथा उसे सीखता है।
- इस तरह की शिक्षा में **मिश्रित उम्र वर्ग** (mixed-age classroom) की व्यवस्था होती है। इस तरह के वर्ग में तीन-तीन साल के अंतराल के बच्चों का समूह होता है। इस तरह का वर्ग एक पारिवारिक संरचना (family structure) की याद दिलाता है जिसमें बड़े बच्चे शिक्षक की भूमिका भी निभाते हैं और एक आदर्श (role model) के रूप में भी होते हैं।
- मांटेसरी शिक्षा में एक सीमा के भीतर छात्र स्वतंत्रता (freedom) का उपयोग करता है। शिक्षक उस सीमा को तय करते हैं और उस सीमा के भीतर छात्र सक्रिय होकर यह निश्चय करते हैं कि उन्हें क्या करना चाहिए।
- ऐसी शिक्षा में छात्रों को ज्ञान (knowledge) का एक सक्रिय जिज्ञासु माना जाता है। शिक्षक ऐसा वातावरण प्रदान करते हैं जहाँ छात्र को अपने ही प्रश्नों का उत्तर देने के लिए पर्याप्त स्वतंत्रता तथा सामग्री होती है।
- ऐसे शिक्षण में 'अन्वेषण मॉडल' (discovery model) को अपनाया जाता है जहाँ छात्र किसी संप्रत्यय (concept) को कुछ करके सीखते हैं न कि प्रत्यक्ष निर्देश (direct instruction) द्वारा सीखते हैं।
- ऐसी शिक्षा में विषयवार विशेष रूप से तैयार की गई सामग्रियों को छात्रों को दिया जाता है जो छात्रों की क्षमता के अनुरूप होता है।
- आत्मसुधार (self-correction) तथा आत्ममूल्यांकन (self-assessment) मांटेसरी शिक्षा का अनिवार्य हिस्सा होता है। जैसे-जैसे बच्चे बड़े होते जाते हैं वे अपने कार्य की समीक्षा करते हैं तथा अपनी त्रुटियों को सुधारकर उससे सीखने में महारत हासिल कर लेते हैं।

संक्षेप में, मांटेसरी शिक्षा में चूँकि छात्रों को अपने प्रश्नों को पूछने की एक सीमा तक स्वतंत्रता होती है तथा अपने कार्यों का स्वयं मूल्यांकन करते हुए उसमें हुई त्रुटियों को सुधारने का भी पर्याप्त मौका मिलता है, वे एक उत्साही, आत्मविश्वासी तथा आत्मनिर्देशित शिक्षार्थी (self-directed learners) आसानी से बन जाते हैं। वे आलोचनात्मक ढंग से सोच पाते हैं, सहयोग दिखाकर सफलतापूर्वक काम करने की आदत तथा किसी कार्य को हिम्मतपूर्वक करने की क्षमता विकसित कर लेते हैं।

4. विकास का स्तर (Phases of development)—डॉ॰ मारिया के अनुसार विकास के चार स्तर (planes or stages) होते हैं जो इस प्रकार हैं—

(i) **पहला स्तर—0–6 साल तक**—यह स्तर या अवस्था बच्चों में महत्त्वपूर्ण शारीरिक एवं मनोवैज्ञानिक विकास की होती है। बच्चे अपने वातावरण से प्राप्त संवेदी उत्तेजना (sensory stimulation) को एकत्रित करके उसके आधार पर मनोवैज्ञानिक आत्मनिर्माण (psychological self-construction) तथा कार्यात्मक स्वतंत्रता (functional independence) प्राप्त करने की दिशा में उन्मुख हो जाते है। उनकी कक्षाएँ छात्र-आधृत पाठ (student-centered lessons) एवं उपयुक्त सामग्रियों से भरी होती हैं। इस अवधि में बच्चों के मन (mind) का स्वरूप अवशोषक (absorbent) हो जाता है जिसमें वे सिर्फ संवेदी उत्तेजकों को ही नहीं, बल्कि भाषा, संस्कृति एवं अन्य संप्रत्ययों के विकास से उत्पन्न उत्तेजकों को भी अवशोषित करते जाते हैं। इस अवधि में उनमें उद्दीपकों का क्रम (order), छोटे-छोटे उद्दीपकों में अभरुचि, संवेदी शोधन (sensory refinement) तथा सामाजिक व्यवहार आदि को ठीक ढंग से कार्यरूप देने पर ध्यान देने लगते हैं। इससे 6 साल के उम्र के बच्चों में एक विशेष मनोवैज्ञानिक अवस्था भी उत्पन्न होती है जिसे डॉ॰ मारिया ने 'प्रसामान्यीकरण' (normalization) कहा है। इस प्रक्रिया के उत्पन्न होने पर बच्चों में एकाग्रता, स्वाभाविक अनुशासन का भाव तथा दूसरों के प्रति सहानुभूति एवं मदद का भाव दिखाने की सामाजिक प्रवृत्ति भी विकसित हो जाती है।

(ii) **दूसरा स्तर—6–12 साल तक**—इस अवस्था में बच्चों में स्पष्ट शारीरिक एवं मनोवैज्ञानिक परिवर्तन होते हैं। बच्चों की शिक्षा के लिए कक्षाओं में सामग्रियों (materials) एवं उनके लिए विशेष तरह के पाठ (lessons) को तैयार किया जाता है। शारीरिक रूप से बच्चे अधिक मजबूत हो जाते हैं। मनोवैज्ञानिक रूप से उनमें समूह में मिल-जुलकर कार्य करने एवं तर्क करने की क्षमता तथा कल्पनाशक्ति काफी विकसित हो जाती है। डॉ॰ मारिया का कहना था कि इस अवधि में बच्चों में बौद्धिक स्वतंत्रता (intellectual independence), नैतिकता की समझ एवं सामाजिक संगठन (social organization) जैसे भाव मजबूत हो जाते हैं।

(iii) **तीसरा स्तर—12–18 साल तक**—यह अवस्था किशोरावस्था की अवस्था होती है जिसमें यौन परिपक्वता (sex maturity) एक महत्त्वपूर्ण शारीरिक पहलू होता है। शरीर के अन्य अंगों का भी विकास लगभग पूरा हो जाता है। मनोवैज्ञानिक तौर पर इनमें अस्थिरता तथा तनाव होता है जिससे एकाग्रता में कमी आती है। यहाँ बच्चे अपने-आप को समाज में एक वयस्क के रूप में प्रक्षेपित करते हैं। उनमें सर्जनात्मकता की प्रवृत्ति भी तीव्र हो जाती है। वे चाहते हैं कि उनके कार्यों का बाहरी मूल्यांकन हो और उन्हें उत्तम ग्रेड भी मिले।

(iv) **चौथा स्तर—18–24 साल तक**—यह चौथा स्तर होता है जो 18 साल की आयु से आरंभ होकर 24 साल की आयु तक होता है। इस अवस्था में वयस्क का जो रूप होता है वह पहले की अवस्थाओं में एक बच्चा के रूप में दी गई मांटेसरी शिक्षा का प्रतिफल होता है। इस अवस्था में आर्थिक स्वतंत्रता महत्त्वपूर्ण हो जाती है। डॉ॰ मारिया ने इस अवस्था के बारे में कुछ विशेष नहीं बतलाया है और न ही इस अवस्था के लिए कोई शैक्षिक कार्यक्रम (educational programme) ही विकसित किया है।

5. शैक्षिक अभ्यास (Educational practices)—डॉ॰ मारिया ने विभिन्न उम्र के बच्चों को दिए जानेवाले शैक्षिक अभ्यास को महत्त्वपूर्ण बतलाया है। मोटे तौर पर उनके इस कार्यक्रम को चार भागों में बाँटकर विवेचना की जा सकती है—

- **शिशुओं एवं बच्चों का शैक्षिक कार्यक्रम** (Educational programmes of infants and toddlers)—उसमें 0–3 साल तक के बच्चे होते हैं। इसमें मुख्य रूप से दो श्रेणी होती हैं—पहली तो वह जिसमें 2 महीने से 14 महीने तक के बच्चे होते हैं और दूसरी श्रेणी वह जिसमें 30 महीने से लेकर 36 महीने तक के बच्चे होते हैं। पहली श्रेणी को **घोंसला** (nest) तथा दूसरी श्रेणी को **यंग चाइल्ड कम्युनिटी** कहा जाता है। इस कार्यक्रम में बच्चों में विभिन्न क्रियाओं को विकसित करने की कोशिश की जाती है ताकि वे स्वतंत्र रूप से अपना कार्य कर सकें। इस कार्यक्रम में शौच प्रशिक्षण (toilet training) भी सम्मिलित होता है।
- **प्राक्-स्कूल एवं किंडरगार्टेन कार्यक्रम** (Pre-school and Kindergarten programme)—इस शैक्षिक कार्यक्रम में 3 साल से 6 साल तक के बच्चे होते हैं। इन बच्चों को 25 से 30 बच्चों के मिश्रित-उम्र समूह (mixed-aged group) में रखा जाता है। शिक्षक काफी प्रशिक्षित होते हैं। बड़े बच्चे छोटे बच्चों के लिए शिक्षक की भी भूमिका में होते हैं। कक्षा में इस उम्र के बच्चों की ऊँचाई के अनुसार कुर्सी एवं टेबुल होते हैं और उन्हीं की ऊँचाई के अनुरूप बने ताक (shelf) पर शिक्षण सामग्री रखी होती है। शिक्षण सामग्री में अधिकतर व्यावहारिक कौशल (practical skills) को विकसित करने संबंधी सामग्री होती है। उसके अलावा गणितीय सामग्री, भाषा-संबंधी सामग्री एवं सांस्कृतिक सामग्री भी उपलब्ध होती है। उन्हें अक्षर लिखना सिखलाने के लिए स्पर्श सामग्री (tactile materials) का भी उपयोग किया जाता है। इन सभी तरह की सामग्रियों का उद्देश्य मूल संप्रत्ययों की जानकारी प्रदान करना होता है ताकि बाद में उनका मानसिक विकास सही ढंग से हो सके।
- **प्रारंभिक कक्षा का कार्यक्रम** (Elementary classroom programme)—इस तरह के प्रारंभिक स्कूली कक्षा के कार्यक्रम में 6 से 9 साल तक के बच्चों को रखा जाता है। इस उम्र के बच्चों को कई तरह की शिक्षा सामग्री दी जाती है जिसमें से वे अपनी अभिरुचि एवं व्यक्तिगत जवाबदेही के अनुकूल कुछ सामग्री चुन लेते हैं। इसमें शिक्षक बच्चों को भाषा, गणित, इतिहास, जीवविज्ञान, धर्मविज्ञान (theology) आदि देते हैं। इसे मारिया ने 'बड़े पाठ' (great lessons) कहा है। ऐसे 'बड़े पाठ' का उद्देश्य बच्चों में नई कल्पना एवं नए क्षेत्रों में ज्ञान के भंडार को मजबूत करना होता है। इन सामग्रियों पर आधृत शिक्षा को मारिया ने 'कॉस्मिक शिक्षा' (cosmic education) की संज्ञा दी है क्योंकि इन सामग्रियों का सार्वजनिक उपयोग होता है तथा इसके पीछे छिपा यह भाव भी होता है कि ऐसी शिक्षा से बच्चों में विश्व के अंतरआश्रित एवं अंतरसंबंधित कार्यों के स्वरूप को भी ठीक से समझना संभव हो पाएगा।
- **मध्य एवं उच्च विद्यालय का कार्यक्रम** (Middle and high school programme)—डॉ॰ मारिया स्वयं इस स्तर के स्कूल के लिए कोई विशेष शैक्षिक कार्यक्रम नहीं विकसित की हैं। परंतु, यह देखा गया है कि कुछ स्कूल अपनी ओर से इस स्तर के लिए भी शैक्षिक कार्यक्रम विकसित किए हैं जिसे एक सराहनीय कदम माना जा सकता है।

ऐसा देखा गया है कि जब बिलकुल सही-सही ढंग से मांटेसरी शिक्षा को आरंभिक स्कूलों में लागू किया जाता है, तो उससे बच्चों में जो सामाजिक एवं शैक्षिक कौशल का विकास होता है, वह अन्य तरह के स्कूलों में दी गई शिक्षा से सामान्यतः कहीं अधिक होता है।

6. शिक्षा एवं शांति (Education and peace)—जैसे-जैसे डॉ॰ मारिया मांटेसरी की लोकप्रियता बढ़ती गई और उनके शैक्षिक सिद्धांतों के प्रति लोगों का लगाव बढ़ता गया, उनमें यह दृढ़

विश्वास भी पनपने लगा कि संसार में शांति बनाए रखने में भी शिक्षा की अहम भूमिका है। जिन छात्रों को उचित ढंग से मांटेसरी शिक्षा प्राप्त हुई है तथा जिनका विकास नियम के तहत हुआ है, डॉ॰ मारिया के अनुसार वे आगे चलकर एक शांतिपूर्ण सभ्यता का सफलतापूर्वक निर्माण करेंगे। उन्होंने एक नारा भी दिया, **संघर्ष को रोकना राजनीति का काम है, परंतु शांति स्थापित करना शिक्षा का काम है।** (Preventing conflicts is the work of politics whereas establishing peace is the work of education.) उनके सराहनीय कदम के लिए 1949, 1950 तथा 1951 में प्रत्येक साल उन्हें नोबेल शांति पुरस्कार के लिए भी नामजद (nominate) किया गया था।

7. संक्षेप में मारिया मांटेसरी का योगदान (Contribution of Maria Montessori in brief)—डॉ॰ मारिया मांटेसरी का प्रभाव आधुनिक शैक्षिक सिद्धांत पर विशेष रूप से नर्सरी और आरंभिक स्कूली शिक्षा पर काफी पड़ा है। उनका यह सुझाव कि बच्चों को पर्याप्त स्नेह, सम्मान एवं शिक्षकों तथा अभिभावकों की सहानुभूति मिलनी चाहिए, को व्यापक समर्थन मिला है। उनके योगदान को संक्षेप में इस प्रकार बतलाया जा सकता है—

- **शिक्षा का वैज्ञानिक संप्रत्यय** (Scientific concept of education)—मारिया मांटेसरी एक मेडिकल डॉक्टर के रूप में अपनी जीवन-वृत्ति प्रारंभ की। उन्होंने तंत्रिकाशास्त्र (neurology) तथा मनोविज्ञान का विशेष रूप से अध्ययन किया था और उन्हें असक्त बच्चों (disabled children) के उपचार का अच्छा अनुभव भी था। अपने इस अनुभव के कारण उन्होंने बच्चों को शिक्षित करने की जो विधि बतलाई, वह प्रयोग (experiment) पर आधृत था। उन्होंने इस तरह की शिक्षा में प्रेक्षण, प्रयोग तथा अन्य वैज्ञानिक विधियों का उपयोग किया। उन्होंने पुराने प्रथा से हटकर बच्चों को वैज्ञानिक ढंग से शिक्षित करने पर जोर डाला जहाँ बच्चे मुक्त भाव से दिए गए मांटेसरी सामग्रियों में से अपनी अभिरुचि के अनुसार कुछ को चुनकर योग्य शिक्षक के निर्देशन में शिक्षा पाते हैं।
- **छोटे बच्चों के लिए स्नेह एवं सम्मान** (Love and respect for the small children)—मारिया ने बच्चों की शिक्षा में प्यार, सम्मान एवं सहानुभूति को महत्त्वपूर्ण बतलाया है। बाल शिक्षा को सरकार एवं आमलोग दोनों का ही स्नेह एवं प्यार चाहिए। उनका मानना है कि बच्चों की आत्मा (soul) जो शुद्ध (pure) एवं काफी संवेदनशील होती है, को हमारे समर्पित सम्मान एवं प्यार की आवश्यकता होती है।
- **वैयक्तिक शिक्षा पर बल** (Emphasis on individual teaching)—मांटेसरी शिक्षा में प्रत्येक बच्चे पर अलग-अलग ध्यान देने का प्रावधान है। इस तरह की शिक्षा में बच्चों को सामूहिक रूप में शिक्षित नहीं किया जाता है। डॉ॰ मारिया का मत था कि प्रत्येक बच्चा शारीरिक एवं मानसिक रूप से एक दूसरे से भिन्न होता है। अतः प्रत्येक बच्चे का प्रेक्षण एवं उनका अध्ययन अलग-अलग ढंग से किया जाना चाहिए और तभी जाकर उनको दी जानेवाली शिक्षा सार्थक होगी।

डॉ॰ मारिया मांटेसरी के कुछ अनमोल वचन—

- *बच्चे के भीतर ही भविष्य का भाग्य निहित होता है।*
- *सभी चीजों में प्यार (love) सबसे ज्यादा शक्तिशाली (potent) होता है।*
- *विकास पुनर्जन्मों की एक श्रृंखला होती है।*

- *बच्चे को ज्ञान अवशोषित करने के लिए मन (mind) होता है। उसमें अपने-आप को शिक्षित करने की शक्ति भी होती है।*
- *कल्पना बड़ी तब तक नहीं होती जब तक मनुष्य साहस एवं शक्ति के साथ इसका उपयोग सृजन करने में नहीं करता है।*
- *किसी शिक्षक की सफलता का सबसे बड़ा संकेत यह होता है कि वह यह कहने में समर्थ हो कि बच्चे इस तरह से अब कार्य कर रहे हैं मानो उसका स्वयं का अस्तित्व ही नहीं है।*
- *अपने आंतरिक जीवन के मुलायम मोम (soft wax) पर बच्चों द्वारा बनाए गए डिजाइन को नहीं मिटाइए।*
- *उन सभी क्रियाओं के युक्तिसंगत प्रारूपों का सम्मान कीजिए जिसमें बच्चे अभिरूचि दिखलाते हैं तथा उन्हें समझने की कोशिश करते हैं।*
- *हमलोगों को बच्चे को अपने-आप के लिए कुछ करने में, अपने बारे में सोचने में तथा अपने बारे में संकल्प करने में मदद करनी चाहिए। यह उनलोगों की कला होती है जो अंतरात्मा (spirit) की सहायता करना चाहते हैं।*

डॉ० सर्वपल्ली राधाकृष्णन

(Dr Sarvepalli Radhakrishnan: 1888–1975)

सर्वपल्ली राधाकृष्णन का जन्म 5 सितंबर, 1888 को ब्रिटिश इंडिया के मद्रास प्रेसिडेंसी (अब तमिलनाडु) के एक गरीब तेलुगु ब्राह्मण परिवार में तिरूट्टनी (Tiruttani) में हुआ था। इनके पिता का नाम सर्वपल्ली मीरास्वामी तथा माता का नाम सर्वपल्ली सीता (जिन्हें सीता माँ भी कहा जाता था) था। इनके पिता स्थानीय जमींदार (landlord) के यहाँ अवरराजस्व (subordinate revenue) सेवा में अधिकारी थे। राधाकृष्णन अपने माता-पिता की दूसरी संतान थे। इनकी आरंभिक शिक्षा तिरूट्टनी में ही हुई। 1896 में वे लूथरन मिशन स्कूल (Lutheran Mission School) तिरूपति चले आए। इस तरह से इनके जीवन का आरंभिक समय तिरूट्टनी तथा तिरूपति में ही बीता। दोनों ही स्थान लोकप्रिय पर्यटन स्थल है। इनके रूढ़िवादी पिता यह चाहते थे कि राधाकृष्णन बड़े होकर एक पुजारी (priest) बनें, इसलिए वे उन्हें अँगरेजी नहीं पढ़ाना चाहते थे। परंतु, विधाता ने तो बालक राधाकृष्णन के लिए कुछ और विधान लिख रखा था। उन्होंने उच्चतर शिक्षा के लिए पहले भूरहीज कॉलेज (Voorhees College), भेल्लोर में दाखिला लिया और उसके बाद फिर वे मद्रास क्रिश्चयन कॉलेज में चले आए। उन्होंने 1909 में दर्शनशास्त्र में एम०ए० की डिग्री ली। एम०ए० में उन्होंने एक शोध-प्रबंध (thesis) लिखा जिसका शीर्षक था "दि इथिक्स ऑव वेदांता एंड इट्स मेटाफिजिकल प्रीसपोजिसन"। इस शोध से उनकी लोकप्रियता काफी बढ़ गई, क्योंकि यह शोध-प्रबंध उनलोगों को करारा जवाब था जो यह कहा करते थे कि वेदांता में इथिक्स (ethics) के लिए कोई जगह नहीं होती है। पूरी पढ़ाई के दौरान उन्हें बारंबार छात्रवृत्ति (scholarship) मिलती गई, क्योंकि वे एक काफी मेहनती, उच्च बुद्धि एवं उपलब्धि उन्मुखी छात्र थे जिनकी प्रतिभा से शिक्षक काफी खुश रहते थे। 1906 में मात्र 18 वर्ष की अल्प आयु में उनका विवाह शिवकामू नामक एक कन्या से हो गया। शिवकामू से उन्हें पाँच पुत्री एवं एक पुत्ररत्न प्राप्त हुआ। पुत्र का नाम सर्वपल्ली गोपाल था। शिवकामू की मृत्यु 1956 में ही हो गई। 1909 से 1917 तक वे प्रेसिडेंसी कॉलेज, मद्रास में दर्शनशास्त्र के शिक्षक के रूप में कार्य किए जहाँ उन्हें काफी प्रसिद्धि

मिली, क्योंकि दर्शनशास्त्र के कठिन-से-कठिन समस्याओं का वे आसानी से समाधान कर देते थे। इनके बाद उन्हें 1918 में मैसूर विश्वविद्यालय में दर्शनशास्त्र के आचार्य (professor) के रूप में नियुक्त किया गया जहाँ वे 1921 तक रहे। यहीं पर रहते हुए उन्होंने अपनी पहली पुस्तक 'दि फिलोसॉफी ऑव रवींद्रनाथ टैगोर' (*The Philosophy of Rabindranath Tagore*, 1918) तथा दूसरी पुस्तक 'रेन ऑव रिलिजन इन कण्टेम्पोरेरी फिलोसॉफी' (*Reign of Religion in Contemporary Philosophy*, 1920) लिखा। इस दूसरी पुस्तक से वे दर्शनशास्त्र की दुनिया में छा गए। 1921 में ही कलकत्ता विश्वविद्यालय में दर्शनशास्त्र के सबसे महत्त्वपूर्ण पद, अर्थात मानसिक एवं नैतिकशास्त्र के किंग जॉर्ज पंचम चेयर (King George V Chair of Mental and Moral Science) पर उनकी नियुक्ति हुई। यहाँ वे आचार्य (professor) के रूप में बहुत लंबे समय तक रहे। कलकत्ता विश्वविद्यालय में रहते हुए ही उन्होंने अपनी पुस्तक 'भारतीय दर्शन' (*Indian Philosophy*) जिल्द I तथा जिल्द II का प्रकाशन किया। जिल्द I (volume I) का प्रकाशन 1923 में तथा जिल्द II (volume II) का प्रकाशन 1927 में किया गया। 1929 में जीवन के आदर्शों पर हिब्बर्ट लेक्चर (Hibbert lecture) देने के लिए वे हैरिस मैनचेस्टर कॉलेज (Harris Manchester College), ऑक्सफोर्ड गए। 1931 में ब्रिटिश सरकार ने उन्हें उनके द्वारा किए गए सर्वोत्कृष्ट अध्यापन के लिए नाइटहुड (Knighthood) से नवाजा और उन्हें सर सर्वपल्ली राधाकृष्णन कहा जाने लगा।

1931 से 1936 तक वे आंध्र विश्वविद्यालय के कुलपति (Vice Chancellor) भी रहे। इसके बाद यानी 1936 में वे फिर ऑक्सफोर्ड विश्वविद्यालय में इस्टर्न रिलिजंस एंड इथिक्स के **स्पालडिंग प्रोफेसर** (Spalding Professor) बने, जहाँ वे 1952 तक सेवा दिए। 1939 में उनकी नियुक्ति बनारस हिंदू विश्वविद्यालय के कुलपति (Vice Chancellor) के रूप में हो गई। इस पद पर वे 1948 तक बन रहे। 1946 से 1952 तक वे यूनेस्को (UNESCO) में भारत का प्रतिनिधित्व भी किए। 1942 से 1952 तक वे भारत के राजदूत के रूप में रूस में रहे।

राधाकृष्णन को 1952 में भारत का प्रथम उपराष्ट्रपति (Vice-President) चुना गया। फिर 1962 में भारत के दूसरे राष्ट्रपति के रूप में उनकी नियुक्ति की गई और इस पद पर 1967 तक रह कर देश का नेतृत्व करते रहे। 1954 में उन्हें भारत के सर्वोच्च नागरिक सम्मान 'भारत रत्न' से नवाजा गया। 1975 में उन्हें टेम्पलटन पुरस्कार मिला। 17 अप्रैल 1975 को करीब 85 वर्ष की आयु में उनका देहांत हो गया। इस तरह वे कुल 86 वर्ष 7 महीने 12 दिन जीवित रहे। उनकी अनुपस्थिति न केवल भारत को, बल्कि पूरी दुनिया को टीसती रहेगी। उनके द्वारा प्रज्ज्वलित ज्ञान की लौ से लौ जलने एवं जलाने की प्रक्रिया आज भी चल रही है और आगे भी चलती रहेगी।

1. महत्त्वपूर्ण प्रकाशन (Important publications)—डॉ॰ राधाकृष्णन द्वारा लिखित बहुत सारी पुस्तकें एवं पत्रिकाएँ प्रकाशित हुई हैं। इनमें से निम्नांकित प्रमुख हैं—

- दि फिलोसॉफी ऑव रवींद्रनाथ टैगोर (1918)
- दि रेन ऑव रिलिजन इन कण्टेम्पोरेरी फिलोसॉफी (1920)
- इंडियन फिलोसॉफी, वोल्यूम I (1923)
- दि हिंदू व्यू ऑव लाईफ (1926)
- इंडियन फिलोसॉफी, वोल्यूम II (1927)
- एन आइडियलिस्ट व्यू ऑव लाईफ (1932)

- फ्रीडम ऐंड कल्चर (1936)
- दि हर्ट ऑव हिंदुस्तान (1936)
- रिलिजन इन ट्रांजिसन (1937)
- ईस्टर्न रिलिजंस ऐंड वेस्टर्न थॉट (1939)
- गौतम—दि बुद्धा (1938)
- महात्मा गाँधी (1939)
- इंडिया ऐंड चाईना (1944)
- एडुकेशन, पोलिटिक्स ऐंड वार (1944)
- दि भगवद्गीता (1948)
- ग्रेट इंडियंस (1949)
- ईस्ट ऐंड वेस्ट—सम रिफ्लेक्शन्स (1955)
- रिकवरी ऑव फेथ (1956)
- दि ब्रह्मसूत्र—दि फिलोसॉफी ऑव स्पिरिचुअल लाइफ (1960)
- ऑन नेहरू (1965)
- रिलिजन इन ए चेंजिंग वर्ल्ड (1967)
- राधाकृष्णन रीडर—एन एनथोलॉजी (1969)

2. राधाकृष्णन का दार्शनिक चिंतन (Philosophical thoughts of Radhakrishnan)—राधाकृष्णन एक बड़े दर्शनशास्त्री एवं शिक्षाशास्त्री (educationist) थे। वे सापेक्ष धर्म (comparative religion) एवं दर्शनशास्त्र के प्रभावी विद्वान रहे हैं। राधाकृष्णन के अनुसार भारतीय दर्शन जीवन (life) की एक उत्तम एवं वृहद समझ है। उनका दर्शन **आध्यात्मिक मानवतावादी** (spiritual humanism) है। अन्य भारतीय दर्शनशास्त्रियों के समान राधाकृष्णन का यह विश्वास था कि आत्मबोध (self-realization) जिंदगी का सबसे उच्चतम उद्देश्य होता है। दर्शनशास्त्र जिंदगी के अर्थ (meaning) को समझने में एक सूझ प्रदान करता है। डॉ॰ राधाकृष्णन के दर्शन में आदर्शवाद (idealism) की स्पष्ट झलक मिलती है, क्योंकि वे इस विचार पर बल डालते हैं कि जगत-प्रक्रिया से कुछ प्रयोजन सिद्ध होते हैं—यह प्रक्रिया सतत किसी लक्ष्य की ओर अग्रसर होती रहती है। उनका मानना है कि वैज्ञानिक एवं तकनीकी विकास के फलस्वरूप आधुनिक जीवन यंत्रवत् (mechanical) अधिक हो गया है जो जगत के आदर्शरूप की उपेक्षा करता है। अतः, उन्हें इस बात का अनुभव था कि अभी सर्वाधिक आवश्यकता आत्म को जगाने एवं आध्यात्मिक आस्था को फिर से कायम करने की है। अतः, उनके दर्शन का लक्ष्य एक ओर **विवरणात्मक** है तथा दूसरी ओर **आदर्शपूरक** (idealistic) है। विवरणात्मक पक्ष में वे यथाशक्ति यह स्थापित करना चाहते हैं कि जीवन एवं जगत की वास्तविकता एवं सार्थकता आध्यात्मिकता है। वे अपनी आदर्शमूलक पक्ष में यह दिखलाना चाहते हैं कि जब तक मनुष्य में आध्यात्मिक शक्ति जागृत नहीं होती है तब तक मानव जीवन दिशाविहीन एवं निरर्थक ही प्रतीत होगा।

उन्होंने पूर्व एवं पाश्चात्य दर्शन को जोड़ने का कार्य यह कहते हुए सफलतापूर्वक किया है कि दोनों ही पक्ष के दार्शनिक विचारों को एक-दूसरे के संप्रत्यय में रखकर समझा जा सकता है। जोड (Joad) ने राधाकृष्णन की दार्शनिक दृष्टि पर टिप्पणी करते हुए कहा है कि "राधाकृष्णन ने एक

तरह से भारतीय एवं पाश्चात्य दर्शन के बीच के संपर्क अधिकारी (liaison officer) का काम किया है। उन्होंने भारतीय दर्शन के प्रारंभिक ज्ञान तथा पश्चिम के नवीन ज्ञान के बीच एक सेतु (bridge) बनाया है। वे एक आदर्शवादी दार्शनिक की भूमिका निभाते हुए समाज और दर्शनशास्त्र दोनों पर बल डालते हैं। भारतीय एवं पाश्चात्य दर्शनशास्त्र को जोड़ने के अलावा, उन्होंने दर्शन को शैक्षिक तंत्र (educational system) से भी संबंधित करने की कोशिश की है। दर्शनशास्त्र तथा शिक्षा आपस में इस तरह से संबंधित हैं कि दर्शनशास्त्र शिक्षा का एक सैद्धांतिक पहलू (theoretical aspect) है जबकि शिक्षा दर्शनशास्त्र का एक व्यावहारिक (practical) पक्ष है। इसका मतलब यह हुआ कि किसी भी समाज का दर्शन, उस समाज की शिक्षा का उद्देश्य, पाठ्यक्रम तथा विधि (methods) के बारे में निर्णय करता है, परंतु शिक्षा के द्वारा ही उस विशेष दर्शन को जीवन में उतारा जाता है। इसलिए, कोई भी दर्शनशास्त्र बिना उसके शैक्षिक आश्रय (educational implication) के नहीं हो सकता है और प्रत्येक शिक्षा तंत्र के शैक्षिक नीतियों के पीछे एक दर्शन (philosophy) होता है। इसलिए कहा गया है कि **दर्शनशास्त्र शिक्षा का एक सामान्य सिद्धांत है।** (Philosophy is the general theory of education.)

राधाकृष्णन ने अपने दार्शनिक सिद्धांत में व्यक्ति की दिव्य प्रकृति (divine nature) पर बल डालते हुए कहा है कि व्यक्ति सभी जीवों में सबसे ऊपर होता है। व्यक्ति का ईश्वर या निरपेक्ष सत् (absolute) में जन्मजात भाव, सच्चाई की खोज का उसका प्रयास, पूर्णता की खोज की कोशिश, अच्छाई की उसकी इच्छा या आकांक्षा, सुंदरता के प्रति उसकी लालसा, उसकी आदर्श प्रत्याशाएँ (hopes) ये सभी साबित करते हैं कि व्यक्ति का दिव्य या ईश्वरदत्त स्वरूप (divine nature) है। परंतु, व्यक्ति एक जटिल बहुआयामी प्राणी होता है। उसमें सिर्फ जोश ही नहीं होता है, बल्कि उसका शरीर, जिंदगी एवं एक मन भी होता है। वास्तविकता (reality) के ये सभी विभिन्न स्तर परस्परविरोधी नहीं होते हैं। सच्चाई यह है कि व्यक्ति अविभाज्य (indivisible) होता है। उसके भीतर कोई ऐसी चीज नहीं है जिसे अस्वीकृत (reject) किया जाए। उसके भीतर की प्रत्येक चीज दिव्य (divine) की अभिव्यक्ति ही होती है। अतः, व्यक्ति मूल रूप से एक आध्यात्मिक प्राणी (spiritual being) होता है।

3. डॉ॰ राधाकृष्णन के दर्शन में धर्म की भूमिका (Role of religion in Radhakrishnan's philosophy)—डॉ॰ राधाकृष्णन का कहना था कि किसी व्यक्ति को मानवीय होने के लिए उसे धार्मिक (religious) होना जरूरी है। धर्म मानव जीवन में कोई अड़चन नहीं पैदा करता है। 'उपनिषद' तथा 'गीता' में वर्णित हिंदुत्व (Hinduism) को सही मनोवृत्ति माना जा सकता है तथा इसे एक सार्विक धर्म (universal religion) के रूप में स्वीकार किया जा सकता है। वे यह चाहते थे कि हिंदुत्व पूरे संसार के विचारों से प्रभावित हो। राधाकृष्णन का मानना था कि हमें जिस हिंदुत्व की जरूरत है, वह नैतिक रूप से पूर्ण (ethically perfect) होना चाहिए। सच्चाई यह है कि धर्म में नैतिकता घुसी हुई होती है। नैतिकता को ही धर्म नहीं माना जा सकता है, परंतु धर्म के लिए नैतिकता आवश्यक है। धर्म में मानवता (humanism) होती है। धर्म ही मानवता के लिए आधार प्रदान करता है। राधाकृष्णन के लिए धर्म सिर्फ एक कर्मकाण्ड (ritual) या मूर्तिपूजन नहीं होता है। वास्तव में धर्म ही व्यक्ति को मानव बनाता है। धर्म के बिना आदमी बिना लगाम के घोड़े के समान होता है।

डॉ॰ राधाकृष्णन के अनुसार धर्म एक पूर्ण वचनबद्धता (total commitment) है। यह नया जन्म (new birth) होता है। इसमें सभी तरह की सहभागिता व्यक्ति को करनी होती है। कोई भी व्यक्ति प्रतिपत्री (proxy) से धार्मिक नहीं हो सकता है। धर्म में व्यक्ति में एक खास तरह का पूर्ण

विश्वास (faith) पाया जाता है। व्यक्ति धर्म के प्रति तटस्थ नहीं हो सकता है। धर्म में अनुग्रह (grace) की अहम भूमिका होती है। सचमुच में धर्म में कुछ ऐसा होता है जो इस बात से जुड़ा होता है कि व्यक्ति एक मानव है। यह सचमुच में व्यक्ति को धीरे-धीरे ऊपर की ओर बढ़ने में मदद करता है। यह एक उदग्र उपरिमुखी गति (vertical upward movement) है। संक्षेप में, धर्म एक परामूल्यांकन (transevaluation) की प्रक्रिया है। अगर कोई व्यक्ति मानव प्रकृति की क्षणभंगुरता से परिचित नहीं है और वह चिंतनशील (reflective) भी नहीं है, तो उसे ईश्वर की प्राप्ति नहीं होगी।

संक्षेप में यह कहा जा सकता है कि डॉ॰ राधाकृष्णन का विचार है कि धर्म कोई ऐसी चीज नहीं होती है जिसे खरीदा जा सकता या फिर मंदिर, मस्जिद, गुरुद्वारे में जाकर प्राप्त किया जा सकता है। सचमुच में धर्म एक ऐसी चीज होती है जो तभी व्यवहार में लाई जाती है जब व्यक्ति निकृष्ट प्रवृत्तियों के विरुद्ध संघर्ष करता है। सामान्यतः ऐसी निकृष्ट प्रवृत्तियाँ मानव स्वभाव पर छायी हुई रहती हैं। राधाकृष्णन के अनुसार धर्म का यह कर्तव्य होता है कि वह हमारे भीतर जीवन के प्रति निष्ठा और मानवीय प्रकृति की एकता एवं अखंडता के प्रति विश्वास (faith) उत्पन्न कर दे। उपनिषद् के आलोक में यह कहा जा सकता है कि व्यक्ति की प्रार्थना यह होती है कि उसे असत् से सत् की ओर ले चले, अंधकार से प्रकाश की ओर ले चले तथा मृत्यु से अमरता की ओर ले चले। धर्म का सबसे महत्त्वपूर्ण पक्ष यह होता है कि वह मनुष्य के आंतरिक स्वरूप को पूर्णरूपेण विकसित करने की शक्ति रखता है। अतः, हमें ऐसे धर्म की आवश्यकता है जो उपर्युक्त कार्यों को सफलतापूर्वक कर सके।

4. डॉ॰ राधाकृष्णन का शैक्षिक दर्शन (Educational philosophy of Dr Radhakrishnan)—शिक्षा के क्षेत्र में डॉ॰ राधाकृष्णन ने जो अमूल्य योगदान दिया है, वह निश्चित रूप से अविस्मरणीय रहेगा। उनका मत था कि यदि शिक्षा सही ढंग से दी जाए तो समाज की अनेक बुराइयों को मिटाया जा सकता है। उनके शैक्षिक दर्शन के मुख्य तत्त्वों को निम्नांकित शीर्षकों में पिरोया जा सकता है—

(i) **शिक्षा का अर्थ** (Meaning of education)—डॉ॰ राधाकृष्णन का कहना है कि शिक्षा सामाजिक, आर्थिक एवं सांस्कृतिक परिवर्तनों का एक साधन (instrument) है। सामाजिक एवं राष्ट्रीय एकीकरण तथा उत्पादकता को बढ़ाने के लिए शिक्षा एक महत्त्वपूर्ण साधन है। सिर्फ सूचना प्रदान करना शिक्षा नहीं कहलाता है, बल्कि शिक्षा उसे कहते हैं जिसके माध्यम से छात्रों में ऐसी ज्ञान (knowledge) गंगा प्रवाहित होती है जिससे उनमें विवेक (wisdom) उत्पन्न हो सके। सचमुच में शिक्षा एक सामाजिक प्रक्रिया होती है जिससे समाज में सामाजिक चेतना (social awareness) उत्पन्न होती है। सच्ची शिक्षा मूल्य भारित (value laden) होती है और यह सत्य की खोज में मदद करती है। डॉ॰ राधाकृष्णन ने आध्यात्मिक शिक्षा (spiritual education) पर अधिक बल डाला है। उनका मत था कि जिस शिक्षा से छात्रों में आध्यात्मिक भाव उत्पन्न न हो, वह शिक्षा बेकार है। जब तक मन में आध्यात्मिक झुकाव उत्पन्न नहीं होता है, व्यक्ति का शारीरिक एवं बौद्धिक विकास दबा हुआ रहता है। इस तरह की परिस्थिति मानव जाति के लिए अहितकर होती है। संक्षेप में यह कहा जा सकता है कि शिक्षा हमलोगों को एक तरह से **दूसरा जन्म** (second birth) देती है, क्योंकि यह हमलोगों को यह अनुभव कराती है कि हमारे भीतर की अंतःशक्ति में क्या-क्या छिपा हुआ है।

(ii) **शिक्षा का उद्देश्य** (Aims of education)—डॉ॰ राधाकृष्णन ने शिक्षा के कुछ स्पष्ट उद्देश्य भी बतलाए हैं। जब व्यक्ति शिक्षा के सही उद्देश्य को समझने लगता है, तब वह ईश्वर के नजदीक आ जाता है। शिक्षा के माध्यम से डॉ॰ राधाकृष्णन एक ऐसा वर्गरहित समाज (classless society) का निर्माण करना चाहते थे जिसमें एक व्यक्ति की दूसरे व्यक्ति से समानता हो। शिक्षा व्यक्ति को साधारण ढंग से रहने, परंतु उच्च चिंतन करने की प्रेरणा देती है। डॉ॰ राधाकृष्णन के अनुसार शिक्षा के कुछ प्रमुख उद्देश्यों का वर्णन इस प्रकार से कर सकते हैं—

(a) **चरित्र विकास** (Character development)—शिक्षा का एक प्रमुख उद्देश्य छात्रों में चरित्र-निर्माण करना है। डॉ॰ राधाकृष्णन के लिए मन (mind) की सभी तरह की प्रवृत्तियों का योग ही व्यक्ति का चरित्र कहलाता है जो उसकी सामान्य क्रियाओं एवं भाषणों से व्यक्त होता है। जिंदगी के प्रत्येक क्षेत्र में व्यक्ति को चरित्रवान होना आवश्यक है। वैसी शिक्षा एक अधूरी शिक्षा कही जाएगी जो व्यक्ति में चरित्र निर्माण न कर पाती है।

(b) **व्यक्तित्व का विकास** (Development of personality)—शिक्षा का एक अन्य उद्देश्य छात्रों में व्यक्तित्व का संपूर्ण रूप से संतुलित विकास करना होता है जिससे छात्रों में विश्वास (faith) तथा सामाजिक, नैतिक एवं आध्यात्मिक मूल्यों (spiritual values) का वर्द्धन होता है।

(c) **संस्कृति का प्रतिरक्षण, संवर्द्धन तथा संचरण** (Preservation, enrichment and transmission of culture)—डॉ॰ राधाकृष्णन शिक्षा के सांस्कृतिक पहलू को भी महत्त्वपूर्ण मानते हैं। जिस देश की संस्कृति संवर्द्धित (enriched) होती है, वह कई मायने में एक प्रगतिशील राष्ट्र होता है। शिक्षा किसी देश की संस्कृति को प्रतिरक्षित करने, उसे संवर्द्धित करने तथा उसे संचरित एवं परिमार्जित करने में महत्त्वपूर्ण भूमिका निभाती है। ऐसा इसलिए संभव हो पाता है कि शिक्षा छात्रों की मनःस्थिति (temper) में मीठापन, समझदारी तथा उत्साह उत्पन्न करने में समर्थ होती है।

(d) **आध्यात्मिक मूल्यों का विकास** (Development of spiritual values)—डॉ॰ राधाकृष्णन ने शिक्षा का एक महत्त्वपूर्ण उद्देश्य छात्रों में आध्यात्मिक मूल्यों (spiritual values) को विकसित करना बतलाया है। उनका कहना है कि जिस शिक्षा से छात्रों में आध्यात्मिक मूल्यों की उत्पत्ति नहीं होती है, वह बेकार है। जब तक छात्रों में शिक्षा से आध्यात्मिक झुकाव उत्पन्न नहीं होता है, उसका शारीरिक एवं बौद्धिक विकास भी बाधित रहता है। शिक्षा व्यक्ति में दिल की शुद्धिकरण तथा उत्तम आदतों का विकास करके सही मनोवृत्ति एवं जोश उत्पन्न करती है और फिर इनसे आध्यात्मिक मूल्यों का विकास होता है।

(e) **व्यावसायिक क्षमता का विकास** (Development of vocational efficiency)—डॉ॰ राधाकृष्णन के अनुसार शिक्षा का एक उद्देश्य व्यावसायिक क्षमता को विकसित करना भी होता है। शिक्षा का एक उद्देश्य बच्चों में वैसे कौशलों को भी विकसित करना है जिससे वे आर्थिक रूप से आत्मनिर्भर हो सकें। इसके लिए यह जरूरी है कि कुछ व्यावसायिक पाठों को भी छात्रों को पढ़ाया जाए। इससे छात्रों की अपनी आमदनी तो बढ़ेगी ही, साथ-ही-साथ राष्ट्रीय संपत्ति में भी इजाफा होगा।

(f) **राष्ट्रीय एकीकरण** (National integration)—शिक्षा का एक उद्देश्य राष्ट्रीय एकीकरण पैदा करना भी होता है। इसके लिए धार्मिक शिक्षा, जन शिक्षा, सामुदायिक निवास (community living) तथा विभिन्न सामाजिक सेवाओं का प्रचार-प्रसार आदि भी किया जाता है।

(g) **अंतरराष्ट्रीय समझ** (International understanding)—डॉ॰ राधाकृष्णन के अनुसार शिक्षा का एक उद्देश्य अंतरराष्ट्रीय समझ विकसित करना भी है। उन्होंने एक ऐसे संसार की कल्पना की है जिसमें सार्विक भाईचारा (universal brotherhood) का भाव लोगों में विकसित हो। उन्होंने विश्व स्तर पर एक समुदाय तथा विश्व नागरिकता (world citizenship) को स्थापित करने की बात कही और इस दिशा में शिक्षा एक महत्त्वपूर्ण हथियार के रूप में कार्य करती है।

(h) **वैज्ञानिक मनोवृत्ति का विकास** (Development of scientific attitude)—शिक्षा का एक उद्देश्य छात्रों में नई एवं उपयोगी चीजों का सृजन करने की क्षमता विकसित करना है। इसके लिए उन्हें विज्ञान (science) की शिक्षा दी जानी चाहिए। छात्रों में विज्ञान के प्रति उचित रूझान एवं समर्पण उत्पन्न करने में शिक्षा की भूमिका अहम होनी चाहिए।

(iii) **शिक्षा के कार्य** (Functions of education)—डॉ॰ राधाकृष्णन के अनुसार शिक्षा के कई महत्त्वपूर्ण कार्य होते हैं। यह छात्रों को बौद्धिक रूप से तथा उनके दिल एवं दिमाग को ठीक ढंग से प्रशिक्षित करता है। शिक्षा छात्रों में एक प्रजातंत्रात्मक मनोवृत्ति (democratic tendency) उत्पन्न करती है। शिक्षा छात्रों में वैज्ञानिक सोच तथा नैतिकता भी उत्पन्न करती है। शिक्षा व्यक्तियों को नैतिक एवं सामाजिक उत्तरदायित्वों को भी समझने में मदद करती है। शिक्षा व्यक्ति में मानवता (humanism) एवं आत्म-अनुशासन (self-discipline) का भाव भी उत्पन्न करती है।

(iv) **पाठ्यक्रम** (Curriculum)—डॉ॰ राधाकृष्णन के अनुसार पाठ्यक्रम का स्वरूप छात्रों के जीवन से प्रत्यक्ष रूप से जुड़ा हुआ होना चाहिए। उन्होंने पाठ्यक्रम में विभिन्न विषयों को सम्मिलित करने पर बल डाला है। इन विषयों में भाषा, सामाजिक अध्ययन, दर्शनशास्त्र, आचारशास्त्र, नैतिकता (morality), राजनीतिविज्ञान, गणित, शारीरिक शिक्षा, योग एवं धर्म आदि प्रमुख हैं। इसके अतिरिक्त जन शिक्षा (mass education) तथा स्त्री-शिक्षा (women's education) को भी उन्होंने पाठ्यक्रम में शामिल करने पर बल डाला है। चूँकि राधाकृष्णन एक आदर्शवादी सिद्धांत के समर्थक थे, अतः उनका पाठ्यक्रम आदर्शवादी चिंतन पर आधारित है।

(v) **शिक्षा-विधि** (Methods of teaching)—डॉ॰ राधाकृष्णन ने ज्ञान-प्राप्ति के लिए दी जाने वाली शिक्षा की कोई निश्चित विधि का प्रतिपादन नहीं किया है। उन्होंने यह कहा कि क्या पढ़ाना है (what to teach) तथा किस तरह से पढ़ाना (how to teach) है, का ज्ञान शिक्षक को होना चाहिए। इस ज्ञान से ही शिक्षक सही शिक्षण विधि का चयन करते हैं तथा शिक्षा प्रदान करते हैं। उन्होंने शिक्षण-विधि के रूप में कई विधियों के उपयोग पर बल डाला है। इन विधियों में प्रेक्षण (observation), प्रयोग (experiment), विचार-विमर्श (discussion), मनन द्वारा सीखना (learning by meditation), सेमिनार, पाठ्यपुस्तक विधि (textbook method), ट्यूटोरियल विधि (tutorial method) आदि प्रमुख हैं। इसके अलावा डॉ॰ राधाकृष्णन का कहना था कि नैतिक मूल्यों की शिक्षा

वास्तविक एवं जीवंत उदाहरणों से होती है। शिक्षण-विधि भाषण (lecture) तथा प्रदर्शन (demonstration) आधारित उत्तम नहीं होती है। हाँ, प्रश्न-उत्तर आधारित एवं विचार विमर्श (discussion) निश्चित रूप से उत्तम होता है। शिक्षण-विधि ऐसी होनी चाहिए जिससे छात्रों को वाद-विवाद, बातचीत करने एवं अपने शिक्षकों के साथ विचारों एवं सोच का आदान-प्रदान करने का पर्याप्त मौका मिले।

(vi) **अनुशासन** (Discipline)—डॉ॰ राधाकृष्णन ने छात्रों को अनुशासन में रहने की हिदायत दी है। अनुशासन एक तरह का आत्मनियंत्रण (self-control) सिखलाता है। योग एवं आध्यात्मिक क्रियाएँ बिना अनुशासन के संभव नहीं हैं। अनुशासित रहकर छात्र आत्मसिद्धि (self-realization) की प्राप्ति कर सकते हैं। उन्होंने इस बात पर बल डाला है कि छात्रों को अपनी-अपनी समस्याओं से निबटने के लिए आत्मनियंत्रण एवं नई परिस्थितियों की माँग के अनुरूप संतुलन बनाए रखते हुए कार्य करने का प्रशिक्षण देना चाहिए। डॉ॰ राधाकृष्णन का मत है कि छात्रों में आत्मनियंत्रण की कमी से उनके चरित्र एवं संपूर्णता (integrity) में कमी आती है।

(vii) **शिक्षक की भूमिका** (Role of teacher)—चूँकि डॉ॰ राधाकृष्णन स्वयं एक शिक्षक थे, अतः वे शिक्षक की भूमिका से भलीभाँति परिचित थे। उनका कहना था कि शिक्षक छात्रों में एक उमंग पैदा करते हैं जिससे उनलोगों के मन में एकता उत्पन्न होती है। उनके अनुसार सभी लोग शिक्षक नहीं हो सकते हैं। एक सच्चा शिक्षक वैसे शिक्षक को कहा जाता है जिसमें वचनबद्धता (commitment) का भाव होता है। वह छात्रों के भविष्य के प्रति वचनबद्ध होता है; मानवता के भविष्य के बारे में वचनबद्धता होता है और साथ-ही देश और संसार के भविष्य के प्रति वचनबद्धता होता है। इस तरह से सिर्फ समर्पित पुरुष या महिला ही सच्चे शिक्षक हो सकते हैं। उनका मत था कि शिक्षक का काम ज्ञान को एकत्रित करना या प्राप्त करना और फिर उसे छात्रों के बीच बाँटना ही नहीं है। बल्कि उसे ज्ञान का अपना प्रकाश सभी दिशाओं में विकीर्ण करना चाहिए। सादा जीवन एवं उच्च विचार की उक्ति को अपने जीवन में चरितार्थ करना चाहिए। उसकी ज्ञान की गंगा सदा प्रवाहित होती रहनी चाहिए। उसे

गुरुर्ब्रह्मा, गुरुर्विष्णु गुरुदेवो महेश्वरः।
गुरु साक्षात परब्रह्म तस्मै श्रीगुरुवे नमः।।

वाले श्लोक को चरितार्थ करके दिखलाना चाहिए। इस श्लोक में गुरु को भगवान के समान कहा गया है। ऐसे तो डॉ॰ राधाकृष्णन ने शिक्षकों के कई रूपों का वर्णन किया है, परंतु उन्होंने उनकी तीन भूमिकाओं पर विशेष रूप से जोर डाला है—

- **आध्यात्मिक अंधकार को हटानेवाले के रूप में शिक्षक** (Teachers as removers of spiritual blindness)—शिक्षक छात्रों के बीच व्याप्त बौद्धिक अज्ञानता तथा आध्यात्मिक अंधकार को दूर करने में अहम् भूमिका निभाते हैं। हमारे देश में शिक्षक को 'गुरु' एवं 'आचार्य' कहा जाता है जिसमें 'गु' अंधकार को दर्शाता है तथा 'रु' का अर्थ होता है अंधकार को दूर करना। आचार्य का मतलब हुआ जिनका आचार या आचरण अनुकरणीय (exemplary) हो तथा उत्तम हो। आचार्य को समाज का निर्माणकर्ता एवं राष्ट्र के भावी कर्णधारों का उन्नायक माना जाता है।

- **नए जोश के भंडार के रूप में शिक्षक** (Teachers as reservoirs of new spirit)—शिक्षक बौद्धिक मामलों, सामाजिक मामलों तथा राजनैतिक मामलों के विकास में नए जोश (spirit) का एक खजाना होता है। फिर इस जोश को उमंग के साथ छात्रों में वे प्रवाहित करते हैं।
- **उदाहरण प्रस्तुति के रूप में शिक्षक** (Teacher to set example)—शिक्षक का कार्य ऐसा होना चाहिए जिससे कि उन्हें लोग एक उदाहरण के रूप में उल्लेखित कर सकें।

शिक्षक का सबसे महत्त्वपूर्ण कार्य छात्रों में नैतिक (moral) एवं नीतिशास्त्रीय व्यवहार को उन्नत करना है। डॉ॰ राधाकृष्णन के इस विचार को कि देश में शिक्षक उत्तम मन वाले होते हैं, को सम्मान देने के लिए उनके जन्मदिन, अर्थात 5 सितंबर को शिक्षक दिवस के रूप में मनाया जाता है।

(viii) **स्त्री-शिक्षा** (Women's education)—डॉ॰ राधाकृष्णन स्त्रियों को पुरुषों के समान ही शिक्षित करने के पक्षधर थे। महिलाएँ पुरुषों से जैविक रूप से भिन्न हो सकती हैं परंतु उन्हें भी पुरुषों के समान शिक्षित करके उनको अपना बौद्धिक एवं आध्यात्मिक विकास करने का मौका देना चाहिए।

(ix) **धार्मिक शिक्षा** (Religious education)—डॉ॰ राधाकृष्णन विश्वविद्यालय शिक्षा आयोग (University Education Commission, 1948) के अध्यक्ष भी थे। आयोग ने अपनी सिफारिश में धार्मिक शिक्षा को महत्त्वपूर्ण बनाने पर बल डाला है। इस तरह की शिक्षा के चरण इस प्रकार हैं—

- शांत मनन (silent meditation) के कुछ क्षणों के साथ प्रत्येक दिन की शुरुआत करें।
- छात्रों को बड़े-बड़े धार्मिक नेताओं की जीवनी पढ़ाएँ।
- छात्रों को संसार के धर्मग्रंथों (scriptures) में से उत्तम ग्रंथों को चुनकर पढ़ने के लिए दें।

(x) **विश्वविद्यालय शिक्षा** (University education)—डॉ॰ राधाकृष्णन का विचार था कि विश्वविद्यालय युवा पुरुषों एवं महिलाओं के लिए सिर्फ सूचना, कौशल एवं ज्ञान प्रदान करने वाला केंद्र न बने बल्कि उनमें समर्पण एवं अनासक्ति (detachment) का भाव भी उत्पन्न करे। विश्वविद्यालय सिर्फ अधिगम (learning) की जगह नहीं बल्कि संस्कृति का केंद्र भी होता है। हमारे देश में विश्वविद्यालयों को आदमी-निर्माण (man-making) का कार्य सौंपा गया। क्या विश्वविद्यालय लोगों को तोते के समान केवल रटनेवाला आदमी बना रहा है या विश्वविद्यालय लोगों को ऐसा आदमी बना रहा है जिसके भाव एवं मनोभाव उत्कृष्ट हैं तथा जो समाज की आवश्यकताओं के अनुरूप अपने व्यक्तित्व को विकसित कर रहे हैं? उनका मत था कि विश्वविद्यालय में अच्छे शिक्षकों की बहाली होनी चाहिए और इसके लिए यह जरूरी है कि उन्हें अच्छा वेतनमान के साथ-ही अन्य सुविधाएँ भी दी जाएँ ताकि वे ठीक ढंग से अध्ययन के साथ-ही शोध (research) भी कर सकें।

डॉ॰ राधाकृष्णन के कुछ अनमोल विचार—

- *ईश्वर की पूजा नहीं होती है, बल्कि उन लोगों की पूजा होती है जो उनके नाम पर बोलने का दावा करते हैं। पाप पवित्रता का उल्लंघन नहीं, ऐसे लोगों का उल्लंघन बन जाता है।*
- *केवल निर्मल मन वाला व्यक्ति ही आध्यात्मिक अर्थ को समझ सकता है।*

- *उम्र या युवावस्था का कालक्रम से कोई लेना-देना नहीं है। हम उतने ही नौजवान या बूढ़े होते हैं जितना महसूस करते हैं। हम अपने बारे में क्या सोचते हैं, यही मायने रखता है।*
- *पुस्तकें वो साधन हैं जिनके माध्यम से हम विभिन्न संस्कृतियों के बीच पुल का निर्माण करते हैं।*
- *हमें मानवता को उन नैतिक जड़ों तक वापस ले जाना चाहिए जहाँ से अनुशासन एवं स्वतंत्रता दोनों का उद्गम होता हो।*
- *शिक्षा का परिणाम एक मुक्त सृजनात्मक आदमी होना चाहिए जो ऐतिहासिक परिस्थितियों एवं प्राकृतिक आपदाओं के विरुद्ध लड़ सके।*
- *धर्म के बिना इंसान लगाम के बिना घोड़े की तरह होता है।*
- *यदि मानव दानव बन जाता है, तो यह उसकी हार है, यदि मानव महामानव बन जाता है, तो यह उसका चमत्कार है और मानव मानव बन जाता है तो यह उसकी जीत है।*
- *आध्यात्मिक जीवन भारत की प्रतिभा है।*
- *मानवीय स्वभाव मूलरूप से अच्छा है और आत्मज्ञान (enlightenment) सभी बुराइयों को खत्म कर देगा।*
- *धन, शक्ति और दक्षता केवल जीवन के साधन हैं, खुद जीवन नहीं।*
- *ज्ञान हमें शक्ति देता है और प्रेम हमें परिपूर्णता देता है।*
- *जीवन का सबसे बड़ा उपहार एक उच्च जीवन का सपना है।*
- *जीवन को बुराई की तरह देखना और दुनिया को एक भ्रम मानना महज कृतघ्नता (ingratitude) है।*

जवाहरलाल नेहरू
(Jawaharlal Nehru, 1889–1964)

जवाहरलाल नेहरू का जन्म 14 नवंबर, 1889 में इलाहाबाद में हुआ था। इनके पिता का नाम मोतीलाल नेहरू था जो एक प्रख्यात बैरिस्टर थे। जवाहरलाल नेहरू की माता का नाम स्वरूप रानी था। जब जवाहरलाल 15 वर्ष के थे तब वे इंगलैंड रवाना हुए। उन्होंने अपनी स्कूली शिक्षा हैरो से और कॉलेज की शिक्षा ट्रिनिटी कॉलेज (Trinity College), कैम्ब्रिज से पूरी की थी। इसके बाद उन्होंने अपनी लॉ (law) की डिग्री कैम्ब्रिज विश्वविद्यालय से पूरी की। वे इंगलैंड में 7 साल रहे जहाँ उन्होंने फैबियन समाजवाद एवं आयरिश राष्ट्रवाद की जानकारी भी हासिल की। 1912 में वे भारत लौटे और वकालत शुरू किए। भारत लौटने के 4 साल बाद 1916 में जवाहरलाल का विवाह कमला नेहरू के साथ हुआ। 1917 में दंपत्ति को एक पुत्री हुई जिसका नाम इंदिरा प्रियदर्शिनी था जिन्हें हम इंदिरा गाँधी के नाम से जानते हैं। आगे चलकर इंदिराजी भारत की प्रथम महिला प्रधानमंत्री बनीं। 1917 में जवाहरलाल होमरूल लीग आंदोलन में शामिल हो गए। 1919 में वे राजनीतिक क्षेत्र में प्रवेश कर गए और तभी उनका परिचय महात्मा गाँधी से हुआ। जब महात्मा गाँधी रौलेट अधिनियम के खिलाफ एक अभियान शुरू किए तब नेहरूजी महात्मा गाँधी के शांतिपूर्ण सविनय अवज्ञा आंदोलन से काफी प्रभावित हुए। 1920–22 तक जवाहरलाल नेहरू असहयोग आंदोलन में सक्रिय हिस्सा लिए और इस दौरान उनकी गिरफ्तारी भी हुई। कुछ महीने

बाद उन्हें जेल से छोड़ दिया गया। 26 जनवरी, 1930 को लाहौर में जवाहरलाल नेहरू ने स्वतंत्र भारत का झंडा फहराया। गाँधीजी ने भी 1930 में ही सविनय अवज्ञा आंदोलन का आह्वान किया जो पूर्णतः सफल रहा। 1942 में भारत छोड़ो आंदोलन के दौरान वे गिरफ्तार भी कर लिए गए और फिर 1945 में छोड़ दिए गए। 1947 में भारत को आजादी मिलने पर जवाहरलाल नेहरू को प्रधानमंत्री बनाया गया। नेहरूजी ने चीन की ओर मित्रता का हाथ भी बढ़ाया लेकिन 1962 में चीन ने धोखे से आक्रमण कर दिया। नेहरूजी के लिए यह बड़ा झटका था और शायद उनकी मौत का कारण भी साबित हुआ। 27 मई, 1964 को जवाहरलाल नेहरू को दिल का दौरा पड़ा जिसमें उनकी मृत्यु हो गई। देश में हम सभी उनको याद करते हुए सम्मान के साथ जवाहरलाल नेहरूजी के जन्म दिवस पर **बाल दिवस** (Children's Day) के रूप में उत्सव मनाते हैं।

1. जवाहरलाल नेहरू की कुछ प्रसिद्ध पुस्तकें (Important books of Jawaharlal Nehru)—

- पिता के पत्र—पुत्री के नाम (1929)
- विश्व इतिहास की झलक (1934)
- मेरी कहानी (1936)
- भारत की खोज (*Discovery of India*, 1946)
- भारत की एकता (1941)
- चीन, स्पेन और युद्ध (1940)
- स्वतंत्रता और उसके बाद (1950)
- भारत और विश्व

2. जवाहरलाल नेहरू की शैक्षिक विचारधारा (Educational viewpoints of Jawaharlal Nehru)—जवाहरलाल नेहरू का शैक्षिक विचार एक ओर तो समाजवादी विचारक कार्ल मार्क्स (Karl Marx) से, तो दूसरी तरफ महात्मा गाँधी से काफी प्रभावित दिखता है। उनका ज्ञान (knowledge) का सिद्धांत तर्कणवाद (rationalism), अनुभववाद (empiricism) तथा प्रत्यक्षवाद (positionism) पर आधारित है। एक तर्कणवादी के रूप में नेहरूजी धर्म (religion) की तुलना में विज्ञान में अधिक विश्वास रखते थे और अपने तथ्यों को बुद्धि, अनुभव तथा तर्क पर आधारित करते थे। वे धर्म में सम्मिलित अंधविश्वास (superstitions) तथा आँख मूँद करके किसी चीज पर विश्वास करने के विरोधी थे। परंतु, उनमें आध्यात्मिकता (spirituality) का भाव था तथा वे लोगों में जीवन के प्रति विवेकपूर्ण एवं वैज्ञानिक विचारधारा के हिमायती थे। डॉ॰ राधाकृष्णन ने नेहरूजी के बारे में टिप्पणी करते हुए कहा है कि वे सांप्रदायिक अर्थ (sectarian sense) में धार्मिक आदमी नहीं थे, परंतु आध्यात्मिक मूल्यों (spiritual values) में काफी विश्वास रखते थे। नेहरू ने विधिवाद (rituals) तथा धार्मिक हठधर्मिता का विरोध किया था। अगर धर्म का स्वरूप ऐसा है जिसमें व्यक्ति सच्चाई को ढूँढ़ने का ईमानदार प्रयास करता है, तो वे ऐसे धर्म के विरोधी नहीं थे। बाद में नेहरूजी धर्म के प्रति उदारता दिखलाते हुए यह कहे हैं कि धर्म मनुष्य के मौलिक आवश्यकताओं को संतुष्ट करने में सहायता प्रदान करता है। मानव जीवन में किसी उद्देश्य को बनाए रखने के लिए धर्म में विश्वास रखना जरूरी है। अनुभववादी के रूप में नेहरूजी प्रत्येक कथन की वैधता पर जोर डालते थे। प्रत्यक्षवादी के रूप में वे दार्शनिक समस्याओं पर चिंतन करना बेकार समझते थे।

3. शिक्षा का उद्देश्य (Aims of education)—जहाँ तक शिक्षा के उद्देश्य की बात है, नेहरूजी के विचार रवींद्रनाथ ठाकुर के विचार से मिलते-जुलते हैं, क्योंकि दोनों ही मानवतावादी विचारधारा के समर्थक रहे हैं। इलाहाबाद विश्वविद्यालय के छात्रों को संबोधित करते हुए नेहरूजी ने कहा था कि विश्वविद्यालय मानवतावाद (humanism), सहनशीलता, तर्कण (reason), विचारों का अपूर्व अनुभव तथा सच्चाई (truth) की खोज करने का स्थान होता है। विश्व-भारती विश्वविद्यालय की स्थापना होने पर रवींद्रनाथ ठाकुर ने भी विश्वविद्यालय के बारे में ऐसा ही विचार व्यक्त किया था। नेहरूजी शिक्षा का एक उद्देश्य सामाजिक विकास करना भी मानते थे और उन्होंने सामाजिक विकास में आध्यात्मिक पहलू पर अधिक बल डाला है। शिक्षा के प्रति रूसी दृष्टिकोण (Russian approach) का समर्थन करते हुए उन्होंने कहा है कि शिक्षा का उद्देश्य पूरे समुदाय की सेवा करने की इच्छा उत्पन्न करने के साथ-ही-साथ प्राप्त ज्ञान का सिर्फ व्यक्तिगत कल्याण के लिए उपयोग न करके जनकल्याण के लिए भी उपयोग करना आवश्यक है। संक्षेप में यह कहा जा सकता है कि नेहरूजी के अनुसार शिक्षा का उद्देश्य व्यक्ति के संकीर्ण विचारों को हटाकर उसके जगह पर वैज्ञानिक, मानवतावादी, भौतिकवादी एवं नैतिक मनोवृत्ति को विकसित करना है।

4. शिक्षा का महत्त्व (Importance of education)—नेहरूजी ने शिक्षा को व्यक्ति और समाज दोनों के लिए महत्त्वपूर्ण बतलाया है। उनका कहना है कि व्यक्ति को समृद्ध करने के लिए उसमें व्याप्त अज्ञानता (ignorance) को दूर करना है और अज्ञानता को दूर करने के लिए उसे शिक्षित करना जरूरी है, इसीलिए सामाजिक परिवर्तन लाने के लिए व्यक्ति को शिक्षित करना आवश्यक है। शिक्षा की उचित व्यवस्था एवं तंत्र (system) नहीं होने पर समाज में एक प्रजातांत्रिक समाज की स्थापना करना मुश्किल है। देश की समस्याओं का समाधान सिर्फ आर्थिक सुधारों से संभव नहीं है, क्योंकि इसके लिए समाज में उन्नत मानव संबंध स्थापित होना चाहिए और इस कार्य में शिक्षा का महत्त्व काफी है।

5. शिक्षा के प्रकार (Types of education)—नेहरूजी ने शिक्षा के कई प्रकारों पर विचार रखा है जिसमें निम्नांकित प्रमुख हैं—

(i) **बुनियादी शिक्षा** (Basic education)—गाँधीजी की तरह नेहरूजी ने भी बुनियादी शिक्षा को शिक्षा का एक महत्त्वपूर्ण प्रकार बतलाया है। चूँकि इस तरह की शिक्षा में बच्चों के शारीरिक श्रम तथा मन (mind) का विशेष समन्वय होता है, अतः ऐसी शिक्षा भारत जैसे गरीब देश के बच्चों के लिए उत्तम है। इस तरह की शिक्षा में बच्चे पढ़ाई करते-करते कुछ कमाई भी करते हैं। चूँकि इस तरह की शिक्षा बच्चों के वास्तविक वातावरण एवं उनकी अनुभूतियों (experiences) से ताल्लुक रखती है, अतः इसे नेहरूजी ने उनके लिए काफी महत्त्वपूर्ण बतलाया है।

(ii) **वैज्ञानिक एवं तकनीकी शिक्षा** (Scientific and technical education)—नेहरूजी वैज्ञानिक एवं तकनीकी शिक्षा पर काफी बल डाले हैं। वे औद्योगिकीकरण (industrialization) को बहुत महत्त्व देते थे और उनका स्पष्ट कहना था कि बिना तकनीक एवं उद्योग के देश से न तो गरीबी को दूर किया जा सकता है और न ही बेरोजगारी को। फलतः वे वैज्ञानिक एवं तकनीकी शिक्षा के प्रसार एवं वर्द्धन (growth) पर काफी बल डालते थे। ऐसी शिक्षा के प्रसार एवं वर्द्धन से तकनीकी रूप से प्रशिक्षित व्यक्ति मिल पाएँगे और देश का विकास संभव हो पाएगा।

(iii) **शारीरिक शिक्षा** (Physical education)—नेहरूजी शारीरिक शिक्षा को भी शिक्षा का एक महत्त्वपूर्ण प्रकार बतलाया है। शारीरिक शिक्षा में व्यक्ति को शारीरिक रूप से तंदुरुस्त रहने की शिक्षा दी जाती है और इसके लिए उन्हें शारीरिक तौर पर तरह-तरह के व्यायाम एवं योग की शिक्षा दी जाती है। नेहरूजी का मानना था कि जब व्यक्ति का शरीर स्वस्थ रहेगा तो मन भी स्वस्थ रहेगा और वह तब किसी भी क्षेत्र में निपुणता एवं सामर्थ्य दिखला सकता है।

(iv) **सांस्कृतिक शिक्षा** (Cultural education)—नेहरूजी ने सांस्कृतिक शिक्षा को भी शिक्षा का एक महत्त्वपूर्ण प्रकार बतलाया है। उनका कहना था कि मानव व्यक्तित्व के समन्वित विकास के लिए छात्रों को सांस्कृतिक शिक्षा देना आवश्यक है। इसके लिए उन्होंने साहित्य, कला तथा मानविकी (humanities) की शिक्षा प्रदान करनेवाले संस्थानों के विकास पर काफी बल डाला है। उन्होंने यह भी विचार व्यक्त किया था कि ऐसी शिक्षा में सरकारी हस्तक्षेप नहीं होना चाहिए, क्योंकि इससे ऐसी शिक्षा कुंठित हो सकती है और तब छात्रों के व्यक्तित्व का विकास अधूरा रह जाएगा। साहित्य अकादमी (Sahitya Academy) के अध्यक्ष होने के नाते वे साहित्य एवं कला की शिक्षा में सरकारी हस्तक्षेप तनिक भी पसंद नहीं करते थे।

6. स्त्री-शिक्षा (Women's education)—नेहरूजी ने भारतीय महिलाओं में उनके पिछड़ापन को न केवल नजदीक से देखा था बल्कि उसे परखा भी था। उन्होंने महिलाओं के पिछड़ेपन एवं उनमें व्याप्त अंधविश्वास को दूर करने के लिए उन्हें शिक्षित करना आवश्यक समझा। उन्होंने स्पष्ट रूप से कहा था कि मानव क्रिया के हर क्षेत्र में महिलाओं को सबसे उत्तम शिक्षा मिलनी चाहिए और उन्हें सभी क्षेत्रों में एक प्रभावी भूमिका निभाने के लिए पर्याप्त शिक्षा दी जानी चाहिए। उनकी नजर में महिलाओं को इसलिए भी शिक्षित करना जरूरी है ताकि वे आर्थिक रूप से स्वतंत्र (independent) हो सकें तथा अपने बच्चों को ठीक ढंग से शिक्षित कर सकें। नारी शिक्षा में ग्रामीण महिलाओं की पूर्ण सहभागिता होनी चाहिए। ग्रामीण महिलाओं को शिक्षित करने से सरकार द्वारा चलाए गए परिवार नियोजन योजनाओं तथा अन्य ग्रामीण विकास योजनाओं को भी बल मिलेगा।

7. शिक्षा में विश्वविद्यालयों की भूमिका (Role of universities in education)—नेहरूजी का विचार था कि शिक्षा में विश्वविद्यालयों की भूमिका अहम होती है। उनके अनुसार विश्वविद्यालय सच्चाई की खोज, मानवता (humanism), सहनशीलता, तर्कण (reason) तथा नए-नए विचारों के विकास का केंद्र होता है। यह मानव जाति को उच्चतम उद्देश्यों की ओर प्रेरित करता है जिससे व्यक्तियों में एक समन्वित व्यक्तित्व का विकास संभव हो पाता है।

विश्वविद्यालय एक ऐसा वातावरण प्रदान करता है जिससे छात्रों के मन तथा शरीर में सर्जनात्मकता (creativity) तथा ओजस्विता (vitality) का संचार हो सके। अतः, निश्चित रूप से शिक्षा के क्षेत्र में विश्वविद्यालय की एवं साथ-ही-साथ वहाँ के शिक्षकों की भूमिका बहुत ही महत्त्वपूर्ण हो जाती है। इस सिलसिले में उनके प्रयास से गठित विश्वविद्यालय शिक्षा आयोग (1948–49) जिसके अध्यक्ष डॉ॰ राधाकृष्णन थे, की सिफारिश विश्वविद्यालयों में दी जानेवाली शिक्षा को उन्नत बनाने में काफी सहायक साबित हुई।

जवाहरलाल नेहरू के कुछ महत्त्वपूर्ण अनमोल विचार—

- *जो पुस्तकें आपको सबसे अधिक सोचने के लिए बाध्य करती हैं, वे ही आपकी सबसे बड़ी सहायक हैं।*
- *जय उन्हीं की होती है जो अपने को संकट में डालकर कार्य पूरा करते हैं।*
- *सही कार्य अपने-आप नहीं जन्मता, इसे विचारों की कोख में सँवारना पड़ता है।*
- *प्रगति ही जीवन है।*
- *बच्चों की सबसे बड़ी दौलत प्यार है।*
- *नीरोग होना परम लाभ है, संतोष परम धन है, विश्वास सबसे बड़ा बंधु है, निर्वाण परम सुख है।*
- *संस्कृति मन और आत्मा का विचार है।*
- *संकट में हर छोटी-सी बात का महत्त्व होता है।*
- *नागरिकता देश की सेवा में है।*
- *आप दीवार की चित्रों को बदलकर इतिहास की सच्चाई को नहीं बदल सकते हैं।*
- *जीने का अर्थ बदलती हुई परिस्थितियों के अनुसार बदलना है।*
- *जितना आप लेते हैं अगर उतना आप नहीं देते हैं तो आप समाज के लिए बोझ हैं।*

मौलाना अबुल कलाम आजाद
(Maulana Abul Kalam Azad: 1888–1958)

मौलाना अबुल कलाम आजाद का जन्म 11 नवंबर, 1888 को मक्का (अब सऊदी अरब) में हुआ था। इनका असली नाम अबुल कलाम गुलाम महियुद्दीन था और वे मौलाना आजाद के नाम से विख्यात हुए। उनके पिता जिनका नाम मोहम्मद खैरूद्दीन था जो भारत में हुए प्रथम स्वतंत्रता आंदोलन के दौरान 1857 में भारत छोड़कर मक्का में जाकर बस गए। वहीं पर खैरूद्दीन की मुलाकात अपने होनेवाली पत्नी से हुई थी। मोहम्मद खैरूद्दीन 1890 में फिर भारत (कलकत्ता) लौट आए। तब अबुल कलाम आजाद मात्र दो वर्ष के शिशु थे। कलकत्ता में खैरूद्दीन को एक मुस्लिम विद्वान के रूप में ख्याति मिली।

मौलाना आजाद की आरंभिक शिक्षा इस्लामी तौर-तरीके से हुई। इस्लामी शिक्षा के अलावा उन्हें दर्शनशास्त्र, इतिहास एवं गणित की शिक्षा भी दी गई। आजाद ने उर्दू, फारसी, हिंदी, अरबी तथा अँगरेजी भाषाओं में निपुणता हासिल कर ली। मात्र 11 साल की आयु में ही उनकी माता का देहांत हो गया और 13 साल की अल्प आयु में उनकी शादी जुलेखा बेगम से हो गई। इन्हें एक पुत्ररत्न प्राप्त हुआ जिसका नाम 'हसीन' था, परंतु मात्र 4 साल की आयु में हसीन दुनिया से चल बसा।

मौलाना आजाद अंगरेजी हुकूमत के विरोधी थे। उन्होंने 1905 में बंगाल विभाजन का भी विरोध किया था और ऑल इंडिया मुस्लिम लीग की अलगाववादी विचारधारा को खारिज कर दिया था। आजाद ने क्रांतिकारी गतिविधियों में भाग लेना आरंभ किया और उन्हें न केवल मुस्लिम नेताओं, बल्कि श्री अरबिंदो तथा श्यामसुंदर चक्रवर्ती जैसे महान लोगों का साथ मिला। 1912 में

उन्होंने एक उर्दू पत्रिका **अल हिलाल** का सूत्रपात किया जिसका उद्देश्य मुसलमान युवकों को क्रांतिकारी आंदोलनों के प्रति उत्साहित करना तथा हिंदू-मुस्लिम एकता पर बल डालना था। 1920 में उन्हें राँची में जेल की सजा भी भुगतनी पड़ी। जेल से निकलने के बाद वे जलियाँवाला बाग हत्याकांड के विरोधी नेताओं में से प्रमुख थे और साथ-ही-साथ वे खिलाफत आंदोलन के भी प्रमुख थे। मौलाना आजाद के खिलाफत आंदोलन के दौरान एक नेता के रूप में महात्मा गाँधी से नजदीकी बढ़ गई। 1923 में ही दिल्ली में होनेवाले विशेष अधिवेशन (session) के लिए उन्हें काँग्रेस पार्टी का अध्यक्ष चुना गया। बाद में भी वे 1940 से 1946 तक भारतीय राष्ट्रीय काँग्रेस पार्टी के अध्यक्ष रहे। उस समय चल रहे 'भारत छोड़ो आंदोलन' में भी उन्होंने सक्रिय भूमिका निभाई। भारत में अंतरिम सरकार बनने पर मौलाना आजाद शिक्षा मंत्री बने और वे इस पद को अपनी मृत्यु तक यानी 22 फरवरी, 1958 तक सुशोभित किए। इस तरह से वे स्वतंत्र भारत के प्रथम शिक्षा मंत्री बने। मौलाना आजाद उत्तर प्रदेश के रामपुर संसदीय चुनाव क्षेत्र से 1952 में लोक सभा के लिए तथा 1957 में गुड़गाँव से लोक सभा के लिए निर्वाचित हुए थे। मौलाना आजाद ने 1956 में दिल्ली के यूनेस्को जनरल काँफ्रेंस के अध्यक्ष के रूप में कार्य किया। सचमुच में मौलाना आजाद एक सहिष्णु विचार के व्यक्ति थे और उनका विश्वास था कि जब सब धर्म एक ही परमेश्वर की प्राप्ति के मार्ग हैं तो उनमें आपस में संघर्ष नहीं होना चाहिए। वे राष्ट्रीय जीवन की मुख्य धारा के समर्थक थे तथा देश की मिली-जुली संस्कृति के ज्वलंत उदाहरण थे। 22 फरवरी, 1958 को दिल का दौरा पड़ने से एक महान स्वतंत्रता सेनानी तथा शिक्षाविद् हमारे बीच से सदा के लिए चल बसे। राष्ट्र के प्रति उनके अमूल्य योगदान के लिए मौलाना आजाद को मरणोपरांत 1992 में भारत के सर्वोच्च नागरिक सम्मान भारत रत्न से सम्मानित किया गया। उनके जन्मदिन को राष्ट्रीय शिक्षा दिवस के रूप में मनाया जाता है।

1. मौलाना आजाद की कुछ प्रमुख प्रकाशित कृतियाँ (Important published works of Maulana Azad)—

- बेसिक कन्सेप्ट ऑव दि कुरान
- मुसलमान औरत
- कुरान का कानूने-उर्जू-ओ-जवल
- इंडिया विन्स फ्रीडम
- राइटिंग हिस्ट्री इन यूरेशिया : दि सोवियत स्टेट ऐंड आफ्टर
- घुवार-ए-खातिर
- ग्लोबलाइजेशन एंड तुर्कीज सिविलाइजेशन : इंडियन परस्पेक्टिव्स
- यूरेशिया : रीजनल परस्पेक्टिव्स

2. मौलाना आजाद : जीवन का दर्शन—मनुष्य का संप्रत्यय (Maulana Azad: Philosophy of life—The concept of man)—इनका विचार था कि मनुष्य सभी जीवों में सबसे ऊपरी शिखर पर होता है और वे मनुष्य को दिव्यता (divinity) का प्रसर्जन (emanation) मानते थे। अतः, जो मनुष्य करता है, वह सचमुच में ईश्वर द्वारा ही किया जाना होता है। जो मनुष्य स्वयं को ठीक ढंग से समझता है, वह ईश्वर को भी ठीक ढंग से जानता है। ईश्वर ने मानव चिंतन को एक उच्चतम सीमा प्रदान किया है। मनुष्य अपने-आप को ईश्वर से तादात्म्य स्थापित करके अन्य जीवों से ऊपर हो जाता है।

3. शिक्षा का दर्शन (Philosophy of education)—उनका विचार था कि शिक्षा व्यक्तियों के विकास को प्रभावित करती है और व्यक्तियों के विकास के द्वारा फिर समाज के विकास को भी प्रभावित करती है। शिक्षा व्यक्तियों में एक समन्वित व्यक्तित्व (integrated personality) उत्पन्न करती है और फिर इससे एक समन्वित समाज भी विकसित होता है। इस तरह के विकास में पूर्वी एवं पश्चिमी देशों का समान योगदान होना चाहिए। शायद यही कारण है कि उन्होंने इस पर बल डालते हुए कहा था कि दिल से दी गई शिक्षा समाज में क्रांति ला सकती है।

4. धार्मिक शिक्षा (Religious education)—मौलाना आजाद ने धार्मिक शिक्षा की उपेक्षा पर चिंता जताते हुए कहा है कि किसी देश की शिक्षा नीति से धार्मिक शिक्षा को हटाया नहीं जा सकता है। अगर ऐसी शिक्षा नहीं दी जाती है, तो शिक्षार्थियों में चरित्र-निर्माण नहीं हो पाएगा और तब समाज में अराजकता फैलेगी। बिना धार्मिक शिक्षा के व्यक्तियों में अतितर्कणावादी (over-rationalistic) प्रवृत्तियाँ बढ़ेंगी। मौलाना आजाद ने बच्चों को धार्मिक शिक्षा देने के लिए वैसे शिक्षकों के भरोसे नहीं छोड़ देने की सलाह दी है जो स्वयं पढ़े-लिखे तो हैं, परंतु सही अर्थ में उन्हें शिक्षित नहीं कहा जा सकता है, क्योंकि इनके लिए धर्म का मतलब सिर्फ धर्मांधता (bigotry) होता है। सचमुच में बच्चों को धार्मिक शिक्षा व्यक्तिगत देखरेख में या अपने प्रत्यक्ष निरीक्षण में दिया जाना चाहिए। भारत में बिना धार्मिक शिक्षा के एक सही बौद्धिक ढाँचा विकसित करना संभव नहीं है।

5. नारी-शिक्षा (Women's education)—मौलाना आजाद ने नारी शिक्षा को देश के सर्वांगीण विकास के लिए काफी महत्त्वपूर्ण बतलाया। राष्ट्रीय शिक्षा का कोई भी कार्यक्रम सफल नहीं हो सकता, यदि वह समाज के आधे भाग से जुड़ी शिक्षा पर ध्यान नहीं देता हो और वह है महिलाओं की शिक्षा। यदि महिलाएँ शिक्षित होती हैं तो आधे से अधिक समस्याओं का स्वयं निराकरण हो जाएगा। एक शिक्षित माँ अपने बच्चों एवं परिवार को जितनी अधिक समझदारी से आगे बढ़ाती है, उतनी एक अशिक्षित माँ नहीं। महिलाओं को शिक्षित करने के साथ ही उन्हें स्वतंत्रता देने के भी मौलाना आजाद बड़े समर्थक थे। अगर महिलाएँ शिक्षित होकर परंपराओं के कटु बंधन से मुक्त नहीं की जाती हैं, तो ऐसी शिक्षा बेकार सिद्ध होगी। वे सभी को 14 साल की उम्र तक मुफ्त शिक्षा देने के भी पक्षधर थे।

6. शिक्षण का माध्यम (Medium of instruction)—शिक्षा के प्रारंभिक चरण में एक बच्चे को उसकी मातृभाषा के माध्यम से निर्देश दिया जाना चाहिए। इसे सरकार को अपनी नीति में शामिल कर लेना चाहिए। जहाँ तक अँगरेजी भाषा के माध्यम से शिक्षण देने का प्रश्न है मौलाना आजाद का विचार था कि अचानक शिक्षण के माध्यम के रूप में अँगरेजी भाषा को हटाया तो नहीं जा सकता है, परंतु धीरे-धीरे इस भाषा को चरणबद्ध ढंग से शिक्षा के एक माध्यम के रूप में हटा देना भविष्य के लिए बेहतर होगा।

7. शिक्षा का कृषीय आधार (Agricultural base of education)—भारत एक कृषि-प्रधान देश है और इस तथ्य को ध्यान में रखते हुए मौलाना आजाद ने बल डाला है कि स्कूल तथा कॉलेज में शिक्षा कृषि से जुड़ी हुई होनी चाहिए। स्कूली शिक्षा में बच्चे को कृषि के विभिन्न पहलुओं के बारे में जानकारी देने के लिए उन्हें खेतों (land) में ले जाकर कृषि के कुछ विशेष गुर का प्रत्यक्ष ज्ञान करवाना आवश्यक है। ठीक इसी तरह कॉलेज के छात्र को भी कृषि-संबंधित ज्ञान दिया जाना चाहिए। इन छात्रों को कुछ गाँवों को गोद लेकर उनके खेतों में जाकर कुछ समय व्यतीत करना चाहिए ताकि उन्हें खेती-बारी से संबंधित ज्ञान भी हो सके।

8. भारत के पहले शिक्षा मंत्री के रूप में मौलाना आजाद का योगदान (Contribution of Maulana Azad as first education minister of India)—मौलाना आजाद एक बड़े शिक्षाशास्त्री तथा विद्वान थे। वे एक उदार आधुनिक समाज बनाने की कल्पना किए थे जिसमें शिक्षा का सार्वजनीकरण (universalisation) हो। वे सभी वर्गों को समान रूप से शिक्षित करने पर बल देते थे। 1947 में स्वतंत्र भारत के प्रथम शिक्षामंत्री के रूप में उन्होंने पद ग्रहण किया। उन्होंने कई तरह के संस्थान स्थापित किए जिनमें **इंडियन कांउसिल फॉर कल्चरल रिलेशसंस** (Indian Council for Cultural Relations), **साहित्य अकादमी, संगीत अकादमी** तथा **ललित कला अकादमी** प्रमुख हैं। इसके अलावा वे निम्नांकित शैक्षिक संस्थानों की स्थापना में भी अहम भूमिका निभाए—

- विश्वविद्यालय शिक्षा आयोग (University Education Commission)
- माध्यमिक शिक्षा आयोग (Secondary Education Commission)
- ऑल इंडिया काउंसिल फॉर टेकनिकल एडुकेशन (All India Council for Technical Education)
- खड़गपुर इंस्टीट्यूट ऑव हायर टेकनॉलोजी (Kharagpur Institute of Higher Technology)
- विश्वविद्यालय अनुदान आयोग (University Grants Commission)

शिक्षामंत्री के पद सँभालने के पहले उन्होंने उत्तर प्रदेश के अलीगढ़ में जामिया मिलिया इस्लामिया स्थापित करने में भी महत्त्वपूर्ण भूमिका निभाई। फिर बाद में, अर्थात 1934 में वे इस विश्वविद्यालय को अलीगढ़ से दिल्ली में स्थानांतरण करवाने में भी सफल हुए।

मौलाना आजाद के कुछ प्रमुख अनमोल वचन—

- *दिल से दी गई शिक्षा समाज में क्रांति ला सकती है।*
- *गुलामी अत्यंत बुरी होती है, भले ही इसका नाम कितना भी खूबसूरत क्यों न हो।*
- *प्रारंभिक चरण में बच्चों की शिक्षा उनकी मातृभाषा में होनी चाहिए।*
- *महिलाओं की शिक्षा के बिना राष्ट्रीय शिक्षा का कोई भी कार्यक्रम उपयुक्त नहीं हो सकता है।*
- *बहुत सारे लोग पेड़ लगाते हैं, लेकिन उनमें से कुछ को ही उसका फल मिलता है।*
- *अपने मिशन की सफलता के लिए अपने लक्ष्य में एकनिष्ठ श्रद्धा (single-minded devotion) दिखाना जरूरी होता है।*
- *क्या हम अनुभव करते हैं कि आत्मनिर्भरता से ही आत्मसम्मान उत्पन्न होता है।*
- *इससे पहले कि आपके स्वप्न सच्चे निकलें, आपको स्वप्न देखना होगा।*
- *जिह्वा-आधृत शिक्षण से पसीना बहा सकते हैं, लेकिन अच्छे काम से मजबूत रह सकते हैं।* ***(Teaching by tongue can be perspired but by good deed can stay stronger.)***

डॉ॰ जाकिर हुसैन
(Dr Zakir Hussain, 1897–1969)

डॉ॰ जाकिर हुसैन का जन्म हैदराबाद में 8 फरवरी, 1887 को हुआ था। इनके पिता का नाम फिदा हुसैन खान था तथा माता का नाम नाजनीन बेगम था। जाकिर हुसैन कुल सात भाई थे जिनमें इनका

जन्मक्रम तीसरा था। जब जाकिर हुसैन मात्र 10 वर्ष के थे, तो उनके पिता की मृत्यु हो गई और तीन साल के भीतर फिर उनकी माता की भी मृत्यु हो गई। ऐसी दुःखद घटना के बाद जाकिर हुसैन का परिवार उत्तर प्रदेश के बुंदेलखंड के कायमनगर में आ बसा।

जाकिर हुसैन ने इटावा के इस्लामिया हाई स्कूल से स्कूली शिक्षा पूरी करके मोहम्मडन एंग्लो-ओरियंटल कॉलेज (वर्तमान में अलीगढ़ मुस्लिम विश्वविद्यालय) से आगे की पढ़ाई पूरी की। वहाँ वे अपने विद्यार्थीसमूह के प्रसिद्ध लीडर भी थे। 18 साल की आयु में यानी 1915 में उनकी शादी शाहजहाँ बेगम से हुई। जब जाकिर हुसैन मात्र 23 साल के थे। उन्होंने कुछ छात्रों एवं शिक्षकों के साथ मिलकर नेशनल मुस्लिम यूनिवर्सिटी की स्थापना 29 अक्टूबर, 1920 में किया। इस विश्वविद्यालय को 1925 में नई दिल्ली के करोलबाग में स्थानांतरित किया गया और पुनः 1 मार्च, 1935 को इसे नई दिल्ली के जामिया नगर में स्थानांतरित कर इसका नाम भी **जामिया मिलिया इस्लामिया यूनिवर्सिटी** रखा गया। जाकिर हुसैन बर्लिन की फ्रेडरिक विलियम यूनिवर्सिटी से अर्थशास्त्र में पी॰एच-डी॰ की उपाधि पाने के लिए 1922 में जर्मनी चले गए। 1926 में उन्हें पी॰एच-डी॰ की उपाधि मिली। उनके शोध-प्रबंध (thesis) का शीर्षक 'दी एग्रिकल्चरल एकोनॉमी ऑव इंडिया' था।

जर्मनी से वापस आकर उन्होंने जामिया मिलिया इस्लामिया को अपना शैक्षणिक और प्रशासनिक नेतृत्व प्रदान किया। यह विश्वविद्यालय वर्ष 1927 में बंद होने के कगार पर पहुँच गया था, परंतु जाकिर हुसैन के अथक प्रयासों के कारण विश्वविद्यालय अपनी लोकप्रियता बरकरार रखने में कामयाब रहा। वे जामिया मिलिया इस्लामिया (आज केंद्रीय विश्वविद्यालय) के उपकुलपति भी रहे और करीब 21 वर्षों तक इस पद पर रहते हुए इस संस्था की सेवा करते रहे। उन्होंने प्लेटो द्वारा लिखित पुस्तक रिपब्लिक (*Republic*) का तथा कैनन द्वारा लिखित एलीमेंटरी पोलिटिकल इकोनॉमी (*Elementary Political Economy*) का उर्दू में अनुवाद किया। एक शिक्षक के रूप में जाकिर हुसैन ने महात्मा गाँधी और हाकिम अजमल खान के आदर्शों को काफी प्रचारित किया। 1930 के दशक तक वे देश के कई शैक्षिक सुधार आंदोलनों में सक्रिय सदस्य के रूप में कार्य किए। 1937 में गाँधीजी की इच्छा के अनुकूल बुनियादी शिक्षा पर बनी राष्ट्रीय कमिटी (National Committee) की अध्यक्षता भी किए।

स्वतंत्र भारत में वे अलीगढ़ मुस्लिम विश्वविद्यालय के कुलपति के पद को भी सुशोभित किए। अपने कार्यकाल में उन्होंने पाकिस्तान के रूप में एक अलग देश बनाने की माँग के समर्थन में कार्यरत इस संस्था के कुछ शिक्षकों को ऐसा करने से रोक दिया। वे प्रारंभ से ही जिन्ना के विरोधी थे। 1948 से 1956 तक जाकिर हुसैन ने कई नाजुक मौकों पर विश्वविद्यालय को बड़ी अच्छी तरह से संभाल कर रखा और देश में इस विश्वविद्यालय ने एक अलग पहचान भी बनाई। कुलपति के रूप में अपना कार्यकाल पूरा करने के बाद उनका नॉमिनेशन (nomination) राज्य सभा के सदस्य के रूप में हो गया। लेकिन बिहार का गवर्नर बनने के बाद उन्होंने यह पद 1957 में छोड़ दिया। 1957 से 1962 तक बिहार का गवर्नर रहने के बाद 1962 से 1967 तक भारत के उपराष्ट्रपति के पद पर उन्होंने अपनी सेवा दी। इसके बाद 13 मई 1967 को उन्होंने भारत के राष्ट्रपति के रूप में अपना योगदान किया। 3 मई, 1969 को जाकिर हुसैन की मृत्यु हो गई और इस तरह से राष्ट्रपति पद पर रहते हुए मरनेवाले भारत के प्रथम राष्ट्रपति बन गए।

उत्तम योगदान एवं सराहनीय कार्य के लिए जाकिर हुसैन को 1954 में 'पद्म विभूषण' तथा 1963 में भारत का सर्वोच्च नागरिक सम्मान 'भारत रत्न' भी दिया गया।

1. जाकिर हुसैन की कुछ प्रमुख प्रकाशित कृतियाँ (Some important books of Zakir Hussain)—

- स्कोप एंड मेथड्स ऑव इकोनॉमिक्स
- कैपिट्लिज्म—ऐसेज इन अंडरस्टैंडिंग
- दी डायनेमिक यूनिवर्सिटी
- रिपब्लिक
- माशियर-ए-क्वामी
- नेशनल इकोनॉमी
- अब्बूखान की बकरी और चौदह कहानियाँ
- एजुकेशनल रिकन्स्ट्रक्शन इन इंडिया
- माता-यी-फकीर
- तालिमी खुतबत

इन सबके अलावा शिक्षा पर उनके बहुत सारे संभाषण (speeches) और लेख (articles) भी उपलब्ध हैं।

शिक्षा के विभिन्न पहलुओं पर जाकिर हुसैन के विचार
(Views of Zakir Hussain on Different Aspects of Education)

डॉ॰ जाकिर हुसैन राजनीतिज्ञ होने के साथ-साथ एक महत्त्वपूर्ण एवं लोकप्रिय शिक्षक भी थे। अतः, शिक्षा के विभिन्न पहलुओं पर उनके अनमोल विचारों की समीक्षा आवश्यक है।

1. शिक्षा का महत्त्व (Importance of education)—जाकिर हुसैन ने शिक्षा के महत्त्व पर प्रकाश डालते हुए कहा है कि राष्ट्रीय उद्देश्यों की प्राप्ति के लिए शिक्षा एक उत्तम साधन है। किसी भी राष्ट्र की आवश्यक विशेषताएँ उस देश की शैक्षिक योजनाओं द्वारा ही निर्धारित होती हैं।

2. शिक्षा का उद्देश्य (Aims of education)—जाकिर हुसैन ने शिक्षा के कुछ स्पष्ट उद्देश्य बतलाए हैं जो निम्नांकित हैं—

(i) शिक्षा को शिक्षार्थियों में एक सामान्य राष्ट्रीय लोकाचार (national ethos) उत्पन्न करना चाहिए।

(ii) नागरिकता की गुणवत्ता को विकसित करना ही सच्ची शिक्षा होती है।

(iii) शिक्षा को शिक्षार्थियों की जिंदगी में उच्चतर मूल्यों को विकसित करना चाहिए।

(iv) शिक्षा को पारंपरिक ज्ञान तथा वास्तविक कार्य अनुभूतियों से अंतःप्रेरणा (inspiration) लेनी चाहिए।

(v) शिक्षा को शिक्षार्थियों में धनात्मक मनोवृत्ति पैदा करनी चाहिए।

(vi) शिक्षा को सामाजिक उत्तरदायित्व भी पैदा करनी चाहिए।

(vii) शिक्षा को व्यावसायिक कार्यक्षमता (vocational efficiency) विकसित करनी चाहिए।

3. शिक्षा की प्रक्रिया (Process of education)—शिक्षा की प्रक्रिया की तुलना जाकिर हुसैन ने मानव शरीर के विकास से किया है। जिस तरह से मानव शरीर का विकास उत्तम भोजन, व्यायाम तथा स्वास्थ्य के अन्य नियमों के पालन से होता है ठीक उसी तरह से व्यक्ति में मन (mind) का विकास मानसिक विकास के नियम के अनुसार किए गए मानसिक भोजन (mental food) तथा मानसिक व्यायाम (mental exercise) से होता है। इस तरह के मानसिक विकास के लिए शिक्षा की प्रक्रिया को उन्होंने अतिमहत्त्वपूर्ण बतलाया। शिक्षा से ही शिक्षार्थी को मानसिक व्यायाम तथा मानसिक भोजन दोनों की प्राप्ति होती है।

4. शिक्षा एवं राजनीति (Education and politics)—जाकिर हुसैन का विचार था कि शिक्षा मालिक (master) है तो राजनीति नौकर (servant) है। इस तरह से उन्होंने शिक्षा को राजनीति से ऊपर का दर्जा दिया है।

5. शिक्षा, नैतिकता, विज्ञान एवं प्रौद्योगिकी (Education, morality, science and technology)—जाकिर हुसैन का मत था कि सत्ता (power) को नैतिकता, विज्ञान एवं तकनीक से जोड़ना अतिआवश्यक है। ये तभी संभव है जब इन सबों का संबंध शिक्षा से होगा। उन्होंने यह स्पष्ट किया कि वैज्ञानिकों एवं तकनीकी विशेषज्ञों को सामाजिक कल्याण को भी ध्यान में रखकर कार्य करना चाहिए तथा विज्ञान को नीतिशास्त्रीय निर्णयों (ethical judgements) से अलग नहीं रहना चाहिए। इसका मतलब यह हुआ कि शिक्षा को शिक्षार्थियों में संपूर्णता (totality) के विकास पर बल डालना चाहिए।

6. शिक्षा के सारतत्त्व (Essence of education)—जाकिर हुसैन के अनुसार प्रजातंत्र में शिक्षा का सारतत्त्व शिक्षार्थी की विशिष्टता या वैयक्तिकता (individuality) का आदर करना होता है, क्योंकि बच्चों को उत्तम शिक्षा एवं उत्तम सहभागिता द्वारा एक दिन उत्तम नागरिक बनाया जा सकता है। यह तभी संभव है जब बच्चों में शिक्षा के माध्यम से सामर्थ्यता (competence) की पहचान कर उसे विकसित किया जाए। परंतु जाकिर हुसैन भारत में दी जानेवाली शिक्षा की समस्याओं से भी अवगत थे जिनकी पहचान वे इस प्रकार किए हैं—

(i) कक्षा में चुपचाप बैठकर लंबे समय तक शिक्षकों द्वारा पढ़ाए जानेवाले पाठों को सुनने से उनमें उनकी स्वाभाविक अंतःशक्तियाँ (natural potentialities) कम हो जाती हैं और उसके जगह पर उनमें निष्क्रियता बढ़ जाती है।

(ii) अच्छे शिक्ष्कों की घोर कमी है। जो शिक्षक उपलब्ध हैं, उनमें क्रूरता तथा कर्कशता भरी हुई है जिससे छात्रों के व्यक्तित्व का विकास अवरुद्ध हो जाता है।

(iii) छात्रों को भारी-भरकम एवं अर्थहीन पाठ्यक्रम (curriculum) का भी सामना करना पड़ता है जो किसी डरावने सपने से कम नहीं है।

(iv) वर्तमान भारतीय शिक्षा-पद्धति यह मानकर चलती है कि शिक्षा का उद्देश्य मात्र पहले से तैयार शिक्षण आदर्शों के अनुकूल शिक्षार्थी को शिक्षित करना है जो सर्वथा एक भूल है। सच्चाई यह है कि शिक्षा को उन आदर्शों एवं सारतत्त्वों पर आधारित होना चाहिए जो शिक्षार्थियों में प्रजातांत्रिक रूप से वैयक्तिकता या विशिष्टता का विकास करता हो।

7. निर्देश की विधियाँ (Methods of instruction)—जाकिर हुसैन के अनुसार शिक्षा देने में निर्देश की काफी अहमियत है और उन्होंने इस सिलसिले में निम्नांकित तथ्यों पर विशेष रूप से बल डाला है—

(i) बच्चों या शिक्षार्थियों की क्षमता या अभिवृत्ति (aptitude) के अनुसार निर्देश दिया जाना चाहिए।

(ii) शिक्षार्थियों का बहुत ही नजदीक से प्रेक्षण करना चाहिए।

(iii) बच्चों द्वारा किए जानेवाले आत्मक्रियाओं (self-activities) को बढ़ावा देना चाहिए।

(iv) बच्चों का कोई भी निर्देश कार्य-आधृत (work-based) होना चाहिए।

- **भारतीय शिक्षा की कमियाँ** (Deficiencies in Indian education)—जाकिर हुसैन के अनुसार भारतीय शिक्षा में कुछ स्पष्ट कमियाँ भी हैं जो इस प्रकार हैं—

  (i) भारतीय शिक्षा जमे हुए पानी (stagnant water) के समान है।

  (ii) भारतीय शिक्षा में नए विचारों एवं नई सोच की पूर्णरूपेण उपेक्षा की जाती है।

8. शैक्षिक रूप से उत्पादक कार्य (Educationally productive work)—जाकिर हुसैन ने यह बतलाया है कि वे अपने अनुभव एवं समर्पण के आधार पर इस निष्कर्ष पर पहुचे हैं कि एक प्रभावी शिक्षा (effective education) के लिए कार्य (work) ही एकमात्र हथियार (instrument) है। उन्होंने यह भी विचार व्यक्त किया है कि सिर्फ वही कार्य शिक्षाप्रद (educative) होता है जो मूल्यों (values) से जुड़ा होता है। शिक्षाप्रद मूल्यों वाले कार्यों को शैक्षिक रूप से उत्पादक कार्य (educationally productive work) कहा जाता है। ऐसे कार्य से छात्रों के मन या बुद्धि का उचित विकास होता है। इसके अलावा उन्होंने यह भी विचार व्यक्त किया है—

(i) कार्य शिक्षा (work education) का क्रम (sequence) होता है—सोचना और करना (thinking and doing) एवं करना और सोचना (doing and thinking)।

(ii) उत्पादक कार्य का संबंध मानसिक कार्य (mental work) से होना चाहिए।

(iii) कार्य की पूजा होनी चाहिए। वास्तविक स्कूली कार्य का स्वरूप ऐसा होना चाहिए कि बच्चे किसी कार्य को प्रारंभ करने के पहले उसपर काफी सोच-विचार कर लें।

9. चार आवश्यक मूल्य (Four essential values)—जाकिर हुसैन ने शिक्षा में चार मानवीय मूल्यों को काफी आवश्यक बतलाया है। वे चार मूल्य हैं—**स्वास्थ्य** (health), **शक्ति** (strength), **सुंदरता** (beauty) एवं **सफाई** (cleanliness)। जब व्यक्ति स्वास्थ्य पर ध्यान देता है, तो वह धीरे-धीरे अनुभव करता है कि वह एक स्वस्थ शरीर, स्वस्थ मन तथा स्वस्थ चरित्र का निर्माण कर रहा है। एक मजबूत एवं शक्तिमान शरीर व्यक्ति को सतर्क, अनुशासित एवं चरित्रवान बनाता है। सुंदरता (beauty) से मतलब भीतर और बाहर दोनों की सुंदरता से होता है। एक स्वच्छ शरीर भी इस ओर इशारा करता है कि व्यक्ति का मन स्वच्छ है तथा वह साफ-सुथरी जिंदगी की ओर प्रेरित है।

10. शिक्षक की भूमिका (Teacher's role)—जाकिर हुसैन ने शिक्षा में शिक्षकों की भूमिका को अहम बताया है। शिक्षकों को चाहिए कि वे अपने छात्रों में उच्चतर मूल्यों का समावेश कराएँ। ऐसा वे अपने व्यक्तिगत आचरण के द्वारा करा सकते हैं। शिक्षकों को यह समझना चाहिए कि छात्रों का

अपना व्यक्तित्व (personality) होता है और उस व्यक्तित्व को पोषित करना उनका कर्तव्य होता है। शिक्षकों को अपने छात्रों के साथ अधिक-से-अधिक स्नेह एवं प्यार दिखलाना चाहिए न कि उन्हें डाँट-फटकार एवं तिरस्कृत कर रखना चाहिए।

11. शिक्षक मूल्यों के अभिरक्षक के रूप में कार्य करते हैं (Teachers act as a custodian of values)—शिक्षक समाज द्वारा पोषित मूल्यों (values) के अभिरक्षक होते हैं। जाकिर हुसैन ने इस तरह के शिक्षक को आदर्श शिक्षक कहा है। कुछ नियमों के आधार पर उन्होंने व्यक्ति के कई प्रकार बताए हैं; जैसे—आर्थिक मनुष्य (economic man), सामाजिक मनुष्य (social man), राजनीतिक मनुष्य (political man), धार्मिक मनुष्य (religious man) आदि। आर्थिक मनुष्य में आर्थिक मूल्यों (economic value) की, सामाजिक मनुष्य में सामाजिक मूल्यों (social values) की, धार्मिक मनुष्य में धार्मिक मूल्यों की तथा राजनीतिक मनुष्य में राजनीतिक मूल्यों (political values) की प्रधानता होती है। डॉ॰ जाकिर हुसैन का मत है कि इनमें सामाजिक मूल्य वाले मनुष्य एक अच्छे शिक्षक हो सकते हैं, क्योंकि इनमें दूसरों को स्नेह एवं प्यार देने की प्रवृत्ति, एकात्मकता (solidarity) तथा दूसरों से संबंध रखने की प्रवृत्ति अधिक तीव्र होती है। वैसे शिक्षक जो छात्रों को डराते-धमकाते हैं तथा उनपर शासन करना चाहते हैं, वे एक आदर्श शिक्षक कदापि नहीं हो सकते।

12. स्वतंत्रता, अनुशासन तथा प्राधिकार (Freedom, discipline and authority)—डॉ॰ जाकिर हुसैन का मत था कि स्वतंत्रता तथा प्राधिकार एक-दूसरे के विरोधी नहीं होते हैं। बिना आंतरिक स्वतंत्रता के शिक्षा में कोई प्राधिकार नहीं होता है। उसी तरह से बिना उत्तम एवं सर्जनात्मक कार्य के कोई स्वतंत्रता (freedom) नहीं होती है। छात्रों को स्कूल में कुछ विशेष अवस्थाओं से गुजरना पड़ता है। शुरुआती अवस्था में शिक्षक का प्राधिकार उनकी अनुभूति, उम्र एवं परिपक्वता होती है। अंत में बच्चों द्वारा विकसित किया गया मूल्य ही प्राधिकार होता है। सचमुच में स्वतंत्रता, अनुशासन एवं उत्तरदायित्व एक साथ चलते हैं और एक उत्तम शिक्षा छात्रों को इनमें से प्रत्येक में प्रशिक्षित करती है।

13. शिक्षा एवं संस्कृति (Education and culture)—डॉ॰ जाकिर हुसैन का मत है कि इतिहास एक खजाना है जहाँ से हम अपने शैक्षिक एवं सांस्कृतिक मूल्यों का चयन करते हैं। इस विरासत में पुराने एवं नए दोनों तरह के मूल्यों का समावेश होता है। इसमें द्रविड़, आर्य, अरब, तुर्क, मंगोल तथा यूरोपियन का एक ओर समावेश है तो दूसरी ओर इसमें हिंदू, मुस्लिम, बौद्ध, क्रिश्चियन, सिक्ख एवं पारसी से संबंधित तथ्यों का भी समावेश है। सही शिक्षा का कार्य है कि इन धनी विरासतों से उत्तम तथ्यों एवं आदर्शों का चयन करके अगली पीढ़ियों के नैतिक एवं आध्यात्मिक पोषण में उसका उपयोग करे। डॉ॰ जाकिर हुसैन के अनुसार शिक्षा वैसी परंपरा है जो पारंपरिक मूल्यों में मदद करती है, तथा वैसी परंपरा से जो उनमें बाधा डालती है, से अलग करने की भरपूर कोशिश करती है।

14. अच्छे स्कूल की विशेषताएँ (Characteristics of a good school)—डॉ॰ जाकिर हुसैन ने अच्छे स्कूल की कुछ विशेषताओं पर प्रकाश डाला है, जो इस प्रकार है—

(i) एक उत्तम स्कूल में प्रत्येक छात्र की विशिष्टता या वैयक्तिकता (individuality) का ज्ञान वहाँ के शिक्षकों एवं प्राधिकार को होना चाहिए। चूँकि प्रत्येक छात्र अलग-अलग पारिवारिक पृष्ठभूमि से आते हैं, उनकी रुचियाँ अलग-अलग होती हैं, उनकी क्षमताएँ

अलग-अलग होती हैं, इसलिए स्कूल के शिक्षकों को इन सबों की पहचान करके ही उनकी समस्याओं का समाधान करना चाहिए।

(ii) स्कूल का वातावरण ऐसा होना चाहिए कि वह छात्रों में तीन-एच (Three H) की शिक्षा प्रदान कर सके ताकि उनका पूर्णरूपेण विकास हो सके। तीन-एच में छात्रों को हेड (heads), हर्ट्स (hearts) तथा हैंड्स (hands) की शिक्षा दी जाती है जिससे उनके शारीरिक विकास के साथ-साथ संज्ञानात्मक विकास (cognitive development) भी पूर्ण हो सके।

(iii) एक अच्छा स्कूल छात्रों के वैयक्तिक विकास (individual development) के साथ-साथ उनमें सामाजिक उत्तरदायित्व का भाव भी उत्पन्न करता है।

(iv) एक अच्छा स्कूल छात्रों के विकास की अवस्था को ध्यान में रखते हुए अपने कार्यक्रमों को तैयार करता है।

(v) एक उत्तम स्कूल में छात्रों द्वारा उद्देश्यपूर्ण क्रियाओं को संपादित करने पर बल डाला जाता है। ऐसे स्कूल में शैक्षिक रूप से उत्पादक-कार्य (educationally productive work) पर अधिक ध्यान दिया जाता है।

(vi) एक उत्तम स्कूल में आत्मशिक्षा (self-education) पर बल डाला जाता है। वहाँ के शिक्षक आत्मशिक्षण (self-learning) की प्रक्रिया पर काफी बल डालते हैं।

15. बुनियादी शिक्षा (Basic education)— 1937 में 22 एवं 23 अक्टूबर को वर्द्धा (Wardha) में एक शैक्षिक सम्मेलन (educational conference) हुआ जिसमें डॉ॰ जाकिर हुसैन, महात्मा गाँधी तथा अन्य लोगों ने भाग लिया। इस सम्मेलन में शिक्षा की एक राष्ट्रीय नीति (national policy) की स्थापना करने पर विचार किया गया। इस सम्मेलन द्वारा एक शिक्षा कमेटी (education committee) का भी गठन किया गया जिसका अध्यक्ष डॉ॰ जाकिर हुसैन को बनाया गया। इस कमेटी ने अपना एक प्रतिवेदन दिसंबर 1937 में तथा दूसरा प्रतिवेदन अप्रैल 1938 में जमा किया, जिसे सामान्यतः शिक्षा की वर्द्धा योजना (Wardha Scheme of education) के नाम से जाना जाता है। इसे डॉ॰ जाकिर हुसैन कमेटी का प्रतिवेदन एवं विस्तृत पाठ्यक्रम, 1938 (report of the Zakir Hussain Committee and detailed syllabus, 1938) कहा गया। इस कमेटी के पहले प्रतिवेदन में शिक्षा की वर्द्धा योजना के मौलिक सारतत्त्व, उसके उद्देश्य, शिक्षकों तथा उनका प्रशिक्षण, स्कूलों का संगठन, क्रियान्वयन, शिल्प-आधृत शिक्षा (craft-centred education) जैसे सूत कातना, बुनाई करना, बढ़ईगिरी (carpentry), चर्मकार्य आदि को सम्मिलित किया गया। दूसरे प्रतिवेदन में कृषि, धातु कार्य (metal work), वन-विद्या (woodcraft) तथा अन्य बुनियादी हस्तशिल्प से संबंधित तथ्यों को शामिल किया गया। प्रतिवेदन में पढ़ाए जानेवाले सभी विषयों के पाठ्यक्रम, पाठ्यक्रम में कार्यों का बँटवारा (distribution of work in the curriculum), प्रारंभिक शिक्षा की पूरी अवधि जो सात साल की रखी गई, स्कूल में 228 कार्य दिवस (working days) आदि का उल्लेख किया गया।

निष्कर्षतः यह कहा जा सकता है कि डॉ॰ जाकिर हुसैन जो प्रशिक्षण से अर्थशास्त्री, पेशे से शिक्षाविद् तथा स्वभाव से मानवतावादी थे, भारत के एक अतिविशिष्ट शिक्षाशास्त्री थे। एक शिक्षाशास्त्री के रूप में उनके महत्त्वपूर्ण योगदानों में जामिया मिलिया इस्लामिया (अब एक केंद्रीय

विश्वविद्यालय) की स्थापना तथा बुनियादी शिक्षा की वर्द्धा योजना (Wardha Scheme of basic education) तैयार करना माना जाता है।

डॉ॰ जाकिर हुसैन के कुछ अनमोल विचार–

- मैं बिलकुल मजबूती से इस सच के साथ खड़ा हूँ कि वास्तव में तालीम से ही राष्ट्र के उद्देश्य पूरे किए जा सकते हैं।
- छात्र जीवन का उद्देश्य अपने जीवन के भ्रम या पूर्वाग्रह जिसे वह पाल रखा है, को त्याग देना होता है, साथ ही अपनी गंदी आदतों को भी।
- एक छात्र को अपने जीवन की आवश्यकताओं से अनभिज्ञता नहीं होनी चाहिए।

सर सैय्यद अहमद खाँ
(Sir Syed Ahmad Khan: 1817–1898)

सर सैयद अहमद खाँ (Sir Syed Ahmad Khan) का जन्म 17 अक्टूबर, 1817 को दिल्ली के एक अति सम्मानित मुस्लिम परिवार में हुआ था। अहमद खाँ के पिता का नाम मीर मुत्तकी तथा माता का नाम अजिस-उन-निसा बेगम था। इनकी शिक्षा अरबी, फारसी, हिंदी, विज्ञान, कानून, अँगरेजी के कई विद्वानों द्वारा हुई। इन्होंने ज्योतिष, तैराकी एवं निशानेबाजी की भी शिक्षा हासिल की थी। उन्हें एडिनबर्ग विश्वविद्यालय से एल॰एल॰डी॰ (LLD) की मानद उपाधि भी प्राप्त थी। इनकी शादी 1836 में फरला बेगम से हुई, जिनसे सईद महमूद, सईद हमीद एवं अमीना तीन संतान उत्पन्न हुए।

अहमद खाँ पहले मुगल दरबार में ही नौकरी करते थे। चूँकि अहमद खाँ में बदलते हुए समय को पहचान लेने की तीव्र दृष्टि थी, इसलिए पतनोन्मुख मुगल साम्राज्य से जुड़े रहने के बजाय वे ईस्ट इंडिया कंपनी की सेवा में प्रवेश कर गए। उनकी पहली नियुक्ति 1838 में आगरा के कोर्ट (court) में एक क्लर्क के रूप में की गई। 1840 में उन्हें 'मुंशी' के पद पर पदोन्नति दी गई। 1858 में उन्हें मुरादाबाद के कोर्ट में एक उच्च स्तरीय पद दिया गया। 1867 में वे बनारस में स्मॉल काउजेज कोर्ट (Small Causes Court) के जज के रूप में बहाल किए गए और इस सेवा से 1876 में वे अवकाश प्राप्त किए। 1857 के स्वतंत्रता संग्राम के समय उन्होंने ईस्ट इंडिया कंपनी और अँगरेजों के प्रति भारी वफादारी का परिचय दिया था जिससे प्रभावित होकर कंपनी ने उन्हें 'सर' की उपाधि से विभूषित किया।

अहमद खाँ एक नामी मुस्लिम समाजसुधारक, शिक्षाविद् तथा राजनीतिज्ञ थे। 1857 के प्रथम स्वतंत्रता संग्राम को उन्होंने नजदीक से देखा था और इस पर एक पुस्तक 'असबाबे बगावते' (भारतीय विद्रोह के कारण) लिखकर यह बताया कि इस विद्रोह के कारण क्या थे। शिक्षा के विकास के लिए अहमद खाँ ने अनेक संस्थाएँ खोलीं। इसमें मुरादाबाद का एक फारसी मदरसा तथा साइंटिकफिक सोसायटी, अलीगढ़ आदि प्रमुख थे। मुस्लिम समाज में आधुनिक शिक्षा को लोकप्रिय बनाने के लिए उन्होंने मोहम्मडन एजुकेशन कांफ्रेंस की भी स्थापना की। 1873 में उन्होंने एक अन्य समिति का भी गठन किया जिसका उद्देश्य अलीगढ़ में एक कॉलेज की स्थापना करना था। इस तरह से 1875 में उन्होंने मोहम्मडन एंग्लो ओरियंटल कॉलेज की स्थापना की। यही कॉलेज आगे चलकर अलीगढ़ मुस्लिम विश्वविद्यालय के नाम से विकसित हुआ। वे हमेशा ऐसे शैक्षिक पाठ्यक्रम की आवश्यकता पर बल देते थे जिसमें प्राचीन एवं नवीन ज्ञान का समन्वय हो।

10 अप्रैल, 1869 को वे इंगलैंड रवाना हुए जिसका उद्देश्य वहाँ की शिक्षा एवं शिक्षण-प्रणाली का गहराई से अध्ययन करना एवं उस पर शोध करना था। 2 अक्टूबर, 1870 को वे इंगलैंड से भारत लौट आए। मुसलमानों को रूढ़िवादिता से मुक्त करने के लिए अब उन्होंने अलीगढ़ को केंद्र बनाया और पुनर्जागरण आंदोलन प्रारंभ किया। इस आंदोलन ने अंधी रूढ़िवादिता पर गहन प्रहार किया जिसके फलस्वरूप धार्मिक अंधविश्वास में फँसे लोगों ने उन्हें 'काफिर' तक कहना प्रारंभ कर दिया। उन्हें तरह-तरह की धमकियाँ भी दी गईं, फतवे भी दिए गए और यहाँ तक कि रूढ़िवादी मुसलमानों ने उन्हें धर्मविरोधी भी घोषित कर दिया, लेकिन अहमद खाँ अपने मार्ग से तनिक भी विचलित नहीं हुए। 27 मार्च, 1898 को लंबी बीमारी के कारण अहमद खाँ का देहांत हो गया।

1. सर अहमद खाँ की प्रमुख रचनाएँ (Major writings of Sir Ahmad Khan)—सर अहमद खाँ की रचनाओं का दायरा बड़ा है। उन्होंने इतिहास, राजनीतिशास्त्र, पत्रकारिता, साहित्य, कानून, धर्म, विज्ञान एवं पुरातत्त्व (archaeology) में महत्त्वपूर्ण रचनाएँ सृजित कीं। जिसकी एक संक्षिप्त सूची इस प्रकार है—

- जाम-ई-जुम (Jam-i-Jum)
- असर-उस-सानादीद (Asar-us-Sanadid)
- सिलसिलत-उल-मुलुक (Silsilat-ul-Muluk)
- हिस्ट्री ऑव बिजनौर रिबेलियन (*History of Bijnor Rebellion*)
- एसेज ऑन दि लाइफ ऑव मोहम्मद
- असबाब-ए-बगावते-ए-हिंद (*Causes of Indian Revolt*)
- इतिखाब-अल-अखवेइन (Itikhab-al-Akhwain)
- तहसील फिजार-अल-साकिल (Tahsil-fijar-al-Saqil)

2. सर अहमद खाँ की शैक्षिक विचारधारा एवं उनका विशिष्ट शैक्षिक योगदान (Educational viewpoints and special educational contributions of Sir Amhad Khan)—सर अहमद खाँ का अपना विचार था कि लोगों को शिक्षित करके समाज में व्याप्त सामाजिक, राजनैतिक तथा आर्थिक बुराइयों को दूर किया जा सकता है। अगर लोगों को ठीक ढंग से शिक्षा दी जाती है, तो समाज की प्रत्येक बुराई अपने-आप दूर हो जाएगी। उनकी दृष्टि में मुस्लिम महिलाओं में हिंदू महिलाओं की अपेक्षा शैक्षिक पिछड़ापन काफी अधिक था और उसे दूर करने का हर संभव प्रयास वे करते थे। 1857 के बाद अहमद खाँ की अभिरुचि ऐसी समस्याओं के निराकरण में काफी बढ़ गई और उसके कई सालों के बाद उनके द्वारा शिक्षा के प्रति व्यक्त विचार एक शैक्षिक आंदोलन का रूप लेने लगे। उनके इस शैक्षिक आंदोलन के कुछ प्रमुख अंशों को इस प्रकार व्यक्त किया जा सकता है—

(i) **मुरादाबाद में मदरसा की स्थापना** (Establishment of Madrasa at Moradabad)—1859 में सैय्यद अहमद खाँ ने मुरादाबाद में एक मदरसा की स्थापना की। उन्होंने शिक्षा के उद्देश्य एवं महत्त्व को बताते हुए उर्दू एवं अंगरेजी में एक पैम्फलेट भी लोगों में वितरित किया। उन्होंने सरकार की इस नीति की आलोचना की जो इस बात पर बल डालता था कि भारतीय बच्चों को इतनी ही शिक्षा देनी चाहिए जिससे कि वे अपना जीविकोपार्जन कर सकें। उन्होंने यह बताया कि शिक्षा का उद्देश्य छात्रों में एक समन्वित नैतिक व्यक्त्वि का विकास करते हुए उनके बौद्धिक स्तर को मजबूत करना है। वे सरकार के इस विचार को सैद्धांतिक रूप से स्वीकार किए कि छात्रों को

मातृभाषा में शिक्षा दी जानी चाहिए, परंतु उन्हें शक था कि अच्छी शिक्षा प्रदान करने में मातृभाषा बहुत सहायक नहीं हो सकती है।

(ii) **वैज्ञानिक सोसाइटी की स्थापना** (Establishment of scientific society)—सैय्यद अहमद खाँ ने गाजीपुर में एक वैज्ञानिक सोसाइटी (Scientific Society) की स्थापना की। इस सोसाइटी का उद्देश्य था कि अँगरेजी के महत्त्वपूर्ण किताबों या कार्यों का उर्दू में अनुवाद किया जाए। इसका एक प्रतिफल यह होगा कि लोग अँगरेजी भाषा पढ़ने के प्रति आकर्षित होंगे। इस सोसाइटी के उद्देश्य को प्रचारित करने के लिए वे कलकत्ता भी गए और वहाँ भी इसके लिए लोगों का सहयोग माँगा। 1864 में जब सर सैय्यद अहमद खाँ अलीगढ़ आ गए, तो वैज्ञानिक समाज भी गाजीपुर से स्थानांतरित होकर अलीगढ़ आ गया। इसके लिए अलीगढ़ में अलग से भवन निर्माण भी किया गया। धीरे-धीरे इस समाज की लोकप्रियता बढ़ने लगी। इस समाज की सभाएँ प्रत्येक महीने होने लगी और शैक्षिक अभिरुचि (academic interest) के विभिन्न विषयों पर सेमिनार तथा सम्मेलन होने लगे। 1866 तक समाज द्वारा प्रकाशित होनेवाले जर्नलों एवं पेपरों की संख्या 44 तक हो गई। इनमें करीब 18 समाचारपत्र तथा मैगजिन तो अँगरेजी भाषा में प्रकाशित हो रहे थे, बाकी उर्दू, परसियन एवं संस्कृत में प्रकाशित हो रहे थे।

(iii) **गाजीपुर में स्कूल की स्थापना** (Establishment of school at Ghazipur)—वैज्ञानिक सोसाइटी की स्थापना के करीब दो साल बाद 1864 में सर सैय्यद अहमद खाँ ने गाजीपुर में एक स्कूल की स्थापना की। स्कूल की नींव राजा देवनारायण सिंह तथा मौलाना मुहम्मद फसीह के संयुक्त करकमलों द्वारा रखी गई। सर सैय्यद अहमद खाँ का यह प्रयास शैक्षिक कार्यक्रम में हिंदू-मुस्लिम एकता को बनाए रखने की ओर किए गए एक नए कदम को दिखलाता है।

(iv) **कृषीय तथा तकनीकी शिक्षा** (Agricultural and technical education)—सर सैय्यद अहमद खाँ के अनुसार वैज्ञानिक सोसाइटी का उद्देश्य अँगरेजी पुस्तकों को उर्दू में सिर्फ अनुवाद करना ही नहीं था, बल्कि यह भी था कि कृषि में उत्तम विधियों को अपनाकर लोगों की स्थिति को मजबूत किया जाए ताकि सूबे की आमदनी में वृद्धि हो सके। सर सैय्यद अहमद खाँ स्वयं भी कृषि पर एक किताब लिखे और कृषि पर अँगरेजी में उपलब्ध कुछ किताबों का संकलन (compilation) भी करवाया। 1866 से उन्होंने वैज्ञानिक सोसाइटी की तरफ से गजट भी प्रकाशित करवाना शुरू कर दिया जिसका नाम 'दि इंडियन इंस्टीच्यूट गजट' (The Indian Institute Gazette) रखा गया था। इतना ही नहीं, 1 अगस्त, 1867 को उन्होंने वाइसराय (Viceroy) को एक कड़ा स्मारपत्र (memorandum) भी दिया जिसमें शैक्षिक सुधार के लिए निम्नांकित महत्त्वपूर्ण कदम उठाने का राय दिया—

(a) भारतीय भाषाओं में परीक्षा का संचालन किया जाना चाहिए।
(b) कला एवं विज्ञान में उच्च शिक्षा भारतीय भाषाओं में दिया जाना चाहिए।
(c) उपाधि प्रदान करने में उर्दू में लिखनेवाले परीक्षार्थियों एवं अँगरेजी में लिखनेवाले परीक्षार्थियों में कोई भेदभाव नहीं किया जाना चाहिए।
(d) कलकत्ता विश्वविद्यालय में उर्दू के लिए अलग संकाय की स्थापना होना चाहिए।
(e) उत्तरी-पश्चिमी राज्यों के लिए भारतीय भाषाओं में शिक्षण के लिए अलग विश्वविद्यालय की स्थापना होनी चाहिए।

(v) **उर्दू-हिंदी विवाद के बारे में प्रतिक्रियाएँ** (Reaction to Urdu-Hindi controversy)— 1857 में बनारस के कुछ हिंदू नेताओं ने कोर्ट से पर्सियन एवं उर्दू को हटाकर उसकी जगह पर हिंदी को स्थापित करने का प्रयास किया। यह प्रयास सर सैय्यद अहमद खाँ को उचित नहीं लगा और उन्होंने यह स्पष्ट कर दिया कि इस तरह के उर्दू एवं हिंदी के वाद-विवाद से हिंदू-मुस्लिम एकता कमजोर होगी। जब वे लंदन से 1870 में लौटकर भारत आए, तब वे पश्चिमी शिक्षा से काफी प्रभावित थे और उसका प्रचार-प्रसार भारत में भी करना चाहते थे। परंतु इस दिशा में सबसे बड़ा रोड़ा मुस्लिम महिलाओं में व्याप्त अंधविश्वास तथा उनमें अँगरेजी शिक्षा के प्रति घृणा बताया गया। इसे दूर करने के लिए उन्होंने एक जर्नल जिसका नाम तहजीब-उल-अखलाक (Tahzib-ul-Akhlaq) था, का प्रकाशन किया जिसका एकमात्र उद्देश्य मुस्लिम महिलाओं में व्याप्त अंधविश्वास को दूर करके नई विचारधारा को अपनाने में मदद करना था। इसी कड़ी में उन्होंने 24 मई, 1875 को मोहम्मडन एंग्लो ओरियंटल कॉलेज (Mohammadan Anglo Oriental College) की स्थापना की जो बाद में अलीगढ़ मुस्लिम विश्वविद्यालय का रूप ग्रहण किया। सर सैयद अहमद खाँ चाहते थे कि कॉलेज पूरब एवं पश्चिम तथा पुरानी एवं नई शिक्षा-पद्धति के बीच एक पुल का काम करे। 1886 में उन्होंने मोहमडन सिविल सर्विस फंड एसोसिएशन (Mohammadan Civil Service Fund Association) की भी स्थापना की जिसका उद्देश्य सिविल सर्विस की परीक्षा देनेवाले मुस्लिम छात्रों को आर्थिक मदद प्रदान करना था। 1886 में इन्होंने मोहम्मडन एडुकेशन कॉंफ्रेंस (Mohammadan Education Conference) की स्थापना की, क्योंकि उनका मत था कि अकेले एक कॉलेज से भारत के पूरे मुस्लिम जनसंख्या की शैक्षिक आवश्यकताओं की पूर्ति नहीं हो सकती है। इस कॉंफ्रेंस का मुख्य उद्देश्य मुस्लिमों में पश्चिमी शिक्षा को बढ़ावा देना, ओरियंटल विषयों (oriental subjects) एवं धर्मविज्ञान की शिक्षा को आगे बढ़ाना तथा पुराने भारतीय **मकतब** (maktabs) के मानक को उन्नत बनाना था। उन्होंने मुस्लिमों को निम्नांकित प्रमुख सुझाव दे रखे थे—

(a) सभी तरह के धार्मिक एवं अन्य अंधविश्वासों से अपने-आप को दूर रखें।

(b) महिलाओं को शिक्षित करें और उन्हें हस्तकौशल (handicrafts) सिखाएँ।

(c) उत्तम शैक्षिक सुविधा प्रदान करने के लिए सामूहिक प्रयास करें।

(d) विभिन्न तरह की कला (arts) एवं उद्योगों को विकसित करें।

(e) वैसे धार्मिक विश्वास से भी अपने को दूर रखें जिन्हें सचमुच में कोई धार्मिक स्वीकृति प्राप्त नहीं हो।

(f) विचारों की स्वतंत्रता पर ध्यान दें तथा प्रथा एवं पारंपारिकता से अपने को बाहर लाएँ।

सर सैयद अहमद खाँ के कुछ अनमोल विचार—

- *अज्ञानता गरीबी की जननी होती है। (Ignorance is the mother of poverty.)*
- *वास्तविक आलस्य मन और दिल का आलस्य होता है।*

- *जिस कार्य को हमें भगवान के सामने करने में ग्लानि नहीं होती है, उस कार्य को अपने अनुयायियों के सामने करने में भी ग्लानि नहीं होनी चाहिए।*
- *व्यक्ति स्वयं ही अपना सबसे बड़ा शिक्षक होता है।*
- *तकनीकी एवं विज्ञान का ज्ञान अर्जित करना मुस्लिमों की समस्या का एकमात्र समाधान है।*
- *हमलोगों को योग्य एवं गुणवान का सम्मान करना चाहिए।*
- *जब कोई राष्ट्र कला (arts) एवं अधिगम (learning) से वंचित रह जाता है, तब उसमें गरीबी पनपती है और जब गरीबी पनपती है, तब अपराध फलने-फूलने लगता है।*
- *एक व्यक्ति को उस समय भी ईमानदार तथा न्यायसंगत होना चाहिए जब वह विरोधियों का विरोध कर रहा होता है।*
- *अंधविश्वास ईमान (विश्वास) का हिस्सा नहीं हो सकता है।*
- *इस्लाम का चेहरा दूसरों को नहीं दिखाओ, बल्कि वास्तविक इस्लाम के वास्तविक अनुयायी बनकर अपना चेहरा दूसरों को दिखाओ।*
- *हिंदू और मुस्लिम दो ऐसे शब्द हैं जो मात्र धार्मिक अंतर दिखलाने के लिए प्रयोग किए जाते हैं। सचमुच में देश में रहनेवाले सभी व्यक्ति एक और एक ही राष्ट्र के होते हैं।*

❑

अध्याय 31

शिक्षा में सांख्यिकी

[STATISTICS IN EDUCATION]

मुख्य बिंदु (Main Points)

1. सांख्यिकी का अर्थ (Meaning of Statistics)
2. सांख्यिकी की उपयोगिताएँ एवं सीमाएँ (Uses and Limitations of Statistics)
3. वर्णनात्मक सांख्यिकी तथा आनुमानिक सांख्यिकी (Descriptive Statistics and Inferential Statistics)
4. सतत चर तथा असतत चर (Continuous Variable and Discrete Variable)
5. बारंबारता वितरण तालिका का निर्माण (Preparation of Frequency Distribution Table)
6. आवृत्ति बहुभुज (Frequency Polygon)
7. आयतचित्र (Histogram or Column Diagram)
8. आवृति बहुभुज तथा आयतचित्र में अंतर (Difference between Frequency Polygon and Histogram)
9. संचयी आवृत्ति चक्र (Cumulative Frequency Curve)
10. तोरण (Ogive)
11. केंद्रीय प्रवृत्ति की माप (Measures of Central Tendency)
12. माध्य, माध्यिका तथा बहुलक में संबंध (Relation between Mean, Median and Mode)
13. परिवर्तनशीलता की माप (Measures of Variability)
14. प्रसार (Range)
15. चतुर्थक विचलन (Quartile Deviation)
16. मानक विचलन (Standard Deviation or *S*)
17. औसत विचलन (Average Deviation)
18. प्रसरण (Variance)
19. मानक प्राप्तांक (Standard Score)
20. प्रसामान्य वक्र (Normal Curve)
21. शतमक एवं शतमक कोटि (Percentile and Percentile Rank)
22. शतमक एवं शतमक कोटि में अंतर (Difference between Percentile and Percentile Rank)
23. सहसंबंध विधियाँ (Correlation Methods)
24. गुणन-आघूर्ण सहसंबंध (Product–moment Correlation)
25. स्पीयरमैन कोटि-अंतर सहसंबंध (Spearman Rank–Difference Correlation)

सांख्यिकी का अर्थ
(Meaning of Statistics)

सचमुच में सांख्यिकी (statistics) का एक स्वतंत्र विज्ञान के रूप में विकास 19वीं सदी में हुआ और तब से इसका उपयोग अनेक शास्त्रों में होता आया है। सांख्यिकी के कई अर्थ हैं। एक अर्थ में, सांख्यिकी का मतलब गणित की एक ऐसी शाखा से होता है जो सांख्यिकीय सिद्धांत (statistical theory) के बारे में बतलाता है। दूसरे अर्थ में, सांख्यिकी का मतलब परिमाणात्मक तथ्यों (quantitative facts) की व्याख्या मात्र से होता है। तीसरे अर्थ में, सांख्यिकी का मतलब एक ऐसे विज्ञान (science) से होता है जिसके द्वारा संख्यात्मक आँकड़ों का संकलन (compilation), विवेचन (treatment), विश्लेषण (analysis) एवं व्याख्या (interpretation) की जाती है। मनोविज्ञान तथा शिक्षा में सांख्यिकी का प्रयोग इसी तीसरे अर्थ में होता है। **फर्गुसन** एवं **टाकाने** (Ferguson & Takane, 1989) ने सांख्यिकी को इसी अर्थ में परिभाषित करते हुए कहा है, "सांख्यिकी वैज्ञानिक कार्यविधि की एक शाखा है। यह प्रयोगों तथा सर्वे के संचालन से प्राप्त आँकड़ों का संग्रहण (collection), वर्गीकरण, वर्णन तथा व्याख्या करता है।"[1] इस परिभाषा का विश्लेषण करने पर हमें सांख्यिकी के स्वरूप के बारे में निम्नांकित तथ्य प्राप्त होते हैं—

(i) सांख्यिकी एक वैज्ञानिक कार्यविधि प्रणाली (scientific methodology) है।

(ii) मनोवैज्ञानिक एवं शैक्षिक सांख्यिकी में प्रयोगों, सर्वे आदि से प्राप्त आँकड़ों पर विचार किया जाता है।

(iii) सांख्यिकी में इन आँकड़ों को विशेष तरह से वर्गीकृत किया जाता है, उसका विश्लेषण किया जाता है तथा फिर उनकी व्याख्या की जाती है ताकि मूल आँकड़े, जो अक्रमबद्ध (unsystematic) हैं, उन्हें क्रमबद्ध बनाकर एक सार्थक अर्थ उससे निकाला जाए।

सांख्यिकी की उपयोगिताएँ एवं सीमाएँ
(Uses and Limitations of Statistics)

मनोविज्ञान तथा शिक्षा में सांख्यिकी का जो प्रयोग किया जाता है, उसकी कई उपयोगिताएँ (uses) हैं जिनके कारण वह काफी लोकप्रिय हो पाया है। ऐसी प्रमुख उपयोगिताओं में निम्नांकित प्रमुख हैं—

(i) सांख्यिकी हमें प्राप्त आँकड़ों के परिणाम को सुव्यवस्थित करने, क्रमबद्ध करने तथा उसे विश्लेषित करने में मदद करता है।

(ii) सांख्यिकी द्वारा परिकलन में एक तरह की इतनी अधिक विशिष्टता आती है कि उसका स्वरूप वैज्ञानिक हो जाता है।

(iii) सांख्यिकी द्वारा घटनाओं एवं तथ्यों को समझने योग्य भाषा में परिमाणात्मक व्याख्या संभव होता है।

---

1. "Statistics is the branch of scientific methodology. It deals with collection, classification, description and interpretation of data obtained by conduct of surveys and experiments." —Ferguson & Takane, *Statistical Analysis in Psychology and Education,* 1989, p. 6

(iv) सांख्यिकी शोधकर्ता को एक निश्चित एवं ठोस कार्यविधि अपनाने के बारे में सोचने के लिए विवश कर देता है।

(v) सांख्यिकी शोधकर्ता (researcher) को आँकड़ों से सामान्य निष्कर्ष (general conclusion) पर पहुँचने में मदद करता है।

(vi) सांख्यिकी शोधकर्ता को यह पूर्वानुमान लगाने में मदद करता है कि कोई भी चीज उस परिस्थिति, जिसे हम जानते हैं तथा माप चुके हैं, में कितना होगा।

(vii) सांख्यिकी मनोविज्ञान तथा शिक्षा के क्षेत्र में होनेवाले जटिल एवं उलझन उत्पन्न करनेवाली घटनाओं को भी विश्लेषित करने में मदद करता है।

इन उपयोगिताओं के बावजूद सांख्यिकी की कुछ परिसीमाएँ (limitations or abuses) हैं जिनमें निम्नांकित प्रमुख हैं—

(i) सांख्यिकी नीरस (dry) एवं उबाऊ (boring) होता है, क्योंकि इससे हमें आँकड़ों की अवस्थाओं के बारे में ही मात्र पता चलता है एवं उससे कोई सही अर्थ, जब तक कि कुछ और सूचनाएँ नहीं मिलें, नहीं निकाला जा सकता है।

(ii) सांख्यिकी से व्यक्तित्वलोप (depersonalisation) उत्पन्न होता है, क्योंकि सांख्यिकी किसी व्यक्ति विशेष पर बल न डालकर पूरे समूह पर बल डालता है।

(iii) सांख्यिकीय विधियों द्वारा प्राप्त साहचर्य (association) के आधार पर कारण-कार्य संबंध का अनुमान लगाया जाता है, जो सर्वथा गलत है। सचमुच में सांख्यिकी दो चरों के बीच कितना साहचर्य है, इसकी मात्रा को तो वह बतलाता है, परंतु उसके बीच कारण-कार्य संबंध को नहीं। जैसे, आय तथा शिक्षा में धनात्मक साहचर्य (positive association) हो सकता है जिसके आधार पर यह अर्थ निकालना कि उच्च शिक्षा का कारण उच्च आय होता है, गलत होगा। सांख्यिकीय विधियों द्वारा प्राप्त उच्च धनात्मक साहचर्य के कारण प्रायः इस तरह का अर्थ निकाला जाता है।

(iv) सांख्यिकी में आवश्यक आँकड़ों के अभाव में ही तुलना किए जाते हैं जिससे एक भ्रमसूचक (misleading index) की प्राप्ति होती है और फिर उसके आधार पर किसी निष्कर्ष पर नहीं पहुँचा जा सकता है।

(v) सांख्यिकी का आधार प्रतिदर्श (sample) होता है जिसके आधार पर जीवसंख्या (population) के बारे में सामान्यीकरण (generalisation) किया जाता है। इस तरह का किया गया सामान्यीकरण कई कारणों से वैध नहीं होता है। ऐसी परिस्थिति उन अवस्थाओं में अधिक होती है जब लघु प्रतिदर्श सांख्यिकी (small sample statistics) का सहारा लिया जाता है।

इन परिसीमाओं (limitations) को ध्यान में रखते हुए कुछ वैज्ञानिकों, जैसे डिजरैली (Disraeli) ने सांख्यिकी के स्वरूप पर टिप्पणी करते हुए कहा है, "झूठ तीन तरह के होते हैं—झूठ, सफेद झूठ तथा सांख्यिकी।" (There are three types of lie—lie, damn lie and statistics)। यद्यपि सांख्यिकी की कुछ परिसीमाएँ (limitations) हैं, फिर भी इसके उपयोग से शिक्षा के प्रयोगों एवं अनुसंधानों में काफी वस्तुनिष्ठता तथा वैधता आई है, जो काफी उत्साहवर्द्धक है।

वर्णनात्मक सांख्यिकी तथा आनुमानिक सांख्यिकी
(Descriptive Statistics and Inferential Statistics)

उपयोग के दृष्टिकोण से सांख्यिकी को दो भागों में बाँटा जाता है—वर्णनात्मक सांख्यिकी (descriptive statistics) तथा आनुमानिक सांख्यिकी (inferential statistics)। वर्णनात्मक सांख्यिकी वैसे सांख्यिकी को कहा जाता है जिसका उद्देश्य संख्यात्मक तथ्यों (numerical facts) का साधारण ढंग से मात्र वर्णन करना होता है। माध्य (mean), मानक विचलन (standard deviation) तथा संबंध गुणांक (coefficient of correlation) आदि वर्णनात्मक सांख्यिकी (descriptive statistics) के उदाहरण हैं, क्योंकि इनसे संख्यात्मक आँकड़ों का मात्र सामान्य ढंग से वर्णन होता है, उससे किसी प्रकार का कोई अनुमान नहीं लगाया जाता है।

आनुमानिक सांख्यिकी (inferential statistics), जिसे प्रतिदर्शन सांख्यिकी (sampling statistics) या आगमनात्म्क सांख्यिकी (inductive statistics) भी कहा जाता है, वैसे सांख्यिकी को कहा जाता है जिसमें प्रतिदर्श आँकड़े के आधार पर जनसंख्या (population) के गुणों के बारे में अनुमान लगाया जाता है। t-परीक्षण तथा F-परीक्षण आनुमानिक सांख्यिकी के उदाहरण हैं।

सतत चर तथा असतत चर
(Continuous Variable and Discrete Variable)

मनोविज्ञान तथा शिक्षा के शोधों में चर (variable) का एक अपना विशेष स्थान है। चर की निरंतरता (continuity) के स्वरूप के आधार पर उसे दो भागों में बाँटा गया है—सतत चर (continuous variable) तथा असतत चर (discrete variable)। असतत चर वैसे चर को कहा जाता है जिसके मापन इकाई (measuring unit) में एक स्पष्ट रिक्तता (gap) होती है तथा जिसकी माप एक पूर्ण इकाई (whole unit) के ही रूप में संभव है। इसका स्पष्ट मतलब तब यह हुआ कि ऐसे चरों का मापन खण्डशः इकाई (fractional unit) में संभव नहीं है। जैसे—परिवार में सदस्यों की संख्या, पुस्तकालय में किताबों की संख्या आदि असतत चर के उदाहरण हैं, क्योंकि परिवार में सदस्यों की संख्या तथा पुस्तकालय में पुस्तकों की संख्या का मापन हमेशा पूर्ण इकाई में ही संभव है। ऐसा नहीं हो सकता है कि परिवार में सदस्यों की संख्या 4½ हो या पुस्तकालय में किताबों की संख्या 3000½ हो। यह संख्या या तो चार हो सकती या पाँच तथा पुस्कालय में किताबों की संख्या 3000 हो सकती है या 3001 हो सकती है। ऐसे चरों के मापन से प्राप्त आँकड़े असतत आँकड़े (discrete data) कहलाते हैं।

सतत चर वैसे चर को कहा जाता है जिसके मापन इकाई में निरंतरता (cotinuity) होती है क्योंकि इसको किसी भी छोटी-से-छोटी इकाई में मापकर व्यक्त किया जा सकता है। जैसे, व्यक्ति की आयु, ऊँचाई, भार, बुद्धिलब्धि आदि सतत चर के उदाहरण हैं, क्योंकि इन्हें सूक्ष्मतम इकाई में मापकर व्यक्त करना संभव होता है। जैसे, व्यक्ति की आयु को न केवल वर्ष, महीना एवं दिन में ही मापा जा सकता है, बल्कि उसे जरूरत पड़ने पर घंटा, मिनट, सेकंड आदि में भी मापकर व्यक्त किया जा सकता है। सतत चर को मापने से जो आँकड़े प्राप्त होते हैं, वे सतत आँकड़े (continuous data) कहलाते हैं।

मनोविज्ञान तथा शिक्षा के शोधों में सतत तथा असतत दोनों तरह के आँकड़े उपलब्ध हो पाते हैं, परंतु इनमें सतत आँकड़े तुलनात्मक रूप से अधिक उपलब्ध हो पाते हैं।

बारंबारता वितरण तालिका का निर्माण
(Preparation of Frequency Distribution Table)

मनोवैज्ञानिक एवं शैक्षिक प्रयोगों एवं परीक्षणों से जो प्राप्तांक (score) मिलते हैं, उनसे सामान्यतः तब तक कोई ठोस अर्थ नहीं निकाला जा सकता है जब तक कि उसे बारंबारता वितरण तालिका (frequency distribution table) में सुव्यवस्थित नहीं कर दिया जाता है। बारंबारता वितरण तालिका वैसी तालिका को कहा जाता है जिसमें प्राप्तांकों (scores) का वर्गांतर (class interval) में समूहन (grouping) करके उसे मिलान-रेखाएँ (tallies) देते हुए बारंबारता (frequency) में बदलकर दिखाया जाता है। एक उदाहरण देखें—

मान लिया कि 50 छात्रों को किसी अंकगणितीय परीक्षण (arithmetic test) में इस प्रकार प्राप्तांक (score) आए—

6*	14	24	13	32	7	6	8	7	15
10	16	23	25	33	9	9	12	8	12
16	15	29	30	38	10	12	38	16	11
17	20	8	40**	37	11	30	35	13	39
18	22	16	32	36	12	32	36	14	35

* न्यूनतम प्राप्तांक (Lowest score)

** उच्चतम प्राप्तांक (Highest score)

उपर्युक्त प्रकार के आँकड़ों को अव्यवस्थित आँकड़े (ungrouped data) की संज्ञा दी जाती है। परंतु, जब उन्हें हम एक बारंबारता वितरण तालिका में सुव्यवस्थित कर देंगे, तो उन्हें व्यवस्थित आँकड़े (grouped data) कहा जाएगा।

उपर्युक्त अव्यवस्थित आँकड़ों को हम एक बारंबारता या आवृत्ति वितरण तालिका (frequency distribution table) में सुव्यवस्थित कर तालिका 1 में दिखा रहे हैं। तालिका 1 में वर्गांतर बनाने की जिस विधि का उपयोग किया गया है उसे अभ्यावर्तक या अंतर्वेशित विधि (inclusive method) कहा जाता है, क्योंकि वर्गांतर का ऊपरी प्राप्तांक उसी वर्गांतर में निहित होता है। जैसे वर्गांतर 5–7 का ऊपरी प्राप्तांक 7 उसी वर्गांतर में सम्मिलित होता है।

तालिका 1—बारंबारता वितरण तालिका (Frequency Distribution table)

प्राप्तांक (Score) या वर्गांतर (Class interval)	मिलान रेखाएँ (Tallies)	बारंबारता (Frequency)
38–40	IIII	4
35–37	~~IIII~~	5
32–34	IIII	4
29–31	III	3
26–28	—	0
23–25	III	3
20–22	II	2
17–19	II	2
14–16	~~IIII~~ IIII	9
11–13	~~IIII~~ II	7
8–10	~~IIII~~ II	7
5–7	IIII	4
		$N = 50$

बारंबारता वितरण तालिका बनाने में निहित कदम (Steps involved in construction of frequency distribution table)—इस तालिका को बनाने में निहित प्रमुख कदम निम्नांकित हैं—

(i) सबसे पहले हम तीन कॉलम वाली तालिका जैसा कि तालिका 1 में है, बनाएँगे। पहले कॉलम में प्राप्तांकों (scores) को वर्गांतर में समूहन करके दिखाते हैं, दूसरे कॉलम में मिलान-रेखाएँ (tallies) होती हैं तथा तीसरे कॉलम में बारंबारता (frequency) होती है।

(ii) वर्गांतर बनाने में उच्चतम प्राप्तांक (highest score) तथा न्यूनतम प्राप्तांक (lowest score) का पता हम पहले कर लेते हैं। उपर्युक्त उदाहरण में न्यूनतम प्राप्तांक 6 है तथा उच्चतम प्राप्तांक 40 है। इन दोनों का अंतर $40 - 6 = 34$ है। यदि हम वर्गांतर की लंबाई (length) 3–3 का रखते हैं (जैसा कि तालिका 1 में है), तो वर्गांतर की कुल संख्या $34 \div 3 = 11.5$, अर्थात 12 होगी। अगर हम वर्गांतर की लंबाई 5–5 का रखेंगे, तो वर्गांतर की कुल संख्या $34 \div 5 = 6.8$, अर्थात 7 होगी। अगर वर्गांतर की लंबाई हम 2–2 का रखेंगे, तो वर्गांतर की कुल संख्या $34 \div 2 = 17$ होगी। हम वर्गांतर की लंबाई कुछ भी रख सकते हैं, परंतु 2, 3, 4, 5 आदि की लंबाई अधिकतर लेते हैं। इसके बारे में कोई नियम नहीं है, परंतु लंबाई ऐसी हो कि वर्गांतर की

कुल संख्या 10 से 20 के बीच में आए, तो इसे उत्तम समझा जाता है। वर्गांतर की लंबाई से तात्पर्य किसी एक वर्गांतर में आनेवाले प्राप्तांकों की संख्या से होता है। जैसे तालिका में 5–7 वर्गांतर की लंबाई 3 है, क्योंकि इसमें 5, 6 तथा 7 तीन प्राप्तांक आते हैं। एक बारंबारता वितरण तालिका के सभी वर्गांतरों की लंबाई हमेशा एकसमान होती है।

(iii) बारंबारता वितरण तालिका के दूसरे कॉलम में मिलान-रेखाएँ (tallies) तैयार की जाती हैं। मिलान-रेखाएँ यह बताती हैं कि वर्गांतर में कितने प्राप्तांक आ रहे हैं। यदि किसी वर्गांतर में सिर्फ एक प्राप्तांक आता है, तो उसकी मिलान-रेखा के रूप में एक खड़ी रेखा (I) खींचते हैं, परंतु यदि दो प्राप्तांक आते हैं, तो उसकी मिलान-रेखाएँ दो खड़ी रेखाएँ (II) होती हैं। तीन प्राप्तांक के लिए तीन खड़ी रेखा (III) तथा चार प्राप्तांक के लिए चार खड़ी रेखा (IIII) और पाँच प्राप्तांक के लिए चार खड़ी रेखा खींचकर उसे एक तिरछी रेखा से काट देते हैं (IIII) ।

(iv) बारंबारता वितरण के तीसरे कॉलम में मिलान-रेखाओं को गिनकर अंकों में लिख देते हैं जिसे आवृत्ति या बारंबारता (frequency) कहा जाता है। आवृत्ति का योग (sum) N कहलाता है जो हमेशा प्राप्तांकों की कुल संख्या के बराबर होता है। तालिका 1 में $N = 50$ है, जो प्राप्तांकों के कुल योग के बराबर है।

उपर्युक्त विधि के अलावा दो और विधियाँ हैं जिनका उपयोग आवृत्ति वितरण तालिका का निर्माण करते समय वर्गांतर लिखने में किया जाता है—एक विधि को वास्तविक सीमा विधि (exact limit method) तथा दूसरी विधि को अपवर्जक विधि (exclusive method) कहा जाता है। वास्तविक सीमा विधि में वर्गांतर के दोनों प्राप्तांक सीमाओं को उसके वास्तविक सीमा के रूप में व्यक्त करते हैं। जैसा कि हम जानते हैं, किसी प्राप्तांक में से 0.5 घटा लेने पर उसकी वास्तविक निचली सीमा (exact lower limit) तथा 0.5 जोड़ देने पर उसकी वास्तविक ऊपरी सीमा का पता चल जाता है। अतः, इस विधि के अनुसार वर्गांतर 5–7 को 4.5–7.5, 8–10 को 7.5–10.5, 11–13 को 10.5–13.5 के रूप में तथा अन्य वर्गांतरों को इसी पैटर्न पर व्यक्त किया जाता है। मिलान-रेखाएँ एवं बारंबारता प्रत्येक वर्गांतर का पूर्ववत ढंग से ही ज्ञात किया जाता है। अपवर्जक विधि (exclusive method) में वर्गांतर की ऊपरी प्राप्तांक सीमा में एक और प्राप्तांक बढ़ाकर लिखा जाता है हालांकि यह बढ़ा हुआ प्राप्तांक उस संबंधित वर्गांतर से अपवर्जित (excluded) होता है। जैसे इस विधि द्वारा वर्गांतर 5–7 को 5–8 , 8–10 को 8–11 , 11–13 को 11–14 तथा उसी पैटर्न पर अन्य सभी वर्गांतरों को लिखते हैं। यहाँ वर्गांतर 5–8 में प्राप्तांक 8 सम्मिलित नहीं होता है। अतः, इसमें तीन ही प्राप्तांक यानी 5, 6 एवं 7 ही सम्मिलित होता है। इसलिए, इस वर्गांतर का वास्तविक मान वर्गांतर 5–7 का ही होता है। प्राप्तांक 8 अगले वर्गांतर में सम्मिलित होगा जबकि वर्गांतर 8–11 में प्राप्तांक 11 सम्मिलित नहीं होगा। इसलिए प्राप्तांक 11 की गणना वर्गांतर 11–13 में ही की जाएगी। इस तरह से अंतर्वेशित विधि तथा अपवर्जक विधि में कोई मौलिक अन्तर नहीं होता है। सिर्फ वर्गांतर लिखने का ढंग थोड़ा भिन्न होता है। मिलान-रेखाएँ एवं आवृत्ति का निर्धारण यहाँ भी अंतर्वेशित विधि के ही समान किया जाता है।

आवृत्ति बहुभुज
(Frequency Polygon)

आवृत्ति वितरण (frequency distribution) को आलेख (graph) पर दिखाने की कई विधियाँ हैं जिनमें आवृत्ति बहुभुज (frequency polygon) प्रमुख है। आवृत्ति बहुभुज से तात्पर्य एक ऐसी

आवृत्ति से है जिसमें अनेक कोण (many angles) हों। तालिका 1 के ही आँकड़े के आधार पर एक आवृत्ति या बारंबारता बहुभुज (frequency polygon) तैयार कर दिखाया गया है। आवृत्ति बहुभुज बनाने में तालिका 1 के मूल आँकड़े में थोड़ा परिवर्तन किया गया है, अर्थात इस तालिका में सबसे नीचे तथा सबसे ऊपर एक-एक समान आकार (size) का वर्गांतर अपनी ओर से हम बढ़ा देते हैं और चूँकि इन दोनों वर्गांतरों को अपनी ओर से बढ़ाया जाता है, इसलिए इन दोनों की आवृत्ति या बारंबारता शून्य (zero) होती है। इसे तालिका 2 में दिखाया गया है।

तालिका 2—तालिका 1 में दिखाए गए आवृत्ति वितरण में दो अतिरिक्त वर्गांतर के बाद की स्थिति

वर्गांतर/प्राप्तांक (Class interval/Scores)	**आवृत्ति** *f*
41–43 (अतिरिक्त वर्गांतर)	0
38–40	4
35–37	5
32–34	4
29–31	3
26–28	0
23–25	3
20–22	2
17–19	2
14–16	9
11–13	7
8–10	7
5–7	4
2–4 (अतिरिक्त वर्गांतर)	0
	$N = 50$

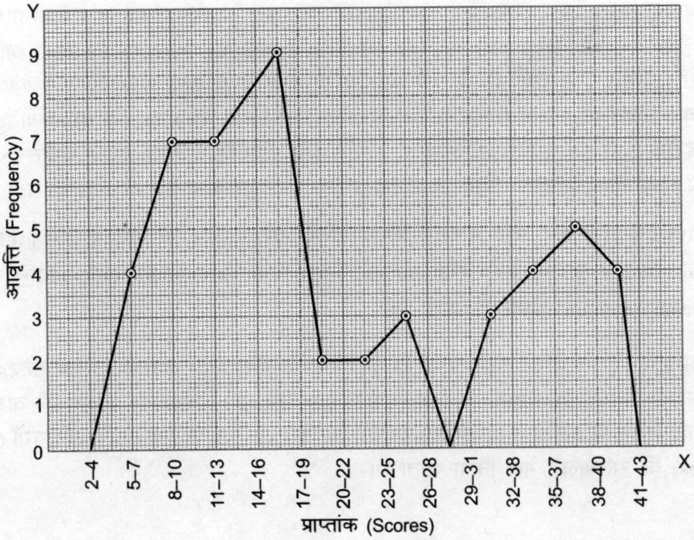

चित्र 31.1 आवृत्ति बहुभुज

आवृत्ति बहुभुज (frequency polygon) बनाने में निहित कदम निम्नांकित हैं—

(i) प्राप्तांकों (scores) को *X*-अक्ष (*X*-axis) पर, अर्थात पड़ी रेखा पर दिखाते हैं तथा आवृत्तियों (frequencies) को *Y*-अक्ष (*Y*-axis) पर, अर्थात खड़ी रेखा पर दिखाते हैं। जहाँ ये दोनों रेखाएँ एक-दूसरे को काटती हैं, वहाँ '*O*' लिख देते हैं (देखें चित्र 31.1)। चित्र 31.1 में *X*-अक्ष पर वर्गांतर प्राप्तांकों (class interval scores) को लिखा गया है जो 2–4 से प्रारंभ होकर 41–43 तक का है। *Y*-अक्ष पर आवृत्तियों या बारंबारता को 1 से प्रारंभ करके 9 तक ले जाया गया है। *X*-अक्ष पर की रेखा के केन्द्र में 'प्राप्तांक' (scores) तथा *Y*-अक्ष की रेखा के केन्द्र में 'आवृत्ति' (frequency) लिख देते हैं।

(ii) *Y*-अक्ष की ऊँचाई सामान्यतः *X*-अक्ष की लंबाई के 60% से कम नहीं तथा 80% से ज्यादा नहीं होनी चाहिए। *X*-अक्ष पर तथा *Y*-अक्ष पर मापनी (scale) का प्रथम कुछ अंश या भाग यदि छिपा होता है, तो उसे '*ff*' द्वारा दिखाते हैं। चित्र 31.1 में ऐसी बात नहीं है।

(iii) किसी वर्गांतर को सही-सही बतानेवाला अंक उस वर्गांतर का मध्यबिंदु (midpoint) होता है जो किसी वर्गांतर की उच्चतम सीमा तथा निम्नतम सीमा के बीच का बिन्दु होता है।

जैसे—वर्गांतर 5–7 का मध्यबिन्दु $\frac{5+7}{2} = \frac{12}{2} = 6$ होगा; उसी तरह वर्गांतर 17–19 का मध्यबिंदु (midpoint) $= \frac{17+19}{2} = \frac{36}{2} = 18$ होगा। अतः, प्रत्येक वर्गांतर की आवृत्ति को उस वर्गांतर

के मध्यबिंदु (midpoint) पर दर्शाया जाता है। इसी तरह कुल 14 बिन्दु चित्र 31.1 में लगाए गए हैं जिनमें तीन बिंदुओं को *X*-अक्ष की रेखा पर लगाया गया है। ध्यान रहे कि दोनों अतिरिक्त वर्गांतरों, अर्थात 2–4 तथा 41–43 की आवृत्ति शून्य होती है तथा *X*-अक्ष पर के मापनी की वास्तविक लंबाई की गणना में इन दोनों को शामिल नहीं किया जाता है। 5–7 का मध्यबिंदु 6 है, अतः इसके ऊपर इस वर्गांतर की आवृत्ति, अर्थात 4 को दर्शाया गया है। अगला वर्गांतर 8–10 है जिसका मध्यबिंदु 9 है, अतः उसके ऊपर उस वर्गांतर की आवृत्ति यानी 7 को दिखाया गया है।

(iv) इस तरह जब सभी वर्गांतरों की आवृत्तियों को आलेख पर बिंदुओं द्वारा दिखा दिया जाता है, तो उन्हें बाद में सीधी रेखा खींचकर मिला दिया जाता है। इस तरह आवृत्ति बहुभुज (frequency polygon) तैयार हो जाता है।

आवृत्ति बहुभुज तैयार करने में जो दो अतिरिक्त वर्गांतर लिए जाते हैं, उसका उद्देश्य सिर्फ यह दिखाना होता है कि बहुभुज *X*-अक्ष से सटा हुआ एवं पूर्ण दिखाई दे। *X*-अक्ष की वास्तविक लंबाई की गणना में इन दोनों अतिरिक्त वर्गांतरों के बीच आलेख पर पड़नेवाले छोटे वर्गों (small squares) को सम्मिलित नहीं किया जाता है।

आयतचित्र
(Histogram or Column Diagram)

आवृत्ति वितरण को आलेख (graph) पर दिखाने की दूसरी प्रमुख विधि आयतचित्र (histogram) है। आयतचित्र के निर्माण में प्रमुख कदम निम्नांकित हैं—

(i) आयतचित्र के निर्माण में हम आवृत्ति-वितरण तालिका में अपनी ओर से कोई अतिरिक्त वर्गांतर (additional class interval) नहीं जोड़ते हैं जैसा कि हम आवृत्ति बहुभुज के निर्माण में करते हैं।

(ii) प्रत्येक वर्गांतर को अपवर्जक विधि (exclusive method) द्वारा बदलकर *X*-अक्ष पर दिखाया गया है। जैसे—35–39 को 35–40 तथा 40–44 को 40–45 तथा इसी तरह से सबसे अंतिम वर्गांतर को अर्थात 85–89 को 85–90 में बदल दिया गया है। प्रत्येक वर्गांतर की आवृत्ति का रेखांकन (plotting) करने में एक पड़ी रेखा (horizontal line) खींची जाती है ताकि उस वर्गांतर की चौड़ाई (width) को पूर्णतः ढँक लिया जाए। जैसे—तालिका 3 के वर्गांतर 35–39 की आवृत्ति 1 है। वर्गांतर प्राप्तांकों को *X*-अक्ष पर, अर्थात *OX* रेखा पर, लिखा गया है तथा *Y*-अक्ष अर्थात *OY* रेखा पर आवृत्तियों को लिखा गया है। वर्गांतर 35–39 की आवृत्ति 1 को आलेख पर दिखाने के लिए *OY* रेखा के समानांतर बढ़ते हुए संख्या 1 की सीध में वर्गांतर 35–39 के ठीक दोनों शीर्ष पर एक-एक बिंदु देते हैं और उसे फिर एक पड़ी रेखा द्वारा मिला देते हैं। इसके बाद इस पड़ी रेखा के दोनों छोर से एक-एक खड़ी रेखा खींचते हैं जो *OX* रेखा के वर्गांतर 35–39 को पूर्णतः ढँक लेती है। इसी तरह अन्य सभी वर्गांतरों की आवृत्तियों को दिखाया गया है (देखें चित्र 31.2)।

तालिका 3—40 छात्रों द्वारा शिक्षा मनोविज्ञान में प्राप्त अंकों की आवृत्ति वितरण तालिका

वर्गांतर/प्राप्तांक (Class interval/Scores)	अपवर्जक विधि के बाद का वर्गांतर (Class interval)	आवृत्ति (f)
85–89	85–90	2
80–84	80–85	3
75–79	75–80	1
70–74	70–75	5
65–69	65–70	6
60–64	60–65	8
55–59	55–60	2
50–54	50–55	4
45–49	45–50	5
40–44	40–45	3
35–39	35–40	1
		$N = 40$

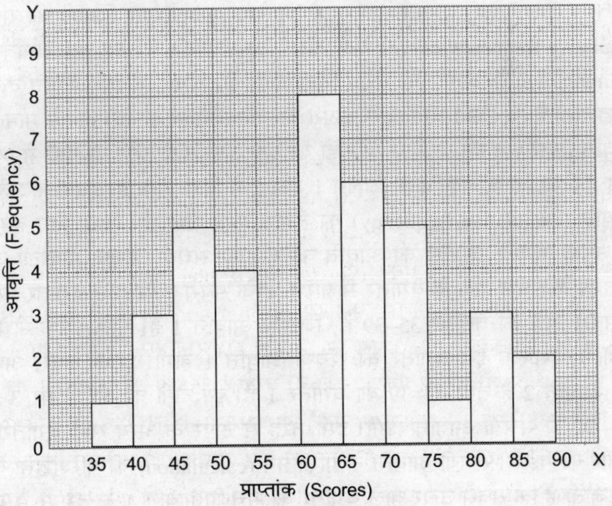

चित्र 31.2 आयतचित्र

इस तरह प्रत्येक वर्गांतर की आवृत्ति को एक आयत (rectangle) द्वारा आलेख पर दिखाया जाता है। शायद यही कारण है कि इसे आयतचित्र कहा जाता है। आयतचित्र बनाने में *Y*-अक्ष की ऊँचाई को *X*-अक्ष की लंबाई के 60% से 80% के भीतर रखा गया है। यहाँ *X*-अक्ष 110 छोटे वर्गों की है तथा *Y*-अक्ष की ऊँचाई 80 छोटे वर्गों की है जो *X*-अक्ष की लंबाई का लगभग 73% है।

आवृत्ति बहुभुज तथा आयतचित्र में अंतर
(Differences between Frequency Polygon and Histogram)

आवृत्ति बहुभुज (frequency polygon) तथा आयतचित्र (histogram) में मूल अंतर निम्नांकित हैं—

(i) आवृत्ति बहुभुज बनाने में आवृत्ति वितरण तालिका में एक सबसे ऊपर तथा दूसरा सबसे नीचे अतिरिक्त वर्गांतर बढ़ाना होता है। इसकी जरूरत आयतचित्र बनाने में नहीं पड़ती है।

(ii) आवृत्ति बहुभुज में प्रत्येक वर्गांतर की आवृत्ति को एक रेखा द्वारा दिखाया जाता है, जबकि आयतचित्र में प्रत्येक वर्गांतर की आवृत्ति को एक आयत (rectangle) बनाकर दिखाते हैं।

(iii) आवृत्ति बहुभुज में प्रत्येक वर्गांतर की आवृत्ति या बारंबारता (frequency) को संबंधित वर्गांतर के मध्यबिंदु पर निरूपित करते हैं जबकि आयतचित्र (histogram) में प्रत्येक वर्गांतर की आवृत्ति उस वर्गांतर के ऊपर समान रूप से वितरित दिखाई जाती है।

संचयी आवृत्ति वक्र
(Cumulative Frequency Curve)

आवृत्ति वितरण (frequency distribution) को आलेख (graph) पर दिखाने का संचयी आवृत्ति वक्र (cumulative frequency curve) एक तीसरी प्रमुख विधि है। यह वक्र वर्गांतर की संचयी आवृत्ति (cumulative) के आधार पर तैयार किया जाता है। अतः, संचयी आवृत्ति वक्र वह वक्र है जो यह दिखलाता है कि किसी वर्गांतर के ऊपरी वास्तविक सीमा के नीचे कितने मामले आ रहे हैं। संचयी आवृत्ति वितरण बनाने के लिए आँकड़ों को एक आवृत्ति वितरण तालिका में व्यवस्थित कर लिया जाता है जैसा कि तालिका 4 के कॉलम 1 और 2 में किया गया है। इसके बाद तीसरा कॉलम संचयी आवृत्ति (cumulative frequency) का तैयार किया जाता है। किसी दिए हुए वर्गांतर की आवृत्ति में उसके नीचे के वर्गांतर की आवृत्ति को जोड़कर संचयी आवृत्ति निकाला जाता है। यह प्रक्रिया वितरण के सबसे नीचे के वर्गांतर से प्रारंभ करके सबसे ऊपर वाले वर्गांतर पर समाप्त की जाती है। सबसे नीचे का वर्गांतर 35–39 है, जिसकी आवृत्ति 1 है। चूँकि इसके नीचे कोई दूसरा वर्गांतर नहीं है, इसलिए इस वर्गांतर की संचयी आवृत्ति 1 होगी। इसके ऊपर, अर्थात 40–44 वर्गांतर की आवृत्ति 2 है तथा 35–39 का वर्गांतर 1 है। इन दोनों को जोड़ने पर 3 आता है जो वर्गांतर 40–44 की संचयी आवृत्ति होगी। इसी तरह से ऊपर के अन्य सभी वर्गांतरों की संचयी आवृत्ति तैयार की गई है। संचयी आवृत्ति के परिकलन (calculation) की परिशुद्धता की जाँच इस बात से की जाती है कि सबसे ऊपर वाले वर्गांतर की संचयी आवृत्ति *N* के बराबर है या नहीं। यदि नहीं तो यह समझना चाहिए कि कहीं कोई त्रुटि हो गई है।

तालिका 4—संचयी आवृत्ति वितरण

1 वर्गांतर	2 आवृत्ति (*f*)	3 संचयी आवृत्ति
90–94	3	50
85–89	4	47
80–84	6	43
75–79	8	37
70–74	9	29
65–69	7	20
60–64	2	13
55–59	3	11
50–54	3	8
45–49	2	5
40–44	2	3
35–39	1	1

$N = 50$

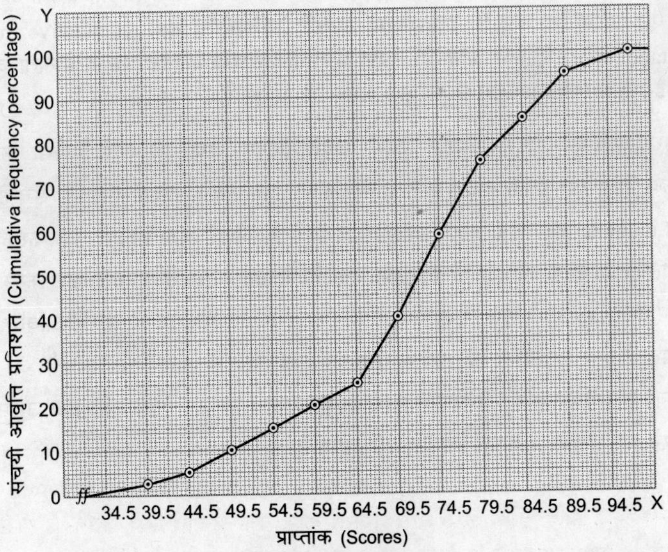

चित्र 31.3 संचयी आवृत्ति वक्र

संचयी आवृत्ति वक्र को आलेख (graph) पर दिखाने में निम्नांकित चरण महत्त्वपूर्ण हैं—

(i) आलेख पर *OX* तथा *OY* रेखा हम खींचते हैं। जहाँ पर ये दोनों रेखाएँ एक-दूसरे को काटती हैं, वहाँ पर '*O*' लिख देते हैं। कोशिश यह की जाती है कि *OY* की लंबाई को *OX* की लंबाई के 60% से 80% के भीतर रखा जाए। *OX* रेखा पर *ff* का चिह्न इसलिए लगा दिया गया है क्योंकि स्केल में '0 से 34.5' तक का भाग छिपा हुआ है (देखें चित्र 31.3.)।

(ii) *OX* रेखा पर वर्गांतर की वास्तविक ऊपरी सीमा (exact upper limit) को दिखाया जाता है। वर्गांतर 35–39 को 39.5 से, 40–44 को 44.5 से तथा इसी तरह से अन्य सभी वर्गांतरों को दिखाया गया है। अपनी ओर वितरण में सबसे नीचे एक और वर्गांतर, अर्थात 30–34 जोड़ दिया गया है। चूँकि इस तरह के वर्गांतर की संचयी आवृत्ति शून्य होती है, अतः वक्र *OX* रेखा के ऊपर न होकर इससे जुड़ा या सटा हुआ दिखता है।

(iii) *OY* रेखा पर संचयी आवृत्ति को दिखलाया जाता है।

(iv) *OY* रेखा पर के हर वर्गांतर की वास्तविक ऊपरी सीमा के ऊपर *OY* रेखा पर के संचयी आवृत्ति को मिलाते हुए एक बिंदु देते हैं। इस तरह की बिंदु सभी वर्गांतरों के ऊपर देकर उन्हें फिर आपस में मिला दिया जाता है। अंततः संचयी आवृत्ति वक्र तैयार हो जाता है।

तोरण
(Ogive)

आवृत्ति वितरण को आलेख पर तोरण (Ogive) द्वारा भी दिखाया जाता है। यह संचयी आवृत्ति वक्र का ही एक परिवर्तित रूप है। इसे **संचयी आवृत्ति प्रतिशतता वक्र** (cumulative frequency percentage curve) भी कहा जाता है। तोरण बहुत कुछ संचयी आवृत्ति वक्र से मिलता-जुलता है। अतः, इसमें सम्मिलित कदम बहुत कुछ उसके ही समान है।

तोरण ज्ञात करने के लिए पहले संचयी आवृत्ति वितरण तैयार की जाती है जैसा कि तालिका 4 में किया गया था। इसके बाद इस तरह की तालिका में एक चौथा कॉलम, जो संचयी आवृत्ति प्रतिशत (cumulative frequency percent) की होती है, जोड़ा जाता है। इसे ज्ञात करके तालिका 5 में तालिका 4 के ही आँकड़े को दिखाया गया है। संचयी प्रतिशत आवृत्ति ज्ञात करने के लिए पहले हम दर (rate) $= \frac{1}{N}$ सूत्र से ज्ञात करते हैं। फिर इससे हर वर्गांतर की संचयी आवृत्ति को गुणा किया जाता है और गुणनफल को 100 से गुणा करके प्रतिशत में बदल दिया जाता है। जैसे वर्गांतर 45–49 की संचयी आवृत्ति 5 है जिसमें 0.02 से गुणा करने पर 0.1 आया और फिर उसमें 100 से गुणा करने पर संचयी प्रतिशत आवृत्ति 10 आया है।

तालिका 5—संचयी प्रतिशत आवृत्ति वितरण
(Cumulative Percentage Frequency Distribution)

1	2	3	4
वर्गांतर/प्राप्तांक	**आवृत्ति (*f*)**	**संचयी आवृत्ति**	**संचयी प्रतिशत आवृत्ति**
90–94	3	50	100
85–89	4	47	94
80–84	6	43	86
75–79	8	37	74
70–74	9	29	58
65–69	7	20	40
60–64	2	13	26
55–59	3	11	22
50–54	3	8	16
45–49	2	5	10
40–44	2	3	6
35–39	1	1	2

$N = 50$

$$\text{Rate} = \frac{1}{N} = \frac{1}{50} = 0.02$$

तोरण को आलेख पर तैयार करने में निहित प्रमुख कदम निम्नांकित हैं—

(i) *OX* रेखा पर वर्गांतर की वास्तविक ऊपरी सीमा (exact upper limit) को दिखलाते हैं। जैसे, वर्गांतर 35–39 को 39.5 से, 40–44 को 44.5 से और इसी तरह से अन्य सभी वर्गांतरों को उसकी वास्तविक ऊपरी सीमा से दिखलाया गया है। यहाँ पर संचयी आवृत्ति वक्र के समान ही सबसे नीचे के वर्गांतर के नीचे एक अतिरिक्त समान आकार का वर्गांतर अपनी ओर से जोड़ दिया जाता है। चूँकि इस वर्गांतर की आवृत्ति शून्य होती है, इसलिए उसकी संचयी आवृत्ति एवं संचयी प्रतिशत आवृत्ति दोनों ही शून्य होगी। इससे बननेवाला वक्र आधार रेखा, अर्थात *OX* रेखा को स्पर्श करता दिखता है। कोशिश की जाती है कि *Y*-अक्ष की लंबाई *X*-अक्ष के 60% से 80% के भीतर हो।

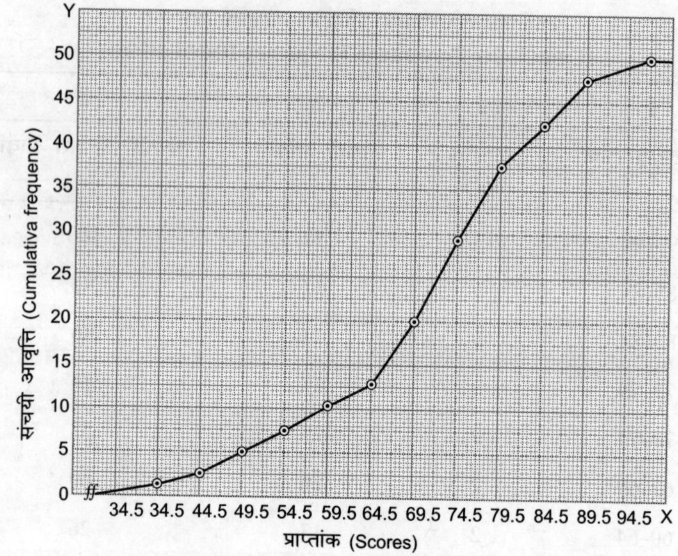

चित्र 31.4 तोरण

(ii) प्रत्येक वर्गांतर की वास्तविक ऊपरी सीमा के ऊपर उस वर्गांतर की संचयी प्रतिशत आवृत्ति के समानांतर एक बिंदु दे दी जाती है। इस प्रकार सभी वर्गांतरों की वास्तविक ऊपरी सीमा के ऊपर ठीक उसके संचयी प्रतिशत आवृत्ति के समानांतर एक-एक बिंदु लगाते हैं। बाद में इन सभी बिंदुओं को आपस में एक सीधी रेखा द्वारा मिला दिया जाता है। बननेवाला वक्र तोरण कहलाता है जो 'एस' आकार वाला (S-shaped) होता है (देखें चित्र 31.4)। तोरण की सबसे बड़ी उपयोगिता यह है कि इस वक्र के आधार पर आसानी से किसी प्राप्तांक का शतमक (percentile) तथा शतमक-कोटि (percentile rank) ज्ञात किया जा सकता है।

केंद्रीय प्रवृत्ति की माप
(Measures of Central Tendency)

किसी भी आवृत्ति वितरण के केंद्रीय या मध्यबिंदु को उस वितरण की केंद्रीय प्रवृत्ति कहा जाता है, जिससे वितरण का एक समग्र केंद्रीय झुकाव का पता चलता है। शिक्षा में मूलतः केंद्रीय प्रवृत्ति की माप के रूप में निम्नांकित तीन सांख्यिकियों का सर्वाधिक प्रयोग होता है—

(क) माध्य या अंकगणितीय माध्य (Mean or Arithmetic Mean)

(ख) माध्यिका (Median)

(ग) बहुलक (Mode)

इन तीनों सांख्यिकियों का वर्णन निम्नांकित है—

(क) माध्य या अंकगणितीय माध्य (Mean or arithmetic mean)—माध्य या जिसे हम अंकगणितीय माध्य (arithmetic mean) भी कहते हैं, से तात्पर्य प्राप्तांकों का अंकगणितीय औसत (arithmetic average) होता है। दूसरे शब्दों में, प्राप्तांकों के योग (sum) को उसकी संख्या से भाग देने के बाद प्राप्त अंक को ही अंकगणितीय माध्य (arithmetic mean) कहा जाता है। जैसे—50, 20, 15, 16 एवं 17 के प्राप्तांकों का माध्य 23.6 है, क्योंकि इन पाँच प्राप्तांकों का योग 118 है जिसे 5 से भाग देने पर 23.6 आता है। माध्य अव्यवस्थित आँकड़ों (ungrouped data) तथा व्यवस्थित आँकड़ों (grouped data), दोनों से ही निकाला जा सकता है। माध्य का संकेत $\overline{X}$ (एक्स बार) है।

(1) अव्यवस्थित आँकड़ों से माध्य निकालना (Mean from ungrouped data)—सभी दिए गए प्राप्तांकों को जोड़कर उसकी संख्या, अर्थात N से भाग देने पर जो भागफल आता है वही ऐसे आँकड़ों का माध्य (mean) कहलाता है। जैसे—मान लिया जाए कि 6 छात्रों का प्राप्तांक किसी परीक्षण पर इस प्रकार आया—

67, 65.5, 13.2, 15, 12, 18.3.

इसे पहले हम जोड़ेंगे—

$$67 + 65.5 + 13.2 + 15 + 12 + 18.3 = 191.$$

फिर इसे इनकी संख्या, अर्थात 6 से भाग देंगे $= \frac{191}{6} = 31.83.$

अतः, अव्यवस्थित आँकड़ों से हम माध्य इस सूत्र द्वारा ज्ञात करते हैं—

$$\overline{X} = \frac{X_1 + X_2 + \dots + X_n}{N}, \qquad \textbf{(सूत्र 1)}$$

यहाँ X_1, X_2 तथा X_n से प्राप्तांकों को तथा N से उनके योग (sum) को दिखाया गया है। $\overline{X}$ का अर्थ माध्य (mean) है।

(2) व्यवस्थित आँकड़ों से माध्य निकालना (Mean from grouped data)—व्यवस्थित आँकड़ों से, अर्थात जब आँकड़े आवृत्ति वितरण (frequency distribution) में सुव्यवस्थित हों, तो उनसे माध्य ज्ञात करने की दो विधियाँ प्रमुख हैं—

(i) लंबी विधि (Long method) तथा

(ii) लघु विधि (Short method)।

लंबी विधि से $\overline{X}$ ज्ञात करने का सूत्र इस प्रकार है—

$$\overline{X} = \frac{\Sigma fX}{N}, \qquad \textbf{(सूत्र 2)}$$

यहाँ $\overline{X}$ = माध्य (Mean)

Σ = योग (Summation)

f = वर्गांतरों में प्राप्तांकों की बारंबारता (Frequency of scores in class intervals)

X = वर्गांतर का मध्यबिंदु (Midpoint of class interval)

N = प्राप्तांकों या आवृत्तियों का कुल योग (Sum)

उदाहरण के लिए तालिका 3 के आँकड़ों से $\overline{X}$ ज्ञात कर तालिका 6 में दिखाया जा रहा है—

तालिका 6—लंबी विधि से $\overline{X}$ ज्ञात करना

वर्गांतर/प्राप्तांक (Class interval/Scores)	मध्यबिंदु (X)	आवृत्ति (f)	मध्यबिंदु एवं आवृत्ति का गुणनफल (fX)
85–89	87	2	174
80–84	82	3	246
75–79	77	1	77
70–74	72	5	360
65–69	67	6	402
60–64	62	10	620
55–59	57	2	114
50–54	52	3	156
45–49	47	5	235
40–44	42	2	84
35–39	37	1	37
		$N = 40$	$\Sigma fX = 2505$

$$\overline{X} = \frac{\Sigma fX}{N} = \frac{2505}{40} = 62.625 = 62.625;\ \text{उत्तर।}$$

लंबी विधि द्वारा $\overline{X}$ ज्ञात करने में निहित कदम निम्नांकित हैं—

(i) प्रत्येक वर्गांतर का मध्यबिंदु (midpoint) ज्ञात किया जाता है जिसे X द्वारा दिखाया जाता है। किसी भी वर्गांतर का मध्यबिंदु उस वर्गांतर का उच्चतम प्राप्तांक (highest score) तथा निम्नतम प्राप्तांक (lowest score) के योग का औसत बिंदु होता है। जैसे—वर्गांतर 50–54 में 50 न्यूनतम तथा 54 उच्चतम प्राप्तांक हैं जिनका औसत $\frac{50+54}{2} = \frac{104}{2} = 52$ है जो उस वर्गांतर का मध्यबिंदु (midpoint) है। इसी तरह सभी वर्गांतरों का मध्यबिंदु ज्ञात कर लिया जाता है।

(ii) प्रत्येक वर्गांतर का मध्यबिंदु ज्ञात कर लेने के बाद उसके बगल में आवृत्तियों (frequencies) को लिख दिया जाता है, जैसा कि तालिका 6 कॉलम 3 में किया गया है।

(iii) फिर प्रत्येक वर्गांतर के मध्यबिंदु (X) को उस वर्गांतर की आवृत्ति (f) से गुणा करके एक अलग कॉलम में (जैसे—तालिका 6 के कॉलम 4 में) लिख दिया जाता है। इसके बाद इनके योग को, अर्थात ΣfX को N से भाग दे दिया जाता है। भागफल $\overline{X}$ कहलाता है।

लघु विधि (short method) से $\overline{X}$ ज्ञात करने का सूत्र इस प्रकार है—

$$\overline{X} = AM + Ci, \qquad \textbf{(सूत्र 3)}$$

यहाँ $\overline{X}$ = माध्य (Mean)

AM = कल्पित माध्य (Assumed mean)

C = शुद्धि (Correction)

i = वर्गांतर की लंबाई (Length of class interval)

उदाहरण के रूप में तालिका 6 के ही आँकड़े से तालिका 7 में $\overline{X}$ ज्ञात कर दिखाया गया है। इस लघु विधि द्वारा $\overline{X}$ ज्ञात करने में निहित कदम निम्नांकित हैं—

(i) सबसे पहले हम दिए हुए आवृत्ति वितरण में कल्पित माध्य (assumed mean) का स्थान निश्चित करते हैं। इसका स्थान निश्चित करने का कोई नियम नहीं है, परंतु इसे यथासंभव वितरण के बीच में, संभवतः उस वर्गांतर में, निश्चित करते हैं जिसकी आवृत्ति सबसे बड़ी होती है। इस वर्गांतर के मध्यबिंदु (midpoint) को ही कल्पित माध्य मान लिया जाता है। जैसे तालिका 7 में वर्गांतर 60–64 में कल्पित माध्य होने की पूर्वकल्पना की गई है और इसका मध्यबिंदु, अर्थात कल्पित माध्य 62 है।

तालिका 7—लघु विधि द्वारा माध्य ज्ञात करना

वर्गांतर/प्राप्तांक (Class interval/Scores)	**आवृत्ति (f)**	**विचलन (x')**	**आवृत्ति तथा विचलन का गुणनफल (Product) (fx')**
85–89	2	5	10
80–84	3	4	12
75–79	1	3	3
70–74	5	2	10
65–69	6	1	6 (+41)
60–64	10	0	0
55–59	2	–1	–2
50–54	3	–2	–6

45–49	5	–3	–15
40–44	2	–4	–8
35–39	1	–5	–5 (–36)
	$N = 40$		$\Sigma fx' = 5$

$$\overline{X} = AM + Ci$$

$$AM = \frac{60+64}{2} = \frac{124}{2} = 62$$

$$C = \frac{\Sigma fx'}{N} = \frac{5}{40} = 0.125$$

$$i = 5$$

$$\therefore \quad \overline{X} = 62 + (0.125)(5) = 62 + .625 = 62.625 = 62.62.$$

(ii) कल्पित माध्य वाले वर्गांतर को स्पष्ट करने के खयाल से रेखांकित कर दिया जाता है। इसके बाद आवृत्ति के बगल में एक कॉलम विचलन (x') का बनाते हैं जिनमें कल्पित माध्य से ऊपरवाले वर्गांतर की आवृत्तियों को नीचे से क्रमशः 1, 2, 3, . . . लिख देते हैं तथा उसी तरह कल्पित माध्य से नीचे के वर्गांतर की आवृत्तियों को ऊपर से क्रमशः –1, –2, –3, . . . लिख देते हैं। विचलन के ये अंक यह बताते हैं कि अमुक वर्गांतर कल्पित माध्य के वर्गांतर से कितने कदम ऊपर (+) तथा कितने कदम नीचे (–) की ओर पड़ रहे हैं। कल्पित माध्य के वर्गांतर की आवृत्ति का विचलन हमेशा '0' होता है। (तालिका 7 का कॉलम 3 देखें।)

(iii) विचलन के कॉलम की दाईं ओर एक और कॉलम बनाते हैं जिसमें आवृत्ति (f) तथा विचलन (x') का गुणनफल लिखा जाता है। जैसे वर्गांतर 70–74 की आवृत्ति 5 है तथा विचलन +2 है। अतः, इसका $fx' = 5 \times 2 = 10$ हुआ। इसी तरह अन्य वर्गांतरों का fx' ज्ञात किया जाता है।

(iv) कल्पित माध्य के वर्गांतर से ऊपर के वर्गांतरों के fx' को, अर्थात सभी धनात्मक fx' के अंकों को एक साथ जोड़ लेते हैं। तालिका 7 में इसका योग +41 आया। इसी तरह कल्पित माध्य के वर्गांतर से नीचे वर्गांतरों के fx' को, अर्थात सभी ऋणात्मक fx' के अंकों को एक साथ जोड़ लेते हैं। तालिका 7 में इसका योग –36 आया है। इन दोनों को एक-दूसरे से घटाकर, अर्थात 41–36 = 5 हुआ जो $\Sigma fx'$ कहलाता है।

(v) अंत में सूत्र के अनुसार अर्थात $AM + Ci$ के अनुसार अंकों का निर्धारण कर लेते हैं। i से मतलब वर्गांतर में आनेवाले प्राप्तांकों की संख्या से होता है जो तालिका 7 में 5 है। जैसे—60–64 में 60, 61, 62, 63 तथा 64 पाँच प्राप्तांक हैं। इसी तरह प्रत्येक वर्गांतर की लंबाई एकसमान है। C का मान (value) विशेष सूत्र, अर्थात $\frac{\Sigma fx'}{N}$ से ज्ञात कर लिया जाता है।

(ख) माध्यिका (Median)—इसका संकेत *Mdn* है तथा माध्यिका से तात्पर्य वितरण के ऐसे बिंदु से होता है जिसके ऊपर 50% मामले तथा जिसके नीचे 50% मामले होते हैं। इसे भी अव्यवस्थित आँकड़े तथा व्यवस्थित आँकड़े से अलग-अलग ढंगों से ज्ञात किया जाता है।

(i) अव्यवस्थित आँकड़ों से माध्यिका ज्ञात करना (*Mdn* from ungrouped data)—अव्यवस्थित आँकड़ों से *Mdn* ज्ञात करने में सबसे पहले प्राप्तांकों को उनके आकार (size), अर्थात बढ़ते या घटते क्रम में सुव्यवस्थित कर लेते हैं। यहाँ प्राप्तांकों की संख्या समांकी (even) या विषम (odd) कुछ भी हो सकती है। इसके बाद निम्नांकित सूत्र से *Mdn* की अवस्थिति (location) का पता लगा लेते हैं—

$$Mdn = \text{the} \frac{N+1}{2} \text{th number} \qquad \textbf{(सूत्र 4)}$$

उदाहरणार्थ, मान लिया कि 7 प्राप्तांक इस प्रकार हैं—

40, 38, 36, 50, 51, 54, 23.

पहले हम इसे बढ़ते क्रम में इस प्रकार सुव्यवस्थित कर लेंगे—

23, 36, 38, 40, 50, 51, 54.

अब सूत्र 4 के अनुसार *Mdn* की अवस्थिति (location) का पता करेंगे—

$$Mdn = \text{the } \frac{7+1}{2} \text{th number} = \frac{8}{2} \text{th number} = \text{4th number}$$

अर्थात, *Mdn* वितरण की 4th जगह अवस्थित है, जो स्पष्टतः 40 है। इसके नीचे तीन प्राप्तांक (23, 36 तथा 38) एवं उसके ऊपर तीन प्राप्तांक (50, 51 तथा 54) हैं। इस तरह 50% केसेज माध्यिका से ऊपर हैं तथा 50% केसेज माध्यिका से नीचे हैं। थोड़ी देर के लिए मान लिया कि वितरण में प्राप्ताकों की संख्या विषम (odd) न होकर समांकी (even) है, अर्थात 7 न होकर 8 है, तो हम इसका *Mdn* इस प्रकार ज्ञात करेंगे—

40, 38, 36, 50, 51, 54, 23, 60

इसे पहले हम बढ़ते क्रम (increasing order) में इस प्रकार सुव्यवस्थित करेंगे—

23, 36, 38, 40, 50, 51, 54, 60

अब सूत्र 4 के अनुसार *Mdn* की अवस्थिति इस प्रकार ज्ञात करेंगे—

$$\boldsymbol{Mdn} = \text{the } \frac{N+1}{2} \text{th number}$$

$$= \frac{8+1}{2} = \frac{9}{2} = \text{4.5th number}$$

स्पष्टतः *Mdn* 4.5th पर अवस्थित है जो $\frac{40+50}{2} = \frac{90}{2} = 45$ है। इसके नीचे चार प्राप्तांक (23, 36, 38 एवं 40) हैं तथा इसके ऊपर चार प्राप्तांक (50, 51, 54 एवं 60) हैं। अतः, *Mdn* के ऊपर 50% मामले हैं एवं नीचे में 50% मामले हैं।

(ii) व्यवस्थित आँकड़ों से *Mdn* ज्ञात करना (*Mdn* from grouped data)—अवस्थित आँकड़ों से, अर्थात जब प्राप्तांक आवृत्ति वितरण (frequency distribution) में सुव्यवस्थित हों, तो उससे *Mdn* निम्नांकित सूत्र से ज्ञात किया जाता है—

$$Mdn = l + \left(\frac{\frac{N}{2} - F}{f_m}\right) i$$ **(सूत्र 5)**

यहाँ

Mdn = माध्यिका (Median)

l = उस वर्गांतर की वास्तविक निचली सीमा जिसमें माध्यिका पड़ती है (Exact lower limit of the class interval that contains median)।

$\frac{N}{2}$ = N का आधा

F = उस वर्गांतर के नीचे की सभी आवृत्तियों का योग जिसमें माध्यिका पड़ती है (Sum of all frequencies lying below the class interval that contains median)।

f_m = उस वर्गांतर की आवृत्ति जिसमें माध्यिका पड़ती है (Frequency of the interval where median falls)।

i = वर्गांतर की लंबाई (Length of class interval)।

उदाहरण के रूप में तालिका 7 के ही आँकड़ों से *Mdn* ज्ञात करके तालिका 8 में दिखाया जा रहा है—

तालिका 8—आवृत्ति वितरण तालिका से *Mdn* ज्ञात करने का एक उदाहरण

1	2
वर्गांतर/प्राप्तांक	**आवृत्ति**
(Class interval/Scores)	***f***
85–89	2
80–84	3
75–79	1
70–74	5
65–69	6

$$Mdn = l + \left(\frac{\frac{N}{2} - F}{fm}\right) i$$

$$\frac{N}{2} = \frac{40}{2}$$

$l = 59.5$ $F = 13$

$f_m = 10$ $i = 5$

$$\therefore\ Mdn = 59.5 + \left(\frac{\frac{40}{2} - 13}{10}\right) 5$$

60–64	10	
55–59	2	13 ↑
50–54	3	
45–49	5	
40–44	2	
35–39	1	
	$N = 40$	

$$= 59.5 + \left(\frac{20-13}{10}\right)5$$

$$= 59.5 + \left(\frac{7}{10}\right)5$$

$$= 59.5 + 0.7 \times 5 = 59.5 + 3.5 = 63.$$

Mdn ज्ञात करने में निहित कदम निम्नांकित हैं—

(i) सूत्रानुसार पहले हम $\frac{N}{2}$ ज्ञात करते हैं जो तालिका 8 में $\frac{40}{2} = 20$ है। फिर आवृत्ति वाले कॉलम में हम नीचे से गिनते चलते हैं कि यह $\frac{N}{2}$, अर्थात 20 किस वर्गांतर में पड़ रहा है। नीचे से आवृत्तियों को जोड़ते हुए ऊपर बढ़ने में वर्गांतर 55–59 तक 13 आवृत्ति आती है तथा 60–64 की आवृत्ति 10, अर्थात $13 + 10 = 23$ होता है यानी वर्गांतर 60–64 में ही माध्यिका, अर्थात $\frac{N}{2}$ पड़ रहा है।

(ii) इसके बाद *N*/2, अर्थात माध्यिकावाले वर्गांतर की वास्तविक निचली सीमा (exact lower limit) ज्ञात करते हैं। इस वर्गांतर की सीमा 60–64 है। अतः, इसकी वास्तविक निचली सीमा (exact lower limit) $60–0.5 = 59.5$ होगी। इसी तरह यदि इसी वर्गांतर की वास्तविक ऊपरी सीमा (exact upper limit) ज्ञात करनी हो, तो वह सीमा $64 + 0.5 = 64.5$ होगी। वर्गांतर 60–64 की आवृत्ति 10 है, अतः f_m यहाँ 10 है। 60–64 से नीचे की आवृत्तियों का योग $1 + 2 + 5 + 3 + 2 = 13$ हैं; अतः यहाँ $f_m = 13$ है। वर्गांतर की लंबाई 5 है, अर्थात प्रत्येक वर्गांतर में प्राप्तांकों की संख्या 5–5 है। फिर अंत में सूत्र में, इन मानों (values) को देखकर उसका *Mdn* ज्ञात कर लिया जाता है।

(ग) बहुलक (Mode)—बहुलक वितरण का वह प्राप्तांक होता है जो वितरण में सबसे अधिक बार आता है। इसका संकेत *Mo* है। उसे अव्यवस्थित आँकड़ों से तो मात्र देखकर ही ज्ञात कर लिया जा सकता है। जैसे—

3, 6, 8, 15, 3, 7, 3, 8, 5, 3, 12.

इन 11 प्राप्तांकों के वितरण का बहुलक 3 है, क्योंकि 3 सबसे ज्यादा बार, अर्थात 4 बार पूरे वितरण में आया है।

जब आँकड़े व्यवस्थित होते हैं, अर्थात आवृत्ति वितरण तालिका (frequency distribution table) में होते हैं तो इसे निम्नांकित सूत्र से ज्ञात किया जाता है—

$$Mo = 3\,\textbf{Median} - 2\,\textbf{Mean}, \qquad \textbf{(सूत्र 6)}$$

यहाँ Mo = बहुलक (Mode)

तालिका 8 में माध्यिका 63 है तथा इस तालिका के आँकड़े का माध्य (mean) 62.62 है (तालिका 7 देखें)। अतः, इसी आवृत्ति वितरण का *Mo* सूत्र 6 के अनुसार इस प्रकार होगा—

$$Mo = 3\,\text{Median} - 2\,\text{Mean}$$

$$= (3 \times 63) - (2 \times 62.62)$$

$$= 189 - 125.24 = 63.76 = 63.8$$

माध्य, माध्यिका तथा बहुलक में संबंध
(Relation between Mean, Median and Mode)

कई इस प्रकार के वितरण (distribution) होते हैं जिनका माध्य, माध्यिका तथा बहुलक एक ही होता है। मनोविज्ञान तथा शिक्षा में ऐसे वितरण को प्रसामान्य वितरण (normal distribution) कहा जाता है। कुछ ऐसे वितरण होते हैं जिनमें माध्य, माध्यिका तथा बहुलक समान न होकर एक दूसरे से भिन्न होते हैं। ऐसी परिस्थिति में इन तीनों संबंध को निम्नांकित सूत्र से व्यक्त किया जाता है—

$$\text{Mean} - \text{Mode} = 3\,(\text{Mean} - \text{Median})$$

इस सूत्र के आधार पर माध्य, माध्यिका तथा बहुलक को निम्नांकित सूत्र से भी ज्ञात किया जा सकता है—

$$\text{Mean} = \frac{3\,\text{Median} - \text{Mode}}{2}$$

$$\text{Median} = \frac{1}{3}(2\,\text{Mean} + \text{Mode})$$

$$\text{Mode} = 3\,\text{Median} - 2\,\text{Mean}$$

अगर वितरण में से कोई दो माप मालूम हो और तीसरी माप निकालनी हो तो वैसी परिस्थिति में उक्त सूत्र का सहारा लेना उचित बतलाया गया है।

परिवर्तनशीलता की माप
(Measures of Variability)

जब किसी वितरण में हम प्राप्तांकों की केंद्रीय प्रवृत्ति (central tendency) से प्राप्तांकों का एक समग्र प्रसरण (overall spread), अर्थात सरसरी विवरण (summary description) जानना चाहते हैं तब वैसी परिस्थिति में हमें परिवर्तनशीलता (variability) की मापों (measures) का सहारा लेना पड़ता है। अतः, प्राप्तांकों की परिवर्तनशीलता (variability) से तात्पर्य प्राप्तांकों की केंद्रीय प्रवृत्ति से विकीर्णता या प्रसरण से होता है। परिवर्तनशीलता की पाँच मुख्य माप (measures) हैं, जो निम्नांकित हैं—

(i) प्रसार (Range)

(ii) चतुर्थक विचलन (Quartile deviation)

(iii) मानक विचलन (Standard deviation)

(iv) औसत विचलन (Average deviation)

(v) प्रसरण (Variance)

इनमें प्रत्येक का वर्णन निम्नांकित है—

प्रसार (Range)

प्रसार (range) परिवर्तनशीलता (variability) की एक स्थूल माप (rough measure) है। जब किसी व्यक्ति के पास अधिक समय नहीं होता है और वह प्राप्तांकों के वितरण की परिवर्तनशीलता (variability) को जानना चाहता है तब वह उस वितरण का प्रसार ज्ञात करता है। प्रसार ज्ञात करने का सूत्र इस प्रकार है—

Range = (Highest score – Lowest score) +1 **(सूत्र 7)**

उदाहरणार्थ, नीचे दिए गए प्राप्तांकों के वितरण का प्रसार इस प्रकार ज्ञात करेंगे—

20, 5, 16, 18, 40, 90, 4, 16, 70, 50

Range = (90 – 4) + 1 = 87

चतुर्थक विचलन (Quartile Deviation)

चतुर्थक विचलन (quartile deviation) का संकेत Q है। Q किसी वितरण के 75th शतमक (percentile) तथा 25th शतमक (percentile) के बीच की दूरी का अर्द्धभाग होता है। 25th शतमक को Q_1 या पहला चतुर्थक (first quartile) तथा 75th शतमक को Q_3 या तीसरा चतुर्थक (third quartile) कहा जाता है। Q_1 तथा Q_3 के बीच की दूरी को अंतश्चतुर्थक प्रसार (interquartile range) कहा जाता है और जब इसी भाग को आधा कर दिया जाता है, अर्थात 2 से भाग दे दिया जाता है तब इसे अर्द्ध-अंतश्चतुर्थक प्रसार (semi-interquartile range) या **चतुर्थक विचलन** (quartile deviation) कहा जाता है। Q को वितरण का 50th शतमक (percentile) भी कहा जाता है। अतः, Q को परिभाषित करते हुए यह कहा जा सकता है कि यह वितरण के बीच के 50% केसेज का अर्द्धभाग है।

Q ज्ञात करने का सूत्र इस प्रकार है—

$$Q = \frac{Q_3 - Q_1}{2} \qquad \textbf{(सूत्र 8)}$$

यहाँ Q_1 को ज्ञात करने का सूत्र इस प्रकार है—

$$Q_1 = l + i\left(\frac{\frac{N}{4} - F}{f_q}\right) \qquad \textbf{(सूत्र 9)}$$

यहाँ Q_1 = प्रथम चतुर्थक (First quartile)

$\frac{N}{4} = N$ का चौथाई भाग

F = उन सभी आवृत्तियों का योग, जो उस वर्गांतर के नीचे आती हैं, जिसमें $\frac{N}{4}$ पड़ता है (Sum of all frequencies that lie below the class interval which contains $\frac{N}{4}$)

f_q = उस वर्गांतर की आवृत्ति जिसमें $\frac{N}{4}$ या Q_1 पड़ता है (Frequency of that class interval which contains $\frac{N}{4}$ or Q_1)

i = वर्गांतर की लंबाई (Length of class interval)

l = उस वर्गांतर की वास्तविक निचली सीमा जिसमें $\frac{N}{4}$ पड़ता है (Exact lower limit of that class interval that contains $\frac{N}{4}$)

Q_3 ज्ञात करने का सूत्र भी Q_1 के ही समान है जो इस प्रकार है—

$$Q_3 = l + i\left(\frac{\frac{3N}{2} - F}{f_q}\right) \quad \textbf{(सूत्र 10)}$$

यहाँ

Q_3 = तीसरा चतुर्थक (Third quartile)

$\frac{3N}{4} = N$ के तिगुने का चौथाई भाग

l = उस वर्गांतर की वास्तविक निचली सीमा जिसमें $\frac{3N}{4}$ पड़ता है, (Exact lower limit of the class interval that contains $\frac{3N}{4}$)

F = सभी आवृत्तियों का योग जो उस वर्गांतर के नीचे होती है जिसमें $\frac{3N}{4}$ पड़ता है (Sum of all the frequencies of that class interval which contains $\frac{3N}{4}$)

f_q = उस वर्गांतर की आवृत्ति जिसमें $\frac{3N}{4}$ पड़ता है (Frequency of that class interval which contains $\frac{3N}{4}$)

i = वर्गांतर की लंबाई (Length of class interval)

अब Q ज्ञात करने का एक उदाहरण हम आगे तालिका 9 में देंगे जिसमें तालिका 8 के ही आँकड़े को लिया गया है।

तालिका 9—Q ज्ञात करने का एक नमूना

1	2	
वर्गांतर/प्राप्तांक (Class interval/Scores)	**आवृत्ति f**	
85–89	2	
80–84	3	
75–79	1	
70–74	5	इसमें $\frac{3N}{4}$ निहित है।
65–69	6	$\frac{3N}{4} = \frac{40 \times 3}{4} = \frac{120}{4} = 30$
60–64	10	
55–59	2	
50–54	3	इसमें $\frac{N}{4}$ निहित है।
45–49	5	$\frac{N}{4} = \frac{40}{4} = 10$
40–44	2	
35–39	1	
	$N = 40$	

$$Q_1 = l + i\left(\frac{\frac{N}{4} - F}{f_q}\right)$$

$$l = 49.5; i = 5; \frac{N}{4} = \frac{40}{4}$$

$$F = 1 + 2 + 5 = 8$$

$$f_q = 3$$

$$\therefore Q_1 = 49.5 + 5\left(\frac{\frac{40}{4} - 8}{3}\right)$$

$$= 49.5 + 5\left(\frac{10 - 8}{3}\right)$$

$$= 49.5 + 5\left(\frac{2}{3}\right) = 49.5 + 5(0.666) = 49.5 + 3.33 = 52.83$$

$$\therefore \quad Q_3 = l + i\left(\frac{\frac{3N}{4} - 8}{f_q}\right)$$

$$l = 69.5; i = 5; \frac{3N}{4} = \frac{3 \times 40}{4} = \frac{120}{4} = 30$$

$$F = 1 + 2 + 5 + 3 + 2 + 10 + 6 = 29$$

$$f_q = 5$$

$$\therefore \quad Q_3 = 69.5 + 5\left(\frac{\frac{3 \times 40}{4} - 29}{5}\right)$$

$$= 69.5 + 5\left(\frac{30 - 29}{5}\right)$$

$$= 69.5 + 5\left(\frac{1}{5}\right) = 69.5 + 5(.2) = 69.5 + 1 = 70.5$$

$$\therefore \quad Q = \frac{Q_3 - Q_1}{2}$$

$$= \frac{70.5 - 52.83}{2} = \frac{17.67}{2} = 8.835.$$

Q ज्ञात करने में निहित कदम (steps) निम्नांकित हैं—

(i) सबसे पहले सूत्रानुसार Q_1 ज्ञात किया जाता है। Q_1 ज्ञात करने में पहले $\frac{N}{4}$ ज्ञात किया जाता है जो तालिका 7 के अनुसार $\frac{40}{4} = 10$ है। तालिका की आवृत्ति वाले कॉलम में नीचे से आवृत्तियों को जोड़ते हुए जब हम ऊपर की ओर बढ़ते हैं तब पाते हैं कि 10 वर्गांतर 50–54 में पड़ता है। इस वर्गांतर की वास्तविक निचली सीमा (exact lower limit) 50 – 0.5 = 49.5 है। इस वर्गांतर के नीचे की आवृत्तियों का योग 1+2+5 = 8 है तथा वर्गांतर 50–54 की आवृत्ति 3 है जिसे यहाँ f_q कहा जाता है। इस तालिका के वर्गांतर की लंबाई 5 है। इन सबों का मान ज्ञात कर लेने के बाद Q_1 सूत्रानुसार ज्ञात किया गया है जिसका मान 52.83 है।

(ii) Q_1 के बाद Q_3 ज्ञात किया जाता है। Q_3 ज्ञात करने में सबसे पहले $\frac{N}{4}$ ज्ञात किया जाता है जो तालिका 9 में 30 है। अब तालिका की आवृत्ति कॉलम में नीचे से आवृत्तियों को जोड़ते हुए ऊपर की ओर तब तक बढ़ते हैं जब तक कि हम 30 पर न पहुँच जाएँ। तालिका 9 में 70–74 वर्गांतर में 30 पड़ रहा है। अतः, इसी में Q_3 निहित है। इस वर्गांतर की वास्तविक निचली सीमा (exact lower limit) 70–0.5 = 69.5 है तथा इस वर्गांतर से नीचे की आवृत्तियों का योग, अर्थात 1 + 2 + 5 + 3 + 2 + 10 + 6 = 29 है। अतः, $F = 29$ है। f_q यहाँ 5 है। $i = 5$ है। इसके बाद सूत्रानुसार Q_3 ज्ञात किया जाता है, जिसका मान 70.5 है।

(iii) अंत में Q_3 के मान में से Q_1 के मान को घटाकर उसे 2 से भाग दे दिया जाता है और मिलनेवाला अंक Q कहलाता है, जो तालिका 9 में 8.835 है।

मानक विचलन (Standard Deviation or *S*)

परिवर्तनशीलता की सबसे प्रमुख एवं स्थिर माप मानक विचलन (standard deviation) है। किसी वितरण में माध्य (mean) से प्राप्तांकों के विचलनों (deviation) के वर्गों (squares) के माध्य के वर्गमूल (square root) को ही मानक विचलन (standard deviation) कहा जाता है। इसलिए, मानक विचलन को मूल-माध्य-वर्ग विचलन (root-mean-square deviation) भी कहा जाता है। इसका संकेत S है। परंतु, जब किसी जीवसंख्या (population) से मानक विचलन ज्ञात होता है, तो उसके लिए संकेत σ हो जाता है, जिसे सिग्मा पढ़ा जाता है। मानक विचलन अव्यवस्थित आँकड़ों (ungrouped data) तथा व्यवस्थित आँकड़ों (grouped data), दोनों से ही ज्ञात किए जाते हैं।

(क) **अव्यवस्थित आँकड़ों से मानक विचलन ज्ञात करना** (Calculation of standard deviation from ungrouped data)—अव्यवस्थित आँकड़ों से S या σ ज्ञात करने का सूत्र इस प्रकार है—

$$S = \sqrt{\frac{\Sigma x^2}{N}} \quad \textbf{(सूत्र 11)}$$

यहाँ S = मानक विचलन (Standard deviation)

Σ = योग (Sum)

x = वास्तविक माध्य से विचलन (Deviation from actual mean, i.e., $X - Mean$)

N = प्राप्तांकों की संख्या (Number of scores)

इसका एक उदाहरण इस प्रकार है—मान लिया कि 10 छात्रों का प्राप्तांक किसी परीक्षण पर इस प्रकार आया—2, 5, 7, 6, 5, 3, 8, 6, 10 तथा 8 । इसका S सूत्र 11 के अनुसार ज्ञात करके तालिका 10 में दिखलाया गया है।

तालिका 10—अव्यवस्थित प्राप्तांकों से मानक विचलन ज्ञात करने का एक नमूना

1	2	3
प्राप्तांक (Score) X	**विचलन** (Deviation) X–$Mean$ (x)	**विचलन का वर्ग** (Square of Deviation) x^2
2	–4	16
5	–1	1
7	+1	1

6	0	0
5	–1	1
3	–3	9
8	+2	4
6	0	0
10	+4	16
8	+2	4
$\Sigma X = 60$		$\Sigma x^2 = 52$

$$\text{Mean} = \frac{\Sigma X}{N} = \frac{60}{10} = 6$$

$$S = \sqrt{\frac{\Sigma x^2}{N}} = \sqrt{\frac{52}{10}} = \sqrt{5.2} = 2.28.$$

सूत्र 11 द्वारा S ज्ञात करने में निहित कदम निम्नांकित हैं—

(i) दिए गए प्राप्तांकों का माध्य ज्ञात किया जाता है जो तालिका 10 में 6 है। यह माध्य सूत्र 1 से ज्ञात किया गया है।

(ii) तालिका 10 के कॉलम 2 में प्रत्येक प्राप्तांक का उसके माध्य से विचलन (deviation) ज्ञात किया गया है। यह कार्य $X - \overline{X}$ सूत्र द्वारा किया गया है। सबसे ऊपर का प्राप्तांक 2 है और पूरे वितरण का माध्य 6 है। अतः, इस प्राप्तांक का विचलन ($X - \overline{X} = 2 - 6 = -4$ हुआ। इसी तरह अन्य सभी प्राप्तांकों का विचलन ज्ञात किया गया है।

(iii) तालिका 10 के कॉलम 3 में प्रत्येक विचलन का वर्ग (square) ज्ञात किया गया है तथा उन सभी वर्गों को नीचे जोड़कर दिखाया गया है। यह योग, अर्थात $\Sigma x^2 = 52$ आया है। फिर सूत्रानुसार S का मान ज्ञात किया जाता है।

अव्यवस्थित आँकड़ों से S ज्ञात करने का एक और सूत्र है जो अधिक प्रचलित है। इस सूत्र की विशेषता यह है कि इसमें मानक विचलन ज्ञात करने में प्राप्तांकों के विचलन (deviation) के बारे में जानने की कोई जरूरत नहीं होती है। सूत्र इस प्रकार है—

$$S = \frac{1}{N}\sqrt{\Sigma X^2 - (\Sigma X^2)^2}, \qquad \textbf{(सूत्र 12)}$$

यहाँ S = मानक विचलन (Standard deviation)

N = प्राप्तांकों की संख्या (Number of scores)

X = मूल प्राप्तांक (Original score)

तालिका 10 के ही आँकड़ों से सूत्र 12 द्वारा S ज्ञात करके तालिका 11 में दिखाया जा रहा है।

तालिका 11—सूत्र 12 द्वारा मानक विचलन ज्ञात करने का एक नमूना

1	2
प्राप्तांक (Scores) X	**प्राप्तांकों का वर्ग (Square of Scores)** X^2
2	4
5	25
7	49
6	36
5	25
3	9
8	64
6	36
10	100
8	64
$\Sigma X = 60$	$\Sigma X^2 = 412$

$$S = \frac{1}{N}\sqrt{N\Sigma X^2 - (\Sigma X)^2}$$

$$= \frac{1}{10}\sqrt{(10)(412) - (60)^2}$$

$$= \frac{1}{10}\sqrt{4120 - 3600}$$

$$= \frac{1}{10}\sqrt{520} = \frac{1}{10} \times 22.80 = \frac{22.80}{10} = 2.28$$

सूत्र 12 द्वारा भी S का मान ठीक वही आया है जो सूत्र 11 द्वारा आया था। इससे परिकलन (calculation) की परिशुद्धता सिद्ध हो जाती है।

सूत्र 12 द्वारा S ज्ञात करने में निहित कदम बिलकुल ही स्पष्ट है। दिए गए प्राप्तांकों का योग (ΣX) ज्ञात कर लिया जाता है जो तालिका 11 में 60 है। इसके बाद प्रत्येक प्राप्तांक का वर्ग (square) ज्ञात करके उन सभी का योग (ΣX^2) ज्ञात कर लिया जाता है, जो तालिका 11 में 412 है। फिर सूत्रानुसार S ज्ञात कर लिया जाता है।

(ख) व्यवस्थित आँकड़ों से मानक विचलन ज्ञात करना (Calculation of standard deviation from grouped data)—व्यवस्थित आँकड़ों से, अर्थात आवृत्ति वितरण से S ज्ञात करने की दो विधियाँ हैं—

(1) लंबी विधि (Long method)

(2) लघु विधि (Short method)

इन दोनों विधियों का वर्णन निम्नांकित है—

(1) लंबी विधि (Long method)—इस विधि में मानक विचलन निम्नांकित सूत्र द्वारा ज्ञात किया जाता है—

$$S = \sqrt{\frac{\Sigma fx^2}{N}}, \qquad \textbf{(सूत्र 13)}$$

यहाँ

S = मानक विचलन (Standard deviation)

Σfx^2 = वास्तविक माध्य (actual mean) से प्राप्तांकों के वर्गीकृत विचलनों (square deviation) तथा आवृत्तियों के गुणनफल का योग

N = आवृत्तियों का योग (Sum of frequencies)

सूत्र 13 द्वारा S ज्ञात करने का एक उदाहरण तालिका 12 में दिया जा रहा है। इस सूत्र द्वारा S ज्ञात करने के निहित कदम निम्नांकित हैं—

(i) दिए गए आवृत्ति वितरण में पहले प्रत्येक वर्गांतर का मध्यबिंदु (midpoint) ज्ञात कर लिया जाता है। इन बिन्दुओं को तालिका 12 के कॉलम 3 में X संकेत के तहत लिखा गया है।

(ii) इसके बाद प्रत्येक वर्गांतर के इस मध्यबिंदु को उसके f से गुणा कर fX ज्ञात किया जाता है। अंत में इस कॉलम का योग, अर्थात ΣfX ज्ञात करते हैं जिसकी आवश्यकता वितरण के माध्य (mean) ज्ञात करने में होती है।

तालिका 12—लंबी विधि द्वारा मानक विचलन ज्ञात करने का एक नमूना

1	2	3	4	5	6	7
वर्गांतर/प्राप्तांक (Class interval)	**आवृत्ति (f)**	**मध्यबिंदु (Midpoints) X**	fX	x	x^2	fx^2
70–74	3	72	216	27.5	756.25	2268.75
65–69	1	67	67	22.5	506.25	506.25
60–64	5	62	310	17.5	306.25	1531.25
55–59	6	57	342	12.5	156.25	937.50
50–54	7	52	364	7.5	56.25	393.75

45–49	5	47	235	2.5	6.25	31.50
40–44	2	42	84	–2.5	6.25	12.50
35–39	5	37	165	–7.5	56.25	281.25
30–34	8	32	256	–12.5	156.25	1250.00
25–29	2	27	54	–17.5	306.25	612.50
20–24	6	22	132	–22.5	506.25	3037.50
	$N = 50$		$\Sigma fX = 2225$			$\Sigma fx^2 fx^2 = 10862.50$

$$\text{Mean} = \frac{\Sigma fX}{N} = \frac{2225}{50} = 44.5$$

$$S = \sqrt{\frac{\Sigma fx^2}{N}} = \sqrt{\frac{10862.50}{50}} = \sqrt{217.25} = 14.739 = 14.74.$$

(iii) प्रत्येक वर्गांतर के मध्यबिंदु (X) में से वितरण का माध्य (mean) घटाकर, अर्थात $X - \overline{X}$ द्वारा विचलन (deviation) ज्ञात किया जाता है। इसे तालिका 12 के कॉलम 5 में दिखाया गया है। जैसे वर्गांतर 70–74 का मध्यबिंदु 72 तथा वितरण का माध्य 44.5 है। अतः, इस वर्गांतर का विचलन 72–44.5 = 27.5 हुआ। इसी तरह अन्य वर्गांतर के विचलनों को ज्ञात किया गया है।

(iv) इसके बाद विचलन का वर्ग (square) कर दिया जाता है जिसे कॉलम 6 में दिखाया गया है।

(v) फिर प्रत्येक वर्गांतर के विचलन के वर्ग (square) को उसकी आवृत्ति (frequency) से गुणा कर दिया जाता है। जैसे वर्गांतर 70–74 के विचलन का वर्ग 756.25 है जिसे इस वर्गांतर की आवृत्ति, अर्थात 3 से गुणा करने पर 2268.75 आया है। इसे तालिका के सातवें कॉलम में लिखा गया है। यह प्रक्रिया सभी वर्गांतरों के साथ दोहराई जाती है। अंत में इसका योग ज्ञात किया जाता है जिसे Σfx^2 कहा जाता है, जो 10862.50 है। इसके बाद सूत्रानुसार S ज्ञात कर लिया जाता है।

(2) लघु विधि (Short method)—आवृत्ति वितरण S लघु विधि द्वारा अग्रांकित सूत्र से ज्ञात किया जाता है—

$$S = i\sqrt{\frac{\Sigma fx'^2}{N} - C^2}, \qquad \textbf{(सूत्र 14)}$$

यहाँ S = मानक विचलन (Standard deviation)

i = वर्गांतर का आकार या लंबाई

$\Sigma fx'^2$ = कल्पित माध्य (assumed mean) से प्राप्तांकों के वर्गीकृत विचलनों तथा आवृत्तियों के गुणनफल का योग

C = शुद्धि (correction)

सूत्र 14 द्वारा S ज्ञात करने का एक उदाहरण तालिका 13 में दिया जा रहा है, जिसमें आँकड़े तालिका 12 के ही हैं।

तालिका 13—लघु विधि द्वारा S ज्ञात करने का एक नमूना

1	2	3	4	5
वर्गांतर/प्राप्तांक (Class interval/ Scores)	**आवृत्ति (f)**	**विचलन (x')**	**आवृत्ति × विचलन (fx')**	**आवृत्ति × विचलन का वर्ग (fx'^2)**
70–74	3	5	15	75
65–69	1	4	4	16
60–64	5	3	15	45
55–59	6	2	12	24
50–54	7	1	7 (+53)	7
45–49	5	0	0	0
40–44	2	–1	–2	2
35–39	5	–2	–10	20
30–34	8	–3	–24	72
25–29	2	–4	–8	32
20–24	6	–5	–30 (–74)	150
	$N = 50$		$\Sigma fx' = -21$	$\Sigma fx'^2 = 443$

$$S = i\sqrt{\frac{\Sigma fx'^2}{N} = -C^2}$$

$$C = \frac{\Sigma fx'}{N} = \frac{-21}{50} = -0.42$$

$$\therefore \quad C^2 = (-0.42)^2 = 0.1764$$

$$S = 5\sqrt{\frac{443}{50} - 0.1764}$$

$$= 5\sqrt{8.86 - 0.1764} = 5\sqrt{8.6836}$$

$$= 5 \times 2.946 = 14.73.$$

स्पष्ट हुआ कि लघु विधि द्वारा भी S का मान 14.73 आया है, जो लंबी विधि से प्राप्त S के मान (14.74) के बराबर है। 0.01 के अंतर का कारण पूर्णांकन त्रुटियाँ (rounding errors) हैं।

लघु विधि द्वारा S ज्ञात करने में निहित कदम निम्नांकित हैं—

(i) दिए गए आवृत्ति वितरण (frequency distribution) में कहीं भी, परंतु सामान्यतः बीच में या लगभग बीच में कल्पित माध्य (assumed mean) के होने की कल्पना कर ली जाती है। जैसे तालिका 13 में वर्गांतर 45–49 में कल्पित माध्य होने की कल्पना कर ली गई है। अतः, इस वर्गांतर को रेखांकित कर दिया गया है।

(ii) कल्पित माध्य के वर्गांतर का विचलन (deviation) हमेशा शून्य (zero) होता है। इस वर्गांतर से ऊपर वाले सभी वर्गांतरों को नीचे से ऊपर की दिशा में क्रमशः 1, 2, 3, 4 तथा 5 का विचलन अंक दिया गया है तथा उसी तरह से उस वर्गांतर से नीचे आनेवाले सभी वर्गांतरों का ऊपर से नीचे की दिशा में क्रमशः –1, –2, –3, –4 तथा –5 के विचलन अंक दिए गए हैं। इसे तालिका 13 के कॉलम 3 में दिखाया गया है।

(iii) इसके बाद प्रत्येक वर्गांतर के f तथा विचलन, अर्थात x' का गुणनफल निकाला जाता है। इसे कॉलम 4 में दिखाया गया है। फिर प्रत्येक वर्गांतर की आवृत्ति को उसी वर्गांतर के विचलन (x') के वर्ग (square) से गुणा कर दिया जाता है और उसे fx'^2 के कॉलम में लिख दिया जाता है। जैसे वर्गांतर 70–74 का f, 3 है तथा x', 5 है। 5 का वर्ग 25 हुआ जिसे 3 से गुणा करने पर 75 आया है। इसे तालिका 13 के कॉलम 5 में दिखाया गया है। इस कॉलम का योग $\Sigma fx'^2$ कहलाता है जो 443 है। अंत में सूत्रानुसार S ज्ञात किया जाता है।

औसत विचलन (Average Deviation)

औसत विचलन या माध्य विचलन (average deviation or mean deviation) प्रत्येक प्राप्तांक (score) का माध्य (mean) से (कभी-कभी माध्यिका तथा बहुलक से भी) विचलनों के योग का औसत होता है। दूसरे शब्दों में, माध्य (mean) से प्राप्तांकों के जितने भी विचलन (deviations) होते हैं, उनके औसत को औसत विचलन (average deviation or *AD*) या माध्य विचलन (mean deviation or *MD*) कहा जाता है। औसत विचलन व्यवस्थित (grouped) तथा अव्यवस्थित (ungrouped) दोनों ही तरह के आँकड़ों से निकाला जा सकता है।

अव्यवस्थित आँकड़ों से औसत विचलन (average deviation) निकालने का एक उदाहरण इस प्रकार है—

मान लिया कि 6 छात्रों का किसी मनोविज्ञान परीक्षण पर इस प्रकार के प्राप्तांक आए—5, 8, 4, 6, 9 तथा 4 । इससे *AD* नीचे के सूत्र से इस प्रकार ज्ञात किया जाएगा—

$$AD = \frac{\Sigma|x|}{N}, \qquad \textbf{(सूत्र 15)}$$

यहाँ

AD = औसत विचलन (Average deviation)

Σ = योग चिह्न

x = प्रत्येक प्राप्तांक का माध्य (mean) से लिया गया विचलन (deviation)

$| \; |$ = यह इस बात का संकेत करता है कि विचलनों को जोड़ते समय चिह्न (sign) पर कोई ध्यान नहीं दिया गया है।

N = प्राप्तांकों की संख्या

इसमें x, जो विचलन का संकेत है, को नीचे के सूत्र से ज्ञात किया जाता है—

***Deviation* या $(x) = X - \overline{X}$** **(सूत्र 16)**

यहाँ X से तात्पर्य प्राप्तांक (score) से तथा $\overline{X}$ से तात्पर्य माध्य (mean) से होता है। अब उपर्युक्त आँकड़ों से AD इस प्रकार ज्ञात किया जाएगा—

1	2
प्राप्तांक (Score) X	**विचलन** (Deviation) $X - \overline{X}$
5	−1
8	+2
4	−2
6	0
9	+3
4	−2
Total = 36	$\Sigma \|x\| = 10$

$$\overline{X} = \frac{36}{6} = 6$$

$$AD = \frac{\Sigma|x|}{N} = \frac{10}{6} = 1.666 = 1.67.$$

उपर्युक्त औसत विचलन ज्ञात करने में निम्नांकित प्रमुख कदम हैं—

(i) सभी प्राप्तांकों का योग ज्ञात कर लिया गया, जो 36 है। इसे कॉलम 1 में लिख लिया गया।

(ii) सभी प्राप्तांकों के योग का माध्य (mean) ज्ञात कर लिया गया, जो यहाँ $\frac{36}{6} = 6$ है।

(iii) प्रत्येक प्राप्तांक (score) का इस माध्य से विचलन सूत्र 16 द्वारा ज्ञात किया गया है। जैसे पहला प्राप्तांक 5 तथा माध्य 6 है। $X - \overline{X} = 5 - 6 = -1$ हुआ जो इस प्राप्तांक का विचलन है। सभी ऐसे विचलनों को प्रत्येक प्राप्तांक के सामने अलग कॉलम में यानी कॉलम 2 में लिख लिया गया।

(iv) कॉलम 2 के सभी विचलनों को जोड़ लिया गया जो 10 है। जोड़ते समय सभी चिह्नों को धनात्मक मान लिया जाता है।

(v) अंत में, सूत्र 15 के माध्यम से *AD* ज्ञात कर लिया गया जो यहाँ 1.67 आया है।

औसत विचलन व्यवस्थित आँकड़ों (grouped data) से निम्नांकित सूत्र द्वारा ज्ञात किया जाता है—

$$AD = \frac{\Sigma|fx|}{N} \quad \textbf{(सूत्र 17)}$$

इस सूत्र के सभी प्रतीकों (symbols) का अर्थ सूत्र 15 के प्रतीकों के अर्थ के समान ही है। सिर्फ *fx* का अर्थ प्राप्तांकों के विचलन (deviation) तथा वर्गांतर की आवृत्ति (frequency) का गुणनफल होता है। तालिका 14 में तालिका 13 के ही आँकड़ों से *AD* ज्ञात कर दिखाया जा रहा है।

तालिका 14—व्यवस्थित आँकड़ों से *AD* ज्ञात करने का एक नमूना

1	2	3	4	5	6
वर्गांतर/प्राप्तांक (Class intervals/Scores)	**आवृत्ति (*f*)**	**मध्यबिंदु *X***	***fX***	***x***	***fx***
70–74	3	72	216	27.5	82.5
65–69	1	67	67	22.5	22.5
60–64	5	62	310	17.5	87.5
55–59	6	57	342	12.5	75.0
50–54	7	52	364	7.5	52.5
45–49	5	47	235	2.5	12.5
40–44	2	42	84	–2.5	–5.0
35–39	5	37	165	–7.5	–37.5
30–34	8	32	256	–12.5	–100.0
25–29	2	27	54	–17.5	–35.0
20–24	6	22	132	–22.5	–135.0
	$N = 50$		$\Sigma fX = 2225$		$\Sigma|fx| = 645.0$

$$\overline{X} = \frac{\Sigma fX}{N} = \frac{2225}{50} = 44.5$$

$$\therefore \quad AD = \frac{\Sigma|fx|}{N} = \frac{645}{50} = 12.9.$$

तालिका 14 में 5वें कॉलम में $X - \overline{X}$ से विचलन ज्ञात किया गया है। जैसे—72–44.5 = 27.5 हुआ। फिर छठे कॉलम में कॉलम 5 तथा कॉलम 2 का गुणनफल ज्ञात किया गया है और उसे अंत में सभी चिह्नों को धनात्मक मानते हुए जोड़ दिया गया है। कुल योग 645 आया, जिसे N से भाग देकर AD ज्ञात किया गया, जो 12.9 आया है।

प्रसरण (Variance)

प्रसरण (variance) को भी परिवर्तनशीलता की एक मुख्य माप (measure) माना गया है। प्राप्तांकों के माध्य (mean) से हुए वर्गीकृत विचलनों (squared deviations) के योग को N से विभाजित करने पर जो भागफल प्राप्त होता है, उसे **प्रसरण** (variance) कहा जाता है। दूसरे शब्दों में, यह कहा जाता है कि प्रसरण प्राप्तांकों के विचलन के वर्ग का माध्य होता है। प्रसरण ज्ञात करने का सूत्र इस प्रकार है—

$$\textbf{Variance} = \frac{\Sigma x^2}{N}, \qquad \text{(सूत्र 18)}$$

यहाँ Σx^2 = प्राप्तांकों के विचलन (माध्य से) के वर्गों का योग

N = प्राप्तांकों की संख्या

प्रसरण के उपर्युक्त सूत्र का यदि वर्गमूल (square root) ज्ञात कर लिया जाए तो उससे मानक विचलन (Standard deviation) ज्ञात हो जाएगा। अतः, मानक विचलन प्रसरण का वर्गमूल होता है, अर्थात $S = \sqrt{\text{variance}}$। इसी को पलटकर तब यह भी कहा जा सकता है कि variance = S^2। उदाहरण—तालिका 12 के आँकड़ों का मानक विचलन (standard deviation) 14.74 है। अतः, इसका variance = $14.74^2 = 217.2676$ होगा। इस प्रसरण का यदि वर्गमूल निकाला जाए, अर्थात $\sqrt{217.2676}$ किया जाए, तो 14.74 प्राप्त होगा जो मानक विचलन कहलाएगा। तालिका 15 में 4 छात्रों के बुद्धि-परीक्षण के प्राप्तांकों से प्रसरण ज्ञात कर दिखाया गया है।

तालिका 15—प्रसरण के परिकलन का नमूना

1	2	3
X	x	x^2
10	0	0
12	+2	4
8	–2	4
10	0	0
$\Sigma X = 40$		$\Sigma x^2 = 8$

$$\overline{X} = \frac{\Sigma X}{N} = \frac{40}{4} = 10$$

$$\text{Variance} = \frac{\Sigma x^2}{N} = \frac{8}{4} = 2$$ **(सूत्र 18 द्वारा)**

मानक विचलन के आधार पर प्रसरण इस प्रकार ज्ञात किया जाएगा—

$$S = \sqrt{\frac{\Sigma x^2}{N}} = \sqrt{\frac{8}{4}} = \sqrt{2} = 1.4142$$

$$\text{Variance} = 1.4142^2 = 1.999 = 2.0.$$

प्रसरण ज्ञात करने में निहित कदम निम्नांकित है—

(i) प्राप्तांकों का माध्य ज्ञात कर लिया जाता है। इसके लिए कॉलम में सभी प्राप्तांकों को लिखकर उन्हें जोड़ दिया जाता है और फिर प्राप्तांकों की संख्या से भाग दे दिया जाता है। जैसे $\frac{\Sigma X}{N} = \frac{40}{4} = 10$ आया है, जो तालिका 15 के आँकड़ों का माध्य है।

(ii) माध्य ज्ञात कर लेने के बाद प्रत्येक प्राप्तांक (score) का विचलन ज्ञात कर लिया जाता है जिसे तालिका 15 के कॉलम 2 में दिखाया गया है।

(iii) सभी विचलनों के वर्ग (square) का माध्य से विचलन (deviation) सूत्र 16 से अर्थात $X - \overline{X}$ से ज्ञात किया जाता है, इसे तालिका 15 के कॉलम 3 में दिखाया गया है। इसके वर्ग का योग, अर्थात $\Sigma x^2 = 8$ आया है। फिर इसी को सूत्र 18 के अनुसार भाग देने पर 2 आया है और यही उसका प्रसरण है।

मानक विचलन के माध्यम से भी प्रसरण ज्ञात किया जा सकता है जैसा कि ऊपर में करके दिखाया गया है।

मानक प्राप्तांक
(Standard Score)

अर्थ (Meaning)—मानक प्राप्तांक (standard score) एक तरह का व्युत्पन्न प्राप्तांक (derived score) है, जिसका एक निश्चित माध्य (X) तथा निश्चित मानक विचलन (standard deviation या S) होता है। मानक प्राप्तांक यह बतलाता है कि मानक विचलन की इकाई के रूप में कोई भी प्राप्तांक माध्य से कितनी दूर है। मानक प्राप्तांक के बारे में मानक (standard) बात यह है कि इसका माध्य (mean) तथा मानक विचलन दोनों ही निश्चित होता है। मानक प्राप्तांक की जरूरत शैक्षिक (educational) तथा मनोवैज्ञानिक शोध में निम्नांकित दो कारणों से पड़ती है—

(i) जब एक ही व्यक्ति के निष्पादन को विभिन्न परीक्षणों पर तुलना किया जाना आवश्यक होता है, तो मूल प्राप्तांक (raw score) को मानक प्राप्तांक में बदल दिया जाता है।

(ii) मानक प्राप्तांक में मापन की इकाई (unit of measurement) समान होती है। अतः, एक वितरण से दूसरे वितरण की तुलना करने पर मानक प्राप्तांक के आकार (size) में कोई परिवर्तन नहीं आता है। इसलिए, मानक प्राप्तांक का उपयोग प्रायः परीक्षण प्राप्तांकों की व्याख्या में की जाती है।

प्रकार (Types)—मानक प्राप्तांक के कई प्रकार होते हैं जिनमें निम्नांकित प्रमुख हैं—

(i) *Z*-प्राप्तांक (*Z*-score)

(ii) *T*-प्राप्तांक (*T*-score)

(iii) स्टेनाइन प्राप्तांक (Stanine score)

(iv) विचलन बुद्धिलब्धि (Deviation *IQ* or *DIQ*)

इन चारों का वर्णन इस प्रकार है—

(i) *Z*-प्राप्तांक (*Z*-score)—*Z*-प्राप्तांक ऐसा मानक प्राप्तांक है जिसका माध्य (mean) शून्य होता है तथा मानक विचलन (standard deviation) एक होता है। इससे यह पता चलता है कि वितरण के माध्य से कोई भी प्राप्तांक कितना मानक विचलन ऊपर या नीचे है। इसका परिकलन प्राप्तांक में से माध्य को घटाकर और फिर उसे मानक विचलन से भाग देकर ज्ञात किया जाता है। इसका सूत्र इस प्रकार है—

$$Z = \frac{X - \overline{X}}{S}, \qquad \text{(सूत्र 19)}$$

यहाँ

Z = *Z*-प्राप्तांक

X = प्राप्तांक

$\overline{X}$ = वितरण का माध्य (mean)

S = वितरण का मानक विचलन (standard deviation)

उदाहरणस्वरूप, मान लिया जाए कि अंजु को किसी परीक्षण पर 80 प्राप्तांक आया तथा उस परीक्षण पर प्राप्तांकों के वितरण का माध्य 40 है तथा मानक विचलन 20 है, तो सूत्रानुसार,

$Z = \frac{80 - 40}{20} = \frac{40}{20} = 2\sigma$ होगा। इसका मतलब यह हुआ कि अंजु को परीक्षण पर दो सिग्मा या दो मानक विचलन इकाई माध्य से ऊपर प्राप्तांक आया है। उसी तरह से मान लिया जाए कि मंजु को 30 प्राप्तांक उस परीक्षण पर आया है। अतः सूत्रानुसार $Z = \frac{30 - 40}{20} = \frac{-10}{20} = -0.5$ होगा जिससे यह पता चलता है कि मंजु को जो प्राप्तांक आया है, वह माध्य से 0.5σ नीचे है।

Z-प्राप्तांक के दो गुण (merits) हैं जो इस प्रकार हैं—

(i) *Z*-प्राप्तांक वितरण के भीतर प्राप्तांक की अवस्थिति (position) को काफी यथार्थ ढंग से दिखाता है। अतः, यह एक विश्वसनीय प्राप्तांक है।

(ii) यद्यपि कोटि (ranks) या शतमक कोटियों (percentile ranks) का औसत ज्ञात करना सांख्यिकीय दृष्टिकोण से कोई अर्थ नहीं रखता है, परंतु *Z*-प्राप्तांकों के साथ ऐसा करना पूर्णतः उचित एवं सांख्यिकीय दृष्टिकोण से अर्थपूर्ण माना जाता है। जैसे, मान लिया जाए कि किसी व्यक्ति को गणित परीक्षण पर 1.5σ आया है तथा शाब्दिक बोध परीक्षण (verbal comprehension test) पर -0.5σ आया है। इन दोनों का औसत $1.5 + (-0.5) = 1.00/2 = 0.5$ जो यह बतलाता है कि औसत 0.5σ उसका निष्पादन (performance) दोनों माध्यों से ऊपर है।

इन गुणों के बावजूद Z-प्राप्तांक के दो अवगुण (demerits) या कठिनाइयाँ हैं जो इस प्रकार हैं—

(i) Z-प्राप्तांक का मान धनात्मक (positive) तथा ऋणात्मक (negative) दोनों होता है। जब इसका मान ऋणात्मक होता है, तब इसके आधार पर आगे परिकलन (calculation) में कठिनाई होती है।

(ii) Z-प्राप्तांक का मान दशमलव भिन्न (decimal fraction) में भी प्राप्त होता है जिसके आधार पर आगे क्रिया करना काफी कठिन हो जाता है।

पहली कठिनाई को दूर करने के लिए Z-प्राप्तांक में एक स्थिरांक (constant value), जैसे 50 या 100 जोड़ दिया जाता है। स्वभावतः इससे ऋणात्मक चिह्न हट जाता है। दशमलव भिन्न मानक प्राप्तांक (new standard score) में परिवर्तित हो जाता है जिसका सूत्र इस प्रकार है—

Standard score = Z (new standard deviation) + new mean

इस सूत्र को ऊपर के उदाहरण पर लागू करने पर हम यह देख पाते हैं कि किस तरह से उक्त दोनों कठिनाइयाँ दूर होती हैं—

मानक प्राप्तांक $= 0.5(10) + 50 = -5 + 50 = 45.$

(ii) *T*-प्राप्तांक (*T*-scores)—*T*-प्राप्तांक का प्रतिपादन मैककाल (McCall, 1922) द्वारा किया गया जिसे शैक्षिक मापन के प्रमुख नेता ई० एल० थॉर्नडाइक (E L Thorndike) के नाम पर रखा गया। *T*-प्राप्तांक एक ऐसा मानक प्राप्तांक है जिसमें माध्य (mean) = 50 तथा मानक विचलन (standard deviation) = 10 होता है तथा जिसका आधार प्रसामान्य वितरण वक्र (normal distribution curve) होता है। इसका मतलब यह हुआ कि *T*-प्राप्तांक एक प्रसामान्यीकृत मानक प्राप्तांक (normalised standard score) है जिसका माध्य 50 तथा मानक विचलन 10 होता है। *T*-प्राप्तांक प्रसामान्यीकृत *Z*-प्राप्तांक मापनी, जो –3 से +3 तक फैला होता है, पर आधृत होता है (देखें चित्र 30.5)। *T*-प्राप्तांक का प्रसार अधिकतर वितरणों में 20 से 80 का होता है। जब मूल प्राप्तांक (raw scores) को *T*-प्राप्तांक में बदला जाता है, तो उसका आकार अपने-आप प्रसामान्य वक्र के समान हो जाता है। *T*-प्राप्तांक का सूत्र 20 है जो इस प्रकार है—

$$T = Z\,10 + 50 \qquad \textbf{(सूत्र 20)}$$

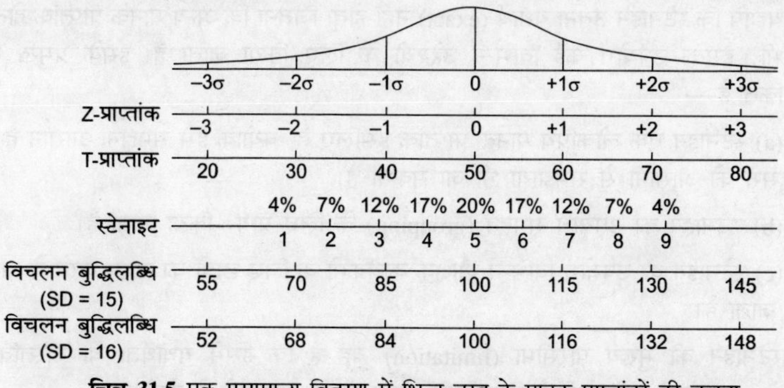

चित्र 31.5 एक प्रसामान्य वितरण में भिन्न तरह के मानक प्राप्तांकों की तुलना

(iii) स्टेनाइन प्राप्तांक (Stanine score)—स्टेनाइन (stanine) अंग्रेजी के दो पद अर्थात (standard) एवं nine का संक्षिप्त रूप है। स्टेनाइन ऐसा मानक प्राप्तांक (standard score) है जो पूरे वितरण को नौ भागों में बाँटता है (देखें चित्र 30.5)। इस मानक प्राप्तांक का माध्य = 5 होता है तथा मानक विचलन 1.96 या 2 होता है। इसे निम्नांकित सूत्र से ज्ञात किया जाता है—

$$\textbf{Stanine} = \textbf{2Z + 5} \qquad \textbf{(सूत्र 21)}$$

(स्टेनाइन के प्राप्त मान को सबसे निकटतम सम्पूर्ण संख्या में पूर्णांकित कर दिया जाता है) 2 से लेकर 8 तक प्रत्येक स्टेनाइन वितरण का $\frac{1}{2}S$ (आधा मानक विचलन) का प्रतिनिधित्व करता है तथा स्टेनाइन 1 एवं 9 द्वारा वितरण के बाकी S का प्रतिनिधित्व होता है। दूसरे शब्दों में स्टेनाइन 5 में माध्य के इधर-उधर $\frac{1}{2}S$ सम्मिलित होता है, अर्थात यह $\bar{X} \pm \frac{1}{4}S$ के बराबर होता है। स्टेनाइन 6 का फैलाव $+\frac{1}{4}S$ से $+\frac{3}{4}S\left\{\frac{1}{4}S + \frac{1}{2}S = \frac{3}{4}S\right\}$ तक होता है और इसी तरह से स्टेनाइन 7 तथा 8 का भी फैलाव होता है। स्टेनाइन में वे सभी प्राप्तांक सम्मिलित होते हैं जो माध्य से $-1\frac{3}{4}S$ अर्थात $-1.75S$ नीचे होते हैं तथा स्टेनाइन 9 में वे सभी प्राप्तांक सम्मिलित होते हैं जो माध्य से $+1\frac{3}{4}S$ तथा $-1.75S$ ऊपर होते हैं। जैसा कि चित्र 31.5 से स्पष्ट है, स्टेनाइन 5 में प्राप्तांकों का 20%, स्टेनाइन 4 तथा 6 में से प्रत्येक में 17%, स्टेनाइन 3 और 7 में से प्रत्येक में 12% स्टेनाइन 2 एवं 8 में से प्रत्येक में 7% तथा स्टेनाइन 1 एवं 9 में से प्रत्येक में 4% प्राप्तांक सम्मिलित होता है। इन प्रतिशतों को जानकर कोई भी व्यक्ति प्राप्तांकों के वितरण को स्टेनाइन में आसानी से बदल सकता है। इसलिए, प्राप्तांकों को आरोही क्रम (ascending order) में सुव्यवस्थित करके माध्यिका (median) की पहचान कर लेनी होगी। इसके बाद माध्यिका से ऊपर 10% प्राप्तांकों को तथा माध्यिका के नीचे 10% प्राप्ताकों को आवंटित करना होगा जो स्टेनाइन 5 की श्रेणी होगी (क्योंकि स्टेनाइन 5 में 20% प्राप्तांक सम्मिलित होता है)। इसके बाद अगले 17% (दोनों तरफ) प्राप्तांकों को स्टेनाइन 4 एवं 6 में आवंटित करेंगे और इसी तरह से अन्य स्टेनाइनों में प्राप्तांकों को आवंटित करेंगे। अगर प्राप्तांकों का वितरण प्रसामान्य (normal) है, तो प्रत्येक स्टेनाइन का प्रतिशत लगभग ऊपर बतलाए गए प्रतिशत के लगभग ही होगा।

यद्यपि कि स्टेनाइन उतना यथार्थ (exact) नहीं होता जितना कि अन्य मानक प्राप्तांक होते हैं, फिर भी, इसका उपयोग कई विभिन्न उद्देश्यों के लिए किया जाता है। इसके प्रमुख लाभ निम्नांकित हैं—

(a) स्टेनाइन एक लोकप्रिय मानक प्राप्तांक इसलिए है, क्योंकि इसे समझना आसान है तथा इसे दूसरों को आसानी से समझाया भी जा सकता है।

(b) स्टेनाइन का उपयोग समूहन (grouping) के लिए प्रायः किया जाता है।

(c) स्टेनाइन का उपयोग विभिन्न शैक्षिक कार्यक्रमों के लिए छात्रों का चयन करने में अक्सर किया जाता है।

स्टेनाइन की मुख्य परिसीमा (limitation) यह है कि इसमें यथार्थता या वास्तविकता (exactness) उतनी नहीं होती है जितनी कि अन्य मानक प्राप्तांकों में होती है।

(iv) विचलन बुद्धिलब्धि (Deviation Intelligence Quotient or *DIQ*)—*DIQ* एक ऐसा मानक प्राप्तांक (standard score) है जिसका विकास आर्थर ओटिस (Arther Otis) के शोधों से हुआ है और जो आज बुद्धि परीक्षण के मापन के क्षेत्र में एक लोकप्रिय सूचक (index) बन गया है। बुद्धिलब्धि (intelligence quotient) को मानसिक आयु/तैथिक आयु × 100 के सूत्र से निकाला जाता है। इस सूत्र के साथ समस्या यह उत्पन्न हुई कि व्यक्ति की तैथिक आयु तो हमेशा बढ़ती जाती है परंतु मानसिक आयु बाल्यावस्था में तो तेजी से बढ़ती है परंतु 17–18 साल की आयु के बाद सामान्यतः नहीं बढ़ती है। ऐसी स्थिति में सूत्र द्वारा ज्ञात किया गया बुद्धिलब्धि कोई अर्थ नहीं रखता है। इसी कठिनाई को दूर करने के खयाल से विचलन बुद्धिलब्धि (*DIQ*) के संप्रत्यय का विकास हुआ।

DIQ एक ऐसा मानक प्राप्तांक (standard score) है जो किसी बुद्धि परीक्षण पर व्यक्ति का प्राप्तांक, उसी व्यक्ति की आयु समूह के अन्य व्यक्तियों के प्राप्तांकों के औसत से कितनी दूरी पर है, आधृत होता है। *DIQ* ज्ञात करने के लिए प्रत्येक आयु समूह के लिए z-प्राप्तांक ज्ञात किया जाता है और फिर उस z-प्राप्तांक को एक ऐसे वितरण में बदल दिया जाता है जिसका माध्य = 100 तथा मानक विचलन 15 (या 16) होता है। इसका सूत्र इस प्रकार है—

$$DIQ = 15z + 100 \qquad \textbf{(सूत्र 22)}$$

WAIS (Wechsler Adult Intelligence Scale) जो आज एक काफी महत्त्वपूर्ण एवं लोकप्रिय बुद्धि परीक्षण है, में *DIQ* का उपयोग किया गया है। अगर किसी व्यक्ति का इस परीक्षा पर प्राप्तांक एक मानक विचलन इकाई माध्य से ऊपर है, तो उसका $DIQ = 15 \times 1 + 100 = 115$ होगा, जिससे पता चलता है कि उसका *DIQ* अपनी आयु समूह के व्यक्तियों के औसत से ऊपर है। उसी तरह से यदि किसी व्यक्ति का प्राप्तांक यदि माध्य से एक मानक विचलन कम है, तो उसका *DIQ* प्राप्तांक 84 या 85 होगा, जो यह बतलाएगा कि उसका *DIQ* अपने आयु समूह के व्यक्तियों के औसत से नीचे है। इस तरह *DIQ* में प्रत्येक उम्र स्तर पर मानक विचलन (standard deviation) का एक स्थिर मान होता है जिसके परिणामस्वरूप बुद्धिलब्धि अनुपात (*IQ* ratio) में होनेवाला असामान्य परिवर्तनशीलता को नियंत्रित करता है।

स्पष्ट हुआ कि मानक प्राप्तांक के कई प्रकार हैं। इन प्रकारों में z-प्राप्तांक, T-प्राप्तांक तथा *DIQ* तुलनात्मक रूप से अधिक लोकप्रिय है।

प्रसामान्य वक्र
(Normal Curve)

अर्थ (Meaning)—प्रसामान्य वक्र से तात्पर्य वैसे वक्र से होता है जिसके द्वारा प्रसामान्य वितरण (normal distribution) का प्रतिनिधित्व होता है। प्रसामान्य वितरण का अर्थ वैसे वितरण से होता है, जिसमें बहुत सारे केसेज मापनी के बीच में आते हैं तथा बहुत कम केसेज मापनी के ऊपरी छोर तथा बहुत कम केसेज मापनी के निचली छोर पर आते हैं। इस तरह के वितरण से बननेवाले वक्र को घंटाकार वक्र (bell-shaped curve) कहा जाता है। इसे अन्य नामों, जैसे **त्रुटि वक्र** (Curve of error), **डीमोवर्स वक्र** (Demovere's curve), **गॉसियन वक्र** (Gaussian curve) भी कहा जाता है। मनोविज्ञान तथा शिक्षा में अध्ययन किए जानेवाले अधिकतर चर (variable) पर आए प्राप्तांक चूँकि प्रसामान्य रूप से वितरित होते हैं, अतः इस वक्र की उपयोगिता काफी अधिक है। बुद्धि,

शाब्दिक बोध क्षमता (verbal comprehension ability) आदि कुछ ऐसे चर हैं जो प्रसामान्य रूप से वितरित हैं। अतः इनसे बननेवाला वक्र प्रसामान्य वक्र होगा।

विशेषताएँ (Characteristics)—प्रसामान्य वक्र की कुछ अपनी विशेषताएँ हैं जिनमें निम्नांकित प्रमुख हैं—

(i) प्रसामान्य वक्र सममित (symmetrical) होता है। इसका मतलब यह हुआ कि प्रसामान्य वक्र का बायाँ भाग का हिस्सा दायाँ भाग के हिस्से के बराबर होता है। इसे चित्र 31.6 में दिखलाया गया है।

(ii) प्रसामान्य वक्र घंटाकार (bell-shaped) होता है जिसका कारण यह है कि ऐसे वक्र द्वारा वितरण का सबसे अधिक केसेज बीच में होता है तथा जैसे-जैसे इन मध्यबिंदुओं से हम बायीं तथा दायीं ओर बढ़ते जाते हैं, केसेज की संख्या में कमी आती जाती है।

(iii) प्रसामान्य वक्र सतत (continuous) होता है। फलतः *X*-अक्ष पर चरों के मान (value) की संख्या अनिश्चित (indefinite) होती है।

(iv) प्रसामान्य वक्र के कुल क्षेत्र (total area) का योग हमेशा 1 होता है। *X*-अक्ष के किसी बिंदु पर *Y*-अक्ष की आवृत्ति को यदि हम लेते हैं तो इसके द्वारा प्रसामान्य वक्र दो भागों में बँट जाता है और इन दोनों भागों का योग हमेशा 1 होता है। जैसे *X*-अक्ष पर 1σ को ही ले लिया जाए। इससे नीचे $0.50000 + 0.3413 = 0.8413$ केसेज आते हैं तथा इसके ऊपर 0.1587 केसेज आते हैं। यदि इन दोनों को जोड़ते हैं, तो हमें 1σ प्राप्त होता है, जो प्रसामान्य वक्र का पूरा क्षेत्र होता है।

(v) प्रसामान्य वक्र में माध्य, माध्यिका तथा बहुलक (mode), संख्यात्मक रूप से (numerically) एक ही होते हैं तथा वक्र के ठीक बीचो-बीच एक बिंदु पर केन्द्रित होते हैं।

(vi) प्रसामान्य वक्र अनंतस्पर्शी (asymptotic) होता है। दूसरे शब्दों में, यह कहा जा सकता है कि प्रसामान्य वक्र कभी भी आधार रेखा (baseline) को स्पर्श नहीं करती है, जैसा कि चित्र 31.6 में दिखलाया गया है।

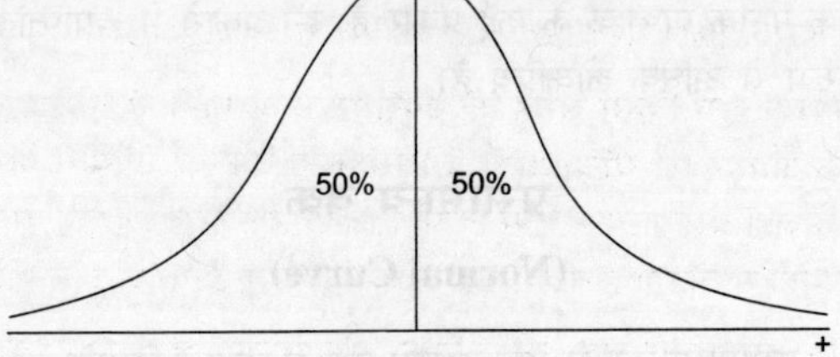

चित्र 31.6 प्रसामान्य वक्र

(vii) प्रसामान्य वक्र में सबसे बड़ा भुजमान (ordinate) बीच में होता है। अन्य भुजमानों की लंबाई इससे छोटी होती है।

स्पष्ट हुआ कि प्रसामान्य वक्र की कई विशेषताएँ होती हैं।

प्रसामान्य वक्र की उपयोगिताएँ या अनुप्रयोग (Applications of Normal Curve)—प्रसामान्य वक्र जिसे **प्रसामान्य प्रसंभाव्यता वक्र** (normal probability curve) भी कहा जाता है, के कुछ प्रमुख अनुप्रयोग निम्नांकित हैं—

(i) प्रसामान्य वक्र द्वारा प्रसामान्य वितरण में दी गई सीमाओं (limits) के भीतर पड़नेवाले केसेज के प्रतिशत का पता लगाया जाता है। यह प्रसामान्य वक्र की एक प्रमुख उपयोगिता है। जब शोधकर्ता को प्रसामान्य वितरण का माध्य (mean) तथा मानक विचलन (standard deviation) ज्ञात होता है, तो वह वितरण के किसी भी दो प्राप्तांकों के बीच आनेवाले केसेज का पता प्रसामान्य वक्र के द्वारा आसानी से कर लेता है।

(ii) प्रसामान्य वक्र द्वारा प्रसामान्य वितरण में दिए गए केसेज के प्रतिशत के आधार पर उनकी सीमाओं का पता लगाया जाता है। जब शोधकर्ता को प्रसामान्य वितरण का माध्य तथा मानक विचलन ज्ञात होता है और वह वितरण के विशेष प्रतिशत, जैसे मध्य 60% या 70% केसेज की सीमाओं का पता लगाना चाहता है, तो वह प्रसामान्य वक्र का उपयोग करता है, क्योंकि इससे वह आसानी से इन सीमाओं के बारे में जान लेता है।

(iii) प्रसामान्य वक्र द्वारा किसी समस्या या परीक्षण के एकांश के सापेक्ष कठिनता स्तर (relative difficulty level) **ज्ञात किया जाता है।** प्रसामान्य वक्र का एक महत्त्वपूर्ण अनुप्रयोग यह है कि इसके द्वारा शोधकर्ता किसी प्रश्न, समस्या या किसी परीक्षण के एकांश (item) के सापेक्ष स्तर का पता आसानी से लगा लेता है। इसके लिए प्रत्येक प्रश्न या एकांश पर उत्तीर्ण होनेवाले छात्रों का प्रतिशत के आधार पर सिग्मा प्राप्तांक (sigma score) ज्ञात कर लिया जाता है, जो उसकी कठिनता स्तर होती है और उस कठिनता स्तर को एक-दूसरे से घटाकर जो अंतर किया जाता है, उससे प्रश्नों या एकांशों का सापेक्ष कठिनता स्तर का पता लग जाता है।

(iv) प्रसामान्य वक्र द्वारा दो वितरणों को अतिव्याप्ति (overlapping) **के रूप में तुलना किया जाता है।** प्रसामान्य वक्र की चौथी उपयोगिता यह है कि इसके द्वारा दो वितरणों की तुलना अतिव्याप्ति (overlapping) के रूप में की जाती है। जब शोधकर्ता यह पता लगाना चाहता है कि दिए गए दो वितरणों में माध्य, माध्यिका (median) तथा मानक विचलन के खयाल से कहाँ तक अतिव्याप्ति है, तो इसके लिए प्रसामान्य वक्र का सहारा लेता है।

(v) प्रसामान्य वक्र द्वारा किसी समूह को उपसमूह में आसानी से प्रसामान्य रूप से वितरित शीलगुण या चर के आधार पर बाँटा जाता है। प्रसामान्य वक्र का उपयोग प्रायः शोधकर्ता वैसी परिस्थिति में करते हैं जहाँ प्रसामान्य रूप से किसी वितरित शीलगुण या चर पर दिए गए समूह को कई छोटे-छोटे उपसमूहों में बाँटना होता है। यह कार्य भी सिग्मा प्राप्तांक ज्ञात करके किया जाता है।

स्पष्ट हुआ कि प्रसामान्य वक्र की अनेक उपयोगिताएँ हैं जिनके कारण इस वक्र की लोकप्रियता आज भी बरकरार है।

शतमक एवं शतमक कोटि
(Percentile and Percentile Rank)

शतमक का अर्थ—शतमक (percentile) मनोवैज्ञानिक सांख्यिकी का एक महत्त्वपूर्ण संप्रत्यय है। शतमक वितरण का वह बिंदु या प्राप्तांक होता है जिसके नीचे *N* का या प्राप्तांकों का एक

निर्दिष्ट प्रतिशत (specified per cent) होता है। शतमक का प्रतीक (symbol) P_p है जिसमें छोटा p से मतलब दिए हुए मान (value) से नीचे के केसेज के प्रतिशत से होता है। जैसे, P_{70} से मतलब उस शतमक बिंदु या प्राप्तांक से होता है जिसके नीचे प्राप्तांकों का या N का 70 केसेज हैं। उसी तरह से P_{20} वितरण में वह बिंदु या प्राप्तांक है जिसके नीचे 20% प्राप्तांक होते हैं। शतमक का माध्यिका (median) से सीधा संबंध है, क्योंकि P_{50} ही माध्यिका होती है।

शतमक की उपयोगिता (Uses of percentile)—शतमक की प्रमुख उपयोगिताएँ निम्नांकित हैं—

(i) शतमक द्वारा आसानी से वितरण के आकार का पता चल जाता है। (Percentile helps in locating the shape of distribution.) शतमक द्वारा हमें प्राप्तांकों के वितरण के आकार का पता आसानी से चल जाता है। वितरण का यदि कुछ खास-खास शतमक, जैसे $P_{50}, P_{25}, P_{50}, P_{75}, P_{90}$ आदि मालूम हो तो हमें यह आसानी से पता चल जाता है कि वितरण प्रसामान्य (normal) है या अप्रसामान्य (non-normal) है। वितरण के आकार का पता चल जाने से फिर हम उसपर आधृत करके अन्य आनुमानिक सांख्यिकी (inferential statistics) का भी परिकलन कर सकते हैं।

(ii) शतमक से प्राप्तांकों की व्याख्या में मदद मिलती है। (Percentile helps in interpreting test scores.) शतमक प्राप्तांकों की व्याख्या में मदद करता है। जैसे, मान लिया जाए कि किसी बुद्धि परीक्षण पर सीता को 40 अंक प्राप्त हुए। इस प्राप्तांक से हमें सीता की बुद्धि के बारे में कोई अंदाज नहीं हो पाता है। परंतु, यदि इस 40 अंक के लिए उसे P_{80} शतमक प्राप्त होता है, तब हम आसानी से यह कह सकते हैं कि सीता के प्राप्तांक से नीचे 80% व्यक्तियों के प्राप्तांक हैं। इससे तब हम इस अंतिम निष्कर्ष पर पहुँचते हैं कि सीता एक तीव्र बुद्धि की लड़की है।

(iii) शतमक का उपयोग अन्य दूसरे प्रकार के सांख्यिकी के परिकलन में भी किया जाता है। (Percentile is used in calculation of other statistics.) मनोवैज्ञानिक सांख्यिकी में शतमक का उपयोग अन्य महत्त्वपूर्ण सांख्यिकी, जैसे माध्यिका (median), वैषम्य (skewness) तथा ककुदता (Kurtosis) आदि, के परिकलन में किया जाता है। माध्यिका तो P_{50} ही होता है तथा वैषम्य ज्ञात करने में P_{10}, P_{50} तथा P_{90} एवं ककुदता ज्ञात करने में P_{10} तथा P_{90} का परिकलन किया जाता है।

शतमक का परिकलन (Calculation of percentile)—किसी आवृत्ति वितरण से शतमक ज्ञात करने का सूत्र निम्नांकित है—

$$P_p = l + \left(\frac{P_N - F}{f_p}\right) i, \qquad \textbf{(सूत्र 23)}$$

यहाँ

P = शतमक (Percentile)

p = वितरण का निर्दिष्ट प्रतिशत, जिसे ज्ञात करना है।

l = उस वर्गांतर की वास्तविक निचली सीमा (exact lower limit) जिसमें P_p निहित है।

P_N = N या आवृत्तियों का वह भाग जो शतमक ज्ञात करने के लिए नीचे से ऊपर की ओर गिना जाता है। इसे $\frac{p}{100} \times N$ से ज्ञात किया जाता है।

F = उस वर्गांतर से ठीक नीचे के वर्गांतर की संचयी आवृत्ति (cumulative frequency) जिसमें P_p निहित है।

f_p = उस वर्गांतर की आवृत्ति जिसमें P_p पड़ता है।

i = वर्गांतर का आकार (size of class interval)

नीचे दिए गए आवृत्ति वितरण से P_{50}, P_{70} तथा P_{80} ज्ञात करके दिखलाया जा रहा है—

प्राप्तांक (Scores)	**आवृत्ति (f)**
80–84	2
75–79	3
70–74	9
65–69	1
60–64	1
55–59	10
50–54	4
45–49	3
40–44	5
35–39	6
30–34	2
25–29	3
20–24	1
	$N = 50$

P_{50} के लिए :

$$P_N = \frac{p}{100} \times N = \frac{50}{100} \times 50 = 25$$

$l = 54.5; F = 24; f_p = 10; i = 5$

सूत्रानुसार—

$$P_p = l + \left(\frac{P_N - F}{f_p}\right) i$$

$$\therefore \quad P_{50} = 54.5 + \left(\frac{25-24}{10}\right) \times 5$$

$$= 54.5 + \left(\frac{1}{10}\right) \times 5 = 54.5 + (0.1)(5) = 54.5 + 0.5$$

$= 55$; **उत्तर**।

P_{70} के लिए :

$$P_N = \frac{70}{100} \times 50 = 35$$

$$l = 59.5; F = 34; f_p = 1; i = 5$$

$$\therefore \quad P_{70} = 59.5 + \left(\frac{35-34}{1}\right) \times 5 \qquad \text{(सूत्रानुसार)}$$

$= 59.5 + 1 \times 5 = 59.5 + 5 = 64.5$; **उत्तर**।

P_{80} के लिए :

$$P_N = \frac{80}{100} \times 50 = 40$$

$$l = 69.5; \; F = 36; \; f_p = 9; \; i = 5$$

$$\therefore \quad P_{80} = 69.5 + \left(\frac{40-36}{9}\right) \times 5$$

$= 69.5 + \left(\frac{4}{9}\right) \times 5 = 69.5 + 2.22 = 71.72$; **उत्तर**।

उपर्युक्त आवृत्ति वितरण से शतमक ज्ञात करने में निहित कदम निम्नांकित हैं—

(i) शतमक ज्ञात करने में सबसे पहले P_N ज्ञात किया जाता है। जैसे, उक्त आवृत्ति वितरण में P_{50} ज्ञात करने में $P_N = \frac{p}{100} \times N = \frac{50}{100} \times 50 = 25$ आया है।

(ii) आवृत्ति वितरण के आवृत्ति वाले कॉलम में नीचे से आवृत्ति को जोड़ते हुए ऊपरी दिशा में तब तक बढ़ते हैं जब तक कि यह पता नहीं चल जाता है कि किस वर्गांतर में 25 निहित है। ऐसा करने पर हम पाते हैं कि 25 वर्गांतर 55–59 में निहित है। इस वर्गांतर की वास्तविक निचली सीमा 54.5 है। इस वर्गांतर के नीचे की आवृत्तियों का योग 24 है, जो F हुआ। इस वर्गांतर की आवृत्ति 10 है, जो f_p हुआ तथा इस आवृत्ति वितरण में वर्गांतर का आकार 5 है।

(iii) अंत में P_N, l, F, f_p तथा i के मान को सूत्र में बैठाकर उसका समाधान किया जाता है, जो P_{50} के लिए 55 आया है। यही 55 ही P_{50} शतमक प्राप्तांक है, जिसके नीचे 50% प्राप्तांक हैं। इसी तरह से P_{70} तथा P_{80} का शतमक प्राप्तांक ज्ञात किया गया है, जो क्रमशः 64.5 तथा 71.72 है।

शतमक कोटि का अर्थ (Meaning of percentile rank or PR)—शतमक कोटि (percentile rank) मनोवैज्ञानिक सांख्यिकी का एक महत्त्वपूर्ण संप्रत्यय है। शतमक कोटि 100 के कोटि मापनी (rank scale) पर वह स्थान या बिंदु होता है जो किसी भी व्यक्ति को उसके प्राप्तांक के आधार पर मिलता है। इस तरह से शतमक कोटि की विशेषता यह है कि यह हमेशा एक से सौ के बीच कोई बिंदु हो सकता है। इसका संकेत *PR* है। इसे एक उदाहरण द्वारा इस प्रकार समझाया जा सकता है—मान लिया जाए कि अनीता को सामान्य बोध परीक्षण (general knowledge test) पर 40 अंक प्राप्त हुआ। उसका यह प्राप्तांक कुछ ऐसा है कि इससे नीचे करीब 80 व्यक्तियों का प्राप्तांक है। अतः अनीता के 40 अंक के आधार पर मिलनेवाला शतमक कोटि (percentile rank), अर्थात PR_{80} होगा।

शतमक कोटि का परिकलन (Calculation of percentile rank)—किसी आवृत्ति वितरण से शतमक कोटि निम्नांकित सूत्र से ज्ञात किया जाता है—

$$PR(X) = \frac{100}{N}\left[F + \frac{(X-l)}{i}f\right], \qquad \textbf{(सूत्र 24)}$$

यहाँ PR = शतमक कोटि (Percentile rank)

X = प्राप्तांक (score) जिसका शतमक कोटि ज्ञात करना है।

N = आवृत्तियों का योग

F = उस वर्गांतर के ठीक नीचे के वर्गांतर की संचयी आवृत्ति (cumulative frequency), जिसमें X पड़ता है।

l = उस वर्गांतर की वास्तविक निचली सीमा (exact lower limit), जिसमें X पड़ता है।

f = उस वर्गांतर की आवृत्ति (frequency), जिसमें X पड़ता है।

i = वर्गांतर का आकार (Size of class interval)

निम्नलिखित आवृत्ति वितरण से प्राप्तांक 65 तथा 52 का शतमक कोटि ज्ञात करके दिखाया जा रहा है—

प्राप्तांक (Scores)	**आवृत्ति (f)**
90–99	3
80–89	8
70–79	10

60–69	12
50–59	16
40–49	8
30–39	9
20–29	4
10–19	5
	$N = 75$

सूत्र 24 द्वारा प्राप्तांक 65 का शतमक कोटि इस प्रकार ज्ञात किया जाएगा—

$$PR(X) = \frac{100}{N}\left[F + \frac{(X-l)}{i}f\right],$$

यहाँ $X = 65; N = 75; F = 42; l = 59.5; f = 12$ तथा $i = 10$ है।

$$PR(65) = \frac{100}{75}\left[42 + \frac{65-59.5}{10} \times 12\right]$$

$$= \frac{100}{75}\left[42 + \frac{5.5}{10} \times 12\right]$$

$$= \frac{100}{75}[42 + 0.55 \times 12]$$

$$= \frac{100}{75}[42 + 6.6] = \frac{100}{75} \times 48.6 = 64.8 = 65;$$ **उत्तर**।

प्राप्तांक 65 का PR 65 है।

सूत्र 24 द्वारा प्राप्तांक 52 का शतमक कोटि इस प्रकार ज्ञात किया जाएगा—

$$PR(X) = \frac{100}{N}\left[F + \frac{(X-l)}{i}f\right],$$

यहाँ $X = 52; N = 75; F = 26; l = 49.5; f = 16$ तथा $i = 10$ है।

$$\therefore \; PR(52) = \frac{100}{75}\left[26 + \frac{52-49.5}{10} \times 16\right]$$

$$= \frac{100}{75}\left[26+\frac{2.5}{10}\times 16\right]$$

$$= \frac{100}{75}\left[26+.25\times 16\right]$$

$$= \frac{100}{75}\left[26+4\right] = \frac{100}{75}\times 30 = 40;$$ **उत्तर।**

अतः, 52 प्राप्तांक का *PR* 40 है।

आवृत्ति वितरण में दिए गए प्राप्तांक (score) का शतमक कोटि ज्ञात करने में निहित कदम निम्नांकित हैं—

(i) सबसे पहले यह सुनिश्चित किया जाता है कि वह प्राप्तांक जिसका शतमक कोटि ज्ञात किया जाता है, किस वर्गांतर में पड़ रहा है। जैसे उक्त उदाहरण में प्राप्तांक 65 का ही उदाहरण लिया जाए। यह निश्चित रूप से वर्गांतर 60–69 में पड़ रहा है।

(ii) इस वर्गांतर की वास्तविक निचली सीमा (exact lower limit) 59.5 है। इस वर्गांतर से नीचे के वर्गांतरों की आवृत्ति 12 है। अतः $f = 12$ लिखा गया है। उक्त प्रश्न में दिए गए आवृत्ति वितरण में वर्गांतर का आकार 10 है। अतः, $i = 10$ है।

(iii) अंत में सूत्र के सभी संकेतों के मान को लिखकर उसका हल किया गया है जो 65 ही आया है। अतः, प्राप्तांक 65 का *PR* 65 ही है।

शतमक तथा शतमक कोटि में अंतर

(Difference between Percentile and Percentile Rank)

शतमक (percentile) तथा शतमक कोटि (percentile rank), दो ऐसे सांख्यिकी हैं जो आपस में काफी मिलते-जुलते दीख पड़ते हैं। परंतु, फिर भी इन दोनों में निम्नांकित अंतर हैं—

(i) शतमक (percentile) वितरण का प्राप्तांक या बिंदु होता है जिसके नीचे प्राप्तांकों का एक निर्दिष्ट प्रतिशत होता है, जबकि शतमक कोटि एक विशेष कोटि बिंदु (rank point) होता है जो व्यक्ति को प्राप्तांक के आधार पर प्राप्त होते हैं।

(ii) शतमक कोटि का प्रसार (range) 1 से 100 तक का हो सकता है, परंतु चूँकि शतमक (percentile) का मान प्राप्तांक के अनुसार निश्चित होता है, इसलिए इनका मान 100 से कम या ज्यादा कुछ भी हो सकता है।

(iii) शतमक वह प्राप्तांक बिंदु होता है जिसके नीचे निर्दिष्ट प्रतिशत (specified per cent) होता है, परंतु शतमक कोटि (percentile rank) वह प्रतिशत है जिसके नीचे निर्दिष्ट प्राप्तांक (specified score) रहता है।

स्पष्ट हुआ कि शतमक (percentile) तथा शतमक कोटि (percentile rank) में समानता होते हुए भी विभिन्नता है।

सहसंबंध विधियाँ
(Correlation Methods)

सहसंबंध का अर्थ (Meaning of correlation)—साधारणतः सहसंबंध से तात्पर्य दो वस्तुओं या घटनाओं के बीच साहचर्य (association) से होता है। सांख्यिकी में सहसंबंध का अर्थ दो चरों या परीक्षणों पर के प्राप्तांकों (scores) में निहित आपसी संबंध से होता है। अतः, यह कहा जा सकता है कि सहसंबंध वह गुणांक होता है जो हमें यह बतलाता है कि कहाँ तक दो वस्तुएँ आपस में संबंधित हैं तथा कहाँ तक एक में किए गए परिवर्तन दूसरे में किए गए परिवर्तन के अनुरूप होते हैं। जैसे, प्रायः हम देखते हैं कि जैसे-जैसे बच्चों की आयु में वृद्धि होती है, वैसे-वैसे उसकी मानसिक परिपक्वता में भी वृद्धि होती जाती है। इस उदाहरण में आयु तथा मानसिक परिपक्वता में एक खास तरह के संबंध को दर्शाया गया है जिसे मनोवैज्ञानिक सांख्यिकी में सहसंबंध (correlation) की संज्ञा दी जाती है। दो चरों के बीच के सहसंबंध गुणांक (correlation coefficient) को 0.00 से ± 1.00 तक में व्यक्त किया जाता है।

सहसंबंध के प्रकार (Types of correlation)—सामान्य सांख्यिकी में सहसंबंध के तीन प्रकार बताए गए हैं—

(i) धनात्मक सहसंबंध (Positive correlation)

(ii) ऋणात्मक सहसंबंध (Negative correlation)

(iii) शून्य सहसंबंध (Zero correlation)

(i) धनात्मक सहसंबंध (Positive correlation)—जब दो चरों के बीच सहसंबंध ऐसा होता है कि एक में किसी तरह का परिवर्तन होने से दूसरे में भी ठीक उसी ढंग का परिवर्तन हो जाता है, तो उसे धनात्मक सहसंबंध कहा जाता है। जैसे, बच्चों की आयु में वृद्धि होने के साथ-ही-साथ उसकी बौद्धिक स्तर में वृद्धि होना, एक धनात्मक सहसंबंध का उदाहरण है। धनात्मक सहसंबंध की अभिव्यक्ति 0.01 से 0.99 तक तथा पूर्ण धनात्मक सहसंबंध (perfect positive correlation) होने पर 1.00 से उसकी अभिव्यक्ति होती है।

(ii) ऋणात्मक सहसंबंध (Negative correlation)—जब दो चरों के बीच सहसंबंध ऐसा होता है कि एक में होनेवाला परिवर्तन दूसरे में हुए परिवर्तन के ठीक विपरीत होता है, तो इस तरह के सहसंबंध को ऋणात्मक सहसंबंध कहा जाता है। जैसे, थकान में वृद्धि होने से व्यक्ति की कार्यक्षमता में कमी आ जाती है। बाजार में वस्तुओं की आपूर्ति सामान्यतः कम होने पर उसकी कीमत में वृद्धि आ जाती है। इन उदाहरणों में हम देखते हैं कि एक चर में जब वृद्धि होती है तो दूसरे चर में कमी आ जाती है। इस तरह के सहसंबंध को ऋणात्मक सहसंबंध कहा जाता है जिसकी अभिव्यक्ति में ऋण (minus) का चिह्न लगता है तथा –0.01 से –0.99 के रूप में तथा पूर्ण ऋणात्मक सहसंबंध होने पर –1.00 के रूप में अभिव्यक्ति की जाती है।

(iii) शून्य सहसंबंध (Zero correlation)—जब दो चरों के बीच किसी प्रकार का कोई संगत सहसंबंध (consistent correlation) नहीं होता है, तो इस तरह के सहसंबंध को शून्य सहसंबंध कहा जाता है। इसकी अभिव्यक्ति 0.00 से होती है।

स्पष्ट हुआ कि सहसंबंध के कई प्रकार होते हैं। इनमें से मनोवैज्ञानिक शोधों में चरों के बीच प्रायः धनात्मक सहसंबंध तथा ऋणात्मक सहसंबंध के उदाहरण देखने को मिलते हैं।

सहसंबंध की कई विधियाँ (methods) हैं जिनमें **पीयरसन आर** (Pearson r) या **गुणन-आघूर्ण सहसंबंध** तथा **स्पीयरमैन कोटि-अंतर विधि** (Spearman rank-difference method) की चर्चा यहाँ विशेष रूप से की जाएगी।

गुणन-आघूर्ण सहसंबंध
(Product-Moment Correlation)

गुणन-आघूर्ण सहसंबंध एक महत्त्वपूर्ण सहसंबंध है जिसका प्रतिपादन प्रो० कार्ल पीयरसन (Prof. Karl Pearson) द्वारा 1900 के लगभग में किया गया। इस विधि का संकेत अंग्रेजी का छोटा आर अक्षर, अर्थात r है। यही कारण है कि इसे **पीयरसन आर** (Pearson r) भी कहा जाता है। इस विधि द्वारा दो चरों या परीक्षणों पर आए प्राप्तांकों के बीच सहसंबंध ज्ञात किया जाता है जिसकी अभिव्यक्ति 0.00 से ± 1.00 के मान द्वारा की जाती है। इस विधि द्वारा व्यवस्थित (grouped) तथा अव्यवस्थित (ungrouped), दोनों तरह के आँकड़ों से सहसंबंध ज्ञात किया जाता है। ऐसे तो r ज्ञात करने के कई सूत्र हैं, परंतु, सबसे सामान्य एवं महत्त्वपूर्ण सूत्र निम्नांकित हैं—

$$r = \frac{\frac{\Sigma x'y'}{N} - C_x C_y}{S'_x S'_y}, \qquad \textbf{(सूत्र 25)}$$

यहाँ r = पीयरसन आर (Pearson r)

$x' = X$ परीक्षण पर प्राप्तांकों का कल्पित माध्य (assumed mean) से विचलन (deviation)

$y' = Y$ परीक्षण पर प्राप्तांकों का कल्पित माध्य से विचलन

N = आवृत्तियों का योग

$S'_x = X$ परीक्षण पर प्राप्तांकों का मानक विचलन (standard deviation)

$S'_y = Y$ परीक्षण पर प्राप्तांकों का मानक विचलन (standard deviation)

$C_x = X$ परीक्षण के प्राप्तांकों की त्रुटि (correction)

$C_y = Y$ परीक्षण के प्राप्तांकों की शुद्धि

अगले पृष्ठ पर 12 छात्रों का प्राप्तांक X तथा Y परीक्षण पर दिया गया है तथा इससे r ज्ञात करके भी दिखाया गया है—

तालिका 16—पीयरसन आर का परिकलन

X	Y	x'	y'	x'^2	y'^2	$x'y'$
10	8	–9	–12	81	144	108
16	15	–3	–5	9	25	15
14	12	–5	–8	25	64	40
19	18	0	–2	0	4	0
12	16	–7	–4	49	16	28
17	19	–2	–1	4	1	2
20	22	1	2	1	4	2
24	25	5	5	25	25	25
26	28	7	8	49	64	56
18	30	–1	10	1	100	–10
33	24	14	4	196	16	56
26	28	7	8	49	64	56
$\Sigma X = 235$	$\Sigma Y = 245$			$\Sigma x'^2 = 489$	$\Sigma y'^2 = 527$	388
						–10
						$\Sigma x'y' = 378$

$$\overline{X}_X = \frac{\Sigma X}{N} = \frac{235}{12} = 19.6$$

कल्पित माध्य (assumed mean) $A\overline{X}_x = 19$

$$\overline{X}_Y = \frac{\Sigma Y}{N} = \frac{245}{12} = 20.4$$

कल्पित माध्य (assumed mean) $A\overline{X}_y = 20$

$$C_X = \overline{X}_X - A\overline{X}_X = 19.6 - 19 = 0.6 \qquad \therefore C_X^2 = (0.6)^2 = 0.36$$

$$C_Y = \overline{X}_Y - A\overline{X}_Y = 20.4 - 20 = 0.4 \qquad \therefore C_Y^2 = (0.4)^2 = 0.16$$

अब X तथा Y परीक्षणों पर के प्राप्तांकों का मानक विचलन (standard deviation) इस प्रकार ज्ञात किया जाएगा—

$$S_{x'} = \sqrt{\frac{\Sigma x'^2 - C_X^2}{N}}$$

$$= \sqrt{\frac{489}{12} - 0.36}$$

$$= \sqrt{40.75 - 0.36} = \sqrt{40.39} = 6.35$$

$$S_{Y'} = \sqrt{\frac{\Sigma y'^2}{N} - C_Y^2}$$

$$= \sqrt{\frac{527}{12} - 0.16}$$

$$= \sqrt{43.92 - 0.16} = \sqrt{43.76} = 6.61$$

$$r = \frac{\frac{\Sigma x'y'}{N} - C_x C_y}{S_x S_{y'}}$$

$$= \frac{\frac{378}{12} - (0.60)(0.40)}{6.35 \times 6.61}$$

$$= \frac{31.5 - 0.24}{41.97}$$

$$= \frac{31.26}{41.97} = 0.744 = 0.74;$$ **उत्तर।**

$$df = N - 2 = 12 - 2 = 10. \qquad (P < 0.01)$$

***r* ज्ञात करने में निहित कदम** (Steps involved in calculating *r*) — उपर्युक्त अव्यवस्थित आँकड़ों (ungrouped data) से *r* ज्ञात करने में निम्नांकित चरण सम्मिलित हैं—

(i) *X* तथा *Y* परीक्षण पर दिए गए प्राप्तांकों का अलग-अलग योग ज्ञात किया जाता है। *X* प्राप्तांकों का योग 235 तथा *Y* प्राप्तांकों का योग 245 आया है।

(ii) *X* प्राप्तांकों का माध्य (mean) तथा *Y* प्राप्तांकों का माध्य ज्ञात किया जाता है। *X* प्राप्तांकों का माध्य 19.6 तथा *Y* प्राप्तांकों का 20.4 आया है।

(iii) वास्तविक माध्य में से एक ऐसा सुविधाजनक मान (value) को घटा लिया जाता है जिससे आगे परिकलन करने में कुछ सुविधा हो। जैसे *X* परीक्षण के वास्तविक माध्य का मान 19.6 है जिससे 0.6 घटा लिया गया है। घटने के बाद माध्य का जो मान आया उसे कल्पित माध्य (assumed mean) कहा जाता है। अतः, *X* प्राप्तांकों का कल्पित माध्य 19 है। उसी तरह *Y* प्राप्तांकों का कल्पित माध्य 20 रखा गया है, क्योंकि वास्तविक माध्य 20.4 है जिससे 0.4 घटा लिया गया है।

(iv) *X* प्राप्तांकों का कल्पित माध्य, अर्थात 19 से तथा *Y* प्राप्तांकों का कल्पित माध्य अर्थात 20 से विचलन (deviation) ज्ञात किया गया है। प्रत्येक प्राप्तांक में से कल्पित माध्य के मान को घटाकर विचलन ज्ञात किया गया है, जिसे x' तथा y' के कॉलम में लिखा गया है। जैसे *X* परीक्षण में सबसे ऊपर का प्राप्तांक 10 तथा कल्पित माध्य 19 है। अतः, 10 – 19 = –9 इसका

विचलन हुआ। उसी तरह Y परीक्षण में सबसे ऊपर का प्राप्तांक 8 है तथा कल्पित माध्य 20 है। अतः, $8-20=-12$ इसका विचलन हुआ। इसी तरह से अन्य सभी प्राप्तांकों का विचलन ज्ञात किया गया है।

(v) x' तथा y' के विचलनों का वर्ग करके कॉलम x'^2 तथा y'^2 में लिखा गया है।

(vi) x' तथा y' के मान को गुणा करके $x'y'$ कॉलम में लिखा गया है। जैसे x' के -9 तथा y' के -12 को गुणा करने पर 108 आता है, जिसें $x'y'$ कॉलम में लिखा गया है।

(vii) x'^2, y'^2 तथा $x'y'$ कॉलमों को अलग-अलग जोड़ा गया है। $\Sigma x'^2 = 489, \Sigma y'^2 = 527$ तथा $\Sigma x'y' = 378$ आया है।

(viii) इसके बाद सूत्र के अनुसार X का मानक विचलन ($S_{X'}$) तथा Y का मानक विचलन ($S_{Y'}$) ज्ञात किया गया है।

(ix) अंत में r के सूत्र में $\Sigma x'y', C_X, C_Y$ तथा $S_{X'}$ तथा $S_{Y'}$ के मान को रखकर उसका समाधान किया गया है जो 0.75 आया है।

(x) प्राप्त r की सार्थकता की व्याख्या करने के लिए $df = N-2 = 12-2 = 10$ से ज्ञात किया गया है। इस df पर प्राप्त r का मान सार्थकता के 0.01 स्तर पर सार्थक पाया गया है $(P < 0.01)$। अतः, अंतिम निष्कर्ष यह हुआ कि X तथा Y परीक्षण के प्राप्तांकों के बीच वास्तविक सहसंबंध है।

स्पीयरमैन कोटि-अंतर सहसंबंध
(Spearman Rank-Difference Correlation)

जब दो चरों के बीच में ऐसे प्रतिदर्श (sample) का सहसंबंध ज्ञात करना होता है जिसमें $N < 30$ होता है, तथा जब आँकड़े कोटि (rank) में दिए गए हों या यदि प्राप्तांक में हों और उन्हें कोटि में बदलना संभव हो, तो ऐसी परिस्थिति में स्पीयरमैन द्वारा प्रतिपादित विधि से सहसंबंध ज्ञात किया जाता है तथा इसे स्पीयरमैन कोटि-अंतर सहसंबंध विधि (Spearman rank-difference correlation method) कहा जाता है। उसका संकेत (symbol) r_ρ है जिसे 'आर सब रो' (r sub rho) पढ़ा जाता है। r_ρ ज्ञात करने का सूत्र इस प्रकार है—

$$r_\rho = 1 - \frac{6\Sigma D^2}{N(N^2-1)}, \qquad \textbf{(सूत्र 26)}$$

r_ρ = आर सब रो (r sub rho)

D = X तथा Y परीक्षण की कोटि का अंतर (difference)

N = प्रतिदर्श में व्यक्तियों की संख्या (number)

तालिका 17 से r_ρ ज्ञात करने का एक उदाहरण दिया गया है। इस तालिका में 10 छात्रों का बुद्धि परीक्षण तथा उपलब्धि परीक्षण (achievement test) के प्राप्तांकों को दिखलाया गया है। बुद्धि परीक्षकों तथा उपलब्धि परीक्षण को Y के रूप में दिखाया गया है—

तालिका 17—स्पीयरमैन कोटि-अंतर सहसंबंध का परिकलन

X	Y	R_1	R_2	D	D^2
10	19	8	4	4	16
14	27	6	2	4	16
18	26	3.5	3	0.5	0.25
9	30	10	1	9	81
28	10	1	10	9	81
27	18	2	5	3	9
12	15	7	8	1	1
10	16	9	6.5	3.5	12.25
16	14	5	9	4	16
18	16	3.51	6.5	3	9
					$\Sigma D^2 = 241.5$

उपर्युक्त तालिका से r_ρ ज्ञात इस प्रकार किया जाएगा—

$$r_\rho = 1 - \frac{6\Sigma D^2}{N(N^2-1)}$$

$$= 1 - \frac{6 \times 241.5}{10(10^2-1)}$$

$$= 1 - \frac{1449}{10 \times 99} = 1 - \frac{1449}{990} = 1 - 1.463 = -0.463;$$ **उत्तर**।

व्याख्या : $N = 10$ पर प्राप्त r_ρ सार्थक नहीं है।

r_ρ ज्ञात करने में निहित कदम (Steps involved in the calculation of r_ρ)—(i) X तथा Y परीक्षण पर दिए गए प्राप्तांकों को पहले अलग-अलग कोटिबद्ध (ranking) कर लिया जाता है। यदि आँकड़े पहले से ही कोटि में हों, तो इस चरण की आवश्यकता नहीं होती है।

(ii) सामान्यतः सबसे अधिक प्राप्तांक (highest score) को कोटि 1, उसके बाद वाले प्राप्तांक को कोटि 2 देते हुए कोटिबद्धता का काम किया जाता है। X परीक्षण के प्राप्तांकों में सबसे अधिक 28 का प्राप्तांक है जिसे कोटि 1 दिया गया है, उसके बाद 27 का प्राप्तांक है, जिसे कोटि 2 दिया गया है तथा उसके बाद फिर प्राप्तांक 18 है जिसकी संख्या वितरण में दो है। अब प्रश्न यह उठता है कि यहाँ प्राप्तांक 18 दो हैं जिनमें से किसे कोटि 3 तथा किसे कोटि 4 दिया जाए। ऐसी अवस्था में हम औसत कोटि (average rank) दोनों प्राप्तांकों को

देते हैं। यहाँ औसत कोटि $\frac{3+4}{2} = \frac{7}{2} = 3.5$ होता है। यही कारण है कि दोनों 18 प्राप्तांकों को कोटि 3.5 दिया गया है। इस तरह की कोटि को अंतर्बद्ध कोटि (tied rank) कहा जाता है। Y परीक्षण पर भी कोटि 6.5 एक अंतर्बद्ध कोटि का उदाहरण है। अंतर्बद्ध कोटि के बाद प्राप्तांकों को मिलनेवाली कोटि अंतर्बद्ध कोटि के अंतिम कोटि के बाद वाली कोटि होती है। जैसे, दोनों 18 प्राप्तांकों को 3.5 की कोटि देने के बाद अब अगला प्राप्तांक अर्थात 16 को 5वाँ कोटि का स्थान दिया गया है।

(iii) X तथा Y परीक्षण के प्राप्तांकों की कोटिबद्धता (ranking) कर लेने के बाद उन दोनों कोटियों का अंतर (difference) ज्ञात करके D वाले कॉलम में लिखा जाता है। अंतर ज्ञात करते समय ज्यादा में से कम को घटा लिया जाता है तथा उसके चिह्न को कोई महत्त्व नहीं दिया जाता है।

(iv) उसके बाद D कॉलम के प्रत्येक अंतर (difference) अंक का वर्ग (square) कर दिया जाता है। जैसे, पहला अंतर अंक 4 है जिसका वर्ग $4 \times 4 = 16$ हुआ। इसी तरह सभी अंकों के वर्गों को ज्ञात करके उनका योग (sum) ज्ञात किया गया है जिसे ΣD^2 से दिखलाया गया है। ΣD^2 का मान 24.5 आया है।

(v) अंत में सूत्रानुसार r_ρ का मान ज्ञात किया गया है जो -0.463 आता है। उसे $N = 10$ पर प्रसंभाव्यता तालिका (probability table) में देखने से सार्थक नहीं पाया गया है।

अध्याय-सारांश
[Chapter Summary]

1. सांख्यिकी एक ऐसी वैज्ञानिक कार्यविधि की शाखा है जिसके माध्यम से संख्यात्मक आँकड़ों का संग्रहण, वर्गीकरण, वर्णन एवं व्याख्या की जाती है।
2. सांख्यिकी की कुछ उपयोगिताएँ एवं सीमाएँ हैं।
3. वर्णनात्मक सांख्यिकी (descriptive statistics) तथा आनुमानिक सांख्यिकी (inferential statistics) सांख्यिकी के दो मुख्य प्रकार हैं।
4. संतत चर (continuous variable) तथा असतत चर (discrete variable) चर के दो प्रमुख प्रकार हैं।
5. दिए गए आँकड़ों या प्राप्तांकों के आधार पर जब उन्हें एक ऐसी तालिका में दिखाया जाता है जिसमें वर्गांतर के साथ-साथ आवृत्तियाँ (frequencies) भी हों, तो उसे बारंबारता वितरण तालिका कहा जाता है।
6. आवृत्ति बहुभुज (frequency polygon), आयतचित्र (histogram), संचयी आवृत्ति चक्र (cumulative frequency curve) तथा तोरण (ogive) चार ऐसी प्रविधियाँ हैं जिनके माध्यम से आँकड़ों को आलेख पर दिखलाया गया है।
7. केंद्रीय प्रवृत्ति के तीन प्रमुख माप (measures) हैं— माध्य (mean), माध्यिका (median) तथा बहुलक (mode)।

8. परिवर्तनशीलता (variability) के पाँच प्रमुख माप हैं—प्रसार (range), चतुर्थक विचलन (quartile deviation), मानक विचलन (standard deviation), औसत विचलन (average deviation) तथा प्रसारण।

9. शतमक (percentile) तथा शतमक कोटि (percentile rank) दो महत्त्वपूर्ण सामान्य सांख्यिकी हैं जिनका उपयोग शिक्षा तथा मनोविज्ञान में काफी होता है।

10. सहसंबंध ज्ञात करने की दो प्रमुख विधियाँ हैं—पीयरसन आर (Pearson *r*) तथा स्पीयरमैन कोटि-अंतर सहसंबंध (Spearman rank-difference method)।

❑

महत्त्वपूर्ण प्रश्न

[IMPORTANT QUESTIONS]

अध्याय 1

विषय-प्रवेश

(Introduction)

1. मनोविज्ञान तथा शिक्षा का अर्थ स्पष्ट करें तथा दोनों के संबंधों पर प्रकाश डालें।

Explain the meaning of psychology and education and throw light on their relationship.

2. शिक्षा मनोविज्ञान की परिभाषा दें तथा उसके प्रमुख उद्देश्यों का वर्णन करें।

Define educational psychology and discuss its major aims.

3. शिक्षा मनोविज्ञान के इतिहास पर संक्षेप में प्रकाश डालें।

Throw light in brief upon the history of educational psychology.

4. शिक्षा मनोविज्ञान के कार्यक्षेत्र का वर्णन करें।

Describe the scope of educational psychology.

5. शिक्षा मनोविज्ञान के विषय-वस्तु का विवरण प्रस्तुत करें।

Present an account of the subject matter of educational psychology.

6. शिक्षा मनोविज्ञान के विषय-वस्तु एवं महत्त्व की विवेचना करें।

Describe the subject matter and significance of educational psychology.

अध्याय 2

शिक्षा मनोविज्ञान की विधियाँ

(Methods of Educational Psychology)

1. शिक्षा मनोविज्ञान में प्रयोगात्मक विधि के महत्त्व पर प्रकाश डालें। इसके गुण एवं सीमाओं का भी वर्णन करें।

Throw light on the role of experimental method in educational psychology. Describe its merits and limitations.

2. शिक्षा मनोविज्ञान में वस्तुनिष्ठ प्रेक्षण विधि के गुण एवं सीमाओं पर प्रकाश डालें।

Throw light on the merits and limitations of objective observation method.

3. सहसंबंधात्मक विधि क्या है? इसके गुण एवं सीमाओं पर प्रकाश डालें।

What is correlational method? Throw light upon its merits and limitations.

4. शिक्षा मनोविज्ञान में मनोदैहिक विधियों के गुण एवं सीमाओं पर प्रकाश डालें।

Throw light upon merits and limitations of psychophysical method in educational psychology.

5. रेटिंग विधि क्या है? इसके गुण एवं दोषों का वर्णन करते हुए इसकी शैक्षिक उपयोगिताओं पर प्रकाश डालें।

What is rating method? Describing its merits and demerits, throw light upon its educational utilities.

6. कोटि विधि क्या है? इसके प्रमुख गुण एवं दोषों का वर्णन करें।

What is ranking method? Describe its merits and demerits.

7. साक्षात्कार विधि क्या है? इसके प्रमुख गुण एवं दोषों का वर्णन करें।

What is interview method? Describe its major advantages and limitations.

8. प्रश्नावली विधि क्या है? इसके प्रमुख गुण एवं दोषों का वर्णन करें।

What is questionnaire method? Describe its merits and demerits.

9. कालानुक्रम विधि तथा अनुप्रस्थ-काट विधि का तुलनात्मक अध्ययन करें।

Make a comparative study of longitudinal method and cross-sectional method.

अध्याय 3

मनोविज्ञान के स्कूल का शिक्षा में योगदान
(Contributions of the Schools of Psychology to Education)

1. शिक्षा में संरचनावादियों द्वारा किए गए प्रमुख योगदानों की व्याख्या करें।

Explain the major contributions of structuralists in education.

2. कार्यवादियों द्वारा शिक्षा में किए गए योगदानों का वर्णन करें।

Describe the contributions of functionalists in education.

3. शिक्षा मनोविज्ञान तथा शिक्षा में ई॰ एल॰ थॉर्नडाइक के योगदानों की विवेचना करें।

Describe the contributions of E L Thorndike to education and educational psychology.

4. शिक्षा में व्यवहारवादियों के योगदान की समीक्षा करें।

Review the contributions of behaviourists in education.

5. शिक्षा में बी॰ एफ॰ स्कीन्नर के योगदानों का वर्णन करें।

Describe the contributions of B F Skinner in education.

6. "बालकों का प्रथम पाँच साल व्यक्तित्व की निर्णायक अवधि होती है।" साबित करें।

"The first five years of children are the critical period of personality." Prove it.

7. शिक्षा में मनोविश्लेषण द्वारा किए गए योगदानों की समीक्षा करें।

Review the contributions made by psychoanalysis to education.

8. शिक्षा में हॉरमिक मनोविज्ञान के योगदानों की विवेचना करें।

Explain the contributions of Hormic Psychology to education.

अध्याय 4

आनुवंशिकता तथा वातावरण
(Heredity and Environment)

1. बालकों के विकास एवं वर्द्धन में आनुवंशिकता तथा वातावरण के महत्त्व पर प्रकाश डालें।

Throw light upon the importance of heredity and environment in the development and growth of children.

2. शिक्षक के लिए आनुवंशिकता और वातावरण में अधिक महत्त्वपूर्ण कौन है? कारणसहित उत्तर दें।

Which is more important for a teacher—heredity or environment? Answer with appropriate reasons.

3. निम्नलिखित पर संक्षिप्त नोट लिखें—

Write short notes on the following:

(क) आनुवंशिकता के नियम (Law of heredity)

(ख) मूल आनुवंशिक सिद्धांत (Basic genetic principles)

(ग) वातावरण का बालकों की शिक्षा के लिए महत्त्व (Importance of environment for education of children)

अध्याय 5

शारीरिक विकास तथा क्रियात्मक विकास
(Physical Development and Motor Development)

1. विकास तथा परिपक्वन में अंतर बताएँ। विकास के प्रमुख नियमों की विवेचना करें।

Distinguish between development and maturation. Describe the major principles of development.

2. विकास के नियम की शैक्षिक उपयोगिताओं पर प्रकाश डालें।

Throw light upon the educational utilities of the principles of development.

3. क्रियात्मक विकास के प्रमुख नियमों का वर्णन करें। इन नियमों का शैक्षिक आशय बताएँ।

Describe the major principles of motor development. Explain the educational implication of these principles.

4. विकास की प्रमुख अवस्थाओं का वर्णन करें। उत्तर बाल्यावस्था में होनेवाले प्रमुख विकासों का वर्णन करें।

Describe the major stages of development. Describe the developments taking place during later childhood.

5. शिक्षा के लिए विकासात्मक पाठ का औचित्य बताएँ। प्रारंभिक बाल्यावस्था, उत्तर बाल्यावस्था तथा किशोरावस्था के प्रमुख विकासात्मक पाठों का वर्णन करें।

Give the rationale of developmental task for education. Describe the major developmental tasks of early childhood, later childhood and adolescence.

6. क्रियात्मक विकास के मुख्य नियमों का वर्णन करें।

Describe the main principles of motor development.

7. समाज में मानव जीवन की प्रवृत्ति एवं विकास के सिद्धांतों का वर्णन करें।

Discuss the nature and principles of development of human life in society.

अध्याय 6

संवेगात्मक विकास तथा सामाजिक विकास

(Emotional Development and Social Development)

1. सांवेगिक विकास से आप क्या समझते हैं? बालकों में प्रारंभिक सांवेगिक विकास के पैटर्न की विवेचना करें।

What do you mean by emotional development? Discuss the patterns of early emotional development in children.

2. प्रारंभिक बाल्यावस्था में सांवेगिक विकास का वर्णन करें और उसके शैक्षिक महत्त्व बताएँ।

Discuss the emotional development in early childhood and point out its educational significance.

3. उत्तरबाल्यावस्था में सांवेगिक विकास का वर्णन करें और उसके शैक्षिक महत्त्व पर प्रकाश डालें।

Describe the emotional development in later childhood and throw light upon its educational significance.

4. किशोरावस्था में सांवेगिक विकास का वर्णन करें और उसके शैक्षिक महत्त्व पर प्रकाश डालें।

Describe emotional development in adolescence and throw light upon its educational significance.

5. बालकों में सांवेगिक तनाव के सामान्य कारणों का वर्णन करें। इस संदर्भ में शिक्षार्थियों पर संवेगात्मकता के पड़नेवाले प्रभाव का वर्णन करें।

Describe the common causes of emotional tension in children. In this context, describe these effects of emotionality upon learners.

6. बालकों में सांवेगिक विकास की समस्याओं से निबटने का एक कार्यक्रम तैयार करें।

Suggest a programme for handling problems of emotional development among children.

7. सामाजिक विकास से आप क्या समझते हैं? प्रारंभिक सामाजिक अनुभूतियों के शैक्षिक महत्त्व पर प्रकाश डालें।

   What do you mean by social development? Throw light upon educational significance of early social experiences.

8. प्रारंभिक बाल्यावस्था में सामाजिक विकास के पैटर्न पर प्रकाश डालें।

   Throw light upon the pattern of social development in early childhood.

9. उत्तरबाल्यावस्था में सामाजिक विकास के पैटर्न की विवेचना करें।

   Explain the pattern of social deveolpment in later childhood.

10. किशोरावस्था में सामाजिक विकास के पैटर्न का वर्णन करें।

    Describe the pattern of social development in adolescence.

11. समाजीकरण के प्रमुख साधनों के महत्त्व का वर्णन करें। बालकों के समाजीकरण पर बढ़ती हुई जनसंख्या के प्रभाव का वर्णन करें।

    Describe the importance of major agencies of socialization. Also, discuss the impact of rising population upon the socialization of children.

12. बालकों के सामाजिक विकास को प्रभावित करनेवाले कारकों का वर्णन करें।

    Describe the factors that affect social development of children.

13. बालकों के सामाजिक विकास को उन्नत बनाने में शिक्षक के महत्त्व का वर्णन करें।

    Describe the importance of a teacher in promoting social development of children.

14. ब्रोनफेनब्रेन्नर के पारिस्थितिपरक सिद्धांत की आलोचनात्मक व्याख्या करें।

    Explain critically the Bronfenbrenner's ecological theory.

15. इरिक्सन द्वारा प्रतिपादित मनोसामाजिक सिद्धांत की आलोचनात्मक व्याख्या करें।

    Explain critically the Erikson theory of psychosocial development.

16. इरिक्सन के मनोसामाजिक सिद्धांत का शैक्षिक आशय बताएँ।

    Point out the educational implication of psychosocial theory of Erikson.

अध्याय 7

भाषा विकास

(Language Development)

1. भाषा विकास से आप क्या समझते हैं? प्राक्-भाषा विकास के प्रमुख चरणों का वर्णन करें।

   What do you mean by language development? Discuss the major steps of pre-speech development in children.

2. बालकों में भाषा विकास के मुख्य चरणों का वर्णन करें।

   Discuss the major steps of language development in children.

3. महत्त्वपूर्ण संगत उदाहरण देते हुए भाषा विकास के मुख्य क्रमों की विवेचना करें।
Citing important relevant examples, discuss the major sequences of language development.

4. बालकों में भाषा विकास को प्रभावित करनेवाले कारकों का वर्णन करें।
Describe the factors that influence language development among children.

5. भाषा विकास में शब्दावली निर्माण के विभिन्न प्रकारों का वर्णन करें।
Describe the different types of vocabulary building in language development.

6. संगत उदाहरण देते हुए भाषा विकास के विभिन्न साधनों के महत्त्व पर प्रकाश डालें।
Citing relevant examples, throw light upon the different means of language development.

7. बालकों के भाषा विकास के रास्ते में आनेवाली प्रमुख बाधाओं का वर्णन करें।
Describe the important hazards in the way of language development of children.

8. भाषा विकास में शिक्षा के महत्त्व पर प्रकाश डालें। उपयुक्त भाषा विकास का प्रयास करते समय शिक्षकों द्वारा ध्यान देनेवाले कारकों का उल्लेख करें।
Throw light upon the importance of education in language development. Point out the factors to be kept in mind while making efforts for appropriate language development.

अध्याय 8

मानसिक विकास तथा संज्ञानात्मक विकास
(Mental Development and Cognitive Development)

1. मानसिक विकास से आप क्या समझते हैं? मानसिक विकास की मुख्य विशेषताओं का वर्णन करें।
What do you mean by mental development? Describe the major characteristics of mental development.

2. संगत उदाहरण देते हुए मानसिक विकास की विभिन्न अवस्थाओं का वर्णन करें।
Citing relevant examples, discuss the different stages of mental development.

3. जिन्दगी के प्रथम पाँच सालों में मानसिक विकास की प्रमुख विशेषताओं का वर्णन करें।
Describe the major characteristics of mental development during the first five years of life.

4. प्रारंभिक बाल्यावस्था में मानसिक विकास की मुख्य विशेषताओं का वर्णन करें।
Describe the major characteristics of mental development during early childhood.

5. किशोरावस्था में मानसिक विकास की प्रमुख विशेषताओं का वर्णन करें।
Describe the major characteristics of mental development in adolescence.

6. उत्तरबाल्यावस्था में मानसिक विकास की प्रमुख विशेषताओं का वर्णन करें।

Describe the major characteristics of mental development in later childhood.

7. संज्ञानात्मक विकास से आप क्या समझते हैं? पियाजे के संज्ञानात्मक विकास सिद्धांत के शैक्षिक आशय का वर्णन करें।

What do you mean by cognitive development? Discuss the educational implication of Piaget's theory of cognitive development.

8. संज्ञानात्मक विकास की पियाजे के सिद्धांत एवं ब्रुनर के सिद्धांत का तुलनात्मक अध्ययन करें।

Make a comparative study of Piaget's theory of cognitive development and Bruner's theory of cognitive development.

9. संज्ञानात्मक विकास की पियाजे के सिद्धांत की आलोचनात्मक समीक्षा करें। इस सिद्धांत के शैक्षिक महत्त्व की विवेचना करें।

Examine critically Piaget's theory of cognitive development. Examine the educational significance of this theory.

10. किशोरावस्था में मानसिक विकास प्रक्रिया का वर्णन करें।

Discuss the process of mental development during adolescence.

11. ब्रुनर के संज्ञानात्मक सिद्धांत की आलोचनात्मक समीक्षा कीजिए।

Critically examine Bruner's theory of cognitive development.

12. वाइगोटस्की के संज्ञानात्मक विकास के सिद्धांत की आलोचनात्मक व्याख्या करें।

Explain critically Vygotsky's theory of cognitive development.

13. वाइगोटस्की के सिद्धांत का शैक्षिक आशय बताएँ।

Point out the educational implication of Vygotsky theory.

14. बच्चों के मन के सिद्धांत की व्याख्या करें।

Explain the theory of mind of children.

15. बच्चों के संज्ञानात्मक विकास के सूचना संसाधन उपागम का वर्णन करें।

Describe the information processing approach to cognitive development of children.

अध्याय 9

संप्रत्ययात्मक विकास

(Conceptual Development)

1. संप्रत्यय विकास से आप क्या समझते हैं? बालकों के संप्रत्यय विकास की मुख्य विशेषताओं का वर्णन करें।

What do you mean by concept development? Describe the chief characteristics of concept development among children.

2. बालकों में संप्रत्यय का विकास कैसे होता है? संगत उदाहरण दें।

   How do concepts develop among children? Cite relevant examples.

3. संगत उदाहरण देते हुए बालकों के कुछ सामान्य संप्रत्ययों के बारे में विवेचना करें।

   Citing relevant examples, discuss some of the common concepts of children.

4. बालकों में संप्रत्यय विकास को प्रभावित करनेवाले कारकों का वर्णन करें।

   Describe the factors that influence concept development in children.

5. निम्नलिखित पर संक्षिप्त नोट लिखें—

   Write short notes on the following:

   (क) संप्रत्यय विकास एवं शिक्षा (Concept development and education)

   (ख) समय संप्रत्यय, भार संप्रत्यय तथा संख्या संप्रत्यय का शैक्षिक आशय

   (Educational implication of time concept, weight concept and number concept)

अध्याय 10

नैतिक विकास
(Moral Development)

1. नैतिक विकास का अर्थ बताएँ। नैतिक व्यवहार के मनोवैश्लेषिक सिद्धांत का वर्णन करें।

   Give the meaning of moral development. Describe the psychoanalytic theory of moral behaviour.

2. नैतिक विकास के सामाजिक अधिगम सिद्धांत का सारांश बताएँ।

   Summarize the social learning theory of moral development.

3. जीन पियाजे के नैतिक विकास के सिद्धांत की आलोचनात्मक व्याख्या प्रस्तुत करें।

   Discuss critically the theory of moral development of Jean Piaget.

4. परायत्त नैतिकता का स्तर तथा स्वायत्त नैतिकता का स्तर में अंतर करें।

   Differentiate between level of heteronomous morality and level of autonomous morality.

5. लॉरेंस कोह्लबर्ग द्वारा प्रस्तावित नैतिक विकास के सिद्धांत की आलोचनात्मक समीक्षा करें।

   Review critically the theory of moral development as proposed by Lawrence Kohlberg.

6. निम्नलिखित पर संक्षिप्त टिप्पणी लिखें—

   Write short notes on the following:

   (क) प्राक्रूढ़िगत नैतिकता (Preconventional morality)

   (ख) रूढ़िगत नैतिकता (Conventional morality)

(ग) उत्तररूढ़िगत नैतिकता (Postconventional morality)

(घ) नैतिक व्यवहार की सहसंबंधता (Correlates of moral behaviour)

अध्याय 11

किशोरावस्था का मनोविज्ञान
(Psychology of Adolescence)

1. किशोरावस्था की मुख्य विशेषताओं का वर्णन करें। किशोरावस्था के बारे में प्रमुख भ्रांतियों का वर्णन करें।

Discuss the major characteristics of adolescence. Describe the major fallacies about adolescence.

2. किशोरावस्था के अध्ययन के शैक्षिक महत्त्व पर प्रकाश डालें।

Throw light upon the educational significance of the study of adolescence.

3. शिक्षा के दृष्टिकोण से किशोरावस्था के विभिन्न सिद्धांतों में कौन सबसे दुरुस्त दिखाई पड़ता है? अपने विचार की पुष्टि के लिए संगत उदाहरण प्रस्तुत करें।

Which of the different theories of adolescence looks more sound from the point of view of education? Cite relevant examples to illustrate your point of view.

4. किशोरावस्था की प्रमुख आवश्यकताओं का वर्णन करें। वे किस तरह किशोरों की शिक्षा से संबधित हैं?

Describe the major needs of adolescence. How are they related to the education of adolescents?

5. शिक्षा के दृष्टिकोण से किशोरावस्था की प्रमुख समस्याओं का वर्णन करें। उनके लिए निराकरण कार्यक्रम का सुझाव दें।

Discuss the major problems of adolescence from the point of view of education. Suggest a remedial programme for them.

6. किशोरावस्था की प्रमुख शैक्षिक एवं सामाजिक अभिरुचियों का वर्णन करें। वे किशोरों की शिक्षा को कैसे प्रभावित करते हैं?

Discuss the major educational and social interests of adolescence. How do they influence the education of an adolescence?

7. निम्नलिखित पर संक्षिप्त टिप्पणी लिखें—

Write short notes on the following:

(क) किशोरों की यौन शिक्षा (Sex education of adolescents)

(ख) किशोरों का विकासात्मक पाठ (Developmental task of adolescents)

8. किशोरावस्था के किसी एक सिद्धांत, जिसे आप अतिप्रासंगिक समझते हैं, का वर्णन करें।

Discuss any one theory of adolescence which you consider relevant.

अध्याय 12

सीखने में अभिप्रेरण तथा प्रोत्साहन
(Motivation and Incentive in Learning)

1. शिक्षकों द्वारा सामान्य रूप से बल डाले जानेवाले विभिन्न तरह के अभिप्रेरकों के शैक्षिक आशय का वर्णन करें।

   Describe the educational implication of different types of motives commonly emphasized by teachers.

2. कक्षा में शिक्षकों द्वारा बालकों के शिक्षण स्तर एवं शैक्षिक उपलब्धि को उन्नत बनाने में प्रमुख अभिप्रेरकों एवं प्रोत्साहन की भूमिका का वर्णन करें।

   Discuss the role of some of the major motives and incentives used by teachers in improving the level of learning and educational attainment in the classroom.

3. सीखने में आंतरिक अभिप्रेरण तथा बाह्य अभिप्रेरण के शैक्षिक महत्त्व बताएँ।

   Mention the educational importance of intrinsic motivation and extrinsic motivation in learning.

4. बालकों को कक्षा में शिक्षक द्वारा अभिप्रेरित करने के कुछ तर्कसंगत उपायों का वर्णन करें।

   Discuss some of the reasonable techniques adopted by a teacher in motivating children in the classroom.

5. संक्षिप्त टिप्पणी लिखें—

   Write short notes on:

   (क) आवश्यकता-अंतर्नोद-प्रोत्साहन सूत्र (Need-drive-incentive formula)

   (ख) कक्षा में अभिप्रेरण के कार्य (Functions of motives in the classroom)

   (ग) आंतरिक अभिप्रेरण (Intrinsic motivation)

   (घ) बाह्य अभिप्रेरण (Extrinsic motivation)

   (ङ) सीखने में पुरस्कार एवं दंड का महत्त्व (Importance of reward and punishment in learning)

अध्याय 13

सीखना
(Learning)

1. शिक्षा के दृष्टिकोण से सीखना की परिभाषा दें। सीखना तथा परिपक्वन में अंतर स्पष्ट करें।

   Define learning from the point of view of education. Differentiate between learning and maturation.

2. संगत उदाहरण देते हुए सीखना के मुख्य प्रकारों का वर्णन करें।

   Discuss, with relevant examples, the major types of learning.

3. प्रभावकारी सीखना की प्रमुख विधियों का वर्णन करें।

Describe the major methods of effective learning.

4. शिक्षा के दृष्टिकोण से सीखने के प्रमुख नियमों का वर्णन करें।

From the point of view of education, discuss the major laws of learning.

5. कक्षा में सीखने को प्रभावित करनेवाले कारकों का वर्णन करें।

Describe the factors that influence learning in a classroom.

6. थॉर्नडाइक द्वारा प्रतिपादित सीखने के प्रयत्न एवं भूल सिद्धांत के शैक्षिक आशय की जाँच करें।

Assess the educational implication of Thorndike's trial and error theory of learning.

7. शिक्षा के दृष्टिकोण से कोहलर एवं कोफ्का के सूझ के सिद्धांत की उपयोगिताओं पर प्रकाश डालें।

Throw light upon the utilities of Kohler and Koffka's theory of learning from the point of view of education.

8. शिक्षा के दृष्टिकोण से स्कीन्नर के सिद्धांत का वर्णन करें। किस तरह एक स्किनेरियन शिक्षक उस शिक्षक से भिन्न है जो क्लासिकी अनुबंधन के नियम को मानते हैं?

From the point of view of education, discuss Skinner's theory of learning. How is a Skinnerian teacher different from another teacher who follows the principles of classical condition?

9. ऊसूबेल एवं ब्रुनर के सीखने के सिद्धांतों का तुलनात्मक अध्ययन करें।

Make a comparative study of Ausubel's and Bruner's theory of learning.

10. शिक्षा के दृष्टिकोण से ऊसूबेल के सीखने के सिद्धांत का वर्णन करें। कक्षा में यह सिद्धांत शिक्षक को कैसे मदद करता है?

From the point of view of education, discuss Ausubel's theory of learning. How does this theory help a teacher in the classroom?

11. निम्नलिखित पर संक्षिप्त टिप्पणी लिखें—

Write short notes on the following:

(क) शिक्षण वक्र (Learning curve)

(ख) ब्रुनर के सीखने का सिद्धांत (Bruner's theory of learning)

(ग) अभिग्रहण सीखना तथा अन्वेषणात्मक सीखना (Receptive learning and discovery learning)

(घ) ऊसूबेल द्वारा प्रतिपादित आत्मसात के प्रकार (Ausubel's types of assimilation)

अध्याय 14

शैक्षिक प्रौद्योगिकी एवं कार्यक्रमित सीखना

(Educational Technology and Programmed Learning)

1. शैक्षिक प्रौद्योगिकी का क्या अर्थ होता है? शिक्षा के विभिन्न क्षेत्रों में इनके पड़नेवाले प्रभावों का वर्णन करें।

What is the meaning of educational technology? Discuss its impact upon different fields of education.

2. कार्यक्रमित सीखना के प्रति स्कीन्नर की विचारधारा का वर्णन करें। क्या कार्यक्रमित सीखना शिक्षण एवं अध्यापन की परंपरागत विधियों से प्रभावकारी है?

Discuss the Skinnerian approach towards programmed learning. Is programmed learning more effective than the traditional methods of learning and teaching?

3. कंप्यूटर-सहायता-प्राप्त निर्देश के लाभ एवं परिसीमाओं का वर्णन करें। यह किस तरह कार्यक्रमित सीखना पर एक सुधार है?

Discuss the advantages and limitations of computer-assisted instruction. How is it an improvement over programmed learning?

4. निर्देश के वैयक्तिक क्रम का अर्थ बताएँ। अध्यापन में इसकी उपयोगिताओं पर प्रकाश डालें।

Give the meaning of personalized system of instruction. Throw light upon its usefulness in the field of teaching.

अध्याय 15

प्रशिक्षण या सीखने का अंतरण

(Transfer of Training or Learning)

1. प्रशिक्षण या सीखने के अंतरण का अर्थ क्या है? प्रशिक्षण या सीखने के अंतरण के कुछ प्रमुख प्रकारों का वर्णन उसके शैक्षिक आशय के साथ करें।

What is meant by transfer of training or learning? Discuss some of the important types of transfer of training with their educational implications.

2. औपचारिक अनुशासन के सिद्धांत तथा समरूप तत्त्वों के सिद्धांत का तुलनात्मक अध्ययन करें। शिक्षा की दृष्टि से इन दोनों में कौन अधिक महत्त्वपूर्ण है?

Make a comparative study of theory of formal discipline and theory of identical elements. Which of the two is more important from the point of view of education?

3. जुड्ड द्वारा प्रतिपादित सामान्यीकरण के प्रमुख शैक्षिक आशय का वर्णन करें।

Describe the major educational implications of the theory of generalization put forward by Judd.

4. अंतरण के विभिन्न क्षेत्रों में किए गए प्रयोगों से अंतरण के सिद्धांतों के स्वरूप पर कैसा प्रभाव पड़ता है? इसके बारे में आप अपना निष्कर्ष दें।

What light do the various experiments of transfer in different fields throw on the nature of the theory of transfer? Give your own conclusion in this regard.

5. कक्षा में दी गई शिक्षा को बाहरी दुनिया में अंतरण के लिए उन्नत बनाने का एक कार्यक्रम तैयार करें।

Outline a programme for improving transfer of instruction from the classroom to the outside world.

6. निम्नलिखित पर संक्षिप्त टिप्पणी लिखें—

Write short notes on the following:

(क) पार्श्वीय अंतरण तथा द्विपार्श्वीय अंतरण (Lateral transfer and bilateral transfer)

(ख) अनुलम्ब अंतरण तथा समस्तर अंतरण (Vertical transfer and horizontal transfer)

(ग) धनात्मक अंतरण तथा ऋणात्मक अंतरण (Positive transfer and negative transfer)

अध्याय 16

स्मरण एवं विस्मरण
(Remembering and Forgetting)

1. स्मरण को परिभाषित करें। स्मरण के स्वरूप का वर्णन करें तथा शिक्षा के लिए उसकी संगतता का वर्णन करें।

Define remembering. Discuss the nature of remembering and its relevance for education.

2. शिक्षार्थी के धारण को प्रभावित करनेवाले कारकों का वर्णन करें।

Describe the factors that influence the retention of a learner.

3. शिक्षार्थी के धारण को मापने की विधियों का वर्णन करें। शिक्षा के दृष्टिकोण से उनमें कौन अधिक उपयुक्त है?

Discuss the methods of assessing retention of a learner. Which of them do you find most suitable from the point of view of education?

4. कक्षा में विस्मरण के मुख्य कारणों का वर्णन करें।

Discuss the major causes of forgetting in a classroom.

5. विस्मरण के बाधक या हस्तक्षेप सिद्धांत की आलोचनात्मक व्याख्या करें। उसके शैक्षिक आशय पर प्रकाश डालें।

Discuss critically the interference theory of forgetting. Throw light upon its educational implications.

6. विस्मरण के संज्ञानात्मक सिद्धांत की आलोचनात्मक व्याख्या करें। कक्षा में शिक्षण तथा अध्यापन के लिए उसके शैक्षिक आशय का वर्णन करें।

Discuss critically the cognitive theory of forgetting. Describe the educational implication for teaching and learning in a classroom.

7. शिक्षार्थी की स्मृति को उन्नत बनाने का एक कार्यक्रम तैयार करें।

Prepare a programme for improving the memory of a learner.

8. निम्नलिखित पर संक्षिप्त टिप्पणी लिखें—

Write short notes on:

(क) अच्छी स्मृति के चिह्न (Signs of a good memory)

(ख) PQRST विधि (PQRST method)

(ग) स्मरण का स्वरूप (Nature of remembering)

(घ) स्मृति सहायक प्रविधियाँ (Mnemonic devices)

अध्याय 17

परीक्षा एवं परीक्षण
(Examination and Test)

1. परीक्षा से आप क्या समझते हैं? शिक्षा के दृष्टिकोण से परीक्षा के महत्त्व पर प्रकाश डालें।

What do you mean by examination? Throw light upon the importance of examination from the point of view of education.

2. शिक्षा के लिए मौखिक परीक्षा के महत्त्व का वर्णन करें।

Discuss the importance of oral examination for education.

3. निबंधात्मक परीक्षा तथा वस्तुनिष्ठ परीक्षा का तुलनात्मक अध्ययन करें। क्या ये दोनों पद्धति एक-दूसरे के विरोधी हैं?

Make a comparative study of essay examination and objective examination. Are the two systems antagonistic to each other?

4. निबंधात्मक परीक्षा का आलोचनात्मक मूल्यांकन करें।

Critically evaluate essay examination.

5. वस्तुनिष्ठ परीक्षा के लाभ एवं परिसीमाओं का वर्णन करें।

Describe the advantages and limitations of objective examination.

6. छात्रों के निष्पादन की मूल्यांकन प्रविधि के रूप में उपलब्धि परीक्षण के महत्त्व की जाँच करें।

Assess the importance of achievement test as an appraisal tool of student's performance.

7. मनोवैज्ञानिक परीक्षण से आप क्या समझते हैं? मनोवैज्ञानिक परीक्षण के महत्त्व का वर्णन करें।

What do you mean by psychological test? Discuss the importance of psychological test.

8. मनोवैज्ञानिक तथा शैक्षिक परीक्षण के निर्माण में निहित सोपानों का वर्णन करें।

Describe the major steps in construction of a psychological and an educational test.

9. शिक्षा के दृष्टिकोण से परीक्षण का एक वर्गीकरण तैयार करें।

Prepare a classification of test from the point of view of education.

10. एक उत्तम मनोवैज्ञानिक एवं शैक्षिक परीक्षण की विशेषताओं का वर्णन करें।

Describe the characteristics of a good psychological and educational test.

11. परीक्षण की विश्वसनीयता से आप क्या समझते हैं? परीक्षण की विश्वसनीयता का आकलन कैसे किया जाता है?

What do you mean by reliability of a test? How is reliability of test estimated?

12. परीक्षण की वैधता से आप क्या समझते हैं? परीक्षण की वैधता के विभिन्न प्रकारों का वर्णन करें।

What do you mean by validity of a test? Describe the different types of validity of a test.

13. मानक को परिभाषित करें। मानक के प्रमुख प्रकारों का वर्णन करें।

Define norms. Describe the major types of norms.

14. निम्नलिखित पर संक्षिप्त टिप्पणी लिखें—

Write short notes on the following:

(क) मौखिक परीक्षा (Oral examination)

(ख) खुली-किताब परीक्षा (Open-book examination)

(ग) बंद-किताब परीक्षा (Closed-book examination)

(घ) विश्वसनीयता तथा वैधता का संबंध (Relation between reliability and validity)

15. निबंधात्मक परीक्षा के लाभ एवं सीमाओं की विवेचना करें। इसमें सुधार के उपाय सुझाएँ।

Discuss the advantanges and limitations of an essay examination. Suggest some measures to improve it.

अध्याय 18

उपलब्धि परीक्षण
(Achievement Test)

1. उपलब्धि परीक्षण को परिभाषित करें। उपलब्धि परीक्षण, बुद्धि परीक्षण तथा निपुणता परीक्षण में अंतर बताएँ।

Define achievement test. Differentiate between achievement test, intelligence test and proficiency test.

2. शिक्षा के दृष्टिकोण से उपलब्धि परीक्षण के महत्त्वपूर्ण प्रकारों पर प्रकाश डालें।
Throw light upon the important types of achievement test from the point of view of education.

3. उपलब्धि परीक्षण के प्रमुख उद्देश्यों का वर्णन करें। क्या वे शिक्षा के लिए अपरिहार्य हैं?
Discuss the major aims of achievement test. Are they indispensable to education?

अध्याय 19

व्यक्तित्व
(Personality)

1. व्यक्तित्व की परिभाषा दें। व्यक्तित्व के प्रकार सिद्धांत की विवेचना करें।
Define personality. Discuss the type theory of personality.

2. व्यक्तित्व के शीलगुण सिद्धांत की व्याख्या करें।
Explain the trait theory of personality.

3. व्यक्तित्व के प्रमुख सामाजिक निर्धारकों का वर्णन करें तथा उनके शैक्षिक आशय पर प्रकाश डालें।
Describe the major social determinants of personality and throw light upon their educational significance.

4. व्यक्तित्व के विकास के जैविक कारकों का वर्णन करें।
Describe the biological factors of development of personality.

5. व्यक्तित्व के मापन के लिए व्यक्तित्व इन्वेण्ट्री के महत्त्व की व्याख्या करें। कक्षा में छात्रों के व्यक्तित्व मापन से शिक्षक को क्या अतिरिक्त लाभ प्राप्त होता है?
Explain the importance of personality inventory for measurement of personality. What extra benefits does a teacher get in assessing the personality of students in a classroom?

6. किसी छात्र के व्यक्तित्व के मापन में प्रक्षेपी प्रविधि के महत्त्व की विवेचना करें।
Explain the importance of projective technique in measuring the personality of a student.

7. साक्षात्कार तथा रेटिंग मापनी के महत्त्व का वर्णन किसी छात्र के व्यक्तित्व के मापन में शिक्षा के दृष्टिकोण से करें।
Discuss the importance of interview and rating scale in assessment of the personality of a student from the point of view of education.

8. निम्नलिखित पर संक्षिप्त टिप्पणी लिखें—
Write short notes on the following:
(क) व्यक्तित्व के सांस्कृतिक निर्धारक (Cultural determinants of personality)

(ख) रोर्शाक परीक्षण (Rorschach test)

(ग) विषय-आत्मबोधन परीक्षण (Thematic Apperception Test or TAT)

अध्याय 20

अवधान, अभिरुचि एवं मनोवृत्ति

(Attention, Interest and Attitude)

1. शिक्षा के दृष्टिकोण से ध्यान के विभिन्न निर्धारकों के महत्त्व पर प्रकाश डालें।

From the point of view of education, throw light upon the importance of different conditions or determinants of attention.

2. अवधान के शैक्षिक महत्त्व उदाहरणसहित बताएँ।

Mention with examples the educational importance of attention.

3. स्कूल में छात्रों की अभिरुचि को प्रभावित करनेवाले कारकों का वर्णन करें।

Describe the factors that influence the interest of students in a school.

4. छात्रों की अभिरुचि की माप कैसे की जाती है? शिक्षा की दृष्टि में अभिरुचि की कौन विधि सबसे अधिक उपयुक्त है?

How is interest of students assessed? From the point of view of education, which method of interest is more appropriate?

5. शिक्षा में छात्रों की अभिरुचि कैसे उत्पन्न की जा सकती है? छात्रों की अस्वास्थ्यकर मनोवृत्ति को किस तरह परिवर्तित किया जा सकता है?

How can interest of students in education be created? How can the unhealthy attitudes of students be modified?

अध्याय 21

बुद्धि, अभिक्षमता एवं सर्जनात्मकता

(Intelligence, Aptitude and Creativity)

1. बुद्धि की परिभाषा दें। बुद्धि के महत्त्वपूर्ण प्रकारों का वर्णन करें।

Define intelligence. Describe the important types of intelligence.

2. शिक्षा में बुद्धि परीक्षणों की उपयोगिताओं का वर्णन करें।

Describe the utilities of intelligence tests in education.

3. बुद्धि की परिभाषा दें। इसे कैसे मापा जाता है?

Define intelligence. How is it measured?

4. स्पीयरमैन द्वारा प्रतिपादित बुद्धि के दो कारक सिद्धांत की आलोचनात्मक व्याख्या करें।

Critically discuss Spearman's two-factor theory of intelligence.

5. थर्स्टन द्वारा प्रतिपादित बुद्धि के समूह-कारक सिद्धांत की व्याख्या करें तथा उसकी शैक्षिक उपयोगिता का वर्णन करें।

Explain Thurstone's group-factor theory of intelligence and describe its educational utilities.

6. गिलफोर्ड के बुद्धि सिद्धांत के शैक्षिक आशय पर प्रकाश डालें।

Throw light upon the educational implication of Guilford's theory of intelligence.

7. पियाजे के बुद्धि सिद्धांत की आलोचनात्मक व्याख्या करें। इस सिद्धांत के शैक्षिक आशय बताएँ।

Critically discuss Piaget's theory of intelligence. Point out the educational significance of this theory.

8. छात्रों के बुद्धि के निर्धारण में आनुवंशिकता तथा वातावरण के सापेक्ष महत्त्व पर प्रकाश डालें।

Throw light upon the relative importance of heredity and environment in determining the intelligence of students.

9. छात्रों की अभिक्षमता के मापन पर एक लेख लिखें। इसका शिक्षा के लिए महत्त्व बताएँ।

Write an essay on the measurement of aptitude of students. Mention its importance for education.

10. कक्षा में सर्जनात्मकता के शिक्षण की विधियों का वर्णन करें।

Describe the ways through which creativity can be taught in a classroom.

11. सर्जनात्मकता को परिभाषित करें। सर्जनात्मकता को बढ़ाने में स्कूल तथा शिक्षक का महत्त्व बताएँ।

Define creativity. Discuss the importance of the school and the teacher in promoting creativity.

12. निम्नलिखित पर संक्षिप्त टिप्पणी लिखें—

Write short notes on the following:

(क) बुद्धिलब्धि (Intelligence quotient)

(ख) मानसिक आयु (Mental age)

(ग) बुद्धि तथा सर्जनात्मकता में संबंध (Relation between intelligence and creativity)

(घ) सर्जनात्मकता के तत्त्व (Elements of creativity)

(ङ) सर्जनात्मक चिंतक की विशेषताएँ (Characteristics of creative thinkers)

13. बुद्धि मापन के कुछ विशिष्ट परीक्षणों की विवेचना भारत में बने परीक्षणों के आलोक में करें।

Describe some important tests of intelligence with special reference to Indian tests.

अध्याय 22

चिंतन, कल्पना एवं तर्कणा

(Thinking, Imagination and Reasoning)

1. चिंतन की परिभाषा दें। चिंतन के प्रमुख प्रकारों का वर्णन करें तथा शिक्षा के लिए उसके महत्त्व पर प्रकाश डालें।

Define thinking. Discuss the important types of thinking and their relevance for education.

2. चिंतन के प्रमुख साधनों का वर्णन करें। किन तरीकों से वे बालकों की शिक्षा के लिए लाभदायक हैं?

Describe the major tools of thinking. In what ways are they useful for children's education?

3. शिक्षा में चिंतन के महत्त्व पर प्रकाश डालें। छात्रों में अच्छी किस्म का चिंतन कैसे उत्पन्न किया जा सकता है?

Throw light upon the importance of thinking in education. How can good thinking be cultivated in students?

4. कक्षा में छात्रों के समस्या-समाधान व्यवहार को प्रभावित करनेवाले कारकों का वर्णन करें।

Describe the factors that influence problem-solving behaviour of students in a classroom.

5. कल्पना की परिभाषा दें। कल्पना के विभिन्न प्रकारों का वर्णन करें।

Define imagination. Describe the different types of imagination.

6. बालक की शिक्षा के लिए कल्पना के महत्त्व पर प्रकाश डालें।

Throw light upon the importance of imagination for education of a child.

7. कुछ उदाहरणों के साथ उन कारकों का वर्णन करें जिनसे छात्रों में कल्पनाशक्ति प्रभावित होती है।

Discuss with examples the factors that influence the imaginative power of students.

8. तर्कणा की परिभाषा दें। तर्कणा में सम्मिलित महत्त्वपूर्ण कदमों की व्याख्या करें।

Define reasoning. Explain the important steps involved in reasoning.

9. तर्कणा के प्रमुख प्रकारों का वर्णन करें। छात्र की तर्कणा को उन्नत बनाने के प्रमुख उपायों का वर्णन करें।

Describe the major types of reasoning. Describe the measures for improving reasoning of a student.

10. निम्नलिखित पर संक्षिप्त टिप्पणी लिखें—

Write short notes on the following:

(क) चिंतन एवं कल्पना में अंतर (Distinction between thinking and imagination)

(ख) चिंतन के साधन (Tools of thinking)

(ग) परिणामवादी कल्पना तथा सौंदर्यबोधी कल्पना में अंतर (Distinction between pragmatic imagination and aesthetic imagination)

अध्याय 23

वैयक्तिक विभिन्नता एवं शिक्षा
(Individual Difference and Education)

1. वैयक्तिक विभिन्नता की परिभाषा दें। वैयक्तिक विभिन्नता की प्रमुख विशेषताओं का वर्णन करें।
Define individual difference. Describe the major characteristics of individual difference.

2. संगत उदाहरण देते हुए वैयक्तिक विभिन्नता के प्रमुख क्षेत्रों का वर्णन करें।
Citing relevant examples, discuss the major areas of individual difference.

3. छात्रों के बीच वैयक्तिक विभिन्नता का अध्ययन आप कैसे करेंगे? क्या ये विधियाँ प्रभावकारी हैं?
How will you study individual difference among students? Are these methods effective?

4. वैयक्तिक विभिन्नता के शैक्षिक महत्त्व की विवेचना करें।
Discuss educational importance of individual difference.

5. वैयक्तिक विभिन्नता की अध्ययन विधियों का वर्णन करें।
Discuss the methods of studying individual difference.

6. वैयक्तिक भेद के क्या कारण हैं? उन्हें दूर करने के उपाय बतलाएँ।
What are the causes of individual difference? Suggest measures to overcome them.

7. वैयक्तिक विभिन्नता के अध्ययन की मुख्य विधियों का वर्णन करें।
Describe the main methods of studying individual difference.

8. वैयक्तिक विभिन्नता के प्रमुख प्रकारों की व्याख्या करें।
Explain the different kinds of individual difference.

9. वैयक्तिक विभिन्नता की किन्हीं दो अध्ययन विधियों का वर्णन करें।
Describe any two methods of studying individual difference.

10. वैयक्तिक विभिन्नता के विभिन्न कारणों की विवेचना करें।
Discuss the different causes of individual difference.

अध्याय 24

विशिष्ट या असाधारण बालकों की शिक्षा एवं समायोजन

(Education and Adjustment of Exceptional Children)

1. विशिष्ट या असाधारण बालक की परिभाषा दें। शिक्षा के दृष्टिकोण से उसके प्रमुख प्रकारों का वर्णन करें।

Define an exceptional child. From the point of view of education, describe his important types.

2. किसी छात्र को असाधारण बालक की संज्ञा देने के संभावित लाभ एवं परिसीमाओं का वर्णन करें।

Describe the possible benefits and limitations of labelling a child as an exceptional child.

3. प्रतिभाशाली बालकों की शिक्षा के लिए एक उपयुक्त कार्यक्रम तैयार करें।

Prepare a suitable programme for the education of gifted children.

4. क्या सिर्फ बुद्धि के आधार पर मानसिक रूप से मंदित बालक की पहचान की जा सकती है? मानसिक रूप से मंद बालक के विभिन्न स्तर या प्रकार की व्याख्या करें और उनके शैक्षिक आशय पर प्रकाश डालें।

Can a mentally retarded child be identified solely on the basis of intelligence? Discuss the different levels or types of mentally retarded children and their educational implications.

5. दृष्टिहीन बालकों को शिक्षित करने का एक कार्यक्रम तैयार करें।

Prepare a programme for educating blind children.

6. भाषादोष से ग्रसित बालकों को शिक्षित करने का एक कार्यक्रम तैयार करें।

Prepare a programme for educating children having language defects.

7. श्रवणदोष से ग्रसित बालकों को शिक्षित करने का एक कार्यक्रम तैयार करें तथा उसकी शैक्षिक उपयोगिता बताएँ।

Prepare a programme for educating children with hearing impairment and mention its educational utilities.

8. मंद बुद्धि बालक से आप क्या समझते हैं? ऐसे बालकों की शिक्षा के लिए आप कौन-कौन-से उपायों का सुझाव देंगे?

What do you mean by mentally retarded children? What specific measures would you suggest for educating such children?

9. अपवादित बच्चों के विभिन्न प्रकारों की व्याख्या करें। ऐसे बच्चे सामान्य बच्चों से कैसे समायोजित करते हैं?

Discuss the various types of exceptional children. How do such children adjust with normal children?

10. शारीरिक रूप से विकलांग बालकों के शिक्षण के लिए एक उपयुक्त प्रोग्राम तैयार करें।

Outline a programme for educating physically handicapped children.

11. प्रतिभासंपन्न बालकों की शिक्षा के लिए एक उपयुक्त कार्यक्रम का सुझाव दें।

Suggest a suitable programme for educating gifted children.

12. मानसिक रूप से मंदित बालकों के समायोजन को उन्नत बनाने के तरीके बताएँ।

State the ways of enhancing adjustment for mentally retarded children.

13. विशिष्ट बालकों के प्रकारों का वर्णन करें।

Explain the types of exceptional children.

14. मानसिक रूप से दुर्बल बच्चों के समायोजन और शिक्षा की व्याख्या करें।

Explain the adjustment and education of mentally retarded children.

अध्याय 25

पिछड़े बालक, समस्या-बालक, अपराधी बालक एवं अलाभान्वित बालक की शिक्षा एवं समायोजन

(Education and Adjustment of Backward Child, Problem Child, Juvenile Delinquents and Disadvantaged Child)

1. पिछड़े बालक की परिभाषा दें। शिक्षा के दृष्टिकोण से बालकों के पिछड़ेपन के कारणों की व्याख्या करें।

Define a backward child. Discuss the major causes of backwardness of a child from the education point of view.

2. उदाहरण के साथ पिछड़े बालक की प्रमुख समस्या का वर्णन करें।

Discuss with examples the major problems of a backward child.

3. पिछड़े बालक की शिक्षा एवं समायोजन के लिए एक कार्यक्रम तैयार करें।

Prepare a programme for the education and adjustment of a backward child.

4. समस्या-बालक से आप क्या समझते हैं? समस्या-बालक की पहचान के कुछ तरीकों का वर्णन करें।

What do you mean by a problem child? Describe some of ways of identifying a problem child.

5. बालक के समस्या-व्यवहार के मुख्य कारणों पर प्रकाश डालें। ऐसे बालकों की शिक्षा का एक कार्यक्रम तैयार करें।

Throw light upon the major causes of problem behaviour in a child. Prepare a programme for educating such children.

6. अपराधी बालक को आप कैसे परिभाषित करेंगे? बाल-अपराध के प्रमुख प्रकारों का वर्णन करें। उसके शैक्षिक आशय का वर्णन करें।

How will you define a delinquent child? Discuss the major types of delinquency. Explain their educational implications.

7. बाल-अपराध के प्रमुख कारकों की व्याख्या करें। कक्षा में वे शिक्षकों के लिए कैसे सहायक होते हैं?

Discuss the major causes of delinquency. How are they helpful for teachers in a classroom?

8. अपराधी बालक को प्रशिक्षित करने तथा उसके उपचार करने के लिए एक कार्यक्रम तैयार करें।

Outline a programme for educating and treating a delinquent child.

9. बालकों में अपराध की रोकथाम करने में स्कूल के महत्त्व पर प्रकाश डालें।

Throw light upon the importance of schools in preventing and controlling delinquency in children.

10. अलाभान्वित बालक के अर्थ बताएँ। अलाभान्वन एवं वंचन के मनोवैज्ञानिक परिणामों की विवेचना करें।

Explain the meaning of a disadvantaged child. Discuss the psychological consequences of disadvantage and deprivation.

11. अलाभान्वित बालकों को शिक्षा देने के कार्यक्रम तैयार करें।

Outline a programme for educating disadvantaged children.

12. पिछड़े बालकों की शिक्षा की समस्या बताएँ। उनके उत्थान हेतु उपाय बताएँ।

Describe the problems of education of backward children. Suggest remedies for their upliftment.

13. पिछड़े बच्चों की कौन-कौन-सी विशेषताएँ हैं? छात्रों के पिछड़ेपन को दूर करने के लिए समुचित उपायों का सुझाव दें।

What are the characteristics of backward children? Suggest suitable measures for removing the backwardness of students.

14. अलाभान्वित बालकों की प्रमुख विशेषताओं का वर्णन करें। अलाभान्वित होने का मनोवैज्ञानिक परिणाम क्या है?

Describe the major characteristics of disadvantaged children. What are the psychological consequence of being disadvantaged?

15. पिछड़े बालकों की प्रमुख विशेषताओं एवं समस्याओं को स्पष्ट कीजिए।

Clarify the major characteristics and problems of backward children.

16. समस्या-बालक कौन है? समस्या-बालक की शिक्षा के उपाय बताएँ।

Who is a problem child? Mention the ways of educating a problem child.

अध्याय 26

निर्देशन, समायोजन एवं परामर्श
(Guidance, Adjustment and Counselling)

1. निर्देशन को परिभाषित करें। यह किस प्रकार परामर्श से भिन्न है? निर्देशन के प्रमुख प्रकारों का वर्णन करें तथा उनकी शैक्षिक उपयोगिताओं को बताएँ।

Define guidance. How does it differ from counselling? Describe the major types of guidance and point out their educational utilities.

2. शैक्षिक निर्देशन के महत्त्वपूर्ण उद्देश्यों का वर्णन करें।

Describe the important objectives of educational guidance.

3. शैक्षिक निर्देशन की जरूरत क्यों पड़ती है? शैक्षिक निर्देशन में शिक्षक एवं परामर्शदाता की भूमिका के महत्त्व का विवेचन करें।

Why is educational guidance needed? Discuss the importance of the role of a teacher and a counsellor in giving educational guidance.

4. शैक्षिक निर्देशन की प्रमुख विधियों का वर्णन करें। क्या वे संतोषजनक हैं?

Describe the major techniques of giving educational guidance. Are they satisfactory?

5. व्यावसायिक निर्देशन को परिभाषित करें। व्यावसायिक निर्देशन की आवश्यकताओं पर बल डालें।

Define vocational guidance. Emphasize upon the needs for vocational guidance.

6. व्यावसायिक निर्देशन के प्रमुख उद्देश्यों का वर्णन करें।

Describe the major aims of vocational guidance.

7. व्यावसायिक निर्देशन की प्रमुख प्रविधियों का वर्णन करें। उसके शैक्षिक महत्त्व भी बताएँ।

Describe the major techniques of vocational guidance. Describe their educational importance also.

8. वैयक्तिक निर्देशन से आप क्या समझते हैं? उन विभिन्न स्तरों का वर्णन करें जिनपर छात्रों को वैयक्तिक निर्देशन दिया जाता है।

What do you mean by personal guidance? Discuss the different levels at which personal guidance is given to students.

9. व्यावसायिक निर्देशन में स्कूल एवं पाठ्यक्रम के महत्त्व का वर्णन करें।

Describe the importance of school and curriculum in vocational guidance.

10. क्या निर्देशन एवं परामर्शन के संदर्भ में कोठारी शिक्षा आयोग द्वारा की गई सिफारिशें संतोषजनक हैं? स्कूल में निर्देशन एवं परामर्शन को उन्नत बनाने के लिए आप और अन्य क्या सुझाव देना पसंद करेंगे?

Are the recommendations of the Kothari Education Commission with respect to guidance and counselling satisfactory? What other suggestions do you prefer to give to improve guidance and counselling in schools?

11. परामर्शन क्या है? यह मार्गदर्शन से किस प्रकार भिन्न है?

What is counselling? How does it differ from guidance?

12. परामर्शन प्रक्रिया क्या है? परामर्शन प्रक्रिया में सम्मिलित मुख्य अवस्थाओं का वर्णन करें।

What is the counselling process? Describe the main phases or stages involved in the counselling process.

13. निर्देशन से आप क्या समझते हैं? शिक्षा निर्देशन के उद्देश्य की विवेचना करें।

What do you mean by guidance? Describe the objectives of educational guidance.

14. निर्देशन कार्यक्रम में एक शिक्षक की भूमिका का वर्णन करें।

Describe the role of a teacher in a guidance programme.

15. शैक्षिक निर्देशन के मुख्य उद्देश्यों एवं प्रविधियों की व्याख्या करें।

Discuss the major aims and techniques of educational guidance.

16. निर्देशन कार्यक्रम में परामर्शदाता की भूमिका स्पष्ट कीजिए।

Clarify the role of a counsellor in a guidance programme.

17. भारत में निर्देशन तथा परामर्शन में अक्सर उपयोग की जानेवाली प्रविधियों का वर्णन करें।

Describe the main techniques frequently used in India for guidance and counselling.

अध्याय 27

कुसमायोजन का मनोविज्ञान एवं मानसिक स्वास्थ्य विज्ञान
(The Psychology of Maladjustment and Mental Hygiene)

1. मानसिक स्वास्थ्यविज्ञान से आप क्या समझते हैं? छात्रों एवं शिक्षकों के मानसिक स्वास्थ्य को उन्नत बनाने के उपायों के बारे में आप क्या सुझाव देंगे?

What do you mean by mental hygiene? What measures do you suggest for improving the mental health of pupils and teachers?

2. छात्रों के कुसमायोजन का क्या अर्थ होता है? कुछ उदाहरणों के साथ कुसमायोजन के प्रारंभिक लक्षणों का वर्णन करें।

What is meant by maladjustment of students? Describe with some examples the early symptoms of maladjustment.

3. मानसिक स्वास्थ्यविज्ञान से आप क्या समझते हैं? इसके मुख्य उद्देश्यों का वर्णन करें।

What do you mean by mental hygiene? Describe its major objectives.

4. मानसिक स्वास्थ्य क्या है? मानसिक रूप से स्वस्थ छात्र की विशेषताओं का वर्णन करें।

What is mental health? Describe the characteristics of mentally healthy children.

5. व्यक्ति के मानसिक स्वास्थ्य को प्रभावित करनेवाले कारकों का वर्णन करें।

Describe the factors that affect the mental health of a person.

6. मानसिक रूप से स्वस्थ शिक्षक की विशेषताओं का वर्णन करें।

Describe the characteristics of a mentally healthy teacher.

7. शिक्षक की मानसिक अस्वस्थता के संभावित कारणों को बताएँ। मानसिक रूप से अस्वस्थ शिक्षक के प्रमुख लक्षणों का वर्णन करें।

Give the possible reasons of mental unhealthiness of a teacher. Describe the characteristics of a mentally unhealthy teacher.

8. एक शिक्षक के मानसिक स्वास्थ्य को उन्नत बनाने के तरीकों का वर्णन करें।

Describe the ways of improving the mental health of a teacher.

9. बालकों में मानसिक अस्वस्थता के संभावित कारणों पर प्रकाश डालें।

Throw light upon the possible reasons of mental unhealthiness among children.

10. छात्रों के मानसिक स्वास्थ्य को उन्नत बनाने में पाठ्यक्रम, शिक्षक एवं स्कूल के अनुशासन की भूमिका बताएँ।

Discuss the role of curriculum, teacher and school in improving the mental health of students.

अध्याय 28

अनुशासन एवं शिक्षा

(Discipline and Education)

1. अनुशासन से आप क्या समझते हैं? इसके मुख्य उद्देश्यों का वर्णन करें।

What do you mean by discipline? Describe its major objectives.

2. अनुशासन शिक्षण की विभिन्न तरह की प्रविधियों के महत्त्व का वर्णन करें। कक्षा में शिक्षा को उन्नत बनाने के खयाल से इनमें कौन-सी प्रविधि अधिक प्रभावकारी है?

Describe the importance of different types of techniques of teaching discipline. Which of these techniques is more effective from the point of view of improving instructions in a classroom?

3. कक्षा के अनुशासन को प्रभावित करनेवाले कारकों का वर्णन करें।

Describe the factors that affect the discipline of a classroom.

4. कक्षा में अनुशासनहीनता की समस्या के क्या कारण हो सकते हैं? इन समस्याओं के निदान में एक योग्य शिक्षक की भूमिका बताएँ।

What can be the reasons of indiscipline in a classroom? Indicate the role of an able teacher in the solution of these problems.

5. कक्षा में अनुशासन की समस्या की रोकथाम के लिए कार्यक्रम तैयार करें।

Prepare a programme for preventing the problem of indiscipline in a classroom.

6. अनुशासन का उद्देश्य बतलाइए। अनुशासन को प्रभावित करनेवाले घटकों की विवेचना कीजिए।

Explain the objectives of discipline. Discuss the factors which influence discipline.

7. छात्रों में अनुशासनहीनता के मुख्य कारण क्या हैं? इनको कैसे दूर किया जा सकता है?

What are the main causes of indiscipline among students? How can they be removed?

8. छात्रों के अनुशासन को प्रभावित करनेवाले प्रमुख कारकों का वर्णन करें।

Describe the major factors that influence discipline of students.

9. छात्रों में अनुशासनहीनता के सामान्य कारणों की विवेचना करें।

Discuss the general causes of indiscipline among students.

10. अनुशासन को प्रभावित करनेवाले तत्त्वों की व्याख्या करें।

Explain the factors which influence discipline.

अध्याय 29

समूह-गतिकी एवं स्कूल की सामाजिक आबोहवा
(Group Dynamics and Social Climate of School)

1. समूह-गतिकी के शैक्षिक महत्त्व का वर्णन करें।

Describe the educational importance of group dynamics.

2. कक्षा में शिक्षक की भूमिका बताएँ। कक्षा में समूह संबंधों को सुधारने के उपायों का वर्णन करें।

Indicate the role of a teacher in a classroom. Describe the techniques that can be adopted for improving group relationship in a classroom.

3. शिक्षा के दृष्टिकोण से कक्षा की सामाजिक आबोहवा की प्रमुख विमाओं का वर्णन करें। छात्रों के शिक्षण पर सामाजिक आबोहवा का क्या प्रभाव पड़ता है?

Describe the major dimensions of social climate of a classroom from the point of view of education. What effect does the social climate have upon the learning of students?

अध्याय 30

कुछ प्रमुख शैक्षिक विचारक

(Some Important Educational Thinkers)

1. शंकराचार्य के शैक्षिक दर्शन की समीक्षा करें।

Review the educational philosophy of Shankaracharya.

2. स्वामी दयानंद के दर्शन के शैक्षिक आशय पर प्रकाश डालें।

Throw light upon the educational implication of the philosophy of Swami Dayanand.

3. बी॰ आर॰ अंबेडकर के अनुसार शिक्षा का उद्देश्य क्या है? दलित शिक्षा तथा महिलाओं की शिक्षा पर उनके विचार सुस्पष्ट करें।

What are the aims of education according to B R Ambedkar? Elucidate his views on Dalit education and female education.

4. रवींद्रनाथ ठाकुर के अनुसार एक आदर्श स्कूल की क्या-क्या विशेषताएँ हैं? उनके अनुसार शिक्षकों की भूमिका शिक्षण-कार्य में कैसी होनी चाहिए?

What are the characteristics of an ideal school according to Rabindranath Thakur? According to him, what should be the role of a teacher in imparting education?

5. स्वामी विवेकानंद के अनुसार शिक्षा के उद्देश्य क्या हैं? शिक्षक तथा शिष्य के संबंध कैसे होने चाहिए?

What are the aims of education according to Swami Vivekanand? What should be the relationship between a teacher and a taught?

6. महात्मा गाँधी के शैक्षिक दर्शन के सारतत्त्व का वर्णन करें।

Describe the essence of the educational philosophy of Mahatma Gandhi.

7. श्री अरबिंदो के अनुसार शिक्षा में शिक्षक की भूमिका पर प्रकाश डालते हुए समग्र शिक्षा के महत्त्व का वर्णन करें।

Describe the importance of integral education along with the role of a teacher in teaching according to Sri Aurobindo.

8. प्राक्प्राथमिक शिक्षा में गिज्जुभाई बाधेका के योगदान की समीक्षा करें।

Review of the contributions of Gijjubhai Badheka in pre-primary education.

9. मांटेसरी शिक्षा क्या है? मांटेसरी शिक्षा की मुख्य विशेषताएँ बताएँ।

What is Montessori education? Point out the main characteristics of Montessori education.

10. डॉ॰ राधाकृष्णन के शैक्षिक दार्शनिक चिंतन पर प्रकाश डालें।

Throw light on educational philosophical thoughts of Dr Radhakrishnan.

11. जवाहरलाल नेहरू के अनुसार शिक्षा के उद्देश्य क्या हैं? उनके द्वारा बताए गए शिक्षा के प्रकार पर प्रकाश डालें।

What are the aims of education according to Jawaharlal Nehru? Throw light upon type of education as enunciated by him.

12. मौलाना अबुल कलाम आजाद द्वारा बताए गए नारी-शिक्षा के महत्त्व पर प्रकाश डालें। उनके द्वारा शिक्षा के क्षेत्र में किए गए योगदानों का संक्षेप में वर्णन करें।
Discuss the importance of women's education as laid out by Maulana Abul Kalam Azad. Discuss in brief his contributions to education.

13. डॉ॰ जाकिर हुसैन के अनुसार शिक्षा के मुख्य उद्देश्य क्या हैं? उनके द्वारा बताए गए चार आवश्यक मूल्यों का भी वर्णन करें।
What are the aims of education according to Dr Zakir Hussain? Describe also the four essential values as outlined by him.

14. सर सैय्यद अहमद खाँ द्वारा शिक्षा में किए गए योगदानों का सविस्तार वर्णन करें।

Describe in detail the contributions of Sir Syed Ahmad Khan in the field of education.

अध्याय 31

शिक्षा में सांख्यिकी
(Statistics in Education)

1. निम्नलिखित प्राप्तांक 30 छात्रों द्वारा एक सामान्य ज्ञान-परीक्षण पर प्राप्त किया गया है। इन प्राप्तांकों को आवृत्ति वितरण तालिका (frequency distribution table) में सुव्यवस्थित करें—

10	29	40	45	50
18	12	32	32	51
13	14	28	41	49
14	16	27	43	45
16	18	26	44	48
19	23	25	28	47

2. निम्नलिखित प्राप्तांक 40 छात्रों द्वारा बी॰ए॰ (मनोविज्ञान) के प्रश्नपत्र में प्राप्त किए गए। इन्हें एक आवृत्ति वितरण तालिका में सुव्यवस्थित कर दिखाएँ—

40	63	63	65	46	72	71	77
41	64	68	66	75	70	68	66
42	52	42	55	82	75	55	80
46	47	44	45	83	76	56	75
70	59	68	46	81	68	57	79

3. निम्नलिखित प्राप्तांक 50 छात्रों द्वारा किसी परीक्षण पर प्राप्त किए गए। इन प्राप्तांकों को आवृत्ति वितरण तालिका में सुव्यवस्थित करें।

12	32	35	36	52	27	61	72	22	23
14	36	40	35	53	57	62	73	21	32
16	22	42	41	64	28	83	74	20	42
18	25	43	50	22	29	70	75	25	56
40	28	42	51	26	60	75	22	68	66

4. प्रश्न 1 से प्राप्त आवृत्ति वितरण तालिका के आधार पर एक आवृत्ति बहुभुज (frequency polygon) तैयार करें।

5. प्रश्न 2 से प्राप्त आवृत्ति वितरण तालिका के आधार पर एक आवृत्ति बहुभुज तैयार करें।

6. प्रश्न 1 से प्राप्त आवृत्ति वितरण तालिका के आधार पर आयतचित्र (histogram) तैयार करें।

7. प्रश्न 3 से प्राप्त आवृत्ति वितरण तालिका के आधार पर एक आवृत्ति बहुभुज तैयार करें।

8. नीचे दी गई 40 प्राप्तांकों की आवृत्ति वितरण तालिका से माध्य, माध्यिका तथा बहुलक ज्ञात करें।

वर्गांतर	25–29	30–34	35–39	40–44	45–49	50–54	55–59	60–64	65–69	70–74	75–79	80–84
प्राप्तांक (f)	1	0	3	6	6	6	7	4	4	1	1	1

9. नीचे दी गई आवृत्ति वितरण तालिका, जिनमें 57 छात्रों के प्राप्तांकों को दिखाया गया है, से माध्य, माध्यिका तथा बहुलक ज्ञात करें।

वर्गांतर	24–26	27–29	30–32	33–35	36–38	39–41	42–44	45–47	48–50	51–53	54–56	57–59
प्राप्तांक (f)	1	0	7	4	6	10	8	5	9	5	1	1

10. नीचे दी गई आवृत्ति वितरण तालिका, जिसमें 30 छात्रों के प्राप्तांकों को दिखाया गया है, से माध्य, माध्यिका एवं बहुलक ज्ञात कीजिए।

वर्गांतर	45–49	50–54	55–59	60–64	65–69	70–74	75–79	80–84	85–89	90–94	95–99	100–104
प्राप्तांक (f)	1	0	4	2	1	2	3	7	6	1	2	1

11. नीचे पाँच समूहों द्वारा बुद्धि-परीक्षण पर आए अंक दिए गए हैं। प्रत्येक समूह का माध्य, माध्यिका एवं बहुलक ज्ञात करें।

Group A:	24	18	19	12	23	20	21	22	
Group B:	20	14	12	14	19	14	18	14	
Group C:	9	14	8	13	10	10	11	12	10
Group D:	24	18	19	20	22	25	23	12	
Group E:	10	14	16	18	40	23	25	27	29

12. नीचे 67 छात्रों के प्राप्तांक को बुद्धि-परीक्षण पर दिखाया गया है। इस आवृत्ति वितरण से माध्य (mean) एवं मानक विचलन (standard deviation) ज्ञात करें।

वर्गांतर	0–3	4–7	8–11	12–15	16–19	20–23	24–27	28–31	32–35
प्राप्तांक (f)	2	3	6	11	16	10	12	3	4

13. नीचे 50 छात्रों का प्राप्तांक सामान्य ज्ञान-परीक्षण पर दिया गया है। उससे मानक विचलन तथा चतुर्थक ज्ञात करें।

वर्गांतर	10–19	20–29	30–39	40–49	50–59	60–69	70–79	80–89
प्राप्तांक (f)	5	4	3	12	5	8	7	6

14. निम्नलिखित प्राप्तांकों से मानक विचलन (standard deviation), औसत विचलन (average deviation) तथा प्रसरण (variance) ज्ञात करें।

5 9 11 14 18 8 10 13 16 20

15. नीचे दिए गए वितरण के आधार पर मानक विचलन (standard deviation) तथा औसत विचलन (average deviation) ज्ञात कीजिए।

10 12 18 14 16 19 15 18

16. प्रश्न-संख्या 8 की आवृत्ति वितरण के आधार पर तोरण (ogive) खींचें।

17. प्रश्न-संख्या 10 की आवृत्ति वितरण के आधार पर संचयी आवृत्ति वक्र (cumulative frequency curve) खींचें।

18. 10 व्यक्तियों द्वारा भूगोल परीक्षण तथा इतिहास परीक्षण पर निम्नांकित प्राप्तांक आए—

भूगोल परीक्षण :	10	12	14	15	16	18	20	22	24	8
इतिहास परीक्षण :	14	10	18	14	12	16	11	14	15	7

उपर्युक्त आँकड़ों से r ज्ञात कीजिए तथा परिणाम की व्याख्या कीजिए।

19. नीचे 14 छात्रों पर मनोविज्ञान परीक्षण तथा बुद्धि परीक्षण क्रियान्वयन किया गया है। उनके प्राप्तांक निम्नांकित हैं—

मनोविज्ञान परीक्षण :	20	18	17	14	16	8	10	19	16	10	7	18	13	19
बुद्धि परीक्षण :	17	16	18	16	17	9	14	12	16	13	17	12	14	16

उपर्युक्त आँकड़ों से r_ρ ज्ञात कीजिए।

20. नीचे 10 छात्रों का प्राप्तांक *X* तथा *Y* परीक्षण पर दिए गए हैं। उससे स्पीयरमैन कोटि-अंतर सहसंबंध ज्ञात करें।

X परीक्षण :	10	18	16	9	20	30	35	12	14	16
Y परीक्षण :	40	15	19	18	16	39	32	30	12	17

उत्तर (Answers)

8. Mean = 53.2 Median = 52.8 Mode = 52.00

9. Mean = 41.9 Median = 41.7 Mode = 40.00

10. Mean = 77.5 Median = 80.9 Mode = 82.00

11.

	Group A	Group B	Group C	Group D	Group E
Mean	19.9	15.6	10.8	20.4	22.4
Median	20.5	14.2	10.3	21.0	23.0
Mode	21.7	14.0	10.0	22.2	24.8

12. Mean = 18.63; $S = 7.53$

13. $S = 15.147$; $S = 21.35$

14. $S = 4.5$; $AD = 4.1$; Variance = 20.25

15. $S = 2.95$; $AD = 2.5$

18. $r = 0.426$ ($P > 0.05$)

19. $r = 0.32$ ($P > 0.05$)

20. $r_\rho = 0.063$ ($P > 0.05$)

❑

वस्तुनिष्ठ प्रश्न

(OBJECTIVE QUESTIONS)

अध्याय 1

विषय-प्रवेश

(Introduction)

1. मनोविज्ञान की प्रथम प्रयोगशाला की स्थापना किसने की थी?

(क) विलहेम वुंट (Wilhelm Wundt) ने
(ख) टिचेनर (Titchener) ने
(ग) जॉन डिवी (John Dewey) ने
(घ) इनमें कोई नहीं

2. मनोविज्ञान की प्रथम प्रयोगशाला की स्थापना कब और किस विश्वविद्यालय में हुई थी?

(क) 1779, लिपजिग विश्वविद्यालय में
(ख) 1879, लिपजिग विश्वविद्यालय में
(ग) 1879, जॉन हॉपकिंस विश्वविद्यालय में
(घ) 1779, स्टैनफोर्ड विश्वविद्यालय में

3. किसने शिक्षा मनोविज्ञान को सीखने और सिखाने की प्रक्रिया का अध्ययन करनेवाला विज्ञान कहा है?

(क) स्कीन्नर (Skinner) ने
(ख) सैंट्रोक (Santrock) ने
(ग) क्रो एवं क्रो (Crow and Crow) ने
(घ) जेम्स ड्रीवर (James Drever) ने

4. कठिन विषय जैसे गणित, लैटिन, ग्रीक आदि को सीखने से व्यक्ति का मस्तिष्क प्रशिक्षित हो जाता है। यह दावा किस सिद्धांत का है?

(क) शिक्षा का औपचारिक अनुशासन (formal discipline) का सिद्धांत
(ख) समरूप तत्त्वों (identical elements) का सिद्धांत
(ग) सूझ सिद्धांत (insight theory)
(घ) शिक्षा का अनौपचारिक अनुशासन (informal discipline) का सिद्धांत

5. पहला आधुनिक वैज्ञानिक बुद्धि परीक्षण का निर्माण किसने किया था?

(क) बिने (Binet) ने
(ख) साइमन (Simon) ने
(ग) बिने (Binet) तथा साइमन (Simon) ने
(घ) बिने तथा टरमैन (Terman) ने

6. समरूप तत्त्वों के सिद्धांत (theory of identical elements) का प्रतिपादन किसने किया था?

(क) जे॰ एम॰ कैटेल (J M Cattell) ने

(ख) ए॰ बिने (A Binet) ने

(ग) ई॰ एल॰ थॉर्नडाइक (E L Thorndike) ने

(घ) बी॰ एफ॰ स्कीन्नर (B F Skinner) ने

7. सी॰ ए॰ वी॰ डी॰ (CAVD test) का संपूर्ण रूप क्या है?

(क) Completion, Arithmetic Reasoning, Vocabulary तथा Division परीक्षण

(ख) Coordination, Anticipation, Vocabulary तथा Division परीक्षण

(ग) Completion, Anticipation, Vocabulary तथा Division परीक्षण

(घ) Coordination, Arithmetic Reasoning, Vocabulary तथा Division परीक्षण

8. कार्यक्रमित अधिगम (programmed learning) के संप्रत्यय को किसने विकसित किया था?

(क) ई॰ एल॰ थॉर्नडाइक (E L Thorndike) ने

(ख) बी॰ एफ॰ स्कीन्नर ने

(ग) जे॰ एम॰ कैटेल (J M Cattell) ने

(घ) इनमें कोई नहीं

9. शिक्षा मनोविज्ञान की प्रथम पाठ्यपुस्तक (textbook) के रूप में किसे मान्यता दी गई है?

(क) प्रिंसिपुल्स ऑफ इडुकेशनल साइकोलॉजी (*Principles of Educational Psychology*)

(ख) इडुकेशनल साइकोलॉजी (*Educational Psychology*)

(ग) ए टेक्स्टबुक ऑफ इडुकेशनल साइकोलॉजी (*A Textbook of Educational Psychology*)

(घ) टॉक्स टू टीचर्स (*Talks to Teachers*)

10. प्रभाव-नियम सिद्धांत (law of effect theory) के अनुसार कौन सही है?

(क) व्यक्ति उस अनुक्रिया को सीखता है जिसे करने के बाद उसे पुरस्कार मिलता है।

(ख) व्यक्ति उस अनुक्रिया को नहीं सीखता है जिसे करने के बाद उसे दंडित किया जाता है।

(ग) व्यक्ति उस अनुक्रिया को करना सीख जाता है जिसे करने के बाद उसे दंडित किया जाता है।

(घ) 'क' और 'ख' दोनों

उत्तर (Answers)

1. (क)	**2.** (ख)	**3.** (क)	**4.** (क)	**5.** (ग)
6. (ग)	**7.** (क)	**8.** (ख)	**9.** (घ)	**10.** (घ)

अध्याय 2

शिक्षा मनोविज्ञान की विधियाँ

(Methods of Educational Psychology)

1. विलहेम वुंट (Wilhelm Wundt) तथा टिचेनर (Titchener) अपने अध्ययनों में किस विधि का उपयोग करते थे?

(क) वस्तुनिष्ठ प्रेक्षण विधि (objective observation method)
(ख) प्रयोगात्मक विधि (experimental method)
(ग) कालानुक्रमिक विधि (longitudinal method)
(घ) अंतर्निरीक्षण विधि (introspection method)

2. जब शिक्षक छात्रों के व्यवहारों का अध्ययन उनकी कक्षा में ही करके किसी निष्कर्ष पर पहुँचते हैं, तो अध्ययन की इस विधि को कहा जाता है

(क) स्वाभाविक प्रेक्षण (natural observation)
(ख) सहभागी प्रेक्षण (participative observation)
(ग) प्रयोगात्मक विधि (experimental method)
(घ) इनमें कोई नहीं

3. निम्नांकित में किस विधि में अनुसंधानकर्ता अध्ययन के बाद कारण-परिणाम संबंध (cause-effect relationship) के अध्ययन पर किसी निष्कर्ष पर पहुँचता है?

(क) प्रयोगात्मक विधि (experimental method)
(ख) सहसंबंधात्मक विधि (correlational method)
(ग) साक्षात्कार विधि (interview method)
(घ) नैदानिक विधि (clinical method)

4. यदि शिक्षक छात्रों के दो तुल्य समूहों को अंकगणितीय परीक्षण (arithmetical test) पर जाँच करके एक समूह को अंकगणित में एक महीने का प्रशिक्षण देकर तथा दूसरे समूह को इस प्रशिक्षण से वंचित रखकर और फिर एक परीक्षण पर दोनों समूह के अंकगणितीय क्षमता की तुलना करके किसी निष्कर्ष पर पहुँचते हैं, तो इस तरह की डिजाइन को कहा जाएगा

(क) समामेलित द्विसमूह डिजाइन (matched two group design)
(ख) प्रीटेस्ट-पोस्ट-टेस्ट डिजाइन (pretest-post-test design)
(ग) बहुसमूह डिजाइन (multigroup design)
(घ) इनमें कोई नहीं

5. सीमा-विधि (method of limits) किस श्रेणी की विधि है?

(क) मनोवैज्ञानिक विधि (psychological method)
(ख) दैहिक विधि (physiological method)
(ग) मनोदैहिक विधि (psychophysical method)
(घ) इनमें कोई नहीं

6. जब शिक्षक छात्र के व्यवहारों में होनेवाले धनात्मक एवं ऋणात्मक परिवर्तनों का अध्ययन प्रत्येक दो-दो महीने पर एक साल तक करके किसी निष्कर्ष पर पहुँचते हैं, तो इस अध्ययन-विधि को कहा जाता है

(क) प्रयोगात्मक विधि (experimental method)
(ख) प्रेक्षण विधि (objective observation method)
(ग) कालानुक्रमिक विधि (longitudinal method)
(घ) अनुप्रस्थ-काट विधि (cross-sectional method)

7. जब शिक्षक छात्रों के निष्पादन (performance) का मूल्यांकन करते समय न उच्च रेटिंग देते हैं और न निम्न रेटिंग देते हैं, तो इसे कहा जाता है

(क) कठोरता त्रुटि (error of severity)
(ख) केंद्रीय प्रवृत्ति की त्रुटि (error of central tendency)
(ग) परिवेश प्रभाव (halo effect)
(घ) उदारता की त्रुटि (error of leniency)

8. जब शिक्षा मनोवैज्ञानिक साक्षात्कार प्रारंभ करने से पहले प्रश्नों की सूची तथा उसे पूछे जानेवाले क्रम (sequence) को पूर्वनिर्धारित कर लेता है, तो इस तरह के साक्षात्कार को कहा जाता है

(क) संरचित साक्षात्कार (structured interview)
(ख) असंरचित साक्षात्कार (unstructured interview)
(ग) प्रतिबल साक्षात्कार (stress interview)
(घ) निर्गम साक्षात्कार (exit interview)

9. एक साक्षात्कार को सफलीभूत होने के लिए निम्नांकित में किसकी जरूरत नहीं पड़ती है?

(क) अभिगम्यता (accessibility) (ख) संज्ञान (cognition)
(ग) अभिप्रेरण (motivation) (घ) अभिव्यक्ति (expressions)

10. जब शिक्षक किसी छात्र के प्रति नकारात्मक धारणा विकसित कर लेते हैं, तो वे छात्र के अच्छे व्यवहारों का भी मूल्यांकन नकारात्मक भाव से करते हैं। इस तरह की धारणा को शिक्षा मनोविज्ञान में कहा जाता है

(क) परिवेश प्रभाव (halo effect)
(ख) रूपात्मकता प्रभाव (modality effect)
(ग) तीन-सात प्रभाव (three-seven effect)
(घ) शायी प्रभाव (sleeper effect)

उत्तर (Answers)

1. (घ)	**2.** (क)	**3.** (क)	**4.** (ख)	**5.** (ग)
6. (ग)	**7.** (ख)	**8.** (क)	**9.** (घ)	**10.** (क)

अध्याय 3

मनोविज्ञान के स्कूल का शिक्षा में योगदान

(Contributions of Schools of Psychology to Education)

1. भाव के त्रिविमीय सिद्धांत (tridimensional theory of feeling) का प्रतिपादन किसके द्वारा किया गया था?

(क) विलहेम वुंट (Wilhelm Wundt)
(ख) ई० बी० टिचेनर (E B Titchener)
(ग) जे० बी० वाटसन (J B Watson)
(घ) आर० एस० वुडवर्थ (R S Woodworth)

2. अर्थ का संदर्भ सिद्धांत (context theory of meaning) का प्रतिपादन किसने किया था?

(क) ई० बी० टिचेनर (ख) जॉन डिवी (John Dewey)
(ग) जे० बी० वाटसन (घ) विलहेम वुंट

3. सूची I में दिए गए मनोवैज्ञानिकों के नाम को सूची II में दिए गए स्कूल (school) से सुमेलित कर कूटसंकेत के आधार पर उत्तर दें।

सूची I	**सूची II**
A. टिचेनर (Titchener)	1. मनोविश्लेषण (Psychoanalysis)
B. स्कीन्नर (Skinner)	2. व्यवहारवाद (Behaviourism)
C. मैकडुगल (McDougall)	3. हार्मिक स्कूल (Hormic School)
D. फ्रायड (Freud)	4. संरचनावाद (Structuralism)

कूटसंकेत (Codes)

	A	B	C	D
(क)	4	3	2	1
(ख)	4	1	2	3
(ग)	2	3	1	4
(घ)	4	2	3	1

4. निम्नांकित में किस अवस्था से बच्चों में कोई कामुकता क्षेत्र (erogenous zone) विकसित नहीं होता है?

(क) मुखावस्था (oral stage)
(ख) गुदावस्था (anal stage)

(ग) अव्यक्तावस्था (latency stage)
(घ) लिंगप्रधानावस्था (phallic stage)

5. उपाहं (id), अहं (ego) तथा पराहं (superego) के संप्रत्ययों पर किस स्कूल की व्याख्या में सर्वाधिक महत्त्वपूर्ण स्थान दिया गया है?

(क) प्रकार्यवाद (functionalism)
(ख) मनोविश्लेषण (psychoanalysis)
(ग) हारमिक मनोविज्ञान (Hormic Psychology)
(घ) गेस्टाल्ट स्कूल (Gestalt School)

6. जेम्स एंजिल (James Angell) ने किस स्कूल की स्थापना की थी?

(क) प्रकार्यवाद
(ख) हारमिक मनोविज्ञान
(ग) मनोविश्लेषण
(घ) इनमें कोई नहीं

7. थॉर्नडाइक (Thorndike) के अनुसार निम्नलिखित में कौन एक बुद्धि का प्रकार नहीं है?

(क) अमूर्त्त बुद्धि (abstract intelligence)
(ख) सामाजिक बुद्धि (social intelligence)
(ग) सांवेगिक बुद्धि (emotional intelligence)
(घ) यांत्रिक बुद्धि (mechanical intelligence)

8. अलबर्ट (Albert) नाम के बच्चे पर 1920 में किनके द्वारा बहुचर्चित प्रयोग (experiment) किया गया था?

(क) जेम्स एंजिल एवं जे॰ बी॰ वाटसन द्वारा
(ख) जे॰ बी॰ वाटसन एवं रेनर (Raynor) द्वारा
(ग) सी॰ एल॰ हल (C L Hull) तथा ई॰ आर॰ गथरी (E R Guthrie) द्वारा
(घ) डब्ल्यू॰ वुंट (W Wundt) तथा ई॰ बी॰ टिचेनर (E B Titchener) द्वारा

9. मैकडुगल (McDougall) के अनुसार उत्सुकता (curiosity) क्या है?

(क) मूल प्रवृत्ति (instinct) (ख) संवेग (motivation)
(ग) अभिप्रेरण (emotion) (घ) इनमें कोई नहीं

10. लिबिडो (libido) की व्याख्या किस स्कूल में प्रबलतापूर्वक की गई है?

(क) व्यवहारवाद (ख) हारमिक स्कूल
(ग) मनोविश्लेषण (घ) गेस्टाल्ट स्कूल

उत्तर (Answers)

1. (क)	**2.** (क)	**3.** (घ)	**4.** (ग)	**5.** (ख)
6. (क)	**7.** (ग)	**8.** (ख)	**9.** (क)	**10.** (ग)

अध्याय 4

आनुवंशिकता तथा वातावरण
(Heredity and Environment)

1. निम्नांकित में किसमें बच्चों में माता-पिता से मिले गुण संचित होते हैं?

(क) आर॰ एन॰ ए॰ (RNA) (ख) डी॰ एन॰ ए॰ (DNA)
(ग) पी॰ एन॰ ए॰ (PNA) (घ) इनमें कोई नहीं

2. एक स्वस्थ सामान्य पुरुष में निम्नांकित में कौन-सा यौन गुणसूत्र (sex chromosome) होता है?

(क) एक्स एक्स (X X) (ख) एक्स वाई (X Y)
(ग) एक्स वाई वाई (X Y Y) (घ) एक्स एक्स वाई (X X Y)

3. जिन जुड़वाँ भाइयों या बहनों की आनुवंशिकता (heredity) शत प्रतिशत समान होती है, उसे कहा जाता है

(क) एकांडी जुड़वाँ बच्चे (identical twin children)
(ख) भ्रात्रीय जुड़वाँ बच्चे (fraternal twin children)
(ग) जुड़वाँ बच्चे (twin children)
(घ) इनमें कोई नहीं

4. मेंडल (Mendel) द्वारा प्रस्तावित आनुवंशिकता के किस नियम (law of heredity) के अनुसार किसी एक आनुवंशिक गुण का वितरण दूसरे आनुवंशिक गुण के वितरण से प्रभावित नहीं होता है?

(क) पृथक्करण का सिद्धांत (principle of segregation)
(ख) स्वतंत्र छटाई का सिद्धांत (principle of independent assortment)
(ग) आश्रित छटाई का सिद्धांत (principle of dependent assortment)
(घ) इनमें कोई नहीं

5. एक अपराधी पुरुष में निम्नांकित में कौन-सा यौन गुणसूत्र होने की संभावना होती है?

(क) एक्स वाई वाई (X Y Y) (ख) एक्स शून्य (X 0)
(ग) एक्स एक्स एक्स (X X X) (घ) वाई वाई वाई (Y Y Y)

6. क्लाइनफेल्टर्स संलक्षण (Klinefelter's Syndrome) में कौन-सा यौन गुणसूत्र होता है?

(क) एक्स वाई वाई (X Y Y) (ख) एक्स एक्स वाई (X X Y)
(ग) एक्स शून्य (X 0) (घ) एक्स एक्स (X X)

7. गेसेल तथा थॉम्पसन (Gesell and Thompson) द्वारा एकांडी जुड़वाँ बच्चों (identical twin children) पर किए गए अध्ययन से किस कथन को समर्थन मिलता है?

(क) व्यक्तित्व पर आनुवंशिकता का प्रभाव सर्वाधिक पड़ता है।
(ख) व्यक्तित्व पर वातावरण का प्रभाव सर्वाधिक पड़ता है।
(ग) व्यक्तित्व पर आनुवंशिकता तथा वातावरण की अंतःक्रिया का प्रभाव पड़ता है।
(घ) व्यक्तित्व पर सिर्फ और सिर्फ वातावरण का प्रभाव पड़ता है।

8. यदि पोष्य बच्चों (foster children) के व्यवहारों में अपने वास्तविक माता-पिता के व्यवहारों से समानता न होकर पोष्य माता-पिता के व्यवहारों के साथ समानता होती है, तो इससे निम्नांकित में किसका समर्थन मिलता है?

(क) व्यक्ति के व्यवहार पर आनुवंशिकता (heredity) का प्रभाव अधिक पड़ता है।

(ख) व्यक्ति के व्यवहार पर वातावरण का प्रभाव अधिक पड़ता है।

(ग) व्यक्ति के व्यवहार पर आनुवंशिकता तथा वातावरण दोनों की अंतःक्रिया का प्रभाव पड़ता है।

(घ) व्यक्ति के व्यवहार पर यौन गुणसूत्र (sex chromosome) का प्रभाव अधिक पड़ता है।

9. एक गर्भित अंडाणु (fertilized egg) में गुणसूत्र (chromosome) के कितने जोड़े (pairs) होते हैं?

(क) 46 जोड़े (pairs) (ख) 23 जोड़े (pairs)

(ग) 26 जोड़े (pairs) (घ) 22 जोड़े (pairs)

10. जिन जुड़वाँ भाइयों या बहनों की आनुवंशिकता (heredity) 50 प्रतिशत ही समान होती है, तो उसे कहा जाता है

(क) एकांडी जुड़वाँ बच्चे (identical twin children)

(ख) भ्रात्रीय जुड़वाँ बच्चे (fraternal twin children)

(ग) पोष्य बच्चे (foster children)

(घ) साधारण जुड़वाँ बच्चे (simple twin children)

उत्तर (Answers)

1. (ख)	**2.** (ख)	**3.** (क)	**4.** (ख)	**5.** (क)
6. (ख)	**7.** (ग)	**8.** (ख)	**9.** (ख)	**10.** (ख)

अध्याय 5

शारीरिक विकास तथा क्रियात्मक विकास
(Physical Development and Motor Development)

1. निम्नांकित में कौन विकास (development) का नियम नहीं है?

(क) विकास में परिवर्तन होता है।

(ख) विकास परिपक्वता तथा सीखने की उपज है।

(ग) विकासात्मक पैटर्न में पूर्वानुमेय गुण (predictable characteristics) होते हैं।

(घ) विकास आनुवंशिकता (heredity) एवं वातावरण (environment) की अंतःक्रिया (interaction) का प्रतिफल होता है।

2. विकास के क्रम में शिशु पहले सिर उठाता है, इसके बाद वह बैठना प्रारंभ कर देता है, फिर खड़ा होता है और अंत में चलना प्रारंभ करता है। यह क्रम किस नियम के अनुसार होता है?

(क) निकट-दूर नियम (proximodistal law)
(ख) मस्तकाधोमुखी नियम (cephalocaudal law)
(ग) सुटॉन नियम (Sutton law)
(घ) स्टीवेंस नियम (Steven's law)

3. जन्म से 2 साल से प्रारंभ होकर 6 साल तक की अवस्था को कहा जाता है

(क) बचपनावस्था (babyhood)
(ख) प्रारंभिक बाल्यावस्था (early childhood)
(ग) उत्तरबाल्यावस्था (later childhood)
(घ) इनमें कोई नहीं

4. निम्नांकित में किस अवस्था को गिरोह अवस्था (gang age) कहा गया है?

(क) प्रारंभिक बाल्यावस्था (ख) प्रारंभिक किशोरावस्था
(ग) उत्तरबाल्यावस्था (घ) तरुणावस्था

5. निम्नांकित में कौन किशोरावस्था की विशेषता नहीं है?

(क) परिवर्ती अवस्था (transitional period)
(ख) स्पष्ट वैयक्तिक स्थिति (clear individual status)
(ग) विशिष्टता की खोज (search for identity)
(घ) अवास्तविकताओं का समय (time of unrealism)

6. निम्नांकित में किसे क्रियात्मक विकास के नियम (principle of motor development) में नहीं रखा जा सकता है?

(क) क्रियात्मक विकास व्यक्ति के मस्तिष्कीय परिपक्वन (maturation) पर निर्भर करता है।
(ख) क्रियात्मक विकास में वैयक्तिक विभिन्नता होती है।
(ग) क्रियात्मक विकास में एक पूर्वानुमेय पैटर्न (predictable pattern) होता है।
(घ) क्रियात्मक विकास के लिए मानक बनाना संभव है।

7. निम्नांकित में किसे **आँधी और तनाव की अवस्था** (age of storm and stress) कहा गया है?

(क) वयस्कावस्था (adulthood) (ख) तरुणावस्था (puberty)
(ग) किशोरावस्था (adolescence) (घ) उत्तरबाल्यावस्था (later childhood)

8. विकासात्मक पाठ (developmental task) के संप्रत्यय को किसने विकसित किया है?

(क) स्कीन्नर (Skinner) (ख) हेभिगहर्स्ट (Havighurst)
(ग) सुसमैन (Sussman) (घ) इनमें कोई नहीं

9. निम्नांकित में कौन प्रारंभिक बाल्यावस्था (early childhood) की विशेषता नहीं है?

(क) यह अवस्था एक समस्या अवस्था (stage of problem) होती है।
(ख) इस अवस्था में बालकों की अभिरुचि खिलौनों में अधिक होती है।
(ग) इस अवस्था में बच्चों में उत्सुकता कम होती है।
(घ) इस अवस्था को शिक्षकों द्वारा तैयारी की अवस्था कहा गया है।

10. सूची I में दिए गए संप्रत्ययों को सूची II में दी गई व्याख्या से सुमेलित कर कूटसंकेत (codes) के आधार पर उत्तर दें।

सूची I	**सूची II**
A. विकासात्मक पाठ (developmental task)	1. सामाजिक उम्मीदें (social expectations)
B. मेसोमॉर्फिक गठन (mesomorphic build)	2. हट्टा-कट्टा शारीरिक गठन (muscular body build)
C. एंडोमॉर्फिक गठन (endomorphic build)	3. गोल-मटोल शारीरिक गठन (round physical build)
D. मस्तकाधोमुखी विकास क्रम (cephalocaudal development sequence)	4. सिर से पैर की दिशा में विकास (direction of development from head to leg)

कूटसंकेत (Codes)

	A	B	C	D
(क)	2	1	3	4
(ख)	1	3	2	4
(ग)	1	2	3	4
(घ)	2	1	3	4

उत्तर (Answers)

1. (घ) **2.** (ख) **3.** (ख) **4.** (ग) **5.** (ख)
6. (क) **7.** (ग) **8.** (ख) **9.** (ग) **10.** (ग)

अध्याय 6

संवेगात्मक विकास तथा सामाजिक विकास
(Emotional Development and Social Development)

1. ब्रिजेज (Bridges) के अनुसार, 3 महीने की उम्र में शिशुओं में निम्नांकित में कौन संवेग होते देखे गए हैं?

(क) भय एवं दुःख (ख) दुःख एवं आनंद
(ग) उल्लास एवं भय (घ) भय एवं क्रोध

2. निम्नांकित में कौन-सा संवेग दुःख से पैदा नहीं होता है?

(क) भय (fear) (ख) घृणा (disgust)

(ग) क्रोध (anger) (घ) अनुराग (affection)

3. जन्म से दो सप्ताह के अंदर शिशुओं में सांवेगिक अनुक्रिया करने की एक सामान्य क्षमता मौजूद होती है जिसका संकेत कौन है?

(क) सामान्य आवेश (general excitement)

(ख) सामान्य समायोजन (general adjustment)

(ग) क्रंदन (crying)

(घ) टकटकी लगाकर देखना

4. वाटसन (Watson) के अनुसार, नवजात शिशुओं में निम्नांकित में कौन-सा संवेग नहीं होता है?

(क) भय (fear) (ख) क्रोध (anger)

(ग) प्यार (love) (घ) दुःख (sadness)

5. 'संवेग क्रियाओं का उत्तेजक है' (emotions are inciters to action)। यह कथन किसका है?

(क) गेल्डार्ड (Geldard) (ख) वाटसन (Watson)

(ग) ब्रिजेज (Bridges) (घ) शेरमैन (Sherman)

6. निम्नांकित में किससे बालकों का सामाजिक विकास (social development) प्रभावित नहीं होता है?

(क) बालकों की पालन-पोषण प्रणाली (child-rearing method)

(ख) भाषा (language)

(ग) प्रचार के माध्यम

(घ) स्कूल में शैक्षिक वातावरण का अभाव (lack of academic environment in shcool)

7. ब्रोनफेनब्रेन्नर मॉडल (Bronfenbrenner's model) में परिवार को किस मंडल (system) में रखा गया है?

(क) लघुमंडल (microsystem) (ख) मध्यमंडल (mesosystem)

(ग) वृहतमंडल (macrosystem) (घ) घटनामंडल (chromosystem)

8. ब्रोनफेनब्रेन्नर मॉडल में विभिन्न मंडलों का सही क्रम (sequence) क्या है?

(क) घटनामंडल (chromo-system) → लघुमंडल (micro-system) → मध्यमंडल (meso-system) → बाह्यमंडल (exo-system) → वृहतमंडल (macro-system)

(ख) लघुमंडल → घटनामंडल → मध्यमंडल → बाह्यमंडल → वृहतमंडल

(ग) लघुमंडल → मध्यमंडल → बाह्यमंडल → वृहतमंडल → घटनामंडल

(घ) लघुमंडल → बाह्यमंडल → मध्यमंडल → घटनामंडल → वृहतमंडल

9. ब्रोनफेनब्रेन्नर मॉडल में धार्मिक संस्थान को किस मंडल में रखा गया है?

(क) वृहतमंडल (ख) बाह्यमंडल

(ग) मध्यमंडल (घ) लघुमंडल

10. इरिक्सन (Erikson) द्वारा प्रतिपादित मनोसामाजिक सिद्धांत के किस अवस्था में कर्तव्य-परायणता (fidelity) नामक मनोसामाजिक गुण (psychosocial virtue) विकसित होता है?

(क) परिश्रम बनाम हीनता (industry vs inferiority)

(ख) पहचान बनाम संभ्रांति (identity vs confusion)

(ग) विश्वास बनाम अविश्वास (trust vs mistrust)

(घ) स्वायत्तता बनाम लज्जा तथा शक (autonomy vs shame and doubt)

उत्तर (Answers)

1. (ख)	**2.** (घ)	**3.** (क)	**4.** (घ)	**5.** (क)
6. (घ)	**7.** (क)	**8.** (ग)	**9.** (ख)	**10.** (ख)

अध्याय 7

भाषा विकास
(Language Development)

1. निम्नांकित में कौन प्राक्-भाषा विकास (pre-speech development) की अवस्था नहीं है?

(क) रुदन (crying) (ख) बलबलाना (babbling)

(ग) हाव-भाव (gestures) (घ) उच्चारण (pronunciation)

2. भाषा विकास का सही क्रम बताएँ

(क) ध्वनि की पहचान → शब्द एवं वाक्यों का निर्माण → ध्वनि उत्पन्न करना → भाषा विकास की पूर्णावस्था → लिखित भाषा का प्रयोग

(ख) ध्वनि की पहचान → ध्वनि उत्पन्न करना → शब्द एवं वाक्यों का निर्माण → लिखित भाषा का प्रयोग → भाषा विकास की पूर्णावस्था

(ग) ध्वनि उत्पन्न करना → ध्वनि की पहचान → शब्द एवं वाक्यों का निर्माण → लिखित भाषा का प्रयोग → भाषा विकास की पूर्णावस्था

(घ) ध्वनि उत्पन्न करना → शब्द एवं वाक्यों का निर्माण → ध्वनि की पहचान → लिखित भाषा का प्रयोग → भाषा विकास की पूर्णावस्था

3. निम्नांकित में कौन उत्तरकालीन भाषा के विकास की अवस्था नहीं है।

(क) दूसरों की भाषा को समझना (ख) सांवेगिक अभिव्यक्ति

(ग) शब्दावली का निर्माण करना (घ) शब्दों का वाक्यों में संगठन

4. निम्नांकित में किसका भाषा विकास पर प्रभाव नहीं पड़ता है?

(क) बुद्धि (ख) परिवार का आकार

(ग) सामाजिक-आर्थिक स्तर (घ) शारीरिक संरचना

5. 24 महीने की आयु में एक सामान्य बालक की शब्दावली औसतन कितने शब्दों की होती है?

(क) 50–52 शब्दों की (ख) 60–62 शब्दों की

(ग) 29–30 शब्दों की (घ) 12–14 शब्दों की

6. किस आयु वर्ग से बच्चा विभिन्न मान (value) के सिक्कों में अंतर करना प्रारंभ कर देता है?

(क) 8–9 वर्ष की आयु से (ख) 4–5 वर्ष की आयु से

(ग) 3–4 वर्ष की आयु से (घ) 7–8 वर्ष की आयु से

7. निम्नांकित में कौन भाषा सीखने का साधन (means) नहीं है?

(क) अनुकरण (imitation) (ख) वार्तालाप (talking)

(ग) खेल (play) (घ) सफर करना

8. मनोवैज्ञानिकों द्वारा किए गए अध्ययनों के आधार पर निम्नांकित में कौन एक भाषा विकास की बाधा (hazard) नहीं है?

(क) विलंबी वाक् (delayed speech) (ख) तुतलाना (lisping)

(ग) स्-स् करना (hissings) (घ) प्रश्नोत्तर (question answer)

9. वैसे शब्द, जिन्हें बच्चा माता-पिता द्वारा आग्रह किए जाने पर बोलता है, को कहा जाता है

(क) शिष्टाचार-संबंधी शब्दावली (etiquette vocabulary)

(ख) ट्रिक शब्दावली (trick vocabulary)

(ग) सामान्य शब्दावली (general vocabulary)

(घ) इनमें कोई नहीं

10. बलबलाना (babbling) प्राक्-भाषा विकास (pre-speech development) की कौन-सी अवस्था है?

(क) तीसरी अवस्था (ख) दूसरी अवस्था

(ग) चौथी अवस्था (घ) इनमें कोई नहीं

उत्तर (Answers)

1. (घ)	**2.** (ख)	**3.** (ख)	**4.** (घ)	**5.** (ग)
6. (ख)	**7.** (घ)	**8.** (घ)	**9.** (ख)	**10.** (ख)

अध्याय 8

मानसिक विकास तथा संज्ञानात्मक विकास
(Mental Development and Cognitive Development)

1. मानसिक विकास के संबंध में कौन कथन गलत है?

(क) मानसिक विकास का संबंध मानसिक क्षमताओं (mental abilities) तथा मानसिक कार्य से होता है।

(ख) मानसिक विकास की प्रक्रिया उत्तरोत्तर, अर्थात क्रमिक होती है।

(ग) मानसिक विकास की प्रक्रिया जन्म से पूर्ण परिपक्वता आने तक चलती रहती है।

(घ) मानसिक विकास 16 साल की आयु के बाद नहीं होती है।

2. निम्नांकित में कौन मानसिक विकास की अवस्था नहीं है?

(क) प्रतिवर्त या सहज क्रियाओं की अवस्था

(ख) इच्छित या ऐच्छिक क्रियाओं की अवस्था

(ग) उद्देश्यपूर्ण कार्य करने की अवस्था
(घ) अंतिम निष्कर्ष पर पहुँचने की अवस्था

3. जीवन-मृत्यु के संप्रत्यय का विकास निम्नांकित में किस अवस्था में सबसे पहले होता है?
(क) आरंभिक बाल्यावस्था (ख) शैशवावस्था
(ग) किशोरावस्था (घ) उत्तरबाल्यावस्था

4. पियाजे (Piaget) के अनुसार, वातावरण में परिवर्तन (change) तथा स्थिरता (constancy) दोनों को पहचानने एवं समझने की क्षमता को कहा जाता है
(क) अनुकूलन (adaptation)
(ख) संज्ञानात्मक संरचना (cognitive structure)
(ग) मानसिक संक्रिया (mental operation)
(घ) संरक्षण (conservation)

5. जिस मानसिक संरचना का सामान्यीकरण (generalisation) किया जाए, उसे पियाजे ने कहा है
(क) स्कीम्स (schemes) (ख) स्कीमा (schema)
(ग) विकेंद्रीकरण (decentering) (घ) साम्यधारण (equilibration)

6. वस्तु स्थायित्व (object permanence) का गुण किस अवस्था में उत्पन्न होता है?
(क) संवेदी-पेशीय अवस्था (sensory-motor stage)
(ख) प्राक्संक्रियात्मक अवस्था (preoperational stage)
(ग) प्राक्संप्रत्यात्मक अवधि (preconceptual period)
(घ) ठोस संक्रिया की अवस्था (stage of concrete operation)

7. सूची I में दिए गए संप्रत्ययों (concepts) को सूची II में दी गई व्याख्या (explanation) से सुमेलित कर कूटसंकेत के आधार पर उत्तर दें।

सूची I	**सूची II**
A. जीववाद (animism)	1. किसी वस्तु या चीज के बारे में वस्तुनिष्ठ या वास्तविक ढंग से सोचना
B. आत्मकेंद्रिता (egocentrism)	2. निर्जीव वस्तु को सजीव समझना
C. वस्तु स्थायित्व (object permanence)	3. दुनिया की अधिकतर चीजें उनके इर्द-गिर्द चक्कर लगाते रहने का विश्वास
D. विकेंद्रण (decentering)	4. उन वस्तुओं के प्रति अनुक्रिया करना जो सीधे दृष्टिगोचर नहीं होती हैं।

कूटसंकेत (Codes)

	A	B	C	D
(क)	2	3	4	1
(ख)	4	1	2	3

	A	B	C	D
(ग)	2	1	4	3
(घ)	3	2	4	1

8. निम्नांकित कथनों पर ध्यान दें तथा दिए गए कूटसंकेत के आधार पर उत्तर दें।

1. पियाजे के अनुसार, आत्मसात्करण (assimilation) अनुकूलन (adaptation) की एक उपप्रक्रिया है।
2. उन वस्तुओं के प्रति अनुक्रिया करना जो सीधे दृष्टिगोचर नहीं होती है, को विकेंद्रण (decentering) कहा जाता है।
3. प्राक्संक्रियात्मक अवस्था (preoperational stage) में बच्चों के चिंतन में आत्मकेंद्रिता (egocentrism) विकसित होती है।

कूटसंकेत (Codes)

(क) केवल 2 सही है। (ख) 1 और 2 सही हैं।
(ग) 2 और 3 सही हैं। (घ) 1 और 3 सही हैं।

9. ब्रुनर (Brunner) के अनुसार, शिशुओं को अपनी अनुभूतियों को मानसिक रूप से बताने का कौन तरीका सही नहीं है?

(क) सक्रियता (enactive) (ख) दृश्य प्रतिमा (iconic)
(ग) सांकेतिक (symbolic) (घ) प्रतिध्वनिक (echoic)

10. वाइगोटस्की (Vygostsky) के संज्ञानात्मक विकास सिद्धांत के अनुसार, वास्तविक विकास के स्तर (level of actual development तथा संभाव्य विकास का स्तर (level of potential development) के बीच के अंतर को कहा जाता है

(क) आत्मसात्करण क्षेत्र (assimilation zone)
(ख) साम्यधारण क्षेत्र (equilibration zone)
(ग) समीपस्थ विकास का क्षेत्र (zone of proximal development)
(घ) दूरस्थ विकास का क्षेत्र (zone of distal development)

उत्तर (Answers)

1. (घ) **2.** (घ) **3.** (क) **4.** (घ) **5.** (ख)
6. (क) **7.** (क) **8.** (घ) **9.** (घ) **10.** (ग)

अध्याय 9

संप्रत्यात्मक विकास

(Conceptual Development)

1. निम्नांकित कथनों पर ध्यान दें तथा दिए गए कूटसंकेत के आधार पर उत्तर दें।

1. संप्रत्यय का प्रभाव बालकों पर काफी पड़ता है।

2. शिशुओं में पहला संप्रत्यय करीब-करीब तीन साल की उम्र में विकसित होता है।
3. संप्रत्यय का विकास एक पैटर्न (pattern) में होता है।

कूटसंकेत (Codes)

(क) केवल 3 सही है। (ख) 1, 2 और 3 सही हैं।
(ग) 1 और 3 सही हैं। (घ) 2 और 3 सही हैं।

2. निम्नांकित में कौन कथन गलत है?
(क) संप्रत्यय प्रायः परिवर्तनविरोधी होते हैं।
(ख) संप्रत्यय संवेगात्मक रूप से भारित होते हैं।
(ग) बालकों के संप्रत्यय श्रेणीबद्ध (hierarchical) होते हैं।
(घ) बालकों के संप्रत्यय सार्विक (universal) होते हैं।

3. बालकों द्वारा यह अनुभव किया जाना कि सभी वस्तुओं में मानवीय गुण होते हैं, एक उदाहरण है
(क) जीववादी संप्रत्यय (animistic concept) का
(ख) स्थान का संप्रत्यय (concept of space) का
(ग) आत्मसंप्रत्यय (self-concept) का
(घ) इनमें कोई नहीं

4. निम्नांकित में किससे संप्रत्यय विकास (concept development) प्रभावित नहीं होता है?
(क) यौन (sex) (ख) बुद्धि (intelligence)
(ग) व्यक्तित्व (personality) (घ) शारीरिक बनावट (bodily structure)

5. किस अवस्था में बालक समूह के मानक (norms) के अनुसार यह तय करते हैं कि अमुक वस्तु सुंदर है या नहीं?
(क) 10 साल की आयु में (ख) 16 साल की आयु में
(ग) 6 साल की आयु में (घ) 12 साल की आयु में

6. निम्नांकित में कौन बालकों में संप्रत्यय विकास के लिए आवश्यक नहीं है?
(क) संबंधों को सही-सही देखने की क्षमता
(ख) शब्दों के पीछे छिपे अर्थ को समझने की क्षमता
(ग) यथार्थ रूप से चिंतन करने की क्षमता
(घ) उत्तम स्मृति क्षमता

7. निम्नांकित कथनों पर ध्यान दें तथा दिए गए कूटसंकेत के आधार पर उत्तर दें।
1. संप्रत्यय निर्माण की प्रक्रिया उम्र बीतने के साथ-साथ विकसित होती जाती है।
2. संप्रत्यय निर्माण में पहले अमूर्त्त संप्रत्यय (abstract concept) तथा बाद में मूर्त्त संप्रत्यय (concrete concept) विकसित होता है।
3. संप्रत्यय में कोई-न-कोई सांवेगिक अनुभूति अवश्य होती है।

कूटसंकेत (Codes)

(क) केवल 2 सही है। (ख) 1, 2 और 3 सही हैं।
(ग) 2 और 3 सही हैं। (घ) 1 और 3 सही हैं।

8. निम्नांकित कथनों पर ध्यान दें तथा दिए गए कूटसंकेत के आधार पर उत्तर दें।

1. वस्तुओं के सामान्य गुणों (common properties) के आधार पर बालक संप्रत्यय निर्माण करते हैं।
2. पियाजे के अनुसार, बालकों में सबसे पहला संप्रत्यय वस्तु स्थायित्व (object permanence) का विकसित होता है।
3. आत्मसंप्रत्यय (self-concept) में शारीरिक प्रतिमाएँ (physical images), मनोवैज्ञानिक प्रतिमाएँ तथा भौगोलिक प्रतिमाएँ (geographical images) शामिल होती हैं।

कूटसंकेत (Codes)

(क) केवल 1 सही है। (ख) 1, 2 और 3 सही हैं।
(ग) केवल 1 और 2 सही हैं। (घ) 3 और 2 सही हैं।

9. निम्नांकित कथनों पर ध्यान दें तथा दिए गए कूटसंकेत के आधार पर उत्तर दें।

1. संप्रत्यय का विकास सामान्य से विशिष्ट की ओर होता है।
2. संप्रत्यय का विकास सभी बच्चों में एकसमान ढंग से होता है।
3. संप्रत्यय का विकास अपूर्वमेय (unpredictable) होता है।

कूटसंकेत (Codes)

(क) केवल 1 सही है। (ख) 2 और 3 सही हैं।
(ग) 1 और 3 सही हैं। (घ) केवल 3 सही है।

10. निम्नांकित कथनों पर ध्यान दें तथा दिए गए कूटसंकेत के आधार पर उत्तर दें।

1. संप्रत्यय विकास के लिए बालकों में शब्दों के पीछे छिपे अर्थ को समझने की क्षमता होनी चाहिए।
2. संप्रत्यय विकास के लिए बच्चों में स्मरण शक्ति अच्छी होनी चाहिए।
3. संप्रत्यय विकास के लिए बालकों में यथार्थ रूप से चिंतन करने की क्षमता होनी चाहिए।

कूटसंकेत (Codes)

(क) केवल 2 सही है। (ख) 1 और 3 सही हैं।
(ग) 2 और 3 सही हैं। (घ) केवल 3 सही है।

उत्तर (Answers)

1. (ग) **2.** (घ) **3.** (क) **4.** (घ) **5.** (ग)
6. (घ) **7.** (घ) **8.** (ग) **9.** (क) **10.** (ख)

अध्याय 10

नैतिक विकास

(Moral Development)

1. निम्नांकित में कौन कथन गलत है?

(क) नैतिक विकास में बच्चे ऐसे नियमों को सीखते हैं जिनके माध्यम से वे सही तथा गलत व्यवहार के बीच अंतर करना जान जाते हैं।

(ख) नैतिक विकास में सीखे गए नियम से व्यक्ति का अपना व्यवहार निर्धारित होता है।

(ग) नैतिक विकास की प्रक्रिया उम्र बीतने के साथ मजबूत होती चली जाती है।

(घ) नैतिक विकास बच्चों के अहं (ego) को मजबूत करता है।

2. निम्नांकित में कौन नैतिक विकास की एक विमा (dimension) नहीं है?

(क) सांवेगिक तत्त्व (ख) संज्ञानात्मक तत्त्व

(ग) भौतिक तत्त्व (घ) व्यवहारात्मक तत्त्व

3. बच्चों में जन्मजात शुद्धता (inborn purity) होती है। यह कथन किनका है?

(क) कोह्लबर्ग (Kohlberg) का (ख) जे॰ जे॰ रूसो (J J Rousseau) का

(ग) पियाजे (Piaget) का (घ) गिल्लिगन (Gilligan) का

4. दि मोरल जजमेंट ऑफ दि चाइल्ड (*The Moral Judgement of the Child*) नामक पुस्तक को किसने प्रकाशित किया था?

(क) पियाजे ने (ख) कोह्लबर्ग (Kohlberg) ने

(ग) गिल्लिगन (Gilligan) ने (घ) इनमें कोई नहीं

5. कोह्लबर्ग के अनुसार, साधनात्मक सापेक्षवादी उन्मुखता (instrumental relativist orientation) की अवस्था किस स्तर में होती है?

(क) प्राक्रूढ़िगत नैतिक तर्कणा (preconventional moral reasoning) के स्तर में

(ख) रूढ़िगत नैतिक तर्कणा (conventional moral reasoning) के स्तर में

(ग) उत्तररूढ़िगत नैतिक तर्कणा (postconventional moral reasoning) के स्तर में

(घ) इनमें कोई नहीं

6. नैतिक निरपेक्षवाद (absolute moralism) की घटना किस अवस्था में होती है?

(क) परायत्त नैतिकता (heteronomous morality) की अवस्था में

(ख) स्वायत्त नैतिकता (autonomous morality) की अवस्था में

(ग) 'क' एवं 'ख' दोनों में

(घ) इनमें कोई नहीं

7. पियाजे द्वारा प्रतिपादित स्वायत्त नैतिकता की अवस्था कब प्रारंभ होती है?

(क) 12 से 13 साल की आयु में (ख) 9 से 11 साल की आयु में

(ग) 8 से 9 साल की आयु में (घ) 6 से 7 साल की आयु में

8. निम्नांकित कथनों पर ध्यान दें तथा दिए गए कूटसंकेत के आधार पर उत्तर दें।

1. कोह्लबर्ग के नैतिक विकास के सिद्धांत में कुल छह अवस्थाएँ हैं।
2. पियाजे के नैतिक विकास के सिद्धांत में कुल तीन अवस्थाएँ हैं।
3. कोह्लबर्ग के सिद्धांत में पश्चिमी सांस्कृतिक पूर्वाग्रह (cultural bias) देखने को मिलता है।

कूटसंकेत (Codes)

(क) केवल 2 सही है। (ख) 1 और 2 सही हैं।

(ग) 1, 2 और 3 सही हैं। (घ) 1 और 3 सही हैं।

9. उत्तम लड़का-अच्छी लड़की (good boy-nice girl) की उन्मुखता किस स्तर में उत्पन्न होती है?

(क) रूढ़िगत नैतिक तर्कणा के स्तर (level of conventional moral reasoning) में

(ख) प्राक्रूढ़िगत नैतिक तर्कणा के स्तर (level of preconventional moral reasoning) में

(ग) उत्तररूढ़िगत नैतिक तर्कणा के स्तर (level of postconventional moral reasoning) में

(घ) इनमें कोई नहीं

10. निम्नांकित कथनों पर ध्यान दें तथा दिए गए कूटसंकेत के आधार पर उत्तर दें।

1. नैतिक व्यवहार को प्रेक्षण (observation) के आधार पर भी सीखा जा सकता है।
2. नैतिक व्यवहार की उत्पत्ति में पराहं (superego) की अहं भूमिका होती है।
3. पियाजे के अनुसार, नैतिक विकास में बच्चा पर्यावरणी बलों का एक निष्क्रिय प्रापक (passive recipient) होता है।

कूटसंकेत (Codes)

(क) केवल 3 सही है। (ख) 1 और 2 सही हैं।
(ग) 1 और 3 सही हैं। (घ) 2 और 3 सही हैं।

उत्तर (Answers)

1. (घ) **2.** (ग) **3.** (ख) **4.** (क) **5.** (क)
6. (क) **7.** (ख) **8.** (घ) **9.** (क) **10.** (ख)

अध्याय 11

किशोरावस्था का मनोविज्ञान
(Psychology of Adolescence)

1. निम्नांकित में कौन कथन गलत है?

(क) किशोरावस्था एक परिवर्ती अवस्था (transitional period) होती है।

(ख) किशोरावस्था में एक अस्पष्ट वैयक्तिक स्थिति होती है।

(ग) किशोरावस्था एक समस्या उम्र (problem age) होती है।

(घ) किशोरावस्था वास्तविकताओं की अनुभूति का समय होता है।

2. किशोरावस्था की व्याख्या करने में किस मनोवैज्ञानिक द्वारा पुनरावर्तन (recapitulation) पर अधिक बल डाला गया है?

(क) हॉल (Hall) द्वारा (ख) बैंडुरा (Bandura) द्वारा
(ग) इरिक्सन (Erikson) द्वारा (घ) इनमें कोई नहीं

3. इरिक्सन के अनुसार, किशोरों में कौन-सी स्थिति की प्रबलता देखी जाती है?

(क) पहचान संकट (identity crisis) (ख) विलगन (isolation)

(ग) सामर्थ्यता (competency) (घ) इच्छाशक्ति (willpower)

4. निम्नांकित कथनों पर ध्यान दें तथा दिए गए कूटसंकेत के आधार पर उत्तर दें।

1. किशोरावस्था अवास्तविकताओं (unrealism) का समय होता है।
2. किशोरावस्था विशिष्टता की खोज का समय होता है।
3. किशोरावस्था एक परिवर्ती अवस्था (transitional period) होती है।

कूटसंकेत (Codes)

(क) केवल 3 सही है। (ख) 1 और 2 सही हैं।

(ग) 1 और 3 सही हैं। (घ) 1, 2 और 3 सही हैं।

5. किस मनोवैज्ञानिक का विश्वास है कि बालकों में यौन (sex) जन्म से ही पाया जाता है?

(क) हॉल (Hall) का (ख) फ्रायड (Freud) का

(ग) अन्ना फ्रायड (Anna Freud) का (घ) इरिक्सन (Erikson) का

6. किशोरावस्था की कुछ प्रमुख आवश्यकताएँ (needs) होती हैं। निम्नांकित में कौन-सी आवश्यकता इस अवस्था की प्रबल आवश्यकता नहीं होती है?

(क) स्वतंत्रता की आवश्यकता (need for independence)

(ख) प्रतिष्ठा की आवश्यकता (need for prestige)

(ग) यौन आवश्यकता (sex need)

(घ) खेल-कूद की आवश्यकता (need for play)

7. निम्नांकित कथनों पर ध्यान दें तथा दिए गए कूटसंकेत के आधार पर उत्तर दें।

1. किशोरों की अभिरुचियों में स्थिरता अधिक होती है।
2. किशोरों की अभिरुचियाँ तेजी से विस्तारित होती हैं।
3. किशोरों की अभिरुचियों के मूल्य परिवर्तनशील होते हैं।

कूटसंकेत (Codes)

(क) केवल 1 सही है। (ख) 2 और 3 सही हैं।

(ग) 1 और 3 सही हैं। (घ) 1, 2 और 3 सही हैं।

8. निम्नांकित में किस अवस्था का संबंध किशोरावस्था से होता है?

(क) जननेंद्रियावस्था (genital stage)

(ख) अव्यक्त अवस्था (latency stage)

(ग) लिंगप्रधानावस्था (phallic stage)

(घ) इनमें कोई नहीं

9. किशोरों में आक्रामकता या सामाजिकता का विकसित होना मूलतः उनकी सांस्कृतिक आदतों एवं मानकों (norms) पर आधारित होता है। यह दावा है

(क) इरिक्सन (Erikson) का (ख) मारगैरेट मीड (Margaret Mead) का

(ग) बैंडुरा (Bandura) का (घ) हॉल (Hall) का

10. "स्कूल जाना प्रारंभ करने के पहले से ही यौन शिक्षा घर पर दी जानी चाहिए" तथा किशोरावस्था में इसपर स्कूल तथा घर दोनों में ही काफी ध्यान देना चाहिए। यह कथन किनका है?

(क) हॉल (Hall) का

(ख) फ्रायड (Freud) का

(ग) ब्लेयर, जोन्स तथा सिम्पसन (Blair, Jones and Simpson) का

(घ) इनमें कोई नहीं

उत्तर (Answers)

1. (घ)	**2.** (क)	**3.** (क)	**4.** (घ)	**5.** (ख)
6. (घ)	**7.** (ख)	**8.** (क)	**9.** (ख)	**10.** (ग)

अध्याय 12

सीखने में अभिप्रेरण तथा प्रोत्साहन
(Motivation and Incentive in Learning)

1. निम्नांकित कथनों पर ध्यान दें तथा दिए गए कूटसंकेत के आधार पर उत्तर दें।

1. अंतर्नोद (drive) आवश्यकता (need) से उत्पन्न होता है।
2. किसी चीज की कमी की अवस्था को आवश्यकता (need) कहा जाता है।
3. प्रोत्साहन (incentive) से आवश्यकता की पूर्ति एवं अंतर्नोद (drive) की कमी होती है।

कूटसंकेत (Codes)

(क) 1 और 3 सही हैं। (ख) केवल 2 सही है।

(ग) 2 और 3 सही हैं। (घ) 1, 2 और 3 सही हैं।

2. संबंधन अभिप्रेरण (affiliation motive) एक उदाहरण है

(क) शारीरिक अभिप्रेरण का (ख) अर्जित अभिप्रेरण का

(ग) उपलब्धि अभिप्रेरण का (घ) इनमें कोई नहीं

3. निम्नांकित कथनों पर ध्यान दें तथा दिए गए कूटसंकेत के आधार पर उत्तर दें।

1. उच्च उपलब्धि अभिप्रेरक वाले बालक कठिनाई वाले कार्य अधिक पसंद करते हैं।
2. उपलब्धि अभिप्रेरक वाले बालक असफल होने पर अपने-आप को दोषी ठहराते हैं।
3. उपलब्धि वाले बालक उन क्षेत्रों में अधिक काम करना चाहते हैं जिनके परिणाम पर काफी नियंत्रण होता है।

कूटसंकेत (Codes)

(क) 1 और 3 सही हैं। (ख) केवल 3 सही है।

(ग) 2 और 3 सही हैं। (घ) 1 और 2 सही हैं।

4. मनोवैज्ञानिकों द्वारा किए गए अध्ययनों से यह स्पष्ट हुआ कि चिंता (anxiety) एवं विभिन्न पाठों (lessons) को सीखने का संबंध

(क) उलटा यू आकार (inverted U-shaped) का होता है।

(ख) यू आकार का होता है।

(ग) एस आकार का (S-shaped) होता है।

(घ) इनमें कोई नहीं

5. निम्नांकित में कौन कथन गलत है?

(क) अभिप्रेरण व्यवहार को एक निश्चित दिशा प्रदान करता है।

(ख) अभिप्रेरण व्यवहारों को शक्ति प्रदान करता है।

(ग) अभिप्रेरण में व्यवहार चयनात्मक (selective) हो जाता है।

(घ) अभिप्रेरण में समस्थिति (homeostasis) में कोई परिवर्तन नहीं होता है।

6. किसी पाठ (lesson) में बालकों द्वारा दिखलाया जानेवाला स्वतः अभिरुचि (spontaneous interest) उदाहरण है

(क) आंतरिक अभिप्रेरण (intrinsic motivation) का

(ख) बाह्य अभिप्रेरण (extrinsic motivation) का

(ग) स्वतः अभिप्रेरण (spontaneous motivation) का

(घ) इनमें कोई नहीं

7. "अभिप्रेरण सीखने की एक आवश्यक शर्त है" (Motivation is an essential condition for learning)। यह कथन किसका है?

(क) एंडरसन (Anderson) का (ख) मेल्टन (Melton) का

(ग) केली (Kelley) का (घ) देसी (Deci) का

8. हरलॉक (Hurlock) द्वारा प्रशंसा तथा निंदा (reproof) का छात्रों के निष्पादन (performance) पर पड़नेवाले प्रभाव का अध्ययन करने के लिए किए गए प्रयोग के आलोक में निम्नांकित में कौन कथन असत्य (false) है?

(क) निंदित समूह ने प्रारंभ में तो शिक्षण में कुछ प्रगति दिखलाई, परंतु बाद में उसकी प्रगति कम हो गई।

(ख) प्रशंसित समूह शिक्षण में अधिक सफल रहे।

(ग) उपेक्षित समूह (ignored group) का निष्पादन निंदित समूह (reprooved group) से अधिक था।

(घ) नियंत्रित समूह का निष्पादन सबसे खराब था।

9. निम्नांकित में किसका प्रभाव शिक्षण के निष्पादन पर नहीं पड़ता है?

(क) पुरस्कार (ख) दंड

(ग) परिणाम का ज्ञान (घ) शारीरिक बनावट (bodily structure)

10. मैकक्लीलैंड तथा उनके सहयोगियों (McClelland et al.) ने किस क्षेत्र में शोधकार्य करके अपना वर्चस्व कायम किया है?

(क) चिंताह्रास (anxiety reduction)

(ख) संबंधन अभिप्रेरण (affiliation motive)

(ग) उपलब्धि अभिप्रेरण (achievement motive)

(घ) सत्ता अभिप्रेरण (power motivation)

उत्तर (Answers)

1. (क)	2. (ख)	3. (ग)	4. (क)	5. (घ)
6. (क)	7. (ख)	8. (ग)	9. (घ)	10. (ग)

अध्याय 13

सीखना

(Learning)

1. निम्नांकित कथनों पर ध्यान दें तथा दिए गए कूटसंकेत के आधार पर उत्तर दें।

1. सीखना व्यवहार में परिवर्तन को कहा जाता है।
2. व्यवहार में परिवर्तन मात्र अभ्यास (practice) के फलस्वरूप होता है।
3. व्यवहार में अपेक्षाकृत स्थायी परिवर्तन होता है।

कूटसंकेत (Codes)

(क) केवल 2 सही है। (ख) 1 और 3 सही हैं।
(ग) 2 और 3 सही हैं। (घ) 1, 2 और 3 सही हैं।

2. निम्नांकित में किससे उत्पन्न व्यवहार में परिवर्तन को सीखना नहीं कहा जाता है?

(क) अभ्यास से (ख) अनुभूति से
(ग) औषध खाने से (घ) इनमें सभी

3. ऊसूबेल (Ausubel) के अनुसार, निम्नांकित में कौन सीखने का एक प्रकार नहीं है?

(क) अभिग्रहण सीखना (reception learning)
(ख) अन्वेषण सीखना (discovery learning)
(ग) अर्थपूर्ण सीखना (meaningful learning)
(घ) संप्रत्यय सीखना (concept learning)

4. निम्नांकित में कौन सीखने का मुख्य नियम (primary law) नहीं है?

(क) प्रभाव नियम (law of effect)
(ख) अभ्यास का नियम (law of exercise)
(ग) अनुरूपता का नियम (law of analogy)
(घ) तत्परता का नियम (law of readiness)

5. जब किसी पाठ को सीखने में प्रारंभ के प्रयासों में सीखने की गति धीमी होती है और फिर बाद के प्रयासों में उसकी गति तीव्र हो जाती है, तो इसके फलस्वरूप किस तरह का शिक्षण वक्र (learning curve) तैयार होता है?

(क) वर्धमान त्वरण वक्र (positive acceleration curve)
(ख) समान निष्पादन वक्र (curve of equal return)
(ग) ऋणात्मक त्वरण वक्र (negative acceleration curve)
(घ) एस आकार का वक्र (S-shaped curve)

6. सीखने के पैवलव के सिद्धांत को किस श्रेणी में रखा जाएगा?

(क) पुनर्बलन सिद्धांत (reinforcement theory)
(ख) अपुनर्बलन सिद्धांत (nonreinforcement theory)
(ग) संज्ञानात्मक सिद्धांत (cognitive theory)
(घ) इनमें कोई नहीं

7. जब व्यक्ति एक खास उद्दीपक के प्रति अनुक्रिया करना सीख लेता है, तो वह उद्दीपन से मिलते-जुलते सभी अन्य उद्दीपनों के प्रति भी लगभग वैसी ही अनुक्रिया करता है। इसे कहा जाता है

(क) अनुक्रिया सामान्यीकरण (response generalization)
(ख) उद्दीपन सामान्यीकरण (stimulus generalization)
(ग) सामान्यीकरण (generalization)
(घ) इनमें कोई नहीं

8. 'टहलना' एक उदाहरण है

(क) प्रतिवादी अनुक्रिया (respondent response)
(ख) क्रियाप्रसूत अनुक्रिया (operant response)
(ग) अनुबंधित प्रतिवर्त अनुक्रिया (conditional reflex response)
(घ) इनमें कोई नहीं

9. मिलर तथा डोलार्ड (Miller and Dollard) के अनुसार, निम्नांकित में कौन अनुकरणात्मक अधिगम (imitational learning) का प्रकार नहीं है?

(क) समान व्यवहार (same behaviour)
(ख) प्रतिलिपि व्यवहार (copying behaviour)
(ग) समेलित-आश्रित व्यवहार (matched-dependent behaviour)
(घ) अन्वेषणात्मक व्यवहार (exploratory behaviour)

10. सूची I में दिए गए संप्रत्ययों को सूची II में दिए गए मनोवैज्ञानिक से सुमेलित कर कूटसंकेत के आधार पर उत्तर दें।

सूची I	**सूची II**
A. अन्वेषण सीखना (Discovery learning)	1. पैवलव (Pavlov)
B. अहा अनुभव (Aha experience)	2. कोहलर (Kohler)
C. पुनर्बलन अनुसूची (Schedule of reinforcement)	3. स्कीन्नर (Skinner)
D. टाइप-एस अनुबंधन (Type-S conditioning)	4. ऊसूबेल (Ausubel)

कूटसंकेत (Codes)

(क)	A	B	C	D
	4	3	2	1
(ख)	A	B	C	D
	3	2	1	4
(ग)	A	B	C	D
	4	2	3	1
(घ)	A	B	C	D
	2	1	3	4

उत्तर (Answers)

1. (ख)	**2.** (ग)	**3.** (घ)	**4.** (ग)	**5.** (क)
6. (क)	**7.** (ख)	**8.** (ख)	**9.** (घ)	**10.** (ग)

अध्याय 14

शैक्षिक प्रौद्योगिकी एवं कार्यक्रमबद्ध अधिगम

(Educational Technology and Programmed Learning)

1. सबसे पहली शिक्षण मशीन (teaching machine) किसने तैयार किया था?

(क) स्कीन्नर (Skinner) ने (ख) प्रेस्सी (Pressy) ने

(ग) लुम्सडेन (Lumsdaine) ने (घ) इनमें कोई नहीं

2. कार्यक्रमबद्ध अधिगम (programmed learning) का कौन अंश (part) नहीं है?

(क) तात्कालिक पुनर्निवेशन (immediate feedback)

(ख) आत्मप्रगति (self-pacing)

(ग) स्पष्ट अनुक्रिया (overt responding)

(घ) तात्कालिक नियंत्रण (immediate control)

3. जो व्यक्ति उद्दीपक परिस्थिति को एक समग्र रूप से प्रत्यक्षण करता है तथा वह एक तत्त्व को दूसरे तत्त्व से अलग नहीं कर पाता है, को कहा जाता है

(क) क्षेत्र निर्भर (field dependent) (ख) क्षेत्र स्वतंत्र (field independent)

(ग) क्षेत्र सक्रिय (field active) (घ) क्षेत्र निष्क्रिय (field passive)

4. जब छात्र किसी विषय या पाठ को अर्थ समझकर उसे सीखते हैं, तो वह छात्र किस संज्ञानात्मक शैली (cognitive style) का उपयोग करता पाया जाता है?

(क) चिंतनशील शैली (reflective style)

(ख) गहरी शैली (deep style)
(ग) क्षेत्र निर्भर शैली (field-dependent style)
(घ) इनमें कोई नहीं

5. हरमन विटकीन (Herman Witkin) किस क्षेत्र में शोध के लिए मशहूर है?
(क) आवेगशील/चिंतनशील शैली (impulsive/reflective style)
(ख) गहरी/सतही शैली (deep/surface style)
(ग) क्षेत्र स्वतंत्र/क्षेत्र निर्भर शैली (field independent/field dependent style)
(घ) संवेदी-अनुकूलन शैली (sensory-adaptation style)

6. अगर आपका कोई दोस्त ऐसा है जो साहित्य (literature) एवं इतिहास (history) के अध्ययन में अधिक रुचि दिखलाता है, तो उसे आप किस शैली का व्यक्ति कहेंगे?
(क) चिंतनशील शैली (reflective style)
(ख) क्षेत्र निर्भर शैली (field dependent style)
(ग) आवेगशील शैली (impulsive style)
(घ) क्षेत्र स्वतंत्र शैली (field independent style)

7. फ्रेड केलर (Fred Keller) का नाम किससे जुड़ा हुआ है?
(क) कार्यक्रमबद्ध अधिगम (programmed learning)
(ख) कंप्यूटर-सहायता प्राप्त निदेश (computer-assisted instruction or CAI)
(ग) निर्देश का वैयक्तिक क्रम (personalized system of instruction or PSI)
(घ) इनमें कोई नहीं

8. कार्यक्रमबद्ध अधिगम (programmed learning) का आधार क्या है?
(क) सीखने का व्यवहारवादी सिद्धांत
(ख) सीखने का संज्ञानात्मक सिद्धांत
(ग) ऊसूबेल द्वारा प्रस्तावित सीखने का सिद्धांत
(घ) इनमें कोई नहीं

9. एक अर्थ में शैक्षिक प्रौद्योगिकी (educational technology) से तात्पर्य शिक्षा में शिक्षक द्वारा दिए गए निर्देश में वैज्ञानिक नियमों एवं सिद्धांतों के उपयोग से होता है। इस अर्थ के समर्थक कौन हैं?
(क) स्कीन्नर (Skinner) तथा गेगनी (Gagne)
(बा) फिन्न (Finn) तथा स्कीन्नर
(ग) गेगनी तथा फिन्न
(घ) स्कीन्नर, गेगनी तथा फिन्न

10. निम्नांकित कथनों पर ध्यान दें तथा दिए गए कूटसंकेत के आधार पर उत्तर दें।
1. कार्यक्रमबद्ध अधिगम में सीखे जानेवाले विषय को छोटे-छोटे खंडों में बाँटकर शिक्षार्थी को दिया जाता है।
2. शिक्षार्थी को अपने शिक्षण की यथार्थता (accuracy) से तुरंत अवगत कराया जाता है।
3. शिक्षार्थी को तेजी से सीखने पर बल डाला जाता है।

कूटसंकेत (Codes)

(क) 1 और 2 सही हैं। (ख) केवल 3 सही है।
(ग) 2 और 3 सही हैं। (घ) 1, 2 और 3 सही हैं।

उत्तर (Answers)

1. (ख)	**2.** (घ)	**3.** (क)	**4.** (ख)	**5.** (ग)
6. (ख)	**7.** (ग)	**8.** (क)	**9.** (क)	**10.** (क)

अध्याय 15

प्रशिक्षण या सीखने का अंतरण

(Transfer of Training or Learning)

1. जब छात्र यह जानता है कि 8 – 2 = 6 होता है, और घर पर जाने पर वह आठ आम में दो आम निकाल देने के बाद इस निष्कर्ष पर पहुँचता है कि अब 6 आम ही शेष होंगे, तब यह एक उदाहरण है

(क) अनुलंब अंतरण (vertical transfer) का
(ख) पार्श्वीय अंतरण (lateral transfer) का
(ग) समस्तर अंतरण (horizontal transfer) का
(घ) इनमें कोई नहीं

2. जब शरीर के बायें अंग से सीखे गए कौशल का अंतरण स्वतः दायें अंग के सीखने पर या दायें अंग से सीखे गए कौशल का अंतरण स्वतः बायें अंग से सीखने पर होता है, तो इसे कहा जाता है

(क) समीपवर्ती अंतरण (near transfer)
(ख) द्विपार्श्वीय अंतरण (bilateral transfer)
(ग) अनुलंब अंतरण (vertical transfer)
(घ) अनुक्रमिक अंतरण (sequential transfer)

3. एक सिद्धांत के अनुसार, कठिन विषयों को सीखने से मस्तिष्क इतना अधिक तीक्ष्ण हो जाता है कि किसी भी समस्या का समाधान करने में कोई दिक्कत नहीं होती है। इस सिद्धांत को कहा जाता है

(क) समरूप तत्त्वों (identical elements) का सिद्धांत
(ख) सामान्यीकरण (generalization) का सिद्धांत
(ग) औपचारिक अनुशासन (formal discipline) का सिद्धांत
(घ) पक्षांतर सिद्धांत (transpositional theory)

4. जब सीखने की पुरानी एवं नई परिस्थितियों के बीच विषयों, विधियों एवं मानसिक प्रक्रियाओं आदि में समानता होती है, तो इससे धनात्मक अंतरण (positive transfer) होता है। इस तथ्य की व्याख्या होती है

(क) समरूप तत्त्वों (identical elements) के सिद्धांत से

(ख) सामान्यीकरण (generalization) के सिद्धांत से
(ग) औपचारिक अनुशासन (formal discipline) के सिद्धांत से
(घ) इनमें कोई नहीं

5. शिक्षण के सामान्यीकरण सिद्धांत (generalization theory) का प्रतिपादन किसके द्वारा किया गया?

(क) जुड्ड (Judd) (ख) वुडवर्थ (Woodworth)
(ग) थॉर्नडाइक (Thorndike) (घ) हेंड्रिक्सन (Hendrickson)

6. समस्तर अंतरण (horizontal transfer) एक तरह का है

(क) समीपवर्ती अंतरण (near transfer)
(ख) दूरवर्ती अंतरण (far transfer)
(ग) पार्श्वीय अंतरण (lateral transfer)
(घ) निम्न-रोड अंतरण (low-road transfer)

7. जब छात्र को काफी सोच-समझकर आरंभिक सीखने की परिस्थिति तथा वर्तमान परिस्थिति में संबंध स्थापित करने के उपरांत धनात्मक अंतरण होता है, तो इसे कहा जाता है

(क) दूरवर्ती अंतरण (far transfer)
(ख) अनुलंब अंतरण (vertical transfer)
(ग) उच्च-रोड अंतरण (high-road transfer)
(घ) निम्न-रोड अंतरण (low-road transfer)

8. निम्नांकित में किनके प्रयोग के परिणाम से प्रशिक्षण अंतरण के औपचारिक अनुशासन (formal discipline) सिद्धांत को काफी धक्का पहुँचा है?

(क) विलियम जेम्स (ख) जे॰ वी॰ वाटसन
(ग) वुडवर्थ (घ) थॉर्नडाइक

9. निम्नांकित कथनों पर ध्यान दें तथा दिए गए कूटसंकेत के आधार पर उत्तर दें।

1. एक परिस्थिति से दूसरी परिस्थिति में सीखे गए कौशल के अंतरण (transfer) का आधार पक्षांतर (transposition) होता है।
2. जब दो परिस्थितियों के बीच समरूप तत्त्वों (identical elements) की संख्या अधिक होती है, तो इसमें धनात्मक अंतरण में बाधा पहुँचती है।
3. कठिन विषयों को पढ़ने या सीखने से व्यक्ति का मस्तिष्क मजबूत हो जाता है।

कूटसंकेत (Codes)

(क) केवल 2 सही है। (ख) 1, 2 और 3 सही हैं।
(ग) 1 और 3 सही हैं। (घ) 2 और 3 सही हैं।

10. निम्नांकित कथनों पर ध्यान दें तथा दिए गए कूटसंकेत के आधार पर उत्तर दें।

1. आनुक्रमिक सीखना (sequential learning) में अंतरण (transfer) प्रायः ऋणात्मक (negative) होता है।
2. जब आरंभिक अधिगम (initial learning) से भिन्न परिस्थिति में अंतरण (transfer) होता है, तो इसे समीपवर्ती अंतरण (near transfer) कहा जाता है।

3. किसी विषय को सीखने का अंतरण समान स्तर की परिस्थितियों या विषयों (subjects) में होता है, तो उसे पार्श्वीय अंतरण (lateral transfer) कहा जाता है।

कूटसंकेत (Codes)

(क) केवल 3 सही है। (ख) 2 और 3 सही हैं।
(ग) 1 और 3 सही हैं। (घ) केवल 2 सही है।

उत्तर (Answers)

1. (ख)	**2.** (ख)	**3.** (ग)	**4.** (क)	**5.** (क)
6. (ग)	**7.** (ग)	**8.** (क)	**9.** (ग)	**10.** (क)

अध्याय 16

स्मरण एवं विस्मरण

(Remembering and Forgetting)

1. निम्नांकित में कौन चलन स्मृति (working memory) का तत्त्व नहीं है?
(क) ध्वनिग्रामीय लूप (phonological loop)
(ख) दृष्टि-स्थानिक स्केच पैड (visual-spatial sketch pad)
(ग) केंद्रीय कार्यपालक (central executive)
(घ) दृष्टि लूप (visual loop)

2. किस स्मृति (memory) में व्यक्तिगत अनुभूतियाँ संचित होती हैं?
(क) प्रासंगिक स्मृति (episodic memory)
(ख) अर्थगत स्मृति (semantic memory)
(ग) स्पष्ट स्मृति (explicit memory)
(घ) इनमें कोई नहीं

3. किस स्मृति को मानसिक वर्कबेंच (mental workbench) कहा गया है?
(क) लघु-अवधि स्मृति (short-term memory)
(ख) चलन स्मृति (working memory)
(ग) संवेदी स्मृति (sensory memory)
(घ) दीर्घकालीन अवधि स्मृति (long-term memory)

4. इबिंगहॉस (Ebbinghaus) द्वारा प्रतिपादित विस्मरण-वक्र (forgetting curve) से क्या संदेश मिलता है?
(क) विस्मरण एक निष्क्रिय मानसिक प्रक्रिया (passive mental process) है।
(ख) विस्मरण एक सक्रिय मानसिक प्रक्रिया (active mental process) है।
(ग) विस्मरण एक पुनरुत्पादक (reproductive) मानसिक प्रक्रिया है।
(घ) विस्मरण का स्वरूप गत्यात्मक (dynamic) होता है।

5. संज्ञानात्मक परिघटनाओं के बारे में संज्ञान (cognition about cognitive phenomena) को कहा जाता है?

(क) मेटासंज्ञान (metacognition)
(ख) लघुसंज्ञान (microcognition)
(ग) वृहदसंज्ञान (macrocognition)
(घ) इनमें कोई नहीं

6. अधूरे सीखे गए पाठ की याद पूर्ण सीखे गए पाठ की अपेक्षा अधिक सबल होती है। इसे कहा गया है

(क) फिलिन्न प्रभाव (Flynn effect)
(ख) जैगारनिक प्रभाव (Zeigarnik effect)
(ग) जॉन हेनरी प्रभाव (John Henry effect)
(घ) गलत-सर्वसम्मति प्रभाव (False-consensus effect)

7. बार्टलेट (Bartlett) द्वारा किए गए बहुचर्चित प्रयोग में एक उल्लू के चित्र को दसवें पुनरुत्पादन (reproduction) में प्रयोज्यों द्वारा बिल्ली के चित्र के रूप में रेखांकित किया था। इस तथ्य से निम्नांकित में किस कथन को समर्थन मिलता है?

(क) स्मरण एक रचनात्मक मानसिक प्रक्रिया है।
(ख) स्मरण का स्वरूप पुनरुत्पादक (reproductive) होता है।
(ग) विस्मरण एक सक्रिय मानसिक प्रक्रिया है।
(घ) विस्मरण एक निष्क्रिय मानसिक प्रक्रिया है।

8. निम्नांकित में किस विधि द्वारा धारण (retention) की जाँच नहीं होती है?

(क) प्रत्याह्वान विधि (recall method)
(ख) प्रत्यभिज्ञान विधि (recognition method)
(ग) पुनःसीखना विधि (relearning method)
(घ) पुनरुत्पादक विधि (reproductive method)

9. सूची I में दिए गए संप्रत्ययों को सूची II में दी गई व्याख्या से सुमेलित कर कूटसंकेत के आधार पर उत्तर दें।

सूची I	**सूची II**
A. पृष्ठोन्मुख अवरोध (retroactive inhibition)	1. पूर्व सीखे गए पाठ के कारण धारण में कमी
B. प्रासंगिक स्मृति (episodic memory)	2. अधूरे पाठ की स्मृति तुलनात्मक रूप से उत्तम
C. जैगारनिक प्रभाव (Zeigarnik effect)	3. व्यक्तिगत अनुभूतियों की संचयन
D. अर्थगत स्मृति (semantic memory)	4. शब्दों का एक संगठित ज्ञान

कूटसंकेत (Codes)

	A	B	C	D
(क)	2	1	3	4
(ख)	1	3	4	2
(ग)	1	4	2	3
(घ)	1	3	2	4

10. किस मनोवैज्ञानिक का यह दावा है कि भूलने का कारण समय का बीतना नहीं होता है, बल्कि उस बीते हुए समय में कुछ नए पाठ या चीज का सीखना होता है?

(क) इबिंगहॉस (Ebbinghaus)

(ख) बार्टलेट (Bartlett)

(ग) मूलर तथा पिलजेकर (Muller and Pilzecker)

(घ) टुलविंग (Tulving)

उत्तर (Answers)

1. (घ)	**2.** (क)	**3.** (ख)	**4.** (क)	**5.** (क)
6. (ख)	**7.** (क)	**8.** (घ)	**9.** (घ)	**10.** (ग)

अध्याय 17

परीक्षा एवं परीक्षण

(Examination and Test)

1. शैक्षिक लब्धि (educational quotient) का सूत्र क्या है?

(क) $\text{शैक्षिक लब्धि} = \dfrac{\text{शैक्षिक आयु (educational age)}}{\text{तैथिक आयु (chronological age)}} \times 100$

(ख) $\text{शैक्षिक लब्धि} = \dfrac{\text{तैथिक आयु}}{\text{शैक्षिक आयु}} \times 100$

(ग) $\text{शैक्षिक लब्धि} = \dfrac{\text{तैथिक आयु} \times \text{शैक्षिक आयु}}{100}$

(घ) $\text{शैक्षिक लब्धि} = \dfrac{\text{तैथिक आयु}}{\text{शैक्षिक आयु} \times 100}$

2. ब्लॉक डिजाइन बुद्धि परीक्षण उदाहरण है

(क) क्रियात्मक परीक्षण (performance test) का

(ख) अशाब्दिक परीक्षण (nonverbal test) का

(ग) शाब्दिक परीक्षण (verbal test) का

(घ) इनमें कोई नहीं

3. एक उत्तम परीक्षण का कौन-सा गुण नहीं है?

(क) विश्वसनीयता (reliability)

(ख) वैधता (validity)

(ग) मानकीकरण (standardization)

(घ) रचनात्मकता (constructiveness)

4. एक एम॰ ए॰ पास छात्र के लिए तीसरे वर्ग की अंकगणितीय समस्याओं के समाधान का एक उदाहरण होगा

(क) गति परीक्षण (speed test) का

(ख) अशाब्दिक परीक्षण का

(ग) शक्ति परीक्षण (power test) का

(घ) इनमें कोई नहीं

5. किसी परीक्षण के दो क्रियान्वयनों (administrations) पर जो 14 दिन के अंतराल पर किया गया है, यदि सभी व्यक्ति का प्राप्तांक दोनों ही क्रियान्वयनों पर लगभग एकसमान आता है, तो इसका क्या मतलब होगा?

(क) परीक्षण प्राप्तांक में वैधता (validity) है।

(ख) परीक्षण प्राप्तांक में विश्वसनीयता (reliability) है।

(ग) परीक्षण प्राप्तांक में वस्तुनिष्ठता है।

(घ) परीक्षण प्राप्तांक समय बीतने से प्रभावित नहीं होता है।

6. यदि किसी परीक्षण की अर्द्ध-परीक्षण विश्वसनीयता (half-test reliability) .65 है, तो उसके संपूर्ण परीक्षण की विश्वसनीयता क्या होगी?

(क) 0.68 (ख) 0.85

(ग) 0.69 (घ) 0.79

7. निम्नांकित कथनों पर ध्यान दें तथा दिए गए कूटसंकेत के आधार पर उत्तर दें।

1. $K - R_{21}$ के उपयोग के लिए यह आवश्यक है कि एकांशों की कठिनता स्तर में भिन्नता हो।
2. यदि किसी परीक्षण पर वैयक्तिक विभिन्नता लगभग शून्य हो जाती हो, तो विश्वसनीयता गुणांक (reliability coefficient) भी शून्य हो जाता है।
3. $K - R_{20}$ का उपयोग उन परिस्थितियों में होता है जहाँ एकांशों की कठिनता स्तर में साधारण भिन्नता होती है।

कूटसंकेत (Codes)

(क) केवल 3 सही है। (ख) 1 और 3 सही हैं।

(ग) 2 और 3 सही हैं। (घ) 1, 2 और 3 सही हैं।

8. अगर किसी परीक्षण की वैधता (validity) पहले से निर्मित समान परीक्षण के साथ सहसंबंधित ज्ञात करके किया जाता है, तो इसे कहा जाता है

(क) भविष्यवाची वैधता (predictive validity)
(ख) रचनात्मक वैधता (constructive validity)
(ग) समवर्ती वैधता (concurrent validity)
(घ) इनमें कोई नहीं

9. निम्नांकित में किसका प्रभाव परीक्षण की वैधता पर नहीं पड़ता है?

(क) परीक्षण की लंबाई
(ख) सामाजिक-सांस्कृतिक भिन्नता
(ग) समूह में छात्रों की क्षमता
(घ) परीक्षण की व्यावहारिकता (practicality)

10. अगर आप 1 साल से 5 साल तक के बच्चों का बुद्धि परीक्षण बना रहे हैं, तो आपके परीक्षण के लिए कौन-सा मानक (norms) सबसे अधिक उपयुक्त होगा?

(क) वर्ग मानक (grade norms)
(ख) शतमक मानक (percentile norms)
(ग) आयु मानक (age norms)
(घ) इनमें कोई नहीं

उत्तर (Answers)

1. (क)	**2.** (क)	**3.** (घ)	**4.** (क)	**5.** (ख)
6. (घ)	**7.** (ग)	**8.** (ग)	**9.** (घ)	**10.** (ग)

अध्याय 18

उपलब्धि परीक्षण

(Achievement Test)

1. निम्नांकित कथनों पर ध्यान दें तथा दिए गए कूटसंकेत के आधार पर उत्तर दें।

1. उपलब्धि परीक्षण द्वारा किसी विशेष क्षेत्र में अर्जित निपुणता तथा ज्ञान को मापा जाता है।
2. उपलब्धि परीक्षण किसी मानकीकृत विधि (standardized method) पर आधारित नहीं होता है।
3. उपलब्धि परीक्षण द्वारा शिक्षकों को छात्रों से गृहकार्य तथा वर्गकार्य की मात्रा का निर्धारण करने में सहूलियत होती है।

कूटसंकेत (Codes)

(क) केवल 2 सही है। (ख) 1 और 3 सही हैं।
(ग) 2 और 3 सही हैं। (घ) 1, 2 और 3 सही हैं।

2. निष्पत्ति लब्धि (achievement quotient or AQ) ज्ञात करने का सूत्र क्या है?

(क) $\dfrac{\text{शैक्षिक आयु (educational age)}}{\text{मानसिक आयु (mental age)}} \times 100$

(ख) $\dfrac{\text{मानसिक आयु} \times 100}{\text{शैक्षिक आयु}}$

(ग) $\dfrac{\text{शैक्षिक आयु} \times \text{मानसिक आयु}}{100}$

(घ) $\dfrac{100}{\text{शैक्षिक आयु} \times \text{मानसिक आयु}}$

3. उपलब्धि परीक्षण तथा अभिक्षमता परीक्षण (aptitude test) के अंतर के बारे में कौन-सा कथन सही नहीं है?

(क) उपलब्धि परीक्षण द्वारा किसी कार्यक्षेत्र में अर्जित ज्ञान का मापन होता है जबकि अभिक्षमता परीक्षण द्वारा किसी कार्यक्षेत्र में निपुणता प्राप्त करने की अंतःशक्ति (potential) का मापन होता है।

(ख) उपलब्धि परीक्षण द्वारा प्रशिक्षण (training) के बाद मिलनेवाली सफलता की माप की जाती है जबकि अभिक्षमता परीक्षण (aptitude test) द्वारा प्रशिक्षण के पहले मिलनेवाली सफलता की माप की जाती है।

(ग) उपलब्धि परीक्षण के आधार पर यह पूर्वानुमान किया जाता है कि भविष्य में प्रशिक्षण पाने के पहले उसका निष्पादन कैसा होगा जबकि अभिक्षमता परीक्षण द्वारा ऐसा पूर्वानुमान लगाना संभव नहीं है।

(घ) उपलब्धि परीक्षण में विशिष्टता पर अभिक्षमता परीक्षण की तुलना में अधिक बल डाला जाता है।

4. निम्नांकित कथनों पर ध्यान दें तथा दिए गए कूटसंकेत के आधार पर उत्तर दें।

1. निपुणता परीक्षण (proficiency test) का संबंध अर्जित व्यावसायिक ज्ञान को मापने से नहीं होता है।
2. निपुणता परीक्षण में एकांशों का निर्माण करते समय विशेषज्ञों को कार्य विश्लेषण (job analysis) करना पड़ता है।
3. निपुणता परीक्षण के एकांशों का निर्माण करते समय स्कूल में पढ़ाए जानेवाले विषय के तथ्यों का ज्ञान रखना पड़ता है।

कूटसंकेत (Codes)

(क) केवल 2 सही है। (ख) 1 और 2 सही हैं।
(ग) 1 और 3 सही हैं। (घ) केवल 3 सही है।

5. निम्नांकित में किसे उपलब्धि परीक्षण के उद्देश्य में शामिल नहीं किया जा सकता है?

(क) उपलब्धि परीक्षण के आधार पर कक्षोन्नति (class promotion) के बारे में एक प्रभावकारी निर्णय ले पाते हैं।

(ख) उपलब्धि परीक्षण के परिणामों के आधार पर शिक्षक शिक्षा नीति में उचित एवं धनात्मक संशोधन कर पाते हैं।

(ग) उपलब्धि परीक्षण के परिणामों के आधार पर शैक्षिक निर्देशन (educational guidance) का काम तो उत्तम ढंग से हो पाता है, लेकिन व्यक्तिगत निर्देशन (personal guidance) का काम ठीक ढंग से नहीं हो पाता है।

(घ) उपलब्धि परीक्षण छात्रों को अधिक-से-अधिक सीखने एवं कौशल प्राप्त करने की दिशा में प्रेरणा देता है।

6. जब शिक्षक किसी ऐसे उपलब्धि परीक्षण का उपयोग करते हैं जिसके परिणामों के आधार पर छात्रों के उन विषय क्षेत्रों का पता लगाया जाता है जिसमें उन्हें अधिक कठिनाई होती है, तब इस तरह के उपलब्धि परीक्षण को कहा जाता है

(क) नैदानिक उपलब्धि परीक्षण (diagnostic achievement test)

(ख) मानकीकृत उपलब्धि परीक्षण (standardized achievement test)

(ग) शैक्षिक उपलब्धि परीक्षण (educational achievement test)

(घ) इनमें कोई नहीं

उत्तर (Answers)

1. (ख) **2.** (क) **3.** (ग) **4.** (क) **5.** (ग) **6.** (क)

अध्याय 19

व्यक्तित्व

(Personality)

1. हिप्पोक्रेट्स (Hippocrates) द्वारा बतलाए गए व्यक्तित्व का 'गुस्सैल' (choleric) प्रकार निम्नांकित में किस द्रव (humor) की अधिकता से होता है?

(क) पीला पित्त (yellow bile) (ख) काला पित्त (black bile)

(ग) रक्त (blood) (घ) कफ या श्लेष्मा (phlegm)

2. यदि किसी व्यक्ति की शारीरिक संरचना दुबला-पतला, लंबे कद एवं कमजोर मांसपेशियों से युक्त है, तो इसे किस तरह के व्यक्तित्व प्रकार में रखा जाएगा?

(क) पिकनिक प्रकार (pyknic type)

(ख) एस्थेनिक प्रकार (asthenic type)

(ग) डाइसप्लैस्टिक प्रकार (dysplastic type)

(घ) इनमें कोई नहीं

3. विसरोटोनिया (viscerotonia) स्वभाव के व्यक्ति का प्रकार कौन-सा होता है?

(क) एंडोमार्फी (endomorphy) (ख) मेसोमार्फी (mesomorphy)

(ग) एक्टोमार्फी (ectomorphy) (घ) एनोमार्फी (anomorphy)

4. आइजेन्क (Eysenck) के अनुसार, मनोविकृति (psychoticism) का विपरीत क्या होता है?

(क) स्नायुविकृति (neuroticism)

(ख) पराहं की क्रियाएँ (superego function)

(ग) बहिर्मुखता (extroversion)

(घ) अंतर्मुखता (introversion)

5. जिस किसी शीलगुण की प्रधानता होती है तथा जिनसे व्यक्ति के लगभग प्रत्येक व्यवहार की व्याख्या हो सकती है, को कहा जाता है

(क) केंद्रीय शीलगुण (central trait)

(ख) कार्डिनल शीलगुण (cardinal trait)

(ग) गौण शीलगुण (secondary trait)

(घ) इनमें कोई नहीं

6. कैटेल (Cattell) के अनुसार, परोपकारिता (altruism) एक उदाहरण है

(क) मूल शीलगुण (source trait)

(ख) सतही शीलगुण (surface trait)

(ग) केंद्रीय शीलगुण (central trait)

(घ) सामान्य शीलगुण (common trait)

7. इपाइनफ्राइन (epinephrine) किस ग्रंथि का हॉर्मोन (hormone) होता है?

(क) पीयूष ग्रंथि (pituitary gland)

(ख) एड्रीनल ग्रंथि (adrenal gland)

(ग) पैंक्रियाज (pancreas)

(घ) कंठ ग्रंथि (thyroid gland)

8. निम्नांकित में किस ग्रंथि को मास्टर ग्रंथि (master gland) कहा जाता है?

(क) पीयूष ग्रंथि (pituitary gland)

(ख) यौन ग्रंथि (sex gland)

(ग) उपकंठ ग्रंथि (parathyroid gland)

(घ) पैंक्रियाज (pancreas)

9. निम्नांकित में कौन MMPI-2 की एक नैदानिक मापनी (clinical scale) नहीं है?

(क) उन्माद मापनी (hysteria scale)

(ख) विषाद मापनी (depression scale)

(ग) अल्पोन्माद मापनी (hypomania scale)

(घ) दुर्भीति मापनी (phobia scale)

10. निम्नांकित में कौन-सा अक्षर चिह्न (letter symbol) कैटेल के 16 व्यक्तित्व-कारक प्रश्नावली में कोई कारक (factor) नहीं है?

(क) M (ख) E (ग) C (घ) P

11. रोर्शाख परीक्षण का कार्ड संख्या 8 किस तरह का कार्ड है?

(क) काला-उजला कार्ड (black-white card)

(ख) रंगीन कार्ड (coloured card)
(ग) अंशतः रंगीन कार्ड (partially coloured card)
(घ) इनमें कोई नहीं

12. विषय-आत्मबोधन परीक्षण (thematic apperception test) द्वारा किसका मापन होता है?
(क) शीलगुण (trait) का
(ख) आवश्यकता (need) का
(ग) अभिप्रेरण (motivation) का
(घ) इनमें कोई नहीं

13. विषय-आत्मबोधन परीक्षण में किसी एक व्यक्ति पर कितने कार्ड का क्रियान्वयन किया जाता है?
(क) 20 (ख) 19 (ग) 30 (घ) 31

14. MMPI-A का उपयोग किनके लिए किया जाता है?
(क) वयस्कों के लिए (ख) बच्चों के लिए
(ग) किशोरों के लिए (घ) इनमें कोई नहीं

15. सामुदायिकता (gregariousness), निस्स्वार्थता (unselfishness) तथा हास्य (humour) तीनों शीलगुण मिलकर एक नए शीलगुण का जन्म देते हैं। उस नए शीलगुण का नाम है
(क) मित्रता (friendliness)
(ख) सांवेगिक स्थिरता (emotional stability)
(ग) बहिर्मुखता (extroversion)
(घ) अंतर्मुखता (introversion)

उत्तर (Answers)

1. (क)	**2.** (ख)	**3.** (क)	**4.** (ख)	**5.** (ख)
6. (ख)	**7.** (ख)	**8.** (क)	**9.** (घ)	**10.** (घ)
11. (ख)	**12.** (ख)	**13.** (क)	**14.** (ग)	**15.** (क)

अध्याय 20

अवधान, अभिरुचि एवं मनोवृत्ति

(Attention, Interest and Attitude)

1. निम्नांकित कथनों में कौन गलत है?
(क) अवधान एक चयनात्मक प्रक्रिया (selective process) है।
(ख) अवधान का स्वरूप प्रेरणात्मक होता है।
(ग) अवधान की प्रक्रिया में विशेष शारीरिक मुद्रा होती है।
(घ) अवधान में संवेगात्मक भाव सम्मिलित होता है।

2. छात्र द्वारा कक्षा में शिक्षा की बातों पर ध्यान देना एक उदाहरण है
(क) ऐच्छिक अवधान (voluntary attention) का
(ख) अनैच्छिक अवधान (involuntary attention) का
(ग) अभ्यासिक अवधान (habitual attention) का
(घ) इनमें कोई नहीं

3. यदि किसी उद्दीपक पर उसकी पुनरावृत्ति (repetition) के कारण व्यक्ति का ध्यान जाता है, तो इस उदाहरण में उद्दीपक की पुनरावृत्ति एक उदाहरण है
(क) बाह्य निर्धारक का (ख) आंतरिक निर्धारक का
(ग) सामाजिक निर्धारक का (घ) इनमें कोई नहीं

4. शिक्षक द्वारा पूछे जाने पर छात्र यदि स्पष्ट रूप से यह कहता है कि उसे संस्कृत अन्य विषयों की तुलना में अधिक रुचिकर लगता है, तो यह एक उदाहरण है
(क) प्रकट अभिरुचि (manifest interest) का
(ख) व्यक्त अभिरुचि (expressed interest) का
(ग) आविष्कारिकात्मक अभिरुचि (inventoried interest) का
(घ) परीक्षित अभिरुचि (tested interest) का

5. निम्नांकित में किससे बालकों में अभिरुचि का विकास प्रभावित नहीं होता है?
(क) माता-पिता का प्रभाव
(ख) शिक्षक-छात्र संबंध
(ग) कार्य के प्रति मनोवृत्ति
(घ) परिवार की सामाजिक-आर्थिक स्थिति

6. निम्नांकित में कौन-सी मनोवृत्ति (attitude) का घटक (component) नहीं है?
(क) संज्ञानात्मक (cognitive) घटक (ख) भावात्मक (affective) घटक
(ग) व्यवहारात्मक (behavioural) घटक (घ) संप्रत्ययात्मक (conceptual) घटक

उत्तर (Answers)

1. (घ) **2.** (क) **3.** (क) **4.** (ख) **5.** (घ)
6. (घ)

अध्याय 21

बुद्धि, अभिक्षमता तथा सर्जनात्मकता

(Intelligence, Aptitude and Creativity)

1. किसने कहा है कि बुद्धि वही है जो बुद्धि परीक्षण मापता है?
(क) बोरिंग (Boring) (ख) वेश्लर (Wechsler)
(ग) रॉबिन्सन (Robinson) (घ) स्टोड्डार्ड (Stoddard)

2. निम्नांकित में कौन बुद्धि का एक फेनोटाइपिक (phenotypic) प्रारूप है?

(क) बुद्धि A (intelligence A) (ख) बुद्धि B (intelligence B)
(ग) बुद्धि C (intelligence C) (घ) बुद्धि D (intelligence D)

3. थॉर्नडाइक (Thorndike) के अनुसार, निम्नांकित में कौन बुद्धि का प्रकार नहीं है?

(क) मूर्त बुद्धि (abstract intelligence)
(ख) अमूर्त बुद्धि (unabstract intelligence)
(ग) सामाजिक बुद्धि (social intelligence)
(घ) सांवेगिक बुद्धि (emotional intelligence)

4. बुद्धिलब्धि (intelligence quotient) का सही सूत्र क्या है?

(क) $\frac{\text{मानसिक आयु} \times \text{तैथिक आयु}}{100}$

(ख) $\frac{\text{मानसिक आयु}}{\text{तैथिक आयु}} \times 100$

(ग) $\frac{\text{तैथिक आयु}}{\text{मानसिक आयु}} \times 100$

(घ) $\frac{100}{\text{मानसिक आयु} \times \text{तैथिक आयु}}$

5. निम्नांकित में बुद्धिलब्धि की किस श्रेणी-सीमा के व्यक्ति को आप श्रेष्ठ कहेंगे?

(क) 120 से 139 (ख) 110 से 119
(ग) 110 से 130 (घ) 120 से 130

6. बिने-साइमन बुद्धि परीक्षण है

(क) सामूहिक बुद्धि परीक्षण (ख) वैयक्तिक बुद्धि परीक्षण
(ग) अशाब्दिक बुद्धि परीक्षण (घ) इनमें कोई नहीं

7. आर्मी बीटा परीक्षण (Army Beta test) किस तरह का परीक्षण है?

(क) शाब्दिक परीक्षण (ख) वैयक्तिक बुद्धि परीक्षण
(ग) सामूहिक परीक्षण (घ) इनमें कोई नहीं

8. सूची I में दिए गए बुद्धि परीक्षणों को सूची II में दी गई विशेषताओं के साथ सुमेलित कर दिए गए कूटसंकेत के आधार पर उत्तर दें।

सूची I	**सूची II**
A. रैवेन्स प्रोग्रेसिव मैट्रिसेज	1. क्रियात्मक परीक्षण
B. कोह ब्लॉक बुद्धि परीक्षण	2. अशाब्दिक बुद्धि परीक्षण
C. आर्मी अल्फा परीक्षण	3. सामूहिक परीक्षण
D. गुडएनफ ड्रा-ए-मैन परीक्षण	4. अभाषाई (nonlanguage) बुद्धि

कूटसंकेत (Codes)

	A	B	C	D
(क)	2	1	4	3
(ख)	1	2	3	4
(ग)	2	1	3	4
(घ)	2	3	4	1

9. दैशिक क्षमता (spatial ability) को किसके द्वारा प्रतिपादित बुद्धि सिद्धांत में एक प्रमुख क्षमता माना गया है?

(क) थर्स्टन (Thurstone) (ख) गिल्फोर्ड (Guilford)
(ग) कैटेल (Cattell) (घ) कैरोल (Carroll)

10. एक व्यवहारकुशल व्यक्ति में किस तरह की बुद्धि की प्रधानता होती है?

(क) विश्लेषणात्मक बुद्धि (analytical intelligence)
(ख) सर्जनात्मक बुद्धि (creative intelligence)
(ग) संदर्भात्मक बुद्धि (contextual intelligence)
(घ) स्थानिक बुद्धि (spatial intelligence)

11. 'PASS' मॉडल में 'A' किसका संकेत होता है?

(क) अवधान/उत्तेजन (attention/arousal) का
(ख) सक्रियता (activation) का
(ग) योग (addition) का
(घ) विखंडन (ademption) का

12. निम्नांकित में कौन सांवेगिक बुद्धि (emotional intelligence) का तत्त्व नहीं है?

(क) आत्मअभिप्रेरण (self-motivation)
(ख) परानुभूति (empathy)
(ग) सहानुभूति (sympathy)
(घ) अपने संवेगों से अवगत होकर उसे प्रबंधित करना

13. सूची I में दिए गए वैज्ञानिक के नामों को सूची II में दिए गए सिद्धांतों के साथ सुमेलित कर कूटसंकेत के आधार पर उत्तर दें।

सूची I	**सूची II**
A. स्टर्नबर्ग (Sternberg)	1. त्रि-स्तरीय मॉडल (Three-stratum model)
B. जे॰ पी॰ दास (J P Dass)	2. त्रितंत्र सिद्धांत (Triarchic theory)

C. गिलफोर्ड (Guilford)	3. त्रिविमीय सिद्धांत (three-dimensional theory)
D. कैरोल (Carroll)	4. पास मॉडल (PASS Model)

कूटसंकेत (Codes)

	A	B	C	D
(क)	2	1	3	4
(ख)	2	4	3	1
(ग)	1	2	3	4
(घ)	2	4	1	3

14. निम्नांकित में किसका मापन DAT द्वारा नहीं होता है?

(क) शाब्दिक चिंतन (verbal reasoning)
(ख) अंगुली निपुणता (finger dexterity)
(ग) अमूर्त चिंतन (abstract reasoning)
(घ) वर्तनी (spelling)

15. निम्नांकित में किसे सर्जनात्मकता (creativity) का एक पहलू (aspect) नहीं माना गया है?

(क) लचीलापन (flexibility) (ख) विस्तारक (elaborating)
(ग) धारा प्रवाहिता (fluency) (घ) अमूर्त चिंतन (abstract reasoning)

16. परिणाम परीक्षण (consequence test) द्वारा किसका मापन सही-सही होता है?

(क) बुद्धि (ख) अभिक्षमता (aptitude)
(ग) सर्जनात्मकता (creativity) (घ) इनमें कोई नहीं

उत्तर (Answers)

1. (क) **2.** (ख) **3.** (घ) **4.** (ख) **5.** (ख)
6. (ख) **7.** (ग) **8.** (ग) **9.** (क) **10.** (ग)
11. (क) **12.** (ग) **13.** (ख) **14.** (ख) **15.** (घ)
16. (ग)

अध्याय 22

चिंतन, कल्पना एवं तर्कणा

(Thinking, Imagination and Reasoning)

1. निम्नांकित कथनों पर ध्यान दें तथा दिए गए कूटसंकेत के आधार पर उत्तर दें।

1. चिंतन में प्रतीकों एवं प्रतिभाओं का मानसिक जोड़-तोड़ होता है।
2. चिंतन एक मध्यस्थ प्रक्रिया (mediating process) होती है।
3. चिंतन में भाव एवं संवेग का विशेष महत्त्व होता है।

कूटसंकेत (Codes)

(क) केवल 1 सही है। (ख) 2 और 3 सही हैं।
(ग) 1 और 2 सही हैं। (घ) 1, 2 और 3 सही हैं।

2. अभिसारी चिंतन (convergent thinking) एक तरह का है

(क) स्वली चिंतन (autistic thinking)
(ख) यथार्थवादी चिंतन (realistic thinking)
(ग) आलोचनात्मक चिंतन (evaluative thinking)
(घ) इनमें कोई नहीं

3. निम्नांकित में कौन चिंतन का साधन (tool) नहीं है?

(क) भाषा (language) (ख) प्रतिमा (image)
(ग) प्रतिज्ञप्ति (proposition) (घ) गत अनुभूति (past experience)

4. रचनात्मक कल्पना (constructive imagination) किसका एक प्रकार (type) है?

(क) उत्पादनात्मक कल्पना (productive imagination)
(ख) कलात्मक कल्पना (artistic imagination)
(ग) सैद्धांतिक कल्पना (theoretical imagination)
(घ) इनमें कोई नहीं

5. निम्नांकित कथनों पर ध्यान दें तथा दिए गए कूटसंकेत के आधार पर उत्तर दें।

1. तर्कणा (reasoning) चिंतन की एक प्रक्रिया है।
2. तर्कणा में क्रमबद्धता (systematization) पाई जाती है।
3. तर्कणा में व्यक्ति किसी विषय के विपक्ष में तर्क करते हुए एक निश्चित निष्कर्ष पर पहुँचता है।

कूटसंकेत (Codes)

(क) केवल 3 सही है। (ख) 2 और 3 सही हैं।
(ग) 1 और 2 सही हैं। (घ) 1 और 3 सही हैं।

6. दिवास्वप्न (daydreaming) एक उदाहरण है

(क) अभिसारी चिंतन (convergent thinking) का
(ख) सर्जनात्मक चिंतन (creative thinking) का

(ग) स्वापी चिंतन (autistic thinking) का

(घ) इनमें कोई नहीं

7. यदि शिक्षक छात्र से यह पूछते हैं कि रानी लक्ष्मीबाई राणा प्रताप के समान एक वीरांगना कैसे थी, तो इसमें सम्मिलित चिंतन निम्नांकित में किसका उदाहरण होगा?

(क) आलोचनात्मक तर्कणा (evaluative reasoning)

(ख) निगमनात्मक तर्कणा (deductive reasoning)

(ग) सादृश्यवाची तर्कणा (analogical reasoning)

(घ) आगमनात्मक तर्कणा (inductive reasoning)

8. निम्नांकित वाक्यों पर ध्यान दें तथा उसके नीचे दिए गए प्रश्न का उत्तर दें।

जहाँ-जहाँ धुआँ होता है, आग होती है।

पहाड़ पर धुआँ है।

∴ पहाड़ पर आग है।

उपर्युक्त वाक्यों का निष्कर्ष किस तरह की तर्कणा का उदाहरण है?

(क) निगमनात्मक तर्कणा (deductive reasoning)

(ख) आगमनात्मक तर्कणा (inductive reasoning)

(ग) आलोचनात्मक तर्कणा (evaluative reasoning)

(घ) सादृश्यवाची तर्कणा (analogical reasoning)

9. निम्नांकित कथनों पर ध्यान दें तथा दिए गए कूटसंकेत के आधार पर उत्तर दें।

1. परिणामवादी कल्पना (pragmatic imagination) का आधार भौतिक होता है।
2. परिणामवादी कल्पना में कार्य-परिणाम के बाद व्यक्ति को आनंद (pleasure) की अनुभूति होती है।
3. परिणामवादी कल्पना में व्यक्ति का मस्तिष्क पूरी स्वतंत्रता के साथ कार्य करता है।

कूटसंकेत (Codes)

(क) केवल 3 सही है। (ख) केवल 1 सही है।

(ग) 1 और 2 सही हैं। (घ) 2 और 3 सही हैं।

10. यदि शिक्षक द्वारा ताजमहल का वर्णन किए जाने के बाद कोई छात्र उस ताजमहल की कल्पना अपने-आप करना प्रारंभ कर देता है, तो इसे कहा जाता है

(क) परिणामवादी कल्पना (pragmatic imagination)

(ख) ग्राही कल्पना (receptive imagination)

(ग) सौंदर्यबोधी कल्पना (aesthetic imagination)

(घ) सैद्धांतिक कल्पना (theoretical imagination)

उत्तर (Answers)

1. (ग)	**2.** (ख)	**3.** (घ)	**4.** (क)	**5.** (ग)
6. (ग)	**7.** (ग)	**8.** (क)	**9.** (ग)	**10.** (ख)

अध्याय 23

वैयक्तिक विभिन्नता एवं शिक्षा
(Individual Difference and Education)

1. स्कीन्नर (Skinner) ने किसे वैयक्तिक विभिन्नता की एक विशेषता नहीं माना है?

(क) शारीरिक विकास (physical development)

(ख) प्रसामान्यता (normality)

(ग) शीलगुणों का परस्पर संबंध (interrelationship of traits)

(घ) आनुवंशिकता (heredity) एवं वातावरण (environment) का प्रभाव

2. निम्नांकित में किसे वैयक्तिक विभिन्नता के अध्ययन की विधि नहीं मानी जा सकती है?

(क) अभिक्षमता परीक्षण (aptitude test)

(ख) उपलब्धि परीक्षण (achievement test)

(ग) व्यक्तित्व परीक्षण (personality test)

(घ) परिपक्वन (maturation)

3. निम्नांकित कथनों पर ध्यान दें तथा दिए गए कूटसंकेत के आधार पर उत्तर दें।

1. वैयक्तिक विभिन्नता का एक प्रमुख कारण आनुवंशिकता (heredity) है।
2. बुद्धि वैयक्तिक विभिन्नता का एक प्रमुख क्षेत्र है।
3. वैयक्तिक विभिन्नता का अध्ययन करके व्यक्तित्व को मापा जा सकता है।

कूटसंकेत (Codes)

(क) केवल 3 सही है। (ख) 1 और 2 सही हैं।

(ग) 1 और 3 सही हैं। (घ) 1, 2 और 3 सही हैं।

4. निम्नांकित कथनों पर ध्यान दें तथा दिए गए कूटसंकेत के आधार पर उत्तर दें।

1. किसी एक शीलगुण (traits) में अंतर दूसरे शीलगुण को प्रभावित करता है।
2. कोई भी शीलगुण बहुत ही कम व्यक्तियों में अधिक या कम मात्रा में होता है।
3. स्कूल के छात्रों की बुद्धि का मापन करने में प्रसामान्यता की विभिन्नता (difference of normality) पाई जाती है।

कूटसंकेत (Codes)

(क) केवल 3 सही है। (ख) 1 और 2 सही हैं।

(ग) 1, 2 और 3 सही हैं। (घ) 2 और 3 सही हैं।

5. निम्नांकित कथनों पर ध्यान दें तथा दिए गए कूटसंकेत के आधार पर उत्तर दें।

1. वैयक्तिक विभिन्नता का एक कारण परिपक्वन (maturation) में अंतर है।
2. वैयक्तिक विभिन्नता का एक प्रमुख स्रोत लिंग (sex) भी होता है।
3. राष्ट्र के प्रभाव से भी बालकों की आदत, शीलगुण एवं चरित्र आदि में विभिन्नता पाई जाती है।

कूटसंकेत (Codes)

(क) 1 और 2 सही हैं। (ख) 2 और 3 सही हैं।
(ग) 2 और 3 सही हैं। (घ) 1, 2 और 3 सही हैं।

उत्तर (Answers)

1. (क) **2.** (घ) **3.** (ख) **4.** (ग) **5.** (घ)

अध्याय 24

विशिष्ट या असाधारण बालकों की शिक्षा एवं समायोजन
(Education and Adjustment of Exceptional Children)

1. निम्नांकित कथनों पर ध्यान दें तथा दिए गए कूटसंकेत के आधार पर उत्तर दें।

1. विशिष्ट बालक (exceptional children) कई दृष्टिकोण से विचलित (deviated) होते है।
2. विशिष्ट बालकों को विशेष शिक्षा (special education) देने की जरूरत नहीं होती है।
3. विशिष्ट बालकों से शिक्षकों को सबसे ज्यादा चुनौती मिलती है।

कूटसंकेत (Codes)

(क) केवल 2 सही है। (ख) 1 और 2 सही हैं।
(ग) 2 और 3 सही हैं। (घ) 1 और 3 सही हैं।

2. निम्नांकित में कौन विशिष्ट बालक का प्रकार नहीं है?

(क) मानसिक रोग से ग्रसित बालक
(ख) प्रतिभाशाली बालक (gifted child)
(ग) दृष्टिदोष से ग्रसित बालक
(घ) घटिया आत्म-संप्रत्यय (poor self-concept) वाले बालक

3. निम्नांकित कथनों पर ध्यान दें तथा दिए गए कूटसंकेत के आधार पर उत्तर दें।

1. मानसिक मंदता (mental retardation) की अभिव्यक्ति जन्म से 22 साल तक की अवधि में स्पष्ट रूप से हो जाती है।
2. मानसिक मंदता में बालकों का बौद्धिक स्तर सामान्य से नीचे होता है।
3. मानसिक मंदता में बालकों में समायोजनशीलता की क्षमता अपर्याप्त होती है।

कूटसंकेत (Codes)

(क) केवल 1 सही है। (ख) 1 और 3 सही हैं।
(ग) 2 और 3 सही हैं। (घ) 1, 2 और 3 सही हैं।

4. जिन छात्रों की बुद्धिलब्धि (intelligence quotient) 36 से 51 के बीच होती है, उसकी मानसिक मंदता को किस श्रेणी में रखा जाता है?

(क) साधारण मानसिक मंदता (ख) अल्पबल (moderate) मानसिक मंदता
(ग) गंभीर मानसिक मंदता (घ) गहन मानसिक मंदता

5. मानसिक रूप से मंदित छात्रों को शिक्षा देने के लिए कौन विशेष उपाय नहीं है?

(क) पाठ्यक्रम का अनुकूल (adaptation)
(ख) विशेष कक्षा (special class)
(ग) विशिष्ट निवासीय स्कूल (special residential school)
(घ) खेल चिकित्सा (play therapy)

6. संपूर्ण जीवन तक देख-रेख चाहनेवाला बालक (life-support retarded children) की बुद्धिलब्धि कितनी होती है?

(क) 20 से 35 (ख) 20 से नीचे
(ग) 36 से 51 (घ) इनमें कोई नहीं

7. प्रतिभाशाली बालक (gifted child) की शिक्षा में किसे प्रभावी तकनीक नहीं माना जाता है?

(क) पाठ्यक्रम में समृद्धि (enrichment of curriculum)
(ख) वर्ग उन्नति (grade acceleration)
(ग) पृथक शैक्षणिक संस्थान (separate educational institutions)
(घ) शिक्षकों की अनुकूल मनोवृत्ति (favourable attitude of teachers)

8. रिली तथा लेविस (Reilly and Lewis, 1983) के अनुसार, निम्नांकित में किसे असाधारण बालक की श्रेणी में नहीं रखा जाएगा?

(क) शिक्षण असमर्थता (learning disabilities) से ग्रसित बालक
(ख) शारीरिक रूप से विकलांग बालक
(ग) मानसिक रूप से मंद बालक
(घ) भाषा-दोष से ग्रसित बालक

9. निम्नांकित कथनों पर ध्यान दें तथा दिए गए कूटसंकेत के आधार पर उत्तर दें।

1. विशिष्ट या असाधारण बालक के नामकरण से ऐसे बालकों का उपचार (treatment) करने में मदद नहीं मिलती है।
2. ऐसे बालकों के नामकरण से विशेष शिक्षा कार्यक्रम (special education programme) करने के लिए आवश्यक साधन जुटाने में मदद मिलती है।
3. विशिष्ट बालक के नामकरण से उनके अन्य साथियों द्वारा मजाक उड़ाया जाता है।

कूटसंकेत (Codes)

(क) केवल 1 सही है। (ख) 1, 2 और 3 सही हैं।
(ग) 2 और 3 सही हैं। (घ) 1 और 3 सही हैं।

10. निम्नांकित में किसके आधार पर प्रतिभाशाली एवं प्रवीण बालक की पहचान संभव नहीं है?

(क) शिक्षक द्वारा मनोनयन
(ख) माता-पिता द्वारा मनोनयन
(ग) साथियों द्वारा मनोनयन
(घ) पास-पड़ोस द्वारा मनोनयन

उत्तर (Answers)

1. (घ)	**2.** (घ)	**3.** (ग)	**4.** (ख)	**5.** (घ)
6. (ख)	**7.** (घ)	**8.** (घ)	**9.** (ग)	**10.** (घ)

अध्याय 25

पिछड़े बालक, समस्या-बालक, अपराधी बालक एवं अलाभान्वित बालक की शिक्षा एवं समायोजन

(Education and Adjustment of Backward Child, Problem Child, Juvenile Delinquents and Disadvantaged Child)

1. निम्नांकित कथनों पर ध्यान दें तथा दिए गए कूटसंकेत के आधार पर उत्तर दें।

1. पिछड़े बालक (backward child) की मानसिक आयु अपने समकक्षियों से कम होती है।
2. पिछड़े बालक की शैक्षिक आयु अपने समकक्षियों से कम होती है।
3. ऐसे बालकों की शैक्षिक उपलब्धि (educational achievement) सामान्य या औसत से कम होती है।

कूटसंकेत (Codes)

(क) केवल 3 सही है। (ख) 1 और 2 सही हैं।
(ग) 2 और 3 सही हैं। (घ) 1, 2 और 3 सही हैं।

2. निम्नांकित में कौन बालकों के पिछड़ेपन (backwardness) का कारण नहीं है?

(क) वातावरण का प्रभाव
(ख) आनुवंशिकता (heredity)
(ग) शारीरिक दोष
(घ) स्वभाव-संबंधी दोष (temperamental defect)

3. निम्नांकित कथनों पर ध्यान दें तथा दिए गए कूटसंकेत के आधार पर उत्तर दें।

1. पिछड़े बालकों की मनोवृत्ति शिक्षक के प्रति सकारात्मक (favourable) होती है।
2. पिछड़े बालकों का अपने माता-पिता के साथ समायोजन (adjustment) उत्तम नहीं रहता है।
3. पिछड़े बालक अधिक चिंतित एवं तनावग्रस्त होते हैं।

कूटसंकेत (Codes)

(क) केवल 3 सही है। (ख) 1 और 3 सही हैं।
(ग) 2 और 3 सही हैं। (घ) 1 और 2 सही हैं।

4. समस्या-बालक (problem child) की कौन विशेषता नहीं है?

(क) समस्या-बालक अपने-आप से खुश रहते हैं।
(ख) समस्या-बालक अपने साथियों के साथ संतोषजनक अंतरवैयक्तिक संबंध बनाने में अक्षम होते हैं।

(ग) समस्या-बालक सामान्य परिस्थिति में भी अनुपयुक्त भाव (inappropriate feeling) दिखलाते हैं।

(घ) समस्या-बालक में सीखने की ऐसी अक्षमता होती है जिसकी व्याख्या बौद्धिक आधार पर संभव नहीं होती है।

5. समस्या-बालक की शिक्षा एवं उपचार के लिए कौन विधि बहुत सराहनीय नहीं है?

(क) स्कूल का स्वस्थ एवं अच्छा अनुशासन

(ख) बौद्धिक क्षमता के अनुकूल शिक्षा

(ग) मनोरंजन की सुविधा

(घ) शारीरिक दोष का निवारण

6. निम्नांकित कथनों पर ध्यान दें तथा दिए गए कूटसंकेत के आधार पर उत्तर दें।

1. अकसर बाल-अपराधी शरीर से कमजोर होते हैं।
2. बाल-अपराधी किसी समस्या के समाधान में सीधा एवं सुगम रास्ता अपनाते हैं।
3. बाल-अपराधी स्वभाव से सांवेगिक रूप से अस्थिर होते हैं।

कूटसंकेत (Codes)

(क) 1, 2 और 3 सही हैं। (ख) केवल 3 सही है।

(ग) 2 और 3 सही हैं। (घ) 1 और 3 सही हैं।

7. XYY गुणसूत्रवाले व्यक्ति में किस तरह की प्रवृत्ति की प्रबलता होती है?

(क) यौन अपराध की (ख) आक्रामक प्रवृत्ति की

(ग) घर से भाग जाने की प्रवृत्ति की (घ) इनमें सभी

8. निम्नांकित में कौन अपराधी व्यवहार का प्रकार नहीं है?

(क) यौन अपराध (sex delinquency) (ख) जालसाजी (forgery)

(ग) लोभी प्रवृत्ति (घ) घूस कमाना

9. निम्नांकित में कौन बाल-अपराध का कारण नहीं है?

(क) XYY गुणसूत्र का होना

(ख) माता-पिता द्वारा तिरस्कार

(ग) कमजोर आर्थिक स्थिति

(घ) शिक्षकों का कड़ा रुख

10. निम्नांकित कथनों पर ध्यान दें तथा दिए गए कूटसंकेत के आधार पर उत्तर दें।

1. अलाभान्वित बच्चों (disadvantaged children) का आत्मसंप्रत्यय नकारात्मक (negative) होता है।
2. अलाभान्वित बच्चों में सीखने का अभिप्रेरण (motivation) कम होता है।
3. अलाभान्वित बच्चों की भाषा (language) अविकसित होती है।

कूटसंकेत (Codes)

(क) केवल 2 सही है। (ख) 2 और 3 सही हैं।

(ग) 1 और 2 सही हैं। (घ) 1, 2 और 3 सही हैं।

उत्तर (Answers)

1. (घ)	**2.** (ख)	**3.** (क)	**4.** (क)	**5.** (घ)
6. (ग)	**7.** (घ)	**8.** (घ)	**9.** (घ)	**10.** (घ)

अध्याय 26

निर्देशन, समायोजन एवं परामर्श
(Guidance, Adjustment and Counselling)

1. निम्नांकित कथनों पर ध्यान दें तथा दिए गए कूटसंकेत के आधार पर उत्तर दें।

1. निर्देशन (guidance) से व्यक्ति को समायोजन (adjustment) करने में मदद मिलती है।
2. निर्देशन से व्यक्ति को अपने जीवन-लक्ष्य की प्राप्ति की राह में आनेवाली समस्याओं के समाधान करने में मदद मिलती है।
3. निर्देशन अपने जीवन-लक्ष्यों को विकसित करने में मदद करता है।

कूटसंकेत (Codes)

(क) केवल 2 सही है। (ख) 2 और 3 सही हैं।
(ग) 1 और 2 सही हैं। (घ) 1, 2 और 3 सही हैं।

2. जब कोई व्यक्ति विश्राम एवं समय के उपयोग-संबंधी समस्याओं के समाधान के लिए निर्देशन प्राप्त करता है, तो आप इसे किस श्रेणी का निर्देशन कहेंगे?

(क) शैक्षिक निर्देशन (educational guidance)
(ख) व्यावसायिक निर्देशन (vocational guidance)
(ग) व्यक्तिगत निर्देशन (personal guidance)
(घ) इनमें कोई नहीं

3. निम्नांकित में कौन शैक्षिक निर्देशन के उद्देश्य में शामिल नहीं किया जा सकता है?

(क) सामाजिक कल्याण में सहायता करना
(ख) स्वस्थ समायोजन में सहायता करना
(ग) छात्रों में अध्ययन-संबंधी अच्छी आदतों के विकास में मदद करना
(घ) छात्रों को घरेलू वातावरण में समायोजन में मदद करना

4. निम्नांकित कथनों पर ध्यान दें तथा दिए गए कूटसंकेत के आधार पर उत्तर दें।

1. व्यावसायिक निर्देशन (vocational guidance) छात्रों को किसी व्यवसाय में विशेष रुचि उत्पन्न करता है।
2. शैक्षिक निर्देशन (educational guidance) की आवश्यकता बच्चों को स्कूल में समायोजित करने के लिए होती है।
3. शिक्षा के अपव्यय (misexpenditure) को रोकने के लिए शैक्षिक निर्देशन की आवश्यकता होती है।

कूटसंकेत (Codes)

(क) केवल 2 सही है। (ख) 1 और 2 सही हैं।
(ग) 2 और 3 सही हैं। (घ) 1, 2 और 3 सही हैं।

5. निम्नांकित में कौन व्यावसायिक निर्देशन (vocational guidance) की प्रविधि (technique) नहीं है?

(क) मनोवैज्ञानिक परीक्षण
(ख) प्रश्नावली
(ग) जीवनी-आँकड़ों (biodata) का संग्रहण
(घ) दैनिक आदतों (daily habits) का विश्लेषण

6. निम्नांकित कथनों पर ध्यान दें तथा दिए गए कूटसंकेत के आधार पर उत्तर दें।

1. परामर्शन (counselling) एक अंतःक्रियात्मक प्रक्रिया (interactive process) है।
2. परामर्शन का मुख्य उद्देश्य परामर्शी (counsellee) के जीवन में ऐसा परिवर्तन लाना होता है जिससे उसके जीवन की सार्थकता में वृद्धि हो सके।
3. परामर्शन का स्वरूप सिर्फ उपचारात्मक (therapeutic) होता है।

कूटसंकेत (Codes)

(क) केवल 3 सही है। (ख) 1 और 2 सही हैं।
(ग) 2 और 3 सही हैं। (घ) 1, 2 और 3 सही हैं।

7. परामर्शी के साथ एक धनात्मक एवं सुखद संबंध स्थापित करके उत्तम संचार को मजबूत करना परामर्शन के किस अवस्था का एक प्रमुख उद्देश्य है?

(क) परामर्शी-परामर्शदाता के बीच सौहार्दयता स्थापित करने की अवस्था
(ख) समस्या की पहचान एवं खोज-बीन की अवस्था
(ग) समस्या समाधान के लिए योजना तैयार करने की अवस्था
(घ) समाधान, उपयोग एवं समापन की अवस्था

8. निम्नांकित में कौन गलत कथन है?

(क) परामर्शन में परामर्शी का साक्षात्कार होता है।
(ख) परामर्शन एक सतत प्रक्रिया होती है।
(ग) परामर्शन एक अंतरक्रियात्मक प्रक्रिया (interactive process) है।
(घ) परामर्शन में परामर्शी के लिए एक अधिगम (learning) की उपस्थिति उत्पन्न होती है।

9. निम्नांकित में कौन परामर्शन की अवस्था नहीं है?

(क) समस्या की पहचान एवं खोज-बीन की अवस्था
(ख) सूझ विकसित होने की अवस्था
(ग) समस्या समाधान के लिए योजना तैयार करने की अवस्था
(घ) समापन की अवस्था

10. निम्नांकित में कौन एक सामूहिक निर्देशन (group guidance) की प्रविधि नहीं है?

(क) साक्षात्कार

(ख) प्रश्नावली
(ग) अनुवर्ती क्रियाएँ (follow-up actions)
(घ) मनोदैहिक विधियाँ (psychophysical methods)

उत्तर (Answers)

1. (घ)	**2.** (ग)	**3.** (घ)	**4.** (घ)	**5.** (घ)
6. (ख)	**7.** (क)	**8.** (क)	**9.** (ख)	**10.** (घ)

अध्याय 27

कुसमायोजन का मनोविज्ञान एवं मानसिक स्वास्थ्य विज्ञान

(The Psychology of Maladjustment and Mental Hygiene)

1. बच्चों में कुसमायोजन (maladjustment) का कौन कारण (cause) नहीं है?
(क) कुंठा (frustration)
(ख) गरीबी
(ग) शारीरिक बनावट (physique)
(घ) झूठ बोलने की प्रवृत्ति (tendency to lie)

2. निम्नांकित कथनों पर ध्यान दें तथा दिए गए कूटसंकेत के आधार पर उत्तर दें।
1. मानसिक स्वास्थ्य विज्ञान (mental hygiene) मूलतः एक शैक्षिक कार्यक्रम (educational programme) है।
2. मानसिक स्वास्थ्य विज्ञान मानसिक बीमारियों की पहचान करके उसे दूर करने के उपायों पर बल डालता है।
3. मानसिक स्वास्थ्य विज्ञान में सांवेगिक कठिनाइयों को प्रारंभिक अवस्था में पता लगाने की कोशिश की जाती है।

कूटसंकेत (Codes)

(क) 1, 2 और 3 सही हैं। (ख) 1 और 2 सही हैं।
(ग) 2 और 3 सही हैं। (घ) सिर्फ 2 सही है।

3. निम्नांकित में किसे मानसिक स्वास्थ्य विज्ञान का उद्देश्य (aim) नहीं माना जा सकता है?
(क) मानसिक बीमारियों को रोकना (prevention)
(ख) मानसिक अस्पताल की हालातों में सुधार लाना
(ग) मानसिक रोग का उपचार करना
(घ) मानसिक रोगों की समुचित व्याख्या करना

4. निम्नांकित में कौन मानसिक रूप से स्वस्थ व्यक्ति की विशेषता (characteristic) नहीं है?
(क) आत्म-मूल्यांकन (self-evalution)
(ख) वास्तविक प्रत्यक्षण (realistic perception)

(ग) आत्मश्रद्धा (self-esteem)

(घ) अतिसंवेदनशीलता (hypersensitivity) के प्रति उन्मुखता (orientation)

5. निम्नांकित में कौन बालकों की मानसिक अस्वस्थता का कारण नहीं है?

(क) माता-पिता द्वारा अतिसुरक्षा (overprotection)

(ख) शिक्षक का व्यवहार

(ग) प्रतियोगिता का प्रभाव

(घ) बच्चों पर उचित नियंत्रण का अभाव

उत्तर (Answers)

1. (घ) **2.** (क) **3.** (घ) **4.** (घ) **5.** (घ)

अध्याय 28

अनुशासन एवं शिक्षा

(Discipline and Education)

1. निम्नांकित कथनों पर ध्यान दें तथा दिए गए कूटसंकेत के आधार पर उत्तर दें।

1. अनुशासन में मुख्य मुद्दा व्यवहार-संबंधी समस्याएँ होती हैं।
2. अनुशासन निर्देशात्मक (referral) होता है।
3. अनुशासन में निवारण (prevention) की अहमियत होती है।

कूटसंकेत (Codes)

(क) केवल 1 सही है। (ख) 2 और 3 सही हैं।

(ग) 1 और 3 सही हैं। (घ) 1, 2 और 3 सही हैं।

2. निम्नांकित में किसे अनुशासन का उद्देश्य या लक्ष्य की श्रेणी में नहीं रखा जा सकता है?

(क) उदार मनोवृत्ति का विकास करना

(ख) छात्रों में उत्तम आचरण उत्पन्न करना

(ग) छात्रों को उत्तम समायोजन में मदद करना

(घ) छात्रों को शिक्षकों के साथ अंतःक्रिया करने के लिए बाध्य करना

3. सामाजिक मानक (social norms) से भी बालकों में अनुशासन (discipline) प्रभावित होता है। यहाँ सामाजिक मानक उदाहरण है

(क) औपचारिक कारक (formal factor) का

(ख) अनौपचारिक कारक (informal factor) का

(ग) सामाजिक कारक (social factor) का

(घ) इनमें कोई नहीं

4. अनुशासन शिक्षण (teaching discipline) की कुछ ऐसी प्रविधियाँ हैं जिनमें बालक अपने माता-पिता या शिक्षक के प्रति विद्वेषी (resentful) हो जाते हैं, क्योंकि वे यह समझने लगते

हैं कि माता-पिता या शिक्षक उनपर उतना ध्यान नहीं देते हैं जितना देना चाहिए। ऐसी प्रविधियों को रखा गया है

(क) प्रजातंत्रात्मक प्रविधि (democratic technique) में
(ख) अनुमतिबोधक प्रविधि (permissive technique) में
(ग) सत्तावादी प्रविधि (authoritarian technique) में
(घ) इनमें कोई नहीं

5. माता-पिता यदि स्वयं अनुशासनहीन एवं चरित्रहीन होते हैं, तो उनके बच्चों में भी चरित्रहीनता एवं अनुशासनहीनता तेजी से विकसित होती है। यह एक उदाहरण है

(क) सामाजिक सीखना (social learning) से उत्पन्न अनुशासनहीनता का
(ख) वंशानुगत कारणों (hereditary causes) से उत्पन्न अनुशासनहीनता का
(ग) सामाजिक-आर्थिक कारणों से उत्पन्न अनुशासनहीनता का
(घ) शैक्षिक कारण (educational causes) से उत्पन्न अनुशासनहीनता का

उत्तर (Answers)

1. (घ) **2.** (घ) **3.** (ख) **4.** (ख) **5.** (ख)

अध्याय 29

समूह-गतिकी एवं स्कूल की सामाजिक आबोहवा

(Group Dynamics and Social Climate of School)

1. निम्नांकित में कौन समूह की विशेषता नहीं है?

(क) समूह में सदस्यों का सामान्य लक्ष्य (common goal) होता है।
(ख) समूह में सदस्यों का भाग्य (fate) एक-दूसरे पर निर्भर (dependant) करता है।
(ग) समूह के सदस्यों के बीच आमने-सामने की अंतःक्रियाएँ होती हैं।
(घ) समूह एक तरह की सामाजिक इकाई (social unit) को कहा जाता है।

2. निम्नांकित कथनों पर ध्यान दें तथा दिए गए कूटसंकेत के आधार पर उत्तर दें।

1. समूह-गतिकी (group dynamics) का ज्ञान होने से शिक्षक छात्रों के मानसिक स्वास्थ्य को उन्नत बनाने में सफल हो जाते हैं।
2. समूह-गतिकी के अध्ययन से अलाभान्वित बालकों (disadvantaged children) में व्याप्त सुरक्षा के भाव तथा हीनता की भावना आदि को कम करने में मदद मिलती है।
3. समूह-गतिकी का ज्ञान होने से शिक्षकों को सहयोगिता तथा आत्मसम्मान (self-respect) आदि का शीलगुण विकसित करने में अधिक मदद मिलती है।

कूटसंकेत (Codes)

(क) केवल 1 सही है। (ख) 2 और 3 सही हैं।
(ग) 1 और 2 सही हैं। (घ) 1, 2 और 3 सही हैं।

3. निम्नांकित में कौन पिगमेलियन प्रभाव (Pygmalion effect) की सही व्याख्या करता है?
   (क) शिक्षकों की उम्मीद से छात्रों का निष्पादन प्रभावित होना
   (ख) सामाजिक मानक के अनुरूप बच्चे के व्यवहार को नियमित करना
   (ग) समाजीकृत बच्चे ही एक दिन बड़े होकर समाजीकृत वयस्क होते हैं।
   (घ) परिवार तथा साथी-संगी का सामाजीकरण पर काफी प्रभाव पड़ता है।

4. निम्नांकित कथनों पर ध्यान दें तथा दिए गए कूटसंकेत के आधार पर उत्तर दें।
   1. बालकों का छोटी कक्षाओं में वैयक्तिकरण (individualization) अधिक होता है।
   2. कक्षा के संगठन (organization) का प्रभाव छात्रों के समाजीकरण पर काफी पड़ता है।
   3. खुली संगठनात्मक आबोहवा (open organizational climate) शिक्षकों की संतुष्टि एवं छात्रों की उपलब्धि के दृष्टिकोण से उत्तम होती है।

कूटसंकेत (Codes)

(क) केवल 2 सही है। (ख) 1 और 2 सही हैं।
(ग) 2 और 3 सही हैं। (घ) 1, 2 और 3 सही हैं।

5. कक्षा में समूह-संबंध को सुधारने की कौन उत्तम प्रविधि नहीं है?
   (क) उचित संचार (proper communication)
   (ख) परामर्श केंद्र (counselling centre)
   (ग) शैक्षिक भ्रमण (educational excursion)
   (घ) विभिन्न स्कूल के शिक्षकों का आपसी विचार-विमर्श

उत्तर (Answers)

1. (ग) **2.** (घ) **3.** (क) **4.** (घ) **5.** (घ)

अध्याय 30

कुछ प्रमुख शैक्षिक विचारक

(Some Important Educational Thinkers)

1. शंकराचार्य द्वारा बद्रीनाथ में स्थापित मठ का क्या नाम है?
   (क) गोवर्द्धन मठ (ख) द्वारका मठ
   (ग) ज्योतिर्मठ (घ) श्रृंगेरी मठ

2. "अज्ञानी पुरुष अपने कर्मफल के लिए लालायित रहता है।" यह उक्ति किनकी थी?
   (क) स्वामी दयानंद की (ख) स्वामी विवेकानंद की
   (ग) बी॰ आर॰ अंबेडकर की (घ) जगतगुरु शंकराचार्य की

3. 'शांतिनिवारण' पुस्तक किनके द्वारा लिखी गई है?
   (क) शंकराचार्य (ख) डॉ॰ सर्वपल्ली राधाकृष्णन
   (ग) रवींद्रनाथ ठाकुर (घ) स्वामी दयानंद

4. "दुनिया को अपना सर्वश्रेष्ठ दीजिए, आपके पास सर्वश्रेष्ठ लौटकर आ जाएगा।" यह उक्ति किनकी थी?

(क) स्वामी विवेकानंद की (ख) आदिगुरु शंकराचार्य की

(ग) स्वामी दयानंद की (घ) इनमें किसी की नहीं

5. डॉ॰ अंबेडकर ने दलितों के उद्धार के लिए तीन उपागम बताए हैं। निम्नांकित में कौन एक उन उपागमों की सूची में नहीं है?

(क) शिक्षा (ख) आंदोलन

(ग) संगठन (घ) सम्यक ज्ञान

6. "जिंदगी महान होनी चाहिए न कि लंबी"। यह उक्ति किनकी है?

(क) अंबेडकर की (ख) विवेकानंद की

(ग) राधाकृष्णन की (घ) इनमें किसी की नहीं

7. शांतिनिकेतन में ब्रह्मचर्य आश्रम की स्थापना किसने की थी?

(क) महात्मा गाँधी ने (ख) जवाहरलाल नेहरू ने

(ग) रवींद्रनाथ ठाकुर ने (घ) सर्वपल्ली राधाकृष्णन ने

8. 'सर' की उपाधि को रवींद्रनाथ ठाकुर ने ब्रिटिश सरकार को किस घटना के विरोध में लौटा दिया था?

(क) जालियाँवाला बाग की घटना के विरोध में

(ख) स्वतंत्रता संग्राम में बहुत-से भारतीयों को मारे जाने के विरोध में

(ग) चौरी-चौरा घटना के विरोध में

(घ) इनमें किसी भी घटना के कारण नहीं

9. "जब लोग तुम्हें गाली दें, तब तुम उन्हें आशीर्वाद दो"। यह उक्ति किनकी है?

(क) स्वामी विवेकानंद की (ख) महात्मा गाँधी की

(ग) दयानंद सरस्वती की (घ) रवींद्रनाथ ठाकुर की

10. स्वामी विवेकानंद द्वारा बताए गए विद्या के शिक्षण के नियमों (principles of teaching learning) में किसे शामिल नहीं किया जा सकता है?

(क) आत्मशिक्षण (self-teaching) को

(ख) एकाग्रता (concentration) को

(ग) धनात्मक सुझाव को

(घ) आत्मनियंत्रण (self-control) को

11. "जब आपके सामने किसी दिन कोई समस्या नहीं आए, तब समझ लीजिए कि आप गलत मार्ग पर चल रहे हैं।" यह उक्ति किनकी थी?

(क) डॉ॰ जाकिर हुसैन की (ख) महात्मा गाँधी की

(ग) रवींद्रनाथ ठाकुर की (घ) स्वामी विवेकानंद की

12. 'टास्क बिफोर इंडियन स्टुडेंट्स' नामक पुस्तक के रचयिता कौन थे?

(क) जवाहरलाल नेहरू (ख) गिज्जुभाई बाधेका

(ग) महात्मा गाँधी (घ) इनमें कोई नहीं

13. 'थ्री एच' (Three H) शिक्षा, जिसपर महात्मा गाँधी ने काफी बल डाला था, निम्नांकित में से किसे दर्शाता है?

(क) हेड (head), हैण्ड (hand) तथा हार्ट (heart)
(ख) हेल्थ (health), हैण्ड (hand) तथा हार्ट (heart)
(ग) हेड (head), हेल्प (help) तथा हेल्थ (health)
(घ) हैपिनेस (happiness), हेल्थ (health) तथा हार्ट (heart)

14. मीर्रा अल्फास्सा (Mirra Alfassa) को श्री अरबिंदो घोष किस उपनाम से पुकारते थे?

(क) मदर (ख) सिस्टर
(ग) अण्टी (घ) इनमें कुछ भी नहीं

15. श्री अरबिंदो घोष के अनुसार समग्र शिक्षा (integral education) में निम्नांकित में कौन एक शामिल नहीं है?

(क) शारीरिक शिक्षा (physical education)
(ख) जैव शिक्षा (vital education)
(ग) आध्यात्मिक शिक्षा (spiritual education)
(घ) कॉस्मिक शिक्षा (cosmic education)

16. 'मेरी पाठशाला' नामक पुस्तक के लेखक कौन हैं?

(क) गिज्जुभाई बाधेका (ख) महात्मा गाँधी
(ग) जवाहरलाल नेहरू (घ) इनमें कोई नहीं

17. 'बाल देवोः भवः' का नारा (slogan) किसने दिया था?

(क) महात्मा गाँधी ने (ख) जवाहरलाल नेहरू ने
(ग) गिज्जुभाई बाधेका ने (घ) दयानंद सरस्वती ने

18. 'कॉस्मिक शिक्षा' (cosmic education) पर किसने अधिक बल डाला है?

(क) मारिया मांटेसरी (Maria Montessori) ने
(ख) गिज्जुभाई बाधेका ने
(ग) रवींद्रनाथ ठाकुर ने
(घ) जाकिर हुसैन ने

19. "किसी शिक्षक की सफलता का सबसे बड़ा संकेत यह होता है कि वह यह कहने में समर्थ हो कि बच्चे अब इस तरह से कार्य कर रहे हैं मानो उनका स्वयं का अस्तित्व ही नहीं हो।" यह उक्ति किनकी थी?

(क) डॉ॰ जाकिर हुसैन की (ख) मौलाना अबुल कलाम आजाद की
(ग) मैरीया मांटेसरी की (घ) गिज्जुभाई बाधेका की

20. डॉ॰ सर्वपल्ली राधाकृष्णन की पहली पुस्तक कौन थी?

(क) दी हार्ट ऑफ हिन्दुस्तान (ख) दी फिलोसॉफी ऑफ रवींद्रनाथ टैगोर
(ग) फ्रीडम एंड कलचर (घ) रिलिजंस इन ट्रान्जिसन

21. "धर्म के बिना इंसान बिना लगाम के घोड़े के समान होता है।" यह उक्ति किनकी है?

(क) सर्वपल्ली राधाकृष्णन की (ख) डॉ॰ जाकिर हुसैन की

(ग) नरेंद्र मोदी की (घ) जवाहरलाल नेहरू की

22. "यदि मानव दानव बन जाता है, तो यह उसकी हार है, यदि मानव महामानव बन जाता है, तो यह उसका चमत्कार है और मानव मानव बन जाता है, तो यह उसकी जीत होती है।" यह उत्साहवर्धक उक्ति किनकी है?

(क) जवाहरलाल नेहरू की (ख) महात्मा गाँधी की
(ग) जाकिर हुसैन की (घ) सर्वपल्ली राधाकृष्णन की

23. 'विश्वविद्यालय शिक्षा आयोग' (**University Education Commission**) किनके प्रयासों से धरातल पर उतारा गया?

(क) महात्मा गाँधी (ख) सर्वपल्ली राधाकृष्णन
(ग) मौलाना अबुल कलाम आजाद (घ) सर सैय्यद अहमद खाँ

24. "दिल से दी गई शिक्षा समाज में क्रांति ला सकती है।" यह उक्ति किनकी थी?

(क) जाकिर हुसैन की (ख) गिज्जुभाई बाधेका की
(ग) मौलाना अबुल कलाम आजाद की (घ) सर सैय्यद अहमद खाँ की

25. अलीगढ़ मुस्लिम विश्वविद्यालय के संस्थापक कौन हैं?

(क) जाकिर हुसैन (ख) मौलाना अबुल कलाम आजाद
(ग) सर सैय्यद अहमद खाँ (घ) सैय्यद मुहम्मद खाँ

26. 'नेशनल इकोनॉमी' पुस्तक किनके द्वारा लिखी गई है?

(क) सैय्यद मुहम्मद खाँ (ख) मौलाना अबुल कलाम आजाद
(ग) जाकिर हुसैन (घ) जवाहरलाल नेहरू

27. कार्य शिक्षा (work education) का क्रम (sequence) होता है—सोचना और करना (thinking and doing) एवं करना और सोचना (doing and thinking)। इस विचारधारा के प्रबल समर्थक कौन थे?

(क) जवाहरलाल नेहरू (ख) महात्मा गाँधी
(ग) मौलाना अबुल कलाम आजाद (घ) जाकिर हुसैन

28. 'तहजीब-उल-अखलाक' नामक जर्नल का प्रकाशन किसने प्रारंभ किया था?

(क) सर सैय्यद अहमद खाँ (ख) सैय्यद मुहम्मद खाँ
(ग) जाकिर हुसैन (घ) मौलाना अबुल कलाम आजाद

29. कौन अपने जीवन के अंतिम दिनों में बौद्ध शिक्षा अपनाकर बौद्ध धर्म के अनुयायी बन गए थे?

(क) स्वामी दयानंद (ख) बी॰ आर॰ अंबेडकर
(ग) बाल गंगाधर तिलक (घ) जिद्दू कृष्णामूर्ति

30. बालक-केंद्रित शिक्षा (**child-centred education**) पर किसने अधिक बल डाला है?

(क) गिज्जुभाई बाधेका (ख) महात्मा गाँधी
(ग) जवाहरलाल नेहरू (घ) इनमें कोई नहीं

उत्तर (Answers)

1. (ग)	**2.** (घ)	**3.** (घ)	**4.** (ग)	**5.** (घ)
6. (क)	**7.** (ग)	**8.** (क)	**9.** (क)	**10.** (घ)
11. (घ)	**12.** (ग)	**13.** (क)	**14.** (क)	**15.** (घ)
16. (क)	**17.** (ग)	**18.** (क)	**19.** (ग)	**20.** (ख)
21. (क)	**22.** (घ)	**23.** (ग)	**24.** (ग)	**25.** (ग)
26. (ग)	**27.** (घ)	**28.** (क)	**29.** (ख)	**30.** (क)

अध्याय 31

शिक्षा में सांख्यिकी
(Statistics in Education)

1. माध्य (mean) किस तरह की सांख्यिकी है?

(क) आनुमानिक सांख्यिकी (inferential statistics)
(ख) वर्णनात्मक सांख्यिकी (descriptive statistics)
(ग) अप्राचल सांख्यिकी (nonparametric statistics)
(घ) इनमें कोई नहीं

2. निम्नांकित प्राप्तांकों का माध्य (mean) क्या होगा?

30, 20, 15, 13, 0, 12

(क) 18 (ख) 15 (ग) 12 (घ) 14

3. निम्नांकित प्राप्तांकों की माध्यिका (median) बतलाएँ।

6, 18, 7, 10, 2, 8, 9

(क) 10 (ख) 8 (ग) 7 (घ) 9

4. अगर किसी वितरण का माध्य 10 है तथा बहुलक (mode) 12 है, तो उसकी माध्यिका (median) कितनी होगी?

(क) 12.66 (ख) 9.66 (ग) 10.66 (घ) 11.66

5. निम्नांकित में किसे परिवर्तनशीलता (variability) की एक स्थिर (stable) माप माना गया है?

(क) चतुर्थक विचलन (quartile deviation)
(ख) मानक विचलन (standard deviation)
(ग) औसत विचलन (average deviation)
(घ) परास (range)

6. किसी समूह में एक छात्र का बुद्धि परीक्षण पर प्राप्तांक 80 है तथा समूह के प्राप्तांकों का माध्य (mean) 60 तथा मानक विचलन (standard deviation) 4 है, तो उस छात्र का Z प्राप्तांक (Z score) क्या होगा?

(क) 4 (ख) 5 (ग) 3 (घ) 2

7. निम्नांकित में किस मानक प्राप्तांक (standard score) का माध्य (mean) 50 तथा मानक विचलन (standard deviation) 10 होता है?

(क) Z-प्राप्तांक (ख) H-प्राप्तांक
(ग) T-प्राप्तांक (घ) Stanine प्राप्तांक

8. निम्नांकित कथनों पर ध्यान दें तथा दिए गए कूटसंकेत के आधार पर उत्तर दें।

1. प्रसामान्य वक्र (normal curve) सममित (symmetrical) होता है।
2. प्रसामान्य वक्र घंटाकार (bell-shaped) होता है।
3. प्रसामान्य वक्र के कुल क्षेत्र (total area) का योग हमेशा 6 होता है।

कूटसंकेत (Codes)

(क) केवल 3 सही है। (ख) 2 और 3 सही हैं।
(ग) 1 और 2 सही हैं। (घ) 1, 2 और 3 सही हैं।

9. जब दो चरों (variables) के बीच समान प्रवृत्ति की उतार-चढ़ाव होता है, तब इस तरह के संबंध को कहा जाता है

(क) रेखीय सहसंबंध (linear correlation)
(ख) धनात्मक सहसंबंध (positive correlation)
(ग) ऋणात्मक सहसंबंध (negative correlation)
(घ) गुणन-आघूर्ण सहसंबंध (product-moment correlation)

10. सहसंबंध (correlation) का सही परास (correct range) क्या होता है?

(क) 1.00 से −1.00 तक (ख) 00 से ± 1.00 तक
(ग) 0.50 से 1 तक (घ) 0.75 से − 0.75 तक

11. स्पीयरमैन कोटि अंतर सहसंबंध (Spearman rank-difference correlation) किस तरह का सहसंबंध है?

(क) प्रचाल सांख्यिकी (parametric statistics)
(ख) अप्रचाल सांख्यिकी (nonparametric statistics)
(ग) कोट सांख्यिकी (rank statistics)
(घ) इनमें कोई नहीं

12. यदि किसी वितरण (distribution) $\Sigma D^2 = 240$ हो तथा $N = 10$ हो, तो उसका स्पीयरमैन कोटि अंतर सहसंबंध कितना होगा?

(क) 0.855 (ख) 0.625 (ग) 0.758 (घ) 0.679

13. निम्नांकित कथनों पर ध्यान दें तथा दिए गए कूटसंकेत के आधार पर उत्तर दें।

1. शतमक द्वारा आसानी से वितरण (distribution) के आकार का पता चल जाता है।

2. प्रसामान्य वक्र (normal curve) द्वारा किसी परीक्षण के एकांशों (items) की कठिनता स्तर (difficulty value) का पता चलता है।
3. प्रसामान्य वक्र द्वारा दो वितरणों की अतिव्याप्ति (overlapping) के रूप में तुलना करना संभव नहीं होता है।

कूटसंकेत (Codes)

(क) केवल 3 सही है। (ख) 1 और 2 सही हैं।
(ग) 2 और 3 सही हैं। (घ) 1, 2 और 3 सही हैं।

उत्तर (Answers)

1. (ख) **2.** (ख) **3.** (ख) **4.** (ग) **5.** (ख)
6. (ख) **7.** (ग) **8.** (ग) **9.** (ख) **10.** (ख)
11. (ख) **12.** (क) **13.** (ख)

❑

ग्रंथ-सूची
(Bibliography)

1. AIKEN, L R (2003): *Psychological Testing and Assessment.* Boston: Allyn & Bacon.
2. BEE, H (1992): *The Developing Child*, 3rd ed. New York: Harper & Row.
3. BERK, L F (1997): *Child Development*, 4th ed. Boston: Allyn & Bacon.
4. BERLINER, D & CALFEE, R (1996), eds: *Handbook of Educational Psychology*. New York: McMillan.
5. COHEN, R J & SWEDLIK, M E (2005): *Psychological Testing and Assessment*, 6th ed. New York: Tata McGraw Hill.
6. FERGUSON, G A & TAKANE, Y (1889): *Statistical Analysis in Psychology and Education.* New York: Tata McGraw Hill.
7. HURLOCK, F B (1981): *Developmental Psychology: A Life-span Approach*, 5th ed. New Delhi: Tata McGraw Hill.
8. MATLIN, M (1983): *Cognition*. New York: Holt, Rinchart and Winston.
9. MCMILLAN, J H (2002): *Essential Assessment Concepts for Teachers and Administrators.* Thousand Oaks: Corwin Press.
10. MAYLER, R E (2001): *Multimedia Learning*. Boston: Allyn & Bacon.
11. SINGH, A K (2014): *Test, Measurement and Research Methods in Behavioural Sciences.* Patna: Bharati Bhawan.
12. SANTROCK, J W (2002): *Life-span Development*, 8th ed. New York: McGraw Hill.

    ———(1996): *Adolescence.* Dubuque: Brown & Benchmark.

    ———(2006): *Educational Psychology*. New Delhi: Tata McGraw Hill.

13. SAX, G (1997): *Principles of Educational and Psychological Measurement and Education*, 4th ed. Belmont: Wadsworth.
14. SHUELL, T J (1990): 'Phases of Meaningful Learning', *Review of Educational Psychology*, 60: 531–548.
15. VYGOTSKY, L S (1997): *Educational Psychology*. Boca Aton: St Lucie.
16. WOODFOLK, A (2004): *Educational Psychology.* Delhi: Pearson Education.
17. ZEMMERMAN, B J (1995): 'Self-efficacy and Educational Development', in A Bandura (ed.), *Self-efficacy in Changing Society*, pp. 202–231. New York: Cambridge University Press.

❑